Dictionnaire de langue française

Poche 2013

LAROUSSE
DICTIONNAIRES

21, rue du Montparnasse 75283 Paris Cedex 06

ISBN 978-2-03-586589-2 / 978-2-03-586590-8
Larousse 2012 / Paris, France

sommaire

Les rectifications de l'orthographe

Les mots suivants ont fait l'objet de rectifications adoptées en 1990 par le Conseil supérieur de la langue française et approuvées par l'Académie française ; elles ont donné lieu à des décrets publiés au *Journal officiel*. Ces unifications, simplifications et modifications modérées de l'orthographe présentées ci-dessous n'impliquent pas que les graphies anciennes puissent être tenues pour fautives.

A

abat-jour nm, des abat-jours
abime nm
abimer v
abrègement nm
abréger v, il abrègera, il abrègerait
absoudre v, absout, absoute pp
à capella loc adj, loc adv
accéder v, il accèdera, il accèderait
accélérer v, il accélèrera, il accélèrerait
accroche-cœur nm, des accroche-cœurs
accroitre v, il accroit, il accroitra, il accroitrait
à contrario loc adv
acuponcteur, trice n
acuponcture nf
adagio nm, des adagios
addenda nm, des addendas
adhérer v, il adhèrera, il adhèrerait
adultérer v, il adultèrera, il adultèrerait
aérer v, il aèrera, il aèrerait
aéroclub nm
affèterie nf
affréter v, il affrètera, il affrèterait
affut nm
affutage nm
affuter v
à fortiori loc adv
agglomérer v, il agglomèrera, il agglomèrerait
agréger v, il agrègera, il agrègerait
agroalimentaire adj, nm
aide-mémoire nm, des aide-mémoires
aigu, aigüe adj
aiguiller nm
aimer v, aimè-je
ainé, ée adj, n
ainesse nf
aléser v, il alèsera, il alèserait
aliéner v, il aliènera, il aliènerait
allécher v, il allèchera, il allècherait
allègement nm
alléger v, il allègera, il allègerait
allègrement adv
allégro adv, nm, des allégros
alléguer v, il allèguera, il allèguerait
allo interj
allume-cigare nm, des allume-cigares
allume-feu nm, des allume-feux
alpha nm, des alphas
altérer v, il altèrera, il altèrerait
ambigu, ambigüe adj
ambigüité nf
amoncèlement nm
amonceler v, il amoncèle, il amoncèlera, il amoncèlerait
ampèreheure nm, des ampèreheures
amuse-gueule nm, des amuse-gueules
angstrœm nm
aout nm
aoutat nm
aoutien, enne n
à-pic nm, des à-pics
à postériori loc adv
apparaitre v, il apparait, il apparaitra, il apparaitrait
apparatchik nm, des apparatchiks
appâts nm, pl, anciennement appas
appuie-tête nm, des appuie-têtes
après-midi n, des après-midis
après-rasage nm, des après-rasages
après-ski nm, des après-skis
après-vente adj, après-ventes
à priori loc adv
apriori nm, des aprioris
aquavit nm
arcboutant nm, des arcboutants
arcbouter arcbouter (s'), v
argüer v
arpéger v, il arpègera, il arpègerait
arrière-gout nm
artéfact nm
ashkénaze n, des ashkénazes
assèchement nm
assécher v, il assèchera, il assècherait
asséner v, il assènera, il assènerait
assidument adv
assiéger v, il assiègera, il asssiègerait
assoir v, anciennement asseoir
asti nm, des astis
atteler v, il attèle, il attèlera, il attèlerait
attrape-nigaud nm, des attrape-nigauds
audimat nm, des audimats
audiovisuel nm
audiovisuel, elle adj
auroch nm, des aurochs
autocouchette nf

autoécole nf
autostop nm
autostoppeur, euse n
autovaccin nm
avant-gout nm
avérer (s') v, il s'avèrera, il s'avèrerait
avoir v, eussè-je

B

babyboum nm
babyfoot nm, des babyfoots
babysitteur n
babysitting nm
bakchich nm, des bakchichs
ballotage nm
ballotement nm
balloter v
balltrap nm
banqueter v, il banquète, il banquètera, il banquèterait
baréter v, il barètera, il barèterait
barman nm, des barmans
baseball nm
basfond nm
basketball nm
bassecour nf, des bassecours
bassefosse nf
bat-flanc nm, des bat-flancs
becqueter v, il becquète, il becquètera, il becquèterait, DI ou bèqueter v, il béquète, il béquètera, il béquèterait
belcanto nm, des belcantos
bélitre nm
bélouga
benoit, oite adj
benoitement adv
bésicles nf pl
bestseller nm
bêta nm, des bêtas
bienaimé, ée adj, n
bienêtre nm
bienfondé nm
bienfonds nm
bienpensant, ante adj, n
biodiésel nm
bizut nm
blabla, blablabla nm
blackout nm, des blackouts
blasphémer v, il blasphèmera, il blasphèmerait
body nm, des bodys
bogie nm
boite nf
boitier nm
bolchévique adj, n
bonhommie nf
bonnèterie nf
bookmakeur n
bortch nm
bossanova nf, des bossanovas
bosseler v, il bossèle, il bossèlera, il bossèlerait
bouiboui nm, des bouibouis
boum nm, anciennement boom
boursoufflage nm
boursoufflé, ée adj
boursoufflement nm
boursouffler v
boursoufflure nf
boutentrain nm, des boutentrains
box nm, des box
boyscout nm
braintrust nm
branlebas nm
braséro nm
bravo nm, des bravos
breveter v, il brevète, il brevètera, il brevèterait
briquèterie nf
brise-glace nm, des brise-glaces
brise-jet nm, des brise-jets
brise-lame nm, des brise-lames
brise-motte nm, des brise-mottes
brisetout nm, des brisetouts
bronchopneumonie nf
brulage nm
brulant, ante adj
brulé nm
brulé, ée adj
brule-parfum nm, des brule-parfums
brule-pourpoint (à) loc adv
bruler v
brulerie nf
bruleur nm
brulis nm
bruloir nm
brulot nm
brulure nf
buche nf
bucher nm
bucher v
bucheron, onne n
buchette nf
bucheur, euse n
bulldozeur nm

C

cacahouète nf
cachecache nm, des cachecaches
cache-col nm, des cache-cols
cache-pot nm, des cache-pots
cache-prise nm, des cache-prises
cache-sexe nm, des cache-sexes
cacheter v, il cachète, il cachètera, il cachèterait
cachoterie nf
cachotier, ère n
cafétéria nf, des cafétérias
cahincaha adv
cahutte nf
cale-pied nm, des cale-pieds
callgirl nf
caméraman nm, des caméramans
canada nf, des canadas
cannelloni nm, des cannellonis
canyon nm
caqueter v, il caquète, il caquètera, il caquèterait
cardiovasculaire adj
caréner v, il carènera, il carènerait
carreler v, il carrèle, il carrèlera, il carrèlerait
casse-cou nm, des casse-cous
casse-croute nm, des casse-croutes
casse-gueule adj, n, des casse-gueules
casse-noisette nm, des casse-noisettes

casse-pied adj, n,
des casse-pieds
casse-tête nm,
des casse-têtes
céder v, il cèdera,
il cèderait
célébrer v, il célèbrera,
il célèbrerait
cèleri nm
céphalorachidien, enne adj
cérébrospinal, ale adj
chah «ancien souverain d'Iran» nm
chaine nf
chainette nf
chainon nm
chalenge nm
chanceler v, il chancèle,
il chancèlera,
il chancèlerait
charriot nm
chasse-neige nm,
des chasse-neiges
chauffe-assiette nm,
des chauffe-assiettes
chauffe-biberon nm,
des chauffe-biberons
chauffe-eau nm,
des chauffe-eaux
chauffe-plat nm,
des chauffe-plats
chaussepied nm
chaussetrappe nf
chauvesouris nf
chéchia nf
checkup nm, des checkups
cherry nm, des cherrys
chichekébab nm,
des chichekébabs
chistéra n
chlamydia nf,
des chlamydias
chlinguer v
chowchow nm,
des chowchows
chronométrer v,
il chronomètrera,
il chronomètrerait
cicérone n
ci-git loc verbale
cigüe nf
cinéclub nm
ciseler v, il cisèle,
il cisèlera, il cisèlerait
cleptomane adj, n
cleptomanie nf
cliquètement nm
cliqueter il cliquète, il cliquètera, il cliquèterait
clochepied (à) loc adv
cloitre nm
cloitrer v
clopinclopant adv
cogérer v,
il cogèrera,
il cogèrerait
colleter (se) v, il se collète,
il se collètera,
il se collèterait
columbarium nm,
des columbariums
combattif, ive adj
combattivité nf
comparaitre v,
il comparait,
il comparaitra,
il comparaitrait
complaire v, il complait
complètement nm
compléter v, il complètera,
il complèterait
compte-goutte nm,
des compte-gouttes
compte-tour nm,
des compte-tours
concéder v, il concèdera,
il concèderait
concélébrer v,
il concélèbrera,
il concélèbrerait
condottière nm,
des condottières
conférer v, il confèrera,
il confèrerait
conglomérer v,
il conglomèrera,
il conglomèrerait
connaitre v, il connait,
il connaitra,
il connaitrait
conquistador nm,
des conquistadors
considérer v,
il considèrera,
il considèrerait
contigu, contigüe adj
contigüité nf
continument adv
contrallée nf
contramiral, ale n
contrattaque nf
contrattaquer v
contrechant nm
contrecourant nm
contrécrou nm
contreculture nf
contrefeu nm
contrefilet nm
contrehaut (en) loc adv
contrejour nm
contremaitre n
contremanifestant, ante n
contremanifestation nf
contremesure nf
contremploi nm
contrenquête nf
contreperformance nf
contrepied nm
contreplaqué nm
contreplongée nf
contrepoint nm
contrepouvoir nm
contrépreuve nf
contreprojet nm
contreproposition nf
contrepublicité nf
contrerévolution nf
contrerévolutionnaire adj
contrespionnage nm
contreterrorisme nm
contretorpilleur nm
contrevérité nf
contrevisite nf
contrexemple nm
contrexpertise nf
contrindication nf
contrindiqué, ée adj
contrinterrogatoire nm
controffensive nf
coopérer v, il coopèrera,
il coopèrerait
cornflake nm,
des cornflakes
corolaire adj, nm
corole nf
coucicouça adv
cougouar nm
coupe-chou nm,
des coupe-choux
coupe-circuit nm,
des coupe-circuits
coupecoupe nm,
des coupecoupes
coupe-faim nm,
des coupe-faims
coupe-feu nm,
des coupe-feux
coupe-file nm,
des coupe-files
coupe-gorge nm,
des coupe-gorges
coupe-ongle nm,
des coupe-ongles
coupe-papier nm,
des coupe-papiers
coupe-vent nm,
des coupe-vents
cout nm
coutant, ante adj

couter v
couteux, euse adj
couvrepied nm,
des couvrepieds
covergirl nf
cowboy nm
craquètement nm
craqueter v, il craquète,
il craquètera,
il craquèterait
crècerelle nf
crécher v, il crèchera,
il crècherait
crédo nm, des crédos
crèmerie nf
crènelé, ée adj
crèneler v, il crénèle,
il crénèlera,
il crénèlerait
crescendo nm,
des crescendos
crève-cœur nm,
des crève-cœurs
cricri nm, des cricris
critérium nm,
des critériums
crochepied nm
crocheter v, il crochète,
il crochètera,
il crochèterait
croitre v, il croitra,
il croitrait
croquemadame nm,
des croquemadames
croquemitaine nm
croquemonsieur nm,
des croquemonsieurs
croquemort nm
crosscountry nm,
des crosscountrys
croute nf
crouton nm
crument adv
cuisseau nm,
anciennement cuissot
cure-dent nm,
des cure-dents
cure-ongle nm,
des cure-ongles
cure-pipe nm,
des cure-pipes
cureter v, il curète,
il curètera, il curèterait
curriculum nm,
des curriculums
curriculum vitæ nm,
des curriculums vitæ
cutiréaction nf
cutteur nm
cyclocross nm

D

dandy nm, des dandys
daredare loc adv
dealeur, euse n
déblatérer v, il déblatèrera,
il déblatèrerait
déboitement nm
déboiter v
décacheter v, il décachète,
il décachètera,
il décachèterait
décéder v, il décèdera,
il décèderait
décélérer v, il décélèrera,
il décélèrerait
déchainé, ée adj
déchainement nm
déchainer v
déchèterie nf
déchiqueter v,
il déchiquète,
il déchiquètera,
il déchiquèterait
décolérer v, il décolèrera,
il décolèrerait
décolleter v, il décollète,
il décollètera,
il décollèterait
déconsidérer v,
il déconsidèrera,
il déconsidèrerait
décrescendo adv, nm,
des décrescendos
décréter v, il décrètera,
il décrèterait
décroitre v, il décroit,
il décroitra, il décroitrait
déféquer v, il défèquera,
il défèquerait
déférer v, il défèrera,
il défèrerait
déficeler v, il déficèle,
il déficèlera,
il déficèlerait
défraichir v
dégénérer v, il dégènerera,
il dégénèrerait
dégoter v
dégout nm
dégoutant, ante adj
dégouté, ée adj
dégouter v
déléatur nm, des déléaturs
déléguer v, il délèguera,
il délèguerait
délibérer v, il délibèrera,
il délibèrerait
délirium trémens nm,
des déliriums trémens

delta «lettre» nm,
des deltas
démiurge nm
démoucheter v,
il démouchète,
il démouchètera,
il démouchèterait
démuseler v, il démusèle,
il démusèlera,
il démusèlerait
déniveler v, il dénivèle,
il dénivèlera,
il dénivèlerait
denteler v, il dentèle,
il dentèlera,
il dentèlerait
dentelier, ère adj
dépaqueter v,
il dépaquète,
il dépaquètera,
il dépaquèterait
déplaire v, il déplait
déposséder v,
il dépossèdera,
il dépossèderait
dépoussiérer v,
il dépoussièrera,
il dépoussièrerait
dépuceler v, il dépucèle,
il dépucèlera,
il dépucèlerait
dérèglementation nf
dérèglementer v
dérégler v, il dérèglera,
il dérèglerait
désagréger v,
il désagrègera,
il désagrègerait
désaltérer v, il désaltèrera,
il désaltèrerait
désenchainer v
désensorceler v,
il désensorcèle,
il désensorcèlera,
il désensorcèlerait
désespérer v,
il désespèrera,
il désespèrerait
désidérata nm,
des désidératas
désintégrer v,
il désintègrera,
il désintègrerait
despérado nm,
des despérados
dessécher v, il dessèchera,
il dessècherait
dessouler v
dételer v, il détèle,
il dètèlera, il dètèlerait

devoir v, dussè-je
dictat nm
diésel nm
différer v, il diffèrera, il diffèrerait
digérer v, il digèrera, il digèrerait
dime nf
diner nm
diner v
dinette nf
dineur, euse nf
dinghie nm, des dinghies
disparaitre v, il disparait, il disparaitra, il disparaitrait
disséquer v, il dissèquera, il dissèquerait
dissoudre v, dissout, dissoute pp
djébel nm, des djébels
donjuan nm, des donjuans
douçâtre adj
dument adv
duodénum nm, des duodénums
duplicata nm, des duplicatas
durite nf
dynamoélectrique adj

E

ébrécher v, il ébrèchera, il ébrècherait
écrémer v, il écrèmera, il écrèmerait
édelweiss nm
égo nm, des égos
électroacoustique nf
électroaimant nm
électroencéphalogramme nm
emboitage nm
emboitement nm
emboiter v
embuche nf
empaqueter v, il empaquète, il empaquètera, il empaquèterait
empiètement nm
empiéter v, il empiètera, il empièterait
emporte-pièce nm, des emporte-pièces
encas nm
enchainement nm
enchainer v
encroutement nm
encrouter v
enfiévrer v, il enfièvrera, il enfièvrerait
ensorcèlement nm
ensorceler v, il ensorcèle, il ensorcèlera, il ensorcèlerait
entête nm
entrainant, ante adj
entrainement nm
entrainer v
entraineur, euse n
entraineuse nf
entrapercevoir v
entredéchirer (s') v
entredeux nm
entredévorer (s') v
entrejambe nm, des entrejambes
entretemps adv, nm
entretuer (s') v
énumérer v, il énumèrera, il énumèrerait
envoutant, ante adj
envoutement nm
envouter v
épeler v, il épèle, il épèlera, il épèlerait
épitre nf
épousseter v, il époussète, il époussètera, il époussèterait
epsilon nm, des epsilons
erg nm, des ergs
erratum nm, des erratums
espérer v, il espèrera, il espèrerait
essuie-glace nm, des essuie-glaces
essuie-main nm, des essuie-mains
essuietout nm, de essuietouts
êta nm, des êtas
etcétéra nm, des etcétéras
étincèlement nm
étinceler v, il étincèle, il étincèlera, il étincèlerait
étiqueter v, il étiquète, il étiquètera, il étiquèterait
étouffe-chrétien nm, des étouffe-chrétiens
évènement nm
évènementiel, elle adj
exagérer v, il exagèrera, il exagèrerait
exaspérer v, il exaspèrera, il exaspèrerait
excéder v, il excèdera, il excèderait
excréter v, il excrètera, il excrèterait
exécrer v, il exècrera, il exècrerait
exéma nm, anciennement eczéma
exémateux, euse adj, anciennement eczémateux
exigu, exigüe adj
exigüité nf
exlibris nm
exonérer v, il exonèrera, il exonèrerait
extra nm, des extras
extrafin, ine adj
extrafort, te adj, nm
extralucide adj
extramuros adj, adv
extrasensoriel, elle adj
extraterrestre adj, n
exvoto nm, des exvotos

F G

facsimilé nm, des facsimilés
faine nf
fairepart nm, des faireparts
fairplay nm, des fairplays
faitage nm
faite nm
faiteau nm
fastfood nm
fatma nf, des fatmas
favéla nf, des favélas
fayoter v
fédayin nm, des fédayins
fédérer v, il fédèrera, il fédèrerait
féérie nf
féérique adj
fellaga nm, des fellagas
ferry nm, des ferrys
ferryboat nm
feuilleter v, il feuillète, il feuillètera, il feuillèterait
ficeler v, il ficèle, il ficèlera, il ficèlerait
fiftyfifty loc adv
finish nm, des finishs
fiord nm
fioul nm
flash nm, des flashs

flashback nm, des flashbacks
flécher v, il flèchera, il flècherait
flute nf
flutiau nm
fluvioglaciaire adj
fortissimo nm, des fortissimos
fourmilion nm
fourretout nm, des fourretouts
foxtrot nm, des foxtrots
fraichement adj
fraicheur nf
fraichir v
frais, fraiche adj
freezeur nm
frésia nm
fréter v, il frètera, il frèterait
fricfrac nm, des fricfracs
frisoter v
frisotis nm
froufrou nm, des froufrous
fume-cigarette nm, des fume-cigarettes
fumerole nf
fureter v, il furète, il furètera, il futèterait
fuseler v, il fusèle, il fusèlera, il fusèlerait
fut nm

gageüre nf
gagne-pain nm, des gagne-pains
gagnepetit nm, des gagnepetits
gaiment adv
gaité nf
galérer v, il galèrera, il galèrerait
gamma nm, des gammas
gangréner v, il gangrène, il gangrènera, il gangrènerait
gangréneux, euse adj
garde-barrière n, des garde-barrières
garde-boue nm, des garde-boues
garde-chasse n, des garde-chasses
garde-chiourme n, des garde-chiourmes
garde-côte «agent» n, des garde-côtes
garde-côte «bateau» nm, des garde-côtes
garde-feu nm, des garde-feux
garde-fou nm, des garde-fous
garde-malade n, des garde-malades
garde-manger nm, des garde-mangers
garde-meuble nm, des garde-meubles
garden-partie nf, des garden-parties, ou garden-party nf, des garden-partys
garde-pêche «agent» n, des garde-pêches
garde-pêche «bateau» nm, des garde-pêches
garde-voie nm, des garde-voies
garrotage nm
garroter v
gasoil nm
gastroentérite nf
gastroentérologie nf
gastroentérologue n
gay adj, gays
gélinotte nf
générer v, il génèrera, il génèrerait
gentleman nm, des gentlemans
gerbéra nm
gérer v, il gèrera, il gèrerait
gésir v, il git
girole nf
gite nf
gite nm
giter v
globetrotteur, euse n
gobe-mouche nm, des gobe-mouches
golden nf, des goldens
goulache n
goulument adv
gourou nm
gout nm
gouter v, nm
gouteur, euse n
gouteux, euse adj, n
goy nm, des goys
graffiti nm, des graffitis
grainèterie nf
gratte-ciel nm, des gratte-ciels
gratte-cul nm, des gratte-culs
gratte-papier nm, des gratte-papiers
grelotement nm
greloter v
greneler v, il grenèle, il grenèlera, il grenèlerait
grigri nm, des grigris
grille-pain nm, des grille-pains
grizzli nm, des grizzlis
grole nf
grommèlement nm
grommeler v, il grommèle, il grommèlera, il grommèlerait
guérilléro nm
guibole nf
guilde nf, anciennement ghilde
guiliguili nm, des guiliguilis

H I

hachich nm
haleter v, il halète, il halètera, il halèterait
handball nm
harakiri nm
harceler v, il harcèle, il harcèlera, il harcèlerait
hautecontre n, des hautecontres
hautefidélité adj, nf
hautparleur nm, des hautparleurs
hébètement nm
héler v, il hèlera, il hèlerait
héroïcomique adj
hifi adj, nf, des hifis
hippie adj, n, des hippies ou hippy adj, n, des hippys
hobby nm, des hobbys
holdup nm, des holdups
homme-sandwich nm, des hommes-sandwichs
hoqueter v, il hoquète, il hoquètera, il hoquèterait
hors-bord nm, des hord-bords
hors-jeu nm, des hors-jeux
hors-piste nm, des hors-pistes
hors-texte nm, des hors-textes

hotdog nm, des hotdogs
houligan, ane n
houliganisme nm
huitre nf
hydroélectricité nf
hydroélectrique adj
hypothéquer v, il hypothèquera, il hypothèquerait

iglou nm
ile nf
ilien, enne adj
ilot nm
ilotage nm
ilotier, ère n
imbécilité nf
impédimenta nm, des impédimentas
imprégner v, il imprègnera, il imprègnerait
imprésario nm, des imprésarios
imprimatur nm, des imprimaturs
in extrémis loc adv
incarcérer v, il incarcèrera, il incarcèrerait
incinérer v, il incinèrera, il incinèrerait
incongrument adv
indifférer v, il indiffèrera, il indiffèrerait
indument adv
inférer v, il infèrera, il infèrerait
infolio nm, des infolios
infrason nm
ingérer v, il ingèrera, il ingèrerait
inoctavo nm, des inoctavos
inquarto nm, des inquartos
inquiéter v, il inquiètera, il inquièterait
insérer v, il insèrera, il insèrerait
intégrer v, il intègrera, il intègrerait
intercéder v, il intercèdera, il intercèderait
interférer v, il interfèrera, il interfèrerait
interpeler v, nous interpelons
interpénétrer (s') v, ils s'interpénètreront, ils s'interpénètreraient
interpréter v, il interprètera, il interprèterait
intervieweur, euse n
intramuros adj, adv
intraveineuse nf
intraveineux, euse adj
invétérer v, il invétèrera, il invétèrerait
iota nm, des iotas

J K L

jamborée nm
jazzman nm, des jazzmans
jean nm, des jeans
jeanfoutre nm, des jeanfoutres
jéjunum nm
jerricane nm
jeuner v, il jeunera, il jeunerait
jeuneur, euse n
jiujitsu nm
joailler, ère n
jukebox nm, des jukebox
jumeler v, il jumèle, il jumèlera, il jumèlerait

kan «titre mongol» nm
kappa nm, des kappas
kayak nm, des kayaks
kéfié nm
khi nm, des khis
kibboutz nm, des kibboutz
kifkif adj
kilométrer v, il kilomètrera, il kilomètrerait
kirch nm
kitch adj, nm, des kitchs
kolkhoze nm, des kolkhozes

lacérer v, il lacèrera, il lacèrerait
lambda adj, nm, des lambdas
lance-missile nm, des lance-missiles
lance-pierre nm, des lance-pierres
lance-roquette nm, des lance-roquettes
lance-torpille nm, des lance-torpilles
land nm, des lands
lapilli nm, des lapillis
largo nm, des largos
lasagne nf, des lasagnes
latifundium nm, des latifundiums
lave-linge nm, des lave-linges
lave-main nm, des lave-mains
lave-vaisselle nm, des lave-vaisselles
lazzi nm, des lazzis
lèche-botte nm, des lèche-bottes
lèche-cul adj, n, des lèche-culs
lécher v, il lèchera, il lècherait
lèche-vitrine nm, des lèche-vitrines
légiférer v, il légifèrera, il légifèrerait
léguer v, il lèguera, il lèguerait
leitmotiv nm, des leitmotivs
lento nm, des lentos
lèse-majesté nf, des lèse-majestés
léser v, il lèsera, il lèserait
lève-glace nm, des lève-glaces
levreau nm, anciennement levraut
libérer v, il libèrera, il libèrerait
lied nm, des lieds
lieudit nm, des lieudits
linoléum nm, des linoléums
litchi nm
lobby nm, des lobbys
lockout nm, des lockouts
lunch nm, des lunchs
lunetier, ère n

M

macaroni nm, des macaronis
macérer v, il macèrera, il macèrerait
macroéconomie nf
mafia nf
mafioso nm, des mafiosos
maharadja nm, des maharadjas
mainforte nf
maitre, maitresse n

maitre-autel nm
maitre-chien nm
maitresse nf
maitrisable adj
maitrise nf
maitriser v
majong nm, anciennement mah-jong
malstrom nm
mamelouk nm
manageur, euse n
mangetout nm, des mangetouts
maniacodépressif, ive adj
maraicher, ère adj, n
marengo nm, des marengos
marijuana nf
mariole adj, n
markéting nm
marqueter v, il marquète, il marquètera, il marquèterait
marquèterie nf
martini nm, des martinis
mass média nm, des mass médias
match nm, des matchs
maximum nm, des maximas
méconnaitre v
média nm, des médias
médicolégal, ale adj
médicosocial, ale adj
méhari nm, des méharis
melba adj, nf, des melbas
mélimélo nm, des mélimélos
mémento nm
mémorandum nm, des mémorandums
métrer v, il mètrera, il mètrerait
mezzo-soprano nm, des mezzo-sopranos
microéconomie nf
microondes «four» nm
milkshake nm, des milkshakes
millefeuille nm, des millefeuilles
millepatte nm, des millepattes
millepertuis nm
minicassette nf
minichaine nf
minijupe nf
minimum nm, des minimums
miss nf, des miss
mixeur nm
modérato adv, nm, des modératos
modérer v, il modèrera, il modèrerait
monte-charge nm, des monte-charges
monte-plat nm, des monte-plats
morcèlement nm
morceler v, il morcèle, il morcèlera, il morcèlerait
morigéner v, il morigènera, il morigènerait
motocross nm, des motocross
moucharabié nm
mout nm
mouvoir v, mu pp
mu «lettre» nm, des mus
mu pp, voir mouvoir
muezzine nm
muléta nf
mûr adj, mure, murs, mures
mure nf
murement adv
murier nm
murir v
murissage nm
murissant, ante adj
murissement nm
murisserie nf
musèlement nm
museler v, il musèle, il musèlera, il musèlerait
muserole nf

N O

naitre v, il nait, il naitra, il naitrait
négrospiritual nm
nénufar nm
néocalédonien, enne adj
Néocalédonien, enne n
néoclassicisme nm
néoclassique adj
néocolonialisme nm
néocolonialiste adj, n
néolibéralisme nm
néonatal, ale adj
néoplatonicien, enne adj, n
néoplatonisme nm
néoréalisme nm
néoréaliste adj
néozélandais, aise adj
Néozélandais, aise n
neurovégétatif, ive adj
newlook adj, nm, des newlooks
nivèlement nm
niveler v, il nivèle, il nivèlera, il nivèlerait
noroit nm
nova nf, des novas
nu «lettre» nm, des nus
numérus clausus nm
nurserie nf, des nurseries

obérer v, il obèrera, il obèrerait
oblitérer v, il oblitèrera, il oblitèrerait
obséder v, il obsèdera, il obsèderait
obtempérer v, il obtempèrera, il obtempèrerait
off adj, offs
offset nm, des offsets
offshore nm, des offshores
ognon nm
oligoélément nm
omicron nm, des omicrons
open adj, opens
opérer v, il opèrera, il opèrerait
oppidum nm, des oppidums
optimum nm, des optimums
ostrogot, ote adj, n
otorhinolaryngologie nf
otorhinolaryngologiste n
oued nm, des oueds
oukase nm
ouléma nm
out adj, outs
ouvre-boite nm, des ouvre-boites
ouvre-bouteille nm, des ouvre-bouteilles
ouzbek adj, n
oxygéner v, il oxygènera, il oxygènerait

P

paélia nf
pagaille nf
paitre v, il pait, il paitra, il paitrait
papèterie nf
parabellum nm, des parabellums

paraitre v, il parait, il paraitra, il paraitrait
pare-balle nm, des pare-balles
pare-brise nm, des pare-brises
pare-choc nm, des pare-chocs
pare-feu nm, des pare-feux
pare-soleil nm, des pare-neiges
parqueter v, il parquète, il parquètera, il paquèterait
passe-crassane nf, passe-crassanes
passe-droit nm, des passe-droits
passe-montagne nm, des passe-montagnes
passepartout nm, des passepartouts
passepasse nm, des passepasses
passe-plat nm, des passe-plats
passe-rose nf, des passe-roses
passetemps nm
pécher «commettre une faute» v, il pèchera, il pècherait
pédigrée nm
pêlemêle adv
pêlemêle nm, des pêlemêles
pelleter v, il pellètera, il pellèterait
pénalty nm, des pénaltys
pénétrer v, il pénètrera, il pénètrerait
perce-neige n, des perce-neiges
perce-oreille nm, des perce-oreilles
pérestroïka nf
perpétrer v, il perpètrera, il perpètrerait
persévérer v, il persévèrera, il persévèrerait
persifflage nm
persiffler v
persiffleur, euse adj, n
pèse-bébé nm, des pèse-bébés
pèse-lettre nm, des pèse-lettres
pèse-personne nm, des pèse-personnes
péséta nm
péso nm
péter v, il pètera, il pèterait
phénix nm
phi «lettre» nm, des phis
photoélectrique adj
photofinish nf, des photofinishs
phylloxéra nm
physicochimique adj
pi «lettre» nm, des pis
pianissimo nm, des pianissimos
pickup nm, des pickups
picolo nm, des picolos
piéger v, il piègera, il piègerait
piéta nf, des piétas
pingpong nm, des pingpongs
pinup nf, des pinups
pipeline nm
pique-assiette nm, des pique-assiettes
pique-feu nm, des pique-feux
pique-fleur nm, des pique-fleurs
piquenique nm
piqueniquer v
piqueter v, il piquète, il piquètera, il piquèterait
piqure nf
pissefroid nm, des pissefroids
pizzéria nf
pizzicato nm, des pizzicatos
placébo nm
plaire v, il plait
platebande nf, des platebandes
plateforme nf, des plateformes
playback nm, des playbacks
playboy nm
plénum nm
pogrome nm
pointeur nm
pommeler (se) v, il se pommèle, il se pommèlera, il se pommèlerait
pondérer v, il pondèrera, il pondèrerait
pop adj, pops
popcorn nm, des popcorns
porte-avion nm, des porte-avions
porte-bagage nm, des porte-bagages
porte-bébé nm, des porte-bébés
porte-billet nm, des porte-billets
porte-bonheur nm, des porte-bonheurs
porte-bouteille nm, des porte-bouteilles
porte-carte nm, des porte-cartes
porte-cigarette nm, des porte-cigarettes
porteclé nm, des porteclés
porte-couteau nm, des porte-couteaux
porte-document nm, des porte-documents
porte-drapeau nm, des porte-drapeaux
porte-greffe nm, des porte-greffes
porte-hélicoptère nm, des porte-hélicoptères
porte-jarretelle nm, des porte-jarretelles
porte-malheur nm, des porte-malheurs
portemanteau nm, des portemanteaux
portemine nm, des portemines
portemonnaie nm, des portemonnaies
porte-parapluie nm, des porte-parapluies
porte-parole nm, des porte-paroles
porteplume nm, des porteplumes
porte-revue nm, des porte-revues
porte-savon nm, des porte-savons
porte-serviette nm, des porte-serviettes
portevoix nm
posséder v, il possèdera, il possèderait
postnatal, ale adj
postscriptum nm, des postscriptums
potpourri nm, des potpourris
pouding nm

pourlécher (se) v,
il se pourlèchera,
il se pourlècherait
pousse-café nm,
des pousse-cafés
poussepousse nm,
des poussepousses
pouvoir v,
puissè-je, pussè-je
précéder v, il précèdera,
il précèderait
prêchiprêcha nm,
des prêchiprêchas
préélectoral, ale adj
préemballé, ée adj
préférer v, il préfèrera,
il préfèrerait
présidium nm,
des présidiums
presqu'ile nf
presse-citron nm,
des presse-citrons
presse-papier nm,
des presse-papiers
presse-purée nm,
des presse-purées
prestissimo nm,
des prestissimos
primadonna nf,
des primadonnas
procéder v, il procèdera,
il procèderait
proférer v, il profèrera,
il profèrerait
proliférer v, il prolifèrera,
il prolifèrerait
prorata nm, des proratas
proscénium nm,
des proscéniums
prospérer v, il prospèrera,
il prospèrerait
protège-dent nm,
des protège-dents
protéger v, il protègera,
il protègerait
prudhommal, ale adj
prudhomme nm
prunelier nm
psi «lettre» nm, des psis
puiné, ée adj, n
pulloveur nm
putsch nm, des putschs
quanta nm, des quantas

Q R

quantum nm,
des quantums
quartier-maitre n
québécois, oise adj, n
quincaillier, ère n
quotepart nf

rabat-joie n,
des rabat-joies
radiotaxi nm
rafraichir v
rafraichissant, ante adj
rafraichissement nm
ragout nm
ragoutant, ante adj
ramasse-miette nm,
des ramasse-miettes
ranch nm, des ranchs
rapiécer v,
il rapiècera,
il rapiècerait
rase-motte nm,
des rase-mottes
rasséréner v,
il rassénèrera,
il rassénèrerait
rassoir v, anciennement
rasseoir
râteler v, il râtèle,
il râtèlera, il râtèlerait
ravioli nm, des raviolis
réaléser v, il réalèsera,
il réalèserait
réapparaitre v,
il réapparait,
il réapparaitra,
il réapparaitrait
recéder v, il recèdera,
il recèderait
recéler v, il recèlera,
il recèlerait
recéleur, euse n
recomparaitre v,
il recomparait,
il recomparaitra,
il recomparaitrait
reconnaitre v, il reconnait,
il reconnaitra,
il reconnaitrait
reconsidérer v,
il reconsidèrera,
il reconsidèrerait
recordman nm,
des recordmans
récupérer v, il récupèrera,
il récupèrerait
référendum nm,
des référendums
référer v, il réfèrera,
il réfèrerait
refléter v, il reflètera,
il reflèterait
réflex adj, nm
réfréner v, il réfrènera,
il réfrènerait
réfrigérer v, il réfrigèrera,
il réfrigèrerait
régénérer v, il régénèrera,
il régénèrerait
règlementaire adj
règlementairement adv
règlementation nf
règlementer v
régler v, il règlera,
il règlerait
régner v, il règnera,
il règnerait
réinsérer, réinsérer (se) v,
il (se) réinsèrera,
il (se) réinsèrerait
réintégrer v, il réintègrera,
il réintègrerait
réitérer v, il réitèrera,
il réitérerait
relai nm
reléguer v, il relèguera,
il relèguerait
remboiter v
remonte-pente nm,
des remonte-pentes
rempaqueter v,
il rempaquète,
il rempaquètera,
il rempaquèterait
remue-ménage nm,
des remue-ménages
remue-méninge nm,
des remue-méninges
rémunérer v,
il rémunèrera,
il rémunèrerait
renaitre v, il renait,
il renaitra, il renaitrait
renouvèlement nm
renouveler v, il renouvèle,
il renouvèlera,
il renouvèlerait
réopérer v, il réopèrera,
il réopèrerait
repaitre v, il repait,
il repaitra, il repaitrait
reparaitre v,
il reparait,
il reparaitra,
il reparaitrait
répartie nf
répartir «répliquer» v
repérer v, il repèrera,
il repèrerait
répéter v, il répètera,
il repèterait
repose-pied nm,
des repose-pieds

repose-tête nm,
des repose-têtes
réséquer v, il résèquera,
il résèquerait
résoudre v, résout,
résoute pp
ressemeler v, il ressemèle,
il ressemèlera,
il ressemèlerait
rétrocéder v,
il rétrocèdera,
il rétrocèderait
réveille-matin nm,
des réveille-matins
révéler v, il révèlera,
il révèlerait
réverbérer v,
il réverbèrera,
il réverbèrerait
révérer v, il révèrera,
il révèrerait
révolver nm
rho nm, des rhos
ricrac adv
riesling nm, des rieslings
rince-bouteille nm,
des rince-bouteilles
rince-doigt nm,
des rince-doigts
risquetout nm,
des risquetouts
riveter v, il rivète,
il rivètera, il rivèterait
rockeur, euse n
rœstis nm pl
romancéro nm
rondpoint nm,
des rondpoints
ronéo nf, des ronéos
rouspéter v, il rouspètera,
il rouspèterait
royaltie nf, des royalties
rugbyman nm,
des rugbymans
ruissèlement nm
ruisseler v, il ruissèle,
il ruissèlera, il ruissèlerait
rush nm, des rushs

S

saccarine nf
saccarose nm
sacrosaint, te adj
sagefemme nf,
des sagefemmes
sanatorium nm,
des sanatoriums
sandwich nm,
des sandwichs
sans-abri n, des sans-abris
sans-cœur n,
des sans-cœurs
sanscrit nm
sanscrit, ite adj
sans-culotte nm,
des sans-culottes
sans-emploi n,
des sans-emplois
sans-faute nm,
des sans-fautes
sans-gêne n, des sans-gênes
sans-papier n,
des sans-papiers
sans-plomb nm,
des sans-plombs
satisfécit nm,
des satisfécits
saufconduit nm,
des saufconduits
saute-mouton nm,
des saute-moutons
scampi nm, des scampis
scénario nm, des scénarios
sconse nm, anciennement
skunks
scooteur nm
scotch nm, des scotchs
sèche-cheveu nm,
des sèche-cheveux
sèche-linge nm,
des sèche-linges
sèche-main nm,
des sèche-mains
sécher v, il sèchera,
il sècherait
sècheresse nf
sélect, te adj
self-made-man nm,
des self-made-mans
sèneçon nm
sénescence nf
sènevé nm
sénior, e adj, n
séquoia nm
serpillère nf
serre-fil nm, des serre-fils
serre-file nm, des serres-files
serre-joint nm,
des serre-joints
serre-livre nm,
des serre-livres
serre-tête nm,
des serre-têtes
sexy adj, sexys
shakeur nm
shampoing nm
shampouiner v
shampouineur, euse n
show nm, des shows
sidérer v, il sidèrera,
il sidèrerait
siéger v, il siègera,
il siègerait
sigma nm, des sigmas
sketch nm, des sketchs
skippeur n
smash nm, des smashs
snackbar nm,
des snackbars
snif interj
snifer v
socioculturel, elle adj
socioéconomique adj
socioéducatif, ive adj
**socioprofessionnel,
elle** adj
solo nm, des solos
sombréro nm,
des sombréros
soprano n, des sopranos
sorgo nm
sottie nf
souffleter v, il soufflète,
il soufflètera,
il soufflèterait
souffre-douleur nm,
des souffre-douleurs
soulant, ante adj
soulard, arde adj, n
soulaud, aude n
souler v
soulerie nf
soulot, ote n
sous-main nm,
des sous-mains
sous-verre nm,
des sous-verres
spaghetti nm,
des spaghettis
spatiotemporel, elle adj
spéculos nm
spéculum nm,
des spéculums
sprinteur, euse n
squatteur, euse n
staccato nm, des staccatos
standard adj, standards
statuquo nm,
des statuquos
stimulus nm, des stimulus
stoupa nm
striptease nm,
des stripteases
stripteaseur, euse n
subaigu, subaigüe adj
succéder v, il succèdera,
il succèderait
suggérer v, il suggèrera,
il suggèrerait

sulky nm, des sulkys
supernova nf, des supernovas
supporteur, trice n
sûr adj, sure, surs, sures
suraigu, suraigüe adj
surcout nm
surcroit nm
surdimutité nf
surement adv
surentrainement nm
sureté nf
suroit nm
surpiqure nf
sursoir v, anciennement surseoir
symposium nm, des symposiums

T

tacheter v, il tachète, il tachètera, il tachèterait
taille-crayon nm, des taille-crayons
taliatelle nf, des taliatelles
talweg nm
tamtam nm, des tamtams
tapecul nm
taste-vin nm, des taste-vins
tatami nm, des tatamis
tâte-vin nm, des tâte-vins
tau nm, des taus
taveler v, il tavèle, il tavèlera, il tavèlerait
tchao interj, anciennement ciao
tchintchin interj
teeshirt nm, des teeshirts
tek nm
téléfilm nm
tempérer v, il tempèrera, il tempèrerait
tempo nm, des tempos
tennisman nm, des tennismans
téquila nf
terreplein nm, des terrepleins
têtebêche adv
téter v, il tètera, il tèterait
teufteuf nm, des teufteufs
thaï nm, des thaïs
thêta nm, des thêtas
thrilleur nm
tictac interj, nm, des tictacs
tire-botte nm, des tire-bottes
tirebouchon nm
tirebouchonner v
tire-clou nm, des tire-clous
tire-fesse nm, des tire-fesses
tirefond nm, des tirefonds
tire-lait nm, des tire-laits
tirelarigot (à) loc adv
tire-ligne nm, des tire-lignes
toccata nf, des toccatas
tohubohu nm, des tohubohus
tolérer v, il tolèrera, il tolèrerait
tord-boyau nm, des tord-boyaux
toréro nm
tory nm, des torys
tourne-disque nm, des tourne-disques
tragicomédie nf
tragicomique adj
trainage nm
trainailler v
trainant, ante adj
trainard, arde n
trainasser v
traine nf
traineau nm
trainée nf
trainer v
traine-savate nm, des traine-savates
traintrain nm, des traintrains
traitre, traitresse adj, n
traitreusement adv
traitrise nf
transférer v, il transfèrera, il transfèrerait
transparaitre v, il transparait, il transparaitra, il transparaitrait
trémolo nm
trole nm
trompéter v, il trompètera, il trompèterait
trouble-fête n, des trouble-fêtes
tsétsé nf, des tsétsés
tue-mouche nm, des tue-mouches
tumulus nm, des tumulus
turbo nm, des turbos
turboalternateur nm

U-Z

ulcérer v, il ulcèrera, il ulcèrerait
ultramarin, ine adj
ultrasensible adj
ultrason nm
ultraviolet, ette adj
ultraviolet nm
upsilon nm, des upsilons

vadémécum nm, des vadémécums
vanupied n, des vanupieds
vatout nm, des vatouts
végéter v, il végètera, il végèterait
vélum nm, des vélums
vénérer v, il vénèrera, il vénèrerait
vènerie nf
véto nm
viceversa
vide-ordure nm, des vide-ordures
vide-poche nm, des vide-poches
vide-pomme nm, des vide-pommes
vilénie nf
vitupérer v, il vitupèrera, il vitupèrerait
vociférer v, il vocifèrera, il vocifèrerait
voleter v, il volète, il volètera, il volèterait
volleyball nm
volteface nf, des voltefaces
voute nf
vouté, ée adj
vouter v

wallaby nm, des wallabys
water nm, des waters
waterpolo nm
weekend nm, des weekends
whisky nm, des whishys

xi nm, des xis

yak nm
yéyé n, des yéyés
yidiche nm
yogourt nm
yoyo nm

zakouski nm, des zakouskis
zébrer v, il zèbrera, il zèbrerait
zêta nm, des zêtas

La prononciation du français

A été indiquée dans cet ouvrage la prononciation de certains mots qui présentent une difficulté. Afin que nos lecteurs étrangers puissent, aussi bien que les lecteurs français, lire ces prononciations, nous avons suivi le tableau des sons du français de l'alphabet phonétique international en le simplifiant.

Voyelles orales

i	dans	il, habit, dîner	[i]
é		thé, dé	[e]
è		être, dais, procès	[ɛ]
a		avoir, Paris, patte	[a]
o		or, robe	[ɔ]
o		dos, chevaux	[o]
ou		ouvrir, couvert, loup	[u]
u		user, tu, sûr	[y]
eu		cœur, peur, neuf	[œ]
eu		feu, jeu, peu	[ø]
e		le, premier	[ə]

Voyelles nasales

in	dans	intérêt, pain, sein	[ɛ̃]
un		alun, parfum	[œ̃]
an, en		blanc, entrer	[ɑ̃]
on		ondée, bon, honte	[ɔ̃]

Semi-voyelles

y	+ voyelle dans	yeux, lieu	[j]
u	+ voyelle dans	huile, lui	[ɥ]
ou	+ voyelle dans	oui, ouate	[w]

Consonnes

p	dans	pas, dépasser, cap	[p]
t		tu, étaler, lutte	[t]
c, q, k		caste, accueillir, bac, képi, que	[k]
b		beau, abîmer, club	[b]
d		dur, broder, bled	[d]
g		gare, vague, zigzag	[g]
f		fou, affreux, chef	[f]
v		vite, ouvrir	[v]
s		souffler, chasse, hélas !	[s]
z ou s		zone, raison, gaz	[z]
ch		cheval, mâcher, match	[ʃ]
j ou g		jambe, âgé, page	[ʒ]
l		large, mollesse, mal	[l]
r		rude, mari, ouvrir	[r]
m		maison, amener, blême	[m]
n		nourrir, fanal, dolmen	[n]
gn		agneau, baigner	
ng		camping	[ŋ]

Mode d'emploi

Où trouver le mot que vous recherchez ?

• Un mot simple figure à son ordre alphabétique.

• Les verbes pronominaux sont souvent donnés sous le verbe transitif (**se promener** sous **promener**), de même que certains pluriels sont donnés sous le singulier d'un nom (**ciseaux** sous **ciseau**), tous deux étant présentés après un losange noir (◆).

• Les expressions (groupes de mots liés de façon étroite) figurent à la fin de l'article après un carré noir (■), classées par ordre alphabétique strict (chaque lettre étant prise en compte).

• Les noms composés tels que **musique classique**, **querelles de clocher** sont généralement définis sous le mot qui pose un problème de compréhension (**classique**, **clocher** dans les exemples cités) ; lorsque les deux mots ont le même statut, l'expression figure sous le premier nom (**galerie de mine** à **galerie**). Certains noms composés sont simplement donnés en exemple après une définition (**haricots verts** sous **haricot**).

• Les locutions verbales telles que **avoir peur**, **faire des manières** sont généralement définies sous le nom.

• Les locutions imagées telles que **chercher midi à quatorze heures** sont généralement classées sous le premier nom.

Où trouver la définition du sens recherché ?

• Pour un verbe, les différents sens sont classés selon les emplois (sans complément, avec complément direct ou indirect), signalés par *vi*, *vt*, *vt ind*.

• De nombreuses définitions sont suivies d'un exemple d'emploi en contexte du mot (en italique) ; il arrive qu'un exemple soit donné sans être précédé d'une définition lorsqu'un verbe a un emploi pronominal ou intransitif dont la définition est la même que celle de l'emploi transitif (voir **amonceler**, **prier**).

• Les sens bien distincts sont séparés par un numéro ; les sens que ne distingue qu'une nuance, ou ceux qui sont une extension du sens précédent dans l'article, sont séparés par un point-virgule.

• Généralement, lorsqu'un mot isolé est donné après une définition, séparé d'elle par un point-virgule, il s'agit d'un synonyme du mot défini (voir **abattement**, **accroître**).

Où trouver des réponses à des difficultés d'orthographe, de prononciation, etc. ?

• Le pluriel des noms composés ainsi que les pluriels irréguliers sont donnés entre parenthèses à la suite du mot ; pour les autres pluriels, se reporter au tableau des règles de formation du pluriel page 1014.

• Pour les verbes, nous n'indiquons que l'infinitif ; un numéro permet de retrouver l'ensemble de ses formes conjuguées en se reportant au tableau des conjugaisons pages 1018 à 1033. Les verbes en **-er** qui n'ont pas de numéro de conjugaison suivent le modèle d'**aimer** ; les verbes en **-ir** qui n'ont pas de numéro de conjugaison se conjuguent comme **finir**.

• Des remarques encadrées signalent les principales difficultés de la langue française.

• Seuls les mots posant un problème particulier de prononciation sont transcrits phonétiquement.

Liste des abréviations utilisées dans ce dictionnaire

abrév	abréviation
adj	adjectif, adjectival
ADMIN	administratif
adv	adverbe, adverbial
AÉRON	aéronautique
AGRIC	agriculture
ANAT	anatomie
ANC	ancien, anciennement *(s'applique à une chose qui n'existe plus)*
ANTIQ	Antiquité
ANTIQ GR	Antiquité grecque
ANTIQ ROM	Antiquité romaine
ARCHIT	architecture
ARG	argot
ARG SCOL	argot scolaire
ARG MIL	argot militaire
ARITHM	arithmétique
art	article
ASTRON	astronomie
auj.	aujourd'hui
AUTOM	automobile
AUTREF	autrefois *(s'applique à une chose qui n'existe plus)*
auxil	auxiliaire
BIOL	biologie
BOT	botanique
BOUCH	boucherie
BX-ARTS	beaux-arts
card	cardinal
CATH	catholique, catholicisme
CH DE F	chemin de fer
CHIM	chimie
CHIR	chirurgie
CIN	cinéma
COMM	commerce
cond.	conditionnel
conj / conj	conjonction, conjonctive/conjugaison
CONTR	contraire
COUT	couture
CUIS	cuisine
dém	démonstratif
DR	droit
ÉCOL	écologie
ÉCON	économie
ÉLECTR	électricité
exclam	exclamatif
f, fém	féminin
FAM	familier, familièrement
FIG	figuré *(au sens figuré)*
fut.	futur
GÉOGR	géographie
GÉOL	géologie
GÉOM	géométrie

GR	grec, grecque
GRAMM	grammaire
HIST	histoire
impers	impersonnel
IMPR	imprimerie
ind.	indicatif
indéf	indéfini
inf.	infinitif
INFORM	informatique
INJUR	injurieux
interj	interjection
interr	interrogatif
inv	invariable
IRON	ironique
LING	linguistique
LITT	littéraire *(s'emploie plutôt dans la littérature)*
LITTÉR	littérature, critique littéraire
LITURGIE CATH	liturgie catholique
loc adj	locution adjectivale
loc adv	locution adverbiale
loc conj	locution conjonctive
loc prép	locution prépositionnelle
m, masc	masculin
MAR	marine
MATH	mathématiques
MÉCAN	mécanique
MÉD	médecine
MIL	domaine militaire *(domaine de la défense militaire)*
MUS	musique
MYTH	mythologie
MYTH GR	mythologie grecque
n	nom
nf	nom féminin
nm	nom masculin
notamm.	notamment
num	numéral
onomat.	onomatopée
OPT	optique
ord	ordinal
PAR EXT	par extension
par oppos.	par opposition
PAR PLAIS	par plaisanterie
part. pass.	participe passé
passé s.	passé simple
PÉJOR	péjoratif
pers	personne ; personnel
PHILOS	philosophie
PHOT	photographie
PHYS	physique
PHYSIOL	physiologie
pl	pluriel
POÉT	poétique *(s'emploie surtout en poésie)*

abréviations

poss	possessif
préf.	préfixe
prép	préposition
prés.	présent
pron	pronom
PSYCHAN	psychanalyse
PSYCHOL	psychologie
qqch	quelque chose
qqn	quelqu'un
recomm. off.	recommandation officielle
rel	relatif
RELIG	religion
RELIG CATH	religion catholique
ROM	romain
s.	siècle
SC NAT	sciences naturelles
SCOL	scolaire
sing	singulier
SOUT	soutenu *(s'emploie dans une langue recherchée)*
STAT	statistiques
subj.	subjonctif
suff.	suffixe
symb	symbole
SYN	synonyme
TECHN	technique *(domaine technique)*
TÉLÉCOMM	télécommunications
TÉLÉV	télévision
THÉOL	théologie
v	verbe
v auxil	verbe auxiliaire
VÉNER	vénerie
v impers	verbe impersonnel
vi	verbe intransitif
vt	verbe transitif
vt ind	verbe transitif indirect
vpr	verbe pronominal
VIEILLI	vieilli *(se dit d'un terme qui se comprend encore mais ne s'emploie plus)*
VX	vieux *(se dit d'un terme qui ne s'emploie plus)*
ZOOL	zoologie

A

a nm inv Première lettre de l'alphabet, et la première des voyelles. ■ **de A à Z :** du début à la fin, en totalité. ❑ **prouver par a + b :** rigoureusement.

1. A (symbole) Ampère.

2. A (abréviation) Autoroute : *l'A6*.

à prép **A.** MARQUE UN RAPPORT **1.** De direction : *aller à Marseille.* **2.** De lieu : *attendre à la porte.* **3.** De destination : *à monsieur le Directeur.* **4.** D'appartenance : *ce stylo est à moi.* **5.** De temps : *à sept heures.* **6.** De moyen : *écrire au stylo.* **7.** De manière : *jardin à la française.* **B.** INTRODUIT UN COMPLÉMENT **1.** D'objet indirect. **2.** D'attribution. **3.** Du nom. **4.** De l'adjectif.

abaissement nm **1.** Diminution, baisse. **2.** FIG Humiliation.

abaisser vt **1.** Faire descendre : *abaisser une manette.* **2.** Diminuer, réduire : *abaisser les impôts.* ◆ **s'abaisser** vpr [à] Perdre sa dignité, s'avilir.

abajoue nf Poche à l'intérieur des joues, chez certains mammifères comme le hamster.

abandon nm Action d'abandonner, de quitter, de cesser d'occuper. ■ **à l'abandon :** sans soin, en désordre.

abandonner vt **1.** Cesser d'occuper, quitter : *abandonner sa maison.* **2.** Délaisser, renoncer à : *abandonner ses études.* **3.** Faire défaut à : *ses forces l'abandonnèrent.* ◆ **s'abandonner** vpr [à] Se laisser aller : *s'abandonner au désespoir.*

abaque nm Graphique permettant de résoudre de nombreux calculs.

abasourdir vt **1.** Stupéfier : *cette réponse m'a abasourdi.* **2.** Étourdir par un grand bruit.

abasourdissant, e adj Qui abasourdit.

abasourdissement nm Stupéfaction.

abâtardir vt Faire perdre ses qualités originelles à, faire dégénérer.

abâtardissement nm Dégénérescence.

abat-jour nm inv Dispositif en tissu, en papier, etc., qui sert à diriger la lumière d'une lampe tout en protégeant les yeux de l'éblouissement.

abats nm pl Rognons, foie, cœur, gésier, etc., des animaux de boucherie.

abattage nm Action d'abattre un arbre, un animal. ■ FIG, FAM **avoir de l'abattage :** avoir du dynamisme.

abattant nm Partie d'un meuble que l'on peut lever ou abaisser.

abattement nm **1.** Diminution des forces physiques ou morales ; accablement. **2.** Déduction faite sur une somme à payer : *abattement fiscal.*

abattis nm Coupe faite dans un bois. ◆ pl Pattes, tête, cou, ailerons, etc., d'une volaille. ■ FAM **numérote tes abattis :** sois prêt à te battre.

abattoir nm Établissement où l'on tue les animaux de boucherie.

abattre vt (conj 56) **1.** Faire tomber, renverser : *abattre un arbre, un mur.* **2.** Tuer : *abattre un bœuf.* **3.** Tuer quelqu'un avec une arme à feu : *abattre un homme en pleine rue.* **4.** Ôter ses forces physiques ou morales à : *cet échec l'a abattu ; ne pas se laisser abattre.* ■ **abattre du travail, de la besogne :** en faire une grande quantité. ❑ **abattre ses cartes, son jeu :** montrer ses cartes, étaler son jeu. ◆ **s'abattre** vpr Tomber avec violence : *la grêle s'est abattue sur les vignes.*

abattu, e adj Découragé, affaibli.

abbatial, e, aux adj Relatif à une abbaye. ◆ nf Église d'une abbaye.

ORTHOGRAPHE *Abbatial* s'écrit avec deux *b* comme tous les dérivés de *abbé*.

abbaye [abei] nf Monastère.

abbé nm Titre donné à un ecclésiastique ; supérieur d'une abbaye.

abbesse nf Supérieure d'une abbaye.

abc nm inv **1.** Petit livre contenant l'alphabet. **2.** FIG Premiers éléments d'un art, d'une science : *c'est l'abc du métier.*

abcès nm Amas de pus. ■ **crever l'abcès :** dénouer, sans ménagement, une situation de crise.

abdication nf Action d'abdiquer.

abdiquer vt **1.** Renoncer à : *abdiquer le trône.* **2.** (sans complément) Renoncer au pouvoir : *le roi a abdiqué.* ◆ vi Renoncer à agir : *abdiquer devant les difficultés.*

abdomen [abdɔmɛn] nm **1.** Chez l'homme, région du corps contenant essentiellement l'appareil digestif. **2.** Chez l'insecte, partie postérieure du corps.

abdominal, e, aux adj De l'abdomen. ◆ **abdominaux** nm pl Muscles de l'abdomen. ■ **faire des abdominaux :** faire des exercices destinés à renforcer ces muscles.

abducteur nm et adj ANAT Muscle qui écarte un membre de l'axe du corps. CONTR : adducteur.

abduction nf Mouvement qui écarte de l'axe du corps. CONTR : adduction.

abécédaire nm Livre d'apprentissage de l'alphabet et de la lecture.

abeille nf Insecte social, vivant dans une ruche, produisant le miel et la cire.

aberrant, **e** adj Qui s'écarte du bon sens, de la logique, de la norme : *idée, conduite aberrante*.

aberration nf **1.** Erreur de jugement, absurdité. **2.** OPT Ensemble des défauts des systèmes optiques qui ne donnent pas des images nettes. ■ BIOL **aberration chromosomique** : anomalie de nombre ou de structure des chromosomes.

abêtir vt Rendre bête, stupide.

abêtissant, **e** adj Qui abêtit, abrutit.

abêtissement nm **1.** Action d'abêtir. **2.** État de celui qui est abêti.

abhorrer vt LITT Avoir en horreur ; détester.

abîme nm **1.** Gouffre très profond. **2.** FIG Ce qui divise, sépare très profondément : *il y a un abîme entre eux*. ■ FIG **être au bord de l'abîme** : dans une situation quasi désespérée.

abîmer vt Détériorer, endommager : *abîmer ses chaussures*. ◆ **s'abîmer** vpr **1.** Se détériorer, se gâter : *un tissu qui s'abîme facilement*. **2.** LITT S'engloutir, s'enfoncer : *l'avion s'est abîmé dans la mer*.

abject, **e** adj Bas, vil, méprisable.

abjection nf Abaissement moral ; infamie.

abjuration nf Action d'abjurer.

abjurer vt **1.** Renoncer solennellement à une religion. **2.** FIG Renoncer publiquement à une opinion.

ablatif nm Dans certaines langues à déclinaisons, cas marquant l'éloignement, l'origine.

ablation nf CHIR Action d'enlever un organe, une tumeur.

ablette nf Petit poisson d'eau douce à écailles argentées.

ablution nf Chez les Orientaux, purification religieuse qui consiste à se laver le corps ou une partie du corps. ■ FAM **faire ses ablutions** : se laver.

abnégation nf Renoncement, sacrifice de soi ; dévouement.

aboiement nm Cri du chien.

abois nm pl ■ **être aux abois** : (a) se dit du cerf réduit à faire face aux chiens qui aboient (b) FIG être dans une situation désespérée.

abolir vt Supprimer, abroger.

abolition nf Suppression, abrogation.

abolitionnisme nm Attitude de ceux qui réclament l'abolition d'une loi ou d'un usage, notamm. de la peine de mort, de l'esclavage.

abolitionniste adj et n Qui est partisan de l'abolitionnisme. ◆ adj De l'abolitionnisme.

abominable adj Détestable, odieux : *un temps, un crime abominable*.

abominablement adv **1.** D'une manière abominable. **2.** Extrêmement : *coûter abominablement cher*.

abomination nf LITT Chose horrible : *ce crime est une abomination*.

abominer vt LITT Avoir en horreur.

abondamment adv De façon abondante ; amplement.

abondance nf **1.** Grande quantité : *avoir quelque chose en abondance*. **2.** Ressources importantes : *vivre dans l'abondance*.

abondant, **e** adj En grande quantité.

abonder vi Être, avoir en abondance : *le gibier abonde ici*. ■ **abonder en** : contenir, produire en grande quantité : *la rivière abonde en poissons*. ❑ **abonder dans le sens de quelqu'un** : se ranger à son avis.

abonné, **e** adj et n **1.** Qui a un abonnement : *abonné à une revue*. **2.** FAM Coutumier de qqch : *un élève abonné aux retards*. ■ **être aux abonnés absents** : se prétendre indisponible et injoignable : *depuis le début du scandale, le ministre est aux abonnés absents*.

abonnement nm Convention entre un fournisseur et un client pour l'usage habituel d'un service ou la fourniture régulière d'un produit.

abonner vt Prendre pour autrui un abonnement. ◆ **s'abonner** vpr [à] Prendre un abonnement pour soi.

abord nm Manière d'aborder, d'accueillir quelqu'un ; contact : *être d'un abord aimable*. ■ **au premier abord** : à première vue. ❑ **d'abord** ou **tout d'abord** : en premier lieu, pour commencer. ◆ **abords** pl Environs, accès immédiats : *aux abords de Paris*.

abordable adj Accessible à tous : *des prix abordables*.

abordage nm **1.** Attaque d'un navire. **2.** Collision de deux navires.

aborder vi Atteindre le rivage : *aborder dans une île*. ◆ vt **1.** S'approcher de quelqu'un pour lui parler ; accoster : *aborder quelqu'un dans la rue*. **2.** Commencer à traiter, à étudier : *aborder un sujet, une question*. **3.** S'engager dans : *aborder un virage*. **4.** Accoster un navire pour lui donner l'assaut. **5.** Heurter un navire par accident.

aborigène n et adj Personne originaire du pays où elle vit ; autochtone, indigène.

abortif, **ive** adj Qui fait avorter.

abouchement nm Action d'aboucher.

aboucher vt Joindre ouverture contre ouverture : *aboucher deux tuyaux.* ◆ **s'aboucher** vpr [avec] PÉJOR Se mettre en rapport avec.

aboulie nf Incapacité pathologique à agir, à prendre une décision.

aboulique adj et n Atteint d'aboulie.

aboutir vt ind [à] **1.** Toucher par un bout, arriver à : *cette rue aboutit à la Seine.* **2.** FIG Avoir un résultat : *mes démarches n'ont abouti à rien.* **3.** (sans complément) Avoir un résultat heureux, réussir : *les négociations ont abouti.*

aboutissants nm pl → **tenants.**

aboutissement nm Résultat.

aboyer vi (conj 3) Pousser son cri, en parlant du chien. ◆ vi et vt ind FAM Crier, hurler, invectiver avec violence : *aboyer après qqn.*

abracadabrant, e adj Bizarre, extravagant.

abrasif, ive adj et nm Se dit d'une matière qui use, polit par frottement : *poudre abrasive.*

abrasion nf Action d'user par frottement, d'enlever par grattage.

abrégé nm **1.** Forme réduite d'un écrit. **2.** Ouvrage contenant le résumé d'une science, d'une technique, etc. : *abrégé d'histoire.* ■ **en abrégé :** (a) en peu de mots (b) en utilisant des abréviations.

abrègement nm Action d'abréger.

abréger vt (conj 2 et 10) Rendre plus court : *abréger un discours, un séjour.*

abreuver vt **1.** Faire boire les animaux. **2.** FIG Donner en très grande quantité : *abreuver quelqu'un d'injures.* **3.** Mouiller abondamment : *terre, sol abreuvés d'eau.* ◆ **s'abreuver** vpr Boire, en parlant d'un animal.

abreuvoir nm Lieu où l'on mène boire les bestiaux.

abréviatif, ive adj Qui indique une abréviation : *signe abréviatif.*

abréviation nf **1.** Réduction d'un mot, souvent à sa première lettre ou syllabe. **2.** Mot abrégé.

abri nm Lieu où l'on peut se mettre à couvert de la pluie, d'un danger, etc. ; installation aménagée à cet effet. ■ **à l'abri (de) :** (a) à couvert (de) (b) hors d'atteinte (de).

Abribus [abribys] nm (nom déposé) Petit édifice servant d'abri pour les voyageurs à un arrêt d'autobus.

abricot nm Fruit comestible de l'abricotier, à noyau, à peau et chair jaunes.

abricotier nm Arbre fruitier donnant l'abricot.

abrité, e adj À l'abri du vent : *maison bien abritée.*

abriter vt **1.** Mettre à l'abri. **2.** Avoir comme occupant : *l'immeuble abrite dix familles.* ◆ **s'abriter** vpr [de] Se mettre à l'abri de : *s'abriter de la pluie.*

abrogation nf Annulation d'une loi, d'un décret.

abroger vt (conj 2) Annuler, abolir une loi, un décret.

abrupt, e adj **1.** Dont la pente est raide : *sentier abrupt.* **2.** FIG Rude et sans détour : *parler d'une manière abrupte.*

abruptement adv De façon abrupte : *rue qui descend abruptement ; répondre abruptement.*

abruti, e adj et n Qui ne comprend rien ; stupide.

abrutir vt **1.** Rendre incapable de rien comprendre, de rien sentir : *ce bruit nous abrutit ; la chaleur abrutit.* **2.** Accabler : *abrutir un élève de travail.*

abrutissant, e adj Qui abrutit.

abrutissement nm **1.** Action d'abrutir. **2.** État d'une personne abrutie.

ABS nm (abréviation de *Antiblockiersystem*) AUTOM Système qui évite le blocage des roues en cours de freinage.

abscisse nf MATH Sur un axe orienté, distance d'un point à l'origine, comptée algébriquement (par opposition à *ordonnée*).

abscons, e adj LITT Difficile à comprendre ; abstrus.

absence nf **1.** Fait de n'être pas présent : *une absence remarquée.* **2.** Manque : *absence de rigueur.* **3.** Moment d'inattention : *avoir des absences.* **4.** MÉD Trouble de la conscience. ■ **en l'absence de quelqu'un :** (a) pendant qu'il n'est pas présent (b) à défaut de quelqu'un.

absent, e adj et n Qui n'est pas présent. ◆ adj FIG Distrait : *air absent.*

> GRAMMAIRE On dit *absent de la classe, de la réunion,* mais *absent au moment de la visite.*

absentéisme nm Fait d'être fréquemment absent du lieu de travail ou de l'école.

absentéiste adj et n Qui pratique l'absentéisme.

absenter (s') vpr [de] S'éloigner momentanément (d'un lieu).

abside nf Extrémité d'une église, située derrière le chœur.

absinthe [apsɛ̃t] nf Plante aromatique contenant une essence amère et toxique ; liqueur fabriquée avec cette plante.

absolu, e adj **1.** Complet, total : *confiance absolue.* **2.** Dont les pouvoirs sont sans limite : *monarque absolu.* **3.** Sans nuances ni concessions : *un caractère absolu.* ◆ nm Ce qui existe indépendamment de toute condition : *soif d'absolu.* ■ **dans l'absolu :** sans tenir compte des circonstances.

absolument adv **1.** Sans faute, à tout prix : *je dois absolument partir.* **2.** Complètement, totalement : *c'est absolument faux.* ■ GRAMM **employé absolument** : se dit d'un verbe transitif employé sans complément.

absolution nf RELIG Pardon des péchés.

absolutisme nm Régime politique dans lequel tous les pouvoirs sont sous l'autorité absolue du chef de l'État.

absolutiste adj et n Qui appartient à l'absolutisme ; qui en est partisan.

absorbant, e adj **1.** Qui absorbe, qui boit : *tissu absorbant.* **2.** FIG Qui occupe entièrement : *travail absorbant.*

absorber vt **1.** Retenir un liquide en s'en imprégnant : *l'éponge absorbe l'eau.* **2.** Boire, manger : *absorber une forte dose d'alcool.* **3.** Faire disparaître : *le noir absorbe la lumière ; l'entreprise a absorbé son concurrent.* **4.** Occuper entièrement : *ce travail l'absorbe.* ◆ **s'absorber** vpr S'occuper entièrement à : *s'absorber dans son travail.*

absorption nf Action d'absorber.

absoudre vt (conj 60) **1.** RELIG Remettre ses péchés à un pénitent. **2.** Déclarer non coupable : *absoudre un accusé.* **3.** Pardonner, excuser.

absoute nf RELIG Ensemble des prières dites autour du cercueil, après l'office des morts.

abstenir (s') vpr [de] (conj 22) **1.** Éviter de, renoncer à : *s'abstenir de boire ; s'abstenir de tout commentaire.* **2.** (sans complément) Ne pas prendre part à un vote, à une délibération.

abstention nf **1.** Action de s'abstenir. **2.** Fait de ne pas prendre part à un vote.

abstentionnisme nm Non-participation à un vote.

abstentionniste n Partisan de l'abstentionnisme ; qui s'est abstenu lors d'une élection.

abstinence nf Action de se priver de certains aliments ou de certains plaisirs : *faire abstinence.*

abstinent, e adj et n Qui pratique l'abstinence.

abstraction nf **1.** Action d'abstraire. **2.** Idée ou raisonnement qui en est le résultat. **3.** Conception ou idée sans contact avec la réalité. ■ **faire abstraction de** : ne pas tenir compte de.

abstraire vt (conj 79 ; s'emploie surtout à l'infinitif et aux temps composés) Isoler un élément d'un ensemble afin de le considérer à part. ◆ **s'abstraire** vpr [de] S'isoler mentalement pour réfléchir, méditer, etc.

abstrait, e adj **1.** Se dit d'une qualité considérée en elle-même, indépendamment de l'objet, comme *blancheur, bonté.* CONTR : concret. **2.** Difficile à comprendre, obscur. ■ **art abstrait** : qui ne s'attache pas à représenter la réalité tangible, visible (par opposition à *art figuratif*). ◆ nm ■ **l'abstrait** : (a) ce qui est abstrait (b) l'art abstrait. ❑ **dans l'abstrait** : sans tenir compte de la réalité.

abstraitement adv De façon abstraite.

abstrus, e adj LITT Difficile à comprendre ; abscons.

absurde adj Contraire à la raison, à la logique. ◆ nm ■ **l'absurde** : ce qui est absurde. ❑ **raisonnement par l'absurde** : démonstration qui consiste à établir une proposition en prouvant l'absurdité de la proposition contraire.

absurdité nf **1.** Manque de logique, de fondement : *l'absurdité d'une histoire.* **2.** Propos ou conduite absurde, inepte : *ne dire que des absurdités.*

abus nm **1.** Usage injustifié ou excessif ; mauvais usage : *l'abus d'alcool ; l'abus de pouvoir.* **2.** Injustice causée par le mauvais usage qui est fait d'un droit, d'un pouvoir : *dénoncer les abus.* ■ DR **abus de confiance** : délit consistant à tromper la confiance d'autrui. ❑ FAM **il y a de l'abus** : c'est exagéré.

abuser vt ind [de] **1.** Faire un usage mauvais ou excessif de : *abuser de l'alcool.* **2.** Profiter avec excès de la bonté, de la patience de quelqu'un, des circonstances : *abuser de la situation ; sincèrement, tu abuses.* ◆ **s'abuser** vpr LITT Se tromper soi-même. ■ **si je ne m'abuse** : si je ne fais pas erreur.

abusif, ive adj Qui constitue un abus.

abusivement adv De façon abusive.

abyssal, e, aux adj Des abysses.

abysse nm (surtout au pluriel) Grande profondeur sous-marine.

acabit [akabi] nm ■ PÉJOR **de cet acabit** ou **du même acabit** : du même genre, de la même espèce. ❑ **de tout acabit** : en tout genre, de toute sorte.

acacia nm Arbre épineux, à feuilles généralement persistantes.

académicien, enne n Membre d'une académie, en particulier de l'Académie française.

académie nf **1.** Société scientifique, littéraire ou artistique. **2.** Lieu où l'on s'exerce à la pratique d'un art, d'un jeu : *académie de musique, de billard.* **3.** Circonscription administrative de l'enseignement en France : *académie de Reims.* **4.** BX-ARTS Figure dessinée ou peinte d'après un modèle nu : *une académie d'homme.*

académique adj **1.** Propre à une académie : *inspection académique.* **2.** PÉJOR Qui suit étroitement les règles et les modèles traditionnels : *style, peinture académique.*

académisme nm Style académique.

acadien, enne adj et n D'Acadie.

açaí [asaj] nm Baie pourpre produite par un palmier d'Amazonie.

acajou nm Arbre d'Amérique, au bois rougeâtre ; bois de cet arbre.

acanthe nf **1.** Plante épineuse, à feuilles larges et découpées. **2.** Ornement d'architecture imité de la feuille de cette plante sur les chapiteaux corinthiens.

a capella ou **a cappella** loc adv ou loc adj inv ■ **chanter a capella :** sans accompagnement instrumental.

acariâtre adj D'une humeur difficile à supporter ; hargneux, grincheux.

acarien nm Très petit animal, tels l'aoûtat et la tique, qui peut transmettre, par sa piqûre, le germe de certaines maladies.

accablant, e adj Qui accable.

accablement nm État de quelqu'un qui est écrasé par la fatigue, la chaleur, la douleur, etc. ; abattement.

accabler vt **1.** Ôter toute force, abattre : *chaleur qui accable.* **2.** Faire succomber sous une charge excessive, sous la peine physique ou morale : *accabler de fatigue, de soucis.* **3.** Prouver la culpabilité de : *ce témoignage l'accable.*

accalmie nf Calme momentané.

accaparant, e adj Qui accapare : *enfant accaparant ; passion accaparante.*

accaparement nm Action d'accaparer.

accaparer vt **1.** Prendre pour soi au détriment des autres : *accaparer le pouvoir.* **2.** Occuper exclusivement : *ses enfants l'accaparent.*

accapareur, euse n Personne qui accapare.

accastillage nm Ensemble des accessoires servant au gréement et à la manœuvre d'un bateau.

accédant, e n ■ **accédant à la propriété :** personne s'employant à devenir propriétaire.

accéder vt ind [à] (conj 10) **1.** Avoir accès à : *accéder au grenier par une trappe.* **2.** Parvenir à : *accéder à de hautes fonctions.* **3.** Donner son accord, consentir : *accéder à une demande.*

accélérateur, trice adj Qui accélère, précipite. ◆ nm **1.** Appareil commandant l'admission du mélange gazeux dans un moteur à combustion pour faire varier la vitesse du véhicule. **2.** PHYS Appareil communiquant à des particules élémentaires des vitesses élevées.

accélération nf Augmentation de vitesse, de rythme.

accéléré nm Au cinéma, technique rendant les mouvements plus rapides sur l'écran que dans la réalité.

accélérer vt et vi (conj 10) Augmenter la vitesse, le rythme : *accélérer le pas ; la voiture accélère.*

accent nm **1.** Signe graphique sur une voyelle : *accent aigu, grave, circonflexe.* **2.** Mise en relief par la voix d'une syllabe, d'un mot : *accent tonique.* **3.** Prononciation particulière : *l'accent du Midi.* **4.** Intonation expressive de la voix : *accent plaintif.* ■ **mettre l'accent sur :** mettre en relief, attirer l'attention sur.

accentuation nf Action ou manière d'accentuer.

accentué, e adj **1.** Qui porte un accent : *syllabe accentuée.* **2.** Marqué : *traits accentués.*

accentuer vt **1.** Marquer d'un accent. **2.** Renforcer, rendre plus intense : *cela accentue les traits de son visage.*

acceptable adj Qui peut être accepté.

acceptation nf Action d'accepter ; consentement.

accepter vt **1.** Consentir à prendre, à recevoir ; admettre : *accepter un cadeau ; accepter d'être contredit.* **2.** Admettre quelqu'un comme membre d'un groupe : *il a été accepté par la communauté.*

acception nf Sens particulier d'un mot : *les différentes acceptions du mot « cher ».*

VOCABULAIRE Il ne faut pas confondre *acception* avec *acceptation,* « consentement ».

accès nm **1.** Possibilité d'atteindre un lieu : *accès interdit.* **2.** Abord : *île d'accès difficile.* **3.** Chemin, voie, etc., qui permet d'aller vers un lieu ou d'y entrer : *tous les accès de la maison sont surveillés.* **4.** Possibilité de comprendre : *livre d'accès difficile.* **5.** Manifestation brusque et intense de : *accès de colère, de fièvre, de délire.* **6.** INFORM Procédure de recherche ou d'enregistrement d'une donnée : *temps d'accès.* ■ **avoir accès auprès de quelqu'un :** avoir la possibilité de l'approcher.

accessible adj **1.** D'accès facile : *côte, personne accessible.* **2.** Compréhensible, intelligible : *livre accessible à tous.*

accession nf Fait d'accéder à quelque chose, d'y parvenir : *accession à la propriété.*

accessit [aksesit] nm Distinction honorifique pour ceux qui sont les plus proches des lauréats d'un prix, notamment scolaire.

1. accessoire adj Qui accompagne une chose principale ; secondaire : *cela n'a qu'un intérêt accessoire.* ◆ nm Ce qui est secondaire : *distinguer l'accessoire de l'essentiel.*

2. accessoire nm **1.** Pièce, outil, etc., qui ne font pas partie d'un appareil mais qui servent à son fonctionnement : *accessoires d'automobile.* **2.** Élément du décor, des costumes au théâtre, au cinéma. **3.** Élément qui complète la toilette (sac, ceinture, etc.).

accessoirement adv D'une manière accessoire.

accessoiriser vt Agrémenter d'accessoires une toilette, un costume.

accessoiriste n Personne qui s'occupe des accessoires au théâtre, au cinéma.

accident nm **1.** Événement malheureux entraînant des dommages : *accident de voiture, de la route ; accident du travail.* **2.** Événement imprévu : *c'est un accident de parcours.* ■ **accident de terrain** : inégalité du relief. ❑ **accident vasculaire cérébral** : affection soudaine du cerveau, d'origine artérielle, correspondant soit à une hémorragie, soit à un infarctus d'une région cérébrale. ❑ **par accident** : par hasard.

accidenté, e adj Qui présente des inégalités dans son relief : *terrain accidenté.* ◆ adj et n Qui a subi un accident : *une voiture accidentée ; les accidentés de la route.*

accidentel, elle adj Qui arrive par accident, par hasard : *mort accidentelle ; rencontre accidentelle.*

accidentellement adv Par accident.

accidenter vt Causer un accident, un dommage à.

accidentogène adj Qui peut provoquer des accidents : *un virage accidentogène.*

acclamation nf Cri de joie, d'admiration. ■ **par acclamation** : unanimement ou massivement, sans vote.

acclamer vt Saluer par des cris de joie, d'approbation.

acclimatation nf Action d'acclimater un animal, un végétal à un nouveau milieu : *jardin d'acclimatation.*

acclimatement nm Adaptation à un nouvel environnement : *acclimatement à l'altitude.*

acclimater vt Adapter à un nouveau climat, à un nouveau milieu.

accointances nf pl PÉJOR ■ **avoir des accointances (avec quelqu'un, dans un milieu)** : avoir des fréquentations, des relations.

accointer (s') vpr [avec] FAM, PÉJOR Se lier avec quelqu'un.

accolade nf **1.** Geste d'amitié qui consiste à se tenir mutuellement entre les bras, en particulier, lors d'une remise de décoration. **2.** Signe graphique ({}) utilisé pour réunir plusieurs lignes.

accoler vt Mettre ensemble, joindre : *accoler une particule à un nom.*

accommodant, e adj Conciliant, arrangeant.

accommodation nf **1.** Action d'accommoder, de s'accommoder. **2.** Adaptation de l'œil aux diverses distances de vision.

accommodement nm Arrangement, compromis.

accommoder vt **1.** Concilier, adapter : *accommoder ses paroles aux circonstances.* **2.** Apprêter (un mets). ◆ vi En parlant de l'œil, réaliser l'accommodation. ◆ **s'accommoder** vpr [de] Se contenter, se satisfaire de : *s'accommoder de tout.*

accompagnateur, trice n **1.** Personne qui accompagne un chanteur ou un instrumentiste à l'aide d'un instrument ou de la voix. **2.** Personne qui accompagne et guide un groupe de touristes, d'enfants, etc.

accompagnement nm **1.** Action d'accompagner. **2.** Chose qui accompagne : *viande servie avec des pâtes en accompagnement.* **3.** MUS Partie instrumentale ou vocale secondaire, soutenant une partie principale.

accompagner vt **1.** Aller avec quelqu'un ou à sa suite, escorter ou conduire : *accompagner quelqu'un à la gare.* **2.** Ajouter, associer à : *accompagner ses mots d'un geste.* **3.** MUS Exécuter l'accompagnement de : *accompagner au piano.* ■ **accompagner un malade, un mourant** : le soigner et le soutenir pour l'aider à supporter ses souffrances et son angoisse. ◆ **s'accompagner** vpr [de] Être suivi de.

accompli, e adj **1.** Achevé, révolu : *vingt ans accomplis.* **2.** Parfait : *un homme accompli.* ■ **le fait accompli** : ce sur quoi il n'est plus possible de revenir.

accomplir vt Exécuter, faire, réaliser entièrement. ◆ **s'accomplir** vpr **1.** Se produire ; se réaliser. **2.** S'épanouir pleinement : *s'accomplir dans son travail.*

accomplissement nm Réalisation, achèvement.

accord nm **1.** Conformité de sentiments, d'idées : *être en parfait accord avec quelqu'un.* **2.** Convention, arrangement : *signer un accord.* **3.** Acceptation, assentiment : *donner son accord.* **4.** Concordance, harmonie entre des choses : *une architecture en accord avec le site.* **5.** MUS Ensemble de sons émis simultanément. **6.** MUS Action d'accorder un instrument. **7.** GRAMM Rapport de forme établi entre des mots : *accord de l'adjectif avec le nom.* ■ **d'accord** : oui, entendu. ❑ **d'un commun accord** : avec le consentement de tous. ❑ **être d'accord** : être du même avis. ❑ **se mettre, tomber d'accord** : parvenir à s'entendre.

accord-cadre (pl *accords-cadres*) nm Accord entre partenaires sociaux donnant les orientations d'accords ultérieurs plus détaillés.

accordéon nm Instrument de musique portatif à touches, composé de languettes de métal actionnées par un soufflet d'accordéon. ■ **en accordéon** : qui présente des plis comparables à ceux d'un soufflet d'accordéon.

accordéoniste n Personne qui joue de l'accordéon.

accorder vt **1.** Consentir à donner : *accorder un délai.* **2.** MUS Régler la justesse d'un instrument : *accorder un violon.* **3.** GRAMM

Appliquer à un mot les règles de l'accord : *accorder un adjectif.* **4.** Mettre en harmonie : *accorder des couleurs.* ◆ **s'accorder** vpr **1.** Se mettre, être d'accord : *tout le monde s'accorde à dire que.* **2.** GRAMM Être en accord avec un autre mot : *le verbe s'accorde avec le sujet.* **3.** Être en accord, en harmonie : *ces couleurs s'accordent bien.*

accordeur nm Personne qui accorde les instruments de musique : *accordeur de pianos.*

accorte adj f LITT Gracieuse, avenante : *jeune fille accorte.*

accostage nm Action d'accoster.

accoster vt **1.** Aborder quelqu'un. **2.** MAR S'approcher très près de : *accoster le quai.*

accotement nm Partie latérale d'une route, entre la chaussée et le fossé.

accoter vt Appuyer par un côté : *accoter une échelle contre un mur.*

accotoir nm Accoudoir.

accouchement nm Action d'accoucher.

accoucher vi et vt ind [de] Mettre un enfant au monde. ◆ vt Aider une femme à accoucher.

accoucheur, euse n Médecin qui fait les accouchements. ◆ nf BELGIQUE Sage-femme.

accouder (s') vpr S'appuyer sur le coude ou les coudes.

accoudoir nm Appui pour les bras sur les côtés d'un siège.

accouplement nm Union sexuelle du mâle et de la femelle.

accoupler vt Réunir par deux : *accoupler deux mots.* ◆ **s'accoupler** vpr S'unir pour la reproduction, en parlant d'animaux.

accourir vi (conj 29 ; auxil : *avoir* ou *être*) Venir en hâte.

accoutrement nm Habillement bizarre, ridicule.

accoutrer vt Habiller bizarrement.

accoutumance nf **1.** Fait de s'accoutumer à : *accoutumance au bruit.* **2.** Phénomène d'adaptation d'un individu à une substance active ou toxique qui entraîne un accroissement progressif des doses.

accoutumé, e adj Ordinaire, habituel. ■ **comme à l'accoutumée :** comme d'habitude.

accoutumer vt Disposer quelqu'un à supporter, à faire. ◆ **s'accoutumer** vpr [à] Prendre l'habitude de.

accréditation nf Action d'accréditer ; fait d'être accrédité.

accréditer vt **1.** Rendre vraisemblable, crédible : *accréditer une rumeur.* **2.** Faire reconnaître officiellement : *accréditer un ambassadeur.* **3.** Délivrer une autorisation d'exercer sa profession à un journaliste, un photographe.

accro adj et n FAM **1.** Dépendant d'une drogue. **2.** Passionné par : *accro de jazz.*

Accrobranche nf (nom déposé) Activité sportive pratiquée en forêt et combinant le grimper et le déplacement d'arbre en arbre en suivant un parcours sécurisé démontable.

accroc [akro] nm **1.** Déchirure faite dans un tissu. **2.** FIG Incident malheureux : *tout s'est passé sans accroc.*

accrochage nm **1.** Action d'accrocher. **2.** FAM Querelle, dispute. **3.** MIL Combat de faible importance.

accroche nf Partie d'un texte conçue pour attirer l'attention.

accroche-cœur (pl *accroche-cœurs* ou inv) nm Mèche de cheveux aplatie en boucle sur la tempe.

accrocher vt **1.** Suspendre à un crochet, à un clou, etc. **2.** Faire une déchirure, un accroc à. **3.** Heurter légèrement : *accrocher une voiture.* **4.** FAM Réussir à obtenir, à saisir. ◆ **s'accrocher** vpr **1.** Se retenir à quelque chose. **2.** FAM Persévérer, être tenace. ■ FAM **s'accrocher avec quelqu'un :** se disputer avec lui.

accrocheur, euse adj **1.** FAM Tenace, opiniâtre. **2.** Qui retient l'attention : *titre accrocheur.*

accroire vt ■ LITT **en faire accroire à quelqu'un :** lui faire croire ce qui n'est pas.

accroissement nm Fait d'accroître, de s'accroître ; augmentation.

accroître vt (conj 64) Rendre plus grand, plus intense ; augmenter. ◆ **s'accroître** vpr Devenir plus grand, plus important ; augmenter.

accroupir (s') vpr S'asseoir sur les talons.

accru, e adj Plus grand : *responsabilités accrues.*

accu nm (abréviation) FAM Accumulateur. ■ **recharger ses accus :** reconstituer ses forces.

accueil nm **1.** Manière de recevoir quelqu'un : *accueil chaleureux, glacial.* **2.** Lieu où l'on accueille les visiteurs dans une administration, une entreprise : *se retrouver à l'accueil.*

accueillant, e adj Qui fait bon accueil : *famille accueillante.*

accueillir vt (conj 24) **1.** Recevoir, donner l'hospitalité à quelqu'un. **2.** Prendre, recevoir d'une certaine manière : *accueillir une nouvelle avec joie.*

acculer vt Pousser quelqu'un contre un obstacle ou le mettre dans une situation où il ne peut plus reculer : *acculer au mur, à la faillite.*

acculturation nf Processus par lequel un groupe assimile une culture différente de la sienne.

acculturé, e adj Qui a subi une acculturation.

accumulateur nm Appareil emmagasinant l'énergie pour la restituer par la suite.

accumulation nf Action d'accumuler, d'être accumulé.

accumuler vt Réunir en un ensemble important ; amasser, entasser : *accumuler des marchandises, des témoignages.* ◆ **s'accumuler** vpr Se mettre en tas, s'ajouter les uns aux autres.

accusateur, trice adj et n Qui accuse.

accusatif nm Dans certaines langues à déclinaisons, cas indiquant l'objet direct ou le but d'un mouvement.

accusation nf **1.** Action en justice par laquelle on accuse quelqu'un. **2.** Reproche fait pour une action jugée mauvaise.

1. accusé nm ■ **accusé de réception** : avis informant qu'un envoi a été reçu par son destinataire.

2. accusé, e n Personne donnée comme coupable d'un délit. ◆ adj Marqué, accentué : *traits accusés.*

accuser vt **1.** Présenter comme coupable de : *accuser de meurtre, de malhonnêteté.* **2.** Mettre en relief, accentuer : *maquillage qui accuse les traits.* ■ FAM **accuser le coup** : montrer qu'on est affecté, touché. ❑ **accuser réception** : avertir qu'on a reçu un envoi.

ace [es] nm Au tennis, balle de service que l'adversaire ne peut toucher.

acéphale adj Sans tête.

acerbe adj Piquant, mordant, agressif : *paroles acerbes.*

acéré, e adj **1.** Tranchant, aigu : *griffes acérées.* **2.** FIG Mordant, caustique.

acétate nm **1.** CHIM Sel de l'acide acétique. **2.** Fibre textile artificielle.

acétique adj ■ **acide acétique** : acide auquel le vinaigre doit sa saveur. ❑ **fermentation acétique** : qui donne naissance au vinaigre.

acétone nf Liquide incolore, volatil et inflammable utilisé comme solvant.

acétylène nm Hydrocarbure obtenu en traitant le carbure de calcium par l'eau.

acétylsalicylique adj ■ **acide acétylsalicylique** : aspirine.

achalandé, e adj **1.** VX Qui a des clients. **2.** Fourni en marchandises, approvisionné : *magasin bien achalandé.*

acharné, e adj Qui a, qui dénote de l'acharnement.

acharnement nm Grande obstination, ténacité, ardeur opiniâtre. ■ **acharnement thérapeutique** : fait de maintenir en vie, par tous les moyens possibles, un malade dont l'état est reconnu désespéré.

acharner (s') vpr **1.** Poursuivre avec violence, hostilité : *le sort s'acharne sur lui.* **2.** S'obstiner à : *il s'acharne à le prendre en défaut.*

achat nm **1.** Action d'acheter. **2.** Objet acheté.

acheminement nm Action d'acheminer : *l'acheminement des colis postaux.*

acheminer vt Diriger vers un lieu. ◆ **s'acheminer** vpr Aller vers un résultat.

acheter vt (conj 7) **1.** Obtenir contre paiement. **2.** Payer la complicité de quelqu'un : *acheter un témoin.* **3.** Obtenir par des sacrifices : *acheter très cher sa liberté.*

acheteur, euse n Personne qui achète.

achevé, e adj Terminé : *les travaux sont achevés.* ■ **d'un ridicule achevé** : parfaitement ridicule.

achèvement nm Fin, exécution complète : *achèvement des travaux.*

achever vt (conj 9) **1.** Finir ce qui est commencé ; terminer : *achever un travail.* **2.** Porter le dernier coup qui amène la mort : *achever un animal blessé.* **3.** Finir d'accabler, de décourager : *cette mauvaise nouvelle l'a achevé.*

Achille ■ **talon d' Achille** nm FIG Point faible de quelqu'un.

achoppement nm ■ **pierre d'achoppement** : cause de difficulté, d'échec.

achopper vi **1.** LITT Buter du pied contre quelque chose. **2.** FIG Être arrêté par une difficulté : *achopper sur un problème.*

achromatique [akrɔmatik] adj Qui laisse passer la lumière blanche sans la décomposer.

achromatisme [akrɔmatism] nm Propriété d'un système optique achromatique.

acide adj **1.** Qui a une saveur aigre. **2.** Désagréable, blessant : *remarques acides.* ◆ nm **1.** CHIM Composé hydrogéné qui peut former des sels avec les bases. **2.** FAM LSD.

acidifiant, e adj Qui acidifie.

acidification nf Action d'acidifier.

acidifier vt **1.** Rendre plus acide. **2.** CHIM Transformer en acide.

acidimétrie nf Mesure de la concentration d'un acide.

acidité nf **1.** Saveur acide. **2.** Caractère mordant de quelque chose : *acidité d'une remarque.*

acidulé, e adj Légèrement acide : *bonbon acidulé.*

acier nm Alliage de fer et d'une faible quantité de carbone. ■ **acier inoxydable** : acier spécial à base de nickel et de chrome, résistant aux divers agents de corrosion. ❑ FIG **d'acier** : dur, solide, à toute épreuve : *des muscles, des nerfs, un moral d'acier.*

aciérage nm Opération qui donne à un métal la dureté de l'acier.

aciérie nf Usine où l'on fabrique l'acier.

acmé nf ou nm LITT Point culminant, apogée.

acné nf Maladie de la peau, caractérisée par des boutons, principalement sur le visage : *acné juvénile*.

acolyte nm PÉJOR Compagnon, complice.

acompte nm Paiement partiel à valoir sur une somme due.

aconit [akɔnit] nm Plante vénéneuse, de la famille des renonculacées.

a contrario loc adv ou loc adj inv Se dit d'un raisonnement qui, partant d'une hypothèse opposée, aboutit à une conclusion opposée.

acoquiner (s') vpr [à, avec] PÉJOR Se lier avec quelqu'un.

à-côté (pl *à-côtés*) nm Ce qui est accessoire, en supplément.

à-coup (pl *à-coups*) nm Arrêt brusque suivi d'une reprise brutale. ■ **par à-coups :** par intermittence. ❑ **sans à-coups :** sans incident.

acoustique adj Relatif aux sons. ◆ nf **1.** Partie de la physique qui étudie les sons. **2.** Qualité d'un local du point de vue de la propagation des sons.

acquéreur nm Acheteur.

acquérir vt (conj 21) **1.** Devenir propriétaire d'un bien : *acquérir une voiture*. **2.** Réussir à obtenir, à avoir : *ce timbre a acquis de la valeur ; acquérir de l'expérience*.

> GRAMMAIRE Attention, le participe passé de *acquérir* est *acquis, acquise ;* on écrit *les droits que nous avons acquis*.

acquêt nm Bien acquis à titre onéreux pendant le mariage, par opposition aux biens propres.

acquiescement nm Consentement.

acquiescer vi et vt ind [à] (conj 1) Dire oui, accepter : *acquiescer d'un signe de tête*.

1. acquis nm **1.** Ce qui est acquis, avantage, droit obtenu : *acquis sociaux*. **2.** Savoir, expérience : *vivre sur ses acquis*.

2. acquis, e adj **1.** Que les circonstances de la vie ont fait apparaître, que l'on a acquis (par opposition à *naturel, inné*) : *caractères acquis*. **2.** Obtenu une fois pour toutes : *avantages acquis*. ■ **être acquis à quelqu'un :** lui être dévoué. ❑ **être acquis à une idée :** en être partisan.

acquisition nf **1.** Action d'acquérir : *l'acquisition d'une maison, du langage*. **2.** Ce que l'on a acquis, achat : *une bonne acquisition*.

acquit [aki] nm DR Reconnaissance écrite d'un paiement. ■ **par acquit de conscience :** pour sa tranquillité d'esprit. ❑ **pour acquit :** formule au verso d'un chèque pour certifier que celui-ci a été payé.

acquit-à-caution (pl *acquits-à-caution*) nm Document administratif qui permet de faire circuler librement des marchandises soumises à l'impôt indirect non encore payé.

acquittement nm **1.** Action de payer ce qu'on doit ; remboursement. **2.** Action d'acquitter un accusé par une décision judiciaire. CONTR : condamnation.

acquitter vt **1.** Payer ce qu'on doit : *acquitter une facture*. **2.** Déclarer non coupable : *acquitter un accusé*. ◆ **s'acquitter** vpr [de] Faire ce qu'on doit, ce à quoi on s'est engagé.

acra nm Dans la cuisine créole, boulette de poisson ou de légumes pilés, enrobée de pâte à beignet et frite.

acre nf Ancienne mesure agraire, égale à environ 50 ares.

âcre adj Piquant, irritant au goût, à l'odorat.

âcreté nf Caractère de ce qui est âcre.

acridien nm Insecte orthoptère sauteur (sauterelle, etc.).

acrimonie nf LITT Agressivité qui se manifeste dans la manière de parler.

acrimonieux, euse adj LITT Aigre, acerbe.

acrobate n Artiste qui exécute des exercices d'agilité, d'adresse ou de force dans un cirque, un music-hall, etc.

acrobatie [akrɔbasi] nf **1.** Exercice d'acrobate. **2.** Manœuvre difficile : *acrobaties aériennes*.

acrobatique adj Qui relève de l'acrobatie.

acronyme nm Sigle qui peut être prononcé comme un mot ordinaire (EX : *CAPES*).

acropole nf Partie la plus haute d'une cité grecque et qui forme une citadelle.

acrostiche nm Poésie dont les premières lettres de chaque vers, lues verticalement, forment le nom voulu.

acrylique nm Textile artificiel.

1. acte nm **1.** Mouvement d'un être vivant adapté à une fin ; action : *acte volontaire*. **2.** Manifestation de la volonté considérée dans son but : *acte de bravoure*. **3.** DR Écrit authentifiant un fait, une convention : *acte de vente*. ■ **faire acte de :** donner une preuve concrète de : *faire acte de bonne volonté*. ❑ **prendre acte de :** déclarer que l'on se prévaudra par la suite du fait qui a été constaté.

2. acte nm Chacune des grandes divisions d'une pièce de théâtre.

acter vt Prendre acte de ; entériner : *acter une décision*.

acteur, trice n **1.** Personne dont la profession est de jouer au théâtre ou au cinéma. **2.** Personne qui prend une part déterminante dans une action.

actif, ive adj **1.** Qui agit ; énergique, vif, efficace : *être très actif*. **2.** Qui exerce une activité professionnelle. **3.** Qui produit un effet, agit : *produit actif.* ■ GRAMM **forme, voix active :** forme du verbe transitif ou intransitif qui présente l'action faite par le sujet (par opposition à *passif*). ◆ nm **1.** FINANCES Ce qu'on possède (par opposition à *passif*). **2.** GRAMM Forme, voix active. **3.** Personne exerçant ou recherchant un emploi. ■ **avoir quelque chose à son actif :** pouvoir s'en prévaloir.

actinie nf Animal de mer fixé aux rochers littoraux (nom usuel : *anémone de mer*).

action nf **1.** Manifestation concrète de la volonté dans un domaine déterminé. **2.** Manière dont agit un corps, une force : *l'action d'un acide.* **3.** Enchaînement des événements dans un récit, dans un film : *action rapide.* **4.** Exercice d'un droit en justice : *intenter une action.* **5.** FINANCES Titre représentant les droits d'un associé dans certaines sociétés.

actionnaire n Personne qui possède des actions dans une société.

actionnariat nm **1.** Division en actions du capital d'une entreprise. **2.** Ensemble des actionnaires.

actionner vt Mettre en mouvement : *actionner un mécanisme.*

activement adv De façon active.

activer vt **1.** Rendre plus rapide ; hâter, accélérer : *activer les préparatifs.* **2.** Rendre plus vif, plus actif : *activer le feu.* ◆ **s'activer** vpr Travailler activement ; s'affairer, se hâter.

activisme nm Attitude politique qui préconise l'action concrète, parfois au détriment de la réflexion, de la prudence.

activiste adj et n Relatif à l'activisme ; qui en est partisan.

activité nf **1.** Ensemble des phénomènes par lesquels se manifestent une forme de vie, un fonctionnement, un processus : *activité intellectuelle ; activité volcanique.* **2.** Dynamisme, animation : *période d'intense activité.* **3.** Occupation : *activité professionnelle.* ■ **en activité :** (a) en service, en parlant d'un soldat, d'un fonctionnaire (b) en fonctionnement, en parlant d'une usine.

actuaire n Spécialiste qui fait des calculs statistiques pour les assurances.

actualisation nf Action d'actualiser.

actualiser vt Rendre actuel, mettre à jour.

actualité nf **1.** Qualité de ce qui est actuel. **2.** Ensemble des faits actuels, récents. ◆ **actualités** pl Informations, nouvelles à la télévision, à la radio.

actuel, elle adj Qui existe dans le moment présent ; qui appartient, convient au moment présent : *un film actuel.*

actuellement adv Maintenant, en ce moment.

acuité nf **1.** Caractère de ce qui est aigu : *acuité d'un son, d'une douleur.* **2.** Degré de sensibilité d'un organe des sens : *acuité visuelle, auditive.*

acupuncteur, trice ou **acuponcteur, trice** n Médecin spécialiste de l'acupuncture.

acupuncture ou **acuponcture** nf Traitement médical d'origine chinoise, qui consiste à piquer des aiguilles en certains points du corps.

acutangle adj Se dit d'un triangle dont les trois angles sont aigus.

adage nm Proverbe, maxime.

adagio [adadʒjo] adv MUS Lentement. ◆ nm Morceau exécuté lentement.

adamantin, e adj LITT Qui a l'éclat du diamant.

adaptable adj Qui peut être adapté.

adaptateur, trice n Personne qui adapte une œuvre au cinéma, au théâtre. ◆ nm Dispositif permettant d'adapter un objet à une condition d'utilisation particulière : *adaptateur pour prises de courant.*

adaptation nf Action d'adapter ; fait de s'adapter.

adapter vt **1.** Appliquer, ajuster : *adapter un robinet à un tuyau.* **2.** Conformer à, approprier : *adapter les moyens au but.* **3.** Modifier une œuvre en vue d'un usage différent : *adapter une comédie au cinéma.* ◆ **s'adapter** vpr [à] Se plier, se conformer à : *s'adapter aux circonstances.*

addenda [adɛ̃da] nm inv Ce qu'on ajoute à un ouvrage pour le compléter.

addictif, ive adj Qui relève de l'addiction.

addiction nf Toxicomanie, alcoolisme, tabagisme, etc.

addictologie nf Discipline médicale qui étudie l'addiction et sa prévention.

additif nm **1.** Substance ajoutée à un produit. **2.** Addition faite à un texte.

addition nf **1.** Opération arithmétique qui ajoute des nombres, des quantités. **2.** Action d'ajouter ; ce qu'on ajoute : *addition d'eau.* **3.** Note de dépenses au café, au restaurant.

additionnel, elle adj Qui est ajouté : *article additionnel d'une loi.*

additionner vt Ajouter, faire le total, l'addition de : *additionner six nombres.* ◆ **s'additionner** vpr Être ajoutés les uns aux autres ; s'accumuler.

additivé, e adj ■ **carburant additivé :** carburant contenant des additifs qui diminuent son pouvoir détonant.

adducteur nm et adj m ANAT Muscle qui rapproche un membre de l'axe du corps. CONTR : abducteur.

adduction nf **1.** Action d'amener : *adduction d'eau potable.* **2.** Mouvement qui rapproche un membre de l'axe du corps. CONTR : abduction.

adénite nf Inflammation des ganglions lymphatiques.

adénoïde adj Qui se rapporte au tissu glandulaire.

adénome nm Tumeur bénigne qui se développe dans une glande.

adénovirus nm Virus dont le patrimoine génétique est constitué d'une molécule d'ADN.

adepte n **1.** Partisan d'une doctrine, d'une secte, etc. **2.** Personne qui pratique une activité, un sport.

VOCABULAIRE On est *adepte* d'une doctrine ; on est *disciple* d'un maître.

adéquat, e [adekwa, at] adj Adapté, approprié : *expression adéquate*.

adéquation [adekwasjɔ̃] nf Adaptation parfaite : *l'adéquation des moyens à la situation*.

adhérence nf **1.** État de ce qui adhère. **2.** Accolement normal ou pathologique de deux organes ou tissus.

adhérent, e adj Qui adhère. ◆ n Membre d'un parti, d'une association.

adhérer vt ind [à] (conj 10) **1.** Tenir fortement à une chose ; coller : *un papier qui adhère mal au mur*. **2.** FIG Partager une idée, une opinion. **3.** S'inscrire à une association, à un parti.

adhésif, ive adj Qui adhère, colle. ◆ nm Bande de papier, de toile, etc., dont une des faces est enduite d'un produit qui colle sans devoir être préalablement mouillé.

adhésion nf **1.** Action d'adhérer à un parti, à une association. **2.** Approbation, accord : *donner son adhésion à un projet*.

ad hoc loc adj inv Qui convient à la situation.

adieu interj et nm Formule de salut quand on se quitte pour longtemps ou pour toujours. ■ **dire adieu à quelque chose** : y renoncer.

adipeux, euse adj **1.** Qui renferme de la graisse : *tissu adipeux*. **2.** Bouffi de graisse.

adiposité nf Surcharge de graisse.

adjacent, e adj Attenant, contigu. ■ **angles adjacents** : angles ayant le même sommet et un côté commun.

1. adjectif nm Mot qui qualifie ou détermine le substantif auquel il est joint et qui s'accorde en genre et en nombre avec lui : *adjectif qualificatif, possessif, démonstratif*.

2. adjectif, ive ou **adjectival, e, aux** adj Qui a la fonction d'un adjectif : *locution adjective*.

adjectivement adv Comme adjectif : *mot employé adjectivement*.

adjoindre vt (conj 55) Associer une personne, une chose à une autre.

adjoint, e n et adj Personne associée à une autre pour l'aider dans ses fonctions.

ORTHOGRAPHE On écrit *directeur adjoint* sans trait d'union. On dit *l'adjoint du directeur* (complément avec *de*) mais, par usage, *l'adjoint au maire*.

adjonction nf Action d'adjoindre, d'ajouter : *pain sans adjonction de sel*.

adjudant nm Sous-officier d'un grade intermédiaire entre ceux de sergent-chef et d'adjudant-chef.

adjudant-chef (pl *adjudants-chefs*) nm Sous-officier d'un grade intermédiaire entre ceux d'adjudant et de major.

adjudicataire n Bénéficiaire d'une adjudication.

adjudication nf DR Attribution d'un marché ou d'un bien à celui qui offre le meilleur prix.

adjuger vt (conj 2) **1.** Attribuer, concéder par adjudication. **2.** Attribuer : *adjuger un prix*. ◆ **s'adjuger** vpr S'approprier : *s'adjuger la meilleure part*.

adjuration nf LITT Action d'adjurer.

adjurer vt LITT Supplier avec insistance.

adjuvant, e adj et nm Qui renforce l'action d'un autre médicament ou produit.

ad libitum loc adv Au choix.

ADM nf (sigle de *arme de destruction massive*) Arme nucléaire, biologique ou chimique provoquant des pertes matérielles ou humaines très supérieures à celles causées par les armes classiques.

admettre vt (conj 57) **1.** Recevoir : *admettre un candidat à un concours*. **2.** Laisser entrer : *les chiens ne sont pas admis*. **3.** Estimer vrai : *admettre un fait*. **4.** Supporter, tolérer : *cela n'admet pas de discussion*.

administrateur, trice n Personne qui administre, gère des affaires publiques ou privées.

administratif, ive adj De l'administration.

administration nf **1.** Action d'administrer les affaires publiques ou privées, de gérer des biens. **2.** (avec une majuscule) Ensemble des services de l'État : *travailler dans l'Administration*. **3.** Service public ; ensemble de ses employés : *administration des douanes*.

administré, e n Personne dépendant d'une administration.

administrer vt **1.** Diriger, gérer les affaires publiques ou privées. **2.** Conférer : *administrer les sacrements*. **3.** Faire prendre : *administrer un médicament*. **4.** Appliquer, infliger : *administrer une correction*.

admirable adj Digne d'admiration : *un livre, un courage admirable*.

admirablement adv De façon admirable.

admirateur, trice n et adj Personne qui admire.

admiratif, ive adj Qui marque de l'admiration : *regard admiratif*.

admiration nf Sentiment éprouvé devant la réalisation d'un certain idéal de beauté, de grandeur.

admirativement adv D'un air admiratif.

admirer vt Éprouver de l'admiration pour.

admissibilité nf Fait d'être admissible à un examen, un concours.

admissible adj et n Qui est reçu à l'écrit d'un concours, d'un examen. ◆ adj Valable, acceptable : *excuse admissible*.

admission nf **1.** Action d'admettre. **2.** Fait d'être admis.

admonestation nf LITT Avertissement solennel.

admonester vt LITT Faire une remontrance sévère.

admonition nf LITT Avertissement.

ADN nm (sigle de *acide désoxyribonucléique*) **1.** Constituant essentiel des chromosomes du noyau cellulaire. **2.** FIG Caractéristique fondamentale d'un entreprise, d'une marque : *l'ADN d'une maison de couture*.

adolescence nf Période de la vie entre la puberté et l'âge adulte.

adolescent, e n Personne qui est dans l'adolescence.

adonis [adɔnis] nm LITT Jeune homme remarquable par sa beauté.

adonner (s') vpr [à] Se livrer à une activité.

adoptant, e adj et n Qui adopte.

adopté, e adj et n Qui a fait l'objet d'une adoption.

adopter vt **1.** Prendre légalement pour fils ou pour fille. **2.** Faire sienne une manière de voir : *adopter un point de vue* ; prendre par choix, par décision : *adopter des mesures*. **3.** Approuver une loi, un texte par un vote.

adoptif, ive adj **1.** Qui a été adopté : *fils adoptif*. **2.** Qui a adopté : *mère adoptive*.

adoption nf Action d'adopter.

adorable adj Dont le charme est extrême ; délicieux, charmant.

adorablement adv De façon adorable.

adorateur, trice n Qui adore.

adoration nf **1.** Action d'adorer. **2.** Affection, amour extrêmes.

adorer vt **1.** Rendre un culte à un dieu. **2.** Aimer avec passion.

adosser vt [à, contre] Appuyer à, contre. ◆ **s'adosser** vpr [à, contre] S'appuyer à, contre quelque chose.

adoubement nm HIST Action d'adouber.

adouber vt Au Moyen Âge, remettre solennellement ses armes au nouveau chevalier.

adoucir vt **1.** Rendre plus doux : *adoucir la peau*. **2.** FIG Rendre moins pénible, plus supportable : *adoucir un chagrin, le caractère*. ■ **adoucir l'eau :** la débarrasser du calcaire qu'elle peut renfermer. ◆ **s'adoucir** vpr Devenir plus doux : *le temps s'adoucit*.

adoucissant, e adj et nm Qui adoucit, rend plus doux (l'eau, la peau, les textiles).

adoucissement nm Action d'adoucir, de s'adoucir.

adoucisseur nm Appareil servant à adoucir l'eau.

ad patres [adpatrɛs] loc adv ■ FAM **envoyer ad patres :** tuer.

adragante adj f ■ **gomme adragante :** substance extraite d'un arbrisseau épineux, utilisée en pharmacie et dans l'industrie.

adrénaline nf Hormone qui accélère le rythme cardiaque et augmente la pression artérielle. ■ FIG **poussée d'adrénaline :** vif accès de colère ou d'enthousiasme : *son arrogance m'a donné une poussée d'adrénaline*.

1. adresse nf **1.** Indication du domicile de quelqu'un. **2.** INFORM Localisation codée d'une information dans une mémoire électronique.

2. adresse nf **1.** Habileté dans les mouvements du corps. **2.** Finesse d'esprit.

adresser vt Envoyer, faire parvenir. ■ **adresser la parole à quelqu'un :** lui parler. ◆ **s'adresser** vpr [à] **1.** Parler à quelqu'un. **2.** Avoir recours à quelqu'un. **3.** Être destiné à : *cette remarque s'adresse à tous*.

adret nm Versant d'une vallée exposé au soleil. CONTR : ubac.

adroit, e adj **1.** Qui fait preuve d'adresse ; habile : *adroit de ses mains*. **2.** Qui marque de l'intelligence, de l'habileté : *politique adroite*.

adroitement adv Avec adresse, habileté.

ADSL nm (sigle de *asymmetric digital subscriber line*) Réseau large bande sur une ligne de téléphone, dédié à la transmission de données multimédias et audiovisuelles.

adulateur, trice adj et n LITT Qui flatte bassement.

adulation nf LITT Flatterie excessive.

aduler vt LITT Adorer passionnément.

adulescent, e n et adj Jeune adulte qui continue à avoir un comportement comparable à celui qu'ont généralement les adolescents.

adulte adj Parvenu au terme de sa croissance : *ours, arbre adulte*. ◆ n Personne parvenue à sa maturité physique, intellectuelle et affective.

adultération nf VIEILLI Falsification.

adultère adj et n Qui viole la fidélité conjugale. ◆ nm Violation du devoir de fidélité conjugale.

adultérer vt (conj 10) VIEILLI Falsifier, altérer.

adultérin, e adj Né de l'adultère.

advenir vi (conj 22 ; auxil : *être*) Arriver par accident. ■ **advienne que pourra :** peu importent les conséquences.

adventice adj **1.** Qui vient accidentellement, accessoirement. **2.** Qui croît sans avoir été semé : *plante adventice.*

adventif, ive adj BOT Se dit d'un organe qui se forme en un point anormal de la plante : *racine adventive.*

adventiste n et adj Membre d'un mouvement évangélique mondial qui attend un second avènement du Messie.

adverbe nm GRAMM Mot invariable dont la fonction est de modifier le sens d'un verbe, d'un adjectif ou d'un autre adverbe.

adverbial, e, aux adj Qui tient de l'adverbe : *locution adverbiale.*

adverbialement adv Comme adverbe.

adversaire n Personne qu'on affronte dans un combat, un conflit, un jeu ; rival.

adverse adj Contraire, opposé, hostile. ■ DR **partie adverse :** contre laquelle on plaide.

adversité nf LITT Sort contraire ; malheur.

ad vitam aeternam loc adv Expression latine signifiant « pour toujours ».

aède nm Poète de la Grèce ancienne.

aérateur nm Appareil permettant l'aération d'une pièce.

aération nf **1.** Action d'aérer. **2.** Dispositif permettant d'aérer un local.

aéré, e adj Qui est ventilé, où l'air circule : *maison aérée.* ■ **centre aéré :** organisme qui propose des activités de plein air aux jeunes enfants pendant les vacances.

aérer vt **1.** Renouveler l'air de : *aérer une pièce.* **2.** Exposer à l'air : *aérer un lit.* **3.** FIG Rendre moins dense : *aérer un texte.* ◆ **s'aérer** vpr Prendre l'air : *ça fait du bien de s'aérer.*

aérien, enne adj **1.** Qui se passe dans l'air : *phénomène aérien.* **2.** Qui concerne l'aviation, les avions : *base aérienne.* **3.** LITT Léger comme l'air : *grâce aérienne.*

aérobic nf Gymnastique basée sur l'activation de la respiration par des mouvements rapides exécutés en musique.

aérobie adj et nm Se dit d'un micro-organisme qui ne se développe qu'en présence d'air ou d'oxygène. CONTR : anaérobie.

aéro-club (pl *aéro-clubs*) nm Club pour l'apprentissage et la pratique en amateur de l'aviation.

aérodrome nm Terrain aménagé pour le décollage et l'atterrissage des avions.

VOCABULAIRE Il ne faut pas confondre *aéro-*, « air », avec *aréo-*, « densité ».

aérodynamique adj **1.** Qui a trait à la résistance de l'air. **2.** Qui est spécialement conçu pour offrir peu de résistance à l'air : *carrosserie aérodynamique.* ◆ nf Science qui étudie les phénomènes provoqués par l'air ou les gaz sur les corps solides en mouvement.

aérofrein nm Sur un avion, volet augmentant le freinage.

aérogare nf Dans un aéroport, ensemble des bâtiments réservés aux voyageurs et aux marchandises.

aéroglisseur nm Véhicule terrestre ou marin qui glisse sur un coussin d'air injecté sous lui.

aérogramme nm Lettre affranchie à tarif forfaitaire et expédiée par avion.

aéromodélisme nm Construction des modèles réduits d'avions.

aéronautique adj Relatif à la navigation aérienne. ◆ nf **1.** Science de la navigation aérienne. **2.** Technique de la construction des avions.

aéronaval, e, als adj Relatif à la fois à l'aviation et à la marine.

aéronef nm Tout appareil capable de s'élever dans les airs.

aérophagie nf Déglutition d'air dans l'estomac.

aéroplane nm VIEILLI Avion.

aéroport nm Ensemble des installations aménagées pour le trafic aérien.

aéroporté, e adj Transporté par voie aérienne puis parachuté : *division aéroportée.*

aéropostal, e, aux adj Relatif à la poste aérienne.

aéroréfrigérant, e, adj et n Se dit d'un appareil ou d'une installation permettant, au contact de l'air, de refroidir l'eau réchauffée par une source d'énergie.

aérosol nm Récipient contenant un liquide ou un gaz sous pression et permettant de le projeter sous forme de fines particules.

aérospatial, e, aux adj Relatif à la fois à l'aéronautique et à l'astronautique.

aérostat nm Appareil rempli d'un gaz plus léger que l'air, pouvant s'élever dans l'atmosphère ; ballon.

aérostatique nf Étude des lois de l'équilibre de l'air et des gaz.

aérotransporté, e adj Transporté par voie aérienne et déposé au sol.

affabilité nf Politesse, courtoisie.

affable adj Aimable, courtois, accueillant.

affabulation nf Manière fantaisiste ou même mensongère de présenter les faits.

affabuler vi Se livrer à une affabulation.

affadir vt Rendre fade, sans saveur.

affadissement nm État de ce qui devient fade.

affaiblir vt Rendre faible. ◆ **s'affaiblir** vpr Devenir faible ou plus faible : *le malade s'affaiblit ; le sens de ce mot s'est affaibli.*

affaiblissement nm **1.** Fait de s'affaiblir. **2.** État de ce qui est affaibli, d'une personne affaiblie.

affaire nf **1.** Ce qui est à faire ; occupation. **2.** Ce qui concerne quelqu'un : *c'est mon affaire.* **3.** Question, problème : *affaire d'argent, de cœur.* **4.** Procès, scandale, litige : *une affaire embrouillée.* **5.** Transaction, marché : *conclure une affaire.* **6.** Entreprise commerciale ou industrielle : *diriger une affaire.* ■ **avoir affaire à quelqu'un :** (a) être en rapport avec lui (b) devoir lui rendre des comptes. ❑ **j'en fais mon affaire :** je m'en charge. ❑ **faire l'affaire :** convenir. ❑ **se tirer d'affaire :** se procurer une position honorable, sortir d'un mauvais pas. ◆ **affaires** pl **1.** Ce qui fait l'objet d'une gestion publique : *les affaires municipales, de l'État.* **2.** Activité commerciale, industrielle, financière : *être dans les affaires.* **3.** Objets usuels, vêtements : *ranger ses affaires.* ■ **Affaires étrangères :** tout ce qui concerne la politique extérieure : *le ministère des Affaires étrangères.* ❑ **homme, femme d'affaires :** qui travaille dans le milieu des affaires.

VOCABULAIRE Il faut distinguer *avoir affaire à* ou *avec quelqu'un* et *avoir à faire son travail.*

affairé, e adj Qui a ou paraît avoir beaucoup à faire ; occupé.

affairement nm État d'une personne affairée.

affairer (s') vpr S'empresser, s'activer.

affairisme nm Tendance à tout subordonner aux affaires d'argent.

affairiste n Homme ou femme d'affaires sans scrupules.

affaissement nm Tassement, éboulement : *affaissement de terrain.*

affaisser vt Faire s'effondrer, baisser sous la charge. ◆ **s'affaisser** vpr Se tasser, s'effondrer.

affaler vt MAR Faire descendre : *affaler une voile.* ◆ **s'affaler** vpr FAM Se laisser tomber : *s'affaler dans un fauteuil.*

affamé, e adj et n Qui a très faim.

affamer vt **1.** Faire souffrir de la faim. **2.** Priver de vivres. **3.** Donner un grand appétit : *la promenade nous a affamés.*

affectation nf **1.** Destination, attribution : *affectation d'une somme.* **2.** Désignation à un poste, une formation militaire. **3.** Manque de naturel dans la manière d'agir.

affecté, e adj Non naturel ; recherché : *manières affectées.*

affecter vt **1.** Destiner à un usage déterminé : *affecter des fonds aux sinistrés.* **2.** Désigner quelqu'un à un poste, une formation militaire. **3.** Montrer ostensiblement un sentiment que l'on n'éprouve pas : *affecter l'indifférence.* **4.** Émouvoir : *cette nouvelle l'a beaucoup affecté.* **5.** Toucher : *maladie qui affecte le cœur.* ◆ **s'affecter** vpr [de] SOUT Être touché, peiné.

affectif, ive adj Qui relève des sentiments, de la sensibilité.

affection nf **1.** Attachement, tendresse. **2.** MÉD État maladif : *affection nerveuse.*

affectionné, e adj Aimé, dévoué.

affectionner vt SOUT Avoir un goût particulier pour quelque chose, de l'affection pour quelqu'un.

affectivité nf Ensemble des phénomènes affectifs (émotions, sentiments, etc.).

affectueusement adv D'une manière affectueuse ; tendrement.

affectueux, euse adj Plein d'affection, tendre : *caractère affectueux.*

afférent, e adj **1.** Qui revient à quelqu'un : *part afférente à un héritier.* **2.** ANAT Qui apporte un liquide à un organe : *vaisseaux afférents.*

affermage nm Action d'affermer.

affermer vt Louer à ferme ou à bail : *affermer une propriété.*

affermir vt Rendre ferme : *affermir les muscles ;* FIG consolider : *affermir son autorité.*

affermissement nm Action d'affermir ; son résultat.

afféterie nf LITT Manières affectées, prétentieuses.

affichage nm Action d'afficher ; son résultat : *affichage du score ; affichage numérique.*

affiche nf Avis officiel ou publicitaire placardé dans un lieu public. ■ **à l'affiche :** se dit d'un spectacle, d'un film représenté, projeté actuellement : *ce film est à l'affiche depuis des mois.*

afficher vt **1.** Poser une affiche. **2.** FIG Rendre public, étaler : *afficher une liaison.* **3.** Montrer au moyen d'un écran, d'une affiche, d'un tableau. ◆ **s'afficher** vpr Se montrer ostensiblement : *s'afficher avec quelqu'un.*

affichette nf Petite affiche.

afficheur, euse n Personne qui pose ou fait poser des affiches.

affichiste n Créateur d'affiches publicitaires.

affilage nm Action d'affiler.

affilé, e adj Aiguisé, tranchant.

affilée (d') loc adv Sans s'arrêter, sans discontinuer.

affiler vt Aiguiser.

affiliation nf Association à une corporation, à un parti, à la Sécurité sociale, etc.

affilié, e adj et n Qui appartient à une organisation, à un organisme, à la Sécurité sociale.

affilier (s') vpr [à] Se joindre, s'inscrire comme adhérent à : *s'affilier à un parti*.

affinage nm Action d'affiner ; son résultat.

affiner vt **1.** Rendre plus pur : *affiner de l'or.* **2.** Rendre plus fin, plus subtil : *affiner son goût.* ■ **affiner un fromage :** le laisser mûrir.

affineur, euse n Personne qui affine les métaux, les fromages.

affinité nf **1.** Ressemblance, conformité : *affinité de goûts.* **2.** CHIM Tendance d'un corps à se combiner avec d'autres.

affirmatif, ive adj Qui affirme.

affirmation nf **1.** Action d'affirmer. **2.** Énoncé par lequel on affirme quelque chose.

affirmative nf ■ **répondre par l'affirmative :** donner une réponse positive, approuver. ❑ **dans l'affirmative :** dans le cas d'une réponse positive.

affirmativement adv De façon affirmative : *répondre affirmativement*.

affirmer vt **1.** Assurer, soutenir qu'une chose est vraie. **2.** Manifester, prouver : *affirmer sa personnalité*.

affixe nm LING Préfixe ou suffixe.

affleurement nm Action, fait d'affleurer.

affleurer vi Apparaître à la surface. ◆ vt Être au niveau de, toucher.

affliction nf SOUT Chagrin vif, douleur profonde.

affligeant, e adj Qui cause de l'affliction.

affliger vt (conj 2) Causer du chagrin à ; navrer, consterner, désoler. ◆ **s'affliger** vpr [de] SOUT Éprouver un grand chagrin du fait de quelque chose.

affluence nf Grand nombre de personnes présentes en un même lieu.

affluent nm Cours d'eau qui se jette dans un autre.

affluer vi **1.** Couler vers un même point : *le sang afflue au cœur.* **2.** Arriver en grand nombre : *les visiteurs affluent*.

afflux nm Arrivée soudaine et en quantité : *afflux de touristes, de sang*.

affolant, e adj Qui trouble la raison, provoque une vive émotion.

affolé, e adj Rendu comme fou par la passion, la terreur, etc.

affolement nm État d'une personne affolée.

affoler vt Faire perdre son sang-froid à quelqu'un ; bouleverser. ◆ **s'affoler** vpr Perdre la tête.

affouage nm Droit de prendre du bois dans les forêts d'une commune.

affouragement nm Distribution de fourrage aux bestiaux.

affourager vt (conj 2) Donner du fourrage aux bestiaux.

affranchi, e n et adj **1.** HIST Esclave libéré. **2.** FAM Personne libérée de tout préjugé, des conventions sociales et morales.

affranchir vt **1.** Rendre libre : *affranchir un esclave.* **2.** Exempter d'une charge : *affranchir une propriété.* **3.** Payer le port d'un envoi au moyen de timbres-poste : *affranchir une lettre.* **4.** ARG Mettre au courant, initier. ◆ **s'affranchir** vpr [de] Se libérer de.

affranchissement nm Action d'affranchir ; son résultat.

affres nf pl LITT Angoisse : *les affres de la mort*.

affrètement nm Louage d'un navire, d'un avion.

affréter vt (conj 10) Prendre un navire, un avion en louage.

affreusement adv **1.** De façon affreuse. **2.** Extrêmement.

affreux, euse adj **1.** Qui provoque la peur, la douleur, le dégoût. **2.** Très laid. **3.** Désagréable, pénible.

affriolant, e adj Attirant, séduisant.

affrioler vt Attirer, allécher.

affront nm Injure publique, offense.

affrontement nm Action d'affronter, de s'affronter.

affronter vt Aborder de front, avec courage ; avoir pour adversaire : *affronter l'ennemi, un problème, le premier du classement.* ◆ **s'affronter** vpr S'opposer : *théories qui s'affrontent*.

affubler vt Habiller d'une manière bizarre, ridicule ; accoutrer.

affût nm **1.** Support d'un canon. **2.** Endroit où l'on se poste pour attendre le gibier. ■ **être à l'affût :** guetter l'occasion, le moment favorable, l'apparition de quelque chose.

affûtage nm Action d'affûter.

affûter vt Aiguiser un outil.

affûteur nm Ouvrier qui affûte.

afghan, e adj et n D'Afghanistan : *les Afghans*.

aficionado nm Amateur de courses de taureaux.

afin que loc conj ou **afin de** loc prép Marque l'intention, le but.

a fortiori [afɔrsjɔri] loc adv À plus forte raison.

africain, e adj et n D'Afrique noire : *les Africains*.

africanisme nm Particularité de langage propre au français parlé en Afrique noire.

africaniste n Spécialiste des langues et des civilisations africaines.

afrikaans [afrikɑ̃s] nm Langue néerlandaise parlée en Afrique du Sud.

afrikaner ou **afrikaander** [afrikandɛr] n Personne parlant l'afrikaans, en Afrique du Sud.

afro adj inv Se dit d'une coupe de cheveux frisés formant une masse volumineuse autour du visage.

afro-américain, **e** (pl *afro-américain, es*) adj et n Qui est d'origine africaine, aux États-Unis.

after [aftœr] nm Réception, fête organisée après la fermeture des établissements ouverts la nuit.

after-shave [aftœrʃɛv] nm inv Lotion après-rasage.

AFU [afy] nm inv (sigle de *aide* ou *assistance au freinage d'urgence*) AUTOM Système qui, en cas d'urgence, amplifie la force de freinage.

AG nf (sigle de *assemblée générale*) FAM Réunion de tous les membres d'une association, d'une entreprise pour prendre des décisions.

agaçant, **e** adj Qui agace.

agacement nm Irritation, impatience.

agacer vt (conj 1) **1.** Causer de l'irritation, énerver. **2.** Taquiner.

agacerie nf Mine, parole, regard visant à essayer de séduire.

agami nm Oiseau d'Amérique du Sud, de la taille d'un coq.

agapes nf pl Repas copieux et joyeux entre amis : *faire des agapes*.

agar-agar (pl *agars-agars*) nm Sorte de glu extraite d'une algue marine d'Extrême-Orient.

agaric nm Champignon comestible à chapeau et à lamelles.

agate nf Variété de calcédoine, de couleurs vives et variées.

agave nm Plante des régions chaudes fournissant des fibres textiles.

âge nm **1.** Période déterminée de la vie ; temps écoulé depuis la naissance : *jeune âge ; âge avancé ; à l'âge de vingt ans ; âge mûr.* **2.** Vieillesse : *les effets de l'âge.* **3.** Époque, période de l'histoire : *l'âge du bronze.* ■ **entre deux âges** : ni jeune ni vieux. ❏ **le troisième âge** : l'âge de la retraite.

> ORTHOGRAPHE On écrit avec une minuscule : *âge du fer ;* avec une majuscule : *Moyen Âge.*

âgé, **e** adj **1.** Qui a tel âge : *être âgé de vingt ans.* **2.** Vieux : *personnes âgées.*

agence nf **1.** Entreprise commerciale : *agence de voyages, de publicité.* **2.** Succursale d'une banque. **3.** Organisme administratif : *Agence nationale pour l'emploi.*

agencement nm Arrangement, disposition.

agencer vt (conj 1) Combiner, arranger.

agenda [aʒɛ̃da] nm **1.** Carnet pour inscrire jour par jour ce qu'on doit faire. **2.** FIG Ensemble des choses que l'on doit faire ; emploi du temps. ■ **agenda électronique** : ordinateur de poche assurant les fonctions d'agenda et de carnet d'adresses. SYN : organiseur.

agenouillement nm Action de s'agenouiller.

agenouiller (s') vpr Se mettre à genoux.

agent nm **1.** Tout ce qui agit, produit un effet : *agent d'érosion ; agents pathogènes.* **2.** Personne chargée de gérer, d'administrer pour le compte d'autrui : *agent d'assurances ; agent de change.* **3.** Intermédiaire entre un artiste, un auteur, etc., et les maisons, les organismes susceptibles de l'employer. ■ **agent de police** ou **agent** : fonctionnaire de police subalterne en uniforme. ❏ **agent de maîtrise** : salarié au statut intermédiaire entre celui d'ouvrier et celui de cadre. ❏ GRAMM **complément d'agent** : complément du verbe passif introduit par *par* ou *de*.

agglomérat nm **1.** Agrégat naturel de substances minérales. **2.** Assemblage de personnes ou de choses, plus ou moins disparates.

agglomération nf **1.** Ensemble d'une ville et de ses banlieues. **2.** Action d'agglomérer. **3.** État de ce qui est aggloméré.

aggloméré nm **1.** Élément de construction préfabriqué en béton. **2.** Bois obtenu par l'agglomération de copeaux et de sciure mêlés à de la colle. **3.** Briquette de combustible en poudre agglomérée.

agglomérer vt (conj 10) Réunir en une masse compacte : *agglomérer du sable et du ciment.*

agglutination nf Action d'agglutiner, de s'agglutiner.

agglutiner vt Réunir en une masse compacte. ◆ **s'agglutiner** vpr Se réunir en une masse compacte : *la foule s'agglutine sur la place.*

aggravant, **e** adj Qui aggrave : *circonstances aggravantes.*

aggravation nf Action d'aggraver ; fait de s'aggraver.

aggraver vt Rendre plus grave, plus pénible. ◆ **s'aggraver** vpr Devenir plus grave, empirer.

agile adj **1.** Qui a une grande facilité à se mouvoir ; souple. **2.** Qui comprend vite : *esprit agile.*

agilement adv Avec agilité.

agilité nf **1.** Légèreté, souplesse. **2.** Vivacité intellectuelle.

agio [aʒjo] nm (surtout au pluriel) Ensemble des frais retenus par une banque pour la rémunération de certaines opérations.

agiotage nm Spéculation excessive.

agir vi **1.** Faire quelque chose : *trop tard pour agir.* **2.** Produire un effet : *le médicament agit.* **3.** Se comporter : *agir honnêtement.* **4.** Intervenir : *agir auprès de.* ◆ **s'agir** vpr impers ■ **il s'agit de :** (a) il est question de (b) il est nécessaire de. ❑ **s'agissant de :** à propos de.

agissant, e adj Très actif, efficace.

agissements nm pl Façons d'agir plus ou moins troubles.

agitateur, trice n Personne qui cherche à provoquer des troubles.

agitation nf **1.** Mouvement désordonné. **2.** FIG Inquiétude, trouble, excitation. **3.** Mouvement de contestation.

agité, e adj et n **1.** Animé de mouvements rapides et irréguliers : *mer agitée.* **2.** Qui manifeste une excitation, une anxiété, un mécontentement : *malade, sommeil agité.*

agiter vt **1.** Remuer, secouer en tous sens. **2.** Causer une vive inquiétude ; exciter.

agneau nm Petit de la brebis ; chair, fourrure, cuir de cet animal. ■ **doux comme un agneau :** d'un caractère très doux.

agnelage nm **1.** Action de mettre bas, en parlant d'une brebis. **2.** Époque où une brebis met bas.

agnelet nm Petit agneau.

agnelle nf Agneau femelle.

agnosticisme nm Doctrine qui déclare l'absolu inaccessible à l'esprit humain, et la métaphysique inutile.

agnostique [agnɔstik] adj et n Qui appartient à l'agnosticisme ; qui le professe.

agonie nf **1.** Moment qui précède immédiatement la mort. **2.** FIG Fin, déclin : *l'agonie d'un monde.*

agonir vt ■ LITT **agonir quelqu'un d'injures :** l'en accabler.

CONJUGAISON Le participe passé de *agonir* est *agoni : il l'a agoni d'injures.* Il ne faut pas le confondre avec celui de *agoniser : agonisé.*

agonisant, e adj et n Qui est à l'agonie.

agoniser vi Être à l'agonie.

agora nf Principale place publique, dans les villes de la Grèce ancienne.

agoraphobie nf Crainte pathologique des larges espaces, des lieux publics.

agouti nm Mammifère rongeur de l'Amérique du Sud, de la taille d'un lièvre.

agrafage nm Action d'agrafer.

agrafe nf **1.** Pièce de métal permettant d'attacher plusieurs papiers ensemble. **2.** Crochet de métal qui joint les bords opposés d'un vêtement. **3.** Petite lame de métal servant à suturer les plaies. **4.** Crampon utilisé en maçonnerie pour rendre les matériaux solidaires.

agrafer vt Attacher avec une agrafe : *agrafer un manteau.*

agrafeuse nf Appareil servant à fixer avec des agrafes.

agraire adj Relatif aux terres, à l'agriculture.

agrandir vt Rendre plus grand, développer : *agrandir une maison, une photo.* ◆ **s'agrandir** vpr **1.** En parlant de quelque chose, devenir plus grand. **2.** Se développer : *une entreprise qui s'agrandit.* **3.** Étendre son logement ou en prendre un plus vaste.

agrandissement nm **1.** Accroissement, extension. **2.** PHOT Épreuve agrandie.

agrandisseur nm Appareil pour les agrandissements photographiques.

agréable adj Qui plaît, qui charme : *une ville, une personne agréable.*

agréablement adv De façon agréable.

agréé, e adj Qui a obtenu l'agrément d'une autorité : *fournisseur agréé.*

agréer vt Recevoir favorablement, accepter : *agréer une demande.* ■ **veuillez agréer mes salutations distinguées :** formule de politesse pour terminer un courrier. ◆ vt ind [à] LITT Plaire.

agrégat nm Réunion d'éléments juxtaposés ; assemblage.

agrégatif, ive n Personne qui prépare l'agrégation.

agrégation nf Concours pour le recrutement des professeurs de lycée ainsi que des professeurs de droit, de sciences économiques, de médecine et de pharmacie dans l'enseignement supérieur.

agrégé, e n Titulaire de l'agrégation.

agréger vt (conj 2 et 10) Réunir en un tout, une masse. ◆ **s'agréger** vpr [à] Se joindre à.

agrément nm **1.** Approbation, consentement : *donner son agrément.* **2.** Qualité par laquelle quelque chose plaît : *maison pleine d'agrément.* ■ **d'agrément :** destiné au plaisir : *voyage d'agrément.*

agrémenter vt Orner.

agrès nm pl **1.** Appareils de gymnastique. **2.** VX, LITT Tout ce qui sert à la manœuvre d'un navire.

agresser vt **1.** Attaquer, commettre une agression sur : *agresser un passant.* **2.** Provoquer quelqu'un par ses paroles ou par son comportement. **3.** Constituer une agression : *bruits qui agressent.*

agresseur nm Personne qui attaque, commet une agression.

agressif, ive adj **1.** Se dit d'une personne querelleuse, violente. **2.** Qui a un caractère d'agression : *ton agressif.*

agression nf Attaque brutale et soudaine, non provoquée.

agressivement adv De façon agressive.
agressivité nf Caractère agressif.
agreste adj LITT Rustique, champêtre.
agricole adj Qui concerne, qui se consacre à l'agriculture : *produit, exploitation, machine agricole ; population agricole*.
agriculteur, trice n Personne qui cultive la terre.
agriculture nf Culture du sol.
agripper vt Saisir, prendre vivement, en s'accrochant. ◆ **s'agripper** vpr [à] S'accrocher fermement à.
agritourisme nm Ensemble des espaces et des activités proposés aux touristes dans les exploitations agricoles.
agroalimentaire adj ■ **l'industrie agroalimentaire** ou **l'agroalimentaire** nm : industrie de transformation des produits agricoles.
agrocarburant nm Biocarburant.
agrochimie nf Partie de l'industrie chimique qui fabrique des produits pour l'agriculture.
agro-industrie (pl *agro-industries*) nf Ensemble des industries dont l'agriculture est le fournisseur ou le débouché.
agronome n Qui enseigne ou pratique l'agronomie.
agronomie nf Science de l'agriculture.
agronomique adj Relatif à l'agronomie.
agrume nm Fruit tel que l'orange, le citron, le pamplemousse, etc.
aguerrir vt Habituer à soutenir des combats, des épreuves pénibles ; endurcir. ◆ **s'aguerrir** vpr S'endurcir : *il s'est aguerri contre la faim*.
aguets nm pl ■ **être aux aguets** : épier, être sur ses gardes.
aguichant, e adj Qui aguiche : *regard aguichant*.
aguicher vt Attirer, provoquer, chercher à séduire.
aguicheur, euse adj et n Se dit d'une personne qui aguiche et de son comportement.
ah interj Marque les impressions vives (joie, douleur, etc.).
ahaner vi Respirer bruyamment au cours d'un effort.
ahuri, e adj Stupéfait, abasourdi, étonné.
ahurir vt Troubler, étourdir, stupéfier.
ahurissant, e adj Stupéfiant, étonnant.
ahurissement nm **1.** État d'une personne ahurie. **2.** Stupéfaction.
aï [ai] nm ZOOL Paresseux.
aidant, e n Personne qui s'occupe d'une personne dépendante (âgée, malade ou handicapée).
1. aide nf **1.** Appui, secours, assistance : *appeler quelqu'un à l'aide*. **2.** INFORM Assistance intégrée associée à un logiciel sous forme de pages de documentation. ■ **aide sociale** : système national de secours matériel ou financier aux personnes en difficulté. ◆ **à l'aide de** loc prép Grâce à, au moyen de.
2. aide n Personne qui aide, qui seconde quelqu'un dans un travail. ■ **aide de camp** : officier attaché à la personne d'un chef d'État, d'un général, etc.
aide-mémoire nm inv Abrégé de faits, de formules.
aider vt Secourir, assister. ◆ vt ind [à] Faciliter. ◆ **s'aider** vpr [de] Se servir de, utiliser.
aide-soignant, e (pl *aides-soignants, es*) n Personne chargée de donner des soins aux malades, et qui n'a pas le diplôme d'infirmier.
aïe interj Exprime la douleur.
aïeul, e n LITT Grand-père, grand-mère.
aïeux nm pl LITT Ancêtres.
aigle nm Oiseau rapace diurne de grande taille. ◆ nf **1.** Aigle femelle. **2.** Enseigne nationale ou militaire représentant un aigle.
aiglefin nm → **églefin**.
aiglon, onne n Petit de l'aigle.
aigre adj **1.** Acide, piquant : *vin aigre*. **2.** Criard, aigu : *voix aigre*. **3.** Blessant, désagréable : *paroles aigres*.
aigre-doux, aigre-douce adj **1.** À la fois acide et sucré : *sauce aigre-douce*. **2.** FIG Blessant, malgré une apparente douceur : *paroles aigres-douces*.
aigrefin nm LITT Homme indélicat, escroc.
aigrelet, ette adj Un peu aigre.
aigrement adv Avec aigreur.
aigrette nf **1.** Faisceau de plumes qui orne la tête de certains oiseaux. **2.** Panache d'un casque. **3.** ZOOL Sorte de héron.
aigreur nf **1.** Goût, caractère de ce qui est aigre. **2.** Sensation aigre dans la bouche ou l'estomac. **3.** FIG Amertume, animosité.
aigri, e adj et n Devenu amer, irritable après avoir subi des épreuves, des échecs.
aigrir vt **1.** Rendre aigre. **2.** FIG Rendre amer, irritable. ◆ vi ou **s'aigrir** vpr **1.** Devenir aigre. **2.** FIG Devenir irritable, méchant.
aigu, ë adj **1.** Terminé en pointe. **2.** FIG Clair et perçant : *voix aiguë*. **3.** Qui est à son paroxysme : *conflit aigu*. ■ **maladie aiguë** : qui apparaît brusquement et évolue rapidement.
aigue-marine (pl *aigues-marines*) nf Variété transparente de béryl dont la couleur bleu-vert évoque la mer.
aiguière nf Vase à anse et à bec.
aiguillage [egɥijaʒ] nm **1.** Dispositif mobile des rails permettant à un train de changer

de voie ; manœuvre de ce dispositif. **2.** FIG Orientation.

aiguille [egɥij] nf **1.** Petite tige d'acier pointue, percée d'un trou, qui sert pour coudre. **2.** Petite tige effilée, souvent en métal, pour divers usages : *aiguille à tricoter ; l'aiguille aimantée de la boussole.* **3.** Partie verticale effilée d'un bâtiment : *aiguille de clocher.* **4.** Sommet pointu d'une montagne. **5.** BOT Feuille étroite des conifères : *aiguilles de pin.* **6.** Portion de rail mobile, servant à opérer les changements de voie. ■ **aiguille de mer :** orphie. ❑ **chercher une aiguille dans une botte, une meule de foin :** quelque chose d'introuvable. ❑ **de fil en aiguille :** en passant d'une chose à une autre.

aiguillée [egɥije] nf Longueur de fil enfilée sur une aiguille.

aiguiller [egɥije] vt **1.** Manœuvrer un aiguillage. **2.** Orienter, diriger : *aiguiller des recherches.*

aiguillette [egɥijɛt] nf **1.** Ornement militaire. **2.** CUIS Tranche de chair de volaille effilée. **3.** BOUCH Partie du romsteck.

aiguilleur [egɥijœr] nm Employé qui manœuvre les aiguilles sur une voie ferrée. ■ **aiguilleur du ciel :** contrôleur de la navigation aérienne.

aiguillon [egɥijɔ̃] nm **1.** Dard des abeilles, des guêpes. **2.** FIG Ce qui incite à l'action.

aiguillonner [egɥijɔne] vt FIG Stimuler, exciter.

aiguisage ou **aiguisement** nm Action d'aiguiser une arme, un outil.

aiguiser vt **1.** Rendre aigu, tranchant. **2.** FIG Exciter : *aiguiser l'appétit.*

aiguiseur, euse n Qui aiguise.

aiguisoir nm Outil servant à aiguiser.

aïkido nm Art martial.

ail [aj] (pl *aulx* ou *ails*) nm Plante potagère, dont le bulbe, constitué de plusieurs gousses, est utilisé comme condiment ; bulbe de cette plante.

aile nf **1.** Organe du vol chez les oiseaux, les chauves-souris, les insectes. **2.** Surface horizontale de portance d'un avion. **3.** Ce qui est contigu au corps principal d'un bâtiment : *les ailes d'un château.* **4.** Partie de la carrosserie d'une voiture placée au-dessus de chaque roue. **5.** Dans une formation politique, un groupe, ensemble de personnes manifestant une orientation qui s'éloigne de la ligne suivie : *l'aile radicale du gouvernement.* **6.** MIL Partie latérale d'une armée. **7.** SPORTS Extrémité de la ligne d'attaque d'une équipe. **8.** Chacun des châssis mobiles garnis de toile d'un moulin à vent. ■ **ailes du nez :** parois extérieures des narines. ❑ **battre de l'aile :** être en difficulté. ❑ **voler de ses propres ailes :** se passer de la protection d'autrui.

ailé, e adj Qui a des ailes.

aileron nm **1.** Extrémité de l'aile d'un oiseau. **2.** Nageoire : *aileron de requin.* **3.** Volet articulé placé à l'arrière d'une aile d'avion.

ailette nf TECHN Petite aile.

ailier nm SPORTS Joueur placé à l'extrémité de la ligne d'attaque.

ailler [aje] vt Garnir, frotter d'ail.

ailleurs adv En un autre lieu : *aller ailleurs ; venir d'ailleurs.* ■ **avoir la tête ailleurs** ou **être ailleurs :** penser à autre chose qu'à ce qu'on fait. ❑ **d'ailleurs :** (a) du reste : *je n'aime pas ça, et elle non plus, d'ailleurs* (b) à propos : *tiens, d'ailleurs, je l'ai vu hier.* ❑ **par ailleurs :** d'un autre côté, en outre.

ailloli ou **aïoli** nm Sauce à l'ail finement pilé avec de l'huile d'olive.

aimable adj Qui cherche à être agréable, courtois ; gentil, bienveillant.

aimablement adv Avec amabilité.

1. aimant nm Morceau d'acier qui attire le fer.

2. aimant, e adj Porté à aimer.

aimantation nf Action d'aimanter.

aimanter vt Communiquer à un corps la propriété de l'aimant, rendre magnétique.

aimer vt **1.** Avoir de l'amour, de l'affection, de l'attachement pour quelqu'un ou quelque chose. **2.** Avoir du goût, de l'intérêt pour : *aimer le chocolat, le football.* **3.** En parlant des plantes, se développer particulièrement bien quelque part : *plante qui aime le soleil.* **4.** (au conditionnel) Avoir envie de : *il aimerait partir en vacances.* ■ **aimer mieux, autant :** préférer.

aine nf Partie du corps à la jonction de la cuisse et du bas-ventre.

aîné, e adj et n **1.** Né le premier : *fils aîné.* **2.** Plus âgé qu'un autre : *je suis son aîné de trois ans.*

aînesse nf Priorité d'âge entre frères et sœurs.

ainsi adv **1.** De cette façon : *ainsi soit-il.* **2.** LITT De même. ■ **pour ainsi dire :** s'utilise pour atténuer une expression : *d'une valeur pour ainsi dire nulle.* ◆ conj Par conséquent : *ainsi conclut-il que.* ◆ **ainsi que** loc conj **1.** Et : *je connais sa fille ainsi que son fils.* **2.** Comme : *ainsi que je l'ai expliqué.*

GRAMMAIRE Attention à l'accord du verbe selon que *ainsi que* signifie « et » ou « comme » : *Paris ainsi que Londres sont des capitales ; ton père, ainsi que ta mère, te fait confiance.*

aïoli nm → **ailloli.**

1. air nm **1.** Fluide gazeux qui forme l'atmosphère. **2.** Vent léger. ■ **en l'air :** en haut, au-dessus de la tête : *regarder en l'air.* ❑ TRÈS FAM **fiche, foutre en l'air :** (a) mettre à la poubelle (b) faire échouer. ❑ **il y a quelque chose dans l'air :** quelque chose va se passer. ❑ **l'air du temps :** les opinions et les comportements en vogue à une époque donnée. ❑ FAM **mettre, fiche en l'air :** en désordre. ❑ **le grand air :** l'air qu'on respire au-dehors. ❑ **paroles, promesses en l'air :** sans réalité. ❑ **prendre l'air :** aller se promener. ❑ **tête en l'air :** personne étourdie. ◆ **airs** pl Espace où se meuvent les oiseaux, les aéronefs, etc.

2. air nm **1.** Manière, façon. **2.** Expression des traits : *air triste.* **3.** Ressemblance : *air de famille.* ■ **avoir l'air :** paraître. ❑ **sans en avoir l'air :** en dépit de l'apparence. ◆ **airs** pl ■ **prendre de grands airs :** des manières hautaines.

GRAMMAIRE On écrit *elle a l'air reposée* (accord avec le sujet), mais *elle a un air reposé* (accord avec *air*).

3. air nm Suite de notes composant un chant ou une pièce instrumentale.

airain nm VX Alliage à base de cuivre ; bronze.

airbag nm Coussin qui se gonfle de gaz en cas de choc pour protéger les passagers à l'avant d'un véhicule.

aire nf **1.** Surface de terrain : *aire de jeux.* **2.** Nid des oiseaux de proie. **3.** FIG Domaine où s'étend l'action de quelqu'un : *aire d'influence.* **4.** GÉOM Mesure d'une surface limitée par des lignes.

airelle nf Petite baie rouge ou noire.

aisance nf **1.** Facilité dans les actions, les manières, le langage : *s'exprimer avec aisance.* **2.** Situation de fortune qui permet de vivre dans le confort. ■ VIEILLI **lieux, cabinets d'aisances :** destinés aux besoins naturels.

1. aise nf ■ **à l'aise :** sans peine. ❑ **en prendre à son aise :** ne pas se gêner, ne faire que ce qui plaît. ❑ **être mal à l'aise :** avoir un sentiment de gêne. ◆ **aises** pl Commodités de la vie, bien-être : *aimer ses aises.*

2. aise adj ■ LITT **être bien aise (de, que) :** être content.

aisé, e adj **1.** Facile. **2.** Fortuné.

aisément adv **1.** Facilement. **2.** Confortablement.

aisseau nm Planche mince de la couverture d'un toit.

aisselle nf Cavité au-dessous de la jonction du bras avec l'épaule.

ajonc [aʒɔ̃] nm Arbuste épineux à fleurs jaunes.

ajouré, e adj Percé, orné de jours, d'ouvertures : *drap ajouré.*

ajourer vt **1.** Orner avec des jours : *ajourer une étoffe.* **2.** Pratiquer des ouvertures : *ajourer une balustrade.*

ajournement nm Action d'ajourner, de renvoyer à une date ultérieure.

ajourner vt **1.** Renvoyer à une date ultérieure : *ajourner un rendez-vous.* **2.** Renvoyer à une autre session d'examen : *ajourner un candidat.*

VOCABULAIRE *Ajourner* ayant le sens de « remettre à plus tard », *ajourner à plus tard* est un pléonasme.

ajout nm Ce qu'on ajoute, notamment à un texte.

ajouter vt **1.** Joindre, mettre en plus : *ajouter une phrase dans un texte ; ajouter du sucre.* **2.** Dire en plus : *ajouter quelques mots.* ◆ **s'ajouter** vpr [à] Venir en plus : *à ce prix s'ajoutent les frais d'assurances.*

ajustage nm Action d'ajuster une pièce de machine.

ajusté, e adj Serré au buste et à la taille par des pinces.

ajustement nm Action d'ajuster, adaptation.

ajuster vt **1.** Adapter exactement : *ajuster un couvercle de boîte.* **2.** Resserrer un vêtement trop ample. **3.** MÉCAN Donner à une pièce la dimension exacte qu'elle doit avoir pour s'assembler avec une autre. **4.** Prendre pour cible : *ajuster un lièvre.* **5.** Arranger, disposer avec soin : *ajuster sa cravate.*

ajusteur, euse n Ouvrier, ouvrière qui réalise des pièces mécaniques.

ajutage nm Petit tuyau soudé à l'extrémité d'un tube d'écoulement à un orifice.

akène nm Fruit sec, au péricarpe non soudé à la graine.

alabastrite nf Variété de gypse.

alacrité nf LITT Entrain, enjouement.

alaise ou **alèse** nf Tissu placé sous le drap de dessous pour protéger le matelas.

alambic nm Appareil pour distiller.

alambiqué, e adj Raffiné jusqu'à être obscur, compliqué : *style alambiqué.*

alanguir vt Abattre l'énergie de, rendre mou.

alanguissement nm Fait d'être alangui.

alarmant, e adj Inquiétant, effrayant.

alarme nf **1.** Signal de la présence d'un danger. **2.** SOUT Vive inquiétude à l'approche d'un danger : *une chaude alarme.* ■ **donner l'alarme :** prévenir d'un danger.

alarmer vt Causer de l'inquiétude, de la frayeur. ◊ vpr : *inutile de s'alarmer.*

alarmiste adj et n Qui répand des nouvelles propres à inquiéter.

albanais, e adj et n D'Albanie : *les Albanais.* ◆ nm Langue indo-européenne parlée en Albanie et dans le Kosovo.

albâtre nm **1.** Variété de gypse translucide. **2.** FIG Symbole de la blancheur.

albatros [albatros] nm Gros oiseau palmipède des mers australes.

albigeois, e adj et n De la ville d'Albi. ◆ nm pl HIST Cathares.

albinisme nm Anomalie caractérisée par la blancheur de la peau et des cheveux, ou des poils chez les animaux, et la rougeur des yeux.

albinos [albinos] adj et n Affecté d'albinisme.

album [albɔm] nm **1.** Cahier cartonné ou relié destiné à recevoir des timbres, des photographies, etc. **2.** Livre contenant un grand nombre d'illustrations : *album pour la jeunesse.* **3.** Disque.

albumen [albymɛn] nm **1.** Blanc d'un œuf. **2.** BOT Partie de la graine entourant l'embryon.

albumine nf Substance organique azotée, contenue dans le blanc d'œuf, le plasma, le lait.

albuminé, e adj BOT Qui contient de l'albumen.

albuminurie nf Présence d'albumine dans les urines.

alcade nm Maire, en Espagne.

alcali nm CHIM Substance dont les propriétés chimiques sont analogues à celles de la soude et de la potasse. ■ **alcali volatil :** ammoniaque.

alcalimétrie nf Détermination du titre d'une solution basique.

alcalin, e adj Relatif aux alcalis : *sel alcalin.*

alcalinité nf État alcalin.

alcaloïde nm Substance organique rappelant les alcalis par ses propriétés (morphine, nicotine).

alcazar nm Palais fortifié des rois maures d'Espagne.

alchimie nf Recherche de la transmutation des métaux en or à l'aide de la pierre philosophale.

alchimique adj Relatif à l'alchimie.

alchimiste nm Personne qui s'occupait d'alchimie.

alcool [alkɔl] nm **1.** Liquide obtenu par la distillation du vin et d'autres liquides ou de jus fermentés : *alcool à 90°.* **2.** Toute boisson contenant de l'alcool. **3.** Liquide analogue obtenu par distillation de certains produits : *alcool méthylique.* ■ **alcool à brûler :** alcool additionné de méthylène servant de combustible.

alcoolat nm Résultat de la distillation de l'alcool sur une substance aromatique.

alcoolémie nf Présence d'alcool dans le sang : *taux d'alcoolémie.*

alcoolique adj Qui par nature contient de l'alcool : *boisson alcoolique.* ◆ adj et n Atteint d'alcoolisme.

alcoolisation nf **1.** Production, addition d'alcool dans les liquides. **2.** Consommation excessive d'alcool.

alcoolisé, e adj **1.** Qui contient de l'alcool, à quoi on a ajouté de l'alcool : *boisson alcoolisée.* **2.** Qui est sous l'emprise de l'alcool : *conducteur alcoolisé ;* où l'on consomme beaucoup d'alcool : *soirée alcoolisée.*

alcooliser vt Ajouter de l'alcool à.

alcoolisme nm Abus de boissons alcooliques ; dépendance, intoxication qui en résulte.

alcoologie nf Étude médicale de l'alcoolisme et des moyens de sa prévention.

alcoomètre nm Instrument servant à mesurer la teneur en alcool d'un liquide.

alcoométrie nf Détermination de la richesse en alcool d'un liquide.

Alcotest ou **Alcootest** nm (nom déposé) Appareil permettant d'évaluer l'imprégnation éthylique d'un sujet par la mesure de la teneur en alcool de l'air expiré.

alcôve nf Renfoncement dans le mur d'une chambre destiné à recevoir un ou des lits. ■ **secrets d'alcôve :** relatifs à l'intimité des liaisons amoureuses.

alcyon nm Oiseau de mer fabuleux de la mythologie grecque.

aldéhyde nm Liquide volatil dérivant d'un alcool par oxydation.

al dente [aldɛnte] loc adj inv et loc adv Se dit d'un aliment cuit de façon à rester ferme sous la dent.

aléa nm Chance, hasard ; (souvent au pluriel) risque : *les aléas du métier.*

aléatoire adj Hasardeux, incertain.

aléatoirement adv De façon aléatoire.

alémanique adj et n Qui appartient à la Suisse de langue allemande.

alêne nf Poinçon pour percer le cuir.

alentour adv Aux environs, tout autour.

alentours nm pl ■ **aux alentours** ou **dans les alentours :** aux environs, dans les environs. ❑ **aux alentours de :** approximativement.

1. alerte nf Alarme : *donner l'alerte.* ◆ interj Attention !

2. alerte adj Agile, vif.

alertement adv De façon alerte.

alerter vt **1.** Prévenir d'un danger ; donner l'alerte à. **2.** Attirer l'attention de : *fièvre, bruit qui alerte.*

alésage nm **1.** Action d'aléser. **2.** Diamètre intérieur d'un cylindre.

alèse nf → **alaise.**

aléser vt (conj 10) Mettre au diamètre l'intérieur d'un tube : *aléser un cylindre*.

aleurone nf Substance azotée de certaines graines.

alevin nm Jeune poisson destiné au repeuplement des étangs et des rivières.

alevinage nm Action d'aleviner.

aleviner vt Peupler d'alevins.

alexandrin nm Vers de douze syllabes.

alezan, e nm et adj Cheval dont la robe est fauve, jaune rougeâtre.

alfa nm Plante herbacée d'Afrique du Nord employée dans la fabrication des cordages, des semelles d'espadrilles, etc.

algarade nf Discussion vive et inattendue.

algèbre nf Science du calcul des grandeurs représentées par des lettres.

algébrique adj Relatif à l'algèbre.

algébriquement adv Suivant les règles de l'algèbre.

algérien, enne adj et n D'Algérie : *les Algériens*.

algérois, e adj et n D'Alger.

algie nf MÉD Douleur.

algonkin ou **algonquin** nm Famille de langues indiennes d'Amérique du Nord.

algorithme nm Procédé de calcul constitué d'une suite d'opérations.

algothérapie nf Traitement des maladies par les algues marines.

algue nf Plante aquatique sans racines ni vaisseaux.

alias [aljas] adv Autrement nommé.

alibi nm **1.** Preuve qu'au moment d'un crime ou d'un délit la personne accusée se trouvait ailleurs. **2.** Excuse quelconque.

alidade nf **1.** Règle graduée, portant un instrument de visée et permettant de mesurer un angle. **2.** Partie mobile d'un théodolite.

alien [aljɛn] n **1.** Être venu d'ailleurs ; extraterrestre. **2.** FIG Personne étrangère à un milieu.

aliénable adj DR Qui peut être aliéné.

aliénant, e adj Qui soumet à des contraintes.

aliénation nf **1.** DR Action d'aliéner. **2.** État d'asservissement ou de frustration.

aliéné, e n et adj VX Fou, folle.

aliéner vt (conj 10) **1.** DR Céder à un autre la propriété d'un bien, d'un droit. **2.** FIG Abandonner volontairement : *aliéner son indépendance*. ◆ **s'aliéner** vpr Détourner de soi : *s'aliéner les sympathies*.

alignement nm **1.** Action d'aligner, de s'aligner. **2.** Situation de plusieurs objets sur une ligne : *alignement de maisons*.

aligner vt **1.** Ranger en ligne : *aligner des élèves*. **2.** Énoncer dans un ordre cohérent : *aligner des faits*. **3.** Faire coïncider : *aligner le cours du franc sur celui du mark*. ◆ **s'aligner** vpr **1.** Se ranger sur une même ligne. **2.** Se conformer à une autorité, se régler sur quelqu'un.

aligoté nm et adj m Cépage blanc de Bourgogne ; vin qui en est issu : *bourgogne aligoté*.

aliment nm Tout ce qui sert de nourriture.

alimentaire adj **1.** Propre à servir d'aliment. **2.** Relatif à l'alimentation : *régime alimentaire*. ■ **pension alimentaire** : pension destinée à assurer la subsistance d'une personne et de sa famille.

alimentation nf **1.** Action de se nourrir. **2.** Approvisionnement.

alimenter vt **1.** Nourrir. **2.** Approvisionner : *alimenter une ville en eau*. ◆ **s'alimenter** vpr Se nourrir.

alinéa nm Ligne dont le premier mot est en retrait, annonçant le commencement d'un paragraphe ; texte compris entre deux de ces retraits.

alise nf Fruit rouge aigrelet de l'alisier.

alisier nm Arbre de la famille des rosacées, dont le bois sert en ébénisterie.

alitement nm Fait d'être alité.

aliter vt Faire garder le lit à. ◆ **s'aliter** vpr Garder le lit, par suite de maladie.

alizé adj m et nm Se dit des vents réguliers qui soufflent des hautes pressions subtropicales vers les basses pressions équatoriales.

allaitement nm Action d'allaiter.

allaiter vt Nourrir de son lait.

allant nm SOUT Entrain, ardeur.

alléchant, e adj **1.** Appétissant : *dessert alléchant*. **2.** Attirant, séduisant : *proposition alléchante*.

allécher vt (conj 10) **1.** Attirer par l'odeur ou la saveur. **2.** Séduire en laissant espérer quelque chose.

allée nf **1.** Passage étroit. **2.** Chemin bordé d'arbres. ■ **allées et venues** : déplacements de personnes en tous sens.

allégation nf **1.** Action d'alléguer. **2.** Affirmation, assertion.

allégeance nf Obligation de fidélité et d'obéissance à un souverain, une nation.

allégement nm Diminution de poids, de charge.

allégé, e adj Se dit d'un produit alimentaire dont on a diminué le taux de sucre ou de graisse : *yaourt allégé*.

alléger vt (conj 2 et 10) Rendre plus léger : *alléger un sac, une sauce, le programme scolaire*.

allégorie nf Expression d'une idée par une image, un tableau, un être vivant, etc. ; œuvre littéraire ou artistique utilisant cette forme d'expression.

allégorique adj Qui appartient à l'allégorie : *figure allégorique*.

allègre adj Plein d'un entrain joyeux ; gai, vif.

allègrement adv Gaiement ; avec entrain.

allégresse nf Grande joie.

allegretto adv MUS Moins vite qu' allegro.

allégretto nm Morceau de musique exécuté allegretto.

allegro adv MUS Vivement et gaiement.

allégro nm Morceau de musique exécuté allegro.

alléguer vt (conj 10) Mettre en avant, prétexter.

alléluia [aleluja] nm Mot hébreu signifiant « louez Dieu » et qui marque l'allégresse dans la liturgie juive et chrétienne.

allemand, **e** adj et n D'Allemagne : *les Allemands.* ◆ nm Langue du groupe germanique.

1. aller vi (conj 12 ; auxil : *être*) **1.** Se mouvoir d'un lieu à un autre : *aller à pied ; aller à Paris ; aller voir un ami.* **2.** Mener, conduire : *cette route va à Paris.* **3.** Agir, se comporter : *aller vite dans son travail.* **4.** Marcher, fonctionner : *les affaires vont bien.* **5.** Se porter : *comment allez-vous ?* **6.** Convenir, être adapté : *cette robe te va bien ; cette robe va bien avec ta veste.* ◆ auxil ■ **aller** (+ inf) **:** être sur le point de : *je vais partir.* ❑ **aller de soi** ou **aller sans dire :** c'est évident. ❑ **allons !, allez !, va ! :** s'emploient pour encourager ou presser quelqu'un. ❑ **il y va de :** il s'agit de : *il y va de sa vie.* ❑ **se laisser aller à :** s'abandonner à : *se laisser aller à la colère.* ❑ FAM **y aller fort :** exagérer. ◆ **s'en aller** vpr **1.** Quitter un lieu. **2.** Disparaître : *la tache ne s'en va pas.* **3.** LITT Mourir : *le malade s'en va doucement.*

VOCABULAIRE On va *chez* le docteur, *chez* le coiffeur, mais on va *au* bureau, *à la* poste.

2. aller nm **1.** Trajet d'un endroit à un autre : *à l'aller ; des allers et retours.* **2.** Billet valable pour ce trajet : *un aller simple pour Caen.*

allergène nm Substance responsable d'une réaction de type allergique : *le pollen est un allergène.*

allergie nf **1.** Réaction anormale et excessive d'un individu particulièrement sensibilisé à une substance. **2.** FIG Hostilité.

allergique adj **1.** Relatif à l'allergie. **2.** FIG Réfractaire, hostile à : *allergique à la danse.*

allergisant, **e** adj Qui peut provoquer une allergie.

allergologie nf Discipline médicale qui étudie les mécanismes de l'allergie et les maladies allergiques.

allergologue n Médecin spécialisé en allergologie.

aller-retour (pl *allers-retours*) nm Trajet d'aller et de retour ; billet valable pour ce trajet.

alleu nm HIST Propriété héréditaire et exempte de toute redevance.

alliacé, **e** adj Qui évoque l'ail.

alliage nm Produit métallique résultant de l'incorporation d'éléments à un métal.

alliance nf **1.** Ligue, coalition entre États ou souverains. **2.** Union par mariage. **3.** Anneau de mariage. **4.** FIG Combinaison de plusieurs choses.

allié, **e** adj et n **1.** Uni par un traité d'alliance : *des pays alliés ; la victoire des alliés.* **2.** Uni par parenté, par mariage.

allier vt Mêler, combiner, unir. ◆ **s'allier** vpr [à, avec] S'unir, s'associer.

alligator nm Crocodile d'Amérique du Nord et de Chine.

allitération nf Répétition des mêmes sonorités à l'initiale de plusieurs syllabes ou mots.

allô interj Signale la présence d'un correspondant au téléphone.

allocataire n Personne qui perçoit une allocation.

allocation nf **1.** Action d'allouer, d'accorder une somme. **2.** Somme, chose allouée : *allocations familiales ; allocation chômage.*

allocution nf Discours bref.

allogène adj et n D'une autre origine que les autochtones : *peuples allogènes.*

allonge nf Longueur des bras chez un boxeur.

allongé, **e** adj **1.** Étiré, étendu en longueur. **2.** Couché : *rester allongé.* **3.** Qui exprime la déconvenue : *mine allongée.*

allongement nm Augmentation de longueur ou de durée : *l'allongement des jours.*

allonger vt (conj 2) **1.** Rendre plus long. **2.** Étendre : *allonger le bras.* ■ FAM **allonger un coup :** l'asséner. ❑ **allonger le pas :** marcher plus vite. ❑ **allonger une sauce :** y ajouter de l'eau ou du bouillon. ❑ FAM **allonger une somme :** la donner. ◆ vi Devenir plus long : *les jours allongent.* ◆ **s'allonger** vpr **1.** Devenir plus long : *la liste s'allonge.* **2.** S'étendre : *s'allonger dans l'herbe.*

allopathie nf Traitement des maladies avec des remèdes produisant des effets contraires à ceux de ces maladies (par opposition à *homéopathie*).

allotropie nf Propriété de certains corps, comme le carbone, de se présenter sous plusieurs aspects différents.

allotropique adj Qui résulte de l'allotropie.

allouer vt Accorder, attribuer un crédit, une indemnité, etc.

allumage nm **1.** Action d'allumer. **2.** Inflammation du mélange gazeux dans un moteur ; dispositif assurant cette inflammation.

allumé, e adj et n FAM **1.** Qui est un peu extravagant ; excentrique. **2.** Qui est passionné pour quelque chose : *une allumée de la vidéo.*

allume-cigare (pl *allume-cigares*) ou **allume-cigares** (pl inv) nm Dispositif pour allumer les cigarettes dans les automobiles.

allume-feu (pl *allume-feux*) ou **allume-feux** (pl inv) nm Matière combustible pour allumer le feu.

allume-gaz nm inv Petit appareil permettant d'allumer le gaz.

allumer vt **1.** Communiquer le feu à quelque chose. **2.** Répandre la lumière dans ; éclairer. **3.** Mettre un appareil en état de fonctionner : *allumer la télévision.* **4.** LITT, FIG Susciter : *allumer la discorde.* **5.** FAM Critiquer très vivement ; éreinter : *chanteur qui se fait allumer par la critique.* ◆ **s'allumer** vpr **1.** Prendre feu, s'enflammer. **2.** Devenir lumineux.

allumette nf Brin de bois imprégné à une extrémité d'une matière inflammable.

allumeur nm **1.** Dispositif servant à l'allumage d'un moteur. **2.** Dispositif pour provoquer la déflagration d'une charge explosive.

allumeuse nf FAM Femme aguichante.

allure nf **1.** Vitesse d'une personne, d'un animal, d'une voiture : *à toute allure.* **2.** Manière de marcher, de se conduire, de se présenter : *il a une drôle d'allure.* ■ **avoir de l'allure** : (a) de l'élégance et de la distinction (b) faire de l'effet : *un travail bien présenté qui a de l'allure.*

allusif, ive adj Qui contient une allusion.

allusion nf Mot, phrase qui évoquent qqn ou qqch sans le nommer : *faire allusion à.*

allusivement adv De façon allusive.

alluvial, e, aux adj Formé d'alluvions.

alluvionnaire adj Relatif aux alluvions.

alluvions nf pl Dépôt argileux ou sableux laissé par les eaux lorsqu'elles se retirent.

almanach [almana] nm Calendrier illustré donnant des indications astronomiques, des recettes, etc.

aloès [alɔɛs] nm Plante grasse d'Afrique, d'Asie et d'Amérique, dont les feuilles contiennent un suc amer employé en pharmacie et en teinturerie.

aloe vera [alɔevera] nm inv **1.** Aloès cultivé. **2.** (nom déposé) Substance médicinale ou produit cosmétique extrait de cette plante.

aloi nm ■ **de bon, de mauvais aloi** : de bonne ou de mauvaise qualité ou nature.

alopécie nf Chute de cheveux.

alors adv **1.** En ce temps-là : *il vivait alors à Londres.* **2.** En conséquence : *alors, je refuse.* **3.** FAM Marque l'interrogation, l'impatience, l'indignation, l'indifférence : *alors, tu viens ? ; ça alors !* ■ **jusqu'alors** : jusqu'à ce moment-là. ◆ **alors que** loc conj **1.** Marque la simultanéité : *je l'ai vu alors qu'il partait.* **2.** Marque l'opposition : *sortir alors que c'est interdit.*

alose nf Poisson de mer et d'eau douce, voisin de la sardine.

alouate nm Singe d'Amérique du Sud (appelé aussi : *singe hurleur*).

alouette nf Petit oiseau des champs à plumage gris tacheté ou brunâtre.

alourdir vt Rendre lourd, plus lourd.

alourdissement nm Action d'alourdir, fait de s'alourdir.

aloyau [alwajo] nm Pièce de bœuf coupée le long des reins.

alpaga nm **1.** Ruminant de l'Amérique du Sud, proche du lama. **2.** Étoffe faite notamment avec le poil de l'alpaga.

alpage nm Pâturage élevé.

alpaguer vt ARG Arrêter, appréhender : *la police l'a alpagué chez lui.*

alpestre adj Des Alpes.

alpha nm inv Première lettre de l'alphabet grec. ■ **l'alpha et l'oméga** : le commencement et la fin.

alphabet nm Liste des lettres d'une langue, énumérées selon un ordre conventionnel.

alphabétique adj **1.** Qui utilise, concerne un alphabet : *écriture alphabétique.* **2.** Qui suit l'ordre de l'alphabet : *index alphabétique.*

alphabétiquement adv Dans l'ordre alphabétique.

alphabétisation nf Action d'alphabétiser ; son résultat.

alphabétiser vt Enseigner la lecture et l'écriture à une population analphabète.

alphanumérique adj Qui comporte à la fois des chiffres et des caractères alphabétiques : *clavier alphanumérique.*

alpin, e adj **1.** Des Alpes ou de la haute montagne. **2.** Qui concerne l'alpinisme : *club alpin.* ■ **chasseur alpin** : soldat des troupes de montagne. ❑ **ski alpin** : ski pratiqué sur des pentes raides (par opposition à *ski de fond*).

alpinisme nm Sport des ascensions en montagne.

alpiniste n Personne qui pratique l'alpinisme.

alsacien, enne adj et n D'Alsace : *les Alsaciens.* ◆ nm Dialecte parlé en Alsace.

altérabilité nf Caractère de ce qui peut être dénaturé.

altérable adj Qui peut être dénaturé.

altération nf **1.** Changement en mal ; détérioration. **2.** Falsification : *altération des monnaies.* **3.** MUS Signe placé au début d'une partition et par lequel un son est toujours abaissé ou élevé d'un ou de deux demi-tons chromatiques (bémol, dièse, bécarre).

altercation nf Échange de propos violents, vive discussion ; querelle.

alter ego [alterego] nm inv Personne en qui on a toute confiance, que l'on charge éventuellement d'agir à sa place.

altérer vt (conj 10) **1.** Modifier l'état normal, provoquer un changement dans la forme, la valeur de : *le soleil altère les couleurs ; leur amitié n'a pas été altérée.* **2.** LITT Donner soif.

altérité nf Caractère de ce qui est autre, différent.

altermondialisation nf Mouvement de la société civile qui conteste le modèle libéral de la mondialisation et revendique un mode de développement plus soucieux de l'homme et de son environnement.

altermondialisme nm Ensemble des conceptions des partisans de l'altermondialisation.

altermondialiste adj et n Relatif à l'altermondialisme ; qui en est partisan.

alternance nf **1.** Succession régulière. **2.** Fait pour deux ou plusieurs partis politiques de se succéder au pouvoir.

alternateur nm Générateur de courant électrique alternatif.

alternatif, ive adj **1.** Qui change périodiquement de sens : *courant alternatif.* **2.** Qui propose un choix, une alternative.

alternative nf **1.** Succession d'états opposés qui reviennent régulièrement. **2.** Choix entre deux possibilités : *je me trouve devant cette alternative : rester ou partir.* **3.** Solution de remplacement : *l'alternative démocratique.*

> VOCABULAIRE Une *alternative* est un choix entre deux solutions. Il est donc incorrect de dire : *j'hésite entre ces deux alternatives.*

alternativement adv Tour à tour.

alterne adj **1.** MATH Se dit, lorsque deux droites parallèles sont coupées par une troisième, des angles placés de chaque côté de la sécante. **2.** BOT Se dit de feuilles, de fleurs disposées à des hauteurs différentes sur la tige, et non en face les unes des autres.

alterné, e adj Qui s'effectue tour à tour ; en alternance : *circulation alternée.* ■ DR **résidence alternée** : mode de garde des enfants habitant alternativement chez le père et la mère, après séparation du couple.

alterner vi Se succéder plus ou moins régulièrement. ◆ vt Faire se succéder régulièrement : *alterner les cultures.*

altesse nf Titre d'honneur donné aux princes et aux princesses.

altier, ère adj Hautain.

altimètre nm Appareil pour mesurer l'altitude.

altiport nm Aire d'atterrissage en haute montagne.

altiste n Personne qui joue de l'alto.

altitude nf Élévation, hauteur d'un point au-dessus du niveau de la mer.

alto nm Instrument à cordes accordé à la quinte grave du violon.

altruisme nm Amour désintéressé d'autrui.

altruiste adj et n Généreux.

Altuglas nm (nom déposé) Matière synthétique très résistante.

alumine nf CHIM Oxyde d'aluminium.

aluminerie nf CANADA Usine de fabrication d'aluminium.

aluminium nm Métal blanc, léger, solide, qui a l'éclat de l'argent ; symb : Al.

alun nm Sulfate double d'aluminium et de potassium.

alunir vi Se poser sur la Lune.

alunissage nm Action d'alunir.

alunite nf Sulfate naturel d'aluminium et de potassium.

alvéolaire adj **1.** Relatif aux alvéoles. **2.** Constitué d'alvéoles : *béton alvéolaire.*

alvéole nf **1.** Cellule d'abeille. **2.** ANAT Cavité où la dent est enchâssée. **3.** Cavité dans le tissu du lobule pulmonaire.

alvéolé, e adj Composé d'alvéoles.

alvéolite nf Inflammation d'une alvéole.

Alzheimer ■ **maladie d'Alzheimer** nf Maladie neurologique dégénérative provoquant une démence progressive.

amabilité nf Politesse affable, courtoisie.

amadou nm Substance spongieuse et inflammable provenant de divers arbres.

amadouer vt Flatter de manière à apaiser, à obtenir ce qu'on désire.

amaigrir vt Rendre maigre. ◆ **s'amaigrir** vpr Devenir maigre.

amaigrissant, e adj Qui fait maigrir.

amaigrissement nm Diminution du volume et du poids du corps.

amalgamation nf Action d'amalgamer.

amalgame nm **1.** Alliage du mercure avec un autre métal ; alliage de différents métaux utilisé pour obturer les cavités dentaires. **2.** FIG Mélange d'éléments divers dont on fait un tout : *amalgame de théories.* ■ **faire l'amalgame** : mêler intentionnellement des choses, des personnes pour créer la confusion.

amalgamer vt Faire un amalgame.

aman [amɑ̃] nm En pays musulman, octroi de la vie sauve à un ennemi vaincu.

amande nf **1.** Fruit de l'amandier. **2.** Graine contenue dans un noyau.

amandier nm Arbre originaire d'Asie, cultivé pour ses graines ou amandes.

amandine nf Tartelette garnie d'une préparation à base d'amandes.

amanite nf Champignon à volve et à anneau dont une espèce, l'amanite phalloïde, est mortelle.

amant nm Homme avec qui une femme a des relations sexuelles en dehors du mariage.

amarante nf Plante ornementale aux fleurs rouges groupées en grappes. ◆ adj inv D'un rouge pourpre.

amareyeur, euse n Personne qui travaille dans les parcs à huîtres.

amarrage nm **1.** MAR Action d'amarrer. **2.** Opération de liaison rigide de deux vaisseaux spatiaux.

amarre nf Câble, cordage pour amarrer.

amarrer vt **1.** MAR Fixer une amarre sur un taquet. **2.** Retenir au moyen d'une amarre. **3.** Maintenir au moyen de liens ; attacher : *amarrer une malle sur une galerie de voiture*.

amaryllidacée nf Plante telle que le perce-neige, le narcisse, l'agave et l'amaryllis (les amaryllidacées forment une famille).

amaryllis [amarilis] nf Plante bulbeuse, à grandes fleurs rouges d'odeur suave.

amas nm Monceau, tas.

amasser vt Réunir en quantité importante ; entasser, accumuler : *amasser des papiers, des connaissances, de l'argent*.

amateur n et adj m **1.** Personne qui a du goût, un penchant pour quelque chose : *amateur de bon vin*. **2.** FIG Personne qui s'adonne à un art, à un sport, etc., sans en faire profession : *un peintre amateur*. **3.** Personne qui manque de zèle ou de compétence ; dilettante. **4.** FAM Acheteur.

amateurisme nm **1.** Qualité d'amateur en matière de sport, d'art, etc. **2.** Défaut de celui qui manque de zèle ou de compétence.

amazone nf Femme qui monte à cheval. ■ **monter en amazone** : monter un cheval en ayant les deux jambes du même côté.

amazonien, enne adj et n De l'Amazone ou de l'Amazonie.

ambages nf pl ■ LITT **sans ambages** : d'une manière franche et directe, sans détour.

ambassade nf **1.** Représentation diplomatique permanente d'un État auprès d'un État étranger. **2.** Services et personnel diplomatiques ; bâtiment qui les abrite.

ambassadeur, drice n **1.** Représentant d'un État auprès d'une puissance étrangère. **2.** Toute personne chargée d'une mission.

ambiance nf **1.** Atmosphère, climat d'un lieu, d'une réunion, etc. : *musique d'ambiance*. **2.** FAM Gaieté, entrain dans un groupe : *il y a de l'ambiance !*

ambiant, e adj Qui constitue le milieu dans lequel on vit : *air ambiant*.

VOCABULAIRE *Milieu ambiant* est un pléonasme.

ambidextre adj et n Qui se sert aussi bien d'une main que de l'autre.

ambigu, ë adj **1.** Dont le sens est équivoque : *réponse ambiguë*. **2.** Difficile à cerner : *un personnage ambigu*.

ambiguïté nf Caractère de ce qui est ambigu.

ambitieusement adv Avec ambition.

ambitieux, euse adj et n Qui a ou qui témoigne de l'ambition.

ambition nf **1.** Désir de gloire, de fortune, etc. **2.** Désir profond de réussir quelque chose.

ambitionner vt Désirer ardemment quelque chose de valorisant, une meilleure situation ; aspirer à : *il ambitionne le poste de directeur ; il ambitionne d'être une vedette*.

ambivalence nf Caractère de ce qui a deux aspects radicalement différents ou opposés.

ambivalent, e adj Qui présente de l'ambivalence.

amble nm Allure d'un quadrupède qui fait mouvoir en même temps les deux jambes du même côté : *aller l'amble*.

amblyope adj et n Dont l'acuité visuelle est très diminuée.

ambre nm Résine fossile translucide et aromatique. ■ **ambre gris** : substance musquée produite dans l'intestin du cachalot, entrant dans la composition de parfums. ◆ adj inv Jaune doré.

ambré, e adj Qui a la couleur ou le parfum de l'ambre.

ambrer vt Parfumer à l'ambre gris.

ambroisie nf MYTH Nourriture des dieux de l'Olympe procurant l'immortalité.

ambulance nf Voiture servant au transport des malades ou des blessés.

ambulancier, ère n Conducteur d'une ambulance.

ambulant, e adj Qui va d'un lieu à un autre : *marchand ambulant*.

ambulatoire adj **1.** VX, DR Sans siège fixe. **2.** MÉD Qui n'interrompt pas les activités habituelles d'un malade : *traitement ambulatoire*.

âme nf **1.** Sur le plan religieux, principe de pensée, d'existence (par opposition au *corps*). **2.** Qualités morales, bonnes ou mauvaises : *âme noble, abjecte*. **3.** Conscience, caractère : *grandeur d'âme*. **4.** LITT Être humain, habitant : *ville de vingt mille âmes ; il n'y a pas âme qui vive*. **5.** Agent principal, moteur : *l'âme d'un complot*. ■ **avec âme** : avec sentiment. ❑ **état d'âme** : sentiment éprouvé dans une situation particulière. ❑ SOUT **rendre l'âme** : mourir. ❑ **trouver l'âme sœur** :

le conjoint ou la conjointe idéal(e). ❑ **une bonne âme :** une personne compatissante.

améliorable adj Qui peut être amélioré.

amélioration nf Changement, transformation en mieux.

améliorer vt Rendre meilleur : *améliorer ses performances, ses rapports avec les autres.* ◆ **s'améliorer** vpr Devenir meilleur : *la situation s'améliore.*

amen [amɛn] nm inv Mot hébreu signifiant « ainsi soit-il ». ■ **dire amen :** consentir à une chose.

aménageable adj Qui peut être aménagé : *grenier aménageable.*

aménagement nm Action d'aménager ; son résultat.

aménager vt (conj 2) Transformer, modifier pour rendre plus rationnel, plus agréable, plus pratique, etc.

amende nf Peine, sanction pécuniaire : *payer une amende.* ■ **faire amende honorable :** avouer ses torts.

amendement nm **1.** Modification apportée à un projet, à une loi, etc. **2.** Chaux, marne, argile, etc., servant à améliorer une terre.

amender vt **1.** Modifier par amendement. **2.** Améliorer une terre.

amène adj LITT Courtois, affable.

amener vt (conj 9) **1.** Faire venir avec soi : *je vous amène un visiteur.* **2.** Transporter, conduire vers un endroit : *le taxi vous amènera directement.* **3.** Occasionner, entraîner. **4.** Pousser à : *cet incident m'a amené à réfléchir.*

aménité nf ■ SOUT **sans aménité :** avec rudesse.

aménorrhée nf Absence de menstruation.

amentale nf ou **amentifère** nm Arbre à fleurs en chatons (noyer, saule, hêtre, etc.).

amenuisement nm Diminution.

amenuiser vt Rendre plus petit. ◆ **s'amenuiser** vpr Diminuer.

1. amer [amɛr] nm MAR Objet fixe, situé sur la côte et servant de repère.

2. amer, ère adj **1.** Qui a une saveur aigre, rude et désagréable. **2.** FIG Méchant, violent, dur. **3.** LITT Qui exprime l'amertume : *reproches amers.*

amèrement adv Avec amertume.

américain, e adj et n D'Amérique ; des États-Unis : *les Américains.*

américanisation nf Action d'américaniser.

américaniser vt Donner un caractère américain à. ◆ **s'américaniser** vpr Prendre les manières, le mode de vie des Américains du Nord.

américanisme nm **1.** Particularité linguistique de l'anglais d'Amérique du Nord. **2.** Tendance à imiter le mode de vie des Américains du Nord.

amérindien, enne adj et n Se dit des Indiens d'Amérique : *les Amérindiens.*

amerrir vi Se poser sur l'eau, sur la mer, en parlant d'un hydravion, d'une cabine spatiale.

amerrissage nm Action d'amerrir.

amertume nf **1.** Saveur amère. **2.** FIG Ressentiment mêlé de tristesse et de déception.

améthyste nf Pierre fine, variété violette de quartz.

ameublement nm Ensemble des meubles et de la décoration d'un appartement.

ameublir vt Rendre une terre plus meuble.

ameuter vt Rassembler en faisant du scandale : *ameuter la foule.*

ami, e n **1.** Personne avec qui on est lié par une affection réciproque : *une amie d'enfance.* **2.** FIG Personne portée vers quelque chose par goût : *les amis de la musique.* **3.** INFORM Membre d'un réseau social auquel un autre membre accorde l'accès à ses données personnelles. ■ **faux ami :** mot qui a la même forme qu'un mot d'une autre langue, mais qui n'a pas le même sens. ❑ **petit ami, petite amie** ou **ami, amie :** (a) personne qui entretient une relation amoureuse avec une autre (b) amant, maîtresse. ◆ adj Accueillant : *maison amie.*

amiable adj Fait par la voie de la conciliation : *partage amiable.* ■ **à l'amiable :** par consentement mutuel : *divorce à l'amiable ; s'arranger à l'amiable.*

amiante nm Matière fibreuse qui résiste à l'action du feu.

amibe nf Animal unicellulaire des eaux douces ou salées et de la terre humide, dont une espèce parasite l'intestin de l'homme.

amibiase nf Affection intestinale causée par une amibe.

amibien, enne adj Causé par une amibe.

amical, e, aux adj **1.** Qui manifeste de l'amitié : *conseils amicaux ; geste amical.* **2.** Se dit d'une rencontre sportive qui ne compte pas dans un championnat ou une compétition : *match amical.*

amicale nf Association de personnes d'une même profession ou activité.

amicalement adv De façon amicale.

amidon nm Fécule extraite de certaines céréales, utilisée notamment pour empeser le linge.

amidonnage nm Action d'amidonner.

amidonner vt Empeser le linge, l'enduire d'amidon.

amidopyrine nf Puissant sédatif de la douleur et de la fièvre.

amincir vt Rendre ou faire paraître plus mince.

amincissant, e adj Qui amincit.

amincissement nm Action d'amincir, de s'amincir.

aminé, e adj ■ **acide aminé :** Substance organique, constituant fondamental des protéines.

amiral nm Officier général d'une marine militaire.

amirauté nf **1.** Commandement suprême de la marine militaire. **2.** Siège de ce commandement.

amitié nf **1.** Attachement mutuel, sentiment d'affection, de sympathie. **2.** Plaisir : *faites-moi l'amitié de.* ◆ **amitiés** pl Témoignages d'affection.

ammoniac nm Gaz à l'odeur très piquante, formé d'azote et d'hydrogène combinés.

ammoniacal, e, aux adj Qui contient de l'ammoniac, ou en a les propriétés.

ammoniaque nf Solution aqueuse d'ammoniac (appelée aussi : *alcali volatil*).

ammoniaqué, e adj Qui contient de l'ammoniaque.

ammonite nf Mollusque fossile à coquille enroulée, caractéristique de l'ère secondaire.

ammonium nm Substance qui entre dans la composition des sels ammoniacaux.

amnésie nf Diminution ou perte de la mémoire.

amnésique adj et n Atteint d'amnésie.

amniocentèse nf Ponction de la cavité utérine pendant la grossesse, pour prélever du liquide amniotique afin de l'analyser.

amniotique adj ■ **liquide amniotique :** dans lequel baigne le fœtus.

amnistie nf Acte du pouvoir législatif qui efface un fait punissable, arrête les poursuites et anéantit les condamnations.

amnistié, e adj et n Qui a été l'objet d'une amnistie.

amnistier vt Accorder une amnistie.

amocher vt FAM **1.** Abîmer, détériorer. **2.** Défigurer.

amodiataire n Qui prend en location un bien rural.

amodiation nf Action d'amodier.

amodier vt Affermer une terre.

amoindrir vt Diminuer la force, la valeur ; affaiblir.

amoindrissement nm Diminution, affaiblissement.

amollir vt **1.** Rendre mou : *la chaleur amollit la cire.* **2.** FIG Affaiblir.

amollissant, e adj Qui amollit.

amollissement nm **1.** Action d'amollir ; son résultat. **2.** Affaiblissement, relâchement.

amonceler vt (conj 6) Réunir en grand nombre, en tas ; accumuler, entasser. ◊ vpr : *les feuilles s'amoncellent sur le trottoir.*

amoncellement nm Entassement.

amont nm Côté d'où vient le courant dans un cours d'eau. CONTR : aval. ■ **en amont :** (a) plus près de la source, par rapport à un point considéré (b) au début d'un processus.

amoral, e, aux adj Indifférent, étranger aux règles de la morale.

amoralité nf **1.** Caractère de ce qui est amoral. **2.** Conduite ne respectant pas les règles de la morale.

amorçage nm Action d'amorcer.

amorce nf **1.** Appât pour le poisson. **2.** Ce qui sert à produire l'explosion d'une charge de poudre. **3.** Commencement, ébauche.

amorcer vt (conj 1) **1.** Garnir d'une amorce : *amorcer un hameçon.* **2.** Commencer : *amorcer un travail.* **3.** Mettre en état de fonctionner : *amorcer une pompe.*

amoroso adv MUS D'une manière tendre.

amorphe adj Mou, inactif, sans énergie.

amorti nm Dans certains sports, action de diminuer ou de supprimer le rebond d'une balle, d'un ballon.

amortie nf Balle résultant d'un amorti.

amortir vt **1.** Affaiblir l'effet, la force de : *amortir un choc, un son.* **2.** Reconstituer progressivement le capital employé à une acquisition grâce aux bénéfices tirés de celle-ci : *amortir l'achat d'une voiture.*

amortissable adj Qui peut être amorti, dont la dette peut être remboursée : *rente amortissable.*

amortissement nm **1.** Affaiblissement : *amortissement d'un bruit.* **2.** Extinction graduelle d'une rente, d'une dette, etc.

amortisseur nm Dispositif qui amortit les chocs, les vibrations d'une machine, etc.

amour nm **1.** Élan du cœur, attachement, passion : *l'amour de la liberté, l'amour maternel.* **2.** Sentiment passionné, élan physique ou sentimental entre deux personnes : *inspirer de l'amour.* **3.** Personne aimée : *un amour de jeunesse.* **4.** Goût passionné : *amour des arts.* ■ **faire l'amour :** accomplir l'acte sexuel.

> GRAMMAIRE *Amour* est féminin au pluriel dans la langue littéraire : *des amours passionnées.*

amouracher (s') vpr [de] S'éprendre d'une passion soudaine et passagère.

amourette nf Amour passager.

amourettes nf pl Morceau de moelle épinière des animaux de boucherie.

amoureusement adv Avec amour.

amoureux, euse adj et n **1.** Qui aime d'amour, avec passion : *être, tomber amoureux* *de qqn.* **2.** Porté à aimer : *un amoureux des arts.* ◆ adj Qui exprime l'amour : *regard amoureux.*

amour-propre (pl *amours-propres*) nm Sentiment qu'on a de sa dignité, de sa propre valeur.

amovibilité nf Caractère de ce qui est amovible.

amovible adj **1.** Qui peut être déplacé, enlevé : *roue amovible.* **2.** Qui peut être destitué : *un fonctionnaire amovible.*

AMP nf (sigle) MÉD Assistance médicale à la procréation.

ampélopsis [ɑ̃pelɔpsis] nm Vigne vierge.

ampère nm Unité de mesure d'intensité des courants électriques ; symb : A.

ampère-heure (pl *ampères-heures*) nm Unité de mesure de quantité d'électricité transportée en une heure par un courant de 1 ampère ; symb : Ah.

ampèremètre nm Appareil mesurant l'intensité d'un courant électrique.

amphétamine nf Substance médicamenteuse qui stimule l'activité cérébrale, diminue le sommeil et la faim.

amphibie adj et nm **1.** Qui peut vivre dans l'air et dans l'eau : *animal, plante amphibie.* **2.** Qui peut se mouvoir sur terre et sur l'eau : *voiture amphibie.*

amphibien nm Vertébré à larve aquatique dont le type est la grenouille (les amphibiens forment une classe).

amphibole nf Silicate de fer et de magnésium.

amphibologie nf Ambiguïté, sens équivoque.

amphibologique adj Équivoque, ambigu.

amphigouri nm LITT Langage ou écrit embrouillé, inintelligible.

amphigourique adj LITT Embrouillé, inintelligible.

amphithéâtre nm **1.** Chez les Romains, vaste enceinte avec gradins, pour les fêtes publiques. **2.** Partie d'un théâtre située au-dessus des galeries et des balcons. **3.** Salle de cours aménagée en gradins.

amphitryon nm LITT Hôte chez qui l'on est invité à un repas.

amphore nf Vase antique, de forme ovoïde et à deux anses.

ample adj **1.** Large, vaste : *un vêtement ample.* **2.** FIG Abondant : *il m'a donné de plus amples renseignements.*

amplement adv Abondamment, largement : *amplement payé.*

ampleur nf **1.** Qualité de ce qui est ample. **2.** FIG Importance, portée de quelque chose.

ampli nm (abréviation) FAM Amplificateur.

amplificateur, trice adj Qui amplifie, exagère. ◆ nm **1.** Appareil qui augmente la puissance d'une oscillation électrique. **2.** Élément d'une chaîne haute-fidélité qui précède les haut-parleurs. SYN : FAM ampli.

amplification nf Action d'amplifier ; son résultat.

amplifier vt Accroître le volume, l'étendue, l'importance, la quantité de. ◆ **s'amplifier** vpr Augmenter en quantité, en importance, en force.

amplitude nf Distance entre des points extrêmes : *amplitude thermique.* ■ **amplitude diurne :** écart entre les températures extrêmes mesurées pendant 24 heures.

ampoule nf **1.** Partie en verre d'une lampe électrique ; cette lampe : *changer une ampoule.* **2.** Petit tube de verre contenant un liquide ; son contenu : *médicament en ampoule.* **3.** Petite boursouflure bénigne de l'épiderme, consécutive à un frottement prolongé.

ampoulé, e adj Prétentieux, emphatique : *style ampoulé.*

amputation nf Action d'amputer ; son résultat.

amputé, e adj et n Qui a subi une amputation.

amputer vt **1.** CHIR Enlever un membre, un organe, etc. **2.** FIG Retrancher une partie d'un tout.

amulette nf Objet que l'on porte sur soi par superstition, pour se préserver des dangers, des maladies, etc.

amure nf MAR Coin d'une basse voile fixé du côté d'où vient le vent ; cordage qui fixe ce coin.

amusant, e adj Qui amuse, divertit.

amuse-bouche (pl inv ou *amuse-bouches*) nm Amuse-gueule.

amuse-gueule (pl inv ou *amuse-gueules*) nm Petit gâteau salé, canapé, olive, etc., servis avec l'apéritif.

amusement nm **1.** Action d'amuser, de s'amuser. **2.** Distraction, divertissement.

amuser vt Procurer de la joie à ; divertir, distraire. ◆ **s'amuser** vpr **1.** Se distraire, prendre plaisir à. **2.** Perdre son temps en futilités.

amuseur, euse n Personne qui amuse les autres.

amygdale [amidal] nf ANAT Glande en amande, de chaque côté de la gorge.

amygdalite nf Inflammation des amygdales.

amylacé, e adj De la nature de l'amidon.

an nm **1.** Année : *en l'an 2000.* **2.** Mesure de l'âge : *elle a dix ans.* ■ **bon an, mal an :** compensation faite des bonnes et des mauvaises années. ❑ **le jour de l'an** ou **le nouvel an :** le

1er janvier. ◆ **ans** pl Vieillesse, temps : *le poids des ans*.

anabaptiste [anabatist] n et adj Membre d'une secte religieuse du XVIe s. qui déniait toute valeur au baptême des enfants et exigeait un second baptême à l'âge adulte.

anabolisant, e nm et adj Substance qui favorise les phénomènes d'assimilation chez les êtres vivants et qui sert parfois de dopant.

anacarde nm Fruit tropical produit par l'anacardier (appelé aussi : *noix de cajou*).

anacardier nm Arbre d'Amérique dont le fruit est comestible.

anachorète [anakɔrɛt] nm Religieux qui vit dans la solitude.

anachronique [anakrɔnik] adj Entaché d'anachronisme.

anachronisme [anakrɔnism] nm **1.** Faute contre la chronologie. **2.** Ce qui manifeste un retard par rapport à l'époque actuelle. **3.** Mœurs périmées.

anacoluthe nf Tournure de phrase qui consiste à changer brusquement une construction, la phrase ne s'achevant pas comme son début le laisserait supposer (EX : *dans l'attente de votre réponse, veuillez recevoir*, au lieu de : *dans l'attente de votre réponse, je vous prie de.*).

anaconda nm Grand serpent de l'Amérique du Sud.

anacrouse nf MUS Note ou groupe de notes précédant la première barre de mesure et menant au premier temps fort.

anaérobie adj et nm Se dit de micro-organismes se développant en l'absence d'oxygène et d'air. CONTR : aérobie.

anaglyphe nm **1.** Ouvrage en relief. **2.** Photographie stéréoscopique en deux couleurs complémentaires, donnant la sensation du relief.

anaglyptique adj et nf Se dit d'un mode d'impression en relief à l'usage des aveugles.

anagramme nf Mot formé par la transposition des lettres d'un autre mot : *une anagramme de* gare *est* rage.

anal, e, aux adj Relatif à l'anus.

analeptique nm VIEILLI Médicament qui redonne des forces.

analgésie nf Suppression de la douleur.

analgésique nm et adj Substance qui produit l'analgésie, atténue ou fait cesser la douleur.

anallergique adj Qui ne provoque pas d'allergie : *crème de beauté anallergique*.

analogie nf Rapport, similitude partielle d'une chose avec une autre. ■ **par analogie** : d'après les rapports de ressemblance entre deux ou plusieurs choses.

GRAMMAIRE On dit *il y a analogie entre ceci et cela ; avec telle chose* ou *de ceci et de cela*.

analogique adj Fondé sur l'analogie : *solution analogique de celle qui était préconisée*.

analogiquement adv Par analogie.

analogue adj Qui offre une ressemblance, des rapports de similitude avec autre chose : *un problème analogue au précédent*.

analphabète adj et n Qui ne sait ni lire ni écrire.

analphabétisme nm État d'une personne, d'une communauté analphabète.

analysable adj Qu'on peut analyser.

analyse nf **1.** Décomposition d'une substance en ses principes constituants : *analyse de sang*. **2.** Étude faite en vue de discerner les diverses parties d'un tout. **3.** GRAMM Étude de la nature et de la fonction des mots dans une phrase. **4.** Psychanalyse.

analyser vt Soumettre à une analyse, étudier.

analyste n **1.** Personne versée dans l'analyse mathématique, financière, etc. **2.** Psychanalyste.

analyste-programmeur, euse (pl *analystes-programmeurs, analystes-programmeuses*) n Informaticien chargé des travaux d'analyse et de leur programmation.

analytique adj Qui procède par analyse : *méthode analytique*.

anamorphose nf **1.** Image déformée d'un objet donnée par un miroir courbe. **2.** Représentation, dessin volontairement distordu qui, vu sous un certain angle ou grâce à un système optique, reprend son aspect véritable.

ananas [anana] ou [ananas] nm Plante des régions chaudes cultivée pour son gros fruit à pulpe sucrée ; ce fruit.

anapeste nm Pied de vers grec ou latin composé de deux brèves et d'une longue.

anaphore nf **1.** Reprise d'un ou plusieurs mots au début de phrases successives, produisant un effet de renforcement. **2.** LING Dans un discours, fait pour un mot de renvoyer à un mot déjà énoncé (EX : *il y a un livre sur la table, je veux ce livre*).

anaphorique adj et nm LING Se dit d'un mot qui renvoie à un mot ou à une phrase apparus antérieurement dans le discours.

anaphylactique adj ■ **choc anaphylactique** : réaction violente de l'organisme à une substance injectée.

anaphylaxie nf MÉD État d'un organisme qui, sensibilisé par l'introduction d'une substance, réagit violemment à l'introduction ultérieure d'une nouvelle dose, même minime, de cette substance.

anar n FAM Anarchiste.

anarchie nf **1.** Anarchisme. **2.** État de trouble, de désordre dû à l'absence d'autorité politique, à la carence des lois. **3.** PAR EXT Désordre, confusion.

anarchique adj Qui tient de l'anarchie : *situation anarchique.*

anarchiquement adv De façon anarchique.

anarchisant, e adj et n Qui a des tendances anarchistes.

anarchisme nm Conception politique selon laquelle l'individu doit être libéré de toute tutelle étatique.

anarchiste adj et n Qui appartient à l'anarchisme ; qui en est partisan.

anastigmatique ou **anastigmate** adj Dépourvu d'astigmatisme.

anastomose nf **1.** ANAT Abouchement de deux vaisseaux. **2.** CHIR Abouchement de deux conduits, canaux ou cavités.

anastomoser vt CHIR Pratiquer une anastomose. ◆ **s'anastomoser** vpr Se joindre en formant une anastomose.

anathème nm **1.** RELIG Excommunication. **2.** Blâme solennel, condamnation publique.

anatomie nf **1.** Étude de la structure des organes des êtres organisés ; cette structure. **2.** Forme extérieure, aspect du corps.

anatomique adj Relatif à l'anatomie.

anatomiste n Spécialiste d'anatomie.

anatoxine nf Toxine microbienne atténuée, capable de conférer l'immunité.

ancestral, e, aux adj Relatif aux ancêtres, au passé très lointain.

ancêtre nm **1.** Ascendant antérieur aux parents. **2.** Initiateur lointain d'une doctrine, d'une idée ; première formule d'un objet, première forme d'une machine, etc. ◆ **ancêtres** pl **1.** Les ascendants. **2.** Ceux qui ont vécu avant nous ; aïeux.

anche nf Languette vibrante de certains instruments à vent.

anchois nm Petit poisson de mer, généralement consommé après conservation dans l'huile ou la saumure.

ancien, enne adj **1.** Qui existe depuis longtemps, vieux : *une tradition très ancienne.* **2.** Qui a existé autrefois : *les langues anciennes.* **3.** Qui n'est plus en fonction : *un ancien préfet.* ■ **à l'ancienne** : se dit de quelque chose qui est fait à la manière d'autrefois. ◆ n Personne qui en a précédé d'autres dans une fonction, une école : *les anciens de Polytechnique.* ◆ nm **1.** Ensemble de meubles, d'objets, etc., dont le style appartient à une époque révolue : *se meubler en ancien ; préférer l'ancien au moderne.* **2.** (avec une majuscule) Personnage de l'Antiquité gréco-latine.

anciennement adv Autrefois, jadis.

ancienneté nf **1.** État de ce qui est vieux, ancien. **2.** Temps passé dans un grade, un emploi, à compter du jour de l'entrée en fonction.

ancillaire adj ■ LITT **amours ancillaires** : avec une ou des servantes.

ancolie nf Plante cultivée pour ses fleurs à cinq éperons et de couleurs variées.

ancrage nm **1.** Action d'ancrer. **2.** Lieu pour ancrer.

ancre nf **1.** MAR Lourde pièce d'acier à deux becs qui, jetée au fond de l'eau, sert à retenir un bateau auquel elle est liée par une lourde chaîne : *jeter, lever l'ancre.* **2.** Pièce d'horlogerie qui régularise le mouvement du balancier.

ancrer vi Jeter l'ancre. ◆ vt **1.** Attacher avec une ancre. **2.** FIG Fixer profondément : *ancrer une idée dans l'esprit de quelqu'un.*

andalou, ouse adj et n D'Andalousie : *les Andalous.*

andante adv MUS D'un mouvement modéré. ◆ nm Morceau exécuté modérément.

andantino adv MUS D'un mouvement plus vif que l'andante. ◆ nm Morceau exécuté dans ce mouvement.

andésite nf Roche volcanique noire ou grise.

andin, e adj Des Andes.

andouille nf **1.** Produit de charcuterie qui se présente sous la forme d'un boyau de porc rempli de tripes, d'intestins ou de chair cuits de cet animal, et qui se mange froid. **2.** FAM Imbécile.

andouiller nm Petite corne ou bois du cerf, du daim, du chevreuil.

andouillette nf Petite andouille, qui se mange grillée ou sautée.

andrinople nf Étoffe de coton bon marché, généralement rouge.

androgène adj et nm Se dit d'une hormone qui provoque le développement des caractères sexuels mâles.

androgyne adj et nm **1.** Qui tient des deux sexes. **2.** BOT Se dit des végétaux qui réunissent à la fois des fleurs mâles et des fleurs femelles.

androïde nm Automate à aspect humain.

andrologie nf Spécialité médicale consacrée à l'appareil génital de l'homme.

andrologue n Spécialiste d'andrologie.

andropause nf Diminution de l'activité génitale de l'homme, à partir d'un certain âge.

androstérone nf Hormone sexuelle mâle.

âne nm **1.** Mammifère de la famille des équidés, plus petit que le cheval et à longues oreilles. **2.** FIG Homme ignorant, entêté.

anéantir vt **1.** Détruire entièrement. **2.** Mettre dans un état d'abattement, de désespoir. ◆ **s'anéantir** vpr Disparaître.

ORTHOGRAPHE *Anéantir* s'écrit avec un seul *n*, alors que *annihiler* s'écrit avec deux *n*.

anéantissement nm **1.** Destruction complète. **2.** Abattement.

anecdote nf Récit succinct d'un fait piquant, curieux ou peu connu.

anecdotique adj Qui tient de l'anecdote : *chronique anecdotique*.

anémie nf État maladif causé par une diminution du nombre des globules rouges du sang.

anémié, e adj **1.** Atteint d'anémie, pâle. **2.** Affaibli : *un pays anémié*.

anémier vt Rendre anémique.

anémique adj et n Atteint d'anémie.

anémomètre nm Instrument qui sert à mesurer la vitesse du vent.

anémone nf Plante sauvage ou cultivée pour ses fleurs décoratives.

ânerie nf Parole ou conduite stupide.

anéroïde adj Se dit d'un baromètre fonctionnant grâce à l'élasticité des métaux.

ânesse nf Femelle de l'âne.

anesthésiant, e adj et nm Anesthésique.

anesthésie nf Privation de la sensibilité d'une région du corps ou du corps tout entier : *anesthésie générale, locale ; être sous anesthésie*.

anesthésier vt **1.** Suspendre la sensibilité à la douleur avec un anesthésique. **2.** Faire perdre toute vivacité à : *anesthésier l'opinion publique*.

anesthésique nm et adj Substance qui provoque l'anesthésie.

anesthésiste n Médecin qui pratique l'anesthésie.

aneth [anɛt] nm Plante aromatique.

anévrisme ou **anévrysme** nm MÉD Poche formée par les parois distendues d'une artère.

anfractuosité nf Cavité profonde et irrégulière.

ange nm **1.** Être spirituel, messager de Dieu. **2.** FIG Personne très bonne, très douce. ■ **ange gardien :** (a) selon le dogme catholique, ange attaché à la personne de chaque chrétien (b) PAR EXT personne qui veille sur une autre, la protège. ❑ **être aux anges :** dans le ravissement.

1. angélique adj Très bon, très doux.

2. angélique nf Plante aromatique utilisée en confiserie.

angéliquement adv De façon angélique.

angélisme nm Désir de pureté extrême.

angelot nm Petit ange.

angélus [ɑ̃ʒelys] nm Sonnerie de cloche le matin, à midi et le soir pour indiquer aux chrétiens l'heure d'une prière qui, en latin, commence par le mot *angelus*.

angevin, e adj et n D'Angers ou de l'Anjou : *les Angevins*.

angine nf Inflammation de la gorge. ■ **angine de poitrine :** affection du cœur.

angiographie nf Radiographie des vaisseaux du corps.

angiologie nf Étude des vaisseaux de l'appareil circulatoire (artères, veines, etc.).

angiome nm Tumeur vasculaire bénigne.

angiosperme nf Plante dont les graines sont enfermées dans des cavités closes.

anglais, e adj et n D'Angleterre : *les Anglais*. ◆ nm La langue anglaise.

anglaise nf **1.** Écriture penchée à droite. **2.** Boucle de cheveux longue et roulée en spirale. ■ **à l'anglaise :** cuit à la vapeur : *pommes à l'anglaise*. ❑ **filer à l'anglaise :** s'en aller subrepticement.

anglaiser vt Sectionner les muscles qui servent à abaisser la queue, chez un cheval.

angle nm **1.** Coin, encoignure. **2.** MATH Figure formée par deux demi-droites, ou côtés, ou par deux demi-plans, ou faces, qui se coupent. ■ **sous l'angle de :** du point de vue de.

anglican, e adj et n Qui appartient à l'anglicanisme ; qui le professe.

anglicanisme nm Religion officielle de l'Angleterre.

angliciser vt Donner un air, un accent anglais à.

anglicisme nm **1.** Locution propre à la langue anglaise. **2.** Emprunt à l'anglais : *les mots « bulldozer », « software » sont des anglicismes*.

angliciste n Spécialiste de la langue et de la civilisation anglaises.

anglo-américain nm Anglais parlé aux États-Unis.

anglo-arabe (pl *anglo-arabes*) nm et adj Cheval issu d'un croisement de pur-sang anglais et arabe.

anglomanie nf Manie d'imiter les Anglais.

anglo-normand nm Dialecte français parlé des deux côtés de la Manche, après la conquête de l'Angleterre par les Normands.

anglophile adj et n Qui aime ou admire les Anglais.

anglophobe adj et n Qui a de l'aversion pour les Anglais.

anglophone adj et n Qui est de langue anglaise.

anglo-saxon, onne (pl *anglo-saxons, onnes*) adj et n Qui appartient à la communauté culturelle et linguistique anglaise : *les Anglo-Saxons*.

angoissant, e adj Qui angoisse.
angoisse nf **1.** Anxiété physique accompagnée d'une oppression douloureuse. **2.** Inquiétude profonde.
angoissé, e adj et n **1.** Sujet à l'angoisse. **2.** Marqué par l'angoisse.
angoisser vt Causer de l'angoisse à.
angolais, e adj et n D'Angola : *les Angolais*.
angora adj et nm **1.** Se dit d'un chat, d'un lapin, d'une chèvre aux poils longs et soyeux. **2.** Se dit d'une fibre textile faite de poil de chèvre ou de lapin angoras.
angström nm Unité de mesure de longueur d'onde et des dimensions atomiques ; symb : Å.
anguille nf Poisson d'eau douce à corps allongé et à peau visqueuse. ■ **il y a anguille sous roche :** quelque chose se prépare que l'on cherche à dissimuler.
angulaire adj Qui forme un ou plusieurs angles. ■ **pierre angulaire :** (a) pierre qui fait l'angle d'un bâtiment (b) FIG base, fondement essentiel d'une chose.
anguleux, euse adj Qui présente des angles, des arêtes vives. ■ **visage anguleux :** aux traits fortement prononcés.
anhélation nf MÉD **1.** Respiration difficile. **2.** Essoufflement.
anhydre adj CHIM Sans eau.
anhydride nm CHIM Corps qui donne naissance à un acide en se combinant avec l'eau.
anicroche nf FAM Petit obstacle, ennui, difficulté qui arrête.
ânier, ère n Personne qui conduit des ânes.
aniline nf Corps extrait de la houille par distillation : *l'aniline est la base de nombreux colorants*.
animal nm **1.** Être vivant organisé, doué de mouvement et de sensibilité (par opposition à *végétal*, *minéral*). **2.** Être animé autre que l'homme : *animal domestique ; les animaux sauvages*. **3.** FIG Personne grossière, brutale.
animal, e, aux adj Relatif à l'animal : *règne animal*.
animalcule nm Animal très petit, visible seulement au microscope.
animalerie nf Magasin où l'on vend des petits animaux domestiques.
animalier, ère adj et n Se dit d'un peintre, d'un sculpteur qui représente des animaux. ◆ adj ■ **parc animalier :** où vivent des animaux en liberté.
animalité nf Ensemble des caractères propres à l'animal.
animateur, trice n Personne chargée de diriger un débat, une émission, un jeu, un groupe.
animation nf **1.** Fait d'animer un groupe ; cette action : *une animation socioculturelle*. **2.** Vivacité, entrain : *mettre de l'animation dans un dîner ; discuter avec animation*. **3.** Mouvement, grande activité : *il y a de l'animation ici*.
animé, e adj **1.** Plein d'animation : *rue animée*. **2.** Doté de mouvement. ■ **dessin animé :** film réalisé à partir de dessins filmés image par image qui donnent l'impression du mouvement. ❑ **être animé :** être vivant.
animer vt **1.** Donner de la vie, du mouvement : *animer une marionnette*. **2.** Rendre plus vif, plus vivant : *animer la conversation*. **3.** Pousser à agir : *c'est la passion qui l'anime*. **4.** Diriger, présenter un débat, une émission, un jeu : *animer une réunion*. ◆ **s'animer** vpr Devenir vif, être plein de vie, d'animation : *le débat commençait à s'animer ; dès huit heures du matin, les rues s'animent*.
animisme nm Croyance qui attribue une âme aux animaux, à tous les phénomènes naturels.
animiste adj et n Qui appartient à l'animisme ; qui en est partisan.
animosité nf **1.** Malveillance, désir de nuire. **2.** Antipathie qui se manifeste souvent par de l'emportement.
anion nm Ion de charge électrique négative. CONTR : cation.
anis [ani] ou [anis] nm Plante odorante dont on extrait une essence servant à parfumer certaines boissons.
aniser vt Parfumer à l'anis.
anisette nf Liqueur d'anis.
ankylose nf Disparition totale ou partielle des mouvements d'une articulation.
ankylosé, e adj Atteint d'ankylose : *son bras était tout ankylosé*.
ankyloser vt Causer une ankylose à. ◆ **s'ankyloser** vpr **1.** Être atteint d'ankylose : *son genou s'ankylose*. **2.** FIG Perdre son dynamisme : *s'ankyloser dans la routine*.
annal, e, aux adj DR Qui dure un an.
annales nf pl **1.** Ouvrage qui rapporte les événements année par année : *les annales du bac*. **2.** LITT Histoire : *les annales du crime*.
annaliste n Auteur d'annales.
annamite adj et n De l'Annam.
anneau nm **1.** Cercle de matière dure, auquel on attache quelque chose. **2.** Bague sans pierre. **3.** ZOOL Chacun des segments d'un arthropode. ◆ **anneaux** pl Agrès mobile de gymnastique.
année nf Période de douze mois correspondant conventionnellement à la durée de la révolution de la Terre autour du Soleil ; an. ■ **année civile :** année qui commence le 1er janvier à 0 heure et se termine le 31 décembre à 24 heures. ❑ **année scolaire :** temps qui s'écoule entre l'ouverture des classes et les vacances d'été. ❑ **souhaiter**

la bonne année : adresser ses vœux le 1er janvier.

année-lumière (pl *années-lumière*) nf Unité de longueur équivalant à la distance parcourue en un an par la lumière dans le vide ; symb : al.

annelé, e adj ZOOL Qui présente une succession d'anneaux.

annélide nf Ver annelé tel que le lombric (les annélides forment un embranchement).

annexe adj Qui est relié à une chose principale. ◆ nf Bâtiment, service, organe, document rattaché à un élément plus important.

annexer vt **1.** Joindre, réunir à. **2.** Faire passer tout ou partie d'un territoire sous la souveraineté d'un autre État. ◆ **s'annexer** vpr S'attribuer de manière exclusive quelqu'un ou quelque chose.

annexion nf Action d'annexer.

annexionnisme nm Théorie qui préconise l'annexion d'un ou plusieurs États à un autre.

annexionniste adj et n Partisan de l'annexionnisme.

annihilation nf Action d'annihiler.

annihiler vt Réduire à rien, détruire : *annihiler un effort*.

anniversaire adj Qui rappelle le souvenir d'un événement arrivé à pareille date. ◆ nm Retour annuel d'un jour marqué par un événement.

annonce nf **1.** Avis d'un fait quelconque. **2.** Avis donné au public. **3.** Indice, signe, présage : *ces fleurs sont l'annonce du printemps*. ■ **effet d'annonce :** impact produit dans l'opinion par le seul fait d'annoncer une mesure, une réforme. ❑ **petite annonce :** dans un journal, offre, demande d'emploi, de logement, etc.

annoncer vt (conj 1) **1.** Faire savoir : *annoncer une nouvelle*. **2.** Être le signe certain de : *les hirondelles annoncent le printemps*. **3.** Faire savoir que quelqu'un est arrivé et demande à être reçu : *veuillez m'annoncer au président*. ◆ **s'annoncer** vpr Se présenter de telle ou telle manière : *la nouvelle année s'annonce bien*.

annonceur, euse n Personne qui fait passer une annonce publicitaire dans un journal, à la radio, etc.

annonciateur, trice adj Qui annonce, indique, laisse présager quelque chose.

Annonciation nf Message de l'ange Gabriel à la Vierge pour lui annoncer qu'elle sera la mère du Messie ; jour où l'Église célèbre cette annonce.

annoncier, ère n Personne qui est chargée des petites annonces dans un journal.

annotateur, trice n Personne qui annote.

annotation nf Note sur un texte.

annoter vt Mettre des notes, des commentaires sur un texte, un ouvrage.

annuaire nm Ouvrage publié chaque année, donnant la liste des membres d'une profession, des abonnés à un service, etc.

annualiser vt Rendre annuel.

annualité nf Caractère de ce qui est valable pour une année : *l'annualité de l'impôt*.

annuel, elle adj **1.** Qui dure un an. **2.** Qui revient chaque année.

annuellement adv Chaque année.

annuité nf Paiement annuel.

annulable adj Qui peut être annulé.

annulaire adj En forme d'anneau. ◆ nm Quatrième doigt de la main.

annulation nf Action d'annuler.

annuler vt Rendre, déclarer sans effet, supprimer.

anoblir vt Accorder un titre de noblesse à.

> ORTHOGRAPHE *Anoblir* s'écrit avec un seul *n*, à la différence de *ennoblir*.

anoblissement nm Action d'anoblir.

anode nf Électrode positive d'une pile, d'une lampe, etc. CONTR : cathode.

anodin, e adj Inoffensif, insignifiant.

anomalie nf Irrégularité, bizarrerie.

ânon nm Petit de l'âne.

anonacée nf Arbre des pays chauds dont plusieurs espèces fournissent des fruits comestibles très appréciés (les anonacées forment une famille).

ânonnement nm Action d'ânonner.

ânonner vi Lire, parler, réciter avec peine et en hésitant.

anonymat nm État de ce qui est anonyme. ■ **garder l'anonymat :** ne pas se faire connaître.

anonyme adj Dont on ignore le nom, dont l'auteur est inconnu. ◆ n Personne dont on ne connaît pas le nom.

anonymement adv De façon anonyme.

anophèle nm Moustique dont la femelle peut transmettre le paludisme.

anorak nm Veste de sport imperméable et chaude avec ou sans capuchon.

anorexie nf MÉD Perte ou diminution de l'appétit. ■ **anorexie mentale :** refus de s'alimenter qui traduit un conflit psychique.

anorexigène adj et nm Se dit d'une substance qui coupe l'appétit.

anorexique adj et n Atteint d'anorexie.

anormal, e, aux adj Contraire aux règles, à l'ordre habituel des choses : *température anormale*. ◆ adj et n Se dit d'une personne atteinte d'une anomalie physique ou mentale.

anormalement adv De façon anormale.
anoure nm Amphibien dépourvu de queue à l'état adulte (les anoures forment un ordre comprenant les grenouilles et les crapauds).
anoxie nf Diminution ou suppression de l'oxygène dans les tissus.
anse nf **1.** Partie courbée par laquelle on prend un vase, un panier. **2.** GÉOGR Petite baie.
antagonique adj Contraire, opposé.
antagonisme nm Rivalité, lutte.
antagoniste n et adj Adversaire, ennemi.
antalgique adj et nm Se dit d'une substance propre à calmer la douleur. SYN : antidouleur.
antan (d') loc adj Du temps passé, de jadis : *le Paris d'antan*.
antarctique adj Des régions polaires australes du pôle Sud.
antécédent, e adj Qui précède. ◆ nm GRAMM Mot qui précède et auquel se rapporte le pronom relatif. ◆ **antécédents** pl Circonstances du passé de quelqu'un : *de bons antécédents*.
Antéchrist nm Adversaire du Christ qui, suivant l'Apocalypse, doit venir quelque temps avant la fin du monde pour essayer d'établir une religion opposée à celle de Jésus-Christ.
antédiluvien, enne adj **1.** D'avant le Déluge. **2.** FIG Très ancien, démodé.
anténatal, e, als adj MÉD Qui s'effectue avant la naissance : *examens médicaux anténatals*.
antenne nf **1.** Organe mobile que les insectes et les crustacés ont sur la tête. **2.** Conducteur métallique permettant d'émettre et de recevoir les ondes radioélectriques. **3.** Poste, service fonctionnant en liaison avec un centre : *antenne de police*. ■ **antenne chirurgicale** : unité mobile destinée aux interventions de première urgence. ❑ FAM **avoir des antennes** : de l'intuition. ❑ FAM **avoir des antennes quelque part** : des sources d'information. ❑ **être à l'antenne** : passer en direct, lors d'une émission de radio, de télévision.
antenne-relais (pl *antennes-relais*) nf Émetteur-récepteur d'ondes hertziennes servant à l'acheminement des communications dans un réseau de téléphonie mobile.
antépénultième nf et adj Syllabe qui précède l'avant-dernière syllabe d'un mot. ◆ adj et n LITT Qui précède l'avant-dernier.
antéposé, e adj GRAMM Se dit d'un mot, d'un groupe de mots placé avant un autre.
antérieur, e adj Qui précède dans l'espace ou dans le temps : *les pattes antérieures ; une époque antérieure*.
antérieurement adv Avant, auparavant, précédemment.
antériorité nf Fait de précéder dans le temps.
anthémis [ɑ̃temis] nf Plante herbacée aromatique dont plusieurs espèces sont appelées *camomille*.
anthère nf BOT Petit sac de l'étamine qui renferme le pollen.
anthérozoïde nm BOT Cellule reproductrice mâle chez les végétaux.
anthologie nf Recueil de morceaux choisis d'œuvres littéraires ou musicales.
anthracite nm Charbon qui brûle avec une flamme courte, sans odeur ni fumée. ◆ adj inv Gris foncé.
anthrax nm Tumeur inflammatoire qui résulte de la réunion de plusieurs furoncles.
anthropocentrique adj Relatif à l'anthropocentrisme.
anthropocentrisme nm Conception qui considère toute chose de l'univers par rapport à l'homme.
anthropoïde nm et adj Singe d'une des espèces qui ressemblent le plus à l'homme.
anthropologie nf Étude de l'homme et des groupes humains. ■ **anthropologie culturelle** : étude différentielle des croyances, des institutions, des structures sociales.
anthropologique adj Relatif à l'anthropologie.
anthropologue n Spécialiste d'anthropologie.
anthropométrie nf Méthode d'identification des criminels, reposant essentiellement sur l'étude des empreintes digitales.
anthropométrique adj Qui rélève de l'anthropométrie : *fiche anthropométrique*.
anthropomorphe adj Qui a la forme, l'apparence humaine.
anthropomorphisme nm **1.** Représentation d'un dieu sous les traits d'un être humain. **2.** Tendance à attribuer aux animaux des sentiments humains.
anthropophage adj et n Qui mange de la chair humaine ; cannibale.
anthropophagie nf Comportement anthropophage ; cannibalisme.
anthurium [ɑ̃tyrjɔm] nm Plante tropicale aux fleurs vivement colorées.
antiacarien adj et nm Se dit d'un produit qui détruit les acariens.
antiadhésif, ive adj Se dit d'un revêtement qui empêche les adhérences, en particulier sur les ustensiles de cuisine.
antiaérien, enne adj Qui a pour fonction de combattre les attaques aériennes : *défense antiaérienne*.
antialcoolique adj Qui combat l'abus de l'alcool : *ligue antialcoolique*.

antiallergique adj Qui traite ou prévient les allergies.
antiamaril, e adj ■ **vaccination antiamarile :** contre la fièvre jaune.
antiatomique adj Qui protège des radiations nucléaires : *abri antiatomique.*
antibiogramme nm MÉD Examen permettant d'apprécier la sensibilité d'une bactérie à divers antibiotiques.
antibiotique nm Substance chimique empêchant le développement ou la multiplication de certains microbes.
antibrouillard adj inv ■ **phare antibrouillard** ou **antibrouillard** nm : qui améliore la visibilité dans le brouillard.
antibruit adj inv Qui protège du bruit : *mur antibruit.*
anticalcaire adj et nm Se dit d'un produit qui empêche l'apparition de dépôts calcaires dans un appareil, un circuit, etc., ou sur le linge, la vaisselle.
anticancéreux, euse adj Se dit d'un médicament ou d'un procédé employé pour la prévention ou le traitement du cancer.
anticapitaliste adj et n Hostile au régime capitaliste.
antichambre nf **1.** Vestibule dans un appartement. **2.** Pièce qui sert de salle d'attente dans un bureau.
antichar adj Qui s'oppose à l'action des blindés : *canon antichar.*
antichoc adj Qui permet d'amortir, d'éviter les chocs : *casque antichoc.*
anticipation nf Action de faire une chose d'avance : *anticipation de paiement.* ■ **par anticipation :** par avance. ❑ **roman, film d'anticipation :** dont l'action se passe dans un monde futur.
anticipé, e adj Qui devance le moment prévu.
anticiper vt ind [sur] **1.** Entamer avant le moment prévu : *anticiper sur ses revenus.* **2.** Devancer : *anticiper sur l'avenir.* ◆ vt Exécuter avant le temps fixé : *anticiper un paiement.*
anticlérical, e, aux adj et n Opposé à l'influence du clergé dans la vie publique.
anticléricalisme nm Attitude, politique anticléricale.
anticlinal nm GÉOL Partie convexe d'un pli géologique. CONTR : synclinal.
anticoagulant, e adj et nm Se dit d'un corps qui empêche ou retarde la coagulation du sang.
anticolonialisme nm Opposition au colonialisme.
anticolonialiste adj et n Opposé au colonialisme.
anticommunisme nm Hostilité au communisme.
anticommuniste adj et n Opposé au communisme.
anticonceptionnel, elle adj Qui empêche la fécondation ; contraceptif.
anticonformisme nm Opposition aux usages établis.
anticonformiste adj et n Opposé aux usages établis.
anticonstitutionnel, elle adj Contraire à la Constitution.
anticorps nm Substance défensive engendrée par l'organisme.
anticyclone nm Centre de hautes pressions atmosphériques.
anticyclonique ou **anticyclonal, e, aux** adj Relatif à un anticyclone.
antidater vt Mettre une date antérieure à la date réelle.
antidémocratique adj Opposé à la démocratie.
antidépresseur nm Médicament utilisé contre la dépression.
antidérapant, e adj et nm Se dit d'un matériau qui empêche de déraper.
antidiphtérique adj Contre la diphtérie.
antidopage adj inv Qui s'oppose à la pratique du dopage.
antidote nm **1.** Substance destinée à combattre les effets d'un poison. **2.** FIG Remède contre un mal quelconque.

GRAMMAIRE On dit *un antidote d'un poison, à un poison* et non contre *un poison.*

antidouleur adj inv Qui est destiné à étudier la douleur et les moyens de la combattre : *centre antidouleur.* ■ **médicament antidouleur :** substance propre à supprimer la douleur. ◆ nm Antalgique.
antienne nf **1.** Verset qui se chante avant et après un psaume. **2.** LITT Discours répété sans cesse, d'une manière lassante.
antifasciste adj et n Opposé au fascisme.
antifongique adj MÉD Antimycosique.
antigang adj inv ■ **brigade antigang :** unité de police affectée à la lutte contre la grande criminalité.
antigel nm Produit ajouté à l'eau du radiateur d'un moteur pour l'empêcher de geler.
antigène nm Substance (microbe, substance chimique, etc.) qui, introduite dans l'organisme, provoque la formation d'un anticorps.
antigivrant, e adj et nm Propre à empêcher la formation du givre sur les avions.
antiglisse adj inv Destiné à éviter de glisser sur une pente neigeuse, en cas de chute : *vêtement antiglisse.*

antigouvernemental, e, aux adj Opposé au gouvernement.
antihausse adj inv Destiné à lutter contre la hausse des prix.
antihéros nm Personnage n'ayant aucune des caractéristiques du héros traditionnel.
anti-infectieux, euse adj Se dit d'un médicament propre à combattre une infection.
anti-inflammatoire (pl *anti-inflammatoires*) adj et nm Se dit d'un médicament ou d'un procédé employé pour combattre une inflammation.
antillais, e adj et n Des Antilles : *les Antillais*.
antilope nf Mammifère ruminant d'Afrique et d'Asie.
antimatière nf Forme de la matière constituée d'antiparticules et qui constitue une hypothèse scientifique.
antimilitariste adj et n Hostile par principe aux institutions et à l'esprit militaires.
antimissile adj Destiné à neutraliser l'action de missiles assaillants.
antimite nm et adj inv Se dit d'un produit qui protège les vêtements contre les mites : *elle a mis de l'antimite dans l'armoire ; boule antimite*.
antimitotique adj et nm Se dit d'une substance qui s'oppose aux mitoses, qui empêche la multiplication cellulaire.
antimoine nm Métal d'un blanc d'argent, cassant et proche de l'arsenic.
antimondialisation nf Courant d'opinion qui manifeste son hostilité aux buts et aux effets de la mondialisation de l'économie.
antimondialiste adj et n Opposé à la mondialisation de l'économie.
antimycosique adj MÉD Se dit d'un médicament qui agit contre les mycoses, les champignons ; antifongique.
antinataliste adj Se dit d'une mesure politique visant à réduire la natalité.
antineutron nm Antiparticule du neutron.
antinomie nf Contradiction entre deux idées, deux principes.
antinomique adj Contradictoire.
antinucléaire adj et n Hostile à l'emploi de l'énergie et des armes nucléaires.
antipape nm HIST Pape non reconnu par l'Église romaine (ce terme désigne aussi les papes d'Avignon et de Pise à l'époque du grand schisme d'Occident).
antiparasite adj et nm Se dit d'un dispositif qui diminue les perturbations affectant la réception des émissions radiophoniques et télévisées.
antiparlementaire adj Opposé au régime parlementaire.
antiparticule nf Particule élémentaire (positon, antiproton, antineutron) de charge électrique ou de moment magnétique opposés à ceux de la particule correspondante.
antipathie nf Aversion, hostilité instinctive pour quelqu'un, quelque chose.
antipathique adj Qui inspire de l'antipathie.
antipelliculaire adj Qui agit contre les pellicules du cuir chevelu.
antipersonnel adj inv ■ **mine antipersonnel :** mine destinée à mettre les personnes hors de combat, sans s'attaquer au matériel.
antiphrase nf Manière de s'exprimer qui consiste à dire le contraire de ce qu'on pense.
antipode nm Lieu de la Terre diamétralement opposé à un autre lieu. ■ FIG **être à l'antipode, aux antipodes de :** à l'opposé, très éloigné de.
antipoison adj inv ■ **centre antipoison :** centre médical spécialisé dans le traitement des intoxications.
antipollution adj inv Destiné à lutter contre la pollution.
antiprotectionniste adj et n Opposé au protectionnisme.
antiproton nm Antiparticule du proton, de charge négative.
antiprurigineux, euse adj et nm Se dit d'un médicament qui calme les démangeaisons, combat le prurit.
antiputride adj Qui empêche la putréfaction.
antipyrétique adj Se dit d'un médicament qui fait tomber la fièvre.
antiquaille nf FAM Objet ancien de peu de valeur.
antiquaire n Commerçant en meubles et objets anciens.
antique adj **1.** Qui appartient à l'Antiquité, à la période gréco-romaine : *statue antique*. **2.** Qui date d'une époque reculée : *une antique coutume*. **3.** Passé de mode ; suranné : *une antique guimbarde*. ◆ nm Ensemble des productions artistiques qui nous restent de l'Antiquité.
antiquité nf **1.** (avec une majuscule) Période qui va des origines des temps historiques à la chute de l'Empire romain : *l'Antiquité égyptienne*. **2.** (avec une majuscule) Civilisation gréco-romaine. **3.** Ancienneté : *l'antiquité d'une coutume*. **4.** Objet ancien : *cette montre est une antiquité*. **5.** (surtout pluriel) Objet, monument de l'Antiquité : *les antiquités grecques*.
antirabique adj MÉD Contre la rage.
antiraciste adj et n Hostile au racisme.
antiradar adj Destiné à neutraliser les radars ennemis.

antireflet adj inv Qui supprime la lumière réfléchie sur la surface des verres d'optique : *traitement antireflet*.

antiréglementaire adj Contraire au règlement.

antireligieux, euse adj Contraire, hostile à la religion.

antirépublicain, e adj et n Opposé à la république et aux républicains.

antirides adj inv et nm inv Contre les rides : *crème antirides*.

antirouille nm et adj inv Substance qui préserve de la rouille ou l'enlève.

antisalissure adj Se dit d'un traitement appliqué à des textiles pour les empêcher de se salir et faciliter leur nettoyage.

antisèche nf ou nm FAM Feuille sur laquelle sont copiées des notes utilisées en fraude à un examen.

antisémite adj et n Hostile aux Juifs.

antisémitisme nm Hostilité systématique à l'égard des Juifs.

antisepsie nf Ensemble des méthodes qui préservent contre l'infection, en détruisant les microbes.

VOCABULAIRE Il ne faut pas confondre l'*antisepsie,* qui combat le microbe, et l'*asepsie,* qui empêche son introduction.

antiseptique adj et nm Se dit d'un produit, d'un médicament qui prévient l'infection.

antisismique adj Conçu pour résister aux séismes : *construction antisismique*.

antisocial, e, aux adj **1.** Contraire à la société, à l'ordre social. **2.** Contraire au progrès social.

antispasmodique adj et nm MÉD Se dit d'un médicament qui calme les spasmes.

antistatique adj et nm Se dit d'un produit qui limite la formation d'électricité statique.

antitabac adj inv Qui combat l'usage du tabac : *campagne antitabac*.

antiterroriste adj Qui lutte contre le terrorisme.

antitétanique adj MÉD Qui combat ou prévient le tétanos.

antithèse nf Opposition de mots ou de groupes de mots traduisant des idées contraires (EX : *la nature est grande dans les petites choses*). ■ **l'antithèse de :** l'opposé de.

antithétique adj Qui forme, constitue une antithèse.

antitoxine nf Substance qui détruit ou annihile les toxines.

antitrust adj inv Qui s'oppose à la création ou à l'extension d'un trust : *loi antitrust*.

antituberculeux, euse adj Qui combat la tuberculose.

antitussif, ive adj Qui calme la toux.

antivariolique adj Qui combat la variole.

antiviral, e, aux adj et nm Se dit d'une substance qui agit contre les virus.

antivirus [ɑ̃tivirys] nm Logiciel qui détecte et détruit les virus informatiques.

antivol nm Dispositif de sécurité pour empêcher le vol.

antonomase nf Procédé d'expression par lequel un personnage est désigné par un nom commun (*l'Empereur des Français* pour *Napoléon Ier*) ou par lequel un nom propre est pris pour un nom commun (un *harpagon* pour un *avare*).

antonyme nm Mot qui a un sens opposé à celui d'un autre (EX : *laideur* et *beauté*).

antre nm LITT Grotte, caverne, tanière.

anus [anys] nm Orifice extérieur du rectum.

anxiété nf Grande inquiétude.

anxieusement adv Avec anxiété.

anxieux, euse adj et n Soucieux, inquiet.

anxiogène adj Qui fait naître l'anxiété ou l'angoisse.

anxiolytique adj et nm MÉD Se dit d'un médicament qui apaise l'anxiété.

AOC nf (sigle) Appellation d'origine contrôlée.

aorte nf Artère qui naît à la base du ventricule gauche du cœur et est le tronc commun des artères portant le sang oxygéné dans le corps.

août [u] ou [ut] nm Huitième mois de l'année.

aoûtat [auta] nm Petit insecte dont la piqûre cause de vives démangeaisons.

aoûtien, enne [ausjɛ̃, ɛn] n Personne qui prend ses vacances au mois d'août.

apaisant, e adj Qui apaise.

apaisement nm Fait de s'apaiser.

apaiser vt **1.** Calmer, radoucir quelqu'un : *apaiser une personne en colère.* **2.** Satisfaire un sentiment, un désir : *apaiser la curiosité de quelqu'un.* ◆ **s'apaiser** vpr Se calmer, revenir au calme.

apanage nm HIST Portion du domaine que les souverains assignaient à leurs fils, à leurs frères, mais qui revenait à la couronne à la mort de ceux-ci. ■ **avoir l'apanage de quelque chose :** être seul à en jouir. ❑ **être l'apanage de quelqu'un :** lui appartenir en propre.

EMPLOI L'*apanage* est toujours exclusif. Il est inutile, et incorrect, de préciser que quelque chose est *l'apanage exclusif* de quelqu'un.

aparté nm **1.** Ce qu'un acteur dit à part soi sur la scène et qui, conventionnellement, n'est entendu que des spectateurs. **2.** Paroles échangées à l'écart des autres lors d'une réunion.

apartheid nm Ségrégation systématique des gens de couleur pratiquée jusqu'en 1994 en Afrique du Sud.

apathie nf Absence de volonté, d'énergie ; indolence, mollesse.

apathique adj Indolent, mou, nonchalant.

apatride n et adj Personne sans nationalité légale.

apercevoir vt (conj 34) **1.** Voir plus ou moins nettement. **2.** Entrevoir un instant. ◆ **s'apercevoir** vpr [de, que] Remarquer, se rendre compte.

aperçu nm Vue d'ensemble, souvent sommaire.

apéritif nm Boisson prise avant le repas.

apéro nm (abréviation) FAM Apéritif.

apesanteur nf État dans lequel les effets de la pesanteur sont annihilés.

apétale adj Qui n'a pas de pétales.

à-peu-près nm inv Approximation.

apeuré, e adj Saisi de peur, effrayé.

apex nm inv ASTRON Point de la sphère céleste vers lequel semble se diriger le système solaire.

aphasie nf Perte de la parole, ou trouble du langage.

aphasique adj et n Atteint d'aphasie.

aphélie nm ASTRON Point de l'orbite d'une planète le plus éloigné du Soleil. CONTR : périhélie.

aphérèse nf Suppression d'une syllabe ou d'un son à l'initiale d'un mot (EX : *bus* pour *autobus*).

aphone adj Sans voix.

aphonie nf Extinction de voix.

aphorisme nm Pensée énoncée en peu de mots (EX : *tel père, tel fils*).

aphrodisiaque nm et adj Substance qui excite le désir sexuel.

aphte [aft] nm Petite lésion de la muqueuse buccale.

aphteux, euse adj Caractérisé par la présence d'aphtes. ■ **fièvre aphteuse :** fièvre épidémique virale des bestiaux.

api nm ■ **pomme d'api :** petite pomme rouge et blanche.

à-pic (pl *à-pics*) nm Falaise, rocher tombant à pic.

apicole adj Relatif à l'apiculture.

apiculteur, trice n Personne qui élève des abeilles.

apiculture nf Élevage des abeilles, pour leur miel notamment.

apitoiement nm Compassion.

apitoyer vt (conj 3) Susciter la pitié. ◆ **s'apitoyer** vpr [sur] Avoir pitié de : *s'apitoyer sur les malheureux*.

APL nf (sigle de *aide personnalisée au logement*) Prestation versée par les caisses d'allocations familiales aux personnes à faible revenu pour les aider à se loger.

aplanir vt **1.** Rendre plan, uni. **2.** FIG Faire disparaître ce qui fait obstacle : *aplanir les difficultés*.

aplat nm Surface de couleur uniforme dans une peinture, une gravure, etc.

aplatir vt Rendre plat ou plus plat. ◆ **s'aplatir** vpr **1.** Prendre une forme aplatie ; s'écraser. **2.** FAM Tomber. **3.** Prendre une attitude servile : *s'aplatir devant ses supérieurs*.

aplatissement nm Action d'aplatir, de s'aplatir.

aplomb nm **1.** Direction verticale : *le mur a perdu son aplomb*. **2.** Équilibre : *perdre l'aplomb*. **3.** FIG Assurance : *avoir de l'aplomb*. ■ **d'aplomb :** vertical et stable : *remettre l'armoire d'aplomb*. ❑ FAM **être, se remettre d'aplomb :** en bonne forme.

apnée nf Arrêt momentané de la respiration. ■ **plonger en apnée :** en retenant sa respiration.

apocalypse nf Catastrophe effrayante qui évoque la fin du monde.

apocalyptique adj Épouvantable, catastrophique.

apocope nf Chute d'une lettre, d'une ou de plusieurs syllabes à la fin du mot (EX : *moto* pour *motocyclette*).

apocryphe adj et nm Se dit d'un texte qui n'est pas authentique.

apode adj Sans pieds, sans pattes, sans nageoires : *l'anguille est apode*.

apogée nm **1.** FIG Le plus haut degré qu'on puisse atteindre : *être à l'apogée de sa gloire*. **2.** ASTRON Point de l'orbite d'un corps céleste où la distance de ce corps à la Terre est maximale.

apolitique adj et n Qui se refuse à prendre une position politique.

apologétique adj Qui contient une apologie : *discours apologétique*.

apologie nf Discours ou écrit qui défend avec force ou justifie une personne, une chose.

apologiste n Personne qui fait l'apologie de quelqu'un, quelque chose.

apologue nm Court récit à l'intention moralisatrice.

aponévrose nf Membrane blanche qui enveloppe les muscles.

apophtegme nm LITT Parole, sentence mémorable.

apophyse nf Excroissance naturelle de la surface d'un os.

apoplectique adj et n Prédisposé à l'apoplexie.

apoplexie nf Perte de connaissance brutale ; congestion cérébrale.

apostasie nf Renonciation publique à une doctrine, une religion, un parti.

apostat, e adj et n Qui a fait acte d'apostasie.

a posteriori loc adv et adj inv En se fondant sur les faits constatés : *a posteriori, je reconnais mes erreurs.* CONTR : a priori.

apostille nf Addition faite en marge d'un acte juridique.

apostolat nm Mission d'un apôtre ou d'un propagandiste : *l'enseignement est pour lui un apostolat.*

apostolique adj **1.** Relatif aux apôtres. **2.** Qui émane du Saint-Siège.

apostrophe nf **1.** Interpellation brusque, soudaine. **2.** Signe graphique (') de l'élision. **3.** GRAMM Fonction du mot qui désigne la personne à qui l'on s'adresse (EX : *toi* dans *Toi ! viens ici*).

apostropher vt Interpeller brusquement.

apothème nm **1.** MATH Perpendiculaire menée du centre d'un polygone régulier sur un de ses côtés. **2.** Perpendiculaire abaissée du sommet d'une pyramide régulière sur un des côtés du polygone de base.

apothéose nf Fin, très brillante, d'une action, d'un spectacle, etc.

apothicaire nm VX Pharmacien. ■ **compte d'apothicaire** : compte compliqué et mesquin.

apôtre nm **1.** Chacun des douze disciples de Jésus-Christ, chargés de prêcher l'Évangile. **2.** Personne qui se met au service d'une idée, d'une cause, d'une doctrine.

apparaître vi (conj 64) **1.** Commencer d'exister : *l'homme est apparu il y a des millions d'années.* **2.** Devenir visible, se montrer tout à coup : *sa tête apparut à la fenêtre.* **3.** Se présenter à l'esprit, devenir évident : *le projet lui apparaissait aujourd'hui possible.* ■ **il apparaît que** : on constate que.

VOCABULAIRE Il faut distinguer *il apparaît que* « on constate que », et *il paraît que* « on dit, le bruit court que ».

apparat nm Déploiement de faste, pompe, éclat. ■ **d'apparat** : solennel, luxueux : *dîner d'apparat.*

apparatchik nm PÉJOR Membre de l'appareil d'un parti politique, particulièrement d'un parti communiste, d'un syndicat.

apparaux nm pl Ensemble des appareils de manœuvre d'un navire.

appareil nm **1.** Machine, assemblage de pièces disposées pour fonctionner ensemble : *appareil ménager ; appareil photographique.* **2.** Avion : *monter dans l'appareil.* **3.** Téléphone : *qui est à l'appareil ?* **4.** Prothèse dentaire : *porter un appareil.* **5.** Ensemble des organes qui concourent à une fonction du corps : *appareil digestif.* **6.** Ensemble des organismes constituant un parti, un syndicat. ■ LITT **dans le plus simple appareil** : entièrement nu.

appareillage nm **1.** MAR Action d'appareiller. **2.** Ensemble d'appareils et d'accessoires : *appareillage électrique.*

appareiller vt **1.** Grouper, assortir des objets pour former un ensemble. **2.** Munir d'un appareil de prothèse. ◆ vi MAR Quitter le port, prendre la mer.

appareilleur nm Spécialiste chargé de la pose des prothèses.

apparemment adv D'après les apparences.

apparence nf Aspect extérieur : *avoir belle apparence ; ne pas se fier aux apparences.* ■ **en apparence** : d'après ce que l'on voit, mais sans préjuger de la réalité. ❑ **sauver les apparences** : ne rien laisser paraître de ce qui pourrait nuire à la réputation.

apparent, e adj **1.** Visible : *poutres apparentes.* **2.** Dont l'aspect est trompeur : *une apparente simplicité.*

apparentement nm Alliance, association en matière politique, électorale.

apparenter (s') vpr [à] **1.** S'allier, en particulier par mariage. **2.** Avoir des caractères communs avec quelque chose. **3.** Pratiquer l'apparentement politique ou électoral.

apparier vt Unir par paire, par couple.

appariteur nm Huissier d'une université.

apparition nf **1.** Action, fait d'apparaître, de se manifester. **2.** Manifestation d'un être surnaturel ; spectre, vision.

appart [apart] nm (abréviation) FAM Appartement.

appartement nm Logement composé de plusieurs pièces.

appartenance nf Fait d'appartenir à.

appartenir vt ind [à] (conj 22) **1.** Être la propriété de : *ce livre lui appartient.* **2.** Faire partie de : *appartenir à un groupe.* ■ **il appartient à quelqu'un de** : il est de son devoir de : *il vous appartient de lui répondre.* ◆ **s'appartenir** vpr ■ **ne plus s'appartenir** : ne plus être libre.

appas nm pl LITT Attraits, charmes physiques d'une femme.

appât nm **1.** Nourriture placée dans un piège ou fixée à un hameçon. **2.** FIG Ce qui excite le désir, ce qui pousse à agir : *l'appât du gain.*

appâter vt **1.** Attirer avec un appât. **2.** FIG Séduire, attirer.

appauvrir vt Rendre pauvre. ◆ **s'appauvrir** vpr Devenir pauvre.

appauvrissement nm Action d'appauvrir, fait de s'appauvrir.

appeau nm Sifflet imitant le cri des oiseaux pour les attirer.

appel nm **1.** Acte, geste, parole qui invite à venir ou à agir : *appel au secours, à l'insurrection.* **2.** Action de nommer des personnes pour constater leur présence : *faire l'appel ; manquer à l'appel.* **3.** Convocation des jeunes gens d'un contingent au service national : *devancer l'appel.* **4.** Recours à un juge, à un tribunal supérieur : *cour d'appel ; faire appel.* ■ **appel de phares :** variation rapide de l'intensité lumineuse des phares d'une automobile, pour signaler quelque chose. ❑ FAM **appel du pied :** invitation implicite. ❑ **appel téléphonique :** coup de téléphone.

appelant, e adj et n **1.** DR Qui fait appel d'un jugement. **2.** Qui appelle un organisme d'assistance téléphonique.

appelé nm Jeune qui accomplit son service militaire : *les appelés du contingent.*

appeler vt (conj 6) **1.** Inviter à venir, à agir par la voix, le geste : *appeler des renforts.* **2.** Communiquer par téléphone : *appeler un ami.* **3.** Attribuer à un nom : *appeler un enfant Pierre.* **4.** Rendre nécessaire : *cela appelle des commentaires.* **5.** INFORM Faire fonctionner une séquence d'instructions autonome d'un programme : *appeler une routine.* ◆ vi ■ **en appeler à :** s'en remettre à. ◆ **s'appeler** vpr **1.** Avoir comme nom. **2.** FAM Se joindre par téléphone : *on s'appelle demain.*

appellatif, ive adj et nm LING Se dit d'un terme utilisé pour interpeller un interlocuteur.

appellation nf Façon d'appeler, de nommer ; qualificatif. ■ **appellation d'origine contrôlée (AOC) :** dénomination de l'origine d'un produit, en particulier d'un vin.

appendice [apɛ̃dis] nm **1.** ANAT Partie du gros intestin, en forme de doigt de gant. **2.** Partie qui prolonge, complète une partie principale. **3.** Ensemble de notes à la fin d'un ouvrage.

appendicite nf Inflammation de l'appendice intestinal.

appentis [apɑ̃ti] nm **1.** Petit toit à une seule pente. **2.** Petit bâtiment adossé contre un grand.

appesantir vt LITT Rendre pesant, alourdir. ◆ **s'appesantir** vpr [sur] Insister sur.

appétence nf LITT Envie, désir.

appétissant, e adj Qui excite l'appétit, le désir.

appétit nm **1.** Désir de manger. **2.** Vif désir de quelque chose ; appétit sexuel ; appétit de connaissances. ■ **bon appétit ! :** souhait adressé avant le repas.

applaudir vt Battre des mains en signe d'approbation. ◆ vt ind [à] Approuver entièrement.

EMPLOI *Applaudir des deux mains* est un pléonasme couramment utilisé pour marquer l'intensité.

applaudissement nm Battement de mains en signe d'approbation, d'enthousiasme.

applicable adj Qui doit ou peut être appliqué.

applicateur adj m et nm Se dit d'un dispositif qui permet d'étaler directement un produit sur une surface : *bouchon applicateur.*

application nf **1.** Action de poser une chose sur une autre : *l'application d'un papier peint sur un mur.* **2.** FIG Mise en pratique : *application d'un tarif, d'une théorie.* **3.** Soin, attention soutenue : *travailler avec application.* **4.** INFORM Programme créé pour faciliter l'exécution d'une tâche précise.

applique nf Appareil d'éclairage fixé au mur.

appliqué, e adj **1.** Qui manifeste du soin, une attention soutenue : *élève, écriture appliquée.* **2.** Se dit d'une activité, d'une science qui a des applications concrètes.

appliquer vt **1.** Mettre une chose sur une autre : *appliquer une pommade.* **2.** Mettre en œuvre, en pratique : *appliquer une théorie.* ◆ **s'appliquer** vpr **1.** Mettre toute son attention : *s'appliquer à bien faire.* **2.** Convenir, correspondre : *cela s'applique à ton cas.*

appoint nm Menue monnaie complétant une somme : *faire l'appoint.* ■ **d'appoint :** qui s'ajoute à quelque chose, pour le compléter : *chauffage d'appoint.*

appointements nm pl Rémunération fixe pour un emploi.

appointer vt Verser des appointements : *appointer un employé.*

appontement nm Plate-forme fixe pour le chargement et le déchargement des navires.

apport nm **1.** Action d'apporter. **2.** Ce qui est apporté, part, contribution : *l'apport des civilisations grecque et latine.*

apporter vt **1.** Porter à un endroit, porter avec soi : *apportez-moi ce livre.* **2.** Fournir, donner : *apporter des preuves.* **3.** Produire un résultat, un effet : *apporter un soulagement.*

apposer vt Appliquer, mettre : *apposer sa signature ; apposer des scellés.*

apposition nf **1.** Action d'apposer. **2.** GRAMM Mot ou groupe de mots qui, placé à côté d'un nom ou d'un pronom, le qualifie en le précisant (EX : *Paris, capitale de la France*).

appréciable adj Assez important, sensible : *progrès appréciable.*

appréciateur, trice n Qui apprécie : *en bon appréciateur des choses.*

appréciation nf **1.** Action d'apprécier ; évaluation : *l'appréciation d'une prestation.* **2.** Jugement ; indication écrite de ce jugement : *avoir de bonnes appréciations dans son cahier.*

apprécier vt **1.** Évaluer, estimer, déterminer une mesure, une quantité, un prix : *savoir apprécier les distances.* **2.** Juger comme étant bon, aimer : *apprécier un bon repas.* ◆ **s'apprécier** vpr En parlant d'une monnaie, prendre de la valeur par rapport à une autre.

appréhender vt **1.** Procéder à l'arrestation de : *appréhender un malfaiteur.* **2.** Craindre, redouter : *j'appréhende de le voir.* **3.** LITT Comprendre, saisir intellectuellement : *appréhender la réalité.*

appréhension nf Crainte vague.

apprenant, e n Personne qui suit un enseignement.

apprendre vt (conj 54) **1.** Acquérir des connaissances, une pratique ; recevoir une information que l'on ignorait : *apprendre un métier ; j'ai appris la nouvelle.* **2.** Faire acquérir des connaissances, enseigner, informer : *son professeur lui apprend l'anglais ; apprendre une nouvelle à quelqu'un.*

apprenti, e n Personne qui apprend un métier, une profession. ■ **apprenti sorcier :** celui qui déchaîne des forces qu'il ne pourra pas contrôler.

apprentissage nm **1.** Formation professionnelle. **2.** Temps pendant lequel on est apprenti. ■ **faire l'apprentissage de :** s'exercer, s'habituer à.

apprêt nm **1.** Traitement que l'on fait subir à certaines matières premières (cuirs, tissus, etc.). **2.** Enduit appliqué sur une surface à peindre.

apprêté, e adj Dépourvu de simplicité, de naturel ; affecté : *style apprêté.*

apprêter vt Soumettre à un apprêt. ◆ **s'apprêter** vpr **1.** Se préparer, se disposer à. **2.** S'habiller : *s'apprêter pour sortir.*

apprivoisement nm Action d'apprivoiser.

apprivoiser vt **1.** Rendre un animal moins sauvage, domestiquer. **2.** FIG Rendre une personne plus sociable. ◆ **s'apprivoiser** vpr Devenir moins farouche.

approbateur, trice adj et n Qui approuve : *un silence approbateur.*

approbatif, ive adj Qui marque l'approbation : *geste approbatif.*

approbation nf Action d'approuver ; accord.

approchant, e adj Voisin, presque semblable.

approche nf **1.** Fait d'approcher, de s'approcher : *l'approche de l'hiver.* **2.** Manière d'aborder un sujet, un problème. ■ **travaux d'approche :** démarches intéressées auprès de quelqu'un.

approché, e adj Proche de ce qui est exact.

approcher vt **1.** Mettre près ou plus près de : *approcher une chaise.* **2.** Avoir accès auprès de quelqu'un : *une célébrité qu'on ne peut approcher.* ◆ vt ind [de] Être près d'atteindre : *approcher de la maison ; approcher de la soixantaine.* ◆ vi Être proche dans le temps : *l'hiver approche.* ◆ **s'approcher** vpr [de] Venir près de.

approfondir vt **1.** Rendre plus profond. **2.** FIG Examiner, étudier plus avant.

approfondissement nm Action d'approfondir.

appropriation nf Action de s'approprier.

approprié, e adj Qui convient ; juste, pertinent : *traitement approprié.*

approprier vt Adapter à une fonction, rendre propre à : *approprier son discours aux circonstances.* ◆ **s'approprier** vpr S'attribuer : *s'approprier un objet.*

approuver vt **1.** Considérer comme juste, louable : *approuver la présence de quelqu'un.* **2.** Donner raison à : *approuver quelqu'un dans ses choix.* **3.** Autoriser par une décision : *approuver un budget.*

approvisionnement nm Action d'approvisionner, fourniture des choses nécessaires.

approvisionner vt Fournir de provisions, de choses nécessaires. ◊ vpr : *s'approvisionner en essence.*

approximatif, ive adj **1.** Fait par approximation : *calcul approximatif.* **2.** Imprécis : *avoir une idée approximative de la situation.*

approximation nf **1.** Estimation, évaluation approchée d'une grandeur. **2.** Approche incorrecte, imprécise de la réalité.

appui nm **1.** Soutien, support. **2.** Aide, protection. ■ **à l'appui (de) :** pour servir de confirmation à.

appuie-bras (pl inv) ou **appui-bras** (pl *appuis-bras*) nm Support pour le bras dans un véhicule, un avion.

appuie-tête (pl inv) ou **appui-tête** (pl *appuis-tête*) nm Support pour la nuque adapté au dossier d'un siège.

appuyer vt (conj 3) **1.** Placer une chose contre une autre qui lui sert de support : *appuyer une échelle contre un mur.* **2.** FIG Soutenir, encourager : *appuyer une candidature.* ◆ vi **1.** Exercer une pression sur : *appuyer sur la pédale.* **2.** FIG Insister avec force : *appuyer sur les mots importants.* ◆ **s'appuyer** vpr [à, sur, contre] **1.** Se servir de quelque chose comme d'un support, d'un soutien : *s'appuyer sur une balustrade.* **2.** FIG Se fonder sur : *s'appuyer sur des faits.*

âpre adj **1.** Rude au goût : *un fruit âpre.* **2.** FIG Dur, violent : *ton âpre.* ■ **âpre au gain :** avide d'argent.

âprement adv Avec âpreté.

après prép et adv MARQUE LA POSTÉRIORITÉ **1.** Dans le temps : *après dîner.* **2.** Dans un ordre : *se classer après lui.* **3.** Dans l'espace : *la rue après le carrefour.* ■ **d'après :** suivant : *le jour d'après.* ❏ **et après ! :** qu'est-ce que ça peut faire ? ❏ FAM **être après :** s'acharner sur.

◆ **après que** loc conj (+ ind) Une fois que. ◆ **d'après** loc prép À l'imitation de, selon : *peindre d'après nature ; d'après lui, tout va bien.*

GRAMMAIRE Bien que le subjonctif soit courant derrière *après que,* c'est l'indicatif qui est le plus logique car il indique que l'action a eu lieu effectivement.

après-demain adv Le second jour après celui où l'on est.

après-guerre (pl *après-guerres*) nm ou nf Période qui suit une guerre.

après-midi nm inv ou nf inv Partie du jour depuis midi jusqu'au soir.

après-rasage (pl *après-rasages*) adj inv et nm Se dit d'une lotion que l'on passe sur la peau pour calmer le feu du rasoir.

après-ski (pl *après-skis*) nm Chaussure chaude portée à la montagne lorsqu'on ne skie pas.

après-soleil (pl *après-soleils*) adj inv et nm Se dit d'un produit cosmétique servant à hydrater la peau après une exposition au soleil : *lait après-soleil.*

après-vente adj inv ■ **service après-vente :** qui assure l'installation, l'entretien et la réparation d'un appareil, d'un véhicule, etc.

âpreté nf Caractère âpre, dur, violent.

a priori loc adv et adj inv **1.** En se fondant sur des données admises avant toute expérience. CONTR : a posteriori. **2.** Au premier abord. ◆ nm inv Préjugé qui ne tient pas compte des réalités : *avoir des a priori.*

apr. J.-C. (abréviation) Après Jésus-Christ.

à-propos nm inv Pertinence de ce qui vient juste au moment convenable.

apside nf ASTRON Point de l'orbite d'un astre gravitant autour d'un autre où la distance des deux astres est maximale ou minimale.

apte adj [à] Qui a des dispositions pour, capable de : *être jugé apte à faire quelque chose.*

aptère adj ZOOL Sans ailes : *le pou est un insecte aptère.*

aptéryx nm Oiseau de Nouvelle-Zélande dont les ailes sont presque inexistantes.

aptitude nf Disposition naturelle ; capacité : *avoir une aptitude au calcul, pour les mathématiques.*

GRAMMAIRE On a une *aptitude à* ou *pour ;* on est *apte à.*

apurement nm Vérification définitive d'un compte.

apurer vt Vérifier et arrêter définitivement un compte.

aquaculture ou **aquiculture** nf Élevage des animaux aquatiques et culture des plantes aquatiques.

aquafortiste n Graveur à l'eau-forte.

Aquagym [akwaʒim] nf (nom déposé) Gymnastique aquatique.

aquaplane nm Planche tirée sur l'eau par un bateau à moteur et sur laquelle on se tient debout.

aquaplaning [akwaplaniŋ] nm (anglicisme) Perte d'adhérence d'un véhicule, due à la présence d'une mince pellicule d'eau entre la chaussée et les pneus (recommandation officielle : *aquaplanage*).

aquarelle nf Peinture légère à délayer à l'eau ; œuvre ainsi exécutée.

aquarelliste n Peintre à l'aquarelle.

aquarium [akwarjɔm] nm Réservoir d'eau douce ou d'eau salée dans lequel on entretient des plantes aquatiques, des poissons, etc.

aquatinte nf Gravure imitant le dessin au lavis.

aquatique adj **1.** Qui croît, vit dans l'eau : *plante aquatique.* **2.** Où il y a de l'eau : *paysage aquatique.*

aquavit [akwavit] nm Eau-de-vie des pays nordiques parfumée par diverses substances végétales.

aqueduc nm Canal qui capte l'eau potable et la conduit d'un lieu à un autre ; pont supportant ce canal.

aqueux, euse adj **1.** De la nature de l'eau. **2.** Qui contient de l'eau.

aquilin adj m ■ **nez aquilin :** en bec d'aigle.

aquilon nm POÉT Vent du nord.

ara nm Grand perroquet d'Amérique latine au plumage vivement coloré.

arabe adj et n Relatif aux peuples parlant l'arabe : *les Arabes.* ■ **chiffres arabes :** ensemble de dix signes (de 0 à 9) utilisés pour représenter les nombres (par opposition aux *chiffres romains*). ◆ nm Langue sémitique parlée principalement en Afrique du Nord, au Proche-Orient et en Arabie.

arabesque nf **1.** Ornement peint ou sculpté fondé sur la répétition symétrique de motifs végétaux stylisés. **2.** Ligne sinueuse. **3.** Figure d'équilibre de la danse.

arabica nm Caféier originaire d'Arabie.

arabique adj De l'Arabie.

arabisant, e n Personne qui étudie la langue, la civilisation arabe.

arabisation nf Action d'arabiser.

arabiser vt Donner un caractère arabe à.

arable adj Labourable.

arabophone adj et n De langue arabe.

arachide nf Plante oléagineuse dont la graine ou *cacahuète* fournit de l'huile.

arachnéen, enne [arakneɛ̃, ɛn] adj **1.** Propre à l'araignée. **2.** FIG Qui a la légèreté de la toile d'araignée.

arachnide [araknid] nm Animal terrestre à quatre paires de pattes locomotrices, tel que l'araignée ou le scorpion (les arachnides forment une classe).

arachnoïde [araknɔid] nf ANAT Membrane très ténue qui enveloppe le cerveau.

araignée nf **1.** Animal à huit pattes et à l'abdomen non segmenté. **2.** Filet ténu à mailles carrées pour la pêche. **3.** En boucherie, morceau de bœuf. ■ **araignée de mer :** crabe épineux aux longues pattes.

araire nm Instrument de labour qui rejette la terre de part et d'autre du sillon.

arasement nm Action d'araser.

araser vt **1.** Mettre de niveau les assises d'une construction. **2.** Réduire l'épaisseur d'une pièce à emboîter.

aratoire adj Qui concerne le travail de la terre.

araucaria nm Arbre d'Amérique du Sud et d'Océanie, souvent cultivé dans les parcs européens.

arbalète nf Arme composée d'un arc d'acier monté sur un fût et se bandant avec un ressort.

arbalétrier nm Soldat armé d'une arbalète.

arbitrage nm **1.** Action d'arbitrer. **2.** Règlement d'un litige par un arbitre ; sentence ainsi rendue. **3.** Opération de Bourse, consistant à tirer profit des différences de cours existant au même moment sur plusieurs marchés.

arbitraire adj **1.** Qui dépend de la seule volonté, souvent aux dépens de la raison : *choix arbitraire.* **2.** Sans aucune considération de justice, d'équité ; injustifié : *arrestation arbitraire.* ◆ nm Autorité qui n'est soumise à aucune règle.

arbitrairement adv D'une manière arbitraire.

arbitre nm **1.** Personne choisie par les parties intéressées pour trancher un différend. **2.** Personne dont l'autorité et la compétence sont suffisantes pour pouvoir juger, décider de quelque chose : *arbitre de la mode.* **3.** Personne chargée de faire appliquer les règles d'un sport, d'un jeu. ■ **libre arbitre :** faculté qu'a la volonté de choisir, de se déterminer en toute liberté.

arbitrer vt Juger ou contrôler en tant qu'arbitre.

arborer vt **1.** Planter, hisser, déployer : *arborer un drapeau.* **2.** Porter avec ostentation : *arborer une décoration.*

arborescence nf **1.** Forme arborescente : *les arborescences du givre.* **2.** INFORM Structure de graphe comportant un sommet origine relié à tous les autres par des chemins uniques.

arborescent, e adj Qui a la forme d'un arbre : *fougère arborescente.*

arboricole adj **1.** Qui vit dans les arbres. **2.** Relatif à l'arboriculture.

arboriculteur, trice n Personne qui s'occupe d'arboriculture.

arboriculture nf Culture des arbres, en particulier des arbres fruitiers.

arborisation nf Dessin naturel représentant des ramifications.

arbouse nf Fruit de l'arbousier.

arbousier nm Arbrisseau du Midi, à fruits rouges comestibles.

arbre nm **1.** Végétal ligneux dont la tige ou tronc, fixée au sol par ses racines, est nue à la base et chargée de branches et de feuilles à partir d'une certaine hauteur : *arbre fruitier.* **2.** MÉCAN Axe servant à transmettre un mouvement : *arbre à cames.* ■ **arbre généalogique :** tableau montrant, par ses ramifications, la filiation dans une famille.

arbrisseau nm Petit arbre qui se ramifie dès sa base.

arbuste nm Petit arbre.

arbustif, ive adj **1.** Relatif à l'arbuste. **2.** Composé d'arbustes.

arc nm **1.** Arme servant à lancer des flèches. **2.** Objet, forme, ligne décrivant une portion de courbe : *arc de cercle ; arc des sourcils.* **3.** ARCHIT Partie d'une construction décrivant une ou plusieurs courbes au-dessus d'un espace : *arc ogival.* ■ **arc de triomphe :** monument en forme d'arc, orné d'inscriptions et de sculptures. ❑ FIG **avoir plusieurs cordes à son arc :** avoir de nombreuses ressources pour réussir.

arcade nf Ensemble de piliers ou de colonnes laissant entre eux une ouverture dont la partie supérieure est en forme d'arc : *les arcades de la rue de Rivoli, à Paris.* ■ **arcade sourcilière :** proéminence située à la base de l'os frontal et au-dessus de chaque orbite.

arcanes nm pl LITT Secrets, mystères : *les arcanes de la politique.*

arc-boutant (pl *arcs-boutants*) nm Pilier qui se termine en demi-arc, et qui sert à soutenir un mur, une voûte.

arc-bouter vt Soutenir par un arc-boutant. ◆ **s'arc-bouter** vpr Prendre fermement appui pour exercer un effort de résistance.

arceau nm **1.** Partie cintrée d'une voûte. **2.** Objet en forme de demi-cercle.

arc-en-ciel (pl *arcs-en-ciel*) nm Phénomène lumineux en forme d'arc, parfois visible dans le ciel pendant une averse et qui présente les couleurs du spectre solaire.

> PHONÉTIQUE On notera que la liaison entre *arc* et *en* est maintenue au pluriel, malgré le *s* de *arcs : des arcs-en-ciel* [arkɑ̃sjel].

archaïque [arkaik] adj Ancien, désuet : *tournure de langage archaïque.*

archaïsme [arkaism] nm **1.** Mot, tour de phrase vieilli. **2.** Caractère de ce qui est ancien, périmé.

archange [arkɑ̃ʒ] nm Ange d'un ordre supérieur : *l'archange Gabriel.*

arche nf Voûte en arc : *arche de pont.* ■ **arche de Noé** : grand bateau que Noé, sur l'ordre de Dieu, construisit pour échapper au Déluge, selon la Bible.

archéologie [arkeɔlɔʒi] nf Étude scientifique des civilisations passées, grâce aux monuments et objets qui en subsistent.

archéologique adj Relatif à l'archéologie : *fouilles archéologiques.*

archéologue n Spécialiste d'archéologie.

archéoptéryx [arkeɔpteriks] nm Oiseau fossile de l'ère secondaire associant des caractères d'oiseau et de reptile.

archer nm Tireur à l'arc.

archet nm Baguette tendue de crins et qui sert à jouer de certains instruments à cordes (violon, violoncelle, etc.).

archétype [arketip] nm Modèle primitif, idéal.

archevêché nm Étendue de la juridiction d'un archevêque ; sa résidence.

archevêque nm Premier évêque d'une province ecclésiastique comprenant plusieurs diocèses.

archidiacre nm Vicaire général qui administre une partie de diocèse.

archiduc nm Titre des princes de la maison d'Autriche.

archiduchesse nf Princesse de la maison d'Autriche.

archiépiscopal, e, aux adj Relatif à l'archevêque.

archimandrite nm **1.** Autrefois, titre des supérieurs de quelques monastères grecs. **2.** Aujourd'hui, titre honorifique conféré à un moine orthodoxe.

archipel nm Groupe d'îles.

architecte n Personne qui conçoit et réalise des édifices et en dirige l'exécution.

architectonique nf Ensemble des règles techniques propres à l'architecture ; PAR EXT organisation, structure d'une œuvre.

architectural, e, aux adj Relatif à l'architecture.

architecture nf **1.** Art de concevoir, construire et orner les édifices. **2.** FIG Structure, organisation d'un ensemble : *architecture d'une œuvre musicale.*

architrave nf ARCHIT Partie inférieure d'un entablement, reposant directement sur les supports.

archivage nm Action d'archiver.

archiver vt Classer dans des archives.

archives nf pl Ensemble de documents (pièces manuscrites, imprimés, etc.) qui proviennent d'une collectivité, d'une famille, d'une personne, etc. ; lieu où on les garde.

archiviste n Personne qui a la charge d'archives.

archivolte nf ARCHIT Face verticale à moulures d'un arc.

archonte [arkɔ̃t] nm Premier magistrat des cités grecques anciennes.

arçon nm **1.** Armature de la selle d'un cheval formée de deux pièces de métal reliées entre elles. **2.** Rameau de vigne courbé en arc.

arctique adj Du pôle Nord et des régions voisines.

ardéchois, e adj et n De l'Ardèche.

ardemment [ardamɑ̃] adv Avec ardeur.

ardennais, e adj et n Des Ardennes.

ardent, e adj **1.** Chaud, brûlant : *soleil ardent.* **2.** FIG Vif, passionné. ■ **ardent à** : empressé à.

ardeur nf Force qui porte à faire quelque chose ; empressement, enthousiasme.

ardillon nm Pointe de métal d'une boucle de ceinture pour arrêter la courroie.

ardoise nf **1.** Roche schisteuse, grise ou noire, servant à couvrir les toits. **2.** Tablette sur laquelle on écrit ou on dessine à la craie. ■ FAM **avoir une ardoise chez quelqu'un** : lui devoir de l'argent.

ardoisé, e adj De la couleur de l'ardoise.

ardoisier, ère adj De la nature de l'ardoise.

ardoisière nf Carrière d'ardoise.

ardu, e adj Difficile, compliqué.

are nm Surface agraire qui vaut 100 mètres carrés ; symb : a.

arec ou **aréquier** nm Palmier des régions chaudes de l'Asie du Sud-Est dont le fruit, la *noix d'arec*, contient une amande.

aréique adj GÉOGR Se dit d'une région, d'un sol privés d'écoulement régulier des eaux.

arénavirus nm Groupe de virus responsables de plusieurs zoonoses transmissibles à l'homme.

arène nf **1.** Espace sablé, au centre d'un amphithéâtre. **2.** GÉOL Sable formé de gros éléments. **3.** FIG Espace public où s'affrontent des courants d'idées : *arène politique.* ◆ **arènes** pl **1.** Amphithéâtre antique : *les arènes de Nîmes.* **2.** Édifice de construction analogue aménagé pour les courses de taureaux.

arénicole adj Se dit d'un animal qui vit dans le sable.

aréole nf **1.** Cercle rougeâtre qui entoure un point inflammatoire. **2.** Cercle pigmenté qui entoure le mamelon du sein.

aréomètre nm Instrument qui sert à déterminer la densité des liquides.

aréopage nm **1.** (avec une majuscule) Ancien tribunal d'Athènes. **2.** LITT Réunion de gens savants, particulièrement compétents.

aréquier nm → **arec**.

arête nf **1.** Os du squelette de certains poissons. **2.** Angle saillant, en particulier d'un rocher : *une arête rocheuse ; l'arête d'un toit.* **3.** Ligne qui sépare les deux versants d'une montagne.

arêtier nm Pièce de charpente, qui forme l'encoignure d'un comble.

argan nm Fruit de l'arganier. ■ **huile d'argan** : extraite du noyau de l'argan et utilisée en cosmétologie et en cuisine.

arganier nm Arbre épineux du Sud marocain, aux feuilles et fruits consommés par les ruminants.

argent nm **1.** Métal blanc, brillant, inaltérable ; symb : Ag. **2.** Monnaie en pièces ou en billets ; richesse qu'elle représente : *avoir de l'argent sur son compte en banque.*

argentan nm Alliage de cuivre, de nickel et de zinc.

argenté, e adj **1.** Qui a la couleur ou l'éclat gris de l'argent. **2.** Recouvert d'argent.

argenterie nf Vaisselle, couverts en argent ou en métal argenté.

argentier nm ■ FAM **grand argentier** : ministre des Finances.

argentifère adj Qui renferme de l'argent : *plomb argentifère.*

argentin, e adj et n De l'Argentine : *les Argentins.*

argenture nf Dépôt d'une couche d'argent à la surface d'un objet.

argile nf Roche sédimentaire tendre, absorbant l'eau et devenant alors une pâte imperméable.

argileux, euse adj Qui contient de l'argile.

argon nm Gaz qui entre pour un centième dans la composition de l'air ; symb : Ar.

argonaute nm Mollusque des mers chaudes.

argot nm **1.** Vocabulaire particulier à un groupe, à une profession, à une classe sociale : *argot sportif.* **2.** Langage des malfaiteurs, du milieu.

argotique adj Propre à l'argot.

argotisme nm Mot, tournure argotique.

arguer [argɥe] ou [arge] vt LITT Tirer comme conséquence, déduire : *que peut-on arguer de ce témoignage ?* ◆ vt ind [de] Prétexter de : *arguer de ses relations.*

argument nm **1.** Preuve, raison donnée à l'appui d'une affirmation. **2.** Résumé du thème d'une œuvre littéraire.

argumentaire nm Ensemble, liste d'arguments de vente ou venant à l'appui d'une opinion.

argumentation nf **1.** Action, art d'argumenter. **2.** Ensemble d'arguments.

argumenter vi Présenter des arguments pour appuyer une opinion, une démarche : *argumenter contre les juges.* ◆ vt Appuyer une thèse sur des arguments : *argumenter une démonstration.*

argus [argys] nm Publication spécialisée qui fournit des renseignements précis, chiffrés, notamment sur certaines transactions : *l'argus de l'automobile.*

argutie [argysi] nf Raisonnement d'une subtilité excessive.

aria nf Mélodie vocale ou instrumentale, avec accompagnement.

aride adj **1.** Sec, stérile : *sol aride.* **2.** FIG Difficile : *sujet aride.*

aridité nf Sécheresse, stérilité : *aridité d'une terre.*

ariégois, e adj et n De l'Ariège.

arien, enne adj et n Partisan de la doctrine d'Arius qui niait la divinité du Christ.

ariette nf Mélodie assez courte et de caractère gracieux.

aristocrate n et adj Membre de l'aristocratie.

aristocratie nf **1.** Classe des nobles. **2.** Gouvernement des nobles. **3.** LITT Élite.

aristocratique adj **1.** De l'aristocratie. **2.** Distingué, raffiné, digne d'un aristocrate.

aristoloche nf Plante vivace, toxique, du Midi, cultivée pour recouvrir les tonnelles.

aristotélicien, enne adj Qui relève de la philosophie d'Aristote.

arithméticien, enne n Spécialiste d'arithmétique.

arithmétique nf **1.** Science des nombres. **2.** Art de calculer. ◆ adj Fondé sur la science des nombres.

arlequin nm Personnage de comédie au vêtement formé de pièces de diverses couleurs.

arlésien, ienne adj et n D'Arles. ■ **l'Arlésienne** : personne ou chose dont on parle beaucoup et qu'on ne voit jamais.

armada nf Grand nombre de personnes ou de choses.

armagnac nm Eau-de-vie d'Armagnac.

armateur nm Personne qui équipe et exploite un navire.

armature nf **1.** Assemblage de pièces formant le support ou la partie essentielle d'un objet, d'un ouvrage, d'un appareil : *soutien-gorge à armature.* **2.** FIG Ce qui sert de base, de soutien.

arme nf **1.** Instrument qui sert à attaquer ou à se défendre : *arme blanche ; arme à feu.* **2.** FIG Moyen de lutte : *avoir pour seule arme sa patience.* **3.** MIL Chacun des corps de l'armée de terre (infanterie, artillerie, blindés). ■ FAM **passer l'arme à gauche** : mourir. ◆ **armes** pl Emblèmes figurés sur l'écu : *les armes de Paris.* ■ **faire ses premières armes** : débuter dans une carrière. ❑ **fait d'armes** : trait de bravoure. ❑ **passer par les armes** : fusiller.

armé, e adj **1.** Muni d'armes. **2.** Pourvu d'une armature de métal : *béton armé.*

armée nf **1.** Ensemble des forces militaires d'une nation ; subdivision de ces forces : *armée de l'air, de terre.* **2.** Grande quantité, foule : *une armée de supporters.*

> ORTHOGRAPHE On écrit : *corps, général d'armée ; groupe, commandant d'armées ; la Grande Armée ; l'Armée rouge ; l'Armée du salut.*

armement nm **1.** Action d'armer. **2.** Ensemble des armes : *armement moderne.* **3.** Équipement d'un navire.

arménien, enne adj et n D'Arménie : *les Arméniens.*

armer vt **1.** Pourvoir d'armes : *armer une forteresse.* **2.** Lever des troupes : *armer cent mille hommes.* **3.** Équiper un navire. **4.** Tendre le ressort d'un mécanisme : *armer un appareil photo.* **5.** FIG Donner à quelqu'un les moyens d'affronter une situation, d'y faire face : *être armé pour trouver un emploi.* ◆ **s'armer** vpr [de] Se munir de : *s'armer de patience.*

armistice nm Convention par laquelle des belligérants suspendent les hostilités sans mettre fin à l'état de guerre.

armoire nf Meuble de rangement à tablettes fermé par une ou des portes. ■ FAM **armoire à glace** : personne de large carrure.

armoiries nf pl Ensemble des signes, devises et ornements de l'écu d'un État, d'une ville, d'une famille.

armoise nf Plante aromatique.

armoricain, e adj et n De l'Armorique.

armorier vt Orner d'armoiries.

armure nf **1.** Ensemble des défenses métalliques (cuirasse, casque, etc.) qui protégeaient le corps d'un guerrier au Moyen Âge. **2.** Mode d'entrelacement des fils d'un tissu.

armurerie nf Atelier ou magasin d'armurier.

armurier nm Personne qui fabrique, qui vend des armes.

ARN nm (sigle) Acide ribonucléique.

arnaque nf FAM Escroquerie, tromperie.

arnaquer vt FAM Escroquer, voler, duper.

arnaqueur, euse n FAM Escroc, filou.

arnica nm ou nf Plante de montagne très toxique ; teinture extraite de cette plante utilisée contre les contusions.

arobase ou **arrobe** nf Signe typographique @, utilisé dans les messages électroniques.

aromate nm Toute substance parfumée d'origine végétale, utilisée en médecine, en parfumerie ou en cuisine.

aromatique adj De la nature des aromates ; qui en a le parfum : *plante aromatique.*

aromatiser vt Parfumer avec un aromate.

arôme nm Parfum agréable qui se dégage de certaines substances ; odeur, goût : *l'arôme du chocolat ; glace à l'arôme de vanille.*

arpège nm MUS Exécution successive des notes d'un accord.

arpéger vt (conj 2 et 10) MUS Jouer en arpège : *arpéger un accord.*

arpent nm Ancienne mesure agraire.

arpentage nm Évaluation de la superficie d'un terrain.

arpenter vt **1.** Mesurer la superficie des terrains. **2.** FIG Parcourir à grands pas : *arpenter une salle.*

arpenteur nm Celui qui effectue des relevés de terrains et des calculs de surfaces.

arqué, e adj Courbé en arc : *des jambes arquées.*

arquebuse nf Ancienne arme à feu portative.

arquebusier nm ANC Soldat armé d'une arquebuse.

arquer vt Courber en arc.

arrachage nm Action d'arracher.

arrache (à l') loc adv FAM **1.** De façon précipitée et sommaire : *loi votée à l'arrache.* **2.** Au gré des circonstances : *vivre à l'arrache.*

arraché (à l') loc adv Avec un effort violent : *victoire remportée à l'arraché.*

arrachement nm Séparation brutale et douloureuse ; déchirement.

arrache-pied (d') loc adv Avec acharnement et persévérance.

arracher vt **1.** Enlever de terre : *arracher des carottes.* **2.** Enlever de force : *le voleur lui arracha son sac.* **3.** Obtenir avec peine : *arracher un mot.* **4.** Détacher avec effort : *arracher une affiche.* ◆ **s'arracher** vpr **1.** Quitter à regret : *s'arracher d'un lieu.* **2.** Se disputer la présence de quelqu'un, la jouissance de quelque chose. ■ **s'arracher les cheveux** : être désespéré.

arracheur nm ■ **mentir comme un arracheur de dents** : mentir effrontément.

arraisonnement nm Action d'arraisonner.

arraisonner vt **1.** Arrêter en mer un navire et contrôler son état sanitaire, sa cargaison, l'identité de son équipage. **2.** Contrôler un avion en vol.

arrangeant, e adj Conciliant, avec qui on s'arrange facilement.

arrangement nm **1.** Action d'arranger. **2.** Manière dont une chose est arrangée : *arrangement d'une maison.* **3.** Conciliation :

trouver un arrangement. **4.** Adaptation d'un morceau de musique.

arranger vt (conj 2) **1.** Mettre en ordre, disposer harmonieusement : *arranger un bouquet.* **2.** Mettre ou remettre en état : *arranger sa coiffure.* **3.** Régler de manière à supprimer les difficultés : *arranger une affaire.* **4.** Convenir à quelqu'un : *ce changement de date m'arrange.* ◆ **s'arranger** vpr **1.** Se mettre d'accord, s'entendre : *on s'arrangera entre nous.* **2.** Finir bien : *tout peut encore s'arranger.* **3.** Prendre ses dispositions pour : *s'arranger pour être à l'heure.*

arrdt (abréviation) Arrondissement.

arrérages nm pl Ce qui reste dû d'un revenu quelconque.

arrestation nf **1.** Action de se saisir de quelqu'un par autorité de justice ou de police. **2.** État d'une personne arrêtée.

arrêt nm **1.** Action d'arrêter, de s'arrêter : *arrêt brusque.* **2.** Cessation, interruption : *arrêt de travail.* **3.** Station où s'arrête un véhicule de transport en commun : *arrêt d'autobus.* **4.** Jugement : *arrêt de la Cour de cassation.* ■ **arrêt maladie** : interruption de travail due à un problème de santé. ❑ **coup d'arrêt** : arrêt brutal. ❑ **maison d'arrêt** : prison. ❑ **mandat d'arrêt** : ordre d'arrêter quelqu'un. ❑ **sans arrêt** : continuellement. ◆ **arrêts** pl Punition infligée à un militaire : *mettre aux arrêts.*

arrêté nm Décision écrite d'une autorité administrative.

arrêter vt **1.** Empêcher d'avancer, d'agir : *arrêter les voitures ;* interrompre un déroulement : *on n'arrête pas le progrès.* **2.** Cesser de faire : *arrêter de parler.* **3.** Appréhender, emprisonner. **4.** Fixer, déterminer : *arrêter un plan.* ◆ **s'arrêter** vpr Cesser de marcher, de parler, d'agir, de fonctionner.

arrhes nf pl Argent versé à l'avance pour assurer l'exécution d'un marché.

arriération nf ■ VIEILLI **arriération mentale** : grave déficit intellectuel.

arrière adv et adj inv **1.** Situé dans la partie postérieure : *roues arrière.* **2.** Du côté opposé : *faire machine arrière.* ◆ nm Partie postérieure d'un véhicule. ■ **en arrière** : (a) à une certaine distance derrière : *rester en arrière* (b) dans le sens opposé à l'orientation du corps, à la direction que l'on suit : *regarder en arrière.* ◆ interj ■ **arrière !** : au loin ! reculez ! ◆ **en arrière de** loc prép Derrière.

arriéré, e adj En retard sur son époque : *idées arriérées.* ◆ nm Ce qui reste dû.

arrière-ban (pl *arrière-bans*) nm HIST Pouvoir de commandement exercé par le suzerain sur les vassaux de ses vassaux (*arrière-vassaux*).

arrière-bouche (pl *arrière-bouches*) nf Le fond de la bouche.

arrière-boutique (pl *arrière-boutiques*) nf Pièce située derrière une boutique.

arrière-cour (pl *arrière-cours*) nf Petite cour située à l'arrière d'un bâtiment et servant de dégagement.

arrière-garde (pl *arrière-gardes*) nf Détachement de sûreté placé en arrière d'une troupe en marche pour la couvrir. ■ FIG **d'arrière-garde** : dépassé, démodé.

arrière-gorge (pl *arrière-gorges*) nf Partie du larynx située derrière les amygdales.

arrière-goût (pl *arrière-goûts*) nm **1.** Goût désagréable que laisse dans la bouche un mets, une boisson. **2.** Sentiment qui subsiste après un fait : *un arrière-goût d'amertume.*

arrière-grand-mère (pl *arrière-grands-mères*) nf **1.** Mère du grand-père ou de la grand-mère. **2.** Bisaïeule.

arrière-grand-père (pl *arrière-grands-pères*) nm **1.** Père du grand-père ou de la grand-mère. **2.** Bisaïeul.

arrière-grands-parents nm pl Le père et la mère des grands-parents.

arrière-pays nm inv Partie d'un pays située en arrière de ses côtes.

arrière-pensée (pl *arrière-pensées*) nf Pensée qu'on n'exprime pas et qui est différente de celle qu'on manifeste.

arrière-petite-fille (pl *arrière-petites-filles*) nf Fille du petit-fils ou de la petite-fille.

arrière-petit-fils (pl *arrière-petits-fils*) nm Fils du petit-fils ou de la petite-fille.

arrière-petits-enfants nm pl Enfants du petit-fils, de la petite-fille.

arrière-plan (pl *arrière-plans*) nm Plan du fond dans une perspective. ■ FIG **à l'arrière-plan** : dans une position secondaire.

arrière-saison (pl *arrière-saisons*) nf Fin de l'automne.

arrière-salle (pl *arrière-salles*) nf Salle située derrière la salle principale d'un local.

arrière-train (pl *arrière-trains*) nm **1.** Partie postérieure du corps d'un quadrupède. **2.** Partie d'un véhicule supportée par les roues de derrière.

arrimage nm Action d'arrimer.

arrimer vt Fixer solidement le chargement d'un véhicule, d'un navire.

arrivage nm Arrivée de matériel, de marchandises par un moyen de transport ; ces marchandises elles-mêmes.

arrivant, e n Personne qui arrive en un lieu.

arrivée nf **1.** Action d'arriver. **2.** Moment ou lieu précis de cette action.

arriver vi (auxil : *être*) **1.** Parvenir à destination : *arriver chez soi.* **2.** Venir : *arriver de l'étranger.* **3.** Approcher, se produire : *l'hiver* *arrive ; ce sont des choses qui arrivent.* **4.** Réussir socialement : *vouloir arriver à tout prix.* ◆ vt ind [à] **1.** Atteindre un niveau, un point : *arriver à la conclusion ; arriver à maturité ; il m'arrive à l'épaule.* **2.** (+ inf) Parvenir à : *arriver à convaincre quelqu'un.* ■ **en arriver à :** finir par aboutir à : *il en est arrivé à mentir.* ◆ v impers Se produire parfois : *il arrive qu'il sorte le soir.*

arrivisme nm Comportement de l'arriviste.

arriviste n Personne qui veut arriver, réussir à tout prix.

arrobe nf → **arobase.**

arrogance nf Fierté qui se manifeste par des manières hautaines, méprisantes.

arrogant, e adj et n Qui a de l'arrogance ; hautain.

arroger (s') vpr (conj 2) S'attribuer illégitimement : *ils se sont arrogé des privilèges ; les privilèges qu'il s'est arrogés.*

arrondi nm Partie arrondie : *l'arrondi d'une jupe.*

arrondir vt **1.** Donner une forme ronde : *arrondir ses lettres en écrivant.* **2.** Augmenter, agrandir : *arrondir son capital.* **3.** Amener une somme, un résultat, à un chiffre rond, approximatif mais plus simple.

arrondissement nm **1.** Subdivision administrative d'une grande ville ou d'un département. **2.** Action d'arrondir une valeur numérique pour obtenir un chiffre rond.

arrosage nm Action d'arroser.

arroser vt **1.** Mouiller par irrigation, par aspersion. **2.** Couler à travers : *la Seine arrose Paris.* **3.** FAM Offrir à boire pour fêter un événement. **4.** FAM Donner de l'argent pour obtenir une faveur, un service.

arroseur, euse n Personne qui arrose. ■ FAM **l'arroseur arrosé :** celui qui est victime de ses propres machinations.

arroseuse nf Véhicule de nettoyage qui arrose les rues.

arrosoir nm Récipient portatif servant à arroser.

arrow-root [arorut] (pl *arrow-roots*) nm Fécule comestible, tirée de diverses racines.

arsenal (pl *arsenaux*) nm **1.** Centre de construction et de réparation des navires de guerre. **2.** Grande quantité d'armes : *la police a découvert un arsenal secret.* **3.** FIG Ensemble de moyens d'action, de lutte : *arsenal des lois.* **4.** Équipement, matériel compliqué : *l'arsenal d'un photographe.*

arsenic nm Substance toxique à base d'un corps simple chimique de couleur grise ; symb : As.

arsenical, e, aux ou **arsénié, e** adj CHIM Qui contient de l'arsenic.

art nm **1.** Expression d'un idéal de beauté correspondant à un type de civilisation déterminé : *œuvre d'art.* **2.** Ensemble des œuvres artistiques d'un pays, d'une époque : *l'art chinois.* **3.** Ensemble des règles et des techniques intéressant une profession, une activité humaine : *art vétérinaire ; art culinaire.* **4.** Talent, habileté : *avoir l'art de plaire.* ■ **Art nouveau :** style décoratif de la fin du XIXe s., caractérisé par l'imitation des formes de la nature. ❏ **Art déco :** style décoratif des années 1920, caractérisé par le goût de la ligne droite.

art. (abréviation) Article.

artefact [artefakt] nm Phénomène d'origine artificielle ou accidentelle rencontré lors d'une observation, d'une expérience.

artère nf **1.** Vaisseau qui conduit le sang du cœur aux organes. **2.** Voie de communication urbaine.

artériel, elle adj Des artères.

artériographie nf Radiographie des artères.

artériole nf ANAT Petite artère.

artériosclérose nf MÉD Durcissement de la paroi des artères.

artésien, enne adj et n De l'Artois : *les Artésiens.* ■ **puits artésien :** puits qui donne une eau jaillissante.

arthrite nf MÉD Inflammation d'une articulation.

arthritique adj et n Atteint d'arthrite.

arthropode nm Animal invertébré (les arthropodes [insectes, arachnides, crustacés, etc.] forment un embranchement).

arthrose nf MÉD Affection chronique dégénérative des articulations.

artichaut nm Plante potagère dont on mange la fleur ; fleur de cette plante composée d'un réceptacle (fond) et de feuilles.

article nm **1.** Division d'un traité, d'une loi, d'un compte, etc. **2.** Écrit formant un tout distinct dans une publication : *article de journal.* **3.** Tout objet de commerce : *article de luxe.* **4.** GRAMM Particule qui précède un nom et le détermine. ■ **à l'article de la mort :** sur le point de mourir. ❏ **article de foi :** point important de croyance dans une religion. ❏ **faire l'article :** faire valoir une chose, faire l'éloge de quelqu'un.

articulaire adj Relatif aux articulations : *rhumatisme articulaire.*

articulation nf **1.** Jointure entre deux os. **2.** Élément de liaison entre deux pièces se mouvant l'une par rapport à l'autre. **3.** Liaison entre les parties d'un raisonnement, d'un discours, etc. **4.** Manière d'articuler les sons d'une langue.

articulé, e adj Qui a une ou plusieurs articulations.

articuler vt **1.** Faire entendre distinctement des sons, les syllabes des mots à l'aide des organes de la parole. **2.** Assembler par des jointures permettant un certain jeu. ◆ **s'articuler** vpr **1.** Se joindre, être uni par une jointure mobile : *le tibia s'articule sur le fémur.* **2.** Se succéder dans un ordre déterminé.

artifice nm Subtilité, ruse pour tromper. ■ **feu d'artifice :** tir détonant à effets lumineux pour une fête en plein air.

artificiel, elle adj **1.** Produit par une technique humaine et non par la nature : *un membre artificiel.* **2.** Qui manque d'authenticité : *sourire artificiel.* CONTR : naturel.

artificiellement adv D'une manière artificielle.

artificier nm **1.** Personne qui tire des feux d'artifice. **2.** Spécialiste de la manipulation des explosifs.

artificieux, euse adj LITT Rusé, hypocrite.

artillerie nf **1.** Partie du matériel de guerre qui comprend notamment les canons, les mitrailleuses, leurs munitions et ce qui sert à leur transport. **2.** Le corps des artilleurs. ■ FIG **artillerie lourde :** moyens puissants. ❑ **sortir la grosse artillerie :** user d'arguments percutants ou rebattus.

artilleur nm Militaire servant dans l'artillerie.

artimon nm MAR Mât arrière d'un voilier.

artiodactyle nm Ongulé ayant un nombre pair de doigts à chaque patte (ruminants, porcins).

artisan, e n Travailleur qui exerce pour son compte personnel un métier manuel. ■ **être l'artisan de :** l'auteur, le responsable de.

artisanal, e, aux adj Relatif à l'artisan : *fabrication artisanale* (par opposition à *industrielle*).

artisanalement adv D'une manière artisanale.

artisanat nm **1.** Métier de l'artisan. **2.** Ensemble des artisans.

artiste n **1.** Personne qui pratique un des beaux-arts : *artiste peintre.* **2.** Interprète d'une œuvre théâtrale, cinématographique, musicale, etc. ◆ adj Qui a le sentiment, le goût de ce qui est beau.

artistique adj **1.** Relatif aux arts. **2.** Fait avec art.

artistiquement adv Avec art.

artothèque nf Organisme de prêt d'œuvres d'art.

arum [arɔm] nm Plante dont la fleur est entourée d'un cornet blanc ou vert.

aryen, enne adj et n Qui concerne les Aryens.

arythmie nf MÉD Trouble du rythme du cœur.

as [ɑs] nm **1.** Carte à jouer, dé, marqués d'un seul point : *as de cœur ;* numéro un au tiercé, au loto, etc. **2.** Personne qui excelle dans une activité. ■ FAM **être fringué comme l'as de pique :** mal habillé. ❑ FAM **être plein aux as :** très riche. ❑ FAM **passer à l'as :** être oublié.

AS nf (sigle) Association sportive.

ascaride ou **ascaris** nm Ver parasite intestinal.

ascendance nf Ensemble des générations dont quelqu'un est issu.

ascendant, e adj Qui va en montant ou en progressant : *un courant ascendant.* ◆ nm **1.** Autorité, influence : *avoir de l'ascendant sur quelqu'un.* **2.** En astrologie, point de l'écliptique qui se lève à l'horizon au moment de la naissance d'un individu. ◆ **ascendants** nm pl Les parents dont quelqu'un est issu.

ascenseur nm **1.** Appareil permettant de transporter des personnes dans une cabine qui se déplace verticalement. **2.** INFORM Bande verticale ou horizontale qui sert à faire défiler sur l'écran le contenu à afficher. ■ **ascenseur social :** possibilité de promotion sociale par les études, la formation, le travail, etc. ❑ FAM **renvoyer l'ascenseur :** répondre à une complaisance, à un service par un acte comparable.

ascension nf **1.** Action de monter : *ascension d'une montagne ;* fait de s'élever : *ballon en pleine ascension.* **2.** Progression sociale, professionnelle. ■ **l'Ascension :** élévation miraculeuse de Jésus-Christ au ciel ; fête qui la commémore.

ascensionnel, elle adj Qui tend à monter, à faire monter : *force ascensionnelle.* ■ **parachute ascensionnel :** (a) parachute pouvant s'élever dans les airs (b) sport consistant à se faire tirer, muni de ce parachute, par un véhicule.

ascèse nf Discipline de vie, ensemble d'exercices pratiqués en vue d'un perfectionnement spirituel.

ascète n Personne qui tend à la perfection spirituelle par une discipline stricte.

ascétique adj D'ascète.

ascétisme nm Vie d'ascète.

ascidie nf Animal marin vivant fixé aux rochers (les ascidies forment une classe).

ASCII [aski] nm (sigle de *American Standard Code for Information Interchange*) ■ INFORM **code ASCII :** Code normalisé utilisé pour l'échange de données informatiques.

ascomycète nm Champignon supérieur (tel que la morille, la truffe) (les ascomycètes forment une classe).

ascorbique adj ■ **acide ascorbique :** vitamine C.

asepsie nf Ensemble des méthodes permettant de protéger l'organisme contre toute contamination microbienne.

VOCABULAIRE L'*asepsie* empêche la venue du microbe, alors que l'*antisepsie* le combat.

aseptique adj **1.** Qui a été débarrassé de tout microbe. **2.** De l'asepsie.

aseptisé, e adj **1.** Rendu aseptique. **2.** FIG Dépourvu d'originalité ; impersonnel.

aseptiser vt Rendre aseptique.

asexué, e adj Sans sexe.

ashkénaze n et adj Juif originaire d'Europe centrale, orientale ou septentrionale (par opposition à *séfarade*).

ashram nm En Inde, lieu de retraite où les adeptes reçoivent l'enseignement d'un maître.

asiatique adj et n D'Asie : *les Asiatiques*.

asilaire adj Relatif à l'asile psychiatrique.

asile nm **1.** Lieu où l'on peut trouver refuge, protection. **2.** VIEILLI Établissement psychiatrique. ■ **droit d'asile :** protection accordée par un État à des réfugiés politiques.

asocial, e, aux adj et n Inadapté à la vie sociale.

asparagus [asparagys] nm Plante d'ornement au feuillage délicat, de la famille des liliacées.

aspartam ou **aspartame** nm Produit chimique à fort pouvoir sucrant mais moins calorique que le sucre.

aspect [aspɛ] nm Manière dont un être ou une chose se présentent à la vue, à l'esprit.

asperge nf **1.** Plante potagère cultivée pour ses pousses en forme de bâton ; cette pousse consommée cuite. **2.** FIG, FAM Personne grande et maigre.

asperger vt (conj 2) Mouiller en projetant de l'eau, un liquide.

aspérité nf Saillie ou inégalité d'une surface.

aspersion nf Action d'asperger.

asphaltage nm Action d'asphalter.

asphalte nm Calcaire imprégné de bitume qui sert au revêtement des trottoirs, des chaussées, etc.

asphalter vt Couvrir d'asphalte.

asphodèle nm Plante bulbeuse à fleurs blanches.

asphyxiant, e adj Qui asphyxie.

asphyxie nf **1.** Manque d'oxygène, difficulté ou arrêt de la respiration. **2.** FIG Blocage, arrêt d'une activité.

asphyxier vt Causer l'asphyxie de, étouffer. ◆ **s'asphyxier** vpr Souffrir d'asphyxie ; mourir d'asphyxie.

aspic nm **1.** Vipère des lieux secs et pierreux. **2.** Grande lavande. **3.** Plat composé de viande ou de poisson froid enrobés de gelée.

1. aspirant nm Grade intermédiaire entre l'adjudant-chef et le sous-lieutenant.

2. aspirant, e adj Qui aspire : *pompe aspirante*.

aspirateur nm Appareil qui aspire les fluides, les poussières.

aspiration nf **1.** Action d'aspirer. **2.** GRAMM Action de prononcer en aspirant : *aspiration du* h *en français*. **3.** FIG Mouvement vers un idéal : *avoir des aspirations élevées*.

aspiré, e adj ■ **consonne aspirée :** prononcée avec accompagnement d'un souffle.

aspirer vt **1.** Faire pénétrer l'air dans les poumons. **2.** Attirer un liquide, un fluide, des poussières, en créant un vide partiel. ◆ vt ind [à] Prétendre à : *aspirer à de hautes fonctions*.

aspirine nf Médicament calmant, anti-inflammatoire, faisant tomber la fièvre.

assagir vt Rendre sage.

assaillant, e adj et n Qui attaque.

assaillir vt (conj 23) **1.** Attaquer vivement. **2.** FIG Harceler, importuner : *assaillir de questions*.

assainir vt **1.** Rendre sain ou plus sain. **2.** FIG Ramener à la normale : *assainir une situation*.

assainissement nm Action d'assainir ; son résultat.

assaisonnement nm **1.** Action d'assaisonner. **2.** Mélange d'ingrédients pour assaisonner (poivre, sel, vinaigre, huile, etc.).

assaisonner vt Ajouter à un aliment des ingrédients qui en relèvent le goût.

assassin, e adj **1.** Qui tue ; meurtrier : *main assassine*. **2.** FIG Provocant : *regard assassin*. ◆ nm Personne qui commet un meurtre avec préméditation.

assassinat nm Meurtre prémédité.

assassiner vt Tuer.

assaut nm Action d'assaillir, attaque finale ayant pour objet l'irruption dans la position ennemie : *donner l'assaut*. ■ FIG **faire assaut de :** rivaliser de. ❑ **prendre d'assaut :** s'emparer par la force.

assèchement nm Action d'assécher.

assécher vt (conj 10) Priver d'eau ; mettre à sec : *assécher un étang*.

Assedic [asedik] nf pl (sigle de *Association pour l'emploi dans l'industrie et le commerce*) Indemnités de chômage versées par les organismes du même nom : *toucher les Assedic*.

assemblage nm **1.** Action d'assembler : *assemblage d'une charpente*. **2.** Réunion d'éléments divers ou hétéroclites : *un assemblage de couleurs*.

assemblée nf Réunion de personnes → **AG.** ■ **l'Assemblée nationale** ou **l'Assemblée :** en France, ensemble des députés élus par le peuple pour le représenter ; lieu où ils se réunissent.

assembler vt **1.** Mettre ensemble. **2.** Réunir, grouper.

assener ou **asséner** vt Porter avec violence : *assener un coup.*

assentiment nm Consentement volontaire, approbation, accord.

asseoir vt (conj 44) **1.** Mettre sur un siège. **2.** FIG Établir d'une manière stable : *asseoir une théorie.* ◆ **s'asseoir** vpr Se mettre sur un siège, sur son séant.

assermenté, e adj Qui a prêté serment devant une autorité.

assertion nf Proposition donnée comme vraie.

asservir vt Réduire à un état de grande dépendance.

asservissement nm Servitude.

asservisseur nm Organe régulateur de certains appareils.

assesseur nm Juge qui assiste le président d'un tribunal.

assez adv **1.** En quantité suffisante : *avoir assez mangé, assez d'argent.* **2.** Plutôt : *assez bon.* ■ FAM **en avoir assez (de) :** être excédé (par).

assidu, e adj Qui montre de l'assiduité : *élève, travail assidu ; visiteur assidu.*

assiduité nf **1.** Exactitude, application. **2.** Présence régulière à un poste, en un lieu.

assidûment adv Avec assiduité.

assiégé, e adj Dont on fait le siège : *ville assiégée.* ◆ adj et n Qui se trouve dans la place au moment d'un siège.

assiégeant, e adj et n Qui assiège.

assiéger vt (conj 2 et 10) **1.** Faire le siège d'une place. **2.** FIG Poursuivre, importuner qqn.

assiette nf **1.** Pièce de vaisselle à fond plat ou légèrement creux ; son contenu. **2.** Manière d'être assis à cheval. **3.** Position stable d'un corps. **4.** Base de calcul d'une cotisation, d'un impôt. ■ **assiette anglaise :** assortiment de viandes froides. ❑ FAM **ne pas être dans son assiette :** ne pas se sentir bien.

assiettée nf Contenu d'une assiette.

assignable adj Qui peut être assigné.

assignat nm Papier-monnaie sous la Révolution française.

assignation nf Citation à comparaître en justice.

assigner vt **1.** Appeler quelqu'un en justice. **2.** Affecter des fonds à une dépense. **3.** Attribuer, affecter : *assigner quelqu'un à une fonction.* ■ **être assigné à résidence :** contraint à résider en un endroit déterminé.

assimilable adj Qui peut être assimilé.

assimilation nf Action d'assimiler. ■ VX **assimilation chlorophyllienne :** photosynthèse.

assimiler vt **1.** Rendre semblable, considérer comme semblable : *assimiler une affaire à une autre.* **2.** Incorporer à l'organisme : *assimiler un aliment.* ■ **assimiler des connaissances :** les comprendre et les retenir. ◆ **s'assimiler** vpr Se considérer et pouvoir être considéré comme semblable à quelqu'un.

assis, e adj **1.** Qui est sur son séant, en appui sur ses fesses. **2.** FIG Bien établi, fondé.

assise nf **1.** Dans une construction, rangée de pierres posées horizontalement. **2.** FIG Base qui donne la solidité à un ensemble.

assises nf pl Congrès, notamment d'un parti politique, d'un syndicat. ■ **cour d'assises :** tribunal qui juge les causes criminelles.

assistanat nm **1.** Fonction d'assistant dans l'enseignement supérieur et dans les industries du spectacle. **2.** PÉJOR Fait d'être assisté.

assistance nf **1.** Action d'assister, de secourir. **2.** Auditoire : *assistance choisie.* ■ **Assistance publique :** administration chargée de gérer les établissements hospitaliers publics à Paris et à Marseille. ❑ **assistance technique :** aide apportée à un pays en voie de développement. ❑ **assistance médicale à la procréation (AMP) :** ensemble des méthodes de traitement de la stérilité d'un couple (fécondation in vitro, insémination artificielle, etc.).

assistant, e n et adj **1.** Personne qui en assiste, en aide une autre. **2.** (surtout au pluriel) Personne qui assiste à une réunion, à une cérémonie. ■ **assistant social :** personne employée pour remplir un rôle d'assistance auprès des individus et des familles, dans le domaine moral, médical ou matériel.

assisté, e adj et n Qui bénéficie d'une assistance. ◆ adj Doté d'un dispositif qui amplifie ou allège l'effort fourni par l'utilisateur : *automobile à direction assistée.* ■ **assisté par ordinateur :** que l'on réalise avec l'aide d'un ordinateur : *enseignement assisté par ordinateur.*

assister vt Secourir, aider. ◆ vt ind [à] Être présent.

associatif, ive adj Relatif à une ou à des associations. ■ **mouvement associatif :** groupement de personnes qui s'unissent pour des actions sociales ou culturelles, ou pour défendre des intérêts communs. ◆ n Membre d'un mouvement associatif.

association nf **1.** Action d'associer, de s'associer. **2.** Groupement de personnes réunies dans un intérêt commun.

associé, e n et adj Personne liée par des intérêts communs avec une ou plusieurs autres.

associer vt **1.** Mettre ensemble, réunir : *associer des idées.* **2.** Faire participer quelqu'un à : *associer un ami à un projet.* ◆ **s'associer** vpr **1.** [à] Participer à : *s'associer à la manifestation.* **2.** [à, avec] S'entendre avec quelqu'un pour former une entreprise commune.

GRAMMAIRE On dit : *associer quelqu'un à, avec, et quelqu'un ; associer quelqu'un à quelque chose ; associer quelque chose à, et quelque chose.*

assoiffé, e adj **1.** Qui a soif. **2.** FIG Avide : *assoiffé de vengeance.*

assolement nm Action d'assoler.

assoler vt Alterner les cultures.

assombrir vt **1.** Rendre sombre, obscurcir : *cette peinture assombrit la pièce.* **2.** Rendre triste : *la mort de son fils a assombri sa vie.*

assommant, e adj Fatigant, très ennuyeux.

assommer vt **1.** Frapper d'un coup qui tue, renverse ou étourdit. **2.** FIG Abattre, accabler. **3.** Ennuyer, importuner.

assommoir nm VX Débit de boissons de dernière catégorie.

assomption nf ■ **l'Assomption :** élévation de la Sainte Vierge au ciel ; jour où l'Église catholique en célèbre la fête (15 août).

assonance nf Répétition, à la fin de deux ou plusieurs vers, de la même voyelle accentuée (EX : *sombre, tondre ; âme, âge*).

assorti, e adj **1.** En accord, en harmonie : *cravate assortie au costume.* **2.** Pourvu des articles nécessaires : *magasin bien assorti.*

assortiment nm Assemblage complet de choses, de marchandises du même genre.

assortir vt **1.** Réunir des personnes, des choses qui se conviennent : *assortir des fleurs.* **2.** Approvisionner en marchandises : *assortir un magasin.*

assoupir vt **1.** Endormir à demi. **2.** LITT, FIG Calmer, atténuer. ◆ **s'assoupir** vpr S'endormir à demi.

assoupissement nm Demi-sommeil.

assouplir vt **1.** Rendre plus souple. **2.** FIG Rendre moins strict, moins rigoureux.

assouplissant ou **assouplisseur** nm Produit évitant au linge de devenir rêche lors de son lavage dans une eau calcaire.

assouplissement nm Action d'assouplir.

assourdir vt **1.** Rendre comme sourd par l'excès de bruit. **2.** Rendre moins sonore.

assourdissant, e adj Qui assourdit.

assourdissement nm Action d'assourdir ; son résultat.

assouvir vt Rassasier pleinement.

assouvissement nm Action d'assouvir.

assujetti, e adj et n Se dit d'une personne tenue par la loi de verser un impôt, une taxe ou de s'affilier à un organisme.

assujettir vt **1.** Placer sous une domination absolue : *assujettir un peuple.* **2.** Soumettre à une obligation stricte : *être assujetti à l'impôt.*

assujettissement nm Action d'assujettir, fait d'être assujetti.

assumer vt **1.** Se charger volontairement de : *assumer de hautes fonctions.* **2.** Se considérer comme responsable de, prendre sur soi : *assumer des risques.* ◆ **s'assumer** vpr Se prendre en charge, s'accepter tel qu'on est.

assurance nf **1.** Confiance en soi : *parler avec assurance.* **2.** Garantie, gage : *assurance maladie ; donner une assurance sérieuse.* **3.** Promesse formelle : *assurance de fidélité.* ◆ **assurances** pl ■ **compagnie d'assurances :** société qui, moyennant le paiement d'une prime, garantit contre certains risques.

assurance-vie (pl *assurances-vies*) nf Contrat d'assurance garantissant le versement d'une somme d'argent à une personne désignée par l'assuré au décès de ce dernier, ou à l'assuré lui-même, après un certain délai.

assuré, e adj **1.** Ferme, décidé : *regard assuré.* **2.** Certain, garanti : *gain assuré.* ◆ n Personne garantie par un contrat d'assurance. ■ **assuré social :** personne inscrite à la Sécurité sociale.

assurément adv Certainement.

assurer vt **1.** Rendre plus stable, plus sûr, plus durable : *assurer la paix.* **2.** Garantir contre un dommage : *assurer contre l'incendie.* **3.** Donner comme sûr, certain, vrai : *il m'assure qu'il a dit la vérité.* **4.** Faire en sorte que quelque chose fonctionne, ne s'arrête pas : *assurer la permanence.* ◆ vi FAM **1.** Se contenter de maintenir son avantage. **2.** Se montrer à la hauteur. ◆ **s'assurer** vpr **1.** Acquérir la certitude de : *s'assurer qu'il n'y a pas de risques.* **2.** Passer un contrat d'assurance.

assureur nm Société qui prend les risques à sa charge dans un contrat d'assurance.

assyrien, enne adj et n De l'Assyrie : *les Assyriens.*

aster [astɛr] nm Plante souvent cultivée pour ses fleurs décoratives aux coloris variés.

astérie nf Étoile de mer.

astérisque nm Signe typographique en forme d'étoile (*).

astéroïde nm Petit corps rocheux ou métallique qui gravite autour du Soleil.

asthénie nf MÉD État de fatigue et d'épuisement.

asthmatique adj et n Atteint d'asthme.

asthme [asm] nm Maladie caractérisée par des accès de suffocation.

asti nm Vin blanc mousseux d'Asti (Italie).

asticot nm Larve de la mouche à viande.

asticoter vt FAM Taquiner, harceler.

astigmate adj et n Atteint d'astigmatisme.

astigmatisme nm Trouble de la vision dû à une anomalie de courbure du cristallin.

astiquage nm Action d'astiquer.

astiquer vt Faire briller en frottant.

astragale nm **1.** ANAT Os du pied. **2.** ARCHIT Moulure à la partie supérieure d'une colonne. **3.** BOT Plante dont une espèce fournit la gomme adragante.

astrakan nm Fourrure d'agneau à poil frisé.

astral, e, aux adj Relatif aux astres.

astre nm Corps céleste : *le mouvement des astres*.

astreignant, e adj Qui astreint, qui est pénible et ardu.

astreindre vt (conj 55) Soumettre à un devoir strict, à une tâche pénible, ardue. ◆ **s'astreindre** vpr [à] S'obliger à.

astreinte nf **1.** Obligation, contrainte. **2.** Obligation de disponibilité imposée pour assurer les urgences dans certaines professions.

astringent, e adj et nm MÉD Se dit d'une substance qui resserre les tissus.

astrolabe nm Instrument servant à observer l'instant où une étoile atteint une hauteur déterminée.

astrologie nf Art de prédire les événements d'après la position des astres.

astrologique adj Relatif à l'astrologie.

astrologue n Personne qui pratique l'astrologie.

astronaute n Pilote ou passager d'un engin spatial.

astronautique nf Science de la navigation dans l'espace.

astronef nm Véhicule spatial.

astronome n Spécialiste d'astronomie.

astronomie nf Science qui étudie les astres.

astronomique adj **1.** Relatif à l'astronomie. **2.** FAM Exagéré, très élevé : *des prix astronomiques*.

astrophysique nf Partie de l'astronomie qui étudie les propriétés physiques des astres.

astuce nf **1.** Manière d'agir, de parler qui dénote de l'habileté, de la finesse : *faire preuve d'astuce*. **2.** Plaisanterie, jeu de mots.

astucieusement adv Avec astuce.

astucieux, euse adj Qui a de l'astuce ; habile, malin.

asymétrie nf Défaut de symétrie.

asymétrique adj Sans symétrie.

asymptomatique adj MÉD Qui ne présente pas de symptômes caractéristiques : *malade, maladie asymptomatique*.

asymptote nf GÉOM Droite liée à une courbe dont elle s'approche indéfiniment sans pouvoir l'atteindre.

asynchrone adj Qui n'est pas synchrone.

atavique adj Relatif à l'atavisme.

atavisme nm Hérédité.

atchoum interj Bruit que fait un éternuement.

atèle nm Singe de l'Amérique du Sud, aux membres très longs.

atelier nm **1.** Lieu où travaillent des ouvriers, des artistes, etc. **2.** Groupe de travail.

atemporel, elle adj Qui n'est pas concerné par le temps.

atermoiement nm (souvent au pluriel) Action d'atermoyer, délai, faux-fuyant : *user d'atermoiements*.

atermoyer vi (conj 3) Différer, remettre à plus tard.

athée adj et n Qui nie l'existence de toute divinité.

athéisme nm Doctrine, attitude des athées.

athénée nm En Belgique, établissement d'enseignement secondaire.

athermique adj Qui ne dégage ni n'absorbe de chaleur.

athérosclérose nf Affection des artères.

athlète n **1.** Personne qui pratique l'athlétisme. **2.** Personne très musclée : *carrure d'athlète*.

athlétique adj Relatif aux athlètes, à l'athlétisme.

athlétisme nm Ensemble des sports individuels (course, saut, lancer, etc.).

atlante nm Statue d'homme qui soutient un entablement, une corniche.

atlantique adj Relatif à l'océan Atlantique, aux pays qui le bordent.

atlas nm **1.** Recueil de cartes géographiques, historiques, etc. **2.** Première vertèbre du cou.

atmosphère nf **1.** Couche gazeuse qui enveloppe la Terre et d'autres astres. **2.** Air que l'on respire en un lieu : *atmosphère surchauffée*. **3.** Ambiance particulière au lieu où l'on se trouve : *atmosphère de paix*.

atmosphérique adj Relatif à l'atmosphère : *pression atmosphérique*.

atoll nm Île en forme d'anneau, constituée de récifs coralliens.

atome nm **1.** Particule d'un élément chimique qui forme la plus petite quantité pouvant se combiner et qui est elle-même formée de particules fondamentales. **2.** FIG Très petite quantité : *il n'a pas un atome de bon sens*. ■ FAM **avoir des atomes crochus avec quelqu'un** : bien s'entendre avec lui.

atomicité nf Nombre d'atomes constituant la molécule d'un corps.

atomique adj **1.** Relatif aux atomes. **2.** Qui utilise l'énergie provenant de la désintégration des noyaux d'atomes ; qui s'y rapporte : *arme atomique ; guerre atomique.*

atomisé, e adj et n Qui a subi les effets de radiations nucléaires.

atomiser vt **1.** Réduire un corps en fines particules. **2.** Détruire avec des armes atomiques. **3.** FIG Désagréger, réduire.

atomiseur nm Appareil servant à projeter un liquide sous forme de fines particules.

atonal, e, als ou **aux** adj MUS Écrit suivant les règles de l'atonalité.

atonalité nf MUS Système d'écriture musicale étranger aux règles tonales de l'harmonie.

atone adj **1.** Sans vitalité : *regard atone.* **2.** Sans accent : *voyelle, syllabe atone.*

atonie nf Manque de force, de vitalité.

atours nm pl ■ LITT **dans ses plus beaux atours :** dans sa plus belle toilette.

atout nm **1.** Dans les jeux de cartes, couleur qui l'emporte sur les autres ; carte de cette couleur. **2.** FIG Chance de réussir.

atrabilaire adj et n LITT Irascible.

âtre nm LITT Foyer de la cheminée.

atrium [atrijɔm] nm Chez les Romains, cour intérieure entourée d'un portique.

atroce adj **1.** Très cruel : *un crime atroce.* **2.** Horrible à supporter : *douleur atroce.*

atrocement adv D'une manière atroce : *souffrir atrocement.*

atrocité nf Crime, cruauté horribles.

atrophie nf MÉD Diminution de volume d'un organe, d'un membre.

atrophier (s') vpr **1.** MÉD Diminuer de volume. **2.** FIG Perdre de sa vigueur, s'affaiblir.

atropine nf Alcaloïde de la belladone, dilatant la pupille.

attabler (s') vpr Se mettre à table.

attachant, e adj Qui émeut, touche, suscite de l'intérêt.

attache nf **1.** Ce qui sert à attacher, lien, courroie, etc. **2.** Endroit où est fixé un muscle, un ligament. **3.** Poignet, cheville : *attaches fines.* ■ **port d'attache :** où un navire est immatriculé par la douane. ◆ **attaches** pl Rapports, relations, liens affectifs.

attaché, e n Membre d'une ambassade, d'un cabinet ministériel : *attaché culturel.* ■ **attaché(e) de presse :** personne chargée d'informer les médias.

attaché-case [ataʃekɛz] (pl *attachés-cases*) nm Mallette servant de porte-documents.

attachement nm Sentiment d'affection, de sympathie.

attacher vt **1.** Fixer, lier au moyen d'une corde, d'une chaîne, etc. **2.** Attribuer : *attacher de l'importance à.* **3.** FIG Lier, associer durablement : *attacher son nom à.* ◆ vi Coller au fond d'un récipient pendant la cuisson. ◆ **s'attacher** vpr [à] **1.** Devenir proche de, éprouver de l'intérêt pour : *s'attacher peu à peu à quelqu'un.* **2.** S'appliquer à.

attaquable adj Qu'on peut attaquer.

attaquant, e adj et n Qui attaque.

attaque nf **1.** Action d'attaquer, agression. **2.** Accès subit d'une maladie. **3.** Accusation, critique violente. ■ FAM **être d'attaque :** se sentir en forme, prêt.

attaquer vt **1.** Entreprendre une action violente ou brusque, agresser physiquement : *attaquer un pays ; attaquer une personne dans la rue.* **2.** Critiquer violemment, incriminer : *attaquer les institutions.* **3.** Intenter une action judiciaire : *attaquer quelqu'un en justice.* **4.** Causer du dommage à : *la rouille attaque le fer.* **5.** Entreprendre, commencer : *attaquer un travail.* ◆ **s'attaquer** vpr [à] Affronter.

attardé, e adj et n **1.** Dont l'intelligence est peu développée. **2.** En retard sur son époque.

attarder (s') vpr **1.** Rester longtemps quelque part. **2.** [à] Rester longtemps à faire quelque chose.

atteindre vt (conj 55) **1.** Toucher en blessant : *atteindre d'une flèche.* **2.** Émouvoir : *des paroles qui l'ont atteint.* **3.** Parvenir à : *atteindre le but.* ◆ vt ind [à] Parvenir avec effort : *atteindre à la perfection.*

atteinte nf **1.** Dommage, préjudice : *atteinte à la liberté.* **2.** Attaque : *les premières atteintes d'un mal.* ■ **hors d'atteinte :** qui ne peut être touché.

attelage nm **1.** Action ou manière d'atteler. **2.** Bêtes attelées.

atteler vt (conj 6) Attacher des animaux à une voiture ou à une machine agricole. ◆ **s'atteler** vpr [à] Entreprendre un travail long et difficile.

attelle nf Petite pièce de bois ou de métal pour maintenir des os fracturés.

attenant, e adj Contigu.

attendre vt et vi **1.** Rester dans un lieu jusqu'à ce qu'arrive quelqu'un, quelque chose : *attendre le train.* **2.** Compter sur la venue prochaine de : *attendre une lettre.* **3.** FIG Être prêt : *le dîner t'attend.* ■ **en attendant :** en tout cas. ◆ **s'attendre** vpr [à] Prévoir, compter sur, espérer.

attendrir vt **1.** Rendre moins dur : *attendrir une viande.* **2.** FIG Émouvoir, apitoyer : *attendrir les cœurs.*

attendrissant, e adj Qui émeut, touche.

attendrissement nm Mouvement de tendresse, de compassion.

attendrisseur nm Appareil de boucherie pour attendrir la viande.

attendu prép Vu, en raison de : *attendu les faits.* ◆ **attendu que** loc conj Vu que, puisque.

attentat nm Attaque criminelle ou illégale contre les personnes, les droits, les biens. ■ **attentat à la pudeur** : agression sexuelle commise avec violence, menace ou contrainte ou par surprise.

attentatoire adj Qui porte atteinte.

attente nf **1.** Action d'attendre ; temps pendant lequel on attend. **2.** Espérance : *répondre à une attente.* ■ **contre toute attente** : contrairement à ce qui était prévu.

attenter vt ind [à] Commettre une tentative criminelle contre.

attentif, ive adj **1.** Qui prête attention à. **2.** Prévenant.

attention nf **1.** Action de fixer son esprit sur quelque chose. **2.** FIG Sollicitude, égard. ■ **à l'attention de** : destiné à. ❑ **faire attention (à)** : (a) prendre des précautions (avec) (b) se méfier (de). ◆ interj ■ **attention !** : Prenez garde !

attentionné, e adj Prévenant.

attentisme nm Politique d'attente et d'opportunisme.

attentivement adv Avec attention.

atténuant, e adj ■ **circonstances atténuantes** : qui diminuent la gravité d'un délit, la peine encourue.

atténuation nf Diminution, adoucissement.

atténuer vt Rendre moins fort, moins grave ; diminuer : *atténuer un mal de tête, la gravité d'un acte.*

atterrant, e adj Qui provoque la consternation.

atterrer vt FIG Accabler, consterner.

atterrir vi **1.** En parlant d'un avion, d'un engin spatial, prendre contact avec le sol. **2.** FAM Se trouver par hasard en un lieu.

atterrissage nm Action d'atterrir. ■ **train d'atterrissage** : dispositif qui permet à un avion d'atterrir.

attestation nf Affirmation verbale ou écrite ; certificat, témoignage.

attester vt **1.** Certifier, assurer la vérité ou la réalité d'une chose. **2.** Être la preuve de.

attiédir vt LITT Rendre tiède.

attifement nm FAM Accoutrement.

attifer vt FAM Habiller d'une manière bizarre.

attirail nm Ensemble d'objets nécessaires pour un usage déterminé.

attirance nf Attrait.

attirant, e adj Qui attire, attrayant.

attirer vt **1.** Tirer à soi : *l'aimant attire le fer.* **2.** FIG Appeler sur soi ; provoquer : *attirer l'attention ; une audace qui va lui attirer des ennuis.* **3.** Faire venir par l'intérêt, le charme suscité : *spectacle qui attire les foules.*

attiser vt **1.** Activer un feu. **2.** FIG Exciter, allumer.

attitré, e adj **1.** Chargé en titre d'un rôle, d'une fonction : *dépositaire attitré.* **2.** Réservé à un usage personnel : *place attitrée.*

attitude nf **1.** Façon de se tenir ; posture. **2.** Manière d'être à l'égard des autres, comportement.

attouchement nm Action de toucher, surtout avec la main.

attractif, ive adj Qui attire.

attraction nf **1.** Force en vertu de laquelle un corps est attiré par un autre. **2.** Distraction proposée au public : *parc d'attractions.* **3.** Numéro de cirque, de variétés. **4.** Objet d'intérêt ou de curiosité.

attractivité nf Caractère de ce qui est attractif.

attrait nm Qualité de ce qui attire par son charme, de ce qui éveille l'intérêt : *l'attrait de la nouveauté.*

attrape nf **1.** Tromperie faite pour plaisanter ; farce. **2.** Objet destiné à tromper par jeu : *magasin de farces et attrapes.*

attrape-nigaud (pl *attrape-nigauds*) nm Ruse grossière.

attraper vt **1.** Prendre à un piège : *attraper une souris.* **2.** Saisir, atteindre : *attraper au vol.* **3.** FAM Contracter une maladie : *attraper un rhume.* **4.** Faire des reproches, réprimander : *je vais me faire attraper.* **5.** FIG Tromper : *se laisser attraper par une farce.*

attrayant, e adj Qui attire par son aspect agréable : *manières attrayantes.*

attribuer vt **1.** Accorder comme avantage, donner : *attribuer un prix.* **2.** Supposer, prêter, imputer : *attribuer un échec à la fatigue.* ◆ **s'attribuer** vpr Revendiquer pour soi-même, s'approprier.

attribut nm **1.** Ce qui est propre à. **2.** Symbole, emblème distinctif : *les attributs de la justice.* **3.** GRAMM Fonction d'un mot (nom, adjectif, etc.) relié au sujet par des verbes d'état comme *être* (attribut du sujet) ou au complément d'objet direct par des verbes comme *rendre* (attribut de l'objet).

attribution nf Action d'attribuer. ■ GRAMM **complément d'attribution** : complément indiquant en faveur (ou au détriment) de qui ou de quoi un acte est accompli (EX : *Paul* dans *donner un livre à Paul*) [on parle aujourd'hui de *complément d'objet second*]. ◆ **attributions** pl Fonction, compétences : *cela dépasse mes attributions.*

attristant, e adj Qui attriste.

attrister vt Rendre triste, désoler.

attroupement nm Rassemblement.

attrouper (s') vpr Se rassembler en groupe.

atypique adj Qui diffère du type habituel, que l'on peut difficilement classer.

au, aux art contracté → **à.**

aubade nf Concert donné à l'aube sous les fenêtres de quelqu'un.

aubaine nf Avantage inespéré ; occasion.

EMPLOI L'*aubaine* est, par définition, favorable. Il est donc inutile de préciser *bonne aubaine.*

1. aube nf **1.** Première lueur du jour. **2.** Longue robe de tissu blanc portée par les prêtres, les enfants de chœur, etc.

2. aube nf Pale d'une roue, d'une turbine.

aubépine nf Arbrisseau épineux à baies rouges au goût âpre.

aubère adj et nm Se dit d'un cheval dont la robe est entre le blanc et le bai.

auberge nf Restaurant de campagne. ■ **auberge de jeunesse :** centre d'accueil bon marché pour les jeunes en voyage. ❑ **auberge espagnole :** lieu où on doit apporter tout ce qu'on souhaite y trouver. ❑ FAM **on n'est pas sortis de l'auberge :** il reste de nombreuses difficultés.

aubergine nf Plante annuelle dont le fruit violet est comestible ; fruit de cette plante.

aubergiste n Personne qui tient une auberge.

aubier nm Bois tendre entre l'écorce et le cœur d'un arbre.

auburn [obœrn] adj inv Se dit de cheveux châtains avec des reflets roux.

aucun, e adj et pron indéf **1.** (avec *ne* ou précédé de *sans*) Marque l'absence totale ; pas un. **2.** N'importe lequel : *être plus rapide qu'aucun autre.* ■ LITT **d'aucuns :** certains, quelques-uns.

aucunement adv En aucune façon.

audace nf Grande hardiesse.

audacieusement adv Avec audace.

audacieux, euse adj et n Qui a de l'audace ; décidé, téméraire.

au-dedans adv À l'intérieur. ◆ **au-dedans de** loc prép À l'intérieur de.

au-dehors adv À l'extérieur. ◆ **au-dehors de** loc prép À l'extérieur de.

au-delà adv **1.** Plus loin. **2.** Indique ce qui dépasse un seuil : *100 euros, pas au-delà.* ◆ nm inv La vie future, l'autre monde. ◆ **au-delà de** loc prép **1.** Plus loin que. **2.** À un niveau supérieur à : *au-delà de ses espérances.*

au-dessous adv À un point inférieur dans l'espace. ◆ **au-dessous de** loc prép **1.** Plus bas que. **2.** À un seuil, à un rang inférieur : *au-dessous de zéro.*

au-dessus adv À un point supérieur dans l'espace. ◆ **au-dessus de** loc prép **1.** Plus haut que. **2.** À un seuil, à un rang supérieur : *au-dessus de la moyenne.*

au-devant adv À la rencontre. ◆ **au-devant de** loc prép À la rencontre de.

audible adj **1.** Perceptible à l'oreille. **2.** Qui peut être écouté sans déplaisir.

audience nf **1.** Intérêt, attention rencontrés auprès du public : *avoir l'audience des jeunes.* **2.** Pourcentage de personnes touchées par un média. **3.** Entretien accordé par un supérieur, une personne en place : *solliciter une audience.* **4.** Séance d'un tribunal.

Audimat [odimat] nm (nom déposé) **1.** Audimètre utilisé à la télévision française. **2.** PAR EXT Taux d'audience d'une chaîne de télévision : *faire monter l'Audimat.*

audimètre nm Dispositif utilisé pour l'audimétrie.

audimétrie nf Mesure de l'audience d'une émission de radio ou de télévision.

audiodescription nf Procédé permettant de rendre un film, un spectacle, etc. accessible aux non-voyants grâce à une voix off qui le décrit.

audiogramme nm Courbe caractéristique de la sensibilité de l'oreille aux sons.

Audioguide nm (nom déposé) Appareil portatif permettant au visiteur d'une exposition ou d'un site d'entendre des commentaires préenregistrés sur ce qui lui est présenté.

audionumérique adj Se dit d'un support (disque) sur lequel les sons sont enregistrés sous forme de signaux numériques.

audiovision nf Procédé qui permet de rendre un film accessible aux non-voyants en intercalant dans la bande-son des commentaires descriptifs.

audiovisuel, elle adj et nm Qui appartient aux méthodes d'information, de communication ou d'enseignement associant l'image et le son.

audit [odit] nm **1.** Contrôle de la comptabilité et de la gestion d'une entreprise ; étude systématique des conditions de fonctionnement d'une entreprise : *audit marketing.* **2.** Personne chargée d'un audit.

auditer vt Soumettre à un audit.

auditeur, trice n Personne qui écoute un discours, un cours, un concert, une émission de radio, etc. ■ **auditeur libre :** personne qui suit un cours de faculté sans être soumise aux obligations des étudiants.

auditif, ive adj Qui concerne l'audition.

audition nf **1.** Fonction du sens de l'ouïe : *troubles de l'audition.* **2.** Action d'entendre ou d'écouter : *audition des témoins.* **3.** Présentation par un artiste d'un extrait de son répertoire en vue d'un engagement.

auditionner vt Faire passer une audition à un artiste. ◆ vi Passer une audition.

auditoire nm Ensemble des personnes qui écoutent un discours, une émission, assistent à un cours, etc.

auditorium nm Salle pour l'audition d'une œuvre musicale ou théâtrale, pour les enregistrements, etc.

auge nf **1.** Récipient où mangent et boivent certains animaux domestiques. **2.** Récipient à l'usage des maçons. **3.** Godet d'une roue hydraulique. **4.** Vallée à fond plat, généralement d'origine glaciaire.

augmentatif, ive adj et nm GRAMM Se dit d'un préfixe ou d'un suffixe qui renforce le sens d'un mot (EX : *archi-*, *-issime*, etc.).

augmentation nf **1.** Action d'augmenter ; accroissement. **2.** Accroissement de salaire.

augmenter vt **1.** Rendre plus grand, plus important. **2.** Faire bénéficier d'une rémunération plus élevée. ◆ vi Devenir plus grand, plus cher.

augure nm Signe qui semble annoncer l'avenir ; présage.

augurer vt LITT Présager, conjecturer.

auguste adj LITT Majestueux, imposant. ◆ nm Type de clown.

aujourd'hui adv **1.** Le jour où l'on est : *arriver aujourd'hui.* **2.** Dans le temps présent ; maintenant : *les jeunes d'aujourd'hui.* ◆ **aujourd'hui** nm inv Époque actuelle ; temps présent : *Des aujourd'hui moroses.*

aulne [on] ou **aune** nm Arbre qui croît dans les lieux humides.

aulx [o] nm pl → **ail**.

aumône nf Don fait aux pauvres.

aumônier nm Ecclésiastique attaché à corps, à un établissement : *aumônier d'une prison.*

aune nm → **aulne**.

auparavant adv D'abord, avant.

auprès de loc prép **1.** Tout près de : *rester auprès de quelqu'un.* **2.** En s'adressant à : *déposer une plainte auprès des services compétents.* **3.** Dans l'esprit de : *passer pour un sot auprès de ses collègues.* **4.** SOUT En comparaison de : *mon mal n'est rien auprès du sien.*

auquel pron rel → **lequel**.

auréole nf **1.** Cercle lumineux dont les peintres entourent la tête des saints. **2.** FIG Gloire, prestige. **3.** Tache en forme d'anneau.

auréoler vt Entourer ou parer d'une auréole.

auriculaire adj **1.** Relatif à l'oreille. **2.** Qui a entendu de ses propres oreilles : *témoin auriculaire.* ◆ nm Le petit doigt.

aurifère adj Qui renferme de l'or.

aurochs [orɔk] nm Bœuf sauvage, d'extinction récente.

aurore nf **1.** Lumière qui précède le lever du soleil. **2.** FIG, LITT commencement : *l'aurore de la vie.* ■ **aurore polaire** ou **aurore boréale** ou **aurore australe** : phénomène lumineux se produisant parfois dans le ciel des régions polaires.

auscultation nf Action d'ausculter.

ausculter vt MÉD Écouter les bruits produits par les organes, soit directement par application de l'oreille sur le corps, soit par l'intermédiaire d'un stéthoscope.

auspices nm pl Présages que les Romains tiraient du vol des oiseaux, de leur chant ou de la manière dont ils mangeaient. ■ **sous d'heureux auspices** : avec espoir de succès. ❑ **sous les auspices de qqn** : sous sa protection.

aussi adv **1.** Marque l'égalité ; également, autant : *elle est aussi grande que lui ; si tu es content, moi aussi.* **2.** Introduit un ajout : *des enfants, et aussi quelques adultes.* **3.** Marque le degré extrême : *comment peut-on être aussi bête ?* ■ **aussi bien que** : autant que, de même que. ◆ conj C'est pourquoi.

aussitôt adv Au moment même, immédiatement. ◆ **aussitôt que** loc conj Dès que.

> ORTHOGRAPHE Il ne faut pas confondre *aussitôt* avec *aussi tôt,* contraire de *aussi tard.*

austère adj **1.** Sévère, rigide dans ses principes, dans son comportement. **2.** Dépouillé de tout ornement.

austérité nf Rigueur, sévérité.

austral, e, als ou **aux** adj De la moitié sud du globe terrestre. CONTR : boréal.

australien, enne adj et n D'Australie : *les Australiens.*

australopithèque nm Hominidé fossile d'Afrique australe dont plusieurs espèces se sont succédé entre 4,5 et 1,5 million d'années.

autan nm Vent chaud de l'Aquitaine.

autant adv **1.** Marque l'égalité de quantité, d'intensité, de qualité, de valeur : *autant d'hommes que de femmes.* **2.** Marque la grande quantité, le degré élevé, l'intensité : *n'avoir jamais autant couru.* ■ **autant** (+ inf) : mieux vaut : *autant rester assis.* ❑ **autant que** : dans la proportion ou de la même manière que. ❑ **d'autant** : dans la même proportion. ❑ **d'autant plus, d'autant mieux, d'autant moins** : encore plus, encore mieux, encore moins. ❑ **pour autant** : malgré cela ; cependant. ❑ **tout autant** : autant que. ◆ **d'autant que** loc conj Vu que. ◆ **pour autant que** ou **autant que** loc conj Dans la mesure où : *pour autant que je sache.*

autarcie nf Régime économique d'un pays qui se suffit à lui-même.

autarcique adj Fondé sur l'autarcie.

autel nm Table où l'on célèbre la messe.

auteur, e n **1.** Celui qui est la cause, le responsable de. **2.** Écrivain, créateur d'une œuvre.

authenticité nf Qualité de ce qui est authentique, vrai.

authentifier vt Rendre authentique.

authentique adj **1.** Dont la réalité, l'origine ne peut être contestée. **2.** Vrai, sincère.

autisme nm Repli sur soi-même constituant un trouble psychiatrique.

autiste adj et n Atteint d'autisme.

auto nf VIEILLI Automobile.

autobiographie nf Vie d'un personnage écrite par lui-même.

autobiographique adj Relatif à la vie même d'un auteur.

autobronzant, e adj et nm Se dit d'un produit cosmétique permettant de bronzer sans soleil.

autobus [otɔbys] nm Grand véhicule automobile de transport en commun urbain.

autocar nm Grand véhicule automobile de transport collectif, routier ou touristique.

autocariste n **1.** Propriétaire d'une compagnie d'autocars. **2.** Conducteur d'autocar.

autocassable adj Se dit d'une ampoule qui peut se casser sans lime.

autocensure nf Censure exercée sur ses propres textes.

autochtone [otɔktɔn] n et adj Personne originaire du pays qu'elle habite. SYN : **aborigène.**

autoclave nm et adj Récipient métallique à parois épaisses et à fermeture hermétique, pour opérer la cuisson ou la stérilisation par la vapeur sous pression.

autocollant nm Étiquette, image qui adhère sans être humectée.

autocorrection nf Dispositif permettant de contrôler soi-même ses réponses à un test de connaissances.

autocouchette ou **autocouchettes** adj inv → **autos-couchettes.**

autocrate nm Souverain absolu.

autocratie [otɔkrasi] nf Système politique dans lequel le souverain dispose d'un pouvoir absolu.

autocratique adj Relatif à l'autocratie.

autocritique nf Jugement qu'on porte sur sa propre conduite.

autocuiseur nm Récipient métallique à fermeture hermétique pour la cuisson des aliments à la vapeur, sous pression.

autodafé nm **1.** Supplice du feu qu'ordonnait l'Inquisition. **2.** PAR EXT Destruction par le feu.

autodéfense nf Action de se défendre par ses seuls moyens.

autodérision nf Fait de se moquer de soi-même.

autodestructeur, trice adj Qui met tout en œuvre pour se détruire soi-même : *comportement autodestructeur.*

autodestruction nf Fait de se détruire soi-même, moralement ou physiquement.

autodétermination nf Action de décider par soi-même.

autodétruire (s') vpr **1.** En parlant d'une chose, se détruire toute seule. **2.** En parlant d'une personne, se détruire moralement ou physiquement.

autodictée nf Exercice scolaire qui consiste à retranscrire de mémoire un texte.

autodidacte adj et n Qui s'est instruit par lui-même, sans professeur.

autodiscipline nf Discipline que l'on s'impose volontairement.

auto-école (pl *auto-écoles*) nf École où l'on enseigne la conduite automobile.

autoentrepreneur, euse n Personne qui crée son entreprise, grâce à un régime juridique simplifié, pour exercer une activité professionnelle indépendante, à titre principal ou non.

autofinancement nm Financement qu'une entreprise réalise à l'aide de ses bénéfices.

autofocus [otofɔkys] nm Appareil photo équipé d'un système de mise au point automatique.

autogène adj Se dit de la soudure de deux pièces d'un même métal par fusion partielle au chalumeau.

autogéré, e adj Soumis à l'autogestion.

autogestion nf Gestion d'une entreprise par les travailleurs eux-mêmes.

autographe adj Écrit de la main de l'auteur. ◆ nm Écrit ou signature autographe d'un personnage célèbre.

autoguidé, e adj Qui se dirige de lui-même vers le but : *véhicule autoguidé.*

automate nm **1.** Machine qui imite le mouvement d'un corps animé. **2.** Personne qui agit comme une machine. **3.** Machine, mécanisme automatiques ; robot industriel.

automatique adj **1.** Qui fonctionne sans intervention humaine. **2.** Qui s'exécute sans la participation de la volonté. **3.** FAM Qui intervient de manière régulière ou inéluctable.

automatiquement adv D'une manière automatique.

automatisation nf Exécution de tâches techniques par des machines fonctionnant sans intervention humaine.

automatisme nm **1.** Caractère de ce qui est automatique, machinal. **2.** Mécanisme automatique. **3.** Geste accompli par habitude.

automédication nf Choix et prise de médicaments sans avis médical.

automitrailleuse nf Véhicule blindé armé de mitrailleuses ou d'un canon.

automnal, e, aux adj De l'automne.

automne [otɔn] nm Saison qui succède à l'été et précède l'hiver.

automobile adj **1.** Qui se meut par soi-même. **2.** Relatif à l'automobile : *coureur automobile.* ◆ nf Véhicule à moteur pour le transport des personnes. SYN : voiture.

automobiliste n Conducteur d'automobile.

automoteur, trice adj Qui se meut de soi-même : *véhicule automoteur.* ◆ **automotrice** nf Véhicule ferroviaire fonctionnant grâce à son propre moteur électrique.

automutilation nf Trouble psychiatrique consistant à s'infliger des blessures ; blessure ainsi produite.

autonettoyant, e adj Se dit d'un four dont les déchets sont éliminés par la chaleur.

autonome adj Qui jouit de l'autonomie.

autonomie nf **1.** Liberté qu'un territoire a de se gouverner par ses propres lois. **2.** Indépendance d'un individu, possibilité qu'il a de disposer librement de soi. **3.** Temps, distance pendant lesquels un appareil peut fonctionner sans nouvel apport d'énergie.

autonomiser vt Rendre autonome : *autonomiser un enfant, une université.* ◆ **s'autonomiser** vpr Devenir autonome.

autonomiste n et adj Partisan de l'autonomie politique d'un territoire.

autopalpation nf Méthode de dépistage du cancer du sein chez la femme, consistant à palper soi-même ses seins.

autoportrait nm Portrait d'un artiste par lui-même.

autoproclamer (s') vpr Se désigner soi-même à telle fonction ; décider soi-même que l'on aura tel statut : *s'autoproclamer roi.*

autopropulsé, e adj Qui assure sa propre propulsion.

autopsie nf MÉD Dissection et examen d'un cadavre.

autopsier vt Faire une autopsie.

autoradio nm Poste de radio intégré dans une voiture.

autorail nm Automotrice à moteur thermique.

autorégulation nf Régulation d'une machine, d'une fonction par elle-même.

autoreverse [otorivœrs] adj inv et nm Se dit d'un dispositif adapté sur un magnétophone et permettant le retournement automatique de la bande en fin de course.

autorisation nf **1.** Action d'autoriser. **2.** Écrit par lequel on autorise.

autoriser vt **1.** Donner le droit, la permission. **2.** Rendre possible, permettre. ◆ **s'autoriser** vpr [de] LITT S'appuyer sur.

autoritaire adj **1.** Qui use de toute son autorité. **2.** Qui ne supporte pas la contradiction.

autoritairement adv Avec autorité.

autoritarisme nm Caractère, système autoritaire.

autorité nf **1.** Droit ou pouvoir de commander, de se faire obéir. **2.** Qualité, ascendant par lesquels qqn se fait obéir. **3.** Auteur, opinion auxquels on se réfère. ■ **d'autorité :** sans consulter personne, sans ménagement. ◆ **autorités** pl Représentants du pouvoir.

autoroute nf Route à deux chaussées séparées qui ne croise aucune autre voie. ■ **autoroute électronique** ou **de l'information :** réseau informatique interactif à haut débit.

autosatisfaction nf Contentement de soi.

autos-couchettes ou **autocouchette** ou **autocouchettes** adj inv Se dit d'un train qui permet le transport de voyageurs en couchettes et de leur voiture.

auto-stop nm sing Pratique consistant, pour un piéton, à arrêter un automobiliste pour lui demander d'être transporté gratuitement.

auto-stoppeur, euse (pl *auto-stoppeurs, euses*) n Personne qui pratique l'auto-stop.

autosuffisance nf Capacité d'un pays, de quelqu'un de subvenir seul à ses besoins.

autosuggestion nf Fait de se persuader soi-même de quelque chose.

autotracté, e adj Se dit d'un engin à traction autonome.

1. autour adv **1.** Sur le tour, le pourtour : *mettre un ruban autour.* **2.** L'espace environnant : *des arbres tout autour.* ■ **tout autour :** de tous côtés. ◆ **autour de** loc prép **1.** Introduit la mention de ce qu'on entoure, de ce dont on fait le tour : *mettre un foulard autour du cou ; la Terre tourne autour du Soleil.* **2.** Dans le voisinage de : *autour de la maison, il y a des arbres.* **3.** FAM Environ : *le sac pèse autour de six kilos.* **4.** Introduit le thème, le sujet dont il est question : *débat autour d'un livre.*

2. autour nm Oiseau de proie.

autovaccin nm Vaccin obtenu à partir de germes prélevés sur le malade lui-même.

autre adj et pron indéf Distinct, différent ; supplémentaire : *dans un autre lieu ; encore un autre café.* ■ **autre part :** ailleurs. ❑ **d'autre part :** en outre. ❑ **de temps à autre :** parfois. ❑ **entre autres :** parmi plusieurs : *ce magasin vend entre autres des articles de sport.* ❑ **l'autre :** l'un des deux nommés (par opposition à *l'un*).

autrefois adv Anciennement, jadis.

autrement adv **1.** D'une autre façon : *autrement dit.* **2.** Sinon, sans quoi : *autrement il sera perdu.* **3.** FAM Particulièrement : *c'est autrement bon.*

autruche nf Grand oiseau coureur inapte au vol ; peau tannée, chair de cet oiseau. ■ FAM **estomac d'autruche** : qui digère tout.

autrui pron indéf SOUT Les autres, le prochain : *le bien d'autrui.*

auvent nm Petit toit en saillie.

auvergnat, e adj et n D'Auvergne : *les Auvergnats.*

auxiliaire adj et n Qui aide, temporairement ou accessoirement. ■ GRAMM **verbes auxiliaires** : se dit des verbes *avoir* et *être* (mais aussi *faire, laisser*), parce qu'ils aident à conjuguer les autres. ◆ nm Verbe auxiliaire.

auxquels, auxquelles pron rel et interr pl → **lequel**.

av. (abréviation) Avenue.

avachi, e adj **1.** Déformé. **2.** FIG Sans énergie, mou.

avachir (s') vpr **1.** FAM Se déformer. **2.** S'affaler. **3.** FIG Se laisser aller.

avachissement nm Action de s'avachir.

1. aval (pl *avals*) nm **1.** DR Garantie donnée sur un effet de commerce par un tiers. **2.** Approbation.

2. aval nm sing Côté vers lequel descend un cours d'eau. CONTR : amont. ■ **en aval** : (a) plus près de l'embouchure (b) FIG plus près de la fin d'un processus. ◆ adj inv Se dit du côté du skieur tourné du côté de la vallée.

avalanche nf **1.** Masse de neige qui dévale les flancs d'une montagne à grande vitesse. **2.** FIG Grande quantité de choses.

avaler vt **1.** Faire descendre par le gosier. **2.** FAM Croire sur parole. **3.** FAM Supporter, endurer : *c'est dur à avaler.*

avaliser vt **1.** DR Revêtir d'un aval. **2.** Approuver.

à-valoir nm inv Paiement partiel anticipé, à déduire d'une plus forte somme qui est due.

avance nf **1.** Espace parcouru avant quelqu'un ou temps qui anticipe sur le moment prévu : *avoir une avance de cent mètres ; de l'avance dans son travail.* **2.** Mouvement en avant. **3.** Paiement anticipé. ■ **à l'avance** ou **d'avance** ou **par avance** : par anticipation. ❏ **en avance** : avant l'heure. ◆ **avances** pl Premières démarches pour nouer des relations : *faire des avances.*

EMPLOI Il faut éviter d'employer *à l'avance* avec des verbes qui, par eux-mêmes, en contiennent le sens, tels que *prédire, prévoir,* etc.

avancé, e adj **1.** Mis en avant : *poste avancé.* **2.** Loin de son début : *travail avancé.* **3.** En avance par rapport à la moyenne : *enfant avancé pour son âge.* **4.** Prêt de se corrompre : *viande avancée.*

avancée nf **1.** Ce qui fait saillie : *l'avancée d'un toit.* **2.** Progression, marche en avant. **3.** Partie d'une ligne à pêche que termine l'hameçon.

avancement nm **1.** Action d'avancer. **2.** Promotion dans une carrière.

avancer vt (conj 1) **1.** Porter en avant : *avancer la tête.* **2.** Prêter, verser par avance une somme d'argent. **3.** FIG Faire progresser ; hâter : *avancer son travail.* **4.** Effectuer, fixer avant le moment prévu : *avancer son départ.* **5.** Mettre en avant : *avancer une idée.* ◆ vi **1.** Aller en avant. **2.** Sortir de l'alignement : *mur qui avance.* **3.** Faire des progrès. **4.** Approcher du terme. **5.** Indiquer une heure en avance sur l'heure réelle : *ma montre avance.* ◆ **s'avancer** vpr **1.** Se porter en avant : *s'avancer à petits pas.* **2.** Se hasarder à dire, à faire : *parler de réussite, c'est s'avancer un peu.* **3.** Prendre de l'avance : *s'avancer dans son travail.*

avanie nf LITT Affront public.

1. avant prép et adv Marque la priorité dans le temps, l'ordre ou l'espace : *300 ans avant J.-C. ; le travail passe avant les loisirs ; avant le carrefour.* ■ **avant tout** : principalement. ❏ **d'avant** : précédent dans l'espace ou dans le temps. ❏ **en avant (de)** : devant. ❏ **mettre en avant** : alléguer. ◆ **avant que** loc conj ou **avant de** loc prép Indique l'antériorité dans le temps : *avant qu'il ne parte ; avant de partir.*

2. avant nm **1.** Partie antérieure : *l'avant du bateau.* **2.** Dans certains sports d'équipe, joueur qui fait partie de la ligne d'attaque. ■ **aller de l'avant** : avancer, progresser rapidement. ◆ adj inv Qui est en avant : *les roues avant.*

avantage nm **1.** Ce qui constitue un profit. **2.** Ce qui donne de la supériorité.

avantager vt (conj 2) Favoriser.

avantageusement adv D'une manière avantageuse.

avantageux, euse adj **1.** Qui procure un avantage, un profit. **2.** Économique, intéressant : *article avantageux.* **3.** SOUT Vaniteux, sûr de soi : *prendre un ton avantageux.*

avant-bras nm inv Partie du bras qui va du coude au poignet.

avant-centre (pl *avants-centres*) nm Au football, joueur placé au centre de la ligne d'attaque.

avant-corps nm inv Partie d'une construction en saillie.

avant-coureur (pl *avant-coureurs*) adj m Qui annonce un événement prochain : *signes avant-coureurs.*

avant-dernier, ère (pl *avant-derniers, ères*) adj et n Qui est avant le dernier.

avant-garde (pl *avant-gardes*) nf **1.** Première ligne d'une armée, d'une flotte, etc. **2.** FIG Ce qui précède son époque par ses audaces : *cinéma d'avant-garde.*

avant-goût (pl *avant-goûts*) nm Première impression ; aperçu.

avant-hier adv Avant-veille du jour où l'on est.

avant-port (pl *avant-ports*) nm Rade qui précède l'entrée de certains ports : *Saint-Nazaire est l'avant-port de Nantes.*

avant-première (pl *avant-premières*) nf Présentation d'un spectacle, d'un film à des journalistes avant la première représentation, la première projection publique.

avant-projet (pl *avant-projets*) nm Étude préparatoire d'un projet.

avant-propos nm inv Préface, introduction en tête d'un livre.

avant-scène (pl *avant-scènes*) nf **1.** Partie antérieure de la scène d'un théâtre. **2.** Loge près de la scène.

avant-soirée (pl *avant-soirées*) nf À la télévision, tranche horaire qui précède le journal et les émissions du soir.

avant-veille (pl *avant-veilles*) nf Le jour qui précède la veille.

avare adj et n Qui aime accumuler de l'argent et craint de le dépenser. ■ **avare de :** économe de : *avare de son temps.*

avarice nf Attachement excessif à l'argent.

avarie nf **1.** MAR Dommage survenu à un navire ou à sa cargaison. **2.** Détérioration, dégât quelconque : *une avarie de moteur.*

avarier vt Endommager, gâter : *marchandises avariées.*

avatar nm **1.** Dans la religion hindoue, incarnation d'un dieu. **2.** Métamorphose, changement, le plus souvent en mal. **3.** FAM Événement fâcheux, accident.

Ave [ave] ou **Ave Maria** [avemarja] nm inv Prière catholique à la Vierge.

avec prép **1.** Indique une relation de complémentarité, d'accompagnement, d'accord, d'association : *partir avec un ami ; studio avec balcon ; avec les bons contre les méchants.* **2.** Indique la manière : *marcher avec prudence.* **3.** Indique le moyen : *ouvrir avec une clé.* **4.** Indique la simultanéité : *se lever avec le jour.* ◆ **d'avec** loc prép Indique la séparation : *elle a divorcé d'avec lui.*

aveline nf Grosse noisette, fruit de l'avelinier.

avelinier nm Variété de noisetier.

aven [avɛn] nm Gouffre.

1. avenant nm Acte par lequel on modifie les termes d'un contrat en vigueur.

2. avenant, e adj Qui plaît par sa bonne grâce : *des manières avenantes.* ◆ **à l'avenant** loc adv En accord, en harmonie avec ce qui précède : *de jolis yeux et un teint à l'avenant.*

avènement nm **1.** Venue, arrivée : *l'avènement du Christ.* **2.** Élévation à une dignité : *avènement au trône.*

avenir nm **1.** Temps futur : *se projeter dans l'avenir.* **2.** Situation future : *assurer son avenir.* **3.** Postérité : *l'avenir le dira.* ■ **à l'avenir :** désormais. ❑ **d'avenir :** appelé à se développer.

avent nm Temps fixé par l'Église catholique pour se préparer à la fête de Noël.

aventure nf **1.** Événement imprévu, surprenant : *voyage plein d'aventures.* **2.** Entreprise hasardeuse : *entraîner quelqu'un dans une aventure.* **3.** Liaison amoureuse passagère. ■ **à l'aventure :** sans dessein, au hasard : *aller à l'aventure.* ❑ **dire la bonne aventure :** prédire l'avenir. ❑ LITT **par aventure** ou **d'aventure :** par hasard.

aventurer vt Hasarder, risquer. ◆ **s'aventurer** vpr Courir un risque, se hasarder.

aventureux, euse adj **1.** Qui s'expose, se hasarde. **2.** Plein d'aventures, de risques.

aventurier, ère n **1.** Personne qui cherche les aventures. **2.** PÉJOR Personne sans scrupule, intrigant.

aventurisme nm Tendance à prendre des mesures hâtives et irréfléchies.

avenu, e adj ■ **nul et non avenu :** Considéré comme n'ayant jamais existé.

avenue nf **1.** Large voie urbaine. **2.** Allée plantée d'arbres qui conduit à une habitation.

avéré, e adj Reconnu vrai.

avérer (s') vpr (conj 10) Se révéler, apparaître.

EMPLOI Au sens strict (« être reconnu comme vrai »), *s'avérer vrai* est pléonastique, *s'avérer faux* est contradictoire.

avers nm Côté face d'une monnaie. CONTR : revers.

averse nf Pluie subite, abondante.

aversion nf Vive antipathie : *aversion contre quelqu'un, pour quelqu'un, à l'égard de quelqu'un.*

averti, e adj Instruit, avisé.

avertir vt Informer, prévenir.

avertissement nm **1.** Appel à la prudence. **2.** Remontrance. **3.** Courte préface.

avertisseur, euse adj et nm Qui avertit : *un avertisseur d'incendie.*

aveu nm **1.** Fait de reconnaître verbalement ou par écrit une action blâmable. **2.** Déclaration : *faire l'aveu de son incompétence, de son amour.* ■ **de l'aveu de :** au témoignage de.

aveuglant, e adj Qui éblouit.

aveugle adj et n **1.** Privé de la vue. **2.** FIG Qui manque de jugement : *être aveugle sur ses défauts.* **3.** Entier : *confiance aveugle.* ■ **essai thérapeutique en aveugle :** test d'efficacité d'un nouveau médicament dans lequel les patients seuls (*simple aveugle*) ou les patients et le médecin (*double aveugle*) ignorent si l'on utilise l'ancienne ou la nouvelle formule.

aveuglement nm Manque de discernement dû à la passion, à l'obstination.

aveuglément adv Sans discernement.

aveugle-né, e (pl *aveugles-nés, aveugles-nées*) n et adj Aveugle de naissance.

aveugler vt **1.** Priver de la vue. **2.** Éblouir. **3.** Priver de lucidité : *la colère l'aveugle.* **4.** Boucher, colmater.

aveuglette (à l') loc adv **1.** À tâtons, sans y voir. **2.** FIG Au hasard.

aveulir vt LITT Rendre veule, sans volonté.

aveulissement nm LITT Fait de rendre, de devenir veule.

aviaire adj Qui concerne les oiseaux : *peste, grippe aviaire.*

aviateur, trice n Personne qui pilote un avion.

aviation nf **1.** Navigation aérienne au moyen d'avions. **2.** Ensemble des avions.

avicole adj Qui concerne l'aviculture.

aviculteur, trice n Qui élève des oiseaux, des volailles.

aviculture nf Élevage d'oiseaux, de volailles.

avide adj **1.** Qui a un désir immodéré de. **2.** Cupide, insatiable.

avidement adv D'une manière avide.

avidité nf **1.** Désir ardent et insatiable. **2.** Convoitise.

avilir vt Rendre vil, déshonorer.

avilissant, e adj Qui avilit, déshonore.

avilissement nm État d'une personne avilie, dégradation.

aviné, e adj En état d'ivresse.

avion nm Appareil de navigation aérienne muni d'ailes et propulsé par un ou plusieurs moteurs.

aviron nm **1.** Rame d'embarcation. **2.** Sport du canotage.

avis nm **1.** Opinion, sentiment ; expression de cette opinion : *donner son avis ; avis du Conseil d'État.* **2.** Information, nouvelle diffusée, avertissement ; écrit donnant cette information : *avis au public, au lecteur ; avis de réception.* ■ **être d'avis de, que :** penser que.

avisé, e adj Prudent, circonspect.

1. aviser vt LITT Apercevoir : *aviser qqn dans la rue.* ◆ vi Réfléchir à ce qu'on doit faire. ◆ **s'aviser** vpr [de] **1.** Se rendre compte de. **2.** Se mettre en tête : *ne t'avise pas de venir.*

2. aviser vt LITT Avertir, informer.

aviso nm Navire chargé de porter des ordres, etc., d'effectuer des reconnaissances.

avitaminose nf Maladie produite par le manque de vitamines.

aviver vt **1.** Rendre plus ardent, plus éclatant : *aviver une couleur.* **2.** FIG Rendre plus vif, augmenter : *aviver une douleur.*

av. J.-C. (abréviation) Avant Jésus-Christ.

1. avocat nm Fruit de l'avocatier, en forme de poire.

2. avocat, e n **1.** Personne qui fait profession de plaider en justice : *avocat de la défense.* **2.** FIG Intercesseur : *se faire l'avocat d'une cause.* ■ **avocat du diable :** défenseur d'une mauvaise cause. ❑ **avocat général :** membre du ministère public, remplaçant les procureurs généraux en certains cas.

avocatier nm Arbre dont le fruit est l'*avocat.*

avoine nf Céréale dont le grain sert à la nourriture des chevaux. ■ **folle avoine :** avoine sauvage.

1. avoir vt **1.** Posséder : *avoir un livre.* **2.** Présenter telle caractéristique : *avoir dix ans.* **3.** Éprouver : *avoir faim.* **4.** Être en relation affective avec : *avoir des enfants, un chien.* **5.** FAM Tromper : *il s'est fait avoir.* ■ **avoir à** (+ inf) : devoir : *avoir des problèmes à régler.* ❑ **en avoir après** ou **en avoir contre :** éprouver de l'irritation envers. ❑ **en avoir pour :** (a) devoir payer au total (b) mettre tant de temps pour faire, terminer quelque chose. ❑ **il y a :** (a) il est, il existe (b) indique la durée : *je l'ai vu il y a un an.* ❑ **il n'y a qu'à :** il suffit de. ◆ v auxil Se construit avec le participe passé du verbe pour exprimer l'action accomplie.

2. avoir nm **1.** Ce qu'on possède. **2.** Partie d'un compte où l'on porte les sommes dues. CONTR : doit.

avoisinant, e adj Proche, voisin.

avoisiner vt **1.** Être voisin de. **2.** Être proche de.

avorté, e adj Qui a échoué.

avortement nm Action d'avorter.

avorter vi **1.** Expulser un fœtus avant terme. **2.** FIG Ne pas réussir, rester sans effet.

avorton nm **1.** Animal ou plante venu avant terme. **2.** FAM Être chétif, mal fait.

avouable adj Qui peut être avoué.

avoué nm Officier ministériel qui représente les parties devant les cours d'appel.

avouer vt **1.** Reconnaître que l'on a dit ou fait quelque chose de mal. **2.** Reconnaître comme vrai.

avril nm Quatrième mois de l'année. ■ **poisson d'avril :** attrape, plaisanterie traditionnelle du 1er avril.

avulsion nf MÉD Extraction d'une dent.

avunculaire [avɔ̃-] adj De l'oncle, de la tante.

axe nm **1.** Ligne qui divise un corps, un objet par son milieu en deux parties symétriques : *axe d'une rue.* **2.** Principal diamètre d'un corps : *axe d'une sphère.* **3.** Pièce servant à articuler une ou plusieurs autres pièces qui décrivent autour d'elle un mouvement circulaire : *axe d'une roue.* **4.** Grande voie de communication : *axe de circulation.* **5.** Direction générale, orientation : *l'axe d'une politique.*

axer vt Orienter suivant un axe.

axial, e, aux adj **1.** Relatif à l'axe. **2.** Disposé suivant un axe.

axiome nm **1.** Vérité évidente par elle-même. **2.** Principe fondamental d'une théorie.

axis [aksis] nm Deuxième vertèbre du cou.

axolotl nm Animal du Mexique appartenant à la classe des amphibiens.

axone nm Prolongement du neurone, parcouru par l'influx nerveux.

ayant droit (pl *ayants droit*) nm Personne qui a des droits à quelque chose.

ayatollah nm Chef religieux de l'islam chiite.

aye-aye [ajaj] (pl *ayes-ayes*) nm Mammifère primate de Madagascar.

ayurvéda nm Médecine traditionnelle indienne qui vise à favoriser l'harmonie entre le corps et l'esprit, entre l'individu et son environnement.

ayurvédique adj Relatif à l'ayurvéda : *massage ayurvédique.*

azalée nf Arbuste cultivé pour ses fleurs de couleurs variées.

azimut [azimyt] nm Angle du plan vertical d'un astre avec le plan méridien du lieu. ■ FAM **tous azimuts** : dans toutes les directions.

azote nm CHIM Corps simple gazeux, incolore, inodore et insipide ; symb : N.

azoté, e ou **azoteux, euse** adj CHIM Qui contient de l'azote.

AZT nm (nom déposé, sigle de *azidothymidine*) Médicament agissant sur le virus du sida.

aztèque adj Relatif aux Aztèques.

azur nm **1.** Couleur bleue. **2.** LITT L'air, le ciel.

azuré, e adj De couleur azur.

azyme adj ■ **pain azyme** : pain sans levain, utilisé rituellement pour la Pâque juive ou pour faire des hosties.

B

b nm inv Deuxième lettre de l'alphabet et la première des consonnes.
BA nf (sigle) FAM Bonne action : *faire sa BA*.
b.a.-ba nm inv Connaissances élémentaires.
1. baba nm Gâteau imbibé de rhum.
2. baba adj FAM Stupéfait : *rester baba*.
3. baba nm RÉUNION bébé.
baba cool [babakul] (pl *babas cool*) ou **baba** n FAM Personne qui, dans les années 1970, adoptait le mode de vie et l'idéologie dictés par le mouvement hippie.
babeurre nm Résidu liquide de la fabrication du beurre.
babil nm Bavardage enfantin.
babillage nm Action de babiller.
babiller vi Bavarder d'une manière futile, enfantine.
babines nf pl Lèvres pendantes de certains animaux. ■ FAM **se lécher les babines** : se délecter à l'avance de quelque chose.
babiole nf FAM Bagatelle, chose de peu de valeur.
babiroussa nm Porc sauvage d'Indonésie.
bâbord nm Côté gauche d'un navire, quand on regarde vers l'avant (par opposition à *tribord*).
babouche nf Pantoufle en cuir de couleur, laissant le talon libre.
babouin nm Gros singe d'Afrique à museau allongé, très robuste.
baby-boom [bɛbibum] (pl *baby-booms*) nm (anglicisme) Augmentation soudaine de la natalité.
baby-foot [babifut] nm inv (anglicisme) Jeu simulant le football en miniature, composé d'une table sur laquelle des figurines, représentant les deux équipes d'un match, sont actionnées par des tiges mobiles.
baby-sitter [bɛbisitœr] (pl *baby-sitters*) n (anglicisme) Personne payée pour garder des enfants quand les parents sont sortis.
baby-sitting [bɛbisitiŋ] (pl *baby-sittings*) nm (anglicisme) Activité d'un, d'une baby-sitter.
1. bac nm **1.** Bateau large et plat qui sert à passer un cours d'eau, un bras de mer. **2.** Récipient, souvent rectangulaire, servant à divers usages : *bac à légumes, à fleurs, à sable, bac à glace.* **3.** Présentoir en forme de casier où sont proposés les disques à la vente.
2. bac nm (abréviation) FAM Baccalauréat.
baccalauréat nm Diplôme de fin d'études secondaires conférant le premier grade universitaire ; examen permettant son obtention.
baccarat nm Cristal de la manufacture de Baccarat.
bacchanale [bakanal] nf LITT Orgie. ◆ **bacchanales** pl Dans l'Antiquité gréco-romaine, fêtes en l'honneur de Bacchus.
bacchante [bakɑ̃t] nf Prêtresse du culte de Bacchus.
bacchantes nf pl FAM Moustaches.
bâche nf Toile épaisse et imperméabilisée qui sert à protéger les marchandises, les objets.
bachelier, ère n Personne qui a obtenu le baccalauréat.
bâcher vt Couvrir d'une bâche.
bachique adj **1.** Relatif à Bacchus. **2.** Qui célèbre le vin, l'ivresse.
bachot nm VIEILLI Baccalauréat.
bachotage nm FAM Action de préparer à la hâte et intensément un examen.
bachoter vi FAM Préparer un examen ou un concours de manière rapide et intensive dans le seul but d'être reçu.
bacillaire adj Relatif aux bacilles.
bacille [basil] nm Bactérie en forme de bâtonnet.
bâclage nm Action de bâcler.
bâcler vt Faire à la hâte et sans soin : *bâcler un travail*.
bacon [bekɔn] nm Fine tranche de lard fumé, en Angleterre, ou de filet de porc salé et fumé, en France.
bactéricide adj et nm Se dit d'une substance qui détruit les bactéries.
bactérie nf Être unicellulaire (bacille, vibrion, etc.) vivant aux dépens du milieu ambiant ou de l'organisme qu'il a envahi.
bactérien, enne adj Relatif aux bactéries : *maladie bactérienne*.
bactériologie nf Science qui étudie les bactéries.
bactériologique adj Relatif à la bactériologie.
bactériologiste n Spécialiste de bactériologie.
badaud, e n et adj Personne qui s'attarde à regarder le spectacle de la rue.

baderne nf ■ FAM **vieille baderne :** personne attachée à des idées ou à des habitudes d'un autre âge.
badge nm Insigne.
badiane nf Arbuste asiatique produisant une essence anisée.
badigeon nm Enduit à la chaux dont on revêt les murs.
badigeonner vt **1.** Peindre un mur avec du badigeon. **2.** Enduire : *badigeonner de teinture d'iode.*
badin, e adj LITT Gai, léger, sans sérieux : *ton badin.*
badinage nm Action de badiner.
badine nf Canne mince et flexible.
badiner vi Plaisanter agréablement. ◆ vt ind ■ **ne pas badiner avec, sur :** ne pas plaisanter sur, ne pas prendre à la légère.
badminton [badmintɔn] nm Jeu de volant apparenté au tennis.
BAFA [bafa] nm (sigle) Brevet d'aptitude aux fonctions d'animation.
baffe nf FAM Gifle.
baffle nm Élément d'une chaîne haute-fidélité comprenant un ou plusieurs haut-parleurs.
bafouer vt Railler sans pitié, ridiculiser.
bafouillage nm FAM Propos incohérents.
bafouiller vi et vt FAM Parler peu clairement ; bredouiller.
bâfrer vt et vi FAM Manger goulûment et avec excès.
bagage nm **1.** Ce qu'on emporte avec soi pour le voyage : *bagage à main ; faire ses bagages.* **2.** FIG Ensemble des connaissances acquises dans un domaine : *bagage culturel.* ■ **plier bagage :** partir.
bagagiste n Employé chargé de porter les bagages.
bagarre nf Bataille, querelle violente.
bagarrer (se) vpr Se battre, se quereller.
bagarreur, euse adj et n FAM Qui aime la bagarre.
bagatelle nf Chose de peu de valeur. ■ FAM **la bagatelle :** l'amour physique. ❑ **la bagatelle de :** la modique somme de.
baggy [bagi] nm et adj inv Pantalon taillé ample, qui se porte bas sur les hanches.
bagnard nm Forçat.
bagne nm Lieu où étaient détenus les condamnés aux travaux forcés.
bagnole nf FAM Automobile.
bagou ou **bagout** nm FAM Grande facilité de parole.
baguage nm Pose d'une bague.
bague nf **1.** Anneau que l'on met au doigt : *bague de fiançailles.* **2.** Objet ayant la forme d'un anneau et destiné à des usages divers.
baguenauder vi FAM Flâner sans but.
baguer vt Garnir d'une bague un oiseau, une plante, une machine.
baguette nf Bâton mince, plus ou moins long et flexible. ■ **baguette de pain :** pain long et mince d'environ 250 g.
bah interj Marque l'étonnement, le doute, l'insouciance.
bahut nm **1.** Coffre de bois à couvercle bombé ou non. **2.** Buffet bas. **3.** ARG SCOL Le lycée, le collège.
bai, e adj et nm Se dit d'un cheval dont la robe est d'un rouge brun.
1. baie nf **1.** Petit golfe. **2.** Ouverture de porte, de fenêtre : *baie vitrée.*
2. baie nf Fruit charnu à pépins, tel le raisin.
baignade nf **1.** Action de se baigner : *baignade interdite.* **2.** Endroit où l'on se baigne.
baigner vt **1.** Mettre dans un bain. **2.** FIG Arroser, mouiller. **3.** Border de ses eaux : *la Manche baigne la Normandie.* ◆ vi Être entièrement plongé : *baigner dans l'eau.* ■ FAM **ça baigne, tout baigne :** tout va bien. ◆ **se baigner** vpr Prendre un bain.
baigneur, euse n Personne qui se baigne. ◆ nm Jouet d'enfant figurant un bébé.
baignoire nf **1.** Appareil sanitaire dans lequel on se baigne. **2.** Loge de théâtre, au rez-de-chaussée.
bail [baj] (pl *baux* [bo]) nm Contrat de louage pour un temps donné.
bâillement nm Action de bâiller.
bailler vt ■ LITT **la bailler belle :** en faire accroire.
bâiller vi **1.** Respirer en ouvrant la bouche en grand et involontairement. **2.** Être entrouvert, mal fermé ou mal ajusté.
bailleur, eresse n Personne qui donne à bail. ■ **bailleur de fonds :** personne qui fournit de l'argent.
bâilleur, euse n Personne qui bâille.
bailli nm HIST Officier qui rendait la justice au nom du roi, du seigneur.
bailliage nm HIST Tribunal, juridiction d'un bailli.
bâillon nm Bandeau ou objet qu'on met sur ou dans la bouche pour empêcher de crier.
bâillonnement nm Action de bâillonner.
bâillonner vt **1.** Mettre un bâillon à. **2.** FIG Réduire au silence.
bain nm **1.** Eau ou autre liquide dans lequel on se baigne : *bain de boue.* **2.** Immersion du corps. **3.** Liquide dans lequel on plonge une substance : *bain de paraffine.* **4.** Exposition, station dans un milieu : *bain de soleil, de vapeur.* **5.** Partie du bassin d'une piscine : *petit, grand bain.* ■ **bain de foule :** contact direct avec la foule. ❑ **mettre dans le bain :** habituer quelqu'un à une situation, l'initier

à un travail. ◆ **bains** pl **1.** Établissement de bains. **2.** VIEILLI Cure thermale : *aller aux bains.* ■ **salle de bains :** pièce réservée aux soins de la toilette et contenant divers appareils sanitaires (baignoire, douche, etc.).

GRAMMAIRE On écrit *maillot, peignoir de bain, sels, serviette de bain,* mais *établissement, salle de bains.*

bain-marie (pl *bains-marie*) nm Eau bouillante dans laquelle on met un récipient contenant ce qu'on veut faire chauffer ; cette façon de faire chauffer : *cuisson au bain-marie.*

baïonnette nf **1.** Lame effilée qui s'adapte au bout d'un fusil. **2.** Dispositif de fixation par ergots engagés dans des crans : *ampoule à baïonnette.*

baisemain nm Geste de politesse consistant à baiser la main d'une dame.

1. baiser nm Action de poser ses lèvres sur. ■ **baiser de Judas :** de traître.

2. baiser vt Donner un baiser à, poser ses lèvres sur.

baisse nf **1.** Décroissance : *baisse d'un fleuve.* **2.** Diminution de prix. ■ **jouer à la baisse :** spéculer sur la baisse des valeurs en Bourse.

baisser vt **1.** Mettre plus bas, faire descendre : *baisser un store.* **2.** Incliner vers le bas : *baisser la tête.* **3.** Diminuer la force, l'intensité de : *baisser le ton.* ◆ vi **1.** Aller en diminuant : *la température baisse.* **2.** Diminuer de valeur : *les prix baissent.* **3.** S'affaiblir, décliner : *ses facultés intellectuelles baissent.* ◆ **se baisser** vpr Se courber.

bajoue nf **1.** Partie de la tête d'un animal depuis l'œil jusqu'à la mâchoire. **2.** FAM Joue humaine pendante.

bakchich nm FAM Pourboire.

Bakélite nf (nom déposé) Matière plastique artificielle.

bal (pl *bals*) nm Réunion où l'on danse ; local où se tient cette réunion : *bal populaire.*

balade nf FAM Promenade.

ORTHOGRAPHE Il ne faut pas confondre *balade* avec *ballade,* « poème ».

balader (se) vpr FAM Se promener.

1. baladeur nm Lecteur portatif de cassettes ou de disques compacts, muni d'écouteurs.

2. baladeur, euse adj FAM Qui aime à se balader. ■ **micro baladeur :** micro muni d'un long fil qui permet de le déplacer.

baladeuse nf Lampe électrique munie d'un long fil qui permet de la déplacer.

baladin nm LITT Comédien qui se produit dans des spectacles de rue.

balafon nm Xylophone d'Afrique noire.

balafre nf Longue blessure au visage ; cicatrice qui en reste.

balafré, e adj et n Qui a une balafre.

balafrer vt Faire une balafre.

balai nm **1.** Brosse munie d'un long manche et dont on se sert pour nettoyer. **2.** FAM Année d'âge : *avoir trente balais.* ■ **balai d'essuie-glace :** partie d'un essuie-glace faite d'un support métallique et d'une raclette en caoutchouc. ❑ **donner un coup de balai :** (a) enlever rapidement la poussière (b) FIG se débarrasser des personnes gênantes. ❑ FAM **du balai ! :** va-t'en ! allez-vous-en !

balai-brosse (pl *balais-brosses*) nm Brosse très dure montée sur un manche à balai.

balaise ou **balèze** adj et n FAM Très fort physiquement ou intellectuellement.

balalaïka nf Luth triangulaire à trois cordes.

balance nf **1.** Instrument pour peser : *la balance est l'emblème de la justice.* **2.** Filet pour les écrevisses. **3.** COMM Équilibre entre le débit et le crédit. ■ **faire pencher la balance d'un côté :** faire prévaloir quelque chose, avantager quelqu'un. ❑ **mettre en balance :** comparer. ◆ **Balance** nf Constellation zodiacale évoquant une balance ; signe astrologique des personnes nées entre le 23 septembre et le 22 octobre. ◆ n et adj Personne née sous le signe de la Balance : *elle est Balance.*

balancé, e adj Harmonieux : *une phrase bien balancée.* ■ FAM **personne bien balancée :** bien faite.

balancement nm Mouvement alternatif d'un corps en sens opposés, autour de son centre d'équilibre.

balancer vt (conj 1) **1.** Mouvoir tantôt d'un côté, tantôt de l'autre. **2.** FIG Peser, examiner. **3.** Compenser : *balancer les pertes.* **4.** FAM Se débarrasser de. ◆ vi LITT Hésiter. ■ FAM **s'en balancer :** s'en moquer.

balancier nm **1.** Pièce dont le balancement règle un mouvement : *balancier d'horloge.* **2.** Long bâton des danseurs de corde, qui leur sert à garder l'équilibre.

balançoire nf **1.** Siège suspendu entre deux cordes et sur lequel on se balance. **2.** Bascule.

balayage nm Action de balayer.

balayer [baleje] vt (conj 4) **1.** Nettoyer avec un balai. **2.** FIG Chasser, disperser.

balayette nf Petit balai.

balayeur, euse n Personne qui balaye.

balayeuse nf Machine pour balayer.

balayures nf pl Ordures balayées.

balbutiant, e adj Qui balbutie.

balbutiement nm **1.** Action de balbutier. **2.** (surtout au pluriel) Tâtonnement initial.

balbutier [balbysje] vi **1.** Articuler imparfaitement, avec difficulté. **2.** En être à ses débuts. ◆ vt Prononcer en bredouillant.

balbuzard nm Sorte de faucon qui se nourrit de poissons.

balcon nm **1.** Plate-forme en saillie sur une façade. **2.** Dans une salle de spectacle, première galerie au-dessus de l'orchestre.

baldaquin nm Tenture dressée au-dessus d'un trône, d'un catafalque, d'un lit, etc.

baleine nf **1.** Mammifère marin de l'ordre des cétacés. **2.** Lamelle flexible servant à divers usages.

baleiné, e adj Garni de baleines.

baleineau nm Petit de la baleine.

baleinier nm Navire équipé pour la chasse à la baleine.

baleinière nf Canot de bord des grands navires.

balénoptère nm Mammifère marin voisin de la baleine.

balèze adj et n → **balaise**.

balisage nm Action de baliser.

balise nf **1.** Marque, objet (bouée, poteau, etc.) signalant en mer un chenal, des écueils et indiquant sur terre le tracé d'une piste d'aviation, d'une route, d'un canal, etc. **2.** INFORM Marque qui identifie un élément d'un fichier et sert à délimiter le champ auquel il appartient.

baliser vt Mettre des balises.

balisier nm Plante du genre *canna* originaire de l'Inde et cultivée pour sa racine comestible ou pour ses fleurs décoratives.

balistique adj Relatif à l'art de lancer des projectiles. ◆ nf Science qui étudie les mouvements des corps lancés dans l'espace, en particulier des projectiles.

balivage nm Choix des baliveaux.

baliveau nm Arbre réservé dans la coupe d'un taillis.

baliverne nf Propos futile, sornette.

balkanique adj Des Balkans.

ballade nf Poème narratif en strophes qui met en œuvre une légende populaire ou une tradition historique.

ballant, e adj Se dit d'une partie du corps qui pend et oscille : *bras ballants.* ◆ nm Mouvement d'oscillation.

ballast nm **1.** Pierres concassées maintenant les traverses d'une voie ferrée. **2.** Compartiment dont le remplissage permet à un sous-marin de plonger.

1. balle nf **1.** Petite sphère qui rebondit et qui sert à certains jeux : *balle de tennis.* **2.** Projectile des armes à feu. ■ **enfant de la balle** : qui est élevé dans le métier d'artiste de ses parents (comédien, acrobate, etc.). ❑ **prendre, saisir la balle au bond** : saisir l'occasion. ❑ FIG **renvoyer la balle** : riposter vivement.

2. balle nf Gros paquet de marchandises.

3. balle ou **bale** nf Enveloppe du grain des céréales dans l'épi.

4. balle nf FAM Franc : *un billet de cent balles.*

ballerine nf **1.** Danseuse de ballet. **2.** Chaussure de femme ressemblant à un chausson de danse.

ballet nm Composition, spectacle chorégraphique. ■ **compagnie de ballet** : troupe de danseurs.

ballon nm **1.** Grosse balle faite d'une vessie de caoutchouc gonflée d'air et recouverte de cuir, que l'on utilise dans divers sports : *ballon de basket, de football, de rugby.* **2.** Jouet d'enfant fait d'une sphère de baudruche ou de caoutchouc gonflée de gaz. **3.** Sommet arrondi des Vosges : *le ballon d'Alsace.* **4.** Aérostat : *ballon dirigeable.* **5.** Vase sphérique destiné à contenir un liquide ; verre à pied de forme sphérique ; contenu de ce verre : *ballon de rouge.* ■ FIG **ballon d'essai** : expérience que l'on fait pour sonder le terrain, l'opinion.

ballonné, e adj Gonflé, distendu.

ballonnement nm Distension du ventre par des gaz.

ballonner vt Gonfler.

ballonnet nm Petit ballon.

ballon-sonde (pl *ballons-sondes*) nm Ballon sans pilote, muni d'appareils enregistreurs, utilisé pour des observations météorologiques.

ballot nm **1.** Paquet de vêtements ou de marchandises. **2.** FIG, FAM Sot, imbécile.

ballotin nm Emballage en carton dans lequel on met des confiseries.

ballottage nm Résultat négatif obtenu dans une élection lorsque aucun des candidats n'a réuni la majorité requise, ce qui oblige à procéder à un nouveau scrutin ou *scrutin de ballottage.*

ballottement nm Mouvement d'un corps ballotté.

ballotter vt Secouer violemment. ■ **être ballotté entre deux choses** : hésiter entre deux choses, passer de l'une à l'autre. ◆ vi Remuer, être secoué en tous sens.

ballottine nf Sorte de galantine.

ball-trap [baltrap] (pl *ball-traps*) nm Appareil lançant des disques qui servent de cibles pour le tir au fusil.

balluchon ou **baluchon** nm FAM Paquet de vêtements, de linge.

balnéaire adj Se dit d'un lieu de séjour touristique au bord de la mer : *station balnéaire.*

balnéothérapie nf Traitement médical par différents types de bains.

balourd, e adj et n Grossier, stupide.

balourdise nf **1.** Caractère du balourd. **2.** Grosse maladresse, en parole ou en acte.

balsa nm Bois d'Amérique centrale, très léger, utilisé pour les modèles réduits.

balsamine nf Plante dont le fruit, à sa maturité, éclate si on le touche.

balsamique adj Qui a les propriétés du baume.

balte adj et n De la Baltique ou des pays Baltes : *les Baltes*.

baluchon nm → **balluchon**.

balustrade nf Rampe de pierre ou de bois soutenue par des petits piliers.

balzacien, enne adj Relatif à Balzac.

balzan, e adj Qui a des balzanes.

balzane nf Tache blanche aux pieds de certains chevaux.

bambin nm Petit enfant.

bambocher vi FAM Sortir, s'amuser, faire de bons repas.

bambou nm Roseau arborescent des pays chauds ; canne de ce roseau.

bamboula nf FAM ■ **faire la bamboula :** faire la noce.

ban nm **1.** Proclamation officielle et publique d'un événement : *bans de mariage.* **2.** Roulement de tambour et sonnerie de clairon précédant ou clôturant certaines cérémonies militaires. **3.** Au Moyen Âge, ensemble des vassaux directs du suzerain ; convocation de ceux-ci. ■ **le ban et l'arrière-ban :** tout le monde. ❑ **être en rupture de ban :** (a) pour un banni, rentrer illégalement sur le territoire national (b) avoir rompu avec les contraintes imposées par son milieu social. ❑ **mettre quelqu'un au ban de la société :** le dénoncer comme indigne, méprisable, le rejeter.

1. banal, e, als adj Commun, ordinaire, sans originalité.

2. banal, e, aux adj DR ANC Soumis à une redevance au seigneur : *fours banaux.*

banalement adv Avec banalité.

banalisation nf Action de banaliser ; fait d'être banalisé.

banaliser vt Rendre banal. ■ **véhicule banalisé :** véhicule de police dont les caractères distinctifs ont été supprimés.

banalité nf Caractère de ce qui est banal ; platitude.

banane nf **1.** Fruit du bananier, oblong, à peau jaune épaisse. **2.** Mèche de cheveux frontale gonflée en forme de rouleau. **3.** FAM Sourire : *avoir la banane.* ■ **sac banane** ou **banane :** petit sac de forme courbe, porté à la ceinture.

bananeraie nf Plantation de bananiers.

bananier nm Plante cultivée dans les pays chauds pour ses fruits, groupés en régimes.

banc [bɑ̃] nm **1.** Siège étroit et long : *le banc des accusés.* **2.** Amas formant un dépôt, une couche, ou constituant un obstacle : *banc de sable.* **3.** Troupe nombreuse de poissons : *banc de harengs.* **4.** Élévation du fond de la mer ou d'un cours d'eau. ■ **banc d'essai :** ce qui permet d'éprouver les capacités de.

bancaire adj Relatif à la banque.

bancal, e, als adj Instable, qui ne repose pas sur des bases solides.

banco nm ■ **faire banco :** à certains jeux, tenir seul l'enjeu contre le banquier.

bandage nm **1.** Action de bander une partie du corps. **2.** Assemblage de bandes servant à protéger une partie du corps. **3.** Cercle de métal, de caoutchouc entourant la jante d'une roue.

1. bande nf **1.** Pièce plus longue que large et de diverses matières, servant à orner, à protéger, à lier. **2.** Lanière de linge ou de gaze pour faire un pansement, un bandage. **3.** Toute forme étroite : *bande de terre.* **4.** Ruban magnétique servant de support d'enregistrement des sons, des images, des données informatiques : *bande vidéo.* **5.** MAR Inclinaison transversale d'un navire : *donner de la bande.* **6.** Ce qui entoure, borde ou délimite : *bande d'arrêt d'urgence.* ■ **bande dessinée (BD) :** histoire racontée par une série de dessins. ❑ **bande organisée :** groupe de personnes agissant de manière concertée pour préparer et commettre une infraction. ❑ **bande originale (BO) :** musique originale d'un film. ❑ FAM **par la bande :** indirectement.

2. bande nf Troupe, compagnie.

bande-annonce (pl *bandes-annonces*) nf Montage d'extraits de film que l'on présente au public avant la sortie officielle du film.

bandeau nm **1.** Bande pour entourer la tête, serrer le front, ou couvrir les yeux. **2.** INFORM Bannière. ■ FIG **avoir un bandeau sur les yeux :** ne pas voir la réalité telle qu'elle est.

bandelette nf Petite bande.

bander vt **1.** Entourer avec une bande. **2.** Tendre : *bander un arc.* ■ **bander les yeux :** les couvrir d'un bandeau.

banderille nf Dard orné de rubans que les toreros plantent sur le garrot des taureaux.

banderillero [bɑ̃derijero] nm Torero qui plante les banderilles.

banderole nf Longue bande d'étoffe attachée à des montants et portant une inscription.

bande-son (pl *bandes-son*) nf Support sur lequel le son d'un film, d'un document audiovisuel est enregistré.

bandit nm **1.** Malfaiteur qui vit d'attaques à main armée. **2.** Homme malhonnête, sans scrupules.

banditisme nm Actions criminelles commises par des bandits.

bandoulière nf Bande de cuir ou d'étoffe pour suspendre une arme, un sac, etc. ■ **en bandoulière :** en écharpe, de l'épaule à la hanche opposée : *porter le fusil en bandoulière*.

banian nm Grand figuier de l'Inde.

banjo nm Sorte de guitare ronde.

banlieue nf Ensemble des agglomérations qui environnent un centre urbain et participent à son activité.

banlieusard, e n FAM Personne qui habite la banlieue d'une grande ville, notamment de Paris.

banne nf **1.** Panier d'osier. **2.** Toile, bâche placée au-dessus de la devanture d'un magasin pour la protéger des intempéries.

banni, e adj et n **1.** Proscrit, exilé. **2.** FIG Écarté, repoussé.

bannière nf **1.** Enseigne, pavillon, étendard. **2.** INFORM Partie d'une page web contenant un message publicitaire qui pointe vers le site de l'annonceur. ■ FAM **c'est la croix et la bannière :** c'est compliqué à faire, à obtenir.

bannir vt **1.** Expulser, proscrire. **2.** FIG Éloigner, repousser.

bannissement nm Exil.

banque nf **1.** Entreprise qui reçoit et avance des fonds, facilite les paiements par des prêts : *banque d'affaires, de dépôt*. **2.** Branche de l'activité économique constituée par de telles entreprises. **3.** À certains jeux, fonds d'argent qu'a devant lui celui qui tient le jeu. **4.** Organisme qui recueille, conserve et distribue des tissus vivants, des organes, du sang ou du sperme : *banque d'organes ; banque du sang*. ■ INFORM **banque de données :** ensemble de données organisées relatives à un domaine et accessibles en ligne ou à distance.

banqueroute nf **1.** Faillite d'un commerçant, punie par la loi. **2.** FIG Échec total.

banquet nm Grand repas, festin.

banqueter vi (conj 8) **1.** Faire bonne chère. **2.** Prendre part à un banquet.

banquette nf **1.** Banc rembourré, avec ou sans dossier. **2.** Siège d'un seul tenant dans une voiture, le train, le métro. **3.** Banc de pierre dans l'embrasure d'une fenêtre.

banquier, ère n **1.** Personne qui dirige une banque. **2.** À certains jeux, celui qui tient la banque contre tous les joueurs.

banquise nf Ensemble des glaces formées, dans les régions polaires, par la congélation de l'eau de mer.

baobab nm Arbre des régions tropicales, à tronc énorme.

baptême [batɛm] nm **1.** Le premier des sacrements de la plupart des Églises chrétiennes. **2.** BELGIQUE Bizutage. ■ **baptême de l'air :** premier vol en avion. ❑ **baptême d'une cloche, d'un navire :** cérémonie solennelle pour les bénir. ❑ **nom de baptême :** prénom qu'on reçoit au baptême. ❑ **baptême du feu :** premier combat.

baptiser [batize] vt **1.** Faire chrétien par le baptême. **2.** Bénir (une cloche, un navire, etc.). **3.** Donner un nom à. **4.** FAM Salir pour la première fois quelque chose de neuf. ■ FAM **baptiser du vin :** y mettre de l'eau.

baptismal, e, aux [batismal, batismo] adj Relatif au baptême : *fonts baptismaux*.

baptistère [batistɛr] nm Chapelle d'une église où l'on baptise.

baquet nm Petite cuve de bois.

1. bar nm Poisson de mer estimé, voisin de la perche. SYN : loup.

2. bar nm **1.** Débit de boissons où l'on consomme généralement debout. **2.** Comptoir où l'on peut consommer. ■ SUISSE **bar à café :** qui ne propose que des boissons non alcoolisées. ❑ **bar à vins :** établissement où l'on peut boire des vins de qualité au verre.

3. bar nm Unité de pression atmosphérique (environ 750 mm de mercure).

baragouin ou **baragouinage** nm FAM Langage inintelligible.

baragouiner vt et vi FAM Parler mal.

baragouineur, euse n FAM Personne qui baragouine.

baraque nf **1.** Construction légère en planches. **2.** FIG Maison mal bâtie ou mal tenue.

baraqué, e adj FAM De forte carrure.

baraquement nm Ensemble de constructions provisoires destinées à abriter des soldats, des réfugiés, etc.

baratin nm FAM Bavardage destiné à séduire ou à tromper.

baratiner vt et vi FAM Raconter des boniments (à).

baratineur, euse n FAM Personne qui baratine.

barattage nm Action de baratter.

baratte nf Récipient où l'on bat la crème pour obtenir le beurre.

baratter vt Agiter la crème dans la baratte.

barbant, e adj FAM Ennuyeux.

barbare n et adj (avec une majuscule comme nom) Chez les Grecs et les Romains, tout étranger. ◆ adj **1.** Cruel, inhumain. **2.** Inculte, grossier. **3.** Incorrect : *terme barbare*.

barbarie nf **1.** Manque de civilisation, d'humanité. **2.** Cruauté, férocité.

barbarisme nm Mot forgé ou employé à contresens (EX : *vous disez* au lieu de *vous dites*).

1. barbe nf **1.** Poil du menton et des joues. **2.** Longs poils de certains animaux. **3.** Pointe des épis de céréales. **4.** Filament implanté de chaque côté d'une plume d'oiseau. **5.** Bavure sur le bord d'une pièce de métal, d'un papier. ■ **à la barbe de quelqu'un** : en sa présence. ❑ **barbe à papa** : boule faite de filaments de sucre aromatisé. ❑ FAM **la barbe !** : exclamation pour signifier que quelqu'un ou quelque chose vous importune. ❑ FIG **rire dans sa barbe** : intérieurement.

2. barbe nm et adj Cheval de selle d'Afrique du Nord.

barbeau nm Poisson d'eau douce.

barbecue [barbəkju] nm Appareil pour griller les viandes, les poissons en plein air, au charbon de bois ; repas en plein air autour de cet appareil.

barbe-de-capucin (pl *barbes-de-capucin*) nf Chicorée sauvage.

barbelé, e adj ■ **fil de fer barbelé** ou **barbelé** nm : fil de fer muni de pointes, utilisé comme clôture ou comme moyen de défense.

barber vt FAM Ennuyer.

barbet, ette n et adj Espèce d'épagneul à poil long et frisé.

barbiche nf Petite touffe de barbe au menton.

barbichette nf Petite barbiche.

barbichu, e adj et n FAM Qui porte une barbiche.

barbier nm ANC Celui dont la profession était de raser, de faire la barbe.

barbillon nm Appendice sensoriel de la région buccale des poissons.

barbiturique nm Médicament utilisé dans le traitement de l'insomnie et ayant un effet calmant sur le système nerveux.

barbon nm LITT, PÉJOR Homme d'âge mûr.

barboter vi **1.** S'ébattre dans l'eau. **2.** Patauger dans la boue. **3.** FAM Voler, chiper.

barboteuse nf **1.** Vêtement de bébé ou de petit enfant. **2.** CANADA Pataugeoire.

barbouillage ou **barbouillis** nm **1.** Grossière application de couleur, de peinture. **2.** Écriture illisible.

barbouiller vt **1.** Peindre grossièrement. **2.** Salir, tacher. ■ FAM **barbouiller du papier** : écrire sans talent. ❑ FAM **être barbouillé** ou **avoir l'estomac barbouillé** : avoir la nausée.

barbouilleur, euse n **1.** Personne qui barbouille. **2.** FAM Mauvais peintre.

barbouze nm ou nf FAM Membre d'une police secrète.

barbu, e adj Qui a de la barbe.

barbue nf Poisson de mer, du genre turbot.

barda nm **1.** Équipement du soldat. **2.** FAM Bagage encombrant.

1. barde nm **1.** Poète et chanteur, chez les Celtes. **2.** Poète héroïque et lyrique.

2. barde nf Tranche de lard dont on enveloppe un rôti.

bardeau nm Planchette en forme de tuile pour couvrir les toitures, etc.

1. barder v impers ■ FAM **ça barde, ça va barder** : cela va devenir violent ou dangereux.

2. barder vt **1.** Couvrir d'une armure. **2.** Envelopper de tranches de lard.

bardot nm Petit mulet.

barefoot [bɛrfut] nm Sport semblable au ski nautique mais où l'on glisse sur la plante des pieds nus.

barème nm **1.** Livre contenant des calculs tout faits. **2.** Table ou répertoire de tarifs.

baréter vi Barrir.

barge nf **1.** Bateau plat, à voile carrée. **2.** Grande péniche à fond plat.

barguigner vi ■ VX **sans barguigner** : sans hésiter.

barigoule nf Farce pour garnir des légumes (artichauts surtout).

baril nm Petit tonneau.

barillet nm **1.** Petit baril. **2.** Pièce cylindrique du revolver, destinée à recevoir les cartouches. **3.** Boîte cylindrique contenant le grand ressort d'une montre, d'une pendule.

bariolage nm Assemblage disparate de couleurs ; bigarrure.

bariolé, e adj Marqué de bandes, de taches de couleurs vives.

barioler vt Peindre de couleurs vives.

barmaid [barmɛd] nf Serveuse de bar.

barman [barman] (pl *barmans, barmen* [barmɛn]) nm Serveur dans un bar.

bar-mitsva nf inv Cérémonie juive célébrant la majorité religieuse.

baromètre nm Instrument pour mesurer la pression atmosphérique.

barométrique adj Relatif au baromètre : *pression barométrique*.

baron, onne n Titre de noblesse au-dessous de celui de vicomte.

baronet ou **baronnet** nm En Angleterre, titre héréditaire de noblesse.

baroque nm Style artistique, musical et littéraire qui s'est développé en Europe et en Amérique latine du XVIᵉ au XVIIIᵉ s. ◆ adj **1.** Relatif au baroque. **2.** FIG Bizarre, original.

baroqueux, euse n Musicien spécialiste de musique baroque.

baroud nm **1.** ARG MIL Combat. **2.** FAM Vie aventureuse et pleine de risques : *reporter qui aime le baroud.* ■ **baroud d'honneur** : dernier combat livré pour l'honneur.

barouder vi FAM Mener une vie aventureuse et mouvementée : *journaliste qui baroude en Asie.*

1. baroudeur nm ARG MIL Soldat qui aime le baroud.

2. baroudeur, euse n FAM Personne dynamique qui aime l'aventure et le risque : *une baroudeuse du grand reportage.*

barque nf Petit bateau.

barquette nf Récipient ou pâtisserie rappelant la forme d'une barque.

barracuda nm Grand poisson marin carnassier.

barrage nm **1.** Action de barrer le passage. **2.** Obstacle : *un barrage de police.* **3.** Ouvrage qui barre un cours d'eau.

barre nf **1.** Longue et étroite pièce de bois, de fer, etc., rigide et droite. **2.** Ce qui a la forme d'une barre : *barre de chocolat.* **3.** Immeuble moderne construit en longueur : *les barres et les tours des cités.* **4.** Dans une lettre, trait horizontal : *barre du « t ».* **5.** SPORTS Traverse horizontale fixant le niveau à franchir en sautant ; appareil de gymnastique composé d'une traverse et de montants verticaux : *barre placée à 2 mètres ; barre fixe, barres asymétriques, parallèles.* **6.** Dans un tribunal, barrière derrière laquelle se tiennent les témoins : *appeler un témoin à la barre.* **7.** MAR Dispositif qui commande le gouvernail d'un bateau. **8.** Déferlement violent qui se produit près de certaines côtes lorsque la houle se brise sur les hauts-fonds. ◆ **barres** pl Espaces entre les dents du cheval, où repose le canon du mors.

barreau nm **1.** Petite barre. **2.** FIG Ensemble des avocats inscrits auprès d'un tribunal de grande instance.

barrer vt **1.** Empêcher le passage ; obstruer : *des éboulements barraient la route.* **2.** Biffer, rayer d'un trait de plume : *chèque barré.* **3.** CANADA Fermer à clef ; verrouiller. **4.** MAR Diriger en tenant la barre. ◆ **se barrer** vpr FAM S'en aller, s'enfuir.

barrette nf **1.** Pince pour tenir les cheveux. **2.** Ruban de décoration fixé à l'uniforme.

barreur, euse n Personne qui tient la barre du gouvernail dans une embarcation.

barricade nf Obstacle édifié dans une rue, avec des voitures, des pavés, etc. : *dresser une barricade.*

barricader vt **1.** Fermer par des barricades : *barricader une rue.* **2.** Fermer solidement : *barricader portes et fenêtres.* ◆ **se barricader** vpr S'enfermer pour empêcher toute intrusion.

barrière nf **1.** Assemblage de pièces de bois ou de métal fermant un passage. **2.** FIG Obstacle.

barrique nf **1.** Tonneau d'une capacité de 200 à 250 litres pour le transport des liquides. **2.** Son contenu.

barrir vi Pousser son cri, en parlant de l'éléphant. SYN : baréter.

barrissement nm Cri de l'éléphant.

bartavelle nf Perdrix rouge.

baryte nf Hydroxyde de baryum.

baryton nm Voix d'homme entre le ténor et la basse ; chanteur ayant cette voix. ◆ adj m Se dit d'un instrument de musique rendant des sons du registre de la voix de baryton.

baryum nm Métal d'un blanc d'argent, très pesant ; symb : Ba.

barzoï nm Lévrier russe à poil long.

1. bas adv **1.** À faible hauteur : *voler bas.* **2.** Doucement, sans bruit : *parler bas.* ■ **à bas !** : cri d'hostilité. ❑ **bien bas** : dans un mauvais état physique ou moral. ❑ **en bas (de)** : (a) dans la partie inférieure (de) (b) au-dessous (de). ❑ **mettre bas** : faire des petits, en parlant des animaux.

2. bas nm **1.** Partie basse, inférieure. **2.** Pièce du vêtement féminin destinée à couvrir la jambe et le pied. ■ FAM **bas de laine** : argent économisé.

3. bas, basse adj **1.** Peu élevé. **2.** PAR EXT Inférieur : *basse Loire.* **3.** FIG Vil, abject : *sentiments bas.* **4.** Modique : *bas salaire.* **5.** Trivial : *mot bas.* ■ **avoir la vue basse** : ne voir que de très près. ❑ **bas âge** : première enfance. ❑ **bas latin** ou **basse latinité** : latin du Bas-Empire. ❑ **ce bas monde** : ici-bas, la terre. ❑ **ciel bas** : chargé de nuages. ❑ **faire main basse** : piller. ❑ **mer basse** : mer dont le niveau a baissé. ❑ **messe basse** : non chantée. ❑ **voix basse** : grave, peu intense.

basalte nm Roche volcanique compacte, noire, à cassure mate.

basaltique adj Formé de basalte.

basane nf Peau de mouton tannée.

basané, e adj Bronzé par le soleil, le grand air : *teint basané.*

bas-bleu (pl *bas-bleus*) nm VIEILLI Femme pédante, à prétentions littéraires.

bas-côté (pl *bas-côtés*) nm **1.** Nef latérale d'une église. **2.** Partie latérale d'une route, réservée aux piétons.

bascule nf **1.** Machine dont l'un des bouts s'élève quand on pèse sur l'autre. **2.** Sorte de balançoire pour enfants. **3.** Balance pour lourds fardeaux. ■ **à bascule** : se dit d'un siège qu'on peut faire mouvoir d'avant en arrière.

basculer vi **1.** Exécuter un mouvement de bascule. **2.** Tomber. ◆ vt Culbuter, renverser.

bas-de-casse nm inv Minuscule d'imprimerie.

base nf **1.** Surface sur laquelle un objet est posé : *base d'une statue.* **2.** Partie inférieure d'un objet, sur laquelle il repose : *base d'un édifice.* **3.** Principe fondamental sur lequel tout repose : *bases d'un accord.* **4.** GÉOM Côté d'un polygone ; face d'un solide : *base d'un triangle, d'un trapèze ; base d'un cône.* **5.** MATH Nombre entier supérieur à 1 indiquant la limite de passage à la colonne suivante des unités : *compter en base 6.* **6.** CHIM Substance qui, avec un acide, produit un sel. **7.** MIL Lieu de stationnement de formations militaires : *base navale.* **8.** Port, aérodrome d'attache pour sous-marins ou avions : *base sous-marine.* **9.** Ensemble des adhérents d'un parti politique ou d'un syndicat (par opposition aux *dirigeants*) : *consulter la base.* ■ **à base de :** dont le principal composant est. ❑ INFORM **base de données :** ensemble de données organisé pour être exploité par un logiciel. ❑ **de base :** essentiel à un approfondissement : *ouvrage, connaissances, techniques de base.*

base-ball [bɛzbol] nm Sport dérivé du cricket, populaire aux États-Unis.

baser vt **1.** Appuyer, fonder : *baser son raisonnement sur des faits.* **2.** (surtout au passif) Concentrer en un lieu : *unité militaire basée à Paris.* ◆ **se baser** vpr [sur] Se fonder sur.

bas-fond (pl *bas-fonds*) nm **1.** Terrain bas et enfoncé. **2.** Élévation du fond de la mer, d'un cours d'eau, au-dessus de laquelle un navire peut, en tout temps, passer sans danger. ◆ **bas-fonds** pl FIG Milieu où règne la misère.

basicité nf CHIM Propriété qu'a un corps de jouer le rôle de base.

basilic nm Plante aromatique utilisée comme condiment.

basilique nf **1.** Chez les Romains, édifice où l'on rendait la justice et où s'assemblaient les marchands. **2.** Ancienne église chrétienne. **3.** Église catholique de vastes proportions.

basique adj **1.** CHIM Se dit des sels qui contiennent un excès de base ou d'un corps qui a les propriétés d'une base. **2.** Fondamental, de base : *français basique.* ◆ nm Élément fondamental d'une garde-robe.

basket nf Chaussure de sport haute, en toile.

basket-ball [basketbol] ou **basket** nm sport d'équipe qui consiste à lancer un ballon dans un panier suspendu.

basketteur, euse n Joueur, joueuse de basket.

basmati nm Riz à grain long cultivé en Inde.

basoche nf **1.** ANC Ensemble des clercs des cours de justice. **2.** VIEILLI, FAM Ensemble des gens de loi.

basquais, e adj Cuit avec une garniture à base de tomates, de poivrons et de jambon cru.

1. basque nf Chacune des parties d'un vêtement qui, partant de la taille, recouvre les hanches. ■ FIG **être pendu aux basques de quelqu'un :** le suivre partout.

2. basque adj et n Du Pays basque : *les Basques.* ◆ nm Langue des Basques. ■ **tambour de basque :** tambourin à grelots.

bas-relief (pl *bas-reliefs*) nm Sculpture qui se détache avec une faible saillie sur un fond uni.

> ORTHOGRAPHE On écrit *en bas relief* sans trait d'union.

basse nf MUS Partie, voix, instrument faisant entendre les sons les plus graves.

basse-cour (pl *basses-cours*) nf **1.** Partie d'une maison, d'une ferme, où l'on élève la volaille. **2.** Ensemble des animaux qui y vivent.

basse-fosse (pl *basses-fosses*) nf Cachot profond.

bassement adv D'une manière basse.

bassesse nf **1.** Caractère de ce qui est bas, vil. **2.** Action basse, vile.

basset nm et adj Chien courant à jambes courtes.

bassin nm **1.** Récipient portatif large, profond ; son contenu. **2.** Pièce d'eau dans un jardin. **3.** Chacune des parties d'une piscine, de profondeur variable : *petit, grand bassin.* **4.** Partie d'un port limitée par des quais et des digues ; rade. **5.** ANAT Ceinture osseuse à la base du tronc. **6.** GÉOGR Dépression naturelle arrosée par des cours d'eau : *le Bassin parisien.* **7.** Pays drainé par un cours d'eau : *le bassin du Rhin.* **8.** Gisement étendu ou groupe de gisements : *bassin houiller.*

bassine nf Récipient circulaire en métal ou en matière plastique, à usages domestiques ou industriels.

bassiner vt **1.** ANC Chauffer avec une bassinoire. **2.** Humecter légèrement. **3.** FAM Ennuyer.

bassinet nm Petit bassin ; cuvette.

bassinoire nf Bassin de métal à couvercle troué et qui, rempli de braises, servait à chauffer un lit.

bassiste n Contrebassiste.

1. basson nm Instrument à anche qui forme dans l'orchestre la basse de la série des hautbois.

2. basson ou **bassoniste** nm Personne qui joue du basson.

basta interj FAM Ça suffit ! ; assez !

bastide nf **1.** Maison de campagne, dans le Midi. **2.** Au Moyen Âge, petite ville fortifiée du sud-ouest de la France.

bastille nf **1.** AUTREF Ouvrage de défense, à l'entrée d'une ville. **2.** Château fort. **3.** (avec une majuscule) Ancienne prison d'État de Paris. **4.** FIG Symbole de l'arbitraire et des privilèges de certains.

bastingage nm MAR Bord de navire qui dépasse le pont.

bastion nm **1.** Fortification faisant partie d'un système de défense. **2.** FIG Ce qui forme un centre de résistance inébranlable.

bastonnade nf Volée de coups de bâton.

bastringue nm FAM **1.** Ensemble d'objets hétéroclites. **2.** Désordre, tapage.

bas-ventre (pl *bas-ventres*) nm Le bas du ventre.

bât nm Selle rudimentaire de bête de somme. ■ **voilà où, c'est là que le bât blesse :** c'est le point faible de quelqu'un, celui où l'on peut l'atteindre.

bataclan nm FAM Attirail insolite et encombrant. ■ **et tout le bataclan :** et tout le reste.

bataille nf **1.** Combat entre deux armées. **2.** FIG Combat quelconque ; querelle, dispute. **3.** Jeu de cartes. ■ **en bataille :** de travers, en désordre.

batailler vi **1.** Livrer bataille. **2.** FIG Se disputer.

batailleur, euse adj et n Qui aime à batailler ; belliqueux.

bataillon nm **1.** Unité militaire comprenant plusieurs compagnies. **2.** Groupe nombreux : *un bataillon de touristes.* ■ FAM **inconnu au bataillon :** totalement inconnu.

1. bâtard nm Pain court d'une demi-livre.

2. bâtard, e adj et n **1.** Se dit d'un enfant qui n'est pas légitime. **2.** Qui n'est pas de race pure, en parlant d'un animal : *chien bâtard.* ◆ adj Se dit d'une chose qui tient de deux genres différents ou opposés : *un compromis bâtard.*

bâtarde nf Écriture qui tient de la ronde et de l'anglaise.

bâtardise nf État de bâtard.

batavia nf Variété de laitue.

bâté, e adj ■ **âne bâté :** personne sotte ou ignorante.

bateau nm **1.** Embarcation, bâtiment de navigation : *bateau à moteur, à voiles ;* DR bâtiment naviguant en eau douce (par opposition à *navire*). **2.** Dépression du trottoir devant un garage, un passage pour piétons. **3.** FAM (en apposition) Banal, rebattu : *une question bateau.* ■ FAM **monter un bateau** ou **mener en bateau :** faire croire à une histoire inventée.

bateau-citerne (pl *bateaux-citernes*) nm Bateau aménagé pour le transport des liquides.

bateau-mouche (pl *bateaux-mouches*) nm Bateau qui assure un service de promenades d'agrément sur la Seine, à Paris.

bateleur, euse n VX Personne qui amuse le public, en plein air, par des bouffonneries, des tours d'adresse, etc.

batelier, ère n Personne qui conduit un bateau sur les cours d'eau.

batellerie nf **1.** Industrie du transport fluvial. **2.** Ensemble des bateaux servant à ce transport.

bâter vt Mettre un bât.

bat-flanc nm inv Pièce de bois pour séparer dans les écuries deux chevaux l'un de l'autre.

bathymétrie nf Mesure de la profondeur des mers ou des lacs.

bathyscaphe nm Engin autonome de plongée, permettant d'explorer les profondeurs marines.

bâti nm **1.** Assemblage de pièces de menuiserie ou de charpente. **2.** En couture, assemblage à grands points. **3.** Support pour assembler.

batifolage nm FAM Action de batifoler.

batifoler vi FAM S'amuser à des choses futiles ; folâtrer.

batifoleur, euse n FAM Personne folâtre, joueuse.

bâtiment nm **1.** Toute construction d'une certaine importance servant d'abri ou de logement. **2.** Engin de navigation. ■ **le bâtiment :** secteur professionnel lié à la construction : *ouvriers du bâtiment.*

bâtir vt **1.** Édifier, construire. **2.** Assembler, faufiler les parties d'un vêtement. **3.** FIG Établir : *bâtir une théorie.* ■ **bien, mal bâti :** bien, mal proportionné.

bâtisse nf Bâtiment quelconque.

bâtisseur, euse n **1.** Personne qui bâtit. **2.** Fondateur.

batiste nf Toile de lin très fine.

bâton nm **1.** Long morceau de bois rond et mince. **2.** Objet ayant cette forme : *bâton de ski.* **3.** Marque de certaines dignités : *bâton de maréchal.* **4.** Objet de forme cylindrique : *bâton de craie.* **5.** Trait droit que font les débutants en écriture. ■ **bâton de vieillesse :** personne qui prend soin d'un vieillard. ❑ **mener une vie de bâton de chaise :** une vie désordonnée. ❑ **mettre des bâtons dans les roues :** susciter des obstacles. ❑ FIG **parler à bâtons rompus :** d'une manière discontinue, sans suite. ❑ FAM **un bâton :** un million d'anciens francs ou 10 000 francs.

bâtonnet nm Petit bâton ; objet qui en a la forme. ■ **bâtonnet glacé :** dessert fait de crème glacée moulée autour d'un bâtonnet.

bâtonnier, ère n Président de l'ordre des avocats auprès une cour ou d'un tribunal.

batracien nm VIEILLI Amphibien.

battage nm **1.** Action de battre les blés, la laine, les cotons. **2.** FAM Publicité tapageuse.

1. battant nm **1.** Pièce métallique suspendue à l'intérieur d'une cloche, dont elle vient frapper la paroi. **2.** Vantail de porte, de fenêtre.

2. battant, e n Personne combative et énergique.

3. battant, e adj ■ **pluie battante :** qui tombe avec violence. ❑ **porte battante :** qui se referme d'elle-même. ❑ **tambour battant :** (a) au son du tambour (b) FIG rondement, vivement.

batte nf **1.** Outil pour aplanir ou écraser. **2.** Au cricket et au base-ball, bâton pour frapper la balle.

battement nm **1.** Choc répété d'un corps contre un autre, provoquant un bruit rythmé, ou simple mouvement alternatif : *battement de mains.* **2.** Intervalle de temps dont on peut disposer entre deux actions. ■ **les battements du cœur :** ses pulsations.

batterie nf **1.** Groupement de plusieurs accumulateurs électriques, de plusieurs piles, etc., fonctionnant simultanément : *batterie de voiture.* **2.** Unité d'artillerie, composée de plusieurs pièces. **3.** Ensemble des instruments à percussion dans un orchestre ; instrument individuel à percussion fait de caisses et de cymbales. ■ **batterie de cuisine :** ensemble des ustensiles de métal d'une cuisine. ◆ **batteries** pl ■ **dévoiler ses batteries :** révéler ses intentions. ❑ FAM **recharger ses batteries :** reprendre des forces.

batteur nm **1.** Celui qui, dans un orchestre de jazz, de rock, de variétés, etc., tient la batterie. **2.** Appareil ménager qui bat, mélange certains produits alimentaires.

batteuse nf Machine à égrener les céréales.

battoir nm Palette de bois utilisée autrefois pour essorer le linge une fois celui-ci rincé.

battre vt (conj 56) **1.** Frapper, donner des coups. **2.** Agiter pour mélanger : *battre des œufs.* **3.** Vaincre : *battre l'ennemi.* **4.** Heurter avec violence : *la pluie bat les vitres.* **5.** Parcourir en explorant : *les gendarmes ont battu la région.* ■ **battre des mains :** applaudir. ❑ FIG **battre en retraite :** reculer, fuir. ❑ **battre la campagne :** (a) la parcourir en tous sens (b) FIG divaguer. ❑ **battre la mesure :** la marquer. ❑ **battre le pavé :** aller et venir sans but. ❑ **battre les cartes :** les mêler. ◆ vi Produire des mouvements répétés : *son cœur bat.*

battu, e adj Foulé, durci : *sol battu.* ■ **sortir des chemins, des sentiers battus :** avoir une manière originale d'agir, de penser. ❑ **suivre les sentiers battus :** agir, penser de manière banale. ❑ **yeux battus :** fatigués.

battue nf Chasse qu'on pratique en faisant battre les bois par des rabatteurs.

baudet nm FAM Âne.

baudrier nm **1.** Bande de cuir ou d'étoffe qui se porte en bandoulière et soutient une arme. **2.** Double anneau de corde auquel l'alpiniste attache la corde qui le lie à son compagnon.

baudroie nf Poisson comestible, à tête énorme (nom usuel : *lotte de mer*).

baudruche nf **1.** Pellicule fabriquée avec l'intestin du bœuf, du mouton. **2.** FIG Personne sotte et prétentieuse.

bauge nf **1.** Gîte du sanglier. **2.** Lieu très sale.

baume nm **1.** Résine odoriférante, qui coule de certains arbres. **2.** Préparation employée comme calmant ou pour cicatriser. ■ FIG **mettre du baume au cœur :** apaiser, consoler.

bauxite nf Minerai d'aluminium.

bavard, e adj et n **1.** Qui parle beaucoup, aime à parler. **2.** Indiscret.

bavardage nm Action de bavarder. ◆ **bavardages** pl Ragots.

bavarder vi **1.** Parler avec quelqu'un. **2.** Parler indiscrètement.

bavarois, e adj et n De Bavière.

bavaroise nf ou **bavarois** nm Entremets froid à base de purée de fruits et de crème.

bavasser vi FAM, PÉJOR Bavarder ; médire.

bave nf **1.** Salive qui coule de la bouche. **2.** Écume qui coule de la gueule des animaux.

baver vi **1.** Laisser couler de la bave. **2.** S'étaler largement en salissant : *encre qui bave.* ■ FAM **en baver :** (a) souffrir (b) se donner beaucoup de mal.

bavette nf **1.** Partie du tablier qui couvre la poitrine. **2.** BOUCH Partie inférieure de l'aloyau, près de la tranche grasse. ■ FAM **tailler une bavette :** bavarder.

baveux, euse adj **1.** Qui bave. **2.** Se dit d'une omelette peu cuite et moelleuse.

bavoir nm Pièce de lingerie protégeant la poitrine des bébés.

bavure nf **1.** Quantité d'encre, de peinture qui déborde. **2.** Conséquence plus ou moins grave, mais toujours fâcheuse, d'une action quelconque : *bavure policière.* ■ FAM **sans bavures :** d'une manière nette, irréprochable.

bayer vi ■ FAM **bayer aux corneilles :** regarder niaisement en l'air.

bayou nm En Louisiane, bras secondaire du Mississippi ou lac établi dans un méandre abandonné.

bazar nm **1.** Marché couvert, en Orient et en Afrique du Nord. **2.** Magasin où l'on vend toutes sortes d'objets. **3.** FAM Ensemble d'objets en désordre.

ORTHOGRAPHE *Bazar* s'écrit sans *d* final, malgré le verbe dérivé *bazarder*.

bazarder vt FAM **1.** Se débarrasser rapidement de. **2.** Vendre à n'importe quel prix.

bazooka [bazuka] nm Lance-roquettes antichar.

BCBG adj (sigle) FAM Bon chic bon genre : *ils sont très BCBG*.

BCG nm (nom déposé, sigle de *[vaccin] bacille bilié de Calmette et Guérin*) Vaccin antituberculeux.

BD nf (sigle) FAM Bande dessinée.

béant, e adj Largement ouvert.

béarnais, e adj et n Du Béarn : *les Béarnais*.

béarnaise nf Sauce à l'œuf et au beurre fondu.

béat, e adj Qui exprime un contentement exagéré : *sourire béat*.

béatement adv D'une manière béate.

béatification nf Acte par lequel le pape béatifie.

béatifier vt RELIG Mettre au nombre des bienheureux.

béatitude nf **1.** Satisfaction sans bornes, grand bonheur que rien ne vient troubler. **2.** RELIG Félicité des bienheureux.

beatnik [bitnik] n Adepte d'un mouvement américain en réaction contre les valeurs bourgeoises et la société de consommation.

beau ou **bel** (devant une voyelle ou un *h* muet), **belle** adj **1.** Qui plaît à l'œil ou à l'esprit. **2.** Agréable : *beau temps*. **3.** Noble, élevé : *belle âme*. **4.** Avantageux : *belle occasion*. **5.** Considérable : *belle fortune ; beau gâchis*. **6.** Bienséant, convenable : *il n'est pas beau de se vanter*. ■ **bel esprit** (pl *beaux esprits*) : homme lettré, mais parfois affecté et prétentieux. ❑ **le beau monde** : la société brillante. ❑ **le beau sexe** : les femmes. ❑ **le bel âge** : la jeunesse. ❑ **un beau jour** ou **un beau matin** : inopinément. ❑ **un bel âge** : un âge avancé. ◆ n ■ **faire le beau** : (a) se pavaner (b) se dit d'un chien qui se tient assis sur son arrière-train et lève ses pattes de devant. ◆ nm Ce qui fait éprouver un sentiment d'admiration : *aimer le beau*. ■ **c'est du beau** : il n'y a pas de quoi être fier. ◆ adv ■ **avoir beau** (+ inf) : s'efforcer en vain de : *avoir beau faire*. ❑ **bel et bien** : réellement. ❑ **de plus belle** : de plus en plus. ❑ **il fait beau** : le temps est agréable. ❑ LITT **il ferait beau voir** : il serait étrange de voir. ◆ nf Belle femme ou jeune fille.

beauceron, onne adj et n De la Beauce : *les Beaucerons*.

beaucoup adv **1.** Avec un verbe, exprime la grande quantité, l'intensité élevée : *boire beaucoup ; aimer beaucoup un livre*. **2.** Avec un nom, indique un grand nombre, une grande quantité : *beaucoup (de gens) sont d'accord ; avoir beaucoup (de choses) à dire*. **3.** Devant les adverbes *plus, moins, trop*, souligne l'importance de la différence, de l'écart. ■ **de beaucoup** : souligne l'importance d'une différence : *être de beaucoup le plus âgé*.

beauf nm (abréviation) **1.** FAM Beau-frère. **2.** PÉJOR Français moyen aux idées étroites.

beau-fils (pl *beaux-fils*) nm **1.** Gendre. **2.** Celui dont on a épousé le père ou la mère.

Beaufort ■ **échelle de Beaufort** nf Échelle cotée de 0 à 12 qui mesure la force du vent.

beau-frère (pl *beaux-frères*) nm **1.** Mari de la sœur ou de la belle-sœur. **2.** Frère du mari ou de la femme.

beaujolais nm Vin du Beaujolais.

beau-père (pl *beaux-pères*) nm **1.** Père du conjoint. **2.** Second mari de la mère par rapport aux enfants de celle-ci.

beaupré nm Mât placé obliquement sur l'avant d'un navire à voiles.

beauté nf Caractère de ce qui est beau. ■ **une beauté** : une femme très belle. ❑ **en beauté** : de façon brillante : *finir en beauté*.

beaux-arts nm pl Nom donné à l'architecture et aux arts plastiques (sculpture, peinture, gravure), auxquels on a parfois joint la musique, la danse, etc.

beaux-enfants nm pl Dans une famille recomposée, enfants d'un conjoint nés d'une union antérieure.

beaux-parents nm pl Père et mère de la femme par rapport au mari, ou du mari par rapport à la femme.

bébé nm **1.** Tout petit enfant. **2.** Petit d'un animal : *bébé phoque*. **3.** FAM Question délicate dont on se décharge sur quelqu'un ou dont on se voit chargé : *refiler le bébé ; hériter du bébé*. ■ FAM **jeter le bébé avec l'eau du bain** : rejeter globalement quelque chose sans tenir compte de ses éléments positifs.

bébé-éprouvette (pl *bébés-éprouvette*) nm Bébé conçu par fécondation in vitro.

be-bop [bibɔp] nm **1.** Style de jazz apparu aux États-Unis dans les années 1940. **2.** Danse rapide sur une musique de jazz.

bec nm **1.** Bouche cornée et saillante des oiseaux. **2.** Objet ayant la forme d'un bec d'oiseau : *le bec d'une cruche*. **3.** Pointe de terre au confluent de deux cours d'eau. **4.** Extrémité de certains instruments de musique, qu'on tient entre les lèvres : *flûte à bec*. **5.** FAM Bouche. ■ FAM **avoir une prise de bec avec quelqu'un** : une dispute, une altercation.

❑ VX **bec de gaz** : lampadaire pour l'éclairage public. ❑ FAM **clouer le bec** : (a) faire taire (b) étonner. ❑ FAM **ouvrir le bec** : parler. ❑ **se défendre bec et ongles** : en utilisant tous les moyens à sa disposition.

bécane nf **1.** FAM Bicyclette, motocyclette. **2.** FAM Micro-ordinateur.

bécarre nm Signe musical qui annule l'effet du dièse ou du bémol.

bécasse nf **1.** Oiseau échassier à long bec. **2.** FAM Femme peu intelligente.

bécasseau nm Petit de la bécasse.

bécassine nf Oiseau échassier plus petit que la bécasse.

bec-de-cane (pl *becs-de-cane*) nm Poignée de porte, en forme de bec.

bec-de-lièvre (pl *becs-de-lièvre*) nm Malformation congénitale caractérisée par une fente de la lèvre supérieure.

bêchage nm Action de bêcher.

béchamel nf Sauce blanche faite avec du lait.

bêche nf Outil constitué d'une lame d'acier large et plate, pourvue d'un long manche, et qui sert à retourner la terre.

bêcher vt Retourner la terre avec une bêche. ◆ vi FAM Se montrer hautain et méprisant.

bêcheur, euse n FAM Personne prétentieuse, méprisante.

bécot nm FAM Petit baiser.

bécoter vt FAM Donner des petits baisers.

becquée nf Nourriture qu'un oiseau prend dans son bec pour la donner à ses petits.

becquerel nm Unité de mesure de radioactivité ; symb : Bq.

becquet nm **1.** Languette de papier que l'on colle sur une épreuve d'imprimerie pour signaler qu'elle porte une correction. **2.** Élément ajouté à la carrosserie d'une automobile pour la rendre plus aérodynamique.

becqueter vt (conj 8) Donner des coups de bec.

bedaine nf FAM Gros ventre.

bédane nm Outil tranchant pour pratiquer des entailles.

bedeau nm Employé laïque d'une église.

bédéphile n Amateur de bandes dessinées.

bédéthèque nf Collection de bandes dessinées ; meuble, lieu où on les entrepose.

bedon nm FAM Ventre rebondi.

bedonnant, e adj FAM Qui a du ventre.

bedonner vi FAM Prendre du ventre.

bédouin, e adj Relatif aux Bédouins.

bée adj f ■ **être, rester bouche bée** : frappé d'admiration, d'étonnement, de stupeur.

béer [bee] vi LITT Être grand ouvert.

beffroi nm Tour ou clocher où l'on sonnait l'alarme ; la cloche elle-même.

bégaiement nm Fait de bégayer.

bégayer vi (conj 4) Buter sur la prononciation de certaines syllabes ou les répéter involontairement. ◆ vt Balbutier : *bégayer une excuse*.

bégonia nm Plante cultivée pour son feuillage décoratif et ses fleurs vivement colorées.

bègue adj et n Qui bégaie.

bégueule nf FAM Femme prude, d'une réserve exagérée. ◆ adj Pudibond : *un critique bégueule*.

1. béguin nm Coiffe à capuchon, que portaient les béguines.

2. béguin nm ■ FAM **avoir le béguin pour quelqu'un** : en être amoureux.

béguinage nm Couvent de béguines.

béguine nf Femme d'une communauté religieuse chrétienne des Pays-Bas et de Belgique, où l'on entre sans prononcer de vœux.

bégum [begɔm] nf Titre donné aux princesses indiennes.

béhaviorisme nm Théorie qui étudie de façon scientifique et expérimentale le comportement des personnes sans tenir compte de leurs pensées, de leurs intentions, etc.

beige adj et nm D'une couleur brun clair proche du jaune.

1. beigne nf FAM Gifle, coup.

2. beigne nm CANADA Viennoiserie sucrée en forme d'anneau faite avec de la pâte frite.

beignet nm Pâte frite renfermant ordinairement un aliment (fruit, légume, etc.).

béké n Créole martiniquais ou guadeloupéen descendant d'immigrés blancs.

bel adj → **beau**.

bel canto nm inv Style de chant fondé sur la beauté du son et la virtuosité.

bêlement nm Cri des moutons et des chèvres.

bêler vi **1.** Pousser son cri, en parlant du mouton, de la chèvre. **2.** FIG Parler d'une voix tremblante et geignarde.

belette nf Petit mammifère carnivore au pelage fauve.

belge adj et n De Belgique : *les Belges*.

belgicisme nm Locution propre au français de Belgique.

belgitude nf BELGIQUE Ensemble des valeurs culturelles propres aux Belges ; caractère de ce qui est belge.

bélier nm **1.** Mâle de la brebis. **2.** ANC Machine de guerre pour battre ou renverser les murailles. **3.** (en apposition, avec ou sans trait d'union) Se dit d'un véhicule qui est utilisé à la manière d'un bélier du Moyen Âge : *vol à la voiture bélier.* ■ **bélier hydraulique** : machine à élever l'eau. ◆ **Bélier** nm Constellation zodiacale ; signe astrologique des personnes nées entre le 21 mars et le 20 avril. ◆ n et adj Personne née sous le signe du Bélier : *être Bélier ; une Bélier.*

bélître nm VX Gueux, mendiant, homme de rien.

belladone nf Plante à baies noires, très vénéneuse, utilisée en médecine à très faible dose.

bellâtre nm PÉJOR Homme qui a une beauté fade ou des prétentions à la beauté.

1. belle adj et nf → **beau**.

2. belle nf Partie décisive au jeu. ■ FAM **se faire la belle** : s'évader.

belle-de-jour (pl *belles-de-jour*) nf Liseron dont les fleurs ne s'épanouissent que le jour.

belle-de-nuit (pl *belles-de-nuit*) nf Plante dont les fleurs ne s'ouvrent que le soir. SYN : mirabilis.

belle-famille (pl *belles-familles*) nf Famille du mari ou de la femme.

belle-fille (pl *belles-filles*) nf **1.** Femme du fils. **2.** Celle dont on a épousé le père ou la mère.

belle-mère (pl *belles-mères*) nf **1.** Mère du conjoint. **2.** Seconde femme du père, par rapport aux enfants de celui-ci.

belles-lettres nf pl Arts littéraires et poétiques.

belle-sœur (pl *belles-sœurs*) nf **1.** Femme du frère ou du beau-frère. **2.** Sœur du mari ou de la femme.

bellicisme nm Attitude ou opinion de ceux qui préconisent l'emploi de la force pour régler les affaires internationales.

belliciste adj et n Partisan du bellicisme. CONTR : pacifiste.

belligérance nf État d'un pays en guerre.

belligérant, e adj Qui fait la guerre : *nations belligérantes.* ◆ **belligérants** nm pl Pays qui sont en guerre.

belliqueux, euse adj **1.** Qui aime la guerre ; qui excite au combat : *discours belliqueux.* **2.** Qui aime les querelles, agressif : *un enfant belliqueux.*

belon nf Variété d'huître plate et ronde.

belote nf Jeu de cartes.

béluga ou **bélouga** nm Grand mammifère marin blanc, proche du narval.

belvédère nm Pavillon ou terrasse au sommet d'un édifice, d'où l'on peut voir au loin.

bémol nm MUS Signe qui baisse la note d'un demi-ton (le double bémol abaisse d'un ton entier la note qu'il affecte). ◆ adj Se dit de la note ainsi abaissée : *si bémol.*

bénédicité nm Prière chrétienne dite avant le repas, dont le premier mot est, en latin, *Benedicite*, « bénissez », en français.

bénédictin, e n Religieux, religieuse de l'ordre de Saint-Benoît.

bénédiction nf Acte religieux qui appelle la protection de Dieu sur quelqu'un ou sur quelque chose. ■ **c'est une bénédiction** : c'est un événement heureux.

bénéfice nm **1.** Gain, profit. **2.** Avantage tiré d'un état ou d'une action : *être élu au bénéfice de l'âge.* ■ **sous bénéfice d'inventaire** : sous réserve de vérification.

bénéficiaire adj et n Qui profite d'un avantage. ◆ adj Qui produit un bénéfice. CONTR : déficitaire.

bénéficier vt ind [de] Tirer un profit, un avantage de.

bénéfique adj Favorable, bienfaisant.

benêt adj m et nm Niais, nigaud.

bénévolat nm Service assuré par une personne bénévole.

bénévole adj et n Qui fait quelque chose sans y être obligé, sans en tirer un profit. ◆ adj Fait sans obligation : *aide bénévole.*

bénévolement adv Gratuitement.

1. bengali [bɛ̃gali] adj et n Du Bengale. ◆ nm Langue indo-aryenne parlée au Bengale et au Bangladesh.

2. bengali nm Petit passereau à plumage bleu et brun, originaire d'Afrique tropicale.

bénignité nf **1.** Indulgence, douceur, bienveillance. **2.** Caractère peu grave d'une maladie.

bénin, igne adj Qui est sans conséquence grave : *une maladie bénigne ; un accident bénin.*

bénir vt (conj 15) **1.** Appeler la protection de Dieu sur. **2.** Remercier, se féliciter de.

CONJUGAISON *Bénir* a deux participes passés : *béni,e* et *bénit,e*. *Bénit* ne s'emploie que pour les choses consacrées par une cérémonie religieuse : *pain bénit à la messe, eau bénite.*

bénitier nm Bassin à eau bénite.

benjamin, e n Le plus jeune des enfants d'une famille.

benjoin nm Résine parfumée.

benne nf Caisson utilisé pour le transport, ou appareil pour la préhension et le déplacement de matières ou de matériaux.

benoît, e adj LITT Qui a un air, un aspect doucereux.

benoîtement adv LITT Hypocritement.

benzène nm Produit extrait des goudrons de houille.

benzine nf Nom commercial d'un mélange d'hydrocarbures provenant d'un traitement du benzol et utilisé comme solvant.

benzol nm Mélange de benzène et de toluène, extrait des goudrons de houille.

béotien, enne adj et n **1.** De la Béotie. **2.** FIG Ignorant, grossier, par allusion à la réputation des Béotiens.

BEP nm (sigle de *brevet d'études professionnelles*) Diplôme sanctionnant une formation d'ouvrier ou d'employé qualifié préparée en deux ans en lycée professionnel.

béquille nf **1.** Bâton surmonté d'une petite traverse, sur lequel les infirmes, les blessés s'appuient pour marcher. **2.** Support pour maintenir à l'arrêt un véhicule à deux roues.

berbère adj Des Berbères, peuple d'Afrique du Nord. ◆ nm Langue berbère.

bercail nm sing FAM Famille, maison paternelle : *rentrer au bercail*.

berceau nm **1.** Lit d'un tout jeune enfant. **2.** FIG Enfance : *dès le berceau*. **3.** Lieu de naissance, origine : *la Grèce est le berceau de la civilisation occidentale*. **4.** Ciseau de graveur. **5.** ARCHIT Voûte en forme de demi-cylindre. **6.** MÉCAN Support d'un moteur.

bercement nm Action de bercer.

bercer vt (conj 1) **1.** Balancer pour endormir. **2.** Provoquer un sentiment de calme, d'apaisement : *le bruit des vagues nous berçait*. ■ **être bercé de quelque chose dès l'enfance :** en être imprégné. ◆ **se bercer** vpr [de] S'illusionner, se leurrer.

berceuse nf Chanson pour endormir les enfants.

béret nm Coiffure sans bord, ronde et plate.

bérézina ou **Bérézina** nf FAM Échec complet de qqch, qqn : *une bérézina électorale*.

bergamote nf Espèce d'orange dont on extrait une essence.

berge nf **1.** Bord d'une rivière, d'un canal. **2.** FAM Année : *avoir soixante berges*.

1. berger nm Chien employé à la garde des troupeaux : *un berger allemand*.

2. berger, ère n Personne qui garde les moutons. ■ **étoile du berger :** nom de la planète Vénus.

bergère nf Fauteuil large et profond, dont le siège est garni d'un coussin.

bergerie nf **1.** Lieu où l'on abrite les moutons. **2.** ANC, FIG poésie pastorale.

bergeronnette nf Oiseau passereau insectivore, qui marche en hochant sa longue queue. SYN : lavandière, hochequeue.

béribéri nm Maladie due à une insuffisance de vitamine B dans l'alimentation.

berline nf **1.** Carrosserie d'automobile à quatre portes. **2.** ANC Voiture hippomobile.

berlingot nm **1.** Bonbon de sucre cuit. **2.** Emballage pour la vente de certains liquides, notamment du lait.

berlinois, e adj et n De Berlin.

berlue nf ■ FAM **avoir la berlue :** avoir une hallucination, se tromper.

bermuda nm Short long.

bernardin, e n Religieux, religieuse d'une branche de l'ordre de Saint-Benoît.

bernard-l'ermite nm inv Crustacé qui se loge dans des coquilles vides. SYN : pagure.

berne nf ■ MAR **pavillon en berne :** pavillon hissé à mi-hauteur du mât et incomplètement déployé, en signe de deuil.

berner vt Tromper quelqu'un en lui faisant croire des balivernes.

bernique nf Mollusque comestible à coquille conique. SYN : patelle.

berrichon, onne adj et n Du Berry : *les Berrichons*.

béryl nm Silicate naturel d'aluminium et de béryllium (coloré en vert, c'est l'émeraude ; en bleu nuancé de vert, c'est l'aigue-marine ; en rose, c'est la morganite ; en jaune, c'est l'héliodore).

béryllium nm Corps simple métallique ; symb : Be.

besace nf Long sac ouvert au milieu et dont les extrémités forment des poches.

bésef ou **bézef** adv ■ FAM **pas bésef :** pas beaucoup.

bésicles ou **besicles** nf pl VX Lunettes rondes.

besogne nf Travail, ouvrage. ■ **aller vite en besogne :** travailler vite ; FIG brûler les étapes.

besogner vi VIEILLI Travailler avec peine.

besogneux, euse adj et n PÉJOR Qui travaille scrupuleusement mais mal.

besoin nm **1.** Manque d'une chose nécessaire. **2.** État de pauvreté : *être dans le besoin*. ■ **au besoin** ou **si besoin est :** en cas de nécessité, s'il le faut. ❑ **avoir besoin de quelqu'un, de quelque chose :** en sentir la nécessité, l'utilité. ❑ **avoir besoin de** (+ inf) : être dans la nécessité de. ◆ **besoins** pl **1.** Nécessités naturelles : *un chien qui fait ses besoins*. **2.** Choses nécessaires à l'existence : *avoir peu de besoins*.

bestiaire nm **1.** Gladiateur qui combattait les bêtes féroces au cirque. **2.** Recueil ayant trait aux animaux.

bestial, e, aux adj Qui fait ressembler l'homme à la bête.

bestialement adv D'une façon bestiale.

bestialité nf Caractère bestial ; sauvagerie.

bestiaux nm pl Gros animaux domestiques élevés en troupeaux.

bestiole nf Petite bête ; insecte.

best-seller (pl *best-sellers*) nm **1.** Livre qui a obtenu un grand succès. **2.** PAR EXT Grand succès commercial.

1. bêta nm inv Deuxième lettre de l'alphabet grec, correspondant au *b*. ■ **rayons bêta :** flux d'électrons émis par certains éléments radioactifs.

2. bêta, asse n et adj FAM Personne sotte.

bétail nm sing Ensemble des animaux de la ferme élevés pour la production agricole, à l'exception de la volaille.

bétaillère nf Véhicule, remorque pour le transport du bétail.

1. bête nf Tout être vivant autre que l'homme. ■ **bête à bon Dieu :** coccinelle. ❑ **bête de somme :** qui porte les fardeaux. ❑ **bête de trait :** qui tire une voiture, une machine agricole. ❑ FIG **bête noire :** personne qu'on déteste le plus. ◆ **bêtes** pl Le bétail.

2. bête adj Sot, stupide. ■ FAM **bête comme chou :** facile.

bétel nm Poivrier grimpant de l'Inde, dont on mâche les feuilles.

bêtement adv D'une manière sotte, stupide.

bêtifiant, e adj Qui bêtifie : *ton bêtifiant*.

bêtifier vi Parler d'une manière puérile.

bêtise nf **1.** Manque d'intelligence. **2.** Action ou parole bête : *faire, dire des bêtises*. **3.** Chose sans importance, futile.

bêtisier nm Recueil amusant de sottises relevées dans des écrits, des propos.

béton nm Mélange de ciment, d'eau et de sable employé dans les constructions. ■ **béton armé :** renfermant une armature métallique.

bétonner vt Construire avec du béton.

bétonneur nm PÉJOR Promoteur, entrepreneur qui construit sans souci de l'environnement : *les bétonneurs du littoral*.

bétonnière nf Machine servant à fabriquer du béton.

bette ou **blette** nf Plante voisine de la betterave, dont on mange les cardes des feuilles.

betterave nf Plante potagère à racine d'une saveur sucrée ; racine de cette plante.

betteravier, ère adj Relatif à la betterave. ◆ nm Producteur de betteraves.

beuglement nm Cri du bœuf, de la vache et du taureau.

beugler vi **1.** Pousser son cri, en parlant du bœuf, de la vache, du taureau. **2.** FAM Pousser de grands cris prolongés. **3.** FAM Produire un son trop fort : *la radio beugle*. ◆ vt FAM Chanter, crier très fort.

beur n (on rencontre le féminin *beurette*) FAM Jeune d'origine maghrébine né en France de parents immigrés. ◆ adj inv en genre Relatif aux beurs : *la culture beur*.

beurre nm **1.** Substance grasse et onctueuse, extraite du lait. **2.** Substance grasse extraite de divers végétaux : *beurre de cacao*. ■ CANADA **beurre d'érable :** pâte à tartiner à base de sirop d'érable. ❑ FAM **compter pour du beurre :** ne pas entrer en ligne de compte. ❑ FAM **œil au beurre noir :** au tour tuméfié à la suite d'un coup.

beurré nm Sorte de poire fondante.

beurrée nf Tartine de beurre.

beurrer vt Couvrir de beurre.

beurrier nm Récipient pour le beurre.

beuverie nf Réunion où l'on boit beaucoup.

bévue nf Méprise, erreur grossière.

bézef adv → **bésef**.

1. biais nm Moyen indirect, détourné de résoudre une difficulté, d'atteindre un but. ■ **en biais** ou **de biais :** obliquement. ❑ **par le biais de :** par un moyen indirect.

2. biais, e adj Qui est oblique par rapport à la direction principale.

biaisé, e adj Légèrement faussé par rapport à la réalité.

biaiser vi **1.** Être de biais, aller de biais. **2.** FIG User de moyens détournés.

bibelot nm Petit objet rare ou curieux qui fait l'ornement des étagères, des vitrines, etc.

biberon nm Petite bouteille munie d'une tétine et servant à l'allaitement des bébés.

biberonner vi FAM Être porté à la boisson.

bibine nf FAM Boisson alcoolisée de mauvaise qualité.

bible nf **1.** (avec majuscule) Recueil des livres saints juifs et chrétiens ; volume qui contient ces livres. **2.** Ouvrage qui fait autorité ou qu'on consulte souvent.

bibliobus nm Bibliothèque itinérante, installée dans un véhicule.

bibliographe n Auteur de bibliographies.

bibliographie nf Ensemble des livres écrits sur une question ou sur un auteur.

bibliographique adj Relatif à la bibliographie.

bibliophile n Amateur de livres rares et précieux.

bibliophilie nf Amour des livres.

bibliothécaire n Personne chargée du classement et du prêt des livres dans une bibliothèque.

bibliothèque nf **1.** Meuble, salle ou édifice destinés à recevoir une collection de livres. **2.** Collection de livres appartenant à un particulier, à une collectivité, etc.

biblique adj Relatif à la Bible.

bibus nm SUISSE Petit objet sans valeur ; gadget.

Bic nm (nom déposé) Stylo à bille de la marque de ce nom ; (emploi abusif) stylo à bille.

bicamérisme ou **bicaméralisme** nm Système politique comportant deux assemblées législatives.

bicarbonate nm Carbonate acide, et en particulier sel de sodium : *bicarbonate de soude.*

bicarbonaté, e adj Qui contient du bicarbonate.

bicentenaire adj Deux fois centenaire : *un arbre bicentenaire.* ◆ nm Commémoration d'un événement qui a eu lieu deux cents ans auparavant.

bicéphale adj Qui a deux têtes.

biceps nm Muscle long qui fléchit l'avant-bras sur le bras.

biche nf Femelle du cerf.

bichon, onne n Petit chien d'agrément à poil long.

bichonner vt FAM Entourer de petits soins. ◆ **se bichonner** vpr FAM Faire sa toilette ou se préparer avec recherche et coquetterie.

bichromate nm Sel de l'acide chromique.

bichromie nf Impression en deux couleurs.

bicolore adj Qui a deux couleurs.

biconcave adj Qui présente deux faces concaves opposées.

biconvexe adj Qui présente deux faces convexes opposées.

bicoque nf FAM Petite maison ou maison vieille et délabrée.

bicorne nm Chapeau d'uniforme à deux pointes.

bicross nm **1.** Vélo tout terrain, sans suspension ni garde-boue. **2.** Sport pratiqué avec ce vélo.

bicyclette nf Véhicule sans moteur, à deux roues d'égal diamètre.

bidasse nm FAM Simple soldat.

bide nm FAM **1.** Ventre. **2.** Échec complet : *faire un bide.*

bidet nm **1.** Petit cheval de selle. **2.** Appareil sanitaire à cuvette oblongue, servant à la toilette intime.

bidon nm **1.** Récipient fermé pour toute sorte de liquide. **2.** FAM Mensonge : *c'est du bidon.* ◆ adj inv FAM Faux, truqué.

bidonner (se) vpr FAM Rire.

bidonville nm Agglomération d'abris constitués avec des matériaux de récupération près des grands centres urbains, où vivent des populations misérables.

bidouillage nm FAM Action de bidouiller ; bricolage.

bidouiller vt FAM Bricoler.

bidule nm FAM Objet quelconque.

bief nm **1.** Canal de dérivation amenant l'eau à la roue d'un moulin. **2.** Espace qui sépare deux écluses d'un canal.

bielle nf Dans une machine, barre qui communique, transforme un mouvement.

bien nm **1.** Ce qui est conforme à un idéal, qui a une valeur morale : *le bien et le mal.* **2.** Ce qui est agréable, avantageux ou utile : *vouloir du bien à quelqu'un.* **3.** Ce qu'on possède : *un bien de famille.* **4.** Richesse : *avoir du bien.* **5.** Ce qui est créé par le travail et qui correspond à un besoin : *biens de consommation.* ■ **le bien public** : ce qui est utile à tous. ❑ **faire du bien** : (a) avoir un effet heureux (b) être bon pour la santé. ◆ adj inv **1.** Conforme à l'idée qu'on se fait de la perfection : *c'est très bien.* **2.** En bonne santé, à l'aise : *tu n'es pas bien ?* **3.** Qui a des qualités morales : *un type bien.* **4.** Beau, agréable : *bien de sa personne.* **5.** Comme il faut, distingué : *des gens bien.* ■ **être bien avec quelqu'un** : en bons termes. ◆ adv **1.** Conformément à l'idée qu'on se fait de la perfection ; de façon satisfaisante : *bien agir.* **2.** Beaucoup, très : *je t'embrasse bien fort ; pensez-y bien.* **3.** Au moins : *il y a bien deux ans.* **4.** Effectivement, réellement : *elle habite bien ici.* ■ **aller bien** : être en bonne santé. ❑ **bien des** : beaucoup de. ❑ **bien plus** : en outre. ❑ **faire bien** : être de bon ton. ❑ **faire bien de** (+ inf) : avoir raison de. ◆ **bien que** loc conj Quoique : *bien qu'elle soit très malade, elle a donné son cours.* ◆ **si bien que** loc conj De sorte que : *il a perdu son manuscrit si bien qu'il a dû tout refaire.* ◆ **eh bien !** interj Marque l'interrogation, l'étonnement.

bien-aimé, e (pl *bien-aimés, es*) adj et n **1.** Tendrement aimé : *sa tante bien-aimée l'a invité pour les vacances.* **2.** Aimé d'amour : *elle est allée rejoindre son bien-aimé.*

bien-être nm inv **1.** Disposition agréable du corps, de l'esprit : *sensation de bien-être.* **2.** Aisance matérielle, financière.

bienfaisance nf ■ **œuvre, société de bienfaisance** : Ayant pour objet de venir en aide aux plus démunis.

bienfaisant, e adj **1.** Qui fait du bien. **2.** Qui est salutaire.

bienfait nm **1.** LITT Bien que l'on fait, service, faveur : *combler quelqu'un de bienfaits.* **2.** Avantage, effet bienfaisant : *les bienfaits de la science.*

bienfaiteur, trice n Personne qui fait du bien, qui accomplit des bienfaits.

bien-fondé (pl *bien-fondés*) nm **1.** Caractère légitime, raisonnable de qqch : *le bien-fondé d'une revendication.* **2.** Fait de reposer sur des bases sérieuses : *le bien-fondé d'une opinion.*

bien-fonds (pl *biens-fonds*) nm Bien immobilier (terre, maison, immeuble).

bienheureux, euse adj LITT Extrêmement heureux. ◆ n LITT, RELIG Qui jouit de la béatitude éternelle.

biennal, e, aux adj **1.** Qui dure deux ans. **2.** Qui a lieu tous les deux ans.

biennale nf Exposition, festival organisé tous les deux ans.
bien-pensance (pl *bien-pensances)* nf **1.** Opinion, comportement des bien-pensants : *se démarquer de la bien-pensance.* **2.** Ensemble des bien-pensants : *la bien-pensance a réagi.*
bien-pensant, e (pl *bien-pensants, es*) adj et n **1.** PÉJOR Dont les convictions sont jugées traditionnelles et conservatrices ; conformiste. **2.** Qui se conforme à l'ensemble des opinions dominantes.
bienséance nf SOUT Ce qu'il convient de dire ou de faire dans une société ; savoir-vivre : *les règles de la bienséance.*
bienséant, e adj SOUT Conforme à la bienséance.
bientôt adv Dans peu de temps.
bienveillance nf Disposition favorable envers quelqu'un.
bienveillant, e adj Qui marque la bienveillance : *air bienveillant.*
bienvenu, e adj et n **1.** Qui est accueilli avec plaisir : *soyez le bienvenu.* **2.** Qui arrive à propos : *une augmentation bienvenue.*
bienvenue nf ■ **souhaiter la bienvenue :** saluer qqn à son arrivée, lui faire bon accueil.
1. bière nf Boisson fermentée, faite avec de l'orge et du houblon : *bière blonde, brune, rousse.*
2. bière nf Cercueil : *mise en bière.*
biface nm Outil de pierre préhistorique taillé sur les deux faces.
biffage nm ou **biffure** nf Rature.
biffer vt Rayer ce qui est écrit.
bifide adj Fendu en deux parties : *langue bifide des serpents.*
bifidus nm Bactérie utilisée comme additif alimentaire dans certains produits laitiers.
bifteck nm Tranche de bœuf.
bifurcation nf Division en deux branches, en deux voies ; endroit où se fait cette division.
bifurquer vi **1.** Se diviser en deux. **2.** Prendre une autre direction : *bifurquer à gauche.*
bigame adj et n Marié à deux personnes en même temps.
bigamie nf État de bigame.
bigarade nf Orange amère utilisée en confiserie.
bigaradier nm Oranger produisant la bigarade.
bigarré, e adj Qui a des couleurs ou des dessins variés : *fleur bigarrée.*
bigarreau nm Cerise rouge et blanche, à chair très ferme et sucrée.
bigarrure nf LITT Aspect bigarré, disparate.
big-bang nm sing **1.** En astrophysique, explosion gigantesque de matière qui serait à l'origine de l'expansion de l'Univers. **2.** FIG Bouleversement provoquant un changement radical dans un secteur : *le big-bang de l'énergie solaire.*
bigler vi Loucher. ◆ vt FAM Regarder, loucher sur.
bigleux, euse adj et n FAM Qui a une mauvaise vue ou qui louche.
bigorneau nm Petit coquillage comestible.
bigot, e adj et n Qui est d'une dévotion exagérée.
bigoterie nf Dévotion excessive.
bigouden, enne [bigudɛ̃, bigudɛn] adj et n De la région de Pont-l'Abbé dans le Finistère : *les Bigoudens.*
bigoudi nm Petit rouleau sur lequel on enroule les mèches de cheveux pour les boucler.
bigre interj FAM Marque l'étonnement.
bigrement adv FAM Beaucoup.
biguine nf Danse des Antilles.
bihebdomadaire adj Qui paraît, qui a lieu deux fois par semaine.
bijection nf MATH Application qui établit, entre les éléments de deux ensembles, une correspondance telle que tout élément de l'un a un correspondant et un seul dans l'autre.
bijou (pl *bijoux*) nm **1.** Objet de parure, précieux par la matière ou par le travail. **2.** Chose particulièrement élégante, achevée, soignée : *ce studio est un petit bijou !*
bijouterie nf **1.** Fabrication et commerce des bijoux. **2.** Magasin, boutique où l'on vend des bijoux.
bijoutier, ère n Personne qui fabrique ou vend des bijoux.
Bikini nm (nom déposé) Maillot de bain deux-pièces, de dimensions réduites.
bilan nm **1.** Balance de l'actif et du passif d'une société. **2.** Résultat positif ou négatif d'une opération quelconque : *le bilan d'une campagne publicitaire.* ■ **déposer son bilan :** se déclarer en faillite.
bilatéral, e, aux adj **1.** Qui a deux côtés ; qui se rapporte à deux côtés d'un objet, d'une chose : *stationnement bilatéral.* **2.** DR Qui engage les deux parties : *contrat bilatéral.*
bilatéralement adv Des deux côtés.
bilboquet nm Jouet formé d'une boule percée s'enfilant sur une tige à laquelle elle est reliée par une cordelette.
bile nf Liquide amer, jaune verdâtre, sécrété par le foie. ■ FAM **se faire de la bile :** s'inquiéter.
bilharzie nf Ver parasite de l'appareil circulatoire de l'homme.

bilharziose nf Maladie provoquée par les bilharzies.

biliaire adj Relatif à la bile.

bilieux, euse adj FAM Qui s'inquiète facilement.

bilingue adj Qui est en deux langues. ◆ adj et n Qui parle deux langues.

bilinguisme [bilɛ̃gɥism] nm Pratique de deux langues.

bilirubine nf Pigment de la bile.

billard nm **1.** Jeu constitué d'une table spéciale sur laquelle on fait rouler des boules d'ivoire en les poussant avec un bâton appelé *queue*. **2.** Salle où l'on joue à ce jeu. **3.** FAM Table d'opération chirurgicale : *passer sur le billard.* ■ **billard électrique :** flipper.

bille nf **1.** Petite boule de pierre, d'ivoire, etc. : *jouer aux billes.* **2.** MÉCAN Sphère d'acier pour roulements. **3.** Petite sphère métallique qui dépose de l'encre sur le papier : *stylo à bille.* **4.** FAM Tête : *elle a une bonne bille.* ■ FAM **reprendre, retirer ses billes :** se retirer d'une affaire. ❏ **bille de bois :** tronçon découpé dans un tronc ou une grosse branche d'arbre.

billet nm **1.** Petite lettre ou carte que l'on adresse à quelqu'un : *billet doux.* **2.** Imprimé ou écrit constatant un droit, une convention : *billet de théâtre, de chemin de fer, de loterie ; billet aller et retour.* ■ **billet à ordre :** engagement de payer une somme à telle personne ou à son ordre. ❏ **billet de banque** ou **billet :** monnaie en papier.

billetterie nf Distributeur automatique de billets de banque ou de titres de transport.

billevesée [bilvəze] nf LITT (surtout au pluriel) Chose frivole.

billion nm Un million de millions.

billot nm **1.** Tronc de bois gros et court sur lequel on coupe de la viande, du bois, etc. **2.** Pièce de bois sur laquelle on tranchait la tête des condamnés. **3.** Masse de bois qui supporte une enclume.

bimbeloterie nf Fabrication, commerce de bibelots.

bimensuel, elle adj Qui paraît, qui a lieu deux fois par mois : *revue bimensuelle.*

bimestriel, elle adj Qui paraît, qui a lieu tous les deux mois.

bimétallique adj Composé de deux métaux.

bimétallisme nm Système monétaire établi sur un double étalon.

bimoteur adj m et nm Se dit d'un avion à deux moteurs.

binaire adj **1.** MATH Qui a 2 pour base : *numération binaire.* **2.** Qui simplifie à outrance ; simpliste : *un raisonnement binaire.* ■ **rythme binaire :** à deux temps.

biner vt Retourner la partie superficielle de la terre avec une binette.

binette nf Sorte de pioche servant à biner.

biniou nm Cornemuse bretonne.

binocle nm Lunettes sans branches, se fixant sur le nez. ◆ **binocles** pl FAM Lunettes.

binoculaire adj Qui se fait par les deux yeux : *vision binoculaire.*

binôme nm **1.** MATH Polynôme ayant deux termes. **2.** Ensemble de deux personnes qui travaillent de concert.

bintje [bintʃ] ou [bindʒ] nf Pomme de terre à chair peu ferme.

bio adj inv (abréviation) FAM Biologique : *des produits bio.* ◆ **bio** nm ■ **le bio :** l'agriculture, l'alimentation bio.

bioastronomie nf Partie de l'astronomie qui recherche et étudie la vie extraterrestre.

biocarburant nm Carburant fabriqué à partir de végétaux (oléagineux, céréales, etc.).

biochimie nf Partie de la chimie qui comprend l'étude des constituants de la matière vivante.

biochimique adj Relatif à la biochimie.

biochimiste n Spécialiste de biochimie.

bioclimatique adj Se dit d'un habitat visant à tirer le meilleur parti du rayonnement solaire pour le chauffage et la climatisation afin de réduire la consommation d'énergie.

biodéchet nm Élément solide et biodégradable des ordures ménagères.

biodégradable adj Qui peut être détruit par les bactéries ou d'autres agents biologiques : *produit, lessive biodégradables.*

biodiesel nm Biocarburant produit à partir d'oléagineux et qui, incorporé au gazole, peut être utilisé dans les moteurs Diesel.

biodiversité nf Diversité des espèces vivantes et de leurs caractères génétiques.

bioénergie nf PSYCHOL Thérapie visant à restaurer l'équilibre psychosomatique par la libération des flux énergétiques.

bioéthique nf Ensemble des problèmes engageant la responsabilité morale des médecins et des biologistes dans leurs recherches et dans les applications de celles-ci.

biographe n Auteur de biographies.

biographie nf Histoire écrite de la vie de qqn.

biographique adj Relatif à la biographie : *notes biographiques.*

biologie nf Science de la vie et, plus spécialement, du cycle reproductif des espèces vivantes.

biologique adj **1.** Relatif à la biologie. **2.** Se dit d'une agriculture qui n'utilise ni engrais ni pesticides ; se dit des produits issus de cette agriculture.

biologiste n Spécialiste de biologie.

biophysique nf Étude des phénomènes de la vie par les méthodes de la physique.

biopic nm Film dont le scénario s'inspire de la vie d'un personnage célèbre.

biopsie nf Prélèvement d'un fragment de tissu sur un être vivant, en vue d'un examen.

biorythme nm Variation périodique régulière d'un phénomène physiologique.

biosciences nf pl Sciences de la vie.

biosphère nf Couche que forme autour de l'écorce terrestre l'ensemble des êtres vivants et des milieux où ils vivent.

biotechnologie nf Technique produisant par manipulations génétiques des molécules biologiques ou des organismes transgéniques pour des applications industrielles.

bioterrorisme nm Forme de terrorisme ayant recours aux attentats biologiques.

biovigilance nf **1.** Surveillance sanitaire des cellules, tissus et organes prélevés sur l'homme ou les animaux. **2.** Surveillance des applications industrielles et agricoles des biotechnologies.

bip nm **1.** Signal sonore bref, parfois répété, émis par certains appareils : *laisser un message après le bip.* **2.** Appareil de radiomessagerie émettant ce signal.

biparti, e ou **bipartite** adj **1.** Composé de deux éléments : *feuille bipartite.* **2.** Constitué par l'association de deux partis politiques : *gouvernement bipartite.*

bipartisme nm Alternance au pouvoir de deux partis.

bipartition nf Division en deux parties : *la bipartition d'une graine.*

bipède adj et nm Qui a deux pieds.

bipenne adj ZOOL Qui a deux ailes.

biper vt Prévenir qqn au moyen d'un bip.

biphasé, e adj ÉLECTR Dont les deux phases fournissent des tensions égales et de signe contraire.

biplace adj et nm Se dit d'un avion, d'un véhicule à deux places.

biplan nm Avion à deux plans parallèles réunis par des montants.

bipolaire adj Qui a deux pôles. ■ **trouble bipolaire :** psychose maniaco-dépressive.

bipolarité nf PHYS Propriété d'un corps qui a deux pôles.

bique nf FAM Chèvre.

biquet, ette n FAM Chevreau.

biquotidien, enne adj Qui a lieu deux fois par jour.

biréacteur nm Avion à deux turboréacteurs.

biréfringence nf OPT Double réfraction.

biréfringent, e adj OPT Se dit d'un corps susceptible de produire une double réfraction (spath d'Islande).

birman, e adj et n De Birmanie : *les Birmans.*

1. bis [bis] adv Pour la seconde fois. ◆ interj et nm Cri par lequel on demande la répétition de ce qu'on vient d'entendre ou de voir.

2. bis, e [bi, biz] adj Gris-brun. ■ **pain bis :** pain de couleur grise.

bisaïeul, e (pl *bisaïeuls, eules*) n Père, mère de l'aïeul, ou de l'aïeule.

bisannuel, elle adj **1.** Qui revient tous les deux ans. **2.** BOT Qui ne fleurit, ne fructifie et ne meurt qu'au bout de deux ans (carotte, betterave, etc.).

bisbille nf FAM Petite querelle : *être en bisbille avec quelqu'un.*

biscornu, e adj **1.** D'une forme irrégulière : *toit biscornu.* **2.** FAM bizarre : *idée biscornue.*

biscoteaux nm pl FAM Biceps.

biscotte nf Tranche de pain séchée au four.

biscuit nm **1.** Petit gâteau sec : *biscuit sec.* **2.** Pâtisserie à base de farine, d'œufs et de sucre : *biscuit roulé.* **3.** Ouvrage de porcelaine qui, après avoir reçu deux cuissons, est laissé dans son blanc mat.

biscuiterie nf Industrie et commerce des biscuits et des gâteaux secs.

1. bise nf Vent froid.

2. bise nf FAM Baiser : *faire une bise à quelqu'un.*

biseau nm Bord taillé obliquement. ■ **en biseau :** dont le bord est coupé en oblique.

biseautage nm Action de biseauter.

biseauter vt **1.** Tailler en biseau. **2.** Marquer des cartes à jouer sur la tranche pour les reconnaître et tricher.

biset nm Pigeon sauvage, gris bleuté.

bisexualité nf **1.** Caractère des plantes et des animaux bisexués. **2.** Pour une personne, pratique sexuelle indifféremment homosexuelle ou hétérosexuelle.

bisexué, e adj Se dit d'un être vivant qui possède à la fois les deux sortes d'organes génitaux : mâles et femelles. SYN : hermaphrodite. ■ **fleur bisexuée :** possédant à la fois étamines et pistil.

bisexuel, elle adj et n Qui pratique la bisexualité.

bismuth nm Métal d'un blanc gris rougeâtre utilisé en médecine ; symb : Bi.

bison nm Bœuf sauvage caractérisé par son cou bossu et son grand collier de fourrure laineuse.

bisou ou **bizou** nm FAM Baiser.

bisphénol nm CHIM Famille de composés organiques de synthèse (le *bisphénol A* est présent dans des matières plastiques d'utilisation courante, et suspecté d'être toxique).

bisque nf Potage fait d'un coulis de crustacés : *bisque de homard*.
bisquer vi FAM ■ **faire bisquer quelqu'un** : lui faire éprouver du dépit.
bissecteur, trice adj GÉOM Qui divise en deux parties égales. ◆ nf Demi-droite issue du sommet d'un angle et le divisant en deux angles égaux.
bisser vt Répéter ou faire répéter : *bisser un acteur, une chanson*.
bissextile adj ■ **année bissextile** : année de 366 jours, qui revient tous les quatre ans.
bistouri nm Petit couteau chirurgical pour faire des incisions dans les chairs.
bistre nm Couleur d'un brun jaunâtre. ◆ adj inv Qui est de couleur bistre.
bistré, e adj De couleur brun jaunâtre.
bistrot ou **bistro** nm FAM Débit de boissons, café.
bisulfate nm Sel de l'acide sulfurique.
bisulfite nm Sel de l'acide sulfureux : *bisulfite de soude*.
bisulfure nm Composé sulfuré à deux atomes de soufre.
bit [bit] nm INFORM Unité élémentaire d'information ne pouvant prendre que deux valeurs distinctes (notées 1 et 0).
bitension nf ÉLECTR Système à deux tensions différentes.
bitord nm MAR Petit cordage composé de plusieurs fils de caret.
bitte nf Pièce de bois ou d'acier, cylindrique, qui sert à l'amarrage des bateaux.
bitter [bitɛr] nm Boisson apéritive, généralement non alcoolisée, parfumée avec des extraits de plantes et des substances amères (gentiane, quinquina, etc.).
bitume nm Mélange d'hydrocarbures dont on se sert pour le revêtement des chaussées et des trottoirs.
bitumer vt Enduire de bitume.
bitumineux, euse adj Qui contient du bitume.
bivalent, e adj Se dit d'un corps dont la valence chimique est 2.
bivalve adj À deux valves : *coquille bivalve*. ◆ nm Lamellibranche.
bivouac nm **1.** Campement provisoire et en plein air d'une armée ou d'une expédition. **2.** Lieu du bivouac.
bivouaquer vi Camper en plein air.
bizarre adj Qui sort de l'ordinaire, qui s'écarte de ce qui est considéré comme normal ; étrange, curieux.
bizarrement adv D'une façon bizarre.
bizarrerie nf **1.** Caractère de ce qui est bizarre. **2.** Chose bizarre.
bizarroïde adj FAM Qui a un aspect insolite ; bizarre.
bizou nm → **bisou**.
bizut ou **bizuth** [bizy] nm ARG SCOL Élève de première année dans une grande école.
bizutage nm ARG SCOL Action de bizuter.
bizuter vt ARG SCOL Faire subir des brimades à un bizut à son arrivée.
bla-bla nm inv FAM Abondance de paroles inutiles.
blackbouler vt FAM **1.** Refuser à un examen. **2.** Évincer par un vote.
black jack [blakdʒak] nm Jeu de cartes pratiqué par sept joueurs au maximum.
blacklister ou **black-lister** vt Inscrire qqn sur une liste noire, le désigner comme indésirable : *blacklister un internaute sur un blog*.
black-out [blakaut] nm inv Mesure de défense antiaérienne qui consiste à plonger une ville dans l'obscurité totale. ■ FIG **faire le black-out sur** : faire le silence sur un sujet.
black-rot [blakrɔt] (pl *black-rots*) nm Maladie de la vigne.
blafard, e adj D'un blanc terne.
blague nf **1.** Petit sac à tabac. **2.** FAM Farce, histoire plaisante, imaginée pour faire rire ou pour tromper : *raconter des blagues*. **3.** Faute commise par légèreté. ■ FAM **blague à part** : sérieusement.
blaguer vi FAM Dire des blagues ; plaisanter. ◆ vt FAM Taquiner, se moquer.
blagueur, euse adj et n FAM Qui dit des blagues.
blaireau nm **1.** Mammifère plantigrade omnivore des bois. **2.** Pinceau de poils de blaireau. **3.** Brosse qui sert à savonner la barbe. **4.** FAM Individu conformiste et borné.
blairer vt ■ FAM **ne pas pouvoir blairer quelqu'un** : avoir de l'antipathie pour lui.
blâmable adj Digne de blâme ; répréhensible, condamnable.
blâme nm **1.** Opinion défavorable, désapprobation. **2.** Sanction disciplinaire, réprimande : *infliger un blâme*.
blâmer vt Désapprouver, réprouver.
blanc, blanche adj **1.** Qui est de la couleur du lait, de la neige : *cheveux blancs*. **2.** Peu coloré, pâle : *vin blanc ; raisin blanc*. **3.** Innocent, pur : *blanc comme neige*. **4.** Sur lequel rien n'est écrit : *page blanche ; rendre copie blanche*. **5.** Sans conséquence : *opération blanche*. ■ **arme blanche** : tranchante ou pointue. ❏ **examen, bac blanc** : passé avant l'épreuve officielle, à titre de préparation. ❏ **vers blancs** : sans rimes. ❏ **nuit blanche** : passée sans dormir. ❏ **donner carte blanche à quelqu'un** : lui donner plein pouvoir. ❏ **sauce blanche** : sauce liée avec de la farine et du beurre. ◆ n (avec une majuscule) Personne à

la peau blanche. ◆ nm **1.** La couleur blanche. **2.** Matière colorante blanche. **3.** Linge de maison : *janvier est le mois du blanc.* **4.** Espace vide dans une page : *remplir des blancs.* **5.** Maladie cryptogamique de certaines plantes. **6.** Vin blanc : *boire du blanc.* ■ **blanc de baleine :** matière grasse extraite de certains cétacés. ❑ **blanc de champignon :** mycélium d'agaric. ❑ **blanc d'Espagne :** carbonate de calcium très pur. ❑ **blanc de l'œil :** la cornée. ❑ **blanc d'œuf :** partie glaireuse de l'œuf. ❑ **blanc de poulet :** chair entourant le bréchet. ❑ **chauffer à blanc :** jusqu'à ce que la matière chauffée passe du rouge au blanc.

blanc-bec (pl *blancs-becs*) nm FAM Jeune homme sans expérience.

blanchaille nf Menus poissons blancs servant souvent d'appât.

blanchâtre adj Tirant sur le blanc.

blanche nf MUS Note qui vaut la moitié de la ronde, ou deux noires, ou quatre croches.

blancheur nf Qualité de ce qui est blanc : *la blancheur du lys.*

blanchiment nm Action de blanchir : *le blanchiment d'une paroi ; le blanchiment de l'argent de la drogue.*

blanchir vt **1.** Rendre blanc : *blanchir un mur à la chaux.* **2.** Rendre propre : *blanchir le linge.* **3.** CUIS Passer à l'eau bouillante : *blanchir des choux.* **4.** FIG Disculper : *le tribunal l'a blanchi.* ■ **blanchir de l'argent sale, des capitaux :** faire disparaître toute preuve de leur origine frauduleuse. ◆ vi Devenir blanc : *ses cheveux blanchissent.*

blanchissage nm Action de blanchir le linge.

blanchisserie nf Magasin, entreprise où l'on blanchit du linge.

blanchisseur, euse n Personne dont la profession est le blanchissage et le repassage du linge.

blanc-seing [blɑ̃sɛ̃] (pl *blancs-seings*) nm Papier en blanc, au bas duquel on met sa signature.

blanquette nf **1.** Ragoût de viande blanche. **2.** Vin blanc mousseux : *blanquette de Limoux.*

blasé, e adj et n Qui ne s'intéresse plus à rien, dégoûté de tout.

blaser vt Rendre indifférent aux émotions vives, au plaisir, du fait de l'abus qui en a été fait.

blason nm Ensemble des armoiries ou des signes formant l'écu d'un État, d'une ville, d'une famille.

blasphémateur, trice n Personne qui blasphème.

blasphématoire adj Qui contient des blasphèmes.

blasphème nm **1.** Parole qui outrage la divinité, la religion. **2.** Parole outrageante, en général.

blasphémer vt et vi (conj 10) **1.** Proférer un blasphème. **2.** Tenir des propos injurieux.

> VOCABULAIRE L'emploi intransitif *blasphémer contre* est le plus courant. L'emploi transitif *blasphémer Dieu, la religion, etc.,* est vieilli ou littéraire.

blastoderme nm Ensemble des cellules de l'œuf des oiseaux qui formeront l'embryon.

blatte nf Insecte nocturne que l'on trouve surtout dans les dépôts et les cuisines (appelé aussi : *cafard, cancrelat*).

blazer [blazɛr] nm Veste croisée ou droite en tissu bleu marine ou gris.

blé nm **1.** Plante herbacée annuelle de la famille des graminacées, dont le grain fournit la farine du pain ; grain de cette plante. **2.** FAM Argent. ■ **blé noir :** sarrasin. ❑ **blé de Turquie :** maïs. ❑ CANADA **blé d'Inde :** maïs. ❑ **manger son blé en herbe :** dépenser par avance son revenu.

bled [blɛd] nm **1.** En Afrique du Nord, l'intérieur des terres. **2.** FAM Localité isolée.

blême adj Très pâle.

blêmir vi Devenir blême.

blêmissant, e adj Qui blêmit.

blêmissement nm Action de blêmir, de pâlir.

blende [blɛ̃d] nf Sulfure naturel de zinc.

blennorragie nf MÉD Infection des organes génito-urinaires, due au gonocoque.

blessant, e adj Offensant, injurieux.

blessé, e adj et n Qui a reçu une blessure : *un blessé léger.* ◆ adj Qui a été offensé, atteint dans son amour-propre.

blesser vt **1.** Frapper d'un coup, atteindre d'une balle, et produire une plaie ou une lésion : *il l'a blessé à la cuisse.* ◊ vpr : *elle s'est blessée à la main.* **2.** Causer une gêne importante, une douleur vive : *ces chaussures me blessent les pieds.* **3.** Affecter désagréablement : *cette musique blesse l'oreille.* **4.** FIG Causer une douleur morale ; offenser : *vos paroles l'ont blessé.*

blessure nf **1.** Lésion due à un coup, un choc, un objet piquant ou tranchant, une arme à feu ; plaie. **2.** FIG Ce qui blesse, afflige.

blet, ette adj Trop mûr : *poire blette.*

blette nf → **bette**.

blettir vi Devenir blet.

blettissement nm Fait de devenir blet.

bleu, e adj **1.** De la couleur du ciel sans nuages : *robe bleu ciel ; jupe bleu marine.* **2.** Se dit d'une viande rouge grillée très peu cuite : *un steak bleu.* ■ **peur, colère bleue :** violente. ❑ FAM **sang bleu :** sang noble. ◆ nm **1.** Couleur bleue : *le bleu du ciel.* **2.** Marque laissée sur la peau par un coup ; hématome : *se faire un bleu.* **3.** Vêtement de travail en toile bleue : *bleu de travail.* **4.** FAM Nouveau venu dans une caserne, un établissement. ■ LITT **bleu à l'âme :** meurtrissure morale ressentie par quelqu'un après une épreuve douloureuse. ❑ **bleu d'Auvergne :** fromage à moisissures.

bleuâtre adj Qui tire sur le bleu.

bleuet nm Plante à fleurs bleues.

bleuir vt Rendre bleu. ◆ vi Devenir bleu.

bleuissement nm Fait de devenir bleu.

bleuté, e adj De nuance bleue.

blindage nm **1.** Action de blinder. **2.** Revêtement d'acier : *blindage de navire, de coffre-fort.*

blindé, e adj Recouvert d'un blindage : *porte blindée.* ◆ nm Véhicule de combat recouvert d'un blindage d'acier.

blinder vt **1.** Protéger par un blindage. **2.** FIG Rendre insensible, endurcir : *les épreuves qu'il a subies l'ont blindé.*

blini nm Petite crêpe épaisse de blé et de sarrasin servie avec certains hors-d'œuvre.

blizzard nm Vent très froid d'Amérique du Nord.

bloc nm **1.** Masse compacte et pesante : *bloc de marbre.* **2.** FIG Ensemble solide, dont toutes les parties dépendent les unes des autres : *éléments qui forment un bloc.* **3.** Coalition, union : *bloc politique.* **4.** Ensemble de feuilles collées les unes aux autres d'un côté et facilement détachables : *bloc de papier à lettres.* **5.** Bloc-notes. ■ **bloc opératoire :** ensemble constitué par la salle d'opération et les locaux qui en dépendent, dans un hôpital. ❑ **à bloc :** à fond. ❑ **en bloc :** en gros, sans entrer dans le détail. ❑ **faire bloc :** s'unir étroitement.

blocage nm **1.** Action, fait de bloquer : *blocage des prix.* **2.** PSYCHOL Impossibilité d'agir ou de réagir dans une situation donnée.

bloc-cuisine (pl *blocs-cuisines*) nm Ensemble d'éléments servant à équiper un local, et comprenant un évier, une plaque de cuisson et, éventuellement, un four, un réfrigérateur.

blockhaus [blɔkos] nm inv Petit fort blindé, construit pour défendre un point particulier.

bloc-moteur (pl *blocs-moteurs*) nm **1.** Ensemble du moteur, de l'embrayage et de la boîte de vitesses. **2.** Partie d'un appareil ménager comprenant le moteur.

bloc-notes (pl *blocs-notes*) nm Ensemble de feuilles de papier détachables pour prendre des notes. SYN : bloc.

blocus [blɔkys] nm Siège d'une ville, d'un port, d'un pays pour l'empêcher de communiquer avec l'extérieur. ■ **blocus économique** ou **blocus :** mesures prises pour priver un pays de toute relation commerciale.

blog ou **blogue** nm Site Web sur lequel un internaute tient une chronique personnelle. SYN : weblog.

blogosphère nf **1.** Ensemble des blogs présents sur le Web. **2.** Communauté interactive formée par les blogueurs.

blogueur, euse n Auteur d'un blog.

blond, e adj D'une couleur entre le doré et le châtain clair. ■ **bière blonde :** fabriquée à partir de malts de couleur claire. ❑ **blond platine :** blond presque blanc : *cheveux blond platine.* ❑ **tabac blond :** dont la fermentation a été arrêtée au stade du jaunissement de la feuille. ◆ adj et n Qui a les cheveux blonds.

blondasse adj et n D'un blond fade.

blonde nf **1.** Bière blonde. **2.** Cigarette de tabac blond. **3.** CANADA, FAM Petite amie ; épouse.

blondeur nf Couleur blonde.

blondinet, ette adj et n Se dit d'un enfant qui a les cheveux blonds.

blondir vi Devenir blond.

bloquer vt **1.** Empêcher de bouger, immobiliser : *la circulation est bloquée.* **2.** Serrer à bloc : *bloquer son frein à main.* **3.** Barrer, obstruer : *bloquer le passage.* **4.** Réunir plusieurs choses ensemble, grouper : *bloquer ses rendez-vous.* **5.** Suspendre la variation, l'augmentation ou la disposition de : *bloquer les prix.* ◆ **se bloquer** vpr Se fixer dans une attitude de refus.

blottir (se) vpr Se replier sur soi-même, se pelotonner.

blouse nf **1.** Vêtement de travail porté pour se protéger : *blouse d'infirmière.* **2.** Corsage léger : *blouse de soie.*

1. blouser vt FAM Tromper, induire en erreur.

2. blouser vi Bouffer au-dessus de la ceinture, en parlant d'un vêtement.

blouson nm Veste d'allure sportive, courte et ample, serrée à la taille.

blue-jean [bludʒin] (pl *blue-jeans*) ou **blue-jeans** [bludʒins] nm → **jean**.

blues [bluz] nm Complainte du folklore noir américain.

bluff [blœf] nm Parole, action propre à donner le change, à leurrer.

bluffer [blœfe] vt et vi Faire du bluff.

blush [blœʃ] (pl *blushs* ou *blushes*) nm Fard à joues que l'on applique avec un pinceau.

bluter vt Tamiser la farine.

blutoir nm Tamis servant à bluter les grains de blé broyés.

BO nf (sigle) Bande originale.

boa nm Grand serpent d'Amérique tropicale qui étouffe ses proies.

bob nm **1.** Chapeau cloche en toile. **2.** Bobsleigh.

bobard nm FAM Mensonge.

bobèche nf Disque de verre ou de métal, adapté à un bougeoir, pour empêcher la bougie de couler.

bobinage nm Action de bobiner.

bobine nf **1.** Petit cylindre en bois, en métal, en plastique sur lequel on enroule du fil, de la ficelle, des pellicules photographiques, etc. **2.** FAM Visage : *une drôle de bobine.* **3.** ÉLECTR Cylindre creux autour duquel est enroulé un fil métallique isolé.

bobiner vt Enrouler sur une bobine.

bobo nm FAM Douleur ou blessure légère.

bobsleigh ou **bob** nm Sorte de traîneau utilisé pour les descentes sportives sur la glace ; sport ainsi pratiqué.

bocage nm Région où les champs sont clos par des haies.

bocager, ère adj Relatif au bocage.

bocal (pl *bocaux*) nm Récipient en verre à large ouverture.

bock nm Verre à bière, équivalant, en principe, à un quart de litre.

body nm Vêtement moulant, d'une seule pièce, couvrant le tronc, à manches longues ou courtes, et que l'on ferme avec des pressions à l'entrejambe.

body-building (pl *body-buildings*) nm Culture physique destinée à développer la musculature ; culturisme.

boette [bwɛt] nf Appât que l'on met à l'hameçon pour la pêche en mer.

bœuf [bœf], au pluriel [bø] nm **1.** Animal de l'espèce bovine. **2.** Mâle adulte de cette espèce que l'on a châtré ; sa chair : *bœuf charolais ; bœuf bourguignon.* ◆ adj inv FAM Très étonnant : *effet bœuf.*

bof interj Exprime l'indifférence, la lassitude, l'incertitude.

bogie [bɔʒi] ou **boggie** [bɔgi] nm Chariot à deux essieux, sur lequel pivote, dans les courbes, le châssis d'un wagon.

1. bogue nf Enveloppe de la châtaigne recouverte de piquants.

2. bogue nm INFORM Défaut de conception ou d'exécution d'un programme ; bug.

bohème adj et n Qui vit au jour le jour, d'une façon désordonnée. ◆ nf Milieu des artistes, des écrivains.

bohémien, enne adj et n De la Bohême. ◆ n SOUVENT PÉJOR Vagabond, homme ou femme, que l'on croyait originaire de la Bohême.

1. boire vt (conj 75) **1.** Absorber, avaler un liquide : *boire du lait ; boire un verre.* **2.** (sans complément) Prendre des boissons alcoolisées, souvent avec excès. **3.** En parlant d'une chose, absorber un liquide : *l'éponge boit l'eau.* ■ **boire les paroles de quelqu'un :** l'écouter avec une admiration béate. ❑ **il y a à boire et à manger :** il y a des inconvénients et des avantages.

2. boire nm sing ■ **en perdre le boire et le manger :** ne plus boire et ne plus manger.

bois nm **1.** Substance dure et compacte de l'intérieur des arbres, constituant le tronc, les branches et les racines. **2.** Lieu planté d'arbres : *à l'ombre d'un bois.* **3.** Objet en bois : *bois sculpté.* ■ FIG **toucher du bois :** conjurer le mauvais sort en touchant un objet en bois. ◆ pl **1.** MUS Famille des instruments à vent en bois. **2.** Cornes caduques du cerf, du daim, etc.

boisage nm Revêtement de bois : *boisage d'un puits.*

boisé, e adj Garni d'arbres.

boisement nm Plantation d'arbres.

boiser vt **1.** Garnir d'une boiserie ou d'un boisage. **2.** Planter d'arbres.

boiserie nf Menuiserie dont on revêt les murs intérieurs d'une habitation.

boisseau nm Ancienne mesure de capacité pour les grains et les matières analogues (12,5 litres). ■ FIG **mettre quelque chose sous le boisseau :** cacher la vérité.

boisson nf **1.** Tout liquide que l'on boit : *boisson sucrée.* **2.** Alcoolisme : *s'adonner à la boisson.*

boîte nf **1.** Coffret de bois, de carton ou de métal, de matière plastique, etc. ; son contenu. **2.** FAM Lieu de travail ; école. ■ **boîte de conserve :** boîte métallique contenant des produits alimentaires stérilisés : *boîte de raviolis.* ❑ **boîte crânienne :** cavité osseuse qui renferme le cerveau. ❑ AUTOM **boîte à gants :** aménagement situé dans la planche de bord pour ranger des objets divers. ❑ **boîte aux lettres** ou **boîte à lettres :** (a) réceptacle muni d'une fente destiné à recevoir les lettres à expédier (b) INFORM espace de mémoire stockant des messages électroniques. ❑ **boîte noire :** appareil enregistreur d'un avion, d'un camion. ❑ **boîte de nuit** ou **boîte :** cabaret ouvert la nuit. ❑ **boîte postale :** boîte aux lettres réservée dans une poste. ❑ **boîte à rythmes :** instrument de musique électronique produisant des sons de batterie et de percussions. ❑ AUTOM **boîte de vitesses :** organe renfermant les trains d'engrenages du changement de vitesse d'un véhicule. ❑ TÉLÉCOMM **boîte vocale :** en messagerie vocale, dispositif permettant l'enregistrement de messages. ❑ FAM **mettre quelqu'un en boîte :** se moquer de lui.

boitement nm Fait de boiter.

boiter vi **1.** Marcher en penchant d'un côté plus que de l'autre. **2.** Présenter un défaut d'équilibre, de cohérence : *raisonnement qui boite.*

boiteux, euse adj et n Se dit de quelqu'un qui boite. ◆ adj Qui n'a pas d'équilibre, de cohérence : *phrase boiteuse.*

boîtier nm **1.** Boîte renfermant un mécanisme, une pile. **2.** Corps d'un appareil photo sur lequel s'adapte l'objectif. ■ **boîtier numérique** : boîte en métal ou en plastique renfermant divers matériels informatiques.

boitillement nm Léger boitement.

boitiller vi Boiter légèrement.

boit-sans-soif n inv FAM Ivrogne.

bol nm **1.** Récipient hémisphérique ; son contenu : *un bol de lait.* **2.** FAM Chance. ■ **bol alimentaire** : bouchée mâchée que l'on avale. ❑ FAM **en avoir ras le bol** : ne plus rien supporter, être excédé.

bolchevik ou **bolchevique** n et adj Membre du parti de Lénine, qui prit le pouvoir en Russie en 1917.

bolée nf Contenu d'un bol : *une bolée de cidre.*

boléro nm **1.** Danse espagnole ; air sur lequel elle s'exécute. **2.** Veste droite, non boutonnée, s'arrêtant à la taille.

bolet nm Champignon dont plusieurs espèces comestibles sont dénommées cèpes.

bolide nm Véhicule qui va très vite.

bolivien, enne adj et n De Bolivie : *les Boliviens.*

bombance nf ■ VIEILLI, FAM **faire bombance** : manger beaucoup.

bombarde nf **1.** Machine de guerre qui servait à lancer de grosses pierres. **2.** MUS Instrument à vent en bois, de tonalité grave.

bombardement nm Action de bombarder.

bombarder vt **1.** Lancer des bombes. **2.** Lancer des projectiles : *bombarder de tomates.* **3.** FIG Accabler, harceler : *bombarder de questions.* **4.** FAM Nommer soudainement quelqu'un à un poste : *on l'a bombardé préfet.*

bombardier nm Avion de bombardement. ■ **bombardier d'eau** : avion équipé de réservoirs d'eau, utilisé pour lutter contre les feux de forêt.

bombe nf **1.** Projectile plein de matière explosive et muni d'un dispositif qui le fait éclater : *bombe à retardement.* **2.** Tout projectile explosif : *attentat à la bombe.* **3.** Récipient contenant un liquide sous pression destiné à être vaporisé : *bombe insecticide.* **4.** Coiffure rigide, à visière, que portent les cavaliers. **5.** FAM Personne particulièrement séduisante : *son frère est une bombe.* ■ **bombe nucléaire** : dont la puissance explosive utilise l'énergie nucléaire. ❑ **bombe glacée** : glace moulée. ❑ FAM **faire l'effet d'une bombe** : provoquer la stupéfaction, le scandale. ❑ FAM **faire la bombe** : faire la fête, la noce.

bombé, e adj Arrondi, renflé.

bombement nm Convexité, renflement : *le bombement d'un couvercle.*

bomber vt **1.** Renfler, rendre convexe : *bomber du verre.* **2.** Tracer, dessiner avec de la peinture en bombe : *bomber un slogan.* ■ FIG **bomber le torse** : faire le fier. ◆ vi FAM Aller, rouler très vite.

bombyx nm Genre de papillons dont l'espèce la plus connue, le bombyx du mûrier, a pour chenille le ver à soie.

1. bon nm Document autorisant quelqu'un à toucher de l'argent ou à recevoir quelque chose : *bon de commande ; bon d'essence.*

2. bon, bonne adj **1.** Généreux, sensible, charitable : *un bon père ; il a été bon avec moi.* **2.** Qui est habile, expert : *bon ouvrier.* **3.** Qui a les qualités requises : *bon outil.* **4.** Agréable au goût : *ton gâteau est très bon.* **5.** Qui procure du plaisir : *c'est un très bon film.* **6.** Avantageux, favorable : *bonne affaire ; la journée a été bonne ; c'est bon pour la santé.* **7.** Exact, correct : *c'est le bon numéro.* **8.** Grand, intense, fort : *deux bons kilomètres ; un bon coup sur la tête.* **9.** Sert à exprimer un souhait : *bonne année ! ; bonnes vacances !* ■ **bon !** : exclamation de doute, de surprise, de constatation, etc. ❑ **bon à** (+ inf) : qui est dans les conditions voulues pour : *c'est bon à savoir.* ❑ **c'est bon** : cela suffit. ◆ nm **1.** Ce qui est bon : *il y a du bon et du mauvais.* **2.** Personne qui pratique le bien : *les bons et les méchants.* ■ **un(e) bon(ne) à rien** : qui ne sait rien faire ; incapable. ◆ adv ■ **il fait bon** : Le temps est agréable. ❑ **pour de bon** : sérieusement. ❑ **sentir bon** : avoir une odeur agréable. ❑ **tenir bon** : ne pas céder.

bonapartisme nm Attachement au système politique ou à la dynastie de Napoléon Bonaparte.

bonapartiste adj et n Qui appartient au bonapartisme ; qui en est partisan.

bonasse adj D'une bonté, d'une simplicité excessives.

bonbon nm Confiserie à base de sucre aromatisé.

bonbonne nf Grosse bouteille de verre ou de grès.

bonbonnière nf **1.** Boîte à bonbons. **2.** FIG Petit appartement ravissant.

bon-chrétien (pl *bons-chrétiens*) nm Poire très estimée (appelée aussi : *poire Williams*).

bond nm **1.** Saut par lequel un homme, un animal, s'élève brusquement du sol. **2.** Rebondissement d'un corps élastique. **3.** FIG Progrès brusque et important, hausse : *bond en avant de l'industrie.* ■ **prendre la balle au bond** : profiter de l'occasion. ❑ **faire faux bond** : manquer à un engagement.

bonde nf **1.** Pièce métallique scellée à l'orifice d'écoulement d'un évier ou d'un appareil sanitaire. **2.** Trou rond dans une des douves d'un tonneau, pour y verser le liquide ; bouchon qui ferme ce trou. **3.** Fermeture du trou d'écoulement des eaux d'un étang.

bondé, e adj Rempli autant qu'il est possible : *un train bondé.*

bondieuserie nf **1.** FAM, PÉJOR Dévotion exagérée et superficielle. **2.** Objet de piété.

bondir vi **1.** Faire un bond. **2.** FIG Sursauter sous le coup d'une émotion.

bonheur nm **1.** État heureux ; félicité, joie. **2.** Chance, circonstance favorable : *nous avons eu le bonheur de la rencontrer.* ■ **au petit bonheur (la chance) :** par hasard. ❑ **par bonheur :** par chance, heureusement.

bonhomie nf Bonté du cœur jointe à une certaine simplicité dans les manières.

1. bonhomme (pl *bonshommes*) nm **1.** FAM Personne quelconque. **2.** Représentation humaine grossièrement dessinée ou façonnée : *bonhomme de neige.* ■ FAM **aller son petit bonhomme de chemin :** tranquillement, sans se hâter.

2. bonhomme adj Qui dénote de la bonhomie.

> ORTHOGRAPHE On notera que le pluriel du nom, *des bonshommes,* est différent du pluriel de l'adjectif, *des airs bonhommes.*

boni nm **1.** Excédent de la dépense prévue sur les sommes réellement dépensées. **2.** Tout bénéfice.

boniche ou **bonniche** nf FAM, PÉJOR Employée de maison, bonne.

bonification nf **1.** Avantage, points supplémentaires accordés à un concurrent dans une épreuve sportive. **2.** Amélioration d'une terre.

bonifier vt Rendre meilleur.

boniment nm Discours habile et trompeur pour flatter ou convaincre.

bonimenteur, euse n PÉJOR Personne qui raconte des boniments.

bonite nf Thon de la Méditerranée.

bonjour nm Terme employé pour saluer quelqu'un qu'on rencontre dans la journée.

bonne nf Employée de maison à plein temps.

bonne femme (pl *bonnes femmes*) nf FAM, PÉJOR Femme.

bonne-main (pl *bonnes-mains*) nf SUISSE Pourboire.

bonne-maman (pl *bonnes-mamans*) nf Grand-mère, dans le langage enfantin.

bonnement adv ■ **tout bonnement :** simplement.

bonnet nm **1.** Coiffure masculine ou féminine, en général souple et sans rebord : *bonnet de bain.* **2.** Chacune des poches d'un soutien-gorge. ■ **bonnet phrygien :** bonnet porté dans l'Antiquité en Asie et adopté par la Révolution française (sous le nom de : *bonnet rouge*). ❑ FAM **avoir la tête près du bonnet :** être vif et emporté. ❑ **gros bonnet :** personnage important. ❑ **prendre sous son bonnet :** sous sa responsabilité. ❑ **c'est bonnet blanc et blanc bonnet :** c'est la même chose.

bonneteau nm Jeu de hasard frauduleux.

bonneterie nf Industrie, commerce des articles d'habillement en tissu à mailles ; ces articles (bas, chaussettes, slips, etc.).

bonnetier, ère n Fabricant, marchand de bonneterie.

bonnetière nf Armoire étroite et haute.

bonniche nf → **boniche.**

bon-papa (pl *bons-papas*) nm Grand-père, dans le langage enfantin.

bonsaï [bɔ̃zaj] ou [bɔnzaj] nm Arbre nain obtenu artificiellement.

bonsoir nm Terme employé pour saluer quelqu'un qu'on rencontre le soir.

bonté nf Qualité de quelqu'un qui est bon ; bienveillance, douceur : *être d'une grande bonté ; parler avec bonté.* ◆ **bontés** pl Marques de bienveillance.

bonus [bɔnys] nm **1.** Réduction de la prime d'assurance automobile pour les conducteurs qui n'ont pas eu d'accident. **2.** FIG Ce qui vient améliorer un résultat ; qui aide une personne ou favorise une action. **3.** Ensemble des suppléments (interviews, making of, etc.) contenus dans un DVD.

bonze nm Prêtre bouddhiste.

bookmaker [bukmɛkœr] nm Celui qui reçoit les paris sur un champ de courses.

booléen, enne [buleɛ̃, ɛn] ou **boolien, enne** [buljɛ̃, jɛn] adj ■ **variable booléenne :** susceptible de prendre deux valeurs s'excluant mutuellement (par exemple 0 et 1).

boom [bum] nm Hausse soudaine, accroissement rapide : *un boom économique.*

boomerang [bumrɑ̃g] nm **1.** Arme de jet australienne qui revient à son point de départ après avoir suivi sa trajectoire. **2.** FIG Acte hostile qui se retourne contre son auteur.

boots [buts] nm pl Bottes courtes.

boqueteau nm Petit bois.

borate nm Sel de l'acide borique.

borax nm CHIM Borate de soude.

borborygme nm **1.** Bruit produit par les gaz dans l'abdomen. **2.** Parole incompréhensible.

borchtch [bɔrtʃ] nm → **bortsch.**

bord nm **1.** Partie qui forme le pourtour, la limite d'une surface, d'un objet : *bord d'une table ; bord de la route.* **2.** Rivage, côte : *aller au bord de la mer.* ■ **à bord** : à l'intérieur d'un navire, d'un avion, d'une voiture. ❑ **être au bord de** : sur le point de : *être au bord des larmes.* ❑ **être du bord de quelqu'un** ou **être du même bord** : avoir la même opinion. ❑ FAM **sur les bords** : légèrement : *elle est un peu pingre sur les bords.* ❑ MAR **virer de bord** : faire demi-tour. ❑ FIG **virer, changer de bord** : changer d'opinion.

bordeaux nm Vin de Bordeaux. ◆ adj inv Rouge foncé tirant sur le violet.

bordée nf MAR Portion de route que parcourt un navire sans virer de bord. ■ FAM **tirer une bordée** : faire une escapade à terre, en parlant des marins. ❑ FAM **une bordée d'injures** : une grande quantité d'injures.

bordel nm TRÈS FAM **1.** Maison de prostitution. **2.** Grand désordre.

bordelais, **e** adj et n De Bordeaux.

bordélique adj TRÈS FAM Qui est très désordonné ; où règne un grand désordre.

border vt **1.** Occuper le bord, la périphérie de : *les maisons qui bordent la route.* **2.** Garnir le bord de : *border de fleurs une terrasse.* ■ **border un lit** : replier les draps, les couvertures sous le matelas.

bordereau nm Relevé récapitulatif d'un compte, d'un document, etc. : *bordereau de livraison, d'expédition.*

bordier, **ère** adj ■ **mer bordière** : mer située en bordure d'un continent.

bordure nf Ce qui garnit le bord ou s'étend sur le bord de quelque chose. ■ **en bordure de** : le long de.

bordurette nf Dispositif de séparation placé entre deux voix de circulation et destiné à protéger un couloir d'autobus.

bore nm CHIM Corps simple, solide, cristallisable et noirâtre ; symb : B.

boréal, **e**, **als** ou **aux** adj De la moitié nord du globe terrestre. CONTR : austral.

borée nm LITT Vent du nord.

borgne adj et n Qui a perdu un œil. ◆ adj ■ **hôtel borgne** : mal fréquenté.

borique adj Se dit d'un acide dérivé du bore.

bornage nm Limitation d'une propriété privée par des bornes.

borne nf **1.** Pierre ou autre marque de séparation, division : *borne kilométrique.* **2.** Dispositif évoquant par sa forme une borne : *borne d'incendie.* **3.** Point ou composant d'un circuit destiné à établir une connexion. **4.** FAM Kilomètre. ■ **borne interactive** : équipement multimédia composé d'un ordinateur et d'un écran vidéo, qui, dans un lieu public, permet d'obtenir des informations sur un sujet donné. ◆ **bornes** pl Limites. ■ **dépasser les bornes** : aller au-delà de ce qui est permis.

borné, **e** adj Limité intellectuellement.

borne-fontaine (pl *bornes-fontaines*) nf Petite fontaine en forme de borne.

borner vt **1.** Mettre des bornes. **2.** Limiter. **3.** FIG Modérer. ◆ **se borner** vpr [à] Se contenter de.

bortsch ou **borchtch** [bɔrtʃ] nm Pot-au-feu à base de chou et de betterave, servi avec de la crème aigre.

bosnien, **enne** ou **bosniaque** adj et n De Bosnie-Herzégovine : *les Bosniens.*

bosquet nm Petit bois.

bossage nm Saillie en pierre sur un mur.

bossa-nova (pl *bossas-novas*) nf Musique de danse brésilienne ; la danse elle-même.

bosse nf **1.** Enflure : *se faire une bosse au front.* **2.** Grosseur anormale au dos ou à la poitrine. **3.** Protubérance naturelle chez certains animaux : *les bosses du chameau.* **4.** Élévation arrondie sur une surface : *les creux et les bosses d'un terrain.* ■ FAM **avoir la bosse de** : être doué dans une discipline : *il a la bosse des maths.* ❑ FAM **rouler sa bosse** : voyager beaucoup.

bosseler vt (conj 6) Déformer par des bosses.

bosselure nf Bosse sur une surface.

bosser vi FAM Travailler.

bosseur, **euse** adj et n FAM Qui travaille beaucoup.

bossoir nm Tout appareil de levage à bord d'un navire pour hisser une ancre, une embarcation, etc.

bossu, **e** adj et n Qui a une bosse sur le dos ou sur la poitrine. ■ FAM **rire comme un bossu** : rire aux éclats.

bot, **e** adj Se dit d'une difformité du pied, de la main : *pied bot.*

botanique nf Science des végétaux. ◆ adj Relatif à cette science.

botaniste n Spécialiste de la botanique.

botsard, **e** adj SUISSE Qui est barbouillé de ; sale.

1. botte nf Assemblage de choses de même nature liées ensemble : *botte de radis ; botte de foin.*

2. botte nf **1.** Coup de fleuret ou d'épée. **2.** Attaque vive et imprévue.

3. botte nf Chaussure qui enferme le pied et la jambe. ■ **être à la botte de quelqu'un** : lui être entièrement soumis. ❑ **sous la botte** : opprimé militairement.

botter vt **1.** Chausser de bottes. **2.** FAM Donner un coup de pied à, dans. **3.** FAM Convenir, plaire à : *ça le botte.*

bottier nm Artisan qui fait des chaussures et des bottes sur mesure.

bottillon nm Chaussure à tige montante, généralement fourrée.

Bottin nm (nom déposé) Annuaire téléphonique.

bottine nf Chaussure montante.

botulisme nm Empoisonnement microbien par des conserves avariées.

boubou nm Longue tunique flottante portée en Afrique noire.

bouc nm **1.** Mâle de la chèvre. **2.** Barbiche. ■ **bouc émissaire** : personne rendue responsable de toutes les fautes, de tous les torts.

boucan nm FAM Vacarme.

boucanage nm Action de boucaner.

boucaner vt Fumer de la viande, du poisson.

boucanier nm **1.** Chasseur de bœufs sauvages aux Antilles au XVIIe s. **2.** Pirate, aventurier.

bouchage nm Action de boucher.

bouche nf **1.** Cavité au bas du visage qui reçoit les aliments et donne passage à la voix (s'applique à certains animaux : cheval, etc.). **2.** FIG Personne à nourrir. **3.** Ouverture d'une cavité, d'un conduit : *bouche de métro ; bouche d'égout.* ■ **bouche à feu** : arme à feu non portative. ❑ **bouche d'incendie** : prise d'eau pour les pompiers. ❑ **de bouche à oreille** : confidentiellement et à l'insu des autres. ❑ **faire la fine bouche** : le difficile, le dégoûté. ❑ **faire venir l'eau à la bouche** : exciter le désir. ◆ **bouches** pl Nom donné à l'embouchure de certains fleuves : *bouches du Rhône.*

bouché, e adj **1.** Fermé, obstrué : *avoir le nez bouché.* **2.** Sans perspective d'accès : *carrière bouchée.* **3.** Où l'on circule très difficilement : *périphérique bouché.* **4.** FAM Qui comprend lentement. ■ **cidre bouché** : cidre pétillant, gardé dans une bouteille bouchée comme une bouteille de champagne. ❑ **temps bouché** : temps couvert.

bouche-à-bouche nm inv Méthode de respiration artificielle.

bouchée nf **1.** Quantité de nourriture portée à la bouche en une fois. **2.** Croûte en pâte feuilletée garnie : *bouchée à la reine.* **3.** Friandise de chocolat fourré. ■ **mettre les bouchées doubles** : aller plus vite. ❑ **pour une bouchée de pain** : pour presque rien. ❑ **ne faire qu'une bouchée de** : vaincre très facilement.

1. boucher vt **1.** Fermer une ouverture. **2.** Barrer, obstruer. ■ **boucher la vue** : faire écran.

2. boucher nm **1.** Commerçant qui vend au détail la viande. **2.** FIG Homme sanguinaire.

bouchère nf Femme d'un boucher.

boucherie nf **1.** Boutique de boucher. **2.** Commerce de boucher. **3.** FIG Massacre, carnage.

bouche-trou (pl *bouche-trous*) nm Personne ou objet qui ne sert qu'à combler une place vide, à faire nombre.

bouchon nm **1.** Ce qui sert à boucher ; morceau de liège, de verre, de plastique pour boucher une bouteille, un flacon. **2.** Ce qui obstrue, bouche un conduit : *bouchon de cérumen.* **3.** Embouteillage momentané de la circulation. **4.** Poignée de paille tortillée. **5.** Flotteur d'une ligne de pêche. **6.** Jeu d'adresse.

bouchonné, e adj Se dit d'un vin qui a un goût de bouchon.

bouchonner vt Frotter, essuyer un cheval avec un bouchon de paille. ◆ vi Former un embouteillage.

bouchot nm Parc à moules.

bouclage nm **1.** Action de boucler. **2.** Opération militaire visant à encercler une zone pour la contrôler.

boucle nf **1.** Anneau ou rectangle de métal, avec ardillons : *boucle de ceinture.* **2.** Tout ce qui a la forme d'un anneau : *faire une boucle avec une corde.* **3.** Bijou pour les oreilles : *boucle d'oreille.* **4.** Spirale de cheveux frisés. **5.** Grande courbe d'un cours d'eau. **6.** INFORM Partie d'un programme qui ramène à un même point. ■ INFORM **en boucle** : se dit d'une séquence d'information qui est répétée en continu pendant un laps de temps : *programme de radio diffusé en boucle.*

bouclé, e adj Qui a des boucles : *cheveux bouclés.*

boucler vt **1.** Serrer avec une boucle : *boucler sa ceinture.* **2.** Donner la forme d'une boucle : *boucler des cheveux.* **3.** Enfermer, encercler : *boucler un quartier.* **4.** FAM Enfermer étroitement : *boucler un prisonnier dans sa cellule.* **5.** Terminer, mener à bien : *boucler la dernière édition d'un journal.* ■ **boucler son budget** : équilibrer les recettes et les dépenses. ❑ FAM **la boucler** : se taire. ◆ vi **1.** Former des boucles ; onduler : *ses cheveux bouclent.* **2.** INFORM Faire une boucle.

bouclette nf Petite boucle.

bouclier nm **1.** Plaque de métal, de cuir, etc., pour parer les traits ou les coups de l'ennemi. **2.** FIG Moyen de protection, défense : *bouclier atomique.* ■ FIG **levée de boucliers** : protestation générale contre un projet, une mesure.

bouddha nm Statue ou statuette représentant Bouddha.

bouddhique adj Du bouddhisme.

bouddhisme nm Religion fondée par Bouddha.

bouddhiste adj et n Qui appartient au bouddhisme ; qui en est partisan.

bouder vi Témoigner, laisser voir du dépit, de la mauvaise humeur. ◆ vt Montrer son mécontentement ou son indifférence à l'égard de quelqu'un, quelque chose en l'évitant.

bouderie nf Action de bouder.

boudeur, euse adj et n Qui boude.

boudin nm **1.** Boyau rempli de sang et de graisse de porc assaisonnés : *boudin noir.* **2.** Spirale d'acier, de fil de fer : *ressort à boudin.* **3.** Saillie interne de la jante des roues sur rails. ■ FAM **tourner en eau de boudin :** finir par un échec.

boudiné, e adj FAM Serré dans ses vêtements.

boudiner vt FAM En parlant d'un vêtement, serrer de manière à faire apparaître des bourrelets : *cette robe te boudine.*

boudoir nm **1.** Petit salon de dame. **2.** Biscuit allongé saupoudré de sucre.

boue nf Terre ou poussière détrempée d'eau. ■ FIG **traîner quelqu'un dans la boue :** l'accabler de propos infamants.

bouée nf **1.** Corps flottant, indiquant la route en mer, un obstacle, ou supportant certains appareils de signalisation. **2.** Anneau gonflable permettant de flotter : *bouée de sauvetage.*

1. boueux nm FAM Éboueur.

2. boueux, euse adj Plein de boue.

bouffant, e adj Qui semble gonflé : *des manches bouffantes.*

bouffarde nf FAM Grosse pipe.

1. bouffe adj ■ **opéra bouffe :** opéra comique.

2. bouffe nf FAM Nourriture.

bouffée nf **1.** Inspiration ou exhalaison : *aspirer une bouffée de tabac.* **2.** Souffle rapide et passager : *bouffée d'air frais.* **3.** FIG Accès brusque, fugitif : *bouffée de chaleur.*

bouffer vi Se gonfler, prendre un certain volume. ◆ vt et vi FAM Manger.

bouffi, e adj Boursouflé, gonflé : *des yeux bouffis.* ■ FIG **bouffi d'orgueil :** d'une grande vanité.

bouffir vt et vi Enfler, devenir enflé.

bouffissure nf Enflure.

1. bouffon nm **1.** Personnage de farce. **2.** Personnage grotesque qui amusait les rois par ses facéties.

2. bouffon, onne adj Plaisant, facétieux.

bouffonnerie nf Plaisanterie, facétie grossière.

bougainvillée nf ou **bougainvillier** nm Plante grimpante aux bractées violettes.

bouge nm **1.** Taudis. **2.** Café, bar mal fréquenté. **3.** Partie la plus renflée d'un tonneau.

bougeoir nm Support bas où l'on pose une bougie.

bougeotte nf ■ FAM **avoir la bougeotte :** la manie de bouger.

bouger vi (conj 2) **1.** Se mouvoir : *elle bouge sans arrêt.* **2.** Changer de lieu : *je n'ai pas bougé de la journée.* **3.** Changer, se modifier : *ce tissu ne bouge pas au lavage.* **4.** Passer à l'action : *les mécontents commencent à bouger.* ◆ vt Déplacer : *bouger une table.* ◆ **se bouger** vpr FAM Agir : *il serait temps de se bouger !*

bougie nf **1.** Chandelle de cire, à mèche tressée. **2.** AUTOM Organe d'allumage d'un moteur.

bougnat nm VIEILLI, FAM Marchand de charbon.

bougon, onne adj et n Grognon, de mauvaise humeur.

bougonnement nm Action de bougonner.

bougonner vi Murmurer, gronder entre ses dents.

bougre, esse n VIEILLI, FAM Gaillard. ◆ nm ■ FAM **c'est un bon bougre** ou **ce n'est pas un mauvais bougre :** c'est un brave type.

bougrement adv FAM Beaucoup.

boui-boui (pl *bouis-bouis*) nm FAM Café, restaurant médiocre.

bouillabaisse nf Plat provençal, composé de poissons cuits dans de l'eau ou du vin blanc et assaisonnés.

bouillant, e adj **1.** Qui bout : *eau bouillante.* **2.** Qui est brûlant : *café bouillant.* **3.** FIG Vif, ardent : *un caractère bouillant.*

bouille nf FAM Tête, figure.

bouilleur nm Distillateur d'eau-de-vie. ■ **bouilleur de cru :** propriétaire qui distille les produits de sa récolte.

bouilli nm Viande cuite dans l'eau pour faire du bouillon : *bouilli de bœuf.*

bouillie nf **1.** Aliment composé de lait et de farine bouillis ensemble. **2.** Pâte liquide. ■ **en bouillie :** écrasé.

bouillir vi (conj 31) **1.** Être en ébullition : *l'eau bout à 100 °C.* **2.** Plonger dans un liquide qui bout : *faire bouillir des légumes.* ■ **bouillir de colère, d'impatience :** être animé d'une violente colère, d'une grande impatience. ❑ **faire bouillir quelqu'un :** provoquer son irritation, son impatience, l'exaspérer.

> CONJUGAISON Au futur, on dit : *l'eau bouillira,* et au subjonctif : *il faut que l'eau bouille.*

bouilloire nf Récipient en métal pour faire bouillir de l'eau.

bouillon nm **1.** Potage obtenu en faisant bouillir dans l'eau de la viande, des légumes. **2.** Bulle à la surface d'un liquide bouillant : *cuire à gros bouillons.* **3.** Flot tumultueux d'un liquide s'échappant avec force. **4.** Pli bouffant d'une étoffe. **5.** Ensemble des exemplaires invendus d'un journal. ■ FAM **boire un bouillon :** (a) avaler de l'eau en nageant (b) FIG perdre beaucoup d'argent dans une affaire. ❑ **bouillon de culture :** (a) liquide préparé comme milieu de culture biologique (b) FIG milieu favorable à quelque chose.

bouillonnant, e adj Qui bouillonne.

bouillonnement nm **1.** État d'un liquide qui bouillonne. **2.** FIG Agitation, effervescence.

bouillonner vi **1.** Former des bouillons : *torrent qui bouillonne.* **2.** FIG S'agiter vivement ou être animé d'un violent sentiment : *esprits qui bouillonnent ; bouillonner d'impatience.*

bouillotte nf **1.** Récipient que l'on remplit d'eau bouillante pour se réchauffer. **2.** VIEILLI Petite bouilloire.

boulange nf FAM Métier de boulanger.

1. boulanger vt et vi (conj 2) Pétrir du pain et le cuire.

2. boulanger, ère n Personne qui fait et vend du pain.

boulangerie nf **1.** Fabrication du pain. **2.** Boutique du boulanger.

boule nf **1.** Objet sphérique : *boule de billard ; boule de neige.* **2.** FAM Tête. ■ FIG **faire boule de neige** : grossir continuellement. ❏ FAM **se mettre en boule** : se mettre en colère. ❏ FAM **perdre la boule** : (a) s'affoler (b) devenir fou. ◆ **boules** pl Jeu qui se joue avec des boules (pétanque, boule lyonnaise, etc.). ■ TRÈS FAM **avoir les boules** : être angoissé, déprimé ou exaspéré.

bouleau nm Arbre à écorce blanche ; bois de cet arbre.

boule-de-neige (pl *boules-de-neige*) nf Forme cultivée d'obier à fleurs blanches ou verdâtres groupées en boules.

bouledogue nm Petit dogue à mâchoires proéminentes.

bouler vi ■ FAM **envoyer bouler** : envoyer promener, repousser.

boulet nm **1.** Projectile sphérique de pierre ou de métal dont on chargeait les canons. **2.** Boule fixée à une chaîne qu'on attachait au pied des forçats. **3.** FIG Personne, chose qui est une charge, une contrainte. **4.** Jointure de la jambe du cheval au-dessus du paturon. **5.** Aggloméré de charbon, de forme ovoïde. ■ **comme un boulet de canon** : très vite. ❏ **tirer à boulets rouges sur quelqu'un** : l'attaquer très violemment.

boulette nf **1.** Petite boule de pain, de papier, de chair hachée. **2.** FIG, FAM bévue.

boulevard nm Large voie de circulation urbaine. ■ **théâtre de boulevard** : comédie légère où domine le vaudeville. ❏ **les Grands Boulevards** : les boulevards qui vont de la place de la République à la place de la Madeleine, à Paris.

boulevardier, ère adj Propre au théâtre de boulevard.

bouleversant, e adj Qui bouleverse.

bouleversement nm Trouble violent, grand désordre.

bouleverser vt **1.** Mettre en grand désordre, introduire la confusion : *bouleverser des horaires.* **2.** FIG Causer à quelqu'un une grande émotion.

boulier nm Appareil comprenant des tiges de fer sur lesquelles sont enfilées des boules et qui sert à compter.

boulimie nf **1.** Besoin maladif d'absorber de grandes quantités de nourriture. **2.** FIG Frénésie : *une boulimie de travail.*

boulimique adj et n Atteint de boulimie.

boulin nm Pièce de bois horizontale d'un échafaudage fixée dans la maçonnerie.

boulingrin nm Parterre de gazon limité par une bordure.

boulisme nm Pratique du jeu de boules.

bouliste n Joueur de boules.

boulocher vi En parlant d'un lainage, former des petites boules pelucheuses à l'usage.

boulodrome nm Lieu spécialement aménagé pour le jeu de boules.

boulon nm Ensemble constitué par une vis et par l'écrou qui s'y adapte.

boulonner vt Fixer avec un boulon. ◆ vi FAM Travailler beaucoup.

1. boulot nm FAM Travail. ■ **petit boulot** : emploi précaire et mal payé : *elle ne vit que de petits boulots.*

2. boulot, otte adj et n FAM Gros et petit.

1. boum interj et nm Indique un bruit sonore.

2. boum nf FAM Après-midi ou soirée dansante.

bouquet nm **1.** Assemblage de fleurs, d'herbes aromatiques. **2.** FIG Parfum agréable du vin. **3.** Pièce qui termine un feu d'artifice. **4.** Grosse crevette rose. ■ **bouquet d'arbres** : très petit bois. ❏ **bouquet de programmes** : ensemble des programmes de télévision diffusés par un satellite de radiodiffusion directe. ❏ **bouquet garni** : assortiment d'herbes aromatiques servant en cuisine. ❏ FAM **c'est le bouquet !** : c'est le comble !

bouqueté, e adj Se dit d'un vin qui a du bouquet.

bouquetière nf Personne qui vend des fleurs dans les cabarets, les restaurants, etc.

bouquetin nm Chèvre sauvage des montagnes, à longues cornes.

bouquin nm **1.** Vieux bouc. **2.** Lièvre ou lapin mâle. **3.** FAM Livre.

bouquiner vi et vt FAM Lire.

bouquiniste n Vendeur de livres d'occasion.

bourbe nf Amas de boue.

bourbeux, euse adj Plein de bourbe ou de boue.

bourbier nm **1.** Lieu creux plein de boue. **2.** FIG Situation difficile : *sortir d'un bourbier.*

bourbillon nm Pus épais et blanc, au centre d'un furoncle.

bourbon nm Whisky à base de maïs fabriqué aux États-Unis.

bourbonien, enne adj Des Bourbons. ■ **nez bourbonien :** arqué.

bourdaine nf Arbuste dont les tiges sont utilisées en vannerie et dont l'écorce est laxative.

bourde nf FAM Erreur grossière, bévue : *commettre une bourde.*

bourdon nm **1.** Insecte à corps gros et velu, voisin de l'abeille. **2.** Grosse cloche à son grave : *sonner le bourdon.* **3.** Bâton de pèlerin. **4.** Un des jeux de l'orgue, qui fait la basse. ■ **faux bourdon :** mâle des abeilles. ❑ FAM **avoir le bourdon :** être triste, déprimé.

bourdonnant, e adj Qui bourdonne.

bourdonnement nm **1.** Bruit que fait le vol des insectes, etc. **2.** Bruit sourd et confus. **3.** Sensation d'un son grave qui ne provient pas d'un bruit extérieur : *bourdonnement d'oreille.*

bourdonner vi Faire entendre un bruit sourd et continu : *une mouche qui bourdonne ; avoir les oreilles qui bourdonnent.*

bourg [bur] nm Gros village.

bourgade nf Petit bourg.

bourgeois, e n Personne qui appartient à la bourgeoisie. ◆ adj **1.** Propre aux bourgeois : *préjugés bourgeois ; éducation bourgeoise.* **2.** Conformiste : *attitude bourgeoise.* **3.** Qui témoigne d'une certaine aisance matérielle : *un immeuble bourgeois.* ■ **cuisine bourgeoise :** simple et de bon goût.

bourgeoisement adv D'une manière bourgeoise.

bourgeoisie nf Catégorie sociale comprenant les personnes relativement aisées qui n'exercent pas un métier manuel.

bourgeon nm Petit renflement de la tige d'une plante qui, en se développant, donnera des feuilles ou des fleurs.

bourgeonnement nm Développement des bourgeons.

bourgeonner vi **1.** En parlant d'une plante, produire des bourgeons. **2.** FIG En parlant de la peau, se couvrir de boutons.

bourgmestre [burgmɛstr] nm Nom donné au maire dans certains pays (Belgique, Suisse).

bourgogne nm Vin de Bourgogne.

bourgueil nm Vin rouge de Touraine.

bourguignon, onne adj et n De la Bourgogne : *les Bourguignons.* ■ **bœuf bourguignon :** ragoût de bœuf aux oignons et au vin rouge.

bourlinguer vi **1.** MAR En parlant d'un navire, rouler bord sur bord par grosse mer. **2.** FAM Mener une vie d'aventures, voyager beaucoup.

bourlingueur, euse n et adj FAM Personne qui bourlingue.

bourrache nf Plante à larges fleurs bleues, utilisée comme diurétique ; tisane préparée avec cette plante.

bourrade nf Coup brusque.

bourrage nm Action de bourrer. ■ FAM **bourrage de crâne :** propagande intensive.

bourrasque nf Coup de vent violent.

bourrasser vt CANADA Rudoyer, malmener.

bourratif, ive adj Qui alourdit l'estomac.

bourre nf **1.** Amas de poils, de déchets de tissus qui servent à garnir des meubles, des objets, à boucher des trous, etc. **2.** Ce qu'on met par-dessus la charge des armes à feu pour la maintenir. **3.** Partie grossière de la soie, de la laine. ■ FAM **être à la bourre :** en retard.

bourré, e adj FAM **1.** Trop plein, comble. **2.** Ivre.

bourreau nm **1.** Personne chargée d'exécuter les condamnés à mort. **2.** FIG Homme cruel. ■ FIG **bourreau de travail :** personne qui travaille beaucoup.

bourrée nf Danse d'Auvergne.

bourrelé, e adj ■ **bourrelé de remords :** torturé par le remords.

bourrelet nm **1.** Bande de feutre, de caoutchouc, etc., qui sert à obstruer une ouverture ou à amortir un choc. **2.** FAM Renflement adipeux : *bourrelets de chair.*

bourrelier nm Fabricant, marchand de harnais et de divers articles de cuir.

bourrellerie nf Métier et commerce de bourrelier.

bourrer vt **1.** Garnir de bourre. **2.** Remplir en tassant. **3.** FAM Gaver. **4.** Surcharger : *bourrer de travail.* ■ **bourrer de coups :** frapper à coups répétés. ❑ **bourrer le crâne :** (a) intoxiquer de propagande (b) en faire accroire. ◆ **se bourrer** vpr **1.** FAM Manger avec excès. **2.** S'enivrer.

bourriche nf Panier pour expédier du gibier, du poisson, des huîtres ; son contenu.

bourricot nm Petit âne.

bourrin nm FAM Cheval.

bourrique nf **1.** Âne, ânesse. **2.** FIG, FAM Personne têtue, stupide.

bourru, e adj D'un abord rude et renfrogné. ■ **vin bourru :** vin blanc nouveau.

bourse nf **1.** Petit sac pour mettre l'argent, de petits objets. **2.** FIG L'argent qu'on y met. **3.** Pension accordée pour des études : *bourse* *de licence.* ■ **sans bourse délier :** sans donner d'argent. ◆ **bourses** nf pl Scrotum.

Bourse nf **1.** Lieu, édifice où se font les opérations financières sur les valeurs publiques ; marché de ces valeurs. **2.** Milieu des boursiers. ■ **Bourse du travail :** lieu de réunion des syndicats ouvriers.

boursicoter vi FAM Faire de petites opérations de Bourse.

boursicoteur, euse n FAM Personne qui boursicote.

1. boursier, ère n Étudiant, élève qui bénéficie d'une bourse.

2. boursier, ère n Professionnel qui opère en Bourse. ◆ adj Relatif à la Bourse.

boursouflé, e adj **1.** Enflé, bouffi, gonflé. **2.** FIG Vaniteux et emphatique : *style boursouflé.*

boursouflement nm État de ce qui est boursouflé.

boursoufler vt Distendre, gonfler.

ORTHOGRAPHE *Boursoufler* s'écrit avec un seul *f,* à la différence de *souffler.*

boursouflure nf **1.** Enflure. **2.** Emphase, grandiloquence.

bousculade nf **1.** Désordre d'une foule où l'on se bouscule. **2.** Hâte, précipitation.

bousculer vt **1.** Pousser en tous sens. **2.** FIG, FAM presser : *ne me bousculez pas.* **3.** FIG Apporter un changement complet dans : *bousculer les idées reçues.* ◆ **se bousculer** vpr **1.** Se presser et s'agiter en se poussant les uns les autres. **2.** FIG Se succéder de façon désordonnée : *mes idées se bousculent.*

bouse nf Fiente des bovins.

bousier nm Insecte qui façonne des boulettes de bouse pour la nourriture de ses larves.

bousiller vt FAM **1.** Endommager gravement : *bousiller sa voiture.* **2.** Exécuter très mal, bâcler : *bousiller un travail.*

boussole nf Cadran dont l'aiguille, aimantée, se tourne toujours vers le nord. ■ FAM **perdre la boussole :** perdre la tête, s'affoler.

bout nm **1.** Extrémité : *bout d'un bâton.* **2.** Fin : *voir le bout d'un travail.* **3.** Fragment, morceau : *bout de papier, de gâteau.* **4.** MAR Cordage (dans ce sens, se prononce [but]). ■ **bout de :** petite partie de : *un bout de jardin.* ❑ **à bout portant :** à très courte distance. ❑ **à tout bout de champ :** à tout propos. ❑ **au bout de :** après une durée de : *au bout de cinq minutes.* ❑ **au bout du compte :** en définitive. ❑ **bout à bout :** l'un à la suite de l'autre. ❑ CIN **bout d'essai :** courte scène permettant de connaître les aptitudes d'un acteur avant son engagement. ❑ **de bout en bout :** d'une extrémité à l'autre. ❑ FAM **en connaître un bout :** être très compétent. ❑ **être à bout :** (a) être épuisé (b) être exaspéré. ❑ **être à bout de quelque chose :** ne plus en avoir : *être à bout d'arguments, de forces.* ❑ **pousser à bout :** faire perdre patience. ❑ FAM **tenir le bon bout :** être dans une bonne situation pour réussir. ❑ **venir à bout de :** triompher de quelqu'un, terminer quelque chose.

boutade nf Mot d'esprit, propos paradoxal.

bout-dehors (pl *bouts-dehors*) nm MAR Pièce de mâture ajoutée à une vergue pour porter une voile.

boute-en-train nm inv Personne qui met les autres en train, en gaieté.

bouteille nf **1.** Récipient à goulot étroit, destiné aux liquides ; son contenu. **2.** Récipient métallique, de forme plus ou moins allongée : *bouteille d'oxygène, de gaz.* ■ FAM **avoir, prendre de la bouteille :** être vieux, vieillir. ❑ FAM **c'est la bouteille à l'encre :** une situation confuse, embrouillée.

bouter vt ■ BELGIQUE, SUISSE **bouter le feu :** Mettre le feu, incendier.

boutique nf Magasin où se tient un commerce : *boutique de luxe.* ■ FAM **parler boutique :** s'entretenir de sujets professionnels.

boutoir nm Groin de sanglier. ■ **coup de boutoir :** (a) choc violent (b) FIG propos brusque et blessant.

bouton nm **1.** Petite pièce pour attacher les vêtements : *fermer les boutons de sa robe.* **2.** Petite pustule sur la peau : *bouton de fièvre.* **3.** Pousse, bourgeon à fleurs : *bouton de rose.* **4.** Ce qui a la forme d'un bouton : *bouton de fleuret, de porte.* **5.** Interrupteur d'un appareil électrique, d'une sonnerie, etc. : *bouton de l'ascenseur.*

bouton-d'or (pl *boutons-d'or*) nm Renoncule jaune.

boutonnage nm **1.** Action de fermer avec des boutons. **2.** Manière dont un vêtement se boutonne.

boutonner vt Fermer par des boutons.

boutonneux, euse adj Qui a des boutons sur la peau.

boutonnière nf Fente faite à un vêtement pour passer le bouton.

bouton-pression (pl *boutons-pression*) nm ou **pression** nf Petit bouton qui s'emboîte par pression dans un œillet métallique.

bout-rimé (pl *bouts-rimés*) nm Pièce de vers faite sur des rimes imposées.

bouturage nm Multiplication des végétaux par bouture.

bouture nf Fragment d'un végétal, détaché artificiellement ou naturellement, et susceptible de s'enraciner.

bouturer vt Reproduire par boutures.

bouvet nm Rabot servant à faire des rainures.

bouvier, ère n Personne qui garde les bœufs.

bouvreuil nm Passereau à tête et ailes noires, à dos gris et ventre rose.

bovidé nm Mammifère ruminant aux cornes creuses (les bovidés forment une famille).

bovin, e adj et nm De l'espèce du bœuf.

bowling [buliŋ] nm Jeu de quilles d'origine américaine ; lieu où l'on y joue.

bow-window [bowindo] (pl *bow-windows*) nm Fenêtre en saillie sur une façade.

box (pl *boxes* ou inv) nm **1.** Dans une écurie, logement pour un seul cheval. **2.** Compartiment fermé d'une salle commune (dortoir, prétoire, etc.) : *le box des accusés.* **3.** Dans un parking, place de stationnement individuelle et fermée (recommandation officielle : *stalle*).

boxe nf Sport de combat où les deux adversaires s'affrontent à coups de poing.

1. boxer vi Pratiquer la boxe. ◆ vt FAM Frapper à coups de poing.

2. boxer [bɔksɛr] nm Chien de garde, voisin du bouledogue.

boxeur nm Personne qui pratique la boxe.

box-office (pl *box-offices*) nm Cote de succès d'un spectacle, d'un acteur, etc., calculée en fonction des recettes qu'il génère.

boy [bɔj] nm Dans les pays autrefois colonisés, domestique indigène.

boyard nm ANC Noble de haut rang dans les pays slaves.

boyau [bwajo] nm **1.** Intestin d'un animal. **2.** Conduit de cuir, de toile, de caoutchouc, etc. : *boyau de pompe.* **3.** Corde faite avec l'intestin de certains animaux : *boyaux de raquette.* **4.** FIG Passage, chemin étroit. **5.** MIL Tranchée enterrée, reliant les ouvrages des assiégeants.

boycottage [bɔjkɔtaʒ] ou **boycott** [bɔjkɔt] nm Cessation volontaire de toutes relations avec un individu, une entreprise, une nation.

boycotter [bɔjkɔte] vt Pratiquer le boycottage de.

boy-scout [bɔjskut] (pl *boy-scouts*) nm VIEILLI Scout.

BP nf (sigle) Boîte postale.

brabançon, onne adj et n Du Brabant : *les Brabançons.*

bracelet nm Bijou, lanière, pièce de cuir ou d'étoffe en forme d'anneau que l'on porte au poignet : *bracelet de montre.*

bracelet-montre (pl *bracelets-montres*) nm Montre portée au poignet (on dit aussi : *montre-bracelet*).

brachial, e, aux [brakjal, o] adj ANAT Relatif au bras.

braconnage nm Action de braconner.

braconner vi Chasser ou pêcher sans permis ou à une époque interdite, avec des engins prohibés, en des endroits réservés.

braconnier nm Personne qui braconne.

bractée nf Petite feuille différente des autres, à la base de la tige d'une fleur.

brader vt FAM Vendre à très bas prix, liquider.

braderie nf Liquidation de marchandises à bas prix par les commerçants.

bradeur, euse n Personne qui se débarrasse à bas prix de quelque chose.

braguette nf Ouverture sur le devant d'un pantalon.

brahmane nm Membre de la caste sacerdotale, la première des castes, en Inde.

brahmanique adj Relatif au brahmanisme : *caste brahmanique.*

brahmanisme nm Système religieux, en Inde, auquel est liée une organisation sociale reposant sur une division en castes héréditaires.

braies nf pl Pantalon ample des Gaulois.

braillard, e adj et n Qui braille.

braille nm Écriture en relief à l'usage des aveugles.

braillement nm Cris, pleurs assourdissants.

brailler vt et vi FAM **1.** Parler, crier de façon assourdissante. **2.** Chanter mal et fort.

braiment nm Cri de l'âne.

brainstorming [brɛnstɔrmiŋ] nm (anglicisme) Recherche collective d'idées originales sur un sujet donné, au cours de laquelle chacun dit ce qui lui vient à l'esprit (recommandation officielle : *remue-méninges*).

brain-trust [brɛntrœst] (pl *brain-trusts*) nm Équipe d'experts, de techniciens chargés d'élaborer des projets.

braire vi (conj 79 ; seulement à l'indicatif présent et à l'infinitif) Crier, en parlant de l'âne.

braise nf Résidu, ardent ou éteint, de la combustion du bois.

braiser vt Faire cuire à feu doux, sans évaporation.

brame ou **bramement** nm Cri du cerf.

bramer vi Crier, en parlant du cerf.

bran nm Partie grossière du son.

brancard nm **1.** Civière pour porter des malades, des blessés, etc. **2.** Chacun des deux bâtons de bois entre lesquels on attelle le cheval. ■ FIG **ruer dans les brancards** : se rebiffer.

brancardier nm Porteur de civière.

branchage nm Ensemble des branches d'un arbre. ◆ **branchages** pl Branches coupées.

branche nf **1.** Ramification des tiges d'un arbre ou d'un arbuste. **2.** PAR EXT Division d'un élément principal : *branche d'un chandelier.* **3.** Élément mobile effilé de certains objets articulés : *branche de lunettes.* **4.** Activité particulière, spécialité : *dans quelle branche travaille-t-il ?* ■ **scier la branche sur laquelle on est assis :** compromettre sa propre situation par des actions inconsidérées.

branché, e adj et n FAM Au courant, dans le coup, à la mode.

branchement nm **1.** Action de brancher. **2.** Tuyau secondaire aboutissant au tuyau principal.

brancher vt **1.** Rattacher à une canalisation, à une conduite, à un circuit. **2.** Mettre quelque chose en relation avec une installation ou un circuit afin de le faire fonctionner : *brancher un poste de télévision.* ■ FAM **ça me branche :** ça m'intéresse, ça me plaît.

branchial, e, aux adj Des branchies.

branchies nf pl Organes respiratoires des poissons ; ouïes.

brandade nf Préparation de morue à la provençale.

brandebourg nm Passementerie, galon à dessins variés.

brandir vt **1.** Lever une arme d'un geste menaçant. **2.** Agiter en l'air : *brandir un drapeau.* **3.** FIG Agiter la menace de : *brandir la loi.*

brandon nm Débris enflammé. ■ FIG **brandon de discorde :** source de la discorde.

brandy nm Eau-de-vie, en Angleterre.

branlant, e adj Qui branle.

branle nm Mouvement d'oscillation, de va-et-vient. ■ FIG **mettre en branle :** donner l'impulsion initiale.

branle-bas nm inv ■ **branle-bas de combat :** (a) préparatifs de combat à bord d'un vaisseau (b) FIG grande agitation, désordre qui précède une action.

branler vi Chanceler, osciller, vaciller : *une chaise qui branle.* ■ FIG, FAM **branler dans le manche :** être en mauvaise posture. ◆ vt ■ **branler la tête :** la remuer.

braquage nm **1.** Action de braquer. **2.** FAM Attaque à main armée.

braque nm Chien de chasse à poil ras.

braquer vt **1.** Diriger sur un objectif : *braquer un fusil.* **2.** AUTOM Orienter les roues directrices d'une voiture pour virer. **3.** FAM Menacer d'une arme à feu. **4.** Provoquer chez quelqu'un une attitude de rejet. ◆ vi Tourner : *une voiture qui braque bien.* ◆ **se braquer** vpr Avoir une attitude de rejet systématique : *se braquer contre un projet.*

braquet nm Rapport de démultiplication entre le pédalier et le pignon d'une bicyclette.

bras nm **1.** Partie du membre supérieur de l'homme, entre l'épaule et le coude ; PAR EXT le membre supérieur en entier. **2.** Partie du membre antérieur du cheval entre le genou et l'épaule. **3.** Chacune des deux parties d'un fauteuil sur lesquelles on repose les bras. **4.** Tige qui transmet un mouvement : *bras de levier.* **5.** Division d'un fleuve, d'une mer. **6.** Personne qui fait un travail manuel : *l'agriculture manque de bras.* ■ **à bout de bras :** avec ses seules forces. ❑ **à bras raccourcis :** avec violence. ❑ **à tour de bras :** avec force. ❑ **avoir le bras long :** avoir de l'influence. ❑ **avoir qqn sur les bras :** l'avoir à sa charge. ❑ **baisser les bras :** abandonner. ❑ **bras cassé :** personne inutile, paresseuse ou incapable. ❑ **bras dessus, bras dessous :** en se donnant le bras. ❑ **le bras droit de qqn :** son principal assistant. ❑ **bras de fer :** épreuve de force. ❑ **bras d'honneur :** geste obscène de mépris. ❑ **les bras m'en tombent :** cela me stupéfie. ❑ **couper bras et jambes :** ôter toute force. ❑ **recevoir à bras ouverts :** accueillir avec joie.

brasero [brazero] nm Récipient métallique rempli de braise, de charbon allumé.

brasier nm **1.** Feu incandescent. **2.** Incendie, feu très violent.

bras-le-corps (à) loc adv **1.** Par le milieu du corps : *saisir qqn à bras-le-corps.* **2.** FIG Énergiquement : *prendre un problème à bras-le-corps.*

brassage nm **1.** Action de brasser. **2.** FIG Mélange : *le brassage des peuples.*

brassard nm Bande d'étoffe, ruban que l'on porte au bras comme insigne.

brasse nf Manière de nager sur le ventre en portant simultanément les deux bras en avant. ■ **brasse coulée :** brasse à temps d'expiration prolongé dans l'eau.

brassée nf Ce que peuvent contenir les deux bras : *une brassée de fleurs.*

brasser vt **1.** Préparer la bière en mélangeant du malt avec l'eau. **2.** Remuer, mêler. ■ FIG **brasser des affaires :** en traiter beaucoup.

brasserie nf **1.** Lieu où l'on brasse la bière. **2.** Établissement où l'on sert des boissons et des repas vite préparés.

brasseur, euse n Personne qui fait de la bière et la vend en gros.

brassière nf **1.** Vêtement de bébé fermé dans le dos. **2.** Soutien-gorge ou haut moulant s'enfilant par la tête.

brasure nf Soudure de deux morceaux de métal grâce à un métal plus fusible.

bravache nm et adj Fanfaron, faux brave.

bravade nf Action ou parole de défi, de forfanterie.

brave adj et n **1.** Vaillant, courageux : *homme brave.* **2.** Honnête, bon : *brave homme.*

bravement adv D'une manière brave.

braver vt Défier, affronter.

bravo interj Très bien ! ◆ nm Cri d'approbation, applaudissement.

bravoure nf Vaillance, intrépidité.

break [brɛk] nm Voiture qui possède à l'arrière un hayon relevable et une banquette amovible sur un plancher plat.

brebis nf Mouton femelle. ■ FIG **brebis galeuse :** personne dangereuse, indésirable.

brèche nf **1.** Ouverture faite dans un mur, une clôture, etc. **2.** Brisure faite au tranchant d'une lame. ■ **être toujours sur la brèche :** en action. ❑ **battre en brèche :** attaquer vivement.

bréchet nm Sternum des oiseaux.

bredouillage ou **bredouillement** ou **bredouillis** nm Action de bredouiller.

bredouille adj Qui a échoué, qui n'a rien pris : *rentrer bredouille.*

bredouiller vi et vt Parler d'une manière précipitée et peu distincte.

1. bref nm Lettre du pape, de moindre importance qu'une bulle et ne portant pas le sceau pontifical.

2. bref, ève adj De courte durée. ■ **d'un ton bref :** d'une voix tranchante, brutale. ❑ **pour être bref :** pour abréger. ◆ adv Enfin, en un mot : *bref, c'est non.*

brelan nm Réunion de trois cartes semblables, au poker : *brelan d'as.*

breloque nf Petit bijou attaché à un bracelet ou à une chaîne.

brème nf Poisson d'eau douce.

brent [brɛnt] nm Prix d'un baril de pétrole provenant de la mer du Nord et servant de référence pour le marché européen.

brésilien, enne adj et n Du Brésil : *les Brésiliens.*

bretelle nf **1.** Courroie pour porter un fardeau, un fusil. **2.** Bande de tissu retenant aux épaules certains vêtements ou sous-vêtements : *bretelles de soutien-gorge.* **3.** Courte voie reliant entre eux deux itinéraires routiers importants : *une bretelle d'autoroute.* ■ FAM **remonter les bretelles à qqn :** le rappeler à l'ordre, lui faire des reproches.

breton, onne adj et n De Bretagne : *les Bretons.* ◆ nm Langue celtique parlée dans l'ouest de la Bretagne.

bretonnant, e adj et n Qui parle breton ; qui a conservé les coutumes bretonnes.

bretzel [bredzɛl] nm ou nf Pâtisserie alsacienne salée.

breuvage nm LITT, PÉJOR Boisson.

brève nf **1.** Voyelle ou syllabe dont la durée d'émission est courte. **2.** Courte information de dernière heure ou peu importante.

brevet nm Diplôme délivré, après examen, par l'État et conférant certains droits : *brevet de pilote.* ■ **brevet (d'invention) :** titre protégeant une invention ou un procédé. ❑ **brevet des collèges :** examen de fin de premier cycle du secondaire.

breveté, e adj et n **1.** Qui est titulaire d'un brevet. **2.** Qui est garanti par un brevet : *invention brevetée.*

breveter vt (conj 8) Protéger par un brevet : *breveter une invention.*

bréviaire nm Livre contenant les prières que les prêtres catholiques doivent lire chaque jour.

briard, e adj et n De la Brie. ◆ nm Chien de berger, à poil long.

bribe nf (surtout au pluriel) Fragment d'un tout : *saisir des bribes d'une conversation.*

bric-à-brac nm inv Amas d'objets disparates, vieux ou en mauvais état.

bric et de broc (de) loc adv Avec des éléments pris de tous côtés, au hasard.

1. brick nm Voilier à deux mâts carrés.

2. brick nm Galette tunisienne à base de blé dur, fourrée de thon, d'œuf, etc., et frite.

bricolage nm **1.** Action de bricoler ; son résultat. **2.** Réparation provisoire. **3.** Travail vite et mal fait.

bricole nf FAM Chose sans importance ou sans valeur.

bricoler vi Faire des petits travaux d'installation, de réparation, chez soi ou à l'extérieur. ◆ vt FAM Réparer avec des moyens de fortune.

bricoleur, euse adj et n Qui bricole.

bride nf **1.** Partie du harnais du cheval qui sert à conduire celui-ci. **2.** COUT Boutonnière en points de chaînette. **3.** Lien de fer unissant deux pièces. ■ **à bride abattue :** très vite. ❑ **lâcher la bride à :** donner toute liberté à.

bridé, e adj ■ **yeux bridés :** dont les paupières sont étirées en longueur.

brider vt **1.** Mettre la bride à un cheval. **2.** Limiter la puissance d'un moteur, d'une machine. **3.** Ficeler une volaille. **4.** FIG Contenir, réfréner : *brider son imagination.*

bridge nm **1.** Jeu de cartes. **2.** Appareil dentaire formant un pont entre deux dents.

bridger vi (conj 2) Jouer au bridge.

bridgeur, euse n Personne qui joue au bridge.

brie nm Fromage de la Brie, à pâte molle.

briefer [brife] vt FAM Renseigner par un bref exposé.

briefing [brifiŋ] nm (anglicisme) Réunion d'information.

brièvement adv En très peu de mots.

brièveté nf Courte durée d'une action, d'un état.

brigade nf **1.** Unité militaire. **2.** Corps de police spécialisé : *brigade des mineurs.* **3.** Équipe d'ouvriers.

brigadier nm **1.** Chef d'une brigade de gendarmerie. **2.** Général de brigade. **3.** Bâton pour frapper les trois coups au théâtre.

brigand nm **1.** Personne qui vole et pille à main armée. **2.** VIEILLI Vaurien, bandit.

brigandage nm Acte de brigand.

brigue nf LITT Manœuvre pour triompher d'un rival.

briguer vt Chercher à obtenir : *briguer un poste, un honneur.*

brillamment adv Avec éclat.

brillant, e adj **1.** Qui brille par son éclat. **2.** FIG Qui brille par son intelligence. ◆ nm **1.** Éclat : *le brillant de l'or.* **2.** Diamant taillé à facettes.

brillantine nf Préparation parfumée pour donner du brillant aux cheveux.

briller vi **1.** Émettre de la lumière : *le soleil brille.* **2.** Avoir de l'éclat : *ses yeux brillent de joie.* **3.** Se faire remarquer par une qualité particulière : *briller par son esprit.*

brimade nf **1.** Épreuve que les anciens imposent aux nouveaux dans certaines écoles, à l'armée, etc. **2.** Mesure vexatoire et inutile.

brimbaler vt et vi → **bringuebaler**.

brimborion nm FAM Objet sans valeur.

brimé, e adj ■ **se sentir brimé :** éprouver un sentiment d'injustice, de frustration.

brimer vt Faire subir des brimades.

brin nm Petite partie d'une chose longue et mince ; petite tige : *un brin de paille, d'herbe, de muguet.* ■ FAM **un brin de :** un peu de. ❑ FAM **un beau brin de fille :** une fille grande et bien faite.

brindille nf Branche très mince et légère.

1. bringue nf ■ FAM **grande bringue :** fille grande et mince, dégingandée.

2. bringue nf ■ FAM **faire la bringue :** faire la fête.

bringuebaler ou **brinquebaler** ou **brimbaler** vt et vi FAM Secouer, être secoué de droite à gauche.

brio nm Virtuosité.

brioche nf **1.** Pâtisserie de pâte levée, souvent en forme de boule. **2.** FAM Gros ventre.

brioché, e adj ■ **pain brioché :** qui a le goût et la consistance de la brioche.

brique nf **1.** Matériau de construction à base d'argile, en forme de parallélépipède rectangle moulé et cuit au four. **2.** Emballage en forme de brique ; produit présenté sous cette forme : *brique de lait, de savon.* **3.** FAM Un million de centimes. ◆ adj inv Rougeâtre.

> ORTHOGRAPHE On écrit *un mur en brique* mais *un mur en briques creuses.*

briquer vt FAM Nettoyer en frottant vigoureusement.

briquet nm Petit appareil servant à produire du feu.

briqueterie nf Lieu où l'on fabrique des briques.

briquette nf Brique faite de tourbe ou de poussière de charbon.

bris nm DR Fracture d'une porte, d'une glace, etc. : *bris de clôture.*

brisant nm Rocher à fleur d'eau, sur lequel les vagues se brisent.

briscard ou **brisquard** nm FAM Homme astucieux et retors.

brise nf Petit vent frais et doux.

brisé, e adj Formé de droites ou de plans qui se coupent : *une ligne brisée.*

brisées nf pl ■ LITT **aller sur les brisées de quelqu'un :** entrer en concurrence avec lui.

brise-glace nm inv Navire muni d'une étrave renforcée pour briser la glace.

brise-jet (pl *brise-jets* ou inv) nm Petit tuyau prolongeant un robinet d'eau pour modérer et régulariser le jet.

brise-lames nm inv Digue en avant d'un port.

brisement nm Action de briser, de se briser.

brise-mottes nm inv Rouleau pour écraser les mottes de terre.

briser vt **1.** Rompre, mettre en pièces : *briser un vase.* **2.** Détruire : *briser une résistance.* **3.** Interrompre : *briser une discussion.* ■ **briser le cœur de quelqu'un :** lui causer une grande peine. ◆ **se briser** vpr **1.** Se casser. **2.** Se diviser en heurtant un obstacle, en parlant des vagues.

brise-tout n inv FAM Personne qui casse tout ce qu'elle touche.

briseur, euse n ■ **briseur de grève :** Personne qui, dans une entreprise, travaille alors que les autres sont en grève.

brisquard nm → **briscard**.

bristol nm **1.** Carton fin. **2.** VIEILLI Carte de visite.

brisure nf **1.** LITT Fente, fêlure dans un objet brisé. **2.** Endroit où un objet formé de deux parties est articulé : *brisure d'un volet.*

britannique adj et n De Grande-Bretagne : *les Britanniques.*

broc [bro] nm Grand vase à anse et à bec.

brocante nf Commerce de brocanteur.

brocanteur, euse n Personne qui achète et revend des objets usagés, d'occasion.

brocard nm **1.** Chevreuil mâle. **2.** LITT Raillerie offensante.

brocarder vt LITT Railler.

brocart nm Étoffe brochée de soie, d'or ou d'argent.

brochage nm Action de brocher.

broche nf **1.** Bijou de femme muni d'une épingle. **2.** Tige de fer sur laquelle on pique la viande pour la faire rôtir. **3.** Tige recevant les bobines des métiers à tisser. **4.** Tige d'une serrure, pénétrant dans le trou d'une clef. **5.** CHIR Instrument pour maintenir les os fracturés. ◆ **broches** pl Défenses du sanglier.

broché nm Procédé de tissage formant sur l'étoffe des dessins ; étoffe ainsi tissée.

brocher vt **1.** Passer des fils d'or, de soie, etc., dans une étoffe. **2.** Plier, assembler, coudre et couvrir les feuilles d'un livre.

brochet nm Poisson d'eau douce qui peut atteindre 1 m de long.

brochette nf Petite broche sur laquelle on enfile des morceaux de viande, de poisson, etc., pour les faire griller ; aliments ainsi grillés. ■ FAM **une brochette de :** une rangée, un groupe de.

brocheur, euse n Personne qui broche des livres.

brochure nf **1.** Livre, ouvrage broché, peu volumineux. **2.** Travail du brocheur.

brocoli nm Chou-fleur vert d'Italie.

brodequin nm Grosse chaussure montante de marche, lacée sur le cou-de-pied.

broder vt **1.** Orner une étoffe de motifs en relief, à l'aiguille ou à la machine. **2.** FAM Amplifier un récit, en y ajoutant des détails fantaisistes.

broderie nf Art de broder ; ouvrage, motif brodé.

brodeur, euse n Personne qui brode.

broiement nm Broyage, écrasement.

brome nm CHIM Corps simple, liquide, rouge foncé ; symb : Br.

broméliacée nf Plante monocotylédone des pays tropicaux telle que l'ananas (les broméliacées forment une famille).

bromique adj CHIM Se dit d'un acide oxygéné du brome.

bromure nm Combinaison du brome avec un corps simple.

bronca nf Protestation véhémente d'une catégorie de personnes.

bronche nf Chacun des deux conduits par lesquels l'air s'introduit dans les poumons.

broncher vi Manifester son désaccord, sa mauvaise humeur par des paroles ou des gestes : *obéir sans broncher.*

bronchiole [brɔ̃ʃjɔl] nf Ramification terminale des bronches.

bronchiolite [brɔ̃ʃjɔlit] nf Inflammation des bronchioles.

bronchique adj Des bronches.

bronchite nf Inflammation des bronches.

bronchitique adj et n Atteint de bronchite.

bronchodilatateur, trice [brɔ̃ko-] nm et adj Substance provoquant une augmentation du diamètre des bronches, ce qui diminue la gêne respiratoire (au cours de l'asthme, notamm.).

broncho-pneumonie [brɔ̃ko-] (pl *broncho-pneumonies*) ou **broncho-pneumopathie** [brɔ̃ko-] (pl *broncho-pneumopathies*) nf Affection diffuse des petites bronches et des alvéoles pulmonaires.

brontosaure nm Reptile herbivore fossile de taille gigantesque apparu à l'ère secondaire.

bronzage nm Action de bronzer ; son résultat.

bronzant, e adj Qui fait bronzer.

bronze nm **1.** Alliage de cuivre et d'étain. **2.** Statue, objet en bronze.

bronzé, e adj Basané, hâlé : *teint bronzé.*

bronzer vt **1.** Brunir : *le soleil bronze la peau.* **2.** Donner la couleur du bronze à : *bronzer une statue.* ◆ vi Devenir brun de peau.

bronzette nf FAM Fait de se faire bronzer au soleil : *faire bronzette.*

brossage nm Action de brosser.

brosse nf **1.** Ustensile de nettoyage à filaments souples fixés sur une monture : *brosse à habits, à dents, à cheveux.* **2.** Sorte de pinceau pour étaler les couleurs. ■ **cheveux en brosse :** coupés courts et droits.

brosser vt Nettoyer avec une brosse. ■ FIG **brosser un tableau :** faire une description à larges traits, dépeindre. ◆ **se brosser** vpr **1.** Frotter ses vêtements, une partie de son corps avec une brosse : *se brosser les dents.* **2.** FAM Devoir se passer de ce sur quoi on comptait.

brosserie nf Fabrique, commerce de brosses.

brou nm Enveloppe verte des fruits à écale. ■ **brou de noix :** liquide brun tiré du brou de la noix.

brouette nf Petite caisse évasée montée sur une roue et munie de deux brancards.

brouettée nf Contenu d'une brouette.

brouetter vt Transporter avec une brouette.

brouhaha nm FAM Bruit de voix confus et tumultueux.

brouillade nf CUIS Préparation à base d'œufs brouillés : *une brouillade de truffes.*

brouillage nm Perturbation dans une transmission de radio qui la rend inaudible.

brouillamini nm FAM Affaire embrouillée ; désordre.

brouillard nm **1.** Amas de vapeur d'eau formant un nuage près du sol, limitant la visibilité. **2.** COMM Registre sur lequel on inscrit les opérations à leur date.

brouillasse nf Pluie fine semblable à du brouillard.

brouillasser v impers Se transformer en pluie fine, en parlant du brouillard.

brouille nf FAM Désaccord, mésentente.

brouillé, e adj ■ **œufs brouillés :** dont le jaune et le blanc mélangés sont constamment remués à la cuisson.

brouiller vt **1.** Mettre en désordre : *brouiller des fiches.* **2.** Rendre trouble : *brouiller la vue.* **3.** Rendre confus : *brouiller des idées.* **4.** Désunir, fâcher : *brouiller des personnes.* ■ FAM **être brouillé avec une discipline :** ne rien y comprendre : *être brouillé avec les maths.* ◆ **se brouiller** vpr **1.** Devenir trouble, confus : *ma vue se brouille.* **2.** Ne plus être en bons termes avec : *elle s'est brouillée avec lui.* ■ **le temps se brouille :** le ciel se couvre de nuages.

1. brouillon, onne adj et n Qui manque de clarté dans les idées.

2. brouillon nm Premier état d'un écrit : *un cahier de brouillon.*

broussaille nf Végétation touffue d'arbustes et de ronces entremêlés. ■ **cheveux, sourcils, barbe en broussaille :** en désordre.

broussailleux, euse adj Couvert de broussailles : *terrain broussailleux.*

brousse nf Végétation des régions tropicales sèches composée de buissons et d'arbustes ; terrain couvert de cette végétation.

broutart ou **broutard** nm Veau qui a brouté de l'herbe.

brouter vt En parlant du bétail, manger l'herbe, les jeunes pousses en les arrachant sur place. ◆ vi Fonctionner par à-coups (outil, machine, etc.).

broutille nf Chose de peu d'importance.

brownie [broni] ou [brawni] nm Petit gâteau au chocolat de forme carrée.

brownien [bronjɛ̃] ou [brawnjɛ̃] adj m ■ **mouvement brownien :** mouvement des particules microscopiques dans un liquide.

browning [brɔniŋ] ou [brawniŋ] nm Pistolet automatique.

broyage nm Action de broyer.

broyer [brwaje] vt (conj 3) Écraser, réduire en poudre : *broyer du sucre.* ■ **broyer du noir :** avoir des idées sombres.

broyeur nm Machine à broyer.

brrr interj Marque un sentiment de crainte, une sensation de froid, etc.

bru nf Femme du fils ; belle-fille.

bruant nm Genre de passereaux dont le type est l'ortolan.

brucelles nf pl Pince fine à ressort pour saisir de très petits objets.

brucellose nf Maladie marquée, chez l'homme, par la fièvre de Malte.

bruche nf Coléoptère qui pond dans les fleurs du pois.

brugnon nm Hybride de pêche à peau lisse.

bruine nf Pluie fine et froide.

bruiner v impers Tomber, en parlant de la bruine.

bruineux, euse adj Chargé de bruine : *temps bruineux.*

bruire vi LITT Faire entendre un murmure confus : *les arbres bruissent sous le vent.*

> CONJUGAISON Ce verbe ne s'emploie que dans les formes *bruit, bruissent, bruissait, bruissaient, bruissant.*

bruissement nm Bruit faible et confus : *le bruissement des feuilles.*

bruit nm **1.** Son produit par des vibrations ; mélange confus de sons : *bruits de pas ; faire trop de bruit.* **2.** FIG Nouvelle : *un bruit qui court.* ■ **faire du bruit :** en parlant d'un événement, avoir un grand retentissement.

bruitage nm Action d'imiter artificiellement des bruits au cinéma, à la radio, etc. ; les bruits ainsi imités.

bruiteur, euse n Spécialiste du bruitage.

brûlage nm Action de brûler.

brûlant, e adj Qui brûle, très chaud. ■ FIG **sujet brûlant :** qui est d'actualité, qui soulève les passions.

1. brûlé nm Odeur répandue par une chose brûlée : *sentir le brûlé.*

2. brûlé, e adj ■ **cerveau brûlé** ou **tête brûlée :** individu exalté qui aime le risque.

brûle-parfum (pl *brûle-parfums* ou inv) nm Vase pour faire brûler des parfums.

brûle-pourpoint (à) loc adv Sans prévenir, brusquement.

brûler vt **1.** Détruire par le feu : *brûler des papiers.* **2.** Endommager par le feu ou des produits chimiques : *brûler la nappe avec une cigarette.* **3.** Causer une sensation de brûlure : *fumée qui brûle les yeux.* **4.** Employer comme source d'énergie pour le chauffage, pour l'éclairage : *brûler de l'électricité.* **5.** Franchir un signal d'arrêt : *brûler un feu.* ■ **brûler la cervelle :** tuer d'un coup de feu à la tête. ❑ **brûler une étape :** passer outre sans s'y arrêter. ❑ **brûler la politesse à quelqu'un :** passer devant lui. ❑ **brûler ses vaisseaux :** se mettre dans l'impossibilité de reculer. ❑ FAM **être brûlé :** être démasqué. ◆ vi **1.** Se consumer sous l'action du feu : *la maison brûle.* **2.** Être détruit, endommagé par le feu : *le rôti a brûlé.* **3.** Être chaud, brûlant :

attention, ça brûle ! ; brûler de fièvre. **4.** Désirer ardemment : *il brûle de lui parler.* **5.** Dans certains jeux, être sur le point de découvrir ce qu'il faut trouver : *tu brûles !* ◆ **se brûler** vpr Subir les effets du feu, d'une chaleur intense : *se brûler avec une allumette.*

brûlerie nf **1.** Atelier où l'on distille l'eau-de-vie. **2.** Lieu où l'on torréfie le café.

brûleur nm Appareil à combustion : *brûleur à gaz.*

brûlis nm Partie de forêt, de champ, incendiée pour y faire une culture.

brûloir nm Ustensile pour torréfier le café.

brûlot nm **1.** Eau-de-vie flambée avec du sucre. **2.** Journal, tract, article violemment polémique.

brûlure nf **1.** Lésion produite par le feu, les produits caustiques, l'électricité ou les rayonnements. **2.** Sensation de chaleur, d'irritation : *brûlure d'estomac.*

brumaire nm Deuxième mois du calendrier républicain (22 octobre-20 novembre).

brumasser v impers En parlant du temps, être légèrement brumeux.

brume nf Brouillard léger.

brumeux, euse adj Couvert de brume : *temps brumeux.*

brun, e adj D'une couleur intermédiaire entre le roux et le noir. ■ **bière brune :** bière de couleur foncée à base de malts spéciaux. ❑ **tabac brun :** tabac dont la fermentation a été poussée jusqu'à son terme et qui a subi une opération de torréfaction. ◆ adj et n Qui a les cheveux bruns. ◆ nm Couleur brune.

brunâtre adj Tirant sur le brun.

brunch [brœnʃ] (pl *brunchs* ou *brunches*) nm (anglicisme) Repas pris tard dans la matinée, et faisant office de petit-déjeuner et de déjeuner.

brune nf **1.** Bière brune. **2.** Cigarette de tabac brun.

brunir vt **1.** Rendre brun : *le soleil brunit la peau.* **2.** Polir un métal. ◆ vi Devenir brun, hâlé ; bronzer.

brunissage nm Action de brunir un métal.

brunissement nm Action de brunir la peau, de devenir brun.

brunissoir nm Outil pour brunir un métal.

Brushing [brœʃiŋ] nm (nom déposé) Mise en forme des cheveux à l'aide d'une brosse et d'un séchoir à main.

brusque adj **1.** Qui agit avec soudaineté et souvent avec violence : *un homme brusque.* **2.** Brutal, sec : *geste brusque ; ton brusque.* **3.** Qui arrive de façon soudaine, imprévue ; subit, inattendu : *départ brusque.*

brusquement adv D'une manière brusque.

brusquer vt **1.** Traiter d'une manière brusque, avec rudesse : *brusquer un enfant.* **2.** Hâter, précipiter : *brusquer une affaire.*

brusquerie nf Action ou paroles brusques.

brut, e adj **1.** Qui est resté à l'état de nature, qui n'a pas été façonné, poli : *du marbre brut.* **2.** Non raffiné : *pétrole brut.* **3.** Brutal, sauvage : *force brute.* **4.** Dont on n'a pas déduit certaines retenues (par opposition à *net*) : *salaire brut.* ■ FAM **brut de décoffrage :** qui est montré, exprimé tel qu'il a été conçu, sans élaboration ni fignolage : *revendications brutes de décoffrage.* ❑ **champagne brut :** champagne très sec. ❑ **poids brut :** poids d'une marchandise avec son emballage. ◆ adv Sans défalcation de poids ou de frais.

ORTHOGRAPHE On écrit : *ce sont des poids bruts* (adjectif), mais *ils pèsent trois kilos brut* (adverbe).

brutal, e, aux adj **1.** Qui fait preuve de violence : *un geste brutal ; un enfant brutal avec ses camarades.* **2.** FIG Soudain, inattendu : *mort brutale.*

brutalement adv Avec brutalité.

brutaliser vt Traiter brutalement.

brutalité nf **1.** Caractère de ce qui est brutal. **2.** Acte brutal.

brute nf Personne d'une violence ou d'une grossièreté excessive.

bruyamment adv Avec grand bruit.

bruyant, e adj **1.** Qui fait du bruit. **2.** Où il y a du bruit.

bruyère nf Plante ornementale à fleurs violettes ou roses, poussant sur les sols siliceux ; racine de cette plante. ■ **terre de bruyère :** produite par la décomposition des feuilles de bruyère. ❑ **coq de bruyère :** tétras.

bryologie nf Étude des mousses.

bryozoaire nm Petit animal marin vermiforme (les bryozoaires forment une classe).

BT nm (sigle de *brevet de technicien*) En France, diplôme sanctionnant une formation de technicien ou d'agent technique préparée en trois ans après la classe de troisième.

BTP nm (sigle) Bâtiment et travaux publics : *le secteur du BTP.*

BTS nm (sigle de *brevet de technicien supérieur*) Diplôme sanctionnant une formation préparée en deux ans par les bacheliers ou les titulaires d'un brevet de technicien.

BU nf (sigle) Bibliothèque universitaire.

buanderie nf **1.** Local où se fait la lessive. **2.** CANADA Blanchisserie.

bubale nm Antilope africaine.

bubon nm Ganglion inflammé.

bubonique adj Qui présente des bubons : *peste bubonique.*

buccal, e, aux adj De la bouche.

buccin [byksɛ̃] nm **1.** ANC Trompette romaine. **2.** Gros mollusque.

bûche nf Morceau de bois de chauffage. ■ **bûche de Noël :** pâtisserie en forme de bûche. ❑ FAM **ramasser, prendre une bûche :** tomber.

1. bûcher nm **1.** Lieu où l'on range le bois à brûler. **2.** Amas de bois sur lequel on brûlait les personnes condamnées au supplice du feu : *condamner au bûcher.*

2. bûcher vi et vt FAM Travailler, étudier sans relâche.

bûcheron, onne n Personne dont le métier est d'abattre les arbres.

bûchette nf Petit morceau de bois.

bûcheur, euse n FAM Personne qui travaille beaucoup.

1. bucolique adj Relatif à la vie des bergers ou à la poésie pastorale.

2. bucolique nf Poème pastoral.

budget nm État de prévision des recettes et des dépenses d'un pays, d'un département, d'une famille, d'un particulier, etc.

budgétaire adj Du budget.

budgétisation nf Inscription au budget.

budgétiser vt Intégrer dans le budget.

buée nf Vapeur d'eau condensée en fines gouttelettes.

buffet nm **1.** Armoire pour ranger la vaisselle et le service de table. **2.** Table où sont dressés les mets et les boissons dans une réception ; ensemble de ces mets et de ces boissons : *buffet froid.* **3.** Café, restaurant de gare. **4.** Ouvrage de menuiserie qui renferme le mécanisme d'un orgue.

buffle nm Mammifère ruminant de l'Europe méridionale, d'Asie et d'Afrique, qui ressemble au bœuf.

bufflonne nf Femelle du buffle.

bug [bœg] nm INFORM Bogue.

building [bildiŋ] nm Immeuble ayant un grand nombre d'étages.

buis nm Arbuste toujours vert, à bois dur ; bois de cet arbuste.

buisson nm **1.** Touffe d'arbrisseaux sauvages. **2.** CUIS Façon de disposer des crustacés en pyramide : *buisson d'écrevisses.*

buissonneux, euse adj Couvert de buissons.

buissonnier, ère adj ■ **faire l'école buissonnière :** se promener, au lieu d'aller en classe.

bulbaire adj Relatif à un bulbe.

bulbe nm **1.** Oignon de plante. **2.** ANAT Partie renflée, globuleuse de certains organes. ■ **bulbe rachidien :** partie supérieure de la moelle épinière.

bulbeux, euse adj **1.** BOT Formé d'un bulbe. **2.** ANAT Pourvu d'un bulbe.

bulgare adj et n De la Bulgarie : *les Bulgares.*

bulldozer nm Engin à chenilles pour aplanir le sol.

1. bulle nf **1.** Globule d'air à la surface d'un liquide, d'une matière en fusion ou prise dans une substance : *bulle de savon, de chewing-gum.* **2.** Petite ampoule sur la peau ; cloque. **3.** Dans une bande dessinée, élément graphique qui sort de la bouche d'un personnage et renferme ses paroles. **4.** FIG Endroit où l'on se sent protégé et sécurisé : *la bulle familiale.* ■ FAM **coincer la bulle :** paresser.

2. bulle nf Lettre apostolique d'intérêt général portant le sceau pontifical.

buller vi FAM Rester sans rien faire ; paresser.

bulletin nm **1.** Billet servant à exprimer un vote : *bulletin blanc, nul.* **2.** Information officielle concise : *bulletin de santé ; bulletin météorologique.* **3.** Écrit officiel, administratif ayant valeur d'attestation : *bulletin de naissance, de salaire ; bulletin de commande.* **4.** Rapport scolaire périodique : *bulletin trimestriel.*

bulletin-réponse (pl *bulletins-réponse*) nm Imprimé à remplir et à renvoyer pour participer à un jeu, à un concours.

bull-terrier (pl *bull-terriers*) nm Chien anglais, bon chasseur de rats.

bungalow [bœ̃galo] nm **1.** Dans les pays chauds, habitation entourée de vérandas. **2.** Construction légère servant de résidence de vacances dans un ensemble hôtelier, un camping, etc.

1. bunker [bunkɛr] nm Abri fortifié.

2. bunker [bunkœr] nm Au golf, fosse sableuse sur le parcours d'un trou.

Bunsen ■ **bec Bunsen** nm Brûleur à gaz dans les laboratoires.

bupreste nm Coléoptère qui attaque le bois.

buraliste n **1.** Personne qui est préposée à un bureau de paiement, de poste, etc. **2.** Personne qui tient un bureau de tabac.

bure nf Grosse étoffe de laine de couleur brune ; vêtement fait de cette étoffe.

bureau nm **1.** Table munie ou non de tiroirs, sur laquelle on écrit. **2.** Pièce où se trouve cette table. **3.** Lieu de travail des employés d'une administration, d'une entreprise ; personnel de ce lieu de travail. **4.** Président, vice-président et secrétaires d'une assemblée : *le bureau s'est réuni.* **5.** Établissement assurant au public des services administratifs, commerciaux, etc. : *bureau de poste, de vote, de tabac.* **6.** Service ou organisme chargé d'une fonction particulière : *bureau de change.*

bureaucrate n PÉJOR Employé dans les bureaux d'une administration.

bureaucratie nf **1.** Pouvoir d'un appareil administratif d'État, d'un parti, d'une entreprise, etc. **2.** PÉJOR Ensemble des bureaucrates, envisagé dans sa puissance abusive, routinière.

bureaucratique adj Relatif à la bureaucratie : *esprit bureaucratique*.

bureaucratisation nf Action de bureaucratiser ; son résultat.

bureaucratiser vt Transformer en bureaucratie.

Bureautique nf (nom déposé) Ensemble des techniques informatiques visant à l'automatisation des travaux de bureau.

burette nf **1.** Petit flacon à goulot long et étroit. **2.** Récipient de métal muni d'un tube effilé, pour graisser des rouages.

burin nm **1.** Instrument d'acier pour graver. **2.** Ciseau pour couper les métaux.

buriné, e adj Marqué de rides : *visage buriné*.

buriner vt Travailler au burin, graver.

burlat nf Variété de cerise bigarreau.

burlesque adj D'un comique extravagant : *situation, film burlesque*. ◆ nm ■ **le burlesque :** (a) genre littéraire traitant en style bas un sujet noble (b) genre cinématographique fondé sur une succession rapide de gags.

burnous nm **1.** Grand manteau des Arabes, en laine et à capuchon. **2.** Vêtement à capuchon pour bébés.

burqa ou **burka** [burka] nf ou nm Vêtement traditionnel des femmes musulmanes, qui dissimule leur corps de la tête aux pieds.

bus nm FAM Autobus.

busard nm Oiseau rapace diurne.

1. buse nf **1.** Oiseau rapace diurne, voisin du faucon. **2.** FIG Ignorant et sot : *c'est une buse*.

2. buse nf Tuyau : *buse d'aspiration*.

business [biznɛs] nm (anglicisme) FAM **1.** Affaires : *faire du business*. **2.** Affaire compliquée : *un drôle de business*.

busqué, e adj D'une courbure convexe : *nez busqué*.

buste nm **1.** Partie supérieure du corps humain, de la taille au cou. **2.** Poitrine de la femme. **3.** Sculpture représentant la tête et le haut du buste d'une personne.

bustier nm Corsage, avec ou sans bretelles, découvrant les épaules et enserrant le buste.

but [byt] ou [by] nm **1.** Point visé : *toucher le but*. **2.** Terme qu'on s'efforce d'atteindre : *dépasser son but*. **3.** Fin qu'on se propose : *poursuivre un but*. **4.** Endroit où l'on cherche à lancer le ballon : *envoyer la balle dans le but*. **5.** Point gagné : *marquer un but*. ■ **but en or** ou **but décisif :** premier but marqué au cours des prolongations d'un match de football, qui donne la victoire à l'équipe qui l'inscrit. ❑ **de but en blanc :** brusquement.

> VOCABULAIRE Une personne a *pour but* ; une chose a *pour objet*.

butane nm Gaz combustible tiré du pétrole.

buté, e adj Entêté, obstiné.

butée nf **1.** Massif de pierre destiné à contrebalancer la poussée d'une voûte. **2.** MÉCAN Obstacle limitant le mouvement d'une pièce.

butène nm → **butylène**.

buter vt ind [contre, sur] **1.** Heurter un obstacle. **2.** Se trouver arrêté par une difficulté. ◆ **se buter** vpr S'entêter, se braquer.

buteur, euse n Joueur qui marque des buts.

butin nm **1.** Ce qu'on enlève à l'ennemi. **2.** Produit d'un vol. **3.** FIG Ce qu'on amasse.

butiner vt et vi Recueillir le suc des fleurs, en parlant des abeilles.

butineur, euse adj Qui butine.

butoir nm **1.** Obstacle artificiel placé à l'extrémité d'une voie ferrée. SYN : heurtoir. **2.** Pièce contre laquelle vient buter un mécanisme.

butor nm **1.** Oiseau échassier, à voix retentissante. **2.** FIG Homme grossier, stupide.

butte nf Petite colline, tertre : *butte de tir*. ■ FIG **être en butte à :** être exposé à.

butter vt Entourer une plante d'une butte de terre : *butter des pommes de terre*.

butylène ou **butène** nm Nom d'un hydrocarbure d'hydrogène.

butyrique adj Se dit d'un acide organique existant dans de nombreuses substances grasses.

buvable adj Que l'on peut boire.

buvard nm Papier non collé, propre à absorber l'encre fraîche : *un buvard ; du papier buvard*.

buvette nf Petit local, comptoir où l'on sert à boire (dans une gare, un théâtre, etc.).

buveur, euse n Personne qui aime à boire du vin, etc.

byzantin, e adj et n De Byzance. ■ **discussions byzantines :** discussions oiseuses par excès de subtilité.

buzz nm **1.** Forme de publicité dans laquelle le consommateur contribue à lancer un produit ou un service via des courriels, des blogs, etc. **2.** PAR EXT Rumeur, retentissement médiatique : *le film a fait un énorme buzz*.

C

c nm Troisième lettre de l'alphabet et la deuxième des consonnes.

1. C (symbole) Chiffre romain valant 100.

2. C (symbole) Celsius : *20 °C*.

CA nm (sigle) Chiffre d'affaires.

ça pron dém FAM Cette chose-là ; cela. ■ **c'est ça** : c'est exact.

çà adv de lieu ■ **çà et là** : de côté et d'autre. ◆ **ah, çà !** interj Marque l'étonnement, l'impatience : *ah, çà ! répondrez-vous ?*

cabale nf Menées secrètes, intrigue : *monter une cabale*.

cabalistique adj Mystérieux : *signes cabalistiques*.

caban nm Veste croisée en drap épais, comme en portent les matelots.

cabane nf **1.** Petite habitation construite grossièrement ; hutte, baraque, bicoque. **2.** Petite loge pour les animaux.

cabanon nm Petite cabane.

cabaret nm Établissement de spectacle où l'on peut consommer des boissons, dîner, danser.

cabas nm Grand sac souple en paille tressée.

cabestan nm Treuil vertical à barres horizontales pour rouler ou dérouler un câble, etc.

cabillaud nm Nom commercial de la morue fraîche.

cabine nf **1.** Chambre à bord d'un navire. **2.** Petite construction, habitacle à usage déterminé : *cabine d'ascenseur ; cabine de douche, d'essayage ; cabine téléphonique*. **3.** Espace aménagé pour le conducteur d'un camion, d'un engin, d'une motrice de chemin de fer, pour le pilote d'un avion, etc.

cabinet nm **1.** Petite pièce dépendant d'une plus grande : *cabinet de travail, de toilette*. **2.** Local où s'exerce une profession libérale : *cabinet dentaire, médical*. **3.** Ensemble des ministres d'un État : *conseil de cabinet*. **4.** Lieu abritant des collections publiques ou privées : *cabinet des médailles*. **5.** Meuble, coffre à compartiments pour ranger des objets précieux. ◆ **cabinets** pl Toilettes, W.-C.

câblage nm **1.** Action de câbler. **2.** Ensemble des fils entrant dans le montage d'un appareil électrique.

câble nm **1.** Gros cordage. **2.** Faisceau de fils conducteurs sous gaines isolantes : *câble sous-marin*. **3.** Télégramme envoyé par câble. ■ **la télévision par câble** ou **le câble** : distribution de programmes de télévision par un réseau de câbles à des abonnés.

câbler vt **1.** Tordre plusieurs cordes ensemble pour faire un câble. **2.** Établir les connexions d'un appareil électrique ou électronique. **3.** Télégraphier par câble.

câblo-opérateur (pl *câblo-opérateurs*) nm Entreprise qui met en place un réseau de télévision par câble.

cabochard, e adj et n FAM Qui n'en fait qu'à sa tête, têtu.

caboche nf **1.** FAM Tête. **2.** Clou à tête large et ronde.

cabochon nm Pierre précieuse polie, mais non taillée.

cabosser vt Déformer par des bosses ou des creux.

cabot nm **1.** FAM Chien. **2.** FAM Cabotin.

cabotage nm Navigation marchande côtière.

caboter vi Naviguer à faible distance des côtes.

caboteur nm Navire qui pratique le cabotage.

cabotin, e n **1.** Acteur médiocre qui a une haute opinion de lui-même. **2.** Personne au comportement affecté, théâtral.

cabotinage nm Comportement du cabotin.

cabrer vt **1.** Faire dresser un cheval sur les membres postérieurs. **2.** FIG Amener à une attitude d'opposition, de révolte.

cabri nm Chevreau.

cabriole nf (souvent au pluriel) Bonds légers et désordonnés.

cabrioler vi Faire des cabrioles.

cabriolet nm **1.** ANC Voiture à cheval à deux roues, munie d'une capote. **2.** Automobile décapotable.

CAC [kak] nm (nom déposé, sigle) Cotation assistée en continu. ■ **indice CAC 40** : indice établi à partir du cours de quarante valeurs mobilières, servant de référence à la Bourse française.

caca nm Dans le langage enfantin, excrément.

cacahouète ou **cacahuète** nf Fruit ou graine de l'arachide.
cacao nm Graine du cacaoyer, d'où l'on extrait des matières grasses (*beurre de cacao*) et la poudre de cacao, qui sert à faire le chocolat.
cacaoyer ou **cacaotier** nm Arbre d'Amérique du Sud qui produit le cacao.
cacarder vi Crier, en parlant de l'oie.
cacatoès ou **kakatoès** nm Oiseau d'Océanie voisin du perroquet, à huppe jaune ou rouge.
cacatois nm MAR Petit mât au-dessus du mât de perroquet ; petite voile carrée sur ce mât.
cachalot nm Grand mammifère cétacé des mers chaudes.
cache nf Lieu secret pour cacher. ◆ nm PHOT Papier noir pour cacher à la lumière certaines parties d'un cliché photographique.
cache-cache nm inv Jeu d'enfants.
cache-col (pl *cache-cols* ou inv) nm Petite écharpe protégeant le cou.
cachectique adj et n Atteint de cachexie.
cachemire ou **cashmere** nm Tissu fin en poil de chèvre du Cachemire.
cache-nez nm inv Longue écharpe de laine.
cache-pot (pl *cache-pots* ou inv) nm Vase décoratif qui sert à dissimuler un pot de fleurs.
cache-prise (pl *cache-prises* ou inv) nm Dispositif de sécurité qui s'adapte dans une prise de courant.
cacher vt **1.** Soustraire à la vue en plaçant dans un lieu secret, en recouvrant. **2.** Dissimuler : *cacher son jeu.* ◆ **se cacher** vpr Se soustraire aux regards, aux recherches. ■ **ne pas se cacher de quelque chose :** en convenir : *il est impulsif, il ne s'en cache pas.* ❏ **se cacher de quelqu'un :** lui cacher ce qu'on fait.
cache-sexe (pl *cache-sexes* ou inv) nm Triangle de tissu couvrant le sexe.
cachet nm **1.** Petit sceau gravé ; son empreinte : *un cachet de cire.* **2.** Tampon : *cachet de la poste.* **3.** Médicament en poudre contenu dans une capsule, une gélule ; comprimé. **4.** Rétribution que perçoit un artiste pour sa participation à un spectacle. **5.** Marque distinctive, originalité : *cette maison a du cachet.*
cachetage nm Action de cacheter.
cacheter vt (conj 8) **1.** Fermer une enveloppe en la collant. **2.** Fermer, sceller avec un cachet. ■ **vin cacheté :** vin en bouteille dont le bouchon est recouvert de cire.
cachetier nm Artiste payé au cachet.
cachette nf Lieu propre à cacher ou à se cacher. ■ **en cachette :** en secret, à la dérobée.
cachexie nf État d'affaiblissement, d'amaigrissement du corps.
cachot nm **1.** Cellule étroite, obscure. **2.** Prison en général.
cachotterie nf FAM Mystère sur des choses sans importance.
cachottier, ère adj et n FAM Qui se plaît aux cachotteries.
cachou nm Substance astringente extraite des fruits de l'arec.
cacique nm ARG SCOL Premier à un concours, en particulier à l'École normale supérieure.
cacochyme adj et n LITT Faible, languissant : *vieillard cacochyme.*
cacophonie nf Mélange de sons discordants.
cacophonique adj Discordant.
cactacée ou **cactée** nf Plante grasse adaptée à la sécheresse (les cactacées, ou cactées, forment une famille).
cactus [kaktys] nm Plante grasse épineuse.
c.-à-d. (abréviation) C'est-à-dire.
cadastral, e, aux adj Du cadastre.
cadastre nm Registre public qui porte le relevé détaillé des propriétés territoriales d'une commune.
cadavéreux, euse adj Qui tient du cadavre : *teint cadavéreux.*
cadavérique adj Propre à un cadavre. ■ **rigidité cadavérique :** durcissement des muscles dans les heures qui suivent la mort.
cadavre nm Corps d'un homme ou d'un animal mort.
caddie ou **caddy** nm SPORTS Personne qui porte les clubs d'un joueur de golf.
Caddie nm (nom déposé) Petit chariot utilisé en libre-service pour transporter les marchandises, les bagages, etc.
cadeau nm Objet offert pour faire plaisir ; présent. ■ FAM **ne pas faire de cadeau à quelqu'un :** n'accepter aucune erreur de sa part.
cadeauter vt AFRIQUE Offrir un cadeau à.
cadenas nm Serrure mobile, munie d'un arceau métallique.
cadenasser vt Fermer avec un cadenas.
cadence nf **1.** Répétition de sons ou de mouvements d'une façon régulière ou mesurée. **2.** Rythme de travail.
cadencé, e adj Soumis à une cadence : *pas cadencé.*
cadet, ette n et adj **1.** Enfant qui vient après l'aîné ou qui est plus jeune qu'un

ou plusieurs enfants de la même famille. **2.** Personne moins âgée qu'une autre. **3.** Sportif âgé de treize à seize ans. ■ **branche cadette** : lignée, famille issue du cadet des enfants. ❑ **c'est le cadet de ses soucis** : il ne s'en soucie pas du tout. ◆ nm Élève officier.

cadmium nm Métal mou et blanc ; symb : Cd.

cadrage nm Mise au point destinée à placer correctement le sujet dans l'image photographique ou cinématographique.

cadran nm **1.** Surface devant laquelle se déplace une des aiguilles qui pointent le chiffre indiquant la valeur de la grandeur mesurée (temps, pression, vitesse, par exemple). **2.** Dispositif manuel d'appel d'un téléphone. ■ **cadran solaire** : surface graduée sur laquelle la projection de l'ombre d'une pointe verticale centrale indique l'heure.

1. cadre nm **1.** Bordure de bois, de métal, etc., qui entoure une glace, un tableau, etc. : *mettre sous cadre.* **2.** Châssis en général : *cadre d'une bicyclette.* **3.** FIG Ce qui entoure un objet, un espace, une scène, une personne : *habiter dans un cadre agréable.* **4.** Ce qui borne l'action de quelqu'un : *sortir du cadre de ses attributions.* ■ **dans le cadre de** : dans les limites de.

2. cadre n Personne salariée exerçant une fonction de direction, de conception ou de contrôle dans une entreprise, une administration : *cadre moyen, supérieur.*

cadrer vi Avoir un rapport avec, concorder : *ceci cadre avec mon plan.* ◆ vt Effectuer un cadrage.

cadreur, euse n Opérateur chargé de la caméra. SYN : cameraman.

caduc, caduque adj **1.** Qui n'a plus cours, périmé. **2.** Qui tombe chaque année : *feuilles caduques ; bois caducs des cerfs.*

caducée nm Emblème du corps médical, composé d'un faisceau de baguettes autour duquel s'enroule le serpent d'Épidaure et que surmonte le miroir de la Prudence.

caducité nf État de ce qui est caduc.

cæcal, e, aux [sekal, o] adj Du cæcum.

cæcum [sekɔm] nm Partie du gros intestin faisant suite à l'intestin grêle.

cæsium ou **césium** nm Métal de la famille du potassium.

CAF [seaɛf] ou [kaf] adj et adv (sigle de *coût, assurance, fret*) Se dit d'une vente maritime dont le prix convenu comprend le coût de la marchandise, le transport jusqu'au port de destination et l'assurance.

1. cafard nm **1.** Insecte nocturne, aplati, se déplaçant rapidement. SYN : blatte, cancrelat. **2.** FAM Idées noires : *avoir le cafard.*

2. cafard, e n FAM Dénonciateur.

cafarder vt et vi FAM Dénoncer hypocritement. ◆ vi FAM Avoir le cafard.

cafardeur, euse n FAM Dénonciateur, mouchard.

cafardeux, euse adj **1.** FAM Qui a des idées noires. **2.** Qui donne le cafard.

café nm **1.** Graine du caféier ; denrée constituée par ces grains torréfiés ou par leur poudre solubilisée ou lyophilisée : *café en grains ; café moulu, soluble.* **2.** Boisson préparée avec cette denrée : *café au lait ; café crème.* **3.** Établissement où l'on sert des boissons. ■ **café noir** : café servi sans addition d'autre liquide (lait, crème, etc.). ◆ adj inv D'un brun presque noir.

café-concert (pl *cafés-concerts*) nm Music-hall où le public pouvait consommer.

caféier nm Arbuste qui produit le café.

caféine nf Alcaloïde du café.

cafetan ou **caftan** nm Robe d'apparat, portée dans les pays musulmans.

cafétéria nf Lieu public où l'on sert du café, des repas légers.

café-théâtre (pl *cafés-théâtres*) nm Café, petite salle où se donnent de courts spectacles, souvent comiques.

cafetier nm VIEILLI Personne qui tient un café.

cafetière nf Appareil ménager qui sert à faire ou à verser le café.

cafouillage ou **cafouillis** nm FAM Déroulement confus.

cafouiller vi FAM Agir d'une manière désordonnée, confuse ; s'embrouiller.

caftan nm → **cafetan**.

cafter vi et vt ARG SCOL Dénoncer, moucharder.

cafteur, euse n ARG SCOL Personne qui dénonce les autres.

cage nf **1.** Espace clos par des barreaux ou du grillage, pour enfermer des oiseaux, des animaux, etc. **2.** SPORTS Espace délimité par un cadre et des filets qui y sont fixés, matérialisant le but. ■ **cage d'escalier, d'ascenseur** : espace où se trouve l'escalier, l'ascenseur. ❑ **cage thoracique** : cavité formée par les vertèbres, les côtes et le sternum, contenant le cœur et les poumons.

cageot nm Emballage léger pour transporter les fruits, les légumes, etc.

cagibi nm FAM Pièce exiguë.

cagneux, euse adj et n Qui a les jambes déformées (genoux rapprochés, pieds écartés).

cagnotte nf **1.** Caisse commune des membres d'une association, d'un groupe ; somme recueillie par cette caisse. **2.** Dans certains jeux de hasard, somme d'argent qui s'accumule au fil des tirages et que quelqu'un peut gagner. **3.** Argent économisé sur les dépenses courantes.

cagole nf RÉGIONAL (SUD-EST). Jeune femme extravertie, un peu écervelée et vulgaire.

cagoule nf **1.** Sorte de passe-montagne. **2.** Capuchon percé à l'endroit des yeux. **3.** Manteau de moine, sans manches et surmonté d'un capuchon.

cahier nm Assemblage de feuilles de papier réunies ensemble. ■ **cahier des charges :** ensemble des choses demandées à la personne, à l'entreprise qui obtient un marché, signe un contrat d'adjudication. ❑ **cahier de textes :** cahier servant à consigner le texte des sujets de devoirs scolaires.

cahin-caha loc adv FAM Tant bien que mal.

cahot nm Secousse causée à un véhicule par l'inégalité du sol.

VOCABULAIRE Il ne faut pas confondre *cahot,* secousse, avec *chaos,* désordre, ni *cahoteux* avec *chaotique.*

cahotant, e adj Qui cahote.

cahotement nm Fait de cahoter, d'être cahoté.

cahoter vi Être secoué, ballotté. ◆ vt Secouer.

cahoteux, euse adj Qui provoque des cahots : *chemin cahoteux.*

cahute nf Petite cabane, hutte.

caïd nm FAM Chef de bande.

caillasse nf FAM Cailloux, pierres.

caille nf Oiseau voisin de la perdrix.

caillé nm Lait caillé ; partie coagulée du lait servant à fabriquer le fromage.

caillebotis [kajbɔti] nm Entrecroisement de lattes de métal, de bois servant de plancher dans les endroits poussiéreux, humides ou boueux, de décoration murale, etc.

cailler vt Figer, coaguler. ◆ vi FAM Avoir froid.

caillette nf Dernière poche de l'estomac des ruminants.

caillot nm Petite masse de sang coagulé.

caillou (pl *cailloux*) nm **1.** Pierre de petite dimension. **2.** FAM Crâne, tête.

caillouter vt Garnir de cailloux.

caillouteux, euse adj Rempli de cailloux.

caïman nm Espèce de crocodile d'Amérique du Sud.

caisse nf **1.** Coffre de bois, à usages divers : *caisse à outils.* **2.** Meuble où un commerçant range sa recette ; la recette elle-même : *caisse enregistreuse ; partir avec la caisse.* **3.** Comptoir d'un magasin où sont payés les achats ; guichet d'une administration où se font les paiements. **4.** Carrosserie d'un véhicule ; FAM automobile. **5.** Établissement qui reçoit des fonds pour les administrer : *caisse d'épargne, de prévoyance, de retraite.* **6.** Tambour. ■ **grosse caisse :** gros tambour frappé avec une mailloche.

caissette nf Petite caisse.

caissier, ère n Personne qui tient la caisse d'un établissement.

caisson nm **1.** Petite caisse : *un caisson de bouteilles.* **2.** Grande caisse étanche pleine d'air permettant de faire des travaux sous l'eau. **3.** ARCHIT Compartiment de plafond. ■ FAM **se faire sauter le caisson :** se tuer d'une balle dans la tête.

cajoler vt Entourer d'attentions affectueuses, caresser.

cajolerie nf Action de cajoler ; paroles et manières caressantes.

cajoleur, euse adj et n Qui cajole.

cajou (pl *cajous*) nm ■ **noix de cajou :** autre nom de l'*anacarde,* fruit oléagineux comestible.

cajun [kaʒœ̃] adj et n (inv. en genre) Se dit des populations francophones de Louisiane, de leur culture : *les Cajuns.*

cake [kɛk] nm Gâteau garni de raisins de Corinthe et de fruits confits.

1. cal (pl *cals*) nm **1.** Durillon. **2.** Cicatrice saillante d'un os fracturé.

2. cal (symbole) Calorie.

calage nm Action de caler, d'étayer.

calamar nm → **calmar.**

calamine nf Résidu de la combustion des gaz qui encrasse les cylindres d'un moteur à explosion.

calaminé, e adj Couvert de calamine.

calamistré, e adj LITT Recouvert de brillantine : *cheveux calamistrés.*

calamité nf Grand malheur public : *la guerre, la peste sont des calamités.*

calandre nf **1.** Machine pour lisser et lustrer les étoffes, glacer les papiers. **2.** AUTOM Garniture placée devant le radiateur.

calanque nf Petite crique en Méditerranée.

calao nm Oiseau d'Asie et d'Afrique, muni d'un très gros bec surmonté d'une excroissance cornée.

calcaire adj Qui contient de la chaux : *roche, terrain calcaire.* ◆ nm Roche sédimentaire qui contient de la chaux.

calcédoine nf Silice translucide cristallisée, très utilisée en joaillerie dans l'Antiquité.

calcémie nf MÉD Quantité de calcium contenue dans le sang.

calcification nf Apport et fixation des sels de calcium dans les tissus organiques.

calcifié, e adj Converti en carbonate de calcium.

calciner vt **1.** Transformer des pierres calcaires en chaux par chauffage intense. **2.** Brûler, carboniser.

calcium nm Métal dont certains composés sont des substances de première utilité pour l'organisme humain.

1. calcul nm **1.** Opération que l'on fait pour trouver le résultat de la combinaison de plusieurs nombres. **2.** Art de résoudre les problèmes de l'arithmétique : *être bon en calcul.* **3.** FIG Combinaison, manœuvre intéressée : *faire un bon calcul ; agir par calcul.*

2. calcul nm MÉD Concrétion pierreuse : *calculs biliaires, rénaux.*

calculable adj Qui peut se calculer.

1. calculateur nm Machine capable d'effectuer automatiquement des opérations.

2. calculateur, trice adj et n **1.** Qui sait calculer. **2.** Qui agit par calcul.

calculatrice nf Machine qui effectue des opérations numériques.

calculer vt **1.** Faire une opération de calcul. **2.** FIG Évaluer, combiner : *calculer ses efforts.*

calculette nf Calculatrice électronique de poche.

caldoche n et adj FAM Blanc de la Nouvelle-Calédonie.

1. cale nf Objet qu'on place sous un autre pour le mettre d'aplomb.

2. cale nf **1.** Partie interne d'un navire destinée à la cargaison. **2.** Partie d'un quai en pente douce, pour le chargement et le halage des bateaux. ■ **cale sèche** : bassin que l'on peut mettre à sec pour y réparer un navire.

calé, e adj FAM **1.** Instruit, fort : *calé en histoire.* **2.** Difficile, compliqué.

calebasse nf Courge vidée et séchée servant de récipient.

calèche nf ANC Voiture à cheval découverte, suspendue, à quatre roues.

caleçon nm **1.** Sous-vêtement masculin en forme de culotte, à jambes longues ou courtes. **2.** Pantalon féminin moulant, en jersey.

calédonien, enne adj et n De la Calédonie.

calembour nm Jeu de mots fondé sur une similitude de sons (EX : *personnalité* et *personne alitée*).

calembredaine nf VIEILLI Propos extravagant.

calendes nf pl Premier jour du mois chez les Romains. ■ **renvoyer aux calendes grecques** : remettre à une époque qui n'arrivera pas (les mois grecs n'ayant pas de calendes).

calendrier nm **1.** Tableau des jours, des mois, des saisons, des fêtes de l'année. **2.** Programme, emploi du temps.

cale-pied (pl *cale-pieds*) nm Butoir retenant sur la pédale le pied du cycliste.

calepin nm Petit carnet servant à prendre des notes.

caler vt Assujettir avec des cales. ◆ vi **1.** S'arrêter brusquement, en parlant d'un moteur, d'une voiture. **2.** FAM Céder, renoncer : *caler devant les difficultés.* **3.** FAM Avoir l'estomac plein.

calfatage nm Action de calfater.

calfater vt Rendre étanche en garnissant d'étoupe, de poix les joints de la coque d'un navire.

calfeutrage ou **calfeutrement** nm Action de calfeutrer.

calfeutrer vt Boucher les fentes d'une porte, d'une fenêtre afin d'empêcher l'air de passer. ◆ **se calfeutrer** vpr Se tenir enfermé chez soi.

calibrage nm Action de calibrer.

calibre nm **1.** Diamètre d'un cylindre creux, d'un objet sphérique. **2.** Diamètre d'un projectile. **3.** Pièce servant de mesure, d'étalon. ■ FIG **être du même calibre** : se valoir.

calibrer vt **1.** Mettre au calibre, aux bonnes dimensions. **2.** Classer, trier suivant le calibre.

calice nm **1.** Vase sacré, dans lequel on verse le vin à la messe. **2.** Enveloppe extérieure des fleurs.

calicot nm **1.** Toile de coton. **2.** Bande d'étoffe portant une inscription.

califat nm Territoire soumis à l'autorité d'un calife.

calife ou **khalife** nm Titre que prirent les successeurs de Mahomet. ■ **devenir calife à la place du calife** : (du personnage de la BD *Iznogoud*, créée par R. Goscinny et J. Tabary [1961]), prendre la place de celui qui a le pouvoir, souvent par des moyens peu scrupuleux.

californien, enne adj et n De Californie : *les Californiens.*

califourchon (à) loc adv Jambe d'un côté, jambe de l'autre : *s'asseoir à califourchon sur une chaise.* SYN : à cheval.

ORTHOGRAPHE *À califourchon* s'écrit sans *s* final, à la différence de *à croupetons, à tâtons.*

câlin, **e** adj et n Doux et caressant. ◆ nm Geste tendre, caresse affectueuse.

câliner vt Caresser tendrement ; cajoler.

câlinerie nf Attitude câline ; échange de câlins : *faire des câlineries.*

calisson nm Petit gâteau en pâte d'amandes, au dessus glacé, spécialité d'Aix-en-Provence.

calleux, **euse** adj Qui présente des callosités.

call-girl [kolgœrl] (pl *call-girls*) nf (anglicisme) Prostituée que l'on appelle par téléphone.

calligramme nm Texte dont la disposition typographique évoque le thème.

calligraphie nf Art de bien former les caractères de l'écriture ; écriture ainsi formée.

calligraphier vt Former avec art les lettres que l'on trace.

callosité nf Épaississement et durcissement de l'épiderme.

calmant, **e** adj Qui calme. ◆ nm Médicament qui calme la nervosité ou la douleur.

calmar ou **calamar** nm Mollusque marin voisin de la seiche.

calme adj Tranquille. ◆ nm **1.** Absence d'agitation : *le calme de la mer.* **2.** Maîtrise de soi : *garder son calme ;* absence de nervosité.

calmement adv De façon calme.

calmer vt **1.** Apaiser : *calmer les mécontents.* **2.** Atténuer : *calmer la douleur.* ◆ **se calmer** vpr **1.** Devenir moins violent, moins agité : *la tempête se calme.* **2.** Retrouver son sang-froid.

calomniateur, **trice** n Personne qui calomnie ; diffamateur.

calomnie nf Accusation fausse.

calomnier vt Dénigrer par la calomnie.

calomnieux, **euse** adj Qui contient des calomnies : *lettre calomnieuse.*

calorie nf **1.** Unité de quantité de chaleur. **2.** Unité de mesure de la valeur énergétique des aliments.

calorifère nm VIEILLI Appareil destiné au chauffage des maisons par air chaud.

calorifique adj Qui produit des calories.

calorifuge adj et nm Se dit des substances qui conservent la chaleur : *l'amiante est un calorifuge.*

calorimètre nm Instrument pour mesurer les quantités de chaleur.

calorimétrie nf Mesure de la chaleur.

calorimétrique adj Relatif à la calorimétrie : *échelle calorimétrique.*

calorique adj ■ **ration calorique :** quantité d'aliments nécessaire à un organisme.

calot nm **1.** Coiffure militaire souple. **2.** Grosse bille.

calotte nf **1.** Petit bonnet rond, ne couvrant que le sommet du crâne. **2.** FAM Tape sur la tête, sur la joue. ■ **calotte crânienne :** partie supérieure de la boîte crânienne. ❑ **calotte glaciaire :** masse de neige et de glace constituant le sommet arrondi de certaines montagnes.

calque nm **1.** Copie, reproduction d'un dessin sur papier transparent. **2.** Ce papier lui-même. **3.** FIG Imitation servile. **4.** Reproduction, représentation fidèle.

calquer vt **1.** Reproduire par calque ; décalquer. **2.** FIG Imiter exactement ou servilement.

calumet nm Pipe à long tuyau des Indiens de l'Amérique du Nord.

calva nm (abréviation) FAM Calvados.

calvados [kalvados] nm Eau-de-vie de cidre.

calvaire nm **1.** Croix en plein air, commémorant la passion du Christ. **2.** FIG Longue suite de souffrances morales ou physiques.

calville [kalvil] nf Variété de pomme.

calvinisme nm Doctrine de Calvin.

calviniste adj et n Relatif au calvinisme ; qui s'en réclame.

calvitie [kalvisi] nf État d'une tête chauve.

camaïeu nm Peinture dans laquelle on n'emploie que les tons d'une même couleur, du clair au foncé.

camarade n **1.** Compagnon de travail, d'études, de chambre. **2.** Membre du même parti, du même syndicat.

camaraderie nf **1.** Familiarité, entente. **2.** Solidarité entre camarades.

cambiste n et adj Personne qui effectue des opérations de change sur les devises.

cambodgien, **enne** adj et n Du Cambodge : *les Cambodgiens.*

cambouis nm Graisse noircie par le frottement des roues d'une voiture ou des organes d'une machine.

cambré, **e** adj Courbé en arc.

cambrer vt Courber en arc. ◆ **se cambrer** vpr Se redresser en bombant le torse.

cambriolage nm Vol commis par quelqu'un qui s'est introduit dans un local fermé.

cambrioler vt Dévaliser une maison, un appartement par effraction.

cambrioleur, **euse** n Personne qui cambriole.

cambrousse nf FAM, PÉJOR Campagne : *habiter à la cambrousse.*

cambrure nf **1.** Courbure en arc. **2.** Pièce qui soutient la voûte plantaire, dans la semelle d'une chaussure.

cambuse nf MAR Magasin à vivres dans un navire.

1. came nf Dent ou saillie pour transmettre et transformer le mouvement d'une machine, d'une serrure, etc.

2. came nf ARG Drogue.

camé, e adj et n FAM Drogué.

camée nm Pierre fine sculptée en relief, portée comme bijou.

caméléon nm Sorte de lézard qui a la propriété de changer de couleur en fonction de son milieu.

camélia nm Arbrisseau ornemental, originaire d'Asie, dont les fleurs rappellent les roses.

camélidé nm Ruminant des régions arides, tel que le chameau, le dromadaire, le lama (les camélidés forment une famille).

camelot nm Marchand d'objets de peu de valeur.

camelote nf FAM Marchandise, produit de mauvaise qualité.

camembert nm **1.** Fromage à pâte molle, fabriqué en Normandie. **2.** FAM Graphique rond divisé en secteurs.

caméo nm (de l'anglais *cameo appearance*) Dans un film, brève apparition d'une vedette de cinéma ou d'une personne célèbre.

caméra nf Appareil de prise de vues, pour le cinéma ou la télévision.

cameraman (pl *cameramans* ou *cameramen*) nm Cadreur.

camerlingue nm ANC Cardinal qui administre les affaires de l'Église pendant la vacance du Saint-Siège.

camerounais, e adj et n Du Cameroun : *les Camerounais.*

Caméscope nm (nom déposé) Caméra vidéo portative à magnétoscope intégré.

camion nm Gros véhicule automobile pour le transport des charges lourdes et volumineuses.

camion-citerne (pl *camions-citernes*) nm Camion spécialement conçu pour le transport des liquides.

camionnage nm Transport par camion.

camionner vt Transporter par camion.

camionnette nf Petit camion.

camionneur nm **1.** Personne qui conduit un camion. **2.** Entrepreneur de camionnage.

camisole nf ■ **camisole de force :** blouse emprisonnant les bras le long du corps, utilisée autrefois pour immobiliser certains malades mentaux.

camomille nf Plante odoriférante vivace, à fleurs jaunes ; infusion de ces fleurs.

camouflage nm Art de dissimuler du matériel de guerre ou des troupes à l'observation ennemie.

camoufler vt Maquiller, déguiser. ◆ **se camoufler** vpr Se cacher.

camouflet nm LITT Affront, vexation humiliante.

camp nm **1.** Lieu où s'établit une formation militaire ; cette formation. **2.** Lieu où l'on campe ; campement : *camp scout.* **3.** Terrain où des personnes sont regroupées dans des conditions précaires : *camp de réfugiés.* **4.** Parti opposé à un autre : *choisir son camp.* ■ **camp retranché :** place forte entourée de forts. ❑ **camp volant :** provisoire. ❑ **lever le camp** ou FAM **ficher, foutre le camp :** s'en aller.

campagnard, e adj et n Qui est de la campagne.

campagne nf **1.** Étendue de pays plat et découvert. **2.** Les régions rurales, les champs : *vivre à la campagne.* **3.** Expédition militaire : *la campagne d'Italie.* **4.** Entreprise politique, économique, etc., de durée déterminée, ayant un but de propagande : *campagne électorale, publicitaire, d'affichage.* ■ **battre la campagne :** déraisonner, divaguer. ❑ **faire campagne :** déployer une activité pour. ❑ **se mettre en campagne :** partir à la recherche de.

campagnol nm Petit rat des champs.

campanile nm Tour construite près d'une église et abritant les cloches.

campanule nf Plante à fleurs violettes, en clochette, répandue dans les bois, les pâturages, etc.

campé, e adj ■ **bien campé :** solide, bien bâti.

campement nm **1.** Action de camper. **2.** Le lieu où l'on campe. **3.** Troupe campée : *campement de bohémiens.*

camper vi **1.** Établir un camp militaire. **2.** S'installer de façon provisoire et peu confortable. **3.** Faire du camping. ◆ vt Exprimer, représenter avec vigueur, précision : *camper un personnage.* ◆ **se camper** vpr Prendre une pose fière, décidée : *se camper devant un adversaire.*

campeur, euse n Personne qui fait du camping.

camphre nm Substance aromatique cristallisée, tirée du camphrier.

camphré, e adj Qui contient du camphre : *alcool camphré.*

camphrier nm Laurier du Japon, dont on extrait le camphre.

camping nm **1.** Mode de séjour en plein air consistant à camper en couchant sous une tente, dans une caravane ou un camping-car. **2.** Terrain aménagé pour camper. ■ **camping sauvage** : hors des terrains aménagés.

camping-car (pl *camping-cars*) nm Véhicule aménagé contenant des couchettes et du matériel de cuisine.

Camping-Gaz nm inv (nom déposé) Petit réchaud à gaz butane.

campus [kɑ̃pys] nm Ensemble universitaire regroupant unités d'enseignement et résidences.

camus, e adj Court et plat, en parlant du nez.

canada nf Variété de pomme.

Canadair nm (nom déposé) Avion équipé de réservoirs d'eau, utilisé pour lutter contre les incendies de forêt.

canadianisme nm Fait de langue propre au français parlé au Canada.

canadien, enne adj et n Du Canada : *les Canadiens*.

canadienne nf **1.** Veste doublée de fourrure. **2.** Petite tente de camping.

canaille nf Individu méprisable, sans moralité. ◆ adj Vulgaire, polisson : *des airs, des rires canailles*.

canal (pl *canaux*) nm **1.** Voie navigable creusée par l'homme : *le canal des Deux-Mers*. **2.** Conduit artificiel pour l'eau, le gaz, etc. : *canal d'adduction d'eau*. **3.** Bras de mer séparant deux rivages : *le canal de Mozambique*. **4.** ANAT Vaisseau du corps : *canal médullaire*. **5.** Espace de fréquences radioélectriques utilisé par un émetteur de radio ou de télévision. ■ **par le canal de** : par le moyen, par l'intermédiaire de.

canalisation nf **1.** Action de canaliser un cours d'eau. **2.** Conduite, tuyauterie assurant la circulation d'un fluide.

canaliser vt **1.** Rendre un cours d'eau navigable. **2.** FIG Acheminer dans une direction, empêcher de se disperser : *canaliser une foule*.

canapé nm **1.** Long siège à dossier et accoudoirs. **2.** Tranche de pain de mie sur laquelle on dispose diverses garnitures.

canapé-lit (pl *canapés-lits*) nm Canapé transformable en lit. SYN : convertible. .

canard nm **1.** Oiseau aquatique palmipède migrateur à l'état sauvage. **2.** FAM Journal. **3.** Fausse note. **4.** Morceau de sucre trempé dans le café, l'eau-de-vie, etc. **5.** FIG, FAM Fausse nouvelle.

canarder vt FAM Envoyer des projectiles d'un lieu abrité.

canari nm Serin jaune. ◆ adj inv ■ **jaune canari** : jaune tirant sur le vert.

canasson nm FAM Mauvais cheval.

canasta nf Jeu de cartes qui se joue à quatre avec deux jeux de 52 cartes.

cancan nm FAM Bavardage médisant, commérage.

cancaner vi FAM Faire des cancans.

cancanier, ère adj et n Qui a l'habitude de faire des commérages.

cancer nm Tumeur maligne formée par la multiplication désordonnée des cellules d'un tissu ou d'un organe. ◆ **Cancer** nm Constellation zodiacale ayant la forme d'un crabe ; signe astrologique des personnes nées entre le 22 juin et le 22 juillet. ◆ n et adj Personne née sous le signe du Cancer.

cancéreux, euse adj De la nature du cancer : *tumeur cancéreuse*. ◆ adj et n Atteint d'un cancer.

cancérigène ou **cancérogène** adj Qui peut provoquer ou favoriser l'apparition d'un cancer.

cancérologie nf Discipline médicale qui étudie traite le cancer.

cancérologue n Spécialiste de cancérologie.

cancoillotte [kɑ̃kwajɔt] nf Fromage de Franche-Comté à pâte molle, fabriqué avec du lait caillé.

cancre nm Mauvais élève.

cancrelat nm Cafard.

candélabre nm **1.** Grand chandelier à plusieurs branches. **2.** VIEILLI Appareil d'éclairage public.

candeur nf Innocence naïve, ingénuité : *répondre avec candeur*.

candi adj m ■ **sucre candi** : purifié et cristallisé.

candidat, e n Personne qui se présente à un examen, postule à un emploi, une fonction, un titre.

candidature nf Qualité de candidat ; action de se porter candidat : *poser sa candidature aux élections*.

candide adj Qui dénote de la candeur : *jeune fille candide ; question candide*.

candidement adv Avec candeur.

candidose nf Infection de la peau ou des muqueuses buccales ou génitales, due à un champignon.

cane nf Canard femelle.

caneton nm Jeune canard.

1. canette nf Petite cane.

2. canette ou **cannette** nf **1.** Petite bouteille ou boîte métallique cylindrique contenant de la bière ou une autre boisson ; son contenu. **2.** Petit cylindre sur lequel est enroulé le fil dans la navette ou le fil d'une machine à coudre.

canevas nm **1.** Grosse toile claire pour faire la tapisserie. **2.** FIG Plan d'un ouvrage : *canevas de roman*.

caniche nm Variété de chien barbet à poils frisés.

caniculaire adj Propre à la canicule : *chaleur caniculaire*.

canicule nf Période très chaude de l'été.

canidé nm Mammifère carnassier aux molaires nombreuses, aux griffes non rétractiles tel que le loup, le chien, le renard (les canidés forment une famille).

canif nm Petit couteau de poche à lame pliante.

canin, e adj Relatif aux chiens.

canine nf Dent pointue située entre les incisives et les molaires.

canisse nf → **cannisse**.

caniveau nm Rigole d'évacuation des eaux le long d'une chaussée, généralement au bord des trottoirs.

canna nm Plante ornementale.

cannabis nm Chanvre indien ; drogue tirée de cette plante, telle que le haschisch ou la marijuana.

cannage nm Action de canner ; garniture cannée d'un siège.

canne nf **1.** Nom usuel de plusieurs grands roseaux. **2.** Bâton sur lequel on s'appuie en marchant. ■ **canne à pêche :** bâton flexible au bout duquel on fixe une ligne pour pêcher. ❑ **canne à sucre :** plante tropicale cultivée pour le sucre extrait de sa tige. ❑ **canne blanche :** canne d'aveugle.

canné, e adj Garni de tiges de jonc ou de rotin entrelacées : *chaise cannée*.

cannelé, e adj Orné de cannelures.

1. cannelle nf Poudre aromatique tirée de l'écorce d'un laurier des Indes, le *cannelier*.

2. cannelle nf Robinet d'un tonneau.

cannelloni (pl *cannellonis* ou inv) nm Pâte alimentaire roulée en cylindre et farcie.

cannelure nf Rainure creuse, strie : *cannelure de colonne*.

canner vt Garnir le fond ou le dossier d'un siège en entrelaçant des lanières de jonc, de rotin.

cannette nf → **canette**.

cannibale adj et n Anthropophage.

cannibalisme nm Anthropophagie.

cannisse ou **canisse** nf Claie de roseaux utilisée pour protéger du vent ou pour la décoration.

canoë nm Embarcation légère, à fond plat, mue à la pagaie simple ; sport pratiqué avec cette embarcation.

canoéiste n Sportif qui pratique le canoë.

canoë-kayak (pl *canoës-kayaks*) nm Sport pratiqué avec un canoë utilisé comme un kayak.

1. canon nm **1.** Pièce d'artillerie non portative servant à lancer des projectiles lourds. **2.** Tube d'une arme à feu par où passe le projectile : *canon de fusil.* **3.** Partie forée d'une clef. **4.** Os de la jambe du cheval. ■ **canon à neige :** appareil qui sert à projeter de la neige artificielle sur les pistes de ski.

2. canon nm **1.** Règle religieuse. **2.** Ensemble des prières et cérémonies essentielles de la messe. **3.** LITT Principe servant de règle ; objet pris comme type idéal : *les canons de la beauté.* **4.** MUS Composition à plusieurs voix répétant à intervalle et à distance fixes la même mélodie.

> ORTHOGRAPHE Les dérivés de *canon* (artillerie) ont deux *n ;* ceux de *canon* (religion), un seul *n*.

3. canon adj inv et nm FAM Qui possède une grande séduction physique : *des filles canon*.

cañon ou **canyon** [kanjɔn] nm Gorge profonde, creusée par un cours d'eau.

canonial, e, aux adj Réglé par les canons de l'Église.

canonique adj Conforme aux canons de l'Église. ■ **âge canonique :** âge respectable.

canonisation nf Action de canoniser.

canoniser vt Mettre au nombre des saints.

canonnade nf Suite de coups de canon.

canonnière nf Petit navire armé de plusieurs canons.

canopée nf Étage le plus élevé de la forêt tropicale humide, qui abrite la majorité des espèces y vivant.

canot nm Embarcation mue à la rame ou au moteur : *canot de sauvetage*.

canotage nm Action de canoter.

canoter vi Manœuvrer un canot, se promener en canot.

canotier nm Chapeau de paille, à bords plats.

cantal (pl *cantals*) nm Fromage d'Auvergne.

cantaloup nm Melon à côtes rugueuses et à chair orange foncé.

cantate nf Morceau de musique religieuse ou profane, à une ou plusieurs voix, avec accompagnement instrumental.

cantatrice nf Chanteuse professionnelle d'opéra ou de chant classique.

cantine nf **1.** Service qui prépare les repas d'une collectivité ; réfectoire où sont pris des repas. **2.** Petite malle.

cantique nm Chant religieux.

canton nm **1.** En France, subdivision d'un arrondissement. **2.** En Suisse, État de la Confédération. **3.** Au Luxembourg, division administrative.

cantonade nf ■ **parler, crier à la cantonade :** sans paraître s'adresser précisément à quelqu'un.

cantonal, e, aux adj Relatif au canton. ■ **élections cantonales :** des conseillers généraux.

cantonnement nm Lieu où cantonne une troupe.

cantonner vt **1.** Installer dans un cantonnement. **2.** Isoler, mettre à l'écart. ◆ vi S'installer, prendre ses quartiers. ◆ **se cantonner** vpr Se tenir à l'écart, se maintenir dans : *se cantonner dans son rôle.*

cantonnier nm Ouvrier chargé de l'entretien des routes.

canular nm FAM Mystification, blague.

canule nf Petit tuyau qui s'adapte au bout d'une seringue ou d'un tube à injection.

canut, use n Ouvrier qui tisse la soie.

canyon nm → cañon.

canyoning [kanjɔniŋ] nm Sport qui consiste à descendre des cours d'eau accidentés en alternant la randonnée, la nage en eau vive et l'escalade.

CAO nf (sigle) Conception assistée par ordinateur.

caoutchouc nm **1.** Substance élastique obtenue par le traitement du latex de diverses plantes tropicales. **2.** Vêtement, chaussure en caoutchouc.

caoutchouter vt Enduire, garnir de caoutchouc.

caoutchouteux, euse adj Qui a la consistance du caoutchouc.

cap nm Pointe de terre qui s'avance dans la mer : *le cap Gris-Nez.* ■ MAR **mettre le cap sur :** se diriger vers. ❑ FIG **passer le cap :** franchir une étape difficile, décisive.

CAP [seape] nm (sigle de *certificat d'aptitude professionnelle*) En France, diplôme de l'enseignement technologique préparé en deux ou trois ans en lycée professionnel ou en centre d'apprentissage.

capable adj **1.** Qui peut faire une chose, atteindre tel ou tel résultat : *capable de lire.* **2.** Qui a les qualités requises par ses fonctions : *directeur très capable.*

capacité nf **1.** Contenance : *mesures de capacité.* **2.** Aptitude d'une personne dans tel ou tel domaine ; compétence.

caparaçon nm Housse d'ornement des chevaux dans les cérémonies.

caparaçonner vt Couvrir d'un caparaçon : *cheval caparaçonné.*

cape nf Vêtement de dessus sans manches qui couvre les épaules et les bras. ■ **rire sous cape :** en cachette, sournoisement.

capeline nf Chapeau de femme à grands bords souples.

CAPES [kapɛs] nm (sigle) Certificat d'aptitude au professorat de l'enseignement du second degré.

capésien, enne [kapesjɛ̃, ɛn] n Candidat au CAPES ; titulaire du CAPES.

CAPET [kapɛt] nm (sigle) Certificat d'aptitude au professorat de l'enseignement technique.

capétien, enne adj Relatif aux Capétiens.

capharnaüm [kafarnaɔm] nm Lieu où des objets sont entassés dans le désordre.

1. capillaire adj Relatif aux cheveux. ■ **vaisseaux capillaires :** ramifications des artères et des veines.

2. capillaire nm Fougère.

capillarité nf Phénomène physique constitué par la tendance d'un liquide à s'élever vers le haut d'un tube très fin.

capilotade nf ■ FAM **mettre en capilotade :** réduire en bouillie.

capitaine n **1.** Officier des armées de terre et de l'air dont le grade est situé entre ceux de lieutenant et de commandant. **2.** Commandant d'un navire, d'un port, etc. **3.** Chef d'une équipe sportive.

capitainerie nf Bureau du capitaine d'un port.

1. capital, e, aux adj **1.** Essentiel, fondamental : *point capital.* **2.** Qui entraîne la mort : *peine capitale.* ■ **lettre capitale :** majuscule. ❑ **sept péchés capitaux :** péchés qui sont la source de tous les autres.

2. capital (pl *capitaux*) nm **1.** Ensemble de biens possédés, pouvant rapporter un revenu. **2.** Valeur de ces biens. **3.** FIG Ce qui est acquis et dont on peut disposer : *capital santé, de sympathie.* ◆ **capitaux** pl Ensemble des fonds disponibles ou en circulation.

capitale nf **1.** Ville où siège le gouvernement d'un État. **2.** Principal centre d'une activité industrielle, de services. **3.** Lettre majuscule.

capitalisable adj Qui peut être capitalisé.

capitalisation nf Action de capitaliser.

capitaliser vt **1.** Convertir en capital. **2.** Accumuler des choses pour en tirer profit ensuite. ◆ vi Amasser de l'argent.

capitalisme nm Système de production dont les fondements sont l'entreprise privée et la liberté du marché.

capitaliste adj Relatif au capitalisme. ◆ n et adj Personne qui possède des capitaux et les investit dans des entreprises.

capital-risqueur (pl *capital-risqueurs*) nm Personne ou société finançant la création ou le développement d'entreprises à risques mais à fort potentiel de croissance.

capiteux, euse adj sout. Qui porte à la tête : *vin, parfum capiteux.*

capiton nm **1.** Bourre de soie ou de laine. **2.** Division d'un siège capitonné. **3.** Amas adipeux sous-cutané.

capitonnage nm Action de capitonner.

capitonner vt Rembourrer avec du capiton ou une autre matière.

capitulation nf Action de capituler.

capitule nm Inflorescence formée de petites fleurs serrées les unes contre les autres.

capituler vi Cesser toute résistance, se reconnaître vaincu, abandonner.

capoeira [kapɔɛra] nf Art martial du Brésil se pratiquant sur un accompagnement musical.

caporal (pl *caporaux*) nm Militaire du grade immédiatement supérieur à celui de soldat.

caporalisme nm Autoritarisme étroit.

1. capot nm Couverture métallique du moteur d'une automobile.

2. capot adj inv Se dit du joueur qui n'a pas fait de levée dans certains jeux de cartes.

capote nf **1.** Couverture amovible d'une voiture, d'un landau d'enfant. **2.** Manteau militaire. ■ FAM **capote anglaise** ou **capote :** préservatif masculin.

capoter vi **1.** Se retourner, en parlant d'une voiture, d'un avion. **2.** Échouer, en parlant d'un projet, d'une entreprise. **3.** CANADA, FAM Perdre la tête.

cappuccino [kaputʃino] nm Café noir dans lequel on a ajouté du lait mousseux.

câpre nf Bouton du câprier (condiment).

caprice nm Envie subite et irréfléchie. ◆ **caprices** pl Variations soudaines dans le cours des choses : *les caprices de la mode.*

capricieusement adv Par caprice.

capricieux, euse adj et n Qui agit par caprice. ◆ adj Sujet à des changements imprévus : *temps capricieux.*

capricorne nm Insecte coléoptère aux longues antennes. ◆ **Capricorne** nm Constellation zodiacale de l'hémisphère austral ; signe astrologique des personnes nées entre le 22 décembre et le 20 janvier. ◆ n et adj Personne née sous le signe du Capricorne.

câprier nm Arbuste épineux qui produit les câpres.

caprin, e adj et nm Relatif à la chèvre.

capsule nf **1.** Petit couvercle en métal ou en plastique pour boucher une bouteille. **2.** Enveloppe soluble de certains médicaments. **3.** BOT Enveloppe sèche qui renferme les semences et les graines. ■ **capsule spatiale :** véhicule à bord duquel les cosmonautes effectuent leurs voyages dans l'espace.

capsuler vt Recouvrir d'une capsule le goulot d'une bouteille.

captation nf **1.** Fait de s'emparer d'une succession par des manœuvres répréhensibles. **2.** Enregistrement d'un spectacle scénique ; film qui en est tiré : *la captation d'un opéra.*

capter vt **1.** Recevoir au moyen d'appareils radioélectriques : *capter une émission.* **2.** Recueillir une énergie, un fluide, etc., pour l'utiliser. **3.** Obtenir, gagner : *capter l'attention.* **4.** FAM Comprendre : *il n'a rien capté.*

capteur nm ■ **capteur solaire :** dispositif recueillant l'énergie calorifique du Soleil, en vue de son utilisation.

captieux, euse adj LITT Qui cherche de façon insidieuse à induire en erreur.

captif, ive n et adj LITT Prisonnier de guerre. ◆ adj Privé de liberté : *animal captif.* ■ **ballon captif :** aérostat retenu au sol par un câble.

captivant, e adj Qui captive, séduit.

captiver vt Retenir l'attention, l'intérêt ; charmer, passionner : *captiver l'auditoire.*

captivité nf Privation de liberté ; situation de prisonnier de guerre.

capture nf Action de capturer. ■ INFORM **capture d'écran :** copie dans le presse-papiers ou dans un fichier de ce qui est affiché sur l'écran d'un ordinateur.

capturer vt S'emparer de.

capuche nf Sorte de capuchon.

capuchon nm **1.** Partie de vêtement qu'on peut mettre sur la tête ou rabattre en arrière. **2.** Bouchon d'un stylo, d'un tube, etc.

capucine nf Plante ornementale à feuilles rondes et à fleurs orangées.

caque nf Barrique où l'on conserve les harengs salés ou fumés.

caquelon nm Poêlon en fonte ou en terre assez profond, dans lequel on fait notamment des fondues.

caquet nm Gloussement de la poule. ■ **rabattre le caquet à quelqu'un :** le faire taire, le remettre à sa place.

caqueter vi (conj 8) **1.** En parlant de la poule, pousser son cri. **2.** FIG Tenir des propos futiles, bavarder.

1. car conj Introduit l'explication, la raison de la proposition avancée.

2. car nm Autocar.

carabe nm Insecte coléoptère.

carabin nm FAM Étudiant en médecine.

carabine nf Fusil court, léger.

carabiné, e adj FAM Très fort, très intense : *un rhume carabiné.*

carabinier nm VX Soldat armé d'une carabine.

caraco nm **1.** Corsage féminin à basques porté naguère par les paysannes. **2.** Sous-vêtement féminin couvrant le buste.

caracoler vi **1.** Aller çà et là, de droite et de gauche : *le cavalier fait caracoler son cheval.* **2.** Sautiller. ■ **caracoler en tête de :** occuper la position de tête : *caracoler en tête du peloton.*

caractère nm **1.** Élément d'une écriture : *caractères chinois.* **2.** Lettre ou signe d'un style particulier dont on se sert dans l'imprimerie : *caractère gras.* **3.** FIG Manière habituelle de réagir propre à chaque personne ; personnalité : *avoir bon caractère.* **4.** Affirmation vigoureuse de la personnalité : *avoir du caractère.* **5.** Trait donnant à quelque chose son originalité : *immeuble sans caractère.* **6.** Signe distinctif, apparence, air : *caractère d'authenticité.* **7.** Ce qui est propre, particulier à : *caractères physiques.*

caractériel, elle adj et n Qui présente des troubles du caractère.

caractérisé, e adj Se dit de quelque chose qui est nettement marqué ; typique.

caractériser vt **1.** Définir par un caractère distinctif : *caractériser le style d'un auteur.* **2.** Constituer le caractère essentiel de : *la bonté le caractérise.* ◆ **se caractériser** vpr [par] Avoir pour signe distinctif.

caractéristique adj Qui caractérise : *relief caractéristique de la région.* ◆ nf Marque distinctive, trait particulier.

caractérologie nf Étude des types de caractère.

carafe nf Bouteille à base large et à col étroit ; son contenu : *carafe d'eau.* ■ FAM **rester en carafe :** attendre vainement.

carafon nm Petite carafe.

carambolage nm Série de chocs, surtout entre véhicules.

caramboler vi Au billard, pousser une bille et lui faire du même coup toucher les deux autres. ◆ **se caramboler** vpr En parlant de véhicules, se heurter en série.

caramel nm **1.** Sucre fondu et roussi par l'action du feu. **2.** Bonbon composé de sucre et d'un corps gras aromatisé. ◆ adj inv D'une couleur entre le beige et le roux.

caramélisation nf Réduction du sucre en caramel.

caraméliser vt **1.** Réduire le sucre en caramel. **2.** Recouvrir de caramel.

carapace nf **1.** Enveloppe dure protégeant le corps de certains animaux. **2.** FIG Protection, cuirasse.

carapater (se) vpr FAM S'enfuir.

carat nm **1.** Quantité d'or fin pesant un vingt-quatrième du poids total d'un alliage. **2.** Unité de poids de 20 centigrammes (diamants, perles, etc.). ■ FAM **dernier carat :** dernier moment.

caravane nf **1.** Troupe de voyageurs réunis pour franchir un désert, une contrée peu sûre, etc. **2.** Groupe. **3.** Remorque de camping.

caravanier, ère n **1.** Conducteur des bêtes de somme, dans une caravane. **2.** Personne qui pratique le caravaning.

caravaning nm Forme de camping pratiqué par ceux qui utilisent une caravane.

caravansérail nm En Orient, abri réservé aux caravanes.

caravelle nf Navire des XVe et XVIe s., rapide et de petit tonnage.

carbochimie nf Chimie industrielle de la houille et de ses dérivés.

carbonarisme nm Société politique secrète, formée au XIXe s. en Italie.

carbonaro (pl *carbonaros* ou *carbonari*) nm Affilié au carbonarisme.

carbonate nm CHIM Sel du gaz carbonique : *carbonate de soude.*

carbone nm **1.** CHIM Corps simple, non métallique, soit cristallisé (diamant), soit amorphe (charbon, houille). **2.** (en apposition) Se dit de ce qui concerne les émissions de dioxyde de carbone dans l'atmosphère : *bilan carbone ;* taxe carbone. ■ **papier carbone** ou **carbone :** papier placé entre la feuille où l'on écrit et une feuille vierge pour obtenir un double.

carbonifère adj Qui contient du charbon : *terrain carbonifère.*

carbonique adj Se dit d'un gaz résultant de la combinaison du carbone avec l'oxygène.

carbonisation nf Transformation d'un corps en charbon.

carboniser vt Brûler complètement, réduire en charbon.

carburant nm Combustible qui alimente un moteur à explosion.

carburateur nm Organe d'un moteur à explosion qui réalise le mélange d'essence et d'air.

carburation nf AUTOM Formation, dans le carburateur, du mélange gazeux inflammable et combustible alimentant le moteur à explosion.

carbure nm CHIM Combinaison du carbone avec un autre corps simple : *carbure d'hydrogène*.

carburer vi FAM Réfléchir, faire travailler son esprit.

carcan nm **1.** ANC Collier de fer pour attacher un condamné au poteau d'exposition. **2.** FIG Ce qui entrave la liberté, contrainte, sujétion.

carcasse nf **1.** Charpente osseuse d'un animal. **2.** FAM Corps humain : *traîner sa vieille carcasse*. **3.** Armature, charpente : *carcasse d'abat-jour, de voiture*.

carcéral, e, aux adj Relatif aux prisons, au régime pénitentiaire.

carcinome nm Sorte de cancer.

cardamome nf Plante aromatique d'Asie aux graines de saveur poivrée.

cardan nm MÉCAN Articulation permettant la transmission d'un mouvement de rotation dans toutes les directions.

carde nf Nervure comestible du cardon et de la blette.

carder vt Peigner la laine, le drap.

cardia nm Orifice supérieur de l'estomac.

cardiaque adj Relatif au cœur. ◆ adj et n Qui a une maladie de cœur.

cardigan nm Veste de tricot à manches longues, se fermant par-devant.

1. cardinal nm **1.** Membre du Sacré Collège, électeur et conseiller du pape. **2.** Oiseau au plumage rouge écarlate.

2. cardinal, e, aux adj LITT Qui constitue le point essentiel d'une doctrine, d'une action : *l'idée cardinale d'une théorie*. ■ **points cardinaux :** l'est, le sud, l'ouest et le nord. ❑ **nombre cardinal :** qui exprime la quantité : *un, deux, trois, etc., sont des nombres cardinaux*.

cardinalat nm Dignité de cardinal.

cardinalice adj Qui appartient à un cardinal.

cardiogramme nm Tracé obtenu à l'aide d'un cardiographe.

cardiographe nm Appareil enregistreur des mouvements du cœur.

cardiographie nf Étude du cœur à l'aide du cardiographe.

cardiologie nf Partie de la médecine qui traite du cœur.

cardiologue n Spécialiste des maladies du cœur.

cardiopathie nf Affection du cœur.

cardio-vasculaire (pl *cardio-vasculaires*) adj Relatif à la fois au cœur et aux vaisseaux.

cardon nm Plante potagère voisine de l'artichaut, dont on consomme les cardes.

carême nm Pour les catholiques et les orthodoxes, temps de pénitence allant du mercredi des Cendres au jour de Pâques.

carénage nm **1.** MAR Action de caréner. **2.** Endroit d'un port où l'on carène les navires.

carence nf **1.** Absence, manque de quelque chose : *carence en vitamines*. **2.** PAR EXT Action de se dérober, de manquer à un engagement : *la carence du pouvoir*.

carène nf Partie immergée de la coque d'un navire.

caréné, e adj Qui a une forme fuselée pour réduire la résistance de l'air.

caréner vt (conj 10) Nettoyer ou réparer la carène.

carentiel, elle adj Relatif, consécutif à une carence.

caressant, e adj Qui caresse, qui aime les caresses.

caresse nf Attouchement tendre.

caresser vt **1.** Faire des caresses. **2.** FIG Nourrir des espérances, etc.

caret nm **1.** Dévidoir utilisé par les fabricants de cordes. ■ **fil de caret :** gros fil servant à faire les cordages. **2.** Tortue des mers chaudes.

car-ferry (pl *car-ferrys* ou *car-ferries*) nm Navire pour le transport des automobiles.

cargaison nf Ensemble des marchandises transportées par un navire, un avion.

cargo nm Navire pour le transport des marchandises.

cari nm → **curry**.

cariatide nf → **caryatide**.

caribou nm Renne du Canada.

caricatural, e, aux adj **1.** Qui relève de la caricature : *dessin caricatural*. **2.** Grotesque, outré : *compte rendu caricatural*.

caricature nf **1.** Dessin, peinture satirique ou grotesque. **2.** Déformation grotesque et outrée de certains traits ou caractéristiques. **3.** FAM Personne ridicule.

caricaturer vt Faire la caricature de.

caricaturiste n Personne qui fait des caricatures.

carie nf Maladie de la dent détruisant ses parties dures.

carié, e adj Se dit d'une dent attaquée par une carie.

carier vt Gâter par l'effet de la carie.

carillon nm **1.** Ensemble de cloches accordées à différents tons ; sonnerie de ces cloches. **2.** Horloge qui sonne les heures. ■ **carillon électrique :** sonnerie électrique à plusieurs tons.

carillonné, e adj ■ **fête carillonnée :** fête solennelle annoncée par des carillons.

carillonnement nm Action de carillonner ; le son produit.

carillonner vi **1.** Sonner le carillon. **2.** FAM Agiter vivement une sonnette à une porte. ◆ vt Faire savoir à grand bruit : *carillonner une nouvelle.*

cariste nm Employé chargé de la manœuvre des chariots de manutention.

caritatif, ive adj Qui aide matériellement ou moralement les plus démunis.

car-jacking [kardʒakiŋ] (pl *car-jackings*) nm Vol d'un véhicule automobile sur la voie publique avec violences ou menaces sur son conducteur.

carlin nm Petit dogue à poil ras.

carlingue nf Partie de l'avion pour le pilote et les passagers.

carliste adj et n Partisan de don Carlos, prétendant à la couronne d'Espagne au XIXe s.

carmagnole nf **1.** Veste courte en usage pendant la Révolution. **2.** (avec une majuscule) Ronde et chanson révolutionnaire en 1793.

carme nm Religieux du Carmel.

carmélite nf Religieuse du Carmel.

carmin adj inv et nm D'un rouge vif.

carminé, e adj Qui tire sur le carmin.

carnage nm Massacre, tuerie.

carnassier, ère adj et n Qui se nourrit de chair crue. SYN : carnivore.

carnassière nf Sac pour le gibier.

carnation nf Teint, coloration de la peau.

carnaval (pl *carnavals*) nm Période de réjouissances allant de l'Épiphanie au mercredi des Cendres ; ces réjouissances (bal, cortèges).

carnavalesque adj **1.** Du carnaval. **2.** Grotesque, extravagant.

carne nf FAM Viande dure.

carné, e adj Qui se compose de viande : *alimentation carnée.*

carnet nm **1.** Petit cahier servant à inscrire des notes, des adresses, etc. ; *carnet de bord.* **2.** Assemblage de tickets, de timbres, etc., détachables : *carnet de chèques.* ■ **carnet d'adresses** : base de données contenant notamm. les adresses électroniques des per-sonnes avec qui l'on est en contact. ❑ **carnet de commandes** : ensemble des commandes reçues par une entreprise. ❑ **carnet de notes** : recueil des appréciations portées par les professeurs sur un élève. ❑ **carnet de voyage** : journal intime tenu par un voyageur sous la forme de notes et/ou de dessins. ◆ **carnets** pl Petits cahiers contenant des notes personnelles ou confidentielles : *des carnets de tournage.*

carnettiste n Personne qui tient un carnet de voyage.

carnivore adj et n **1.** Carnassier. **2.** Qui aime la viande. ◆ nm Mammifère qui se nourrit surtout de viande, tel que le chien, le chat, l'ours (les carnivores forment un ordre).

carolingien, enne adj et n Qui appartient à la dynastie des Carolingiens.

caroncule nf Excroissance charnue et rouge ornant la tête et le cou de divers animaux : *caroncule du coq, du dindon.*

carotène nm Pigment jaune ou rouge des végétaux (carotte) et des animaux.

carotide nf Chacune des deux artères qui conduisent le sang du cœur à la tête.

carotte nf **1.** Plante cultivée pour sa racine comestible ; racine de cette plante. **2.** Échantillon cylindrique de terrain retiré du sol. **3.** Enseigne des bureaux de tabac. ■ **la carotte et le bâton** : une alternance de promesses et de menaces. ❑ FAM **les carottes sont cuites** : il n'y a plus rien à faire. ◆ adj inv De couleur rouge tirant sur le roux.

carotter vt FAM Soutirer qqch par tromperie.

caroube ou **carouge** nf Gousse à pulpe sucrée, comestible et antidiarrhéique.

carpaccio [karpatʃjo] nm **1.** Viande de bœuf crue, coupée en fines lamelles et macérée dans de l'huile et du citron. **2.** Tout mets cru servi finement tranché.

1. carpe nf Poisson d'eau douce. ■ **muet comme une carpe** : tout à fait muet.

2. carpe nm Squelette du poignet.

carpelle nm Chacun des éléments soudés du pistil.

carpette nf Tapis de petites dimensions.

carquois nm Étui à flèches.

carrare nm Marbre blanc d'Italie.

carre nf **1.** Épaisseur d'un objet plat coupé à angle droit : *la carre d'une planche.* **2.** Baguette d'acier bordant la semelle du ski.

1. carré nm **1.** Quadrilatère plan à côtés égaux et à quatre angles droits ; ce qui a approximativement la forme d'un carré ou d'un cube : *carré de chocolat.* **2.** Compartiment de jardin où l'on cultive une même plante. **3.** Sur un navire, salle de repas des officiers. **4.** Réunion de quatre cartes semblables. **5.** Ensemble des côtelettes du mouton, de l'agneau, du porc. **6.** Produit d'un nombre multiplié par lui-même.

2. carré, e adj **1.** Qui a la forme d'un carré. **2.** FIG Franc, décidé. ■ **épaules carrées** : larges.

carreau nm **1.** Pavé plat, en terre cuite, en pierre, etc. : *les carreaux de la cuisine.* **2.** Sol pavé de carreaux : *laver le carreau.* **3.** Dessin de forme carrée dans un quadrillage : *jupe à carreaux.* **4.** Verre de fenêtre : *laveur de carreaux.* **5.** Aux cartes, couleur marquée par des losanges rouges : *dame de carreau.* **6.** Gros fer à repasser de tailleur. ■ FAM **se tenir à carreau :** être sur ses gardes. ❑ **sur le carreau :** (a) à terre, assommé ou tué (b) éliminé.

carrefour nm **1.** Lieu où se croisent plusieurs chemins ou rues. **2.** FIG Lieu de rencontre et de confrontation d'idées opposées.

carrelage nm **1.** Action de carreler. **2.** Sol recouvert de carreaux.

carreler vt (conj 6) Assembler des carreaux pour former un revêtement.

carrelet nm **1.** Filet carré. **2.** Plie (poisson).

carreleur nm Ouvrier qui pose des carrelages.

carrément adv **1.** Franchement, sans détours. **2.** FAM Complètement : *carrément nul.*

carrer (se) vpr S'installer à l'aise : *se carrer dans un fauteuil.*

carrier nm Personne qui extrait la pierre.

1. carrière nf **1.** Profession à laquelle on consacre sa vie ; ensemble des étapes de cette profession. **2.** Grand manège d'équitation en terrain découvert. ■ **la carrière :** la diplomatie.

2. carrière nf Terrain d'où l'on extrait la pierre : *carrière de grès.*

carriérisme nm PÉJOR Activité de celui qui ne cherche qu'à satisfaire son ambition personnelle.

carriériste n PÉJOR Personne qui fait preuve de carriérisme.

carriole nf Petite charrette.

carrossable adj Où les voitures peuvent circuler.

carrosse nm Ancienne voiture de luxe à quatre roues, tirée par des chevaux.

carrosser vt Munir d'une carrosserie.

carrosserie nf **1.** Revêtement, généralement en tôle, d'une voiture. **2.** Industrie, technique du carrossier.

carrossier nm Personne qui fabrique ou répare des carrosseries.

carrousel nm Parade au cours de laquelle des cavaliers exécutent des évolutions variées ; lieu où se donne cette parade.

> ORTHOGRAPHE *Carrousel* s'écrit avec un seul s. Il ne faut pas confondre avec *carrosse* et ses dérivés.

carrure nf Largeur du dos, d'une épaule à l'autre.

cartable nm Sac d'écolier.

carte nf **1.** Carton mince servant à divers usages : *carte d'invitation, carte de boutons.* **2.** Petit carton fin, portant des figures et servant à jouer : *battre les cartes.* **3.** Document prouvant l'identité ou permettant d'exercer certains droits : *carte d'électeur, de séjour.* **4.** Représentation géographique : *carte murale, routière.* **5.** Morceau de plastique rectangulaire disposant d'un système de mémorisation des données : *carte magnétique, à puce ; carte bleue, bancaire, de crédit, de téléphone.* **6.** Liste des plats dans un restaurant : *manger à la carte.* **7.** INFORM Assemblage de circuits électroniques adaptable à un ordinateur. ■ **à la carte :** selon un libre choix. ❑ **brouiller les cartes :** embrouiller une affaire. ❑ **carte grise :** certificat d'immatriculation d'un véhicule à moteur. ❑ INFORM **carte mère :** carte regroupant les circuits électroniques fondamentaux d'un ordinateur. ❑ **carte postale :** carte dont un des côtés sert à la correspondance et dont l'autre contient une photo, une illustration. ❑ **carte de visite :** petit rectangle de bristol sur lequel sont imprimés le nom, l'adresse, etc. ❑ **jouer cartes sur table :** ne rien dissimuler. ❑ **jouer la carte de :** s'engager à fond dans un choix. ❑ **jouer sa dernière carte :** faire une tentative ultime. ❑ **le dessous des cartes :** le secret d'une affaire. ❑ **tirer les cartes :** prédire l'avenir par les cartes.

cartel nm Entente industrielle ou politique.

carte-lettre (pl *cartes-lettres*) nf Carte mince se fermant au moyen de bords gommés.

carter [kartɛr] nm Enveloppe protectrice des organes d'un mécanisme.

carte-réponse (pl *cartes-réponse* ou *cartes-réponses*) nf Carte jointe à un questionnaire, à utiliser pour y répondre.

cartésianisme nm Philosophie de Descartes ou qui se réclame de Descartes.

cartésien, enne adj Relatif à la doctrine de Descartes.

cartilage nm Tissu blanc, dur et élastique aux extrémités des os.

cartilagineux, euse adj De la nature du cartilage : *tissu cartilagineux.*

cartographe n Personne qui dresse les cartes de géographie.

cartographie nf Art du cartographe. ■ **cartographie du génome :** localisation des gènes sur l'ADN des chromosomes, visant à établir le séquençage du génome humain.

cartographique adj Relatif à la cartographie.

cartomancie nf Art de prédire l'avenir par les cartes à jouer, les tarots.

cartomancien, enne n Personne qui pratique la cartomancie.

carton nm **1.** Matière composée de pâte à papier, plus rigide et plus épaisse que le papier. **2.** Boîte en carton : *carton à chaussures*. **3.** Portefeuille de dessin : *carton à dessin*. **4.** Modèle dessiné ou peint : *carton de tapisserie*. ■ FAM **faire un carton :** (a) tirer sur quelqu'un (b) FIG remporter un succès éclatant.

cartonnage nm Fabrication des objets en carton.

cartonner vt **1.** Relier un livre en carton. **2.** FAM Critiquer durement. ◆ vi FAM Remporter de grands succès.

carton-pâte (pl *cartons-pâtes*) nm Carton fait de déchets de papier additionnés de colle, et servant à fabriquer des objets par moulage.

cartophile n Collectionneur de cartes postales.

cartophilie nf Collection, recherche de cartes postales.

cartouche nf **1.** Cylindre renfermant la charge d'un fusil, d'un pistolet, etc. **2.** Recharge cylindrique d'encre pour un stylo, de gaz pour un briquet. **3.** Emballage groupant plusieurs paquets de cigarettes. **4.** Boîtier contenant un logiciel vidéo ; ce logiciel.

cartoucherie nf Usine où l'on fabrique des cartouches.

cartouchière nf Sacoche ou ceinture où l'on met des cartouches de fusil.

cary nm → **curry**.

caryatide ou **cariatide** nf Colonne en forme de statue féminine.

caryopse nm Fruit sec soudé à la graine, tel le grain de blé.

caryotype nm Ensemble des chromosomes d'une cellule.

1. cas nm **1.** Fait, circonstance : *le cas est rare*. **2.** Situation : *que faire en pareil cas ?* **3.** MÉD Manifestation d'une maladie ; le malade lui-même. ■ **au cas où :** à supposer que. ❑ **cas de conscience :** fait, situation difficile à juger, à résoudre. ❑ **cas de figure :** situation envisagée par hypothèse. ❑ **en ce cas :** alors. ❑ **en tout cas :** quoi qu'il arrive. ❑ **faire cas, grand cas de :** accorder de l'importance à ; estimer.

2. cas nm GRAMM Dans les langues à déclinaisons, chacune des formes prises par certains noms, adjectifs, pronoms, participes, suivant leur fonction dans la phrase.

casanier, ère adj et n Qui aime à rester chez soi.

casaque nf Veste des jockeys. ■ FAM **tourner casaque :** changer de parti, d'opinion.

casbah nf Citadelle ou palais arabe ; quartier qui l'entoure.

cascade nf **1.** Chute d'eau. **2.** Acrobatie exécutée par un cascadeur. ■ FIG **en cascade :** en série.

cascadeur, euse n **1.** Artiste spécialisé qui double les comédiens pour les scènes dangereuses des films. **2.** Au cirque, acrobate spécialiste des chutes volontaires, des sauts dangereux.

case nf **1.** Habitation des pays tropicaux. **2.** Compartiment d'un meuble, d'un tiroir, etc. **3.** Carré de l'échiquier, du damier, etc.

caséine nf Substance du lait constituant le fromage.

casemate nf Abri enterré d'un fort, d'une citadelle, etc.

caser vt **1.** VIEILLI Placer, mettre : *caser des livres*. **2.** FIG, FAM Procurer un emploi, une situation à.

caserne nf Bâtiment affecté au logement des militaires ou des pompiers.

casernement nm **1.** Installation de militaires dans une caserne. **2.** Locaux d'une caserne.

cash adv Comptant : *payer cash*.

cashmere nm → **cachemire**.

casier nm **1.** Meuble ou partie de meuble garni de cases : *casier à musique*. **2.** Nasse : *casier à homards*. ■ **casier judiciaire :** relevé des condamnations encourues par une personne : *casier judiciaire vierge*.

casino nm Établissement de jeu, de réunion, etc., dans les stations balnéaires.

casoar nm Grand oiseau coureur d'Australie.

casque nm **1.** Coiffure qui protège la tête : *casque colonial*. **2.** Appareil d'écoute téléphonique ou radiophonique.

casqué, e adj Coiffé d'un casque.

casquer vi FAM **1.** Payer : *c'est encore lui qui a casqué*. **2.** FIG Faire les frais de quelque chose.

casquette nf Coiffure à visière.

cassable adj Qui peut se casser.

cassandre nf Personne qui, invariablement, prophétise une évolution funeste des événements : *projet de loi qui inspire les Cassandres*.

cassant, e adj **1.** Qui se casse facilement. **2.** FIG Raide, tranchant : *ton cassant*.

cassate nf Crème glacée faite de tranches diversement parfumées.

cassation nf Annulation juridique d'un arrêté, d'une procédure. ■ **Cour de cassation :** cour suprême de justice.

1. casse nf **1.** Action de casser. **2.** Objets cassés : *payer la casse.* ■ **mettre à la casse :** jeter chez un ferrailleur.

2. casse nf Boîte à compartiments pour les caractères d'imprimerie.

3. casse nm ARG Cambriolage.

cassé, e adj ■ **blanc cassé :** tirant légèrement sur le gris ou le jaune. ❑ **voix cassée :** éraillée, tremblante.

casse-cou nm inv et adj inv Personne qui prend des risques, qui n'a pas peur du danger. ■ **crier casse-cou :** avertir d'un danger.

casse-croûte nm inv FAM Repas sommaire.

casse-gueule adj inv FAM **1.** Se dit de quelqu'un qui est très téméraire. **2.** Se dit de quelque chose de risqué : *un projet casse-gueule.*

cassement nm ■ **cassement de tête :** souci intellectuel, fatigue causée par un problème à résoudre.

casse-noisettes ou **casse-noix** nm inv Pince pour casser des noisettes, des noix.

casse-pieds n inv et adj inv FAM Importun.

casser vt **1.** Mettre en morceaux sous l'action d'un choc, d'un coup ; briser. **2.** Causer une fracture à. **3.** Mettre hors d'usage un appareil. **4.** FIG Annuler : *casser un arrêt.* **5.** MIL Priver de son grade. **6.** FIG Interrompre le cours de : *casser des relations diplomatiques.* ■ FAM **à tout casser :** (a) tout au plus, au maximum (b) sans retenue. ❑ FAM **casser la figure, la gueule à quelqu'un :** lui infliger une correction. ❑ FAM **casser la tête, les oreilles :** fatiguer par du bruit, des paroles. ❑ FAM **casser les pieds à :** (a) importuner (b) agacer. ❑ FAM **ne rien casser** ou **ne pas casser des briques :** être sans originalité, sans intérêt. ◆ **se casser** vpr FAM Partir. ■ **se casser la figure :** tomber. ❑ **se casser la tête :** se tourmenter pour trouver une solution. ❑ **se casser le nez :** (a) trouver porte close (b) échouer.

casserole nf **1.** Ustensile de cuisine à fond plat et à manche. **2.** FAM Affaire compromettante qui entache la réputation. ■ TRÈS FAM **passer à la casserole :** (a) subir une épreuve pénible (b) pour une femme, être contrainte d'avoir des rapports sexuels.

casse-tête nm inv **1.** Massue. **2.** FIG Bruit assourdissant. **3.** Travail ou jeu qui présente des difficultés presque insolubles.

cassette nf **1.** Petit coffre. **2.** Étui contenant une bande magnétique préenregistrée ou non, un film, etc.

casseur, euse n FAM Personne qui casse, détériore exprès, se livre à des déprédations.

1. cassis [kasis] nm **1.** Arbuste à fruits noirs ; fruit de cet arbuste. **2.** Liqueur de cassis.

2. cassis [kasi] nm Rigole en travers d'une route qui imprime une secousse aux véhicules.

cassolette nf **1.** Brûle-parfum. **2.** Petit récipient pour hors-d'œuvre chaud ou froid. **3.** Plat préparé en cassolette.

cassonade nf Sucre roux qui n'a été raffiné qu'une fois.

cassoulet nm Ragoût de haricots blancs et de viandes.

cassure nf Endroit où un objet est cassé : *la cassure d'une pierre.*

castagnettes nf pl Instrument de percussion fait de deux pièces de bois ou d'ivoire qu'on s'attache aux doigts et qu'on fait résonner en les entrechoquant.

caste nf Division hiérarchique de la société, notamment en Inde : *la caste des brahmanes.*

castillan, e adj et n De la Castille.

casting [kastiŋ] nm (anglicisme) Recherche et sélection des acteurs, des figurants, des mannequins, pour un film, un spectacle (recommandation officielle : *distribution artistique*).

castor nm Mammifère rongeur qui construit des digues sur les cours d'eau.

castrat nm Chanteur dont la voix d'enfant était conservée par castration.

castration nf Ablation d'un organe de la génération, pour les deux sexes.

castrer vt Pratiquer la castration ; châtrer.

casuistique nf **1.** Partie de la théologie traitant des cas de conscience. **2.** PAR EXT, LITT Subtilité excessive.

casus belli [kazysbɛlli] nm inv Acte de nature à provoquer la guerre.

cataclysme nm Grand bouleversement destructeur, causé par un cyclone, un tremblement de terre, etc.

catacombes nf pl Souterrains ayant servi de sépultures ou d'ossuaires.

catadioptre nm Dispositif de signalisation à surface réfléchissante.

catafalque nm Estrade sur laquelle on place un cercueil.

cataire ou **chataire** nf Plante à fleurs blanches, très odorante, qui attire les chats. SYN : herbe-aux-chats.

catalan, e adj et n De la Catalogne : *les Catalans.* ◆ nm Langue romane parlée en Catalogne.

catalepsie nf Suppression apparente et momentanée de la vie par la suspension des mouvements.

cataleptique adj et n Relatif à la catalepsie ; qui en est atteint.

catalogue nm **1.** Liste par ordre : *catalogue d'une bibliothèque.* **2.** Ouvrage contenant une liste d'articles, de services proposés à la vente ; fonds constitué par ces articles : *catalogue de vente par correspondance.*

cataloguer vt **1.** Inscrire par ordre. **2.** PÉJOR Ranger, classer définitivement dans une catégorie.

catalpa nm Arbre à très grandes feuilles et à fleurs en grosses grappes de l'Amérique du Nord.

catalyse nf CHIM Action accélératrice qu'exercent certains corps sur des réactions chimiques, sans être eux-mêmes modifiés.

catalyser vt **1.** CHIM Agir comme catalyseur dans une réaction. **2.** FIG Provoquer une réaction par sa seule présence ou son intervention.

catalyseur nm **1.** CHIM Corps qui catalyse. **2.** FIG Élément qui catalyse.

catalytique adj ■ **pot catalytique :** pot d'échappement antipollution utilisant la catalyse.

catamaran nm Embarcation à voiles constituée par deux coques accouplées.

cataplasme nm Bouillie médicinale épaisse appliquée sur la peau pour combattre une inflammation.

catapulte nf **1.** ANTIQ Machine de guerre pour lancer des pierres. **2.** Appareil pour le lancement des avions sur un navire de guerre.

catapulter vt **1.** Lancer violemment et loin. **2.** FIG, FAM Nommer soudainement à un poste élevé.

cataracte nf **1.** Chute d'eau importante sur un fleuve. **2.** MÉD Opacité du cristallin produisant une cécité partielle ou totale.

catarrhe nm MÉD Inflammation aiguë des muqueuses.

catastrophe nf Événement subit qui cause un bouleversement, des destructions, des morts : *catastrophe ferroviaire, naturelle.* ■ **en catastrophe :** d'urgence.

catastropher vt FAM Jeter dans un grand abattement ; abattre, consterner.

catastrophique adj Qui a le caractère d'une catastrophe ; désastreux.

catch nm Lutte libre dans laquelle on peut pratiquer presque toutes les prises.

catcheur, euse n Personne qui pratique le catch.

catéchèse nf Instruction religieuse.

catéchiser vt **1.** Faire le catéchisme. **2.** PAR EXT Prêcher, endoctriner.

catéchisme nm Instruction religieuse élémentaire, donnée principalement à des enfants.

catéchiste n Personne qui enseigne le catéchisme.

catéchumène [katekymɛn] n Personne qui s'instruit dans la foi chrétienne pour préparer ou confirmer son baptême.

catégorie nf Classe de personnes ou d'objets de même nature : *catégorie socio-professionnelle.*

catégoriel, elle adj Qui concerne une ou plusieurs catégories de personnes.

catégorique adj **1.** Clair, précis, absolu : *refus catégorique.* **2.** Qui juge d'une manière définitive ; affirmatif : *il est trop catégorique.*

catégoriquement adv De façon catégorique.

catégorisation nf Classement par catégories.

catégoriser vt Ranger dans une catégorie.

caténaire nf Câble conducteur servant à l'alimentation en courant des locomotives électriques.

catgut [katgyt] nm CHIR Lien pour la suture des plaies.

cathare adj et n Au Moyen Âge, adepte d'une secte religieuse manichéenne dans le sud-ouest de la France.

cathédrale nf Église principale d'un diocèse, où siège l'évêque résidant.

cathéter [katetɛr] nm CHIR Sonde.

catho adj et n (abréviation) FAM Catholique.

cathode nf **1.** Électrode de sortie du courant dans un appareil à électrolyse. **2.** Électrode qui est la source primaire d'électrons dans un tube.

cathodique adj **1.** De la cathode. **2.** FAM Relatif au média télévisuel. ■ **tube cathodique :** tube à vide parcouru par un faisceau d'électrons émis par la cathode et dont l'impact sur un écran produit une image.

catholicisme nm Religion des chrétiens qui reconnaissent l'autorité du pape.

catholicité nf **1.** Doctrine de l'Église catholique. **2.** Ensemble des catholiques.

catholique adj et n Qui appartient au catholicisme ; qui le professe. ◆ adj FAM Conforme à la règle, à la morale courante : *ceci n'est pas très catholique.*

catimini (en) loc adv FAM En cachette : *agir en catimini.*

cation [katjɔ̃] nm Ion de charge positive. CONTR : anion.

catogan nm Nœud retenant les cheveux sur la nuque.

caucasien, enne adj et n Du Caucase.

cauchemar nm **1.** Rêve pénible et agité. **2.** FAM Chose ou personne qui importune, tourmente.

cauchemarder vi FAM Faire des cauchemars.

cauchemardesque adj Analogue au cauchemar.

cauchois, e adj et n Du pays de Caux : *les Cauchoix.*

caucus [kokys] nm CANADA Réunion à huis clos des dirigeants d'un parti politique ; personnes ainsi réunies.

caudal, e, aux adj De la queue.

caulerpe nf Algue verte originaire des mers tropicales et aujourd'hui abondante dans la Méditerranée, dont elle menace l'équilibre écologique.

causal, e, als ou **aux** adj **1.** GRAMM Qui exprime la cause. **2.** Qui annonce un rapport de cause à effet.

causalité nf Rapport causal.

causant, e adj FAM Qui parle volontiers, communicatif.

cause nf **1.** Ce qui fait qu'une chose existe ; origine, principe : *connaître la cause d'un phénomène.* **2.** Ce pour quoi on fait quelque chose ; motif, raison : *j'ignore la cause de son départ.* **3.** Ensemble d'intérêts et d'idées à soutenir : *cause juste ; grande cause.* **4.** GRAMM Expression de la raison ou du motif de l'action. **5.** DR Affaire pour laquelle quelqu'un comparaît. ■ **en tout état de cause :** de toute manière. ❑ **être en cause :** être l'objet du débat. ❑ **la bonne cause :** celle qu'on considère comme juste. ❑ **mettre en cause :** incriminer, rendre responsable de. ◆ **à cause de** loc prép En raison de ; par la faute de.

> ORTHOGRAPHE Dans *être cause de, cause* est invariable. Dans *avoir pour cause, cause* est variable, selon qu'il y a une ou plusieurs causes : *ce retard a pour causes la pluie et la grève.*

1. causer vt Être cause de, occasionner : *causer de la peine.*

2. causer vi **1.** S'entretenir familièrement : *causer avec un ami.* **2.** FAM Parler : *elle cause beaucoup.*

causerie nf Exposé sans prétention fait à un auditoire.

causette nf ■ FAM **faire la causette :** bavarder familièrement INFORM Recommandation officielle pour *2. chat.*

causeur, euse n Personne qui aime et sait causer.

causeuse nf Canapé à deux places.

causse nm Nom des plateaux calcaires du sud de la France.

causticité nf Caractère de ce qui est corrosif ou caustique.

caustique adj et nm Qui attaque les tissus organiques : *la soude est un caustique.* ◆ adj FIG Qui est acerbe, cinglant, mordant dans la plaisanterie ou la satire : *verve caustique.*

cauteleux, euse adj LITT Qui manifeste à la fois de la méfiance et de la ruse.

cautère nm Corps brûlant ou agent chimique employé pour brûler superficiellement un tissu organique. ■ FAM **un cautère sur une jambe de bois :** un remède inutile, un moyen inefficace.

cautérisation nf Action de cautériser : *cautérisation d'une plaie.*

cautériser vt MÉD Brûler superficiellement une plaie pour éviter l'infection.

caution nf **1.** Garantie morale donnée par quelqu'un qui jouit d'un grand crédit. **2.** Somme donnée en garantie d'un engagement. **3.** Engagement pris auprès d'un créancier de payer les dettes d'une personne si celle-ci ne peut le faire ; la personne même qui s'engage : *se porter caution pour quelqu'un.* ■ **sujet à caution :** suspect, douteux.

cautionnement nm Contrat de quelqu'un qui se porte caution.

cautionner vt **1.** Se porter garant pour une autre personne. **2.** Accorder son appui ; soutenir.

cavalcade nf Course agitée et bruyante d'un groupe de personnes.

cavale nf ARG Évasion. ■ **être en cavale :** être en fuite, s'être évadé.

cavaler vi FAM **1.** Courir à toutes jambes ; s'enfuir. **2.** Rechercher des aventures amoureuses.

cavalerie nf **1.** Corps d'armée constitué à l'origine par des troupes à cheval, puis motorisées. **2.** Troupe à cheval.

1. cavalier, ère n **1.** Personne à cheval. **2.** Celui, celle avec qui on forme un couple dans un cortège, une danse. ■ **faire cavalier seul :** agir isolément. ◆ nm **1.** Militaire servant dans la cavalerie. **2.** Pièce du jeu d'échecs. **3.** Clou en U.

2. cavalier, ère adj **1.** Destiné aux cavaliers : *allée cavalière.* **2.** D'une liberté excessive et sans gêne ; impertinent.

cavalièrement adv De façon cavalière, insolente : *répondre cavalièrement.*

1. cave nf **1.** Pièce en sous-sol servant de débarras ou de lieu de conservation pour les vins. **2.** Vins en réserve, vieillissant en bouteilles. **3.** Coffret à liqueurs, à cigares. **4.** Fonds d'argent à certains jeux.

2. cave adj ■ **veines caves :** celles qui déversent dans le cœur le sang veineux.

caveau nm Construction souterraine servant de sépulture.

caverne nf **1.** Cavité naturelle assez vaste dans une zone rocheuse. **2.** MÉD Cavité dans un organe malade : *caverne du poumon*.

caverneux, euse adj ■ **voix caverneuse :** grave.

cavernicole adj et nm Se dit des animaux qui supportent l'obscurité et vivent dans les grottes.

caviar nm Œufs d'esturgeon.

cavicorne nm Mammifère ruminant à cornes creuses.

caviste n Personne qui s'occupe des vins chez un producteur, dans un restaurant.

cavité nf **1.** Creux, vide dans quelque chose : *cavités d'un rocher.* **2.** Partie creuse du corps humain ou d'un de ses organes : *cavité de la bouche*.

CB [sibi] nf (sigle de *citizen band*) **1.** Bande de fréquence radio, utilisée notamment pour communiquer entre véhicules. **2.** Appareil émetteur-récepteur pour la citizen band.

cc (abréviation) Certifié (ou copie) conforme.

CC (sigle) Corps consulaire.

CCI nf (sigle) Chambre de commerce et d'industrie.

CCP nm (sigle) Compte chèque postal.

1. CD nm (sigle) Corps diplomatique.

2. CD nm (sigle) Compact Disc.

CDD nm (sigle de *contrat à durée déterminée*) Contrat de travail dont la durée est fixée à l'avance : *être embauché en CDD.* ◆ n Personne titulaire d'un CDD.

1. CDI nm (sigle) Au collège et au lycée, centre de documentation et d'information.

2. CDI nm (sigle de *contrat à durée indéterminée*) Contrat de travail dont le terme n'est pas défini : *être embauché en CDI.* ◆ n Personne titulaire d'un CDI.

CD-I nm inv (sigle) Compact Disc interactif.

CD-ROM ou **CD-Rom** nm inv Cédérom.

CDU nf (sigle de *classification décimale universelle*) Répartition bibliographique des connaissances humaines fondée sur la numérotation décimale.

CDV nm (sigle) Compact Disc Video.

1. ce pron dém inv (s'élide en *c'* devant *e*) Indique la chose ou la personne dont il a été ou dont il va être question : *qu'est-ce que c'est ? ; c'est à lui ; prenez ce dont vous avez besoin*.

2. ce ou **cet** (devant une voyelle ou un *h* muet), **cette, ces** adj dém **1.** Détermine la personne ou la chose qu'on désigne, qui se trouve à proximité ou dont on a parlé : *j'aimerais lire ce livre.* **2.** Indique que l'action se situe dans le moment présent ou qu'elle est proche : *il est venu ce matin*.

1. CE [seə] nm (sigle de *comité d'entreprise*) Organe de l'entreprise composé des représentants élus du personnel et présidé par le chef d'entreprise, qui a des attributions consultatives ou de contrôle en matière professionnelle.

2. CE [seə] nm (sigle de *cours élémentaire*) ■ **CE1, CE2 :** classes de l'enseignement primaire où sont scolarisés les enfants de sept à neuf ans.

céans adv ■ **maître de céans :** maître des lieux.

ceci pron dém Cette chose-ci.

cécité nf État d'une personne aveugle.

céder vt (conj 10) **1.** Laisser, abandonner : *céder sa place.* **2.** Vendre : *céder un fonds de commerce.* ◆ vi **1.** Ne pas résister, se rompre : *la porte a cédé sous les coups.* **2.** Cesser d'opposer une résistance : *céder par faiblesse.* ◆ vt ind [à] **1.** Se soumettre : *céder à la force.* **2.** Succomber : *céder à la tentation*.

cédérom nm (abrév. de *compact disk read only memory*) Disque compact à lecture laser, à grande capacité de mémoire et qui stocke à la fois des textes, des images et des sons ; (on écrit aussi *CD-ROM* ou *CD-Rom*).

cédétiste adj et n De la Confédération française démocratique du travail (CFDT).

CEDEX [sedɛks] ou **Cedex** nm (sigle de *courrier d'entreprise à distribution exceptionnelle*) Système qui permet aux entreprises ou organismes de disposer plus rapidement de leur courrier.

cédille nf Signe graphique qui, placé sous le *c* devant *a, o, u*, indique le son *s* comme dans *façade*.

cédrat nm Fruit du cédratier, sorte d'énorme citron à peau épaisse, utilisé en confiserie, en parfumerie.

cédratier nm Espèce de citronnier, cultivé pour ses fruits.

cèdre nm Arbre conifère à branches étalées : *les cèdres du Liban*.

cégétiste adj et n De la Confédération générale du travail (CGT).

ceindre vt (conj 55) LITT Mettre autour d'une partie de son corps.

ceinture nf **1.** Bande de cuir, d'étoffe, etc., servant à fixer un vêtement autour de la taille. **2.** Partie fixe d'un vêtement qui entoure la taille. **3.** Taille : *serré à la ceinture.* **4.** En judo, chacun des grades des pratiquants. **5.** Réseau routier ou ferré concentrique à une agglomération : *chemin de fer de ceinture.* ■ **ceinture de sécurité :** bande coulissante destinée à maintenir un passager sur son siège. ❑ FAM **se serrer la ceinture :** (a) ne pas manger assez (b) se priver de quelque chose.

ceinturer vt Saisir par le milieu du corps en vue de maîtriser.

ceinturon nm **1.** Ceinture portée sur l'uniforme. **2.** Ceinture large en cuir.

cela pron dém Cette chose-là. ■ **c'est cela :** c'est exact.

céladon adj inv Vert pâle. ◆ nm Porcelaine d'Extrême-Orient de cette couleur.

célébrant nm Prêtre qui dit la messe.

célébration nf Action de célébrer.

célèbre adj Connu de tous, renommé : *un écrivain célèbre.*

célébrer vt (conj 10) **1.** Fêter solennellement : *célébrer l'anniversaire de la victoire.* **2.** Accomplir un office liturgique : *célébrer la messe.* **3.** LITT Faire l'éloge de, glorifier : *célébrer un artiste.*

célébrité nf **1.** Grande réputation, gloire, renom. **2.** Personnage célèbre.

celer [sәle] vt (conj 5) LITT Cacher ; taire, dissimuler : *celer un secret.*

céleri [sɛlri] nm Plante potagère dont on consomme les côtes des pétioles ou la racine. ■ **branches de céleri** ou **céleri en branches :** côtes des pétioles du céleri. ❑ **céleri-rave :** variété de céleri cultivée pour sa racine charnue ; cette racine.

célérité nf LITT Vitesse, promptitude.

céleste adj **1.** Relatif au ciel : *corps céleste.* **2.** Divin : *puissances célestes.*

célibat nm État d'une personne non mariée.

célibataire adj et n Qui n'est pas marié.

célibattant, e n FAM Jeune célibataire, gai et combatif, qui entend profiter de sa liberté.

celle, celles pron dém f → **celui**.

cellier nm Pièce, lieu frais où l'on entrepose le vin, les fruits, etc.

Cellophane nf (nom déposé) Pellicule transparente utilisée pour l'emballage.

cellulaire adj **1.** Formé de cellules : *tissu cellulaire.* **2.** Se dit d'un réseau téléphonique divisé en cellules adjacentes dotées d'un relais radioélectrique. ■ **fourgon cellulaire :** voiture qui sert à transporter les prisonniers. ❑ **régime cellulaire :** régime dans lequel les prisonniers sont isolés.

cellule nf **1.** Petite chambre d'un religieux. **2.** Local où l'on enferme un détenu. **3.** Alvéole des rayons de cire des abeilles. **4.** BIOL Élément constitutif de tout être vivant. **5.** Élément constitutif fondamental d'un ensemble : *cellule familiale.* **6.** Groupe de travail constitué pour résoudre un problème particulier : *cellule de crise.* ■ **cellule photoélectrique :** appareil transformant l'énergie lumineuse en énergie électrique.

cellulite nf Envahissement graisseux du tissu cellulaire sous-cutané.

Celluloïd nm (nom déposé) Matière plastique très inflammable.

cellulose nf Substance organique formant la membrane des cellules végétales.

cellulosique adj Qui contient de la cellulose.

celtique ou **celte** adj et n Des Celtes.

celui, celle (pl *ceux, celles*) pron dém Se dit des personnes et des choses dont on parle : *prends celle qui est dans la cuisine.* ◆ **celui-ci, celle-ci** (pl *ceux-ci, celles-ci*) pron dém Désigne la personne ou la chose la plus proche. ◆ **celui-là, celle-là** (pl *ceux-là, celles-là*) pron dém Désigne la personne ou la chose la plus éloignée.

cément nm Tissu dur qui recouvre l'ivoire de la racine des dents.

cémentation nf Action de cémenter.

cémenter vt Modifier la composition d'un métal en lui incorporant à chaud un autre corps.

cénacle nm **1.** Salle où Jésus-Christ réunit ses disciples pour la Cène. **2.** LITT, FIG cercle de gens de lettres, d'artistes, etc.

cendre nf Résidu de toute combustion. ◆ **cendres** pl Restes des morts : *paix à ses cendres.* ■ **renaître de ses cendres :** recommencer une vie nouvelle.

cendré, e adj Couleur de cendre : *des cheveux blond cendré.*

cendrier nm Petit récipient pour la cendre de tabac.

cène nf **1.** (avec une majuscule) Dernier repas de Jésus-Christ avec ses apôtres, la veille de sa Passion. **2.** Communion sous les deux espèces (pain et vin), chez les protestants : *prendre la cène.*

cénobite nm Moine qui vit en communauté.

cénotaphe nm Monument élevé à la mémoire d'un mort et qui ne contient pas son corps.

cens [sɑ̃s] nm Au Moyen Âge, redevance payée par des roturiers à leur seigneur.

censé, e adj Considéré comme, supposé : *nul n'est censé ignorer la loi.*

ORTHOGRAPHE Il ne faut pas confondre *censé,* « supposé », avec *sensé,* « de bon sens ».

censeur nm **1.** Fonctionnaire chargé de la discipline dans un lycée. **2.** Membre d'une commission de censure. **3.** LITT Personne qui s'érige en juge intransigeant d'autrui.

censitaire adj Relatif au cens.

censure nf **1.** Contrôle qu'un gouvernement, une autorité exerce sur des livres, journaux, films, etc., avant d'en autoriser la diffusion. **2.** Commission qui en décide l'autorisation ou l'interdiction. ■ **motion de censure :** vote hostile à la politique du gouvernement et pouvant entraîner sa démission.

censurer vt **1.** Interdire la publication ou la diffusion. **2.** Voter une motion de censure. **3.** PSYCHAN Refouler.

cent adj num **1.** Dix fois dix. **2.** Centième : *page cent.* ■ **cent pour cent :** entièrement. ❑ **pour cent :** pour une quantité de cent unités : *dix pour cent.*

ORTHOGRAPHE *Cent* prend un *s* quand il est multiplié : *deux cents francs ;* il reste invariable quand il est suivi d'un autre nombre ou quand il est employé pour centième : *deux cent dix francs, l'an mille neuf cent.*

centaine nf Groupe de cent unités ou environ.

centaure nm Être fabuleux, mi-homme, mi-cheval.

centaurée nf Plante herbacée aux nombreuses espèces, dont le *bleuet.*

centenaire adj et n Qui a cent ans ou plus. ◆ nm Centième anniversaire d'un événement mémorable.

centésimal, e, aux adj Divisé en cent parties : *échelle centésimale.*

centiare nm Centième partie de l'are : *le centiare vaut 1 m^2.*

centième adj. ord et n **1.** Qui occupe un rang marqué par le numéro cent. **2.** Qui se trouve cent fois dans le tout.

centigrade nm Centième partie du grade (unité d'angle).

centigramme nm Centième partie du gramme.

centilitre nm Centième partie du litre.

centime nm Centième partie du franc.

centimètre nm **1.** Centième partie du mètre. **2.** Ruban divisé en centimètres, servant de mesure.

centrafricain, e adj et n De la République centrafricaine : *les Centrafricains.*

centrage nm Action de centrer.

1. central nm Court principal d'un stade de tennis. ■ **central téléphonique :** lieu où aboutissent les lignes du réseau public.

2. central, e, aux adj **1.** Qui est au centre : *Europe centrale.* **2.** Qui constitue le centre ; qui centralise : *pouvoir central.* **3.** Essentiel : *idée centrale.*

centrale nf **1.** Usine génératrice d'électricité ou d'énergie en général : *centrale nucléaire, électrique.* **2.** Confédération nationale de syndicats. **3.** Prison où sont détenus les condamnés à de longues peines.

centralien, enne n Élève ou ancien élève de l'École centrale des arts et manufactures.

centralisateur, trice adj et n Qui centralise.

centralisation nf Action de centraliser.

centraliser vt **1.** Rassembler en un centre unique : *centraliser des fonds.* **2.** Faire dépendre d'un organisme, d'un pouvoir central : *centraliser des services.*

centralisme nm Système d'organisation qui entraîne la centralisation des décisions et de l'action.

centre nm **1.** Point situé à égale distance de tous les points d'une circonférence, d'une sphère. **2.** Point également éloigné des extrémités d'une étendue : *centre d'un tableau.* **3.** Milieu d'un espace quelconque : *le centre d'une ville.* **4.** Siège principal ou notable d'une activité : *centre des affaires ; centre touristique.* **5.** Organisme centralisateur : *centre d'information.* **6.** Lieu où sont rassemblées des personnes pour une activité commune : *centre aéré ; centre hospitalier.* **7.** Point principal, essentiel : *le centre de la question.* **8.** Ensemble des membres d'une assemblée politique qui siègent entre la droite et la gauche : *il est plutôt au centre.* ■ **centre commercial :** ensemble regroupant des magasins de détail et divers services. ❑ **centre d'appels :** service d'assistance commerciale ou technique par téléphone ou par Internet.

centrer vt **1.** Ramener au centre, équilibrer par rapport au centre : *centrer un titre dans une page.* **2.** Donner une orientation précise : *centrer un débat sur la violence.* **3.** TECHN Déterminer l'axe d'une pièce ou fixer une pièce en son centre. **4.** Au football, lancer le ballon de l'aile vers l'axe du terrain.

centre-ville (pl *centres-villes*) nm Quartier central d'une ville dans lequel il y a beaucoup d'animation.

centrifuge adj Qui tend à éloigner du centre : *force centrifuge.* CONTR : centripète.

centrifuger vt (conj 2) Soumettre à l'action de la force centrifuge.

centrifugeuse nf Appareil électrique pour faire des jus de fruits ou de légumes.

centripète adj Qui tend à rapprocher du centre. CONTR : centrifuge.

centrisme nm Tendance politique du centre.

centriste adj et n Du centre, en politique.

centuple adj et nm Qui vaut cent fois autant. ■ **au centuple** : cent fois plus, beaucoup plus.

centupler vt Porter au centuple.

centurie nf Dans la Rome antique, groupement de cent citoyens, de cent soldats.

centurion nm Officier commandant cent soldats dans l'armée romaine.

cep nm Pied de vigne.

cépage nm Plant de vigne.

cèpe nm Champignon comestible. SYN : bolet.

cépée nf Touffe de tiges ou rejets de bois sortant du même tronc.

cependant adv Néanmoins, toutefois.

céphalée ou **céphalalgie** nf MÉD Mal de tête.

céphalopode nm Mollusque marin dont la tête porte des tentacules munis de ventouses, tel que la pieuvre, la seiche, etc. (les céphalopodes forment une classe).

céphalo-rachidien, enne (pl *céphalo-rachidiens, ennes*) adj ■ **liquide céphalo-rachidien** : contenu entre les méninges.

céphalothorax nm Tête et thorax soudés ensemble chez les crustacés, les arachnides.

cérame adj ■ **grès cérame** : grès employé en poterie.

céramique nf **1.** Art de fabriquer des poteries et autres objets de terre cuite. **2.** Objet en terre cuite.

céramiste n Personne qui fabrique, décore la céramique ; personne qui pose les carreaux de céramique.

céraste nm Serpent venimeux d'Afrique et d'Asie dit *vipère à cornes*.

cerbère nm Gardien sévère.

cerceau nm **1.** Cercle de bois ou de fer propre à divers usages : *cerceau de tonneau.* **2.** Cercle léger que les enfants s'amusent à pousser devant eux.

cerclage nm Action de cercler.

cercle nm **1.** Courbe plane dont tous les points sont à égale distance d'un point fixe appelé centre. **2.** Circonférence d'un cercle : *tracer un cercle au compas.* **3.** Objet en forme de cercle : *cercle d'un tonneau.* **4.** Objets, personnes disposés en rond : *faire un cercle.* **5.** Réunion, assemblée, association ; lieu où elle se tient : *cercle d'études, de jeu.* **6.** FIG Étendue de ce qui vous entoure, de ce qu'on peut embrasser par l'esprit : *le cercle des connaissances humaines.* ■ **cercle vicieux** : (a) raisonnement où l'on donne comme preuve ce qu'il faudrait prouver (b) situation dans laquelle on se trouve enfermé, impasse. ❑ **premier cercle** : (a) ensemble des personnes les plus proches d'une personnalité, d'un pouvoir (b) ensemble des personnes qui dirigent un groupe, un mouvement.

cercler vt Garnir de cercles : *cercler un tonneau.*

cercopithèque nm Singe d'Afrique à longue queue.

cercueil nm Coffre où l'on enferme le corps d'un mort. SYN : bière.

céréale nf Plante dont les grains servent à la nourriture de l'homme et des animaux domestiques (blé, seigle, avoine, orge, riz, etc.). ◆ **céréales** pl Préparation alimentaire à base de blé, de maïs, d'avoine, etc. : *prendre des céréales au petit-déjeuner.*

céréalier, ère adj Relatif aux céréales. ◆ nm Producteur de céréales.

cérébelleux, euse adj Du cervelet.

cérébral, e, aux adj Qui concerne le cerveau.

cérébro-spinal, e, aux adj Du cerveau et de la moelle épinière.

cérémonial (pl *cérémonials*) nm Ensemble des règles qui président aux cérémonies.

cérémonie nf **1.** Acte plus ou moins solennel par lequel on célèbre un culte religieux, un événement de la vie sociale. **2.** Marque extérieure de solennité. ■ **sans cérémonie** : en toute simplicité.

cérémonieusement adv D'une façon cérémonieuse.

cérémonieux, euse adj Qui fait trop de cérémonies ; compassé.

cerf [sɛr] nm Mammifère ruminant dont le mâle porte des bois.

cerfeuil nm Plante aromatique.

cerf-volant (pl *cerfs-volants*) nm **1.** Jouet constitué par un planeur en toile ou en papier retenu au sol par une corde. **2.** Lucane (insecte).

cerisaie nf Lieu planté de cerisiers.

cerise nf Fruit à noyau du cerisier. ■ FAM **la cerise sur le gâteau** : le petit plus qui vient s'ajouter à un résultat déjà bénéfique. ◆ adj inv Rouge vif.

cerisier nm Arbre cultivé pour ses fruits, ou cerises ; bois de cet arbre.

cerne nm **1.** Cercle d'un gris bleuâtre qui entoure parfois les yeux. **2.** Couche concentrique d'un arbre coupé en travers. **3.** Trace d'un produit détachant autour de la partie nettoyée ; auréole.

cerné, e adj ■ **yeux cernés** : entourés d'un cerne.

cerneau nm Noix tirée de sa coque encore verte.

cerner vt Entourer, encercler. ■ **cerner un problème** : en distinguer l'étendue.

certain, e adj **1.** Sûr, assuré : *chose certaine.* **2.** Qui n'a aucun doute : *être certain de.* ◆ adj indéf Un, quelque : *certains jours ; un certain temps.* ◆ **certains** pron indéf pl Plusieurs : *certains disent.*

certainement adv **1.** Sans aucun doute. **2.** Probablement : *elle va certainement venir.*

certes adv **1.** Assurément, bien sûr. **2.** Marque une concession : *c'est difficile, certes, mais nous y parviendrons.*

certificat nm **1.** Écrit qui atteste un fait : *certificat médical, de scolarité.* **2.** Nom donné à divers examens ; diplôme les attestant.

certification nf **1.** Garantie donnée par écrit : *certification d'un chèque.* **2.** Attestation de conformité d'un produit à des normes particulières.

certifié, e n et adj Enseignant titulaire du CAPES ou du CAPET.

certifier vt Donner comme certain. ■ **certifié conforme :** attesté conforme au document original par une autorité compétente.

certitude nf **1.** Chose sur laquelle on n'a aucun doute ; conviction : *ce n'est pas une hypothèse, c'est une certitude.* **2.** Sentiment qu'on a de la vérité, de l'existence de ; assurance : *j'en ai la certitude.*

cérumen [serymɛn] nm Matière jaune et épaisse qui se forme dans l'oreille.

cerveau nm **1.** ANAT Centre nerveux situé dans le crâne. **2.** Ensemble des facultés mentales. **3.** FAM Personne exceptionnellement intelligente : *c'est un cerveau.* **4.** Centre de direction, d'organisation.

cervelas nm Grosse saucisse cuite.

cervelet nm Centre nerveux situé sous le cerveau en arrière du bulbe rachidien.

cervelle nf **1.** Substance du cerveau. **2.** Cerveau de certains animaux, destiné à l'alimentation. ■ **sans cervelle :** étourdi.

cervical, e, aux adj Du cou.

cervidé nm Ruminant aux cornes pleines appelées bois, tel que le cerf, le renne, le chevreuil, etc. (les cervidés forment une famille).

cervoise nf Dans l'Antiquité, bière à base de céréales.

ces adj dém → **ce.**

CES nm (sigle de *collège d'enseignement secondaire*) Établissement du premier cycle de l'enseignement secondaire.

césar nm **1.** Titre d'empereur romain. **2.** Récompense cinématographique en France.

césarienne nf Opération chirurgicale consistant à extraire le fœtus par incision de la paroi abdominale.

césariser vt Attribuer un césar à (un film, un acteur, un réalisateur, etc.).

cessant, e adj ■ **toutes affaires cessantes :** avant toute chose.

cessation nf Suspension, arrêt.

cesse nf ■ **n'avoir pas (point) de cesse que :** ne pas s'arrêter avant que. ❑ **sans cesse :** sans discontinuer, sans arrêt.

cesser vt Mettre fin à, interrompre : *cesser le travail.* ◆ vi Prendre fin : *le vent a cessé.*

cessez-le-feu nm inv Arrêt des hostilités.

cessible adj DR Qui peut être cédé.

cession nf Transmission d'un droit dont on est propriétaire ou titulaire.

> ORTHOGRAPHE Il ne faut pas confondre *cession,* du verbe « céder », avec *session,* du verbe « siéger ».

c'est-à-dire loc conj Annonce une explication, une rectification (abréviation : *c.-à-d.*).

césure nf Repos ménagé dans un vers pour en régler la cadence.

cet, cette adj dém → **ce.**

cétacé nm Grand mammifère marin tel que la baleine, le cachalot, le dauphin (les cétacés forment un ordre).

cétoine nf Coléoptère vert doré.

ceux, celles pron dém → **celui.**

cévenol, e adj et n Des Cévennes : *les Cévenols.*

cf. (abréviation de *confer*) Notation servant à renvoyer le lecteur à un ouvrage ou un passage à consulter.

CFAO nf (sigle) Conception de fabrication assistée par ordinateur.

CFC nm (sigle de *chlorofluorocarbone*) Composé gazeux utilisé notamment dans les bombes aérosol, les isolants, les réfrigérants : *les CFC constituent une menace pour la couche d'ozone.*

chabichou nm Fromage de chèvre.

chablis nm Vin blanc sec récolté à Chablis, dans l'Yonne.

chabot nm Poisson à grosse tête.

chacal (pl *chacals*) nm Mammifère carnassier d'Asie et d'Afrique, qui se nourrit des restes laissés par les fauves.

chacun, e pron. indéf **1.** Chaque personne ou chaque chose : *ces livres se vendent trente francs chacun.* **2.** Tout le monde : *chacun sait cela.*

chafouin, e adj FAM Sournois et rusé : *un air chafouin.*

1. chagrin nm **1.** Souffrance morale, tristesse, peine : *avoir du chagrin.* **2.** Cuir de chèvre utilisé en reliure. ■ FIG **peau de chagrin :** chose qui se rétrécit, diminue sans cesse.

2. chagrin, e adj LITT Triste, contrarié : *air chagrin*.

chagriner vt Attrister ; contrarier.

chah ou **shah** nm Titre des souverains d'Iran.

chahut nm Agitation, tapage faits pour gêner, protester.

chahuter vt et vi **1.** Faire du chahut. **2.** FAM Malmener, traiter sans ménagement.

chahuteur, euse adj et n Qui fait du chahut.

chai nm Lieu où l'on emmagasine les vins, les eaux-de-vie en fûts.

chaîne nf **1.** Succession d'anneaux passés les uns dans les autres, utilisée comme lien ou comme parure : *chaîne d'une ancre ; chaîne en or.* **2.** Ensemble de maillons métalliques articulés : *chaîne de vélo.* **3.** Fils parallèles disposés dans le sens de la longueur d'un tissu, entre lesquels passe la trame. **4.** Ensemble d'établissements commerciaux faisant partie de la même organisation : *chaîne hôtelière.* **5.** Réseau d'émetteurs de radio ou de télévision diffusant simultanément le même programme. **6.** Appareil de reproduction du son : *chaîne stéréo.* ■ **chaîne de montage :** série des opérations coordonnées en vue de la fabrication industrielle d'un produit. ❑ **chaîne de montagnes :** suite de montagnes qui forment une ligne continue. ❑ **faire la chaîne :** se placer à la suite les uns des autres pour se passer des objets. ❑ **réaction en chaîne :** (a) réaction chimique ou nucléaire qui produit les corps ou l'énergie nécessaires à sa propagation (b) FIG suite de phénomènes déclenchés les uns par les autres. ❑ **travail à la chaîne :** (a) au cours duquel chaque ouvrier exécute une seule et même opération sur chacune des pièces qui circulent devant lui (b) FIG, FAM travail astreignant, sans un moment de répit. ◆ **chaînes** pl Dispositif adapté aux pneus d'une voiture pour rouler sur la neige.

chaînette nf Petite chaîne servant de lien, de parure.

chaînon nm **1.** Anneau de chaîne. **2.** Partie d'une chaîne de montagnes.

chair nf **1.** Substance des muscles de l'homme et des animaux : *la chair et les os.* **2.** Le corps, par opposition à l'âme, à l'esprit ; instinct sexuel : *la chair est faible.* **3.** Préparation de viande hachée : *chair à saucisse.* **4.** Pulpe des fruits : *la chair du melon.* ■ **en chair et en os :** en personne. ◆ adj inv Rose très pâle : *des bas couleur chair.*

chaire nf **1.** Tribune, estrade où un prédicateur, un orateur parle à l'auditoire. **2.** Fonction de professeur : *chaire de philosophie.*

chaise nf Siège à dossier, sans bras. ■ **chaise à porteurs :** siège fermé et couvert, dans lequel on se faisait porter par deux hommes. ❑ **chaise électrique :** siège muni d'électrodes servant à électrocuter les condamnés à mort. ❑ **chaise longue :** fauteuil pliant en toile, sur lequel on peut s'allonger. ❑ FIG **entre deux chaises :** (a) dans une position fausse (b) entre deux solutions.

chaisier, ère n **1.** Préposé à la location des chaises dans un lieu public. **2.** Personne qui fabrique des chaises.

1. chaland nm Bateau à fond plat.

2. chaland, e n VX Acheteur, client.

chalcographie [kalkɔgrafi] nf **1.** Gravure sur cuivre. **2.** Établissement où l'on conserve les estampes.

châle nm Grande pièce de laine, de soie, couvrant les épaules.

chalet nm **1.** Habitation de montagne, généralement en bois. **2.** CANADA Maison de campagne.

chaleur nf **1.** Phénomène physique par lequel la température s'élève : *dégagement de chaleur.* **2.** Qualité de ce qui est chaud ; température élevée : *quelle chaleur !* **3.** Sensation que produit un corps chaud : *la chaleur du sable.* **4.** Élévation de la température du corps : *bouffée de chaleur.* **5.** FIG Ardeur, vivacité, enthousiasme : *dans la chaleur de la discussion.* ■ **être en chaleur :** désirer l'approche du mâle, en parlant des femelles des animaux domestiques. ◆ **chaleurs** pl **1.** Temps chaud : *les grandes chaleurs de l'été.* **2.** Période où les femelles des mammifères sont en chaleur.

chaleureusement adv De façon chaleureuse.

chaleureux, euse adj Qui manifeste de la chaleur, enthousiaste, cordial.

châlit nm Bois de lit ou armature métallique d'un lit.

challenge [ʃalɑ̃ʒ] nm **1.** Épreuve sportive, tournoi où est mis en jeu un titre de champion. **2.** FIG Défi.

challenger [ʃalɛndʒœr] ou [tʃalɛndʒœr] nm Sportif ou équipe qui défie officiellement le détenteur d'un titre.

chaloir vi ■ VX **peu me chaut** ou **peu m'en chaut :** peu m'importe.

chaloupe nf Grand canot, à bord des navires.

chaloupé, e adj ■ **danse, démarche chaloupée :** très balancée.

chalumeau nm Appareil produisant un jet de flamme très chaude pour fondre des métaux en vue de leur assemblage par soudage ou de leur découpage.

chalut nm Filet de pêche traîné sur le fond de la mer par un chalutier.

chalutier nm Bateau spécialement équipé pour la pêche au chalut.

chamade nf ■ **cœur qui bat la chamade :** qui, par émotion, bat à coups précipités.

chamailler (se) vpr Se quereller.

chamaillerie nf FAM Dispute, querelle légère.

chamailleur, euse adj et n FAM Qui aime à se chamailler.

chaman [ʃaman] nm Prêtre, guérisseur ou devin dans certaines sociétés d'Asie septentrionale, d'Amérique du Nord.

chamarrer vt Charger d'ornements.

chamarrure nf Ornements de mauvais goût.

chambard nm FAM Grand désordre ; chahut.

chambardement nm FAM Changement, bouleversement total.

chambarder vt FAM Renverser, bouleverser de fond en comble.

chambellan nm Officier chargé de la chambre d'un prince.

chamboulement nm FAM Action de chambouler ; fait d'être chamboulé.

chambouler vt FAM Bouleverser, mettre sens dessus dessous.

chambranle nm Encadrement de porte, de fenêtre, etc.

chambray nm Tissu chiné dont le fil de chaîne est bleu et le fil de trame écru.

chambre nf **1.** Pièce où l'on couche. **2.** Lieu où se réunissent certaines assemblées. **3.** (avec une majuscule) Ensemble des membres de ces assemblées : *la Chambre des députés*. **4.** Section d'un tribunal. ■ **chambre à air :** tube de caoutchouc placé à l'intérieur d'un pneu et gonflé à l'air comprimé. ❑ **chambre froide :** pièce spécialement équipée pour conserver les denrées périssables. ❑ **chambre noire :** pièce obscure d'un laboratoire utilisée pour le développement des photographies. ❑ **garder la chambre :** ne pas sortir parce qu'on est malade.

chambrée nf Ensemble de soldats couchant dans une même chambre ; cette chambre.

chambrer vt ■ **chambrer une bouteille de vin :** la faire séjourner dans une pièce pour l'amener à la température ambiante.

chambrière nf **1.** ANC Femme de chambre. **2.** Long fouet de manège.

chameau nm **1.** Mammifère ruminant d'Asie qui a deux bosses sur le dos. **2.** Nom usuel du *dromadaire*. **3.** FAM Personne méchante, acariâtre.

chamelier nm Conducteur de chameaux ou de dromadaires.

chamelle nf Femelle du chameau.

chamois nm Ruminant à cornes lisses et recourbées, vivant dans les hautes montagnes d'Europe et du Proche-Orient ; sa peau préparée. ◆ adj inv Couleur jaune clair : *gants chamois*.

champ nm **1.** Étendue de terre cultivable. **2.** FIG Domaine dans lequel s'exerce une activité, une recherche. **3.** Portion d'espace qu'embrasse l'œil, un objectif, etc. **4.** Dans un fichier informatique, zone réservée à une catégorie de données. ■ **à tout bout de champ :** à tout instant. ❑ **champ de bataille :** endroit où se livre un combat. ❑ **champ de courses :** hippodrome. ❑ LITT **champ d'honneur :** champ de bataille. ❑ **champ de mines :** espace où l'on a disposé de nombreuses mines explosives. ❑ **champ de tir :** terrain pour exercices de tir. ❑ **champ opératoire :** région du corps sur laquelle porte une intervention chirurgicale ; compresse qui limite cette zone. ❑ **prendre du champ :** prendre du recul. ❑ **profondeur de champ :** intervalle entre le point le plus rapproché et le point le plus éloigné d'un objectif, dans lequel l'image a une certaine netteté. ◆ **champs** pl Terres cultivées, prés.

champagne nm Vin blanc mousseux préparé en Champagne.

champagnisation nf Action de champagniser.

champagniser vt Préparer un vin à la manière du champagne.

champenois, e adj et n De Champagne : *les Champenois*.

champêtre adj Relatif aux champs, à la campagne.

champignon nm **1.** Végétal sans fleurs et sans chlorophylle : *les moisissures, les bolets, les truffes sont des champignons*. ■ **champignon de couche** ou **champignon de Paris :** agaric des champs, cultivé dans des champignonnières. **2.** FAM Pédale d'accélérateur.

champignonnière nf Endroit où l'on cultive les champignons de couche.

champignonniste n Personne qui cultive des champignons.

champion, onne n **1.** Vainqueur d'une compétition sportive, d'un jeu. **2.** Défenseur ardent : *se faire le champion de la liberté*.

championnat nm Compétition sportive, tournoi où le vainqueur est proclamé champion.

chance nf Sort favorable ; circonstances heureuses. ■ **bonne chance !** : exprime un souhait de réussite. ❑ **donner sa chance à** : donner l'occasion de réussir. ❑ **porter chance à quelqu'un** : lui porter bonheur, lui être bénéfique. ❑ **tenter sa chance** : essayer de réussir. ◆ **chances** pl Probabilités.

chancelant, e adj Qui chancelle.

chanceler vi (conj 6) **1.** Vaciller sur ses pieds, sur sa base. **2.** FIG Manquer de fermeté, faiblir.

chancelier, ère n **1.** Garde des sceaux dans un corps, un consulat, un ordre. **2.** En Allemagne fédérale et en Autriche, chef du gouvernement.

chancellerie nf **1.** Ministère de la Justice. **2.** Services dépendant d'un chancelier. ■ **grande chancellerie de la Légion d'honneur** : organisme chargé de la direction et de la discipline de l'ordre.

chanceux, euse adj Qui a de la chance.

chancre nm MÉD Ulcération vénérienne de la peau, des muqueuses.

chandail nm Tricot de laine qu'on enfile par la tête. SYN : pull.

Chandeleur nf Fête de la présentation de Jésus au Temple et de la Purification de la Vierge (2 février).

chandelier nm Support pour une ou plusieurs chandelles, bougies.

chandelle nf **1.** Flambeau de suif, de résine, etc. **2.** Figure de voltige aérienne. ■ **devoir une fière chandelle à quelqu'un** : lui être redevable de quelque chose de très important. ❑ FAM **en voir trente-six chandelles** : éprouver un éblouissement après un coup, un choc. ❑ **monter en chandelle** : pour un avion, monter verticalement.

1. chanfrein nm Partie de la tête du cheval, du front aux naseaux.

2. chanfrein nm Arête abattue d'une pierre ou d'une pièce de bois ; biseau.

change nm **1.** Opération qui consiste à changer une monnaie contre une autre ; taux auquel se fait cette opération. **2.** Couche pour bébé, qui se jette après usage. ■ **donner le change** : tromper sur ses intentions. ❑ **lettre de change** : effet de commerce qui contient l'ordre de payer à une époque dite, à telle ou telle personne, une certaine somme. ❑ **perdre, gagner au change** : être désavantagé ou avantagé par un changement, un échange.

changeant, e adj **1.** Qui change : *couleur changeante.* **2.** FIG Qui change souvent d'idée, inconstant.

changement nm **1.** Action de changer. **2.** Modification, transformation, innovation. ■ **changement de vitesse** : mécanisme permettant de changer la vitesse d'un véhicule.

changer vt (conj 2) **1.** Remplacer une personne ou une chose par une autre : *changer l'acteur d'un film ; changer une ampoule.* **2.** Échanger, convertir une monnaie en une autre : *changer des dollars.* **3.** Rendre différent, modifier : *les vacances l'ont changé.* **4.** Transformer : *le verglas a changé la rue en patinoire.* ■ **changer un bébé** : lui mettre une couche propre. ◆ vi Passer d'un état à un autre : *le temps change.* ◆ vt ind [de] **1.** Remplacer par quelqu'un ou quelque chose d'autre : *changer de patron ; changer de train.* **2.** (sans complément) Lors d'un déplacement dans un moyen de transport en commun, prendre une correspondance : *changer à Lyon.* ■ **changer d'air** : partir. ❑ **changer de visage** : pâlir, rougir, perdre contenance. ◆ **se changer** vpr Mettre d'autres vêtements. ■ **se changer en** : se transformer en.

changeur nm Appareil qui échange une pièce ou un billet contre de la monnaie.

chanoine nm Dignitaire ecclésiastique.

chanson nf Composition musicale divisée en couplets et destinée à être chantée. ■ **chanson de geste** : poème épique du Moyen Âge célébrant les exploits des chevaliers.

chansonnette nf Petite chanson sans prétention.

chansonnier, ère n Auteur de sketches, surtout satiriques.

1. chant nm **1.** Suite de sons modulés émis par la voix. **2.** Art consistant à chanter, à cultiver sa voix.

2. chant nm Côté étroit d'un objet : *poser une brique de chant.*

chantage nm Extorsion d'argent sous la menace de révélations scandaleuses.

chantant, e adj **1.** Mélodieux, musical : *accent chantant.* **2.** Facile et agréable à chanter : *un refrain très chantant.*

chantefable nf Récit médiéval alternant prose récitée et vers chantés.

chanter vt et vi Former avec la voix des sons musicaux. ■ **faire chanter** : pratiquer un chantage. ❑ FAM **si ça te (lui, etc.) chante** : si tu (il, etc.) en as envie.

1. chanterelle nf Corde d'un violon qui a le son le plus aigu.

2. chanterelle nf Autre nom de la girolle.

chanteur, euse n Personne qui chante, professionnellement ou non. ■ FIG **maître chanteur** : qui se livre au chantage.

chantier nm **1.** Lieu où s'effectuent des travaux de construction, de réparation : *chantier naval.* **2.** Lieu où sont accumulés des matériaux de construction, des combustibles, etc. **3.** FAM Lieu en désordre. ■ **en chantier** : en cours de réalisation. ❑ **mettre en chantier** : commencer.

chantilly nf Crème fraîche fouettée.

chantonner vt et vi Chanter à mi-voix.

chantourner vt Découper suivant un profil donné.

chantre nm **1.** Professionnel qui chante, en soliste, les chants liturgiques. **2.** LITT Laudateur : *le chantre du régime*.

chanvre nm Plante fournissant une excellente fibre textile ; fibre tirée de cette plante. ■ **chanvre indien** : chanvre dont on tire le haschich et la marijuana. SYN : cannabis.

chaos [kao] nm Grand désordre, confusion générale.

ORTHOGRAPHE Il ne faut pas confondre *chaos* avec *cahot*, ni *chaotique* avec *cahoteux*.

chaotique [kaɔtik] adj Confus, tumultueux.

chap. (abréviation) Chapitre.

chapardage nm FAM Action de chaparder.

chaparder vt FAM Commettre de petits vols.

chapardeur, **euse** adj et n FAM Qui chaparde.

chape nf **1.** Enduit imperméable (ciment ou asphalte). **2.** Partie extérieure constituant la bande de roulement d'un pneu. **3.** VX Vêtement liturgique en forme de grande cape.

chapeau nm **1.** Coiffure avec ou sans bord. **2.** Cône arrondi ou calotte qui forme la partie supérieure d'un champignon. ■ FAM **avaler, manger son chapeau** : être contraint de changer d'avis, de se dédire. ❑ FAM **sur les chapeaux de roue** : se dit d'un véhicule qui démarre ou prend un virage à grande vitesse. ❑ **tirer son chapeau à quelqu'un** : lui témoigner de l'admiration, de l'estime. ◆ interj ■ FAM **chapeau !** : bravo !

chapeauté, **e** adj FAM Coiffé d'un chapeau.

chapeauter vt FAM Avoir autorité sur un groupe de personnes, un organisme.

chapelain nm Prêtre desservant une chapelle privée.

chapelet nm **1.** Objet de piété formé d'un ensemble de grains enfilés qu'on fait glisser entre ses doigts en priant. **2.** FIG Série.

chapelier, **ère** n et adj Personne qui fait ou vend des chapeaux d'homme.

chapelle nf **1.** Petite église. **2.** Toute partie d'une église ayant un autel. ■ **chapelle ardente** : chambre mortuaire éclairée de cierges, souvent tendue de noir.

chapellerie nf Industrie, commerce du chapelier.

chapelure nf Pain séché râpé dont on saupoudre certains aliments avant de les faire cuire.

chaperon nm Personne qui en accompagne une autre pour la protéger, la surveiller.

chaperonner vt Accompagner en qualité de chaperon.

chapiteau nm **1.** Partie sculptée au-dessus d'un fût de colonne. **2.** Tente de cirque.

chapitre nm **1.** Division d'un livre, d'un règlement, d'un rapport, etc. **2.** Assemblée de religieux, de chanoines. ■ **au chapitre de** ou **sur le chapitre de** : en ce qui concerne. ❑ **avoir voix au chapitre** : avoir le droit de donner son avis.

chapitrer vt Réprimander.

chapka nf Bonnet de fourrure à rabats.

chapon nm Coq châtré et engraissé.

chaptalisation nf Action de chaptaliser.

chaptaliser vt Augmenter la teneur en alcool d'un vin en ajoutant du sucre au moût.

chaque adj indéf (sans pluriel) Toute chose ou personne, sans exception.

char nm **1.** ANTIQ Voiture à deux roues pour les combats, les jeux, etc. **2.** Aujourd'hui, voiture décorée pour les fêtes publiques. ■ **char à voile** : véhicule à roues muni d'une voile et mû par la seule force du vent. ❑ **char de combat** ou **char d'assaut** : véhicule automoteur blindé et armé, monté sur chenilles.

charabia nm FAM Langage inintelligible.

charade nf Sorte d'énigme.

charançon nm Petit coléoptère qui ronge les grains.

charbon nm Combustible solide de couleur noire, d'origine végétale. ■ **être sur des charbons ardents** : être très impatient ou très inquiet.

charbonnage nm (surtout au pluriel) Mines de charbon exploitées dans une région : *les charbonnages du Nord*.

charbonneux, **euse** adj Noirci.

charbonnier, **ère** n Personne qui vend du charbon.

charcutage nm FAM Action de charcuter.

charcuter vt FAM Opérer de façon maladroite, brutale.

charcuterie nf **1.** Commerce, boutique du charcutier. **2.** Préparation à base de viande de porc.

charcutier, **ère** n Personne qui prépare ou vend de la viande de porc, du boudin, des saucisses, etc.

chardon nm Plante à feuilles et tiges épineuses.

chardonneret nm Oiseau passereau chanteur, à plumage coloré.

charentaise nf (surtout au pluriel) Pantoufle fourrée et confortable.

charge nf **1.** Ce que peut porter un homme, un cheval, une voiture, etc. ; chargement. **2.** Quantité de matières explosives : *charge de plastic.* **3.** Quantité d'électricité portée par un corps : *charge d'un condensateur.* **4.** Dépense, obligation onéreuse, frais : *charges locatives.* **5.** Rôle, mission dont on a la responsabilité : *s'occuper des enfants dont on a la charge.* **6.** Preuve de culpabilité ; présomption : *relever de lourdes charges contre.* **7.** Office ministériel : *charge de notaire.* **8.** Assaut : *charge de police.* **9.** Imitation outrée, caricature : *ce film est une charge des mœurs bourgeoises.* ■ **à charge de :** à condition de. ❑ **être à la charge de quelqu'un :** (a) dépendre de lui pour sa subsistance (b) devoir être payé par lui : *facture à la charge d'une entreprise.* ❑ **prendre quelque chose en charge :** (a) payer quelque chose (b) s'occuper de quelque chose : *prendre en charge un dossier.* ❑ **prendre quelqu'un en charge :** s'engager à l'entretenir financièrement. ❑ **revenir à la charge :** insister. ❑ **témoin à charge :** dont le témoignage est défavorable à l'accusé.

chargé, **e** n ■ **chargé d'affaires :** diplomate représentant momentanément son gouvernement à l'étranger. ❑ **chargé de mission :** fonctionnaire responsable d'une étude déterminée.

chargement nm **1.** Action de charger. **2.** Ensemble de choses chargées (sur une voiture, un camion, etc.).

charger vt (conj 2) **1.** Mettre une charge sur : *charger une voiture.* **2.** Couvrir abondamment : *un poignet chargé de bracelets.* **3.** Déposer contre : *charger un accusé.* **4.** Donner la responsabilité, la mission de : *charger d'un achat.* **5.** Attaquer avec impétuosité : *charger l'ennemi.* **6.** Mettre de la poudre, des projectiles dans une arme à feu : *charger un revolver.* **7.** Munir un appareil de ce qui est nécessaire à son fonctionnement : *charger un appareil photographique.* **8.** INFORM Télécharger. **9.** Exagérer. ◆ **se charger** vpr [de] Prendre la responsabilité de.

chargeur nm **1.** Dispositif pour charger une arme, un appareil de prise de vues. **2.** Appareil pour recharger une batterie.

chariot nm Véhicule utilisé pour le déplacement de charges, de bagages.

ORTHOGRAPHE *Chariot* est le seul mot de la famille de *char* s'écrivant avec un seul *r.*

charismatique [karismatik] adj Qui jouit auprès des foules d'un prestige, d'un pouvoir de séduction extraordinaires. ■ **mouvement charismatique :** mouvement de renouveau chrétien.

charisme [karism] nm Grand prestige d'une personnalité exceptionnelle, ascendant qu'elle exerce sur les autres.

charitable adj Qui a de la charité pour son prochain ; qui a de l'indulgence, de la compassion.

charitablement adv Avec charité.

charité nf **1.** Vertu qui porte à faire ou à vouloir le bien d'autrui. **2.** Acte fait par amour du prochain.

charivari nm Bruit assourdissant, vacarme.

charlatan nm **1.** Imposteur qui exploite la crédulité des autres. **2.** Mauvais médecin.

charlatanisme nm Agissements de charlatan.

charlot nm FAM Individu peu sérieux.

charlotte nf Entremets à base de fruits, de crème et de biscuits.

charmant, **e** adj Très sympathique ; très agréable.

1. charme nm Attrait, séduction. ■ **faire du charme :** se mettre en valeur pour séduire. ❑ **se porter comme un charme :** être en très bonne santé.

2. charme nm Arbre à bois dur et blanc ; bois de cet arbre.

charmer vt Plaire extrêmement, ravir.

charmeur, **euse** adj et n Qui plaît, qui séduit.

charmille nf Allée plantée de charmes.

charnel, **elle** adj Qui a trait aux plaisirs des sens : *amour charnel.*

charnellement adv De façon charnelle.

charnier nm Fosse où l'on entasse les cadavres en grand nombre.

charnière nf Articulation formée de deux pièces métalliques assemblées sur un axe commun. ■ **à la charnière de :** au point de jonction, de transition.

charnu, **e** adj **1.** Bien en chair. **2.** Constitué de chair : *les parties charnues du corps.* **3.** Dont la pulpe est épaisse : *fruit charnu.*

charognard nm Nom usuel du *vautour.*

charogne nf Cadavre d'une bête en décomposition.

charolais, **e** adj et n **1.** Du Charolais. **2.** Se dit d'un bovin d'une race française très appréciée pour la qualité de sa viande : *bœuf charolais.*

charpente nf **1.** Assemblage de pièces de bois ou de métal destiné à soutenir la construction. **2.** Ensemble des os ; ossature.

charpenté, e adj ■ **bien charpenté** : robuste, bien constitué.

charpentier, ère n Personne qui exécute des travaux de charpente.

charpie nf Filaments de linge usé employés autrefois pour panser les plaies. ■ **en charpie** : en menus morceaux, déchiqueté. ❑ **se faire mettre, réduire en charpie** : en pièces.

charretée nf Contenu d'une charrette.

charretier, ère n Personne qui conduit une charrette.

charrette nf Voiture de charge à deux roues.

charriage nm Action de charrier. ■ **nappe de charriage** : ensemble de couches géologiques détachées par plissement de leur lieu d'origine.

charrier vt **1.** Transporter des matériaux. **2.** Emporter dans son cours (fleuve). ◆ vi FAM Aller trop loin ; exagérer.

charroi nm Transport par chariot.

charron nm Personne qui fait et répare des charrettes, des charrues.

charrue nf Instrument servant à labourer la terre à l'aide d'un soc tranchant.

charte nf **1.** Lois constitutionnelles d'un État. **2.** PAR EXT Loi, règle fondamentale : *la charte des droits de l'homme.*

charter [ʃartɛr] nm Avion affrété par une organisation de tourisme et dont le tarif du billet est inférieur à celui des lignes régulières.

chartreuse nf Monastère de religieux de l'ordre de saint Bruno.

chartreux nm Chat à poil gris cendré.

chas [ʃa] nm Trou d'une aiguille.

chasse nf **1.** Action de chasser. **2.** Terrain réservé pour chasser : *chasse gardée.* **3.** Gibier pris ou tué en chassant : *une chasse abondante.* **4.** Action de chercher, de poursuivre : *chasse à l'homme, chasse au trésor.* **5.** Corps de l'armée de l'air destiné à poursuivre les avions ennemis : *avions de chasse.* ■ **chasse d'eau** : appareil produisant un rapide écoulement d'eau. ❑ **être en chasse** : être en chaleur, en parlant d'un animal femelle.

châsse nf **1.** Coffre où l'on conserve les reliques d'un saint. **2.** Monture : *la châsse d'un verre de lunette.*

chassé-croisé (pl *chassés-croisés*) nm Mouvement par lequel deux personnes se croisent sans réussir à se rencontrer.

chasselas nm Raisin blanc de table.

chasse-neige nm inv **1.** Engin conçu pour déblayer la neige sur une voie ferrée, une route. **2.** Position des skis utilisée pour freiner.

chasser vt **1.** Chercher à tuer ou à capturer un animal. **2.** Mettre dehors avec violence. **3.** Repousser : *le vent chasse les nuages.* **4.** Écarter ce qui importune ; dissiper : *chasser les soucis.* ◆ vi En parlant d'une voiture, déraper, se déporter à droite ou à gauche.

chasseresse nf et adj f POÉT Chasseuse : *Diane chasseresse.*

chasseur, euse n Personne qui chasse le gibier. ◆ nm **1.** Soldat de certains corps d'infanterie et de cavalerie. **2.** Appareil de l'aviation de chasse. ■ FAM **chasseur de têtes** : spécialiste en recrutement de cadres de haut niveau.

chassie nf Liquide visqueux qui coule des yeux.

chassieux, euse adj Qui a de la chassie.

châssis nm **1.** Encadrement en bois, en fer, soutenant un ensemble : *châssis d'une fenêtre.* **2.** Cadre supportant la caisse d'un véhicule.

chaste adj **1.** Conforme à la chasteté : *un baiser chaste.* **2.** Qui ne se réalise pas physiquement : *un amour chaste.*

chastement adv Avec chasteté.

chasteté nf Comportement d'une personne qui s'abstient des plaisirs charnels, jugés contraires à la morale.

chasuble nf Vêtement que le prêtre revêt par-dessus l'aube pour célébrer la messe.

1. chat, chatte n Petit mammifère carnassier généralement domestique. ■ **acheter chat en poche** : sans examiner la marchandise. ❑ **appeler un chat un chat** : dire les choses telles qu'elles sont. ❑ **avoir d'autres chats à fouetter** : avoir autre chose à faire. ❑ **avoir un chat dans la gorge** : être enroué. ❑ **il n'y a pas un chat** : il n'y a personne.

2. chat [tʃat] ou **tchat** nm INFORM Discussion informelle entre plusieurs personnes sur le réseau Internet (recomm. off. : *causette*).

châtaigne nf Fruit comestible du châtaignier.

châtaigneraie nf Lieu planté de châtaigniers.

châtaignier nm Grand arbre produisant les châtaignes ; bois de cet arbre.

châtain adj et nm Se dit de cheveux brun clair : *cheveux châtains.*

chataire nf → **cataire.**

château nm **1.** Demeure féodale fortifiée. **2.** Habitation royale ou seigneuriale. **3.** Grande et belle demeure. ■ **château d'eau** : réservoir. ❑ **château en Espagne** :

projet chimérique. ❑ **vie de château :** existence luxueuse et oisive.

chateaubriand ou **châteaubriant** nm Épaisse tranche de filet de bœuf grillé.

châtelain, **e** n Propriétaire ou locataire d'un château.

chat-huant (pl *chats-huants*) nm Hulotte.

châtier vt **1.** LITT Punir, corriger. **2.** FIG Polir : *châtier son style.*

chatière nf Ouverture au bas d'une porte, pour laisser passer les chats.

châtiment nm Peine sévère.

chatoiement nm Reflet brillant et changeant.

1. chaton nm **1.** Jeune chat. **2.** Bourgeon duveteux de certains arbres.

2. chaton nm Partie centrale d'une bague où une pierre ou une perle est enchâssée.

chatouille nf (surtout au pluriel) FAM Toucher qui chatouille intentionnellement.

chatouillement nm Action de chatouiller ; sensation qui en résulte.

chatouiller vt **1.** Causer, par des attouchements légers et répétés, un tressaillement qui provoque généralement le rire. **2.** FIG Flatter agréablement : *chatouiller l'amour-propre.*

chatouilleux, **euse** adj **1.** Sensible au chatouillement. **2.** FIG Susceptible.

chatouillis nm FAM Petite chatouille.

chatoyant, **e** adj Qui chatoie.

chatoyer vi (conj 3) Briller avec des reflets changeants selon l'éclairage.

châtrer vt Priver des organes de reproduction ; rendre stérile.

chatter [tʃate] ou **tchatter** vi INFORM Participer à un chat.

chatterie nf (surtout au pluriel) **1.** Caresse. **2.** Friandise délicate.

chatterton [ʃatɛrtɔn] nm Ruban adhésif pour isoler les fils électriques.

chaud, **e** adj **1.** Qui a ou donne de la chaleur : *climat chaud.* **2.** FIG Vif, animé : *chaude dispute.* **3.** Récent : *nouvelle toute chaude.* ■ **pleurer à chaudes larmes :** pleurer abondamment. ◆ nm Chaleur : *rester au chaud.* ■ **cela ne me fait ni chaud ni froid :** cela m'est indifférent. ❑ **opérer à chaud :** en état de fièvre, de crise. ❑ **un chaud et froid :** un refroidissement soudain. ◆ adv ■ **manger, boire chaud :** manger un plat chaud, absorber une boisson chaude. ❑ FAM **j'ai eu chaud :** j'ai eu peur.

chaudement adv **1.** De manière à avoir chaud. **2.** FIG Avec ardeur.

chaud-froid (pl *chauds-froids*) nm Volaille, gibier froids entourés de gelée ou de mayonnaise.

chaudière nf Appareil destiné à chauffer de l'eau en vue de produire de l'énergie ou de répandre de la chaleur.

chaudron nm Grand récipient à anse, destiné à aller sur le feu.

chaudronnerie nf Profession, marchandise du chaudronnier.

chaudronnier, **ère** n Personne qui fabrique ou vend des objets en tôle, en cuivre.

chauffage nm **1.** Action, manière de chauffer. **2.** Appareil pour chauffer. ■ **chauffage central :** distribution de chaleur dans un immeuble ou une maison à partir d'une source unique.

chauffagiste nm Spécialiste de l'installation et de la réparation du chauffage.

chauffant, **e** adj Qui produit de la chaleur.

chauffard nm FAM Automobiliste maladroit ou imprudent.

chauffe nf ■ **chambre de chauffe :** local réservé aux chaudières, sur un navire.

chauffe-assiette (pl *chauffe-assiettes*) nm ou **chauffe-assiettes** nm inv Appareil pour chauffer les assiettes.

chauffe-biberon (pl *chauffe-biberons*) nm Appareil électrique qui chauffe les biberons au bain-marie.

chauffe-eau nm inv Appareil de production d'eau chaude.

chauffe-plat (pl *chauffe-plats*) nm Réchaud pour tenir les plats au chaud.

chauffer vt **1.** Rendre chaud. **2.** FIG Exciter, enthousiasmer : *chauffer une salle.* ◆ vi **1.** Devenir chaud : *moteur qui chauffe.* **2.** Produire de la chaleur : *le soleil chauffe.* ■ FAM **ça chauffe** ou **ça va chauffer :** il y a, il va y avoir de l'animation, du désordre. ◆ **se chauffer** vpr **1.** S'exposer à la chaleur : *se chauffer au feu.* **2.** Chauffer sa maison : *se chauffer au gaz.*

chaufferette nf Appareil pour chauffer les pieds.

chaufferie nf **1.** Chambre de chauffe. **2.** Local où sont installées les chaudières, dans un immeuble, etc.

chauffeur nm **1.** Conducteur d'automobile ou de camion. **2.** Ouvrier chargé d'entretenir une chaudière, un four.

chauffeuse nf Siège bas et rembourré, sans bras.

chaufournier nm Ouvrier d'un four à chaux.

chauler vt **1.** Passer au lait de chaux pour détruire les parasites. **2.** Amender un sol avec de la chaux.

chaume nm **1.** Tige des graminées. **2.** Tige des blés coupés qui reste dans les champs, après la moisson. **3.** Paille longue utilisée pour la toiture.

chaumière nf Petite maison couverte de chaume.

chaussée nf Partie de la voie publique aménagée pour la circulation.

chausse-pied (pl *chausse-pieds*) nm Lame incurvée facilitant l'entrée du pied dans la chaussure.

chausser vt **1.** Mettre des chaussures, des skis, etc. **2.** Fabriquer, fournir des chaussures. ◆ vt et vi Aller au pied de : *ces chaussures vous chaussent bien.* ◆ vi Avoir telle pointure.

chausse-trape (pl *chausse-trapes*) ou **chausse-trappe** (pl *chausse-trappes*) nf **1.** Piège fait d'un trou camouflé, pour y prendre les animaux sauvages. **2.** FIG Ruse pour tromper.

chaussette nf Pièce d'habillement qui s'enfile sur le pied et recouvre le mollet.

chausseur nm Fabricant, marchand de chaussures.

chausson nm **1.** Chaussure souple d'intérieur à talon bas. **2.** Chaussure souple et plate pour la danse. **3.** Pâtisserie fourrée de compote : *chausson aux pommes*.

chaussure nf Pièce d'habillement qui recouvre et protège le pied : *chaussure de ski*.

chaut → **chaloir**.

chauve adj et n Qui n'a plus, ou presque, de cheveux.

chauve-souris (pl *chauves-souris*) nf Mammifère insectivore volant, à ailes membraneuses.

chauvin, e adj et n **1.** Patriote fanatique. **2.** Qui manifeste une admiration exclusive pour sa ville, sa région.

chauvinisme nm Patriotisme outré.

chaux nf Oxyde de calcium formant la base de nombreuses pierres. ■ **chaux vive :** sans eau. ❑ **lait de chaux :** chaux délayée dans de l'eau et utilisée comme enduit.

chavirement nm **1.** Action de chavirer. **2.** FIG Bouleversement.

chavirer vi Pour un bateau, se renverser sens dessus dessous. ◆ vt FIG Émouvoir, bouleverser.

chéchia nf Coiffure cylindrique de certaines populations d'Afrique.

check-list [tʃɛklist] ou [ʃɛklist] (pl *check-lists*) nf (anglicisme) Liste d'opérations destinée à vérifier le fonctionnement de tous les organes et dispositifs d'un avion, d'une fusée avant son envol (recommandation officielle : *liste de vérification*).

check-up [tʃɛkœp] ou [ʃɛkœp] nm inv Examen médical complet ; bilan de santé.

chef n **1.** Personne qui commande, qui dirige : *chef d'État*. **2.** Celui qui dirige la cuisine d'un restaurant. ■ **chef d'orchestre :** musicien qui dirige l'exécution d'une œuvre. ◆ nm ■ LITT **au premier chef :** (a) avant tout (b) essentiellement. ❑ DR **chef d'accusation :** point sur lequel porte l'accusation. ❑ **de son propre chef :** de sa propre autorité.

chef-d'œuvre [ʃɛdœvr] (pl *chefs-d'œuvre*) nm Œuvre, action parfaite.

chef-lieu (pl *chefs-lieux*) nm Ville principale d'une division administrative.

cheftaine nf Jeune fille dirigeant un groupe de jeunes scouts.

cheikh [ʃɛk] nm Chef de tribu arabe.

chéiroptère [keirɔptɛr] nm → **chiroptère**.

chelem [ʃlɛm] nm Au bridge, réunion de toutes les levées dans un camp.

chemin nm **1.** Voie de communication locale, en général à la campagne. **2.** Direction à suivre : *demander son chemin*. **3.** Espace à parcourir, itinéraire : *le plus court chemin*. **4.** FIG Voie qui conduit à un but : *le chemin de la fortune*. ■ **en chemin :** pendant le trajet. ❑ **faire du chemin :** progresser.

chemin de fer (pl *chemins de fer*) nm **1.** Moyen de transport utilisant la voie ferrée. **2.** Administration et exploitation de ce mode de transport.

cheminée nf **1.** Foyer dans lequel on fait du feu. **2.** Partie de la cheminée qui fait saillie dans une pièce. **3.** Conduit par où passe la fumée.

cheminement nm **1.** Action de cheminer. **2.** FIG Évolution, progression.

cheminer vi **1.** Suivre un chemin souvent long, lentement et régulièrement. **2.** FIG Progresser régulièrement : *idée qui chemine dans les esprits*.

cheminot nm Employé des chemins de fer.

chemise nf **1.** Vêtement en tissu léger couvrant le buste et les bras, avec col et boutonnage. **2.** Feuille repliée de papier fort ou de carton, dans laquelle on range des papiers. **3.** Enveloppe, revêtement d'une pièce mécanique : *chemise de moteur*. ■ **chemise de nuit :** vêtement de nuit en forme de robe.

chemiser vt Garnir d'un revêtement : *chemiser un cylindre*.

chemiserie nf Fabrique, magasin de chemises.

chemisette nf Chemise à manches courtes.

chemisier, ère n Personne qui fait ou vend des chemises. ◆ nm Corsage de femme.

chênaie nf Lieu planté de chênes.
chenal (pl *chenaux*) nm Passage navigable, resserré entre des terres ou des hauts-fonds.
chenapan nm Vaurien, garnement.
chêne nm Grand arbre à bois dur, dont le fruit est le gland ; bois de cet arbre.
chêne-liège (pl *chênes-lièges*) nm Espèce de chêne des régions méditerranéennes qui fournit le liège.
chenet nm Chacun des deux supports métalliques, sur lesquels on place les bûches dans une cheminée.
chenil [ʃənil] ou [ʃəni] nm Lieu où on élève, dresse, loge des chiens.
chenille nf **1.** Larve de papillon. **2.** Passement de soie velouté. **3.** AUTOM Bande métallique articulée, qui équipe les véhicules destinés à circuler sur tous terrains.
chenu, e adj LITT Blanchi par la vieillesse.
cheptel nm Ensemble du bétail d'une exploitation agricole, d'une région.
chèque nm Bon de paiement sur un compte : *chèque postal.* ■ **chèque de voyage :** à l'usage des touristes, émis par une banque et payable par l'un de ses correspondants. ❑ **chèque en blanc :** signé par le tireur, sans indication de somme. ❑ **chèque sans provision :** qui ne peut être payé faute d'un crédit suffisant.
chéquier nm Carnet de chèques.
cher, ère adj **1.** Tendrement aimé : *un être cher.* **2.** Précieux : *cette idée m'est chère.* **3.** S'emploie comme formule de politesse ou terme d'amitié : *cher monsieur.* **4.** D'un prix élevé : *un bijou cher.* ◆ adv À un prix élevé : *cela coûte cher.*
chercher vt **1.** S'efforcer de trouver une chose. **2.** Tâcher de : *chercher à plaire.* **3.** Vouloir provoquer : *chercher querelle à quelqu'un.* ■ FAM **aller chercher dans les :** atteindre un prix.
chercheur, euse adj et n Qui cherche. ◆ n Personne qui se consacre à la recherche scientifique.
chère nf LITT Nourriture de qualité : *faire bonne chère.*

ORTHOGRAPHE Il ne faut pas confondre *chère,* « nourriture », *chère,* « coûteuse », *chair,* « viande » et *chaire,* « tribune ».

chèrement adv Au prix de gros sacrifices : *victoire chèrement acquise.*
chéri, e adj et n Tendrement aimé.
chérir vt Aimer tendrement ; être attaché à.
cherry nm Liqueur de cerise.
cherté nf Coût élevé : *la cherté de la vie.*
chérubin nm **1.** Une des catégories d'anges. **2.** FIG Charmant enfant.
chétif, ive adj De faible constitution, maigre.
chevaine ou **chevesne** nm Poisson d'eau douce.
cheval nm **1.** Mammifère domestique qui sert à l'homme de monture ou à tirer un attelage ; viande de cet animal. **2.** Équitation : *faire du cheval.* ■ **à cheval :** (a) monté sur un cheval (b) à califourchon : *être assis à cheval sur une branche* (c) de chaque côté de : *une propriété à cheval sur deux communes.* ❑ **cheval de bataille :** thème, sujet favori. ❑ **cheval de frise :** pièce de bois hérissée de pointes. ❑ **cheval fiscal :** unité de mesure de cylindrée pour un véhicule (abréviation : *CV*). ❑ FIG **être à cheval sur :** être ferme, inflexible : *être à cheval sur la discipline.* ❑ **monter sur ses grands chevaux :** s'emporter, le prendre de haut.
cheval-d'arçons (pl *chevaux-d'arçons* ou inv) nm ou **cheval-arçons** nm inv Appareil de gymnastique sur lequel on fait du saut, de la voltige.
chevalement nm Réunion de poutres et de madriers étayant un mur.
chevaleresque adj Qui manifeste des sentiments nobles et généreux.
chevalerie nf **1.** Classe de guerriers nobles au Moyen Âge. **2.** Ordre honorifique.
chevalet nm **1.** Support en bois sur lequel le peintre pose le tableau qu'il exécute. **2.** Support des cordes d'un violon.
chevalier nm **1.** Noble admis dans l'ordre de la chevalerie médiévale. **2.** Premier grade dans certains ordres honorifiques : *chevalier des palmes académiques.* **3.** Oiseau européen de l'ordre des échassiers.
chevalière nf Bague dont le dessus s'orne d'initiales ou d'armoiries gravées.
chevalin, e adj Relatif au cheval : *race chevaline.*
chevauchant, e adj Qui chevauche sur autre chose.
chevauchée nf Course ou promenade à cheval.
chevauchement nm Action de chevaucher.
chevaucher vi Aller à cheval. ◆ vt **1.** Être à califourchon sur. **2.** Recouvrir partiellement. ◊ vpr : *dents qui se chevauchent.*
chevêche nf Sorte de chouette.
chevelu, e adj Qui a des cheveux, en particulier des cheveux longs et touffus.
chevelure nf **1.** Ensemble des cheveux. **2.** Traînée lumineuse d'une comète.
chevesne nm → **chevaine.**

chevet nm **1.** Tête du lit : *lampe, table de chevet.* **2.** Hémicycle terminant le chœur d'une église. ■ **être au chevet d'un malade :** le veiller, le soigner. ❑ **livre de chevet :** livre favori.

cheveu nm Poil de la tête de l'homme. ■ FAM **comme un cheveu sur la soupe :** à contretemps, mal à propos. ❑ **faire dresser les cheveux sur la tête :** épouvanter. ❑ FAM **tiré par les cheveux :** qui résulte d'une exagération : *une histoire tirée par les cheveux.*

cheville nf **1.** Partie en saillie entre la jambe et le pied. **2.** Morceau de bois ou de métal pour boucher un trou, faire un assemblage, accrocher des objets, pour tendre les cordes d'un instrument de musique, etc. **3.** LITTÉR Mot de remplissage pour finir un vers. ■ FAM **avoir les chevilles qui enflent :** tirer trop de fierté d'un succès. ❑ FIG **cheville ouvrière :** personne jouant un rôle essentiel. ❑ FAM **être en cheville avec quelqu'un :** être de connivence avec lui. ❑ **ne pas arriver à la cheville de :** être très inférieur à.

cheviller vt Assembler avec des chevilles.

chèvre nf Ruminant à cornes arquées en arrière, au menton garni d'une barbiche. ■ FAM **devenir chèvre :** s'énerver. ◆ nm Fromage au lait de chèvre.

chevreau nm Petit de la chèvre ; sa peau : *gants de chevreau.*

chèvrefeuille nm Liane aux fleurs odorantes.

chevrette nf **1.** Petite chèvre. **2.** Femelle du chevreuil.

chevreuil nm Ruminant des forêts d'Europe et d'Asie, de la famille des cervidés ; chair de cet animal.

chevron nm **1.** Pièce de bois, dans le sens de la pente, qui soutient les lattes d'un toit. **2.** Motif décoratif en forme de V. **3.** Tissu croisé présentant des côtes en zigzag. **4.** Galon d'ancienneté sur la manche d'un uniforme.

chevronné, **e** adj Expérimenté.

chevrotant, **e** adj ■ **voix chevrotante :** qui tremblote.

chevrotement nm Tremblement de la voix.

chevroter vi Chanter, parler d'une voix tremblotante.

chevrotine nf Gros plomb de chasse.

chewing-gum [ʃwiŋgɔm] (pl *chewing-gums*) nm Gomme à mâcher.

chez prép **1.** Dans la demeure, le milieu, la famille de : *chez moi.* **2.** Dans le groupe, la civilisation, l'espèce de : *chez les jeunes ; chez les Romains ; chez les abeilles.* **3.** Dans le caractère de, l'œuvre de : *c'est chez lui une habitude.*

chez-soi, **chez-moi**, **chez-toi** nm inv Domicile personnel : *aimer son petit chez-soi.*

chiadé, **e** adj FAM **1.** Réalisé avec soin ; fignolé : *du travail chiadé.* **2.** Difficile : *un problème chiadé.*

chialer vi TRÈS FAM Pleurer ; se plaindre.

chianti [kjɑ̃ti] nm Vin rouge italien.

chiasme [kjasm] nm Figure de style consistant à placer les éléments semblables de deux groupes successifs dans un ordre inverse (EX : *un roi chantait en bas, en haut mourait un dieu*).

chic nm Allure élégante, distinguée. ■ **avoir le chic pour :** avoir un talent spécial pour. ❑ **bon chic, bon genre (BCBG) :** conforme à une tradition bourgeoise ; classique, de bon ton. ◆ adj inv (en genre) **1.** Élégant et distingué : *des vêtements chics.* **2.** FAM Généreux, serviable : *c'est un chic type.* ◆ interj Exprime le contentement : *chic ! on part !*

chicane nf **1.** Querelle de mauvaise foi, portant sur des détails. **2.** Série d'obstacles disposés sur une route pour imposer un parcours en zigzag.

chicaner vi Contester sans motif. ◆ vt Faire des reproches mal fondés.

chicanerie nf Difficulté suscitée par esprit de chicane.

chicaneur, **euse** ou **chicanier**, **ère** adj et n Qui aime à chicaner.

1. chiche adj Qui répugne à dépenser, avare.

2. chiche adj m ■ **pois chiche :** gros pois gris.

3. chiche interj Exprime le défi : *« Tu plonges ? Chiche ! »*

chiche-kebab [ʃiʃkebab] (pl *chiches-kebabs*) nm Brochette d'agneau cuisiné à l'orientale.

chichement adv **1.** Avec avarice. **2.** Pauvrement.

chichi nm (surtout au pluriel) FAM Façons maniérées ; simagrées : *faire des chichis.*

chichiteux, **euse** adj et n FAM Qui fait des chichis.

chicorée nf **1.** Variété de salade. **2.** Poudre de racine de chicorée torréfiée, que l'on mélange au café.

chicot nm **1.** Ce qui reste d'un arbre rompu. **2.** FAM Reste d'une dent cassée.

chicotin nm VX Suc amer de la coloquinte, de l'aloès. ■ **amer comme chicotin :** très amer.

chicouté nf CANADA Petit fruit acidulé qui pousse dans les tourbières des régions froides.

chien, **enne** n **1.** Mammifère carnivore domestique à l'odorat développé, élevé pour la chasse, l'agrément, la garde ou le trait. **2.** Pièce d'une arme à feu qui se rabat sur la capsule pour en déterminer l'explosion. ■ **avoir du chien :** avoir de l'élégance, du charme. ❑ **avoir un mal de chien pour, à :** beaucoup de mal à. ❑ **couché en chien de fusil :** sur le côté, les jambes repliées. ❑ **entre chien et loup :** à la nuit tombante. ❑ **se regarder en chiens de faïence :** avec hostilité.

chiendent nm Herbe aux racines très développées et très tenaces, qui nuit aux cultures.

chienlit [ʃjɑ̃li] nf LITT Désordre, pagaille, confusion.

chien-loup (pl *chiens-loups*) nm Race de chiens domestiques ressemblant au loup.

chier vi TRÈS FAM Déféquer. ■ **ça va chier :** ça va provoquer un scandale. ❑ **faire chier quelqu'un :** l'importuner vivement. ❑ **se faire chier :** (a) s'ennuyer à mourir (b) peiner.

chiffe nf ■ **chiffe molle** ou **chiffe :** personne sans énergie.

chiffon nm Vieux morceau d'étoffe. ■ **chiffon rouge :** sujet qui divise, provoque la discorde : *agiter le chiffon rouge de l'immigration*.

chiffonné, **e** adj ■ **visage chiffonné :** fatigué.

chiffonner vt **1.** Froisser. **2.** FAM Contrarier : *cette histoire me chiffonne*.

chiffonnier, **ère** n Personne qui ramasse les chiffons, les vieux objets dans les ordures. ◆ nm Petit meuble à tiroirs.

chiffrable adj Qui peut être évalué.

chiffrage nm Évaluation d'un montant, d'une dépense.

chiffre nm **1.** Chacun des caractères qui représentent les nombres. **2.** Montant, valeur d'une chose : *chiffre de la population*. **3.** Code secret. **4.** Combinaison d'une serrure, d'un coffre-fort. **5.** Initiales enlacées d'un ou de plusieurs noms. ■ **chiffre d'affaires :** montant de ventes cumulées entre deux bilans (abréviation : *CA*).

chiffré, **e** adj Qui utilise un code secret : *langage chiffré*.

chiffrer vi Atteindre un coût important. ◆ vt **1.** Numéroter. **2.** Évaluer le coût d'une opération financière.

chignole nf Perceuse portative.

chignon nm Cheveux de derrière la tête relevés sur la nuque.

chihuahua [ʃiwawa] nm Très petit chien à poil ras et à museau pointu.

chiisme [ʃiism] nm Courant minoritaire de l'islam né du schisme des partisans d'Ali à propos de la désignation du successeur du Prophète.

chiite [ʃiit] adj et n Se dit d'un musulman qui appartient à l'une des branches du chiisme.

chikungunya [ʃikungunja] nm Maladie infectieuse épidémique due à un virus transmis par un moustique et caractérisée par une forte fièvre et des douleurs articulaires.

chili [ʃili] ou [tʃili] (pl *chiles*) nm Petit piment rouge du Mexique. ■ **chili con carne :** ragoût mexicain à base de bœuf haché et de haricots rouges, très pimenté.

chilien, **enne** adj et n Du Chili : *les Chiliens*.

chimère nf **1.** Monstre fabuleux, tenant du lion et de la chèvre. **2.** Projet séduisant mais irréalisable ; utopie, illusion.

chimérique adj Sans fondement ; illusoire, utopique.

chimie nf Science qui étudie la nature et les propriétés des corps simples, l'action moléculaire de ces corps les uns sur les autres et les combinaisons dues à cette action.

chimio nf (abréviation) FAM Chimiothérapie.

chimiorésistance nf Caractère d'une tumeur résistant à la chimiothérapie.

chimiothérapie nf MÉD Traitement par des substances chimiques.

chimique adj De la chimie.

chimiquement adv D'après les lois, les procédés de la chimie.

chimiste n Spécialiste de la chimie.

chimpanzé nm Singe anthropoïde des forêts d'Afrique équatoriale.

chinchilla [ʃɛ̃ʃila] nm Rongeur de l'Amérique du Sud ; fourrure grise de ce rongeur.

chiné, **e** adj De plusieurs couleurs mélangées.

chiner vi FAM Chercher des occasions chez les brocanteurs, les antiquaires, etc.

chineur, **euse** n FAM Qui aime chiner.

chinois, **e** adj et n De Chine : *les Chinois*. ◆ nm **1.** Langue parlée en Chine. **2.** Passoire métallique à fond pointu. ■ FAM **c'est du chinois :** c'est incompréhensible.

chinoiser vi FAM Ergoter, pinailler.

chinoiserie nf Objet d'art de Chine. ◆ **chinoiseries** pl FAM Formalités inutilement compliquées.

chiot nm Jeune chien.

chiottes nf pl TRÈS FAM Toilettes, cabinets.

chiper vt FAM Dérober.

chipie nf FAM Femme ou jeune fille désagréable ou prétentieuse.

chipolata nf Petite saucisse de porc.

chipoter vi FAM **1.** Faire des difficultés pour des vétilles. **2.** Faire le difficile pour manger.

chipoteur, euse n et adj FAM Personne qui chipote.

chips [ʃips] nf Mince rondelle de pomme de terre frite.

chique nf Morceau de tabac que l'on mâche.

chiqué nm FAM Affectation prétentieuse. ■ **faire du chiqué :** faire des manières.

chiquenaude nf Coup appliqué avec le doigt du milieu plié contre le pouce, puis détendu.

chiquer vt Mâcher du tabac.

chiromancie [kirɔmɑ̃si] nf Art de prédire l'avenir d'après les lignes de la main.

chiromancien, enne [kirɔmɑ̃sjɛ̃, ɛn] n Personne qui exerce la chiromancie.

chiropracteur [kirɔpraktœr] nm Personne qui pratique la chiropractie.

chiropractie [kirɔprakti] ou **chiropraxie** nf MÉD Traitement par manipulations des vertèbres.

chiroptère [ki-] ou **chéiroptère** [kei-] nm Mammifère souvent nocturne et insectivore, à ailes membraneuses, telle la chauve-souris (les chiroptères forment un ordre).

chirurgical, e, aux adj Relatif à la chirurgie.

chirurgie nf Discipline médicale qui comporte l'intervention du praticien sur une partie du corps, un organe, généralement au moyen d'instruments.

chirurgien, enne n Médecin qui exerce la chirurgie.

chirurgien-dentiste (pl *chirurgiens-dentistes*) n Praticien diplômé spécialisé dans les soins de la bouche et des dents. SYN : dentiste.

chistera [ʃistera] nm Panier recourbé et allongé qu'on attache au poignet pour jouer à la pelote basque.

chitine [kitin] nf Substance qui constitue le squelette des articulés.

chiure nf Excrément de mouche.

ch.-l. (abréviation) Chef-lieu.

chlamydia [klamidja] (pl *chlamydiae*) nf Bactérie responsable d'infections variées.

chlorate [klɔrat] nm Sel de l'acide chlorique : *chlorate de potasse.*

chlore [klɔr] nm Corps simple de couleur verdâtre, d'une odeur suffocante ; symb : Cl.

chloré, e [klɔre] adj Qui contient du chlore.

chlorhydrate [klɔridrat] nm Sel de l'acide chlorhydrique.

chlorhydrique [klɔridrik] adj m ■ **acide chlorhydrique :** combinaison de chlore et d'hydrogène.

chloroforme [klɔrɔfɔrm] nm Liquide incolore d'une odeur éthérée, résultant de l'action du chlore sur l'alcool, longtemps utilisé comme anesthésique.

chloroformer [klɔrɔfɔrme] vt Anesthésier au chloroforme.

chlorophylle [klɔrɔfil] nf Pigment vert des végétaux, qui ne se forme qu'à la lumière.

chlorophyllien, enne [klɔrɔfiljɛ̃, ɛn] adj De la chlorophylle.

chlorose [klɔroz] nf MÉD Maladie caractérisée par une insuffisance des globules rouges.

chlorure [klɔryr] nm Combinaison de chlore avec un corps simple ou composé.

chloruré, e adj Qui contient un chlorure.

choc nm **1.** Heurt violent d'un corps contre un autre. **2.** Affrontement de troupes : *choc de deux armées.* **3.** FIG Émotion violente et brusque. ◆ adj (inv en genre) Qui produit de l'effet, est efficace : *une photo choc.* ■ **prix chocs :** défiant toute concurrence.

chocolat nm **1.** Aliment composé de cacao et de sucre : *chocolat au lait.* **2.** Bonbon, boisson à base de cacao : *une boîte de chocolats ; un chocolat chaud.* ◆ adj inv De couleur brun-rouge. ■ FAM **être chocolat :** être frustré de ce que l'on escomptait.

chocolaté, e adj Parfumé au chocolat.

chocolatier, ère n Personne qui fabrique, vend du chocolat.

chocolatière nf Récipient pour servir le chocolat liquide.

choéphore [kɔefɔr] nf Femme qui, chez les Grecs, portait les offrandes aux morts.

chœur [kœr] nm **1.** Réunion de personnes exécutant des danses et des chants. **2.** Musiciens qui chantent ensemble. **3.** Composition musicale à plusieurs parties. **4.** Partie de l'église réservée aux cérémonies liturgiques. ■ **enfant de chœur :** (a) enfant employé au service du culte (b) personne naïve. ❑ **en chœur :** ensemble.

choir vi ■ (usité à l'inf. et au part. pass. *chu, e*) FAM **laisser choir :** laisser tomber, abandonner.

choisi, e adj **1.** De première qualité. **2.** Distingué : *langage choisi.*

choisir vt Prendre de préférence : *il a choisi la bonne solution ; elle a choisi de partir.*

choix nm **1.** Action de choisir. **2.** Ensemble de choses choisies. ■ **au choix :** avec liberté de choisir. ❑ **de choix :** excellent. ❑ **n'avoir que l'embarras du choix :** avoir de nombreuses possibilités de choisir.

cholédoque [kɔledɔk] adj Se dit du canal qui conduit la bile au duodénum.

choléra [kɔlera] nm Maladie épidémique intestinale.

cholérique [kɔlerik] adj Relatif au choléra.

cholestérol [kɔlɛsterɔl] nm Substance grasse de l'organisme provenant des aliments.

chômage nm Situation d'une personne, d'une industrie qui n'a pas ou qui n'a plus de travail ; période, situation qui en résulte. ■ **chômage partiel** : dû à une diminution des horaires ou à une fermeture momentanée de l'entreprise.

chômé, e adj ■ **jour chômé** : jour férié où l'on cesse le travail.

chômer vi **1.** Ne pas travailler par manque d'emploi. **2.** Suspendre le travail pendant les jours fériés. ■ FIG **ne pas chômer** : être très actif.

chômeur, euse n Personne qui est involontairement sans travail.

chope nf Grand verre à anse pour boire la bière ; son contenu.

choper vt FAM **1.** Prendre : *se faire choper par la police*. **2.** Contracter une maladie : *choper un rhume*. **3.** Voler : *choper un livre dans un magasin*.

chopine nf FAM Bouteille de vin.

choquant, e adj Qui choque ; offensant.

choquer vt **1.** Donner un choc, heurter. **2.** FIG offenser, blesser quelqu'un dans ses sentiments ou ses principes.

1. choral [kɔral] (pl *chorals*) nm Chant religieux.

2. choral, e, als ou **aux** [kɔral, o] adj Du chœur : *chant choral*. ■ **film choral** : film dont les différentes intrigues finissent par se rejoindre pour former une unique trame dramatique.

chorale [kɔral] nf Groupe de personnes qui chantent ensemble.

chorège [kɔrɛʒ] nm ANTIQ GR Citoyen qui organisait à ses frais les chœurs des concours dramatiques ou musicaux.

chorégraphe [kɔregraf] n Personne qui compose des ballets.

chorégraphie [kɔregrafi] nf Art d'écrire, de diriger des ballets, des danses ; l'œuvre elle-même.

chorégraphique adj Relatif à la chorégraphie, à la danse.

choriste [kɔrist] n Personne qui chante dans un chœur.

chorizo [ʃɔrizo] nm Saucisson espagnol au piment rouge.

choroïde [kɔrɔid] nf Membrane de l'œil, entre la sclérotique et la rétine.

chorus [kɔrys] nm ■ **faire chorus** : manifester en chœur, approuver bruyamment.

chose nf Objet inanimé ou entité abstraite. ■ **la chose publique** : l'État. ❑ **c'est peu de chose** : sans importance. ❑ **de deux choses l'une** : indique une alternative impérative. ◆ adj ■ FAM **être, se sentir tout chose** : bizarre, mal à l'aise, souffrant. ◆ **choses** pl ■ **les choses** : la situation, les événements : *regarder les choses en face*.

> ORTHOGRAPHE On écrit avec un pluriel : *état de choses ;* avec un singulier : *peu de chose*.

chott [ʃɔt] nm Lac salé plus ou moins desséché des plateaux algériens.

1. chou adj inv FAM Gentil, mignon.

2. chou (pl *choux*) nm **1.** Plante crucifère comprenant plusieurs espèces cultivées pour l'alimentation ; partie comestible de cette plante : *chou de Bruxelles ; chou rouge*. **2.** Pâtisserie soufflée et légère : *chou à la crème*. **3.** Terme d'affection : *mon chou*. ■ **bout de chou** : petit enfant. ❑ FAM **faire chou blanc** : obtenir un résultat nul.

chouan nm Insurgé royaliste des provinces de l'ouest de la France sous la Révolution.

chouannerie nf Insurrection des chouans royalistes en 1793.

choucas nm Petite corneille.

chouchou, oute n FAM Enfant, élève favori.

chouchoutage nm FAM Action de chouchouter.

chouchouter vt FAM Avoir pour chouchou ; gâter, dorloter.

choucroute nf Choux hachés et fermentés ; plat préparé avec ces choux accompagnés de charcuterie.

1. chouette nf Oiseau rapace nocturne d'Europe, sans aigrette, à la face aplatie.

2. chouette adj FAM **1.** Sympathique : *un type chouette*. **2.** Joli, agréable : *un costume très chouette*. ◆ interj Exprime la satisfaction.

chou-fleur (pl *choux-fleurs*) nm Variété de chou dont les fleurs naissantes sont comestibles ; fleur de ce chou.

chouia [ʃuja] nm ■ FAM **un chouia** : un petit peu de.

chouquette nf (surtout au pluriel) Petit chou recouvert de grains de sucre.

chou-rave (pl *choux-raves*) nm Variété de chou cultivée pour ses racines ; racine de ce chou.

chow-chow [ʃoʃo] (pl *chows-chows*) nm Chien originaire de Chine, à fourrure abondante.

choyer vt (conj 3) Entourer de tendresse, d'attention.

CHR nm (sigle) Centre hospitalier régional.

chrême [krɛm] nm Huile sacrée, utilisée pour certains sacrements.

chrétien, enne adj et n Qui professe la foi en Jésus-Christ.

chrétiennement adv D'une façon chrétienne.

chrétienté nf Ensemble des pays ou des peuples chrétiens.

christ nm Objet de piété représentant Jésus-Christ sur la Croix.

christiania nm Mouvement de virage et d'arrêt par changement de direction brutal des skis.

christianiser vt Convertir au christianisme.

christianisme nm Religion chrétienne.

chromatique adj MUS Se dit d'une série de sons procédant par demi-tons.

chrome [krom] nm Métal inoxydable à l'air et pouvant recevoir un beau poli ; symb : Cr. ◆ **chromes** pl Accessoires chromés d'une voiture, d'une bicyclette, etc.

chromer vt Recouvrir de chrome.

chromique adj m Se dit d'un acide oxygéné de chrome.

chromo nm Image en couleurs de mauvais goût.

chromolithographie nf Procédé par lequel on imprime en lithographie des images en couleurs ; l'épreuve obtenue.

chromosome nm Élément en forme de bâtonnet du noyau d'une cellule, porteur des facteurs de l'hérédité.

chromosomique adj Relatif aux chromosomes.

chroniciser (se) vpr Devenir chronique.

chronicité nf État de ce qui est chronique.

1. chronique adj **1.** MÉD Qui évolue lentement et se prolonge : *l'asthme est une maladie chronique.* CONTR : aigu. **2.** Qui sévit depuis longtemps, persiste : *chômage chronique.*

2. chronique nf **1.** Ouvrage qui relate des faits historiques en suivant l'ordre de leur déroulement. **2.** Article de presse consacré à l'actualité dans un domaine particulier : *chronique sportive.* **3.** Ensemble des bruits qui circulent : *défrayer la chronique.*

chroniquer vt **1.** Consacrer une rubrique de presse à : *chroniquer un roman.* **2.** Traiter sous forme de chronique : *chroniquer le quotidien.*

chroniqueur, euse n Auteur de chroniques : *chroniqueur théâtral.*

chrono nm (abréviation) FAM Chronomètre.

chronologie nf **1.** Science des temps ou des dates historiques. **2.** Ordre de succession des événements.

chronologique adj Relatif à la chronologie : *ordre chronologique.*

chronologiquement adv D'après la chronologie ; par ordre de date.

chronométrage nm Action de chronométrer.

chronomètre nm Montre de précision, permettant de mesurer des intervalles de temps en minutes, secondes, fractions de secondes.

chronométrer vt (conj 10) Mesurer exactement une durée.

chronométreur, euse n Personne qui chronomètre, notamment une épreuve sportive.

chronophage adj Qui demande beaucoup de temps ou qui en fait perdre : *activité chronophage.*

chrysalide nf Stade de formation de certains insectes, entre le stade de la chenille et celui de papillon.

chrysanthème nm Fleur ornementale à grosses boules de couleurs variées.

CHSCT nm (sigle de *comité d'hygiène, de sécurité et des conditions de travail*) Organisme consultatif de l'entreprise chargé de veiller au respect des conditions d'hygiène, de sécurité et de travail.

ch'timi adj et n FAM Se dit de quelqu'un qui est originaire du nord de la France.

CHU [seaʃy] nm (sigle de *centre hospitalo-universitaire*) Établissement hospitalier où s'effectue l'enseignement des étudiants en médecine.

chuchotement nm Bruit de voix qui chuchotent.

chuchoter vi et vt Parler, dire à voix basse.

chuintant, e adj Se dit de certaines consonnes fricatives (*ch* et *ge*).

chuintement nm Sifflement sourd : *entendre le chuintement du gaz.*

chuinter vi **1.** Crier, en parlant de la chouette. **2.** Prononcer les consonnes *s* et *z* comme un *ch* et un *j*. **3.** Siffler, en parlant d'un liquide ou d'un gaz qui s'échappe.

chut interj Silence !

chute nf **1.** Fait de tomber : *chute de neige, des cheveux.* **2.** Débris de matière (papier, tissu, etc.) perdus après une coupe. **3.** Masse d'eau qui tombe d'une certaine hauteur : *les chutes du Niagara.* **4.** FIG Action de s'écrouler, ruine, effondrement : *la chute d'un gouvernement.* **5.** Pensée, trait final qui termine un texte. ■ **chute des reins** : le bas du dos. ❑ **point de chute** : endroit où l'on peut loger provisoirement en arrivant dans une ville inconnue.

chuter vi **1.** FAM Tomber : *faire chuter le ministère.* **2.** Diminuer : *les ventes ont chuté.*

chyle [ʃil] nm Liquide blanchâtre contenu dans l'intestin grêle et représentant le résultat de la digestion.

chyme [ʃim] nm Liquide contenu dans l'estomac et résultant de la digestion gastrique des aliments.

chypriote ou **cypriote** adj et n De Chypre : *les Chypriotes.*

ci adv de lieu Marque la proximité dans l'espace ou dans le temps : *cet homme-ci, ci-joint, ceux-ci.* ◆ pron dém ■ FAM **comme ci comme ça** : ni bien ni mal. ◆ **par-ci par-là** ou **de-ci de-là** loc adv De côté et d'autre.

ciao [tʃao] ou **tchao** interj FAM Au revoir.

ci-après loc adv Après ce passage-ci.

cibiste n Utilisateur de la CB.

cible nf **1.** Objet que l'on vise dans les exercices de tir. **2.** FIG Ce qui est visé ; but, objectif : *être la cible des critiques.* **3.** But, public visé par une campagne publicitaire ou une étude de marché.

ciblé, e adj Destiné à une catégorie précise de personnes : *produit bien ciblé.*

cibler vt Définir précisément le public qu'on cherche à atteindre.

ciboire nm Vase contenant les hosties consacrées.

ciboule nf Plante dont les feuilles servent de condiment. SYN : **cive.**

ciboulette nf Plante de la même famille que la ciboule, servant de condiment. SYN : civette.

ciboulot nm FAM Tête.

cicatrice nf **1.** Trace d'une plaie, d'une blessure. **2.** FIG Trace d'une blessure morale.

cicatriciel, elle adj Relatif à une cicatrice : *tissu cicatriciel.*

cicatrisable adj Qui peut se cicatriser.

cicatrisant, e adj et nm Qui favorise la cicatrisation.

cicatrisation nf Phénomène par lequel une plaie se ferme.

cicatriser vt **1.** Fermer une plaie. **2.** FIG Apaiser, calmer une douleur morale. ◆ vi ou **se cicatriser** vpr Se fermer, en parlant d'une plaie.

cicérone [siserɔn] nm LITT Guide.

ci-contre loc adv En regard, vis-à-vis.

ci-dessous loc adv Plus bas, en bas.

ci-dessus loc adv Plus haut, en haut.

ci-devant loc adv VX Avant ce temps-ci, précédemment. ◆ n inv Noble dépossédé de ses titres, sous la Révolution.

CIDJ nm (sigle) Centre d'information et de documentation de la jeunesse.

cidre nm Boisson faite avec le jus fermenté des pommes.

cidrerie nf Fabrique de cidre.

Cie (abréviation) Compagnie.

ciel (pl *cieux*) nm **1.** Espace visible au-dessus de nos têtes. **2.** (pl. *ciels*) Aspect de l'atmosphère selon le temps qu'il fait. **3.** Séjour des bienheureux après la mort. **4.** Dieu, la Providence. ■ **à ciel ouvert :** en plein jour, à découvert : *piscine à ciel ouvert.* ❑ **ciel de lit** (pl *ciels de lit*) : dais placé au-dessus d'un lit pour y suspendre des rideaux. ❑ **être au septième ciel :** être dans le plus grand bonheur. ◆ adj inv ■ **bleu ciel :** bleu clair. ◆ interj Exprime la surprise, la douleur.

cierge nm Longue chandelle de cire, qu'on brûle dans les églises.

cigale nf Insecte des régions chaudes, qui fait entendre un bruit strident.

cigare nm Petit rouleau de feuilles de tabac, que l'on fume.

cigarette nf Tabac roulé dans du papier très fin.

cigarillo nm Petit cigare.

ci-gît loc verbale Ici est enterré.

> CONJUGAISON *Gît* est une des rares formes conjuguées du verbe *gésir.*

cigogne nf Oiseau échassier migrateur.

ciguë nf Plante vénéneuse.

ci-inclus, e adj Contenu dans cet envoi.

ci-joint, e adj Joint à cet envoi : *la lettre ci-jointe ; veuillez trouver ci-joint une copie du document.*

> GRAMMAIRE *Ci-inclus* et *ci-joint* sont invariables avant le nom, variables après le nom.

cil nm Poil qui garnit le bord des paupières.

cilié, e adj Garni de cils.

ciller [sije] vt et vi Fermer et rouvrir rapidement les paupières.

cimaise ou **cymaise** nf **1.** ARCHIT Moulure supérieure d'une corniche. **2.** Moulure à hauteur d'appui sur un mur, et notamment d'une salle d'exposition de peinture ; le mur lui-même.

cime nf Sommet d'une montagne, d'un arbre.

ciment nm **1.** Poudre qui, additionnée de sable et d'eau, forme un mortier durcissant au séchage et liant les matériaux de construction. **2.** FIG Ce qui unit.

cimenter vt **1.** Lier avec du ciment. **2.** FIG Affermir, consolider : *cimenter une alliance.*

cimenterie nf Fabrique de ciment.

cimeterre nm Sabre oriental large et recourbé.
cimetière nm Lieu où on enterre les morts.
cinabre nm **1.** Sulfure de mercure. **2.** Couleur rouge vermillon.
ciné nm (abréviation) FAM Cinéma.
cinéaste n Auteur ou réalisateur de films.
ciné-club (pl *ciné-clubs*) nm **1.** Lieu où sont projetés et discutés les films les plus marquants de l'histoire du cinéma. **2.** Association qui organise ces séances.
cinéma nm **1.** Art de composer et de réaliser des films destinés à être projetés ; industrie liée à cet art : *travailler dans le cinéma.* **2.** Ensemble des films d'un pays, d'un auteur, etc. : *le cinéma italien.* **3.** Salle destinée à la projection de films. ■ FAM **faire du cinéma :** faire des manières, des complications.
CinémaScope nm (nom déposé) Procédé cinématographique de projection sur un large écran.
cinémathèque nf Endroit où l'on conserve et projette les films.
cinématique nf Partie de la mécanique qui traite des mouvements.
cinématographique adj Relatif au cinéma.
cinémomètre nm Indicateur de vitesse.
cinéphile n Amateur de cinéma.
1. cinéraire nf Plante ornementale à feuillage cendré.
2. cinéraire adj ■ **urne cinéraire :** qui renferme les cendres d'un corps incinéré.
cinétique adj Relatif au mouvement.
cinglant, e adj Qui cingle, fouette : *une pluie cinglante ; une cinglante leçon.*
cingle nm RÉGIONAL (SUD-OUEST). **1.** Grande couleuvre. **2.** Méandre.
cinglé, e adj et n FAM Fou.
1. cingler vi Naviguer vers.
2. cingler vt **1.** Frapper avec quelque chose de mince et de flexible. **2.** Frapper avec force, fouetter, en parlant du vent, de la pluie, etc. **3.** FIG Blesser par des paroles dures.
cinoche nm FAM Cinéma.
cinq adj num **1.** Quatre plus un. **2.** Cinquième : *tome cinq.* ◆ nm inv Chiffre, numéro qui représente ce nombre.
cinquantaine nf **1.** Nombre de cinquante ou d'environ cinquante. **2.** Âge d'à peu près cinquante ans.
cinquante adj num et nm inv **1.** Cinq fois dix. **2.** Cinquantième.
cinquantenaire nm Cinquantième anniversaire.
cinquantième adj num ord et n **1.** Qui occupe un rang marqué par le numéro cinquante. **2.** Qui se trouve cinquante fois dans le tout.
1. cinquième adj num ord et n Qui occupe un rang marqué par le numéro cinq. ◆ adj et nm Qui se trouve cinq fois dans le tout.
2. cinquième nf **1.** Deuxième année du premier cycle du secondaire. **2.** Cinquième vitesse.
cinquièmement adv En cinquième lieu.
cintrage nm Action de cintrer.
cintre nm **1.** ARCHIT Courbure concave et continue d'une voûte ou d'un arc. **2.** Arcade de bois sur laquelle on bâtit les voûtes en pierre. **3.** Support incurvé pour vêtements. ■ **plein cintre :** cintre dont la courbe est un demi-cercle. ◆ **cintres** pl THÉÂTRE Partie supérieure de la cage de scène, où l'on remonte les décors.
cintrer vt **1.** Donner une courbure à. **2.** Resserrer par des pinces un vêtement à la taille.
cirage nm **1.** Action de cirer. **2.** Produit pour cirer les chaussures. ■ FAM **être dans le cirage :** (a) ne rien voir (b) avoir l'esprit endormi.
circaète nm Oiseau rapace diurne du centre et du sud de la France.
circoncire vt (conj 72 sauf part passé *circoncis*) Pratiquer la circoncision.
circoncis adj et nm Qui a subi la circoncision.
circoncision nf Excision du prépuce.
circonférence nf Ligne courbe plane, fermée, limitant une surface.
circonflexe adj ■ **accent circonflexe :** signe (^) qui se place en français sur certaines voyelles longues.
circonlocution nf Moyen détourné de parler, périphrase.
circonscription nf Division administrative, militaire ou religieuse : *circonscription électorale.*
circonscrire vt (conj 71) **1.** Tracer des limites autour : *circonscrire une propriété par des murs.* **2.** Empêcher de dépasser certaines limites : *circonscrire un incendie.* **3.** Définir les limites de : *circonscrire son sujet.* **4.** GÉOM Tracer une figure dont les côtés sont tangents à une autre : *circonscrire un triangle à un cercle.*
circonspect, e [sirkɔ̃spɛ, ɛkt] ou [sirkɔ̃spɛkt] adj Prudent et réservé.
circonspection nf Prudence, discrétion dans ses actes ou ses paroles.
circonstance nf **1.** Particularité qui accompagne un événement : *une circons-*

tance difficile. **2.** Conjoncture, situation : *dans les circonstances actuelles.* ■ **de circonstance :** adapté à la situation.

circonstancié, e adj Détaillé.

circonstanciel, elle adj Qui dépend des circonstances. ■ GRAMM **complément circonstanciel :** celui qui exprime les circonstances dans lesquelles s'accomplit l'action.

circonvenir vt (conj 22 ; auxil : *avoir*) Séduire par des manœuvres habiles.

circonvolution nf Enroulement autour d'un axe central. ■ **circonvolutions cérébrales :** parties du cerveau déterminées par des sillons.

circuit nm **1.** Trajet qui représente le tour d'un lieu. **2.** Parcours touristique ou d'une épreuve sportive avec retour au point de départ. **3.** Jouet constitué d'un parcours fermé sur lequel on fait circuler des trains, des voitures. **4.** Suite de conducteurs électriques. **5.** Ensemble de tuyauteries assurant l'écoulement d'un fluide : *circuit d'alimentation.* **6.** Enchaînement d'opérations interdépendantes et continues, subies par des biens ou des services : *circuit de distribution.* ■ **en circuit fermé :** sans communication avec l'extérieur. ❑ **être hors circuit :** ne plus être en activité, ni au fait des choses.

1. circulaire adj **1.** Qui a la forme d'un cercle. **2.** Qui décrit un cercle : *geste circulaire.* **3.** Qui ramène au point de départ : *raisonnement circulaire.*

2. circulaire nf Lettre adressée à plusieurs personnes pour le même objet.

circularité nf État de ce qui est circulaire.

circulation nf **1.** Mouvement de ce qui circule : *circulation du sang.* **2.** Déplacement de personnes, de véhicules qui circulent ; trafic.

circulatoire adj Relatif à la circulation du sang.

circuler vi **1.** Se mouvoir en circuit fermé : *le sang, l'électricité circule.* **2.** Se déplacer sur des voies de communication : *circuler en ville.* **3.** Passer de main en main : *la monnaie circule.* **4.** FIG Se propager, se répandre : *nouvelle qui circule.*

circumnavigation [sirkɔmnavigasjɔ̃] nf Voyage maritime autour d'un continent.

circumpolaire [sirkɔmpɔlɛr] adj Qui est ou qui se fait autour du pôle.

cire nf **1.** Substance sécrétée par les abeilles ouvrières, qui en font les rayons de leur ruche ; substance analogue, sécrétée par divers végétaux. **2.** Préparation à base de cire d'abeille ou de cire végétale pour l'entretien du bois. **3.** Composition utilisée pour cacheter les lettres, les bouteilles.

ciré, e adj ■ **toile cirée :** toile recouverte d'une composition vernissée qui la rend imperméable. ◆ nm Vêtement imperméable.

cirer vt Enduire, frotter de cire ou de cirage. ■ FAM **n'en avoir rien à cirer :** s'en moquer.

cireur, euse n Personne qui cire.

cireuse nf Appareil ménager électrique pour cirer les parquets.

cireux, euse adj De la couleur de la cire ; blême : *teint cireux.*

cirque nm **1.** Lieu destiné aux jeux publics, chez les Romains. **2.** Enceinte circulaire où se donnent des spectacles équestres, acrobatiques, etc. ; entreprise qui donne ces spectacles. **3.** FAM Désordre, agitation : *quel cirque !* **4.** Espace semi-circulaire en haute montagne.

cirrhose nf Maladie du foie.

cirrus nm Nuage blanc en forme de filaments ou de boucles de cheveux.

cisaillement nm Action de cisailler, de couper.

cisailler vt Couper avec des cisailles.

cisailles nf pl Gros ciseaux pour couper les plaques de métal, etc.

cisalpin, e adj En deçà des Alpes (par rapport à Rome).

ciseau nm Lame plate de fer ou d'acier tranchant pour travailler les corps durs. ◆ **ciseaux** pl Instrument d'acier à deux branches mobiles et tranchantes.

ciseler vt (conj 5) Sculpter finement.

ciseleur nm Artiste qui cisèle.

ciselure nf Ornement ciselé.

ciste nm Arbrisseau méditerranéen.

cistercien, enne adj et n De l'ordre de Cîteaux : *moine cistercien.*

citadelle nf Partie fortifiée de certaines villes.

citadin, e n Personne qui habite une ville. ◆ adj De la ville.

citadine nf Automobile conçue pour la conduite en ville.

citation nf **1.** Passage d'un auteur rapporté exactement. **2.** DR Sommation à comparaître devant la justice comme défendeur ou témoin. **3.** Récompense honorifique accordée à un militaire pour une action d'éclat.

cité nf **1.** LITT Ville. **2.** (avec une majuscule) Partie la plus ancienne de certaines villes : *la Cité de Londres.* **3.** Groupe d'immeubles ayant même destination : *cité universitaire.* **4.** Cité HLM. ■ **avoir droit de cité :** être admis.

cité-dortoir (pl *cités-dortoirs*) nf Agglomération suburbaine essentiellement destinée au logement.

citer vt **1.** Rapporter textuellement. **2.** Désigner avec précision, mentionner. **3.** DR Appeler à comparaître en justice.

citerne nf **1.** Réservoir d'eau de pluie. **2.** Cuve fermée contenant des liquides. **3.** Camion-citerne ; wagon-citerne.

cithare nf Instrument de musique à cordes, sans manche.

citoyen, **enne** n **1.** Membre d'un État considéré du point de vue de ses devoirs et de ses droits politiques. **2.** HIST Sous la Révolution, titre substitué à « monsieur », « madame ». ◆ adj **1.** Relatif à la citoyenneté. **2.** Qui cherche à concilier éthique, responsabilité et rentabilité : *une entreprise, une taxe citoyenne.*

citoyenneté nf Qualité de citoyen.

citrate nm CHIM Sel de l'acide citrique.

citrique adj Se dit d'un acide extrait du citron ou d'autres fruits.

citron nm **1.** Fruit jaune clair du citronnier, contenant un jus acide. **2.** FAM Tête. **3.** CANADA Automobile, équipement ou appareil recelant de nombreux défauts de fabrication et de fonctionnement. ◆ adj inv Jaune clair.

citronnade nf Boisson à base d'eau sucrée et de jus de citron.

citronné, **e** adj **1.** Qui sent le citron. **2.** Où l'on a mis du jus de citron : *eau citronnée.*

citronnelle nf Plante aromatique, à l'odeur de citron.

citronnier nm Arbre produisant le citron ; bois de cet arbrisseau.

citrouille nf Nom usuel donné à certaines grosses courges et, parfois, au potiron.

cive nf Ciboule.

civet nm Ragoût de lièvre, de lapin ou d'autre gibier.

1. civette nf **1.** Petit mammifère carnassier. **2.** Sécrétion de la poche anale de cet animal, utilisée en parfumerie.

2. civette nf Ciboulette.

civière nf Brancards réunis par une toile, pour transporter des blessés, des malades.

1. civil nm Homme qui n'est ni militaire ni religieux. ■ **dans le civil** : en dehors de la vie militaire. ❑ **en civil** : qui porte un vêtement autre qu'un uniforme : *un policier en civil.*

2. civil, **e** adj **1.** Qui concerne les citoyens. **2.** Qui n'a pas de caractère religieux ou militaire : *le mariage civil aura lieu à la mairie ; des vêtements civils.* **3.** SOUT Poli, courtois. ■ **droit civil** : partie du droit privé qui concerne les rapports entre particuliers. ❑ **droits civils** : droits des citoyens dans leur vie privée. ❑ **guerre civile** : entre citoyens. ❑ **liste civile** : somme annuelle allouée au chef de l'État. ❑ **partie civile** : plaideur qui, devant un tribunal, demande réparation d'un dommage.

civilement adv **1.** En matière civile. **2.** Sans cérémonie religieuse. **3.** SOUT Avec politesse.

civilisateur, **trice** adj et n Qui propage la civilisation.

civilisation nf **1.** Fait de se civiliser. **2.** Ensemble des caractères propres à la vie intellectuelle, artistique, morale et matérielle d'un pays, d'une société.

civilisé, **e** adj et n Se dit d'une société dont la culture et l'industrie sont très développées.

civiliser vt **1.** Amener à un plus grand développement culturel, matériel. **2.** Rendre quelqu'un plus raffiné dans ses manières.

civilité nf Respect des bienséances, politesse, courtoisie. ◆ **civilités** pl SOUT Actes de politesse.

civique adj Qui concerne le citoyen et son rôle dans la vie politique de son pays. ■ **éducation civique** : discipline destinée à préparer les élèves à leur rôle de citoyen.

civisme nm Dévouement à l'intérêt public : *faire acte de civisme.*

cl (symbole) Centilitre.

clac interj → **clic**.

clafoutis nm Gâteau constitué par un mélange de pâte et de fruits, notamment de cerises.

claie nf **1.** Panneau en osier à claire-voie. **2.** Treillage en bois ou en fer, etc.

1. clair nm ■ **clair de lune** : clarté répandue par la Lune. ❑ **en clair** : non chiffré ou non codé. ❑ **le plus clair de** : l'essentiel de. ❑ **tirer au clair** : éclaircir une affaire.

2. clair, **e** adj **1.** Qui répand ou reçoit beaucoup de lumière : *salle claire.* **2.** Net, distinct, sonore : *son clair.* **3.** Transparent, limpide : *eau claire.* **4.** Peu foncé : *bleu clair.* **5.** Peu consistant : *sauce claire.* **6.** FIG Facilement intelligible : *langage clair.* **7.** Évident, manifeste, certain : *clair comme le jour, comme de l'eau de roche.* ◆ adv ■ **il fait clair** : il fait grand jour. ❑ **voir clair** : distinctement.

claire nf **1.** Bassin d'élevage d'huîtres. **2.** Huître de claire.

clairement adv Nettement, franchement.

clairet, **ette** adj ■ **vin clairet** ou **clairet** nm : vin rouge léger et peu coloré.

claire-voie (à) loc adv Dont les éléments sont espacés, laissant passer la lumière.

clairière nf Endroit d'une forêt dégarni d'arbres.

clair-obscur (pl *clairs-obscurs*) nm **1.** Mélange de clarté et d'ombre dans un tableau, une gravure. **2.** Lumière douce, tamisée.

clairon nm **1.** Trompette à son aigu et perçant. **2.** Musicien qui joue de cet instrument.

claironnant, e adj Qui a le timbre puissant et clair du clairon : *voix claironnante.*

claironner vt Proclamer partout.

clairsemé, e adj **1.** Semé, planté de manière peu serrée : *gazon clairsemé.* **2.** Épars, dispersé : *des remarques clairsemées dans un livre.*

clairvoyance nf Vue claire et pénétrante des choses ; lucidité, perspicacité.

clairvoyant, e adj Lucide, perspicace.

clam nm Coquillage comestible.

clamer vt Manifester, crier avec véhémence : *clamer son innocence.*

clameur nf Ensemble confus de cris et de bruits.

clamser ou **clamecer** (conj 1) vi FAM Mourir.

clan nm **1.** Tribu écossaise ou irlandaise. **2.** PÉJOR Groupe fermé de personnes.

clandestin, e adj Fait en secret : *réunion clandestine.* ◆ n Immigré clandestin ; personne qui est en situation illégale : *passager clandestin.*

clandestinement adv En secret.

clandestinité nf **1.** Caractère de ce qui est clandestin. **2.** État d'une personne qui mène une existence clandestine.

clapet nm Partie mobile d'une soupape.

clapier nm Cabane à lapins.

clapotement ou **clapotis** nm Agitation légère de l'eau, produisant un petit bruit.

clapoter vi Produire un clapotis.

clappement nm Bruit sec que fait la langue en claquant.

claquage nm Distension d'un ligament, d'un muscle.

1. claque nf **1.** Coup donné avec le plat de la main. **2.** Groupe de spectateurs payés pour applaudir : *faire la claque.* ■ FAM **en avoir sa claque (de) :** en avoir assez (de), être excédé (de).

2. claque nm Chapeau haut de forme à ressort qui peut s'aplatir.

claquement nm Bruit de ce qui claque : *claquement de fouet.*

claquemurer vt Enfermer étroitement.

claquer vi Produire un bruit sec : *faire claquer son fouet.* ■ FAM **claquer des dents :** avoir très froid. ◆ vt **1.** Donner une claque. **2.** FAM Fatiguer : *ce travail m'a claqué.* **3.** FAM Dépenser : *il a claqué toutes ses économies.* ■ **claquer la porte :** la fermer avec violence et bruit. ◆ **se claquer** vpr ■ **se claquer un muscle, un tendon :** se faire un claquage.

claquettes nf pl Danse d'origine américaine, dans laquelle la pointe et le talon de la chaussure, munis de lames métalliques, frappent le sol.

clarification nf Action de clarifier.

clarifier vt Rendre clair, purifier ; éclaircir : *clarifier un liquide en le filtrant ; clarifier la situation.*

clarine nf Clochette qu'on pend au cou des animaux à l'alpage.

clarinette nf Instrument à vent, à clefs et à anche simple, de la catégorie des bois.

clarinettiste n Joueur de clarinette.

clarté nf **1.** Lumière : *la clarté de la lampe.* **2.** Transparence : *la clarté d'un verre.* **3.** FIG Caractère de ce qui est clair, intelligible : *parler avec clarté.*

clash [klaʃ] nm FAM Rupture, désaccord brutal et violent.

classe nf **1.** Catégorie dans laquelle on range les êtres : *classe sociale ; classe politique.* **2.** SC NAT Grande division d'un règne qui se subdivise en ordres ou en familles : *classe des oiseaux.* **3.** Chacun des degrés de l'enseignement primaire et secondaire : *en quelle classe est-il ?* **4.** Ensemble des élèves instruits par un même maître : *une classe de trente élèves.* **5.** Salle où se donne l'enseignement. **6.** Enseignement donné : *faire la classe.* **7.** Ensemble des jeunes gens atteignant la même année l'âge de faire leur service militaire. **8.** Catégorie, rang établis selon la valeur, l'importance, etc. : *première, seconde classe.* **9.** Distinction, raffinement, élégance : *avoir de la classe ; quelle classe !* ■ **classe de mer, classe de neige :** séjour d'une classe avec un enseignant à la mer ou à la montagne. ❑ **en classe :** à l'école. ❑ **faire ses classes :** (a) recevoir l'instruction militaire de base (b) FIG acquérir de l'expérience dans un domaine. ◆ adj FAM Distingué ; chic.

classement nm **1.** Action de classer. **2.** Rang auquel une personne est classée.

classer vt Ranger par catégories. ■ **classer une affaire :** la juger réglée. ◆ **se classer** vpr Obtenir un certain rang : *se classer premier.*

classeur nm **1.** Chemise de carton où l'on range des papiers. **2.** Meuble pour ranger des documents.

classicisme nm **1.** Caractère de ce qui est classique. **2.** Doctrine littéraire et artistique fondée sur le respect de la tradition classique.

classification nf Distribution systématique en diverses catégories : *la classification des espèces.*

classifier vt **1.** Procéder à la classification de. **2.** MIL Protéger les informations intéressant la défense ou la sûreté de l'État, en limitant leur consultation.

classique adj **1.** Qui appartient à l'Antiquité gréco-romaine. **2.** Qui s'inspire des modèles esthétiques de l'Antiquité (auteurs, artistes, œuvres du XVIIe s.) : *théâtre classique.* **3.** Conforme aux usages établis : *vêtement classique.* ■ **danse classique :** dont les mouvements sont régis par un code très précis. ❑ **lettres classiques :** qui comportent l'étude du grec et du latin. ❑ **musique classique :** des grands compositeurs occidentaux (par opposition à *jazz, variétés).* ◆ nm **1.** Écrivain ou artiste de l'Antiquité ou qui s'est inspiré de l'Antiquité : *les classiques grecs.* **2.** Auteur, ouvrage qui peut servir de modèle, dont la valeur est universellement reconnue : *un classique du jazz.* **3.** Danse, musique classique.

classiquement adv Conformément à la norme, à l'habitude.

claudication nf SOUT Action de boiter.

claudiquer vi SOUT Boiter.

clause nf Disposition particulière d'un acte, d'un contrat. ■ **clause de style :** (a) clause commune aux actes juridiques de même nature (b) formule consacrée et sans importance.

claustral, e, aux adj Du cloître.

claustration nf Action d'enfermer dans un lieu clos.

claustrer vt Enfermer dans un lieu clos, isoler.

claustrophobe adj et n Atteint de claustrophobie.

claustrophobie nf Angoisse maladive de rester dans un lieu clos.

clavaire nf Champignon des bois.

claveau nm ARCHIT Pierre taillée en coin fermant une voûte.

clavecin nm MUS Instrument à clavier et à cordes.

claveciniste n Personne qui joue du clavecin.

clavette nf Cheville servant à assembler deux pièces.

clavicule nf Os long de l'épaule qui joint le sternum à l'omoplate.

clavier nm Ensemble des touches d'un piano, d'un ordinateur, etc.

claviste n Personne qui saisit un texte sur ordinateur.

clayette nf Étagère amovible à claire-voie qui sert de support dans les réfrigérateurs.

clayon [klɛjɔ̃] nm Petite claie.

clean [klin] adj inv (anglicisme) FAM Qui est propre et soigné : *un intérieur clean.*

clébard ou **clebs** [klɛbs] nm FAM Chien.

clef ou **clé** nf **1.** Pièce métallique servant à ouvrir et fermer une serrure : *fermer à clef.* **2.** FIG Ce qui permet de comprendre, de résoudre un problème : *la clef d'un mystère.* **3.** MÉCAN Outil pour ouvrir ou fermer, serrer ou desserrer des écrous, etc. : *clef anglaise.* **4.** MUS Signe qui permet l'identification des notes : *clef de sol.* **5.** Pièce mobile qui bouche et ouvre les trous d'un instrument de musique à vent. **6.** SPORTS Prise de lutte, de judo. **7.** En apposition, indique que quelque chose joue un rôle essentiel : *personnage clef.* ■ **clefs en main :** se dit d'une usine, d'une voiture, etc. livrées prêtes à être utilisées. ❑ **clef de voûte :** (a) ARCHIT pierre en forme de coin, qui occupe la partie centrale d'une voûte ou d'un arceau (b) FIG principe, base. ❑ **sous clef :** en un endroit fermé à clef.

clématite nf Plante grimpante ornementale.

clémence nf **1.** Vertu qui consiste à pardonner. **2.** Douceur du climat.

clément, e adj **1.** Qui fait preuve de clémence. **2.** Dont la température est agréable ; doux : *hiver clément.*

clémentine nf Variété de mandarine.

clenche nf Pièce du loquet d'une porte qui la tient fermée.

clepsydre nf Horloge antique mesurant le temps par un écoulement d'eau.

cleptomane n → **kleptomane.**

cleptomanie nf → **kleptomanie.**

clerc [klɛr] nm **1.** Celui qui est entré dans l'état ecclésiastique. **2.** Employé d'une étude de notaire, d'avoué. ■ LITT **pas de clerc :** bévue, faute.

clergé nm Ensemble des prêtres d'un culte, d'une paroisse, d'un pays.

clérical, e, aux adj Qui appartient au clergé.

cléricalisme nm Doctrine favorable à l'intervention du clergé dans les affaires publiques.

clic interj Onomatopée exprimant un claquement sec : *clic ! clac !* ◆ nm Enfoncement puis relâchement rapides d'une touche de la souris d'un ordinateur.

cliché nm **1.** Image photographique négative. **2.** Plaque métallique permettant d'obtenir des épreuves typographiques. **3.** FIG Lieu commun, banalité ressassée.

client, e n Personne qui se fournit chez un commerçant, qui recourt à une banque, à un avocat, etc.

clientèle nf Ensemble des clients.

clignement nm Action de cligner.

cligner vt et vi **1.** Fermer les yeux à demi : *cligner les yeux comme un myope.* **2.** Rapprocher brusquement les paupières : *la lumière le fait cligner des yeux.* ■ **cligner de l'œil :** faire un clin d'œil à quelqu'un.

clignotant nm Avertisseur lumineux à intermittence.

clignotement nm **1.** Clignement. **2.** Scintillement d'une lumière.

clignoter vi **1.** Remuer les paupières rapidement. **2.** S'allumer et s'éteindre par intermittence : *le phare clignote à l'horizon.*

climat nm **1.** Ensemble des phénomènes météorologiques auxquels est soumis un lieu. **2.** FIG Ensemble des circonstances dans lesquelles on vit ; ambiance.

climatique adj Relatif au climat.

climatisation nf Ensemble des moyens permettant de maintenir l'atmosphère d'un endroit clos à une pression, à un degré d'humidité et à une température donnés.

climatiser vt Assurer la climatisation.

climatiseur nm Appareil de climatisation.

climatologie nf Étude du climat.

clin nm ■ **clin d'œil** (pl *clins d'œil*) : mouvement des paupières qu'on baisse et qu'on relève rapidement en signe de connivence. ❑ **en un clin d'œil :** en un temps très court.

EMPLOI On dit des *clins d'œil* mais des *clignements d'yeux.*

clinicien, enne n Médecin qui étudie les maladies par l'observation directe des malades.

1. clinique nf Établissement de soins privé.

2. clinique adj Qui se fait d'après l'examen direct du malade, à son chevet : *examen clinique.* ■ **signe clinique :** signe que le médecin peut observer par la vue, le toucher.

cliniquement adv D'après les signes cliniques : *cliniquement mort.*

clinquant, e adj Qui a plus d'éclat apparent extérieur que de valeur. ◆ nm Faux brillant, éclat trompeur.

1. clip nm Pince à ressort sur laquelle est monté un bijou ; le bijou lui-même.

2. clip nm Court métrage cinématographique ou vidéo qui illustre une chanson, qui présente le travail d'un artiste (recommandation officielle : *bande vidéo promotionnelle*).

clipper vt Fixer avec un clip.

clique nf **1.** Groupe de personnes qui intriguent ensemble. **2.** MIL Ensemble des tambours et des clairons d'une musique militaire. ■ FAM **prendre ses cliques et ses claques :** s'en aller en emportant tout ce qu'on a.

cliquer vi Actionner la souris d'un micro-ordinateur.

cliquet nm Petit levier qui interdit le retour en arrière d'une roue dentée.

cliqueter vi (conj 8) Produire un bruit d'entrechoquement.

cliquetis nm Succession de bruits produits par de petits chocs.

clisse nf **1.** Claie pour égoutter les fromages. **2.** Enveloppe d'osier, de jonc, pour bouteilles.

clitoris [klitɔris] nm ANAT Petit organe érectile de la vulve.

clivage nm **1.** Action de cliver des minéraux. **2.** Fissure dans une pierre. **3.** FIG Distinction entre deux groupes selon un certain critère : *clivage social.*

cliver vt Fendre un corps minéral dans le sens naturel de ses couches.

cloaque nm **1.** Masse d'eau croupie. **2.** Lieu malpropre et infect. **3.** Orifice commun des voies urinaires, intestinales et génitales des oiseaux et des reptiles.

clochard, e n Personne qui n'a pas de domicile et qui vit de mendicité.

clochardisation nf Fait de devenir clochard.

clochardiser vt Réduire quelqu'un à la condition de clochard. ◆ **se clochardiser** vpr Se trouver privé de ressources, de domicile, et devenir peu à peu clochard.

1. cloche nf **1.** Instrument d'airain, creux, évasé, suspendu, dont on tire des sons par un battant placé au milieu. **2.** Couvercle en verre pour protéger des aliments, des plantes : *cloche à fromage.* ■ **chapeau cloche :** chapeau à bords rabattus. ❑ FAM **son de cloche :** opinion d'une ou de plusieurs personnes.

2. cloche adj FAM Bête, stupide.

cloche-pied (à) loc adv ■ **sauter à cloche-pied :** sur un pied.

1. clocher nm Tour d'une église, où sont les cloches. ■ **esprit de clocher :** attachement étroit au petit cercle où l'on vit. ❑ **querelles de clocher :** qui n'ont qu'un intérêt local.

2. clocher vi FAM Aller de travers, être défectueux.

clochette nf **1.** Petite cloche. **2.** Corolle de certaines fleurs en forme de cloche.

clodo n FAM Clochard.

cloison nf **1.** Paroi légère qui sépare deux espaces dans un bâtiment. **2.** Paroi qui divise un objet en compartiments. **3.** ANAT Membrane séparant des cavités : *la cloison nasale.* **4.** FIG Ce qui empêche la communication entre des groupes de personnes.

cloisonnage ou **cloisonnement** nm **1.** Action de cloisonner. **2.** Ensemble de cloisons.

cloisonné, e adj Divisé par des cloisons. ■ **émail cloisonné :** dans lequel les motifs sont circonscrits par de minces cloisons.

cloisonner vt Séparer par des cloisons.

cloître nm **1.** Partie d'un monastère formée de galeries ouvertes entourant une cour ou un jardin. **2.** Partie close d'un monastère.

cloîtrer vt **1.** Enfermer dans un cloître. **2.** PAR EXT Tenir enfermé. ◆ **se cloîtrer** vpr Vivre retiré, à l'écart des autres.

clonage nm Reproduction d'un animal, d'un végétal à partir d'une de ses cellules.

clone nm **1.** BIOL Individu ou population provenant de la reproduction asexuée d'un individu unique : *clone leucémique.* **2.** FIG, FAM individu qui serait la copie conforme d'un autre. **3.** FAM Imitation bon marché. **4.** INFORM Copie d'ordinateur compatible avec tous les matériels du modèle.

cloner vt Reproduire par clonage.

clope nm ou nf FAM Cigarette.

clopin-clopant loc adv FAM En marchant avec peine.

clopiner vi FAM Boiter un peu.

clopinettes nf pl ■ FAM **des clopinettes :** (a) presque rien (b) rien du tout.

cloporte nm Petit animal crustacé terrestre, qui vit sous les pierres.

cloque nf **1.** Ampoule de la peau. **2.** Boursouflure à la surface de quelque chose.

cloquer vi Former des boursouflures.

clore vt (conj 81) **1.** Fermer, boucher : *clore un passage.* **2.** Entourer : *clore un champ de fossés.* **3.** Mettre un terme à, finir : *clore la discussion.*

1. clos nm **1.** Terrain cultivé et fermé de murs, etc. **2.** Vignoble.

2. clos, e adj **1.** Fermé : *trouver porte close.* **2.** Terminé, achevé : *l'affaire est close.* ■ AUTREF **champ clos :** terrain entouré de barrières, pour les tournois. ❑ **maison close :** maison de prostitution.

clôture nf **1.** Barrière qui délimite un espace, clôt un terrain : *clôture électrique.* **2.** Action de terminer, de mettre fin à : *clôture d'un scrutin.* ■ **séance de clôture :** séance finale.

clôturer vt **1.** Entourer, fermer d'une clôture. **2.** Achever, mettre fin à.

clou nm **1.** Tige métallique pointue à un bout et servant à fixer ou à suspendre. **2.** FAM Attraction principale : *le clou de la fête.* **3.** FAM Furoncle. **4.** FAM, VX Mont-de-piété : *mettre au clou.* ■ **clou de girofle :** bouton du giroflier, employé comme épice. ❑ FAM **enfoncer le clou :** insister sur un point embarrassant. ❑ FAM **les clous :** passage clouté.

clouer vt **1.** Fixer avec des clous. **2.** FIG Fixer, immobiliser quelqu'un : *clouer sur place.*

clouté, e adj ■ **passage clouté :** passage pour piétons marqué par des clous à large tête sur la chaussée (remplacés aujourd'hui par des bandes peintes).

clouter vt Garnir de clous.

clovisse nf Coquillage comestible. SYN : palourde.

clown [klun] nm **1.** Comédien de cirque. **2.** Personne qui fait des pitreries.

clownerie [klunri] nf **1.** Facétie de clown. **2.** Pitrerie.

clownesque [klunɛsk] adj Propre au clown.

club [klœb] nm **1.** Association sportive, culturelle, politique. **2.** Cercle où l'on se réunit pour parler, jouer, lire. **3.** Canne de golf.

cluse nf GÉOGR Coupure transversale dans une chaîne montagneuse plissée.

cm (symbole) Centimètre.

CM nm (sigle de *cours moyen*) ■ **CM1, CM2 :** classes de l'enseignement primaire où sont scolarisés les enfants de neuf à onze ans.

coaccusé, e n Personne accusée avec une ou plusieurs autres.

coach [kotʃ] (pl *coachs* ou *coaches*) nm **1.** Personne qui entraîne une équipe, un sportif de haut niveau. **2.** Dans une entreprise, conseiller professionnel d'un salarié.

coacquéreur nm Personne avec qui l'on acquiert un bien en commun.

coagulant, e adj et nm Se dit d'une substance qui déclenche une coagulation rapide.

coagulation nf Phénomène par lequel un liquide (sang, lymphe, lait) se prend en une masse solide.

coaguler vt Figer un liquide, lui donner de la consistance. ◆ vi ou **se coaguler** vpr Se figer, en parlant d'un liquide.

coalisé, e adj et n Se dit de ceux qui sont ligués.

coaliser (se) vpr Former une coalition.
coalition nf Alliance entre personnes, partis, puissances, pour une cause commune, contre des adversaires communs.
coaltar [koltar] nm Goudron de houille.
coassement nm Cri de la grenouille.
coasser vi Pousser son cri, en parlant de la grenouille.
coassocié, e n Personne associée à d'autres.
coati nm Mammifère de l'Amérique du Sud, à corps et à museau allongés.
coauteur nm **1.** Auteur qui travaille avec un autre à une même œuvre littéraire, cinématographique, etc. **2.** DR Celui qui a commis une infraction en participation avec d'autres.
cobalt nm Métal blanc rougeâtre, dur et cassant ; symb : Co.
cobaye [kɔbaj] nm **1.** Petit mammifère rongeur. SYN : cochon d'Inde. **2.** FAM Personne sur qui on tente une expérience : *servir de cobaye*.
cobra nm Serpent venimeux d'Inde et d'Afrique, pouvant dépasser 4 mètres de long.
coca nm Arbrisseau du Pérou qui fournit la cocaïne. ◆ nf Substance extraite des feuilles de cet arbrisseau.
Coca nm inv (abréviation) FAM Coca-Cola.
Coca-Cola nm (nom déposé) Boisson gazeuse sucrée de couleur marron.
cocagne nf ■ **mât de cocagne :** mât élevé, lisse et glissant, au sommet duquel sont suspendus des objets à décrocher. ❏ **pays, vie de cocagne :** d'abondance, de plaisirs.
cocaïne nf Alcaloïde extrait des feuilles de coca.
cocaïnomane n Personne qui se drogue à la cocaïne.
cocarde nf **1.** Emblème ou insigne circulaire aux couleurs nationales, en tissu plissé ou simplement peint. **2.** Nœud de ruban.
cocardier, ère adj et n Qui aime l'armée, l'uniforme, le panache.
cocasse adj FAM D'une bizarrerie drôle.
cocasserie nf Chose cocasse.
coccinelle [kɔksinɛl] nf Petit insecte coléoptère aux élytres orangés ou rouges ornés de points noirs (appelé aussi : *bête à bon Dieu*).
coccyx [kɔksis] nm Petit os à l'extrémité du sacrum.
1. coche nm **1.** AUTREF Grande diligence pour le transport des voyageurs et des marchandises. **2.** AUTREF Bateau remorqué par des chevaux : *coche d'eau*. ■ FAM **rater, louper le coche :** perdre une bonne occasion.
2. coche nf Entaille, marque sur un objet.
cochenille nf Puceron souvent nuisible aux plantes cultivées et dont une espèce fournit une teinture rouge, le carmin.
1. cocher nm Conducteur d'une voiture à cheval : *cocher de fiacre*.
2. cocher vt Marquer d'un trait.
cochère adj f ■ **porte cochère :** grande porte à deux battants pour le passage des voitures.
1. cochon nm Mammifère domestique, qui fournit le lard, le saindoux, etc. SYN : porc. ■ **cochon de lait :** qui tète encore. ❏ **cochon d'Inde :** cobaye.
2. cochon, onne adj et n FAM **1.** Sale, dégoûtant. **2.** Malfaisant, déloyal. ◆ adj Pornographique, obscène : *histoire cochonne*.
cochonnaille nf FAM Charcuterie.
cochonner vt FAM Exécuter salement ; salir.
cochonnerie nf FAM **1.** Objet de mauvaise qualité. **2.** Parole obscène.
cochonnet nm **1.** Petit cochon. **2.** Petite boule servant de but, au jeu de boules.
cochylis [kɔkilis] nm Papillon dont la chenille attaque les feuilles de la vigne.
cocker [kɔkɛr] nm Chien à poils longs, à oreilles longues et tombantes.
cockpit [kɔkpit] nm **1.** Emplacement où se tient le barreur à l'arrière de certains yachts. **2.** Espace réservé au pilote d'un avion.
cocktail [kɔktɛl] nm **1.** Boisson obtenue par l'addition de différents alcools, jus de fruits, etc. **2.** Réception mondaine avec buffet. ■ **cocktail Molotov :** bouteille explosive à base d'essence.
coco nm **1.** Fruit du cocotier (on dit aussi : *noix de coco*). **2.** FAM, PÉJOR Individu : *un drôle de coco*. **3.** FAM Terme d'affection. ◆ pl Haricots blancs, aux grains en forme d'œuf.
cocon nm Enveloppe soyeuse de certaines chrysalides, dont le ver à soie.
cocorico nm Onomatopée imitant le cri du coq.
cocotier nm Palmier des régions tropicales dont le fruit est la noix de coco.
cocotte nf **1.** Petite marmite en fonte. **2.** Poule, dans le langage enfantin. **3.** Morceau de papier plié, figurant une poule. **4.** FAM Femme de mœurs légères. **5.** FAM Terme d'affection.
Cocotte-Minute nf (nom déposé) Autocuiseur de la marque de ce nom.
cocu, e n et adj FAM Époux, épouse trompé(e).
cocufier vt FAM Rendre cocu.

codage nm Transformation d'un message exprimé en langage clair en des groupes de lettres ou de chiffres.

code nm **1.** Recueil de lois, de règlements : *Code civil, pénal.* **2.** Système convenu par lequel on transcrit un message, on représente une information, des données : *code postal.* **3.** FIG Ensemble des conventions en usage dans un domaine déterminé : *code de la politesse.* **4.** INFORM Combinaison alphanumérique qui autorise un accès. ■ **code(-) source,** ou **code :** ensemble d'instructions écrites dans un langage lisible par l'homme et devant être traduites en langage machine pour être exécutables par un ordinateur. ❑ **code de la route :** ensemble de la législation concernant la circulation routière. ◆ **codes** pl Feux de croisement.

code-barres (pl *codes-barres*) nm Barres verticales de différentes épaisseurs, imprimées sur l'emballage d'un article et permettant son identification au moyen d'un lecteur optique (on dit aussi : *code à barres*).

codébiteur, trice n Personne qui doit de l'argent conjointement avec une autre.

codéine nf Alcaloïde de l'opium.

coder vt Procéder à un codage.

codétenu, e n Personne détenue avec une autre dans un même lieu.

codex nm VX Pharmacopée.

codicille [kɔdisil] nm Addition faite à un testament.

codification nf Action de codifier.

codifier vt **1.** Réunir dans un code des dispositions législatives ou réglementaires. **2.** Donner la forme d'un système à ; normaliser.

codirecteur, trice n et adj Personne qui dirige avec une ou plusieurs autres.

codirection nf Direction exercée en commun.

coédition nf Édition d'un ouvrage par plusieurs éditeurs.

coefficient nm **1.** Nombre placé devant une quantité qu'il multiplie. **2.** Facteur, pourcentage. **3.** Nombre fixant la valeur de chacune des épreuves d'un examen.

cœlacanthe [selakɑ̃t] nm Poisson osseux fossile dont les ancêtres remonteraient à 300 millions d'années et dont une espèce a survécu.

cœlentéré [selɑ̃tere] nm Animal, surtout marin, dont le corps est muni de tentacules urticants, telle la méduse.

cœlioscopie [seljɔskɔpi] nf Examen de la cavité abdominale par endoscopie.

coéquipier, ère n Personne qui fait équipe avec d'autres.

coercitif, ive adj Qui contraint.

coercition nf Action de contraindre.

cœur nm **1.** Organe creux et musculaire, de forme conique, situé dans la poitrine permettant la circulation du sang. **2.** Ce qui a ou évoque la forme d'un cœur : *il lui a offert un cœur en or.* **3.** Une des quatre couleurs du jeu de cartes : *as de cœur.* **4.** FIG Partie centrale, la plus importante de : *le cœur d'une ville ; le cœur d'un problème.* **5.** Partie intérieure : *le cœur d'une salade.* **6.** Siège des sentiments, de l'amour, du courage, de la générosité. ■ **à cœur ouvert :** franchement. ❑ **aller (droit) au cœur :** toucher, émouvoir. ❑ **au cœur de :** au plus fort de. ❑ **avoir le cœur gros :** être affligé. ❑ **avoir mal au cœur :** avoir la nausée. ❑ **de bon cœur :** volontiers. ❑ **de tout cœur :** avec zèle. ❑ **en avoir le cœur net :** s'assurer de la vérité d'une chose. ❑ **ouvrir son cœur :** dévoiler sa pensée. ❑ **par cœur :** de mémoire. ❑ **prendre à cœur :** s'intéresser vivement à.

coexistence nf Fait de coexister. ■ **coexistence pacifique :** principe qui permet à deux États d'entretenir des relations pacifiques, malgré leurs systèmes politiques opposés.

coexister vi Exister en même temps.

coffrage nm **1.** Habillage pour isoler, dissimuler une canalisation, un appareil, etc. **2.** Charpente pour éviter les éboulements dans les puits. **3.** Dispositif en bois destiné au moulage et à la prise du béton.

coffre nm **1.** Meuble dont la face supérieure est un couvercle mobile, et qui sert de rangement. **2.** Compartiment d'un coffre-fort loué par une banque. **3.** Espace pour le rangement des bagages dans une voiture. **4.** FAM Poitrine, poumons, voix. ■ **avoir du coffre :** du souffle, une voix qui porte.

coffre-fort (pl *coffres-forts*) nm Coffre d'acier à serrure de sûreté.

coffrer vt **1.** Entourer d'un coffrage. **2.** FAM Mettre en prison.

coffret nm **1.** Petit coffre : *coffret à bijoux.* **2.** Ensemble de disques compacts, de livres, etc., vendus dans un emballage cartonné.

cofinancement nm Financement réalisé par un établissement prêteur associé à un ou plusieurs autres.

cofinancer vt (conj 1) Financer quelque chose au moyen d'un cofinancement.

cofondateur, trice n Personne qui fonde ou a fondé quelque chose avec une autre, avec d'autres.

cogérance nf Gérance en commun.

cogérant, **e** n Personne qui exerce une cogérance.

cogérer vt (conj 10) Gérer en commun.

cogestion nf Administration exercée avec une ou plusieurs personnes.

cogitation nf FAM Pensée, réflexion.

cogiter vi et vt FAM Penser, réfléchir.

cognac nm Eau-de-vie de vin fabriquée dans la région de Cognac.

cognassier nm Arbre fruitier produisant les coings.

cognée nf Hache à long manche. ■ **jeter le manche après la cognée :** tout abandonner par découragement.

cogner vi et vt Donner un ou des coups. ◆ **se cogner** vpr Se donner un coup, se heurter.

cognitif, **ive** [kɔgnitif, iv] adj Se dit des processus par lesquels un être humain acquiert des informations sur son environnement. ■ **sciences cognitives :** ensemble des sciences qui portent sur la faculté qu'a l'homme de connaître, de percevoir (psychologie, linguistique, etc.).

cohabitation nf **1.** Fait de cohabiter. **2.** Présence simultanée d'un chef de l'État et d'une majorité parlementaire de tendances politiques opposées.

cohabiter vi **1.** Habiter ensemble. **2.** Coexister au sein d'un ensemble.

cohérence nf Caractère cohérent de : *cohérence d'un raisonnement*.

cohérent, **e** adj Dont tous les éléments se tiennent et s'harmonisent ou s'organisent logiquement.

cohéritier, **ère** n Personne qui hérite avec une ou plusieurs autres.

cohésion nf **1.** Qualité d'un groupe, d'un ensemble formant un tout aux parties bien liées. **2.** PHYS Force qui unit les molécules d'un corps.

cohorte nf **1.** ANTIQ ROM Subdivision d'infanterie. **2.** FAM Groupe de personnes.

cohue nf Grande foule ; confusion, bousculade.

coi, **coite** adj ■ LITT **rester, demeurer, se tenir coi :** calme, tranquille, silencieux.

coiffe nf **1.** Coiffure à l'usage des femmes, encore portée dans certaines provinces. **2.** Enveloppe destinée soit à assurer la protection d'un mécanisme, soit à revêtir l'ogive d'un projectile perforant.

coiffé, **e** adj ■ **être né coiffé :** avoir de la chance.

coiffer vt **1.** Couvrir la tête de quelqu'un d'une coiffure, d'un chapeau. **2.** Mettre sur sa tête : *coiffer une toque*. **3.** Arranger les cheveux de quelqu'un. **4.** Être à la tête de : *coiffer plusieurs services*. ■ **coiffer sainte Catherine :** dépasser vingt-cinq ans sans être mariée.

coiffeur, **euse** n Personne qui a pour profession de couper et de mettre en forme les cheveux.

coiffeuse nf Table de toilette munie d'une glace.

coiffure nf **1.** Ce qui sert à couvrir la tête. **2.** Arrangement des cheveux. **3.** Action, art de coiffer.

coin nm **1.** Angle formé par deux lignes, deux plans qui se coupent : *le coin d'une rue, d'une table*. **2.** Petit espace de terrain : *un coin de terre*. **3.** Alentours d'un lieu : *habiter dans le coin*. **4.** Instrument de fer en angle : *enfoncer un coin*. **5.** Morceau d'acier trempé gravé en creux pour frapper monnaies et médailles ; poinçon de garantie des pièces d'orfèvrerie et de bijouterie. ■ **coins de la bouche, des yeux :** commissures des lèvres, des paupières. ❑ **du coin de l'œil :** sans avoir l'air de regarder. ❑ FAM **en boucher un coin :** laisser muet de surprise. ❑ FAM **le petit coin :** les toilettes. ❑ **regard en coin :** oblique. ❑ **sourire en coin :** dissimulé.

coincé, **e** adj FAM Complexé, inhibé.

coincement nm État de ce qui est coincé, bloqué.

coincer vt (conj 1) **1.** Immobiliser en serrant : *coincer une chaise entre le mur et le lit*. **2.** Bloquer : *coincer une porte ; le tiroir est coincé*. **3.** FAM Mettre dans l'impossibilité de répondre, de s'échapper : *coincer un candidat, un voleur*. ◆ **se coincer** vpr Se bloquer, en parlant d'un mécanisme, d'une partie du corps : *serrure qui se coince ; se coincer une vertèbre*.

coïncidence nf Rencontre fortuite de circonstances ; simultanéité de faits.

coïncident, **e** adj MATH Qui coïncide.

coïncider vi **1.** MATH S'ajuster, se superposer. **2.** FIG Se produire en même temps : *faits qui coïncident*. **3.** Correspondre exactement : *témoignages qui coïncident*.

coïnculpé, **e** n Personne inculpée pour le même délit qu'une autre.

coing [kwɛ̃] nm Fruit jaune du cognassier.

coït [kɔit] nm Accouplement.

coke nm Combustible provenant de la distillation de la houille.

cokéfaction nf Transformation de la houille en coke.

col nm **1.** Partie de chemise, de vêtement, qui entoure le cou : *col en V ; col roulé*. **2.** Partie rétrécie et cylindrique d'un organe, d'un objet : *col du fémur ; col de bouteille*. **3.** GÉOGR Passage étroit entre deux montagnes. ■ FAM **col blanc :** employé de bureau. ❑ **faux col :** col glacé amovible.

colchique nm Plante des prés vénéneuse.

coléoptère nm Insecte dont les deux ailes supérieures (élytres) sont dures et impropres au vol, tels le hanneton, la coccinelle, etc. (les coléoptères forment un ordre).

colère nf Irritation, vif mécontentement accompagnés de réactions violentes.

EMPLOI *Être en colère après quelqu'un* est une expression du langage familier. Il est plus correct de dire : *être en colère contre quelqu'un.*

coléreux, euse ou **colérique** adj Prompt à se mettre en colère : *un homme coléreux ; un tempérament colérique.*

colibacille nm Bactérie pouvant devenir pathogène.

colibacillose nf Maladie causée par le colibacille.

colibri nm Minuscule oiseau des régions tropicales, à long bec. SYN : oiseau-mouche.

colifichet nm Petit objet de fantaisie.

colimaçon nm VIEILLI Escargot. ■ **en colimaçon :** en spirale : *escalier en colimaçon.*

colin nm Poisson marin à dos noir (appelé aussi : *lieu*).

colin-maillard (pl *colin-maillards*) nm Jeu où l'un des joueurs a les yeux bandés et poursuit les autres à tâtons.

colinot nm Petit colin.

colique nf **1.** Douleur abdominale. **2.** FAM Diarrhée.

colis nm Paquet d'objets, de marchandises, destiné à être transporté.

colistier, ère n Dans une élection, candidat inscrit sur la même liste qu'un autre.

colite nf MÉD Inflammation du côlon.

collabo n (abréviation) FAM, PÉJOR Collaborateur, sous l'Occupation.

collaborateur, trice n Personne qui travaille avec d'autres à une œuvre commune.

collaboratif adj Qui fait appel à la collaboration de chacun ; contributif.

collaboration nf **1.** Action de collaborer. **2.** Pour les habitants d'un pays occupé, fait de coopérer avec l'ennemi, en particulier en France en 1940-1944.

collaborer vt ind Travailler avec, coopérer : *collaborer à un projet.*

collage nm **1.** Action de coller. **2.** Composition artistique faite de diverses matières, principalement de papier collé.

collagène nm BIOL Protéine de nature fibreuse qui constitue la substance intercellulaire du tissu conjonctif.

1. collant nm **1.** Sous-vêtement féminin associant le slip et les bas en une seule pièce. **2.** Vêtement de tissu extensible couvrant le corps de la taille aux pieds : *collant de danse.*

2. collant, e adj **1.** Qui colle : *papier collant.* **2.** Qui adhère exactement au corps ; moulant. **3.** FAM Importun, ennuyeux.

collante nf ARG SCOL Convocation à un examen.

collatéral, e, aux adj Qui est placé à côté : *nef collatérale.* ■ **dégâts, dommages collatéraux :** (a) conséquences annexes d'une opération militaire, touchant des biens ou des victimes civiles (b) FIG conséquences imprévues et souvent négatives d'une action, d'un événement. ◆ adj et n Qui est hors de la ligne directe de parenté : *des (parents) collatéraux.*

collation nf Léger repas.

colle nf **1.** Substance qui permet de faire adhérer par contact un matériau à un autre. **2.** FAM Question embarrassante, difficile : *poser une colle.* **3.** ARG SCOL Punition.

collecte nf Action de réunir, de recueillir de l'argent, des dons, etc.

collecter vt **1.** Faire une collecte. **2.** Recueillir un fluide.

collecteur, trice adj et n Qui collecte. ◆ adj et nm Se dit d'un conduit dans lequel se déverse quelque chose : *égout collecteur.*

collectif, ive adj **1.** Qui concerne un ensemble de personnes, de choses. **2.** Fait par plusieurs : *effort collectif.* ◆ nm Groupe de personnes ayant un but commun. ■ **collectif budgétaire** ou **collectif :** appellation courante des lois de finances rectificatives.

collection nf **1.** Réunion d'objets de même nature. **2.** Ensemble d'ouvrages, de publications, ayant une unité. **3.** Ensemble de modèles créés et présentés à chaque saison par les couturiers.

collectionner vt **1.** Réunir en collection : *collectionner des timbres.* **2.** FAM Accumuler : *collectionner les gaffes.*

collectionneur, euse n Personne qui aime collectionner, qui fait des collections.

collectivement adv De façon collective.

collectivisme nm Système économique qui vise à la mise en commun, au profit de tous, des moyens de production.

collectiviste adj Du collectivisme. ◆ n Partisan du collectivisme.

collectivité nf Groupe d'individus habitant le même pays, la même agglomération, ou ayant des intérêts communs. ■ **collectivité locale, territoriale :** circonscription administrative fonctionnant de manière autonome par rapport à l'État central (communes, départements, etc.).

❑ COM **collectivité d'outre-mer** : territoire de la France d'outre-mer au statut juridique plus souple que celui des départements et Régions d'outre-mer.

collège nm **1.** Établissement du premier cycle de l'enseignement secondaire. **2.** Réunion de personnes ayant la même fonction. **3.** Ensemble des électeurs.

collégial, e, aux adj **1.** Exercé par un organe collectif : *direction collégiale.* **2.** Qui appartient à un chapitre de chanoines : *église collégiale.*

collégialité nf Caractère de tout pouvoir collégial.

collégien, enne n Élève d'un collège.

collègue n Personne qui remplit la même fonction qu'une autre ou qui fait partie du même établissement.

coller vt **1.** Fixer avec de la colle : *coller une affiche.* **2.** Appuyer, placer contre : *coller son oreille à la porte.* **3.** FAM Ne pas quitter quelqu'un au point de l'importuner. **4.** FAM Mettre dans l'impossibilité de répondre à une question. **5.** FAM Punir. **6.** FAM Refuser à un examen : *se faire coller au bac.* **7.** FAM Mettre ; donner : *coller une gifle à quelqu'un.* ◆ vi **1.** Adhérer : *ce papier colle mal.* **2.** FAM S'adapter étroitement : *coller à la réalité.*

collerette nf **1.** Petit col de forme ronde et souvent plissé. **2.** TECHN Objet en forme de couronne.

collet nm **1.** Partie du vêtement qui entoure le cou. **2.** Nœud coulant pour piéger le gibier. **3.** Ligne de séparation entre la racine d'une dent et sa couronne. ■ **collet monté** : prude, guindé. ❑ **prendre au collet** : (a) saisir par le cou (b) arrêter.

colleter (se) vpr (conj 8) **1.** En venir aux mains, se battre. **2.** FIG Affronter une situation difficile : *se colleter (avec) ses problèmes.*

colleur, euse n Personne qui colle : *colleur d'affiches.*

colley nm Chien de berger écossais.

collier nm **1.** Bijou qui se porte autour du cou. **2.** Cercle de métal ou de cuir au cou d'un animal. **3.** Cercle métallique pour fixer un tuyau. **4.** Barbe courte et étroite sur l'ovale du visage. ■ **donner un coup de collier** : fournir un grand effort.

collimateur nm Appareil de visée pour le tir. ■ FAM **avoir quelqu'un dans le collimateur** : le surveiller de près, se préparer à l'attaquer.

colline nf GÉOGR Relief de faible hauteur, de forme arrondie.

collision nf Choc, heurt.

colloïdal, e, aux adj De la nature des colloïdes.

colloïde nm Système chimique dans lequel des particules se trouvent en suspension dans un fluide.

colloque nm Réunion organisée pour débattre entre spécialistes.

collusion nf Entente secrète au détriment de quelqu'un.

collusoire adj Fait par collusion : *arrangement collusoire.*

collutoire nm Médicament antiseptique qui agit sur le pharynx par pulvérisation.

collyre nm Médicament liquide pour les yeux.

colmatage nm Action de colmater.

colmater vt **1.** Boucher, fermer un orifice, une fente. **2.** AGRIC Exhausser les terrains bas grâce aux dépôts vaseux formés par les fleuves ou les mers.

colo nf (abrév.) FAM Colonie de vacances.

colocataire n Locataire en même temps que d'autres dans un immeuble.

colombage nm Construction en pans de bois, dont les vides sont remplis par une maçonnerie légère.

colombe nf Variété de pigeon ou de tourterelle à plumage blanc (emblème de la douceur, de la pureté, de la paix).

colombien, enne adj et n De Colombie : *les Colombiens.*

colombier nm Bâtiment où l'on élève des pigeons.

colombophile n et adj Personne qui élève ou emploie des pigeons voyageurs.

colombophilie nf Élevage des pigeons voyageurs.

colon nm **1.** Habitant immigré ou descendant d'immigrés d'une colonie. **2.** Enfant d'une colonie de vacances.

côlon nm ANAT Partie du gros intestin comprise entre cæcum et le rectum.

colonel nm Grade le plus élevé des officiers supérieurs des armées de terre et de l'air.

colonelle nf FAM Femme d'un colonel.

colonial, e, aux adj Des colonies. ◆ n Personne qui a vécu aux colonies.

colonialisme nm **1.** Doctrine visant à légitimer l'occupation d'un pays, sa domination politique et son exploitation économique ; pratique de cette doctrine. **2.** Attitude dominatrice des colons.

colonialiste adj et n Qui soutient le colonialisme.

colonie nf **1.** Territoire administré par une nation en dehors de ses frontières, et demeurant attaché à la métropole par des liens étroits. **2.** Ensemble d'étrangers originaires d'un même pays et vivant dans la même ville ou la même région. **3.** Réunion de personnes, voire d'animaux, vivant en commun : *colonie agricole.* ■ **colonie de vacances** : groupe d'enfants réunis pour passer les vacances à la campagne, à la mer ou à la montagne.

colonisateur, trice adj et n Qui colonise : *pays colonisateur.*

colonisation nf Action de coloniser ; son résultat.

colonisé, e adj et n Qui subit ou a subi la colonisation.

coloniser vt **1.** Peupler de colons. **2.** Transformer un pays en un territoire dépendant d'une métropole.

colonnade nf Rangée de colonnes.

colonne nf **1.** Pilier cylindrique, avec base et chapiteau : *une colonne dorique.* **2.** Monument commémoratif en forme de colonne : *la colonne Vendôme.* **3.** Portion d'une page divisée verticalement : *colonnes d'un journal.* **4.** PHYS Masse cylindrique verticale : *colonne barométrique.* **5.** Alignement de personnes les unes derrière les autres : *marche en colonne.* ■ **colonne montante :** principale canalisation ascendante d'eau, de gaz, d'électricité dans un immeuble. ❑ **colonne vertébrale :** ensemble des vertèbres formant un axe osseux s'étendant de la base du crâne au coccyx.

colophane nf Résine jaune, solide.

coloquinte nf Plante voisine de la pastèque, donnant un fruit à pulpe amère et purgative.

colorant, e adj Qui colore. ◆ nm Substance employée pour colorer un support, un matériau ou certains aliments.

coloration nf **1.** Action de colorer. **2.** État d'un corps coloré.

coloré, e adj **1.** Qui a une couleur, notamment des couleurs vives : *pull coloré.* **2.** FIG Qui a de l'éclat, de l'originalité : *style coloré.*

colorectal, e, aux adj MÉD Qui affecte le côlon ou le rectum : *cancer, polype colorectal.*

colorer vt Donner une certaine couleur ou une couleur plus vive à.

coloriage nm **1.** Action de colorier ; résultat ainsi obtenu. **2.** Dessin à colorier.

colorier vt Appliquer des couleurs sur : *colorier un dessin.*

coloris nm **1.** Couleur. **2.** Éclat du teint, des fleurs, etc.

colorisation nf Mise en couleurs des images d'un film en noir et blanc grâce à un procédé électronique.

coloriser vt Ajouter, par un procédé électronique, des couleurs à un film qui était originellement en noir et blanc.

coloriste n Peintre qui s'exprime surtout par la couleur.

colossal, e, aux adj **1.** Extrêmement grand. **2.** Énorme, considérable : *richesse colossale.*

colosse nm **1.** Statue d'une grandeur extraordinaire. **2.** Homme très grand, très fort.

colportage nm Action de colporter.

colporter vt **1.** VIEILLI Faire le métier de colporteur. **2.** FIG Répandre, propager des bruits, des nouvelles.

colporteur, euse n **1.** Marchand ambulant. **2.** FIG Propagateur : *colporteur de ragots.*

colt [kɔlt] nm Revolver.

coltiner vt Porter sur la tête, les épaules de pesants fardeaux. ◆ **se coltiner** vpr FAM Se charger d'une tâche pénible et désagréable.

columbarium [kɔlɔ̃barjɔm] nm Bâtiment où sont conservées les cendres des personnes incinérées.

colvert nm Canard sauvage.

colza nm Plante à fleurs jaunes cultivée pour ses graines, qui fournissent de l'huile.

COM nf (sigle) Collectivité d'outre-mer.

coma nm MÉD État caractérisé par la perte de la conscience, de la motricité, de la sensibilité, avec conservation des fonctions végétatives.

comateux, euse adj Relatif au coma.

combat nm **1.** Lutte armée. **2.** Rencontre opposant deux adversaires : *combat de boxe.* **3.** FIG Lutte : *la vie est un combat perpétuel.*

combatif, ive adj **1.** Qui n'hésite pas à se battre, ne s'avoue jamais vaincu : *c'est un homme combatif, il s'en sortira.* **2.** Porté à la lutte ; belliqueux, agressif : *des troupes combatives.*

ORTHOGRAPHE Attention, *combatif* et *combativité* s'écrivent avec un seul *t.*

combativité nf Ardeur à se battre, goût de la lutte.

combattant, e n Personne qui prend part à un combat.

combattre vt et vi (conj 56) Soutenir un combat ; lutter : *combattre un ennemi, une injustice.*

combe nf GÉOGR Petite vallée creusée dans un plissement.

combien adv Sert à interroger sur une quantité, une grandeur, un nombre, un prix : *combien mesure-t-elle ? ; combien as-tu payé ?* ■ **combien de :** indique un grand nombre, une grande quantité : *combien* *de fois le lui ai-je dit !* ❑ **ô combien ! :** extrêmement.

combientième adj et n FAM À quel rang ; à quel ordre ?

combinaison nf **1.** Assemblage, arrangement, dans un certain ordre, de choses semblables ou diverses : *combinaison de couleurs.* **2.** CHIM Réunion de corps simples dans un composé. **3.** SOUVENT PÉJOR (au pluriel) Mesures prises pour assurer le succès de quelque chose ; calcul : *les combinaisons politiques pour prendre le pouvoir.* **4.** Sous-vêtement féminin d'une seule pièce. **5.** Vêtement d'une seule pièce, couvrant la totalité du corps, pour le travail, le sport, etc. : *combinaison de ski.* **6.** Agencement mécanique d'une serrure de sûreté permettant son ouverture.

combinard, e adj et n FAM, PÉJOR Qui recourt à des combines plus ou moins louches.

combinat nm HIST En URSS, unité industrielle regroupant divers établissements aux activités solidaires.

combinatoire adj Relatif aux combinaisons d'éléments. ◆ nf MATH Étude des combinaisons, des dénombrements ou des configurations d'ensembles finis.

combine nf FAM Moyen peu scrupuleux pour parvenir à ses fins. ■ FAM **être dans la combine :** être au courant d'une intrigue.

combiné nm **1.** Partie mobile d'un téléphone réunissant l'écouteur et le microphone. **2.** Épreuve réunissant plusieurs spécialités d'un sport. ■ **combiné alpin :** en ski alpin, compétition associant une descente et un slalom.

combiner vt **1.** Disposer dans un certain ordre : *combiner des couleurs, combiner des efforts.* **2.** Organiser en vue d'un but précis, d'une réussite ; préparer : *combiner un plan d'attaque.* **3.** CHIM Unir divers corps.

1. comble nm **1.** Faîte d'un bâtiment : *loger sous les combles.* **2.** FIG Point culminant, dernier degré : *être au comble du bonheur.* ■ **c'est un comble ! :** cela dépasse la mesure. ❑ **pour comble de :** par surcroît.

2. comble adj Se dit d'un lieu très ou trop plein : *salle comble.* ■ **la mesure est comble :** il est difficile d'en supporter davantage.

comblement nm Action de combler : *comblement d'un fossé.*

combler vt **1.** Remplir entièrement : *combler un fossé.* **2.** Satisfaire pleinement : *vos cadeaux l'ont comblée.* **3.** Donner à profusion : *combler d'honneurs.*

comburant, e adj et nm Se dit d'un corps qui, en se combinant avec un autre, entraîne la combustion de ce dernier.

combustibilité nf Propriété caractéristique des corps combustibles.

combustible adj Qui a la propriété de brûler. ◆ nm **1.** Toute matière capable de se consumer, notamment pour fournir du chauffage. **2.** PHYS Matière capable de dégager de l'énergie par fission ou fusion nucléaire.

combustion nf Action de brûler.

come-back [kɔmbak] nm inv (anglicisme) Retour en force dans la vie publique d'une vedette, d'une personnalité, après une période d'oubli ou d'inactivité.

comédie nf **1.** Pièce de théâtre, film destinés à faire rire. **2.** FIG Simulation hypocrite de sentiments : *jouer la comédie.* **3.** FAM Complication, situation difficile : *quelle comédie pour arriver jusqu'ici !* ■ **comédie musicale :** film, spectacle comportant des scènes dansées et chantées.

comédien, enne n Acteur, actrice qui joue au théâtre, à la télévision, au cinéma. ◆ n et adj FIG Personne qui feint des sentiments ; hypocrite.

comédon nm Petit point noir qui bouche un pore de la peau.

comestible adj Qui peut servir de nourriture à l'homme. ◆ nm Produit alimentaire.

comète nf Astre du système solaire, d'aspect diffus, accompagné d'une traînée de lumière appelée *queue* ou *chevelure.*

comice nm HIST Réunion d'électeurs, d'exploitants agricoles, etc.

comique adj **1.** Qui appartient à la comédie : *auteur comique.* **2.** Amusant, qui fait rire : *situation comique.* ◆ nm **1.** Le genre de la comédie. **2.** Ce qui est comique. **3.** Acteur, auteur comique.

comité nm Assemblée restreinte de personnes ayant une mission particulière : *comité d'études, d'entreprise, de lecture.* ■ **en petit comité :** dans l'intimité, en petit nombre.

commandant, e n **1.** Officier supérieur dont le grade se situe entre celui de capitaine et celui de lieutenant-colonel. **2.** Officier qui commande un bâtiment de la marine de guerre. ■ **commandant de bord :** chef de l'équipage d'un avion civil.

commande nf **1.** Demande de marchandises adressée à un fournisseur ; travail demandé à un fabricant, etc. : *passer commande.* **2.** Marchandise commandée : *la commande n'est pas arrivée.* **3.** MÉCAN Élément d'un mécanisme qui assure le fonctionnement de l'ensemble. **4.** INFORM Signal déclenchant la réalisation d'une fonction déterminée. ■ **de commande :** qui n'est pas sincère : *sourire de commande.* ❑ **tenir**

les commandes ou **être aux commandes :** contrôler, diriger.

commandement nm **1.** Action de commander. **2.** Ordre : *obéir à un commandement.* **3.** Pouvoir de celui qui commande : *exercer le commandement.* **4.** Loi, précepte : *les dix commandements.* **5.** Ordre signifié par huissier.

commander vt ind Ordonner à quelqu'un ce qu'il doit faire : *il nous a commandé de nous taire.* ◆ vt **1.** Avoir autorité sur : *commander une équipe.* **2.** Dominer par sa position : *fort qui commande une vallée.* **3.** COMM Faire une commande. **4.** TECHN Déclencher : *interrupteur qui commande tout le réseau.* ◆ vi Être le chef. ◆ **se commander** vpr Communiquer, en parlant des pièces d'un appartement. ■ **ne pas se commander :** être indépendant de la volonté : *l'amour, ça ne se commande pas.*

commandeur nm Grade dans un ordre de chevalerie ou dans un ordre national : *commandeur de la Légion d'honneur.*

commanditaire n et adj **1.** Personne qui commandite. **2.** Bailleur de fonds.

commandite nf **1.** Société commerciale entre associés, les uns la gérant, les autres étant les bailleurs de fonds. **2.** Ensemble des fonds versés par chacun des associés.

commanditer vt **1.** Avancer les fonds nécessaires à une entreprise. **2.** Financer un projet.

commando nm **1.** Petite formation militaire chargée de missions spéciales. **2.** Petit groupe d'hommes armés qui se livre à des actes de violence.

comme conj **1.** De même que, autant que : *lui comme toi.* **2.** Tel que : *un homme comme lui.* **3.** Indique la manière ; de la façon que : *comme on dit.* **4.** Pour ainsi dire : *il est comme mort.* **5.** En qualité de : *agir comme délégué.* **6.** Puisque. **7.** Au moment où : *comme il entrait.* ■ FAM **c'est tout comme :** cela revient au même. ❑ **comme tout :** au plus haut point : *il est beau comme tout.* ❑ FAM **comme ça :** ainsi, de cette manière. ❑ SUISSE **comme que comme :** quoi qu'il en soit, de toute façon : *comme que comme, on n'y peut rien.* ◆ adv **1.** Combien, à quel point : *comme il parle !* **2.** De quelle façon : *tu as vu comme il nous traite !*

commedia dell'arte nf Forme théâtrale italienne basée sur l'improvisation.

commémoratif, ive adj Qui commémore : *fête, plaque commémorative.*

commémoration nf Cérémonie qui commémore un événement important.

commémorer vt Rappeler le souvenir d'un événement, de la naissance ou de la mort d'une personne, avec plus ou moins de solennité : *commémorer une date.*

EMPLOI On ne *commémore* pas un anniversaire, on le *fête.*

commençant, e n Personne qui débute dans une discipline ; débutant.

commencement nm Ce par quoi quelque chose commence ; début.

commencer vt (conj 1) **1.** Aborder, entamer, entreprendre : *commencer un exercice ; commencer le latin.* **2.** Prendre l'initiative de qqch : *commencer la guerre.* **3.** Être au début de qqch : *mot qui commence la phrase.* ◆ vt ind **1.** [à] Se mettre à : *il commence à pleuvoir.* **2.** [par] Faire qqch avant qqch d'autre : *commencer par le début.* ◆ vi Débuter : *le film commence.*

commensal, e, aux n LITT Personne qui mange à la même table qu'une autre. ◆ adj et n Se dit d'espèces animales qui vivent associées à d'autres, en se nourrissant de leurs déchets.

comment adv Sert à interroger sur la manière, le moyen : *comment fait-elle ? ; je ne sais pas comment elle vient.* ◆ interj Exprime la surprise, l'indignation : *comment ! vous voilà ?* ■ FAM **et comment ! :** (a) évidemment (b) énormément. ◆ nm inv Manière dont une chose s'est faite : *le pourquoi et le comment.*

commentaire nm Remarque, observation sur un texte, un énoncé, un événement, etc.

commentateur, trice n Personne qui fait des commentaires à la radio, à la télévision.

commenter vt Faire des remarques sur un texte, des événements.

commérage nm FAM Bavardage indiscret.

commerçant, e n Personne qui fait du commerce. ◆ adj Où se fait le commerce : *rue commerçante.*

commerce nm **1.** Achat et vente de marchandises. **2.** Ensemble des commerçants. **3.** Établissement commercial : *tenir un commerce.* **4.** LITT Relations, fréquentation : *être d'un commerce agréable.* ■ **chambre de commerce :** assemblée consultative de commerçants. ❑ **commerce électronique :** mode de distribution commerciale réalisée par l'intermédiaire du site web des entreprises. ❑ **commerce équitable :** échanges commerciaux basés sur une solidarité Nord-Sud, permettant d'améliorer l'économie des producteurs du Sud, tout en favorisant le développement durable. ❑ **livres de commerce :** registres de comptabilité.

commercer vi (conj 1) Faire du commerce.

commercial, e, aux adj **1.** Qui appartient au commerce. **2.** PÉJOR Exécuté dans un but purement lucratif : *film commercial.* ◆ n Personne appartenant aux services commerciaux d'une entreprise.

commercialement adv Du point de vue commercial.

commercialisation nf Action de commercialiser.

commercialiser vt Répandre dans le commerce : *commercialiser un produit.*

commère nf Personne bavarde, qui colporte les nouvelles.

commettre vt (conj 57) **1.** Faire un acte répréhensible ou malencontreux : *commettre une erreur.* **2.** DR Nommer à une fonction. ◆ **se commettre** vpr LITT Entretenir des relations compromettantes ou déshonorantes.

comminatoire adj LITT Qui menace, intimide : *ton comminatoire.*

commis nm Employé ; aide.

commisération nf Compassion.

commissaire n **1.** Personne chargée de fonctions temporaires. **2.** Personne qui vérifie la régularité d'une épreuve sportive. ■ **commissaire de police :** fonctionnaire de la police nationale chargé du maintien de l'ordre et de la sécurité publique.

commissaire-priseur (pl *commissaires-priseurs*) nm Officier ministériel chargé de l'estimation et de la vente dans une vente publique.

commissariat nm **1.** Ensemble des locaux où sont installés les services d'un commissaire de police. **2.** Fonction de commissaire.

commission nf **1.** Groupe de personnes chargées d'étudier une question, de régler une affaire : *une commission d'enquête.* **2.** Charge, mission que l'on confie à quelqu'un. **3.** Pourcentage qu'on laisse à un intermédiaire. ◆ **commissions** pl Achats quotidiens, courses.

commissionnaire n Personne qui vend et achète pour le compte d'autrui.

commissure nf ANAT Point de jonction de certaines parties du corps : *commissure des lèvres.*

1. commode adj **1.** Bien approprié à l'usage qu'on veut en faire. **2.** D'un caractère facile, aimable.

2. commode nf Meuble à tiroirs pour ranger le linge, les vêtements, etc.

commodément adv Aisément.

commodité nf Qualité de ce qui est commode, pratique, agréable.

commotion nf **1.** Secousse, ébranlement physique. **2.** FIG Émotion violente.

commotionner vt Frapper d'une commotion ; perturber.

commuer vt DR Changer une peine en une peine moindre.

commun, e adj **1.** Qui appartient à plusieurs, à tous ; qui concerne tout le monde : *salle commune.* **2.** Qui est fait à plusieurs : *œuvre commune.* **3.** Ordinaire, qui se trouve couramment : *expression peu commune.* **4.** Dépourvu de distinction, vulgaire : *manières communes.* ■ **en commun :** avec d'autres. ❑ **sens commun :** bon sens. ◆ nm ■ **le commun des mortels :** les gens en général. ◆ **communs** pl Bâtiments réservés au service, dans une grande maison.

communal, e, aux adj De la commune : *pré communal.* ◆ nf VIEILLI École communale.

communard, e n et adj Partisan de la Commune de Paris, en 1871.

communautaire adj **1.** Relatif à une communauté : *vie communautaire.* **2.** Relatif à l'Union européenne. ◆ n Citoyen de la Communauté européenne.

communautarisme nm Conception faisant prévaloir l'organisation de la société en communautés sur l'exigence d'assimilation des individus selon un modèle unique.

communauté nf **1.** État de ce qui est commun : *communauté d'idées.* **2.** DR Régime matrimonial dans lequel certains biens sont communs aux époux. **3.** Groupe social ayant des intérêts communs. **4.** Groupe de plusieurs États : *la communauté internationale.* **5.** Société religieuse, soumise à une règle.

commune nf Division territoriale, administrée par un maire.

communément adv Ordinairement.

communiant, e n RELIG Personne qui communie.

communicant, e adj Qui communique : *chambres communicantes.*

communicateur, trice n **1.** Personne qui excelle à communiquer, à faire circuler l'information. **2.** Personne chargée de la communication d'une entreprise, d'un groupe.

communicatif, ive adj **1.** Qui se communique, se gagne facilement : *rire communicatif.* **2.** Qui exprime volontiers ses pensées, ses sentiments ; expansif.

communication nf **1.** Action de communiquer : *être en communication avec quelqu'un.* **2.** Action de transmettre quelque chose à quelqu'un : *communication d'une nouvelle.* **3.** Pour une entreprise, action d'utiliser les médias pour faire connaître son activité et promouvoir son image auprès du public. **4.** Conversation téléphonique : *prendre, recevoir une communication.* **5.** Moyen de liaison.

communier vi **1.** RELIG Recevoir la communion. **2.** Être en parfait accord d'idées.

communion nf **1.** Union dans une même foi, dans un même état d'esprit. **2.** RELIG Réception de l'eucharistie.

communiqué nm **1.** Avis officiel. **2.** Avis diffusé par la presse, la radio, la télévision.

communiquer vt **1.** Transmettre : *le Soleil communique la chaleur.* **2.** Donner connaissance, faire partager : *communiquer une nouvelle importante.* ◆ vi Être en relation. ■ **communiquer sur quelque chose :** le faire connaître au public par les médias.

communisme nm Doctrine tendant à la collectivisation des moyens de production, à la répartition des biens de consommation suivant les besoins de chacun et à la suppression des classes sociales.

communiste n et adj Partisan du communisme.

commutateur nm Appareil pour établir ou interrompre le courant électrique dans un circuit.

commutation nf **1.** Réduction d'une peine en une peine moindre. **2.** LING Substitution d'un terme à un autre terme de même classe grammaticale ou lexicale.

commuter vt Modifier par substitution, par transfert.

compacité nf Qualité de ce qui est compact.

compact, e adj **1.** Dont les molécules sont fortement liées : *bois compact.* **2.** Qui forme une masse épaisse ; dense, serré : *foule compacte.* **3.** Qui est d'un faible encombrement : *appareil photo compact.* ■ **disque compact** ou **compact** nm : disque à lecture laser sur lequel sont enregistrés des sons, des images ou des textes.

Compact Disc nm (nom déposé) Disque compact. ■ **Compact Disc Video** (nom déposé) : disque compact restituant des films sur un téléviseur.

compacte nf Automobile de catégorie intermédiaire entre la citadine et la routière.

compagne nf → **compagnon.**

compagnie nf **1.** Présence d'une personne, d'un animal auprès de quelqu'un : *tenir compagnie à un malade.* **2.** Réunion de personnes : *salut, la compagnie !* **3.** Société commerciale : *compagnie d'assurances.* **4.** Troupe d'infanterie commandée par un capitaine. **5.** Bande d'animaux de même espèce : *compagnie de perdreaux.* ■ **fausser compagnie :** se retirer brusquement. ❑ **la bonne compagnie :** les gens bien élevés.

1. compagnon, compagne n **1.** Personne qui accompagne quelqu'un. **2.** Personne qui vit en compagnie de.

2. compagnon nm **1.** Membre d'un compagnonnage. **2.** Ouvrier qui travaille pour un entrepreneur.

compagnonnage nm Association d'ouvriers dans une même profession.

comparable adj Qui peut être comparé.

comparaison nf Action de comparer ; parallèle. ■ GRAMM **degrés de comparaison :** le positif, le comparatif et le superlatif. ❑ **en, par comparaison :** relativement à.

comparaître vi (conj 64) Se présenter par ordre devant un magistrat, un tribunal.

comparateur nm Site internet qui analyse et classe les offres de prix pour un produit recherché.

comparatif, ive adj Qui établit une comparaison. ◆ nm Second degré de signification des adjectifs, qui exprime une qualité égale, supérieure ou inférieure : *« meilleur » est le comparatif de « bon ».*

comparativement adv Par comparaison, par rapport.

comparé, e adj Qui se fonde sur une comparaison. ■ **grammaire, linguistique comparée :** branche de la linguistique qui étudie les rapports des langues entre elles.

comparer vt **1.** Établir le rapport qui existe entre des personnes ou des choses. **2.** Mettre en parallèle.

comparse n **1.** Au théâtre, personnage muet ou sans rôle important. **2.** Personne qui joue un rôle secondaire dans une affaire.

compartiment nm **1.** Case, division d'un objet, d'une surface. **2.** Partie d'une voiture de chemin de fer divisée par des cloisons.

compartimenter vt Diviser en catégories ; cloisonner.

comparution nf Action de comparaître en justice. ■ **comparution immédiate :** traduction d'un prévenu devant un tribunal correctionnel le jour même où il a commis un délit.

compas nm **1.** Instrument à deux branches mobiles pour tracer des circonférences. **2.** MAR Boussole. ■ FAM **avoir le compas dans l'œil :** apprécier exactement à l'œil une mesure.

compassé, e adj Raide, guindé.

compassion nf Action de compatir ; pitié.

compassionnel, elle adj **1.** Que l'on fait par compassion. **2.** Destiné à éveiller la compassion : *reportage compassionnel.*

compatibilité nf Qualité, état de choses compatibles.

compatible adj **1.** Qui peut s'accorder avec quelque chose d'autre. **2.** INFORM Qui peut être connecté avec du matériel de nature différente : *ordinateur, imprimante compatibles.* ◆ nm Ordinateur compatible.

compatir vt ind [à] Prendre part aux maux d'autrui.

compatissant, e adj Qui compatit.

compatriote n Personne du même pays, de la même région qu'une autre.

compensateur, trice adj Qui compense, qui dédommage.

compensation nf **1.** Action de compenser. **2.** Dédommagement.

compensatoire adj Qui constitue une compensation : *mesure compensatoire.*

compensé, e adj ■ **semelles compensées :** qui forment un seul bloc avec le talon.

compenser vt Équilibrer un effet par un autre.

compère nm Personne qui est complice d'une autre dans une supercherie.

compère-loriot (pl *compères-loriots*) nm Orgelet.

compétence nf **1.** Capacité reconnue en telle ou telle matière. **2.** DR Droit de juger une affaire.

compétent, e adj Capable, qualifié.

compétiteur, trice n **1.** Personne qui dispute un prix. **2.** Personne qui entre en concurrence avec une ou plusieurs autres personnes (dans une épreuve sportive, dans un marché financier, etc.).

compétitif, ive adj Susceptible de supporter la concurrence avec d'autres : *prix compétitifs.*

compétition nf **1.** Recherche simultanée par plusieurs personnes d'un même poste, de mêmes avantages. **2.** Épreuve sportive mettant aux prises plusieurs concurrents.

compétitivité nf Caractère de ce qui est compétitif.

compilateur, trice n **1.** Personne qui réunit des documents. **2.** PÉJOR Personne qui plagie.

compilation nf **1.** Action de compiler. **2.** œuvre sans originalité, faite d'emprunts. **3.** Disque présentant une sélection de grands succès musicaux.

compiler vt **1.** Réunir des morceaux de divers auteurs pour en faire un ouvrage : *compiler une anthologie.* **2.** PÉJOR Copier, plagier.

complainte nf Chanson populaire sur les malheurs d'un personnage légendaire.

complaire vt ind [à] (conj 77) LITT Se rendre agréable à quelqu'un. ◆ **se complaire** vpr [à, dans] Trouver du plaisir, de la satisfaction dans tel ou tel état, telle ou telle activité : *se complaire dans le malheur.*

complaisance nf **1.** Désir d'être agréable, de rendre service ; obligeance : *elle est d'une extrême complaisance.* **2.** Indulgence excessive : *complaisance d'un enseignant envers un cancre.* **3.** Sentiment de satisfaction que l'on a envers soi-même : *se regarder avec complaisance.* ■ **certificat de complaisance :** délivré par obligeance à quelqu'un qui n'y a pas droit.

complaisant, e adj **1.** Qui cherche à plaire, à rendre service. **2.** Qui a une indulgence coupable.

complément nm **1.** Ce qui complète : *complément d'une somme ; complément d'information.* **2.** GRAMM Mot complétant le sens d'un autre mot : *complément d'objet direct, indirect.*

complémentaire adj Qui complète.

complémentarité nf Caractère de ce qui est complémentaire.

1. complet nm Costume de ville masculin dont toutes les pièces sont de la même étoffe.

2. complet, ète adj **1.** Qui a tous les éléments nécessaires : *collection complète.* **2.** Absolu, total : *échec complet.* **3.** Qui n'a plus de place ; plein, rempli : *autobus complet.* **4.** Dont toutes les qualités sont développées : *athlète complet.* ■ **au complet :** en totalité, intégralement. ❑ **pain complet :** pain fait avec du son et riche en éléments nutritifs.

complètement adv Entièrement.

compléter vt (conj 10) Rendre complet en ajoutant ce qui manque. ◆ **se compléter** vpr **1.** Devenir complet. **2.** Former un tout harmonieux : *ils se complètent à merveille.*

complétive adj f ■ GRAMM **proposition complétive** ou **complétive** nf : proposition subordonnée complément d'objet, sujet ou attribut.

1. complexe adj Qui contient plusieurs éléments ou parties, qui est difficile à analyser : *question complexe.*

2. complexe nm **1.** Ensemble d'industries concourant à une production particulière. **2.** Ensemble de bâtiments groupés en fonction de leur utilisation : *complexe sportif.* **3.** PSYCHAN Association de sentiments, de souvenirs inconscients pourvus d'une puissance affective. **4.** Sentiment d'infériorité, conduite timide.

complexé, e adj et n Qui a des complexes, timide.

complexer vt Donner des complexes à quelqu'un.

complexité nf Caractère de ce qui est complexe, difficile.

complication nf **1.** État de ce qui est compliqué. **2.** Élément nouveau qui entrave le déroulement de quelque chose.

complice adj et n Qui participe au délit, au crime d'un autre. ◆ adj Qui manifeste un accord secret : *sourire complice*.

complicité nf **1.** Participation à un acte illégal, délictueux. **2.** Connivence, entente.

compliment nm **1.** Mot élogieux adressé à quelqu'un ; félicitations : *faire des compliments*. **2.** Discours à l'occasion d'une fête.

complimenter vt Adresser des compliments, des félicitations.

complimenteur, euse adj et n Qui abuse des compliments.

compliqué, e adj Difficile à comprendre, à exécuter : *phrase compliquée ; mouvement compliqué*. ◆ adj et n Qui n'agit pas simplement : *c'est un compliqué, cet homme-là*.

compliquer vt Rendre difficile à comprendre, embrouiller. ◆ **se compliquer** vpr **1.** Devenir plus difficile, obscur. **2.** S'aggraver.

complot nm Projet concerté à plusieurs et secrètement contre des personnes ou des institutions.

comploter vt et vi **1.** Former un complot. **2.** Préparer secrètement.

comploteur, euse n Personne qui complote.

componction nf LITT Air de gravité affectée.

comportement nm Manière de se comporter.

comportemental, e, aux adj Relatif au comportement.

comporter vt Comprendre par nature ; contenir : *la maison comporte plusieurs pièces*. ◆ **se comporter** vpr Se conduire d'une certaine manière.

composant, e adj Qui entre dans la composition de. ◆ nm **1.** Élément constitutif. **2.** TECHN Constituant élémentaire d'un appareil, d'un circuit électronique, etc.

composé, e adj **1.** Formé de plusieurs éléments : *un mot composé ; un bouquet composé*. **2.** GRAMM Se dit des temps d'un verbe qui se conjuguent avec un auxiliaire. ◆ nm Ensemble formé de plusieurs parties.

composée nf Plante herbacée dont les fleurs sont réunies en capitules serrés, telle que la pâquerette, le bleuet, le pissenlit (les composées forment une famille).

composer vt **1.** Former un tout en assemblant plusieurs parties : *composer un bouquet*. **2.** Entrer comme élément constitutif : *le riz compose l'essentiel du menu*. **3.** Former un numéro, un code sur un cadran, un clavier. **4.** IMPR Assembler ou commander l'assemblage de caractères pour former un texte. **5.** MUS Élaborer, concevoir une œuvre musicale. ◆ vi **1.** Faire un exercice scolaire en vue d'un examen : *composer en maths*. **2.** Transiger : *composer avec ses adversaires*.

composite adj Fait d'éléments très divers ; hétéroclite.

compositeur, trice n **1.** Personne qui compose de la musique. **2.** IMPR Personne qui dirige une entreprise de composition de textes.

composition nf **1.** Action de composer un tout. **2.** Manière dont les parties forment le tout ; structure. **3.** IMPR Assemblage des caractères typographiques. **4.** Art d'assembler les sons musicaux. **5.** VIEILLI Exercice scolaire en vue d'un classement. ■ **amener à composition :** amener à transiger. ❑ **être de bonne composition :** être accommodant.

compost [kɔ̃pɔst] nm Mélange de terre, de chaux, etc., qui sert d'engrais.

1. compostage nm Marquage au composteur.

2. compostage nm Préparation du compost, en le laissant fermenter avant son incorporation au sol.

1. composter vt Marquer ou valider au composteur.

2. composter vt Amender une terre avec du compost.

composteur nm **1.** Appareil à lettres ou à chiffres interchangeables servant à marquer, dater des documents. **2.** Appareil qui sert à valider un ticket, un billet de transport.

compote nf Fruits cuits avec du sucre. ■ FAM **en compote :** meurtri.

compotier nm Plat creux pour compotes, fruits, etc.

compréhensible adj Concevable, intelligible

VOCABULAIRE Il ne faut pas confondre *compréhensible*, « qui peut être compris », et *compréhensif*, « qui peut comprendre ».

compréhensif, ive adj Qui comprend les autres ; bienveillant, indulgent.

compréhension nf **1.** Aptitude à comprendre : *rapidité de compréhension.* **2.** Bienveillance, indulgence : *faire preuve de compréhension.* **3.** Aptitude à être compris : *texte de compréhension difficile.*

comprendre vt (conj 54) **1.** Concevoir, saisir le sens de : *comprendre les paroles de quelqu'un.* **2.** Admettre les raisons d'une chose, les mobiles d'une personne : *comprendre l'attitude de quelqu'un.* **3.** Avoir en soi, être formé de ; contenir : *la formule comprend un plat et un dessert.* **4.** Mettre dans un tout, incorporer : *comprendre les taxes dans le prix.*

comprenette nf FAM Faculté de comprendre.

compresse nf Pièce de gaze pour le pansement des plaies.

compresseur adj m Qui comprime. ■ **rouleau compresseur :** rouleau pour aplanir le sol. ◆ nm Appareil pour comprimer.

compressible adj Qui peut être comprimé : *fluide compressible.*

compression nf **1.** Action de comprimer. **2.** FIG Réduction de personnel ou de dépenses. ■ INFORM **compression numérique :** réduction du volume de signaux numérisés pour optimiser leur stockage et leur exploitation.

comprimé, e adj Diminué de volume.

comprimé nm Pastille pharmaceutique.

comprimer vt **1.** Presser un corps de manière à en réduire le volume. **2.** Diminuer : *comprimer les dépenses.* **3.** FIG Empêcher un sentiment de se manifester : *comprimer sa colère.*

compris, e adj Qui fait partie de : *mille francs, TVA comprise.* ■ **tout compris :** en comptant la totalité des services dans un prix : *payer trois mille francs tout compris.* ❑ **y compris** (invariable avant le nom) **:** en y incluant : *je prends ce modèle, y compris les options.*

compromettant, e adj De nature à compromettre.

compromettre vt (conj 57) **1.** Mettre en péril. **2.** Nuire à la réputation. ◆ **se compromettre** vpr Risquer sa réputation.

compromis nm Accord obtenu par des concessions réciproques.

compromission nf Action de compromettre ou de se compromettre.

comptabilisation nf Action de comptabiliser ; son résultat.

comptabiliser vt **1.** Faire apparaître dans une comptabilité. **2.** PAR EXT Compter, enregistrer.

comptabilité nf **1.** Technique des comptes. **2.** Ensemble des comptes d'une personne, d'une entreprise. **3.** Service chargé des comptes dans une entreprise.

comptable adj Qui concerne la comptabilité : *pièce comptable.* ◆ n Personne qui tient les comptes.

comptage nm Action de compter.

comptant adj m et nm Payé sur l'heure et en espèces. ■ **prendre pour argent comptant :** croire naïvement ce qui est dit ou promis. ❑ **vendre au comptant :** moyennant paiement immédiat. ◆ adv ■ **payer comptant :** immédiatement.

compte [kɔ̃t] nm **1.** Action d'évaluer une quantité : *faire le compte des membres du groupe.* **2.** État de ce qui est dû ou reçu : *vérifier ses comptes.* ■ **à bon compte :** à bon marché. ❑ **à ce compte-là :** dans ces conditions. ❑ **au bout du compte, en fin de compte, tout compte fait :** tout bien considéré. ❑ **compte de dépôt :** compte ouvert par un client et alimenté par les versements de ce dernier. ❑ **être loin du compte :** se tromper beaucoup. ❑ **rendre compte de :** raconter, expliquer, justifier. ❑ **se rendre compte de :** s'apercevoir de. ❑ **tenir compte de** ou **prendre quelque chose en compte :** le prendre en considération. ❑ **trouver son compte à quelque chose :** trouver son avantage.

ORTHOGRAPHE Le participe passé de *se rendre compte* est toujours invariable : *elles se sont rendu compte.*

compte chèques (pl *comptes chèques*) ou **compte-chèques** (pl *comptes-chèques*) nm Compte bancaire ou postal fonctionnant au moyen de chèques.

compte-gouttes nm inv Tube de verre effilé pour compter les gouttes d'un liquide. ■ FAM **au compte-gouttes :** avec parcimonie.

compter vt **1.** Calculer le nombre, la quantité de : *compter de l'argent.* **2.** Mettre au nombre de : *compter quelqu'un parmi ses amis.* **3.** Faire entrer dans un total : *il n'a pas compté le café dans l'addition.* **4.** Évaluer une quantité, une durée : *il faut compter trois heures de marche.* **5.** Comporter, être constitué de : *une ville qui compte un million d'habitants.* ◆ vt ind [sur] Se fier à : *je compte sur toi.* ◆ vi **1.** Entrer dans un calcul : *syllabe qui ne compte pas.* **2.** Effectuer un calcul : *savoir compter.* **3.** Avoir l'intention de, se proposer : *je compte partir demain.* **4.** Avoir de l'importance : *cela compte beaucoup.* ■ **à compter de :** à dater de. ❑ **sans compter :** avec générosité ou prodigalité.

compte rendu (pl *comptes rendus*) ou **compte-rendu** (pl *comptes-rendus*) nm Rapport sur quelque chose.

compte-tours nm inv Appareil servant à compter les tours d'un arbre de moteur en rotation pendant un temps donné.

compteur nm Appareil qui mesure ou qui enregistre des distances, des vitesses, des consommations.

comptine [kɔ̃tin] nf Chanson que chantent les enfants pour déterminer celui qui devra sortir du jeu ou courir après les autres, etc.

comptoir nm **1.** Table longue sur laquelle les marchands étalent ou débitent leurs marchandises. **2.** Table élevée sur laquelle on sert les consommations dans un café. **3.** Agence commerciale à l'étranger.

compulser vt Consulter, feuilleter un livre, un document, etc.

comte nm Titre de noblesse entre ceux de marquis et de vicomte.

1. comté nm Domaine qui conférait le titre de comte.

2. comté nm Gruyère fabriqué en Franche-Comté.

comtesse nf Femme d'un comte.

comtois, e adj et n De Franche-Comté : *les Comtois*.

con, conne adj et n TRÈS FAM Stupide, idiot ; regrettable : *c'est con ce qui lui arrive*.

concasser vt Broyer une matière en fragments grossiers.

concave adj Dont la surface est creuse. CONTR : convexe.

concavité nf État de ce qui est concave.

concéder vt (conj 10) Accorder, octroyer.

concélébrer vt (conj 10) Célébrer à plusieurs un office religieux.

concentration nf **1.** Action de concentrer. **2.** Action de se concentrer ; application, tension d'esprit. ■ **camp de concentration :** lieu où sont rassemblés, sous surveillance militaire ou policière, des populations civiles de nationalité ennemie, des suspects, des déportés politiques, etc.

concentrationnaire adj Relatif aux camps de concentration.

concentré, e adj FIG Très absorbé dans ses pensées. ■ **lait concentré :** dont on a réduit la partie aqueuse.

concentré nm Produit obtenu par élimination de l'eau : *concentré de tomate*.

concentrer vt **1.** Rassembler, réunir en un même point. **2.** FIG Fixer son attention, son regard sur. ◆ **se concentrer** vpr Réfléchir profondément.

concentrique adj Ayant un même centre : *courbes concentriques*.

concept nm **1.** Représentation intellectuelle d'un objet conçu par l'esprit. **2.** Définition des caractères spécifiques d'un projet, d'un produit par rapport à l'objectif visé.

concepteur, trice n Personne qui conçoit un type de publicité pour un projet, un produit.

conception nf **1.** Action par laquelle un enfant est conçu, reçoit l'existence. **2.** Représentation qu'on se fait de quelque chose ; idée, opinion. ■ **Immaculée Conception :** dogme catholique d'après lequel la Vierge Marie a été préservée du péché originel.

conceptuel, elle adj Qui concerne un concept.

concernant prép À propos de.

concerner vt Avoir rapport à, intéresser. ■ **en ce qui concerne :** quant à, pour ce qui est de.

concert nm **1.** Séance où sont interprétées des œuvres musicales : *concert classique*. **2.** Manifestation bruyante : *concert d'avertisseurs*. ■ **de concert :** avec entente, conjointement.

concertation nf Action de se concerter.

concerter vt Préparer en commun l'exécution d'un dessein : *concerter un mauvais coup*. ◆ **se concerter** vpr Se mettre d'accord pour agir ensemble.

concertiste n Instrumentiste qui joue dans un concert.

concerto nm MUS Composition pour un ou plusieurs solistes et un orchestre.

concession nf **1.** Privilège, droit que l'on obtient de l'État en vue d'une exploitation. **2.** Contrat par lequel l'Administration autorise une personne privée, moyennant une redevance, à réaliser un ouvrage public ou à occuper de manière privative le domaine public : *concession de sépulture*. **3.** Abandon de ses droits, de ses prétentions : *faire des concessions à quelqu'un*.

concessionnaire n et adj **1.** Titulaire d'une concession de l'État. **2.** Intermédiaire commercial qui a un droit exclusif de vente dans une région donnée.

concessive adj f ■ GRAMM **proposition concessive** ou **concessive** nf **:** proposition introduite par *bien que*, *quoique* qui indique une opposition ou une restriction.

concevable adj Qui peut se concevoir.

concevoir vt (conj 34) **1.** Se représenter par la pensée, comprendre. **2.** Imaginer : *concevoir un projet*. ■ **bien, mal conçu :** bien, mal organisé, élaboré. ◆ vt et vi LITT Devenir enceinte.

conchyliologie [kɔ̃kiljɔlɔʒi] nf Étude scientifique des coquillages.

concierge n **1.** Gardien d'un immeuble, d'un hôtel. **2.** FAM, PÉJOR Personne bavarde colportant des commérages.

conciergerie nf Demeure du concierge d'un bâtiment administratif.

concile nm Assemblée d'évêques et de théologiens décidant de questions doctrinales.

conciliable adj Qui peut se concilier.

conciliabule nm Entretien, discussion secrète.

conciliaire adj Relatif à un concile.

conciliant, e adj Propre à concilier ; accommodant.

conciliateur, trice n et adj Personne qui concilie, aime à concilier.

conciliation nf Action de concilier.

concilier vt (conj 1) **1.** Trouver un accord entre des choses diverses : *concilier le travail et la vie de famille.* **2.** SOUT Mettre dans des dispositions favorables, rallier : *cette mesure lui a concilié la faveur du public.* ◆ **se concilier** vpr Disposer quelqu'un en sa faveur.

concis, e adj Bref, laconique.

concision nf Qualité de ce qui est concis : *concision du style.*

concitoyen, enne n Personne qui est du même pays, de la même ville qu'une autre.

conclave nm Assemblée de cardinaux réunis pour élire un pape.

concluant, e adj Qui apporte une preuve ; probant, décisif.

conclure vt (conj 68) **1.** Régler, terminer : *conclure un marché.* **2.** Donner une conclusion : *conclure son discours par un appel.* ◆ vt et vt ind [à] Déduire comme conséquence : *j'en conclus que.*

CONJUGAISON Attention, le futur de *conclure* est *je conclurai,* et le participe passé, *conclu, e.*

conclusion nf **1.** Arrangement définitif, réalisation complète. **2.** Partie qui termine un discours, un écrit. **3.** Conséquence d'un raisonnement. ■ **en conclusion** : en conséquence.

concocter vt FAM Élaborer minutieusement.

concombre nm Plante potagère cultivée pour ses fruits allongés, que l'on consomme comme légume ou en salade ; ce fruit (le concombre appartient à la famille des cucurbitacées).

concomitance nf Simultanéité de deux ou plusieurs faits.

concomitant, e adj Qui se produit en même temps.

concordance nf **1.** Conformité, accord. **2.** GRAMM Accord des mots. ■ **concordance des temps** : ensemble des règles de syntaxe d'après lesquelles le temps du verbe d'une subordonnée dépend de celui de la principale.

concordant, e adj Qui s'accorde, qui converge : *témoignages concordants.*

concordat nm Traité entre le pape et un État souverain sur les affaires religieuses.

concordataire adj Relatif à un concordat.

concorde nf SOUT Bonne entente entre des personnes.

concorder vi Être en conformité avec autre chose ; coïncider.

concourant, e adj Convergent.

concourir vt ind [à] (conj 29) Tendre ensemble au même but, aider à : *concourir au succès de.* ◆ vi Participer à un examen, un concours, une compétition.

concouriste n Personne qui participe aux concours proposés dans les médias.

concours nm **1.** Action de coopérer, d'aider : *offrir son concours.* **2.** Examen permettant la sélection des candidats à un poste de la fonction publique, celle des candidats à l'entrée dans une grande école, etc. **3.** Compétition sportive : *concours hippique.* ■ **concours de circonstances** : événements survenant en même temps, coïncidence.

concret, ète adj **1.** Qui se rapporte à la réalité, à ce qui est matériel : *application concrète.* **2.** Qui a le sens des réalités : *esprit concret.* ■ **mot, terme concret** : qui désigne un être ou une chose accessible aux sens. CONTR : abstrait. ◆ nm Ce qui est concret.

concrètement adv De façon concrète.

concrétion nf GÉOL Agglomération de particules arrivant à former un corps solide.

concrétisation nf Action de concrétiser, fait de se concrétiser.

concrétiser vt Faire passer du projet à la réalisation ; matérialiser. ◆ **se concrétiser** vpr Devenir réel.

concubin, e n Personne qui vit en concubinage.

concubinage nm État de deux personnes non mariées qui vivent ensemble depuis longtemps.

concupiscence nf Dans le langage religieux, attrait pour les plaisirs sensuels.

concupiscent, e adj LITT Qui éprouve de la concupiscence ; qui l'exprime.

concurremment adv **1.** En même temps. **2.** Conjointement.

concurrence nf Rivalité d'intérêts provoquant une compétition dans le secteur industriel ou commercial. ■ **jusqu'à concurrence de** : jusqu'à la somme de.

concurrencer vt (conj 1) Faire concurrence à.

concurrent, e adj et n **1.** Qui participe à un concours, à une compétition. **2.** Qui est en rivalité d'intérêts avec d'autres.

concurrentiel, elle adj Où joue la concurrence ; compétitif.

concussion nf Malversation commise dans l'exercice d'une fonction publique.

concussionnaire adj et n Coupable de concussion.

condamnable adj Qui mérite d'être condamné.

condamnation nf Décision d'une juridiction prononçant une peine contre l'auteur d'une infraction ; la peine infligée.

condamné, e n Personne qui a subi une condamnation. ◆ adj Incurable, perdu : *malade condamné.*

condamner vt **1.** Prononcer une peine par jugement contre : *condamner un criminel.* **2.** Mettre dans l'obligation pénible de ; astreindre, contraindre : *condamner au silence.* **3.** Désapprouver, blâmer : *condamner une opinion.* ■ **condamner une porte, une ouverture** : en rendre l'usage impossible.

condensateur nm PHYS Appareil servant à emmagasiner une charge électrique.

condensation nf **1.** Action de condenser. **2.** Effet qui en résulte.

1. condensé nm Résumé succinct.

2. condensé, e adj ■ **lait condensé** : lait concentré sucré.

condenser vt **1.** Rendre plus dense. **2.** Liquéfier un gaz. **3.** Exprimer avec concision : *condenser sa pensée.* ◆ **se condenser** vpr Se résoudre en liquide.

condenseur nm Appareil servant à condenser une vapeur.

condescendance nf PÉJOR Attitude d'une personne qui accorde quelque chose en faisant sentir sa supériorité.

condescendant, e adj Qui marque de la condescendance.

condescendre vt ind [à] (conj 50) PÉJOR Consentir en donnant l'impression d'accorder une faveur.

condiment nm Substance aromatique qui relève la saveur des aliments.

condisciple n Camarade d'études.

condition nf **1.** Rang social : *humble condition.* **2.** État physique ou moral : *en bonne condition.* **3.** Circonstance dont dépend quelque chose : *dans ces conditions ; conditions de vie.* **4.** Base fondamentale ; qualité nécessaire : *le travail est une condition du succès.* **5.** Convention dont dépend l'exécution d'un marché. ■ **acheter à condition** : sous réserve de pouvoir rendre. ❑ **conditions de paiement** : prix, tarif et échelonnement des versements. ◆ **à condition de** loc prép À charge de. ◆ **à condition que** loc conj Pourvu que.

conditionné, e adj **1.** Soumis à certaines conditions. **2.** Qui a subi un conditionnement : *produit conditionné sous vide.* ■ **air conditionné** : air auquel on a donné une température et un degré d'humidité déterminés.

conditionnel, elle adj Soumis à certaines conditions. ◆ nm GRAMM Mode du verbe qui exprime une action subordonnée à une condition.

conditionnement nm **1.** Action de conditionner, fait d'être conditionné. **2.** Emballage de présentation d'une marchandise.

conditionner vt **1.** Être la condition de : *sa réponse conditionnera la mienne.* **2.** Déterminer quelqu'un à agir, à penser de telle ou telle façon.

condoléances nf pl Témoignage de regrets, de sympathie, devant la douleur d'autrui.

condom [kɔ̃dɔm] nm Préservatif masculin.

condor nm Grand vautour des Andes.

condottiere (pl *condottieres* ou *condottieri*) nm AUTREF Chef de mercenaires italiens.

conducteur, trice n Personne qui conduit un véhicule. ■ **conducteur de travaux** : agent qui, sur un chantier, dirige les travaux et surveille le personnel. ◆ adj Qui permet le passage de quelque chose. ■ **fil conducteur** : principe qui permet de poursuivre une recherche ; hypothèse. ◆ nm Tout corps capable de transmettre la chaleur, l'électricité.

conductibilité nf Propriété que possèdent les corps de transmettre la chaleur, l'électricité.

conductible adj Doué de conductibilité.

conduction nf Action de transmettre de proche en proche la chaleur, l'électricité.

conduire vt (conj 70) **1.** Diriger, assurer la manœuvre de : *conduire une voiture.* **2.** Mener d'un lieu à un autre : *conduire un enfant à l'école ; le chemin conduit directement à la maison.* **3.** Avoir la direction, le gouvernement de : *conduire une affaire.* **4.** Pousser, entraîner : *conduire au désespoir.* **5.** Avoir pour conséquence, amener à : *gestion qui conduit à la faillite.* ◆ **se conduire** vpr Se comporter, agir de telle ou telle façon.

conduit nm Canal, tuyau.

conduite nf **1.** Action de conduire, de diriger. **2.** Action d'accompagner : *faire la* *conduite.* **3.** Commandement, direction : *conduite d'une entreprise.* **4.** Manière de se conduire ; attitude, comportement : *bonne conduite.* **5.** TECHN Tuyau : *conduite d'eau.*

cône nm **1.** MATH Surface engendrée par une droite mobile passant par un point fixe et s'appuyant sur une courbe fixe ; solide déterminé par cette surface. **2.** Fruit des conifères. **3.** Inflorescence du houblon. **4.** Crème glacée dans un cornet en biscuit en forme de cône.

confection nf **1.** Action de confectionner. **2.** Fabrication en série de pièces d'habillement.

confectionner vt Exécuter quelque chose qui demande plusieurs opérations ; fabriquer.

confectionneur, euse n Personne qui fabrique des vêtements de confection.

confédéral, e, aux adj Relatif à une confédération.

confédération nf **1.** Union de plusieurs États qui se soumettent à un pouvoir général, tout en conservant leur autonomie. **2.** Groupement d'associations professionnelles, sportives, etc.

confédéré, e adj et n Uni par confédération.

conférence nf **1.** Réunion de personnes qui discutent d'un sujet commun. **2.** Exposé oral. ■ **conférence de presse :** réunion au cours de laquelle une ou plusieurs personnalités s'adressent aux journalistes et répondent à leurs questions.

conférencier, ère n Personne qui fait une conférence.

conférer vt (conj 10) Donner, accorder : *conférer un titre.* ◆ vi S'entretenir d'une affaire, discuter.

confesse nf RELIG Confession : *être, aller à confesse.*

confesser vt **1.** Déclarer (ses péchés) en confession. **2.** Entendre en confession. **3.** Avouer, reconnaître : *confesser son ignorance.* ◆ **se confesser** vpr Déclarer ses péchés.

confesseur nm Prêtre qui confesse.

confession nf **1.** Aveu de ses péchés à un prêtre. **2.** Aveu d'un fait. **3.** Appartenance à telle ou telle religion.

confessionnal (pl *confessionnaux*) nm Isoloir ou lieu où se met le prêtre pour entendre la confession.

confessionnel, elle adj Relatif à la foi religieuse.

confetti nm **1.** Rondelle de papier coloré, qu'on se lance dans les fêtes. **2.** Minuscule territoire ; petite île : *les confettis du Pacifique.*

confiance nf Sentiment de sécurité de celui qui se fie à : *avoir confiance en quelqu'un, en l'avenir.* ■ **avoir confiance en soi :** être assuré de ses possibilités. ❑ **faire confiance à :** se fier à.

confiant, e adj Qui a confiance.

confidence nf Déclaration faite en secret à quelqu'un. ■ **en confidence :** en secret.

confident, e n Personne à qui l'on confie ses plus secrètes pensées.

confidentialité nf Caractère confidentiel d'une information.

confidentiel, elle adj Qui se dit, se fait en confidence ; secret.

confidentiellement adv D'une manière confidentielle.

confier vt **1.** Remettre aux soins, à la garde de : *confier une mission.* **2.** Dire en confidence : *confier un secret.* ◆ **se confier** vpr Faire part de ses sentiments intimes, de ses idées.

configuration nf Forme générale, aspect d'ensemble.

confiné, e adj ■ **air confiné :** non renouvelé.

confinement nm Action de confiner ; fait d'être confiné.

confiner vt ind [à] Être très proche de : *cet acte confine à la folie.* ◆ vt Tenir enfermé dans un espace étroit. ◆ **se confiner** vpr **1.** S'isoler, se retirer. **2.** Se limiter à : *se confiner dans une activité.*

confins nm pl Limites, extrémités d'un pays, d'un territoire : *aux confins de l'Asie.*

confire vt (conj 72) Conserver des aliments dans une substance qui en empêche l'altération.

confirmation nf **1.** Action de confirmer. **2.** RELIG Sacrement de l'Église qui affermit dans la grâce du baptême.

confirmer vt **1.** Affermir quelqu'un dans une croyance, une intention. **2.** Rendre plus sûr, assurer l'exactitude de : *confirmer une nouvelle.* ◊ vpr : *la nouvelle se confirme.* **3.** RELIG Conférer le sacrement de confirmation.

confiscation nf Action de confisquer.

confiserie nf **1.** Art de travailler le sucre et de le transformer en friandises. **2.** Commerce du confiseur. **3.** Produit vendu ou fabriqué par le confiseur ; sucrerie.

confiseur, euse n Personne qui fait ou vend des sucreries.

confisquer vt Déposséder par un acte d'autorité.

1. confit nm Morceau de viande cuit et conservé dans la graisse : *confit d'oie.*

2. confit, e adj Conservé dans du sucre, du vinaigre, de la graisse, etc. ■ **confit en dévotion :** d'une dévotion excessive.

confiture nf Préparation constituée de fruits frais et de sucre cuits ensemble.

confiturier nm Récipient destiné à présenter à table de la confiture.

conflagration nf Conflit international de grande envergure aboutissant à la guerre.

conflictuel, elle adj Relatif à un conflit.

conflit nm **1.** Opposition d'opinions, de sentiments. **2.** Opposition d'intérêts entre deux pays, deux États.

confluent nm Lieu de rencontre de deux cours d'eau.

confluer vi Se réunir, en parlant de deux cours d'eau.

confondant, e adj Qui déconcerte, étonne : *tant d'idiotie, c'est confondant !*

confondre vt (conj 51) **1.** Prendre une chose, une personne pour une autre, faire une confusion : *confondre des dates, des jumeaux.* **2.** Réduire au silence, mettre hors d'état de se justifier : *confondre un adversaire.* **3.** LITT Stupéfier, décontenancer : *voilà qui me confond.* ■ **être confondu :** très étonné ou embarrassé, rempli de confusion. ◆ **se confondre** vpr Être ou devenir indistinct ; se mêler avec. ■ SOUT **se confondre en remerciements, en excuses :** les multiplier.

conformation nf Forme particulière d'un organe ou d'un être vivant.

conforme adj **1.** Dont la forme est semblable à celle d'un autre objet. **2.** Qui convient, qui s'accorde.

conformé, e adj Qui a telle ou telle conformation naturelle.

conformément à loc prép En conformité avec.

conformer vt Mettre en accord avec ; adapter. ◆ **se conformer** vpr Se régler sur quelque chose : *se conformer au goût du jour.*

conformisme nm Respect étroit des usages établis, de la morale en usage.

conformiste adj et n PÉJOR Qui se conforme sans originalité aux usages généralement admis.

conformité nf État de ce qui présente un accord complet, une adaptation totale.

confort nm Bien-être matériel résultant des commodités dont on dispose.

confortable adj **1.** Qui procure le confort. **2.** FIG Important : *une confortable avance.*

confortablement adv D'une manière confortable.

conforter vt Rendre plus solide, raffermir : *cela me conforte dans mon idée.*

confraternel, elle adj Propre aux relations entre confrères.

confraternité nf Bons rapports entre confrères.

confrère nm Homme qui exerce la même profession libérale qu'une autre, qui appartient au même corps.

confrérie nf Association.

confrontation nf Action de confronter, de comparer.

confronter vt **1.** Mettre des personnes en présence, pour comparer leurs dires. **2.** Comparer : *confronter des écritures.*

confucéen, enne adj Relatif au confucianisme.

confucianisme nm Philosophie de Confucius.

confus, e adj **1.** Embrouillé, incertain, vague. **2.** FIG Honteux, désolé : *être confus de son erreur.*

confusément adv D'une manière confuse : *s'exprimer confusément.*

confusion nf **1.** État de ce qui est confus, mêlé, en désordre. **2.** Action de prendre une personne ou une chose pour une autre : *confusion de noms, de dates.* **3.** Embarras que causent la honte, la modestie : *être rouge de confusion.*

congé nm **1.** Autorisation donnée à quelqu'un de cesser son travail ; période de cette cessation : *congé maladie ; congé maternité.* **2.** Courtes vacances : *prendre du congé.* ■ **congés payés :** période de vacances payée que la loi accorde à tous les salariés. ❑ **donner congé à un locataire :** lui signifier qu'il devra quitter les lieux. ❑ **prendre congé de quelqu'un :** lui dire au revoir.

congédiement nm Renvoi.

congédier vt Renvoyer, mettre dehors.

congélateur nm Appareil pour congeler les produits alimentaires.

congélation nf Action de congeler.

congeler vt (conj 5) **1.** Transformer un liquide en solide par le froid. **2.** Soumettre au froid pour conserver : *viandes congelées.*

congénère n **1.** Animal qui est du même genre, de la même espèce qu'un autre. **2.** PÉJOR Personne de la même nature qu'une autre.

congénital, e, aux adj De naissance.

congère nf Amas de neige entassée par le vent.

congestion nf Accumulation anormale de sang dans les vaisseaux d'un organe : *congestion cérébrale.*

congestionné, e adj Se dit d'une partie du corps qui a subi un afflux de sang, une congestion : *visage congestionné.*

congestionner vt **1.** Provoquer une congestion dans une partie du corps. **2.** Encombrer un lieu.

conglomérat nm **1.** Roche formée de débris d'autres roches roulés et agglomérés. **2.** ÉCON Groupe d'entreprises aux productions variées.

conglomérer vt (conj 10) Réunir en une masse.

1. congolais, **e** adj et n Du Congo : *les Congolais*.

2. congolais nm Gâteau à la noix de coco.

congratulations nf pl LITT Félicitations réciproques.

congratuler vt LITT Féliciter chaleureusement.

congre nm Poisson de mer ayant la forme d'une anguille.

congrégation nf Association de religieux ou de laïques régie par des principes religieux.

congrès nm Réunion de personnes qui délibèrent sur des études communes.

congressiste n Membre d'un congrès.

congru, **e** adj LITT Approprié à un usage, une situation. ■ **portion congrue :** quantité de nourriture ou ressources à peine suffisantes pour vivre.

conifère nm Arbre souvent résineux, à feuillage généralement persistant, aux fruits en forme de cône, tels le pin, le sapin, le cèdre, etc. (les conifères forment un ordre).

conique adj En forme de cône.

conjectural, **e**, **aux** adj Fondé sur des conjectures.

conjecture nf Supposition, opinion fondée sur des probabilités.

conjecturer vt SOUT Juger par conjecture ; supposer.

1. conjoint, **e** adj ■ **note conjointe :** qui accompagne un texte.

2. conjoint, **e** n Chacun des époux par rapport à l'autre.

conjointement adv Ensemble.

conjonctif, **ive** adj ■ GRAMM **locution conjonctive :** qui joue le rôle d'une conjonction, comme *afin que*, *bien que*, *parce que*. ❑ **proposition conjonctive :** qui commence par une conjonction de subordination. ❑ ANAT **tissu conjonctif :** tissu animal jouant un rôle de remplissage, de soutien ou de protection.

conjonction nf **1.** LITT Rencontre, réunion. **2.** GRAMM Mot invariable qui sert à lier les mots ou les propositions.

conjonctive nf Muqueuse de l'intérieur des paupières.

conjonctivite nf MÉD Inflammation de la conjonctive.

conjoncture nf **1.** Concours de circonstances ; occasion. **2.** Ensemble des éléments qui déterminent la situation économique, sociale, politique, à un moment donné

> VOCABULAIRE Il ne faut pas confondre *conjoncture,* « circonstances », et *conjecture,* « supposition ».

conjoncturel, **elle** adj Relatif à la conjoncture.

conjugaison nf **1.** LITT Réunion, rapprochement : *la conjugaison des efforts.* **2.** GRAMM Ensemble des formes des verbes selon les personnes, les modes, les temps et les voix ; groupe de verbes dont certaines terminaisons sont identiques.

conjugal, **e**, **aux** adj Qui concerne l'union entre les époux.

conjugalement adv En tant que mari et femme : *vivre conjugalement*.

conjuguer vt **1.** Unir, joindre en vue d'un résultat : *conjuguer des efforts.* **2.** GRAMM Énumérer toutes les formes d'un verbe dans un ordre déterminé.

conjuration nf Conspiration, complot pour renverser le pouvoir établi.

conjuratoire adj Destiné à conjurer le mauvais sort : *formule conjuratoire*.

conjuré, **e** n Membre d'une conjuration.

conjurer vt **1.** Prier, supplier avec insistance : *conjurer quelqu'un de venir.* **2.** Écarter, éloigner par des pratiques magiques ou religieuses : *conjurer les démons.* **3.** Éviter, détourner par un moyen quelconque : *conjurer un échec*.

connaissance nf **1.** Activité intellectuelle visant à avoir la compétence de quelque chose ; cette compétence. **2.** Personne que l'on connaît : *une vieille connaissance.* ■ **à ma connaissance :** d'après ce que je sais. ❑ **en connaissance de cause :** en sachant bien de quoi il s'agit. ❑ **faire connaissance :** entrer en relation avec. ❑ **perdre connaissance :** s'évanouir. ❑ **prendre connaissance :** être informé. ◆ **connaissances** pl Savoir, instruction.

connaisseur, **euse** n et adj Personne qui se connaît en quelque chose, expert.

connaître vt (conj 64) **1.** Avoir l'idée, la notion d'une chose : *je ne connais pas son nom.* **2.** Être en relation avec : *connaître beaucoup de monde.* **3.** Être renseigné sur la nature, les défauts ou les qualités de : *connaître un bon restaurant.* **4.** Avoir la pratique, l'expérience de : *connaître son métier.* ■ **ne connaître que :** ne considérer que. ❑ **se faire connaître :** (a) dire son nom (b) acquérir de la réputation. ◆ **se connaître** vpr Avoir une idée juste de soi-même. ■ **ne plus se connaître** : être hors de soi. ❑ **se connaître, s'y connaître en quelque chose** : être habile, expert en quelque chose.

connecter vt ÉLECTR Établir une connexion. ◆ **se connecter** vpr Établir une liaison avec un réseau télématique.

connecteur nm Appareil de connexion.

connétable nm HIST Premier officier militaire du roi de France.

connexe adj LITT Lié, uni.

connexion nf **1.** LITT Enchaînement, liaison. **2.** ÉLECTR Raccordement d'un appareil électrique à un circuit, ou de deux appareils électriques entre eux.

connivence nf Complicité, entente secrète.

connotation nf FIG Valeur que prend quelque chose en plus de sa signification première.

connoter vt Exprimer quelque chose par connotation.

connu, e adj **1.** Su de manière certaine ; officiel. **2.** Découvert, exploré par l'homme. **3.** Célèbre, renommé.

conque nf MYTH Coquille servant de trompe aux dieux de la Mer.

conquérant, e adj et n Qui fait ou a fait des conquêtes.

conquérir vt (conj 21) **1.** Se rendre maître par les armes, par la force. **2.** Gagner, acquérir : *conquérir l'estime de.* **3.** FIG Gagner, séduire.

conquête nf **1.** Action de conquérir ; chose conquise. **2.** FAM Personne que l'on a séduite.

conquis, e adj **1.** Vaincu : *pays conquis.* **2.** Acquis : *être conquis par une idée.*

conquistador (pl *conquistadors* ou *conquistadores*) nm Nom donné aux aventuriers espagnols qui allèrent conquérir l'Amérique.

consacré, e adj **1.** Qui a reçu la consécration religieuse : *hostie consacrée.* **2.** Qui a reçu la sanction de l'usage : *expression consacrée.*

consacrer vt **1.** Dédier à Dieu. **2.** Faire, à la messe, la consécration du pain et du vin. **3.** Sanctionner, autoriser : *consacrer un usage.* **4.** FIG Employer : *consacrer son temps à.*

consanguin, e adj **1.** Issu du même père : *frère consanguin.* **2.** Qui est du même sang.

consanguinité [kɔ̃sɑ̃gɥinite] nf **1.** Parenté du côté du père. **2.** Parenté proche.

consciemment adv D'une façon consciente : *agir consciemment.*

conscience nf **1.** Perception, connaissance plus ou moins claire de notre existence, du monde extérieur : *avoir conscience de ce qui se passe.* **2.** Sentiment intérieur de la moralité, du devoir : *obéir à sa conscience.* ■ **avoir bonne, mauvaise conscience** : avoir le sentiment qu'on n'a rien ou qu'on a quelque chose à se reprocher. ❑ **avoir quelque chose sur la conscience** : avoir quelque chose à se reprocher. ❑ **conscience professionnelle** : soin avec lequel on fait son métier. ❑ **en conscience** : honnêtement, franchement.

consciencieusement adv D'une manière consciencieuse.

consciencieux, euse adj **1.** Qui remplit avec soin tous ses devoirs. **2.** Fait avec soin.

conscient, e adj **1.** Qui a conscience de ce qu'il fait : *être conscient du risque couru.* **2.** Qui dispose de toute sa conscience ; éveillé : *le blessé est resté conscient.*

conscription nf MIL Système de recrutement fondé sur l'appel annuel de jeunes gens du même âge.

conscrit nm Recrue appelée par conscription.

consécration nf **1.** Action de consacrer : *la consécration de l'usage.* **2.** Action par laquelle le prêtre convertit au cours de la messe le pain et le vin en la substance du corps et du sang de Jésus-Christ.

consécutif, ive adj Qui se suit immédiatement : *trois jours consécutifs.* ■ **consécutif à** : qui résulte de.

consécutivement adv Sans interruption.

conseil nm **1.** Avis sur ce qu'il convient de faire : *demander conseil.* **2.** (souvent en apposition) Personne dont on prend avis : *des avocats-conseil.* **3.** Assemblée de personnes délibérant : *conseil municipal.* ■ **conseil d'administration** : réunion d'actionnaires pour gérer les affaires d'une société. ❑ **conseil de classe** : réunion trimestrielle des professeurs, des délégués des parents et des délégués des élèves d'une classe. ❑ **conseil de discipline** : assemblée chargée de donner un avis sur l'opportunité d'une sanction disciplinaire. ❑ **Conseil d'État** : juridiction suprême en matière de décrets et de lois. ❑ **conseil de famille** : assemblée qui délibère sur les intérêts d'un mineur ou d'un majeur en tutelle. ❑ **conseil général** : assemblée qui délibère sur les affaires départementales. ❑ **Conseil des ministres** : réunion des ministres sous la présidence du chef de l'État.

1. conseiller vt Donner un conseil à.

2. conseiller, ère n **1.** Personne qui donne un conseil : *conseiller d'orientation.*

2. Membre d'un conseil : *conseiller municipal.*

conseilleur, euse n LITT, PÉJOR Personne qui prodigue des conseils.

consensuel, elle adj Qui repose sur un consensus : *politique consensuelle.*

consensus [kɔ̃sɛ̃sys] nm Accord de plusieurs personnes.

consentant, e adj Qui consent.

consentement nm Action de consentir ; accord.

consentir vt ind [à] Accepter qu'une chose ait lieu ; approuver.

conséquence nf Suite qu'une chose peut avoir. ■ **en conséquence :** d'une manière appropriée. ❑ **ne pas tirer à conséquence :** ne pas comporter de suites graves, être sans importance. ❑ **sans conséquence :** sans suite fâcheuse, sans importance.

conséquent, e adj **1.** Qui agit avec logique. **2.** FAM Important : *salaire conséquent.* ◆ **par conséquent** loc adv Donc.

1. conservateur nm **1.** Appareil frigorifique destiné à conserver des produits déjà congelés. **2.** Produit qui assure la conservation des denrées alimentaires.

2. conservateur, trice n **1.** Partisan du maintien de l'ordre social et politique établi. **2.** Titre de certains fonctionnaires. **3.** Personne qui a la charge des collections d'un musée, d'une bibliothèque.

conservation nf **1.** Action de conserver. **2.** État de ce qui est conservé.

conservatisme nm État d'esprit de ceux qui sont hostiles aux innovations politiques et sociales.

1. conservatoire adj DR Qui a pour but de conserver un droit.

2. conservatoire nm École où l'on enseigne la musique, la danse ou l'art dramatique.

1. conserve nf Aliment stérilisé et conservé dans un bocal ou une boîte en fer-blanc.

2. conserve (de) loc adv En suivant la même route.

conservé, e adj ■ **bien conservé :** se dit de quelqu'un qui, malgré son âge, paraît encore jeune.

conserver vt **1.** Maintenir en bon état, préserver de l'altération : *conserver de la viande.* **2.** Maintenir durablement, garder : *conserver son calme.*

conserverie nf Fabrique de conserves.

considérable adj Grand, important.

considérablement adv Beaucoup.

considération nf **1.** Raison, motif : *cette considération m'a guidé.* **2.** Égards, estime : *avoir la considération de tous.* **3.** Raisonnement, remarque : *se perdre dans des considérations sans intérêt.* ■ **en considération de :** en tenant compte de. ❑ **prendre en considération :** tenir compte de.

considérer vt (conj 10) **1.** Regarder attentivement. **2.** Examiner, peser : *tout bien considéré.* **3.** Être d'avis, croire, estimer que : *je considère qu'il est trop tard.*

consignation nf ■ **Caisse des dépôts et consignations :** établissement public qui reçoit des dépôts d'argent.

consigne nf **1.** Instruction formelle. **2.** Punition par privation de sortie à un militaire, à un élève. **3.** Service d'une gare, d'un aéroport, où l'on met en dépôt ses bagages. **4.** Somme perçue en garantie du retour d'un emballage. ■ **consigne automatique :** casier métallique servant à déposer des bagages.

consigner vt **1.** Mettre en dépôt. **2.** Priver de sortie un militaire, un élève. **3.** Rapporter, mentionner dans un écrit : *consigner des faits.* **4.** Facturer un emballage sous garantie de remboursement.

consistance nf **1.** État d'un corps considéré du point de vue de la cohésion de ses parties : *consistance dure, molle.* **2.** FIG Solidité, réalité : *bruit sans consistance.*

consistant, e adj **1.** Qui a de la consistance, de la solidité. **2.** Copieux, nourrissant : *repas consistant.* **3.** FIG Solide, fondé.

consister vt ind [à, dans, en] **1.** Être composé, formé de. **2.** Reposer sur, résider en : *en quoi consiste mon erreur ?*

consistoire nm **1.** Assemblée de cardinaux présidée par le pape. **2.** Assemblée de rabbins ou de pasteurs.

consœur nf Femme qui exerce la même profession libérale qu'une autre, qui appartient au même corps.

consolant, e adj Qui console ; apaisant.

consolateur, trice adj et n Qui console.

consolation nf **1.** Soulagement, réconfort apportés à la peine de quelqu'un. **2.** Personne, chose qui console. ■ **lot, prix de consolation :** lot de moindre importance attribué à des concurrents malchanceux.

console nf **1.** Support fixé à un mur ou appuyé contre celui-ci. **2.** Table étroite appliquée contre un mur. **3.** INFORM Périphérique ou terminal d'un ordinateur, permettant la communication directe avec l'unité centrale. ■ **console de jeux :** micro-ordinateur réservé à la pratique de jeux vidéo.

consoler vt Soulager, adoucir les ennuis, la tristesse de quelqu'un.

consolidation nf Action de consolider.

consolider vt Rendre plus solide, plus résistant, plus fort.

consommable adj Que l'on peut consommer.

consommateur, trice n **1.** Personne qui achète un produit pour son usage. **2.** Personne qui mange ou boit dans un café, un restaurant, etc.

consommation nf **1.** Action de consommer. **2.** Boisson prise dans un café, etc. ■ **société de consommation :** type de société des pays riches au sein duquel les consommateurs sont poussés à effectuer des achats de biens souvent superflus.

1. consommé nm Bouillon de viande.

2. consommé, e adj **1.** Parfait : *art consommé.* **2.** Habile, expérimenté : *artiste consommé.*

consommer vt **1.** Faire usage de quelque chose comme aliment. **2.** Employer, utiliser pour son fonctionnement : *une voiture qui consomme beaucoup d'essence.* ◆ vi Prendre une boisson dans un café.

ORTHOGRAPHE *Consommer* s'écrit avec deux *m ; consumer* avec un *m.*

consomption nf LITT Amaigrissement et dépérissement progressifs.

consonance nf Succession, ensemble de sons : *un mot aux consonances harmonieuses.*

consonne nf Son produit par le passage du souffle dans les diverses cavités de la gorge et de la bouche ; lettre représentant ce son.

consort adj ■ **prince consort :** mari non couronné d'une reine, dans certains pays. ◆ **consorts** nm pl ■ PÉJOR **et consorts :** ceux et celles qui appartiennent à la même catégorie.

consortium [kɔ̃sɔrsjɔm] nm Groupement d'entreprises, de banques, en vue d'opérations communes.

conspirateur, trice n Personne qui prend part à une conspiration.

conspiration nf Complot.

conspirer vi Comploter.

conspuer vt Manifester en groupe, publiquement, son mépris.

constamment adv Sans cesse.

constance nf **1.** Persévérance dans l'action, les opinions. **2.** LITT Force morale de celui qui ne se laisse pas abattre. **3.** Qualité de ce qui dure, de ce qui est stable, de ce qui se reproduit : *la constance d'un phénomène.*

constant, e adj **1.** Résolu, persévérant dans ses actes, ses opinions. **2.** Qui dure ou se répète de façon continue.

constante nf Tendance qui se manifeste d'une manière durable.

constat nm **1.** Procès-verbal dressé par un huissier ou un agent de la force publique. **2.** Reconnaissance de quelque chose : *constat d'échec.*

constatation nf Action de constater ; ce qui est constaté.

constater vt **1.** Consigner par écrit. **2.** Remarquer, observer, enregistrer : *constater une absence.*

constellation nf Groupe d'étoiles.

consteller vt **1.** Couvrir d'étoiles. **2.** Couvrir, parsemer de : *robe constellée de taches.*

consternant, e adj Qui consterne.

consternation nf Stupéfaction, abattement causés par un événement malheureux.

consterné, e adj Accablé.

consterner vt Jeter dans l'abattement, dans la stupeur ; atterrer.

constipation nf Difficulté d'aller à la selle.

constipé, e adj et n Qui souffre de constipation.

constiper vt Causer la constipation.

constituant, e adj Qui constitue. ◆ nm Élément qui entre dans la constitution d'un tout.

constitué, e adj **1.** Formé par. **2.** De telle ou telle constitution physique.

constituer vt **1.** Former un tout en rassemblant divers éléments. **2.** Former, avec d'autres éléments, un tout. **3.** Être l'élément essentiel, la base d'une chose : *présence qui constitue une menace.* ◆ **se constituer** vpr ■ **se constituer prisonnier :** se livrer à la justice.

constitutif, ive adj Qui constitue.

constitution nf **1.** Action de constituer ; établissement : *constitution d'une société.* **2.** Ensemble des éléments essentiels. **3.** Composition : *constitution de l'air.* **4.** Ensemble des caractéristiques physiques d'un individu : *constitution robuste.* **5.** (avec une majuscule) DR Loi fondamentale d'une nation.

constitutionnel, elle adj **1.** Soumis à une Constitution : *monarchie constitutionnelle* **2.** Conforme à la Constitution : *procédure constitutionnelle.*

constitutionnellement adv Conformément à la Constitution d'un État.

constricteur nm et adj m ANAT Muscle qui resserre certains canaux ou orifices. ■ **boa constricteur** ou **constrictor** nm : grand serpent d'Amérique du Sud qui étouffe ses proies.

constructeur, trice n et adj Personne qui construit. ■ **constructeur automobile :** entreprise qui fabrique des automobiles.

constructible adj Où on peut construire.

constructif, ive adj Apte, propre à construire, à créer ; positif : *esprit constructif.*

construction nf **1.** Action, art de construire. **2.** Édifice construit. **3.** GRAMM Disposition des mots dans la phrase. **4.** Ensemble des techniques propres à l'industrie aéronautique, automobile, etc.

constructivisme nm Courant artistique du XXe s., apparu en URSS, qui privilégie une construction plus ou moins géométrique des formes.

construire vt (conj 70) **1.** Bâtir, édifier : *construire un immeuble.* **2.** Assembler les différentes parties d'une machine, d'un appareil : *construire un voilier.* **3.** FIG Élaborer, concevoir.

consul nm **1.** Magistrat de la Rome antique. **2.** En France, nom de chacun des trois représentants du pouvoir dans le Consulat. **3.** Agent officiel d'un État chargé de protéger ses compatriotes à l'étranger. ■ HIST **le Premier consul :** bonaparte.

consulaire adj Qui appartient au consul.

consulat nm **1.** Charge de consul ; sa durée. **2.** Résidence d'un consul.

consultable adj Qui peut être consulté.

consultant, e n et adj Personne qui donne des consultations : *un consultant en gestion.*

consultatif, ive adj Qui donne des avis, des conseils : *comité consultatif.*

consultation nf **1.** Action de consulter. **2.** Action de donner un avis, en parlant d'un avocat, d'un juriste, d'un médecin. **3.** Examen d'un malade par un médecin.

consulter vt **1.** Prendre avis, conseil de. **2.** Chercher un renseignement dans : *consulter un dictionnaire.* ◆ vi Recevoir des malades, en parlant d'un médecin.

consumer vt Détruire par le feu. ◆ **se consumer** vpr LITT Dépérir.

consumérisme nm Tendance des consommateurs à s'unir pour défendre leurs intérêts.

contact nm **1.** État de corps qui se touchent : *certaines maladies se transmettent par simple contact.* **2.** Dispositif permettant l'ouverture et la fermeture d'un circuit électrique : *mettre le contact.* **3.** Rapport de connaissance entre des personnes : *entrer en contact.* **4.** Comportement vis-à-vis des autres : *avoir un contact facile.* ■ **verres de contact :** verres correcteurs de la vue qui s'appliquent directement sur la cornée.

contacter vt Entrer en relation avec quelqu'un.

contagieux, euse adj **1.** Qui se transmet par contagion. **2.** Qui se communique facilement : *rire contagieux.* ◆ adj et n Atteint d'une maladie contagieuse.

contagion nf **1.** Transmission d'une maladie par contact direct ou indirect. **2.** Transmission par imitation involontaire : *la contagion du fou rire.*

contagiosité nf Nature de ce qui est contagieux.

container ou **conteneur** nm **1.** Caisse pour le transport de meubles, de marchandises, pour le parachutage d'armes, de vivres. **2.** Récipient destiné à recevoir des déchets triés.

contamination nf Transmission d'une maladie contagieuse.

contaminer vt **1.** Infecter par une maladie contagieuse : *sang contaminé.* **2.** FIG Corrompre : *se laisser contaminer par la morosité ambiante.*

conte nm Récit, assez court, d'aventures imaginaires : *conte de fées.*

contemplateur, trice n Personne qui contemple.

contemplatif, ive adj et n Qui se plaît dans la contemplation : *esprit contemplatif ; vie contemplative.*

contemplation nf **1.** Action de contempler. **2.** Méditation profonde.

contempler vt Considérer attentivement : *contempler le paysage.*

contemporain, e adj et n **1.** Du même temps, de la même époque. **2.** Du temps présent : *problèmes contemporains.*

contempteur, trice n LITT Personne qui méprise, dénigre.

contenance nf Quantité que peut contenir quelque chose ; capacité. ■ FIG **faire bonne contenance :** conserver la maîtrise de soi dans une situation délicate. ❑ **perdre contenance :** se troubler. ❑ **se donner une contenance :** dissimuler son trouble, son ennui.

contenant nm Ce qui contient quelque chose.

conteneur nm → **container.**

contenir vt (conj 22) **1.** Comprendre dans son étendue, dans sa capacité. **2.** Renfermer, avoir en soi : *l'enveloppe contenait une lettre.* **3.** Retenir : *contenir sa colère.* ◆ **se contenir** vpr Maîtriser ses sentiments.

1. content nm ■ **avoir son content de quelque chose :** en avoir autant qu'on désirait.

2. content, e adj **1.** Qui est satisfait. **2.** Qui exprime la joie ; joyeux, heureux : *air content.*

contentement nm Action de contenter ; joie, plaisir, satisfaction.

contenter vt Rendre content, satisfaire. ◆ **se contenter** vpr [de] Limiter ses désirs à ; se borner à.

contentieux nm Litige, conflit non résolu.

contention nf Procédé ou appareil destiné à immobiliser un animal ou une partie du corps humain dans un but thérapeutique.

contenu nm **1.** Ce qui est à l'intérieur d'un récipient. **2.** Idées qui sont exprimées dans un texte, etc.

conter vt Faire le récit de : *conter des histoires.* ■ **en conter à quelqu'un** : le tromper, l'abuser.

contestable adj Qui peut être contesté.

contestataire adj et n Qui conteste la société.

contestation nf **1.** Discussion, désaccord sur le bien-fondé de ; différend. **2.** Refus global des structures dans lesquelles on vit.

conteste (sans) loc adv Incontestablement.

contester vt Refuser de reconnaître comme fondé, exact : *contester un fait.*

conteur, euse n Auteur, récitant de contes.

contexte nm **1.** Ce qui accompagne, précède ou suit un texte, l'éclaire. **2.** Ensemble des circonstances qui accompagnent un événement.

contigu, ë adj Qui touche à ; voisin, proche.

contiguïté nf État de deux choses qui se touchent.

continence nf Abstinence des plaisirs sexuels.

1. continent nm Vaste étendue de terre émergée.

2. continent, e adj Qui pratique la continence.

continental, e, aux adj Relatif aux continents.

contingence nf Éventualité, probabilité qu'une chose arrive ou non. ◆ **contingences** pl Événements qui peuvent se produire ou non, qui échappent à toute prévision.

1. contingent nm **1.** Ce qui peut arriver ou non. **2.** Quantité de choses fournies ou reçues. **3.** Ensemble des jeunes gens appelés au service national au cours d'une même année.

2. contingent, e adj Qui peut arriver ou non, qui est soumis au hasard.

contingentement nm Limitation de l'importation ou de la distribution d'un produit.

contingenter vt Fixer un contingentement.

continu, e adj Non interrompu. ◆ **en continu** loc adv Sans interruption : *informations diffusées en continu.*

continuateur, trice n Personne qui continue ce qu'une autre a commencé.

continuation nf Action de continuer ; suite, prolongement.

continuel, elle adj **1.** Qui dure sans interruption : *bruit continuel.* **2.** Qui se renouvelle constamment : *pannes continuelles.*

continuellement adv Sans arrêt.

continuer vt Poursuivre ce qui est commencé. ◆ vt ind [à, de] Persister : *continuer à fumer.* ◆ vi Ne pas cesser : *la séance continue.*

continuité nf **1.** Suite non interrompue. **2.** Prolongement, persistance.

continûment adv De façon continue.

contondant, e adj Qui meurtrit par écrasement, sans couper : *instrument contondant.*

contorsion nf Mouvement acrobatique ou forcé qui donne au corps ou à une partie du corps une posture étrange ou grotesque.

contorsionner (se) vpr Faire des contorsions.

contorsionniste n Équilibriste dont la spécialité est de faire des contorsions.

contour nm **1.** Ligne qui marque la limite d'un corps. **2.** Ligne sinueuse, courbe.

contourné, e adj Affecté, maniéré : *style contourné.*

contourner vt Faire le tour de quelque chose, de quelqu'un, pour l'éviter.

contraceptif, ive adj Relatif à la contraception. ◆ nm Moyen, produit destiné à empêcher la fécondation.

contraception nf Ensemble des méthodes destinées à éviter temporairement la fécondation.

contractant, e adj et n DR Qui passe contrat : *parties contractantes.*

contracté, e adj **1.** Tendu, nerveux. **2.** GRAMM Se dit d'un mot formé de la réunion de deux autres (EX : *au* « à le », *aux* « à les », *du* « de le », *des* « de les »).

contracter vt **1.** Réduire en un moindre volume. **2.** Rendre nerveux. **3.** Raidir, serrer : *contracter un muscle, ses mâchoires.* **4.** S'engager juridiquement ou moralement : *contracter une alliance.* ■ **contracter des dettes** : s'endetter. ❑ **contracter une habitude** : l'acquérir. ❑ **contracter une maladie** : l'attraper. ◆ **se contracter** vpr **1.** Diminuer de volume, de longueur. **2.** Se durcir, se raidir.

contractile adj Susceptible de se contracter : *organe contractile.*

contraction nf **1.** Diminution de volume par resserrement. **2.** PHYSIOL Réponse mécanique d'un muscle à une excitation, selon laquelle il se raccourcit en se gonflant. **3.** GRAMM Réduction de deux syllabes, de deux voyelles, en une.

contractuel, elle adj Stipulé par contrat. ◆ n **1.** Agent public non fonctionnaire. **2.** Auxiliaire de police chargé d'appliquer les règlements de stationnement.

contracture nf MÉD Rigidité.

contradicteur nm Personne qui contredit.

contradiction nf Action de contredire, de se contredire. ■ **esprit de contradiction :** disposition à contredire sans cesse.

contradictoire adj Qui implique une contradiction. ■ DR **jugement contradictoire :** rendu après avoir entendu les intéressés.

contraignant, e adj Qui contraint.

contraindre vt (conj 55) Obliger quelqu'un à faire une chose ; forcer.

contraint, e adj Peu naturel : *air contraint.*

contrainte nf **1.** Pression morale ou physique : *obtenir une chose par la contrainte.* **2.** Obligation créée par les règles en usage, par une nécessité, etc. : *ça fait partie des contraintes du métier.*

contraire adj **1.** Opposé, inverse : *sens contraire.* **2.** Non conforme à, qui va à l'encontre de : *contraire au règlement.* **3.** Défavorable, nuisible : *le vin lui est contraire.* ◆ nm L'opposé : *prouver le contraire.* ■ **au contraire :** (a) d'une manière opposée (b) loin de là. ❑ **au contraire de :** à l'inverse de.

contrairement à loc prép À l'inverse de.

contralto nm La plus grave des voix de femme. ◆ nm ou nf Chanteuse qui la possède.

contrariant, e adj **1.** Qui se plaît à contrarier. **2.** De nature à contrarier ; ennuyeux, fâcheux.

contrarié, e adj Dépité, fâché.

contrarier vt **1.** S'opposer, faire obstacle à. **2.** Causer du dépit à, ennuyer : *cela me contrarie.*

contrariété nf **1.** Ennui, dépit causé par l'opposition que l'on rencontre. **2.** Ce qui contrarie : *subir des contrariétés.*

contraste nm Opposition d'effets, de sentiments, etc. : *contraste de couleurs, d'opinions.*

contrasté, e adj Qui présente des contrastes : *photographie bien contrastée.*

contraster vi et vt ind [avec] Être en contraste avec, s'opposer à.

contrat nm Convention entre deux ou plusieurs personnes ; écrit qui la constate : *contrat à durée déterminée.*

contravention nf **1.** Infraction sanctionnée par une amende ; cette amende. **2.** Procès-verbal qui constate une infraction.

contre prép **1.** Marque une opposition, une action contraire : *se heurter contre un mur ; un sirop contre la toux.* **2.** Indique la proximité, la juxtaposition, le contact : *tout contre sa maison ; danser joue contre joue.* **3.** En échange de : *donner contre argent comptant.* **4.** Indique une proportion : *dix contre un.* ◆ adv ■ **être contre, voter contre :** s'opposer à quelqu'un, quelque chose. ◆ nm L'opposé : *le pour et le contre.* ◆ **par contre** loc adv En revanche.

contre-allée (pl *contre-allées*) nf Allée latérale, parallèle à une voie principale.

contre-amiral (pl *contre-amiraux*) nm Premier grade des officiers généraux de la marine.

contre-attaque (pl *contre-attaques*) nf Attaque lancée pour neutraliser une offensive adverse.

contre-attaquer vt Lancer une contre-attaque contre quelqu'un ou quelque chose. ◆ vi Passer de la défensive à l'offensive.

contrebalancer vt (conj 1) Faire équilibre ; compenser.

contrebande nf Introduction, vente clandestines de marchandises ; ces marchandises.

contrebandier, ère n Personne qui fait de la contrebande.

contrebas (en) loc adv À un niveau inférieur.

1. contrebasse nf Le plus grand et le plus grave des instruments de musique à cordes et à archet.

2. contrebasse ou **contrebassiste** n Personne qui joue de la contrebasse.

contrecarrer vt S'opposer directement à, susciter des obstacles : *contrecarrer un projet.*

contrechamp nm CIN Prise de vues effectuée dans la direction exactement opposée à celle de la précédente.

contre-chant (pl *contre-chants*) nm MUS Phrase mélodique qui soutient le thème.

contrecœur (à) loc adv Avec répugnance, malgré soi.

contrecoup nm **1.** Répercussion d'un choc. **2.** Conséquence indirecte d'un acte, d'un événement.

contre-courant (pl *contre-courants*) nm Courant de direction contraire. ■ **à contre-courant :** (a) dans le sens opposé au courant principal (b) FIG dans le sens contraire à la tendance générale.

contre-culture (pl *contre-cultures*) nf Ensemble des manifestations culturelles hostiles ou étrangères aux formes de la culture dominante.

contredanse nf FAM Contravention.

contredire vt (conj 72) **1.** Dire le contraire de. **2.** Être en opposition avec. ◆ **se contredire** vpr Être en contradiction avec soi-même.

contredit (sans) loc adv Sans contestation possible ; indiscutablement.

contrée nf Étendue de pays.

contre-écrou (pl *contre-écrous*) nm Écrou vissé et bloqué derrière un autre.

contre-emploi (pl *contre-emplois*) nm Rôle ne correspondant pas au physique, au tempérament d'un comédien.

contre-enquête (pl *contre-enquêtes*) nf Enquête destinée à contrôler les résultats d'une enquête précédente.

contre-épreuve (pl *contre-épreuves*) nf Épreuve servant à en vérifier une autre.

contre-espionnage (pl *contre-espionnages*) nm Organisation chargée de déceler et de réprimer l'activité des services de renseignements étrangers.

contre-exemple (pl *contre-exemples*) nm Exemple qui contredit une affirmation, une règle.

contre-expertise (pl *contre-expertises*) nf Expertise qui en contrôle une autre.

contrefaçon nf Reproduction frauduleuse d'une œuvre, d'un produit, d'une monnaie.

contrefacteur, trice n Personne qui commet une contrefaçon. SYN : faussaire.

contrefaire vt (conj 76) **1.** Reproduire en imitant frauduleusement. **2.** Imiter les autres pour les tourner en ridicule. **3.** Feindre : *contrefaire la folie.* **4.** Déguiser : *contrefaire sa voix.*

contrefait, e adj **1.** Imité par contrefaçon. **2.** Dont le corps, une partie du corps est difforme.

contre-feu (pl *contre-feux*) nm **1.** Feu que l'on allume en avant d'un incendie et qui crée un vide permettant de l'arrêter. **2.** FIG Action de diversion menée pour tenter de faire échouer un projet hostile.

contreficher (se) vpr [de] FAM Se moquer éperdument de.

contre-filet (pl *contre-filets*) nm BOUCH Morceau de bœuf correspondant à la région du rein.

contrefort nm **1.** ARCHIT Pilier de maçonnerie servant d'appui à un mur. **2.** GÉOGR Montagne moins élevée bordant le massif principal.

contre-haut (en) loc adv En un point plus élevé.

contre-indication (pl *contre-indications*) nf MÉD Circonstance qui s'oppose à l'emploi d'un médicament, d'un traitement.

contre-indiqué, e (pl *contre-indiqués, es*) adj **1.** MÉD Écarté comme dangereux pour la santé. **2.** FIG Déconseillé.

contre-interrogatoire (pl *contre-interrogatoires*) nm Interrogatoire d'un témoin, d'un accusé, par la partie adverse.

contre-jour (pl *contre-jours*) nm Lumière qui éclaire un objet du côté opposé à celui par lequel on le regarde. ■ **à contre-jour :** dans le sens opposé au jour, dans un faux jour.

contre-la-montre nm inv SPORTS Épreuve cycliste sur route dans laquelle les concurrents, partant à intervalles irréguliers, sont chronométrés individuellement.

contremaître, esse n Personne qui dirige les ouvriers dans un atelier.

contre-manifestant, e (pl *contre-manifestants, es*) n Personne qui participe à une contre-manifestation.

contre-manifestation (pl *contre-manifestations*) nf Manifestation qui s'oppose à une autre.

contremarche nf Planche verticale d'une marche d'escalier.

contremarque nf **1.** Seconde marque apposée à un objet. **2.** Carte, ticket, jeton délivrés à des spectateurs qui sortent momentanément d'une salle de spectacle.

contre-mesure (pl *contre-mesures*) nf Disposition prise pour s'opposer à une action, un événement, ou pour les prévenir.

contre-offensive (pl *contre-offensives*) nf Opération d'ensemble répondant à une offensive de l'adversaire.

contrepartie nf **1.** Ce que l'on donne en échange d'autre chose. **2.** Compensation, dédommagement : *ce métier a pour contrepartie de longues vacances.* **3.** Opinion contraire. ■ **en contrepartie :** (a) en compensation (b) en revanche.

contre-performance (pl *contre-performances*) nf Échec subi par quelqu'un dont on attendait le succès.

contrepèterie nf Interversion plaisante de lettres ou de syllabes dans un groupe de mots (EX : *trompez, sonnettes,* pour *sonnez, trompettes*).

contre-pied (pl *contre-pieds*) nm Le contraire d'une chose. ■ **prendre le**

contre-pied de : faire, dire l'inverse pour s'opposer.

contreplaqué nm Panneau de bois obtenu par collage de lames minces à fibres opposées.

contre-plongée (pl *contre-plongées*) nf CIN ET PHOT Prise de vue dirigée de bas en haut.

contrepoids nm **1.** Poids servant à équilibrer une force, un autre poids. **2.** Balancier d'un équilibriste. **3.** FIG Ce qui compense un effet.

contrepoint nm Technique d'écriture musicale consistant à combiner plusieurs lignes mélodiques.

contrepoison nm Remède contre le poison ; antidote.

contre-pouvoir (pl *contre-pouvoirs*) nm Pouvoir qui s'établit pour s'opposer à une autorité en place.

contre-projet (pl *contre-projets*) nm Projet opposé à un autre.

contre-proposition (pl *contre-propositions*) nf Proposition différente d'une autre, souvent opposée.

contre-publicité (pl *contre-publicités*) nf **1.** Publicité qui a un effet contraire à l'effet souhaité. **2.** Publicité destinée à lutter contre les effets d'une autre publicité.

contrer vt **1.** Au bridge, parier que l'équipe adverse ne fera pas le nombre de levées annoncé. **2.** S'opposer efficacement à.

contre-révolution (pl *contre-révolutions*) nf Mouvement politique tendant à détruire les effets d'une révolution.

contre-révolutionnaire (pl *contre-révolutionnaires*) adj et n Relatif à une contre-révolution ; qui en est partisan.

contrescarpe nf Pente du mur extérieur du fossé d'une fortification.

contreseing [kɔ̃trəsɛ̃] nm Signature de celui qui contresigne.

contresens nm **1.** Interprétation erronée d'un mot, d'une phrase. **2.** Ce qui va à l'encontre de la logique, du bon sens. ■ **à contresens :** dans un sens contraire.

contresigner vt **1.** Signer après celui dont l'acte émane. **2.** Apposer sa signature sur un acte pour en attester l'authenticité.

contretemps nm Événement fâcheux, imprévu. ■ **à contretemps :** mal à propos.

ORTHOGRAPHE *Contretemps* s'écrit en un seul mot contrairement au mot *entre-temps*.

contre-terrorisme (pl *contre-terrorismes*) nm Ensemble d'actions ripostant au terrorisme.

contre-torpilleur (pl *contre-torpilleurs*) nm Petit bâtiment de guerre, très rapide, pour donner la chasse aux torpilleurs.

contretype nm **1.** Copie d'une photographie. **2.** Copie positive d'un film obtenue à partir d'un double du négatif original.

contrevenant, e n Personne qui enfreint une loi ou un règlement.

contrevenir vt ind [à] (conj 22 ; auxil : *avoir*) Agir contrairement à ; enfreindre, transgresser : *contrevenir à un règlement*.

contrevent nm Volet extérieur d'une fenêtre.

contrevérité nf Affirmation contraire à la vérité.

contre-visite (pl *contre-visites*) nf Visite médicale de contrôle.

contribuable n Personne qui paie des contributions.

contribuer vt ind [à] **1.** Payer sa part d'une dépense, d'une charge. **2.** Aider à l'exécution de : *contribuer au succès*.

contributif, ive adj **1.** Qui concerne les contributions : *part contributive*. **2.** Qui fait appel à la contribution de chacun ; participatif : *encyclopédie contributive*.

contribution nf Part apportée par chacun à une action commune ; concours. ■ **contribution sociale généralisée (CSG) :** taxe prélevée pour équilibrer les comptes de la Sécurité sociale. ❑ **mettre à contribution :** avoir recours à. ◆ **contributions** pl Impôt payé à l'État.

contrit, e adj **1.** Qui a un grand regret de ses fautes. **2.** Mortifié, penaud : *air contrit*.

contrition nf RELIG Douleur sincère d'avoir offensé Dieu ; repentir.

contrôlable adj Vérifiable.

contrôle nm **1.** Vérification attentive et minutieuse de la régularité d'un acte, de la validité d'une pièce : *contrôle des billets*. **2.** Vérification, examen minutieux de l'état de : *contrôle d'une machine*. **3.** Endroit où se fait un contrôle. **4.** Maîtrise de sa propre conduite. **5.** Maîtrise de son véhicule. **6.** Exercice scolaire destiné à vérifier les connaissances. ■ **contrôle des naissances :** libre choix d'avoir ou non des enfants, par l'utilisation de méthodes anticonceptionnelles.

contrôler vt **1.** Vérifier : *contrôler un passeport*. **2.** Avoir la maîtrise de : *contrôler ses réactions*. ■ **contrôler une société :** détenir la majorité de son capital. ◆ **se contrôler** vpr Avoir la maîtrise de soi.

contrôleur, euse n Personne chargée d'exercer un contrôle : *contrôleur de gestion*.

contrordre nm Annulation d'un ordre donné précédemment.

controverse nf Débat, contestation, polémique.

controversé, e adj Contesté, discuté : *explication controversée.*

contumace nf Situation d'un accusé qui a refusé de comparaître en justice : *être condamné par contumace.*

contusion nf Meurtrissure sans plaie produite par un coup, un choc.

contusionner vt Blesser par contusion ; meurtrir.

conurbation nf Agglomération formée par plusieurs villes dont les banlieues se sont rejointes.

convaincant, e adj Propre à convaincre : *argument convaincant.*

convaincre vt (conj 85) Amener, par des arguments, à reconnaître l'exactitude ou la nécessité de ; persuader. ■ **convaincre quelqu'un de :** apporter des preuves de sa culpabilité : *convaincre quelqu'un de corruption.*

convaincu, e adj et n Profondément persuadé. ◆ adj Qui dénote la conviction.

convalescence nf Retour progressif à la santé.

convalescent, e adj et n Qui relève de maladie.

convecteur nm Appareil de chauffage dans lequel l'air est chauffé par convection.

convection ou **convexion** nf Mouvement d'un liquide ou d'un gaz (notamment l'air) qui s'effectue avec un transport de chaleur.

convenable adj **1.** Approprié à : *moment convenable.* **2.** Qui respecte les bienséances : *mot qui n'est pas convenable.* **3.** Qui a les qualités requises, sans plus : *logement convenable.*

convenablement adv D'une manière convenable.

convenance nf ■ **à votre convenance :** selon ce qui vous convient. ◆ **convenances** pl Manières d'agir des gens bien élevés : *respecter les convenances.* ■ **convenances personnelles :** raisons qui ne sont pas indiquées.

convenir vt ind [de, à] (conj 22 ; auxil : *avoir* dans le sens de « être approprié » ; dans les autres cas, auxil : *avoir* ou, en langage soutenu, *être*) **1.** Conclure un accord, s'arranger à l'amiable. **2.** Avouer, reconnaître comme vrai : *il a convenu de sa faute.* **3.** Être approprié à, agréer : *cette date me convient.* ◆ v impers Être utile, à propos : *il convient d'attendre.*

convention nf **1.** Accord, pacte : *convention collective.* **2.** Manifestation périodique qui réunit les membres d'un parti ou les spécialistes d'un domaine : *convention annuelle des écologistes.* ■ **de convention :** (a) qui est admis par accord tacite (b) qui manque de naturel. ◆ **conventions** pl Règles de la vie en société qu'il est convenu de respecter.

conventionné, e adj Lié à la Sécurité sociale par une convention de tarifs : *clinique conventionnée.*

conventionnel, elle adj **1.** Qui résulte d'une convention : *signe conventionnel.* **2.** Conforme aux conventions sociales : *morale conventionnelle.* ■ MIL **armes conventionnelles :** armes classiques (par opposition à *armes nucléaires*).

conventuel, elle adj Du couvent.

convenu, e adj Artificiel, conventionnel : *langage convenu.*

convergence nf **1.** Direction commune vers un même point. **2.** FIG Tendance vers un résultat commun.

convergent, e adj Qui converge.

converger vi (conj 2) Tendre vers le même point ; FIG tendre vers le même but.

conversation nf Échange de propos sur un ton généralement familier. ■ **avoir de la conversation :** savoir parler de choses diverses en société.

conversationnel, elle adj INFORM Interactif.

converser vi S'entretenir avec.

conversion nf **1.** Action de se convertir à une croyance, et spécialement de changer de religion. **2.** Changement d'opinion. **3.** Changement d'une chose, d'une valeur, en une autre : *la conversion des métaux en or.*

converti, e adj et n **1.** Amené ou ramené à la religion. **2.** Qui a changé de conduite ou d'opinion.

convertibilité nf Propriété de ce qui est convertible.

convertible adj **1.** Qui peut être échangé. **2.** Qui peut être transformé. ■ **canapé convertible** ou **convertible** nm : canapé-lit.

convertir vt **1.** Amener quelqu'un à la foi religieuse. **2.** Faire changer de religion, d'opinion, de conduite. **3.** Changer une chose en une autre. **4.** Échanger une monnaie contre une autre. ◆ **se convertir** vpr **1.** Changer de religion. **2.** Adopter des idées nouvelles : *se convertir au bio.*

convertisseur nm **1.** Appareil dans lequel la fonte se transforme en acier. **2.** Transformateur d'électricité. **3.** Calculette permettant de convertir en euros les anciennes monnaies des pays de l'Union européenne et vice versa.

convexe adj Courbé et saillant à l'extérieur ; bombé. CONTR : concave.

convexion nf → **convection.**

convexité nf Rondeur, courbure saillante d'un corps.

conviction nf Croyance ferme.

convier vt **1.** Engager, inviter à. **2.** LITT Inviter à un repas, à une fête.

convive n Personne qui prend part à un repas : *joyeux convives*.

convivial, e, aux adj **1.** Qui traduit des échanges amicaux, chaleureux, entre les membres d'un groupe : *atmosphère conviviale*. **2.** INFORM Simple à mettre en route et à utiliser, même pour un profane.

convivialité nf **1.** Caractère chaleureux des rapports régnant au sein d'un groupe. **2.** INFORM Qualité d'un système convivial.

convocation nf Action de convoquer : *répondre à une convocation*.

convoi nm **1.** Suite de véhicules de transport se dirigeant vers un même lieu. **2.** Train. **3.** Cortège funèbre : *suivre un convoi*.

convoiter vt Désirer avec avidité.

convoitise nf Désir immodéré de possession ; avidité, cupidité.

convoler vi LITT Se marier.

convolvulacée nf Plante aux pétales entièrement soudés, tel le liseron (les convolvulacées forment une famille).

convoquer vt **1.** Appeler, inviter à se réunir : *convoquer des candidats à un examen*. **2.** Faire venir auprès de soi : *je suis convoqué chez le directeur*.

convoyer vt (conj 3) Escorter pour protéger.

convoyeur, euse n et adj Personne qui accompagne, escorte pour protéger ou surveiller : *convoyeur de fonds*.

convulsé, e adj Contracté violemment, crispé : *visage convulsé par la douleur*.

convulsif, ive adj Caractérisé par des convulsions ; saccadé : *rire convulsif*.

convulsion nf **1.** Contraction spasmodique des muscles, des membres. **2.** FIG Bouleversement, agitation : *convulsions politiques*.

convulsionné, e adj Déformé par des convulsions.

convulsivement adv D'une manière convulsive.

cookie [kuki] nm Petit gâteau sec comportant des éclats de chocolat, de fruits confits, etc.

cool adj inv (anglicisme) FAM **1.** Calme, décontracté : *elle est très cool*. **2.** Agréable, bien : *c'est cool, deux jours de vacances en plus*.

coolie [kuli] nm Travailleur, porteur en Extrême-Orient.

coopérant nm Jeune volontaire qui effectue un service civil dans certains pays étrangers pendant la durée de ses obligations militaires.

coopératif, ive adj Qui participe volontiers à une action commune.

coopération nf **1.** Action de coopérer ; collaboration. **2.** Forme d'aide à certains pays en voie de développement.

coopérative nf Groupement d'acheteurs, de commerçants ou de producteurs visant à réduire les prix de revient.

coopérer vt ind [à] (conj 10) Agir conjointement avec, participer à : *coopérer à un travail*.

cooptation nf Désignation d'un membre nouveau d'une assemblée par ceux qui en font déjà partie.

coordinateur, trice ou **coordonnateur, trice** adj et n (coordonnateur est un terme administratif) qui coordonne : *elle est la coordinatrice de l'équipe*.

coordination nf **1.** Action de coordonner. **2.** État des choses coordonnées. **3.** Ensemble de représentants d'un mouvement de protestation désignés en dehors des organisations syndicales ou politiques traditionnelles. ■ GRAMM **conjonction de coordination** : qui relie des mots ou des groupes de mots ayant le même statut dans la phrase.

coordonné, e adj **1.** Organisé pour produire un résultat cohérent. **2.** Qui est en harmonie ; assorti : *jupe et chemisier coordonnés*.

coordonnée nf MATH Élément servant à déterminer la position d'un point sur une surface ou dans l'espace. ◆ **coordonnées** pl Indications (adresse, téléphone) permettant de joindre quelqu'un.

coordonner vt **1.** Combiner, agencer en vue d'obtenir un ensemble cohérent, un résultat déterminé : *coordonner ses mouvements*. **2.** Assortir : *drap et taie coordonnés*. **3.** GRAMM Relier par une conjonction de coordination.

coordonnés nm pl Accessoires (sac, gants, etc.) assortis à une tenue vestimentaire.

copain, copine n FAM **1.** Ami. **2.** Petit ami ; amoureux.

coparent nm Personne exerçant avec une autre l'autorité parentale.

copeau nm Parcelle de bois, de métal, enlevée avec un instrument tranchant.

copiage nm Action de copier frauduleusement.

copie nf **1.** Reproduction d'un écrit. **2.** Imitation exacte d'un ouvrage d'art. **3.** Exemplaire d'un film. **4.** Devoir d'élève : *corriger des copies*. **5.** Feuille double de format écolier. **6.** FAM Sujet d'article de journal : *journaliste en mal de copie*. ■ FAM

revoir sa copie : modifier le rapport et les proportions que l'on a présentés sur un sujet donné : *le ministre devra revoir sa copie.*

copier vt **1.** Reproduire un écrit, une œuvre d'art. **2.** FIG Imiter. **3.** Reproduire frauduleusement le travail d'autrui : *copier sur son voisin.*

copieur, euse n Élève qui copie.

copieusement adv De façon copieuse.

copieux, euse adj Abondant.

copilote n Pilote auxiliaire.

copinage nm FAM, PÉJOR Fait de favoriser ses amis dans certaines situations, au détriment d'autres personnes.

copine nf → **copain**.

copiste n Personne qui copiait des manuscrits, de la musique.

coprah ou **copra** nm Amande de coco débarrassée de sa coque.

coprin nm Champignon à chapeau rabattu contre le pied.

coproduction nf Production en commun d'un film ; ce film.

copropriétaire n Personne qui possède avec d'autres une maison, une terre, etc.

copropriété nf Droit de propriété sur une même chose, commun à plusieurs personnes.

copte n et adj Chrétien d'Égypte et d'Éthiopie. ◆ nm Langue issue de l'égyptien ancien.

copulation nf Accouplement d'un mâle et d'une femelle.

copule nf GRAMM Mot qui lie l'attribut au sujet : *le verbe « être » est la copule la plus fréquente.*

copuler vi **1.** En parlant des animaux, avoir des relations sexuelles. **2.** FAM En parlant des hommes, faire l'amour.

copyright [kɔpirajt] nm Droit exclusif de publier un ouvrage littéraire, artistique ou scientifique ; marque de ce droit.

coq nm **1.** Mâle de la poule. **2.** Mâle des oiseaux, notamment des gallinacés : *coq faisan.* **3.** Cuisinier sur les navires. ■ **coq au vin :** plat préparé avec un coq (ou un poulet) cuit dans du vin rouge. ❑ **coq gaulois :** un des emblèmes de la nation française. ❑ **être comme un coq en pâte :** être choyé. ❑ **passer du coq à l'âne :** passer sans transition d'un sujet à un autre.

coq-à-l'âne nm inv Fait de passer sans raison d'un sujet à l'autre.

ORTHOGRAPHE On écrit *passer du coq à l'âne,* mais *un coq-à-l'âne.*

coquard ou **coquart** nm FAM Marque de coup à l'œil.

coque nf **1.** Enveloppe extérieure de l'œuf. **2.** Enveloppe de certains fruits : *coque de noix.* **3.** Mollusque bivalve comestible vivant dans le sable des plages. **4.** MAR Carcasse d'un navire. ■ **œuf à la coque :** œuf légèrement cuit dans l'eau bouillante, de façon que le jaune reste fluide.

coquelet nm Jeune coq.

coquelicot nm Plante des champs à fleurs rouges.

coqueluche nf **1.** Maladie contagieuse caractérisée par une toux convulsive. **2.** FIG Personne qui suscite un engouement général : *c'est la coqueluche de la ville.*

coquet, ette adj et n Qui cherche à plaire par sa toilette, son élégance. ◆ adj **1.** Qui a un aspect plaisant, élégant. **2.** FAM Se dit d'une somme d'argent assez considérable : *la coquette somme de.*

coquetier nm Petit godet creux pour servir les œufs à la coque.

coquettement adv Avec coquetterie.

coquetterie nf Caractère d'une personne coquette ; désir de plaire.

coquillage nm Mollusque revêtu d'une coquille ; la coquille même.

coquille nf **1.** Enveloppe dure qui couvre le corps de nombreux mollusques. **2.** Coque vide des œufs et des noix. **3.** IMPR Faute dans la composition d'un texte imprimé. ■ **coquille de noix :** petit bateau. ❑ **coquille Saint-Jacques :** mollusque bivalve comestible. ❑ **rentrer dans sa coquille :** se replier sur soi.

coquillette nf Pâte alimentaire ayant la forme d'un tube courbe.

coquin, e n et adj Enfant espiègle, malicieux. ◆ adj Canaille, grivois, égrillard : *histoire coquine.*

1. cor nm **1.** Ramification du bois d'un cerf. **2.** Instrument de musique à vent, enroulé sur lui-même. ■ **à cor et à cri :** à grand fracas.

2. cor nm Durillon sur les doigts de pied.

corail (pl *coraux*) nm **1.** Animal des mers chaudes, vivant en colonies, polype dont le squelette calcaire forme avec d'autres des polypiers pouvant constituer des récifs. **2.** Partie rouge de la coquille Saint-Jacques, de certains crustacés. ◆ adj inv De la couleur du corail rouge.

Corail adj inv (nom déposé) ■ **train Corail** ou **Corail** nm : train composé de voitures climatisées de conception moderne, divisées en deux salles aux sièges alignés qui se font face à mi-salle et laissent place à une allée centrale.

corallien, enne adj Formé de coraux : *récif corallien.*

coranique adj Du Coran.

corbeau nm **1.** Grand oiseau passereau, à vastes ailes, au plumage noir. **2.** Pierre ou pièce de bois en saillie pour soutenir une poutre. **3.** Auteur de lettres ou de coups de téléphone anonymes.

corbeille nf **1.** Panier de forme évasée ; son contenu. **2.** À la Bourse, espace circulaire entouré d'une balustrade, où se réunissent les agents de change dans certains pays. **3.** THÉÂTRE Balcon, au-dessus de l'orchestre.

corbillard nm Voiture servant à transporter les morts.

cordage nm Corde ou câble faisant partie du gréement d'un bateau.

corde nf **1.** Assemblage de fils tordus ou tressés ensemble : *corde à linge, à sauter.* **2.** Fil de boyau, d'acier, de Nylon, etc. : *corde de violon, de raquette.* **3.** GÉOM Ligne droite entre les deux extrémités d'un arc de cercle. ■ **avoir plus d'une corde, plusieurs cordes à son arc** : avoir le ou les moyens d'agir autrement. ❏ **être, ne pas être dans les cordes de quelqu'un** : être, ne pas être de sa compétence. ❏ **sur la corde raide** : dans une situation difficile. ❏ **tenir la corde** : dans une course, être le plus près possible de la limite intérieure de la piste. ❏ **usé jusqu'à la corde** : très usé. ◆ **cordes** pl **1.** Ensemble des instruments de musique à cordes d'un orchestre. **2.** Limites d'un ring : *le boxeur est allé dans les cordes.* ■ **cordes vocales** : muscles et ligaments du larynx. ❏ **il pleut des cordes** : il pleut très fort, à verse.

cordeau nm Petite corde pour aligner. ■ **tiré au cordeau** : fait impeccablement.

cordée nf Groupe d'alpinistes reliés par une corde.

cordelette nf Petite corde.

cordelière nf Gros cordon servant de ceinture, ou utilisé dans l'ameublement.

corder vt **1.** Tordre en forme de corde. **2.** Garnir une raquette de tennis de cordes.

cordial, e, aux adj **1.** Chaleureux. **2.** Accueillant, affectueux. ◆ nm Boisson tonique ; remontant.

cordialement adv D'une manière cordiale : *recevoir cordialement.*

cordialité nf Qualité d'une personne ou d'une chose cordiale.

cordillère nf Chaîne de montagnes allongée et étroite : *la cordillère des Andes.*

cordon nm **1.** Petite corde servant à attacher, à tirer, etc. **2.** Large ruban servant d'insigne à certaines décorations et à certaines fonctions. **3.** Ligne formée d'une suite de personnes ou de choses : *cordon de police.* ■ **cordon ombilical** : qui relie le fœtus au placenta.

cordon-bleu (pl *cordons-bleus*) nm Personne qui fait très bien la cuisine.

cordonnerie nf Métier, commerce du cordonnier.

cordonnet nm Petit cordon.

cordonnier, ère n Personne qui répare les chaussures.

coréen, enne adj et n De Corée : *les Coréens.*

coreligionnaire n Personne qui professe la même religion qu'une autre.

coriace adj **1.** Dur comme du cuir. **2.** FIG Dont on peut difficilement vaincre la résistance ; tenace.

coriandre nf Plante ombellifère utilisée comme condiment.

corindon nm **1.** Alumine naturelle, constituant le minéral le plus dur après le diamant, et utilisée en joaillerie (saphir, rubis). **2.** Alumine artificielle utilisée comme abrasif.

corinthien, enne adj et nm Se dit d'un ordre architectural grec.

corme nf Fruit du cormier.

cormier nm Sorbier domestique, à bois très dur.

cormoran nm Oiseau palmipède marin.

cornac nm Celui qui soigne et conduit un éléphant.

cornaline nf Variété rouge d'agate, employée en bijouterie.

corne nf **1.** Excroissance dure et conique qui se forme sur la tête de certains ruminants ; la matière dont elle est constituée : *peigne de corne.* **2.** Partie dure du pied de certains animaux. **3.** Excroissance charnue sur la tête des escargots, des limaces, etc. **4.** Callosité de la peau. **5.** Instrument d'appel : *corne de brume.* **6.** Pli fait au coin d'une feuille de papier, d'une page de livre. ■ FAM **faire les cornes** : pointer l'index de chaque main vers quelqu'un, en signe de moquerie.

corné, e adj Qui est de la nature de la corne : *couche cornée.*

corned-beef [kɔrnbif] nm inv Conserve de viande de bœuf.

cornée nf Partie transparente de la membrane qui enveloppe l'œil.

cornéen, enne adj Relatif à la cornée.

corneille nf Passereau voisin du corbeau.

cornélien, enne adj **1.** Relatif à Corneille. **2.** FIG Se dit d'une situation qui appelle une décision héroïque.

cornemuse nf Instrument de musique à vent, formé d'une poche de cuir servant de soufflerie sur laquelle sont fixés des tuyaux.

1. corner vi Faire entendre un bruit d'avertisseur : *la sirène d'un bateau corne dans la brume.* ◆ vt Faire des plis à l'angle d'une page.

2. corner [kɔrnɛr] nm Au football, coup franc accordé à une équipe quand un adversaire a envoyé le ballon derrière sa propre ligne de but.

cornet nm **1.** Papier roulé en cône pouvant contenir différentes choses : *cornet de frites.* **2.** Cône de pâtisserie contenant une glace. **3.** Godet de cuir pour agiter les dés, au jeu. ■ **cornet à pistons :** instrument de musique en cuivre, à pistons.

cornette nf Coiffure de certaines religieuses.

corn flakes [kɔrnflɛks] nm pl Aliment constitué à partir de semoule de maïs et qui se présente sous forme de pétales.

corniaud nm **1.** Chien bâtard. **2.** FAM Sot.

corniche nf Route en surplomb d'une paroi.

cornichon nm **1.** Petit concombre servi comme condiment. **2.** FAM Niais, sot.

cornière nf Canal à la jointure de deux pentes d'un toit et en recevant les eaux.

corniste n Joueur de cor dans un orchestre.

cornouiller nm Arbre des bois ou des haies, à bois dur.

cornu, e adj Qui a des cornes : *bêtes cornues.*

cornue nf CHIM Vase à col étroit et courbé, pour la distillation.

corollaire nm **1.** Proposition résultant d'une vérité déjà démontrée. **2.** Conséquence nécessaire et évidente.

corolle nf Ensemble des pétales d'une fleur.

coron nm Groupe de maisons en pays minier.

coronaire adj ■ **artère coronaire :** qui porte le sang dans le cœur.

coronarien, enne adj Relatif aux artères coronaires.

coronarite nf MÉD Inflammation des artères coronaires.

coronavirus nm Virus à ARN, responsable d'infections bénignes en ORL, mais aussi du syndrome respiratoire aigu sévère (sras).

corporatif, ive adj Relatif à une corporation : *intérêts corporatifs.*

corporation nf Ensemble des gens de même profession.

corporatisme nm Défense exclusive des intérêts d'une corporation.

corporatiste adj Qui relève du corporatisme.

corporel, elle adj Relatif au corps.

corps nm **1.** Partie matérielle, physique d'un être animé. **2.** Cadavre d'un être humain : *le corps a été retrouvé sur la plage.* **3.** Tronc de l'homme, par opposition à la tête et aux membres : *plier le corps en avant.* **4.** Objet matériel : *la loi de la chute des corps.* **5.** Substance considérée dans sa nature physique ou chimique : *le carbone est un corps simple.* **6.** Partie principale de quelque chose : *le corps d'un article.* **7.** Ensemble de personnes exerçant la même profession ou ayant la même fonction : *le corps médical ; le corps électoral.* **8.** Unité militaire ou formation de volontaires : *corps d'armée ; corps franc.* **9.** IMPR Hauteur d'un caractère typographique. ■ **à corps perdu :** de toutes ses forces, sans retenue. ❑ **corps à corps :** de près, en saisissant directement l'adversaire. ❑ **corps et âme :** de tout son être, sans réserve. ❑ **corps de garde :** groupe de soldats assurant la garde d'un bâtiment. ❑ **corps mort :** ancre solide établie à poste fixe pour tenir une bouée. ❑ **esprit de corps :** solidarité entre membres d'une même profession. ❑ **faire corps :** être solidaire. ❑ **perdu corps et biens :** se dit d'un navire qui a sombré avec son équipage et sa cargaison. ❑ **prendre corps :** prendre forme.

corps-à-corps nm inv Combat où on frappe directement l'adversaire ; mêlée.

corpulence nf Grandeur et volume du corps humain.

corpulent, e adj Grand et fort.

corpus [kɔrpys] nm Ensemble de discours oraux ou écrits recueillis en vue d'une étude.

corpusculaire adj Relatif aux corpuscules.

corpuscule nm VX Très petite particule de matière.

correct, e adj **1.** Conforme aux règles. **2.** Honnête, régulier. **3.** Exact, juste : *addition correcte.* ■ **politiquement correct :** se dit d'un langage qui bannit tout ce qui pourrait être perçu comme une allusion désobligeante par telle ou telle catégorie de la population.

correctement adv D'une manière correcte : *parler correctement.*

1. correcteur, trice adj Qui sert à corriger quelque chose : *verres correcteurs.*

2. correcteur, trice n Personne qui corrige les copies d'un examen, les épreuves d'imprimerie. ◆ nm ■ **correcteur orthographique :** logiciel d'aide à la vérification automatique de l'orthographe d'un texte que l'on saisit.

correctif, ive adj Fait pour corriger, redresser. ◆ nm Mise au point, rectification.

correction nf **1.** Action de corriger. **2.** Action de compenser une déficience physique : *correction de la myopie.* **3.** Qualité d'une personne ou d'une chose correcte. **4.** Châtiment physique. **5.** Contrôle de la composition d'une épreuve d'imprimerie avec rectification des fautes.

correctionnel, elle adj Relatif aux délits. ■ **tribunal correctionnel :** qui juge les délits et non les crimes. ◆ nf Le tribunal correctionnel.

corrélat nm Élément à mettre en relation avec un autre.

corrélatif, ive adj Qui est en relation avec une autre chose.

corrélation nf Relation réciproque ; rapport causal.

GRAMMAIRE On dit : *il y a corrélation entre x et y ; x est en corrélation avec y.*

corrélativement adv De façon corrélative.

correspondance nf **1.** Rapport de conformité ; harmonie : *correspondance d'idées.* **2.** Concordance d'horaires entre deux moyens de transport ; moyen de transport qui assure la liaison avec un autre. **3.** Échange de lettres ; les lettres échangées : *entretenir une correspondance ; lire sa correspondance.* ■ **par correspondance :** par courrier : *cours par correspondance.*

correspondant, e adj Qui correspond. ■ GÉOM **angles correspondants :** angles formés par une sécante et deux parallèles, et qui sont, l'un interne, l'autre externe, d'un même côté de la sécante. ◆ n **1.** Personne avec qui on est en relation par lettre, par téléphone. **2.** Collaborateur d'un journal en province ou à l'étranger, qui transmet des informations, des articles. **3.** Personne responsable d'un élève pensionnaire hors de l'établissement scolaire.

correspondre vt ind [à] (conj 51) **1.** Être conforme à un état de fait : *cela correspond à la vérité.* **2.** Être l'homologue de : *ce diplôme étranger ne correspond pas au nôtre.* **3.** Être en relation avec : *la pédale qui correspond au frein.* ◆ vi Entretenir des relations épistolaires ou téléphoniques.

corrida nf Spectacle au cours duquel un homme affronte un taureau.

corridor nm Passage, couloir.

corrigé nm Solution type d'un devoir, d'un exercice.

corriger vt (conj 2) **1.** Faire disparaître les défauts, les erreurs de ; réviser, revoir : *corriger un défaut de vision, son jugement, une épreuve d'imprimerie.* **2.** Punir corporellement. ■ **corriger un devoir :** le noter après en avoir relevé les fautes. ◆ **se corriger** vpr Se défaire : *se corriger d'un défaut.*

corrigible adj Qui peut être corrigé.

corroborer vt Confirmer : *cela corrobore ses dires.*

corroder vt Ronger, entamer.

corrompre vt (conj 53) **1.** Engager à agir contre son devoir ; soudoyer : *corrompre un juge.* **2.** Altérer la pureté, pervertir, dénaturer : *corrompre les mœurs.* **3.** VX Altérer, provoquer le pourrissement d'une substance : *la chaleur risque de corrompre les aliments.*

corrompu, e adj et n Qui s'est laissé corrompre.

corrosif, ive adj et nm **1.** Qui corrode : *liquide corrosif.* **2.** FIG Mordant, caustique.

corrosion nf Destruction lente et progressive d'une matière, d'une surface.

corroyer [kɔrwaje] vt (conj 3) Apprêter le cuir.

corrupteur, trice adj et n Qui corrompt, pervertit.

corruptible adj Sujet à la corruption : *témoin corruptible.*

corruption nf Action de corrompre ; son résultat : *tentative de corruption de fonctionnaire.*

corsage nm Vêtement féminin qui habille le buste.

corsaire nm et adj Capitaine, marin d'un navire qui, avec l'autorisation de son gouvernement, chassait et tentait de capturer des navires d'autres nationalités ; le navire lui-même.

corsé, e adj **1.** Qui a un goût relevé. **2.** FIG Scabreux, osé.

corselet nm Partie du thorax de certains insectes.

corser vt Donner de la force, de l'intérêt. ◆ **se corser** vpr Se compliquer, s'aggraver.

corset nm Sous-vêtement à baleines pour maintenir le ventre et la taille.

corso nm Défilé de chars fleuris au cours de certaines fêtes en plein air.

cortège nm **1.** Ensemble de personnes qui suivent quelqu'un, quelque chose ou défilent sur la voie publique. **2.** LITT, FIG suite, accompagnement.

cortex [kɔrtɛks] nm ■ ANAT **cortex cérébral :** revêtement superficiel de substance grise des hémisphères cérébraux.

cortical, e, aux adj ANAT Relatif au cortex.

corticoïde adj et nm Se dit des hormones sécrétées par la partie périphérique de la glande surrénale.

cortisone nf Hormone anti-inflammatoire.

corvéable adj HIST Assujetti à la corvée.

corvée nf **1.** HIST Travail gratuit dû par le paysan à son seigneur ou à l'État. **2.** Travail pénible ou rebutant imposé à quelqu'un.

corvette nf Petit navire d'escorte.

corvidé nm Passereau de grande taille, tel que le corbeau, la corneille, le geai (les corvidés forment une famille).

coryphée nm Chef de chœur, dans le théâtre grec ancien.

coryza nm MÉD Rhume de cerveau.

cosaque nm Soldat d'un corps de cavalerie russe.

cosignataire adj et n Qui a signé avec un autre, des autres.

cosinus [kɔsinys] nm GÉOM Pour un angle, sinus de son angle complémentaire.

cosmétique nm et adj Tout produit destiné aux soins du corps, des cheveux, à la toilette, à la beauté. ◆ adj Destiné à modifier superficiellement, à enjoliver : *une réforme cosmétique*.

cosmétologie nf Industrie des cosmétiques.

cosmique adj Relatif à l'Univers.

cosmogonie nf Science de la formation des planètes, des étoiles, des galaxies.

cosmographie nf Description scientifique de l'Univers.

cosmologie nf Science des lois générales de l'Univers.

cosmonaute n Pilote ou passager d'un engin spatial russe.

cosmopolite adj Où se trouvent des personnes de différentes nationalités.

cosmopolitisme nm État de ce qui est cosmopolite.

cosmos [kɔsmos] nm **1.** L'Univers considéré dans son ensemble. **2.** Espace intersidéral.

cosse nf **1.** Enveloppe de certains légumes : *cosse de haricot*. **2.** Garniture métallique de l'extrémité d'un conducteur électrique.

cossu, e adj Qui dénote la richesse.

costal, e, aux adj ANAT Relatif à une, des côtes.

costard nm FAM Costume d'homme.

costaud adj et n FAM **1.** Fort, corpulent : *homme costaud*. **2.** Solide ; résistant : *sac costaud*.

> GRAMMAIRE Au féminin, on dit *elle est costaud,* mais on trouve parfois *costaude.*

costume nm **1.** Vêtement masculin composé d'un pantalon, d'une veste et éventuellement d'un gilet. **2.** Vêtement typique d'un pays, d'une région ou d'une époque. **3.** Ensemble des différentes pièces d'un habillement : *costume de cérémonie, de théâtre, de déguisement*.

costumé, e adj ■ **bal costumé :** où l'on est déguisé.

costumer vt Vêtir d'un déguisement.

costumier, ère n Personne qui fait, vend ou loue des costumes de théâtre, de cinéma, etc.

cotation nf Action de coter ; son résultat.

cote nf **1.** Indication chiffrée de la valeur marchande de titres mobiliers, des chances de succès d'un concurrent, etc. : *la cote des actions d'une société*. **2.** Tableau, publication donnant le cours des valeurs, la valeur marchande : *la cote des véhicules d'occasion*. **3.** Indication de l'altitude d'un lieu, du niveau d'un cours d'eau, des dimensions réelles de quelque chose représenté en plan. **4.** Indication de la valeur morale ou intellectuelle accordée à quelqu'un : *sa cote baisse*. ■ FAM **avoir la cote :** être très estimé. ❑ **cote d'alerte :** (a) niveau d'un cours d'eau au-dessus duquel il y a inondation (b) point critique d'un processus. ❑ **cote mal taillée :** compromis.

côte nf **1.** Chacun des os allongés et courbés qui forment la cage thoracique. **2.** BOUCH Morceau d'un animal (bœuf, veau, porc, mouton) découpé dans la région des côtes. **3.** Partie saillante, allongée : *velours à côtes ; les côtes d'un melon*. **4.** Partie en pente d'un chemin, d'une route. **5.** Rivage de la mer. ■ **côte à côte :** l'un à côté de l'autre. ❑ FAM **se tenir les côtes :** rire aux éclats.

coté, e adj **1.** Qui a une bonne cote ; estimé. **2.** FINANCES Admis à la cotation en Bourse.

côté nm **1.** Partie latérale extérieure du tronc de l'homme et des animaux. **2.** Partie latérale, limite extérieure d'une chose : *suivre le côté droit de la route*. **3.** Face d'un objet : *côté d'une médaille*. **4.** Partie, endroit quelconque par opposition à d'autres : *de l'autre côté du parc*. **5.** MATH Chacune des lignes formant le contour d'une figure. **6.** FIG Manière dont on envisage quelque chose, aspect sous lequel se présente une chose : *les bons côtés de la vie*. **7.** Ligne de parenté : *côté maternel*. ■ **à côté :** (a) tout près (b) dans la pièce, la maison voisine. ❑ **de côté :** de biais. ❑ **de mon côté :** quant à moi. ❑ **de tous côtés :** partout. ❑ **laisser de côté :** abandonner. ❑ **mettre de côté :** en réserve. ❑ **point de côté :** douleur à la poitrine. ◆ **à côté de** loc prép Auprès de ; en comparaison de. ◆ **du côté de** loc prép Dans la direction de ; aux environs de.

coteau nm Versant d'un plateau, d'une colline.

côtelé, e adj Se dit d'un tissu à côtes : *velours côtelé.*

côtelette nf Côte d'un animal de boucherie.

coter vt Attribuer une cote, un prix.

coterie nf PÉJOR Groupe de personnes réunies par le même intérêt et indifférentes à d'autres préoccupations.

cothurne nm ANTIQ Chaussure des acteurs tragiques.

côtier, ère adj De la côte ; qui se pratique sur les côtes : *pêche côtière.*

cotillons nm pl Objets divers (confettis, serpentins, etc.) utilisés pour s'amuser dans les fêtes.

cotisant, e adj et n Qui verse une cotisation.

cotisation nf Somme versée en vue de cotiser. ■ **cotisations sociales :** ensemble des retenues sur salaire qui assurent la protection sociale des salariés.

cotiser vi **1.** Payer sa quote-part. **2.** Verser régulièrement de l'argent à une association, un organisme : *cotiser à la Sécurité sociale.*

côtoiement nm Fait de côtoyer.

coton nm **1.** Fibre textile fournie par les graines du cotonnier ; fil ou étoffe que l'on fabrique avec cette fibre. **2.** Morceau d'ouate. ■ FAM **filer un mauvais coton :** (a) être très malade (b) se trouver dans une situation difficile.

cotonnade nf Étoffe de coton.

cotonneux, euse adj Qui évoque le coton.

cotonnier, ère adj Relatif au coton. ◆ nm Arbuste qui produit le coton.

Coton-Tige nm (nom déposé) Bâtonnet dont chaque extrémité est couverte de coton pour nettoyer les oreilles ou le nez.

côtoyer vt (conj 3) Rencontrer fréquemment, fréquenter.

cotre nm Voilier à un mât.

cottage [kɔtɛdʒ] ou [kɔtaʒ] nm Petite maison de campagne.

cotte nf ■ HIST **cotte de mailles :** tunique faite de petits anneaux de fer, qui protégeait les hommes d'armes.

cotylédon nm BOT Lobe charnu qui enveloppe la radicule de la graine.

cou nm Partie du corps qui joint la tête aux épaules. ■ **se jeter, se pendre, sauter au cou de quelqu'un :** l'embrasser avec effusion.

couac nm **1.** Son faux et discordant. **2.** FAM Action ou déclaration qui révèle un désaccord au sein d'un groupe.

couard, e adj et n LITT Poltron, lâche.

couardise nf LITT Lâcheté, poltronnerie.

couchage nm Action de coucher, de se coucher. ■ **sac de couchage :** sac garni de matière isolante utilisé pour dormir.

couchant adj m ■ **soleil couchant :** prêt à disparaître à l'horizon. ◆ nm LITT Côté de l'horizon où le soleil se couche.

couche nf **1.** Étendue uniforme d'une substance appliquée sur une surface : *couche de peinture, de neige.* **2.** Amas de terreau, de fumier : *semer sur couche.* **3.** GÉOL Masse de terrain sédimentaire présentant des caractères homogènes. **4.** Linge absorbant ou bande cellulosique jetable placé entre les jambes d'un nourrisson. **5.** Ensemble de personnes appartenant au même milieu : *couche sociale.* **6.** LITT Lit. ■ **fausse couche :** avortement involontaire. ◆ **couches** pl État d'une femme qui accouche ou qui vient d'accoucher.

couche-culotte (pl *couches-culottes*) nf Culotte pour bébé en tissu imperméable garnie d'une couche jetable.

1. coucher vt **1.** Mettre au lit : *coucher les enfants.* **2.** Étendre sur le sol, sur un support : *coucher un blessé sur un brancard.* **3.** Mettre par écrit, inscrire : *coucher des remarques sur un papier.* ◆ vi Passer la nuit : *coucher à l'hôtel.* ■ FAM **coucher avec quelqu'un :** avoir des relations sexuelles avec cette personne. ◆ **se coucher** vpr **1.** Se mettre au lit. **2.** S'allonger : *se coucher sur l'herbe.* ■ **le soleil se couche :** il disparaît à l'horizon.

2. coucher nm Action de se coucher ; fait de se coucher : *coucher de soleil.*

couche-tard n inv et adj inv Personne qui a pour habitude de se coucher tard.

couche-tôt n inv et adj inv Personne qui a pour habitude de se coucher de bonne heure.

couchette nf Lit ou banquette de repos, dans un bateau, un train.

coucheur, euse nm ■ FAM **mauvais coucheur :** personne difficile à vivre.

couci-couça loc adv FAM Ni bien ni mal.

coucou nm **1.** Oiseau grimpeur insectivore qui dépose ses œufs dans les nids d'autres oiseaux. **2.** Plante à petites fleurs jaunes. **3.** Pendule.

coude nm **1.** Partie extérieure du bras, à l'endroit où il se plie. **2.** Angle, courbure de quelque chose. ■ **coude à coude :** de façon solidaire. ❑ **se serrer, se tenir les coudes :** s'entraider. ❑ **sous le coude :** en attente.

coudée nf ■ **avoir les coudées franches :** une entière liberté d'agir.

cou-de-pied (pl *cous-de-pied*) nm Partie supérieure du pied.

couder vt Plier en forme de coude.

coudoiement nm SOUT Action de coudoyer.

coudoyer vt (conj 3) Être en contact avec, fréquenter : *coudoyer beaucoup de gens.*

coudre vt (conj 59) Attacher par une suite de points faits avec du fil et une aiguille.

CONJUGAISON Attention à la conjugaison des formes *je couds* (présent), *je cousis* (passé simple), *je coudrai* (futur).

coudrier nm Noisetier.

couenne [kwan] nf Peau épaisse du porc employée en charcuterie.

couette nf **1.** Édredon de plume, de duvet ou de matière synthétique. **2.** Touffe de cheveux rassemblés en queue de chaque côté de la tête.

couffin nm Grand panier de vannerie servant de berceau portatif.

couguar ou **cougouar** nm Autre nom du puma.

couillon nm et adj m TRÈS FAM Imbécile, idiot.

couinement nm **1.** FAM Action de couiner. **2.** Bruit de grincement aigu.

couiner vi **1.** FAM Pousser des petits cris. **2.** Faire entendre un couinement.

coulage nm Action de couler un métal en fusion ou du béton.

coulant, e adj **1.** Qui coule. **2.** FIG Accommodant, indulgent. **3.** Aisé, naturel : *style coulant.* ■ **nœud coulant :** qui se serre et se desserre à volonté. ◆ nm Anneau qui coulisse sur une ceinture, un bracelet et sert à en maintenir l'extrémité.

coulée nf Matière plus ou moins liquide qui se répand : *coulée de lave.*

coulemelle nf Champignon comestible à chapeau couvert d'écailles.

couler vi **1.** Suivre sa pente, en parlant d'un liquide, d'un cours d'eau. **2.** S'échapper, se répandre : *le sang coulait.* **3.** Laisser échapper un liquide : *le robinet coule.* **4.** S'enfoncer dans l'eau ; sombrer ou se noyer : *bateau, nageur qui coule.* ■ **couler de source :** être évident. ❑ **faire couler de l'encre :** provoquer des commentaires. ◆ vt **1.** Verser dans un creux ou sur une surface une matière en fusion, une substance liquide ou pâteuse. **2.** Fabriquer un objet en métal fondu. **3.** Faire aller au fond de l'eau : *couler un bateau.* **4.** Ruiner une affaire, une entreprise : *il a coulé son commerce.* **5.** Discréditer quelqu'un. **6.** MÉCAN Détériorer un organe en mouvement par manque de graissage : *couler une bielle.* ■ **couler des jours heureux :** mener une vie paisible et heureuse. ◆ **se couler** vpr ■ FAM **se la couler douce :** vivre agréablement, sans se fatiguer.

couleur nf **1.** Impression que produit sur l'œil la lumière diffusée par les corps. **2.** Matière, substance colorante : *boîte de couleurs.* **3.** Ce qui n'est ni blanc ni noir : *linge de couleur ; photographie en couleurs.* **4.** Éclat, style brillant de quelque chose : *spectacle haut en couleur.* **5.** Chacun des quatre attributs qui distinguent les cartes à jouer (pique, cœur, carreau, trèfle). ■ FAM **annoncer la couleur :** faire connaître ses intentions. ❑ FAM **ne pas voir la couleur de quelque chose :** ne pas recevoir une chose due ou promise. ❑ **personne de couleur :** qui n'est pas de race blanche. ❑ **sous couleur de :** sous prétexte de. ◆ **couleurs** pl **1.** Teint du visage : *reprendre des couleurs.* **2.** Drapeau national : *hisser les couleurs.* ■ FAM **en voir de toutes les couleurs :** subir toutes sortes d'épreuves.

couleuvre nf Serpent non venimeux. ■ FIG, FAM **avaler des couleuvres :** recevoir des affronts sans protester.

coulis nm **1.** Purée liquide obtenue par la cuisson lente d'un aliment : *coulis de tomates.* **2.** Purée liquide de fruits écrasés : *coulis de framboises.*

coulissant, e adj Qui coulisse.

coulisse nf **1.** Rainure dans laquelle glisse une pièce mobile. **2.** Partie du théâtre, derrière la scène. ■ **regard en coulisse :** de côté, en coin. ◆ **coulisses** pl Côté secret d'un domaine d'activité : *les coulisses de la politique.*

coulisser vt Faire glisser sur des coulisses.

couloir nm **1.** Passage de dégagement assurant la communication entre les différentes pièces d'un appartement, les différentes parties d'un lieu : *couloirs de métro.* **2.** Passage étroit. ■ **couloir aérien :** itinéraire que doivent suivre les avions. ❑ **couloir d'autobus :** partie de la chaussée réservée aux autobus, aux taxis, aux voitures de secours. ❑ **couloir d'avalanche :** ravin qui entaille un versant montagneux et qui est souvent suivi par les avalanches.

coulomb nm ÉLECTR Quantité d'électricité transportée en 1 seconde par un courant de 1 ampère.

coulure nf Matière plus ou moins liquide qui coule, se répand.

country [kawntri] ou [kuntri] nm inv ou nf inv et adj inv Style de musique propre à la population blanche du sud-est des États-Unis.

coup nm **1.** Choc physique donné ou reçu : *en venir aux coups ; donner un coup de pied à quelqu'un, quelque chose.* **2.** PAR EXT Émotion violente : *télégramme qui provoque un coup.* **3.** Mouvement rapide réalisé avec un instrument : *biffer d'un coup de crayon ;*

passer un coup de balai. **4.** Bruit soudain : *coup de fusil ; frapper trois coups à la porte.* **5.** Action malhonnête ou néfaste : *faire un sale coup.* **6.** Action, manœuvre en sport ou dans certains jeux : *faire un joli coup ; coup de dés.* ■ **à coup sûr :** certainement. ❑ **après coup :** quand il n'est plus temps. ❑ **à tout coup :** à chaque fois. ❑ FAM **boire un coup :** une boisson, surtout alcoolisée. ❑ **coup de chance :** heureux hasard. ❑ **coup sur coup :** sans interruption. ❑ FAM **coup dur :** épreuve morale, difficulté sérieuse. ❑ **coup d'État :** prise de pouvoir par des moyens illégaux, souvent violents. ❑ SPORTS **coup franc :** au football, au rugby, au basket, sanction contre une équipe pour irrégularité. ❑ **coup de grâce :** celui qui achève. ❑ **coup de main :** aide, assistance. ❑ **coup de maître :** réussite éclatante. ❑ **coup d'œil :** regard rapide. ❑ **coup de soleil :** insolation. ❑ **coup de téléphone :** appel téléphonique. ❑ **coup de tête :** action inspirée par le caprice, le dépit ou le désespoir. ❑ **coup de théâtre :** événement soudain et imprévu. ❑ FAM **du coup :** par conséquent. ❑ **du premier coup :** dès la première fois. ❑ **manquer son coup :** échouer. ❑ **sous le coup de :** sous l'effet de : *bégayer sous le coup de l'émotion.* ❑ **sur le coup :** tout de suite. ❑ FAM **tenir le coup :** résister physiquement ou moralement. ❑ FAM **tenter le coup :** essayer quelque chose de risqué. ❑ **tout à coup :** soudainement. ❑ **tout d'un coup :** en une seule fois. ❑ **valoir le coup :** valoir la peine qu'on se donne.

coupable adj et n Qui a commis une faute ; fautif, responsable.

coupage nm Mélange de vin ou d'alcool avec de l'eau ou avec un vin ou un alcool différent.

coupant, e adj **1.** Qui coupe ; tranchant. **2.** FIG Péremptoire : *ton coupant.*

coup-de-poing (pl *coups-de-poing*) nm ■ **coup-de-poing américain :** arme de main faite d'une masse de métal percée de trous pour les doigts.

1. coupe nf **1.** Verre à pied ou récipient évasé, destiné à recevoir une boisson, un dessert, etc. **2.** Trophée attribué au vainqueur ou à l'équipe victorieuse d'une épreuve sportive ; la compétition elle-même : *participer à la Coupe de France.*

2. coupe nf **1.** Action ou manière de couper quelque chose : *coupe de cheveux.* **2.** Action, manière de tailler un tissu pour en faire un vêtement. **3.** Séparation d'un jeu de cartes en deux paquets. **4.** Étendue d'un bois destinée à être coupée. **5.** Légère pause marquée dans la diction d'un vers. **6.** Représentation graphique d'un bâtiment, d'un objet selon une section verticale. ■ **à la coupe :** en alimentation, se dit d'un article débité à la demande du client : *fromage à la coupe.* ❑ **coupe claire :** (a) qui laisse peu d'arbres (b) FIG réduction drastique. ❑ **coupe sombre :** (a) qui épargne beaucoup d'arbres (b) FIG réduction drastique (usage fautif). ❑ FAM **être sous la coupe de quelqu'un :** sous sa dépendance.

coupé nm Voiture fermée à deux portes et à deux places.

coupe-chou (pl *coupe-choux*) ou **coupe-choux** (pl inv) nm FAM Rasoir à main.

coupe-circuit (pl *coupe-circuits* ou inv) nm Fil d'alliage fusible, intercalé dans un circuit électrique.

coupe-coupe nm inv Sabre utilisé pour se frayer un chemin dans la brousse.

coupée nf Ouverture servant d'accès dans le flanc d'un navire.

coupe-faim nm inv **1.** Médicament qui diminue l'appétit. **2.** Aliment pris pour calmer la faim.

coupe-feu nm inv Dispositif destiné à arrêter la progression d'un incendie.

coupe-file (pl *coupe-files*) nm Carte officielle donnant certaines priorités de circulation.

coupe-gorge nm inv Lieu où l'on risque de se faire attaquer.

coupelle nf Petite coupe.

coupe-ongles nm inv Pince ou ciseaux pour couper les ongles.

coupe-papier (pl *coupe-papiers* ou inv) nm Lame pour couper les feuilles de papier.

couper vt **1.** Diviser avec un instrument tranchant : *couper du pain.* **2.** Faire une entaille, une blessure. **3.** Tailler d'après un patron : *couper une robe.* **4.** Mêler un liquide avec un autre : *couper du vin avec de l'eau.* **5.** Rompre, interrompre : *couper une communication ; couper l'eau.* **6.** Passer au milieu, au travers de ; croiser : *route qui en coupe une autre.* **7.** Isoler quelqu'un : *vivre coupé du monde.* **8.** Au tennis, au ping-pong, renvoyer la balle en lui donnant un effet de rotation sur elle-même. **9.** Châtrer : *couper un chat.* ■ FAM **à couper au couteau :** très épais. ❑ **couper la route à quelqu'un :** se mettre en travers de son chemin, l'empêcher d'avancer. ◆ vi Être tranchant : *ce couteau coupe bien.* ◆ vt et vi **1.** Prendre avec un atout une carte de son adversaire. **2.** Faire deux paquets d'un jeu de cartes : *couper les cartes.* **3.** Aller directement : *couper à travers champs.* ◆ vt ind [à] FAM Échapper à quelque chose. ◆ **se couper** vpr **1.** Se faire une coupure. **2.** FAM Se trahir, se contredire.

couperet nm **1.** Couteau large de cuisine ou de boucherie. **2.** Lame de la guillotine.

couperose nf MÉD Coloration rouge du visage due à une dilatation des vaisseaux capillaires.

couperosé, e adj Atteint de couperose : *visage couperosé.*

coupe-vent nm inv Vêtement qui protège de l'air vif, du vent.

couplage nm Assemblage de deux choses.

couple nm **1.** Homme et femme mariés ou réunis momentanément. **2.** Rapprochement de deux personnes liées par l'amitié, des intérêts communs, etc. : *un couple d'amis.* **3.** Animaux réunis deux à deux : *couple de chevaux qui tirent une charrette.* **4.** MÉCAN Système de forces égales, parallèles, mais de sens contraires.

coupler vt Attacher deux à deux.

couplet nm Strophe d'une chanson.

coupole nf Intérieur d'un dôme.

coupon nm **1.** Reste d'une pièce d'étoffe. **2.** Billet attestant l'acquittement d'un droit.

coupon-réponse (pl *coupons-réponse*) nm Encart de papier détachable permettant de répondre à un concours, à une offre publicitaire, etc.

coupure nf **1.** Incision, entaille : *une coupure au doigt.* **2.** Interruption du courant électrique, du gaz, de l'eau courante. **3.** Passage supprimé d'un film, d'un ouvrage. **4.** Billet de banque : *payer en grosses, en petites coupures.* ■ **coupure de journal, de presse :** article de journal découpé.

cour nf **1.** Espace découvert, clos de murs ou limité par des bâtiments. **2.** Tribunal, juridiction d'une certaine importance : *cour d'appel.* **3.** Ensemble des personnages qui entourent un souverain ; résidence d'un souverain. **4.** Ensemble de personnes empressées de plaire à quelqu'un. ■ THÉÂTRE **côté cour :** côté de la scène à la droite des spectateurs. ❑ **faire la cour à quelqu'un :** chercher à lui plaire, à gagner ses faveurs. ❑ FAM **la cour des grands :** le petit cercle de ceux qui ont une importance prépondérante dans un domaine : *son rôle dans le film le fait entrer dans la cour des grands.*

> ORTHOGRAPHE On écrit : *cour d'appel, cour d'assises,* mais *Cour de cassation, Cour des comptes, Haute Cour de justice.*

courage nm Fermeté en face d'une épreuve physique ou morale ; hardiesse, audace. ■ FIG **prendre son courage à deux mains :** se décider à entreprendre quelque chose.

courageusement adv Avec courage.

courageux, euse adj et n Qui a du courage.

couramment adv **1.** Habituellement, communément. **2.** Facilement : *parler anglais couramment.*

1. courant nm **1.** Masse d'eau ou d'air se déplaçant dans tel ou tel sens : *fleuve au courant rapide ; courant d'air.* **2.** Déplacement de charges électriques dans un conducteur : *couper le courant.* **3.** FIG Mouvement d'ensemble, tendance : *un courant de sympathie ; courant de pensée.* ■ **courant alternatif :** courant périodique dont la valeur moyenne dans le temps est nulle. ❑ **courant continu :** constant dans le temps. ❑ **dans le courant du mois, de la semaine :** à un moment quelconque de ces périodes de temps. ❑ **être au courant de :** être renseigné. ❑ **mettre, tenir au courant :** renseigner.

2. courant, e adj Habituel, ordinaire : *prix courants ; affaires courantes.* ■ **chien courant :** qui poursuit le gibier. ❑ **eau courante :** eau distribuée par les canalisations dans une habitation. ❑ **mois courant :** celui dans lequel on est.

courbatu, e adj LITT Courbaturé.

courbature nf Douleur dans les membres.

courbaturé, e adj Qui souffre de courbatures.

courbaturer vt Causer une courbature à.

courbe adj En forme d'arc : *rail courbe.* ◆ nf ligne courbe.

courber vt **1.** Rendre courbe. **2.** Pencher, incliner : *courber les épaules.* ◆ vi Plier, ployer : *courber sous le poids.*

courbette nf FAM (surtout au pluriel) Révérence obséquieuse. ■ **faire des courbettes à quelqu'un :** être d'une politesse servile avec lui.

courbure nf État d'une chose courbée : *la courbure d'un arc.*

courette nf Petite cour intérieure.

coureur, euse n **1.** Personne qui participe à une course : *coureur cycliste.* **2.** Personne qui court vite. ◆ adj et n Qui recherche les aventures amoureuses.

courge nf Plante cultivée, aux fruits volumineux consommés comme légumes (citrouille, courgette, potiron, etc.).

courgette nf Courge, de forme allongée.

courir vi (conj 29) **1.** Se déplacer en effectuant un mouvement alternatif rapide des jambes. **2.** Prendre part à une épreuve de course. **3.** FIG S'écouler. **4.** Circuler, se propager : *le bruit court que.* ◆ vt **1.** Poursuivre à la course : *courir un lièvre.* **2.** Parcourir : *courir les champs.* **3.** Fréquenter : *courir les bals.* **4.** Être exposé à : *courir un risque, un danger.*

courlis nm Oiseau échassier migrateur à long bec arqué vers le bas.

couronne nf **1.** Objet circulaire qu'on porte sur la tête : *couronne royale ; couronne de fleurs.* **2.** Autorité royale, dynastie : *la couronne d'Angleterre.* **3.** Objet circulaire. **4.** Unité monétaire principale de divers pays. **5.** Partie visible de la dent, en émail ; prothèse fixe recouvrant cette partie en cas de lésion. ■ **couronne mortuaire :** fleurs offertes lors des funérailles et disposées sur un support circulaire.

couronné, **e** adj **1.** Qui porte une couronne. **2.** Récompensé. ■ FAM **genou couronné :** blessé, écorché.

couronnement nm **1.** Action de couronner. **2.** Cérémonie au cours de laquelle est couronné un souverain. **3.** FIG Achèvement, apothéose : *le couronnement d'une œuvre.*

couronner vt **1.** Mettre une couronne sur la tête de. **2.** Reconnaître comme souverain. **3.** FIG Honorer, récompenser. **4.** Former la partie supérieure de. **5.** FIG Constituer l'achèvement parfait de.

courre vt ■ **chasse à courre :** qui se pratique avec des chiens courants.

courriel nm Messagerie électronique ; message électronique.

courrier nm Correspondance écrite ou reçue. ■ **courrier du cœur :** dans un journal, publication de lettres et de conseils sur des problèmes sentimentaux. ❑ **courrier électronique :** messagerie, message électronique.

courriériste n Journaliste chargé d'un courrier dans un journal.

courroie nf Bande de matière souple. ■ FIG **courroie de transmission :** personne, organisme servant d'intermédiaire.

courroucé, **e** adj LITT Très irrité ; furieux : *regard courroucé.*

courroucer vt (conj 1) LITT Mettre en colère.

courroux nm LITT Vive colère.

cours nm **1.** Écoulement des eaux d'un fleuve, d'une rivière ; trajet de ceux-ci. **2.** FIG Déroulement, durée : *suivre son cours.* **3.** Promenade plantée d'arbres. **4.** Enseignement dispensé dans un domaine, sur un sujet ou à des personnes d'un niveau donné : *cours d'histoire.* **5.** Nom donné à certains établissements d'enseignement privé. **6.** Prix actuel d'une marchandise, d'un titre : *les cours de la Bourse.* ■ **au cours de :** pendant toute la durée de. ❑ **avoir cours :** avoir valeur légale. ❑ **cours d'eau :** fleuve, rivière, torrent, etc. ❑ **donner libre cours à :** laisser se manifester sans retenue. ❑ **être en cours :** en train de se dérouler : *travaux en cours.* ❑ **suivre son cours :** se développer comme prévu. ❑ **voyage au long cours :** longue traversée d'un bateau.

course nf **1.** Action de courir : *au pas de course.* **2.** Mouvement ou déplacement ; trajet parcouru : *payer la course.* **3.** Épreuve de vitesse : *course cycliste, course de chevaux.* **4.** FIG Mouvement vers un but : *course aux armements.* ■ **à bout de course :** épuisé, fatigué. ❑ FAM **ne plus être dans la course :** ne plus être adapté à son temps. ◆ **courses** pl **1.** Achats, commissions : *faire les courses.* **2.** Compétition équestre de vitesse.

course-poursuite (pl *courses-poursuites*) nf Poursuite rapide, le plus souvent en voiture, accompagnée de péripéties.

courser vt FAM Poursuivre à la course.

coursier, **ère** n Employé chargé de faire des courses en ville pour le compte d'une entreprise, d'un commerçant, etc.

coursive nf Passage étroit, dans le sens de la longueur d'un navire.

1. court nm Terrain de tennis.

2. court, **e** adj **1.** De peu de longueur. **2.** Bref. ■ **avoir la vue courte :** (a) ne pas voir de loin (b) FIG avoir l'esprit borné. ❑ **avoir la mémoire courte :** oublier rapidement ce qui dérange. ◆ adv ■ **à court de qqch :** privé ou démuni de qqch. ❑ **couper court à qqch :** le faire cesser brusquement. ❑ SOUT **demeurer, rester court :** rester coi. ❑ **prendre qqn de court :** complètement au dépourvu. ❑ **tourner court :** cesser brusquement.

courtage nm **1.** Profession du courtier ; exercice de cette profession. **2.** Commission en pourcentage due au courtier.

courtaud, **e** adj et n De taille courte, ramassée.

court-bouillon (pl *courts-bouillons*) nm Bouillon aromatisé dans lequel on fait cuire du poisson, de la viande.

court-circuit (pl *courts-circuits*) nm Mise en relation directe de deux points dont les potentiels électriques sont différents ; accident qui en résulte.

court-circuiter vt **1.** Mettre en court-circuit. **2.** FIG Sauter un intermédiaire en passant par une voie plus courte que la normale.

courtepointe nf Couverture piquée.

courtier, **ère** n Personne qui a un rôle d'intermédiaire dans des opérations commerciales, financières, etc.

courtine nf Mur entre deux bastions d'une fortification.

courtisan nm Personne qui flatte par intérêt.

courtisane nf HIST, LITT Prostituée qui ne travaillait que dans des milieux socialement élevés.

courtiser vt **1.** Faire sa cour à. **2.** LITT Flatter par intérêt.

court-jus (pl *courts-jus*) nm FAM Court-circuit.

court-métrage (pl *courts-métrages*) ou **court métrage** (pl *courts métrages*) nm Film de moins de trente minutes.

courtois, e adj Qui se conduit avec une parfaite correction, très poli.

courtoisement adv Avec courtoisie.

courtoisie nf Civilité, politesse.

court-vêtu, e (pl *court-vêtus, es*) adj Qui porte un vêtement court.

couru, e adj Recherché. ■ FAM **c'est couru d'avance** : c'est prévisible.

couscous [kuskus] nm Plat d'Afrique du Nord, à base de semoule de blé.

cousette nf VIEILLI, FAM Jeune ouvrière de la couture.

1. cousin, e n Personne issue de l'oncle ou de la tante.

2. cousin nm Moustique d'une espèce commune.

cousinade nf Réunion de famille à laquelle sont conviés tous les cousins.

cousinage nm Parenté entre cousins.

coussin nm Oreiller pour s'appuyer, s'asseoir, etc.

coussinet nm **1.** Petit coussin. **2.** MÉCAN Pièce cylindrique dans laquelle se meut un tourillon. **3.** Pièce de fonte maintenant les rails des voies ferrées.

cousu, e adj Réuni, assemblé par une couture. ■ **cousu de fil blanc** : se dit d'un stratagème grossier, facile à démasquer. ❑ FIG **cousu d'or** : extrêmement riche.

coût nm **1.** Ce qu'une chose coûte. **2.** FIG Effet négatif, conséquence néfaste d'une action : *le coût d'un échec sur une carrière.*

coûtant adj m ■ **au prix coûtant** : sans bénéfice pour le vendeur.

couteau nm **1.** Instrument tranchant, composé d'une lame et d'un manche. **2.** Mollusque bivalve. ■ **couteau suisse** : (a) couteau à nombreuses lames, qui peut être utilisé pour des applications très variées (b) FIG objet multifonction (EX : ordinateur, téléphone portable).

coutelas [kutla] nm Grand couteau.

coutelier, ère n Personne qui fabrique, vend des couteaux, etc. ◆ adj Relatif à la coutellerie.

coutellerie nf Atelier, commerce ou marchandise du coutelier.

coûter vi **1.** Être au prix de. **2.** FIG Être cause de quelque effort, de quelque souffrance : *il me coûte de sortir.* ■ **coûte que coûte** : à tout prix. ◆ vt Causer, occasionner : *les efforts que ce travail m'a coûtés.*

ORTHOGRAPHE Noter l'accord du participe passé : *les trente euros qu'il a coûté* (sens propre), *les efforts que l'opération a coûtés* (sens figuré).

coûteux, euse adj Qui coûte cher.

coutil [kuti] nm Toile croisée et serrée.

coutume nf Habitude, usage.

coutumier, ère adj LITT Que l'on fait habituellement. ■ **être coutumier du fait** : avoir l'habitude de commettre une action déterminée.

couture nf **1.** Art ou action de coudre. **2.** Métier de la couture. **3.** Suite de points assemblant des tissus. **4.** LITT Cicatrice. ■ **battre quelqu'un à plate couture** : complètement. ❑ **la haute couture** : l'ensemble des entreprises qui créent des modèles originaux.

couturé, e adj LITT Couvert de cicatrices.

couturier, ère n Personne qui confectionne des vêtements. ■ **grand couturier** : personne qui dirige une entreprise de haute couture et qui crée des modèles.

couvain nm Ensemble des œufs des insectes qui vivent en société.

couvaison nf Temps pendant lequel un oiseau couve ses œufs.

couvée nf Ensemble des œufs qu'un oiseau couve en même temps ; les petits qui en proviennent.

couvent nm Maison de religieux, de religieuses ; ceux qui l'habitent.

couver vt **1.** S'étendre sur ses œufs pour les faire éclore, en parlant d'un oiseau. **2.** FIG Entourer de soins exagérés : *couver un enfant.* **3.** Avoir à l'état latent : *couver une maladie.* ■ **couver des yeux** : regarder avec affection ou convoitise. ◆ vi Être à l'état latent : *colère qui couve.*

couvercle nm Pièce mobile qui sert à couvrir.

1. couvert nm La cuillère, le couteau et la fourchette. ■ **à couvert** : à l'abri. ❑ **mettre le couvert** : disposer sur la table ce qui est nécessaire à un repas. ❑ **le vivre et le couvert** : la nourriture et le logement.

2. couvert, e adj **1.** Muni d'un couvercle ou d'un toit, d'un chapeau, etc. **2.** Vêtu chaudement. **3.** FIG Chargé de : *couvert de décorations.* ■ **temps couvert** : nuageux.

couverture nf **1.** Pièce de tissu épais pour se couvrir dans un lit. **2.** Toit d'une maison. **3.** Première page plus ou moins épaisse d'un livre, d'une revue. **4.** FINANCES Valeurs servant à la garantie d'une opération financière ou commerciale. **5.** FIG Personne, action qui sert à protéger, à masquer : *se servir de quelqu'un comme couverture.* **6.** Fait, pour un journaliste, de couvrir un événement. ■ **couverture chauffante :** qui chauffe grâce à un dispositif électrique. ❑ **couverture sociale :** protection dont bénéficie un assuré social. ❑ FAM **tirer la couverture à soi :** accaparer égoïstement tout le bénéfice d'une affaire. ❑ TÉLÉCOMM **zone de couverture** ou **couverture :** portion de territoire desservie par un réseau de téléphonie cellulaire ou couverte par les émissions d'un satellite.

couveuse nf **1.** Appareil où l'on fait éclore des œufs. **2.** Appareil à température constante dans lequel on place les bébés nés avant terme.

couvrant, e adj Qui recouvre sans laisser apparaître ce qui est en dessous : *peinture à fort pouvoir couvrant.*

couvre-chef (pl *couvre-chefs*) nm FAM Chapeau.

couvre-feu (pl *couvre-feux*) nm Interdiction de sortir de chez soi, à partir d'une certaine heure.

couvre-lit (pl *couvre-lits*) nm Pièce d'étoffe qui recouvre un lit.

couvre-pied (pl *couvre-pieds*) ou **couvre-pieds** (pl inv) nm Couverture de lit, faite de deux tissus superposés, garnis intérieurement de duvet, etc.

couvreur nm Ouvrier, entrepreneur qui pose ou répare les toits.

couvrir vt (conj 16) **1.** Mettre un objet ou une matière sur une personne, une chose, pour les protéger : *couvrir chaudement un enfant.* **2.** Mettre un couvercle sur : *couvrir un plat.* **3.** Répandre en grand nombre : *couvrir un tableau d'inscriptions.* **4.** Donner à quelqu'un beaucoup de choses ; combler : *couvrir de cadeaux.* **5.** Parcourir : *couvrir une distance.* **6.** En parlant d'un journaliste, assurer l'information lors d'un événement : *couvrir un conflit.* **7.** Compenser, contrebalancer : *les dépenses couvrent les recettes.* **8.** Assumer la responsabilité des actes de quelqu'un. **9.** Fournir une couverture financière. **10.** En parlant d'un animal mâle, s'accoupler à une femelle. ■ **couvrir un bruit, des voix :** empêcher qu'on les entende. ❑ **couvrir un risque :** le garantir, en assurer la responsabilité. ◆ **se couvrir** vpr **1.** Être gagné par quelque chose qui se répand à la surface : *les arbres se couvrent de fleurs.* **2.** Mettre des vêtements chauds. **3.** Se protéger, se garantir. **4.** S'obscurcir, en parlant du ciel, du temps.

cover-girl [kɔvœrgœrl] (pl *cover-girls*) nf Jeune femme posant pour les magazines de mode.

covoiturage nm Utilisation d'une seule voiture particulière par plusieurs personnes qui effectuent régulièrement le même trajet.

cow-boy [kɔbɔj] ou [kawbɔj] (pl *cow-boys*) nm Gardien d'un troupeau de bovins, en Amérique du Nord.

coxalgie nf MÉD Tuberculose de la hanche.

coyote nm Mammifère carnivore d'Amérique du Nord, voisin du loup et du chacal.

CP nm (sigle de *cours préparatoire*) Classe de l'enseignement primaire où sont scolarisés les enfants de six ans.

CQFD (sigle de *ce qu'il fallait démontrer*) Sert de conclusion à une démonstration.

crabe nm Crustacé marin comestible.

crac interj Exprime le bruit d'une chose qui se rompt.

crachat nm Salive ou mucosité qu'on crache.

crachement nm **1.** Action de cracher. **2.** FIG Crépitement d'un haut-parleur, d'un récepteur téléphonique.

cracher vt **1.** Rejeter hors de la bouche. **2.** Lancer, projeter. **3.** FAM Dire : *cracher des injures.* ■ FIG **tout craché :** très ressemblant. ◆ vi Rejeter des crachats. ◆ vt ind [sur] FAM Dédaigner, mépriser.

cracheur, euse n Personne qui crache.

crachin nm Pluie très fine.

crachoir nm Récipient pour cracher.

crachotement nm Action de crachoter.

crachoter ou **crachouiller** vi **1.** Cracher à petits coups répétés. **2.** Émettre des crépitements : *la radio crachote.*

crack nm **1.** Cheval favori dans une course du fait de ses nombreuses victoires. **2.** FAM Personne qui se distingue dans un domaine.

cracker [krakœr] nm INFORM Personne qui s'introduit dans un système ou un réseau informatique pour entraver le fonctionnement ou le détruire (recommandation officielle : *pirate*).

craie nf Roche calcaire, tendre et blanche ; petit bâton de cette matière.

craindre vt (conj 55) **1.** Redouter : *je crains qu'il ne parte.* **2.** Être sensible à : *craindre le froid.*

crainte nf Sentiment de quelqu'un qui craint, qui a peur. ■ **de crainte que** (+ subj) ou **de crainte de** (+ inf) : pour éviter que, de.

craintif, ive adj et n Porté à la crainte, peureux.

craintivement adv Avec crainte.

cramer vi et vt FAM Brûler.

cramoisi, e adj **1.** Rouge foncé. **2.** Qui devient rouge sous l'effet de l'émotion, de la colère, de la honte, etc.

crampe nf Contraction douloureuse de certains muscles. ■ **crampe d'estomac :** douleur, tiraillements à l'estomac.

crampon nm **1.** Pièce de métal recourbée pour lier, retenir ou saisir fortement. **2.** FAM Importun. ■ **chaussures à crampons :** utilisées, au rugby, au football, pour ne pas glisser.

cramponner (se) vpr **1.** S'accrocher à. **2.** FIG Se tenir fermement à quelque chose, malgré les obstacles : *se cramponner à un espoir.*

cran nm **1.** Entaille dans un corps dur, pour accrocher ou arrêter. **2.** FIG Degré : *monter, baisser d'un cran.* **3.** FAM Fermeté, courage, audace : *avoir du cran.* **4.** Ondulation des cheveux. ■ **cran d'arrêt, de sûreté :** qui cale la gâchette d'une arme à feu, la lame d'un couteau. ❑ FAM **être à cran :** exaspéré.

crâne nm **1.** Boîte osseuse qui contient le cerveau. **2.** FAM Tête. ◆ adj LITT Décidé, fier.

crânement adv LITT D'une manière crâne.

crâner vi FAM Faire l'important.

crâneur, euse adj et n FAM Qui crâne ; prétentieux, vaniteux.

crânien, enne adj Relatif au crâne.

cranter vt Faire des crans.

crapaud nm **1.** Batracien à forme lourde et trapue, à peau verruqueuse. **2.** Petit fauteuil bas. **3.** Petit piano à queue.

crapule nf Individu très malhonnête.

crapuleux, euse adj Plein de bassesse, malhonnête. ■ **crime crapuleux :** commis par intérêt.

craquant, e adj FAM Qui fait craquer ; irrésistible.

craqueler vt (conj 6) Fendiller la surface de.

craquelin nm Biscuit très dur.

craquelure nf Fendillement, fissure.

craquement nm Bruit sec que fait un objet qui craque.

craquer vi **1.** Se déchirer, se briser en produisant un bruit sec. **2.** Produire un bruit sec : *parquet qui craque.* **3.** FAM S'effondrer nerveusement. **4.** FAM Ne pas résister au charme de quelqu'un, à l'attrait de quelque chose ; craquer pour un chanteur ; ce gâteau a l'air délicieux, je craque. ◆ vt Briser, déchirer. ■ **craquer une allumette :** l'allumer en la frottant sur une surface rugueuse.

craquètement ou **craquettement** nm **1.** Petit craquement. **2.** Cri de la cigogne.

craqueter vi (conj 8) **1.** Craquer de façon répétée. **2.** Pousser son cri, en parlant de la cigogne.

crash (pl *crashs* ou *crashes*) nm (anglicisme) Atterrissage improvisé, souvent brutal.

crasher (se) vpr (anglicisme) **1.** FAM En parlant d'un avion, s'écraser au sol. **2.** En parlant d'un véhicule, s'écraser contre un obstacle.

crassane nf Poire fondante.

crasse nf **1.** Couche de saleté. **2.** FAM Mauvais tour : *faire une crasse.* ◆ **crasses** pl Scories d'un métal en fusion. ◆ adj f ■ FAM **ignorance crasse :** grossière.

crasseux, euse adj Couvert de crasse.

crassier nm Amoncellement des déchets, scories et résidus d'une usine métallurgique.

cratère nm **1.** Ouverture d'un volcan. **2.** ANTIQ Vase à deux anses.

cravache nf Badine pour stimuler ou corriger un cheval.

cravacher vt Frapper avec une cravache.

cravate nf Bande d'étoffe qui se noue autour du cou, sous le col de la chemise.

cravater vt Mettre une cravate à quelqu'un.

crawl [krol] nm Nage rapide, consistant en une rotation verticale alternative des bras et un battement continu des pieds.

crawler [krole] vi Nager le crawl.

crayeux, euse [krɛjø, øz] adj Qui contient de la craie ; qui en a l'aspect.

crayon [krɛjɔ̃] nm Bâtonnet de bois renfermant une mine de graphite ou de matière colorante et servant à écrire, à dessiner, etc. : *crayon de couleur.* ■ **coup de crayon :** habileté à dessiner.

crayon-feutre (pl *crayons-feutres*) nm Stylo à pointe de feutre.

crayonnage nm Dessin rapide au crayon.

crayonné nm Avant-projet, maquette d'une illustration.

crayonner vt Esquisser avec un crayon.

créance nf Droit que l'on a d'exiger quelque chose de quelqu'un ; titre qui établit ce droit. ■ **lettres de créance :** lettres que remet un diplomate au chef de l'État auprès duquel il est accrédité.

créancier, ère n Personne à qui l'on doit de l'argent.

créateur, trice n et adj Personne qui crée, qui invente. ◆ nm ■ **le Créateur :** dieu.

créatif, ive adj et n Qui a du goût pour la création ; qui la favorise.

création nf **1.** Action de créer ; la ou les œuvres ainsi créées : *la création du monde.* **2.** Fait de monter une œuvre, de jouer un rôle pour la première fois.

créativité nf Pouvoir de création, d'invention.

créature nf **1.** Être créé ; en particulier, être humain par rapport à Dieu. **2.** FAM Femme : *une créature de rêve.* **3.** PÉJOR Personne dévouée à une autre.

crécelle nf Moulinet de bois très bruyant. ■ **voix de crécelle :** criarde, aiguë.

crécerelle nf Oiseau voisin du faucon.

crèche nf **1.** Modèle réduit de l'étable où eut lieu la naissance de Jésus-Christ, avec de nombreuses figurines, qu'on expose à Noël. **2.** Établissement où l'on reçoit dans la journée les enfants en bas âge dont les parents travaillent.

crécher vi (conj 10) FAM Habiter quelque part : *crécher chez ses parents.*

crédibiliser vt Rendre crédible.

crédibilité nf Caractère d'une personne ou d'une chose que l'on peut croire.

crédible adj Vraisemblable, qu'on peut croire.

VOCABULAIRE *Crédible* se dit d'une personne ou d'une chose, *croyable* ne se dit que d'une chose.

crédit nm **1.** Réputation de solvabilité. **2.** Délai accordé pour le paiement de quelque chose : *un long crédit.* **3.** Partie d'un compte où est écrit ce qui est dû à quelqu'un. **4.** FIG Autorité, confiance qu'inspire quelqu'un : *perdre tout crédit.* ■ **à crédit :** avec paiement échelonné.

crédit-bail (pl *crédits-bails*) nm Contrat de location d'un bien mobilier ou immobilier, à l'issue duquel le locataire peut devenir propriétaire.

créditer vt Inscrire une somme au crédit de quelqu'un : *créditer un compte.* ■ **être crédité de :** se voir attribuer : *coureur crédité d'un excellent temps.*

créditeur, trice n Personne qui a des sommes portées à son crédit. ◆ adj ■ **compte créditeur :** qui se trouve en crédit. CONTR : débiteur.

credo [kredo] nm inv **1.** (avec une majuscule) Texte contenant les articles fondamentaux de la foi catholique. **2.** Ensemble des principes sur lesquels on fonde ses opinions.

crédule adj Qui croit facilement ce qu'on lui dit.

crédulité nf Caractère d'une personne crédule.

créer vt **1.** Concevoir, imaginer, faire exister : *créer une robe, une société.* **2.** FIG Susciter, occasionner : *créer des ennuis.* ■ **créer un rôle :** l'interpréter pour la première fois.

crémaillère nf **1.** Pièce de métal, à crans, qu'on fixe à la cheminée pour suspendre les marmites, chaudrons, etc. **2.** Pièce munie de crans, servant à supporter, arrêter, etc. : *bibliothèque à crémaillères.* ■ **pendre la crémaillère :** organiser une fête après un emménagement.

crémation nf Action de brûler les morts ; incinération.

crématoire adj Relatif à la crémation. ■ **four crématoire :** où l'on incinère.

crématorium nm Lieu où l'on incinère les morts.

crème nf **1.** Matière grasse du lait : *crème fraîche ; crème fouettée.* **2.** Dessert à base de lait et d'œufs. **3.** PAR EXT Pâte onctueuse pour la toilette, les soins de beauté : *crème à raser.* **4.** FAM Ce qu'il y a de meilleur parmi : *la crème des hommes.* **5.** Fromage fondu ou fromage à tartiner : *crème de gruyère.* **6.** Liqueur sirupeuse à base de fruits : *crème de cassis.* ■ CUIS **crème anglaise :** crème à la vanille, assez liquide. ❑ CUIS **crème glacée :** glace à base de lait. ◆ adj inv D'une couleur blanche, légèrement teintée de jaune. ◆ nm Café additionné d'un peu de crème ou de lait.

crémerie nf Boutique où l'on vend du lait, du beurre, des fromages.

crémeux, euse adj Qui contient beaucoup de crème.

crémier, ère n Personne qui tient une crémerie.

crémone nf Verrou pour fermer les croisées ou les portes.

créneau nm **1.** Maçonnerie dentelée au sommet d'une tour, d'une citadelle. **2.** FIG Temps disponible dans un emploi du temps. ■ **faire un créneau :** se garer entre deux véhicules stationnés.

crénelé, e adj Qui présente des créneaux.

créneler vt (conj 6) Entailler de découpures, de dents : *créneler une roue.*

créole n et adj Personne d'ascendance européenne, née dans les anciennes colonies (Antilles, Guyane, Réunion, etc.). ◆ nm Langue parlée dans ces territoires. ◆ nf Boucle d'oreille faite d'un grand anneau.

créosote nf Liquide antiseptique et caustique.

crêpage nm Action de crêper.

1. crêpe nm **1.** Tissu léger de soie ou de laine. **2.** Bande de tissu noir portée en signe de deuil.

2. crêpe nf Galette légère de blé ou de sarrasin.

crêper vt ■ **crêper les cheveux :** les faire bouffer de façon à les épaissir. ◆ **se crêper** vpr ■ FAM **se crêper le chignon :** (a) se disputer (b) se battre physiquement.

crêperie nf Restaurant où les plats sont à base de crêpes.

crépi nm Enduit de plâtre ou de mortier non lissé.

crêpier, ère n Marchand de crêpes.

crêpière nf Poêle ou plaque de cuisson qui sert à faire des crêpes, des galettes de sarrasin.

crépine nf Membrane de la panse du mouton, du porc, du veau.

crépinette nf Saucisse plate entourée de crépine.

crépir vt Enduire d'un crépi.

crépissage nm Action de crépir.

crépitement nm Bruit de ce qui crépite.

crépiter vi Pétiller, faire entendre un bruit sec et fréquent.

crépon nm et adj m Tissu ou papier gaufré.

crépu, e adj Se dit de cheveux frisés en touffes serrées.

crépusculaire adj Du crépuscule : *clarté crépusculaire.*

crépuscule nm **1.** Lumière qui suit le soleil couchant jusqu'à la nuit close. **2.** FIG, LITT Déclin : *crépuscule de la vie.*

crescendo [kreʃendo] adv MUS Indication de l'augmentation progressive de l'intensité du son. ◆ nm inv Accroissement progressif.

cresson [kresɔ̃] ou [krəsɔ̃] nm Plante herbacée comestible qui croît dans l'eau douce.

cressonnière nf Bassin d'eau courante où l'on fait pousser le cresson.

crétacé nm Période géologique de la fin de l'ère secondaire.

crête nf **1.** Excroissance charnue, rouge et dentelée sur la tête de certains gallinacés. **2.** Ligne du sommet d'un mur, d'une vague.

crétin, e adj et n FAM Idiot, imbécile.

crétinerie nf FAM Sottise, stupidité.

cretonne nf Tissu d'ameublement en coton imprimé.

creusage ou **creusement** nm Action de creuser.

creuser vt **1.** Rendre creux en ôtant de la matière : *creuser la terre.* **2.** Faire une cavité : *creuser un puits.* **3.** FIG Approfondir : *creuser un problème.* **4.** FAM Donner de l'appétit : *le grand air creuse.* ◆ **se creuser** vpr ■ FAM **se creuser la cervelle, la tête :** faire un effort de réflexion.

creuset nm **1.** Récipient pour faire fondre certaines substances. **2.** LITT Lieu où se mêlent diverses choses : *la Méditerranée, un creuset de civilisations.*

Creutzfeld-Jakob ■ **maladie de Creutzfeld-Jakob** nf Encéphalopathie spongiforme humaine.

creux, euse adj **1.** Dont l'intérieur est vide : *tige creuse.* **2.** Qui présente une concavité : *assiette creuse.* **3.** FIG Vide d'idées, de sens : *phrase creuse.* **4.** FIG Où l'activité, l'affluence sont réduites : *heure creuse.* ◆ adv ■ **objet qui sonne creux :** qui rend un son indiquant qu'il est vide. ◆ nm **1.** Cavité : *le creux d'un rocher.* **2.** Partie concave : *le creux de la main.* **3.** Profondeur entre deux vagues : *un creux de 2 mètres.* **4.** FIG Moment de moindre activité : *période de creux.* ■ **au creux de la vague :** dans une période d'échec, de dépression. ❑ **avoir un creux :** avoir faim.

crevaison nf Éclatement ou déchirure d'un objet gonflé, en particulier d'un pneu.

crevant, e adj FAM **1.** Épuisant. **2.** Très drôle.

crevasse nf **1.** Fissure à la surface d'un mur, d'un sol. **2.** Fente étroite et profonde dans un glacier. **3.** Fente peu profonde de la peau.

crevasser vt Faire des crevasses.

crève nf FAM ■ **attraper la crève :** prendre froid, attraper un rhume, la grippe, etc.

crève-cœur nm inv Chose qui désole.

crever vt (conj 9) **1.** Faire éclater, déchirer, percer : *crever un ballon, un œil.* **2.** FAM Fatiguer, épuiser : *cette marche m'a crevée.* ■ **crever les yeux :** être évident. ◆ vi **1.** Éclater, se rompre : *pneu qui crève.* **2.** Être victime d'une crevaison : *le camion a crevé ; j'ai crevé sur l'autoroute.* **3.** Mourir, en parlant d'un animal, d'une plante. ■ FAM **crever de :** éprouver au plus haut degré : *crever de faim.*

crevette nf Petit crustacé marin.

cri nm **1.** Son perçant que lance la voix : *pousser un cri.* **2.** Son propre à chaque animal. ■ FAM **dernier cri :** à la pointe de la mode.

criaillement nm Cri désagréable.

criailler vi FAM Crier beaucoup, pour rien.

criaillerie nf (souvent au pluriel) Suite de récriminations, cris fréquents.

criant, e adj **1.** Manifeste, évident : *vérité criante.* **2.** Révoltant : *injustice criante.*

criard, e adj **1.** Qui crie fort et beaucoup. **2.** Qui a un timbre déplaisant : *voix criarde.* ■ FIG **couleur criarde :** qui choque la vue.

criblage nm Action de cribler.

crible nm Instrument percé de trous pour trier le grain. ■ **passer au crible :** examiner avec soin.

cribler vt **1.** Trier avec un crible. **2.** Couvrir, marquer en de nombreux endroits : *cribler de coups.* ■ **être criblé de dettes :** en être accablé.

cric [krik] nm Appareil pour soulever les fardeaux, les automobiles.

cricket [kriket] nm Jeu de balle anglais.

cricri nm FAM Grillon.

criée nf Vente publique aux enchères.

crier vi **1.** Pousser un cri ou des cris : *crier de douleur.* **2.** Parler très haut et avec colère : *parler sans crier.* ■ **crier au scandale** : dénoncer vigoureusement le scandale. ◆ vt **1.** Dire d'une voix forte : *crier un ordre.* **2.** Manifester avec passion : *crier son indignation.* ■ **crier famine, misère** : se plaindre. ❑ **crier vengeance** : mériter une vengeance, en parlant d'un acte condamnable.

crime nm **1.** Homicide volontaire. **2.** DR La plus grave des infractions à la loi : *crime contre la sûreté de l'État.* **3.** Action très blâmable.

criminalité nf Ensemble des infractions criminelles commises dans un milieu donné, à une époque donnée.

criminel, elle adj et n Coupable d'un crime. ◆ adj **1.** DR Relatif au crime : *droit criminel.* **2.** Contraire aux lois naturelles ou sociales : *acte criminel.* ◆ n ■ DR **criminel de guerre** : personne qui a violé les lois et coutumes de la guerre.

criminellement adv De façon criminelle.

criminologie nf Étude scientifique du phénomène criminel.

criminologue n Spécialiste de criminologie.

crin nm Poil long et rude de certains quadrupèdes : *crin de cheval.* ■ **crin végétal** : fibre végétale. ❑ FIG **à tous crins** : à outrance.

crincrin nm FAM Mauvais violon.

crinière nf **1.** Ensemble des crins du cou d'un cheval, d'un lion. **2.** FAM Chevelure abondante.

crinoline nf ANC Jupon bouffant, maintenu par des baleines.

crique nf Petite baie.

criquet nm Insecte herbivore qui ressemble à une grosse sauterelle.

crise nf **1.** Manifestation aiguë d'un trouble physique ou moral : *crise cardiaque ; crise de nerfs.* **2.** Période difficile, situation tendue : *crise politique.* **3.** Dépression économique : *période de crise.* **4.** Pénurie : *crise du logement.*

crispant, e adj Qui agace.

crispation nf **1.** Contraction : *crispation musculaire.* **2.** FAM Irritation, agacement.

crisper vt **1.** Causer des contractions : *l'inquiétude crispait son visage.* **2.** Irriter, agacer : *sa lenteur me crispe.*

crissement nm Grincement aigu.

crisser vi Produire un bruit aigu, grinçant.

cristal (pl *cristaux*) nm **1.** Substance minérale ayant naturellement une forme géométrique bien définie. **2.** Verre blanc très pur et très limpide ; objet fait dans cette matière. ■ **cristal de roche** : quartz hyalin, de substance très dure et très limpide. ❑ **cristal liquide** : substance combinant certaines propriétés des liquides et des solides cristallins. (Il est utilisé pour l'affichage numérique des données.)

cristallerie nf Art de fabriquer des objets en cristal ; lieu où on les fabrique.

cristallin, e adj **1.** De la nature du cristal. **2.** Qui a la limpidité ou la sonorité claire du cristal : *eau cristalline ; voix cristalline.* ◆ nm Organe de l'œil jouant le rôle d'une lentille.

cristallisation nf Action de cristalliser ; fait de se cristalliser.

cristallisé, e adj Qui se présente sous forme de cristaux : *sucre cristallisé.*

cristalliser vt **1.** Changer en cristaux : *cristalliser du sucre.* **2.** FIG Donner force et cohérence : *cristalliser les énergies.* ◆ vi ou **se cristalliser** vpr **1.** Se former en cristaux. **2.** FIG Se concentrer, se fixer : *tout son amour s'est cristallisé sur elle.*

cristallographie nf Étude scientifique des cristaux.

critère nm Ce qui permet de juger, d'apprécier, d'analyser.

critérium [kriterjɔm] nm Épreuve sportive de qualification.

critiquable adj Qui peut être critiqué : *conduite critiquable.*

1. critique adj **1.** Qui juge, apprécie : *étude critique.* **2.** Qui est porté à critiquer : *il est très critique.* **3.** Dangereux, décisif : *instant critique.* ■ **esprit critique** : (a) fait d'examiner les choses avant de juger, de décider (b) tendance à blâmer. ◆ n Personne qui porte son jugement sur des œuvres littéraires ou artistiques.

2. critique nf **1.** Art de juger une œuvre littéraire ou artistique : *critique musicale.* **2.** Jugement porté sur une œuvre : *avoir de bonnes critiques.* **3.** Ensemble de ceux qui font métier de porter un jugement sur des œuvres : *le film a été bien reçu par la critique.* **4.** Blâme, reproche : *ne pas supporter les critiques.*

critiquer vt **1.** Analyser les qualités et les défauts des personnes, des choses. **2.** Juger défavorablement.

croassement nm Cri du corbeau.

croasser vi Pousser des croassements.

croate adj et n De Croatie : *les Croates.*

croc [kro] nm **1.** Grappin. **2.** Perche armée d'un crochet : *croc de boucherie.* **3.** Chacune des quatre canines des carnivores.

croc-en-jambe [krɔkɑ̃ʒɑ̃b] (pl *crocs-en-jambe*) nm Action de placer le pied entre les jambes de quelqu'un pour le faire tomber.

1. croche nf MUS Note qui vaut la moitié d'une noire.

2. croche adj CANADA **1.** Crochu ; voûté. **2.** FIG Malhonnête.

croche-patte (pl *croche-pattes*) nm FAM Croc-en-jambe.

croche-pied (pl *croche-pieds*) nm Croc-en-jambe.

crochet nm **1.** Morceau de métal recourbé servant à suspendre, à accrocher : *tableau suspendu par des crochets.* **2.** Tige de fer recourbée pour ouvrir une serrure. **3.** Aiguille à pointe recourbée pour faire des ouvrages en laine, en coton ; ouvrage ainsi exécuté : *faire du crochet.* **4.** Signe graphique proche de la parenthèse : [ ]. **5.** Détour sur un trajet : *faire un crochet.* **6.** En boxe, coup de poing. ■ **vivre aux crochets de quelqu'un :** à ses dépens.

crochetage nm Action de crocheter.

crocheter vt (conj 7) Ouvrir une serrure avec un crochet.

crochu, e adj Recourbé en forme de crochet. ■ FAM **avoir les doigts crochus :** être avide, avare ou voleur.

crocodile nm Grand reptile qui vit dans les fleuves et les lacs des régions chaudes. ■ FIG **larmes de crocodile :** larmes hypocrites.

crocus [krɔkys] nm Plante herbacée à bulbe.

croire vt (conj 74) **1.** Tenir pour vrai : *croire une histoire.* **2.** Tenir pour sincère : *croire un témoin.* **3.** Estimer probable ou possible : *je crois qu'il viendra.* **4.** Considérer comme : *je le croyais plus habile.* ■ **en croire qqn, qqch :** s'y fier : *à l'en croire, il sait tout ; ne pas en croire ses oreilles.* ◆ vt ind [à, en] **1.** Tenir pour certaine l'existence de : *croire à l'enfer.* **2.** Avoir confiance en : *croire en ses amis.* ◆ vi Avoir la foi religieuse. ◆ **se croire** vpr Être vaniteux.

GRAMMAIRE On dit : *je ne crois pas qu'il viendra* (c'est mon avis) ; *je ne crois pas qu'il vienne* (mais cela reste possible).

croisade nf **1.** HIST Expédition militaire des chrétiens d'Occident contre les musulmans en Terre sainte. **2.** FIG Action collective : *croisade antialcoolique.*

1. croisé, e adj **1.** En forme de croix. **2.** Se dit d'une analyse, d'une description fondée sur l'alternance des différents points de vue : *regards croisés ; portraits croisés.* ■ **veste croisée :** qui croise par devant. ❑ **rimes croisées :** rimes féminines et masculines alternées.

2. croisé, e n Personne qui se bat pour lancer, promouvoir une idée, un mouvement, etc. ◆ nm Celui qui participait à une croisade.

croisée nf **1.** Fenêtre. **2.** Endroit où deux voies se croisent : *croisée des chemins.*

croisement nm **1.** Action de croiser. **2.** Endroit où se coupent plusieurs voies : *s'arrêter au croisement.* **3.** Reproduction sexuelle à partir de deux animaux de race différente.

croiser vt **1.** Disposer deux choses l'une sur l'autre en croix : *croiser les jambes.* **2.** Traverser en coupant : *route qui en croise une autre.* **3.** Rencontrer : *croiser ses voisins.* **4.** Effectuer le croisement de deux espèces animales. ■ **croiser les doigts :** mettre le majeur sur l'index pour conjurer le mauvais sort. ◆ vi MAR Aller et venir dans une même zone, afin d'exercer une surveillance. ◆ **se croiser** vpr Se rencontrer. ■ **lettres qui se croisent :** qui sont échangées au même moment. ❑ **se croiser les bras :** rester inactif.

croiseur nm Navire de guerre destiné aux missions d'escorte, etc.

croisière nf Voyage touristique en mer.

croisillon nm **1.** Traverse d'une croix, d'une croisée. **2.** Élément en forme de croix.

croissance nf **1.** Développement progressif d'un corps organisé : *enfant en pleine croissance.* **2.** Augmentation de l'activité d'un ensemble économique et social ; augmentation des biens et des services de la production nationale : *croissance économique.*

1. croissant nm Pâtisserie feuilletée en forme de demi-cercle. ■ **croissant de lune :** forme échancrée de la Lune.

2. croissant, e adj Qui croît.

croissanterie nf Local où l'on peut acheter des viennoiseries.

croître vi (conj 66) **1.** Grandir, se développer, pousser. **2.** Augmenter.

croix nf **1.** Ancien instrument de supplice formé de deux pièces de bois assemblées transversalement. **2.** Représentation de la croix sur laquelle mourut Jésus-Christ. **3.** Objet en forme de croix. **4.** Insigne, décoration en forme de croix : *la croix de guerre.* **5.** Signe formé par deux traits qui se coupent en X : *mettre une croix dans la marge.* ■ **croix rouge :** insigne des services de santé. ❑ **signe de croix :** geste de piété des chrétiens. ❑ FAM **faire une croix sur quelque chose :** y renoncer définitivement.

cromlech [krɔmlɛk] nm Monument mégalithique formé de menhirs disposés en cercle.

croquant, e adj Qui croque sous la dent.

croque-au-sel (à la) loc adv Cru et sans autre assaisonnement que du sel.

croque-madame nm inv Croque-monsieur servi avec un œuf.

croque-mitaine (pl *croque-mitaines*) nm **1.** Personnage fantastique dont on menace les enfants. **2.** Personne sévère.

croque-monsieur nm inv Sandwich chaud composé de deux tranches de pain de mie garnies de fromage et de jambon.

croque-mort (pl *croque-morts*) nm FAM Employé des pompes funèbres.

croquer vt **1.** Manger en broyant avec les dents. **2.** FIG Dessiner sur le vif : *croquer un personnage.* **3.** FAM Dilapider : *croquer un héritage.* ◆ vi Faire un bruit sec sous les dents.

croquet nm Jeu de boules avec un maillet et des arceaux.

croquette nf **1.** Aliment pour chien ou chat en forme de boulettes sèches. **2.** Boulette de pâte, de hachis, etc., frite.

croquignolet, ette adj FAM Joli, charmant.

croquis nm Dessin rapide qui indique à grands traits ce qu'on veut montrer.

crosne [kron] nm Plante labiée à tubercule comestible.

cross ou **cross-country** [krɔskuntri] (pl *cross-countrys* ou *cross-countries*) nm Course d'obstacles en terrain varié.

crosse nf **1.** Grand bâton à l'extrémité supérieure recourbée que portent les évêques. **2.** Bâton recourbé, usité dans certains jeux pour chasser une balle. **3.** Partie recourbée de certains objets, de certains organes : *crosse de l'aorte.* **4.** Partie du fusil que l'on épaule. ■ FIG, FAM **chercher des crosses à quelqu'un** : lui chercher querelle.

crotale nm Serpent venimeux (appelé aussi : *serpent à sonnettes*).

crotte nf **1.** Excrément de certains animaux, de l'homme. **2.** Bonbon au chocolat.

crotté, e adj Sali de boue.

crottin nm **1.** Excrément de cheval. **2.** Petit fromage de chèvre.

crouille ou **crouye** adj SUISSE, FAM Indiscipliné ; taquin : *une crouille gamine.*

croulant, e adj Qui tombe en ruine, qui s'effondre.

crouler vi **1.** Tomber en s'affaissant, s'effondrer. **2.** FIG Être écrasé, surchargé : *crouler sous le travail.*

croup [krup] nm VIEILLI Laryngite diphtérique.

croupe nf Partie postérieure de certains quadrupèdes, qui va des reins à l'origine de la queue. ■ **en croupe** : à cheval derrière le cavalier ou sur la partie arrière d'une selle de moto.

croupetons (à) loc adv Dans la position accroupie.

croupi, e adj Corrompu par la stagnation : *eau croupie.*

croupier nm Employé d'une maison de jeux qui paie et ramasse l'argent.

croupière nf Longe de cuir qui passe sur la croupe et sous la queue du cheval. ■ FAM **tailler des croupières** : susciter des difficultés.

croupion nm Extrémité inférieure de l'épine dorsale d'un oiseau, d'une volaille.

croupir vi **1.** Se corrompre, stagner, en parlant de l'eau. **2.** Vivre dans un état dégradant.

croupissant, e adj Qui croupit.

croustade nf Pâté chaud, fourré de viande, etc.

croustillant, e adj **1.** Qui croustille. **2.** FIG Grivois, licencieux.

croustiller vi Croquer sous la dent.

croûte nf **1.** Partie extérieure du pain, du fromage, du pâté, etc., plus dure que l'intérieur. **2.** Couche extérieure durcie, à la surface de quelque chose. **3.** Plaque formée sur la peau par le sang séché. **4.** FAM Mauvais tableau. ■ FAM **casser la croûte** : manger. ❑ **croûte terrestre** : écorce terrestre. ❑ FAM **gagner sa croûte** : gagner sa vie.

croûton nm **1.** Extrémité d'un pain. **2.** Petit morceau de pain frit.

croyable adj Qui peut être cru : *c'est à peine croyable.*

VOCABULAIRE *Croyable* ne se dit que d'une chose, contrairement à *crédible.*

croyance nf **1.** Action de croire. **2.** Opinion, doctrine.

croyant, e adj et n Qui a une foi religieuse.

CRS nm (sigle de *compagnie républicaine de sécurité*) Policier membre d'une force d'intervention chargée de maintenir l'ordre.

1. cru nm Terroir où croît un vin particulier ; ce vin. ■ FIG **de son cru** : de sa propre invention. ❑ FAM **du cru** : du pays, de la région dont il est question.

2. cru, e adj **1.** Qui n'est pas cuit. **2.** Sans atténuation, violent, direct : *couleur, lumière crue.* **3.** FIG Libre, réaliste, qui peut choquer : *détails crus.* ◆ **à cru** loc adv Sans selle sur une monture.

cruauté nf **1.** Fait d'être cruel. **2.** (souvent au pluriel) Acte cruel.

cruche nf **1.** Récipient à anse et à bec. **2.** FAM Personne stupide.

cruchon nm Petite cruche.

crucial, e, aux adj Très important ; essentiel, décisif : *choix crucial.*

crucifère nf Plante dont la fleur a une corolle formée de quatre pétales en croix, comme le chou, le cresson (les crucifères forment une famille).

crucifié, e n et adj Personne mise en croix.

crucifiement nm Action de crucifier.

crucifier vt Infliger le supplice de la croix.

crucifix [krysifi] nm inv Croix sur laquelle le Christ est représenté crucifié.

crucifixion nf Tableau représentant le crucifiement de Jésus-Christ.

cruciforme adj En forme de croix.

cruciverbiste n Amateur de mots croisés.

crudité nf État de ce qui est cru : *crudité d'une viande, d'un propos.* ◆ **crudités** pl Légumes crus ou cuits servis froids : *assiette de crudités.*

crue nf Augmentation du débit d'un cours d'eau.

cruel, elle adj **1.** Qui se plaît à faire ou à voir souffrir. **2.** Sanguinaire, barbare : *acte cruel.* **3.** Pénible : *décision cruelle.*

cruellement adv De façon cruelle.

crûment adv De façon dure, sans ménagement : *parler crûment.*

crural, e, aux adj De la cuisse : *nerf crural.*

crustacé nm Animal aquatique articulé, à respiration branchiale, à carapace (langouste, crabe, etc.).

cryoconservation nf Conservation par le froid de tissus vivants ou de cellules.

crypte nf Chapelle généralement souterraine dans une église.

crypté, e adj ■ **chaîne cryptée :** chaîne de télévision qui nécessite un décodeur pour être regardée en clair.

cryptogame adj et nm Se dit d'une plante dont les organes de la fructification sont cachés, comme les champignons, les mousses, les fougères.

cryptogramme nm Message écrit à l'aide d'un système chiffré ou codé.

cryptographie nf Technique permettant de chiffrer et de coder des messages.

CSG nf (sigle) Contribution sociale généralisée.

CSP nf (sigle de *catégorie socio-professionnelle*) Mode de classification de la population regroupant les individus en fonction d'un critère d'homogénéité sociale.

cubage nm **1.** Action de cuber. **2.** Volume.

cubain, e adj et n De Cuba : *les Cubains.*

cube nm **1.** Parallélépipède à six faces carrées égales ; objet ayant cette forme : *jouer avec des cubes.* **2.** MATH Produit de trois nombres égaux. ◆ adj Qui indique la mesure d'un volume : *mètre cube.*

cuber vt Évaluer un volume en mètres cubes, décimètres cubes, etc. ◆ vi Avoir un volume de.

cubilot nm Fourneau pour la préparation de la fonte.

cubique adj En forme de cube. ■ **racine cubique d'un nombre :** nombre dont le cube est égal à ce nombre.

cubisme nm Courant artistique du début du XXe s., se proposant de représenter les objets sous des formes géométriques.

cubiste adj et n Qui appartient au cubisme ; qui s'en réclame.

Cubitainer nm (nom déposé) Cube de plastique pour le transport des liquides.

cubital, e, aux adj Du coude.

cubitus [kybitys] nm Le plus gros des deux os de l'avant-bras.

cucul [kyky] adj inv FAM Ridicule, niais : *un film cucul.*

cucurbitacée nf Plante à tige rampante et à gros fruits telle que le melon, la courge, etc. (les cucurbitacées forment une famille).

cueillette nf Action de cueillir des fruits, des plantes.

cueillir vt (conj 24) **1.** Détacher de leurs tiges des fruits, des fleurs. **2.** FAM Emmener, prendre au passage. **3.** FAM Arrêter quelqu'un.

CONJUGAISON Attention au futur de *cueillir : je cueillerai.*

cueilloir nm Instrument pour cueillir les fruits haut placés.

cuillère ou **cuiller** nf **1.** Ustensile de table comprenant un manche et une partie creuse : *cuillère à café, à soupe.* **2.** Accessoire de pêche.

cuillerée nf Contenu d'une cuillère.

cuir nm **1.** Peau épaisse de certains animaux. **2.** Peau tannée, corroyée, etc. **3.** FIG Faute de liaison dans la prononciation. ■ **cuir chevelu :** la peau de la tête recouverte de cheveux.

cuirasse nf Armure recouvrant le dos et la poitrine. ■ FIG **défaut de la cuirasse :** point vulnérable.

cuirassé, e adj **1.** Protégé par une cuirasse. **2.** FIG Préparé à tout, endurci. ◆ nm Navire de guerre blindé.

cuirassement nm **1.** Action de cuirasser. **2.** Revêtement métallique.

cuirasser vt **1.** Revêtir d'une cuirasse. **2.** FIG Endurcir. ◊ vpr : *se cuirasser contre les émotions.*

cuirassier nm ANC Soldat de cavalerie, jadis porteur d'une cuirasse.

cuire vt (conj 70) **1.** Préparer des aliments sous l'action de la chaleur. **2.** Transformer du plâtre, de la brique, etc., par l'action de la chaleur. ◆ vi **1.** Être soumis à l'action de la chaleur : *la viande cuit*. **2.** Causer une irritation, une sensation de brûlure : *la peau me cuit*. **3.** FAM Être accablé de chaleur : *on cuit dans cette pièce*. ■ VIEILLI **il vous en cuira** : vous vous en repentirez.

cuisant, e adj **1.** Âpre, aigu : *douleur cuisante*. **2.** FIG Qui affecte douloureusement : *échec cuisant*.

cuisine nf **1.** Lieu où l'on prépare les aliments. **2.** Art, action de les préparer : *faire la cuisine*. **3.** Ces aliments mêmes : *aimer la cuisine exotique*. **4.** FAM, PÉJOR Manœuvre louche, intrigue, trafic : *cuisine électorale*.

cuisiné, e adj ■ **plat cuisiné** : vendu tout préparé.

cuisiner vi Faire la cuisine. ◆ vt **1.** Accommoder un plat. **2.** FAM Interroger insidieusement, chercher à faire avouer.

cuisinette nf Kitchenette.

cuisinier, ère n Personne qui fait la cuisine ; personne dont c'est le métier.

cuisinière nf Appareil ménager muni de plusieurs foyers et d'un four pour faire cuire les aliments.

cuissard nm Culotte faisant partie de l'équipement du coureur cycliste.

cuissarde nf Botte dont la tige monte jusqu'à la cuisse.

cuisse nf Partie de la jambe, de la hanche au genou.

cuisseau nm Partie du veau comprenant la cuisse et la région du bassin.

cuisson nf Action, façon de cuire.

cuissot nm Cuisse de gros gibier.

cuistot nm FAM Cuisinier.

cuistre nm LITT Pédant.

cuistrerie nf LITT Pédanterie ridicule.

cuit, e adj Préparé par la cuisson. ■ FAM **être cuit** : être perdu, ruiné.

cuite nf ■ FAM **prendre une cuite** : s'enivrer.

cuiter (se) vpr FAM S'enivrer, se soûler.

cuivrage nm Action de cuivrer.

cuivre nm Métal de couleur rouge-brun ; symb : Cu ; objet fait dans ce métal. ■ **cuivre jaune** : laiton. ◆ **cuivres** pl Instruments de musique à vent, en métal et à embouchure, comme la trompette.

cuivré, e adj De la couleur du cuivre : *teint cuivré*.

cuivrer vt **1.** Recouvrir de cuivre. **2.** Donner une teinte de cuivre.

cuivreux, euse adj ■ **métaux cuivreux** : qui contiennent du cuivre en alliage.

cul [ky] nm **1.** TRÈS FAM Derrière, postérieur de l'homme et de divers animaux. **2.** Partie postérieure ou inférieure de certains objets : *cul de bouteille*. ■ FAM **boire cul sec** : d'un trait. ❏ FAM **être comme cul et chemise** : s'entendre parfaitement.

culasse nf **1.** Fond du canon d'une arme à feu. **2.** Partie supérieure des cylindres d'un moteur à explosion.

culbute nf **1.** Saut fait en roulant sur le dos, les pieds passant par-dessus la tête. **2.** Chute brusque à la renverse. ■ FAM **faire la culbute** : (a) faire faillite (b) revendre deux fois plus cher que le prix d'achat.

culbuter vt Renverser violemment. ◆ vi Tomber à la renverse.

culbuteur nm **1.** Dispositif pour faire basculer un récipient, un véhicule, etc. **2.** Pièce d'un moteur de voiture.

cul-de-jatte (pl *culs-de-jatte*) n Personne privée de ses membres inférieurs.

cul-de-lampe (pl *culs-de-lampe*) nm **1.** ARCHIT Ornement de voûte. **2.** IMPR Vignette à la fin d'un chapitre.

cul-de-poule (en) loc adj FAM ■ **bouche en cul-de-poule** : dont les lèvres sont resserrées et arrondies.

cul-de-sac (pl *culs-de-sac*) nm Rue sans issue ; impasse.

culée nf Massif de maçonnerie soutenant la poussée de la voûte des dernières arches d'un pont.

culinaire adj Relatif à la cuisine : *art culinaire*.

culminant, e adj ■ **point culminant** : le plus haut.

culminer vi Atteindre son point ou son degré le plus élevé.

culot nm **1.** Fond métallique d'une cartouche, d'un creuset. **2.** Résidu au fond d'une pipe. **3.** FAM Audace, effronterie.

culotte nf **1.** Vêtement qui couvre le corps de la ceinture aux genoux. **2.** Sous-vêtement féminin. SYN : slip. **3.** FAM Perte au jeu. ■ FAM **porter la culotte** : commander, dans un ménage, en parlant d'une femme.

culotté, e adj FAM Qui a du culot.

culotter vt Noircir par l'usage. ■ **culotter une pipe** : laisser se former un culot dans son fourneau.

culpabilisant, e adj Qui culpabilise.

culpabilisation nf Action de culpabiliser.

culpabiliser vt Donner à quelqu'un le sentiment qu'il est coupable. ◆ vi Éprouver un sentiment de culpabilité : *culpabiliser pour un rien*.

culpabilité nf État d'une personne coupable. ■ **sentiment de culpabilité** : sentiment d'une personne qui se juge coupable.

culte nm **1.** Hommage qu'on rend à une divinité, à une personne ou à une chose qu'on vénère. **2.** Religion : *culte catholique.* **3.** Chez les protestants, office religieux. **4.** (en apposition, avec ou sans trait d'union) Qui suscite une admiration passionnée chez une catégorie de gens : *une série culte ; une star-culte.*

cultivable adj Qu'on peut cultiver.

cultivateur, trice n Personne qui cultive la terre ; agriculteur.

cultivé, e adj Instruit dans de nombreux domaines.

cultiver vt **1.** Travailler la terre pour la rendre fertile. **2.** Faire pousser une plante. **3.** FIG Former, développer, perfectionner : *cultiver sa mémoire, sa voix.* **4.** Entretenir soigneusement des relations avec quelqu'un : *cultiver une amitié.* ◆ **se cultiver** vpr Accroître ses connaissances.

cultuel, elle adj Du culte.

culture nf **1.** Action de cultiver une terre, une plante. **2.** Terrain que l'on cultive. **3.** Ensemble des connaissances acquises. **4.** Ensemble des productions artistiques et intellectuelles d'une société. **5.** Civilisation : *la culture occidentale.* **6.** Ensemble de convictions partagées et de comportements qui caractérisent un groupe : *une culture laïque.* ■ **culture d'entreprise :** ensemble des traditions de savoir-faire et d'organisation du travail sur lesquelles est fondée la cohésion d'une entreprise. ❏ **culture physique :** gymnastique.

culturel, elle adj **1.** Relatif à la culture intellectuelle : *centre culturel.* **2.** Relatif à une civilisation : *habitudes culturelles.*

culturisme nm Culture physique destinée à développer les muscles.

cumin nm Ombellifère aromatique ; graine de cette plante utilisée comme condiment.

cumul nm Action de cumuler.

cumulable adj Que l'on peut cumuler.

cumulatif, ive adj Qui est cumulé avec autre chose.

cumuler vt et vi Exercer plusieurs emplois en même temps, percevoir plusieurs traitements, avoir en même temps plusieurs titres.

cumulo-nimbus nm inv Nuage de grande dimension, de couleur foncée, qui, très souvent, annonce un orage.

cumulus [kymylys] nm Nuage blanc de beau temps.

cunéiforme adj ■ **écriture cunéiforme :** système d'écriture de l'ancienne Mésopotamie, utilisant des caractères en forme de clous.

cupide adj LITT Avide d'argent.

cupidité nf LITT Désir excessif d'argent.

cuprifère adj Qui contient du cuivre.

cuprique adj CHIM De la nature du cuivre.

cupronickel nm Alliage de cuivre et de nickel.

cupule nf BOT Organe enveloppant les fruits de certains arbres (chênes, hêtres, etc.).

curable adj Qui peut se guérir.

curaçao [kyraso] nm Liqueur à base d'écorces d'oranges, de sucre et d'eau-de-vie.

curage nm Action de curer.

curare nm Substance d'origine végétale ou animale, ou obtenue par synthèse, à l'action paralysante.

curatelle nf Fonction de curateur.

curateur, trice n Personne désignée par la loi pour l'administration des biens d'un mineur, d'un incapable majeur.

curatif, ive adj Relatif à la guérison d'une maladie : *méthode curative.*

1. cure nf Traitement médical : *cure thermale.* ■ **faire une cure de :** user, consommer beaucoup de. ❏ LITT **n'avoir cure de :** ne pas se préoccuper de.

2. cure nf Habitation d'un curé.

curé nm Prêtre catholique chargé de la direction d'une paroisse.

cure-dents nm inv ou **cure-dent** (pl *cure-dents*) nm Petite pointe pour curer les dents.

curée nf **1.** VÉNER Partie de la bête que l'on donne à la meute ; cette distribution elle-même. **2.** FIG Lutte avide pour s'emparer de quelque chose.

cure-ongles nm inv ou **cure-ongle** (pl *cure-ongles*) nm Instrument servant à se nettoyer les ongles.

cure-pipes nm inv ou **cure-pipe** (pl *cure-pipes*) nm Instrument pour nettoyer le fourneau d'une pipe.

curer vt Nettoyer en grattant, en raclant.

curetage ou **curettage** nm CHIR Opération qui consiste à enlever avec une curette des corps étrangers ou des tissus malades.

cureter vt (conj 8) CHIR Faire un curetage.

curette nf CHIR Instrument en forme de cuillère, utilisé pour cureter.

1. curie nf **1.** ANTIQ ROM Subdivision des trois tribus primitives. **2.** Ensemble des administrations pontificales.

2. curie nm Ancienne unité de mesure de la radioactivité.

curieusement adv De façon curieuse.

curieux, euse adj et n **1.** Avide de voir, de connaître, d'apprendre. **2.** Qui cherche à savoir ce qui ne le concerne pas ; indiscret. ◆ adj Propre à exciter l'attention ; surprenant : *il lui est arrivé une curieuse aventure.*

curiosité nf **1.** Caractère d'une personne ou d'une chose curieuse. **2.** Objet curieux ; chose insolite. ◆ **curiosités** pl Choses rares : *amateur de curiosités.*

curiste n Personne qui fait une cure thermale.

curling [kœrliŋ] nm Sport consistant à déplacer un lourd palet sur la glace.

curriculum vitae [kyrikylɔmvite] nm inv ou **curriculum** nm Document indiquant l'état civil, les études, la carrière professionnelle de quelqu'un (abréviation : *CV*).

curry ou **cari** ou **cari** nm **1.** Épice indienne composée de gingembre, de piment, etc. **2.** Plat de viande, volaille ou poisson préparé avec cette épice.

curseur nm **1.** Pointe qui coulisse au milieu d'une règle, d'un compas. **2.** INFORM Marque mobile utilisée pour indiquer la position de ce qui va s'inscrire sur un écran.

cursif, **ive** adj ■ **lecture cursive :** faite rapidement et superficiellement.

cursus [kyrsys] nm **1.** Filière universitaire. **2.** Carrière professionnelle.

curviligne adj À lignes courbes.

cuscute nf Plante parasite des végétaux cultivés.

custode nf Boîte dans laquelle le prêtre porte la communion aux malades.

cutané, **e** adj De la peau.

cuticule nf ANAT Petite peau très mince : *la cuticule des ongles*.

cuti-réaction (pl *cuti-réactions*) ou **cuti** (pl *cutis*) nf Test pour déceler la tuberculose. ■ **virer sa cuti :** (a) avoir une cuti-réaction positive (b) FAM changer radicalement d'opinion, de mode de vie.

cutter [kœtœr] nm Instrument tranchant à lame pour couper le papier, le carton.

cuve nf **1.** Grand réservoir pour la fermentation du raisin. **2.** Grand récipient : *cuve à mazout*.

cuvée nf **1.** Contenu d'une cuve. **2.** Récolte de toute une vigne.

cuver vt ■ FAM **cuver (son vin) :** dormir après avoir trop bu.

cuvette nf **1.** Récipient portatif large, peu profond. **2.** Partie profonde d'un siège de W.-C. **3.** Dépression de terrain fermée de tous côtés : *la ville est au fond d'une cuvette*.

1. CV nm (abréviation) Cheval fiscal.

2. CV nm (sigle) Curriculum vitae.

cyanogène nm CHIM Gaz toxique composé de carbone et d'azote.

cyanose nf MÉD Coloration bleue ou bleuâtre de la peau, due à un manque d'oxygène.

cyanure nm Combinaison de cyanogène avec un corps simple.

cybercafé nm Café dans lequel le consommateur peut utiliser des ordinateurs reliés à Internet.

cybercriminalité nf Ensemble des infractions pénales commises sur les réseaux de télécommunications, en particulier Internet.

cyberespace nm Environnement constitué par l'ensemble des réseaux télématiques mondiaux ; environnement créé par la mise en œuvre d'un système de réalité virtuelle.

cybernaute n Personne qui navigue dans le cyberespace.

cybernétique nf Science qui étudie les mécanismes de communication et de contrôle dans les machines et chez les êtres vivants.

cyberterrorisme nm Ensemble des attaques graves des systèmes informatiques d'une entreprise, d'une institution ou d'un État, commises dans le but d'entraîner une désorganisation générale.

cyclable adj ■ **piste cyclable :** réservée aux cyclistes.

cyclamen [siklamɛn] nm Plante ornementale à fleurs roses ou blanches.

cycle nm **1.** Série de phénomènes qui se répètent dans un ordre déterminé. **2.** Suite d'œuvres littéraires ou artistiques. **3.** Division de l'enseignement secondaire et universitaire. ■ **premier cycle :** dans le secondaire, cycle allant de la 6e à la 3e. ❑ **second cycle :** dans le secondaire, cycle allant de la seconde à la terminale. ◆ **cycles** pl Ensemble des appareils de locomotion à deux roues.

cyclique adj Relatif à un cycle.

cyclisme nm Sport ou pratique de la bicyclette.

cycliste n Personne qui pratique le cyclisme ou participe à une course. ◆ adj Relatif au cyclisme. ◆ nm Bermuda moulant.

cyclo-cross nm inv Sport consistant à parcourir à bicyclette et à pied un terrain accidenté.

cyclomoteur nm Bicyclette munie d'un moteur auxiliaire.

cyclone nm **1.** Zone de basses pressions atmosphériques. **2.** Ouragan qui se forme sur les mers tropicales.

cyclothymique adj et n Dont l'humeur passe par des phases alternées de tristesse et de gaieté.

cyclotourisme nm Tourisme à bicyclette.

cygne nm Oiseau palmipède, à cou très long et flexible. ■ **chant du cygne :** dernière œuvre d'un homme de génie.

cylindre nm **1.** Solide limité par une surface cylindrique et deux plans parallèles coupant les génératrices. **2.** Tube arrondi dans lequel se meut le piston d'un moteur. **3.** TECHN Rouleau pour laminer, lustrer, aplanir un matériau.

cylindrée nf **1.** Capacité des cylindres d'un moteur à explosion. **2.** Moto ou voiture envisagée du point de vue de sa puissance.

cylindrique adj En forme de cylindre. ■ **surface cylindrique :** surface engendrée par un ensemble de droites parallèles (les génératrices) s'appuyant sur une courbe plane fermée (directrice) dont le plan coupe la direction donnée.

cymbale nf Instrument de percussion formé de deux plateaux de cuivre.

cynégétique adj Qui concerne la chasse. ◆ nf L'art de la chasse.

cynique adj et n Qui professe des opinions contraires ou provocatrices, en particulier sur des sujets moraux.

cyniquement adv Avec cynisme.

cynisme nm Caractère d'une personne cynique.

cynocéphale nm Grand singe africain dont la tête évoque celle d'un chien.

cynodrome nm Piste aménagée pour les courses de lévriers.

cyphose nf Déformation de la colonne vertébrale.

cyprès nm Arbre conifère résineux à feuillage persistant.

cyprin nm Poisson voisin de la carpe.

cypriote adj et n → **chypriote**.

cyrillique adj ■ **alphabet cyrillique :** alphabet servant à transcrire le russe, le serbo-croate, le bulgare, l'ukrainien et un certain nombre de langues non slaves.

cystite nf Inflammation de la vessie.

cytise nm Arbrisseau ornemental aux fleurs jaunes (famille des papilionacées).

cytologie nf Partie de la biologie qui étudie la cellule.

cytoplasme nm BIOL Partie fondamentale de la cellule.

D

d nm Quatrième lettre de l'alphabet et la troisième des consonnes. ■ **3D** : se dit d'un système informatique qui permet de représenter des scènes en trois dimensions, en donnant l'illusion du relief. ❑ FAM **système D** : habileté à se débrouiller.

D (symbole) Chiffre romain valant 500.

DAB (sigle de *digital audio broadcasting*) Norme de radiodiffusion sonore numérique.

dactyle nm Plante fourragère à épis violacés.

dactylo n Personne dont la profession est de taper à la machine.

dactylographie nf Technique d'utilisation d'une machine à écrire.

dactylographier vt Transcrire à l'aide d'une machine à écrire.

dactylographique adj Qui concerne la dactylographie.

dactylologie nf Langage digital (au moyen des doigts), en usage parmi les sourds-muets.

dactyloscopie nf Identification par les empreintes digitales.

1. dada nm **1.** Cheval, dans le langage enfantin. **2.** FIG Idée fixe, occupation favorite.

2. dada nm et adj inv Dénomination adoptée en 1916 par un groupe d'artistes et de poètes résolus à remettre en question tous les modes d'expression traditionnels : *peintre dada*.

dadais nm FAM Jeune homme niais, nigaud.

dadaïsme nm Mouvement dada.

dague nf Épée à lame courte.

daguerréotype nm Image obtenue par les procédés photographiques de Daguerre.

dahlia nm Plante à fleurs ornementales.

ORTHOGRAPHE Attention, dans le mot *dahlia*, le *h* se place devant le *l*.

daigner vt (part passé inv) Vouloir bien, condescendre à.

daim nm **1.** Mammifère ruminant, voisin du cerf. **2.** Peau du daim ; cuir de bovin retourné l'imitant : *veste de daim*.

daine nf Femelle du daim.

dais nm Tenture dressée au-dessus d'un autel, d'un trône.

dalaï-lama (pl *dalaï-lamas*) nm Chef du bouddhisme tibétain.

dallage nm **1.** Action de daller. **2.** Revêtement de dalles.

1. dalle nf **1.** Plaque de pierre, etc., pour paver le sol, revêtir une surface. **2.** Partie plane en verre de l'écran d'un téléviseur, d'un ordinateur, etc., dotée d'un dispositif d'affichage à cristaux liquides.

2. dalle (que) ou **dal (que)** loc adv FAM Rien du tout.

daller vt Paver de dalles.

dalmatien, enne n Chien blanc à mouchetures noires.

daltonien, enne adj et n Atteint de daltonisme.

daltonisme nm Anomalie de la vue entraînant le plus souvent la confusion entre le rouge et le vert.

dam [dam] nm ■ LITT **au grand dam** ou **au dam de** : au préjudice de.

damage nm Action de damer.

daman nm Mammifère herbivore d'Afrique et d'Asie Mineure, de la taille d'un lapin.

damas [dama] nm Étoffe agrémentée de dessins ornementaux.

damasquiner vt Incruster de petits filets d'or, d'argent ou de cuivre.

damassé, e adj et nm Se dit d'une étoffe préparée à la façon du damas.

damasser vt Fabriquer une étoffe à la façon du damas.

1. dame nf **1.** Femme mariée (par oppos. à *demoiselle*). **2.** Femme (par oppos. à *homme*). **3.** Figure du jeu de cartes : *dame de pique*. SYN : reine. **4.** Seconde pièce du jeu d'échecs. SYN : reine. ■ **jeu de dames** : jeu qui se pratique à deux avec des pions sur un damier.

2. dame interj Marque l'insistance : *dame oui !*

dame-jeanne (pl *dames-jeannes*) nf Grosse bouteille d'une contenance de 20 à 50 litres.

damer vt **1.** Doubler un pion au jeu de dames. **2.** Tasser la neige avec des skis ou un véhicule équipé de chenilles. ■ FAM **damer le pion à quelqu'un** : prendre sur lui un avantage décisif.

damier nm **1.** Surface divisée en cases blanches et noires, pour jouer aux dames. **2.** Ornement quadrillé.

damnation [danasjɔ̃] nf Condamnation aux souffrances de l'enfer.

damné, e [dane] adj et n Condamné aux peines de l'enfer. ■ **souffrir comme un damné :** horriblement. ◆ adj FAM Qu'on maudit, dont on est mécontent : *cette damnée voiture !* ■ **âme damnée :** personne entièrement dévouée à quelqu'un et qui lui inspire de mauvaises actions.

damner [dane] vt Condamner à la damnation. ■ FAM **faire damner quelqu'un :** le faire enrager, l'exaspérer. ◆ **se damner** vpr [pour] Être prêt à tout pour : *elle se damnerait pour un bout de chocolat !*

damoiseau nm VX Jeune gentilhomme qui n'était pas encore chevalier.

dan [dan] nm Chacun des dix degrés de qualification d'une ceinture noire de judo, de karaté.

dancing [dɑ̃siŋ] nm Établissement public où l'on danse.

dandinement nm Action de se dandiner.

dandiner (se) vpr Donner à son corps un mouvement de balancement un peu ridicule.

dandy nm Homme qui affecte une grande élégance dans sa tenue vestimentaire, ses comportements, ses idées.

dandysme nm Attitude du dandy.

danger nm Ce qui constitue un risque ; situation où l'on a à redouter un inconvénient, un mal quelconque : *affronter un danger.* ■ **danger public :** personne qui, par son insouciance, met les autres en danger. ❑ **il n'y a pas de danger (que) :** cela ne risque pas de se produire.

dangereusement adv D'une manière dangereuse.

dangereux, euse adj Qui présente un danger : *tournant dangereux.*

danois, e adj et n Du Danemark : *les Danois.* ◆ nm **1.** Langue parlée au Danemark. **2.** Grand chien à poil ras.

dans prép **1.** Marque le lieu où l'on est, où l'on entre : *être dans la cuisine.* **2.** Marque le temps : *dans son enfance ; revenir dans deux jours.* **3.** Marque l'appartenance, la participation : *travailler dans la finance ; être dans le secret.* **4.** Marque la manière : *être dans l'embarras.* **5.** Marque l'approximation : *dans les mille personnes.*

dansant, e adj Où l'on danse : *soirée dansante.*

danse nf **1.** Suite de pas et de mouvements cadencés exécutés sur de la musique. **2.** Art de s'exprimer en interprétant des compositions chorégraphiques.

danser vi **1.** Mouvoir le corps en cadence, exécuter une danse. **2.** LITT Bouger avec des mouvements rapides : *les flammes dansent dans la cheminée.* ■ FIG **ne savoir sur quel pied danser :** ne savoir que décider. ◆ vt Exécuter une danse : *danser le tango.*

danseur, euse n **1.** Personne qui danse. **2.** Personne dont le métier est de danser. ■ **en danseuse :** debout sur les pédales d'une bicyclette.

dantesque adj Grandiose, colossal, effrayant.

DAO nm (sigle) Dessin assisté par ordinateur.

daphnie [dafni] nf Petit crustacé des eaux douces, nageant par saccades, d'où son nom usuel de *puce d'eau.*

dard nm **1.** Aiguillon de certains insectes. **2.** Langue du serpent.

darder vt LITT Lancer comme un dard : *le soleil darde ses rayons.*

dare-dare loc adv FAM En hâte.

darne nf Tranche de gros poisson : *une darne de saumon.*

darse nf MAR Bassin dans un port.

dartre nf Croûte ou irritation de la peau.

darwinien, enne adj De Darwin.

darwinisme nm Doctrine de Darwin, selon laquelle la lutte pour la vie et la sélection naturelle sont les mécanismes essentiels de l'évolution des êtres vivants.

DAT nm (sigle de *digital audio tape*) Bande magnétique servant de support d'enregistrement numérique du son, et parfois de l'image. ■ **cassette DAT :** cassette d'enregistrement utilisant ce type de bande.

datation nf Action de déterminer la date d'un événement, l'âge d'une roche, d'un objet ; date ainsi attribuée.

datcha nf Maison de campagne, en Russie.

date nf **1.** Indication du jour, du mois et de l'année ; nombre qui l'indique : *mettre la date ; date de naissance.* **2.** Moment, époque où se situe un événement : *des amis de longue date.* **3.** Événement d'une grande importance historique : *grande date de l'histoire.* ■ **date limite :** qu'on ne peut dépasser : *date limite de consommation, de vente.* ❑ **faire date :** marquer un moment important. ❑ **prendre date :** fixer un jour pour un rendez-vous.

dater vt **1.** Mettre la date : *dater une lettre.* **2.** Déterminer la date de : *dater un tableau.* ◆ vi **1.** Remonter à : *cela date d'hier.* **2.** Marquer une date importante : *cela datera dans l'histoire.* **3.** Être vieilli, démodé : *théorie qui date.* ■ **à dater de :** à partir de.

dateur nm et adj m Appareil qui indique ou imprime la date.

datif nm Dans les langues à déclinaisons, cas marquant l'attribution, la destination.

dation nf DR Action de donner : *dation de conseil judiciaire.*

datte nf Fruit à pulpe sucrée très nutritive du dattier.

dattier nm Palmier dont les fruits (dattes) sont groupés en longues grappes, ou régimes.

daube nf Mode de cuisson à l'étouffée de certaines viandes : *bœuf en daube*.

dauber vt et vi LITT Railler : *dauber (sur) quelqu'un*.

1. dauphin nm Mammifère marin vivant en troupes (ordre des cétacés).

2. dauphin nm **1.** (avec une majuscule) HIST Fils aîné du roi de France. **2.** FIG Successeur d'une personnalité.

dauphinois, e adj Du Dauphiné.

daurade ou **dorade** nf Poisson de la Méditerranée.

davantage adv **1.** Plus : *travailler davantage ; davantage de soupe*. **2.** Plus longtemps : *rester davantage*.

ORTHOGRAPHE Il ne faut pas confondre *davantage*, «plus», avec *d'avantage*, qui correspond à «de profit» : *je n'en tire pas d'avantage* («je n'en tire pas de profit»).

davier nm Instrument employé pour arracher les dents.

dB (symbole) Décibel.

DB nf (sigle) Division blindée.

DCA nf (sigle de *défense contre les aéronefs*) Défense antiaérienne.

DDT nm (sigle de *dichloro-diphényl-trichloréthane*) Insecticide puissant, très toxique, dont l'usage est interdit en France et dans de nombreux autres pays.

1. de prép **1.** Marque le point de départ, l'origine, l'auteur : *de Paris ; eau de source*. **2.** Avec : *saluer de la main*. **3.** Indique l'appartenance, la possession : *la maison de mes amis*. **4.** Introduit la caractérisation, la chose dont on parle : *une bouteille de vin ; la plupart des meubles*. **5.** Indique le moment, la durée : *le train de 10 heures ; voyager de nuit*. **6.** Indique un écart de temps, de longueur, de quantité : *distant de 5 km*. **7.** Indique un rapport distributif : *50 F de l'heure*. **8.** Indique la cause : *se tordre de rire*. **9.** Par : *aimé de tous*. **10.** Particule nobiliaire. **11.** Introduit un complément d'objet indirect ou second, un complément de nom ou de l'adjectif.

2. de, du, de la, des art partitifs précèdent les noms d'objets qu'on ne peut compter : *manger de la confiture*.

1. dé nm Fourreau de métal, pour protéger le doigt qui pousse l'aiguille.

2. dé nm **1.** Petit cube, à faces marquées de un à six, pour jouer. **2.** Petit morceau cubique : *des pommes de terre en dés*. ■ **les dés sont jetés** : c'est décidé, on ne peut revenir en arrière.

DEA nm (sigle de *diplôme d'études approfondies*) Anc. diplôme du troisième cycle de l'enseignement supérieur, préalable au doctorat, qui sanctionnait une année d'initiation à la recherche.

1. dealer [dilœr] nm ou **dealeur, euse** n FAM Revendeur de drogue.

2. dealer [dile] vt et vi FAM Revendre de la drogue.

déambulatoire nm Galerie qui tourne autour du chœur d'une église.

déambuler vi Se promener sans but précis.

débâcher vt Enlever une bâche.

débâcle nf **1.** Rupture des glaces à la surface d'un fleuve. **2.** FIG Déroute, effondrement, débandade.

déballage nm **1.** Action de déballer. **2.** Étalage de marchandises.

déballer vt **1.** Vider le contenu d'une caisse, d'un paquet. **2.** Étaler des marchandises.

débandade nf Action de se disperser en désordre ; déroute.

débander vt **1.** Ôter une bande, un bandeau. **2.** Diminuer la tension : *débander un ressort*.

débaptiser vt Changer le nom de : *débaptiser une rue*.

débarbouiller vt Laver, en particulier le visage. ◊ vpr : *elle s'est débarbouillée avant le dîner*.

débarcadère nm Jetée utilisée pour le débarquement des marchandises, des voyageurs sur la mer ou sur un fleuve.

débardeur nm **1.** Tricot très échancré, sans manches. **2.** Ouvrier employé au chargement et au déchargement des bateaux.

débarquement nm Action de débarquer des personnes, des marchandises.

débarquer vt Faire descendre des personnes, des marchandises d'un navire, d'un train, d'un avion. ◆ vi **1.** Quitter un navire, un train, etc. **2.** FAM Arriver à l'improviste.

débarras nm Lieu où l'on met les objets encombrants, inutiles. ■ **bon débarras** : exprime la satisfaction de se voir délivré de ce qui embarrassait.

débarrasser vt **1.** Enlever ce qui embarrasse, encombre : *débarrasser un grenier*. **2.** Dégager de ce qui est une gêne : *débarrasser quelqu'un de son manteau*. **3.** Faire en sorte que quelqu'un soit libéré de : *débarrasser d'une mauvaise habitude*. ■ **débarrasser la table** : enlever les couverts, les restes du repas. ◆ **se débarrasser** vpr [de] Se défaire de quelque chose, éloigner quelqu'un.

débat nm Discussion sur un sujet précis au cours de laquelle des avis différents s'expriment. ◆ **débats** pl Discussions dans une assemblée.

débatteur, euse n Orateur habile, à l'aise dans les débats publics.

débattre vt (conj 56) Examiner, mettre en discussion : *débattre un prix.* ◆ **se débattre** vpr Faire des efforts pour résister ou se dégager.
débauchage nm Action de débaucher un salarié.
débauche nf **1.** Recherche immodérée des plaisirs sensuels. **2.** FIG Abondance excessive : *une débauche de compliments.*
débauché, e adj et n Qui se livre à la débauche.
débaucher vt **1.** Licencier, faire perdre son emploi à. **2.** Inciter à la débauche. **3.** FAM Détourner quelqu'un de ses occupations, de son travail.
débile adj **1.** Faible, peu résistant. **2.** FAM Idiot, bête. ◆ n FAM Idiot. ■ **débile mental** ou **débile** : sujet atteint de débilité mentale.
débilitant, e adj Qui débilite.
débilité nf ■ **débilité mentale** : forme d'arriération mentale dans laquelle l'âge mental reste très inférieur à l'âge réel du malade.
débiliter vt Affaiblir physiquement ou moralement : *climat qui débilite.*
débiner vt FAM Dénigrer. ◆ **se débiner** vpr FAM S'enfuir.
débit nm **1.** Vente rapide et continue de marchandises au détail : *marchandise de débit facile.* **2.** Endroit où l'on vend au détail : *débit de tabac.* **3.** Quantité de liquide, de gaz, d'électricité, etc., fournie par une source quelconque en un temps donné : *débit d'un cours d'eau.* **4.** FIG Manière de parler, de lire : *débit monotone.* **5.** Compte des sommes dues ; partie d'un compte où sont portées ces sommes. CONTR : crédit. ■ INFORM, TÉLÉCOMM **haut débit** : se dit d'une technologie qui permet la transmission rapide de fichiers informatiques ou de contenus multimédias. (cf. **UMTS**)
débitant, e n Personne qui vend au détail.
débiter vt **1.** Vendre au détail : *débiter du vin.* **2.** Découper en morceaux : *débiter du bois.* **3.** Fournir une quantité de liquide, de gaz, etc., en un temps donné : *débiter 300 litres à l'heure.* **4.** FIG Énoncer d'une manière monotone : *débiter des vers.* **5.** PÉJOR Raconter, répandre : *débiter des sottises.* **6.** Porter au débit d'un compte : *débiter une somme.*
débiteur, trice n **1.** Personne qui a une dette d'argent. **2.** Personne qui a une dette morale envers quelqu'un. ◆ adj En débit : *un compte débiteur.*
déblai nm Enlèvement de terre pour niveler ou abaisser le sol. ◆ **déblais** pl Terre ou gravats qu'on retire d'un chantier.
déblaiement ou **déblayage** nm Action de déblayer.
déblatérer vt ind [contre] FAM Dire du mal, se répandre en médisances.
déblayage nm → **déblaiement**.
déblayer [debleje] vt (conj 4) Dégager de ce qui encombre. ■ FIG **déblayer le terrain** : résoudre les difficultés préalables.
déblocage nm Action de débloquer.
débloquer vt **1.** Remettre en mouvement ; desserrer : *débloquer un verrou.* **2.** Remettre en circulation, en particulier de l'argent : *débloquer des crédits.* **3.** FIG Lever les obstacles qui bloquaient une situation.
déboguer vt INFORM Supprimer les bogues d'un programme.
déboire nm (surtout au pluriel) Déception, malchance : *il a connu bien des déboires.*
déboisement nm Action de déboiser.
déboiser vt Couper les arbres d'un terrain.
déboîtement nm Déplacement d'un os hors de son articulation.
déboîter vt **1.** Ôter de sa place un objet encastré dans un autre : *déboîter des tuyaux.* **2.** Faire sortir un os de son articulation : *le choc lui a déboîté l'épaule.* ◆ vi Sortir d'une file, en parlant d'une voiture.
débonder vt Ouvrir en ôtant la bonde : *débonder un tonneau.*
débonnaire adj Doux, bienveillant.
débordant, e adj Qui se manifeste avec force : *joie débordante.*
débordement nm **1.** Action de déborder : *débordement d'un fleuve.* **2.** Profusion : *débordement d'injures.*
déborder vi **1.** Se répandre par-dessus bord : *lait qui déborde.* **2.** Être trop plein, laisser échapper son contenu : *la baignoire déborde.* **3.** Manifester un sentiment avec force : *déborder d'enthousiasme.* **4.** Dépasser le ou les bords. ◆ vt S'étendre au-delà de la limite de quelque chose : *la terrasse déborde la maison.* ■ **être débordé de travail** : en avoir trop.
débotté nm ■ **au débotté** : immédiatement.
débouché nm **1.** Endroit où aboutit un chemin, une route, etc. **2.** FIG Pour une marchandise, possibilité de vente. **3.** (surtout au pluriel) Carrière ouverte à quelqu'un ; *profession qui offre des débouchés.*
déboucher vt Ôter ce qui bouche : *déboucher un lavabo, une bouteille.* ◆ vi **1.** Apparaître soudainement : *voiture qui débouche d'une ruelle.* **2.** Arriver dans, aboutir à : *je ne sais pas où cette rue débouche.* ◆ vt ind [sur] Avoir comme effet, comme conséquence : *la discussion n'a débouché sur rien de précis.*
déboucheur nm Produit utilisé pour déboucher une canalisation d'évier, de baignoire, etc.
déboucler vt **1.** Défaire des boucles. **2.** Ouvrir la boucle qui retient.

débouler vi et vt Descendre rapidement d'un endroit : *il a déboulé du haut de la rue sans prévenir ; débouler un escalier.*

déboulonnement ou **déboulonnage** nm Action de déboulonner.

déboulonner vt **1.** Démonter en ôtant les boulons. **2.** FIG Faire perdre sa place, son prestige.

débourrer vt **1.** Ôter la bourre. **2.** Vider une pipe.

débours nm (surtout au pluriel) Argent avancé : *rentrer dans ses débours.*

déboursement nm Action de débourser.

débourser vt **1.** Dépenser. **2.** Payer.

déboussoler vt FAM Désorienter, déconcerter.

debout adv **1.** Dans la position verticale : *rester debout.* **2.** Hors du lit, levé : *être debout très tôt.* **3.** En bon état, non détruit : *un mur ancien qui est encore debout.* ■ **vent debout :** (a) MAR contraire à la direction qu'on veut suivre. (b) FIG totalement opposé (à) : *l'opposition est vent debout contre cette loi.* ❏ FIG **tenir debout :** être crédible, cohérent : *une histoire qui ne tient pas debout.*

GRAMMAIRE Comme *debout* est un adverbe, il est invariable : *tous debout ; des maisons debout.*

débouter vt DR Rejeter une demande en justice.

déboutonner vt Faire sortir un bouton de sa boutonnière. ◆ **se déboutonner** vpr FAM Parler à cœur ouvert.

débraillé, e adj Dont les vêtements sont en désordre. ◆ nm Tenue négligée.

débrancher vt Supprimer une connexion, un branchement.

débrayage nm Action de débrayer.

débrayer [debreje] vt (conj 4) **1.** Supprimer la liaison entre l'arbre moteur et un arbre secondaire, une poulie, un outil. **2.** (sans complément) Actionner la pédale d'embrayage de manière à supprimer la liaison entre les roues et le moteur d'une voiture pour passer les vitesses. ◆ vi FAM Arrêter le travail, se mettre en grève.

débridé, e adj Sans retenue, effréné : *imagination débridée.*

débrider vt **1.** Ôter la bride à une bête de somme. **2.** CHIR Inciser les brides ou les tissus qui étranglent un organe, une plaie.

débris nm Morceau, fragment d'une chose détruite, brisée.

débrouillard, e adj et n FAM Qui sait se débrouiller.

débrouillardise nf FAM Habileté à se tirer d'affaire.

débrouiller vt **1.** Démêler, remettre en ordre : *débrouiller les fils d'une pelote.* **2.** FIG Éclaircir : *débrouiller une intrigue.* ◆ **se débrouiller** vpr FAM Se tirer d'affaire en faisant preuve d'ingéniosité.

débroussaillage ou **débroussaillement** nm Action de débroussailler ; fait d'être débroussaillé.

débroussailler vt **1.** Débarrasser des broussailles. **2.** Commencer à préparer, à étudier.

1. débucher vi Sortir du bois, en parlant du gibier. ◆ vt Faire sortir le gibier du bois.

2. débucher nm VÉNER Moment où la bête chassée débuche.

débusquer vt Faire sortir de sa retraite, de son refuge : *débusquer l'ennemi.*

début nm Commencement de quelque chose, d'une action : *début de l'année ; au début d'un livre.* ◆ **débuts** pl Entrée dans une carrière : *faire ses débuts.*

débutant, e n et adj Personne qui débute.

débuter vi **1.** Commencer, en parlant d'une chose, d'une action : *la séance débute à 14 heures.* **2.** Faire ses premiers pas dans une carrière, un emploi.

EMPLOI Le verbe *débuter* étant intransitif, il est incorrect de dire : *il a débuté la séance à 14 heures.*

deçà adv ■ **deçà delà :** de côté et d'autre. ◆ loc prép ■ **en deçà de :** (a) De ce côté-ci de : *en deçà des Pyrénées* (b) au-dessous de : *en deçà de la vérité.*

déca nm (abréviation de *décaféiné*) FAM Café décaféiné.

décacheter vt (conj 8) Ouvrir ce qui est cacheté : *décacheter une enveloppe, une bouteille.*

décadaire adj Relatif aux décades du calendrier républicain.

décade nf **1.** Période de dix jours, dans le calendrier républicain. **2.** FAM Période de dix ans ; décennie.

décadence nf Commencement de la ruine, perte de prestige ; déclin.

décadent, e adj et n En décadence.

décadi nm Dixième jour de la décade, dans le calendrier républicain.

décaèdre nm MATH Solide à dix faces.

décaféiné, e adj Sans caféine. ◆ nm Café décaféiné.

décagone nm MATH Polygone à dix côtés.

décalage nm **1.** Action de décaler. **2.** Écart dans le temps : *décalage horaire.*

décalcification nf Diminution de la quantité de calcium contenue dans l'organisme.

décalcifier vt Faire perdre à un organisme le calcium qui lui est nécessaire.

décalcomanie nf Procédé qui permet de reporter des images coloriées sur un support quelconque ; image ainsi obtenue.

décaler vt Déplacer dans l'espace ou dans le temps.
décalitre nm Mesure de capacité de dix litres ; symb : dal.
décalotter vt Dégager le gland en tirant le prépuce vers le bas de la verge.
décalquage ou **décalque** nm Action de décalquer ; son résultat.
décalquer vt Reproduire un dessin à l'aide d'une feuille de papier transparent.
décamètre nm Mesure de longueur de dix mètres ; symb : dam.
décamper vi FAM Partir précipitamment, s'enfuir.
décan nm Zone de dix degrés de longitude constituant chacune des trois parties de chaque signe zodiacal : *être Taureau du premier décan*.
décantation nf Action de décanter.
décanter vt Débarrasser un liquide de ses impuretés en les laissant se déposer au fond. ■ FAM **laisser décanter** : attendre, afin qu'une situation s'éclaircisse. ◆ **se décanter** vpr Devenir plus clair : *ses idées se décantent*.
décapage nm Action de décaper.
décapant nm Produit qui décape.
décaper vt Débarrasser une surface d'une couche de peinture, d'enduit qui y adhère fortement.
décapitation nf Action de décapiter.
décapiter vt **1.** Trancher la tête. **2.** FIG Priver un parti de ses dirigeants.
décapode nm Crustacé à cinq paires de pattes (écrevisse, crabe, etc.).
décapotable nf et adj Voiture dont la capote peut être repliée ou enlevée.
décapoter vt Replier la capote d'une voiture, d'un landau, etc.
décapsuler vt Ôter la capsule de : *décapsuler une bouteille*.
décapsuleur nm Petit instrument de métal pour enlever la capsule d'une bouteille.
décarboner vt Limiter ou réduire les émissions de dioxyde de carbone d'un appareil, d'un processus de production, etc.
décarcasser (se) vpr FAM Se débrouiller pour, faire en sorte que.
décasyllabe nm et adj Vers de dix syllabes.
décathlon nm Épreuve d'athlétisme comprenant dix spécialités.
décathlonien nm Athlète spécialisé dans le décathlon ; athlète qui participe à un décathlon.
décati, e adj FAM Qui a perdu sa fraîcheur, sa jeunesse.
décatir vt Ôter l'apprêt d'une étoffe. ◆ **se décatir** vpr Perdre sa fraîcheur, sa jeunesse.
décavé, e adj FAM, VIEILLI Ruiné.
décéder vi (conj 10 ; auxil : *être*) Mourir de mort naturelle, en parlant de quelqu'un.
déceler vt (conj 5) **1.** Parvenir à distinguer d'après des indices ; découvrir, remarquer. **2.** Montrer, révéler : *le ton de sa voix décelait de l'inquiétude*.
décélération nf Réduction de la vitesse d'un véhicule ; ralentissement.
décélérer vi (conj 10) Réduire la vitesse d'un véhicule.
décembre nm Douzième et dernier mois de l'année.
décemment [desamɑ̃] adv **1.** De façon décente, correcte. **2.** Honnêtement, raisonnablement.
décence nf Respect des bonnes mœurs, des convenances ; bienséance.
décennal, e, aux adj **1.** Qui dure dix ans : *des fonctions décennales*. **2.** Qui revient tous les dix ans : *des fêtes décennales*.
décennie nf Période de dix ans.
décent, e adj **1.** Qui respecte les convenances : *tenue décente*. **2.** Convenable, suffisant, correct : *salaire décent*.
décentrage nm Action de décentrer.
décentralisateur, trice adj Relatif à la décentralisation.
décentralisation nf Action de décentraliser ; son résultat.
décentraliser vt Donner une certaine autonomie par rapport à un pouvoir central : *décentraliser des organismes*.
décentrer vt Déplacer le centre de : *décentrer un objectif*.
déception nf Fait d'être déçu, trompé dans son attente ; désillusion.
décerner vt Attribuer (un prix, une récompense).
décès nm Mort d'une personne.
décevant, e adj Qui déçoit : *réponse décevante*.
décevoir vt (conj 34) Ne pas répondre aux espoirs, à l'attente de.
déchaîné, e adj Qui se manifeste dans toute sa violence ; emporté, excité : *enfant déchaîné ; flots déchaînés*.
déchaînement nm Emportement extrême : *déchaînement de colère*.
déchaîner vt Donner libre cours à, déclencher : *déchaîner l'hilarité*. ◆ **se déchaîner** vpr Se manifester très violemment, s'emporter.
déchanter vi Être amené, par une déception, à rabattre de ses espérances.
décharge nf **1.** Projectiles tirés par une ou plusieurs armes à feu. **2.** PHYS Perte de charge d'un corps électrisé. **3.** Lieu où l'on jette les ordures. **4.** CANADA Cours d'eau dans lequel s'écoule le trop-plein d'un lac. **5.** Acte par lequel on tient quitte d'une obligation :

signer une décharge. ■ **à sa décharge :** pour diminuer sa responsabilité. ❑ **témoin à décharge :** qui témoigne en faveur de l'accusé.

déchargement nm Action de décharger.

décharger vt (conj 2) **1.** Ôter la charge, le chargement. **2.** FIG Soulager : *décharger sa conscience.* **3.** Faire partir une arme à feu. **4.** Soulager quelqu'un d'un travail, d'une responsabilité. ◆ **se décharger** vpr S'en remettre à quelqu'un pour la surveillance, l'exécution de.

décharné, e adj Très maigre : *visage décharné.*

déchaussement nm Mise à nu du collet d'une dent.

déchausser vt Ôter à quelqu'un sa chaussure. ◆ **se déchausser** vpr **1.** Ôter ses chaussures. **2.** Sortir de la gencive, en parlant d'une dent.

dèche nf FAM Misère, manque d'argent.

déchéance nf Fait de se retrouver dans un état physique ou moral plus bas, très bas ; avilissement.

déchet nm Résidu : *déchets radioactifs.*

Déchetterie nf (nom déposé) Lieu aménagé pour le dépôt des déchets recyclables.

déchiffrable adj Qui peut être déchiffré.

déchiffrage nm Action de déchiffrer de la musique.

déchiffrement nm Action de déchiffrer.

déchiffrer vt **1.** Lire un texte illisible ou peu compréhensible. **2.** Lire de la musique à première vue. **3.** FIG Comprendre, deviner ce qui est obscur : *déchiffrer une énigme.*

déchiqueter vt (conj 8) Déchirer en petits morceaux ; mettre en lambeaux.

déchirant, e adj Qui navre, déchire le cœur : *cris déchirants.*

déchirement nm **1.** Action de déchirer ; fait d'être déchiré. **2.** Grande douleur morale. ◆ **déchirements** pl Troubles, dissensions : *déchirements politiques.*

déchirer vt **1.** Rompre, mettre en pièces : *déchirer une lettre.* **2.** Faire un accroc à : *déchirer un habit.* **3.** Diviser par des troubles : *la guerre civile déchire le pays.* **4.** FIG Causer une vive douleur : *départ qui déchire le cœur.* ◆ **se déchirer** vpr **1.** Se séparer accidentellement en plusieurs parties : *l'étoffe s'est déchirée.* **2.** Se causer mutuellement de grandes souffrances morales. ■ **se déchirer un muscle :** se rompre ou se distendre des fibres musculaires.

déchirure nf Partie déchirée de quelque chose ; accroc. ■ **déchirure musculaire :** rupture violente de nombreuses fibres musculaires.

déchoir vi (conj 49) Tomber dans une situation plus basse, inférieure. ■ **être déchu de :** destitué de (un titre, une fonction).

déchristianisation nf Action de déchristianiser.

déchristianiser [dekristjanize] vt Faire perdre la foi chrétienne, la pratique religieuse.

déchu, e adj Qui a perdu son autorité, sa dignité.

déci nm SUISSE Dans les cafés, mesure d'un décilitre de vin.

décibel nm Unité servant à évaluer l'intensité des sons.

décidé, e adj Résolu, ferme : *air décidé.*

décidément adv En définitive, manifestement.

décider vt **1.** Déterminer, décréter quelque chose : *décider l'envoi de vivres.* **2.** Amener, pousser quelqu'un à agir : *rien à faire pour le décider.* ◆ vt ind [de] Prendre la décision de : *décider de partir.* ◆ vi Prendre une, des décisions. ◆ **se décider** vpr Se déterminer à.

décideur, euse n Personne qui possède un pouvoir de décision.

décigrade nm Dixième partie du grade.

décilitre nm Dixième partie du litre ; symb : dl.

décimal, e, aux adj Fondé sur le groupement des unités par dizaines : *calcul décimal.* ■ **nombre décimal :** qui comporte des sous-multiples de l'unité après la virgule. ❑ **numération décimale :** système de numération qui utilise dix chiffres.

décimale nf Chacun des chiffres placés à droite de la virgule dans un nombre décimal.

décimer vt Faire périr un grand nombre de personnes ou d'animaux.

décimètre nm **1.** Dixième partie du mètre ; symb : dm. **2.** Règle divisée en centimètres et millimètres : *double décimètre.*

décisif, ive adj Qui conduit à un résultat définitif : *victoire décisive.*

décision nf Action de décider, de se décider ; chose décidée ; résolution.

décisionnaire adj Qui concerne une prise de décision : *pouvoir décisionnaire.* ◆ n Personne qui a le pouvoir de prendre une décision.

déclamation nf PÉJOR Discours pompeux.

déclamatoire adj Qui relève de l'emphase, pompeux : *style déclamatoire.*

déclamer vt Réciter un texte avec solennité, emphase.

déclaratif, ive adj Qui contient une déclaration. ■ GRAMM **verbe déclaratif :** qui exprime une énonciation (EX : *dire, déclarer*).

déclaration nf **1.** Action de déclarer, de se déclarer ; parole déclarée : *faire une déclaration à la presse.* **2.** Communication officielle de renseignements à l'Administration ; formulaire destiné à cette communication : *déclaration de vol, de grossesse.* ■ **faire une déclaration à quelqu'un :** dire à quelqu'un qu'on est amoureux de lui. ❑ **déclaration de revenus, d'impôts :** communication de ses revenus à l'Administration.

déclaré, e adj Se dit de ce qui est clair, exprimé ; manifeste : *ennemi déclaré.*

déclarer vt **1.** Faire connaître officiellement : *déclarer ses intentions.* **2.** Fournir certains renseignements : *déclarer des marchandises à la douane.* ■ **déclarer la guerre :** la signifier officiellement. ◆ **se déclarer** vpr **1.** Se manifester : *maladie qui se déclare.* **2.** Faire une déclaration d'amour.

déclassé, e adj et n Passé dans une catégorie inférieure : *joueur déclassé.*

déclassement nm **1.** Action de déclasser ; fait d'être déclassé. **2.** Fait de passer à une catégorie sociale inférieure : *le déclassement des classes moyennes.*

déclasser vt **1.** Déranger des objets classés. **2.** Faire passer dans une condition plus médiocre, dans une catégorie inférieure : *déclasser un hôtel.*

déclassifier vt MIL Supprimer les restrictions d'accès à des documents classifiés.

déclenchement nm Action de déclencher ; fait d'être déclenché.

déclencher vt **1.** Mettre en mouvement : *déclencher un mécanisme.* **2.** Commencer brusquement : *déclencher une grève.*

déclencheur nm Pièce d'un mécanisme qui en déclenche le fonctionnement : *le déclencheur d'un appareil photographique.*

déclic nm **1.** Pièce destinée à déclencher un mécanisme. **2.** Bruit sec que fait un mécanisme qui se déclenche. ■ **avoir un déclic :** comprendre tout d'un coup quelque chose.

déclin nm État de ce qui décline ; période où cela se produit.

déclinable adj Qui peut être décliné.

déclinaison nf **1.** GRAMM Dans les langues à flexions, modification des désinences, suivant les genres, les nombres et les cas. **2.** ASTRON Distance d'un astre à l'équateur céleste. **3.** Angle que l'aiguille aimantée fait avec le méridien géographique. **4.** COMM Action de décliner un produit.

déclinant, e adj Qui décline.

décliner vi Perdre de sa vigueur, aller vers son déclin : *décliner avec l'âge ; le jour décline.* ◆ vt **1.** Écarter, refuser : *décliner un honneur.* **2.** Dire, énoncer : *décliner son nom.* **3.** GRAMM Faire varier dans sa désinence suivant les genres, nombres et cas. **4.** COMM Présenter un produit sous différentes formes : *décliner un parfum.* **5.** DR Rejeter la compétence d'un tribunal.

déclive adj Qui va en pente, incliné.

déclivité nf État de ce qui est en pente ; pente, inclinaison.

décloisonner vt Enlever les obstacles qui isolent certains services, certaines activités les uns des autres.

déclouer vt Défaire ce qui est cloué : *déclouer une caisse.*

décocher vt **1.** Lancer : *décocher une flèche.* **2.** FIG Dire avec brusquerie : *décocher une critique.*

décoction nf Action de faire bouillir des plantes dans un liquide ; le liquide obtenu.

décodage nm Action de décoder.

décoder vt Traduire un message codé en langage clair.

1. décodeur nm Appareil destiné à décoder des signaux de télévision cryptés à l'émission.

2. décodeur, euse n Personne qui décode un message, un texte.

décoiffer vt Défaire la coiffure, déranger les cheveux.

décoincer vt Dégager ce qui est coincé.

décolérer vi (conj 10) ■ **ne pas décolérer :** ne pas cesser d'être en colère.

décollage nm Action de décoller, de quitter le sol.

décollation nf LITT Décapitation.

décollé, e adj Se dit de ce qui n'est plus collé par la colle. ■ **oreilles décollées :** qui se détachent du crâne plus que la normale.

décollement nm Action de décoller ; fait de se décoller : *décollement de la rétine.*

décoller vt Détacher ce qui est collé, ce qui adhère. ◆ vi Quitter le sol, en parlant d'un avion, etc.

1. décolleté nm **1.** Partie décolletée d'un vêtement de femme. **2.** Partie de la gorge et des épaules laissée à nu par un corsage, une robe.

2. décolleté, e adj **1.** Dont les épaules et le cou sont découverts. **2.** Qui laisse les épaules et le cou découverts.

décolleter vt (conj 8) Rabattre ou couper plus ou moins largement l'encolure d'un vêtement.

décolonisation nf Action de décoloniser ; situation qui en résulte.

décoloniser vt Mettre fin à un régime colonial, donner l'indépendance à un pays colonisé.

décoloration nf **1.** Action de décolorer des cheveux. **2.** Disparition ou atténuation de la couleur de.

décoloré, e adj ■ **cheveux décolorés :** dont la couleur naturelle est éclaircie.

décolorer vt Enlever, altérer, changer la couleur de.

décombres nm pl Débris d'un édifice démoli ou écroulé.

décommander vt Annuler une commande, une invitation, un rendez-vous.

décomplexer vt FAM Faire perdre ses complexes à quelqu'un.

décomposer vt Séparer en ses éléments constituants : *décomposer l'eau.* ◆ **se décomposer** vpr **1.** Pourrir, se putréfier. **2.** FIG S'altérer, se modifier, en parlant des traits du visage.

décomposition nf **1.** Séparation d'un corps en ses constituants. **2.** Désagrégation, putréfaction. **3.** FIG Altération profonde ; trouble.

décompresser vi FAM Relâcher sa tension nerveuse.

décompression nf Diminution de la pression.

décomprimer vt Faire cesser ou diminuer la compression de : *décomprimer un gaz.*

décompte nm **1.** Décomposition d'une somme en ses éléments de détail. **2.** Somme déduite d'un compte.

décompter vt Soustraire une somme d'un compte, déduire.

déconcentrer vt Faire perdre son attention à quelqu'un. ◆ **se déconcentrer** vpr Perdre sa concentration ; se disperser.

déconcertant, e adj Qui déconcerte.

déconcerter vt Troubler profondément, jeter dans l'incertitude, désorienter.

déconfit, e adj Décontenancé et dépité.

déconfiture nf Déroute, échec, faillite.

décongélation nf Action de décongeler.

décongeler vt (conj 5) Ramener un corps congelé à la température ambiante.

décongestionner vt **1.** Faire cesser la congestion de. **2.** Faciliter la circulation ; désencombrer.

déconnecter vt Faire cesser une connexion ; débrancher. ◆ vi ou **se déconnecter** vpr FAM Perdre le contact avec la réalité : *depuis son divorce, il a déconnecté.*

déconseiller vt Conseiller de ne pas faire.

déconsidération nf LITT Discrédit.

déconsidérer vt (conj 10) Faire perdre la considération, l'estime à quelqu'un ; discréditer.

décontamination nf **1.** Élimination ou réduction des éléments d'une contamination. **2.** Élimination ou réduction des substances radioactives qui ont pollué un milieu.

décontenancer vt (conj 1) Faire perdre contenance ; troubler, démonter.

décontracté, e adj FAM Détendu.

décontracter vt **1.** Réduire ou faire cesser la contraction de quelque chose. **2.** Réduire la tension psychique de quelqu'un ; apaiser. ◆ **se décontracter** vpr Se détendre, diminuer sa tension psychique.

décontraction nf **1.** Action de décontracter un muscle. **2.** Fait de se décontracter ; détente. **3.** FIG Aisance excessive ; désinvolture.

déconvenue nf Déception.

décor nm **1.** Ensemble de ce qui sert à décorer, disposition de certains éléments produisant un effet ornemental. **2.** Ensemble des accessoires utilisés au théâtre ou au cinéma pour figurer le lieu de l'action. ■ FAM **aller, foncer dans le décor :** en parlant d'un véhicule, quitter la route accidentellement.

décorateur, trice n **1.** Personne chargée de décorer un appartement. **2.** Personne qui conçoit les décors d'un film, d'une pièce de théâtre.

décoratif, ive adj Relatif, propre à la décoration : *arts décoratifs.*

décoration nf **1.** Action de décorer ; ensemble de ce qui décore. **2.** Art du décorateur. **3.** Insigne d'une distinction honorifique.

décorer vt **1.** Pourvoir d'éléments destinés à embellir : *décorer un appartement.* **2.** En parlant d'un ornement, être un élément d'embellissement : *les guirlandes qui décorent la salle.* **3.** Conférer une décoration à quelqu'un.

décortiquer vt **1.** Enlever l'écorce de. **2.** FIG Analyser minutieusement un texte, une phrase.

décorum [dekɔrɔm] nm inv Ensemble des convenances en usage dans une bonne société ou dans certaines circonstances ; cérémonial.

découcher vi Ne pas rentrer coucher chez soi.

découdre vt (conj 59) Défaire ce qui est cousu. ◆ vi ■ **en découdre :** (a) En venir aux mains (b) se quereller.

découler vt ind [de] Dériver, résulter de.

découpage nm **1.** Action, manière de découper. **2.** Dessin destiné à être découpé. ■ **découpage électoral :** division d'un territoire en circonscriptions.

découpe nf Action de découper ; son résultat. ■ **vente à la découpe :** vente appartement par appartement d'un immeuble détenu par un investisseur, le plus souvent en vue de réaliser une plus-value.

découpé, e adj Dont les contours sont marqués de dents ou d'échancrures : *côte découpée.*

découper vt **1.** Couper en morceaux, en parts : *découper un gâteau.* **2.** Couper en suivant les contours : *découper une image.* ◆ **se découper** vpr [sur] Se détacher sur un fond.

découplé, e adj ■ **bien découplé** : qui a un corps harmonieusement proportionné.

découpure nf **1.** Morceau d'objet découpé. **2.** Entaille faite à un objet découpé. **3.** GÉOGR Accident dans le contour d'une côte.

décourageant, e adj Qui décourage.

découragement nm Perte de courage, abattement ; démoralisation.

décourager vt (conj 2) **1.** Ôter le courage, l'énergie de ; démoraliser : *les difficultés l'ont découragé.* **2.** Dissuader : *je l'ai découragé de sortir.* ◆ **se décourager** vpr Perdre courage.

décousu, e adj **1.** Dont la couture est défaite. **2.** FIG Qui manque de logique, de suite dans les idées : *style décousu.*

1. découvert nm FINANCES Prêt à court terme accordé par une banque au titulaire d'un compte. ■ **à découvert** : sans rien dissimuler, en toute sincérité. ❑ **être à découvert** : avoir un découvert sur son compte.

2. découvert, e adj Qui n'est pas couvert. ■ **à visage découvert** : franchement. ❑ **pays découvert** : peu boisé.

découverte nf **1.** Action de découvrir. **2.** Chose ou personne découverte.

découvreur, euse n Personne qui fait une découverte.

découvrir vt (conj 16) **1.** Ôter ce qui couvre : *découvrir une statue.* **2.** Trouver ce qui était inconnu, caché, ignoré : *découvrir un vaccin, un trésor, un secret.* **3.** Commencer à apercevoir : *d'ici, on découvre le mont Blanc.* **4.** Laisser voir, révéler : *découvrir ses intentions.* ◆ **se découvrir** vpr **1.** Ôter ce dont on est couvert : *enfant qui se découvre la nuit.* **2.** S'éclaircir, en parlant du temps. **3.** Ôter son chapeau.

décrassage nm Action de décrasser.

décrasser vt Ôter la crasse de ; nettoyer.

décrédibiliser vt Faire perdre sa crédibilité à.

décrépir vt Enlever le crépi de.

décrépit, e adj Affaibli par l'âge.

décrépitude nf Affaiblissement général dû à la vieillesse.

decrescendo [dekreʃɛndo] adv MUS En diminuant progressivement l'intensité des sons.

décret nm Décision du pouvoir gouvernemental dont les effets sont semblables à ceux des lois.

décréter vt (conj 10) **1.** Ordonner par un décret. **2.** Décider, déclarer avec autorité.

décrier vt LITT Déprécier, dire du mal de.

décrire vt (conj 71) **1.** Représenter, dépeindre par l'écriture ou la parole. **2.** Tracer ou parcourir : *décrire une courbe.*

décrisper vt Rendre moins tendu, moins crispé.

décrochage nm **1.** Action de décrocher. **2.** TÉLÉCOMM Passage d'un émetteur à un autre.

décrochement nm Partie en retrait d'une maison, d'un mur.

décrocher vt **1.** Détacher un objet accroché. **2.** FAM Obtenir : *décrocher une bourse.* ■ **décrocher (le téléphone)** : enlever le combiné du téléphone de son support pour appeler ou répondre. ◆ vi Cesser de s'intéresser à qqch.

décroiser vt Séparer ce qui était croisé : *décroiser les bras.*

décroissance nf **1.** Fait de décroître. **2.** ÉCON Politique préconisant de renoncer au mode de croissance capitaliste afin de réduire les effets de l'empreinte écologique sur la planète.

décroissant, e adj Qui décroît.

décroître vi (conj 66) Diminuer progressivement.

décrotter vt Ôter la boue de.

décrottoir nm Lame métallique pour ôter la boue des chaussures.

décrue nf Baisse de niveau des eaux fluviales.

décryptage nm Action de décrypter.

décrypter vt **1.** Déchiffrer un texte rédigé en un code qu'on ne connaît pas ; décoder. **2.** FIG Percer le sens caché, la signification profonde de quelque chose : *décrypter les manœuvres d'un adversaire.*

déçu, e adj Qui a éprouvé une déception. ■ **espoir déçu** : non réalisé. ◆ n Personne déçue : *les déçus de la politique.*

déculottée nf FAM Défaite cuisante.

déculotter vt Ôter la culotte, le pantalon de.

déculpabilisation nf Suppression du sentiment de culpabilité.

déculpabiliser vt Supprimer tout sentiment de culpabilité.

décuple nm et adj Dix fois aussi grand : *somme décuple d'une autre.*

décupler vt **1.** Rendre dix fois aussi grand. **2.** FIG Augmenter de façon notable.

décurie nf ANTIQ ROM Groupe de dix soldats ou de dix citoyens.

dédaigner vt **1.** Traiter ou regarder avec dédain, mépriser. **2.** Refuser, repousser qqch : *dédaigner une offre ; dédaigner de répondre.*

dédaigneusement adv Avec dédain.

dédaigneux, euse adj Qui manifeste, exprime du dédain.

dédain nm Mépris hautain : *air de dédain.*

dédale nm **1.** Ensemble compliqué de rues, de chemins où l'on s'égare ; labyrinthe. **2.** Ensemble embrouillé et confus : *le dédale des lois.*

dedans adv À l'intérieur. ■ **en dedans (de) :** à l'intérieur (de). ❑ FAM **mettre dedans :** induire en erreur. ◆ nm Partie intérieure.

dédicace nf Formule par laquelle un auteur fait hommage de son livre à quelqu'un.

dédicacer vt (conj 1) Rédiger une dédicace.

dédier vt [à] **1.** Faire hommage d'un livre ou d'une œuvre artistique à quelqu'un. **2.** Offrir, consacrer à : *dédier sa vie au cinéma.*

dédire (se) vpr (conj 72) **1.** Dire le contraire de ce qu'on a affirmé précédemment ; se rétracter. **2.** Ne pas tenir parole.

dédit nm **1.** Action de se dédire. **2.** Refus d'exécuter les clauses d'un contrat ; somme à payer dans ce cas.

dédommagement nm Réparation d'un dommage ; compensation.

dédommager vt (conj 2) **1.** Réparer un dommage, un préjudice ; indemniser. **2.** Donner une compensation.

dédouanement nm Action de dédouaner.

dédouaner vt **1.** Faire sortir une marchandise en acquittant les droits de douane. **2.** FIG Relever quelqu'un du discrédit dans lequel il était tombé.

dédoublement nm Action de dédoubler ; fait de se dédoubler.

dédoubler vt Partager en deux : *dédoubler une classe.* ■ **dédoubler un train :** faire partir deux trains au lieu d'un, en raison de l'affluence des voyageurs. ◆ **se dédoubler** vpr Perdre l'unité de sa personnalité.

VOCABULAIRE En *dédoublant,* on divise ; en *doublant,* on multiplie.

dédramatisation nf Action de dédramatiser.

dédramatiser vt Enlever à quelque chose son caractère de drame, de crise : *dédramatiser un problème.*

déductible adj Qui peut être déduit : *frais déductibles des impôts.*

déductif, ive adj Qui procède par déduction : *esprit, raisonnement déductif.*

déduction nf **1.** Conséquence tirée d'un raisonnement, conclusion. **2.** Action de déduire, de retrancher : *déduction des frais.*

déduire vt (conj 70) **1.** Tirer une conséquence, conclure. **2.** Retrancher : *déduire une somme.*

déesse nf Divinité féminine.

de facto [defakto] loc adv De fait : *gouvernement reconnu de facto* (par opposition à *de jure*).

défaillance nf **1.** Perte momentanée des forces physiques ou mentales ; malaise : *défaillance cardiaque.* **2.** Défaut de fonctionnement : *l'accident est dû à une défaillance du moteur.*

défaillant, e adj **1.** Qui défaille. **2.** Qui fait défaut : *témoin défaillant.*

défaillir vi (conj 23) **1.** Perdre ses forces physiques ou morales. **2.** Faire défaut, manquer : *sa mémoire commence à défaillir.*

défaire vt (conj 76) **1.** Remettre dans l'état premier : *défaire un ourlet, une couture.* **2.** Modifier l'ordre, l'arrangement de quelque chose : *défaire un lit ; défaire sa cravate.* **3.** Vider le contenu de ; déballer : *défaire sa valise.* **4.** LITT Délivrer, débarrasser quelqu'un de : *qui pourrait le défaire de cette manie ?* ◆ **se défaire** vpr **1.** Cesser d'être assemblé : *nœud qui s'est défait.* **2.** [de] Se débarrasser de : *se défaire d'un tic.*

défait, e adj Décomposé, bouleversé : *visage défait.*

défaite nf **1.** Bataille perdue. **2.** Échec, revers : *défaite électorale.*

défaitisme nm État d'esprit, attitude de celui qui s'attend à subir une défaite, un échec.

défaitiste adj et n Qui fait preuve de défaitisme.

défalcation nf Déduction.

défalquer vt Déduire, retrancher : *défalquer une somme.*

défausser (se) vpr **1.** Se débarrasser, au cours du jeu, d'une carte inutile ou dangereuse. **2.** Se décharger d'un problème, d'une responsabilité en les faisant endosser à quelqu'un : *l'État s'est défaussé sur les Régions.*

défaut nm **1.** Manque, insuffisance de ce qui est nécessaire : *défaut d'organisation.* **2.** Imperfection physique, matérielle ou morale : *qualités et défauts d'une personne ; défaut d'un matériel.* ■ **être en défaut :** (a) se tromper (b) commettre une faute. ❑ **faire défaut :** manquer. ❑ DR **par défaut :** pour refus de comparaître en justice. ◆ **à défaut de** loc prép Faute de.

défaveur nf LITT Perte de la faveur, de l'estime de.

défavorable adj Non favorable ; hostile, opposé à quelque chose.

défavorablement adv D'une manière défavorable.

défavorisé, e adj Qui est économiquement et socialement désavantagé : *quartier, habitants défavorisés.* ◆ n Personne qui a peu de ressources ; pauvre.

défavoriser vt Désavantager, handicaper.

défécation nf Expulsion des matières fécales.

défectif, ive adj GRAMM Se dit d'un verbe dont un certain nombre de temps, de modes, de personnes sont inusités, comme *absoudre, frire,* etc.

défection nf **1.** Action d'abandonner un parti, un allié, etc. **2.** Fait de ne pas se trouver là où on est attendu.

défectueusement adv D'une manière défectueuse.

défectueux, **euse** adj Qui présente un défaut.

défectuosité nf État de ce qui est défectueux ; imperfection, défaut.

défendable adj Qui peut être défendu : *argument défendable*.

défendeur, **eresse** n DR Personne contre laquelle est intentée une action en justice.

défendre vt (conj 50) **1.** Protéger un lieu, un bien contre. **2.** Soutenir une cause, une idée ; plaider en faveur de quelqu'un : *défendre un accusé*. **3.** Ne pas permettre de faire, interdire : *défendre à quelqu'un de sortir*. ■ **à son corps défendant** : à contrecœur. ◆ **se défendre** vpr **1.** Résister à une agression, à une attaque. **2.** Refuser l'idée de, nier : *se défendre d'avoir menti*. **3.** FAM Montrer une certaine habileté dans un domaine précis : *il se défend bien dans son métier*. **4.** Être plausible, acceptable : *sa théorie se défend*. ■ **ne pas pouvoir se défendre de** : ne pas pouvoir s'empêcher de.

défenestration nf Action de jeter quelqu'un par la fenêtre.

défenestrer vt Précipiter qqn d'une fenêtre.

1. défense nf **1.** Action de défendre, de se défendre : *position de défense*. **2.** Ensemble de moyens mis en œuvre pour défendre, se défendre : *défense aérienne*. **3.** DR Partie que forment l'accusé et ses avocats. **4.** Interdiction : *défense d'entrer*.

2. défense nf Dent saillante de certains animaux (éléphant, morse, sanglier, etc.).

défenseur n **1.** Personne qui défend. **2.** Avocat chargé de défendre un accusé. ■ DR **défenseur des droits** : en France, autorité administrative indépendante, chargée de veiller au respect des droits et libertés.

défensif, **ive** adj Fait pour la défense : *armes défensives*. ◆ nf ■ **être sur la défensive** : être prêt à se défendre contre toute attaque.

déféquer vi (conj 10) Expulser les matières fécales.

déférence nf Respect, égard.

déférent, **e** adj **1.** Respectueux. **2.** ANAT Qui conduit, porte au-dehors : *canal déférent*.

déférer vt (conj 10) DR **1.** Attribuer à une juridiction : *déférer une cause à une cour*. **2.** Traduire devant un tribunal : *déférer qqn en justice*.

déferlant, **e** adj Qui déferle : *vague déferlante*.

déferlante nf **1.** Vague déferlante. **2.** Propagation massive et irrésistible d'un phénomène : *la déferlante des jeux vidéo*.

déferlement nm Action de déferler.

déferler vi **1.** Rouler et se briser avec bruit, en parlant des vagues. **2.** FIG Se précipiter en masse : *la foule déferle dans le stade*.

déferrer vt Ôter le fer fixé à un objet, aux pieds d'une bête de somme.

défi nm **1.** Provocation dans laquelle on déclare l'adversaire incapable de faire quelque chose. **2.** Refus de se soumettre : *défi à l'ordre*. **3.** Écueil, obstacle que doit surmonter une société humaine dans son évolution : *l'écologie est un défi planétaire*. ■ **mettre qqn au défi de** : parier avec lui qu'il n'est pas capable de.

défiance nf Crainte d'être trompé, méfiance.

défiant, **e** adj Soupçonneux.

défibrer vt Ôter les fibres de.

déficeler vt (conj 6) Enlever la ficelle de.

déficience nf Insuffisance physique ou intellectuelle ; carence, manque.

déficient, **e** adj Qui présente une déficience.

déficit [defisit] nm **1.** Ce qui manque aux recettes pour équilibrer les dépenses. **2.** Manque, insuffisance : *déficit alimentaire*.

déficitaire adj En déficit.

défier vt **1.** Lancer un défi, provoquer : *je te défie de lui parler*. **2.** Soutenir l'épreuve de : *cela défie toute comparaison*. **3.** Affronter, braver : *défier la mort*. ◆ **se défier** vpr [de] Ne pas avoir confiance en, se méfier de.

défigurer vt **1.** Déformer, enlaidir le visage. **2.** FIG Altérer, déformer.

défilé nm **1.** Passage étroit, resserré. **2.** Marche de personnes, de voitures, etc., disposées en files, en colonnes : *défilé du 14 Juillet*.

défilement nm Déroulement continu d'une pellicule, d'une bande magnétique dans un appareil.

1. défiler vt Ôter de son fil, défaire ce qui est enfilé : *défiler un collier ; défiler une aiguille*. ◆ **se défiler** vpr FAM Se dérober à un devoir.

2. défiler vi **1.** Marcher en file, en colonne. **2.** Se succéder régulièrement de façon continue : *faire défiler les images d'un film*.

défini, **e** adj Précis, déterminé. ■ **article défini** : celui qui ne s'emploie qu'avec un nom désignant un objet individuellement déterminé (*le*, *la*, *les*, *au*, *aux*, *du*, *des*).

définir vt **1.** Donner la définition de : *définir un mot*. **2.** Indiquer, établir de manière précise : *définir une stratégie*.

définissable adj Qui peut être défini.

définitif, **ive** adj Qui termine, sur quoi on ne peut revenir ; irrévocable. ◆ **en définitive** loc adv Tout bien considéré, en fin de compte.

définition nf **1.** Énonciation des caractères essentiels, des qualités propres à un être ou à une chose ; signification du mot qui les désigne. **2.** TÉLÉV Degré de finesse de l'image exprimé par son nombre de lignes. ■ **haute définition (HD) :** norme appliquée à des équipements vidéo numériques dont la qualité de l'image est cinq fois supérieure à celle des équivalents analogiques.

définitivement adv D'une manière définitive.

défiscalisation nf Exonération d'impôt.

déflagration nf Explosion violente.

déflation nf Réduction systématique du volume de la monnaie circulant dans un pays. CONTR : inflation.

déflationniste adj Relatif à la déflation.

déflecteur nm Dans une voiture, petite vitre latérale orientable, permettant de régler l'aération.

déflocage nm Travaux d'arrachage de l'amiante utilisé pour le flocage d'un bâtiment.

défloraison nf Chute naturelle des fleurs.

défloration nf Perte de la virginité.

déflorer vt **1.** Enlever de sa nouveauté, de son originalité à quelque chose en l'évoquant partiellement : *déflorer un sujet.* **2.** Faire perdre sa virginité à.

défoliant nm Produit provoquant la défoliation.

défoliation nf Destruction massive et volontaire des feuilles des arbres.

défonce nf FAM État provoqué par l'absorption de drogue.

défoncé, e adj **1.** Brisé, effondré : *un fauteuil défoncé.* **2.** FAM Sous l'emprise d'une drogue.

défoncer vt (conj 1) **1.** VX Faire sauter le fond de : *défoncer un tonneau.* **2.** Briser en enfonçant, éventrer : *défoncer un fauteuil.* ◆ **se défoncer** vpr FAM Mettre toutes ses forces, toute son énergie dans une activité.

déforestation nf Action de détruire une forêt ; déboisement.

déformant, e adj Qui déforme.

déformation nf Action de déformer ; fait d'être déformé. ■ **déformation professionnelle :** fait de garder dans la vie courante les habitudes, les réflexes de sa profession.

déformer vt **1.** Altérer la forme, l'aspect de. **2.** Reproduire, représenter de façon inexacte : *vous déformez ma pensée.*

défoulement nm FAM Fait de se défouler.

défouler (se) vpr **1.** Donner libre cours à ses sentiments, à ses tendances. **2.** Se dépenser afin de se détendre.

défraîchi, e adj Dont les couleurs ont perdu leur éclat : *robe défraîchie.*

défraîchir vt Altérer la fraîcheur de ; ternir.

défrayer vt (conj 4) Payer les frais, les dépenses de quelqu'un ; rembourser. ■ **défrayer la chronique :** en être le sujet essentiel.

défrichement nm Action de défricher.

défricher vt **1.** Rendre propre à la culture un terrain qui était en friche. **2.** FIG Éclaircir, débrouiller : *défricher une question.*

défricheur, euse n Personne qui défriche.

défriser vt Défaire la frisure des cheveux.

défroisser vt Faire disparaître les plis de.

défroque nf Vêtement démodé, ridicule.

défroqué, e adj et n Qui a quitté l'habit et l'état religieux.

défunt, e adj et n Qui est mort.

dégagé, e adj **1.** Libre, aisé : *ton dégagé.* **2.** Qui n'est pas encombré : *route dégagée.* **3.** Complètement découvert : *front dégagé.* ■ **ciel dégagé :** sans nuages.

dégagement nm **1.** Action de dégager, de sortir : *le dégagement des victimes coincées dans la voiture accidentée ;* action de débarrasser, de désobstruer : *dégagement des fosses nasales.* **2.** Action de se dégager de ce qui oblige : *dégagement d'une promesse.* **3.** Espace libre : *ménager un dégagement.*

dégager vt (conj 2) **1.** Libérer de ce qui entrave, emprisonne : *dégager des blessés.* **2.** Débarrasser un lieu de ce qui l'encombre : *dégager le passage.* **3.** Mettre en valeur en laissant apparaître : *dégager la nuque.* **4.** Produire, laisser émaner : *dégager une odeur.* **5.** FIG Tirer d'un ensemble, mettre en évidence : *dégager l'idée essentielle.* ■ **dégager des crédits :** les rendre disponibles. □ **dégager sa responsabilité, sa parole :** s'en libérer. ◆ **se dégager** vpr **1.** Se libérer : *se dégager d'un piège.* **2.** Se répandre, sortir : *une épaisse fumée se dégage de la cheminée.*

dégaine nf FAM Attitude, démarche gauche ou étrange.

dégainer vt Tirer une épée de son fourreau, un revolver de son étui ; (sans complément) : *il a dégainé plus vite que les autres.*

déganter (se) vpr Retirer ses gants.

dégarnir vt Enlever ce qui garnit : *dégarnir un mur.* ◆ **se dégarnir** vpr **1.** Devenir moins touffu : *les arbres se dégarnissent en automne.* **2.** Se vider : *le réfrigérateur s'est dégarni.* **3.** Perdre ses cheveux : *se dégarnir sur le haut du crâne.*

dégât nm (souvent au pluriel) Dommage, destruction, ravage dus à une cause violente.

dégauchir vt Redresser une pièce déformée.

dégazage nm Opération ayant pour but de débarrasser les citernes d'un pétrolier des gaz et dépôts qui y subsistent.

dégel nm **1.** Fonte naturelle de la glace, de la neige. **2.** FIG Apaisement d'une situation critique, d'une tension.

dégeler vt (conj 5) **1.** Faire fondre ce qui était gelé. **2.** FIG Faire perdre sa timidité à quelqu'un ; mettre de l'ambiance : *dégeler l'atmosphère.* ◆ vi Cesser d'être gelé.

dégénératif, ve adj MÉD Caractérisé par une dégénérescence.

dégénéré, e adj et n Qui présente une dégénérescence.

dégénérer vi (conj 10) **1.** Perdre les qualités de sa race, de son espèce, en parlant d'un animal, d'une plante. **2.** Perdre de sa valeur, de ses qualités. **3.** Se transformer en quelque chose de plus mauvais : *dispute qui dégénère en bagarre.*

dégénérescence nf **1.** Fait de dégénérer. **2.** MÉD Altération de la cellule vivante.

dégingandé, e [deʒɛ̃gɑ̃de] adj Dont la démarche, les mouvements semblent disloqués.

dégivrage nm Action de dégivrer.

dégivrer vt Faire fondre le givre qui se dépose sur les glaces d'une auto, les parois d'un réfrigérateur, etc.

déglacer vt (conj 1) CUIS Dissoudre avec un peu de liquide les sucs caramélisés au fond d'un récipient.

déglaciation nf Recul des glaciers.

déglingue nf FAM État de grand délabrement : *la déglingue des villes, des idéologies.*

déglinguer vt FAM Disloquer, désarticuler.

déglutir vt Avaler, ingurgiter.

déglutition nf Action de déglutir.

dégommer vt FAM Faire tomber : *dégommer une quille ;* faire perdre son emploi à.

dégonflage ou **dégonflement** nm Action de dégonfler : *dégonflement d'un ballon.*

dégonflé, e adj et n FAM Se dit de quelqu'un qui manque de détermination, de décision au moment d'agir ; lâche.

dégonfler vt Faire disparaître le gonflement de ; évacuer l'air, le gaz de : *dégonfler un pneu.* ◆ vi Devenir moins enflé : *la cheville dégonfle.* ◆ **se dégonfler** vpr **1.** Perdre l'air ou le gaz qui gonflait : *le pneu s'est dégonflé.* **2.** FAM Manquer de courage, de résolution au moment d'agir.

dégorgement nm Action de dégorger.

dégorgeoir nm Instrument pour retirer l'hameçon de la gorge d'un poisson.

dégorger vt (conj 2) Débarrasser de ce qui engorge, obstrue ; déboucher : *dégorger un conduit.* ◆ vi ■ **faire dégorger des concombres :** leur faire rendre leur eau. ❑ **faire dégorger du poisson, de la viande :** les faire tremper dans l'eau froide pour en éliminer les impuretés.

dégoter ou **dégotter** vt FAM Découvrir, trouver.

dégoulinade nf FAM Trace d'une coulée liquide : *une dégoulinade de peinture.*

dégouliner vi FAM Couler lentement en traînées.

dégourdi, e adj et n Malin, ingénieux.

dégourdir vt **1.** Faire cesser l'engourdissement de : *se dégourdir les jambes.* **2.** Faire perdre sa gaucherie, sa timidité à.

dégoût nm **1.** Répugnance pour un aliment. **2.** FIG Aversion, répulsion.

dégoûtant, e adj et n **1.** Qui dégoûte ; répugnant. **2.** Très sale.

dégoûté, e adj Qui éprouve ou exprime du dégoût. ■ **ne pas être dégoûté :** ne pas être difficile. ◆ n ■ **faire le dégoûté :** Être trop difficile.

dégoûter vt **1.** Ôter l'appétit, faire perdre le goût à quelqu'un. **2.** Inspirer de la répugnance à quelqu'un. **3.** Décourager, détourner : *dégoûter des études.*

dégoutter vi Couler goutte à goutte.

dégradant, e adj Qui dégrade, avilit.

dégradation nf Action de dégrader, fait d'être dégradé. ■ **dégradation civique :** peine qui enlève au citoyen ses droits politiques, civiques et certains droits civils.

dégradé nm Affaiblissement progressif d'une couleur, de la lumière.

dégrader vt **1.** Endommager, détériorer : *dégrader des locaux.* **2.** Avilir, faire déchoir. **3.** Destituer de son grade. **4.** Couper les cheveux selon différentes épaisseurs pour modeler la coiffure.

dégrafer vt Défaire les agrafes : *dégrafer une robe.*

dégraissage nm **1.** Action de dégraisser. **2.** FAM Diminution du personnel d'une entreprise par licenciement.

dégraisser vt **1.** Ôter l'excédent de graisse. **2.** Ôter les taches de graisse. **3.** Débarrasser d'un excédent. ◆ vi FAM Diminuer les effectifs d'une entreprise par licenciement.

degré nm **1.** Position occupée par quelqu'un ou quelque chose dans une hiérarchie, un système de valeurs ; niveau, échelon : *enseignement du second degré.* **2.** Division d'une échelle correspondant à un système de mesure : *alcool à 90 degrés.* **3.** Unité de mesure d'angle correspondant à la 360e partie d'une circonférence : *angle de 45 degrés.* ■ **au premier degré :** à la lettre. ❑ **au second degré :** se dit de ce qui n'est pas immédiatement compréhensible, de ce qui est allusif. ❑ **degré de juridiction :** chacun des tribunaux devant lesquels une affaire peut être successivement portée. ❑ **degré de parenté :** proximité plus ou moins grande dans la parenté. ❑ GRAMM **degrés de comparaison (d'un adjectif) :** le positif, le comparatif et le superlatif. ◆ loc adv ■ **par degrés :** progressivement.

dégressif, ive adj Qui va en diminuant : *tarif dégressif.*
dégrèvement nm Diminution d'impôt ou de taxe.
dégrever vt (conj 9) Décharger d'une partie des impôts, d'une taxe.
dégriffé, e adj et nm Se dit d'un vêtement soldé sans la griffe d'origine.
dégringolade nf FAM Action de dégringoler ; son résultat.
dégringoler vi **1.** FAM Tomber, rouler précipitamment de haut en bas. **2.** FIG Déchoir rapidement. ◆ vt ■ FAM **dégringoler un escalier :** le descendre précipitamment.
dégrippant nm Produit servant à débloquer des pièces mécaniques.
dégriser vt **1.** Faire passer l'ivresse de quelqu'un. **2.** FIG Faire perdre à quelqu'un ses illusions. ◆ **se dégriser** vpr Cesser d'être ivre.
dégrossir vt **1.** Donner à un matériau brut un premier façonnage : *dégrossir un bloc de marbre.* **2.** FIG Commencer à débrouiller un travail, un problème. **3.** FIG Rendre quelqu'un moins grossier, moins ignorant.
dégrossissage nm Action de dégrossir.
dégrouiller (se) vpr FAM Se dépêcher.
dégroupement nm Action de dégrouper.
dégrouper vt Séparer.
déguenillé, e adj et n Dont les vêtements sont en lambeaux.
déguerpir vi Fuir, décamper.
dégueulasse adj TRÈS FAM Qui répugne, physiquement ou moralement ; dégoûtant.
dégueuler vt et vi TRÈS FAM Vomir.
déguisé, e adj et n **1.** Revêtu d'un déguisement. **2.** FAM Accoutré de façon bizarre, ridicule.
déguisement nm Ce qui sert à déguiser, à se déguiser ; ensemble des vêtements avec lesquels on se déguise. ■ LITT, FIG **parler sans déguisement :** en toute franchise.
déguiser vt **1.** Habiller quelqu'un de façon à le rendre méconnaissable. **2.** FIG Changer l'apparence de quelque chose : *déguiser son écriture, ses sentiments.* ◆ **se déguiser** vpr Se travestir : *se déguiser en lapin.*
dégustateur, trice n et adj Personne chargée d'apprécier la qualité des vins, des liqueurs.
dégustation nf Action de déguster.
déguster vt Apprécier par le goût les qualités d'un aliment, d'un vin.
déhanché, e adj Qui se déhanche.
déhanchement nm Action de se déhancher.
déhancher (se) vpr **1.** Faire porter le poids du corps sur une seule jambe. **2.** Marcher en accentuant le balancement des hanches.
déhiscent, e adj BOT Se dit des organes qui s'ouvrent naturellement.
dehors adv À l'extérieur. ■ **au-dehors :** à l'extérieur. ❑ **du dehors** ou **de dehors :** de l'extérieur. ❑ **en dehors :** à, vers l'extérieur. ❑ **mettre dehors :** chasser, congédier d'un lieu. ◆ **en dehors de** loc prép **1.** À l'extérieur de : *en dehors de cette limite ; restez en dehors de cette querelle.* **2.** À l'exception de : *en dehors de vous, personne n'est au courant.* ◆ nm La partie extérieure. ◆ nm pl FIG Apparences : *dehors trompeurs.*
déhoussable adj Se dit d'un canapé, d'un siège dont la housse est amovible.
déicide n et adj THÉOL Meurtrier de Dieu, en la personne de Jésus. ◆ nm Meurtre de Dieu, spécialement en la personne de Jésus.
déification nf Action de déifier.
déifier vt Considérer à l'égal d'un dieu.
déisme nm Croyance en l'existence de Dieu, hors de toute révélation.
déiste adj et n Qui professe le déisme.
déjà adv **1.** Dès ce moment : *c'est déjà fini !* **2.** Auparavant : *avoir déjà dit plusieurs fois que.* **3.** Marque un degré jugé important, notable : *c'est déjà bien.* **4.** Demande un rappel de ce que l'on a oublié : *c'est où, déjà ?*
déjanté, e adj FAM Un peu fou, excentrique : *un scénario, un acteur déjanté.*
déjanter vt Faire sortir (un pneu) de la jante d'une roue. ◆ vi FAM Perdre la tête ; se conduire de façon excentrique.
déjà-vu nm inv FAM Chose banale : *ce film, c'est du déjà-vu.*
déjection nf (surtout au pluriel) **1.** Excréments. **2.** Matières que rejettent les volcans.
1. déjeuner vi **1.** Prendre le repas du matin ou du midi. **2.** SUISSE, BELGIQUE prendre le petit déjeuner.
2. déjeuner nm **1.** Repas du matin ou du midi. **2.** SUISSE, BELGIQUE petit déjeuner.
déjouer vt Faire échouer : *déjouer un complot.*
déjuger (se) vpr (conj 2) Revenir sur un jugement, une opinion.
de jure [deʒyre] loc adv De droit : *reconnaître un gouvernement de jure* (par opposition à *de facto*).
delà prép ■ **deçà delà** → **deçà.**
délabré, e adj En ruine, en mauvais état.
délabrement nm État de ce qui est délabré.
délabrer vt Endommager, détériorer. ◆ **se délabrer** vpr Tomber en ruine ; se dégrader, se détériorer.
délacer vt Desserrer ou dénouer des lacets.
délai nm **1.** Temps accordé pour faire quelque chose : *délai de livraison.* **2.** Temps supplémentaire : *demander un délai.* ■ **dans les délais :** dans les limites du temps accordé.

❑ **dans les plus brefs délais :** le plus vite possible. ❑ **sans délai :** immédiatement.

ORTHOGRAPHE *Délai* s'écrit sans *s* final, à la différence de *relais : passer le relais sans délai.*

délaissé, e adj et n Qui est laissé seul, abandonné, sans assistance.
délaissement nm **1.** LITT État d'une personne délaissée. **2.** DR Abandon d'un bien, d'un droit.
délaisser vt Laisser de côté, abandonner : *délaisser son travail, ses amis.*
délassant, e adj Qui délasse.
délassement nm Ce qui délasse, divertit.
délasser vt Ôter la fatigue physique ou morale. ◆ **se délasser** vpr Se reposer.
délateur, trice n Personne qui pratique la délation ; dénonciateur.
délation nf Dénonciation intéressée et méprisable.
délavé, e adj Dont la couleur est pâle, comme passée.
délaver vt **1.** Décolorer par l'action de l'eau. **2.** Imbiber d'eau ; détremper : *sol délavé par les pluies.*
délayage nm **1.** Action de délayer. **2.** FIG, FAM verbiage, remplissage.
délayer [deleje] vt (conj 4) Mélanger avec un liquide pour diluer. ■ FIG **délayer une idée :** l'exprimer trop longuement.
Delco nm (nom déposé) Dispositif d'allumage des moteurs à explosion.
deleatur [deleatyr] nm inv Signe de correction typographique, indiquant une suppression à faire.
délectable adj LITT Délicieux, exquis.
délectation nf Plaisir que l'on savoure.
délecter (se) vpr Prendre un vif plaisir.
délégation nf **1.** Action de déléguer. **2.** Groupe de personnes mandatées par une collectivité.
délégué, e n Mandataire, représentant : *les délégués du personnel.*
déléguer vt **1.** Envoyer quelqu'un comme représentant, pour une mission précise. **2.** Transmettre, confier : *déléguer ses pouvoirs.*
délestage nm Action de délester. ■ **itinéraire de délestage :** déviation routière par des voies secondaires.
délester vt **1.** Alléger de son lest, de sa charge : *délester un ballon.* **2.** Empêcher momentanément l'accès des automobiles sur une voie routière pour y résorber les encombrements.
délétère adj **1.** Qui attaque la santé, qui met la vie en danger : *gaz délétère.* **2.** LITT Qui corrompt ; néfaste : *doctrine délétère.*
délibérant, e adj Qui délibère.
délibératif, ive adj ■ **avoir voix délibérative :** avoir le droit de voter dans une assemblée.
délibération nf **1.** Débat, discussion. **2.** Réflexion précédant une décision.
1. délibéré nm Délibération à huis clos entre juges.
2. délibéré, e adj Résolu, décidé, déterminé : *intention, volonté délibérée.* ■ **de propos délibéré :** à dessein, volontairement.
délibérément adv Après avoir réfléchi ; volontairement : *agir délibérément ; accepter délibérément une responsabilité.*
délibérer vi (conj 10) **1.** Examiner, discuter à plusieurs les différents aspects d'une question : *le jury délibère sur la culpabilité de l'accusé.* **2.** LITT Réfléchir avant de prendre une décision : *il accepta sans délibérer plus longtemps.*
délicat, e adj **1.** Fin, raffiné, exquis : *parfum délicat.* **2.** Fait avec finesse, élégance : *ouvrage délicat.* **3.** Frêle, fragile : *santé délicate.* **4.** Embarrassant, complexe : *cas délicat.* **5.** Fin, sensible aux nuances : *goût délicat.* **6.** Très sensible, scrupuleux : *conscience délicate.* ◆ n Personne difficile à contenter.
délicatement adv De façon délicate.
délicatesse nf Qualité de quelqu'un ou de quelque chose de délicat. ■ **être en délicatesse avec :** (a) être en mauvais termes avec quelqu'un (b) ne témoigner aucun intérêt pour quelque chose : *un enfant en délicatesse avec les maths.*
délice nm Très vif plaisir ; délectation, enchantement. ◆ **délices** nf pl Plaisir extrême, jouissance.
délicieusement adv De façon délicieuse.
délicieux, euse adj **1.** Extrêmement agréable : *un temps délicieux.* **2.** Qui excite les sens ou l'esprit : *un mets délicieux ; une histoire délicieuse.*
délictueux, euse adj Qui constitue un délit : *fait délictueux.*
délié, e adj **1.** LITT Mince, menu : *taille déliée ; corps délié.* **2.** FIG Subtil, pénétrant : *esprit délié.* ◆ nm Partie fine des lettres (par opposition à *plein*).
délier vt **1.** Défaire ce qui est lié. **2.** FIG Dégager, libérer : *délier quelqu'un d'un engagement.*
délimitation nf Action de délimiter : *délimitation d'un pays.*
délimiter vt Fixer, déterminer les limites d'un lieu, de quelque chose.
délinquance nf Ensemble des infractions commises considérées sur le plan social : *délinquance juvénile.*
délinquant, e adj et n Qui a commis un ou plusieurs délit(s).
déliquescence nf **1.** PHYS Propriété des corps déliquescents. **2.** FIG Décadence, décrépitude.

déliquescent, **e** adj **1.** PHYS Qui a la propriété d'absorber l'humidité de l'air. **2.** FIG En pleine décadence.

délirant, **e** adj **1.** Qui délire, présente les caractères du délire : *maladie délirante ; fièvre délirante.* **2.** Qui se manifeste avec force : *enthousiasme délirant.* **3.** FAM Extravagant : *prix délirants*.

délire nm **1.** Trouble psychique caractérisé par la confusion des idées, sans rapport avec la réalité. **2.** FIG Agitation, exaltation, enthousiasme extrêmes.

délirer vi Avoir le délire ; déraisonner.

delirium tremens [delirjɔmtremɛ̃s] nm inv Délire avec agitation, tremblement et troubles de la conscience.

délit nm Infraction passible de peine correctionnelle. ■ **corps du délit :** élément matériel de l'infraction. ❑ **prendre en flagrant délit :** sur le fait.

déliter vt Couper une pierre dans le sens des stratifications. ◆ **se déliter** vpr **1.** Se désagréger sous l'action de l'humidité. **2.** FIG Se décomposer, perdre sa cohésion.

délitescence nf Désagrégation d'un corps par absorption d'eau.

délivrance nf **1.** Action de délivrer. **2.** Dernier stade de l'accouchement.

délivrer vt **1.** Mettre en liberté : *délivrer un otage.* **2.** Débarrasser, soulager d'une contrainte : *délivrer quelqu'un d'une obligation.* **3.** Livrer, remettre : *délivrer un reçu, des marchandises*.

délocalisation nf Action de délocaliser.

délocaliser vt Déplacer les services d'une administration, en particulier dans le cadre de la décentralisation ; (sans complément) implanter une entreprise ou certains de ses services dans une autre zone ou un autre pays.

déloger vi (conj 2) VIEILLI Quitter rapidement un lieu ; décamper. ◆ vt Chasser, expulser.

déloyal, **e**, **aux** adj Qui manque de loyauté ; perfide, malhonnête : *concurrent déloyal ; procédé déloyal*.

déloyauté nf Caractère d'une personne ou d'un acte déloyal.

delta nm **1.** GÉOGR Zone d'accumulation d'alluvions entre les bras d'un fleuve qui se divise près de son embouchure. **2.** Quatrième lettre de l'alphabet grec, correspondant au *d*.

deltaïque adj GÉOGR Relatif à un delta.

deltaplane nm Type de planeur ultraléger, pour le vol libre.

deltoïde nm Muscle de l'épaule.

déluge nm **1.** (avec une majuscule) Débordement universel des eaux, d'après la Bible. **2.** Pluie torrentielle. **3.** FIG Grande quantité de choses : *un déluge de protestations*.

déluré, **e** adj **1.** Vif, dégourdi : *un enfant déluré.* **2.** Effronté : *une fille délurée*.

démagnétiser vt Détruire l'aimantation.

démagogie nf Attitude qui consiste à flatter un groupe, une assemblée pour gagner sa faveur ou accroître sa propre popularité.

démagogique adj Qui relève de la démagogie : *discours démagogique*.

démagogue adj et n Qui fait preuve de démagogie.

démailler vt Défaire les mailles.

demain adv Le jour qui suit immédiatement celui où l'on est : *à demain !*

démancher vt Ôter son manche à un objet. ◆ **se démancher** vpr FAM Se désarticuler, se démettre (l'épaule, le bras).

demande nf **1.** Action de demander ; écrit qui l'exprime : *demande d'emploi ; demande en mariage.* **2.** Chose demandée : *accorder une demande.* **3.** ÉCON Somme des produits ou des services demandés par les consommateurs : *l'offre et la demande.* ■ DR **demande en justice :** acte par lequel est introduite une action en justice.

demandé, **e** adj Se dit d'un article, d'un produit qui est réclamé par beaucoup de personnes ; se dit de quelqu'un qui est très sollicité.

demander vt **1.** Solliciter quelque chose, une réponse de quelqu'un ; exprimer un désir, un besoin : *demander une augmentation.* **2.** Avoir besoin de, exiger, nécessiter : *plante qui demande beaucoup d'eau.* **3.** S'enquérir de : *demander sa route.* **4.** DR Engager une action en justice. ■ **ne demander qu'à :** être tout disposé à. ❑ **ne pas demander mieux :** consentir volontiers. ◆ **se demander** vpr Être dans l'incertitude à propos de.

1. demandeur, **euse** n Personne qui demande : *demandeur d'emploi, d'asile*.

2. demandeur, **eresse** n DR Personne qui engage une action en justice.

démangeaison nf **1.** Sensation qui provoque le besoin de se gratter. **2.** FAM, FIG Grande envie de faire quelque chose.

démanger vt (conj 2) **1.** Causer une démangeaison. **2.** FAM, FIG avoir très envie de : *ça le démange de parler.*

démantèlement nm Action de démanteler.

démanteler vt (conj 5) **1.** Démolir les murailles d'une ville ; détruire une construction. **2.** FIG Détruire l'organisation de : *démanteler un réseau d'espionnage*.

démantibuler vt FAM Démolir un assemblage, disloquer.

démaquillage nm Action de (se) démaquiller.

démaquillant, **e** adj et nm Se dit d'un produit qui sert à éliminer le maquillage.

démaquiller vt Ôter le maquillage de.
démarcation nf Limite qui sépare deux pays, deux régions, ou deux choses abstraites. ■ **ligne de démarcation** : ligne qui marque les limites de deux territoires.
démarchage nm Recherche de clients éventuels à leur domicile.
démarche nf **1.** Manière de marcher : *démarche hésitante, pressée.* **2.** Manière d'agir ou de penser : *démarche intellectuelle.* **3.** Tentative faite en vue d'obtenir quelque chose : *entreprendre une démarche.*
démarcher vt Faire du démarchage.
démarcheur, euse n Personne qui fait du démarchage.
démarquage nm Action de démarquer ; son résultat.
démarque nf Action de démarquer des marchandises pour les solder ; son résultat.
démarquer vt **1.** Ôter ou changer la marque de. **2.** Solder. **3.** Copier une œuvre en la modifiant pour dissimuler l'emprunt.
démarrage nm Action de démarrer.
démarrer vt FAM Commencer, mettre en train : *démarrer un nouveau roman.* ◆ vi Commencer à se mettre en marche, à fonctionner : *auto qui démarre.*
démarreur nm Dispositif permettant la mise en marche d'un moteur.
démasquer vt **1.** Enlever son masque à quelqu'un. **2.** FIG Montrer quelqu'un sous son jour véritable : *démasquer un traître.* **3.** Dévoiler en dissipant les apparences : *démasquer une imposture.*
démâter vt Enlever les mâts de : *démâter un bateau.* ◆ vi Perdre sa mâture.
dématérialiser vt **1.** Rendre immatériel. **2.** INFORM Effectuer des opérations de traitement, d'échange et de stockage d'informations sans recours au support papier.
dème nm Division administrative en Grèce ancienne et moderne.
démêlage ou **démêlement** nm Action de démêler.
démêlant, e adj et nm Se dit d'un produit qui facilite le démêlage des cheveux.
démêlé nm (surtout au pluriel) Querelle, désaccord : *avoir des démêlés avec la justice.*
démêler vt **1.** Séparer ce qui est emmêlé. **2.** FIG Débrouiller, éclaircir : *démêler une affaire.*
démêloir nm Peigne pour démêler les cheveux.
démembrement nm Partage, division.
démembrer vt Morceler, diviser : *démembrer un pays.*
déménagement nm Action de déménager.
déménager vt (conj 2) Transporter des meubles, des objets d'un lieu ou d'un logement dans un autre. ◆ vi **1.** Changer de domicile, de lieu d'habitation. **2.** FAM Déraisonner.
déménageur nm Professionnel qui fait des déménagements.
démence nf **1.** Trouble mental grave, caractérisé par une détérioration des fonctions intellectuelles. **2.** FAM Conduite insensée, extravagante.
démener (se) vpr (conj 9) **1.** S'agiter beaucoup : *se démener comme un beau diable.* **2.** Se donner beaucoup de peine : *se démener pour trouver du travail.*
dément, e adj et n Atteint de démence. ◆ adj FAM Déraisonnable : *des prix déments.*
démenti nm Déclaration qui informe de l'inexactitude d'une nouvelle : *publier un démenti.*
démentiel, elle adj Qui relève de la démence.
démentir vt (conj 19) **1.** Contredire nettement : *démentir un témoin.* **2.** Nier l'existence d'un fait ou l'exactitude d'un propos : *démentir une information.* **3.** Être en contradiction avec : *les événements ont démenti vos prédictions.*
démerder (se) vpr TRÈS FAM Se débrouiller.
démérite nm LITT Ce qui fait perdre l'estime.
démériter vi Agir de manière à perdre l'affection, l'estime, etc.
démesure nf **1.** Manque de mesure. **2.** Outrance, violence des sentiments.
démesuré, e adj Excessif, déraisonnable.
démesurément adv À l'excès.
démettre vt (conj 57) **1.** Déboîter : *sa chute lui a démis une épaule.* **2.** Révoquer, destituer : *démettre quelqu'un de ses fonctions.* ◆ **se démettre** vpr Renoncer à une fonction.
demeurant (au) loc adv Au reste, tout bien considéré : *au demeurant, c'est un bon garçon.*
demeure nf **1.** Domicile, lieu où l'on habite. **2.** Maison d'une certaine importance. ■ **être quelque part à demeure** : y être de façon durable, définitive. ❑ **mettre qqn en demeure de** : l'obliger à remplir son engagement.
demeuré, e adj et n Débile.
demeurer vi **1.** (avec l'auxiliaire *avoir*) Habiter, résider : *demeurer à Paris.* **2.** (avec l'auxiliaire *être*) Rester à l'endroit où l'on est : *demeurer à son poste.* **3.** FIG (avec l'auxiliaire *être*) Rester, persister dans un certain état : *cela demeure imprécis.* ■ **en demeurer là** : ne pas continuer.
demi, e adj **1.** Qui est la moitié de quelque chose : *un demi-litre ; une demi-pomme.* **2.** Incomplet : *un demi-succès.* ■ **à demi** : à moitié, partiellement ou imparfaitement : *maison à demi détruite.* ◆ nm **1.** SPORTS Joueur qui assure la liaison entre les avants et les arrières, au

rugby, au football : *demi de mêlée.* **2.** Grand verre de bière.

GRAMMAIRE Placé devant le nom, avec un trait d'union, *demi* est invariable : *deux demi-heures ;* placé après un nom, *demi* en prend le genre et reste au singulier : *deux heures et demie.*

demi-bouteille (pl *demi-bouteilles*) nf Bouteille contenant environ 37 cl ; son contenu.

demi-cercle (pl *demi-cercles*) nm La moitié d'un cercle.

demi-dieu (pl *demi-dieux*) nm **1.** Héros, fils d'un dieu et d'une mortelle, ou d'une déesse et d'un mortel. **2.** Homme dont le génie, les qualités sont presque surhumains.

demi-douzaine (pl *demi-douzaines*) nf Moitié d'une douzaine.

demie nf **1.** Moitié d'une unité : *une boîte ? non, une demie.* **2.** Demi-heure : *arriver à la demie.* **3.** Demi-bouteille : *une demie de champagne.*

demi-finale (pl *demi-finales*) nf Épreuve qui précède la finale, en sports ou dans un jeu.

demi-finaliste (pl *demi-finalistes*) n Participant à une demi-finale.

demi-fond nm inv Course de moyenne distance.

demi-frère (pl *demi-frères*) nm Frère par le père ou par la mère seulement.

demi-gros nm inv Commerce intermédiaire entre le gros et le détail.

demi-heure (pl *demi-heures*) nf Moitié d'une heure.

demi-jour (pl *demi-jours*) nm Jour faible, pénombre.

demi-journée (pl *demi-journées*) nf Moitié d'une journée, en particulier de travail.

démilitariser vt Interdire toute présence ou installation militaire dans une région.

demi-litre (pl *demi-litres*) nm Moitié d'un litre.

demi-longueur (pl *demi-longueurs*) nf SPORTS Moitié de la longueur (d'un coureur, d'un cheval, etc.) dans une compétition.

demi-lune (pl *demi-lunes*) nf ■ **en demi-lune :** en forme de demi-cercle.

demi-mal (pl *demi-maux*) nm Inconvénient moins grave que celui qu'on redoutait.

demi-mesure (pl *demi-mesures*) nf Moyen insuffisant et peu efficace.

demi-mot (à) loc adv Sans qu'il soit nécessaire de tout dire.

déminage nm Action de déminer.

déminer vt Enlever, déterrer les mines, les engins explosifs.

déminéralisation nf Élimination excessive des sels minéraux.

déminéraliser vt Faire perdre ses sels minéraux à l'organisme.

démineur nm Spécialiste du déminage.

demi-pause (pl *demi-pauses*) nf MUS Signe qui indique un silence d'une durée égale à la blanche.

demi-pension (pl *demi-pensions*) nf **1.** Régime d'hôtellerie, comportant le prix de la chambre, du petit déjeuner et d'un repas. **2.** Régime des élèves qui prennent le repas de midi dans un établissement scolaire.

demi-pensionnaire (pl *demi-pensionnaires*) n Élève qui suit le régime de la demi-pension.

demi-place (pl *demi-places*) nf Place de spectacle, de transport, à demi-tarif.

demi-portion (pl *demi-portions*) nf FAM, PÉJOR Personne petite et chétive.

demi-saison (pl *demi-saisons*) nf ■ **vêtements de demi-saison :** destinés à être portés au printemps ou en automne.

demi-sang nm inv Cheval provenant de reproducteurs dont un seul est de pur sang.

demi-sel adj inv Légèrement salé : *beurre demi-sel.*

demi-sœur (pl *demi-sœurs*) nf Sœur par le père ou par la mère seulement.

demi-sommeil (pl *demi-sommeils*) nm État intermédiaire entre la veille et le sommeil.

demi-soupir (pl *demi-soupirs*) nm MUS Silence équivalant à la moitié d'un soupir.

démission nf Acte par lequel on se démet d'une charge, d'un emploi.

démissionnaire adj et n Qui a donné sa démission.

démissionner vi **1.** Renoncer volontairement à un emploi, à une fonction. **2.** Capituler devant trop de difficultés ; abdiquer.

demi-tarif (pl *demi-tarifs*) nm Tarif réduit de moitié.

demi-teinte (pl *demi-teintes*) nf Teinte intermédiaire entre le clair et le foncé. ■ **en demi-teinte :** tout en nuances.

demi-ton (pl *demi-tons*) nm MUS Intervalle équivalant à la moitié d'un ton.

demi-tour (pl *demi-tours*) nm Moitié d'un tour. ■ **faire demi-tour :** revenir sur ses pas.

démiurge nm **1.** Dieu créateur de l'univers chez les platoniciens. **2.** LITT Personne qui crée quelque chose d'important.

démobilisateur, trice adj FIG Qui démobilise.

démobilisation nf Acte, action de démobiliser.

démobiliser vt **1.** Renvoyer dans leurs foyers les troupes mobilisées. **2.** FIG Priver de toute volonté revendicative, de toute combativité.

démocrate adj et n Attaché aux principes de la démocratie.
démocratie nf Forme de gouvernement dans lequel la souveraineté émane du peuple.
démocratique adj Qui relève de la démocratie ; conforme à la démocratie.
démocratiquement adv De façon démocratique.
démocratisation nf Action de démocratiser.
démocratiser vt Rendre démocratique, populaire.
démodé, e adj **1.** Qui n'est plus à la mode : *une robe démodée.* **2.** Désuet, dépassé : *idées, théories démodées.*
démoder (se) vpr Cesser d'être à la mode.
démographe n Spécialiste de démographie.
démographie nf Étude statistique des populations humaines, de leur évolution, de leurs mouvements.
démographique adj Relatif à la démographie.
demoiselle nf **1.** Jeune fille ; femme qui n'est pas mariée. **2.** Libellule bleue. ■ **demoiselle d'honneur** : au cours d'un mariage, jeune fille ou petite fille qui accompagne la mariée.
démolir vt **1.** Abattre, détruire : *démolir tout un quartier.* **2.** FIG Détruire, ruiner : *démolir la réputation de quelqu'un.*
démolisseur, euse n **1.** Personne, entreprise chargée de démolir. **2.** FIG Destructeur.
démolition nf Action de démolir.
démon nm **1.** ANTIQ Bon ou mauvais génie attaché à la destinée d'une personne, d'un État, etc. **2.** RELIG Ange déchu, diable. **3.** FIG Personne néfaste. **4.** Enfant espiègle. **5.** Personnification d'une passion, d'un vice : *le démon du jeu.* ■ **le Démon** : satan. ❑ **les vieux démons** : mauvaises habitudes, tendances néfastes qui étaient assoupies et se manifestent à nouveau.
démonétisation nf Action de démonétiser.
démonétiser vt Ôter sa valeur légale à une monnaie.
démoniaque adj **1.** Propre au démon : *superstition démoniaque.* **2.** Diabolique, pervers : *ruse démoniaque.* ◆ adj et n Possédé du démon.
démonstrateur, trice n Qui présente un article à la clientèle, en en expliquant le mode d'emploi.
démonstratif, ive adj **1.** Qui démontre ; convaincant. **2.** Qui manifeste, extériorise ses sentiments. ◆ adj et nm GRAMM Se dit des adjectifs et des pronoms qui servent à montrer, à préciser l'être ou la chose dont il est question.
démonstration nf **1.** Raisonnement par lequel on établit la vérité d'une proposition : *démonstration d'un théorème.* **2.** Action de montrer au public le fonctionnement d'un appareil, l'usage d'un produit : *démonstration aérienne.* **3.** Manifestation d'un sentiment : *démonstration d'amitié.*
démontable adj Qui se démonte.
démontage nm Action de démonter.
démonté, e adj Se dit d'un objet dont les éléments ont été séparés les uns des autres. ■ **mer démontée** : mer houleuse, agitée.
démonte-pneu (pl *démonte-pneus*) nm Levier utilisé pour retirer un pneu de la jante d'une roue.
démonter vt **1.** Défaire pièce à pièce un objet, un appareil. **2.** FIG Déconcerter, troubler : *ne pas se laisser démonter.*
démontrable adj Prouvable.
démontrer vt **1.** Prouver : *je lui ai démontré qu'il avait tort.* **2.** Révéler, indiquer : *cela démontre son autorité.*
démoralisant, e ou **démoralisateur, trice** adj Qui démoralise.
démoralisation nf **1.** Action de démoraliser. **2.** Découragement.
démoraliser vt Décourager, faire perdre l'énergie, le moral à quelqu'un.
démordre vt ind [de] (conj 52) ■ **ne pas démordre d'une opinion, d'une idée** : ne pas vouloir y renoncer.
démotiver vt Faire perdre à quelqu'un toute motivation, tout intérêt.
démoucheter vt (conj 8) Ôter le bouchon d'un fleuret.
démoulage nm Action de démouler.
démouler vt Retirer du moule.
démultiplication nf MÉCAN Rapport de réduction de vitesse entre deux pignons d'une transmission.
démultiplier vt et vi MÉCAN Réduire la vitesse dans la transmission d'un mouvement.
démuni, e adj et n Qui n'a pas les ressources suffisantes pour accéder au minimum vital.
démunir vt Priver, dépouiller quelqu'un de ce qu'il possédait. ◆ **se démunir** vpr [de] Se dessaisir, se priver de.
démuseler vt (conj 6) **1.** Ôter sa muselière à un animal. **2.** FIG Rendre la liberté d'expression à quelqu'un, à un groupe.
démystification nf Action de démystifier.
démystifier vt **1.** Détromper quelqu'un qui a été abusé. **2.** Enlever à quelque chose son caractère mystérieux.
démythification nf Action de démythifier.
démythifier vt Ôter son caractère mythique à quelqu'un, à quelque chose.
dénatalité nf Diminution du nombre des naissances.

dénationalisation nf Action de dénationaliser.
dénationaliser vt Restituer au secteur privé une entreprise ou une industrie jusque-là nationalisée.
dénaturaliser vt Priver des droits acquis par naturalisation.
dénaturé, e adj **1.** Qui manque des sentiments les plus naturels ; dépravé. **2.** Dont les caractéristiques sont modifiées : *alcool dénaturé*.
dénaturer vt **1.** Altérer la nature, le goût, le sens de. **2.** Mélanger à certaines substances des produits qui les rendent impropres à leur destination ordinaire.
dénégation nf Action de dénier.
déneigement nm Action de déneiger.
déneiger vt (conj 2) Débarrasser de la neige.
déni nm ■ **déni de justice :** refus illégal d'un juge, d'un tribunal, de rendre la justice.
déniaiser vt **1.** Rendre moins niais, moins naïf. **2.** FAM Faire perdre sa virginité à.
dénicher vt **1.** Enlever d'un nid. **2.** FIG Découvrir : *dénicher un livre rare*.
dénicheur, euse n Qui déniche.
dénicotiniser vt Débarrasser le tabac d'une partie de sa nicotine.
denier nm **1.** Ancienne monnaie française, douzième partie d'un sou. **2.** Unité servant à apprécier la finesse des fils et des fibres textiles. ■ **denier du culte :** offrande des catholiques pour l'entretien du clergé. ◆ **deniers** pl LITT Ressources financières. ■ **les deniers publics :** les revenus de l'État.
dénier vt **1.** Nier : *dénier toute responsabilité*. **2.** Refuser d'accorder : *dénier une autorisation*.
dénigrement nm Action de dénigrer.
dénigrer vt Discréditer, décrier.
dénigreur, euse n Personne qui dénigre.
denim [dənim] nm Tissu utilisé notamment pour la confection des jeans.
dénivelé nm ou **dénivelée** nf Différence d'altitude entre deux points.
déniveler vt (conj 6) Mettre à un niveau différent ; rendre une surface inégale.
dénivellation nf ou **dénivellement** nm Différence de niveau.
dénombrement nm Action de dénombrer ; recensement.
dénombrer vt Faire le compte exact de ; compter, recenser.
dénominateur nm MATH Terme d'une fraction, qui marque en combien de parties l'unité a été divisée. ■ FIG **dénominateur commun :** trait caractéristique commun à plusieurs choses, plusieurs personnes.
dénominatif, ive adj et nm GRAMM Se dit d'un mot formé à partir d'un nom.
dénomination nf Désignation d'une personne ou d'une chose par un nom.
dénommé, e adj et n Appelé : *un dénommé Charles*.
dénommer vt Appeler, nommer.
dénoncer vt (conj 1) **1.** Signaler comme coupable : *dénoncer un complice ;* s'élever publiquement contre : *dénoncer un abus*. **2.** Annuler, rompre un engagement : *dénoncer un contrat*. **3.** LITT Indiquer, révéler : *ses manières, son langage dénoncent sa culture bourgeoise*.
dénonciateur, trice n et adj Personne qui dénonce à la justice, à l'autorité.
dénonciation nf Action de dénoncer.
dénoter vt Indiquer, marquer.
dénouement nm **1.** Solution d'une affaire. **2.** Manière dont se termine une action, un film, etc.
dénouer vt **1.** Défaire un nœud ; détacher une chose nouée. **2.** FIG Résoudre, démêler une affaire compliquée.
dénoyauter vt Enlever le noyau d'un fruit.
dénoyauteur nm Ustensile ménager utilisé pour dénoyauter des fruits.
denrée nf Marchandise destinée à la consommation : *denrée alimentaire*.
dense adj **1.** Compact, épais : *brouillard dense*. **2.** Serré : *foule dense*. **3.** Lourd par rapport au volume : *le plomb est beaucoup plus dense que le liège*. **4.** FIG Concis : *style dense*.
densité nf **1.** Qualité de ce qui est dense. **2.** Rapport de la masse d'un certain volume d'un corps à celle du même volume d'eau, ou d'air pour les gaz. ■ **densité de population :** nombre moyen d'habitants au kilomètre carré.
dent nf **1.** Organe dur implanté dans la mâchoire, formé essentiellement d'ivoire recouvert d'émail et permettant de mastiquer les aliments. **2.** Chacune des tiges pointues ou des pointes triangulaires tranchantes de certains objets : *dents d'une scie, d'une fourchette*. **3.** Sommet pointu d'une montagne. ■ **avoir, garder une dent contre quelqu'un :** lui en vouloir. ❑ **avoir la dent dure :** avoir la critique sévère. ❑ **coup de dent :** médisance. ❑ **dents de lait :** les dents du premier âge. ❑ **dents de sagesse :** les quatre dernières molaires. ❑ **être sur les dents :** (a) être tendu (b) être très occupé. ❑ **faire ses dents :** avoir ses premières dents qui poussent. ❑ **montrer les dents :** menacer. ❑ **se mettre quelque chose sous la dent :** manger quelque chose.
dentaire adj Relatif aux dents, au dentiste : *cabinet dentaire*.
dental, e, aux adj et nf Se dit des consonnes (*d, t*) qui se prononcent en claquant la langue contre les dents.

denté, e adj Qui a des entailles en forme de dents : *roue dentée.*

dentelé, e adj Dont le bord est découpé en forme de dents : *les feuilles dentelées du châtaignier.*

denteler vt (conj 6) Faire des découpures, des entailles en forme de dents.

dentelle nf Tissu léger et à jours, fait avec du fil, de lin, de soie, etc.

dentellier, ère adj Qui concerne la dentelle. ◆ n Personne qui fabrique la dentelle.

dentelure nf **1.** Motif décoratif dentelé. **2.** Découpure en forme de dents.

dentier nm Prothèse dentaire amovible.

dentifrice nm et adj Produit pour nettoyer les dents.

dentiste n Chirurgien-dentiste.

dentisterie nf Science qui a pour objet l'étude et la pratique des soins dentaires.

dentition nf **1.** Formation et sortie naturelle des dents. **2.** Denture.

denture nf Ensemble des dents.

dénucléarisation nf Action d'interdire la possession ou la fabrication d'armes nucléaires.

dénucléariser vt Limiter ou interdire le stationnement, la fabrication d'armes nucléaires dans un pays.

dénudé, e adj Qui n'est plus recouvert : *arbre dénudé.* ■ **fil dénudé :** fil électrique qui n'est plus dans sa gaine isolante.

dénuder vt Mettre à nu. ◆ **se dénuder** vpr Se mettre nu.

dénué, e adj Dépourvu, privé de : *roman dénué d'intérêt ; une personne dénuée de bon sens.*

dénuement nm Manque des choses nécessaires ; misère, indigence.

dénutri, e adj Qui souffre de dénutrition.

dénutrition nf État d'un tissu vivant, d'un organisme dont l'assimilation est déficitaire.

déodorant adj m et nm Se dit d'un produit qui supprime les odeurs corporelles.

déontologie nf Ensemble des règles et des devoirs qui régissent une profession.

déontologique adj Relatif à la déontologie.

dép. (abréviation) Département.

dépannage nm Action de dépanner.

dépanner vt **1.** Remettre en état de fonctionner ; réparer : *dépanner une voiture.* **2.** FAM tirer d'embarras : *il m'a dépanné de cent euros.*

1. dépanneur nm CANADA Petite épicerie ouverte tard le soir.

2. dépanneur, euse n Professionnel qui dépanne les appareils, les véhicules.

dépanneuse nf Voiture, camion équipés pour dépanner ou remorquer un véhicule.

dépaqueter vt (conj 8) Défaire un paquet.

dépareillé, e adj **1.** Qui forme une série incomplète ou disparate. **2.** Qui est séparé d'un ensemble, désassorti : *gants dépareillés.*

dépareiller vt Rendre incomplet un ensemble.

déparer vt Nuire au bon effet, à l'harmonie d'un ensemble : *ce tableau dépare la collection.*

déparier vt Ôter l'une des deux choses qui font la paire ; désapparier.

départ nm **1.** Action de partir. **2.** Fait de quitter une fonction, un emploi. ■ **au départ :** à l'origine, au début. ❑ **être sur le départ :** être sur le point de partir. ❑ **point de départ :** origine, commencement.

départager vt (conj 2) **1.** Faire cesser l'égalité des voix, des mérites. **2.** Arbitrer un différend.

département nm **1.** Circonscription administrative locale de la France, dirigée par un préfet et par un conseil général. **2.** Branche spécialisée d'une administration, d'un organisme. ■ **département et Région d'outre-mer (DROM) :** collectivité territoriale de la République française, créée en 1946 (les quatre DROM sont : la Guyane, la Réunion, la Martinique et la Guadeloupe). [L'appellation département et Région d'outre-mer, ou DROM, a été substituée à celle de département d'outre-mer, ou DOM, en 2003.]

départemental, e, aux adj Relatif au département. ■ **route départementale** ou **départementale** nf : route construite et entretenue par le département.

départementalisation nf Action de donner le statut de département.

départir vt (conj 26) LITT Attribuer en partage, impartir à : *la tâche qui lui a été départie.* ◆ **se départir** vpr [de] Abandonner, renoncer à : *se départir de sa bonne humeur, de son calme.*

> CONJUGAISON *Départir* se conjugue comme *partir : il ne se départ pas de son calme.*

dépassé, e adj Démodé, caduc.

dépassement nm Action de dépasser, de se dépasser.

dépasser vt **1.** Aller au-delà de, franchir : *dépasser la ligne d'arrivée.* **2.** Devancer, laisser derrière soi ; doubler : *dépasser un camion.* **3.** Être supérieur à, excéder : *cela dépasse mes forces.* **4.** FAM Déconcerter, étonner : *son obstination me dépasse.* ◆ vi Être plus long, trop long : *jupon qui dépasse.* ◆ **se dépasser** vpr Réussir ce qui paraissait inaccessible.

dépassionner vt Enlever à un sujet, à un débat son caractère passionné.

dépatouiller (se) vpr FAM Se sortir d'une situation embarrassante ; se débrouiller.

dépavage nm Action de dépaver.

dépaver vt Enlever les pavés de.

dépaysant, e adj Qui dépayse.
dépaysement nm Action de dépayser ; résultat de cette action.
dépayser vt **1.** Faire changer de pays, de milieu, de cadre. **2.** FIG Dérouter, désorienter, déconcerter.
dépècement ou **dépeçage** nm Action de dépecer.
dépecer vt (conj 1 et 9) Mettre en pièces, découper en morceaux.
dépêche nf **1.** Lettre concernant les affaires publiques : *dépêche diplomatique.* **2.** VX Télégramme. **3.** Information brève transmise aux organes de presse.
dépêcher vt LITT Envoyer en hâte. ◆ **se dépêcher** vpr Se presser, se hâter.
dépeigner vt Défaire la coiffure de.
dépeindre vt (conj 55) Décrire, représenter.
dépenaillé, e adj Déguenillé, débraillé.
dépénaliser vt Ôter son caractère pénal à une infraction.
dépendance nf Sujétion, subordination. ◆ **dépendances** pl Bâtiment, terrain rattaché à un autre plus important.
dépendant, e adj Qui n'est pas autonome ; subordonné à quelqu'un ou à quelque chose. ■ **personne dépendante :** personne malade ou âgée qui ne peut assurer seule les gestes et les soins nécessaires à sa survie.
1. dépendre vt (conj 50) Détacher ce qui était pendu : *dépendre une enseigne.*
2. dépendre vt ind [de] (conj 50) **1.** Être sous l'autorité, la dépendance, la juridiction de. **2.** Être soumis à une condition ou à la décision de quelqu'un : *cela dépend de vous.* ■ **ça dépend :** (a) c'est variable (b) peut-être.
dépens nm pl Frais de justice : *être condamné aux dépens.* ■ **aux dépens de :** (a) à la charge, aux frais de (b) FIG au détriment de.
dépense nf **1.** Action de dépenser de l'argent ; emploi qu'on en fait. **2.** Montant d'une somme à payer. **3.** Usage qu'on fait d'une chose : *une dépense d'énergie.*
dépenser vt **1.** Employer de l'argent pour un achat. **2.** FIG Consommer, utiliser : *appareil qui dépense beaucoup d'électricité.* ◆ **se dépenser** vpr Faire des efforts, se démener.
dépensier, ère adj et n Qui aime la dépense ; qui dépense beaucoup.
déperdition nf Perte, diminution.
dépérir vi Perdre de sa vitalité, de sa force.
dépérissement nm État de quelqu'un, de quelque chose qui dépérit.
déperlant, e adj Se dit d'une fibre textile traitée pour que l'eau glisse dessus sans pénétrer.
dépêtrer vt Tirer d'embarras. ◆ **se dépêtrer** vpr [de] Se libérer, se débarrasser de.
dépeuplement nm **1.** Action de dépeupler. **2.** Fait de se dépeupler.
dépeupler vt **1.** Dégarnir d'habitants : *l'industrialisation a dépeuplé les campagnes.* **2.** Vider de ses occupants : *dépeupler un étang.*
déphasé, e adj FAM Qui a perdu le contact avec la réalité actuelle.
dépiauter vt FAM Dépouiller un animal de sa peau.
dépilatoire adj et nm Qui fait tomber les poils : *crème dépilatoire.*
dépiquage nm Action de dépiquer.
dépiquer vt AGRIC Faire sortir le grain de son épi.
dépistage nm **1.** Action de dépister. **2.** Recherche systématique de certaines maladies.
dépister vt **1.** Découvrir, suivre la trace d'un gibier. **2.** FIG Découvrir au terme d'une recherche, d'une enquête : *dépister un cancer.*
dépit nm Chagrin mêlé de ressentiment dû à une déception. ■ **en dépit de :** malgré. ❑ **en dépit du bon sens :** sans aucun soin, très mal.
dépiter vt Causer du dépit à.
déplacé, e adj Inconvenant, incongru.
déplacement nm **1.** Action de déplacer, de se déplacer. **2.** Voyage effectué dans l'exercice d'une profession : *être en déplacement.* **3.** MAR Volume d'eau déplacé par un navire.
déplacer vt (conj 1) **1.** Changer quelqu'un, quelque chose de place. **2.** Affecter à un autre poste, muter. **3.** Changer la date, l'heure de : *déplacer un rendez-vous.* **4.** MAR Avoir un déplacement de. ◆ **se déplacer** vpr **1.** Changer de place, se mouvoir. **2.** Aller d'un lieu à un autre : *se déplacer en bus.*
déplafonnement nm Suppression de la limite supérieure d'un crédit, d'une cotisation.
déplafonner vt Opérer le déplafonnement de.
déplaire vt ind [à] (conj 77) **1.** Ne pas plaire, être désagréable à quelqu'un. **2.** Irriter, fâcher, choquer. ■ **ne vous en déplaise :** quoi que vous en pensiez. ◆ **se déplaire** vpr Ne pas se trouver bien où l'on est.
déplaisant, e adj Qui déplaît ; désagréable.
déplaisir nm Mécontentement, contrariété.
déplanter vt Arracher pour replanter ailleurs : *déplanter les choux.*
déplantoir nm Instrument pour déplanter les végétaux.
déplâtrage nm Action de déplâtrer.
déplâtrer vt Enlever le plâtre.
dépliant nm Prospectus, imprimé qui se déplie.
déplier vt Étendre une chose qui était pliée. ◊ vpr : *le canapé se déplie facilement.*

déplisser vt Défaire les plis de.
déploiement nm Action de déployer ; son résultat.
déplomber vt Ôter le plomb qui scelle un objet.
déplorable adj **1.** Regrettable, affligeant : *un oubli déplorable.* **2.** FAM Très mauvais : *note déplorable.*
déplorer vt Trouver fâcheux, regretter.
déployer vt (conj 3) **1.** Étendre largement, ouvrir ce qui était plié, roulé : *déployer ses ailes ; déployer une carte.* **2.** MIL Faire passer une troupe de l'ordre de marche à l'ordre de bataille. **3.** Manifester : *déployer du zèle.* ■ **rire à gorge déployée :** aux éclats.
déplumer (se) vpr FAM Perdre ses cheveux.
dépoétiser vt Ôter tout caractère poétique à.
dépoitraillé, e adj FAM Qui porte un vêtement largement ouvert sur la poitrine.
dépoli, e adj ■ **verre dépoli :** dont la surface diffuse la lumière.
dépolir vt Ôter l'éclat, le poli.
dépolissage nm Action de dépolir.
dépolitisation nf Action de dépolitiser ; son résultat.
dépolitiser vt Retirer tout caractère politique à.
dépolluer vt Supprimer ou réduire la pollution d'un lieu, d'un local.
dépollution nf Action de dépolluer ; son résultat.
déponent, e adj et nm GRAMM Se dit d'un verbe latin de forme passive et de sens actif.
dépopulation nf Diminution de la population d'un pays.
déportation nf Internement dans un camp de concentration.
déporté, e n et adj **1.** Personne internée dans un camp de concentration. **2.** Condamné à la déportation.
déporter vt **1.** Envoyer en déportation ; condamner à la déportation. **2.** Faire dévier de sa direction, de sa trajectoire.
déposant, e n et adj **1.** DR Personne qui fait une déposition devant le juge. **2.** Personne qui fait un dépôt d'argent.
dépose nf Action d'enlever ce qui était posé : *dépose de rideaux.*
déposé, e adj Se dit d'une marque, d'un nom qui ont été juridiquement enregistrés pour les protéger des imitations.
déposer vt **1.** Poser une chose que l'on portait : *déposer un fardeau.* **2.** Laisser quelqu'un quelque part après l'y avoir conduit : *déposer un ami à la gare.* **3.** Mettre en dépôt : *déposer des fonds.* **4.** Remettre, adresser : *déposer une plainte.* **5.** Destituer : *déposer un souverain, un dignitaire.* ■ **déposer son bilan :** faire faillite. ❑ **déposer un brevet, une marque :** les faire enregistrer pour les protéger des imitations. ◆ vi DR Faire une déposition en justice. ◆ **se déposer** vpr Former une fine couche : *poussière qui se dépose sur les meubles.*
dépositaire n Personne à qui on a confié un dépôt.
déposition nf **1.** DR Déclaration d'un témoin, témoignage. **2.** Action de priver quelqu'un de ses pouvoirs.
déposséder vt (conj 10) Enlever à quelqu'un la possession de quelque chose.
dépôt nm **1.** Action de déposer, de placer en lieu sûr. **2.** Chose déposée. **3.** Somme confiée à un organisme bancaire. **4.** Matières solides qui se déposent au fond d'un liquide au repos. **5.** Lieu où l'on dépose, où l'on gare : *dépôt d'ordures ; dépôt d'autobus.* **6.** MIL Partie d'un régiment qui reste dans la garnison. ■ **dépôt de bilan :** faillite. ❑ **dépôt de pain :** lieu où l'on vend du pain préparé ailleurs. ❑ **mandat de dépôt :** ordre du juge d'instruction pour faire incarcérer un prévenu.
dépotage nm Acte de dépoter.
dépoter vt **1.** Ôter une plante d'un pot. **2.** TECHN Transvaser (un liquide). **3.** FAM Vider un véhicule de son chargement. ◆ vi FAM Être efficace et productif : *elle dépote, elle aura fini ce soir.*
dépotoir nm Endroit où l'on jette les objets de rebut.
dépôt-vente (pl *dépôts-ventes*) nm Vente d'un objet laissé en dépôt chez un commerçant qui rembourse au propriétaire le prix de la vente moins un pourcentage convenu ; magasin spécialisé dans ce type de vente.
dépouille nf **1.** Peau que rejettent certains animaux, comme le serpent, le ver à soie, etc. ; mue. **2.** Peau enlevée à un animal : *dépouille d'un tigre.* ■ **dépouille mortelle :** corps humain après la mort. ◆ **dépouilles** pl Ce que l'on prend à un ennemi, butin.
dépouillé, e adj ■ **style dépouillé :** sans ornement.
dépouillement nm **1.** Action de dépouiller. **2.** Examen d'un compte, d'un dossier. **3.** Action de compter les suffrages d'une élection. **4.** Extrême sobriété.
dépouiller vt **1.** Arracher, enlever la peau d'un animal : *dépouiller un lièvre.* **2.** Enlever ce qui couvre, garnit, habille. **3.** Voler, priver de ses biens, de ses droits. **4.** Faire l'examen d'un compte, d'un texte, etc. **5.** Compter les votes d'un scrutin.
dépourvu, e adj Privé : *une phrase dépourvue de sens ; un homme dépourvu d'humour.* ◆ loc adv ■ **au dépourvu :** À l'improviste.
dépoussiérage nm Action de dépoussiérer.

dépoussiérer vt (conj 10) **1.** Enlever la poussière. **2.** FIG Renouveler, rajeunir.

dépravation nf Corruption, avilissement.

dépravé, e adj Gâté, altéré : *goûts, mœurs dépravés.* ◆ adj et n Perverti, corrompu.

dépraver vt **1.** Altérer. **2.** FIG Pervertir : *dépraver les mœurs.*

dépréciatif, ive adj Qui tend à déprécier ; péjoratif.

dépréciation nf Action de déprécier ; son résultat.

déprécier vt **1.** Diminuer, rabaisser la valeur de : *déprécier une monnaie.* **2.** Dénigrer : *déprécier les mérites de quelqu'un.*

déprédateur, trice adj et n Qui commet des déprédations.

déprédation nf **1.** Pillage avec dégâts. **2.** Dommage causé à autrui, aux biens publics.

déprendre (se) vpr [de] (conj 54) LITT Se détacher, se défaire de : *se déprendre de quelqu'un, d'une habitude.*

dépressif, ive adj et n Qui souffre de dépression nerveuse.

dépression nf **1.** Enfoncement, creux : *dépression du sol.* **2.** Baisse de la pression atmosphérique : *dépression atmosphérique.* **3.** Période de ralentissement économique. ■ **dépression (nerveuse) :** état pathologique de souffrance marqué par une grande chute d'énergie, du pessimisme et un dégoût de la vie.

dépressurisation nf Disparition de la pression, notamment dans un avion.

dépressuriser vt Faire cesser la pressurisation.

déprimant, e adj Qui déprime.

déprime nf FAM État dépressif.

déprimé, e adj et n Qui souffre de dépression nerveuse.

déprimer vt Abattre physiquement ou moralement ; démoraliser. ■ vi FAM **Être abattu, démoralisé :** *elle déprime depuis son échec.*

de profundis [deprɔfɔ̃dis] nm Psaume que l'on récite dans les prières pour les morts.

déprogrammer vt Supprimer du programme prévu : *déprogrammer un spectacle, un rendez-vous.*

dépucelage nm FAM Perte du pucelage.

dépuceler vt (conj 6) FAM Faire perdre son pucelage, sa virginité à.

depuis prép Indique le point de départ dans le temps, dans l'espace, dans une série ; à partir de : *depuis trois jours ; depuis Brest ; depuis le premier jusqu'au dernier.* ◆ adv À partir de ce moment : *pas de nouvelles depuis.* ◆ **depuis que** loc conj À partir du moment où : *il travaille depuis qu'elle est rentrée.*

dépuratif, ive adj et nm Propre à dépurer le sang, l'organisme.

dépuration nf Action de dépurer.

dépurer vt Rendre plus pur.

députation nf **1.** Envoi de personnes chargées d'une mission ; ces personnes elles-mêmes. **2.** Fonction de député.

député, e n **1.** Personne envoyée en mission, ambassadeur. **2.** Membre de l'Assemblée législative élu au suffrage universel. ■ **Chambre des députés :** ancien nom de l'Assemblée nationale.

députer vt Envoyer en députation ; déléguer, mandater.

déqualification nf Action de déqualifier ; fait d'être déqualifié.

déqualifier vt Donner à quelqu'un un poste inférieur à sa qualification professionnelle.

der nm ou nf inv (abréviation) FAM Dernier, dernière. ■ **la der des der :** (a) la guerre de 1914-1918, dont on espérait qu'elle serait la dernière (b) PAR EXT la dernière chose, la dernière fois.

déraciné, e adj et n Qui a quitté son pays, son milieu d'origine.

déracinement nm **1.** Action de déraciner. **2.** Fait d'être déraciné.

déraciner vt **1.** Arracher de terre un arbre, une plante avec ses racines. **2.** FIG Extirper, faire disparaître : *déraciner un préjugé.* **3.** Retirer quelqu'un de son milieu d'origine.

déraillement nm Fait de dérailler.

dérailler vi **1.** Sortir des rails. **2.** FIG, FAM déraisonner, divaguer.

dérailleur nm Mécanisme servant à faire passer la chaîne d'une bicyclette d'un pignon sur un autre.

déraison nf Manque de bon sens.

déraisonnable adj Qui manque de raison, insensé : *projet déraisonnable.*

déraisonnablement adv De façon déraisonnable.

déraisonner vi Tenir des discours dénués de raison.

dérangé, e adj FAM Un peu fou.

dérangeant, e adj Qui dérange, particulièrement sur le plan moral.

dérangement nm **1.** Action de se déplacer. **2.** Fait d'être dérangé ; perturbation : *ligne en dérangement.*

déranger vt (conj 2) **1.** Déplacer, causer du désordre : *les cambrioleurs ont tout dérangé.* **2.** Dérégler, détraquer : *déranger une machine.* **3.** FIG Gêner, contrarier : *déranger des habitudes.* **4.** Importuner : *je ne veux pas vous déranger.* ◆ **se déranger** vpr **1.** Se déplacer. **2.** Interrompre ses occupations.

dérapage nm Action de déraper.

déraper vi **1.** Glisser dans une direction oblique, en parlant d'un véhicule ; glisser involontairement, en parlant de quelqu'un. **2.** FIG S'écarter de ce qui est normal, attendu : *les prix ont dérapé en mai ; la conversation a dérapé sur la politique.*

dératé, e n ■ FAM **courir comme un dératé :** courir très vite.

dératisation nf Extermination systématique des rats.

dératiser vt Débarrasser des rats.

derby (pl *derbys* ou *derbies*) nm **1.** Grande course annuelle de chevaux, à Epsom (GB). **2.** Match qui oppose deux clubs voisins.

derechef adv LITT De nouveau.

déréglé, e adj **1.** Détraqué : *pendule déréglée.* **2.** FIG Désordonné, immoral : *vie déréglée.*

dérèglement nm **1.** Fait d'être déréglé. **2.** Désordre moral ou mental.

déréglementation nf Fait de déréglementer.

déréglementer vt Alléger ou supprimer la réglementation de.

dérégler vt (conj 10) Déranger, détraquer. ◆ **se dérégler** vpr Arrêter de fonctionner normalement : *montre qui s'est déréglée.*

déremboursement nm En France, cessation du remboursement par la Sécurité sociale d'un médicament ou d'un traitement médical.

dérider vt **1.** Faire disparaître les rides de. **2.** FIG Égayer, réjouir.

dérision nf Moquerie méprisante : *tourner en dérision.*

dérisoire adj **1.** Qui suscite la dérision. **2.** Insignifiant, minime : *prix dérisoire.*

dérivatif nm Ce qui détourne l'esprit vers d'autres pensées : *la lecture est un dérivatif.*

dérivation nf **1.** Action de détourner les eaux. **2.** GRAMM Formation d'un nouveau mot par l'ajout d'un suffixe ou d'un préfixe à un autre mot ou à un radical. **3.** ÉLECTR Communication au moyen d'un second conducteur entre deux points d'un circuit fermé.

dérive nf **1.** Pour un bateau, un avion, fait de dériver sous l'effet d'un courant, d'un vent. **2.** Aileron vertical immergé pour réduire la dérive d'un navire. **3.** Évolution dangereuse d'un processus qui s'écarte du cadre fixé et devient incontrôlable. ■ **aller à la dérive :** (a) ne plus être dirigé (b) FIG se laisser aller sans réagir. ❑ **dérive des continents :** théorie selon laquelle les continents se sont fragmentés et déplacés.

1. dérivé, e adj Qui est issu d'une dérivation. ■ ÉCON **droits dérivés :** droits payés pour l'exploitation de produits créés à partir d'une œuvre littéraire, cinématographique, etc.

2. dérivé nm **1.** GRAMM Mot qui dérive d'un autre. **2.** CHIM Corps obtenu par la transformation d'un autre.

dériver vt Détourner de son cours. ◆ vi **1.** MAR S'écarter de sa route. **2.** Aller à la dérive. ◆ vt ind [de] **1.** Venir, provenir de. **2.** GRAMM Être issu d'un autre mot par dérivation.

dériveur nm Voilier muni d'une dérive.

dermato n (abréviation) FAM Dermatologue.

dermatologie nf Étude et traitement des maladies de la peau.

dermatologue n Spécialiste de la dermatologie.

dermatose nf Maladie de la peau.

derme nm ANAT Tissu qui constitue la couche profonde de la peau.

dermique adj Relatif à la peau.

dernier, ère adj et n Qui vient après tous les autres dans le temps, selon le rang, le mérite. ■ **en dernier :** après tout le reste, tout le monde : *arriver en dernier.* ◆ adj **1.** Extrême : *protester avec la dernière énergie.* **2.** Qui est le plus récent : *l'an dernier ; dernière mode.*

dernièrement adv Depuis peu ; récemment.

dernier-né, dernière-née (pl *derniers-nés, dernières-nées*) n Le dernier enfant d'une famille.

dérobade nf Action de se dérober.

dérobé, e adj Caché, secret : *porte dérobée.* ◆ **à la dérobée** loc adv En cachette.

dérober vt **1.** Prendre furtivement le bien d'autrui. **2.** FIG Soustraire à la vue. ◆ **se dérober** vpr **1.** Se soustraire. **2.** Refuser de franchir un obstacle, en parlant d'un cheval.

dérogation nf **1.** Action de déroger. **2.** Autorisation de déroger.

dérogatoire adj Qui déroge.

déroger vt ind [à] (conj 2) S'écarter de ce qui est établi par une loi, une convention, un principe ; manquer à.

dérouillée nf FAM Volée de coups.

dérouiller vt **1.** Enlever la rouille. **2.** FIG Dégourdir : *dérouiller ses jambes.*

déroulement nm **1.** Action de dérouler, de se dérouler. **2.** Enchaînement de faits.

dérouler vt **1.** Étendre ce qui était enroulé. **2.** Étaler sous le regard, passer en revue : *dérouler ses souvenirs.* ◆ **se dérouler** vpr Avoir lieu, s'écouler, s'enchaîner.

dérouleur nm **1.** Appareil servant à dérouler des produits livrés en rouleaux. **2.** INFORM Dispositif permettant le déroulement d'une bande magnétique.

déroutant, e adj Qui déconcerte.

déroute nf **1.** Fuite en désordre d'une troupe vaincue. **2.** FIG Échec complet.

dérouter vt **1.** Détourner, écarter de sa route, de sa destination. **2.** FIG Déconcerter, mettre dans l'embarras.

derrick nm Charpente en métal supportant l'appareil de forage d'un puits de pétrole.

derrière prép **1.** En arrière de, au dos de : *se cacher derrière un arbre.* **2.** À la suite de : *se classer derrière les meilleurs.* **3.** Au-delà des apparences : *qu'y a-t-il derrière tout cela ?* ◆ adv **1.** En arrière : *placez-vous derrière !* **2.** À la suite. **3.** Au-delà. ■ **sens devant derrière :** en mettant le devant à la place du derrière. ◆ nm **1.** Partie postérieure de quelque chose. **2.** Partie de l'homme ou de l'animal comprenant les fesses.

derviche nm Religieux musulman.

des art **1.** Article défini contracté pluriel équivalant à *de les* : *les cris des enfants.* **2.** Article partitif pluriel : *manger des frites.* **3.** Article indéfini, pluriel de *un, une* : *il y a des livres sur l'étagère.*

dès prép Indique un point de départ précoce dans le temps, dans une hiérarchie ou dans l'espace : *dès son arrivée ; dès le seuil.* ◆ **dès lors** loc adv Aussitôt ; en conséquence. ◆ **dès que** loc conj Aussitôt que.

désabonner (se) vpr Faire cesser un abonnement pour soi.

désabusé, e adj Qui a perdu ses illusions.

désabuser vt LITT Tirer de ses illusions ; détromper.

désaccord nm **1.** Manque d'accord, d'entente, d'harmonie : *famille en désaccord.* **2.** Contradiction : *désaccord entre les paroles et les actes.*

désaccorder vt **1.** MUS Détruire l'accord d'un instrument. **2.** Détruire l'harmonie, l'équilibre d'un ensemble.

désaccoutumer vt Déshabituer. ◆ **se désaccoutumer** vpr [de] Perdre l'habitude de.

désacraliser vt Retirer son caractère sacré à.

désactiver vt Débarrasser un corps des éléments radioactifs qu'il contient.

désaffectation nf Action de désaffecter : *désaffectation d'une église.*

désaffecté, e adj Qui n'a plus sa destination d'origine : *usine désaffectée.*

désaffecter vt Changer la destination d'un édifice public, d'un lieu.

désaffection nf Perte de l'affection, de l'intérêt.

désagréable adj Déplaisant, pénible, fâcheux.

désagréablement adv De façon désagréable.

désagrégation nf Séparation des parties d'un corps, décomposition.

désagréger vt (conj 2 et 10) Produire la désagrégation de. ◆ **se désagréger** vpr Se décomposer, s'effriter.

désagrément nm Sujet de déplaisir, de contrariété.

désaimantation nf Action de désaimanter ; son résultat.

désaimanter vt Détruire l'aimantation de.

désaltérant, e adj Qui désaltère.

désaltérer vt (conj 10) Calmer la soif. ◆ **se désaltérer** vpr Apaiser sa soif en buvant.

désamorçage nm Action de désamorcer.

désamorcer vt (conj 1) **1.** Ôter l'amorce de. **2.** Interrompre le fonctionnement d'un appareil : *désamorcer une pompe.* **3.** FIG Prévenir le caractère dangereux de quelque chose : *désamorcer un conflit.*

désamour nm LITT Cessation de l'amour ou de l'intérêt qu'on porte à quelqu'un, à quelque chose.

désapparier vt Déparier.

désappointé, e adj Déçu.

désappointement nm État d'une personne désappointée ; déception.

désappointer vt Tromper l'attente, les espérances de quelqu'un ; décevoir.

désapprendre vt (conj 54) Oublier ce qu'on avait appris.

désapprobateur, trice adj Qui désapprouve.

désapprobation nf Action de désapprouver.

désapprouver vt Ne pas approuver, blâmer : *désapprouver une démarche.*

désarçonner vt **1.** Faire tomber de cheval. **2.** FIG Déconcerter.

désargenté, e adj FAM Démuni d'argent.

désargenter vt Enlever la couche d'argent de : *désargenter un couvert.*

désarmant, e adj Qui décourage toute attaque, toute critique : *naïveté désarmante.*

désarmement nm **1.** Action de désarmer. **2.** Réduction de l'armement militaire.

désarmer vt **1.** Enlever son arme, ses armes à quelqu'un. **2.** Apaiser, calmer, adoucir : *désarmer la colère de quelqu'un.* ■ **désarmer un navire :** le dégarnir de son armement, de son équipage. ◆ vi Abandonner une action, un sentiment hostile ou violent ; renoncer.

désarroi nm Désordre, confusion.

désarticulation nf Action de désarticuler ; fait d'être désarticulé.

désarticuler vt Faire sortir de l'articulation. ◆ **se désarticuler** vpr Mouvoir à l'excès ses articulations, se tordre dans tous les sens.

désassorti, e adj Dépareillé : *service de table désassorti.*

désassortir vt Séparer des choses qui étaient assorties.

désastre nm **1.** Catastrophe, malheur. **2.** Chose déplorable : *ce film est un désastre.*

désastreux, euse adj Très mauvais, catastrophique.

désavantage nm Ce qui constitue une infériorité, un préjudice, un inconvénient.

désavantager vt (conj 2) Faire subir un désavantage à ; léser, handicaper.

désavantageux, euse adj Qui cause un désavantage.

désaveu nm **1.** Rétractation d'un aveu. **2.** Dénégation, refus de reconnaître comme sien. **3.** Déclaration par laquelle on désavoue un mandataire.

désavouer vt **1.** Refuser de reconnaître comme sien une parole ou un acte. **2.** Déclarer qu'on n'a pas autorisé quelqu'un à agir comme il l'a fait. **3.** FIG Désapprouver.

désaxé, e adj et n Déséquilibré.

désaxer vt **1.** Mettre hors de son axe : *désaxer une roue.* **2.** FIG Rompre l'équilibre moral, déséquilibrer.

descellement nm Action de desceller ; son résultat.

desceller vt **1.** Arracher une chose scellée : *desceller une pierre.* **2.** Enlever le sceau d'un titre, d'un acte.

descendance nf Filiation, postérité : *une nombreuse descendance.*

descendant, e adj Qui descend : *marée descendante.* ■ **garde descendante** : celle qui est remplacée. ◆ n Personne qui descend d'une autre. ◆ **descendants** nm pl Descendance.

descendre vi (conj 50) **1.** Aller de haut en bas : *descendre à la cave.* **2.** S'étendre vers le bas, être en pente : *rue qui descend.* **3.** Baisser de niveau : *la marée descend.* **4.** Passer de l'aigu au grave : *descendre d'un ton.* **5.** FIG S'arrêter au cours d'un voyage : *descendre à l'hôtel.* **6.** S'abaisser : *le thermomètre descend au-dessous de 0 °C.* ◆ vt ind [de] **1.** Être issu, tirer son origine de : *descendre d'une grande famille.* **2.** Sortir d'un véhicule, d'un bateau : *descendre de voiture.* ◆ vt **1.** Mettre ou porter plus bas : *descendre une valise du grenier.* **2.** Parcourir de haut en bas : *descendre des escaliers, une rivière.* **3.** FAM Tuer, abattre.

> VOCABULAIRE Dire *descendre en bas* est incorrect et pléonastique. Dire *descendre plus bas, très bas* est correct.

descente nf **1.** Action de descendre : *faire la descente d'une rivière.* **2.** Pente, partie descendante : *freinez dans la descente.* **3.** Irruption : *descente de police.* **4.** Tuyau d'écoulement pour les eaux. ■ **descente de lit** : petit tapis placé le long d'un lit.

descriptif, ive adj Qui a pour objet de décrire. ◆ nm Document donnant une description exacte de quelque chose avec plans, schémas.

description nf **1.** Action de décrire ; son résultat. **2.** Développement qui décrit.

désembouteiller vt Faire cesser un embouteillage.

désembuage nm Action de faire disparaître la buée.

désemparé, e adj Qui ne sait quel parti prendre ; déconcerté.

désemparer vi ■ **sans désemparer** : sans interruption, avec persévérance.

désemplir vi ■ **ne pas désemplir** : Être toujours plein.

désencadrer vt Retirer de son cadre : *désencadrer une gravure.*

désenchaîner vt Ôter les chaînes de.

désenchanté, e adj Qui a perdu tout enthousiasme, qui n'a plus d'illusion.

désenchantement nm Désillusion, déception.

désenchanter vt Faire perdre l'enthousiasme, les illusions à.

désenclaver vt Rompre l'isolement d'une localité, d'une région sur le plan économique.

désencombrer vt Débarrasser de ce qui encombre.

désencrer vt Ôter l'encre d'imprimerie des papiers à recycler.

désenflammer vt Faire cesser l'inflammation de.

désenfler vi Cesser d'être enflé.

désenfumer vt Chasser, évacuer la fumée d'un lieu.

désengagement nm Action de désengager, de se désengager.

désengager vt (conj 2) Libérer d'un engagement. ◆ **se désengager** vpr Faire cesser son engagement.

désengorger vt (conj 2) Dégager ce qui est engorgé, obstrué.

désenivrer [dezɑ̃nivre] vt Tirer de l'ivresse.

désennuyer vt (conj 3) Dissiper l'ennui de.

désensabler vt Dégager du sable.

désensibilisation nf Traitement supprimant une allergie de l'organisme à l'égard de certaines substances, comme le pollen, la poussière, etc.

désensibiliser vt **1.** MÉD Faire perdre ou diminuer la sensibilité de l'organisme à l'égard de certaines substances. **2.** FIG Rendre quelqu'un moins sensible à quelque chose.

désensorceler vt (conj 6) Délivrer de l'ensorcellement.

désentoiler vt Enlever la toile originale : *désentoiler un tableau.*
désenvenimer vt Rendre moins acerbe, moins virulent.
désépaissir vt Rendre moins épais.
déséquilibre nm **1.** Absence d'équilibre. **2.** FIG Instabilité mentale.
déséquilibré, e adj et n Qui a perdu son équilibre mental.
déséquilibrer vt **1.** Faire perdre l'équilibre à. **2.** FIG Causer un déséquilibre mental.
désert, e adj **1.** Inhabité : *île déserte.* **2.** Très peu fréquenté : *cet endroit est désert le dimanche.* ◆ nm **1.** Région aride et inhabitée. **2.** Lieu inhabité, vide ou peu fréquenté. ■ **prêcher dans le désert** : parler en vain.
désertification nf Transformation d'une région en désert.
déserter vt Abandonner, délaisser, quitter. ◆ vi MIL Quitter son corps ou son poste sans autorisation.
déserteur nm **1.** Militaire qui déserte. **2.** FIG Qui abandonne un parti, une cause.
désertifier (se) vpr **1.** Se transformer en désert. **2.** Se dépeupler.
désertion nf Action de déserter.
désertique adj Du désert, caractéristique du désert : *région désertique.*
désescalade nf Diminution progressive de la tension militaire, sociale, etc.
désespérance nf LITT Désespoir.
désespérant, e adj **1.** Qui met au désespoir. **2.** Qui décourage.
désespéré, e adj et n Qui s'abandonne au désespoir. ◆ adj **1.** Qui ne laisse plus d'espoir : *situation désespérée.* **2.** Qui exprime le désespoir : *cri désespéré.*
désespérément adv De façon désespérée.
désespérer vi (conj 10) Cesser d'espérer. ◆ vt ind [de] Ne plus rien attendre de. ◆ vt **1.** Mettre au désespoir, affliger, contrarier. **2.** Décourager.
désespoir nm **1.** Perte de l'espérance, abattement, affliction. **2.** Ce qui désole, désespère : *être le désespoir de ses amis.* ■ **en désespoir de cause** : en dernier ressort. ❑ **être au désespoir (de)** : regretter vivement.
déshabillage nm Action de déshabiller, de se déshabiller.
déshabillé nm Vêtement féminin d'intérieur.
déshabiller vt **1.** Ôter ses habits à quelqu'un ; dévêtir. **2.** TECHN Mettre à nu, découvrir : *déshabiller un fauteuil, un mur.* ◆ **se déshabiller** vpr Ôter ses vêtements.
déshabituer vt Faire perdre une habitude à ; désaccoutumer.
désherbant, e adj et nm Se dit d'un produit qui sert à désherber un sol.
désherber vt Enlever les mauvaises herbes.
déshérence nf DR Absence d'héritiers.
déshérité, e adj et n **1.** Privé de sa part d'héritage. **2.** Privé de biens matériels ; pauvre : *secourir les déshérités.* ◆ adj Aride, pauvre : *région déshéritée.*
déshériter vt **1.** Priver d'héritage. **2.** LITT Désavantager.
déshonneur nm Perte de l'honneur ; honte, indignité.
déshonorant, e adj Qui déshonore.
déshonorer vt **1.** Faire perdre son honneur à quelqu'un ; avilir. **2.** Faire du tort à, gâter.
déshumanisé, e adj Qui a perdu tout caractère humain.
déshumaniser vt Faire perdre tout caractère humain à.
déshydratant, e adj Qui déshydrate.
déshydratation nf Action de déshydrater ; fait d'être déshydraté.
déshydraté, e adj Dont la teneur en eau est diminuée ; desséché : *soupe, peau déshydratée.*
déshydrater vt Diminuer la teneur en eau ; dessécher. ◆ **se déshydrater** vpr Perdre de sa teneur en eau : *l'athlète s'est déshydraté.*
desiderata [deziderata] nm pl Ce que l'on souhaite voir se réaliser ; souhaits.
design [dizajn] nm Discipline visant à la création d'objets, d'environnements à la fois fonctionnels, esthétiques et conformes aux impératifs d'une production industrielle (recommandation officielle : *stylique*). ◆ adj inv D'un modernisme fonctionnel sur le plan esthétique.
désignation nf **1.** Action de désigner. **2.** Ce qui désigne.
designer [dizajnœr] nm Créateur spécialisé dans le design.
désigner vt **1.** Indiquer, montrer : *désigner le coupable.* **2.** Choisir : *désigner un successeur.* **3.** Représenter, signifier : *ces deux mots désignent la même notion.*
désillusion nf Perte de l'illusion, désenchantement.
désillusionner vt Faire perdre les illusions à.
désincarcérer vt (conj 10) Dégager une personne prisonnière d'un véhicule accidenté.
désincarné, e adj Qui ne tient pas compte du corps ou de la réalité : *théorie désincarnée.*
désindustrialisation nf Fait de supprimer des usines, de diminuer le potentiel industriel d'une région, d'un pays.
désinence nf GRAMM Partie finale d'un mot.
désinfectant, e adj et nm Se dit d'un produit qui désinfecte.
désinfecter vt Détruire les germes pathogènes : *désinfecter une plaie, un lieu.*

désinfection nf Action de désinfecter ; son résultat.
désinformation nf Action de désinformer ; son résultat.
désinformer vt Informer à travers les médias en donnant une image déformée ou mensongère de la réalité.
désinsectiser vt Détruire les insectes nuisibles : *désinsectiser une région*.
désintégration nf **1.** Action de désintégrer, de se désintégrer ; fait d'être désintégré. **2.** PHYS Transformation du noyau d'un atome.
désintégrer vt **1.** Provoquer la destruction complète de quelque chose. **2.** FIG Détruire l'unité, la cohésion d'un tout. ◆ **se désintégrer** vpr Se désagréger.
désintéressé, e adj Qui n'agit pas par intérêt égoïste ; qui n'est pas inspiré par l'intérêt.
désintéressement nm **1.** Indifférence à tout ce qui est intérêt personnel. **2.** Dédommagement d'un créancier.
désintéresser vt **1.** Faire perdre à quelqu'un tout intérêt pour quelque chose : *désintéresser un élève du latin.* **2.** Payer à quelqu'un la somme qu'on lui doit. ◆ **se désintéresser** vpr [de] Ne plus porter d'intérêt à.
désintérêt nm Absence d'intérêt ; indifférence.
désintoxication nf Action de désintoxiquer.
désintoxiquer vt Guérir quelqu'un d'une intoxication.
désinvolte adj Trop décontracté ; sans-gêne, impertinent : *réponse désinvolte*.
désinvolture nf Attitude désinvolte ; impertinence, sans-gêne.
désir nm **1.** Action de désirer ; envie. **2.** Objet du désir. **3.** Appétit sexuel.
désirable adj **1.** Qui mérite d'être désiré. **2.** Qui fait naître le désir sexuel.
désirer vt **1.** Souhaiter, avoir envie de. **2.** Éprouver un désir sexuel pour. ■ **laisser à désirer :** être médiocre. ❑ **se faire désirer :** se faire attendre. ❑ **vous désirez ? :** formule de politesse pour demander à quelqu'un ce qu'il veut, généralement dans un magasin.
désireux, euse adj Qui désire quelque chose : *il est désireux de rendre service*.
désistement nm Renoncement.
désister (se) vpr Renoncer à un droit, à une candidature, etc.
désobéir vt ind [à] Ne pas obéir à.
désobéissance nf Action de désobéir, tendance à désobéir.
désobéissant, e adj Qui désobéit.
désobligeant, e adj Désagréable, blessant.
désobliger vt (conj 2) Causer du déplaisir, de la peine ; vexer.
désobstruer vt Enlever ce qui bouche ; déboucher.
désocialisation nf Situation d'une personne, d'un groupe qui ne sont pas intégrés aux structures de la société : *le risque de désocialisation des chômeurs*.
désocialisé, e adj et n Qui est écarté des structures de la vie sociale.
désodé, e [desɔde] adj Privé de sodium, de sel.
désodorisant, e adj et nm Se dit d'un produit qui désodorise.

VOCABULAIRE Le mot *désodorisant* s'applique à toutes les odeurs, *déodorant* uniquement à celle du corps.

désodoriser vt Enlever ou masquer les mauvaises odeurs.
désœuvré, e adj et n Qui n'a rien à faire, qui ne sait pas s'occuper.
désœuvrement nm État d'une personne désœuvrée.
désolant, e adj Qui désole ; affligeant.
désolation nf Peine, affliction extrême.
désolé, e adj **1.** Très affligé, attristé, navré. **2.** Désert et triste : *paysage désolé.* ■ **être désolé (de) :** regretter vivement.
désoler vt **1.** Causer une grande affliction. **2.** Navrer, contrarier.
désolidariser (se) vpr Cesser d'être solidaire de quelqu'un, de quelque chose.
désopilant, e adj Très drôle.
désordonné, e adj **1.** Qui manque d'ordre. **2.** Déréglé.
désordre nm **1.** Manque d'ordre ; fouillis : *chambre en désordre.* **2.** Confusion, manque d'organisation : *le désordre des idées.* **3.** Agitation politique ou sociale : *le malaise économique laisse craindre de graves désordres.* **4.** Manque de discipline : *élève qui sème le désordre dans la classe*.
désorganisation nf **1.** Action de désorganiser. **2.** Désordre.
désorganiser vt Détruire l'organisation de ; jeter la confusion, le désordre dans.
désorienté, e adj **1.** Qui a perdu sa direction. **2.** FIG Déconcerté, troublé.
désorienter vt **1.** Faire perdre à quelqu'un son chemin, la direction qu'il doit suivre. **2.** FIG Déconcerter, dérouter.
désormais adv Dorénavant.
désosser vt Enlever l'os, les os de : *désosser un gigot*.
desperado [desperado] nm Hors-la-loi prêt à s'engager dans toute entreprise violente et désespérée.
despote nm **1.** Souverain absolu. **2.** Personne qui exerce une domination absolue sur son entourage : *cette femme est un despote !*
despotique adj Arbitraire, tyrannique.

despotisme nm **1.** Pouvoir absolu et arbitraire. **2.** Autorité tyrannique.

desquamation [dɛskwamasjɔ̃] nf **1.** Chute des écailles. **2.** MÉD Exfoliation de l'épiderme sous forme de squames.

desquamer [dɛskwame] vi ou **se desquamer** vpr **1.** Perdre ses écailles. **2.** Se détacher par squames.

desquels, **desquelles** pron rel et pron interr → **lequel**.

DESS nm (sigle de *diplôme d'études supérieures spécialisées*) Anc. diplôme du troisième cycle de l'enseignement supérieur qui se préparait en un an et ouvrait sur la vie professionnelle.

dessabler vt Ôter le sable de.

dessaisir vt Déposséder d'un droit, d'un bien. ◆ **se dessaisir** vpr [de] Renoncer volontairement à qqch que l'on possède.

dessaisissement nm Action de dessaisir, de se dessaisir.

dessalage ou **dessalement** nm Action de dessaler, de débarrasser de son sel.

dessaler vt **1.** Rendre moins salé ; débarrasser de son sel. **2.** FAM Dégourdir, déniaiser. ◆ vi FAM Chavirer, en parlant d'un voilier.

dessaouler vt et vi → **dessoûler**.

desséchant, **e** adj Qui dessèche.

dessèchement nm **1.** Action de dessécher. **2.** État de ce qui est desséché.

dessécher vt (conj 10) **1.** Rendre sec, déshydrater. **2.** FIG Rendre froid, insensible. ◆ **se dessécher** vpr Devenir sec.

dessein nm Projet, intention. ◆ loc adv ■ **à dessein** : exprès, volontairement.

desseller vt Ôter la selle à.

desserrage ou **desserrement** nm Action de desserrer.

desserrer vt Relâcher ce qui est serré : *desserrer une ceinture, un frein.* ■ **ne pas desserrer les dents** : ne rien dire, se taire.

dessert nm Dernière partie d'un repas ; mets sucré qui la compose.

desserte nf **1.** Petite table pour déposer les plats servis ou desservis. **2.** Action de desservir un lieu : *autocar qui assure la desserte du village.*

dessertir vt Enlever de sa monture (une pierre fine) : *dessertir une pierre, une perle.*

desservant nm Prêtre qui dessert une paroisse.

desservir vt (conj 20) **1.** Enlever les plats qui ont été servis : *desservir la table.* **2.** Assurer un service de communication : *desservir une localité.* **3.** Assurer le service religieux de : *prêtre qui dessert trois paroisses.* **4.** FIG Nuire à.

dessiccation nf Élimination de l'humidité d'un corps.

dessiller [desije] vt ■ LITT **dessiller les yeux à, de quelqu'un** : lui ouvrir les yeux, le détromper.

dessin nm **1.** Représentation sur une surface de la forme d'un objet ou d'une figure. **2.** Technique et art qui enseignent les procédés du dessin. **3.** Contour, profil. ■ **dessin à main levée** : dessin exécuté sans règle ni compas et traité librement. ❑ **dessin animé** : suite de dessins qui, filmés, donnent l'apparence du mouvement.

dessinateur, **trice** n Qui dessine, qui en fait profession.

dessiner vt **1.** Représenter par le dessin : *dessiner un bateau.* **2.** Faire ressortir la forme, le contour de : *une robe qui dessine bien la taille.* **3.** Former, tracer : *le fleuve dessine une boucle.* ◆ **se dessiner** vpr FIG Se préciser, prendre tournure.

dessoûler ou **dessaouler** vt Faire cesser l'ivresse ; dégriser. ◆ vi Cesser d'être ivre.

dessous adv Indique la position par rapport à ce qui est plus haut, à ce qui recouvre : *le livre est dessous, sur la deuxième étagère ; il ne porte rien dessous.* ◆ nm Partie inférieure d'une chose. ■ **avoir le dessous** : être désavantagé ou dans une position d'infériorité. ◆ nm pl **1.** Lingerie, sous-vêtements féminins. **2.** FIG Aspect secret : *les dessous d'une affaire.* ◆ **du dessous** loc adj De l'étage inférieur : *voisin du dessous.* ◆ **en dessous** loc adv Dans la partie inférieure ; à un niveau inférieur. ■ **agir, regarder quelqu'un par en dessous** : de façon sournoise, hypocrite. ◆ **en dessous de** loc prép Dans la partie inférieure de ; à un niveau inférieur à : *thermomètre en dessous de zéro.* ■ **être en dessous de la vérité** : ne pas l'atteindre.

dessous-de-plat nm inv Support pour poser les plats sur la table.

dessous-de-table nm inv Somme versée de la main à la main en sus du prix légal d'une tractation.

dessus adv Indique la position par rapport à ce qui est plus bas, dessous : *pose-le dessus.* ◆ nm Partie supérieure, haute d'une chose : *le dessus de la main.* ■ **avoir le dessus** : avoir l'avantage. ❑ FAM **le dessus du panier** : ce qu'il y a de mieux. ◆ **du dessus** loc adj De l'étage supérieur : *voisin du dessus.*

dessus-de-lit nm inv Couvre-lit.

déstabilisateur, **trice** ou **déstabilisant**, **e** adj Qui déstabilise.

déstabiliser vt Faire perdre sa stabilité à.

destin nm **1.** Puissance supérieure supposée régler d'avance les événements ; fatalité. **2.** Destinée d'un individu : *avoir un destin tragique.* **3.** Sort, avenir réservé à quelque chose : *quel sera le destin de notre civilisation ?*

destinataire n Personne à qui s'adresse un envoi, un message.

destination nf **1.** Ce à quoi une chose est destinée. **2.** Lieu vers lequel quelque chose ou quelqu'un se dirige.

destinée nf **1.** Puissance qui règle d'avance ce qui doit être ; destin : *accuser la destinée.* **2.** Sort, avenir de quelque chose : *cet ouvrage a eu une destinée bizarre.* **3.** Vie humaine considérée comme indépendante de la volonté : *on n'échappe pas à sa destinée.*

destiner vt **1.** Fixer l'usage, l'emploi d'une chose. **2.** Déterminer quelque chose à l'avance pour quelqu'un.

destituer vt Retirer à quelqu'un sa charge, son emploi.

destitution nf Action de destituer, révocation.

déstockage nm Vente promotionnelle destinée à épuiser un stock : *déstockage massif.*

déstresser vi Avoir moins de stress : *les vacances m'ont permis de déstresser.* ◆ vt Atténuer ou supprimer le stress de.

destrier nm ANC Cheval de bataille.

destroyer [dɛstrwaje] ou [dɛstrɔjœr] nm Croiseur rapide.

destructeur, trice adj Qui détruit.

destructible adj Qui peut être détruit.

destruction nf Action de détruire.

déstructuration nf Action de déstructurer.

déstructurer vt Désorganiser.

désuet, ète adj Qui n'est plus en usage ; suranné, démodé.

désuétude nf Caractère d'une chose désuète.

désuni, e adj Séparé par une mésentente : *famille désunie.*

désunion nf Désaccord, mésentente.

désunir vt **1.** Séparer ce qui était uni, disjoindre. **2.** FIG Rompre l'harmonie, brouiller.

désynchroniser [desɛ̃krɔnize] vt Faire perdre son synchronisme à.

détachable adj Qui peut être détaché ; amovible.

détachage nm Action d'ôter les taches.

détachant, e adj et nm Se dit d'un produit servant à enlever les taches.

détaché, e adj **1.** Qui n'est plus lié ; séparé. **2.** FIG Indifférent, insensible. ■ **pièce détachée :** pièce de remplacement d'un véhicule, d'un appareil.

détachement nm État d'une personne détachée ; indifférence, désintérêt.

1. détacher vt Enlever une tache.

2. détacher vt **1.** Ôter le lien qui attachait : *détacher un prisonnier.* **2.** Éloigner, écarter : *détacher les bras du corps.* **3.** Envoyer en mission : *détacher un éclaireur.* **4.** Faire ressortir, mettre en valeur : *encadrer un mot pour le détacher du texte.* **5.** FIG Dégager, détourner : *détacher quelqu'un d'une habitude.* ◆ **se détacher** vpr **1.** Défaire ses liens : *l'animal s'est détaché tout seul.* **2.** Apparaître distinctement : *les montagnes se détachent dans le lointain.* **3.** S'éloigner, se séparer : *se détacher de ses amis.*

détail nm **1.** Élément particulier ou caractéristique d'un ensemble : *observer les détails d'un tableau ;* petit élément accessoire d'un ensemble : *ne négliger aucun détail.* **2.** Vente par petites quantités : *commerce de détail.* **3.** Énumération complète et minutieuse, description circonstanciée : *le détail d'une facture.* ■ **au détail :** à l'unité ou par petites quantités. ❑ **en détail :** d'une façon circonstanciée, sans rien omettre.

détaillant, e n Commerçant qui vend au détail.

détaillé, e adj Présenté dans les moindres détails ; précis : *plan détaillé.*

détailler vt **1.** Vendre au détail. **2.** FIG Énumérer, passer en revue les éléments d'un ensemble : *détailler une facture ; détailler un plan.*

détaler vi FAM S'enfuir, quitter un lieu en hâte.

détartrage nm Action de détartrer ; son résultat.

détartrant nm Produit qui dissout ou enlève le tartre.

détartrer vt Enlever le tartre de.

détaxation nf Action de détaxer.

détaxe nf Suppression ou remboursement de taxes.

détaxer vt Supprimer ou alléger une taxe.

détectable adj Que l'on peut détecter.

détecter vt Déceler, découvrir l'existence de.

détecteur nm Tout appareil servant à détecter des gaz, des mines explosives, des ondes radioélectriques, etc.

détection nf Action de détecter.

détective nm ■ **détective privé** ou **détective :** personne qui mène des enquêtes, des filatures privées pour le compte de particuliers.

déteindre vt (conj 55) Faire perdre sa couleur à : *le soleil déteint les tissus.* ◆ vi Perdre sa couleur. ◆ vt ind [sur] Laisser des traces sur ; marquer, influencer.

dételer vt (conj 6) Détacher (des animaux attelés). ◆ vi FAM S'arrêter de travailler.

détendeur nm Appareil servant à diminuer la pression d'un gaz.

détendre vt (conj 50) **1.** Relâcher ce qui était tendu. **2.** FIG Faire cesser la tension nerveuse, l'anxiété, la fatigue. **3.** Diminuer la pression d'un gaz. ◆ **se détendre** vpr **1.** Se relâcher ; être relâché : *élastique qui se détend.* **2.** Se reposer, se distraire, se décontracter.

3. Devenir moins tendu : *nos relations se sont détendues*.

détendu, e adj Calme, apaisé.

détenir vt (conj 22) **1.** Avoir, garder en sa possession : *détenir un secret.* **2.** Garder en prison, en captivité.

détente nf **1.** Mouvement d'un objet, d'un être qui se détend : *détente d'un ressort, d'un sportif.* **2.** Pièce du ressort d'un fusil, qui fait partir le coup. **3.** Expansion d'un gaz soumis à une pression de moins en moins forte. **4.** Fait de se détendre : *profiter d'un moment de détente.* **5.** FIG Relâche : *détente politique.* ■ FAM **être dur à la détente :** (a) être avare (b) mettre du temps à comprendre.

détenteur, trice n Personne qui détient, de droit ou non, une chose : *détenteur d'un record.*

détention nf **1.** Action de détenir : *détention d'armes.* **2.** État d'une personne détenue en prison. ■ **détention criminelle :** peine privative de liberté. ❑ **détention provisoire :** subie avant le jugement.

détenu, e n et adj Personne qui est en prison.

détergent, e ou **détersif, ive** adj et nm Se dit d'un produit servant à nettoyer.

détérioration nf **1.** Action de détériorer. **2.** Fait de se détériorer.

détériorer vt Dégrader, abîmer. ◆ **se détériorer** vpr S'altérer, se dégrader.

déterminant, e adj Qui détermine, décide une action. ◆ nm GRAMM Élément placé devant le nom, marquant le genre, le nombre, et certains autres caractères tels les articles, les démonstratifs, les possessifs, etc.

détermination nf **1.** Action de déterminer : *la détermination d'un lieu, d'une date.* **2.** Acte de la volonté ; décision, résolution. **3.** Caractère résolu, décidé : *montrer de la détermination.*

déterminé, e adj **1.** Précisé, fixé. **2.** Résolu, décidé.

déterminer vt **1.** Établir, définir avec précision. **2.** Inspirer une résolution à, inciter à agir. **3.** Causer, provoquer. **4.** GRAMM Préciser la valeur ou le sens d'un mot.

déterminisme nm Système philosophique d'après lequel nos actes sont régis par des lois rigoureuses.

déterministe adj et n Relatif au déterminisme ; qui en est partisan.

déterré, e n ■ **avoir un air, une mine de déterré :** avoir mauvaise mine, être pâle.

déterrement nm Action de déterrer.

déterrer vt **1.** Sortir de terre ; exhumer : *déterrer un trésor.* **2.** FIG Tirer de l'oubli : *déterrer une vieille histoire*.

détersif, ive adj et nm → **détergent**.

détestable adj Très mauvais, très désagréable.

détester vt Avoir de l'aversion pour ; avoir en horreur, abhorrer, exécrer.

détonant, e adj Qui produit une détonation : *mélange détonant*.

détonateur nm **1.** Dispositif qui provoque l'explosion d'un engin. **2.** FIG Ce qui déclenche une situation explosive.

détonation nf Bruit produit par une explosion.

détoner vi Exploser avec bruit.

détonner vi **1.** MUS Sortir du ton. **2.** FIG Contraster, choquer.

> ORTHOGRAPHE Il ne faut pas confondre *détonner* avec deux *n,* qui concerne le ton, et *détoner* avec un *n,* qui se rapporte à une explosion.

détordre vt (conj 52) Remettre dans son état premier ce qui était tordu.

détour nm **1.** Trajet sinueux. **2.** Chemin plus long que la voie directe. ■ **sans détour :** franchement, simplement.

détourné, e adj **1.** Qui n'est pas direct. **2.** FIG Secret, caché.

détournement nm **1.** Action de détourner : *détournement d'avion.* **2.** Soustraction frauduleuse : *détournement de fonds.* ■ **détournement de mineur :** fait, sanctionné par la loi, pour une personne majeure de séduire une personne mineure.

détourner vt **1.** Tourner d'un autre côté : *détourner les yeux.* **2.** Faire changer de direction : *détourner la circulation.* **3.** Soustraire frauduleusement : *détourner des fonds.* **4.** FIG Écarter, éloigner, détacher : *détourner quelqu'un de ses soucis.* **5.** Dénaturer : *détourner le sens d'un mot.* ■ FIG **détourner la conversation :** l'écarter de son sujet initial. ❑ **détourner un avion :** contraindre par la menace, la force le pilote à changer la destination de l'appareil.

détracteur, trice n Personne qui critique, rabaisse le mérite de quelqu'un, de quelque chose.

détraqué, e adj et n FAM Atteint de troubles mentaux, déséquilibré.

détraquement nm **1.** Action de détraquer ; son résultat : *détraquement de l'horloge.* **2.** Fait d'être détraqué, de se détraquer : *le détraquement du temps*.

détraquer vt **1.** Déranger le fonctionnement, le mécanisme de. **2.** FIG, FAM nuire à l'état physique ou mental de. ◆ **se détraquer** vpr Ne plus fonctionner, mal fonctionner. ■ FAM **le temps se détraque :** le temps se gâte, s'assombrit.

1. détrempe nf **1.** Couleur à l'eau délayée avec de la colle ou de la gomme. **2.** Peinture préparée ou exécutée avec cette couleur.

2. détrempe nf Action de détremper l'acier.

1. détremper vt Imbiber d'un liquide.

2. détremper vt Détruire la trempe de (l'acier).
détresse nf **1.** Situation critique ; misère, infortune : *être dans la détresse.* **2.** Sentiment d'abandon, de solitude ; angoisse, désespoir : *cri de détresse.*
détriment nm ■ **au détriment de :** en faisant tort à, aux dépens de.
détritique adj GÉOL Se dit de tout sédiment provenant de la désagrégation des roches.
détritus [detrity] ou [detritys] nm **1.** Débris, résidu. **2.** (souvent au pluriel) Ordures.
détroit nm Bras de mer entre deux terres.
détromper vt Tirer de l'erreur.
détrôner vt **1.** Chasser du trône ; destituer. **2.** Mettre fin à la supériorité de.
détrousser vt VIEILLI Dévaliser, voler.
détrousseur, euse n VIEILLI, LITT Personne qui détrousse, voleur.
détruire vt (conj 70) **1.** Mettre à bas ; démolir : *détruire une ville, une maison.* **2.** Faire périr ; supprimer : *détruire les rats.* **3.** Conduire à la déchéance ; ruiner : *le tabac détruit la santé.* **4.** FIG Réduire à néant : *détruire une légende.*
dette nf **1.** Somme d'argent que l'on doit. **2.** FIG Obligation morale. ■ **dette publique :** engagements à la charge d'un État.
DEUG [dœg] nm (sigle de *diplôme d'études universitaires générales*) Diplôme universitaire intermédiaire de la licence, obtenu au terme de deux ans d'étude après le baccalauréat.
deuil nm **1.** Perte, décès de quelqu'un. **2.** Douleur, affliction causée par la mort de quelqu'un. **3.** Signes extérieurs du deuil, vêtements généralement noirs ; temps pendant lequel on les porte. **4.** VIEILLI Cortège funèbre : *conduire le deuil.* ■ FAM **faire son deuil d'une chose :** se résigner à en être privé. ❑ **travail de deuil :** processus psychique par lequel une personne parvient progressivement à se détacher d'un être cher qui est mort.
DEUST [dœst] nm (sigle de *diplôme d'études universitaires scientifiques et techniques*) Diplôme sanctionnant un premier cycle de formation scientifique et professionnelle et qui se prépare en deux ans.
deux adj num card **1.** Un plus un : *les deux pôles.* **2.** Deuxième : *tome deux.* ■ FAM **en moins de deux :** très rapidement. ◆ nm Nombre qui suit un dans la série des entiers naturels ; chiffre représentant ce nombre.
deuxième adj num ord et n Qui occupe le rang marqué par le numéro deux.

EMPLOI *Deuxième* s'emploie lorsqu'il y a plus de deux éléments, *second* lorsqu'il n'y en a que deux : *le deuxième étage ; la Seconde Guerre mondiale.*

deuxièmement adv En deuxième lieu.
deux-mâts nm inv Voilier à deux mâts.
deux-pièces nm inv **1.** Maillot de bain composé d'un slip et d'un soutien-gorge. **2.** Appartement de deux pièces.
deux-points nm inv Signe de ponctuation figuré par deux points (:).
deux-quatre nm inv MUS Mesure à deux temps, qui a la blanche pour unité de mesure.
deux-roues nm inv Véhicule à deux roues, avec ou sans moteur.
deux-temps nm inv Moteur à deux temps.
dévaler vt et vi Descendre rapidement : *dévaler l'escalier.*
dévaliser vt Voler, dérober, cambrioler. ■ FIG, FAM **dévaliser un magasin :** y faire de gros achats.
dévalorisant, e adj Qui dévalorise.
dévalorisation nf Action de dévaloriser.
dévaloriser vt **1.** Dévaluer. **2.** Déprécier, diminuer la valeur, le prestige de.
dévaluation nf Diminution de valeur : *la dévaluation d'une monnaie, des diplômes.*
dévaluer vt **1.** Diminuer le taux de change de la monnaie d'un pays. **2.** Faire perdre de la valeur, du crédit, du prestige à.
devancer vt (conj 1) **1.** Précéder : *devancer le peloton ; devancer les critiques.* **2.** FIG Avoir l'avantage sur, surpasser : *devancer un rival.*
devancier, ère n Prédécesseur.
devant prép **1.** En face de : *être devant son écran.* **2.** En avant de : *marcher devant les autres.* **3.** En présence de : *parler devant le tribunal.* ◆ adv En avant. ■ **monter, aller devant :** dans un véhicule, monter à l'avant. ◆ nm Partie antérieure : *le devant d'une maison.* ■ **prendre les devants :** (a) partir avant quelqu'un (b) FIG agir avant quelqu'un.
devanture nf Partie formant le devant d'une boutique ; vitrine, étalage.
dévastateur, trice adj et n Qui dévaste.
dévastation nf Action de dévaster.
dévaster vt Ravager, ruiner : *dévaster un pays.*
déveine nf FAM Malchance.
développement nm **1.** Action de développer ; son résultat : *le développement d'une banderole.* **2.** Croissance : *développement de l'enfant.* **3.** FIG Essor, expansion : *développement industriel d'une région.* **4.** Amélioration durable d'une économie : *pays en développement.* **5.** Exposition détaillée : *se lancer dans un long développement.* **6.** Distance parcourue par une bicyclette pendant un tour du pédalier. **7.** Mise au point d'un appareil, d'un produit en vue de sa commercialisation. **8.** PHOT Action de développer une pellicule sensible. ■ **développement durable :**

mode de développement économique veillant au respect de l'environnement.

développer vt **1.** Dérouler, déployer : *développer une pièce de tissu.* **2.** Assurer la croissance, l'extension de : *développer l'économie.* **3.** Rendre plus fort : *développer le corps.* **4.** FIG Exposer en détail : *développer un récit, un projet.* **5.** Assurer le développement d'un appareil, d'un produit. **6.** PHOT Transformer l'image latente en image visible au moyen de procédés chimiques : *développer un film, une pellicule.* ◆ **se développer** vpr **1.** Croître, grandir : *l'enfant se développe normalement.* **2.** Prendre de l'importance, de l'extension, de l'ampleur : *secteur qui se développe.*

développeur nm Société qui assure la production et la commercialisation de logiciels.

1. devenir vi (conj 22) **1.** Passer d'un état à un autre : *les têtards deviennent des grenouilles.* **2.** Avoir tel sort : *que devient votre projet ?*

2. devenir nm SOUT Futur, avenir : *le devenir de l'homme.*

déverbal nm LING Nom formé à partir du radical d'un verbe.

dévergondage nm Conduite licencieuse, débauche.

dévergondé, e adj et n Qui mène une vie licencieuse.

dévergonder (se) vpr S'écarter des règles morales, adopter une conduite licencieuse.

déverrouiller vt Ôter, tirer le verrou de.

déversement nm Action de déverser, de se déverser.

déverser vt **1.** Faire couler d'un lieu dans un autre. ◊ vpr : *le trop-plein se déverse dans un bassin.* **2.** FIG Répandre en abondance ; épancher : *déverser sa rancune.*

déversoir nm Endroit par où s'épanche l'eau d'un canal, d'un étang.

dévêtir vt (conj 27) Déshabiller. ◆ **se dévêtir** vpr Ôter ses vêtements.

déviance nf Caractère de ce qui s'écarte de la norme.

déviant, e adj et n Qui s'écarte de la norme, de la règle.

déviation nf **1.** Action, fait de dévier. **2.** Itinéraire détourné.

déviationnisme nm Attitude d'une personne ou d'un groupe qui s'écarte de la doctrine de son parti politique.

déviationniste adj et n Qui relève du déviationnisme.

dévider vt **1.** Dérouler : *dévider une pelote de laine.* **2.** Mettre en écheveau ou en peloton du fil, de la soie, etc. : *dévider la soie du cocon.*

dévidoir nm Instrument pour dévider, dérouler rapidement du fil, un tuyau, etc.

dévier vi Se détourner, s'écarter de sa direction, de son projet, etc. ◆ vt Modifier le trajet, la direction normale de quelque chose.

devin, devineresse n Personne qui prétend prédire l'avenir.

deviner vt **1.** Prédire, prévoir ce qui doit arriver : *deviner l'avenir.* **2.** Trouver par conjecture ou par intuition : *devinez qui j'ai rencontré !* **3.** Apercevoir, distinguer confusément : *deviner une église au lointain.*

devinette nf Question plaisante dont on demande à quelqu'un, par jeu, de trouver la réponse.

devis nm Évaluation détaillée du coût de travaux à exécuter.

dévisager vt (conj 2) Regarder avec insistance ou indiscrétion.

1. devise nf **1.** Brève formule qui exprime la règle de conduite de quelqu'un ou qui suggère un idéal. **2.** Figure emblématique, avec une courte légende qui l'explique.

2. devise nf Monnaie considérée sous l'angle de son taux de change.

1. deviser vi LITT S'entretenir familièrement ; converser.

2. deviser vt SUISSE Établir le devis de.

dévissage nm Action de dévisser.

dévisser vt **1.** Défaire, desserrer en tournant dans le sens inverse du vissage. **2.** Ôter, desserrer les vis de ; séparer les éléments vissés. ◆ vi **1.** Tomber, en parlant d'un alpiniste. **2.** FAM Chuter, baisser brutalement : *homme politique qui dévisse dans les sondages.*

de visu [devizy] loc adv Après avoir vu ; en témoin oculaire.

dévitaliser vt Enlever le nerf de (une dent).

dévoilement nm Action de dévoiler.

dévoiler vt **1.** Ôter le voile de : *dévoiler une statue.* **2.** FIG Découvrir, révéler ce qui était caché ou inconnu : *dévoiler un secret.*

1. devoir vt (conj 35) **1.** Avoir à payer : *devoir un mois de loyer.* **2.** FIG Être obligé de, tenu à : *devoir assistance.* **3.** Être redevable de : *devoir une découverte à la chance.* **4.** Comme auxiliaire, marque la nécessité, l'obligation : *tu dois obéir.* **5.** Marque l'intention, la possibilité, le futur : *il doit téléphoner ce soir ; l'accident a dû se passer ainsi.* ◆ **se devoir** vpr **1.** [à] Être tenu de se consacrer à qqn, à qqch : *il se doit à sa famille.* **2.** [de] Être moralement tenu de : *nous nous devons de leur parler.* ■ **comme il se doit :** comme l'usage le recommande.

2. devoir nm **1.** Ce à quoi on est obligé par la loi, la morale, etc. **2.** Exercice écrit donné à des élèves : *faire ses devoirs.* ■ **se mettre en devoir de :** se préparer, se mettre à. ◆ **devoirs** pl Hommages, marques de civilité. ■ **derniers devoirs :** honneurs funèbres.

1. dévolu nm ■ **jeter son dévolu sur :** fixer son choix sur.
2. dévolu, e adj Échu par droit.
dévolution nf DR Attribution, transmission d'un bien, d'un droit, d'une succession d'une personne à une autre.
dévorant, e adj **1.** Insatiable, avide : *faim, curiosité dévorante.* **2.** Qui consume, détruit par son intensité : *feu dévorant ; jalousie dévorante.*
dévorer vt **1.** Manger en déchirant avec les dents : *le loup dévora l'agneau.* **2.** Manger goulûment. **3.** FIG Consumer, détruire : *le feu dévore tout.* **4.** FIG Absorber complètement : *ses nombreuses activités la dévorent.* ■ **dévorer des yeux :** regarder avec avidité, passion. ❑ **dévorer un livre :** le lire avec passion.
dévoreur, euse n Qui dévore.
dévot, e adj et n Pieux, attaché aux pratiques religieuses.
dévotement adv Avec dévotion.
dévotion nf **1.** Piété, attachement aux pratiques religieuses. **2.** PAR EXT Attachement, vénération : *soigner des plantes avec dévotion.* ◆ **dévotions** pl ■ **faire ses dévotions :** accomplir ses devoirs religieux.
dévoué, e adj Plein de dévouement, zélé.
dévouement nm **1.** Action de se dévouer : *un dévouement héroïque.* **2.** Disposition à servir, à se dévouer : *montrer du dévouement.*
dévouer (se) vpr **1.** Faire abnégation de soi-même ; se sacrifier : *il s'est dévoué pour sauver ses camarades.* **2.** Se consacrer à : *se dévouer à la science.*
dévoyé, e adj et n Perverti, débauché.
dévoyer vt (conj 3) LITT Détourner du droit chemin, de la morale.
dextérité nf Adresse, habileté.
dextre adj VX Droit (par opposition à *senestre*).
dextrose nm CHIM Glucose.
dey nm HIST Chef du gouvernement d'Alger.
DG nm (sigle) Directeur général.
diabète nm MÉD Maladie se manifestant par une abondante élimination d'urine et une soif intense. ■ **diabète sucré :** maladie qui se manifeste par la présence de sucre dans les urines.
diabétique adj et n Atteint de diabète.
diable nm **1.** Démon, esprit malin. **2.** Enfant turbulent, espiègle. **3.** Chariot à deux roues basses, servant au transport des lourds fardeaux. ■ **à la diable :** vite et sans soin. ❑ **au diable :** très loin. ❑ **avoir le diable au corps :** (a) faire le mal sciemment (b) être emporté par ses passions. ❑ **c'est bien le diable si. :** ce serait bien extraordinaire si. ❑ **de tous les diables :** extrême. ❑ **en diable :** fort, extrêmement. ❑ **pauvre diable :** misérable. ❑ **tirer le diable par la queue :** avoir des difficultés d'argent. ◆ interj Marque l'impatience, la désapprobation, la surprise.
diablement adv FAM Excessivement.
diablerie nf Malice, espièglerie.
diablesse nf Diable femelle.
diablotin nm **1.** Petit diable. **2.** Enfant vif et espiègle.
diabolique adj **1.** Inspiré par le diable. **2.** Très méchant, pernicieux.
diaboliquement adv De façon diabolique.
diaboliser vt Présenter comme diabolique, pernicieux : *diaboliser les rappeurs, le tabac.*
diabolo nm **1.** Jouet formé d'une bobine qu'on lance en l'air et qu'on rattrape sur une ficelle tendue. **2.** Boisson faite de limonade et de sirop.
diachronie nf LING Caractère des phénomènes linguistiques considérés dans leur évolution temporelle.
diacide nm CHIM Corps possédant deux fonctions acide.
diaconat nm Ordre ou fonction du diacre.
diaconesse nf Religieuse, chez les protestants.
diacre nm Clerc qui a reçu l'ordre immédiatement inférieur à la prêtrise.
diacritique adj ■ **signe diacritique :** signe joint à un caractère de l'alphabet pour lui donner une valeur spéciale.
diadème nm **1.** Bandeau royal ; FIG dignité royale. **2.** Tout objet de parure ou coiffure qui enserre le haut du front.
diagnostic nm **1.** Identification d'une maladie par ses symptômes. **2.** Jugement porté sur une situation, sur un état. ■ **diagnostic technique immobilier :** bilan obligatoire réalisé lors de la vente d'un bien immobilier pour évaluer son état sanitaire et sa conformité aux normes de sécurité et de préservation de l'environnement.
diagnostique adj Qui détermine la nature de la maladie.
diagnostiquer vt Déterminer la nature d'une maladie d'après les symptômes.
diagonal, e, aux adj Qui a le caractère d'une diagonale.
diagonale nf Droite qui joint deux sommets non consécutifs d'un polygone. ■ **en diagonale :** obliquement. ❑ FIG, FAM **lire en diagonale :** très rapidement et d'une façon superficielle.
diagramme nm Représentation graphique de l'évolution d'un phénomène.
dialectal, e, aux adj Propre à un dialecte.
dialecte nm Variété régionale d'une langue.
dialecticien, enne n Qui pratique la dialectique.
dialectique adj Du ressort de la dialectique. ◆ nf Art de raisonner.

dialectologie nf LING Étude des dialectes.
dialogue nm **1.** Conversation entre deux ou plusieurs personnes. **2.** Ensemble de paroles échangées entre les personnages d'un film, d'une pièce de théâtre, d'un récit. **3.** Discussion visant à trouver un terrain d'entente.
dialoguer vi **1.** S'entretenir, converser. **2.** Engager des négociations.
dialoguiste n Auteur des dialogues d'un film.
dialyse nf **1.** CHIM Analyse d'un mélange, fondée sur la propriété que possèdent certains corps de traverser les membranes poreuses. **2.** MÉD Technique d'épuration du sang.
dialysé, e adj et n Se dit d'un malade astreint à une dialyse.
diamant nm **1.** Pierre précieuse constituée de carbone pur cristallisé. **2.** Pointe de lecture d'un électrophone, d'une platine.
diamantaire n Professionnel qui taille ou vend le diamant.
diamantifère adj Qui contient du diamant : *terrain diamantifère*.
diamétral, e, aux adj Du diamètre.
diamétralement adv Dans le sens du diamètre. ■ FIG **diamétralement opposé :** en opposition totale.
diamètre nm Droite qui, passant par le centre d'une circonférence, joint deux points de celle-ci.
diantre interj VX, LITT Marque l'étonnement, la surprise.
diapason nm **1.** Note dont la fréquence sert de référence pour l'accord des instruments de musique et des voix. **2.** Petit instrument d'acier qui donne le *la*. ■ FIG **être, se mettre au diapason :** en harmonie, en accord avec les autres.
diaphane adj **1.** Qui laisse passer la lumière sans être transparent. **2.** LITT Se dit d'un teint très clair.
diaphragme nm **1.** Muscle mince, qui sépare la poitrine de l'abdomen. **2.** Préservatif féminin en caoutchouc. **3.** PHOT Dispositif permettant de régler l'ouverture d'un objectif selon la quantité de lumière qu'on veut admettre.
diaphragmer vi PHOT Réduire l'ouverture d'un objectif au moyen du diaphragme.
diapo nf (abréviation) FAM Diapositive.
diapositive nf PHOT Image positive sur support transparent pour la projection.
diapré, e adj LITT De couleurs variées, vives.
diarrhée nf Émission de selles liquides et fréquentes.
diaspora nf Dispersion d'un peuple, d'une ethnie à travers le monde.
diastole nf Décontraction des ventricules cardiaques.
diatomée nf Algue unicellulaire (les diatomées forment une famille).
diatonique adj MUS Qui procède suivant la succession naturelle des tons et demi-tons.
diatribe nf Critique amère et violente ; pamphlet.
dichotomie [dikɔtɔmi] nf Division en deux ; opposition entre deux choses.
dichotomique [dikɔtɔmik] adj Qui se subdivise de deux en deux : *classification dichotomique*.
dico nm (abréviation) FAM Dictionnaire.
dicotylédone nf Plante dont les graines possèdent un embryon à deux cotylédons (les dicotylédones forment une classe).
Dictaphone nm (nom déposé) Magnétophone servant à la dictée du courrier, à l'enregistrement d'une conférence, etc.
dictateur, trice n Personne qui détient tous les pouvoirs, qui commande en maître absolu. ◆ **dictateur** nm ANTIQ ROM Magistrat investi de l'autorité suprême en cas de crise grave.
dictatorial, e, aux adj Qui relève de la dictature : *pouvoir dictatorial*.
dictature nf **1.** Régime politique où tous les pouvoirs sont réunis entre les mains d'une seule personne ou d'un groupe restreint. **2.** Pouvoir absolu, tyrannie.
dictée nf **1.** Action de dicter. **2.** Exercice scolaire d'orthographe.
dicter vt **1.** Dire ou lire des mots qu'un autre écrit au fur et à mesure. **2.** FIG Suggérer, inspirer, imposer : *conduite dictée par l'ambition*.
diction nf Manière de dire des vers, un rôle, etc. ; élocution.
dictionnaire nm Recueil, par ordre alphabétique, des mots d'une langue, suivis, le plus souvent, de leur définition ou de leur traduction dans une autre langue.
dicton nm Maxime, sentence passée en proverbe.
didacticiel nm Logiciel pour l'enseignement assisté par ordinateur.
didactique adj Qui a pour objet d'instruire ; pédagogique.
didactisme nm Caractère didactique.
didjeridoo [didjeridu] nm Instrument de musique à vent des Aborigènes d'Australie.
dièdre nm et adj GÉOM Figure formée par deux plans qui se coupent.
diérèse nf Prononciation de deux voyelles consécutives en deux syllabes.
dièse nm MUS Signe qui hausse d'un demi-ton la note qu'il précède. ◆ adj Affecté d'un dièse : *do dièse*.

diesel nm Moteur à combustion interne, consommant des huiles lourdes.

ORTHOGRAPHE On écrit *des diesels*, mais *des moteurs Diesel*.

1. diète nf **1.** Abstention totale ou partielle d'aliments. **2.** MÉD Régime alimentaire.

2. diète nf Assemblée politique dans certains pays.

diététicien, enne n Spécialiste de diététique.

diététique nf Science de l'hygiène alimentaire. ◆ adj **1.** Qui concerne la diététique. **2.** Conçu selon les règles de la diététique.

dieu nm **1.** (avec une majuscule) Être suprême, créateur et conservateur de l'univers. **2.** Divinité du paganisme. **3.** FIG Personne, chose qu'on affectionne, qu'on vénère. ■ **Dieu merci ! :** sert à exprimer le soulagement. ▫ **mon Dieu ! :** sert à exprimer la surprise ou le désespoir.

diffamant, e adj Qui diffame.

diffamateur, trice adj et n Qui diffame.

diffamation nf Action de diffamer.

diffamatoire adj Se dit des écrits, des discours qui tendent à diffamer.

diffamer vt Porter atteinte à la réputation de quelqu'un, par des paroles ou des écrits.

différé, e adj Remis à un moment ultérieur. ◆ nm Émission radiophonique ou télévisée transmise après son enregistrement : *en différé*.

différemment [diferamɑ̃] adv De façon différente.

différence nf **1.** Absence de similitude, d'identité ; caractère qui distingue, oppose : *différence de caractères.* **2.** Écart qui sépare deux grandeurs, deux quantités : *différence d'altitude.* **3.** Résultat d'une soustraction.

différenciation nf Action de différencier ou de se différencier ; distinction.

différencier vt Distinguer par une différence. ◆ **se différencier** vpr Se distinguer.

différend nm Désaccord, contestation.

différent, e adj **1.** Qui n'est pas semblable, pas identique : *elles sont très différentes.* **2.** Qui n'est plus le même : *elle est différente depuis sa maladie.* **3.** (au pluriel) Divers, plusieurs : *différentes personnes se sont présentées.*

différentiel, elle adj MATH Qui procède par différences infiniment petites. ◆ nm AUTOM Mécanisme qui permet aux roues motrices de tourner à des vitesses différentes l'une de l'autre dans les virages.

différer vt (conj 10) Retarder, remettre à plus tard. ◆ vt ind **1.** [de] Être différent. **2.** N'être pas du même avis.

difficile adj **1.** Qui ne se fait pas facilement, compliqué : *exercice difficile.* **2.** Pénible, douloureux : *situation difficile.* **3.** FIG Peu accommodant, exigeant : *caractère difficile.* ◆ n ■ **faire le, la difficile :** se montrer peu ou pas facile à contenter.

difficilement adv Avec difficulté.

difficulté nf **1.** Caractère de ce qui est difficile : *la difficulté d'un sujet.* **2.** Chose qui embarrasse, empêchement, obstacle : *éprouver des difficultés.* ■ **être en difficulté :** dans une situation délicate, difficile. ◆ **difficultés** pl ■ **faire des difficultés :** ne pas accepter facilement quelque chose.

difforme adj De forme irrégulière ; laid, contrefait.

difformité nf Malformation du corps, d'une partie du corps.

diffraction nf Déviation des ondes lumineuses, acoustiques, etc., lorsqu'elles rencontrent un obstacle.

diffus, e adj Répandu en tous sens, disséminé : *lumière diffuse ; douleur diffuse.*

diffusément adv De façon diffuse.

diffuser vt **1.** Répandre : *diffuser la lumière, la chaleur.* **2.** Propager, émettre : *diffuser une nouvelle ; émission diffusée sur ondes moyennes.* **3.** Assurer la distribution commerciale d'une publication : *diffuser des livres.*

diffuseur nm Appareil pour diffuser le son, la lumière, etc.

diffusion nf Action de diffuser. ■ **diffusion en continu** ou **en flux :** procédé permettant de visionner un contenu multimédia au fur et à mesure de sa diffusion. SYN : streaming.

digérer vt (conj 10) **1.** Assimiler par la digestion : *digérer un aliment.* **2.** FIG Assimiler par la pensée : *digérer ses connaissances.* **3.** FAM Accepter ; endurer, supporter, subir : *digérer un affront.*

digeste adj Qui se digère facilement ; digestible : *aliment très digeste.*

digestible adj Qui peut être facilement digéré.

digestif, ive adj De la digestion : *troubles digestifs.* ■ **appareil digestif :** ensemble des organes de la digestion. ◆ nm Alcool, liqueur pris après le repas.

digestion nf Transformation des aliments dans l'appareil digestif.

Digicode nm (nom déposé) Appareil placé à l'entrée d'un immeuble, qui, à l'aide d'un code, commande l'ouverture de la porte.

1. digital, e, aux adj Relatif aux doigts.

2. digital, e, aux adj (anglicisme) INFORM Numérique.

digitale nf Plante toxique à fleurs en forme de doigt de gant.

digitaline nf Produit toxique issu de la digitale, utilisé en cardiologie.

digitigrade adj et nm ZOOL Qui marche en appuyant seulement les doigts sur le sol.

digitopuncture [diʒitopɔ̃ktyr] nf MÉD Traitement inspiré de l'acupuncture et utilisant la compression des doigts.

digne adj **1.** Qui mérite quelque chose par ses qualités ou ses défauts : *un film digne d'intérêt, d'éloges.* **2.** Qui est en conformité avec : *fils digne de son père.* **3.** Qui montre une gravité, une retenue qui inspire le respect : *rester digne.*

dignement adv D'une manière digne.

dignitaire nm Personnage revêtu d'une dignité.

dignité nf **1.** Respect dû à une personne, à une chose ou à soi-même : *dignité de la personne humaine.* **2.** Retenue, gravité dans les manières : *manquer de dignité.* **3.** Fonction éminente, distinction honorifique : *accéder aux plus hautes dignités.*

digression nf Partie d'un discours étrangère au sujet.

digue nf **1.** Chaussée pour contenir des eaux. **2.** FIG Obstacle : *élever des digues contre l'injustice.*

diktat [diktat] nm Exigence absolue, imposée par le plus fort, sans autre justification que la force.

dilapidation nf Action de dilapider.

dilapider vt Dépenser à tort et à travers ; gaspiller.

dilatabilité nf Propriété qu'ont les corps d'augmenter de volume par échauffement.

dilatable adj Qui peut se dilater.

dilatateur, trice adj Qui sert à dilater.

dilatation nf **1.** Action de dilater ou de se dilater. **2.** PHYS Augmentation du volume d'un corps sous l'action de la chaleur.

dilater vt **1.** Augmenter le volume d'un corps par élévation de sa température. **2.** Agrandir l'ouverture d'un organe. ◆ **se dilater** vpr **1.** Augmenter de volume. **2.** S'ouvrir, s'élargir, en parlant d'un organe.

dilatoire adj DR Qui diffère, retarde.

dilemme nm Obligation de choisir entre deux partis contradictoires présentant tous deux des inconvénients.

> VOCABULAIRE Ce qui distingue le *dilemme* de l'*alternative,* c'est que le *dilemme* comporte des inconvénients quelle que soit l'option prise.

dilettante n Personne qui s'adonne à un travail, à un art en amateur, pour le plaisir.

dilettantisme nm Caractère, attitude du dilettante.

diligemment [diliʒamɑ̃] adv LITT Avec diligence.

1. diligence nf LITT Promptitude dans l'exécution ; empressement, zèle. ■ DR **à la diligence de :** à la demande de.

2. diligence nf ANC Voiture tirée par des chevaux, qui servait au transport des voyageurs.

diligent, e adj LITT Qui agit avec zèle et promptitude.

diluant nm Produit qui permet de diluer, en particulier les peintures et les vernis.

diluer vt Étendre d'eau ou d'un autre liquide ; délayer.

dilution nf Action de diluer ; son résultat.

diluvien, enne adj Relatif au déluge. ■ **pluie diluvienne :** pluie très abondante.

dimanche nm Septième et dernier jour de la semaine.

dîme nf Dixième partie des récoltes, due à l'Église avant la révolution de 1789.

dimension nf **1.** Étendue mesurable d'un corps dans tel ou tel sens : *objet de petite dimension.* **2.** Grandeur permettant d'évaluer la taille d'un corps (longueur, largeur, hauteur ou profondeur) ; mesure : *prendre les dimensions de la pièce.* **3.** Importance, ampleur : *donner une nouvelle dimension à un sujet.*

diminué, e adj Dont les facultés physiques ou mentales sont affaiblies.

diminuer vt **1.** Rendre moins grand, moins important ; réduire : *diminuer la longueur d'une planche.* **2.** Déprécier, rabaisser : *diminuer le mérite de quelqu'un.* ◆ vi Devenir moindre : *la fièvre a diminué.*

diminutif nm Mot dérivé d'un autre, qui donne une nuance de petitesse, d'atténuation, d'affection.

diminution nf Action de diminuer ; son résultat ; baisse, réduction.

dimorphe adj Qui peut revêtir deux formes différentes.

dinar nm Unité monétaire de l'Algérie, de l'Iraq, de la Tunisie, etc.

dinde nf Femelle du dindon ; viande de cet animal.

dindon nm Oiseau gallinacé de basse-cour. ■ **être le dindon de la farce :** être la victime, la dupe.

dindonneau nm Jeune dindon ; viande de cet animal.

1. dîner vi **1.** Prendre le repas du soir. **2.** SUISSE, BELGIQUE, CANADA Déjeuner.

2. dîner nm **1.** Repas du soir. **2.** Ce que l'on mange au dîner. **3.** SUISSE, BELGIQUE, CANADA Déjeuner.

dîner-spectacle (pl *dîners-spectacles*) nm Dîner accompagné ou suivi d'un spectacle.

dînette nf **1.** Petit repas d'enfants, vrai ou simulé. **2.** Vaisselle miniature servant de jouet.

dîneur, euse n Personne qui prend part à un dîner.

dinghy [diŋgi] nm Canot pneumatique de sauvetage.
dingo nm Chien sauvage d'Australie.
dingue adj et n FAM Fou. ◆ adj FAM Bizarre, absurde : *il m'est arrivé une histoire dingue.*
dinosaure nm **1.** Reptile fossile (les dinosaures forment un ordre). **2.** FAM Personne ou institution que son importance passée rend incontournable.
diocésain, **e** adj Du diocèse.
diocèse nm Territoire placé sous la juridiction d'un évêque.
diode nf Composant électronique utilisé comme redresseur de courant.
dionysiaque adj Relatif à Dionysos.
dioptrie nf Unité de mesure de la distance focale des systèmes optiques.
dioxine nf Sous-produit très toxique de la fabrication d'un dérivé du phénol.
dioxyde nm ■ **dioxyde de carbone :** gaz carbonique (formule : CO_2).
diphasé, **e** adj ÉLECTR Se dit du courant qui présente deux phases.
diphtérie nf Maladie contagieuse, caractérisée par la production de fausses membranes dans la gorge.
diphtérique adj De la diphtérie.
diphtongaison nf Fusion de deux voyelles qui se suivent en un seul élément vocalique.
diphtongue nf Voyelle unique qui change de timbre au cours de son émission.
diplodocus [diplɔdɔkys] nm Gigantesque reptile dinosaure fossile.
diplomate n Personne chargée de représenter son pays auprès d'une nation étrangère et dans les relations internationales. ◆ adj et n Habile, plein de tact. ◆ nm Sorte de pudding garni de fruits confits.
diplomatie nf **1.** Science, pratique des relations internationales. **2.** Corps, carrière diplomatiques. **3.** Habileté, tact dans les relations avec autrui.
diplomatique adj Relatif à la diplomatie. ■ **corps diplomatique :** ensemble des représentants de puissances étrangères. ❑ FAM **maladie diplomatique :** prétexte allégué pour se soustraire à une obligation.
diplomatiquement adv De façon diplomatique.
diplôme nm Titre délivré par un jury, une autorité, pour faire foi des aptitudes ou des mérites de quelqu'un.
diplômé, **e** adj et n Titulaire d'un diplôme.
diptère adj Qui a deux ailes. ◆ nm Insecte à une seule paire d'ailes (les diptères forment un ordre).
diptyque nm Œuvre d'art composée de deux panneaux, fixes ou mobiles.
1. dire vt (conj 72) **1.** Exprimer au moyen de la parole ou de l'écrit ; raconter : *dire la vérité.* **2.** Ordonner, conseiller de : *je vous dis de vous taire.* **3.** Signifier, révéler : *dire ce que l'on pense ; un regard qui en dit long.* **4.** Objecter, critiquer : *trouver à dire.* **5.** Réciter ou lire un texte à haute voix : *dire un poème.* ■ FAM **ça ne me dit rien :** cela ne me tente pas. ❑ **cela dit :** malgré tout. ❑ **cela va sans dire :** cela va de soi. ❑ **on dirait que :** il semblerait que : *on dirait qu'il va neiger.* ❑ **si le cœur vous en dit :** si vous en avez envie. ❑ **soit dit en passant :** pour ne pas s'appesantir sur ce point. ◆ **se dire** vpr **1.** Être exprimé par tel mot dans une langue donnée : *« chat » se dit « cat » en anglais.* **2.** Être d'un emploi correct : *ça ne se dit pas en français.* **3.** Se prétendre quelque chose : *elle se dit artiste.*
2. dire nm **1.** Ce qu'une personne dit, déclare. ■ **au dire de :** d'après l'affirmation de. **2.** DR Déclaration juridique.
direct, **e** adj **1.** Droit, sans détour : *chemin direct ; langage direct.* **2.** En relation immédiate avec quelque chose : *lien direct ; conséquence directe.* **3.** Sans intermédiaire : *vente directe.* ■ **complément d'objet direct :** introduit sans l'intermédiaire d'une préposition. ❑ GRAMM **discours, style direct, interrogation directe :** énoncé dans lequel les paroles sont rapportées sans l'intermédiaire d'une proposition subordonnée. ❑ **train direct :** qui ne s'arrête pas aux stations intermédiaires. ◆ nm **1.** Train direct. **2.** Émission de radio ou de télévision diffusée sans enregistrement préalable. **3.** En boxe, coup droit.
directement adv De façon directe.
directeur, **trice** n Personne qui est à la tête d'une administration, d'un établissement, etc. ◆ adj Qui dirige.
directif, **ive** adj Qui impose une direction, une orientation ou des contraintes.
direction nf **1.** Action de diriger ; conduite, administration. **2.** Fonction de directeur. **3.** Bureau du directeur ; ses services. **4.** Orientation : *aller dans la bonne direction.* **5.** Mécanisme permettant de diriger un véhicule. ■ **en direction de :** à destination de.
directionnel, **elle** adj Qui émet ou reçoit dans une seule direction.
directive nf (surtout au pluriel) Ensemble d'indications générales, instruction.
directivité nf Caractère de ce qui est directif, d'une personne directive.
directoire nm Organisme chargé de diriger certaines sociétés commerciales ou industrielles.
directorial, **e**, **aux** adj Qui concerne une direction, un directeur.
directrice nf MATH Ligne sur laquelle s'appuie constamment une génératrice engendrant une surface.

dirham nm Unité monétaire principale des Émirats arabes unis et du Maroc.

dirigeable nm Ballon muni d'hélices propulsives et d'un système de direction.

dirigeant, e adj et n Qui dirige. ◆ **dirigeants** npl Ensemble des personnes qui gouvernent un pays, qui dirigent une entreprise.

diriger vt (conj 2) **1.** Conduire, mener, commander : *diriger une affaire, un débat.* **2.** Donner telle ou telle orientation : *diriger sa lampe vers le sol.* ◊ vpr : *la voiture se dirige vers le port.*

dirigisme nm Remplacement de l'initiative privée par celle de l'État dans le domaine économique.

dirigiste adj et n Partisan du dirigisme.

discal, e, aux adj Relatif à un disque intervertébral.

discernable adj Qui peut être discerné.

discernement nm **1.** Action de discerner. **2.** Faculté de juger sainement.

discerner vt **1.** Distinguer par le regard. **2.** Distinguer, comprendre par l'esprit, le jugement.

disciple n **1.** Personne qui reçoit l'enseignement d'un maître. **2.** Personne qui adhère à une doctrine.

disciplinaire adj **1.** Relatif à la discipline. **2.** Qui a pour but d'imposer la discipline.

discipline nf **1.** Ensemble des lois, des règlements, qui régissent une collectivité, en vue d'y faire régner l'ordre : *se plier à la discipline.* **2.** Soumission, obéissance à une règle : *il n'y a pas de discipline dans sa classe.* **3.** Matière d'enseignement : *les disciplines littéraires.*

discipliné, e adj Qui se soumet à la discipline ; obéissant.

discipliner vt Former à la discipline.

disc-jockey [diskʒɔkɛ] (pl *disc-jockeys*) n Personne qui choisit et passe des disques à la radio, dans les discothèques.

disco nm ou nf et adj inv Style de musique et de danse : *musique disco.*

discobole nm ANTIQ Athlète qui lançait le disque ou le palet.

discographie nf Répertoire des disques concernant un thème précis, un compositeur ou un interprète.

discographique adj Relatif à la discographie.

discoïde adj En forme de disque.

discontinu, e adj **1.** Qui n'est pas continu dans l'espace : *ligne discontinue.* **2.** Qui présente des interruptions : *effort discontinu.*

discontinuer vi ■ **sans discontinuer :** sans cesser un moment.

discontinuité nf Absence de continuité.

disconvenir vt ind (conj 22) ■ LITT **ne pas disconvenir de quelque chose :** ne pas le contester, ne pas le nier.

discordance nf Caractère de ce qui est discordant.

discordant, e adj Qui manque de justesse, d'harmonie, d'accord.

discorde nf Dissension, division entre deux ou plusieurs personnes.

discorder vi LITT Être divergent.

discothèque nf **1.** Établissement où l'on peut écouter des disques et danser. **2.** Organisme de prêt de disques ; endroit où est organisé ce prêt. **3.** Collection de disques.

discount [diskaunt] ou [diskunt] nm Rabais sur les prix.

discoureur, euse n PÉJOR Personne qui parle beaucoup.

discourir vi (conj 29) Parler longuement sur un sujet ; pérorer.

discours nm **1.** Développement oratoire, allocution prononcés en public. **2.** Conversation, entretien. **3.** PÉJOR Développement inutile ; vaines paroles. **4.** LING Énoncé supérieur à la phrase, considéré du point de vue de son enchaînement. ■ **parties du discours :** catégories grammaticales.

discourtois, e adj LITT Qui manque de courtoisie ; impoli.

discourtoisie nf LITT Manque de courtoisie.

discrédit nm Perte ou diminution de valeur, de prestige, de considération : *jeter le discrédit sur quelqu'un, quelque chose.*

discréditer vt Faire tomber en discrédit ; déconsidérer.

discret, ète adj **1.** Réservé dans ses paroles et ses actions. **2.** Qui sait garder un secret. **3.** Sobre, qui n'attire pas l'attention : *une tenue discrète.*

discrètement adv Avec discrétion.

discrétion nf **1.** Retenue, réserve dans les paroles, les actions. **2.** Aptitude à garder un secret. **3.** Sobriété. ■ **à discrétion :** à volonté. ❑ **à la discrétion de quelqu'un :** (a) à sa merci (b) en son pouvoir.

discrétionnaire adj ■ DR **pouvoir discrétionnaire :** faculté laissée à l'Administration de prendre l'initiative de certaines mesures.

discriminant, e adj Qui introduit une discrimination entre des individus.

discrimination nf **1.** Fait de traiter différemment quelqu'un ou un groupe, qui se marque par une ségrégation : *discrimination raciale, sociale.* **2.** LITT Faculté, action de discerner, de distinguer.

discriminatoire adj Qui tend à distinguer, à son détriment, un groupe humain des autres.

discriminer vt LITT Établir une différence, une distinction entre des individus ou des choses.

disculpation nf Action de disculper.

disculper vt Reconnaître qu'un accusé n'est pas coupable ; innocenter. ◆ **se disculper** vpr Se justifier.

discursif, ive adj **1.** Qui repose sur le raisonnement. **2.** LING Qui concerne le discours.

discussion nf **1.** Examen, débat contradictoire : *la discussion d'un projet de loi.* **2.** Différend : *s'affronter lors d'une discussion.* **3.** Conversation : *il ne participe jamais aux discussions.*

discutable adj Qui peut être discuté ; qui offre matière à discussion.

discutailler vi FAM Discuter longuement sur des choses insignifiantes.

discuté, e adj Critiqué, controversé.

discuter vt **1.** Examiner une question ; débattre. **2.** Mettre en question ; contester. ◆ vt ind [de] Échanger des idées, des points de vue, sur tel sujet. ◆ **se discuter** vpr ■ FAM **ça se discute :** il y a des arguments pour et contre.

disert, e adj SOUT Qui parle aisément.

disette nf Manque de choses nécessaires, et particulièrement de vivres ; pénurie.

diseur, euse n **1.** Personne connue pour dire habituellement des choses d'un genre particulier : *diseuse de bonne aventure.* **2.** LITT Personne qui déclame avec art : *un fin diseur.*

disgrâce nf Perte de l'estime, de la faveur dont quelqu'un ou quelque chose jouissait.

ORTHOGRAPHE *Disgrâce,* comme le mot *grâce,* s'écrit avec un *â* contrairement à ses dérivés.

disgracié, e adj et n LITT Défavorisé par la nature quant au physique.

disgracier vt Retirer à quelqu'un ses faveurs ; destituer.

disgracieux, euse adj **1.** Qui manque de grâce. **2.** Déplaisant, désagréable.

disharmonie nf → **dysharmonie.**

disjoindre vt (conj 82) Séparer des choses jointes.

disjoint, e adj Séparé, distinct.

disjoncter vi **1.** ÉLECTR Pour un disjoncteur, se mettre en position d'interruption de courant. **2.** FAM Perdre la tête.

disjoncteur nm ÉLECTR Interrupteur automatique de courant, fonctionnant lors d'une variation anormale de l'intensité ou de la tension.

disjonction nf Séparation.

dislocation nf **1.** Écartement de choses contiguës ou emboîtées : *dislocation d'une chaise, des os.* **2.** Démembrement, dispersion : *dislocation d'une famille.*

disloquer vt **1.** Déplacer, démettre, déboîter. **2.** FIG Disperser les éléments d'un ensemble, les parties d'un tout.

disparaître vi (conj 64) **1.** Cesser d'être visible ou perceptible. **2.** S'esquiver, s'absenter plus ou moins fortuitement. **3.** Être soustrait, égaré, volé. **4.** Mourir, cesser d'exister.

disparate adj Qui manque d'harmonie, d'unité ; hétéroclite.

disparité nf Différence, inégalité.

disparition nf **1.** Action, fait de disparaître. **2.** Fait de ne plus exister : *la disparition d'une coutume.* **3.** Mort. ■ **espèce en voie de disparition :** menacée d'extinction.

disparu, e adj et n Se dit d'une personne morte, ou considérée comme telle.

dispatcher [dispatʃe] vt (anglicisme) Répartir, orienter.

dispatching [dispatʃiŋ] nm (anglicisme) **1.** Organisme assurant, à partir d'un bureau unique, le réglage de la marche des trains, la répartition de l'énergie électrique, etc. **2.** Répartition et distribution des éléments d'un ensemble.

dispendieux, euse adj SOUT Qui occasionne beaucoup de dépenses.

dispensaire nm Établissement de consultations médicales et de soins, peu coûteux ou gratuit.

dispensateur, trice n LITT Personne qui dispense, répartit, distribue quelque chose.

dispense nf Exemption de la règle générale.

dispenser vt **1.** Exempter d'une obligation, autoriser à ne pas faire : *dispenser un élève du cours d'éducation physique.* ◊ vpr : *tu peux te dispenser de venir.* **2.** Distribuer, accorder : *dispenser des soins.*

dispersé, e adj Réparti en différents points de l'espace. ■ **en ordre dispersé :** de façon désordonnée.

dispersement nm **1.** Action de disperser. **2.** État de ce qui est dispersé.

disperser vt **1.** Répandre, jeter çà et là. **2.** Mettre en fuite, envoyer de tous côtés. ◆ **se disperser** vpr **1.** S'en aller de tous les côtés. **2.** S'adonner à des activités trop différentes.

dispersion nf **1.** Action de disperser, de se disperser ; son résultat. **2.** PHYS Décomposition d'un faisceau de lumière complexe en ses différentes radiations.

disponibilité nf **1.** État de ce qui est disponible. **2.** Fait, pour quelqu'un, d'être disponible. **3.** Position d'un fonctionnaire ou d'un militaire provisoirement déchargé de ses fonctions : *être mis en disponibilité.* ◆ **disponibilités** pl Fonds disponibles.

disponible adj **1.** Dont on peut disposer, qu'on peut utiliser : *cette place est disponible.*

2. Se dit d'une personne qui a du temps pour elle et pour les autres.

dispos, e adj En bonnes dispositions de santé, de forme.

disposé, e adj ■ **bien, mal disposé :** de bonne, de mauvaise humeur. ❑ **être bien, mal disposé envers quelqu'un :** vouloir ou ne pas vouloir lui être utile ou agréable. ❑ **être disposé à :** être prêt à.

disposer vt **1.** Arranger, mettre dans un certain ordre : *disposer des fleurs dans un vase.* **2.** Inciter, engager quelqu'un à quelque chose : *les derniers événements l'ont disposé à signer.* ◆ vt ind [de] Avoir à sa disposition ; pouvoir utiliser : *disposer de quelques heures.* ◆ **se disposer** vpr [à] Se préparer à : *se disposer à partir.*

dispositif nm **1.** TECHN Ensemble de pièces constituant un appareil ; cet appareil : *dispositif d'alarme, de sécurité.* **2.** Ensemble de mesures, de moyens mis en œuvre dans un but déterminé : *dispositif policier.* **3.** DR Énoncé d'un jugement, d'un arrêt.

disposition nf **1.** Manière de placer, d'arranger ; arrangement, distribution : *la disposition des meubles, des invités autour de la table.* **2.** Pouvoir d'user à son gré : *avoir l'entière disposition de ses biens.* **3.** État d'esprit à l'égard de quelqu'un : *être dans de bonnes dispositions envers quelqu'un.* **4.** Penchant, inclination, tendance. **5.** DR Point réglé par une loi, un contrat, un jugement, etc. ■ **à la disposition de :** à la discrétion, au service de. ◆ **dispositions** pl Aptitude, penchant, don : *avoir des dispositions pour le dessin.* ■ **prendre des, ses dispositions :** se préparer, s'organiser.

disproportion nf Défaut de proportion, de convenance ; différence.

disproportionné, e adj Sans proportion ; excessif, démesuré.

dispute nf Discussion vive, querelle, altercation.

disputer vt **1.** FAM Gronder, réprimander. **2.** Lutter pour obtenir un succès, une victoire : *disputer une course.* ◆ **se disputer** vpr Se quereller.

disquaire n Marchand de disques.

disqualification nf Action de disqualifier ; son résultat.

disqualifier vt **1.** Exclure d'une épreuve sportive pour infraction au règlement. **2.** LITT Discréditer. ◆ **se disqualifier** vpr Perdre tout crédit par sa conduite.

disque nm **1.** Objet plat et circulaire. **2.** Plaque circulaire pour l'enregistrement et la reproduction de sons, d'images, de données informatiques : *disque laser ; disque dur.* **3.** ASTRON Surface circulaire visible d'un astre. **4.** Sorte de palet que lancent les athlètes. **5.** CH DE F Plaque mobile qui indique, par sa couleur, si la voie est libre ou non. ■ ANAT **disque intervertébral :** cartilage élastique séparant deux vertèbres. ❑ **disque optique compact :** cédérom. ❑ **disque optique numérique :** support d'enregistrement utilisé en informatique comme mémoire de très grande capacité.

disquette nf INFORM Support magnétique d'informations.

dissection nf Action de disséquer.

dissemblable adj Qui n'est pas semblable.

dissemblance nf Absence de ressemblance ; disparité.

dissémination nf Action de disséminer ; dispersion.

disséminer vt Éparpiller, répandre çà et là.

dissension nf Opposition violente de sentiments, d'intérêts ; discorde.

dissentiment nm SOUT Opposition de sentiments, d'opinions ; conflit.

disséquer vt (conj 10) **1.** Ouvrir un corps organisé pour en faire l'examen anatomique. **2.** FIG Analyser minutieusement.

dissertation nf Exercice scolaire portant sur une question littéraire, philosophique, historique.

disserter vi et vt ind [sur] **1.** Traiter méthodiquement un sujet. **2.** Discourir longuement.

dissidence nf **1.** Action ou état d'une personne ou d'un groupe qui cesse de se soumettre à une autorité établie, qui se sépare d'une communauté : *entrer en dissidence.* **2.** Divergence idéologique. **3.** Groupe de dissidents.

dissident, e adj et n Qui cesse de se soumettre à une autorité établie, ou à un parti dont il était membre.

dissimulateur, trice adj et n Qui dissimule.

dissimulation nf **1.** Action de dissimuler. **2.** Hypocrisie.

dissimulé, e adj Accoutumé à cacher ses sentiments ; hypocrite, fourbe.

dissimuler vt **1.** Cacher. **2.** Tenir secret, ne pas laisser paraître ses sentiments, ses intentions. ◆ **se dissimuler** vpr **1.** Se cacher : *se dissimuler derrière une tenture.* **2.** Se faire des illusions sur quelque chose : *se dissimuler la vérité.*

dissipateur, trice adj et n LITT, VX Qui dissipe son bien.

dissipation nf **1.** Action de dissiper, de se dissiper. **2.** FIG Indiscipline, turbulence, inattention. **3.** LITT Vie de plaisirs.

dissipé, e adj Agité, inattentif.

dissiper vt **1.** Faire disparaître, chasser : *le vent dissipe les nuages.* **2.** Faire cesser : *dissiper une inquiétude.* **3.** Dépenser inconsidérément : *dissiper sa fortune.* **4.** FIG Distraire, détourner de la discipline : *elle dissipe ses* *camarades.* ◆ **se dissiper** vpr **1.** Disparaître. **2.** FIG Être agité, turbulent.

dissociable adj Qui peut être dissocié.

dissociation nf Action de dissocier.

dissocier vt **1.** Séparer des éléments associés. **2.** Distinguer, disjoindre.

dissolu, e adj Déréglé, corrompu : *mener une vie dissolue.*

dissolution nf **1.** Action de dissoudre ; fait de se dissoudre. **2.** LITT Dérèglement : *dissolution des mœurs.*

dissolvant, e adj et nm Se dit d'un produit qui a la propriété de dissoudre.

dissonance nf **1.** MUS Accord défectueux, manque d'harmonie. **2.** Rencontre peu harmonieuse de sons, de mots, de syllabes.

dissonant, e adj MUS Qui manque d'harmonie : *accord dissonant.*

dissoudre vt (conj 60) **1.** Décomposer les molécules d'un corps solide : *l'eau dissout le sucre.* **2.** Mettre fin légalement à une association, à l'existence d'un parti, etc. : *dissoudre une société.* **3.** Annuler, rompre : *dissoudre un mariage.*

CONJUGAISON *Dissoudre* n'a pas de passé simple. Au participe passé, on écrit *dissous, dissoute.*

dissuader vt Détourner quelqu'un d'une résolution.

dissuasif, ive adj Qui a pour but de dissuader.

dissuasion nf **1.** Action de dissuader. **2.** MIL Action stratégique de représailles préparée par un État en vue de décourager un adversaire.

dissyllabe adj et nm Se dit d'un vers qui a deux syllabes.

dissyllabique adj Relatif à un dissyllabe.

dissymétrie nf Défaut, absence de symétrie.

dissymétrique adj Sans symétrie.

distance nf **1.** Intervalle qui sépare deux points dans l'espace ou dans le temps : *distance d'une ville à une autre, à quelques années de distance.* **2.** FIG Différence de niveau social, culturel, etc. : *l'argent a mis une grande distance entre eux.* ■ **prendre, garder ses distances :** éviter tout engagement ou toute familiarité avec quelqu'un. ❑ **tenir à distance :** ne pas laisser approcher.

distancer vt (conj 1) Devancer, surpasser.

distanciation nf Recul pris par rapport à un événement.

distant, e adj **1.** Éloigné, écarté. **2.** FIG Froid, réservé.

distendre vt (conj 50) Augmenter les dimensions en étirant. ◆ **se distendre** vpr S'affaiblir, se relâcher.

distension nf Augmentation de surface ou de volume sous l'effet d'une tension.

distillat [distila] nm Produit d'une distillation.

distillateur nm Fabricant d'eaux-de-vie, de liqueurs, etc.

distillation [distilasjɔ̃] nf Action de distiller.

distiller [distile] vt **1.** Réduire les liquides en vapeur par la chaleur pour en recueillir certains principes. **2.** Laisser couler goutte à goutte : *le pin distille la résine.* **3.** FIG Répandre : *distiller l'ennui.*

distillerie nf Lieu où l'on distille.

distinct, e [distɛ̃, ɛ̃kt] adj **1.** Différent : *deux problèmes bien distincts.* **2.** Qui se perçoit ou se conçoit nettement ; clair : *des traces distinctes sur la neige.*

distinctement adv De façon distincte.

distinctif, ive adj Qui permet de distinguer.

distinction nf **1.** Action de distinguer, de séparer ; différence : *distinction entre le bien et le mal.* **2.** Marque d'honneur : *recevoir une distinction.* **3.** Élégance, raffinement : *avoir de la distinction.*

distingué, e adj **1.** SOUT Remarquable, éminent. **2.** De bon ton, élégant, raffiné.

distinguer vt **1.** Discerner, percevoir par les sens, par l'esprit : *d'ici, on distingue parfaitement la côte.* **2.** Percevoir, établir la différence entre des personnes ou des choses : *distinguer les sens d'un mot.* **3.** Caractériser : *la parole distingue l'homme de l'animal.* ◆ **se distinguer** vpr Se faire remarquer, s'illustrer.

distinguo [distɛ̃go] nm Distinction fine, nuance subtile.

distique nm Groupe de deux vers.

distorsion nf **1.** Torsion convulsive de certaines parties du corps. **2.** Défaut de tout appareil enregistreur de sons ou d'images, qui les déforme en les reproduisant. **3.** FIG Déséquilibre : *distorsion entre les salaires.*

distraction nf **1.** Défaut d'attention, étourderie. **2.** Ce qui amuse, délasse l'esprit ; divertissement.

distraire vt (conj 79) **1.** LITT Séparer une partie d'un tout ; prélever, retrancher. **2.** DR Détourner à son profit. **3.** FIG Détourner l'esprit de ce qui l'occupe, rendre inattentif. **4.** Divertir, amuser. ◆ **se distraire** vpr S'amuser, se détendre.

distrait, e adj Peu attentif, étourdi.

distraitement adv De façon distraite.

distrayant, e adj Propre à distraire, à divertir.

distribué, e adj Réparti, agencé, disposé : *appartement mal distribué.*

distribuer vt **1.** Répartir, donner, fournir : *distribuer le courrier.* **2.** Donner au hasard : *distribuer des coups.* **3.** Assurer la distribution d'un produit, d'un film, etc.

distributeur, trice n Personne qui distribue : *distributeur de tracts, de films.* ◆ nm Appareil servant à distribuer : *distributeur automatique*.

distributif, ive adj LING Qui exprime la répartition.

distribution nf **1.** Action de distribuer ; répartition. **2.** Répartition des pièces d'un logement ; disposition : *distribution d'une maison.* **3.** Répartition des rôles entre les interprètes d'une pièce, d'un film, etc. ; ensemble de ces interprètes. **4.** MÉCAN Ensemble des organes qui règlent l'admission et l'échappement du fluide moteur. **5.** ÉCON Opérations par lesquelles les produits et les services sont diffusés entre les consommateurs dans le cadre national. ■ **distribution artistique :** casting.

district nm Subdivision administrative territoriale. ■ **district urbain :** groupement administratif de communes voisines formant une même agglomération.

dit, e adj **1.** Convenu, fixé : *à l'heure dite.* **2.** Surnommé : *Jean, dit le Bon.* ■ **ledit, ladite, dudit, etc. :** la personne ou la chose dont on vient de parler.

dithyrambe nm LITT Louange enthousiaste, souvent exagérée.

dithyrambique adj Très élogieux.

diurèse nf Sécrétion de l'urine.

diurétique adj et nm Se dit d'une boisson, d'un médicament, etc., qui font uriner.

diurne adj **1.** Qui s'accomplit pendant le jour. **2.** BOT Se dit des fleurs qui s'épanouissent le jour. **3.** ZOOL Se dit des animaux actifs pendant le jour.

diva nf Cantatrice célèbre.

divagation nf Action de divaguer.

divaguer vi **1.** LITT Errer à l'aventure. **2.** Tenir des propos incohérents, délirer.

divan nm **1.** Canapé sans bras ni dossier. **2.** HIST Conseil du sultan ottoman. **3.** LITTÉR Recueil de poésies orientales.

divergence nf **1.** Action, fait de diverger. **2.** Établissement de la réaction en chaîne dans un réacteur nucléaire.

divergent, e adj Qui diverge.

diverger vi (conj 2) **1.** S'écarter l'un de l'autre, en parlant des rayons, des lignes. **2.** FIG Être en désaccord : *nos opinions divergent beaucoup*.

divers, e adj **1.** Qui prend différents aspects ; changeant, varié : *un pays très divers.* **2.** (au pluriel) Différents : *les divers sens d'un mot.* ■ **divers droite, divers gauche :** élu rallié à la droite, à la gauche, sans être membre d'un des grands partis. **3.** (au pluriel) Plusieurs, quelques : *diverses personnes sont passées*.

diversement adv Différemment, de plusieurs façons.

diversification nf Action de diversifier ; son résultat.

diversifier vt Varier, mettre de la variété dans.

diversion nf **1.** MIL Opération visant à détourner l'ennemi d'un point sur lequel on compte attaquer. **2.** Action, événement qui détournent l'esprit, l'attention. ■ **faire diversion :** détourner l'attention.

diversité nf **1.** Variété, pluralité. **2.** Ensemble des personnes qui diffèrent par leur origine géographique, socioculturelle ou religieuse, leur âge, leur sexe, leur orientation sexuelle, etc. et qui constituent une communauté nationale.

divertir vt Amuser, distraire. ◆ **se divertir** vpr S'amuser, se distraire.

divertissant, e adj Qui divertit.

divertissement nm **1.** Action de divertir, de se divertir ; amusement. **2.** Distraction. **3.** THÉÂTRE Intermède de danse et de chant.

dividende nm **1.** MATH Nombre qui est divisé par un autre dans une division. **2.** Part de bénéfices qui revient à chaque actionnaire.

divin, e adj **1.** Qui est propre à Dieu ou à une divinité. **2.** Sublime, merveilleux, exquis.

divinateur, trice adj Qui devine l'avenir.

divination nf **1.** Art de deviner, de prévoir l'avenir. **2.** FIG Intuition.

divinatoire adj Qui relève de la divination.

divinement adv À la perfection.

divinisation nf Action de diviniser.

diviniser vt **1.** Reconnaître pour divin ; déifier. **2.** LITT Exalter, vénérer.

divinité nf **1.** Essence, nature divine : *la divinité de Jésus-Christ.* **2.** Dieu, être divin : *divinités grecques*.

diviser vt **1.** Séparer, partager. **2.** Désunir, être une occasion de désaccord. **3.** MATH Effectuer une division.

diviseur nm MATH Nombre par lequel on en divise un autre dans une division.

divisibilité nf Qualité de ce qui peut être divisé.

divisible adj Qui peut être divisé.

division nf **1.** Action de diviser ; état qui en résulte. **2.** Partie d'un tout divisé : *la minute est une division de l'heure.* **3.** MATH Opération par laquelle on partage une quantité en un certain nombre de parties égales. **4.** MIL Unité importante rassemblant des formations de toutes armes. **5.** Groupement de plusieurs services sous une même autorité, dans une administration. **6.** FIG Désunion, discorde. **7.** SPORTS Groupement de clubs en fonction de leurs résultats en championnat : *jouer en première division*.

divisionnaire adj Qui dirige une division militaire, administrative.

divorce nm **1.** Dissolution du mariage civil prononcée par un jugement. **2.** FIG Rupture, opposition, divergence.

divorcé, e adj et n Dont le divorce a été prononcé.

divorcer vi (conj 1) Rompre juridiquement un mariage : *ils ont divorcé ; divorcer d'avec sa femme.*

divulgateur, trice adj et n Qui divulgue une information.

divulgation nf Action de divulguer.

divulguer vt Rendre public.

dix [dis] adj num card Nombre qui suit neuf dans la série des entiers naturels. ◆ adj num ord Dixième : *Léon X.* ◆ nm inv Chiffre, numéro qui représente ce nombre.

PHONÉTIQUE *Dix* se prononce [diz] devant une voyelle ou un *h* muet, [di] devant une consonne ou un *h* aspiré.

dix-huit [dizɥit] adj num card Dix et huit. ◆ adj num ord Dix-huitième : *Louis XVIII.* ◆ nm inv Chiffre, numéro qui représente ce nombre.

dix-huitième adj num ord et n **1.** Qui occupe le rang marqué par le numéro dix-huit. **2.** Qui est contenu dix-huit fois dans le tout. ◆ nm La dix-huitième partie.

dixième [dizjɛm] adj num ord et n **1.** Qui occupe le rang marqué par le numéro dix. **2.** Qui est contenu dix fois dans le tout. ◆ nm La dixième partie.

dixièmement adv En dixième lieu.

dix-neuf adj num card Dix et neuf. ◆ adj num ord Dix-neuvième. ◆ nm inv Chiffre, numéro qui représente ce nombre.

dix-neuvième adj num ord et n **1.** Qui occupe le rang marqué par le numéro dix-neuf. **2.** Qui est contenu dix-neuf fois dans le tout. ◆ nm La dix-neuvième partie.

dix-sept adj num card Dix et sept. ◆ adj num ord Dix-septième. ◆ nm inv Chiffre, numéro qui représente ce nombre.

dix-septième adj num ord et n **1.** Qui occupe le rang marqué par le numéro dix-sept. **2.** Qui est contenu dix-sept fois dans le tout. ◆ nm La dix-septième partie.

dizain nm LITTÉR Stance, strophe de dix vers.

dizaine nf Groupe de dix unités ou environ.

DJ [didʒe] n (sigle) Disc-jockey.

djebel nm Montagne, en Afrique du Nord.

djellaba nf Longue robe portée en Afrique du Nord.

djihad [dʒiad] nm Guerre destinée à défendre, voire étendre, le domaine de l'islam.

djinn nm Chez les musulmans, être surnaturel, imaginaire.

do nm inv Note de musique.

doberman [dɔbɛrman] nm Chien de garde.

doc nf (abréviation) Documentation.

DOC nm (sigle) Disque optique compact.

docile adj Qui obéit facilement.

docilement adv Avec docilité.

docilité nf Disposition à obéir.

dock nm **1.** Bassin entouré de quais, pour le chargement et le déchargement des navires. **2.** Entrepôt construit sur les quais. ■ **dock flottant** : bassin de radoub mobile.

docker [dɔkɛr] nm Ouvrier employé au chargement et au déchargement des navires.

docte adj SOUT Savant, érudit.

doctement adv SOUT Savamment.

docteur nm **1.** Personne pourvue d'un doctorat en médecine et habilitée à exercer ; titre donné à cette personne. **2.** Personne qui a obtenu un doctorat. **3.** Personne savante, en particulier en matière religieuse. ■ **docteur de la Loi** : interprète officiel des livres sacrés des juifs. □ **docteur de l'Église** : père de l'Église.

EMPLOI On écrit docteur *en* droit, *en* médecine, *en* pharmacie ; mais docteur *ès* lettres, *ès* sciences.

doctoral, e, aux adj **1.** PÉJOR Suffisant, pédant : *un ton doctoral.* **2.** Relatif au doctorat : *les études doctorales.*

doctorat nm **1.** Diplôme national nécessaire à l'exercice des professions de santé. **2.** Diplôme obtenu à bac + 8 au terme de la soutenance d'une thèse et conférant le quatrième et plus haut grade universitaire.

doctoresse nf VIEILLI Femme médecin.

doctrinaire adj et n Attaché avec rigueur et intransigeance à une doctrine, à une opinion.

doctrinal, e, aux adj Relatif à une doctrine.

doctrine nf **1.** Ensemble des croyances ou des principes d'un système d'enseignement philosophique, littéraire, politique, religieux, etc. **2.** Opinion, prise de position.

docu-fiction (pl *docu-fictions*) nm Genre télévisuel qui reconstitue des faits réels en mêlant des images de synthèse, des scènes jouées par des acteurs et/ou des documents authentiques.

document nm Écrit ou objet servant d'information, de preuve, de témoignage.

documentaire adj Qui a le caractère d'un document. ■ **à titre documentaire** : pour information. ◆ nm Film didactique montrant un aspect particulier de la réalité.

documentaliste n Personne chargée de la recherche, de la sélection, du classement, de l'utilisation et de la diffusion des documents.

documentation nf Action de sélectionner, de classer, d'utiliser des documents ; ensemble de ces documents.

documenté, e adj **1.** Appuyé par des documents : *une thèse bien documentée.* **2.** Informé, renseigné par des documents.

documenter vt Fournir des documents, des renseignements à. ◆ **se documenter** vpr Rechercher, se procurer des documents.

dodécaèdre nm Polyèdre à douze faces.

dodécagone nm Polygone qui a douze angles et douze côtés.

dodécaphonisme nm Système musical fondé sur l'emploi exclusif des douze sons de la gamme chromatique.

dodécasyllabe nm Mot de douze syllabes.

dodelinement nm Oscillation légère de la tête, du corps.

dodeliner vt ind ■ **dodeliner de la tête :** lui imprimer un balancement lent et régulier.

dodo nm Lit, sommeil, dans le langage enfantin. ■ **faire dodo :** dormir.

dodu, e adj Gras, potelé.

doge nm Chef élu des anciennes Républiques de Gênes et de Venise.

dogmatique adj Relatif au dogme. ◆ adj et n Qui exprime une opinion de manière catégorique, péremptoire : *ton dogmatique.* ◆ nf RELIG Ensemble des dogmes.

dogmatiquement adv De façon dogmatique, d'un ton décisif.

dogmatiser vi **1.** Établir des dogmes. **2.** Parler d'un ton sentencieux, autoritaire.

dogmatisme nm **1.** Philosophie ou religion qui rejette le doute et la critique. **2.** Intolérance, sectarisme.

dogme nm **1.** Point fondamental de doctrine en religion ou en philosophie. **2.** Opinion imposée comme vérité indiscutable.

dogue nm Chien de garde à grosse tête, à museau aplati.

doigt [dwa] nm Chacune des parties mobiles qui terminent les mains et les pieds de l'homme et de quelques animaux. ■ **être à deux doigts de :** être sur le point de. ❏ FAM **faire quelque chose les doigts dans le nez :** très facilement. ❏ **mettre le doigt sur :** deviner juste. ❏ **obéir au doigt et à l'œil :** exactement, aveuglément. ❏ **savoir sur le bout du doigt :** parfaitement. ❏ FAM **se mettre le doigt dans l'œil :** se tromper complètement. ❏ **se mordre les doigts de quelque chose :** regretter quelque chose amèrement. ❏ **un doigt de :** un petit peu de : *un doigt d'alcool.*

doigté nm **1.** MUS Manière de doigter. **2.** Tact, savoir-faire.

doigter [dwate] vt MUS Indiquer sur la partition, par des chiffres, le doigt dont l'exécutant doit se servir pour chaque note.

doigtier nm Fourreau pour protéger un ou plusieurs doigts.

doit nm Partie d'un compte établissant ce qu'une personne doit.

Dolby nm (nom déposé) Procédé de réduction du bruit de fond des enregistrements sonores ; dispositif utilisant ce procédé.

doléances nf pl Plaintes, réclamations.

dolent, e adj Plaintif ; pleurnicheur : *voix dolente.*

dolichocéphale [dɔlikɔsefal] adj et n Dont la longueur du crâne l'emporte sur la largeur.

doline nf GÉOGR Petite cuvette fermée caractéristique de certaines régions calcaires.

dollar nm Unité monétaire de quelques pays, notamment des États-Unis, de l'Australie, du Canada, de Hongkong.

dollarisation nf Processus de substitution du dollar des États-Unis à une monnaie nationale.

dolmen [dɔlmɛn] nm Monument mégalithique formé d'une grande pierre plate posée sur deux verticales.

dolomite nf Carbonate naturel de calcium et de magnésium.

DOM nm (sigle) Département d'outre-mer.

domaine nm **1.** Propriété foncière d'une certaine étendue : *le domaine familial.* **2.** Attribution, fonction, ressort : *c'est de mon domaine.* **3.** Secteur, champ couvert par un art, une science, une technique : *le domaine de la médecine.* ■ **le domaine de l'État** ou **le Domaine :** les biens de l'État ; l'administration de ces biens.

domanial, e, aux adj Qui appartient à un domaine, en particulier au domaine de l'État.

dôme nm **1.** Voûte semi-sphérique, qui surmonte un édifice. **2.** Dispositif en forme de coupole : *dôme de verdure.*

domestication nf Action de domestiquer.

domesticité nf Ensemble des domestiques d'une maison.

domestique adj **1.** Qui concerne la maison, la famille : *tâches domestiques.* **2.** Apprivoisé (par opposition à *sauvage*) : *animal domestique.* ◆ n Personne employée au service d'une maison, d'un hôtel, etc.

domestiquer vt **1.** Apprivoiser (un animal sauvage). **2.** Rendre utilisable par l'homme : *domestiquer le vent.*

domicile nm Lieu d'habitation. ■ **à domicile :** au lieu où on habite : *livraison à domicile.* ❏ **domicile conjugal :** domicile commun des époux. ❏ **élire domicile :** se fixer. ❏ **sans domicile fixe :** personne qui n'a pas de lieu d'habitation, pas de travail ni de ressources.

domiciliaire adj ■ DR **visite domiciliaire :** faite au domicile de quelqu'un par autorité de justice.

domiciliation nf **1.** Désignation d'un domicile où un effet de commerce est payable. **2.** Pour une entreprise, choix du lieu de son siège.

domicilié, e adj Qui a son domicile à tel endroit.

domicilier vt ■ **se faire domicilier quelque part :** faire reconnaître un lieu comme son domicile légal.

dominant, e adj Qui domine ; prédominant.

dominante nf **1.** Partie, trait caractéristiques ou essentiels. **2.** MUS Cinquième degré de la gamme.

dominateur, trice adj et n Qui domine, aime dominer.

domination nf Action de dominer ; autorité souveraine.

dominer vi **1.** Exercer sa suprématie. **2.** L'emporter en nombre, en intensité sur. ◆ vt **1.** Être maître de, tenir sous son autorité. **2.** Être au-dessus de ; surplomber : *dominer une plaine.* **3.** FIG Maîtriser : *dominer un sujet.*

dominicain, e n Religieux, religieuse de l'ordre fondé par saint Dominique. ◆ adj et n De la République dominicaine : *les Dominicains.*

dominical, e, aux adj **1.** Du Seigneur. **2.** Du dimanche : *repos dominical.*

domino nm **1.** Chacune des pièces du jeu de dominos. **2.** Costume de bal masqué, vêtement flottant avec capuchon ; personne qui porte ce costume. ■ AFRIQUE, ANTILLES **couple domino :** couple constitué d'une personne noire et d'une personne blanche. ◆ **dominos** pl Jeu de société consistant à assembler selon des règles de petits rectangles dont chaque moitié est marquée d'un certain nombre de points.

dommage nm Perte, dégât, préjudice. ■ **c'est dommage, quel dommage :** c'est fâcheux, regrettable. ◆ **dommages** pl ■ DR **dommages et intérêts** ou **dommages-intérêts :** indemnité due pour un préjudice.

dommageable adj Préjudiciable.

domotique nf Ensemble des techniques visant à automatiser divers éléments de l'habitat (sécurité, énergie, etc.).

domptable adj Qu'on peut dompter.

dompter [dɔ̃te] ou [dɔ̃pte] vt **1.** Soumettre, dominer. **2.** Apprivoiser, dresser. **3.** FIG, LITT maîtriser, surmonter.

dompteur, euse n Personne qui dompte des animaux.

don nm **1.** Action de donner ; chose donnée ; cadeau. **2.** Donation. **3.** Qualité naturelle, talent, disposition.

DON [dɔ̃] nm (sigle) Disque optique numérique.

donataire n Personne qui reçoit un don, une donation.

donateur, trice n Personne qui fait un don, une donation.

donation nf Acte juridique par lequel une personne transmet un bien.

donc conj **1.** Introduit la conclusion, la conséquence : *je pense, donc je suis.* **2.** Marque la reprise d'un discours interrompu : *je vous disais donc que.* ◆ adv Renforce une interrogation, une demande : *qu'as-tu donc ?*

donjon nm Tour maîtresse d'un château fort.

don Juan (pl *dons Juans*) nm Séducteur.

donjuanesque adj Digne de don Juan, d'un séducteur.

donjuanisme nm Conduite, attitude d'un don Juan.

donne nf JEUX Action de distribuer les cartes. ■ **fausse donne :** maldonne. ❑ **nouvelle donne :** situation nouvelle résultant de changements importants.

donné, e adj Déterminé, fixé : *en un temps donné.*

donnée nf **1.** Point incontestable ou admis comme tel : *données chronologiques.* **2.** Idée fondamentale qui sert de point de départ. ◆ **données** pl **1.** Circonstances qui conditionnent un événement. **2.** MATH Hypothèses figurant dans l'énoncé d'un problème. **3.** INFORM Représentation conventionnelle d'une information sous une forme convenant à son traitement par ordinateur.

donner vt **1.** Attribuer, remettre qqch à qqn : *donner des bonbons.* **2.** Accorder qqch à qqn : *donner son autorisation.* **3.** Produire : *cette vigne donne un bon vin.* **4.** Communiquer, transmettre : *donner son adresse ; donner l'alerte.* **5.** Exercer une action sur : *donner du courage ; donner faim.* **6.** Manifester : *donner des signes de vie.* ■ **donnant donnant :** à condition de recevoir une contrepartie. ◆ vi Avoir du rendement, de la puissance : *les tomates donnent déjà ; la musique donne à plein.* ◆ vt ind [sur] Avoir vue : *cette fenêtre donne sur la cour.* ◆ **se donner** vpr Consacrer son activité, son énergie à : *se donner à son travail.* ■ **s'en donner :** beaucoup s'amuser.

donneur, euse n **1.** Personne qui aime à donner : *donneur de bons conseils.* **2.** Joueur qui distribue les cartes. **3.** Personne qui fait don de son sang, d'un organe.

donquichottisme nm Caractère du redresseur de torts.

dont pron rel Remplace un complément introduit par *de* (de qui, duquel, de quoi) : *celui, celle, ceux dont je t'ai parlé ; la façon dont il s'y prend ; une dizaine de livres, dont le sien.*

> GRAMMAIRE On dit *c'est lui dont il s'agit* ou *c'est de lui qu'il s'agit.*

dopage ou **doping** [dɔpiŋ] nm Emploi d'excitants par un sportif.

dopant, **e** adj et nm Se dit d'un produit qui dope, stimule.

dope nf (anglicisme) FAM Drogue.

doper vt **1.** Administrer un excitant à. **2.** Stimuler. ◆ **se doper** vpr Prendre des stimulants.

dorade nf → **daurade**.

dorage nm Action de dorer.

doré, **e** adj **1.** Jaune, de couleur d'or : *métal doré.* **2.** Légèrement hâlé : *peau dorée.* ◆ nm Dorure.

dorénavant adv À partir de maintenant ; désormais.

dorer vt **1.** Recouvrir d'une couche d'or. **2.** CUIS Couvrir une préparation d'une légère couche de jaune d'œuf.

doreur, **euse** n et adj Spécialiste qui pratique la dorure.

dorien nm Un des quatre principaux dialectes de la langue grecque ancienne.

dorique adj et nm ■ **ordre dorique** : le plus ancien des ordres de l'architecture grecque.

dorloter vt Traiter délicatement, entourer de soins attentifs.

dormant, **e** adj Se dit d'un agent secret, d'un terroriste ou d'un réseau installés en un lieu dans l'attente d'une action. ■ **châssis dormant** : châssis qui ne s'ouvre pas. ❑ **eau dormante** : eau qui n'a pas de courant, stagnante. ◆ nm Partie fixe d'une fenêtre.

dormeur, **euse** n et adj Personne qui aime à dormir. ■ ZOOL **crabe dormeur** ou **dormeur** nm : tourteau.

dormir vi (conj 18) **1.** Être plongé dans le sommeil. **2.** FIG Ne manifester aucune activité. **3.** Rester improductif : *capital qui dort.* ■ **dormir sur ses deux oreilles** : en toute sécurité. ❑ **ne dormir que d'un œil** : être sur ses gardes.

dorsal, **e**, **aux** adj Du dos.

dorsale nf **1.** Crête montagneuse. **2.** GÉOL Chaîne de montagnes sous-marines.

dortoir nm Salle commune où dorment les membres d'une communauté.

dorure nf **1.** Art, action de dorer. **2.** Revêtement doré.

doryphore nm Insecte coléoptère qui ravage les plants de pommes de terre.

dos nm **1.** Partie postérieure du tronc de l'homme, entre les épaules et le bassin. **2.** Face supérieure du corps des vertébrés, des insectes, etc. **3.** Partie supérieure convexe d'un objet : *dos d'une cuillère.* **4.** Verso, revers : *au dos d'une lettre.* **5.** Partie opposée au tranchant : *le dos d'un couteau.* ■ **avoir bon dos** : (a) être accusé à la place d'un autre (b) être un prétexte commode. ❑ **en dos d'âne** : qui présente deux inclinaisons opposées.

DOS [dɔs] nm (nom déposé, sigle de *Disc Operating System*) INFORM Système d'exploitation développé pour les PC.

dosage nm Action de doser.

dos-d'âne nm inv Relief, bosse sur une voie, une route.

dose nf **1.** Quantité d'un médicament prise en une fois. **2.** Quantité de chaque élément qui entre dans un composé. **3.** FIG Quantité quelconque.

doser vt Déterminer une dose, la concentration d'une solution, la quantité d'un constituant.

doseur nm Appareil servant au dosage.

dossard nm Pièce d'étoffe reproduisant un numéro d'ordre, que portent les concurrents d'une épreuve sportive.

dossier nm **1.** Partie postérieure d'un siège, contre laquelle s'appuie le dos. **2.** Ensemble des documents concernant une personne, une question quelconque. **3.** Question, problème à traiter : *le dossier agricole.* **4.** INFORM Élément de mémoire permettant d'organiser et de hiérarchiser des ensembles de fichiers.

dot [dɔt] nf Biens qu'une femme apporte en se mariant, ou une religieuse en entrant au couvent.

dotal, **e**, **aux** adj Relatif à la dot.

dotation nf **1.** Ensemble des revenus assignés à un établissement d'utilité publique, à une communauté, etc. **2.** Revenu attribué aux membres d'une famille souveraine, au chef de l'État.

doter vt **1.** Donner une dot à. **2.** Assigner un revenu à : *doter un institut.* **3.** Équiper, pourvoir. **4.** FIG Gratifier quelqu'un d'un avantage.

douaire nm ANC Biens assurés à la femme survivante par le mari.

douairière nf **1.** ANC Veuve qui jouissait d'un douaire. **2.** PÉJOR Vieille dame de la haute société.

douane nf **1.** Administration qui perçoit les droits imposés sur les marchandises exportées ou importées. **2.** Siège de cette administration. **3.** Droits, taxes perçus.

douanier, **ère** adj Qui concerne la douane : *union douanière.* ◆ n Agent de la douane.

douar nm Village en Afrique du Nord.

doublage nm Action de doubler.

double adj **1.** Multiplié par deux ou répété deux fois. **2.** Fait de deux choses identiques. **3.** FIG Qui a deux aspects opposés dont l'un est masqué : *phrase à double sens.* ■ **faire double emploi** : être superflu, inutile. ◆ nm **1.** Quantité égale à deux fois une autre. **2.** Reproduction, copie : *le double d'une note.* **3.** Partie de tennis ou de tennis de table entre deux équipes de deux joueurs. ■ **en**

double : en deux exemplaires. ◆ adv ■ **voir double** : voir deux choses là où il n'y en a qu'une.

doublé nm Double réussite.

double-cliquer vi Effectuer un doucle clic sur la souris d'un ordinateur.

double-croche (pl *doubles-croches*) nf MUS Note dont la valeur représente la moitié de celle d'une croche.

double-décimètre (pl *doubles-décimètres*) nm Règle de vingt centimètres.

1. doublement nm Action de doubler.

2. doublement adv Pour deux raisons, à double titre.

doubler vt **1.** Multiplier par deux. **2.** Mettre en double en pliant : *doubler une ficelle.* **3.** Garnir d'une doublure : *doubler une jupe.* **4.** Dépasser : *doubler un vélo.* ■ VIEILLI **doubler une classe** : la recommencer. ❑ **doubler un acteur** : jouer son rôle, le remplacer. ❑ **doubler un film** : en enregistrer les dialogues dans une langue différente de celle d'origine. ◆ vi Devenir double.

double-rideau (pl *doubles-rideaux*) nm Rideau de tissu épais placé devant une fenêtre.

doublet nm Mot de même étymologie qu'un autre, mais qui présente une forme et un sens différents (EX : *blâmer, blasphémer*).

doublon nm Répétition erronée d'un mot, d'une lettre, d'une ligne.

doublure nf **1.** Étoffe qui garnit l'intérieur d'un vêtement. **2.** Remplaçant d'un acteur.

douceâtre adj D'une saveur, d'une douceur fade.

doucement adv **1.** D'une manière douce, sans violence ; délicatement : *à manipuler doucement.* **2.** Sans excès de bruit : *parler doucement.* **3.** Lentement : *avancer doucement.* ■ **aller (tout) doucement** : se porter médiocrement. ◆ interj S'emploie pour engager à la modération : *doucement ! calmez-vous !*

doucereusement adv D'une manière doucereuse.

doucereux, euse adj **1.** D'une douceur fade. **2.** FIG D'une douceur affectée.

doucette nf Autre nom de la mâche.

doucettement adv FAM Tout doucement.

douceur nf Qualité, caractère de ce qui est doux. ■ **en douceur** : sans heurt, sans éclat. ◆ **douceurs** pl **1.** Sucreries, friandises. **2.** FIG Propos aimables, paroles douces.

douche nf **1.** Jet d'eau dirigé sur le corps dans un but d'hygiène : *prendre une douche.* **2.** Installation pour se doucher : *salle de bains avec douche.* **3.** FAM Averse qu'on reçoit. **4.** FIG Ce qui met fin à un état d'exaltation, à des illusions. ■ **douche écossaise** : (a) alternativement chaude et froide (b) FIG alternance de bonnes et de mauvaises nouvelles. ❑ **faire l'effet d'une douche froide** : faire brutalement cesser l'enthousiasme de quelqu'un : *refus qui fait l'effet d'une douche froide.*

doucher vt Donner une douche à. ◆ **se doucher** vpr Prendre une douche.

doudoune nf Veste très chaude, en tissu synthétique, rembourrée de duvet ou de matière synthétique.

doué, e adj Qui a des dons naturels, du talent pour quelque chose.

douer vt Pourvoir, gratifier, doter de : *douer de belles qualités.*

douille nf **1.** Partie creuse d'un instrument, d'un outil, qui reçoit le manche. **2.** Cylindre creux qui contient la charge de poudre d'une cartouche. **3.** Pièce dans laquelle se fixe le culot d'une ampoule électrique.

douillet, ette adj Doux, moelleux, confortable. ◆ adj et n Sensible à la moindre douleur.

douillettement adv De façon douillette.

douleur nf Souffrance physique ou morale.

douloureuse nf FAM Facture à payer ; addition.

douloureusement adv Avec douleur, peine.

douloureux, euse adj **1.** Qui cause de la douleur. **2.** Qui marque, exprime la douleur.

douma nf Assemblée, conseil, en Russie.

doute nm **1.** Incertitude, irrésolution : *laisser quelqu'un dans le doute.* **2.** Soupçon, méfiance : *avoir des doutes sur quelqu'un.* **3.** Scepticisme : *le doute scientifique.* ■ **mettre en doute** : contester. ❑ **sans aucun doute** : assurément. ❑ **sans doute** : probablement.

> GRAMMAIRE Lorsque *sans doute* est en tête de phrase, il y a inversion du sujet : *sans doute le croit-il.*

douter vt ind [de, que] **1.** Être dans l'incertitude sur la réalité ou la vérité d'un fait : *je doute qu'il vienne.* **2.** Ne pas avoir confiance en : *douter de quelqu'un.* ◆ **se douter** vpr [de, que] Pressentir.

douteux, euse adj **1.** Qui n'est pas sûr ; incertain : *victoire douteuse.* **2.** Équivoque, qui provoque la méfiance ; suspect : *individu douteux.*

1. douve nf **1.** Large fossé rempli d'eau : *les douves d'un château.* **2.** Planche courbée qui entre dans la construction des tonneaux. **3.** BOT Renoncule vénéneuse des marais.

2. douve nf Ver parasite du foie de certains mammifères et de l'homme.

doux, douce adj **1.** D'une saveur agréable. **2.** Qui produit une impression agréable sur les sens : *voix douce.* **3.** Qui cause un sentiment de bien-être, de plaisir : *de doux souvenirs.* **4.** Qui est facile, peu pénible : *vie douce.* **5.** Qui n'est pas brusque, pas brutal : *pente douce.* **6.** Qui n'est pas violent, pas excessif : *lumière, climat doux.* **7.** Bon, affable, tendre, bienveillant. ■ **eau douce :** qui ne contient ni sel ni calcaire. ❑ **vin doux :** qui n'a pas encore fermenté. ◆ adv ■ **filer doux :** obéir sans résistance. ❑ **tout doux ! :** doucement. ◆ nm Ce qui est doux, agréable. ◆ **en douce** loc adv FAM En cachette : *partir en douce ; faire un coup en douce à quelqu'un.*

doux-amer, douce-amère (pl *doux-amers, douces-amères*) adj Dont le goût associe douceur et amertume.

douzaine nf **1.** Ensemble de douze objets, personnes, etc., de même nature. **2.** Douze environ.

douze adj num card Dix et deux. ◆ adj num ord Douzième : *page douze.* ◆ nm inv Chiffre, numéro qui représente ce nombre.

douzième adj num ord et n **1.** Qui occupe le rang marqué par le numéro douze. **2.** Qui est contenu douze fois dans le tout. ◆ nm La douzième partie.

douzièmement adv En douzième lieu.

Dow Jones [dɔdʒɔns] nm (nom déposé) ■ **Indice Dow Jones :** indice calculé à partir du cours de 30 actions américaines.

doyen, enne n Le plus ancien par l'âge ou l'appartenance à un groupe. ◆ nm RELIG Responsable ecclésiastique.

doyenné nm RELIG Circonscription ecclésiastique administrée par le doyen.

DP n (sigle) Délégué, déléguée du personnel.

Dr (abréviation) Docteur.

drachme [drakm] nf Unité monétaire grecque jusqu'au 1er janvier 2002.

draconien, enne adj D'une rigueur, d'une sévérité excessives.

dragage nm Action de draguer un fleuve, une rivière.

dragée nf **1.** Amande recouverte de sucre durci. **2.** Pilule ou comprimé enrobés de sucre. ■ **tenir la dragée haute à quelqu'un :** lui faire attendre ce qu'il désire, le lui faire payer cher.

dragéifié, e adj Qui a l'aspect d'une dragée.

drageon nm Rejeton qui naît de la racine des arbres.

dragon nm **1.** Monstre fabuleux. **2.** HIST Soldat d'un corps de cavalerie. **3.** FIG Gardien vigilant, farouche. **4.** Personne acariâtre, autoritaire. **5.** Pays en développement qui connaît un rapide essor économique.

dragonnades nf pl HIST Persécutions organisées contre les protestants par Louvois après la révocation de l'édit de Nantes et qu'exécutèrent les dragons royaux.

dragonne nf Courroie reliant le poignet à la garde d'une épée, d'un sabre, à un bâton de ski, etc.

drague nf **1.** Machine pour curer les fonds d'un cours d'eau, de la mer. **2.** Dispositif employé pour détruire les mines sous-marines. **3.** Sorte de filet de pêche. **4.** FAM Action de draguer quelqu'un.

draguer vt **1.** Curer avec la drague. **2.** Détecter des mines sous-marines pour les détruire à la drague. **3.** FAM Aborder quelqu'un en vue d'une aventure amoureuse.

dragueur, euse n et adj FAM Personne qui aime draguer. ◆ nm Bateau qui drague : *dragueur de mines.*

draille nf Chemin emprunté par les troupeaux lors de la transhumance.

drain nm **1.** Conduit souterrain, pour évacuer l'eau dans les terres trop humides. **2.** Tube souple percé de trous, qui se place dans une plaie pour assurer l'écoulement des liquides purulents.

drainage nm Action de drainer.

drainer vt **1.** Débarrasser un sol de son excès d'eau. **2.** Mettre des drains dans un foyer purulent. **3.** FIG Attirer à soi.

draisine nf Petit véhicule automoteur utilisé par le personnel des chemins de fer pour l'entretien des voies.

drakkar nm Bateau des Vikings.

1. dramatique adj **1.** Qui se rapporte au théâtre : *auteur dramatique.* **2.** Qui comporte un danger ; grave, terrible, tragique : *situation dramatique.*

2. dramatique nf Émission de caractère théâtral, télévisée ou radiodiffusée.

dramatiquement adv De façon dramatique.

dramatisation nf Action de dramatiser.

dramatiser vt Exagérer la gravité, la violence d'un événement, d'une situation.

dramaturge n Auteur de pièces de théâtre.

dramaturgie nf Art, traité de la composition théâtrale.

drame nm **1.** Pièce de théâtre où le comique peut se mêler au tragique. **2.** Événement violent ou tragique ; catastrophe.

drap nm **1.** Pièce de tissu dont on garnit un lit. **2.** Grande serviette en tissu-éponge : *drap de bain.* **3.** Étoffe de laine. ■ FAM **être dans de beaux draps :** dans une position fâcheuse.

drapé nm Agencement de plis souples, d'étoffes.

drapeau nm Pièce d'étoffe attachée à une hampe, portant les couleurs d'une nation, d'un parti, etc. ■ FIG **sous les drapeaux :** au service militaire.

draper vt **1.** Couvrir d'une draperie. **2.** Disposer en plis harmonieux. ◆ **se draper** vpr **1.** S'envelopper. **2.** FIG, SOUT s'enorgueillir, se prévaloir de : *se draper dans sa dignité.*

draperie nf **1.** Industrie du drap. **2.** Étoffe disposée de manière à retomber en plis harmonieux. **3.** BX-ARTS Représentation de drapés.

drap-housse (pl *draps-housses*) nm Drap de dessous dont les coins froncés emboîtent le matelas.
drapier nm Marchand, fabricant de drap.
drastique adj Très rigoureux, draconien : *des mesures drastiques*.
dressage nm **1.** Action de dresser un animal. **2.** Action de mettre droit, d'installer.
dresser vt **1.** Lever, tenir droit, vertical. **2.** Monter, construire : *dresser une tente*. **3.** Disposer, agencer : *dresser la table*. **4.** Établir, rédiger : *dresser un acte*. **5.** FIG Plier quelqu'un à une discipline stricte. **6.** Dompter un animal. **7.** Exciter : *dresser une personne contre une autre*. ■ FIG **dresser l'oreille** : écouter. ◆ **se dresser** vpr **1.** Se lever, se tenir droit. **2.** FIG S'insurger contre.
dresseur, euse n Personne qui dresse des animaux.
dressoir nm ANC Buffet à étagères dans lequel on exposait la vaisselle.
dreyfusard, e adj et n HIST Partisan de Dreyfus.
DRH nf (sigle) Direction des ressources humaines.
dribble nm Action de dribbler.
dribbler vi Dans divers sports d'équipe, conduire le ballon par petits coups successifs, pour éviter l'adversaire.
drille nm ■ **joyeux drille** : homme jovial.
drisse nf MAR Cordage qui sert à hisser.
drive [drajv] nm **1.** Au tennis, coup droit. **2.** Au golf, coup de longue distance donné au départ d'un trou.
driver [drajve] vt et vi Faire un drive.
drogue nf **1.** Substance qui modifie l'état de conscience ; stupéfiant. ■ **drogue douce** : qui a des effets mineurs sur l'organisme. ❑ **drogue dure** : qui engendre un état de dépendance. **2.** PÉJOR, VX médicament.
drogué, e n et adj Personne intoxiquée par l'usage de drogues ; toxicomane.
droguer vt Donner trop de médicaments à. ◆ **se droguer** vpr Prendre avec excès des médicaments ou des stupéfiants.
droguerie nf Commerce de produits d'hygiène, d'entretien ; magasin où se vendent ces produits.
droguiste n Personne qui tient une droguerie.
1. droit nm **1.** Faculté reconnue d'agir de telle façon, de jouir de tel avantage : *avoir le droit de vote, de fumer*. **2.** Ce qui donne une autorité morale, une influence, un pouvoir : *avoir des droits sur quelqu'un*. **3.** Impôt, taxe : *droit d'entrée*. **4.** Ensemble des lois et dispositions qui règlent les rapports entre les membres d'une société : *le droit doit primer la force*. **5.** Science qui a pour objet l'étude des lois et des règles de la société : *faire son droit*. **6.** Justice. ■ **avoir droit à** : (a) bénéficier légalement de : *avoir droit à un mois de congé* (b) FAM ne pas échapper à : *avoir droit à une série de reproches*. ❑ **droit canon** : droit ecclésiastique. ❑ **droit civil** : règles relatives aux personnes et aux biens. ❑ **droit international** : droit qui règle les rapports entre nations. ❑ **droit pénal** : règles qui sanctionnent les infractions et leurs auteurs. ❑ **droit privé** : règles qui régissent les rapports des individus entre eux. ❑ **droit public** : règles relatives à l'organisation de l'État et à ses rapports avec les particuliers.
2. droit, e adj **1.** Qui n'est pas courbe ; rectiligne. **2.** Vertical. **3.** FIG Honnête, loyal, franc. **4.** Qui raisonne sainement ; sensé, judicieux. ■ **angle droit** : dont les côtés sont perpendiculaires. ◆ adv **1.** Verticalement : *arbres plantés droit*. **2.** Directement : *aller droit au but*.
3. droit, e adj Situé du côté opposé à celui du cœur (par opposition à *gauche*).
1. droite nf MATH Ligne droite.
2. droite nf **1.** Main droite. **2.** Partie d'une assemblée délibérante formée d'éléments conservateurs. ■ **à droite** : à main droite, du côté droit. ❑ **extrême droite** : ensemble des mouvements contre-révolutionnaires, qui récusent le libéralisme et le marxisme.
droit-fil (pl *droits-fils*) nm Sens de la trame ou de la chaîne d'un tissu. ■ **dans le droit-fil de** : dans la logique, dans la ligne de : *une réforme dans le droit-fil de l'orientation budgétaire*.
droitier, ère adj et n Qui se sert surtout de sa main droite.
droiture nf Loyauté, honnêteté.
drolatique adj LITT Plaisant, récréatif.
drôle adj **1.** Plaisant, gai, amusant. **2.** Bizarre : *drôle d'aventure*.
drôlement adv **1.** De façon drôle, bizarre. **2.** FAM Très, extrêmement.
drôlerie nf **1.** Qualité de ce qui est drôle. **2.** Parole, acte drôle.
DROM nm (sigle) Département et Région d'outre-mer.
dromadaire nm Chameau à une seule bosse.
drop [drɔp] ou **drop-goal** [drɔpgol] (pl *drop-goals*) nm Au rugby, coup de pied en demi-volée qui envoie la balle par-dessus la barre du camp adverse.
dru, e adj Épais, serré, touffu. ◆ adv En grande quantité, serré : *tomber dru*.
drugstore [drœgstɔr] nm Magasin où l'on peut boire, manger et acheter toutes sortes de produits (pharmacie, hygiène, alimentation, journaux, etc.).
druide nm Prêtre celte.
druidique adj Relatif aux druides.
drupe nf Fruit charnu à noyau.

dry [draj] adj inv Sec : *champagne dry.*
dryade nf MYTH Nymphe des bois.
1. du art contracté Remplace *le* précédé de *de.*
2. du art partitif → **de.**
1. dû nm Ce qui est dû à quelqu'un : *réclamer son dû.*
2. dû, due adj Que l'on doit. ■ **en bonne et due forme :** (a) DR selon les règles voulues par la loi (b) FIG de façon parfaite.

ORTHOGRAPHE *Dû* ne prend l'accent circonflexe qu'au masculin singulier : *l'argent dû, la somme due.*

dualisme nm Tout système religieux ou philosophique qui admet deux principes opposés comme le bien et le mal, la matière et l'esprit, etc.
dualiste adj Propre au dualisme. ◆ n Partisan du dualisme.
dualité nf Caractère de ce qui est double en soi.
dubitatif, ive adj Qui exprime le doute.
dubitativement adv De façon dubitative.
duc nm **1.** Souverain d'un duché. **2.** Titre de noblesse, le plus élevé après celui de prince. **3.** Espèce de hibou à aigrettes marquées : *le grand, le moyen, le petit duc.*
ducal, e, aux adj De duc, de duchesse.
ducat nm Ancienne monnaie d'or, en particulier des doges de Venise.
duce [dutʃe] nm Titre pris par Mussolini, de 1922 à 1945.
duché nm HIST Terre, seigneurie à laquelle le titre de duc est attaché.
duchesse nf **1.** Femme d'un duc. **2.** Femme qui possède un duché.
ductile adj Qui peut être étiré, allongé sans se rompre.
ductilité nf Propriété de certains métaux qui peuvent être étirés.
dudit (pl *desdits*) adj → **dit.**
duègne nf ANC En Espagne, gouvernante chargée de veiller sur une jeune personne.
duel nm Combat opposant deux adversaires.
duelliste n Personne qui se bat en duel.
duettiste n Artiste qui chante ou qui joue en duo.
duffel-coat [dœfœlkot] (pl *duffel-coats*) ou **duffle-coat** [dœfœlkot] (pl *duffle-coats*) nm Manteau trois quarts à capuchon.
dugong [dygɔ̃] ou [dygɔ̃g] nm Gros mammifère marin de l'océan Indien.
dulcinée nf FAM Femme aimée.
dûment adv Selon les formes prescrites.
dumping [dœmpiŋ] nm Pratique qui consiste à vendre des produits moins chers à l'étranger que sur le marché national, même à perte.
dundee [dœndi] nm Bateau de pêche à deux mâts.
dune nf Monticule de sable édifié par le vent sur les côtes, dans les déserts.
dunette nf Partie élevée à l'arrière d'un navire.
duo nm **1.** Morceau de musique pour deux voix ou deux instruments. **2.** FIG Association de deux personnes.
duodécimal, e, aux adj Se dit d'un système ayant pour base le nombre douze.
duodénum [dyɔdenɔm] nm Portion de l'intestin grêle, qui succède à l'estomac.
dupe nf Personne trompée. ◆ adj ■ **être dupe :** se laisser tromper naïvement.
duper vt Tromper.
duperie nf LITT Tromperie.
duplex nm **1.** Transmission simultanée dans les deux sens d'une liaison téléphonique ou radioélectrique. **2.** Appartement sur deux étages réunis par un escalier intérieur.
duplicata (pl *duplicatas* ou inv) nm Double d'un acte, d'un écrit.
duplication nf Action de dupliquer ; son résultat.
duplicité nf Mauvaise foi, hypocrisie, fausseté.
dupliquer vt Faire un double, une copie d'un document, d'une bande magnétique.
duquel (pl *desquels*) pron rel Remplace *lequel* précédé de *de.*
dur, e adj **1.** Ferme, solide, difficile à entamer : *bois dur.* **2.** Pénible : *vie dure.* **3.** Insensible : *homme, cœur dur.* **4.** Difficile à comprendre, à résoudre : *un dur problème de maths.* **5.** Résistant : *être dur à la fatigue.* **6.** Rebelle à la discipline : *cet enfant est dur.* **7.** Intransigeant : *éléments durs d'un parti.* ■ **être dur d'oreille :** entendre mal. ❑ **œuf dur :** œuf au blanc et au jaune solidifiés par une cuisson dans la coquille. ◆ n FAM Personne qui ne recule devant rien. ◆ adv Avec force, énergie : *frapper dur ; travailler dur.*
durable adj **1.** De nature à durer. **2.** Qui prend en compte l'avenir de la planète : *architecture durable.*
durablement adv De façon durable.
Duralumin nm (nom déposé) Alliage léger d'aluminium.
durant prép **1.** Pendant la durée de : *durant une heure.* **2.** (après le nom) Insiste sur la continuité : *sa vie durant.*

EMPLOI On notera que *durant* insiste sur la durée plus que *pendant* et qu'il peut être placé après le nom, alors que *pendant* est toujours avant le nom.

durcir vt Rendre dur : *durcir un métal.* ◆ vi Devenir dur : *acier qui durcit.* ◆ vpr **1.** Devenir dur : *colle qui s'est durcie.* **2.** Devenir intransigeant : *l'opposition se durcit.*

durcissement nm Action, fait de durcir.

durcisseur nm Produit qui, ajouté à un matériau, provoque son durcissement.

dure nf ■ **à la dure :** sans douceur, sans ménagement. ❑ **coucher sur la dure :** sur le sol. ◆ **dures** pl ■ **en voir de dures :** Être malmené.

durée nf Espace de temps que dure une chose.

durement adv Avec dureté.

dure-mère (pl *dures-mères*) nf ANAT La plus externe des méninges, fibreuse et très résistante.

durer vi **1.** Avoir une durée de : *son discours a duré deux heures.* **2.** Continuer d'être, se prolonger : *la sécheresse dure.* **3.** Résister au temps, à la destruction : *c'est une œuvre qui durera.*

dureté nf **1.** Caractère de ce qui est dur : *la dureté de l'acier, d'un climat ; parler avec dureté.* **2.** Teneur d'une eau en ions calcium et magnésium.

durillon nm Petite callosité se produisant aux pieds et aux mains.

Durit [dyrit] nf (nom déposé) Tuyau en caoutchouc spécial, utilisé pour faire la liaison entre différentes parties des moteurs à explosion.

DUT [deyte] nm (sigle de *diplôme universitaire de technologie*) Diplôme de l'enseignement supérieur sanctionnant une formation générale et professionnelle de deux ans dispensée dans les IUT.

duvet nm **1.** Ensemble des petites plumes qui couvrent le ventre des oiseaux. **2.** Premières plumes des oiseaux nouvellement éclos. **3.** Poils doux et fins sur le corps humain, sur certains végétaux, etc. **4.** Sac de couchage garni de plumes ou de fibres synthétiques.

duveté, e ou **duveteux, euse** adj Qui a du duvet ; qui en a l'aspect.

DVD nm (sigle de *digital versatile disc*) Disque compact à lecture optique servant à stocker des programmes vidéo.

1. dynamique adj **1.** Plein d'entrain, d'activité, d'énergie, entreprenant. **2.** PHYS Relatif à la force, au mouvement. **3.** Qui considère les choses dans leur mouvement (par opposition à *statique*).

2. dynamique nf **1.** Partie de la mécanique qui étudie les forces et les mouvements. **2.** Ensemble des forces qui concourent à l'accomplissement d'un processus : *favoriser la dynamique de paix.* ■ PSYCHOL **dynamique de groupe :** ensemble des lois qui régissent le comportement d'un groupe humain.

dynamiquement adv Avec dynamisme.

dynamiser vt Donner du dynamisme, de l'énergie à : *dynamiser une équipe.*

dynamisme nm Énergie, vitalité.

dynamitage nm Action de dynamiter.

dynamite nf Substance explosive à base de nitroglycérine.

dynamiter vt Faire sauter à la dynamite.

dynamiteur, euse n Personne qui effectue un dynamitage.

dynamo nf Machine dynamoélectrique.

dynamoélectrique adj ■ **machine dynamoélectrique :** qui transforme l'énergie mécanique en énergie électrique.

dynamomètre nm Instrument pour mesurer l'intensité des forces.

dynastie nf Suite de souverains d'une même famille.

dynastique adj Relatif à une dynastie.

dyne nf PHYS Unité de force valant 10^5 newton ; symb : dyn.

dysenterie nf Maladie infectieuse ou parasitaire, provoquant une diarrhée douloureuse avec pertes de sang.

dysentérique adj et n Relatif à la dysenterie ; atteint de dysenterie.

dysfonctionnement nm Trouble de fonctionnement d'un organe, d'un système, etc.

dysharmonie ou **disharmonie** nf Absence d'harmonie entre des personnes, des choses.

dyslexie nf Difficulté d'apprentissage de la lecture.

dyslexique adj et n Relatif à la dyslexie ; qui en est atteint.

dysménorrhée nf MÉD Règles douloureuses.

dysorthographie nf Difficulté d'apprentissage de l'orthographe.

dyspepsie nf MÉD Digestion difficile et douloureuse.

dyspeptique adj et n Relatif à la dyspepsie ; qui en est atteint.

dyspnée nf Difficulté à respirer.

dytique nm Insecte coléoptère carnivore vivant dans les eaux douces.

dzêta nm inv → **zêta.**

E

e nm Cinquième lettre de l'alphabet et la deuxième des voyelles.

1. E (symbole) Est (point cardinal).

2. E Suivi de trois chiffres, désigne un colorant alimentaire : *E 180 (pigment rubis).*

eau nf **1.** Liquide transparent, insipide, inodore : *l'eau bout à 100 °C.* **2.** Masse de ce liquide : *se promener au bord de l'eau.* **3.** Ce liquide en tant que boisson : *eau minérale, gazeuse ; eau du robinet.* **4.** Pluie : *flaque d'eau.* **5.** Tout liquide organique (urine, salive, sueur, larmes) : *cloque pleine d'eau ; avoir l'eau à la bouche.* **6.** Limpidité des pierres précieuses : *diamant de belle eau.* ■ **eau de toilette :** préparation alcoolique dérivée d'un parfum et de concentration moindre. ❑ **être en eau :** couvert de sueur. ❑ **mettre de l'eau dans son vin :** modérer ses exigences. ❑ FIG **se jeter à l'eau :** se lancer hardiment dans une entreprise en surmontant ses hésitations. ❑ FIG **tomber à l'eau :** échouer : *projet qui tombe à l'eau.* ◆ **eaux** pl **1.** Eaux thermales ou minérales : *ville d'eaux.* **2.** Liquide amniotique : *perdre les eaux.* ■ **les Eaux et Forêts :** l'administration chargée de l'entretien et de la surveillance des cours d'eau, étangs et forêts de l'État.

eau-de-vie (pl *eaux-de-vie*) nf Liqueur alcoolique extraite par distillation du vin, du marc, du cidre, du grain, de certaines céréales, etc.

eau-forte (pl *eaux-fortes*) nf **1.** Acide nitrique mêlé d'eau ; estampe gravée avec cet acide. **2.** Technique de gravure utilisant l'eau-forte.

ébahi, e adj Très surpris, stupéfait.

ébahir vt Frapper d'étonnement, stupéfier.

ébahissement nm Étonnement, stupéfaction.

ébarber vt Ôter les barbes, les aspérités de.

ébats nm pl Mouvements folâtres.

ébattre (s') vpr (conj 56) Se donner du mouvement pour se détendre.

ébaubi, e adj FAM Étonné, surpris.

ébauchage nm Action d'ébaucher.

ébauche nf **1.** Premier stade d'exécution d'un objet, d'un ouvrage, d'une œuvre d'art, esquisse ; forme générale. **2.** Commencement : *l'ébauche d'un sourire.*

ébaucher vt **1.** Dessiner, tracer l'ébauche de. **2.** Commencer, esquisser.

ébauchoir nm Outil de sculpteur, de charpentier.

ébène nf **1.** Bois noir, dur et pesant. **2.** Couleur d'un noir éclatant : *cheveux d'ébène.*

ébénier nm Arbre d'Afrique qui fournit l'ébène. ■ **faux ébénier :** cytise.

ébéniste n Menuisier qui fait des meubles.

ébénisterie nf Travail, métier de l'ébéniste.

éberlué, e adj Stupéfait, étonné.

éblouir vt **1.** Troubler la vue par un éclat trop vif. **2.** FIG Émerveiller. **3.** Séduire.

éblouissant, e adj Qui éblouit.

éblouissement nm **1.** Trouble de la vue, causé par une lumière trop vive. **2.** Malaise.

ébonite nf Caoutchouc durci utilisé comme isolant électrique.

e-book [ibuk] (pl *e-books*) nm Livre électronique ; liseuse.

éborgner vt Rendre borgne.

éboueur nm Employé chargé de collecter les ordures ménagères.

ébouillanter vt Tremper dans l'eau bouillante. ◆ **s'ébouillanter** vpr Se brûler avec de l'eau bouillante.

éboulement nm **1.** Chute de ce qui s'éboule. **2.** Matériaux éboulés.

ébouler vt Faire écrouler. ◆ **s'ébouler** vpr S'écrouler, s'affaisser.

éboulis nm Amas de matériaux éboulés.

ébourgeonnement ou **ébourgeonnage** nm Action d'ébourgeonner.

ébourgeonner vt Ôter les bourgeons superflus de.

ébouriffant, e adj FAM Extraordinaire, incroyable.

ébouriffé, e adj Qui a les cheveux en désordre : *être tout ébouriffé.*

ébouriffer vt **1.** Mettre les cheveux en désordre. **2.** FAM Surprendre, ahurir.

ébranchage ou **ébranchement** nm Action d'ébrancher.

ébrancher vt Dépouiller de ses branches.

ébranlement nm Action d'ébranler ; fait de s'ébranler.

ébranler vt **1.** Faire trembler, osciller ; secouer. **2.** FIG Rendre moins solide, moins stable. **3.** FIG Rendre quelqu'un moins assuré de quelque chose, le faire douter. ◆ **s'ébranler** vpr Se mettre en mouvement.

ébraser vt Élargir progressivement de dehors en dedans la baie d'une porte, d'une fenêtre.

ébrécher vt (conj 10) **1.** Endommager le bord de : *ébrécher un verre.* **2.** FIG Entamer, diminuer : *ébrécher sa fortune.*

ébréchure nf Partie ébréchée d'un objet.

ébriété nf Ivresse.

ébrouer (s') vpr **1.** Souffler de frayeur, en parlant du cheval. **2.** S'agiter, se secouer, en parlant d'un animal.

ébruitement nm Action d'ébruiter ; fait de s'ébruiter.

ébruiter vt Divulguer, répandre. ◆ **s'ébruiter** vpr Se répandre, se propager.

ébulliomètre ou **ébullioscope** nm Appareil pour mesurer la température d'ébullition d'un corps.

ébullition nf **1.** Mouvement, état d'un liquide qui bout : *porter de l'eau à ébullition.* **2.** FIG Effervescence, agitation : *une foule en ébullition.*

éburnéen, **enne** adj LITT Qui a l'aspect de l'ivoire.

écaillage nm **1.** Action d'écailler ; son résultat. **2.** Fait de s'écailler.

écaille nf **1.** Chacune des plaques qui recouvrent le corps des poissons et des reptiles. **2.** Matière première provenant de la carapace de tortue. **3.** Valve d'une coquille bivalve : *écaille d'huître.* **4.** Chacune des lames qui protègent certains organes végétaux (bourgeons, par ex.). **5.** Ce qui se détache en plaques d'une surface.

1. écailler vt **1.** Enlever les écailles de : *écailler un poisson.* **2.** Ouvrir un coquillage : *écailler des huîtres.* ◆ **s'écailler** vpr Se détacher en écailles : *peinture qui s'écaille.*

2. écailler, **ère** n Personne qui ouvre ou qui vend des huîtres et autres coquillages.

écale nf Enveloppe coriace de certains fruits.

écaler vt Ôter l'écale, la coquille de.

écanguer vt Broyer la tige du lin, du chanvre, etc.

écarlate nf Couleur d'un rouge vif. ◆ adj Rouge vif.

écarquiller vt ■ **écarquiller les yeux** : les ouvrir tout grands.

écart nm **1.** Action de s'écarter, de se détourner de son chemin, d'une ligne de conduite, d'une norme : *faire un écart ; écart d'humeur, de langage.* **2.** Distance, intervalle, différence : *écarts de température.* **3.** Village séparé du centre communal dont il dépend. ■ **à l'écart** : éloigné, à part. ❑ **grand écart** : mouvement consistant à écarter les jambes jusqu'à ce que les cuisses touchent le sol.

1. écarté nm Jeu de cartes.

2. écarté, **e** adj Situé à l'écart, isolé.

écartèlement nm ANC Supplice qui consistait à écarteler un condamné.

écarteler vt (conj 5) **1.** ANC Faire tirer dans des directions divergentes, par quatre chevaux, les quatre membres d'un condamné. **2.** FIG Partager, tirailler : *être écartelé entre des désirs contraires.*

écartement nm **1.** Action d'écarter, de s'écarter. **2.** Distance entre deux choses : *l'écartement des rails.*

écarter vt **1.** Mettre une certaine distance entre des choses, des personnes ; éloigner, séparer. **2.** Tenir à distance ; repousser : *écarter des curieux.* **3.** FIG Faire dévier ; détourner : *écarter du chemin.* **4.** Rejeter, éliminer, exclure : *écarter un soupçon ; écarter un candidat de la compétition.* ◆ **s'écarter** vpr S'éloigner (d'une personne, d'une chose, d'une direction).

ecce homo [ɛkseɔmo] nm inv BX-ARTS Figure du Christ couronné d'épines.

ecchymose [ekimoz] nf Épanchement formé par l'infiltration du sang dans l'épaisseur de la peau. SYN : FAM bleu.

ecclésiastique adj Qui concerne l'Église, le clergé : *costume ecclésiastique.* ◆ nm Membre du clergé.

écervelé, **e** adj et n Qui agit sans réflexion ; étourdi.

échafaud nm **1.** Plate-forme sur laquelle on exécutait les condamnés à mort par décapitation. **2.** Peine de mort, exécution.

échafaudage nm **1.** Assemblage provisoire en charpente, dressé pour bâtir, réparer des constructions. **2.** Amas d'objets empilés. **3.** FIG Action d'échafauder : *échafaudage d'un système.*

échafauder vt Élaborer en combinant des éléments souvent compliqués : *échafauder un plan.* ◆ vi Dresser un échafaudage.

échalas nm **1.** Pieu pour soutenir la vigne ou d'autres plantes. **2.** FAM Personne grande et maigre.

échalasser vt Soutenir avec des échalas : *échalasser la vigne.*

échalote nf Plante potagère voisine de l'oignon ; bulbe de cette plante. ■ FAM

course à l'échalote : lutte pour la première place, pour le pouvoir.

échancré, e adj Qui présente une ou des échancrures.

échancrer vt Creuser, découper une partie du bord de quelque chose.

échancrure nf Partie creusée ou entaillée sur le bord.

échange nm **1.** Opération par laquelle on échange : *échange de prisonniers.* **2.** Commerce : *échanges internationaux.* **3.** Fait de s'envoyer mutuellement quelque chose : *échange de lettres.* **4.** BIOL Passage et circulation de substances entre une cellule et le milieu extérieur. **5.** Dans les sports de balle, jeu pour s'échauffer avant une partie ; série de balles après chaque service.

échangeable adj Qui peut être échangé.

échanger vt (conj 2) **1.** Donner une chose et en recevoir une autre en contrepartie : *échanger des timbres ; échanger des livres contre des disques.* **2.** Adresser quelque chose à quelqu'un de qui on reçoit quelque chose en réponse : *échanger des lettres, des mots, des sourires.* ■ **échanger des balles :** dans les sports de balle, faire des échanges.

échangeur nm **1.** Appareil dans lequel deux fluides échangent de la chaleur. **2.** Dispositif de raccordement de plusieurs routes ou autoroutes sans aucun croisement à niveau.

échangisme nm Pratique de l'échange des partenaires sexuels entre deux ou plusieurs couples.

échangiste n Personne qui pratique l'échangisme.

échanson nm ANC Officier qui servait à boire à un grand personnage.

échantillon nm **1.** Petite quantité d'une marchandise qui donne une idée de l'ensemble. **2.** Spécimen représentatif, exemple. **3.** Fraction représentative d'une population ou d'un ensemble statistique.

échantillonnage nm **1.** Action d'échantillonner. **2.** Série d'échantillons.

échantillonner vt Choisir, réunir des échantillons de.

échappatoire nf Moyen adroit de se tirer d'embarras.

GRAMMAIRE Attention, on dit *une échappatoire* et on l'écrit avec deux *p*.

échappée nf **1.** Action de distancer ses concurrents. **2.** Espace étroit laissé libre à la vue ou au passage : *échappée sur la mer.*

échappement nm **1.** Expulsion dans l'atmosphère des gaz de combustion d'un moteur ; dispositif permettant cette expulsion : *tuyau d'échappement.* **2.** Mécanisme qui régularise le mouvement d'une horloge.

échapper vt ind [à, de] **1.** Se soustraire à : *échapper à la vue ; échapper à ses gardiens.* **2.** Ne pas être atteint par quelque chose ; éviter de peu : *échapper à l'impôt, à la mort.* **3.** Cesser d'être tenu, retenu : *le plat lui a échappé des mains ; son nom m'échappe ; le pouvoir lui échappe.* ◆ vt ■ **l'échapper belle :** Éviter de peu un danger. ◆ **s'échapper** vpr **1.** S'enfuir, se sauver : *s'échapper de prison.* **2.** Sortir, se répandre : *la vapeur s'échappe par la soupape.* **3.** Se dissiper : *son dernier espoir s'est échappé.*

écharde nf Petit fragment d'un corps entré dans la chair.

écharner vt Débarrasser les peaux des chairs qui y adhèrent.

écharpe nf **1.** Bande d'étoffe qui se porte obliquement d'une épaule à la hanche opposée, ou bien autour de la taille. **2.** Bande d'étoffe que l'on porte sur les épaules ou autour du cou. **3.** Bandage pour soutenir un bras blessé. ■ **prendre en écharpe :** de biais : *voiture prise en écharpe.*

écharper vt Blesser grièvement, mettre en pièces. ■ FAM **se faire écharper :** subir des critiques, des insultes.

échasse nf Long bâton garni d'un étrier, pour marcher à une certaine hauteur au-dessus du sol.

échassier nm Oiseau carnivore à longues pattes, vivant près de l'eau (les échassiers forment un ordre).

échauder vt **1.** Plonger dans l'eau bouillante. **2.** Brûler avec un liquide chaud. **3.** FAM Causer à quelqu'un une mésaventure qui lui sert de leçon.

échauffement nm **1.** Action d'échauffer, de s'échauffer. **2.** État d'une pièce de frottement ou de roulement dont la température s'élève par défaut de graissage ou de refroidissement. **3.** FIG Surexcitation, énervement.

échauffer vt **1.** Donner de la chaleur à, élever la température de. **2.** Animer, exciter : *échauffer les esprits.* ◆ **s'échauffer** vpr **1.** S'animer. **2.** S'entraîner avant un effort physique.

échauffourée nf Bagarre confuse et rapide.

échauguette nf Guérite de veille, placée en surplomb sur une muraille.

échéance nf Date de paiement d'une dette, de l'exécution d'une obligation. ■ **à brève, courte, longue échéance :** dans un délai bref, court, long.

échéancier nm Registre où sont inscrites, à leur date d'échéance, les dettes, les créances.

échéant, e adj ■ **le cas échéant :** si le cas se présente.

échec nm Insuccès, manque de réussite.

échecs nm pl Jeu qui se joue sur un échiquier de 64 cases, avec deux séries de 16 pièces, de valeurs diverses. ◆ nm sing ■ **échec et mat :** coup décisif qui met le roi en prise et assure le gain de la partie d'échecs.

échelier nm Échelle à un seul montant traversé par des chevilles.

échelle nf **1.** Dispositif composé de deux montants reliés entre eux par des barreaux. **2.** Suite de degrés, de niveaux classés dans un ordre progressif ; hiérarchie : *échelle sociale ; échelle de valeurs.* **3.** Série de divisions sur un instrument de mesure : *échelle thermométrique.* **4.** Rapport entre les distances figurées sur une carte ou un plan et les distances réelles sur le terrain : *sur une carte à l'échelle de 1/25 000, 1 mm vaut 25 000 mm sur le terrain, soit 25 m.* **5.** Ordre de grandeur ; moyen de comparaison, d'évaluation : *problème à l'échelle mondiale, internationale, locale.* ■ **faire la courte échelle à quelqu'un :** l'aider à s'élever en lui offrant comme points d'appui ses mains, son dos puis ses épaules. ❑ **sur une grande échelle :** dans des proportions importantes. ◆ **échelles** pl HIST Comptoirs commerciaux établis du XVIe au XXe s. par les nations chrétiennes en Méditerranée orientale.

échelon nm **1.** Chacun des barreaux de l'échelle. **2.** Chacun des degrés d'une série, d'une hiérarchie. **3.** Subdivision d'un grade en matière d'avancement administratif.

échelonnement nm Action d'échelonner.

échelonner vt Répartir dans le temps ou l'espace : *échelonner des paiements ; échelonner des troupes.*

écheveau nm **1.** Petit faisceau de fils. **2.** FIG Ensemble serré, compliqué : *l'écheveau d'une intrigue.*

échevelé, e adj **1.** Qui a les cheveux en désordre, ébouriffé. **2.** FIG Effréné.

échevin nm Magistrat municipal en Belgique et aux Pays-Bas.

échidné [ekidne] nm Mammifère ovipare d'Australie et de Nouvelle-Guinée, couvert de piquants, à museau en forme de bec.

échine nf **1.** Colonne vertébrale, dos de l'homme et de certains animaux. **2.** CUIS Partie du bœuf comprenant l'aloyau et les côtes ; partie antérieure de la longe de porc. ■ FAM **avoir l'échine souple :** être servile. ❑ **courber, plier l'échine :** céder, se soumettre.

échiner (s') vpr Se fatiguer, se donner de la peine.

échinoderme [ekinɔdɛrm] nm Animal marin tel que l'oursin, l'étoile de mer (les échinodermes forment un embranchement).

échiquier nm **1.** Plateau carré, divisé en 64 cases, pour jouer aux échecs. **2.** Disposition en carrés égaux et contigus. **3.** FIG Lieu où s'opposent des partis, des intérêts, et où l'on doit faire preuve d'habileté : *échiquier politique.*

écho [eko] nm **1.** Répétition d'un son réfléchi par un obstacle ; lieu où se produit ce phénomène. **2.** Réponse à une sollicitation, accueil : *une offre restée sans écho.* **3.** (souvent au pl) Ce qu'on dit de qqch ; nouvelle, anecdote : *j'ai eu des échos de la réunion.* **4.** Onde électromagnétique émise par un radar, qui revient à l'appareil après réflexion par un obstacle. **5.** Image perturbatrice en télévision. ■ **se faire l'écho de :** répéter, propager.

échographie [ekɔgrafi] nf MÉD Méthode d'exploration utilisant la réflexion (écho) des ultrasons dans les organes.

échographier [ekɔgrafje] vt MÉD Examiner par échographie.

échoir vt ind [à] (conj 49) LITT Arriver, être dévolu par le sort, le hasard : *le gros lot lui a échu.* ◆ vi Arriver à échéance, en parlant d'une dette.

écholocation [ekolɔkasjɔ̃] nf Repérage des obstacles au moyen d'ultrasons, chez les chauves-souris.

échoppe nf Petite boutique adossée à une autre construction.

échotier [ekɔtje] n Personne chargée des échos dans un journal.

échouage nm **1.** Situation d'un navire échoué. **2.** Endroit où un bateau peut s'échouer sans danger.

échouer vi **1.** Ne pas réussir. **2.** MAR Donner sur un écueil, un banc de sable ou un haut-fond. ◆ vt pousser un navire sur un haut-fond. ◆ **s'échouer** vpr Toucher le fond et s'arrêter.

échu, e adj Arrivé à échéance : *au terme échu.*

écimage nm Action d'écimer.

écimer vt Enlever la cime d'un végétal.

éclaboussement nm Action, fait d'éclabousser.

éclabousser vt **1.** Faire jaillir de la boue, un liquide, sur. **2.** FIG Salir, compromettre qqn.

éclaboussure nf **1.** Boue, matière quelconque qui a rejailli. **2.** FIG Contrecoup : *les éclaboussures d'un scandale.*

éclair nm **1.** Éclat subit et passager de lumière produit par la foudre. **2.** Lueur éclatante et brève : *les éclairs des flashes.* **3.** Brusque manifestation : *un éclair de génie.* **4.** Gâteau allongé en pâte à choux, fourré de crème pâtissière. ■ **comme l'éclair** : très vite. ◆ adj inv Très rapide : *voyage éclair.*

éclairage nm Action, moyen, manière d'éclairer : *éclairage électrique.*

éclairagiste n Technicien qui s'occupe d'éclairage, en particulier pour un spectacle.

éclairant, e adj Qui éclaire.

éclaircie nf **1.** Espace clair dans un ciel nuageux. **2.** Courte interruption du mauvais temps. **3.** Amélioration dans une situation.

éclaircir vt **1.** Rendre plus clair. **2.** Rendre moins épais, moins serré : *éclaircir un bois.* **3.** FIG Rendre intelligible : *éclaircir une question.* ◆ **s'éclaircir** vpr Devenir plus clair : *ciel qui s'éclaircit ;* devenir plus compréhensible : *mystère qui s'éclaircit.*

éclaircissement nm **1.** Action d'éclaircir. **2.** (surtout au pluriel) Explication.

éclairé, e adj Qui a des connaissances, instruit.

éclairement nm PHYS Flux lumineux reçu par unité de surface.

éclairer vt **1.** Répandre de la lumière sur. **2.** Fournir à quelqu'un de la lumière pour qu'il voie. **3.** Rendre compréhensible. **4.** LITT Instruire. **5.** MIL Reconnaître le terrain ou la mer en avant d'une formation. ◆ **s'éclairer** vpr **1.** Devenir lumineux. **2.** FIG Devenir compréhensible.

1. éclaireur nm **1.** Soldat éclairant la marche d'une troupe. **2.** Navire éclairant l'avancée d'une flotte.

2. éclaireur, euse n Jeune membre d'une organisation scoute non confessionnelle.

éclampsie nf MÉD Crise convulsive survenant chez certaines femmes enceintes.

éclat nm **1.** Fragment détaché d'un corps dur : *éclat de verre.* **2.** Bruit soudain et violent : *éclat de voix.* **3.** Lumière vive : *éclat des néons.* **4.** Qualité d'une couleur vive, de ce qui brille : *éclat d'un diamant.* **5.** FIG Grandeur, splendeur : *l'éclat de la gloire.* **6.** Scandale : *faire un éclat.* ■ **rire aux éclats** : très fort.

éclatant, e adj **1.** Qui a de l'éclat, qui brille : *poli éclatant.* **2.** FIG Spectaculaire, magnifique : *victoire éclatante.*

éclatement nm Action d'éclater.

éclater vi **1.** Se briser soudainement sous l'effet de la pression : *pierre qui éclate.* **2.** Produire un bruit subit et violent : *la foudre éclata soudain.* **3.** FIG Se manifester avec force et soudaineté : *scandale qui éclate.* **4.** Laisser libre cours à ses sentiments : *éclater de rire.*

éclectique adj Qui rassemble une grande variété de tendances ; qui choisit dans des catégories très diverses : *goût éclectique.* ◆ adj et n Qui adopte ce qui lui plaît ; qui apprécie des choses très diverses sans esprit exclusif.

éclectisme nm **1.** Attitude éclectique. **2.** Fait de s'intéresser à des choses diverses.

éclipse nf **1.** ASTRON Disparition totale ou partielle d'un astre, par l'interposition d'un autre : *éclipse de Lune, de Soleil.* **2.** FIG Disparition momentanée. **3.** Baisse de popularité.

éclipser vt **1.** Surpasser par un mérite, un prestige, un éclat plus grand : *éclipser un rival.* **2.** ASTRON Provoquer une éclipse. ◆ **s'éclipser** vpr Disparaître furtivement.

écliptique nm ASTRON Orbite que décrit la Terre dans son mouvement annuel.

éclisse nf **1.** Lame d'osier, de châtaignier, etc., obtenue par fendage. **2.** Plaque de bois mince formant la partie latérale de la caisse d'un instrument à cordes. **3.** Attelle. **4.** Rond d'osier pour égoutter le fromage. **5.** Plaque d'acier pour unir les rails.

éclopé, e adj et n Boiteux, estropié.

éclore vi (conj 81) **1.** Sortir de l'œuf. **2.** S'ouvrir, fleurir. **3.** LITT Paraître.

éclosion nf **1.** Action d'éclore. **2.** Épanouissement. **3.** FIG Manifestation.

éclusage nm Action d'écluser.

écluse nf Ouvrage muni de portes et de vannes pour retenir ou lâcher les eaux d'une rivière ou d'un canal.

éclusée nf Quantité d'eau qui coule entre le moment où une écluse est ouverte et celui où elle est refermée.

écluser vt Équiper d'une écluse. ■ **écluser un bateau** : le faire passer par une écluse.

éclusier, ère adj Relatif à l'écluse. ◆ n Personne qui manœuvre une écluse.

écobilan nm Bilan qui permet de mesurer l'impact écologique de la fabrication, de l'utilisation et de l'élimination d'un produit.

écobuage nm Méthode de fertilisation consistant à arracher la végétation avec la couche superficielle du terrain, à brûler le tout, puis à répandre la cendre ainsi obtenue.

écocertifié, e adj Qui répond à des normes de développement durable.

écocitoyen, enne adj Qui relève de l'écocitoyenneté. ◆ n Personne qui met en pratique les principes de l'écocitoyenneté.

écocitoyenneté nf Comportement consistant à observer les principes et les règles destinés à préserver l'environnement.

écœurant, e adj Qui écœure.

écœurement nm **1.** Action d'écœurer. **2.** État d'une personne écœurée.

écœurer vt **1.** Soulever le cœur, dégoûter. **2.** Inspirer de la répugnance, du dégoût.

école nf **1.** Établissement où se donne un enseignement collectif ; cet enseignement. **2.** Ensemble des élèves qui le fréquentent. **3.** Ensemble des partisans d'un maître, d'une doctrine ; cette doctrine : *école rationaliste*. **4.** Ensemble des artistes d'une même nation, d'une même tendance : *école italienne, impressionniste*. **5.** LITT Source d'enseignement, d'expérience : *être à bonne école*. ■ **faire école** : rallier des adeptes ou des imitateurs. ❑ **grande école** : établissement d'enseignement supérieur sélectionnant ses élèves et assurant un haut niveau d'études.

écolier, ère n Enfant qui fréquente l'école. ■ **le chemin des écoliers** : le plus long.

écolo n et adj (abréviation) FAM Écologiste.

écologie nf **1.** Partie de la biologie qui étudie les rapports des êtres vivants avec le milieu naturel. **2.** Écologisme.

écologique adj Relatif à l'écologie. ■ **bonus écologique** : prime versée par l'État à l'acheteur d'un véhicule neuf qui émet au maximum 130 g de CO_2 au km. ❑ **malus écologique** : taxe payée par l'acheteur d'un véhicule neuf qui émet plus de 160 g de CO_2 au km.

écologisme nm Défense du milieu naturel, protection de l'environnement.

écologiste n **1.** Écologue. **2.** Adepte de l'écologisme.

écologue n Spécialiste d'écologie.

écomusée nm Institution visant à l'étude et à la conservation du patrimoine naturel et culturel d'une région.

éconduire vt (conj 70) Refuser de recevoir ; repousser.

économat nm **1.** Charge, service de l'économe. **2.** Bureau de l'économe.

économe n Personne chargée des dépenses d'un établissement hospitalier ou scolaire, d'une communauté. ◆ adj Qui dépense avec mesure. ■ **couteau économe** ou **économe** nm : épluche-légumes. ❑ **être économe de ses efforts, de son temps, etc.** : en être peu prodigue.

économie nf **1.** Ce que l'on épargne. **2.** Qualité d'une personne économe. **3.** Science qui étudie les mécanismes de l'économie (on dit aussi : *science économique*). **4.** Ensemble des activités d'une collectivité humaine relatives à la production, à la distribution et à la consommation des richesses ; système régissant ces activités : *économie libérale*. ◆ **économies** pl Somme d'argent épargnée.

économique adj **1.** Relatif à l'économie. **2.** Qui diminue la dépense ; avantageux.

économiquement adv **1.** Avec économie. **2.** Relativement à la vie ou à la science économique.

économiser vt **1.** Épargner. **2.** Ménager : *économiser ses forces*.

économiste n Spécialiste de science économique.

écoparticipation nf Taxe payée par le consommateur pour financer le recyclage des appareils électriques et électroniques usagés.

écope nf Pelle pour vider l'eau d'une embarcation.

écoper vt Vider l'eau avec une écope. ◆ vt et vt ind [de] FAM Recevoir qqch, se voir infliger une peine : *écoper (de) deux ans de prison*.

écoproduit nm Produit conçu et fabriqué de façon à respecter l'environnement.

écoquartier nm Partie d'une ville ou ensemble de bâtiments qui prennent en compte les exigences du développement durable, notamm. en ce qui concerne l'énergie, l'environnement.

écorçage nm Action d'écorcer.

écorce nf **1.** Partie superficielle et protectrice des troncs, des branches, des tiges des végétaux. **2.** Enveloppe de certains fruits. ■ **écorce terrestre** : zone superficielle de la Terre, d'une épaisseur moyenne de 35 km. SYN : croûte terrestre.

écorcer vt (conj 1) Ôter l'écorce de.

1. écorché nm BX-ARTS Homme ou animal représenté complètement dépourvu de sa peau.

2. écorché, e adj et n Se dit d'une personne d'une sensibilité et d'une vulnérabilité excessives : *écorché vif*.

écorcher vt **1.** Dépouiller un animal de sa peau. **2.** Entamer la peau, érafler. ◊ vpr : *s'écorcher le genou*. ■ **écorcher les oreilles** : choquer, être désagréable, en parlant d'un son, d'un mot. ❑ FAM, FIG **écorcher un client** : le faire payer trop cher. ❑ **écorcher**

une langue, un mot : parler, prononcer mal.

écorcheur nm **1.** Personne qui écorche les bêtes mortes. **2.** FAM Personne qui fait payer trop cher.

écorchure nf Plaie superficielle, éraflure.

écorecharge nf Conditionnement d'un produit de lavage sous forme de recharge qui évite de racheter chaque fois un emballage coûteux et polluant.

écorner vt **1.** Amputer les cornes d'un animal. **2.** Plier les coins : *écorner un livre.* **3.** FIG Entamer : *écorner sa fortune.*

écornifleur, euse n VX, FAM Pique-assiette.

écornure nf Éclat enlevé de l'angle d'une pierre, d'un meuble, etc.

écossais, e adj et n D'Écosse : *les Écossais.* ◆ adj Se dit d'un tissu à carreaux de diverses couleurs.

écosser vt Tirer de la cosse : *écosser des pois.*

écosystème nm Ensemble des êtres vivants et des éléments non vivants d'un milieu qui sont liés entre eux par des influences réciproques.

écot nm Quote-part dans une dépense commune : *payer son écot.*

écotourisme nm Ensemble des activités touristiques pratiquées en milieu naturel dans le respect de la nature et contribuant au développement de l'économie locale.

écoulement nm Mouvement d'un fluide, d'un corps visqueux qui s'écoule.

écouler vt **1.** Vendre : *écouler un stock de marchandises.* **2.** Se débarrasser en mettant en circulation : *écouler de faux billets.* ◆ **s'écouler** vpr **1.** S'évacuer en coulant. **2.** FIG Passer : *temps qui s'écoule.*

écourter vt Diminuer, abréger.

écoutant, e n Personne à l'écoute d'appels téléphoniques de détresse.

1. écoute nf Cordage servant à orienter une voile.

2. écoute nf **1.** Action d'écouter : *rester à l'écoute.* **2.** Capacité d'écouter autrui, d'être attentif, réceptif à sa parole. ■ **heure de grande écoute** : moment de la journée où les auditeurs de la radio ou les téléspectateurs sont le plus nombreux. ❑ **table d'écoutes** : dispositif permettant de surveiller des communications téléphoniques.

écouter vt **1.** Prêter l'oreille pour entendre. **2.** Tenir compte de, bien accueillir : *écouter un conseil, une demande.* **3.** Céder, obéir. ◆ **s'écouter** vpr S'occuper trop de sa santé.

écouteur nm Partie d'un récepteur téléphonique ou d'un casque que l'on porte à l'oreille pour recevoir le son.

écoutille nf Ouverture pratiquée dans le pont d'un navire.

écouvillon nm Brosse cylindrique à long manche, pour nettoyer un corps creux.

écrabouiller vt FAM Écraser.

écran nm **1.** Dispositif qui arrête la lumière, la chaleur, le son, qui empêche de voir ou qui protège. **2.** Tableau blanc pour projeter des images : *écran de cinéma.* ■ **faire écran** : empêcher de voir, de comprendre. ❑ **le petit écran** : la télévision.

écrasant, e adj Qui écrase, accable.

écrasé, e adj **1.** Broyé sous l'effet d'une forte pression ; tué ou blessé par un véhicule : *chien écrasé.* **2.** Aplati : *nez écrasé.*

écrasement nm Action d'écraser.

écraser vt **1.** Aplatir et briser par compression : *écraser une cigarette.* **2.** Accabler, peser lourdement sur : *écraser d'impôts.* **3.** Vaincre, anéantir : *écraser un adversaire.* **4.** Blesser grièvement, tuer un être vivant sous le poids de quelque chose, en particulier d'un véhicule. **5.** INFORM Détruire un fichier de données. ◆ **s'écraser** vpr **1.** Tomber violemment en se brisant : *avion qui s'écrase.* **2.** FAM Se taire, renoncer à intervenir dans une discussion.

écrémage nm Action d'écrémer.

écrémer vt (conj 10) **1.** Séparer la crème du lait. **2.** FIG Prendre ce qu'il y a de meilleur dans.

écrêtement nm Action d'écrêter : *l'écrêtement des salaires.*

écrêter vt Enlever la crête, la partie la plus haute de.

écrevisse nf Crustacé d'eau douce.

écrier (s') vpr Dire en criant.

écrin nm Coffret pour bijoux.

écrire vt (conj 71) **1.** Figurer sa pensée au moyen de signes convenus : *apprendre à écrire.* **2.** Rédiger, composer : *écrire un roman.* **3.** Correspondre par lettre : *écrire à ses amis.* **4.** Orthographier : *écrire correctement un mot.* ◆ vi Laisser une trace, en parlant d'un stylo, d'une craie, etc. : *stylo qui écrit gros.* ◆ **s'écrire** vpr **1.** Échanger une correspondance : *s'écrire régulièrement.* **2.** S'orthographier : *« parmi » s'écrit sans s.*

1. écrit nm **1.** Toute chose écrite. **2.** Acte, convention écrits. **3.** Ouvrage littéraire ou scientifique. **4.** Ensemble des épreuves écrites d'un examen, d'un concours. CONTR : oral. **5.** Langue écrite. ■ **par écrit** : sous la forme écrite, sur le papier.

2. écrit, e adj **1.** Consigné, noté par l'écriture. **2.** Couvert de signes d'écriture : *feuille écrite.* **3.** Exprimé par le moyen de l'écriture : *épreuves écrites.*

écriteau nm Inscription en grosses lettres donnant un renseignement, un avis.

écritoire nf Coffret contenant ce qu'il faut pour écrire.

écriture nf **1.** Représentation de la pensée par des signes graphiques de convention. **2.** Manière d'écrire. **3.** Style. ■ **l'Écriture sainte** ou **les Saintes Écritures** : la Bible. ◆ **écritures** pl Comptes, correspondance d'un commerçant.

écrivailler ou **écrivasser** vi FAM Écrire sans talent.

écrivailleur ou **écrivaillon** nm FAM Mauvais écrivain.

écrivain, e n Auteur de livres. ■ **écrivain public** : celui qui fait profession de rédiger et d'écrire pour ceux qui ne savent pas.

écrivassier, ère n FAM Personne qui écrit beaucoup et mal.

1. écrou nm Pièce de métal ou de bois creusée en spirale pour le logement du filet d'une vis.

2. écrou nm Acte par lequel le directeur d'une prison enregistre l'arrivée d'un prisonnier. ■ **levée d'écrou** : mise en liberté d'un prisonnier.

écrouelles nf pl MÉD, VX Abcès d'origine tuberculeuse, atteignant surtout les ganglions lymphatiques du cou. ■ **herbe aux écrouelles** : scrofulaire.

écrouer vt Mettre en prison.

écroulement nm **1.** Éboulement d'un mur, d'une montagne, etc. **2.** FIG Chute, ruine complète.

écrouler (s') vpr **1.** Tomber en s'affaisant avec fracas, s'effondrer. **2.** FIG Être anéanti.

écru, e adj Se dit de matières textiles n'ayant subi ni lavage, ni blanchiment, ni teinture.

ecstasy [ɛkstazi] nf Drogue dérivée de l'amphétamine, qui a un effet excitant et hallucinogène.

ectoplasme nm **1.** En parapsychologie, forme visible qui émanerait d'un médium. **2.** FAM Personnage sans consistance, insignifiant.

écu nm **1.** Bouclier des hommes d'armes au Moyen Âge. **2.** En héraldique, corps de blason, en forme de bouclier. **3.** Ancienne monnaie française portant des armoiries sur une de ses faces.

ÉCU ou **ECU** ou **écu** nm (sigle de *European Currency Unit*) Ancienne unité monétaire et de compte de l'Union européenne (il a été remplacé par l'euro).

écubier nm Ouverture pratiquée à l'avant d'un navire pour le passage des câbles ou des chaînes.

écueil [ekœj] nm **1.** Rocher à fleur d'eau. **2.** FIG Obstacle, danger.

écuelle nf Assiette creuse sans rebord ; son contenu.

éculé, e adj Usé : *talons éculés ; idée éculée.*

écumage nm Action d'écumer.

écumant, e adj **1.** LITT Couvert d'écume. **2.** Couvert de bave.

écume nf **1.** Mousse blanchâtre qui se forme sur un liquide. **2.** Bave de quelques animaux. **3.** Sueur du cheval. ■ **écume de mer** : silicate naturel de magnésium hydraté.

écumer vt Enlever l'écume de : *écumer une sauce.* ◆ vi **1.** Se couvrir d'écume. **2.** FIG Être furieux.

écumeur nm ■ **écumeur des mers** : pirate.

écumeux, euse adj Qui écume ; couvert d'écume.

écumoire nf Grande cuillère plate, percée de trous, pour écumer.

écureuil nm Petit rongeur à poil roux, à queue touffue.

écurie nf **1.** Lieu destiné à loger les chevaux. **2.** Ensemble des chevaux de course appartenant à un même propriétaire : *une écurie célèbre.* **3.** Ensemble des écrivains, des artistes, des sportifs bénéficiant du soutien d'un même éditeur, d'une même marque commerciale.

écusson nm **1.** Petit écu d'armoiries. **2.** Encadrement décoratif portant des pièces héraldiques, des inscriptions, etc. **3.** Plaque de métal en forme d'écu, sur une serrure. **4.** AGRIC Morceau d'écorce portant un bouton, ou un œil, destiné à la greffe.

écussonner vt AGRIC Greffer en écusson.

1. écuyer [ekɥije] nm **1.** HIST Celui qui accompagnait un chevalier et portait son écu. **2.** Titre des jeunes nobles non encore armés chevaliers.

2. écuyer, ère n **1.** Personne qui monte à cheval. **2.** Personne qui fait des exercices d'équitation dans un cirque. **3.** Personne qui enseigne l'équitation.

eczéma nm Maladie de peau.

eczémateux, euse adj et n Relatif à l'eczéma ; atteint d'eczéma.

éd. (abréviation) Édition.

édam [edam] nm Fromage de Hollande au lait de vache, à pâte cuite, en forme de boule de couleur rouge.

edelweiss [edɛlvɛs] nm Plante cotonneuse poussant dans les Alpes et les Pyrénées au-dessus de 1 000 m.

éden [edɛn] nm **1.** RELIG (avec une majuscule) Paradis terrestre. **2.** LITT, FIG lieu de délices.

édénique adj LITT Relatif à l'Éden ; qui évoque le paradis terrestre.

édenté, e adj et n Qui n'a plus de dents ou en a perdu un grand nombre.

édicter vt Prescrire une loi, une peine, etc.

édicule nm Petit édifice élevé sur la voie publique.

édifiant, e adj **1.** Qui porte à la vertu. **2.** Instructif.

édification nf **1.** Action d'édifier, de construire. **2.** FIG Action d'inspirer la piété, la vertu, par des discours, des actions exemplaires.

édifice nm **1.** Bâtiment considérable. **2.** FIG Ensemble organisé : *édifice social.*

édifier vt **1.** Construire. **2.** FIG Combiner, établir. **3.** Porter à la piété, à la vertu, par l'exemple. **4.** Instruire, renseigner.

édile nm **1.** Magistrat municipal. **2.** HIST Magistrat romain chargé des édifices publics.

édit nm HIST Loi, ordonnance émanant du roi.

éditer vt Publier, mettre en vente l'œuvre d'un écrivain, d'un artiste.

éditeur, trice n et adj Personne ou société qui édite.

édition nf **1.** Impression et publication des œuvres d'écrivains, de musiciens, etc. **2.** Chaque tirage d'une publication : *ce livre en est à sa deuxième édition.* **3.** Ensemble des exemplaires d'un journal imprimés en une fois : *une édition spéciale.* **4.** Industrie et commerce du livre : *maison d'édition ; travailler dans l'édition.* **5.** Émission d'un journal télévisé ou radiodiffusé : *édition de 20 heures.* ■ **édition électronique :** (a) publication assistée par ordinateur (b) édition qui se fait sur des supports électroniques.

édito nm (abréviation) FAM Éditorial.

éditorial, e, aux adj De l'éditeur, de l'édition. ◆ nm Article émanant de la direction d'un journal, d'une revue.

éditorialiste n Personne qui écrit l'éditorial d'un journal, d'une revue.

édredon nm Couvre-pieds garni de duvet.

éducateur, trice n Personne qui éduque. ■ **éducateur spécialisé :** éducateur s'occupant de jeunes en difficulté ou de handicapés.

éducatif, ive adj **1.** Qui concerne l'éducation : *système éducatif.* **2.** Propre à éduquer : *jeu éducatif.*

éducation nf **1.** Action, manière d'éduquer. **2.** Formation aux usages, aux bonnes manières. ■ **Éducation nationale :** ensemble des services chargés de l'organisation, de la direction et de la gestion de l'enseignement public. ❑ **éducation physique :** ensemble des exercices corporels visant à l'amélioration des qualités physiques.

édulcorant, e adj et nm Se dit d'un produit qui édulcore : *édulcorant de synthèse.*

édulcorer vt **1.** Ajouter du sucre à une boisson, un médicament, pour les rendre moins amers. **2.** FIG Atténuer les termes, les hardiesses d'un texte.

éduquer vt Développer les facultés physiques, intellectuelles et morales de quelqu'un ; former, élever.

effaçable adj Qui peut être effacé.

effacé, e adj Qui se tient à l'écart, modeste.

effacement nm **1.** Action d'effacer, de s'effacer. **2.** Suppression.

effacer vt (conj 1) **1.** Faire disparaître en frottant, grattant, etc. : *gomme à effacer ; effacer une bande magnétique.* **2.** Faire oublier : *effacer une faute.* ◆ **s'effacer** vpr **1.** Tourner le corps un peu de côté, pour tenir moins de place. **2.** FIG Se tenir à l'écart par modestie.

effaceur nm Stylo-feutre qui permet d'effacer l'encre bleue.

effarant, e adj Stupéfiant.

effaré, e adj Qui ressent, manifeste un grand trouble ; hagard.

effarement nm Trouble, stupeur.

effarer vt Troubler, effrayer au point de donner un air hagard.

effarouchement nm Action d'effaroucher ; fait d'être effarouché.

effaroucher vt Intimider, effrayer.

1. effectif nm Nombre des individus composant un groupe : *l'effectif d'une classe, d'une troupe.*

2. effectif, ive adj Qui existe réellement.

effectivement adv En effet, réellement.

effectuer vt Mettre à exécution, accomplir.

efféminé, e adj et nm Se dit d'un homme dont les manières, le comportement rappellent ceux d'une femme.

effervescence nf **1.** Bouillonnement produit dans un liquide par un dégagement de gaz. **2.** FIG Agitation, émotion vive : *foule en effervescence.*

effervescent, e adj Qui est en effervescence.

effet nm **1.** Résultat d'une action ; ce qui est produit par quelque chose : *les effets* *d'un remède.* **2.** Impression produite : *faire bon, mauvais effet.* **3.** Procédé employé pour obtenir un certain résultat : *effet de jambes ; donner de l'effet à une balle.* **4.** Phénomène physique ou chimique particulier : *effet Joule.* ■ **effet de commerce** ou **effet** : titre à ordre transmissible par voie d'endossement, et constatant l'obligation de payer une somme d'argent à une date donnée. ❑ **faire de l'effet** : (a) produire une vive impression (b) provoquer une action, une réaction. ❑ **prendre effet** : devenir effectif, applicable. ◆ **effets** pl Vêtements. ◆ **en effet** loc adv Exprime un assentiment ; assurément : *c'est en effet la meilleure solution.* ◆ loc conj S'emploie pour introduire une explication : *il n'a pas pu venir, en effet il était malade.*

EMPLOI *Car en effet* est un pléonasme à éviter.

effeuillage nm Action d'effeuiller.

effeuiller vt **1.** Ôter les feuilles de. **2.** Arracher les pétales de.

efficace adj **1.** Qui produit l'effet attendu. **2.** Dont l'action aboutit à des résultats utiles.

efficacement adv De façon efficace.

efficacité nf Qualité d'une chose, d'une personne efficace.

efficience nf Capacité de rendement, performance.

efficient, e adj Qui aboutit à de bons résultats ; compétent.

effigie nf Représentation, image d'une personne sur une médaille.

effilage nm Action d'effiler.

effilé, e adj Mince et allongé.

effiler vt **1.** Défaire un tissu fil à fil, de façon à faire des franges au bord. **2.** Diminuer l'épaisseur des cheveux en amincissant les pointes.

effilochage nm Action d'effilocher.

effilocher vt Déchiqueter un tissu. ◆ **s'effilocher** vpr S'effiler par usure.

efflanqué, e adj Très maigre.

effleurement nm Action d'effleurer.

effleurer vt **1.** Toucher à peine, légèrement. **2.** FIG Examiner superficiellement.

efflorescence nf **1.** Fine pellicule naturelle qui recouvre certains fruits. **2.** LITT Épanouissement : *en pleine efflorescence.*

effluent nm ■ **effluent radioactif** : gaz ou liquide contenant des radioéléments et rejeté dans l'environnement. ❑ **effluent urbain** : ensemble des eaux usées, des eaux de ruissellement, etc., évacuées par les égouts.

effluve nm Émanation, exhalaison, odeur.

effondrement nm **1.** Action, fait de s'effondrer. **2.** FIG Ruine, anéantissement.

effondrer (s') vpr **1.** Crouler sous un poids excessif. **2.** FIG Être brusquement anéanti.

efforcer (s') vpr [de] (conj 1) Faire tous ses efforts pour, s'appliquer à : *s'efforcer de vaincre.*

effort nm **1.** Action énergique du corps ou de l'esprit vers un objectif, un but : *effort de mémoire.* **2.** PHYS Force tendant à déformer un matériau.

effraction nf Bris de clôture, de serrure : *vol avec effraction.*

effraie nf Chouette à plumage clair.

effranger vt (conj 2) Effiler sur les bords.

effrayant, e adj **1.** Qui effraie. **2.** FAM Excessif : *chaleur effrayante.*

effrayer vt (conj 4) **1.** Causer de la frayeur à. **2.** Rebuter, décourager.

effréné, e adj Sans retenue ; immodéré.

effritement nm Action d'effriter ; son résultat.

effriter vt Réduire en poussière, désagréger. ◊ vpr : *mur qui s'effrite.*

effroi nm LITT Grande frayeur.

effronté, e adj et n Hardi, impudent.

effrontément adv Avec effronterie.

effronterie nf Impudence, sans-gêne.

effroyable adj Qui inspire de l'effroi, horrible, épouvantable.

effroyablement adv De façon effroyable.

effusion nf **1.** Manifestation de tendresse, d'affection. **2.** Action de verser, de répandre : *effusion de sang, de larmes.*

égailler (s') vpr Se disperser.

égal, e, aux adj **1.** Semblable, le même en nature, en quantité, en qualité, en valeur. **2.** Qui ne varie pas : *température égale ; humeur égale.* **3.** LITT Uni, plan : *chemin égal.* ■ FAM **ça m'est égal** : ça m'est indifférent. ◆ n Personne qui est de même rang, jouit des mêmes droits qu'une autre : *vivre avec ses égaux.* ■ **à l'égal de** : autant que.

égalable adj Qui peut être égalé.

également adv **1.** De façon égale. **2.** Aussi, de même.

égaler vt **1.** Être égal à. **2.** Rivaliser avec.

GRAMMAIRE On écrit le plus souvent *six et six égale douze.*

égalisateur, trice adj Qui permet d'égaliser : *politique égalisatrice ; but égalisateur.*

égalisation nf Action d'égaliser.

égaliser vt **1.** Rendre égal : *égaliser les salaires, les chances des concurrents.* **2.** Rendre uni : *égaliser une surface.* ◆ vi En sports et dans les jeux, marquer un point rendant le score égal.

égalitaire adj et n Qui vise à l'égalité civile, politique et sociale.

égalitarisme nm Doctrine égalitaire.

égalité nf **1.** État de ce qui est égal, équivalent ; état de ce qui est uni, régulier. **2.** Principe selon lequel tous les citoyens peuvent invoquer les mêmes droits.

égard nm Considération : *faire quelque chose par égard pour quelqu'un.* ■ **à l'égard de :** en ce qui concerne. ❑ **à tous les égards** ou **à tous égards :** sous tous les rapports. ❑ **eu égard à :** en considération de. ◆ **égards** pl Marques de respect ; attentions.

égaré, e adj Troublé, hagard : *un air égaré.*

égarement nm LITT Dérèglement de la conduite, de l'esprit ; folie passagère : *un moment d'égarement.*

égarer vt **1.** Perdre momentanément : *égarer ses clefs.* **2.** Mettre dans une mauvaise direction : *ce témoignage a égaré les enquêteurs.* **3.** Mettre hors de soi : *la colère l'égare.* ◆ **s'égarer** vpr **1.** Se perdre. **2.** Faire fausse route.

égayer [egeje] vt (conj 4) **1.** Rendre gai, réjouir. **2.** Rendre attrayant, agrémenter.

égérie nf **1.** Conseillère secrète ; inspiratrice d'un artiste. **2.** Jeune femme qui inspire une grande marque et en incarne l'image.

égide nf ■ LITT **sous l'égide de :** sous le patronage, la protection de.

églantier nm Rosier sauvage.

églantine nf Fleur de l'églantier.

églefin ou **aiglefin** nm Poisson de mer voisin de la morue qui, fumé, fournit le haddock.

église nf Édifice où se réunissent les chrétiens pour célébrer leur culte. ◆ **Église** nf Société religieuse fondée par Jésus-Christ ; communauté chrétienne.

églogue nf Petit poème pastoral.

ego [ego] nm inv **1.** PHILOS Sujet conscient et pensant. **2.** PSYCHAN Le moi.

égocentrique adj et n Qui manifeste de l'égocentrisme.

égocentrisme nm Tendance à ramener tout à soi-même.

égoïne nf Petite scie à main.

égoïsme nm Défaut de l'égoïste.

égoïste adj et n Qui rapporte tout à soi, qui ne considère que ses intérêts.

égoïstement adv De façon égoïste.

égorgement nm Action d'égorger.

égorger vt (conj 2) Tuer en coupant la gorge. ◆ **s'égorger** vpr S'entre-tuer.

égorgeur, euse n Personne qui tue en égorgeant.

égosiller (s') vpr Crier fort et longtemps.

égotisme nm LITT Sentiment exagéré de sa personnalité, vanité excessive.

égout nm Conduit souterrain pour l'écoulement des eaux usées : *réseau d'égouts.*

> ORTHOGRAPHE *Égout* ne prend pas d'accent circonflexe : ce mot vient de *égoutter* et non de *goût.*

égoutier nm Ouvrier qui est chargé de l'entretien des égouts.

égouttage ou **égouttement** nm Action d'égoutter.

égoutter vt Débarrasser d'un liquide : *égoutter du linge, des fromages.* ◆ vi ou **s'égoutter** vpr Perdre son eau goutte à goutte.

égouttoir nm Treillis pour faire égoutter la vaisselle, les bouteilles, etc.

égrapper vt Détacher de la grappe.

égratigner vt **1.** Déchirer légèrement la peau. ◊ vpr : *s'égratigner le genou.* **2.** Rayer la surface de. **3.** FIG Blesser par des railleries.

égratignure nf **1.** Blessure superficielle. **2.** FIG Blessure légère d'amour-propre.

égrenage nm Action d'égrener.

égrener vt (conj 9) Détacher le grain de l'épi, de la grappe, etc. ■ **égrener un chapelet :** en faire passer les grains entre ses doigts. ◆ **s'égrener** vpr **1.** Tomber par grains. **2.** FIG Se succéder.

égrillard, e adj Qui aime les propos licencieux, grivois ; qui dénote cet état d'esprit.

égriser vt Polir avec un abrasif pulvérulent.

égrugeoir nm Mortier dans lequel on réduit en poudre le sel, le poivre, etc.

égruger vt (conj 2) Réduire en poudre.

égueulé, e adj ■ **cratère égueulé :** dont la couronne a été entamée par une violente éruption.

égyptien, enne adj et n D'Égypte : *les Égyptiens.*

égyptologie nf Étude de l'Égypte ancienne.

égyptologue n Spécialiste d'égyptologie.

eh interj Exprime la surprise, l'admiration ou sert à interpeller quelqu'un : *eh, vous là-bas !*

éhonté, e adj Qui n'a honte de rien : *un tricheur éhonté.*

eider [ɛdɛr] nm Oiseau de Scandinavie proche du canard, au duvet très moelleux.

éjaculation nf Action d'éjaculer.

éjaculer vt et vi Émettre le sperme.
éjectable adj Qui peut être éjecté.
éjecter vt **1.** Projeter au-dehors : *le passager a été éjecté.* **2.** FAM Mettre quelqu'un dehors : *il a été éjecté du parti.*
éjection nf Action d'éjecter ; évacuation.
Ektachrome nm (nom déposé) Film en couleur inversible ; photo faite avec ce type de film.
élaboration nf Action d'élaborer.
élaboré, e adj Qui résulte d'une longue élaboration ; perfectionné.
élaborer vt **1.** Préparer par un long travail : *élaborer un plan.* **2.** Rendre assimilable : *l'estomac élabore les aliments.*
elæis nm → **éleis.**
élagage nm Action d'élaguer.
élaguer vt **1.** Dépouiller un arbre des branches inutiles ; tailler. **2.** FIG Retrancher les parties inutiles de : *élaguer un texte.*
élagueur nm **1.** Celui qui élague. **2.** Serpe ou scie pour élaguer.
1. élan nm **1.** Mouvement pour s'élancer : *prendre son élan pour sauter.* **2.** Ardeur impétueuse : *élan du cœur.*
2. élan nm Grand cerf des régions boréales.
élancé, e adj Mince, svelte et de haute taille.
élancement nm Douleur vive et intermittente.
élancer vi et vt (conj 1) Causer des élancements : *cet abcès lui élance ou l'élance.* ◆ **s'élancer** vpr se jeter en avant ; se précipiter.
élargir vt **1.** Rendre plus large : *élargir une route.* **2.** Étendre, développer : *élargir son rayon d'action.* **3.** DR Mettre en liberté. ◆ **s'élargir** vpr Devenir plus large.
élargissement nm **1.** Action d'élargir ; fait de s'élargir. **2.** DR Mise en liberté.
élasthanne nm Fibre textile dotée d'une grande élasticité.
élasticité nf **1.** Propriété qu'ont certains corps de reprendre leur forme après la compression ou l'extension subie. **2.** FIG Souplesse, mobilité.
élastique adj **1.** Qui a de l'élasticité. **2.** Fait avec une matière élastique. **3.** FIG Que l'on peut interpréter assez librement : *règlement élastique.* ◆ nm **1.** Lien en caoutchouc. **2.** Tissu, fil, ruban de caoutchouc.
élastomère nm Polymère naturel ou synthétique, possédant des propriétés élastiques analogues à celles du caoutchouc.
eldorado nm Pays chimérique qui regorge de richesses.
électeur, trice n Personne qui a le droit de prendre part à une élection.
électif, ive adj Nommé ou conféré par élection : *président électif.*
élection nf Choix fait par la voie des suffrages : *élection présidentielle.* ■ **d'élection :** choisi : *patrie, terre d'élection.* ❑ DR **élection de domicile :** choix d'un domicile légal.
électoral, e, aux adj Relatif aux élections : *affiche électorale.*
électoralisme nm Attitude d'un gouvernement, d'un parti dont la politique est guidée par des considérations électorales.
électoraliste adj et n Inspiré par l'électoralisme.
électorat nm **1.** Ensemble des électeurs d'un pays, d'un parti. **2.** Droit d'être électeur.
électricien, enne n Artisan qui fait ou répare des installations électriques ; spécialiste d'électricité.
électricité nf Forme d'énergie qui manifeste son action par des phénomènes mécaniques, calorifiques, lumineux, chimiques, etc., et qui sert à des usages domestiques ou industriels, et notamment comme source d'éclairage : *électricité statique, dynamique.*
électrification nf Action d'électrifier.
électrifier vt Doter d'une installation électrique.
électrique adj **1.** Relatif à l'électricité. **2.** Qui fonctionne à l'électricité.
électriquement adv Au moyen de l'électricité.
électrisable adj Qui peut être électrisé.
électrisation nf Action d'électriser ; fait d'être électrisé.
électriser vt **1.** Développer sur un corps des charges électriques : *électriser un bâton d'ambre.* **2.** FIG Enflammer, enthousiasmer : *électriser un auditoire.*
électro nf inv Toute musique composée à l'aide d'ordinateurs (EX : *électrorock*).
électroacoustique nf Technique de la production, de la transmission, de l'enregistrement et de la reproduction des signaux acoustiques par des moyens électriques. ◆ adj Relatif à l'électroacoustique : *musique électroacoustique.*
électroaimant nm Appareil produisant un champ magnétique grâce à des bobines à noyau de fer parcourues par un courant électrique.
électrocardiogramme nm Enregistrement graphique des courants électriques produits par les contractions du cœur.

électrochimie nf Science et technique des transformations réciproques de l'énergie chimique et de l'énergie électrique.

électrochoc nm Traitement de certaines maladies mentales par le bref passage d'un courant à travers le cerveau.

électrocoagulation nf MÉD Technique de coagulation des tissus vivants par application d'un courant de haute fréquence.

électrocuter vt Tuer par une décharge électrique : *se faire électrocuter par accident ; électrocuter un condamné à mort sur la chaise électrique.*

électrocution nf Fait d'électrocuter, d'être électrocuté.

électrode nf Chacun des conducteurs fixés aux pôles d'un générateur électrique.

électrodynamique nf Partie de la physique qui traite de l'action dynamique des courants électriques. ◆ adj Relatif à l'électrodynamique.

électroencéphalogramme nm Tracé obtenu par l'enregistrement de l'activité électrique existant entre les cellules cérébrales.

électrogène adj Qui produit de l'électricité. ■ **groupe électrogène :** ensemble formé par un moteur thermique et un générateur, qui transforme en énergie électrique l'énergie mécanique fournie par le moteur.

électrolyse nf Décomposition chimique de certaines substances en fusion ou en solution par le passage d'un courant électrique.

électrolyser vt Soumettre à l'électrolyse.

électrolyte nm Corps soumis à l'électrolyse.

électrolytique adj Qui s'effectue par électrolyse.

électromagnétique adj **1.** Fondé sur les propriétés magnétiques des courants électriques. **2.** Relatif à l'électromagnétisme.

électromagnétisme nm Partie de l'électricité qui étudie les relations entre électricité et magnétisme.

électromécanique nf Ensemble des applications de l'électricité à la mécanique. ◆ adj Se dit d'un dispositif mécanique dont une grande partie des composants est électrique.

électroménager adj m Se dit d'appareils électriques à usage domestique (aspirateur, réfrigérateur, etc.). ◆ nm Ensemble de ces appareils ; leur industrie.

électrométallurgie nf Extraction et affinage des métaux par des procédés électriques.

électromètre nm Instrument pour mesurer une charge d'électricité ou des différences de potentiel.

électromoteur, trice adj Qui développe de l'électricité sous l'influence d'une action chimique ou mécanique.

électron nm Particule élémentaire chargée d'électricité négative, l'un des éléments constitutifs des atomes. ■ **électron libre :** (a) électron d'un métal responsable de sa conductibilité électrique (b) FIG personne que son indépendance d'esprit pousse à prendre ses distances avec le groupe auquel elle appartient.

électronégatif, ive adj Se dit d'un élément qui, dans l'électrolyse, se porte au pôle positif appelé *anode*.

électronicien, enne n Spécialiste d'électronique.

électronique nf Partie de la physique et de la technique qui étudie et utilise les variations de grandeurs électriques pour capter, transmettre et exploiter de l'information. ◆ adj Relatif à l'électron, à l'électronique. ■ **annuaire électronique :** annuaire téléphonique consultable sur Minitel.

électronucléaire adj et nm Relatif à l'électricité produite par des centrales nucléaires.

électronvolt nm Unité d'énergie utilisée en physique atomique et nucléaire ; symb : eV.

électrophone nm Appareil reproduisant les sons enregistrés sur un disque par des procédés électromécaniques.

électropositif, ive adj Se dit d'un élément qui, dans l'électrolyse, se porte au pôle négatif appelé *cathode*.

électroradiologie nf Spécialité médicale qui englobe les applications de l'électricité et celles des rayons au diagnostic et au traitement des maladies.

électrostatique nf Partie de la physique qui étudie les phénomènes d'équilibre de l'électricité sur les corps électrisés.

électrotechnicien, enne n Spécialiste d'électrotechnique.

électrotechnique nf Étude des applications techniques de l'électricité.

électrothérapie nf Traitement des maladies par l'électricité.

élégamment adv Avec élégance.

élégance nf Qualité de ce qui est élégant.

élégant, e adj **1.** Qui se distingue par la grâce, l'aisance, l'agrément de la forme, de la parure, etc. : *personne élégante ; meuble élégant.* **2.** Qui séduit par sa simplicité, sa netteté, sa courtoisie : *style élégant ; procédé élégant.* ◆ n Personne qui a ou qui affecte de l'élégance.

élégiaque adj Propre à l'élégie : *vers élégiaques.* ◆ adj et n Qui écrit des élégies : *poète élégiaque.*

élégie nf Petit poème sur un sujet tendre et triste.

éleis [eleis] ou **elæis** [eleis] nm Palmier dont le fruit fournit l'huile de palme.

élément nm **1.** Chaque objet, chaque chose concourant à la formation d'un tout : *les éléments d'un ouvrage ; élément d'un ensemble mathématique ; posséder tous les éléments.* **2.** Personne appartenant à un groupe : *c'est un très bon élément.* **3.** Milieu dans lequel un être est fait pour vivre : *l'eau est l'élément des poissons ; se sentir dans son élément.* **4.** CHIM Principe chimique commun aux diverses variétés d'un corps simple : *la classification des éléments de Mendeleïev.* **5.** PHYS Couple d'une pile voltaïque. ■ **les quatre éléments :** l'air, le feu, la terre et l'eau. ◆ **éléments** pl **1.** LITT Ensemble de forces naturelles : *lutter contre les éléments déchaînés.* **2.** Principes fondamentaux, notions de base : *éléments de physique.*

élémentaire adj **1.** Qui sert de base à un ensemble ; très simple : *connaissances élémentaires ; installation élémentaire.* **2.** CHIM Qui concerne l'élément : *une particule élémentaire.*

éléphant nm Mammifère ongulé, le plus gros animal terrestre actuel, à trompe et à peau rugueuse, pourvu d'incisives supérieures allongées en défenses. ■ **éléphant de mer :** gros phoque à trompe des îles Kerguelen.

éléphanteau nm Jeune éléphant.

éléphantesque adj Énorme.

éléphantiasis [elefɑ̃tjazis] nm Épaississement diffus de la peau et du tissu sous-cutané, lié à un œdème, qui déforme le corps.

élevage nm **1.** Action d'élever les animaux. **2.** Ensemble des animaux d'une même espèce dans une exploitation : *un élevage de truites.*

élévateur, trice adj Qui sert à élever, à soulever : *muscle élévateur ; plate-forme élévatrice.* ◆ nm **1.** Muscle élévateur. **2.** Machine utilisée pour soulever des charges ou des matériaux.

élévation nf **1.** Action d'élever, de s'élever : *élévation du niveau des eaux.* **2.** Éminence, hauteur : *une élévation de terrain.* **3.** MATH Formation d'une puissance d'un nombre ou d'une expression : *élévation au cube.* **4.** GÉOM Représentation d'une face verticale ; cette face elle-même. **5.** LITURGIE Moment de la messe où le prêtre élève l'hostie et le calice.

élévatoire adj Qui sert à élever des fardeaux, des liquides : *pompe élévatoire.*

élève n **1.** Personne qui reçoit les leçons d'un maître ; celui, celle qui fréquente un établissement scolaire. **2.** AGRIC Animal né et soigné chez un éleveur ; plante ou arbre dont on dirige la croissance.

élevé, e adj **1.** Haut : *arbre, prix élevé.* **2.** LITT Noble, sublime : *style élevé.* ■ **bien, mal élevé :** qui a une bonne, une mauvaise éducation.

élever vt (conj 9) **1.** Porter vers le haut, dresser : *élever un mât.* **2.** Construire : *élever un mur.* **3.** Porter à un niveau supérieur, à un haut rang : *élever un débat.* **4.** Augmenter : *élever les prix.* **5.** Hausser : *élever la voix.* **6.** Nourrir, soigner, former : *élever des enfants, des animaux.* ◆ **s'élever** vpr **1.** Atteindre une certaine hauteur, un certain niveau : *la facture s'élève à mille francs.* **2.** Parvenir à un degré supérieur : *la température s'élève.* **3.** Se faire entendre : *des cris s'élèvent dans l'assemblée.* ■ **s'élever contre :** protester contre : *s'élever contre l'arbitraire.*

éleveur, euse n Personne qui élève des animaux.

elfe nm MYTH Génie symbolisant l'air, la terre, le feu, en Scandinavie.

élider vt GRAMM Faire une élision.

éligibilité nf Possibilité légale d'être élu.

éligible adj Qui peut être élu.

élimer vt User un tissu.

élimination nf Action d'éliminer.

éliminatoire adj Qui sert à éliminer : *une note éliminatoire à l'examen.* ◆ nf SPORTS, JEUX Épreuve préalable qui élimine les concurrents les plus faibles.

éliminer vt **1.** Écarter, faire disparaître : *éliminer une tache ; éliminer un témoin.* **2.** Refuser, recaler : *éliminer un candidat.* **3.** PHYSIOL Faire sortir de l'organisme : *éliminer les toxines ;* (sans complément) *boire aide à éliminer.*

élingue nf MAR Câble servant à entourer ou à accrocher un objet et à l'élever au moyen d'un engin.

élinguer vt MAR Hisser au moyen d'une élingue.

élire vt (conj 73) **1.** Nommer par suffrage : *élire un candidat.* **2.** SOUT Choisir : *élire domicile.*

CONJUGAISON Attention au passé simple on dit : *j'élus, ils élurent.*

élisabéthain, e adj Relatif à Élisabeth Ire d'Angleterre, à son temps : *théâtre élisabéthain*.

élision nf GRAMM Suppression, dans l'écriture ou la prononciation, de la voyelle finale d'un mot devant une voyelle initiale ou un *h* muet.

élite nf Ce qu'il y a de meilleur, de plus distingué dans une société. ■ **d'élite** : de premier plan ; supérieur : *tireur d'élite*. ◆ **élites** pl Personnes qui occupent le premier rang par leur formation intellectuelle : *les élites de la nation*.

élitisme nm Système favorisant les meilleurs éléments d'un groupe aux dépens de la masse.

élitiste adj et n Relatif à l'élitisme ; qui en est partisan.

élixir nm **1.** Médicament liquide, formé d'une ou de plusieurs substances en dissolution dans l'alcool. **2.** Boisson magique.

elle, elles pron pers f Désigne la 3e personne, féminin de *il, ils, lui, eux*.

ellébore nm → **hellébore**.

ellipse nf **1.** GÉOM Courbe fermée dont chaque point est tel que la somme de ses distances à deux points fixes, appelés *foyers*, est constante. **2.** GRAMM Omission d'un ou de plusieurs mots qui ne sont pas indispensables pour la compréhension de la phrase : *ellipse du sujet, du verbe*.

ellipsoïdal, e, aux adj Qui a la forme d'une ellipse ou d'un ellipsoïde.

ellipsoïde nm Solide engendré par la révolution d'une ellipse autour de l'un de ses axes.

elliptique adj **1.** GÉOM Relatif à l'ellipse. **2.** GRAMM Qui renferme une ellipse. **3.** FIG Qui ne dit pas tout et laisse à deviner une partie du sens.

elliptiquement adv De façon elliptique.

élocution nf Manière de s'exprimer oralement, d'articuler les mots.

éloge nm Paroles, écrit à la louange de quelqu'un, de quelque chose ; panégyrique.

élogieusement adv Avec beaucoup d'éloges.

élogieux, euse adj Rempli de louanges, flatteur, louangeur.

éloigné, e adj Loin dans le temps ou dans l'espace. ■ **parent éloigné** : qui a des liens de parenté lâches ou indirects.

éloignement nm Action d'éloigner, de s'éloigner ; fait d'être éloigné.

éloigner vt Mettre, envoyer plus loin dans l'espace ou le temps ; écarter. ◆ **s'éloigner** vpr Accroître la distance entre soi et quelqu'un, quelque chose.

élongation nf Allongement accidentel d'un muscle, d'un nerf, d'un tendon ou d'un ligament.

éloquence nf Art de bien parler, d'émouvoir, de persuader.

éloquent, e adj **1.** Qui a de l'éloquence. **2.** Expressif, significatif, révélateur : *silence éloquent*.

élu, e n **1.** Personne désignée par une élection. **2.** Personne choisie, aimée : *qui est l'heureux élu ?*

élucidation nf Action d'élucider.

élucider vt Expliquer, éclaircir.

élucubration nf (surtout au pluriel) Théorie fumeuse, extravagante, divagation.

éluder vt Éviter avec adresse : *éluder une difficulté*.

> VOCABULAIRE Il ne faut pas confondre *éluder,* « esquiver », avec *élucider,* « expliquer ».

élyséen, enne adj **1.** MYTH Relatif aux Champs Élysées. **2.** FAM Relatif au palais de l'Élysée.

élytre nm Aile antérieure, dure, de certains insectes, notamment des coléoptères.

émacié, e adj LITT Très amaigri : *visage émacié*.

émail (pl *émaux*) nm **1.** Vernis vitreux que l'on applique par fusion sur la faïence, les métaux, etc. **2.** Ouvrage émaillé. **3.** (dans ce sens, pluriel *émails*) Matière dure qui revêt les dents.

émaillage nm Action d'émailler.

émailler vt **1.** Appliquer de l'émail sur. **2.** LITT Parsemer : *émailler un discours de citations*.

émaillerie nf Art de décorer avec des émaux.

émailleur, euse n Personne qui émaille.

émanation nf **1.** Senteur, exhalaison qui se dégage d'un corps : *des émanations de gaz*. **2.** FIG Ce qui procède de quelqu'un, de quelque chose ; expression, manifestation : *l'Assemblée nationale est l'émanation du peuple*.

émancipateur, trice adj Propre à émanciper.

émancipation nf Action d'émanciper ; son résultat.

émanciper vt **1.** Affranchir, rendre libre. **2.** DR Mettre hors de tutelle : *émanciper un mineur*. ◆ **s'émanciper** vpr Prendre des libertés, s'affranchir.

émaner vt ind [de] **1.** Se dégager de : *l'odeur qui émane de la terre mouillée*. **2.** FIG Découler, provenir de : *le charme qui émane d'une personne.*

émargement nm Action d'émarger.

émarger vt (conj 2) **1.** Couper les marges. **2.** Apposer sa signature en marge d'un écrit, pour attester qu'on en a eu connaissance. ◆ vt ind [à] Toucher un traitement, une indemnité ou une subvention : *émarger au budget d'une administration.*

émasculation nf Action d'émasculer.

émasculer vt Priver un mâle des organes de la reproduction ; châtrer, castrer.

émaux nm pl → **émail**.

embâcle nm Obstruction d'un cours d'eau par un amoncellement de glaçons. CONTR : débâcle.

emballage nm **1.** Action d'emballer. **2.** Ce qui sert à emballer (papier, carton, caisse).

emballement nm Action de s'emballer ; enthousiasme.

emballer vt **1.** Mettre dans un emballage. **2.** FAM Enthousiasmer : *cette musique l'a emballé.* ◆ **s'emballer** vpr **1.** Se laisser emporter par un sentiment. **2.** S'emporter, en parlant d'un cheval. **3.** MÉCAN Prendre un régime de marche excessif et dangereux : *moteur qui s'emballe.*

emballeur, euse n Personne spécialisée dans l'emballage des marchandises.

embarcadère nm Jetée, appontement pour l'embarquement ou le débarquement.

embarcation nf Tout bateau de petite taille.

embardée nf Écart brusque que fait un véhicule.

embargo nm **1.** Défense faite provisoirement à un navire de quitter un port. **2.** Interdiction de laisser circuler librement : *mettre l'embargo sur une marchandise.*

embarquement nm Action d'embarquer ou de s'embarquer.

embarquer vt **1.** Mettre à bord d'un navire : *embarquer des passagers.* **2.** FAM Emporter avec soi : *il a embarqué mes clés !* **3.** FAM Engager, entraîner : *embarquer quelqu'un dans une sale affaire.* ◆ vi **1.** Monter à bord d'un bateau, d'un avion, d'une voiture. **2.** En parlant des vagues, pénétrer dans un bateau par-dessus bord. ◆ **s'embarquer** vpr **1.** Monter à bord d'un bateau, d'un avion, etc. **2.** FAM S'engager dans une affaire douteuse ou dangereuse : *elle s'est embarquée dans une drôle d'histoire.*

embarras nm **1.** Irrésolution, perplexité : *ce problème me met dans l'embarras.* **2.** Obstacle, difficulté : *créer des embarras.* **3.** Situation difficile ; gêne : *tirer d'embarras ; embarras financiers.* ■ **embarras gastrique :** inflammation de la muqueuse de l'estomac.

embarrassant, e adj Qui embarrasse.

embarrassé, e adj Qui éprouve, manifeste de la gêne. ■ **avoir l'estomac embarrassé :** avoir un embarras gastrique.

embarrasser vt **1.** Encombrer : *des colis embarrassent le couloir.* **2.** Gêner les mouvements de : *ce manteau m'embarrasse.* **3.** Gêner, déconcerter : *votre question m'embarrasse.* ◆ **s'embarrasser** vpr [de] **1.** S'encombrer de : *s'embarrasser de choses inutiles.* **2.** Se préoccuper de, tenir compte de : *ne pas s'embarrasser de scrupules.*

embase nf Partie d'une pièce servant d'appui, de support à une autre pièce.

embastiller vt HIST Emprisonner à la Bastille.

embauche nf ou **embauchage** nm **1.** Action de passer un contrat de travail avec un salarié. **2.** Recrutement des travailleurs.

embaucher vt **1.** Engager quelqu'un comme salarié. **2.** FAM Entraîner quelqu'un avec soi dans une occupation quelconque : *je t'embauche pour la vaisselle.*

embauchoir nm Instrument qu'on introduit dans les chaussures pour en conserver la forme.

embaumement nm **1.** Action d'embaumer. **2.** Conservation des cadavres.

embaumer vt **1.** Traiter un cadavre par des substances qui le préservent du pourrissement. **2.** Parfumer : *la lavande embaume le linge ;* sentir : *embaumer l'anis.* ◆ vi Répandre une odeur agréable.

embaumeur nm Personne qui embaume les corps : *les embaumeurs égyptiens.*

embellie nf **1.** MAR Éclaircie. **2.** FIG Amélioration momentanée d'une situation difficile.

embellir vt Rendre ou faire paraître plus beau, orner : *embellir une histoire.* ◆ vi Devenir beau ou plus beau.

embellissement nm **1.** Action d'embellir ; son résultat : *l'embellissement du quartier.* **2.** Élément qui embellit : *les embellissements ajoutés au décor.*

emberlificoter vt FAM Faire tomber dans un piège : *il a essayé de m'emberlificoter.* ◆ **s'emberlificoter** vpr S'embrouiller, s'empêtrer : *il s'est emberlificoté dans des explications.*

embêtant, e adj FAM Très ennuyeux.

embêtement nm FAM Ennui.

embêter vt FAM Ennuyer, importuner ; contrarier. ◆ **s'embêter** vpr Éprouver de l'ennui : *s'embêter chez soi.* ■ **ne pas s'embêter :** ne pas se gêner.

emblaver vt Semer une terre en blé ou en toute autre graine.

emblée (d') loc adv Du premier coup, tout de suite : *réussir d'emblée.*

emblématique adj Qui a le caractère d'un emblème ; symbolique.

emblème nm **1.** Figure symbolique, souvent accompagnée d'une devise. **2.** Attribut, symbole : *la colombe, emblème de la paix.*

ORTHOGRAPHE Le mot *emblème* s'écrit avec un accent grave, qui devient accent aigu dans *emblématique.*

embobiner vt **1.** Enrouler sur une bobine. **2.** FAM Tromper, enjôler.

emboîtage nm Action d'emboîter ; son résultat.

emboîtement nm Position de deux choses qui s'emboîtent.

emboîter vt Enchâsser, mettre une chose dans une autre. ■ **emboîter le pas à quelqu'un :** (a) marcher derrière quelqu'un (b) FIG modeler son attitude sur la sienne.

embole nm MÉD Corps étranger qui oblitère un vaisseau et provoque une embolie.

embolie nf MÉD Oblitération d'un vaisseau par un caillot de sang ou un corps étranger au sang.

embonpoint nm État d'une personne un peu grasse ; corpulence.

embouche nf Prairie fertile, où les bestiaux s'engraissent.

embouché, e adj ■ FAM **mal embouché :** désagréable, grossier dans ses paroles ou ses actes.

emboucher vt Mettre à sa bouche un instrument à vent, afin d'en jouer.

embouchure nf **1.** MUS Partie d'un instrument à vent que l'on porte à la bouche. **2.** Entrée d'un fleuve dans la mer. **3.** Partie du mors qui entre dans la bouche du cheval.

embourber vt Engager dans un bourbier, dans la boue : *embourber un tracteur.* ◆ **s'embourber** vpr **1.** S'enliser. **2.** FIG S'empêtrer dans une mauvaise affaire.

embourgeoisement nm Action de s'embourgeoiser.

embourgeoiser (s') vpr Prendre des habitudes bourgeoises.

embout nm **1.** Garniture de métal au bout d'une canne, d'un parapluie, etc. **2.** Élément permettant l'assemblage avec un autre élément.

embouteillage nm **1.** Mise en bouteilles. **2.** Encombrement de la circulation.

embouteiller vt **1.** Mettre en bouteilles. **2.** Obstruer une voie, gêner la circulation.

emboutir vt **1.** Marteler, comprimer une plaque de métal pour lui donner une forme déterminée. **2.** Défoncer par un choc.

emboutissage nm Action d'emboutir les métaux.

embranchement nm **1.** Division en plusieurs branches du tronc d'un arbre et, par extension, d'une voie, d'un conduit, etc. ; point de rencontre de ces branches. **2.** Division principale du règne animal ou du règne végétal.

embrancher (s') vpr Se raccorder, en parlant d'une route, d'une canalisation, etc.

embrasement nm LITT Action d'embraser ; fait de s'embraser.

embraser vt **1.** LITT Mettre en feu : *l'incendie embrase la garrigue.* **2.** Illuminer d'un rougeoiement : *le soleil couchant embrase le ciel.* **3.** LITT Exalter, enflammer : *l'amour de la patrie embrase les cœurs.* ◆ **s'embraser** vpr **1.** LITT Prendre feu. **2.** S'enflammer, s'exalter.

embrassade nf (souvent au pluriel) Geste de deux personnes qui s'embrassent par affection.

embrasse nf Cordon ou bande qui retient un rideau sur le côté.

embrasser vt **1.** Donner un, des baisers. **2.** LITT Saisir, appréhender : *embrasser les données d'un problème ; embrasser du regard.* **3.** Contenir : *ce roman embrasse un siècle d'histoire.* **4.** Adopter, choisir : *embrasser une carrière.*

embrasure nf Ouverture d'une porte, d'une fenêtre.

embrayage [ɑ̃brɛjaʒ] nm **1.** Action d'embrayer. **2.** Mécanisme permettant d'embrayer : *pédale d'embrayage.*

embrayer [ɑ̃breje] vt Établir la communication entre le moteur d'une machine et les organes qu'il commande. ◆ vt ind [sur] FAM Commencer à parler de quelque chose, à agir.

embrigadement nm Action d'embrigader ; fait d'être embrigadé.

embrigader vt **1.** Faire entrer par contrainte ou persuasion dans une association, un parti, etc. **2.** ANC Réunir des régiments ou des bataillons pour former une brigade.

embringuer vt FAM Engager dans une situation fâcheuse : *se laisser embringuer dans une sale histoire.*

embrocher vt **1.** Enfiler sur une broche. **2.** FAM Transpercer d'un coup d'épée.

embrouillamini nm FAM Grande confusion, désordre.
embrouille nf FAM Désordre destiné à tromper.
embrouillé, e adj FAM Qui a perdu le fil de ses idées ; troublé.
embrouillement nm **1.** Action d'embrouiller. **2.** FIG Embarras, confusion.
embrouiller vt **1.** Mettre en désordre, emmêler : *embrouiller des fils.* **2.** Compliquer, rendre obscur ; troubler les idées de quelqu'un : *embrouiller une histoire ; taisez-vous donc, vous m'embrouillez !* ◆ **s'embrouiller** vpr Perdre le fil de ses idées : *s'embrouiller dans une démonstration.*
embroussaillé, e adj Couvert de broussailles ou qui forme comme des broussailles : *un champ embroussaillé ; des sourcils embroussaillés.*
embrumer vt **1.** Envelopper de brume. **2.** FIG attrister, assombrir.
embruns nm pl Pluie fine que forment les vagues en se brisant.
embryogenèse ou **embryogénie** nf Formation et développement d'un embryon.
embryologie nf Étude du développement des embryons.
embryologique adj Relatif à l'embryologie.
embryon nm **1.** Organisme en voie de développement, depuis le stade de l'œuf fécondé jusqu'à la réalisation d'une forme capable de vie autonome et active (larve, poussin, fœtus humain de plus de trois mois). **2.** FIG Germe, commencement, ébauche.
embryonnaire adj **1.** De l'embryon. **2.** FIG En germe, inachevé : *mouvement à l'état embryonnaire.*
embûche nf Traquenard ; obstacle.
embuer vt Couvrir de buée.
embuscade nf Attaque par surprise d'un ennemi en mouvement.
embusqué nm Militaire occupant un poste à l'abri du danger.
embusquer vt Mettre en embuscade. ◆ **s'embusquer** vpr Se cacher pour guetter quelqu'un avec des intentions hostiles.
éméché, e adj FAM Légèrement ivre.
émeraude nf Pierre précieuse de couleur verte. ◆ adj inv et nm De couleur vert vif.
émergé, e adj Qui émerge.
émergence nf Apparition soudaine d'un phénomène, d'une idée, etc.
émergent, e adj ■ **pays émergent** : pays en voie de développement qui a des résultats économiques et un taux de croissance supérieurs aux autres.
émerger vi (conj 2) **1.** Sortir d'un milieu liquide et apparaître à la surface : *l'épave émerge à marée basse.* **2.** Se montrer, se manifester : *le soleil émerge des nuages.* **3.** Sortir, se distinguer d'une masse : *émerger du lot.*
émeri nm Roche très dure dont la poudre est utilisée comme abrasif.
émérite adj Qui, par sa longue pratique, est d'une grande compétence, d'une remarquable habileté. ■ **professeur émérite** : professeur d'université à la retraite distingué par ses collègues.
émersion nf **1.** Action d'émerger. **2.** ASTRON Réapparition d'un astre éclipsé.
émerveillement nm Fait d'être émerveillé.
émerveiller vt Étonner, inspirer une vive admiration.
émétique adj et nm Se dit d'une substance qui fait vomir.
émetteur nm Poste d'émission radiophonique ou télévisée.
émetteur, trice adj Qui émet.
émetteur-récepteur (pl *émetteurs-récepteurs*) nm Ensemble comprenant un émetteur et un récepteur radioélectriques pourvus d'une antenne et d'une alimentation communes.
émettre vt (conj 57) **1.** Produire, faire sortir de soi des radiations, des ondes, des sons, etc. : *le soleil émet des rayons.* **2.** Mettre en circulation : *émettre des billets de banque.* **3.** Exprimer, formuler : *émettre une opinion.* ◆ vi Procéder à la transmission d'un programme de radio ou de télévision : *la station radio a commencé d'émettre.*
émeu (pl *émeus*) ou **émou** (pl *émous*) nm Grand oiseau d'Australie, aux ailes rudimentaires.
émeute nf Soulèvement populaire.
émeutier, ère n Personne qui participe à une émeute ou la suscite.
émiettement nm Action d'émietter.
émietter vt **1.** Réduire en miettes. **2.** FIG Éparpiller : *émietter sa fortune.*
émigrant, e n et adj Personne qui émigre.
émigration nf **1.** Action d'émigrer ; ensemble des émigrés. **2.** HIST Sortie de France des nobles pendant la Révolution. **3.** ZOOL Migration.
émigré, e n et adj **1.** Personne qui a émigré. **2.** HIST Noble émigré pendant la Révolution.
émigrer vi **1.** Quitter son pays pour aller s'établir ailleurs. **2.** Changer de climat : *oiseau qui émigre.*
émincé nm Très fine tranche de viande.

émincer vt (conj 1) Couper en tranches minces : *émincer un oignon*.

éminemment [eminamɑ̃] adv Excellemment.

éminence nf **1.** Élévation de terrain. **2.** ANAT Saillie quelconque. **3.** (avec une majuscule) Titre donné aux cardinaux. ■ **éminence grise** : conseiller qui agit dans l'ombre.

éminent, e adj Supérieur ; remarquable : *juriste éminent ; rôle éminent*.

émir [emir] nm Gouverneur, prince dans les pays musulmans.

émirat nm **1.** État gouverné par un émir. **2.** Dignité d'émir.

émissaire nm **1.** Agent chargé d'une mission. **2.** Canal qui sert à vider un lac, un bassin, etc.

émissif, ive adj PHYS Qui émet des radiations lumineuses.

émission nf **1.** Action d'émettre, de livrer à la circulation : *émission de billets*. **2.** Programme de radio ou de télévision : *émission de variétés*.

emmagasinage nm Action d'emmagasiner.

emmagasiner [ɑ̃magazine] vt **1.** Mettre en magasin. **2.** Accumuler, mettre en réserve : *emmagasiner de l'énergie, des connaissances*.

emmailloter [ɑ̃majɔte] vt Envelopper complètement (dans un tissu, une étoffe).

emmanchement nm Action d'emmancher ; manière de s'emmancher.

emmancher [ɑ̃mɑ̃ʃe] vt Mettre un manche à. ◆ **s'emmancher** vpr **1.** S'ajuster. **2.** FAM, FIG commencer, s'engager.

emmanchure nf Ouverture d'un vêtement où se fixe la manche.

emmêlement nm Action d'emmêler ; son résultat.

emmêler [ɑ̃mele] vt **1.** Brouiller, enchevêtrer. **2.** FIG Embrouiller.

emménagement nm Action d'emménager.

emménager [ɑ̃menaʒe] vi (conj 2) S'installer dans un nouveau logement.

> VOCABULAIRE *Emménager* quelque part, c'est s'installer dans un autre lieu ; *aménager* un lieu, c'est l'arranger.

emmener [ɑ̃mne] vt (conj 9) Mener avec soi d'un lieu dans un autre.

emmental ou **emmenthal** [emɑ̃tal] ou [emɛ̃tal] nm Variété de gruyère fabriquée en Suisse et dans le Jura.

emmerdant, e adj TRÈS FAM Ennuyeux.

emmerdement nm TRÈS FAM Gros ennui.

emmerder [ɑ̃mɛrde] vt TRÈS FAM Importuner, ennuyer.

emmerdeur, euse n et adj TRÈS FAM Personne pénible à supporter, agaçante.

emmétrope [ɑ̃metrɔp] adj Se dit d'un œil dont la vue est normale.

emmieller [ɑ̃mjele] vt VX Mêler de miel.

emmitoufler [ɑ̃mitufle] vt Envelopper dans des vêtements chauds.

emmurer [ɑ̃myre] vt Enfermer en murant ; bloquer comme avec un mur : *l'éboulement a emmuré des mineurs dans une galerie*.

émoi nm LITT Trouble, émotion.

émollient, e adj et nm MÉD Qui amollit, détend les tissus.

émoluments nm pl Traitement, salaire attaché à un emploi.

émonder vt **1.** Couper les branches inutiles. **2.** Débarrasser une graine de sa peau, monder : *émonder des amandes*.

émotif, ive adj Relatif à l'émotion. ◆ adj et n Prompt à s'émouvoir.

émotion nf Trouble passager causé par un sentiment vif de joie, de peur, etc.

émotionnel, elle adj Qui concerne l'émotion : *réaction émotionnelle*.

émotionner vt FAM Causer de l'émotion.

émotivité nf Disposition à s'émouvoir : *émotivité maladive*.

émotter vt Briser les mottes de terre après le labour.

émoulu, e adj ■ **frais émoulu** : nouvellement formé, nouvellement sorti d'une école.

émousser vt **1.** Rendre moins tranchant, moins pointu : *émousser un ciseau*. **2.** FIG Affaiblir, diminuer : *le temps a émoussé les passions*.

émoustillant, e adj Qui émoustille.

émoustiller vt **1.** FAM Mettre de bonne humeur ; exciter. **2.** Aguicher.

émouvant, e adj Qui émeut.

émouvoir vt (conj 36) Agir sur la sensibilité de. ◆ **s'émouvoir** vpr Se troubler, s'inquiéter.

empaillage nm Action d'empailler.

empailler vt **1.** Garnir de paille : *empailler une chaise, des bouteilles*. **2.** Remplir de paille la peau d'un animal mort, pour lui garder sa forme.

empailleur, euse n Personne qui empaille.

empalement nm Action d'empaler.

empaler vt Transpercer d'un pal, d'un pieu. ◆ **s'empaler** vpr Tomber sur un objet pointu qui s'enfonce dans le corps.

empan nm Espace de l'extrémité du pouce à celle du petit doigt dans leur écart maximal.

empanacher vt Orner d'un panache.

empanner vi MAR Faire passer la voilure d'un bord à l'autre lors du virement de bord vent arrière.

empaquetage nm Action d'empaqueter : *empaquetage soigné*.

empaqueter vt (conj 8) Mettre en paquet.

emparer (s') vpr [de] **1.** Se saisir de, se rendre maître de. **2.** Gagner quelqu'un : *la colère s'est emparée de lui*.

empâté, e adj Dont la silhouette, les traits se sont épaissis, alourdis.

empâtement nm **1.** État de ce qui est empâté. **2.** En peinture, relief donné par des touches superposées.

empâter vt **1.** Rendre pâteux. **2.** Épaissir ; alourdir. ◆ **s'empâter** vpr Devenir gras ; s'épaissir.

empathie nf Faculté de se mettre à la place d'autrui, de percevoir ce qu'il ressent.

empattement nm **1.** Épaisseur de maçonnerie qui sert de pied à un mur. **2.** Distance entre les axes des essieux d'une voiture.

empêché, e adj Retenu par des obligations.

empêchement nm Obstacle ; contretemps : *avoir un empêchement de dernière minute*.

empêcher vt Faire obstacle à. ◆ **s'empêcher** vpr [de] Se retenir de.

empêcheur, euse n ■ FAM **empêcheur de danser, de tourner en rond :** (a) Ennemi de la gaieté (b) gêneur, rabat-joie.

empeigne nf Dessus d'une chaussure.

empennage nm **1.** Plans disposés à l'arrière d'un avion pour lui donner la stabilité. **2.** Empenne.

empenne nf Garniture de plumes placée sur le talon d'une flèche pour régulariser son mouvement.

empenné, e adj Garni de plumes : *flèche empennée*.

empereur nm Chef, souverain d'un empire.

empesage nm Action d'empeser.

empesé, e adj Raide, guindé : *un air empesé*.

empeser vt (conj 9) Apprêter avec de l'empois.

empester vt Infecter d'une mauvaise odeur ; empuantir. ◆ vi Dégager une mauvaise odeur : *chemise qui empeste le tabac*.

empêtrer vt **1.** Embarrasser, entraver : *la mariée était empêtrée dans sa traîne*. **2.** FIG Engager d'une façon malheureuse : *empêtrer quelqu'un dans une sale affaire*. ◆ **s'empêtrer** vpr S'embarrasser, s'embrouiller.

emphase nf Exagération pompeuse dans le discours ou le ton.

emphatique adj Qui relève de l'emphase.

emphatiquement adv Avec emphase.

emphysémateux, euse adj et n Atteint d'emphysème.

emphysème nm ■ MÉD **emphysème pulmonaire :** dilatation excessive et permanente des alvéoles pulmonaires.

emphytéotique adj ■ **bail emphytéotique :** À longue durée (de 18 à 99 ans).

empiècement nm Pièce rapportée dans le haut d'un vêtement.

empierrement nm **1.** Action d'empierrer. **2.** Lit de pierres cassées dont on recouvre les routes.

empierrer vt Couvrir de pierres.

empiétement nm **1.** Action d'empiéter ; usurpation. **2.** Extension progressive : *l'empiétement de la mer sur les terres*.

empiéter vt ind [sur] (conj 10) **1.** Déborder sur quelque chose. **2.** Usurper une partie de la propriété ou des droits d'autrui : *empiéter sur son voisin*.

empiffrer (s') vpr FAM Se bourrer de nourriture.

empilable adj Conçu pour pouvoir être empilé.

empilement ou **empilage** nm Action d'empiler ; ensemble de choses empilées.

empiler vt Mettre en pile. ◆ **s'empiler** vpr S'élever en pile ; s'entasser.

empire nm **1.** Régime dans lequel l'autorité politique souveraine est exercée par un empereur ; État ou ensemble d'États ainsi gouvernés. **2.** Ensemble de territoires gouvernés par une autorité unique : *empire colonial*. **3.** Groupe industriel très puissant et très étendu. **4.** LITT Autorité, influence, ascendant : *agir sous l'empire de la colère*.

empirer vi Devenir pire, s'aggraver : *son état empire*.

empirique adj Qui s'appuie uniquement sur l'expérience et non sur une théorie : *une médecine empirique*.

empiriquement adv De façon empirique.

empirisme nm **1.** Méthode empirique. **2.** PHILOS Théorie selon laquelle la connaissance procède de l'expérience, et nos idées, des sens.

empiriste adj et n Qui obéit à l'empirisme ; qui en est partisan.

emplacement nm Lieu, place occupés par quelque chose, ou qui lui sont réservés.

emplâtre nm **1.** Préparation thérapeutique adhésive destinée à l'usage externe. **2.** FAM Personne sans énergie, sans initiative.

emplette nf Achat : *faire des emplettes.*

emplir vt **1.** LITT Rendre plein. **2.** FIG Combler : *emplir d'aise.*

emploi nm **1.** Usage qu'on fait d'une chose : *l'emploi de son argent, de son temps.* **2.** Travail salarié, fonction, place : *chercher, obtenir un emploi ; emploi lucratif.* **3.** Genre de rôle joué par un acteur : *avoir la tête de l'emploi.* ■ **emploi du temps** : distribution des occupations dans la journée, la semaine.

employé, **e** n Salarié occupant un emploi : *employé de banque.* ■ **employé(e) de maison** : domestique.

employer vt (conj 3) **1.** Faire usage de : *employer un mot.* **2.** Faire travailler : *employer des ouvriers.* ◆ **s'employer** vpr Être en usage : *ce mot ne s'emploie plus.* ■ **s'employer à** : s'appliquer à.

employeur, **euse** n Personne qui emploie du personnel salarié.

empocher vt FAM Percevoir, toucher de l'argent.

empoignade nf Altercation, discussion violente.

empoigne nf ■ FAM **foire d'empoigne** : situation où chacun, pour obtenir quelque chose, doit lutter contre les autres.

empoigner vt Saisir et serrer avec la main. ◆ **s'empoigner** vpr **1.** En venir aux mains. **2.** Se disputer.

empois nm Colle d'amidon.

empoisonnant, **e** adj FAM Ennuyeux, agaçant.

empoisonnement nm **1.** Action d'empoisonner ; fait d'être empoisonné. **2.** FAM, VIEILLI ennui, souci.

empoisonner vt **1.** Faire mourir ou intoxiquer par le poison : *être empoisonné par des champignons.* **2.** Mettre du poison dans, sur : *flèche empoisonnée.* **3.** Répandre une odeur infecte, polluer : *il nous empoisonne avec son tabac.* **4.** FAM Importuner vivement, causer du souci à : *il m'empoisonne avec ses récriminations.*

empoisonneur, **euse** n **1.** Personne qui empoisonne. **2.** FAM Personne qui ennuie.

empoissonnement nm Action d'empoissonner.

empoissonner vt Peupler de poissons un étang, une rivière.

emporté, **e** adj Violent, irritable.

emportement nm Accès de colère.

emporte-pièce nm inv Instrument en acier dur pour trouer ou découper. ■ FIG **à l'emporte-pièce** : franc, incisif, sans nuances : *caractère à l'emporte-pièce.*

emporter vt **1.** Prendre avec soi en quittant un lieu : *emporter un parapluie.* **2.** Enlever, entraîner avec vivacité ou violence, arracher : *le vent a emporté le toit.* **3.** Entraîner à un comportement excessif : *la colère l'emporte.* ■ **à emporter** : se dit de plats que l'on ne consomme pas sur place. ❑ **l'emporter (sur)** : avoir la supériorité (sur). ◆ **s'emporter** vpr **1.** Se laisser aller à la colère. **2.** Prendre le mors aux dents, en parlant d'un cheval.

empoté, **e** adj et n FAM Maladroit, gauche.

empoter vt Mettre en pot.

empourprer vt LITT Colorer de pourpre, de rouge.

empreindre vt LITT Marquer : *son visage était empreint de tristesse.*

empreinte nf **1.** Figure, marque, trace en creux ou en relief. **2.** Marque distinctive : *l'empreinte de l'éducation, du génie.* ■ BIOL **empreinte génétique** : séquence d'ADN spécifique de chaque individu et qui permet son identification. ❑ ÉCOL **empreinte écologique** : évaluation de l'impact humain sur l'environnement. ◆ **empreintes** pl ■ **empreintes digitales** : marques laissées par les sillons de la peau des doigts.

empressé, **e** adj et n Plein de prévenance, attentionné.

empressement nm Zèle, ardeur.

empresser (s') vpr **1.** Montrer de l'ardeur, du zèle, de la prévenance : *s'empresser auprès d'un client.* **2.** Se hâter : *s'empresser de partir.*

emprise nf Influence, ascendant : *avoir de l'emprise sur quelqu'un.*

emprisonnement nm **1.** Action de mettre en prison. **2.** Peine qui consiste à y demeurer enfermé.

emprisonner vt **1.** Mettre en prison. **2.** FIG Serrer, enfermer : *col qui emprisonne le cou.*

emprunt nm Action d'emprunter ; chose, somme empruntée : *rembourser un emprunt ; emprunts à l'anglais.* ■ **d'emprunt** : qui n'est pas naturel ; supposé, factice : *nom d'emprunt.*

emprunté, **e** adj Qui manque d'aisance, de naturel ; embarrassé, gauche.

emprunter vt **1.** Obtenir à titre de prêt : *emprunter de l'argent.* **2.** Prendre, tirer de quelqu'un, de quelque chose : *sujet emprunté à l'actualité ; le français emprunte des mots à l'anglais.* ■ **emprunter une route** : la suivre.

emprunteur, euse n et adj Personne qui emprunte.

empuantir vt Infecter d'une mauvaise odeur ; empester.

empuantissement nm Action d'empuantir ; son résultat.

EMT nf (sigle) Éducation manuelle et technique.

ému, e adj Qui éprouve ou manifeste de l'émotion.

émulation nf Sentiment qui pousse à égaler ou surpasser quelqu'un.

émule n LITT Personne qui cherche à égaler, à surpasser quelqu'un.

émulsif, ive ou **émulsifiant, e** ou **émulsionnant, e** adj et nm Se dit d'un produit qui facilite ou stabilise une émulsion.

émulsion nf **1.** Particules très fines d'un liquide en suspension dans un autre liquide : *le lait est une émulsion de graisse dans l'eau.* **2.** PHOT Préparation sensible à la lumière qui couvre les films et les papiers photographiques.

émulsionner ou **émulsifier** vt Faire passer à l'état d'émulsion.

1. en prép **1.** Dans l'espace, introduit la situation, la direction : *habiter en Grèce ; aller en Chine.* **2.** Indique la durée : *en été.* **3.** Indique la composition, la matière : *montre en or.* **4.** Introduit le domaine, le sujet concerné : *bon en dessin.* **5.** Indique la manière, l'état, la forme : *être en colère ; sucre en morceaux.* **6.** Indique le moyen : *voyager en car.*

2. en adv Indique le lieu d'où l'on vient, l'origine : *j'en viens.*

3. en pron pers De lui, d'elle, d'eux, d'elles, de cela : *d'eux, il s'en moque ; de cette ville, elle s'en souviendra ; j'ai réussi et j'en suis fier.*

énamourer (s') [enamure] ou **enamourer (s')** [ɑ̃namure] vpr LITT Devenir amoureux.

énarque n Élève ou ancien élève de l'École nationale d'administration.

encablure nf MAR Longueur de 120 brasses, soit environ 200 m, employée pour évaluer approximativement les courtes distances.

> ORTHOGRAPHE *Encablure* s'écrit sans accent circonflexe, bien que ce mot soit dérivé de *câble.*

encadré nm Texte d'une page entouré d'un filet qui le met en valeur.

encadrement nm **1.** Action d'encadrer. **2.** Ce qui encadre. **3.** Ensemble des cadres d'une troupe, d'un groupe : *personnel d'encadrement.*

encadrer vt **1.** Mettre dans un cadre : *encadrer un tableau.* **2.** Entourer, faire ressortir : *cheveux noirs qui encadrent un visage.* **3.** Entourer, flanquer : *prisonnier encadré par deux gendarmes.* **4.** Assurer auprès de personnes un rôle de direction, de formation : *encadrer une colonie de vacances.*

encadreur, euse n Personne qui fait des cadres.

encaissable adj Qui peut être encaissé, touché : *chèque encaissable.*

encaisse nf Argent, valeurs en caisse.

encaissé, e adj Resserré entre des bords, des versants, des parois escarpés : *chemin encaissé.*

encaissement nm **1.** Action d'encaisser de l'argent, des valeurs. **2.** État d'une rivière, d'une route encaissée.

encaisser vt **1.** Recevoir, toucher de l'argent. **2.** FAM Subir, supporter : *encaisser des coups, des critiques.*

encaisseur nm Employé chargé de recouvrer les sommes dues.

encan nm ■ **à l'encan** : aux enchères.

encanailler (s') vpr Fréquenter ou imiter la canaille.

encapsulation nf Action d'enfermer une substance (médicament, cosmétique) dans une membrane semi-perméable qui permet sa diffusion.

encapuchonné, e adj Couvert d'un capuchon, ou de quelque vêtement qui protège.

encart nm Feuille volante que l'on insère dans un volume, une revue.

encarter vt Insérer un encart.

en-cas nm inv Repas léger préparé en cas de besoin.

encastrable adj Qui peut être encastré : *four encastrable.*

encastrement nm **1.** Action d'encastrer. **2.** Entaille dans une pièce de bois, de fer, pour recevoir une autre pièce.

encastrer vt Insérer dans une cavité prévue à cet effet. ◆ **s'encastrer** vpr S'ajuster très exactement.

encaustique nf Préparation de cire et d'essence de térébenthine pour faire briller les meubles, les parquets.

encaustiquer vt Enduire d'encaustique, cirer.

1. enceinte nf **1.** Ce qui entoure un espace fermé, rempart. **2.** Espace clos : *l'enceinte du tribunal.* ■ **enceinte (acoustique)** : ensemble de plusieurs haut-parleurs ; baffle.

2. enceinte adj f Se dit d'une femme en état de grossesse.

encens nm Résine aromatique dont l'odeur s'exhale surtout par la combustion.

encensement nm Action d'encenser.

encenser vt **1.** Agiter l'encensoir devant quelque chose : *encenser un autel.* **2.** FIG Flatter, honorer avec des louanges excessives : *la presse l'encense.*

encenseur, euse n VX Flatteur.

encensoir nm Cassolette suspendue où brûle de l'encens.

encéphale nm Ensemble des centres nerveux (cerveau, cervelet, bulbe rachidien) contenus dans la boîte crânienne des vertébrés.

encéphalique adj De l'encéphale.

encéphalite nf Inflammation de l'encéphale.

encéphalogramme nm Électroencéphalogramme.

encéphalographie nf Radiographie de l'encéphale.

encéphalopathie nf ■ **encéphalopathie spongiforme :** maladie due à un prion et pouvant atteindre l'homme et les animaux (maladie de Creutzfeld-Jacob, maladie de la vache folle).

encerclement nm Action d'encercler ; fait d'être encerclé.

encercler vt **1.** Entourer : *dans l'article, un nom était encerclé en rouge.* **2.** Enfermer dans un réseau ; cerner : *la police a encerclé le quartier.*

enchaînement nm **1.** Suite de choses qui s'enchaînent ; série, succession : *enchaînement de circonstances.* **2.** Manière d'enchaîner, de s'enchaîner ; liaison : *enchaînement logique.*

enchaîner vt **1.** Lier avec une chaîne. **2.** FIG Assujettir : *enchaîner les cœurs.* **3.** Lier par un rapport logique ; coordonner : *enchaîner des idées.* ◆ vi Reprendre rapidement la suite d'un discours, d'une action. ◆ **s'enchaîner** vpr Être lié par un rapport de dépendance logique.

enchanté, e adj **1.** Ensorcelé. **2.** FIG Ravi.

enchantement nm **1.** Charme, sortilège : *croire aux enchantements.* **2.** Chose merveilleuse, d'un charme irrésistible. **3.** Émerveillement, ravissement.

enchanter vt **1.** Ensorceler. **2.** Charmer, ravir.

enchanteur, eresse n Personne qui a le pouvoir d'enchanter, magicien. ◆ adj Qui charme : *site enchanteur.*

enchâssement nm Action d'enchâsser ; fait d'être enchâssé.

enchâsser vt **1.** Placer des reliques dans une châsse. **2.** Fixer dans un support, une monture ; sertir. **3.** LITT Insérer, intercaler : *enchâsser une citation dans un discours.*

enchère nf Offre d'un prix supérieur à celui qu'un autre a proposé : *vente aux enchères.*

enchérir vi **1.** Mettre, faire une enchère. **2.** LITT Dépasser, aller plus loin, renchérir.

enchérisseur, euse n Personne qui enchérit.

enchevêtrement nm Action d'enchevêtrer ; fait d'être enchevêtré.

enchevêtrer vt Emmêler de façon inextricable. ◆ **s'enchevêtrer** vpr S'engager les unes dans les autres, en parlant de choses ; s'emmêler : *fils qui s'enchevêtrent.*

enchevêtrure nf Assemblage de pièces de charpente formant un cadre autour d'une trémie.

enchifrené, e adj VIEILLI, FAM Enrhumé.

enclave nf Terrain ou territoire complètement entouré par un autre.

enclavement nm Action d'enclaver ; fait d'être enclavé.

enclaver vt **1.** Enfermer, enclore une chose dans une autre. **2.** Insérer, placer entre.

enclenchement nm **1.** Action d'enclencher, de s'enclencher. **2.** Mécanisme destiné à enclencher.

enclencher vt **1.** Rendre solidaires diverses pièces mécaniques ; mettre en position de marche : *enclencher une vitesse.* **2.** Commencer, démarrer : *enclencher une action.* ◆ **s'enclencher** vpr **1.** Se mettre en marche. **2.** FAM Commencer : *l'affaire s'enclenche mal.*

> ORTHOGRAPHE Attention, le mot *enclencher* s'écrit avec un *e,* comme *clenche.*

enclin, e adj Porté naturellement à, sujet à : *enclin à la paresse.*

enclitique nm et adj GRAMM Mot qui s'unit au mot précédent de façon à ne former qu'un mot avec lui (EX : *je* dans *suis-je*).

enclore vt (conj 81) Entourer de murs, de haies, etc.

enclos nm Espace fermé par une clôture ; la clôture elle-même.

enclume nf **1.** Masse d'acier sur laquelle on forge les métaux. **2.** ANAT Osselet de l'oreille moyenne.

encoche nf Petite entaille servant de marque, de cran.

encodage nm Codage.

encoder vt Transcrire selon un code ; coder.

encoignure [ɑ̃kɔɲyr] nf **1.** Angle intérieur formé par deux murs. **2.** Petit meuble triangulaire qu'on place dans un angle.

encollage nm **1.** Action d'encoller. **2.** Préparation pour encoller.

encoller vt Appliquer un apprêt de colle, de gomme, etc. : *encoller du papier peint.*

encolure nf **1.** Partie du corps du cheval qui s'étend depuis la tête jusqu'aux épaules et au poitrail. **2.** Partie d'un vêtement autour du cou. **3.** Mesure du cou.

encombrant, **e** adj Qui encombre.

encombre (sans) loc adv Sans incident, sans rencontrer d'obstacle.

encombré, **e** adj Qui est emprunté par trop d'usagers à la fois, saturé : *autoroute, ligne téléphonique encombrée.*

encombrement nm **1.** Affluence de personnes ; amas de matériaux, d'objets : *les encombrements de la circulation.* **2.** Volume pris par un objet.

encombrer vt **1.** Obstruer, embarrasser par accumulation ; occuper à l'excès un lieu, quelque chose. **2.** Prendre trop de place, gêner quelqu'un.

encontre de (à l') loc prép ■ **aller à l'encontre de** : être contraire à, en opposition avec.

EMPLOI *À l'encontre de* s'emploie pour marquer une opposition, et non une simple différence.

encorbellement nm ARCHIT Construction en saillie sur le plan d'un mur.

encorder (s') vpr S'attacher les uns aux autres avec une corde, en parlant d'alpinistes.

encore adv **1.** Toujours : *nous sommes encore en vacances.* **2.** De nouveau : *essayer encore.* **3.** Davantage, de plus : *il fait encore plus chaud ; non seulement..., mais encore...* **4.** Seulement : *si encore elle était à l'heure !* ■ **encore !** : exclamation qui marque l'étonnement, l'impatience. ◆ loc conj ■ **encore que** : bien que, quoique. ❑ **et encore** : indique que l'on est en dessous de la vérité : *avec ça, tu peux acheter une baguette, et encore.* ❑ **si encore** : exprime une condition dont on constate la non-réalisation : *si encore elle était venue, on aurait pu en parler.*

encorné, **e** adj LITT Qui a des cornes : *diables encornés.*

encorner vt Percer, blesser avec les cornes.

encornet nm Calmar.

encourageant, **e** adj Qui encourage.

encouragement nm **1.** Action d'encourager. **2.** Acte, parole qui encourage.

encourager vt (conj 2) **1.** Donner du courage à : *encourager un élève.* **2.** Favoriser, stimuler : *encourager l'industrie.*

encourir vt (conj 29) LITT S'exposer à quelque chose de fâcheux : *encourir un reproche.*

encrage nm Action d'encrer.

encrassement nm Fait d'être encrassé.

encrasser vt Couvrir de crasse. ◆ **s'encrasser** vpr Devenir crasseux.

encre nf **1.** Liquide coloré, dont on se sert pour écrire ou pour imprimer. **2.** Liquide noir sécrété par certains céphalopodes. ■ **encre de Chine** : mélange de noir de fumée, de gélatine et de camphre, utilisé pour le dessin. ❑ **encre sympathique** : encre incolore qui apparaît sur le papier sous l'action de certains produits chimiques ou de la chaleur.

encrer vt Enduire d'encre.

encreur adj m Qui sert à encrer : *rouleau encreur.*

encrier nm Récipient destiné à contenir de l'encre.

encroûté, **e** adj Obstiné dans sa routine ; sclérosé.

encroûtement nm Action d'encroûter ; fait de s'encroûter.

encroûter vt Recouvrir d'une croûte. ◆ **s'encroûter** vpr **1.** Se couvrir d'une croûte. **2.** FIG S'enfermer dans une routine qui appauvrit l'esprit.

encyclique nf Lettre solennelle adressée par le pape aux évêques.

encyclopédie nf Ouvrage où l'on expose méthodiquement l'ensemble des connaissances universelles ou spécifiques d'un domaine du savoir.

encyclopédique adj Qui relève de l'encyclopédie.

encyclopédiste n **1.** Auteur ou collaborateur d'une encyclopédie. **2.** (avec une majuscule) Collaborateur de l'*Encyclopédie* de Diderot.

endémie nf Maladie endémique.

endémique adj **1.** Se dit d'une maladie quasi permanente dans une contrée déterminée. **2.** Qui sévit constamment : *chômage endémique.*

endettement nm Fait de s'endetter.

endetter vt Charger de dettes : *l'achat de sa maison l'a endetté.* ◆ **s'endetter** vpr Contracter des dettes.

endeuiller vt Plonger dans le deuil, la tristesse.

endiablé, **e** adj **1.** D'une vivacité extrême : *rythme endiablé.* **2.** Remuant : *enfant endiablé.*

endiguer vt **1.** Contenir par des digues : *endiguer un fleuve.* **2.** Réfréner : *endiguer la marche du progrès.*

endimanché, e adj Habillé d'une façon apprêtée, qui donne l'air peu naturel et emprunté.
endive nf Variété de chicorée.
endoblaste ou **endoderme** nm BIOL Dans l'embryon, feuillet interne qui fournit les appareils digestif et respiratoire.
endocarde nm Membrane qui tapisse les cavités du cœur.
endocardite nf MÉD Inflammation de l'endocarde.
endocarpe nm BOT Partie la plus interne du fruit ; noyau.
endocrine adj ■ ANAT **glande endocrine :** qui déverse dans le sang son produit de sécrétion. CONTR : exocrine.
endocrinien, enne adj Relatif aux glandes endocrines.
endocrinologie nf Partie de la biologie et de la médecine qui étudie le développement, les fonctions et les maladies des glandes endocrines.
endocrinologue ou **endocrinologiste** n Médecin spécialiste des glandes endocrines.
endoctrinement nm Action d'endoctriner.
endoctriner vt Gagner à ses idées, à ses opinions.
endogène adj Qui est produit par quelque chose en dehors de tout apport extérieur : *le développement endogène des pays d'Afrique noire.* CONTR : exogène.
endolori, e adj Qui est douloureux ; meurtri.
endolorir vt Rendre douloureux, meurtrir.
endommager vt (conj 2) Abîmer, détériorer : *endommager un tapis.*
endoréique adj De l'endoréisme.
endoréisme nm GÉOGR Caractère des régions où l'écoulement n'atteint pas la mer et se perd dans les dépressions intérieures.
endormi, e adj **1.** Sans vivacité, indolent, mou : *élève endormi.* **2.** Où tout semble dormir, sans animation : *ville endormie.*
endormir vt (conj 18) **1.** Faire dormir, plonger dans un sommeil naturel ou artificiel. **2.** Ennuyer profondément : *ses discours m'endorment.* **3.** Calmer, apaiser : *endormir la douleur ;* atténuer l'acuité de : *endormir la vigilance de.* ◆ **s'endormir** vpr **1.** Se laisser aller au sommeil. **2.** Ralentir son activité ; manquer de vigilance.
endormissement nm Fait de s'endormir ; passage de l'état de veille à l'état de sommeil.
endos nm → **endossement**.
endoscope nm MÉD Appareil optique servant à explorer une cavité interne du corps.
endoscopie nf MÉD Examen réalisé avec un endoscope.
endosmose nf PHYS Courant qui s'établit entre deux liquides de densités différentes à travers une cloison membraneuse.
endossable adj Qui peut être endossé : *chèque endossable.*
endossement ou **endos** [ɑ̃do] nm DR Signature au dos d'un billet à ordre, d'un effet de commerce, pour en transmettre la propriété à un autre bénéficiaire.
endosser vt **1.** Mettre un vêtement sur son dos : *endosser un manteau.* **2.** Assumer la responsabilité de : *endosser un échec.* **3.** DR Opérer l'endossement de.
endroit nm **1.** Lieu, place : *elle ne range jamais ses clefs au même endroit.* **2.** Lieu où l'on se trouve, localité : *les gens de l'endroit sont aimables.* **3.** Partie déterminée du corps, de quelque chose : *à quel endroit est-il blessé ?* **4.** Côté par lequel on doit regarder une chose (par opposition à *envers*) : *l'endroit d'un tissu.* ■ **à l'endroit :** du bon côté. ❏ LITT **à l'endroit de :** à l'égard de. ❏ **par endroits :** çà et là.
enduire vt (conj 70) Couvrir d'un enduit.
enduit nm Substance liquide ou pâteuse qu'on étend sur une surface, en particulier pour l'égaliser avant de la peindre.
endurance nf Aptitude à résister à la fatigue, à la souffrance.
endurant, e adj Qui a de l'endurance ; résistant.
endurci, e adj **1.** Qui est devenu dur, insensible : *cœur endurci.* **2.** Invétéré, impénitent : *célibataire endurci.*
endurcir vt **1.** Rendre résistant ; aguerrir : *le sport l'a endurci.* **2.** Rendre insensible : *ses malheurs l'ont endurci.* ◆ **s'endurcir** vpr Devenir dur, insensible ; s'aguerrir.
endurcissement nm Fait de s'endurcir ; résistance, insensibilité.
endurer vt Supporter ce qui est dur, pénible : *endurer le froid, la faim.*
enduro nm Compétition de motocyclisme, épreuve d'endurance et de régularité en terrain varié.
énergétique adj Relatif à l'énergie, aux sources d'énergie. ■ **apport énergétique :** apport d'énergie fourni à un organisme par un aliment, une boisson.
énergie nf **1.** Force morale, fermeté, vigueur, détermination : *parler avec énergie ; l'énergie du désespoir.* **2.** Force physique, vitalité : *un être plein d'énergie.* **3.** PHYS

Faculté que possède le système d'un corps de fournir du travail mécanique ou son équivalent. ■ **bâtiment à énergie positive :** qui est doté d'équipements (matériaux, panneaux solaires, isolation) lui permettant de produire plus d'énergie qu'il n'en consomme. ❑ ASTRON **énergie noire** ou **sombre :** composante prépondérante hypothétique du cosmos qui expliquerait l'accélération de l'expansion de l'Univers. ❑ **sources d'énergie :** matières premières (charbon, pétrole, etc.) ou phénomènes naturels (soleil, vent, marée, etc.) utilisés pour la production d'énergie.

énergique adj Qui manifeste de l'énergie : *visage énergique ; protestation énergique.*

énergiquement adv Avec énergie.

énergisant, e adj et nm Se dit d'un produit qui stimule, donne de l'énergie.

énergivore adj FAM Qui consomme beaucoup d'énergie.

énergumène n Personne exaltée, qui parle, gesticule avec véhémence.

énervant, e adj Qui énerve ; agaçant, exaspérant.

énervation nf **1.** MÉD Ablation ou section d'un nerf, d'un groupe de nerfs. **2.** HIST Au Moyen Âge, supplice qui consistait à brûler les tendons des jarrets.

énervé, e adj Irrité, agacé.

énervement nm État d'une personne énervée ; agacement, surexcitation.

énerver vt Provoquer de la nervosité ; irriter, agacer, exciter. ◆ **s'énerver** vpr Perdre le contrôle de ses nerfs ; s'impatienter.

enfance nf **1.** Période de la vie depuis la naissance jusqu'à la puberté : *elle a eu une enfance heureuse.* **2.** Les enfants : *l'enfance abandonnée.* **3.** FIG Commencement, origine : *dès l'enfance de l'humanité.*

enfant n **1.** Garçon, fille dans l'enfance : *une enfant charmante.* **2.** Fils ou fille, quel que soit l'âge : *père de trois enfants.* **3.** Originaire de : *un enfant du pays.* ■ **bon enfant :** de bon caractère. ❑ **enfant légitime :** né de parents unis par le mariage. ❑ **enfant naturel :** né hors du mariage. ❑ **faire l'enfant :** se montrer puéril.

enfantement nm LITT Action d'enfanter.

enfanter vt LITT **1.** Accoucher. **2.** Produire, créer : *enfanter un projet.*

enfantillage nm Parole, action d'enfant, puérile.

enfantin, e adj **1.** Relatif à l'enfant : *jeux enfantins.* **2.** Simple ou puéril : *raisonnement enfantin.*

enfant-soldat (pl *enfants-soldats*) nm Fille ou garçon de moins de 18 ans enrôlés dans des forces militaires ou paramilitaires au mépris du droit international.

enfariné, e adj Couvert de farine. ■ FAM **le bec enfariné :** avec une confiance niaise.

enfer nm **1.** Lieu destiné au supplice des damnés. **2.** FIG Lieu, chose, cause de tourments : *cette maison est un enfer.* **3.** Endroit d'une bibliothèque où l'on garde les livres scandaleux ou licencieux. ■ **d'enfer :** (a) très violent, excessif, infernal : *un feu d'enfer* (b) FAM formidable, extraordinaire : *des vacances d'enfer.* ◆ **enfers** pl ■ MYTH **les Enfers :** séjour des âmes après la mort.

enfermement nm Action d'enfermer ; fait de s'enfermer, d'être enfermé.

enfermer vt **1.** Mettre en un lieu fermé d'où l'on ne peut sortir : *enfermer un oiseau dans une cage.* **2.** Mettre en lieu sûr dans un endroit fermé : *enfermer des papiers.* **3.** Placer, maintenir dans d'étroites limites : *enfermer la poésie dans des règles strictes.* ◆ **s'enfermer** vpr S'isoler.

enferrer (s') vpr **1.** Se prendre à l'hameçon, en parlant d'un poisson. **2.** FIG Se prendre au piège de ses propres mensonges, s'enfoncer.

enfiévrer vt (conj 10) LITT Donner la fièvre ; exciter, exalter.

enfilade nf Ensemble de choses disposées les unes à la suite des autres : *une enfilade de couloirs.*

enfilage nm Action d'enfiler.

enfiler vt **1.** Passer un fil dans quelque chose (le chas d'une aiguille, par exemple). **2.** Mettre rapidement : *enfiler son pantalon.* **3.** S'engager dans : *enfiler une rue.*

enfin adv **1.** Marque la conclusion, la fin d'une énumération, la fin d'une attente : *il regarde, s'approche et, enfin, salue.* **2.** Introduit une rectification : *c'est un mensonge ; enfin, une vérité incomplète.* **3.** Toutefois : *c'est difficile ; enfin, vous pouvez essayer.* **4.** S'emploie pour rappeler à la raison : *enfin, qu'est-ce qui t'a pris ?*

enflammé, e adj **1.** Dans un état inflammatoire : *plaie enflammée.* **2.** Rempli d'ardeur, de passion : *discours enflammé.*

enflammer vt **1.** Mettre en feu. **2.** Causer l'inflammation de. **3.** Exalter, exciter.

enflé, e adj Gonflé.

enfler vt **1.** Gonfler en remplissant d'air, de gaz, etc. : *enfler ses joues.* **2.** Faire augmenter, grossir ; rendre plus important : *la fonte des neiges enfle les rivières.* ■ **être enflé de :** plein, rempli de : *enflé d'orgueil.* ◆ vi Augmenter de volume : *ma cheville enfle.*

enflure nf **1.** Gonflement, boursouflure : *enflure du genou.* **2.** VIEILLI, FIG exagération, emphase.

enfoiré, e adj et n TRÈS FAM, INJUR Imbécile.

enfoncé, e adj Dans le fond de, à l'intérieur de : *yeux enfoncés dans leurs orbites.*

enfoncement nm **1.** Action d'enfoncer ; fait de s'enfoncer. **2.** Partie en retrait ou en creux.

enfoncer vt (conj 1) **1.** Pousser vers le fond, faire pénétrer profondément dans : *enfoncer un clou.* **2.** Briser, en poussant : *enfoncer une porte.* **3.** FAM Vaincre ; surpasser, accabler : *enfoncer un rival.* ◆ vi Aller vers le fond : *enfoncer dans la boue.* ◆ **s'enfoncer** vpr **1.** S'engager profondément : *s'enfoncer dans l'eau.* **2.** S'écrouler, s'affaisser : *le sol s'enfonce sous nos pieds.* **3.** FIG Aggraver sa situation, s'enferrer.

enfouir vt **1.** Mettre, enfoncer en terre. **2.** Mettre en un lieu secret, dissimuler. ◆ **s'enfouir** vpr S'enfoncer, se blottir.

enfouissement nm Action d'enfouir ; fait d'être enfoui.

enfourcher vt Monter à califourchon : *enfourcher un cheval, une bicyclette.* ■ FAM **enfourcher son cheval de bataille :** reprendre un thème favori.

enfournage ou **enfournement** nm Action d'enfourner.

enfourner vt **1.** Mettre dans le four. **2.** FAM Ingurgiter, engouffrer par grandes quantités.

enfreindre vt (conj 55) LITT Transgresser, violer : *enfreindre un règlement.*

enfuir (s') vpr (conj 17) Fuir, s'en aller rapidement, se sauver, disparaître.

enfumage nm Action d'enfumer.

enfumer vt **1.** Remplir de fumée : *le poêle enfume la pièce.* **2.** Déloger ou neutraliser un animal en l'incommodant par la fumée : *enfumer des abeilles.*

engagé, e adj Se dit d'une personne, d'un artiste, d'une œuvre qui prennent position sur les problèmes politiques ou sociaux. ◆ n et adj Personne qui a contracté un engagement volontaire dans l'armée.

engageant, e adj Sympathique, attirant.

engagement nm **1.** Action d'engager, d'embaucher : *signer un engagement dans une maison de disques.* **2.** Fait de s'engager ; promesse par laquelle on s'engage : *faire honneur à ses engagements.* **3.** Prise de position sur les problèmes politiques ou sociaux. **4.** SPORTS Action de mettre le ballon en jeu. **5.** MIL Bref combat. **6.** Enrôlement volontaire d'un soldat. ■ **engagement physique :** utilisation maximale par un sportif de ses qualités corporelles.

engager vt (conj 2) **1.** Lier par une promesse : *engager sa parole.* **2.** Recruter, embaucher : *engager un domestique ; engager des mercenaires.* **3.** Mettre en gage. **4.** [à] Inciter, exhorter : *engager à sortir.* **5.** Commencer, entamer, entreprendre : *engager une partie.* **6.** Faire entrer, introduire : *engager la clef dans la serrure.* **7.** Investir : *engager des capitaux.* ◆ **s'engager** vpr **1.** Promettre de : *s'engager à rembourser sa dette.* **2.** S'avancer, pénétrer : *s'engager sur une autoroute.* **3.** Commencer : *la conversation s'engage plutôt bien.* **4.** Contracter un engagement professionnel ou militaire : *s'engager dans la légion.* **5.** S'inscrire à une compétition. **6.** Prendre publiquement position sur des problèmes sociaux, politiques.

engainant, e adj Se dit d'une feuille dont la base, ou gaine, entoure la tige.

engeance nf SOUT Ensemble de personnes jugées méprisables.

engelure nf Inflammation, crevasse causée par le froid.

engendrer vt **1.** Procréer. **2.** Être à l'origine de, produire.

engin nm **1.** Instrument, machine. **2.** Matériel de guerre : *engin blindé.* **3.** FAM Objet quelconque ou bizarre.

engineering [ɛndʒiniriŋ] nm Ingénierie.

englober vt Réunir en un tout, contenir.

engloutir vt **1.** Avaler gloutonnement. **2.** FIG absorber, faire disparaître : *engloutir sa fortune.* ◆ **s'engloutir** vpr Disparaître : *s'engloutir dans les flots.*

engloutissement nm Action d'engloutir ; fait d'être englouti.

engluement nm Action d'engluer ; fait d'être englué.

engluer vt **1.** Enduire de glu. **2.** Prendre (des oiseaux) à la glu. ■ FIG **être englué dans quelque chose :** pris dans une situation complexe qui paraît sans issue.

engoncer vt (conj 1) En parlant d'un vêtement, faire paraître le cou enfoncé dans les épaules.

engorgement nm **1.** Obstruction d'un conduit. **2.** Encombrement, saturation : *il y a un engorgement sur l'autoroute.*

engorger vt (conj 2) **1.** Obstruer par accumulation de matières : *engorger un tuyau.* **2.** Encombrer, saturer : *l'affluence de véhicules engorge l'autoroute.*

engouement nm Goût vif et soudain pour quelqu'un, quelque chose.

engouer (s') vpr Se passionner, s'emballer pour : *s'engouer d'un artiste.*

engouffrement nm Action d'engouffrer ; fait de s'engouffrer.

engouffrer vt Dévorer, engloutir : *engouffrer de la nourriture.* ◆ **s'engouffrer** vpr Se précipiter avec violence quelque part, y entrer en hâte : *s'engouffrer dans le métro.*

engoulevent nm Oiseau passereau qui chasse les insectes en volant le bec grand ouvert.

engourdi, e adj Rendu insensible.

engourdir vt Rendre insensible, ralentir le mouvement, l'activité de.

engourdissement nm **1.** Paralysie momentanée d'une partie du corps. **2.** FIG Torpeur.

engrais nm Produit destiné à fertiliser les terres.

engraissement ou **engraissage** nm Action d'engraisser ; son résultat.

engraisser vt **1.** Rendre plus gras. **2.** Fertiliser par l'engrais. ◆ vi Grossir, prendre du poids. ◆ **s'engraisser** vpr FAM, FIG S'enrichir.

engranger vt (conj 2) **1.** Mettre à l'abri dans une grange. **2.** Accumuler en vue d'une utilisation ultérieure.

engrenage nm **1.** Mécanisme formé de roues dentées en contact, se transmettant en mouvement de rotation. **2.** FIG Enchaînement inéluctable de faits dont on ne peut se dégager.

engrener vt (conj 9) MÉCAN Mettre en prise les éléments d'un engrenage.

engrosser vt TRÈS FAM Rendre une femme enceinte.

engueulade nf TRÈS FAM Dispute violente.

engueuler vt TRÈS FAM **1.** Accabler de reproches, d'injures : *elles se sont engueulées violemment.* **2.** Réprimander violemment.

enguirlander vt **1.** LITT Entourer de guirlandes. **2.** FAM Invectiver, faire de vifs reproches à.

enhardir [ɑ̃ardir] vt Rendre hardi, donner de l'assurance à. ◆ **s'enhardir** vpr Devenir plus hardi : *il s'enhardit jusqu'à lui demander son nom.*

enharmonie [ɑ̃narmɔni] nf MUS Rapport entre deux notes qui diffèrent d'un comma (EX : *do* dièse et *ré* bémol) et qui, dans la pratique, sont confondues.

enharmonique [ɑ̃narmɔnik] adj MUS Qui forme une enharmonie.

énième adj et n FAM Qui a un rang indéterminé, mais très grand : *pour la énième fois.*

énigmatique adj Qui renferme une énigme ; difficile à comprendre, à interpréter : *silence énigmatique.*

énigme nf **1.** Jeu d'esprit où l'on donne à deviner une chose en la décrivant en termes obscurs. **2.** FIG Mystère.

enivrant, e [ɑ̃nivrɑ̃, ɑ̃t] adj Qui enivre.

enivrement [ɑ̃nivrəmɑ̃] nm **1.** VIEILLI Ivresse. **2.** LITT, FIG Euphorie, exaltation : *l'enivrement de la gloire.*

enivrer [ɑ̃nivre] vt **1.** Rendre ivre. **2.** FIG Exalter : *enivrer de joie.*

> ORTHOGRAPHE *Enivrer* et ses dérivés s'écrivent avec un seul *n*, celui du préfixe *en*.

enjambée nf Grand pas : *marcher à grandes enjambées.*

enjambement nm En poésie, rejet au vers suivant d'un ou de plusieurs mots qui complètent le sens du précédent.

enjamber vt Franchir, passer par-dessus un obstacle en faisant un grand pas : *enjamber un ruisseau.*

enjeu nm **1.** Somme d'argent, objet que l'on risque dans une partie de jeu. **2.** FIG Ce qu'on peut gagner ou perdre dans une entreprise : *les enjeux d'une guerre.*

enjoindre vt (conj 82) LITT Ordonner, commander de.

enjôlement nm Action d'enjôler.

enjôler vt Séduire par des cajoleries, de belles paroles.

enjôleur, euse adj et n Qui enjôle.

enjolivement nm Ce qui enjolive.

enjoliver vt Rendre joli ou plus joli en ajoutant des ornements.

enjoliveur nm Garniture recouvrant les moyeux des roues d'une automobile.

enjolivure nf Petit enjolivement, fioriture.

enjoué, e adj Qui montre de l'enjouement.

enjouement nm Gaieté aimable et souriante, bonne humeur.

enkyster (s') vpr MÉD S'envelopper d'un kyste : *tumeur qui s'enkyste.*

enlacement nm **1.** Action d'enlacer. **2.** Disposition de choses enlacées. **3.** Étreinte.

enlacer vt (conj 1) **1.** Entrecroiser. **2.** Serrer dans ses bras, étreindre.

enlaidir vt Rendre laid. ◆ vi Devenir laid : *il a enlaidi.*

enlaidissement nm Action d'enlaidir ; fait d'être enlaidi.

enlevé, e adj Exécuté avec rapidité, brio.

enlèvement nm **1.** Action d'enlever, d'emporter : *les employés de la fourrière ont procédé à l'enlèvement des voitures.* **2.** Rapt.

enlever vt (conj 9) **1.** Retirer pour mettre ailleurs : *enlever des meubles.* **2.** Retirer ce qui était sur soi : *enlever ses chaussures.* **3.** Faire disparaître : *enlever une tache.* ◊ vpr : *tache qui s'enlève au lavage.* **4.** Libérer, soulager : *ça m'enlève un poids de la conscience.* **5.** Soustraire par un rapt : *enlever quelqu'un contre une rançon.* **6.** Exécuter rapidement, brillamment : *enlever un morceau.*

enlisement nm Action de s'enliser.

enliser (s') vpr **1.** S'enfoncer dans la boue, dans les sables mouvants. **2.** FIG S'embarrasser dans une situation inextricable.

enluminer vt **1.** Orner d'enluminures. **2.** LITT Colorer vivement.

enlumineur, euse n Artiste qui enlumine.

enluminure nf **1.** Art d'enluminer. **2.** Décor et illustration, surtout en couleurs, d'un manuscrit.

enneigé, e [ɑ̃neʒe] adj Couvert de neige : *un paysage enneigé.*

enneigement [ɑ̃nɛʒmɑ̃] nm État d'un endroit couvert de neige ; épaisseur de la couche de neige qui s'y trouve : *un bon enneigement.*

enneiger [ɑ̃neʒe] vt (conj 2) Couvrir, recouvrir de neige.

ennemi, e n et adj **1.** Personne qui hait quelqu'un, qui cherche à lui nuire : *se faire des ennemis.* **2.** Personne qui a de l'aversion pour : *ennemi du bruit.* **3.** Pays armé avec lequel on est en guerre : *l'ennemi a attaqué.* **4.** Ce qui est contraire, s'oppose : *le mieux est l'ennemi du bien.*

ennoblir [ɑ̃nɔblir] vt Donner de la noblesse, élever moralement.

ORTHOGRAPHE *Ennoblir* s'écrit avec deux *n*, à la différence de *anoblir.*

ennoblissement [ɑ̃nɔblismɑ̃] nm Action d'ennoblir.

ennui [ɑ̃nɥi] nm **1.** Lassitude morale produite par le désœuvrement, le manque d'intérêt, etc. **2.** Difficulté, problème, souci : *avoir des ennuis de santé.*

ennuyer [ɑ̃nɥije] vt (conj 3) **1.** Causer de l'ennui : *ce livre l'a ennuyé.* **2.** Importuner, contrarier. ◆ **s'ennuyer** vpr Éprouver de l'ennui.

ennuyeux, euse [ɑ̃nɥijø, øz] adj Qui ennuie.

énoncé nm **1.** Action d'énoncer. **2.** Texte qui exprime un jugement, qui formule un problème, qui pose une question, qui expose un résultat : *l'énoncé d'un théorème.*

énoncer vt (conj 1) Exprimer par des paroles ou par écrit ; formuler.

énonciation nf Action d'énoncer, de dire.

enorgueillir [ɑ̃nɔrgœjir] vt Rendre orgueilleux. ◆ **s'enorgueillir** vpr [de] Tirer vanité de.

énorme adj **1.** Qui dépasse en taille, en quantité ou en qualité ce qu'on voit habituellement : *une personne énorme.* **2.** FAM Incroyable, extraordinaire.

énormément adv Beaucoup.

énormité nf **1.** Caractère de ce qui est énorme. **2.** FAM Parole ou action extravagante.

enquérir (s') vpr [de] (conj 21) S'informer sur : *elle s'est enquise de toi.*

enquête nf **1.** Étude d'une question réunissant des témoignages, des expériences, des documents : *enquête sociologique.* **2.** Recherches ordonnées par une autorité administrative ou judiciaire : *le tribunal a ordonné une enquête.*

enquêter vi Faire, mener une enquête : *enquêter sur un crime.*

enquêteur, euse ou **trice** n Personne qui fait une enquête (sociologique, policière, etc.).

enquiller vt FAM Enchaîner, accumuler : *le buteur a enquillé les pénalités.*

enquiquinant, e adj FAM Embêtant, agaçant.

enquiquinement nm FAM Ennui.

enquiquiner vt FAM Ennuyer.

enquiquineur, euse adj et n FAM Qui importune, embête.

enracinement nm Action d'enraciner, de s'enraciner.

enraciner vt **1.** Faire prendre racine à. **2.** Fixer profondément dans le cœur, l'esprit. ◆ **s'enraciner** vpr **1.** Prendre racine. **2.** FIG Se fixer : *les préjugés s'enracinent facilement.*

enragé, e adj Qui a la rage : *chien enragé.* ◆ adj et n Acharné, fanatique : *joueur enragé ; un enragé de golf.*

enrageant, e adj Qui cause du dépit, de l'irritation.

enrager vi (conj 2) Éprouver un violent dépit ; être vexé, furieux : *il enrage de devoir partir si tôt.* ■ **faire enrager** : taquiner, tourmenter.

enraiement [ɑ̃rɛmɑ̃] ou **enrayement** [ɑ̃rɛjmɑ̃] nm Action d'enrayer ; son résultat : *l'enrayement d'une crise économique.*

enrayage [ɑ̃rɛjaʒ] nm Arrêt accidentel d'un mécanisme et notamment d'une arme à feu.

enrayer [ɑ̃reje] vt (conj 4) **1.** Entraver le mouvement des roues d'une voiture ou de tout autre mécanisme. **2.** FIG Arrêter, juguler : *enrayer une maladie.* **3.** Garnir une roue de ses rayons. ◆ **s'enrayer** vpr Cesser accidentellement de fonctionner, en parlant d'une arme, d'un mécanisme.

enrégimenter vt PÉJOR Faire entrer dans un groupe à la discipline stricte.

enregistrement nm **1.** Action d'enregistrer ; son résultat : *enregistrement d'une commande.* **2.** Action d'enregistrer des bagages ; guichet où on les enregistre.

3. Administration, bureaux où l'on enregistre certains actes. **4.** Ensemble des techniques permettant de fixer, de conserver ou de reproduire des sons ou des images ; ces sons ou ces images ainsi enregistrés. **5.** Diagramme tracé par un appareil enregistreur.

enregistrer vt **1.** Transcrire un acte, un jugement, dans les registres publics, pour en assurer l'authenticité : *enregistrer un contrat.* **2.** Consigner certains faits par écrit : *enregistrer ses rendez-vous sur un agenda.* **3.** FIG Prendre mentalement bonne note de : *tu viens demain, je l'ai bien enregistré.* **4.** Constater objectivement : *on a enregistré des chutes de neige.* **5.** Noter ou faire noter le dépôt de : *enregistrer des bagages.* **6.** Transcrire et fixer sur un support matériel (une information, une image, un son) : *enregistrer une émission.*

enregistreur, euse adj et n Se dit d'un appareil qui inscrit automatiquement une mesure, un phénomène : *baromètre enregistreur.*

enrhumer vt Causer un rhume à. ◆ **s'enrhumer** vpr Attraper un rhume.

enrichi, e adj **1.** Dont la fortune est récente. **2.** PHYS Se dit d'un corps dont l'un des constituants est en proportion plus forte que la normale : *uranium enrichi.*

enrichir vt **1.** Rendre riche ou plus riche. **2.** Augmenter la valeur, l'importance de quelque chose : *enrichir une collection.*

enrichissant, e adj Qui enrichit l'esprit.

enrichissement nm Action d'enrichir ; fait de s'enrichir.

enrobage ou **enrobement** nm Action d'enrober ; couche qui enrobe.

enrobé, e adj FAM Qui présente un léger embonpoint.

enrober vt **1.** Recouvrir d'une enveloppe protectrice : *enrober de sucre.* **2.** FIG Déguiser, envelopper, notamment pour adoucir : *enrober un reproche.*

enrochement nm Grosse maçonnerie établie au fond de l'eau pour servir de fondations ou pour protéger les parties immergées des ouvrages d'art.

enrôlé nm Soldat inscrit sur les rôles des armées.

enrôlement nm Action d'enrôler.

enrôler vt **1.** Inscrire sur les rôles des armées. **2.** Inscrire dans un parti, un groupe. ◆ **s'enrôler** vpr **1.** S'engager dans l'armée. **2.** Se faire inscrire dans un parti, un groupe.

enroué, e adj Atteint d'enrouement : *voix enrouée.*

enrouement nm Altération de la voix due à une atteinte du larynx.

enrouer vt Rendre la voix rauque.

enroulement nm **1.** Action d'enrouler. **2.** Ornement en spirale.

enrouler vt Rouler une chose autour d'une autre ou sur elle-même.

enrouleur, euse adj et nm Qui sert à enrouler : *ceintures de sécurité à enrouleurs.*

enrubanner vt Orner de rubans.

ensablement nm **1.** Action d'ensabler ; fait de s'ensabler. **2.** Amas de sable formé par l'eau ou par le vent.

ensabler vt **1.** Couvrir, engorger de sable : *les marées ont ensablé l'épave.* **2.** Faire échouer un bateau sur le sable. **3.** Immobiliser un véhicule dans le sable : *une voiture ensablée.*

ensacher vt Mettre en sac, en sachet.

ensanglanter vt **1.** Tacher, couvrir de sang. **2.** LITT Provoquer des combats sanglants : *guerre qui ensanglante un pays.*

enseignant, e adj et n Qui enseigne. ■ **le corps enseignant :** l'ensemble des professeurs et des instituteurs.

1. enseigne nf **1.** Marque distinctive placée sur la façade d'une maison de commerce : *enseigne lumineuse.* **2.** Société commerciale dont dépendent de nombreux magasins ; le magasin lui-même : *les enseignes de la grande distribution ; ouverture de nouvelles enseignes en province.* **3.** LITT Pavillon, étendard. ■ **à telle enseigne que :** la preuve en est que. ❑ **être logé à la même enseigne :** être dans le même cas.

2. enseigne nm Officier de marine.

enseignement nm **1.** Action, art d'enseigner : *établissement d'enseignement primaire, secondaire.* **2.** Profession de celui qui enseigne : *entrer dans l'enseignement.* **3.** Ce qui est enseigné ; leçon donnée par les faits, l'expérience : *tirer les enseignements d'un échec.*

enseigner vt **1.** Faire acquérir la connaissance ou la pratique de : *enseigner la géographie.* **2.** Apprendre, montrer : *l'histoire nous enseigne que tout est recommencement.*

1. ensemble adv **1.** L'un avec l'autre, les uns avec les autres : *tous ensemble.* **2.** En même temps : *ces deux arbres ont fleuri ensemble.* ■ **aller ensemble :** s'harmoniser : *deux couleurs qui vont bien ensemble.*

2. ensemble nm **1.** Unité résultant du concours harmonieux des diverses parties d'un tout ; accord : *chanter avec un ensemble parfait.* **2.** Réunion d'éléments qui forment un tout : *l'ensemble du personnel.* **3.** Collection d'éléments harmonisés, assortis : *ensemble mobilier.* **4.** Costume féminin composé de deux ou trois pièces.

5. Groupe de musiciens, de chanteurs ; formation : *ensemble vocal.* **6.** MATH Collection d'éléments ou de nombres ayant en commun une ou plusieurs propriétés qui les caractérisent : *ensemble fini.* ■ **dans l'ensemble :** en général. ❑ **d'ensemble :** général : *vue d'ensemble.* ❑ **grand ensemble :** groupe plus ou moins important d'habitations bénéficiant de certains équipements collectifs.

ensemblier nm Professionnel qui combine des ensembles décoratifs.

ensemencement nm Action d'ensemencer.

ensemencer vt (conj 1) Répandre la semence sur ou dans : *ensemencer une terre.*

enserrer vt Entourer en serrant étroitement : *robe longue qui enserre la taille.*

ensevelir vt **1.** LITT Envelopper un corps mort dans un linceul, ou l'enterrer. **2.** Faire disparaître sous un amoncellement : *village enseveli sous la neige.*

ensevelissement nm LITT Action d'ensevelir ; fait d'être enseveli.

ensilage nm Procédé de conservation des végétaux frais qui consiste en particulier à les placer dans un silo.

ensiler vt Mettre les grains, les racines, les fourrages dans un silo.

ensoleillé, e adj **1.** Exposé au soleil : *pièce ensoleillée.* **2.** Où brille le soleil : *journée ensoleillée.*

ensoleillement nm **1.** État de ce qui est ensoleillé. **2.** Temps pendant lequel un lieu est ensoleillé.

ensoleiller vt **1.** Remplir de la lumière du soleil. **2.** LITT Illuminer.

ensommeillé, e adj Qui reste sous l'effet du sommeil, mal réveillé.

ensorcelant, e adj Qui ensorcelle.

ensorceler vt (conj 6) **1.** Jeter un sort sur, à. **2.** FIG Séduire, captiver.

ensorceleur, euse adj et n Qui charme, séduit.

ensorcellement nm **1.** Action d'ensorceler ; son résultat. **2.** Charme irrésistible, séduction.

ensuite adv Après, à la suite de, dans l'espace et le temps.

ensuivre (s') vpr (conj 62 ; seulement à l'inf. et à la 3e pers. du sing. et du plur.) Suivre, être la conséquence. ◆ v impers Résulter : *il s'ensuit que..., il s'en est suivi que...*

entablement nm Couronnement d'un édifice, d'un meuble, d'une porte, d'une fenêtre.

entacher vt Souiller moralement : *entacher l'honneur de quelqu'un.* ■ DR **acte entaché de nullité :** frappé de nullité.

entaille nf **1.** Coupure avec enlèvement de matière. **2.** Blessure faite avec un instrument tranchant.

entailler vt Faire une entaille dans.

entame nf Premier morceau que l'on coupe d'un pain, d'un quartier de viande, etc.

entamer vt **1.** Couper, retrancher le premier morceau de quelque chose : *entamer le fromage.* **2.** Entreprendre, commencer : *entamer des négociations.* **3.** Couper, entailler : *entamer la peau.* **4.** Porter atteinte à : *entamer les convictions de quelqu'un.*

entartrage nm Formation de tartre ; état de ce qui est entartré.

entartrer vt Encrasser de tartre : *l'eau calcaire a entartré la chaudière.*

entassement nm **1.** Action d'entasser. **2.** Amas : *entassement de débris.*

entasser vt **1.** Mettre en tas ; amonceler : *entasser des livres sur son bureau.* **2.** Tasser, serrer : *voyageurs entassés.* **3.** Accumuler : *entasser des citations.*

entendement nm Aptitude à comprendre ; bon sens, jugement : *cela dépasse l'entendement.*

entendeur nm ■ **à bon entendeur salut :** que celui qui comprend en fasse son profit.

entendre vt (conj 50) **1.** Percevoir par l'ouïe : *entendre un bruit ;* (sans complément) avoir une certaine capacité auditive : *il entend bien, mal ; il n'entend pas.* **2.** Prêter attention à, écouter : *entendre des témoins.* **3.** LITT Comprendre, saisir : *entendre la plaisanterie.* **4.** LITT Vouloir dire, insinuer : *qu'entendez-vous par là ?* **5.** LITT Vouloir : *j'entends être obéi.* ■ **donner à entendre :** laisser croire. ◆ **s'entendre** vpr **1.** Sympathiser : *bien s'entendre avec quelqu'un.* **2.** Se mettre d'accord. ■ SOUT **cela s'entend :** cela va de soi. ❑ **s'y entendre :** savoir, être habile (à quelque chose).

entendu, e adj **1.** Convenu, décidé : *c'est une affaire entendue.* **2.** LITT Intelligent, habile, capable. ■ **bien entendu :** assurément, bien sûr. ❑ **prendre un air entendu :** jouer celui qui comprend ce qui se passe. ◆ interj ■ **entendu ! :** d'accord !

entente nf **1.** Action de s'entendre, accord. **2.** Convention entre des sociétés, des groupes, des nations. **3.** Relations amicales entre des personnes. ■ **à double entente :** qu'on peut comprendre de deux façons.

enter vt **1.** Greffer : *enter un sauvageon.* **2.** TECHN Assembler bout à bout par une entaille.

entérinement nm Ratification.

entériner vt **1.** DR Ratifier, rendre valide. **2.** SOUT Consacrer, approuver : *l'école risque d'entériner la situation d'inégalité entre les élèves.*

entérite nf MÉD Inflammation de l'intestin grêle.

enterrement nm **1.** Action de mettre en terre ; inhumation. **2.** Funérailles, obsèques. **3.** Convoi funèbre. **4.** FIG Abandon, renonciation : *l'enterrement d'un projet.*

enterrer vt **1.** Mettre en terre ; enfouir. **2.** Inhumer. **3.** Survivre à : *vieillard qui enterre ses héritiers.* **4.** FIG Cesser de s'occuper de, renoncer à : *enterrer une loi.* ◆ **s'enterrer** vpr FIG Se retirer, s'isoler : *ils sont allés s'enterrer dans un coin perdu.*

entêtant, e adj Qui entête, qui obsède : *parfum, air entêtants.*

en-tête (pl *en-têtes*) nm Ce qui est imprimé, écrit ou gravé en tête d'une lettre, d'un écrit.

entêté, e adj et n Obstiné, têtu, buté.

entêtement nm Attachement obstiné à ses idées, à ses goûts, etc. ; ténacité.

entêter vt Monter à la tête, griser, en parlant des vapeurs, des odeurs. ◆ **s'entêter** vpr [à, dans] S'obstiner.

enthousiasmant, e adj Qui enthousiasme.

enthousiasme nm **1.** Admiration passionnée, ardeur : *parler d'un auteur avec enthousiasme.* **2.** Exaltation joyeuse ; passion : *pièce écrite dans l'enthousiasme.*

enthousiasmer vt Remplir d'enthousiasme. ◆ **s'enthousiasmer** vpr Se passionner, s'enflammer.

enthousiaste adj et n Qui ressent ou manifeste de l'enthousiasme.

entichement nm LITT Engouement.

enticher (s') vpr [de] Se prendre d'un attachement passager et excessif pour quelqu'un, quelque chose.

1. entier nm Totalité : *lisez-le dans son entier.* ■ **en entier** : complètement.

2. entier, ère adj **1.** Complet, intégral : *il restera un jour entier.* **2.** Sans restriction, total, absolu : *une entière liberté.* **3.** Sans changement : *la question reste entière.* **4.** Catégorique, intransigeant : *caractère entier.* ■ **lait entier** : qui n'a pas subi d'écrémage. ❑ MATH **nombre entier** ou **entier** nm : l'un quelconque des nombres de la suite 0, 1, 2, 3... pris positivement *(entier positif)* ou négativement *(entier négatif).*

entièrement adv Tout à fait ; complètement, intégralement.

entité nf **1.** Abstraction considérée comme une réalité : *la République, l'État sont des entités politiques.* **2.** PHILOS Ce qui constitue l'essence d'un être.

entoilage nm Action d'entoiler.

entoiler vt **1.** Renforcer quelque chose en le fixant sur une toile : *entoiler une estampe.* **2.** Garnir de toile : *entoiler une aile de planeur.*

entomologie nf Partie de la zoologie qui traite des insectes.

entomologiste n Spécialiste d'entomologie.

1. entonner vt Verser un liquide dans un tonneau.

2. entonner vt **1.** Commencer à chanter : *entonner « la Marseillaise ».* **2.** FIG Célébrer, chanter : *entonner les louanges de quelqu'un.*

entonnoir nm Ustensile en forme de cône, servant à transvaser des liquides.

entorse nf Distorsion brutale d'une articulation avec élongation ou rupture des ligaments. ■ FIG **faire une entorse à (une loi, un usage, etc.)** : ne pas s'y conformer.

entortillement nm Action d'entortiller, de s'entortiller.

entortiller vt **1.** Envelopper en tortillant : *entortiller un bonbon dans du papier.* **2.** Exprimer d'une manière embarrassée : *entortiller ses phrases.* **3.** FAM Séduire par des paroles trompeuses. ◆ **s'entortiller** vpr **1.** S'enrouler plusieurs fois autour de quelque chose : *la glycine s'entortille autour de la grille.* **2.** S'embrouiller.

entourage nm **1.** Les familiers d'une personne ; son milieu : *il y a beaucoup d'artistes dans son entourage.* **2.** Tout ce qui entoure pour orner.

entourer vt **1.** Disposer autour de. **2.** Être placé autour de : *des murs entourent le jardin.* **3.** Être auprès de quelqu'un, lui témoigner de la sympathie, des soins. ◆ **s'entourer** vpr [de] Mettre, réunir autour de soi : *s'entourer de mystère ; s'entourer de gens compétents.*

entourloupe nf FAM Mauvais tour.

entournure nf ■ FAM **être gêné aux entournures** : (a) Être mal à l'aise dans un vêtement (b) FIG manquer d'argent.

entracte nm **1.** Intervalle de temps entre les parties d'un spectacle. **2.** FIG Temps de répit.

entraide nf Aide mutuelle.

entraider (s') vpr S'aider mutuellement.

entrailles nf pl **1.** Intestins, boyaux. **2.** LITT Ventre maternel, où l'enfant est en gestation. ■ LITT **les entrailles de la terre** : les profondeurs du sol.

entrain nm Ardeur, animation, enthousiasme : *manquer d'entrain pour travailler.*

entraînant, e adj Qui entraîne : *musique entraînante.*

entraînement nm **1.** Action d'entraîner ; dispositif, mouvement qui entraîne :

courroie d'entraînement. **2.** Préparation à un sport, à une compétition, à une activité quelconque.

entraîner vt **1.** Emporter, traîner dans son mouvement : *le fleuve entraîne les troncs d'arbre.* **2.** Amener avec plus ou moins de force : *il l'entraîna vers la sortie.* **3.** Pousser quelqu'un à faire quelque chose. **4.** Transmettre un mouvement, mettre en action : *moteur qui entraîne une pompe.* **5.** Préparer à un sport, à un exercice, etc. : *entraîner un coureur.* **6.** Avoir pour effet : *entraîner des frais.* ◆ **s'entraîner** vpr Se préparer, s'exercer : *s'entraîner pour une épreuve.*

entraîneur, euse n Personne qui entraîne des chevaux, des sportifs, etc.

entraîneuse nf Femme employée dans un établissement de nuit pour engager les clients à danser et à consommer.

entrant, e n et adj (surtout au pluriel) [terme administratif] Personne qui entre : *les entrants et les sortants.*

entr'apercevoir ou **entrapercevoir** vt Apercevoir d'une manière indistincte ou très rapide.

entrave nf **1.** Lien fixé aux pieds d'un animal. **2.** Ce qui gêne un mouvement, une action.

entraver vt Mettre des entraves à.

entre prép **1.** Indique l'espace qui sépare deux choses ou deux personnes : *entre crochets ; assis entre eux.* **2.** Indique un intervalle de temps : *entre midi et 14 heures.* **3.** Indique une approximation : *entre mille et deux mille personnes.* **4.** Indique un état intermédiaire : *une couleur entre le jaune et le vert.* **5.** Parmi : *choisir entre plusieurs solutions.* **6.** Indique un rapport de réciprocité, de similitude ou de différence : *analogie entre deux situations.*

entrebâillement nm Étroite ouverture laissée par une chose entrebâillée.

entrebâiller vt Entrouvrir légèrement : *entrebâiller une porte.*

entrechat nm En danse, petit saut accompagné d'un ou de plusieurs battements de pieds.

entrechoquer (s') vpr Se heurter l'un contre l'autre.

entrecôte nf Tranche de viande de bœuf coupée entre deux côtes.

entrecouper vt Interrompre par intervalles : *ses paroles étaient entrecoupées de hoquets.*

entrecroisement nm Disposition de choses qui s'entrecroisent.

entrecroiser vt Croiser en divers sens.

entrecuisse nm **1.** Espace situé entre les cuisses. **2.** Partie charnue de la cuisse d'une volaille.

entre-déchirer (s') vpr S'attaquer, se déchirer mutuellement.

entre-deux nm inv **1.** Partie située au milieu de deux choses ; état intermédiaire entre deux extrêmes. **2.** Au basket-ball, jet du ballon par l'arbitre entre deux joueurs, pour la reprise du jeu.

entre-deux-guerres nf inv ou nm inv Période située entre deux guerres et, particulièrement, pour la France, entre 1918 et 1939.

entre-dévorer (s') vpr En parlant de deux animaux, se battre à mort pour dévorer sa proie.

entrée nf **1.** Action d'entrer : *entrée soudaine.* **2.** Endroit par où l'on entre : *entrée d'un jardin.* **3.** Vestibule d'un appartement : *attendre dans l'entrée.* **4.** Accès à un spectacle, une exposition, etc. ; somme à payer pour entrer : *entrée gratuite.* **5.** FIG Début : *entrée en fonctions.* **6.** Admission : *examen d'entrée.* **7.** Plat servi au début d'un repas. **8.** Opération par laquelle des données sont introduites dans un ordinateur. ■ **d'entrée de jeu :** dès le début. ❑ **entrée libre :** faculté d'entrer quelque part sans avoir à payer ou à acheter. ◆ **entrées** pl ■ **avoir ses entrées chez quelqu'un, dans un lieu :** y être reçu.

entrefaites nf pl ■ **sur ces entrefaites :** à ce moment-là.

entrefilet nm Petit article dans un journal.

entregent nm Aisance en société, habileté à nouer des contacts : *avoir de l'entregent.*

entrejambe nm Partie de la culotte ou du pantalon située entre les jambes.

entrelacement nm État de plusieurs choses entrelacées.

entrelacer vt (conj 1) Enlacer l'un dans l'autre : *entrelacer des guirlandes.*

entrelacs [ɑ̃trəla] nm Ornement composé de lignes entrelacées.

> ORTHOGRAPHE *Entrelacs* s'écrit toujours avec un *s : un entrelacs.*

entrelarder vt **1.** Piquer une viande de lard. **2.** FIG parsemer de : *entrelarder un texte de citations.*

entremêler vt Mêler des choses de nature différente.

entremets nm Dessert sucré à base de lait.

entremetteur, euse n PÉJOR Personne qui sert d'intermédiaire dans des affaires galantes, souvent pour de l'argent.

entremettre (s') vpr (conj 57) Intervenir pour mettre en relation des personnes, intervenir dans les affaires d'autrui : *s'entremettre pour obtenir la grâce de quelqu'un.*

entremise nf **1.** Action de s'entremettre. **2.** Médiation. ■ **par l'entremise de :** grâce à l'intervention de, par l'intermédiaire de.

entrepont nm Intervalle compris entre deux ponts d'un bateau.

entreposer vt Déposer des objets momentanément dans un lieu, dans un entrepôt.

entrepôt nm Lieu où l'on met des marchandises en dépôt.

entreprenant, e adj **1.** Qui n'hésite pas à entreprendre : *caractère entreprenant.* **2.** Qui cherche très activement à séduire.

entreprendre vt (conj 54) **1.** Commencer l'exécution de : *entreprendre des travaux.* **2.** FAM S'efforcer de convaincre, de séduire : *il entreprit sur son sujet favori.*

entrepreneur, euse n Chef d'une entreprise, en particulier d'une entreprise spécialisée dans la construction ou les travaux publics.

entrepreunariat nm Activité, fonction d'entrepreneur.

entreprise nf **1.** Ce que quelqu'un entreprend. **2.** Affaire commerciale ou industrielle : *entreprise privée.*

entrer vi (auxil : *être*) **1.** Passer du dehors au dedans, pénétrer : *entrer dans une pièce ; frapper avant d'entrer.* **2.** S'engager dans une situation, un emploi, etc. ; commencer à participer à une entreprise quelconque : *entrer dans la magistrature ; entrer en religion.* **3.** Être contenu : *médicament où il entre du fer ; cela n'entre pas dans mes attributions.* ■ **entrer dans les détails :** examiner ou déduire avec minutie. ◆ vt (auxil : *avoir*) **1.** Introduire : *entrer des marchandises en fraude.* **2.** Inscrire des données dans la mémoire d'un ordinateur.

entresol nm Étage entre le rez-de-chaussée et le premier étage.

entre-temps adv Dans cet intervalle de temps.

entretenir vt (conj 22) **1.** Maintenir en bon état : *entretenir une maison.* **2.** Faire durer : *entretenir le feu.* **3.** Pourvoir des choses nécessaires : *entretenir une famille.* ■ **entretenir quelqu'un de :** lui parler de. ◆ **s'entretenir** vpr Parler avec quelqu'un.

entretenu, e adj **1.** Maintenu en état : *maison bien entretenue.* **2.** Se dit de quelqu'un qui vit de l'argent d'une autre personne.

entretien nm **1.** Action de maintenir en bon état, de fournir ce qui est nécessaire : *produits d'entretien.* **2.** Conversation suivie : *solliciter un entretien ; entretien d'embauche.*

entre-tuer (s') vpr Se tuer l'un l'autre, les uns les autres : *adversaires qui s'entre-tuent.*

entrevoir vt (conj 41) **1.** Voir rapidement ou confusément : *je l'ai entrevu à une soirée.* **2.** FIG Deviner, pressentir : *entrevoir la vérité.*

entrevue nf Rencontre concertée entre des personnes.

entrisme nm Introduction systématique, dans un groupe organisé, de nouvelles personnes susceptibles d'en modifier la ligne d'action : *faire de l'entrisme dans un parti politique.*

entropie nf PHYS Grandeur qui, en thermodynamique, permet d'évaluer la dégradation de l'énergie d'un système.

entrouvert, e adj Ouvert à moitié : *porte entrouverte.*

entrouvrir vt (conj 16) Ouvrir partiellement.

entuber vt TRÈS FAM Duper, escroquer.

énucléation nf CHIR Extirpation d'un organe circonscrit, d'une tumeur.

énucléer vt **1.** CHIR Extirper un organe après incision, spécialement le globe oculaire. **2.** Extraire l'amande ou le noyau d'un fruit.

énumération nf Action d'énumérer ; suite des éléments énumérés.

énumérer vt (conj 10) Énoncer successivement les éléments d'une série.

énurésie nf MÉD Incapacité à maîtriser l'émission d'urine.

env. (abréviation) Environ.

envahir vt **1.** Pénétrer en force et en nombre dans un pays, une région, et l'occuper. **2.** Se répandre dans, sur : *la foule envahit la rue.* **3.** Gagner, s'emparer de quelqu'un : *la terreur l'envahit.* **4.** FAM Accaparer le temps de quelqu'un : *se laisser envahir par les amis, la famille.*

envahissant, e adj Qui importune par sa présence, ses sollicitations persistantes.

envahissement nm Action d'envahir.

envahisseur nm Ennemi qui envahit, en particulier militairement.

envasement nm État de ce qui est envasé : *l'envasement d'un canal.*

envaser vt ou **s'envaser** vpr **1.** Remplir, se remplir de vase. **2.** Enfoncer, s'enfoncer dans la vase.

enveloppant, e adj Qui enveloppe : *mouvement enveloppant.*

enveloppe nf **1.** Ce qui enveloppe. **2.** Pochette de papier destinée à recevoir une lettre, une carte, etc. **3.** Somme d'argent ; masse globale de crédit : *enveloppe budgétaire.*

enveloppé, **e** adj FAM Se dit d'une personne qui a un peu d'embonpoint.
enveloppement nm Action d'envelopper ou de s'envelopper.
envelopper vt **1.** Couvrir, entourer complètement : *envelopper un objet dans du papier ; membrane qui enveloppe un organe.* **2.** SOUT Se répandre, se trouver tout autour : *l'ombre enveloppe la ville.* ◆ **s'envelopper** vpr S'enrouler, se couvrir : *s'envelopper dans une cape.*
envenimement nm Fait de s'envenimer.
envenimer vt **1.** Infecter. **2.** FIG Rendre plus grave : *discussion qui s'envenime.* ◆ **s'envenimer** vpr **1.** S'infecter. **2.** FIG Se détériorer.
envergure nf **1.** Distance entre les extrémités des ailes déployées d'un oiseau, des ailes d'un avion, de la voilure d'un navire. **2.** FIG Ampleur, puissance : *manquer d'envergure.*
1. envers prép À l'égard de. ■ **envers et contre tout :** en dépit de tout.
2. envers nm **1.** L'opposé de l'endroit : *l'envers et l'endroit.* **2.** Le contraire : *l'envers de la vérité.* ■ **à l'envers :** du mauvais côté, sens dessus dessous, dans le sens contraire : *mettre un pull à l'envers ; écrire à l'envers.*
envi (à l') loc adv LITT À qui mieux mieux.
enviable adj Que l'on peut envier.
envie nf **1.** Convoitise à la vue du bonheur ou des avantages d'autrui. **2.** Désir, souhait. **3.** Besoin organique soudain. **4.** Tache naturelle sur la peau. **5.** (surtout au pluriel) Petites peaux qui se soulèvent autour des ongles.
envier vt Souhaiter, désirer un avantage que quelqu'un a.
envieux, **euse** adj et n Qui envie.
environ adv À peu près.
environnant, **e** adj Qui environne ; proche.
environnement nm **1.** Ce qui entoure. **2.** Ensemble des éléments naturels et artificiels qui entourent les hommes, une espèce animale, etc. **3.** INFORM Ensemble des matériels et des logiciels nécessaires au fonctionnement d'un programme.
environnemental, **e**, **aux** adj Relatif à l'environnement d'un individu, d'une espèce.
environner vt Être disposé autour, à proximité.
environs nm pl Alentours.
envisageable adj Qui peut être envisagé.
envisager vt (conj 2) **1.** Examiner, considérer. **2.** Projeter : *envisager de partir.*
envoi nm **1.** Action d'envoyer. **2.** Chose envoyée : *envoi postal.* **3.** LITTÉR Vers placés à la fin d'une ballade, pour en faire hommage à quelqu'un. ■ **donner le coup d'envoi :** donner le signal du début.
envol nm Action de s'envoler. ■ **prendre son envol :** s'envoler.
envolée nf Élan oratoire ou poétique : *envolée lyrique.*
envoler (s') vpr **1.** Prendre son vol. **2.** Décoller. **3.** FIG Disparaître, s'enfuir.
envoûtant, **e** adj Qui charme, subjugue.
envoûtement nm **1.** Opération magique censée agir, à distance sur un être, par le moyen d'une figurine le représentant. **2.** FIG Fait de subjuguer ; ensorcellement, fascination.
envoûter vt **1.** Pratiquer un envoûtement. **2.** FIG Exercer un attrait irrésistible ; ensorceler, fasciner.
envoyé, **e** n Personne envoyée quelque part pour une mission.
envoyer vt (conj 11) **1.** Faire partir vers telle ou telle destination : *envoyer les enfants à l'école.* **2.** Faire parvenir, expédier : *envoyer une lettre.* **3.** Jeter, lancer : *envoyer la balle.* ■ FAM **envoyer promener :** repousser, renvoyer avec rudesse.
envoyeur, **euse** n Personne qui envoie, expédie une lettre, un colis : *retour à l'envoyeur.* SYN : expéditeur.
enzyme nf CHIM Substance organique soluble provoquant ou accélérant une réaction.
éocène nm et adj Période géologique du début du tertiaire.
éolien, **enne** adj ■ **énergie éolienne :** qui fonctionne sous l'action du vent. ❑ **érosion éolienne :** érosion provoquée par le vent, particulièrement dans les déserts. ❑ **harpe éolienne :** instrument à cordes, vibrant au vent. ◆ nm Énergie éolienne.
éolienne nf Moteur actionné par le vent.
éosine nf Matière colorante rouge utilisée comme pigment dans les encres ou dans les fards, ou comme désinfectant.
épagneul, **e** n Chien à long poil et à oreilles pendantes.
épais, **aisse** adj **1.** Qui a de l'épaisseur, une épaisseur de tant. **2.** Dense, serré : *brouillard épais.* **3.** Compact, consistant : *sauce épaisse.* **4.** FIG Grossier, sans finesse : *blague épaisse.*
épaisseur nf **1.** Une des trois dimensions d'un solide, les autres étant la longueur et la largeur. **2.** Qualité de ce qui est dense, serré.
épaissir vt Rendre plus épais, plus dense. ◆ vi Devenir épais.
épaississant, **e** adj et nm Se dit d'une substance qui rend plus épais.

épaississement nm Action d'épaissir ; son résultat.

épamprer vt Enlever les pampres, les feuilles de la vigne.

épanchement nm **1.** MÉD Accumulation gazeuse ou liquide : *épanchement de sang.* **2.** FIG Action de se confier, de communiquer ses sentiments.

épancher vt Laisser déborder ses sentiments avec confiance : *épancher son cœur.* ◆ **s'épancher** vpr Se confier librement, parler sans retenue de ses sentiments.

épandage nm Action d'épandre. ■ **champ d'épandage :** terrain destiné à épurer les eaux d'égout par filtration à travers le sol.

épandre vt Jeter çà et là, éparpiller, en particulier un engrais, du fumier.

ORTHOGRAPHE *Épandre* s'écrit avec un *a,* à la différence de *étendre.*

épanoui, e adj **1.** Qui est en plein épanouissement : *fleur épanouie.* **2.** Se dit d'une personne qui vit dans un grand bonheur ; heureux.

épanouir vt Faire que quelqu'un se sente bien : *son métier l'a complètement épanoui.* ◆ **s'épanouir** vpr **1.** S'ouvrir, en parlant d'une fleur. **2.** Être, se sentir bien physiquement et intellectuellement, se développer dans toutes ses potentialités : *cet enfant s'épanouit à la campagne.*

épanouissement nm Fait de s'épanouir.

épargnant, e n Personne qui épargne, qui économise.

épargne nf **1.** Action d'épargner. **2.** Économie dans l'emploi ou l'usage de quelque chose : *une épargne considérable de temps.* **3.** Fraction du revenu individuel ou national qui n'est pas affectée à la consommation mais mise en réserve. ■ **caisse d'épargne :** établissement public qui reçoit en dépôt des sommes rapportant des intérêts.

épargner vt **1.** Économiser, mettre en réserve. **2.** Employer avec ménagement : *épargner ses forces.* **3.** Dispenser quelqu'un de quelque chose : *épargnez-nous les détails.* **4.** Traiter avec ménagement, laisser la vie sauve : *épargner les vaincus.* **5.** Ne pas endommager, ne pas détruire : *l'orage a épargné les récoltes.*

éparpillement nm Action d'éparpiller ; fait de s'éparpiller.

éparpiller vt Répandre, disperser de tous côtés : *éparpiller ses affaires.* ◆ **s'éparpiller** vpr Se disperser.

épars, e adj Répandu çà et là, en désordre.

épatant, e adj FAM Admirable, formidable.

épate nf FAM ■ **faire de l'épate :** chercher à impressionner son entourage.

épaté, e adj ■ **nez épaté :** court et gros.

épater vt FAM Étonner, stupéfier.

épaulard nm Cétacé voisin du dauphin, très vorace. SYN : orque.

épaule nf **1.** Articulation du bras et du tronc ; espace compris entre ces deux articulations. **2.** Partie supérieure du membre supérieur ou antérieur des animaux. ■ **avoir la tête sur les épaules :** être sensé, réfléchi.

épaulé-jeté (pl *épaulés-jetés*) nm En haltérophilie, mouvement consistant, après avoir amené la barre, en une fois, à hauteur d'épaules, à la soulever à bout de bras.

épaulement nm **1.** Mur de soutènement. **2.** Petit escarpement.

épauler vt **1.** Appuyer contre l'épaule : *épauler son fusil.* **2.** Prêter son aide à quelqu'un ; appuyer, soutenir.

épaulette nf **1.** Superposition d'ouate ou de tissu qui rembourre les épaules d'un vêtement. **2.** Patte que les militaires portent sur l'épaule et qui indique le grade ; symbole du grade d'officier.

épave nf **1.** Objet abandonné en mer ou après un naufrage. **2.** Voiture accidentée irréparable, ou vieille voiture hors d'usage. **3.** FIG Personne réduite à un état extrême de misère morale ou physique.

épée nf Arme faite d'une longue lame d'acier pointue. ■ FIG **coup d'épée dans l'eau :** effort inutile, action sans résultat.

épeire nf Araignée à abdomen diversement coloré.

épéiste [epeist] n Escrimeur à l'épée.

épeler vt (conj 6) Nommer successivement les lettres composant un mot.

épellation nf Action d'épeler.

épépiner vt Enlever les pépins.

éperdu, e adj **1.** Qui éprouve une vive émotion : *éperdu de joie.* **2.** Extrême, violent : *amour éperdu.*

éperdument adv D'une manière éperdue, violente.

éperlan nm Poisson de mer proche du saumon.

éperon nm **1.** Tige de métal que le cavalier fixe au talon de sa botte pour stimuler son cheval. **2.** GÉOGR Saillie d'un contrefort montagneux. **3.** MAR Partie saillante en avant de la proue d'un navire.

éperonner vt **1.** Piquer un cheval avec l'éperon. **2.** LITT, FIG exciter, stimuler.

épervier nm **1.** Oiseau de proie du genre faucon. **2.** Filet de pêche rond garni de plomb qu'on lance à la main.

épervière nf Plante herbacée très commune, à fleurs jaunes.

éphèbe nm **1.** ANTIQ GR Adolescent. **2.** SOUVENT IRON Jeune homme d'une beauté sans défaut.

éphémère adj De courte durée : *gloire éphémère.* ◆ nm Insecte qui ne vit qu'un jour ou deux.

éphéméride nf Calendrier dont on retire chaque jour une feuille. ◆ **éphémérides** pl Tables qui donnent, pour chaque jour, la situation des planètes.

épi nm **1.** Partie terminale de la tige du blé et, en général, de toutes les graminées, portant les graines groupées autour de l'axe. **2.** Mèche de cheveux de direction contraire à celle des autres. ■ **en épi** : se dit d'objets, de véhicules disposés obliquement les uns par rapport aux autres.

épice nf Substance aromatique pour l'assaisonnement des mets.

épicé, e adj **1.** Qui est fortement assaisonné. **2.** FIG Qui contient des traits égrillards, grivois : *un récit épicé.*

épicéa nm Conifère voisin du sapin ; bois de cet arbre.

épicène adj LING Dont la forme ne varie pas avec le genre (EX : l'adjectif *digne : il, elle est digne de* ; le nom *enfant : un, une enfant*).

épicentre nm Point de la surface terrestre où un tremblement de terre a été le plus intense.

épicer vt (conj 1) Assaisonner avec des épices.

épicerie nf Ensemble des produits alimentaires de consommation courante ; magasin où on vend ces produits.

épicier, ère n Personne qui tient une épicerie.

épicurien, enne adj et n **1.** D'Épicure et de ses disciples. **2.** Qui recherche en tout son plaisir.

épicurisme nm Doctrine des épicuriens.

épidémie nf **1.** Maladie infectieuse qui atteint en même temps un grand nombre d'individus et se propage par contagion. **2.** FIG Ce qui atteint un grand nombre de personnes : *une épidémie de suicides.*

épidémiologie nf Étude des épidémies.

épidémique adj **1.** Qui tient de l'épidémie. **2.** FIG Qui se répand à la façon d'une épidémie.

épiderme nm **1.** Couche superficielle de la peau. **2.** BOT Pellicule transparente qui recouvre les parties extérieures d'un végétal.

épidermique adj De l'épiderme. ■ FIG **réaction épidermique** : vive et immédiate.

épier vt Surveiller attentivement et en secret ; attendre, guetter.

épierrer vt Ôter les pierres de.

épieu (pl *épieux*) nm Long bâton ferré.

épigastre nm ANAT Partie supérieure de l'abdomen, comprise entre l'ombilic et le sternum.

épiglotte nf ANAT Cartilage qui ferme la glotte pendant la déglutition.

épigone nm LITT Successeur, disciple sans originalité.

épigramme nf **1.** Petite pièce de vers satirique. **2.** LITT Trait satirique, mordant : *décocher une épigramme.*

épigraphe nf **1.** Inscription sur un édifice qui en indique la date, la destination. **2.** Citation d'un auteur, en tête d'un livre, d'un chapitre.

épigraphie nf Science qui étudie les inscriptions sur la pierre, le métal, le bois : *l'épigraphie latine.*

épilation nf Action d'épiler.

épilatoire adj Qui sert à épiler.

épilepsie nf Maladie qui se manifeste par des convulsions et éventuellement une perte de connaissance.

épileptique adj et n Relatif à l'épilepsie ; atteint d'épilepsie.

épiler vt Arracher, faire tomber les poils.

épillet nm Chacun des petits groupes de fleurs formant l'épi.

épilogue nm **1.** Conclusion d'un ouvrage littéraire. **2.** Ce qui termine un fait, une histoire, etc.

épiloguer vt ind [sur] Faire des commentaires sans fin sur.

épinard nm Plante potagère, dont on consomme les feuilles. ◆ **épinards** pl Feuilles d'épinard. ■ FAM **mettre du beurre dans les épinards** : améliorer ses revenus.

épine nf **1.** Piquant de certains végétaux. **2.** PAR EXT Arbrisseau épineux : *épine noire.* ■ **épine dorsale** : colonne vertébrale. ❑ FIG **tirer une épine du pied** : débarrasser d'un souci, d'une difficulté.

épinette nf Petit clavecin dont les cordes sont disposées obliquement par rapport au clavier.

épineux, euse adj **1.** Couvert d'épines. **2.** FIG Plein de difficultés ; délicat : *problème épineux.* ◆ nm Arbuste épineux.

épine-vinette (pl *épines-vinettes*) nf Arbrisseau épineux à fleurs jaunes et à baies rouges.

épingle nf **1.** Petite tige métallique, pointue à une extrémité et terminée à l'autre par une tête, pour attacher, fixer, etc. **2.** Bijou en forme d'épingle, avec tête ornée : *épingle de cravate.* ■ VIEILLI

coup d'épingle : critique légère. ❑ **épingle à cheveux** : épingle recourbée à deux branches, pour maintenir les cheveux. ❑ **épingle de sûreté** ou **épingle de nourrice** : tige recourbée formant ressort, dont la pointe est protégée et maintenue par un crochet plat. ❑ **monter quelque chose en épingle** : lui donner une importance excessive. ❑ **tiré à quatre épingles** : très soigné dans son habillement. ❑ **tirer son épingle du jeu** : se tirer d'affaire adroitement. ❑ **virage en épingle à cheveux** : brusque et très serré.

épingler vt **1.** Attacher, fixer avec des épingles. **2.** FAM Attraper, prendre sur le fait. **3.** FAM Attirer l'attention sur.

épinglette nf Petit badge métallique muni d'une pointe, qui se fixe à un embout à travers un vêtement (recommandation officielle pour *pin's*).

épinière adj f ■ **moelle épinière** : centre nerveux situé dans le canal rachidien.

épinoche nf Petit poisson portant des épines sur le dos.

Épiphanie nf Fête chrétienne rappelant l'arrivée des Mages (appelée aussi : *fête des Rois, jour des Rois*).

épiphénomène nm Phénomène secondaire lié à un phénomène principal.

épiphyse nf Extrémité d'un os long.

épiphyte adj Se dit d'un végétal fixé sur un autre, mais non parasite.

épique adj **1.** Propre à l'épopée. **2.** FIG Extraordinaire, mémorable.

épiscopal, e, aux adj Propre à l'évêque. ■ **Église épiscopale** : Église anglicane.

épiscopat nm **1.** Dignité d'évêque ; durée de cette fonction. **2.** Ensemble des évêques.

épisiotomie nf Incision de la vulve et des muscles du périnée, pour faciliter certains accouchements.

épisode nm **1.** Division d'un roman, d'un film : *feuilleton en plusieurs épisodes.* **2.** Circonstance appartenant à une série d'événements formant un ensemble : *ce voyage a connu un épisode dramatique.*

épisodique adj **1.** Qui constitue un épisode : *incident épisodique.* **2.** Qui ne se produit que de temps en temps : *il fait des apparitions épisodiques au bureau.*

épisodiquement adv De façon épisodique.

épisser vt Faire une épissure.

épissure nf Réunion des deux bouts de cordage, de câble électrique, en entrelaçant les fils qui les composent.

épistémologie nf Partie de la philosophie qui étudie les méthodes, les principes des sciences.

épistémologique adj Qui concerne l'épistémologie.

épistolaire adj Relatif à la correspondance par lettres : *style épistolaire.*

épistolier, ère n Écrivain qui excelle dans l'art d'écrire les lettres.

épitaphe nf Inscription sur un tombeau.

épithélial, e, aux adj Qui se rapporte, appartient à l'épithélium.

épithélium nm ANAT Tissu recouvrant le corps, les organes.

épithète nf GRAMM **1.** Fonction de l'adjectif qualificatif qui détermine le nom sans l'intermédiaire d'un verbe (par opposition à *attribut*). **2.** Mot employé pour qualifier un être ou une chose : *épithète injurieuse.*

épitoge nf Bande d'étoffe distinctive portée sur l'épaule gauche par les recteurs et inspecteurs d'académie, les magistrats, avocats.

épître nf **1.** LITT Lettre. **2.** RELIG Texte tiré de l'Écriture sainte, en particulier des lettres des Apôtres, qui est lu à la messe.

épizootie [epizɔɔti] ou [epizɔɔsi] nf Épidémie qui atteint un grand nombre d'animaux.

épizootique adj De l'épizootie.

éploré, e adj En pleurs, très chagriné.

épluchage nm **1.** Action d'éplucher. **2.** FIG Examen minutieux.

épluche-légumes nm inv Couteau servant à éplucher certains légumes et certains fruits.

éplucher vt **1.** Ôter la peau d'un légume, d'un fruit. **2.** FIG Examiner minutieusement : *éplucher un compte.*

épluchure nf Déchet enlevé en épluchant : *épluchures de fruits.*

EPO [əpeo] ou [epeo] nf (sigle) Érythropoïétine.

épointer vt Casser ou user la pointe d'un outil.

éponge nf **1.** Animal marin dont le squelette est formé d'un tissu fibreux et poreux ; ce tissu lui-même, qui absorbe les liquides, et qu'on emploie à divers usages domestiques et techniques. **2.** Objet plus ou moins spongieux utilisé pour essuyer ou nettoyer : *éponge synthétique, métallique.* ■ **jeter l'éponge** : abandonner le combat, la partie. ❑ **passer l'éponge** : pardonner.

éponger vt (conj 2) **1.** Étancher un liquide avec une éponge ou quelque chose de spongieux. **2.** FIG Résorber un excédent : *éponger un stock.* ■ **éponger une dette** : la payer.

éponyme adj Qui donne son nom à : *Athéna est la déesse éponyme d'Athènes.*

épopée nf **1.** Récit en vers ou en prose d'aventures héroïques. **2.** FIG Suite d'événements inattendus, héroïques.

époque nf **1.** Moment déterminé de l'histoire, caractérisé par un certain état de choses. **2.** Date où un fait précis s'est déroulé. ■ **faire époque** : laisser un souvenir durable, faire date.

épouiller vt Ôter les poux.

époumoner (s') vpr Se fatiguer à force de parler, de crier.

ORTHOGRAPHE *S'époumoner* s'écrit avec un seul *n* contrairement à *sermonner, se cramponner, harponner,* etc.

épousailles nf pl VIEILLI Célébration du mariage.

épouse nf → **époux**.

épouser vt **1.** Prendre en mariage. **2.** S'adapter exactement à : *ce coussin épouse la forme des reins.* **3.** FIG, LITT rallier : *épouser les vues de quelqu'un.*

époussetage nm Action d'épousseter.

épousseter vt (conj 8) Ôter la poussière de.

époustouflant, e adj FAM Étonnant, extraordinaire.

époustoufler vt FAM Surprendre au plus haut point ; stupéfier.

épouvantable adj **1.** Qui cause de l'épouvante. **2.** Affreux, très désagréable.

épouvantablement adv D'une façon épouvantable.

épouvantail nm **1.** Mannequin mis dans les champs pour effrayer les oiseaux. **2.** FIG Ce qui effraie sans raison.

épouvante nf Terreur soudaine, effroi, horreur : *semer l'épouvante ; film d'épouvante.*

épouvanter vt Jeter dans l'épouvante, effrayer.

époux, épouse n Personne unie à une autre par le mariage. ◆ nm pl Le mari et la femme.

éprendre (s') vpr [de] (conj 54) SOUT Se prendre de passion pour.

épreuve nf **1.** Chagrin, douleur, malheur qui frappe quelqu'un : *ce deuil est une pénible épreuve.* **2.** Composition ou interrogation, à un examen : *épreuve écrite.* **3.** Compétition sportive : *épreuve contre la montre.* **4.** Expérimentation, essai qu'on fait d'une chose : *faire l'épreuve d'un moteur.* **5.** Texte imprimé tel qu'il sort de la composition : *corriger des épreuves.* **6.** PHOT Image obtenue par tirage d'après un cliché. ■ **à l'épreuve de** : en état de résister à. ❑ **à toute épreuve** : capable de résister à tout. ❑ **épreuve de force** : affrontement. ❑ **mettre à l'épreuve** : éprouver.

épris, e adj SOUT Pris de passion pour quelqu'un ou quelque chose.

éprouvant, e adj Pénible à supporter : *un climat éprouvant.*

éprouvé, e adj Dont la valeur est reconnue par la tradition : *recette éprouvée.*

éprouver vt **1.** Ressentir : *éprouver de la joie.* **2.** Faire souffrir : *cet accident l'a cruellement éprouvé.* **3.** Soumettre à des épreuves, des expériences : *éprouver la résistance d'un matériau.* **4.** Connaître par l'expérience : *éprouver la fidélité d'une amitié.* **5.** Subir, supporter.

éprouvette nf Tube de verre fermé à une extrémité, et destiné à diverses expériences.

EPS nf (sigle) Éducation physique et sportive.

epsilon [ɛpsilɔn] nm inv Cinquième lettre de l'alphabet grec (*e* bref).

épuisant, e adj Qui épuise les forces.

épuisé, e adj **1.** Très fatigué, à bout de forces ; exténué. **2.** Dont tous les exemplaires sont vendus : *livre, disque épuisé.*

épuisement nm **1.** Action d'épuiser ; fait d'être épuisé. **2.** Fatigue extrême : *mort d'épuisement.*

épuiser vt **1.** Fatiguer, affaiblir énormément : *ce travail de nuit l'épuise.* **2.** FIG Lasser : *épuiser la patience.* **3.** Employer en totalité : *épuiser ses munitions.* **4.** Rendre stérile : *épuiser une terre.* **5.** Traiter à fond : *épuiser un sujet.* ◆ **s'épuiser** vpr **1.** Diminuer ; être utilisé complètement : *nos réserves s'épuisent.* **2.** Se fatiguer : *je m'épuise à vous le répéter.*

épuisette nf Petit filet de pêche monté sur un cerceau et fixé à un long manche.

épurateur nm Appareil pour épurer un gaz ou un liquide.

épuration nf **1.** Action d'épurer ; son résultat : *station d'épuration d'eau.* **2.** FIG Élimination d'une administration, d'un parti politique, d'un groupement, des membres jugés indignes d'en faire partie.

épure nf **1.** Dessin au trait, qui représente, sur un ou plusieurs plans, l'ensemble d'une figure. **2.** Dessin achevé (par opposition à *croquis*).

épurement nm Action d'épurer.

épurer vt **1.** Rendre pur ou plus pur : *épurer l'huile.* **2.** FIG Exclure d'un groupe ceux qui en sont jugés indignes.

équarrir vt **1.** Tailler à angle droit : *équarrir une poutre.* **2.** Écorcher, dépecer des animaux morts pour en tirer la peau, la graisse, les os, etc.

équarrissage nm Action d'équarrir.

équarrisseur nm Personne qui équarrit.

équateur [ekwatœr] nm **1.** Grand cercle imaginaire de la sphère terrestre, perpendiculaire à la ligne des pôles. **2.** Région terrestre qui avoisine ce cercle.

équation [ekwasjɔ̃] nf MATH Formule d'égalité entre des grandeurs qui dépendent les unes des autres.

équatorial, e, aux [ekwatɔrjal, o] adj De l'équateur.

équatorien, enne [ekwatɔrjɛ̃, ɛn] adj et n De l'Équateur : *les Équatoriens.*

équerre nf **1.** Instrument pour tracer des angles droits ou tirer des perpendiculaires. **2.** Pièce de fer plate en T ou en L pour consolider des assemblages. ■ **à l'équerre** ou **d'équerre :** à angle droit.

équestre [ekɛstr] adj **1.** Relatif à l'équitation. **2.** Qui représente un cavalier : *statue équestre.*

équeutage nm Action d'équeuter.

équeuter vt Enlever la queue d'un fruit.

équidé [ekɥide] ou [ekide] nm Mammifère ongulé à un seul doigt par patte (les équidés [cheval, zèbre, âne] forment une famille).

équidistance [ekɥidistɑ̃s] nf Qualité de ce qui est équidistant.

équidistant, e [ekɥidistɑ̃, ɑ̃t] adj Qui est à égale distance : *points équidistants.*

équilatéral, e, aux [ekɥilateral, o] adj Dont les côtés sont égaux : *triangle équilatéral.*

équilibrage nm Action d'équilibrer.

équilibre nm **1.** État de repos d'un corps sollicité par des forces qui s'annulent : *les plateaux de la balance sont en équilibre.* **2.** Position stable du corps humain : *perdre l'équilibre.* **3.** FIG Juste combinaison de forces, d'éléments : *équilibre budgétaire, économique, psychique.*

équilibré, e adj Dont les facultés, les qualités sont en harmonie ; sain, sensé.

équilibrer vt Mettre en équilibre. ◆ **s'équilibrer** vpr Être équivalent, en équilibre.

équilibriste n Artiste dont le métier est de faire des tours d'adresse, d'équilibre acrobatique.

équille nf Poisson long et mince, à dos vert ou bleu sombre, qui peut s'enfouir dans le sable.

équin, e adj Relatif au cheval : *sérum équin.*

équinoxe nm Époque de l'année où les jours sont égaux aux nuits : *équinoxes de printemps et d'automne.*

équinoxial, e, aux adj De l'équinoxe.

équipage nm Ensemble des personnes assurant le service d'un navire, d'un avion, d'un char, etc.

équipe nf **1.** Groupe de personnes travaillant ensemble ou dans le même but. **2.** Ensemble de joueurs formant un même camp. ■ **esprit d'équipe :** esprit de solidarité qui unit les membres d'un même groupe. ❑ **faire équipe :** s'associer.

équipée nf Aventure dans laquelle on se lance souvent à la légère.

équipement nm Action d'équiper, de pourvoir du matériel, des installations nécessaires ; ce matériel lui-même : *équipement de ski.*

équiper vt Pourvoir de ce qui est nécessaire en vue d'une activité ou d'une utilisation déterminée : *équiper un enfant pour le ski ; équiper une voiture d'une alarme.* ◆ **s'équiper** vpr Se munir du nécessaire.

équipier, ère n Personne qui fait partie d'une équipe, notamment d'une équipe sportive.

équitable adj **1.** Juste. **2.** Se dit d'un produit issu du commerce équitable.

équitablement adv Justement.

équitation nf Action, art de monter à cheval : *école d'équitation.*

équité [ekite] nf Sens de la justice, de l'impartialité.

équivalence nf Qualité de ce qui est équivalent.

équivalent, e adj Qui équivaut à, qui a la même valeur que. ◆ nm **1.** Ce qui équivaut ; chose équivalente. **2.** Mot qui a à peu près le même sens qu'un autre, synonyme.

GRAMMAIRE On écrit : *un salaire équivalant au SMIC* (participe présent), mais *ce salaire est l'équivalent du SMIC* (nom).

équivaloir vt ind [à] (conj 40) Être de même valeur, de même importance, de même effet.

équivoque adj **1.** Qui a un double sens ; ambigu : *mot équivoque.* **2.** Qui semble, sans le dire, impliquer un désir sexuel ; qui suscite la méfiance : *attitude équivoque.* ◆ nf Situation, expression qui n'est pas claire et laisse dans l'incertitude : *dissiper l'équivoque.*

érable nm Arbre des forêts tempérées, à fruits secs munis d'une paire d'ailes ; bois de cet arbre.

éradication nf Action d'éradiquer ; son résultat.

éradiquer vt Faire disparaître totalement une maladie, un mal.

éraflement nm Action d'érafler.

érafler vt Écorcher légèrement ; égratigner.

éraflure nf Écorchure légère.

éraillé, e adj ■ **voix éraillée :** rauque.

éraillement nm Action d'érailler ; fait d'être éraillé.

érailler vt **1.** Relâcher les fils d'un tissu. **2.** Écorcher superficiellement.

ère nf **1.** Époque qui commence à un point déterminé : *l'ère chrétienne commence à la naissance du Christ.* **2.** Époque où s'établit un nouvel ordre de choses : *l'ère industrielle.* ■ **ère géologique :** chacune des cinq grandes divisions de l'histoire de la Terre.

érectile adj PHYSIOL Capable de se raidir et de se dresser, en parlant d'un organe, d'un tissu organique.

érection nf **1.** LITT Action d'élever, de construire : *l'érection d'un monument.* **2.** État de gonflement de certains tissus organiques, en particulier du pénis.

éreintant, e adj Qui éreinte.

éreintement nm **1.** Action d'éreinter ; fait d'être éreinté. **2.** FIG Critique violente.

éreinter vt **1.** Briser de fatigue. **2.** FIG Critiquer vivement et avec malveillance.

érémiste n Personne bénéficiaire du RMI (on écrit aussi *RMiste* ou *RMIste*).

érémitique adj Relatif aux ermites : *vie érémitique.*

érésipèle nm → **érysipèle**.

1. erg nm Au Sahara, vaste région couverte de dunes.

2. erg nm Ancienne unité de mesure de travail, d'énergie et de quantité de chaleur.

ergonomie nf **1.** Étude de l'adaptation du travail et des machines aux possibilités de l'homme. **2.** Adaptation optimale d'un matériel à sa fonction et à son utilisateur.

ergonomique adj **1.** Relatif à l'ergonomie. **2.** Caractérisé par une bonne ergonomie.

ergot nm **1.** Petit ongle pointu derrière le pied du coq, du chien, etc. **2.** Saillie à une pièce de bois ou de fer. **3.** Maladie des céréales. ■ FIG **se dresser sur ses ergots :** prendre une attitude hautaine et menaçante.

ergotage nm Manie d'ergoter.

ergoter vi FAM Discuter avec ténacité sur des points de détail ; chicaner.

ergoteur, euse adj et n Qui ergote.

ergothérapie nf Thérapeutique qui utilise les activités manuelles comme moyens de réadaptation psychologique.

éricacée nf Plante dicotylédone gamopétale (les éricacées forment une famille comprenant les bruyères, la myrtille, les rhododendrons et les azalées).

ériger vt (conj 2) **1.** Élever, construire. **2.** Créer, instituer. ■ **ériger en :** élever au rang, au rôle de. ◆ **s'ériger** vpr ■ **s'ériger en :** s'attribuer un droit, se poser en.

ermitage nm **1.** Lieu solitaire habité par un ermite. **2.** Maison de campagne isolée.

ermite nm **1.** Moine qui vit seul. **2.** Personne qui vit loin du monde.

éroder vt User par frottement.

érogène adj Se dit d'une partie du corps susceptible de provoquer une excitation sexuelle.

érosif, ive adj Qui produit l'érosion.

érosion nf Dégradation, usure produite sur le relief du sol par diverses causes naturelles : *érosion éolienne, fluviale.* ■ FIG **érosion monétaire :** détérioration lente et continue du pouvoir d'achat présentée par une monnaie.

érotique adj Relatif à l'amour sexuel, à la sexualité.

érotisme nm **1.** Caractère érotique de quelqu'un ou de quelque chose. **2.** Recherche du plaisir sexuel.

erpétologie nf Étude scientifique des reptiles et des batraciens.

errance nf LITT Action d'errer.

errant, e adj **1.** Sans demeure fixe : *un chien errant.* **2.** SOUT Qui ne se fixe nulle part : *vie errante.*

erratique adj SOUT Qui est instable et ne manifeste aucune cohérence : *mouvements erratiques de la monnaie.*

erratum [ɛratɔm] (pl *errata*) nm Faute, erreur, dans l'impression d'un ouvrage.

errements nm pl PÉJOR Manière d'agir considérée comme blâmable.

errer vi Aller çà et là, à l'aventure.

erreur nf **1.** Action de se tromper ; faute commise en se trompant. **2.** État de quelqu'un qui se trompe : *être dans l'erreur.* **3.** Action regrettable, maladresse : *c'est une erreur de jeunesse.* ■ **erreur judiciaire :** condamnation prononcée à tort contre un innocent. ❑ **faire erreur :** se tromper.

erroné, e adj Qui contient des erreurs ; faux, inexact.

ers [ɛr] nm Variété de lentille.

ersatz [ɛrzats] nm Produit de remplacement ; succédané.

1. erse adj Relatif aux habitants de la haute Écosse. ◆ nm Dialecte gaélique.

2. erse nf MAR Anneau de cordage.

éructation nf Action d'éructer.

éructer vi Rejeter par la bouche avec bruit les gaz de l'estomac ; roter. ◆ vt FIG, LITT Lancer, proférer : *éructer des injures.*

érudit, e adj et n Qui a, qui renferme beaucoup d'érudition.

érudition nf Savoir étendu et approfondi.

éruptif, ive adj MÉD Qui a lieu par éruption : *fièvre éruptive.* ■ **roche éruptive :** roche provenant d'une éruption volcanique.

éruption nf Apparition de boutons, de taches, de rougeurs, sur la peau. ■ **éruption volcanique :** émission violente, hors d'un volcan, de vapeurs, de cendres et de laves.

érysipèle ou **érésipèle** nm Maladie infectieuse caractérisée par l'inflammation superficielle de la peau.

érythème nm MÉD Rougeur de la peau : *érythème solaire.*

érythréen, enne adj et n D'Érythrée : *les Érythréens.*

érythropoïétine nf Hormone qui stimule la formation de globules rouges.

ès [ɛs] prép (devant un pluriel) En matière de : *docteur ès sciences.*

esbroufe nf FAM ■ **à l'esbroufe :** (a) En essayant d'en imposer par son assurance (b) en profitant de la surprise. ❑ **faire de l'esbroufe :** chercher à en imposer par de grands airs.

escabeau nm Petite échelle portable.

escadre nf Groupe important de navires de guerre, d'avions de combat.

escadrille nf **1.** Petite escadre de navires légers. **2.** Groupe d'avions.

escadron nm Unité de cavalerie ou d'engins blindés correspondant à une ou plusieurs compagnies.

escalade nf **1.** Action de s'élever jusqu'à un point en s'aidant des pieds et des mains. **2.** FIG Montée rapide, intensification d'un phénomène : *escalade des prix.* **3.** MIL Processus qui conduit à utiliser des moyens offensifs de plus en plus destructeurs.

escalader vt **1.** Faire une escalade, grimper : *escalader un rocher.* **2.** Franchir en passant par-dessus : *escalader une grille.*

Escalator nm (nom déposé) Escalier mécanique.

escale nf Lieu d'arrêt ou de ravitaillement pour les bateaux ou les avions ; temps d'arrêt passé dans cet endroit.

escalier nm Série de marches échelonnées pour monter ou descendre. ■ **escalier roulant, mécanique :** escalier dont les marches articulées sont entraînées mécaniquement.

escalope nf Tranche mince de viande blanche ou de poisson.

escamotable adj Qui peut être escamoté. ■ **meuble escamotable :** pouvant être rabattu contre un mur ou dans un placard.

escamotage nm Action d'escamoter.

escamoter vt **1.** Faire disparaître habilement : *le prestidigitateur escamote des foulards.* **2.** VIEILLI Dérober, subtiliser : *escamoter un portefeuille.* **3.** FIG Éluder, éviter ce qui est difficile : *escamoter une question.*

escamoteur, euse n VIEILLI Personne qui dérobe subtilement.

escampette nf ■ FAM **prendre la poudre d'escampette :** s'enfuir, déguerpir.

escapade nf Action de se soustraire momentanément à des obligations, à la routine.

escarbille nf Fragment de charbon ou de bois qui s'échappe d'un foyer.

escarcelle nf **1.** ANC Grande bourse pendue à la ceinture. **2.** PAR PLAIS Réserve d'argent. ■ **rentrer, tomber dans l'escarcelle de quelqu'un :** lui revenir, lui être attribué.

escargot nm Mollusque gastropode qui porte une coquille en spirale.

escargotière nf **1.** Lieu où l'on élève des escargots. **2.** Plat présentant de petits creux, pour servir les escargots.

escarmouche nf **1.** Accrochage entre les premières lignes de deux armées. **2.** FIG Paroles hostiles.

escarpe nf Talus intérieur du fossé d'un ouvrage fortifié.

escarpé, e adj Qui a une pente raide, d'accès difficile ; abrupt : *falaise escarpée.*

escarpement nm Pente raide.

escarpin nm Chaussure découverte, à semelle très mince, avec ou sans talon.

escarpolette nf VIEILLI Siège suspendu à des cordes pour se balancer.

escarre nf MÉD Croûte noirâtre sur la peau, les plaies, par suite de la nécrose des tissus.

eschatologie [ɛskatɔlɔʒi] nf Partie de la théologie qui concerne le sort ultime de l'homme et du monde.

esche [ɛʃ] ou [ɛsk] nf Appât que les pêcheurs accrochent à l'hameçon.

escient (à bon) loc adv Avec à-propos et discernement.

esclaffer (s') vpr Rire bruyamment.

esclandre nm Tumulte qui fait scandale ou qui est causé par un fait scandaleux : *faire un esclandre.*

esclavage nm **1.** État, condition d'esclave. **2.** FIG Assujettissement, asservissement.

esclavagisme nm Système social fondé sur l'esclavage.

esclavagiste adj et n Partisan de l'esclavage.

esclave adj et n **1.** Qui est sous la dépendance totale d'un maître. **2.** Qui vit dans la dépendance d'un autre ; qui n'a pas un instant de liberté. **3.** Qui subit la domination d'un sentiment, d'un principe : *être esclave de l'argent, de ses passions.*

escogriffe nm FAM Homme de grande taille, à l'allure dégingandée.

escompte [ɛskɔ̃t] nm **1.** Prime payée à un débiteur qui acquitte sa dette avant l'échéance. **2.** Action d'escompter un effet de commerce.

escompter vt **1.** Payer un effet de commerce avant l'échéance. **2.** FIG Compter sur, espérer : *escompter un succès.*

escorte nf **1.** Suite de personnes qui accompagnent pour protéger, garder ou honorer. **2.** Formation militaire terrestre, aérienne ou navale, chargée d'escorter. ■ **faire escorte :** accompagner.

escorter vt Accompagner pour protéger, garder ou faire honneur.

escorteur nm Petit navire de guerre spécialement équipé pour la protection des communications maritimes.

escouade nf **1.** ANC Fraction d'une compagnie, sous les ordres d'un caporal ou d'un brigadier. **2.** Petit groupe, troupe : *une escouade de touristes.*

escourgeon nm Orge hâtive, qu'on sème en automne.

escrime nf Sport opposant deux adversaires au fleuret, à l'épée ou au sabre.

escrimer (s') vpr [à] Faire tous ses efforts en vue d'un résultat difficile à atteindre ; s'évertuer.

escrimeur, euse n Personne qui pratique l'escrime.

escroc nm Individu qui agit frauduleusement, qui trompe la confiance des gens.

escroquer vt **1.** S'emparer de quelque chose par ruse ou par surprise : *escroquer des millions.* **2.** Tromper pour voler.

escroquerie nf Action d'escroquer.

escudo [ɛskudo] nm Unité monétaire portugaise jusqu'au 1er janvier 2002.

eskimo adj et n → **esquimau.**

ésotérique adj Hermétique, réservé aux initiés.

ésotérisme nm **1.** Ensemble de doctrines secrètes anciennes. **2.** Caractère de ce qui est ésotérique.

espace nm **1.** Étendue indéfinie qui contient tous les objets. **2.** Étendue de l'Univers hors de l'atmosphère terrestre : *lancer un satellite dans l'espace.* **3.** Étendue en surface : *espace désertique.* **4.** Volume occupé par quelque chose : *ce meuble occupe peu d'espace.* **5.** Distance entre deux points, deux objets : *laisser un espace entre deux mots.* **6.** PAR EXT Durée qui sépare deux moments : *en l'espace de dix minutes.* ■ **espace publicitaire :** portion de surface ou plage de temps destinée à la présentation d'une publicité. ❑ **espace vert :** surface réservée aux parcs, aux jardins, dans une agglomération. ❑ **espace vital :** nécessaire au sentiment de son bien-être, de sa survie.

espacement nm Distance entre des êtres ou des choses.

espacer vt (conj 1) Séparer par un espace, un intervalle : *espacer des arbres ; espacer ses visites.*

espace-temps (pl *espaces-temps*) nm Milieu à quatre dimensions, la quatrième étant le temps, nécessaire, selon la théorie de la relativité, pour déterminer la position d'un phénomène.

espadon nm Grand poisson dont la mâchoire supérieure est allongée comme une lame d'épée.

espadrille nf Chaussure à empeigne de toile et semelle de corde.

espagnol, e adj et n D'Espagne : *les Espagnols.* ◆ nm Langue romane parlée en Espagne, en Amérique, etc.

espagnolette nf Tige de fer munie de crochets à ses extrémités et d'une poignée, pour fermer une fenêtre. ■ **fermer une fenêtre à l'espagnolette :** de façon à la laisser entrouverte.

espalier nm **1.** Rangée d'arbres fruitiers alignés contre un mur, un treillage. **2.** Échelle de bois fixée à un mur pour des exercices de gymnastique.

espar nm MAR Longue pièce de bois pouvant servir de mât, de vergue, etc.

espèce nf **1.** Ensemble d'êtres animés ou de végétaux qui se distinguent des autres du même genre par des caractères communs. **2.** Catégorie de choses ; sorte, qualité. ■ **cas d'espèce :** cas particulier. ❑ **en l'espèce :** en la circonstance. ❑ **espèce de** (+ nom) : renforce une injure : *espèce d'imbécile !* ❑ **une espèce de :** quelque chose comme. ◆ **espèces** pl Pièces, billets formant la monnaie : *payer en espèces.*

> GRAMMAIRE On dit *une espèce de* quel que soit le genre du nom complément : *une espèce de compromis.*

espérance nf Attente confiante de quelque chose ; objet de cette attente. ■ **contre toute espérance :** alors que personne ne s'y attendait. ❑ **espérance de vie :** durée moyenne de la vie pour une population et une époque données.

espéranto nm Langue internationale créée en 1887 par Zamenhof.

espérer vt (conj 10) Souhaiter, attendre avec confiance. ◆ vt ind [en] Mettre sa confiance en : *espérer en Dieu.*

esperluette nf Signe typographique (&) utilisé pour remplacer le mot *et.*

espiègle adj et n Vif, éveillé, malicieux.

espièglerie nf Petite malice.

espion, onne n **1.** Agent secret chargé d'épier certains personnages, de recueillir des renseignements sur une puissance étrangère. **2.** Personne qui épie autrui.

espionnage nm **1.** Action d'espionner. **2.** Organisation de cette activité à des fins politiques.

espionner vt Épier, surveiller secrètement les actions, les discours d'autrui.

esplanade nf Terrain plat, uni et découvert, en avant d'une fortification ou devant un édifice.

espoir nm **1.** État d'attente confiante : *j'ai l'espoir qu'il viendra.* **2.** Sentiment qui porte à espérer : *être plein d'espoir.* **3.** Objet de ce sentiment.

espressivo adj inv et adv MUS Expressif, plein de sentiment.

esprit nm **1.** Principe de la pensée ; activité intellectuelle, intelligence : *avoir l'esprit vif.* **2.** Intelligence vive ; humour, ironie : *avoir de l'esprit.* **3.** Humeur, caractère : *esprit chagrin ; avoir l'esprit aventurier.* **4.** Manière de penser : *esprit de synthèse ; esprit d'entreprise.* **5.** Caractère essentiel de quelque chose : *esprit du siècle, d'une loi.* **6.** Principe immatériel ; âme : *le corps et l'esprit.* **7.** Être incorporel imaginaire : *croire aux esprits.* ■ **avoir bon, mauvais esprit :** avoir des dispositions bienveillantes, malveillantes. ❑ LITT **bel esprit :** personne qui cherche à se distinguer par son esprit, son intelligence. ❑ **esprit rude :** signe (ʻ) qui marque l'aspiration d'une voyelle en grec (par opposition à *esprit doux*). ❑ **faire de l'esprit :** plaisanter, faire de l'humour. ❑ **perdre l'esprit :** devenir fou. ❑ **présence d'esprit :** promptitude à dire ou à faire ce qui est le plus à propos. ❑ **reprendre ses esprits :** se remettre d'un grand trouble. ❑ **vue de l'esprit :** idée chimérique.

esquif nm LITT Petite embarcation légère.

esquille nf Petit fragment d'un os fracturé.

Esquimau nm (nom déposé) Crème glacée enrobée de chocolat, moulée autour d'un bâtonnet.

esquimau, aude ou **eskimo** adj et n Qui appartient au peuple des Esquimaux. ◆ nm Langue parlée par les Esquimaux.

esquinter vt FAM **1.** Abîmer, détériorer. **2.** Critiquer violemment, dénigrer : *esquinter un livre.*

esquisse nf **1.** Premier jet d'une œuvre artistique ou littéraire. **2.** FIG Ébauche, commencement : *esquisse d'un sourire.*

esquisser vt **1.** Faire l'esquisse de : *esquisser un dessin.* **2.** FIG Commencer : *esquisser un geste.*

esquive nf Action de se dérober à l'attaque de l'adversaire.

esquiver vt Éviter adroitement. ◆ **s'esquiver** vpr Se retirer furtivement.

essai nm **1.** Épreuve à laquelle on soumet quelqu'un ou quelque chose pour voir s'ils sont aptes à ce qu'on attend : *mettre quelqu'un à l'essai.* **2.** Action de tenter quelque chose : *essai réussi.* **3.** Au rugby, action de porter le ballon et de le poser par terre derrière la ligne de but adverse : *marquer un essai.* **4.** Livre qui traite librement d'une question sans prétendre épuiser le sujet.

essaim nm **1.** Colonie d'abeilles. **2.** LITT Multitude, foule.

essaimage nm Multiplication des colonies d'abeilles par l'émigration d'une partie de la population.

essaimer vi **1.** Quitter la ruche pour former une colonie nouvelle. **2.** LITT Se disperser pour fonder de nouveaux groupes : *cette famille a essaimé dans toute l'Amérique.*

essarter vt Arracher et brûler les broussailles d'un terrain afin de le cultiver.

essayage nm Action d'essayer un vêtement : *cabine d'essayage.*

essayer vt (conj 4) **1.** Faire l'essai de : *essayer une voiture.* **2.** Passer un vêtement sur soi pour voir s'il va bien. **3.** Tâcher de, s'efforcer de, tenter : *essayer de faire au mieux.* ◆ **s'essayer** vpr [à] Faire une tentative, se risquer à.

essayeur, euse n Personne qui fait essayer les vêtements en vue d'éventuelles rectifications.

essayiste n LITTÉR Auteur d'un essai.

esse nf Crochet en forme de S

essence nf **1.** Ce qui constitue la nature d'un être, d'une chose. **2.** Liquide volatil, très inflammable, provenant de la distillation des pétroles bruts, et employé comme carburant, comme solvant, ou pour divers usages industriels. **3.** Espèce, en parlant des arbres forestiers. **4.** Extrait concentré de substances aromatiques ou alimentaires, obtenu par distillation : *essence de roses.* ■ **essence sans plomb :** carburant sans additif au plomb.

essentiel, elle adj **1.** Relatif à l'essence d'un être ou d'une chose. **2.** Indispensable, fondamental. ◆ nm **1.** Le point capital. **2.** L'indispensable. **3.** La plus grande partie.

essentiellement adv **1.** Par essence. **2.** Par-dessus tout, principalement.

esseulé, e adj LITT Seul, laissé seul.

essieu nm Axe recevant une roue à chaque extrémité et supportant un véhicule.

essor nm **1.** Action d'un oiseau qui prend son vol. **2.** FIG Développement, progrès.

ORTHOGRAPHE *Essor* s'écrit sans *t* final, à la différence de *ressort*.

essorage nm Action d'essorer.

essorer vt Extraire l'eau du linge après le rinçage.

essoreuse nf Machine à essorer le linge.

essoucher vt Arracher les souches après l'abattage des arbres.

essoufflement nm **1.** Fait d'être essoufflé. **2.** FIG Action, fait de s'essouffler.

essouffler vt Mettre hors d'haleine : *l'effort l'a essoufflé.* ◆ **s'essouffler** vpr **1.** Perdre, avoir perdu le souffle par un effort excessif. **2.** FIG Ne plus pouvoir suivre un rythme de développement trop rapide.

essuie-glace (pl *essuie-glaces*) nm Dispositif, formé d'un balai muni d'une lame de caoutchouc, qui essuie le pare-brise mouillé d'un véhicule.

essuie-mains nm inv Linge pour s'essuyer les mains.

essuie-tout nm inv Papier absorbant présenté en rouleau, à usage domestique.

essuyage nm Action d'essuyer.

essuyer vt (conj 3) **1.** Sécher, au moyen d'un torchon, d'une serviette, etc. : *essuyer la vaisselle.* **2.** Débarrasser de la poussière, en frottant : *essuyer des meubles.* **3.** FIG Subir, souffrir : *essuyer un affront.* ■ FAM **essuyer les plâtres :** (a) être le premier à occuper une habitation nouvellement construite (b) être le premier à subir les inconvénients d'une affaire, d'une entreprise. ◆ **s'essuyer** vpr Se sécher en se frottant : *s'essuyer les bras ; s'essuyer en sortant de l'eau.*

est [ɛst] nm Levant, orient, côté de l'horizon où le soleil se lève. ◆ adj inv Situé du côté de l'orient : *côte est.*

ORTHOGRAPHE On écrit : *dans l'Est* (région), mais *à, vers l'est* (orientation).

establishment [ɛstabliʃmɛnt] nm (anglicisme) Ensemble des gens en place dans un domaine quelconque ; l'ordre établi.

estafette nf Militaire chargé de transmettre des messages.

estafilade nf Longue entaille faite avec un instrument tranchant, surtout au visage.

est-allemand, e (pl *est-allemands, es*) adj Relatif à l'Allemagne de l'Est, avant la réunification de l'Allemagne.

estaminet nm VX Petit café, débit de boissons.

estampage nm Action d'estamper.

estampe nf **1.** Image imprimée, après avoir été gravée sur bois, métal, etc., ou dessinée sur un support lithographique. **2.** Outil pour estamper.

estamper vt **1.** Imprimer en relief ou en creux sur du métal, du cuir, du carton. **2.** FAM Escroquer, voler quelqu'un.

estampeur, euse n Personne qui estampe.

estampillage nm Action d'estampiller.

estampille nf Empreinte appliquée sur des brevets, des lettres, des livres, etc., pour attester l'authenticité, la propriété, la provenance.

estampiller vt Marquer d'une estampille.

est-ce que adv interr Marque l'interrogation dans les phrases interrogatives directes : *est-ce que tu viens ?*

EMPLOI L'emploi de *est-ce que* après un adverbe ou un pronom interrogatif est familier et à éviter : *pourquoi ne vient-il pas ?* est préférable à *pourquoi est-ce qu'il ne vient pas ?*

1. ester [ɛste] vi DR Intenter, soutenir une action en justice.

2. ester [ɛstɛr] nm Composé chimique résultant de l'action d'un acide organique sur un alcool, avec élimination d'eau.

esthète n Personne qui apprécie le beau.

esthéticien, enne n **1.** (surtout au féminin) Spécialiste des soins de beauté du visage et du corps. **2.** Philosophe, écrivain spécialiste d'esthétique.

esthétique nf **1.** Partie de la philosophie qui étudie le beau, son histoire, ses principes. **2.** Ensemble des règles et des principes selon lesquels on définit le beau à une époque donnée : *esthétique romantique.* **3.** Harmonie, beauté d'une forme quelconque : *l'esthétique d'une construction.* ◆ adj **1.** Relatif au beau : *sens esthétique.* **2.** Agréable à voir. ■ **chirurgie esthétique :** destinée à améliorer la forme ou l'aspect d'une partie du corps.

esthétiquement adv **1.** D'une manière esthétique. **2.** Du point de vue esthétique.

esthétisme nm Doctrine artistique qui met au premier plan le raffinement.

estimable adj Digne d'estime.

estimatif, **ive** adj Qui constitue une estimation : *devis estimatif.*

estimation nf Action d'estimer quelque chose ; évaluation.

estime nf Appréciation favorable d'une personne ou d'une chose ; considération, respect. ■ **à l'estime :** au jugé, approximativement.

estimé, **e** adj Pour qui ou pour lequel on a beaucoup d'estime ; apprécié.

estimer vt **1.** Déterminer la valeur d'un objet : *estimer un tableau.* **2.** Calculer approximativement : *estimer une distance.* **3.** Avoir en estime, faire cas de : *estimer un adversaire.* **4.** Juger, être d'avis, considérer : *j'estime que j'ai raison.* ◆ **s'estimer** vpr Se considérer comme : *s'estimer satisfait.*

estivage nm Migration des troupeaux dans les pâturages d'été.

estival, **e**, **aux** adj D'été : *tenue estivale ; travail estival.*

estivant, **e** n Personne qui passe les vacances d'été dans une station balnéaire, à la campagne, etc.

estoc [ɛstɔk] nm Grande épée droite frappant de pointe (XVe-XVIe s.). ■ LITT **frapper d'estoc et de taille :** (a) en se servant de la pointe et du tranchant de l'épée (b) FIG avec toute son énergie.

estocade nf **1.** VX Coup donné avec la pointe de l'épée. **2.** Coup d'épée porté par le matador pour tuer le taureau. **3.** LITT Attaque soudaine et violente.

estomac [ɛstɔma] nm **1.** Chez l'homme, partie du tube digestif formant une poche, où les aliments, venant de l'œsophage, sont brassés et imprégnés de suc gastrique avant de passer dans l'intestin. **2.** Partie du tube digestif, formée de quatre poches chez les ruminants. **3.** Partie du corps qui correspond à l'estomac. ■ FIG **avoir de l'estomac :** avoir du cran. ❑ **avoir l'estomac dans les talons :** être affamé.

estomaquer vt FAM Causer une vive surprise ; stupéfier.

estomper vt **1.** Ombrer un dessin, le couvrir d'une ombre dégradée. **2.** FIG Adoucir, voiler. ◆ **s'estomper** vpr **1.** S'effacer, devenir flou. **2.** Devenir moins violent, moins fort.

estourbir vt FAM Assommer.

estrade nf Plancher surélevé par rapport au sol, au plancher d'une pièce.

estragon nm Plante aromatique.

estrapade nf HIST Supplice consistant à hisser le coupable au bout d'une corde, puis à le laisser tomber plusieurs fois.

estropié, **e** adj et n Privé de l'usage d'un ou de plusieurs membres.

estropier vt **1.** Priver de l'usage d'un ou de plusieurs membres. **2.** FIG Déformer, écorcher en prononçant : *estropier un mot.*

estuaire nm Embouchure d'un fleuve envahie par la mer.

estudiantin, **e** adj Relatif aux étudiants, à la vie étudiante.

esturgeon nm Grand poisson de mer pouvant atteindre 6 m, et dont les œufs constituent le caviar.

et conj **1.** Relie deux ou plusieurs parties d'un énoncé en indiquant une addition, la simultanéité, une opposition ou une comparaison : *vingt et un ; une heure et demie ; il travaille et ne réussit pas.* **2.** Indique, en tête d'énoncé, un renforcement emphatique : *et alors, qu'est-ce qui s'est passé ?*

êta nm ou inv Lettre de l'alphabet grec (η), notant un *ê* long en grec classique et correspondant au *i* en grec moderne.

étable nf Bâtiment destiné au logement des bovins.

établi nm Table de travail des menuisiers, des serruriers, etc.

établir vt **1.** Fixer, installer dans un lieu, une position : *établir son domicile à Paris.* **2.** Instituer, mettre en vigueur : *établir un règlement.* **3.** Rédiger, dresser : *établir une liste.* **4.** Faire commencer : *établir des contacts.* **5.** FIG Démontrer la réalité de, prouver : *établir un fait.* ◆ **s'établir** vpr **1.** S'installer, prendre place : *cette coutume s'est établie.* **2.** Fixer son domicile, son commerce, son activité : *s'établir à Paris.*

établissement nm **1.** Action d'établir, d'installer, de s'établir quelque part. **2.** Entreprise industrielle ou commerciale. ■ **établissement scolaire :** école, lycée, collège.

étage nm **1.** Chacun des intervalles compris entre deux planchers successifs d'un immeuble ou d'une maison. **2.** Chacune des parties superposées d'un ensemble : *les étages géologiques ; une fusée à trois étages.* ■ FIG **de bas étage :** de qualité médiocre.

étagement nm Disposition de ce qui est étagé.

étager vt (conj 2) Disposer sur plusieurs niveaux.

étagère nf Meuble formé de tablettes superposées ; chacune de ces tablettes.

étai nm **1.** Grosse pièce de bois pour soutenir provisoirement un mur, un édifice, etc. **2.** Gros cordage, câble pour maintenir en place le mât d'un navire.

étaiement ou **étayage** nm **1.** Action d'étayer. **2.** Ensemble d'étais.

étain nm Métal blanc, relativement léger et très malléable ; objet fabriqué dans ce métal.

étal (pl *étaux* ou *étals*) nm **1.** Table où l'on dispose les marchandises dans les marchés. **2.** Table sur laquelle un boucher débite la viande.

étalage nm **1.** Disposition de marchandises en devanture : *refaire l'étalage ;* ensemble de marchandises exposées : *un bel étalage.* **2.** FIG Action de montrer avec ostentation : *faire étalage de ses richesses.*

étalagiste n Décorateur spécialisé dans la présentation des étalages.

étale adj Sans vitesse, immobile, en parlant d'un navire. ■ **mer étale :** qui ne monte ni ne descend. ◆ nm Moment où la mer ne monte ni ne descend.

étalement nm Action d'étaler.

étaler vt **1.** Disposer à plat en éparpillant, en déployant : *étaler du linge ; étaler une carte.* **2.** Exposer pour la vente : *étaler des marchandises.* **3.** Étendre sur une surface : *étaler de la peinture.* **4.** Répartir dans le temps : *étaler un paiement ; étaler les départs.* **5.** Montrer avec ostentation : *étaler ses richesses.* ■ **étaler son jeu :** montrer toutes ses cartes. ◆ **s'étaler** vpr **1.** FAM Prendre de la place. **2.** FAM Tomber : *s'étaler par terre.*

1. étalon nm **1.** Modèle légal d'unité de poids, de mesure. **2.** Métal monétaire légalement adopté : *étalon-or.*

2. étalon nm Cheval destiné à la reproduction.

étalonnage ou **étalonnement** nm Action d'étalonner.

étalonner vt **1.** Vérifier, par comparaison avec un étalon, l'exactitude des indications d'un instrument. **2.** Établir la graduation de.

étamage nm Action d'étamer.

étambot nm Forte pièce de bois, implantée dans la quille d'un navire, qu'elle continue à l'arrière.

étamer vt **1.** Appliquer sur un métal oxydable une couche mince d'étain. **2.** Mettre le tain à une glace.

étameur nm Ouvrier qui étame.

1. étamine nf Étoffe légère, non croisée.

2. étamine nf BOT Organe sexuel mâle des végétaux à fleurs.

étampage nm Action d'étamper.

étampe nf Pièce d'acier destinée à produire des empreintes sur métaux.

étamper vt Travailler à l'étampe.

étanche adj **1.** Qui retient l'eau, ne la laisse pas sortir ou entrer : *les cloisons étanches d'un navire.* **2.** FIG Qui maintient une séparation absolue.

étanchéité nf Qualité de ce qui est étanche.

étanchement nm LITT Action d'étancher : *l'étanchement du sang.*

étancher vt **1.** Arrêter l'écoulement d'un liquide. **2.** TECHN Rendre étanche. ■ FIG **étancher la soif :** l'apaiser en buvant.

étang nm Étendue d'eau peu profonde, stagnante et sans écoulement, naturelle ou artificielle.

étant donné loc prép Vu. ◆ **étant donné que** loc conj Puisque.

> ORTHOGRAPHE Placé en tête de phrase, *étant donné* est invariable : *étant donné les circonstances.*

étape nf **1.** Distance parcourue d'un lieu à un autre. **2.** Endroit où l'on s'arrête au cours d'un voyage, d'une course, etc. **3.** FIG Période, degré : *procéder par étapes.*

état nm **1.** Manière d'être, disposition de quelqu'un, de quelque chose ou d'une collectivité à un moment donné : *état de santé ; état de marche ; état de paix.* **2.** LITT Condition sociale, profession : *l'état ecclésiastique.* **3.** Liste énumérative, inventaire, compte : *état des dépenses.* ■ **en état de :** dans les conditions convenables pour. ❑ **état civil :** situation sociale de quelqu'un (naissance, lien de parenté, etc.). ❑ **état des lieux :** acte qui constate l'état de la chose louée. ❑ **état d'esprit :** disposition d'esprit ; mentalité. ❑ HIST **états généraux :** assemblée où siégeaient les représentants de la noblesse, du clergé et du tiers état, sous l'Ancien Régime. ❑ **être dans tous ses états :** affolé, hors de soi. ❑ **faire état de :** faire cas de. ❑ **hors d'état de :** incapable de. ❑ HIST **le tiers état :** le peuple.

État nm **1.** Nation organisée, administrée par un gouvernement : *l'État français.* **2.** Le gouvernement, les pouvoirs publics : *l'État et les collectivités.* ■ **affaire d'État :** de la plus haute importance. ❑ **coup d'État :** prise illégale du pouvoir organisée par une fraction des gouvernants. ❑ **secret d'État :** qui ne doit être divulgué à aucun prix

> ORTHOGRAPHE *État* reste au singulier dans les locutions *des affaires d'État, des coups d'État,* etc.

étatique adj Relatif à l'État.

étatisation nf Action d'étatiser quelque chose.

étatiser vt Faire administrer par l'État.

étatisme nm Système politique dans lequel l'État intervient directement dans le domaine économique.

état-major (pl *états-majors*) nm **1.** Corps d'officiers, d'où émane la direction d'une armée, d'une division, d'un régiment, etc. ; lieu où se réunit ce corps. **2.** FIG Ensemble des personnes les plus influentes d'un groupe organisé : *l'état-major d'un parti*.

étau (pl *étaux*) nm Instrument pour saisir, serrer fortement un objet qu'on veut travailler.

étayage nm → **étaiement**.

étayer vt (conj 4) **1.** Soutenir avec des étais. **2.** FIG Renforcer, soutenir par des arguments : *étayer un raisonnement*.

etc. (abréviation) Et cetera.

et cetera [ɛt setera] ou **et cætera** [et setera] loc adv Et tout le reste, et ainsi de suite.

été nm Saison chaude de l'année, du solstice de juin (21 ou 22 juin) à l'équinoxe de septembre (22 ou 23 septembre).

éteignoir nm **1.** Objet en forme de cône pour éteindre les cierges, les bougies. **2.** FIG Rabat-joie.

éteindre vt (conj 55) **1.** Faire cesser de brûler, d'éclairer : *éteindre le feu, les lumières*. **2.** Faire cesser de fonctionner : *éteindre la radio*. **3.** LITT Mettre un terme à : *éteindre la soif, l'ardeur de quelqu'un*. ◆ **s'éteindre** vpr **1.** Cesser de brûler. **2.** Cesser d'éclairer. **3.** Mourir doucement ; expirer.

éteint, e adj Qui a perdu sa vivacité, son éclat : *regard éteint*.

étendage nm Action d'étendre : *l'étendage du linge*.

étendard nm Enseigne, drapeau : *un étendard de cavalerie*. ■ LITT **lever l'étendard de la révolte** : se révolter.

étendoir nm Fil ou corde pour étendre le linge.

étendre vt (conj 50) **1.** Déployer en long et en large : *étendre du linge*. **2.** Donner toute son étendue à une partie du corps : *étendre les bras*. **3.** Coucher, allonger : *étendre un malade*. **4.** Répandre, appliquer sur une surface : *étendre de la peinture, de la paille*. **5.** Additionner un liquide d'eau pour l'allonger : *boire du vin étendu d'eau*. **6.** FIG Augmenter, agrandir : *étendre sa propriété, son pouvoir*. ■ FAM **se faire étendre** : être refusé à un examen. ◆ **s'étendre** vpr **1.** Se coucher, s'allonger. **2.** Avoir une certaine étendue dans l'espace ou le temps : *forêt qui s'étend sur vingt kilomètres*. **3.** Se développer : *le mal s'étend*. **4.** Développer longuement : *je n'ai pas le temps de m'étendre sur le sujet*.

étendu, e adj **1.** Vaste : *plaine étendue*. **2.** Déployé : *ailes étendues*. **3.** Dilué : *alcool étendu*. **4.** FIG Important : *avoir des pouvoirs étendus*.

étendue nf **1.** Dimension en superficie : *vaste étendue d'eau*. **2.** Durée de quelque chose : *étendue de la vie*. **3.** FIG Importance ; ampleur : *l'étendue d'un désastre*.

éternel, elle adj **1.** Sans commencement ni fin : *Dieu éternel*. **2.** Qui n'aura pas de fin : *reconnaissance éternelle*. **3.** Interminable, lassant : *les éternels discours sur l'existence*. ■ **la Ville éternelle** : rome.

éternellement adv De toute éternité ; sans fin.

éterniser vt Faire durer longtemps, trop longtemps : *il est inutile d'éterniser la discussion*. ◆ **s'éterniser** vpr **1.** Durer trop longtemps : *attente qui s'éternise*. **2.** FAM Rester trop longtemps dans un lieu, chez quelqu'un : *je ne veux pas m'éterniser ici*.

éternité nf **1.** Durée sans commencement ni fin. **2.** Durée qui paraît très longue : *cela fait une éternité que je l'attends*. ■ **de toute éternité** : depuis toujours.

éternuement nm Expulsion de l'air par le nez et la bouche, provoquée par une excitation des muqueuses nasales.

éternuer vi Faire un éternuement.

étêtage ou **étêtement** nm Action d'étêter.

étêter vt Couper la tête d'un arbre.

éteule nf Chaume qui reste sur la terre après la moisson.

éthane nm CHIM Carbure d'hydrogène.

éthanol nm CHIM Alcool éthylique.

éther [etɛr] nm **1.** CHIM Liquide très volatil, provenant de la combinaison d'un acide avec un alcool. **2.** POÉT Air, ciel.

éthéré, e adj POÉT Qui a quelque chose de léger, d'aérien, de très pur : *une créature éthérée*. ■ **odeur éthérée** : propre à l'éther.

éthéromane n et adj Toxicomane à l'éther.

éthique adj Qui concerne la morale. ■ **fonds éthique** : portefeuille de valeurs mobilières investies dans des entreprises respectant une série de critères sociaux, environnementaux et financiers. ◆ nf **1.** Partie de la philosophie qui étudie la morale. **2.** Règles morales choisies par qqn pour guider ses actes, sa vie.

ethnie nf Groupement humain de structure familiale, économique et sociale homogène, de langue et de culture communes.

ethnique adj **1.** Relatif à l'ethnie : *influences ethniques*. **2.** Qui relève d'une culture autre que la culture occidentale : *musique ethnique*.

ethnocentrisme nm Tendance à valoriser et privilégier la manière de penser de sa propre communauté, de son pays.

ethnographe n Spécialiste d'ethnographie.

ethnographie nf Branche des sciences humaines qui a pour objet l'étude descriptive des ethnies.

ethnographique adj Relatif à l'ethnographie.

ethnologie nf Branche des sciences humaines qui étudie la structure sociale et économique des ethnies, leur langue et leur culture.

ethnologique adj Qui concerne l'ethnologie.

ethnologue n Spécialiste d'ethnologie.

ethnonyme nm Dénomination des habitants d'un lieu.

éthologie nf Étude scientifique du comportement des espèces animales et des êtres humains.

éthologue n Spécialiste d'éthologie.

éthylène nm Gaz incolore, légèrement odorant, obtenu en déshydratant l'alcool par l'acide sulfurique.

éthylique adj Dérivé de l'éthane : *alcool éthylique.* ◆ adj et n Se dit d'une personne alcoolique.

éthylisme nm Intoxication chronique provoquée par l'absorption d'alcool. SYN : alcoolisme.

étiage nm Débit le plus faible d'un cours d'eau.

étier nm Canal qui conduit l'eau dans les marais salants.

étincelant, e adj Qui étincelle ; brillant : *un regard étincelant ; une verve, un style étincelants.*

étinceler vi (conj 6) Jeter des étincelles, briller d'un vif éclat : *la mer étincelle au soleil.*

étincelle nf **1.** Parcelle incandescente qui se détache d'un corps enflammé ou qui jaillit du choc ou du frottement de deux corps. **2.** Manifestation brillante et fugitive d'une faculté intellectuelle : *une étincelle de génie.* ■ FAM **faire des étincelles :** réussir brillamment.

étincellement nm Éclat de ce qui étincelle ; scintillement.

étiolement nm **1.** Action d'étioler. **2.** FIG Affaiblissement.

étioler vt AGRIC Priver un végétal de lumière, en particulier certains légumes pour les faire blanchir. ◆ **s'étioler** vpr S'affaiblir.

étiologie nf Partie de la médecine qui recherche les causes des maladies.

étique adj LITT Maigre, décharné.

étiquetage nm Action d'étiqueter.

étiqueter vt (conj 8) **1.** Marquer d'une étiquette. **2.** FIG Classer quelqu'un dans une catégorie.

étiqueteuse nf Machine à étiqueter.

étiquette nf **1.** Fiche indiquant le prix, l'origine, la destination d'un objet. **2.** Cérémonial en usage dans une réception officielle : *observer l'étiquette.* ■ **étiquette électronique :** système électronique d'identification d'un objet permettant la lecture et la mise à jour à distance de données relatives à cet objet (ce système tend à se substituer au code-barres). ❑ FIG **mettre une étiquette à qqn :** le classer selon son appartenance politique, sociale, etc.

étirage nm Action d'étirer un métal, un verre, un textile.

étirement nm Action d'étirer, de s'étirer ; son résultat.

étirer vt Étendre, allonger. ◆ **s'étirer** vpr Étendre ses membres pour se délasser.

étoffe nf Tissu de matière quelconque, pour l'habillement ou l'ameublement. ■ FIG **avoir de l'étoffe :** de la valeur, de grandes qualités.

étoffé, e adj Riche de matière : *devoir bien étoffé.* ■ **voix étoffée :** pleine et sonore.

étoffer vt **1.** Garnir d'étoffe. **2.** FIG Développer, enrichir : *étoffer un roman.* ◆ **s'étoffer** vpr Devenir plus gros, plus fort.

étoile nf **1.** Tout astre qui brille dans le ciel ; astre fixe qui brille par sa lumière propre. **2.** FIG Astre considéré par rapport à son influence sur la destinée des hommes : *être né sous une bonne étoile.* **3.** Objet, ornement, décoration, signe en forme de croix à cinq branches. **4.** En France, insigne du grade des officiers généraux. **5.** Indice de classement attribué à certains sites, hôtels, restaurants : *hôtel trois étoiles.* **6.** Artiste célèbre ; danseur, danseuse du plus haut échelon. ■ **à la belle étoile :** en plein air, la nuit. ❑ **étoile de mer :** animal marin en forme d'étoile à cinq branches. ❑ **étoile du Berger :** la planète Vénus. ❑ **étoile filante :** météore lumineux.

étoilé, e adj **1.** Semé d'étoiles. **2.** En forme d'étoile.

étoilement nm Fêlure en étoile.

étoiler vt Fêler en étoile : *étoiler un carreau.*

étole nf **1.** Ornement sacerdotal, formé d'une large bande . **2.** Large écharpe de fourrure couvrant les épaules.

étonnamment adv De façon étonnante.

étonnant, e adj Qui étonne ; prodigieux, remarquable.

étonnement nm Vive surprise, stupéfaction.

étonner vt Surprendre par quelque chose de singulier, d'inattendu ; abasourdir, stupéfier. ■ **cela m'étonnerait :** cela est peu probable. ◆ **s'étonner** vpr [de] Être surpris de.

étouffant, e adj **1.** Qui fait qu'on étouffe ; suffocant : *chaleur étouffante.* **2.** Qui met mal à l'aise : *une atmosphère étouffante.*

étouffe-chrétien nm inv FAM Aliment de consistance épaisse ou farineuse, difficile à avaler.

étouffée (à l') loc adv ou loc adj Mode de cuisson à la vapeur, dans un récipient bien clos. SYN : à l'étuvée.

étouffement nm **1.** Action de faire périr par asphyxie. **2.** Grande difficulté à respirer ; suffocation.

étouffer vt **1.** Faire perdre la respiration par asphyxie. **2.** Gêner en rendant la respiration difficile : *chaleur qui étouffe.* **3.** Éteindre en interceptant l'air : *étouffer un feu.* **4.** Amortir : *étouffer un bruit.* **5.** FIG Empêcher de se manifester, de se développer : *étouffer ses sanglots, un scandale.* ◆ vi **1.** Respirer avec peine. **2.** Être mal à l'aise. ◆ **s'étouffer** vpr Perdre la respiration ; mourir en s'asphyxiant.

étouffoir nm MUS Pièce de feutre qui arrête les vibrations des cordes du piano.

étoupe nf Rebut de la filasse.

étourderie nf **1.** Caractère étourdi. **2.** Acte irréfléchi.

étourdi, e adj et n Qui agit sans réflexion ou qui oublie fréquemment ce qu'il devrait faire.

étourdiment adv Inconsidérément.

étourdir vt **1.** Faire plus ou moins perdre conscience. **2.** Fatiguer, importuner : *bruit qui étourdit.* **3.** Causer une sorte de griserie : *le vin l'étourdit.* ◆ **s'étourdir** vpr Se distraire pour éviter de penser.

étourdissant, e adj **1.** Qui étourdit. **2.** FAM Extraordinaire, surprenant.

étourdissement nm **1.** État de trouble, de vertige. **2.** FIG, LITT griserie, légère ivresse.

étourneau nm **1.** Oiseau de l'ordre des passereaux, tacheté de blanc, appelé aussi sansonnet. **2.** FIG Jeune étourdi.

étrange adj Qui a un caractère inhabituel ; extraordinaire, bizarre.

étrangement adv D'une manière étrange ; bizarrement, curieusement.

étranger, ère adj et n **1.** Qui est d'une autre nation. **2.** Qui n'appartient pas à un groupe, à une famille, à une ville. ◆ adj **1.** Qui n'appartient pas à la nation où on vit ; qui concerne les rapports avec les autres nations : *langue étrangère ; politique étrangère.* **2.** Qui est sans relation, sans rapport avec : *détail étranger au sujet.* **3.** Qui n'est pas connu : *visage étranger.* ■ MÉD **corps étranger :** qui n'appartient pas à l'organisme où il se trouve. ◆ nm Ensemble des pays autres que celui dont on est citoyen.

étrangeté nf **1.** Caractère de ce qui est étrange. **2.** LITT Chose étrange.

étranglé, e adj Resserré, rétréci. ■ **voix étranglée :** à demi étouffée.

étranglement nm **1.** Action d'étrangler. **2.** Resserrement accidentel ou naturel : *l'étranglement d'une vallée.* ■ **goulet d'étranglement** ou **goulot d'étranglement :** secteur de production dont l'insuffisance est une entrave pour l'ensemble du développement économique.

étrangler vt **1.** Faire perdre la respiration en serrant le cou : *l'assassin avait étranglé sa victime.* **2.** Serrer, comprimer le cou : *col qui étrangle.* **3.** FIG Empêcher de s'exprimer : *étrangler la presse.* ◆ **s'étrangler** vpr Perdre momentanément la respiration, s'étouffer.

étrangleur, euse n Personne qui étrangle.

étrave nf Prolongement de la quille formant l'avant d'un navire.

1. être vi **1.** Avoir une réalité ; exister avec la qualité de : *il est bavard ; la neige est blanche.* **2.** Indique le lieu, la date, le moment, la manière, etc. : *il est en Angleterre ; nous sommes le trois février.* ■ **c'est, ce sont :** sert à présenter quelqu'un, quelque chose : *c'est moi.* ❑ **c'est à quelqu'un de** (+ inf) : c'est à son tour de : *c'est à lui de jouer.* ❑ **en être pour sa peine :** avoir perdu son temps, son énergie. ❑ **être à :** (a) appartenir à (b) se trouver en tel lieu. ❑ **être de :** avoir telle origine, telle condition. ❑ **être en :** (a) se trouver en tel lieu, dans telle situation (b) être vêtu en. ❑ **être pour, contre :** partisan de, opposé à. ❑ **être sans :** manquer de. ❑ **n'être plus :** avoir cessé de vivre. ◆ v auxil Se construit avec le participe passé du verbe pour former les temps composés des verbes passifs et réfléchis de certains verbes intransitifs. ◆ v impers **1.** Introduit le moment : *il est très tard.* **2.** Il y a : *il était une fois.*

2. être nm **1.** Ce qui possède une existence : *les êtres humains.* **2.** Personne, individu : *un être merveilleux.* **3.** Le fait d'être, l'existence : *l'être et le non-être.* ■ **l'Être suprême :** dieu.

étreindre vt (conj 55) **1.** Serrer fortement dans ses bras. **2.** FIG Oppresser, tenailler : *émotion qui étreint.*

étreinte nf Action d'étreindre.

étrenne nf (surtout au pluriel) Présent ou gratification à l'occasion du jour de l'an. ■ **avoir l'étrenne de quelque chose :** en avoir l'usage le premier ou pour la première fois.

étrenner vt Utiliser une chose pour la première fois.

étrier nm **1.** Anneau en métal suspendu de chaque côté de la selle et sur lequel le cavalier appuie le pied. **2.** Partie de la fixation du ski qui maintient l'avant de la chaussure. **3.** Un des osselets de l'oreille interne. **4.** Lien de fer pour maintenir une poutre. ■ **avoir le pied à l'étrier :** (a) être prêt à partir (b) FIG être en bonne voie pour réussir. ❑ **vider les étriers :** tomber de cheval.

étrille nf **1.** Instrument de fer pour nettoyer le poil des chevaux. **2.** ZOOL Petit crabe comestible.

étriller vt **1.** Frotter avec l'étrille. **2.** FIG Malmener, battre ; critiquer.

étriper vt **1.** Retirer les tripes de. **2.** FAM Blesser sauvagement, à mort.

étriqué, e adj **1.** Sans ampleur : *costume étriqué.* **2.** FIG Mesquin, médiocre : *esprit étriqué.*

étrivière nf Courroie suspendant l'étrier à la selle.

étroit, e adj **1.** Qui a peu de largeur. **2.** FIG Borné, mesquin : *esprit étroit.* **3.** Intime : *étroite amitié.* **4.** Strict, rigoureux : *surveillance étroite.* ■ **à l'étroit :** trop serré.

étroitement adv **1.** À l'étroit. **2.** FIG Intimement.

étroitesse nf Caractère de ce qui est étroit.

étron nm Matière fécale.

étrusque adj et n D'Étrurie. ◆ nm La langue des Étrusques.

étude nf **1.** Application de l'esprit pour apprendre ou comprendre : *l'étude de la philosophie.* **2.** Travail préparatoire, examen de : *étude d'un projet ; bureau d'études.* **3.** Essai, ouvrage didactique : *faire paraître une étude sur l'urbanisme.* **4.** Croquis, esquisse : *étude au fusain.* **5.** Dans un établissement scolaire, salle où les élèves font leur travail personnel ; durée de ce travail. **6.** Charge et bureaux d'un notaire, d'un huissier, etc. ■ ÉCON **étude de marché :** analyse prévisionnelle des débouchés sur le marché d'un produit donné. ◆ **études** pl Ensemble des cours suivis dans un établissement scolaire ou universitaire : *faire ses études.*

étudiant, e n Personne qui suit des études supérieures. ◆ adj Relatif aux étudiants : *la vie étudiante.*

étudié, e adj **1.** Préparé avec soin : *un discours étudié.* **2.** Qui n'est pas naturel : *des gestes étudiés.* ■ **prix étudié :** aussi bas que possible.

étudier vt **1.** Chercher à acquérir la connaissance de ; apprendre : *étudier la musique ; étudier une leçon.* **2.** Observer avec soin, examiner, analyser : *étudier un projet.* ◆ vi Faire ses études, travailler pour apprendre quelque chose. ◆ **s'étudier** vpr S'observer soi-même avec attention.

étui nm Boîte qui sert à contenir un objet : *étui à lunettes.*

étuvage nm Action d'étuver.

étuve nf **1.** Local de bain où l'on élève la température pour faire transpirer. **2.** FAM Pièce où il fait très chaud. **3.** Appareil destiné à produire une température déterminée pour travailler un bois, stériliser des objets, etc.

étuvée (à l') loc adv ou loc adj À l'étouffée.

étuver vt Sécher ou chauffer dans une étuve.

étymologie nf **1.** Étude scientifique de l'origine des mots. **2.** Origine d'un mot.

ORTHOGRAPHE Attention, *étymologie* s'écrit sans *h,* avec un *y.*

étymologique adj Relatif à l'étymologie : *sens étymologique.*

étymologiquement adv Sur le plan de l'étymologie.

étymologiste n Spécialiste d'étymologie.

eucalyptus [økaliptys] nm Grand arbre originaire d'Australie, dont les feuilles sont très odorantes.

eucharistie [økaristi] nf Sacrement qui, suivant la doctrine catholique, transforme le pain et le vin en corps et sang de Jésus-Christ.

eucharistique [økaristik] adj De l'eucharistie.

euclidien, enne adj Relatif à Euclide et à sa méthode. ■ **géométrie euclidienne :** qui repose sur le postulat des parallèles d'Euclide.

eugénique adj Relatif à l'eugénisme.

eugénisme nm Théorie et ensemble des méthodes qui visent à améliorer le patrimoine génétique des groupes humains.

euh interj Marque l'étonnement, l'impatience, le doute.

eunuque nm Homme castré.

euphémique adj Qui tient de l'euphémisme.

euphémisme nm Choix d'un mot atténué pour remplacer un mot jugé trop cru, une expression jugée trop choquante.

euphonie nf Suite harmonieuse de sons dans une phrase.

euphonique adj Qui produit l'euphonie.

euphorbe nf Plante très commune, ayant un suc laiteux, employée en médecine.

euphorie nf Sensation intense de bien-être ; sentiment de joie teinté d'une légère griserie.

euphorique adj En état d'euphorie ; qui exprime l'euphorie.

euphorisant, e adj et nm Qui provoque l'euphorie : *un médicament euphorisant*.

eurasien, enne adj et n Métis d'Européen et d'Asiatique.

eurêka interj Mot grec signifiant « j'ai trouvé » et qui marque la satisfaction d'avoir trouvé la solution à un problème, à une difficulté.

euro nm Monnaie unique européenne, créée dans le cadre de l'Union économique et monétaire, divisée en 100 cents.

eurocentrisme nm Analyse des faits d'un point de vue exclusivement européen.

eurocommunisme nm Doctrine qui vise à adapter le communisme aux pays d'Europe de l'Ouest.

eurocrate n (souvent péjoratif) Fonctionnaire d'une institution européenne.

eurodéputé nm Député au Parlement européen.

eurodevise nf Devise européenne déposée dans un pays autre que celui où réside son possesseur.

eurodollar nm Dollar américain placé à long terme en Europe.

européanisation nf Action d'européaniser ; fait d'être européanisé.

européaniser vt Donner le caractère européen à.

européen, enne adj et n **1.** De l'Europe : *les pays européens ; les Européens.* **2.** Favorable à la construction de l'Union européenne. ■ **élections européennes :** élections des eurodéputés. ◆ **européennes** nf pl Élections européennes.

eurosceptique n et adj Personne qui doute de la nécessité de la construction de l'Union européenne.

eurythmie nf **1.** Combinaison harmonieuse des lignes, des sons. **2.** MÉD Parfaite régularité du pouls.

eustatisme nm GÉOL Variation du niveau général des océans.

euthanasie nf Usage des méthodes qui procurent une mort sans souffrance à une personne atteinte d'une maladie incurable et très douloureuse.

euthanasique adj Qui provoque l'euthanasie ou s'y rapporte.

eux pron pers Désigne la 3e personne du pluriel et s'emploie comme sujet pour insister, comme complément pour renforcer *les* ou après une préposition : *eux le savent ; eux, je les aime bien ; partir sans eux.*

évacuateur, trice adj Qui sert à l'évacuation. ◆ nm ■ **évacuateur des eaux :** déversoir d'un barrage en cas de crue.

évacuation nf Action d'évacuer.

évacuer vt **1.** Faire sortir d'un endroit : *évacuer les blessés.* **2.** Vider de ses occupants : *évacuer un théâtre.* **3.** Expulser, rejeter à l'extérieur des matières nuisibles ou trop abondantes : *évacuer le pus d'un abcès.*

évadé, e adj et n Qui s'est évadé.

évader (s') vpr **1.** S'échapper d'un lieu. **2.** FIG Se soustraire à des contraintes, à des soucis.

évaluable adj Qui peut être évalué.

évaluation nf Action d'évaluer.

évaluer vt Apprécier, fixer la valeur, le prix, l'importance de : *évaluer une maison ; évaluer une distance.*

évanescent, e adj LITT Qui disparaît par degrés ; fugitif : *ombre évanescente.*

évangélique adj De l'Évangile ; conforme à l'Évangile. ◆ n Personne qui appartient à l'Église protestante évangélique.

évangélisateur, trice adj et n Qui évangélise.

évangélisation nf Action d'évangéliser.

évangéliser vt Prêcher l'Évangile.

évangélisme nm Doctrine de l'Église protestante évangélique.

évangéliste nm **1.** Chacun des quatre écrivains sacrés qui ont écrit les Évangiles : saint Matthieu, saint Marc, saint Luc et saint Jean. **2.** Dans certaines religions réformées, prédicateur laïc.

évangile nm **1.** (avec une majuscule) Message de Jésus-Christ ; livre qui le contient. **2.** Partie des Évangiles lue à la messe. ■ **parole d'évangile :** vérité absolue.

évanouir (s') vpr **1.** Perdre connaissance. **2.** FIG Disparaître, se dissiper.

évanouissement nm **1.** Perte de connaissance. **2.** FIG Action, fait de s'évanouir, de disparaître.

évaporateur nm Appareil employé pour la dessiccation d'un produit.

évaporation nf Transformation lente d'un liquide en vapeur.

évaporé, e adj et n Étourdi, tête-en-l'air.

évaporer vt Provoquer l'évaporation de. ◆ **s'évaporer** vpr **1.** Se transformer en vapeur par évaporation. **2.** FIG Disparaître, se dissiper.

évasé, e adj Qui va en s'élargissant : *jupe évasée.*

évasement nm Orifice ou sommet élargi.

évaser vt Élargir une ouverture. ◆ **s'évaser** vpr S'ouvrir ; être plus large à une extrémité.

évasif, ive adj Imprécis, vague ; qui sert à éluder : *une réponse évasive.*

évasion nf **1.** Action de s'évader. **2.** FIG Distraction, changement.

évasivement adv D'une manière évasive : *il a répondu évasivement.*

évêché nm **1.** Territoire soumis à l'autorité d'un évêque. SYN : diocèse. **2.** Siège, palais épiscopal.

évection nf ASTRON Inégalité périodique dans le mouvement de la Lune.

éveil nm **1.** Action d'éveiller ; fait de s'éveiller. **2.** Fait de sortir de son repos, de son engourdissement : *l'éveil de la nature.* **3.** Action de sensibiliser quelqu'un à quelque chose : *l'éveil de la sensibilité.* ■ **donner l'éveil** : attirer l'attention. ❑ **en éveil** : sur ses gardes, attentif.

éveillé, e adj Vif, alerte.

éveiller vt **1.** LITT Tirer du sommeil. **2.** Exciter, stimuler, provoquer une faculté, un sentiment : *éveiller l'attention.* ◆ **s'éveiller** vpr Cesser de dormir. ■ **s'éveiller à** : éprouver quelque chose pour la première fois : *s'éveiller à l'amour.*

événement ou **évènement** nm **1.** Ce qui arrive, se produit. **2.** Fait historique important. ■ **heureux événement** : naissance d'un enfant. ◆ **événements** pl La situation générale, dans ce qu'elle a d'exceptionnel.

événementiel, elle ou **évènementiel, elle** adj ■ **histoire événementielle** : qui se borne à la narration chronologique des événements. ◆ nm Ce qui concerne les événements, l'actualité.

évent nm ZOOL Narine simple ou double des mammifères cétacés, par laquelle ils rejettent l'eau.

éventail (pl *éventails*) nm **1.** Accessoire en tissu ou en papier servant à agiter l'air pour produire de la fraîcheur. **2.** FIG Ensemble différencié de choses de même catégorie : *l'éventail des salaires.*

éventaire nm **1.** Étalage de marchandises à l'extérieur d'une boutique. **2.** VIEILLI Plateau que certains marchands ambulants portaient devant eux pour présenter leur marchandise.

éventé, e adj Altéré par l'air : *vin éventé.*

éventer vt Divulguer, révéler : *éventer un secret, un complot.* ◆ **s'éventer** vpr **1.** Se rafraîchir à l'aide d'un éventail. **2.** Perdre de ses qualités par le contact de l'air : *parfum qui s'est éventé.*

éventration nf MÉD Rupture de la paroi musculaire de l'abdomen qui laisse les viscères en contact direct avec la peau.

éventrer vt **1.** Ouvrir le ventre de. **2.** Défoncer, ouvrir largement : *éventrer un sac de blé.*

éventreur nm Assassin qui tue en éventrant.

éventualité nf **1.** Caractère de ce qui est éventuel. **2.** Fait qui peut se réaliser.

éventuel, elle adj Qui dépend des circonstances, qui est seulement de l'ordre du possible.

éventuellement adv D'une manière éventuelle ; le cas échéant, s'il y a lieu.

évêque nm Dignitaire ecclésiastique.

évertuer (s') vpr [à] Faire des efforts pour, s'efforcer de.

éviction nf Expulsion par force ou intrigue. ■ **éviction scolaire** : durée légale pendant laquelle un enfant atteint d'une maladie contagieuse ne peut retourner à l'école.

évidage nm Action d'évider.

évidement nm **1.** Action d'évider. **2.** Partie évidée d'une pièce.

évidemment [evidamɑ̃] adv D'une manière évidente ; certainement, sans aucun doute.

évidence nf **1.** Caractère de ce qui est évident : *se rendre à l'évidence.* **2.** Chose évidente. ■ **de toute évidence** ou **à l'évidence** : sûrement. ❑ **mettre en évidence** : rendre manifeste. ❑ **se mettre en évidence** : se faire remarquer.

évident, e adj D'une certitude facile à saisir ; clair, manifeste. ■ FAM **ne pas être évident** : ne pas être facile à faire.

évider vt **1.** Enlever de la matière à un objet. **2.** Échancrer le contour de.

évier nm **1.** Cuve munie d'une alimentation en eau et d'une vidange, et dans laquelle on lave en particulier la vaisselle. **2.** BELGIQUE Lavabo.

évincement nm Action d'évincer ; fait d'être évincé.

évincer vt (conj 1) Mettre quelqu'un à l'écart, l'éloigner.

évitable adj Qui peut être évité.

évitement nm **1.** PSYCHOL Action d'éviter. **2.** BELGIQUE Déviation de la circulation routière. ■ CH DE F **voie d'évitement** : voie doublant une voie principale permettant de garer un train.

éviter vt **1.** Échapper, passer à côté ; parer à ce qui peut être nuisible, désagréable : *éviter un obstacle ; évitez qu'il ne vous parle.* **2.** Épargner à quelqu'un quelque chose de pénible ou de dangereux : *éviter une corvée à* *quelqu'un.* **3.** S'abstenir, se garder de : *éviter de parler ; éviter le sel dans les aliments.* **4.** S'arranger pour ne pas rencontrer quelqu'un.

évocateur, trice adj Qui évoque.

évocation nf Action d'évoquer ; ce qui est évoqué.

évolué, e adj Qui a atteint un certain degré de développement : *peuple évolué.*

évoluer vi **1.** Se modifier, se transformer progressivement ; changer : *science qui évolue.* **2.** Exécuter des évolutions : *patineur qui évolue sur la glace.* **3.** SPORTS Pratiquer sa spécialité, particulièrement dans le cadre de compétitions : *golfeur qui évolue en classe internationale.*

évolutif, ive adj Qui est susceptible d'évoluer ou qui produit l'évolution.

évolution nf **1.** Transformation graduelle et continuelle : *l'évolution des mœurs.* **2.** MÉD Succession des phases d'une maladie. **3.** Ensemble de mouvements coordonnés : *les évolutions d'un acrobate.* **4.** Mouvement d'ensemble exécuté par une troupe, des bateaux, des avions, des danseurs, etc. ■ BIOL **théorie de l'évolution :** théorie des transformations successives qu'ont subies les êtres vivants.

évolutionnisme nm **1.** Ensemble des théories visant à expliquer le mécanisme de l'évolution des êtres vivants. **2.** En sociologie, doctrine considérant que toute culture est le résultat d'un processus d'évolution.

évolutionniste adj et n Partisan de l'évolutionnisme.

évoquer vt **1.** Faire penser à ; rappeler : *ce dessin évoque vaguement un personnage.* **2.** Rappeler à la mémoire : *évoquer le passé.* **3.** Faire mention, faire allusion : *évoquer une question.* **4.** Faire apparaître par la magie : *évoquer un esprit.*

ex n FAM **1.** Époux, épouse dont on est divorcé(e). **2.** Personne avec qui on a eu une aventure ou avec qui on a vécu et dont on est séparé(e).

ex abrupto loc adv Brusquement, tout de go.

exacerbation nf SOUT Exaspération d'un sentiment, d'une sensation, etc.

exacerbé, e adj Qui est poussé à un point extrême : *égoïsme exacerbé.*

exacerber vt Rendre plus intense, plus fort : *exacerber la colère, le désir.*

exact, e [ɛgzakt] ou [ɛgza, akt] adj **1.** Qui ne comporte pas d'erreur : *calcul exact.* **2.** Conforme à la logique, à la réalité : *prévisions exactes ; copie exacte.* **3.** Ponctuel : *employé exact.* ■ **les sciences exactes :** mathématiques, astronomie, sciences physiques.

exactement adv **1.** Avec exactitude. **2.** Précisément, rigoureusement.

exaction nf SOUT Action d'une personne qui exige plus qu'il n'est dû en profitant de son pouvoir : *exaction commise par un fonctionnaire.* ◆ **exactions** pl Actes de violence : *commettre des exactions.*

exactitude nf Qualité d'une personne ou d'une chose exacte, ponctuelle.

ex aequo [ɛgzeko] loc adv ou adj inv et n inv Sur le même rang, à égalité : *deux ex aequo à une compétition.*

exagération nf Action d'exagérer.

exagéré, e adj Où il y a de l'exagération.

exagérément adv De façon exagérée.

exagérer vt (conj 10) Outrer, amplifier. ◆ vi Aller au-delà de ce qui est juste, convenable, bienséant ; abuser.

exaltant, e adj Qui exalte, stimule.

exaltation nf Fait de s'exalter, d'être exalté ; excitation.

exalté, e adj et n Enthousiaste, excité.

exalter vt **1.** Exciter, enflammer : *exalter l'imagination.* **2.** LITT Porter très haut, célébrer, glorifier : *exalter les mérites de sa bien-aimée.* ◆ **s'exalter** vpr S'enthousiasmer.

examen nm **1.** Observation attentive : *examen d'un projet ; examen médical.* **2.** Épreuve subie par un candidat. ■ DR **mise en examen :** acte de procédure par lequel le juge d'instruction fait connaître à quelqu'un les faits qui lui sont reprochés.

examinateur, trice n Personne qui est chargée de faire passer un examen à un candidat.

examiner vt **1.** Faire l'examen de : *examiner un malade.* **2.** Observer attentivement : *examiner une affaire.*

exanthème nm MÉD Éruption cutanée dans certaines maladies (rubéole, varicelle, etc.).

exarchat [ɛgzarka] nm ANTIQ Gouvernement militaire byzantin que commandait un exarque.

exarque nm **1.** ANTIQ Gouverneur d'un exarchat. **2.** Prélat de l'Église orientale qui a juridiction épiscopale.

exaspérant, e adj Qui irrite beaucoup.

exaspération nf État de violente irritation.

exaspérer vt (conj 10) Irriter vivement, énerver fortement.

exaucement nm Action d'exaucer : *l'exaucement d'un vœu.*

exaucer vt (conj 1) Satisfaire quelqu'un en lui accordant ce qu'il demande.

ex cathedra loc adv SOUT D'un ton doctoral, dogmatique.

excavateur nm ou **excavatrice** nf Appareil destiné à creuser le sol.

excavation nf **1.** Action de creuser. **2.** Trou creusé dans la terre.

excédant, e adj Qui excède.

excédent nm Quantité qui est en plus : *excédent de bagages.*

excédentaire adj En excédent.

excéder vt (conj 10) **1.** Importuner, exaspérer. **2.** Dépasser, venir en plus : *la dépense excède les recettes.* **3.** SOUT Aller au-delà de certaines limites ; outrepasser : *excéder ses droits.*

excellemment adv D'une manière excellente.

excellence nf **1.** Qualité de ce qui est excellent. **2.** (avec une majuscule) Titre honorifique des ambassadeurs, ministres, évêques : *son Excellence.* ■ **par excellence :** au plus haut point.

excellent, e adj **1.** Qui est à un degré éminent dans son genre : *excellent musicien ; excellent repas ;* très bon, parfait : *un plat excellent.* **2.** Moralement bon : *un excellent homme.*

exceller vi Être supérieur en son genre, l'emporter sur les autres : *exceller en gymnastique.*

excentré, e adj Loin du centre : *quartier excentré.*

excentrer vt MÉCAN Déplacer le centre, l'axe : *roue excentrée.*

excentricité nf Originalité, bizarrerie de caractère, extravagance ; acte excentrique.

excentrique adj **1.** Qui est situé loin du centre : *quartier excentrique.* **2.** En opposition aux usages reçus ; bizarre, extravagant : *conduite excentrique.* **3.** MATH Se dit d'un cercle qui, renfermé dans un autre, n'a pas le même centre que ce dernier. ◆ n Personne originale.

excepté prép Hormis, à l'exception de, en dehors de : *tous, excepté lui.*

excepter vt Exclure du nombre de.

exception nf **1.** Action d'excepter. **2.** Ce qui est exclu de la règle commune. ■ **à l'exception de :** excepté. ❏ **faire exception :** échapper à la règle.

exceptionnel, elle adj **1.** Qui forme exception. **2.** Peu ordinaire, rare, inattendu.

exceptionnellement adv D'une manière exceptionnelle.

excès nm **1.** Ce qui dépasse la quantité normale, la mesure : *excès d'alcool ; excès de vitesse.* **2.** Dérèglement de conduite, abus. ■ **excès de langage :** propos discourtois ou injurieux. ◆ pl Actes de violence, de démesure.

excessif, ive adj **1.** Qui excède la mesure ; exagéré : *une sévérité excessive.* **2.** Qui pousse les choses à l'excès : *il est toujours excessif dans ses jugements.*

excessivement adv **1.** Avec excès : *boire excessivement.* **2.** À un très haut degré : *cela me déplaît excessivement.*

excipient nm Substance neutre dans laquelle on incorpore un médicament pour permettre son absorption.

exciser vt MÉD Enlever, couper avec un instrument tranchant.

excision nf **1.** MÉD Action d'exciser. **2.** Ablation rituelle du clitoris chez certains peuples.

excitabilité nf Propriété de ce qui est excitable.

excitable adj Qui peut être excité.

excitant, e adj LITT Qui excite. ◆ nm Substance propre à augmenter l'activité organique : *le café est un excitant.*

excitateur, trice adj et n LITT Qui excite.

excitation nf **1.** Action d'exciter. **2.** Encouragement, provocation : *excitation à la violence.* **3.** Activité anormale, excessive de l'organisme.

excité, e adj et n Qui est énervé, agité.

exciter vt **1.** Provoquer, faire naître : *exciter la colère.* **2.** Stimuler, pousser : *exciter des combattants.* ◆ **s'exciter** vpr **1.** S'énerver. **2.** FAM S'enthousiasmer pour : *s'exciter sur un projet.*

exclamatif, ive adj Qui marque l'exclamation.

exclamation nf Cri de joie, de surprise, d'indignation, etc. ■ **point d'exclamation :** signe de ponctuation (!) placé après une exclamation.

exclamer (s') vpr Pousser des cris ou des paroles de joie, de surprise, etc.

exclu, e adj et n **1.** Qui a été rejeté, chassé d'un groupe. **2.** Qui a été rejeté en marge de la société.

exclure vt (conj 68) **1.** Renvoyer, mettre dehors : *exclure d'un parti, d'une salle.* **2.** Ne pas compter dans un ensemble : *on a exclu cette hypothèse.* **3.** Être incompatible avec : *cela exclut tout accord.* ■ **il n'est pas exclu que :** il est possible que.

exclusif, ive adj **1.** Qui appartient, par privilège spécial, à une ou à plusieurs personnes : *droit exclusif.* **2.** Qui repousse tout ce qui est étranger : *amour exclusif.* **3.** Absolu, de parti pris : *homme exclusif dans ses idées.*

exclusion nf **1.** Action d'exclure. **2.** Marginalisation économique et sociale de certaines personnes. ■ **à l'exclusion de :** à l'exception de.

exclusive nf Mesure d'exclusion : *inviter tout le monde sans exclusive.*

exclusivement adv De façon exclusive, uniquement : *il s'occupe exclusivement de lui.*

exclusivité nf **1.** Caractère exclusif de quelque chose. **2.** Droit exclusif de vendre une marchandise, de projeter un film, de publier un article : *film qui passe en exclusivité dans deux salles.*

excommunication nf **1.** Censure ecclésiastique, qui exclut quelqu'un de la communion des fidèles. **2.** PAR EXT Exclusion d'un groupe.

excommunié, e adj et n Frappé d'excommunication.

excommunier vt **1.** Rejeter hors de l'Église. **2.** Rejeter hors d'un groupe.

excoriation nf Légère écorchure.

excorier vt Écorcher légèrement la peau.

excrément nm Matière évacuée du corps par les voies naturelles (matières fécales, urine).

excrémentiel, elle adj De la nature de l'excrément.

excréter vt (conj 10) Éliminer hors de l'organisme.

excréteur, trice adj Qui sert à excréter : *conduit excréteur.*

excrétion nf Élimination par l'organisme de certaines substances (urine, bile, sueur, etc.).

excrétoire adj Qui se rapporte à l'excrétion.

excroissance nf **1.** Tumeur externe. **2.** Protubérance qui apparaît à la surface de quelque chose.

excursion nf Voyage ou promenade d'agrément.

excursionniste n Personne qui fait une excursion.

excusable adj Qui peut être excusé, pardonné.

excuse nf **1.** Raison alléguée pour se disculper, ou pour disculper autrui : *fournir une excuse.* **2.** Raison invoquée pour se soustraire à une obligation : *il a trouvé une bonne excuse pour ne rien faire.* ◆ **excuses** pl Paroles ou écrits exprimant le regret d'avoir offensé.

excuser vt **1.** Disculper quelqu'un d'une faute : *veuillez m'excuser.* **2.** Pardonner : *excuser un oubli.* **3.** Servir d'excuse : *rien ne peut vous excuser.* ◆ **s'excuser** vpr Alléguer des raisons pour se justifier.

exécrable adj **1.** Détestable. **2.** Très mauvais.

exécration nf LITT Sentiment d'horreur extrême : *crime qui suscite l'exécration.*

exécrer vt (conj 10) LITT Avoir en horreur, détester.

exécutable adj Qui peut être exécuté, réalisable : *travail exécutable.*

exécutant, e n **1.** Personne qui exécute une tâche, un ordre. **2.** Personne qui joue un morceau de musique dans un concert.

exécuter vt **1.** Accomplir, réaliser : *exécuter un travail.* **2.** Mener à bien : *exécuter un tableau.* **3.** Jouer un morceau de musique : *exécuter une sonate.* ■ **exécuter un condamné** : le mettre à mort. ◆ **s'exécuter** vpr Se résoudre à faire quelque chose.

exécuteur, trice n ■ **exécuteur testamentaire** : celui que le testateur a chargé de l'exécution de son testament. ❑ ANC **l'exécuteur des hautes œuvres** : le bourreau.

exécutif, ive adj ■ **pouvoir exécutif** : chargé d'appliquer les lois. ◆ nm Le pouvoir exécutif.

exécution nf **1.** Action, manière d'exécuter, de réaliser. **2.** Manière d'interpréter une œuvre musicale. **3.** DR Accomplissement d'une obligation, d'un jugement. ■ **exécution capitale** : mise à mort d'un condamné.

exécutoire adj DR Qui donne pouvoir de procéder à une exécution : *un décret immédiatement exécutoire.*

exégèse nf Interprétation, explication d'un texte.

exemplaire adj Qui peut servir d'exemple, de leçon : *conduite, punition exemplaire.* ◆ nm Chacun des objets reproduits en série selon un même type.

exemplairement adv De façon exemplaire.

exemplarité nf Caractère de ce qui est exemplaire.

exemple nm **1.** Personne ou chose qui peut servir de modèle : *donner en exemple.* **2.** Ce qui peut servir de leçon, d'avertissement : *que cela serve d'exemple !* **3.** Fait, texte cité à l'appui de : *ceci est un exemple de sa cruauté.* **4.** Phrase ou mot qui éclaire une règle, une définition : *les exemples sont en italique.* ■ **par exemple** : pour confirmer ce qui vient d'être dit. ◆ interj ■ FAM **par exemple !** : marque la surprise.

exemplifier vt Illustrer un propos par des exemples.

exempt, e [ɛgzɑ̃, ɑ̃t] adj **1.** Non assujetti à une obligation : *exempt de service.* **2.** Qui est à l'abri de : *exempt de risques.*

exempté, e [ɛgzɑ̃te] adj et n Dispensé de.

exempter [ɛgzɑ̃te] vt Rendre exempt, dispenser d'une charge.

exemption [ɛgzɑ̃psjɔ̃] nf Dispense.

exercé, e adj Devenu habile à la suite d'exercices : *oreille exercée.*

exercer vt (conj 1) **1.** Soumettre à un entraînement méthodique, habituer à : *exercer un enfant au calcul ; exercer sa mémoire.* **2.** Pratiquer, faire usage de : *exercer le pouvoir, une fonction.* **3.** Pratiquer une profession : *exercer la médecine.* **4.** Mettre à l'épreuve : *exercer sa patience.* **5.** Agir, influer sur : *exercer une action bienfaisante.* ◆ **s'exercer** vpr **1.** S'entraîner à : *s'exercer au tir à l'arc.* **2.** LITT Se manifester, agir : *ses qualités n'ont pas eu la possibilité de s'exercer.*

exercice nm **1.** Action d'exercer, de s'exercer : *l'exercice de la mémoire ; l'exercice de la médecine.* **2.** Travail donné à des élèves en application des cours. **3.** Dépense physique, activité sportive : *faire de l'exercice.* **4.** FINANCES Période comprise entre deux inventaires comptables ou deux budgets. ■ **entrer en exercice :** entrer en fonctions.

exérèse nf CHIR Opération par laquelle on retranche du corps humain ce qui lui est étranger ou nuisible (tumeur, calcul, etc.).

exergue nm Inscription mise en bas d'une médaille, en tête d'un ouvrage : *le chapitre porte en exergue deux vers de Baudelaire.*

exfoliant, e adj Qui provoque une exfoliation de la peau : *gel douche exfoliant.*

exfoliation nf Chute, détachement des parties mortes de l'épiderme sous forme de lamelles.

exfolier vt Séparer par lames minces et superficielles : *exfolier des ardoises.*

exhalaison nf Gaz, vapeur, odeur qui s'exhale d'un corps.

exhalation nf Action d'exhaler.

exhaler vt **1.** Répandre des vapeurs, des odeurs : *fleurs qui exhalent une odeur agréable.* **2.** LITT Donner libre cours à, exprimer : *exhaler sa colère.* ◆ **s'exhaler** vpr Se répandre dans l'atmosphère.

exhausser vt Augmenter en hauteur, rendre plus élevé : *exhausser une maison d'un étage.*

exhaustif, ive adj Qui traite à fond un sujet ; complet : *une étude exhaustive.*

exhaustivement adv De manière exhaustive.

exhaustivité nf Caractère de ce qui est exhaustif.

exhiber vt **1.** Présenter : *exhiber un passeport.* **2.** FIG Faire étalage de : *exhiber ses décorations.* ◆ **s'exhiber** vpr Se montrer avec ostentation ; s'afficher.

exhibition nf **1.** Action d'exhiber. **2.** Action de faire un étalage impudent de : *exhibition d'un luxe révoltant.*

exhibitionnisme nm **1.** Perversion qui pousse à exhiber ses organes génitaux. **2.** FIG Fait d'afficher en public des idées, des sentiments ou des actes qu'on devrait tenir secrets.

exhibitionniste n Personne qui pratique l'exhibitionnisme.

exhortation nf Encouragement.

exhorter vt Inciter, encourager : *exhorter à la patience.*

exhumation nf Action d'exhumer.

exhumer vt **1.** Tirer de la sépulture, déterrer. **2.** FIG Tirer de l'oubli.

exigeant, e adj Qui exige beaucoup des autres ou de soi-même ; qui est difficile à contenter.

exigence nf **1.** Ce qu'une personne exige, réclame à une autre ou à soi-même. **2.** Caractère d'une personne exigeante. **3.** Nécessité, obligation : *les exigences du métier.*

exiger vt (conj 2) **1.** Demander, réclamer en vertu d'un droit ou par force. **2.** FIG Nécessiter : *exiger des soins.*

exigibilité nf Caractère de ce qui est exigible : *exigibilité d'une dette.*

exigible adj Qui peut être exigé.

exigu, ë adj Très petit, très étroit.

exiguïté nf Petitesse, étroitesse.

exil nm **1.** Expulsion de quelqu'un hors de sa patrie ; lieu où il réside à l'étranger. **2.** Séjour hors de sa région, de sa ville d'origine, en un lieu où l'on se sent comme étranger.

exilé, e n Personne condamnée à l'exil, ou qui vit dans l'exil.

exiler vt **1.** Envoyer en exil, proscrire. **2.** PAR EXT Éloigner d'un lieu. ◆ **s'exiler** vpr **1.** Quitter volontairement sa patrie. **2.** Se retirer pour vivre à l'écart.

existant, e adj Qui existe actuellement.

existence nf **1.** Le fait d'exister : *prouver l'existence de quelque chose.* **2.** Vie humaine ; sa durée : *finir son existence.* **3.** Manière de vivre : *une existence paisible.* **4.** Durée de quelque chose : *ce journal a trois mois d'existence.*

existentialisme nm Doctrine philosophique d'après laquelle l'homme se définit lui-même en agissant.

existentialiste adj et n Relatif à l'existentialisme ; qui y adhère.

existentiel, elle adj Relatif à l'existence.

exister vi **1.** Être actuellement en vie ; vivre : *les dinosaures n'existent plus.* **2.** Être en réalité ; durer : *une nation ne peut exister sans lois.* **3.** Être important ; compter : *cet échec n'existait pas pour lui.* ■ **il existe :** il y a : *il existe des solutions.*

ex-libris [ɛkslibris] nm inv Vignette que les bibliophiles collent au revers des reliures de leurs livres, et qui porte leur nom ou leur devise.

exocet [ɛgzɔsɛ] nm Poisson volant.

Exocet [ɛgzɔsɛt] nm inv (nom déposé) MIL Missile français destiné à détruire des navires.

exocrine adj ■ ANAT **glande exocrine :** qui déverse son produit de sécrétion sur la peau ou dans une cavité naturelle. CONTR : endocrine.

exode nm **1.** Émigration en masse d'un peuple. **2.** Départ en grand nombre : *exode rural.*

exogène adj Qui provient de l'extérieur. ■ **roche exogène :** formée à la surface de la Terre. CONTR : endogène.

exonération nf Action d'exonérer ; fait d'être exonéré : *exonération d'impôts.*

exonérer vt (conj 10) Dispenser d'une charge, d'une obligation, notamment fiscale.

exophtalmique adj MÉD Qui fait sortir les yeux : *goitre exophtalmique.*

exoplanète nf ASTRON Planète extrasolaire.

exorbitant, e adj Excessif, abusif : *prix exorbitant.*

ORTHOGRAPHE *Exorbitant* s'écrit sans *h,* contrairement à *exhorter.*

exorbité, e adj ■ **yeux exorbités :** qui semblent sortir de leurs orbites.

exorciser vt Délivrer quelqu'un du démon par des pratiques religieuses particulières. ■ **exorciser un mal :** le chasser, s'en protéger.

exorcisme nm Pratique religieuse, prière pour exorciser.

exorciste n Personne qui exorcise.

exoréisme nm GÉOGR Caractère des régions dont les eaux courantes rejoignent la mer.

exothermique adj Qui dégage de la chaleur.

exotique adj Qui appartient à un pays étranger, qui en provient.

exotisme nm Caractère de ce qui est exotique.

expansé, e adj Se dit d'une matière à laquelle on a fait subir une augmentation de volume.

expansible adj Capable d'expansion.

expansif, ive adj **1.** Qui aime à s'épancher, à communiquer ses sentiments. **2.** Qui peut se dilater.

expansion nf **1.** Développement : *expansion des gaz ; expansion coloniale.* **2.** LITT, FIG tendance à communiquer ses sentiments. ■ **expansion économique :** accroissement du revenu national.

expansionnisme nm **1.** Attitude politique visant à l'expansion d'un pays au-delà de ses limites. **2.** Accroissement de la puissance économique d'un pays, encouragé par l'État.

expansionniste adj et n Qui relève de l'expansionnisme ; qui en est partisan.

expatriation nf Action d'expatrier ; fait de s'expatrier.

expatrié, e adj et n Qui a quitté sa patrie.

expatrier vt Obliger à quitter sa patrie. ◆ **s'expatrier** vpr Quitter sa patrie.

expectative nf Attente : *être dans l'expectative.*

expectorant, e adj et nm Se dit d'un médicament qui permet l'expectoration : *sirop expectorant.*

expectoration nf Crachat provenant des bronches.

expectorer vt Rejeter par la bouche des substances provenant des bronches et des poumons.

expédient nm Moyen propre à se tirer momentanément d'embarras, sans résoudre vraiment la difficulté : *vivre d'expédients.*

expédier vt **1.** Envoyer : *expédier une lettre.* **2.** Se débarrasser de : *expédier un importun ; expédier un travail.* **3.** DR Délivrer copie conforme de : *expédier un contrat de mariage.*

expéditeur, trice n et adj Personne qui fait un envoi.

expéditif, ive adj **1.** Qui agit promptement. **2.** Qui permet de faire vite : *des procédés expéditifs.*

expédition nf **1.** Action d'expédier ; chose expédiée. **2.** Voyage scientifique ou touristique. **3.** Opération militaire comportant un envoi de troupes vers un pays éloigné.

expéditionnaire n Celui ou celle qui est chargé(e) de l'expédition de marchandises. ◆ adj ■ **corps expéditionnaire :** ensemble de troupes envoyées en expédition militaire.

expérience nf **1.** Essai, épreuve, dans le but de vérifier ou de démontrer quelque chose : *faire une expérience.* **2.** Connaissance acquise par la pratique, par l'observation : *avoir de l'expérience.*

expérimental, e, aux adj Fondé sur l'expérience.

expérimentalement adv De façon expérimentale.

expérimentateur, trice n et adj Personne qui fait des expériences.

expérimentation nf Action d'expérimenter.
expérimenté, e adj Instruit par l'expérience.
expérimenter vt Soumettre à des expériences.
expert, e adj Qui connaît très bien quelque chose grâce à une très longue pratique. ◆ n **1.** Personne apte à juger de quelque chose ; connaisseur. **2.** Spécialiste chargé d'apprécier, de vérifier, de constater : *faire venir un expert pour authentifier un tableau.*
expert-comptable (pl *experts-comptables*) nm Personne dont le métier consiste à vérifier, contrôler une comptabilité.
expertise nf Visite et opération d'un expert ; son rapport.
expertiser vt Faire l'expertise de.
expiable adj Qui peut être expié.
expiation nf Action d'expier ; peine, châtiment.
expiatoire adj Qui sert à expier.
expier vt Subir une peine, un châtiment, en réparation d'une faute, d'un crime : *il expiera sa faute en prison.*
expiration nf **1.** Action de chasser hors de la poitrine l'air inspiré. **2.** Fin d'un délai : *expiration d'un bail.*
expirer vt Rejeter l'air contenu dans les poumons. ◆ vi **1.** LITT Mourir. **2.** Arriver à son terme, prendre fin : *passeport qui expire fin mars.*
explétif, ive adj et nm GRAMM Se dit d'un mot qui n'est pas nécessaire au sens de la phrase, ou qui n'est pas exigé par la syntaxe (EX : *ne* dans *je crains qu'il ne vienne*).
explicable adj Qu'on peut expliquer.
explicatif, ive adj Qui explique.
explication nf Développement destiné à éclaircir, à faire comprendre, à démontrer quelque chose : *explication de texte.* ■ **avoir une explication avec quelqu'un :** lui demander de rendre compte de sa conduite.
explicitation nf Action d'expliciter.
explicite adj Dit clairement, sans équivoque : *une réponse explicite.*
explicitement adv De façon explicite.
expliciter vt Rendre explicite, éclairer : *expliciter sa pensée.*
expliquer vt **1.** Faire comprendre par un développement parlé ou écrit, ou par des gestes. **2.** Commenter, faire connaître en détail quelque chose. **3.** Être la raison, la cause de : *la maladie explique son absence.* ◆ **s'expliquer** vpr **1.** Faire comprendre sa pensée. **2.** Avoir une discussion avec quelqu'un : *elle tient à s'expliquer avec lui directement.* **3.** Comprendre la raison de : *je m'explique mal sa présence ici.* **4.** FAM Se battre pour résoudre un différend.
exploit nm Action d'éclat, de bravoure.
exploitable adj Qui peut être exploité.
exploitant, e n et adj Personne qui met en valeur un terrain de culture ou tout autre bien productif : *exploitant d'une salle de cinéma.*
exploitation nf **1.** Action d'exploiter, de mettre quelque chose en valeur. **2.** Affaire qu'on exploite : *exploitation agricole.* **3.** Action d'abuser à son profit : *exploitation de l'homme par l'homme.*
exploité, e adj et n Se dit d'une personne dont on tire un profit abusif.
exploiter vt **1.** Faire valoir une chose, en tirer du profit : *exploiter une ferme.* **2.** Tirer parti de : *exploiter la situation.* **3.** Profiter abusivement de quelqu'un : *exploiter un employé.*
exploiteur, euse n **1.** Personne qui exploite quelque chose à son profit. **2.** Personne qui tire un profit illégitime du travail d'autrui.
explorateur, trice n **1.** Personne qui fait un voyage de découverte dans un pays lointain, une région inconnue. **2.** FIG Personne qui se livre à des recherches dans un domaine particulier.
exploration nf Action d'explorer.
exploratoire adj Qui tend à explorer : *des conversations exploratoires.*
explorer vt **1.** Parcourir un lieu inconnu ou peu connu en l'étudiant avec soin. **2.** FIG Étudier, examiner une question dans le détail.
exploser vi **1.** Faire explosion, éclater violemment : *bombe qui explose.* **2.** Se manifester brusquement : *sa joie a explosé.* **3.** FAM Croître brutalement : *les prix ont explosé.*
explosif, ive adj **1.** Susceptible d'exploser : *mélange explosif.* **2.** FIG Critique, tendu : *situation explosive.* ◆ nm Substance, corps apte à exploser.
explosion nf **1.** Action d'exploser, d'éclater violemment : *l'explosion d'une bombe.* **2.** FIG Manifestation soudaine : *explosion de colère.* **3.** Accroissement brutal d'un phénomène : *l'explosion démographique.*
expo nf (abréviation) FAM Exposition.
exponentiel, elle adj FIG Rapide et continu : *croissance exponentielle.*
exportable adj Qui peut être exporté.
exportateur, trice adj et n Qui exporte.
exportation nf Action d'exporter ; ce qui est exporté.

exporter vt Transporter et vendre à l'étranger des produits nationaux.

exposant, e n Personne qui présente des œuvres, des produits, dans une exposition. ◆ nm MATH Nombre qui indique à quelle puissance est élevée une quantité.

1. exposé nm Développement écrit ou oral dans lequel on présente des faits, des idées.

2. exposé, e adj Qui offre un terrain propice à certains dangers ; à risque : *dépistage systématique chez les populations exposées.*

exposer vt **1.** Mettre en vue, placer dans un lieu d'exposition : *exposer des tableaux.* **2.** Orienter, disposer d'une certaine façon : *maison exposée au midi.* **3.** Expliquer : *exposer un système.* **4.** Mettre en péril, en danger : *exposer sa vie.* ◆ **s'exposer** vpr Courir un risque : *s'exposer aux critiques.*

exposition nf **1.** Action d'exposer, de présenter à un public ; lieu où l'on expose : *exposition de peinture ; exposition universelle.* **2.** Orientation : *exposition au soleil.* **3.** Partie initiale d'une œuvre littéraire ou musicale. ■ PHOT **temps d'exposition :** temps de pose.

1. exprès [ɛksprɛ] adv À dessein, intentionnellement. ■ **fait exprès :** coïncidence plus ou moins fâcheuse.

2. exprès, esse [ɛksprɛs] adj Précis, formel : *défense expresse.* ◆ adj inv et nm ■ **lettre exprès, colis exprès :** remis rapidement au destinataire.

1. express [ɛksprɛs] adj et nm Qui assure une liaison rapide : *voie express.* ■ **train express** ou **express :** train à vitesse accélérée ne desservant que les gares principales.

2. express [ɛksprɛs] adj et nm Café concentré.

expressément adv En termes clairs et précis.

expressif, ive adj Qui exprime avec force une pensée, un sentiment, une émotion : *un geste expressif ; un regard expressif.*

expression nf **1.** Manifestation de la pensée, du sentiment, du talent, etc., par le langage : *liberté d'expression.* **2.** Tournure, locution : *expression figée.* **3.** Ensemble des signes extérieurs qui traduisent un sentiment, une émotion, etc. : *expression de la joie.* ■ **réduire à sa plus simple expression :** (a) ramener à très peu de chose (b) supprimer totalement.

expressionnisme nm Tendance artistique et littéraire du XXᵉ s. qui s'attache à l'intensité de l'expression.

expressionniste adj et n Qui relève de l'expressionnisme.

expressivité nf Caractère de ce qui est expressif.

expresso nm Café express.

exprimable adj Qui peut être exprimé.

exprimer vt Manifester par le langage, les actes, les traits du visage, etc. ◆ **s'exprimer** vpr Formuler sa pensée.

expropriation nf Action d'exproprier.

exproprié, e adj et n Qui fait l'objet d'une mesure d'expropriation.

exproprier vt Retirer la propriété d'un bien par des moyens légaux.

expulser vt **1.** Chasser quelqu'un d'un lieu par la force ou par une décision administrative ou judiciaire. **2.** Évacuer, rejeter de l'organisme : *expulser des crachats.*

expulsion nf Action d'expulser.

expurgation nf Action d'expurger.

expurger vt (conj 2) Retrancher d'un texte ce que l'on juge contraire à la morale, aux convenances.

exquis, e adj Particulièrement délicieux ou agréable : *un gâteau exquis ; un temps exquis.*

exsangue [ɛksɑ̃g] ou [ɛgzɑ̃g] adj Qui a perdu beaucoup de sang ; qui est très pâle.

ORTHOGRAPHE Après le *x* du préfixe *ex-*, il faut garder le *s* du radical *sang-*.

exsudation nf Suintement pathologique.

extase nf **1.** État d'une personne qui se trouve comme transportée hors du monde sensible. **2.** Vive admiration : *être en extase devant un paysage.*

extasié, e adj Rempli d'admiration.

extasier (s') vpr Manifester son admiration.

extatique adj LITT Causé par l'extase : *transport, joie extatique.*

extenseur adj et nm Qui provoque l'extension d'un segment de membre : *muscle extenseur.* ◆ nm Appareil de gymnastique servant à développer les muscles.

extensibilité nf Propriété d'un corps extensible.

extensible adj Qui peut être étendu, allongé.

extensif, ive adj Qui produit une extension. ■ **culture extensive :** pratiquée sur de grandes surfaces avec un rendement faible.

extension nf **1.** Action d'étendre, de s'étendre : *l'extension du bras.* **2.** Élargissement du sens d'un mot. **3.** Accroissement, développement : *l'extension du commerce.* ■ **extensions de cheveux :** mèches de cheveux que l'on fixe à la chevelure pour lui donner longueur et volume ; pose de ces mèches.

exténuant, e adj Qui exténue, épuise.

exténuation nf Affaiblissement extrême des forces physiques.

exténuer vt Affaiblir à l'extrême.

extérieur, e adj **1.** Qui est au-dehors. **2.** Relatif aux pays étrangers : *commerce extérieur.* **3.** Qui se voit du dehors, visible ; manifeste : *signes extérieurs de richesse.* ◆ nm **1.** Ce qui est au-dehors : *l'extérieur d'une maison.* **2.** Pays étrangers. ◆ **extérieurs** nm pl CIN Scènes tournées hors d'un studio.

extérieurement adv **1.** À l'extérieur. **2.** En apparence.

extériorisation nf Action d'extérioriser.

extérioriser vt Exprimer, manifester par son comportement : *extérioriser sa joie.* ◆ **s'extérioriser** vpr Manifester ses sentiments.

extériorité nf Caractère de ce qui est extérieur.

exterminateur, trice adj et n Qui extermine.

extermination nf Action d'exterminer ; anéantissement. ■ **camp d'extermination :** camp construit par les nazis pour y exterminer les populations juive et tsigane.

exterminer vt Massacrer, faire périr entièrement ou en grand nombre.

externat nm **1.** Établissement scolaire qui n'admet que des externes. **2.** Fonction d'externe dans un hôpital.

externe adj Qui est au-dehors, qui vient du dehors. ■ **médicament à usage externe :** qui doit être appliqué sur la peau, qui ne doit pas être avalé. ◆ n **1.** Élève qui suit les cours d'un établissement scolaire sans y coucher ni y prendre ses repas. **2.** Étudiant en médecine qui assiste les internes dans les hôpitaux.

exterritorialité nf Immunité qui exempte les agents diplomatiques de la juridiction d'un État.

extincteur, trice nm et adj Appareil qui sert à éteindre les incendies.

extinction nf **1.** Action d'éteindre ; fait de s'éteindre. **2.** Cessation, disparition : *extinction d'une dette ; extinction d'une espèce animale.* ■ **extinction des feux :** heure à laquelle doivent être éteintes les lumières. □ **extinction de voix :** affaiblissement de la voix.

extirpation nf Action d'extirper.

extirper vt **1.** Arracher avec la racine ; enlever complètement : *extirper une tumeur.* **2.** Sortir quelqu'un d'un lieu avec difficulté : *extirper les passagers d'une voiture accidentée.* **3.** FIG Obtenir difficilement : *extirper des aveux.* **4.** LITT Faire cesser : *extirper un préjugé.*

extorquer vt Obtenir par la force, la menace : *extorquer une signature.*

extorsion nf Action d'extorquer.

extra nm inv Ce qu'on fait en dehors de ses habitudes. ◆ n Personne qui fait un service supplémentaire occasionnel : *engager un extra.* ◆ adj inv **1.** FAM De qualité supérieure : *des fruits extra.* **2.** FAM Merveilleux ; formidable : *une fille extra.*

extraconjugal, e, aux adj Se dit de relations amoureuses vécues en dehors des relations conjugales.

extracteur nm Instrument servant à extraire.

extractif, ive adj Relatif à l'extraction.

extraction nf **1.** Action d'extraire : *l'extraction d'une dent.* **2.** MATH Opération qui a pour objet de trouver la racine d'un nombre. **3.** LITT Origine, naissance : *noble extraction.*

extrader vt Livrer par extradition.

extradition nf Action de livrer l'auteur d'une infraction à l'État étranger qui le réclame.

extrados [ɛkstrado] nm ARCHIT Surface extérieure d'une voûte. CONTR : intrados.

extrafin, e adj D'une qualité supérieure ; de très petit calibre : *petits pois extrafins.*

1. extrafort, e adj **1.** Très résistant, très épais : *carton extrafort.* **2.** Très fort de goût : *moutarde extraforte.*

2. extrafort nm Ruban très solide pour renforcer le bord des ourlets.

extraire vt (conj 79) **1.** Tirer hors de : *extraire une dent.* **2.** Séparer de : *extraire l'alcool du vin.* **3.** Faire sortir : *extraire des victimes des décombres.* **4.** MATH Calculer la racine d'un nombre.

extrait nm **1.** Substance extraite : *extrait de lavande.* **2.** Passage tiré d'un livre. **3.** Copie d'un acte : *extrait de naissance.*

extralucide adj et n Qui prétend posséder le don de voir par télépathie, voyance, divination, etc. : *un médium extralucide.*

extra-muros [ɛkstramyros] loc adv Hors de la ville, à l'extérieur.

extraordinaire adj **1.** Qui sort de l'ordinaire, qui est inhabituel : *un phénomène extraordinaire.* **2.** Singulier, bizarre : *une aventure extraordinaire.* **3.** Hors du commun ; remarquable, exceptionnel : *un personnage extraordinaire.*

extraordinairement adv De façon extraordinaire ; extrêmement.

extrapolation nf Action d'extrapoler ; extension, généralisation.

extrapoler vt et vi Déduire à partir de données partielles ; généraliser.

extrasensoriel, elle adj Se dit de ce qui est perçu sans l'intermédiaire des sens.

extrasolaire adj ASTRON Situé à l'extérieur du système solaire.

extraterrestre n et adj Habitant supposé d'une planète autre que la Terre.

extra-utérin, e (pl *extra-utérins, es*) adj ■ **grossesse extra-utérine :** développement d'un œuf fécondé en dehors de l'utérus.

extravagance nf **1.** Caractère de ce qui est extravagant. **2.** Discours, acte extravagant.

extravagant, e adj et n **1.** Qui s'écarte du sens commun ; déraisonnable, bizarre : *une tenue extravagante.* **2.** Qui dépasse exagérément la mesure : *des prix extravagants.*

extraverti, e adj et n Qui extériorise ses émotions.

extrême adj **1.** Qui est tout à fait au bout : *extrême limite.* **2.** Qui est au degré le plus intense, au point le plus élevé : *froid extrême.* **3.** Qui dépasse les limites normales ; violent, excessif : *solutions extrêmes.* ■ **sports extrêmes :** sports pratiqués dans des conditions particulièrement difficiles mettant le pratiquant en danger : *ski extrême.* ◆ nm ■ **à l'extrême :** au-delà de toute mesure. ❑ **d'un extrême à l'autre :** d'un excès à l'excès opposé.

extrêmement adv Excessivement.

extrême-onction (pl *extrêmes-onctions*) nf Sacrement catholique pour les malades en danger de mort.

extrême-oriental, e, aux adj et n De l'Extrême-Orient.

extrémisme nm Tendance à recourir à des moyens extrêmes, violents, notamment dans la lutte politique.

extrémiste adj et n Qui fait preuve d'extrémisme ; qui en est partisan.

extrémité nf **1.** Partie qui termine ; bout : *extrémité du clocher, de la rue.* **2.** Attitude, décision extrême : *tomber d'une extrémité dans l'autre.* ■ **la dernière extrémité :** les derniers moments de la vie. ◆ **extrémités** pl **1.** Actes de violence : *en venir à des extrémités.* **2.** Les pieds et les mains : *avoir les extrémités froides.*

ORTHOGRAPHE *Extrémité* s'écrit avec un *é*, alors que *extrême* s'écrit avec un *ê*.

extrinsèque adj Qui vient du dehors : *causes extrinsèques.* CONTR : intrinsèque.

exubérance nf **1.** Vivacité excessive. **2.** Surabondance : *l'exubérance de la végétation.*

exubérant, e adj FIG Excessif dans ses expressions, son comportement.

exultation nf Très grande joie.

exulter vi Déborder de joie.

exutoire nm Moyen de se débarrasser de ce qui gêne ; dérivatif.

ex-voto nm inv Tableau ou objet qu'on suspend dans une église à la suite d'un vœu.

F

f nm Sixième lettre de l'alphabet et la quatrième des consonnes.

F (symbole) Fahrenheit : *30 °F.*

fa nm MUS Quatrième note de la gamme de *do* ; signe qui la représente.

fable nf **1.** Récit allégorique, d'où l'on tire une moralité : *fables de La Fontaine.* **2.** Récit faux, imaginaire. **3.** Sujet de la risée publique : *être la fable du quartier.*

fabliau nm Conte en vers du Moyen Âge.

fabricant nm Celui qui fabrique.

ORTHOGRAPHE Il faut distinguer *un fabri<u>c</u>ant* (nom) et *en fabri<u>qu</u>ant* (verbe).

fabrication nf Action, manière de fabriquer : *défaut de fabrication.*

fabrique nf Établissement où l'on fabrique des produits de consommation.

fabriquer vt **1.** Transformer les matières premières en objets d'usage courant : *fabriquer des meubles.* **2.** Faire, inventer : *fabriquer un faux.* **3.** FAM Avoir une occupation : *qu'est-ce que tu fabriques ?*

fabulateur, trice n et adj Personne qui fabule.

fabulation nf Fait de substituer à la réalité vécue une aventure imaginaire à laquelle on croit.

fabuler vi Élaborer des fabulations.

fabuleusement adv D'une manière fabuleuse, extraordinaire : *fabuleusement riche.*

fabuleux, euse adj **1.** Étonnant, extraordinaire : *gain fabuleux.* **2.** Imaginaire, mythique : *animal fabuleux.*

fabuliste n Auteur de fables.

fac nf (abréviation de *faculté*) FAM Université.

façade nf **1.** Face extérieure d'un bâtiment, en particulier celle où se trouve l'entrée. **2.** FIG Extérieur, apparence.

façadisme nm Technique consistant à démolir un immeuble en ne conservant que sa façade sur rue.

face nf **1.** Visage. **2.** Côté d'une pièce de monnaie, qui porte une effigie : *pile ou face.* **3.** Chacun des côtés d'un solide, d'une chose : *un cube a six faces.* **4.** FIG Aspect, tournure : *examiner un problème sous toutes ses faces.* ■ **de face** : du côté où l'on voit toute la face. ❑ **en face** : (a) vis-à-vis, par-devant (b) fixement (c) FIG sans crainte. ❑ **face à face** : en présence l'un de l'autre. ❑ **faire face** : (a) être vis-à-vis (b) faire front. ❑ **faire face à une dépense** : y pourvoir.

face-à-face nm inv **1.** Confrontation. **2.** Débat public entre deux personnalités.

face-à-main (pl *faces-à-main*) nm Lorgnon muni d'un manche, que l'on tient à la main.

facétie [fasesi] nf Plaisanterie, farce.

facétieux, euse adj et n **1.** Porté à la facétie, farceur. **2.** Qui tient de la facétie.

facette nf **1.** Petite face plane : *les facettes d'un diamant.* **2.** FIG Aspect.

facetter vt Tailler à facettes.

fâché, e adj **1.** En colère. **2.** Contrarié, irrité, agacé : *je suis fâché de ce contretemps.* ■ **être fâché avec quelqu'un** : être brouillé avec lui.

fâcher vt **1.** Mécontenter, mettre en colère. **2.** Contrarier. ◆ **se fâcher** vpr **1.** S'irriter. **2.** Se brouiller avec quelqu'un.

fâcherie nf Brouille.

fâcheusement adv De manière fâcheuse.

fâcheux, euse adj **1.** Désagréable. **2.** Ennuyeux, malencontreux : *un accident fâcheux.* ◆ n LITT Personne importune ; gêneur.

facial, e, aux adj De la face : *nerf facial.*

faciès [fasjɛs] nm Aspect du visage, physionomie.

facile adj **1.** Qui se fait sans peine, aisé : *travail facile.* **2.** PÉJOR Qui n'a exigé aucun effort, aucune recherche : *ironie facile.* **3.** FIG Accommodant : *caractère facile.*

facilement adv Avec facilité.

facilité nf **1.** Qualité de ce qui est facile : *exercice d'une grande facilité.* **2.** Aptitude à faire quelque chose sans effort ; aisance : *écrire avec facilité.* **3.** Moyen de faire quelque chose sans peine ; commodité : *facilités de transport.* ◆ **facilités** pl Délais accordés pour payer.

faciliter vt Rendre facile.

façon nf **1.** Manière d'être ou d'agir : *s'habiller d'une façon bizarre.* **2.** Main-d'œuvre ; exécution d'un travail. ■ **c'est une façon de parler** : il ne faut pas le prendre à la lettre. ❑ **de toute façon** : quoi qu'il arrive. ❑ **en aucune façon** : pas du tout. ❑ **sans façon** : sans cérémonie. ❑ **travail à façon** : travail exécuté sans fournir les matériaux. ◆ **façons** pl **1.** Politesses affectées : *faire des façons.* **2.** Manière d'agir, de se comporter : *des façons vulgaires.* ◆ **de façon à** loc prép De manière à : *travailler de façon à réussir.* ◆ **de**

façon que loc conj (+ subj) dans le but de ; (+ ind) de sorte que.

faconde nf LITT Facilité à parler ; abondance de paroles.

façonnage ou **façonnement** nm Action de façonner.

façonner vt **1.** Travailler, donner une forme à : *façonner du métal.* **2.** Fabriquer : *façonner une pièce.* **3.** FIG Former : *façonner un caractère.*

façonnier, ère n et adj Personne qui travaille à façon.

fac-similé (pl *fac-similés*) nm Copie, reproduction d'une peinture, d'un dessin, d'un objet d'art, etc.

facteur, trice n Employé(e) des postes qui distribue le courrier à domicile. ◆ nm **1.** Fabricant d'instruments de musique : *facteur d'orgues, de pianos.* **2.** MATH Chacun des nombres qui forment un produit. **3.** Élément qui agit, qui influe : *facteur humain ; la chance est un facteur de succès.* ■ **facteurs de production :** éléments concourant à la production des biens et des services.

factice adj Artificiel, imité, faux : *diamant factice ; sourire factice.*

factieux, euse adj et n Qui fomente des troubles contre le pouvoir établi ; séditieux.

faction nf **1.** Service de surveillance ou de garde dont est chargé un militaire : *être de faction.* **2.** Groupe séditieux au sein d'un groupe plus important.

factionnaire nm Sentinelle.

factitif, ive adj et nm GRAMM Se dit d'un verbe exprimant que le sujet fait faire l'action.

factorisation nf MATH Action de factoriser.

factoriser vt MATH Transformer une expression en produit de facteurs.

factotum [-tɔm] nm LITT Personnage qui s'occupe un peu de tout dans une maison.

factuel, elle adj Qui s'en tient aux faits : *information factuelle.*

facturation nf **1.** Action de facturer. **2.** Service où l'on fait les factures.

facture nf **1.** Note détaillée de marchandises vendues : *garanti sur facture.* **2.** Manière dont une chose a été exécutée : *un tableau de bonne facture.*

facturer vt Dresser une facture.

facturier, ère n et adj Personne qui établit les factures : *dactylo facturière.*

facultatif, ive adj Non obligatoire.

facultativement adv De manière facultative.

faculté nf **1.** Possibilité physique, intellectuelle ou morale : *avoir une faculté de travail impressionnante.* **2.** Vertu, propriété : *l'aimant a la faculté d'attirer le fer.* **3.** Pouvoir, droit d'agir : *avoir la faculté de vendre ses biens.* **4.** Établissement d'enseignement supérieur (remplacé auj. par : *université*). ◆ **facultés** pl Aptitudes, capacités : *les facultés intellectuelles.* ■ **ne pas jouir de toutes ses facultés :** avoir un comportement anormal, bizarre.

fada adj et n FAM Un peu fou.

fadaise nf Plaisanterie stupide ; niaiserie, ineptie.

fadasse adj FAM Très fade.

fade adj **1.** Insipide, sans saveur. **2.** FIG Sans caractère, insignifiant.

fader (se) vpr FAM Faire, accomplir comme une corvée ; supporter à contrecœur qqch, qqn : *on s'est fadé trois heures de queue.*

fadette nf (acronyme de *facture détaillée*) FAM Relevé détaillé des communications émises depuis un téléphone.

fadeur nf **1.** Manque de saveur. **2.** FIG Insignifiance : *fadeur d'un livre.*

fado nm Au Portugal, chanson populaire au thème souvent mélancolique.

faena [faena] nf Dans une corrida, travail à la muleta.

fagot nm Faisceau de menu bois, de branchages. ■ FAM **de derrière les fagots :** très bon, mis en réserve pour une grande occasion. ❑ **sentir le fagot :** friser l'hérésie et s'exposer à une condamnation.

fagoter vt FAM Habiller sans goût, sans élégance.

Fahrenheit [farɛnajt] ■ **degré Fahrenheit** nm : unité de température anglo-saxonne (symb : °F) équivalant à la 180e partie de l'écart entre la température de fusion de la glace (32 °F) et la température d'ébullition de l'eau (212 °F), soit entre 0 °C et 100 °C.

faiblard, e adj FAM Assez faible.

faible adj **1.** Sans force, sans vigueur : *se sentir faible ; caractère faible.* **2.** Qui manque d'intensité, d'acuité : *vue faible.* **3.** Qui manque d'aptitudes dans une discipline : *faible en français.* **4.** Peu important, médiocre : *faibles revenus.* ◆ n **1.** Personne sans défense : *protéger les faibles.* **2.** Personne sans volonté : *c'est un faible.* ■ **faible d'esprit :** (a) débile mental (b) personne aux capacités intellectuelles très peu développées. ◆ nm Penchant pour quelqu'un ou quelque chose : *son faible, c'est le chocolat.* ■ **avoir un faible pour :** un goût prononcé pour.

faiblement adv De manière faible.

faiblesse nf **1.** Manque de force ; état de ce qui est faible ou de celui qui est faible : *faiblesse de constitution.* **2.** Perte subite des forces : *être pris de faiblesse.* **3.** Trop grande indulgence : *faire preuve de faiblesse.* **4.** Défaut de qualité : *les faiblesses d'un roman.*

faiblir vi Perdre de ses forces, de son intensité, de sa capacité, de sa fermeté.

faïence nf Céramique à pâte argileuse, recouverte d'un enduit imperméable et opaque.

faïencerie nf Fabrique de faïence.

faïencier, ère n Personne qui fabrique ou vend de la faïence.

faille nf **1.** Cassure des couches géologiques, accompagnée d'une dénivellation. **2.** Fente, crevasse. **3.** FIG Point faible, défaut.

failli, e n et adj VIEILLI Commerçant qui a fait faillite.

faillible adj Qui peut faillir.

faillir vt ind [à] (conj 30) LITT Commettre une faute, manquer (à) : *faillir à son devoir.* ◆ vi (suivi d'un inf) Manquer de, risquer de : *j'ai failli tomber.*

faillite nf **1.** État d'un débiteur qui ne peut plus payer ses créanciers : *faire faillite.* **2.** FIG Insuccès, échec : *faillite d'une politique.*

faim nf **1.** Besoin de manger : *avoir faim.* **2.** Famine : *la faim dans le monde.* **3.** FIG Désir ardent de quelque chose : *faim de gloire.*

faine nf Fruit du hêtre.

fainéant, e adj et n Paresseux.

fainéanter vi Paresser.

fainéantise nf Paresse.

faire vt (conj 76) **1.** Fabriquer, composer : *faire une maison, un poème.* **2.** Se livrer à certaines occupations : *n'avoir rien à faire ; faire de l'anglais.* **3.** Pratiquer, accomplir un geste, un acte : *faire son devoir.* **4.** Disposer, arranger, mettre en état : *faire un lit.* **5.** Avoir pour effet ; causer : *faire du bien ; faire peur ; l'argent ne fait pas le bonheur.* **6.** Donner, accorder : *faire un cadeau.* **7.** Jouer le rôle de ; chercher à paraître, contrefaire : *faire le mort.* **8.** Égaler : *deux et deux font quatre.* **9.** Être affecté par : *faire une rougeole.* **10.** FAM Coûter : *combien fait cette lampe ?* **11.** Se substitue à n'importe quel verbe déjà exprimé : *il a gagné, comme l'a fait son ami.* ■ **faire faire :** charger quelqu'un de faire : *faire faire un travail.* ◆ v. impers Indique un état de l'atmosphère : *il fait nuit, il fait beau.* ◆ vi **1.** Produire un certain effet : *le gris fait bien avec le rouge.* **2.** Agir : *bien faire.* ■ FAM **faire avec :** s'adapter contre son gré à une situation. ◆ **se faire** vpr **1.** Devenir : *se faire vieux.* **2.** S'améliorer : *le cuir se fera.* **3.** S'adapter, s'habituer : *se faire à la fatigue.* **4.** Embrasser une carrière : *se faire prêtre.* ■ FAM **s'en faire (pour) :** se faire du souci, s'inquiéter (pour) : *ne pas s'en faire pour l'oral.*

GRAMMAIRE Attention à l'accord du participe passé de *se faire : elle s'est faite le défenseur des faibles ; elle s'est faite belle,* mais *elle s'est fait une blessure.*

faire-part nm inv Lettre, avis annonçant une naissance, un mariage, un décès.

faire-valoir nm inv Personne dont le rôle est de mettre quelqu'un en valeur.

fair-play [fɛrplɛ] adj inv Qui accepte loyalement les conditions d'un combat ; beau joueur. ◆ nm inv Comportement loyal et élégant.

faisabilité nf Caractère de ce qui est faisable en fonction de conditions techniques, financières et de délai définies : *étude de faisabilité.*

faisable [fəzabl] adj Qui peut être fait.

faisan [fəzɑ̃] nm Oiseau gallinacé au plumage coloré et à la chair estimée ; chair de cet oiseau.

faisandé, e adj Se dit d'une viande qui entre dans un stade de décomposition lui donnant un fumet accentué.

faisandeau [fəzɑ̃do] nm Jeune faisan.

faisander [fəzɑ̃de] vt Faire subir au gibier un commencement de décomposition qui donne du fumet à sa chair.

faisanderie [fəzɑ̃dri] nf Élevage de faisans.

faisane [fəzan] adj f ■ **poule faisane** ou **faisane** nf : femelle du faisan.

faisceau nm **1.** Réunion de choses liées ensemble. **2.** Flux de particules électrisées : *faisceau électronique.* **3.** FIG Ensemble cohérent de choses qui concourent au même résultat : *faisceau de preuves.* ■ **faisceau lumineux :** ensemble de rayons lumineux. ◆ **faisceaux** pl ANTIQ Verges liées autour d'une hache que portait le licteur romain.

faiseur, euse [fəzœr, øz] n **1.** Personne qui fait ou fabrique habituellement quelque chose. **2.** Intrigant, hâbleur.

faisselle nf Récipient à parois perforées pour l'égouttage des fromages frais.

1. fait nm **1.** Action de faire, chose faite : *le fait de parler.* **2.** Événement : *un fait singulier.* **3.** Ce qui est vrai, réel : *souvent les faits démentent les théories.* ■ **aller au fait :** à l'essentiel. ❑ **au fait :** à propos, à ce sujet. ❑ SOUT **de fait :** en réalité. ❑ **du fait de :** par suite de. ❑ **en fait** ou **par le fait :** en réalité, effectivement. ❑ **en fait de :** en matière de. ❑ **état de fait :** réalité. ❑ **faits et gestes :** actions de quelqu'un. ❑ **hauts faits :** exploits. ❑ **le fait est que. :** la vérité est que. ❑ **mettre au fait :** informer. ❑ **prendre sur le fait :** au moment où l'action est commise. ❑ **tout à fait :** complètement, absolument. ❑ **voies de fait :** actes de violence.

2. fait, e adj **1.** Fabriqué, exécuté : *travail bien fait.* **2.** Constitué, formé d'une certaine façon : *femme bien faite.* **3.** Mûr : *un homme fait.* **4.** Fermenté : *fromage trop fait.* ■ **c'en est fait :** c'est fini. ❑ **c'est bien fait :** c'est bien mérité, en parlant d'une punition. ❑ **fait pour :** destiné à. ❑ **tout fait :** (a) préparé à l'avance (b) sans originalité : *idée toute faite.*

faîtage nm Arête d'un toit.

fait divers (pl *faits divers*) ou **fait-divers** (pl *faits-divers*) nm Événement sans portée générale mais faisant sensation (crime, délit, etc.), rapporté par les médias ; rubrique de presse qui en fait part.
faîte nm **1.** Comble d'un édifice. **2.** Sommet, cime : *faîte d'un arbre.* **3.** LITT Le plus haut degré : *le faîte de la gloire.*
faîteau nm Ornement des parties supérieures d'une charpente.
faîtière nf **1.** Tuile courbe du faîtage d'un toit. **2.** Lucarne sous un comble.
fait-tout nm inv ou **faitout** nm Marmite basse.
faix [fɛ] nm LITT Charge, fardeau.
fakir nm **1.** Ascète musulman ou hindou. **2.** Personne qui exécute en public des exercices d'hypnose, de voyance, etc.
falaise nf Escarpement rocheux, descendant presque à la verticale dans la mer.
falbala nm (souvent au pluriel) Ornement de mauvais goût.
falconidé nm Oiseau rapace diurne (les falconidés forment une famille à laquelle appartiennent l'aigle, le faucon, etc.).
fallacieux, euse adj Trompeur.
falloir v. impers (conj 48) **1.** Être obligatoire, nécessaire : *il faut manger pour vivre.* **2.** Être un besoin, une nécessité : *il lui faut du repos.* ■ **comme il faut :** (a) bien élevé (b) convenablement : *un garçon comme il faut ; manger comme il faut.* ◆ **s'en falloir** vpr impers Être en moins, manquer : *il s'en est fallu de peu qu'il rate le train.*
1. falot nm Grande lanterne portative.
2. falot, e adj Terne, effacé : *personnage falot.*
falsificateur, trice n et adj Personne qui falsifie.
falsification nf Action de falsifier.
falsifier vt **1.** Altérer, changer, pour tromper. **2.** Contrefaire.
falzar nm FAM Pantalon.
famé, e adj ■ **mal famé** → **malfamé.**
famélique adj et n Affamé ; amaigri par la faim.
fameusement adv FAM De façon remarquable ; très.
fameux, euse adj **1.** Dont on a parlé en bien ou en mal ; célèbre : *un écrivain fameux : le fameux héros de Cervantès.* **2.** Excellent : *un vin fameux.*
familial, e, aux adj Qui concerne la famille.
familiale nf Voiture automobile de tourisme qui admet de 6 à 9 passagers.
familiarisation nf Action de familiariser ; fait de se familiariser.
familiariser vt Rendre familier, habituer. ◆ **se familiariser** vpr [avec] Se rendre une chose familière par la pratique : *se familiariser avec une langue étrangère.*
familiarité nf Grande intimité. ◆ **familiarités** pl Façons familières ; privautés.
familier, ère adj **1.** Qui a des manières trop libres : *être familier avec ses supérieurs.* **2.** Connu, habituel : *cette chose lui est familière.* **3.** Se dit d'un mot, d'une construction employés dans la conversation courante (EX : *balade,* par rapport à *promenade*). ■ **les animaux familiers :** qui vivent dans le voisinage de l'homme. ◆ nm **1.** Qui vit dans l'intimité de quelqu'un. **2.** Qui fréquente habituellement un lieu.
familièrement adv D'une manière familière.
familistère nm Établissement coopératif, d'après le système de Fourier.
famille nf **1.** Le père, la mère et les enfants vivant sous le même toit. **2.** Enfants : *avoir une famille nombreuse.* **3.** Ensemble des personnes d'un même sang : *la famille des Montmorency.* **4.** Groupe d'animaux, de végétaux, de minéraux analogues. **5.** Ensemble des mots issus d'une racine commune. ■ **avoir un air de famille :** se ressembler.
famine nf Manque total d'aliments dans une région pendant une certaine période. ■ **crier famine :** se plaindre de son dénuement. ❑ **salaire de famine :** salaire trop bas.
fan [fan] n FAM Admirateur enthousiaste : *les fans d'un chanteur.*
fana adj et n FAM Passionné de quelque chose, de quelqu'un.
fanage nm Action de faner.
fanal (pl *fanaux*) nm **1.** Lanterne employée sur les bateaux. **2.** Signal lumineux pour le balisage des côtes.
fanatique adj et n **1.** D'un zèle outré, aveugle : *des fanatiques religieux.* **2.** Qui manifeste une admiration passionnée pour quelqu'un ou quelque chose : *un fanatique de jazz.*
fanatiquement adv Avec fanatisme.
fanatiser vt Rendre fanatique.
fanatisme nm Esprit, comportement de fanatique.
fan-club (pl *fan-clubs*) nm Association réunissant les fans d'une vedette du spectacle, du cinéma, etc.
fandango nm Danse et air de danse espagnols.
fane nf Feuille de certaines plantes herbacées : *fanes de radis, de carottes.*
faner vt **1.** Retourner l'herbe fauchée pour qu'elle sèche. **2.** FIG Flétrir, ternir, décolorer : *la chaleur fane les roses ; le soleil a fané ce tissu.* ◆ **se faner** vpr **1.** En parlant d'une fleur, d'une plante, sécher, se flétrir. **2.** En par-

lant d'une personne, d'une chose, perdre son éclat.

faneur, euse n Personne qui fane l'herbe fauchée. ◆ nf Machine à faner.

fanfare nf Orchestre composé de cuivres.

fanfaron, onne adj et n Vantard, hâbleur.

fanfaronnade nf Vantardise.

fanfaronner vi Faire le fanfaron.

fanfreluche nf Ornement de toilette ou d'ameublement, de peu de valeur.

fange nf LITT **1.** Boue, bourbe. **2.** FIG Condition abjecte, vie de débauche.

fangeux, euse adj LITT Plein de fange.

fanion nm Petit drapeau.

fanon nm **1.** Pli cutané sous le cou des bœufs, des dindons, etc. **2.** Chacune des lames cornées que la baleine a dans la bouche.

fantaisie nf **1.** Originalité ; imprévu : *manquer de fantaisie.* **2.** Imagination libre ; faculté de création : *donner libre cours à sa fantaisie.* **3.** Goût, gré : *vivre à sa fantaisie.* ■ **bijou (de) fantaisie :** bijou qui n'est pas en matière précieuse.

fantaisiste adj Qui agit à sa guise ; qui manque de sérieux. ◆ n Artiste de music-hall qui chante ou raconte des histoires.

fantasia nf Divertissement équestre de cavaliers arabes.

fantasmagorie nf Spectacle, récit enchanteur, féerique, fantastique.

fantasmagorique adj Qui tient de la fantasmagorie.

fantasmatique adj Qui relève du fantasme.

fantasme nm Représentation imaginaire de désirs plus ou moins conscients.

fantasmer vi S'abandonner à des fantasmes.

fantasque adj Sujet à des caprices, à des fantaisies bizarres : *humeur fantasque.*

fantassin nm Soldat d'infanterie.

fantastique adj **1.** Créé par la fantaisie, l'imagination : *vision fantastique.* **2.** Où il entre des êtres surnaturels : *contes fantastiques.* **3.** FAM Incroyable, extraordinaire : *luxe fantastique.* ◆ nm Genre fantastique, qui fait intervenir des éléments irrationnels en art, en littérature.

fantastiquement adv De façon fantastique.

fantasy [fɑ̃tezi] nf inv Genre littéraire qui mêle, dans une atmosphère d'épopée, les mythes, les légendes et les thèmes du fantastique et du merveilleux.

fantoche nm Personne sans caractère, qui se laisse diriger par d'autres.

fantomatique adj Qui tient du fantôme, de l'apparition.

fantôme nm Être fantastique, qu'on croit être la manifestation d'une personne décédée ; apparition. ◆ adj Qui n'existe qu'en apparence : *gouvernement fantôme.* ■ **membre fantôme :** membre que certains amputés ont l'illusion de posséder encore.

FAO nf (sigle) Fabrication assistée par ordinateur.

faon [fɑ̃] nm Petit du cerf.

faquin nm LITT Homme méprisable.

far nm Flan breton aux pruneaux.

farad [farad] nm PHYS Unité de mesure de capacité électrique ; symb : F.

faraday nm Unité de mesure électrique.

faramineux, euse adj FAM Étonnant, extraordinaire : *prix faramineux.*

farandole nf Danse de groupe exécutée en se tenant par la main.

faraud, e adj FAM Fanfaron, fat, prétentieux.

1. farce nf Hachis de viande, d'herbes, de légumes, etc., dont on farcit une volaille, un poisson, un légume.

2. farce nf **1.** Pièce de théâtre d'un comique bouffon. **2.** Grosse plaisanterie, blague : *faire une farce.*

farceur, euse n Personne qui dit ou fait des farces, des blagues.

farci, e adj Se dit d'un légume évidé et rempli de farce : *tomates, courgettes farcies.*

farcir vt **1.** CUIS Remplir de farce : *farcir une dinde.* **2.** FIG Remplir, bourrer de : *farcir de citations.*

fard [far] nm **1.** Maquillage donnant au teint plus d'éclat : *fard à joues, à paupières.* **2.** FIG Dissimulation, feinte : *parler sans fard.* ■ FAM **piquer un fard :** rougir.

fardeau nm **1.** Charge pesante. **2.** FIG Ce qui pèse : *le fardeau des ans.*

farder vt **1.** Mettre du fard. **2.** LITT Déguiser : *farder sa pensée.* ◆ **se farder** vpr Se mettre du fard sur le visage.

farfadet nm Lutin.

farfelu, e adj et n FAM Fantasque, extravagant.

farfouiller vi FAM Fouiller en mettant du désordre.

faribole nf FAM Propos sans valeur.

farine nf Poudre obtenue en broyant le grain des céréales, notamment du blé, et de quelques autres espèces végétales. ■ **farine animale :** poudre obtenue par broyage de produits d'origine animale et susceptible d'être utilisée pour l'alimentation des animaux d'élevage.

fariner vt Saupoudrer de farine.

farineux, euse adj **1.** Qui contient de la farine. **2.** Qui a le goût ou l'aspect de la farine. ◆ nm Végétal, alimentaire, qui peut fournir une farine.

farniente [farnjɛnte, farnjɑ̃t] nm FAM Douce oisiveté.

farouche adj **1.** Sauvage, qui fuit quand on l'approche : *bêtes farouches.* **2.** Peu sociable ; timide : *enfant farouche.* **3.** Cruel, violent, dur : *regard, haine farouches.*

farouchement adv De façon farouche ; violemment.

fart [fart] ou [far] nm Corps gras dont on enduit les skis pour les rendre glissants.

fartage nm Action de farter.

farter vt Enduire de fart.

fascicule [fasikyl] nm Cahier d'un ouvrage publié par fragments.

fascinant, e [fasinɑ̃, ɑ̃t] adj Qui fascine.

fascination [fasinasjɔ̃] nf **1.** Action de fasciner. **2.** FIG Attrait irrésistible : *la fascination du pouvoir.*

fasciner [fasine] vt **1.** Se rendre maître d'un être vivant par la puissance du regard : *le serpent fascine sa proie.* **2.** FIG Charmer, éblouir, séduire : *fasciner ses auditeurs.*

fascisant, e [faʃizɑ̃, ɑ̃t] adj Qui tend vers le fascisme.

fascisme [faʃism] nm **1.** Régime autoritaire établi en Italie de 1922 à 1945, instauré par Mussolini. **2.** PAR EXT Autoritarisme excessif.

fasciste [faʃist] adj et n Qui appartient au fascisme ; qui en est partisan.

1. faste nm Déploiement de magnificence, de luxe.

2. faste adj ■ **jour faste :** jour favorisé par la chance.

fast-food [fastfud] (pl *fast-foods*) nm Établissement qui propose des repas bon marché, à consommer sur place ou à emporter (recommandation officielle : *restauration rapide*).

fastidieux, euse adj Ennuyeux, monotone : *travail fastidieux.*

fastoche adj FAM Facile.

fastueux, euse adj Qui étale un grand luxe : *vie fastueuse.*

fat [fat] ou [fa] adj m et nm LITT Prétentieux.

fatal, e, als adj **1.** Fixé par le destin ; inévitable : *le terme fatal de notre vie.* **2.** Qui entraîne la ruine, la mort : *erreur fatale.* ■ **femme fatale :** qui attire irrésistiblement.

fatalement adv Inévitablement.

fatalisme nm Doctrine qui considère tous les événements comme fixés à l'avance.

fataliste adj et n Qui s'abandonne sans réaction aux événements ; résigné.

fatalité nf **1.** Destinée inévitable. **2.** Hasard fâcheux.

fatidique adj Marqué par le destin.

fatigant, e adj **1.** Qui fatigue. **2.** Importun, ennuyeux.

GRAMMAIRE Il faut distinguer *une marche fatigante* (adjectif) et *une lecture fatiguant les yeux* (participe présent).

fatigue nf **1.** Sensation de lassitude causée par le travail, l'effort. **2.** Détérioration d'un matériau soumis à des efforts répétés.

fatigué, e adj **1.** Qui marque la fatigue : *traits fatigués.* **2.** FAM Usé, défraîchi : *pull fatigué.*

fatiguer vt **1.** Causer de la fatigue, de la lassitude. **2.** Importuner : *fatiguer quelqu'un par ses questions.* ◆ vi **1.** Éprouver de la fatigue : *fatiguer très vite au volant.* **2.** Supporter un trop gros effort : *poutre qui fatigue.* ◆ **se fatiguer** vpr **1.** Éprouver de la fatigue : *malade qui se fatigue vite ;* se donner du mal : *se fatiguer à tout expliquer.* **2.** Se lasser : *se fatiguer d'un jouet.*

fatma nf Femme musulmane.

fatras nm Amas confus.

fatuité nf Suffisance ridicule.

fatum [fatɔm] nm LITT Destin, fatalité.

fatwa [fatwa] nf Consultation donnée par un mufti sur un point de la loi musulmane ; décision qui en résulte.

faubourg nm **1.** Partie d'une ville située à la périphérie. **2.** Nom donné à d'anciens quartiers extérieurs : *le faubourg Saint-Antoine.*

faubourien, enne adj Qui a rapport aux faubourgs, aux quartiers populaires.

fauchage nm ou **fauchaison** nf Action de faucher.

fauche nf FAM Vol.

fauché, e adj FAM Qui n'a plus d'argent : *être fauché en fin de mois.*

faucher vt **1.** Couper avec la faux. **2.** FIG Abattre, détruire : *la grêle a fauché les blés.* **3.** Renverser avec violence : *voiture qui fauche un cycliste.* **4.** FAM Dérober, voler.

faucheur, euse n Personne qui fauche. ◆ nm Faucheux.

faucheuse nf Machine pour faucher.

faucheux ou **faucheur** nm Arachnide aux longues pattes grêles, commun dans les champs.

faucille nf Petite faux pour couper les herbes.

faucon nm Oiseau rapace, dressé autrefois pour la chasse.

fauconneau nm Jeune faucon.

fauconnerie nf Art de dresser les oiseaux de proie pour la chasse.

fauconnier nm Personne qui dresse les faucons pour la chasse.

faufil nm Fil passé en faufilant.

faufiler vt Coudre provisoirement à longs points. ◆ **se faufiler** vpr Se glisser adroitement.

1. faune nm Divinité champêtre, chez les Romains.

2. faune nf **1.** Ensemble des animaux d'une région : *la faune méditerranéenne.* **2.** PÉJOR Personnes qu'on rencontre dans tel ou tel milieu.

faussaire n Personne qui commet, fabrique un faux.

faussement adv **1.** D'une manière fausse. **2.** Hypocritement.

fausser vt **1.** Dénaturer : *fausser la vérité.* **2.** Interpréter faussement : *fausser un résultat.* **3.** Altérer : *fausser le jugement.* **4.** Tordre, déformer : *fausser une serrure.*

fausset nm ■ **voix de fausset :** voix aiguë (dite aussi : *voix de tête*).

fausseté nf **1.** Caractère de ce qui est faux : *fausseté d'un acte.* **2.** Hypocrisie : *accuser quelqu'un de fausseté.*

faute nf **1.** Manquement aux règles, erreur : *faute d'orthographe, de calcul.* **2.** Manquement à une loi, à la morale : *faute grave.* **3.** Responsabilité de quelqu'un ou de quelque chose : *c'est de sa faute si nous sommes en retard.* ■ **ne pas se faire faute de :** ne pas manquer de. ❑ **sans faute :** à coup sûr. ❑ **faute de :** à défaut de.

fauter vi FAM, VIEILLI Avoir des relations sexuelles en dehors du mariage, en parlant d'une femme.

fauteuil nm Siège à dossier et à bras. ■ **fauteuil roulant :** siège muni de roues destiné aux handicapés moteurs.

fauteur, trice n ■ PÉJOR **fauteur de troubles, de guerre :** personne qui provoque des troubles, une guerre.

fautif, ive adj et n Qui est en faute, coupable, responsable : *c'est lui le fautif.* ◆ adj Qui contient des fautes : *liste fautive.*

fautivement adv De façon fautive, erronée.

fauve adj D'une couleur tirant sur le roux : *pelage fauve.* ■ **bête fauve :** (a) ruminant dont le pelage tire sur le roux et qui vit dans les bois (cerf, daim, etc.) (b) grand félin. ◆ nm **1.** Couleur fauve. **2.** Grand félin : *dompter des fauves.* **3.** Peintre appartenant au fauvisme.

fauvette nf Oiseau passereau, au plumage fauve.

fauvisme nm Mouvement pictural français du début du XXe siècle.

1. faux nf Lame d'acier recourbée munie d'un long manche, pour faucher.

2. faux, fausse adj **1.** Contraire à la vérité : *histoire fausse.* **2.** Inexact : *calcul faux.* **3.** Dépourvu de justesse, de rectitude ; altéré : *voix fausse ; esprit faux.* **4.** Qui n'est pas authentique, original ; imité : *fausses dents ; faux nom.* **5.** Qui n'est pas ce qu'il semble être : *faux dévot.* **6.** Qui trompe, hypocrite : *homme faux.* **7.** Équivoque : *situation fausse.* **8.** Sans fondement : *fausse alerte.* ◆ nm **1.** Ce qui est contraire à la vérité : *distinguer le vrai du faux.* **2.** Imitation sans valeur : *ce tableau est un faux.* **3.** Imitation, altération d'un acte, d'une signature : *faux en écriture.* ■ FIG **s'inscrire en faux :** nier. ◆ adv D'une manière fausse : *chanter faux.*

faux-filet (pl *faux-filets*) nm BOUCH Contre-filet.

faux-fuyant (pl *faux-fuyants*) nm Moyen détourné, échappatoire.

faux-monnayeur (pl *faux-monnayeurs*) nm Personne qui fabrique de la fausse monnaie.

faux-semblant (pl *faux-semblants*) nm Ruse, prétexte mensonger.

faux-sens nm inv Interprétation erronée du sens d'un mot.

favela [favela] nf Bidonville, au Brésil.

faveur nf **1.** Bienveillance, protection : *la faveur des grands.* **2.** Marque de bienveillance, privilège : *solliciter une faveur.* **3.** VIEILLI Ruban de soie très étroit : *nouer une faveur à un paquet.* ■ **à la faveur de :** en profitant de : *s'évader à la faveur de l'obscurité.* ❑ **en faveur de :** au profit de : *se prononcer en faveur de quelqu'un.* ◆ **faveurs** pl Marques d'amour qu'une femme donne à un homme : *accorder ses faveurs.*

favorable adj **1.** Propice, bénéfique : *occasion favorable.* **2.** Bienveillant, indulgent : *être favorable à un projet.*

favorablement adv D'une manière favorable.

favori, ite adj Préféré : *auteur favori.* ◆ adj et n **1.** Qui jouit de la faveur de quelqu'un. **2.** Se dit d'un gagnant probable dans une compétition.

favoris nm pl Touffe de barbe de chaque côté du visage.

favoriser vt **1.** Traiter favorablement, accorder une préférence à : *favoriser un débutant.* **2.** Aider, faciliter : *favoriser la fuite de quelqu'un.*

favorite nf Maîtresse préférée d'un roi.

favoritisme nm Tendance à accorder des faveurs injustes.

fax nm Télécopie ; télécopieur.

faxer vt Envoyer un document par télécopie.

fayot, otte n Personne qui fayotte. ◆ nm FAM Haricot sec.

fayoter vi FAM Faire du zèle pour se faire bien voir d'un professeur, d'un supérieur.

féal, e, aux adj et n LITT Fidèle à la foi jurée, loyal.

fébrifuge adj et nm Se dit d'un médicament qui fait tomber la fièvre.

fébrile adj **1.** Qui a de la fièvre. **2.** Nerveux, agité.

fébrilement adv De façon fébrile.

fébrilité nf **1.** État fébrile. **2.** Excitation, nervosité.

fécal, e, aux adj ■ **matières fécales :** excréments humains.

fèces nf pl Matières fécales.

fécond, e adj Fertile, productif : *les mulets ne sont pas féconds ; une terre féconde.*

fécondable adj Qui peut être fécondé.

fécondant, e adj Qui féconde.

fécondateur, trice adj et n Qui a le pouvoir de féconder.

fécondation nf **1.** Action de féconder. **2.** Union de deux cellules sexuelles, mâle et femelle.

féconder vt **1.** Transformer un œuf en embryon. **2.** Rendre une femelle pleine, une femme enceinte. **3.** LITT Rendre fécond, fertile.

fécondité nf **1.** Aptitude à la reproduction. **2.** Fertilité : *la fécondité d'une terre.* **3.** FIG Caractère de celui qui produit beaucoup : *fécondité d'un auteur.*

fécule nf Amidon contenu dans certains tubercules tels que la pomme de terre, le manioc.

féculent, e adj Qui contient de la fécule. ◆ nm Légume féculent.

fedayin [fedajin] ou **feddayin** [fedajin] nm Résistant palestinien qui mène une action de guérilla.

fédéral, e, aux adj D'une fédération.

fédéralisme nm Système fédéral.

fédéraliste adj et n Relatif au fédéralisme ; qui en est partisan.

fédérateur, trice adj **1.** Qui organise ou favorise une fédération. **2.** FIG Qui rassemble : *mouvement fédérateur.*

fédératif, ive adj Constitué en fédération : *république fédérative.*

fédération nf **1.** Association de plusieurs pays en un seul État. **2.** Association professionnelle, corporative ou sportive.

fédéraux nm pl HIST Soldats américains des États du Nord, pendant la guerre de Sécession (1861-1865).

fédéré nm Soldat insurgé de la Commune de Paris, en 1871.

fédérer vt **1.** Former, grouper en fédération. **2.** Regrouper autour d'un projet commun : *fédérer des énergies.*

fée nf Être féminin imaginaire, doué de pouvoirs surnaturels. ■ **conte de fées :** histoire merveilleuse. ❑ **des doigts de fée :** très habiles.

feed-back [fidbak] nm inv TECHN Action exercée sur les causes d'un phénomène par le phénomène lui-même ; rétroaction.

féerie [feri] nf Spectacle d'une merveilleuse beauté ou qui fait intervenir le merveilleux, la magie.

> PHONÉTIQUE Le *e* muet de *fée* est conservé dans l'orthographe des dérivés *féerie, féerique*.

féerique adj Qui tient de la féerie ; merveilleux : *spectacle féerique.*

feignant, e adj et n FAM Fainéant.

feindre vt (conj 55) Simuler pour tromper : *feindre la colère.* ■ **feindre de :** faire semblant de.

feinte nf **1.** SPORTS Coup simulé pour tromper l'adversaire. **2.** FAM Ruse, attrape.

feinter vt FAM Surprendre par une ruse. ◆ vi SPORTS Faire une feinte.

feldspath nm Minéral de couleur claire, fréquent dans les roches éruptives.

fêlé, e adj Fendu. ◆ adj et n FAM, FIG Un peu fou.

fêler vt Fendre légèrement.

félicitations nf pl **1.** Éloges : *recevoir les félicitations du jury.* **2.** Compliments ; témoignage de sympathie : *présenter ses félicitations.*

félicité nf LITT Bonheur suprême.

féliciter vt Complimenter. ◆ **se féliciter** vpr [de] Se réjouir (de).

félidé ou **félin** nm Mammifère carnivore tel que le chat, le lion, le guépard (les félidés ou félins forment une famille).

félin, e adj Qui tient du chat : *souplesse féline.*

fellaga ou **fellagha** nm Partisan algérien ou tunisien soulevé contre l'autorité française pour obtenir l'indépendance de son pays.

fellah nm Paysan, dans les pays arabes.

fellation nf Excitation buccale du sexe de l'homme.

félon, onne adj et n HIST, LITT Déloyal envers son seigneur : *vassal félon.*

félonie nf HIST, LITT Trahison.

felouque nf Petit bateau du Nil à voiles et à rames.

fêlure nf Fente d'une chose fêlée.

femelle nf Animal du sexe féminin. ◆ adj **1.** Du sexe féminin : *hérisson femelle.* **2.** Se dit d'une pièce en creux qui peut en recevoir une autre : *prise femelle.* ■ **fleurs femelles :** sans étamines.

féminin, e adj **1.** Propre à la femme, aux femmes : *mode féminine.* **2.** Qui évoque la femme : *des manières féminines.* **3.** Qui appartient au genre féminin : *nom féminin.* ■ GRAMM **genre féminin :** qui désigne un être femelle ou tout objet regardé comme tel. ❑ **rime féminine :** terminée en syllabe muette. ◆ nm GRAMM Genre féminin.

féminisation nf **1.** Action de féminiser ; son résultat. **2.** Fait de se féminiser.

féminiser vt **1.** Donner un caractère féminin ou efféminé. **2.** Donner à un nom le genre féminin. ◆ **se féminiser** vpr Comprendre un plus grand nombre de femmes qu'auparavant.

féminisme nm Doctrine tendant à étendre les droits de la femme, à améliorer sa situation dans la société.

féministe adj et n Relatif au féminisme ; qui en est partisan.

féminité nf **1.** Caractère féminin. **2.** Ensemble des caractères attribués à la femme.

femme nf **1.** Être humain adulte du sexe féminin. **2.** Personne du sexe féminin qui est ou a été mariée. **3.** Épouse. ■ **femme de chambre :** attachée au service particulier d'une personne ou des clients d'un hôtel. ❑ **femme de ménage :** femme employée à faire le ménage.

femmelette nf FAM, PÉJOR Homme faible, sans énergie.

fémoral, e, aux adj Relatif au fémur.

fémur nm Os de la cuisse.

fenaison nf Récolte des foins ; époque où elle se fait.

fendant nm Vin blanc du Valais issu d'un cépage de même nom.

fendillement nm Fait de se fendiller.

fendiller vt Produire de petites fentes dans. ◆ **se fendiller** vpr Se craqueler : *émail fendillé.*

fendre vt (conj 50) **1.** Séparer dans le sens de la longueur : *fendre du bois.* **2.** Crevasser : *la sécheresse fend la terre.* **3.** Traverser rapidement : *fendre l'air.* ■ FIG **fendre le cœur :** affliger.

fenêtre nf **1.** Ouverture dans un mur pour donner du jour et de l'air ; cadre vitré d'une telle ouverture. **2.** Ouverture pratiquée dans un matériau : *enveloppe à fenêtre.* **3.** INFORM Zone rectangulaire d'un écran dans laquelle s'affichent les informations. ■ FIG **jeter l'argent par les fenêtres :** le dissiper follement.

feng shui [fɛŋʃɥi] nm inv Art de vivre issu de l'ancienne cosmogonie chinoise et visant à une meilleure harmonie de l'individu avec son environnement.

fennec nm Petit renard du Sahara, à longues oreilles (appelé aussi *renard des sables*).

fenouil nm Ombellifère aromatique dont on consomme la base des pétioles charnus.

fente nf **1.** Ouverture étroite et longue. **2.** Fissure plus ou moins profonde.

féodal, e, aux adj Relatif aux fiefs, à la féodalité : *château féodal.*

féodalité nf Organisation politique et sociale du Moyen Âge, fondée sur le fief.

fer nm **1.** Métal tenace et malléable employé dans l'industrie sous forme d'alliages, d'aciers et de fontes ; symb : Fe. **2.** Demi-cercle de fer dont on garnit la corne des pieds des chevaux. **3.** Objet, instrument en fer ou en un autre métal : *fer à repasser, à souder.* **4.** Épée, fleuret : *croiser le fer.* ■ **âge du fer :** période préhistorique où l'homme commença à utiliser le fer pour son outillage. ❑ **de fer :** solide, robuste : *santé de fer.* ❑ **fer forgé :** travaillé au marteau sur l'enclume. ◆ **fers** pl **1.** Chaînes avec lesquelles on attachait un prisonnier : *mettre aux fers.* **2.** LITT, FIG esclavage.

fer-blanc (pl *fers-blancs*) nm Tôle mince, recouverte d'étain.

ferblanterie nf Travail du fer-blanc ; objets en fer-blanc.

ferblantier nm Personne qui fabrique ou vend des objets en fer-blanc.

feria [ferja] nf Grande fête annuelle dans le midi de la France et en Espagne, comportant des courses de taureaux.

férié, e adj Se dit d'un jour de repos prescrit par la loi ou la religion.

férir vt ■ LITT **sans coup férir :** (a) sans avoir eu à combattre (b) sans difficulté.

ferler vt Attacher une voile.

fermage nm Loyer d'une ferme, d'une terre.

1. ferme adj **1.** Solide, stable : *ferme sur ses jambes.* **2.** Compact : *chair ferme.* **3.** FIG Assuré : *ton ferme.* **4.** Inébranlable : *ferme dans ses résolutions.* **5.** Définitif : *achat ferme.* ■ **terre ferme :** sol du continent. ◆ adv **1.** Avec assurance : *tenir ferme.* **2.** Beaucoup : *s'ennuyer ferme.*

2. ferme nf **1.** Contrat par lequel on loue un bien rural : *prendre à ferme.* **2.** Exploitation agricole affermée. **3.** Domaine agricole ; maison d'habitation située sur le domaine. ■ **ferme éolienne :** regroupement d'éoliennes.

fermé, e adj **1.** Insensible, inaccessible à : *cœur fermé à la pitié.* **2.** Qui ne laisse rien transparaître : *visage fermé.* **3.** Où il est difficile de s'introduire, de se faire admettre : *cercle fermé.*

fermement adv Avec fermeté.

ferment nm **1.** Agent de la fermentation. **2.** LITT, FIG ce qui excite : *ferment de discorde.*

fermentation nf **1.** Transformation de certaines substances organiques par des enzymes microbiennes. **2.** FIG, LITT effervescence.

fermenter vi Être en fermentation : *le moût fermente.*

fermer vt **1.** Actionner un dispositif mobile pour obstruer une ouverture, un passage : *fermer une porte.* **2.** Enclore : *fermer un jardin.* **3.** Empêcher ou interdire l'accès d'un lieu : *fermer un placard à clef ; fermer son magasin.* **4.** Faire cesser : *fermer une discussion.* **5.** Rapprocher deux parties écartées : *fermer* *une plaie.* **6.** Arrêter le fonctionnement de : *fermer la radio.* ■ **fermer boutique :** cesser son commerce. ❑ **fermer la marche :** marcher le dernier. ❑ TRÈS FAM **la fermer :** se taire. ◆ vi Être, rester fermé : *le musée ferme le mardi ; la porte ferme mal.* ◆ **se fermer** vpr Cesser d'être ouvert : *yeux qui se ferment ; plaie qui s'est fermée.*

fermeté nf **1.** État de ce qui est ferme, solide. **2.** Énergie morale, détermination.

fermette nf Petite ferme.

fermeture nf **1.** Ce qui sert à fermer : *fermeture automatique.* **2.** Action, moment de fermer : *fermeture annuelle.* ■ **fermeture à glissière** ou **fermeture Éclair** (nom déposé) : formée de deux rubans bordés de dents qui s'engrènent au moyen d'un curseur.

fermier, ère n Agriculteur, propriétaire ou non des terres qu'il cultive. ■ **fermier général :** financier, sous l'Ancien Régime, qui prenait à ferme le recouvrement d'un impôt.

fermoir nm Agrafe pour tenir fermé un sac, un collier, etc.

féroce adj **1.** Sauvage et sanguinaire : *une bête féroce.* **2.** Cruel : *des envahisseurs féroces.*

férocement adv De manière féroce.

férocité nf **1.** Nature d'un animal féroce : *la férocité du tigre.* **2.** Barbarie : *crime d'une grande férocité.* **3.** Violence extrême : *la férocité du combat.*

ferrage nm Action de ferrer.

ferraille nf **1.** Vieux fers, objets métalliques hors d'usage. **2.** FAM Menue monnaie.

ferrailler vi Se battre au sabre ou à l'épée.

ferrailleur nm Marchand de ferraille.

ferré, e adj Garni de fer : *bâton ferré.* ■ FIG, FAM **être ferré sur un sujet :** le connaître à fond. ❑ **voie ferrée :** voie de chemin de fer.

ferrement nm Garniture en fer.

ferrer vt **1.** Garnir de fer. **2.** Mettre des fers à un cheval.

ferreux adj m Qui contient du fer.

ferromagnétisme nm Propriété de certaines substances (fer, cobalt, nickel) de prendre une forte aimantation.

ferronnerie nf **1.** Travail artistique du fer ; ouvrages ainsi réalisés. **2.** Serrurerie d'art.

ferronnier nm Personne qui fabrique ou vend de la ferronnerie.

ferroviaire adj Relatif au transport par chemin de fer.

ferrugineux, euse adj Qui contient du fer : *eaux ferrugineuses.*

ferrure nf Garniture de fer.

ferry-boat [feribot] (pl *ferry-boats*) ou **ferry** (pl *ferrys* ou *ferries*) nm Navire spécialement aménagé pour le transport des voitures ou des trains et de leurs passagers.

fertile adj Fécond : *sol fertile ; esprit fertile.*

fertilisant, e adj et nm Qui fertilise.

fertilisation nf Action de fertiliser.

fertiliser vt Rendre fertile ; améliorer, bonifier une terre par l'apport d'engrais.

fertilité nf Fécondité.

féru, e adj Passionné (d'une science, d'une idée, etc.) : *féru de peinture.*

férule nf ■ SOUT **sous la férule de quelqu'un :** sous son autorité.

fervent, e adj Plein de ferveur ; ardent : *disciple fervent.* ◆ n Passionné de : *un fervent de cinéma.*

ferveur nf Ardeur passionnée ; enthousiasme, zèle : *prier avec ferveur.*

fesse nf Chacune des deux parties charnues postérieures de l'homme et de certains animaux.

fessée nf Correction sur les fesses.

fesse-mathieu (pl *fesse-mathieux*) nm VX Usurier, avare.

fesser vt Donner une fessée à.

fessier, ère adj Des fesses : *muscles fessiers.* ◆ nm FAM Les fesses.

fessu, e adj FAM Qui a de grosses fesses.

festif, ive adj Qui est propre à la fête, qui évoque une fête : *ambiance festive.*

festin nm Repas somptueux, banquet.

festival (pl *festivals*) nm Série de représentations artistiques consacrées à un genre donné : *festival de cinéma.*

festivalier, ère adj De festival. ◆ n Personne qui assiste ou participe à un festival.

festivités nf pl Fêtes, réjouissances.

feston nm **1.** Guirlande de fleurs, de feuilles. **2.** Broderie formant des dents arrondies.

festonner vt Orner de festons.

festoyer vi (conj 3) Faire un festin.

fêtard, e n FAM Qui fait la fête ; noceur.

fête nf **1.** Réjouissance en général : *jour de fête.* **2.** Solennité religieuse ou civile : *la fête nationale.* **3.** Jour de la fête du saint dont on porte le nom : *souhaiter sa fête à quelqu'un.* ■ **fêtes mobiles :** fêtes chrétiennes qui ne reviennent pas tous les ans au même jour. ❑ **faire fête à quelqu'un :** l'accueillir chaleureusement. ❑ **faire la fête :** s'amuser. ◆ **fêtes** pl Période de Noël au jour de l'An.

Fête-Dieu (pl *Fêtes-Dieu*) nf Fête du saint sacrement.

fêter vt **1.** Célébrer par une fête : *fêter un anniversaire.* **2.** Accueillir avec joie : *fêter un ami.*

fétiche nm Objet, animal auxquels on attribue des propriétés magiques, bénéfiques.

fétichisme nm **1.** Culte des fétiches. **2.** Vénération outrée, superstitieuse pour quelqu'un, quelque chose.

fétichiste adj et n Qui appartient au fétichisme ; qui le pratique.

fétide adj Se dit d'une odeur répugnante ; se dit de ce qui a cette odeur.

fétidité nf Caractère de ce qui est fétide.

fétu nm Brin de paille.

1. feu nm **1.** Dégagement de chaleur, de lumière et de flammes produit par une combustion : *feu de bois.* **2.** Incendie : *feu de forêt.* **3.** Endroit où l'on fait du feu ; foyer : *veillée au coin du feu.* **4.** Source de chaleur pour le chauffage ou la cuisson : *cuire à feu doux.* **5.** Ce qui est nécessaire pour allumer le feu, une cigarette : *avoir, demander du feu.* **6.** Décharge d'arme à poudre : *coup de feu ; arme à feu.* **7.** Signal lumineux ; phare, fanal : *feu rouge.* **8.** Inflammation ; sensation de chaleur qui en résulte : *avoir les joues en feu.* **9.** Ardeur, enthousiasme, fougue, passion : *parler avec feu.* ■ **au feu ! :** cri d'appel au secours lors d'un incendie. ❑ **à petit feu :** lentement. ❑ **être pris entre deux feux :** attaqué de deux côtés. ❑ **être tout feu tout flamme :** s'emballer, s'enthousiasmer. ❑ **faire long feu :** ne pas avoir de succès, rater. ❑ **feu d'artifice :** spectacle d'effets lumineux. ❑ **feux de croisement** ou **codes :** feux qu'utilise l'automobiliste, la nuit, quand il croise une autre voiture. ❑ **feux de position :** feux qui définissent le gabarit du véhicule. ❑ **feux de route :** feux qu'utilise l'automobiliste, la nuit, hors agglomération, sauf quand il croise quelqu'un. ❑ **feu tricolore ou de signalisation :** signal lumineux commandant le passage libre (*feu vert*), toléré (*feu orange*) ou interdit (*feu rouge*) du trafic automobile. ❑ **mettre sa main au feu que :** soutenir avec conviction que. ❑ **ne pas faire long feu :** ne pas durer longtemps. ❑ **n'y voir que du feu :** n'y rien comprendre. ❑ **prendre feu :** s'enflammer. ◆ interj ■ **feu ! :** commandement de tirer.

2. feu, e adj LITT (*feu* est invariable quand il précède l'art. ou l'adj. possessif) Défunt : *la feue reine : feu la reine.*

feuillage nm **1.** Ensemble des feuilles d'un arbre. **2.** Branches coupées chargées de feuilles : *lit de feuillage.*

feuillaison nf Renouvellement annuel des feuilles.

feuillant, ine n Religieux, religieuse appartenant à une branche de l'ordre cistercien disparue en 1789.

feuille nf **1.** Partie terminale d'un végétal, mince et plate, ordinairement verte. **2.** Morceau de papier d'un certain format : *feuille de papier ;* document, imprimé administratif : *feuille d'impôt.* **3.** Plaque très mince : *feuille d'or.* ■ **feuille de maladie, de soins :** formulaire mentionnant les actes et les médicaments dispensés aux assurés sociaux en vue d'en obtenir le remboursement.

feuille-morte adj inv De la couleur des feuilles mortes ; roux.

feuillet nm **1.** Page (recto et verso) d'un livre, d'un cahier. **2.** Troisième poche de l'estomac des ruminants.

feuilletage nm Pâte repliée plusieurs fois sur elle-même de manière à se séparer en feuilles à la cuisson.

feuilleté, e adj Constitué de lames minces superposées. ■ CUIS **pâte feuilletée :** feuilletage. ◆ nm CUIS Feuilletage garni.

feuilleter vt (conj 8) Tourner les pages d'un livre ; le parcourir rapidement.

feuilleton nm Œuvre romanesque publiée dans un journal ou diffusée à la radio, à la télévision sous la forme d'épisodes successifs.

feuilletoniste n Auteur de feuilletons.

feuillu, e adj Qui a beaucoup de feuilles.

feuillure nf Rainure, entaille pratiquée dans un panneau ou un bâti pour y loger une autre pièce.

feulement nm Cri du tigre, du chat.

feuler vi Émettre un feulement.

feutrage nm Action de feutrer ; fait de se feutrer.

feutre nm **1.** Étoffe de laine, de poils foulés. **2.** Chapeau de feutre.

feutré, e adj **1.** Qui a l'aspect du feutre ; qui a perdu sa souplesse : *laine feutrée.* **2.** FIG Où les bruits sont étouffés ; silencieux : *pas feutrés.*

feutrer vt **1.** Mettre en feutre du poil, de la laine. **2.** Garnir de feutre. ◆ vi ou **se feutrer** vpr Prendre l'aspect du feutre.

feutrine nf Feutre léger, très serré.

fève nf **1.** Légumineuse dont la graine est comestible ; cette graine. **2.** Petite figurine cachée dans la galette des Rois.

février nm Deuxième mois de l'année (de 28 jours, mais de 29 dans les années bissextiles).

fez [fɛz] nm inv Calotte tronconique portée dans certains pays d'Orient.

fg (abréviation) Faubourg.

fi interj LITT Marque le dégoût, le mépris. ■ **faire fi de :** mépriser.

fiabiliser vt Rendre fiable ; rendre plus fiable : *fiabiliser un progiciel.*

fiabilité nf Probabilité de fonctionnement sans défaillance d'un dispositif.

fiable adj **1.** Qui présente une certaine fiabilité. **2.** À qui l'on peut se fier.

fiacre nm ANC Voiture de louage à chevaux.

fiançailles nf pl Promesse de mariage.

fiancé, e n Personne qui s'est fiancée.

fiancer (se) vpr (conj 1) S'engager à épouser quelqu'un.

fiasco nm FAM Échec complet.

fiasque nf Bouteille à panse large garnie de paille.

Fibranne nf (nom déposé) Textile artificiel.

fibre nf **1.** Filament, cellule filamenteuse : *fibre musculaire, textile.* **2.** FIG Sensibilité à un sentiment : *avoir la fibre paternelle.* ■ **fibre de verre :** filament obtenu par étirage du verre fondu, utilisé en particulier pour la fabrication de la laine de verre.

fibreux, euse adj Qui contient des fibres.

fibrille nf Petite fibre.

fibrine nf Protéine qui apparaît dans le sang au cours de la coagulation et qui y contribue.

Fibrociment nm (nom déposé) Matériau en amiante-ciment.

fibromateux, euse adj De la nature d'un fibrome.

fibrome nm MÉD Tumeur bénigne constituée par du tissu fibreux.

fibroscope nm MÉD Endoscope flexible et de petit diamètre dans lequel la lumière est canalisée par un réseau de fibres de quartz.

fibroscopie nf MÉD Endoscopie réalisée à l'aide d'un fibroscope.

fibule nf ANTIQ Agrafe.

ficaire nf Renonculacée à fleurs jaunes.

ficelage nm Action de ficeler.

ficelé, e adj ■ FAM **bien ficelé :** bien fait, bien conçu : *scénario bien ficelé.*

ficeler vt (conj 6) **1.** Attacher avec une ficelle : *ficeler un paquet.* **2.** FAM Élaborer, construire : *ficeler une histoire.* **3.** FAM, PÉJOR habiller.

ficelle nf **1.** Corde très mince. **2.** Pain de fantaisie mince. **3.** FIG Procédé, truc : *connaître les ficelles du métier.* ■ **tenir, tirer les ficelles :** faire agir les autres sans se montrer.

fichage nm Action de ficher, d'inscrire sur des fiches.

fiche nf **1.** Carte, feuillet pour écrire des notes à classer ensuite. **2.** Pièce métallique s'adaptant à une autre et utilisée en électricité pour établir un contact.

1. ficher vt **1.** Inscrire sur une fiche, dans un fichier. **2.** VIEILLI Piquer, enfoncer : *ficher un pieu en terre.*

2. ficher ou **fiche** vt (p. passé *fichu*) **1.** FAM Faire : *qu'est-ce qu'il fiche ?* **2.** FAM Mettre, jeter : *ficher dehors.* ◆ **se ficher** ou **se fiche** vpr [de] FAM Se moquer de. ■ FAM **se ficher dedans :** se tromper.

fichier nm **1.** Meuble, boîte à fiches. **2.** INFORM Collection organisée d'informations de même nature, regroupées en une unité indépendante de traitement ; support matériel de ces informations.

fichtre interj FAM Marque l'étonnement, l'admiration.

1. fichu nm Triangle d'étoffe, dont les femmes se couvrent les épaules ou la tête.

2. fichu, e adj FAM **1.** (avant le nom) Maudit, mauvais : *un fichu repas ; fichu métier !* **2.** (après le nom) Détruit, ruiné : *appareil fichu.* ■ **bien, mal fichu :** bien, mal fait. ❑ **fichu de :** capable de. ❑ **mal fichu :** un peu malade.

fictif, ive adj **1.** Imaginaire : *personnage fictif.* **2.** Conventionnel : *valeur fictive.*

fiction nf Création de l'imagination : *œuvre de fiction.*

fictivement adv De façon fictive.

ficus [fikys] nm Plante d'appartement d'origine tropicale, tels le caoutchouc et le figuier.

fidèle adj **1.** Qui remplit ses engagements : *fidèle à ses promesses.* **2.** Constant dans son attachement, ses relations ; loyal : *ami fidèle.* **3.** Exact, conforme : *mémoire fidèle.* ◆ n Personne qui pratique une religion.

fidèlement adv Avec fidélité.

fidéliser vt Rendre fidèle : *fidéliser une clientèle.*

fidélité nf Qualité d'une personne ou d'une chose fidèle.

fiduciaire adj ÉCON Se dit de valeurs fictives, fondées sur la confiance accordée à qui les émet.

fief nm **1.** HIST Domaine qu'un vassal tenait d'un seigneur. **2.** FIG Possession exclusive : *fief électoral.*

fieffé, e adj Qui a atteint le degré le plus haut d'un défaut ou d'un vice ; achevé : *fieffé menteur.*

fiel nm **1.** Bile. **2.** LITT, FIG amertume, méchanceté.

fielleux, euse adj LITT Plein d'acrimonie, d'animosité : *ton fielleux.*

fiente nf Excrément d'animaux.

fier, fière adj **1.** Altier, noble, élevé : *âme fière.* **2.** Arrogant, méprisant : *son succès l'a rendu fier.* **3.** FAM Fameux, remarquable : *un fier coquin.* ■ **fier de :** qui tire satisfaction, orgueil de. ◆ n Orgueilleux : *faire le fier.*

fier (se) vpr [à] Mettre sa confiance en : *ne vous fiez pas aux flatteurs.*

fier-à-bras (pl *fiers-à-bras*) nm VIEILLI Fanfaron.

fièrement adv D'une manière fière.

fierté nf Caractère fier.

fiesta nf FAM Fête : *faire une fiesta.*

fièvre nf **1.** Élévation anormale de la température du corps. **2.** FIG Agitation, fébrilité : *la fièvre du départ.*

fiévreusement adv Avec fièvre.

fiévreux, euse adj et n **1.** Qui a ou dénote de la fièvre. **2.** FIG Inquiet, agité : *attente fiévreuse.*

fifre nm **1.** Petite flûte en bois, au son aigu. **2.** Celui qui en joue.

fifty-fifty loc adv FAM En deux parts égales, moitié-moitié : *partager fifty-fifty*.

fig. (abréviation) Figuré.

figé, e adj Solidifié par refroidissement : *huile figée*. ■ **expression figée :** expression qui n'admet pas de variante (EX : *prendre le taureau par les cornes*).

figer vt (conj 2) **1.** Solidifier par le froid : *le froid fige l'huile*. **2.** Immobiliser : *la peur le figea sur place*.

fignolage nm FAM Action de fignoler.

fignoler vt et vi FAM Faire, achever avec soin, minutie ; parfaire.

figue nf Fruit du figuier. ■ **figue de Barbarie :** fruit charnu et sucré du figuier de Barbarie. ❑ FAM **mi-figue, mi-raisin :** ambigu, mitigé.

figuier nm Arbre originaire du Proche-Orient, cultivé pour son fruit, la *figue*. ■ **figuier de Barbarie :** espèce d'opuntia à fruit comestible.

figurant, e n **1.** Personnage accessoire, dans une pièce, un spectacle. **2.** FIG Personne dont le rôle n'est pas déterminant.

figuratif, ive adj Qui représente la forme réelle d'une chose : *plan figuratif*. ■ **art figuratif :** celui qui représente des figures reconnaissables (par opposition à *art abstrait*). ◆ nm Peintre, sculpteur qui pratique l'art figuratif.

figuration nf **1.** Action de figurer. **2.** Métier, rôle de figurant ; ensemble des figurants d'un spectacle. **3.** Courant d'art figuratif.

figure nf **1.** Visage : *se laver la figure*. **2.** Air, contenance : *faire bonne figure*. **3.** Forme visible d'un corps : *avoir figure humaine*. **4.** Personnalité marquante : *les grandes figures de l'histoire*. **5.** Représentation de quelqu'un ou de quelque chose ; dessin, schéma : *l'explication est accompagnée d'une figure*. **6.** Symbole, allégorie. **7.** GÉOM Ensemble de points, lignes, surfaces : *figure géométrique*. **8.** Forme donnée à l'expression pour produire un certain effet : *figure de rhétorique*. **9.** Mouvement chorégraphique : *figures imposées, libres*.

figuré, e adj ■ **sens figuré :** signification détournée du sens propre (EX : *la lecture nourrit l'esprit* [sens figuré] ; *le pain nourrit le corps* [sens propre]). ◆ nm Sens figuré : *au propre et au figuré*.

figurer vt Représenter : *le décor figure l'intérieur d'une caverne ; les points rouges figurent les grandes villes*. ◆ vi Se trouver : *figurer sur une liste*. ◆ **se figurer** vpr S'imaginer.

figurine nf Statuette de petite dimension.

fil nm **1.** Brin long et mince de matière textile : *bobine de fil*. **2.** Tout élément filiforme : *le fromage fondu forme des fils*. **3.** Conducteur électrique filiforme : *fil électrique ; fil de terre*. **4.** Métal étiré : *fil de fer*. **5.** Tranchant d'un instrument : *le fil d'un rasoir*. **6.** Direction des fibres du bois : *poncer une planche dans le sens du fil*. **7.** Cours, suite, enchaînement : *aller au fil de l'eau ; le fil de la vie ; perdre le fil de la conversation*. ■ FAM **coup de fil :** coup de téléphone. ❑ **de fil en aiguille :** de propos en propos. ❑ **fil à plomb :** fil lesté pour matérialiser la verticale. ❑ **fil de la Vierge :** filandre. ❑ **passer au fil de l'épée :** tuer à l'arme blanche.

fil-à-fil nm inv Tissu chiné obtenu en ourdissant et en tramant alternativement un fil foncé et un fil clair.

filage nm Action de filer.

filament nm **1.** Élément fin et allongé d'un organe animal ou végétal : *filaments nerveux*. **2.** Fil très mince. **3.** Fil conducteur porté à l'incandescence dans une ampoule électrique.

filamenteux, euse adj Qui présente des filaments ; formé de filaments.

filandre nf Fil d'araignée flottant, dit aussi *fil de la Vierge*.

filandreux, euse adj **1.** Rempli de fibres longues et coriaces : *viande filandreuse*. **2.** FIG Enchevêtré, confus : *explications filandreuses*.

filant, e adj Qui file, coule sans se diviser en gouttes : *liquide filant*. ■ **étoile filante :** météore lumineux.

filasse nf Amas de filaments de chanvre, de lin, etc. ◆ adj inv ■ **cheveux filasse :** d'un jaune très pâle.

filature nf **1.** Établissement où l'on file les matières textiles. **2.** Action de filer, de suivre quelqu'un.

file nf Rangée, colonne : *file de voitures*. ■ **à la file :** l'un après l'autre. ❑ **en file indienne :** l'un derrière l'autre. ❑ **file d'attente :** queue : *prendre sa place dans une file d'attente*.

filer vt **1.** Travailler de manière à obtenir un fil : *filer la laine*. **2.** Sécréter un fil : *l'araignée file sa toile*. **3.** Suivre en épiant : *filer un voleur*. **4.** FAM Donner : *file-moi cent balles*. **5.** Défaire sur une certaine longueur les mailles d'un bas, d'un collant : *filer un bas*. ■ MAR **filer un câble :** le laisser glisser. ❑ **filer n nœuds :** avoir une vitesse de *n* milles marins à l'heure. ◆ vi **1.** FAM Aller vite : *filer à toute allure*. **2.** FAM S'en aller, s'échapper. **3.** Se défaire sur une certaine longueur, en parlant de mailles. **4.** Couler lentement, en filet : *sirop, caramel qui file*. ■ **filer à l'anglaise :** s'en aller sans prendre congé. ❑ **filer doux :** se montrer docile.

1. filet nm Objet fait d'un réseau de fibres entrecroisées : *filet de pêche ; filet à provisions ; filet de volley-ball*.

2. filet nm **1.** Écoulement fin, peu abondant ; petite quantité de liquide ainsi obtenue : *filet d'eau ; cuire dans un filet d'huile*. **2.** Trait mince ;

ornement long et délié. **3.** Saillie en hélice d'une vis. ■ **filet de voix :** voix très faible.

3. filet nm **1.** BOUCH Partie charnue et tendre du bœuf, du veau ou du mouton. **2.** Chaque bande de chair d'un poisson ou d'une volaille levée de part et d'autre de l'arête ou de la colonne vertébrale : *filet de sole*.

filetage nm Action de fileter ; résultat de cette action.

fileter vt (conj 7) Faire un filet de vis, d'écrou.

filial, e, aux adj Propre à un enfant à l'égard de ses parents : *amour filial*.

filiale nf Entreprise dirigée et contrôlée par une société mère.

filialiser vt Diviser une entreprise en entités ayant le statut de filiales.

filiation nf **1.** Lien de parenté qui unit en ligne directe des générations entre elles ; descendance. **2.** FIG Enchaînement entre des choses : *filiation des idées*.

filière nf **1.** Instrument d'acier pour étirer en fils des métaux, pour fileter les vis. **2.** Organe par lequel certains insectes produisent leur fil. **3.** Suite de formalités, d'emplois à remplir pour parvenir à un certain résultat : *filière administrative*.

filiforme adj Mince, allongé comme un fil.

filigrane nm **1.** Dessin que l'on aperçoit par transparence sur certains papiers : *filigrane des billets de banque*. **2.** Ouvrage d'orfèvrerie ajouré. ■ FIG **en filigrane :** (a) à l'arrière-plan (b) d'une manière implicite.

filin nm MAR Cordage.

fille nf **1.** Personne du sexe féminin, par rapport à ses parents (par opposition à *fils*). **2.** Personne jeune ou enfant de sexe féminin (par opposition à *garçon*) : *petite fille*. **3.** VIEILLI, PÉJOR femme de mauvaise vie, prostituée : *fille de joie*. ■ VX, PÉJOR **fille mère :** mère célibataire. ❑ **vieille fille :** femme célibataire.

fillette nf Petite fille.

filleul, e n Celui, celle dont on est le parrain, la marraine.

film nm **1.** Œuvre cinématographique : *film de science-fiction*. **2.** Pellicule traitée chimiquement, employée en photographie et en cinématographie : *mettre un film dans un appareil photo, une caméra*. **3.** Mince pellicule : *film protecteur*. **4.** FIG Déroulement continu : *le film des événements*. ■ FAM **avoir raté le début du film :** être dépassé par la situation, faute d'avoir tous les éléments pour juger.

filmer vt Enregistrer sur un film cinématographique.

filmique adj Relatif au cinéma, aux films.

filmographie nf Liste des films d'un cinéaste, d'un comédien, etc., ou relevant d'un genre donné.

filon nm **1.** Couche d'un minéral contenue entre des couches de nature différente. **2.** FIG, FAM situation lucrative et agréable.

filou nm FAM Voleur adroit ; fripon, tricheur.

filouter vt FAM, VX Voler avec adresse.

filouterie nf FAM, VX Petite escroquerie.

fils [fis] nm **1.** Personne du sexe masculin, par rapport à ses parents (par opposition à *fille*). **2.** Descendant. **3.** LITT Homme considéré par rapport à ses origines nationales, sociales, etc. : *d'Artagnan, fils de la Gascogne*. ■ **fils de famille :** garçon né dans une famille aisée.

filtrage nm Action de filtrer.

filtrant, e adj Qui sert à filtrer.

filtrat nm Liquide filtré dans lequel ne subsiste aucune matière en suspension.

filtre nm **1.** Corps poreux, dispositif à travers lequel on fait passer un fluide pour le débarrasser des particules qui s'y trouvent en suspension. **2.** Dispositif éliminant les fréquences parasites d'un signal électrique. **3.** Écran coloré placé devant un objectif pour intercepter certains rayons du spectre.

filtrer vt **1.** Faire passer à travers un filtre. **2.** Soumettre à un contrôle avant d'admettre : *filtrer des passants*. ◆ vi Pénétrer à travers : *l'eau filtre à travers les terres ; laisser filtrer des informations*.

1. fin nf **1.** Bout, extrémité : *fin de chapitre*. **2.** Terme : *toucher à sa fin*. **3.** But, objectif : *parvenir à ses fins*. ■ **à la fin :** enfin, finalement. ❑ **à toutes fins utiles :** en cas de besoin. ❑ **sans fin :** continuellement.

2. fin, fine adj **1.** Qui a peu d'épaisseur, mince : *tissu fin*. **2.** Délié et menu : *pluie fine*. **3.** D'une grande acuité, précis : *ouïe fine*. **4.** Délicat, subtil : *goût fin*. **5.** Rusé, habile : *un fin renard*. **6.** De qualité supérieure : *vin fin ; épicerie fine*. **7.** Pur, naturel : *or fin ; perle fine*. ◆ nm Ce qui est fin. ■ **le fin du fin :** ce qu'il y a de mieux. ◆ adv **1.** Finement : *moudre fin*. **2.** Complètement : *être fin prêt*.

1. final, e, als ou **aux** adj Qui finit, termine : *un point final*. ■ **proposition finale** ou **finale** nf : subordonnée de but.

2. final (pl *finals*) ou **finale** nm MUS Morceau d'ensemble qui termine une symphonie, une sonate.

finale nf **1.** Dernière syllabe ou lettre d'un mot. **2.** SPORTS, JEUX épreuve décisive d'une compétition.

finalement adv Pour en finir, en fin de compte.

finaliser vt Donner un but, une finalité à : *finaliser une recherche*.

VOCABULAIRE L'emploi de *finaliser* pour « mettre une fin, un terme à » est un anglicisme parfois critiqué.

finaliste adj et n SPORTS, JEUX qui est qualifié pour disputer une finale.

finalité nf Caractère de ce qui a un but, une fin.

finance nf Ensemble des professions qui ont pour objet l'argent et ses modes de représentation. ◆ **finances** pl **1.** Trésor de l'État. **2.** FAM Ressources pécuniaires.

financement nm Action de financer.

financer vt (conj 1) Fournir de l'argent, des capitaux à.

financier, ère adj Relatif aux finances : *système financier.* ◆ nm **1.** Celui qui s'occupe d'opérations financières. **2.** Petit gâteau à base d'amandes.

financièrement adv En matière de finances.

finasser vi FAM Employer des subterfuges, des finesses plus ou moins bien intentionnées.

finasserie nf FAM Finesse mêlée de ruse.

finaud, e adj et n Fin, rusé, sous un air de simplicité.

fine nf Eau-de-vie de qualité.

finement adv D'une manière fine.

finesse nf **1.** Qualité de ce qui est fin : *finesse d'un tissu.* **2.** Subtilité : *finesse d'une plaisanterie.* **3.** Acuité des sens : *finesse de l'ouïe.* **4.** Discernement : *faire preuve de finesse.*

finette nf Tissu de coton à envers pelucheux.

fini, e adj **1.** Limité : *ensemble fini.* **2.** Terminé, achevé : *son travail est fini ; cette époque est bien finie.* **3.** Parfaitement achevé, dont la finition est soignée : *du travail fini.* **4.** PÉJOR Achevé, parfait en son genre : *escroc fini.* **5.** Usé : *un homme fini.* ◆ nm **1.** Perfection : *le fini d'un ouvrage.* **2.** Ce qui a des bornes : *le fini et l'infini.*

finir vt **1.** Mener à son terme, achever : *finir un livre.* **2.** Constituer la fin, limiter : *le point finit la phrase.* ◆ vi **1.** Se terminer sous telle forme : *finir en pointe.* **2.** Arriver à son terme : *son bail finit.* **3.** Avoir une certaine fin : *cet enfant finira mal.* **4.** Mourir : *finir dans la misère.* ■ **en finir avec :** se débarrasser de. ❑ **finir par :** arriver, réussir finalement à.

finish [finiʃ] nm inv (anglicisme) Dernier effort d'un concurrent à la fin d'une épreuve.

finissage nm TECHN Dernière main ; finition.

finisseur, euse n **1.** Personne qui finit, achève un travail. **2.** Athlète qui termine très bien les compétitions.

finition nf **1.** Action de finir avec soin. **2.** Phase d'achèvement d'un travail : *finitions soignées.*

finlandais, e adj et n De la Finlande : *les Finlandais.* ◆ nm Finnois.

finnois, e adj et n D'un peuple habitant la Finlande. ◆ nm Langue parlée en Finlande.

fiole nf Petit flacon de verre.

fioriture nf Ornement accessoire.

fioul nm Combustible liquide provenant du pétrole brut (on écrit aussi *fuel*). ■ **fioul domestique :** mazout.

firmament nm LITT Voûte du ciel.

firme nf Entreprise industrielle ou commerciale.

fisc nm Administration chargée de calculer et de percevoir les impôts.

fiscal, e, aux adj Relatif au fisc.

fiscalement adv Du point de vue fiscal.

fiscalisation nf **1.** Action de fiscaliser. **2.** Part de l'impôt dans les ressources d'une collectivité publique.

fiscaliser vt Soumettre à l'impôt.

fiscalité nf Système de perception des impôts ; ensemble des lois qui s'y rapportent.

fish-eye [fiʃaj] (pl *fish-eyes*) nm PHOT Objectif à très grand angle.

fissible adj Fissile.

fissile adj **1.** Qui se divise facilement en lames minces : *l'ardoise est fissile.* **2.** Susceptible de subir une fission nucléaire.

fission nf Éclatement d'un noyau d'atome lourd, libérant une énorme quantité d'énergie.

fissuration nf Production de fissures.

fissure nf Petite crevasse, fente légère.

fissurer vt Crevasser, fendre. ◊ vpr : *un mur qui se fissure.*

fiston nm FAM Fils.

fistule nf MÉD Canal accidentel qui fait communiquer un organe avec l'extérieur ou avec un autre organe.

FIV [fiv] nf (sigle) Fécondation in vitro.

fixage nm **1.** Action de fixer. **2.** Opération par laquelle une image photographique est rendue inaltérable à la lumière.

fixateur, trice adj Qui fixe. ◆ nm **1.** Vaporisateur pour fixer un dessin. **2.** Substance qui rend une image photographique inaltérable.

fixatif, ive adj Qui sert à fixer. ◆ nm Vernis pour fixer les dessins au fusain, au pastel.

fixation nf **1.** Action de fixer. **2.** Attache, dispositif servant à fixer : *fixations de ski.* ■ **faire une fixation sur :** être obsédé par.

fixe adj **1.** Qui ne se meut pas : *étoile fixe.* **2.** Immobile : *regard fixe.* **3.** Qui ne varie pas : *beau fixe.* **4.** Réglé, déterminé à l'avance ; régulier : *revenu fixe.* ■ **idée fixe :** idée qui obsède l'esprit. ◆ nm Partie invariable d'un salaire.

fixement adv D'une manière fixe.

fixer vt **1.** Rendre fixe, stable : *fixer un tableau au mur ; fixer un souvenir dans son esprit.* **2.** Empêcher de varier, de s'altérer : *fixer la langue d'un pays ;* rendre inaltérable par un traitement spécial : *fixer une photo, un pastel.* **3.** Garder immobile : *fixer les yeux.* **4.** Regarder fixement : *fixer quelqu'un.* **5.** Arrêter : *fixer son choix.* **6.** Établir, préciser : *fixer une date.* **7.** Attirer, captiver : *fixer l'attention.* ◆ **se fixer** vpr S'établir d'une manière permanente.

fixité nf Caractère de ce qui est fixe : *la fixité d'un regard.*

fjord [fjɔrd] ou [fjɔr] nm Vallée glaciaire envahie par la mer.

flaccidité [flaksidite] nf État de ce qui est flasque.

flacon nm Petite bouteille ; son contenu.

flacon-pompe (pl *flacons-pompe*) nm Conditionnement d'une substance cosmétique ou médicamenteuse muni d'un dispositif de pompe qui délivre une dose de produit à chaque pression.

flagada adj inv FAM Qui a perdu de sa vigueur ; fatigué.

flagellation nf Action de flageller.

flagelle nm BIOL Filament mobile servant d'organe locomoteur à certains protozoaires et aux spermatozoïdes.

flagellé, e adj BIOL Muni d'un flagelle.

flageller vt Fouetter.

flageolant, e adj Qui flageole : *avoir les jambes flageolantes.*

flageoler vi Trembler de fatigue, d'émotion (surtout en parlant des jambes).

flageolet nm **1.** Flûte à bec percée de six trous. **2.** Petit haricot.

flagorner vt LITT Flatter bassement.

flagornerie nf LITT Basse flatterie.

flagorneur, euse n LITT Personne qui flagorne.

flagrant, ante adj Évident, incontestable : *inégalité flagrante.* ■ **flagrant délit :** délit commis sous les yeux de ceux qui le constatent.

flair nm **1.** Odorat d'un animal. **2.** FIG Perspicacité, discernement, clairvoyance.

flairer vt **1.** Reconnaître par l'odeur ; renifler. **2.** FIG Pressentir, soupçonner.

flamand, e adj et n De Flandre : *les Flamands.* ◆ nm Ensemble des parlers sud-néerlandais usités en Belgique et dans la région de Dunkerque.

flamant nm Oiseau de grande taille, au plumage rose, écarlate et noir.

flambage nm Action de flamber.

flambant, e adj Qui flambe. ■ **flambant neuf :** tout neuf.

ORTHOGRAPHE Dans l'expression *flambant neuf, flambant* est invariable : *des vêtements flambant neufs ; une robe flambant neuve.*

flambeau nm **1.** ANC Torche, chandelle ; chandelier. **2.** FIG Lumière qui guide. ■ **se passer, transmettre le flambeau :** continuer la tradition.

flambée nf **1.** Feu clair. **2.** FIG Brusque augmentation : *flambée des prix, de la violence.*

flamber vt Passer à la flamme : *flamber une volaille.* ◆ vi **1.** Brûler en faisant une flamme. **2.** FAM Dépenser beaucoup, gaspiller. **3.** FAM Subir une brusque augmentation.

flambeur, euse n FAM Qui dépense beaucoup, qui joue gros jeu.

flamboiement nm Éclat flamboyant.

flamboyant, e adj **1.** Qui flamboie. **2.** ARCHIT Style gothique de la dernière période (XVe s.), aux contours lancéolés. ◆ nm Arbre des régions tropicales à fleurs rouges.

flamboyer vi (conj 3) **1.** Jeter une flamme brillante. **2.** FIG Briller : *des yeux qui flamboient.*

flamenco [flamɛnko] adj et nm Se dit de la musique, de la danse et du chant populaires andalous.

flamiche nf Tourte aux poireaux.

flamingant, e [flamɛ̃gɑ̃, ɑ̃t] adj et n **1.** Qui parle flamand. **2.** Se dit des partisans du mouvement nationaliste flamand en Belgique.

flamme nf **1.** Phénomène lumineux, incandescence d'un gaz produits par une substance en combustion. **2.** LITT, FIG Vive ardeur, passion amoureuse. **3.** Petit drapeau triangulaire. **4.** Marque postale apposée sur les lettres à côté du cachet d'oblitération.

flammé, e adj Qui a des taches en forme de flammes : *grès flammé.*

flammèche nf Parcelle de matière enflammée qui s'échappe d'un foyer.

flan nm **1.** Crème aux œufs, cuite au four. **2.** Disque de métal préparé pour recevoir une empreinte (d'une monnaie, d'une médaille, etc.). ■ FAM **c'est du flan :** ce n'est pas sérieux, pas vrai.

flanc nm **1.** Partie latérale du corps depuis les côtes jusqu'aux hanches : *se coucher sur le flanc.* **2.** Côté d'une chose : *flancs d'une montagne.* **3.** Partie latérale d'une troupe rangée : *attaquer une armée par le flanc.* ■ **à flanc de :** sur la pente de. ❏ FAM **être sur le flanc :** exténué. ❏ **prêter le flanc à :** donner prise à. ❏ FAM, FIG **se battre les flancs :** se donner du mal sans grand résultat. ❏ FAM **tirer au flanc :** se soustraire à une obligation.

flancher vi FAM Céder, faiblir.

flanchet nm Partie de la surlonge du bœuf, du veau.

flanelle nf Tissu léger en laine ou en coton.

flâner vi **1.** Se promener sans but. **2.** Perdre son temps ; paresser.

flânerie nf Action de flâner.

flâneur, euse n Qui flâne.

1. flanquer vt **1.** Être disposé de part et d'autre de quelque chose : *bâtisse flanquée de deux tours ; garage qui flanque une maison.* **2.** Accompagner : *flanqué de ses deux enfants.*

2. flanquer vt FAM Mettre, jeter violemment : *flanquer une gifle ; flanquer quelqu'un dehors.*

flapi, e adj FAM Abattu, épuisé.

flaque nf Petit volume d'eau accumulée.

flash [flaʃ] (pl *flashs* ou *flashes*) nm **1.** PHOT Dispositif produisant un éclair lumineux ; cet éclair. **2.** Brève information radiophonique, transmise en priorité.

flash-back [flaʃbak] nm inv Séquence cinématographique retraçant une action passée par rapport à la narration (recommandation officielle : *retour en arrière*).

flasher vt Photographier à l'aide d'un cinémomètre radar un véhicule en excès de vitesse. ◆ vt ind [sur] FAM Éprouver un intérêt vif et subit pour.

1. flasque adj Mou, sans fermeté.

2. flasque nf Flacon plat.

flatter vt **1.** Louer pour plaire : *les courtisans flattent.* **2.** Embellir, avantager : *ce portrait vous flatte.* **3.** Caresser de la main : *flatter un cheval.* **4.** LITT Affecter agréablement : *la musique flatte l'oreille.* ◆ **se flatter** vpr [de] Se vanter de, prétendre.

flatterie nf Louange intéressée.

flatteur, euse adj et n Qui flatte.

flatulence ou **flatuosité** nf MÉD Accumulation de gaz dans l'estomac ou l'intestin.

fléau nm **1.** Outil pour battre les céréales. **2.** Tige horizontale d'une balance soutenant les plateaux. **3.** Calamité publique : *la guerre est un fléau.*

fléchage nm Action de flécher ; son résultat.

flèche nf **1.** Projectile consistant en une tige de bois armée d'une pointe et qu'on lance avec l'arc ou l'arbalète. **2.** Représentation schématique d'une flèche, servant à indiquer un sens, une direction : *suivre les flèches.* **3.** Pointe d'un clocher. **4.** FIG Raillerie, critique acerbe : *lancer des flèches.* ■ **comme une flèche :** très rapidement : *partir comme une flèche.* ❏ **monter en flèche :** connaître une hausse ou une ascension rapide et forte : *prix qui montent en flèche.*

flécher vt (conj 10) Garnir un parcours de panneaux pour indiquer un itinéraire : *déviation fléchée.*

fléchette nf Petite flèche.

fléchir vt **1.** Ployer, courber : *fléchir le genou.* **2.** FIG Faire céder, attendrir : *fléchir ses juges.* ◆ vi **1.** Se ployer, se courber. **2.** FIG Faiblir, cesser de résister.

fléchissement nm Action de fléchir.

fléchisseur adj m et nm Qui fait fléchir : *muscle fléchisseur.*

flegmatique adj Calme, impassible.

flegme nm Calme imperturbable, sang-froid.

flemmard, e adj et n FAM Paresseux.

flemmarder vi FAM Paresser.

flemme [flɛm] nf FAM Paresse, envie de ne rien faire.

flétan nm Poisson plat des mers froides.

flétrir vt Ôter l'éclat, la fraîcheur de ; faner. ■ **visage flétri :** ridé. ◆ **se flétrir** vpr Se faner ; perdre sa fraîcheur.

flétrissure nf **1.** Altération de la fraîcheur. **2.** LITT Grave atteinte à la réputation, à l'honneur.

fleur nf **1.** Partie d'un végétal qui contient les organes reproducteurs. **2.** Plante qui produit des fleurs : *la culture des fleurs.* **3.** Ornement en forme de fleur : *robe à fleurs.* **4.** Partie la plus fine, la meilleure : *fleur de farine ; la fine fleur de la société.* **5.** Temps du plein épanouissement, de l'éclat : *être à la fleur de l'âge.* ■ **à fleur de :** au ras de. ◆ **fleurs** pl Moisissure.

fleurdelisé, e adj Orné, semé de fleurs de lis : *drapeau fleurdelisé.*

fleurer vi LITT Répandre une odeur.

fleuret nm **1.** Épée à lame très fine, sans pointe, pour la pratique de l'escrime. **2.** Tige d'acier des perforatrices par percussion.

fleurette nf Petite fleur. ■ VIEILLI **conter fleurette :** tenir des propos galants.

fleuri, e adj Garni de fleurs : *sentier fleuri ; tissu fleuri.* ■ FIG **teint fleuri :** qui a de la fraîcheur, de l'éclat. ❏ **style fleuri :** style orné.

fleurir vi **1.** Produire des fleurs, s'en couvrir : *les arbres fleurissent au printemps.* **2.** FIG Prospérer : *le commerce fleurit.* ◆ vt Orner de fleurs : *fleurir sa maison.*

GRAMMAIRE Au fig., l'ind. imparfait est *je florissais,* etc., et le participe présent *florissant.*

fleuriste n Personne qui cultive ou vend des fleurs.

fleuron nm Ornement en forme de fleur. ■ FIG **le plus beau fleuron** ou **le fleuron :** ce qu'il y a de plus remarquable.

fleuve nm **1.** Cours d'eau qui aboutit à la mer. **2.** FIG Masse en mouvement : *fleuve de boue.*

flexibilité nf Qualité de ce qui est flexible.

flexible adj **1.** Qui plie aisément : *roseau flexible.* **2.** Susceptible de s'adapter aux circonstances ; souple : *horaire flexible.* ◆ nm Tuyau souple : *flexible de douche.*

flexion nf **1.** Action de fléchir : *flexion du genou.* **2.** LING Ensemble des désinences d'un mot, caractéristiques de la catégorie grammaticale et de la fonction : *flexion verbale ou conjugaison.*

flexisécurité ou **flexicurité** nf Mode d'organisation du marché du travail offrant plus de flexibilité aux entreprises, mais aussi une plus grande sécurité de l'emploi aux salariés.

flibustier nm **1.** Pirate de la mer des Antilles aux XVIIe et XVIIIe s. **2.** VIEILLI, PAR EXT Filou.

flic n FAM Agent de police.

flingue nm FAM Arme à feu.

flinguer vt FAM Tirer sur quelqu'un avec une arme à feu : *se faire flinguer.*

1. flipper [flipœr] nm Billard électrique.

2. flipper vi FAM **1.** Éprouver une angoisse due à l'état de manque, pour un toxicomane. **2.** Être déprimé ou excité.

flirt [flœrt] nm FAM **1.** Action de flirter. **2.** Personne avec qui l'on flirte.

flirter [flœrte] vi **1.** Avoir des relations amoureuses plus ou moins passagères avec qqn. **2.** FIG Se rapprocher d'un adversaire politique : *centriste qui flirte avec le socialisme.*

floc interj Évoque le bruit d'un objet qui tombe dans un liquide.

flocage nm Application de fibres textiles sur un support adhésif.

floche adj ■ **fil floche :** à faible torsion.

flocon nm **1.** Amas léger de neige, de laine, etc. **2.** Grains de céréales réduits en lamelles : *flocons d'avoine.*

floconneux, euse adj Qui a l'aspect de flocons.

floculation nf Précipitation d'une solution en flocons.

flonflon nm (généralement au pluriel) Refrain, musique populaire.

flop nm FAM Échec d'un livre, d'un film, d'un spectacle. ■ **faire un flop :** subir un échec.

flopée nf FAM Grande quantité.

floraison nf **1.** Épanouissement de la fleur ; temps de cet épanouissement. **2.** FIG Épanouissement simultané de choses de même nature : *floraison de romans.*

floral, e, aux adj Relatif à la fleur.

floralies nf pl Exposition horticole.

flore nf **1.** Ensemble des espèces végétales d'une région : *flore polaire.* **2.** Ouvrage permettant la détermination et la classification de ces espèces.

floréal nm HIST Huitième mois de l'année républicaine, commençant le 20 ou le 21 avril.

florentin, e adj et n De Florence.

florès [flɔrɛs] nm ■ LITT, VIEILLI **faire florès :** avoir du succès, être à la mode.

florifère adj BOT Qui porte des fleurs.

florilège nm **1.** Recueil de poésies. **2.** Sélection de choses remarquables.

florin nm Ancienne unité monétaire des Pays-Bas.

florissant, e adj Prospère.

flot nm **1.** Masse d'eau agitée ; vague : *les flots de la mer.* **2.** Écoulement abondant : *flot de sang.* **3.** FIG Masse fluide ; grande quantité : *flot de passants.* ■ **à flots :** abondamment : *argent qui coule à flots.* ❑ **être à flot :** (a) flotter (b) FIG cesser d'avoir des difficultés. ❑ **remettre à flot :** renflouer.

flottable adj **1.** Qui peut flotter : *bois flottable.* **2.** Qui permet le flottage : *rivière flottable.*

flottage nm Transport du bois flottant sur une rivière.

flottaison nf ■ **ligne de flottaison :** endroit où la surface de l'eau atteint la coque d'un navire.

flottant, e adj **1.** Qui flotte : *corps flottant.* **2.** Ample, ondoyant : *robe flottante.* **3.** FIG Instable, irrésolu : *effectifs flottants ; esprit flottant.* ■ **monnaie flottante :** dont la parité vis-à-vis des autres monnaies n'est pas déterminée par un taux de change fixe.

1. flotte nf **1.** Ensemble de navires naviguant dans une même zone ou sous une même autorité. **2.** Ensemble des forces navales ou aériennes d'un pays, des navires ou des appareils d'une compagnie.

2. flotte nf FAM Eau, pluie.

flottement nm **1.** Mouvement ondoyant. **2.** FIG Incertitude, hésitation.

flotter vi **1.** Être porté sur une surface liquide : *le liège flotte sur l'eau.* **2.** Être en suspension dans l'air, ondoyer : *ses cheveux flottent au vent.* **3.** Avoir un vêtement trop ample : *flotter dans son costume.* **4.** Être indécis, irrésolu. ◆ v impers FAM Pleuvoir.

flotteur nm Corps, dispositif, élément conçus pour flotter à la surface d'un liquide.

flottille nf Petite flotte.

flou, e adj **1.** Qui manque de netteté ; imprécis, indécis : *photo floue ; idées floues.* **2.** Fondu, vaporeux : *dessin flou.* ■ **logique floue :** logique fondée non sur le principe binaire « vrai » ou « faux » mais sur des valeurs intermédiaires et qui est appliquée au fonctionnement de certains automates. ◆ nm Manque de netteté.

flouer vt FAM Escroquer, duper.

flouter vt PHOT, TÉLÉV Rendre flou, méconnaissable : *les témoins ont été floutés*.

fluctuant, e adj Variable.

fluctuation nf **1.** Variation continuelle de part et d'autre d'une moyenne : *les fluctuations de la Bourse*. **2.** Oscillation d'un liquide.

fluctuer vi Être fluctuant ; changer.

fluet, ette adj Mince et délicat.

fluide adj **1.** Se dit d'un corps (liquide, gaz) dont les molécules sont faiblement liées et qui prend la forme de son contenant. **2.** Qui coule, s'écoule aisément : *une encre fluide ; circulation fluide*. ◆ nm **1.** Corps fluide. **2.** FIG Influence mystérieuse qui agit à distance.

fluidifiant, e adj et nm Qui fluidifie.

fluidifier vt Rendre fluide, plus fluide.

fluidité nf Caractère de ce qui est fluide.

fluo adj inv (abréviation de *fluorescent*) D'aspect fluorescent : *jaune fluo ; maillot fluo*.

fluocompact, e adj Se dit d'une lampe, d'une ampoule fluorescente à basse consommation, dont le tube est plié ou enroulé sur lui-même.

fluor nm CHIM Gaz jaune-vert, fortement réactif ; symb : F.

fluoré, e adj Qui contient du fluor.

fluorescence nf Propriété de certains corps d'émettre de la lumière lorsqu'ils reçoivent un rayonnement.

fluorescent, e adj Doué de fluorescence.

fluorine nf Fluorure de calcium.

fluorure nm Composé du fluor.

flûte nf **1.** Instrument de musique à vent et à embouchure, formé d'un tube creux percé de trous : *flûte à bec, flûte traversière*. **2.** Petit pain long. **3.** Verre à pied, étroit et long, pour le champagne. ■ **flûte de Pan** : instrument de musique composé de tubes d'inégale longueur sur lesquels on promène les lèvres. ◆ interj FAM Marque l'impatience, la déception. ◆ **flûtes** pl FAM Jambes maigres.

flûtiau nm Petite flûte champêtre.

flûtiste n Joueur de flûte.

fluvial, e, aux adj Relatif aux fleuves.

fluvio-glaciaire (pl *fluvio-glaciaires*) adj Relatif à la fois aux fleuves et aux glaciers.

flux [fly] nm **1.** Montée de la mer, due à la marée. **2.** Écoulement : *flux de sang*. **3.** FIG Grande quantité : *flux de paroles*. ■ **flux lumineux** : débit d'une source lumineuse.

fluxion nf MÉD Œdème et vasodilatation localisés représentant le stade initial d'une inflammation.

flyer [flajœr] nm Prospectus, tract annonçant une soirée culturelle, un événement commercial, une rave, etc.

FM nf (sigle de *frequency modulation*) Modulation de fréquence.

foc nm MAR Voile triangulaire à l'avant d'un bateau.

focal, e, aux adj Qui concerne le foyer des lentilles.

focalisation nf Action de focaliser.

focaliser vt **1.** Faire converger en un point : *focaliser un faisceau lumineux, un flux de particules*. **2.** FIG Concentrer sur un point précis : *focaliser l'attention*.

fœhn [føn] ou **föhn** [føn] nm Vent chaud et sec dans les Alpes.

fœtal, e, aux [fetal, o] adj Relatif au fœtus.

fœtus [fetys] nm Produit de la conception non encore arrivé à terme, mais ayant déjà les formes de l'espèce.

foi nf **1.** Confiance : *témoin digne de foi*. **2.** Croyance en un dogme ; religion : *mourir pour sa foi*. **3.** Fidélité, loyauté, garantie : *sous la foi d'un serment*. ■ **être de bonne foi** : être convaincu de la véracité de ce qu'on dit. ❑ **être de mauvaise foi** : soutenir une chose que l'on sait fausse. ❑ **faire foi** : prouver. ❑ **ma foi** : en vérité, en effet. ❑ **profession de foi** : déclaration de ses opinions. ❑ **sans foi ni loi** : sans religion ni conscience.

foie nm Organe contenu dans l'abdomen, qui sécrète la bile. ■ **foie gras** : foie d'oie ou de canard engraissés.

1. foin nm **1.** Herbe fauchée et séchée. **2.** Ensemble des poils de l'artichaut. ■ FAM **faire du foin** : faire du bruit, du scandale.

2. foin interj LITT, VIEILLI Exprime le mépris.

foire nf **1.** Grand marché public à époques fixes : *le champ de foire*. **2.** Exposition commerciale périodique : *la foire de Lyon*. **3.** Fête foraine : *la foire du Trône, à Paris*. **4.** FAM Désordre, confusion : *quelle foire !* ■ FAM **faire la foire** : s'amuser, faire la fête.

foirer vi TRÈS FAM Échouer, rater.

foireux, euse adj TRÈS FAM Dont l'échec est prévisible ; qui fonctionne mal : *coup foireux*.

fois nf Joint à un nom de nombre, marque la quantité, la multiplication : *deux fois par an*. ■ **à la fois** : ensemble, en même temps. ❑ FAM **des fois** : parfois. ❑ **une fois** : à une certaine époque. ❑ **une fois pour toutes** : définitivement. ❑ **une fois que** : dès que.

foison (à) loc adv LITT Abondamment.

foisonnant, e adj Qui foisonne, abondant.

foisonnement nm Abondance.

foisonner vi Abonder, pulluler : *les lapins foisonnent dans ce coin ; idées qui foisonnent*.

fol adj m → **fou**.

folâtre adj Gai, enjoué.

folâtrer vi Jouer, s'ébattre gaiement.

foliacé, e adj De la nature des feuilles, qui en a l'apparence.

foliaire adj BOT Relatif aux feuilles.

foliation nf BOT **1.** Disposition des feuilles sur la tige. **2.** Époque où les bourgeons développent leurs feuilles.

folichon, onne adj (surtout négatif) FAM Divertissant, drôle : *le film n'était pas folichon*.

folie nf **1.** Dérèglement mental ; démence : *être atteint de folie*. **2.** Acte déraisonnable, passionné, excessif : *des folies de jeunesse*. **3.** Désir passionné : *avoir la folie des livres*. ■ **aimer à la folie :** éperdument. ❑ **faire une, des folies :** des dépenses excessives.

folié, e adj Disposé en lames minces.

folio nm **1.** Feuillet d'un livre. **2.** Numéro de chaque page d'un livre.

foliole nf Chaque division du limbe d'une feuille.

folioter vt Numéroter des feuillets ; paginer.

folk nm Folksong. ◆ adj Relatif au folksong : *la musique folk*.

folklore nm Ensemble des traditions, usages et légendes populaires d'un pays, d'une région.

folklorique adj **1.** Relatif au folklore. **2.** FAM Pittoresque, mais dépourvu de sérieux : *un candidat folklorique*.

folksong nm Partie de la musique pop inspirée du folklore traditionnel américain.

folle adj f et nf → **fou**.

follement adv Éperdument, extrêmement.

follet, ette adj Un peu fou. ■ **feu follet :** flamme fugitive produite par la combustion spontanée de gaz se dégageant de matières organiques en décomposition. ❑ **poil follet :** premier duvet du menton.

folliculaire adj Relatif à un follicule.

follicule nm **1.** BOT Fruit sec, s'ouvrant par une seule fente. **2.** ANAT Organe en forme de sac : *follicule pileux*.

folliculine nf PHYSIOL Hormone sécrétée par l'ovaire.

fomentation nf LITT Action de fomenter.

fomenter vt LITT Susciter, préparer secrètement : *fomenter des troubles*.

foncé, e adj Sombre, en parlant des couleurs : *bleu foncé*.

foncer vt (conj 1) **1.** Rendre plus foncé : *foncer une couleur*. **2.** Mettre un fond à : *foncer un tonneau, une cuve*. **3.** Creuser verticalement : *foncer un puits*. ◆ vi **1.** Devenir foncé : *le bois fonce en vieillissant*. **2.** FAM Aller très vite. ◆ vt ind **1.** [sur] Se précipiter pour attaquer : *foncer sur l'ennemi*. **2.** [dans] Heurter violemment contre : *foncer dans un mur*.

fonceur, euse n et adj FAM Personne qui fonce, qui va de l'avant.

foncier, ère adj **1.** Relatif à un bien-fonds : *propriété foncière ; impôt, propriétaire foncier*. **2.** FIG Qui constitue le fonds ; fondamental, principal : *qualités foncières*. ◆ nm La propriété foncière et tout ce qui s'y rapporte.

foncièrement adv Profondément.

fonction nf **1.** Rôle, utilité d'un élément dans un ensemble : *fonction d'un mot dans une phrase*. **2.** Exercice d'une charge, d'un emploi ; profession : *s'acquitter de ses fonctions ; la fonction d'enseignant*. **3.** Activité propre à un appareil, à un ensemble : *la fonction digestive*. **4.** MATH Grandeur dépendant d'une ou de plusieurs variables. ■ **en fonction de :** (a) par rapport à (b) en tenant compte de : *décider en fonction du temps*. ❑ **fonction publique :** ensemble des agents de l'État ; leur activité.

fonctionnaire n Agent d'une administration publique dépendant de l'État.

fonctionnaliser vt Rendre fonctionnel, pratique.

fonctionnalisme nm Doctrine issue du rationalisme du XIXe s.

fonctionnalité nf Caractère fonctionnel, pratique.

fonctionnariat nm Qualité, état de fonctionnaire.

fonctionnariser vt Assigner un statut de fonctionnaire, de service public à.

fonctionnel, elle adj **1.** Relatif aux fonctions organiques : *troubles fonctionnels*. **2.** Relatif aux fonctions mathématiques : *calcul fonctionnel*. **3.** Qui s'adapte à une fonction déterminée ; pratique : *meubles fonctionnels*.

fonctionnement nm Manière dont une chose fonctionne.

fonctionner vi **1.** Remplir, accomplir sa fonction, être en état de marche : *l'aspirateur ne fonctionne plus*. **2.** AFRIQUE Être fonctionnaire.

fond nm **1.** Partie la plus basse, la plus profonde : *le fond d'un puits ; le fond de la mer*. **2.** Ce qui reste au fond : *le fond du verre*. **3.** Partie la plus éloignée, la plus retirée : *le fond d'une province*. **4.** Champ (visuel, sonore, etc.) sur lequel se détache qqch ; arrière-plan : *dans ce tableau, les fleurs se détachent sur un fond sombre ; fond sonore*. **5.** Partie essentielle, fondamentale : *le fond d'une question ; aller au fond des choses*. **6.** Ce qui fait la matière, l'essence d'une chose (par oppos. à la *forme*) : *s'attacher davantage au fond qu'à la forme*. **7.** SPORTS Discipline pratiquée sur des longues distances (athlétisme, ski). ■ **à fond :** complètement. ❑ FAM **à fond la caisse** ou **à fond de train :** à toute vitesse. ❑ **au fond** ou **dans le fond :** en réalité. ❑ **de fond :** qui porte sur l'essentiel : *question de fond*. ❑ **de fond en comble :** entièrement. ❑ **fond de teint :** préparation cosmétique colorée à appliquer sur le visage pour unifier le teint.

fondamental, e, aux adj Qui est à la base, essentiel ; principal : *vérité fondamentale*.

fondamentalement adv De façon fondamentale.

fondamentalisme nm Dans une religion, tendance à ne retenir que ce qui est considéré comme fondamental, originel.

fondamentaliste adj et n Relatif au fondamentalisme ; qui en est partisan.

fondant, e adj Qui fond dans la bouche : *poire fondante*.

fondateur, trice n et adj Personne qui a fondé, créé une entreprise, une œuvre. ◆ adj Qui est à l'origine, qui crée les principes de base de quelque chose : *le pacte fondateur d'une nation*.

fondation nf **1.** Action de fonder, de créer : *la fondation de Rome*. **2.** Création, par voie de donation ou de legs, d'un établissement d'intérêt général ; cet établissement lui-même. ◆ **fondations** pl Parties inférieures d'une construction, cachées dans le sol.

fondé, e adj **1.** Établi solidement, motivé : *accusation fondée*. **2.** Autorisé : *être fondé à parler*. ◆ nm ■ **fondé de pouvoir :** personne chargée d'agir au nom d'une autre ou d'une société.

fondement nm **1.** Élément essentiel servant de base à qqch : *les fondements d'une théorie*. **2.** Cause, motif : *bruit sans fondement*. **3.** FAM Fesses ; anus.

fonder vt **1.** Établir, créer, poser les statuts, la base, les principes de : *fonder un empire, une théorie*. **2.** Appuyer de raisons, de motifs, de preuves ; justifier : *fonder ses soupçons sur un fait*. ◆ **se fonder** vpr [sur] **1.** Faire reposer une opinion, un jugement sur qqch : *un point de vue qui se fonde sur des faits objectifs*. **2.** Avoir pour fondement : *espoir qui ne se fonde sur rien*.

fonderie nf Usine où l'on fond les métaux.

1. fondeur nm Personne qui fond les métaux.

2. fondeur, euse n Personne qui pratique le ski de fond.

fondre vt (conj 51) **1.** Amener à l'état liquide : *le platine est difficile à fondre*. **2.** Dissoudre dans un liquide : *fondre du sucre dans l'eau*. **3.** Couler, mouler : *fondre une cloche*. **4.** Mêler, unir : *fondre les couleurs*. ◆ vi **1.** Devenir liquide : *la glace fond*. **2.** Se dissoudre : *le sucre a fondu dans le café*. **3.** FIG Diminuer, disparaître : *l'argent fond entre ses mains*. **4.** FIG, FAM maigrir. **5.** FIG S'attendrir : *il fond devant sa fille*. **6.** Se précipiter, s'abattre : *l'épervier fond sur sa proie*. ■ **fondre en larmes :** pleurer abondamment.

fondrière nf Crevasse dans le sol.

fonds nm **1.** Sol d'une terre, d'un champ : *cultiver un fonds*. **2.** Capital : *prêter à fonds perdu*. **3.** Compte spécial : *fonds de solidarité*. **4.** Ensemble des qualités morales et intellectuelles de qqn : *avoir un bon fonds*. ■ **fonds de commerce :** (a) ensemble des biens corporels et incorporels permettant à un commerçant d'exercer son activité (b) FIG, PÉJOR ensemble d'arguments simplistes et démagogiques utilisés par une personnalité pour séduire l'opinion. ❑ **fonds souverain :** fonds d'investissement international détenu par un État ou par la banque centrale de cet État. SYN : fonds d'État. ❑ **fonds spéculatif :** fonds d'investissement privé à haut risque, au rendement potentiellement très élevé, qui utilise des instruments financiers sophistiqués. ◆ pl Argent disponible : *chercher des fonds*. ■ **fonds publics :** rentes d'État.

<u>ORTHOGRAPHE</u> On écrit *l'égoïsme est le <u>fond</u> de son caractère* (l'essentiel du caractère), mais il a *un bon <u>fonds</u>* (l'ensemble de son tempérament).

fondu, e adj **1.** Passé à l'état liquide : *beurre fondu*. **2.** Obtenu en passant graduellement d'un ton à un autre : *couleurs fondues*. ◆ nm Apparition ou disparition graduelles d'une image cinématographique.

fondue nf ■ **fondue bourguignonne :** plat composé de petits dés de viande que l'on plonge dans de l'huile bouillante. ❑ **fondue savoyarde** ou **fondue :** mets composé de fromage fondu avec du vin blanc où l'on plonge des cubes de pain.

fongicide adj et nm Se dit d'une substance propre à détruire les champignons microscopiques.

fongique adj Relatif aux champignons.

fongueux, euse adj Qui ressemble à un champignon ou à une éponge.

fontaine nf **1.** Eau vive qui sort de terre. **2.** Construction destinée à la distribution des eaux : *fontaine publique*.

fontanelle nf Chacun des espaces situés entre les os du crâne avant son entière ossification.

fonte nf **1.** Action ou fait de fondre : *la fonte des neiges*. **2.** Produit immédiat du traitement des minerais de fer par le charbon ; alliage de fer et de carbone. **3.** Art, travail du fondeur : *fonte d'une statue*. **4.** IMPR Assortiment complet de caractères de même type.

fonts nm pl ■ **fonts baptismaux :** bassin pour baptiser.

foot nm (abréviation) FAM Football.

football [futbol] nm Sport, jeu de ballon qui se pratique entre deux équipes de onze joueurs.

footballeur, euse n Joueur de football.

footeux, euse n FAM **1.** Joueur de football. **2.** Amateur, supporteur de football.

footing [futiŋ] nm Course à pied, marche pratiquée pour entretenir sa forme physique.
for nm ■ SOUT **en, dans mon (ton, son, etc.) for intérieur :** au fond de ma (ta, sa, etc.) conscience.
forage nm Action de forer.
forain, e adj Relatif aux foires. ■ **fête foraine :** fête publique organisée par des forains. ❑ **marchand forain** ou **forain** nm : marchand ambulant qui pratique son commerce sur les marchés, dans les foires ou les fêtes foraines.
forban nm **1.** Pirate. **2.** Individu sans scrupule.
forçage nm AGRIC Ensemble des procédés visant à hâter la pousse d'une plante, d'un fruit, d'un légume.
forçat nm ANC Homme condamné aux galères, aux travaux forcés.
force nf **1.** Vigueur physique, énergie : *frapper de toute sa force.* **2.** Intensité, efficacité : *force de la voix, d'un remède.* **3.** Violence, contrainte : *céder à la force.* **4.** Puissance : *force d'un État.* **5.** Capacité, habileté, niveau : *joueurs de même force.* **6.** Autorité : *avoir force de loi.* **7.** PHYS Toute cause capable de produire un effet : *force exercée par l'eau.* **8.** Puissance d'impulsion : *force d'une machine.* ■ **à force de :** par l'action réitérée de : *réussir à force de patience.* ❑ **à toute force :** à tout prix. ❑ **de force** ou **par force :** par la contrainte ou la violence. ❑ **être en force :** (a) en mesure d'attaquer, de se défendre (b) être en nombre. ❑ **force d'âme :** courage, fermeté. ❑ **force de l'âge :** âge où l'on a toute sa vigueur. ❑ **force majeure :** cause à laquelle on ne peut pas résister. ❑ **tour de force :** qui exige beaucoup de vigueur ou d'adresse. ◆ **forces** pl ■ **forces** ou **forces armées :** potentiel militaire d'un État. ❑ **les forces de l'ordre :** la police et la gendarmerie.
forcé, e adj **1.** Qui n'est pas naturel ; faux : *rire forcé.* **2.** Qui est imposé : *marche forcée.* ■ FAM **c'est forcé :** c'est inévitable.
forcement nm Action de forcer : *forcement d'un coffre.*
forcément adv Nécessairement, fatalement.
forcené, e n et adj Personne qui n'a plus le contrôle de soi. ◆ adj Acharné.
forceps [fɔrsεps] nm Instrument de chirurgie utilisé dans les accouchements difficiles. ■ FIG **au forceps :** avec beaucoup de difficultés : *un accord conclu au forceps.*
forcer vt (conj 1) **1.** Faire céder par force ; briser, enfoncer : *forcer une porte.* **2.** Contraindre, obliger : *forcer quelqu'un à manger.* **3.** Fausser : *forcer une clé.* **4.** Susciter de façon irrésistible : *forcer l'admiration, l'estime.* **5.** Pousser au-delà des limites normales ; exagérer : *forcer un moteur, sa voix.* ◆ vi **1.** Fournir un effort intense : *gagner une course sans forcer.* **2.** Agir avec trop de force : *ne force pas, tu vas tout casser !* ◆ **se forcer** vpr Se contraindre.
forcing [fɔrsiŋ] nm **1.** SPORTS Accélération du rythme, de la cadence. **2.** FAM Effort soutenu.
forcir vi Grossir, engraisser.
forclos, e adj DR Qui a laissé prescrire son droit.
forclusion nf DR Perte de la faculté de faire valoir un droit, le délai étant expiré.
forer vt Percer, creuser.
foresterie nf Ensemble des activités liées à la forêt, à son exploitation.
forestier, ère adj Qui concerne les forêts : *chemin forestier.* ◆ n et adj Employé de l'administration forestière.
foret nm Instrument pour percer.
forêt nf Grande étendue de terrain plantée d'arbres. ■ **forêt vierge :** qui a évolué sans l'intervention humaine.
forêt-noire nf Pâtisserie d'origine allemande à base de génoise au chocolat, garnie de crème fouettée, de cerises à l'eau-de-vie et de copeaux de chocolat.
foreur, euse n et adj Ouvrier qui fore. ◆ nf Machine à forer.
1. forfait nm LITT Crime abominable.
2. forfait nm Contrat où le prix d'une chose ou d'un service est fixé d'avance.
3. forfait nm ■ **déclarer forfait :** (a) ne pas se présenter à une épreuve sportive où l'on est engagé (b) FIG renoncer à quelque chose.
forfaitaire adj Fixé par forfait : *prix forfaitaire.*
forfaiture nf DR Crime d'un fonctionnaire dans l'exercice de ses fonctions.
forfanterie nf LITT Vantardise.
forge nf **1.** Usine où l'on transforme la fonte en acier. **2.** Atelier où l'on travaille les métaux au feu et au marteau sur l'enclume.
forger vt (conj 2) **1.** Travailler un métal à chaud, au marteau, pour lui donner une forme définie : *fer forgé.* **2.** FIG Former par des épreuves : *forger un caractère.* **3.** Inventer : *forger un mot, une excuse.*
forgeron nm Personne qui travaille le fer au marteau et à la forge.
formage nm Action de former, de donner sa forme à un objet manufacturé.
formalisation nf Action de formaliser.
formaliser vt Donner à un raisonnement une forme explicite.
formaliser (se) vpr S'offenser, se choquer.
formalisme nm **1.** Attachement excessif aux formes, aux formalités, à l'étiquette : *formalisme administratif.* **2.** PHILOS Thèse soutenant que la vérité des sciences ne dépend

que des règles d'usage de symboles conventionnels.
formaliste adj Très attaché aux formes, à l'étiquette.
formalité nf **1.** Condition nécessaire à la validité d'un acte : *formalités administratives.* **2.** Règle convenue, imposée : *formalités d'usage.* **3.** Acte de peu d'importance : *cet examen n'est qu'une simple formalité.*
format nm Dimension d'un objet, d'un livre.
formatage nm INFORM Action de formater.
formater vt INFORM Préparer un support selon une structure donnée.
formateur, trice adj Qui développe les facultés, les aptitudes. ◆ n Éducateur.
formation nf **1.** Action de former, de se former : *formation du calcaire.* **2.** Développement des organes du corps : *âge de la formation.* **3.** Ensemble des roches qui constituent le sol : *formations tertiaires.* **4.** Éducation, instruction : *formation des stagiaires ; bonne formation littéraire.* **5.** Éléments d'une force militaire quelconque : *formation aérienne.* **6.** Association, groupement de personnes : *formation politique.* ■ **formation professionnelle** : ensemble des mesures adoptées pour la formation des travailleurs, prises en charge par l'État et les employeurs.
forme nf **1.** Configuration extérieure, apparence, aspect : *forme carrée, arrondie ; gâteau en forme de cœur.* **2.** Silhouette : *apercevoir une forme dans le noir.* **3.** DR Formalité judiciaire : *vice de forme.* **4.** Manière dont quelque chose se présente : *différentes formes d'intelligence.* **5.** LING Aspect sous lequel se présente un mot, une construction : *forme active, passive d'un verbe.* **6.** Manière d'exprimer une idée, de composer quelque chose : *soigner la forme.* **7.** Moule : *forme à chapeaux.* **8.** Condition physique ou intellectuelle : *être en forme.* ■ **en forme** ou **en bonne forme** ou **en bonne et due forme** : suivant les règles. ❑ **pour la forme** : selon l'usage. ◆ **formes** pl **1.** Contours du corps humain. **2.** Manières conformes à la bienséance ; usages.
formé, e adj **1.** Qui a pris sa forme définitive, achevé son développement : *un épi formé.* **2.** Pubère, en particulier en parlant d'une jeune fille.
formel, elle adj **1.** Précis, exprès : *ordre formel.* **2.** Qui ne concerne que la forme, l'apparence : *politesse formelle.*
formellement adv D'une manière formelle : *déclarer formellement.*
former vt **1.** Créer, organiser, réaliser : *former un gouvernement, un projet.* **2.** Donner une forme à : *former des lettres.* **3.** Prendre la forme, l'aspect de : *former un cortège.* **4.** Constituer, composer : *parties qui forment un tout.* **5.** Instruire, entraîner, exercer : *former des élèves ; former l'esprit.* ◆ **se former** vpr **1.** Se constituer : *pellicule qui se forme à la surface du lait ; foule qui se forme.* **2.** Acquérir de l'expérience, une formation : *se former tout seul.*
Formica nm (nom déposé) Matériau stratifié revêtu de résine artificielle.
formidable adj FAM Remarquable, extraordinaire.
formidablement adv De façon formidable.
formique adj m Se dit d'un acide qui existe dans les orties, le corps des fourmis, etc. ■ **aldéhyde formique** : liquide volatil, d'odeur forte, obtenu par oxydation incomplète de l'alcool méthylique.
formol nm CHIM Solution aqueuse d'aldéhyde formique, employée comme antiseptique.
formulable adj Qui peut être formulé.
formulaire nm Imprimé administratif en forme de questionnaire.
formulation nf Action de formuler.
formule nf **1.** Façon de parler, expression consacrée par l'usage : *formule de politesse.* **2.** Manière de concevoir, d'agencer, de présenter quelque chose : *une nouvelle formule de crédit.* **3.** Solution : *trouver la formule idéale.* **4.** Expression concise et rigoureuse traduisant une loi scientifique ou définissant une identité, une relation, un algorithme ; CHIM expression symbolique figurant la composition, la structure d'un corps. **5.** DR Modèle d'après lequel des actes juridiques doivent être rédigés.
formuler vt Exprimer de façon précise.
fornication nf **1.** RELIG Péché de la chair. **2.** FAM Relations sexuelles.
forniquer vi **1.** RELIG Commettre le péché de fornication. **2.** FAM Avoir des relations sexuelles avec quelqu'un.
forsythia [fɔrsisja] nm Arbrisseau à fleurs jaunes.
fort, e adj **1.** Vigoureux, puissant physiquement : *bras fort.* **2.** Épais, robuste, résistant : *papier fort.* **3.** Corpulent : *femme forte.* **4.** Doté de puissants moyens ; solide, fiable : *nation, monnaie forte.* **5.** Fortifié : *ville forte.* **6.** Qui a beaucoup d'intensité, d'énergie : *vent fort ; voix forte.* **7.** Important, considérable : *forte somme.* **8.** Courageux : *âme forte.* **9.** Qui a de grandes capacités dans un domaine : *fort en maths.* **10.** Efficace, très concentré : *café, alcool forts.* **11.** FAM Difficile à croire, à supporter : *c'est un peu fort.* ■ **se faire fort de** : s'engager à. ◆ adv **1.** Avec puissance : *parler, tirer fort.* **2.** Beaucoup : *un livre fort intéressant.* ■ **de plus en plus fort** : en augmentant toujours. ◆ nm **1.** Forteresse : *le fort de Verdun.* **2.** Homme puissant : *le fort doit aider le faible.* **3.** Ce en quoi on excelle : *l'algèbre est*

son fort. **4.** CANADA Spiritueux. ■ LITT **au fort de :** au plus haut degré, au cœur de. ❑ **fort des Halles :** autrefois, portefaix des Halles de Paris.

forte [fɔrte] adv MUS Avec force. ◆ nm inv Passage joué forte.

fortement adv **1.** Avec force : *désirer fortement quelque chose.* **2.** Très, beaucoup : *il est fortement question d'adopter cette idée.*

forteresse nf Lieu fortifié.

fortiche adj FAM **1.** D'une grande force physique. **2.** Intelligent, astucieux.

fortifiant, e adj et nm Se dit d'une substance qui augmente les forces physiques.

fortification nf **1.** Art de fortifier : *la fortification des places.* **2.** (souvent au pluriel) Ouvrage fortifié.

fortifier vt **1.** Protéger par des ouvrages de défense militaire : *lieu fortifié.* **2.** Donner plus de force physique : *le sport fortifie le corps.* **3.** Affermir quelqu'un moralement : *cela me fortifie dans ma décision.*

fortin nm Petit fort.

fortissimo adv MUS Très fort. ◆ nm inv Passage joué fortissimo.

fortuit, e adj Qui arrive par hasard ; imprévu : *cas fortuit.*

fortuitement adv Par hasard.

fortune nf **1.** Biens, richesses : *avoir de la fortune ; faire fortune.* **2.** LITT Hasard, chance heureuse ou malheureuse : *la fortune est aveugle.* ■ **à la fortune du pot :** se dit d'une invitation impromptue. ❑ **de fortune :** improvisé : *réparation de fortune.* ❑ **revers de fortune :** (a) changement brusque et fâcheux dans la situation de quelqu'un (b) perte d'argent.

fortuné, e adj Riche : *homme fortuné.*

forum [fɔrɔm] nm **1.** ANTIQ (avec une majuscule) Place où le peuple, à Rome, discutait des affaires publiques. **2.** FIG Colloque. ■ **forum électronique :** sur un réseau télématique, discussion en ligne sur un thème donné : *un forum sur l'emploi.*

fosse nf **1.** Trou plus ou moins profond dans la terre : *fosse de cimetière.* **2.** Creux du fond des océans (6 000 m et plus). **3.** ANAT Cavité : *fosses nasales.* ■ **fosse d'aisances :** cavité qui reçoit les matières fécales, dans une habitation.

fossé nm **1.** Fosse creusée en long pour clore un espace, défendre une place, écouler des eaux. **2.** FIG Ce qui sépare : *le fossé s'élargit entre les partis.*

fossette nf Petit creux au menton, sur la joue.

fossile nm et adj Débris ou empreinte de plantes ou d'animaux conservés dans les couches terrestres anciennes.

fossilifère adj Qui renferme des fossiles : *calcaire très fossilifère.*

fossilisation nf Passage d'un corps organisé à l'état de fossile.

fossiliser (se) vpr Devenir fossile.

fossoyeur [foswajœr] nm **1.** Qui creuse les fosses pour enterrer les morts. **2.** FIG, LITT personne qui cause la ruine de quelque chose : *les fossoyeurs d'un régime.*

1. fou nm Oiseau palmipède.

2. fou nm **1.** HIST Bouffon des princes. **2.** Pièce des échecs.

3. fou ou **fol** (devant une voyelle ou un *h* muet), **folle** adj et n **1.** Qui a perdu la raison ; dément. **2.** Dont le comportement est extravagant. ◆ adj **1.** Qui est hors de soi : *fou de douleur, de joie.* **2.** Contraire à la raison : *un fol espoir.* **3.** Excessif, prodigieux : *dépenser un argent fou ; succès fou.* ■ **fou de :** passionné par. ❑ **fou rire :** rire dont on n'est pas maître. ❑ **herbes folles :** qui croissent en abondance et au hasard.

fouace nf → **fougasse**.

foucade nf LITT Élan, emportement capricieux et passager.

1. foudre nf Décharge électrique aérienne, accompagnée de tonnerre et d'éclairs. ■ FIG **coup de foudre :** amour subit et violent. ◆ **foudres** pl LITT Grande colère, vifs reproches : *s'attirer les foudres de quelqu'un.*

2. foudre nm ■ LITT **un foudre de guerre, d'éloquence :** un grand capitaine, un grand orateur.

3. foudre nm Tonneau d'une grande capacité.

foudroiement nm Action de foudroyer.

foudroyant, e adj **1.** Qui frappe d'une mort soudaine et brutale : *un mal foudroyant.* **2.** Qui cause une émotion violente ; stupéfiant : *nouvelle foudroyante.*

foudroyer [fudrwaje] vt (conj 3) **1.** Frapper de la foudre : *l'orage a foudroyé un arbre isolé.* **2.** Tuer soudainement : *la maladie l'a foudroyé.* **3.** FIG Atterrer, confondre : *la nouvelle nous a foudroyés.* ■ **foudroyer quelqu'un du regard :** lui lancer un regard chargé de haine, de réprobation.

fouet nm **1.** Corde, lanière attachée à un manche, pour conduire ou dresser les animaux. **2.** Ustensile de cuisine pour battre les œufs, la crème, etc. ■ FIG **coup de fouet :** stimulation dont l'effet est immédiat. ❑ **de plein fouet :** perpendiculairement à la ligne de l'obstacle : *heurter quelque chose de plein fouet.*

fouetter vt **1.** Donner des coups de fouet à. **2.** Battre : *fouetter la crème.* **3.** Frapper, cingler : *la pluie fouette les carreaux.*

fougasse ou **fouace** nf Galette épaisse, cuite au four ou sous la cendre.

fougère nf Plante cryptogame à feuilles très découpées.

fougue nf Ardeur, impétuosité, enthousiasme.

fougueusement adv Avec fougue.

fougueux, euse adj Qui a ou montre de la fougue.

fouille nf **1.** Action de fouiller, d'explorer : *les fouilles de Pompéi.* **2.** Inspection minutieuse : *la fouille des bagages.*

fouillé, e adj Élaboré avec soin, avec précision : *analyse fouillée.*

fouiller vt **1.** Creuser pour chercher : *fouiller la terre.* **2.** Explorer minutieusement ; perquisitionner : *fouiller un quartier.* **3.** Inspecter les poches, les vêtements de quelqu'un : *se faire fouiller à la douane.* **4.** Approfondir avec soin et minutie : *fouiller une question.* ◆ vi Chercher en remuant des objets : *fouiller dans une armoire.*

fouillis nm Accumulation de choses en désordre.

fouine nf **1.** Petit mammifère du genre martre. **2.** FIG Personne indiscrète, rusée.

fouiner vi FAM Se livrer à des recherches indiscrètes ; fureter.

fouineur, euse n et adj FAM Personne qui fouine. ◆ nm INFORM Recommandation officielle pour *hacker.*

fouir vt Creuser le sol, surtout en parlant d'un animal.

fouisseur, euse adj Qui fouit ; propre à fouiller la terre : *les pattes fouisseuses de la taupe.* ◆ nm Animal qui creuse la terre (taupe, etc.).

foulage nm Action de fouler.

foulant, e adj ■ **pompe foulante :** qui élève l'eau au moyen de la pression exercée sur le liquide.

foulard nm Carré de soie ou de tissu léger porté autour du cou ou sur la tête.

foule nf **1.** Multitude de personnes, masse humaine : *fuir la foule.* **2.** Masse, tas : *une foule d'idées.* ■ **en foule :** en grande quantité.

> GRAMMAIRE On dit : *une foule de curieux s'agglutina sur les lieux* (une masse de) mais *une foule de gens croient aux voyants* (beaucoup de).

foulée nf **1.** Manière de prendre appui sur le sol à chaque pas. **2.** Distance couverte par un coureur entre deux appuis des pieds au sol. ■ **dans la foulée :** à la suite.

fouler vt **1.** Marcher sur : *fouler le sol.* **2.** Presser, écraser : *fouler le raisin ; fouler la laine.* **3.** Faire une foulure à : *cette chute m'a foulé la cheville.* ■ LITT **fouler aux pieds :** mépriser. ◆ **se fouler** vpr Se faire une foulure. ■ FAM **ne pas se fouler :** ne pas se donner beaucoup de mal.

foulon nm Machine à fouler la laine. ■ **terre à foulon :** argile qui absorbe les graisses.

foulque nf Oiseau échassier voisin de la poule d'eau.

foulure nf Entorse.

four nm **1.** Partie fermée d'une cuisinière, ou appareil servant à cuire des aliments en espace clos : *four à micro-ondes.* **2.** Appareil servant à la cuisson de diverses substances ou à la production de températures élevées : *four à chaux, à céramique.* **3.** FAM Insuccès, échec : *cette pièce de théâtre est un four.*

fourbe adj et n Qui trompe sournoisement.

fourberie nf Caractère d'une action, d'une personne fourbe ; ruse, tromperie.

fourbi nm FAM **1.** Ensemble d'ustensiles : *il a mis là tout son fourbi de photographe.* **2.** Amas d'objets hétéroclites et posés en désordre : *quel fourbi !*

fourbir vt Nettoyer ; polir : *fourbir des armes.*

fourbu, e adj Harassé de fatigue ; éreinté.

fourche nf **1.** Instrument agricole à long manche terminé par de longues dents. **2.** Endroit où un chemin, un arbre se divise en plusieurs branches. **3.** BELGIQUE Heure libre, pour un étudiant, un professeur.

fourcher vi Se diviser par l'extrémité : *cheveux qui fourchent.* ■ FIG **la langue lui a fourché :** il a dit un mot pour un autre.

fourchette nf **1.** Ustensile de table servant à piquer la nourriture. **2.** STAT Écart entre deux chiffres, à l'intérieur duquel on fait une appréciation. ■ FAM **avoir un bon coup de fourchette :** avoir un gros appétit.

fourchu, e adj Qui se divise à l'extrémité : *cheveux fourchus.*

fourgon nm **1.** VX Voiture longue et couverte, servant au transport des marchandises. **2.** Wagon à bagages, dans un train. ■ **fourgon mortuaire :** corbillard.

fourgonner vi FAM, VIEILLI Fouiller.

fourgonnette nf Petite voiture commerciale s'ouvrant par l'arrière.

fourguer vt FAM Vendre, écouler à bas prix.

fouriérisme nm Organisation sociale de Fourier, fondée sur les phalanstères.

fourme nf Fromage de vache. ■ **fourme d'Ambert :** bleu fabriqué dans le Massif central.

fourmi nf Insecte hyménoptère vivant sous terre en société. ■ FIG **avoir des fourmis dans les mains, dans les jambes, etc. :** avoir des fourmillements.

fourmilier nm ZOOL Tamanoir.

fourmilière nf **1.** Nid de fourmis ; ensemble des fourmis qui l'habitent. **2.** FIG Multitude de gens qui s'agitent.

fourmilion ou **fourmi-lion** (pl *fourmis-lions*) nm Insecte dont la larve se nourrit de fourmis.

fourmillement nm **1.** Action de fourmiller. **2.** Sensation de picotement.

fourmiller vi **1.** S'agiter en grand nombre ; grouiller : *vers qui fourmillent dans un fromage.* **2.** Abonder, pulluler : *les fautes fourmillent dans ce texte.* **3.** Être le siège d'un fourmillement : *les doigts me fourmillent.*

fournaise nf **1.** Feu très ardent. **2.** Lieu très chaud, surchauffé.

fourneau nm **1.** Appareil destiné à la cuisson des aliments : *fourneau à gaz.* **2.** Four dans lequel on soumet à l'action de la chaleur diverses substances que l'on veut fondre ou calciner : *fourneau de verrier.* **3.** Partie de la pipe où brûle le tabac.

fournée nf **1.** Quantité de pain qu'on fait cuire à la fois. **2.** FIG Ensemble de choses faites en même temps ou de personnes appelées à subir le même sort.

fourni, e adj **1.** Épais, dense : *barbe fournie.* **2.** Approvisionné : *magasin bien fourni.*

fournil [furni] nm Pièce d'une boulangerie où se trouve le four à pain.

fourniment nm Équipement d'un soldat.

fournir vt **1.** Pourvoir, procurer : *fournir de l'argent.* **2.** Produire : *ce vignoble fournit un bon vin ; fournir un effort.* **3.** Approvisionner : *ce commerçant fournit le quartier.* **4.** Présenter, donner : *fournir un alibi.* ◆ vt ind [à] Subvenir : *fournir aux besoins.* ◆ **se fournir** vpr S'approvisionner.

fournisseur, euse n Personne ou établissement qui fournit habituellement une marchandise.

fourniture nf **1.** Action de fournir ; provision fournie : *fourniture à domicile.* **2.** Ce qui est fourni par certains artisans en confectionnant un objet : *payer à une couturière la façon et les fournitures.* **3.** Équipement particulier : *fournitures scolaires.*

fourrage nm Herbe, paille, foin pour l'entretien des bestiaux.

fourrager vi (conj 2) FAM Chercher en mettant du désordre : *fourrager dans un tiroir.*

1. fourragère adj f Se dit des plantes employées comme fourrage : *betteraves fourragères.*

2. fourragère nf Ornement de l'uniforme militaire.

1. fourré nm Endroit touffu d'un bois.

2. fourré, e adj **1.** Doublé de fourrure : *manteau fourré.* **2.** Garni de confiture, de crème, etc. : *bonbon fourré.* ■ FIG **coup fourré** : coup bas, perfide.

fourreau nm **1.** Gaine, étui allongé : *fourreau de sabre.* **2.** Robe droite ajustée.

fourrer vt **1.** Garnir de fourrure : *fourrer un manteau.* **2.** Remplir d'une garniture : *fourrer des choux.* **3.** FAM Introduire, faire entrer ; mettre : *fourrer ses clefs dans sa poche ; fourrer une idée dans le crâne de quelqu'un.* ■ FAM **fourrer son nez dans** : se mêler indiscrètement de. ◆ **se fourrer** vpr FAM Se mettre, se placer : *la balle s'est fourrée sous le lit.* ■ FAM **ne plus savoir où se fourrer** : éprouver un vif sentiment de confusion, de honte.

fourre-tout nm inv FAM **1.** Sac souple sans compartiment. **2.** FIG Ce qui contient des choses, des idées très diverses : *catégorie fourre-tout.*

fourreur nm **1.** Personne qui travaille les peaux et la fourrure. **2.** Marchand de fourrures.

fourrier nm Sous-officier responsable du matériel d'une unité.

fourrière nf Lieu de dépôt des animaux, des véhicules, etc., qu'on a saisis pour dégât, dette ou contravention.

fourrure nf **1.** Peau d'animal avec son poil préparée pour faire un vêtement ; ce vêtement. **2.** Peau d'animal touffue : *la fourrure de l'hermine devient blanche en hiver.*

fourvoiement nm LITT Erreur de celui qui se fourvoie.

fourvoyer vt (conj 3) **1.** LITT Égarer : *fourvoyer des voyageurs.* **2.** Mettre dans l'erreur : *ce rapport trop optimiste nous a fourvoyés.* ◆ **se fourvoyer** vpr Se tromper, faire fausse route.

foutaise nf FAM Chose sans valeur ; baliverne.

foutoir nm FAM Grand désordre.

foutre vt TRÈS FAM **1.** Jeter violemment ou sans soin. **2.** Faire, travailler : *ne rien foutre.* ■ **ça la fout mal** : cela fait mauvais effet. ◆ **se foutre** vpr [de] Se moquer de.

foutu, e adj FAM **1.** Fait : *bien, mal foutu.* **2.** Qui a échoué ; ruiné, perdu.

fox-terrier (pl *fox-terriers*) nm ou **fox** nm inv Chien terrier d'origine anglaise.

fox-trot [fɔkstrɔt] nm inv Danse en vogue vers 1920.

foyer nm **1.** Lieu où l'on fait le feu ; le feu même : *éteindre un foyer.* **2.** Lieu où habite une famille ; la famille elle-même : *fonder un foyer.* **3.** Local servant de lieu de réunion ou même d'habitation à certaines catégories de personnes : *foyer d'étudiants.* **4.** Salon, galerie d'un théâtre où le public se réunit pendant les entractes. **5.** Point d'où partent, où aboutissent des rayons lumineux : *foyer d'une lentille.* **6.** Centre principal d'où provient quelque chose : *foyer d'un incendie ; foyer de rébellion ; foyer d'une maladie.* ■ **femme, homme, mère au foyer** : qui n'exerce pas d'activité professionnelle et s'occupe de sa famille.

◆ **foyers** pl Pays natal ; domicile : *rentrer dans ses foyers*.
frac nm Habit noir de cérémonie, serré à la taille et à basques étroites.
fracas nm Bruit violent : *le fracas des vagues sur les rochers*. ■ **avec perte et fracas** : avec éclat et brutalement.
fracassant, e adj Qui fait grand bruit.
fracasser vt Briser avec bruit ; mettre en pièces. ◊ vpr : *vase qui se fracasse*.
fraction nf **1.** Division, partie, portion d'un tout : *une fraction du peuple*. **2.** Nombre exprimant une ou plusieurs parties égales de l'unité : *fraction décimale*.
fractionnaire adj MATH Qui a la forme d'une fraction.
fractionnel, elle adj Qui vise à la désunion d'un parti : *activité fractionnelle*.
fractionnement nm Action de fractionner.
fractionner vt Diviser en fractions, en parties.
fracture nf **1.** Rupture violente d'un os ou d'un cartilage dur. **2.** GÉOL Cassure de l'écorce terrestre. **3.** FIG Clivage au sein d'un ensemble humain atteignant un stade conflictuel et conduisant à une rupture : *fracture sociale, idéologique*.
fracturer vt Briser, forcer : *fracturer une porte*. ◆ **se fracturer** vpr Se rompre une partie du corps : *se fracturer le crâne*.
fragile adj **1.** Qui se brise facilement : *verre fragile*. **2.** De faible constitution : *enfant fragile*. **3.** Précaire, instable : *équilibre fragile*.
fragilisation nf Fait d'être fragilisé.
fragiliser vt Rendre plus fragile.
fragilité nf État, caractère de ce qui est fragile.
fragment nm **1.** Morceau d'un objet brisé, rompu. **2.** Passage extrait d'un livre, d'un discours.
fragmentaire adj Partiel, incomplet : *connaissances fragmentaires*.
fragmentation nf Action de fragmenter.
fragmenter vt Réduire en fragments ; morceler, diviser.
fragrance nf LITT Odeur agréable ; parfum.
frai nm **1.** Reproduction chez les poissons et les batraciens ; époque où elle a lieu. **2.** Œufs de poissons, de batraciens. **3.** Jeunes poissons pour peupler un étang, un vivier, etc.
fraîchement adv **1.** Récemment : *fraîchement arrivé*. **2.** Sans enthousiasme, avec froideur : *être accueilli fraîchement*.
fraîcheur nf Caractère, qualité de ce qui est frais.
fraîchir vi Devenir plus frais.
1. frais nm pl **1.** Dépenses pour une opération quelconque : *voyager tous frais payés*. **2.** DR Dépenses occasionnées par un procès. ■ **à peu de frais** : (a) sans dépenser beaucoup (b) sans peine. ❑ **faux frais** : petites dépenses imprévues. ❑ FAM **se mettre en frais** : (a) dépenser plus que de coutume (b) FIG prodiguer sa peine, ses efforts : *se mettre en frais d'amabilités*.
2. frais, fraîche adj **1.** Légèrement froid : *brise fraîche*. **2.** Nouvellement produit ou récolté : *légumes, poisson frais*. **3.** Récent : *nouvelles fraîches*. **4.** Qui n'est pas terni, altéré ; qui n'est pas ou plus fatigué : *teint frais ; troupes fraîches*. **5.** Dépourvu de chaleur humaine, de cordialité : *un accueil plutôt frais*. ◆ nm Froid agréable : *prendre le frais*. ◆ nf Moment du jour où il fait frais : *sortir à la fraîche*. ◆ adv **1.** Légèrement froid : *boire frais*. **2.** Récemment.

GRAMMAIRE *Frais,* au sens de «récemment», s'accorde en genre et en nombre devant un participe passé : *des fleurs fraîches cueillies*.

fraisage nm Action de fraiser.
1. fraise nf Fruit du fraisier.
2. fraise nf **1.** Membrane de l'intestin grêle du veau. **2.** Chair rouge sous le bec du dindon. **3.** Collerette plissée (XVIe et XVIIe s.).
3. fraise nf **1.** Outil rotatif de coupe. **2.** Outil servant à évider les dents cariées.
fraiser vt **1.** Évaser l'orifice d'un trou. **2.** Usiner une pièce au moyen d'une fraise.
fraiseur, euse n Ouvrier qui travaille sur une fraiseuse.
fraiseuse nf Machine à fraiser.
fraisier nm **1.** Plante rosacée dont le fruit est la fraise. **2.** Gâteau fait de deux génoises séparées par une couche de fraises.
fraisure nf Évasement pratiqué à l'orifice d'un trou à l'aide d'une fraise.
framboise nf Fruit du framboisier ; liqueur, eau-de-vie préparée avec ce fruit.
framboisier nm Arbrisseau voisin de la ronce produisant la framboise.
1. franc nm **1.** Unité monétaire principale de la Suisse et de certains pays d'Afrique. **2.** Ancienne unité monétaire principale de la France, de la Belgique et du Luxembourg.
2. franc, franche adj **1.** Loyal, sincère : *être franc ; réponse franche*. **2.** Pur, sans mélange, net : *couleur franche*. **3.** Entier : *huit jours francs*. **4.** Libre, exempt de charges : *franc de port*. ■ **boutique franche** : exempte de taxes sur les produits qui y sont commercialisés. ◆ adv Franchement : *parler franc*. ■ **jouer franc jeu** : agir loyalement, sans rien dissimuler.
3. franc, franque adj Qui appartient aux Francs.
français, e adj et n De France : *les Français*. ◆ nm Langue française.

franc-comtois, e (pl *francs-comtois, franc-comtoises*) adj et n De la Franche-Comté : *les Francs-Comtois*.

franchement adv **1.** Sincèrement, sans hésitation : *parler, répondre franchement.* **2.** Très : *c'est franchement mauvais*.

franchir vt **1.** Passer un obstacle, une limite : *franchir une haie, une ligne.* **2.** Traverser, parcourir : *franchir quelques mètres*.

franchisage ou **franchising** [frɑ̃ʃajziŋ] nm Contrat accordant une franchise commerciale.

franchise nf **1.** Sincérité : *parler avec franchise.* **2.** Exonération de certaines taxes : *franchise postale.* **3.** Clause d'une assurance qui fixe une somme forfaitaire restant à la charge de l'assuré ; cette somme : *assurance assortie d'une franchise de mille francs.* **4.** COMM Droit d'exploiter une marque, concédé par une entreprise à une autre.

franchisé nm COMM Bénéficiaire d'une franchise.

franchissable adj Qui peut être franchi : *ruisseau franchissable*.

franchissement nm Action de franchir.

francien nm Dialecte de langue d'oïl parlé en Île-de-France au Moyen Âge, et qui est à l'origine du français.

francilien, enne adj et n De l'Île-de-France : *les Franciliens*.

francique nm et adj Langue des anciens Francs.

francisation nf Action de franciser.

franciscain, e n et adj Religieux, religieuse de l'ordre de saint François d'Assise.

franciser vt Donner un caractère français, une forme française à : *franciser un mot*.

francisque nf Hache de guerre des Francs.

francité nf Caractère de ce qui est français.

franc-maçon, onne (pl *francs-maçons, franc-maçonnes*) n Membre de la franc-maçonnerie.

franc-maçonnerie (pl *franc-maçonneries*) nf Société secrète répandue dans divers pays.

franco adv **1.** Sans frais pour le destinataire : *envoyer un paquet franco de port.* **2.** FAM Sans hésiter : *y aller franco*.

franco-français, e (pl *franco-français, es*) adj FAM (souvent péjoratif) Qui ne concerne que les Français ; qui est exclusivement français.

francophile adj et n Qui aime la France.

francophilie nf Amitié envers la France.

francophobe adj et n Qui déteste la France.

francophobie nf Hostilité envers la France.

francophone adj et n Qui parle le français.

francophonie nf Communauté linguistique constituée par les peuples francophones.

franc-parler (pl *francs-parlers*) nm Franchise de langage : *avoir son franc-parler*.

franc-tireur (pl *francs-tireurs*) nm Combattant qui ne fait pas partie de l'armée régulière.

frange nf **1.** Ensemble des cheveux retombant sur le front. **2.** Passementerie composée de fils qui pendent en garniture. **3.** Ce qui forme une bordure : *frange côtière.* **4.** Partie marginale d'une collectivité : *la frange des indécis*.

franger vt (conj 2) Garnir de franges.

frangin, e n FAM Frère, sœur.

frangipane nf Crème épaisse, parfumée aux amandes.

franglais nm Ensemble des néologismes d'origine anglaise introduits dans la langue française.

franquette (à la bonne) loc adv Franchement, sans façon.

franquisme nm Gouvernement instauré en Espagne par Franco en 1936.

franquiste adj et n Relatif au franquisme ; qui en est partisan.

frappant, e adj Qui fait une vive impression : *exemple frappant*.

frappe nf Action, façon de frapper.

frappé, e adj Refroidi ou rafraîchi dans la glace.

frappement nm Action de frapper ; bruit produit par ce qui frappe.

frapper vt **1.** Donner un ou des coups à, sur : *frapper quelqu'un ; frapper le sol du pied.* **2.** Assener : *frapper un grand coup.* **3.** Toucher, heurter : *la balle l'a frappé en plein front ;* tomber sur : *la lumière frappe les objets.* **4.** Faire impression sur : *cet argument l'a frappé.* **5.** Atteindre, affliger : *être frappé de cécité.* **6.** Atteindre par une décision juridique, administrative : *frapper d'un impôt.* **7.** Donner une empreinte à : *frapper de la monnaie.* **8.** Dactylographier : *frapper un texte.* **9.** Plonger dans la glace pour rafraîchir : *frapper du champagne.* ◆ vi Donner des coups en produisant un bruit : *frapper à la porte.* ◆ **se frapper** vpr FAM S'émouvoir, s'inquiéter.

frappeur adj m ■ **esprit frappeur** : esprit qui, selon les spirites, se manifesterait par des coups sur les meubles quand on l'invoque.

frasque nf Écart de conduite.

fraternel, elle adj Propre à des frères et sœurs ou à des personnes qui se considèrent comme tels.

fraternellement adv De façon fraternelle.

fraternisation nf Action de fraterniser.

fraterniser vi Faire acte de fraternité.

fraternité nf **1.** Lien de parenté entre des frères et sœurs. **2.** Lien de solidarité et d'amitié : *élan de fraternité*.

fratricide adj **1.** Relatif au meurtre d'un frère, d'une sœur. **2.** FIG Qui oppose des êtres qui devraient être solidaires : *luttes fratricides.* ◆ nm Ce meurtre. ◆ n Qui commet ce crime.

fratrie nf Ensemble des frères et sœurs d'une famille.

fraude nf Acte de mauvaise foi qui contrevient à la loi ou aux règlements et nuit au droit d'autrui : *fraude fiscale, électorale.* ■ **en fraude** : frauduleusement.

frauder vt et vi Commettre une fraude : *frauder à un examen ; frauder le fisc.*

fraudeur, euse adj et n Qui fraude.

frauduleusement adv De façon frauduleuse.

frauduleux, euse adj Entaché de fraude.

frayer [frɛje] vt (conj 4) Tracer : *frayer un sentier.* ■ **frayer la voie** : préparer la tâche. ◆ vt ind [avec] LITT, FIG Avoir des relations suivies avec ; fréquenter. ◆ vi Se reproduire, en parlant des poissons. ◆ **se frayer** vpr ■ **se frayer un chemin** : s'ouvrir un passage : *se frayer un chemin dans la foule.*

frayeur nf Grande peur.

fredaine nf Écart de conduite sans gravité.

fredonnement nm Action de fredonner.

fredonner vt et vi Chanter à mi-voix, sans ouvrir la bouche.

free-lance [frilɑ̃s] (pl *free-lances*) adj inv et n Qui exerce sa profession à la commande, auprès de diverses entreprises, sans être salarié : *photographe, publicitaire free-lance.*

free-shop [friʃɔp] nf Boutique franche.

freesia [frezja] nm Plante ornementale aux fleurs en grappes.

freezer [frizœr] nm Compartiment à glace d'un réfrigérateur.

frégate nf **1.** ANC Bâtiment de guerre à trois mâts. **2.** Bâtiment d'escorte anti-sous-marin. **3.** Oiseau palmipède des mers tropicales.

frein nm **1.** Dispositif au moyen duquel on peut ralentir ou arrêter le mouvement d'une machine, d'une voiture, etc. : *frein à main.* **2.** FIG Ce qui retient, entrave : *le frein de la loi.* **3.** Partie du mors qui se trouve dans la bouche du cheval. **4.** ANAT Ce qui bride ou retient un organe : *frein de la langue.* ■ **frein moteur** : action du moteur d'une automobile agissant comme frein quand on cesse d'accélérer. ❑ **mettre un frein à quelque chose :** chercher à l'arrêter : *mettre un frein à ses dépenses.* ❑ **ronger son frein :** cacher avec difficulté son impatience. ❑ **sans frein :** sans limites.

freinage nm Action de freiner.

freiner vi Ralentir ou arrêter la marche d'une machine au moyen d'un frein. ◆ vt Retenir, modérer, ralentir : *freiner les dépenses, l'inflation ; freiner quelqu'un.*

frelaté, e adj Altéré, corrompu : *marchandises frelatées.*

frelater vt Mêler de substances étrangères ; altérer, falsifier : *frelater du vin.*

frêle adj Fragile, mince, fluet.

frelon nm Grosse guêpe.

freluquet nm **1.** LITT Jeune homme frivole et prétentieux. **2.** FAM Homme de petite taille, de peu d'importance.

frémir vi **1.** Trembler de crainte, de colère, d'horreur. **2.** En parlant d'un liquide, être agité d'un léger frissonnement qui précède l'ébullition.

frémissant, e adj Qui frémit.

frémissement nm Agitation, tremblement.

frênaie nf Plantation de frênes.

french cancan (pl *french cancans*) nm Danse de certains music-halls et cabarets.

frêne nm Arbre des forêts tempérées, à bois clair, souple et résistant ; bois de cet arbre (famille des oléacées).

frénésie nf Exaltation violente ; emportement, furie.

frénétique adj et n Passionné, violent, déchaîné.

frénétiquement adv Avec frénésie.

Fréon nm (nom déposé) Fluide utilisé comme agent frigorifique.

fréquemment adv Souvent.

fréquence nf **1.** Caractère de ce qui est fréquent. **2.** Nombre de fois où une chose se produit dans un temps donné. **3.** PHYS Nombre de vibrations par unité de temps dans un phénomène périodique.

fréquencemètre nm Appareil pour mesurer la fréquence d'un courant alternatif.

fréquent, e adj Qui se produit souvent ; courant.

fréquentable adj Que l'on peut fréquenter : *société fréquentable.*

fréquentatif, ive adj et nm Se dit d'une forme verbale qui marque une action répétée (EX : *clignoter, crachoter*).

fréquentation nf **1.** Action de fréquenter un lieu, une personne. **2.** Personne que l'on fréquente : *avoir de mauvaises fréquentations.*

fréquenter vt **1.** Aller souvent dans un lieu : *fréquenter les cafés.* **2.** Avoir des relations suivies avec quelqu'un : *fréquenter ses voisins.*

fréquentiel, elle adj PHYS Relatif à la fréquence d'un phénomène périodique.

frère nm **1.** Né du même père et de la même mère. **2.** Titre donné aux membres de certains ordres religieux. **3.** Nom que se donnent entre eux les membres de certaines confréries ou associations, par exemple les francs-maçons. ■ **faux frère** : traître. ❑ **frères**

d'armes : compagnons de guerre. ◆ adj et nm Uni par des liens de solidarité : *pays frères*.

frérot nm FAM Petit frère.

fresque nf **1.** Peinture exécutée avec des couleurs trempées dans de l'eau de chaux, sur un mur fraîchement enduit. **2.** LITT Tableau descriptif d'une époque, d'une société.

fresquiste n Peintre de fresques.

fressure nf Ensemble formé par le cœur, la rate, le foie et les poumons d'un animal de boucherie.

fret [frɛ] ou [frɛt] nm **1.** Prix d'un transport de marchandises par air, par mer ou par route. **2.** Cargaison : *fret de bois, de cotonnades*.

fréter vt (conj 10) ■ **fréter un navire** : le prendre à fret ou le donner en location. ❑ **fréter un véhicule** : le louer.

fréteur nm Armateur qui donne un navire en location à l'affréteur.

frétillant, e adj Qui frétille.

frétillement nm Mouvement de ce qui frétille.

frétiller vi **1.** S'agiter par des mouvements vifs et courts : *chien qui frétille de la queue*. **2.** Se trémousser : *frétiller de joie*.

fretin nm Petits poissons. ■ **menu fretin** : chose, personne sans valeur, sans importance.

freudien, enne adj Relatif au freudisme ; qui s'en réclame.

freudisme nm Théorie du développement psychique développée par Freud.

freux nm Oiseau voisin du corbeau.

friabilité nf Nature de ce qui est friable.

friable adj Qui peut être aisément réduit en poudre : *terre friable*.

friand, e adj Amateur, gourmand de : *friand de chocolat, de compliments*. ◆ nm Pâté fait d'un feuilleté garni d'un hachis.

friandise nf Chose délicate à manger ; sucrerie, bonbon.

fric nm FAM Argent.

fricandeau nm Tranche de veau piquée de morceaux de lard.

fricassée nf Ragoût de viande blanche cuite dans un court-bouillon.

fricative adj f et nf Se dit des consonnes dont la prononciation se caractérise par un frottement de l'air expiré (*f, v, s, z, ch, j*).

fric-frac nm inv FAM, VIEILLI Cambriolage.

friche nf Terrain non cultivé. ■ **en friche** : qui n'est pas cultivé, développé.

frichti nm FAM Repas que l'on prépare.

fricot nm FAM Ragoût.

fricoter vi et vt FAM Manigancer.

friction nf **1.** Frottement. **2.** Frottement sec ou humide sur une partie du corps. **3.** FIG Désaccord, heurt.

frictionner vt Faire des frictions à : *frictionner un malade*.

Frigidaire nm (nom déposé) Réfrigérateur.

frigide adj Se dit d'une femme souffrant de frigidité.

frigidité nf Absence d'orgasme chez la femme.

frigo nm FAM Réfrigérateur.

frigorifié, e adj FAM Qui a très froid.

frigorifier vt Soumettre au froid pour conserver.

frigorifique adj Qui produit du froid : *appareil frigorifique*. ◆ nm **1.** Établissement de froid industriel. **2.** Appareil frigorifique.

frileusement adv De façon frileuse.

frileux, euse adj et n **1.** Sensible au froid. **2.** FIG Qui hésite à aller de l'avant, à s'engager ; timoré.

frilosité nf Comportement frileux, pusillanime.

frimaire nm Troisième mois du calendrier républicain, commençant le 21, le 22 ou le 23 novembre.

frimas nm LITT Brouillard froid qui se glace en tombant.

frime nf FAM Apparence trompeuse destinée à faire impression.

frimer vi FAM Prendre des airs importants, bluffer.

frimeur, euse n et adj FAM Personne qui frime.

frimousse nf FAM **1.** Jeune visage, minois. **2.** Recommandation officielle pour *smiley*.

fringale nf FAM **1.** Faim subite et pressante. **2.** FIG Désir, envie irrésistible : *une fringale de cinéma, de lecture*.

fringant, e adj Vif, alerte.

fringue nf (surtout au pluriel) FAM Vêtement.

fringuer vt FAM Habiller quelqu'un. ◆ **se fringuer** vpr FAM S'habiller.

fripe nf (surtout au pluriel) FAM Vêtement usé, d'occasion.

friper vt Chiffonner, froisser.

friperie nf Commerce de vêtements d'occasion ; ces vêtements.

fripier, ère n Qui revend d'occasion de vieux habits, etc.

fripon, onne n et adj **1.** Personne espiègle, malicieuse. **2.** VX Fourbe, escroc.

friponnerie nf Espièglerie, malice.

fripouille nf FAM Canaille, crapule.

frire vt (conj 83) Faire cuire dans un corps gras bouillant. ◆ vi Cuire dans un corps gras bouillant.

> CONJUGAISON Pour remplacer les formes manquantes de la conjugaison, on peut utiliser *faire frire* (*nous faisons frire*, etc.).

frisant, **e** adj ■ **lumière frisante** : qui frappe de biais une surface en l'effleurant.

Frisbee [frizbi] nm (nom déposé) Jeu qui consiste à se renvoyer un disque de plastique ; ce disque.

frise nf **1.** Surface plane décorée formant une bande continue. **2.** ARCHIT Partie de l'entablement entre l'architrave et la corniche. **3.** THÉÂTRE Bande de toile qui cache le cintre.

frisé, **e** adj Bouclé : *cheveux frisés*.

frisée nf Variété de chicorée consommée en salade.

friselis nm LITT Frémissement doux.

friser vt **1.** Mettre en boucles serrées ; crêper. **2.** Frôler : *la balle a frisé le filet*. **3.** Approcher de très près : *friser la catastrophe*. ◆ vi Se mettre en boucles : *ses cheveux frisent*. ■ **l'œil qui frise** : pétillant de malice.

frisette nf Petite boucle de cheveux frisés.

frisonne nf et adj f Race bovine laitière à robe pie noire. SYN : hollandaise.

frisotter vt et vi Friser légèrement.

frisottis nm Frisette.

frisquet, **ette** adj FAM Légèrement froid : *un temps frisquet*.

frisson nm Tremblement rapide et involontaire accompagné d'une sensation de froid : *frisson de fièvre, de peur*.

frissonnant, **e** adj Qui frissonne.

frissonnement nm **1.** Léger frisson. **2.** LITT Léger tremblement ; frémissement : *le frissonnement des feuilles*.

frissonner vi **1.** Avoir un, des frissons (à cause du froid ou d'une vive émotion). **2.** LITT S'agiter légèrement : *les feuilles frissonnent*.

frisure nf **1.** Façon de friser. **2.** État des cheveux frisés.

frit, **e** adj Se dit d'un aliment cuit dans un corps gras bouillant.

frite nf Bâtonnet de pomme de terre frit. ■ FAM **avoir la frite** : avoir la forme.

friter (se) vpr FAM Se disputer ; se bagarrer : *elle s'est fritée avec un voisin*.

friterie nf Établissement ambulant dans lequel on fait et vend des frites.

friteuse nf Appareil ménager pour faire frire des aliments.

fritte nf TECHN Cuisson du mélange de sable et de soude, en verrerie.

friture nf **1.** Corps gras servant à frire. **2.** Poisson frit : *friture de goujons*. **3.** Bruit parasite dans un appareil de radio, un téléphone.

frivole adj Vain, léger, futile : *caractère frivole*.

frivolement adv Avec frivolité.

frivolité nf Caractère frivole ; chose frivole.

froc nm **1.** VIEILLI Vêtement de moine. **2.** État monacal : *prendre le froc*. **3.** FAM Pantalon. ■ FAM **jeter le froc aux orties** : quitter les ordres.

1. froid nm **1.** Basse température : *le froid conserve*. **2.** Sensation que fait éprouver l'absence, la perte, la diminution de chaleur : *avoir froid*. **3.** FIG Absence ou diminution d'affection, de cordialité : *il y a un froid entre eux*. ■ **à froid** : (a) sans chauffer (b) FIG sans émotion apparente. ❑ **jeter un froid** : faire naître un malaise, une gêne.

2. froid, **e** adj **1.** Qui est à basse température : *eau froide* ; où la température est basse : *pièce froide*. **2.** Refroidi : *viandes froides*. **3.** Qui donne une impression d'indifférence, d'impassibilité, d'insensibilité : *homme froid ; colère froide*. ■ **couleurs froides** : couleurs du spectre autour du bleu.

froidement adv **1.** Avec calme : *écouter froidement*. **2.** Avec réserve : *accueillir froidement quelqu'un*. **3.** Sans aucun scrupule : *abandonner froidement quelqu'un*.

froideur nf Absence de sensibilité, indifférence.

froidure nf LITT Atmosphère, saison froide.

froissable adj Qui se froisse facilement.

froissement nm **1.** Action de froisser ; fait de se froisser. **2.** Bruit que produit quelque chose que l'on froisse : *un froissement de papier*.

froisser vt **1.** Meurtrir par une pression violente : *froisser un muscle*. **2.** Chiffonner, friper : *froisser un papier*. **3.** Offenser, choquer : *froisser l'opinion*. ◆ **se froisser** vpr **1.** Se chiffonner : *le lin se froisse facilement*. **2.** Se meurtrir : *se froisser un muscle*. **3.** S'offusquer, se vexer.

frôlement nm Action de frôler ; bruit léger qui en résulte.

frôler vt **1.** Toucher légèrement. **2.** FIG Passer très près de : *frôler la mort*.

fromage nm Aliment, produit de la fermentation du lait caillé. ■ FAM **faire tout un fromage de quelque chose** : donner une importance exagérée à un incident mineur. ❑ **fromage de tête** : pâté fait de morceaux de tête de porc enrobés de gelée.

1. fromager nm Grand arbre d'Afrique dont les fruits fournissent le kapok.

2. fromager, **ère** adj Relatif au fromage. ◆ n et adj Personne qui fait, vend des fromages.

fromagerie nf Endroit où l'on fait, vend les fromages.

froment nm Blé tendre.

fronce nf Pli non aplati.

froncement nm Action de froncer.

froncer vt (conj 1) **1.** Rider, en contractant : *froncer les sourcils*. **2.** Resserrer ou orner par des fronces : *froncer une robe*.

froncis nm Suite de fronces.

frondaison nf **1.** Époque où paraissent les feuilles. **2.** Feuillage.

fronde nf **1.** Arme de jet constituée d'une pièce de cuir attachée à deux lanières. **2.** Jouet d'enfant servant à lancer des pierres ; lance-pierres. **3.** LITT Contestation, opposition.

fronder vt LITT Critiquer, s'opposer à : *fronder le pouvoir.*

frondeur, euse adj et n LITT Porté à la contradiction, à l'insubordination : *esprit frondeur.* ◆ n HIST Qui prit part à la Fronde.

front nm **1.** Partie supérieure du visage : *un front haut.* **2.** Visage, tête : *montrer un front serein.* **3.** Le devant : *le front d'un bataillon.* **4.** Partie supérieure et antérieure : *le front d'une montagne.* **5.** Hardiesse, impudence : *avoir le front de contredire un supérieur.* **6.** Ligne, zone de combat : *partir pour le front.* ■ **de front :** (a) par-devant, de face (b) ensemble, simultanément : *aller de front* (c) sans ménagement : *heurter de front les opinions de quelqu'un.* ❑ **faire front :** faire face, tenir tête. ❑ **front de mer :** avenue, promenade située en bordure de mer.

frontal, e, aux adj **1.** Relatif au front : *os frontal.* **2.** De face, de front : *attaque frontale.*

frontalier, ère n et adj Personne qui habite une région voisine d'une frontière. ◆ adj Situé à la frontière : *ville frontalière.*

frontière nf **1.** Limite qui sépare deux États. **2.** FIG Limite, lisière : *la frontière entre l'autorité et l'autoritarisme.* **3.** (en apposition) Limitrophe : *ville frontière.*

frontispice nm **1.** VX Face principale d'un monument. **2.** Page du titre complet d'un livre ; gravure placée en regard.

fronton nm **1.** Couronnement triangulaire (d'une façade, d'un meuble, etc.). **2.** Mur de pelote basque.

frottage nm Action de frotter.

frottement nm **1.** Action de deux corps qui se frottent : *le frottement engendre la chaleur.* **2.** FIG (souvent au pluriel) Heurt, friction.

frotter vt **1.** Passer, en appuyant, un corps sur un autre : *frotter deux pierres pour faire du feu.* **2.** Frictionner : *frotter le dos à quelqu'un.* **3.** Astiquer : *frotter le parquet.* ◆ vi Produire un frottement : *la porte frotte.* ◆ **se frotter** vpr [à] FAM S'attaquer à ; entrer en contact avec : *se frotter à plus fort que soi.*

frottis nm Étalement d'un liquide organique ou de cellules en vue d'un examen au microscope : *frottis vaginal.*

frottoir nm Objet pour frotter : *frottoir à allumettes.*

frou-frou (pl *frous-frous*) ou **froufrou** nm Léger bruit que produit le froissement des étoffes.

froufroutant, e adj Qui froufroute : *robe froufroutante.*

froufrouter vi Faire des froufrous.

froussard, e adj et n FAM Peureux, poltron.

frousse nf FAM Peur.

fructidor nm Douzième mois de l'année républicaine (18 août-16 sept.).

fructifère adj BOT Qui porte des fruits.

fructification nf BOT Formation du fruit : *fructification précoce.*

fructifier vi **1.** Produire des fruits, donner des récoltes. **2.** FIG Produire un bénéfice : *cette somme a fructifié.*

fructose nm Sucre contenu dans le miel et de nombreux fruits.

fructueusement adv De façon fructueuse.

fructueux, euse adj Profitable, avantageux : *commerce fructueux ; recherches fructueuses.*

frugal, e, aux adj Simple et peu abondant : *nourriture frugale.*

frugalement adv De façon frugale.

frugalité nf Caractère de ce qui est frugal ; sobriété.

frugivore adj et n Qui se nourrit de fruits.

1. fruit nm **1.** Produit végétal qui succède à la fleur ; ce produit, comestible, consommé comme dessert : *fruit de la passion.* **2.** Profit, avantage, résultat : *le fruit de l'expérience.* ■ **fruit confit :** fruit cuit légèrement dans un sirop de sucre, puis séché lentement. ❑ **fruit défendu :** objet dont il n'est pas permis d'user. ❑ **fruit sec :** (a) fruit sans pulpe (b) FIG personne qui déçoit. ◆ **fruits** pl **1.** Productions : *les fruits de la terre.* **2.** DR Revenus d'un fonds : *fruits naturels, fruits industriels et fruits civils.* ■ **fruits de mer :** nom donné à divers mollusques et crustacés comestibles. ❑ **porter ses fruits :** être efficace.

2. fruit nm Inclinaison du côté extérieur d'un mur.

fruité, e adj Qui a le goût du fruit frais : *huile fruitée.*

fruiterie nf Boutique, commerce du fruitier.

fruitier, ère adj Qui porte des fruits : *arbre fruitier.* ◆ n Qui fait le commerce des fruits. ◆ nm Local où l'on conserve les fruits.

fruitière nf Association de producteurs de lait pour la fabrication et la vente du fromage.

frusques nf pl FAM Vêtements, en particulier vêtements usagés.

fruste adj Grossier, qui manque de finesse, d'élégance : *garçon fruste.*

frustrant, e adj Qui frustre.

frustration nf **1.** Action de frustrer. **2.** État d'une personne dont une tendance ou un besoin fondamental n'a pu être satisfait et s'est trouvé refoulé.

frustré, e adj et n Qui souffre de frustration.

frustrer vt **1.** Priver quelqu'un de ce qu'il attend ; déposséder : *frustrer un héritier de sa part.* **2.** Mettre dans un état de frustration. **3.** Décevoir, tromper : *frustrer l'attente, l'espérance de quelqu'un.*

fuchsia [fyksja] ou [fyʃja] nm Arbrisseau à fleurs roses pendantes ; couleur des fleurs de cet arbrisseau.

fuchsine [fyksin] nf Matière colorante rouge tirée de l'aniline.

fucus [fykys] nm Algue brune dont une espèce est munie de flotteurs.

fuel [fjul] ou **fuel-oil** [fjulɔjl] nm Fioul.

fugace adj Fugitif : *parfum, souvenir fugace.*

fugacité nf Caractère fugace.

fugitif, ive adj et n Qui fuit, est en fuite : *rattraper un fugitif.* ◆ adj Qui ne dure pas : *bonheur fugitif.*

fugitivement adv De façon fugitive.

fugue nf **1.** Fait de s'enfuir de son domicile ; escapade : *un enfant qui fait une fugue.* **2.** MUS Forme de composition où différentes parties répètent le même motif.

fuguer vi FAM Faire une fugue.

fugueur, euse adj et n Qui a tendance à faire des fugues.

fuir vi (conj 17) **1.** S'éloigner rapidement pour s'échapper : *fuir à travers champs.* **2.** S'éloigner, s'écouler : *le temps qui fuit.* **3.** Être incliné en arrière : *front qui fuit.* **4.** Laisser échapper son contenu : *ce tonneau fuit.* ◆ vt Chercher à éviter : *fuir le danger.*

fuite nf **1.** Action de fuir : *protéger la fuite de quelqu'un.* **2.** Échappement d'un liquide, d'un gaz ; fissure par laquelle il s'échappe : *fuite de gaz.* **3.** FIG Indiscrétion, divulgation clandestine : *obtenir des renseignements grâce à des fuites.* ■ **fuite des capitaux :** évasion des capitaux à l'étranger. ❑ **prendre la fuite :** s'enfuir.

fulgurance nf LITT Caractère de ce qui est fulgurant.

fulgurant, e adj **1.** Qui brille comme l'éclair : *lumière fulgurante ; regard fulgurant.* **2.** Qui frappe vivement l'esprit : *découverte fulgurante.* **3.** Très rapide : *réponse fulgurante.* ■ **douleur fulgurante :** douleur vive de courte durée.

fulguration nf Éclair de chaleur.

fuligineux, euse adj **1.** De la couleur de la suie ; qui produit de la suie, de la fumée : *flamme fuligineuse.* **2.** LITT Obscur, confus : *esprit fuligineux.*

fulminant, e adj **1.** LITT Qui exprime une violente colère ; menaçant : *regards fulminants.* **2.** Détonant : *poudre fulminante.*

fulminate nm Sel de l'acide fulminique.

fulminer vi LITT S'emporter, menacer : *fulminer contre quelqu'un.* ◆ vt LITT Formuler avec véhémence : *fulminer des reproches.*

fulminique adj ■ **acide fulminique :** formant des sels détonants.

fumable adj Qui peut être fumé.

1. fumage nm Action de fumer une terre.

2. fumage nm ou **fumaison** nf Action de fumer des aliments pour les conserver : *le fumage des jambons.*

fumant, e adj Qui émet de la fumée, de la vapeur. ■ FAM **un coup fumant :** très réussi.

fumé, e adj Soumis au fumage : *saumon fumé.* ■ **verre fumé :** coloré sombre.

fume-cigarette nm inv Petit tuyau auquel on adapte une cigarette pour la fumer.

fumée nf **1.** Mélange de vapeur, de gaz et de particules solides extrêmement ténues qui se dégage d'un corps en combustion : *fumées d'usine, d'un volcan.* **2.** Vapeur exhalée par un liquide chaud : *fumée du pot-au-feu.* ■ **s'en aller, partir en fumée :** disparaître sans résultat. ◆ **fumées** pl LITT Ivresse : *fumées du vin.*

1. fumer vi Émettre de la fumée, des vapeurs : *cheminée qui fume.* ◆ vt **1.** Exposer à la fumée : *fumer des jambons.* **2.** Brûler du tabac en aspirant la fumée : *fumer une cigarette.*

2. fumer vt Amender, engraisser avec du fumier : *fumer une terre.*

fumerie nf Lieu où l'on fume de l'opium.

fumerolle nf Émission gazeuse d'un volcan.

fumet nm **1.** Arôme des viandes, des vins : *le fumet d'un bordeaux.* **2.** Préparation liquide pour corser une sauce : *fumet de poisson.*

fumeur, euse n Personne qui fume.

fumeux, euse adj **1.** Qui répand de la fumée : *lampe fumeuse.* **2.** FIG Peu clair ; confus : *idées fumeuses.*

fumier nm Mélange de litière et de déjections des animaux, servant d'engrais.

fumigateur nm Appareil pour fumigations ; inhalateur.

fumigation nf ANC Application thérapeutique d'une fumée, d'une vapeur.

fumigène adj Qui produit de la fumée.

1. fumiste nm Qui entretient les cheminées, les appareils de chauffage.

2. fumiste n et adj FAM Personne peu sérieuse ; fantaisiste.

1. fumisterie nf Profession du fumiste.

2. fumisterie nf FAM Action, chose dépourvue de sérieux.

fumoir nm **1.** Local où l'on fume les aliments. **2.** Pièce réservée aux fumeurs.

fumure nf Engrais.

fun [fœn] nm (anglicisme) FAM Joie intense, vif plaisir : *ici, le surf, c'est le fun.* ◆ adj inv FAM Gai, original, décontracté : *des gens très fun ; des vêtements fun.*

funambule n Acrobate marchant sur une corde.

funambulesque adj LITT De funambule.

funboard [fœnbɔrd] ou **fun** [fœn] nm Planche à voile très courte ; sport pratiqué avec cette planche.

funèbre adj **1.** Relatif aux funérailles : *chant funèbre.* **2.** FIG Lugubre : *décor funèbre.*

funérailles nf pl Cérémonies qui accompagnent un enterrement ; obsèques.

funéraire adj Qui concerne les funérailles : *frais funéraires.*

funérarium nm Lieu où la famille du défunt se réunit avant les obsèques.

funeste adj **1.** Qui apporte le malheur, la mort : *présage funeste.* **2.** Nuisible, fatal : *conseil funeste.*

funiculaire nm Chemin de fer à traction par câble ou à crémaillère pour les fortes pentes.

furax adj inv FAM Furieux.

furet nm **1.** Petit mammifère carnivore dressé pour la chasse au lapin. **2.** FIG Personne curieuse.

furetage nm Action de fureter.

fur et à mesure (au) loc adv En même temps et proportionnellement ; successivement et en proportion : *être approvisionné au fur et à mesure de ses besoins.*

EMPLOI On dit aussi bien *au fur et à mesure que le temps passe* que *à mesure que le temps passe.*

fureter vi (conj 7) Fouiller, chercher pour découvrir des choses cachées ou des secrets.

fureteur, euse adj et n Qui furète, qui manifeste de la curiosité : *yeux fureteurs.*

fureur nf **1.** Colère violente : *accès de fureur.* **2.** Violence déchaînée : *fureur des vents.* **3.** Passion démesurée : *fureur du jeu.* ■ **faire fureur** : jouir d'une grande vogue.

furibard, e adj FAM Furieux.

furibond, e adj Furieux : *regards furibonds.*

furie nf **1.** Accès de rage, de fureur : *animal en furie.* **2.** LITT Violence impétueuse : *mer en furie.* **3.** PÉJOR Femme emportée, déchaînée : *deux furies qui se crêpent le chignon.*

furieusement adv De façon furieuse.

furieux, euse adj et n **1.** Emporté par la fureur, par une violente colère. **2.** LITT Violent, impétueux : *torrent furieux ; une furieuse envie de partir en voyage.* ■ **fou furieux** : qui a une crise de folie violente.

furioso adj MUS Violent : *allegro furioso.*

furoncle nm Inflammation du tissu cellulaire sous-cutané. SYN : FAM clou.

furonculose nf Éruption de furoncles.

furtif, ive adj Qui se fait à la dérobée : *regards furtifs.*

furtivement adv De façon furtive.

fusain nm **1.** Arbrisseau à bois dur. **2.** Charbon fin pour dessiner, fait avec le bois de fusain ; dessin fait avec ce charbon.

fusant, e adj Qui fuse : *poudre fusante.* ◆ adj et nm Se dit d'un obus qui éclate en l'air par l'action d'une fusée-détonateur.

fuseau nm **1.** Petit instrument en bois pour filer la laine, pour faire de la dentelle. **2.** Pantalon de sport dont les jambes vont en se rétrécissant vers le bas. ■ **en fuseau** : de forme allongée et aux extrémités fines. ❑ **fuseau horaire** : chacune des 24 divisions imaginaires de la surface de la Terre et dont tous les points ont la même heure légale.

fusée nf **1.** Pièce d'artifice se propulsant par réaction grâce à la combustion de la poudre : *fusée éclairante.* **2.** Engin propulsé par réaction. **3.** Nom de certaines pièces ou objets en forme de fuseau.

fuselage nm Corps fuselé d'un avion.

fuselé, e adj Mince et galbé comme un fuseau.

fuseler vt Tailler en fuseau.

fuser vi **1.** Brûler sans détoner, en parlant de la poudre. **2.** Jaillir vivement, retentir : *des rires fusèrent de tous côtés.*

fusette nf Petite bobine de fil.

fusibilité nf Qualité de ce qui est fusible.

fusible adj Susceptible de fondre. ◆ nm **1.** Fil d'alliage spécial qui, placé dans un circuit électrique, coupe le courant en fondant si l'intensité est trop forte. **2.** FIG, FAM dans une hiérarchie, subalterne qui, en cas de crise, perd son poste pour sauvegarder celui de son supérieur.

fusil [fyzi] nm **1.** Arme à feu portative à tube métallique monté sur un fût en bois. **2.** Le tireur lui-même : *c'est un excellent fusil.* **3.** Baguette d'acier pour aiguiser les couteaux. ■ FIG **changer son fusil d'épaule** : changer de comportement, d'opinion.

fusilier nm ■ **fusilier marin** : marin employé à terre.

fusillade nf Échange de coups de feu.

fusiller vt **1.** Passer par les armes. **2.** FAM Détériorer, abîmer. ■ **fusiller quelqu'un du regard** : le regarder avec animosité, hostilité.

fusil-mitrailleur (pl *fusils-mitrailleurs*) nm Arme collective à tir automatique.

fusion nf **1.** Passage d'un corps solide à l'état liquide sous l'action de la chaleur : *métal en fusion.* **2.** Réunion, combinaison étroite : *la fusion des partis ; fusion de sociétés.* ■ **fusion nucléaire** : union de plusieurs atomes légers en un atome plus lourd, qui se produit à très haute température et libère de l'énergie.

fusion-acquisition (pl *fusions-acquisitions*) nf Acquisition d'une ou de plusieurs sociétés par une autre, aboutissant à la création d'une nouvelle société.

fusionnement nm Action de fusionner.

fusionner vt Opérer une fusion, réunir : *fusionner deux entreprises.* ◆ vi S'unir par fusion, s'associer.

fustanelle nf Jupon court masculin, à plis, du costume national grec.

fustigation nf LITT Action de fustiger.

fustiger vt (conj 2) **1.** VX Battre, fouetter. **2.** LITT Critiquer vivement.

fût [fy] nm **1.** Partie du tronc d'un arbre, sans rameaux. **2.** Tonneau. **3.** Partie cylindrique d'une colonne. **4.** Monture servant de support : *fût en bois d'un fusil.*

futaie nf Forêt dont on exploite les arbres.

futaille nf Tonneau.

futal nm FAM Pantalon.

futé, e adj FAM Fin, rusé.

futile adj Sans valeur ; frivole.

futilement adv De façon futile.

futilité nf Caractère de ce qui est futile ; chose futile.

futon nm Matelas d'origine japonaise constitué de flocons de coton.

futur, e adj Qui est à venir : *vie future ; futur mari.* ◆ n VX Celui, celle qu'on doit épouser. ◆ nm **1.** Avenir. **2.** GRAMM Temps du verbe exprimant une action, un état à venir. ■ **futur antérieur** : temps indiquant une action future qui aura lieu avant une autre action future.

futurisme nm Mouvement littéraire et artistique exaltant le monde moderne, né en Italie vers 1909.

futuriste adj et n **1.** Adepte du futurisme : *peintre futuriste.* **2.** Qui cherche à évoquer la société, les techniques de l'avenir : *architecture futuriste.*

futurologie nf Ensemble des recherches de prospective visant à prévoir le sens de l'évolution scientifique, politique, sociale, etc.

futurologue n Spécialiste de futurologie.

fuyant, e adj **1.** LITT Qui paraît s'éloigner par l'effet de la perspective : *horizon fuyant.* **2.** Qui s'incurve vers l'arrière : *front fuyant.* **3.** Qui se dérobe : *regard fuyant.*

fuyard, e n Personne qui s'enfuit par lâcheté.

G

1. g nm Septième lettre de l'alphabet et la cinquième des consonnes.

2. g (symbole) Gramme.

gabardine nf **1.** Manteau imperméable. **2.** Tissu de laine ou de coton croisé.

gabarit [gabari] nm **1.** Modèle sur lequel on façonne certaines pièces ou sur lequel on contrôle les dimensions d'un objet. **2.** Toute dimension ou forme réglementée, notamment d'un véhicule : *accès interdit aux gros gabarits*. **3.** FAM Dimension physique ou morale ; carrure, stature. ■ **gabarit de chargement** : arceau sous lequel on fait passer les wagons chargés, pour vérifier leur hauteur.

gabegie [gabʒi] nf Gâchis, gaspillage.

gabelle nf HIST Impôt sur le sel.

gabier nm ANC Matelot préposé à la manœuvre d'un navire.

gabion nm Abri des chasseurs de gibier d'eau.

gable nm Fronton triangulaire d'un édifice.

gabonais, e adj et n Du Gabon : *les Gabonais*.

gâchage nm Action de gâcher.

gâche nf Pièce métallique où s'engage le pêne d'une serrure pour maintenir une porte fermée.

gâcher vt **1.** Tremper et malaxer du ciment, du plâtre avant de maçonner. **2.** FIG Gaspiller, perdre, par faute de soin, d'ordre. ■ FAM **gâcher le métier** : travailler à trop bon marché.

gâchette nf **1.** Mécanisme actionné par la détente d'une arme à feu et qui fait partir le coup. **2.** Pièce de la serrure arrêtant le pêne.

gâcheur, euse adj et n Qui gâche, gaspille.

gâchis nm **1.** Action de gâcher, de perdre, par manque de soin, d'organisation ; son résultat. **2.** Mortier.

gadget [gadʒɛt] nm Petit objet plus ou moins utile, mais amusant et nouveau.

gadidé nm Poisson marin tel que la morue, le merlan, etc. (les gadidés forment une famille).

gadoue nf FAM Boue, terre détrempée.

gaélique adj Relatif au peuple celtique établi autrefois en Irlande et en Écosse. ◆ nm Branche du celtique d'Irlande et d'Écosse.

gaffe nf **1.** MAR Perche à croc, servant à accrocher, aborder, etc. **2.** FAM Action, parole maladroite, malencontreuse. ■ FAM **faire gaffe** : faire attention.

gaffer vi FAM Faire une gaffe. ◆ vt MAR Accrocher avec une gaffe.

gaffeur, euse adj et n FAM Qui commet des gaffes, des maladresses.

gag [gag] nm Situation à effet comique.

gaga adj et n FAM Gâteux.

gage nm **1.** Ce qui garantit le paiement d'un emprunt, d'une dette : *mettre un objet en gage*. **2.** Témoignage, preuve : *gage d'amitié*. **3.** Action que l'on doit accomplir à la fin d'un jeu collectif lorsqu'on a perdu. ◆ **gages** pl VX Rémunération des domestiques. ■ **tueur à gages** : homme payé pour assassiner quelqu'un.

gager vt (conj 2) **1.** VX Garantir par un gage. **2.** LITT Parier.

gageure [gaʒyr] nf SOUT Action, projet qui semble irréalisable.

gagnant, e adj et n Qui gagne.

gagnant-gagnant nm inv et adj inv Résultat d'une négociation favorable à chacune des parties : *des contrats gagnant-gagnant*.

gagne nf FAM **1.** Volonté de gagner : *coureur qui a la gagne*. **2.** Succès dans une compétition.

gagne-pain nm inv Travail qui permet de gagner sa vie.

gagne-petit n inv Personne qui se contente d'un salaire, d'un revenu peu élevé.

gagner vt **1.** Avoir comme gain, comme salaire ou revenu : *gagner tant par mois*. **2.** Remporter la victoire dans une compétition, une lutte : *gagner la guerre, une course*. **3.** Acquérir un prix, un lot à un jeu, dans une épreuve : *gagner le gros lot*. **4.** FIG Mériter : *il a bien gagné ses vacances*. **5.** Atteindre : *gagner la rive à la nage*. ■ FIG **gagner du temps** : obtenir un délai. ◆ vi **1.** Être vainqueur : *c'est lui qui a gagné*. **2.** Envahir progressivement ; se propager : *le feu gagne*. **3.** FIG Tirer un avantage de quelque chose : *il gagne à être connu* ; s'améliorer : *ce vin gagne en vieillissant*.

gagneur, euse n Personne animée par la volonté de gagner.

gai, e adj **1.** De bonne humeur, joyeux, enjoué : *des enfants gais*. **2.** Qui exprime la gaieté : *conversation gaie*. **3.** Qui inspire la gaieté, la bonne humeur : *chanson gaie*. **4.** FAM

Un peu ivre : *après quelques verres, ils étaient assez gais*.

gaiement adv Avec gaieté.

gaieté nf Bonne humeur, disposition à rire, à s'amuser. ■ **de gaieté de cœur** (souvent en tournure négative) : volontairement et avec plaisir : *ne pas accepter de gaieté de cœur.*

ORTHOGRAPHE *Gaieté* ainsi que *gaiement* s'écrivent toujours avec un *e* muet intérieur.

1. gaillard nm ■ MAR **gaillard d'avant** : partie élevée, sur le pont avant d'un navire.

2. gaillard, e adj **1.** En bonne santé, plein de vie : *frais et gaillard.* **2.** Grivois, licencieux : *propos gaillards.* ◆ n Personne vigoureuse.

gaillardement adv De façon gaillarde.

gaillardise nf LITT Gaieté s'exprimant par des propos un peu libres, des gestes légers, grivois.

gain nm **1.** Action de gagner ; avantage qui en résulte : *gain de temps.* **2.** Action de gagner de l'argent ; ce que l'on gagne : *l'appât du gain.* ■ **obtenir, avoir gain de cause** : gagner, l'emporter sur quelqu'un.

gaine nf **1.** Étui qui épouse la forme de l'objet qu'il protège : *gaine de parapluie.* **2.** Conduit : *gaine d'aération.* **3.** Sous-vêtement féminin en tissu élastique qui maintient la taille et les hanches.

gainer vt Recouvrir d'une gaine : *gainer une canalisation*.

gala nm Grande fête à caractère officiel : *gala de bienfaisance*.

galactique adj D'une galaxie.

galactose nm Sucre obtenu par hydrolyse du lactose.

galamment adv De façon galante.

galant, e adj **1.** Inspiré par des sentiments amoureux : *rendez-vous galant.* **2.** Prévenant, délicat à l'égard des femmes : *agir en galant homme*.

galanterie nf Politesse empressée, courtoisie vis-à-vis des femmes.

galantine nf Pain de viande ou de volaille enrobé de gelée.

galaxie nf **1.** Ensemble d'étoiles formant un système dynamique. **2.** FIG Ensemble nébuleux de personnes ou d'organismes gravitant autour d'une personnalité ou relevant du même domaine d'activité : *la galaxie du multimédia.* ■ **la Galaxie** : la Voie lactée, à laquelle appartient le Soleil.

galbe nm Contour, profil généralement courbe et harmonieux.

galbé, e adj **1.** Dont le profil présente une ligne convexe : *fauteuil à pieds galbés.* **2.** Qui présente un contour harmonieux : *un corps galbé*.

galber vt Donner du galbe à.

gale nf **1.** Affection contagieuse de la peau. **2.** FAM Personne méchante, médisante.

galéjade nf FAM Plaisanterie, mystification.

galène nf Sulfure de plomb.

galéopithèque nm Mammifère volant de petite taille des îles de la Sonde et d'Indochine.

galère nf **1.** AUTREF Navire à voiles et à rames. **2.** FAM Travail pénible, dur ; situation difficile. ■ **vogue la galère** : advienne que pourra. ◆ **galères** pl HIST Peine des criminels condamnés à ramer sur les galères.

galérer vi FAM Être dans une situation précaire et difficile.

galerie nf **1.** Passage, couloir généralement haut, plus long que large, situé à l'extérieur ou à l'intérieur d'un bâtiment. **2.** Couloir de communication creusé dans le sol par certains animaux. **3.** Lieu d'exposition pour des œuvres d'art : *galerie de peinture.* **4.** Dernier balcon d'un théâtre. **5.** Cadre métallique pour transporter des bagages sur le toit d'une voiture. ■ FAM **amuser, épater la galerie** : amuser l'assistance, les personnes alentour. ❑ **galerie marchande** : passage piétonnier couvert, bordé de boutiques. ❑ **galerie de mine** : couloir souterrain d'une mine. ❑ **pour la galerie** : dans le but de plaire ou de se faire remarquer.

galérien nm AUTREF Forçat condamné aux galères. ■ FIG **vie de galérien** : très dure, très pénible.

galet nm **1.** Caillou poli par le frottement des eaux. **2.** MÉCAN Petite roue servant à diminuer le frottement.

galetas nm LITT Logement misérable.

galette nf **1.** Préparation culinaire ronde et plate, à base de farine ou de féculents : *galette de pommes de terre.* **2.** Crêpe salée à base de farine de sarrasin. **3.** Gâteau rond et plat : *galettes bretonnes.* **4.** FAM Argent, fortune : *avoir de la galette.* ■ **galette des rois** : pâtisserie de pâte feuilletée, ronde et plate, consommée pour la fête des Rois et contenant une fève qui permet de désigner le «roi» ou la «reine».

galeux, euse adj et n Qui a la gale.

galicien, enne adj et n De la Galice (Espagne) ou de la Galicie (Europe centrale).

galimatias [galimatja] nm Discours, écrit embrouillé et confus.

galion nm AUTREF Navire de transport et de commerce avec le Nouveau Monde.

galipette nf FAM Culbute, cabriole.

galipote nf CANADA ■ **courir la galipote** : chercher des aventures galantes.

galle nf Excroissance produite sur les végétaux par certains parasites. ■ **noix de galle** : galle du chêne.

gallican, e adj et n Relatif au gallicanisme ; qui en est partisan.

gallicanisme nm Doctrine qui préconisait une certaine indépendance de l'Église de France à l'égard du Saint-Siège.

gallicisme nm Construction ou emploi propre à la langue française (EX : *il y a*).

gallinacé nm Oiseau omnivore au vol lourd (les gallinacés forment un ordre comprenant les poules, les perdrix, etc.).

gallique adj m ■ **acide gallique :** extrait de la noix de galle.

gallium nm Métal rare, proche de l'aluminium ; élément chimique ; symb : Ga.

gallois, e adj et n Du pays de Galles : *les Gallois.* ◆ nm Langue celtique de ce pays.

gallon nm Mesure de capacité aux États-Unis (3,78 l), en Grande-Bretagne et au Canada (4,54 l).

gallo-romain, e (pl *gallo-romains, es*) adj et n relatif à la civilisation qui s'épanouit en Gaule du Ier s. av. J.-C. à la fin du Ve s. apr. J.-C. ◆ n Habitant de la Gaule romaine.

galoche nf Chaussure de cuir à semelle de bois. ■ FAM **menton en galoche :** recourbé vers l'avant.

galon nm **1.** Ruban épais. **2.** MIL Signe distinctif des grades. ■ FIG **prendre du galon :** obtenir de l'avancement.

galonné, e adj Orné d'un galon.

galop nm La plus rapide des allures du cheval. ■ FAM **au galop :** très vite.

galopade nf Course précipitée.

galopant, e adj Qui évolue rapidement, qu'on ne peut maîtriser : *inflation galopante.*

galoper vi **1.** Aller au galop. **2.** FAM Courir, marcher très vite : *galoper d'un magasin à l'autre ; avoir l'imagination qui galope.*

galopin nm FAM Polisson, garnement.

galoubet nm Flûte provençale.

galuchat nm Peau de squale préparée pour la reliure, la maroquinerie, etc.

galvanique adj MÉD Relatif au galvanisme ; employé en électrothérapie : *pile, courant galvaniques.*

galvanisation nf Action de galvaniser.

galvaniser vt **1.** Électriser au moyen d'une pile. **2.** Plonger le fer dans un bain d'oxyde de zinc pour le protéger de l'oxydation. **3.** FIG Enthousiasmer, exalter : *galvaniser les foules.*

galvanisme nm Action de courants électriques continus sur les organes vivants (nerfs, muscles).

galvanomètre nm Instrument pour mesurer l'intensité des courants électriques faibles.

galvanoplastie nf Procédé permettant de déposer sur un métal, par électrolyse, une mince couche adhérente d'un autre métal.

galvaudage nm Action de galvauder.

galvauder vt Compromettre par un mauvais usage, en prodiguant mal à propos : *galvauder son talent.*

gamba [gɑ̃ba] nf Grosse crevette.

gambade nf Petit saut, bond léger et joyeux.

gambader vi Faire des gambades, s'ébattre.

gamberger vi FAM Réfléchir.

gambette nf FAM Jambe.

gamelle nf Récipient métallique individuel pour les repas. ■ FAM **ramasser, prendre une gamelle :** (a) tomber (b) FIG subir un échec.

gamète nm Cellule reproductrice, mâle (spermatozoïde) ou femelle (ovule), dont le noyau ne contient qu'un seul chromosome de chaque paire.

gamin, e n FAM Enfant : *gamin de Paris.* ◆ adj Qui a un caractère jeune, espiègle.

gaminerie nf Action, parole, comportement propre à un gamin ; enfantillage.

gamma nm inv Troisième lettre de l'alphabet grec (γ), correspondant au *g.*

gammaglobuline nf Substance protéique du plasma sanguin dont l'activité anticorps est utilisée en thérapeutique et en prophylaxie.

gamme nf **1.** MUS Série de notes musicales déterminée par le choix d'une note dite sensible, dans l'intervalle d'une octave. **2.** FIG Série, sélection d'objets à partir d'un critère défini : *gamme de couleurs.* ■ **haut, bas de gamme :** supérieur, inférieur en qualité, en prix par rapport aux autres éléments d'une série.

gammée adj f ■ **croix gammée :** croix dont les quatre branches sont coudées à angle droit : *la croix gammée était l'emblème du parti national-socialiste allemand.*

gamopétale adj BOT À pétales unis.

gamosépale adj BOT À sépales unis.

1. ganache nf Rebord postérieur de la mâchoire inférieure du cheval.

2. ganache nf Crème à base de chocolat fondu et de crème fraîche.

gandin nm LITT Jeune élégant ridicule ; dandy.

gandoura nf Tunique longue et sans manches portée traditionnellement sous le burnous, dans les pays arabes.

gang [gɑ̃g] nm Bande organisée de malfaiteurs.

ganglion nm Renflement que présentent les vaisseaux lymphatiques et certains nerfs.

ganglionnaire adj Relatif aux ganglions.

gangrène nf **1.** Putréfaction d'une partie du corps due à une infection locale des tissus.

2. FIG Mal insidieux ; corruption : *la gangrène du fanatisme*.

gangrené, e adj Atteint de gangrène.

gangrener vt (conj 9) **1.** Causer la gangrène de. **2.** FIG Corrompre, vicier. ◆ **se gangrener** vpr Être atteint par la gangrène.

gangreneux, euse adj De la nature de la gangrène.

gangster [gɑ̃gstɛr] nm Bandit, malfaiteur.

gangstérisme nm Activité des gangsters ; banditisme.

gangue nf Partie terreuse et stérile enveloppant un minerai.

ganse nf Cordonnet, ruban de fil, de soie.

ganser vt Garnir d'une ganse.

gant nm Accessoire vestimentaire qui couvre la main : *gants de laine*. ■ FIG **aller comme un gant :** convenir parfaitement. ❑ **gant de toilette :** poche de tissu-éponge pour se laver. ❑ **prendre, mettre des gants :** agir avec ménagement.

gantelet nm Protège-main en cuir utilisé dans certaines professions.

ganter vt Mettre des gants à. ◆ vi Avoir comme pointure de gants : *ganter du 6*.

ganterie nf Fabrication, commerce du gantier.

gantier, ère n Qui fabrique ou vend des gants.

gantois, e adj et n De Gand.

garage nm **1.** Lieu couvert pour abriter des véhicules. **2.** Entreprise de vente, de réparation et d'entretien d'automobiles. ■ **voie de garage :** (a) voie secondaire, où l'on gare des wagons de chemin de fer (b) FIG orientation sans débouché.

garagiste n Exploitant d'un garage de réparation et d'entretien.

garance nf Plante grimpante dont la racine fournit une substance colorante rouge. ◆ adj inv Rouge vif.

garant, e adj et n Qui répond de : *se porter garant d'une dette, de quelqu'un*. ◆ nm **1.** Garantie, caution : *le garant d'une créance*. **2.** MAR Cordage d'un palan.

garantie nf **1.** Certificat assurant légalement de la qualité de quelque chose ; sa durée : *appareil sous garantie ; bon de garantie*. **2.** Ce qui assure l'exécution, le respect de quelque chose ; gage, preuve, caution : *demander, prendre des garanties ; une garantie de moralité*.

garantir vt **1.** Se porter garant de l'exécution ou du maintien de quelque chose, de la qualité d'un objet vendu. **2.** Répondre de l'existence, de la réalité de : *sa conduite vous garantit son honnêteté*. **3.** Affirmer, certifier : *je vous garantis qu'elle viendra*. **4.** Protéger, préserver : *garantir du froid*.

garbure nf Soupe béarnaise à base de légumes et de confit d'oie.

garce nf FAM Femme ou fille méchante, désagréable ; chipie.

garçon nm **1.** Enfant de sexe masculin : *école de garçons*. **2.** Jeune homme, homme : *être joli garçon*. **3.** Serveur dans un café, un restaurant. **4.** Ouvrier travaillant chez un artisan : *garçon boucher ; garçon coiffeur ;* employé subalterne : *garçon de bureau*. ■ **garçon manqué :** se dit d'une fille qui a des comportements de garçon. ❑ **vieux garçon** ou **garçon :** homme célibataire : *enterrer sa vie de garçon*.

garçonne nf ■ VIEILLI **à la garçonne :** se dit d'une coiffure féminine où les cheveux sont coupés court.

garçonnet nm Jeune garçon : *pantalon taille garçonnet*.

garçonnière nf Petit appartement de célibataire, de personne seule.

1. garde nf **1.** Action de garder, de veiller, de surveiller : *faire bonne garde ; tour de garde ; droit de garde*. **2.** Groupe de soldats qui exercent une surveillance : *appeler la garde*. **3.** Rebord entre la poignée et la lame d'une arme blanche : *la garde d'une épée*. **4.** Position prise pour engager le combat et se protéger à l'escrime, en boxe, etc. : *se mettre en garde*. ■ **de garde :** qui assure une permanence : *médecin de garde*. ❑ **être, se tenir sur ses gardes :** se méfier. ❑ **garde à vous ! :** commandement de se mettre au garde-à-vous. ❑ DR **garde à vue :** maintien d'une personne dans les locaux de la police pendant une durée limitée. ❑ **mettre quelqu'un en garde :** l'avertir, le prévenir. ❑ **mise en garde :** avertissement. ❑ **monter la garde :** être de faction. ❑ **page de garde :** page vierge au commencement et à la fin d'un livre. ❑ **prendre garde :** faire attention. ◆ **gardes** pl Pièces de sûreté d'une serrure.

2. garde nm Personne qui garde, qui surveille. ■ **garde champêtre :** agent communal chargé de l'application des règlements de police. ❑ **garde du corps :** personne chargée de protéger la vie de quelqu'un. ❑ **garde forestier :** agent préposé à la conservation des forêts. ❑ **garde des Sceaux :** ministre de la Justice.

3. garde nf Femme qui garde un malade, un enfant.

garde-à-vous nm inv Position prise sur un commandement militaire prescrivant l'immobilité, talons serrés, bras le long du corps.

ORTHOGRAPHE Pour obtenir un *garde-à-vous* (avec traits d'union), l'officier crie : *«garde à vous !»* (sans traits d'union).

garde-barrière (pl *gardes-barrière* ou *gardes-barrières*) n Agent préposé à la surveillance d'un passage à niveau.

garde-boue nm inv Plaque recourbée protégeant les roues d'un véhicule des projections de boue.

garde-chasse (pl *gardes-chasse* ou *gardes-chasses*) nm Personne chargée de la protection et de la conservation du gibier.

garde-chiourme (pl *gardes-chiourme* ou *gardes-chiourmes*) nm PÉJOR Personne sévère chargée de la surveillance.

garde-corps nm inv Barrière à hauteur d'appui, formant protection devant un vide ; garde-fou.

garde-côte (pl *garde-côtes*) ou **garde-côtes** (pl inv) nm Bateau chargé de la surveillance des côtes.

garde-feu nm inv Grille, plaque de protection posée devant une cheminée.

garde-fou (pl *garde-fous*) nm **1.** Garde-corps. **2.** FIG Ce qui empêche de commettre des écarts, des erreurs : *ce règlement sert de garde-fou contre les abus*.

garde-malade (pl *gardes-malade* ou *gardes-malades*) n Qui prend soin d'un malade.

garde-manger nm inv Petite armoire garnie de toile métallique, pour conserver les aliments.

garde-meuble (pl *garde-meubles*) ou **garde-meubles** (pl inv) nm Lieu où l'on entrepose des meubles.

gardénia nm Plante ornementale à grandes fleurs (famille des rubiacées).

garden-party [gardenparti] (pl *garden-parties*) nf Réception mondaine dans un jardin.

garde-pêche (pl *gardes-pêche*) nm Préposé à la police de la pêche.

garder vt **1.** Veiller sur, prendre soin de : *garder un malade*. **2.** Surveiller pour empêcher de fuir : *garder un prisonnier*. **3.** Conserver, maintenir en sa possession : *garder un document, un secret*. **4.** Retenir près de soi : *garder un ami à dîner ;* continuer à fréquenter, à employer : *garder un collaborateur*. **5.** Conserver sur soi : *garder son foulard*. **6.** Conserver une denrée périssable : *garder du lait au frais*. **7.** Surveiller pour empêcher l'appropriation par un tiers : *garder une place*. ■ **garder le silence** : se taire. ❑ **garder son sérieux** : s'empêcher de rire. ◆ **se garder** vpr **1.** [de] Prendre garde à, se méfier de : *gardez-vous des flatteurs !* **2.** [de] Éviter, s'abstenir de : *il s'est bien gardé de me prévenir*. **3.** Pouvoir se conserver.

garderie nf Garde, surveillance collective de jeunes enfants ; lieu où elle s'effectue.

garde-robe (pl *garde-robes*) nf **1.** VX Placard, armoire où l'on range les vêtements. **2.** Ensemble des vêtements d'une personne.

garde-voie (pl *gardes-voie* ou *gardes-voies*) nm Agent chargé de la surveillance d'une voie ferrée.

gardian nm Gardien de taureaux ou de chevaux en Camargue.

gardien, enne n **1.** Qui garde : *gardien de prison*. **2.** Protecteur, défenseur : *gardien des traditions*. **3.** Préposé à la garde d'un immeuble. ■ **gardien de but** : au football, au hockey, au handball, etc., joueur chargé de défendre le but. ❑ **gardien de la paix** : agent de police.

gardiennage nm Emploi, service d'un gardien : *le gardiennage d'un immeuble*.

gardois, e adj et n Du Gard.

gardon nm Petit poisson d'eau douce.

1. gare nf Lieu de départ et d'arrivée des trains : *entrer en gare*. ■ PÉJOR **de gare** : se dit d'un roman, d'une littérature populaires faciles à lire. ❑ **gare maritime** : gare aménagée sur les quais d'un port. ❑ **gare routière** : emplacement aménagé pour accueillir les véhicules routiers transportant des voyageurs ou des marchandises.

2. gare interj Sert à avertir : *gare à vous !* ■ **sans crier gare** : sans prévenir.

garenne nf Lieu où vivent les lapins sauvages. ◆ nm Lapin de garenne.

garer vt **1.** Faire entrer, ranger un véhicule dans un endroit aménagé ou non à cette intention. **2.** FAM Mettre hors d'atteinte, en lieu sûr : *garer sa fortune*. ◆ **se garer** vpr **1.** Ranger sa voiture. **2.** FIG Se mettre à l'écart, à l'abri : *se garer des coups*.

gargantuesque adj Se dit d'un repas où l'on mange énormément.

gargariser (se) vpr **1.** Se rincer la bouche et l'arrière-bouche avec un liquide, sans l'avaler. **2.** FIG, FAM se délecter avec suffisance de : *il se gargarise de son titre ronflant*.

gargarisme nm Liquide pour se gargariser.

gargote nf PÉJOR Restaurant bon marché.

gargouille nf Gouttière saillante en forme d'animal fantastique dont la gueule éjecte les eaux de pluie à distance des murs.

gargouillement nm Bruit provoqué par le passage d'un liquide ou d'un gaz dans la gorge, l'estomac, ou dans une canalisation.

gargouiller vi Produire un gargouillement.

gargouillis nm Gargouillement confus.

gargoulette nf Récipient poreux où l'eau se conserve fraîche.

garibaldien, enne n HIST Partisan de Garibaldi.

gariguette nf Variété de fraise oblongue et parfumée.

garnement nm Enfant insupportable.

garni, e adj **1.** Muni : *garni de clous.* **2.** Décoré, agrémenté : *gâteau garni de raisins secs.* ◆ nm VIEILLI Maison, chambre qui se loue meublée.

garnir vt **1.** Orner : *garnir un chapeau.* **2.** Pourvoir, équiper : *fenêtres garnies de rideaux.* **3.** Occuper, remplir un lieu, un espace : *garnir le réfrigérateur.* **4.** Rembourrer un fauteuil. ◆ **se garnir** vpr Se remplir.

garnison nf Troupes stationnées dans une ville ; cette ville : *changer de garnison.*

garnissage nm Action de garnir.

garniture nf **1.** Ce qui garnit, complète, orne : *la garniture d'une robe ;* ensemble d'objets assortis : *garniture de bureau.* **2.** Aliment qui accompagne l'élément principal d'un plat : *garniture de riz.*

garrigue nf Végétation composée de chênes verts, de buissons et de plantes herbacées caractéristique des paysages méditerranéens.

1. garrot nm Partie saillante de l'encolure d'un quadrupède au-dessus de l'épaule.

2. garrot nm **1.** Bâton passé dans une corde pour la tendre : *garrot d'une scie.* **2.** Lien servant à comprimer l'hémorragie d'une artère.

garrottage nm Action de garrotter.

garrotter vt Lier étroitement et fortement.

gars [gɑ] nm FAM Garçon, jeune homme.

gascon, onne adj et n De Gascogne. ◆ nm Dialecte de cette région.

gasoil [gazwal] ou **gazole** nm Produit pétrolier liquide, utilisé comme carburant et comme combustible.

gaspacho [gaspatʃo] nm Potage d'origine espagnole à base de légumes crus macérés, servi très frais avec des dés de pain.

gaspillage nm Action de gaspiller.

gaspiller vt **1.** Dépenser, dissiper de façon irréfléchie : *gaspiller sa fortune.* **2.** Gâcher, galvauder : *gaspiller son talent.*

gaspilleur, euse adj et n Qui gaspille.

gastéropode ou **gastropode** nm Mollusque qui rampe sur un large pied musculeux ventral (les gastéropodes forment une classe).

gastralgie nf Douleur à l'estomac.

gastrectomie nf Ablation partielle ou totale de l'estomac.

gastrique adj Relatif à l'estomac. ■ **suc gastrique :** sécrété par l'estomac.

gastrite nf Inflammation de l'estomac.

gastro-entérite (pl *gastro-entérites*) nf Inflammation de l'estomac et des intestins.

gastro-entérologie nf MÉD Spécialité consacrée aux maladies du tube digestif.

gastro-entérologue (pl *gastro-entérologues*) n Spécialiste de gastro-entérologie.

gastronome n Personne qui apprécie la bonne cuisine.

gastronomie nf Connaissance de tout ce qui se rapporte à la cuisine, à l'ordonnancement des repas, à la dégustation et à l'appréciation des mets.

gastronomique adj Relatif à la gastronomie.

gastro-œsophagien, enne (pl *gastro-œsophagiens, ennes*) adj MÉD Se dit de ce qui concerne simultanément l'estomac et l'œsophage.

gastroplastie nf Traitement chirurgical de l'obésité grave, consistant à réduire la capacité de l'estomac, partic. par cerclage à l'aide d'un anneau.

gastropode nm → **gastéropode**.

gâté, e adj Détérioré, pourri. ■ **enfant gâté :** élevé avec trop d'indulgence.

gâteau nm **1.** Pâtisserie à base de farine, de beurre, d'œufs et de sucre. **2.** Ce qui a la forme d'un gâteau : *gâteau de miel.* ■ FAM **c'est du gâteau :** c'est facile à réaliser. ❑ **maman, papa gâteau :** qui gâte ses enfants. ❑ FAM **partager le gâteau** ou **avoir sa part du gâteau :** partager le profit d'une affaire.

gâter vt **1.** Avarier, putréfier : *gelée qui gâte une récolte.* **2.** Abîmer, endommager : *sucre qui gâte les dents.* **3.** Nuire à, gâcher : *ses réflexions ont gâté la soirée.* **4.** Combler de cadeaux, de choses agréables ; traiter avec trop d'indulgence : *gâter un enfant.* ◆ **se gâter** vpr **1.** Se couvrir, devenir pluvieux, en parlant du temps. **2.** Se corrompre, prendre une mauvaise tournure.

gâterie nf **1.** Petit présent, friandise. **2.** LITT Indulgence excessive.

gâteux, euse adj et n **1.** FAM Diminué physiquement ou intellectuellement. **2.** Qui manifeste avec naïveté et mièvrerie un attachement excessif : *être gâteux avec ses petits-enfants.*

gâtisme nm État de quelqu'un qui est gâteux.

1. gauche adj **1.** Situé du côté du cœur (par opposition à *droit*). **2.** Qui correspond à ce côté pour celui qui regarde : *l'aile gauche d'un monument.* **3.** FIG Embarrassé, maladroit : *attitude gauche.* ◆ nm En boxe, poing gauche.

2. gauche nf **1.** Main gauche, côté gauche. **2.** Côté gauche d'une assemblée par rapport au président ; ensemble des personnes et des partis favorables au changement (par opposition à la *droite*). ■ **à gauche :** à main gauche, du côté gauche. ❑ **extrême gauche :** ensemble de ceux qui professent des idées révolutionnaires.

gauchement adv Maladroitement.

gaucher, **ère** adj et n Qui est plus habile de la main gauche que de la main droite.

gaucherie nf Maladresse.

gauchir vi Se déformer : *porte qui gauchit.* ◆ vt Fausser, déformer : *l'humidité a gauchi cette planche.*

gauchisant, **e** adj et n Que ses opinions rapprochent de la gauche ou de l'extrême gauche.

gauchisme nm Courant politique se réclamant de l'extrême gauche.

gauchissement nm Action, fait de gauchir ; son résultat.

gauchiste adj et n Relatif au gauchisme ; qui en est partisan.

gaucho [goʃo] ou [gawtʃo] nm Gardien de troupeaux dans la pampa argentine.

gaudriole nf FAM Plaisanterie légère ; grivoiserie.

gaufrage nm Action de gaufrer.

gaufre nf **1.** Pâtisserie légère cuite entre deux moules quadrillés. **2.** Gâteau de cire des abeilles.

gaufrer vt Imprimer à chaud des figures sur des étoffes, du papier, du cuir.

gaufrette nf Petit biscuit parfois fourré de crème ou de confiture.

gaufrier nm Ustensile pour cuire des gaufres.

gaufroir nm Fer pour gaufrer les tissus, les cuirs.

gaulage nm Action de gauler.

gaule nf **1.** Longue perche. **2.** Canne à pêche.

gauler vt Secouer les branches d'un arbre avec une gaule pour faire tomber les fruits : *gauler un noyer.*

gaullisme nm Courant politique se réclamant du général de Gaulle.

gaulliste adj et n Relatif au gaullisme ; qui en est partisan.

gaulois, **e** adj et n De la Gaule, du peuple qui vivait dans ce pays. ◆ adj D'une gaieté leste, un peu grasse. ◆ nm Langue parlée autrefois en Gaule.

gauloisement adv Avec un humour un peu grossier.

gauloiserie nf Plaisanterie grivoise, osée.

gausser (se) vpr [de] LITT Se moquer de.

gavage nm Action de gaver.

gave nm Torrent des Pyrénées.

gaver vt **1.** Alimenter de force pour engraisser : *gaver des oies.* **2.** Faire manger avec excès : *gaver un enfant de sucreries.* **3.** FIG Proposer, donner avec excès : *gaver de publicité.* ◆ **se gaver** vpr [de] **1.** Manger trop (de) : *se gaver de bonbons.* **2.** FIG Absorber une grande quantité de : *se gaver de films.*

gavial (pl *gavials*) nm Crocodile d'Asie.

gavotte nf ANC Danse à deux temps.

gavroche nm VIEILLI Enfant malicieux et effronté.

gay n et adj Homosexuel.

gayal (pl *gayals*) nm Bœuf sauvage d'Asie.

gaz [gaz] nm inv **1.** Tout corps à l'état de fluide, expansible et compressible. **2.** Produit gazeux, naturel ou manufacturé, employé comme combustible ou carburant : *réchaud à gaz ; gaz de ville.* ■ FAM **il y a de l'eau dans le gaz :** quelque chose ne va pas, il y a un problème.

gaze nf **1.** Bande d'étoffe légère stérilisée pour les compresses, les pansements. **2.** Étoffe fine et transparente de coton ou de soie : *des rideaux de gaze.*

gazé, **e** adj et n Qui a subi l'action de gaz nocifs.

gazéification nf Action de gazéifier.

gazéifier vt **1.** Faire passer à l'état gazeux. **2.** Dissoudre du gaz carbonique dans un liquide pour le rendre gazeux : *boisson gazéifiée.*

gazelle nf Antilope de petite taille, très rapide.

gazer vt Soumettre à l'action d'un gaz nocif. ■ FAM **ça gaze :** ça va bien.

gazette nf VIEILLI Journal périodique.

gazeux, **euse** adj De la nature du gaz : *fluide gazeux.* ■ **eau gazeuse :** qui contient du gaz carbonique dissous.

gazinière nf Cuisinière à gaz.

gazoduc nm Canalisation pour le transport et la distribution du gaz à longue distance.

gazogène nm Appareil transformant le charbon ou le bois en gaz combustible.

gazomètre nm Réservoir pour emmagasiner et distribuer le gaz de ville.

gazon nm Herbe courte et fine ; terrain qui en est couvert ; pelouse.

gazouillement nm **1.** Bruit continu que font les oiseaux en chantant. **2.** FIG Léger murmure.

gazouiller vi Émettre un chant doux et confus, en parlant d'un oiseau, d'un nourrisson, d'une eau courante.

gazouillis nm Gazouillement léger.

geai [ʒɛ] nm Passereau au plumage bigarré et au bec conique, commun dans les bois.

géant, **e** adj et n **1.** Dont la taille est anormalement élevée. **2.** Qui dépasse tous les autres par son génie, sa puissance : *un géant de la littérature.* ■ FIG **à pas de géant :** très vite. ◆ adj Très grand : *ville géante.*

gecko nm Lézard des régions chaudes.

geek [gik] n Fan d'informatique, de science-fiction, de jeux vidéo, etc.

geignard, e adj et n FAM Qui se plaint, pleurniche sans cesse.

geignement nm Gémissement.

geindre vi (conj 55) **1.** Gémir, se plaindre, en particulier d'une douleur. **2.** FAM Se lamenter à tout propos.

geisha [geʃa] ou [gejʃa] nf Au Japon, chanteuse et danseuse professionnelle qui, dans les maisons de thé, joue le rôle d'hôtesse ou d'entraîneuse.

gel nm **1.** Gelée des eaux. **2.** Temps où il gèle. **3.** FIG Arrêt, cessation : *le gel des importations.* **4.** Produit de beauté de consistance molle pour la peau, les cheveux.

gélatine nf Substance plus ou moins molle et transparente provenant des tissus osseux des animaux.

gélatineux, euse adj De la nature ou qui a l'aspect de la gélatine.

gelé, e adj **1.** Transformé en glace : *rivière gelée.* **2.** Que l'on a interrompu : *crédits gelés.*

gelée nf **1.** Abaissement de la température au-dessous de zéro : *gelées tardives.* **2.** Suc de viande solidifié : *œuf en gelée.* **3.** Jus de fruits cuits avec du sucre, qui se solidifie par refroidissement : *gelée de pomme, de groseille.* ■ **gelée blanche :** rosée congelée.

geler vt (conj 5) **1.** Transformer en glace. **2.** Durcir par le froid : *le froid lui a gelé les pieds.* **3.** FIG Interrompre une activité, mettre momentanément en réserve : *geler des négociations, des crédits.* ◆ vi **1.** Avoir extrêmement froid. **2.** Se transformer en glace. ◆ v impers ■ **il gèle :** la température est au-dessous de zéro.

gélifiant nm Additif donnant aux aliments la consistance d'une gelée.

gelinotte nf Oiseau à plumage roux . SYN : poule des bois.

gélose nf Suc gélifiant extrait d'une algue d'Extrême-Orient . SYN : agar-agar.

gélule nf Capsule de matière gélatineuse renfermant un produit médicamenteux.

gelure nf Action du froid sur les tissus vivants.

Gémeaux nm pl Constellation dont les deux principales étoiles sont Castor et Pollux ; signe astrologique des personnes nées entre le 21 mai et le 21 juin. ◆ n et adj Personne née sous le signe des Gémeaux : *être Gémeaux ; une Gémeaux.*

gémellaire adj Relatif à des jumeaux.

géminé, e adj Se dit d'éléments groupés par deux ; double : *colonnes géminées.*

gémir vi **1.** Faire entendre des sons plaintifs provoqués par la douleur, le chagrin. **2.** FIG Émettre un bruit évoquant une plainte.

gémissant, e adj Qui gémit : *voix gémissante.*

gémissement nm **1.** Plainte inarticulée. **2.** Son qui ressemble à une plainte.

gemmation nf **1.** Bourgeonnement ; époque à laquelle il se produit. **2.** Ensemble des bourgeons.

gemme nf **1.** Pierre précieuse ou fine. **2.** Résine de pin. ◆ adj ■ **sel gemme :** sel fossile.

gemmé, e adj Orné de gemmes, de pierreries.

gemmer vt Inciser des pins pour en recueillir la résine.

gemmule nf Bourgeon d'une plantule qui donnera la tige et les feuilles.

gémonies nf pl ANTIQ ROM Escalier du Capitole où l'on exposait les cadavres des suppliciés. ■ LITT **vouer aux gémonies :** poursuivre de sa haine, de son mépris.

gênant, e adj Qui gêne.

gencive nf Tissu recouvrant et protégeant la racine des dents.

gendarme nm **1.** Militaire appartenant à la gendarmerie. **2.** Personne autoritaire. **3.** FIG Pays ou institution qui se veut le garant d'un certain équilibre ou joue un rôle régulateur : *le gendarme du monde.* **4.** ZOOL Punaise des bois.

gendarmer (se) vpr S'emporter, protester.

gendarmerie nf **1.** Corps militaire chargé de maintenir la sûreté publique. **2.** Caserne, bâtiments administratifs de ce corps militaire.

gendre nm Mari de la fille par rapport aux parents de celle-ci.

gène nm BIOL Élément du chromosome, conditionnant la transmission et la manifestation d'un caractère héréditaire.

gêne nf Malaise physique, sentiment de contrainte, d'embarras. ■ **dans la gêne :** sans argent, avec peu d'argent. ❑ FAM **être sans gêne :** agir, prendre ses aises, sans se préoccuper des autres.

> ORTHOGRAPHE Il ne faut pas confondre *la gêne* et *un gène.*

gêné, e adj **1.** Qui manifeste de la gêne : *sourire gêné.* **2.** Dans une situation financière difficile : *je suis un peu gêné en ce moment.*

généalogie nf **1.** Suite, dénombrement des membres d'une famille. **2.** Science qui recherche l'origine et la filiation des familles.

généalogique adj Relatif à la généalogie. ■ **arbre généalogique :** filiation d'un individu ou d'une famille.

généalogiste n Personne qui dresse les généalogies.

génépi nm **1.** Plante aromatique des montagnes. **2.** Liqueur faite avec cette plante.

gêner vt **1.** Causer une gêne physique ; incommoder : *ces chaussures trop étroites me gênent ; la fumée vous gêne ?* **2.** Entraver, perturber le fonctionnement de : *gêner la circulation.* **3.** Mettre à court d'argent : *cette dépense nous gêne ce mois-ci.* **4.** Causer une impression d'embarras, rendre confus : *son regard me gêne.* ◆ **se gêner** vpr (souvent à la forme négative) S'imposer une contrainte par discrétion ou timidité.

1. général (pl *généraux*) nm **1.** Officier de l'armée de terre ou de l'air qui commande une brigade, une division, un corps d'armée, une armée. **2.** Supérieur de certains ordres religieux.

2. général, e, aux adj **1.** Qui s'applique à un ensemble de personnes, de choses : *intérêt général.* **2.** Du plus grand nombre : *consentement général ; grève générale.* **3.** Vague : *parler en termes généraux.* **4.** Dont le domaine englobe toutes les spécialités : *culture, médecine générale.* **5.** Qui coiffe l'ensemble d'un service, d'une administration : *inspecteur général.* ■ **d'une manière générale :** ordinairement. ❑ **répétition générale :** dernière répétition avant la représentation d'une pièce de théâtre. ◆ nm Ensemble des principes, des cas généraux (par opposition au *particulier*) : *distinguer le général du particulier.* ■ **en général :** le plus souvent.

générale nf **1.** Femme d'un général. **2.** Répétition générale.

généralement adv En général.

généralisation nf Action de généraliser ; fait d'être généralisé.

généralisé, e adj Qui implique la totalité d'un ensemble : *cancer généralisé.*

généraliser vt **1.** Rendre applicable à un ensemble de personnes, de choses : *généraliser une méthode.* **2.** (sans complément) Conclure du particulier au général. ◆ **se généraliser** vpr Devenir général ; se répandre.

généralissime nm Général en chef.

généraliste n Médecin de médecine générale (par opposition à *spécialiste*).

généralité nf **1.** Qualité de ce qui est général. **2.** Le plus grand nombre : *la généralité des cas.* ◆ **généralités** pl Notions vagues et imprécises sur un sujet : *s'en tenir aux généralités.*

générateur, trice adj Qui génère, produit, est la cause de. ◆ nm Appareil produisant du courant électrique à partir d'autres sources d'énergie.

génération nf **1.** Reproduction des êtres organisés. **2.** Ensemble des individus, des machines, etc., du même âge, de la même époque. **3.** Espace de temps séparant deux degrés de filiation. ■ **de génération en génération :** de père en fils, sans interruption.

générationnel, elle adj Propre à une génération ; relatif aux rapports entre générations.

génératrice nf **1.** ÉLECTR Générateur tournant, du type dynamo ou alternateur. **2.** GÉOM Ligne qui engendre une surface.

générer vt (conj 10) Être la cause de, produire, induire.

généreusement adv Avec générosité.

généreux, euse adj **1.** Qui donne largement : *se montrer généreux.* **2.** Dévoué, désintéressé : *les idéaux généreux de la jeunesse.* **3.** LITT Fertile, fécond : *terre généreuse.* **4.** Abondant, copieux : *repas généreux.* ■ **formes généreuses :** rebondies, plantureuses. ❑ **vin généreux :** fort, de bonne qualité.

générique adj **1.** Qui appartient au genre, qui convient à un ensemble de personnes ou de choses : *caractère générique.* **2.** Relatif à un type de produit, sans considération de sa marque. ■ **médicament générique :** médicament dont la formule est tombée dans le domaine public et qui est vendu moins cher. ❑ **produit générique :** produit commercialisé sous la marque de son distributeur et non celle de son fabricant. ◆ nm **1.** Partie d'un film ou d'une émission de télévision indiquant les noms de ceux qui ont participé à leur réalisation. **2.** Médicament générique.

génériqueur nm Laboratoire pharmaceutique qui fabrique et commercialise des médicaments génériques.

générosité nf Qualité d'une personne généreuse.

genèse nf Processus de développement de quelque chose ; ensemble des faits ou des éléments qui ont concouru à la formation, la création de quelque chose : *la genèse d'un roman.*

genêt nm Arbrisseau à fleurs blanches ou jaunes.

généticien, enne n Spécialiste de génétique.

génétique nf Science de l'hérédité, fondée sur la théorie des gènes. ◆ adj Relatif à l'objet de cette science. ■ **maladies génétiques :** maladies transmises héréditairement par suite d'anomalies dans le nombre ou la forme des chromosomes.

génétiquement adv Du point de vue génétique.

gêneur, euse n Personne qui gêne ; importun.

genevois, e adj et n De Genève.

genévrier nm Arbuste à feuilles épineuses et à baies violettes.

génial, e, aux adj **1.** Qui a du génie, qui dénote du génie : *savant génial ; découverte géniale.* **2.** FAM Formidable, sensationnel : *une soirée géniale.*

génie nm **1.** MYTH Être surnaturel. **2.** Aptitude à créer quelque chose de nouveau et de grand ; personne douée d'une telle aptitude : *homme de génie ; un génie méconnu.* **3.** Talent, goût pour quelque chose : *le génie des affaires.* **4.** Caractère distinct : *le génie d'une langue.* **5.** Corps de l'armée de terre affecté à l'aménagement des terrains et des voies de communication : *servir dans le génie.* ■ **bon génie, mauvais génie :** être qui a une influence bonne ou mauvaise sur quelqu'un. ❑ **génie civil :** art des constructions civiles.

genièvre nm **1.** Genévrier ; son fruit. **2.** Eau-de-vie obtenue à l'aide de fruits du genévrier.

génique adj Relatif aux gènes. ■ **thérapie génique :** traitement de certaines maladies héréditaires par intervention sur le génome.

génisse nf Jeune vache n'ayant pas encore vêlé.

génital, e, aux adj Relatif à la reproduction des animaux et des êtres humains. ■ **organes génitaux :** organes sexuels.

géniteur, trice adj et n Qui engendre. ◆ **géniteurs** nm pl Parents.

génitif nm GRAMM Dans les langues à déclinaison, cas qui indique la dépendance, l'appartenance.

génocide nm Extermination d'un groupe ethnique, social ou religieux.

1. génois nm MAR Grand foc utilisé sur un voilier.

2. génois, e adj et n De Gênes.

génoise nf Gâteau fait de farine, de sucre, d'œufs et d'amandes.

génome nm Ensemble des gènes portés par les chromosomes de l'espèce.

génomique adj Relatif au génome. ◆ nf Science qui étudie le génome, les gènes.

génotype nm BIOL Ensemble des caractères héréditaires constitutionnels d'un individu ou d'une lignée (par opposition à *phénotype*).

genou nm **1.** Articulation de la jambe à la cuisse. **2.** MÉCAN Joint articulé. ■ **à genoux :** les genoux sur le sol. ❑ **être à genoux devant quelqu'un :** être en adoration devant lui. ❑ FAM **être sur les genoux :** très fatigué.

genouillère nf Bande de tissu ou de cuir pour maintenir le genou.

genre nm **1.** Groupe d'êtres ou de choses caractérisés par des traits communs : *le genre humain.* **2.** Façon, manière : *genre de vie.* **3.** Catégorie à laquelle appartient une œuvre littéraire ou artistique : *le genre épique.* **4.** SC NAT Subdivision de la famille, elle-même composée d'espèces : *le loup est une espèce du genre chien.* **5.** GRAMM Catégorie grammaticale spécifiant si un mot est masculin, féminin ou neutre. ■ **un genre de** (+ n) : une espèce de.

GRAMMAIRE En français, la notion de genre (masculin/féminin) ne recouvre pas la notion de sexe (homme/femme). *La sentinelle* peut être un homme ; *le président* peut être une femme.

1. gens nm pl Personnes en nombre indéterminé : *beaucoup de gens sont venus.* ■ **gens de lettres :** écrivains. ❑ **gens de maison :** domestiques. ❑ LITT **gens de robe :** magistrats, avocats. ❑ **gens du voyage :** qui travaillent dans un cirque ambulant

GRAMMAIRE Avec un adjectif, *gens* se met au féminin si l'adjectif le précède, au masculin s'il le suit : *les vieilles gens, les gens heureux.*

2. gens [ʒɛ̃s] nf ANTIQ ROM Groupe composé de plusieurs familles portant le même nom.

gent nf LITT Race : *la gent canine.*

gentiane [ʒɑ̃sjan] nf Plante des pays tempérés, dont la racine est apéritive et tonique ; boisson faite avec cette racine.

1. gentil [ʒɑ̃ti] nm **1.** Pour les Hébreux, étranger. **2.** Pour les chrétiens, païen.

2. gentil, ille adj **1.** Aimable, complaisant : *sois gentil avec elle.* **2.** Se dit d'un enfant qui se tient bien. **3.** Agréable, charmant : *un gentil sourire.* **4.** Dont on ne fait pas grand cas : *c'est gentil, sans plus.* ■ FAM **une gentille somme :** une somme importante.

gentilhomme [ʒɑ̃tijɔm] (pl *gentilshommes*) nm **1.** ANC Homme noble. **2.** LITT Homme distingué, délicat.

gentilhommière nf Habitation assez vaste et de caractère ancien, à la campagne.

gentillesse nf **1.** Qualité de quelqu'un de gentil, de doux. **2.** Parole gracieuse ; action, geste aimable.

gentillet, ette adj Assez gentil.

gentiment adv **1.** Avec gentillesse. **2.** SUISSE Tranquillement.

gentleman [dʒɛntləman] (pl *gentlemans* ou *gentlemen*) nm Homme qui connaît parfaitement les règles du savoir-vivre.

gentry [dʒɛntri] nf En Angleterre, ensemble des nobles non titrés.

génuflexion nf Action de fléchir le ou les genoux en signe de respect, de soumission.

géode nf Pierre ou roche creuse, tapissée intérieurement de cristaux.

géodésie nf Science qui a pour objet l'étude de la forme et des dimensions de la Terre.

géographe n Spécialiste de géographie.

géographie nf **1.** Science qui a pour objet la description de la Terre : *géographie physique, humaine.* **2.** Ensemble des caractères physiques et humains d'une région, d'un pays.

géographique adj Relatif à la géographie : *revue géographique.*

geôle [ʒol] nf LITT Prison, cachot.

geôlier, ère n LITT Gardien d'une prison.

géolocalisation nf Technique de détermination de la situation géographique précise d'un lieu ou, à un instant donné, d'une personne, d'un véhicule, d'un objet, etc.

géologie nf Science qui a pour objet la description des matériaux constituant le globe terrestre et l'étude des transformations actuelles et passées subies par la Terre.

géologique adj De la géologie.

géologue n Spécialiste de géologie.

géomagnétisme nm Magnétisme terrestre.

géomancie nf Divination basée sur l'interprétation de figures obtenues en jetant du sable sur une surface plane.

géomètre n **1.** Spécialiste des opérations de levés de terrains. **2.** Spécialiste de géométrie.

géométrie nf Discipline mathématique ayant pour objet l'étude rigoureuse de l'espace et des formes (figures et corps).

géométrique adj **1.** De la géométrie. **2.** D'une forme régulière, simple : *forme, dessin géométriques.*

géomorphologie nf Partie de la géographie physique qui a pour objet la description et l'explication du relief terrestre.

géophysicien, enne n Spécialiste de géophysique.

géophysique nf Étude de la structure d'ensemble du globe terrestre et des mouvements qui l'affectent.

géopolitique nf Étude des rapports entre les données géographiques naturelles et la politique des États.

géorgien, enne adj et n De Géorgie : *les Géorgiens.* ◆ nm Langue caucasienne parlée dans la république de Géorgie.

géosphère nf Partie minérale, non vivante, de la Terre, qui sert de support à l'ensemble des êtres vivants (elle comprend l'atmosphère, l'hydrosphère et la partie externe de la lithosphère).

géostationnaire adj Se dit d'un satellite qui paraît immobile vu de la Terre.

géosynclinal nm GÉOL Vaste fosse de l'écorce terrestre où s'entassent des sédiments.

géothermie nf Chaleur interne de la Terre.

géothermique adj Relatif à la géothermie.

géotropisme nm Orientation imposée à la croissance d'un organe végétal par la pesanteur.

gérance nf Fonction du gérant ; durée de cette fonction.

géranium nm Plante ornementale à fleurs rouges.

gérant, e n **1.** Personne qui dirige une affaire commerciale dont il n'est pas le propriétaire. **2.** Personne responsable de l'administration d'immeubles.

gerbe nf **1.** Botte de céréales liées et coupées. **2.** PAR EXT Bouquet de fleurs coupées. **3.** Ce qui évoque la forme d'un faisceau : *gerbe d'eau.*

gerbera [ʒɛrbera] nm Plante herbacée exploitée en horticulture pour ses fleurs.

gerboise nf Mammifère rongeur et sauteur.

gerce nf Fente dans une pièce de bois.

gercement nm Fait de se gercer.

gercer vt (conj 1) Faire de petites crevasses. ◆ vi ou **se gercer** vpr Se couvrir de petites crevasses : *la peau (se) gerce à l'air sec.*

gerçure nf Fente, fissure de la peau provoquée par le froid.

gérer vt (conj 10) **1.** Administrer en tant que gérant : *gérer une tutelle.* **2.** Assurer l'administration, l'organisation, le traitement d'un ensemble de marchandises, de données, etc. : *système qui gère une base de données.* **3.** Administrer au mieux malgré une situation difficile : *gérer la crise.*

gerfaut nm Faucon des régions arctiques.

gériatre n Spécialiste de gériatrie.

gériatrie nf Partie de la médecine qui étudie les maladies dues au vieillissement.

1. germain, e adj ■ **cousin germain :** issu du frère ou de la sœur du père ou de la mère. ❑ **cousin issu de germains :** né de cousins germains ou descendant d'un(e) cousin(e) germain(e).

2. germain, e adj et n De Germanie.

germanique adj Relatif à la Germanie, à l'Allemagne, en particulier à sa langue. ◆ nm Langue parlée autrefois en Allemagne.

germanisation nf Action de germaniser ; son résultat.

germaniser vt Rendre allemand.

germanisme nm Tournure propre à la langue allemande.

germaniste n Spécialiste de la langue, de la littérature germaniques.

germanium nm Métal analogue au silicium, utilisé dans la fabrication des transistors ; symb : Ge.

germanophile adj Favorable aux Allemands.

germanophilie nf Sympathie pour l'Allemagne et les Allemands.

germanophobe adj Hostile aux Allemands.

germanophobie nf Hostilité à l'égard de l'Allemagne et des Allemands.

germanophone adj et n De langue allemande.

germe nm **1.** Élément primitif d'où dérive tout être vivant (œuf, jeune embryon, plantule, spore, etc.). **2.** FIG Principe, origine de qqch : *le germe d'une maladie, d'une erreur.*

germer vi **1.** Commencer à pousser. **2.** FIG Se profiler, apparaître : *idée qui germe.*

germinal nm Septième mois du calendrier républicain (du 21 ou 22 mars au 18 ou 19 avril).

germination nf Action de germer.

germon nm Thon de l'Atlantique (appelé aussi : *thon blanc*).

gérondif nm GRAMM Forme verbale en *-ant* précédée de la préposition *en* (EX : *en lisant*).

gérontocratie nf Pouvoir politique exercé par des personnes âgées.

gérontologie nf Étude des phénomènes de vieillissement.

gérontologue n Spécialiste de gérontologie.

gésier nm Dernière poche de l'estomac des oiseaux.

gésir vi (conj 32) LITT Être couché : *il gisait sur le sol.* ■ LITT **ci-gît :** ici repose (formule d'épitaphe).

gesse nf Plante grimpante. ■ **gesse odorante :** pois de senteur.

gestation nf **1.** État d'une femelle de mammifère qui porte son petit, appelé *grossesse* dans l'espèce humaine. **2.** FIG Période d'élaboration d'une œuvre intellectuelle ou artistique. ■ **gestation pour autrui (GPA) :** grossesse qu'une femme, la *mère porteuse*, mène pour une autre qui ne peut ni concevoir ni porter un enfant (interdite en France, la GPA est autorisée en Belgique et au Canada).

1. geste nm Mouvement du corps ou d'une partie du corps. ■ FIG **faire un geste :** une bonne action. ❑ **joindre le geste à la parole :** faire de suite ce qu'on vient de dire.

2. geste nf ■ **chanson de geste :** poème épique du Moyen Âge.

gesticulation nf Fait de gesticuler.

gesticuler vi **1.** Faire beaucoup de gestes. **2.** FIG S'agiter vainement, souvent par désarroi.

gestion [ʒɛstjɔ̃] nf Action de gérer, d'administrer : *gestion habile.*

gestionnaire adj Relatif à une gestion. ◆ n Gérant. ◆ nm INFORM Logiciel permettant le traitement, l'élaboration et la manipulation de données.

gestuel, elle adj Réalisé avec des gestes : *langage gestuel.* ◆ nf Ensemble des gestes considérés sur le plan de leur signification.

geyser [ʒezɛr] nm Source jaillissante d'eau chaude.

ghetto [gɛto] nm **1.** AUTREF Quartier d'une ville où les Juifs étaient tenus de résider. **2.** Lieu où une minorité vit séparée du reste de la société. **3.** FIG Milieu refermé sur lui-même : *ghetto culturel.*

ghettoïsation nf Ségrégation morale ou sociale à l'égard d'une communauté, d'une minorité.

GI [dʒiaj] nm inv (sigle de *Government Issue*) Soldat de l'armée américaine.

gibbon nm Singe à bras très longs.

gibecière nf Sacoche que l'on porte en bandoulière.

gibelin, e n et adj HIST En Italie, partisan de l'empereur romain germanique (par opposition aux *guelfes*).

gibelotte nf Fricassée de lapin au vin blanc.

giberne nf VX Poche à cartouches.

gibet nm Potence.

gibier nm **1.** Animal que l'on chasse afin de le manger : *gibier à poil, à plume.* **2.** Viande de l'animal chassé : *adorer le gibier.* **3.** FAM Personne poursuivie ou recherchée : *les policiers traquent leur gibier.* ■ FIG **gibier de potence :** personne peu recommandable.

giboulée nf Pluie, chute de grêle ou de neige soudaine et de peu de durée.

giboyeux, euse [ʒibwajø, øz] adj Abondant en gibier : *plaine giboyeuse.*

gibus [ʒibys] nm et adj ANC Chapeau haut-de-forme à ressort.

giclée nf Jet d'un liquide qui gicle.

giclement nm Action de gicler.

gicler vi Jaillir en éclaboussant : *l'eau a giclé.*

gicleur nm Pièce d'un carburateur servant à limiter l'arrivée d'essence dans un moteur.

gifle nf Coup donné avec la main ouverte, sur la joue.

gifler vt Donner une gifle à.

giga nm (abréviation) Gigaoctet.

gigantesque adj **1.** Extrêmement grand : *taille gigantesque.* **2.** FIG Qui dépasse la mesure : *erreur gigantesque.*

gigantisme nm **1.** Développement anormal du corps ou de certaines de ses parties : *être atteint de gigantisme.* **2.** Développement excessif : *gigantisme d'une entreprise.*

gigaoctet nm Unité de mesure équivalant à 2^{30} octets.

gigogne adj Se dit d'objets qui s'emboîtent les uns dans les autres : *des lits gigognes.*

gigolo nm FAM Homme jeune se faisant entretenir par une personne plus âgée que lui.

gigot nm Cuisse de mouton, d'agneau ou de chevreuil, préparée pour la table. ■ **manche gigot :** manche de vêtement dont la partie supérieure est bouffante.

gigotement nm FAM Action de gigoter.

gigoter vi FAM Remuer les jambes, s'agiter beaucoup.

1. gigue nf Musique et danse vives, d'origine anglaise.

2. gigue nf Cuisse de chevreuil. ■ FAM **grande gigue :** fille grande et maigre.

gilet nm **1.** Vêtement court et sans manches, boutonné sur le devant. **2.** Tricot ouvert devant, à manches longues . SYN : cardigan.

gin [dʒin] nm Eau-de-vie de grain anglaise.

gin-fizz nm inv Cocktail composé de gin et de jus de citron.

gingembre nm Plante aromatique originaire d'Asie ; rhizome de cette plante.

gingival, e, aux adj Des gencives.

gingivite nf Inflammation des gencives.

ginseng [ʒinsɑ̃g] nm Plante d'Asie dont la racine est utilisée pour ses vertus tonifiantes.

giorno (a) [adʒjɔrno] loc adv Se dit d'un éclairage comparable à la lumière du jour.

girafe nf Mammifère ruminant d'Afrique, au cou très long.

girafeau ou **girafon** nm Petit de la girafe.

girandole nf **1.** Chandelier à plusieurs branches. **2.** Gerbe tournante d'un feu d'artifice.

giratoire adj Se dit d'un mouvement circulaire. ■ **sens giratoire :** sens obligatoire des véhicules autour d'un rond-point.

girl [gœrl] nf (anglicisme) Danseuse faisant partie d'une troupe de music-hall, de revue, etc.

girofle nm ■ **clou de girofle :** bouton desséché du giroflier, utilisé comme condiment.

giroflée nf Plante vivace ornementale.

giroflier nm Arbre tropical fournissant le clou de girofle.

girolle nf Champignon comestible à chapeau jaune d'or . SYN : chanterelle.

giron nm VX Partie qui s'étend de la ceinture aux genoux, quand on est assis. ■ FIG **dans le giron de :** au sein de, sous la protection de.

girondin, e adj et n **1.** De la Gironde. **2.** HIST Qui appartient au parti des Girondins.

girouette nf **1.** Plaque mobile autour d'un axe vertical pour indiquer la direction du vent. **2.** FIG Personne versatile dans ses choix, ses opinions.

gisant nm Statue funéraire représentant un mort couché.

gisement nm Accumulation de minéraux susceptible d'être exploitée : *gisement d'uranium*.

gitan, e n et adj Tsigane. ◆ adj Qui appartient aux gitans.

1. gîte nm **1.** LITT Lieu où l'on demeure, où l'on loge : *rentrer à son gîte*. **2.** Abri du lièvre. **3.** BOUCH Morceau de la jambe ou de l'avant-bras du bœuf. ■ **gîte rural :** maison située à la campagne et aménagée selon certaines normes pour recevoir des vacanciers.

2. gîte nf Inclinaison d'un navire sous l'effet du vent.

1. gîter vi Avoir son gîte, en parlant d'un lièvre.

2. gîter vi MAR Donner de la gîte, de la bande, en parlant d'un bateau.

givrage nm Dépôt de givre sur un avion en vol.

givrant, e adj Qui provoque la formation de givre.

givre nm Condensation de brouillard en couches de glace sur les arbres, les fils électriques, etc.

givré, e adj **1.** Couvert de givre. **2.** FAM Fou. ■ **citron, orange givrés :** dont l'intérieur est fourré de sorbet aromatisé avec la pulpe du fruit.

givrer vt Couvrir de givre.

givreux, euse adj Défectueuse, en parlant d'une pierre précieuse.

glabelle nf ANAT Espace nu compris entre les sourcils.

glabre adj SOUT Sans poils, sans barbe.

glaçage nm Action de glacer, de donner un aspect glacé, brillant à ; couche brillante : *glaçage des photos ; glaçage à base de sucre fondu*.

glaçant, e adj Qui glace, rebute par sa froideur.

1. glace nf **1.** Eau congelée. **2.** Crème sucrée, aromatisée et congelée : *glace au café*. ■ **être, rester de glace :** insensible, imperturbable. ❏ **rompre la glace :** faire cesser la contrainte, la gêne du premier contact. ❏ **sucre glace :** très fin.

2. glace nf **1.** Plaque de verre poli transparente ; vitre. **2.** Plaque de verre rendue réfléchissante par le dépôt d'une couche de tain ; miroir ainsi obtenu.

glacé, e adj **1.** Durci par le froid : *terre glacée*. **2.** Très froid : *mains glacées*. **3.** FIG Hostile, indifférent : *air, accueil glacé*. **4.** Qui a subi un glaçage ; brillant : *papier glacé ; marrons glacés*.

glacer vt (conj 1) **1.** Solidifier un liquide par le froid ; abaisser beaucoup la température de. **2.** Causer une impression de froid : *le vent m'a glacé*. **3.** FIG Paralyser, intimider : *son* *aspect me glace.* **4.** Recouvrir d'une couche lisse et brillante : *glacer du papier, des étoffes ; glacer des gâteaux avec du sucre.*

glaciaire adj Des glaciers : *érosion glaciaire.* ■ **période glaciaire :** période géologique caractérisée par le développement des glaciers.

glacial, e, als ou **aux** adj Très froid.

glaciation nf Période durant laquelle une région a été recouverte par les glaciers.

1. glacier nm Accumulation de neige transformée en glace dans les montagnes.

2. glacier nm Personne qui prépare ou vend des glaces, des sorbets.

glacière nf **1.** Garde-manger refroidi par de la glace. **2.** FIG, FAM lieu très froid.

glaciologie nf Étude scientifique des glaciers.

glacis nm **1.** Pente pour l'écoulement des eaux pluviales. **2.** En peinture, couleur claire et transparente, appliquée par couches successives.

glaçon nm **1.** Morceau de glace. **2.** FAM Personne froide et distante.

gladiateur nm ANTIQ ROM Celui qui combattait dans les jeux du cirque.

glaïeul [glajœl] nm Plante à bulbe, à fleurs ornementales.

glaire nf **1.** Matière blanchâtre et gluante, sécrétée par les muqueuses. **2.** Blanc d'œuf cru.

glaireux, euse adj De la nature de la glaire ; visqueux.

glaise nf Terre argileuse dont on fait les tuiles et la poterie.

glaiseux, euse adj De la nature de la glaise : *sol glaiseux.*

glaive nm Épée courte à deux tranchants. ■ FIG **le glaive et la balance :** la justice et ses exécutants.

glanage nm Action de glaner.

gland nm **1.** Fruit du chêne. **2.** Passementerie en forme de gland. **3.** Extrémité de la verge.

glande nf **1.** Organe dont la fonction est de produire une sécrétion. **2.** FAM Ganglion lymphatique.

glander ou **glandouiller** vi TRÈS FAM Rester à ne rien faire.

glandulaire ou **glanduleux, euse** adj Relatif aux glandes : *maladie glandulaire.*

glaner vt **1.** Ramasser les épis qui restent sur le sol après la moisson. **2.** Récupérer de la nourriture à la fin des marchés ou dans les poubelles des supermarchés.

glaneur, euse n Personne qui glane.

glapir vi **1.** Pousser des cris aigus et brefs, en parlant du renard, du petit chien. **2.** FIG Crier d'une voix aiguë.

glapissant, e adj Qui glapit.

glapissement nm Cri aigu.

glas [gla] nm Tintement d'une cloche qui annonce la mort ou les obsèques de quelqu'un.

glasnost nf HIST En URSS, politique de vérité et de transparence qui accompagnait la perestroïka.

glatir vi Pousser son cri, en parlant de l'aigle.

glaucome nm MÉD Maladie de l'œil caractérisée par une augmentation de la pression interne.

glauque adj **1.** D'un vert tirant sur le bleu : *mer glauque.* **2.** FAM Lugubre, sinistre : *lumière glauque ;* louche, sordide : *ambiance glauque.*

glèbe nf LITT Sol en culture.

glissade nf Action de glisser.

glissant, e adj Sur quoi l'on glisse facilement : *sol glissant.*

glisse nf Capacité d'un matériel ou d'un sportif à glisser sur une surface. ■ **sports de glisse :** sports où l'on glisse sur la neige, sur la glace ou sur l'eau.

glissement nm **1.** Action de glisser. **2.** Mouvement de ce qui glisse : *glissement de terrain.* **3.** FIG Passage progressif d'un état à un autre.

glisser vi **1.** Se déplacer d'un mouvement continu sur une surface lisse. **2.** Perdre l'équilibre, déraper : *glisser sur du verglas.* ■ **glisser des mains :** échapper des mains. ❑ **glisser sur les détails :** ne pas s'attarder dessus. ◆ vt **1.** Introduire : *glisser une lettre sous la porte.* **2.** Dire furtivement : *glisser quelques mots à quelqu'un.* ◆ **se glisser** vpr S'introduire subrepticement.

glisser-déposer nm inv Déplacement d'un élément d'un endroit à l'autre d'un écran d'ordinateur ; modification ainsi réalisée.

glissière nf Rainure de glissement : *fermeture à glissière.* ■ **glissière de sécurité :** poutre métallique bordant une route ou une autoroute afin d'empêcher un véhicule d'en sortir.

glissoire nf Chemin de glace sur lequel on s'amuse à glisser.

global, e, aux adj **1.** Considéré dans sa totalité, dans son ensemble : *prix global ; vue globale.* **2.** ÉCON Relatif à une activité exercée à l'échelle planétaire.

globalement adv De façon globale ; dans l'ensemble.

globaliser vt Réunir en un tout, présenter d'une manière globale.

globalité nf Caractère global de quelque chose.

globe nm **1.** Corps sphérique : *globe oculaire.* **2.** Enveloppe en verre de forme sphérique : *globe d'une lampe.* ■ **globe terrestre, céleste :** sphère sur laquelle est dessinée une carte de la Terre, du ciel. ❑ **le globe terrestre** : la Terre. ❑ **mettre sous globe** : mettre à l'abri.

globe-trotteur, euse (pl *globe-trotteurs, euses*) n Personne qui parcourt le monde.

globulaire adj ■ **numération globulaire** : dénombrement des globules rouges et blancs du sang.

globule nm Cellule du sang et de la lymphe : *globule blanc, rouge*.

globuleux, euse adj ■ **yeux globuleux** : dont le globe est très saillant.

gloire nf **1.** Renommée éclatante, célébrité : *chercher la gloire*. **2.** Mérite : *la gloire en revient aux sauveteurs*. ■ **pour la gloire** : sans profit matériel.

glorieusement adv Avec gloire.

glorieux, euse adj **1.** Qui s'est acquis de la gloire : *glorieux soldats*. **2.** Qui procure de la gloire : *victoire glorieuse*.

glorification nf Action de glorifier.

glorifier vt Honorer, rendre gloire à : *on glorifie le succès*. ◆ **se glorifier** vpr [de] Se faire gloire de, se vanter de.

gloriole nf Vanité.

glose nf **1.** Explication, commentaire d'un texte. **2.** (surtout au pluriel) Critique ; commentaire oiseux : *des gloses de commère*.

gloser vt ind [sur] Commenter, critiquer quelqu'un, quelque chose. ◆ vt Éclaircir un texte par une glose, un commentaire.

glossaire nm Dictionnaire, lexique de mots peu connus, à la fin d'un ouvrage.

glotte nf Orifice du larynx.

glouglou nm FAM Bruit d'un liquide s'écoulant d'une bouteille, d'un conduit.

glouglouter vi **1.** FAM Produire un bruit de glouglou : *l'eau coule en glougloutant*. **2.** En parlant du dindon, pousser son cri.

gloussement nm Action de glousser.

glousser vi **1.** Appeler ses petits, en parlant d'une poule. **2.** FAM Rire à petits cris : *enfants qui gloussent*.

glouton, onne adj et n Qui mange avec avidité. ◆ nm Mammifère carnivore des pays froids, voisin de la martre.

gloutonnement adv D'une manière gloutonne.

gloutonnerie nf Comportement d'une personne gloutonne.

glu nf Colle végétale qui sert à prendre les oiseaux.

gluant, e adj **1.** Qui a la consistance, l'aspect de la glu ; visqueux. **2.** Collant, poisseux : *mains gluantes*.

glucide nm Substance organique énergétique constituée de carbone, d'hydrogène et d'oxygène (appelée aussi : *hydrate de carbone*).

glucose nm Sucre contenu dans certains fruits (raisin) et entrant dans la composition de presque tous les glucides.

glutamate nm Sel d'un acide aminé présent dans les tissus nerveux.

gluten [glytɛn] nm Matière visqueuse azotée de la farine des céréales.

glycémie nf Présence de sucre dans le sang.

glycérine nf Liquide incolore, sirupeux, extrait des corps gras.

glycine nf Plante grimpante aux longues grappes de fleurs souvent mauves.

glycoprotéine nf Substance constituée d'une protéine combinée à un glucide.

glycosurie [glikɔzyri] nf Présence de sucre dans les urines, symptôme de diabète.

glyptique nf Art de graver les pierres fines.

glyptodon ou **glyptodonte** nm Mammifère fossile gigantesque, à carapace osseuse.

GMT (sigle de *Greenwich Mean Time*) Heure moyenne par rapport à la ville de Greenwich (Grande-Bretagne).

gnangnan adj FAM Mou, lent et pleurnichard.

gneiss [gnɛs] nm Roche composée de feldspath, de mica et de quartz.

gnocchi [ɲɔki] nm Boulette à base de semoule ou de pommes de terre, servie gratinée ou accompagnée de sauce tomate.

gnognote ou **gnognotte** nf FAM ■ **c'est de la gnognote** : c'est sans valeur, négligeable.

gnôle ou **gniole** [ɲol] nf FAM Eau-de-vie.

gnome [gnom] nm **1.** Dans la tradition ésotérique, petit génie difforme qui habite à l'intérieur de la terre, dont il garde les richesses. **2.** Homme de petite taille et difforme.

gnomon [gnomɔ̃] nm Cadran solaire.

gnon [ɲɔ̃] nm FAM Coup.

gnose [gnoz] nf Doctrine religieuse ésotérique.

gnou [gnu] nm Antilope d'Afrique.

go (tout de) loc adv FAM Immédiatement, sans façon.

GO nf pl (sigle) Grandes ondes.

goal [gol] nm Gardien de but, au football, au polo, etc.

gobelet nm Verre de forme évasée, sans pied.

gobe-mouches nm inv Passereau se nourrissant d'insectes en vol.

gober vt **1.** Avaler sans mâcher : *gober un œuf, une huître*. **2.** FAM Croire naïvement : *elle gobe n'importe quoi*. ■ FAM **ne pas (pouvoir) gober quelqu'un** : ne pas pouvoir le supporter.

goberger (se) vpr (conj 2) FAM Se prélasser, prendre ses aises.

godailler vi Faire des faux plis : *jupe, manteau qui godaille*.
godasse nf FAM Chaussure.
godelureau nm FAM Jeune homme qui fait l'intéressant.
goder vi Faire des plis ou des faux plis.
godet nm Petit récipient servant à divers usages : *godet à peinture*. ■ **à godets :** qui forme des plis : *jupe à godets*.
godiche adj et nf FAM Benêt, maladroit.
godille nf **1.** Aviron à l'arrière d'une barque : *avancer à la godille*. **2.** Suite de virages rapprochés effectués à ski le long de la ligne de pente : *descendre en godille*.
godiller vi **1.** Faire avancer une embarcation à la godille. **2.** À ski, descendre en godille.
godillot nm FAM Grosse chaussure de marche.
goéland nm Oiseau palmipède des littoraux.
goélette nf Voilier rapide et léger à deux mâts.
goémon nm Varech.
gogo nm FAM Personne facile à duper, crédule.
gogo (à) loc adv FAM À discrétion, abondamment.
goguenard, **e** adj et n Moqueur, ironique.
goguenardise nf Attitude moqueuse.
goguette nf ■ FAM **en goguette :** (a) gai, un peu ivre (b) décidé à faire la fête.
goï adj et n → **goy**.
goinfre adj et n FAM Qui mange beaucoup, avidement et salement.
goinfrer (se) vpr FAM Manger comme un goinfre.
goinfrerie nf FAM Comportement du goinfre.
goitre nm Grosseur au cou due à une hypertrophie de la glande thyroïde.
goitreux, **goitreuse** adj De la nature du goitre. ◆ n Qui a un goitre.
golden [gɔldɛn] nf Pomme à chair farineuse et à peau jaune.
golf nm **1.** Jeu qui consiste à envoyer une balle dans une série de trous répartis sur un terrain. **2.** Terrain de golf. ■ **golf miniature :** jeu imitant le golf, pratiqué sur de petites aires semées d'obstacles . SYN : minigolf.
golfe nm Vaste avancée de mer à l'intérieur des terres.
golfeur, **euse** n Personne qui pratique le golf.
golmote ou **golmotte** nf Amanite rougeâtre ou vineuse.
Gomina nf (nom déposé) Pommade pour lisser les cheveux et leur donner un aspect brillant.
gominé, **e** adj Se dit de cheveux recouverts de Gomina.
gommage nm Action de gommer.
gomme nf **1.** Petit bloc de caoutchouc servant à effacer l'encre, le crayon, etc. **2.** Substance visqueuse et transparente qui suinte du tronc de certains arbres. ■ FAM **à la gomme :** inintéressant, sans valeur. ❑ **gomme arabique :** substance végétale utilisée pour coller. ❑ FAM **mettre toute la gomme :** se dépêcher, forcer l'allure.
gommé, **e** adj Enduit d'une couche de gomme adhésive qu'on mouille pour fermer ou coller : *enveloppe, papier gommés*.
gommer vt **1.** Effacer avec une gomme. **2.** FIG Atténuer, tendre à faire disparaître.
gommette nf Petite pastille de couleur, en papier gommé, pour décorer.
gommier nm Arbre produisant une gomme.
gonade nf Glande sexuelle qui produit les gamètes et sécrète des hormones.
goncourable adj et n Susceptible de recevoir le prix Goncourt.
gond nm Pièce sur laquelle pivote un battant de porte ou de fenêtre. ■ FAM **sortir de ses gonds :** s'emporter.
gondolage ou **gondolement** nm Action de gondoler ; fait de se gondoler.
gondole nf Long bateau plat, à un seul aviron, en usage à Venise.
gondoler vi ou **se gondoler** vpr Se gonfler, se bomber : *plancher qui (se) gondole*. ◆ vpr FAM Se tordre de rire.
gondolier nm Celui qui conduit une gondole : *les gondoliers vénitiens*.
gonflable adj Qui prend sa forme par gonflage : *bateau gonflable*.
gonflage nm Action de gonfler.
gonflant, **e** adj **1.** Qui gonfle : *coiffure gonflante*. **2.** FAM Agaçant.
gonflé, **e** adj **1.** Empli : *gonflé d'air*. **2.** Enflé, boursouflé : *main gonflée*. **3.** FAM Téméraire, culotté : *il est gonflé de dire ça !*
gonflement nm État de ce qui est gonflé.
gonfler vt **1.** Distendre, faire enfler : *gonfler un ballon*. **2.** Grossir le volume de : *la pluie a gonflé le torrent*. **3.** Grossir à dessein, exagérer : *gonfler des chiffres*. **4.** TRÈS FAM Ennuyer, exaspérer : *tu me gonfles !* ◆ vi Augmenter de volume, enfler : *genou qui gonfle*. ◆ **se gonfler** vpr Se remplir, augmenter de volume : *ballon qui se gonfle*.
gonflette nf FAM (souvent péjoratif) Exercice de musculation visant à donner un important volume musculaire ; musculature ainsi développée.
gonfleur nm Appareil pour gonfler.
gong [gɔ̃g] nm Disque de métal ou de bronze que l'on fait vibrer à l'aide d'un maillet.

goniomètre nm Instrument pour mesurer les angles sur le terrain.

gonocoque nm Microbe spécifique de la blennorragie.

gonzesse nf FAM Femme, jeune fille.

gordien adj m ■ LITT **trancher le nœud gordien :** résoudre une difficulté de façon violente ou brutale.

goret nm **1.** Jeune porc. **2.** FAM Enfant, personne malpropre.

Gore-Tex nm (nom déposé) Fibre textile synthétique imperméable.

gorge nf **1.** Partie antérieure du cou : *couper la gorge.* **2.** Partie intérieure du cou, gosier : *avoir mal à la gorge.* **3.** LITT Buste, poitrine d'une femme. **4.** Passage escarpé entre deux montagnes ; vallée étroite et encaissée : *les gorges du Tarn.* ■ **faire des gorges chaudes de :** se moquer de. ❑ **prendre quelqu'un à la gorge :** (a) le faire suffoquer (b) FIG l'avoir à sa merci. ❑ **rendre gorge :** rendre par force ce qu'on a obtenu par des moyens douteux ou illicites. ❑ **rire à gorge déployée :** bruyamment, sans retenue.

gorgé, e adj Qui contient trop de quelque chose, qui déborde : *sol gorgé d'eau.*

gorge-de-pigeon adv inv Couleur à reflets changeants.

gorgée nf Petite quantité de liquide qu'on peut avaler en une seule fois : *gorgée de vin.*

gorgone nf Animal des mers chaudes formant des colonies arborescentes de polypes.

gorgonzola nm Fromage italien à moisissures.

gorille nm Singe anthropoïde de grande taille, originaire de l'Afrique équatoriale.

gosier nm **1.** Partie interne du cou comprenant le pharynx et l'entrée du larynx. **2.** FAM Gorge : *chanter à plein gosier.*

gospel nm Chant religieux des Noirs d'Amérique du Nord.

gosse n FAM Enfant.

gotha n Ensemble de personnalités de la politique, du spectacle, de la mode, très en vue dans les médias.

gothique adj BX-ARTS Caractérisé par l'usage rationnel de la croisée d'ogives, l'élévation des voûtes et l'agrandissement des ouvertures ; propre à ce style : *église gothique.* ◆ nm Art, architecture de style gothique (du XIIᵉ s. à la Renaissance). ◆ adj et n Se dit d'un mouvement à l'esthétique romantique et macabre, issu de la contre-culture punk ; adepte de ce mouvement.

gotique nm Langue germanique orientale parlée jadis par les Goths.

gouache nf Peinture à l'eau : *portrait à la gouache.*

gouaille nf FAM Attitude moqueuse et insolente ; verve populaire : *repartie pleine de gouaille.*

gouailleur, euse adj FAM Moqueur, railleur.

gouape nf ARG Voyou, vaurien.

gouda nm Fromage de Hollande.

goudron nm Résidu de la distillation du charbon, servant au revêtement des routes.

goudronnage nm Action de goudronner ; son résultat.

goudronner vt Enduire, recouvrir de goudron.

goudronneuse nf Machine à goudronner.

goudronneux, euse adj De la nature du goudron.

gouffre nm **1.** Abîme, trou très profond. **2.** FIG Ce qui engloutit de grandes sommes d'argent : *ce procès est un véritable gouffre.*

gouge nf Ciseau de menuisier, de sculpteur, etc., à lame creuse.

gougère nf Pâtisserie en pâte à chou salée additionnée d'œuf et de gruyère et cuite au four.

gouine nf TRÈS FAM Homosexuelle.

goujat nm Homme grossier, mal élevé.

goujaterie nf Caractère, action d'un goujat.

1. goujon nm TECHN Cheville de fer.

2. goujon nm Petit poisson de rivière : *friture de goujons.*

goujonner vt TECHN Fixer avec des goujons.

goulache ou **goulasch** nm Ragoût de bœuf d'origine hongroise, assaisonné au paprika.

goulag nm HIST Camp de travail forcé, en URSS.

goule nf Démon femelle qui, dans les légendes orientales, suce le sang des vivants et dévore les cadavres.

goulet nm Entrée étroite d'un port, d'une rade : *le goulet de Brest.*

gouleyant, e adj ■ **vin gouleyant :** frais et léger.

goulot nm **1.** Col étroit d'un vase, d'une bouteille. **2.** FIG Lieu de passage encombré de personnes, de véhicules.

goulu, e adj et n Qui mange avec avidité ; glouton, goinfre.

goulûment adv De façon goulue.

goupil [gupi] ou [gupil] nm LITT Renard.

goupille nf Cheville ou broche métallique.

goupiller vt **1.** Fixer avec des goupilles : *goupiller un axe.* **2.** FAM Arranger quelque chose, combiner. ◊ vpr : *affaire qui se goupille mal.*

goupillon nm **1.** Brosse cylindrique à long manche, pour nettoyer les bouteilles, les biberons. **2.** Instrument liturgique pour asperger d'eau bénite. ■ FAM **le sabre et le goupillon :** l'armée et l'Église.

gourbi nm FAM Habitation négligée, mal tenue.

gourd, e adj Engourdi par le froid : *avoir les doigts gourds.*

1. gourde nf Récipient portatif pour conserver la boisson. ◆ adj et nf FAM Niais, sot : *ce qu'il peut avoir l'air gourde !*

2. gourde nf Unité monétaire d'Haïti.

gourdin nm Gros bâton court.

gourer (se) vpr FAM Se tromper.

gourgandine nf FAM, VX Femme de mauvaise vie.

gourmand, e adj et n Qui aime manger de bonnes choses et en grande quantité.

gourmandise nf **1.** Caractère, défaut du gourmand. **2.** Sucrerie, friandise : *aimer les gourmandises.*

gourme nf **1.** MÉD, VX Impétigo. **2.** Maladie contagieuse des poulains. ■ FIG, VIEILLI **jeter sa gourme :** commencer à se dévergonder, à mener une vie de plaisirs.

gourmé, e adj LITT Affecté, guindé : *air gourmé.*

gourmet nm Personne qui apprécie les vins, la bonne cuisine : *fin gourmet.*

gourmette nf Bracelet à mailles plus ou moins larges.

gourou nm **1.** Maître spirituel hindou. **2.** PAR PLAIS Maître à penser.

gousse nf Fruit des légumineuses, formé de deux cosses et de graines : *gousse de petits pois, de vanille.* ■ **gousse d'ail :** tête ou partie de tête d'ail.

gousset nm **1.** Petite poche placée dans la ceinture d'un pantalon. **2.** Poche du gilet. ■ FIG **avoir le gousset vide :** être sans argent.

goût nm **1.** Sens qui permet de discerner les saveurs : *la langue est l'organe du goût.* **2.** Saveur d'un aliment, d'une boisson : *un goût sucré.* **3.** Élégance, raffinement : *être habillé avec goût.* **4.** Sentiment de ce qui est beau, esthétique : *homme de goût.* **5.** Attirance, penchant pour une activité : *avoir du goût pour la musique.* ■ **au goût du jour :** en accord avec la mode. ❑ FAM **dans ce goût-là :** de cette sorte. ❑ **de bon goût :** raffiné. ❑ **de mauvais goût :** grossier.

1. goûter vt **1.** Apprécier par le goût : *goûter un plat.* **2.** FIG, LITT aimer, apprécier : *goûter le silence.* ◆ vt ind [à] **1.** Manger une petite quantité d'un plat afin de juger de son goût : *j'ai goûté à la soupe, elle est trop salée.* **2.** Essayer, expérimenter : *goûter aux joies du ski.* ◆ vi Faire un léger repas dans l'après-midi : *nous goûtons à cinq heures.*

2. goûter nm Collation dans l'après-midi.

goûteur, euse n Personne chargée de goûter un plat, une boisson.

goûteux, euse adj Qui a du goût, ou qui a bon goût : *un plat goûteux.*

1. goutte nf **1.** Petite quantité de liquide de forme sphérique : *gouttes de pluie.* **2.** Petite quantité de boisson : *boire une goutte de vin.* **3.** FAM Eau-de-vie : *un verre de goutte.* ■ **se ressembler comme deux gouttes d'eau :** être identiques. ◆ **gouttes** pl Médicament à prendre sous forme de gouttes. ◆ **ne... goutte** loc adv LITT Ne... rien : *n'y voir goutte.*

2. goutte nf Affection caractérisée par des troubles articulaires, due à l'accumulation de l'acide urique dans l'organisme.

goutte-à-goutte nm inv Appareil médical permettant de régler le débit d'une perfusion ; cette perfusion.

> ORTHOGRAPHE Il ne faut pas confondre le *goutte-à-goutte* et s'écouler *goutte à goutte.*

gouttelette nf Petite goutte.

goutter vi Laisser tomber des gouttes.

goutteux, euse adj et n MÉD Relatif à la goutte ; atteint de la goutte.

gouttière nf **1.** Conduite placée à la base du toit pour recueillir les eaux de pluie. **2.** Appareil pour immobiliser et soutenir un membre fracturé. ■ **chat de gouttière :** sans race.

gouvernable adj Que l'on peut gouverner.

gouvernail nm Appareil à l'arrière d'un navire, d'un avion, d'un ballon et qui sert à le gouverner, à le diriger : *des gouvernails.*

gouvernance nf Action, manière de gouverner, d'administrer.

gouvernant, e adj Qui gouverne. ◆ **gouvernants** nm pl Ceux qui gouvernent un État.

gouvernante nf **1.** Femme chargée de l'éducation d'un enfant. **2.** Femme qui s'occupe du ménage d'une personne seule.

gouverne nf Ensemble des organes d'un avion permettant de le diriger, de le gouverner. ■ LITT **pour ma (ta, sa) gouverne :** pour me (te, lui) servir de règle de conduite.

gouvernement nm **1.** Action de gouverner, d'administrer. **2.** Constitution politique : *gouvernement républicain.* **3.** Organe dirigeant d'un État : *entrer au gouvernement.*

gouvernemental, e, aux adj Du gouvernement.

gouverner vt **1.** Exercer l'autorité politique : *gouverner un pays.* **2.** Commander : *elle se laisse gouverner par ses enfants ;* régir : *les mobiles qui gouvernent nos actes.* **3.** Diriger à l'aide d'un gouvernail : *gouverner une barque.* ◆ vi MAR Obéir au gouvernail.

gouverneur nm Haut fonctionnaire chargé de gouverner un territoire, une province, etc.

goy [gɔj] (pl *goys* ou *goyim*) ou **goï** (pl *goïs* ou *goïm*) adj et n Terme par lequel les juifs désignent les non-juifs.

goyave nf Fruit du goyavier.

goyavier nm Arbre d'Amérique tropicale dont le fruit a la forme d'une poire.

GPRS nm (sigle de *general packet radio service*) Système de téléphonie mobile basé sur la norme GSM, mais à débit rapide et adapté à Internet.

GPS nm (sigle de *global positioning system*) Appareil de géolocalisation par satellites.

GR nm (sigle de *grande randonnée*) Sentier de grande randonnée : *le GR20*.

grabat nm LITT Lit misérable, où l'on souffre.

grabataire adj et n Se dit d'un malade qui ne peut plus quitter son lit.

grabuge nm FAM Dispute bruyante ; dégâts qui en résultent.

grâce nf **1.** Élégance dans les gestes, dans la démarche, charme : *avoir de la grâce.* **2.** Faveur : *faites-lui la grâce d'accepter.* **3.** Remise de peine : *obtenir sa grâce.* **4.** RELIG Aide accordée par Dieu en vue du salut. ■ **coup de grâce :** coup fatal. ❑ **de bonne grâce :** spontanément, de bon cœur. ❑ **de mauvaise grâce :** avec de la mauvaise volonté. ❑ **être dans les bonnes grâces de quelqu'un :** jouir de sa faveur. ❑ **faire grâce de :** dispenser de. ❑ **grâce à :** par l'intervention heureuse de, avec l'aide de. ❑ **grâce à Dieu :** heureusement, par chance. ◆ interj Pitié !

ORTHOGRAPHE Alors que *grâce* s'écrit avec un accent circonflexe, les dérivés *gracier, gracieux, gracieusement,* etc., s'écrivent sans accent.

gracier vt Faire grâce, remettre la peine d'un condamné.

gracieusement adv **1.** Avec grâce. **2.** Gratuitement.

gracieuseté nf LITT Action, parole aimable.

gracieux, euse adj **1.** Qui a de la grâce : *pose gracieuse.* **2.** Aimable, agréable : *accueil gracieux.* **3.** Gratuit : *à titre gracieux.*

gracile adj LITT Mince, élancé et fragile.

gracilité nf LITT Caractère de ce qui est gracile ; minceur.

gradation nf Passage progressif et par degrés d'une chose à une autre.

grade nm **1.** Degré d'une hiérarchie : *monter en grade.* **2.** Unité de mesure des angles.

gradé, e n et adj Militaire non officier titulaire d'un grade supérieur à celui de soldat ou de matelot.

gradient nm Taux de variation d'un élément météorologique en fonction de la distance.

gradin nm Marche d'un amphithéâtre.

graduation nf **1.** Action de graduer. **2.** Chacune des divisions établies en graduant ; ensemble de ces divisions.

gradué, e adj **1.** Divisé en degrés : *échelle graduée.* **2.** Dont la difficulté croît progressivement ; progressif : *exercices gradués.* ◆ adj et n BELGIQUE Titulaire d'un diplôme de fin de cycle d'études techniques.

graduel, elle adj Qui va par degrés : *diminution graduelle.*

graduellement adv Par degrés.

graduer vt **1.** Diviser en degrés : *graduer un thermomètre.* **2.** FIG Augmenter progressivement : *savoir graduer son effort.*

graff nm Composition picturale à base de caractères calligraphiques bombée sur un mur.

graffeur, euse n Personne qui dessine des graffs.

graffiti (pl inv ou *graffitis*) nm Inscription, dessin griffonné sur un mur.

grailler vi Pousser un cri, en parlant de la corneille.

graillon nm Odeur peu appétissante de graisse brûlée, de mauvaise cuisine.

grain nm **1.** Fruit ou semence d'une céréale : *grains de blé.* **2.** Objet de petite taille et de forme sphérique : *grain de sable.* **3.** Aspect d'une surface plus ou moins marquée d'aspérités ; texture : *grain de la peau.* **4.** Averse subite, coup de vent. ■ FAM **avoir un grain :** être un peu fou. ❑ **donner du grain à moudre à quelqu'un :** (a) lui apporter des arguments (b) lui donner matière à réflexion. ❑ **grain de beauté :** petite tache brune sur la peau. ❑ FAM **mettre son grain de sel :** s'immiscer dans une conversation. ❑ **veiller au grain :** surveiller, prendre garde à.

graine nf Semence d'une plante. ■ FAM **en prendre de la graine :** prendre modèle, exemple sur. ❑ FIG **graine de (voyou, etc.) :** futur (voyou, etc.). ❑ **mauvaise graine :** personne dont il y a peu à attendre.

graineterie nf Commerce du grainetier.

grainetier, ère n Personne qui vend des graines.

graissage nm Action de graisser un moteur, un mécanisme.

graisse nf **1.** Substance lipidique onctueuse qui se trouve dans les tissus de l'homme et des animaux. **2.** Corps gras d'origine végétale (huile, etc.) ou minérale (vaseline, etc.) utilisé dans la cuisine, l'industrie, etc.

graisser vt **1.** Enduire de graisse. **2.** Tacher de graisse. ■ FIG, FAM **graisser la patte :** donner de l'argent à quelqu'un pour en obtenir un service ; corrompre.

graisseur nm Ouvrier ou dispositif qui effectue le graissage d'appareils mécaniques.

graisseux, euse adj **1.** Qui contient de la graisse. **2.** Taché de graisse.

graminacée ou **graminée** nf Plante monocotylédone, dont la tige est un chaume (blé, orge, avoine, etc.) [les graminacées forment une famille].

grammaire nf **1.** Ensemble des règles morphologiques et syntaxiques d'une langue ; étude de ces règles. **2.** Livre, ouvrage enseignant ces règles.

grammairien, enne n Spécialiste de grammaire.

grammatical, e, aux adj Relatif à la grammaire.

grammaticalement adv Selon les règles de la grammaire.

gramme nm Unité de masse valant un millième de kilogramme.

ORTHOGRAPHE On écrit *gramme* en entier après un nombre écrit en lettres (*dix grammes*) ; on peut utiliser le symbole *g* (sans point) après un nombre écrit en chiffres (*10 g*).

grand, e adj **1.** De dimensions importantes : *un grand appartement.* **2.** De taille élevée : *un enfant très grand pour son âge.* **3.** D'une taille, d'une intensité, d'une quantité supérieure à la moyenne : *grand vent ; grand bruit.* **4.** Qui a beaucoup de talent, dont le talent est reconnu : *un grand romancier ; les grands hommes ;* qui se distingue par sa fortune, sa naissance, son influence : *un grand personnage.* **5.** Important, exceptionnel : *un grand moment.* **6.** Qui a atteint une certaine maturité : *tu es grand, maintenant.* ■ FIG **au grand jour :** sans rien dissimuler. ❑ **grand air :** air qu'on respire dans la nature. ❑ **les grandes vacances :** les vacances d'été pour les écoliers, les lycéens et les étudiants. ❑ **grand frère, grande sœur :** frère, sœur aînés. ❑ **grand jour :** pleine lumière. ❑ **monter sur ses grands chevaux :** se mettre en colère, s'indigner. ◆ adv ■ **en grand :** dans de vastes proportions : *voir les choses en grand.* ❑ **voir grand :** avoir de grands projets. ◆ n Personne adulte : *spectacle pour les petits et les grands.* ◆ nm Personne importante : *les grands de ce monde.*

grand-angle (pl *grands-angles*) ou **grand-angulaire** (pl *grands-angulaires*) nm Objectif d'un appareil photo couvrant un champ étendu.

grand-chose pron indéf ■ **pas grand-chose :** presque rien : *il n'y a pas grand-chose à faire ici.* ◆ n inv ■ FAM **un, une pas grand-chose :** personne de peu de valeur.

grand-duc (pl *grands-ducs*) nm Souverain d'un grand-duché. ■ FAM **faire la tournée des grands-ducs :** aller d'un bar ou d'un restaurant à un autre pour boire et s'amuser.

grand-duché (pl *grands-duchés*) nm Territoire gouverné par un grand-duc : *le grand-duché de Luxembourg.*

grande-duchesse (pl *grandes-duchesses*) nf Souveraine d'un grand-duché.

grandement adv **1.** Généreusement : *faire les choses grandement.* **2.** Beaucoup : *se tromper grandement.* **3.** Largement, amplement : *en avoir grandement assez.*

grandeur nf **1.** Caractère de ce qui est grand, important, considérable : *la grandeur d'une entreprise, d'un projet.* **2.** Étendue en hauteur, longueur, largeur ; taille, dimension : *la grandeur d'une maison.* **3.** Quantité mesurable : *grandeur mathématique ; ordre de grandeur.* **4.** Supériorité affirmée ; importance, puissance : *la grandeur d'un pays.* **5.** Élévation morale et intellectuelle ; noblesse : *se conduire avec grandeur.* ■ **avoir la folie des grandeurs :** avoir une ambition démesurée. ❑ FIG **grandeur d'âme :** générosité. ❑ **grandeur nature :** selon les dimensions réelles.

grand-guignol nm inv Mélodrame outré, de mauvais goût.

grand-guignolesque (pl *grand-guignolesques*) adj Qui relève du grand-guignol.

grandiloquence nf Caractère d'un acte, d'un discours grandiloquent.

grandiloquent, e adj Emphatique, pompeux.

grandiose adj D'une grandeur imposante : *un spectacle grandiose.*

grandir vi Devenir grand, plus grand. ◆ vt Faire paraître plus grand.

grandissant, e adj Croissant.

grandissime adj FAM Très grand.

grand-livre (pl *grands-livres*) nm Livre de commerce, registre où sont portés tous les comptes de l'entreprise.

grand-maman (pl *grand-mamans* ou *grands-mamans*) nf Grand-mère, dans le langage enfantin.

grand-mère (pl *grand-mères* ou *grands-mères*) nf Mère du père ou de la mère.

grand-messe (pl *grand-messes* ou *grands-messes*) nf **1.** Messe chantée. **2.** FIG Manifestation publique à laquelle on donne une solennité excessive : *la grand-messe du parti au pouvoir.*

grand-oncle (pl *grands-oncles*) nm Frère du grand-père ou de la grand-mère.

grand-papa (pl *grands-papas*) nm Grand-père, dans le langage enfantin.

grand-peine (à) loc adv Avec difficulté.

grand-père (pl *grands-pères*) nm Père du père ou de la mère.

grand-rue (pl *grand-rues* ou *grands-rues*) nf Rue principale d'un village.

grands-parents nm pl Le grand-père et la grand-mère.
grand-tante (pl *grand-tantes* ou *grands-tantes*) nf Sœur du grand-père ou de la grand-mère.
grand-voile (pl *grand-voiles* ou *grands-voiles*) nf Voile du grand mât.
grange nf Bâtiment rural pour abriter la paille, le foin, les récoltes.
granit [granit] ou **granite** nm Roche cristalline formée de quartz, de mica et de feldspath.
granité, e adj Qui présente des grains comme le granit. ◆ nm Étoffe de laine à gros grains.
graniteux, euse adj Qui contient du granit.
granitique adj De la nature du granit.
granivore adj et n Qui se nourrit de graines : *oiseau granivore.*
granny-smith [granismis] nf inv Pomme d'une variété à peau verte et à chair ferme.
granulaire adj Qui se compose de petits grains : *roche granulaire.*
granulation nf Agglomération en petits grains.
granule nm Grain ou pilule de petite taille.
granulé, e adj Qui présente des granulations : *superficie granulée.* ◆ nm Médicament en forme de grain.
granuleux, euse adj Dont l'aspect évoque des petits grains.
granulome nm MÉD Petite tumeur cutanée de forme arrondie.
grape-fruit [grɛpfrut] (pl *grape-fruits*) nm Pomelo, pamplemousse.
graphe nm MATH Représentation d'une fonction.
graphie nf Manière dont un mot est écrit.
graphique adj Relatif aux procédés d'impression : *les arts graphiques.* ◆ nm Courbe ou tracé représentant les variations d'une grandeur mesurable.
graphiquement adv Au moyen d'un graphique : *exposer graphiquement.*
graphisme nm **1.** Caractère particulier d'une écriture. **2.** Manière de tracer un trait, un dessin.
graphiste n Dessinateur dans les arts graphiques et la publicité.
graphite nm Carbone naturel ou artificiel cristallisé, presque pur, gris-noir, tendre et friable.
graphiteux, euse ou **graphitique** adj Qui contient du graphite.
graphologie nf Étude de la personnalité de quelqu'un d'après son écriture, son graphisme.
graphologique adj Relatif à la graphologie.
graphologue n Spécialiste de graphologie.
grappe nf Ensemble des fleurs ou des fruits poussant sur une tige commune : *grappe de raisin.*
grappillage nm Action de grappiller.
grappiller vt et vi **1.** Cueillir ici et là sur une grappe, sur une branche. **2.** FIG Recueillir un peu partout, de façon éparse : *grappiller des renseignements.* **3.** FAM Réaliser de petits gains : *grappiller à droite et à gauche.*
grappilleur, euse n Qui grappille.
grappin nm **1.** Petite ancre à plusieurs pointes. **2.** Crochet d'abordage. ■ FAM **mettre le grappin sur :** s'emparer de, accaparer.
gras, grasse adj **1.** Formé de graisse ou qui en contient : *corps gras.* **2.** Taché de graisse : *des doigts gras.* **3.** Épais, large : *caractères d'imprimerie gras.* **4.** Grossier : *plaisanterie grasse.* ■ **acide gras :** constituant caractéristique des lipides, comprenant une chaîne d'atomes de carbone. ❏ **crayon gras :** qui forme des traits épais. ❏ **toux grasse :** qui vient des bronches et qui est accompagnée d'expectorations. ❏ **plantes grasses :** à feuilles épaisses et charnues. ❏ FIG **faire la grasse matinée :** se lever tard. ◆ nm Partie grasse d'une viande.
gras-double (pl *gras-doubles*) nm Membrane comestible de l'estomac du bœuf.
grassement adv Largement, généreusement : *payer grassement.* ■ **rire grassement :** de façon bruyante.
grasseyement nm Action de grasseyer.
grasseyer vi (conj 4 ; conserve partout le *y*) Prononcer les *r* du fond de la gorge.
grassouillet, ette adj FAM Potelé, dodu.
gratifiant, e adj Qui procure une satisfaction psychologique.
gratification nf Somme d'argent versée en plus de la somme convenue.
gratifier vt Accorder une récompense, une faveur à.
gratin nm Plat cuisiné recouvert de chapelure ou de fromage et doré au four : *gratin de chou-fleur.* ■ FAM **le gratin :** les personnes les plus en vue d'un groupe, l'élite.
gratiné, e adj **1.** Cuit, préparé, doré au four. **2.** FAM, IRON Remarquable dans son genre.
gratinée nf Soupe à l'oignon saupoudrée de fromage râpé et gratinée au four.
gratiner vt Accommoder au gratin. ◆ vi Former une croûte dorée, croustillante.
gratis [gratis] adv FAM Gratuitement.
gratitude nf Reconnaissance d'un bienfait reçu : *exprimer sa gratitude.*
grattage nm Action de gratter.
gratte nf FAM **1.** Guitare. **2.** Petit profit illicite. **3.** BELGIQUE Égratignure.
gratte-ciel nm inv Bâtiment, immeuble très élevé.

gratte-cul nm inv Nom usuel du fruit de l'églantier.

grattement nm Bruit fait en grattant.

gratte-papier nm inv FAM, PÉJOR Employé de bureau à un poste subalterne.

gratter vt **1.** Frotter, racler une surface avec l'ongle, un instrument, etc. : *gratter une inscription, un mot ; gratter le dos.* **2.** Provoquer une démangeaison : *la laine me gratte.* **3.** FAM Réaliser un petit profit, souvent d'une manière indélicate ; grapiller. ■ FAM **gratter un concurrent :** le rattraper, le dépasser. ◆ vi ■ **gratter à la porte :** frapper discrètement. ◆ **se gratter** vpr Se frotter avec les ongles.

grattoir nm Surface enduite de soufre d'une boîte d'allumettes.

gratuit, e adj **1.** Qu'on donne sans faire payer ou qu'on reçoit sans payer : *consultation gratuite.* **2.** FIG Sans motif : *crime gratuit.*

gratuité nf Caractère de ce qui est gratuit : *la gratuité de l'enseignement.*

gratuitement adv De façon gratuite.

grau nm Chenal d'un étang, dans le Midi.

gravats nm pl Débris venant d'une démolition.

grave adj **1.** Sérieux, austère : *homme grave.* **2.** Important, dangereux : *maladie grave.* **3.** Bas : *voix grave.* **4.** FAM Stupide, idiot, nul : *il est grave.* ■ **accent grave :** descendant de gauche à droite (è). ◆ adv FAM Gravement : *elle délire grave.*

graveleux, euse adj D'un humour grossier.

gravement adv De manière grave.

graver vt **1.** Tracer une figure, des caractères sur une matière dure. **2.** Inscrire des données à la surface d'un CD, d'un cédérom ou d'un DVD à l'aide d'un rayon laser. **3.** FIG Inscrire, rendre durable : *graver dans sa mémoire.*

graves nf pl Terrains caillouteux et sablonneux, dans le Bordelais. ◆ nm Vin produit dans les Graves, région du Bordelais.

graveur, euse n **1.** Artiste qui réalise des gravures. **2.** Professionnel dont le métier est de graver.

gravide adj MÉD Qui porte un fœtus ou un embryon, en parlant d'une femelle ou d'un utérus.

gravidique adj MÉD Relatif à la grossesse.

gravier nm Petits cailloux dont on recouvre les allées, les chaussées.

gravillon nm Gravier fin employé dans le revêtement des routes.

gravillonnage nm Épandage de gravillon sur une chaussée.

gravimétrie nf **1.** Mesure de l'intensité de la pesanteur. **2.** Analyse chimique effectuée par pesées.

gravir vt et vi Monter avec effort. ■ FIG **gravir les échelons (d'une hiérarchie) :** progresser dans une hiérarchie, une carrière.

gravissime adj Très grave.

gravitation nf Force par laquelle tous les corps s'attirent réciproquement en raison directe de leur masse et en raison inverse du carré de leur distance.

gravitationnel, elle adj Qui concerne la gravitation.

gravité nf **1.** Comportement grave : *regard empreint de gravité.* **2.** Caractère d'une chose importante ou dangereuse : *blessure sans gravité.* **3.** Pesanteur. ■ PHYS **centre de gravité :** point sur lequel un corps se tient en équilibre dans toutes ses positions.

graviter vi **1.** PHYS Décrire une trajectoire autour d'un point central, en vertu de la gravitation. **2.** FIG Évoluer autour de quelqu'un, de quelque chose : *graviter autour du pouvoir.*

gravure nf **1.** Art de graver ; l'image ainsi réalisée : *gravure sur bois, sur cuivre.* **2.** Image, illustration : *un livre avec des gravures.*

gré nm ■ **au gré de :** selon la volonté, le goût, la force de. ❑ **de gré à gré :** à l'amiable. ❑ **de gré ou de force** ou **bon gré mal gré :** volontairement ou par contrainte. ❑ **de bon gré** ou **de son plein gré :** en acceptant volontiers. ❑ LITT **savoir bon gré ou mauvais gré à qqn, de qqch :** en être satisfait ou mécontent.

grèbe nm Oiseau palmipède, au plumage blanc argenté.

grec, grecque adj et n De Grèce : *les Grecs.* ■ **Église grecque :** Église d'Orient, non soumise au pape. ◆ nm Langue grecque : *grec ancien, moderne.*

grécité nf Caractère de ce qui est grec.

gréco-latin, e (pl *gréco-latins, es*) adj Qui appartient au grec et au latin.

gréco-romain, e (pl *gréco-romains, es*) adj Commun aux Grecs et aux Romains.

grecque nf **1.** Ornement de lignes revenant sur elles-mêmes, à angle droit. **2.** Scie de relieur.

gredin, e n Individu malhonnête ; bandit, canaille.

gréement [gremɑ̃] nm Ensemble des éléments (cordages, poulies, etc.) qui servent à la manœuvre des voiles d'un navire.

green [grin] nm Espace gazonné ménagé autour de chaque trou du parcours d'un golf.

gréer vt Garnir un bateau, un mât de son gréement.

greffage nm Action ou manière de greffer ; son résultat.

1. greffe nm Lieu d'un tribunal où sont déposées les minutes des jugements, où se font les déclarations de procédure.

2. greffe nf **1.** Opération consistant à insérer une partie d'une plante, appelée *greffon*, dont on désire développer les caractères, sur une autre, appelée *sujet* ; greffon ainsi inséré. **2.** Opération chirurgicale consistant à transférer sur un individu (homme ou animal) des parties prélevées sur lui-même ou sur un autre individu.

greffé, e n Personne qui a subi une greffe d'organe.

greffer vt Faire une greffe : *greffer un pommier ; greffer un rein*.

greffier, ère n Fonctionnaire préposé au greffe.

greffoir nm Couteau pour greffer.

greffon nm Bourgeon, jeune rameau ou tissu animal utilisé pour réaliser une greffe.

grégaire [greʒɛr] adj Qui vit en groupe. ■ **instinct grégaire** : qui pousse les hommes ou les animaux à s'assembler.

grégarisme nm Instinct grégaire.

grège adj ■ **soie grège** : soie naturelle, au sortir du cocon. ◆ adj et nm Qui tient du gris et du beige.

grégeois adj m ■ HIST **feu grégeois** : composition incendiaire à base de salpêtre et de bitume, brûlant même au contact de l'eau.

grégorien, enne adj ■ **chant grégorien** : chant liturgique chrétien codifié sous le pape Grégoire Ier. ❑ **calendrier grégorien** : réformé par Grégoire XIII.

1. grêle adj **1.** Long et menu : *jambes grêles*. **2.** Aigu et faible : *voix grêle*. ■ **intestin grêle** : portion étroite de l'intestin.

2. grêle nf **1.** Pluie congelée en grains. **2.** FIG Chute abondante : *grêle de pierres*.

grêlé, e adj **1.** Abîmé par la grêle : *vignes, récoltes grêlées*. **2.** Qui porte des marques de variole : *visage grêlé*.

grêler v impers Tomber, en parlant de la grêle.

grelin nm MAR Gros cordage.

grêlon nm Grain de grêle.

grelot nm Boule métallique creuse contenant un morceau de métal qui la fait résonner.

grelottant, e adj Qui grelotte.

grelottement nm Fait de grelotter.

grelotter vi Trembler de froid.

grenache nm Cépage du Midi ; vin issu de ce cépage.

grenade nf **1.** Fruit du grenadier à la saveur aigrelette. **2.** Projectile explosif, qu'on lance à la main ou au fusil.

grenadier nm **1.** Arbuste du Moyen-Orient, à fleur rouge vif, qui porte les grenades. **2.** ANC Soldat qui lançait les grenades ; soldat d'élite.

grenadin nm Tranche de filet de veau entourée de lard.

grenadine nf Sirop de couleur rouge.

grenaille nf Métal en grains : *grenaille de plomb*. ■ **pomme grenaille** : pomme de terre nouvelle d'un calibre inférieur à 35 mm, à chair sucrée. ◆ **grenailles** pl ■ BELGIQUE **grenailles errantes** : gravillons sur une chaussée.

grenat nm Pierre fine de couleur rouge sombre. ◆ adj inv D'un rouge sombre.

greneler [grənle] ou [grɛnle] vt (conj 6) Marquer de petits points : *greneler du papier*.

grenier nm **1.** Partie d'un bâtiment rural destinée à conserver les grains, le foin, etc. **2.** Partie supérieure d'une maison, d'un bâtiment, sous les combles. **3.** FIG Pays, région fertile, notamment en blé : *la Beauce est le grenier de la France*.

grenouillage nm FAM Intrigue politique douteuse, malhonnête.

grenouille nf Batracien sauteur et nageur. ■ FAM **manger, bouffer, faire sauter la grenouille** : s'approprier le fonds commun. ❑ FAM **grenouille de bénitier** : femme dévote.

grenouiller vi FAM Se livrer au grenouillage.

grenouillère nf Combinaison pour les nourrissons, avec jambes et chaussons.

grenu, e adj Dont la texture présente de nombreux petits grains.

grès nm **1.** Roche très dure formée de grains de sable agglomérés : *pavé en grès*. **2.** Céramique, poterie très dure.

gréseux, euse adj De la nature du grès : *roche gréseuse*.

grésil [grezil] nm Grêle très fine.

grésillement nm Fait de grésiller ; bruit ainsi produit.

grésiller vi Produire de petits crépitements : *huile chaude qui grésille*.

gressin nm Petit pain long et friable à base d'œufs.

1. grève nf Plage de sable et de gravier.

2. grève nf Interruption collective et concertée du travail par des salariés : *se mettre en grève ; faire grève*. ■ **grève de la faim** : refus de s'alimenter afin d'attirer l'attention sur une revendication. ❑ **grève sur le tas** : grève avec occupation du lieu de travail.

grever vt (conj 9) Soumettre à de lourdes charges : *grever son budget*.

gréviste n Qui participe à une grève.

gribouillage ou **gribouillis** nm Écriture ou peinture réalisée sans application, sans soin.

gribouiller vi et vt Faire un, des gribouillages.

gribouilleur, euse n Qui gribouille.

grief nm Plainte : *formuler ses griefs*. ■ **faire grief de** : reprocher.

grièvement adv Gravement : *grièvement blessé*.

griffade nf VX Coup de griffe.

griffe nf **1.** Ongle crochu de certains animaux. **2.** Signature : *apposer sa griffe*. **3.** Nom, marque ou sigle propre à un créateur : *la griffe d'un grand couturier*. **4.** BELGIQUE Éraflure. ■ **montrer les griffes :** menacer. ❏ FIG **sous la griffe de :** au pouvoir de.

griffer vt **1.** Donner un coup de griffe à, sur ; égratigner : *griffer le visage*. **2.** Mettre une griffe à ; signer : *vêtement griffé*.

griffon nm Chien d'arrêt, à poil long et rude.

griffonnage nm **1.** Action de griffonner. **2.** Écriture peu lisible.

griffonner vt Écrire peu lisiblement.

griffu, e adj Armé de griffes.

griffure nf Coup de griffe.

grignotage nm Action de grignoter.

grignoter vt **1.** Manger par petites quantités. **2.** FIG Consommer, détruire peu à peu : *grignoter son capital*.

grigou nm FAM Homme avare.

gri-gri (pl *gris-gris*) ou **grigri** nm Amulette, porte-bonheur.

gril [gril] nm Ustensile de cuisine ou élément d'un four permettant de griller la viande, le poisson. ■ FAM **être sur le gril :** anxieux ou impatient.

grill ou **grill-room** [grilrum] (pl *grill-rooms*) nm Restaurant spécialisé dans les grillades.

grillade nf Viande grillée.

grillage nm Treillis ou clôture de fil de fer.

grillager vt (conj 2) Fermer, munir d'un grillage.

grille nf **1.** Clôture ou séparation constituée de barreaux assemblés : *la grille d'un parc*. **2.** Élément du four, pour les grillades. **3.** Quadrillage : *grille de mots croisés*. **4.** Moyen de décoder ou d'interpréter un message plus ou moins secret. ■ **grille de loto :** formulaire pour jouer au Loto national et au Loto sportif. ❏ **grille des programmes :** ensemble des programmes. ❏ **grille des salaires :** étagement des salaires, du plus bas au plus élevé.

grille-pain nm inv Appareil pour griller des tranches de pain.

griller vt **1.** Cuire, rôtir sur le gril ; soumettre à un feu très vif : *griller une viande, un poisson ; griller du café*. **2.** Dessécher par un excès de chaleur ou de froid : *le soleil a grillé la végétation*. **3.** FAM Mettre hors d'usage par un échauffement excessif : *griller une lampe, un moteur*. ■ FAM **être grillé :** reconnu, démasqué. ❏ FAM **griller une cigarette :** la fumer. ❏ FAM **griller un feu rouge :** ne pas s'y arrêter. ◆ vi Être exposé à une forte chaleur. ■ **griller de** (+ inf) : avoir très envie de.

grilloir nm Dispositif d'un four destiné à cuire à feu vif.

grillon nm Insecte sauteur, de l'ordre des orthoptères.

grill-room → **grill**.

grimaçant, e adj Qui grimace.

grimace nf Déformation volontaire des traits du visage, afin d'amuser ou d'exprimer un sentiment. ■ FIG **faire la grimace :** exprimer sa désapprobation, son refus, son mécontentement, etc.

grimacer vi (conj 1) Faire une, des grimaces.

grimacier, ère adj et n Qui fait des grimaces.

grimage nm Action de grimer.

grimer vt Maquiller afin de travestir.

grimoire nm LITT Écrit, livre illisible ou incompréhensible.

grimpant, e adj Qui grimpe : *plante grimpante*.

1. grimper vi **1.** Gravir en s'agrippant : *grimper aux arbres*. **2.** Accéder à un lieu élevé ; monter : *grimper au sixième étage*. **3.** Monter le long d'une surface verticale, en parlant des plantes : *lierre qui grimpe le long d'un mur*. **4.** S'élever en pente raide : *chemin qui grimpe*. **5.** FIG S'élever rapidement : *valeurs boursières qui grimpent*. ■ FAM **grimper aux rideaux :** se laisser aller à des débordements de joie ou d'indignation. ◆ vt Gravir, monter : *grimper une côte*.

2. grimper nm Exercice qui consiste à monter à une corde lisse ou à une corde à nœuds.

grimpette nf FAM Petit chemin en pente raide.

grimpeur nm Coureur cycliste qui excelle à monter les côtes.

grinçant, e adj **1.** Qui grince. **2.** Discordant, aigu. **3.** Qui raille avec férocité, aigreur : *humour grinçant*.

grincement nm Bruit désagréable produit par certains frottements.

grincer vi (conj 1) Produire un bruit strident. ■ **grincer des dents :** les frotter avec bruit les unes contre les autres.

grincheux, euse adj et n De mauvaise humeur ; maussade, acariâtre.

gringalet nm FAM Homme chétif.

gringue nm ■ FAM **faire du gringue à quelqu'un :** chercher à le séduire.

griot nm Poète musicien ambulant en Afrique noire.

griotte nf Cerise aigre à courte queue.

grippage ou **grippement** nm Blocage d'un mécanisme mal lubrifié.

grippal, e, aux adj Relatif à la grippe.

gripppe nf Maladie contagieuse due à un virus. ■ FIG **prendre en grippe :** se mettre à éprouver de l'antipathie pour quelqu'un ou quelque chose.

grippé, e adj Atteint de la grippe.

gripper vi Adhérer fortement au point de ne plus fonctionner : *mécanisme qui grippe.*

grippe-sou (pl *grippe-sous*) nm FAM Avare.

gris, e adj **1.** D'une couleur intermédiaire entre le blanc et le noir : *des chaussettes gris foncé.* **2.** FIG Plus ou moins ivre. ■ FAM **matière grise :** le cerveau. ❑ **temps gris :** couvert. ◆ nm couleur grise.

grisaille nf **1.** Peinture en tons gris. **2.** Atmosphère triste, maussade : *la grisaille du quotidien.*

grisant, e adj Qui grise, exalte.

grisâtre adj Qui tire sur le gris.

grisé nm Teinte grise dans un tableau, une gravure, un plan.

griser vt **1.** Enivrer légèrement. **2.** FIG Exalter, enthousiasmer : *se laisser griser par la réussite.*

griserie nf Exaltation, excitation : *la griserie du succès.*

grisoller vi Chanter, en parlant d'une alouette.

grisonnant, e adj Qui grisonne.

grisonner vi Devenir gris, en parlant des cheveux.

grisou nm Gaz inflammable qui se dégage dans les mines de houille. ■ **coup de grisou :** explosion de grisou.

grive nf Oiseau du genre merle, au plumage mêlé de blanc et de brun.

grivèlerie nf Délit qui consiste à consommer dans un café, un restaurant, etc., sans avoir de quoi payer.

grivois, e adj Licencieux, leste : *chanson grivoise.*

grivoiserie nf Action ou parole grivoise.

grizzli [grizzly] nm Ours de grande taille, des montagnes Rocheuses.

grœnendael [grɔnɛndal] nm Chien de berger, à poil long noir, d'une race belge.

grog nm Boisson composée de rhum, d'eau chaude sucrée et de citron.

groggy adj inv Qui a perdu conscience pendant quelques instants, sans être knock-out, en parlant d'un boxeur ; étourdi, assommé par un choc physique ou moral.

grognard nm HIST Soldat de la Vieille Garde, sous Napoléon Ier.

grogne nf Mécontentement, insatisfaction : *la grogne des commerçants.*

grognement nm **1.** Cri du cochon, du sanglier, de l'ours, etc. **2.** FIG Murmure de mécontentement.

grogner vi Émettre un bruit de ronflement menaçant, en parlant d'un animal. ◆ vi et vt Exprimer son mécontentement d'une voix sourde et confuse.

grognon, onne adj et n FAM (le féminin est rare) Qui grogne ; bougon, maussade.

groin nm Museau du cochon, du sanglier.

grolle ou **grole** nf FAM Chaussure.

grommeler vt et vi (conj 6) Se plaindre en murmurant des paroles indistinctes.

grommellement nm Action de grommeler.

grondement nm Bruit sourd et prolongé.

gronder vi Faire entendre un bruit sourd et prolongé : *l'orage gronde ;* FIG menacer, être sur le point d'éclater : *colère qui gronde.* ◆ vt Réprimander, faire des reproches à : *enfant qui se fait gronder.*

grondeur, euse adj Qui gronde : *voix grondeuse.*

grondin nm Poisson marin à museau proéminent.

groom [grum] nm Employé, généralement en livrée, préposé à l'accueil des clients, dans un hôtel, un restaurant.

gros, grosse adj **1.** Qui a des dimensions importantes en volume, en épaisseur, en taille, en quantité, en intensité : *un gros arbre ; une grosse somme ; une grosse fièvre.* **2.** Qui n'est pas fin ; grossier : *gros drap.* **3.** Se dit d'une personne, d'une entreprise puissante : *gros industriel ; grosse affaire.* ■ **avoir le cœur gros :** avoir du chagrin. ❑ **faire les gros yeux :** menacer silencieusement. ❑ **grosse mer :** mer agitée. ❑ **grosse voix :** voix menaçante. ◆ adv Beaucoup : *gagner gros.* ■ **écrire gros :** en gros caractères. ❑ **en gros :** (a) par grandes quantités : *acheter en gros* (b) sans entrer dans le détail : *voilà en gros ce qui a été dit.* ❑ **en avoir gros sur le cœur :** avoir beaucoup de peine ou de ressentiment. ◆ n Personne grosse. ◆ nm **1.** La partie la plus considérable, le principal : *le gros de la troupe.* **2.** Vente ou achat par grandes quantités : *commerce de gros ; vente en gros.* ■ **pêche au gros :** au gros poisson.

groseille nf Petit fruit, rouge ou blanc, qui pousse par grappes. ■ **groseille à maquereau :** variété de grosse groseille. ◆ adj inv De couleur rouge clair.

groseillier nm Arbuste cultivé pour son fruit, la groseille.

gros-grain (pl *gros-grains*) nm Large ruban à grosses côtes verticales.

gros-plant (pl *gros-plants*) nm Cépage blanc de la région de Nantes ; vin issu de ce cépage.

gros-porteur (pl *gros-porteurs*) nm Avion de grande capacité.

grosse nf **1.** Douze douzaines : *grosse de boutons.* **2.** DR Copie d'un jugement, d'un acte authentique, revêtue de la formule exécutoire.

grossesse nf État d'une femme enceinte, entre la fécondation et l'accouchement.

grosseur nf **1.** Taille, dimension, en parlant d'un volume. **2.** Enflure d'une partie du corps.

grossier, ère adj **1.** Peu raffiné, de mauvaise qualité : *raccommodage grossier.* **2.** Impoli, indélicat : *des plaisanteries grossières.* **3.** Rudimentaire, sommaire : *description grossière.* **4.** Qui dénote un manque élémentaire d'intelligence, d'attention : *une faute grossière.*

grossièrement adv De façon grossière.

grossièreté nf Parole ou action grossière.

grossir vt Rendre ou faire paraître plus gros, plus important : *la loupe grossit les objets ; imagination qui grossit les dangers.* ◆ vi Devenir ou paraître plus gros : *il a grossi de 5 kilos.*

grossissant, e adj Qui grossit.

grossissement nm Action de grossir ; son résultat.

grossiste n Qui vend en gros ou en demi-gros.

grosso modo loc adv Sans entrer dans le détail.

grotesque adj Ridicule, extravagant.

grotte nf Caverne, excavation.

grouillant, e adj Qui grouille : *foule grouillante.*

grouillement nm Mouvement et bruit de ce qui grouille.

grouiller vi Fourmiller : *grouiller de monde.* ◆ **se grouiller** vpr FAM Se hâter.

grouillot nm FAM Apprenti, jeune employé chargé de tâches subalternes.

groupage nm Action de grouper des colis ayant une même destination.

groupe nm **1.** Ensemble de personnes assemblées : *un groupe de curieux.* **2.** Ensemble de personnes qui partagent les mêmes opinions, la même activité : *groupe politique ; groupe de travail.* **3.** Ensemble de choses : *un groupe de maisons.* ■ **groupe de presse :** ensemble de journaux qui appartiennent à un même propriétaire, à une même société. ❑ **groupe industriel :** ensemble d'entreprises liées par une direction ou une production communes. ❑ **groupe sanguin :** ensemble d'individus entre lesquels le sang peut être transfusé. ❑ **groupe scolaire :** ensemble des bâtiments d'une ou plusieurs écoles.

groupement nm Groupe, organisation qui réunit un grand nombre de personnes.

grouper vt Mettre en groupe, rassembler, réunir. ◊ vpr : *joueurs qui se groupent par cinq.*

groupie n Partisan, admirateur inconditionnel d'un musicien, d'un chanteur, etc.

groupuscule nm PÉJOR Petit groupe de personnes de même tendance politique.

grouse nf Lagopède d'Écosse.

gruau nm ■ **farine de gruau :** farine de blé fine et très pure.

grue nf **1.** Gros oiseau échassier. **2.** Machine pour soulever ou déplacer de lourdes charges. ■ FIG **faire le pied de grue :** attendre longtemps, debout.

gruger vt (conj 2) LITT Duper en affaires.

grume nf ■ **bois de grume :** bois coupé couvert de son écorce.

grumeau nm Petite portion de matière coagulée, agglutinée : *pâte qui fait des grumeaux.*

grumeleux, euse adj **1.** Qui contient des grumeaux. **2.** Qui a l'aspect de grumeaux.

grunge [grœndʒ] adj Se dit d'un style vestimentaire volontairement négligé et débraillé, adopté par certains jeunes dans les années 1990. ◆ nm Style de rock mêlant l'influence punk au heavy metal.

grutier nm Conducteur de grue.

gruyère nm Fromage cuit et pressé d'origine suisse.

GSM nm (sigle de *global system for mobile communication*) **1.** Norme européenne de radiotéléphonie numérique. **2.** BELGIQUE Téléphone portable.

guacamole [gwakamɔl] nm Plat d'origine mexicaine à base d'avocat, de crème fraîche et d'épices.

guano [gwano] nm Engrais à base d'excréments d'oiseaux de mer.

guarani [gwarani] adj et nm **1.** Langue indienne du Paraguay. **2.** Unité monétaire du Paraguay.

gué nm Endroit d'une rivière où l'on peut passer sans perdre pied.

guelfe nm HIST En Italie, partisan des papes (par opposition à *gibelin*).

guenille nf (souvent au pluriel) Vêtement déchiré, haillon.

guenon nf Femelle du singe.

guépard nm Mammifère carnassier d'Afrique et d'Asie, très rapide.

guêpe nf Insecte social à abdomen annelé de jaune et de noir et à aiguillon. ■ FIG **taille de guêpe :** très fine.

guêpier nm **1.** Nid de guêpes. **2.** Piège, situation inextricable : *tomber dans un guêpier.*

guêpière nf Sous-vêtement féminin qui enserre le buste et la taille.

guère adv (avec la négation *ne*) **1.** Peu : *il n'est guère actif.* **2.** Presque exclusivement, pratiquement : *il n'y a guère que lui pour s'en soucier.*

guéridon nm Table ronde à pied central.

guérilla [gerija] nf Guerre de harcèlement, d'embuscades.

guérillero [gerijero] nm Combattant de guérilla.

guérir vt Délivrer d'une maladie, d'un état ou d'un comportement qui handicape : *guérir un ulcère ; guérir quelqu'un de sa timidité.* ◆ vi Recouvrer la santé.

guérison nf Action de guérir ; son résultat.

guérissable adj Qu'on peut guérir.

guérisseur, euse n Personne qui soigne par des méthodes non reconnues par la médecine légale.

guérite nf Petit abri pour une sentinelle, un gardien.

guerre nf **1.** Lutte armée et organisée entre des États, des peuples, etc. : *être en guerre.* **2.** Lutte menée par des moyens autres que les armes : *guerre psychologique.* ■ **guerre civile** : entre des groupes d'une même nation. ❑ **guerre sainte** : au nom d'un idéal religieux. ❑ **faire la guerre à** : combattre : *faire la guerre à l'alcoolisme.* ❑ FIG **de bonne guerre** : légitime. ❑ **de guerre lasse** : par lassitude.

guerrier, ère adj **1.** Relatif à la guerre. **2.** Qui se plaît à faire la guerre : *nation guerrière.* ◆ nm Soldat, combattant.

guerroyer [gɛrwaje] vi (conj 3) LITT Faire la guerre.

guet [gɛ] nm ■ **faire le guet** : guetter.

guet-apens [gɛtapɑ̃] (pl *guets-apens*) nm Embûche, traquenard.

guêtre nf Bande de cuir, de tissu, couvrant le bas de la jambe et le dessus de la chaussure.

guetter vt **1.** Épier : *animal qui guette sa proie.* **2.** Faire peser une menace imminente sur : *la maladie le guette.* **3.** Attendre avec impatience : *guetter l'arrivée du courrier.*

guetteur nm Personne chargée de guetter ; sentinelle.

gueulante nf TRÈS FAM Explosion de colère ; clameur de protestation : *pousser une gueulante.*

gueulard nm Ouverture supérieure d'un haut-fourneau.

gueule nf **1.** Bouche d'un animal. **2.** TRÈS FAM Bouche, visage. **3.** FIG Ouverture béante de certains objets. ■ TRÈS FAM **avoir de la gueule** : de l'allure. ❑ TRÈS FAM **avoir la gueule de bois** : avoir la langue pâteuse, la tête lourde après des excès de boisson. ❑ TRÈS FAM **fine gueule** : gourmet.

gueule-de-loup (pl *gueules-de-loup*) nf Plante ornementale (appelée aussi *muflier*).

gueuler vi TRÈS FAM Parler très fort ; crier.

gueuleton nm FAM Repas copieux.

gueuletonner vi FAM Faire un gueuleton.

gueux, euse n LITT Mendiant, vagabond.

gugusse nm FAM Personne peu sérieuse ; guignol.

gui nm Plante parasite de certains arbres.

guibolle nf FAM Jambe.

guiche nf Accroche-cœur.

guichet nm **1.** Comptoir d'un lieu public. **2.** VX Ouverture pratiquée dans une porte, un mur, afin de communiquer. ■ **guichet automatique** : terminal permettant aux clients d'un établissement de crédit d'effectuer des opérations bancaires courantes (retrait d'espèces, demande de chéquiers, etc.). ❑ **jouer à guichets fermés** : en ayant vendu tous les billets (avant un match, une représentation).

guichetier, ère n Personne qui travaille derrière un guichet.

guidage nm Action de guider, de diriger le mouvement d'un organe mobile.

1. guide n Personne qui accompagne pour montrer le chemin, pour faire visiter : *guide de haute montagne.* ◆ nm **1.** Personne qui conseille, qui apporte une aide morale : *guide spirituel.* **2.** Ouvrage qui renseigne sur un sujet quelconque : *guide touristique.*

2. guide nf (surtout au pluriel) Lanière de cuir attachée au mors d'un cheval pour le diriger.

3. guide nf Jeune fille faisant partie d'un mouvement de scoutisme.

guider vt **1.** Accompagner pour montrer le chemin, diriger : *guider un aveugle.* **2.** Mener, pousser : *son instinct le guide.*

guidon nm Barre commandant la direction d'une bicyclette, d'une moto. ■ FAM **le nez, la tête dans le guidon** : en plein effort et, de ce fait, sans vision globale de la situation ; tête baissée.

1. guigne nf Cerise douce à longue queue.

2. guigne nf FAM Malchance : *porter la guigne.*

guigner vt **1.** Regarder du coin de l'œil, à la dérobée. **2.** Convoiter.

guignol nm **1.** Marionnette d'origine lyonnaise. **2.** Théâtre de marionnettes. **3.** FIG Personne ridicule, qui fait le clown.

guignolet nm Liqueur de guignes.

guilde nf Association qui vise à offrir à ses adhérents de meilleures conditions commerciales pour acheter des produits.

guili-guili nm inv FAM Chatouillement.

guilledou nm ■ FAM, VIEILLI **courir le guilledou** : chercher des aventures galantes.

guillemet nm Signe typographique double (« ») qu'on emploie pour mettre un mot en valeur ou signaler une citation. ■ FIG **entre guillemets** : se dit d'une expression, d'un mot qu'on ne prend pas à son compte.

guilleret, ette adj Vif et gai.

guillotine nf **1.** Instrument qui servait à décapiter les condamnés à mort. **2.** Peine de mort. ■ **fenêtre à guillotine** : à châssis glissant verticalement.

guillotiner vt Décapiter au moyen de la guillotine.

guimauve nf **1.** Mauve dont la racine a des propriétés émollientes ; racine de cette plante. **2.** FIG Ce qui est sentimental et mièvre : *quelle guimauve, ce film !* ■ **pâte de guimauve :** confiserie molle et très sucrée.

guimbarde nf **1.** FAM Vieille voiture ; tacot. **2.** Instrument de musique composé d'une languette d'acier qu'on fait vibrer.

guimpe nf **1.** Toile qui entoure le visage des religieuses. **2.** Petite chemisette, corsage très montant en tissu léger et sans manches qui se porte avec des robes très décolletées.

guindé, e adj Qui manque de naturel, qui témoigne d'une certaine raideur ; affecté, pompeux.

guingois (de) loc adv FAM De travers.

guinguette nf Bistrot, restaurant de quartier où l'on pouvait, autrefois, danser.

guiper vt Entourer d'isolant un fil électrique.

guipure nf **1.** ANC Dentelle dont les motifs sont très en relief. **2.** Étoffe formant filet, imitant la dentelle : *rideaux en guipure*.

guirlande nf Ornement, décoration en forme de ruban : *guirlandes de Noël*.

guise nf ■ **à ma (ta...) guise :** comme je (tu...) veux. ❑ **en guise de :** à la place de.

guitare nf Instrument de musique à cordes qu'on pince avec les doigts. ■ **guitare électrique :** dont le son est amplifié par le courant électrique.

guitariste n Joueur de guitare.

guitoune nf ARG Tente.

gus [gys] ou **gusse** nm FAM Individu quelconque ; type.

gustatif, ive adj Relatif au goût : *papilles gustatives*.

gustation nf Perception des saveurs : *la langue est l'organe de la gustation*.

gutta-percha [gytapɛrka] (pl *guttas-perchas*) nf Substance gommeuse élastique qui ressemble au caoutchouc.

guttural, e, aux adj ■ **voix gutturale :** qui vient de la gorge. ◆ nf et adj Consonne qui se prononce de la gorge (comme *g*, *k*, *q*).

gym nf (abréviation) FAM Gymnastique.

gymkhana [ʒimkana] nm Série d'épreuves en automobile ou à moto où les concurrents doivent suivre un parcours compliqué de chicanes, de barrières, etc.

gymnase nm Salle couverte où l'on pratique un sport, la gymnastique.

gymnaste n Personne qui exécute des figures ou des exercices de gymnastique.

gymnastique nf **1.** Ensemble d'exercices physiques destinés à assouplir et à fortifier le corps. **2.** FIG Effort intellectuel pour résoudre un problème, une difficulté. ■ **gymnastique aquatique :** gymnastique que l'on pratique dans l'eau.

gymnique adj De gymnastique : *exercices gymniques*.

gymnosperme nf Arbre ou arbrisseau à ovule et graine apparents, comme les conifères.

gymnote nm Poisson des eaux douces de l'Amérique du Sud, dont une espèce paralyse ses proies en produisant des décharges électriques.

gynécée nm ANTIQ Appartement réservé aux femmes.

gynéco n (abréviation) FAM Gynécologue.

gynécologie nf Spécialité médicale consacrée à l'organisme de la femme et à son appareil génital.

gynécologique adj Relatif à la gynécologie.

gynécologue n Spécialiste de gynécologie.

gypaète nm Oiseau rapace (communément appelé : *vautour barbu*).

gypse nm Roche utilisée pour fabriquer le plâtre.

gyrophare nm Phare rotatif équipant les ambulances, les voitures de police, etc.

gyroscope nm Appareil fournissant une direction invariable.

H

1. h nm Huitième lettre de l'alphabet et la sixième des consonnes : *h muet ; h aspiré.*

PHONÉTIQUE Si le *h* est muet, il y a élision ou liaison : *l'homme, les hommes* [lezɔm] ; si le *h* est aspiré (dans le dictionnaire, le mot est précédé d'un astérisque), il n'y a ni élision ni liaison : *le *héros, les *héros* [leero].

2. h (symbole) Heure. ■ **heure H :** heure fixée à l'avance pour un rendez-vous ou une action quelconque.

H (symbole) Hydrogène.

1. ha (symbole) Hectare.

2. *ha interj Marque la surprise, le soulagement.

habeas corpus [abeaskɔrpys] nm Principe de la loi anglaise qui garantit la liberté individuelle.

habile adj Qui agit avec adresse, avec ingéniosité ou avec ruse ; qui dénote ces qualités : *un artisan habile ; un scénario habile.* ■ **habile à :** qui excelle à.

habilement adv De façon habile.

habileté nf Qualité d'une personne habile ; adresse, dextérité.

habilitation nf DR Action d'habiliter.

habiliter vt DR Rendre apte à accomplir un acte juridique.

habillage nm Action d'habiller quelqu'un ou quelque chose.

habillé, **e** adj **1.** Vêtu. **2.** Élégant, chic : *robe habillée ; soirée habillée.*

habillement nm **1.** Action d'habiller : *habillement des troupes.* **2.** Ensemble des vêtements dont on est vêtu ; mise, tenue : *habillement d'hiver, d'été.* **3.** Ensemble des professions du vêtement : *syndicat de l'habillement.*

habiller vt **1.** Fournir des vêtements à ; vêtir : *habiller un enfant ; les compagnies aériennes habillent leur personnel.* **2.** Aller bien, convenir, être seyant : *robe qui habille bien.* **3.** Recouvrir, envelopper : *habiller un fauteuil d'une housse.* ◆ **s'habiller** vpr **1.** Mettre ses vêtements sur soi. **2.** Se fournir en vêtements : *il s'habille à Londres.* **3.** Revêtir une toilette élégante : *soirée où il faut s'habiller.*

habilleur, **euse** n Personne qui aide les acteurs à revêtir leurs costumes de scène.

habit nm **1.** Vêtement masculin de cérémonie. **2.** Vêtement ecclésiastique : *prendre l'habit.* **3.** Tenue particulière à une époque, une activité, une fonction : *habit de cow-boy ; habit de gala.* ■ **habit vert :** celui des académiciens. ◆ **habits** pl Ensemble des pièces de l'habillement ; vêtements.

habitabilité nf Fait d'être habitable ; qualité de ce qui est habitable.

habitable adj Qui peut être habité.

habitacle nm Partie d'un avion, d'un engin spatial réservée à l'équipage.

habitant, **e** n Personne qui habite en un lieu.

habitat nm **1.** Ensemble des conditions relatives à l'habitation, au logement : *amélioration de l'habitat.* **2.** Lieu habité par une plante, un animal à l'état sauvage.

habitation nf Lieu, maison où l'on habite : *habitation isolée.*

habité, **e** adj Occupé par des habitants.

habiter vt et vi **1.** Demeurer : *habiter à Paris.* **2.** Avoir pour domicile : *habiter un pavillon.*

habitude nf **1.** Manière d'être, de se comporter, acquise par la répétition : *contracter de bonnes habitudes ;* aptitude acquise par l'expérience : *l'habitude de conduire la nuit.* **2.** Coutume : *les habitudes d'un pays.* ■ **d'habitude :** ordinairement, habituellement.

habitué, **e** n Qui fréquente habituellement un lieu : *habitués d'un café.*

habituel, **elle** adj **1.** Passé en habitude : *gestes habituels.* **2.** Très fréquent : *visites habituelles.*

habituellement adv **1.** Par habitude. **2.** De façon presque constante.

habituer vt Faire prendre l'habitude de, accoutumer à : *habituer un enfant à se coucher tôt.* ◆ **s'habituer** vpr [à] S'accoutumer à : *s'habituer à un nouveau quartier.*

***hâblerie** nf LITT Vantardise, exagération.

***hâbleur**, **euse** adj et n LITT Vantard, fanfaron.

***hache** nf Instrument tranchant pour fendre, couper le bois, etc.

***haché**, **e** adj **1.** Coupé en menus morceaux : *persil haché.* **2.** FIG Heurté, saccadé : *paroles au débit haché.* ◆ nm Viande hachée.

***hacher** vt Couper en petits morceaux : *hacher de la viande ; déchiqueter.*

***hachette** nf Petite hache.
***hache-viande** nm inv Ustensile pour hacher la viande.
***hachis** nm Préparation culinaire à base d'aliments hachés. ■ **hachis Parmentier :** préparation à base de viande de bœuf et de purée de pommes de terre.
***hachisch** ou ***haschisch** nm Produit narcotique tiré du chanvre indien.
***hachoir** nm **1.** Table ou planche pour hacher des aliments. **2.** Ustensile pour hacher.
***hachure** nf Chacun des traits formant les ombres, les reliefs d'une carte, d'une gravure, etc.
***hachurer** vt Rayer de hachures.
hacienda [asjɛnda] nf Vaste exploitation agricole, en Amérique du Sud.
***hackeur, euse** n ou ***hacker** [akœr] nm Personne qui, par jeu ou défi, cherche à s'introduire frauduleusement dans un système ou un réseau informatique (recomm. off. : *fouineur*).
***haddock** nm Églefin fumé.
***hadith** nm pl Recueil des actes et des paroles du prophète Mahomet.
***hagard, e** adj Hébété, effaré.
hagiographie [aʒjɔgrafi] nf **1.** Récit de la vie des saints. **2.** FIG Biographie excessivement embellie.
***haie** nf **1.** Clôture d'arbustes alignés : *haie de troènes.* **2.** Rangée de personnes : *faire une haie d'honneur.* **3.** Obstacle artificiel employé dans certaines courses.
***haillon** nm Vêtement qui tombe en lambeaux ; guenille.
***haine** nf Sentiment de forte animosité ou de répugnance. ■ FAM **avoir la haine :** éprouver un vif ressentiment mêlé d'animosité.
***haineusement** adv Avec haine.
***haineux, euse** adj **1.** Porté à la haine. **2.** Inspiré par la haine.
***haïr** vt (conj 13) **1.** Vouloir du mal à quelqu'un ; détester, exécrer. **2.** Avoir de la répugnance pour quelque chose.
***haïssable** adj Qui mérite la haine.
***halage** nm Action de haler. ■ **chemin de halage :** chemin réservé le long des cours d'eau et des canaux pour remorquer un bateau.
***halbran** nm Jeune canard sauvage.
***hâle** nm Brunissement provoqué par le soleil, le grand air.
***hâlé, e** adj Bruni, bronzé : *teint hâlé.*
haleine nf **1.** Air qui sort des poumons pendant l'expiration. **2.** Respiration, souffle : *perdre haleine.* ■ **être hors d'haleine :** très essoufflé après un effort. ❑ **reprendre haleine :** s'arrêter pour se reposer. ❑ **tenir en haleine :** retenir l'attention. ❑ FIG **travail de longue haleine :** qui demande beaucoup de temps.
***haler** vt **1.** Tirer pour amener à soi ou élever, en général avec effort. **2.** Remorquer un bateau à l'aide d'un câble à partir du rivage.
***hâler** vt Brunir le teint, en parlant du soleil et du grand air.
***haletant, e** adj Essoufflé.
***halètement** nm Fait de haleter ; respiration forte et saccadée.
***haleter** vi (conj 7) Respirer avec difficulté.
***hall** [ol] nm **1.** Salle de vastes dimensions : *le hall d'une gare.* **2.** Entrée, vestibule : *le hall d'un hôtel.*
hallali nm Sonnerie annonçant que le cerf est aux abois.
***halle** nf Lieu où se tient un marché en gros : *halle au blé, aux vins.*
***hallebarde** nf ANC Arme blanche à longue hampe, à fer tranchant d'un côté et pointu de l'autre. ■ FAM **il pleut des hallebardes :** il pleut très fort.
hallucinant, e adj Extraordinaire, incroyable : *une ressemblance hallucinante.*
hallucination nf Perception imaginaire, illusion.
hallucinatoire adj Qui tient de l'hallucination : *phénomène hallucinatoire.*
halluciné, e adj et n Qui a des hallucinations.
hallucinogène nm et adj Se dit d'une substance qui crée artificiellement des hallucinations.
***halo** nm **1.** Zone circulaire diffuse autour d'un corps lumineux : *le halo des réverbères.* **2.** FIG Rayonnement, aura : *un halo de gloire.*
halogène nm et adj Corps de la famille du chlore (le fluor, le brome, l'iode). ■ **lampe à halogène** ou **halogène** nm : lampe à incandescence contenant un halogène.
***halte** nf **1.** Moment d'arrêt pendant une marche : *faire (une) halte.* **2.** Lieu où l'on s'arrête ; étape, station.
***halte-garderie** (pl *haltes-garderies*) nf Lieu d'accueil de courte durée pour des enfants en bas âge.
haltère nm Instrument de gymnastique formé de deux masses réunies par une barre.
haltérophile n Qui pratique l'haltérophilie.
haltérophilie nf Sport des poids et haltères.

***halva** nm Confiserie orientale à base de graines de sésame et de sucre.

***hamac** nm Toile ou filet suspendu, servant de lit.

***hamburger** [ɑ̃burgœr] ou [ɑ̃bœrgœr] nm Bifteck haché, souvent servi dans un petit pain rond.

***hameau** nm Groupe de maisons situé en dehors de l'agglomération principale d'une commune.

hameçon nm Petit crochet pointu fixé à une ligne pour prendre du poisson. ■ FIG **mordre à l'hameçon :** se laisser tenter, séduire.

***hammam** [amam] nm Établissement où l'on prend des bains de vapeur.

***hampe** nf **1.** Manche qui supporte un drapeau. **2.** BOT Axe florifère. **3.** BOUCH Morceau de viande situé autour du diaphragme du bœuf, du veau.

***hamster** [amstɛr] nm Petit rongeur que l'on peut domestiquer.

***hanche** nf **1.** Région qui correspond à la jonction de la jambe et du tronc. **2.** Articulation du fémur avec l'os iliaque.

***handball** [ɑ̃dbal] nm Sport d'équipe qui se joue avec un ballon rond et uniquement avec les mains.

***handballeur, euse** n Joueur de handball.

***handicap** nm **1.** Désavantage quelconque : *l'éloignement de son lieu de travail est un handicap.* **2.** Infirmité ou déficience, congénitale ou acquise, des capacités physiques ou mentales : *handicap moteur.* **3.** Épreuve sportive dans laquelle on avantage certains concurrents pour égaliser les chances. **4.** Désavantage de poids, de distance, etc., imposé à un concurrent.

***handicapant, e** adj Qui handicape.

***handicapé, e** n et adj Personne atteinte d'un handicap physique ou mental.

> PHONÉTIQUE Le *h* de *handicapé* étant aspiré, il n'y a ni élision ni liaison. On écrit donc *le handicapé moteur.*

***handicaper** vt **1.** Désavantager : *il est handicapé par sa timidité.* **2.** Équilibrer les chances des concurrents dans un handicap.

***handisport** adj Relatif aux sports pratiqués par les handicapés physiques. ◆ nm Ensemble des sports pratiqués par les handicapés.

***hangar** nm Abri ouvert sur les côtés et servant à divers usages : *hangar pour avions.*

***hanneton** nm Insecte coléoptère commun en Europe.

***hanse** nf Association commerciale entre villes d'Europe au Moyen Âge.

***hanter** vt Obséder, occuper l'esprit de quelqu'un : *hanté par le remords.* ■ **lieu hanté :** habité par l'idée de quelque chose ou de quelqu'un.

***hantise** nf Obsession, peur maladive.

hapax nm LING Mot ou expression dont on n'a qu'un exemple dans un corpus donné.

haploïde adj BIOL Dont le noyau ne contient qu'un seul chromosome de chaque paire, en parlant d'une cellule.

***happening** [apənin] ou [apniŋ] nm (anglicisme) Manifestation artistique unique qui cherche à susciter la participation active du public.

***happer** vt **1.** Saisir brusquement avec la gueule, le bec, en parlant d'un animal. **2.** Accrocher, agripper : *voiture qui happe un piéton.*

***happy end** [apiɛnd] (pl *happy ends*) nf (anglicisme) Fin heureuse d'un film, d'un roman ; dénouement heureux d'un événement.

***hara-kiri** (pl *hara-kiris*) nm Au Japon, mode de suicide qui consiste à s'ouvrir le ventre avec un sabre.

***harangue** nf Discours prononcé devant une assemblée.

***haranguer** vt Adresser une harangue à : *haranguer la foule.*

***harangueur, euse** n Qui harangue.

***haras** [ara] nm Établissement où l'on élève des étalons et des juments.

***harassant, e** adj Extrêmement fatigant, éreintant : *travail harassant.*

***harassé, e** adj Fourbu.

***harassement** nm Fatigue extrême, épuisement.

***harasser** vt Fatiguer à l'excès ; exténuer.

***harcelant, e** adj Qui harcèle.

***harcèlement** nm Action de harceler. ■ **harcèlement sexuel :** fait d'abuser de sa supériorité hiérarchique pour tenter d'obtenir une faveur sexuelle. ❑ **harcèlement moral :** agissements malveillants à l'égard d'un subordonné ou d'un collègue en vue de dégrader ses conditions de travail.

***harceler** vt (conj 5) **1.** Soumettre à des attaques répétées. **2.** FIG Importuner par des demandes ou des critiques continuelles.

***hard** [ard] adj inv **1.** FAM Difficile à supporter ; pénible : *c'est hard, ce qui t'arrive.* **2.** CIN Pornographie. ◆ nm inv **1.** cinéma pornographique. **2.** INFORM Hardware.

***harde** nf Troupe de bêtes sauvages : *harde de cerfs.*

***hardes** nf pl LITT Vêtements déchirés, en mauvais état.

***hardi, e** adj **1.** Courageux, audacieux : *alpiniste hardi.* **2.** LITT Effronté, insolent : *vous êtes bien hardi de m'interrompre.* **3.** Conçu, exécuté avec audace, imagination : *projet hardi.*

***hardiesse** nf Caractère d'une personne ou d'une chose hardie.

***hardiment** adv Avec hardiesse.

***hard rock** [ardrɔk] nm inv Courant de la musique pop caractérisé par un rythme simple et rapide, une grande puissance sonore et un chant presque hurlé.

***hardware** [ardwɛr] nm INFORM Ensemble des organes physiques d'un système (recommandation officielle : *matériel*).

***harem** [arɛm] nm Appartement des femmes, dans les pays musulmans ; ensemble des femmes du harem.

***hareng** [arɑ̃] nm Poisson des mers tempérées. ■ **hareng saur :** fumé.

***hargne** nf Mauvaise humeur, irritation accompagnée d'agressivité.

***hargneusement** adv Avec hargne.

***hargneux, euse** adj D'humeur méchante, agressive.

***haricot** nm Plante légumineuse cultivée pour ses fruits comestibles ; fruit de cette plante consommé en gousse ou en grain : *haricots verts, blancs, rouges.* ■ **haricot de mouton :** ragoût fait avec du mouton, des navets et des pommes de terre. ❑ FAM **la fin des haricots :** la fin de tout, la catastrophe finale. ❑ FAM **pour des haricots :** pour rien.

***haridelle** nf VIEILLI Mauvais cheval, maigre et mal conformé.

***harissa** nf Sauce forte à base de piment.

***harki** nm Militaire d'origine algérienne ayant servi comme supplétif dans l'armée française en Algérie (de 1954 à 1962).

harmattan nm Vent sec de l'Afrique occidentale.

harmonica nm Instrument de musique composé de lames de métal qu'on fait vibrer en soufflant.

harmonie nf **1.** Accord ou suite de sons agréables à l'oreille : *l'harmonie d'un vers.* **2.** Accord entre différents éléments : *harmonie des couleurs, des formes.* **3.** Entente entre des personnes : *vivre en harmonie.* **4.** MUS Science de la formation et de la succession des accords. **5.** Orchestre composé d'instruments à vent et de percussions : *harmonie municipale.*

harmonieusement adv Avec harmonie.

harmonieux, euse adj **1.** Agréable à l'oreille : *mélodie harmonieuse.* **2.** Dont l'équilibre produit un effet agréable : *architecture harmonieuse.*

harmonique adj Qui utilise les lois de l'harmonie : *échelle harmonique.*

harmonisation nf Action d'harmoniser ; son résultat.

harmoniser vt **1.** Mettre en harmonie, en accord : *harmoniser des couleurs, des intérêts.* **2.** MUS Composer une harmonie sur : *harmoniser une mélodie.*

harmoniste n Qui connaît et met en pratique les règles de l'harmonie.

harmonium nm Petit orgue portatif.

***harnachement** nm **1.** Action de harnacher. **2.** Ensemble des pièces composant le harnais. **3.** FIG, FAM accoutrement ridicule et encombrant.

***harnacher** vt **1.** Mettre le harnais. **2.** FIG, FAM accoutrer de façon lourde, ridicule.

***harnais** nm **1.** Ensemble de l'équipement d'un cheval de trait ou de selle. **2.** Ensemble des sangles entourant le torse de quelqu'un pour le protéger contre les chutes : *harnais de sécurité.*

***haro** nm ■ LITT **crier haro sur :** s'élever contre.

harpagon nm LITT Avare.

***harpe** nf Instrument de musique triangulaire à cordes inégales, que l'on pince des deux mains.

***harpie** nf **1.** ANTIQ Monstre fabuleux. **2.** FIG Femme acariâtre, méchante.

***harpiste** n Personne qui joue de la harpe.

***harpon** nm Instrument muni d'un crochet recourbé, pour la pêche des gros poissons.

***harponnage** ou ***harponnement** nm Action de harponner.

***harponner** vt **1.** Accrocher avec un harpon. **2.** FIG, FAM saisir, arrêter quelqu'un au passage.

haruspice nm ANTIQ ROM Prêtre pratiquant la divination.

***hasard** nm **1.** Événement heureux ou malheureux dû à une suite de circonstances imprévues : *profiter d'un hasard heureux ; le hasard d'une rencontre.* **2.** Sort, chance : *jeu de hasard ; s'en remettre au hasard.* ■ **à tout hasard :** en prévision d'un événement possible. ❑ **au hasard :** à l'aventure : *marcher dans les rues au hasard.* ❑ **par hasard :** fortuitement.

***hasarder** vt **1.** Tenter, entreprendre témérairement : *hasarder une démarche, une opinion.* **2.** LITT Aventurer, risquer : *hasarder* *sa vie.* ◆ **se hasarder** vpr [à] Se résoudre à faire quelque chose qui présente des risques.

***hasardeux, euse** adj Risqué, aléatoire.

***haschisch** nm → ***hachisch**.

***hase** nf Femelle du lièvre.

hast [ast] nm ■ HIST **arme d'hast :** toute arme fixée au bout d'un manche.

***hâte** nf Empressement, rapidité : *se préparer avec hâte.* ■ **avoir hâte de, que :** être impatient de, que : *avoir hâte de partir.* ❑ **en hâte** ou **à la hâte :** promptement, avec précipitation.

***hâter** vt Presser, accélérer : *hâter le pas.* ◆ **se hâter** vpr Agir avec rapidité ou précipitation : *se hâter pour arriver à l'heure.* ■ **se hâter de :** ne pas perdre de temps pour : *se hâter de descendre du train.*

***hâtif, ive** adj **1.** Précoce : *fleurs hâtives.* **2.** Exécuté trop vite, avec trop de hâte : *décision hâtive.*

***hâtivement** adv Avec précipitation.

***hauban** nm Cordage servant à étayer un mât, un poteau, etc.

***haubaner** vt Fixer au moyen de haubans : *haubaner un mât.*

***haubert** nm Cotte de mailles, au Moyen Âge.

***hausse** nf **1.** Augmentation de quantité, de valeur, de degré, de prix : *la hausse des loyers ; température en hausse.* **2.** Appareil pour le pointage des armes à feu.

***haussement** nm ■ **haussement d'épaules :** mouvement des épaules pour marquer le mépris, l'indifférence.

***hausser** vt **1.** Rendre plus haut ; mettre dans une position plus élevée : *hausser un mur ; hausser un meuble.* **2.** Augmenter, majorer : *hausser les prix.* ■ **hausser le ton, la voix :** les rendre plus forts, plus aigus. ❑ **hausser les épaules :** les lever en signe de mépris, d'indifférence.

***haut, e** adj **1.** Qui a une certaine dimension dans le sens vertical : *immeuble haut de dix étages.* **2.** Qui a une grande dimension dans le sens vertical, élevé : *hautes branches ; la rivière est haute.* **3.** Qui a beaucoup d'intensité ; fort, élevé : *parler à voix haute ; hautes températures.* **4.** Aigu : *note haute.* **5.** Supérieur : *la haute bourgeoisie ; haute précision.* **6.** Reculé dans le temps : *la haute antiquité.* **7.** Se dit d'une région située plus loin de la mer, d'un cours d'eau situé plus près de la source : *la haute Loire ; la haute Normandie.* ■ **crime de haute trahison :** relatif à la sûreté de l'État. ❑ **haut en couleur :** (a) aux couleurs vives (b) FIG coloré, pittoresque. ❑ **la haute mer :** la pleine mer. ◆ adv **1.** À haute altitude : *voler haut.* **2.** À un degré élevé : *personnes haut placées ;* dans les aigus : *prendre un chant trop haut.* **3.** À haute voix : *parler haut et fort.* ■ **haut la main :** facilement, avec brio : *réussir un examen haut la main.* ◆ nm **1.** Partie haute, sommet : *le haut d'un arbre.* **2.** Hauteur, élévation : *dix mètres de haut.* ■ **avoir des hauts et des bas :** aller alternativement bien et mal. ❑ **de haut :** (a) d'un endroit élevé (b) FIG avec mépris, insolence : *regarder quelqu'un de haut.* ❑ **en haut :** sur un lieu élevé, à l'étage supérieur. ❑ **prendre de haut :** réagir avec beaucoup d'arrogance. ❑ **tomber de (tout) son haut :** (a) de toute sa hauteur (b) FIG être très surpris.

***hautain, e** adj Fier, méprisant.

***hautbois** nm Instrument de musique à vent, à anche double.

***hautboïste** [obɔist] n Joueur de hautbois.

***haut-de-chausses** (pl *hauts-de-chausses*) nm HIST Culotte bouffant à mi-cuisses ou descendant à mi-mollets.

***haut-de-forme** (pl *hauts-de-forme*) nm Chapeau haut et cylindrique.

***haute** nf ■ FAM **la haute :** les hautes classes de la société.

***haute-contre** (pl *hautes-contre*) nf MUS Voix masculine située dans le registre du ténor. ◆ nm Chanteur qui a cette voix.

***haute-fidélité** (pl *hautes-fidélités*) nf Technique de reproduction du son de grande qualité (abréviation : *hi-fi*).

***hautement** adv Ouvertement, nettement : *approuver hautement.*

***hauteur** nf **1.** Dimension de la base au sommet : *hauteur d'un arbre.* **2.** Élévation relative d'un corps : *hauteur d'un astre.* **3.** Lieu élevé : *grimper sur une hauteur.* **4.** Degré d'acuité ou de gravité d'un son : *la hauteur d'un son, d'une note.* **5.** FIG Élévation : *hauteur d'âme.* **6.** Fierté, mépris : *parler avec hauteur.* **7.** MATH Perpendiculaire abaissée du sommet à la base d'un triangle. ■ **à la hauteur de :** au niveau de : *à la hauteur de la boulangerie.* ❑ **être à la hauteur :** avoir les capacités nécessaires.

***haut-fond** (pl *hauts-fonds*) nm Endroit de la mer où l'eau est peu profonde.

***haut-fourneau** (pl *hauts-fourneaux*) nm Construction destinée à effectuer la fusion et la réduction des minerais de fer en vue d'élaborer la fonte.

***haut-le-cœur** nm inv Nausée.

***haut-le-corps** nm inv Mouvement brusque et involontaire du corps, marquant la surprise, la répulsion, etc.

***haut-parleur** (pl *haut-parleurs*) nm Appareil de transmission et d'amplification des sons.

***haut-relief** (pl *hauts-reliefs*) nm Sculpture dont les figures se détachent presque complètement du fond.

***hauturier, ère** adj MAR Relatif à la navigation, à la pêche en haute mer.

***havane** nm Tabac ou cigare de La Havane. ◆ adj inv D'une couleur marron clair.

***hâve** adj LITT Pâle, maigre : *visage hâve.*

***havre** nm LITT **1.** Port abrité. **2.** Refuge contre l'adversité : *un havre de paix.*

hawaiien, enne ou **hawaïen, enne** [awajɛ̃, ɛn] adj et n Des îles Hawaii : *les Hawaiiens.*

hayon [ajɔ̃] nm Partie mobile à l'arrière d'un véhicule, s'ouvrant de bas en haut.

*** HD** nf (sigle) TECHN Haute *définition.

***hé** interj **1.** Sert à appeler. **2.** Exprime la surprise, le regret et, répété, l'approbation, l'ironie, la moquerie.

***heaume** [om] nm Casque d'homme d'armes, au Moyen Âge.

heavy metal [evimetal] nm inv Version exacerbée du hard rock.

hebdo nm (abrév) Magazine hebdomadaire.

hebdomadaire adj De la semaine, de chaque semaine : *travail hebdomadaire.* ◆ nm Périodique qui paraît chaque semaine.

hebdomadairement adv Une fois par semaine.

hébergement nm Action d'héberger.

héberger vt (conj 2) **1.** Recevoir, loger : *héberger des amis.* **2.** INFORM Accueillir un service ou des pages web sur un serveur.

hébété, e adj Ahuri, qui est ou paraît stupide.

hébétement nm État de celui qui est hébété.

hébétude nf LITT Engourdissement des facultés intellectuelles, hébétement.

hébraïque adj Relatif aux Hébreux, à leur langue.

hébreu adj m Relatif au peuple juif. ◆ nm Langue des Hébreux, parlée aujourd'hui en Israël. ■ FAM **c'est de l'hébreu :** c'est incompréhensible.

> EMPLOI L'adjectif *hébreu* ne s'employant qu'au masculin, on utilise *hébraïque* au féminin.

hécatombe nf **1.** Massacre d'un grand nombre de personnes ou d'animaux : *les guerres provoquent d'atroces hécatombes.* **2.** FIG Grand nombre de personnes atteintes ou éliminées : *c'est une hécatombe chez les candidats.*

hectare nm Mesure de superficie (100 ares, ou 10 000 mètres carrés) ; symb : ha.

hectique adj ■ MÉD **fièvre hectique :** de longue durée.

hectogramme nm Masse de 100 grammes ; symb : hg.

hectolitre nm Volume de 100 litres ; symb : hl.

hectomètre nm Longueur de 100 mètres ; symb : hm.

hectopascal (pl *hectopascals*) nm Unité de mesure de la pression atmosphérique équivalant à cent pascals.

hédonisme nm Morale qui fait du plaisir le but de la vie.

hédoniste adj et n Relatif à l'hédonisme ; qui pratique l'hédonisme.

hégélien, enne [egeljɛ̃, ɛn] adj et n Relatif à Hegel et à sa philosophie.

hégémonie nf Suprématie, supériorité politique, sociale, etc.

hégémonique adj Relatif à l'hégémonie.

hégémonisme nm Tendance d'un État à exercer une hégémonie politique sur d'autres États.

hégire nf Ère de l'islam, qui commence en 622, date à laquelle Mahomet s'enfuit de La Mecque à Médine.

***hein** interj **1.** FAM Sert à renforcer une question ou un ordre : *ne recommence pas, hein ! ; c'est joli, hein ?* **2.** Marque la surprise : *hein ! il est mort ?*

***hélas** interj Exprime le regret, une plainte.

***héler** vt (conj 10) Appeler, interpeller de loin : *héler un taxi.*

hélianthe nm BOT Grande plante herbacée, à grandes fleurs jaunes, dont les principales espèces sont le tournesol et le topinambour.

hélianthine nf CHIM Indicateur coloré.

hélice nf Appareil de propulsion, de traction ou de sustentation d'un bateau, d'un avion, etc.

hélico nm (abréviation) Hélicoptère.

héliciculture nf Élevage des escargots.

hélicoïdal, e, aux adj En forme d'hélice, de spirale.

hélicoptère nm Appareil d'aviation capable de s'élever verticalement au moyen d'hélices horizontales.

héliogravure nf Procédé d'obtention, par voie photomécanique, de formes d'impression gravées en creux.

héliomarin, e adj Qui associe l'héliothérapie et le séjour au bord de la mer.

héliothérapie nf Traitement des maladies par la lumière solaire.

héliotrope nm Plante dont la fleur se tourne vers le soleil, comme l'hélianthe.
héliport nm Aéroport pour hélicoptères.
héliporté, e adj Transporté par hélicoptère : *troupes héliportées*.
hélitreuiller vt Hisser des personnes, des charges à bord d'un hélicoptère en vol stationnaire, au moyen d'un treuil : *hélitreuiller un alpiniste en difficulté*.
hélium nm Gaz léger qui existe en petite quantité dans l'air ; symb : He.
hélix nm **1.** ANAT Repli de l'oreille externe. **2.** ZOOL Escargot.
hellébore nm Plante vivace, de la famille des renonculacées (on écrit aussi *ellébore*).
hellène adj et n De la Grèce ancienne.
hellénique adj Relatif à la Grèce.
hellénisant, e ou **helléniste** n Spécialiste de la langue et de la civilisation grecques.
helléniser vt Donner un caractère grec à.
hellénisme nm **1.** Civilisation grecque. **2.** Expression particulière à la langue grecque.
hellénistique adj Se dit de la période de la civilisation grecque allant de la conquête d'Alexandre (IVe s. av. J.-C.) à la conquête romaine (IIe s. av. J.-C.).
***hello** interj Sert à saluer ou à appeler.
helminthe nm MÉD Ver parasite.
helminthiase nf Maladie causée par des vers intestinaux.
helvète ou **helvétique** adj et n De la Suisse.
helvétisme nm Mot ou expression particuliers au français parlé en Suisse romande.
***hem** interj Marque le doute.
hématie [emasi] nf Globule rouge du sang, coloré par l'hémoglobine.
hématite nf Oxyde ferrique naturel.
hématologie nf Étude scientifique du sang.
hématologiste ou **hématologue** n Spécialiste d'hématologie.
hématome nm Épanchement de sang dans une cavité naturelle ou sous la peau.
hématose nf Transformation du sang veineux en sang artériel.
hématozoaire nm Parasite du sang, agent du paludisme.
hématurie nf MÉD Émission de sang par les voies urinaires.
hémicycle nm **1.** Tout espace disposé en demi-cercle. **2.** Amphithéâtre semi-circulaire. ■ **l'Hémicycle** : l'hémicycle de l'Assemblée nationale.
hémiplégie nf Paralysie d'une moitié du corps.
hémiplégique adj et n Relatif à l'hémiplégie ; atteint d'hémiplégie.
hémiptère nm Insecte à élytres courts, parfois sans ailes, et à suçoir (cigale, puceron).
hémisphère nm **1.** Moitié d'une sphère, en particulier chacune des deux moitiés du globe terrestre ou de la sphère céleste, séparées par l'équateur. **2.** Chacune des deux moitiés du cerveau : *hémisphères cérébraux*.

GRAMMAIRE *Hémisphère* est un mot masculin, malgré son radical féminin *sphère* et contrairement à *atmosphère*.

hémisphérique adj En forme d'hémisphère.
hémistiche nm Moitié ou partie d'un vers séparé par la césure.
hémocompatible adj MÉD Se dit d'une personne dont le groupe sanguin est compatible avec un autre.
hémoculture nf Ensemencement d'un milieu de culture avec le sang d'un malade pour rechercher les microbes pathogènes.
hémoglobine nf Pigment rouge du sang.
hémogramme nm Résultat de l'étude quantitative et qualitative des cellules sanguines.
hémolyse nf Destruction des globules rouges du sang.
hémophile adj et n Atteint d'hémophilie.
hémophilie nf Maladie héréditaire caractérisée par un retard ou une absence de coagulation du sang.
hémoptysie nf Crachement de sang.
hémorragie nf **1.** MÉD Écoulement de sang important. **2.** FIG Fuite, perte : *une hémorragie de devises*.
hémorragique adj MÉD Relatif à l'hémorragie.
hémorroïde nf Varice des veines de l'anus.
hémostase nf MÉD Arrêt d'une hémorragie.
hémostatique adj et nm Propre à arrêter les hémorragies : *remède hémostatique*.
hendécagone nm Polygone à onze côtés.
***henné** nm Plante d'Arabie dont les feuilles fournissent une teinture rouge ; cette teinture utilisée sur les cheveux.
***hennin** nm ANC Coiffure féminine, haute et conique, au Moyen Âge.
***hennir** vi Pousser son cri, en parlant du cheval.
***hennissement** nm Cri du cheval.

***hep** interj Sert à appeler, à interpeller.

héparine nf Substance anticoagulante extraite du foie.

hépatique adj Relatif au foie.

hépatite nf Inflammation du foie . SYN : jaunisse.

heptaèdre nm MATH Solide à sept faces.

heptagonal, e, aux adj À sept côtés.

heptagone nm Polygone qui a sept angles.

heptamètre nm et adj Vers de sept pieds.

héraldique nf Étude des blasons et des armoiries. ◆ adj Relatif au blason, aux armoiries.

***héraut** nm LITT Personne chargée d'annoncer publiquement une nouvelle.

herbacé, e adj Qui a l'aspect, qui est de la nature de l'herbe : *plante herbacée.*

herbage nm Pâturage permanent.

herbe nf **1.** Plante dont la tige verte et molle meurt chaque année : *herbes médicinales.* **2.** Végétation naturelle composée de plantes herbacées : *s'allonger dans l'herbe.* **3.** FAM Hachisch, marijuana : *fumer de l'herbe.* ■ FIG **couper l'herbe sous les pieds de quelqu'un** : le devancer, le supplanter. ❑ **en herbe** : en puissance : *artiste en herbe.* ❑ **fines herbes** : plantes employées comme assaisonnement. ❑ **mauvaise herbe** : (a) nuisible aux cultures (b) FIG personne jeune dont on ne peut rien attendre de bon.

herbe-aux-chats nf **1.** → **cataire.** **2.** → **valériane.**

herbeux, euse adj LITT Où l'herbe croît : *plaines herbeuses.*

herbicide adj et nm Se dit d'un produit qui détruit les mauvaises herbes.

herbier nm Collection de plantes desséchées et conservées entre des feuilles de papier.

herbivore adj et nm Qui se nourrit d'herbe : *les ruminants sont tous des herbivores.*

herborisation nf Action d'herboriser.

herboriser vi Recueillir des plantes pour les étudier, pour en faire un herbier, etc.

herboriste n Personne qui vend des herbes à usage médicinal.

herboristerie nf Commerce, boutique de l'herboriste.

herbu, e adj Couvert d'herbe.

hercule nm Homme très robuste.

herculéen, enne adj Digne d'Hercule, d'un hercule : *travail herculéen.*

hercynien, enne adj Relatif à un plissement géologique de l'ère primaire (Vosges, Bretagne, Massif central, etc.).

***hère** nm ■ LITT **pauvre hère** : homme misérable.

héréditaire adj Transmis par hérédité.

héréditairement adv De façon héréditaire.

hérédité nf **1.** Transmission des caractères génétiques d'une génération aux suivantes : *les lois de l'hérédité.* **2.** Transmission par succession : *l'hérédité de la couronne.*

hérésiarque nm Auteur ou propagateur d'une hérésie.

hérésie nf Doctrine en opposition avec une doctrine officielle ou les opinions communément admises, notamment dans la religion chrétienne.

hérétique adj Qui tient de l'hérésie. ◆ n Qui professe une hérésie.

***hérissé, e** adj **1.** Dressé : *cheveux hérissés.* **2.** Qui présente des pointes, des piquants. ■ FIG **hérissé de** : rempli, parsemé de : *hérissé de difficultés.*

***hérissement** nm État de ce qui est hérissé.

***hérisser** vt **1.** Garnir de pointes, de piquants : *hérisser un mur de tessons de bouteille.* **2.** Faire dresser : *un grincement qui hérisse le poil.* **3.** FIG Irriter, indigner : *ces injustices la hérissent.* ◆ **se hérisser** vpr **1.** Se dresser, en parlant des cheveux, du poil. **2.** FIG S'irriter, être sur la défensive : *il se hérisse à la moindre remarque.*

***hérisson** nm **1.** Mammifère insectivore au corps couvert de piquants. **2.** Brosse métallique sphérique pour ramoner les cheminées.

héritage nm **1.** Bien ou ensemble de biens transmis par succession. **2.** FIG Ce qui est transmis par les parents, par les générations précédentes : *l'héritage culturel.*

hériter vt et vt ind [de] **1.** Recevoir par héritage : *hériter une maison de ses parents ; hériter d'une fortune.* **2.** Recevoir par hérédité : *hériter des yeux bleus de sa mère.*

héritier, ère n **1.** Personne qui hérite ou doit hériter. **2.** FIG Personne qui recueille et continue une tradition.

hermaphrodisme nm Présence, chez un même individu, des organes reproducteurs des deux sexes.

hermaphrodite adj et n Qui présente les organes reproducteurs des deux sexes . SYN : bisexué.

herméneutique nf Science de la critique et de l'interprétation des textes bibliques.

herméticité nf Qualité de ce qui est hermétique.

hermétique adj **1.** Qui ferme parfaitement : *couvercle, boîte hermétique.* **2.** Difficile à comprendre : *tenir un discours hermétique.*

hermétiquement adv D'une manière hermétique : *hermétiquement clos*.

hermétisme nm Caractère de ce qui est hermétique, difficile à comprendre.

hermine nf Mammifère carnassier dont le pelage, fauve l'été, devient blanc l'hiver.

***herniaire** adj ■ **bandage herniaire** : pour comprimer une hernie.

***hernie** nf Sortie d'un organe ou d'une partie d'organe hors de sa cavité naturelle : *hernie ombilicale*.

héroï-comique (pl *héroï-comiques*) adj **1.** Se dit d'une œuvre littéraire qui mêle l'héroïque et le comique, qui traite sur le ton épique un thème commun ou ridicule. **2.** Qui comporte des épisodes à la fois tragiques et cocasses : *aventure héroï-comique*.

1. héroïne nf → **héros**.

2. héroïne nf Stupéfiant dérivé de la morphine.

héroïnomane n Toxicomane à l'héroïne.

héroïque adj **1.** Qui se conduit en héros : *soldat héroïque*. **2.** Digne d'un héros ; empreint d'héroïsme : *action héroïque ; une résolution héroïque*. ■ **temps héroïques** : qui se rapportent au début, aux premiers temps de quelque chose : *les temps héroïques de l'aviation*.

héroïquement adv De façon héroïque.

héroïsme nm **1.** Courage exceptionnel ; grandeur d'âme hors du commun. **2.** Caractère héroïque d'une personne, d'une action.

***héron** nm Oiseau échassier à long bec, au cou long et grêle.

1. *héros nm MYTH Demi-dieu.

2. *héros, héroïne n **1.** Personnage principal d'une œuvre de fiction ; personne qui tient l'un des rôles les plus importants dans une action réelle. **2.** Personne qui se distingue par ses actions éclatantes, son courage face au danger : *un héros de la Résistance*.

> PHONÉTIQUE *Héros* a un *h* aspiré qui interdit l'élision et la liaison, contrairement à *héroïne*, dont le *h* est muet. On dit par conséquent *le héros* mais *l'héroïne*.

herpès [ɛrpɛs] nm Éruption cutanée d'origine virale.

herpétique adj De la nature de l'herpès.

***hersage** nm Action de herser.

***herse** nf **1.** AGRIC Instrument comprenant plusieurs rangées de dents, pour travailler le sol en surface. **2.** HIST Grille armée de pointes qu'on abaissait pour fermer les portes d'une place forte, d'un château.

***herser** vt AGRIC Passer la herse.

hertz nm Unité de mesure de fréquence ; symb : Hz.

hertzien, enne adj Relatif aux ondes et aux phénomènes radioélectriques.

hésitant, e adj Qui hésite ; qui traduit l'hésitation.

hésitation nf Action d'hésiter.

hésiter vi **1.** Être indécis, irrésolu : *hésiter avant d'accepter*. **2.** Marquer son indécision, son embarras : *parler en hésitant*.

hétaïre [etair] nf ANTIQ GR Courtisane.

hétérochromosome nm Chromosome dont dépend le sexe de l'œuf fécondé.

hétéroclite adj Composé d'éléments disparates.

hétérodoxe adj et n Qui s'oppose à une doctrine ou à une opinion reçue considérée comme vraie.

hétérodoxie nf **1.** Caractère de ce qui est hétérodoxe. **2.** Non-conformisme.

hétérodyne nf Appareil permettant de produire des oscillations de haute fréquence, pures ou modulées.

hétérogamie nf BIOL Fusion de deux gamètes plus ou moins dissemblables (cas le plus fréquent) . CONTR : **isogamie**.

hétérogène adj Composé d'éléments de nature différente ; disparate.

hétérogénéité nf Caractère de ce qui est hétérogène.

hétérosexualité nf Attirance sexuelle pour le sexe opposé.

hétérosexuel, elle adj et n Qui est attiré par le sexe opposé.

hétérozygote adj et n Se dit des individus dont le patrimoine génétique comprend des gènes paternels et maternels à caractères différents.

***hêtre** nm Grand arbre à bois blanc dont les fruits sont les faines ; bois de cet arbre.

***heu** interj Marque l'étonnement, le doute, l'indifférence.

heur nm ■ LITT **n'avoir pas l'heur de** : ne pas avoir la chance de.

heure nf **1.** Vingt-quatrième partie du jour : *il part dans deux heures ; en avion, Paris est à une heure de Londres ; être payé à l'heure*. **2.** Moment précis du jour déterminé par référence à un système conventionnel : *il est trois heures ; heure de New York ; heure d'été*. **3.** Moment du jour déterminé par une activité quelconque : *l'heure du dîner, du départ ; heure de fermeture*. **4.** Période de la vie ; moment : *connaître des heures difficiles*. ■ **à cette heure** : en ce moment précis. ❑ **à**

la bonne heure : voilà qui est bien. ❑ **à toute heure :** continuellement. ❑ **de bonne heure :** tôt. ❑ **être à l'heure :** (a) donner l'heure juste, en parlant d'une montre (b) arriver à l'heure convenue, en parlant d'une personne. ❑ FAM **passer un mauvais quart d'heure :** un moment désagréable. ❑ FAM **remettre les pendules à l'heure :** faire le point, réajuster un comportement, une attitude. ❑ **sur l'heure :** à l'instant même. ❑ **tout à l'heure :** dans un moment. ◆ **heures** pl ■ **livre d'heures :** recueil de prières, au Moyen Âge.

heureusement adv **1.** Par bonheur : *heureusement, le train était en retard.* **2.** De manière avantageuse, favorable, harmonieuse : *terminer heureusement une affaire ; couleurs heureusement assorties.*

heureux, euse adj **1.** Qui jouit du bonheur, qui est satisfait de son sort : *un homme heureux.* **2.** Qui traduit le bonheur, le succès : *une issue heureuse.* **3.** Qui est favorisé par le sort ; chanceux : *joueur heureux.* **4.** Favorable, avantageux : *circonstance heureuse ; particulièrement réussi ;* juste, adéquat : *une heureuse alliance de classicisme et de modernisme.* ◆ n Personne heureuse : *cette décision va faire des heureux.*

***heurt** [œr] nm **1.** Choc, cahot. **2.** FIG Désaccord.

***heurté, e** adj FIG Qui présente des contrastes, des oppositions : *style heurté.*

***heurter** vt **1.** Choquer rudement : *sa tête a heurté le mur.* **2.** FIG Contrarier, déplaire : *ses manières heurtent son entourage.* ◆ **se heurter** vpr [à] **1.** Buter contre : *se heurter à un lampadaire.* **2.** Rencontrer une difficulté : *se heurter à un refus, à l'incompréhension des autres.* **3.** Entrer en conflit avec : *se heurter continuellement à quelqu'un.* **4.** Contraster violemment : *couleurs qui se heurtent.*

***heurtoir** nm **1.** Marteau de porte. **2.** CH DE F Butoir d'une voie en cul-de-sac.

hévéa nm Arbre à caoutchouc.

hexachlorure [ɛgzaklɔryr] nm Chlorure dont la molécule contient six atomes de chlore.

hexaèdre nm Solide à six faces.

hexagonal, e, aux adj À six côtés.

hexagone nm Polygone à six angles. ■ **l'Hexagone :** la France métropolitaine.

hexamètre nm Vers de six syllabes.

hexapode adj Qui a six pattes : *les insectes sont des hexapodes.*

hiatus [jatys] nm **1.** Juxtaposition de deux voyelles, à l'intérieur d'un mot (EX : *aorte*) ou entre deux mots (EX : *il alla à Amiens*). **2.** FIG Discontinuité, interruption, décalage entre deux faits : *hiatus entre la théorie et les faits.*

hibernal, e, aux adj **1.** Qui a lieu en hiver. **2.** Relatif à l'hibernation : *sommeil hibernal.*

hibernation nf Fait d'hiberner. ■ **hibernation artificielle :** refroidissement artificiel du corps humain dans un but chirurgical ou thérapeutique.

hiberner vi **1.** Passer l'hiver dans l'engourdissement, en parlant de certains animaux (marmotte, loir, etc.). **2.** FIG Rester chez soi sans voir personne ; être dans un état d'inertie, d'improductivité.

VOCABULAIRE Il faut distinguer *hiberner,* «passer l'hiver en sommeil, en inactivité», et *hiverner,* «passer l'hiver, la mauvaise saison, à l'abri».

hibiscus [ibiskys] nm Arbre tropical.

***hibou** (pl *hiboux*) nm Oiseau de proie nocturne.

***hic** nm inv FAM Nœud de la question, difficulté : *voilà le hic.*

hidalgo nm LITT Noble espagnol, gentilhomme.

***hideusement** adv De façon hideuse.

***hideux, euse** adj **1.** Horrible à voir : *spectacle hideux.* **2.** Qui provoque un dégoût moral ; ignoble : *guerre hideuse.*

***hidjab** [idʒab] nm Foulard que porte une femme musulmane pour respecter l'obligation de pudeur.

hier [ijɛr] adv **1.** Le jour précédant celui où l'on est : *je l'ai vu hier.* **2.** Dans un passé récent. ■ FAM **ne pas dater d'hier :** être ancien. ❑ FAM **ne pas être né d'hier :** avoir de l'expérience, savoir à quoi s'en tenir.

***hiérarchie** nf Ordre, classement à l'intérieur d'un groupe, d'un ensemble.

***hiérarchique** adj Qui relève de la hiérarchie, fondé sur la hiérarchie : *voie hiérarchique.*

***hiérarchiquement** adv De façon hiérarchique ; selon une hiérarchie.

***hiérarchisation** nf Action de hiérarchiser.

***hiérarchiser** vt Régler, organiser d'après un ordre hiérarchique.

***hiérarque** nm Personne occupant une place importante dans un domaine quelconque.

hiératique adj LITT D'une raideur solennelle, figée : *attitude hiératique.*

hiératisme nm Attitude, caractère hiératique.

***hiéroglyphe** nm **1.** Caractère de l'écriture des anciens Égyptiens. **2.** FIG Écriture difficile à déchiffrer.

***hiéroglyphique** adj Formé de hiéroglyphes.

hiérophante nm ANTIQ GR Prêtre présidant aux mystères d'Éleusis.

***hi-fi** nf inv (abréviation) Haute-fidélité.

hilarant, e adj Qui provoque le rire, l'hilarité. ■ CHIM **gaz hilarant** : protoxyde d'azote.

hilare adj Qui rit beaucoup, d'une grande gaieté.

hilarité nf Explosion de rire.

***hindi** [indi] nm Langue dérivée du sanskrit et parlée en Inde.

hindou, e adj Relatif à l'hindouisme. ◆ n Adepte de l'hindouisme.

hindouisme nm Religion polythéiste de l'Inde.

***hip-hop** nm inv et adj inv Mouvement socioculturel né aux États-Unis et s'exprimant dans des graffs, des tags et le rap.

***hippie** (pl *hippies*) n et adj Adepte d'un mouvement des années 1960 fondé sur la non-violence et l'hostilité à la société de consommation, et prônant la vie en communauté et la liberté en tous domaines.

hippique adj Relatif à l'hippisme, à l'équitation.

hippisme nm Sport hippique.

hippocampe nm Poisson de mer dit, à cause de la forme de sa tête, *cheval marin*.

hippodrome nm Champ de courses hippiques.

hippogriffe nm ANTIQ Animal fabuleux ailé, moitié cheval, moitié griffon.

hippologie nf Étude du cheval.

hippomobile adj Mû par un ou plusieurs chevaux : *voiture hippomobile*.

hippophagique adj ■ **boucherie hippophagique** : où l'on vend de la viande de cheval.

hippopotame nm **1.** Mammifère pachyderme vivant dans les fleuves d'Afrique. **2.** FAM Personne énorme.

hippurique adj ■ **acide hippurique** : qui existe dans l'urine des herbivores et de l'homme.

hircin, e adj Du bouc.

hirondelle nf Oiseau passereau migrateur, à bec large, à queue fourchue, aux ailes longues. ■ **hirondelle de mer** : sterne.

hirsute adj Dont les cheveux ou la barbe sont en désordre.

hispanique adj De l'Espagne.

hispanisant, e ou **hispaniste** n Spécialiste de la langue et de la civilisation espagnoles.

hispanisme nm Mot, locution propres à la langue espagnole.

hispano-américain, e (pl *hispano-américains, es*) adj et n De l'Amérique de langue espagnole : *les Hispano-Américains*.

hispanophone adj et n De langue espagnole.

***hisser** vt Tirer vers le haut : *hisser les voiles*.

histogenèse nf Formation et développement des différents tissus de l'embryon.

histogramme nm Graphique représentant la distribution d'une variable statistique, au moyen de rectangles.

histoire nf **1.** Ensemble des faits et des événements passés : *aimer l'histoire ; l'histoire de France*. **2.** Science qui étudie le passé et notamment la période connue par des documents écrits : *histoire et préhistoire ; licence d'histoire ;* mémoire que la postérité garde du passé : *son nom est entré dans l'histoire*. **3.** Étude, récit du passé relatif à une période, à un thème ou à une personne en particulier : *histoire de l'aéronautique*. **4.** Récit de faits réels ou fictifs : *histoire triste, drôle*. **5.** Affaire, aventure : *il lui est arrivé une drôle d'histoire*. ◆ **histoires** pl Propos mensongers : *raconter des histoires*. ■ FAM **faire des histoires** : chercher des complications, faire des embarras.

histologie nf MÉD Étude des tissus constituant les êtres vivants.

histologique adj Relatif à l'histologie.

historicité nf Caractère historique de quelque chose : *l'historicité d'un récit*.

historié, e adj Orné de scènes narratives avec des personnages.

historien, enne n Spécialiste d'histoire, auteur d'ouvrages d'histoire.

historiette nf Anecdote ; petit récit.

historiographe nm Écrivain chargé d'écrire l'histoire de son temps ou d'un souverain.

historiographie nf **1.** Travail de l'historiographe. **2.** Ensemble des documents historiques relatifs à une question.

historique adj **1.** Relatif à l'histoire, à l'étude du passé : *recherches, travaux historiques*. **2.** Qui appartient à l'histoire ; attesté par l'histoire : *fait historique*. **3.** Digne d'être conservé par l'histoire ; célèbre : *mot historique*. **4.** Qui remonte aux origines d'une entreprise, d'un mouvement politique, etc. : *chef historique*. ◆ nm Narration, exposé chronologique : *faire un historique*.

historiquement adv Du point de vue historique.

histrion nm LITT Personne bouffonne.

***hit** [it] nm FAM Grand succès obtenu par un disque : *cette chanson est un hit.*

hitlérien, enne adj Relatif à la doctrine de Hitler. ◆ n Partisan du régime instauré par Hitler.

hitlérisme nm Doctrine de Hitler ; national-socialisme.

***hit-parade** (pl *hit-parades*) nm Palmarès, cote de popularité obtenu par une chanson, une vedette, etc.

***hittite** adj Relatif aux Hittites.

HIV [aʃive] nm (sigle de *human immunodeficiency virus*) VIH.

hiver nm La plus froide des quatre saisons de l'année (21 ou 22 décembre-20 ou 21 mars, dans l'hémisphère Nord).

hivernage nm **1.** Saison des pluies, dans les régions tropicales. **2.** Temps de relâche pour les navires, en hiver. **3.** Séjour des troupeaux à l'étable pendant l'hiver.

hivernal, e, aux adj De l'hiver.

hivernale nf Ascension en haute montagne durant l'hiver.

hiverner vi Passer l'hiver à l'abri : *troupeaux qui hivernent.*

VOCABULAIRE Il faut bien distinguer *hiverner* et *hiberner*. Voir ce mot.

HLM nm ou nf (sigle de *habitation à loyer modéré*) Immeuble construit sous l'impulsion des pouvoirs publics et dont les logements sont destinés à des familles aux revenus modestes.

***ho** interj Sert à appeler, à témoigner l'étonnement, l'admiration, etc.

***hobby** [ɔbi] (pl *hobbys* ou *hobbies*) nm Activité que l'on pratique pour son seul plaisir ; passe-temps.

***hobereau** nm LITT Gentilhomme campagnard.

***hochement** nm Action de hocher la tête ; ce mouvement.

***hochepot** nm Ragoût de bœuf, d'oie, avec des marrons, des navets (spécialité flamande).

***hochequeue** nm Bergeronnette.

***hocher** vt ■ **hocher la tête :** la secouer de bas en haut ou de droite à gauche.

***hochet** nm Petit jouet à grelot, pour les bébés.

***hockey** [ɔkɛ] nm Jeu de balle collectif pratiqué avec une crosse sur gazon. ■ **hockey sur glace :** jeu analogue pratiqué sur la glace par des patineurs.

***hockeyeur, euse** n Joueur, joueuse de hockey.

hoir nm DR, VX Héritier direct.

hoirie nf DR, VX Héritage.

***holà** interj Sert pour appeler, pour arrêter, etc. ◆ nm inv ■ **mettre le holà :** faire cesser quelque chose, rétablir l'ordre.

***holding** [ɔldiŋ] nf ou nm Société anonyme qui contrôle, grâce à ses participations financières, un groupe d'entreprises de même nature.

***hold-up** [ɔldœp] nm inv Attaque à main armée, organisée en vue de dévaliser une banque, un bureau de poste, etc.

***hollandais, e** adj et n De la Hollande : *les Hollandais.* ◆ **hollandaise** nf et adj f Frisonne.

***hollande** nm Fromage de Hollande, à croûte rouge.

***hollywoodien, enne** adj De Hollywood : *le cinéma hollywoodien.*

holocauste nm Massacre d'un grand nombre de personnes, génocide. ■ **l'Holocauste :** extermination des Juifs par les nazis entre 1939 et 1945.

hologramme nm Image obtenue par holographie.

holographie nf Méthode de photographie en relief utilisant les interférences produites par deux faisceaux lasers.

holothurie nf Échinoderme dont certaines espèces sont consommées en Orient.

***homard** nm Crustacé à chair très appréciée, à grosses pinces.

***home** [om] nm ■ **home d'enfants :** centre d'accueil pour enfants, en particulier durant les vacances.

homélie nf **1.** RELIG Sermon, au cours de la messe. **2.** LITT Discours moralisateur.

homéopathe n et adj Médecin qui pratique l'homéopathie.

homéopathie nf Système thérapeutique qui consiste à traiter les malades à l'aide d'agents qui déterminent une affection analogue à celle qu'on veut combattre . CONTR : allopathie.

homéopathique adj Propre à l'homéopathie.

homérique adj **1.** Relatif à Homère : *légende homérique.* **2.** FIG Inoubliable, fabuleux : *souvenir homérique.*

homicide nm Action de tuer, volontairement ou non, un être humain : *homicide involontaire.* ◆ n et adj Personne qui tue quelqu'un ou qui cherche à le tuer : *intentions homicides.*

hominien nm Primate actuel ou fossile.

hommage nm Marque de courtoisie ou de respect. ■ **rendre hommage à :** témoigner son estime, son admiration pour : *rendre hommage à la loyauté de quelqu'un.*

◆ **hommages** pl ■ **présenter ses hommages :** saluer avec civilité.

hommasse adj f PÉJOR Se dit d'une femme dont l'aspect, la voix, les manières évoquent ceux d'un homme.

homme nm **1.** L'être humain (par opposition aux *animaux*) : *le rire est le propre de l'homme.* **2.** Personne de sexe masculin (par opposition à *femme*) : *profession autrefois réservée aux hommes ; vêtement d'homme.* **3.** Adulte de sexe masculin (par opposition à *enfant, adolescent*) : *tu deviendras un homme, mon fils.* **4.** Individu d'un groupe : *une armée de dix mille hommes.* **5.** Personne de sexe masculin considérée du point de vue de ses qualités, de celles attribuées à son sexe ou de ses caractéristiques sociales ou professionnelles : *un brave homme ; un homme d'affaires.* ■ **d'homme à homme :** en toute franchise : *parlons d'homme à homme.* ❑ **grand homme :** dont la vie et les actions provoquent l'admiration, le respect (à ne pas confondre avec un *homme grand*, de grande taille). ❑ **homme de lettres :** écrivain. ❑ **homme de loi :** magistrat, avocat, etc. ❑ **homme de main :** qui agit pour le compte d'un autre. ❑ **homme de paille :** prête-nom dans une affaire malhonnête. ❑ **homme d'État :** homme politique qui exerce ou a exercé des fonctions à la tête du pouvoir exécutif d'un État.

homme-grenouille (pl *hommes-grenouilles*) nm Plongeur muni d'un équipement spécial lui permettant de respirer et de travailler un certain temps sous l'eau.

homme-orchestre (pl *hommes-orchestres*) nm Personne aux compétences multiples.

homme-sandwich (pl *hommes-sandwichs*) nm Homme qui promène sur lui deux panneaux publicitaires, l'un sur son dos, l'autre sur sa poitrine.

***hommos** nm → ***houmous**.

homogène adj **1.** Formé d'éléments de même nature. **2.** FIG Qui présente une harmonie entre ses divers éléments : *une équipe homogène.*

homogénéisation nf Action de rendre homogène.

homogénéisé, e adj ■ **lait homogénéisé :** dont on a réduit la dimension des globules gras, empêchant ainsi la séparation de la crème.

homogénéiser vt Rendre homogène.

homogénéité nf Caractère de ce qui est homogène.

homographe adj et nm GRAMM Se dit d'un mot qui a la même orthographe qu'un autre mais un sens différent (EX : *bière*, «boisson», et *bière*, «cercueil»).

homographie nf Caractère des mots homographes.

homogreffe nf Greffe dans laquelle le greffon est pris sur un sujet de même espèce que le sujet greffé.

homologation nf Action d'homologuer.

homologue adj **1.** Qui correspond à ; équivalent : *amiral est un grade homologue à celui de général.* **2.** CHIM Se dit de corps organiques remplissant les mêmes fonctions. ◆ n Personne qui est dans les mêmes conditions de vie, de travail qu'une autre : *le ministre des Finances a parlé à son homologue allemand.*

VOCABULAIRE *Homologue*, «équivalent», est à distinguer de *analogue*, «comparable, ressemblant».

homologuer vt **1.** Confirmer, enregistrer officiellement. **2.** SPORTS Reconnaître officiellement : *homologuer un record.*

homonyme adj et nm GRAMM Se dit d'un mot qui présente la même forme graphique (homographe) ou phonique (homophone) qu'un autre, mais qui en diffère par le sens (EX : *cousin*, «insecte», et *cousin*, «parent», ou, *saint, sein, seing, ceint*). ◆ n Personne qui porte le même nom qu'une autre.

homonymie nf Qualité de ce qui est homonyme.

homophone adj et nm GRAMM Se dit d'un mot qui a la même prononciation qu'un autre mais un sens différent (EX : *sceau, seau* et *sot*).

homosexualité nf Sexualité tournée vers les personnes du même sexe.

homosexuel, elle adj et n Qui éprouve une affinité sexuelle pour les personnes de son sexe.

homozygote adj et n BIOL Se dit d'un être dont les cellules possèdent en double le gène d'un caractère donné.

***hongre** n et adj m Cheval châtré.

***hongrois, e** adj et n De Hongrie : *les Hongrois.* ◆ nm Langue des Hongrois.

honnête adj **1.** Probe, juste, intègre : *un commerçant honnête.* **2.** Correct, convenable : *un prix honnête.*

honnêtement adv Avec honnêteté.

honnêteté nf Qualité d'une personne honnête.

honneur nm **1.** Sentiment que l'on a de sa propre dignité : *sauver son honneur ; c'est tout à ton honneur.* **2.** Personne ou chose dont on est fier : *c'est l'honneur de sa famille.* **3.** Démonstration d'estime, de respect : *donner une fête en l'honneur de quelqu'un.* ■ **affaire d'honneur :** qui met en cause la réputation de quelqu'un.

❏ **demoiselle, garçon d'honneur :** qui accompagne un cortège nuptial. ❏ **faire honneur à :** se montrer digne de : *elle fait honneur à sa réputation.* ❏ FAM **faire honneur à (une boisson, un mets) :** les déguster avec plaisir et sans en laisser. ❏ **Légion d'honneur :** ordre national français. ❏ **parole d'honneur :** qui engage solennellement. ❏ **point d'honneur :** sur lequel on joue sa réputation. ❏ **rendre honneur à :** honorer, rendre hommage. ❏ **tomber au champ d'honneur :** mourir lors d'un combat militaire. ◆ **honneurs** pl Marques d'intérêt ou de distinction : *aspirer aux honneurs ; avoir les honneurs de la presse.*

***honnir** vt LITT Couvrir de honte, accabler de son mépris. ■ **honni soit qui mal y pense :** devise de l'ordre anglais de la Jarretière.

honorabilité nf Qualité d'une personne honorable.

honorable adj **1.** Digne d'être honoré ; estimable. **2.** Convenable, suffisant : *résultats honorables.* **3.** Qui fait honneur, qui attire la considération : *action honorable.*

honorablement adv D'une manière honorable.

honoraire adj Qui porte un titre honorifique sans exercer les fonctions correspondantes : *membre honoraire.* ◆ **honoraires** nm pl Rétribution des professions libérales : *honoraires d'un médecin.*

honoré, e adj Flatté et fier : *je suis très honoré de cette distinction.*

honorer vt **1.** Témoigner de l'estime, de l'admiration pour : *honorer le talent d'un poète.* **2.** Procurer de l'honneur, de la considération à : *ses scrupules l'honorent.* **3.** Être présent, participer à : *honorer une réunion.* ■ **honorer sa signature :** remplir ses engagements financiers. ❏ FIG **honorer un chèque :** le payer.

honorifique adj Qui procure des honneurs : *fonctions honorifiques.*

***honoris causa** [ɔnɔriskoza] loc adj inv Conféré à titre honorifique, en parlant d'un grade universitaire.

***honte** nf **1.** Sentiment de culpabilité, d'humiliation éprouvé à la suite d'une action ou d'une attitude répréhensible, malhonnête, etc. : *rougir de honte ; avoir honte.* **2.** Chose ou personne qui provoque ce sentiment : *cette guerre est une honte.* ■ **faire honte à :** être un sujet de déshonneur pour.

***honteusement** adv D'une façon honteuse : *agir honteusement.*

***honteux, euse** adj **1.** Qui éprouve de la honte. **2.** Qui cause de la honte.

***hooligan** [uligan] nm Supporter qui se livre à des actes de violence et de vandalisme lors d'une rencontre sportive.

***hooliganisme** nm Comportement des hooligans.

***hop** interj Sert à stimuler, à faire sauter ou à exprimer une action brusque.

hôpital (pl *hôpitaux*) nm Établissement public ou privé où se pratiquent des actes médicaux et chirurgicaux. ■ **hôpital de jour :** service hospitalier où les malades sont pris en traitement pendant la journée puis rentrent dormir chez eux.

hoplite nm ANTIQ GR Fantassin.

***hoquet** nm Contraction brusque du diaphragme : *avoir le hoquet.*

***hoqueter** vi (conj 8) Être secoué de hoquets, de sanglots, etc.

horaire adj **1.** Relatif aux heures de la journée : *tableau horaire.* **2.** Par heure : *fiche, salaire horaire.* ◆ nm **1.** Tableau, document indiquant des heures d'arrivée et de départ. **2.** Répartition des heures de travail ; emploi du temps.

***horde** nf LITT Bande, groupe : *horde de brigands.*

***horion** nm LITT Coup violent donné à quelqu'un.

horizon nm **1.** Ligne circulaire dont l'observateur est le centre et où le ciel et la terre semblent se joindre ; partie du ciel, de la terre que borne cette ligne. **2.** FIG Perspective : *horizon social ; ouvrir de nouveaux horizons.*

horizontal, e, aux adj Perpendiculaire à un plan vertical donné. ◆ **horizontale** nf Ligne horizontale. ■ **à l'horizontale :** en position horizontale, couchée.

horizontalement adv Parallèlement à l'horizon.

horizontalité nf Caractère de ce qui est horizontal.

horloge nf Appareil, avec ou sans sonnerie, qui indique les heures. ■ **horloge biologique :** mécanismes internes qui déterminent les rythmes d'activité du corps humain. ❏ **horloge parlante :** horloge et service donnant l'heure par téléphone, de façon continue.

horloger, ère adj De l'horlogerie : *l'industrie horlogère.* ◆ n Personne qui fabrique, vend, répare des horloges, des montres, etc.

horlogerie nf Magasin, commerce, industrie de l'horloger.

***hormis** prép SOUT À l'exception de : *hormis deux ou trois.*

hormonal, e, aux adj Relatif aux hormones : *insuffisance hormonale.*

hormone nf Substance sécrétée par une glande et qui, transportée par le sang, agit sur les organes ou intervient dans des processus biochimiques.

***hornblende** [ɔrnblɛ̃d] nf Silicate naturel d'aluminium, de calcium, etc.

horodaté, e adj Qui porte l'indication de la date et de l'heure : *ticket horodaté.* ■ **stationnement horodaté :** stationnement payant qui se fait à l'aide d'horodateurs.

horodateur, trice nm et adj Appareil qui imprime la date et l'heure sur certains documents.

horoscope nm Ensemble des prédictions que les astrologues déduisent de la position des astres au moment de la naissance de quelqu'un.

horreur nf **1.** Violente impression de répulsion, d'effroi, causée par quelque chose d'affreux : *être saisi d'horreur.* **2.** Caractère de ce qui inspire ce sentiment : *l'horreur d'un crime.* **3.** Ce qui inspire le dégoût : *cet article de journal est une horreur.* ■ **avoir horreur de :** détester. ❑ **faire horreur :** dégoûter. ◆ **horreurs** pl Paroles, écrits obscènes, orduriers : *dire des horreurs.*

horrible adj **1.** Qui provoque un sentiment d'horreur : *crime horrible.* **2.** PAR EXT Extrême, excessif : *bruit horrible.* **3.** Très mauvais : *temps horrible.*

horriblement adv **1.** De façon horrible. **2.** Extrêmement.

horrifiant, e adj Qui horrifie.

horrifier vt Remplir d'horreur ou d'effroi.

horripilant, e adj Qui horripile, très agaçant.

horripiler vt Agacer, irriter : *ses manies m'horripilent.*

***hors** prép **1.** Indique l'extériorité ou l'exclusion : *représentation hors festival ; location hors saison ; exemplaires hors commerce.* **2.** Indique la supériorité : *hôtel hors catégorie.* **3.** SOUT Sauf, excepté : *hors cela.* ■ **hors concours :** qui n'est plus autorisé à concourir en raison de sa supériorité. ◆ **hors de** loc prép À l'extérieur, à l'écart de : *habiter hors de la ville ; objet hors de portée.* ■ **être hors de combat :** ne plus pouvoir combattre, être éliminé. ❑ **être hors de prix :** excessivement cher. ❑ **hors de question :** que l'on ne peut envisager. ❑ **hors de soi :** dans un état de violente agitation. ❑ **hors d'usage :** qui ne peut plus servir.

***hors-bord** nm inv Bateau propulsé par un moteur placé hors de la coque.

***hors-d'œuvre** nm inv **1.** Plat servi au début d'un repas. **2.** FIG Ce qui annonce, donne une idée de ce qui va suivre.

***hors-jeu** nm inv Au football, au rugby, faute commise par un joueur, entraînant une sanction.

***hors-la-loi** n inv Personne qui se met en dehors des lois ; bandit.

***hors-piste** ou ***hors-pistes** nm inv Ski pratiqué en dehors des pistes balisées.

***hors-texte** nm inv Illustration tirée à part et intercalée entre les pages d'un livre.

hortensia nm Plante à fleurs en boules blanches, bleues ou roses.

horticole adj Relatif à l'horticulture.

horticulteur, trice n Personne qui s'occupe d'horticulture.

horticulture nf Culture des fruits, des légumes, des plantes d'ornement.

hospice nm **1.** Établissement qui accueille les vieillards. **2.** Maison religieuse destinée à héberger les pèlerins, les voyageurs.

hospitalier, ère adj **1.** Propre à un hôpital : *services hospitaliers.* **2.** Qui exerce l'hospitalité, qui accueille volontiers : *peuple hospitalier.* ◆ n et adj Personne employée dans un hôpital.

hospitalisation nf Admission dans un hôpital.

hospitaliser vt Admettre dans un hôpital.

hospitalité nf Action d'accueillir, de recevoir chez soi avec bienveillance et cordialité.

hospitalo-universitaire (pl *hospitalo-universitaires*) adj ■ **centre hospitalo-universitaire (CHU) :** Établissement hospitalier où s'effectue l'enseignement des étudiants en médecine.

hostellerie nf Hôtel, restaurant de caractère, souvent situé à la campagne.

hostie nf Pastille de pain sans levain que le prêtre consacre à la messe, dans l'Église latine.

hostile adj **1.** Agressif : *attitude hostile.* **2.** Défavorable à : *se montrer hostile au progrès ; milieu hostile à l'homme.*

hostilement adv Avec hostilité.

hostilité nf Agressivité, opposition ; malveillance : *manifester son hostilité à un projet.* ◆ **hostilités** pl Opérations de guerre : *déclencher les hostilités.*

***hot dog** [ɔtdɔg] (pl *hot dogs*) nm Morceau de pain fourré d'une saucisse chaude.

1. hôte nm Personne qui est reçue chez quelqu'un ; invité.

EMPLOI En ce sens (moins usité), il est préférable d'employer les synonymes *invité, client,* pour éviter toute confusion avec *hôte, hôtesse.*

2. hôte, hôtesse n Personne qui donne l'hospitalité, qui reçoit quelqu'un chez elle.

hôtel nm **1.** Établissement commercial qui loue des chambres ou des appartements meublés pour un prix journalier. **2.** Édifice abritant certaines administrations : *hôtel de la monnaie ; hôtel des impôts.* ■ **hôtel de ville :** siège de l'autorité municipale. ❑ **hôtel particulier :** en ville, maison construite pour un riche particulier et sa famille. ❑ **maître d'hôtel :** chef du service de la table dans une grande maison, un restaurant.

hôtelier, ère n Personne qui tient une hôtellerie, un hôtel. ◆ adj Relatif à l'hôtellerie : *école hôtelière.*

hôtellerie nf **1.** Hôtel, restaurant élégant. **2.** Métier, profession des hôteliers.

1. hôtesse nf Femme chargée d'accueillir ou d'informer les visiteurs ou les clients : *hôtesse d'accueil.* ■ **hôtesse de l'air :** femme qui, dans un avion, accueille les passagers et veille à leur confort et à leur sécurité.

2. hôtesse nf → 2. hôte.

***hotte** nf **1.** Panier d'osier, long et large, porté sur le dos : *hotte de vendangeur.* **2.** Manteau de cheminée. **3.** Appareil électrique destiné à recueillir l'air chargé de vapeurs grasses dans une cuisine : *hotte aspirante.*

***hou** interj Sert à faire peur, à faire honte ou à conspuer. ■ **hou ! hou ! :** sert à attirer l'attention de quelqu'un.

***houblon** nm Plante grimpante dont les cônes sont employés pour aromatiser la bière.

***houe** nf Instrument de labour à bras, à fer large et recourbé qui sert à ameublir le sol.

***houille** nf Charbon naturel fossile utilisé comme combustible. ■ VIEILLI **houille blanche :** énergie obtenue par les chutes d'eau.

***houiller, ère** adj **1.** Qui renferme de la houille. **2.** Relatif à la houille, à son exploitation.

***houillère** nf Mine de houille.

***houle** nf Mouvement ondulatoire de la mer.

***houlette** nf Bâton de berger. ■ **être sous la houlette de quelqu'un :** sous sa direction.

***houleux, euse** adj **1.** Agité par la houle. **2.** FIG Agité de sentiments contraires, mouvementé : *débat houleux.*

***houlomoteur, motrice** adj Relatif à la force motrice de la houle.

***houmous** [umus] ou ***hommos** [ɔmɔs] nm Purée de pois chiches à l'huile de sésame (spécialité du Moyen-Orient).

***houppe** nf **1.** Touffe de brins de laine, de soie, de duvet : *houppe à poudre de riz.* **2.** Touffe de cheveux sur la tête.

***houppelande** nf ANC Ample manteau sans manches.

***houppette** nf Petite houppe.

***hourra** interj et nm Acclamation : *pousser des hourras.*

***house music** [awsmjuzik] (pl *house musics*) ou **house** [aws] nf Style de musique de danse dont les airs sont composés à partir d'échantillons pris dans des mélodies de diverses origines et de sons électroniques.

***houspiller** vt Gronder, faire de vifs reproches.

***housse** nf Enveloppe qui sert à recouvrir, à protéger des meubles, des vêtements, etc. : *housse de canapé, de couette.*

***houx** nm Arbuste à feuilles luisantes, épineuses et persistantes.

hovercraft [ɔvœrkraft] nm Aéroglisseur.

***HQE** nf (sigle) Haute Qualité Environnementale.

HS adj inv (sigle de *hors service*) Hors d'usage : *la télé est HS ;* FAM très fatigué : *je suis HS.*

HT loc adj (sigle) Hors taxes : *300 euros HT.*

***hublot** nm Fenêtre ronde dans la coque d'un navire ou le fuselage d'un avion.

***huche** nf Coffre en bois qu'on utilisait autrefois pour pétrir la pâte et conserver le pain.

***hue** interj S'emploie pour faire avancer les chevaux. ■ **tirer à hue et à dia :** agir de façon désordonnée.

***huée** nf (surtout au pluriel) Cri hostile : *s'enfuir sous les huées.*

***huer** vt Accueillir par des huées ; conspuer. ◆ vi Crier, en parlant du hibou.

***huguenot, e** n et adj Surnom donné jadis par les catholiques français aux protestants partisans de Calvin. ◆ adj Relatif aux calvinistes.

huilage nm Action d'huiler.

huile nf Liquide gras qu'on extrait de diverses substances végétales ou animales : *huile d'olive.* ■ **faire tache d'huile :** se propager progressivement. ❑ **huiles minérales :** hydrocarbures liquides (pétrole). ❑ FIG **jeter de l'huile sur le feu :** envenimer une querelle. ❑ **mer d'huile :** très calme. ❑ **peinture à l'huile :** avec des couleurs délayées à l'huile. ❑ **saintes huiles :** huiles utilisées pour les sacrements.

huilé, e adj Qui est imprégné ou enduit d'huile : *verser des œufs dans une poêle huilée.* ■ FIG **bien huilé :** qui fonctionne parfaitement bien : *une équipe aux rouages bien huilés.*

huiler vt Enduire d'huile : *huiler une poêle.*

huilerie nf Fabrique d'huile.

huileux, euse adj **1.** De la nature de l'huile ; qui en contient. **2.** Gras : *peau huileuse.*

huilier nm Accessoire de table réunissant les burettes d'huile et de vinaigre.

***huis clos** nm Séance à laquelle le public n'est pas admis, dans un tribunal. ■ **à huis clos :** (a) sans que le public soit admis : *délibérer à huis clos* (b) en secret : *conversation à huis clos.*

huisserie nf Ensemble des pièces de bois encadrant une porte.

huissier nm **1.** Gardien qui se tient à la porte d'un haut personnage pour annoncer et introduire les visiteurs. **2.** Employé chargé du service dans les assemblées, les administrations. ■ **huissier audiencier :** qui assiste les magistrats. ❑ **huissier de justice ou huissier :** officier ministériel chargé de signifier les actes de justice, de mettre à exécution les jugements, etc.

***huit** [ɥit], [ɥi] devant une consonne ou un *h* muet adj num card **1.** Sept plus un. **2.** Huitième : *Charles VIII.* ◆ nm inv Chiffre, numéro, etc., qui représente ce nombre. ■ **lundi, mardi, etc., en huit :** de la semaine prochaine.

***huitaine** nf **1.** Espace de huit jours. **2.** Groupe de huit unités ou environ : *une huitaine de jours.*

***huitième** adj num ord et n Qui occupe un rang marqué par le numéro huit. ◆ adj et nm Qui se trouve huit fois dans le tout.

***huitièmement** adv En huitième lieu.

huître nf Mollusque comestible à double coquille. ■ **huître perlière :** qui fournit des perles fines.

***hulotte** nf Oiseau rapace nocturne (appelé usuellement : *chat-huant*).

***hululement** nm → **ululement**.

***hululer** vi → **ululer**.

***hum** interj Marque le doute, l'impatience, la réticence.

humain, e adj **1.** Qui concerne l'homme : *corps humain ; géographie humaine.* **2.** Sensible, compatissant, compréhensif : *se montrer humain.* ■ **le genre humain :** l'ensemble des hommes. ◆ **humains** nm pl ■ **les humains :** les hommes.

humainement adv Avec humanité, avec bonté : *traiter quelqu'un humainement.*

humanisation nf Action d'humaniser.

humaniser vt Donner un caractère plus humain ; rendre plus supportable à l'homme : *humaniser les conditions de travail.*

humanisme nm Position philosophique qui place la personne humaine et ses valeurs au-dessus de toute autre valeur.

humaniste n et adj **1.** Partisan de l'humanisme. **2.** VX Qui est versé dans la connaissance des langues et littératures anciennes. ◆ adj Relatif à l'humanisme.

humanitaire adj Qui intéresse l'humanité : *problème humanitaire.* ◆ adj et n Qui s'efforce de venir en aide aux hommes : *organisation humanitaire.* ■ **corridor, couloir humanitaire :** voie de communication établie pour acheminer des secours aux populations d'une région en guerre.

humanitarisme nm PÉJOR Conceptions humanitaires jugées utopiques, dangereuses.

humanité nf **1.** L'ensemble des êtres humains, la race humaine. **2.** Caractère de ce qui est humain. **3.** Bonté, bienveillance. ◆ **humanités** pl BELGIQUE Cycle complet d'études secondaires.

humanoïde nm Dans le langage de la science-fiction, être ressemblant à l'homme.

humble adj **1.** Modeste, réservé : *un homme humble.* **2.** Sans éclat, sans prétention ou sans importance : *d'humbles travaux.*

humblement adv Avec humilité.

humecter vt Rendre humide, mouiller légèrement.

***humer** vt Respirer, aspirer par le nez.

humérus [ymerys] nm Os du bras articulé à l'épaule et au coude.

humeur nf **1.** Disposition d'esprit naturelle ou passagère : *bonne humeur.* **2.** Mauvaise humeur : *mouvement d'humeur.* ■ **être d'humeur à :** disposé à.

humide adj Chargé d'eau ou de vapeur.

humidificateur nm Appareil servant à maintenir un certain degré d'humidité dans un lieu.

humidification nf Action d'humidifier.

humidifier vt Rendre humide.

humidité nf État de ce qui est humide.

humiliant, e adj Qui humilie.

humiliation nf **1.** Acte qui humilie ; affront : *infliger une humiliation.* **2.** Sentiment qui en résulte ; honte : *pâlir d'humiliation.*

humilier vt Abaisser, avilir.

humilité nf Caractère d'une personne ou d'une chose humble. ■ **en toute humilité :** aussi humblement que possible.

humoriste n et adj Auteur de dessins ou d'écrits drôles, satiriques.

humoristique adj Qui est empreint d'humour ; drôle, amusant : *dessins humoristiques*.

humour nm Tournure d'esprit porté à l'ironie, à la raillerie sous une apparence sérieuse ou impassible. ■ **humour noir :** humour grinçant porté jusqu'à l'absurde.

humus [ymys] nm Terre végétale.

***hune** nf MAR Plate-forme en saillie fixée à l'extrémité supérieure d'un mât.

***hunier** nm MAR Voile carrée d'un mât de hune.

***huppe** nf Oiseau passereau portant une touffe de plumes sur la tête ; cette touffe.

***huppé, e** adj **1.** Qui a une huppe. **2.** FAM Riche.

***hure** nf **1.** Tête coupée de sanglier, de saumon, de brochet, etc. **2.** Préparation culinaire à base de tête de porc.

***hurlant, e** adj Qui hurle.

***hurlement** nm Cri aigu et prolongé d'un homme ou d'un animal.

***hurler** vi **1.** Pousser des hurlements. **2.** Faire un bruit effrayant : *entendre le vent hurler.* ◆ vt Dire, chanter en criant très fort.

***hurleur** nm et adj m Singe d'Amérique du Sud dont les cris s'entendent très loin.

hurluberlu, e n Personne fantaisiste, extravagante.

***hussard** nm AUTREF Soldat de cavalerie légère.

***hussarde** nf Danse d'origine hongroise. ■ **à la hussarde :** sans délicatesse, avec brutalité.

***hutte** nf Cabane faite de branchages, de paille, de terre, etc.

hyacinthe nf Pierre fine d'une couleur jaune rouge.

hyalin, e adj Qui a l'apparence du verre : *quartz hyalin*.

hybridation nf Croisement de deux plantes ou de deux animaux d'espèces différentes.

hybride adj et nm **1.** Se dit d'un animal ou d'une plante provenant de deux espèces différentes : *le mulet est un hybride de l'âne et de la jument.* **2.** AUTOM Se dit de la motorisation d'un véhicule comportant un moteur thermique et un moteur électrique ; se dit du véhicule lui-même. ◆ adj Composé d'éléments disparates ; composite : *architecture hybride*.

hydratant, e adj Qui hydrate : *lotion hydratante*.

hydratation nf **1.** Action d'hydrater. **2.** CHIM Transformation en hydrate.

hydrate nm Combinaison de l'eau avec un corps. ■ **hydrate de carbone :** glucide.

hydrater vt Introduire de l'eau dans les tissus, dans un corps quelconque.

hydraulique nf Science qui étudie l'écoulement des liquides et les problèmes posés par l'utilisation de l'eau. ◆ adj Qui fonctionne grâce à l'eau : *presse hydraulique*.

hydravion nm Avion muni de flotteurs, conçu pour prendre son départ sur l'eau et s'y poser.

hydre nf ■ MYTH **hydre de Lerne :** serpent à sept têtes, qui repoussaient au fur et à mesure qu'on les tranchait, tué par Héraclès.

hydrique adj Relatif à l'eau : *diète hydrique*.

hydrocarbure nm Hydrogène carboné : *le pétrole et le gaz naturel sont des hydrocarbures*.

hydrocéphale adj et n Dont la boîte crânienne a un volume anormalement important.

hydrocéphalie nf Maladie de l'hydrocéphale.

hydrocution nf Syncope provoquée par le contact avec une eau froide et pouvant entraîner la mort par noyade.

hydrodynamique nf Partie de la physique des fluides qui traite des liquides.

hydroélectricité nf Énergie électrique obtenue par conversion de l'énergie hydraulique des rivières et des chutes d'eau.

hydroélectrique adj Relatif à l'hydroélectricité : *centrale hydroélectrique*.

hydrofoil [idrɔfɔjl] nm Embarcation rapide munie d'ailes immergées portantes.

hydrogénation nf CHIM Fixation d'hydrogène sur un corps.

hydrogène nm Corps simple, gazeux, qui avec l'oxygène forme l'eau ; symb : H.

hydrogéné, e adj **1.** Combiné avec l'hydrogène. **2.** Contenant de l'hydrogène.

hydroglisseur nm Bateau propulsé par une hélice aérienne ou un réacteur, glissant sur l'eau.

hydrographe n Spécialiste d'hydrographie.

hydrographie nf **1.** Étude scientifique des eaux marines et fluviales. **2.** Topographie maritime. **3.** Ensemble des eaux d'une région. **4.** Étude du régime des eaux.

hydrographique adj Relatif à l'hydrographie.

hydrologie nf Science qui traite des propriétés mécaniques, physiques et chimiques des eaux marines et continentales.

hydrologiste ou **hydrologue** n Spécialiste d'hydrologie.

hydrolyse nf Décomposition de certains composés chimiques par action de l'eau.

hydromel nm Boisson obtenue par fermentation du miel dans de l'eau.

hydrophile adj Qui absorbe l'eau : *coton hydrophile*.

hydrosphère nf Partie liquide de la croûte terrestre (par opposition à *atmosphère, lithosphère*).

hydrostatique nf Partie de la mécanique qui a pour objet les conditions d'équilibre des liquides. ◆ adj Relatif à l'hydrostatique.

hydrothérapie nf Traitement des maladies par l'eau.

hyène nf Mammifère carnivore d'Asie et d'Afrique.

PHONÉTIQUE On dit *l'hyène*, le *h* étant muet ; cependant, on omet la liaison au pluriel : *les hyènes* [lejɛn].

Hygiaphone nm (nom déposé) Plaque transparente et perforée dont on équipe, par souci d'hygiène, les guichets où les employés sont en contact constant avec le public.

hygiène nf Ensemble de règles et de pratiques relatives à la conservation de la santé, à la propreté, etc. : *hygiène alimentaire*.

hygiénique adj **1.** Relatif à l'hygiène, notamment celle du corps : *papier hygiénique*. **2.** Sain, bon pour la santé : *promenade hygiénique*.

hygiéniste n Spécialiste de l'hygiène.

hygromètre nm Instrument mesurant l'humidité de l'air.

hygrométrie nf Détermination de l'état d'humidité de l'air.

hygrométrique adj Relatif à l'hygrométrie.

1. hymen [imɛn] nm Membrane qui ferme plus ou moins complètement l'entrée du vagin d'une jeune fille vierge.

2. hymen [imɛn] ou **hyménée** nm LITT Mariage.

hyménoptère nm Insecte aux ailes membraneuses (abeille, guêpe, etc.) [les hyménoptères forment un ordre].

hymne nm Chant en l'honneur d'un dieu, d'un héros, etc. ■ **hymne national** : chant national.

hyoïde nm et adj Os en fer à cheval situé au-dessus du larynx.

hyoïdien, enne adj Relatif à l'os hyoïde.

hyper nm (abréviation) FAM Hypermarché.

hyperactif, ive adj Qui déploie une activité excessive.

hyperactivité nf Comportement d'une personne qui passe sans jamais s'arrêter d'une activité à une autre.

hyperbole nf **1.** Procédé rhétorique qui consiste à exagérer l'expression pour produire une forte impression (EX : *un géant* pour *un homme de grande taille*). **2.** MATH Ensemble des points d'un plan dont la différence des distances à deux points fixes est constante.

hyperbolique adj **1.** Emphatique, exagéré : *louanges hyperboliques*. **2.** MATH En forme d'hyperbole.

hypercalcémie nf MÉD Augmentation pathologique du taux de calcium dans le sang.

hyperémotivité nf Émotivité excessive.

hyperglycémie nf MÉD Excès du taux de glucose dans le sang.

hypermarché nm Magasin exploité en libre-service et présentant une superficie consacrée à la vente supérieure à 2 500 m^2.

hypermédia nm Technique qui permet de passer d'un document (texte, son ou image) à un autre dans la consultation d'un système multimédia.

hypermétrope adj et n Atteint d'hypermétropie.

hypermétropie nf Anomalie de la vision due à un défaut de convergence du cristallin et dans laquelle l'image se forme en arrière de la rétine : *l'hypermétropie empêche de voir avec netteté les objets très proches*.

hypernerveux, euse adj D'une nervosité excessive.

hypersécrétion nf MÉD Sécrétion supérieure à la normale.

hypersensibilité nf Sensibilité extrême.

hypersensible adj Très sensible.

hypersonique adj AÉRON Se dit de vitesses qui dépassent 5 000 km/h et des avions se déplaçant à de telles vitesses.

hypertendu, e adj et n Atteint d'hypertension.

hypertension nf MÉD Tension artérielle excessive.

hypertexte nm Système qui permet de consulter une base documentaire de textes en sautant d'un document à un autre.

hypertrophie nf MÉD Accroissement anormal du tissu d'un organe : *hypertrophie du cœur*.

hypertrophié, e adj Atteint d'hypertrophie.

hypnose nf Sommeil artificiel provoqué par suggestion.
hypnotique adj Relatif à l'hypnose.
hypnotiser vt **1.** Endormir par les procédés de l'hypnotisme : *mage qui hypnotise.* **2.** Accaparer totalement l'esprit ou l'attention de : *professeur qui hypnotise son auditoire.*
hypnotiseur, euse n Personne qui hypnotise.
hypnotisme nm Ensemble des techniques propres à provoquer l'hypnose.
hypoallergénique adj Qui diminue les risques de réactions allergiques.
hypocalcémie nf Insuffisance du taux de calcium dans le sang.
hypocalorique adj Se dit d'un régime alimentaire pauvre en calories.
hypocondriaque adj et n **1.** Atteint d'hypocondrie. **2.** FIG Inquiet, angoissé.
hypocondrie nf Anxiété pathologique au sujet de sa propre santé.
hypocrisie nf **1.** Comportement d'une personne hypocrite. **2.** Caractère d'une chose hypocrite : *l'hypocrisie d'un procédé, d'une réponse.*
hypocrite adj et n Se dit d'une personne qui affecte des sentiments, des opinions qu'elle n'a pas. ◆ adj Qui dénote le manque de sincérité : *air hypocrite.*
hypocritement adv De façon hypocrite.
hypodermique adj Sous-cutané : *injection hypodermique.*
hypogée nm **1.** Nom donné à des constructions souterraines de l'Antiquité. **2.** Tombeau souterrain : *les hypogées égyptiens.*
hypoglosse nm et adj Nerf placé sous la langue.
hypoglycémie nf MÉD Insuffisance du taux de glucose dans le sang.
hypokhâgne nf ARG SCOL Classe de préparation à la khâgne.
hypophyse nf Organe glandulaire à la base du crâne.
hypotendu, e adj et n Atteint d'hypotension.
hypotenseur nm Médicament qui diminue la tension artérielle.
hypotension nf MÉD Tension artérielle insuffisante.
hypoténuse nf Côté opposé à l'angle droit dans un triangle rectangle : *le carré de l'hypoténuse est égal à la somme des carrés des deux autres côtés.*

ORTHOGRAPHE Attention, *hypoténuse* s'écrit avec un seul *h* (initial).

hypothalamus [ipɔtalamys] nm Région du cerveau régulatrice de fonctions vitales.
hypothécaire adj Relatif à l'hypothèque : *prêt hypothécaire.*
hypothèque nf **1.** Droit dont est grevé un immeuble ou tout autre bien, en garantie d'une créance. **2.** FIG Ce qui entrave, ce qui cause préjudice.
hypothéquer vt (conj 10) **1.** Grever d'une hypothèque pour garantir une créance : *hypothéquer une terre.* **2.** FIG Engager, lier de façon souvent imprudente : *hypothéquer l'avenir.*
hypothermie nf MÉD Température du corps inférieure à la normale.
hypothèse nf **1.** Proposition initiale à partir de laquelle on construit un raisonnement. **2.** Supposition, éventualité.
hypothétique adj **1.** Fondé sur une hypothèse. **2.** Douteux, incertain.
hypotonie nf MÉD Diminution de la force musculaire.
hystérectomie nf Ablation de l'utérus.
hystérie nf **1.** Névrose caractérisée par des troubles divers de la sensibilité et un comportement très extraverti. **2.** Folie.
hystérique adj Relatif à l'hystérie. ◆ adj et n Qui souffre d'hystérie.
Hz (symbole) Hertz.

I

i nm Neuvième lettre de l'alphabet et la troisième des voyelles. ■ **droit comme un i** : très droit. ❑ **mettre les points sur les i** : s'expliquer clairement pour éviter les ambiguïtés.

ïambe nm Pied de vers anciens composé d'une brève et d'une longue. ◆ **ïambes** pl Pièce satirique, en alexandrins alternant avec des octosyllabes : *les ïambes d'André Chénier.*

ïambique adj Composé d'ïambes.

ibère adj Qui concerne les Ibères.

ibérique adj Relatif à l'Espagne et au Portugal.

ibid. (abréviation) Ibidem.

ibidem [ibidɛm] adv Au même endroit d'un texte.

ibis [ibis] nm Oiseau échassier.

iceberg [isbɛrg] ou [ajsbɛrg] nm Masse de glace flottante détachée d'un glacier polaire.

ichtyologie [iktjɔlɔʒi] nf Étude des poissons.

ichtyosaure [iktjɔzɔr] nm Reptile fossile à l'aspect de requin.

ici adv **1.** Dans le lieu où l'on se trouve. **2.** Au moment présent : *d'ici à demain.* ■ **ici-bas** : dans ce bas monde (par opposition à *là-haut*). ❑ **par ici** : de ce côté-ci.

icône nf **1.** Image du Christ, de la Vierge et des saints dans les Églises d'Orient de tradition byzantine. **2.** FIG Personne qui incarne une communauté, un courant, une mode : *une icône de la culture pop.* **3.** INFORM Symbole graphique affiché sur un écran et correspondant, au sein d'un logiciel, à l'exécution d'une tâche particulière.

> ORTHOGRAPHE *Icône* s'écrit avec un *ô*, mais pas ses dérivés (*iconographie, iconostase*, etc.).

iconoclaste n et adj **1.** LITT Qui est sans respect pour les traditions, qui cherche à détruire tout ce qui se rattache au passé. **2.** Se dit des membres d'une secte religieuse du VIIIe s. qui proscrivait le culte des images.

iconographe n Spécialiste d'iconographie.

iconographie nf **1.** Étude des sujets représentés dans les œuvres d'art. **2.** Ensemble de l'illustration d'une publication (livre, revue, etc.).

iconographique adj Relatif à l'iconographie.

iconostase nf Cloison couverte d'icônes séparant la nef du sanctuaire, dans les églises de rite byzantin.

ictère nm MÉD Jaunisse.

ictus [iktys] nm MÉD Manifestation morbide brutale.

id. (abréviation) Idem.

idéal, e, aux adj **1.** Qui n'existe que dans l'esprit et non dans le réel : *monde idéal.* **2.** Qui possède la suprême perfection : *beauté idéale.* ◆ (pl *idéals* ou *idéaux*) nm **1.** Perfection conçue par l'esprit : *un idéal de beauté.* **2.** Ce à quoi l'on aspire : *réaliser son idéal.*

idéalement adv De façon idéale.

idéalisateur, trice adj et n Qui idéalise.

idéalisation nf Action d'idéaliser.

idéaliser vt Donner un caractère, une perfection idéale à une personne, une chose.

idéalisme nm **1.** Philosophie qui subordonne toute réalité extérieure à la pensée. **2.** Attitude d'esprit de celui qui aspire à un idéal, souvent utopique : *l'idéalisme de la jeunesse.*

idéaliste adj et n **1.** PHILOS Qui défend l'idéalisme. **2.** Qui poursuit un idéal parfois chimérique.

idéalité nf Caractère de ce qui est idéal.

idée nf **1.** Représentation abstraite d'un objet, d'un rapport : *idée du beau, du bien.* **2.** Manière de voir, opinion, appréciation : *idées politiques.* **3.** Conception de l'esprit, inspiration : *une idée de génie ; avoir l'idée d'un scénario.* **4.** Pensée, esprit : *cela m'est venu à l'idée.* ■ **avoir idée de quelque chose** : se le représenter approximativement : *avoir idée d'un prix.* ❑ **avoir idée que** ou **avoir dans l'idée que** : avoir l'impression que : *avoir dans l'idée que tout est faux.* ◆ **idées** pl ■ **se faire des idées** : imaginer des choses fausses.

idem [idɛm] adv De même (abréviation : *id.*).

identifiable adj Qui peut être identifié.

identification nf **1.** Action d'identifier. **2.** Fait de s'identifier.

identifier vt **1.** Déterminer la nature d'une chose : *identifier une plante.* **2.** Établir l'identité de : *identifier un criminel.* **3.** Assimiler à autre chose : *identifier Hitler au nazisme.* ◆ **s'identifier** vpr [à, avec] Se pénétrer des sentiments d'un autre, s'assimiler.

identique adj Qui est parfaitement semblable à un autre : *deux vases identiques.*

identiquement adv De façon identique.

identitaire adj Qui concerne l'identité d'une personne, d'un groupe.

identité nf **1.** Caractère de ce qui est identique : *identité de goûts.* **2.** Caractère permanent et fondamental d'une personne, d'un groupe : *crise d'identité.* **3.** Signalement exact d'une personne : *vérifier l'identité de quelqu'un.*

idéogramme nm Signe graphique qui représente le sens du mot et non les sons : *les idéogrammes chinois.*

idéographie nf Représentation directe du sens des mots par des signes graphiques.

idéographique adj Relatif à l'idéographie : *écriture idéographique.*

idéologie nf **1.** Ensemble d'idées qui constitue une doctrine : *idéologies politiques.* **2.** Ensemble des idées, des croyances, des doctrines, propres à une époque, une société ou une classe sociale : *idéologie bourgeoise, révolutionnaire.* **3.** PÉJOR Système de pensée, d'idées vague et nébuleux.

idéologique adj Relatif à l'idéologie.

idéologue n Personne qui s'attache de manière systématique à une doctrine philosophique ou sociale.

ides nf pl Quinzième jour des mois de mars, mai, juillet et octobre, treizième jour des autres mois, dans le calendrier romain : *César fut assassiné aux ides de mars.*

idiolecte nm Ensemble des habitudes langagières propres à un individu.

idiomatique adj D'un idiome.

idiome nm LING Langue propre à une communauté étendue (nation, peuple, région).

idiosyncrasie nf SOUT Manière d'être propre à chaque individu.

idiot, e adj et n Stupide, dépourvu d'intelligence, de bon sens.

idiotie [idjɔsi] nf **1.** Absence d'intelligence. **2.** Acte, parole qui dénote un esprit borné ; action inconsidérée : *faire, dire des idioties.*

idiotisme nm LING Tournure propre à un idiome : *les idiotismes du français sont des gallicismes.*

idoine adj LITT Propre à quelque chose ; convenable : *solution idoine.*

idolâtre adj et n **1.** Qui adore les idoles : *peuples idolâtres.* **2.** FIG Qui aime avec excès : *une mère idolâtre de ses enfants.*

idolâtrer vt Adorer, aimer avec passion.

idolâtrie nf **1.** Adoration des idoles. **2.** FIG Amour passionné, excessif.

idole nf **1.** Figure représentant une divinité. **2.** Personne que l'on admire avec une sorte de culte.

idylle [idil] nf **1.** Amour tendre et naïf. **2.** LITT Petit poème du genre bucolique ou pastoral.

idyllique adj Merveilleux, idéal et naïf : *description idyllique.*

if nm Arbre conifère à feuillage persistant.

igloo [iglu] nm Habitation faite de blocs de neige : *certains Esquimaux habitent dans des igloos.*

igname [iɲam] nf Plante cultivée dans les régions tropicales pour ses tubercules riches en amidon.

ignare adj Très ignorant.

igné, e [igne] ou [iɲe] adj **1.** LITT En feu ; incandescent. **2.** Produit par l'action de la chaleur : *roches ignées.*

ignifugation nf Action d'ignifuger.

ignifuge ou **ignifugeant, e** adj et nm Propre à rendre ininflammable.

ignifuger [ignifyʒe] ou [iɲifyʒe] vt (conj 2) Rendre ininflammable : *décors de théâtre ignifugés.*

ignoble adj **1.** Bas, vil, infâme : *conduite ignoble.* **2.** Très laid, très mauvais ou très sale : *des bibelots ignobles ; nourriture ignoble ; un pull ignoble.*

ignoblement adv De façon ignoble.

ignominie nf **1.** LITT Grand déshonneur ; infamie. **2.** Action, parole infamante : *dire des ignominies.*

ignominieusement adv LITT Avec ignominie.

ignominieux, euse adj LITT Qui cause de l'ignominie, infamant.

ignorance nf **1.** Défaut, manque général de connaissance, de savoir, d'instruction : *combattre l'ignorance.* **2.** Défaut de connaissance d'une chose déterminée : *rester dans l'ignorance d'un fait.*

ignorant, e adj et n **1.** Dépourvu de savoir ; illettré, inculte. **2.** Qui n'a pas la connaissance d'une chose déterminée.

ignoré, e adj Inconnu, méconnu.

ignorer vt **1.** Ne pas savoir, ne pas connaître : *nul n'est censé ignorer la loi.* **2.** Ne pas avoir l'expérience de : *ignorer* *la peur.* **3.** Ne pas tenir compte de : *ignorer un avertissement.*

iguane [igwan] nm Reptile saurien d'Amérique tropicale, portant une crête dorsale d'écailles pointues et pouvant atteindre 1,50 m de long.

iguanodon [igwanɔdɔ̃] nm Reptile herbivore du crétacé, long de 10 m.

ikebana [ikebana] nm Art floral japonais.

il, ils pron pers m Désigne la 3e personne du singulier et du pluriel en fonction de sujet. ◆ pron pers inv neutre Sert de sujet aux verbes impersonnels : *il pleut.*

ilang-ilang (pl *ilangs-ilangs*) nm Arbre cultivé pour ses fleurs, utilisées en parfumerie (on écrit aussi *ylang-ylang*).

île nf Terre entourée d'eau de tous côtés : *l'Irlande est une île.* ■ **île flottante :** œufs battus en neige et cuits au bain-marie, flottant sur une crème anglaise.

iléon nm Portion de l'intestin grêle après le jéjunum.

iléus [ileys] nm MÉD Obstruction de l'intestin. SYN : occlusion intestinale.

iliaque adj Des flancs. ■ **os iliaque :** os de la hanche.

îlien, enne n et adj Habitant d'une île.

illégal, e, aux adj Contraire à la loi : *ordonnance illégale.*

illégalement adv De façon illégale.

illégalité nf **1.** Caractère de ce qui est illégal : *l'illégalité d'une convention.* **2.** Acte illégal : *commettre une illégalité.*

illégitime adj **1.** Qui se situe hors des institutions établies par la loi : *union illégitime.* **2.** Qui n'est pas fondé, justifié : *crainte illégitime.*

illégitimement adv De façon illégitime.

illégitimité nf Défaut de légitimité : *l'illégitimité d'un décret.*

illettré, e n et adj Personne qui ne sait ni lire ni écrire ; analphabète.

illettrisme nm État des personnes qui, ayant appris à lire et à écrire, en ont complètement perdu la pratique.

illicite adj Interdit par la morale ou par la loi : *trafic, commerce illicite.*

illico adv FAM Sur-le-champ.

illimité, e adj Sans limites : *pouvoirs illimités.*

illisible adj **1.** Non lisible, indéchiffrable : *écriture illisible.* **2.** De lecture incompréhensible ou insupportable : *roman illisible.*

illogique adj Qui n'est pas logique : *conclusion illogique ; esprit illogique.*

illogiquement adv De façon illogique.

illogisme nm Caractère de ce qui est illogique ; chose illogique.

illumination nf **1.** Action d'illuminer ; vif éclairage : *l'illumination d'un monument.* **2.** Ensemble de lumières décoratives : *les illuminations d'une fête.* **3.** Inspiration, idée soudaine, trait de génie : *avoir une illumination.*

illuminé, e n et adj Visionnaire.

illuminer vt **1.** Éclairer d'une vive lumière : *des éclairs illuminent le ciel.* **2.** FIG Donner un vif éclat à : *un sourire illumina son visage.* ◆ **s'illuminer** vpr **1.** S'éclairer vivement : *fenêtres qui s'illuminent.* **2.** FIG Se mettre à briller : *regard, visage qui s'illumine.*

illusion nf **1.** Erreur de perception ou de l'esprit, qui fait prendre l'apparence pour la réalité : *le mirage est une illusion de la vue.* **2.** Pensée chimérique, idée erronée : *se nourrir d'illusions.* ■ **faire illusion :** tromper. ❑ **se faire des illusions :** s'abuser.

illusionner vt Tromper par une illusion. ◆ **s'illusionner** vpr Se faire des illusions, s'abuser : *s'illusionner sur ses capacités.*

illusionnisme nm Art de l'illusionniste.

illusionniste n Prestidigitateur.

illusoire adj Trompeur.

illusoirement adv LITT De façon illusoire.

illustrateur, trice n Artiste qui dessine des illustrations.

illustratif, ive adj Qui sert d'illustration, d'exemple.

illustration nf **1.** Image figurant dans le texte d'un livre, d'un journal. **2.** Action d'illustrer, de rendre clair : *ceci peut servir d'illustration à sa thèse.*

illustre adj D'un renom éclatant ; célèbre : *écrivain illustre.*

illustré nm Journal, revue composés de récits accompagnés de dessins.

illustrer vt **1.** Orner de gravures, d'images, de photographies : *illustrer un texte, un livre.* **2.** Rendre plus clair : *exemple qui illustre une définition.* **3.** LITT Rendre illustre : *le village d'Illiers, qu'a illustré Marcel Proust.* ◆ **s'illustrer** vpr LITT Se distinguer : *s'illustrer par une victoire éclatante.*

illustrissime adj **1.** Très illustre. **2.** Titre donné à certains dignitaires ecclésiastiques.

îlot nm **1.** Petite île. **2.** Groupe de maisons dans une ville : *îlot insalubre.*

îlotage nm Division d'une ville en îlots dont la surveillance est confiée à des îlotiers ; surveillance exercée par ces derniers.

ilote nm **1.** ANTIQ Esclave d'État, à Sparte. **2.** LITT Homme réduit au dernier degré de misère, de servilité, d'ignorance.

îlotier, ère n Agent de police chargé de la surveillance d'un îlot.

ilotisme nm LITT État de servilité et d'ignorance.

image nf **1.** Représentation d'un être ou d'une chose par les arts graphiques, la photographie, le film, etc. : *livre d'images.* **2.** Reproduction visuelle d'un objet par un miroir, un instrument d'optique : *image radiographique.* **3.** Représentation mentale : *cette image me poursuit.* **4.** Ce qui imite, reproduit, évoque : *cet enfant est l'image de son père ; il est l'image du désespoir.* **5.** Métaphore : *langage rempli d'images.*

imagé, e adj Orné d'images, de métaphores : *style imagé.*

imagerie nf **1.** Ensemble d'images représentant des faits, des personnages, etc. **2.** Art, fabrication, commerce d'images : *l'imagerie d'Épinal.* ■ **imagerie médicale :** ensemble des techniques d'examen médical aboutissant à la création d'images.

imagier nm **1.** Livre d'images. **2.** Au Moyen Âge, peintre ou sculpteur : *les imagiers des cathédrales.*

imaginable adj Qui peut être imaginé.

imaginaire adj Sans réalité, fictif. ■ **malade imaginaire :** qui se croit malade sans l'être. ◆ nm Domaine de l'imagination, des choses imaginaires.

imaginatif, ive adj Qui imagine aisément, inventif : *esprit imaginatif.*

imagination nf **1.** Faculté de se représenter, par la pensée, des objets ou des faits : *revoir en imagination la maison de son enfance.* **2.** Faculté d'inventer, de créer, de concevoir : *avec de l'imagination, on trouve des solutions.* **3.** Chose imaginaire : *ce n'est que pure imagination.*

imaginer vt **1.** Se représenter dans l'esprit : *imaginer le monde futur.* **2.** Inventer : *Torricelli imagina le baromètre.* ◆ **s'imaginer** vpr **1.** Se représenter, concevoir : *elle se l'imaginait plus grand.* **2.** Croire sans fondement, se figurer : *s'imaginer qu'on est malade.*

imago [imago] nm Stade de l'insecte arrivé à son complet développement et capable de se reproduire.

imam [imam] nm Chef religieux musulman.

imamat nm Dignité d'imam.

imbattable adj **1.** Qui ne peut être surpassé : *un champion imbattable.* **2.** Très avantageux : *prix imbattables.*

imbécile adj et n Dépourvu d'intelligence ; sot, stupide.

imbécillité nf Sottise, stupidité, bêtise : *dire des imbécillités.*

imberbe adj Sans barbe.

imbiber vt Mouiller, pénétrer d'un liquide : *imbiber d'eau une éponge.*

imbrication nf **1.** État de choses imbriquées : *l'imbrication des tuiles.* **2.** Liaison étroite, intime : *l'imbrication des conséquences.*

imbriqué, e adj **1.** Se dit de choses qui se chevauchent comme les tuiles d'un toit. **2.** Entremêlé, enchevêtré.

imbriquer vt Engager l'un dans l'autre, les uns dans les autres. ◆ **s'imbriquer** vpr Être lié, mêlé d'une manière étroite.

imbroglio [ɛ̃brɔljo] ou [ɛ̃brɔglijo] nm Situation confuse, embrouillée.

imbu, e adj Rempli, pénétré : *imbu de préjugés.* ■ **être imbu de soi-même :** (a) être vaniteux, prétentieux (b) se croire supérieur aux autres.

imbuvable adj **1.** Qui n'est pas buvable : *l'eau de mer est imbuvable.* **2.** FAM Insupportable : *un acteur, un livre imbuvables.*

imitable adj Qui peut être imité.

imitateur, trice n et adj Personne qui imite.

imitatif, ive adj Qui imite le comportement, la mimique d'autrui.

imitation nf **1.** Action d'imiter ; chose produite en imitant. **2.** PÉJOR Contrefaçon. **3.** Matière qui en simule une plus riche : *bijoux en imitation.*

imiter vt **1.** Faire ou s'efforcer de faire ce que fait une personne : *imiter ses camarades.* **2.** Prendre pour modèle : *imiter ses parents.* **3.** Reproduire exactement, copier, contrefaire : *imiter une signature.* **4.** Avoir le même aspect que : *le cuivre doré imite l'or.*

immaculé, e adj **1.** Sans tache. **2.** FIG Sans souillure morale : *innocence immaculée.* ■ THÉOL **Immaculée Conception :** dogme catholique selon lequel la Vierge Marie a été préservée du péché originel.

immanence nf État de ce qui est immanent.

immanent, e adj Qui est contenu dans un être, qui résulte de la nature même de cet être (par opposition à *transcendant*). ■ **justice immanente :** qui découle naturellement des actes accomplis et se manifeste tôt ou tard.

immangeable [ɛ̃mɑ̃ʒabl] adj Qui ne peut être mangé, très mauvais : *un rôti immangeable.*

immanquable [ɛ̃mɑ̃kabl] adj Qui ne peut manquer d'arriver.

immanquablement adv Infailliblement : *se tromper immanquablement.*

immatérialité nf Qualité, état de ce qui est immatériel.

immatériel, elle adj Sans consistance matérielle.

immatriculation nf Action d'immatriculer ; fait d'être immatriculé ; numéro ainsi attribué.

immatriculer vt Inscrire sur un registre public.

immature adj Qui n'a pas encore atteint la maturité : *fruit immature ; adulte immature.*

immaturité nf État de ce ou de celui qui est immature.

immédiat, e adj **1.** Qui précède ou qui suit directement, sans intermédiaire : *successeur immédiat.* **2.** Instantané : *soulagement immédiat.* ◆ nm ■ **dans l'immédiat :** pour le moment.

immédiatement adv **1.** D'une manière immédiate : *venir immédiatement après quelqu'un.* **2.** À l'instant même : *sortez immédiatement !*

immémorial, e, aux adj LITT Qui remonte à une époque très ancienne : *temps immémoriaux ; usage immémorial.*

immense adj D'une étendue, d'une grandeur, d'une importance, d'une valeur considérable : *un lac immense ; des pieds immenses ; un succès immense.*

immensément adv Très.

immensité nf Caractère de ce qui est immense.

immerger vt (conj 2) Plonger entièrement dans un liquide. ◆ **s'immerger** vpr Se plonger dans un milieu nouveau.

immérité, e adj Que l'on n'a pas mérité : *reproches immérités.*

immersion nf **1.** Action d'immerger. **2.** Action de s'immerger dans un milieu nouveau : *apprendre une langue étrangère en immersion.*

immettable [ɛ̃mɛtabl] adj Qui n'est pas mettable : *costume immettable.*

1. immeuble nm et adj DR Bien qui ne peut être déplacé (*immeuble par nature*) ou que la loi considère comme tel (*immeuble par destination*) [par opposition à *meuble*].

2. immeuble nm Bâtiment à plusieurs étages : *immeuble divisé en appartements.*

immigrant, e n et adj Personne qui immigre. CONTR : émigrant.

immigration nf Action d'immigrer.

immigré, e n et adj Personne qui a immigré. ■ **travailleur immigré :** qui a immigré pour travailler dans un autre pays.

immigrer vi Venir dans un pays pour s'y fixer. CONTR : émigrer.

imminence nf Caractère de ce qui est imminent : *l'imminence d'un danger.*

imminent, e adj Qui est sur le point de se produire : *ruine imminente.*

> VOCABULAIRE *Imminent,* « qui est très proche dans le temps », ne doit pas être confondu avec *éminent,* « supérieur ».

immiscer (s') vpr (conj 1) Intervenir indiscrètement, se mêler : *s'immiscer dans les affaires d'autrui.*

immixtion nf LITT Action de s'immiscer ; ingérence.

immobile adj Qui ne se meut pas, qui demeure fixe.

immobilier, ère adj **1.** Composé de biens immeubles : *patrimoine immobilier.* **2.** Relatif à un, des immeubles ; qui a pour objet un immeuble : *saisie immobilière.* ◆ nm Secteur d'activité concernant le commerce d'immeubles, la vente et la location de maisons et d'appartements.

immobilisation nf Action d'immobiliser.

immobiliser vt **1.** Empêcher d'agir, de bouger : *immobiliser quelqu'un, une voiture.* **2.** Investir des disponibilités : *immobiliser des capitaux.*

immobilisme nm Opposition systématique à tout progrès, à toute innovation.

immobiliste adj et n Qui fait preuve d'immobilisme.

immobilité nf État d'une personne, d'une chose qui ne bouge pas.

immodéré, e adj Excessif.

immodérément adv Excessivement.

immodeste adj LITT Qui manque de modestie, de pudeur.

immodestie nf LITT Manque de modestie, de pudeur.

immolation nf Action d'immoler.

immoler vt **1.** Offrir en sacrifice. **2.** LITT Tuer, massacrer : *la guerre immole d'innombrables victimes.* **3.** LITT Sacrifier.

immonde adj **1.** D'une saleté qui soulève le dégoût : *taudis immonde.* **2.** D'une bassesse ignoble : *propos immondes.*

immondices nf pl Ordures, saletés.

immoral, e, aux adj Contraire à la morale, aux bonnes mœurs.

> VOCABULAIRE *Immoral,* « contraire à la morale », est à distinguer de *amoral,* « indifférent à la morale ».

immoralisme nm Doctrine qui nie toute obligation morale.

immoralité nf Caractère de ce qui est immoral ; acte immoral.

immortaliser vt Rendre immortel dans la mémoire des hommes.

immortalité nf **1.** Qualité, état de ce qui est immortel : *l'immortalité de l'âme.* **2.** Survivance éternelle dans la mémoire des hommes : *aspirer à l'immortalité.*

immortel, elle adj **1.** Qui n'est pas sujet à la mort : *dieux immortels.* **2.** Qui semble devoir durer toujours : *amour immortel.* **3.** Qui vivra toujours dans la mémoire des hommes : *chef-d'œuvre immortel.* ◆ n FAM Membre de l'Académie française.

immortelle nf Plante dont les fleurs, à capitules serrés, persistent longtemps ; fleur coupée de cette plante.

immotivé, e adj Sans motif, injustifié.

immuable adj Qui n'est pas sujet à changer.

immuablement adv De façon immuable.

immunisation nf Action d'immuniser ; fait d'être immunisé.

immuniser vt **1.** Rendre réfractaire à une maladie. **2.** FIG Soustraire à une influence nocive.

immunitaire adj Relatif à l'immunité d'un organisme.

immunité nf **1.** Résistance naturelle ou acquise d'un organisme vivant à un agent infectieux (microbe) ou toxique (venin, etc.). **2.** Droit de ne pas être soumis à la loi commune ; privilège : *immunité parlementaire.*

immunodéficience nf MÉD Déficience des mécanismes immunitaires.

immunodéficitaire adj Relatif à l'immunodéficience.

immunodépresseur nm Médicament ou traitement qui diminue les réactions immunitaires d'un organisme vis-à-vis d'un antigène.

immunologie nf Partie de la biologie et de la médecine qui étudie les phénomènes d'immunité.

immunothérapie nf Traitement visant à provoquer ou à augmenter l'immunité de l'organisme.

immutabilité nf DR Caractère des conventions juridiques qui ne peuvent être modifiées par la volonté des contractants.

impact nm **1.** Fait pour un corps, un projectile de venir en frapper un autre ; choc. **2.** Effet produit par quelque chose ; influence : *impact de la publicité.* ■ **point d'impact :** où frappe un projectile.

1. impair nm Maladresse : *commettre un impair.*

2. impair, e adj **1.** Non divisible exactement par deux : *chiffre impair.* **2.** Exprimé par un nombre impair.

impala [impala] nm Antilope d'Afrique dont le mâle porte des cornes en forme de lyre.

impalpable adj Si fin, si ténu qu'on ne le sent pas au toucher : *poudre impalpable.*

imparable adj Impossible à parer, à arrêter.

impardonnable adj Qui ne mérite pas de pardon : *erreur impardonnable.*

1. imparfait nm GRAMM Temps passé du verbe, qui indique la répétition, l'habitude, ou qui marque une action qui n'était pas achevée quand une autre a eu lieu (EX : *je* lisais *quand vous êtes entré*).

2. imparfait, e adj Qui a des défauts.

imparfaitement adv De façon imparfaite.

imparisyllabique adj Se dit des noms grecs ou latins qui ont au génitif singulier une ou deux syllabes de plus qu'au nominatif.

impartial, e, aux adj Non partial ; équitable, objectif.

impartialement adv De façon impartiale.

impartialité nf Caractère impartial : *juger avec impartialité.*

impartir vt DR, LITT Attribuer, accorder : *impartir un délai.*

impasse nf **1.** Rue sans issue. **2.** FIG Situation sans issue favorable. ■ **faire une impasse** ou **faire l'impasse sur :** ne pas étudier une partie du programme, en parlant d'un candidat à un examen ou à un concours. ❑ **impasse budgétaire :** différence entre l'ensemble des dépenses publiques autorisées et la totalité des recettes dont la rentrée est considérée comme certaine.

impassibilité nf Caractère ou état de celui qui est impassible.

impassible adj Qui ne manifeste aucun trouble, aucune émotion, aucun sentiment ; imperturbable.

impassiblement adv De façon impassible.

impatiemment adv Avec impatience.

impatience nf Manque de patience ; incapacité à supporter quelqu'un, quelque chose, à se contraindre ou à attendre.

impatient, e adj et n Qui manque de patience ; qui désire avec un empressement inquiet : *être impatient de partir.*

impatiente ou **impatiens** [ɛ̃pasjɑ̃s] nf BOT Balsamine.

impatienter vt Faire perdre patience à. ◆ **s'impatienter** vpr Perdre patience.

impavide adj LITT Sans peur, inébranlable.

impayable adj FAM Incroyablement comique : *aventure impayable.*

impayé, e adj Qui n'a pas été payé. ◆ nm Dette.

impeccable adj Sans défaut, irréprochable, parfait.
impeccablement adv De façon irréprochable.
impécunieux, euse adj LITT Qui manque d'argent.
impédance nf PHYS Grandeur (exprimée en ohms) caractéristique d'un circuit en courant alternatif.
impedimenta [ɛ̃pedimɛ̃ta] nm pl LITT Ce qui entrave l'activité, le mouvement.
impénétrabilité nf Caractère de ce qui ne peut être compris.
impénétrable adj **1.** Qui ne peut être pénétré, traversé : *forêt impénétrable.* **2.** FIG Inexplicable : *mystère impénétrable.* **3.** Dont on ne peut deviner les sentiments : *personne impénétrable.*
impénitent, e adj Qui persiste dans ses habitudes : *buveur impénitent.*
impensable adj Qu'il est impossible d'imaginer, d'envisager ; extraordinaire.
imper [ɛ̃pɛr] nm (abréviation) FAM Imperméable.
1. impératif nm **1.** Nécessité absolue. **2.** GRAMM Mode et temps du verbe exprimant le commandement, l'exhortation, la prière.
2. impératif, ive adj **1.** Qui a le caractère du commandement ; qui exprime un ordre absolu : *ton impératif.* **2.** Qui s'impose comme une nécessité absolue : *besoin impératif.*
impérativement adv De façon impérative.
impératrice nf **1.** Femme d'un empereur. **2.** Souveraine d'un empire : *Catherine II, impératrice de Russie.*
imperceptibilité nf Caractère de ce qui est imperceptible.
imperceptible adj Qui échappe à nos sens, à notre attention : *progrès imperceptible.*
imperceptiblement adv De façon imperceptible.
imperdable adj Qu'on ne peut perdre : *un pari imperdable.*
imperfectible adj Qui n'est pas perfectible.
imperfection nf Caractère, détail imparfait ; défaut.
impérial, e, aux adj **1.** Qui appartient à un empereur ou à un empire : *couronne impériale.* **2.** Majestueux : *allure impériale.*
impériale nf Étage supérieur d'un wagon, d'un autobus, d'une diligence.
impérialement adv De façon impériale.
impérialisme nm Politique d'expansion d'un État, visant à mettre d'autres États sous sa dépendance politique, économique, culturelle, militaire, etc.
impérialiste adj et n Favorable à l'impérialisme.
impérieusement adv De façon impérieuse : *exiger impérieusement.*
impérieux, euse adj **1.** Qui commande avec énergie ; autoritaire. **2.** Pressant, irrésistible : *nécessité impérieuse.*
impérissable adj Qui ne saurait périr, qui dure très longtemps : *souvenir impérissable.*
imperméabilisant, e adj et nm Se dit d'un produit qui imperméabilise.
imperméabilisation nf Action d'imperméabiliser.
imperméabiliser vt Rendre imperméable : *tissu imperméabilisé.*
imperméabilité nf Qualité de ce qui est imperméable.
imperméable adj Qui ne se laisse pas traverser par l'eau : *l'argile est imperméable ; toile imperméable.* ■ **imperméable à** : inaccessible, indifférent à : *être imperméable à l'art abstrait.* ◆ nm Manteau de pluie en tissu imperméable.
impersonnel, elle adj **1.** Qui n'appartient à personne en propre : *la loi est impersonnelle.* **2.** Peu original ; banal : *style impersonnel.* **3.** GRAMM Se dit d'un verbe qui ne se conjugue qu'à la 3e personne du singulier (EX : *il pleut, il neige*). ■ **modes impersonnels** : l'infinitif et le participe.
impersonnellement adv De façon impersonnelle.
impertinence nf **1.** Manière irrespectueuse de parler, d'agir. **2.** Parole, action offensante.
impertinent, e adj et n Qui parle, agit d'une manière blessante, par irrespect ou familiarité ; effronté, déplacé, insolent.
imperturbable adj Que rien ne peut troubler, émouvoir : *calme imperturbable.*
imperturbablement adv De façon imperturbable.
impétigo nm MÉD Affection contagieuse de la peau caractérisée par l'éruption de pustules.
impétrant, e n DR Qui obtient un titre, un diplôme, une charge, etc.
impétueusement adv Avec impétuosité.
impétueux, euse adj **1.** Qui se manifeste avec violence et rapidité : *torrent, vent impétueux.* **2.** FIG Fougueux, bouillant, ardent : *jeune homme impétueux.*
impétuosité nf Caractère de ce qui est impétueux.
impie adj et n LITT Qui méprise la religion ; athée, incroyant.

impiété nf LITT **1.** Mépris pour les choses de la religion. **2.** Action, parole impies.

impitoyable adj Sans pitié.

impitoyablement adv De façon impitoyable.

implacable adj SOUT Qui ne peut être apaisé, modéré : *haine implacable*.

implacablement adv De façon implacable.

implant nm MÉD Pastille chargée de médicament, que l'on place dans le tissu cellulaire sous-cutané où elle se résorbe lentement. ■ **implant dentaire** : infrastructure métallique destinée à soutenir une prothèse dentaire.

implantation nf **1.** Action d'implanter, de s'implanter. **2.** Manière dont les cheveux sont plantés.

implanter vt **1.** Installer, établir : *implanter une industrie dans une région ; implanter un usage*. **2.** Introduire, fixer dans : *l'arbre implante profondément ses racines dans le sol*. ◆ **s'implanter** vpr Se fixer, s'installer.

implication nf **1.** Action d'impliquer, fait d'être impliqué. **2.** Ce qui est impliqué, contenu dans quelque chose ; conséquence.

implicite adj Contenu dans une proposition, dans un fait, sans être exprimé : *clause, condition implicite*.

implicitement adv De façon implicite.

impliquer vt **1.** Engager dans une affaire fâcheuse, compromettre, mettre en cause : *être impliqué dans une escroquerie*. **2.** Avoir pour conséquence logique et inéluctable : *cela implique notre acceptation*. ◆ **s'impliquer** vpr S'engager à fond.

implorant, e adj LITT Qui implore : *un regard implorant*.

imploration nf Action d'implorer.

implorer vt Demander humblement : *implorer une grâce*.

imploser vi Faire implosion.

implosion nf **1.** Irruption brutale d'un fluide dans une enceinte qui se trouve à une pression beaucoup plus faible que la pression du milieu extérieur. **2.** FIG Effondrement d'un système sous l'effet d'un processus interne pernicieux.

impluvium [ɛ̃plyvjɔm] nm Dans l'atrium des maisons romaines, bassin situé sous l'ouverture du toit, où étaient recueillies les eaux de pluie.

impoli, e adj et n Qui manque de politesse, discourtois : *visiteur impoli*.

impoliment adv De façon impolie.

impolitesse nf **1.** Manque de politesse. **2.** Action, parole impolie.

impondérable adj SOUT Difficile à évaluer, à prévoir. ◆ nm SOUT Élément, circonstance imprévisible : *se méfier des impondérables*.

impopulaire adj Qui n'est pas conforme aux désirs de la population, du plus grand nombre : *loi impopulaire*.

impopularité nf Caractère de ce qui est impopulaire.

import nm BELGIQUE Montant : *une facture d'un import de sept mille francs*.

1. importable adj Que l'on peut importer.

2. importable adj Se dit d'un vêtement que l'on ne peut ou que l'on n'ose pas porter.

importance nf **1.** Caractère de ce qui est important, considérable ; intérêt, portée. **2.** Autorité, crédit : *acquérir de l'importance dans une société*. ■ LITT **d'importance** : considérable.

important, e adj **1.** Qui importe, est de conséquence : *avis, investissement important ; découverte importante*. **2.** Qui a de l'influence, du crédit, de l'autorité : *personnage important*. **3.** Considérable par ses proportions, sa quantité : *ville très importante*. ◆ adj et n Suffisant : *air important ; faire l'important*. ◆ nm Ce qui est essentiel : *l'important, c'est de guérir*.

importateur, trice n et adj Personne, pays qui fait le commerce d'importation.

importation nf Action d'importer. ◆ **importations** pl Marchandises importées.

1. importer vt **1.** Introduire dans un pays des produits étrangers. CONTR : exporter. **2.** FIG Introduire quelque chose qui vient d'ailleurs : *importer une théorie*.

2. importer vi et vt ind [à] (ne s'emploie qu'à l'inf. et aux 3e pers.) Avoir de l'importance, présenter de l'intérêt : *son âge importe peu*. ◆ v impers ■ **il importe de, que** : il est nécessaire de, que. ❑ **n'importe comment** : (a) d'une manière quelconque (b) sans aucun soin ; mal : *écrire, s'habiller n'importe comment*. ❑ **n'importe où, quand** : en un lieu, un temps quelconques. ❑ **n'importe qui, quoi, lequel** : une personne ou une chose quelconque. ❑ **peu importe** ou **qu'importe** : cela n'a aucune importance.

> GRAMMAIRE On écrit *peu importent/qu'importent les réprimandes* (le verbe s'accorde avec le sujet) ou, indifféremment, *peu importe/qu'importe les réprimandes* (le verbe fait partie d'une locution verbale invariable).

import-export (pl *imports-exports*) nm Commerce des marchandises importées et exportées.

importun, e adj et n Qui arrive ou intervient mal à propos.
importuner vt Fatiguer, incommoder, ennuyer : *importuner quelqu'un par ses questions.*
imposable adj Soumis à l'impôt : *revenu imposable.*
imposant, e adj Qui impressionne par la grandeur, le nombre, la force.
imposé, e adj **1.** Soumis à l'impôt : *revenus imposés.* **2.** Obligatoire : *figures imposées.*
imposer vt **1.** Frapper d'un impôt, taxer : *imposer les contribuables ; imposer les alcools.* **2.** Obliger à : *imposer de dures conditions.* ■ LITURGIE **imposer les mains :** mettre les mains sur quelqu'un pour bénir, conférer un sacrement. ❑ **imposer silence :** faire taire. ❑ IMPR **imposer une page :** en faire l'imposition. ◆ vt ind ■ **en imposer :** inspirer le respect, la crainte. ◆ **s'imposer** vpr **1.** S'obliger à : *s'imposer une heure de sport par jour.* **2.** Se faire accepter par sa valeur, par le respect qu'on inspire : *s'imposer comme le chef d'un mouvement.* **3.** Se faire accepter de force : *on ne l'avait pas invité, il s'est imposé.* **4.** Être nécessaire, obligatoire : *la plus grande prudence s'impose.*
imposition nf **1.** Contribution, impôt. **2.** IMPR Disposition des pages d'une feuille imprimée.
impossibilité nf Caractère de ce qui est impossible ; chose impossible.
impossible adj **1.** Qui ne peut se produire, être fait : *tâche impossible.* **2.** FAM Bizarre, extravagant : *avoir un nom impossible.* **3.** Pénible, désagréable ; insupportable : *enfant impossible ; situation impossible.* ◆ nm Ce qui est impossible ou presque : *tenter l'impossible.*
imposte nf **1.** ARCHIT Pierre en saillie, sur laquelle repose le cintre d'une arcade. **2.** En menuiserie, partie supérieure d'une porte, d'une croisée.
imposteur nm Personne qui trompe par de fausses apparences, qui se fait passer pour ce qu'il n'est pas.
imposture nf Tromperie d'un imposteur.
impôt nm Contribution exigée par l'État, par les collectivités locales ; taxe.
impotence nf État d'une personne impotente.
impotent, e adj et n Qui se meut très difficilement : *vieillard impotent.*
impraticabilité nf État de ce qui est impraticable.
impraticable adj **1.** Irréalisable : *projet impraticable.* **2.** Où l'on ne peut pas passer : *chemin impraticable.*
imprécateur, trice n LITT Personne qui profère des imprécations.
imprécation nf LITT Malédiction, souhait de malheur.
imprécatoire adj LITT Qui a la forme d'une imprécation.
imprécis, e adj Sans précision, vague.
imprécision nf Manque de précision.
imprédictible adj Qui échappe à la prévision.
imprégnation nf Action d'imprégner ; son résultat.
imprégner vt (conj 10) **1.** Faire pénétrer une substance dans un corps : *imprégner d'huile un chiffon ; vêtement imprégné d'un parfum.* **2.** FIG Pénétrer profondément, marquer : *être imprégné d'une culture.* ◆ **s'imprégner** vpr [de] **1.** S'imbiber profondément de : *habit qui s'imprègne d'une odeur.* **2.** FIG Faire pénétrer dans son esprit par un contact étroit et prolongé : *s'imprégner de littérature italienne.*
imprenable adj Qui ne peut être pris : *citadelle imprenable.*
impréparation nf LITT Manque de préparation.
imprésario nm Personne qui s'occupe des intérêts d'un artiste.
imprescriptible adj Qui ne peut être caduc, dont on ne peut être privé : *les droits imprescriptibles de l'homme.*
impression nf **1.** Action d'imprimer : *l'impression d'un livre.* **2.** Marque, empreinte : *l'impression du cachet sur la cire, des pas dans la neige.* **3.** Effet produit sur les organes par une action extérieure, sensation : *impression de froid.* **4.** Effet produit sur le cœur, l'esprit ; sentiment : *ressentir une vive impression.*
impressionnable adj **1.** Qui ressent vivement des impressions. **2.** PHOT Qui peut être impressionné par un rayonnement, sensible.
impressionnant, e adj Qui impressionne : *spectacle impressionnant.*
impressionner vt **1.** Produire une vive impression ; émouvoir, frapper : *la nouvelle nous a impressionnés.* **2.** PHOT Laisser une trace sur un support sensible : *impressionner une pellicule.*
impressionnisme nm Tendance picturale qui consiste à traduire les impressions ressenties plutôt que l'aspect stable et conceptuel des choses.
impressionniste adj et n Qui relève de l'impressionnisme.
imprévisible adj Qui ne peut être prévu : *événement imprévisible.*
imprévoyance nf Défaut, manque de prévoyance.

imprévoyant, e adj Qui manque de prévoyance.

imprévu, e adj Qui arrive sans avoir été prévu et qui déconcerte ; inattendu : *incident imprévu.* ◆ nm Ce qui arrive sans avoir été prévu : *faire face aux imprévus.*

imprimable adj Qui peut être imprimé ; qui mérite de l'être.

imprimante nf Organe périphérique d'un ordinateur qui édite sur papier les résultats d'un traitement.

imprimatur nm inv Permission d'imprimer donnée par l'autorité ecclésiastique.

imprimé nm **1.** Livre, papier imprimé : *recevoir des imprimés par la poste.* **2.** Étoffe imprimée : *un imprimé à fleurs.*

imprimer vt **1.** Reporter sur un papier, un tissu, etc., des caractères ou des dessins : *imprimer un livre ; imprimer des motifs, une lithographie.* **2.** Faire paraître, publier : *un journal ne peut pas tout imprimer.* **3.** Communiquer : *imprimer un mouvement.* **4.** LITT Faire, laisser une empreinte : *imprimer ses pas dans la neige.* **5.** LITT Faire impression dans l'esprit, dans le cœur, inspirer : *imprimer le respect.*

imprimerie nf **1.** Ensemble des techniques et métiers qui concourent à la fabrication d'ouvrages imprimés. **2.** Établissement où l'on imprime.

imprimeur nm **1.** Personne qui dirige une imprimerie. **2.** Personne qui travaille dans une imprimerie.

improbabilité nf Caractère de ce qui est improbable.

improbable adj Qui a peu de chances de se réaliser.

improductif, ive adj Qui ne produit rien ; stérile : *terres improductives.*

improductivité nf Caractère, état d'une personne, d'une chose improductive.

impromptu, e adj Fait sur-le-champ ; improvisé : *festin impromptu.* ◆ adv À l'improviste, sans préparation : *arriver impromptu chez des amis.* ◆ nm Petite pièce de vers improvisée.

imprononçable adj Impossible à prononcer.

impropre adj Qui ne convient pas, inadéquat : *terme impropre.*

improprement adv De façon impropre : *s'exprimer improprement.*

impropriété nf Caractère impropre ; emploi impropre : *impropriété d'une locution.*

improuvable adj Qu'on ne peut prouver.

improvisateur, trice n Qui improvise.

improvisation nf **1.** Action, art d'improviser. **2.** Ce qu'on improvise.

improviser vt et vi Faire sans préparation : *improviser des vers.*

improviste (à l') loc adv D'une façon inattendue : *arriver à l'improviste.*

imprudemment adv De façon imprudente.

imprudence nf **1.** Manque de prudence. **2.** Action imprudente : *commettre une imprudence.*

imprudent, e adj et n Qui manque de prudence : *enfant imprudent.* ◆ adj Qui dénote l'absence de prudence : *parole imprudente.*

impubère adj Qui n'a pas atteint l'âge de la puberté.

impubliable adj Qu'on ne peut publier.

impudemment adv Avec impudence.

impudence nf **1.** Effronterie insolente, cynique. **2.** Action, parole impudente.

impudent, e adj et n D'une insolence poussée jusqu'au cynisme.

impudeur nf Manque de pudeur, de retenue ; indécence.

impudique adj Qui blesse la pudeur ; indécent.

impuissance nf **1.** Manque de force, de moyens, pour faire une chose. **2.** Incapacité physique à accomplir l'acte sexuel, pour l'homme.

impuissant, e adj Qui manque du pouvoir, de la force nécessaire pour faire quelque chose : *il a été impuissant à me persuader.* ◆ adj et nm Se dit d'un homme qui ne peut accomplir l'acte sexuel.

impulser vt Pousser dans un certain sens ; donner de l'élan à : *impulser un mouvement de revendication.*

impulsif, ive adj et n Qui cède à ses impulsions.

impulsion nf **1.** Force, penchant qui pousse à agir : *céder à une impulsion violente.* **2.** Force, poussée qui provoque le mouvement d'un corps ; ce mouvement : *transmettre une impulsion à un mécanisme.*

impulsivement adv De façon impulsive.

impulsivité nf Caractère impulsif d'une personne, d'un comportement.

impunément adv **1.** Sans être puni : *frauder impunément.* **2.** Sans dommages, sans risques pour soi : *on ne peut pas se gaver impunément.*

impuni, e adj Qui demeure sans punition : *coupable, crime impuni.*

impunité nf Absence de punition. ■ **en toute impunité** : impunément.

impur, e adj **1.** Qui n'est pas pur, qui est altéré par un mélange : *eau impure.* **2.** LITT, VIEILLI contraire à la chasteté : *désirs impurs.*

impureté nf **1.** État de ce qui est impur, souillé, altéré, pollué : *l'impureté de l'air.* **2.** Ce qui salit, altère quelque chose : *filtrer des impuretés.*

imputable adj **1.** Qui peut ou doit être attribué : *erreur imputable à l'étourderie.* **2.** Se dit d'une somme qui peut être prélevée sur un compte, un budget, etc. : *somme imputable sur le budget de fonctionnement.*

imputation nf **1.** Accusation : *imputation calomnieuse.* **2.** Affectation d'une somme à un compte.

imputer vt **1.** Attribuer à quelqu'un, quelque chose, la responsabilité de : *imputer un vol à quelqu'un.* **2.** Faire entrer dans le compte de : *imputer une dépense sur un chapitre du budget.*

imputrescible adj Qui ne peut se putréfier.

in [in] adj inv FAM À la mode ; dans le vent.

inabordable adj **1.** Que l'on ne peut aborder ; inaccessible : *côte inabordable ; personne inabordable.* **2.** D'un prix excessif : *les fraises sont inabordables en cette saison.*

inaccentué, e adj GRAMM Qui n'est pas accentué ; atone : *pronom inaccentué.*

inacceptable adj Qu'on ne peut accepter : *proposition inacceptable.*

inaccessibilité nf Caractère de ce qui est inaccessible.

inaccessible adj **1.** D'accès impossible : *cime inaccessible.* **2.** Qu'on ne peut comprendre, connaître : *poème inaccessible.* **3.** Insensible : *inaccessible à la pitié.*

inaccompli, e adj LITT Non accompli.

inaccoutumé, e adj Inhabituel, insolite : *zèle inaccoutumé.*

inachevé, e adj Qui n'est pas achevé.

inachèvement nm État de ce qui n'est pas achevé.

inactif, ive adj Qui n'a pas d'activité ; désœuvré, oisif : *rester inactif.* ◆ n Personne n'appartenant pas à la population active.

inaction nf Absence d'action, de travail, d'activité : *cette inaction me pèse.*

inactiver vt Supprimer les effets toxiques d'un produit microbien pour ne conserver que ses propriétés utiles à la médecine : *inactiver un virus.*

inactivité nf Absence d'activité : *l'inactivité forcée d'un malade.*

inadaptable adj Qui n'est pas susceptible d'être adapté.

inadaptation nf Défaut d'adaptation, en particulier, d'adaptation aux exigences de la vie sociale.

inadapté, e adj et n Qui n'est pas adapté. ■ **enfance inadaptée :** ensemble des enfants qui présentent des handicaps physiques ou intellectuels.

inadéquat, e [inadekwa, at] adj Qui n'est pas adéquat ; inapproprié.

inadéquation nf Caractère de ce qui n'est pas adéquat.

inadmissibilité nf Caractère de ce qui ne peut être admis.

inadmissible adj Qu'on ne saurait admettre ; inacceptable : *prétention inadmissible.*

inadvertance nf ■ **par inadvertance :** par inattention, par mégarde.

inaliénable adj Qu'on ne peut vendre ou hypothéquer : *des propriétés inaliénables.*

inaltérabilité nf Qualité de ce qui est inaltérable.

inaltérable adj Qui ne peut être altéré : *l'or est inaltérable ; amitié inaltérable.*

inaltéré, e adj Non altéré.

inamical, e, aux adj Contraire à l'amitié ; hostile.

inamovibilité nf Caractère inamovible : *l'inamovibilité des juges.*

inamovible adj **1.** Qui ne peut être destitué. **2.** Dont on ne peut être destitué : *fonction inamovible.*

inanimé, e adj **1.** Qui n'est pas doué de vie : *objets inanimés.* **2.** Qui a perdu la vie ou semble privé de vie ; inerte : *tomber inanimé.* ◆ adj et nm GRAMM Se dit des noms désignant des choses.

inanité nf LITT Caractère de ce qui est vain, inutile ; vanité.

inanition nf Privation de nourriture : *mourir d'inanition.*

inaperçu, e adj ■ **passer inaperçu :** Échapper à l'attention, aux regards.

inappétence nf LITT Manque d'appétit.

inapplicable adj Qui ne peut être appliqué : *loi inapplicable.*

inapplication nf **1.** Fait de ne pas mettre en application : *l'inapplication d'un plan.* **2.** Manque d'application.

inappliqué, e adj Qui manque d'application : *élève inappliqué.*

inappréciable adj Dont on ne saurait estimer la valeur ; inestimable, précieux.

inapproprié, e adj Qui n'est pas approprié ; inadapté : *discours inapproprié aux circonstances.*

inapte adj Qui n'est pas apte à une activité : *personne inapte aux affaires.*

inaptitude nf Défaut d'aptitude ; incapacité.

inarticulé, e adj Qui n'est pas ou qui est mal articulé ; indistinct : *cris inarticulés.*

inassouvi, e adj LITT Non assouvi ; insatisfait.
inattaquable adj Qu'on ne peut attaquer : *argument inattaquable*.
inattendu, e adj Qu'on n'attendait pas, imprévu : *visite inattendue*.
inattentif, ive adj Qui ne prête pas attention ; distrait, étourdi.
inattention nf Manque d'attention ; distraction : *avoir un moment d'inattention ; faire une faute d'inattention*.
inaudible adj **1.** Qui ne peut être perçu par l'ouïe : *vibrations inaudibles.* **2.** Dont l'audition est insupportable : *musique inaudible*.
inaugural, e, aux adj Relatif à une inauguration : *séance inaugurale*.
inauguration nf Cérémonie par laquelle on procède officiellement à la mise en service d'un bâtiment, à l'ouverture d'une exposition, etc. : *discours d'inauguration*.
inaugurer vt **1.** Procéder à l'inauguration de : *inaugurer un théâtre.* **2.** Marquer le début de : *événement qui inaugure une ère de troubles*.
inavouable adj Qui ne peut être avoué.
inavoué, e adj Non avoué ; secret.
inca adj Relatif aux Incas.
incalculable adj **1.** Impossible à calculer : *le nombre des étoiles est incalculable.* **2.** Difficile ou impossible à apprécier : *difficultés incalculables*.
incandescence nf État d'un corps qu'une température élevée rend lumineux. ■ **lampe à incandescence :** dans laquelle l'émission de la lumière est produite par un filament porté à incandescence.
incandescent, e adj Qui est en incandescence : *braises incandescentes*.
incantation nf Formule magique chantée ou récitée pour obtenir un effet surnaturel.
incantatoire adj Relatif à l'incantation : *formule incantatoire*.
incapable adj et n **1.** Qui n'est pas capable de : *incapable de gouverner.* **2.** Qui manque de capacité, d'aptitude : *c'est un incapable.* **3.** DR Qui est frappé d'incapacité : *certains malades mentaux sont déclarés incapables*.
incapacité nf **1.** Manque de capacité ; incompétence. **2.** DR Inaptitude à jouir d'un droit ou à l'exercer. ■ **être dans l'incapacité de :** ne pas pouvoir faire quelque chose.

GRAMMAIRE On dit *il est dans l'incapacité de gouverner*, mais *il a montré son incapacité à gouverner.*

incarcération nf Emprisonnement.
incarcérer vt (conj 10) Mettre en prison.
incarnat, e adj et nm D'un rouge clair et vif.
incarnation nf **1.** Action de s'incarner. **2.** Représentation concrète d'une réalité abstraite ; image, personnification : *il est l'incarnation du mal*.
incarné adj m ■ **ongle incarné :** qui s'enfonce dans la chair.
incarner vt **1.** Personnifier une réalité abstraite : *magistrat qui incarne la justice.* **2.** Interpréter le rôle d'un personnage à la scène, à l'écran : *l'actrice qui incarne l'héroïne.* ◆ **s'incarner** vpr Prendre un corps de chair, en parlant d'une divinité, d'un être spirituel.
incartade nf Écart de conduite ; extravagance : *incartades de jeunesse*.
incassable adj Qui ne peut se casser.
incendiaire n Auteur volontaire d'un incendie. ◆ adj **1.** Destiné à provoquer un incendie : *obus incendiaire.* **2.** FIG Propre à enflammer les esprits ; virulent : *écrit incendiaire*.
incendie nm Grand feu qui se propage en faisant des ravages.
incendier vt Brûler, consumer par le feu.
incertain, e adj **1.** Qui n'est pas certain ; indéterminé, douteux, vague : *fait incertain.* **2.** Variable : *temps incertain*.
incertitude nf **1.** État d'une personne, caractère d'une chose incertaine : *être dans l'incertitude.* **2.** Ce qui ne peut être établi avec exactitude et laisse place au doute : *un avenir plein d'incertitudes*.
incessamment adv Sans délai, très bientôt : *il doit arriver incessamment*.
incessant, e adj Qui ne cesse pas ; continuel, ininterrompu : *bavardage incessant*.
incessibilité nf DR Qualité de ce qui est incessible.
incessible adj DR Qui ne peut être cédé.
inceste nm Relations sexuelles entre proches parents.
incestueux, euse adj et n Coupable d'inceste. ◆ adj **1.** Entaché d'inceste : *union incestueuse.* **2.** Issu d'un inceste : *enfant incestueux*.
inchangé, e adj Qui n'a subi aucun changement.
inchoatif, ive [ɛ̃kɔatif, iv] adj LING Se dit d'un verbe exprimant un commencement d'action (EX : *vieillir, s'endormir*).
incidemment [ɛ̃sidamɑ̃] adv De façon incidente, accessoirement.
incidence nf Répercussion, conséquence : *les incidences de la hausse du pétrole*.

1. incident nm Événement, difficulté qui survient au cours d'une action, d'un processus : *incident technique ; incident de parcours.*

2. incident, e adj **1.** Qui se produit par hasard ; accessoire, occasionnel : *remarque incidente.* **2.** PHYS Qui tombe sur une surface réfléchissante ou réfringente : *rayon incident.* ■ GRAMM **proposition incidente :** incise.

incinérateur nm Appareil servant à incinérer.

incinération nf Action d'incinérer.

incinérer vt Réduire en cendres : *incinérer des ordures ménagères ; incinérer un mort.*

incise nf GRAMM Courte proposition insérée dans une autre (EX : *l'homme,* dit-on, *est raisonnable*).

inciser vt Faire une incision.

incisif, ive adj Qui va droit au but ; pénétrant, tranchant, mordant : *critique incisive.*

incision nf Coupure allongée, fente, entaille faite avec un instrument tranchant.

incisive nf Chacune des dents de devant : *l'homme a huit incisives.*

incitation nf Action d'inciter.

inciter vt Pousser : *inciter à la révolte.*

incivil, e adj LITT Qui manque de civilité ; impoli.

incivilité nf **1.** LITT Manque de civilité. **2.** Action, généralement violente, par laquelle une personne exprime son refus d'accepter les règles de la vie sociale.

incivique adj LITT Qui manque de civisme.

incivisme nm LITT Manque de civisme.

inclassable adj Qu'on ne peut pas classer.

inclémence nf **1.** LITT Manque de clémence. **2.** Rigueur du temps.

inclinable adj Qui peut s'incliner.

inclinaison nf État de ce qui est incliné ; pente : *inclinaison d'un plan.* ■ **inclinaison magnétique :** angle que forme une aiguille aimantée avec le plan horizontal.

inclination nf **1.** Action d'incliner, de pencher la tête ou le corps. **2.** Penchant, tendance naturelle, disposition, goût : *inclination à la paresse.*

incliner vt Pencher, baisser : *incliner la tête.* ◆ vt ind [à] Avoir un penchant pour, être enclin à : *incliner à la sévérité ; incliner à penser que.* ◆ **s'incliner** vpr **1.** Se pencher, se courber : *saluer en s'inclinant.* **2.** Renoncer à la lutte en s'avouant vaincu : *s'incliner devant la force de l'adversaire.* **3.** Être dominé dans une compétition ; perdre : *champion qui s'incline en finale.*

inclure vt (conj 68) Renfermer, insérer : *inclure une note dans une lettre.*

inclus, e adj Enfermé, contenu : *partir jusqu'au 20 inclus.* ■ **dent incluse :** qui reste contenue dans le maxillaire ou dans les tissus environnants.

inclusif, ive adj Qui contient en soi quelque chose d'autre.

inclusion nf **1.** Action d'inclure. **2.** État d'une chose incluse.

inclusivement adv Y compris.

incoercible adj LITT Qu'on ne peut réprimer, contenir : *rire incoercible.*

incognito [ɛ̃kɔɲito] adv Sans se faire connaître : *voyager incognito.* ◆ nm Situation d'une personne qui garde son identité secrète : *garder l'incognito.*

incohérence nf Caractère de ce qui est incohérent ; parole, idée, action incohérente.

incohérent, e adj **1.** Qui manque de liaison : *assemblage incohérent.* **2.** Qui manque de suite, de logique ; décousu : *paroles incohérentes.*

incollable adj **1.** Qui ne colle pas pendant la cuisson : *riz incollable.* **2.** FAM Qui peut répondre à toutes sortes de questions.

incolore adj **1.** Qui n'est pas coloré : *cirage incolore.* **2.** FIG Sans éclat : *style incolore.*

incomber vt ind [à] Revenir à : *cette tâche lui incombe.*

incombustible adj Qui ne peut être brûlé : *l'amiante est incombustible.*

incommensurable adj **1.** D'une étendue, d'une grandeur telle qu'on ne peut l'évaluer. **2.** MATH Se dit de deux grandeurs dont le rapport est un nombre irrationnel : *le périmètre du cercle est incommensurable avec son diamètre.*

incommodant, e adj Qui incommode : *odeur incommodante.*

incommode adj **1.** Qu'on ne peut utiliser avec facilité : *outil incommode.* **2.** Qui cause de la gêne, du désagrément : *horaire incommode.*

incommoder vt Gêner, causer un malaise physique : *être incommodé par la fumée.*

incommodité nf LITT Caractère de ce qui est incommode, peu pratique.

incommunicabilité nf Impossibilité de communiquer : *l'incommunicabilité des consciences.*

incommunicable adj **1.** Qu'on ne peut transmettre : *biens incommunicables.* **2.** Dont on ne peut faire part : *une joie incommunicable.*

incomparable adj À qui ou à quoi rien ne peut être comparé ; inégalable, remarquable.

incomparablement adv Sans comparaison possible.

incompatibilité nf Impossibilité de s'accorder : *incompatibilité d'humeur.*

incompatible adj **1.** Qui n'est pas compatible ; qui ne peut s'accorder, s'unir : *caractères incompatibles.* **2.** Se dit d'un matériel, d'un ordinateur qui ne peut être connecté avec du matériel de marque différente.

incompétence nf **1.** Manque de compétence, de connaissances suffisantes ; incapacité. **2.** DR Inaptitude d'un juge, d'un tribunal à traiter une affaire.

incompétent, e adj et n **1.** Qui n'a pas les connaissances voulues : *un critique incompétent.* **2.** DR Qui n'a pas qualité pour apprécier : *tribunal incompétent.*

incomplet, ète adj Qui n'est pas complet ; partiel : *ouvrage incomplet.*

incomplètement adv De façon incomplète.

incompréhensible adj Qu'on ne peut comprendre ; inintelligible.

incompréhensif, ive adj Qui ne comprend pas les autres.

incompréhension nf Incapacité ou refus de comprendre quelqu'un ou quelque chose.

incompressible adj **1.** Qu'on ne peut comprimer : *l'eau est incompressible.* **2.** Qui ne peut être réduit : *dépenses incompressibles.*

incompris, e adj et n Qui n'est pas compris, apprécié à sa juste valeur.

inconcevable adj Qu'on ne peut concevoir ; inimaginable, extraordinaire : *méprise inconcevable.*

inconciliable adj Qu'on ne peut concilier avec quelque chose d'autre.

inconditionné, e adj PHILOS Qui n'est pas soumis à une condition ; absolu.

inconditionnel, elle adj Qui n'admet aucune condition : *appui inconditionnel.* ◆ adj et n Qui obéit sans discussion aux ordres d'un parti, d'un homme.

inconditionnellement adv De façon inconditionnelle.

inconduite nf Mauvaise conduite ; dévergondage.

inconfort nm **1.** Manque de confort : *l'inconfort d'une vieille fermette.* **2.** Situation morale ou intellectuelle embarrassante.

inconfortable adj Qui n'est pas confortable.

inconfortablement adv De façon inconfortable.

incongru, e adj Contraire à la bienséance ; déplacé.

incongruité nf **1.** Caractère de ce qui est incongru. **2.** Action ou parole incongrue.

incongrûment adv De façon incongrue.

inconnu, e adj **1.** Qui n'est pas connu ; étranger : *son visage m'est inconnu.* **2.** Qui n'a pas de notoriété : *artiste inconnu.* **3.** Pas encore éprouvé : *sensations inconnues.* ◆ n Personne inconnue. ◆ nm Ce qu'on ignore : *affronter l'inconnu.*

inconnue nf MATH Quantité cherchée dans un problème.

inconsciemment [ɛ̃kɔ̃sjamɑ̃] adv De façon inconsciente.

inconscience nf **1.** Perte momentanée de la conscience. **2.** Absence de jugement, légèreté extrême.

inconscient, e adj **1.** Qui a perdu connaissance : *un blessé inconscient.* **2.** Qui n'a pas conscience de ses actes. **3.** Dont on n'a pas conscience : *acte inconscient.* ◆ adj et n Qui n'a pas conscience de quelque chose ; qui agit de façon inconsidérée : *être inconscient des difficultés.* ◆ nm Ensemble des phénomènes psychiques qui échappent à la conscience.

inconséquence nf **1.** Manque de suite dans les idées, dans les actions ; incohérence. **2.** Chose dite ou faite sans réflexion.

inconséquent, e adj **1.** Qui parle, agit à la légère ; irréfléchi. **2.** Fait ou dit à la légère ; déraisonnable : *démarche inconséquente.*

inconsidéré, e adj Fait ou dit sans réflexion ; irréfléchi.

inconsidérément adv De façon inconsidérée.

inconsistance nf **1.** Manque de consistance : *l'inconsistance d'une pâte.* **2.** Manque de logique, de fermeté ; faiblesse.

inconsistant, e adj Sans consistance, faible : *personne, raisonnement inconsistants.*

inconsolable adj Qui ne peut se consoler.

inconsolé, e adj Qui n'est pas consolé.

inconsommable adj Qu'on ne peut consommer ; immangeable.

inconstance nf **1.** Manque de constance : *inconstance dans l'effort.* **2.** Instabilité, mobilité : *inconstance du temps, de la fortune.*

inconstant, e adj et n Sujet à changer ; instable : *inconstant dans ses amitiés.*

inconstitutionnel, elle adj Non conforme à la Constitution.

inconstructible adj Où l'on ne peut construire : *zone inconstructible.*

incontestable adj Qui ne peut être mis en doute ; indéniable.

incontestablement adv De façon incontestable.

incontesté, e adj Qui n'est pas contesté, discuté : *droit incontesté.*

incontinence nf **1.** VX Manque de modération, de retenue : *incontinence verbale.* **2.** MÉD Émission involontaire d'urine ou de matières fécales.

incontinent, e adj **1.** VX Sans modération dans ses propos, sa conduite. **2.** MÉD Atteint d'incontinence.

incontournable adj Qu'on ne peut éviter ; dont on doit tenir compte.

incontrôlable adj Qu'on ne peut contrôler.

incontrôlé, e adj Qui n'est pas contrôlé.

inconvenance nf **1.** Caractère de ce qui est inconvenant. **2.** Action ou parole inconvenante.

inconvenant, e adj Qui blesse les convenances ; déplacé, indécent : *propos inconvenants.*

inconvénient nm **1.** Désavantage, défaut : *avantages et inconvénients d'une situation.* **2.** Conséquence fâcheuse : *subir les inconvénients d'une situation.*

inconvertible adj Qui ne peut être échangé, remplacé : *monnaie inconvertible.*

incorporation nf Action d'incorporer ; amalgame, intégration.

incorporel, elle adj **1.** Qui n'a pas de corps ; immatériel. **2.** DR Se dit des biens qui n'ont pas d'existence matérielle (droit d'usufruit, droits d'auteur, etc.).

incorporer vt **1.** Faire entrer dans un tout, mêler intimement, intégrer : *incorporer des œufs à un mélange ; incorporer un paragraphe dans un texte.* **2.** Faire entrer dans un corps de troupes.

incorrect, e adj **1.** Qui n'est pas correct ; fautif. **2.** Qui manque aux règles de la politesse ; grossier.

incorrectement adv De façon incorrecte.

incorrection nf **1.** Manquement aux règles de la correction, de la bienséance. **2.** Faute de grammaire.

incorrigible adj Qu'on ne peut corriger : *paresse incorrigible.*

incorrigiblement adv De façon incorrigible.

incorruptibilité nf **1.** Qualité de ce qui ne peut se corrompre. **2.** Caractère d'une personne incorruptible ; intégrité.

incorruptible adj **1.** Qui ne se corrompt pas ; imputrescible. **2.** Qui ne se laisse pas corrompre, acheter : *juge incorruptible.*

incrédule adj et n **1.** Qui se laisse difficilement convaincre ; sceptique. **2.** Incroyant.

incrédulité nf Manque de crédulité ; scepticisme.

incrément nm INFORM Quantité constante ajoutée à la valeur d'une variable à chaque boucle d'un programme.

incrémenter vt INFORM Ajouter un incrément à.

increvable adj **1.** Qui ne peut être crevé : *pneu increvable.* **2.** FAM Résistant, infatigable : *ces enfants sont increvables.*

incrimination nf Action d'incriminer.

incriminer vt Mettre en cause, rendre responsable d'un acte blâmable.

incrochetable adj Qu'on ne peut crocheter : *serrure incrochetable.*

incroyable adj **1.** Impossible ou difficile à croire : *histoire incroyable.* **2.** Étonnant ; extraordinaire : *talent incroyable.*

incroyablement adv Extraordinairement, extrêmement.

incroyance nf Absence de foi religieuse.

incroyant, e adj et n Non croyant.

incrustation nf **1.** Action d'incruster ; ce qui est incrusté : *incrustation d'or, de nacre, de dentelle.* **2.** Dépôt que laisse une eau calcaire. **3.** Insertion d'une image électronique dans une autre ; image ainsi insérée.

incruster vt **1.** Insérer dans une matière des fragments de matière différente, pour former un motif ornemental : *incruster de la nacre dans l'ébène.* **2.** Couvrir d'un dépôt pierreux. ◆ **s'incruster** vpr **1.** Se graver. **2.** FAM S'imposer durablement de façon importune.

incubateur nm **1.** Couveuse. **2.** ÉCON Structure financée par de grands groupes pour aider au lancement de start-up.

incubation nf **1.** Action de couver. **2.** MÉD Temps pendant lequel couve une maladie. ■ **incubation artificielle :** action de faire éclore des œufs par des procédés artificiels.

incube nm Démon masculin censé abuser d'une femme pendant son sommeil.

incuber vt Opérer l'incubation de.

inculpation nf Action d'inculper.

inculpé, e n Accusé.

inculper vt Ouvrir une procédure d'instruction contre une personne présumée coupable d'un crime ou d'un délit.

inculquer vt Faire entrer durablement quelque chose dans l'esprit de quelqu'un : *inculquer les bonnes manières à quelqu'un.*

inculte adj **1.** Non cultivé : *terre inculte.* **2.** Qui n'a aucune culture intellectuelle : *esprit inculte.*

incultivable adj Qui ne peut être cultivé.

inculture nf Manque total de culture intellectuelle ; ignorance.

incunable adj et nm Se dit d'un ouvrage qui date de l'origine de l'imprimerie.

incurable adj Inguérissable.

incurie nf Grande négligence.

incuriosité nf LITT Absence totale de curiosité intellectuelle.

incursion nf **1.** Invasion en pays ennemi. **2.** Arrivée soudaine dans un lieu.

incurvation nf Action d'incurver ; état qui en résulte.

incurver vt Courber de dehors en dedans.

indéboulonnable adj FAM Qui paraît ne pouvoir être révoqué, destitué : *présentateur indéboulonnable.*

indécemment adv De façon indécente.

indécence nf Caractère de ce qui est indécent ; action, parole indécente.

indécent, e adj **1.** Contraire à la décence, à la bienséance, à la pudeur : *tenue indécente.* **2.** Déplacé, scandaleux : *gaspillage indécent.*

indéchiffrable adj Qu'on ne peut lire, déchiffrer, deviner : *écriture, code indéchiffrable ; personne, intention indéchiffrable.*

indéchirable adj Qui ne peut être déchiré.

indécis, e adj et n Qui ne sait pas se décider ; irrésolu. ◆ adj **1.** Douteux, incertain : *victoire indécise.* **2.** Vague : *formes indécises.*

indécision nf État, caractère d'une personne indécise ; incertitude, irrésolution.

indéclinable adj GRAMM Qui ne se décline pas.

indécollable adj Qu'on ne peut décoller.

indécomposable adj Qu'on ne peut décomposer, analyser.

indécrottable adj FAM Impossible à améliorer ; incorrigible.

indéfectible adj Qui ne peut cesser d'être : *amitié indéfectible.*

indéfendable adj Qui ne peut être défendu.

indéfini, e adj **1.** Dont on ne peut fixer les limites : *espace indéfini.* **2.** Qu'on ne peut définir ; vague, indéterminé : *sensation indéfinie.* ■ **article indéfini :** qui présente l'être ou la chose en les distinguant de façon indéterminée du reste du groupe (*un, une, des*). ❑ **adjectifs indéfinis :** ceux qui déterminent les noms d'une manière vague, générale, comme *aucun, autre, certain, chaque, maint, même, nul, plusieurs, quel, quelconque, quelque, tel, tout.* ❑ **pronoms indéfinis :** ceux qui représentent les noms d'une manière générale, comme *on, chacun, personne, quiconque, quelqu'un, rien, autrui, l'un, l'autre, l'un et l'autre.*

indéfiniment adv De façon indéfinie ; perpétuellement : *dire indéfiniment les mêmes choses.*

indéfinissable adj Qu'on ne saurait définir ; vague : *trouble indéfinissable.*

indéformable adj Qui ne peut être déformé.

indéfrichable adj Impossible à défricher.

indéfrisable nf VIEILLI Permanente.

indéhiscent, e adj BOT Se dit d'un fruit sec qui ne s'ouvre pas mais se détache en entier de la plante mère.

indélébile adj Ineffaçable : *encre, souvenir indélébile.*

indélicat, e adj **1.** Malhonnête : *procédé indélicat ; un employé indélicat.* **2.** Grossier : *il serait indélicat d'insister.*

indélicatesse nf **1.** Manque de délicatesse. **2.** Acte, procédé indélicat.

indémaillable adj Dont les mailles ne peuvent se défaire.

indemne adj Qui n'a pas éprouvé de dommage à la suite d'un accident, d'une épreuve : *sortir indemne d'une chute.*

indemnisable adj Qui peut ou doit être indemnisé.

indemnisation nf Dédommagement.

indemniser vt Dédommager.

indemnité nf **1.** Somme allouée pour dédommager d'un préjudice : *indemnité de licenciement.* **2.** Allocation accordée en compensation de certains frais : *indemnité de déplacement.* ■ **indemnité parlementaire :** émoluments des députés et des sénateurs.

indémodable adj Qui ne risque pas de se démoder.

indémontable adj Qu'on ne peut démonter.

indémontrable adj Qu'on ne peut démontrer.

indéniable adj Qu'on ne peut dénier ; certain, incontestable : *preuve indéniable.*

indéniablement adv De façon indéniable.

indénombrable adj Qu'on ne peut dénombrer.

indépendamment adv De façon indépendante : *travailler indépendamment.* ◆ **indépendamment de** loc prép **1.** En faisant abstraction de : *étudier ce fait indépendamment des circonstances.* **2.** Outre, en plus de : *indépendamment de cela.*

indépendance nf **1.** État d'une personne indépendante, autonome : *son salaire lui assure une totale indépendance.* **2.** Caractère indépendant : *esprit d'indépendance.* **3.** Autonomie politique, souveraineté nationale.

indépendant, e adj **1.** Qui ne dépend d'aucune autorité ; libre, autonome :

travailleur indépendant ; être indépendant financièrement. **2.** Qui jouit de l'autonomie politique : *pays indépendant.* **3.** Qui refuse toute sujétion : *esprit indépendant.* **4.** Qui n'a aucun rapport avec autre chose ; qui n'est pas solidaire de quelque chose : *deux phénomènes indépendants.* **5.** Se dit d'une chambre, d'un local qui a son entrée propre.

indépendantisme nm Revendication d'indépendance.

indépendantiste adj et n Partisan de l'indépendance politique.

indéracinable adj Qu'on ne peut déraciner : *préjugés indéracinables.*

indéréglable adj Qui ne peut se dérégler.

indescriptible adj Qui ne peut être décrit, exprimé.

indésirable adj et n Qu'on n'accepte pas dans un milieu, un pays : *expulser un indésirable ; sa présence est indésirable.*

indestructible adj Qui ne peut être détruit.

indétectable adj Qu'on ne peut détecter.

indéterminable adj Qui ne peut être déterminé.

indétermination nf **1.** Caractère de ce qui est indéterminé. **2.** Manque de décision, de résolution ; hésitation.

indéterminé, e adj Qui n'est pas déterminé, précisé, fixé.

index nm **1.** Doigt le plus proche du pouce. **2.** Table alphabétique d'un livre. **3.** Aiguille mobile d'un cadran. ■ **l'Index :** le catalogue des livres dont l'autorité pontificale défendait la lecture. ❑ FIG **mettre à l'index :** exclure, signaler comme dangereux.

EMPLOI *Index alphabétique* est un pléonasme à éviter.

indexation nf Action d'indexer.

indexer vt **1.** Introduire dans un index ; établir l'index de. **2.** Rattacher les variations d'une valeur à celles d'un élément de référence déterminé : *indexer une retraite sur le coût de la vie.*

indianisme nm Étude des langues et des civilisations de l'Inde.

indianiste n Spécialiste de l'indianisme.

indic nm FAM Indicateur de police.

indicateur, trice adj Qui indique, fait connaître : *panneau indicateur.* ◆ nm **1.** Livre qui sert de guide : *l'indicateur des rues de Paris.* **2.** Appareil servant à indiquer : *indicateur de vitesse, de pression.* **3.** Individu qui renseigne la police.

1. indicatif nm **1.** GRAMM Celui des cinq modes du verbe qui présente l'état, l'action comme une réalité. **2.** Musique annonçant une émission de radio ou de télévision. ■ **indicatif téléphonique :** chiffres à composer avant le numéro de téléphone et qui correspondent à une zone géographique.

2. indicatif, ive adj Qui indique, annonce : *signal indicatif.* ■ **à titre indicatif :** pour renseigner : *donner le prix d'une chose à titre indicatif.*

indication nf **1.** Action d'indiquer. **2.** Renseignement : *fausse indication.* **3.** MÉD Affection, cas pour lesquels un traitement est indiqué.

indice nm **1.** Signe apparent et probable qu'une chose existe : *rechercher des indices.* **2.** Nombre exprimant un rapport entre deux grandeurs ; rapport entre des quantités ou des prix, qui en montre l'évolution : *indice des prix.* **3.** MATH Signe attribué à une lettre représentant les différents éléments d'un ensemble : *A indice n s'écrit* A_n. ■ **indice d'écoute :** pourcentage des personnes ayant écouté ou regardé une émission de radio, de télévision.

indicible adj Qu'on ne saurait dire, exprimer : *joie indicible.*

indiciel, elle adj Qui a valeur d'indice : *courbe indicielle.*

indien, enne adj et n **1.** De l'Inde : *les Indiens.* **2.** Relatif aux populations autochtones de l'Amérique.

EMPLOI Il ne faut pas confondre *Indien,* « habitant de l'Inde », et *hindou,* « adepte de la religion hindouiste ».

indienne nf Toile de coton peinte ou imprimée.

indifféremment [ɛ̃diferamɑ̃] adv Sans faire de différence ; indistinctement.

indifférence nf État d'une personne indifférente ; détachement, froideur, insensibilité.

indifférenciation nf État de ce qui est indifférencié.

indifférencié, e adj Se dit d'une chose dans laquelle aucune différence n'est constatée.

indifférent, e adj **1.** Qui ne présente aucun motif de préférence : *choix indifférent.* **2.** Sans intérêt, peu important : *parler de choses indifférentes.* ◆ adj et n Que rien ne touche ni n'émeut.

indifférer vt (conj 10) FAM Être indifférent à : *cela m'indiffère.*

indigence nf Grande pauvreté, misère.

indigène n et adj Personne née dans le pays qu'elle habite ; autochtone, aborigène. ◆ adj Originaire du pays : *plante indigène.* CONTR : exotique.

indigent, e adj et n Très pauvre.

indigeste adj **1.** Difficile à digérer. **2.** FIG Difficile à assimiler par l'esprit : *roman indigeste*.

indigestion nf Indisposition provenant d'une mauvaise digestion. ■ FAM **avoir une indigestion de quelque chose :** en avoir trop consommé, utilisé, au point d'en être dégoûté.

indignation nf Sentiment de colère ou de révolte que suscite un outrage, une action injuste.

indigne adj **1.** Qui n'est pas digne de, qui ne mérite pas : *indigne de confiance*. **2.** Qui révolte, inspire la colère, le mépris : *conduite indigne*.

indigné, e adj et n Qui éprouve ou manifeste de l'indignation : *un rassemblement d'indignés*.

indignement adv De façon indigne.

indigner vt Exciter, provoquer l'indignation de. ◆ **s'indigner** vpr Éprouver de l'indignation.

GRAMMAIRE On dit *il s'indigne que* et non *de ce que : il s'indigne qu'on le punisse*.

indignité nf **1.** Caractère d'une personne, d'une chose indigne. **2.** Action indigne, odieuse.

indigo nm Colorant bleu violacé fourni par l'indigotier. ◆ adj inv De couleur bleu violacé.

indigotier nm Plante des régions chaudes dont on extrait l'indigo.

indiqué, e adj Conseillé, recommandé : *l'usage de ce médicament n'est pas indiqué*.

indiquer vt **1.** Montrer, désigner : *indiquer une chose du doigt*. **2.** Faire connaître à quelqu'un ce qu'il cherche : *indiquer une rue, un restaurant*. **3.** Dénoter, révéler : *cela indique du talent*. ■ **être indiqué :** conseillé, recommandé : *un voyage n'est pas indiqué dans votre état*.

indirect, e adj Qui n'est pas direct ; détourné : *chemin indirect ; critique indirecte*. ■ GRAMM **complément indirect :** introduit par une préposition. ❑ **discours, style indirect, interrogation indirecte :** rapportant les paroles de quelqu'un dans une proposition subordonnée (EX : *il a dit qu'il viendrait ; je me demande s'il viendra*). ❑ **verbe transitif indirect :** verbe suivi d'un complément d'objet indirect (EX : *il songe aux vacances*).

indirectement adv De façon indirecte.

indiscernable adj Qu'on ne peut discerner.

indiscipline nf Manque de discipline ; désobéissance.

indiscipliné, e adj Rebelle à toute discipline.

indiscret, ète adj **1.** Qui manque de discrétion : *question indiscrète*. **2.** Qui révèle ce qu'on devrait taire : *parole indiscrète ; ami indiscret*.

indiscrètement adv De façon indiscrète.

indiscrétion nf **1.** Manque de discrétion. **2.** Révélation d'un secret : *commettre une indiscrétion*.

indiscutable adj Qui n'est pas discutable ; évident, incontestable.

indiscutablement adv De façon indiscutable.

indiscuté, e adj Qui n'est pas mis en discussion.

indispensable adj Dont on ne peut se passer : *outil indispensable*.

indisponibilité nf État d'une personne ou d'une chose indisponible.

indisponible adj **1.** Dont on ne peut pas disposer : *argent, marchandise indisponibles*. **2.** Qui est occupé : *je suis indisponible aujourd'hui*.

indisposé, e adj **1.** Légèrement malade. **2.** Se dit d'une femme qui a ses règles.

indisposer vt **1.** Rendre un peu malade, incommoder. **2.** Rendre peu favorable, prévenir contre : *on l'a indisposé contre moi*.

indisposition nf Léger malaise.

indissociable adj **1.** Qui ne peut être séparé en plusieurs éléments : *un tout indissociable*. **2.** Qu'on ne peut dissocier d'une autre chose, d'une autre personne : *élément indissociable*.

indissolubilité nf Qualité de ce qui est indissoluble.

indissoluble adj Qui ne peut être délié, défait : *lien indissoluble*.

indissolublement adv De façon indissoluble.

indistinct, e adj Qui manque de netteté, confus : *voix, paroles indistinctes*.

indistinctement adv De façon indistincte.

individu nm **1.** Tout être formant une unité distincte dans son espèce : *le genre, l'espèce et l'individu*. **2.** Personne considérée isolément, par rapport à une collectivité : *les droits de l'individu*. **3.** FAM Homme quelconque ou dont on parle avec mépris : *un individu louche*.

individualisation nf Action d'individualiser ; son résultat.

individualiser vt Rendre distinct des autres par des caractères propres.

individualisme nm **1.** Tendance à s'affirmer indépendamment des autres. **2.** Tendance à privilégier la valeur et les droits de l'individu par rapport à ceux de la société.

individualiste adj et n Partisan de l'individualisme.

individualité nf **1.** Ce qui constitue le caractère propre et original de quelque chose : *l'individualité d'une province, d'une espèce.* **2.** Originalité propre à une personne. **3.** Personne qui a une forte personnalité et se distingue des autres.

individuel, elle adj **1.** Qui appartient à l'individu ; personnel : *caractère individuel.* **2.** Qui concerne une seule personne : *fiche individuelle d'état civil.* CONTR : collectif. ■ **maison individuelle :** destinée à loger une seule famille. ◆ n SPORTS Concurrent n'appartenant à aucun club, à aucune équipe.

individuellement adv De façon individuelle.

indivis, e adj DR **1.** Qui n'est pas divisé : *succession indivise ;* possédé par plusieurs : *biens indivis.* **2.** Qui possède en commun avec d'autres : *héritiers indivis.* ■ **par indivis :** en commun : *posséder un bien par indivis.*

indivisibilité nf Caractère indivisible.

indivisible adj Qui n'est pas divisible.

indivision nf DR État d'un bien indivis ; situation de quelqu'un possédant un tel bien.

indocile adj Qui ne se laisse pas diriger ; rebelle.

indocilité nf Caractère indocile.

indo-européen, enne (pl *indo-européens, ennes*) adj et nm Se dit d'un groupe de langues parlées actuellement en Europe et dans une partie des autres continents, auxquelles les linguistes ont donné une origine commune.

indolemment adv LITT Avec indolence.

indolence nf Nonchalance, indifférence, mollesse : *vivre dans l'indolence.*

indolent, e adj Nonchalant, apathique.

indolore adj Qui ne cause aucune douleur : *piqûre indolore.*

indomptable [ɛ̃dɔ̃tabl] adj Qu'on ne peut dompter, maîtriser : *caractère indomptable.*

indompté, e [ɛ̃dɔ̃te] adj LITT Qu'on n'a pu encore maîtriser, réprimer : *orgueil indompté.*

indonésien, enne adj et n D'Indonésie : *les Indonésiens.*

in-douze [induz] nm inv et adj inv Format d'une feuille d'impression pliée en 12 feuilles ou 24 pages ; livre de ce format.

indu, e adj ■ **heure indue :** heure à laquelle il ne convient pas de faire quelque chose. ◆ nm DR Ce qui n'est pas dû : *restitution de l'indu.*

indubitable adj Dont on ne peut douter ; certain, incontestable.

indubitablement adv Certainement, sans aucun doute.

inductance nf ÉLECTR Quotient du flux d'induction à travers un circuit, créé par le courant traversant ce circuit, par l'intensité de ce courant.

inducteur, trice adj et nm PHYS Qui induit : *courant inducteur.* ◆ nm Aimant ou électroaimant destiné à fournir le champ magnétique créateur de l'induction.

inductif, ive adj Qui procède par induction : *méthode inductive.*

induction nf **1.** Raisonnement qui va du particulier au général, des faits à la loi. **2.** ÉLECTR Production d'un courant dans un circuit, sous l'influence d'un aimant ou d'un autre courant.

induire vt (conj 70) **1.** Amener, conduire, pousser à : *induire en erreur.* **2.** Avoir pour conséquence ; entraîner, occasionner : *cette installation induira la création de nombreux emplois.* **3.** Établir par voie de conséquence, par induction ; conclure : *de là j'induis que...* **4.** ÉLECTR Produire une induction.

induit, e adj Établi par induction ; consécutif, résultant : *effets induits d'une décision politique.* ■ **courant induit :** produit par induction. ◆ nm Organe d'une machine dans lequel se produisent des courants induits.

indulgence nf **1.** Facilité à pardonner, à excuser. **2.** THÉOL Rémission des peines dues aux péchés.

indulgent, e adj Porté à l'indulgence ; clément : *se montrer indulgent.*

indûment adv De manière indue, illégitime.

induration nf MÉD Durcissement anormal d'un tissu ; partie indurée.

induré, e adj Devenu dur : *lésion indurée.*

industrialisation nf Action d'industrialiser ; son résultat.

industrialiser vt **1.** Exploiter sous forme industrielle : *industrialiser l'agriculture.* **2.** Équiper en usines, en industries : *industrialiser une région.*

industrie nf **1.** Ensemble des activités, des métiers qui produisent des richesses par la mise en œuvre des matières premières, par l'exploitation des mines, des sources d'énergie ; chacune de ces activités : *industrie automobile ; industrie textile.* **2.** Toute activité économique organisée sur une grande échelle : *industrie du spectacle.* ■ **industrie légère :** celle qui transforme les produits de l'industrie lourde, issus des matières premières.

industriel, elle adj Qui concerne l'industrie : *richesse industrielle ; centre* *industriel.* ◆ nm Chef d'entreprise transformant des matières premières.

industriellement adv De façon industrielle.

industrieux, euse adj LITT Adroit, habile dans son métier.

inébranlable adj Qui ne peut être ébranlé : *fermeté inébranlable.*

inédit, e adj et nm **1.** Qui n'a pas été publié : *poème inédit.* **2.** Nouveau, original : *spectacle inédit.*

ineffable adj LITT Qui ne peut être exprimé ; indicible : *joie ineffable.*

ineffaçable adj Qui ne peut être effacé : *encre ineffaçable ; impression ineffaçable.*

inefficace adj Qui n'est pas efficace ; inopérant : *moyen, secrétaire inefficaces.*

inefficacement adv De façon inefficace.

inefficacité nf Manque d'efficacité.

inégal, e, aux adj **1.** Qui n'est pas égal à autre chose : *segments inégaux.* **2.** Qui n'est pas uni, raboteux : *terrain inégal.* **3.** Qui n'est pas régulier : *mouvement inégal.* **4.** Qui n'est pas constant ; changeant : *style inégal ; humeur inégale.*

inégalable adj Qui ne peut être égalé.

inégalé, e adj Qui n'a pas été égalé : *record inégalé.*

inégalement adv De façon inégale.

inégalitaire adj Fondé sur l'inégalité politique ou sociale.

inégalité nf **1.** Différence, disparité entre des personnes ou des choses : *inégalité des salaires ; lutte contre les inégalités.* **2.** Défaut de régularité d'une surface, d'un rythme, etc. : *inégalité d'un terrain, d'un débit.* **3.** MATH Relation algébrique entre deux grandeurs inégales, notée par le signe > (plus grand que) ou (plus petit que).

inélégamment adv De façon inélégante.

inélégance nf Manque d'élégance.

inélégant, e adj **1.** Qui manque d'élégance : *mise, personne inélégantes.* **2.** Discourtois, incorrect : *procédé inélégant.*

inéligible adj Qui n'est pas éligible.

inéluctable adj Qu'on ne peut éviter : *malheur inéluctable.*

inéluctablement adv Inévitablement.

inemployé, e adj Qui n'est pas employé.

inénarrable adj D'une bizarrerie, d'un comique extraordinaires : *aventure inénarrable.*

inepte adj Sot, stupide : *réflexion inepte.*

ineptie [inɛpsi] nf Absurdité, sottise.

inépuisable adj Qu'on ne peut épuiser ; intarissable.

inépuisablement adv De façon inépuisable.

inéquation nf Inégalité entre deux expressions algébriques contenant des variables et qui n'est satisfaite que pour certaines valeurs de ces variables.

inéquitable adj Qui n'est pas équitable.

inertage nm Enrobage d'un déchet pour empêcher la dissémination de ses éléments toxiques dans l'environnement.

inerte adj **1.** Sans mouvement, immobile : *corps inerte.* **2.** Sans activité propre : *matière inerte.* **3.** Sans énergie, sans réaction ; apathique : *rester inerte devant les difficultés.*

inertie [inɛrsi] nf **1.** État de ce qui est inerte. **2.** Manque d'activité, d'énergie : *tirer quelqu'un de son inertie.* ■ **force d'inertie :** (a) résistance que les corps opposent au mouvement et qui résulte de leur masse (b) FIG résistance passive de quelqu'un qui refuse d'obéir, de se soumettre.

inespéré, e adj Qu'on n'espérait pas ; inattendu.

inesthétique adj Qui n'est pas esthétique ; laid.

inestimable adj Dont on ne peut estimer la valeur : *trésor, chance inestimables.*

inévitable adj Qu'on ne peut éviter : *accident inévitable.*

inévitablement adv De façon inévitable.

inexact, e adj **1.** Qui contient des erreurs ; faux : *calcul inexact.* **2.** LITT Qui manque de ponctualité.

inexactement adv De façon inexacte.

inexactitude nf **1.** Caractère de ce qui est inexact, erroné ; faute, erreur. **2.** Manque de ponctualité.

inexcusable adj Qui ne peut être excusé : *faute inexcusable.*

inexécutable adj Qui ne peut être exécuté : *ordre inexécutable.*

inexécution nf Absence ou défaut d'exécution : *inexécution d'un contrat.*

inexercé, e adj Qui n'est pas exercé : *oreille inexercée.*

inexigible adj Qui ne peut être exigé.

inexistant, e adj **1.** Qui n'existe pas ; imaginaire, fictif : *problèmes inexistants.* **2.** Sans valeur, qui ne compte pas ; négligeable, insignifiant : *rôle inexistant.*

inexistence nf Défaut d'existence, de valeur : *l'inexistence d'un argument.*

inexorable adj Qu'on ne peut fléchir, d'une fermeté implacable : *juge inexorable ; volonté inexorable.*

inexorablement adv De façon inexorable ; inéluctablement.

inexpérience nf Manque d'expérience.

inexpérimenté, e adj Qui n'a pas d'expérience : *ouvrier inexpérimenté.*

inexpiable adj **1.** Qui ne peut être expié : *crime inexpiable.* **2.** Sans merci, implacable : *lutte inexpiable.*

inexplicable adj Qu'on ne peut expliquer.

inexplicablement adv De façon inexplicable.

inexpliqué, e adj Qui n'a pas reçu d'explication.

inexploitable adj Qui n'est pas susceptible d'être exploité : *gisement inexploitable.*

inexploité, e adj Qui n'est pas ou n'a pas été exploité : *ressource, idée inexploitées.*

inexplorable adj Qu'on ne peut explorer.

inexploré, e adj Que l'on n'a pas exploré.

inexpressif, ive adj Dépourvu d'expression : *visage inexpressif.*

inexprimable adj Qui ne peut être exprimé ; indicible : *joie inexprimable.*

inexprimé, e adj Qui n'a pas été exprimé.

inexpugnable adj Qu'on ne peut prendre par la force : *forteresse inexpugnable ; vertu inexpugnable.*

inextensible adj Qui n'est pas extensible.

in extenso [inɛkstɛ̃so] loc adv En entier : *publier un discours in extenso.*

inextinguible adj Qu'on ne peut apaiser, arrêter : *rire, soif inextinguibles.*

in extremis [inɛkstremis] loc adv Au dernier moment, à la dernière limite.

inextricable adj Qui ne peut être démêlé, très embrouillé : *situation inextricable.*

inextricablement adv De façon inextricable.

infaillibilité nf Caractère infaillible.

infaillible adj **1.** Qui ne peut se tromper : *nul n'est infaillible.* **2.** Qui produit les résultats attendus, qui ne peut manquer d'arriver : *remède, succès infaillibles.*

infailliblement adv Immanquablement, inévitablement.

infaisable [ɛ̃fəzabl] adj Qui ne peut être fait.

infalsifiable adj Qui ne peut être falsifié.

infamant, e adj Qui déshonore : *peine infamante.*

infâme adj **1.** Avilissant, honteux : *acte infâme.* **2.** Répugnant, sale : *infâme taudis.*

infamie nf **1.** Caractère de ce qui est infâme : *l'infamie d'un crime.* **2.** LITT Grand déshonneur : *être couvert d'infamie.* **3.** Action, propos vils, honteux : *commettre une infamie ; écrire des infamies.*

infant, e n Titre des enfants puînés des rois d'Espagne et de Portugal.

infanterie nf Ensemble des troupes qui combattent à pied.

infanticide nm Meurtre d'un enfant et, en particulier, d'un nouveau-né. ◆ n et adj Personne coupable d'infanticide.

infantile adj **1.** Relatif à l'enfant en bas âge : *maladies infantiles.* **2.** PÉJOR Comparable à un enfant, puéril : *comportement, mentalité infantiles.*

infantilisant, e adj Qui infantilise.

infantiliser vt Maintenir chez un adulte un état infantile.

infantilisme nm **1.** Absence de maturité, comportement infantile ; puérilité. **2.** MÉD Arrêt du développement d'un individu.

infarctus [ɛ̃farktys] nm MÉD Accident dû à l'oblitération d'un vaisseau. ■ **infarctus du myocarde** : lésion du cœur consécutive à l'oblitération d'une artère coronaire.

ORTHOGRAPHE Le *r* de *infarctus* se place après le *a*. Ne pas confondre avec l'orthographe de *fracture.*

infatigable adj Que rien ne fatigue : *travailleur infatigable.*

infatigablement adv Sans se lasser.

infatué, e adj LITT Qui est content de soi ; fat : *un homme très infatué.*

infécond, e adj LITT Stérile.

infécondité nf LITT Stérilité.

infect, e adj **1.** LITT Qui exhale de mauvaises odeurs : *charogne infecte.* **2.** FAM Très mauvais : *nourriture infecte.* **3.** FAM Répugnant : *se montrer infect à l'égard de quelqu'un.*

infecter vt **1.** Contaminer par des germes infectieux. **2.** LITT Remplir d'émanations puantes et malsaines ; empester. ◆ **s'infecter** vpr Être contaminé par des germes : *plaie qui s'infecte.*

infectieux, euse adj **1.** Qui produit ou communique l'infection : *germes infectieux.* **2.** Qui résulte ou s'accompagne d'une infection : *maladie infectieuse.*

infection nf **1.** Pénétration et développement dans un organisme de micro-organismes pathogènes (dits *agents infectieux*), produisant des troubles d'intensité et de gravité variables. **2.** Grande puanteur.

inféoder vt **1.** HIST Donner en fief. **2.** Mettre sous la dépendance de : *pays inféodé à une grande puissance.* ◆ **s'inféoder** vpr Se donner entièrement à : *s'inféoder à un parti.*

inférer vt Induire, conclure, déduire.

inférieur, e adj **1.** Placé au-dessous : *mâchoire inférieure.* **2.** Moindre en dignité, en valeur, etc. : *rang inférieur.* ◆ n Subalterne, subordonné.

inférioriser vt **1.** Rendre inférieur : *sportif infériorisé par un handicap.* **2.** Sous-estimer la valeur de : *inférioriser son mérite.*

infériorité nf Désavantage dans le rang, la force, le mérite, etc.

infernal, e, aux adj **1.** LITT De l'enfer : *puissances infernales.* **2.** FIG Pervers, diabolique : *ruse infernale.* **3.** FAM Insupportable : *enfant infernal.* ■ **machine infernale :** engin explosif.

infertile adj LITT Qui n'est pas fertile.

infertilité nf LITT Stérilité.

infester vt Envahir, abonder dans un lieu, en parlant d'animaux ou de plantes nuisibles : *les moustiques infestent la région.*

infeutrable adj Qui ne se feutre pas.

infichu, e adj FAM Incapable de : *infichu de trouver ses papiers.*

infidèle adj **1.** Qui manque à ses promesses, en particulier dans le mariage. **2.** Inexact : *récit infidèle.* ◆ n Celui qui ne professe pas la religion considérée comme vraie.

infidèlement adv De façon infidèle.

infidélité nf Manque de fidélité.

infiltration nf Action de s'infiltrer.

infiltrer (s') vpr **1.** Passer à travers les pores d'un corps solide : *l'eau s'infiltre dans le sol.* **2.** FIG Pénétrer furtivement, s'insinuer : *s'infiltrer dans un parti.*

infime adj Très petit : *quantité infime ; espoir infime.*

infini, e adj **1.** Sans limites : *l'Univers est infini.* **2.** Très grand, considérable : *temps infini.* ◆ nm Ce qui est sans limites. ■ **à l'infini :** sans fin.

infiniment adv Extrêmement.

infinité nf **1.** Très grand nombre. **2.** LITT Caractère de ce qui est infini.

infinitésimal, e, aux adj Extrêmement petit : *quantité infinitésimale.*

infinitif, ive adj GRAMM Caractérisé par l'emploi de l'infinitif. ■ **proposition infinitive** ou **infinitive** nf : subordonnée complétive dont le verbe est à l'infinitif. ◆ nm Mode du verbe qui exprime l'état ou l'action d'une manière indéterminée ; forme nominale du verbe.

infirme adj et n Atteint d'une infirmité.

infirmer vt **1.** Détruire la force, l'autorité de quelque chose ; démentir : *infirmer un témoignage.* **2.** DR Déclarer nul.

infirmerie nf Local destiné aux malades, aux blessés, dans un établissement scolaire ou militaire, une entreprise, etc.

infirmier, ère n Personne diplômée qui donne les soins prescrits par le médecin.

infirmité nf **1.** Affection particulière qui atteint d'une manière chronique quelque partie du corps. **2.** Incapacité de l'organisme à remplir telle ou telle fonction.

inflammable adj Qui s'enflamme facilement.

inflammation nf **1.** Action par laquelle une matière combustible s'enflamme. **2.** MÉD Réaction consécutive à une agression traumatique, chimique ou microbienne de l'organisme et caractérisée par certains symptômes (chaleur, rougeur, douleur, tuméfaction) ; ces symptômes.

inflammatoire adj Caractérisé par une inflammation : *maladie inflammatoire.*

inflation nf **1.** Émission excessive de papier-monnaie, accompagnée d'une forte hausse des prix. **2.** Augmentation excessive : *inflation verbale.*

inflationniste adj Qui est cause ou signe d'inflation : *politique inflationniste.*

infléchir vt Modifier l'orientation de ; courber, incliner. ◆ **s'infléchir** vpr Se courber, dévier.

infléchissement nm Modification peu accusée d'un processus, d'une évolution.

inflexibilité nf Caractère d'une personne ou d'une chose inflexible.

inflexible adj Que rien ne peut fléchir, ébranler, émouvoir ; intraitable : *homme, caractère inflexibles.*

inflexiblement adv Rigoureusement, inexorablement.

inflexion nf **1.** Action de plier, d'incliner : *inflexion du corps.* **2.** Changement, modification : *inflexion d'une politique.* **3.** Modulation : *inflexion de voix.*

infliger vt (conj 2) Imposer, faire subir quelque chose de pénible : *infliger un blâme ; il nous a infligé le récit de ses exploits.* ■ **infliger un démenti :** contredire catégoriquement : *les faits lui ont infligé un cruel démenti.*

inflorescence nf Disposition générale des fleurs sur la tige.

influençable adj Qui se laisse influencer.

influence nf **1.** Action qu'une chose exerce sur une personne, sur une autre chose : *l'influence de l'alcool sur l'organisme.* **2.** Ascendant, autorité : *subir l'influence de quelqu'un ; avoir de l'influence dans certains milieux.*

influencer vt (conj 1) Exercer une influence sur, agir sur : *influencer un juge.*

influent, e adj Qui a de l'influence, de l'autorité.

influer vt ind [sur] Exercer une action : *le climat influe sur la santé.*

influx [ɛ̃fly] nm ■ **influx nerveux :** phénomène par lequel l'excitation d'une fibre nerveuse se propage dans le nerf.

Infographie nf (nom déposé) Application de l'informatique à la représentation graphique et au traitement de l'image.

infographiste n Spécialiste de l'Infographie.

in-folio [infɔljo] nm inv et adj inv Format d'une feuille d'impression pliée en 2 feuillets ou 4 pages ; livre de ce format.

infondé, **e** adj Dénué de fondement : *soupçons infondés.*

informateur, **trice** n Qui donne des informations.

informaticien, **enne** n Spécialiste d'informatique.

informatif, **ive** adj Qui informe : *dépliant informatif.*

information nf **1.** Action d'informer, fait de s'informer : *l'information des lecteurs.* **2.** Renseignement : *obtenir des informations.* **3.** Nouvelle donnée par un journal, la radio, la télévision, etc. : *nous n'avons aucune information sur l'accident d'avion.* **4.** INFORM Élément de connaissance susceptible d'être codé pour être conservé, traité ou communiqué. **5.** DR Instruction d'un procès criminel. ◆ **informations** pl Bulletin d'information radiodiffusé ou télévisé : *écouter les informations.*

informatique nf Science du traitement automatique de l'information. ◆ adj Relatif à l'informatique.

informatisation nf Action d'informatiser.

informatiser vt Doter de moyens informatiques.

informe adj **1.** Sans forme déterminée : *masse informe.* **2.** Imparfait, incomplet : *ouvrage informe ;* laid : *visage informe.*

informé nm ■ **jusqu'à plus ample informé :** jusqu'à la découverte d'un fait nouveau.

informel, **elle** adj Qui n'obéit pas à des règles précises ; sans caractère officiel : *réunion informelle.*

informer vt Mettre au courant ; avertir, renseigner, instruire : *informer quelqu'un d'un changement.* ◆ vi DR Faire une information : *informer contre quelqu'un.* ◆ **s'informer** vpr [de] Interroger ; recueillir des renseignements.

informulé, **e** adj Qui n'est pas formulé.

infortune nf LITT Malchance, adversité. ◆ **infortunes** pl LITT Événements malheureux, revers.

infortuné, **e** adj et n LITT Qui n'a pas de chance.

infos nf pl (abréviation) FAM Informations.

infra adv Plus bas dans le texte ; ci-dessous.

infraction nf Violation d'une loi, d'un ordre, etc.

infranchissable adj Qu'on ne peut franchir : *obstacle infranchissable.*

infrangible adj LITT Qu'on ne peut briser : *résistance infrangible.*

infrarouge adj et nm PHYS Se dit des radiations calorifiques obscures, moins réfrangibles que le rouge.

infrason nm Vibration de fréquence inférieure aux fréquences audibles.

infrastructure nf **1.** Ensemble des travaux relatifs aux fondations d'un ouvrage (route, voie ferrée, etc.). **2.** Base matérielle d'une société (situation géographique, économique, etc.) [par opposition à *superstructure*].

infréquentable adj Qu'on ne peut pas fréquenter : *quartier, personne infréquentables.*

infroissable adj Qui ne se froisse pas : *tissu infroissable.*

infructueusement adv Sans résultat.

infructueux, **euse** adj Qui ne donne pas de résultat utile ; vain : *recherches infructueuses.*

infuse adj f ■ **science infuse :** que l'on possède sans l'avoir acquise par l'étude ou l'expérience.

infuser vt **1.** Faire macérer dans un liquide bouillant : *infuser du thé.* **2.** LITT Communiquer à quelqu'un un sentiment : *infuser du courage ; infuser le doute dans les esprits.* ◆ vi Communiquer à un liquide chaud ses sucs aromatiques : *attendre que le thé infuse.*

infusion nf **1.** Action d'infuser ; son résultat : *infusion de tilleul.* **2.** Tisane : *boire une infusion.*

ingagnable adj Qu'on ne peut gagner : *pari ingagnable.*

ingambe [ɛ̃gɑ̃b] adj LITT Alerte, dispos : *vieillard encore ingambe.*

ingénier (s') vpr [à] Chercher le moyen de, s'efforcer de : *s'ingénier à plaire.*

ingénierie [ɛ̃ʒeniri] nf Ensemble des études faites pour déterminer le meilleur mode de réalisation d'un projet industriel.

ingénieriste n Spécialiste d'ingénierie.

ingénieur nm Personne apte à élaborer, organiser ou diriger des plans, des recherches ou des travaux techniques. ■ **ingénieur système :** ingénieur informaticien spécialisé dans la conception, la production, l'utilisation et la maintenance de systèmes d'exploitation d'ordinateurs.

VOCABULAIRE *Ingénieur* n'a pas de forme propre au féminin. On écrit *une femme ingénieur ; elle est ingénieur agronome.*

ingénieusement adv De façon ingénieuse.
ingénieux, euse adj Plein d'esprit d'invention, d'adresse ; subtil, habile.
ingéniosité nf Qualité de celui ou de ce qui est ingénieux.
ingénu, e adj et n D'une innocence franche ; candide, naïf : *air ingénu.*
ingénue nf THÉÂTRE Rôle de jeune fille naïve.
ingénuité nf **1.** Candeur, simplicité, naïveté. **2.** Parole, action ingénue.
ingénument adv Avec ingénuité.
ingérence nf Action de s'ingérer.
1. ingérable adj Impossible à gérer.
2. ingérable adj Qui peut être ingéré.
ingérer vt (conj 10) Introduire dans l'estomac : *ingérer les aliments.* ◆ **s'ingérer** vpr S'immiscer : *s'ingérer dans une affaire.*
ingestion nf Action d'ingérer.
ingouvernable adj Qu'on ne peut gouverner.
ingrat, e adj et n Qui n'est pas reconnaissant : *fils ingrat.* ◆ adj **1.** Qui manque de grâce : *visage ingrat.* **2.** Pénible et peu valorisant : *travail ingrat.* ■ **âge ingrat :** début de l'adolescence.
ingratitude nf Manque de reconnaissance.
ingrédient [ɛ̃gredjɑ̃] nm Ce qui entre dans la composition d'un mélange : *ingrédients d'une sauce.*
inguérissable adj Qui ne peut être guéri.
inguinal, e, aux [ɛ̃gɥinal, o] adj ANAT De l'aine.
ingurgitation nf Action d'ingurgiter.
ingurgiter vt **1.** Avaler : *ingurgiter une potion, de la nourriture.* **2.** FIG Acquérir massivement des connaissances, sans les assimiler.
inhabile adj Qui manque d'habileté.
inhabileté nf Manque d'habileté ; maladresse.
inhabilité nf DR Incapacité légale.
inhabitable adj Où l'on ne peut pas habiter : *maison, pays inhabitables.*
inhabité, e adj Qui n'est pas habité.
inhabituel, elle adj Qui n'est pas habituel.
inhalateur nm Appareil qui sert à prendre des inhalations.
inhalation nf Absorption par les voies respiratoires d'un gaz, d'une vapeur ou d'un aérosol.
inhaler vt Aspirer par inhalation.
inharmonieux, euse adj LITT Qui n'est pas harmonieux.
inhérence nf Caractère inhérent.
inhérent, e adj Lié nécessairement à : *responsabilité inhérente à une fonction.*
inhiber vt Supprimer ou ralentir une réaction, une activité.
inhibiteur, trice ou **inhibitif, ive** adj PHYSIOL Qui peut ralentir ou arrêter une réaction, une fonction.
inhibition nf Phénomène d'arrêt, de blocage, de ralentissement d'un processus chimique, psychologique ou physiologique.
inhospitalier, ère adj Qui n'est pas accueillant : *une côte inhospitalière.*
inhumain, e adj **1.** Qui ne semble pas appartenir à la nature, à l'espèce humaine : *cri inhumain.* **2.** Qui manque d'humanité, de générosité ; barbare, cruel : *loi inhumaine.*
inhumainement adv De façon inhumaine.
inhumanité nf LITT Cruauté, barbarie.
inhumation nf Action d'inhumer.
inhumer vt Mettre un mort en terre avec certaines cérémonies.
inimaginable adj Qui dépasse l'imagination.
inimitable adj Qui ne peut être imité.
inimité, e adj Qui n'a pas été imité.
inimitié nf Aversion, hostilité, haine.
ininflammable adj Qui ne peut pas s'enflammer : *liquide ininflammable.*
inintelligence nf Manque d'intelligence, de compréhension ; stupidité.
inintelligent, e adj Qui manque d'intelligence.
inintelligible adj Qu'on ne peut comprendre ; obscur.
inintéressant, e adj Sans intérêt.
ininterrompu, e adj Qui n'est pas interrompu dans l'espace ou le temps.
inique adj SOUT D'une injustice grave : *juge inique ; jugement inique.*
iniquement adv SOUT De façon inique.
iniquité nf SOUT Injustice grave.
initial, e, aux [inisjal, o] adj Qui est au commencement : *lettre initiale.*
initiale nf Première lettre d'un mot, d'un nom.
initialement adv Au début, à l'origine.
initialisation nf INFORM Action d'initialiser.
initialiser vt INFORM Charger dans la mémoire d'un ordinateur le programme nécessaire au système d'exploitation.
initiateur, trice n Personne qui initie.

initiation nf **1.** Action d'initier : *initiation au latin.* **2.** Ensemble de cérémonies introduisant quelqu'un dans une société secrète.

initiatique adj Qui relève de l'initiation, de pratiques secrètes : *rite initiatique.*

initiative nf **1.** Action de celui qui propose ou fait le premier une chose : *prendre l'initiative d'une mesure.* **2.** Qualité d'une personne qui sait prendre les décisions nécessaires : *avoir de l'initiative, l'esprit d'initiative.*

EMPLOI On dit : *de sa propre initiative ; sur l'initiative de.*

initié, e adj et n Qui a reçu une initiation ; instruit d'un secret, d'un art : *poésie réservée aux initiés.* ■ DR **délit d'initié :** infraction commise par une personne qui, disposant d'informations privilégiées, réalise en Bourse des opérations bénéficiaires.

initier [inisje] vt **1.** Admettre à la connaissance ou au culte d'un mystère religieux, aux pratiques d'une secte, etc. **2.** Enseigner les rudiments d'une science, d'un art, etc., à. ◆ **s'initier** vpr [à] Commencer à s'instruire dans : *s'initier à un art, aux pratiques d'un métier.*

injectable adj Qui peut être injecté : *médicament injectable.*

injecté, e adj Coloré par l'afflux du sang : *yeux injectés.*

injecter vt Introduire sous pression un liquide, un gaz dans un corps.

injection nf **1.** Action d'injecter. **2.** Introduction d'un liquide ou d'un gaz dans l'organisme ; piqûre. **3.** Liquide injecté : *injection de morphine.*

injoignable adj Qui ne peut être joint, contacté.

injonction nf Ordre formel.

injouable adj Qui ne peut être joué.

injure nf Offense, insulte.

injurier vt Offenser par des injures ; insulter.

injurieux, euse adj Outrageant, offensant : *article injurieux.*

injuste adj **1.** Qui n'est pas conforme à la justice, à l'équité : *soupçon injuste.* **2.** Qui n'agit pas avec équité : *être injuste avec quelqu'un.*

injustement adv De façon injuste.

injustice nf Caractère de ce qui est injuste ; acte injuste : *réparer une injustice.*

injustifiable adj Que l'on ne peut pas justifier ; indéfendable.

injustifié, e adj Qui n'est pas ou n'a pas été justifié.

inlandsis [inlɑ̃dsis] nm Glacier des régions polaires formant une vaste coupole masquant le relief sous-jacent.

inlassable adj Infatigable.

inlassablement adv Sans se lasser.

inlay [inlɛ] nm Bloc métallique coulé, inclus dans la cavité dentaire qu'il sert à obturer, reconstituant la forme anatomique de la dent.

inné, e adj **1.** Qui existe dès la naissance : *un don inné.* **2.** Qui appartient au caractère fondamental de quelqu'un : *avoir le sens inné des affaires.*

innervation nf Ensemble des nerfs d'un organe : *l'innervation de la main.*

innerver vt Atteindre un organe, en parlant d'un nerf.

innocemment adv Avec innocence ; sans malice.

innocence nf **1.** Absence de culpabilité : *prouver son innocence.* **2.** Pureté d'une personne qui ignore le mal : *l'innocence de l'enfant.* **3.** Naïveté, candeur : *abuser de l'innocence de quelqu'un.* ■ **présomption d'innocence :** principe selon lequel une personne poursuivie est présumée innocente tant qu'elle n'a pas été condamnée.

innocent, e adj et n **1.** Qui n'est pas coupable. **2.** Qui ignore le mal ; pur et candide. **3.** Naïf, crédule. ◆ adj Bénin, inoffensif : *manie innocente.*

innocenter vt Déclarer innocent, établir l'innocence de : *innocenter un accusé.*

innocuité nf Qualité, caractère de ce qui n'est pas nuisible.

innombrable adj Qui ne peut se compter ; très nombreux.

innommable adj Trop vil, trop détestable pour être nommé ; inqualifiable : *crime innommable.*

innovateur, trice adj et n Qui innove.

innovation nf **1.** Action d'innover : *l'innovation artistique.* **2.** Nouveauté, changement : *une heureuse innovation.*

innover vt et vi Introduire du nouveau dans un domaine.

inobservable adj Qui ne peut être observé ou exécuté.

inobservance nf Non-observance d'une prescription morale ou religieuse.

inobservation nf Fait de ne pas observer les lois, les règlements, ses engagements.

inoccupation nf État d'une personne ou d'une chose inoccupée.

inoccupé, e adj **1.** Sans occupation ; oisif : *ne reste pas inoccupé !* **2.** Qui n'est pas habité : *logement inoccupé.*

in-octavo [inɔktavo] nm inv et adj inv Format d'une feuille d'impression pliée en 8 feuillets ou 16 pages ; livre de ce format.

inoculable adj Qui peut être inoculé : *la rage est inoculable.*

inoculation nf Introduction dans l'organisme d'un germe, d'un virus.

inoculer vt Communiquer par inoculation.

inodore adj Sans odeur.

inoffensif, ive adj **1.** Incapable de nuire : *animal inoffensif.* **2.** Sans danger : *médicament inoffensif.*

inondable adj Qui peut être inondé.

inondation nf **1.** Débordement des eaux recouvrant une étendue de pays. **2.** Présence anormale d'une grosse quantité d'eau dans un local, due à une fuite, un incident. **3.** FIG Afflux considérable de choses : *une inondation de produits étrangers sur le marché.*

inondé, e adj et n Qui a souffert d'une inondation.

inonder vt **1.** Couvrir d'eau : *inonder un terrain.* **2.** Mouiller beaucoup, tremper : *visage inondé de larmes.* **3.** FIG Envahir, répandre dans : *inonder un pays de produits étrangers.*

inopérable adj Qui ne peut être opéré : *malade inopérable.*

inopérant, e adj Sans effet, inefficace.

inopiné, e adj Imprévu ; inattendu.

inopinément adv De façon inopinée : *arriver inopinément.*

inopportun, e adj Qui n'est pas opportun ; importun : *avis inopportun.*

inopportunément adv De façon inopportune.

inopportunité nf Caractère de ce qui n'est pas opportun.

inorganique adj ■ **chimie inorganique** : chimie minérale.

inorganisation nf Manque d'organisation.

inorganisé, e adj Qui n'est pas organisé. ◆ adj et n Qui n'appartient pas à un parti, à un syndicat.

inoubliable adj Que l'on ne peut oublier : *souvenir inoubliable.*

inouï, e adj Tel qu'on n'a jamais entendu rien de pareil ; incroyable, extraordinaire.

Inox nm (nom déposé) Acier, métal inoxydable.

inoxydable adj Qui résiste à l'oxydation.

in petto [inpeto] loc adv À part soi, intérieurement.

inqualifiable adj Que l'on ne peut qualifier ; indigne : *comportement inqualifiable.*

in-quarto [inkwarto] nm inv et adj inv Format d'une feuille d'impression pliée en 4 feuillets ou 8 pages ; livre de ce format.

inquiet, ète adj et n Agité par la crainte, l'incertitude, l'appréhension de l'avenir. ◆ adj Qui marque l'appréhension, la crainte, l'incertitude : *regard inquiet.*

inquiétant, e adj Qui inquiète.

inquiéter vt (conj 10) **1.** Rendre inquiet, alarmer : *cette nouvelle m'inquiète.* **2.** Troubler, tracasser : *être inquiété par la police.* ◆ **s'inquiéter** vpr **1.** S'alarmer : *elle s'inquiète quand il rentre tard.* **2.** Se préoccuper, se soucier : *vous n'aurez pas à vous inquiéter de cela, je m'en charge.*

inquiétude nf Trouble, état pénible causé par la crainte, l'appréhension ; souci.

inquisiteur, trice adj Qui cherche à découvrir ce qui est caché ; qui marque une curiosité indiscrète : *regard inquisiteur.* ◆ nm Juge de l'Inquisition.

inquisition nf Recherche, perquisition, enquête arbitraire. ■ HIST **l'Inquisition** : tribunal ecclésiastique chargé de réprimer l'hérésie.

inquisitoire adj DR Se dit d'une procédure dirigée par le juge.

inracontable adj Qu'on ne peut raconter.

insaisissable adj **1.** Qui ne peut être saisi : *biens insaisissables.* **2.** Difficile ou impossible à saisir, à comprendre ; imperceptible : *nuance insaisissable.*

insalubre adj Malsain, nuisible à la santé.

insalubrité nf État de ce qui est insalubre.

insanité nf Parole, action déraisonnable ; sottise : *dire des insanités.*

insatiable [ɛ̃sasjabl] adj Qui ne peut être rassasié, assouvi.

insatisfaction nf État d'une personne insatisfaite.

insatisfaisant, e adj Qui ne satisfait pas ; insuffisant.

insatisfait, e adj et n Qui n'est pas satisfait.

inscription nf **1.** Caractères gravés ou peints sur la pierre, etc. : *déchiffrer une inscription.* **2.** Action d'inscrire, de s'inscrire sur une liste, sur un registre : *inscription à l'université.*

inscrire vt (conj 71) **1.** Porter sur une liste, sur un registre : *inscrire un candidat.* **2.** Écrire, graver sur le métal, la pierre, etc. : *inscrire une épitaphe sur une tombe.* **3.** Noter, écrire : *inscrire une adresse dans un carnet.* ◆ **s'inscrire** vpr **1.** Écrire, faire enregistrer son nom : *s'inscrire sur les listes électorales.* **2.** Entrer dans un groupe, un organisme, etc. : *s'inscrire au cours de gymnastique.* **3.** Se situer : *les négociations s'inscrivent dans le cadre de la diplomatie.* ■ **s'inscrire en faux contre quelque chose :** soutenir qu'une chose est fausse.

inscrit, e adj MATH Se dit du polygone dont les sommets sont sur la circonférence d'un cercle qui l'entoure. ◆ n Personne dont le nom est inscrit sur une liste, ou qui s'est inscrite dans une organisation.

insécable adj Qui ne peut être coupé ou partagé.

insecte nm Animal invertébré à trois paires de pattes respirant par des trachées et subissant des métamorphoses.

insecticide adj et nm Se dit d'un produit qui détruit les insectes : *poudre insecticide.*

insectivore adj Qui se nourrit d'insectes : *oiseau insectivore.* ◆ nm Petit mammifère qui se nourrit notamment d'insectes, comme la taupe, le hérisson, la musaraigne (les insectivores forment un ordre).

insécurité nf Manque de sécurité : *insécurité des banlieues ; sentiment d'insécurité.*

in-seize [insɛz] nm inv et adj inv Format d'une feuille d'impression pliée en 16 feuillets ou 32 pages ; livre de ce format.

insémination nf Dépôt de la semence du mâle dans les voies génitales de la femelle. ■ **insémination artificielle :** dépôt du sperme dans les voies génitales d'une femelle en dehors de tout rapport sexuel.

inséminer vt Procéder à l'insémination de.

insensé, e adj Qui est contraire au bon sens ; extravagant, fou : *propos insensés.*

insensibilisation nf Action d'insensibiliser ; anesthésie locale.

insensibiliser vt Rendre insensible une partie du corps ; anesthésier : *insensibiliser un malade.*

insensibilité nf Manque de sensibilité physique ou morale.

insensible adj **1.** Qui n'a pas de sensibilité physique : *insensible au froid, à la chaleur, à la douleur.* **2.** Qui n'est pas accessible à la pitié ; indifférent, dur. **3.** Imperceptible : *progrès insensible.*

insensiblement adv De façon insensible ; peu à peu : *glisser insensiblement.*

inséparable adj Qui ne peut être séparé ; indissociable : *l'effet est inséparable de la cause.* ◆ adj et n Se dit de personnes qui sont presque toujours ensemble. ◆ **inséparables** nm pl Perruches qui vivent en couples permanents.

inséparablement adv De façon à ne pouvoir être séparé.

insérer vt (conj 10) **1.** Introduire, faire entrer : *insérer une annonce dans un journal.* **2.** Intercaler, intégrer : *insérer une feuille dans un livre.* ◆ **s'insérer** vpr **1.** Trouver place, se situer : *la fiction s'insère parfois dans la réalité.* **2.** S'introduire, s'intégrer : *les nouveaux se sont bien insérés dans la classe.*

insermenté adj m Se dit des prêtres qui, sous la Révolution, refusèrent le serment à la Constitution civile du clergé.

insertion nf **1.** Action d'insérer, d'intégrer : *insertion d'une annonce dans un journal.* **2.** Action, manière de s'insérer dans un groupe : *l'insertion des immigrés.* **3.** Attache d'une partie sur une autre : *insertion des feuilles sur la tige.*

insidieusement adv De façon insidieuse.

insidieux, euse adj **1.** Qui constitue un piège, qui trompe : *question insidieuse.* **2.** Qui se répand sournoisement : *maladie insidieuse.*

1. insigne adj LITT Remarquable, éclatant : *faveur insigne.*

2. insigne nm Marque distinctive d'un grade, d'une dignité, de l'appartenance à un groupe.

insignifiance nf Caractère de ce qui est insignifiant.

insignifiant, e adj Sans importance, sans valeur ; négligeable : *détail insignifiant ; homme insignifiant.*

insinuant, e adj Qui s'insinue, s'introduit, s'impose d'une manière souple, adroite et hypocrite : *une personne insinuante ; manières, propos insinuants.*

insinuation nf Ce qu'on laisse entendre en insinuant : *insinuation calomnieuse.*

insinuer vt Faire entendre d'une manière détournée, adroitement, sans le dire expressément : *insinuer une calomnie.* ◆ **s'insinuer** vpr **1.** S'introduire avec adresse : *s'insinuer dans les bonnes grâces de quelqu'un.* **2.** S'infiltrer, pénétrer doucement : *l'eau s'est insinuée dans les fentes.*

insipide adj **1.** Sans saveur : *mets insipide.* **2.** FIG Sans agrément ; ennuyeux : *style insipide.*

insipidité nf Caractère insipide.

insistance nf Action d'insister.

insistant, e adj Qui insiste ; pressant.

insister vi **1.** Continuer à demander quelque chose : *insister pour parler à quelqu'un.* **2.** Continuer à faire, à agir sur quelque chose : *le mécanisme est coincé, n'insiste pas, tu vas tout casser.* ◆ vt ind [sur] FIG Appuyer, souligner avec force : *insister sur un point.*

in situ [insity] loc adv Dans son milieu naturel.

insolation nf **1.** Exposition aux rayons du soleil ; ensoleillement. **2.** État pathologique provoqué par une longue exposition au soleil. **3.** Exposition d'une substance photographique à la lumière.

insolemment adv Avec insolence.

insolence nf **1.** Effronterie ; manque de respect : *répondre avec insolence.* **2.** Parole, action insolente.

insolent, **e** adj et n Qui montre de l'insolence. ◆ adj Provocant : *chance insolente.*

insolite adj Contraire à l'usage, qui surprend ; étrange, bizarre : *demande insolite ; objets insolites.*

insolubilité nf État, caractère de ce qui est insoluble.

insoluble adj **1.** Qui ne peut être dissous : *la résine est insoluble dans l'eau.* **2.** Qu'on ne peut résoudre : *problème, question insoluble.*

insolvabilité nf DR État de quelqu'un d'insolvable.

insolvable adj Qui n'a pas de quoi payer : *débiteur insolvable.*

insomniaque adj et n Qui souffre d'insomnie.

insomnie nf Impossibilité de dormir : *avoir des insomnies.*

insondable adj **1.** Qu'on ne peut sonder : *gouffre insondable.* **2.** Impénétrable, incompréhensible : *mystère insondable.*

insonore adj **1.** Qui ne produit aucun son : *appareil insonore.* **2.** Qui amortit les bruits : *cloison insonore.* **3.** Où l'on entend peu les bruits : *pièce, local insonore.*

insonorisation nf Action d'insonoriser.

insonoriser vt Rendre moins sonore ; protéger des bruits extérieurs.

insouciance nf Caractère insouciant : *insouciance d'enfant.*

insouciant, **e** adj et n Qui ne se soucie, ne s'affecte de rien.

insoucieux, **euse** adj LITT Qui n'a pas souci de : *insoucieux du lendemain.*

insoumis, **e** adj Qui refuse de se soumettre ; rebelle. ◆ nm et adj MIL Personne qui refuse de satisfaire à ses obligations militaires.

insoumission nf **1.** Fait de ne pas se soumettre à l'autorité ; rébellion. **2.** MIL État d'une personne insoumise.

insoupçonnable adj Qu'on ne peut soupçonner : *caissier insoupçonnable.*

insoupçonné, **e** adj Qui n'est pas soupçonné.

insoutenable adj Qu'on ne peut soutenir, maintenir, supporter.

inspecter vt **1.** Examiner, observer attentivement : *inspecter l'horizon.* **2.** Examiner avec soin pour surveiller, contrôler, vérifier : *inspecter une école, des travaux, des troupes.*

inspecteur, **trice** n Agent chargé de certaines fonctions de surveillance et de contrôle.

inspection nf **1.** Action d'inspecter : *l'inspection des bagages.* **2.** Fonction d'inspecteur : *être candidat à une inspection.* **3.** Corps d'inspecteurs : *être à l'inspection des Finances.*

1. inspirateur adj m ■ **muscles inspirateurs :** qui servent à inspirer.

2. inspirateur, trice n et adj Personne qui inspire, suggère ; instigateur.

inspiration nf **1.** Aspiration pulmonaire : *inspiration et expiration.* **2.** Influence révélatrice : *inspiration divine.* **3.** Enthousiasme créateur : *poète sans inspiration.* **4.** Idée : *avoir une inspiration.*

inspiré, **e** adj Animé par l'inspiration : *poète inspiré.* ■ FAM **bien, mal inspiré :** qui a eu raison ou tort de faire quelque chose.

inspirer vt **1.** Faire pénétrer dans les poumons : *inspirer de l'air.* **2.** Faire naître une pensée, un sentiment chez autrui ; susciter, provoquer : *inspirer de la pitié ; inspirer confiance.* **3.** Provoquer l'enthousiasme créateur : *Montmartre a inspiré de nombreux peintres.* ■ FAM **inspirer quelqu'un :** le tenter : *projet qui n'inspire personne.* ◆ **s'inspirer** vpr [de] Prendre, tirer des idées de : *s'inspirer des Anciens.*

instabilité nf Caractère de ce qui est instable.

instable adj Qui n'est pas stable ; changeant, variable. ◆ adj et n Qui n'a pas de suite dans les idées.

installateur nm Spécialiste assurant l'installation d'un appareil.

installation nf **1.** Action d'installer, de s'installer ; son résultat. **2.** Mise en place d'un appareil, d'un réseau d'appareils ; ces appareils : *installation électrique.*

installer vt **1.** Mettre en possession d'une dignité, d'un emploi. **2.** Mettre en place, disposer, aménager : *installer une machine, un appartement.* ◆ **s'installer** vpr S'établir, se fixer.

instamment adv De façon instante.

instance nf **1.** Prière, demande pressante : *céder aux instances de quelqu'un.* **2.** Organisme, service qui a un pouvoir de décision : *instances dirigeantes d'un parti.* **3.** DR Série des actes de procédure depuis la demande jusqu'au jugement. ■ **en dernière instance :** en dernière analyse. ❑ **en instance :** se dit d'une affaire en cours : *ratification d'un traité en instance.* ❑ **être en instance de :** sur le point de, près de : *être en instance de divorce.* ❑ **tribunal de grande instance :** juridiction de droit commun de première instance chargée de juger certains procès civils.

1. instant nm Moment très court. ■ **à chaque instant :** continuellement. ❏ **à l'instant :** tout de suite. ❏ **dans un instant :** bientôt. ❏ **pour l'instant :** pour le moment.

VOCABULAIRE Il faut distinguer *dès l'instant où tu es entré* (dès que) et *dès l'instant que tu es entré* (puisque).

2. instant, e adj LITT Pressant : *prières instantes.*

instantané, e adj Qui se produit en un instant ; immédiat : *effet instantané.* ■ **café instantané :** fait avec de la poudre de café soluble. ◆ nm Cliché photographique obtenu par une exposition très brève.

instantanéité nf Caractère de ce qui est instantané.

instantanément adv En un instant.

instar de (à l') loc prép LITT À la manière de : *à l'instar des Anciens.*

instauration nf Action d'instaurer.

instaurer vt Établir les bases de ; fonder : *instaurer un régime, un usage.*

instigateur, trice n Personne qui pousse à faire quelque chose : *l'instigateur d'un complot.*

instigation nf Incitation : *agir à l'instigation de quelqu'un.*

instillation [ɛ̃stilasjɔ̃] nf Action d'instiller.

instiller [ɛ̃stile] vt Verser goutte à goutte.

instinct [ɛ̃stɛ̃] nm Impulsion naturelle, intuition, sentiment spontané : *agir d'instinct, par instinct.*

instinctif, ive adj Qui naît de l'instinct : *geste instinctif.* ◆ adj et n Qui agit par instinct.

instinctivement adv Par instinct.

instit [ɛ̃stit] n (abréviation) FAM Instituteur, institutrice.

instituer vt **1.** Établir, fonder, instaurer : *Richelieu institua l'Académie française.* **2.** DR Nommer un héritier par testament.

institut nm Établissement de recherche scientifique, d'enseignement, etc. : *l'Institut Pasteur.* ■ **institut de beauté :** établissement de soins esthétiques. ❏ **l'Institut de France** ou **l'Institut :** ensemble des cinq Académies (française, des inscriptions et belles-lettres, des sciences, des beaux-arts, des sciences morales et politiques).

instituteur, trice n Enseignant en maternelle ou dans les écoles primaires.

institution nf **1.** Établissement d'enseignement privé. **2.** Ensemble des règles établies en vue de la satisfaction d'intérêts collectifs ; organisme visant à les maintenir. ◆ **institutions** pl Lois fondamentales d'un État : *ne pas respecter les institutions.*

institutionnalisation nf Action d'institutionnaliser.

institutionnaliser vt Donner un caractère institutionnel à.

institutionnel, elle adj Relatif aux institutions de l'État.

instructeur, trice n Militaire chargé de l'instruction des jeunes soldats. ◆ adj m DR Qui instruit un procès : *magistrat instructeur.*

instructif, ive adj Qui instruit, apporte des connaissances : *lecture instructive.*

instruction nf **1.** Action d'instruire ; éducation, enseignement : *instruction primaire.* **2.** Savoir, connaissances, culture : *avoir de l'instruction.* **3.** INFORM Information exprimée en langage de programmation, indiquant à un ordinateur une action élémentaire à exécuter. ■ DR **instruction judiciaire :** procédure qui met une affaire en état d'être jugée. ❏ **juge d'instruction :** juge qui instruit une cause. ◆ **instructions** pl Ordres, explications pour la conduite de quelque chose : *laisser des instructions.*

instruire vt (conj 70) **1.** Donner des connaissances nouvelles à, former l'esprit de. **2.** SOUT Informer : *s'il y avait des ordres, je n'en ai pas été instruit.* ■ DR **instruire une affaire :** la mettre en état d'être jugée. ◆ **s'instruire** vpr Développer ses connaissances, étudier.

instruit, e adj Qui a de l'instruction.

instrument nm **1.** Outil, machine, appareil servant à un travail : *instrument de mesure.* **2.** FIG Ce qui permet d'atteindre un résultat ; moyen : *être l'instrument du destin.* ■ **instrument de musique** ou **instrument :** appareil propre à produire des sons : *instrument à vent, à cordes, à percussion.*

instrumental, e, aux adj Écrit pour des instruments de musique : *musique instrumentale.*

instrumentaliser vt Transformer qqn, qqch en simple instrument que l'on peut manipuler à des fins personnelles.

instrumentation nf Choix des instruments correspondant à chaque partie d'une œuvre musicale.

instrumenter vi DR Établir un acte authentique. ◆ vt MUS Orchestrer.

instrumentiste n **1.** Musicien qui joue d'un instrument. **2.** Infirmier qui prépare et présente au chirurgien les instruments nécessaires pour une intervention.

insu de (à l') loc prép Sans qu'on le sache : *il est sorti à mon insu.*

insubmersible adj Qui ne peut pas couler.

insubordination nf Refus d'obéir.

insubordonné, e adj Indiscipliné.

insuccès nm Échec.

insuffisamment adv De façon insuffisante.

insuffisance nf **1.** Manque de la quantité nécessaire ; carence : *insuffisance de moyens.* **2.** Manque d'aptitudes ; incapacité : *reconnaître son insuffisance.* **3.** MÉD Diminution du fonctionnement d'un organe : *insuffisance rénale.*

insuffisant, e adj Qui ne suffit pas : *salaire insuffisant.*

insufflation nf Action d'insuffler.

insuffler vt **1.** Souffler de l'air, un gaz, dans les poumons, une cavité du corps. **2.** Communiquer, transmettre : *insuffler du courage à ses troupes.*

insulaire adj et n Qui vit sur une île. ◆ adj Relatif à une île.

insularité nf Caractère particulier d'un pays situé sur une ou des îles.

insuline nf Hormone sécrétée par le pancréas et utilisée contre le diabète.

insultant, e adj Qui constitue une insulte ; injurieux.

insulte nf Outrage en actes ou en paroles.

insulter vt Offenser par des insultes.

insupportable adj **1.** Intolérable : *douleur insupportable.* **2.** Très turbulent : *enfant insupportable.*

insupporter vt FAM Irriter, exaspérer : *ce bruit m'insupporte.*

insurgé, e adj et n Qui participe à une rébellion ; révolté.

insurger (s') vpr [contre] (conj 2) Se révolter, se soulever contre une autorité, un pouvoir.

insurmontable adj Qui ne peut être surmonté : *difficulté insurmontable.*

insurrection nf Soulèvement en armes contre le pouvoir établi.

insurrectionnel, elle adj Qui tient de l'insurrection.

intact, e adj **1.** À quoi l'on n'a pas touché ; entier : *somme intacte.* **2.** Qui n'a souffert aucune atteinte : *réputation intacte.*

intangible adj Qui doit rester intact ; sacré, inviolable : *droit intangible.*

intarissable adj **1.** Qui ne peut être tari : *mine, source intarissable.* **2.** FIG Qui ne cesse pas de parler : *être intarissable sur un sujet.*

intarissablement adv De façon intarissable.

intégral, e, aux adj Entier, complet.

intégrale nf **1.** Édition complète des œuvres d'un écrivain, d'un musicien. **2.** MATH Fonction, solution d'une équation différentielle.

intégralement adv En totalité.

intégralité nf État de ce qui est intégral : *l'intégralité d'une somme.*

intégrant, e adj ■ **partie intégrante (de) :** qui fait partie d'un tout.

intégration nf Action d'intégrer, de s'intégrer.

intègre adj D'une probité absolue ; incorruptible.

intégrer vt (conj 10) Faire entrer dans un ensemble, dans un groupe plus vaste ; assimiler. ◆ **s'intégrer** vpr S'assimiler à un groupe.

intégrisme nm Attitude de certains croyants qui, au nom d'un respect intransigeant de la tradition, se refusent à toute évolution.

intégriste adj et n **1.** Relatif à l'intégrisme ; qui en est partisan. **2.** FIG Qui fait preuve d'une intransigeance et d'un traditionalisme excessifs.

intégrité nf **1.** État d'une chose complète, qui n'a pas subi d'altération : *intégrité d'un territoire ; intégrité d'une somme.* **2.** FIG Qualité d'une personne intègre : *être d'une parfaite intégrité.*

intellect [ɛ̃telɛkt] nm Faculté de penser ; intelligence, entendement.

intellectualiser vt Donner un caractère intellectuel, abstrait à.

intellectualisme nm Tendance à donner la primauté à l'intelligence et aux facultés intellectuelles.

intellectualiste adj et n Relatif à l'intellectualisme.

intellectuel, elle adj Qui appartient à l'intelligence, à l'activité de l'esprit. ◆ n et adj Personne dont la profession comporte une activité de l'esprit ; personne qui a un goût affirmé pour les activités de l'esprit.

intellectuellement adv Sur le plan intellectuel.

intelligemment [ɛ̃teliʒamɑ̃] adv Avec intelligence : *répondre intelligemment.*

intelligence nf **1.** Faculté de connaître, de comprendre : *l'intelligence distingue l'homme de l'animal.* **2.** Aptitude à s'adapter ; capacité dans un domaine : *intelligence des affaires.* **3.** Compréhension : *pour l'intelligence de ce qui va suivre.* **4.** Accord de sentiments, connivence : *vivre en bonne intelligence avec ses voisins.* ■ **intelligence artificielle (IA) :** (a) intelligence humaine simulée par une machine (b) ensemble des théories et des techniques mises en œuvre pour réaliser de telles machines. ◆ **intelligences** pl Entente, relations secrètes.

intelligent, e adj **1.** Doué d'intelligence. **2.** Qui dénote l'intelligence : *regard intelligent.* **3.** Se dit d'un appareil, d'un local dotés d'un système informatique automatisé capable de se substituer, dans certaines procédures de fonctionnement ou de maintenance, à l'intelligence humaine : *voiture dotée d'une suspension intelligente.*

intelligentsia [ɛ̃telidʒɛ̃sja] ou [inteligɛntsja] nf Ensemble des intellectuels d'un pays.

intelligibilité nf Caractère d'une chose intelligible.

intelligible adj Qui peut être facilement entendu ou compris : *parler à haute et intelligible voix.*

intelligiblement adv Clairement, de façon intelligible.

intello adj et n (abréviation) FAM, PÉJOR Intellectuel.

intempérance nf **1.** LITT Manque de retenue, de modération. **2.** Excès, manque de sobriété.

intempérant, e adj Qui fait preuve d'intempérance.

intempérie nf (souvent au pluriel) Mauvais temps, rigueur du climat : *redouter les intempéries.*

intempestif, ive adj Qui est fait à contretemps ; inopportun.

intemporel, elle adj Qui échappe au temps ; éternel, immuable : *vérités intemporelles.*

intenable adj **1.** Que l'on ne peut tenir : *position intenable.* **2.** Insupportable : *chaleur intenable.*

intendance nf **1.** Administration financière d'un établissement public ou d'enseignement ; économat. **2.** Administration qui pourvoit aux besoins de l'armée.

intendant, e n **1.** Personne chargée d'un service d'intendance. **2.** Personne chargée de régir des biens, une maison.

intense adj D'une grande puissance, très fort : *chaleur, activité intenses.*

intensément adv De façon intense.

intensif, ive adj Qui met en œuvre des moyens importants, fait l'objet de gros efforts, pour accroître le rendement : *entraînement intensif ; stage intensif.* ■ AGRIC **culture intensive** : qui a des rendements élevés. CONTR : extensif.

intensification nf Action d'intensifier ; fait de s'intensifier.

intensifier vt Rendre plus intense : *intensifier ses efforts* ◆ vpr tension qui s'est intensifiée.

intensité nf **1.** Degré d'activité, de puissance : *intensité d'un feu.* **2.** Quantité d'électricité que débite un courant pendant l'unité de temps.

intensivement adv De façon intensive.

intenter vt DR Entreprendre contre quelqu'un : *intenter un procès.*

intention nf Dessein délibéré, volonté : *intention de nuire.* ■ **à l'intention de quelqu'un** : spécialement pour lui.

intentionné, e adj ■ **bien, mal intentionné** : qui a de bonnes, de mauvaises intentions.

intentionnel, elle adj Qui est fait avec intention : *oubli intentionnel.*

intentionnellement adv Avec intention ; exprès, volontairement.

interactif, ive adj **1.** Se dit de phénomènes qui agissent les uns sur les autres. **2.** INFORM Doué d'interactivité ; conversationnel.

interaction nf Influence réciproque de deux phénomènes, de deux personnes.

interactivité nf INFORM Faculté d'échange entre l'utilisateur d'un système informatique et la machine, par l'intermédiaire d'un terminal.

interagir vi Exercer une interaction : *phénomènes qui interagissent.*

interallié, e adj Commun à plusieurs alliés.

interarmées adj Qui est commun aux armées de terre, de mer ou de l'air.

interbancaire adj Qui concerne les relations entre banques.

intercalaire adj Inséré, ajouté. ■ **jour intercalaire** : qui s'ajoute dans les années bissextiles (29 février). ◆ nm Feuille, feuillet intercalaires.

intercaler vt Insérer parmi d'autres choses, dans un ensemble : *intercaler un mot dans un texte.*

intercéder vi (conj 10) Intervenir : *intercéder pour, en faveur de quelqu'un.*

intercepter vt **1.** Arrêter au passage : *les nuages interceptent les rayons du soleil ; intercepter le ballon.* **2.** S'emparer d'une chose destinée à autrui : *intercepter une lettre.*

interception nf Action d'intercepter ; fait d'être intercepté.

intercesseur nm LITT Qui intercède.

intercession nf Intervention, prière en faveur de quelqu'un.

interchangeable adj Se dit de choses, de personnes qui peuvent être mises à la place les unes des autres.

interclasse nm Intervalle entre deux heures de cours.

interclubs adj inv et nm inv Se dit d'une compétition qui oppose les équipes de plusieurs clubs.

intercommunal, e, aux adj Qui concerne plusieurs communes.

intercommunautaire adj Qui concerne les relations entre plusieurs communautés.

interconnecter vt ÉLECTR Mettre en relation deux ou plusieurs circuits.

interconnexion nf ÉLECTR Action d'interconnecter.

intercontinental, e, aux adj Qui a lieu entre des continents.

intercostal, e, aux adj Qui est situé entre les côtes : *douleur intercostale.*

intercurrent, e adj MÉD Qui survient pendant la durée d'une autre maladie.

interdépendance nf Dépendance mutuelle, réciproque.

interdépendant, e adj Se dit des choses qui dépendent les unes des autres.

interdiction nf **1.** Défense, prohibition : *interdiction de fumer.* **2.** Privation de l'exercice d'un droit, d'une fonction : *être frappé d'interdiction.*

interdire vt (conj 72) **1.** Défendre, empêcher de faire, d'utiliser : *le médecin lui a interdit l'alcool.* **2.** Frapper d'interdiction : *interdire un prêtre.*

interdisciplinaire adj Qui établit des relations entre plusieurs sciences ou disciplines.

interdisciplinarité nf Caractère de ce qui est interdisciplinaire.

1. interdit nm Impératif institué par un groupe ou une société, qui prohibe un acte ou un comportement : *transgresser un interdit.* ■ **lever un interdit :** supprimer une censure, une interdiction.

2. interdit, e adj Qui ne sait que répondre ; déconcerté : *demeurer interdit.* ◆ adj et n Sous le coup d'une interdiction : *interdit de séjour.*

interentreprises adj inv Qui concerne plusieurs entreprises.

intéressant, e adj **1.** Qui présente de l'intérêt ; captivant : *film intéressant ; personne intéressante.* **2.** Avantageux : *prix intéressant.* ■ **faire l'intéressant, son intéressant :** chercher à se faire remarquer.

intéressé, e adj et n Qui est concerné par une chose : *intéressé à une affaire ; prévenir les intéressés.* ◆ adj **1.** Qui s'intéresse ; captivé : *écouter une histoire avec un air intéressé.* **2.** Qui ne cherche que son intérêt ; inspiré par l'intérêt : *service intéressé.*

intéressement nm Participation aux bénéfices d'une entreprise.

intéresser vt **1.** Inspirer de l'intérêt, de la curiosité à, retenir l'attention de : *le film l'intéresse.* **2.** Concerner, toucher : *loi qui intéresse les industriels.* **3.** Donner un intéressement à : *intéresser les salariés aux bénéfices.* ◆ **s'intéresser** vpr [à] Avoir de l'intérêt pour.

intérêt nm **1.** Curiosité, attention, sollicitude : *avoir de l'intérêt pour quelqu'un ; suivre un événement avec intérêt.* **2.** Originalité, importance : *nouvelle d'un grand intérêt.* **3.** Ce qui est important, utile, avantageux : *agir dans l'intérêt d'un ami.* **4.** Souci exclusif de ce qui est avantageux pour soi, désir de gain : *l'intérêt le guide.* **5.** Participation à un gain éventuel : *avoir des intérêts dans une entreprise.* **6.** Bénéfice tiré de l'argent prêté : *percevoir des intérêts.* ■ **avoir intérêt à faire quelque chose :** le faire pour son propre bien : *il a intérêt à partir.*

interface nf **1.** Limite commune à deux systèmes, permettant des échanges entre ceux-ci : *l'interface production/distribution.* **2.** INFORM Frontière conventionnelle entre deux systèmes ou deux unités, permettant des échanges d'informations.

interférence nf **1.** Rencontre, conjonction de deux séries de phénomènes distincts : *l'interférence des faits démographiques et politiques.* **2.** PHYS Combinaison de mouvements vibratoires.

interférer vi (conj 10) **1.** Se superposer en créant des renforcements ou des oppositions : *la crise agricole interfère avec d'autres problèmes économiques.* **2.** PHYS Produire des interférences : *rayons qui interfèrent.*

intergalactique adj Qui est situé entre des galaxies.

intergénérationnel, elle adj Qui concerne les relations entre les générations. *Solidarité intergénérationnelle.*

intergouvernemental, e, aux adj Qui concerne plusieurs gouvernements.

intergroupe nm Réunion de parlementaires de divers groupes politiques pour étudier un problème déterminé.

intérieur, e adj **1.** Qui est au-dedans : *cour intérieure.* **2.** Relatif à l'esprit, à la vie morale, psychologique de l'homme : *sentiment intérieur ; vie intérieure.* **3.** Qui concerne un pays, un territoire : *politique intérieure ; marché intérieur.* CONTR : extérieur, étranger. ◆ nm **1.** La partie intérieure, le dedans : *il y a une amande à l'intérieur du noyau.* **2.** Partie centrale d'un pays. **3.** Domicile privé : *intérieur coquet.* ■ **femme, homme d'intérieur :** qui aime s'occuper de sa maison. ❑ **ministère de l'Intérieur :** chargé de la tutelle des collectivités locales, de la police d'un pays.

intérieurement adv **1.** Au-dedans : *palais décoré intérieurement de fresques anciennes.* **2.** En soi-même : *se révolter intérieurement.*

intérim nm **1.** Temps pendant lequel une fonction est remplie par un autre que par le titulaire. **2.** Activité des salariés intérimaires : *agence d'intérim.* ■ **par intérim :** provisoirement.

intérimaire adj Qui a lieu par intérim : *fonctions intérimaires.* ◆ n et adj **1.** Personne qui assure un intérim. **2.** Salarié d'une société de travail temporaire, mis à la disposition d'une entreprise pour y occuper momentanément un emploi.

intériorisation nf Action d'intérioriser.

intérioriser vt **1.** Garder pour soi, contenir : *intérioriser ses réactions.* **2.** Assimiler, faire siennes des opinions, des règles de conduite : *intérioriser les règles d'un parti.*

intériorité nf Caractère de ce qui est intérieur.

interjection nf Mot qui exprime vivement un sentiment, un ordre, comme *hélas !, chut !*

interjeter vt (conj 8) ■ DR **interjeter appel :** demander un second jugement.

interleukine nf BIOL Substance qui assure les interactions entre les leucocytes et joue un rôle dans la réaction immunitaire.

interlignage nm Action ou manière d'interligner.

interligne nm Espace entre deux lignes écrites.

interligner vt Séparer par des interlignes.

interlocuteur, trice n **1.** Personne à qui ou avec qui on parle. **2.** Personne avec laquelle on engage des négociations, des pourparlers.

interlocutoire adj et nm DR Se dit d'un jugement qui, avant de statuer sur le fond, ordonne des mesures propres à préparer la solution de l'affaire.

interlope adj **1.** Illégal : *commerce interlope.* **2.** Équivoque, louche : *bar, personnage interlopes.*

interloquer vt Décontenancer ; surprendre : *cette réponse l'a interloqué.*

interlude nm Divertissement entre deux parties d'un spectacle, d'une émission.

intermède nm **1.** Divertissement entre deux parties d'une représentation théâtrale. **2.** Temps d'interruption.

intermédiaire adj Qui est entre deux choses : *espace intermédiaire.* ◆ n **1.** Personne qui sert de lien entre deux autres. **2.** Personne qui intervient dans un circuit de distribution commerciale. ◆ nm Entremise, voie : *par l'intermédiaire de.*

intermezzo [ɛ̃tɛrmedzo] nm MUS Divertissement intercalé entre les parties d'une œuvre théâtrale.

interminable adj Qui dure très longtemps.

interminablement adv Sans fin.

interministériel, elle adj Relatif à plusieurs ministres ou ministères.

intermittence nf Caractère de ce qui est intermittent. ■ **par intermittence :** de façon discontinue.

intermittent, e adj Qui s'arrête et reprend par intervalles ; discontinu, irrégulier. ◆ n et adj Salarié dont l'activité comporte une alternance de périodes de travail et de chômage.

intermodalité nf Utilisation de plusieurs modes de transport au cours d'un même trajet.

internat nm **1.** Situation d'un élève interne. **2.** École où les élèves sont internes. **3.** MÉD Fonction d'interne dans un hôpital, accessible par concours ; ce concours.

international, e, aux adj Qui a lieu entre nations ; qui concerne plusieurs nations : *droit international.* ◆ n Sportif qui représente son pays à des épreuves internationales.

Internationale nf Association d'ouvriers de divers pays, pour la défense de leurs intérêts.

internationalisation nf Action d'internationaliser.

internationaliser vt Rendre international ; porter sur le plan international.

internationalisme nm Doctrine selon laquelle les divers intérêts nationaux doivent être subordonnés à un intérêt général supranational.

internationaliste adj et n Relatif à l'internationalisme ; qui en est partisan.

internationalité nf Caractère, état de ce qui est international.

internaute n Utilisateur du réseau Internet.

interne adj Qui est au-dedans, concerne le dedans de quelque chose ; intérieur : *problème interne à l'entreprise.* ■ **médicament à usage interne :** à introduire dans l'organisme. ◆ n Élève logé et nourri dans un établissement scolaire. ■ **interne des hôpitaux :** étudiant(e) en médecine reçu(e) au concours de l'internat, qui seconde le chef de service.

interné, e adj et n **1.** Enfermé dans un camp de concentration, une prison. **2.** Placé en hôpital psychiatrique.

internement nm Action d'interner ; fait d'être interné.

interner vt **1.** Enfermer dans un camp, une prison. **2.** Placer en hôpital psychiatrique.

Internet nm (abrév. de l'anglais *international network*) Réseau télématique international, d'origine américaine, résultant de l'interconnexion de multiples réseaux utilisant un protocole de communication commun (web).

interocéanique adj Qui sépare ou relie deux océans : *isthme, canal interocéanique.*

interopérabilité nf INFORM Capacité de matériels, de logiciels ou de protocoles différents à fonctionner ensemble et à partager des informations.

interpellation nf **1.** Action d'interpeller. **2.** DR Sommation de dire, de faire quelque chose. **3.** Demande d'explication adressée à un ministre par un membre du Parlement.

interpeller [ɛ̃tɛrpəle] vt **1.** Adresser la parole à quelqu'un pour demander quelque chose. **2.** Sommer quelqu'un de répondre, de s'expliquer sur un fait ; vérifier son identité, l'arrêter. **3.** Contraindre quelqu'un à regarder en face une situation ; s'imposer à lui.

> ORTHOGRAPHE *Interpeller* prend deux *l*, mais un seul *p*, alors que *appeler* prend un seul *l*, mais deux *p*.

interpénétration nf Pénétration mutuelle.

interpénétrer (s') vpr (conj 10) Se pénétrer mutuellement.

Interphone nm (nom déposé) Téléphone permettant des communications à courte distance, en général à l'intérieur du même bâtiment : *Interphone à l'entrée d'un immeuble.*

interplanétaire adj ASTRON Situé entre les planètes du système solaire.

interpolation nf Action d'interpoler ; passage intercalé : *interpolation explicative.*

interpoler vt **1.** Introduire dans un ouvrage des passages qui n'en font pas partie et qui en changent le sens. **2.** MATH Intercalation, dans une suite de valeurs connues, d'une ou de plusieurs valeurs déterminées par le calcul.

interposer vt Placer entre. ◆ **s'interposer** vpr Intervenir, s'entremettre, s'intercaler.

interposition nf Action d'interposer ; fait de s'interposer.

interprétable adj Qui peut être interprété.

interprétariat nm Métier, fonction d'interprète.

interprétatif, ive adj Qui explique, contient une interprétation.

interprétation nf **1.** Action d'interpréter. **2.** Façon dont une œuvre dramatique, musicale ou chorégraphique est jouée.

interprète n **1.** Personne qui traduit oralement une langue dans une autre. **2.** Personne qui parle au nom d'une autre. **3.** Personne qui interprète une œuvre artistique.

> EMPLOI Il ne faut pas confondre *interprète*, « qui fait des traductions orales », et *traducteur*, « qui fait des traductions écrites ».

interpréter vt (conj 10) **1.** Rendre compréhensible, traduire, donner un certain sens à : *interpréter une loi, un rêve ; mal interpréter une intention.* **2.** Jouer un rôle, exécuter un morceau de musique, danser une œuvre chorégraphique.

interprofessionnel, elle adj Qui concerne plusieurs professions.

interracial, e, aux adj Qui concerne les relations entre personnes, communautés, distinguées selon l'origine, la couleur de la peau.

interrégional, e, aux adj Qui concerne plusieurs régions.

interrègne nm Intervalle pendant lequel un État est sans chef.

interrogateur, trice adj et n Qui interroge : *regard interrogateur.*

interrogatif, ive adj Qui exprime une interrogation : *phrase interrogative.* ◆ nf Phrase interrogative.

interrogation nf Question, demande. ■ GRAMM **interrogation directe :** posée directement à l'interlocuteur (EX : *qui est venu ?*). ❑ **interrogation écrite :** contrôle écrit des connaissances fait en classe. ❑ GRAMM **interrogation indirecte :** posée par l'intermédiaire d'un verbe comme *demander, savoir*, etc. (EX : *je me demande qui est venu*). ❑ **point d'interrogation :** qui marque l'interrogation (?).

interrogatoire nm Ensemble des questions qu'on adresse à un accusé, à un prévenu : *faire subir un interrogatoire.*

interrogeable adj Que l'on peut interroger à distance : *banque de données interrogeable de toute l'Europe.*

interroger vt (conj 2) **1.** Adresser, poser des questions à ; questionner : *interroger un inculpé, un candidat.* **2.** Examiner avec attention : *interroger l'histoire.* **3.** INFORM Consulter une base de données en utilisant la télématique : *interroger l'annuaire électronique.*

interrompre vt (conj 53) **1.** Rompre la continuité de : *interrompre un courant.* **2.** Couper la parole à. ◆ **s'interrompre** vpr Cesser de faire quelque chose ; s'arrêter au cours d'une action.

interrupteur nm Dispositif pour interrompre ou rétablir un courant électrique ; commutateur.

interruption nf **1.** Action d'interrompre ; suspension, arrêt. **2.** Paroles prononcées pour interrompre quelqu'un. ■ **interruption volontaire de grossesse (IVG)** : avortement légal.

intersaison nf Période entre deux saisons commerciales, touristiques, sportives, etc.

intersection nf Endroit où deux lignes, deux plans, deux solides se coupent.

intersession nf Temps qui s'écoule entre deux sessions d'une assemblée.

intersidéral, e, aux adj ASTRON Situé entre les astres.

interspécifique adj BIOL Relatif aux rapports entre espèces.

interstellaire adj ASTRON Situé entre les étoiles d'une galaxie : *espace interstellaire.*

interstice nm Petit intervalle entre les parties d'un tout.

interstitiel, elle adj Situé dans les interstices de quelque chose.

intersyndical, e, aux adj Établi entre divers syndicats : *groupement intersyndical.* ◆ nf Association constituée par plusieurs syndicats pour défendre certains objectifs communs.

intertitre nm Titre secondaire annonçant un paragraphe dans un article.

intertrigo nm MÉD Dermatose siégeant dans les plis de la peau.

interurbain, e adj Entre villes différentes : *téléphone interurbain.*

intervalle nm **1.** Espace, distance (dans l'espace ou le temps) : *intervalle entre deux murs ; à six mois d'intervalle.* **2.** MATH Ensemble des nombres *x* compris entre deux nombres *a* et *b*. **3.** MUS Distance qui sépare deux sons. ■ **par intervalles** : de temps à autre.

intervenant, e n et adj Personne qui intervient dans un procès, un débat, etc.

intervenir vi (conj 22 ; auxil : *être*) **1.** Prendre part volontairement à une action afin d'en modifier le cours : *intervenir dans une querelle.* **2.** Se produire, avoir lieu : *un jugement est intervenu.* **3.** Prendre la parole dans une assemblée : *il interviendra à la fin du débat.*

intervention nf **1.** Action d'intervenir. **2.** Action d'un État s'ingérant dans la sphère de compétence d'un autre État. **3.** MÉD Opération : *intervention chirurgicale.*

interventionnisme nm **1.** Doctrine préconisant l'intervention de l'État dans les affaires économiques. **2.** Doctrine préconisant l'intervention d'un État dans un conflit entre d'autres États.

interventionniste adj et n Relatif à l'interventionnisme ; qui en est partisan.

interversion nf Renversement de l'ordre habituel : *interversion de lettres dans un mot.*

intervertébral, e, aux adj Placé entre deux vertèbres.

intervertir vt Renverser l'ordre naturel ou habituel de : *intervertir les rôles.*

interview [ɛ̃tɛrvju] nf Entretien avec une personne pour l'interroger sur ses actes, ses idées, etc.

interviewé, e adj et n Se dit d'une personne soumise à une interview.

interviewer [ɛ̃tɛrvjuve] vt Soumettre à une interview.

intestat [ɛ̃tɛsta] adj inv et n Qui n'a pas fait de testament : *mourir intestat.*

1. intestin nm ANAT Viscère creux allant de l'estomac à l'anus. ■ **gros intestin** : partie de l'intestin comprenant le cæcum, le côlon et le rectum, et qui prolonge l'intestin grêle. ❑ **intestin grêle** : partie de l'intestin comprenant le duodénum, l'iléon et le jéjunum.

2. intestin, e adj LITT Interne, intérieur : *divisions, guerres intestines.*

intestinal, e, aux adj De l'intestin.

intimation nf DR Sommation.

intime adj **1.** LITT Intérieur et profond : *la nature intime d'un être.* **2.** Qui existe au plus profond de nous : *conviction intime.* **3.** Qui est tout à fait privé, personnel ; qui se passe entre amis : *journal intime ; dîner intime.* ◆ adj et n À qui on est lié par des relations profondes ; proche : *repas entre intimes.*

intimement adv Profondément.

intimer vt **1.** Signifier avec autorité. **2.** DR Assigner en appel.

intimidant, e adj Qui intimide.

intimidateur, trice adj Propre à intimider.

intimidation nf Action d'intimider ; menace, pression : *paroles d'intimidation.*

intimider vt Inspirer de la crainte à ; rendre timide.

intimisme nm Style, manière intimistes.

intimiste adj Se dit d'un écrivain, d'un poète qui exprime ses sentiments les plus intimes, d'un peintre qui représente des scènes de caractère intime ou familier ; se dit de leurs œuvres.

intimité nf **1.** LITT Caractère de ce qui est intime, secret : *dans l'intimité de sa conscience.* **2.** Relations étroites : *vivre dans la plus grande intimité avec quelqu'un.* **3.** Vie privée : *préserver son intimité.*

intitulé nm Titre (d'un livre, d'un chapitre, d'une loi, etc.).

intituler vt Désigner par un titre. ◆ **s'intituler** vpr Avoir pour titre.

intolérable adj Qu'on ne peut supporter : *douleur intolérable.*

intolérance nf **1.** Attitude agressive à l'égard de ceux dont on ne partage pas les opinions : *faire preuve d'intolérance.* **2.** MÉD Impossibilité, pour un organisme, de supporter certains médicaments ou aliments.

intolérant, **e** adj et n Qui fait preuve d'intolérance.

intonation nf Ton varié de la voix, que l'on prend en parlant ; inflexion.

intouchable n En Inde, membre des castes les plus basses. ◆ adj FAM Qui ne peut faire l'objet d'aucune critique, d'aucune sanction.

intox nf FAM Action, fait d'intoxiquer les esprits.

intoxication nf Action d'intoxiquer ; empoisonnement.

intoxiqué, **e** adj et n Qui use habituellement d'une substance toxique.

intoxiquer vt **1.** Empoisonner : *être intoxiqué par des champignons, par du gaz carbonique.* **2.** FIG Influencer en faisant perdre tout sens critique.

intracellulaire adj BIOL Qui se trouve ou se produit dans une cellule.

intradermique adj MÉD Relatif à l'intérieur de la peau ; dans l'épaisseur du derme : *injection intradermique.*

intrados [ɛ̃trado] nm Intérieur d'une voûte, d'une aile d'avion. CONTR : extrados.

intraduisible adj Qu'on ne peut traduire : *phrase intraduisible.*

intraitable adj Qui n'accepte aucun compromis ; intransigeant.

intra-muros [ɛ̃tramyros] loc adv et adj inv Dans les murs, dans l'intérieur de la ville.

intramusculaire adj Qui est ou se fait à l'intérieur d'un muscle : *injection intramusculaire.*

Intranet nm Réseau télématique interne à une entreprise, qui utilise la technologie d'Internet.

intransigeance nf Caractère intransigeant.

intransigeant, **e** adj et n Qui ne fait aucune concession, n'admet aucun compromis.

intransitif, **ive** adj GRAMM Se dit des verbes qui ne sont pas suivis d'un complément d'objet direct ou indirect (EX : *dormir, dîner*).

intransitivement adv À la façon d'un verbe intransitif ; sans complément.

intransmissibilité nf Caractère de ce qui est intransmissible.

intransmissible adj Qui ne peut se transmettre : *héritage intransmissible.*

intransportable adj Qui ne peut être transporté.

intra-utérin, **e** (pl *intra-utérins, es*) adj MÉD Qui est situé ou qui a lieu à l'intérieur de l'utérus : *dispositif intra-utérin.*

intraveineux, **euse** adj Qui est ou se fait à l'intérieur des veines : *injection intraveineuse.*

intrépide adj et n Qui ne craint pas le danger : *soldat intrépide.*

intrépidement adv De façon intrépide.

intrépidité nf Caractère d'une personne intrépide.

intrigant, **e** adj et n Qui recourt à l'intrigue pour parvenir à ses fins.

intrigue nf **1.** Manœuvre secrète ou déloyale : *déjouer une intrigue.* **2.** Trame d'une pièce de théâtre, d'un roman, d'un film : *intrigue passionnante.* **3.** VIEILLI Liaison amoureuse passagère.

intriguer vi Se livrer à des intrigues : *il a intrigué pour parvenir au sommet.* ◆ vt Embarrasser, donner à penser : *sa conduite m'intrigue.*

intrinsèque adj Qui appartient à l'objet lui-même, indépendamment des facteurs extérieurs ; inhérent, essentiel : *valeur intrinsèque.* CONTR : extrinsèque.

intrinsèquement adv De façon intrinsèque, en soi.

introducteur, **trice** n Personne qui introduit : *servir d'introducteur à quelqu'un.*

introductif, **ive** adj Qui sert à introduire, à commencer : *paragraphe introductif.*

introduction nf **1.** Action d'introduire : *introduction d'un nouveau produit sur le marché.* **2.** Ce qui introduit à la connaissance d'une science : *introduction à la chimie.* **3.** Texte, discours préliminaire ; entrée en matière : *introduction, développement et conclusion.*

introduire vt (conj 70) **1.** Faire entrer : *introduire un visiteur.* **2.** Faire entrer une chose dans une autre : *introduire une vi*

dans un trou. **3.** FIG Faire adopter, admettre : *introduire une mode ; introduire un ami dans la famille.* ◆ **s'introduire** vpr Entrer, pénétrer : *s'introduire subrepticement quelque part.*
introït [ɛ̃trɔit] nm Chant d'entrée de la messe.
intromission nf Introduction.
intronisation nf Action d'introniser.
introniser vt **1.** Installer sur le trône : *introniser un roi, un pape, un évêque.* **2.** FIG Faire régner, établir : *introniser une mode.*
introspectif, ive adj Fondé sur l'introspection : *roman introspectif.*
introspection nf Étude de la conscience par elle-même, du sujet par lui-même.
introuvable adj Qu'on ne peut trouver.
introversion nf PSYCHOL Fait de se replier sur soi-même, de ne pas faire part de ses réflexions.
introverti, e adj et n Qui est porté à l'introversion.
intrus, e n Personne qui s'introduit quelque part sans avoir la qualité requise.
intrusion nf Action de s'introduire sans droit dans un lieu, un groupe.
intubation nf MÉD Introduction, dans la trachée, d'un tube semi-rigide pour isoler les voies respiratoires des voies digestives.
intuber vt MÉD Pratiquer une intubation sur.
intuitif, ive adj Qui procède de l'intuition : *connaissance intuitive.* ◆ adj et n Doué d'intuition.
intuition nf **1.** Connaissance directe, immédiate, sans intervention du raisonnement : *comprendre par intuition.* **2.** Pressentiment : *avoir une intuition.*
intuitivement adv Par intuition.
intumescence nf Gonflement.
intumescent, e adj Qui enfle.
inuit, e [inɥit] adj Relatif aux Inuits, aux Esquimaux.
inusable adj Qui ne peut s'user
inusité, e adj Qui n'est pas ou plus usité.
in utero [inytero] loc adv et adj inv Qui se produit à l'intérieur de l'utérus.
inutile adj Qui ne sert à rien.
inutilement adv De façon inutile ; en vain : *chercher inutilement.*
inutilisable adj Impossible à utiliser.
inutilisé, e adj Qu'on n'utilise pas.
inutilité nf Manque d'utilité.
inv. (abréviation) Invariable.
invagination nf MÉD Repliement d'un organe creux sur lui-même.
invaincu, e adj Qui n'a jamais été vaincu.
invalidant, e adj Se dit d'une maladie, d'un handicap entraînant une incapacité de travail.
invalidation nf Action d'invalider.
invalide adj et n Non valide, infirme. ◆ nm Soldat devenu incapable de servir et entretenu aux frais de l'État. ◆ adj DR Non valable, légalement nul.
invalider vt Déclarer nul ou non valable : *invalider un testament, une élection.*
invalidité nf **1.** État d'une personne invalide. **2.** DR Manque de validité entraînant la nullité.
Invar nm (nom déposé) Acier au nickel, peu sensible aux changements de température.
invariabilité nf État, caractère de ce qui est invariable.
invariable adj **1.** Qui ne change pas : *l'ordre invariable des saisons.* **2.** GRAMM Se dit d'un mot dont la forme ne change jamais quels que soient sa fonction et son environnement.
invariablement adv De façon invariable.
invariance nf **1.** MATH Caractère de ce qui est invariant. **2.** PHYS Propriété de certaines grandeurs physiques régies par des lois de conservation.
invariant, e adj **1.** MATH Se dit d'un point, d'une figure qui est sa propre image dans une transformation ponctuelle. **2.** CHIM, PHYS Se dit d'un système en équilibre dont la variance est nulle.
invasif, ive adj MÉD **1.** Qui peut provoquer des lésions : *techniques d'exploration invasives.* **2.** Qui s'étend et envahit les tissus voisins : *tumeur invasive.*
invasion nf **1.** Irruption faite dans un pays par une force militaire : *repousser une invasion.* **2.** Arrivée soudaine et massive (d'êtres, de choses, d'idées, etc., jugés négatifs) : *une invasion de sauterelles, de touristes.*
invective nf Parole violente, injurieuse : *lancer des invectives contre quelqu'un.*
invectiver vi et vt Dire, lancer des invectives ; injurier : *invectiver contre quelqu'un, invectiver quelqu'un.*
invendable adj Qu'on ne peut vendre.
invendu, e adj et nm Qui n'a pas été vendu : *liquider des invendus.*
inventaire nm **1.** État des biens, meubles, titres d'une personne ou d'une collectivité : *faire l'inventaire d'une succession.* **2.** Évaluation des marchandises en magasin et des valeurs d'un commerçant : *fermeture pour inventaire.*
inventer vt **1.** Trouver, créer le premier quelque chose : *Gutenberg inventa l'imprimerie.* **2.** Imaginer, donner comme réel : *inventer un mensonge.*

inventeur, trice n Personne qui invente.

inventif, ive adj Qui a le talent d'inventer : *esprit inventif.*

invention nf **1.** Action d'inventer, de créer ; chose inventée : *l'invention de la roue.* **2.** Faculté d'inventer ; imagination : *être à court d'invention.* **3.** Mensonge : *c'est une pure invention !* **4.** DR Découverte de choses cachées : *l'invention d'un trésor.*

inventivité nf Caractère d'une personne inventive.

inventorier vt Faire l'inventaire de.

invérifiable adj Qui ne peut être vérifié.

inverse adj Opposé, contraire à la direction actuelle ou naturelle : *sens, ordre inverse.* ■ MATH **nombres inverses l'un de l'autre** : dont le produit est égal à l'unité. ❏ **en raison inverse** : se dit d'une comparaison entre objets qui varient en proportion inverse l'un de l'autre. ◆ nm **1.** Le contraire : *soutenir l'inverse.* **2.** MATH Élément ou nombre inverse d'un autre. ■ **à l'inverse de** : à l'opposé de.

inversement adv De façon inverse.

inverser vt Renverser, changer le sens de : *inverser des rôles ; inverser l'ordre des mots.*

inverseur nm Appareil inversant le courant électrique.

inversible adj PHOT Se dit d'un film dont le développement donne une image positive.

inversion nf **1.** Action d'inverser, fait de s'inverser. **2.** GRAMM Construction où l'on donne aux mots un autre ordre que l'ordre habituel. **3.** MÉD Déviation d'un organe.

invertébré, e adj et nm Se dit des animaux sans colonne vertébrale.

1. inverti, e adj ■ **sucre inverti** : se dit du saccharose ayant subi la transformation par hydrolyse en glucose et en lévulose.

2. inverti, e n VX Homosexuel.

invertir vt Renverser symétriquement : *invertir le sens d'un courant électrique.*

investigateur, trice n et adj Personne qui fait des recherches, des investigations.

investigation nf Recherche attentive et suivie.

investiguer vi Procéder à des investigations.

investir vt **1.** Mettre en possession d'un pouvoir, d'une autorité : *investir un président de tous les pouvoirs.* **2.** Encercler une ville en coupant ses communications. **3.** Placer des capitaux dans une entreprise : *investir sa fortune dans une affaire.* ◆ vi ou **s'investir** vpr PSYCHOL Mettre toute son énergie dans une action, une activité.

investissement nm **1.** Action d'investir, de s'investir. **2.** Placement de fonds.

investisseur, euse n et adj Personne qui pratique un ou des investissements financiers.

investiture nf **1.** Mise en possession d'une dignité, d'un pouvoir. **2.** Cérémonie marquant l'entrée en fonctions officielle d'un nouveau chef d'État.

invétéré, e adj **1.** Fortifié, enraciné par le temps : *mal invétéré.* **2.** Impénitent, endurci : *buveur invétéré.*

invincibilité nf Caractère de quelqu'un, de quelque chose d'invincible.

invincible adj **1.** Qu'on ne peut vaincre : *héros invincible ; force invincible.* **2.** FIG Qu'on ne peut réfuter : *argument invincible.*

invinciblement adv De façon invincible.

inviolabilité nf Qualité de ce qui est inviolable.

inviolable adj **1.** Qu'on ne doit jamais enfreindre : *serment inviolable.* **2.** Où l'on ne peut pénétrer ; que l'on ne peut forcer : *citadelle, serrure inviolable.* **3.** À l'abri de toute poursuite : *sous l'Ancien Régime, la personne du roi était inviolable.*

inviolé, e adj Qui n'a pas été violé, outragé, enfreint : *sanctuaire inviolé ; loi inviolée.*

invisibilité nf État de ce qui est invisible.

invisible adj **1.** Non visible : *invisible à l'œil nu.* **2.** FIG Qu'on ne peut voir, rencontrer : *patron invisible.*

invitation nf Action d'inviter ; son résultat : *refuser une invitation.*

invite nf Ce qui invite à faire quelque chose ; appel indirect, adroit : *céder aux invites de quelqu'un.*

invité, e n Personne que l'on a invitée à un repas, une cérémonie, etc.

inviter vt **1.** Convier, prier de venir, d'assister à : *inviter des amis à dîner.* **2.** FIG Engager, inciter : *inviter à la rêverie.* ◆ **s'inviter** vpr FAM Venir sans être invité.

in vitro [invitro] loc adv et adj inv Qui se fait en dehors de l'organisme (dans des tubes, des éprouvettes, etc.) : *fécondation in vitro.* CONTR : in vivo.

invivable adj Très difficile à supporter : *personne invivable ; appartement invivable.*

in vivo [invivo] loc adv et adj inv Qui se fait dans l'organisme. CONTR : in vitro.

invocation nf Action d'invoquer.

invocatoire adj Qui sert à invoquer : *formule invocatoire.*

involontaire adj **1.** Qui échappe à la volonté : *erreur involontaire.* **2.** Qui fait quelque chose sans le vouloir : *témoin involontaire.*

involontairement adv Sans le vouloir.

involution nf BIOL, MÉD Régression, décroissance d'un organe.

invoquer vt **1.** Appeler une puissance surnaturelle à l'aide par des prières : *invoquer Dieu, les saints.* **2.** FIG En appeler à : *invoquer un témoignage.*

invraisemblable adj **1.** Qui n'est pas vraisemblable : *conte invraisemblable.* **2.** Bizarre, extraordinaire : *une coiffure invraisemblable.*

invraisemblablement adv De façon invraisemblable.

invraisemblance nf **1.** Manque de vraisemblance. **2.** Chose, fait invraisemblables.

invulnérabilité nf État de celui ou de ce qui est invulnérable.

invulnérable adj Qui ne peut être blessé ; qui résiste à toute atteinte.

iode nm Corps simple d'un gris bleuâtre ; symb : I. ■ **teinture d'iode :** dissolution d'iode dans l'alcool à 90°, utilisée comme désinfectant.

iodé, e adj Qui contient de l'iode.

ion nm Particule électrisée formée d'un atome ou d'un groupe d'atomes ayant gagné ou perdu un ou plusieurs électrons.

ionien, enne adj et n De l'Ionie.

1. ionique adj Relatif aux ions.

2. ionique adj Se dit d'un ordre d'architecture grecque.

ionisant, e adj Qui provoque l'ionisation : *radiations ionisantes.*

ionisation nf Transformation d'atomes, de molécules neutres en ions.

ioniser vt Provoquer l'ionisation de.

ionosphère nf Partie de la haute atmosphère où l'ionisation est forte.

iota nm inv Lettre grecque équivalant à notre *i.* ■ FIG **pas un iota :** rien du tout.

iourte nf → **yourte**.

ipéca nm Racine d'un arbrisseau du Brésil, aux propriétés vomitives.

ipso facto loc adv Par le fait même.

irakien, enne adj et n De l'Irak : *les Irakiens.*

iranien, enne adj et n De l'Iran : *les Iraniens.*

irascibilité nf LITT Disposition à s'irriter.

irascible adj Porté à la colère, irritable.

ire nf POÉT, VX Colère.

iridacée nf Plante monocotylédone, comme l'iris ou le glaïeul (les iridacées forment une famille).

iridié adj m Qui contient de l'iridium : *platine iridié.*

iridium nm Métal blanc extrêmement dur et résistant contenu dans certains minerais de platine ; symb : Ir.

iris [iris] nm **1.** Membrane colorée de l'œil. **2.** Plante à fleurs ornementales. **3.** Poudre parfumée tirée du rhizome de cette plante.

irisation nf Propriété qu'ont certains corps de disperser la lumière en rayons colorés comme l'arc-en-ciel ; reflets ainsi produits.

irisé, e adj Qui a les couleurs de l'arc-en-ciel : *reflets irisés.*

iriser vt Produire l'irisation dans ; donner les couleurs de l'arc-en-ciel à.

irish-coffee [ajriʃkɔfi] (pl *irish-coffees*) nm Café très chaud additionné de whisky et nappé de crème fraîche.

irlandais, e adj et n De l'Irlande : *les Irlandais.* ◆ nm Langue celtique parlée en Irlande.

IRM nf (sigle de *imagerie par résonance magnétique*) Technique de radiologie utilisée en imagerie médicale.

ironie nf **1.** Raillerie qui consiste à dire le contraire de ce qu'on veut faire entendre. **2.** Contraste entre une réalité cruelle et ce qu'on pouvait attendre : *l'ironie du sort.*

ironique adj **1.** Qui manifeste de l'ironie : *regard ironique.* **2.** Qui emploie l'ironie : *esprit ironique.*

ironiquement adv De façon ironique.

ironiser vi et vt ind [sur] Faire de l'ironie, railler.

ironiste n Personne qui use habituellement d'ironie.

IRPP nm (sigle) Impôt sur le revenu des personnes physiques.

irradiant, e adj Qui irradie.

irradiation nf Action d'irradier ; fait d'être irradié.

irradié, e adj Qui a subi les effets néfastes de la radioactivité.

irradier vi ou **s'irradier** vpr Se propager en rayonnant : *lumière qui irradie de tous côtés.* ◆ vt Exposer à certaines radiations (radiations ionisantes en particulier).

irraisonné, e adj Qui n'est pas raisonné.

irrationalité nf Caractère de ce qui est irrationnel.

irrationnel, elle adj **1.** Contraire à la raison : *peur irrationnelle.* **2.** MATH Se dit d'un nombre qui n'est pas le quotient de deux nombres entiers.

irrattrapable adj Qu'on ne peut pas rattraper, réparer : *erreur irrattrapable.*

irréalisable adj Qui ne peut être réalisé.

irréalisme nm Manque de réalisme.

irréaliste adj Qui ne tient pas compte de la réalité : *projet irréaliste.*

irréalité nf Caractère de ce qui est irréel.

irrecevabilité nf Caractère de ce qui n'est pas recevable.

irrecevable adj Qui ne peut être pris en considération ; inacceptable : *demande irrecevable.*

irréconciliable adj Qui ne peut se réconcilier : *ennemis irréconciliables.*

irrécouvrable adj Qui ne peut être recouvré : *créance irrécouvrable.*

irrécupérable adj Qui n'est pas récupérable.

irrécusable adj Qui ne peut être récusé : *preuve irrécusable.*

irrédentisme nm HIST Mouvement de revendication nationale en Italie, après 1870.

irrédentiste adj et n HIST Relatif à l'irrédentisme ; qui en est partisan.

irréductibilité nf Caractère de ce qui est irréductible.

irréductible adj **1.** Qui ne peut être réduit, simplifié. **2.** FIG Qui ne transige pas : *ennemi, opposition irréductible.*

irréductiblement adv De façon irréductible.

irréel, elle adj Qui n'est pas réel : *image irréelle.*

irréfléchi, e adj Qui n'est pas réfléchi : *homme irréfléchi ; action irréfléchie.*

irréflexion nf Manque de réflexion ; étourderie.

irréfragable adj LITT Qu'on ne peut récuser, contredire : *autorité irréfragable.*

irréfutabilité nf Caractère de ce qui est irréfutable.

irréfutable adj Qui ne peut être réfuté : *argument irréfutable.*

irréfutablement adv De façon irréfutable.

irrégularité nf **1.** Manque de régularité : *irrégularité des résultats scolaires.* **2.** Caractère de ce qui n'est pas régulier, réglementaire ; chose, action irrégulière : *irrégularités dans les comptes.* **3.** Surface irrégulière : *irrégularité d'un terrain.*

irrégulier, ère adj **1.** Qui n'est pas régulier, uniforme, symétrique : *résultats irréguliers ; polygone irrégulier.* **2.** Non conforme à l'usage, à la norme, à la loi : *situation, procédure irrégulière ; pluriel irrégulier.*

irrégulièrement adv De façon irrégulière : *payer irrégulièrement.*

irréligieux, euse adj **1.** Qui n'a pas de convictions religieuses. **2.** Irrespectueux envers la religion.

irréligion nf Absence de convictions religieuses.

irrémédiable adj À quoi on ne peut remédier ; irréparable.

irrémédiablement adv Sans remède, sans recours.

irrémissible adj LITT **1.** Qui ne mérite pas de pardon : *faute irrémissible.* **2.** Implacable, fatal : *le cours irrémissible du temps.*

irremplaçable adj Qui ne peut être remplacé.

irréparable adj Qui ne peut être réparé.

irréparablement adv De façon irréparable.

irrépressible adj Qu'on ne peut arrêter, retenir : *envie irrépressible.*

irréprochable adj Auquel on ne peut faire nul reproche.

irréprochablement adv De façon irréprochable.

irrésistible adj À qui ou à quoi l'on ne peut résister : *force irrésistible.*

irrésistiblement adv De façon irrésistible.

irrésolu, e adj et n Qui a du mal à se décider, à prendre parti. ◆ adj Qui n'a pas reçu de solution : *problème irrésolu.*

irrésolution nf Incertitude.

irrespect nm Manque de respect.

irrespectueusement adv De façon irrespectueuse.

irrespectueux, euse adj Qui manque de respect ; qui blesse le respect.

irrespirable adj **1.** Qui n'est pas respirable : *air pollué irrespirable.* **2.** Difficile à supporter : *ambiance irrespirable.*

irresponsabilité nf **1.** État de celui qui n'est pas responsable de ses actes : *plaider l'irresponsabilité d'un accusé.* **2.** Caractère de quelqu'un qui agit à la légère ; inconscience.

irresponsable adj et n **1.** Qui n'est pas responsable de ses actes. **2.** Qui agit avec une légèreté coupable.

irrétrécissable adj Qui ne peut rétrécir : *laine irrétrécissable.*

irrévérence nf **1.** Manque de respect. **2.** Parole, action irrévérencieuse.

irrévérencieusement adv De façon irrévérencieuse.

irrévérencieux, euse adj Irrespectueux.

irréversibilité nf Caractère irréversible.

irréversible adj **1.** Qui n'est pas réversible : *mouvement irréversible.* **2.** Qu'on ne peut suivre que dans une seule direction : *le temps est irréversible.*

irréversiblement adv De façon irréversible.

irrévocable adj **1.** Qui n'est pas révocable : *donation irrévocable.* **2.** Sur quoi il est impossible de revenir ; définitif : *décision irrévocable.*

irrévocablement adv De façon irrévocable.

irrigable adj Qui peut être irrigué : *terrain irrigable*.

irrigation nf **1.** Technique qui consiste, dans les régions sèches, à amener de l'eau par des procédés divers. **2.** PHYSIOL Apport du sang dans les tissus par les vaisseaux sanguins.

irriguer vt Arroser par irrigation.

irritabilité nf **1.** Caractère d'une personne irritable. **2.** Caractère d'un tissu, d'un organe qui s'irrite facilement.

irritable adj **1.** Qui se met facilement en colère ; irascible. **2.** MÉD Se dit d'un tissu, d'un organe qui s'irrite facilement : *gorge irritable*.

irritant, e adj **1.** Qui met en colère. **2.** MÉD Qui détermine une irritation.

irritation nf **1.** État de quelqu'un qui est irrité, en colère. **2.** MÉD Inflammation légère d'un tissu, d'un organe.

irriter vt **1.** Mettre en colère, énerver. **2.** MÉD Causer de la douleur, de l'inflammation dans un organe.

irruption nf Entrée soudaine et violente.

EMPLOI Il ne faut pas confondre *irruption*, « entrée », avec *éruption*, « sortie subite ».

isabelle adj inv et nm Se dit d'un cheval d'une couleur jaune clair.

isard nm Chamois des Pyrénées.

isatis [izatis] nm Renard des régions arctiques.

isba nf Habitation en bois des paysans russes.

ISBN nm (sigle de *international standard book number*) Numéro d'identification international attribué à chaque ouvrage publié.

ischémie [iskemi] nf MÉD Arrêt de la circulation sanguine dans un organe, un tissu.

ischion [iskjɔ̃] nm ANAT Un des trois os qui forment l'os iliaque.

ISF nm (sigle de *impôt de solidarité sur la fortune*) Impôt sur les grandes fortunes institué en France en 1989 pour financer le revenu minimum d'insertion.

islam nm Religion musulmane. ■ **l'Islam :** le monde musulman, la civilisation musulmane.

islamique adj De l'islam.

islamisation nf Action d'islamiser.

islamiser vt **1.** Convertir à l'islam. **2.** Appliquer la loi islamique à.

islamisme nm **1.** VIEILLI Religion musulmane. **2.** Mouvement politique et religieux qui préconise l'islamisation totale des institutions des pays islamiques.

islamiste adj et n Relatif à l'islamisme ; qui en est partisan.

islamologie nf Étude historique, sociologique, théologique, etc., de l'islam.

islandais, e adj et n D'Islande : *les Islandais*. ◆ nm Langue nordique parlée en Islande.

ismaélien, enne ou **ismaïlien, enne** n Membre d'une secte chiite qui admet Ismail comme dernier imam.

ismaélisme nm Système religieux des ismaéliens.

ismaélite adj et n Qui appartient aux tribus arabes que la Bible fait descendre d'Ismaël, fils d'Abraham.

isobare adj PHYS D'égale pression atmosphérique : *lignes isobares*. ◆ adj et nm PHYS Se dit de noyaux ayant même nombre de masse mais des numéros atomiques différents.

isobathe adj De même profondeur : *lignes isobathes*.

isocèle adj GÉOM Qui a deux côtés égaux : *triangle isocèle*.

isochrone [izɔkron] ou **isochronique** [izɔkrɔnik] adj De durée égale.

isoclinal, e, aux adj ■ GÉOL **pli isoclinal :** dont les deux flancs sont parallèles.

isocline ou **isoclinique** adj De même inclinaison.

isoédrique adj Se dit d'un cristal dont les facettes sont semblables.

isogamie nf Mode de reproduction sexuée dans lequel les deux gamètes sont semblables (algues, champignons). CONTR : hétérogamie.

isogone adj Qui a des angles égaux.

isolant, e adj et nm Qui isole, qui est mauvais conducteur de la chaleur, de l'électricité ou du son.

isolateur, trice adj Qui a la propriété d'isoler. ◆ nm Support isolant d'un conducteur électrique.

isolation nf Action de réaliser un isolement électrique, thermique ou acoustique.

isolationnisme nm Politique d'un État qui s'isole des États voisins.

isolationniste adj et n Relatif à l'isolationnisme ; qui en est partisan.

isolé, e adj **1.** Seul, séparé des autres, à l'écart : *se sentir isolé ; maison isolée ; endroit isolé*. **2.** Pris à part, individuel, unique : *cas isolé*. **3.** Protégé de tout corps conducteur de l'électricité, de la chaleur ou du son : *fils isolés ; appartement bien isolé*.

isolement nm **1.** État d'une personne, d'un groupe isolés, seuls, à l'écart. **2.** État d'un corps isolé du point de vue électrique, thermique ou phonique.

isolément adv De façon isolée, individuellement.

isoler vt **1.** Séparer, mettre à l'écart : *les inondations ont isolé le village ; isoler un malade contagieux.* **2.** FIG Abstraire, considérer à part : *isoler une phrase de son contexte.* **3.** Protéger contre les influences thermiques ou phoniques : *isoler un local.* **4.** Empêcher la conduction électrique entre des corps conducteurs ; déconnecter : *isoler des fils, un câble.* **5.** CHIM Dégager de ses combinaisons : *isoler un métal.* ◆ **s'isoler** vpr Se mettre à l'écart : *s'isoler pour réfléchir.*

isoloir nm Cabine où l'électeur prépare son bulletin de vote sans être vu.

isomère adj et nm CHIM Qui a même composition chimique et même masse moléculaire, mais diffère par la structure atomique et les propriétés.

isométrique adj Se dit d'un cristal dont les dimensions sont égales.

isomorphe adj CHIM Qui affecte la même forme cristalline.

1. isotherme nf En météorologie, ligne qui joint les points de température moyenne identique pour une période donnée.

2. isotherme adj **1.** De même température : *ligne, courbe isotherme.* **2.** Qui a lieu ou qui se maintient à une température constante : *camion isotherme.*

isotope nm PHYS Atome d'un élément chimique ne différant d'un autre atome du même élément que par le nombre de neutrons.

isotrope adj PHYS Dont les propriétés physiques sont identiques dans toutes les directions.

israélien, enne adj et n De l'État d'Israël : *les Israéliens.*

israélite adj et n **1.** Relatif à l'Israël biblique, à son peuple : *un Israélite.* **2.** Juif : *la communauté israélite.*

issu, e adj Venu, né de : *médecin issu d'une famille riche ; révolution issue d'une longue crise.*

issue nf **1.** Ouverture, passage par où l'on peut sortir, s'échapper : *issue de secours ; voie sans issue.* **2.** FIG Moyen de sortir d'embarras : *se ménager une issue.* **3.** Conclusion, résultat : *situation sans issue.* ■ **à l'issue de :** au sortir de.

IST nf (sigle) Infection sexuellement transmissible.

isthme [ism] nm **1.** Langue de terre entre deux mers. **2.** ANAT Partie rétrécie d'une région ou d'un organe.

italianisant, e n Spécialiste de la langue et de la littérature italiennes.

italianiser vt Donner un caractère, un aspect italien à.

italianisme nm **1.** Manière de parler propre à la langue italienne. **2.** Goût des choses italiennes.

italien, enne adj et n D'Italie : *les Italiens.* ◆ nm Langue romane parlée principalement en Italie.

italique adj Relatif à l'Italie ancienne. ◆ nm et adj IMPR Caractère d'imprimerie penché.

1. item adv (s'emploie dans les comptes, les énumérations) En outre, de plus.

2. item nm **1.** LING Élément d'un ensemble grammatical, lexical, etc. **2.** PSYCHOL Question d'un test.

itératif, ive adj Fait plusieurs fois ; répété. ◆ adj et nm GRAMM Fréquentatif.

itération nf Action de répéter, de faire de nouveau.

itinéraire nm Route à suivre ; parcours, trajet. ■ **itinéraire bis :** itinéraire indirect qui permet d'éviter les grandes voies encombrées. ◆ adj ■ **mesure itinéraire :** évaluation d'une distance.

itinérant, e adj et n Qui se déplace dans l'exercice de ses fonctions, de son métier : *comédiens itinérants.*

itou adv FAM Aussi, de même.

IUFM nm (sigle de *institut universitaire de formation des maîtres*) Établissement d'enseignement supérieur assurant la formation professionnelle des enseignants du primaire et du secondaire.

iule nm Mille-pattes.

IUT nm (sigle de *institut universitaire de technologie*) Établissement d'enseignement supérieur assurant la formation des techniciens supérieurs en deux ans.

IVG nf (sigle) Interruption volontaire de grossesse.

ivoire nm **1.** Substance osseuse qui constitue la plus grande partie des dents, les défenses d'éléphant, etc. **2.** Objet sculpté en ivoire.

ivoirien, enne adj et n De la Côte d'Ivoire : *les Ivoiriens.*

ivoirin, e adj LITT Qui ressemble à l'ivoire : *blancheur ivoirine.*

ivraie nf Graminée sauvage qui se mélange parfois aux céréales, dont elle gêne la croissance. ■ **séparer le bon grain de l'ivraie :** séparer les bons des méchants, le bien du mal.

ivre adj **1.** Qui a l'esprit troublé par l'alcool. **2.** FIG Exalté par une passion, un sentiment : *ivre de joie.* ■ **ivre mort :** ivre au point d'avoir perdu connaissance.

ivresse nf **1.** État d'une personne ivre ; ébriété. **2.** FIG Transport, excitation : *l'ivresse du plaisir.*

ivrogne, esse n Qui s'enivre souvent.

ivrognerie nf Habitude de s'enivrer.

J

j nm Dixième lettre de l'alphabet et la septième des consonnes.

J (symbole) Joule.

jabot nm **1.** Renflement de l'œsophage des oiseaux, qui est la première poche digestive. **2.** Mousseline, dentelle, sur le devant d'une chemise, d'un corsage.

jacassement nm Action de jacasser.

jacasser vi **1.** Crier, en parlant de la pie. **2.** FAM Bavarder.

jacasseur, euse adj et n FAM Qui jacasse.

jachère nf État d'une terre cultivable laissée temporairement au repos ; cette terre.

jacinthe nf Liliacée à fleurs ornementales.

jackpot [dʒakpɔt] nm **1.** Dans certaines machines à sous, combinaison qui permet de gagner le gros lot ; la machine elle-même. **2.** Somme gagnée. **3.** FIG Grosse somme vite gagnée.

jacobin, e n VX Religieux, religieuse de la règle de saint Dominique. ◆ nm **1.** HIST (avec une majuscule) Sous la Révolution, membre d'une association politique, appelée le club des Jacobins. **2.** Républicain partisan d'une démocratie centralisée.

jacobinisme nm Doctrine des Jacobins.

jacquard nm **1.** Métier à tisser, inventé par Jacquard. **2.** Tricot qui présente des dessins géométriques sur un fond de couleur différente.

jacquemart nm → **jaquemart**.

jacquerie nf Révolte paysanne.

jacquet nm Jeu analogue au trictrac.

jacquier nm → **jaquier**.

jactance nf LITT Attitude arrogante d'une personne qui se vante avec emphase ; suffisance.

jacter vi FAM Parler.

jaculatoire adj ■ **oraison jaculatoire** : prière courte et fervente.

Jacuzzi [ʒakuzi] nm (nom déposé) Baignoire ou bassin équipés de jets d'eau sous pression qui créent des remous qui massent et relaxent le corps des baigneurs.

jade nm Pierre dure de couleur verdâtre ; objet sculpté dans cette matière : *les jades de Chine*.

jadis [ʒadis] adv Autrefois, dans le passé.

jaguar [ʒagwar] nm Mammifère carnassier d'Amérique du Sud, à taches noires.

jaillir vi **1.** Sortir impétueusement, en parlant d'un liquide, de la lumière. **2.** LITT Se manifester soudainement.

jaillissant, e adj Qui jaillit : *eaux jaillissantes*.

jaillissement nm Action de jaillir.

jais nm Minerai solide, d'un noir luisant.

jalon nm **1.** Piquet pour prendre des alignements. **2.** FIG Marque, point de repère : *poser les jalons d'un travail*.

jalonnement nm Action de jalonner.

jalonner vi Planter des jalons pour indiquer un tracé. ◆ vt **1.** Déterminer la direction, les limites de : *bouées qui jalonnent un chenal*. **2.** Se succéder le long de, au cours de : *succès qui jalonnent une carrière*.

jalousement adv De façon jalouse.

jalouser vt Être jaloux de.

1. jalousie nf **1.** Dépit envieux ressenti à la vue des avantages d'autrui. **2.** Amour exclusif provoquant la crainte douloureuse d'une éventuelle infidélité.

2. jalousie nf Persienne à lamelles mobiles.

jaloux, ouse adj et n **1.** Envieux. **2.** Qui éprouve de la jalousie en amour. ◆ adj Très attaché à, désireux de : *jaloux de sa liberté*.

jamaïquain, e ou **jamaïcain, e** adj et n De la Jamaïque : *les Jamaïquains*.

jamais adv **1.** (avec *ne*) À aucun moment : *cela ne s'est jamais vu*. **2.** (sans *ne*) À une époque quelconque : *si jamais je le revois ; aujourd'hui plus que jamais*. ■ **à jamais** ou **pour jamais** : toujours.

jambage nm **1.** Ligne droite des lettres *m, n, u*, etc. **2.** ARCHIT Piédroit ou partie antérieure de piédroit.

jambe nf **1.** Le membre inférieur tout entier. **2.** Partie du membre inférieur entre le genou et le pied. **3.** Chacune des deux parties d'un vêtement qui recouvrent les jambes. ■ **courir à toutes jambes** : très vite. ❏ **prendre ses jambes à son cou** : s'enfuir.

jambière nf Morceau de tissu ou de cuir qui enveloppe et protège la jambe.

jambon nm Cuisse ou épaule salée ou fumée de cochon, de sanglier, consommée crue ou cuite.

jambonneau nm Partie inférieure de la jambe du porc.
jamboree [ʒɑ̃bɔri] nm Réunion internationale des scouts.
janissaire nm Soldat d'un ancien corps d'infanterie turque.
jansénisme nm Doctrine de Jansénius.
janséniste adj et n **1.** Qui appartient au jansénisme ; qui en est partisan. **2.** Qui manifeste une vertu austère.
jante nf Cercle qui constitue la périphérie d'une roue de véhicule.
janvier nm Premier mois de l'année.
japon nm Papier du Japon de couleur ivoire, qui servait aux tirages de luxe.
japonais, e adj et n Du Japon : *les Japonais.* ◆ nm Langue parlée au Japon.
japonisant, e ou **japonologue** n Spécialiste de la langue et de la civilisation japonaises.
jappement nm Action de japper ; cri produit en jappant.
japper vi Aboyer, en parlant des petits chiens, du chacal.
jaque nm Fruit du jaquier.
jaquemart ou **jacquemart** nm Automate qui frappe les heures avec un marteau sur la cloche d'une horloge.
jaquette nf **1.** Vêtement masculin de cérémonie à longs pans. **2.** Veste de femme ajustée à la taille. **3.** CANADA, FAM Chemise de nuit. **4.** Chemise de protection d'un livre.
jaquier ou **jacquier** nm Arbre de la famille des moracées, cultivé dans les régions tropicales pour ses fruits (jaques) riches en amidon.
jardin nm **1.** Lieu, ordinairement enclos, où l'on cultive des fleurs (*parterre*), des légumes (*potager*), des arbres (*fruitier* ou *verger*), etc. **2.** LITT Pays fertile. ■ THÉÂTRE **côté jardin** : côté de la scène à droite de l'acteur. CONTR : côté cour. ❑ **jardin d'enfants** : établissement ou partie d'un établissement privé, correspondant à l'école maternelle dans le public.
jardinage nm Art de cultiver les jardins.
jardiner vi Faire du jardinage.
jardinet nm Petit jardin.
jardinier, ère n Personne qui cultive les jardins.
jardinière nf **1.** Meuble, bac, contenant des fleurs, des plantes en pot. **2.** Assortiment de légumes cuits coupés en petits cubes. ■ **jardinière d'enfants** : personne qui s'occupe de jeunes enfants dans un jardin d'enfants.
jargon nm **1.** Langage formé d'éléments disparates de provenances diverses, de mots altérés : *jargon franco-italien.* **2.** FAM Langue incompréhensible ; charabia. **3.** Langage particulier à une profession, à une activité, et inconnu du profane : *le jargon médical.*
jarre nf Grand vase de grès.
jarret nm **1.** Partie de la jambe derrière le genou. **2.** Pli de la jambe de derrière des quadrupèdes.
jarretelle nf Ruban de caoutchouc servant à maintenir le bas attaché à la gaine ou au porte-jarretelles.
jarretière nf **1.** Bande de tissu élastique entourant le bas et le maintenant tiré. **2.** (avec une majuscule) Ordre de chevalerie en Angleterre.
jars nm Mâle de l'oie.
jaser vi **1.** Bavarder sans fin pour le plaisir de parler ou de dire des médisances : *sa conduite fait jaser.* **2.** Trahir un secret, en bavardant. **3.** Gazouiller, en parlant d'un bébé.
jasmin nm Arbuste à fleurs odoriférantes ; son parfum.
jaspe nm Pierre colorée par bandes, employée en bijouterie.
jasper vt Bigarrer de diverses couleurs pour imiter le jaspe : *jasper la tranche d'un livre.*
jaspure nf Aspect jaspé.
jatte nf Récipient rond et sans rebord ; son contenu : *jatte de lait.*
jauge nf **1.** Règle graduée pour mesurer la capacité d'un réservoir, d'un récipient. **2.** Capacité d'un récipient propre à mesurer un liquide ou des grains. **3.** MAR Capacité d'un bateau exprimée en tonneaux.
jaugeage nm Action de jauger.
jauger vt (conj 2) **1.** Mesurer la capacité d'un tonneau, d'un navire, etc. **2.** FIG Apprécier la valeur de quelqu'un : *jauger un candidat.* ◆ vi MAR Avoir la capacité de : *navire qui jauge 1 200 tonneaux.*
jaunâtre adj Qui tire sur le jaune.
jaune adj Qui est d'une couleur entre le vert et l'orangé. ■ **fièvre jaune** : affection gastro-intestinale infectieuse. ◆ adj et n (souvent péjoratif) Se dit des personnes de l'Asie orientale qui présentent une coloration jaune ou cuivrée de la peau. ◆ nm **1.** Couleur jaune. **2.** Matière qui teint en jaune : *jaune de chrome.* ■ **jaune d'œuf** : partie centrale de l'œuf des oiseaux. ◆ adv ■ **rire jaune** : avec contrainte.
jaunir vt Teindre en jaune ; rendre jaune. ◆ vi Devenir jaune.
jaunissant, e adj Qui jaunit.

jaunisse nf Affection hépatique aiguë caractérisée par la coloration jaune de la peau. SYN : ictère.
jaunissement nm Action de jaunir, fait de devenir jaune.
java nf Danse populaire à trois temps. ■ FAM **faire la java** : faire la fête.
javanais, e adj et n De Java : *les Javanais.* ◆ nm **1.** Langue du groupe indonésien. **2.** Argot consistant à intercaler dans les mots les syllabes *-av-* ou *-va-* pour les rendre incompréhensibles aux non-initiés.
Javel ■ **eau de Javel** nf Mélange d'hypochlorite et de chlorure de potassium, utilisé comme désinfectant et décolorant.
javeline nf Lance longue et mince.
javelle nf Poignée de blé, d'orge, de seigle coupé, etc., laissée sur place pour être liée en gerbe ensuite.
javellisation nf Action de javelliser.
javelliser vt Stériliser l'eau par addition d'eau de Javel.
javelot nm Instrument de lancer employé en athlétisme.
jazz [dʒaz] nm Musique d'origine américaine, dont la mélodie syncopée contraste avec la permanence rythmique de la batterie.
jazz-band [dʒazbɑ̃d] (pl *jazz-bands*) nm Orchestre de jazz.
jazzman [dʒazman] (pl *jazzmen*) nm Musicien de jazz.
jazzy [dʒazi] adj inv Qui rappelle, évoque le jazz : *des mélodies jazzy.*
je pron pers Désigne la première personne du singulier représentant celui, celle qui parle, en fonction de sujet.
jean [dʒin] ou **jeans** [dʒins] nm Tissu de coton très serré ; pantalon taillé dans ce tissu.
jean-foutre nm inv FAM, VIEILLI Homme incapable.
jeannette nf **1.** Planchette à repasser montée sur pied. **2.** Fillette faisant partie d'une association scoute catholique.
Jeep [dʒip] nf (nom déposé) Voiture tout terrain.
jéjunum [ʒeʒynɔm] nm ANAT Partie de l'intestin grêle entre le duodénum et l'iléon.
je-m'en-foutisme (pl *je-m'en-foutismes*) nm FAM Attitude d'une personne je-m'en-foutiste.
je-m'en-foutiste (pl *je-m'en-foutistes*) adj et n FAM Qui ne se sent absolument pas concerné par ce qui se passe ; indifférent.
je-ne-sais-quoi nm inv Chose qu'on ne peut définir : *avoir un je-ne-sais-quoi d'irrésistible.*
jérémiade nf FAM Plainte, lamentation importune.
jerez nm → **xérès.**
jerk [dʒɛrk] nm Danse moderne qui se fait sur un rythme saccadé.
jéroboam nm Grosse bouteille de champagne d'une contenance de quatre bouteilles (soit plus de 3 litres).
jerrican [ʒerikan] ou **jerricane** nm Bidon de 20 litres environ : *jerrican d'essence.*
jersey [ʒɛrze] nm **1.** Tissu à mailles : *jersey de laine, de soie.* **2.** Point de tricot obtenu en alternant un rang à l'endroit et un rang à l'envers.
jersiais, e adj et n De Jersey : *les Jersiais.*
jésuite nm Membre de la Compagnie de Jésus. ◆ adj et n PÉJOR Hypocrite.
jésuitique adj **1.** Caractéristique des jésuites : *morale jésuitique.* **2.** PÉJOR Hypocrite : *raisonnement jésuitique.*
jésuitisme nm **1.** Système moral, religieux des jésuites. **2.** PÉJOR Hypocrisie.
jésus nm Représentation du Christ enfant : *un jésus de cire.* ■ **jésus de Lyon** ou **jésus** : gros saucisson sec.
1. jet nm **1.** Action de jeter, de lancer : *arme de jet.* **2.** Distance parcourue par une chose jetée : *à un jet de pierre.* **3.** Émission vive d'un fluide ou d'un rayon lumineux ; jaillissement : *jet de vapeur.* **4.** BOT Poussée droite d'un végétal. **5.** TECHN Coulée de matière en fusion dans le moule. ■ **à jet continu** : sans interruption : *parler à jet continu.* ❑ **d'un seul jet** : d'un seul coup : *écrire un livre d'un seul jet.* ❑ **jet d'eau** : gerbe d'eau qui jaillit d'une fontaine et retombe dans le bassin. ❑ **premier jet** : ébauche, esquisse : *ce n'est qu'un premier jet.*
2. jet [dʒɛt] nm Avion à réaction.
jetable adj Destiné à être jeté après usage : *mouchoir, briquet jetable.*
jeté nm **1.** Saut lancé exécuté d'une jambe sur l'autre. **2.** En haltérophilie, mouvement amenant la barre de l'épaule au bout des bras tendus verticalement. ■ **jeté de lit** : couvre-lit.
jetée nf Digue qui s'avance dans la mer pour protéger un port.
jeter vt (conj 8) **1.** Envoyer loin en lançant : *jeter une pierre.* **2.** Pousser avec violence ; précipiter : *jeter par terre.* **3.** Lancer hors de soi ; émettre : *jeter un cri.* **4.** Mettre rapidement : *jeter un châle sur ses épaules.* **5.** Mettre en place ; établir, poser : *jeter un pont sur une rivière.* **6.** Répandre, susciter : *jeter le trouble dans les esprits.* **7.** Se débarrasser de, mettre à la poubelle : *jeter des fruits gâtés.* ■ **jeter un coup d'œil sur** : regarder rapidement. ◆ **se jeter** vpr

1. Se précipiter. **2.** En parlant d'un cours d'eau, déverser ses eaux.

jeteur, euse n ■ **jeteur de sort :** personne qui lance des malédictions ; sorcier.

jeton nm **1.** Pièce ronde et plate servant à divers usages : *jeton de jeu.* **2.** FAM Coup : *prendre un jeton.* ◆ **jetons** pl ■ FAM **avoir les jetons :** avoir peur.

jet-set [dʒɛtsɛt] (pl *jet-sets*) nf ou nm Ensemble des personnalités riches ou célèbres qui parcourent la planète en avion.

Jet-Ski nm (nom déposé) Petite embarcation propulsée par le jet d'eau d'un moteur à turbine et se pilotant debout ; sport ainsi pratiqué.

jet-stream [dʒɛtstrim] (pl *jet-streams*) nm Courant d'ouest très rapide, entre les 30e et 45e parallèles des deux hémisphères.

jeu nm **1.** Activité physique ou intellectuelle visant au plaisir, à la distraction ; divertissement : *aimer les jeux de son âge.* **2.** Ce qui sert à jouer : *un jeu de cartes ;* ensemble des cartes d'un joueur : *avoir un beau jeu.* **3.** Divertissement où l'on risque de l'argent : *dettes de jeu.* **4.** Divertissement public composé d'exercices sportifs : *les jeux Olympiques.* **5.** Au tennis, division d'un set : *perdre un jeu.* **6.** Manière de jouer d'un instrument, d'interpréter un rôle : *jeu brillant.* **7.** Rôle, comédie que l'on joue : *être pris à son propre jeu.* **8.** Fonctionnement régulier : *le jeu d'une pompe.* **9.** Facilité à se mouvoir ; manque de serrage : *donner du jeu à une porte ; cet axe a du jeu.* **10.** Série d'objets de même nature : *jeu de clés.* ■ **avoir beau jeu de :** être dans des conditions favorables pour. ❑ **faire le jeu de quelqu'un :** agir dans son sens. ❑ **jeu décisif :** au tennis, jeu supplémentaire qui sert à départager deux joueurs ou deux équipes à égalité à six jeux partout. ❑ **jeu de mots :** plaisanterie fondée sur la ressemblance des mots. ❑ **jeu d'enfant :** chose très facile : *ce problème est un jeu d'enfant.* ❑ **jeu vidéo :** utilisant un écran de visualisation et une commande électronique.

jeudi nm Quatrième jour de la semaine.

jeun (à) [aʒœ̃] loc adv ■ **être à jeun :** n'avoir rien mangé depuis le réveil.

jeune [ʒœn] adj **1.** Peu avancé en âge : *jeune homme ; jeune fille.* **2.** Qui appartient à la jeunesse : *des traits jeunes.* **3.** Qui a encore la vigueur et le charme de la jeunesse : *il est resté jeune.* **4.** Nouveau, récent : *pays jeune.* **5.** Qui manque de maturité : *il est encore un peu jeune.* **6.** Moins âgé ; cadet : *c'est sa jeune sœur.* ■ **faire jeune :** paraître jeune. ◆ n **1.** Personne jeune. **2.** Animal non encore adulte. ◆ adv À la manière des jeunes : *s'habiller jeune.*

jeûne [ʒøn] nm Abstinence d'aliments.

jeûner vi **1.** S'abstenir d'aliments. **2.** Observer un jeûne religieux.

> ORTHOGRAPHE *Jeûner* et *jeûne* s'écrivent avec *û*, à la différence de *à jeun* et *déjeuner.*

jeunesse nf **1.** Partie de la vie de l'homme entre l'enfance et l'âge mûr : *l'éclat de la jeunesse.* **2.** Fait d'être jeune ; ensemble des caractères physiques et moraux d'une personne jeune : *jeunesse de cœur, d'esprit.* **3.** Ensemble des personnes jeunes : *littérature pour la jeunesse.* **4.** État, caractère des choses nouvellement créées et qui n'ont pas encore atteint leur plénitude : *science encore dans sa jeunesse.*

jeunet, ette adj FAM Très ou trop jeune.

jeûneur, euse n Qui jeûne.

jeunisme nm Exaltation sans nuance des caractéristiques traditionnellement attribuées à la jeunesse.

jeunot, otte adj et n FAM Jeune et naïf.

jingle [dʒingœl] nm Bref thème musical destiné à introduire une émission ou un message publicitaire (recommandation officielle : *sonal*).

jiu-jitsu [ʒjyʒitsy] nm inv Lutte japonaise qui a donné naissance au judo.

JO [ʒio] nm pl (sigle) Jeux Olympiques.

joaillerie nf Art, commerce du joaillier.

joaillier, ère [ʒɔaje, ɛr] n et adj Personne qui crée, fabrique ou vend des joyaux.

job [dʒɔb] nm FAM Emploi rémunéré, souvent provisoire.

jobard, e adj et n FAM Niais, naïf.

jobarderie ou **jobardise** nf Crédulité.

jockey n Professionnel qui monte les chevaux de course.

jocrisse nm VX Benêt.

jodhpurs [ʒɔdpur] nm pl Pantalon serré à partir du genou pour monter à cheval.

joggeur, euse [dʒɔgœr, øz] n Personne qui pratique le jogging.

jogging [dʒɔgiŋ] nm **1.** Course à pied pratiquée pour l'entretien de la forme physique. **2.** Survêtement.

joie nf **1.** Sentiment de bonheur, de plénitude, éprouvé par une personne dont une aspiration, un désir sont satisfaits. **2.** Manifestation de gaieté, de bonne humeur. ■ **feu de joie :** feu allumé dans les réjouissances publiques. ❑ **s'en donner à cœur joie :** profiter pleinement de l'agrément qui se présente. ◆ **joies** pl Plaisirs, agréments ; IRON ennuis, désagréments : *les joies du mariage.*

joignable adj Avec qui on peut entrer en contact, notamment par téléphone.

joindre vt (conj 82) **1.** Rapprocher deux choses de manière qu'elles se touchent ; unir : *joindre les mains.* **2.** Relier : *le canal du Centre joint la Saône à la Loire.* **3.** Ajouter, allier : *joindre l'utile à l'agréable.* **4.** Entrer en rapport, en communication avec : *joindre quelqu'un par téléphone.* ■ FAM **joindre les deux bouts** : équilibrer son budget. ◆ vi Être en contact étroit : *ces fenêtres ne joignent pas.* ◆ **se joindre** vpr S'unir, s'associer, participer.

1. joint nm **1.** Surface, ligne d'assemblage de deux éléments fixes : *masquer un joint avec du mastic.* **2.** Garniture assurant l'étanchéité d'un assemblage : *joint de robinet.* **3.** Articulation entre deux pièces : *joint de cardan.* **4.** FIG Intermédiaire, liaison : *faire le joint entre deux personnes.* **5.** FIG, FAM Moyen de résoudre une difficulté : *chercher, trouver un joint.* **6.** ARG Cigarette de haschisch.

2. joint, **e** adj Uni, lié, en contact : *sauter à pieds joints.*

jointif, **ive** adj Qui joint étroitement : *lattes jointives.*

jointoyer vt (conj 3) Remplir les joints d'une maçonnerie avec du mortier.

jointure nf **1.** Endroit où deux choses se joignent : *la jointure de deux pierres.* **2.** Articulation : *faire craquer ses jointures.*

1. jojo adj inv FAM (surtout à la forme négative) Joli : *ce n'est pas jojo ce que tu as fait là.*

2. jojo nm ■ FAM **un affreux jojo** : un enfant turbulent et impoli.

jojoba nm Arbuste du désert mexicain dont les grains renferment une cire liquide utilisée dans l'industrie des cosmétiques.

joker [ʒɔkɛr] nm **1.** Dans certains jeux, carte qui prend la valeur que lui donne celui qui la possède. **2.** Personne, chose ou moyen insoupçonnés qui permettent à quelqu'un de se tirer d'une situation embarrassante.

joli, **e** adj **1.** Agréable à voir : *jolie fille.* **2.** Avantageux : *toucher une jolie somme.* **3.** IRON Laid, mauvais, peu recommandable : *c'est joli de dire du mal des autres !* ■ FAM **c'est bien joli, mais...** : c'est intéressant mais loin d'être essentiel. ◆ nm ■ FAM, IRON **c'est du joli !** : c'est mal.

joliesse nf Qualité de ce qui est joli.

joliment adv **1.** D'une manière agréable, spirituelle. **2.** FAM Beaucoup.

jonc nm **1.** Plante aquatique à tiges droites et flexibles. **2.** Canne faite d'un jonc d'Inde. **3.** Bague dont le cercle est partout de même grosseur.

joncacée nf Plante monocotylédone herbacée, comme le jonc (les joncacées forment une famille).

jonchée nf **1.** LITT Quantité d'objets qui jonchent le sol. **2.** Fromage fabriqué dans un panier de jonc.

joncher vt **1.** Couvrir, être épars sur : *des feuilles jonchent le sol.* **2.** Étendre sur : *des cadavres jonchent le champ de bataille.*

jonchet nm Bâtonnet du jeu de jonchets. ◆ **jonchets** pl Jeu d'adresse consistant à prendre un à un dans un tas le maximum de bâtonnets sans faire bouger les autres.

jonction nf Action de joindre, de se joindre ; réunion, union : *point de jonction.*

jongler vi Lancer en l'air, les uns après les autres, des objets que l'on relance à mesure qu'on les reçoit. ◆ vt ind [avec] FIG Manier avec dextérité.

jonglerie nf **1.** Tour d'adresse. **2.** FIG Habile tromperie.

jongleur, **euse** n **1.** Personne qui pratique l'art de jongler. **2.** HIST Poète-musicien ambulant du Moyen Âge, ménestrel.

jonque nf Bateau à voiles d'Extrême-Orient.

jonquille nf Variété de narcisse ; sa fleur. ◆ adj inv et nm De couleur jaune clair.

jordanien, enne adj et n De la Jordanie : *les Jordaniens.*

jota [xɔta] nf Chanson et danse populaires espagnoles.

jouable adj Qui peut être joué : *coup jouable.*

joual nm Parler populaire québécois à base de français fortement anglicisé.

joubarbe nf Plante poussant sur les murs, les rochers.

joue nf Partie latérale du visage, de la tête d'un animal. ■ **mettre en joue** : viser.

jouer vi **1.** Se divertir, s'amuser ; se livrer à un jeu : *les enfants jouent dehors ; jouer à la balle, aux échecs.* **2.** Interpréter un rôle : *acteur qui joue bien.* **3.** Fonctionner correctement : *la clef joue dans la serrure.* **4.** Ne plus joindre exactement : *boiserie qui a joué ; porte qui joue par suite de l'humidité.* ◆ vt ind **1.** [à] Se divertir avec un jouet, un jeu, ou en pratiquant un sport : *jouer au tennis, aux cartes.* **2.** [de] Tirer des sons d'un instrument de musique : *jouer du violon.* **3.** [de] Manier une arme, un instrument : *jouer du bâton.* **4.** [de] Tirer parti de : *jouer de sa force.* **5.** [à] Chercher à paraître : *petite fille qui joue à la grande dame.* **6.** [avec] Mettre en danger par insouciance : *jouer avec sa santé.* ■ **jouer de malheur, de malchance** : avoir une malchance persistante. ❑ **jouer sur les mots** : user de mots à double sens. ◆ vt **1.** Faire une partie de jeu ; lancer, avancer : *jouer une carte.* **2.** Mettre comme enjeu ; hasarder : *jouer mille francs ; jouer sa vie.* **3.** Exécuter : *jouer une valse.* **4.** Représenter, interpréter au théâtre, au cinéma : *jouer la tragédie.* **5.** Remplir une fonction : *jouer un rôle important.* **6.** Adopter telle stratégie pour atteindre un but donné : *jouer la baisse des taux d'intérêt.* ■ **jouer la montre :** chercher à gagner du temps. ❑ FAM **la jouer** (+ adj) : adopter tel type de comportement : *la jouer relax ; la jouer efficace.* ◆ **se jouer** vpr [de] **1.** Se moquer de : *se jouer de quelqu'un.* **2.** Ignorer : *se jouer des difficultés.*

jouet nm Objet destiné à amuser un enfant. ■ **être le jouet de :** être victime, être l'instrument de quelqu'un, d'une force supérieure, etc.

joueur, euse n **1.** Qui joue à un jeu. **2.** Qui a la passion du jeu. **3.** Qui joue d'un instrument. ■ **beau joueur :** qui sait reconnaître sa défaite avec élégance. ◆ adj Qui aime s'amuser.

joufflu, e adj Qui a de grosses joues.

joug [ʒu] nm **1.** Pièce de bois qu'on place sur la tête des bœufs pour les atteler. **2.** Fléau d'une balance. **3.** LITT Sujétion, contrainte.

jouir vt ind [de] **1.** Tirer un vif plaisir de : *jouir de sa victoire.* **2.** Avoir la possession avantageuse de : *jouir d'une bonne santé.* ◆ vi Atteindre l'orgasme.

jouissance nf **1.** Plaisir intense. **2.** Libre usage, possession d'une chose.

jouisseur, euse n Qui recherche les plaisirs matériels ou sensuels.

jouissif, ive adj FAM Qui procure un plaisir intense.

joujou (pl *joujoux*) nm Dans le langage enfantin, petit jouet. ■ **faire joujou :** jouer.

joujouthèque nf CANADA Ludothèque.

joule nm PHYS Unité de mesure de travail, d'énergie et de quantité de chaleur ; symb : J.

jour nm **1.** Clarté, lumière du soleil : *le jour brille à peine.* **2.** Temps pendant lequel le Soleil éclaire l'horizon : *au lever du jour.* **3.** Espace de temps réglé par la rotation de la Terre ; espace de vingt-quatre heures : *l'année dure trois cent soixante-cinq jours un quart.* **4.** Époque, moment, circonstance : *il attend le jour où il pourra se venger.* **5.** Manière dont les objets sont éclairés : *faux jour.* **6.** Ouverture, vide : *les jours d'une façade ; draps à jours brodés.* ■ **à jour :** (a) en règle jusqu'au jour où l'on se trouve : *comptabilité à jour* (b) en conformité avec le moment présent : *mettre à jour un dictionnaire.* ❑ **au grand jour :** ouvertement, sans se cacher. ❑ **au jour le jour :** en se limitant au jour présent, sans se soucier de l'avenir. ❑ **de jour :** pendant le jour : *voyager de jour.* ❑ **donner le jour à un enfant :** le mettre au monde. ❑ **du jour :** d'aujourd'hui, de notre époque. ❑ **mettre au jour :** dégager ce qui était enterré. ❑ **percer quelqu'un à jour :** découvrir sa nature cachée, ses intentions secrètes. ❑ **voir le jour :** naître. ◆ **jours** pl LITT Vie humaine : *sauver les jours de quelqu'un.* ■ **de nos jours :** dans le temps où nous vivons.

> VOCABULAIRE Il ne faut pas confondre *mettre au jour,* qui signifie « déterrer », et *mettre à jour,* qui signifie « actualiser ».

journal nm **1.** Écrit où l'on relate les faits jour par jour : *journal de bord ; écrire son journal ;* registre sur lequel un commerçant écrit ses opérations jour par jour (on dit aussi : *livre journal*). **2.** Publication périodique : *acheter le journal.* **3.** Bulletin d'informations transmis par la radio, la télévision : *journal télévisé.*

journalier, ère adj Qui se fait chaque jour ; quotidien : *tâche journalière.* ◆ nm Travailleur payé à la journée.

journalisme nm **1.** Profession du journaliste. **2.** Ensemble des journaux, des journalistes.

journaliste n Professionnel qui travaille dans la presse écrite ou audiovisuelle.

journalistique adj Relatif au journalisme.

journée nf **1.** Espace de temps qui s'écoule depuis le lever jusqu'au coucher du soleil. **2.** Travail qu'on fait pendant un jour ; salaire de ce travail. **3.** Jour marqué par quelque événement : *la journée des Barricades.*

journellement adv **1.** Chaque jour. **2.** De façon fréquente, continue.

joute nf **1.** HIST Combat courtois à cheval, d'homme à homme, avec la lance. **2.** LITT Lutte spectaculaire où l'on rivalise de talent : *joute oratoire.*

jouter vi LITT Pratiquer la joute.

jouteur, euse n LITT Qui prend part à une joute.

jouvence nf LITT Jeunesse : *bain de jouvence.*

jouvenceau, elle n LITT Jeune homme, jeune fille.

jouxter vt LITT Être situé à côté de, avoisiner.

jovial, e, als ou **aux** adj D'une gaieté franche, simple.

jovialement adv De façon joviale.

jovialité nf Humeur joviale.

joyau [ʒwajo] nm Bijou qui comporte des pierres précieuses.

joyeusement adv Avec joie.
joyeux, euse adj Qui a de la joie, qui l'inspire : *mine joyeuse.*
JT nm (sigle) Journal télévisé.
jubé nm Tribune en forme de galerie entre la nef et le chœur dans certaines églises.
jubilaire adj Relatif au jubilé : *une année jubilaire.*
jubilation nf Joie vive et expansive.
jubilatoire adj FAM Qui suscite une joie intense.
jubilé nm **1.** Indulgence plénière accordée par le pape en certaines occasions. **2.** Cinquantième année de mariage, d'exercice d'une fonction, etc.
jubiler vi Éprouver une joie intense.
jucher vi Se mettre sur une branche, une perche, pour dormir, en parlant des poules, de quelques oiseaux. ◆ vt Placer en hauteur. ◆ **se jucher** vpr Se percher.
judaïque adj Des juifs.
judaïsme nm Religion des juifs.
judas nm **1.** Petite ouverture dans un plancher, une porte, pour voir sans être vu. **2.** LITT Traître.
judéo-chrétien, enne (pl *judéo-chrétiens, ennes*) adj et n Se dit des valeurs morales communes au judaïsme et au christianisme.
judiciaire adj **1.** Relatif à la justice : *débats judiciaires.* **2.** Fait par autorité de justice : *vente judiciaire.*
judiciairement adv Au point de vue judiciaire.
judiciariser vt Avoir recours aux tribunaux pour régler un litige qui pourrait l'être par d'autres voies.
judicieusement adv De façon judicieuse.
judicieux, euse adj **1.** Qui a le jugement bon, sain. **2.** Qui manifeste un bon jugement.
judo nm Sport de combat d'origine japonaise.
judoka n Personne qui pratique le judo.
juge n **1.** Magistrat chargé de rendre la justice en appliquant les lois. **2.** Officiel chargé d'assurer la régularité d'un sport, d'une compétition. **3.** Personne prise pour arbitre dans une contestation : *je vous fais juge de la situation.* ■ **juge d'instruction :** juge du tribunal de grande instance chargé de l'instruction préparatoire en matière pénale.
jugé nm → **juger.**
jugement nm **1.** Faculté de raisonner : *avoir le jugement sain.* **2.** Qualité de quelqu'un qui juge bien, qui a des opinions justes : *avoir du jugement.* **3.** Opinion, sentiment : *je m'en remets à votre jugement.* **4.** Décision, sentence émanant d'un tribunal : *prononcer un jugement.* ■ RELIG **jugement dernier :** jugement de l'humanité par le Christ à la fin du monde.
jugeote nf FAM Jugement, bon sens.
1. juger vt (conj 2) **1.** Décider, trancher en qualité de juge ou d'arbitre : *juger quelqu'un, une affaire.* **2.** Énoncer une opinion sur : *juger un livre.* **3.** Penser, estimer : *juger nécessaire.* ◆ vt ind [de] **1.** Apprécier, avoir telle opinion, porter tel jugement sur : *juger de la distance ; juger d'une personne.* **2.** Se faire une idée de : *vous pouvez juger de ma joie.*
2. juger ou **jugé** nm ■ **au juger** ou **au jugé :** d'après une estimation sommaire : *tirer au jugé.*
1. jugulaire adj Qui concerne la gorge : *veine jugulaire.* ◆ nf Grosse veine du cou.
2. jugulaire nf Courroie maintenant le casque.
juguler vt Arrêter dans son développement : *juguler l'inflation.*
juif, ive n **1.** (avec une majuscule) Personne appartenant au peuple juif : *un Juif polonais.* **2.** Qui professe la religion judaïque ; israélite. ◆ adj Relatif aux juifs : *religion juive.*
juillet nm Septième mois de l'année. ■ **le 14 Juillet :** fête nationale française commémorant la prise de la Bastille en 1789.
juillettiste n Personne qui prend ses vacances au mois de juillet.
juin nm Sixième mois de l'année.
jujube nm **1.** Fruit sucré du jujubier. **2.** Suc, pâte extraits du jujube.
jujubier nm Arbre cultivé dans le Midi pour ses fruits (jujubes).
juke-box [dʒukbɔks] (pl inv ou *juke-boxes*) nm Électrophone automatique qui fonctionne avec des pièces de monnaie.
jules nm FAM Amoureux ; amant ; mari.
julien, enne adj ■ **année julienne :** année de 365, 25 jours. ❑ **calendrier julien :** que réforma Jules César en 46 av. J.-C.
juliénas nm Vin du Beaujolais.
julienne nf **1.** Manière de couper les légumes en bâtonnets ; potage de légumes ainsi coupés. **2.** Poisson de mer (appelé aussi : *lingue*).
jumbo-jet [dʒœmbodʒɛt] (pl *jumbo-jets*) nm Avion à réaction de très grande capacité.
jumeau, elle adj et n Se dit de deux enfants nés d'un même accouchement. ◆ adj Se dit de deux objets semblables ou symétriques : *lits jumeaux.*
jumelage nm Action de jumeler.

jumelé, e adj Disposé par couples : *fenêtres jumelées ; villes jumelées.*

jumeler vt (conj 6) **1.** Accoupler : *jumeler des poutres.* **2.** Associer par des liens, des échanges culturels : *jumeler des villes.*

jumelles nf pl (s'emploie aussi au singulier) Instrument d'optique formé de deux lunettes identiques.

jument nf Femelle du cheval.

jumping [dʒœmpiŋ] nm Concours hippique comportant des sauts d'obstacles.

jungle [ʒœ̃gl] nf **1.** Dans les pays de mousson, végétation très épaisse et exubérante. **2.** FIG Société humaine où règne la loi du plus fort.

junior adj inv en genre **1.** Cadet : *Durand junior.* **2.** Qui concerne les jeunes, qui leur est destiné : *mode junior.* **3.** Qui débute dans une carrière : *un avocat junior.* ◆ adj et n SPORTS, JEUX Se dit de la catégorie intermédiaire entre senior et cadet (16-20 ans).

junte [ʒœ̃t] nf **1.** VX Assemblée dans les pays ibériques. **2.** Gouvernement d'origine insurrectionnelle.

jupe nf **1.** Vêtement féminin qui part de la taille et descend à mi-jambes, ou plus bas. **2.** TECHN Surface latérale d'un piston.

jupe-culotte (pl *jupes-culottes*) nf Pantalon très ample ayant l'allure d'une jupe.

jupette nf Jupe très courte.

jupon nm Pièce de lingerie qui se porte sous une jupe, une robe.

jurançon nm Vin des Pyrénées-Atlantiques.

jurande nf Sous l'Ancien Régime, groupement professionnel autonome composé de membres unis par un serment.

jurassien, enne adj et n Du Jura : *les Jurassiens.* ■ **relief jurassien** : type de relief propre au Jura.

jurassique nm et adj GÉOL Période de l'ère secondaire marquée par le dépôt d'épaisses couches calcaires, particulièrement dans le Jura.

1. juré nm Membre d'un jury.

2. juré, e adj Qui a prêté serment : *expert juré.* ■ **ennemi juré** : adversaire acharné.

jurement nm VX Blasphème.

jurer vt **1.** Promettre par serment : *jurer fidélité à quelqu'un.* **2.** Affirmer avec vigueur : *je te jure que c'est vrai !* **3.** LITT Prendre à témoin : *jurer ses grands dieux.* ■ **je vous jure !** ou **je te jure !** : exprime la réprobation, l'énervement. ◆ vi Blasphémer, proférer des jurons. ◆ vt ind Être mal assorti avec : *le vert jure avec le jaune.*

juridiction nf **1.** Pouvoir de juger ; territoire où s'exerce ce pouvoir. **2.** Tribunal ; ensemble des tribunaux de même nature : *juridiction criminelle, administrative.*

juridictionnel, elle adj Relatif à une juridiction.

juridique adj Relatif au droit, à la justice.

juridiquement adv De façon juridique ; du point de vue du droit.

jurisconsulte nm Juriste qui donne des avis sur des questions de droit.

jurisprudence nf Ensemble des décisions des tribunaux. ■ **faire jurisprudence** : faire autorité et servir dans un cas déterminé.

juriste n Spécialiste du droit.

juron nm Exclamation grossière ou blasphématoire.

jury nm **1.** Commission de simples citoyens (jurés) appelés à titre temporaire à participer à l'exercice de la justice en cour d'assises. **2.** Commission d'examinateurs : *jury du prix Goncourt, de baccalauréat.*

jus nm **1.** Liquide tiré d'une substance animale ou végétale : *jus de viande, de citron.* **2.** FAM Courant électrique. **3.** FAM Café noir.

jusant nm MAR Marée descendante. SYN : reflux.

jusqu'au-boutiste (pl *jusqu'au-boutistes*) n FAM Partisan des solutions extrêmes.

jusque prép Indique une limite spatiale ou temporelle, un point limite, un degré extrême : *de Paris jusqu'à Rome ; il est allé jusqu'à le frapper ; aimer jusqu'à ses ennemis.* ■ **jusque-là, jusqu'ici** : jusqu'à ce lieu, jusqu'à ce moment. ◆ **jusqu'à ce que** loc conj Jusqu'au moment où.

> <u>ORTHOGRAPHE</u> Le *e* de *jusque* s'élide devant une voyelle : *jusqu'à ce soir.*

justaucorps nm Maillot collant d'une seule pièce pour la danse et certains sports.

juste adj **1.** Conforme à l'équité : *sentence juste.* **2.** Conforme à la raison, à la vérité, à la réalité : *raisonnement juste.* **3.** Qui est tel qu'il doit être : *note juste ;* qui fonctionne avec précision : *balance juste.* **4.** Précis, réglé : *tir juste.* **5.** Qui suffit à peine : *deux minutes, ce sera juste.* **6.** Étroit, court : *des chaussures un peu justes.* ■ **au juste** : exactement, précisément. ❑ FAM **comme de juste** : comme il se doit. ◆ adj et n Qui juge et agit selon l'équité, en respectant les règles de la morale ou de la religion : *dormir du sommeil du juste.* ◆ n HIST (avec une majuscule) Titre décerné par l'État d'Israël aux non-Juifs ayant fait preuve de bravoure pour soustraire des Juifs aux persécutions nazies, pendant la Seconde

Guerre mondiale. ◆ adv **1.** Avec justesse : *chanter juste.* **2.** Précisément : *le café est juste au coin.* **3.** De façon insuffisante : *calculer trop juste.* **4.** Seulement : *j'ai juste mangé une pomme.*

justement adv **1.** Légitimement : *être justement indigné.* **2.** Précisément, par coïncidence : *avoir justement ce qu'il faut.* **3.** D'une manière exacte : *comme on le dit si justement.*

justesse nf Qualité de ce qui est juste, exact, tel qu'il doit être : *chanter avec justesse.* ■ **de justesse :** de très peu.

justice nf **1.** Vertu qui inspire le respect absolu du droit d'autrui : *avoir le sens de la justice.* **2.** Caractère de ce qui est juste, équitable, conforme au droit, à la loi morale ou religieuse : *ce n'est que justice.* **3.** Pouvoir de rendre le droit à chacun ; exercice de ce pouvoir : *cour de justice.* **4.** Ensemble des tribunaux, des magistrats : *la justice française ; passer en justice.* ■ **rendre justice à qqn :** reconnaître ses droits, ses mérites. ❏ **se faire justice :** (a) se venger (b) se suicider pour se punir.

justiciable adj et n Qui relève de la justice, des tribunaux.

justicier, ère n et adj Personne qui agit en redresseur de torts.

justifiable adj Qu'on peut justifier.

justifiant, e adj ■ THÉOL **grâce justifiante :** qui rétablit le pécheur en état de grâce.

justificateur, trice adj Qui justifie.

justificatif, ive adj Qui sert à justifier : *pièce justificative.* ◆ nm Document servant à justifier.

justification nf **1.** Action de justifier, fait de se justifier : *avancer des arguments pour sa justification.* **2.** Preuve : *produire la justification d'un paiement.* **3.** IMPR Longueur d'une ligne pleine.

justifier vt **1.** Prouver l'innocence de, mettre hors de cause : *sa conduite le justifie pleinement.* **2.** Prouver le bien-fondé, le caractère légitime, nécessaire de : *justifier ses dépenses ; rien ne justifie ses craintes.* **3.** IMPR Mettre des débuts ou des fins de ligne à la même distance du bord de la feuille. ◆ vt ind [de] Fournir la preuve : *justifier d'un paiement.* ◆ **se justifier** vpr **1.** Dégager sa responsabilité : *se justifier devant ses juges.* **2.** Être fondé, légitime : *ses propos ne se justifient guère.*

jute nm Toile à sacs faite avec les fibres d'une plante cultivée en Inde et au Bangladesh ; cette plante.

juter vi FAM Rendre du jus.

juteux, euse adj **1.** Qui a du jus : *poire juteuse.* **2.** FAM Fructueux, rentable : *affaire juteuse.*

juvénile adj Qui appartient à la jeunesse : *ardeur juvénile.*

juvénilité nf LITT Caractère juvénile.

juxtalinéaire adj Se dit d'une traduction qui présente, ligne par ligne, le texte et la version sur deux colonnes contiguës.

juxtaposé, e adj GRAMM Se dit de propositions qui ne sont liées par aucune coordination ou subordination.

juxtaposer vt Poser, placer côte à côte.

juxtaposition nf Action de juxtaposer.

K

k nm Onzième lettre de l'alphabet et la huitième des consonnes.

K (symbole) Kelvin.

K7 [kasɛt] nf (symbole) Cassette.

kabbale nf Interprétation juive ésotérique et symbolique de l'Ancien Testament.

kabuki [kabuki] nm Genre théâtral japonais.

kabyle adj et n De Kabylie. ◆ nm Langue berbère parlée en Kabylie.

kafkaïen, enne adj Dont l'absurdité, l'illogisme rappellent l'atmosphère des romans de Kafka.

kaiser [kajzœr] nm Empereur d'Allemagne.

kakatoès nm → **cacatoès**.

kakémono nm Peinture japonaise qui se déroule verticalement.

1. kaki nm Fruit comestible du plaqueminier.

2. kaki adj inv D'une couleur brun-jaune.

kalachnikov nm Fusil soviétique à chargeur circulaire.

kaléidoscope nm **1.** Tube garni de plusieurs miroirs où de petits objets colorés produisent des dessins mobiles et variés. **2.** FIG Suite rapide de sensations vives et variées.

kamikaze [kamikaz] nm Pilote japonais volontaire pour écraser son avion bourré d'explosifs sur un objectif ennemi ; cet avion. ◆ n Personne téméraire qui se sacrifie pour une cause.

kanak, e adj et n Se dit des Mélanésiens de Nouvelle-Calédonie : *les Kanaks*.

kangourou nm Grand mammifère marsupial sauteur d'Australie.

kantien, enne [kɑ̃sjɛ̃, ɛn] adj Relatif à la philosophie de Kant.

kantisme nm Doctrine de Kant.

kaolin nm Argile réfractaire blanche, qui entre dans la composition de la porcelaine dure.

kapok nm Bourre très légère du fruit de certains arbres.

kappa nm inv Dixième lettre de l'alphabet grec, correspondant au *k*.

karaoké nm Divertissement collectif consistant à chanter sur une musique préenregistrée.

karaté nm Méthode de combat d'origine japonaise.

karatéka n Personne qui pratique le karaté.

karité nm Arbre de l'Afrique tropicale, dont les graines fournissent une matière grasse, le *beurre de karité*, d'usage culinaire et cosmétique.

karma ou **karman** nm Principe fondamental de l'hindouisme selon lequel la vie humaine est déterminée par les actes accomplis dans les vies antérieures.

karstique adj ■ **relief karstique** : dans lequel les roches calcaires forment d'épaisses assises.

kart [kart] nm Petite automobile de compétition, à embrayage automatique, sans boîte de vitesses, ni carrosserie, ni suspension.

karting [kartiŋ] nm Sport pratiqué avec le kart.

kasher ou **casher** ou **cacher** [kaʃɛr] adj inv Se dit d'un aliment conforme aux prescriptions rituelles de la loi juive, ainsi que du lieu où il est préparé ou vendu.

kayak nm Embarcation étanche et légère, manœuvrée à la pagaie double ; sport pratiqué avec cette embarcation.

kayakiste n Sportif pratiquant le kayak.

keffieh [kefje] nm Coiffure des Bédouins faite d'un morceau de tissu plié.

kefta [kɛfta] nf Dans la cuisine orientale, boulette de viande hachée et épicée.

kelvin [kɛlvin] nm PHYS Unité de mesure de température thermodynamique ; symb : k.

kendo [kɛndo] nm Art martial japonais pratiqué avec un sabre.

kenyan, e adj et n Du Kenya : *les Kenyans*.

képhir [kefir] nm Boisson gazeuse fermentée, fabriquée avec du petit-lait.

képi nm Coiffure militaire à légère visière.

kératine nf Substance fondamentale des cheveux, des poils, des ongles, etc.

kératite nf Inflammation de la cornée.

kératose nf MÉD Épaississement de l'épiderme.

kermès [kɛrmɛs] nm Cochenille nuisible. ■ **chêne kermès** : chêne méditerranéen à feuilles persistantes et épineuses.

kermesse nf **1.** Fête de charité en plein air. **2.** Dans les Flandres, fête patronale et foire annuelle.

kérosène nm Liquide pétrolier intermédiaire entre l'essence et le gasoil.

ketch [kɛtʃ] nm Voilier à deux mâts dont l'artimon est situé en avant de la barre.
ketchup [kɛtʃœp] nm Condiment à base de tomates.
keuf nm FAM Policier.
kF nm (symbole) Kilofranc.
kg (symbole) Kilogramme.
khâgne nf ARG SCOL En lettres, classe préparatoire à l'École normale supérieure.
khâgneux, euse n ARG SCOL Élève de khâgne.
khalife nm → **calife**.
khamsin ou **chamsin** [xamsin] nm Vent du sud, chaud et sec, en Égypte.
khan [kɑ̃] nm Titre princier turco-mongol.
khédive nm Titre du vice-roi d'Égypte de 1867 à 1914.
khi nm inv Vingt-deuxième lettre de l'alphabet grec, correspondant à *kh*.
khmer, ère [kmɛr] adj Relatif aux Khmers, peuple du Cambodge : *art khmer*.
khôl ou **kohol** nm Substance noirâtre utilisée pour le maquillage des yeux.
kibboutz (pl inv ou *kibboutzim*) nm Ferme collective en Israël.
kick nm Dispositif de mise en marche d'un moteur de motocyclette, à l'aide du pied.
kidnapper vt Enlever quelqu'un pour obtenir une rançon.
kidnappeur, euse n Qui commet un kidnapping.
kidnapping [kidnapiŋ] nm Enlèvement d'une personne.
kif nm Poudre de haschisch mêlée de tabac, en Afrique du Nord.
kif-kif adj inv ■ FAM **c'est kif-kif** : c'est pareil.
kilo nm (abréviation) Kilogramme.
kilofranc nm Unité de compte qui équivaut à 1 000 francs ; symb : kF.
kilogramme nm Unité de mesure de masse égale à 1 000 grammes ; symb : kg.
kilométrage nm **1.** Action de kilométrer. **2.** Nombre de kilomètres parcourus.
kilomètre nm Unité pratique de distance valant 1 000 mètres ; symb : km. ■ **kilomètre par heure** ou **kilomètre à l'heure** ou **kilomètre-heure** : unité pratique de mesure de vitesse ; symb : km/h.
kilométrer vt (conj 10) Marquer les distances kilométriques.
kilométrique adj Relatif au kilomètre.
kilo-octet nm Unité de mesure équivalant à 1 024 octets.
kilowatt nm Unité de puissance qui équivaut à 1 000 watts ; symb : kW.
kilowattheure nm Unité d'énergie ou de travail égale au travail exécuté pendant une heure par une machine dont la puissance est de 1 kilowatt ; symb : kWh.
kilt [kilt] nm **1.** Jupe courte traditionnelle en tartan, portée par les Écossais. **2.** Jupe féminine ayant cette forme.
kimono nm Tunique japonaise croisée devant et maintenue par une large ceinture. ◆ adj inv ■ **manche kimono** : manche ample taillée d'une seule pièce avec le corsage.
kiné n (abréviation) FAM Kinésithérapeute. ◆ nf FAM Kinésithérapie.
kinésithérapeute n Praticien exerçant la kinésithérapie.
kinésithérapie nf Ensemble des traitements qui utilisent le mouvement pour donner ou rendre au malade, au blessé, le geste et la fonction des différentes parties du corps.
kiosque nm **1.** Abri pour la vente des journaux, des fleurs, etc., sur la voie publique. **2.** Pavillon ouvert de tous côtés, dans un jardin, un lieu public. **3.** Abri sur la passerelle d'un sous-marin.
kiosquier, ère ou **kiosquiste** n Personne qui tient un kiosque à journaux.
kippa nf Calotte portée par les juifs pratiquants.
kir nm Apéritif constitué de liqueur de cassis et de vin blanc. ■ **kir royal** : kir dans lequel le champagne remplace le vin blanc.
kirsch nm Eau-de-vie de cerise.
kit [kit] nm Ensemble d'éléments à monter soi-même (recomm. off. : *prêt-à-monter*). ■ **kit main(s) libre(s)** : dispositif qui, relié à un téléphone portable, permet à l'utilisateur de celui-ci de converser sans le tenir en main.
kitchenette nf Petite cuisine intégrée à une salle de séjour (recomm. off. : *cuisinette*).
kitesurf [kajtsœrf] ou **kite** nm Planche à voile mue par un cerf-volant ; sport ainsi pratiqué.
kitsch [kitʃ] adj inv Se dit d'une œuvre d'art, d'un décor, au mauvais goût provocant.
kiwi [kiwi] nm **1.** Fruit comestible d'un arbuste, à peau marron couverte de poils soyeux. **2.** Aptéryx (oiseau).
Klaxon [klaksɔn] nm (nom déposé) Avertisseur sonore pour véhicules.
klaxonner vi et vt Se servir d'un Klaxon.
Kleenex [klinɛks] nm (nom déposé) Mouchoir jetable en ouate de cellulose.
kleptomane ou **cleptomane** n Personne atteinte de kleptomanie.
kleptomanie ou **cleptomanie** nf Impulsion pathologique qui pousse certaines personnes à voler.
km (symbole) Kilomètre.
km/h (symbole) Kilomètre-heure.
knickers [nikœrs] nm pl Pantalon court serré au-dessous du genou.
knout nm Supplice du fouet, en Russie.

Ko (symbole) INFORM Kilo-octet.

K-O nm inv (sigle de *knock-out*) Mise hors de combat d'un boxeur. ◆ adj inv Assommé : *être K-O de fatigue*.

koala nm Mammifère marsupial grimpeur d'Australie.

Koch ■ **bacille de Koch** nm Bacille de la tuberculose.

kohol nm → **khôl**.

koinè [kɔjnɛ] nf Langue commune du monde grec aux époques hellénistique et romaine.

kola ou **cola** nm Arbre d'Afrique ; fruit de cet arbre (*noix de kola*), aux propriétés stimulantes.

kolkhoze nm HIST En URSS, coopérative agricole de production.

kolkhozien, enne adj et n Relatif à un kolkhoze ; qui est membre d'un kolkhoze.

kopeck nm **1.** Unité monétaire divisionnaire de la Russie, le centième du rouble. **2.** FAM Pas un kopeck : *pas un sou*.

korrigan, e n Nain ou fée des légendes bretonnes.

kouglof nm Gâteau alsacien en forme de couronne.

koulak nm En Russie, avant la collectivisation des terres, paysan riche.

koweïtien, enne adj et n Du Koweït.

krach [krak] nm Effondrement du cours des valeurs de la Bourse, débâcle financière.

kraft nm Papier d'emballage résistant.

krill nm Banc de petits crustacés dont se nourrissent les baleines.

kriss ou **criss** nm Poignard malais dont la lame a la forme d'une flamme.

krypton nm Gaz rare de l'atmosphère ; symb : Kr.

ksi ou **xi** nm inv Quatorzième lettre de l'alphabet grec, correspondant à *x*.

kumquat [kumkwat] nm Agrume ressemblant à une petite orange, qui se mange souvent confit ; arbuste qui le produit.

kung-fu [kuŋfu] nm Sport de combat d'origine chinoise.

kurde adj et n Du Kurdistan : *les Kurdes*. ◆ nm Langue du groupe iranien parlée par les Kurdes.

kW (symbole) Kilowatt.

K-way [kawe] nm (nom déposé) Coupe-vent très léger qui peut être replié dans une de ses poches et se porter ainsi à la ceinture.

kWh (symbole) Kilowattheure.

Kyrie ou **Kyrie eleison** [kirijeeleisɔn] nm inv **1.** Invocation faite au commencement de la messe. **2.** Musique sur les paroles du Kyrie.

kyrielle nf Longue suite : *une kyrielle d'injures*.

kyste nm Tumeur dont le contenu est liquide.

kystique adj De la nature du kyste.

L

1. l nm Douzième lettre de l'alphabet et la neuvième des consonnes.

2. l ou **L** (symbole) Litre.

L (symbole) Chiffre romain, valant cinquante.

1. la art f sing et pron f sing → **le**.

2. la nm inv Sixième note de la gamme.

là adv **1.** Indique un lieu autre que celui où on se trouve (par opposition à *ici*), un lieu quelconque, un moment imprécis du temps, un renforcement : *prendre des informations ici et là ; restez là ; et là il se mit à pleuvoir ; vous dites là des choses importantes.* **2.** Se met à la suite des pronoms démonstratifs et des substantifs, pour préciser : *cet homme-là.* **3.** Se met aussi avant quelques adverbes de lieu : *là-dessus, là-bas.* ■ **çà et là** : de tous côtés. ❑ **de là** : (a) de cet endroit (b) pour cette raison. ❑ **par-ci, par-là** : (a) de côté et d'autre (b) de temps en temps. ❑ **par là** : (a) par ce lieu (b) dans les environs (c) par ce moyen.

là-bas adv En un lieu situé plus loin ou plus bas.

label nm **1.** Marque apposée par certains syndicats professionnels sur un produit destiné à la vente. **2.** Société éditrice de disques ; marque déposée par cette société.

labéliser ou **labelliser** vt Conférer un label à : *labéliser des poulets d'élevage.*

labeur nm LITT Travail pénible et long.

labial, e, aux adj Relatif aux lèvres.

labié, e adj BOT Se dit d'une corolle au limbe découpé en deux lobes principaux (lavande, menthe, etc.).

labo nm (abréviation) FAM Laboratoire.

lat. (abréviation) Latitude.

laborantin, e n Assistant, assistante de laboratoire.

laboratoire nm Local équipé pour faire des recherches scientifiques, des analyses biologiques, des essais industriels, des travaux photographiques, etc.

laborieusement adv Avec beaucoup de peine et de travail.

laborieux, euse adj **1.** Qui travaille beaucoup : *homme laborieux.* **2.** Long et difficile : *recherches laborieuses.*

labour nm Façon donnée aux terres en les labourant. ◆ **labours** pl Terres labourées.

labourable adj Propre à être labouré.

labourage nm Action, manière de labourer.

labourer vt **1.** Ouvrir et retourner la terre avec la charrue, la bêche, etc. **2.** Marquer de raies profondes, creuser ; entailler : *la balle lui a labouré le visage.*

laboureur nm Celui qui laboure.

labrador nm Race de grands chiens d'arrêt à poil ras.

labre nm Poisson marin (appelé aussi : *vieille*).

labyrinthe nm **1.** Édifice légendaire, attribué à Dédale, composé d'un grand nombre de pièces disposées de telle manière qu'on n'en trouvait que très difficilement l'issue. **2.** Réseau compliqué ; dédale : *un labyrinthe de ruelles.* **3.** FIG Complication inextricable : *le labyrinthe de la procédure.* **4.** ANAT Oreille interne.

lac nm Grande étendue d'eau entourée de terres.

laçage ou **lacement** nm Action ou manière de lacer.

lacédémonien, enne adj et n De Lacédémone.

lacer vt (conj 1) Serrer, fermer avec un lacet.

lacération nf Action de lacérer.

lacérer vt (conj 10) Déchirer, mettre en pièces, en lambeaux.

lacertilien nm Reptile généralement muni de pattes, tels le lézard, le caméléon (les lacertiliens forment un ordre).

lacet nm **1.** Cordon passé dans des œillets, pour serrer un vêtement, les chaussures. **2.** Série de zigzags : *route en lacet.* **3.** Nœud coulant pour prendre le gibier.

lâchage nm **1.** Action de lâcher. **2.** FAM Action d'abandonner quelqu'un.

1. lâche adj **1.** Qui n'est pas tendu, pas serré : *corde lâche.* **2.** LITT Qui manque de précision, de densité : *style lâche.*

2. lâche adj et n **1.** Qui manque de courage, d'énergie ; peureux, poltron : *soldat lâche.* **2.** Qui manifeste de la cruauté, de la bassesse, en sachant qu'il n'en sera pas puni ; méprisable : *un lâche s'attaque aux faibles.*

lâchement adv Sans courage ; avec bassesse.

1. lâcher vt **1.** Détendre, desserrer : *lâcher un lien.* **2.** Cesser de tenir, de retenir : *lâcher sa proie.* **3.** Laisser échapper ; lancer : *lâcher une sottise.* **4.** FAM Quitter brusquement, abandonner : *lâcher ses amis.* **5.** FAM Cesser d'importuner : *lâche-moi un peu !* **6.** SPORTS Distancer nettement : *lâcher ses concurrents dans la ligne droite.* ◆ vi Céder, faire défaut : *la corde a lâché.*

2. lâcher nm Action de laisser partir : *lâcher de ballons.*

lâcheté nf **1.** Manque de courage. **2.** Action basse, indigne : *commettre une lâcheté.*

lâcheur, euse n FAM Qui abandonne ceux avec qui il était engagé.

lacis nm Réseau de fils, de vaisseaux, de routes, etc., entrelacés.

laconique adj Concis, bref : *réponse laconique.*

laconiquement adv En peu de mots.

laconisme nm Concision dans l'expression.

lacquemant [lakmɑ̃] nm BELGIQUE Gaufrette ovale fourrée de sirop de sucre brun aromatisé à la fleur d'oranger, qui se vend sur les champs de foire.

lacrima-christi nm inv Vin muscat provenant de vignes situées au pied du Vésuve.

lacrymal, e, aux adj Relatif aux larmes.

lacrymogène adj Qui fait pleurer : *gaz lacrymogène.*

lacs [lɑ] nm **1.** Nœud coulant pour chasser. **2.** FIG, LITT Piège, traquenard.

lactaire nm Champignon des bois dont la chair, brisée, laisse échapper un liquide blanc ou coloré.

lactarium [laktarjɔm] nm Centre de collectage de lait maternel.

lactation nf Sécrétion du lait : *période de lactation.*

lacté, e adj **1.** Relatif au lait : *sécrétion lactée.* **2.** Qui ressemble au lait : *suc lacté.* **3.** Qui est à base de lait : *régime lacté.* **4.** Qui contient du lait : *farine lactée.* ■ ASTRON **voie lactée :** bande blanchâtre dans le ciel, due aux étoiles qui constituent notre Galaxie.

lactescent, e adj **1.** BOT Qui contient un suc laiteux. **2.** LITT D'un blanc laiteux.

lactique adj Se dit d'un acide qui se trouve dans le petit-lait. ■ **ferments lactiques :** bactéries que renferme le lait non stérilisé.

lactoflavine nf Vitamine B2 que l'on trouve dans le lait.

lactose nm Sucre contenu dans le lait.

lactosérum [laktoserɔm] nm Petit-lait.

lacunaire adj Qui présente des lacunes, des vides ; incomplet : *connaissances lacunaires.*

lacune nf **1.** Interruption dans un texte : *les lacunes d'un manuscrit.* **2.** Ce qui manque à une chose ; insuffisance : *les lacunes d'une éducation.*

lacustre adj Qui vit sur les bords ou dans les eaux d'un lac : *plante lacustre.* ■ **cités lacustres :** villages préhistoriques bâtis sur pilotis en bordure des lacs.

lad [lad] nm Garçon d'écurie qui soigne les chevaux de course.

là-dessous adv **1.** Sous quelque chose : *regardez là-dessous.* **2.** Derrière les apparences : *un cadeau ? Il y a quelque chose là-dessous.*

là-dessus adv **1.** Sur cet objet : *pose ce livre là-dessus !* **2.** Sur ce sujet : *il travaille là-dessus.* **3.** Sur ces entrefaites : *là-dessus, il est parti.*

ladite (pl *lesdites*) adj → **dit.**

ladre adj et n **1.** LITT D'une avarice sordide. **2.** VX Lépreux. **3.** Se dit d'un porc ou d'un bœuf atteint de ladrerie.

ladrerie nf **1.** LITT Avarice sordide. **2.** Ancien nom de la *lèpre.* **3.** Hôpital où l'on recevait les lépreux. **4.** Maladie du porc ou du bœuf, produite par la présence de larves de ténias.

lagon nm Étendue d'eau à l'intérieur d'un atoll.

lagopède nm Oiseau des hautes montagnes d'Europe, qui a le tarse et les doigts couverts de plumes.

lagune nf Étendue d'eau marine retenue derrière un cordon littoral.

là-haut adv **1.** En un lieu plus haut, audessus. **2.** Au ciel (par opposition à *ici-bas*).

1. lai nm Petit poème du Moyen Âge, narratif ou lyrique.

2. lai, e adj ■ **frère lai, sœur laie :** religieux non prêtre, religieuse non admise aux vœux solennels, qui assuraient des services matériels dans les couvents.

laïc [laik] adj et n → **laïque.**

laïcisation nf Action de laïciser.

laïciser vt Donner un caractère laïque, éliminer tout principe de caractère religieux.

laïcité nf **1.** Caractère laïque. **2.** Système qui exclut les Églises de l'exercice du pouvoir politique ou administratif, et notamment de l'organisation de l'enseignement.

laid, **e** adj **1.** Désagréable à la vue : *visage laid.* **2.** FIG Contraire à la bienséance, au devoir : *il est laid de mentir.*

laidement adv D'une façon laide.

laideron nm Fille ou femme laide.

laideur nf État de ce qui est laid.

1. laie nf Femelle du sanglier.

2. laie nf Sentier en forêt.

lainage nm **1.** Étoffe de laine : *robe en lainage ;* vêtement en laine : *mettre un lainage.* **2.** Toison des moutons.

laine nf **1.** Fibre épaisse provenant de la toison du mouton et d'autres ruminants. **2.** FAM Vêtement de laine : *prendre une laine, une petite laine.* ■ **laine de verre :** fibre de verre utilisée comme isolant thermique.

laineux, **euse** adj **1.** Fourni de laine : *mouton laineux ;* riche en laine : *drap laineux.* **2.** Qui rappelle la laine : *poil laineux.*

lainier, **ère** adj Relatif à la laine : *industrie lainière.*

laïque ou **laïc**, **ïque** adj et n Qui n'appartient pas au clergé. ◆ adj Indépendant de toute opinion confessionnelle : *école laïque.*

1. laisse nf Corde pour mener un chien.

2. laisse nf LITTÉR Section d'un poème médiéval, d'une chanson de geste.

laissé-pour-compte (pl *laissés-pour-compte*) nm Marchandise refusée. ◆ **laissé(e)-pour-compte** (pl *laissé(e)s-pour-compte*) n Personne rejetée par un groupe social.

laisser vt **1.** Ne pas prendre ce dont on pourrait disposer : *laisser la monnaie.* **2.** Ne pas emmener, ne pas emporter : *laisser son fils à la maison ;* oublier : *laisser ses gants ;* quitter, abandonner : *laisser sa famille, son pays.* **3.** Abandonner derrière soi quelque chose qui subsiste : *laisser une trace ;* léguer : *laisser une grosse fortune.* **4.** Perdre : *y laisser sa vie.* **5.** Abandonner, réserver, confier : *laisser un pourboire ; je vous laisse ce soin.* **6.** Maintenir dans le même état, la même situation, la même position : *laisser quelqu'un dehors ; laisser un champ en friche.* **7.** Ne pas empêcher de, permettre : *laisser tomber un vase ; laisser dire.* ■ **laisser à penser :** donner à réfléchir. ❑ FAM **laisser tomber :** abandonner. ❑ LITT **ne pas laisser de :** ne pas cesser, ne pas manquer de. ◆ **se laisser** vpr ■ **se laisser aller** ou **se laisser vivre :** se relâcher, ne pas faire d'effort. ❑ **se laisser dire :** entendre dire. ❑ **se laisser faire :** ne pas opposer de résistance.

laisser-aller nm inv Négligence dans la tenue, les manières.

laissez-passer nm inv Permission écrite de passer, de circuler ; sauf-conduit.

ORTHOGRAPHE Un *laissez-passer* consiste en une consigne donnée, d'où l'impératif *laissez.*

lait nm **1.** Liquide blanc d'une saveur douce, fourni par les femelles des mammifères ; aliment à base de ce liquide : *lait de chèvre ; lait demi-écrémé, en poudre.* **2.** Tout ce qui ressemble au lait : *lait d'amande, de coco.*

laitage nm Aliment à base de lait.

laitance ou **laite** nf Sperme de poisson.

laiterie nf **1.** Industrie, commerce du lait. **2.** Usine, lieu où l'on traite le lait pour la consommation et la fabrication des produits dérivés.

laiteux, **euse** adj Qui a l'aspect du lait.

1. laitier nm Scorie de haut-fourneau.

2. laitier, **ère** adj Relatif au lait et à ses dérivés. ■ **vache laitière** ou **laitière** nf : élevée pour la production du lait. ◆ n Commerçant en produits laitiers.

laitière nf Pot à lait.

laiton nm Alliage de cuivre et de zinc.

laitue nf Plante composée qui se mange en salade ; salade de cette plante.

laïus [lajys] nm FAM Discours.

laize nf Largeur d'une étoffe. SYN : lé.

lallation nf **1.** Défaut de prononciation de la consonne *l.* **2.** Émissions vocales des nourrissons.

1. lama nm Moine bouddhiste tibétain. ■ **grand lama** ou **dalaï-lama :** titre porté par le chef suprême du lamaïsme.

2. lama nm Mammifère ruminant des Andes.

lamaïsme nm Forme du bouddhisme.

lamantin nm Mammifère cétacé herbivore d'Afrique et d'Amérique.

lamaserie nf Couvent de lamas.

lambda nm inv Onzième lettre de l'alphabet grec, correspondant au *l* français. ■ FAM **individu lambda :** individu quelconque.

lambeau nm **1.** Morceau de chair, d'étoffe, déchiré, arraché. **2.** FIG Fragment, partie : *les lambeaux d'un empire.*

lambic nm Bière forte belge.

lambin, **e** adj et n FAM Qui agit avec lenteur.

lambiner vi FAM Agir lentement, perdre son temps.

lambourde nf **1.** Chacune des pièces de bois servant à soutenir un parquet. **2.** Rameau terminé par des boutons à fruits.

lambrequin nm Bande d'étoffe festonnée décorant un ciel de lit, une embrasure de fenêtre.

lambris nm Revêtement en bois des parois d'une pièce, d'un plafond, d'une voûte.

lambrisser vt Revêtir de lambris.

lambswool [lɑ̃bswul] nm Laine d'agneau.

lame nf **1.** Fer d'un instrument coupant : *lame de couteau, de rasoir.* **2.** Morceau de métal ou d'une autre matière dure, plat et très mince : *lame de plomb ; lame de verre.* **3.** Vague de la mer.

lamé, e adj et nm Se dit d'un tissu de fils de métal ou orné de lames métalliques : *lamé or, argent.*

lamellaire adj Dont la structure présente des lames, des lamelles.

lamelle nf Petite lame.

lamellibranche nm Mollusque à coquille bivalve.

lamellicorne nm Insecte coléoptère à antennes en feuillets (hanneton, scarabée).

lamelliforme adj En forme de lamelle.

lamellirostre adj Qui a le bec garni sur ses bords de lamelles transversales.

lamentable adj Navrant, pitoyable : *situation lamentable.*

lamentablement adv De façon lamentable.

lamentation nf Plainte, gémissement.

lamenter (se) vpr Se plaindre, gémir.

lamento [lamɛnto] nm MUS Chant de tristesse et de douleur.

lamifié, e adj Stratifié.

laminage nm Action de laminer.

laminaire nf Algue très longue.

laminer vt **1.** Aplatir un métal par compression entre deux rouleaux. **2.** FIG Diminuer progressivement, rogner : *la hausse des prix lamine le pouvoir d'achat.* **3.** Écraser, éprouver durement : *cet échec l'a laminé.*

lamineur nm Ouvrier qui lamine.

laminoir nm Machine à laminer composée de cylindres d'acier tournant en sens inverse.

lampadaire nm Support vertical qui porte un appareil d'éclairage.

lampant, e adj Se dit d'une huile éclairante : *pétrole lampant.*

lamparo nm Lampe utilisée par les pêcheurs, surtout en Méditerranée, pour attirer le poisson.

lampe nf **1.** Appareil producteur de lumière : *lampe à huile, électrique, de chevet.* **2.** Ampoule électrique : *lampe halogène.* **3.** Appareil produisant une flamme et utilisé comme source de chaleur : *lampe à souder.*

lampée nf FAM Grande gorgée de liquide : *une lampée de vin.*

lampion nm **1.** Récipient contenant une matière combustible, utilisé pour les illuminations. **2.** Lanterne vénitienne.

lampiste nm FAM Employé subalterne.

lamproie nf Poisson vertébré de forme cylindrique et allongée.

lampyre nm Insecte coléoptère dont la femelle est appelée couramment *ver luisant.*

lance nf **1.** Arme offensive à long manche et à fer pointu. **2.** Tube métallique à l'extrémité d'un tuyau de pompe et servant à diriger le jet : *lance d'incendie.*

lancé, e adj Qui a acquis une certaine célébrité : *acteur lancé.*

lance-bombe (pl *lance-bombes*) ou **lance-bombes** (pl inv) nm Appareil ou dispositif pour le largage des bombes.

> ORTHOGRAPHE *Lance* (étant un verbe) est toujours invariable, quelle que soit l'orthographe du deuxième élément du mot composé.

lancée nf ■ **sur sa lancée :** en profitant du mouvement donné par l'élan initial.

lance-flamme (pl *lance-flammes*) ou **lance-flammes** (pl inv) nm Appareil projetant des liquides enflammés.

lance-grenade (pl *lance-grenades*) ou **lance-grenades** (pl inv) nm Arme qui sert à lancer des grenades.

lancement nm **1.** Action de lancer : *lancement du javelot, d'une fusée.* **2.** Mise à l'eau d'un navire. **3.** Publicité faite pour promouvoir un produit, faire connaître quelqu'un : *prix de lancement.*

lance-missile (pl *lance-missiles*) ou **lance-missiles** (pl inv) nm Engin servant à lancer des missiles.

lancéolé, e adj En forme de lance : *feuille lancéolée.*

lance-pierre (pl *lance-pierres*) ou **lance-pierres** (pl inv) nm Jouet pour lancer des cailloux. SYN : fronde. ■ FAM **être payé au lance-pierre :** recevoir une faible rémunération. ❑ FAM **manger avec un lance-pierre :** manger rapidement.

1. lancer vt (conj 1) **1.** Jeter avec force : *lancer des pierres.* **2.** Faire mouvoir rapidement une partie du corps : *lancer la jambe en avant.* **3.** Émettre vivement : *lancer un cri, un appel, un ultimatum.* **4.** Mettre en train, en action : *lancer un moteur ; lancer une affaire.* **5.** Faire parler qqn de qqch qu'il aime : *lancer qqn sur son sujet favori.* **6.** Faire connaître d'un large public : *lancer un artiste, un produit.* **7.** MAR Mettre à l'eau : *lancer un bateau.* ◆ **se lancer** vpr **1.** Se précipiter : *se lancer dans le vide.* **2.** S'engager avec hardiesse, avec fougue : *se lancer dans une folle entreprise.*

2. lancer nm SPORTS Épreuve d'athlétisme consistant à projeter un poids, un disque, un javelot ou un marteau. ■ **pêche au lancer** : mode de pêche qui consiste à envoyer l'appât au loin au moyen d'une canne.

lance-roquette (pl *lance-roquettes*) ou **lance-roquettes** (pl inv) nm Arme tirant des roquettes.

lance-torpille (pl *lance-torpilles*) ou **lance-torpilles** (pl inv) nm Dispositif servant à tirer des torpilles.

lancette nf **1.** Petit instrument de chirurgie. **2.** ARCHIT Arc allongé.

1. lanceur nm **1.** Véhicule propulsif capable d'envoyer une charge utile dans l'espace. **2.** Sous-marin porteur de missiles stratégiques.

2. lanceur, euse n Personne qui lance : *lanceur de javelot.* ■ **lanceur d'alerte** : personne qui dénonce publiquement l'utilisation de technologies ou substances dangereuses pour la santé publique et l'environnement, et la transgression de certaines règles déontologiques ou légales.

lancier nm Cavalier armé d'une lance.

lancinant, e adj Qui lancine : *douleur lancinante ; souvenir lancinant.*

lancinement nm Élancement douloureux.

lanciner vi et vt **1.** Faire souffrir par des élancements répétés. **2.** FIG Tourmenter de façon continue, obséder.

lançon nm ZOOL Équille.

Land (pl *Länder*) nm État de la République fédérale d'Allemagne ; province d'Autriche.

landais, e adj et n Des Landes : *les Landais.*

landau (pl *landaus*) nm **1.** Voiture d'enfant. **2.** Voiture hippomobile à quatre roues et munie d'une capote à double soufflet.

lande nf Formation végétale de bruyères, de genêts et d'ajoncs.

landgrave nm HIST **1.** Titre de quelques princes d'Allemagne. **2.** Magistrat qui rendait la justice au nom de l'empereur d'Allemagne.

landtag [lɑ̃dtag] nm Assemblée délibérante dans certains États allemands et autrichiens.

langage nm **1.** Faculté propre à l'homme d'exprimer ou de communiquer sa pensée par un système de signes vocaux (parole) ou graphiques (écriture) : *troubles du langage.* **2.** Tout système permettant de communiquer : *langage gestuel ;* mode d'expression (symboles, formes artistiques, etc.) : *langage des fleurs ; le langage de la peinture.* **3.** Manière de parler propre à un groupe social ou professionnel, à une discipline, à un individu : *le langage administratif.* **4.** Mode de transmission de l'information chez certains animaux. **5.** Contenu du discours : *parler un double langage.* **6.** Expression propre à un sentiment, une attitude : *le langage de la raison.* **7.** INFORM Ensemble des règles permettant d'assembler des instructions élémentaires pour programmer un ordinateur.

langagier, ère adj Relatif au langage.

lange nm Carré de tissu pour emmailloter un nourrisson.

langer vt (conj 2) Envelopper dans un lange ou dans des couches ; emmailloter.

langoureusement adv De façon langoureuse.

langoureux, euse adj Qui marque de la langueur ; alangui : *une pose langoureuse.*

langouste nf Crustacé décapode comestible, vivant sur les fonds rocheux des mers.

langoustier nm Bateau équipé pour la pêche à la langouste.

langoustine nf Petit crustacé voisin du homard.

langue nf **1.** Organe charnu, mobile, situé dans la bouche et servant, chez l'homme, à la déglutition et à la parole ; cet organe chez certains animaux : *les muscles de la langue ; langue braisée.* **2.** Système de signes verbaux propre à une communauté d'individus : *langue française.* **3.** Manière particulière de s'exprimer, langage : *la langue des poètes.* ■ **donner sa langue au chat** : renoncer à deviner. ❑ **langue de bois** : manière stéréotypée de s'exprimer, reflétant une position dogmatique, notamm. en politique. ❑ **langue maternelle** : celle du pays où on est né. ❑ **langue morte** : qui n'est plus parlée. ❑ **langue de terre** : péninsule étroite. ❑ **langue verte** : argot. ❑ **langue de vipère** ou **mauvaise langue** : personne médisante. ❑ **langue vivante** : actuellement parlée. ❑ **se mordre la langue** : s'arrêter au moment de parler, se repentir d'avoir parlé. ❑ **tenir sa langue** : garder un secret.

langue-de-bœuf (pl *langues-de-bœuf*) nf Champignon rouge comestible.

langue-de-chat (pl *langues-de-chat*) nf Biscuit long et plat.

languedocien, enne adj et n Du Languedoc.

languette nf **1.** Objet en forme de petite langue. **2.** Lame mobile vibrante d'un instrument à anche. **3.** Tenon d'une planche, qui entre dans une rainure.

langueur nf **1.** Abattement physique ou moral, manque d'énergie, de dynamisme ; dépression. **2.** Mélancolie douce et rêveuse ; attendrissement.

languide adj LITT Langoureux, languissant : *un regard languide.*

languir vi **1.** LITT Se morfondre, dépérir. **2.** Traîner en longueur, manquer d'animation : *la conversation languit.* **3.** Attendre vainement : *ne me fais pas languir.* ◆ **se languir** vpr S'ennuyer.

languissant, **e** adj Qui languit.

lanière nf Courroie étroite.

lanifère ou **lanigère** adj Qui porte de la laine ou du duvet cotonneux : *plantes lanifères.*

lanoline nf Graisse tirée du suint du mouton et employée comme excipient pour de nombreuses pommades.

lansquenet nm Fantassin allemand mercenaire des XVe et XVIe s.

lanterne nf Boîte à parois transparentes où l'on met une lumière à l'abri du vent. ■ **éclairer la lanterne de quelqu'un** : le renseigner. ❑ **lanterne magique** : instrument d'optique pour projeter des images. ❑ **lanterne rouge** : dernier d'un classement. ◆ **lanternes** pl Feux de position d'un véhicule. SYN : veilleuses.

lanterner vi FAM Flâner, perdre son temps. ■ **faire lanterner** : faire attendre.

lanthane nm Métal du groupe des terres rares.

lanugineux, **euse** adj BOT Couvert de duvet.

laotien, **enne** adj et n Du Laos : *les Laotiens.* ◆ nm Principale langue parlée par les Laotiens.

lapalissade nf Vérité d'une évidence niaise.

laparotomie nf Ouverture chirurgicale de l'abdomen.

lapement nm Action de laper.

laper vt et vi Boire avec la langue : *le chien lape l'eau.*

> ORTHOGRAPHE Un petit chien *lape* (avec un *p*), mais il *jappe* (avec deux *p*).

lapereau nm Jeune lapin.

lapidaire nm Qui taille les pierres précieuses ; qui en fait le commerce. ◆ adj **1.** Relatif aux pierres précieuses, aux objets de pierre, aux inscriptions gravées sur la pierre. **2.** Bref et concis : *formule lapidaire.*

lapidation nf Action de lapider.

lapider vt Tuer, attaquer, poursuivre à coups de pierres.

lapilli nm pl Petites projections volcaniques.

lapin, **e** n Mammifère herbivore sauvage (lapin de garenne) ou domestique (élevé pour sa chair ou pour sa fourrure) ; chair, fourrure de cet animal. ■ FAM **chaud lapin** : homme avide de relations sexuelles. ❑ FAM **coup du lapin** : coup brutal sur la nuque. ❑ FAM **poser un lapin** : ne pas venir à un rendez-vous.

lapiner vi Mettre bas, en parlant d'une lapine.

lapis [lapis] ou **lapis-lazuli** [lapislazyli] nm inv Pierre fine opaque d'un bleu intense.

lapon, **e** adj et n De la Laponie : *les Lapons.* ◆ nm Langue parlée par les Lapons.

laps [laps] nm ■ **laps de temps** : espace de temps.

lapsus [lapsys] nm Faute commise en parlant (*lapsus linguae*) ou en écrivant (*lapsus calami*) et qui consiste à substituer au terme attendu un autre mot.

laquage nm Action de laquer.

laquais nm **1.** Valet en livrée. **2.** LITT Homme d'un caractère servile.

1. laque nf **1.** Gomme-résine rouge-brun de certains arbres de l'Inde ; vernis noir ou rouge préparé, en Chine surtout, avec cette résine. **2.** Matière qui contient de l'alumine, employée en peinture. **3.** Produit que l'on vaporise sur les cheveux pour maintenir la coiffure.

2. laque nm Objet d'Extrême-Orient recouvert de laque.

laqué, **e** adj Se dit d'une volaille, d'une viande enduite, entre deux cuissons, d'une sauce aigre-douce : *canard, porc laqué.*

laquer vt Couvrir de laque.

larbin nm FAM, PÉJOR **1.** Domestique, valet. **2.** Homme servile.

larcin nm Petit vol.

lard nm Tissu adipeux de certains animaux (en particulier du porc).

larder vt **1.** Piquer de lardons : *larder une viande.* **2.** LITT Percer de coups, blesser ; cribler : *victime au corps lardé de coups de couteau.*

lardon nm Petit morceau de lard.

lare nm ANTIQ ROM Dieu protecteur du foyer domestique.

largage nm Action de larguer.

large adj **1.** Étendu dans le sens opposé à la longueur, à la hauteur : *la rivière est large* *à cet endroit.* **2.** Qui n'est pas serré ; ample : *vêtement large.* **3.** Étendu, important, considérable : *larges concessions.* **4.** Qui n'est pas borné, sans préjugés : *esprit large.* **5.** Généreux : *se montrer large.* ◆ adv ■ **voir large :** voir grand. ◆ nm **1.** Largeur : *un mètre de large.* **2.** Pleine mer : *gagner le large.* ■ **être au large :** à l'aise. ❑ **prendre le large :** s'enfuir.

largement adv **1.** Abondamment : *gagner largement sa vie.* **2.** Au minimum : *il est largement onze heures.*

largesse nf LITT Libéralité, générosité : *profiter de la largesse de quelqu'un.* ◆ **largesses** pl Dons généreux.

largeur nf **1.** Dimension opposée à la longueur, à la hauteur : *la largeur d'une rue.* **2.** Caractère de ce qui n'est pas étroit, mesquin : *largeur de vues.*

larghetto [largɛto] adv MUS Indique un mouvement moins lent que le largo. ◆ nm Morceau de musique exécuté larghetto.

largo adv MUS Indique un mouvement ample et large. ◆ nm Morceau de musique exécuté largo.

largue adj MAR Non tendu. ■ **vent largue :** oblique par rapport à la route du navire. ◆ nm Allure d'un navire qui reçoit le vent largue. ■ **grand largue :** allure portante proche du vent arrière.

larguer vt **1.** MAR Détacher, laisser aller : *larguer une voile, les amarres.* **2.** Lâcher, laisser tomber : *avion qui largue des parachutistes, des bombes.* **3.** FAM Abandonner, se débarrasser de : *il a tout largué pour aller vivre sur une île déserte.* ■ FAM **être largué :** être perdu, ne plus comprendre.

larigot nm Flûte ancienne.

larme nf **1.** Humeur liquide sécrétée par l'œil : *ému jusqu'aux larmes.* **2.** Petite quantité d'un liquide : *boire son café avec une larme de lait.*

larmier nm **1.** ARCHIT Saillie d'une corniche, creusée en gouttière, pour faire tomber l'eau de la pluie. **2.** ANAT Angle interne de l'œil.

larmoiement nm **1.** Écoulement involontaire de larmes. **2.** (surtout au pluriel) Plainte, pleurnicherie.

larmoyant, e adj **1.** Dont les yeux sont humides de larmes : *vieillard larmoyant.* **2.** Qui cherche à attendrir : *ton larmoyant.*

larmoyer [larmwaje] vi (conj 3) **1.** Être atteint de larmoiement. **2.** Pleurnicher, se lamenter.

larron nm LITT Voleur. ■ **l'occasion fait le larron :** les circonstances amènent à agir autrement qu'à l'ordinaire. ❑ **s'entendre comme larrons en foire :** s'entendre à merveille.

larsen [larsɛn] nm Sifflement parasite dû à une interférence entre un micro et un haut-parleur.

larvaire adj Relatif à la larve.

larve nf Premier état des insectes, crustacés, batraciens, à leur sortie de l'œuf.

larvé, e adj **1.** MÉD Se dit d'une maladie qui n'est pas encore apparente ou qui ne se manifeste pas complètement. **2.** Latent : *opposition larvée.*

laryngé, e ou **laryngien, enne** adj Du larynx.

laryngite nf Inflammation du larynx.

laryngologie nf Étude du larynx et de ses affections.

laryngologiste ou **laryngologue** n Spécialiste de la gorge.

laryngoscope nm Appareil pour observer le larynx.

laryngoscopie nf Examen visuel du larynx à l'aide d'un appareil.

laryngotomie nf Ouverture chirurgicale du larynx.

larynx nm Organe de la phonation situé entre le pharynx et la trachée.

1. las [las] interj LITT Hélas.

2. las, lasse [la, las] adj **1.** LITT Fatigué : *se sentir las.* **2.** Ennuyé, dégoûté : *je suis las de vos reproches.*

lasagne (pl *lasagnes* ou inv) nf Pâte alimentaire en plaque. ◆ **lasagnes** pl Plat gratiné fait de plaques de pâte alternant avec une couche de hachis de viande.

lascar nm FAM Individu rusé, malin.

lascif, ive adj **1.** Enclin aux plaisirs sexuels. **2.** Qui les évoque ; sensuel : *danse lascive.*

lascivement adv Avec lascivité.

lascivité nf LITT Penchant, caractère lascif.

laser [lazɛr] nm Appareil pouvant engendrer un faisceau de lumière très intense, susceptible de multiples applications.

lassant, e adj Qui lasse ; ennuyeux.

lasser vt Rendre las ; ennuyer : *lasser ses lecteurs, son entourage.* ◆ **se lasser** vpr [de] Devenir las à force de : *un spectacle dont on ne se lasse pas.*

lassitude nf **1.** Fatigue physique : *la lassitude due à l'âge.* **2.** Ennui, découragement : *céder par lassitude.*

lasso nm Forte corde terminée par un nœud coulant, utilisée pour capturer les animaux sauvages.

lat. (abréviation) Latitude.

latence nf État de ce qui est latent.

latent, e adj Qui n'est pas apparent, qui ne se manifeste pas au-dehors : *révolte latente.*

latéral, e, aux adj De côté, sur le côté, relatif au côté de quelque chose : *porte latérale.*

latéralement adv Sur le côté.

latéralisation nf PSYCHOL Dominance de l'hémisphère cérébral droit ou gauche dans une activité.

latéralisé, e adj ■ PSYCHOL **bien, mal latéralisé :** dont l'activité motrice correspond bien ou mal à la dominance d'un hémisphère cérébral sur l'autre.

latéralité nf PSYCHOL Dominance fonctionnelle d'un côté du corps sur l'autre.

latérite nf Sol rougeâtre de la zone tropicale humide.

latex nm Suc de certains végétaux, d'aspect laiteux : *le caoutchouc est tiré du latex de l'hévéa.*

laticlave nm Bande de pourpre sur la tunique des sénateurs romains.

latifundium [latifɔ̃djɔm] (pl *latifundiums* ou *latifundia*) nm Grande propriété rurale.

latin, e adj et n **1.** Du Latium : *civilisation latine.* **2.** D'un pays dont la langue a pour origine le latin : *Amérique latine.* ◆ adj **1.** Relatif au latin : *déclinaison latine.* **2.** Relatif à l'Église romaine d'Occident : *rite latin.* ◆ nm Langue des Latins. ■ FAM **y perdre son latin :** n'y rien comprendre.

latinisation nf Action de latiniser.

latiniser vt **1.** Donner une forme latine à un mot. **2.** Donner le caractère latin à : *l'invasion romaine a latinisé la Gaule.*

latinisme nm Mot, expression, construction propres au latin.

latiniste n Spécialiste de la langue et de la littérature latines.

latinité nf Le monde latin, la civilisation latine.

latino-américain, e (pl *latino-américains, es*) adj et n De l'Amérique latine : *musique latino-américaine.*

latitude nf **1.** Position d'un lieu par rapport à sa distance de l'équateur : *latitude et longitude.* **2.** Lieu considéré sous le rapport du climat : *plante qui se plaît sous toutes les latitudes.* **3.** FIG Liberté d'agir : *laisser toute latitude à quelqu'un.*

lato sensu [latosɛ̃sy] loc adv Au sens large. CONTR : stricto sensu.

latrie nf ■ **culte de latrie :** dû à Dieu seul.

latrines nf pl Lieux d'aisances.

lattage nm Action de garnir de lattes ; ensemble de lattes, lattis.

latte nf Planche de bois, longue et mince.

lattis nm Garniture de lattes.

laudanum [lodanɔm] nm Médicament à base d'opium.

laudateur, trice n LITT Personne qui fait des louanges.

laudatif, ive adj SOUT Qui loue ; élogieux.

laudes nf pl Prière liturgique du matin.

lauréat, e adj et n Qui a réussi un examen, a remporté un prix.

laurier nm Arbuste à feuilles persistantes utilisées comme condiment ; feuille de cet arbuste : *assaisonner de thym et de laurier.* ◆ **lauriers** pl Gloire, succès : *se couvrir de lauriers.*

laurier-rose (pl *lauriers-roses*) nm Arbuste ornemental et toxique.

laurier-sauce (pl *lauriers-sauce*) nm Laurier utilisé en cuisine.

laurier-tin (pl *lauriers-tins*) nm Plante méditerranéenne aux feuilles persistantes rappelant celles du laurier.

lavable adj Qui peut être lavé : *lavable à la machine.*

lavabo nm **1.** Appareil sanitaire en forme de cuvette et alimenté en eau. **2.** (surtout au pluriel) Toilettes, dans un lieu public. **3.** LITURGIE Prière du prêtre en lavant ses doigts pendant la messe.

lavage nm Action de laver. ■ **lavage d'estomac :** procédé de vidage de l'estomac par introduction et évacuation immédiate d'un liquide.

lavallière nf Cravate souple, nouée en deux boucles.

lavande nf **1.** Plante aromatique à fleurs bleues en épi ; fleurs séchées de cette plante. **2.** Essence obtenue à partir de ces fleurs.

lavandière nf **1.** LITT Femme qui lave le linge à la main. **2.** Bergeronnette (oiseau).

lavasse nf FAM Soupe, café, boisson dans lesquels il y a trop d'eau.

lave nf Matière visqueuse émise par un volcan et formant une roche volcanique en se refroidissant.

lavé, e adj Se dit d'une couleur d'un faible degré d'intensité.

lave-auto (pl *lave-autos*) nm CANADA Station de lavage automatique pour automobiles.

lave-glace (pl *lave-glaces*) nm Dispositif envoyant un jet de liquide sur le pare-brise d'une automobile.

lave-linge nm inv Machine à laver le linge.

lave-mains nm inv Petit lavabo.

lavement nm Injection liquide dans l'intestin.

laver vt **1.** Nettoyer avec un liquide : *laver la vaisselle, le linge.* **2.** Disculper : *laver quelqu'un d'une accusation.* ◆ **se laver** vpr Laver son corps. ■ **se laver les mains de quelque chose** : décliner toute responsabilité.

laverie nf Blanchisserie équipée de machines à laver individuelles.

lavette nf **1.** Morceau de linge, carré de tissu pour laver la vaisselle. **2.** FAM Personne veule.

laveur, **euse** n Ouvrier qui lave : *laveur de carreaux, de voitures.*

lave-vaisselle nm inv Machine à laver la vaisselle.

lavis [lavi] nm Dessin recouvert de légers aplats d'encre de Chine, de sépia ou d'aquarelle étendus d'eau.

lavoir nm Lieu public destiné au lavage du linge.

laxatif, **ive** adj et nm Se dit d'un purgatif léger.

laxisme nm Indulgence, tolérance excessives.

laxiste adj et n Qui manifeste du laxisme.

layette [lɛjɛt] nf Ensemble des vêtements d'un nouveau-né.

layon [lɛjɔ̃] nm Sentier forestier.

lazaret nm Établissement où l'on isole les arrivants d'un pays infecté par une maladie contagieuse.

lazariste nm Missionnaire d'une congrégation fondée par saint Vincent de Paul.

lazzi [ladzi] ou [lazi] nm pl Plaisanterie moqueuse, piquante.

le, **la**, **les** art défini Détermine les noms dont il indique le genre et le nombre. ◆ pron pers Désigne la 3e personne représentant un être ou une chose, en fonction de complément d'objet direct ou d'attribut.

lé nm Largeur d'une étoffe. SYN : laize.

leader [lidœr] nm **1.** Chef d'un parti politique, d'un groupe : *le leader de l'opposition.* **2.** SPORTS Concurrent, équipe en tête dans une compétition.

leadership [lidœrʃip] nm Fonction de leader ; position dominante.

leasing [liziŋ] nm Contrat de louage d'un bien, assorti d'une promesse unilatérale de vente en fin de contrat.

léchage nm Action de lécher.

lèche nf ■ FAM **faire de la lèche à quelqu'un** : le flatter bassement.

léché, **e** adj FAM Exécuté minutieusement : *portrait léché.* ■ **ours mal léché** : personne mal élevée.

lèche-bottes n inv FAM Flatteur obséquieux et servile.

lèchefrite nf Ustensile placé sous la broche, pour recevoir la graisse.

lécher vt (conj 10) **1.** Passer la langue sur, enlever avec la langue : *lécher un plat.* **2.** Effleurer : *léché par les flammes.* **3.** Finir avec un soin excessif : *lécher un tableau, un travail.* ■ FAM **lécher les bottes à quelqu'un** : le flatter servilement.

lécheur, **euse** n FAM Personne qui fait de la lèche.

lèche-vitrines nm inv ■ FAM **faire du lèche-vitrines** : flâner en regardant les vitrines des magasins.

leçon nf **1.** Séance d'enseignement ; cours : *leçon de danse, de math.* **2.** Ce que le maître donne à apprendre par cœur : *réciter sa leçon.* **3.** Enseignement tiré d'une faute, d'un événement : *les leçons de l'expérience.* **4.** Avertissement, réprimande : *donner, recevoir une leçon ; faire la leçon.*

1. lecteur nm Appareil qui transforme en impulsions électriques les signaux ou les données enregistrés sur un support mécanique, magnétique ou optique : *lecteur de cassettes ; lecteur laser.*

2. lecteur, **trice** n **1.** Qui lit : *courrier des lecteurs.* **2.** Professeur étranger chargé de travaux pratiques sur sa propre langue.

lectorat nm Ensemble des lecteurs d'un journal, d'un magazine.

lecture nf **1.** Action de lire : *donner lecture d'une note ; faire la lecture.* **2.** Fait de savoir lire : *livre de lecture.* **3.** Ce qu'on lit : *de mauvaises lectures.* **4.** Analyse, interprétation d'un texte, d'une partition, etc. : *une nouvelle lecture de Balzac.* **5.** Restitution, par un lecteur, de signaux enregistrés : *tête de lecture ; lecture optique.* **6.** Discussion et vote d'un texte par une assemblée législative : *adopté en troisième lecture.*

ledit (pl *lesdits*) adj → **dit**.

légal, **e**, **aux** adj Conforme à la loi, défini par la loi : *l'âge légal pour voter ; dispositions légales.*

légalement adv De façon légale.

légalisation nf Action de légaliser.

légaliser vt **1.** Rendre légal. **2.** DR Certifier l'authenticité de.

légalisme nm Souci de respecter minutieusement la loi.

légaliste adj et n Qui fait preuve de légalisme.

légalité nf **1.** Caractère de ce qui est légal : *la légalité d'une mesure.* **2.** Situation conforme à la loi : *rester dans la légalité.*

légat nm Ambassadeur du pape.

légataire n Bénéficiaire d'un legs.

légation nf Représentation diplomatique d'un gouvernement auprès d'un État où il n'y a pas d'ambassade.

légendaire adj De la nature des légendes : *aventures légendaires.*

légende nf **1.** Récit merveilleux où les faits historiques sont transformés par l'imagination populaire ou l'invention poétique. **2.** Explication jointe à un dessin, à une carte, à une photographie, etc. ■ **légende urbaine :** récit proche de la rumeur qui se répand dans le public.

léger, ère adj **1.** Qui a peu de poids, de densité, d'épaisseur : *métal léger.* **2.** Qui a peu de force, de consistance : *dîner léger ; sommeil léger.* **3.** Vif, délicat, agile, peu appuyé : *danse légère ; touche légère.* **4.** Peu important, peu grave : *légère différence ; blessure légère.* **5.** Libre de tout souci : *avoir le cœur léger.* **6.** Qui manque de sérieux, de profondeur : *femme légère ; propos léger.* ■ **à la légère :** inconsidérément.

légèrement adv **1.** De façon légère : *s'habiller légèrement.* **2.** Un peu : *il est légèrement blessé.* **3.** Inconsidérément : *se conduire légèrement.*

légèreté nf Propriété, caractère de ce qui est léger.

légiférer vi (conj 10) Faire des lois.

légion nf **1.** HIST Corps de troupes romaines. **2.** Appellation de certaines unités militaires. **3.** Grand nombre d'êtres vivants : *une légion de solliciteurs.* ■ **être légion :** être très nombreux. ❑ **Légion étrangère :** formation militaire française composée de volontaires en majorité étrangers. ❑ **Légion d'honneur :** ordre honorifique français.

légionnaire nm **1.** Soldat d'une légion. **2.** Membre de l'ordre de la Légion d'honneur.

législateur, trice n et adj Personne qui légifère. ◆ nm ■ **le législateur :** la loi.

législatif, ive adj Relatif à la loi, au pouvoir de légiférer : *pouvoir législatif.* ■ **élections législatives :** pour élire les députés de l'Assemblée nationale.

législation nf Ensemble des lois concernant un pays ou un domaine particulier.

législature nf Durée du mandat d'une assemblée législative.

légiste nm Spécialiste des lois. ◆ adj ■ **médecin légiste :** chargé d'expertises afin d'aider la justice dans les affaires criminelles.

légitimation nf Action de légitimer.

légitime adj **1.** Consacré, reconnu, admis par la loi : *union légitime.* **2.** Juste, fondé : *demande légitime.* ■ **légitime défense :** droit de répondre à la violence par la violence pour protéger sa vie ou celle d'autrui ; usage de ce droit.

légitimement adv Conformément à la loi, à l'équité : *fortune légitimement acquise.*

légitimer vt **1.** Reconnaître pour légitime : *légitimer un droit ;* conférer la légitimité à un enfant naturel. **2.** Justifier : *rien ne légitime sa colère.*

légitimiste adj et n Qui défend le principe de la dynastie légitime.

légitimité nf Qualité de ce qui est légitime.

Lego nm (nom déposé) Jeu de construction constitué de briques en plastique encastrables.

legs [lɛ] ou [lɛg] nm **1.** Don par testament : *recevoir un legs.* **2.** LITT Héritage : *le legs du passé.*

léguer vt (conj 10) **1.** Donner par testament. **2.** FIG Transmettre : *léguer son nom.*

1. légume nm Plante potagère dont les graines, les feuilles, les tiges ou les racines entrent dans l'alimentation : *légumes verts et légumes secs.*

2. légume nf ■ FAM **grosse légume :** personnage important.

légumier, ère adj Relatif aux légumes. ◆ nm Plat pour servir les légumes.

légumineuse nf Plante dont le fruit est une gousse, telle que pois, fève ou haricot (les légumineuses forment un ordre).

leishmaniose nf Groupe de maladies des pays tropicaux affectant les globules blancs.

leitmotiv [lajtmɔtif] ou [lɛtmɔtif] (pl *leitmotivs* ou *leitmotive*) nm **1.** Phrase, formule qui revient à plusieurs reprises dans une œuvre littéraire, dans un discours, etc. **2.** MUS Motif musical conducteur.

lemming [lɛmiŋ] nm Petit mammifère rongeur de Scandinavie.

lémures nm pl ANTIQ ROM Fantômes des morts.

lémurien nm Mammifère primate aux lobes olfactifs très développés.

lendemain nm **1.** Jour qui suit celui où l'on est, ou celui dont on parle : *le lendemain de son arrivée.* **2.** Avenir plus ou moins immédiat : *penser au lendemain.* ■ **du jour au lendemain :** dans un court espace de temps.

lendit nm HIST Foire qui se tenait au Moyen Âge dans la plaine Saint-Denis.

lénifiant, e adj Qui lénifie ; amollissant : *climat lénifiant.*

lénifier vt LITT Adoucir, apaiser : *des paroles propres à lénifier.*

léninisme nm Doctrine de Lénine.

léniniste adj et n Relatif au léninisme ; qui en est partisan.

lent, e adj **1.** Qui manque de rapidité : *marche lente ; esprit lent.* **2.** Qui tarde à agir, à s'accomplir : *poison lent ; mort lente.*

lente nf Œuf de pou.

lentement adv D'une manière lente.

lenteur nf Manque de rapidité, d'activité, de vivacité : *marcher avec lenteur ; lenteur d'esprit.*

lenticulaire adj En forme de lentille : *disque lenticulaire.*

lenticule nf Lentille d'eau.

lentigo nm ou **lentigine** nf MÉD Grain de beauté.

lentille nf **1.** Plante annuelle cultivée pour sa graine en forme de disque bombé, consommée comme légume sec ; graine de cette plante. **2.** Disque de verre taillé servant, dans les instruments d'optique, à grossir les images. ■ **lentille cornéenne :** verre de contact.

lento [lɛnto] adv MUS Lentement.

léonin, e adj **1.** Propre au lion : *crinière léonine.* **2.** FIG Se dit d'un partage où une personne se réserve la plus grosse part : *contrat léonin.* ■ **vers léonin :** dont les deux hémistiches riment ensemble.

léopard nm Mammifère carnassier d'Afrique au pelage tacheté.

lépidoptère nm Insecte à métamorphoses complètes qui, à l'état adulte (papillon), a des ailes couvertes d'une poussière écailleuse.

lépiote nf Champignon des bois et des prés au chapeau couvert d'écailles.

lèpre nf **1.** Maladie infectieuse qui couvre la peau de pustules et d'écailles. **2.** FIG, LITT Vice, mal qui s'étend comme la lèpre : *la lèpre du chômage.*

lépreux, euse adj et n Qui a la lèpre. ◆ adj Dont la surface est abîmée, sale : *murs lépreux.*

léproserie nf Hôpital pour les lépreux.

lequel, laquelle, lesquels, lesquelles pron rel Représente une personne ou une chose dont on vient de parler et dont on va parler : *le stylo avec lequel j'écris.* ◆ pron interr (se contracte avec *à, de* pour donner *auquel, duquel, auxquels, auxquelles, desquels, desquelles*) Interroge sur l'élément à choisir dans un ensemble : *de ces deux hommes, auquel faire confiance ?*

les art et pron pl → **le.**

lès prép → **lez.**

lesbienne nf Femme homosexuelle.

lèse-majesté nf inv ■ **crime de lèse-majesté :** attentat à la majesté souveraine.

léser vt (conj 10) **1.** Faire tort à : *léser quelqu'un, un héritier.* **2.** Produire une lésion à : *les émanations toxiques ont lésé les poumons.*

lésiner vi Agir avec une économie excessive. ■ **ne pas lésiner sur :** ne pas hésiter à utiliser abondamment.

lésion nf **1.** Plaie, contusion, atteinte morbide d'un organe, d'un tissu. **2.** DR Préjudice dans un contrat.

lessivable adj Que l'on peut lessiver : *papier peint lessivable.*

lessivage nm Action de lessiver.

lessive nf **1.** Solution alcaline servant à laver, à nettoyer ; produit détersif. **2.** Action de laver le linge : *faire la lessive.* **3.** Linge lavé ou à laver. **4.** FAM, FIG Épuration.

lessiver vt **1.** Nettoyer avec de la lessive : *lessiver les murs, du linge.* **2.** FAM Éliminer d'un groupe, d'une fonction ; écraser, abattre un adversaire : *lessiver l'équipe adverse ;* dépouiller, ruiner : *se faire lessiver au poker.* ■ FAM **être lessivé :** épuisé.

lessiveuse nf Récipient pour faire bouillir le linge.

lessiviel, elle adj Relatif à la lessive, qui sert à faire la lessive : *produit lessiviel.*

lest nm Matière pesante qui charge un navire, un ballon. ■ FIG **jeter, lâcher du lest :** faire un sacrifice dans une situation compromise.

lestage nm Action de lester.

leste adj **1.** Léger, agile, souple : *marcher d'un pas leste.* **2.** Trop libre, grivois : *propos lestes.*

lestement adv De manière leste.

lester vt Charger de lest.

let [lɛt] adj inv Se dit d'une balle de service qui touche le filet (recommandation officielle : *filet*).

létal, e, aux adj MÉD Qui entraîne une mort prématurée, précoce : *gène létal.* ■ **dose létale :** dose d'un produit toxique qui entraîne la mort.

léthargie nf **1.** Sommeil profond, anormalement continu, avec relâchement musculaire complet. **2.** FIG Torpeur, engourdissement.

léthargique adj Qui tient de la léthargie ; atteint de léthargie.

letton, onne adj et n De Lettonie : *les Lettons.* ◆ nm Langue balte parlée en Lettonie.

lettre nf **1.** Chacun des signes graphiques constituant l'alphabet ; ce signe, considéré dans sa forme, sa taille, etc. :

les vingt-six lettres de l'alphabet ; lettre majuscule, minuscule. **2.** Caractère d'imprimerie : *les lettres sont rangées dans une casse.* **3.** Sens étroit et strict : *préférer l'esprit à la lettre.* **4.** Message écrit ; épître, missive : *poster une lettre.* **5.** Document officiel ou privé : *lettre de change.* ■ **à la lettre** ou **au pied de la lettre** : au sens propre des mots, ponctuellement. ❑ **en toutes lettres** : avec des mots, sans abréviation ni chiffres. ❑ **rester lettre morte** : sans effet. ◆ **lettres** pl Ensemble des connaissances et des études littéraires : *licence ès lettres.* ■ **homme, femme de lettres** : écrivain.

lettré, **e** adj et n Qui a du savoir, de la culture littéraire.

lettrine nf Grande initiale, ornée ou non, au début d'un chapitre, d'un paragraphe.

lettrisme nm Mouvement littéraire qui fait consister la poésie dans la sonorité ou la disposition des lettres ; école picturale faisant appel aux combinaisons visuelles des lettres et des signes.

leu nm ■ FAM **à la queue leu leu** : À la file.

leucémie nf Maladie marquée par une augmentation du nombre des globules blancs du sang.

leucémique adj et n Relatif à la leucémie ; atteint de leucémie.

leucocytaire adj Relatif au leucocyte.

leucocyte nm Globule blanc du sang.

leucorrhée nf MÉD Écoulement blanchâtre provenant des voies génitales de la femme.

leur adj poss À eux, à elles, qui appartient à eux, à elles. ◆ pron pers inv Désigne la 3e personne du pluriel représentant des êtres ou des choses ayant fonction de complément d'objet indirect ou de complément d'attribution. ◆ pron poss ■ **le leur, la leur, les leurs** : celui, celle, ceux, celles qui sont à eux, à elles. ❑ **les leurs** : leurs parents, leurs amis, leurs proches.

> GRAMMAIRE *Leur* en tant que pronom personnel est toujours invariable : *leurs* (adjectif possessif) *erreurs leur* (pronom personnel) *portent tort près des leurs* (pronom possessif).

leurre nm **1.** Appât factice pour la pêche. **2.** FIG Artifice, moyen d'attirer et de tromper : *ce projet merveilleux n'est qu'un leurre.*

leurrer vt Attirer par une espérance trompeuse. ◆ **se leurrer** vpr S'illusionner.

levage nm Action de lever. ■ **appareil de levage** : pour déplacer verticalement une charge.

levain nm **1.** Substance propre à produire la fermentation dans une préparation, notamment la pâte à pain. **2.** LITT Germe d'une passion, d'un sentiment, etc.

levant nm Est, orient. ◆ adj m ■ **soleil levant** : soleil qui se lève.

levantin, **e** adj et n Du Levant.

1. levé nm Lever d'un plan.

2. levé, **e** adj **1.** Soulevé, placé plus haut : *mains levées.* **2.** Sorti du lit, debout : *levée chaque jour à l'aube.* **3.** Dressé, vertical : *pierres levées.* ■ **au pied levé** : sans préparation.

levée nf **1.** Action de lever, d'enlever : *levée des scellés.* **2.** Perception, collecte : *levée des impôts ; levée du courrier.* **3.** Enrôlement : *levée des troupes.* **4.** Clôture, fin : *levée d'une séance.* **5.** Ensemble des cartes prises au jeu par une carte supérieure ; pli. **6.** Digue, chaussée : *levée de terre.*

lève-glace (pl *lève-glaces*) nm Lève-vitre.

1. lever vt (conj 9) **1.** Mettre plus haut, soulever : *lever un poids.* **2.** Redresser, diriger vers le haut : *lever la tête.* **3.** Relever : *lever un pont-levis.* **4.** Enlever, ôter, supprimer : *lever les scellés.* **5.** Prélever : *lever les filets d'un poisson.* **6.** Enrôler, recruter : *lever une armée.* **7.** Percevoir : *lever des impôts.* **8.** Dessiner : *lever un plan.* **9.** Faire sortir un animal de son gîte. ■ **lever le siège** : (a) mettre fin au siège (b) FIG s'en aller. ❑ **lever la séance** : la clore. ◆ vi **1.** Commencer à pousser : *les blés lèvent.* **2.** Commencer à fermenter : *la pâte lève.* ◆ **se lever** vpr **1.** Se mettre debout, sortir du lit. **2.** Apparaître : *le soleil se lève ; le vent se lève.*

2. lever nm **1.** Moment où on se lève : *au lever du lit.* **2.** Moment où un astre se lève : *lever du soleil.* ■ **lever de rideau** : (a) moment où on lève le rideau d'une scène théâtrale (b) petite pièce en un acte commençant une soirée théâtrale (c) match préliminaire dans une réunion sportive. ❑ **lever** ou **levé d'un plan** : sa représentation sur le papier.

lève-vitre (pl *lève-vitres*) nm Mécanisme servant à ouvrir ou fermer les vitres d'une voiture. SYN : lève-glace.

levier nm **1.** Barre basculant autour d'un point d'appui et servant à soulever des fardeaux. **2.** Tige de commande d'un mécanisme : *levier de vitesse.* **3.** FIG Moyen d'action : *l'intérêt est un puissant levier.*

lévitation nf État d'un corps maintenu en équilibre au-dessus du sol sans appui matériel.

lévite nm Chez les israélites, membre de la tribu de Lévi.

levraut nm Jeune lièvre.

lèvre nf Chacune des parties externes de la bouche qui couvrent les dents. ■ **du**

bout des lèvres : (a) sans appétit (b) avec dédain. ◆ **lèvres** pl Bords d'une plaie.

levrette nf Femelle du lévrier.

lévrier nm Chien propre à la chasse au lièvre, à la course.

lévulose nm CHIM Sucre de la famille des glucoses.

levure nf Champignon provoquant la fermentation alcoolique des solutions sucrées ou qui fait lever les pâtes farineuses. ■ **levure chimique :** mélange de produits chimiques servant à faire lever la pâte.

lexical, e, aux adj Qui concerne le lexique, le vocabulaire.

lexicalisation nf Fait d'être lexicalisé.

lexicalisé, e adj Qui fonctionne, qui est employé comme un mot (EX : *« petit déjeuner », « tout à fait » sont lexicalisés*).

lexicographe n Spécialiste de lexicographie, auteur de dictionnaires.

lexicographie nf Science de l'élaboration des dictionnaires.

lexicographique adj Relatif à la lexicographie.

lexicologie nf Partie de la linguistique qui étudie le vocabulaire.

lexicologue n Spécialiste de lexicologie.

lexique nm **1.** Ensemble des mots formant la langue d'une communauté. **2.** Dictionnaire spécialisé ; dictionnaire succinct, glossaire.

lez ou **lès** [lɛ] ou [lɛz] devant une voyelle prép (dans certains noms géographiques) Près de.

lézard nm **1.** Reptile commun près des vieux murs. **2.** Peau tannée des grands lézards tropicaux. **3.** FAM Difficulté imprévue ; problème : *il n'y a pas de lézard.* ■ FAM **faire le lézard :** se chauffer paresseusement au soleil.

lézarde nf Crevasse dans un mur.

lézarder vt Crevasser. ◆ vi FAM Faire le lézard. ◆ **se lézarder** vpr Se crevasser.

LGV nf (sigle de *ligne à grande vitesse*) Ligne ferroviaire construite spécialement pour permettre la circulation de trains à grande vitesse, à partir de 250 km/h.

liage nm Action de lier.

liaison [ljɛzɔ̃] nf **1.** Union, jonction de plusieurs corps. **2.** Enchaînement des parties d'un tout : *liaison dans les idées ; mots de liaison.* **3.** Relation, communication entre des personnes, des troupes, des services, etc. : *agent de liaison ; rester en liaison.* **4.** Communication assurée entre des points du globe : *liaison aérienne.* **5.** LITT Attachement, union : *liaison d'amitié.* **6.** Relation amoureuse suivie : *avoir une liaison.* **7.** CUIS Opération consistant à lier, épaissir une sauce en y incorporant un jaune d'œuf, de la farine, etc. ; ingrédient qui sert à lier. **8.** MUS Signe indiquant que l'on ne doit pas détacher les notes les unes des autres. **9.** GRAMM Prononciation qui consiste à faire entendre la dernière consonne d'un mot avec la voyelle initiale du mot suivant (EX : *les oiseaux* [lɛzwazo]). **10.** CHIM Interaction entre des éléments (ions, atomes, molécules), responsable de la cohésion et de la structure des corps composés.

liane nf Plante à tige grimpante des forêts tropicales.

1. liant nm Matière ajoutée à une autre pour en agglomérer les parties composantes.

2. liant, e adj Qui se lie facilement, sociable : *caractère liant.*

lias [ljɑs] nm GÉOL Jurassique inférieur.

liasse nf Paquet de papiers liés ensemble.

libanais, e adj et n Du Liban : *les Libanais.*

libation nf ANTIQ Liquide (lait, huile, vin) répandu en offrande rituelle. ◆ **libations** pl ■ **faire des libations :** boire copieusement.

libelle nm LITT Écrit diffamatoire.

libellé nm Formulation d'un acte, d'un document, manière dont il est rédigé.

libeller vt Rédiger dans les formes légales ou requises.

libellule nf Insecte à quatre longues ailes.

liber [libɛr] nm BOT Partie profonde de l'écorce du tronc et des branches.

libérable adj Qui peut être libéré.

libéral, e, aux adj et n **1.** Favorable aux libertés individuelles, à la liberté de penser, à la liberté politique. **2.** Relatif au libéralisme économique ou politique ; qui en est partisan. ◆ adj Indulgent, tolérant, permissif : *éducation libérale.* ■ **profession libérale :** profession indépendante, d'ordre intellectuel (avocats, médecins, etc.) et rémunérée sous forme d'honoraires.

libéralement adv Avec libéralité ; avec libéralisme.

libéralisation nf Action de libéraliser.

libéraliser vt Rendre plus libre, plus libéral.

libéralisme nm **1.** Doctrine économique des partisans de la libre entreprise. **2.** Doctrine politique visant à limiter les pouvoirs de l'État au regard des libertés individuelles. **3.** Fait d'être libéral, tolérant : *le libéralisme d'un directeur, d'un règlement.*

libéralité nf **1.** Disposition à donner ; générosité : *agir avec libéralité.* **2.** (surtout au pluriel) Don généreux : *les libéralités des amis.*

libérateur, trice adj et n Qui libère.

libération nf Action de libérer.

libératoire adj DR Qui libère d'une obligation.

libéré, e adj et n Dégagé d'une obligation, d'une peine. ◆ adj Affranchi de contraintes sociales ou morales : *femme libérée.*

libérer vt (conj 10) **1.** Mettre en liberté : *libérer un prisonnier ;* laisser partir : *libérer les élèves après les cours.* **2.** Débarrasser de ce qui entrave, d'une contrainte : *libérer quelqu'un de ses liens, d'un souci ; libérer les prix.* **3.** Délivrer de la domination, de l'occupation étrangère : *libérer un pays.* **4.** Décharger d'une obligation : *libérer d'une dette.* **5.** Rendre libre un mécanisme : *libérer le cran de sûreté.* **6.** Dégager de ce qui obstrue : *libérer le passage.* **7.** Rendre un lieu libre, disponible : *libérer un appartement.* **8.** PHYS Dégager une énergie, une substance : *réaction qui libère un gaz.* ◆ **se libérer** vpr **1.** Se rendre libre : *j'essaierai de me libérer demain pour aller vous voir.* **2.** S'affranchir : *se libérer de la tutelle de ses parents.*

libérien, enne adj et n Du Liberia : *les Libériens.*

libertaire n et adj Partisan de la liberté absolue ; anarchiste.

liberté nf **1.** État opposé à la captivité, à la servitude, à la contrainte : *mettre en liberté ; rendre la liberté à un peuple ; parler en toute liberté.* **2.** Pouvoir d'agir ou de ne pas agir, de choisir : *liberté d'expression, d'opinion.* **3.** État d'une personne qui n'est liée par aucun engagement, notamment professionnel ou conjugal : *célibataire qui préfère garder sa liberté.* **4.** État de l'homme qui se gouverne selon sa raison en l'absence de tout déterminisme : *liberté de jugement.* ■ **liberté surveillée :** mesure qui consiste à soumettre un mineur délinquant placé dans sa famille ou dans une institution spécialisée à un contrôle du juge. ❑ **prendre la liberté de :** se permettre de. ◆ **libertés** pl **1.** Immunités, franchises : *libertés municipales.* **2.** Manières d'agir trop libres, trop hardies : *prendre des libertés.*

libertin, e adj et n **1.** LITT Qui est de mœurs très libres, qui mène une vie dissolue. **2.** HIST, LITT Libre-penseur, au XVIIe s.

libertinage nm Manière de vivre dissolue du libertin ; licence.

libidinal, e, aux adj PSYCHAN Relatif à la libido.

libidineux, euse adj LITT Qui recherche sans cesse les plaisirs érotiques.

libido nf PSYCHAN Énergie de la pulsion sexuelle.

libraire n Personne qui vend des livres, qui tient une librairie.

librairie nf **1.** Commerce des livres, activité du libraire. **2.** Magasin où l'on vend des livres.

libre adj **1.** Qui peut aller et venir à sa guise, qui n'est pas prisonnier : *l'accusé est libre.* **2.** Qui a le pouvoir d'agir, de se déterminer à sa guise : *vous êtes libre de refuser.* **3.** Qui ne subit pas de domination, qui jouit de la liberté politique : *pays libre.* **4.** Qui est sans contrainte, sans souci des règles : *on est libre dans cette maison.* **5.** Qui n'est pas lié par un engagement : *je suis libre ce soir.* **6.** Qui n'est pas occupé, retenu : *le taxi est libre ;* dégagé : *la voie est libre.* **7.** Qui n'est pas limité par une autorité, une règle : *presse libre ; libre de tout préjugé.* ■ **école libre :** qui ne relève pas de l'enseignement public. ❑ **temps libre :** dont on peut disposer à sa guise.

libre-échange (pl *libres-échanges*) nm Commerce sans prohibitions ni droits de douane (par opposition à *protectionnisme*).

libre-échangiste (pl *libre-échangistes*) adj et n Relatif au libre-échange ; qui en est partisan.

librement adv En toute liberté.

libre-penseur (pl *libres-penseurs*) nm Personne qui s'est affranchie de toute sujétion religieuse, de toute croyance.

libre-service (pl *libres-services*) nm Magasin où le client se sert lui-même.

librettiste n Auteur d'un livret d'opéra.

libyen, enne adj et n De Libye : *les Libyens.*

1. lice nf Champ clos pour des exercices en plein air. ■ FIG **entrer en lice :** entreprendre une lutte, une discussion.

2. lice nf Femelle du chien de chasse.

3. lice nf TECHN → **lisse.**

licence nf **1.** LITT Liberté excessive qui tend au dérèglement moral : *licence des mœurs.* **2.** Liberté que prend un écrivain, un poète avec les règles de la grammaire : *licence poétique.* **3.** Permis d'exercer une activité commerciale, sportive, etc. : *licence d'exploitation.* **4.** Diplôme obtenu à bac + 3 et conférant le deuxième grade universitaire.

licence-master-doctorat nm Organisation des études universitaires reposant sur des diplômes obtenus à bac + 3 (licence), bac + 5 (master) et bac + 8 (doctorat) ; abrév. : *LMD.*

licencié, e n et adj **1.** Titulaire d'une licence universitaire. **2.** Qui a été congédié, privé de son emploi.

licenciement nm Action de licencier.

licencier vt Priver d'emploi ; congédier, renvoyer.

licencieusement adv De façon licencieuse.

licencieux, euse adj Contraire à la décence, à la pudeur : *conduite licencieuse.*

lichen [likɛn] nm Végétal vivant sur le sol, sur les arbres ou les pierres, formé d'un thalle où vivent associés un champignon et une algue.

lichette nf FAM Petite quantité d'un aliment.

licite adj Permis par la loi.

licitement adv De façon licite.

licol ou **licou** nm Lien que l'on met au cou des bêtes.

licorne nf Animal fabuleux, à corps de cheval, avec une corne au milieu du front.

licou nm → **licol**.

licteur nm ANTIQ ROM Officier qui portait devant les magistrats une hache entourée de faisceaux.

lie nf **1.** Dépôt qui se forme dans un liquide. **2.** LITT Rebut, racaille : *la lie de la société.*

lied [lid] (pl *lieds* ou *lieder*) nm Chant ou mélodie dans les pays germaniques.

lie-de-vin adj inv Rouge violacé.

liège nm Tissu épais et léger de l'écorce de certains arbres, en particulier du chêne-liège.

liégeois, e adj et n De Liège. ◆ adj m ■ **café, chocolat liégeois :** glace au café ou au chocolat servie avec de la crème Chantilly.

lien nm **1.** Ce qui sert à lier : *cheveux retenus par un lien.* **2.** Ce qui relie, établit un rapport logique ou de dépendance : *lien de cause à effet.* **3.** Ce qui unit des personnes ; relation : *liens de parenté, d'amitié.*

lier vt **1.** Attacher : *lier une gerbe.* **2.** Joindre, assembler, unir : *lier des notes ; le ciment lie les pierres.* **3.** Unir par un intérêt, un goût, un rapport quelconque : *l'intérêt les lie.* **4.** Attacher par un engagement, enchaîner : *être lié par une promesse.* **5.** Engager avec quelqu'un, nouer : *lier amitié, conversation.* ■ **lier une sauce :** l'épaissir, la rendre homogène avec une liaison. ◆ **se lier** vpr S'unir par un lien d'affection.

lierre nm Plante à feuilles persistantes vivant fixée aux murs, aux arbres, par des racines crampons.

liesse nf LITT Joie, réjouissance collective : *une foule en liesse.*

1. lieu (pl *lieux*) nm **1.** Partie déterminée de l'espace ; localité, pays, contrée : *un lieu charmant.* **2.** Endroit, édifice, local, etc., considéré du point de vue de sa destination, de son usage : *lieu de travail.* ■ **au lieu de :** à la place de, plutôt que de. ❑ **au lieu que** (+ subj) : plutôt que. ❑ **avoir lieu :** arriver, se produire, se dérouler. ❑ **avoir lieu de :** avoir des bonnes raisons pour. ❑ **donner lieu à :** fournir l'occasion de. ❑ **en dernier lieu :** enfin, finalement. ❑ **en haut lieu :** auprès des responsables, des dirigeants. ❑ **en premier lieu :** d'abord. ❑ **en temps et lieu :** au moment et à l'endroit qui conviennent. ❑ **haut lieu :** endroit rendu mémorable par les faits qui s'y sont déroulés. ❑ **il y a lieu de :** il est opportun de, il est permis de. ❑ **lieu commun :** réflexion banale, sans originalité. ❑ **lieu public :** où le public a accès librement. ❑ **tenir lieu de :** remplacer. ◆ **lieux** pl Locaux, propriété : *état des lieux.* ■ VIEILLI **lieux d'aisances :** cabinets, toilettes.

2. lieu (pl *lieus*) nm Poisson marin comestible de la Manche et de la Méditerranée (appelé aussi : *colin*).

lieu-dit (pl *lieux-dits*) nm Lieu qui porte un nom particulier : *au lieu-dit les Chênes.*

lieue nf Ancienne mesure itinéraire (environ 4 km). ■ **être à cent, à mille lieues de :** être très éloigné de : *être à cent lieues de la solution.*

lieuse nf Dispositif d'une moissonneuse, pour lier les gerbes.

lieutenant nm **1.** Celui qui seconde et remplace le chef. **2.** Officier au-dessous du capitaine.

lieutenant-colonel (pl *lieutenants-colonels*) nm Officier au-dessous du colonel.

lièvre nm Mammifère rongeur à longues pattes postérieures et à longues oreilles ; chair de cet animal. ■ **courir, chasser deux lièvres à la fois :** mener plusieurs activités en même temps. ❑ FIG **lever un lièvre :** soulever une difficulté.

lift nm Au tennis, effet donné à la balle pour en augmenter le rebond.

lifter vt et vi Exécuter un lift.

liftier nm Garçon d'ascenseur.

lifting [liftiŋ] nm Intervention chirurgicale consistant à tendre la peau pour effacer les rides (recommandation officielle : *lissage*).

ligament nm Faisceau fibreux qui unit les os, les viscères.

ligamentaire adj Relatif aux ligaments.

ligamenteux, euse adj De la nature du ligament.

ligature nf **1.** Action de serrer un lien, une bande, etc., autour d'une partie du corps ou d'objets divers ; le lien lui-même. **2.** Ensemble de lettres liées qui forment un caractère unique (EX : œ).

ligaturer vt Serrer, lier avec une ligature : *ligaturer une artère.*

lige adj HIST Étroitement obligé envers son seigneur : *vassal lige.* ■ LITT **homme lige :** personne totalement dévouée à quelqu'un, à un groupe.

lignage nm Ensemble de personnes issues d'un ancêtre commun. ■ **de haut lignage :** de haute noblesse.

ligne nf **1.** Trait fin et continu : *tracer une ligne.* **2.** Ce qui forme une limite, une séparation : *ligne de démarcation.* **3.** Forme, contour, dessin, silhouette : *ligne d'une voiture.* **4.** Direction suivie : *aller en droite ligne.* **5.** Règle de vie, orientation : *ligne de conduite.* **6.** Suite, série continue, alignement, rangée : *ligne d'arbres ; ligne de mots.* **7.** Service de transport, de communication entre deux points : *ligne de métro ; ligne téléphonique.* **8.** Fil terminé par un hameçon : *pêche à la ligne.* **9.** Générations qui se succèdent : *en ligne directe ; descendre en droite ligne de.* **10.** Disposition d'une armée prête à combattre : *les lignes ennemies.* ■ FAM **avoir, garder la ligne :** avoir un corps mince, svelte. ❑ INFORM **en ligne :** (a) qui est relié à une unité centrale : *périphérique en ligne* (b) accessible grâce à un micro-ordinateur relié à une ligne téléphonique ou à un réseau câblé : *services en ligne* (c) qui navigue sur un réseau télématique : *message aux utilisateurs en ligne.* ❑ **entrer en ligne de compte :** être important. ❑ **être en ligne :** en communication téléphonique. ❑ FAM **faire bouger les lignes :** proposer une action, politique notamm., qui marque un changement avec la pratique traditionnelle. ❑ **hors ligne :** (a) extraordinaire (b) INFORM qui n'est plus connecté à un ordinateur (c) INFORM que l'on obtient en puisant dans une mémoire locale et non en passant par une ligne téléphonique : *base d'informations hors ligne.* ❑ **les grandes lignes :** les points principaux d'un projet, d'un texte, etc. ❑ **lire entre les lignes :** comprendre ce qui n'est pas dit explicitement. ❑ **sur toute la ligne :** tout à fait ; complètement.

lignée nf Descendance.

ligner vt Marquer de lignes.

ligneux, **euse** adj De la nature du bois : *consistance ligneuse.*

lignicole adj Qui vit dans le bois des arbres : *insectes lignicoles.*

lignification nf Phénomène par lequel les membranes de certaines cellules végétales prennent l'aspect du bois.

lignifier (se) vpr Se changer en bois.

lignine nf Matière organique, constituant principal du bois.

lignite nm Charbon fossile à faible valeur calorifique.

ligoter vt **1.** Attacher étroitement. **2.** Priver qqn de sa liberté d'action, d'expression.

ligue nf **1.** Association fondée dans un but déterminé : *Ligue des droits de l'homme ; Ligue contre le cancer.* **2.** HIST Union formée entre plusieurs princes ; confédération.

liguer vt Unir dans une même alliance. ◆ **se liguer** vpr Unir ses efforts contre qqn, qqch.

ligueur, **euse** n **1.** Membre d'une ligue. **2.** HIST Partisan de la Ligue, au XVIe s.

ligule nf Petite lame saillante de certaines feuilles.

ligure ou **ligurien**, **enne** adj et n De Ligurie.

lilas nm Arbuste dont les fleurs forment des grappes ; la fleur elle-même. ◆ adj inv D'une couleur mauve rosé.

liliacée nf Plante monocotylédone telle que le lis, la tulipe, le muguet (les liliacées forment une famille).

lilliputien, **enne** [lilipysjɛ̃, ɛn] adj et n Très petit.

limace nf Mollusque gastéropode sans coquille extérieure.

limaçon nm **1.** Escargot. **2.** ANAT Partie de l'oreille interne en forme de coquille.

limage nm Action de limer.

limaille nf Matière formée de parcelles de métal limé : *limaille de fer.*

limande nf Poisson plat dissymétrique, comestible, de la Manche et de l'Atlantique.

limbe nm **1.** Bord extérieur et gradué d'un instrument de mesure. **2.** ASTRON Bord d'un astre. **3.** BOT Partie élargie de la feuille ; partie étalée d'un pétale ou d'un sépale. ◆ **limbes** pl THÉOL Lieu où vont les âmes des enfants morts sans baptême.

1. lime nf Outil d'acier couvert d'entailles utilisé pour tailler, polir une matière par frottement : *lime à ongles.*

2. lime ou **limette** nf Petit citron vert.

limer vt Travailler, rogner, raccourcir avec la lime.

limeur, **euse** adj Qui sert à limer.

limier nm **1.** Chien de chasse. **2.** FAM Policier, détective : *un fin limier.*

liminaire adj Qui est au début d'un ouvrage, d'un débat : *déclaration liminaire.*

limitatif, **ive** adj Qui limite.

limitation nf Détermination de limites ; restriction : *limitation des armements, de vitesse.*

limite nf **1.** Ligne séparant deux États, deux territoires contigus ; frontière : *le Rhin marque la limite entre les deux pays.* **2.** Ce qui marque le début ou la fin d'une étendue, d'une période ; partie extrême : *limites d'une zone d'influence ; limite d'âge ; la dernière limite.* **3.** Borne, point au-delà desquels ne peuvent aller ou s'étendre une action, une influence, un état : *ma patience a des limites.* ■ **à la limite** : si on envisage le cas extrême. ◆ adj Qu'on ne peut dépasser, extrême : *date limite.*

limité, e adj **1.** Restreint : *confiance limitée.* **2.** FAM Sans grands moyens intellectuels.

limiter vt **1.** Enfermer, constituer la limite de : *clôture qui limite un champ.* **2.** Restreindre : *limiter ses dépenses.* ◆ **se limiter** vpr [à] **1.** S'imposer des limites, se contenter de : *se limiter à exposer les grandes lignes.* **2.** Avoir pour limites : *mes connaissances en anglais se limitent à quelques phrases.*

limitrophe adj Situé à la frontière d'un pays, d'une région : *pays limitrophe.*

limnologie nf Étude physique et biologique des lacs.

limogeage nm Action de limoger.

limoger vt (conj 2) Priver un officier, un fonctionnaire, de son emploi, par révocation, déplacement, etc.

1. limon nm Roche sédimentaire détritique, constituant des sols légers et fertiles.

2. limon nm Citron très acide.

3. limon nm **1.** Bras d'un brancard, d'une voiture à cheval. **2.** ARCHIT Pièce qui supporte les marches d'un escalier.

limonade nf **1.** Boisson gazeuse acidulée. **2.** FAM Commerce des cafetiers.

limonadier, ère n **1.** Qui vend des boissons au détail ; qui tient un café. **2.** Fabricant de limonade.

limonaire nm Orgue de Barbarie.

limoneux, euse adj Qui contient du limon.

limonier nm Citronnier qui produit les limons.

limousin, e adj et n Du Limousin.

limousine nf Grande automobile à quatre portes et six glaces latérales.

limpide adj **1.** Clair et transparent : *eau limpide.* **2.** FIG Facile à comprendre : *explication limpide.*

limpidité nf Qualité de ce qui est limpide.

lin nm **1.** Plante textile et oléagineuse à fleurs bleues. **2.** Étoffe faite avec les fibres de cette plante.

linacée nf Plante dicotylédone telle que le lin (les linacées forment une famille).

linceul nm Toile dans laquelle on ensevelit un mort. SYN : suaire.

linéaire adj **1.** Relatif aux lignes. **2.** Qui a l'aspect continu d'une ligne : *représentation linéaire.* **3.** MATH Dont la variation peut être représentée par une ligne droite : *fonction linéaire.* **4.** FIG D'une grande simplicité, sobre : *discours linéaire.*

linéairement adv MATH De façon linéaire.

linéament nm LITT Trait, ligne définissant un contour : *les linéaments du visage.*

linéarité nf Caractère de ce qui est linéaire.

linge nm **1.** Ensemble des objets de tissu à usage vestimentaire ou domestique : *linge de corps ; linge de maison.* **2.** Morceau d'étoffe, de toile.

lingère nf Personne chargée de l'entretien du linge dans un hôtel, un hôpital.

lingerie nf **1.** Fabrication et commerce du linge. **2.** Pièce réservée à l'entretien du linge. **3.** Sous-vêtements féminins.

lingette nf Petite serviette en ouate de cellulose imprégnée d'une substance nettoyante et utilisée pour les soins d'hygiène : *des lingettes pour bébé.*

lingot nm **1.** Masse de métal ou d'alliage ayant conservé la forme du moule dans lequel elle a été coulée. **2.** Masse coulée d'un kilogramme d'or fin.

lingual, e, aux [lɛ̃gwal, o] adj Relatif à la langue : *muscles linguaux.* ◆ adj f et nf Se dit d'une consonne articulée avec la langue (*d, t, k, l, n, r*).

lingue nf Poisson de mer comestible des profondeurs de l'Atlantique nord. SYN : julienne.

linguiste [lɛ̃gɥist] n Spécialiste de linguistique.

linguistique [lɛ̃gɥistik] nf Science qui étudie le langage et les langues. ◆ adj **1.** Qui concerne la langue comme moyen de communication : *communauté linguistique.* **2.** Relatif à l'apprentissage d'une langue étrangère : *séjour linguistique.* **3.** Relatif à la linguistique : *théorie linguistique.*

liniment nm Préparation pharmaceutique liquide dont on se frictionne la peau.

links [liŋks] ou [links] nm pl Terrain de golf.

lino nm (abréviation) FAM Linoléum.

linoléum [linɔleɔm] nm Revêtement de sol imperméable.

linon nm Toile de lin fine.

linotte nf Passereau à plumage gris. ■ FAM **tête de linotte :** étourdi.

Linotype nf (nom déposé) ANC Machine à composer et à fondre les caractères d'imprimerie par lignes.

linotypie nf IMPR, ANC Composition à la Linotype.

linotypiste n ANC Personne qui travaille sur une Linotype.

linteau nm Traverse au-dessus d'une porte ou d'une fenêtre.

lion, onne n Grand mammifère carnassier de la famille des félidés à pelage fauve. ■ **lion de mer :** phoque à crinière. ❑ **la part du lion :** la plus considérable. ◆ **Lion** nm Constellation zodiacale figurant un lion ; signe astrologique des personnes nées entre le 23 juillet et le 22 août. ◆ nm et adj Personne née sous le signe du Lion.

lionceau nm Petit du lion.

lipide nm Substance organique grasse.

lipidique adj Relatif aux lipides.

lipome nm Tumeur bénigne graisseuse.

lipoprotéine nf Combinaison d'une protéine et d'un lipide.

liposome nm Vésicule artificielle microscopique utilisée pour l'introduction de substances dans les cellules.

liposuccion nf Suppression des surcharges adipeuses sous-cutanées par aspiration.

lipothymie nf MÉD Brève perte de connaissance avec conservation des mouvements respiratoires et cardiaques.

lippe nf Lèvre inférieure proéminente.

lippu, e adj Qui a de grosses lèvres.

liquéfaction nf **1.** Transformation en liquide : *la liquéfaction d'un gaz.* **2.** FIG, FAM Amollissement, abattement physique et intellectuel.

liquéfiable adj Qu'on peut liquéfier : *corps facilement liquéfiable.*

liquéfier vt Rendre liquide : *liquéfier un gaz, un solide.* ◆ **se liquéfier** vpr **1.** Devenir liquide : *le goudron se liquéfie sous l'action de la chaleur.* **2.** FAM S'amollir, perdre toute énergie : *il s'est liquéfié en entendant la nouvelle.*

liquette nf FAM Chemise.

liqueur nf Boisson à base d'alcool et de sirop.

liquidateur, trice n DR Personne qui liquide une affaire, une société, un héritage.

liquidation nf **1.** Vente à bas prix de marchandises en vue d'un écoulement rapide : *liquidation totale.* **2.** Opération qui a pour objet de régler des comptes financiers : *liquidation d'un impôt.* **3.** DR Ensemble des opérations préliminaires à un partage de biens communautaires : *liquidation de société, de succession.* **4.** FAM Assassinat.

1. liquide adj **1.** Qui coule ou tend à couler : *substance liquide.* **2.** Peu épais, de faible consistance ; fluide : *sauce trop liquide.* ■ **état liquide :** état présenté par les corps sans forme propre mais dont le volume est invariable. ◆ nm **1.** Corps qui est à l'état liquide à la température et à la pression ordinaires (par opposition à *solide, gaz*). **2.** Aliment ou boisson liquide.

2. liquide adj et nm ■ **le liquide, l'argent liquide :** l'argent disponible immédiatement, en espèces : *payer en liquide.*

liquider vt **1.** Régler, fixer : *liquider un compte, une affaire.* **2.** Vendre à bas prix : *liquider des marchandises.* **3.** FAM Consommer complètement un aliment, un repas ; vider un contenant : *liquider les restes, son assiette.* **4.** FAM Éliminer : *liquider un témoin gênant.*

liquidités nf pl Argent liquide.

liquoreux, euse adj Se dit d'une boisson alcoolisée sucrée : *vins liquoreux.*

1. lire nf Unité monétaire italienne jusqu'au 1er janvier 2002.

2. lire vt (conj 73) **1.** Identifier et assembler des lettres, former les sons qu'elles représentent et leur associer un sens : *apprendre à lire.* **2.** Prendre connaissance du contenu d'un texte : *lire un journal.* **3.** Énoncer à voix haute un texte écrit : *lire un conte à un enfant.* **4.** Déchiffrer, comprendre : *lire une partition musicale, un graphique.* **5.** Discerner, reconnaître : *lire de la tristesse sur un visage.* **6.** Procéder à la lecture d'un signal, de données enregistrées ou stockées. ■ **lu et approuvé :** mention qui précède une signature au bas d'un acte, pour en approuver les termes.

ORTHOGRAPHE Dans les expressions *lu et approuvé* et *lu les documents joints, lu* est invariable.

lis ou **lys** [lis] nm Liliacée à fleurs blanches et odorantes ; sa fleur. ■ **fleur de lis :** emblème héraldique de la royauté en France.

liseré ou **liséré** nm **1.** Ruban étroit dont on borde une étoffe. **2.** Bordure étroite ; raie.

liseron nm Plante grimpante (appelée aussi : *volubilis*).

liseur, euse n Personne qui aime lire.

liseuse nf **1.** Coupe-papier servant de signet. **2.** Couvre-livre. **3.** Vêtement féminin qui couvre le buste et les bras. **4.** Livre électronique.

lisibilité nf Qualité de ce qui est lisible.

lisible adj **1.** Facile à lire, à déchiffrer : *écriture lisible.* **2.** Qui peut être lu sans fatigue, sans ennui : *ouvrage de vulgarisation lisible par tous.* **3.** FIG Qui ne comporte pas d'élément opaque et peut être aisément compris : *politique économique lisible.*

lisiblement adv D'une manière lisible : *écrire lisiblement.*

lisière nf **1.** Bord qui termine de chaque côté la largeur d'une étoffe. **2.** Limite, bord : *lisière d'un champ.*

lissage nm **1.** Action de lisser. **2.** Lifting.

1. lisse adj Uni et poli : *peau lisse.*

2. lisse ou **lice** nf Fil de métal ou de lin portant un maillon dans lequel passe le fil de chaîne, sur un métier à tisser.

lisser vt Rendre lisse.

lissier ou **licier** nm **1.** Celui qui monte les lisses d'un métier à tisser. **2.** Celui qui exécute des tapisseries sur métier.

lissoir nm Instrument pour lisser le linge, le papier, etc.

listage nm **1.** Action de lister. **2.** Listing.

liste nf Suite de noms, de signes numériques, etc. ; énumération : *liste d'invités.* ■ **liste civile** : somme allouée pour les dépenses personnelles du chef de l'État. ❑ **liste de mariage** : ensemble de cadeaux, sélectionnés par de futurs époux, parmi lesquels parents et amis peuvent choisir pour les leur offrir. ❑ **liste rouge** : liste des abonnés au téléphone dont le nom ne figure pas dans l'annuaire et dont le numéro ne peut être communiqué par les renseignements.

listel ou **listeau** ou **liston** nm Baguette pour encadrement.

lister vt **1.** Mettre en liste. **2.** Imprimer des informations traitées par un ordinateur.

listing [listiŋ] nm Sortie sur une imprimante du résultat d'un traitement par ordinateur ; ce résultat imprimé (recommandation officielle : *listage [opération], liste [résultat]*).

liston nm → **listel.**

lit nm **1.** Meuble sur lequel on se couche : *lit à une, deux places.* **2.** Tout lieu où l'on peut se coucher : *lit de gazon.* **3.** PAR EXT Mariage : *enfant du premier lit.* **4.** Couche de matière ou d'objets quelconques : *lit de sable.* **5.** Chenal creusé par un cours d'eau et dans lequel il s'écoule. ■ **faire le lit de** : favoriser l'avènement d'une personne, d'un phénomène jugés néfastes : *faire le lit des populistes, de l'intégrisme.* ❑ **garder le lit** ou **être cloué au lit** : rester au lit pour cause de maladie. ❑ FAM **tomber du lit** : se lever plus tôt que d'habitude.

litanie nf FAM Longue et ennuyeuse énumération : *litanie de réclamations.* ◆ **litanies** pl Suite d'invocations à Dieu, à la Vierge, aux saints.

litchi ou **lychee** [litʃi] nm Arbre de Chine à fruit comestible ; ce fruit.

liteau nm Raie colorée dans le linge de table.

literie nf Ce qui compose l'équipement d'un lit.

lithiase nf MÉD Formation de calculs dans l'organisme : *lithiase biliaire.*

lithium nm Métal alcalin léger ; symb : Li.

litho nf (abréviation) FAM Lithographie.

lithographie nf **1.** Impression de dessins tracés sur une pierre calcaire. **2.** Estampe imprimée par ce procédé.

lithographique adj Relatif à la lithographie : *pierre lithographique.*

lithologie nf Nature des roches constituant une formation géologique.

lithosphère nf Couche externe du globe terrestre constituée par la croûte et le manteau supérieur.

litière nf **1.** Paille sur laquelle se couchent les animaux. **2.** Mélange de particules absorbantes pour recueillir les déjections des chats. **3.** Lit couvert porté à l'aide de brancards.

litige nm **1.** Contestation en justice. **2.** Discussion : *point de litige.*

litigieux, euse adj Contestable.

litote nf Expression qui consiste à dire moins pour faire entendre plus (EX : *je ne vous hais pas* pour signifier *je vous aime beaucoup*).

litre nm **1.** Unité de mesure de volume, valant 1 décimètre cube ; symb : l. **2.** Bouteille, récipient contenant un litre.

litron nm FAM Litre de vin.

littéraire adj **1.** Relatif à la littérature, qui en a les qualités : *journal, style littéraire.* **2.** Relatif aux lettres, par opposition aux sciences : *études littéraires.* ◆ adj et n Qui a des aptitudes pour les lettres plutôt que pour les sciences.

littérairement adv Du point de vue littéraire.

littéral, e, aux adj Selon le sens strict des mots : *traduction littérale.*

littéralement adv **1.** À la lettre : *traduire littéralement.* **2.** FAM Absolument : *il est littéralement épuisé.*

littérateur nm SOUVENT PÉJOR Qui s'occupe de littérature.

littérature nf **1.** Ensemble des œuvres écrites ou orales auxquelles on reconnaît une valeur esthétique. **2.** Ensemble des productions littéraires d'un pays, d'une époque, d'un genre : *la littérature latine ; la littérature du Moyen Âge ; la littérature policière.* **3.** Activité, travail de l'écrivain.

littoral, e, aux adj Du bord de la mer : *montagnes littorales.* ◆ nm Étendue de pays qui borde la mer.

lituanien, enne adj et n De Lituanie : *les Lituaniens.*

liturgie nf Ensemble des règles fixant le déroulement des actes du culte.

liturgique adj Relatif à la liturgie.

livarot nm Fromage fermenté du Calvados, à pâte molle.

livide adj De couleur plombée, extrêmement pâle ; blême, blafard : *teint livide.*

lividité nf LITT État de ce qui est livide : *lividité cadavérique.*

living-room [liviŋrum] (pl *living-rooms*) ou **living** (pl *livings*) nm Pièce de séjour dans un appartement.

livrable adj Qui peut être livré.

livraison nf **1.** Action de livrer : *livraison à domicile.* **2.** Chose livrée.

1. livre nm **1.** Ensemble de feuilles imprimées et réunies en un volume : *ranger des livres dans une bibliothèque.* **2.** Ouvrage en prose ou en vers considéré du point de vue de son contenu : *livre bien écrit.* **3.** Registre sur lequel un commerçant inscrit ses opérations : *livre de comptes.* **4.** Division d'un ouvrage : *les douze livres de « l'Énéide ».* ■ **à livre ouvert :** sans préparation, à la première lecture : *traduire à livre ouvert.* ❑ **grand(-)livre :** livre de commerce où l'on établit tous les comptes de l'entreprise. ❑ **livre animé :** pop-up. ❑ **livre d'or :** registre sur lequel on peut apposer une signature ou consigner des commentaires. ❑ **livre électronique** ou **livre numérique :** micro-ordinateur de la taille d'un livre, destiné à la consultation interactive de textes et d'images préalablement téléchargés. SYN : e-book, liseuse. ❑ **livres sacrés :** les Écritures saintes.

2. livre nf **1.** Unité monétaire de divers États, dont la Grande-Bretagne : *livre sterling.* **2.** Ancienne unité de poids, de valeur variable ; demi-kilogramme : *une livre de beurre, de viande* ; mesure de masse anglaise valant 453,592 g ; symb : lb.

livre-cassette (pl *livres-cassettes*) nm Cassette contenant l'enregistrement d'un ouvrage littéraire.

livrée nf **1.** Habits distinctifs que portent les domestiques d'une grande maison. **2.** VÉNER Pelage, plumage.

livrer vt **1.** Remettre quelqu'un au pouvoir de ; trahir, dénoncer : *livrer des malfaiteurs à la police ; livrer son complice.* **2.** Abandonner à l'action de : *livrer une ville au pillage.* **3.** Remettre à un acheteur : *livrer une commande.* **4.** Apporter une marchandise à : *livrer un client.* ◆ **se livrer** vpr [à] **1.** Se constituer prisonnier. **2.** S'abandonner sans réserve à : *se livrer à son activité favorite.* **3.** Se confier : *elle ne se livre pas facilement.*

livresque adj Qui provient des livres, et non de l'expérience : *science livresque.*

livret nm **1.** Petit livre, carnet : *livret de caisse d'épargne.* **2.** Texte d'une œuvre lyrique : *livret d'un opéra.* ■ **livret de famille :** destiné à recevoir les actes de l'état civil d'une famille. ❑ **livret militaire :** où sont inscrits les services du titulaire. ❑ **livret scolaire :** livret mentionnant les notes et places d'un élève.

livreur, euse n Employé qui porte chez l'acheteur la marchandise vendue.

LMD nm (sigle) Licence-master-doctorat.

lob nm SPORTS Coup qui consiste à faire passer la balle ou le ballon au-dessus de l'adversaire, assez haut pour qu'il ne puisse pas l'intercepter.

lobby (pl *lobbys* ou *lobbies*) nm Groupe de pression.

lobbying [lɔbiiŋ] ou **lobbysme** nm Action menée par un lobby.

lobe nm **1.** ANAT Partie arrondie d'un organe : *lobe du cerveau ; lobe de l'oreille.* **2.** BOT Division profonde, arrondie, des feuilles ou des fleurs. **3.** ARCHIT Ornement formé de fragments de cercle.

lobé, e adj BOT Divisé en lobes.

lober vi et vt SPORTS Faire un lob.

lobotomie nf Opération chirurgicale consistant à sectionner des fibres nerveuses du lobe frontal.

lobule nm ANAT **1.** Petit lobe. **2.** Subdivision d'un lobe.

1. local nm Lieu, partie d'un bâtiment qui a une destination déterminée.

2. local, e, aux adj **1.** Qui est particulier à un lieu (par opposition à *national, général*) : *journal local ; coutumes locales.* **2.** Qui n'affecte qu'une partie du corps : *anesthésie locale.* ■ **couleur locale :** (a) traits caractéristiques d'un pays, d'une époque (b) leur représentation pittoresque.

localement adv De façon locale.

localisable adj Qui peut être localisé.

localisation nf **1.** Action de localiser : *la localisation d'une douleur, d'un conflit.* **2.** Adaptation d'un produit commercial aux critères économiques, culturels et sociaux d'une région géographique : *localisation d'un DVD.*

localiser vt **1.** Déterminer la place de : *localiser une maladie.* **2.** Limiter, circonscrire : *localiser un incendie.*

localité nf Petite ville, bourg, village.

locataire n Qui prend à loyer un appartement, une maison, etc.

1. locatif nm GRAMM Cas des langues à déclinaisons indiquant le lieu où se passe l'action.

2. locatif, ive adj Qui concerne le locataire ou la chose louée.

location nf **1.** Action de donner ou de prendre à loyer : *location d'un logement.* **2.** Action de retenir à l'avance une place d'avion, de théâtre, etc. ; réservation.

location-vente (pl *locations-ventes*) nf Contrat selon lequel un bien est loué à une personne qui, à l'expiration d'un délai fixé, peut en devenir propriétaire.

loch [lɔk] nm Lac très allongé au fond d'une vallée, en Écosse.

loche nf **1.** Petit poisson de rivière à corps allongé. **2.** Petite limace.

lochies [lɔʃi] nf pl MÉD Écoulement utérin qui dure deux à trois semaines après l'accouchement.

lock-out [lɔkaut] ou [lɔkawt] nm inv Fermeture d'une entreprise par l'employeur, destinée à répondre à une menace de grève.

locomoteur, trice adj **1.** Qui sert à la locomotion : *organes locomoteurs.* **2.** Relatif à la marche : *troubles locomoteurs.*

locomotion nf Action de se transporter d'un lieu dans un autre ; fonction qui assure ce mouvement : *moyen de locomotion.*

locomotive nf **1.** Machine pour remorquer des wagons sur une voie ferrée. **2.** FIG, FAM Personne ou élément qui joue un rôle moteur par son dynamisme, son talent, etc.

locomotrice nf Engin de traction ferroviaire actionné par un moteur thermique ou électrique.

locuste nf Criquet migrateur.

locuteur, trice n **1.** LING Personne qui parle, par opposition à celle qui écoute. **2.** Personne qui parle telle ou telle langue.

locution nf **1.** Expression, forme particulière du langage, proverbiale : *locution familière, proverbiale.* **2.** GRAMM Groupe de mots figé constituant une unité sur le plan du sens : *locution adverbiale ; « avoir peur » est une locution verbale.*

loden [lɔdɛn] nm Lainage feutré ; manteau de ce tissu.

lœss [løs] nm Limon fin, très fertile.

lof nm Côté d'un navire frappé par le vent. ■ **aller au lof** : se rapprocher du sens du vent. ❑ **virer lof pour lof** : virer par vent arrière.

lofer vi Gouverner au plus près du vent.

loft nm Logement, atelier aménagé dans un ancien local à usage professionnel.

logarithme nm MATH Exposant de la puissance à laquelle il faut élever un nombre fixe (différent de 1) pour obtenir un nombre donné.

loge nf **1.** Logement destiné au concierge ou au gardien d'un immeuble. **2.** Dans une salle de spectacle, compartiment cloisonné à plusieurs places. **3.** Pièce des coulisses où se préparent les artistes. **4.** Réunion de francs-maçons ; lieu où ils s'assemblent. ■ FAM **être aux premières loges** : être bien placé pour assister à quelque chose.

logeable adj **1.** Où l'on peut loger commodément : *pièce, appartement logeables.* **2.** Qui peut contenir pas mal d'objets : *sac très logeable.*

logement nm **1.** Action de loger ; fait de se loger : *crise du logement.* **2.** Lieu d'habitation ; appartement. **3.** Lieu, cavité où se place une pièce mobile d'un mécanisme : *logement du pêne d'une serrure.*

loger vi (conj 2) Habiter, avoir pour logement : *loger dans un immeuble.* ◆ vt **1.** Donner un logement à : *loger des amis.* **2.** Faire entrer, faire pénétrer dans : *loger une balle dans la cible.*

logeur, euse n Personne qui loue des chambres meublées.

loggia [lɔdʒja] nf **1.** Grand balcon fermé sur les côtés. **2.** Mezzanine.

logiciel nm Programme ou ensemble de programmes conçus pour le traitement informatique de données.

logicien, enne n Spécialiste de logique.

logique nf **1.** Manière de raisonner de façon juste, cohérente : *faire preuve de logique.* **2.** Cohérence, méthode de quelqu'un ou de quelque chose : *la logique d'un système.* **3.** Enchaînement de faits qui paraît devoir aboutir à une certaine situation : *soutenir la logique de paix.* ◆ adj Conforme à la logique : *raisonnement logique ;* qui fait preuve de logique : *esprit logique.*

logiquement adv De façon logique.

logis nm VX Habitation, logement.

logisticien, enne n Spécialiste de logistique.

logistique nf Ensemble des problèmes militaires relatifs aux transports et au ravitaillement. ◆ adj Relatif à la logistique.

logo nm Représentation graphique propre à une marque industrielle ou commerciale.

logomachie nf Assemblage de mots creux dans un discours, un raisonnement.

logorrhée nf Flot de paroles prononcées de façon rapide et ininterrompue.

loi nf **1.** Règle ou ensemble de règles établies par une autorité souveraine : *nul n'est censé ignorer la loi.* **2.** Acte voté par cette autorité : *promulguer une loi.* **3.** Convention, obligation sociale : *les lois de l'hospitalité.* **4.** Énoncé d'une propriété d'un objet ou d'un phénomène physique : *loi de la gravitation universelle.* ■ **sans foi ni loi :** qui ne respecte rien.

loi-cadre (pl *lois-cadres*) nf Loi qui définit des principes ou de grandes orientations et dont le champ d'application est défini ensuite par décret.

loin adv **1.** À une grande distance dans l'espace ou dans le temps : *il habite très loin ; le temps des vacances n'est pas si loin.* **2.** Indique une grande différence de valeur : *il y a loin entre ses dires et ses actes.* ■ **aller loin :** avoir des conséquences importantes. ❑ **aller loin** (au futur) **:** avoir un bel avenir, en parlant de quelqu'un : *une jeune femme qui ira loin.* ❑ **aller trop loin :** exagérer. ❑ **au loin :** à une grande distance. ❑ **de loin :** (a) d'une grande distance (b) longtemps à l'avance (c) de beaucoup. ❑ **de loin en loin :** à de grands intervalles. ❑ **voir loin :** être doué d'une grande prévoyance. ◆ **loin de** loc prép **1.** À une grande distance de : *habiter loin de Lille.* **2.** Indique une négation renforcée : *être loin d'en vouloir à quelqu'un.* ■ **loin de là :** bien au contraire.

lointain, e adj **1.** Éloigné dans l'espace ou dans le temps : *un pays lointain ; une époque lointaine.* **2.** Se dit d'un parent éloigné : *un cousin lointain.* ◆ nm ■ **au lointain** ou **dans le lointain :** au loin, à l'horizon. ◆ **lointains** pl ■ **les lointains :** (a) les parties éloignées mais visibles d'un paysage (b) arrière-plan dans un tableau.

loir nm Mammifère rongeur qui hiberne. ■ **dormir comme un loir :** longtemps et profondément.

loisible adj LITT ■ **il est loisible de :** il est permis, possible de : *il vous est loisible de refuser.*

loisir nm (souvent au pluriel) Distraction, activité pratiquée en dehors de son temps de travail. ■ **à loisir** ou **tout à loisir :** en prenant tout son temps. ❑ **avoir le loisir de :** avoir le temps disponible, la possibilité de.

lombago nm → **lumbago**.

lombaire adj Relatif aux lombes : *douleurs lombaires.*

lombalgie nf Douleur de la région lombaire.

lombard, e adj et n De Lombardie.

lombes nm pl Régions symétriques en arrière de l'abdomen, de chaque côté de la colonne vertébrale.

lombric nm Ver annelé rougeâtre qui creuse des galeries dans le sol humide, dont il se nourrit.

londonien, enne adj et n De Londres.

long, longue adj **1.** Étendu dans l'espace ou dans le temps : *une longue file de voitures ; un long voyage.* **2.** Qui a telle mesure d'une extrémité à l'autre : *rue longue de cinquante mètres.* ■ **syllabe, voyelle longue :** dont la durée d'émission est sensible à l'ouïe. ◆ nm Longueur : *dix mètres de long.* ■ **au long** ou **tout au long :** complètement, en entier. ❑ **de long en large :** en tous sens. ❑ **en long et en large :** sous tous les angles, de toutes les manières. ❑ **le long de :** en longeant : *le long du canal.* ❑ **tomber de tout son long :** de toute sa longueur. ◆ adv ■ **en dire long :** être éloquent, significatif : *son visage en dit long.* ❑ **en savoir long :** être parfaitement au courant de quelque chose. ◆ nf Voyelle ou syllabe d'une durée plus grande qu'une voyelle ou une syllabe brève. ◆ **à la longue** loc adv Avec le temps.

long. (abréviation) Longitude.

longanimité nf LITT Grande patience.

long-courrier (pl *long-courriers*) nm et adj Avion, bateau qui fait des voyages sur de longues distances.

1. longe nf Courroie pour attacher ou conduire un cheval.

2. longe nf Moitié de l'échine d'un veau, d'un chevreuil, d'un porc.

longer vt (conj 2) S'étendre ou marcher le long de : *longer une côte.*

longeron nm Pièce maîtresse qui sert à maintenir certains assemblages.

longévité nf **1.** Longue durée de vie. **2.** Durée de la vie, en général.

longiligne adj Dont les membres sont longs et minces, en parlant d'une personne élancée.

longitude nf Angle que fait le plan méridien d'un point à la surface du globe avec un plan méridien d'origine.

longitudinal, e, aux adj Dans le sens de la longueur.

long-métrage (pl *longs-métrages*) nm Film dont la durée dépasse une heure.

longtemps adv Pendant un long espace de temps : *il y a longtemps qu'on l'attend.*

longuement adv Pendant une longue durée : *parler longuement.*

longuet, ette adj FAM Qui dure un peu trop longtemps.

longueur nf **1.** Dimension d'un objet d'une extrémité à l'autre. **2.** Durée, étendue. **3.** SPORTS Unité qui sépare les concurrents d'une course à l'arrivée. ■ **à longueur de :** pendant toute la durée de. ❑ **en longueur :** dans le sens de la longueur. ❑ **tirer, traîner en longueur :** durer trop longtemps. ◆ **longueurs** pl Développements longs et inutiles.

longue-vue (pl *longues-vues*) nf Lunette d'approche.

look [luk] nm (anglicisme) FAM Apparence, style de quelqu'un ou de quelque chose : *changer de look.*

looping [lupiŋ] nm Tour complet dans un plan vertical, exécuté par un avion.

lopin nm Petite parcelle de terrain : *lopin de terre.*

loquace [lɔkas] adj Qui parle beaucoup ; bavard.

loquacité [lɔkasite] nf Fait d'être loquace, disposition à parler beaucoup.

loque nf **1.** (surtout au pluriel) Lambeau d'une étoffe. **2.** FIG Personne incapable de réagir, sans énergie.

loquet nm Lame métallique qui s'abaisse sur une pièce fixée au chambranle d'une porte et la ferme.

loqueteux, euse adj Vêtu de loques : *mendiant loqueteux* ; en loques : *vêtements loqueteux.*

lord [lɔrd] ou [lɔr] nm Pair du royaume, en Grande-Bretagne.

lordose nf Exagération pathologique de la courbure de la colonne vertébrale.

lorgner vt **1.** Regarder du coin de l'œil avec une intention particulière : *lorgner une pâtisserie.* **2.** FIG Convoiter secrètement : *lorgner une place, un héritage.*

lorgnette nf Petite lunette d'approche portative. ■ **regarder par le petit bout de la lorgnette :** ne voir que les détails, que l'aspect accessoire d'une chose.

lorgnon nm Lunettes sans branches qu'on tient à la main ou qu'un ressort fait tenir sur le nez.

loriot nm Passereau au chant sonore.

loris [lɔris] nm Mammifère de l'Inde, voisin du singe.

lorrain, e adj et n De Lorraine : *les Lorrains.*

lorry (pl *lorrys* ou *lorries*) nm Wagonnet plat.

lors adv ■ **depuis lors :** depuis ce temps-là. ❑ **dès lors :** dès ce temps-là, par conséquent. ❑ **pour lors :** en ce cas. ◆ **lors de** loc prép Au moment de : *lors de son arrivée.*

lorsque conj Quand, au moment où, tandis que : *nous en parlerons lorsque vous viendrez.*

> ORTHOGRAPHE Le *e* de *lorsque* ne s'élide que devant *il* (*elle*) ; *on* ; *en* ; *un* (*une*) : *lorsqu'il (elle), lorsqu'on, lorsqu'en, lorsqu'un (une).*

losange nm Parallélogramme dont les quatre côtés sont égaux.

loser [luzœr] nm FAM Personne qui se met en situation d'échec ; perdant.

lot nm **1.** Portion qui revient à chaque personne dans un partage : *propriété partagée en plusieurs lots.* **2.** Ce qui revient, dans une loterie, à chaque gagnant : *lot de consolation ; gagner le gros lot.* **3.** Ensemble d'articles, d'objets assortis proposés à la vente : *verres par lot de six.* **4.** FIG, LITT Ce qui échoit à chacun par le sort : *la misère est son lot.*

loterie nf **1.** Jeu de hasard où, après distribution de billets numérotés, un tirage au sort désigne les billets qui ont droit à un lot, un prix, etc. **2.** FIG Ce qui est régi par le hasard : *l'affectation des postes est une loterie.*

loti, e adj ■ **être bien, mal loti :** favorisé, défavorisé par le sort.

lotion nf Produit de toilette liquide : *lotion capillaire.*

lotir vt Partager en lots : *lotir un terrain.*

lotissement nm Parcelle de terrain vendue en vue de construire une ou des habitations.

loto nm Jeu de hasard qui se joue avec des cartons numérotés et des numéros. ■ **loto (national) :** jeu de hasard fondé sur des combinaisons de numéros tirés au sort. ❑ **loto sportif :** jeu fondé sur des pronostics concernant des rencontres sportives.

lotte nf Poisson d'eau douce à chair estimée. ■ **lotte de mer :** baudroie.

lotus [lɔtys] nm Nénuphar d'une variété blanche ou bleue.

louable adj Dont on peut faire l'éloge : *effort louable.*

louage nm Cession ou acceptation de l'usage d'une chose, d'un service, pour un prix déterminé.

louange nf Action de louer qqn. ◆ **louanges** pl Paroles qui font l'éloge de qqn, qqch.

louangeur, euse adj Qui loue ; flatteur : *paroles louangeuses.*

loubard ou **loubar** nm FAM Jeune voyou.

1. louche adj Équivoque, suspect : *conduite louche ; bar louche.*

2. louche nf Grande cuiller à long manche.

loucher vi Être atteint de strabisme. ◆ vt ind [sur] FAM Convoiter, regarder avec envie.

1. louer vt Faire l'éloge, vanter les mérites de. ◆ **se louer** vpr [de] Se montrer satisfait de : *je n'ai eu qu'à me louer de lui.*

2. louer vt **1.** Donner ou prendre à loyer : *louer une maison ; studio à louer.* **2.** Réserver, retenir à l'avance : *louer une place de théâtre.*

loueur, euse n Qui donne en location : *loueur de voitures.*

loufoque adj et n FAM Extravagant, original, un peu fou.

loufoquerie nf FAM Acte, propos loufoque.

louis nm Pièce d'or française de 20 francs. SYN : napoléon.

louise-bonne (pl *louises-bonnes*) nf Poire d'une variété douce et fondante.

loukoum nm Confiserie orientale faite de pâte sucrée parfumée aux amandes, à la pistache, etc.

loulou nm Petit chien à long poil.

loup nm **1.** Mammifère carnivore à pelage gris jaunâtre vivant en meutes dans les forêts (famille des canidés). **2.** Nom donné à plusieurs poissons voraces, tel le bar. **3.** Demi-masque de velours ou de satin noir qu'on porte à un bal masqué, au carnaval. ■ **à pas de loup :** sans bruit, pour surprendre. ❑ **avoir une faim de loup :** avoir grand-faim. ❑ **être connu comme le loup blanc :** être connu de tous. ❑ **froid de loup :** très rigoureux. ❑ FIG **vieux loup de mer :** marin qui a beaucoup navigué.

loup-cervier (pl *loups-cerviers*) nm Lynx.

loupe nf **1.** Lentille de verre biconvexe qui grossit les objets. **2.** Kyste sébacé de la peau. **3.** BOT Excroissance ligneuse sur le tronc de certains arbres. ■ FIG **à la loupe :** en détail, avec minutie.

loupé nm FAM Erreur, ratage.

louper vt FAM **1.** Mal exécuter, ne pas réussir : *louper un examen.* **2.** Manquer : *louper un train.*

loup-garou (pl *loups-garous*) nm Être imaginaire se transformant la nuit en loup afin de commettre des méfaits.

loupiot, e n FAM Enfant.

loupiote nf FAM Petite lampe.

lourd, e adj **1.** Dont le poids est élevé ; pesant : *lourd fardeau.* **2.** FIG Difficile à faire, à supporter : *de lourdes responsabilités.* **3.** Qui manque de finesse, d'élégance : *style lourd.* **4.** Se dit d'un aliment difficile à digérer : *les plats en sauce sont lourds.* **5.** Qui met en œuvre des moyens techniques importants : *industrie lourde.* **6.** Se dit d'un temps orageux : *il fait lourd.* **7.** Se dit d'un sommeil profond : *il a le sommeil lourd.* ■ **avoir la main lourde :** (a) frapper quelqu'un violemment (b) peser ou verser une chose en trop grande quantité. ◆ adv ■ FAM **ne pas en savoir lourd :** être très ignorant. ❑ **peser lourd (dans la balance) :** être d'une grande importance.

lourdaud, e adj et n Gauche, lent et maladroit.

lourdement adv **1.** Pesamment : *marcher lourdement.* **2.** FIG Grossièrement : *se tromper lourdement.*

lourdeur nf **1.** Caractère de ce qui est lourd : *lourdeur d'une tâche.* **2.** Impression de poids, douleur sourde : *avoir des lourdeurs d'estomac.*

loustic nm FAM Plaisantin, individu peu sérieux : *joyeux loustic.*

loutre nf Mammifère carnivore aquatique, à fourrure soyeuse, mangeur de poissons ; fourrure de cet animal et d'animaux à pelage semblable, comme l'ondatra ou l'otarie.

louve nf Femelle du loup.

louveteau nm **1.** Petit loup. **2.** Jeune scout.

louvoiement nm Action de louvoyer.

louvoyer vi (conj 3) **1.** Naviguer contre le vent, tantôt sur un bord, tantôt sur l'autre. **2.** FIG Avoir une attitude peu nette ; manœuvrer, tergiverser, biaiser.

lover vt MAR Enrouler un cordage en spirale. ◆ **se lover** vpr S'enrouler sur soi-même.

low cost [lokɔst] nm inv et adj inv Stratégie commerciale consistant à proposer un bien ou un service à un prix inférieur à ceux des entreprises concurrentes : *vols low cost.*

loyal, e, aux adj Sincère, franc, honnête.

loyalement adv Avec loyauté.

loyalisme nm Fidélité au régime, aux institutions établies : *loyalisme républicain.*

loyaliste adj et n Qui a des sentiments de loyalisme.

loyauté nf Probité, droiture, honnêteté.

loyer nm Prix auquel on loue quelque chose, en particulier un logement.

LP nm (sigle) Lycée professionnel.

LSD nm (abréviation de *Lysergsäurediäthylamid*) Hallucinogène puissant.

lubie nf FAM Caprice, fantaisie soudaine.

lubricité nf Caractère lubrique de quelqu'un ou de quelque chose.

lubrifiant, e adj et nm Qui lubrifie.

lubrification nf Action de lubrifier.

lubrifier vt Graisser pour faciliter le fonctionnement : *lubrifier un moteur, un mécanisme.*

lubrique adj Qui a ou qui manifeste un penchant excessif pour les plaisirs sexuels, pour la luxure.

lucane nm Grand insecte coléoptère (appelé aussi : *cerf-volant*).

lucarne nf Ouverture dans le toit d'une maison.

lucide adj En pleine possession de ses facultés intellectuelles ; perspicace, clairvoyant.

lucidement adv De façon lucide.

lucidité nf Caractère, qualité d'une personne lucide.

lucilie nf Mouche verte qui vit sur les déchets organiques et peut pondre sur la viande. ■ **lucilie bouchère :** espèce de lucilie, originaire d'Amérique, qui s'attaque au bétail.

luciole nf Insecte lumineux voisin du ver luisant.

lucratif, ive adj Qui rapporte de l'argent, du profit : *emploi lucratif.*

lucre nm LITT Recherche d'un profit important.

ludion nm Figurine lestée de façon à couler ou à émerger dans un liquide lorsque la pression à la surface du liquide varie.

ludique adj Relatif au jeu : *activité ludique.*

ludo-éducatif, ive (pl *ludo-éducatifs, ives*) adj Se dit d'un logiciel ou d'un cédérom qui permet de s'instruire en s'amusant.

ludothèque nf Lieu, établissement mettant des jouets à la disposition des enfants.

luette nf Appendice charnu et mobile qui prolonge le voile du palais.

lueur nf **1.** Clarté faible ou éphémère. **2.** Éclat fugitif du regard : *lueur de colère.* **3.** Manifestation vive et soudaine d'un sentiment, d'une faculté : *lueur d'intelligence.*

luge nf Petit traîneau pour glisser sur la neige.

lugubre adj Qui exprime ou provoque une grande tristesse ; sinistre, funèbre.

lugubrement adv De façon lugubre.

lui pron pers **1.** Désigne la 3e personne du singulier en fonction de complément d'objet indirect : *invite-la pour lui parler.* **2.** S'emploie comme sujet pour renforcer *il*, comme complément d'objet direct pour renforcer *le*, ou après une préposition : *lui, il peut le faire ; aide-le, lui ! ; derrière lui.*

luire vi (conj 69) **1.** Briller : *le soleil luit.* **2.** FIG Apparaître, se manifester comme une lueur : *un faible espoir luit encore.*

luisant, e adj Qui luit. ■ **ver luisant :** lampyre femelle.

lumbago [lɔ̃bago] ou **lombago** nm Douleur lombaire.

lumen [lymɛn] nm Unité de mesure de flux lumineux ; symb : lm.

lumière nf **1.** Ce qui éclaire, naturellement ou artificiellement, les objets et les rend visibles : *lumière du jour ;* source d'éclairage : *lumières électriques.* **2.** LITT Ce qui éclaire l'esprit, aide à comprendre : *la lumière de la raison.* **3.** (souvent en tournure négative) Personne brillante, intelligente : *ce n'est pas une lumière.* ■ **à la lumière de :** en se référant à. ❑ **faire la lumière sur quelque chose :** en dévoiler tous les éléments. ❑ **mettre en lumière :** signaler, faire ressortir.

lumignon nm **1.** Bout de la mèche d'une bougie allumée. **2.** Lampe diffusant une lumière faible.

luminaire nm Appareil d'éclairage.

luminescence nf Émission de lumière qui ne résulte pas d'une température élevée.

luminescent, e adj Qui émet des rayons lumineux par luminescence : *le radium est luminescent.*

lumineusement adv De façon lumineuse.

lumineux, euse adj **1.** Qui émet de la lumière : *corps lumineux.* **2.** FIG Clair, lucide : *esprit lumineux ; idée lumineuse.* **3.** Radieux : *sourire, teint lumineux.*

luminosité nf Caractère de ce qui est lumineux.

lump [lœ̃p] nm Poisson des mers froides apprécié pour ses œufs, qui ressemblent au caviar.

lunaire adj De la Lune.

lunaison nf Temps compris entre deux nouvelles lunes consécutives.

lunatique adj et n Dont l'humeur est changeante, imprévisible.

lunch [lœʃ] ou [lœntʃ] (pl *lunchs* ou *lunches*) nm Repas léger servi en buffet à l'occasion d'une réception.

lundi nm Premier jour de la semaine.

lune nf Corps céleste tournant autour de la Terre et recevant la lumière du Soleil, qu'il reflète sur la Terre. ■ **clair de lune :** clarté que la Lune envoie à la Terre. ❑ **demander, promettre la lune :** demander, promettre l'impossible. ❑ **être dans la lune :** être distrait, étourdi, rêveur. ❑ **lune de miel :** (a) premiers temps du mariage (b) période de bonne entente entre des personnes. ❑ **pleine lune :** phase de la Lune dans laquelle celle-ci est visible de la Terre sous l'aspect d'un disque entier.

ORTHOGRAPHE On écrit *la Lune est le satellite de la Terre,* mais *la nouvelle lune, la pleine lune* (avec minuscule).

luné, e adj ■ FAM **bien, mal luné :** bien, mal disposé.

lunetier nm Fabricant, marchand de lunettes.

lunette nf **1.** Instrument d'optique pour voir plus distinctement les objets éloignés. **2.** Ouverture de la cuvette des W.-C. ■ **lunette arrière :** vitre arrière d'une automobile. ◆ **lunettes** pl Paire de verres enchâssés dans une monture conçue pour être placée sur le nez, devant les yeux. ■ **serpent à lunettes :** naja.

lunetterie nf Commerce du lunetier.

lunule nf Tache blanche en forme de croissant à la base de l'ongle.

lupanar nm LITT Maison de prostitution.

lupin nm Légumineuse cultivée comme fourrage ou pour ses fleurs ornementales.

lupus [lypys] nm Dermatose siégeant généralement sur les ailes du nez et les joues.

lurette nf ■ FAM **il y a belle lurette :** il y a bien longtemps.

luron, onne n FAM Personne joyeuse, hardie et sans souci : *joyeux luron.*

lusitanien, enne adj et n De la Lusitanie, du Portugal.

lusophone adj et n De langue portugaise.

lustrage nm Action de lustrer.

lustral, e, aux adj ■ RELIG **eau lustrale :** eau de purification.

1. lustre nm **1.** Appareil d'éclairage suspendu au plafond. **2.** Éclat brillant, poli : *le vernis donne du lustre au bois ;* FIG éclat, relief : *le festival a donné du lustre à cette petite ville.*

2. lustre nm LITT Espace de cinq ans. ◆ **lustres** pl FAM Longue période : *absent depuis des lustres.*

lustrer vt Rendre brillant.

lustrine nf Étoffe de coton apprêtée.

luth [lyt] nm Instrument de musique à cordes.

luthéranisme nm Doctrine de Luther.

lutherie nf Métier, commerce du luthier.

luthérien, enne adj De Luther, de sa doctrine. ◆ n Qui professe le luthéranisme.

luthier nm Qui fabrique des instruments de musique à cordes.

luthiste n Joueur de luth.

1. lutin nm Petit génie malicieux.

2. lutin, e adj LITT Éveillé, espiègle.

lutiner vt SOUT Harceler une femme de taquineries galantes.

lutrin nm Pupitre placé dans le chœur d'une église, pour porter les livres de chant liturgique.

lutte nf **1.** Combat, affrontement entre deux personnes ou deux groupes dont chacun s'efforce de triompher ; FIG action de deux forces agissant en sens contraire ; antagonisme : *lutte d'influences ; lutte des classes.* **2.** Sport de combat : *lutte gréco-romaine.* **3.** Ensemble d'actions menées pour vaincre un mal, un obstacle : *lutte contre le cancer.* ■ **de haute lutte :** par la force, l'autorité.

lutter vi **1.** Combattre à la lutte. **2.** FIG Être en conflit, entrer en lutte avec quelqu'un, quelque chose. **3.** Rivaliser : *lutter d'ardeur.*

lutteur, euse n Qui lutte.

lux nm Unité d'éclairement ; symb : lx.

luxation nf Déboîtement d'un os.

luxe nm Somptuosité excessive ; faste, richesse. ■ **de luxe :** de grand confort. ❑ **un luxe de :** beaucoup de.

luxembourgeois, e adj et n Du Luxembourg : *les Luxembourgeois.*

luxer vt Provoquer une luxation. ◆ **se luxer** vpr Disloquer une de ses articulations : *se luxer une épaule.*

luxueusement adv Avec luxe.

luxueux, euse adj Caractérisé par le luxe ; somptueux.

luxure nf LITT Recherche sans retenue des plaisirs sensuels.

luxuriance nf État de ce qui est luxuriant : *luxuriance du feuillage.*

luxuriant, e adj Qui pousse avec abondance : *végétation luxuriante.*

luxurieux, euse adj Qui relève de la luxure ; sensuel.

luzerne nf Légumineuse fourragère.

lycée nm Établissement d'enseignement du second cycle du second degré. ■ **lycée professionnel (LP)** : établissement d'enseignement professionnel préparant aux CAP, aux BEP et aux baccalauréats professionnels.

ORTHOGRAPHE Bien que masculin, *lycée* s'écrit avec un *e* muet final, comme *apogée, athée, musée.*

lycéen, enne n Élève d'un lycée.

lychee nm → **litchi**.

Lycra nm (nom déposé) Fibre élastomère utilisée dans la confection de vêtements.

lydien, enne adj et n De Lydie.

lymphangite nf Inflammation des vaisseaux lymphatiques.

lymphatique adj Relatif à la lymphe. ■ **vaisseaux lymphatiques** : où circule la lymphe. ◆ adj et n Qui est mou, nonchalant.

lymphe nf Liquide organique formé de plasma et de globules blancs.

lymphocyte nm Globule blanc de petite taille.

lymphokine nf Substance libérée par les lymphocytes en présence de l'antigène au cours d'une réaction immunitaire.

lynchage nm Action de lyncher.

lyncher [lɛ̃ʃe] vt Exécuter sommairement, sans jugement, en parlant d'une foule, d'un groupe.

lynx nm Mammifère carnassier félidé. ■ **yeux de lynx** : très perçants.

lyonnais, e adj et n De Lyon.

lyophilisation nf Déshydratation à basse température et sous vide de certaines substances pour les conserver.

lyophiliser vt Soumettre à la lyophilisation : *café lyophilisé.*

lyre nf Instrument de musique à cordes pincées.

lyrique adj **1.** Se dit d'une œuvre littéraire, poétique ou artistique où s'expriment avec une certaine passion les sentiments personnels de l'auteur. **2.** Qui est mis en scène et chanté : *théâtre lyrique.* **3.** FIG Plein d'enthousiasme, d'exaltation : *quand il parle de cinéma, il devient lyrique.* ■ **artiste lyrique** : chanteur d'opéra ou d'opéra-comique.

lyrisme nm Expression poétique ou exaltée de sentiments personnels, d'émotions, de passions.

lys [lis] nm → **lis**.

lysine nf Acide aminé indispensable à la croissance.

M

1. m nm Treizième lettre de l'alphabet et la dixième des consonnes.

2. m (symbole) Mètre.

M (symbole) Chiffre romain, valant mille.

M. (abréviation) Monsieur : *M. Dupont*.

ma adj poss f → **mon**.

MA [ɛma] nm (sigle) Maître auxiliaire.

maboul, e adj et n FAM Fou.

mac nm ARG Proxénète.

macabre adj Qui a trait à la mort ; funèbre, sinistre : *plaisanterie macabre*.

macadam [makadam] nm Revêtement d'une chaussée à base de pierre concassée agglomérée.

macadamiser vt Recouvrir de macadam.

macaque nm Singe d'Asie à corps trapu.

macareux nm Oiseau palmipède voisin du pingouin.

macaron nm **1.** Gâteau rond, à base de pâte d'amandes, de blancs d'œufs et de sucre. **2.** Décoration ou insigne de forme ronde. **3.** Natte de cheveux roulée sur l'oreille.

macaroni nm Pâte alimentaire de semoule de blé dur, moulée en tubes.

maccartisme ou **maccarthysme** nm Politique anticommuniste en vigueur aux États-Unis dans les années 1950.

macchabée [makabe] nm FAM Cadavre.

macédoine nf Mélange de plusieurs fruits ou légumes, coupés en morceaux.

macédonien, enne adj et n De Macédoine : *les Macédoniens*.

macération nf Action de macérer.

macérer vt et vi Faire ou laisser tremper une substance dans un liquide : *faire macérer des cornichons dans du vinaigre, des cerises dans de l'eau-de-vie*.

machaon [makaɔ̃] nm Papillon diurne.

mâche nf Plante potagère que l'on mange en salade.

mâchefer [maʃfɛr] nm Résidu provenant de la combustion ou de la fusion des minéraux.

mâcher vt Broyer avec les dents. ■ FIG **mâcher la besogne, le travail :** l'expliquer mot à mot, le préparer avec soin. ❏ **ne pas mâcher ses mots :** parler sans complaisance, brutalement.

machette nf Coutelas à lame épaisse.

machiavélique [makjavelik] adj Perfide, déloyal, cynique : *plan, personne machiavéliques*.

machiavélisme [makjavelism] nm **1.** Système politique conforme aux principes de Machiavel. **2.** Conduite déloyale et perfide.

mâchicoulis nm Au Moyen Âge, balcon en maçonnerie, au sommet des fortifications.

machin nm FAM Personne ou chose que l'on ne veut ou ne peut nommer.

machinal, e, aux adj Accompli sans l'intervention de la volonté : *geste machinal*.

machinalement adv De façon machinale.

machination nf Ensemble d'intrigues, de menées secrètes réalisées dans l'action de nuire.

machine nf **1.** Appareil capable de réaliser certaines tâches, de remplir une fonction donnée : *machine à laver ; machine à air comprimé*. **2.** Véhicule quelconque comportant un mécanisme ou un moteur : *le cycliste descendit de sa machine*. **3.** FIG Organisation complexe et structurée : *la machine administrative*. **4.** Personne en apparence déshumanisée, qui agit par automatismes : *nous ne sommes pas des machines !* ■ **faire machine arrière :** reculer, revenir sur ce qu'on a dit. ❏ **machine à écrire :** machine qui permet d'établir des documents dactylographiés. ❏ **machine à sous :** appareil servant de support à un jeu de hasard, dans lequel on introduit des pièces et qui, en cas de gain, en redonne plus.

machine-outil (pl *machines-outils*) nf Machine destinée à façonner une matière et qui est mue mécaniquement.

machiner vt Préparer en secret, combiner, manigancer : *machiner une conspiration*.

machinerie nf Ensemble des machines employées à un travail ; endroit où elles se trouvent.

machinisme nm Emploi généralisé de machines substituées à la main-d'œuvre : *le machinisme a transformé l'industrie*.

machiniste n **1.** Personne chargée des accessoires et des décors, au théâtre et au cinéma. **2.** Conducteur de métro, d'autobus.

machisme [matʃism] ou [maʃism] nm Idéologie et comportement du macho.

machiste adj et nm Qui fait preuve de machisme.

macho [matʃo] nm et adj Homme persuadé de sa supériorité sur les femmes ; phallocrate.
mâchoire nf **1.** Pièce osseuse qui supporte les dents. **2.** TECHN Pièce dont on peut rapprocher les parties pour saisir, maintenir : *mâchoires d'une pince.*
mâchonnement nm Action de mâchonner.
mâchonner vt Triturer avec les dents.
mâchouiller vt FAM Mâchonner.
1. maçon nm Entrepreneur ou ouvrier qui réalise une construction en gros œuvre, ou de légers ouvrages d'enduits, de ravalement, etc. ◆ adj Se dit d'un animal, d'un insecte qui construit son habitation avec de la terre, de la cire, etc. : *guêpe maçonne.*
2. maçon, onne n Franc-maçon.
maçonnage nm Action de maçonner ; travail du maçon.
maçonner vt **1.** Construire en maçonnerie : *maçonner un mur.* **2.** Revêtir d'une maçonnerie : *maçonner les parois d'une citerne.* **3.** Obturer, boucher par une maçonnerie : *maçonner une fenêtre.*
maçonnerie nf **1.** Ouvrage composé de pierres ou de briques unies par du mortier, du plâtre ou du ciment ; partie des travaux d'un bâtiment qui s'y rapporte. **2.** Franc-maçonnerie.
maçonnique adj Qui appartient à la franc-maçonnerie : *loge maçonnique.*
macramé nm Passementerie de ficelle tressée et nouée.
macreuse nf **1.** Canard des régions boréales. **2.** Morceau de bœuf constitué par les muscles de l'épaule.
macro nf (abréviation) FAM, INFORM Macro-instruction.
macrobiotique nf Régime végétarien à base de céréales, de fruits et de légumes. ◆ adj Qui s'y rapporte : *restaurant macrobiotique.*
macroéconomie nf Partie de la science économique qui étudie les faits économiques globaux.
macro-instruction (pl *macro-instructions*) nf INFORM Instruction complexe, définissant des opérations composées à partir des instructions de base d'un ordinateur.
macromolécule nf Très grosse molécule.
macrophage nm et adj BIOL Cellule de grande taille qui intervient dans les processus immunitaires en phagocytant les cellules étrangères.
macrophotographie nf Photographie de petits objets donnant une image grandeur nature.
macroscopique adj Qu'on voit à l'œil nu (par opposition à *microscopique*).
macroure nm Crustacé à abdomen très développé tel que le homard, la langouste, etc. (les macroures forment un sous-ordre).
maculer vt Couvrir de taches : *chemise maculée de sang.*
madame (pl *mesdames*) nf Titre donné à une femme mariée ; PAR EXT titre donné à toute femme.
madeleine nf Gâteau en forme de coquille, fait de sucre, œufs, farine, etc.
mademoiselle (pl *mesdemoiselles*) nf Titre donné aux jeunes filles et aux femmes non mariées.
madère nm Vin de l'île de Madère. ■ **sauce madère** : à laquelle est incorporé du madère.
madérisé, e adj Se dit d'un vin qui, ayant subi une oxydation, a pris le goût et la couleur du madère.
madone nf Image de la Vierge.
madrague nf Grande enceinte de filets pour la pêche du thon.
madras [madras] nm **1.** Étoffe légère de soie et de coton aux couleurs vives. **2.** Foulard de cette étoffe.
madré, e adj Veiné, tacheté : *bois madré.* ◆ adj et n LITT Rusé, retors : *un paysan madré.*
madrépore nm Polype formant des récifs coralliens ou des atolls.
madrier nm Planche de bois très épaisse utilisée en construction.
madrigal (pl *madrigaux*) nm Petite pièce de vers fine, tendre ou galante.
madrilène adj et n De Madrid.
maelström ou **malstrom** [maɛlstrɔm] ou [malstrɔm] nm Gouffre, tourbillon.
maestria [maɛstrija] nf Maîtrise et vivacité dans l'exécution ou la réalisation de quelque chose ; brio, virtuosité.
maestro [maɛstro] nm Nom donné à un compositeur de musique ou à un chef d'orchestre célèbre.
mafia ou **maffia** nf **1.** Association secrète de malfaiteurs. **2.** FAM, PÉJOR Groupe de gens unis par des intérêts communs.
mafieux, euse ou **maffieux, euse** adj Relatif à la Mafia ; FAM, PÉJOR relatif à une mafia.
mafioso (pl *mafiosi*) ou **maffioso** (pl *maffiosi*) nm Membre d'une mafia.
magasin nm **1.** Établissement de commerce plus ou moins important : *magasin d'alimentation.* **2.** Local préparé pour recevoir des marchandises, des provisions : *magasins à blé.* **3.** Partie d'une arme à répétition contenant l'approvisionnement en cartouches ; PHOT, CIN contenant où est enroulée, à l'abri de la lumière, la pellicule à impressionner ou à projeter. ■ **grand magasin** : magasin proposant un large assortiment de marchandises

sur une grande surface, généralement sur plusieurs étages et dans le centre-ville.

magasinage nm **1.** Action de mettre en magasin. **2.** Droits que l'on paie pour ce dépôt.

magasinier, ère n Personne chargée de garder et de gérer les stocks d'un magasin.

magazine nm **1.** Revue périodique, généralement illustrée. **2.** Émission périodique radiodiffusée ou télévisée sur un sujet choisi.

magdalénien, enne nm et adj Dernière période du paléolithique.

mage nm Personne qui est versée dans les sciences occultes, la magie. ■ **les Rois mages :** personnages qui vinrent, guidés par une étoile, adorer Jésus à Bethléem.

magenta [maʒɛ̃ta] adj inv et nm D'un rouge violacé, une des trois couleurs primaires.

maghrébin, e adj et n Du Maghreb, de l'Afrique du Nord : *les Maghrébins*.

magicien, enne n **1.** Personne qui pratique la magie. **2.** FIG Personne qui réalise des choses étonnantes, extraordinaires.

magie nf **1.** Ensemble des pratiques fondées sur la croyance en des forces surnaturelles : *magie noire*. **2.** Art de l'illusionniste, du prestidigitateur. **3.** Puissance de séduction : *la magie du style*.

magique adj **1.** Qui tient de la magie : *pouvoir magique*. **2.** FIG Merveilleux : *spectacle magique d'un feu d'artifice*.

magiquement adv De façon magique.

magistère nm **1.** LITT Autorité intellectuelle, doctrinale. **2.** Diplôme de haut niveau décerné par les universités.

magistral, e, aux adj **1.** Qui tient du maître ; imposant : *ton magistral ;* qui porte la marque de la supériorité, de l'éminence : *démonstration magistrale ;* d'une force remarquable : *correction magistrale*. **2.** Donné par un maître, en chaire : *cours magistral*.

magistralement adv De façon magistrale.

magistrat nm (on rencontre le féminin *magistrate*) Officier civil, revêtu d'une autorité judiciaire, administrative ou politique.

magistrature nf **1.** Dignité, charge du magistrat ; durée de cette charge. **2.** Corps des magistrats.

magma nm **1.** GÉOL Masse fondue de température élevée qui, en refroidissant, forme les roches éruptives. **2.** Mélange confus : *son article est un magma incohérent*.

magmatique adj GÉOL Relatif au magma.

magnanerie nf Bâtiment destiné à l'élevage des vers à soie.

magnanime adj Qui a ou qui manifeste de la générosité, de la grandeur d'âme.

magnanimement adv De façon magnanime.

magnanimité nf Caractère d'une personne ou d'une chose magnanime.

magnat [maɲa] ou [magna] nm Personne importante, très puissante dans l'industrie, la finance, etc.

magner (se) vpr FAM Se dépêcher.

magnésie nf Oxyde de magnésium.

magnésien, enne adj Qui contient du magnésium.

magnésium nm Métal solide très léger, blanc d'argent, brûlant à l'air avec une flamme éblouissante ; symb : Mg.

magnétique adj **1.** Doué des propriétés de l'aimant : *corps magnétique*. **2.** Qui concerne le magnétisme : *champ magnétique*. **3.** FIG Qui a une influence puissante et mystérieuse : *regard magnétique*.

magnétisation nf Action de magnétiser.

magnétiser vt **1.** Communiquer les propriétés de l'aimant à. **2.** FIG Exercer une action puissante et mystérieuse sur : *orateur qui magnétise les foules*.

magnétiseur, euse n Personne qui possède un fluide particulier, notamment pour guérir.

magnétisme nm **1.** Ensemble des phénomènes que présentent les matériaux aimantés. **2.** Partie de la physique dans laquelle on étudie les propriétés des aimants. **3.** FIG Attraction exercée par quelqu'un sur son entourage : *le magnétisme d'un comédien*.

1. magnéto nm (abréviation) FAM Magnétophone.

2. magnéto nf Génératrice de courant électrique.

magnétophone nm Appareil d'enregistrement et de restitution des sons, par aimantation rémanente d'une bande magnétique.

magnétoscope nm Appareil d'enregistrement et de lecture des images et du son sur bande magnétique.

magnificat [maɲifikat] nm inv Cantique de la Vierge Marie ; musique composée sur ce cantique.

magnificence nf **1.** Qualité de ce qui est magnifique ; éclat, splendeur. **2.** LITT Générosité, prodigalité.

magnifier vt Glorifier, exalter : *magnifier un héros, un exploit*.

magnifique adj **1.** Qui a de l'éclat, de la beauté, de la grandeur ; grandiose : *spectacle magnifique*. **2.** Très beau, très fort ; superbe, splendide : *de magnifiques athlètes*. **3.** Remarquable, admirable : *découverte magnifique*.

magnifiquement adv De façon magnifique.

magnitude nf ASTRON Quantité caractérisant l'éclat apparent ou réel d'un astre.

magnolia nm Arbre à belles et grandes fleurs d'odeur suave.

magnum [magnɔm] nm Bouteille contenant environ 1,5 litre.

1. magot nm Singe sans queue, du genre macaque.

2. magot nm FAM Somme d'argent mise en réserve : *se constituer un joli magot*.

magouille nf FAM Combine, procédé douteux, louche.

magouiller vi FAM Se livrer à des magouilles.

magouilleur, euse adj et n FAM Qui magouille.

magret nm CUIS Filet de canard.

magyar, e [magjar] adj et n Hongrois.

maharaja ou **maharadjah** [maaradʒa] nm Titre donné aux princes de l'Inde.

mahatma nm Personnalité spirituelle en Inde : *le mahatma Gandhi*.

mah-jong [maʒɔ̃] ou [maʒɔ̃g] nm Jeu chinois qui s'apparente aux dominos.

mahratte ou **marathe** nm Une des langues de l'Inde.

mai nm Cinquième mois de l'année. ■ **Premier Mai :** journée fériée pour la fête du travail.

maie nf Pétrin, huche.

maigre adj et n Qui a très peu de graisse, qui n'est pas gros : *enfant maigre*. ◆ adj **1.** Qui contient peu ou pas de matières grasses : *fromage maigre*. **2.** Peu abondant : *maigre végétation* ; peu important, médiocre : *maigre salaire*. ◆ nm Partie maigre d'une viande. ■ **faire maigre :** ne pas manger de viande.

maigrement adv De façon peu abondante.

maigreur nf **1.** État de quelqu'un, d'un animal qui est maigre. **2.** FIG Manque d'ampleur, de richesse : *la maigreur d'un sujet*.

maigrichon, onne ou **maigrelet, ette** adj et n FAM Un peu trop maigre.

maigrir vi Devenir maigre. ◆ vt Faire devenir maigre ; faire paraître maigre.

mail [maj] nm Promenade publique.

mailing [mɛliŋ] nm (anglicisme) Prospection d'un marché et vente par voie postale.

1. maille nf Chacune des boucles dont l'ensemble forme un tricot ou un filet.

2. maille nf ■ **avoir maille à partir avec quelqu'un :** avoir un démêlé, une dispute avec lui.

mailler vt Faire avec des mailles : *mailler un filet*.

maillet nm Marteau à deux têtes, en bois très dur.

mailloche nf **1.** Gros maillet de bois. **2.** MUS Baguette terminée par une boule garnie de matière souple, servant à battre certains instruments à percussion.

maillon nm Anneau d'une chaîne. ■ **être un maillon de la chaîne :** un élément d'un système organisé.

maillot nm Vêtement en tissu souple couvrant le buste ou la totalité du corps et se portant à même la peau. ■ **maillot (de bain) :** vêtement de bain. ❑ **maillot de corps :** sous-vêtement couvrant le buste. ❑ **maillot jaune :** maillot de couleur jaune que porte le premier du classement général dans le Tour de France cycliste ; le cycliste portant ce maillot.

main nf **1.** Partie du corps humain, du poignet à l'extrémité des doigts. **2.** FIG (suivi d'un adj.) Symbole de l'aide ou de la puissance, etc. : *main secourable, sacrilège*. ■ **à main armée :** les armes à la main. ❑ **à pleines mains :** largement, abondamment. ❑ **avoir la haute main sur :** commander. ❑ **avoir le cœur sur la main :** être très généreux. ❑ **changer de main(s) :** passer d'un possesseur à un autre. ❑ **coup de main :** aide apportée à quelqu'un. ❑ **de main de maître :** avec habileté. ❑ **demander la main de quelqu'un :** demander une jeune fille en mariage. ❑ **de première main :** directement, sans intermédiaire. ❑ **en venir aux mains :** commencer à se battre, devenir violent. ❑ **faire main basse sur :** piller, s'emparer de. ❑ **forcer la main :** contraindre. ❑ **haut la main :** sans difficulté, avec brio. ❑ **main courante :** partie supérieure d'une rampe d'escalier, d'une barre d'appui, etc. ❑ **main(s) libre(s) :** se dit d'un téléphone conçu pour être utilisé sans être tenu en main. ❑ **mettre la main à la pâte :** participer à un travail. ❑ **mettre la main sur quelque chose :** le découvrir, le retrouver. ❑ **mettre la main sur quelqu'un :** l'arrêter. ❑ **ne pas y aller de main morte :** agir avec rudesse ou violence. ❑ **passer la main :** renoncer à ses pouvoirs, les transmettre. ❑ **perdre la main :** perdre l'habitude de faire quelque chose. ❑ **petite main :** (a) AUTREF apprentie couturière (b) FIG simple exécutant que l'on charge de tâches parfois rebutantes mais essentielles. ❑ **prendre quelque chose, quelqu'un en main :** s'en charger, s'en occuper. ❑ **reprendre en main :** redresser une situation compromise. ❑ FAM **se faire la main :** s'essayer à un travail. ❑ **se prendre par la main :** s'obliger à faire quelque chose. ❑ **sous la main :** à la disposition immédiate.

mainate nm Oiseau noir, au bec orangé, qui peut imiter la parole humaine.

main-d'œuvre (pl *mains-d'œuvre*) nf **1.** Travail de l'ouvrier dans la confection d'un ouvrage. **2.** Ensemble des salariés d'une entreprise, d'un pays, etc. : *la main-d'œuvre immigrée*.

main-forte nf sing ■ **prêter main-forte à quelqu'un :** lui venir en aide.

mainlevée nf DR Acte qui met fin à une saisie, à une opposition.

mainmise nf Action de mettre la main sur, de s'assurer une domination exclusive et souvent abusive sur : *la mainmise d'une société sur un secteur de l'économie.*

mainmorte nf DR État des biens appartenant à des personnes morales.

maint, e adj LITT Un grand nombre indéterminé de : *en maintes occasions.*

maintenance nf Entretien d'un matériel.

maintenant adv À présent. ◆ **maintenant que** loc conj À présent que, dès lors que.

maintenir vt (conj 22) **1.** Tenir stable, dans la même position ou le même état : *poutre qui maintient la charpente.* **2.** Affirmer avec persévérance, avec force : *maintenir une déclaration.* ◆ **se maintenir** vpr Rester dans le même état, la même situation : *se maintenir dans la moyenne.*

maintien nm **1.** Action de maintenir, de faire durer : *maintien des prix.* **2.** Contenance, attitude, tenue, allure : *maintien élégant.*

maire n Membre du conseil municipal élu pour diriger les affaires de la commune.

mairie nf **1.** Fonction de maire : *aspirer à la mairie.* **2.** Bâtiment où s'administrent les affaires de la commune ; hôtel de ville. **3.** Administration municipale : *employé de mairie.*

mais conj **1.** Indique l'opposition ou la différence : *ce n'est pas vert mais bleu.* **2.** Introduit une restriction, une objection, une précision : *bon, mais un peu sec.* **3.** Indique une simple transition : *mais parlons d'autre chose.* **4.** Renforce une réponse, une exclamation : *mais bien sûr !*

maïs [mais] nm Céréale cultivée pour ses gros grains en épi ; grain de cette céréale.

maison nf **1.** Bâtiment, logement où l'on habite : *rester à la maison.* **2.** Famille noble : *maison d'Autriche.* **3.** Établissement servant à un usage particulier : *maison d'arrêt ; maison de retraite.* **4.** Entreprise commerciale ou industrielle : *avoir dix ans de maison.* ■ **maison de campagne :** résidence secondaire. ❑ **maison des jeunes et de la culture (MJC) :** établissement destiné à favoriser la diffusion et la pratique des activités culturelles. ◆ adj inv Fait à la maison, selon une recette traditionnelle : *tarte maison.*

maisonnée nf Ensemble des personnes vivant dans la même maison.

maisonnette nf Petite maison.

1. maître nm **1.** Titre donné aux avocats, notaires, huissiers, et aux personnes assumant certaines charges : *maître des requêtes.* **2.** Personne dont on est le disciple, qui est prise comme modèle : *se réclamer d'un maître.* ■ **maître d'hôtel :** qui préside au service de table d'un restaurant ou d'une grande maison. ❑ **maître d'œuvre :** personne ou organisme qui conçoit ou dirige la construction d'un édifice.

2. maître, maîtresse n **1.** Personne qui exerce un pouvoir, une autorité sur quelqu'un ou sur quelque chose : *maîtresse de maison.* **2.** Personne qui enseigne ; professeur, instituteur : *maître d'école.* ■ **maître auxiliaire (MA) :** professeur assurant l'intérim d'un emploi vacant de professeur titulaire. ❑ **maître nageur :** professeur de natation.

3. maître, maîtresse adj Qui a un rôle important, essentiel : *atout maître ; idée maîtresse.* ■ **être maître de qqch, de faire qqch :** (a) en disposer librement (b) être libre de faire quelque chose. ❑ **maîtresse femme :** qui agit avec énergie et détermination.

maître-autel (pl *maîtres-autels*) nm Autel principal d'une église.

maître-chien (pl *maîtres-chiens*) nm Responsable de l'emploi et du dressage d'un chien.

maîtresse nf Femme avec laquelle un homme a des relations sexuelles en dehors du mariage.

maîtrisable adj Que l'on peut maîtriser.

maîtrise nf **1.** Domination de soi ; sang-froid : *conserver sa maîtrise devant un danger.* **2.** Domination incontestée ; supériorité. **3.** Perfection, sûreté dans la technique, excellence : *tableau exécuté avec maîtrise.* **4.** Diplôme de l'enseignement supérieur obtenu au terme de quatre ans d'études après le baccalauréat. **5.** Ensemble des cadres, des contremaîtres et des chefs d'équipe : *agent de maîtrise.* **6.** École où l'on forme les enfants au chant ; l'ensemble de ces enfants.

maîtriser vt **1.** Se rendre maître d'éléments difficilement contrôlables : *maîtriser un incendie.* **2.** Soumettre, contenir par la force : *maîtriser un animal.* **3.** Dominer un sentiment, une passion : *maîtriser sa peur, son émotion.*

Maïzena [maizena] nf (nom déposé) Farine de maïs utilisée en cuisine.

majesté nf **1.** Grandeur, dignité, noblesse : *la majesté des juges de la cour.* **2.** Titre particulier des empereurs et des rois : *Sa Majesté.*

majestueusement adv Avec majesté.

majestueux, euse adj Qui a de la majesté : *démarche majestueuse.*

majeur, e adj **1.** Plus grand par le nombre, l'étendue, etc. **2.** D'une grande importance : *affaire majeure.* **3.** Qui a atteint l'âge de la majorité : *fils majeur.* ■ **cas de force majeure :** événement qui empêche de faire quelque chose et dont on n'est pas responsable. ❑ **en majeure partie :** pour la plus grande partie. ◆ nm Doigt du milieu de la main. SYN : médius.

majeure nf Première proposition d'un syllogisme.

major nm **1.** Grade le plus élevé des sous-officiers des armées. **2.** VX Officier chargé de l'administration d'un corps de troupes. **3.** ARG SCOL Premier d'un concours, d'une promotion.

majoration nf Action de majorer ; augmentation.

majordome nm Maître d'hôtel de grande maison.

majorer vt Augmenter la valeur, le montant de : *majorer une facture, un prix, un salaire*.

majorette nf Jeune fille en uniforme qui parade dans les défilés.

majoritaire adj Qui appartient ou qui s'appuie sur une majorité (par opposition à *minoritaire*).

majoritairement adv En majorité.

majorité nf **1.** Âge auquel une personne acquiert la pleine capacité d'exercer ses droits ou est reconnue responsable de ses actes : *en France, la majorité est fixée à 18 ans.* **2.** Le plus grand nombre, la plus grande partie : *la majorité des hommes.* **3.** Groupement de voix donnant à une personne ou un parti la supériorité sur ses concurrents : *obtenir la majorité.* **4.** Parti qui l'emporte par le nombre dans une assemblée (par opposition à *opposition*) : *la majorité soutient le gouvernement.* ■ **majorité absolue :** exigeant la moitié des suffrages exprimés plus un. ❑ **majorité relative :** obtenue par un candidat qui recueille plus de suffrages que ses concurrents.

GRAMMAIRE On écrit *la majorité* « le plus grand nombre » *des Français a approuvé le projet,* mais *la majorité* « la plupart » *des Français passent leurs vacances en France.*

majuscule nf et adj Lettre plus grande que les autres et de forme différente (par opposition à *minuscule*).

maki nm Mammifère lémurien à longue queue de Madagascar.

making of [mɛkiŋɔf] nm inv Documentaire portant sur la genèse et le tournage d'un film ; coulisses du tournage.

mal (pl *maux*) nm **1.** Souffrance, douleur physique : *mal de gorge ; mal de mer.* **2.** Dommage matériel, moral : *faire du mal à qqn.* **3.** Ce qui exige de la peine, du travail : *avoir du mal à courir.* **4.** Ce qui est contraire à la morale, à l'ordre, au bien. ■ **avoir mal :** souffrir. ❑ **être en mal de qqch :** souffrir de son absence. ❑ **mal du pays :** nostalgie. ❑ **mettre à mal :** abîmer. ❑ **prendre mal :** attraper une maladie, attraper froid. ❑ **prendre qqch en mal :** s'en offenser. ◆ adj inv Mauvais, funeste : *bon an, mal an ; bon gré, mal gré.* ■ SUISSE FAM **mal fait :** regrettable, déplorable : *c'est mal fait pour lui, le pauvre !* ❑ **ne pas être mal :** être assez beau, assez agréable, assez satisfaisant. ◆ adv D'une manière qui n'est pas satisfaisante : *être mal payé.* ■ **au plus mal :** très malade. ❑ **être mal avec qqn :** être brouillé avec lui. ❑ FAM **pas mal de :** beaucoup de. ❑ **prendre mal qqch :** se vexer. ❑ **se sentir, se trouver mal :** avoir un malaise.

malabar nm FAM Homme grand et fort.

malachite [malakit] nf Carbonate de cuivre, d'un beau vert.

malacologie nf Étude des mollusques.

malade adj et n Dont la santé est altérée. ◆ adj **1.** Dont l'état, le fonctionnement est déréglé : *industrie malade.* **2.** FAM Mentalement dérangé ; fou.

maladie nf **1.** Trouble, dérangement de la santé physique, du comportement, etc. **2.** Altération de qqch : *maladie de la vigne.*

maladif, ive adj **1.** Sujet à être malade : *tempérament maladif.* **2.** Qui manifeste un état de maladie : *pâleur maladive.* **3.** Qui dénote un trouble mental, un comportement malsain ; morbide : *curiosité maladive.*

maladivement adv De façon maladive.

maladresse nf **1.** Manque d'adresse. **2.** Action, parole maladroite.

maladroit, e adj et n Qui manque d'adresse, d'habileté, de diplomatie.

maladroitement adv De façon maladroite.

mal-aimé, e (pl *mal-aimés, es*) adj et n Se dit d'une personne tenue à l'écart d'un groupe.

malais, e adj et n De la Malaisie : *les Malais.* ◆ nm Langue parlée en Malaisie et en Indonésie.

malaise nm **1.** Trouble physiologique : *malaise cardiaque.* **2.** FIG État d'inquiétude, de trouble : *éprouver un sentiment de malaise ;* début de crise : *malaise social, politique.*

malaisé, e adj Qui n'est pas facile à faire.

malaisément adv Difficilement.

malandrin nm LITT Vagabond, voleur.

malappris, e adj et n Grossier, mal élevé.

malaria nf VIEILLI Paludisme.

malavisé, e adj LITT Qui agit sans discernement, sans réflexion.

malaxage nm Action de malaxer.

malaxer vt **1.** Pétrir pour ramollir : *malaxer du beurre.* **2.** Masser.

malaxeur nm Appareil pour malaxer.

malchance nf Manque de chance : *être poursuivi par la malchance ;* hasard malheureux : *j'ai eu la malchance de le rencontrer.*

malchanceux, euse adj et n En butte à la malchance.

malcommode adj Qui n'est pas pratique : *un siège malcommode.*

maldonne nf Erreur dans la distribution des cartes ; fausse donne. ■ FAM **il y a maldonne** : il y a un malentendu.

mâle adj **1.** BIOL Qui appartient, qui est propre au sexe fécondant (par opposition à *femelle*) : *gamète mâle ; souris mâle.* **2.** Du sexe masculin : *descendants mâles.* **3.** Qui a ou qui évoque des qualités considérées comme masculines : *voix mâle.* **4.** TECHN Se dit de la partie d'un instrument, d'un organe qui entre dans une autre : *prise mâle.* ■ **fleur mâle** : qui ne porte que des étamines. ◆ nm **1.** Animal ou végétal qui ne porte que les organes du sexe mâle (par opposition à *femelle*). **2.** Individu du sexe masculin (par opposition à *femme*).

malédiction nf **1.** Action de maudire ; paroles par lesquelles on maudit ; imprécation. **2.** FIG Malheur, fatalité : *la malédiction est sur lui.*

maléfice nm LITT Sortilège, mauvais sort.

maléfique adj LITT Qui a une influence mauvaise, négative.

malencontreusement adv D'une manière malencontreuse.

malencontreux, euse adj Fâcheux, inopportun.

mal-en-point adj inv En mauvais état.

malentendant, e adj et n Qui entend mal ou pas du tout.

malentendu nm Parole, action mal interprétée ; méprise.

mal-être nm inv Sentiment profond de malaise né d'une insatisfaction mêlée d'inquiétude.

malfaçon nf Défaut, défectuosité dans un ouvrage.

malfaisant, e adj Nuisible, qui cause du mal : *personne, influence malfaisante.*

malfaiteur nm Individu qui commet des vols, des crimes.

malfamé, e adj De mauvaise réputation : *maison malfamée.*

> ORTHOGRAPHE *Malfamé* s'écrit généralement en un seul mot (l'adjectif *famé* n'étant plus usuel), mais on peut le trouver écrit en deux mots.

malformation nf Altération morphologique congénitale d'une partie du corps humain : *malformation cardiaque.*

malfrat nm LITT Malfaiteur, truand.

malgache adj et n De Madagascar : *les Malgaches.* ◆ nm Langue parlée à Madagascar.

malgré prép **1.** Contre le gré, la volonté de : *elle s'est mariée malgré ses parents.* **2.** En dépit de : *malgré la pluie.* ◆ **malgré que** loc conj Indique une opposition, une concession ; bien que, quoique : *malgré qu'il fasse froid.*

> EMPLOI Il n'est pas fautif de dire *malgré que nous soyons amis,* mais il est préférable d'employer *bien que nous soyons amis.*

malhabile adj Maladroit, qui manque d'adresse.

malheur nm **1.** Événement fâcheux, pénible : *il est arrivé un malheur.* **2.** Sort douloureux, funeste (par opposition à *bonheur*) : *montrer du courage dans le malheur.* ■ FAM **faire un malheur** : (a) agir avec violence (b) remporter un grand succès. ❑ **jouer de malheur** : être très malchanceux. ❑ **oiseau de malheur** : personne qui apporte la malchance. ❑ **par malheur** : malheureusement. ❑ **porter malheur** : avoir une influence néfaste, fatale.

malheureusement adv Par malheur.

malheureux, euse adj et n Qui est dans une situation pénible, douloureuse : *de malheureux réfugiés.* ◆ adj **1.** Qui exprime le malheur : *air malheureux.* **2.** Qui manque de chance : *entreprise malheureuse.* **3.** Insignifiant, sans valeur : *un malheureux coin de terre.*

malhonnête adj et n **1.** Qui enfreint les règles de la probité, de l'honnêteté : *un employé malhonnête.* **2.** Qui choque la décence, la pudeur : *proposition malhonnête.*

malhonnêtement adv De façon malhonnête.

malhonnêteté nf **1.** Caractère malhonnête : *la malhonnêteté d'une personne, d'une intention.* **2.** Action malhonnête : *commettre une malhonnêteté.*

malice nf **1.** Penchant à taquiner ; action ou parole ironique, moqueuse : *réponse pleine de malice.* **2.** Méchanceté, désir de nuire : *n'y voyez aucune malice.*

malicieusement adv Avec malice, espièglerie.

malicieux, euse adj et n Qui a ou manifeste de la malice ; taquin, coquin : *enfant malicieux.*

malien, enne adj et n Du Mali : *les Maliens.*

malignement adv Avec malignité.

malignité nf **1.** Méchanceté mesquine. **2.** Caractère dangereux, mortel d'une tumeur, d'un mal.

malin, igne adj et n Qui a de la finesse d'esprit ; astucieux, débrouillard. ◆ adj **1.** Malicieux, espiègle : *sourire malin.* **2.** Méchant : *éprouver un malin plaisir à critiquer ;* pernicieux, dangereux : *fièvre maligne.*

malingre adj Chétif, faible.

malintentionné, e adj Qui a de mauvaises intentions.

malique adj ■ **acide malique** : tiré des pommes.

malle nf Coffre servant pour le voyage. ■ FAM **se faire la malle** : partir sans prévenir ; s'enfuir.

malléabilité nf **1.** Qualité d'un métal malléable. **2.** FIG Caractère de quelqu'un qui est docile, influençable.

malléable adj **1.** TECHN Susceptible d'être réduit en feuilles : *l'or est malléable.* **2.** FIG Docile, influençable : *esprit malléable.*

malléole nf Chacune des parties du tibia (malléole interne) et du péroné (malléole externe) qui forment la cheville.

mallette nf Petite valise.

mal-logé, e (pl *mal-logés, es*) n Personne dont les conditions d'habitation ne sont pas satisfaisantes.

mal-logement nm inv Situation des mal-logés.

malmener vt (conj 9) **1.** Traiter brutalement. **2.** SPORTS Mettre un adversaire dans une situation difficile.

malnutrition nf Alimentation insuffisante et inadaptée.

malodorant, e adj Qui a une mauvaise odeur.

malotru, e n Personne grossière, mal élevée.

malpoli, e adj et n Mal élevé, grossier.

malpropre adj et n **1.** Qui manque de propreté, sale. **2.** FIG Indécent, immoral.

malproprement adv Salement.

malpropreté nf **1.** Manque de propreté. **2.** Indécence, malhonnêteté, indélicatesse.

malsain, e adj Nuisible à la santé physique ou morale ; dangereux : *climat malsain ; idées, théories malsaines.*

malséant, e adj LITT Contraire à la bienséance ; déplacé, inconvenant.

malstrom nm → **maelström**.

malt nm Orge germée, utilisée dans la fabrication de la bière.

maltais, e adj et n De Malte : *les Maltais.*

maltaise nf Variété d'orange sucrée.

malthusianisme nm Limitation volontaire des naissances.

malthusien, enne adj et n Relatif au malthusianisme, aux idées de Malthus.

maltraitance nf Mauvais traitements infligés à une personne qu'on a sous son autorité ou sous sa garde.

maltraiter vt Traiter durement, avec violence.

malus nm inv Majoration d'une prime d'assurance automobile en fonction des accidents dont l'assuré a été responsable. CONTR : bonus.

malvacée nf Plante dicotylédone ayant pour type la mauve (les malvacées forment une famille).

malveillance nf **1.** Caractère d'une personne malveillante. **2.** Acte accompli dans l'intention de nuire.

malveillant, e adj et n Porté à vouloir, à souhaiter du mal à autrui ; qui a des intentions hostiles.

malvenu, e adj ■ LITT **être malvenu à, de** : peu fondé à, peu qualifié pour.

ORTHOGRAPHE On écrit généralement *malvenu* en un seul mot (comme *malfamé*), mais on peut aussi l'écrire en deux mots.

malversation nf Détournement de fonds dans l'exercice d'une charge.

mal-vivre nm inv Souffrance morale éprouvée par une personne, un groupe insatisfaits de leur vie.

malvoisie nm Vin grec doux et liquoreux.

malvoyant, e adj et n Qui voit mal ou pas du tout.

maman nf Mère, dans le langage affectif et enfantin.

mamelle nf Organe de la sécrétion du lait chez les mammifères femelles.

mamelon nm **1.** Bout du sein, de la mamelle. **2.** Colline arrondie.

mamelonné, e adj En forme de mamelons : *plaines mamelonnées.*

mameluk ou **mamelouk** [mamluk] nm HIST Soldat esclave d'une milice turco-égyptienne qui fut maîtresse de l'Égypte et de la Syrie (1250-1517).

mamie ou **mamy** nf Grand-mère, dans le langage affectif et enfantin.

mammaire adj Relatif aux seins, aux mamelles : *glande mammaire.*

mammectomie ou **mastectomie** nf CHIR Ablation du sein.

mammifère nm Animal vertébré caractérisé par la présence de mamelles.

mammographie nf Radiographie de la glande mammaire.

mammouth [mamut] nm Éléphant fossile du quaternaire.

mamours nm pl FAM Câlins, caresses : *faire des mamours.*

mamy nf → **mamie**.

management [manaʒmɛnt] ou [manadʒmɛnt] nm Technique de direction et de gestion de l'entreprise.

manager [manadʒɛr] ou [manadʒœr] nm **1.** Spécialiste du management ; dirigeant d'entreprise. **2.** Personne qui gère les intérêts d'un sportif, qui entraîne une équipe.

manant nm **1.** HIST Paysan ou habitant d'un village. **2.** LITT Homme grossier.

1. manche nm **1.** Partie d'un outil, d'un instrument par laquelle on le tient. **2.** Os apparent des côtelettes et des gigots.

2. manche nf **1.** Partie du vêtement qui couvre le bras : *manches courtes, longues.* **2.** Au jeu, une des parties liées que l'on est convenu de jouer. ■ **manche à air :** tube en toile qui, en haut d'un mât, indique la direction du vent.

3. manche nf ■ FAM **faire la manche :** mendier.

mancheron nm Poignée de charrue.

manchette nf **1.** Bande aux poignets d'une chemise : *boutons de manchette.* **2.** Coup donné avec l'avant-bras. **3.** Titre de journal en gros caractères.

manchon nm **1.** Fourrure en forme de rouleau creux, pour se protéger les mains du froid. **2.** Cylindre pour abouter deux tuyaux.

manchot, e adj et n Privé ou estropié d'une main ou d'un bras. ◆ nm Palmipède qui utilise ses membres antérieurs comme nageoires.

manchou, e adj et n → **mandchou.**

mandant, e n Personne qui, par un mandat, donne pouvoir à un autre.

mandarin nm **1.** HIST Haut fonctionnaire de la Chine impériale. **2.** PÉJOR Personnage important et influent dans son milieu. **3.** LING Le plus important dialecte chinois.

mandarinat nm HIST Fonction, dignité de mandarin.

mandarine nf Fruit du mandarinier.

mandarinier nm Oranger d'une variété de petite taille.

mandat nm **1.** Pouvoir qu'une personne donne à une autre d'agir en son nom : *s'acquitter de son mandat.* **2.** Fonction et obligations d'un membre élu d'une assemblée : *mandat de député.* **3.** (terme administratif) Ordre donné de comparaître, d'arrêter, etc. : *mandat d'arrêt.* **4.** Titre reçu par le service des postes pour faire parvenir une somme à un correspondant : *mandat postal.* **5.** Effet de commerce invitant une personne à verser une certaine somme d'argent à une autre.

mandataire n Qui a mandat pour agir.

mandat-carte (pl *mandats-cartes*) nm Mandat postal payable en espèces.

mandatement nm Action de mandater.

mandater vt **1.** Investir quelqu'un d'un mandat. **2.** Payer une somme par mandat.

mandat-lettre (pl *mandats-lettres*) nm Titre, encaissable dans un bureau de poste, adressé par l'émetteur au bénéficiaire.

mandchou, e ou **manchou, e** adj et n De la Mandchourie.

mandement nm RELIG Instructions adressées par un évêque à ses diocésains.

mander vt LITT Faire venir, appeler : *mander quelqu'un d'urgence.*

mandibule nf **1.** Maxillaire inférieur de l'homme et des vertébrés. **2.** Pièce buccale paire des crustacés, des insectes.

mandoline nf Instrument de musique à cordes de la famille du luth.

mandragore nf Plante à racine bifurquée, qu'on utilisait autrefois en sorcellerie.

mandrill [mɑ̃dril] nm Grand singe d'Afrique à museau rouge et bleu.

mandrin nm **1.** Appareil servant à tenir, sur une machine-outil, une pièce à travailler ou un outil. **2.** Outil pour agrandir ou égaliser les trous.

manège nm **1.** Lieu où l'on dresse les chevaux, où l'on apprend l'équitation. **2.** Jeu pour les enfants, formé d'un plateau animé d'un mouvement circulaire sur lequel sont figurés des animaux, des véhicules, etc. **3.** FIG Conduite rusée, manœuvre : *je me méfie de son manège.*

mânes nm pl ANTIQ ROM Âmes des morts.

manette nf Levier, clef ou poignée qu'on manœuvre à la main.

manga nm **1.** Bande dessinée japonaise, décrivant souvent un univers de science-fiction. **2.** Dessin animé qui s'en inspire.

mangaka n Dessinateur ou auteur de mangas.

manganèse nm Métal grisâtre employé pour la fabrication d'aciers spéciaux, symb : Mn.

mangeable adj Qu'on peut manger.

mangeoire nf Auge où mangent les animaux.

manger vt (conj 2) **1.** Mâcher et avaler afin de se nourrir : *manger du pain, des fruits.* **2.** Détruire, abîmer en rongeant : *vêtement mangé aux mites.* **3.** Faire disparaître en absorbant, en utilisant, etc. : *moteur qui mange trop d'huile.* ■ **manger des yeux :** regarder avidement. ◆ vi **1.** Absorber des aliments : *manger peu.* **2.** Prendre un repas : *manger au restaurant.* ◆ nm Ce qu'on mange : *on peut apporter son manger.*

mange-tout ou **mangetout** nm inv et adj m inv Haricot ou pois dont la cosse se mange.

mangeur, euse n ■ **grand, gros mangeur :** personne qui mange beaucoup.

mangoustan nm Fruit au goût délicat, originaire de Malaisie.

mangouste nf Mammifère carnassier qui dévore des reptiles.

mangrove nf Forêt des régions côtières tropicales.

mangue nf Fruit comestible du manguier.

manguier nm Arbre des régions tropicales.

maniabilité nf Caractère de ce qui est maniable.

maniable adj **1.** Aisé à manier, à manœuvrer : *outil, voiture maniables.* **2.** FIG Souple : *caractère maniable.*

maniaco-dépressif, ive adj et n Se dit d'une psychose caractérisée par une alternance d'accès maniaques et de dépressions mélancoliques ; se dit d'un malade qui en est atteint.

maniaque adj et n **1.** Qui a une manie, une idée fixe : *c'est un maniaque de la ponctualité.* **2.** Qui a un goût et un soin excessifs pour des détails, pour la propreté ; méticuleux : *un vieux garçon maniaque.*

maniaquerie nf FAM Caractère maniaque.

manichéen, enne [manikeɛ̃, ɛn] adj et n Qui relève du manichéisme ; qui le professe.

manichéisme [manikeism] nm Attitude fondée sur l'opposition sans nuance du bien et du mal.

manie nf **1.** Habitude, goût bizarre : *la manie de se ronger les ongles.* **2.** Idée fixe, obsession : *la manie de la persécution.*

maniement nm Action ou façon de manier.

manier vt **1.** Prendre quelque chose dans ses mains pour l'examiner ; manipuler : *objet à manier avec précaution.* **2.** Utiliser un véhicule, un instrument avec adresse : *camion difficile à manier.* ■ **manier des fonds :** les gérer. ❑ **manier des idées, un groupe :** les manœuvrer, les utiliser habilement.

manière nf Façon particulière d'agir ou de se comporter : *une curieuse manière de parler.* ■ **une manière de :** une sorte de. ◆ loc prép ■ **à la manière de :** (a) Selon les habitudes de (b) à l'imitation de. ❑ **de manière à :** afin de. ◆ loc conj ■ **de manière (à ce) que :** de façon (à ce) que. ❑ **de telle manière que** (+ ind) : de telle sorte que. ❑ **de toute manière :** quoi qu'il arrive. ◆ **manières** pl **1.** Façon habituelle d'agir, de parler : *avoir des manières désinvoltes.* **2.** Aisance et politesse dans la tenue : *manquer de manières.* ■ **faire des manières :** adopter un comportement affecté. ❑ **sans manières :** en toute simplicité.

EMPLOI On dit *de manière que (nous réussissions)* de préférence à *de manière à ce que (nous réussissions).*

maniéré, e adj Affecté, précieux.

maniérisme nm Affectation et manque de naturel, en particulier dans le domaine artistique ou littéraire.

manieur, euse n Personne qui manie, gère, dirige : *manieur d'hommes.*

manif nf (abréviation) FAM Manifestation.

manifestant, e n Personne qui prend part à une manifestation.

manifestation nf **1.** Action de manifester un sentiment : *manifestation de tendresse ;* fait de se manifester : *la manifestation d'une maladie.* **2.** Rassemblement destiné à exprimer publiquement une opinion politique, une revendication sociale, etc. **3.** Événement organisé dans un but culturel, commercial, etc.

1. manifeste adj Évident : *erreur manifeste.*

2. manifeste nm Déclaration collective écrite.

manifestement adv De façon manifeste.

manifester vt Rendre manifeste, faire connaître, révéler : *manifester sa joie, son mécontentement.* ◆ vi Faire une démonstration collective publique ; participer à une manifestation. ◆ **se manifester** vpr Apparaître au grand jour ; donner des signes de son existence.

manigance nf (surtout au pluriel) Manœuvre secrète qui a pour but de tromper, de cacher quelque chose : *je ne suis pas dupe de ses manigances.*

manigancer vt FAM Préparer secrètement ; tramer, ourdir : *manigancer un mauvais coup.*

1. manille nf Jeu de cartes où l'as et le dix sont les cartes maîtresses ; le dix de chaque couleur, à ce jeu.

2. manille nf Étrier métallique en forme d'U, servant à relier deux tronçons de chaîne.

manillon nm L'as de chaque couleur, au jeu de la manille.

manioc nm Plante tropicale dont la racine fournit une fécule qui sert à faire le tapioca.

manip ou **manipe** nf (abréviation de *manipulation*) **1.** FAM Série d'agissements visant à manipuler quelqu'un ; manigance. **2.** ARG SCOL Exercice de manipulation effectué pendant un cours de physique, de chimie, etc.

manipulateur, trice n Personne qui manipule.

manipulation nf Action de manipuler.

manipuler vt **1.** Remuer, déplacer, faire fonctionner avec la main : *manipuler un appareil photo.* **2.** Modifier, transformer quelque chose de façon suspecte : *manipuler des statistiques.* **3.** Amener quelqu'un à agir dans le sens que l'on souhaite, s'en servir comme moyen pour arriver à ses fins ; manœuvrer.

manitou nm FAM Personne puissante ou qui fait autorité dans un domaine.

manivelle nf Pièce coudée pour tourner une roue, etc.

manne nf LITT Aubaine, chose providentielle, avantage inespéré.

mannequin nm **1.** Forme humaine utilisée en couture pour les essayages ou les étalages ; forme humaine articulée à l'usage des peintres et des sculpteurs. **2.** Personne chargée de présenter les modèles d'une maison de couture : *agence de mannequins*.

manœuvrable adj Facile à manœuvrer.

manœuvre nf **1.** Manière ou action de régler la marche d'une machine, d'un appareil, d'un véhicule : *manœuvre d'une pompe*. **2.** Exercice que l'on fait faire aux soldats : *grandes manœuvres*. **3.** FIG (souvent péjoratif) Ensemble de moyens employés pour parvenir à un résultat ; intrigue : *manœuvres frauduleuses*. ■ **fausse manœuvre :** opération mal appropriée ou mal exécutée. ◆ nm Ouvrier affecté à des tâches non spécialisées.

manœuvrer vt **1.** Faire exécuter des manœuvres, des mouvements : *manœuvrer un levier, une grue*. **2.** Amener à agir comme on souhaite ; manipuler : *manœuvrer quelqu'un*. ◆ vi **1.** Faire une manœuvre avec un véhicule. **2.** Exécuter une, des manœuvres militaires. **3.** FIG Agir de façon à obtenir quelque chose : *c'est bien manœuvré*.

manœuvrier, ère n Qui manœuvre habilement.

manoir nm Habitation de caractère d'une certaine importance, entourée de terres.

manomètre nm Appareil servant à mesurer la pression des gaz.

manouche n et adj Membre d'un des trois groupes dont l'ensemble forme les Tsiganes.

manquant, e adj Qui manque, qui est en moins : *la somme manquante*. ◆ adj et n Absent : *noter le nom des personnes manquantes*.

1. manque nm Défaut, absence : *manque de sommeil*. ■ **être en manque :** (a) avoir besoin de drogue, en parlant d'un toxicomane (b) être privé de ce qui est psychiquement indispensable. ❑ **manque à gagner :** perte portant sur un bénéfice non réalisé. ◆ loc prép ■ **par manque de :** faute de.

2. manque nf ■ FAM **à la manque :** qui est mauvais, raté ou défectueux : *un bricoleur à la manque*.

manqué, e adj Qui n'est pas réussi : *une photo manquée*. ■ FAM **garçon manqué :** fille qui a des manières de garçon. ❑ **acte manqué :** acte qui trahit un désir inconscient.

manquement nm Action de manquer à un devoir, à une loi, à une règle ; infraction : *manquement à la discipline*.

manquer vi **1.** Échouer, ne pas réussir : *l'attentat a manqué*. **2.** Être en quantité insuffisante, faire défaut : *les vivres manquent*. **3.** Être absent : *trois élèves manquent*. ◆ vt ind **1.** [de] Ne pas avoir en quantité suffisante : *manquer d'argent*. **2.** [de] (avec ou sans préposition) Être sur le point de : *il a manqué de se faire écraser*. **3.** [à] Faire défaut : *les forces lui manquent ; il nous manque beaucoup*. **4.** [à] Se soustraire à, ne pas respecter : *manquer à sa parole*. ■ **ne pas manquer de :** ne pas omettre, ne pas négliger. ◆ vt **1.** Ne pas réussir : *manquer une photo* ; laisser échapper : *manquer une affaire, une occasion*. **2.** Ne pas atteindre : *manquer un lièvre, son but*. **3.** Ne pas rencontrer quelqu'un comme prévu : *vous l'avez manqué de peu* ; arriver trop tard pour prendre un moyen de transport : *manquer un train*.

mansarde nf Pièce située sous un comble et dont un mur est incliné.

mansardé, e adj Aménagé sous un comble.

mansuétude nf LITT Douceur, indulgence : *parler avec mansuétude*.

mante nf Insecte orthoptère (appelé usuellement : *mante religieuse*).

manteau nm **1.** Vêtement de dessus ample et à manches longues. **2.** Partie d'une cheminée en saillie au-dessus du foyer. ■ FIG **sous le manteau :** clandestinement.

mantille nf Longue écharpe de dentelle que les femmes portent sur la tête.

manucure n Personne chargée des soins esthétiques des mains, et en particulier des ongles.

manucurer vt Donner des soins de beauté aux mains et aux ongles de quelqu'un.

manuel, elle adj Qui se fait avec la main : *travail manuel*. ◆ adj et n Qui est adroit de ses mains ; qui travaille avec ses mains. ◆ nm Petit livre renfermant les notions essentielles d'une technique, d'une science : *manuel scolaire*.

manuellement adv Avec la main.

manufacture nf Vaste établissement industriel : *manufacture de tabac*.

manufacturer vt Transformer industriellement des matières premières en produits finis.

manufacturier, ère adj Relatif à la fabrication, à l'industrie.

manu militari loc adv Par la force des armes.

manuscrit, e adj Écrit à la main : *lettre manuscrite*. ◆ nm **1.** Ouvrage écrit à la main. **2.** Texte original d'un ouvrage destiné à l'impression.

manutention nf Action de manipuler des marchandises ; lieu où cette opération s'effectue.

manutentionnaire n Personne chargée de la manutention.

manutentionner vt Soumettre à une opération de manutention.

maoïsme nm Doctrine qui s'inspire de la pensée de Mao Zedong.

maoïste adj et n Relatif au maoïsme ; qui en est partisan.

maori, e adj Relatif aux Maoris, population de la Nouvelle-Zélande.

mappemonde nf Carte du globe divisé en deux hémisphères.

1. maquereau nm Poisson de mer aux vives couleurs et à chair estimée.

2. maquereau, elle n TRÈS FAM Personne qui vit de la prostitution.

maquette nf **1.** Reproduction à échelle réduite d'un décor, d'une construction, d'un appareil. **2.** Représentation schématique ou précise des divers éléments d'un imprimé, d'une mise en pages.

maquettiste n Personne qui exécute des maquettes.

maquignon nm **1.** Marchand de chevaux. **2.** FIG Personne peu scrupuleuse en affaires.

maquignonnage nm **1.** Métier de maquignon. **2.** FIG Procédés indélicats, tromperies.

maquillage nm **1.** Action, manière de maquiller, de se maquiller. **2.** Ensemble des produits de beauté et de soin du visage. **3.** FIG Action de maquiller pour falsifier : *maquillage d'une voiture volée.*

maquiller vt **1.** Modifier l'aspect du visage à l'aide de produits cosmétiques. **2.** FIG Déguiser, truquer : *maquiller un meurtre en suicide.*

maquilleur, euse n Personne qui maquille.

maquis nm **1.** Terrain broussailleux des régions méditerranéennes. **2.** Lieu retiré, sauvage où s'organise la résistance à une occupation militaire étrangère. **3.** FIG Réseau complexe, inextricable : *se perdre dans le maquis de la procédure.*

maquisard nm Résistant d'un maquis.

marabout nm **1.** Oiseau échassier au bec énorme. **2.** Saint religieux musulman. **3.** En Afrique, personne réputée pour ses pouvoirs magiques ; guérisseur.

maraîcher, ère adj Relatif à la culture des légumes. ◆ n Cultivateur qui se livre à la production en grand des légumes, des primeurs.

marais nm Région où s'accumulent des eaux stagnantes. ■ **marais salant :** terrain où l'on fait évaporer l'eau de la mer pour recueillir le sel.

marasme nm Arrêt de l'activité dans un domaine quelconque : *marasme économique.*

marasquin nm Liqueur de cerise.

marathe nm → **mahratte.**

marathon nm **1.** Course à pied de grand fond (42,195 km). **2.** FIG Négociation longue et difficile : *le marathon budgétaire de Bruxelles.*

marathonien, enne n Coureur de marathon.

marâtre nf **1.** Seconde épouse du père, par rapport aux enfants nés d'un premier mariage. **2.** PAR EXT Mère dénaturée, méchante.

maraud, e n VX Scélérat, voleur.

maraudage nm ou **maraude** nf Vol de récoltes, de fruits, de légumes encore sur pied, etc. ■ **taxi en maraude :** qui circule à vide en quête de clients, au lieu de stationner.

marauder vi Se livrer au maraudage ; être en maraude.

maraudeur, euse n Qui maraude.

marbre nm **1.** Calcaire à grain fin, compact et dur. **2.** Objet de marbre : *des marbres antiques.* **3.** IMPR Table sur laquelle on place la composition pour l'impression ou la correction.

1. marbré, e adj Marqué de veines ou de taches évoquant le marbre : *peau marbrée.*

2. marbré nm Gâteau à pâte levée, moelleux, veiné de chocolat.

marbrer vt **1.** Décorer en imitant les veines du marbre. **2.** Marquer de marbrures : *les coups lui ont marbré le corps.*

marbrerie nf **1.** Art, atelier du marbrier. **2.** Industrie du marbre.

marbrier, ère adj Relatif au marbre, à son industrie. ◆ nm Ouvrier qui travaille le marbre.

marbrière nf Carrière de marbre.

marbrure nf **1.** Décor imitant les veines du marbre. **2.** Marque ressemblant à une veine du marbre, qui se voit sur la peau.

marc [mar] nm **1.** Résidu d'une substance que l'on fait infuser, bouillir, etc. : *marc de café.* **2.** Eau-de-vie obtenue en distillant le résidu des grains de raisin pressés pour en extraire le jus.

marcassin nm Jeune sanglier.

marcel nm Tee-shirt décolleté et sans manches ; débardeur.

marchand, e n Qui fait profession d'acheter et de vendre. ◆ adj ■ **marine marchande :** qui assure le transport des marchandises. ❑ **valeur marchande d'un objet :** sa valeur dans le commerce.

marchandage nm Action de marchander.

marchander vt Débattre le prix de : *marchander un tableau.*

marchandisation nf Tendance à tirer un profit mercantile d'une activité non marchande : *la marchandisation de la culture.*

marchandise nf Ce qui se vend et s'achète : *marchandise de luxe.*

1. marche nf **1.** Action de marcher : *aimer la marche.* **2.** Allure d'une personne qui marche : *marche lente, rapide.* **3.** Distance parcourue en marchant : *une longue marche.* **4.** Déplacement d'un véhicule : *faire marche arrière.* **5.** Mouvement régulier, réglé, d'un corps, d'un mécanisme : *la marche d'une horloge.* **6.** FIG Cours, développement : *la marche d'une affaire.* **7.** Cortège, défilé : *marche pour la paix.* **8.** Musique destinée à régler le pas : *jouer une marche nuptiale.* ■ **être en marche :** se développer, fonctionner. ❑ **marche à suivre :** ensemble des démarches, des actions pour arriver à un but. ❑ **mettre en marche :** faire fonctionner. ❑ **monter, descendre en marche :** monter, descendre d'un véhicule alors qu'il roule.

EMPLOI *Marche à pied* est un pléonasme à éviter.

2. marche nf Chacune des surfaces planes sur lesquelles on pose le pied pour monter ou descendre un escalier.

marché nm **1.** Lieu public où l'on vend certaines marchandises : *marché couvert, en plein air.* **2.** Ville, région où se font principalement certaines transactions : *Anvers est l'un des principaux marchés de pierres précieuses.* **3.** Débouché économique : *il n'y a pas de marché pour ce type de produit.* **4.** Convention d'achat et de vente : *rompre un marché.* **5.** État de l'offre et de la demande : *le marché de l'emploi.* **6.** Ensemble de négociations boursières se tenant sur une place financière : *marché au comptant.* ■ **bon marché :** peu cher. ❑ **faire bon marché de :** reconnaître peu de valeur à. ❑ **faire son marché :** aller acheter ses provisions. ❑ **par-dessus le marché :** en plus, en outre.

marchepied nm **1.** Marche pour monter et descendre d'un véhicule. **2.** FIG Moyen de s'élever : *cet emploi lui a servi de marchepied.* **3.** ANTILLES Paillasson.

marcher vi **1.** Se déplacer, avancer à pied, en mettant un pied devant l'autre : *apprendre à marcher ; marcher vite.* **2.** Mettre le pied sur, dans : *marcher sur un papier, dans une flaque d'eau.* **3.** Fonctionner : *montre qui marche ; ça marche.* **4.** Prospérer : *affaire qui marche.* **5.** Tendre progressivement vers ; aller : *marcher à sa ruine.* **6.** FAM Consentir : *marcher dans la combine ;* croire naïvement à : *il n'a pas marché dans cette histoire.* ■ FAM **faire marcher quelqu'un :** le tromper.

marcheur, euse n Qui marche, qui aime marcher.

marcottage nm Action de marcotter.

marcotte nf AGRIC Branche tenant encore à la plante mère, que l'on enterre pour qu'elle prenne racine.

marcotter vt Coucher des rejetons en terre pour leur faire prendre racine.

mardi nm Deuxième jour de la semaine. ■ **Mardi gras :** dernier jour avant le carême et qui donne lieu à un carnaval.

mare nf **1.** Étendue d'eau dormante. **2.** PAR EXT Flaque : *une mare de sang.*

marécage nm Terrain humide couvert de marais.

marécageux, euse adj De la nature du marécage : *terrain marécageux.*

maréchal (pl *maréchaux*) nm ■ **maréchal de France :** officier général titulaire d'une dignité d'État, conférée à certains commandants en chef victorieux. ❑ **maréchal des logis :** sous-officier de cavalerie, d'artillerie.

maréchale nf Femme d'un maréchal.

maréchal-ferrant (pl *maréchaux-ferrants*) nm Artisan dont le métier est de ferrer les chevaux.

maréchaussée nf FAM La gendarmerie, les gendarmes.

marée nf **1.** Mouvement périodique des eaux de la mer : *marée montante, descendante.* **2.** Toute espèce de poisson de mer frais destiné à la consommation. **3.** FIG Masse, foule considérable en mouvement : *une marée humaine.* ■ **marée noire :** arrivée sur le rivage de nappes de pétrole provenant d'un navire accidenté.

marelle nf Jeu d'enfant qui consiste à pousser à cloche-pied un palet dans les cases d'une figure tracée sur le sol.

marémoteur, trice adj Qui utilise la force motrice des marées.

marengo [marɛ̃go] adj inv Se dit d'une manière d'accommoder un poulet, du veau dans l'huile, avec des champignons et des tomates.

mareyeur, euse n Marchand de poissons, de coquillages et de crustacés en gros.

margarine nf Corps gras comestible extrait d'huiles essentiellement végétales.

marge nf **1.** Espace blanc autour d'une page imprimée ou écrite : *faire des annotations dans la marge.* **2.** Intervalle de temps ou d'espace dont on dispose : *marge d'erreur ; marge de sécurité.* **3.** Différence entre le prix de vente et le prix d'achat d'une marchandise, évaluée en pourcentage du prix de vente : *marge bénéficiaire.* ■ **en marge (de) :** en dehors, à l'écart de.

margelle nf Rebord d'un puits.

marginal, e, aux adj **1.** Écrit en marge : *notes marginales.* **2.** Accessoire, secondaire : *occupation marginale.* ◆ n et adj Personne qui vit en marge de la société.

marginalement adv De façon marginale.

marginalisation nf Action de marginaliser ; fait d'être marginalisé.

marginaliser vt Rendre marginal.

marginalité nf Caractère d'une personne marginale.

margoulin nm FAM Individu peu scrupuleux en affaires.

margrave nm HIST Chef de province frontière, en Allemagne.

margraviat nm HIST **1.** Dignité de margrave. **2.** Juridiction d'un margrave.

marguerite nf Plante commune à fleurs blanches et à cœur jaune (famille des composées).

mari nm Homme uni à une femme par le mariage.

mariage nm **1.** Union légale d'un homme et d'une femme ; sa célébration. **2.** Situation de deux personnes mariées : *leur mariage a connu des hauts et des bas.* **3.** FIG Réunion, association harmonieuse : *mariage de deux couleurs.*

marié, e n Personne qui est sur le point de se marier ou qui vient de se marier : *jeunes mariés.*

marier vt **1.** Unir par le lien conjugal : *être marié par le maire, par le prêtre.* **2.** Donner en mariage : *marier sa fille.* **3.** FIG Joindre, unir, associer ; assortir : *marier des couleurs.* ◆ **se marier** vpr **1.** Contracter mariage : *se marier à* ou *avec quelqu'un.* **2.** S'associer, se combiner : *ces couleurs se marient bien.*

marieur, euse n VX Qui aime à faciliter des mariages.

marigot nm Dans les pays tropicaux, bras de fleuve marécageux.

marihuana [marirwana] ou **marijuana** [mariʒɥana] nf Stupéfiant voisin du chanvre indien.

marin, e adj **1.** Qui appartient à la mer : *plante marine.* **2.** Qui sert à la navigation sur la mer : *carte marine.* ◆ nm **1.** Personne employée à la conduite et à l'entretien d'un navire. **2.** Homme habile dans l'art de la navigation : *les Hollandais, peuple de marins.*

marina nf Ensemble immobilier jumelé à un port de plaisance.

marinade nf Mélange liquide aromatique où l'on fait tremper de la viande, du poisson pour les conserver ou leur donner un arôme.

1. marine nf **1.** Navigation maritime : *vocabulaire de la marine ;* ce qui relève de l'art de la navigation sur mer : *le compas est un instrument de marine.* **2.** Ensemble des marins et des navires effectuant des transports commerciaux ou destinés à la guerre : *marine marchande.* **3.** Ensemble des navires d'un pays : *marine militaire.* **4.** Tableau qui représente une scène maritime. ◆ adj inv ■ **bleu marine :** bleu foncé.

2. marine nm Soldat d'un corps spécialisé américain.

mariner vt Tremper dans une marinade. ◆ vi FAM Attendre longtemps : *laisser mariner quelqu'un.*

marinier, ère n Personne qui fait le transport des marchandises à bord d'une péniche.

marinière nf Blouse très ample, que l'on enfile par la tête. ■ **moules (à la) marinière :** cuites dans leur jus et aromatisées au vin blanc.

mariol ou **mariole** ou **mariolle** adj et n ■ FAM **faire le mariole :** faire l'intéressant, se faire remarquer.

marionnette nf **1.** Figurine articulée que l'on actionne à l'aide de fils ou de ses mains. **2.** FIG Personne sans caractère qu'on manœuvre facilement.

marionnettiste n Montreur, manipulateur de marionnettes.

marital, e, aux adj DR Du mari.

maritalement adv Comme des époux : *vivre maritalement.*

maritime adj Relatif à la mer, fait par mer : *trafic maritime ;* qui est près de la mer : *port maritime ; pin maritime.*

marivaudage nm LITT Action de marivauder ; badinage.

marivauder vi LITT Échanger des propos galants et précieux.

marjolaine nf Plante aromatique.

mark nm Unité monétaire de l'Allemagne et de la Finlande jusqu'au 1er janvier 2002.

marketer [markete] vt (conj 6) Utiliser les méthodes du marketing pour positionner un produit, une entreprise dans leur environnement concurrentiel.

marketing [marketiŋ] nm Ensemble des techniques destinées à promouvoir et à diffuser un produit (recomm. off. : *mercatique*).

marmaille nf FAM Troupe d'enfants souvent bruyants et désordonnés.

marmelade nf Compote de fruits écrasés et cuits avec du sucre. ■ FIG **en marmelade :** broyé, en bouillie.

marmite nf Récipient de grande taille où l'on fait cuire les aliments ; son contenu.

marmiton nm Jeune apprenti de cuisine.

marmonnement nm Action de marmonner ; bruit fait en marmonnant.

marmonner vt Parler entre ses dents, de façon indistincte.

marmoréen, enne adj LITT Blanc, dur, froid comme le marbre : *blancheur marmoréenne.*

marmot nm FAM Petit enfant.

marmotte nf Mammifère rongeur des Alpes, qui hiberne plusieurs mois.

marmottement nm Murmure d'une personne qui marmotte.

marmotter vt Parler confusément entre ses dents : *marmotter des injures.*

marmouset nm FAM Enfant.

marne nf Terre calcaire mêlée d'argile, qui sert d'amendement.

marner vt Ajouter de la marne. ◆ vi FAM Travailler dur.

marneux, euse adj De la nature de la marne : *sol marneux*.

marocain, e adj et n Du Maroc : *les Marocains*.

maroilles [marwal] nm Fromage fabriqué à Maroilles (Nord).

maronite adj et n Catholique de rite syrien.

maronner vi FAM **1.** Bougonner, rager sourdement. **2.** Attendre.

maroquin nm Cuir de chèvre tanné ; objet fait de cette matière.

maroquinerie nf Fabrication et commerce des articles de cuir.

maroquinier, ère n et adj Personne qui travaille le cuir ou qui vend des objets en cuir.

marotte nf FAM Idée fixe, manie.

marouflage nm Action de maroufler.

maroufler vt Coller une surface peinte sur une toile de renfort.

marquage nm Action de marquer.

marquant, e adj Inoubliable, important : *événement marquant*.

marque nf **1.** Trace laissée par qqch : *marques de doigts sur un verre ; marques de coups*. **2.** Empreinte ou signe servant à reconnaître, à distinguer : *faire une marque sur un livre*. **3.** Preuve, témoignage : *donner des marques d'affection*. **4.** Caractère propre, signe distinctif : *ce film porte la marque de son réalisateur*. **5.** Signe distinctif d'une entreprise commerciale : *marque de fabrique ; une grande marque de vêtements*. **6.** Repère placé par un athlète pour faciliter un saut, un élan. **7.** Décompte des points au cours d'une partie, d'un match : *quelle est la marque ?* ■ **de marque :** (a) important : *invité de marque* (b) de qualité : *champagne de marque*. ❑ DR **marque déposée :** marque de fabrique ou de commerce ayant fait l'objet d'un dépôt légal, afin de bénéficier d'une protection juridique. ◆ **marques** pl Ensemble de repères délimitant un territoire, une zone d'influence : *chercher, perdre ses marques*. ■ **à vos marques ! :** en athlétisme, ordre donné pour amener les athlètes sur la ligne de départ.

marqué, e adj **1.** Accentué, très apparent : *différence marquée*. **2.** Se dit d'un visage ridé, aux traits accusés. **3.** Qui est engagé dans qqch ou dont on n'a pas oublié les agissements antérieurs : *il est marqué politiquement*.

marque-page (pl inv ou *marque-pages*) nm Objet, le plus souvent en carton, permettant de retrouver une page dans un livre.

marquer vt **1.** Mettre une marque sur : *marquer du linge*. **2.** Noter, inscrire : *marquer ses dépenses*. **3.** FIG Être le signe de ; dénoter : *voilà qui marque de la méchanceté*. **4.** Signaler, souligner : *marquer sa désapprobation*. ◆ vi **1.** Laisser une marque : *ce composteur ne marque plus*. **2.** FIG Laisser son empreinte : *ces événements ont marqué dans sa vie*.

marqueter vt (conj 8) Orner de pièces de marqueterie.

marqueterie nf Placage de pièces en bois, en marbre, en nacre, formant des dessins variés.

marqueteur, euse n Ouvrier qui réalise des travaux de marqueterie.

marqueur nm Crayon-feutre épais. ■ **marqueur génétique :** caractère héréditaire permettant de différencier les uns des autres des individus ou des groupes.

marquis nm Titre de noblesse entre celui de duc et celui de comte.

marquisat nm Dignité du marquis ; sa terre.

marquise nf **1.** Femme d'un marquis. **2.** Auvent vitré au-dessus d'une porte.

marraine nf **1.** Femme qui présente un enfant au baptême. **2.** Femme qui préside au baptême d'un navire, d'un ouvrage, etc.

marrane nm HIST Juif d'Espagne converti par contrainte au catholicisme.

marrant, e adj et n FAM Drôle, amusant.

marre adv ■ FAM **en avoir marre :** en avoir assez, être excédé.

marrer (se) vpr FAM Rire, s'amuser.

marri, e adj LITT Fâché, attristé.

1. marron nm Variété cultivée de la châtaigne. ■ **marron d'Inde :** fruit non comestible du marronnier d'Inde, utilisé en pharmacie. ❑ **marron glacé :** marron confit dans du sucre et glacé au sirop. ❑ **tirer les marrons du feu :** courir des risques sans profit personnel. ◆ adj inv De couleur rouge-brun. ◆ nm Couleur rouge-brun.

2. marron, onne adj Qui exerce une profession libérale dans des conditions illégales ; malhonnête : *avocat marron*.

marronnier nm Châtaignier qui produit le marron. ■ **marronnier d'Inde :** grand arbre ornemental.

mars nm Troisième mois de l'année.

marseillais, e adj et n De Marseille. ■ **la Marseillaise :** hymne national français.

marsouin nm Mammifère cétacé, voisin du dauphin.

marsupial (pl *marsupiaux*) nm Mammifère caractérisé par une poche ventrale, destinée à recevoir ses petits après la naissance (kangourou, koala, etc.).

marte nf → **martre**.

marteau nm **1.** Outil de métal, à manche, propre à cogner, à forger. **2.** Sphère métallique que lancent les athlètes. **3.** Heurtoir d'une porte. **4.** Pièce qui frappe les cordes du piano. **5.** ANAT Un des osselets de l'oreille. ■ **marteau piqueur :** appareil dans lequel se meut un piston qui frappe l'outil (fleuret, burin ou aiguille) sous l'effet d'un choc pneumatique, hydraulique ou électrique.

marteau-pilon (pl *marteaux-pilons*) nm Gros marteau de forge, à vapeur, à air comprimé, hydraulique, etc.

martel nm ■ FIG **se mettre martel en tête :** se faire du souci.

martelage nm **1.** Opération consistant à battre les métaux pour leur donner l'ébauche de leur forme définitive : *le martelage du cuivre.* **2.** Marquage, à l'aide d'un marteau portant des lettres en relief, des arbres qui doivent être abattus ou non dans une forêt.

martèlement nm **1.** Action de marteler ; bruit qui en résulte. **2.** Bruit cadencé : *le martèlement des pas d'une troupe en marche.*

marteler vt (conj 5) **1.** Frapper à coups de marteau. **2.** Frapper fort et à coups redoublés. **3.** Détacher les syllabes : *marteler les mots.*

martial, e, aux [marsjal, sjo] adj Décidé, volontaire, prêt au combat : *air martial.* ■ **arts martiaux :** sports de combat d'origine japonaise (aïkido, judo, etc.). ❑ **cour martiale :** tribunal militaire. ❑ **loi martiale :** qui autorise l'intervention de la force armée dans certains cas.

martien, enne adj De la planète Mars. ◆ n Habitant imaginaire de la planète Mars.

martin-chasseur (pl *martins-chasseurs*) nm Grand passereau terrestre qui chasse les insectes et les reptiles.

1. martinet nm Petit oiseau ressemblant à l'hirondelle.

2. martinet nm Fouet formé de plusieurs lanières.

martingale nf **1.** Demi-ceinture placée à la taille, dans le dos d'un vêtement. **2.** Procédé, basé sur le calcul des probabilités, qui prétend assurer un bénéfice dans les jeux de hasard.

Martini nm (nom déposé) Vermouth rouge ou blanc de la marque de ce nom.

martiniquais, e adj et n De la Martinique : *les Martiniquais.*

martin-pêcheur (pl *martins-pêcheurs*) nm Passereau au plumage brillant, vivant près des cours d'eau et qui plonge avec rapidité pour attraper des petits poissons.

martre ou **marte** nf Petit mammifère carnassier à fourrure soyeuse ; la fourrure de cet animal.

martyr, e n Qui souffre, qui meurt pour ses croyances religieuses, politiques. ◆ adj et n Qui souffre de mauvais traitements systématiques : *enfant martyr.*

martyre nm **1.** Tourments, mort endurés pour la foi. **2.** PAR EXT Grande douleur : *il souffre le martyre.*

ORTHOGRAPHE Il ne faut pas confondre la personne avec le supplice : *un martyr et une martyre subissent un martyre.*

martyriser vt Faire endurer de cruels traitements.

martyrologe nm **1.** Liste des martyrs ou des saints. **2.** PAR EXT Catalogue de victimes : *le martyrologe de la science.*

marxisme nm Doctrine philosophique, politique et économique issue de Marx, fondée sur le matérialisme et la lutte des classes.

marxisme-léninisme nm Théorie et pratique politiques s'inspirant de Marx et de Lénine.

marxiste n Partisan du marxisme. ◆ adj Qui a trait au marxisme.

marxiste-léniniste (pl *marxistes-léninistes*) adj et n Qui relève du marxisme-léninisme ; qui en est partisan.

mas [ma] ou [mas] nm Maison de campagne, ferme dans le midi de la France.

mascara nm Produit de maquillage pour les cils.

mascarade nf **1.** Réunion ou défilé de personnes déguisées et masquées. **2.** Mise en scène trompeuse, hypocrite : *ce procès n'a été qu'une mascarade.*

mascaret nm Surélévation brusque des eaux, qui se produit dans certains estuaires à l'arrivée du flot et qui forme une vague déferlante.

mascotte nf FAM Objet, personne, animal choisis comme des porte-bonheur, des fétiches.

masculin, e adj **1.** Propre à l'homme, au mâle (par opposition à *féminin*) : *voix masculine.* **2.** Composé d'hommes : *assemblée masculine.* ■ GRAMM **genre masculin :** qui désigne un être mâle ou tout objet regardé comme tel. ❑ **rime masculine :** qui ne finit pas par un *e* muet ou une syllabe muette. ◆ nm GRAMM Le genre masculin.

masculiniser vt Rendre masculin.

masculinité nf Caractère masculin.

maso adj et n (abréviation) FAM Masochiste.

masochisme nm Perversion qui fait rechercher le plaisir dans la douleur.

masochiste adj et n Qui relève du masochisme ; qui en est atteint.

masquage nm Action de masquer.

masque nm **1.** Objet dont on se couvre le visage pour le dissimuler ou le protéger :

masque de carnaval ; masque à gaz ; masque de plongée. **2.** Préparation utilisée en application pour les soins du visage : *masque de beauté.* **3.** Moulage du visage : *masque mortuaire.* **4.** PAR EXT Expression, physionomie de quelqu'un : *présenter un masque impénétrable.* ■ **arracher son masque à quelqu'un :** révéler, dévoiler sa duplicité. ❏ **lever, tomber le masque :** révéler sa vraie nature.

masqué, e adj Qui porte un masque : *visage masqué.* ■ **bal masqué :** où l'on va déguisé.

masquer vt Cacher, dissimuler : *masquer une fenêtre ; masquer ses projets.*

massacrant, e adj ■ FAM **être d'une humeur massacrante :** de très mauvaise humeur.

massacre nm **1.** Carnage, tuerie de personnes ou d'animaux : *le massacre de la Saint-Barthélemy.* **2.** Travail exécuté maladroitement ; gâchis. ■ **jeu de massacre :** jeu consistant à renverser avec des balles des figures à bascule.

massacrer vt **1.** Tuer en masse : *massacrer du gibier.* **2.** Abîmer, défigurer par une exécution maladroite : *massacrer un travail.*

massacreur, euse n Personne qui massacre.

massage nm Action de masser.

1. masse nf **1.** Corps solide, compact : *masse de rocher, de plomb.* **2.** PAR EXT Grande quantité : *masse d'air froid.* **3.** Grand groupe humain : *masses paysannes.* **4.** Silhouette massive : *la masse d'un navire.* ■ **comme une masse :** sans réagir ou de tout son poids : *tomber comme une masse.* ❏ **de masse :** qui concerne ou qui s'adresse au plus grand nombre : *la culture de masse.* ❏ FAM **être à la masse :** être déphasé, dépassé par les événements. ❏ **masse d'un corps :** rapport de la force appliquée à ce corps à l'accélération qu'elle lui communique. ❏ **masse salariale :** somme des rémunérations perçues par l'ensemble des salariés d'une entreprise. ❏ **une masse de :** une grande quantité, un grand nombre de.

2. masse nf Gros marteau.

massepain nm Biscuit de pâte d'amandes.

masser vt **1.** Pétrir avec la main une partie du corps : *masser le cou.* **2.** Grouper, réunir : *masser des troupes.* ◆ **se masser** vpr Se grouper.

masseur, euse n Personne qui masse.

massicot nm Machine à couper le papier.

massicoter vt Couper, rogner au massicot.

1. massif nm **1.** Ensemble de hauteurs présentant un caractère montagneux : *le massif du Mont-Blanc.* **2.** Ensemble de fleurs, d'arbustes groupés sur un espace de terre.

2. massif, ive adj **1.** Épais, pesant : *corps massif.* **2.** Ni creux ni plaqué : *or massif.* **3.** En grande quantité : *dose massive de médicaments.*

massique adj PHYS **1.** Qui concerne la masse. **2.** Se dit d'une grandeur caractéristique d'un corps divisée par la masse de celui-ci.

massivement adv De façon massive.

mass media nm pl Moyens de communication de masse (télévision, radio, presse, etc.).

massue nf Bâton noueux avec une extrémité plus grosse que l'autre. ■ **argument massue :** qui laisse l'interlocuteur sans réplique. ❏ FIG **coup de massue :** (a) événement imprévu et accablant (b) facture très élevée.

mastaba nm Monument funéraire trapézoïdal de l'Égypte ancienne.

mastectomie nf → **mammectomie**.

master [mastɛr] nm Diplôme obtenu à bac + 5 et conférant le troisième grade universitaire.

mastic nm Composition pâteuse pour boucher des trous, fixer les vitres, etc.

masticage nm Bouchage au mastic.

masticateur, trice adj Qui sert à la mastication.

mastication nf Action de mâcher.

masticatoire nm et adj Substance qu'on mâche pour exciter la sécrétion de la salive.

1. mastiquer vt Coller avec du mastic : *mastiquer des carreaux.*

2. mastiquer vt Mâcher.

mastoc adj inv FAM Lourd, épais.

mastodonte nm **1.** Grand mammifère fossile voisin de l'éléphant. **2.** FAM Personne d'une énorme corpulence ; chose d'un énorme volume.

mastoïdien, enne adj ANAT Relatif à une éminence de l'os temporal.

mastoïdite nf MÉD Inflammation mastoïdienne.

masturbation nf Action de se masturber.

masturber (se) vpr Obtenir une jouissance sexuelle par l'excitation manuelle de ses parties génitales.

m'as-tu-vu n inv Personne vaniteuse.

masure nf Maison misérable, délabrée.

1. mat [mat] nm Au jeu d'échecs, position du roi qui ne peut se soustraire à l'échec. ◆ adj inv Se dit du joueur qui a perdu.

2. mat, e [mat] adj **1.** Sans éclat, sans poli : *papier mat.* **2.** Sans résonance : *bruit mat.* ■ **peau mate, teint mat :** foncés, bistres.

mât [mɑ] nm Longue pièce de bois qui porte la voile d'un navire.

matador nm Celui qui, dans les courses de taureaux, est chargé de tuer l'animal.

matamore nm Faux brave, fanfaron.

match (pl *matches* ou *matchs*) nm Épreuve sportive disputée entre deux concurrents ou deux équipes : *match de tennis.* ■ **faire match nul :** terminer à égalité.

maté nm Houx de l'Amérique du Sud, dont on fait des infusions.

matelas nm **1.** Pièce de literie rembourrée de laine, à ressorts ou en mousse, posée sur le sommier et sur laquelle on s'étend. **2.** Épaisse couche : *matelas de feuilles.* ■ **matelas pneumatique :** enveloppe de plastique ou de toile caoutchoutée gonflable, utilisée pour le camping, la plage, etc.

matelasser vt Garnir de laine, d'étoffe, etc. ; rembourrer.

matelassier, ère n Personne qui confectionne les matelas.

matelot nm Homme de l'équipage d'un navire qui participe à sa manœuvre.

matelote nf Plat de poisson accommodé au vin et aux oignons.

mater vt Soumettre, dompter : *mater une révolte.*

matérialisation nf Action de matérialiser.

matérialiser vt **1.** Donner une forme concrète, une réalité à : *la rivière matérialise la frontière.* **2.** Rendre concret, effectif ; réaliser : *matérialiser un projet.* ◆ **se matérialiser** vpr Devenir réel ; se concrétiser.

matérialisme nm Position philosophique, attitude de ceux qui considèrent la matière comme étant la seule réalité.

matérialiste adj et n Qui relève du matérialisme ; qui en est partisan.

matérialité nf Caractère de ce qui est matériel, réel : *établir la matérialité des faits.*

matériau (pl *matériaux*) nm **1.** Matière, substance destinée à être mise en œuvre : *matériaux naturels ou artificiels.* **2.** Matière de base : *cette enquête lui a fourni le matériau de sa thèse.* ◆ **matériaux** pl **1.** Ensemble des matières qui entrent dans la construction d'un bâtiment, d'une machine, etc. **2.** FIG Documents réunis pour la composition d'un ouvrage.

matériel, elle adj **1.** Formé de matière (par opposition à *spirituel*). **2.** Qui existe concrètement ; réel, tangible : *preuves matérielles ; être dans l'impossibilité matérielle de joindre quelqu'un.* **3.** Qui concerne les objets et non les personnes : *dégâts matériels ;* relatif aux nécessités de la vie quotidienne, aux moyens financiers d'existence : *besoins matériels.* ◆ nm **1.** Ensemble de l'équipement nécessaire à un travail, à l'exploitation de quelque chose : *matériel agricole.* **2.** INFORM Ensemble des éléments physiques d'un système informatique. ■ **matériel génétique :** support de l'information héréditaire dans les organismes, composé d'ADN ou d'ARN.

matériellement adv D'une manière matérielle.

maternage nm Action de materner.

maternel, elle adj **1.** Propre à une mère : *tendresse maternelle.* **2.** Du côté de la mère : *parents maternels.* ■ **école maternelle** ou **maternelle** nf : école pour les enfants de deux à six ans. ❏ **langue maternelle :** première langue apprise par l'enfant.

maternellement adv D'une façon maternelle : *soigner maternellement.*

materner vt Protéger, entourer de soins, souvent avec excès.

maternisé, e adj ■ **lait maternisé :** aliment d'une composition proche de celle du lait de la femme, obtenu industriellement à partir de lait de vache.

maternité nf **1.** État, qualité de mère. **2.** Établissement hospitalier où s'effectuent les accouchements.

mathématicien, enne n Chercheur, enseignant spécialiste des mathématiques.

mathématique adj **1.** Relatif aux mathématiques. **2.** FIG Rigoureux : *précision mathématique.* ◆ **mathématiques** nf pl (s'emploie parfois au singulier) Science qui étudie les propriétés des nombres, des figures géométriques, etc.

mathématiquement adv **1.** Selon les règles mathématiques. **2.** Inévitablement, immanquablement.

matheux, euse n FAM Personne douée pour les mathématiques.

maths nf pl (abréviation) Mathématiques.

matière nf **1.** Substance qui constitue les corps : *matière vivante.* **2.** Ce dont une chose est faite : *la matière d'une statue.* **3.** Ce qui constitue le sujet d'un ouvrage, d'un discours : *il y a là la matière d'un roman.* **4.** Discipline enseignée : *matières scientifiques, littéraires.* ■ **en matière (de) :** en ce qui concerne. ❏ **entrer en matière :** aborder son sujet. ❏ **être, donner matière à :** être l'occasion de, donner lieu à. ❏ **matière première :** produit destiné à être travaillé, transformé. ❏ **matières grasses :** substances alimentaires grasses. ❏ **table des matières :** liste indiquant ce qui a été traité dans un ouvrage.

matin nm Temps entre minuit et midi, et, couramment, entre le lever du soleil et midi. ■ **de bon, de grand matin :** de très bonne heure. ❏ **un beau matin :** un jour indéterminé. ◆ adv **1.** Dans la matinée : *tous les dimanches matin.* **2.** LITT De bonne heure : *se lever matin.*

1. mâtin nm VX Gros chien de garde.

2. mâtin, e n FAM, VIEILLI Déluré, espiègle.

matinal, e, aux adj **1.** Propre au matin : *gelées matinales.* **2.** Qui se lève tôt. ◆ **matinale** nf Émission de radio ou de télévision en direct, diffusée entre sept heures et neuf heures environ.

mâtiné, e adj **1.** Qui n'est pas de race pure : *épagneul mâtiné de dogue.* **2.** Mêlé à autre chose : *parler un français mâtiné d'italien.*

matinée nf **1.** Temps depuis le point du jour jusqu'à midi. **2.** Spectacle qui a lieu dans l'après-midi. ■ **faire la grasse matinée :** se lever tard.

matines nf pl RELIG Premier office divin, chanté avant le lever du jour.

matité nf État de ce qui est mat, non brillant.

matois, e adj et n LITT Rusé, fin.

maton, onne n ARG Gardien, gardienne de prison.

matou nm FAM Chat mâle.

matraquage nm Action de matraquer.

matraque nf Bâton de bois ou de caoutchouc dur servant d'arme.

matraquer vt **1.** Frapper avec une matraque. **2.** FAM Faire payer un prix excessif. **3.** Répéter avec insistance un slogan, une image publicitaire.

matriarcal, e, aux adj Relatif au matriarcat.

matriarcat nm Société dans laquelle les femmes donnent leur nom aux enfants et exercent une autorité prépondérante dans la famille.

matrice nf **1.** Moule en creux ou en relief servant à reproduire les objets. **2.** VX Utérus.

matricule nf **1.** Registre, rôle où sont inscrits ceux qui entrent dans une collectivité, un organisme, etc. **2.** Inscription sur ce registre. **3.** Extrait de cette inscription. ◆ nm Numéro d'inscription. ◆ adj Qui relève du matricule : *numéro matricule.*

matrilinéaire adj Qui se fait par l'ascendance maternelle.

matrimonial, e, aux adj Relatif au mariage.

matrone nf **1.** Femme d'âge mûr et d'allure respectable. **2.** PÉJOR Femme corpulente aux manières vulgaires.

matronyme nm Nom de famille formé d'après le nom de la mère.

maturation nf Action de mûrir.

mature adj Arrivé à maturité.

mâture nf Ensemble des mâts d'un navire.

maturité nf **1.** État de ce qui est mûr : *fruit cueilli à maturité.* **2.** FIG État de ce qui est parvenu à son complet développement : *talent en pleine maturité.* **3.** Période de la vie comprise entre la jeunesse et la vieillesse ; ensemble des qualités attribuées à cet âge : *manquer de maturité.*

maudire vt (conj 15) **1.** Prononcer une malédiction contre quelqu'un ou quelque chose. **2.** Détester, s'emporter contre : *maudire le sort.*

maudit, e adj et n **1.** Frappé d'une malédiction. **2.** Très mauvais, désagréable : *maudit métier.*

maugréer vi et vt Exprimer sa mauvaise humeur à voix basse : *maugréer contre quelqu'un ; maugréer des injures.*

maure ou **more** adj et n **1.** De la Mauritanie antique. **2.** Au Moyen Âge, du Maghreb ou de l'Espagne musulmane. **3.** Aujourd'hui, du Sahara occidental.

mauresque ou **moresque** adj Propre aux Maures.

mauricien, enne adj et n De l'île Maurice : *les Mauriciens.*

mauritanien, enne adj et n De la Mauritanie : *les Mauritaniens.*

mausolée nm Monument funéraire de grandes dimensions.

maussade adj Chagrin, hargneux. ■ **temps maussade :** gris et pluvieux.

mauvais, e adj **1.** Qui présente un défaut, une imperfection : *une mauvaise terre ; parler un mauvais français.* **2.** Sans valeur, sans intérêt : *un mauvais livre ;* qui rapporte peu, qui est insuffisant ; faible : *mauvaise note ; mauvaise récolte.* **3.** Sans agrément : *mauvais temps ; mauvais repas.* **4.** Dangereux, nuisible : *climat très mauvais.* **5.** Qui n'a pas les qualités qu'il devrait avoir : *mauvais conducteur.* **6.** Méchant, qui fait du mal : *personne mauvaise ; mauvaise influence.* **7.** Faux, erroné : *mauvais numéro.* ■ **être mauvais en :** être faible en : *elle est mauvaise en français.* ❑ FAM **la trouver mauvaise :** être vexé de quelque chose. ❑ **mauvaise mine :** visage fatigué. ❑ **mauvaise tête :** personne qui n'a pas bon caractère. ❑ **mer mauvaise :** très agitée. ❑ **trouver mauvais que :** considérer comme néfaste. ◆ adv ■ **il fait mauvais :** le temps n'est pas beau. ❑ **sentir mauvais :** exhaler une odeur désagréable.

mauve nf Plante à fleurs roses ou violacées. ◆ adj Violet pâle. ◆ nm La couleur mauve.

mauviette nf FAM Personne fragile, chétive.

max nm (abréviation) FAM Maximum : *gagner un max de fric.*

max. (abréviation) Maximum.

maxillaire adj Des mâchoires. ◆ nm Os des mâchoires.

maximal, e, aux adj À son plus haut degré : *une température maximale.*

maximaliser vt → **maximiser.**

maximalisme nm Doctrine des maximalistes.

maximaliste adj et n Qui préconise des actions, des solutions extrêmes : *positions maximalistes d'un syndicat.*

maxime nf Formule énonçant une règle de morale.

maximiser ou **maximaliser** vt Porter au maximum.

maximum (pl *maximums* ou *maxima*) nm Le plus haut degré qu'une chose puisse atteindre : *maximum des prix.* ■ **au maximum :** (a) au plus haut degré : *profiter au maximum de ses vacances* (b) au plus : *il sera absent deux jours au maximum.* ◆ adj maximal : *températures maximums.*

maya adj (inv. en genre) Des Mayas. ◆ nm Langue amérindienne.

mayonnaise nf Sauce froide composée d'une émulsion de jaune d'œuf et d'huile.

mazagran nm Récipient épais en forme de verre à pied pour servir le café.

mazdéisme nm Religion de l'Iran ancien, fondée sur les principes dualistes du Bien et du Mal.

mazette interj VIEILLI Marque l'admiration, l'étonnement : *mazette ! quel diamant !*

mazout [mazut] nm Résidu combustible de la distillation des pétroles.

mazouté, **e** adj Souillé par le mazout.

mazurka nf **1.** Danse d'origine polonaise. **2.** Air de cette danse.

me pron pers Désigne la 1re personne du singulier, représentant celui, celle qui parle en fonction de complément d'objet ou de complément d'attribution : *je m'inquiète ; il me semble.*

Me (abréviation) Maître : *Me X, avocat.*

mea culpa [meakylpa] nm inv ■ **faire son mea culpa :** avouer, reconnaître sa faute, son erreur.

méandre nm **1.** Sinuosité d'un cours d'eau. **2.** FIG Détour sinueux et tortueux : *les méandres de la pensée, de la diplomatie.*

méat [mea] nm ANAT Orifice d'un conduit.

mec nm FAM Homme, individu.

mécanicien, **enne** n Personne qui construit, répare ou conduit une machine, une locomotive, etc.

1. mécanique adj **1.** Relatif aux lois du mouvement et de l'équilibre : *phénomènes mécaniques.* **2.** Mis en mouvement par une machine, par un mécanisme : *escalier mécanique ;* effectué, fabriqué à la machine : *tissage mécanique.* **3.** Relatif à la mécanique : *ennuis mécaniques.* **4.** Machinal : *geste mécanique.*

2. mécanique nf **1.** Science qui a pour objet l'étude des forces et de leurs actions. **2.** Étude des machines, de leur construction et de leur fonctionnement. **3.** Combinaison d'organes propres à produire ou à transmettre des mouvements : *la mécanique d'une montre.*

mécaniquement adv De façon mécanique : *agir mécaniquement.*

mécanisation nf Action de mécaniser.

mécaniser vt Introduire l'emploi de machines quelque part : *mécaniser l'agriculture.*

mécanisme nm **1.** Combinaison d'organes ou de pièces destinés à assurer un fonctionnement : *le mécanisme d'une montre.* **2.** Mode de fonctionnement ; processus : *mécanisme du raisonnement, du langage.*

mécano nm FAM Mécanicien.

mécanographie nf Utilisation de machines (machines à écrire, comptables, à cartes ou à bandes perforées, duplicateurs) pour l'exécution du travail de bureau.

mécanographique adj Propre à la mécanographie.

mécénat nm Protection, subvention accordée aux lettres, aux sciences, aux arts.

mécène n Qui pratique le mécénat.

méchamment adv Avec méchanceté.

méchanceté nf **1.** Caractère d'une personne méchante. **2.** Action ou parole qui vise à nuire.

méchant, **e** adj **1.** Qui fait le mal, porté au mal : *chien méchant.* **2.** Qui exprime l'agressivité : *regard méchant.* **3.** Qui occasionne des ennuis, des problèmes : *une méchante affaire ;* dangereux : *cette blessure n'est pas méchante.* **4.** Médiocre, insignifiant : *une méchante robe de coton.* ◆ n Personne méchante.

1. mèche nf **1.** Touffe de cheveux. **2.** Tresse de coton, de fil, imprégnée de combustible et placée dans une lampe, une bougie, etc. **3.** Gaine de poudre noire pour mettre le feu à un explosif. **4.** Extrémité d'une perceuse, d'une vrille, etc., pour percer des trous. **5.** Pièce de gaze qui, introduite dans une plaie, permet l'écoulement du pus. ■ FAM **vendre la mèche :** livrer un secret.

2. mèche nf ■ FAM **être de mèche avec quelqu'un :** être son complice dans une affaire louche.

méchoui nm Mouton entier cuit à la broche, généralement en plein air ; repas où l'on mange ce plat.

mécompte nm LITT Déception, désillusion.

méconnaissable adj Difficile, impossible à reconnaître.

méconnaissance nf LITT Action de méconnaître ; ignorance.

méconnaître vt (conj 64) Ne pas estimer quelqu'un ou quelque chose à sa juste valeur.

méconnu, **e** adj et n Qui n'est pas apprécié selon son mérite : *un écrivain méconnu.*

mécontent, **e** adj et n Qui n'est pas content.

mécontentement nm Insatisfaction.

mécontenter vt Rendre mécontent.

mécréant, **e** adj et n Qui n'a pas la foi, pas de religion.

médaille nf **1.** Pièce de métal frappée en mémoire d'une action mémorable ou d'un personnage illustre. **2.** Pièce de métal donnée en prix. **3.** Pièce de métal représentant des sujets divers ou sur laquelle sont gravés des renseignements. ■ **le revers de la médaille :** le côté déplaisant de quelque chose.

médaillé, e adj et n Décoré d'une médaille.

médaillon nm **1.** Bijou de forme circulaire, où l'on place un portrait, des cheveux, etc. **2.** Bas-relief circulaire. **3.** Préparation culinaire de forme ronde ou ovale : *médaillon de foie gras*.

médecin nm Titulaire du diplôme de docteur en médecine, qui exerce la médecine. ■ **médecin de famille :** médecin qui soigne depuis longtemps plusieurs membres d'une même famille.

médecine nf **1.** Science qui a pour but la conservation et le rétablissement de la santé : *docteur en médecine*. **2.** Profession du médecin : *l'exercice de la médecine*. ■ **médecine légale :** appliquée à différentes questions de droit et de criminologie.

média (pl *médias*) nm Support de diffusion de l'information, tel que la radio, la télévision, la presse, etc.

médian, e adj Placé au milieu.

médiane nf Dans un triangle, droite qui joint un sommet du triangle au milieu du côté opposé.

médiaplanning nm Choix et achat des supports qui serviront à une campagne de publicité.

médiat, e adj Qui ne touche à une chose que par une autre ; intermédiaire.

médiateur, trice n Personne qui s'entremet pour amener un accord.

médiathèque nf Organisme chargé de la conservation et de la mise à disposition du public d'une collection de documents présentés sur différents supports (bande magnétique, disque, papier, etc.).

médiation nf Entremise.

médiatique adj **1.** Des médias. **2.** Rendu populaire grâce aux médias.

médiatisation nf Action de médiatiser.

médiatiser vt Diffuser, faire connaître par les médias ; donner une grande publicité à : *fait divers médiatisé*.

médiatrice nf MATH Perpendiculaire élevée sur le milieu d'un segment de droite.

médical, e, aux adj Qui concerne la médecine.

médicalement adv Du point de vue médical.

médicalisation nf Action de médicaliser.

médicalisé, e adj Se dit d'un local d'habitation doté d'un équipement médical qui permet de dispenser à des personnes malades ou dépendantes les soins qui leur sont nécessaires.

médicaliser vt Faire relever de la médecine.

médicament nm Substance employée pour combattre une maladie.

médicamenteux, euse adj Qui a les propriétés d'un médicament.

médication nf Choix de moyens thérapeutiques, de médicaments pour combattre une maladie déterminée.

médicinal, e, aux adj Qui sert de remède : *plante médicinale*.

médico-légal, e, aux adj Relatif à la médecine légale : *expertise médico-légale*.

médico-pédagogique (pl *médico-pédagogiques*) adj Se dit d'une institution à but thérapeutique et pédagogique pour des enfants présentant une déficience intellectuelle ou des troubles affectifs.

médico-social, e, aux adj Qui concerne la médecine sociale.

médiéval, e, aux adj Du Moyen Âge.

médiéviste n Spécialiste du Moyen Âge.

médina nf Vieille ville, par opposition aux quartiers récents, dans les pays arabes et surtout au Maroc.

médiocre adj Moyen, sans intérêt particulier : *livre médiocre*. ◆ adj et n De peu de valeur : *un élève médiocre*.

médiocrement adv De façon médiocre.

médiocrité nf Caractère, état de ce qui est médiocre.

médire vi (conj 72) Dire du mal.

CONJUGAISON Bien que le verbe *médire* vienne de *dire*, on dit vous *médisez* (mais vous *dites*).

médisance nf **1.** Action de médire. **2.** Propos malveillant.

médisant, e adj et n Qui médit.

méditatif, ive adj et n Porté à la méditation. ◆ adj Qui exprime la méditation : *air méditatif*.

méditation nf Action de méditer, profonde réflexion.

méditer vt **1.** Soumettre à une profonde réflexion, à un examen : *méditer une vérité*. **2.** Projeter, combiner : *méditer une évasion*. ◆ vi Réfléchir profondément.

méditerranéen, enne adj De la Méditerranée. ■ **climat méditerranéen :** climat aux étés chauds et secs et aux hivers doux et humides. ◆ n Originaire ou habitant des régions qui bordent la Méditerranée.

ORTHOGRAPHE Attention, *méditerranéen* a deux *r* (de *terre*) et un seul *n*.

médium [medjɔm] nm **1.** Personne prétendant servir d'intermédiaire entre les hommes et les esprits. **2.** MUS Étendue vocale entre le grave et l'aigu.

médius [medjys] nm Doigt du milieu de la main. SYN : majeur.

médullaire adj Relatif à la moelle épinière ou à la moelle osseuse : *substance médullaire*.

médulleux, euse adj BOT Qui renferme de la moelle : *tige médulleuse*.

méduse nf **1.** Animal marin à corps gélatineux. **2.** Chaussure de plage en plastique.

méduser vt Frapper de stupeur.

meeting [mitiŋ] nm Réunion de caractère politique, syndicaliste, sportif, etc.

méfait nm **1.** Action nuisible, mauvaise ; délit. **2.** Dégât : *les méfaits de la grêle*.

méfiance nf Manque de confiance.

méfiant, e adj et n Qui se méfie.

méfier (se) vpr **1.** Ne pas se fier à : *se méfier de quelqu'un, de ses conseils*. **2.** Se tenir sur ses gardes : *ça glisse, méfie-toi !*

méforme nf Mauvaise condition physique d'un sportif.

mégabit [megabit] nm Unité de mesure de la capacité d'une mémoire d'ordinateur, équivalant à 2^{20} bits.

mégaflops [megaflɔps] nm Unité de mesure de la puissance d'un système informatique correspondant au traitement d'un million d'opérations par seconde (abrév. : *mflops*).

mégahertz nm Un million de hertz ; symb : mHz.

mégalithe nm Monument préhistorique formé d'un ou de plusieurs blocs de pierre (menhir, dolmen, etc.).

mégalithique adj Relatif aux mégalithes.

mégalo adj et n (abréviation) FAM Mégalomane : *il est complètement mégalo*.

mégalomane adj et n Atteint de mégalomanie.

mégalomanie nf Surestimation de sa valeur, de sa puissance ; délire, folie des grandeurs.

mégalopole ou **mégapole** nf Grande agglomération urbaine.

mégaoctet nm Unité de mesure de la capacité d'une mémoire d'ordinateur, équivalant à 2^{20} octets.

mégaphone nm Porte-voix.

mégapole nf → **mégalopole**.

mégarde (par) loc adv Par erreur, par inadvertance.

mégatonne nf Unité servant à évaluer la puissance d'un projectile nucléaire.

mégère nf FAM Femme hargneuse, acariâtre.

mégir ou **mégisser** vt Tanner une peau à l'alun.

mégisserie nf Industrie qui a pour objet le traitement des peaux et des cuirs.

mégot nm FAM Bout de cigarette ou de cigare que l'on a fini de fumer.

mégoter vt ind [sur] FAM Lésiner sur.

méhari nm Dromadaire domestique d'Afrique.

meilleur, e adj **1.** (comparatif de supériorité de *bon*) Plus favorable, plus clément, plus généreux : *le temps est meilleur qu'hier*. **2.** (superlatif de *bon*) Qui a un haut degré de qualité, de bonté : *les dix meilleurs films*. **3.** Très bon, excellent : *mes meilleurs vœux*. ◆ n Personne ou chose excellente, de grande qualité.

méiose nf BIOL Mode de division de la cellule vivante.

méjuger vt (conj 2) SOUT Juger de façon défavorable ou erronée.

mél nm (abrév. de *messagerie électronique*) Service d'envoi de messages entre des personnes reliées à un réseau télématique ; message ainsi délivré : *recevoir des méls*.

mélancolie nf État de dépression, de tristesse vague.

mélancolique adj et n Qui éprouve de la mélancolie. ◆ adj Qui manifeste ou inspire la mélancolie.

mélancoliquement adv De façon mélancolique.

mélanésien, enne adj et n De Mélanésie : *les Mélanésiens*.

mélange nm **1.** Action de mêler, de mélanger. **2.** Ensemble de choses différentes mêlées. ■ **sans mélange** : pur : *joie sans mélange*.

mélanger vt (conj 2) **1.** Mettre ensemble, réunir des choses ou des personnes diverses : *mélanger les genres*. **2.** Mettre en désordre ou dans un ordre différent : *tu as mélangé mes papiers !* **3.** Confondre des choses, des idées : *mélanger les dates*.

mélangeur nm Appareil pour mélanger : *mélangeur d'eau chaude et d'eau froide*.

mélanine nf Pigment brun qui colore la peau, les cheveux.

mélanome nm Tumeur de la peau.

mélasse nf Matière sirupeuse, résidu du raffinage du sucre.

Melba adj inv ■ **pêche, fraise, etc., Melba** : pochée au sirop, servie sur une couche de glace à la vanille.

mêlée nf **1.** Combat confus et acharné au corps à corps entre deux ou plusieurs individus. **2.** FIG Lutte, conflit d'intérêts, de passions : *rester au-dessus de la mêlée politique*. **3.** Groupement formé au cours d'une partie de rugby par plusieurs joueurs de chaque équipe, pour la possession du ballon introduit au milieu d'eux.

mêler vt **1.** Mettre ensemble des choses diverses : *mêler de l'eau avec du vin.* **2.** Emmêler : *mêler une bobine de fil.* **3.** CANADA Troubler qqn, lui faire perdre le fil de ses idées ; embrouiller : *toutes vos questions l'ont mêlé.* **4.** Impliquer : *mêler quelqu'un à une affaire.* ◆ **se mêler** vpr **1.** Se confondre, se joindre : *se mêler au cortège.* **2.** FIG Participer à : *se mêler d'une affaire.* **3.** CANADA Se tromper : *elle s'est mêlée dans les prix.*

mélèze nm Conifère des pays tempérés, à aiguilles caduques.

méli-mélo (pl *mélis-mélos*) nm FAM Mélange confus, désordonné.

mélisse nf Plante aromatique.

mélo nm (abréviation) FAM Mélodrame. ◆ adj FAM Mélodramatique.

mélodie nf **1.** Suite de sons formant un air. **2.** FIG Suite harmonieuse de sons, de phrases : *la mélodie d'un vers.* **3.** MUS Composition pour voix seule avec accompagnement.

mélodieusement adv De façon mélodieuse.

mélodieux, euse adj Dont la sonorité est agréable à l'oreille : *chant mélodieux.*

mélodique adj Qui relève de la mélodie.

mélodramatique adj Qui tient du mélodrame.

mélodrame nm Drame où sont accumulées des situations pathétiques et des péripéties imprévues.

mélomane n et adj Amateur de musique.

melon nm Plante dont le fruit, arrondi, possède une chair juteuse et sucrée, orangée ou vert clair ; ce fruit. ■ **chapeau melon** ou **melon** nm : chapeau rond et bombé. ❑ **melon d'eau** : pastèque.

mélopée nf **1.** ANTIQ Chant rythmé, qui accompagnait une déclamation. **2.** Chant monotone.

melting-pot [mɛltiŋpɔt] (pl *melting-pots*) nm **1.** HIST Brassage et assimilation d'éléments démographiques divers, aux États-Unis. **2.** Endroit où se rencontrent des éléments d'origines diverses, des idées différentes.

membrane nf Tissu mince et souple qui forme, enveloppe ou tapisse les organes.

membraneux, euse adj De la nature des membranes : *tissu membraneux.*

membre nm **1.** Partie du corps des vertébrés servant à la locomotion (jambes, pattes) ou à la préhension (bras). **2.** GRAMM Division d'une phrase. **3.** MATH Chacune des expressions d'une égalité ou d'une inégalité. **4.** FIG Personne, pays, groupe faisant partie d'un ensemble organisé : *les membres de l'Assemblée nationale.* ■ **membre viril** : pénis.

membrure nf **1.** Ensemble des membres du corps humain. **2.** Charpente d'un navire.

même adj **1.** Exprime l'identité ou la parité : *ils ont les mêmes goûts.* **2.** Placé immédiatement après les noms ou les pronoms, marque plus expressément la personne, l'objet dont on parle : *moi-même.* ◆ adv **1.** Marque un renforcement : *aujourd'hui même.* **2.** Marque un renchérissement : *même lui ne sait pas.* ■ **à même** : directement : *boire à même la bouteille.* ❑ **de même** : de la même manière. ❑ **être à même de** : en état de, libre de. ❑ FAM **tout de même** ou **quand même** : (a) malgré tout, néanmoins (b) exprime l'indignation. ◆ pron indéf Marque l'identité, la ressemblance : *ce pull, j'ai le même.* ◆ **de même que** loc conj Ainsi que, comme.

mémé nf **1.** Grand-mère, dans le langage enfantin. **2.** FAM, PÉJOR Ménagère âgée.

mémento [memɛ̃to] (pl *mémentos*) nm **1.** Agenda où l'on inscrit ce dont on veut se souvenir. **2.** Ouvrage résumant l'essentiel d'une ou de plusieurs matières.

mémère nf FAM, PÉJOR Vieille dame.

mémo nm FAM Note de service.

1. mémoire nf **1.** Aptitude à se souvenir : *avoir une bonne mémoire.* **2.** Souvenir : *venger la mémoire de qqn.* **3.** INFORM Dispositif d'un ordinateur qui enregistre, conserve et restitue l'information nécessaire à l'exécution d'un programme. ■ **à la mémoire de** : en l'honneur d'un mort. ❑ **de mémoire** : en s'aidant de la mémoire, par cœur. ❑ **de mémoire d'homme** : du plus loin qu'on se souvienne. ❑ **devoir de mémoire** : obligation morale de témoigner d'événements dont la connaissance et la transmission sont jugées nécessaires pour tirer les leçons du passé. ❑ **lieu de mémoire** : œuvre, monument, site qu'un groupe humain considère comme un symbole de son passé commun, de son patrimoine culturel. ❑ INFORM **mémoire morte** : mémoire dont le contenu n'est accessible qu'en lecture. ❑ INFORM **mémoire vive** : mémoire dont le contenu peut être lu ou modifié. ❑ **pour mémoire** : à titre de renseignement.

2. mémoire nm **1.** Exposé écrit sur un sujet particulier. **2.** Relevé de sommes dues à un fournisseur. ◆ **Mémoires** pl Souvenirs écrits par une personne sur sa vie publique ou privée.

mémorable adj Digne d'être conservé dans la mémoire.

mémorandum [memɔrɑ̃dɔm] (pl *mémorandums*) nm **1.** Note diplomatique. **2.** Carnet de notes, mémento.

mémorial (pl *mémoriaux*) nm **1.** Recueil de faits mémorables. **2.** Monument commémoratif.

mémorialiste n Auteur de Mémoires.

mémorisation nf Action de mémoriser.

mémoriser vt **1.** Fixer dans sa mémoire. **2.** INFORM Conserver une information dans une mémoire.

menaçant, e adj Qui exprime une menace : *ton menaçant.*

menace nf **1.** Parole, geste marquant l'intention de nuire. **2.** Signe qui fait craindre quelque chose : *menace d'orage.*

menacer vt (conj 1) **1.** Faire des menaces, chercher à intimider par des menaces : *menacer qqn de mort.* **2.** Mettre en danger : *menacer la vie de qqn.* **3.** Laisser craindre, laisser présager : *la neige menace de tomber.*

ménage nm **1.** Entretien de la maison, travaux domestiques : *faire le ménage.* **2.** Couple vivant en commun : *un jeune ménage.* ■ **faire bon ménage :** s'accorder, bien s'entendre.

ménagement nm Égards, circonspection envers quelqu'un.

1. ménager vt (conj 2) **1.** Traiter avec égards, avec respect, avec délicatesse : *ménager un malade.* **2.** User, employer avec économie : *ménager son temps.* **3.** Organiser, préparer avec soin : *ménager un entretien.* ◆ **se ménager** vpr Prendre soin de soi, de sa santé.

2. ménager, ère adj Qui concerne le ménage, l'entretien d'une maison.

ménagère nf **1.** Femme qui s'occupe de son ménage, de son intérieur. **2.** Service de couverts de table dans un coffret.

ménagerie nf Lieu où sont rassemblés des animaux sauvages ou rares.

mendiant, e n Personne qui mendie. ◆ nm ■ **les quatre mendiants** ou **mendiant :** dessert composé de figues sèches, de raisins secs, d'amandes et de noisettes.

mendicité nf **1.** Action de mendier. **2.** Condition de celui qui mendie.

mendier vt **1.** Demander comme une aumône : *mendier son pain.* **2.** FIG Rechercher avec empressement et bassesse : *mendier des approbations.* ◆ vi Demander l'aumône.

meneau nm Montant qui divise les fenêtres en compartiments.

menées nf pl Manœuvres secrètes et malveillantes pour faire réussir un projet.

mener vt (conj 9) **1.** Conduire quelque part : *mener un enfant à l'école.* **2.** Transporter, servir de voie de communication : *route qui mène au bois.* **3.** Faire arriver à une certaine situation : *entreprise qui mène à la ruine.* **4.** Assurer le déroulement de : *mener une enquête.* **5.** Être en tête, diriger : *mener la partie.* ■ **mener à bien :** faire réussir. ❑ **mener loin :** avoir de graves conséquences. ❑ FAM **ne pas en mener large :** (a) avoir peur (b) être inquiet. ◆ vi Avoir l'avantage ; être en tête : *mener de deux points.*

ménestrel nm Au Moyen Âge, poète ou musicien ambulant.

ménétrier nm AUTREF Dans les campagnes, musicien qui faisait danser.

meneur, euse n Personne qui dirige, qui entraîne les autres : *les meneurs d'une grève.* ■ **meneur de jeu :** animateur d'un jeu collectif, radiophonique ou télévisé. ❑ **meneur d'hommes :** personne douée des qualités requises pour entraîner, diriger les autres.

menhir [menir] nm Monument mégalithique dressé verticalement.

méninge nf Chacune des trois membranes enveloppant le cerveau et la moelle épinière.

méningé, e adj Relatif aux méninges, à la méningite.

méningite nf Inflammation des méninges se traduisant par une raideur de la nuque, des céphalées et des vomissements.

ménisque nm **1.** Lentille de verre convexe d'un côté et concave de l'autre : *ménisque divergent, convergent.* **2.** Lame de cartilage située entre les os, dans certaines articulations : *les ménisques du genou.*

ménopause nf Cessation de l'ovulation chez la femme, caractérisée par l'arrêt de la menstruation.

menotte nf FAM Main d'enfant. ◆ **menottes** pl Bracelets métalliques avec lesquels on attache les poignets des prisonniers.

mensonge nm Affirmation contraire à la vérité.

mensonger, ère adj Faux, trompeur : *publicité mensongère.*

menstruation nf Phénomène physiologique caractérisé par un écoulement sanguin périodique, propre à la femme, de la puberté à la ménopause.

menstruel, elle adj Relatif à la menstruation.

menstrues nf pl VX Règles.

mensualisation nf Action de mensualiser : *la mensualisation des impôts.*

mensualiser vt **1.** Rendre mensuel un paiement, un salaire. **2.** Payer au mois ; faire passer à une rémunération mensuelle.

mensualité nf Somme versée mensuellement.

mensuel, elle adj **1.** Qu'on fait tous les mois : *rapport mensuel.* **2.** Qui paraît tous les mois : *magazine mensuel.* ◆ nm Revue, magazine qui paraît chaque mois.

mensuellement adv Par mois.

mensuration nf Mesure des dimensions caractéristiques du corps humain. ◆ **mensurations** pl Ces dimensions.

mental, e, aux adj Relatif au fonctionnement psychique : *maladie mentale.* ■ **calcul mental :** par la pensée, sans écrire. ◆ nm sing

Ensemble des dispositions mentales et psychiques de quelqu'un.

mentalement adv Par la pensée.

mentalité nf **1.** État d'esprit, comportement moral. **2.** Ensemble des croyances, des habitudes, des comportements caractéristiques d'un groupe, d'une société.

menteur, euse adj et n Qui ment ; qui a l'habitude de mentir.

menthe nf Plante herbacée odorante ; essence de cette plante.

menthol [mɛ̃tɔl] ou [mɑ̃tɔl] nm Alcool extrait de l'essence de menthe.

mentholé, e adj Qui contient du menthol.

mention nf **1.** Indication, renseignement donnés sur quelque chose. **2.** Appréciation élogieuse donnée à la suite de certains examens. ■ **faire mention de :** signaler ; citer.

mentionner vt Faire mention de ; citer.

mentir vi (conj 19) Affirmer le faux ou nier le vrai. ■ **sans mentir :** en vérité, sans exagérer.

menton nm Partie saillante du visage, au-dessous de la bouche.

mentonnière nf **1.** Bande de cuir qui, passant sous le menton, assujettit une coiffure, un casque. **2.** Accessoire épousant la forme du menton et servant à maintenir le violon pendant le jeu.

mentor [mɛ̃tɔr] nm LITT Guide, conseiller sage et expérimenté.

1. menu nm **1.** Liste des plats composant un repas. **2.** Repas à prix fixe servi dans un restaurant. **3.** INFORM Liste d'actions exécutables par un ordinateur exploité en mode interactif.

2. menu, e adj **1.** Mince, petit, frêle : *une petite fille menue.* **2.** De peu d'importance : *la menue monnaie.* ◆ adv En petits morceaux : *hacher menu.* ◆ nm ■ **par le menu :** en détail : *raconter par le menu.*

menuet nm Danse du XVIIᵉ s.

menuiserie nf Métier, ouvrage, atelier du menuisier.

menuisier, ère n Artisan qui fait des meubles et autres ouvrages de bois.

méphitique adj Qui a une odeur répugnante ou toxique : *gaz méphitique.*

méplat, e adj Plus large qu'épais. ◆ nm **1.** Chacun des plans d'une surface. **2.** Plan intermédiaire formant la transition entre deux surfaces.

méprendre (se) vpr (conj 54) Prendre une personne ou une chose pour une autre. ■ **à s'y méprendre :** au point de se tromper.

mépris nm Action de mépriser. ■ **au mépris de :** sans tenir compte de.

méprisable adj Digne de mépris.

méprisant, e adj Qui a ou marque du mépris : *air méprisant.*

méprise nf Erreur de celui qui se méprend.

mépriser vt **1.** Juger indigne de considération, d'estime, d'attention, etc. : *mépriser les lâches, la lâcheté.* **2.** Ne pas craindre, ne pas redouter, négliger : *mépriser le danger.*

mer nf **1.** Vaste étendue d'eau salée qui couvre en partie le globe. **2.** Portion définie de cette étendue : *la mer Méditerranée.* **3.** Vaste superficie : *une mer de sable.* ■ **ce n'est pas la mer à boire :** ce n'est pas très difficile.

mercantile adj Qui est surtout préoccupé par le désir de gagner de l'argent, de faire du profit.

mercantilisme nm Âpreté au gain.

mercato nm Marché des transferts, dans les milieux du football et de l'audiovisuel ; période où ces transferts ont lieu.

mercenaire n et adj Soldat qui sert un gouvernement étranger pour de l'argent.

mercerie nf Commerce, marchandises, boutique de mercier.

mercerisé, e adj ■ **coton mercerisé :** coton traité de façon à donner un brillant soyeux.

1. merci nm Parole de remerciement : *un grand merci.* ◆ interj S'emploie pour remercier : *merci pour ce cadeau !*

2. merci nf ■ **être à la merci de :** dépendre de. ❑ **sans merci :** sans pitié.

mercier, ère n Personne qui vend des articles de couture.

mercredi nm Troisième jour de la semaine.

mercure nm Métal liquide et d'un blanc d'argent ; symb : Hg.

mercuriale nf Liste des prix courants des denrées vendues sur un marché.

Mercurochrome nm (nom déposé) Médicament antiseptique liquide de couleur rouge.

merde nf TRÈS FAM **1.** Excrément. **2.** Ennui, difficulté. **3.** Être ou chose méprisable, sans valeur. ◆ interj TRÈS FAM Exprime la colère, la surprise, l'indignation, etc. : *merde alors !*

merdier nm TRÈS FAM **1.** Grand désordre. **2.** Situation embrouillée.

merdique adj TRÈS FAM Mauvais, sans valeur.

mère nf **1.** Femme qui a mis au monde un ou plusieurs enfants. **2.** Femelle d'un animal qui a eu des petits : *la mère nourrit ses petits.* **3.** Supérieure d'un couvent. **4.** FIG Source, cause, origine : *l'oisiveté est la mère de tous les vices.* ◆ adj ■ **idée mère :** idée principale. ❑ **maison mère :** établissement principal dont dépendent des succursales.

merguez nf inv Saucisse pimentée.

1. méridien nm Grand cercle imaginaire de la surface terrestre ou de la sphère céleste passant par la ligne des pôles et dont le plan est perpendiculaire à celui de l'équateur. ■ **méridien magnétique :** plan vertical du champ magnétique terrestre. ❑ **premier**

méridien ou **méridien origine :** méridien par rapport auquel on compte les degrés de longitude.

2. méridien, enne adj ASTRON Se dit du plan qui, en un lieu, comprend la verticale de ce lieu et l'axe du monde.

méridienne nf Canapé à accoudoirs inégalement surhaussés qui permettent de maintenir le dos lorsque les jambes sont étendues.

méridional, e, aux adj Situé au sud : *la côte méridionale de la Grande-Bretagne.* ◆ adj et n Du midi de la France : *accent méridional.*

meringue nf Pâtisserie à base de sucre et de blancs d'œufs battus.

meringuer vt Garnir de meringue.

mérinos [merinos] nm Mouton très répandu dans le monde, dont il existe plusieurs races ; étoffe faite de sa laine.

merise nf Fruit du merisier.

merisier nm Cerisier sauvage ; bois de cet arbre.

méritant, e adj Qui a du mérite.

mérite nm **1.** Ce qui rend digne de récompense, d'estime : *le mérite de l'affaire lui en revient.* **2.** Qualité louable de quelqu'un ou de quelque chose : *un homme de mérite.*

mériter vt **1.** Être digne ou passible de : *mériter des éloges, une punition.* **2.** Avoir droit à : *cela mérite une réponse.* ◆ vt ind [de] ■ **bien mériter de sa patrie :** s'illustrer en la servant.

méritoire adj Digne d'estime, de récompense ; louable : *efforts méritoires.*

merlan nm Poisson comestible des mers d'Europe.

merle nm Oiseau à plumage sombre, voisin de la grive. ■ FIG **merle blanc :** personne ou objet introuvable.

merlu nm Poisson commercialisé sous le nom de *colin.*

merluche nf **1.** Nom commercial de certains poissons, comme le merlu, la lingue. **2.** Morue sèche, non salée.

mérou nm Gros poisson de mer comestible.

mérovingien, enne adj De la dynastie des Mérovingiens.

merroutage nm Mode de transport de marchandises où des camions sont acheminés par bateau d'un port à un autre avec leur cargaison et leur chauffeur (il permet d'éviter le transbordement et de désengorger les routes).

merveille nf **1.** Ce qui inspire une grande admiration par sa beauté, sa grandeur, sa valeur. **2.** Pâtisserie faite de pâte frite saupoudrée de sucre. ■ **à merveille :** très bien.

merveilleusement adv De façon merveilleuse.

merveilleux, euse adj Admirable, surprenant, exceptionnel. ◆ nm Ce qui paraît merveilleux, miraculeux, surnaturel.

mes adj poss pl → **mon.**

mésalliance nf Action de se mésallier.

mésallier (se) vpr Se marier à une personne appartenant à une classe jugée inférieure.

mésange nf Petit passereau insectivore.

mésaventure nf Aventure désagréable.

mescaline nf Alcaloïde hallucinogène extrait d'une cactacée mexicaine, le peyotl.

mesclun [mɛsklœ̃] nm Mélange de jeunes plants de salades et de plantes aromatiques.

mesdames nf pl → **madame.**

mesdemoiselles nf pl → **mademoiselle.**

mésentente nf Manque d'entente ; désaccord.

mésentère nm Repli du péritoine maintenant les intestins.

mésestimer vt Ne pas apprécier à sa juste valeur.

mésintelligence nf LITT Manque d'accord.

mésolithique nm et adj Période succédant au paléolithique, entre 10 000 et 5 000 av. J.-C.

mésosphère nf Couche atmosphérique qui s'étend entre la stratosphère et la thermosphère.

mésothéliome nm Tumeur bénigne ou maligne du mésothélium. (Le plus fréquent est le *mésothéliome pleural*, cancer primitif de la plèvre, lié à l'exposition à l'amiante).

mésothélium [-ljɔm] nm BIOL Tissu tapissant la surface interne de certaines membranes séreuses.

mésothérapie nf Procédé thérapeutique consistant en des injections de doses minimes de médicaments le plus près possible du siège de la douleur.

mesquin, e adj Qui manque de grandeur, de noblesse, de générosité : *un procédé mesquin.*

mesquinement adv De façon mesquine.

mesquinerie nf Caractère ou acte mesquin.

mess [mɛs] nm Salle où mangent en commun les officiers ou les sous-officiers d'un régiment.

message nm **1.** Communication, nouvelle transmise à quelqu'un : *porter un message.* **2.** FIG Signification, contenu transmis par quelqu'un ou par quelque chose : *le message d'un poète.*

messager, ère n Personne chargée de transmettre un message.

messagerie nf Transport rapide par chemin de fer, route, eau ou air : *messageries maritimes.* ■ **messagerie électronique :** service d'envoi de messages par réseau télématique.

messe nf **1.** RELIG Célébration catholique qui commémore le sacrifice de Jésus-Christ sur la croix. **2.** Musique composée pour une grand-messe. ■ FIG **messe basse :** entretien, aparté entre deux personnes.

messianique adj Relatif au Messie, au messianisme.

messianisme nm Croyance en l'avènement du royaume de Dieu sur terre ou en l'avènement d'un monde meilleur.

messidor nm Dixième mois du calendrier républicain en France (du 20 juin au 19 juillet).

messie nm **1.** (avec une majuscule) Dans le judaïsme, envoyé de Dieu, rédempteur et libérateur futur d'Israël. **2.** (avec une majuscule) Chez les chrétiens, le Christ. **3.** Celui dont on attend le salut ; personnage providentiel. ■ **être attendu comme le Messie :** comme un sauveur, avec un grand espoir.

messieurs nm pl → **monsieur**.

messire nm ANC Titre d'honneur des nobles.

mesurable adj Qui peut être mesuré.

mesure nf **1.** Évaluation d'une grandeur par comparaison avec une autre de la même espèce prise pour unité ; grandeur, quantité ainsi déterminée : *appareil de mesure.* **2.** Unité servant à l'évaluation d'une grandeur : *le mètre est la mesure de longueur.* **3.** MUS Division du temps musical en unités égales : *mesure à deux temps ; battre la mesure.* **4.** Modération, retenue : *avoir le sens de la mesure.* **5.** Moyen d'action, disposition : *prendre les mesures qui s'imposent.* ■ **à la mesure de :** (a) proportionné à (b) qui correspond à : *un adversaire à sa mesure.* ❑ **à mesure (que) :** en même temps (que) et dans la même proportion (que). ❑ **dans la mesure du possible :** (a) autant qu'on le peut (b) si c'est possible. ❑ **être en mesure de :** pouvoir faire, être à même de. ❑ **outre mesure :** avec excès. ❑ **passer, dépasser la mesure :** aller au-delà de ce qui est permis ou convenable. ❑ **sur mesure :** (a) se dit d'un vêtement confectionné d'après les mesures du commanditaire (b) FIG qui convient parfaitement : *un sujet sur mesure.*

ORTHOGRAPHE On prend *des mesures* pour confectionner un vêtement *sur mesure* (au sing.).

mesuré, e adj Modéré : *un ton mesuré.*

mesurer vt **1.** Évaluer par rapport à une unité : *mesurer un tissu.* **2.** Déterminer la valeur de : *savoir mesurer les risques.* **3.** Régler avec modération ou parcimonie : *mesurer ses paroles.* ◆ vi Avoir comme mesure : *cet arbre mesure dix mètres.* ◆ **se mesurer** vpr ■ **se mesurer avec, à quelqu'un :** lutter, se battre avec lui.

mesureur nm Appareil pour mesurer.

métabolique adj Qui relève du métabolisme.

métabolisme nm Ensemble des transformations subies dans un organisme vivant par les substances qu'il absorbe.

métacarpe nm Partie du squelette de la main entre le carpe et les phalanges.

métacarpien, enne adj Du métacarpe.

métairie nf Domaine rural exploité en métayage ; les bâtiments eux-mêmes.

métal nm Corps simple doué d'un éclat particulier, en général bon conducteur de la chaleur et de l'électricité, et qui possède en outre la propriété de donner des oxydes avec l'oxygène. ■ **métaux précieux :** l'or, l'argent, le platine.

métalangage nm Langage utilisé pour décrire un autre langage.

métallifère adj Qui renferme un métal.

métallique adj **1.** Constitué par du métal. **2.** Qui a le caractère ou l'apparence du métal : *éclat métallique.*

métallisé, e adj **1.** Recouvert d'une légère couche de métal. **2.** Qui a un éclat métallique : *voiture gris métallisé.*

métalloïde nm VX Corps simple non métallique : *l'oxygène est un métalloïde.*

métallurgie nf Ensemble des procédés et des techniques d'extraction et de traitement des métaux et des alliages.

métallurgique adj De la métallurgie : *industrie métallurgique.*

métallurgiste n Personne qui travaille les métaux.

métamorphique adj Qui résulte de la transformation d'une roche préexistante.

métamorphisme nm Dans la croûte terrestre, modification physique et chimique d'une roche sous l'effet de la chaleur et de la pression internes.

métamorphose nf **1.** Changement d'une forme en une autre. **2.** Ensemble des transformations que subissent certains animaux avant de parvenir à la forme adulte : *la métamorphose du têtard en grenouille.* **3.** FIG Changement complet dans le caractère d'une personne, dans l'aspect des choses.

métamorphoser vt Changer la forme de ; transformer, modifier.

métaphore nf Procédé d'expression qui consiste à donner à un mot la valeur d'un autre présentant avec le premier une analogie (EX : *une pluie de balles ; la lumière d'un visage*).

métaphorique adj Qui tient de la métaphore : *style métaphorique.*

métaphoriquement adv Par métaphore.

métaphysicien, enne n Spécialiste de métaphysique.

métaphysique nf **1.** Partie de la réflexion philosophique qui a pour objet la connaissance des causes premières et des premiers principes. **2.** Toute spéculation sur le sens du monde et la place de l'homme dans le monde. ◆ adj Qui appartient à la métaphysique.

métastase nf Apparition, en un point de l'organisme, d'un phénomène pathologique déjà présent ailleurs.

métastaser vi ou **se métastaser** vpr Produire des métastases.

métatarse nm Partie du squelette du pied comprise entre le tarse et les orteils.

métatarsien, enne adj Du métatarse : *os métatarsiens*.

métayage nm Forme de bail où l'exploitant et le propriétaire se partagent les produits d'un domaine rural.

métayer, ère n Personne qui exploite un domaine rural en métayage.

métazoaire nm Animal constitué de plusieurs cellules (par opposition à *protozoaire*).

métempsycose [metɑ̃psikoz] nf RELIG Réincarnation de l'âme après la mort dans un corps humain, dans celui d'un animal ou dans un végétal.

météo nf (abréviation de *météorologie*) **1.** Bulletin météorologique. **2.** Conditions atmosphériques : *si la météo le permet*. **3.** Organisme qui s'occupe de la météorologie.

météore nm **1.** Phénomène lumineux qui résulte de l'entrée d'un corps solide dans l'atmosphère terrestre. SYN : étoile filante. **2.** FIG Personne ou chose qui brille d'un éclat vif mais passager.

météorique adj Propre au météore.

météorite nf Objet solide provenant de l'espace et qui atteint la surface de la Terre.

météorologie nf Étude des phénomènes atmosphériques, notamment en vue de la prévision du temps ; organisme chargé de cette étude.

météorologique adj Qui concerne la météorologie : *prévisions météorologiques*.

météorologiste ou **météorologue** n Spécialiste de météorologie.

métèque nm PÉJOR, RACISTE Étranger établi en France.

méthadone nf Substance de synthèse utilisée comme substitut de l'héroïne dans le sevrage des toxicomanes.

méthane nm Gaz incolore brûlant avec une flamme pâle.

méthanier nm Navire conçu pour transporter le gaz naturel liquéfié.

méthode nf **1.** Démarche organisée et rationnelle de l'esprit pour arriver à un certain résultat : *travailler avec méthode*. **2.** Ouvrage qui contient les éléments d'une science, d'un art, etc. : *méthode de piano*.

méthodique adj **1.** Qui a de la méthode, de l'ordre : *esprit méthodique*. **2.** Qui procède d'une méthode : *classement méthodique*.

méthodiquement adv Avec méthode.

méthodisme nm Mouvement religieux protestant.

méthodiste adj et n Relatif au méthodisme ; qui le professe.

méthodologie nf **1.** Étude des méthodes propres à une science. **2.** Manière de faire, de procéder ; méthode.

méthodologique adj Relatif à la méthodologie.

méthylène nm Alcool méthylique. ■ **bleu de méthylène** : colorant et désinfectant.

méticuleusement adv De façon méticuleuse.

méticuleux, euse adj Qui a ou qui manifeste beaucoup de soin, de minutie.

méticulosité nf Caractère méticuleux.

métier nm **1.** Travail dont on tire ses moyens d'existence : *exercer un métier manuel, intellectuel*. **2.** Expérience acquise, grande habileté : *avoir du métier*. **3.** Secteur d'activité dans lequel une firme a acquis un grand savoir-faire : *recentrer une entreprise sur son métier*. ■ **métier (à tisser)** : machine pour la confection des tissus.

métis, isse adj et n Qui est issu de l'union de deux personnes de couleur de peau différente. ■ **toile métisse** ou **métis** nm : toile dont la trame est en lin et la chaîne en coton.

métissage nm Croisement de deux races animales ou végétales de même espèce. ■ FIG **métissage culturel** : influence mutuelle de cultures en contact qui se révèle dans des œuvres littéraires, musicales, artistiques.

métisser vt Croiser par métissage.

métonymie nf Procédé d'expression par lequel on exprime le tout par la partie, l'effet par la cause, le contenu par le contenant, etc. (EX : *toute la ville dort*, « ses habitants »).

métonymique adj Relatif à la métonymie.

métope nf ARCHIT Intervalle entre les triglyphes d'une frise.

métrage nm **1.** Action de mesurer au mètre. **2.** Longueur en mètres d'un tissu, d'un film, etc.

1. mètre nm **1.** Unité de mesure de longueur ; symb : m. **2.** Objet servant à mesurer et ayant la longueur d'un mètre. ■ **mètre carré** : unité de superficie équivalant à l'aire d'un carré d'un mètre de côté. ❑ **mètre cube** :

unité de volume équivalant au volume d'un cube d'un mètre de côté.

2. mètre nm **1.** Dans la prosodie grecque et latine, groupe de syllabes comprenant deux temps marqués. **2.** Forme rythmique d'une poésie ; vers.

métré nm Mesure d'un terrain, d'une construction.

métrer vt (conj 10) Mesurer en mètres.

métreur, euse n Technicien chargé de faire le métré des constructions.

1. métrique adj ■ **système métrique :** ensemble des mesures ayant pour base le mètre.

2. métrique adj Relatif à la mesure des vers. ◆ nf Science qui étudie les éléments dont sont formés les vers ; versification.

métro nm Chemin de fer urbain souterrain ou aérien.

métrologie nf Science des mesures.

métronome nm Instrument pour marquer et contrôler le rythme d'exécution d'un morceau de musique.

métropole nf **1.** État considéré par rapport à ses colonies, à ses territoires extérieurs. **2.** Capitale politique ou économique d'une région, d'un État.

métropolitain, e adj et n De la métropole.

métropolite nm Dignitaire de l'Église orthodoxe, entre le patriarche et les archevêques.

mets nm Tout aliment préparé pour entrer dans la composition d'un repas.

mettable adj Que l'on peut mettre : *cet habit est encore mettable.*

metteur, euse n ■ **metteur en pages :** typographe chargé de la mise en pages d'un ouvrage. ❑ **metteur en scène :** personne qui dirige une représentation de théâtre, un film, etc.

mettre vt (conj 57) **1.** Poser, placer quelque part : *mettre ses clés dans son sac.* **2.** Inclure, mêler, introduire : *mettre du sel dans une sauce.* **3.** Placer dans une certaine position, une certaine situation : *on l'a mis à la tête d'un groupe.* **4.** Revêtir, porter un vêtement, un accessoire : *mettre son manteau, ses lunettes.* **5.** Faire fonctionner, actionner : *mettre la radio, le chauffage, le contact.* **6.** Utiliser, employer : *mettre cent francs dans un achat ; mettre deux heures pour arriver ; mettre toute son énergie dans son travail.* **7.** Faire naître, provoquer : *mettre du désordre.* **8.** Faire passer dans un état différent : *mettre en colère.* ■ **y mettre du sien :** faire des concessions. ◆ **se mettre** vpr **1.** Se placer : *se mettre à table.* **2.** Prendre une certaine position : *se mettre debout.* **3.** S'habiller : *se mettre en uniforme ; n'avoir rien à se mettre.* **4.** Commencer à être dans tel état : *se mettre en nage.* ■ **se mettre à :** commencer à : *se mettre à pleuvoir ; se mettre au travail.* ❑ **se mettre en tête :** (a) s'imaginer (b) vouloir absolument. ❑ **s'y mettre :** (a) commencer à travailler : *il faut s'y mettre* (b) s'ajouter pour accentuer la difficulté : *si la pluie s'y met.*

GRAMMAIRE Lorsque *mis à part* se trouve en tête de phrase, il reste invariable : *mis à part cette défaite, les résultats sont bons.*

meuble adj **1.** Qui se laboure facilement : *terre meuble.* **2.** Friable. ■ DR **bien meuble :** susceptible d'être déplacé (par opposition à *bien immeuble*). ◆ nm Objet mobile servant à l'aménagement ou à la décoration d'un lieu.

meublé, e adj Garni de meubles. ◆ nm Appartement loué avec le mobilier.

meubler vt **1.** Garnir, équiper de meubles. **2.** FIG Remplir un vide ; occuper une période de temps.

meuf nf FAM Jeune fille ; femme.

meuglement nm Beuglement.

meugler vi Beugler.

meule nf **1.** Corps solide cylindrique servant à broyer, à aiguiser, à polir. **2.** Tas de foin, de blé, etc., de forme généralement conique. **3.** Grande pièce cylindrique de fromage : *meule de gruyère.*

meulière nf Roche siliceuse et calcaire, employée dans la construction.

meunerie nf **1.** Usine pour la transformation des grains en farine. **2.** Commerce, industrie du meunier.

meunier, ère n Personne qui exploite un moulin à blé, une meunerie.

meunière nf ■ **(à la) meunière :** se dit d'un poisson fariné et cuit au beurre à la poêle : *truite meunière.*

meurtre nm Action de tuer volontairement un être humain.

meurtrier, ère n et adj Personne qui commet un meurtre ; assassin. ◆ adj Qui cause la mort de beaucoup de personnes.

meurtrière nf Fente dans les murs d'un ouvrage fortifié pour lancer des projectiles.

meurtrir vt **1.** Contusionner ; blesser physiquement ou moralement. **2.** Gâter des fruits par choc ou par contact.

meurtrissure nf **1.** Contusion marquée par une tache bleuâtre. **2.** Partie endommagée d'un fruit.

meute nf **1.** Troupe de chiens courants dressés pour la chasse. **2.** FIG Troupe acharnée contre quelqu'un.

mévente nf Forte chute des ventes.

mexicain, e adj et n Du Mexique : *les Mexicains.*

mezzanine [mɛdzanin] nf Niveau intermédiaire ménagé dans une pièce haute de plafond.
mezza voce [mɛdzavɔtʃe] loc adv À mi-voix.
mezze [mɛdze] nm pl Assortiment de hors-d'œuvre, servis le plus souvent froids (spécialités du Moyen-Orient).
mezzo-soprano [mɛdzosɔprano] (pl *mezzo-sopranos*) n Voix de femme entre soprano et contralto ; personne qui a cette voix.
Mgr (abréviation) Monseigneur.
mi nm inv Note de musique, troisième degré de la gamme de *do*.
miam ou **miam-miam** interj Marque le plaisir que provoque un mets appétissant.
miaou nm Cri du chat.
miasme nm Émanation pestilentielle provenant de substances en décomposition.
miaulement nm Cri du chat.
miauler vi Émettre des miaulements.
mi-bas nm inv Bas ou longue chaussette s'arrêtant au-dessous du genou.
mica nm Minéral brillant et feuilleté.
micacé, e adj Qui contient du mica.
mi-carême (pl *mi-carêmes*) nf Le jeudi de la troisième semaine du carême.
micaschiste nm Roche de mica et de quartz.
miche nf Gros pain rond.
micheline nf Autorail.
mi-chemin (à) loc adv **1.** Vers le milieu du chemin. **2.** Entre deux choses, à une étape intermédiaire.
mi-clos, e (pl *mi-clos, es*) adj À moitié fermé : *des yeux mi-clos*.
micmac nm FAM Situation suspecte et embrouillée ; imbroglio.
micocoulier nm Arbre du genre orme, dont le bois est employé en ébénisterie.
mi-corps (à) loc adv Au milieu du corps.
mi-côte (à) loc adv À moitié de la côte.
mi-course (à) loc adv Vers le milieu du trajet.
1. micro nm (abréviation de *microphone*) Appareil qui transforme les vibrations sonores en oscillations électriques et permet l'enregistrement et l'amplification du son.
2. micro nm (abréviation) Micro-ordinateur. ◆ nf FAM Micro-informatique.
microbe nm Micro-organisme.
microbien, enne adj Qui a rapport aux micro-organismes.
microbiologie nf Ensemble des sciences qui étudient les micro-organismes.
microcéphale adj et n Dont la tête est anormalement petite.
microchirurgie nf Chirurgie effectuée sous le contrôle du microscope, avec des instruments miniaturisés.
microclimat nm Ensemble des conditions climatiques particulières à un petit espace homogène de faible étendue.
microcosme nm Image réduite du monde, de la société.
micro-cravate (pl *micros-cravates*) nm Micro miniature pouvant se fixer aux vêtements.
microcrédit nm Dans les pays en développement, prêt à taux très bas consenti à des personnes insolvables pour qu'elles créent une activité génératrice de revenus.
microéconomie nf Étude des comportements individuels des agents économiques.
microédition nf Publication assistée par ordinateur (PAO).
microfibre nf Fibre textile synthétique très fine utilisée pour sa légèreté et sa solidité.
microfiche nf Photographie reproduisant sur une surface très réduite un document d'archives.
microfilm nm Film composé d'une série d'images de dimensions très réduites.
microfilmer vt Reproduire des documents sur microfilm.
micro-informatique (pl *micro-informatiques*) nf Domaine de l'informatique relatif à la fabrication et à l'utilisation des micro-ordinateurs.
micromètre nm **1.** Instrument servant à mesurer de petits objets. **2.** Unité de mesure de longueur égale à un millionième de mètre ; symb : µm.
micron nm VX Micromètre, unité de mesure.
micro-ondes nm inv Four à ondes électromagnétiques permettant une cuisson très rapide.
micro-ordinateur (pl *micro-ordinateurs*) nm Petit ordinateur dont l'unité centrale de traitement est constituée d'un microprocesseur.
micro-organisme (pl *micro-organismes*) nm Être vivant microscopique généralement constitué d'une seule cellule.
microphone nm VIEILLI Micro.
microprocesseur nm Organe de traitement de l'information constitué de circuits électroniques intégrés.
microscope nm Instrument d'optique qui sert à observer des objets très petits.
microscopique adj **1.** Qui se fait au microscope : *étude microscopique*. **2.** Qui ne peut être vu qu'avec un microscope : *particules microscopiques*. **3.** Très petit, minuscule.
microsillon nm Disque dont la gravure permet une audition de 25 minutes environ par face de 30 centimètres.
micro-trottoir (pl *micros-trottoirs*) nm Enquête d'opinion effectuée dans la rue

auprès de passants, pour une radio ou une télévision.

miction nf Action d'uriner.

midi nm **1.** Heure correspondant au milieu du jour : *rendez-vous à midi.* **2.** La direction sud du Soleil : *appartement exposé au midi.* **3.** (avec une majuscule) Région du sud de la France : *aller dans le Midi.* ■ **chercher midi à quatorze heures :** chercher des difficultés là où il n'y en a pas. ❑ **démon de midi :** tentations, désirs sexuels qui s'emparent des êtres vers le milieu de leur vie.

midinette nf FAM **1.** VX À Paris, jeune ouvrière de la couture et de la mode. **2.** Jeune fille à la sentimentalité naïve.

mi-distance (à) loc adv À la moitié du parcours.

mie nf Partie intérieure du pain.

miel nm Substance sucrée que les abeilles fabriquent avec les matières recueillies dans les fleurs. ■ FIG **être tout miel :** d'une affabilité hypocrite.

miellé, e adj **1.** Sucré avec du miel. **2.** Qui rappelle le miel : *odeur miellée.*

mielleusement adv D'un ton mielleux.

mielleux, euse adj D'une douceur hypocrite : *paroles mielleuses.*

mien, enne pron poss ■ **le mien, la mienne, les miens, les miennes :** désigne ce qui est à moi, celui, celle(s), ceux qui me sont proches affectivement ou spirituellement : *c'est votre opinion, ce n'est pas la mienne.* ◆ **miens** pl ■ **les miens :** ma famille, mes proches. ◆ adj poss LITT Qui est à moi : *un mien parent.*

miette nf **1.** Petit fragment qui tombe du pain quand on le coupe. **2.** Parcelle, débris de quelque chose : *mettre un vase en miettes.*

mieux adv De façon meilleure, plus convenable, plus avantageuse, plus favorable. ■ **aimer mieux :** préférer. ❑ **aller, être mieux :** (a) être en meilleure santé (b) être dans un état plus favorable. ❑ **à qui mieux mieux :** à l'envi, en rivalisant avec les autres. ❑ **de mieux en mieux :** en s'améliorant. ◆ nm **1.** Ce qui est préférable, le plus avantageux : *le mieux est d'y aller.* **2.** Amélioration, progrès : *il y a un léger mieux.* ■ **au mieux** ou **pour le mieux :** aussi bien que possible. ❑ **de son mieux :** aussi bien que l'on peut.

mieux-être [mjøzɛtr] nm inv Amélioration de la situation matérielle ou physique.

mièvre adj D'une grâce affectée et fade ; qui manque de vigueur.

mièvrerie nf **1.** Caractère mièvre. **2.** Action, propos mièvre, insipide.

mignardise nf **1.** LITT Manque de naturel, grâce affectée. **2.** Œillet vivace très utilisé pour les bordures. ◆ **mignardises** pl Pâtisseries fraîches assorties, de la taille d'une bouchée.

mignon, onne adj **1.** Délicat, joli. **2.** Gentil, aimable. ■ **filet mignon :** morceau de bœuf, de porc, de veau, coupé dans la pointe du filet. ❑ **péché mignon :** petit défaut auquel on s'abandonne volontiers. ◆ n Terme de tendresse. ◆ nm HIST Nom donné aux favoris d'Henri III, très efféminés.

migraine nf Douleur violente qui n'affecte qu'un côté de la tête ; PAR EXT mal de tête.

migraineux, euse adj Relatif à la migraine. ◆ adj et n Sujet aux migraines.

migrant, e adj et n Se dit d'une personne qui effectue une migration.

migrateur, trice adj et nm Se dit d'un animal qui effectue des migrations : *oiseaux migrateurs.*

migration nf **1.** Déplacement en masse d'un peuple d'un pays dans un autre. **2.** Déplacements périodiques de certains animaux.

migratoire adj Relatif aux migrations : *un mouvement migratoire.*

migrer vi Effectuer une migration.

mihrab nm Niche dans la muraille d'une mosquée, où se place l'imam pour la prière et qui indique la direction de La Mecque.

mi-jambe (à) loc adv À la hauteur du milieu de la jambe.

mijaurée nf Femme, jeune fille qui a des manières affectées et ridicules.

mijoter vt **1.** Faire cuire lentement et à petit feu. **2.** FIG Préparer de longue main et secrètement : *mijoter un complot.* ◆ vi Cuire lentement.

mikado nm **1.** Empereur du Japon. **2.** Jeu de bâtonnets proche du jeu de jonchets.

1. mil adj num → **mille.**

2. mil nm Céréale à petit grain telle que le millet et le sorgho ; grain de cette céréale.

milan nm Oiseau rapace.

milanais, e adj et n De Milan.

mildiou nm Maladie parasitaire de la vigne, de la pomme de terre, etc.

mile [majl] nm Mesure anglo-saxonne valant 1 609 m.

milice nf **1.** HIST Avant 1789, troupe levée dans les communes pour renforcer l'armée régulière. **2.** Police auxiliaire paramilitaire, dans certains pays.

milicien nm Membre d'une milice.

milieu nm **1.** Lieu, point également éloigné des deux termes d'un espace ou d'un temps, d'un commencement et d'une fin : *le milieu d'une place, de la nuit, du siècle.* **2.** Sphère sociale ; cadre, entourage : *un milieu bourgeois.* **3.** Circonstances, environnement physique, géographique, biologique qui entourent un être vivant et le conditionnent : *adaptation au milieu.* ■ **au beau milieu de** ou **en plein milieu de :** (a) au centre de : *être en plein milieu de la route* (b) au moment le plus fort, le plus critique de : *arriver au beau milieu de la réunion.* ❑ **au milieu de :** parmi. ❑ **le milieu :** le monde de la pègre.

militaire adj **1.** Qui concerne l'armée, la guerre. **2.** Fondé sur la force armée : *coup d'État militaire.* ◆ n Membre des forces armées.

militairement adv **1.** De façon militaire. **2.** Par la force armée.

militant, e adj Qui lutte, combat pour une idée, un parti, une cause. ◆ n Membre actif d'une organisation politique, syndicale, d'une association.

militantisme nm Attitude, activité du militant.

militarisation nf Action de militariser.

militariser vt **1.** Donner une organisation, une structure militaire à. **2.** Pourvoir de forces armées.

militarisme nm Système politique qui s'appuie sur l'armée.

militariste adj et n Relatif au militarisme ; qui en est partisan.

militaro-industriel, elle (pl *militaro-industriels, elles*) adj ■ **complexe militaro-industriel :** collectif constitué par des responsables politiques et militaires et des industriels chargés de fournir du matériel à l'armée.

militer vi Avoir une activité politique, syndicale, etc.

milk-shake [milkʃɛk] (pl *milk-shakes*) nm Boisson frappée, à base de lait aromatisé.

1. mille adj num card inv **1.** Dix fois cent. **2.** Nombre indéterminé, considérable : *courir mille dangers.* ◆ nm inv **1.** Quantité de mille unités. **2.** Nombre composé de mille unités. ■ FAM **des mille et des cents :** des sommes considérables. ❑ **taper dans le mille :** (a) deviner juste (b) atteindre son objectif.

ORTHOGRAPHE Dans les dates, on utilise indifféremment les termes *mille* ou *mil* : *l'an mil* ou *mille huit cent.*

2. mille nm **1.** Mesure itinéraire des Romains, qui valait mille pas, soit 1 481,5 m. **2.** Unité de mesure internationale pour les distances en navigation aérienne ou maritime : *le mille marin* (ou *mille nautique*) *vaut 1 852 mètres.*

mille-feuille (pl *mille-feuilles*) ou **millefeuille** nf Plante aux feuilles très découpées. ◆ nm **1.** Gâteau de pâte feuilletée garnie de crème pâtissière ; préparation culinaire salée ayant l'aspect de ce gâteau. **2.** FIG Organisation, texte administratif constitués d'un empilement d'éléments sans lien ni cohérence : *mille-feuille institutionnel.*

millénaire adj Qui a mille ans au moins : *arbre millénaire.* ◆ nm Dix siècles ou mille ans.

mille-pattes nm inv Arthropode terrestre dont le corps, formé d'anneaux, porte de nombreuses pattes semblables.

millepertuis nm Plante dont les feuilles semblent percées d'une infinité de trous.

millésime nm Série de chiffres indiquant l'année d'émission d'une monnaie, d'un timbre, d'une récolte de vin, etc.

millésimé, e adj Qui porte un millésime : *un vin millésimé.*

millet [mijɛ] nm Nom usuel de plusieurs graminées ; graine de ces plantes.

milliard nm **1.** Mille millions. **2.** Nombre extrêmement grand : *des milliards d'insectes.*

milliardaire n et adj Personne qui possède une fortune colossale.

milliardième adj num ord et n Qui occupe un rang marqué par le nombre 10^9. ◆ nm et adj Quantité désignant le résultat d'une division par 10^9.

millibar nm Unité de mesure de pression atmosphérique, équivalant à un millième de bar (il a été remplacé par l'hectopascal).

millième adj num ord et n Qui occupe un rang marqué par le numéro mille. ◆ nm et adj Partie d'un tout divisé en mille parties égales.

millier nm **1.** Mille, environ mille. **2.** Un très grand nombre : *des milliers d'étoiles.*

milligramme nm Millième partie du gramme ; symb : mg.

millilitre nm Millième partie du litre ; symb : ml.

millimètre nm Millième partie du mètre ; symb : mm.

millimétré, e adj Gradué en millimètres : *papier millimétré.*

million nm **1.** Mille fois mille. **2.** Nombre considérable : *des millions de problèmes.*

millionième adj num ord et n Qui occupe un rang marqué par le nombre de un million. ◆ adj et nm Qui se trouve un million de fois dans le tout : *le millionième du gros lot.*

millionnaire n et adj Personne très riche, dont les revenus dépassent un million.

mi-long (pl *mi-longs*) adj D'une taille intermédiaire entre court et long : *cheveux mi-longs.*

milord [-lɔr] nm vx Homme riche et élégant.

mi-lourd (pl *mi-lourds*) adj m et nm Se dit d'un sportif appartenant à une catégorie de poids inférieure à celle des lourds.

mime nm Genre de comédie où l'acteur ne représente l'action ou les sentiments que par gestes. ◆ n L'acteur lui-même.

mimer vt **1.** Exprimer des sentiments, une action seulement par les gestes, sans utiliser la parole. **2.** Imiter, singer.

mimétique adj Relatif au mimétisme.

mimétisme nm **1.** Ressemblance que prennent certains êtres vivants soit avec le milieu où ils vivent, soit avec les espèces mieux protégées. **2.** Reproduction machinale des gestes, des sentiments d'autrui.

mimique adj Qui s'exprime par le geste : *langage mimique.* ◆ nf **1.** Expression de la pensée par le geste, les jeux de physionomie. **2.** Ensemble d'expressions du visage.

mimolette nf Fromage de Hollande à pâte sèche, en forme de boule.

mi-mollet (à) loc adv À la hauteur du milieu du mollet : *ourlet à mi-mollet.*

mimosa nm **1.** Espèce d'acacia aux fleurs jaunes très odorantes. **2.** Plante légumineuse, dont les feuilles se replient au moindre contact.

min (symbole) Minute.

min. (abréviation) Minimum.

minable adj FAM Misérable, pitoyable, médiocre.

minage nm Action de miner.

minaret nm Tour d'une mosquée.

minauder vi Affecter des manières pour séduire.

minauderie nf Action de minauder ; manières.

mince adj **1.** Peu épais ; fin : *tranche mince.* **2.** Qui a la taille fine ; svelte : *jeune fille mince.* **3.** FIG De peu d'importance ; insuffisant : *ses connaissances sont bien minces.* ◆ interj FAM Marque la surprise ou le mécontentement.

minceur nf État d'une personne, d'une chose mince.

mincir vi Devenir plus mince. ◆ vt Amincir.

1. mine nf **1.** Aspect de la physionomie indiquant certains sentiments ou l'état de santé : *mine réjouie ; avoir bonne, mauvaise mine.* **2.** Apparence, aspect extérieur : *juger quelqu'un sur la mine.* ■ **faire bonne, mauvaise, grise mine :** bon, mauvais accueil. ❑ **faire mine de :** faire semblant de. ❑ FAM **mine de rien :** sans en avoir l'air. ◆ **mines** pl ■ **faire des mines :** minauder.

2. mine nf **1.** Gisement de substance minérale ou fossile : *mine de fer, de charbon.* **2.** Cavité creusée dans le sol pour extraire le minerai ou le charbon : *descendre dans la mine.* **3.** Ensemble des installations pour l'exploitation d'un gisement. **4.** Petit bâton de graphite ou de toute autre matière, formant l'axe d'un crayon et qui laisse une trace sur le papier. **5.** FIG Source très riche : *une mine de renseignements.* **6.** Engin explosif, charge explosive, souterrains ou immergés.

miner vt **1.** Creuser lentement : *l'eau mine la pierre.* **2.** Poser des mines, des charges explosives : *miner un pont.* **3.** FIG Consumer peu à peu : *le chagrin le mine.*

minerai nm Roche contenant beaucoup de minéraux utiles, qui demandent une élaboration pour être utilisés dans l'industrie.

1. minéral (pl *minéraux*) nm Corps inorganique, généralement solide, constituant les roches de l'écorce terrestre.

2. minéral, e, aux adj Qui appartient aux minéraux. ■ **eau minérale :** qui contient des minéraux en dissolution. ❑ VIEILLI **règne minéral :** ensemble des minéraux (par opposition à *règne animal, règne végétal*).

minéralier nm Cargo pour le transport en vrac, notamment celui des minerais.

minéralisation nf CHIM Transformation d'un métal en minerai par sa combinaison avec un autre corps.

minéralisé, e adj Qui contient des matières minérales : *eau faiblement minéralisée.*

minéralogie nf GÉOL Science qui traite des minéraux.

minéralogique adj De la minéralogie. ■ **numéro minéralogique :** numéro d'immatriculation officielle d'un véhicule automobile. ❑ **plaque minéralogique :** plaque portant le numéro minéralogique.

minéralogiste n Spécialiste de minéralogie.

minerve nf Appareil orthopédique pour maintenir la tête en cas de lésions des vertèbres cervicales.

minestrone nm Soupe italienne faite de légumes, de lard, de pâtes.

minet, ette n **1.** FAM Chat, chatte. **2.** Jeune homme, jeune fille à la mode, d'allure affectée.

1. mineur nm Ouvrier qui travaille à la mine.

2. mineur, e adj **1.** D'une importance, d'un intérêt moindre ; secondaire : *un problème mineur.* **2.** MUS Se dit d'un accord, d'une gamme, d'un intervalle et d'un mode dont la tierce se compose d'un ton et d'un demi-ton. ◆ n et adj Personne qui n'a pas atteint l'âge de la majorité légale.

mineure nf Seconde proposition d'un syllogisme.

mini adj inv Se dit d'un vêtement très court, qui couvre peu.

miniature nf **1.** Lettre ornementale peinte au minium sur les manuscrits enluminés. **2.** Petite peinture de facture délicate, servant d'illustration ou de décoration ; art de cette peinture. ■ FIG **en miniature :** en réduction, en tout petit. ◆ adj Extrêmement petit ; qui est la réduction de quelque chose : *autos miniatures.*

miniaturisation nf Action de miniaturiser.
miniaturiser vt Donner de très petites dimensions à.
miniaturiste n Artiste qui fait des miniatures.
minibus ou **minicar** nm Petit car.
minicassette nf Cassette audio de petit format.
minichaîne nf Chaîne haute-fidélité très compacte.
minidisque nm Disque numérique à enregistrement magnétique et lecture optique, de format inférieur à celui d'un CD.
minigolf nm Golf miniature.
minier, ère adj Relatif aux mines.
minijupe nf Jupe très courte.
minima (a) loc adv ■ DR **appel a minima :** appel interjeté par le ministère public quand il estime la peine insuffisante.
minimal, e, aux adj Qui a atteint son minimum : *température minimale*.
minimalisme nm Attitude des minimalistes.
minimaliste adj et n Qui vise à réaliser quelque chose en y consacrant le minimum d'efforts, de moyens ou en provoquant le minimum de bouleversements.
minime adj Très petit, très peu important : *dépense minime*.
minimessage nm Bref message alphanumérique transmis dans un réseau de radiocommunication avec les mobiles. SYN : SMS.
minimiser vt Réduire au minimum l'importance de quelque chose.
minimum [minimɔm] (pl *minimums* ou *minima*) nm Le plus petit degré auquel une chose puisse être réduite : *prendre le minimum de risques*. ■ **au minimum :** pour le moins. ◆ adj Minimal : *âge, salaire minimum*.
mini-ordinateur (pl *mini-ordinateurs*) nm Ordinateur de faible volume, à mémoire de capacité moyenne.
minispace nm AUTOM Monospace très compact, partic. adapté à un usage urbain.
ministère nm **1.** Fonction, charge de ministre. **2.** Ensemble des ministres qui composent le gouvernement d'un État. **3.** Administration dépendant d'un ministre ; bâtiment où se trouvent ses services. **4.** RELIG Fonction, charge exercée par un prêtre. ■ **ministère public :** magistrature requérant l'application des lois au nom de la société.
ministériel, elle adj Relatif au ministre ou au ministère : *fonctions ministérielles*.
ministre n Membre du gouvernement d'un État chargé de la direction d'un ensemble de services publics. ■ **ministre d'État :** titre honorifique donné à un ministre en raison de sa personnalité ou de l'importance de sa mission. ❑ **ministre du culte :** prêtre ou pasteur chargé d'un service d'Église. ❑ **ministre plénipotentiaire :** agent diplomatique de rang inférieur à celui d'ambassadeur. ❑ **Premier ministre :** chef du gouvernement.
Minitel nm (nom déposé) Terminal d'interrogation diffusé par l'administration des télécommunications.
minitéliste n Utilisateur du Minitel.
minium [minjɔm] nm Oxyde rouge de plomb.
minoen [minɔɛ̃] nm Période de l'histoire de la Crète (IIIe millénaire-1100 av. J.-C.).
minois nm Visage délicat et gracieux d'enfant ou de jeune fille.
minorer vt Réduire la valeur ou l'importance d'une chose.
minoritaire adj et n Qui appartient à la minorité.
minorité nf **1.** État d'une personne qui n'a pas atteint l'âge de la majorité ; période qui y correspond. **2.** Groupe qui a le moins de voix dans une élection, un vote. **3.** Personnes qui se différencient au sein d'un groupe, d'un courant politique, etc. (par opposition à *majorité*). ■ **minorité nationale :** groupe de même langue ou de même religion qui appartient à un État dans lequel la majorité de la population est de langue ou de religion différente. ❑ **minorité visible :** groupe socioculturel minoritaire dans un pays, distinct (par la couleur de sa peau et ses modes de vie) du reste de la population et sous-représenté dans les institutions.
minoterie nf Établissement où l'on prépare les farines.
minotier nm Exploitant d'une minoterie.
minou nm **1.** Chat, dans le langage enfantin. **2.** Terme d'affection : *mon minou*.
minuit nm **1.** Milieu de la nuit. **2.** Instant marqué par la vingt-quatrième heure de la journée, ou zéro heure.
minus [minys] n FAM Personne sans envergure.
1. minuscule adj Très petit.
2. minuscule nf Petite lettre. CONTR : majuscule.
minutage nm Action de minuter.
1. minute nf **1.** Soixantième partie d'une heure ; symb : min. **2.** Soixantième partie de chaque degré d'angle. **3.** FIG Court espace de temps. ◆ interj Attendez !, doucement !
2. minute nf DR Original d'une lettre, d'un acte notarié, d'un jugement.
minuter vt Fixer de façon précise la durée d'un spectacle, d'un discours, etc.
minuterie nf **1.** Partie du mouvement d'une horloge qui sert à marquer les divisions de l'heure. **2.** Appareil électrique destiné

à assurer un contact pendant un temps déterminé.

minuteur nm Appareil permettant de régler la durée d'une opération ménagère.

minutie [minysi] nf Soin donné aux menus détails.

minutieusement adv Avec minutie.

minutieux, euse adj Qui s'attache aux détails ; pointilleux : *examen minutieux*.

miocène nm et adj Troisième période de l'ère tertiaire, qui a vu l'apparition des mammifères évolués.

mioche n FAM Jeune enfant ; gamin.

mirabelle nf Petite prune jaune ; eau-de-vie faite avec ce fruit.

mirabellier nm Prunier produisant les mirabelles.

mirabilis [mirabilis] nm Plante cultivée pour ses grandes fleurs colorées qui s'ouvrent la nuit (nom usuel : *belle-de-nuit*).

miracle nm **1.** Effet dont la cause échappe à la raison humaine et qu'on attribue au surnaturel : *les miracles de la nature*. **2.** Chose extraordinaire, chance exceptionnelle : *échapper par miracle à la mort*. **3.** (en apposition) D'une efficacité surprenante : *un médicament miracle*.

miraculé, e n et adj Personne qui a été l'objet d'un miracle.

miraculeusement adv D'une manière miraculeuse.

miraculeux, euse adj **1.** Qui tient du miracle : *apparition miraculeuse*. **2.** Étonnant, extraordinaire par ses effets : *traitement miraculeux*.

mirador nm Tour de surveillance ou d'observation.

mirage nm **1.** Phénomène optique dans les pays chauds, consistant en ce que les objets éloignés semblent reflétés dans une nappe d'eau. **2.** FIG Illusion, apparence trompeuse.

miraud, e adj et n → **miro**.

mire nf **1.** Règle graduée ou signal fixe utilisés dans le nivellement en géodésie ou en topographie. **2.** À la télévision, images géométriques très simples permettant de mettre au point l'appareil. ■ **cran de mire :** échancrure dans la hausse d'une arme à feu. ❑ **ligne de mire :** ligne droite imaginaire déterminée par l'œil du tireur, le cran de mire et le guidon de l'arme. ❑ **point de mire :** (a) but visé (b) personne sur laquelle convergent les regards.

mirer vt Examiner un œuf à la lumière, par transparence, pour voir s'il est frais. ◆ **se mirer** vpr **1.** LITT Se refléter. **2.** Se regarder dans une surface réfléchissante.

mirettes nf pl FAM Yeux.

mirifique adj FAM Étonnant, merveilleux.

mirliton nm Flûte faite d'un roseau creusé et garni aux bouts d'une membrane. ■ FAM **de mirliton :** très médiocre, de mauvaise qualité : *vers de mirliton*.

mirmillon nm ANTIQ Gladiateur romain armé d'un bouclier, d'une épée et d'un casque.

miro ou **miraud, e** adj et n FAM Qui voit mal.

mirobolant, e adj FAM Trop beau pour être réalisable : *promesses mirobolantes*.

miroir nm **1.** Surface polie qui réfléchit la lumière et l'image des objets. **2.** FIG Ce qui est l'image, la représentation, le reflet d'une chose : *le visage est le miroir de l'âme*. ■ **miroir aux alouettes :** (a) instrument tournant garni de petits morceaux de miroir, qu'on expose au soleil pour attirer les oiseaux (b) FIG ce qui fascine mais qui est trompeur.

miroité, e adj Se dit d'un cheval bai à croupe tachetée.

miroitement nm Éclat, reflet produit par ce qui miroite.

miroiter vi Jeter des reflets ondoyants, réfléchir la lumière avec scintillement. ■ **faire, laisser miroiter quelque chose :** faire entrevoir comme possible, pour séduire.

miroiterie nf Commerce, fabrique de miroirs, de glaces.

miroitier, ère n Personne qui coupe, pose ou vend des miroirs, des glaces.

miroton ou **mironton** nm Ragoût de viande assaisonné aux oignons.

mis, e n et adj ■ **mis en examen :** personne qui fait l'objet d'une mise en examen.

misaine nf ■ **mât de misaine :** mât situé entre le beaupré et le grand mât.

misandre adj et n LITT Qui éprouve de l'hostilité envers les hommes (par opposition à *misogyne*).

misanthrope n et adj Personne qui est peu sociable, qui aime la solitude.

misanthropie nf Caractère, comportement du misanthrope.

miscible adj Qui peut former avec un autre corps un mélange homogène.

mise nf **1.** Action de mettre, de placer quelque chose, quelqu'un dans un endroit particulier : *mise en bouteilles ; mise en vente ; mise en liberté*. **2.** Somme d'argent que l'on risque au jeu, dans une affaire : *perdre sa mise*. **3.** Manière de s'habiller : *mise élégante*. ■ **mise au point :** (a) opération qui consiste, dans un instrument d'optique, à rendre l'image nette (b) FIG explication destinée à éclaircir des questions restées jusque là dans le vague. ❑ **mise en pages :** assemblage des compositions et des clichés d'un livre, d'un journal en vue de l'impression. ❑ **mise en plis :** modelage en boucles des cheveux mouillés en vue d'une coiffure après séchage. ❑ **mise en scène :** réalisation scénique ou cinématographique d'une œuvre, d'un scénario. ❑ LITT **ne pas être de mise** : n'être pas opportun, n'être pas convenable.

miser vt Déposer (une mise) ; parier. ◆ vt ind [sur] **1.** Parier sur quelqu'un, quelque chose. **2.** Compter sur la réussite de quelqu'un, sur l'existence de quelque chose.

misérabilisme nm Tendance à représenter systématiquement la réalité humaine sous ses aspects les plus misérables.

misérabiliste adj et n Qui relève du misérabilisme.

misérable adj **1.** Très pauvre. **2.** Triste, déplorable : *une fin misérable.* **3.** Très faible : *un salaire misérable.* **4.** Vil, méprisable. ◆ n **1.** Personne pauvre, indigente. **2.** Personne vile, méprisable.

misérablement adv De manière misérable.

misère nf **1.** État d'extrême pauvreté, de faiblesse, d'impuissance. **2.** Événement douloureux. **3.** FAM Chose sans importance. ■ FAM **faire des misères** : taquiner, tracasser.

miserere [mizerere] nm inv Psaume de la pénitence qui commence par ce mot.

miséreux, euse n et adj Personne sans ressources, très pauvre.

miséricorde nf Pitié qui pousse à pardonner ; pardon accordé par pure bonté. ◆ interj Exprime la surprise, l'effroi.

miséricordieux, euse adj Enclin à la miséricorde, au pardon.

misogyne adj et n Qui est hostile ou méprisant à l'égard des femmes (par opposition à *misandre*).

misogynie nf Hostilité, mépris à l'égard des femmes.

miss [mis] nf **1.** Femme couronnée pour sa beauté. **2.** FAM Jeune fille.

missel nm Livre qui contient les prières de la messe.

missile nm Projectile faisant partie d'un système d'arme, à propulsion automatique, guidé sur tout ou partie de sa trajectoire.

mission nf **1.** Pouvoir, charge donnés à quelqu'un d'accomplir une chose définie. **2.** Fonction temporaire et déterminée ; ensemble des personnes ayant reçu cette fonction : *mission scientifique.* **3.** Devoir essentiel que l'on se propose ; rôle, fonction, vocation. **4.** RELIG Établissement de missionnaires.

missionnaire n Prêtre, religieux, pasteur, etc., envoyés pour évangéliser des populations non chrétiennes.

missive nf LITT Lettre : *envoyer une missive.*

mistigri nm **1.** VIEILLI, FAM Chat. **2.** FAM Problème grave ou très gênant dont on veut se décharger : *le mistigri du statut des intermittents.*

mistral (pl *mistrals*) nm Vent violent, froid et sec, qui descend la vallée du Rhône vers le sud-est de la France.

mitaine nf **1.** Gant ne couvrant que la première phalange des doigts. **2.** CANADA, SUISSE Moufle.

mitard nm ARG Cachot d'une prison.

mite nf Insecte dont la larve ronge les tissus de laine.

mité, e adj Troué par les mites.

1. mi-temps loc adv ■ **à mi-temps** : pendant la moitié de la durée normale du travail. ◆ nm inv Travail à mi-temps.

2. mi-temps nf inv Chacune des deux parties d'égale durée d'un jeu d'équipe ; temps d'arrêt entre ces deux parties.

miter (se) vpr Être attaqué par les mites.

miteux, euse adj Pitoyable, misérable.

mitigé, e adj **1.** Plutôt défavorable : *recevoir un accueil mitigé.* **2.** FAM Mélangé, mêlé : *des éloges mitigés de critiques.*

mitigeur nm Appareil de robinetterie permettant un réglage de la température de l'eau.

mitonner vi Cuire doucement et longtemps. ◆ vt FIG Préparer lentement, soigneusement.

mitose nf Division de la cellule avec maintien du même nombre de chromosomes.

mitoyen, enne adj Qui appartient à deux personnes et sépare leurs propriétés : *mur mitoyen.*

mitoyenneté nf État de ce qui est mitoyen.

mitraillade nf Décharge simultanée de nombreuses armes à feu.

mitraillage nm Action de mitrailler.

mitraille nf **1.** Ferraille dont on chargeait les canons, les obus. **2.** Décharge d'obus, de balles. **3.** FAM Menue monnaie.

mitrailler vt **1.** Tirer par rafales sur. **2.** FAM Photographier ou filmer sans arrêt et de tous côtés. ■ **mitrailler qqn de questions** : le soumettre à un grand nombre de questions.

mitraillette nf Pistolet-mitrailleur.

mitrailleur nm Militaire affecté à une mitrailleuse.

mitrailleuse nf Arme automatique à tir rapide, montée sur un affût.

mitre nf Coiffure liturgique des officiants dans les cérémonies pontificales.

mitron nm Apprenti boulanger ou pâtissier.

mi-voix (à) loc adv En émettant un faible son de voix.

mixage nm Mélange de plusieurs bandes de signaux sonores ; adaptation de ces bandes magnétiques à un film, une émission de radio ou de télévision.

1. mixer vt **1.** Procéder au mixage. **2.** Passer un aliment au mixeur.

2. mixer [miksœr] ou **mixeur** nm Appareil servant à broyer, à mélanger des denrées alimentaires.

mixité nf Caractère d'un enseignement, d'une activité partagés entre garçons et filles, hommes et femmes. ■ **mixité sociale :** cohabitation, dans une zone géographique ou une collectivité donnée, d'individus ayant des origines ethniques, sociales, culturelles différentes.

mixte adj **1.** Formé d'éléments différents : *commission mixte.* **2.** Qui comprend des personnes des deux sexes, ou appartenant à des origines ou à des formations différentes : *école mixte ; mariage mixte.*

mixtion [miksjɔ̃] nf Action de mélanger.

mixture nf **1.** Mélange de drogues pharmaceutiques, de solutions alcooliques. **2.** Mélange quelconque, au goût plutôt désagréable.

Mlle (abréviation) Mademoiselle.

MM. (abréviation) Messieurs.

Mme (abréviation) Madame.

MMS nm (sigle de *multimedia messaging service*) Message multimédia.

mnémotechnique adj Qui aide la mémoire par des associations mentales : *procédés mnémotechniques.*

mob nf (abréviation) Cyclomoteur.

mobile adj **1.** Qui peut se mouvoir, être mû : *pont mobile.* **2.** Dont la date ou les caractéristiques peuvent varier : *fête mobile ; échelle mobile des salaires.* **3.** D'aspect changeant : *visage mobile.* **4.** INFORM, TÉLÉCOMM Nomade. ■ **téléphone mobile :** téléphone fonctionnant à l'aide d'ondes radioélectriques, que l'on utilise lors de déplacements. ◆ nm **1.** Corps en mouvement. **2.** Objet d'art dont les éléments entrent en mouvement sous l'action de l'air, du vent. **3.** FIG Impulsion qui pousse à agir : *le mobile d'un crime.* **4.** Téléphone mobile.

mobilier, ère adj DR Qui concerne les biens meubles : *effets mobiliers.* ■ **saisie mobilière :** par laquelle on saisit les meubles. ❑ **vente mobilière :** vente de meubles par autorité de justice. ◆ nm Ensemble des meubles : *du mobilier scolaire.*

mobilisable adj Qui peut être mobilisé : *classe mobilisable.*

mobilisateur, trice adj Qui mobilise.

mobilisation nf Action de mobiliser : *décréter la mobilisation.*

mobiliser vt **1.** Mettre (les forces militaires) sur le pied de guerre. **2.** Mettre en état d'alerte, requérir quelqu'un pour une action collective : *mobiliser les militants.* **3.** Faire appel à quelque chose : *mobiliser les bonnes volontés.* ◆ **se mobiliser** vpr Se préparer à l'action.

mobilité nf **1.** Facilité à se mouvoir, à se déplacer. **2.** Inconstance, instabilité : *mobilité de caractère.*

mobinaute n Personne qui navigue sur Internet à partir d'un téléphone mobile.

Mobylette nf (nom déposé) Cyclomoteur.

mocassin nm Chaussure basse sans lacet.

moche adj FAM **1.** Laid. **2.** Méprisable : *une attitude vraiment moche.* **3.** Désagréable, pénible : *c'est moche ce qui lui arrive.*

mocheté nf FAM, INJUR Personne ou chose laide.

modal, e, aux adj **1.** GRAMM Relatif aux modes du verbe. **2.** MUS Se dit d'une musique utilisant d'autres modes que le majeur et le mineur.

modalité nf **1.** Circonstance, condition, particularité qui accompagne un fait, un acte : *fixer les modalités d'un paiement.* **2.** MUS Échelle modale d'un morceau.

1. mode nf **1.** Manière passagère de vivre, d'agir, de penser, etc. **2.** Manière de s'habiller : *la mode parisienne.* **3.** Industrie, commerce de l'habillement. ■ **à la mode :** en vogue. ❑ **neveu, nièce à la mode de Bretagne :** enfant d'un cousin germain, d'une cousine germaine.

2. mode nm **1.** Manière générale dont un phénomène se présente, dont une action se fait : *mode de vie.* **2.** État particulier de fonctionnement d'un système informatique (téléphonique, électronique, etc.), déterminé par l'usage que l'on veut en faire : *ordinateur en mode réseau, local, veille.* **3.** GRAMM Manière dont le verbe exprime l'état ou l'action (indicatif, conditionnel, impératif, subjonctif, infinitif, participe). **4.** MUS Disposition des intervalles (tons et demi-tons) sur une octave : *le mode majeur et le mode mineur.* ■ **mode d'emploi :** notice explicative quant à la manière d'utiliser un appareil.

modelage nm Action de modeler un objet, une figure.

modèle nm **1.** Ce qui sert d'objet d'imitation. **2.** Personne qui pose pour un artiste. **3.** Personne ou chose qui possède à la perfection certaines caractéristiques : *un modèle de classicisme.* **4.** Prototype d'un objet. ■ **modèle réduit :** reproduction à petite échelle d'une machine, d'un véhicule, etc. ◆ adj Parfait en son genre : *un écolier modèle.*

modelé nm Relief des formes en sculpture, en peinture.

modeler vt (conj 5) **1.** Pétrir de la terre, de la cire, etc., pour obtenir une certaine forme. **2.** Donner une forme, un relief particuliers à : *relief modelé par l'érosion.* **3.** Régler qqch sur un modèle : *modeler sa conduite sur celle de qqn.*

modeleur, euse n **1.** Artiste qui modèle une statue, un bas-relief, etc. **2.** Ouvrier qui fait des modèles de machines.

modélisme nm Activité de celui qui fabrique des modèles réduits.

modéliste n **1.** Dessinateur de mode. **2.** Personne qui fabrique des modèles réduits.

modem [mɔdɛm] nm Appareil électronique utilisé dans les installations de traitement de l'information à distance.

modérateur, trice adj et n Qui modère, freine, retient : *rôle modérateur.* ◆ adj ■ **ticket modérateur** : quote-part du coût de soins à la charge de l'assuré social.

modération nf **1.** Qualité qui éloigne de tout excès ; sagesse, retenue : *agir avec modération.* **2.** Réduction : *modération d'un impôt.*

moderato [mɔderato] adv MUS D'un mouvement modéré.

modéré, e adj **1.** Éloigné de tout excès. **2.** Qui n'est pas exagéré ou excessif : *prix modéré.* ◆ adj et n Partisan d'une politique conservatrice éloignée des solutions extrêmes.

modérément adv Avec modération.

modérer vt (conj 10) Diminuer la force, l'intensité excessive de ; tempérer, freiner, contenir : *modérer sa colère.* ◆ **se modérer** vpr Se contenir.

moderne adj **1.** Qui appartient ou convient au temps présent ou à une époque récente. **2.** Qui bénéficie des progrès les plus récents : *machines très modernes.* **3.** Qui s'adapte à l'évolution des mœurs : *une grand-mère moderne.* ■ **histoire moderne** : de la prise de Constantinople (1453) à la Révolution française (1789). ◆ nm **1.** Ce qui est moderne. **2.** Écrivain, artiste contemporains.

modernisation nf Action de moderniser.

moderniser vt Rajeunir, rendre plus moderne, mieux adapté aux techniques actuelles : *moderniser l'agriculture.*

modernisme nm Recherche, goût de ce qui est moderne.

moderniste adj et n Partisan du modernisme.

modernité nf Caractère de ce qui est moderne.

modeste adj **1.** Qui pense ou parle de soi sans orgueil : *savant modeste.* **2.** Qui manifeste cette absence d'orgueil : *un air modeste.* **3.** Modéré : *modeste dans ses prétentions.* **4.** Simple, sans faste : *repas modeste.* **5.** De peu d'importance : *revenu modeste.*

modestement adv De façon modeste.

modestie nf Caractère modeste.

modeux, euse adj et n FAM Qui travaille dans la mode (styliste, journaliste) ou est toujours à la dernière mode.

modicité nf Caractère modique d'une valeur : *la modicité d'un prix.*

modifiable adj Qui peut être modifié.

modificateur, trice adj Propre à modifier.

modification nf Action de modifier ; son résultat.

modifier vt **1.** Changer la forme, la qualité, etc. : *modifier une loi.* **2.** GRAMM Déterminer ou préciser le sens de : *l'adverbe modifie le verbe et l'adjectif.*

modique adj De peu d'importance, de faible valeur.

modiste n Personne qui confectionne ou vend des chapeaux de femme.

modulable adj Qui peut être modulé.

modulaire adj **1.** Relatif à un module. **2.** Constitué d'un ensemble de modules.

modulateur nm Dispositif servant à moduler un courant électrique.

modulation nf **1.** Inflexion variée d'un son, de la voix. **2.** MUS Passage d'une tonalité à une autre au cours d'un morceau. **3.** Adaptation aux circonstances : *modulation des tarifs.* ■ **modulation de fréquence** : variation de la fréquence d'une oscillation électrique ; bande de fréquence dans laquelle sont diffusées des émissions de radio selon ce procédé.

module nm **1.** ARCHIT Unité de convention pour régler les proportions des parties d'un édifice. **2.** Composant élémentaire permettant de réaliser un ensemble par juxtaposition ou combinaison. **3.** Élément autonome d'un vaisseau spatial.

moduler vt **1.** Exécuter avec des inflexions variées : *moduler un chant.* **2.** FIG Adapter d'une manière souple à diverses circonstances. ◆ vi MUS Passer d'une tonalité à une autre au cours d'un morceau.

modus vivendi [mɔdysvivɛ̃di] nm inv Accommodement, transaction, compromis.

moelle [mwal] nf Substance molle et graisseuse renfermée dans l'intérieur des os (on dit aussi : *moelle osseuse*). ■ **jusqu'à la moelle** : très profondément. ❑ **moelle épinière** : partie du système cérébro-spinal contenue dans le canal vertébral.

moelleux, euse adj **1.** Doux et d'une mollesse agréable au toucher : *un lit moelleux.* **2.** Agréable à goûter, à entendre, etc. ■ **vin moelleux** : ni très doux ni très sec.

moellon [mwalɔ̃] nm Pierre de petite dimension pour construire un mur.

mœurs [mœr] ou [mœrs] nf pl **1.** Pratiques sociales, usages communs à un groupe, un peuple, une époque, etc. : *les mœurs des Romains.* **2.** Habitudes particulières à chaque espèce animale : *les mœurs des abeilles.*

3. Habitudes de vie, comportements habituels : *avoir des mœurs simples.* **4.** Ensemble des règles codifiées par la morale sociale : *attentat aux mœurs.*

mofette nf **1.** Émanation de gaz carbonique, dans les régions volcaniques ou dans les mines. **2.** ZOOL → **moufette.**

moghol, e adj et n Des Moghols.

mohair nm Poil de la chèvre angora ; laine et étoffe faites avec ce poil.

moi pron pers Désigne la 1re personne du singulier, représentant celui, celle qui parle, soit en fonction de sujet pour renforcer *je*, soit comme complément après une préposition ou un impératif, soit comme attribut. ■ **à moi !** : au secours ! ❑ **de vous à moi** : entre nous. ◆ nm inv Ce qui constitue l'individualité.

EMPLOI On dit *vous et moi ; mon voisin, sa femme et moi, moi* étant toujours placé en dernier.

moignon nm **1.** Ce qui reste d'un membre coupé. **2.** Membre rudimentaire : *un moignon d'aile.* **3.** Ce qui reste d'une branche cassée.

moindre adj Plus petit en dimensions, en quantité, en intensité : *vitesse moindre ; pas le moindre bruit.*

moindrement adv ■ LITT **pas le moindrement** : pas le moins du monde.

moine nm **1.** Membre d'une communauté religieuse d'hommes. **2.** Récipient servant à chauffer un lit.

moineau nm Petit oiseau passereau très commun en France. ■ FAM **manger comme un moineau** : très peu.

moins adv Indique une infériorité de qualité, de quantité, de prix. ■ **à moins** : (a) pour un prix inférieur (b) pour un motif d'importance inférieure : *on serait tenté à moins.* ❑ **à moins de** (+ adj num et nom) : au-dessous de : *à moins de deux mètres.* ❑ **à moins de, que** : indiquent une hypothèse restrictive : *à moins d'un orage, à moins qu'il ne pleuve, nous sortirons.* ❑ **à tout le moins** ou **pour le moins** ou **tout au moins** : au minimum. ❑ **au moins** : si ce n'est davantage. ❑ **au moins** ou **du moins** : expriment une restriction. ❑ **de moins en moins** : indique une diminution graduelle. ❑ **le moins** : au moindre degré, aussi peu que possible. ❑ **rien de moins que** : véritablement : *il n'est rien de moins qu'un héros.* ❑ **un(e) moins que rien** : une personne méprisable. ◆ prép Avec soustraction de : *15 moins 8 égale 7.* ◆ nm Tiret horizontal (–) indiquant une soustraction ou une quantité négative.

GRAMMAIRE Avec *moins de deux,* le verbe qui suit se met au pluriel : *moins de deux buts ont été marqués.*

moins-perçu (pl *moins-perçus*) nm DR Ce qui est dû et n'a pas été perçu.

moins-value (pl *moins-values*) nf Diminution de la valeur d'un objet appréciée à deux moments différents.

moirage nm Reflet moiré.

moire nf Étoffe à reflet changeant ; ce reflet.

moiré, e adj Qui a les reflets de la moire. ◆ nm Effet de la moire.

mois nm **1.** Chacune des douze divisions de l'année civile. **2.** Espace de temps d'environ trente jours. **3.** Unité de travail et de salaire correspondant à un mois légal ; ce salaire : *toucher son mois.* **4.** Somme due pour un mois de location, de services, etc.

moïse [mɔiz] nm Berceau portatif en osier capitonné.

moisi nm Partie moisie de quelque chose ; moisissure.

moisir vi **1.** Se couvrir de moisissure : *les confitures moisissent.* **2.** FAM Attendre, rester longtemps au même endroit.

moisissure nf Champignons de très petite taille qui se développent à la surface des substances organiques en décomposition ; partie moisie de quelque chose.

moisson nf **1.** Récolte des céréales ; céréales récoltées ou à récolter : *rentrer la moisson.* **2.** Époque où se fait cette récolte. **3.** FIG Grande quantité de.

moissonnage nm Action de moissonner.

moissonner vt **1.** Faire la moisson de. **2.** LITT Recueillir, amasser en quantité.

moissonneur, euse n Personne qui fait la moisson.

moissonneuse nf Machine à moissonner.

moissonneuse-batteuse (pl *moissonneuses-batteuses*) nf Machine qui coupe les céréales, bat et trie les grains.

moite adj Légèrement humide.

moiteur nf Légère humidité.

moitié nf **1.** Chacune des deux parties égales d'un tout. **2.** Une bonne partie : *la moitié du temps.* **3.** FAM Épouse, époux. ■ **à moitié** : en partie. ❑ **de moitié** : dans la proportion de un à deux. ❑ **être pour moitié dans quelque chose** : en être responsable pour une part. ❑ **moitié..., moitié...** : en partie..., en partie... : *moitié bleu, moitié blanc.*

moka nm **1.** Variété de café ; infusion de ce café : *une tasse de moka.* **2.** Gâteau fourré d'une crème au beurre au café.

mol, molle adj → **mou.**

molaire nf Grosse dent latérale qui sert à broyer.

molasse nf Grès tendre, se formant au pied des chaînes de montagnes.

mole nf PHYS Unité de mesure de quantité de matière ; symb : mol.

môle nm Jetée, digue pour protéger l'entrée d'un port.
moléculaire adj Relatif aux molécules.
molécule nf Groupement d'atomes qui représente, pour un corps pur, la plus petite quantité de matière existant à l'état libre.
moleskine nf Toile vernie, imitant le cuir.
molester vt Brutaliser.
molette nf **1.** TECHN Outil muni d'un petit disque dur, servant à couper, broyer, travailler les corps durs, etc. **2.** Rondelle de l'éperon, garnie de pointes pour piquer le cheval. **3.** Roulette striée servant à actionner un mécanisme mobile.
mollah nm Dans l'islam, titre donné aux personnalités religieuses, aux docteurs de la loi coranique.
mollasse adj Mou, flasque.
mollasson, onne adj et n FAM Mou, sans énergie, sans caractère.
mollement adv **1.** Avec nonchalance. **2.** Sans conviction.
mollesse nf **1.** État, nature de ce qui est mou. **2.** FIG Faiblesse, manque de fermeté, de vigueur, d'énergie.
1. mollet nm Saillie des muscles de la partie postérieure de la jambe.
2. mollet adj m ■ **œuf mollet** : œuf cuit dans sa coque de telle sorte que le blanc est coagulé et le jaune à peine solidifié.
molletière nf ANC Bande de cuir, de toile, qui couvrait le mollet.
molleton nm Étoffe épaisse, moelleuse, généralement de laine ou de coton.
molletonné, e adj Garni, doublé de molleton.
mollir vi Devenir mou, perdre de sa force, de son énergie.
mollo adv FAM Doucement : *y aller mollo.*
mollusque nm Animal invertébré à corps mou, souvent recouvert d'une coquille, comme l'escargot et l'huître (les mollusques forment un embranchement).
molosse nm Gros chien de garde.
molybdène nm Métal blanc, dur, cassant et peu fusible ; symb : Mo.
môme n FAM Enfant. ◆ nf FAM Fille, jeune femme.
moment nm **1.** Espace de temps ; instant plus ou moins bref : *je reviens dans un moment.* **2.** Occasion, circonstance : *le moment favorable.* **3.** Temps présent : *la mode du moment.* ■ **à tout moment** : sans cesse. ❑ **d'un moment à l'autre** : très prochainement. ❑ **en ce moment** ou **pour le moment** : actuellement. ❑ **en un moment** : en très peu de temps. ❑ **par moments** : par intervalles. ❑ **sur le moment** : sur le coup. ❑ **un moment !** : attendez !, écoutez ! ◆ loc prép ■ **au moment de** : indique la simultanéité, la coïncidence. ◆ loc conj ■ **au moment où** : lorsque. ❑ **du moment que** : puisque.
momentané, e adj Qui ne dure qu'un moment : *effort momentané.*
momentanément adv Pour un moment, pendant un moment ; temporairement.
momie nf Cadavre conservé au moyen de l'embaumement : *les momies égyptiennes.*
momification nf Action de momifier.
momifier vt Transformer un corps en momie. ◆ **se momifier** vpr Se dessécher.
mon, ma, mes adj poss Indique un rapport d'appartenance, une relation d'ordre affectif ou social avec moi : *mon stylo ; mes idées ; mes parents ; mon supérieur.*
monacal, e, aux adj Des moines : *vie monacale.*
monade nf Dans la philosophie de Leibniz, substance indivisible, dont tous les êtres sont composés.
monarchie nf **1.** Gouvernement d'un seul chef. **2.** Régime politique dans lequel le chef de l'État est un roi héréditaire ; État ainsi gouverné.
monarchique adj De la monarchie : *pouvoir monarchique.*
monarchisme nm Doctrine des partisans de la monarchie.
monarchiste adj et n Partisan de la monarchie.
monarque nm Chef de l'État dans une monarchie ; roi.
monastère nm Édifice habité par des moines ou des moniales.
monastique adj Relatif aux moines ou aux moniales.
monceau nm Grande quantité de choses accumulées en tas.
mondain, e adj Relatif à la vie, aux habitudes sociales des gens riches ou en vue : *dîner mondain.* ◆ adj et n Qui aime les mondanités.
mondanité nf Caractère mondain. ◆ **mondanités** pl Habitudes de vie propres aux gens du monde ; politesses conventionnelles : *faire des mondanités.*
monde nm **1.** Ensemble de tout ce qui existe ; univers. **2.** La Terre, le globe terrestre : *faire le tour du monde.* **3.** Ensemble des êtres humains vivant sur la terre : *cette guerre concerne le monde entier.* **4.** Milieu, groupe social déterminé : *le monde du spectacle.* **5.** Grand nombre ou nombre indéterminé de personnes : *il y a beaucoup de monde.* **6.** Ensemble des personnes constituant les classes sociales les plus aisées, la haute société, qui se distingue par son luxe : *les gens du monde ; femme du monde.*

7. Ensemble de choses ou d'êtres considérés comme formant un univers : *le monde des abeilles.* **8.** LITT Vie profane (par opposition à *vie religieuse*) : *se retirer du monde.* **9.** Écart important, différence : *il y a un monde entre eux.* ■ **l'Ancien Monde :** l'Asie, l'Europe, l'Afrique. ❑ **au bout du monde :** très loin. ❑ **courir le monde :** voyager beaucoup. ❑ **le grand monde :** la haute société. ❑ **mettre au monde :** donner naissance à. ❑ **le Nouveau Monde :** l'Amérique. ❑ **passer dans l'autre monde :** mourir. ❑ **pour rien au monde :** en aucun cas. ❑ **se faire (tout) un monde de :** attribuer une importance exagérée à. ❑ **tout le monde :** (a) tous les gens (b) chacun. ❑ **venir au monde :** naître.

monder vt Débarrasser les grains des céréales de leurs enveloppes adhérentes : *monder l'orge.*

mondial, e, aux adj Qui concerne le monde entier : *politique mondiale.*

mondialement adv Dans le monde entier.

mondialisation nf **1.** Fait de devenir mondial, de concerner le monde entier. **2.** ÉCON Tendance des entreprises multinationales à concevoir des stratégies à l'échelle planétaire, conduisant à la mise en place d'un marché mondial unifié.

mondialiser vt Donner à quelque chose un caractère mondial, une extension qui intéresse le monde entier.

mondovision nf Transmission par satellite d'images de télévision dans différentes parties du monde.

monégasque adj et n De Monaco : *les Monégasques.*

monétaire adj Relatif aux monnaies : *système monétaire.*

mongol, e adj et n De Mongolie : *les Mongols.*

mongolien, enne adj et n VIEILLI Trisomique.

mongolisme nm VIEILLI Trisomie 21.

mongoloïde adj MÉD Qui évoque le mongolisme, la trisomie 21.

moniale nf Religieuse cloîtrée.

monisme nm Système philosophique selon lequel il n'y a qu'une seule sorte de réalité, selon lequel un seul principe explique tout.

1. moniteur nm **1.** MÉD Appareil électronique permettant l'enregistrement permanent des phénomènes physiologiques. **2.** INFORM Écran associé à un micro-ordinateur. **3.** INFORM Programme de contrôle permettant de surveiller l'exécution de plusieurs programmes n'ayant aucun lien entre eux.

2. moniteur, trice n Personne chargée d'enseigner ou de faire pratiquer certains sports, certaines activités : *moniteur de ski, d'auto-école.*

monitorage ou **monitoring** [mɔnitɔriŋ] nm Utilisation médicale du moniteur.

monitorat nm Formation pour la fonction de moniteur ; cette fonction.

monnaie nf **1.** Pièce de métal frappée pour servir aux échanges. **2.** Unité monétaire adoptée par un État : *la monnaie du Japon est le yen.* **3.** Équivalent de la valeur d'un billet ou d'une pièce, en billets ou pièces de moindre valeur : *faire de la monnaie.* **4.** Pièces de faible valeur : *ne pas avoir de monnaie.* **5.** Différence entre la somme payée en espèces et la somme exacte due : *rendre la monnaie.* ■ **battre monnaie :** fabriquer de la monnaie. ❑ **c'est monnaie courante :** c'est fréquent. ❑ **payer en monnaie de singe :** faire des plaisanteries au lieu de payer. ❑ **rendre à quelqu'un la monnaie de sa pièce :** user de représailles. ❑ **servir de monnaie d'échange :** servir de moyen d'échange dans une négociation.

monnaie-du-pape (pl *monnaies-du-pape*) nf BOT Plante ornementale à fleurs odorantes et à fruits en forme de disques blanc argenté ; fruit de cette plante.

monnayable adj Qui peut être monnayé.

monnayer [mɔnɛje] vt (conj 4) **1.** Convertir un métal en monnaie. **2.** Tirer un profit, un avantage, de l'argent de quelque chose : *monnayer un service.*

monnayeur nm Appareil qui fait la monnaie de la somme introduite.

monobloc adj D'une seule pièce, d'un seul bloc.

monochrome [mɔnɔkrom] adj D'une seule couleur.

monocle nm Verre correcteur unique que l'on insère dans l'arcade sourcilière.

monocoque nm Voilier à une seule coque.

monocorde adj Qui est émis sur une seule note et ne varie pas ; monotone.

monocorps nm et adj AUTOM Voiture dont le profil ne présente aucune partie en retrait.

monocotylédone nf Plante à fleurs dont la graine a un seul cotylédon (les monocotylédones forment une classe).

monoculaire adj Relatif à un seul œil : *vision monoculaire.*

monoculture nf Culture unique d'une espèce végétale.

monogame adj Qui pratique la monogamie.

monogamie nf Système dans lequel l'homme ne peut être l'époux de plus d'une femme à la fois et la femme l'épouse de plus d'un homme à la fois.

monogamique adj Relatif à la monogamie.

monogramme nm **1.** Marque, signe formés de la lettre initiale ou de plusieurs lettres entrelacées d'un nom. **2.** Marque ou signature abrégée.

monographie nf Étude détaillée sur un point spécial d'histoire, de science, sur un personnage, etc.

monographique adj Qui relève de la monographie.

monoï [mɔnɔj] nm inv Huile parfumée tirée de la noix de coco et des fleurs d'une plante de Polynésie.

monoïque adj Se dit des plantes dont les fleurs mâles et femelles sont sur le même pied.

monokini nm Maillot de bain féminin réduit à un slip.

monolingue adj et n **1.** Qui ne parle qu'une langue. **2.** Rédigé en une seule langue : *dictionnaire monolingue*.

monolinguisme nm État d'une personne, d'une région, d'un pays monolingues.

monolithe nm et adj Ouvrage formé d'un seul bloc de pierre : *les obélisques sont des monolithes*.

monolithique adj **1.** Formé d'un seul bloc de pierre. **2.** FIG D'un dogmatisme inébranlable ; rigide : *parti monolithique*.

monolithisme nm FIG Caractère de ce qui forme un bloc, un ensemble rigide : *le monolithisme de certains partis*.

monologue nm **1.** Dans une pièce de théâtre, scène où un personnage est seul et se parle à lui-même. **2.** Discours de quelqu'un qui parle seul : *monologue intérieur*.

monologuer vi Parler seul.

monôme nm **1.** Expression algébrique formée d'un seul terme. **2.** Défilé de lycéens, d'étudiants, organisé notamment à la fin des examens.

monomère adj et nm CHIM Se dit d'un composé constitué de molécules simples.

monomoteur adj et nm Se dit d'un avion muni d'un seul moteur.

mononucléaire nm et adj Globule blanc possédant un seul noyau.

mononucléose nf Excès de mononucléaires dans le sang.

monoparental, e, aux adj D'un seul des deux parents : *éducation monoparentale ;* où il n'y a que le père ou la mère pour élever l'enfant ou les enfants : *famille monoparentale*.

monophasé, e adj Se dit des tensions ou des courants alternatifs simples.

monophonie nf Technique de transmission d'un signal musical au moyen d'une seule voie (par opposition à *stéréophonie*).

monoplace nm et adj m Avion à une seule place. ◆ nf et adj Voiture de compétition à une seule place.

monoplan nm et adj Avion à un seul plan de sustentation.

monopole nm **1.** Privilège exclusif de fabriquer, d'exploiter ou de vendre certaines choses, d'occuper certaines charges. **2.** FIG Possession exclusive de quelque chose.

monopoliser vt **1.** Exercer son monopole sur une production, un secteur d'activité. **2.** FIG Accaparer pour son seul profit : *monopoliser la parole*.

monopolistique ou **monopoliste** adj ÉCON Relatif à un monopole.

Monopoly nm (nom déposé) Jeu de société consistant à acheter des terrains et des immeubles jusqu'à en obtenir le monopole.

monoski nm Ski nautique ou ski de neige sur lequel on pose les deux pieds ; sport pratiqué avec ce type de ski.

monospace nm Voiture particulière monocorps et spacieuse.

monosyllabe adj et nm Mot qui n'a qu'une syllabe. ■ **répondre par monosyllabes :** sans faire de phrase.

monosyllabique adj Qui n'a qu'une syllabe : *mot monosyllabique*.

monothéisme nm Doctrine, religion qui n'admet qu'un seul Dieu.

monothéiste adj et n Relatif au monothéisme ; qui en est partisan.

monotone adj **1.** Qui est sur le même ton : *chant monotone*. **2.** FIG Qui ennuie par le peu de variété, la répétition, l'uniformité.

monotonie nf Caractère monotone de quelque chose.

monotype nm Voilier faisant partie d'une série de bateaux identiques, tous construits sur le même plan.

Monotype nf (nom déposé) Machine à composer en caractères mobiles.

monovalent, e adj CHIM Auquel un seul atome d'une nature donnée peut se lier chimiquement. SYN : univalent.

monoxyde nm ■ **monoxyde d'azote :** gaz toxique dégagé par les industries.

monozygote adj Se dit de jumeaux issus d'un même œuf.

monseigneur (pl *messeigneurs*) nm Titre d'honneur donné aux princes, aux prélats.

monsieur (pl *messieurs*) nm **1.** Titre donné, par civilité, à tout homme à qui l'on parle ou à qui l'on écrit. **2.** Appellation respectueuse donnée au maître de maison, à un client, etc. **3.** (avec une majuscule) Titre qu'on donnait autrefois en France au frère cadet du roi.

monstre nm **1.** Être présentant une malformation importante. **2.** Être fantastique de la mythologie, des légendes. **3.** Personne d'une laideur repoussante. **4.** Objet, animal énorme, effrayant : *monstre marin*. **5.** FIG Personne dont les sentiments inhumains, pervers provoquent l'horreur. ■ **monstre**

sacré : (a) comédien très célèbre (b) personnage hors du commun. ◆ adj FAM Prodigieux, colossal : *un chahut monstre*.

monstrueusement adv **1.** D'une manière monstrueuse. **2.** Excessivement.

monstrueux, euse adj **1.** Qui est atteint de graves malformations. **2.** Excessivement laid. **3.** Horrible, effroyable : *crime monstrueux*. **4.** FIG Prodigieux, excessif : *bruit monstrueux*.

monstruosité nf **1.** Caractère de ce qui est monstrueux. **2.** Chose monstrueuse.

mont nm Grande élévation naturelle au-dessus du sol : *le mont Blanc*. ■ **par monts et par vaux :** de tous côtés. ❑ **promettre monts et merveilles :** faire des promesses exagérées.

montage nm **1.** Action d'assembler les éléments d'un ensemble : *montage d'une bibliothèque, d'un moteur*. **2.** Choix et assemblage des scènes tournées pour un film, des bandes enregistrées pour une émission de radio, etc. ■ **montage financier :** structuration des ressources nécessaires à une entreprise.

montagnard, e adj et n Qui habite une région de montagnes ; relatif à la montagne : *vie montagnarde*.

montagne nf **1.** Élévation naturelle du sol caractérisée par une forte dénivellation entre le sommet et le fond de la vallée. **2.** Région de forte altitude : *passer ses vacances à la montagne*. **3.** FIG Amoncellement : *montagne de livres*. ■ **montagnes russes :** attraction foraine constituée de montées et de descentes abruptes sur lesquelles roulent très rapidement des rames de petites voitures. ❑ **se faire une montagne de quelque chose :** en exagérer l'importance, les difficultés.

montagneux, euse adj Où il y a des montagnes : *pays montagneux*.

1. montant nm **1.** Pièce posée verticalement et servant de soutien. **2.** Chacune des deux pièces latérales tenant les barreaux d'une échelle. **3.** Total d'un compte : *le montant des dépenses*.

2. montant, e adj Qui monte : *marée montante*.

mont-de-piété (pl *monts-de-piété*) nm VX Établissement où l'on prête de l'argent moyennant la mise en gage d'un objet.

monte nf **1.** Action de monter à cheval. **2.** Accouplement de certains animaux domestiques.

monté, e adj **1.** Pourvu : *être bien monté en vaisselle*. **2.** À cheval : *soldat monté*. ■ **coup monté :** préparé à l'avance et en secret. ❑ **être monté contre quelqu'un :** être en colère contre quelqu'un.

monte-charge (pl *monte-charges* ou inv) nm Appareil servant à monter des fardeaux d'un étage à l'autre.

montée nf **1.** Action de monter. **2.** Chemin montant ; pente.

monténégrin, e adj et n Du Monténégro : *les Monténégrins*.

monte-plats nm inv Petit monte-charge entre une cuisine et une salle à manger.

monter vi (auxil : *avoir* ou *être*) **1.** Se transporter dans un lieu plus élevé : *monter sur un arbre*. **2.** Accroître son niveau, gagner en hauteur : *le fleuve monte*. **3.** Se placer dans, sur : *monter à cheval, en voiture*. **4.** S'élever en pente : *le chemin monte*. **5.** FIG S'élever dans la hiérarchie : *monter en grade*. **6.** Augmenter de prix : *le dollar monte*. **7.** Atteindre telle grandeur, telle valeur : *les frais montent à mille francs*. ◆ vt **1.** Gravir, parcourir de bas en haut : *monter l'escalier*. **2.** Transporter dans un lieu plus élevé : *monter une valise*. **3.** Accroître la valeur, l'intensité de : *monter le son, le chauffage*. **4.** Fournir du nécessaire : *monter son ménage*. **5.** Assembler les parties d'un objet : *monter une machine*. **6.** Enchâsser dans une monture : *monter un diamant*. **7.** Créer, organiser : *monter une affaire*. **8.** Exciter, exalter : *monter les employés contre leur directeur*. **9.** Effectuer le montage d'un film, d'une émission. ■ **monter un animal :** l'utiliser comme monture. ❑ **monter un spectacle :** en organiser la représentation. ◆ **se monter** vpr [à] S'élever à un total de.

> EMPLOI Dire *monter en haut* est incorrect et pléonastique, mais on peut très bien dire *monter moins (plus, très, trop) haut*.

monteur, euse n **1.** Personne qui monte les pièces d'une machine. **2.** Personne qui fait le montage d'un film.

montgolfière nf Aérostat gonflé à l'air chaud.

monticule nm Petit mont ; colline.

montmorency nf Cerise d'une variété acidulée.

montrable adj Qu'on peut montrer.

1. montre nf Instrument portatif qui sert à indiquer l'heure. ■ **course contre la montre :** (a) épreuve cycliste consistant en un chronométrage individuel des coureurs (b) FIG action à réaliser en un minimum de temps. ❑ **montre en main :** (a) en un temps précis (b) sans dépasser le temps : *avoir dix minutes montre en main pour*.

2. montre nf ■ **faire montre de quelque chose :** le montrer, le manifester : *faire montre de prudence*.

montre-bracelet (pl *montres-bracelets*) nf Montre qui se porte au poignet.

montrer vt **1.** Faire voir : *montrer ses papiers.* **2.** Manifester : *montrer du courage.* **3.** Prouver, démontrer : *montrer qu'on a raison.* **4.** Indiquer, désigner : *montrer du doigt.* ◆ **se montrer** vpr **1.** Apparaître à la vue : *ne pas se montrer nu.* **2.** Se révéler sous tel aspect : *se montrer courageux.*

montreur, euse n Personne qui présente un spectacle, une attraction : *montreur d'ours.*

monture nf **1.** Bête sur laquelle on monte. **2.** Partie d'un objet qui sert à fixer, à assembler l'élément principal : *monture de lunettes, d'une bague.*

monument nm **1.** Ouvrage d'architecture ou de sculpture destiné à perpétuer le souvenir d'un personnage, d'un événement : *monument aux morts.* **2.** Grand ouvrage d'architecture. **3.** Œuvre remarquable, digne de durer. ■ **être un monument de** : présenter une certaine particularité à un degré extrême : *être un monument de sottise.*

monumental, e, aux adj **1.** Qui a les proportions imposantes d'un monument. **2.** Grandiose, remarquable. **3.** FAM Énorme : *une erreur monumentale.*

moquer (se) vpr [de] **1.** Railler, tourner en ridicule. **2.** Ne faire aucun cas de : *se moquer des réprimandes.* **3.** Prendre quelqu'un pour un sot.

moquerie nf Parole ou action moqueuse.

moquette nf Tapis fixé au sol servant à recouvrir uniformément la surface d'une pièce.

moqueur, euse adj et n Qui se moque, aime à se moquer. ◆ adj Qui manifeste de la raillerie : *sourire moqueur.*

moraine nf Ensemble de débris de roches transportés ou déposés par un glacier.

moral, e, aux adj **1.** Qui concerne les règles de conduite en usage dans une société : *un jugement moral.* **2.** Conforme à ces règles, admis comme honnête, juste, édifiant : *un livre moral.* **3.** Intellectuel, spirituel (par opposition à *physique, matériel*) : *les facultés morales.* ◆ nm **1.** Ensemble des facultés mentales : *le physique influe sur le moral.* **2.** État psychologique : *avoir bon moral.*

morale nf **1.** Ensemble des règles d'action et des valeurs qui fonctionnent comme normes dans une société. **2.** Conclusion morale d'une fable, d'un récit. ■ **faire la morale à quelqu'un** : le réprimander.

moralement adv **1.** Conformément aux règles de la morale. **2.** Du point de vue des sentiments, de la morale : *être moralement responsable.* **3.** Quant au moral.

moralisant, e adj Qui moralise.

moralisateur, trice adj et n PÉJOR Qui donne des leçons de morale : *discours moralisateur.*

moraliser vt **1.** Rendre conforme à la morale : *moraliser la vie politique.* **2.** Faire la morale à : *moraliser un enfant.* ◆ vi Faire des réflexions morales.

moralisme nm Attachement formaliste et étroit à une morale.

moraliste n et adj Auteur qui écrit sur les mœurs, la nature humaine. ◆ adj Marqué de moralisme.

moralité nf **1.** Rapport, conformité à la morale : *moralité douteuse.* **2.** Attitude, conduite morale, principes : *homme sans moralité.* **3.** Conclusion, enseignement moral que suggère une histoire.

moratoire nm Suspension légale et provisoire de certaines actions : *moratoire nucléaire.*

morbide adj **1.** Maladif : *état morbide.* **2.** Qui a un caractère malsain, anormal : *curiosité morbide.*

morbidité nf Caractère de ce qui est morbide.

morbier nm Fromage au lait de vache fabriqué dans le Jura.

morbleu interj VX Juron qui marque l'impatience, la colère.

morceau nm **1.** Partie d'un corps, d'un aliment, d'un tout, d'une matière : *morceau de pain, de bois.* **2.** Fragment d'une œuvre écrite ou musicale : *morceaux choisis ; interpréter un morceau de Bach.* ■ FAM **manger, cracher, lâcher le morceau** : parler, avouer.

morceler vt (conj 6) Diviser en morceaux, en parties.

morcellement nm Action de morceler ; fait d'être morcelé.

mordant, e adj **1.** Qui entame en rongeant : *acide mordant.* **2.** FIG Incisif, caustique, satirique : *ton mordant.* ◆ nm **1.** Vivacité, énergie dans l'attaque. **2.** FIG Causticité.

mordicus [mɔrdikys] adv FAM Avec ténacité : *soutenir mordicus une opinion.*

mordiller vt Mordre légèrement et à plusieurs reprises.

mordoré, e adj D'un brun chaud, à reflets dorés.

mordre vt (conj 52) **1.** Saisir, entamer ou blesser avec les dents. **2.** Entamer, pénétrer dans quelque chose : *la lime mord l'acier.* **3.** S'accrocher, trouver prise. **4.** Empiéter sur : *la balle a mordu la ligne.* ◆ vt ind [à] Prendre goût à. ■ **ça mord** : le poisson mord à l'appât. ❑ **mordre à l'appât** : s'en saisir, en parlant du poisson. ◆ **se mordre** vpr ■ FAM **se mordre les doigts de quelque chose** : s'en repentir.

mordu, e adj et n FAM Passionné : *un mordu de cinéma.*

more, moresque adj et n → **maure, mauresque.**

morfler vi FAM Subir un coup dur, une punition.

morfondre (se) vpr S'ennuyer à attendre trop longtemps.

morganatique adj Se dit du mariage d'un prince avec une personne de condition inférieure.

1. morgue nf Attitude hautaine et méprisante.

2. morgue nf **1.** Lieu où l'on dépose les cadavres non identifiés. **2.** Salle où, dans un hôpital, on garde momentanément les morts.

moribond, e adj et n Qui est près de mourir ; agonisant.

morigéner vt (conj 10) LITT Réprimander.

morille nf Champignon comestible délicat, à chapeau alvéolé.

mormon, e n et adj Membre d'une secte religieuse américaine qui pratiqua la polygamie.

1. morne adj **1.** Triste : *un regard morne.* **2.** Qui, par sa monotonie, inspire la tristesse : *une vie morne.* **3.** Sans éclat, sans intérêt ; terne : *un style morne.*

2. morne nm Hauteur, colline aux Antilles.

morose adj **1.** D'humeur maussade ; triste, sombre : *vieillard, air morose.* **2.** Se dit d'un secteur économique peu actif.

morosité nf Caractère de quelqu'un, de quelque chose qui est morose.

morphème nm LING Le plus petit élément significatif dans un énoncé ou un mot.

morphine nf Alcaloïde de l'opium, analgésique et hypnotique puissant.

morphing [mɔrfiŋ] nm Morphose.

morphinomane n et adj Toxicomane qui utilise la morphine.

morphologie nf **1.** Étude de la forme et de la structure des êtres vivants. **2.** Aspect général du corps humain : *la morphologie d'un athlète.* **3.** LING Étude de la forme des mots.

morphologique adj Relatif à la morphologie : *étude morphologique.*

morphologiquement adv Du point de vue de la morphologie.

morphose nf (anglo-amér. *morphing*) CIN, INFORM, PHOTO Transformation progressive d'une image en une autre par traitement informatique. SYN : morphing.

morpion nm **1.** TRÈS FAM Pou du pubis. **2.** FAM Gamin.

mors [mɔr] nm Levier de la bride qui passe dans la bouche du cheval et qui sert à le gouverner. ■ **prendre le mors aux dents :** s'emporter.

1. morse nm Gros mammifère marin des régions arctiques.

2. morse nm Code télégraphique utilisant un alphabet fait de points et de traits.

morsure nf **1.** Action de mordre. **2.** Plaie, marque faite en mordant.

1. mort nf **1.** Cessation définitive de la vie : *mort violente.* **2.** Cessation complète d'activité : *la mort du petit commerce.* ■ **à mort :** (a) mortellement (b) FAM de toutes ses forces. ❑ **à la vie et à la mort :** pour toujours. ❑ **la mort dans l'âme :** à regret. ❑ DR **peine de mort :** condamnation à la peine capitale.

2. mort, e adj **1.** Qui a cessé de vivre. **2.** Privé d'animation, d'activité : *ville morte.* **3.** Hors d'usage : *le moteur est mort.* **4.** Qui éprouve une sensation ou un sentiment violents : *mort de faim, de peur.* ■ **eau morte :** stagnante. ❑ **langue morte :** qui n'est plus parlée (par opposition à *langue vivante*). ❑ **nature morte :** peinture d'objets non animés. ❑ **temps mort :** moment où il n'y a pas d'action. ◆ n Personne décédée ; cadavre. ■ **faire le mort :** ne donner aucun signe de vie.

mortadelle nf Gros saucisson d'Italie.

mortaise nf Entaille pratiquée dans l'épaisseur d'une pièce de bois ou de métal, pour recevoir le tenon d'une autre pièce assemblée.

mortalité nf Nombre de décès survenus dans une population durant une période donnée.

mort-aux-rats [mɔrora] nf inv Préparation empoisonnée, destinée à détruire les rats, les rongeurs.

morte-eau (pl *mortes-eaux*) nf Marée de faible amplitude.

mortel, elle adj **1.** Sujet à la mort : *nous sommes tous mortels.* **2.** Qui cause la mort : *maladie mortelle.* **3.** Ennuyeux, pénible : *soirée mortelle.* ■ FIG **ennemi mortel :** que l'on hait profondément. ◆ n Être humain.

mortellement adv **1.** À mort. **2.** FIG Extrêmement : *mortellement ennuyeux.*

morte-saison (pl *mortes-saisons*) nf Période où l'activité est réduite ou très faible pour un commerce, une industrie, etc.

mortier nm **1.** Mélange de chaux, de sable et d'eau pour lier les pierres d'une construction ou faire des enduits. **2.** Récipient où l'on broie des aliments, des substances pharmaceutiques, etc. **3.** Canon à tir courbe.

mortifiant, e adj Qui humilie.

mortification nf **1.** Action de mortifier son corps. **2.** FIG Blessure d'amour-propre ; humiliation. **3.** MÉD Nécrose. **4.** Commencement de décomposition du gibier.

mortifier vt **1.** Infliger à son corps une souffrance physique dans un but d'ascèse. **2.** FIG Humilier, froisser.

mort-né, e (pl *mort-nés, mort-nées*) adj et n Mort en venant au monde. ◆ adj FIG Qui échoue dès le début : *projet mort-né.*

mortuaire adj Relatif aux décès, aux cérémonies funèbres : *chambre mortuaire.*

morue nf Gros poisson des mers froides.

morutier nm **1.** Bateau équipé pour la pêche à la morue. **2.** Pêcheur de morue.

morvandeau, elle adj et n Du Morvan (au masculin, on dit aussi : *morvandiau*).

morve nf **1.** Sécrétion des muqueuses du nez. **2.** Maladie contagieuse des chevaux.

morveux, euse adj **1.** Se dit d'un cheval atteint de la morve. **2.** Qui a la morve au nez : *enfant morveux.* ◆ n FAM Jeune prétentieux.

1. mosaïque nf **1.** Assemblage de petits fragments multicolores incrustés dans un ciment et formant un dessin ; art de cet assemblage. **2.** FIG Ensemble d'éléments nombreux et disparates : *une mosaïque d'États.*

2. mosaïque adj Qui vient de Moïse.

mosaïste n Artiste en mosaïque.

moscovite adj et n De Moscou.

mosquée nf Édifice cultuel de l'islam.

mot nm **1.** Son ou groupe de sons ou de lettres formant une unité autonome, susceptibles d'être utilisés dans les divers énoncés d'une langue. **2.** Ce qu'on dit, ce qu'on écrit brièvement : *dire un mot à l'oreille.* **3.** Sentence, parole mémorable. ■ **au bas mot** : en évaluant au plus bas. ❑ **avoir des mots avec quelqu'un** : avoir une querelle. ❑ **avoir le dernier mot** : l'emporter dans une discussion. ❑ **avoir son mot à dire** : être en droit de donner son avis. ❑ **bon mot** ou **mot d'esprit** : parole spirituelle. ❑ **en un mot** : brièvement. ❑ **grand mot** : terme emphatique. ❑ **gros mot** : parole grossière. ❑ **jouer sur les mots** : employer des termes équivoques. ❑ **le fin mot (de l'histoire)** : le sens caché. ❑ **mot à mot** ou **mot pour mot** : (a) littéralement, sans rien changer (b) en rendant chaque mot d'une langue par un mot équivalent dans une autre. ❑ **mot d'ordre** : consigne d'action. ❑ **ne dire, ne souffler mot** : garder le silence. ❑ **prendre quelqu'un au mot** : accepter sur-le-champ sa proposition. ❑ **se donner le mot** : se mettre d'accord, s'entendre pour une action. ❑ **se payer de mots** : parler au lieu d'agir.

mot-à-mot nm Traduction mot à mot.

motard, e n Personne qui fait de la moto. ◆ nm Agent de police, gendarme à moto.

motel nm Hôtel situé à proximité d'un grand itinéraire routier, spécialement aménagé pour accueillir les automobilistes.

motet nm Pièce vocale religieuse.

moteur, trice adj Qui produit ou transmet le mouvement. ◆ nm **1.** Appareil qui transforme en énergie mécanique d'autres formes d'énergie. **2.** FIG Instigateur : *être le moteur d'une entreprise.* **3.** FIG Cause, motif déterminant : *le moteur de l'expansion.* ■ INFORM **moteur de recherche** : logiciel qui facilite la recherche par thème sur le réseau Internet.

motif nm **1.** Raison d'ordre intellectuel, affectif, qui porte à faire une chose : *se fâcher sans motif.* **2.** BX-ARTS Sujet, modèle de composition ; ornement de décoration, le plus souvent répété. **3.** MUS Phrase musicale qui se reproduit dans un morceau.

motion nf Texte soumis à l'approbation d'une assemblée par un de ses membres ou une partie de ses membres.

motivant, e adj Qui pousse à agir, à réagir.

motivation nf Ce qui motive.

motivé, e adj **1.** Déterminé à réussir : *élève motivé.* **2.** Justifié par des motifs : *acte motivé.*

motiver vt **1.** Fournir des motifs pour justifier un acte : *motiver un retard.* **2.** Provoquer quelque chose en le justifiant. **3.** Pousser à agir ; stimuler.

moto nf Véhicule à deux roues actionné par un moteur à explosion de plus de 125 cm^3.

motocross nm Course à moto sur un terrain très accidenté.

motoculteur nm Machine automotrice servant au jardinage, aux labours superficiels.

motoculture nf Culture pratiquée à l'aide de machines motorisées.

motocyclette nf VX Moto.

motocyclisme nm Ensemble des activités sportives disputées sur moto et side-car.

motocycliste n Personne qui conduit une moto.

motonautisme nm Sport de la navigation sur des embarcations rapides à moteur.

motoneige nf CANADA Petit véhicule muni de skis à l'avant et de chenilles à l'arrière.

motopompe nf Pompe à moteur.

motorisation nf Action de motoriser ; fait d'être motorisé.

motorisé, e adj Qui a une automobile à sa disposition pour se déplacer.

motoriser vt Doter de moyens de transport automobiles, de moyens mécaniques : *motoriser l'agriculture.*

motoriste n **1.** Réparateur de moteurs. **2.** Fabricant de moteurs.

moto-taxi (pl *motos-taxis*) nf Motocyclette avec chauffeur, qui assure un service payant de transport de personnes.

motrice nf Véhicule servant de tracteur pour d'autres voitures : *motrice de métro.*

motricité nf Ensemble des fonctions biologiques assurant le mouvement.

mots-croisés ou **mots croisés** nm pl Jeu consistant à trouver des mots qui s'entrecroisent dans une grille, d'après des définitions.

motte nf **1.** Masse de terre compacte. **2.** Masse de beurre pour la vente au détail.

motus [mɔtys] interj FAM Silence ! : *motus et bouche cousue.*

1. mou nm Poumon de certains animaux de boucherie.

2. mou ou **mol** (devant une voyelle ou un *h* muet), **molle** adj **1.** Qui cède facilement au toucher, qui manque de fermeté : *beurre mou.* **2.** FIG Qui manque de vivacité, de vigueur, d'énergie. ◆ n FAM Personne sans énergie.

moucharabieh [muʃarabje] ou [muʃarabjɛ] nm Grillage en bois, permettant de voir sans être vu, dans l'architecture arabe.

mouchard, e n FAM Dénonciateur, délateur. ◆ nm Appareil de contrôle, de surveillance.

mouchardage nm FAM Dénonciation.

moucharder vt et vi FAM Dénoncer.

mouche nf **1.** Nom de divers insectes diptères. **2.** Petite rondelle de taffetas noir que les femmes se collaient sur le visage. **3.** Point noir au centre d'une cible. **4.** Morceau de cuir dont on garnit la pointe du fleuret. **5.** Leurre imitant un insecte, utilisé par les pêcheurs. ■ **faire mouche :** atteindre son but. ❑ **fine mouche :** personne rusée. ❑ **la mouche du coche :** personne qui s'agite beaucoup mais qui n'est pas efficace. ❑ **pattes de mouche :** écriture fine et peu lisible. ❑ **prendre la mouche :** se vexer. ❑ FAM **tomber comme des mouches :** tomber malade, mourir en grand nombre.

moucher vt **1.** Débarrasser le nez de ses mucosités. **2.** Enlever la partie carbonisée d'une mèche de bougie. **3.** FAM Réprimander. ◆ **se moucher** vpr Moucher son nez.

moucheron nm Petite mouche.

moucheté, e adj **1.** Tacheté, en parlant des animaux. **2.** Garni d'une mouche, en parlant d'un fleuret.

mouchetis nm Crépi à aspect granuleux.

moucheture nf **1.** Tache naturelle sur le corps de certains animaux. **2.** Ornement d'une étoffe mouchetée.

mouchoir nm Pièce de tissu ou de papier pour se moucher.

mouclade nf Plat de moules au vin blanc et à la crème.

moudjahidin [mudʒaidin] ou **moudjahidine** [mudʒaidin] nm pl Combattants islamiques pour la libération nationale.

moudre vt (conj 58) Broyer, réduire en poudre avec un moulin.

moue nf Grimace de mécontentement.

mouette nf Oiseau palmipède vivant sur les côtes.

moufette ou **mouffette** ou **mofette** nf Mammifère carnivore d'Amérique qui sécrète un liquide infect pour se défendre.

moufle nf **1.** Gant où il n'y a de séparation que pour le pouce. **2.** Assemblage de poulies pour élever des fardeaux.

mouflet, ette n FAM Enfant.

mouflon nm Ruminant sauvage des montagnes, proche du mouton.

moufter ou **moufeter** vi FAM (s'emploie surtout aux temps composés et à l'infinitif, en tournure négative) Réagir, protester.

mouillage nm **1.** Action de mouiller. **2.** Action d'ajouter de l'eau aux boissons dans une intention frauduleuse. **3.** MAR Manœuvre pour jeter l'ancre ; plan d'eau côtier favorable à l'ancrage des bateaux ; lieu où l'on jette l'ancre.

mouiller vt **1.** Rendre humide, imbiber d'eau ou d'un autre liquide. **2.** Étendre d'eau : *mouiller du vin.* **3.** Ajouter un liquide à une préparation en cours de cuisson. **4.** Immerger : *mouiller des mines, une ancre.* **5.** FAM Compromettre. ◆ vi Jeter l'ancre : *mouiller dans une crique.* ◆ **se mouiller** vpr **1.** Être touché par la pluie, par l'eau. **2.** FAM Se compromettre, prendre des risques.

mouillette nf Morceau de pain qu'on trempe dans l'œuf à la coque.

mouilleur nm **1.** MAR Appareil servant au mouillage des ancres. **2.** Appareil pour mouiller, humecter. ■ **mouilleur de mines :** bâtiment de guerre aménagé pour la pose des mines.

mouillure nf Trace d'humidité.

mouise nf FAM Misère.

moujik nm Paysan russe.

1. moulage nm **1.** Action de verser dans des moules des métaux en fusion. **2.** Action de prendre d'un objet une empreinte destinée à servir de moule ; cette empreinte et sa reproduction.

2. moulage nm Action de moudre les grains.

moulant, e adj Qui moule le corps.

1. moule nm **1.** Objet creusé pour donner une forme à une matière fondue. **2.** Ustensile servant à la confection ou à la cuisson de certains plats : *moule à gâteau.* **3.** FIG Type, modèle imposé : *être faits sur le même moule.*

2. moule nf **1.** Mollusque lamellibranche comestible. **2.** FAM Personne sans énergie.

mouler vt **1.** Exécuter le moulage de : *mouler un buste.* **2.** Prendre l'empreinte de. **3.** En parlant d'un vêtement, suivre exactement les contours du corps, d'une partie du corps.

mouleur nm Ouvrier qui exécute les moulages.

moulin nm **1.** Machine à moudre le grain des céréales. **2.** Bâtiment où cette machine est installée : *moulin à vent.* **3.** Appareil servant à moudre des aliments : *moulin à café, à poivre, à légumes.* ■ FAM **moulin à paroles :** personne très bavarde.

mouliner vt **1.** Écraser un aliment avec un moulin à légumes. **2.** FAM Traiter de grandes quantités de données informatiques : *ordinateurs qui moulinent les chiffres d'un recensement.*

moulinet nm **1.** Tourniquet. **2.** Bobine fixée au manche d'une canne à pêche, sur laquelle s'enroule la ligne. **3.** Rotation rapide : *faire des moulinets avec un bâton, avec ses bras.*

Moulinette nf (nom déposé) Moulin électrique à couteaux utilisé pour broyer des aliments. ■ FAM **passer à la moulinette :** analyser avec minutie et en détail ; disséquer.

moult [mult] adv VX Beaucoup, très.

moulu, e adj **1.** Réduit en poudre. **2.** FIG, FAM Rompu de fatigue.

moulure nf Ornement en relief ou en creux.

moulurer vt Orner de moulures.

moumoute nf FAM **1.** Perruque. **2.** Veste en peau de mouton.

mourant, e adj et n Qui se meurt, qui va mourir. ◆ adj Qui s'affaiblit, va disparaître : *voix mourante.*

mourir vi (conj 25) **1.** Cesser de vivre. **2.** Dépérir : *plante qui meurt.* **3.** S'affaiblir progressivement, s'éteindre doucement : *laisser mourir un feu.* **4.** Disparaître, cesser d'exister : *civilisation qui meurt.* **5.** Ressentir profondément : *mourir de faim.* ■ **mourir de rire :** rire aux éclats, sans s'arrêter. ◆ **se mourir** vpr Être près de mourir : *le malade se meurt.*

mouroir nm PÉJOR Établissement rassemblant des personnes en fin de vie.

mouron nm Petite plante à fleurs rouges ou bleues. ■ FAM **se faire du mouron :** se faire du souci.

mousquet nm Arme à feu portative employée aux XVIe et XVIIe s.

mousquetaire nm **1.** AUTREF Soldat armé d'un mousquet. **2.** Gentilhomme d'une compagnie à cheval de la maison du roi. ■ **poignet mousquetaire :** manchette.

mousqueton nm **1.** Fusil court et léger. **2.** Crochet maintenu fermé par un ressort.

moussaillon nm FAM Petit mousse.

moussaka nf Plat grec ou turc composé d'aubergines, de viande hachée, et cuit au four.

moussant, e adj Qui mousse : *bain moussant.*

1. mousse nm Très jeune marin.

2. mousse nf **1.** Écume à la surface de certains liquides. **2.** Produit de consistance onctueuse, aérée : *mousse au chocolat ; mousse de foie ; mousse à raser.* **3.** Petite plante verte qui se développe en touffes ou en tapis sur le sol, les pierres, les arbres.

3. mousse adj Qui n'est pas aigu ou tranchant : *lame mousse.*

mousseline nf Tissu peu serré, souple, léger et transparent. ◆ adj inv ■ **pommes mousseline :** purée de pommes de terre très légère.

mousser vi Produire de la mousse. ■ FAM **faire mousser qqn :** le faire valoir de façon exagérée. ◆ vt CANADA Promouvoir ; faire valoir : *mousser la vente d'un produit ;* mousser la candidature de qqn.

mousseron nm Petit champignon comestible.

mousseux, euse adj Qui produit de la mousse : *liquide mousseux.* ◆ nm Vin mousseux autre que le champagne.

mousson nf Dans l'Asie du Sud-Est, vent saisonnier qui souffle alternativement en hiver vers la mer et en été vers la terre, apportant alors de fortes pluies.

moussu, e adj Couvert de mousse : *une pierre moussue.*

moustache nf Poils qu'on laisse pousser au-dessus de la lèvre supérieure. ◆ **moustaches** pl Poils de la gueule de certains animaux : *moustaches du chat.*

moustachu, e adj et n Qui a de la moustache, qui porte une moustache.

moustiquaire nf **1.** Rideau de mousseline pour se préserver des moustiques. **2.** Châssis en toile métallique placé aux fenêtres pour le même usage.

moustique nm Insecte diptère, dont la femelle pique la peau de l'homme et des animaux pour se nourrir de leur sang.

moût nm Jus de raisin ou de pomme non fermenté.

moutard nm FAM Petit garçon ; enfant.

moutarde nf **1.** Plante crucifère qui fournit le condiment du même nom ; graine de cette plante : *farine de moutarde.* **2.** Condiment préparé avec des graines de moutarde broyées avec de l'eau et du vinaigre. ■ FAM **la moutarde lui monte au nez :** il commence à se fâcher. ◆ adj inv Jaune verdâtre.

moutardier nm **1.** Petit pot pour servir la moutarde sur la table. **2.** Fabricant de moutarde.

mouton nm **1.** Mammifère ruminant porteur d'une épaisse toison bouclée, qui fournit la laine ; viande, cuir, fourrure de cet animal. **2.** FIG Personne douce ou crédule. ■ **revenons à nos moutons :** revenons à notre sujet. ◆ **moutons** pl **1.** Petits nuages floconneux. **2.** Écume sur la crête des vagues. **3.** FAM Amas de poussière.

moutonné, e adj ■ **ciel moutonné :** couvert de petits nuages blancs.

moutonnement nm Fait de moutonner ; aspect de la mer, du ciel qui moutonnent.

moutonner vi **1.** S'agiter en petites vagues blanches : *la mer moutonne.* **2.** Se couvrir de petits nuages blancs : *le ciel moutonne.*

moutonneux, euse adj Qui moutonne.

moutonnier, ère adj Qui suit aveuglément et stupidement l'exemple des autres : *la foule est moutonnière.*

mouture nf **1.** Action ou manière de moudre ; produit ainsi obtenu. **2.** FIG Nouvelle présentation d'un sujet déjà traité. ■ **première mouture :** premier état d'une œuvre littéraire, d'un projet.

mouvance nf **1.** Sphère d'influence. **2.** LITT Caractère de ce qui est fluctuant, changeant.

mouvant, e adj Dont le fond n'est pas stable, où l'on s'enfonce : *sables mouvants.*

mouvement nm **1.** Déplacement d'un corps : *le mouvement des astres.* **2.** Action ou manière de se mouvoir : *mouvements gracieux.* **3.** Circulation, déplacement : *le mouvement de la foule.* **4.** Fluctuation ; variation : *mouvement des valeurs.* **5.** Animation ; agitation : *quartier plein de mouvement.* **6.** Action collective visant à un changement : *mouvement de grève.* **7.** Organisation politique, sociale, syndicale, etc. **8.** Inspiration ; impulsion : *de son propre mouvement.* **9.** MUS Degré de vitesse de la mesure : *accélérer le mouvement ;* partie d'une œuvre musicale. **10.** Pièce motrice d'un appareil : *mouvement de montre.* ■ FAM **en deux temps trois mouvements :** très rapidement. ❑ FAM **être dans le mouvement :** suivre l'actualité. ❑ **faux mouvement :** mouvement du corps provoquant une douleur. ❑ **mouvement de terrain :** accident du sol.

mouvementé, e adj Troublé ou agité par des événements subits ; animé.

mouvoir vt (conj 36) **1.** Mettre en mouvement ; bouger. **2.** FIG Faire agir ; pousser : *mû par l'intérêt.* ◆ **se mouvoir** vpr Se déplacer.

1. moyen [mwajɛ̃] nm **1.** Procédé qui permet de parvenir à une fin : *la fin justifie les moyens.* **2.** Ce qui permet de faire quelque chose : *moyen de communication.* ■ **au moyen de** ou **par le moyen de :** en faisant usage de, par l'entremise de. ❑ **employer les grands moyens :** prendre des mesures énergiques, décisives. ❑ **il n'y a pas moyen de :** il est impossible de. ❑ **moyen de transport, de locomotion :** véhicule permettant de se déplacer. ◆ **moyens** pl **1.** Ressources : *vivre selon ses moyens.* **2.** Capacités physiques, intellectuelles : *perdre tous ses moyens.*

2. moyen, enne [mwajɛ̃, ɛn] adj **1.** Qui se situe entre deux extrêmes : *taille moyenne.* **2.** Ni bon ni mauvais : *élève moyen.* **3.** Commun ; ordinaire : *le Français moyen.* **4.** Obtenu en calculant une moyenne : *prix moyen.*

Moyen Âge nm Période comprise entre le début du Vᵉ s. et le milieu ou la fin du XVᵉ s.

moyenâgeux, euse adj Du Moyen Âge ou qui évoque cette période.

moyen-courrier (pl *moyen-courriers*) nm et adj Avion de transport destiné à voler sur des distances moyennes.

moyennant prép Par le moyen de ; grâce à : *moyennant cette somme.* ■ **moyennant quoi :** en échange de quoi.

moyenne nf **1.** Chose, quantité, état qui tient le milieu entre plusieurs autres : *intelligence au-dessus de la moyenne.* **2.** Note égale à la moitié de la note maximale : *avoir la moyenne en histoire.* **3.** Nombre obtenu en divisant la somme de plusieurs quantités par leur nombre : *calculer, faire la moyenne.* ■ **en moyenne :** en évaluant la moyenne.

moyennement adv Ni peu ni beaucoup.

moyeu [mwajø] nm Partie centrale de la roue d'une voiture.

mozarabe adj et n Se dit des chrétiens d'Espagne qui conservèrent leur religion sous la domination musulmane, mais adoptèrent la langue et les coutumes arabes.

mozzarelle nf Fromage italien à pâte molle.

MP3 nm (de *moving pictures experts group Audio Layer 3*) Format de compression numérique dédié à la transmission rapide et au téléchargement de fichiers musicaux sur Internet.

1. MST nf (sigle) Maladie sexuellement transmissible.

2. MST nf (sigle) Maîtrise de sciences et techniques.

mu nm inv Lettre grecque (μ) correspondant à *m.*

mucilage nm **1.** Substance visqueuse de certains végétaux. **2.** Solution de gomme dans l'eau.

mucosité nf Sécrétion des muqueuses.

mucoviscidose nf Maladie héréditaire grave entraînant des troubles digestifs et respiratoires chroniques dus à la viscosité excessive des sécrétions.

mucus [mykys] nm Mucosité.

mue nf **1.** Changement dans le plumage, le poil, la peau chez les animaux à certaines époques ; époque de ce changement. **2.** Changement dans le timbre de la voix au moment de la puberté, chez les garçons.

muer vi **1.** Perdre périodiquement sa peau, son poil, son plumage, en parlant de certains animaux. **2.** Avoir la voix qui change, en parlant d'un garçon au moment de la puberté. ◆ **se muer** vpr [en] Se transformer en.

muesli [myɛsli] ou [mysli] nm Mélange de flocons de céréales et de fruits secs.

muet, ette adj et n Qui n'a pas ou plus l'usage de la parole. ◆ adj **1.** Qui refuse de parler : *rester muet toute une soirée.* **2.** Qui ne peut proférer aucune parole sous l'effet d'un sentiment violent : *muet de terreur, d'admiration.* **3.** Qui ne se manifeste pas par des paroles : *douleur muette.* **4.** GRAMM Se dit d'une lettre, d'une syllabe qu'on ne prononce pas (EX : *le* b *dans «plomb»*). ■ **cinéma muet** ou **le muet** nm : cinéma sans sons enregistrés.

muezzin [mɥɛdzin] nm Fonctionnaire religieux musulman qui annonce, du haut du minaret, l'heure de la prière.

mufle nm **1.** Extrémité du museau de certains mammifères. **2.** FAM Individu grossier.

muflerie nf Indélicatesse ; grossièreté.

muflier nm Plante méditerranéenne à fleurs décoratives. SYN : gueule-de-loup.

mufti nm Interprète officiel de la loi musulmane.

muge nm → **2. mulet**.

mugir vi **1.** Pousser son cri, en parlant des bovidés. **2.** FIG Produire un bruit prolongé et sourd : *le vent mugit.*

mugissant, e adj Qui mugit.

mugissement nm **1.** Cri sourd et prolongé du bœuf, de la vache. **2.** FIG Bruit qui ressemble à ce cri : *le mugissement des flots.*

muguet nm **1.** Liliacée à petites fleurs blanches d'une odeur douce. **2.** Maladie des muqueuses due à un champignon.

mulâtre adj et n Né d'un Noir et d'une Blanche, ou d'une Noire et d'un Blanc.

1. mule nf Hybride femelle produit par l'accouplement d'un âne et d'une jument. ■ FAM **tête de mule** : personne têtue, obstinée. ❑ **têtu comme une mule** : très entêté.

2. mule nf Pantoufle laissant le talon découvert.

1. mulet nm **1.** Hybride mâle, stérile, produit par l'accouplement d'un âne et d'une jument. **2.** FAM Voiture de remplacement, dans une course automobile.

2. mulet ou **muge** nm Poisson à chair estimée vivant près des côtes.

muleta [mulɛta] ou [mylɛta] nf Morceau d'étoffe rouge dont se sert le matador pour fatiguer le taureau.

muletier, ère n Conducteur de mulets. ◆ adj ■ **chemin muletier** : étroit et escarpé.

mulot nm Petit rat des champs.

multicellulaire adj Formé de plusieurs cellules.

multicolore adj Qui présente un grand nombre de couleurs : *vêtement multicolore.*

multiconfessionnel, elle adj Où coexistent plusieurs religions.

multicoque nm et adj Voilier comportant plusieurs coques.

multiculturalisme nm Coexistence de plusieurs cultures dans une société, un pays.

multiculturel, elle adj Se dit d'une société représentée par plusieurs cultures.

multifenêtre adj INFORM Se dit d'un logiciel permettant l'utilisation simultanée de plusieurs fenêtres sur un écran.

multifonction ou **multifonctions** adj Se dit d'un appareil remplissant à lui seul plusieurs fonctions.

multiforme adj Qui a plusieurs formes.

multijoueur adj inv Se dit d'un jeu vidéo interactif, auquel plusieurs joueurs participent, notamm. en réseau : *quiz multijoueur.*

multilatéral, e, aux adj Qui engage toutes les parties : *accord multilatéral.*

multimédia adj **1.** Qui concerne ou utilise plusieurs médias : *campagnes de promotion multimédias.* **2.** Qui concerne ou utilise le multimédia. ■ **message multimédia** : message émis dans un réseau de radiocommunication avec des mobiles, pouvant contenir du texte, des images ou des sons. SYN : MMS. ◆ nm Technique qui combine, pour une utilisation simultanée et interactive, textes, sons et images fixes ou animées ; matériels et produits qui offrent cette combinaison.

multimilliardaire n et adj Personne plusieurs fois milliardaire.

multimillionnaire n et adj Personne plusieurs fois millionnaire.

multimodal, e, aux adj Qui concerne l'utilisation combinée de plusieurs modes de transport au cours d'un même trajet.

multinational, e, aux adj Relatif à plusieurs États. ◆ nf Groupe industriel, commercial ou financier dont les activités et les capitaux se répartissent entre divers États.

multipare adj et nf **1.** Se dit d'une femme qui a enfanté plusieurs fois. **2.** Se dit d'un animal qui met bas plusieurs petits en une portée.

multipartisme nm Système politique dans lequel coexistent plusieurs partis.

multipartite adj Qui regroupe plusieurs partis politiques : *un accord multipartite.*

multiple adj **1.** Nombreux : *à de multiples reprises.* **2.** Composé de plusieurs parties : *prise multiple.* ◆ nm Nombre qui en contient un autre plusieurs fois : *9 est un multiple de 3.*

multiplex adj inv et nm inv Se dit d'un programme retransmis simultanément par plusieurs studios.

multiplexe nm Vaste ensemble regroupant un grand nombre de salles de cinéma, un parking, des cafés, des restaurants, etc.

multiplicande nm Nombre à multiplier par un autre appelé *multiplicateur.*

multiplicateur nm Nombre par lequel on en multiplie un autre.

multiplicatif, ive adj Qui concerne la multiplication ; qui multiplie.

multiplication nf **1.** Augmentation en nombre : *la multiplication des incidents.* **2.** MATH Opération qui a pour but, étant donné deux nombres, l'un appelé *multiplicande*, l'autre *multiplicateur*, d'en obtenir un troisième appelé *produit*. ■ **table de multiplication :** tableau donnant les produits des dix premiers nombres l'un par l'autre.

multiplicité nf Grand nombre, grande variété.

multiplier vt **1.** Augmenter la quantité, le nombre de : *multiplier les contacts.* **2.** MATH Faire une multiplication. ◆ **se multiplier** vpr **1.** S'accroître en nombre, en quantité. **2.** Se reproduire.

multipolaire adj PHYS À plusieurs pôles.

multiprise nf Prise de courant permettant de relier plusieurs appareils au réseau électrique.

multiprogrammation nf Mode d'exploitation d'un ordinateur permettant l'exécution, simultanément ou en alternance, de plusieurs programmes sur la même machine.

multiprogrammé, e adj Se dit d'un ordinateur conçu pour la multiprogrammation ; multitâche.

multipropriété nf Formule de copropriété d'une résidence secondaire.

multiracial, e, aux adj Où coexistent plusieurs races.

multirisque adj ■ **assurance multirisque** ou **multirisque** nf : assurance couvrant plusieurs risques.

multisalle ou **multisalles** adj et nm Se dit d'un cinéma à plusieurs salles de projection.

multiservice adj Qui permet l'accès à plusieurs services de télécommunication : *carte à puce multiservice*.

multitâche adj Multiprogrammé.

multitude nf Très grand nombre : *une multitude de personnes*.

municipal, e, aux adj Relatif à l'administration d'une commune : *officiers municipaux.* ■ **élections municipales** ou **municipales** nfpl : élections du conseil municipal au suffrage universel.

municipalité nf **1.** Ville soumise à l'organisation municipale. **2.** Ensemble formé par le maire et ses adjoints.

munificence nf LITT Tendance à donner avec largesse et libéralité.

VOCABULAIRE Ne pas confondre avec *magnificence*, qui a un sens proche.

munificent, e adj LITT Très généreux.

munir vt Pourvoir de ce qui est nécessaire ou utile. ◆ **se munir** vpr [de] Prendre avec soi.

munitions nf pl Ce qui est nécessaire au chargement des armes à feu.

munster [mœ̃stɛr] nm Fromage au lait de vache fabriqué en Alsace.

muqueuse nf Membrane tapissant une cavité du corps humain et humectée de mucus.

mur nm **1.** Ouvrage de maçonnerie ou d'une autre matière pour enclore un espace, constituer les côtés ou les divisions d'un bâtiment, etc. **2.** FIG Ce qui constitue un obstacle : *se heurter à un mur ; un mur d'incompréhension.* **3.** INFORM Page personnelle d'un membre d'un réseau social. ■ FAM **aller dans le mur** : courir à l'échec, au désastre. ❑ **être au pied du mur** : face à ses responsabilités. ❑ FAM **faire le mur** : sortir sans permission. ❑ **mur du son** : ensemble de phénomènes aérodynamiques se produisant à la vitesse voisine du son. ◆ **murs** pl Limites d'une ville, d'un immeuble ; lieu circonscrit par ces limites.

mûr, e adj **1.** Se dit d'un fruit, d'une graine qui a atteint son complet développement. **2.** Se dit d'un bouton, d'un abcès près de percer. **3.** Qui a atteint son plein développement intellectuel : *l'âge mûr.* **4.** Se dit de ce qui, après avoir été bien médité, est amené à se réaliser : *projet mûr*.

murage nm Action de murer.

muraille nf **1.** Mur épais, assez élevé, servant souvent de fortification. **2.** Obstacle qui s'élève comme un mur : *la muraille des montagnes à l'horizon*.

mural, e, aux adj Fixé, appliqué ou fait sur un mur : *carte, peinture murale*.

mûre nf Fruit du mûrier ou de la ronce.

mûrement adv Après de longues réflexions.

murène nf Poisson marin, très vorace, long et mince.

murer vt **1.** Boucher par un mur : *murer une porte.* **2.** Enfermer dans un lieu dont les issues sont bouchées : *l'éboulement a muré les mineurs.* ◆ **se murer** vpr S'enfermer, rester à l'écart des autres.

muret nm ou **murette** nf Petit mur.

murex nm Mollusque à coquille hérissée de pointes d'où les Anciens tiraient la pourpre.

mûrier nm Arbre dont l'une des espèces (mûrier blanc) donne des feuilles qui servent à nourrir le ver à soie.

mûrir vi **1.** Devenir mûr. **2.** FIG Évoluer ; se développer. **3.** Acquérir de l'expérience, de la sagesse. ◆ vt **1.** Rendre mûr. **2.** FIG Rendre sage, expérimenté. **3.** Méditer, préparer longuement : *mûrir un projet*.

mûrissage ou **mûrissement** nm Maturation de certains produits.

mûrissant, e adj Qui est en train de mûrir.

mûrisserie nf Local où l'on fait mûrir les fruits, en particulier les bananes.

murmure nm **1.** Bruit sourd et confus de voix humaines. **2.** FIG Plainte de gens mécontents. **3.** LITT Bruissement léger : *murmure des eaux, du vent*.

murmurer vi Faire entendre un murmure. ◆ vt Dire à voix basse : *murmurer un secret*.

musaraigne nf Petit mammifère utile qui détruit les insectes et les vers.

musarder vi Perdre son temps, s'amuser à des riens ; flâner.

musc nm Substance très odorante produite par certains mammifères, en particulier par un cervidé mâle, et utilisée en parfumerie.

muscade nf **1.** Fruit du muscadier dont la graine (noix muscade) est utilisée comme condiment. **2.** Petite boule dont se servent les prestidigitateurs. ■ **passez muscade** : le tour est joué.

muscadet nm Vin blanc sec de la région nantaise.

muscadier nm Arbrisseau ou arbre des pays chauds qui fournit la muscade.

muscadin nm HIST Nom donné en 1794 aux élégants royalistes, adversaires des Jacobins.

muscat nm et adj **1.** Raisin à saveur musquée. **2.** Vin qu'on en extrait.

muscle nm Organe fibreux dont la contraction produit le mouvement. ■ FAM **avoir du muscle** : avoir de la force.

musclé, e adj **1.** Qui a les muscles très développés. **2.** FAM Énergique ou autoritaire : *politique musclée*.

muscler vt **1.** Développer les muscles. **2.** FIG Donner plus de puissance, plus d'énergie à un secteur : *muscler l'industrie du multimédia*.

musculaire adj Relatif aux muscles.

musculation nf Ensemble d'exercices visant à développer la musculature.

musculature nf Ensemble des muscles du corps humain.

musculeux, euse adj Très musclé : *bras musculeux*.

musculo-squelettique (pl *musculo-squelettiques*) adj ■ **trouble musculo-squelettique (TMS)** : affection périarticulaire, souvent d'origine professionnelle, liée à une sollicita-tion excessive de l'articulation concernée.

muse nf **1.** (avec une majuscule) Chacune des neuf déesses grecques qui présidaient aux arts. **2.** LITT Inspiratrice d'un artiste, d'un écrivain.

museau nm **1.** Partie saillante de la face de certains animaux. **2.** Charcuterie à base de mufle et de menton de porc ou de bœuf cuits, pressés et moulés. **3.** FAM Visage.

musée nm Établissement où sont rassemblées et présentées au public des collections d'œuvres d'art, de biens scientifiques ou techniques. ■ **pièce de musée** : objet rare et précieux.

> ORTHOGRAPHE *Musée,* nom masculin, s'écrit avec un *e* muet final, comme *apogée, lycée*.

museler vt (conj 6) **1.** Mettre une muselière à. **2.** FIG Réduire au silence.

muselière nf Appareil pour empêcher les animaux de mordre.

musellement nm Action de museler : *le musellement de la presse*.

muséographie nf Ensemble des notions techniques nécessaires à la muséologie.

muséologie nf Science de l'organisation des musées, de la conservation et de la présentation de leurs collections.

muser vi LITT S'amuser à des riens ; flâner.

muserolle nf Partie de la bride d'un cheval qui entoure son nez et l'empêche d'ouvrir la bouche.

musette nf **1.** Sac de toile porté en bandoulière. **2.** Instrument de musique proche de la cornemuse. ■ **bal musette** : où l'on danse au son de l'accordéon.

muséum [myzeɔm] nm Musée consacré aux sciences naturelles.

musical, e, aux adj **1.** Relatif à la musique. **2.** Qui comporte de la musique : *comédie musicale*. **3.** Harmonieux ; mélodieux.

musicalement adv Du point de vue musical.

musicalité nf Qualité musicale : *la musicalité d'un vers*.

music-hall [myzikol] (pl *music-halls*) nm **1.** Genre de spectacle de variétés composé de chansons, de divertissements, etc. **2.** Établissement spécialisé dans ce genre.

musicien, enne n Personne qui compose ou exécute de la musique. ◆ adj et n Qui a du goût, des aptitudes pour la musique.

musicographe n Personne qui écrit sur la musique, sur les musiciens.

musicographie nf Activité du musicographe.

musicologie nf Science de l'histoire de la musique, de la théorie et de l'esthétique musicales.

musicologue n Spécialiste de musicologie.

musicothérapie nf Thérapie par la musique.

musique nf **1.** Art de combiner les sons ; ensemble des productions de cet art. **2.** Notation écrite d'airs musicaux. **3.** Orchestre, fanfare : *musique de régiment*. ■ FAM **connaître la musique** : savoir de quoi il s'agit. ❑ **musique de chambre :** écrite pour un petit nombre d'instruments.

musiquette nf Petite musique facile.

musqué, e adj **1.** Parfumé de musc ou qui évoque son odeur. **2.** Qui rappelle le goût du muscat.

must [mœst] nm (anglicisme) FAM **1.** Ce qu'il faut absolument faire ou avoir pour être à la mode. **2.** Ce qu'il y a de mieux.

mustang [mystɑ̃g] nm Cheval sauvage d'Amérique du Nord.

musulman, e adj et n Qui appartient à l'islam, qui professe la religion islamique.

mutabilité nf Aptitude à subir des changements.

mutable adj **1.** Susceptible d'être muté. **2.** Qui peut subir des mutations.

mutagenèse nf BIOL Production d'une mutation.

mutant, e n et adj **1.** Animal ou végétal présentant des caractères nouveaux. **2.** Dans la science-fiction, être humain qui a subi une mutation.

mutation nf **1.** Changement radical. **2.** Changement d'affectation d'un fonctionnaire. **3.** BIOL Apparition, dans une lignée animale ou végétale, de caractères héréditaires nouveaux. **4.** DR Transfert d'un bien ou d'un droit d'une personne à une autre.

muter vt Changer d'affectation, de poste. ◆ vi BIOL Être affecté d'une mutation génétique.

mutilant, e adj Qui entraîne une mutilation.

mutilation nf Action de mutiler ; fait d'être mutilé.

mutilé, e n Personne qui a subi une mutilation.

mutiler vt **1.** Retrancher un membre ou un organe. **2.** Détériorer, détruire partiellement ; dégrader. **3.** Tronquer quelque chose, notamment un texte : *mutiler la vérité*.

1. mutin nm Personne en révolte contre une autorité établie.

2. mutin, e adj LITT Espiègle, malicieux : *air mutin*.

mutiner (se) vpr Se révolter collectivement contre l'autorité.

mutinerie nf Révolte, rébellion contre l'autorité.

mutisme nm Refus de parler, volontaire ou non.

mutité nf Impossibilité pathologique de parler.

mutualiste adj ■ **société mutualiste :** organisation de droit privé offrant à ses adhérents un système d'assurance et de protection sociale. ◆ n Membre d'une société mutualiste.

mutualité nf Forme de prévoyance sociale fondée sur les mutuelles.

mutuel, elle adj Réciproque. ■ **assurance mutuelle :** société d'assurance à but non lucratif.

mutuelle nf Société mutualiste ; assurance mutuelle.

mutuellement adv Réciproquement.

myasthénie nf Épuisement de la force musculaire.

mycélium [miseljɔm] nm Partie végétative des champignons, formée de filaments souterrains ramifiés, généralement blancs.

mycénien, enne adj et n De Mycènes.

mycologie nf Étude scientifique des champignons.

mycologue n Spécialiste de mycologie.

mycoplasme nm Bactérie responsable d'infections diverses, particulièrement pulmonaires et vénériennes.

mycose nf MÉD Affection provoquée par des champignons parasites.

myéline nf Graisse phosphorée qui constitue la gaine des fibres du système nerveux central.

myélographie nf Radiographie de la moelle épinière.

myélite nf Inflammation de la moelle épinière.

mygale nf Grosse araignée qui se nourrit de petits vertébrés et d'insectes, et dont la morsure est très douloureuse.

myocarde nm Muscle du cœur.

myogramme nm Tracé obtenu par un appareil qui enregistre les contractions musculaires.

myopathe adj et n Atteint de myopathie.

myopathie nf Atrophie musculaire grave.

myope adj et n Qui voit troubles les objets éloignés.

myopie nf Anomalie de la vue d'une personne myope.

myorelaxant, e nm et adj Médicament qui favorise la relaxation musculaire.

myosotis [mjɔzɔtis] nm Plante à petites fleurs bleues.

myriade nf Grand nombre, quantité innombrable : *des myriades d'étoiles*.

myriapode nm Mille-pattes.

myrrhe nf Résine odorante employée en parfumerie.

myrte nm Arbuste aromatique à feuillage toujours vert et à petites fleurs blanches.

myrtille nf Baie noire comestible produite par un sous-arbrisseau de montagne ; cet arbrisseau.

mystère nm **1.** Ce qui est obscur, inconnu, caché ; secret. **2.** Question difficile ; énigme.

3. Ensemble de doctrines ou de pratiques religieuses que seuls doivent connaître les initiés : *les mystères d'Éleusis.* **4.** Dogme religieux inaccessible à la raison : *le mystère de la Trinité.* **5.** LITT Au Moyen Âge, pièce de théâtre à sujet religieux.

Mystère nm (nom déposé) Dessert fait de crème glacée fourrée de meringue et enrobée de praliné.

mystérieusement adv De façon mystérieuse.

mystérieux, euse adj **1.** Incompréhensible, inexplicable : *des signes mystérieux.* **2.** Gardé secret : *un rendez-vous mystérieux.* **3.** Dont l'identité est inconnue, ou dont le rôle est ambigu : *un personnage mystérieux.*

mysticisme nm **1.** Croyance selon laquelle l'homme peut, par la prière, l'extase, l'ascèse, communiquer directement avec Dieu. **2.** Comportement dominé par des sentiments religieux et non par la raison.

mysticité nf Caractère mystique.

mystificateur, trice adj et n Qui mystifie.

mystification nf **1.** Action de mystifier, de tromper. **2.** Chose vaine, trompeuse ; imposture.

mystifier vt Abuser de la crédulité de quelqu'un, le tromper.

> VOCABULAIRE Il ne faut pas confondre *mystifier,* « tromper », et *mythifier,* « rendre légendaire ».

mystique adj **1.** Qui a trait aux mystères divins. **2.** Relatif au mysticisme : *expérience mystique.* ◆ adj et n **1.** Qui a une foi religieuse intense et pratique le mysticisme. **2.** Qui défend un idéal avec exaltation.

mystiquement adv Avec mysticisme.

mythe nm **1.** Récit mettant en scène des êtres surnaturels, des actions imaginaires, des fantasmes collectifs : *le mythe d'Œdipe.* **2.** Allégorie philosophique : *le mythe de la caverne chez Platon.* **3.** Construction de l'esprit dénuée de réalité : *cet héritage est un mythe.* **4.** Représentation symbolique : *le mythe du progrès.*

mythifier vt Considérer ou instaurer comme un mythe.

mythique adj Propre aux mythes ; légendaire.

mythologie nf **1.** Ensemble des mythes et des légendes propres à un peuple, à une civilisation. **2.** Étude des mythes.

mythologique adj Relatif à la mythologie.

mythologue n Spécialiste de mythologie.

mythomane adj et n Atteint de mythomanie.

mythomanie nf Tendance pathologique à altérer la vérité, à fabuler.

mytiliculture nf Élevage des moules.

myxomatose nf Maladie infectieuse du lapin.

myxomycète nm Champignon constituant des amas mous gélatineux (les myxomycètes forment une classe).

N

n nm Quatorzième lettre de l'alphabet et la onzième des consonnes.

1. N (symbole) Newton.

2. N (symbole) Nord.

n° ou **N°** (abréviation) Numéro.

nabab [nabab] nm **1.** Dans l'Inde musulmane, gouverneur ou grand dignitaire de la cour des empereurs moghols. **2.** Homme très riche qui fait étalage de son opulence.

nabi nm **1.** Prophète hébreu. **2.** Artiste membre d'un groupe de peintres postimpressionnistes de la fin du XIXᵉ s.

nabot, e n PÉJOR Personne naine.

NAC [nak] nm inv (sigle de *nouvel animal de compagnie*) Espèce animale exotique ou sauvage (rongeur, reptile, etc.), commercialisée pour vivre dans un entourage domestique.

nacelle nf **1.** Partie d'un landau, d'une poussette où l'on installe le bébé. **2.** Panier suspendu à un ballon, où prennent place les aéronautes. **3.** LITT Petit bateau à rames.

nacre nf Substance dure, irisée, qui tapisse les coquilles de certains mollusques.

nacré, e adj Qui a l'apparence de la nacre.

nacrer vt Donner l'éclat de la nacre.

nadir nm ASTRON Point de la sphère céleste représentatif de la direction verticale descendante en un lieu donné (par oppos. à *zénith*).

nævus [nevys] (pl inv ou *nævi*) nm Tache naturelle de la peau, de couleur noire ou rose.

nage nf Action, manière de nager. ■ **à la nage** : (a) en nageant (b) mode de préparation de certains crustacés cuits dans un court-bouillon. ❑ **être en nage** : couvert de sueur.

nageoire nf Organe locomoteur de nombreux animaux aquatiques.

nager vi (conj 2) **1.** Se déplacer sur ou dans l'eau par des mouvements appropriés. **2.** Flotter : *le bois nage sur l'eau.* **3.** Être plongé dans un sentiment, un état : *nager dans le bonheur.* **4.** FAM Ne pas comprendre : *nager dans un dossier.* **5.** MAR Ramer. ■ FAM **nager dans un vêtement** : y être très au large. ◆ vt Pratiquer tel type de nage : *nager le crawl.*

nageur, euse n Personne qui nage. ■ **maître nageur** : professeur de natation.

naguère adv LITT Il y a quelque temps.

EMPLOI *Naguère* ne doit pas s'employer au sens de *jadis,* qui signifie « autrefois ».

naïade nf MYTH Nymphe des eaux, des fontaines, des rivières.

naïf, naïve adj et n **1.** Confiant, ingénu, par inexpérience ou par nature. **2.** Trop crédule, trop candide ; niais. ◆ adj **1.** LITT Naturel, spontané, sincère : *gaieté naïve.* **2.** Qui retrace la vérité, la nature : *style naïf.*

nain, naine n et adj Personne de taille très inférieure à la moyenne. ◆ adj Se dit d'un animal, d'une plante ou d'une chose de très petite taille.

naissain nm Ensemble de larves nageuses d'huîtres ou de moules avant leur fixation.

naissance nf **1.** Venue au monde ; mise au monde. **2.** Endroit ou moment où commence une chose : *la naissance d'un fleuve ; naissance du jour.* **3.** FIG Fait d'apparaître ; origine : *naissance d'une idée.*

naissant, e adj Qui naît.

naître vi (conj 65 ; auxil : *être*) **1.** Venir au monde. **2.** Commencer à pousser : *les fleurs naissent au printemps.* **3.** FIG Commencer à exister ; apparaître : *voir naître une industrie.* ■ **faire naître** : provoquer, causer.

naïvement adv Avec naïveté.

naïveté nf **1.** Ingénuité ; candeur : *naïveté d'enfant.* **2.** Excès de crédulité. **3.** Propos naïf.

naja nm Serpent venimeux d'Inde dont le capuchon dilaté fait apparaître deux cercles évoquant des lunettes. SYN : serpent à lunettes.

nana nf FAM Jeune fille, jeune femme ; femme.

nandou nm Grand oiseau coureur d'Amérique.

nanisme nm Infirmité des nains.

nankin nm Tissu de coton de couleur jaune chamois.

nanomètre nm Unité de mesure de longueur équivalant à un millième de micromètre ; symb : nm.

nanoparticule nf PHYS Particule dont les dimensions varient de 1 à 100 nanomètres env.

nanotechnologie nf Application de la technologie des composants électroniques à la fabrication de dispositifs à l'échelle du nanomètre.

nanti, e adj et n Qui ne manque de rien ; riche.

nantir vt **1.** LITT Munir, pourvoir : *nantir d'argent.* **2.** DR Affecter un bien en garantie d'une dette. ◆ **se nantir** vpr [de] Prendre avec soi.

naos [naɔs] ou [naos] nm Partie centrale d'un temple grec.

napalm nm Essence gélifiée, utilisée dans les projectiles incendiaires.

naphtaline nf Carbure tiré du goudron de houille, utilisé comme antimite.

naphte nm Mélange de liquides inflammables issus de la décomposition des matières organiques sous l'effet de la chaleur.

napoléon nm Ancienne pièce d'or de 20 francs, à l'effigie de Napoléon.

napoléonien, enne adj De Napoléon.

napolitain, e adj et n De Naples.

nappage nm Action de napper.

nappe nf **1.** Linge dont on couvre la table pour les repas. **2.** Vaste étendue plane : *nappe d'eau.*

napper vt Recouvrir un mets d'une sauce d'accompagnement.

napperon nm Petite nappe.

narcisse nm **1.** Plante bulbeuse à fleurs blanches ou jaunes. **2.** LITT Homme amoureux de sa propre image.

narcissique adj et n Relatif au narcissisme ; qui s'y adonne.

narcissisme nm **1.** Admiration de soi-même. **2.** PSYCHAN Amour que porte le sujet à lui-même.

narcodollars nm pl Profits réalisés grâce au trafic de drogue.

narcose nf Sommeil artificiel provoqué par un narcotique.

narcotique adj et nm Se dit d'une substance qui endort.

narcotrafiquant, e n Trafiquant de drogue à l'échelle internationale.

narguer vt FAM Braver avec insolence : *narguer l'ennemi.*

narguilé ou **narghilé** nm Pipe orientale dans laquelle la fumée traverse un flacon rempli d'eau.

narine nf Chacune des deux ouvertures du nez.

narquois, e adj Malicieux ; moqueur, railleur : *un ton narquois.*

narrateur, trice n Personne qui raconte.

narratif, ive adj Qui relève de la narration.

narration nf **1.** Récit, exposé détaillé d'une suite de faits. **2.** Exercice scolaire de rédaction.

narrer vt LITT Exposer, raconter : *narrer une bataille.*

narval (pl *narvals*) nm Mammifère cétacé des mers arctiques (appelé aussi : *licorne de mer* à cause de la dent de 2 à 3 m du mâle).

nasal, e, aux adj Du nez : *fosses nasales.*

nasale nf Phonème nasalisé (EX : [ɑ̃]).

nasalisation nf Action de nasaliser ; fait d'être nasalisé.

nasaliser vt Prononcer avec un timbre nasal : *voyelle nasalisée.*

nase ou **naze** adj FAM **1.** Hors d'usage : *la télé est nase.* **2.** Très fatigué.

naseau nm Narine de certains animaux.

nasillard, e adj Qui vient du nez : *voix nasillarde.*

nasillement nm Action de nasiller.

nasiller vi Parler du nez.

nasse nf **1.** Panier pour prendre du poisson. **2.** Filet pour prendre les oiseaux.

natal, e, als adj Où l'on est né : *pays natal.*

nataliste adj Qui vise à développer la natalité : *une politique nataliste.*

natalité nf Rapport entre le nombre des naissances et la population d'un pays, d'une région pendant un temps donné.

natation nf Sport consistant à nager.

natatoire adj Qui sert à la nage. ■ **vessie natatoire** : poche remplie d'air, dans le corps de certains poissons, qui sert à leur équilibre dans l'eau.

natif, ive adj et n Né dans un lieu déterminé : *natif de Paris.* ◆ adj SOUT Naturel, inné : *une peur native des serpents.*

nation nf Ensemble des êtres humains habitant un même territoire, ayant une communauté d'origine, d'histoire, de culture, de traditions, le plus souvent de langue, et constituant une entité politique.

national, e, aux adj **1.** D'une nation : *hymne national.* **2.** Qui intéresse le pays tout entier : *passion nationale.* ■ **route nationale** ou **nationale** nf : route construite et entretenue par l'État.

nationalisation nf Transfert à la collectivité de la propriété de certains moyens de production appartenant à des particuliers.

nationaliser vt Procéder à la nationalisation de.

nationalisme nm **1.** Doctrine qui se fonde sur l'exaltation de l'idée de nation.

2. Mouvement politique d'individus qui veulent imposer la prédominance de la nation à laquelle ils appartiennent.

nationaliste adj et n Qui appartient au nationalisme ; qui en est partisan.

nationalité nf **1.** Appartenance juridique d'une personne à un État. **2.** Groupement d'individus de même origine, de même histoire, mais ne formant pas un État.

national-socialisme nm sing Doctrine nationaliste et raciste de Hitler. SYN : nazisme.

national-socialiste (pl *nationaux-socialistes*) adj et n Du national-socialisme. SYN : nazi.

nationaux nm pl Citoyens d'une nation (par opposition à *étrangers*).

nativité nf Fête célébrant la naissance de Jésus-Christ, celle de la Vierge ou celle de Jean-Baptiste. ■ **fête de la Nativité :** noël.

natte nf **1.** Tissu de paille, de joncs entrelacés. **2.** Tresse de cheveux.

natter vt Tresser en natte : *natter des cheveux.*

naturalisation nf Action de naturaliser ; fait d'être naturalisé.

naturalisé, e adj et n Qui a obtenu sa naturalisation.

naturaliser vt **1.** Donner à un étranger le statut juridique et les droits attachés à une nationalité déterminée. **2.** Empailler : *naturaliser des oiseaux.*

naturalisme nm **1.** PHILOS Doctrine qui affirme que rien n'existe en dehors de la nature. **2.** École littéraire et artistique du XIXe s. qui visait à reproduire la réalité objective.

naturaliste n **1.** Personne qui étudie les sciences naturelles. **2.** Empailleur. SYN : taxidermiste. ◆ adj et n Qui relève du naturalisme ; qui en est partisan.

nature nf **1.** Ensemble de ce qui existe ; monde physique ; réalité : *les trois règnes de la nature.* **2.** Cet ensemble en tant que régi par des lois ; la force qui le dirige : *les caprices de la nature.* **3.** Ce qui, dans le monde physique, n'apparaît pas comme transformé par l'homme : *aimer la nature.* **4.** Ensemble des caractères fondamentaux propres à un être ou à une chose : *la nature humaine ; la nature d'une réforme.* **5.** Tempérament : *nature enjouée.* **6.** Modèle naturel : *peindre d'après nature.* ■ **de nature à :** (a) susceptible de (b) propre à. ❏ **en nature :** en objets réels et non en argent : *cadeaux en nature.* ❏ **nature morte :** peinture de choses inanimées. ◆ adj inv **1.** Au naturel, sans addition ni mélange : *omelette nature.* **2.** FAM Spontané, naturel : *elle est très nature.* ■ **grandeur nature :** dont les dimensions sont celles du modèle.

naturel, elle adj **1.** Relatif, propre à la nature : *lois naturelles.* **2.** Issu de la nature : *gaz naturel.* **3.** Qui appartient à la nature physique de l'homme : *besoins naturels.* **4.** Inné : *dons naturels.* **5.** Conforme à l'usage, à la raison : *il est naturel que.* **6.** Sans recherche : *langage naturel.* **7.** Spontané, sincère : *rester naturel.* **8.** Non falsifié : *vin naturel.* ■ **enfant naturel :** né hors du mariage. ◆ nm **1.** Caractère, nature, tempérament : *être d'un naturel soupçonneux.* **2.** Absence d'affectation : *manque de naturel.* ■ **au naturel :** sans apprêt. ❏ **mort naturelle :** qui ne résulte ni d'un accident ni d'un meurtre (par opposition à *mort violente*). ◆ n Autochtone.

naturellement adv **1.** De façon naturelle : *être naturellement gai ;* spontanément : *cette idée m'est venue naturellement.* **2.** D'une manière inévitable ; bien sûr : *naturellement, il est en retard.* **3.** Aisément : *cela s'explique naturellement.*

naturisme nm **1.** Tendance à suivre de près la nature. **2.** Pratique du nudisme.

naturiste adj Du naturisme. ◆ n Personne qui pratique le naturisme.

naturothérapie nf Méthode de soins médicaux fondée sur l'utilisation de moyens naturels (diététique, phytothérapie, etc.).

naufrage nm **1.** Perte d'un bâtiment en mer. **2.** FIG Ruine complète. ■ **faire naufrage :** couler.

naufragé, e adj et n Qui a fait naufrage.

nauséabond, e adj Qui cause des nausées ; écœurant, fétide : *odeur nauséabonde.*

nausée nf **1.** Envie de vomir. **2.** FIG Dégoût profond ; répugnance.

nauséeux, euse adj **1.** Qui provoque des nausées. **2.** Qui souffre de nausées.

nautile nm Mollusque céphalopode des mers chaudes, à coquille cloisonnée en spirale.

nautique adj Qui relève de la navigation, des sports de l'eau : *ski nautique.*

nautisme nm Ensemble des sports nautiques, en particulier la navigation de plaisance.

naval, e, als adj **1.** Qui concerne la navigation : *chantier naval.* **2.** Relatif à la marine de guerre : *combat naval.*

navarin nm Ragoût de mouton.

navel nf Variété d'orange.

navet nm **1.** Plante potagère dont la racine est comestible ; racine de cette plante. **2.** FAM Œuvre sans intérêt, sans valeur.

navette nf **1.** Véhicule à court parcours et à trajet répété. **2.** Instrument de tisserand pour faire passer les fils de la trame entre les fils de la chaîne. ■ **faire la navette :** faire des allers et retours réguliers entre deux lieux. ❑ **navette spatiale :** véhicule spatial réutilisable.

navigabilité nf **1.** État d'une rivière navigable. **2.** État d'un navire pouvant tenir la mer, d'un avion pouvant voler.

navigable adj Où l'on peut naviguer.

navigant, e adj et n Qui navigue. ■ **personnel navigant :** équipage d'un avion (par opposition à *personnel au sol*).

navigateur, trice n **1.** Personne qui navigue, fait de longs voyages sur mer. **2.** Membre de l'équipage d'un navire ou d'un avion chargé de déterminer la position et la route à suivre.

navigation nf **1.** Action de naviguer. **2.** Art du navigateur. **3.** INFORM . Action de naviguer dans un système hypertexte ou un réseau télématique.

naviguer vi **1.** Voyager sur l'eau ou dans les airs. **2.** Faire suivre à un navire ou un avion une route déterminée. **3.** Se comporter à la mer : *bateau qui navigue bien.* **4.** INFORM Passer d'un document à un autre dans un système hypertexte ou d'un site à un autre dans un réseau télématique.

navire nm Bateau d'assez fort tonnage, pour la navigation en haute mer.

navire-école (pl *navires-écoles*) nm Navire conçu pour l'apprentissage de la navigation.

navire-hôpital (pl *navires-hôpitaux*) nm Navire aménagé pour le transport des malades et des blessés.

navire-usine (pl *navires-usines*) nm Navire aménagé pour le conditionnement en mer de ce qui a été pêché.

navrant, e adj Attristant ; déplorable, lamentable.

navrer vt Causer une grande peine à ; désoler : *cette mort m'a navré.*

nazaréen, enne adj et n De Nazareth. ◆ nm ■ **le Nazaréen :** Jésus.

naze adj → **nase**.

nazi, e adj et n National-socialiste.

nazisme nm National-socialisme.

N.B. (abréviation) Nota bene.

NBC adj (sigle de *nucléaire, biologique, chimique*) Se dit des armes nucléaires, biologiques ou chimiques et des mesures ou moyens pour s'en protéger.

NDLR (sigle) Note de la rédaction.

NDT (sigle) Note du traducteur.

ne adv **1.** Indique une négation dans le groupe verbal. **2.** SOUT S'emploie sans valeur négative dans des subordonnées comparatives ou dans celles qui dépendent d'un verbe exprimant la crainte, le doute, ou qui sont introduites par *à moins que, avant que.*

né, e adj **1.** Issu de : *né d'un père lorrain et d'une mère gasconne.* **2.** (avec un trait d'union) De naissance : *orateur-né.* ■ VX **bien né :** noble.

néanmoins adv Marque une opposition ; pourtant.

néant nm **1.** Ce qui n'existe pas encore ou plus. **2.** LITT Absence de valeur, d'importance : *avoir conscience de son néant.* ■ **réduire à néant :** détruire, anéantir. ❑ **tirer du néant :** créer.

nébuleuse nf **1.** Nuage de gaz et de poussières interstellaires. **2.** FIG Rassemblement d'éléments imprécis, confus.

nébuleux, euse adj **1.** Obscurci par les nuages : *ciel nébuleux.* **2.** FIG Peu clair ; vague, confus : *projet nébuleux.*

nébulosité nf Nuage léger.

nécessaire adj **1.** Dont on a absolument besoin ; indispensable : *la respiration est nécessaire à la vie.* **2.** Inévitable ; obligatoire : *conséquence nécessaire.* **3.** Exigé pour que quelque chose se produise ou réussisse : *moyens nécessaires au projet.* **4.** Très utile : *se rendre nécessaire.* ◆ nm **1.** Ce qui est indispensable pour les besoins de la vie : *manquer du nécessaire.* **2.** Ce qui est essentiel, important : *faire le nécessaire.* **3.** Boîte, trousse qui renferme des objets utiles ou commodes : *nécessaire de toilette.*

nécessairement adv **1.** Absolument, forcément : *les billets doivent nécessairement être pris cette semaine.* **2.** Par une conséquence rigoureuse : *une telle situation aboutit nécessairement à une impasse.*

nécessité nf **1.** Caractère de ce qui est nécessaire : *gagner sa vie est une nécessité.* **2.** Besoin impérieux ; exigence : *les nécessités de la vie.* ■ **par nécessité :** par l'effet d'une contrainte.

nécessiter vt Rendre nécessaire ; exiger, réclamer.

nécessiteux, euse adj et n Qui manque du nécessaire ; indigent.

nec plus ultra [nɛkplysyltra] nm inv Ce qu'il y a de mieux.

nécrologie nf **1.** Liste des personnes décédées au cours d'un certain espace de temps. **2.** Écrit consacré à un défunt. **3.** Avis de certains décès dans un journal ; rubrique correspondante.

nécrologique adj Relatif à la nécrologie : *article nécrologique.*

nécromancie nf Évocation des morts pour apprendre d'eux l'avenir.

nécromancien, enne n Personne qui pratique la nécromancie.
nécropole nf **1.** Groupe de sépultures, dans l'Antiquité. **2.** LITT Grand cimetière.
nécrose nf Gangrène d'un tissu.
nécroser vt Produire la nécrose de. ◆ **se nécroser** vpr Être atteint de nécrose.
nectaire nm BOT Glande des fleurs qui distille le nectar.
nectar nm **1.** MYTH Breuvage des dieux. **2.** LITT Boisson délicieuse. **3.** Jus de fruit avec pulpe. **4.** BOT Liquide sucré que sécrètent les nectaires.
nectarine nf Variété de pêche.
néerlandais, e adj et n Des Pays-Bas : *les Néerlandais.* ◆ nm Langue germanique parlée aux Pays-Bas et dans le nord de la Belgique.
nef nf Partie d'une église, du portail au chœur.
néfaste adj Fatal ; funeste, nuisible.
nèfle nf Fruit du néflier.
néflier nm Arbuste épineux.
négateur, trice adj et n LITT Qui nie, critique.
négatif, ive adj **1.** Qui marque la négation, le refus : *réponse négative.* **2.** Dépourvu d'éléments constructifs : *attitude négative.* ■ **nombre négatif :** inférieur à zéro. ◆ nm PHOT Cliché sur film où les valeurs des tons sont inversées.
négation nf **1.** Action de nier. **2.** LING Mot ou groupe de mots qui sert à nier (*ne, non,* etc.).
négative nf ■ **répondre par la négative :** par un refus.
négativement adv De façon négative : *répondre négativement.*
négativisme nm Attitude de refus systématique.
négativité nf Caractère de ce qui est négatif.
négligé nm **1.** Absence d'apprêt, de recherche ; laisser-aller. **2.** LITT Léger vêtement d'intérieur.
négligeable adj Peu important.
négligemment adv **1.** Avec négligence. **2.** Avec indifférence : *répondre négligemment.*
négligence nf **1.** Manque de soin, d'application ou de vigilance. **2.** Faute légère, manque de précision : *une négligence de style.*
négligent, e adj Qui montre de la négligence.
négliger vt (conj 2) **1.** Ne pas prendre soin de : *négliger sa tenue.* **2.** Ne pas cultiver : *négliger ses talents.* **3.** Ne pas tenir compte de : *négliger les conseils.* **4.** Omettre ; oublier : *négliger de répondre à une lettre.* **5.** Délaisser : *négliger ses amis.* ◆ **se négliger** vpr Ne pas prendre soin de sa personne.
négoce nm Ensemble des opérations faites par un commerçant ; activité commerciale.
négociable adj Qui peut être négocié.
négociant, e n Personne qui fait le commerce en gros.
négociateur, trice n **1.** Agent diplomatique. **2.** Intermédiaire dans une affaire.
négociation nf **1.** Discussions, pourparlers en vue d'un accord. **2.** Transmission des effets de commerce.
négocier vt **1.** Traiter, discuter en vue d'un accord : *négocier la paix.* **2.** Monnayer un titre, une valeur. ■ **négocier un virage :** manœuvrer pour le prendre au mieux. ◆ vi Engager des pourparlers.
nègre, négresse n **1.** AUTREF Esclave noir. **2.** Terme péjoratif et raciste désignant une personne de race noire. ◆ nm FAM Collaborateur occulte et anonyme d'un écrivain, d'un artiste, etc. ■ **travailler comme un nègre :** sans relâche. ◆ adj De la race noire : *art nègre.*
négrier nm **1.** Personne qui faisait la traite des Noirs. **2.** Bâtiment qui servait à ce commerce.
négrillon, onne n PÉJOR, FAM Enfant noir.
négritude nf Ensemble des valeurs culturelles et spirituelles des Noirs.
négroïde adj Qui rappelle les caractéristiques morphologiques des Noirs.
negro spiritual [negrospiritɥol] (pl *negro spirituals*) nm Chant religieux des Noirs d'Amérique.
négus [negys] nm Titre des souverains d'Éthiopie.
neige nf Eau congelée qui tombe en flocons blancs. ■ **en neige :** se dit de blancs d'œufs battus en une mousse blanche consistante. ❑ **neige carbonique :** gaz carbonique solidifié. ❑ **œufs à la neige :** dessert fait de blancs d'œufs montés en neige, cuits dans du lait bouillant et servis sur une crème anglaise.
neiger v impers (conj 2) Tomber, en parlant de la neige.
neigeux, euse adj Couvert de neige.
nem [nɛm] nm Spécialité vietnamienne faite d'une crêpe de farine de riz fourrée de soja, de viande, etc., roulée et frite.
nénette nf FAM Jeune fille. ■ FAM **se casser la nénette :** (a) se donner du mal (b) réfléchir beaucoup.
nénuphar nm Plante aquatique aux larges feuilles et à fleurs blanches, jaunes ou rouges.

néo-calédonien, enne (pl *néo-calédoniens, ennes*) adj et n De la Nouvelle-Calédonie : *les Néo-Calédoniens.*

ORTHOGRAPHE *Néo-calédonien* s'écrit en deux mots, avec trait d'union.

néoclassicisme nm Tendance artistique de la fin du XVIIIe s. et du début du XIXe s. qui s'est appuyée sur les exemples de l'Antiquité classique et du classicisme du XVIIe s.

néoclassique adj Qui appartient au néoclassicisme.

néocolonialisme nm Forme nouvelle du colonialisme, visant à la domination économique des pays sous-développés.

néocolonialiste adj et n Qui appartient au néocolonialisme.

néolibéralisme nm Libéralisme économique moderne qui accepte une intervention limitée de l'État.

néolithique nm et adj Période de la préhistoire correspondant au polissage de la pierre et au début de l'agriculture.

néologie nf Processus de formation des mots nouveaux.

néologisme nm Mot de création récente ; acception nouvelle d'un mot existant déjà.

néon nm **1.** Gaz rare employé dans l'éclairage par tubes ; symb : Ne. **2.** Éclairage par tube fluorescent ; le tube lui-même.

néonatal, e, als adj Relatif au nouveau-né.

néonazi, e adj et n Relatif au néonazisme ; qui en est partisan.

néonazisme nm Mouvement d'extrême droite d'inspiration nazie.

néophyte n **1.** Chrétien nouvellement baptisé. **2.** Adepte récent d'une doctrine, d'un parti.

néoplasme nm MÉD Tumeur cancéreuse.

néoplatonicien, enne adj et n Qui appartient au néoplatonisme.

néoplatonisme nm Courant philosophique né avec Plotin (IIIe s.) ajoutant des éléments mystiques au système platonicien.

néoréalisme nm **1.** École cinématographique italienne qui, après 1945, a décrit la réalité quotidienne la plus humble. **2.** BX-ARTS Tendance, du XXe s., à renouer avec la figuration réaliste.

néoréaliste adj et n Qui appartient au néoréalisme.

néorural, e, aux n Personne qui a quitté la ville pour s'installer à la campagne et y exercer une activité professionnelle.

néo-zélandais, e adj et n De la Nouvelle-Zélande : *les Néo-Zélandais.*

népalais, e adj et n Du Népal : *les Népalais.* ◆ nm Langue parlée au Népal (on dit aussi *népali*).

néphrétique adj Qui concerne les reins.

néphrite nf Inflammation du rein.

néphrologie nf Étude des reins, de leur physiologie et de leurs maladies.

néphrologue n Spécialiste de néphrologie.

népotisme nm **1.** Attitude de certains papes qui accordaient des faveurs à leurs parents. **2.** PAR EXT Abus qu'un homme en place fait de son influence en faveur de sa famille.

néréide nf Ver marin qui s'enfonce dans le sable.

nerf [nɛr] nm **1.** Cordon blanchâtre conducteur des messages moteurs du cerveau aux organes, et des messages sensitifs et sensoriels en sens inverse. **2.** FAM Tendon, ligament : *viande pleine de nerfs.* **3.** Force, vigueur : *il a du nerf.* **4.** Ficelle au dos d'un livre relié. ■ **nerf de bœuf :** matraque, cravache faite d'un ligament cervical du bœuf ou du cheval desséché industriellement. ❑ **le nerf de la guerre :** l'argent. ◆ **nerfs** pl Système nerveux considéré comme le siège de l'équilibre mental et de la capacité à garder son calme : *avoir les nerfs solides, des nerfs d'acier.* ■ **à bout de nerfs :** épuisé. ❑ **avoir ses nerfs** ou **avoir les nerfs en boule, en pelote :** être très agacé. ❑ **être sur les nerfs :** dans un état de tension permanente. ❑ **guerre des nerfs :** période de forte tension entre des nations ou des coalitions adverses. ❑ FAM **taper, porter sur les nerfs :** agacer.

nerprun nm Arbuste dont les fruits noirs donnent un colorant.

nervation nf Disposition des nervures d'une feuille, d'une aile d'insecte.

nerveusement adv Avec nervosité.

nerveux, euse adj **1.** Relatif aux nerfs et au système nerveux : *maladie, cellule nerveuse.* **2.** Qui concerne les nerfs comme siège de l'équilibre psychologique : *tension nerveuse.* **3.** Qui est dû à la nervosité ou qui l'exprime : *un rire nerveux.* **4.** Qui a de la vigueur, de la vivacité : *cheval nerveux ; voiture nerveuse.* ■ **système nerveux :** ensemble des nerfs, ganglions et centres nerveux qui assurent la commande et la coordination des fonctions vitales. ◆ adj et n Qui a les nerfs irritables, qui est très émotif : *un grand nerveux.*

nervi nm Homme de main.

nervosité nf Irritabilité, tension intérieure.

nervure nf **1.** Filet saillant sur la surface des feuilles, sur l'aile des insectes. **2.** ARCHIT Moulure sur les arêtes d'une voûte gothique. **3.** Saillie des nerfs au dos d'un livre.

Nescafé nm (nom déposé) Café soluble de la marque de ce nom.

n'est-ce pas adv interr **1.** Appelle l'approbation de l'interlocuteur : *tu viens, n'est-ce pas ?* **2.** S'emploie comme simple articulation ou pour insister : *l'idée, n'est-ce pas, n'est pas nouvelle ; n'est-ce pas que c'est beau ?*

net, nette adj **1.** Propre, sans tache : *une vitre nette.* **2.** Bien marqué, bien distinct : *cassure nette ; photo nette.* **3.** Sensible, important : *une différence très nette.* **4.** Précis : *idées nettes.* **5.** Sans équivoque, qui ne prête à aucun doute ; clair : *réponse nette.* **6.** Dont on a déduit tout élément étranger : *prix, salaire net.* **7.** Exempt de : *intérêts nets d'impôts.* ■ **en avoir le cœur net** : s'assurer d'un fait. ◆ nm ■ **mettre au net** : sous une forme définitive et propre. ◆ adv **1.** Brutalement, tout d'un coup : *question tranchée net.* **2.** Franchement : *refuser net.*

nettement adv **1.** De manière nette : *prendre nettement position.* **2.** Indiscutablement : *nettement plus grand.*

netteté nf Qualité de ce qui est net.

nettoyage ou **nettoiement** nm Action de nettoyer.

nettoyant nm Produit de nettoyage.

nettoyer vt (conj 3) **1.** Rendre net, propre : *nettoyer une bouteille.* **2.** Débarrasser un lieu d'éléments indésirables : *la police a nettoyé le quartier.*

1. neuf adj num inv **1.** Huit et un. **2.** Neuvième : *Louis IX.* ◆ nm inv Chiffre ou nombre neuf.

2. neuf, neuve adj **1.** Fait depuis peu et qui n'a pas ou presque pas servi : *maison neuve.* **2.** Qui n'a pas encore été dit ou traité : *sujet neuf.* **3.** Qui n'est pas influencé par l'expérience antérieure : *regard neuf.* ◆ nm Ce qui est neuf, nouveau. ■ **à neuf** : comme neuf : *refaire une pièce à neuf.* ❑ **de neuf** : avec des choses neuves : *être habillé de neuf.*

neurasthénie nf État durable d'abattement et de tristesse.

neurasthénique adj et n Relatif à la neurasthénie ; qui en est atteint.

neurobiologie nf Discipline biologique qui étudie le système nerveux.

neurochirurgical, e, aux adj Relatif à la neurochirurgie.

neurochirurgie nf Chirurgie du système nerveux.

neurochirurgien, enne n Spécialiste de neurochirurgie.

neurodégénératif, ive adj MÉD Qui concerne la dégénérescence du système nerveux : *troubles neurodégénératifs.*

neuroleptique adj et nm Se dit de médicaments ayant un effet sédatif sur le système nerveux, utilisés pour traiter les psychoses.

neurologie nf **1.** Science qui traite du système nerveux. **2.** MÉD Spécialité qui s'occupe des maladies du système nerveux.

neurologique adj Relatif à la neurologie.

neurologue n Spécialiste de neurologie.

neurone nm Cellule nerveuse.

neuropsychiatre n Spécialiste de neuropsychiatrie.

neuropsychiatrie nf Spécialité regroupant la neurologie et la psychiatrie.

neurovégétatif adj m ■ **système neurovégétatif** : système nerveux qui règle la vie végétative, formé de ganglions et de nerfs et relié à l'axe cérébro-spinal, qui contient les centres réflexes.

neutralisation nf Action de neutraliser.

neutraliser vt **1.** Empêcher d'agir ; annihiler : *neutraliser la concurrence.* **2.** Atténuer la force, l'effet de : *neutraliser une solution.* **3.** Déclarer neutre un territoire, une ville, etc. **4.** CHIM Rendre neutre : *neutraliser un acide.* **5.** Arrêter momentanément la circulation.

neutralisme nm Pour un État, refus de s'intégrer à l'un des grands blocs politiques du monde.

neutraliste adj et n Partisan du neutralisme.

neutralité nf **1.** État de celui qui reste neutre. **2.** Situation d'un État qui reste à l'écart d'un conflit international.

neutre adj **1.** Qui ne prend pas parti dans une discussion, dans un conflit entre des puissances belligérantes. **2.** Objectif, impartial. **3.** Qui n'est marqué par aucun accent, aucun sentiment : *ton neutre.* **4.** Se dit d'une couleur qui n'est ni franche, ni vive : *porter des couleurs neutres.* **5.** CHIM Ni acide ni basique. **6.** PHYS Qui ne présente aucun phénomène électrique. **7.** GRAMM Dans certaines langues, genre qui n'est ni masculin ni féminin. ◆ nm GRAMM Genre neutre.

neutron nm Particule électriquement neutre, constituant, avec les protons, les noyaux des atomes.

neuvième adj num ord et n **1.** Qui occupe le rang marqué par le numéro neuf. **2.** Qui se trouve neuf fois dans le tout.

neuvièmement adv En neuvième lieu.

névé nm Masse de neige durcie, à l'origine d'un glacier.

neveu nm Fils du frère ou de la sœur.

névralgie nf Douleur vive, sur le trajet d'un nerf.

névralgique adj De névralgie. ■ **point névralgique :** point sensible.

névrite nf Lésion inflammatoire des nerfs.

névropathe adj et n VX Qui souffre de troubles psychiques.

névrose nf Affection caractérisée par des troubles affectifs et émotionnels qui n'altèrent pas les fonctions intellectuelles.

névrosé, e adj et n Atteint de névrose.

névrotique adj Relatif à la névrose.

new-look [njuluk] adj inv et nm inv (anglicisme) VIEILLI D'un aspect nouveau.

newsmagazine [njuzmagazin] ou **news** [njuz] nm (anglicisme) Hebdomadaire d'actualité en couleurs.

newton [njutɔn] nm PHYS Unité de mesure de force ; symb : N.

new-yorkais, e adj et n De New York.

ORTHOGRAPHE *New-yorkais* s'écrit avec un trait d'union, à la différence du nom de la ville.

nez nm **1.** Partie saillante du visage, entre la bouche et le front, organe de l'odorat. **2.** Odorat, flair : *avoir du nez.* **3.** Tête, visage : *mettre le nez à la fenêtre.* **4.** GÉOGR Cap, promontoire. **5.** Avant d'un navire, d'un avion, d'une fusée : *piquer du nez.* ■ **avoir du nez** ou **avoir le nez fin :** être clairvoyant, perspicace. ❑ FAM **à vue de nez :** approximativement. ❑ **mettre, fourrer son nez quelque part :** se mêler indiscrètement de. ❑ **mettre le nez dehors :** sortir. ❑ **pied de nez :** geste de moquerie, fait en appuyant sur le bout de son nez le pouce d'une main, les doigts écartés. ❑ **se trouver nez à nez avec quelqu'un :** face à face.

ni conj Coordonne deux éléments qui s'ajoutent ou s'excluent dans les phrases négatives : *n'avoir ni adresse ni téléphone ; ni plus, ni moins.*

niable adj Qui peut être nié.

niais, e adj et n Simple, sot, naïf.

niaisement adv De façon niaise.

niaiserie nf **1.** Caractère niais. **2.** Acte, parole niais, stupides.

nicaraguayen, enne adj et n Du Nicaragua : *les Nicaraguayens.*

1. niche nf **1.** Enfoncement pratiqué dans un mur pour y placer un objet, un meuble, etc. **2.** Cabane pour chien. **3.** ÉCON Petit segment de marché, bien ciblé, encore peu exploité et susceptible de connaître un grand essor.

2. niche nf FAM Farce : *faire des niches.*

nichée nf **1.** Ensemble des oiseaux d'une même couvée encore au nid. **2.** FAM Les enfants d'une famille nombreuse.

nicher vi **1.** Faire son nid. **2.** FAM Habiter, loger. ◆ **se nicher** vpr S'installer ; se cacher, se blottir.

nichon nm TRÈS FAM Sein de femme.

nickel nm Métal blanc grisâtre, brillant, à cassure fibreuse ; symb : ni. ◆ adj inv FAM Propre, impeccable.

nickelé, e adj Recouvert de nickel.

niçois, e adj et n De Nice. ■ **salade niçoise :** salade composée de tomates, poivrons, olives, thon, anchois, etc.

nicotine nf Alcaloïde du tabac, violent excitant du système neurovégétatif.

nid nm **1.** Petit abri que se font les oiseaux, certains insectes et certains poissons pour pondre leurs œufs, les couver et élever leurs petits. **2.** Habitation de certains animaux : *nid de guêpes.* **3.** Habitation, logement : *un nid d'amoureux.* **4.** Repaire : *un nid de brigands.* ■ **nid à poussière :** endroit propice à l'accumulation de la poussière. ❑ **nid d'abeilles :** cloisonnement en forme d'alvéoles.

nidation nf Implantation de l'œuf ou de l'embryon dans l'utérus des mammifères.

nid-de-poule (pl *nids-de-poule*) nm Trou dans une route défoncée.

nidification nf Construction d'un nid.

nidifier vi Construire son nid.

nièce nf Fille du frère ou de la sœur.

nielle nf **1.** Plante parasite à fleurs mauves, commune dans les champs de céréales. **2.** Maladie des céréales.

nieller vt Gâter par la nielle.

nier vt Dire qu'une chose n'existe pas, n'est pas vraie, rejeter comme faux.

nietzschéen, enne [nitʃeɛ̃, ɛn] adj et n Relatif à la philosophie de Nietzsche ; qui en est adepte.

nigaud, e adj et n Sot, niais.

nigérian, e adj et n Du Nigeria : *les Nigérians.*

nigérien, enne adj et n Du Niger : *les Nigériens.*

night-club [najtklœb] (pl *night-clubs*) nm Établissement de spectacle ouvert la nuit.

nihilisme nm **1.** Tendance révolutionnaire de l'intelligentsia russe à la fin du XIXe s., qui avait pour but la destruction radicale des structures sociales. **2.** Négation des valeurs, refus de l'idéal collectif communs à un groupe social.

nihiliste adj et n Partisan du nihilisme.

Nikkei ■ **indice Nikkei** nm (nom déposé) Indice boursier établi à partir du cours de 225 sociétés japonaises.

nimbe nm Cercle lumineux autour de la tête d'un saint, dans une peinture, une sculpture, etc. ; auréole.

nimber vt **1.** Orner d'un nimbe. **2.** LITT Entourer d'un halo : *étang nimbé de brume*.

nimbo-stratus [nɛ̃bɔstratys] nm inv Nuage bas, d'un gris sombre, qui annonce la pluie.

nimbus [nɛ̃bys] nm Nuage d'un gris sombre.

nippes nf pl FAM, VIEILLI Vêtements usagés, fripes.

nipper vt FAM, VIEILLI Habiller.

nippon, e adj et n Du Japon.

niqab nm Long voile islamique dissimulant le visage d'une femme, à l'exception des yeux.

nique nf ■ FAM **faire la nique à quelqu'un :** lui faire un signe de mépris ou le braver.

nirvana nm Dans le bouddhisme, état de sérénité auquel on parvient en renonçant au désir humain, ce qui entraîne la fin du cycle des réincarnations.

nitrate nm Sel de l'acide nitrique.

nitrifier vt Transformer en nitrate.

nitrique adj ■ **acide nitrique :** composé oxygéné dérivant de l'azote, utilisé par les graveurs sous le nom d'eau-forte.

nitroglycérine nf Explosif puissant dérivé de la glycérine, entrant dans la composition de la dynamite.

nival, e, aux adj Relatif à la neige ; dû à la neige.

niveau nm **1.** Hauteur d'un point, degré d'élévation par rapport à un plan de référence : *le niveau des eaux*. **2.** Instrument pour vérifier ou établir l'horizontalité d'une surface. **3.** Étage d'un bâtiment. **4.** FIG Valeur de quelque chose, de quelqu'un, degré atteint dans un domaine : *niveau scolaire*. ■ **au niveau de :** (a) à la hauteur de : *au niveau du sol* (b) sur la même ligne que, aux environs de : *au niveau du carrefour* (c) en ce qui concerne : *au niveau de l'hygiène*. ❑ **courbe de niveau :** sur une carte, ligne joignant les points situés à une même altitude. ❑ **être au niveau de quelque chose :** avoir les capacités pour. ❑ **niveau de langue :** chacun des registres d'une langue (littéraire, familier, populaire, etc.) que l'on peut employer en fonction de la situation ou des personnes à qui l'on s'adresse. ❑ **niveau de vie :** évaluation du mode d'existence moyen d'une nation, d'un groupe social. ❑ **se mettre, être au niveau de quelqu'un :** (a) réussir à se faire comprendre de lui (b) l'égaler.

EMPLOI Il est plus correct de dire *en ce qui concerne l'écriture, ce roman est faible*, plutôt que *au niveau de l'écriture*.

niveler vt (conj 6) **1.** Rendre horizontal : *niveler un terrain*. **2.** FIG Rendre égal : *niveler les salaires*.

nivellement nm Action de niveler ; fait d'être nivelé.

nivôse nm Quatrième mois de l'année républicaine (environ 21 décembre-environ 19 janvier).

nô nm Drame lyrique japonais, combinant la musique, la danse et la poésie.

nobiliaire adj Qui appartient à la noblesse : *titre nobiliaire*.

noble adj et n Qui appartient à une classe de personnes jouissant de titres ou de privilèges héréditaires concédés par un souverain. ◆ adj **1.** Propre à la noblesse : *sang noble*. **2.** FIG Qui indique de la grandeur, des qualités morales ou intellectuelles. **3.** Qui commande le respect par sa majesté. **4.** Qui est considéré comme supérieur : *l'or, l'argent sont des métaux nobles*.

noblement adv De façon noble.

noblesse nf **1.** Condition de noble. **2.** Classe sociale des nobles : *la noblesse de l'Empire*. **3.** FIG Grandeur, élévation, distinction : *la noblesse de son geste*. ■ **acquérir ses lettres de noblesse :** être reconnu officiellement.

noce nf Festin et réjouissances qui accompagnent un mariage : *aller à la noce ; tous ceux qui s'y trouvent*. ■ FAM, VIEILLI **faire la noce :** mener une vie dissolue. ❑ **noces d'argent, d'or, de diamant :** 25e, 50e, 60e anniversaire de mariage.

noceur, euse n FAM, VIEILLI Personne qui mène une vie de débauche.

nocher nm LITT Homme chargé de conduire une barque. ■ **le nocher des Enfers :** charon.

nocif, ive adj Nuisible.

nocivité nf Caractère nocif.

noctambule adj et n Qui aime sortir tard le soir, se divertir la nuit.

noctuelle nf Papillon de nuit.

1. nocturne adj **1.** Qui a lieu pendant la nuit : *tapage nocturne*. **2.** Qui veille la nuit et dort le jour : *oiseau nocturne*. ◆ nm Morceau musical d'un caractère tendre et mélancolique.

2. nocturne nf Ouverture en soirée d'un magasin.

nodosité nf **1.** Nœud, renflement : *les nodosités d'un arbre*. **2.** Petite tumeur : *nodosités rhumatismales*.

nodule nm **1.** Petite nodosité : *avoir un nodule sur les cordes vocales*. **2.** GÉOL

Concrétion arrondie dans une roche de nature différente.

Noël nm **1.** Fête de la nativité du Christ, célébrée le 25 décembre ; période autour de cette fête. **2.** (avec une minuscule) Cantique de Noël : *un noël.* ■ **croire au père Noël :** se faire des illusions. ❑ **père Noël :** personnage légendaire chargé de distribuer des cadeaux aux enfants à Noël. ◆ nf ■ **la Noël :** (a) la fête de Noël (b) la période de Noël.

nœud nm **1.** Enlacement serré de ruban, de fil, de corde, etc. : *faire un nœud.* **2.** Ornement en forme de nœud : *nœud de cravate ; nœud papillon.* **3.** Ce qui constitue la difficulté d'un problème. **4.** LITTÉR Moment d'une pièce de théâtre où l'intrigue est arrivée à son point essentiel. **5.** Croisement de plusieurs voies de communication : *nœud ferroviaire.* **6.** Point de la tige où s'insère une feuille. **7.** Partie dure et plus sombre dans le bois. **8.** ANAT Amas tissulaire globuleux. **9.** MAR Unité de vitesse équivalant à 1 852 m/h. ■ FAM **sac de nœuds :** affaire très embrouillée.

noir, e adj **1.** D'une couleur foncée analogue à celle du charbon : *de l'encre noire ; des yeux noirs.* **2.** Sombre, obscur : *nuit noire.* **3.** FIG Triste, sombre : *humeur noire.* **4.** Hostile, haineux : *regard noir.* **5.** Clandestin, illégal : *marché noir ; travail au noir.* **6.** Se dit d'un groupe humain caractérisé entre autres par une pigmentation très foncée de la peau ; qui relève de ce groupe : *l'Afrique noire.* ◆ n (avec une majuscule) Personne à la peau noire. ◆ nm **1.** Couleur noire : *un noir de jais.* **2.** Étoffe noire, vêtement de deuil : *le noir est très seyant.* **3.** Obscurité. ■ **broyer du noir :** être déprimé. ❑ **noir sur blanc :** par écrit, formellement. ❑ FAM **un petit noir :** tasse de café sans lait. ❑ **voir tout en noir :** être très pessimiste.

noirâtre adj Qui tire sur le noir.

noiraud, e adj et n PÉJOR Qui a les cheveux noirs et le teint brun.

noirceur nf **1.** Qualité, état de ce qui est noir. **2.** FIG Perfidie, méchanceté : *noirceur de l'âme.*

noircir vt **1.** Rendre noir : *les monuments de la ville sont noircis par la pollution.* **2.** Peindre sous des couleurs inquiétantes : *noircir la situation.* ◆ vi ou **se noircir** vpr Devenir noir : *le ciel (se) noircit.*

noircissement nm Action de noircir ; fait d'être noirci.

noircissure nf Tache noire.

noire nf MUS Note qui vaut la moitié d'une blanche.

noise nf ■ **chercher noise, des noises à quelqu'un :** lui chercher querelle.

noisetier nm Arbre dont le fruit est la noisette.

noisette nf **1.** Fruit du noisetier. **2.** Petite quantité d'une matière, de la grosseur d'une noisette. **3.** FAM Café mêlé d'un peu de lait. ◆ adj inv Marron clair tirant sur le roux : *des yeux noisette.*

noix nf **1.** Fruit du noyer. **2.** Fruit de divers arbres à enveloppe ligneuse : *noix de coco ; noix de muscade.* ■ FAM **à la noix :** sans valeur. ❑ **noix de beurre :** petite quantité de beurre de la grosseur d'une noix. ❑ **noix de veau :** morceau de boucherie venant du dessus de la cuisse de l'animal.

nom nm **1.** Mot qui sert à désigner une personne, une chose : *nom de famille ; le nom de cette fleur.* **2.** Personne connue : *un grand nom du théâtre.* **3.** GRAMM Catégorie grammaticale des mots qui désignent un représentant d'une espèce (noms communs) ou un individu particulier (noms propres) ; substantif. ■ **appeler les choses par leur nom :** s'exprimer clairement, sans détour. ❑ **au nom de :** (a) en lieu et place de (b) en considération de. ❑ **de nom :** par le nom seulement : *connaître quelqu'un de nom.* ❑ **nom commun :** qui convient à tous les êtres de la même espèce. ❑ FAM **nom de... :** juron d'indignation, de surprise : *nom d'un chien !* ❑ **nom de jeune fille :** nom de famille d'une femme avant son mariage. ❑ **nom propre :** nom d'un individu particulier. ❑ **petit nom :** prénom usuel. ❑ **traiter quelqu'un de tous les noms :** l'insulter.

nomade n et adj **1.** Personne qui n'a pas d'habitation fixe. **2.** Personne qui n'a pas de lieu de travail fixe et qui se déplace fréquemment. ◆ adj **1.** INFORM, TÉLÉCOMM Se dit d'un matériel qui peut s'utiliser lors de déplacements sans nécessité de branchement. SYN : mobile. **2.** Se dit d'une activité qui peut être pratiquée avec un matériel de ce type : *travail nomade.*

nomadisme nm Vie nomade.

no man's land [nomanslɑ̃d] nm inv Territoire inoccupé entre deux zones ennemies.

nombre nm **1.** Unité, réunion de plusieurs unités ou fraction d'unité : *le nombre 8.* **2.** Collection, ensemble de personnes ou de choses : *un grand nombre de participants.* **3.** GRAMM Catégorie grammaticale qui permet l'opposition entre le singulier et le pluriel. ■ **au nombre de :** parmi. ❑ **en nombre** ou **sans nombre :** en grande quantité. ❑ **être du nombre :** faire partie du groupe. ❑ **le plus grand nombre :** la majorité. ❑ **nombre de** ou **bon nombre de :** beaucoup de.

nombreux, euse adj **1.** En grand nombre. **2.** Qui comprend un grand nombre d'éléments : *famille nombreuse.*

nombril [nɔ̃bri] ou [nɔ̃bril] nm Cicatrice du cordon ombilical, au milieu du ventre. SYN : ombilic.

nombrilisme nm FAM Attitude de quelqu'un qui ramène tout à soi.

nome nm Division administrative de l'ancienne Égypte et de la Grèce actuelle.

nomenclature nf **1.** Ensemble des termes propres à une science ou à une technique. **2.** Ensemble des entrées d'un dictionnaire.

nomenklatura [nɔmɛnklatura] nf Ensemble de personnes jouissant de privilèges.

nominal, e, aux adj **1.** Qui sert à nommer ; relatif au nom d'une personne : *erreur nominale.* **2.** Qui n'existe que de nom : *chef nominal d'un parti.* ■ **valeur nominale :** inscrite sur une monnaie, un effet de commerce, etc.

nominalement adv De façon nominale.

1. nominatif nm Dans les langues à déclinaisons, cas qui désigne le sujet.

2. nominatif, ive adj Qui comporte expressément le ou les noms : *carte nominative.*

nomination nf Action de nommer à un emploi ; fait d'être nommé.

nominativement adv En spécifiant le nom.

nominer vt (emploi critiqué) Sélectionner comme lauréat possible d'une distinction.

nommé, e adj Appelé : *Louis XII, nommé le Père du peuple.* ■ **à point nommé :** à propos. ◆ n La personne qui porte le nom de : *le nommé Jean.*

nommément adv En désignant ou en étant désigné par le nom.

nommer vt **1.** Désigner quelqu'un ou quelque chose par un nom, les qualifier d'un nom : *nommer un enfant.* **2.** Dire ou écrire le nom de : *nommer ses complices.* **3.** Choisir, désigner, élire : *nommer un maire.* ◆ **se nommer** vpr **1.** Avoir pour nom. **2.** Se faire connaître par son nom.

non adv **1.** Équivaut à une proposition négative : *viendrez-vous ? non ; il part, moi non.* **2.** Précède l'adjectif ou le nom pour en constituer la négation, le contraire : *non solvable ; non-réussite.* **3.** N'est-ce pas ? : *c'est ce qu'il demande, non ?* **4.** Marque l'étonnement, l'indignation : *il n'est pas arrivé non ? ; ah, non ! Vous ne sortez pas !* ■ **non moins :** pas moins, tout autant. ❑ **non pas :** introduit ce que l'on exclut, ce que l'on pourrait supposer : *élevé non pas par ses parents, mais par ses grands-parents.* ❑ **non plus :** indique ce qui est exclu au même titre qu'autre chose : *pas de lait, de sucre non plus d'ailleurs.* ❑ **non que** ou **non pas que :** ce n'est pas que. ❑ **non seulement :** pas seulement cela. ◆ nm inv Refus net : *un non ferme.*

non-activité nf État d'un officier, d'un fonctionnaire temporairement sans emploi.

nonagénaire n et adj Personne qui a entre quatre-vingt-dix et quatre-vingt-dix-neuf ans.

non-agression nf Fait ou intention de ne pas attaquer : *pacte de non-agression.*

non-aligné, e adj et n Se dit des États pratiquant le non-alignement.

non-alignement nm Attitude des pays qui refusent de suivre systématiquement la politique de l'un des deux grands blocs politiques à l'époque de la guerre froide.

nonante adj num card BELGIQUE, SUISSE Quatre-vingt-dix.

non-assistance nf Abstention volontaire de porter assistance.

non-belligérance nf État d'un pays qui, sans être neutre, ne participe pas à un conflit.

non-belligérant, e adj et n Qui ne participe pas à un conflit.

nonce nm Ambassadeur du pape.

nonchalamment adv Avec nonchalance.

nonchalance nf Caractère, comportement nonchalant.

nonchalant, e adj **1.** Qui manque d'ardeur, de vivacité ; indolent. **2.** Dont les gestes lents dénotent l'insouciance ou l'affectation.

non-combattant, e n et adj **1.** Militaire qui ne prend pas une part effective au combat. **2.** Personne qui, dans un pays en guerre, ne porte pas les armes.

non-conciliation nf DR Défaut de conciliation en justice.

non-conformisme nm Tendance à ne pas se conformer aux usages courants, aux idées les plus répandues.

non-conformiste adj et n Qui ne se conforme pas à la tradition, aux usages établis.

non-conformité nf Défaut de conformité.

non-croyant, e adj et n Qui n'appartient à aucune religion.

non directif, ive adj Qui cherche à éviter toute directivité : *un entretien non directif.*

non-directivité nf Attitude, méthode non directive.

non-dit nm inv SOUT Ce que l'on tait.

non-droit nm Absence de droit, de règles juridiques concernant une situation, une question. ■ **zone de non-droit :** espace, quartier où des groupes s'opposent par des actes délictueux à l'application de la loi.

non-engagé, e adj et n Qui a une attitude de non-engagement : *les pays non-engagés.*

non-engagement nm Attitude de celui qui reste libre à l'égard de toute position politique.

non-exécution nf DR Défaut d'exécution : *la non-exécution d'un contrat.*

non-existence nf Fait de ne pas exister.

non-fumeur, euse n Personne qui ne fume pas.

non-ingérence nf Attitude qui consiste à ne pas s'ingérer dans les affaires d'autrui.

non-initié, e n et adj Profane en un domaine : *émission pour les non-initiés.*

non-inscrit, e adj et n Ni affilié ni apparenté à un groupe politique.

non-intervention nf Attitude qui consiste à ne pas intervenir dans les affaires des pays étrangers.

non-interventionniste adj et n Partisan de la non-intervention.

non-lieu nm DR Décision du juge d'instruction constatant qu'il n'y a pas lieu à poursuivre.

nonne nf Religieuse.

nonobstant prép SOUT, VIEILLI Malgré : *nonobstant les remontrances.*

non-partant, e adj et n Se dit d'un cheval qui ne prend pas le départ lors d'une course.

non-paiement nm Défaut de paiement.

non-prolifération nf Politique visant à interdire la possession d'armes aux pays n'en disposant pas.

non-recevoir nm ■ **fin de non-recevoir :** refus catégorique.

non-résident nm Personne ayant sa résidence habituelle à l'étranger.

non-respect nm Fait de ne pas respecter une obligation légale, réglementaire.

non-retour nm inv ■ **point de non-retour :** moment à partir duquel on ne peut plus revenir sur une décision.

non-sens nm inv Chose dépourvue de sens, de signification ; absurdité.

non-spécialiste adj et n Qui n'est pas spécialiste de quelque chose.

non-stop [nɔnstɔp] adj inv (anglicisme) Continu, sans interruption : *une offensive non-stop.*

non-viable adj **1.** Se dit d'un fœtus qui n'est pas viable. **2.** Se dit d'un nouveau-né ayant des lésions incompatibles avec la vie.

non-violence nf Attitude politique de ceux qui refusent tout recours à la violence.

non-violent, e n Partisan de la non-violence. ◆ adj Qui a trait à la non-violence.

non voyant, e adj et **non-voyant, e** n Se dit d'une personne qui ne voit pas ; aveugle.

nopal (pl *nopals*) nm Figuier de Barbarie, à feuilles grasses.

nord nm inv et adj inv Un des quatre points cardinaux ; zone située vers ce point : *l'aiguille aimantée se tourne vers le nord.* ■ **le Grand Nord :** zone proche du pôle Nord. ❑ FAM **perdre le nord :** ne plus savoir où l'on en est.

> ORTHOGRAPHE On écrit : *dans le Nord* (région), mais *au nord, au nord de l'Italie, vers le nord* (orientation).

nord-africain, e adj et n De l'Afrique du Nord : *les Nord-Africains.*

nord-américain, e adj et n De l'Amérique du Nord : *les Nord-Américains.*

nord-coréen, enne adj et n De la Corée du Nord : *les Nord-Coréens.*

nord-est [nɔrɛst] ou [nɔrdɛst] nm inv et adj inv Point de l'horizon entre le nord et l'est.

nordique adj et n Du nord de l'Europe. ◆ adj CANADA Du Nord canadien.

nordiste n et adj Aux États-Unis, partisan du gouvernement fédéral pendant la guerre de Sécession.

nord-ouest [nɔrwɛst] ou [nɔrdwɛst] nm inv et adj inv Point de l'horizon entre le nord et l'ouest.

noria nf **1.** Machine hydraulique formée d'une chaîne à godets, pour irriguer. **2.** Va-et-vient ininterrompu de véhicules : *la noria des cars de touristes.*

normal, e, aux adj **1.** Conforme à la norme ; ordinaire, régulier : *taille normale.* **2.** Qui ne présente pas de trouble pathologique : *le bébé est normal.* CONTR : anormal. ■ ANC **École normale :** école de formation des instituteurs. ❑ **École normale supérieure :** école de formation des professeurs de l'enseignement secondaire et de l'enseignement supérieur.

normale nf État habituel : *retour à la normale.*

normalement adv **1.** De façon normale. **2.** En principe, selon ce qui est prévu : *normalement, il devrait rentrer à 19 h.*

normalien, enne n Élève d'une école normale.

normalisation nf Assujettissement à une norme, à un type.

normaliser vt **1.** Soumettre à une norme. **2.** Faire revenir à une situation normale : *normaliser des relations diplomatiques.*

normalité nf Caractère de ce qui est normal.

normand, e adj et n De Normandie : *les Normands.*

normatif, ive adj Dont on dégage des règles ou des préceptes ; qui établit une norme : *grammaire normative.*

norme nf **1.** État conforme à la moyenne et considéré comme la règle : *rester dans la norme.* **2.** Critère auquel on se réfère : *norme esthétique.* **3.** Règle, principe : *normes de fabrication.*

noroît ou **norois** nm Vent du nord-ouest.

norvégien, enne adj et n De Norvège : *les Norvégiens.* ◆ nm Langue parlée en Norvège.

nos adj poss → **notre.**

nosocomial, e, aux adj Se dit d'une maladie contractée lors d'une hospitalisation.

nosologie nf Classification des maladies.

nostalgie nf **1.** Tristesse, mélancolie. **2.** Mal du pays.

nostalgique adj et n Qui ressent de la nostalgie. ◆ adj Qui exprime et provoque la nostalgie : *chanson nostalgique.*

nota ou **nota bene** [nɔtabene] nm inv Note mise dans la marge ou au bas d'un écrit.

notabilité nf Personne notable.

notable adj Digne d'être noté, remarqué ; important. ◆ n Personne qui a une situation sociale de premier rang dans une ville, une région.

notablement adv D'une manière appréciable ; beaucoup.

notaire n Officier ministériel qui reçoit et rédige les actes, les contrats, pour les rendre authentiques.

notamment adv Spécialement, en particulier.

notarial, e, aux adj Du notaire.

notariat nm **1.** Fonction de notaire. **2.** Ensemble des notaires.

notarié, e adj Passé devant notaire : *acte notarié.*

notation nf **1.** Action ou manière de noter : *notation algébrique.* **2.** Action de mettre une note : *la notation de copies d'examen.*

note nf **1.** Remarque écrite, commentaire rédigé : *note de l'auteur.* **2.** Observation écrite : *prendre des notes.* **3.** Communication écrite faite dans un service, une entreprise, etc. : *note de service.* **4.** Appréciation chiffrée de quelqu'un ou de quelque chose : *avoir de bonnes notes.* **5.** Détail d'un compte à payer : *demander la note d'hôtel.* **6.** Marque distinctive ; nuance : *donner une note personnelle.* **7.** MUS Signe figurant un son et sa durée ; ce son lui-même. ■ **donner la note :** indiquer le ton, ce qui convient. ❑ **être dans la note :** en accord avec le style de quelqu'un ou de quelque chose. ❑ **forcer la note :** exagérer.

ORTHOGRAPHE On écrit *prendre des notes,* mais *prendre note, prendre en note* (sans *s*).

noter vt **1.** Faire une marque sur ce qu'on veut retenir : *noter un passage.* **2.** Mettre par écrit : *noter un rendez-vous.* **3.** Prendre garde à : *notez bien ce que je vous dis.* **4.** Apprécier le travail, la valeur de quelqu'un : *noter une copie.* **5.** Écrire de la musique avec des notes : *noter un air.*

notice nf Écrit succinct sur un sujet : *notice explicative.*

notification nf Action de notifier ; fait d'être notifié.

notifier vt **1.** DR Faire savoir dans les formes légales : *notifier un acte.* **2.** Informer, faire part de.

notion nf **1.** Idée qu'on a d'une chose. **2.** (surtout au pluriel) Connaissance élémentaire.

notionnel, elle adj PHILOS, LING Relatif à une notion.

notoire adj Connu de tous ; célèbre.

notoirement adv De façon notoire, avérée ; manifestement.

notoriété nf Caractère d'une personne ou d'un fait notoire.

notre (pl *nos*) adj poss Qui nous concerne, qui est à nous : *notre quartier.*

nôtre pron poss (précédé de l'article défini) Ce qui est à nous, a un lien affectif ou social avec nous : *cette maison est la nôtre.* ◆ **nôtres** pl ■ **être des nôtres :** faire partie de notre groupe, être avec nous. ❑ **les nôtres :** (a) nos parents (b) nos amis, nos alliés.

notule nf SOUT Remarque sur un point de détail.

nouage nm Action de nouer.

nouba nf ■ FAM **faire la nouba :** s'amuser, faire la fête.

nouer vt **1.** Lier, serrer avec un nœud : *nouer ses cheveux.* **2.** Faire un nœud à : *nouer une cravate.* **3.** FIG Former : *nouer une amitié.* ■ **nouer la conversation :** l'engager.

noueux, euse adj Qui a des nodosités ou des nœuds : *des bras noueux ; bâton noueux.*

nougat nm Confiserie faite d'amandes et de caramel ou de miel.

nougatine nf Nougat dur, fait d'amandes broyées et de caramel.

nouille nf Pâte alimentaire à base de semoule de blé dur, découpée en lanières.

nounou nf FAM Nourrice.

nounours nm Ours en peluche, dans le langage enfantin.

nourri, e adj ■ **feu, tir nourri :** intense.

nourrice nf Femme qui garde des enfants à son domicile contre rémunération.

nourricier, ère adj Qui assure la nutrition d'un organisme : *suc nourricier.* ■ **père nourricier :** père adoptif.

nourrir vt **1.** Fournir des aliments ; faire vivre en donnant des aliments : *nourrir un enfant, des bestiaux.* **2.** Servir à la nutrition : *le sang nourrit le corps.* **3.** FIG Former : *la lecture nourrit l'esprit.* **4.** Entretenir, faire durer : *nourrir l'espoir.* ◆ **se nourrir** vpr absorber des aliments.

nourrissant, e adj Qui nourrit beaucoup.

nourrisson nm Enfant en bas âge.

nourriture nf **1.** Action de nourrir un être vivant. **2.** Toute substance qui sert à l'alimentation. **3.** FIG, LITT Ce qui nourrit l'esprit.

nous pron pers **1.** Désigne la 1re personne du pluriel, représentant un groupe dont fait partie la personne qui parle. **2.** Remplace *je* dans le style officiel.

nouveau ou **nouvel** (devant une voyelle ou un *h* muet), **nouvelle 1.** Qui n'existe que depuis peu de temps : *livre nouveau.* **2.** Qui vient après quelqu'un ou quelque chose de même espèce : *la saison nouvelle.* **3.** Original, jamais vu ou dit auparavant : *techniques nouvelles ; rien de nouveau.* **4.** Qui est tel depuis peu de temps : *nouveaux riches.* ■ **nouvelle vague :** génération de cinéastes des années 60 qui prônaient le cinéma d'auteur. ◆ adj et n Qui est depuis peu dans un groupe, dans un lieu. ◆ nm Ce qui est original, inattendu. ■ **à nouveau** ou **de nouveau :** une fois de plus, en recommençant.

nouveau-né, e (pl *nouveau-nés, es*) adj et n Qui vient de naître.

nouveauté nf **1.** Caractère, qualité de ce qui est nouveau. **2.** Chose nouvelle : *lire les nouveautés.*

nouvelle nf **1.** Annonce d'une chose, d'un événement arrivé récemment. **2.** Court récit ou roman. ◆ **nouvelles** pl **1.** Renseignements fournis sur quelqu'un ou quelque chose : *demander des nouvelles.* **2.** Informations diffusées par les médias.

nouvellement adv Depuis peu.

nouvelliste n Auteur de nouvelles.

nova (pl *novae*) nf Étoile qui, augmentant brusquement d'éclat, semble constituer une étoile nouvelle.

novateur, trice adj et n Qui innove.

novélisation nf Adaptation romanesque d'un scénario de film ou de téléfilm.

novembre nm Onzième mois de l'année.

novice n et adj Personne qui débute dans un métier, une activité. ◆ n RELIG Personne qui, avant de prononcer ses vœux, s'initie à la vie religieuse.

noviciat nm RELIG État de novice ; sa durée.

noyade nf Action de noyer ; fait de se noyer.

noyau nm **1.** Partie dure qui renferme l'amande, dans certains fruits. **2.** BIOL Partie centrale d'une cellule. **3.** PHYS Partie centrale d'un atome. **4.** FIG Premiers éléments ou éléments principaux d'un groupe, d'un ensemble : *le verbe est le noyau de la phrase.* **5.** Petit groupe de personnes qui constitue l'élément essentiel d'un groupe plus vaste.

noyautage nm Action de noyauter.

noyauter vt Introduire une ou des personnes dans un groupement afin de le désorganiser, d'en perturber le fonctionnement, etc.

noyé, e n Personne morte par noyade.

1. noyer vt (conj 3) **1.** Asphyxier par immersion. **2.** Recouvrir d'eau ; mouiller abondamment : *noyer un feu ; yeux noyés de larmes.* **3.** FIG Plonger dans la confusion : *il vous noie dans les détails.* ■ **noyer dans le sang :** réprimer sauvagement. ❑ FAM **noyer le poisson :** se répandre en explications pour détourner l'attention et éluder la réponse. ◆ **se noyer** vpr Mourir asphyxié dans l'eau. ■ FIG **se noyer dans un verre d'eau :** éprouver de grandes difficultés devant un très petit obstacle.

2. noyer nm Arbre au bois dur qui porte les noix ; bois de cet arbre.

nu, e adj **1.** Non vêtu, sans vêtements, sans protection : *pieds nus.* **2.** Dépourvu d'ornements : *murs nus.* **3.** Sans accessoires : *se battre à mains nues.* ■ **à l'œil nu :** sans instrument optique. ❑ **dire la vérité toute nue :** sans artifice, sans déguisement. ❑ **mettre à nu :** (a) dénuder (b) FIG dévoiler. ◆ nm Représentation artistique d'un corps humain nu.

> ORTHOGRAPHE On écrit *marcher pieds nus* mais *marcher nu-pieds ; se promener tête nue,* mais *se promener nu-tête.*

nuage nm **1.** Masse de vapeur d'eau suspendue dans l'air. **2.** Masse de matière quelconque qui empêche de voir : *nuage de poussière.* **3.** FIG Menace qui trouble la sérénité : *avenir chargé de nuages.* ■ **être dans les nuages :** distrait. ❑ **informatique en nuage :** modèle d'organisation informatique permettant l'accès à des ressources numériques dont le stockage est externalisé sur plusieurs serveurs.

nuageux, euse adj Couvert de nuages.

nuance nf **1.** Degré d'une couleur. **2.** Différence légère, subtile : *saisir toutes les nuances d'un raisonnement.*

nuancer vt (conj 1) Exprimer quelque chose en tenant compte des nuances : *nuancer son jugement.*

nuancier nm Support de présentation des coloris d'un produit.

nubien, enne adj et n De Nubie : *les Nubiens.*

nubile adj LITT Dont la puberté a commencé.

nubuck [nybyk] nm Cuir de bovin d'aspect velouté semblable au daim.

nucléaire adj Relatif au noyau de l'atome et à l'énergie qui en est issue. ■ **arme nucléaire** : qui utilise l'énergie nucléaire. ◆ nm Ensemble des techniques, des industries qui concourent à la mise en œuvre de l'énergie nucléaire.

nucléariser vt Doter un pays d'armes nucléaires.

nucléique adj ■ **acides nucléiques** : constituants fondamentaux du noyau de la cellule.

nucléole nm Corps sphérique du noyau des cellules.

nucléon nm Particule constituant le noyau d'un atome.

nudisme nm Pratique de la vie au grand air et dans un état de nudité complète. SYN : naturisme.

nudiste adj et n Relatif au nudisme ; qui le pratique.

nudité nf État d'une personne, d'une chose nue.

nuée nf **1.** LITT Gros nuage : *nuée chargée de grêle.* **2.** FIG Multitude : *nuée d'oiseaux.* ■ **nuée ardente** : expulsion brutale de gaz à haute pression et à haute température, chargé de fragments de lave.

nue-propriété (pl *nues-propriétés*) nf DR Propriété d'un bien dont un autre perçoit l'usufruit.

nues nf pl ■ **mettre, porter aux nues** : louer excessivement. ❑ **tomber des nues** : être très surpris.

nuire vt ind [à] (conj 69) **1.** Faire du tort : *nuire à autrui.* **2.** Constituer un danger, un obstacle : *nuire à la santé.*

nuisance nf Élément de gêne, d'inconfort, danger pour la santé, l'environnement : *le bruit, la fumée, la pollution sont des nuisances.*

nuisette nf Chemise de nuit très courte.

nuisible adj Qui nuit ; nocif.

nuit nf **1.** Temps qui s'écoule entre le coucher et le lever du soleil. **2.** Obscurité : *il fait nuit.* ■ **bonne nuit !** : souhait de sommeil paisible. ❑ **de nuit** : pendant la nuit. ❑ **la nuit des temps** : les temps très reculés. ❑ **nuit blanche** : passée sans dormir. ❑ **nuit et jour** : sans arrêt, continuellement.

nuitamment adv LITT De nuit.

nuitée nf Nuit d'hôtel.

nul, nulle adj indéf Aucun, pas un : *sans nul doute.* ◆ adj **1.** Sans valeur : *devoir nul.* **2.** Qui se réduit à rien : *différence nulle ;* qui reste sans résultat : *élection nulle.* ◆ adj et n Se dit de quelqu'un de bête, de maladroit ou d'incompétent. ◆ pron indéf Personne : *nul n'est prophète en son pays.*

nullard, e adj et n FAM Sans valeur, sans aucune compétence.

nullement adv Aucunement.

nullité nf **1.** Caractère de ce qui est nul, sans valeur. **2.** Personne sans mérite : *c'est une nullité.*

numéraire nm Toute monnaie ayant un cours légal.

numéral, e, aux adj Qui désigne ou exprime une idée de nombre : *adjectif numéral.*

numérateur nm Terme d'une fraction indiquant combien elle contient de parties de l'unité.

numération nf Action ou façon d'énoncer et d'écrire les nombres.

numérique adj **1.** Qui se fait sur des nombres donnés : *calcul numérique.* **2.** Qui est évalué ou se traduit par le nombre : *force numérique ; supériorité numérique.* ◆ adj et nm Qui se fait au moyen de ou emploie des chiffres ou des signaux discontinus : *affichage, son numérique ; télévision numérique.*

numériquement adv Du point de vue du nombre.

numériser vt INFORM Représenter une information (son, texte, image) sous forme numérique.

numéro nm **1.** Chiffre, nombre qui indique la place d'un objet dans une série. **2.** Billet portant un nombre et qui donne droit au tirage d'une loterie. **3.** Partie d'un ouvrage périodique. **4.** Partie du programme d'un spectacle. **5.** FAM Personne singulière : *un drôle de numéro.* ■ FIG **faire son numéro** : se faire remarquer volontairement. ❑ **numéro (de téléphone)** : ensemble de chiffres à composer pour entrer en ligne avec un poste : *faire un faux numéro.*

numérologie nf Pratique divinatoire fondée sur l'analyse numérique du nom d'une personne, de son prénom, de sa date de naissance, etc.

numérotage nm ou **numérotation** nf Action, manière de numéroter.

numéroter vt Mettre un numéro d'ordre à : *numéroter des objets.*

numéroteur nm Instrument pour numéroter.

numerus clausus [nymerysklozys] nm inv Quantité limitée de personnes admises à une fonction, à un examen, etc.

numide adj et n De Numidie.

numismate n Spécialiste en numismatique.

numismatique nf Science des monnaies et des médailles.

nuoc-mâm [nɥɔkmam] nm inv Condiment d'origine vietnamienne à base de saumure de poisson.

nu-pieds nm inv Chaussure à semelle mince retenue au pied par des lanières.

nuptial, e, aux adj Relatif au mariage : *bénédiction nuptiale.*

nuptialité nf Proportion des mariages dans un pays.

nuque nf Partie postérieure du cou, au-dessous de l'occiput.

nurse [nœrs] nf VX Bonne d'enfant ; gouvernante.

nursery (pl *nurserys* ou *nurseries*) ou **nurserie** [nœrsəri] nf **1.** Salle réservée aux nouveau-nés dans une maternité, un hôpital. **2.** Local où l'on peut changer les bébés dans une station d'essence, un aéroport, etc.

nutriment nm BIOL Substance alimentaire pouvant être assimilée directement sans transformations digestives.

nutritif, ive adj **1.** Qui nourrit : *substance nutritive ;* qui contient en abondance des éléments qui nourrissent : *aliment nutritif.* **2.** Relatif à la nutrition : *valeur nutritive.*

nutrition nf Fonction de l'organisme qui assure la digestion et l'assimilation des aliments.

nutritionnel, elle adj Relatif à la nutrition, à l'apport alimentaire.

nutritionniste n Spécialiste de la nutrition, de la diététique.

Nylon nm (nom déposé) Fibre textile artificielle.

nymphe nf **1.** MYTH Divinité féminine des fleuves, des fontaines, etc. **2.** ZOOL Forme que présentent certains insectes à l'issue de leur développement larvaire.

nymphéa nm Nénuphar blanc.

nymphette nf Très jeune fille au comportement aguichant.

nymphomane adj et nf Atteinte de nymphomanie.

nymphomanie nf Exagération des besoins sexuels chez la femme.

nymphose nf État de nymphe chez les insectes.

O

o nm Quinzième lettre de l'alphabet et la quatrième des voyelles.

1. O (symbole) Ouest.

2. O (symbole) Oxygène.

ô interj Exprime l'apostrophe, l'invocation.

oasis [ɔazis] nf **1.** Terrain rendu fertile par la présence d'un point d'eau, dans un désert. **2.** FIG Lieu de repos physique ou moral : *une oasis de calme*.

obédience nf Obéissance à une autorité spirituelle, philosophique ou politique.

obéir vt ind [à] **1.** Se soumettre à la volonté de quelqu'un, à un règlement : *obéir à un supérieur, à la loi*. **2.** Céder à : *obéir à ses instincts*. **3.** Être soumis à : *les corps obéissent à la pesanteur*.

obéissance nf Action d'obéir.

obéissant, e adj Qui obéit ; discipliné, soumis.

obélisque nm Monument quadrangulaire, en forme d'aiguille.

obérer vt (conj 10) LITT **1.** Endetter fortement. **2.** PAR EXT Compromettre pour l'avenir.

obèse adj et n Atteint d'obésité.

obésité nf Excès de poids important.

obi nf Large ceinture portée sur le kimono.

obier nm Arbrisseau à fleurs blanches en boules (appelé aussi : *boule-de-neige*).

objecter vt Opposer une objection.

objecteur nm ■ **objecteur de conscience :** celui qui refuse d'accomplir le service militaire pour des motifs philosophiques ou religieux.

1. objectif nm **1.** But à atteindre. **2.** PHOT Système optique permettant de former l'image sur un support sensible.

2. objectif, ive adj **1.** Qui existe hors de l'esprit (par opposition à *subjectif*). **2.** Sans parti pris ; impartial. ■ **allié objectif :** personne, groupe dont l'attitude sert les intérêts de quelqu'un avec qui il n'a pas nécessairement d'affinités : *ce vote fait de lui l'allié objectif de l'opposition*.

objection nf Argument opposé à une affirmation.

objectivement adv De manière objective. CONTR : subjectivement.

objectiver vt Rendre objectif, concret : *objectiver une pensée*.

objectivité nf Qualité de quelqu'un ou de ce qui est objectif, impartial.

objet nm **1.** Chose concrète perceptible par les sens : *objets personnels*. **2.** But, matière d'une activité, d'une action : *objet d'une discussion*. ■ **objet d'art :** produit de la création artistique. ❑ **(bureau des) objets trouvés :** lieu de recueil des objets trouvés. ❑ **sans objet :** sans fondement réel.

objurgation nf LITT Vive remontrance.

obligataire n Propriétaire d'obligations boursières.

obligation nf **1.** Devoir, engagement qu'imposent la loi, la morale, les convenances, etc. : *avoir de nombreuses obligations*. **2.** Nécessité, caractère inévitable et contraignant d'une situation : *être dans l'obligation de partir*. **3.** VIEILLI Sentiment ou devoir de reconnaissance envers quelqu'un. **4.** Titre représentant un prêt de capitaux donnant droit à intérêts.

obligatoire adj Imposé, auquel on ne peut échapper ni déroger.

obligatoirement adv D'une façon obligatoire.

obligé, e adj Nécessaire : *conséquence obligée*. ■ FAM **c'est obligé :** c'est forcé, obligatoire. ◆ adj et n Reconnaissant ; redevable : *je vous serais très obligé de ; je suis votre obligé*.

obligeamment adv Avec obligeance.

obligeance nf Disposition à rendre service.

obligeant, e adj **1.** Qui aime à faire plaisir, à rendre service : *voisine obligeante*. **2.** Aimable : *paroles obligeantes*.

obliger vt (conj 2) **1.** Imposer une obligation à ; lier, engager : *le contrat oblige les deux parties signataires*. **2.** Contraindre, forcer, mettre dans la nécessité de : *obliger quelqu'un à parler ; je suis obligé de partir*. **3.** LITT Rendre service à : *obliger ses amis*.

oblique adj Incliné, de biais par rapport à une ligne, à un plan. ◆ nf Ligne oblique.

obliquement adv De façon oblique.

obliquer vi Aller en oblique.

obliquité [ɔblikɥite] nf Inclinaison d'une ligne, d'une surface sur une autre : *l'obliquité d'un plan*.

oblitérateur, trice adj Qui oblitère.

oblitération nf Action d'oblitérer.

oblitérer vt (conj 10) **1.** Marquer d'une empreinte : *oblitérer un timbre.* **2.** MÉD Obstruer : *veine oblitérée.*

oblong, ongue adj De forme allongée : *un visage oblong.*

obnubiler vt Obséder : *être obnubilé par la mort.*

obole nf Petite offrande en argent.

obscène adj Qui choque la pudeur.

obscénité nf Caractère de ce qui est obscène ; parole, image, action obscènes.

obscur, e adj **1.** Sombre : *cave obscure.* **2.** FIG Peu clair ; inintelligible : *style obscur.* **3.** Caché, sans éclat : *vie obscure.*

obscurantisme nm Attitude de ceux qui sont opposés au progrès, à l'instruction, etc.

obscurantiste adj et n Qui relève de l'obscurantisme ; qui en est partisan.

obscurcir vt Rendre obscur. ◆ **s'obscurcir** vpr Devenir obscur.

obscurcissement nm Action d'obscurcir ; fait d'être obscurci.

obscurément adv De façon obscure.

obscurité nf **1.** État de ce qui est obscur : *les chats voient dans l'obscurité.* **2.** Manque de clarté, d'intelligibilité. **3.** État, situation d'une personne sans notoriété ; anonymat.

obsédant, e adj Qui obsède.

obsédé, e adj et n Dont l'esprit est dominé par une idée fixe.

obséder vt (conj 10) Occuper totalement l'esprit.

obsèques nf pl Cérémonie des funérailles.

obséquieusement adv Avec obséquiosité.

obséquieux, euse adj Poli, empressé avec excès ; servile.

obséquiosité nf Caractère obséquieux de quelqu'un ; politesse, respect exagérés.

observable adj Qui peut être observé.

observance nf Action d'observer une règle, de s'y conformer.

observateur, trice n **1.** Personne qui regarde, qui observe quelque chose sans y participer : *assister à un débat en simple observateur.* **2.** Personne qui observe les phénomènes d'un point de vue scientifique ou pour en rendre compte : *journaliste envoyé comme observateur dans une zone de combat.* ◆ adj Qui sait regarder avec attention : *esprit observateur.*

observation nf **1.** Action d'observer. **2.** Objection ; réprimande : *faire une observation à quelqu'un.*

observatoire nm **1.** Établissement pour les observations astronomiques et météorologiques. **2.** Lieu quelconque d'où l'on observe.

observer vt **1.** Suivre les prescriptions d'une règle, d'un usage, etc. : *observer le Code de la route ; observer un moment de silence.* **2.** Considérer avec attention, scientifiquement : *observer le cours des astres.* **3.** Épier : *observer les faits et gestes de ses voisins.* **4.** Remarquer ; constater : *observer un mieux chez un convalescent.*

obsession nf Idée fixe.

obsessionnel, elle adj Relatif à l'obsession : *névrose obsessionnelle.*

obsidienne nf Verre volcanique de couleur sombre, très cassant.

obsolète adj LITT Sorti de l'usage ; désuet, périmé.

obstacle nm **1.** Ce qui empêche d'avancer : *éviter, contourner un obstacle.* **2.** FIG Ce qui empêche ou retarde une action : *faire obstacle à un mariage.* **3.** Difficulté qu'on place sur la piste pour les courses de haies ou les steeple-chases.

obstétrical, e, aux adj Relatif à l'obstétrique.

obstétricien, enne n et adj Spécialiste d'obstétrique.

obstétrique nf Partie de la médecine relative aux accouchements.

obstination nf Ténacité ; acharnement.

obstiné, e adj et n Opiniâtre ; entêté. ◆ adj assidu ; acharné : *travail obstiné.*

obstinément adv Avec obstination.

obstiner (s') vpr S'attacher avec ténacité ; s'entêter : *s'obstiner dans un projet.*

obstruction nf **1.** MÉD Engorgement d'un conduit. **2.** Tactique d'une minorité qui, dans une assemblée, une réunion, etc., entrave la marche des travaux : *faire de l'obstruction.*

obstructionnisme nm Obstruction systématique dans une assemblée.

obstructionniste adj et n Qui fait systématiquement de l'obstruction.

obstruer vt Boucher par un obstacle.

obtempérer vi (conj 10) Obéir : *obtempérer à un ordre.*

obtenir vt (conj 22) **1.** Recevoir ce qu'on désire : *obtenir une permission, un délai.* **2.** Atteindre un but, un résultat : *quelle somme obtenez-vous ?*

obtention nf Action d'obtenir ; fait d'être obtenu.

obturateur, trice adj Qui sert à obturer. ◆ nm Dispositif mécanique qui sert à obturer : *obturateur photographique.*

obturation nf Action d'obturer.

obturer vt **1.** Boucher hermétiquement. **2.** Combler avec un amalgame les cavités d'une dent cariée.

obtus, e adj Qui manque de finesse ; borné. ■ GÉOM **angle obtus** : plus grand qu'un angle droit.

obus nm Projectile creux, rempli d'une substance explosive, lancé par une bouche à feu.

obvier vt ind [à] LITT Parer, remédier à : *obvier à un oubli*.

oc adv ■ **langue d'oc** : ensemble des dialectes du midi de la France, d'origine latine (par opposition à *langue d'oïl*).

ocarina nm Instrument de musique à vent de forme ovoïde et percé de trous.

occasion nf **1.** Circonstance et, en particulier, circonstance qui vient à propos : *occasion favorable ; profiter de l'occasion*. **2.** Cause ; sujet : *il m'a donné des occasions de le détester*. **3.** Objet qui n'est pas neuf ; achat, vente de tels objets : *marché de l'occasion*. ■ **à l'occasion** : si cela se présente, le cas échéant. ❑ **à l'occasion de** : lors de. ❑ **d'occasion** : qui n'est pas neuf.

occasionnel, elle adj Qui se produit par hasard ou de temps en temps.

occasionnellement adv Par occasion.

occasionner vt Causer ; provoquer, entraîner.

occident nm **1.** Côté de l'horizon où le soleil se couche ; ouest, couchant. **2.** (avec une majuscule) Ensemble des États du pacte de l'Atlantique Nord.

occidental, e, aux adj et n De l'Occident : *les Occidentaux*.

occidentalisation nf Fait de s'occidentaliser.

occidentaliser (s') vpr Prendre les caractères des civilisations occidentales.

occipital, e, aux adj De l'occiput. ◆ nm Os postérieur du crâne.

occiput [ɔksipyt] nm Partie inférieure et postérieure de la tête.

occire [ɔksir] vt (seulement à l'infinitif et au participe passé *occis, e*) VX Tuer.

occitan, e adj De l'Occitanie. ◆ nm Ensemble des dialectes de la langue d'oc.

occlure vt MÉD Fermer un orifice.

occlusif, ive adj Qui bouche.

occlusion nf MÉD Fermeture pathologique d'un conduit, d'un orifice : *occlusion intestinale*.

occlusive nf Consonne produite par une fermeture momentanée de la bouche (EX : *p, k, g, d, b, t*).

occultation nf **1.** Action d'occulter, de cacher quelque chose. **2.** ASTRON Disparition passagère d'un astre.

occulte adj Caché ; secret, mystérieux : *cause occulte*. ■ **sciences occultes** : concernant des faits qui échappent à l'explication rationnelle (l'alchimie, la magie, la nécromancie, etc.).

occulter vt Passer sous silence ; dissimuler : *occulter certains aspects d'un problème*.

occultisme nm Pratique des sciences occultes.

occultiste adj et n Qui pratique l'occultisme. ◆ adj Qui relève de l'occultisme.

occupant, e adj et n Qui occupe un lieu, un pays.

occupation nf **1.** Action de s'occuper ; ce à quoi on occupe son temps ; activité : *avoir de nombreuses occupations*. **2.** Fait d'occuper un lieu : *occupation d'un local ; occupation d'un pays*. ■ HIST **l'Occupation** : période (1940-1944) pendant laquelle la France a été occupée par les troupes allemandes.

occupé, e adj **1.** Absorbé par un travail, par une occupation. **2.** Utilisé par quelqu'un : *place, ligne occupée*. **3.** Sous occupation ennemie : *zone occupée*.

occuper vt **1.** Remplir un espace, une durée : *ce meuble occupe trop de place ; la séance a occupé tout l'après-midi*. **2.** Habiter : *occuper un studio*. **3.** S'emparer militairement, par la force de : *occuper un pays*. **4.** Remplir ; exercer : *occuper un emploi*. **5.** Consacrer : *occuper ses loisirs à*. **6.** Remplir le temps, l'activité, la pensée de : *ses études l'occupent beaucoup*. **7.** Donner du travail à ; employer : *l'usine occupe une centaine d'ouvriers*. ◆ **s'occuper** vpr Travailler, consacrer son temps à.

occurrence nf LING Apparition d'un élément de la langue dans un texte. ■ **en l'occurrence** : dans la circonstance présente.

> ORTHOGRAPHE Attention, *occurrence* s'écrit avec deux *r*, comme *concurrence*, mais aussi avec deux *c*.

océan nm **1.** Vaste étendue d'eau salée qui couvre la plus grande partie du globe terrestre. **2.** (avec une majuscule) L'océan Atlantique : *les plages de l'Océan*. **3.** PAR EXT Vaste étendue : *océan de verdure*.

océanien, enne adj et n D'Océanie.

océanique adj De l'océan. ■ **climat océanique** : doux et humide en hiver, relativement frais en été.

océanographe ou **océanologue** n Spécialiste d'océanographie ou océanologie.

océanographie ou **océanologie** nf Étude scientifique du milieu marin et de la vie dans les océans.

océanographique ou **océanologique** adj Relatif à l'océanographie ou océanologie.

ocelle nm **1.** Œil simple des insectes. **2.** Tache ronde sur un plumage, un pelage.

ocellé, e adj Qui porte des ocelles : *ailes ocellées*.

ocelot nm Mammifère carnassier de l'Amérique du Sud, à la robe tachetée de points fauves cerclés de noir.

ocre nf Argile jaune ou rouge utilisée comme colorant. ◆ adj inv Jaune-brun ou jaune-rouge.

ocrer vt Colorer en ocre.

octaèdre nm Solide à huit faces.

octane nm Hydrocarbure saturé existant dans l'essence de pétrole. ■ **indice d'octane :** indice mesurant la résistance d'un carburant à la détonation.

octant nm ANC Instrument qui servait à observer, en mer, la hauteur des astres.

octante adj num SUISSE Quatre-vingts.

octave nf MUS Intervalle de huit degrés.

octet nm INFORM Groupe comprenant huit éléments binaires.

octobre nm Dixième mois de l'année.

octogénaire n et adj Personne qui a entre quatre-vingts et quatre-vingt-neuf ans.

octogonal, e, aux adj Qui a la forme d'un octogone.

octogone nm Polygone qui a huit angles.

octosyllabe adj et nm Se dit d'un vers qui a huit syllabes.

octosyllabique adj Relatif à un octosyllabe.

octroi nm **1.** Action d'octroyer, d'accorder : *l'octroi d'un passeport.* **2.** HIST Droit que payaient certaines denrées à leur entrée en ville ; administration percevant ce droit.

octroyer vt (conj 3) Concéder, accorder.

octuor nm Groupe de huit instrumentistes ou chanteurs.

oculaire adj De l'œil : *nerf oculaire.* ■ FIG **témoin oculaire :** qui a vu ce dont il témoigne. ◆ nm Système, dans un instrument d'optique, devant lequel se place l'œil.

oculiste n Médecin spécialisé dans les troubles de la vision. SYN : ophtalmologiste.

odalisque nf LITT Courtisane.

ode nf Petit poème lyrique divisé en strophes semblables entre elles.

odelette nf Petite ode.

odeur nf Émanation qui affecte l'odorat. ■ **ne pas être en odeur de sainteté :** être peu apprécié, mal vu.

odieusement adv De façon odieuse.

odieux, euse adj **1.** Qui excite la haine, l'indignation : *crime odieux.* **2.** Très désagréable ; exécrable, insupportable : *enfant odieux.*

odontologie nf Étude des dents, de leurs maladies et du traitement de celles-ci.

odontologiste n Spécialiste d'odontologie.

odontostomatologie nf Discipline constituée par l'odontologie et la stomatologie ; chirurgie dentaire.

odorant, e adj Qui répand une odeur.

odorat nm Sens qui perçoit les odeurs.

odoriférant, e adj LITT Qui répand une odeur agréable.

odyssée nf Voyage riche en aventures, en péripéties.

œcuménique [ekymenik] adj Relatif à l'œcuménisme. ■ **concile œcuménique :** qui rassemble, intéresse l'ensemble des Églises.

œcuménisme [ekymenism] nm Tendance à l'union de toutes les Églises chrétiennes en une seule.

œdémateux, euse [edematø, øz] ou [ødematø, øz] adj De la nature d'un œdème.

œdème [edɛm] ou [ødɛm] nm Gonflement pathologique de certains tissus ou organes.

œdipien, enne [edipjɛ̃, ɛn] ou [ødipjɛ̃, ɛn] adj Relatif aux sentiments éprouvés par un enfant ou un individu pour son parent de sexe opposé.

œil (pl *yeux*) nm **1.** Organe de la vue ; cet organe considéré comme indice du caractère, des émotions, des sentiments ; regard : *avoir l'œil méchant.* **2.** Manière de voir ; attention : *avoir l'œil à tout.* **3.** Trou rond. **4.** Lentille de graisse à la surface du bouillon. **5.** Cœur d'un cyclone tropical où les vents sont faibles et le temps peu nuageux. ■ FAM **à l'œil :** gratuitement. ❑ **avoir l'œil :** veiller, prendre garde. ❑ **avoir l'œil sur quelqu'un** ou **avoir, tenir quelqu'un à l'œil :** le surveiller. ❑ **coup d'œil :** regard. ❑ **entre quatre yeux :** en tête à tête. ❑ **fermer les yeux sur quelque chose :** faire comme si on ne l'avait pas vu. ❑ FAM **mon œil ! :** exprime l'incrédulité. ❑ **ne pas avoir froid aux yeux :** n'avoir peur de rien. ❑ **ne pas avoir les yeux dans sa poche :** être très observateur. ❑ **ouvrir l'œil :** (a) s'éveiller (b) être attentif.

œil-de-bœuf (pl *œils-de-bœuf*) nm Lucarne à fenêtre ronde ou ovale.

œil-de-perdrix (pl *œils-de-perdrix*) nm Cor entre les doigts de pied.

œillade nf Clin d'œil amoureux.

œillère nf Pièce de la bride qui empêche un cheval de voir de côté. ◆ **œillères** pl ■ FIG **avoir des œillères :** ne pas voir ou refuser de voir quelque chose.

1. œillet nm Plante à fleurs odorantes ; la fleur même.

2. œillet nm Trou de forme circulaire, destiné à recevoir un lacet, un cordage.

œilleton nm **1.** Rejeton au collet de certaines plantes. **2.** Petit viseur sur une arme.

œillette nf Pavot cultivé pour ses graines, dont on tire une huile comestible et utilisée en peinture ; cette huile.

œnologie [enɔlɔʒi] nf Science qui traite de la fabrication et de la conservation des vins.

œnologique adj Relatif à l'œnologie.

œnologue n Spécialiste d'œnologie.

œnométrie nf Détermination de la richesse des vins en alcool.

œsophage [ezɔfaʒ] nm Canal qui conduit les aliments dans l'estomac.

œsophagien, enne ou **œsophagique** adj Relatif à l'œsophage.

œstre [ɛstr] ou [ɛstrə] nm Mouche parasite des moutons et des chèvres.

œstrogène [ɛstrɔʒɛn] adj et nm Se dit des hormones qui permettent le développement de l'œuf fécondé.

œuf [œf], au pluriel [ø] nm **1.** Corps arrondi, protégé par une coquille, que produisent les femelles des oiseaux et qui, s'il est fécondé, donne naissance à un jeune ; produit de la ponte des femelles des reptiles, des insectes, des poissons, des batraciens. **2.** Cellule initiale d'un être vivant et, en particulier, d'un être humain, avant la formation d'un embryon. **3.** Ce qui a la forme d'un œuf : *œuf de Pâques.* ■ **dans l'œuf :** dès l'origine, au début. ❏ **marcher sur des œufs :** agir, parler avec précaution. ❏ **œuf sur le plat** ou **œuf au plat :** mets fait du contenu d'un œuf cuit dans une poêle graissée.

œuvre nf **1.** Travail, activité. **2.** Ce qui résulte d'un travail : *faire œuvre utile.* **3.** Production artistique ou littéraire : *une œuvre d'art.* ■ **mettre en œuvre :** employer, mettre en action. ◆ nm Ensemble de la production d'un artiste, d'un écrivain : *l'œuvre complet de Rembrandt.* ■ **gros œuvre :** fondations d'un bâtiment.

ORTHOGRAPHE *Maître d'œuvre* s'écrit sans trait d'union, à la différence de *chef-d'œuvre.*

œuvrer vi Travailler : *œuvrer pour le bien public.*

off adj inv **1.** CIN Se dit d'une voix, d'un son dont la source n'est pas visible sur l'écran ; hors champ. **2.** Se dit d'un spectacle organisé en marge d'une manifestation culturelle officielle : *festival off.*

offensant, e adj Qui offense ; blessant.

offense nf Parole ou action blessante.

offensé, e adj et n Qui a subi une offense.

offenser vt Blesser par des paroles ou des actes. ◆ **s'offenser** vpr [de] Se vexer.

offenseur nm Celui qui offense.

offensif, ive adj Qui sert à attaquer : *arme offensive.*

offensive nf Action entreprise en vue d'attaquer : *prendre l'offensive.*

offertoire nm Partie de la messe pendant laquelle le prêtre offre à Dieu le pain et le vin.

office nm **1.** Charge ; fonction : *remplir son office.* **2.** Charge civile (avoué, notaire, commissaire-priseur, etc.). **3.** Bureau ; agence : *office du tourisme.* **4.** Service liturgique : *office des morts.* **5.** Envoi périodique de livres par un éditeur aux libraires. **6.** Pièce attenante à la cuisine, où l'on dispose ce qui sert au service de la table. ■ **bons offices :** assistance occasionnelle prêtée par quelqu'un. ❏ **d'office :** par voie d'autorité, sans demande préalable : *commis d'office.* ❏ **faire office de :** jouer le rôle de.

officialisation nf Action d'officialiser.

officialiser vt Rendre officiel.

officiant nm et adj m Personne qui officie à l'église.

officiel, elle adj **1.** Qui émane du gouvernement, d'une autorité : *texte officiel.* **2.** Qui concerne une cérémonie publique : *voiture officielle.* ◆ nm Personne qui a une autorité reconnue, publique.

officiellement adv De façon officielle.

1. officier vi Célébrer un office religieux.

2. officier nm **1.** Titulaire d'une charge : *officier de justice.* **2.** Militaire de grade au moins égal à celui de sous-lieutenant. **3.** Grade de certains ordres : *officier de la Légion d'honneur.* ■ **officier ministériel :** notaire, huissier, commissaire-priseur, etc.

officieusement adv De façon officieuse.

officieux, euse adj Non officiel.

officinal, e, aux adj Utilisé en pharmacie : *plantes officinales.*

officine nf **1.** Pharmacie. **2.** PÉJOR Endroit où se trame quelque chose : *officine d'espionnage.*

offrande nf **1.** Don offert à Dieu ou déposé avec une intention religieuse ou charitable. **2.** Présent ; cadeau.

offrant nm ■ **au plus offrant :** à l'acheteur qui propose le prix le plus élevé.

offre nf Action d'offrir : *l'offre et la demande ;* la chose offerte : *accepter une offre.* ■ **offre publique d'achat (OPA) :** offre par laquelle une société fait connaître au public son intention d'acheter des titres d'une autre société.

offrir vt **1.** Donner en cadeau : *offrir un bouquet.* **2.** Proposer pour aider : *offrir ses services.* **3.** Proposer comme prix : *offrir cent francs pour le déplacement.* **4.** Présenter, comporter : *offrir de nombreux avantages.* ◆ **s'offrir** vpr **1.** Se proposer : *s'offrir pour aider.* **2.** S'accorder comme plaisir : *s'offrir un pull.* **3.** Se présenter, apparaître : *saisir une occasion qui s'offre.*

offset [ɔfsɛt] nm inv Procédé d'impression par transfert au moyen d'un rouleau de caoutchouc.

offshore [ɔfʃɔr] adj inv et nm inv **1.** Se dit de la prospection, du forage et de l'exploitation des gisements de pétrole effectués au large des côtes. **2.** Se dit de courses de bateaux à moteur à très grande vitesse et de ces bateaux.

offusquer vt Choquer, déplaire à.

ogival, e, aux adj De l'ogive.

ogive nf **1.** Arc ou voûte formés de deux courbes qui se coupent en un angle : *croisée d'ogives*. **2.** Ce qui présente la forme d'une ogive : *ogive d'obus*.

OGM nm (sigle d'*organisme génétiquement modifié*) Organisme transgénique.

ogre, ogresse n Dans les contes de fées, géant qui mange les enfants.

oh interj Marque la surprise.

ohé interj Sert à appeler.

ohm nm Unité de résistance électrique.

oïdium [ɔidjɔm] nm Maladie produite sur certaines plantes par un champignon.

oie nf Oiseau palmipède sauvage ou domestique. ■ FIG **oie blanche :** jeune fille sotte et naïve.

oignon [ɔɲɔ̃] nm **1.** Plante potagère à bulbe comestible ; ce bulbe : *soupe à l'oignon*. **2.** Bulbe de certaines plantes : *oignon de tulipe*. **3.** Callosité du pied, à la naissance du gros orteil. **4.** Grosse montre bombée de gousset. ■ FAM **aux petits oignons :** (a) préparé avec soin (b) parfait. ❑ FAM **en rang d'oignons :** sur une seule ligne. ❑ FAM **s'occuper, se mêler de ses oignons :** de ce qui concerne sa propre personne.

oïl [ɔjl] adv ■ **langue d'oïl :** ensemble des dialectes romans parlés dans la moitié nord de la France (par opposition à *langue d'oc*).

oindre vt (conj 82) **1.** Frotter d'huile ou d'une substance grasse. **2.** LITURGIE Consacrer avec les saintes huiles.

oing ou **oint** nm Graisse pour oindre.

oint, e adj et n Qui a été consacré par l'onction.

oiseau nm Vertébré ovipare, couvert de plumes, dont les membres postérieurs servent à la marche, et les membres antérieurs, ou ailes, au vol. ■ FIG **à vol d'oiseau :** en ligne droite. ❑ **oiseau rare :** personne aux qualités peu communes. ❑ FAM **un drôle d'oiseau :** un individu bizarre.

oiseau-lyre (pl *oiseaux-lyres*) nm Oiseau passereau.

oiseau-mouche (pl *oiseaux-mouches*) nm Colibri.

oiselet nm Jeune oiseau.

oiseleur nm Celui qui prend des oiseaux au filet ou au piège.

oiselier, ère n Personne qui élève et vend des oiseaux.

oisellerie nf Lieu où l'on élève, où l'on vend des oiseaux.

oiseux, euse adj Inutile, qui ne sert à rien : *discussion oiseuse*.

oisif, ive adj et n Qui ne travaille pas ou qui a beaucoup de loisirs. ◆ adj Caractérisé par le désœuvrement : *mener une vie oisive*.

oisillon nm Jeune oiseau.

oisivement adv De façon oisive.

oisiveté nf État d'une personne oisive.

oison nm Petit de l'oie.

O.K. [ɔke] interj FAM D'accord, c'est entendu.

okapi nm Mammifère d'Afrique, voisin de la girafe.

okoumé nm Arbre d'ébénisterie de l'Afrique équatoriale.

ola nf Ovation du public d'un stade qui consiste à se lever et à s'asseoir, travée après travée, ce qui crée un mouvement semblable à celui de la mer.

olé interj Souligne un geste ample, un exploit, notamment lors d'une corrida.

oléacée nf Arbre ou arbuste à fleurs gamopétales tel que l'olivier, le jasmin, le lilas, le frêne (les oléacées forment une famille).

oléagineux, euse adj **1.** De la nature de l'huile : *liquide oléagineux*. **2.** Dont on tire de l'huile : *plante oléagineuse*. ◆ nm Plante oléagineuse.

oléicole adj Relatif à l'oléiculture.

oléiculteur, trice n Qui pratique l'oléiculture.

oléiculture nf Culture de l'olivier.

oléifère adj Dont on extrait de l'huile : *fruits oléifères*.

oléine nf Liquide qui entre dans la composition des huiles végétales.

oléoduc nm Pipe-line pour le transport du pétrole brut.

olé olé adj inv FAM Se dit d'un propos, d'un comportement osé, coquin.

olfactif, ive adj Qui a trait à l'odorat : *sens olfactif*.

olfaction nf Fonction par laquelle les odeurs sont perçues.

olibrius [ɔlibrijys] nm FAM Individu excentrique, bizarre.

olifant ou **oliphant** nm HIST Petit cor d'ivoire des chevaliers médiévaux.

oligarchie nf Pouvoir, de nature souvent politique, exercé par un petit nombre de personnes.

oligarchique adj Qui relève de l'oligarchie.

oligocène nm et adj GÉOL Période de l'ère tertiaire.

oligoélément nm Élément chimique nécessaire en très petite quantité au fonctionnement des organismes vivants.

oligothérapie nf Traitement des maladies par les oligoéléments.

oliphant nm → **olifant**.

olivaie ou **oliveraie** nf Plantation d'oliviers.

olivaison nf Récolte des olives.

olivâtre adj Verdâtre.

olive nf **1.** Fruit à noyau, dont on tire une huile alimentaire. **2.** Objet ou ornement en forme d'olive. ◆ adj inv Vert clair jaunâtre.

oliveraie nf → **olivaie**.

olivette nf **1.** Variété de tomate à fruit allongé, oblong. **2.** Variété de raisin de table.

olivier nm Arbre des pays méditerranéens qui fournit l'olive.

olographe adj ■ **testament olographe** : écrit en entier de la main du testateur.

olympe nm **1.** MYTH (avec une majuscule) Séjour et ensemble des dieux. **2.** POÉT Le ciel.

olympiade nf Espace de 4 ans entre deux jeux Olympiques. ◆ **olympiades** pl Jeux Olympiques.

olympien, **enne** adj **1.** De l'Olympe. **2.** FIG Noble ; majestueux.

olympique adj ■ **jeux Olympiques** : épreuves sportives internationales qui se disputent tous les quatre ans ; relatif à ces jeux : *piscine olympique*.

ombelle nf BOT Mode d'inflorescence en parasol.

ombellifère nf Plante dicotylédone, à fleurs en ombelles (les ombellifères forment une famille comprenant le fenouil, le cerfeuil, la ciguë).

ombilic nm ANAT Nombril.

ombilical, **e**, **aux** adj De l'ombilic.

omble nm Poisson d'eau douce voisin du saumon, à chair délicate.

ombrage nm Ensemble de branches et de feuilles qui donnent de l'ombre. ■ FIG **porter ombrage** : causer préjudice.

ombragé, **e** adj Couvert d'ombrages : *un site ombragé*.

ombrager vt (conj 2) Donner de l'ombre.

ombrageux, **euse** adj Méfiant ; susceptible : *caractère ombrageux*.

1. ombre nf Obscurité produite par un corps qui intercepte la lumière : *l'ombre d'un arbre*. ■ **la part d'ombre de qqn** : ses désirs, ses penchants, ignorés ou tenus secrets. ❑ **ombre à paupières** : fard à paupières. ❑ **ombre chinoise** : silhouette fortement éclairée par-derrière et apparaissant sur un écran transparent. ❑ **terre d'ombre** ou **ombre** : ocre brune et rougeâtre utilisée en peinture. SYN : terre de Sienne.

2. ombre nm Poisson du genre saumon.

ombrelle nf Petit parasol portatif.

ombrer vt Mettre des ombres à un dessin, un tableau.

ombreux, **euse** adj LITT Où il y a de l'ombre.

ombrien, **enne** adj et n De l'Ombrie.

oméga nm **1.** Dernière lettre de l'alphabet grec, notant un *o* long. **2.** Famille d'acides gras présents dans certains aliments (poissons gras, soja, etc.) ou dans des suppléments nutritionnels, bénéfiques pour le système cardio-vasculaire. ■ FIG **l'alpha et l'oméga** : le commencement et la fin.

omelette nf Œufs battus et cuits dans une poêle. ■ **omelette norvégienne** : entremets fait d'une glace enrobée d'un soufflé chaud.

omerta nf **1.** Loi du silence qui règne dans les milieux proches de la Mafia. **2.** Silence qui s'impose dans toute communauté d'intérêts : *briser l'omerta familiale*.

omettre vt (conj 57) Négliger de faire ou de dire.

omicron [ɔmikrɔn] nm inv Lettre de l'alphabet grec notant un *o* bref.

omission nf Action d'omettre ; la chose omise.

omnibus [ɔmnibys] nm et adj Train qui dessert toutes les stations.

omnipotence nf LITT Toute-puissance.

omnipotent, **e** adj LITT Tout-puissant.

omnipraticien, **enne** n Médecin généraliste.

omniprésence nf LITT Présence constante en tous lieux.

omniprésent, **e** adj LITT Dont la présence se fait sentir en tous lieux.

omniscient, **e** adj LITT Qui sait tout.

omnisports adj inv Où l'on pratique plusieurs sports : *club omnisports*.

omnivore adj Qui se nourrit indifféremment d'animaux et de végétaux.

omoplate nf Os plat de l'épaule.

on pron indéf Désigne d'une manière vague une ou plusieurs personnes. ◆ pron pers FAM **1.** Désigne celui qui parle ; je : *on fait ce qu'on peut*. **2.** Désigne le groupe auquel appartient celui qui parle ; nous : *on y va ?*

onagre nm Mammifère d'Asie, intermédiaire entre le cheval et l'âne.

onanisme nm LITT Masturbation.

1. once nf **1.** Ancienne mesure de poids française valant 30,594 g. **2.** Unité de poids anglo-saxonne valant 28,35 g ; symb : oz. ■ FAM **une once de** : une petite quantité de.

2. once nf Grand félin du nord de l'Asie.

oncle nm Frère du père ou de la mère.

onction nf **1.** LITURGIE Cérémonie qui consiste à appliquer de l'huile sainte sur une personne pour la consacrer. **2.** FIG, LITT Douceur hypocrite.

onctueux, **euse** adj **1.** Velouté, crémeux. **2.** FIG D'une douceur excessive ; hypocrite.

onctuosité nf Qualité de ce qui est onctueux.

ondatra nm Mammifère rongeur de l'Amérique du Nord. SYN : rat musqué.

onde nf **1.** LITT Eau de la mer, d'un lac, etc. **2.** Mouvement de la surface de l'eau formant des rides concentriques. **3.** PHYS Mouvement vibratoire à fonction périodique. ■ FAM **être sur la même longueur d'onde** : se comprendre, parler le même langage. ❑ **onde de choc** : (a) brusque augmentation de pression et de température de l'air causée par un mobile qui se déplace à une vitesse supersonique (b) FIG répercussion, souvent néfaste, d'un événement. ❑ **sur les ondes** : à la radio.

ondée nf Pluie subite et passagère.

on-dit nm inv Rumeur, nouvelle qui se propage.

ondoiement nm **1.** SOUT Mouvement d'ondulation. **2.** LITURGIE CATH Baptême administré en cas de danger de mort.

ondoyant, e adj LITT **1.** Qui ondoie. **2.** Variable, inconstant : *caractère ondoyant*.

ondoyer vi (conj 3) Flotter par ondes ; onduler. ◆ vt Baptiser par ondoiement.

ondulant, e adj Qui ondule.

ondulation nf **1.** Mouvement d'un liquide qui s'abaisse et s'élève alternativement. **2.** Mouvement qui rappelle celui des ondes. **3.** Mouvement souple des cheveux qui frisent.

ondulatoire adj Qui a la forme d'une onde : *mouvement ondulatoire*.

ondulé, e adj Qui présente des ondulations : *cheveux ondulés*.

onduler vi Avoir un mouvement sinueux. ◆ vt Rendre ondulé : *onduler les cheveux*.

one-man-show [wanmanʃo] nm inv Spectacle de variétés où un artiste est seul en scène.

onéreux, euse adj SOUT Qui occasionne des dépenses, des frais ; cher. ■ **à titre onéreux** : en payant (par opposition à *à titre gracieux*).

> EMPLOI Il faut éviter de parler de *dépense onéreuse* (c'est un pléonasme), mais on peut, pour insister, parler de *dépense très onéreuse*.

ONG nf (sigle de *organisation non gouvernementale*) Organisme dont le financement est assuré essentiellement par des dons privés et qui se voue à l'aide humanitaire.

ongle nm **1.** Partie cornée qui couvre le dessus des doigts. **2.** Griffe de certains animaux. ■ FIG **jusqu'au bout des ongles** : (a) à un degré extrême (b) à la perfection.

onglée nf Engourdissement douloureux au bout des doigts, causé par le froid.

onglet nm **1.** Petite entaille à la surface d'un objet, permettant de l'ouvrir avec l'ongle : *l'onglet d'une lame de canif.* **2.** TECHN Extrémité d'une pièce de bois formant un angle de 45 degrés : *assemblage à onglet.* **3.** Morceau de bœuf de boucherie tiré des muscles du diaphragme.

onguent [ɔ̃gɑ̃] nm Pommade à base de corps gras.

onguiculé, e adj et nm ZOOL Se dit d'un mammifère pourvu d'ongles plats ou de griffes (par opposition à *ongulé*).

ongulé, e adj et nm ZOOL Se dit d'un mammifère dont les doigts sont terminés par des sabots.

onguligrade adj et nm ZOOL Qui marche sur des sabots.

onirique adj Relatif au rêve ; inspiré par le rêve.

oniromancie nf Divination par les rêves.

onomastique nf LING Étude des noms propres.

onomatopée nf Mot dont le son imite celui de la chose qu'il représente (EX : *tic-tac* pour une horloge, *teuf-teuf* pour un train, etc.).

ontogenèse nf BIOL Série de transformations subies par l'individu depuis la fécondation.

ontologie nf PHILOS Science de l'être en soi.

onusien, enne adj Relatif à l'ONU.

onyx nm Agate d'une variété caractérisée par des zones concentriques de diverses couleurs.

onze adj num card **1.** Dix et un. **2.** Onzième : *Louis XI.* ◆ nm inv **1.** Chiffre, numéro représentant le nombre onze. **2.** Au football, équipe de onze joueurs.

onzième adj num ord et n **1.** Qui occupe un rang marqué par le numéro onze. **2.** Qui se trouve onze fois dans le tout.

onzièmement adv En onzième lieu.

oogone nf BOT Cellule où se forment les éléments femelles, chez certains végétaux.

oosphère nf BOT Gamète femelle correspondant à l'ovule des animaux.

op. (abréviation) Opus.

OP [ope] n (sigle) Ouvrier, ouvrière professionnel(le).

OPA [opea] nf (sigle) Offre publique d'achat.

opacifier vt Rendre opaque.

opacité nf État de ce qui est opaque.

opale nf Pierre fine à reflets irisés, d'un blanc laiteux.

opalescence nf LITT Reflet, teinte d'opale.

opalescent, e adj LITT Qui prend une teinte, un reflet d'opale : *liquide opalescent*.

opalin, e adj Qui a l'aspect de l'opale : *reflets opalins*.

opaline nf Verre opalin blanc ou coloré ; objet fait avec cette matière.

opaque adj **1.** Qui ne se laisse pas traverser par la lumière : *corps opaque.* **2.** Sombre, impénétrable : *nuit opaque.* **3.** FIG Dont on ne peut pénétrer le sens : *texte opaque.*

op. cit. (abréviation de *opus citatum*) Dans un texte, notation qui renvoie à un ouvrage déjà cité.

ope nf ou nm ARCHIT Ouverture ménagée dans un mur, en particulier pour recevoir un boulin.

opéable adj Se dit d'une entreprise qui peut faire l'objet d'une OPA.

open [ɔpœn] ou [ɔpɛn] adj inv Se dit d'une compétition qui réunit amateurs et professionnels. ■ **billet d'avion open** : non daté.

opéra nm Œuvre dramatique mise en musique et chantée ; théâtre où on la joue. ■ **opéra bouffe** : dont le thème est un sujet léger ou comique.

opérable adj Qu'on peut opérer : *malade opérable.*

opéra-comique (pl *opéras-comiques*) nm Opéra dans lequel le chant alterne avec le dialogue parlé.

opérateur, trice n **1.** Personne qui fait fonctionner des appareils : *opérateur radio.* **2.** CIN Technicien responsable de la prise de vues ; cadreur. ◆ nm **1.** Entreprise qui exploite un réseau de télécommunication. **2.** Entreprise ou personne qui organise une opération financière.

opération nf **1.** Processus mathématique de nature définie, permettant de trouver un nombre nouveau à partir de nombres constants : *opération arithmétique.* **2.** Intervention chirurgicale. **3.** Série d'actions visant à obtenir un résultat : *opération de sauvetage.* **4.** Action d'un pouvoir, d'une faculté, d'un agent qui produit son effet : *les opérations intellectuelles.* **5.** Manœuvre, combat, etc. : *opération militaire.* **6.** Affaire dont on évalue le profit financier : *opération commerciale.*

ORTHOGRAPHE On écrit *une salle, une table d'opération* (sans *s*), mais *un théâtre d'opérations* (avec *s*).

opérationnel, elle adj **1.** Qui permet d'effectuer certaines opérations. **2.** Qui peut immédiatement entrer en action ou en fonction.

opératoire adj Relatif à une opération chirurgicale : *choc opératoire.*

opercule nm **1.** BOT Organe servant de couvercle. **2.** Lamelle de cire couvrant les cellules d'un rayon de miel. **3.** TECHN Pièce servant de couvercle.

operculé, e adj Muni d'un opercule.

opéré, e adj et n Qui a subi une opération chirurgicale.

opérer vt (conj 10) **1.** Accomplir une action : *opérer des prises de vues.* **2.** Soumettre à une intervention chirurgicale : *opérer un malade.* **3.** Produire un effet : *opérer un changement.* ◆ vi **1.** Agir d'une certaine manière : *opérer avec méthode.* **2.** Produire un effet ; agir : *son charme a opéré.* ◆ **s'opérer** vpr Se produire, avoir lieu.

opérette nf Œuvre théâtrale de caractère léger où se mêlent des parties chantées et parlées.

ophidien nm Reptile (les ophidiens forment un sous-ordre comprenant tous les serpents).

ophiure nf Animal marin ressemblant à une étoile de mer aux bras longs et souples.

ophtalmie nf Affection inflammatoire de l'œil.

ophtalmique adj Des yeux.

ophtalmologie nf Partie de la médecine qui étudie et traite les maladies des yeux.

ophtalmologique adj Relatif à l'ophtalmologie.

ophtalmologiste ou **ophtalmologue** n Médecin spécialisé en ophtalmologie ; oculiste.

opiacé, e adj Qui contient de l'opium.

Opinel nm (nom déposé) Couteau pliant à manche de bois, de la marque de ce nom.

opiner vi VX, DR Donner son avis. ■ FAM **opiner de la tête, du bonnet** : acquiescer en hochant la tête.

opiniâtre adj Tenace, obstiné.

opiniâtrement adv Obstinément.

opiniâtreté nf Volonté tenace.

opinion nf **1.** Avis, manière de penser : *donner son opinion.* **2.** (au pluriel) Croyances, convictions religieuses ou politiques. ■ **l'opinion publique** : la façon de penser la plus répandue dans une société donnée.

opiomane n et adj Toxicomane qui prend de l'opium.

opium [ɔpjɔm] nm **1.** Suc de pavot qui a une propriété narcotique. **2.** FIG Cause d'engourdissement moral et intellectuel.

opossum [ɔpɔsɔm] nm Mammifère marsupial d'Amérique ; sa fourrure.

oppidum [ɔpidɔm] (pl *oppidums* ou *oppida*) nm ANTIQ ROM Ville fortifiée située sur un lieu élevé.

opportun, e adj Qui arrive à propos : *secours opportun.*

opportunément adv Avec opportunité.

opportunisme nm Attitude de celui qui cherche à tirer le meilleur parti des circonstances en transigeant avec ses principes.

opportuniste n Personne qui agit avec opportunisme.

opportunité nf **1.** Qualité de ce qui est opportun : *discuter de l'opportunité d'une décision.*

2. Occasion favorable : *avoir l'opportunité de changer.*

opposable adj Qui peut s'opposer à.

opposant, e n et adj Personne qui s'oppose à une décision, un gouvernement, etc.

opposé, e adj **1.** Placé vis-à-vis : *rives opposées.* **2.** Contradictoire, de nature différente : *intérêts opposés.* **3.** Qui s'oppose à, qui est défavorable à : *être opposé à la violence.* ◆ nm Chose contraire ; inverse : *le bien est l'opposé du mal.* ■ **à l'opposé (de) :** (a) du côté opposé (à) (b) au contraire (de).

opposer vt **1.** Placer de manière à faire obstacle : *opposer une digue aux flots.* **2.** Mettre face à face pour le combat : *match qui oppose deux équipes.* **3.** Mettre en parallèle, faire s'affronter : *opposer deux théories.* **4.** Objecter : *opposer des arguments valables.* ◆ **s'opposer** vpr **1.** Ne pas accepter, faire obstacle à : *s'opposer à un mariage.* **2.** Contraster, être incompatible : *opinions qui s'opposent.*

opposite (à l') loc adv VX Vis-à-vis, à l'opposé.

opposition nf **1.** Contraste : *opposition de couleurs.* **2.** Différence extrême, contradiction : *opposition de caractères.* **3.** Obstacle légal mis à une chose : *faire opposition à un jugement, à un paiement.* **4.** Fait de faire obstacle à, de lutter contre : *faire de l'opposition systématique.* **5.** Ensemble des adversaires d'un gouvernement : *membre de l'opposition.*

oppressant, e adj Qui oppresse.

oppresser vt **1.** Gêner la respiration de. **2.** FIG Tourmenter, accabler : *ce souvenir l'oppresse.*

oppresseur nm Celui qui opprime.

oppressif, ive adj Qui vise à l'oppression : *mesures oppressives.*

oppression nf **1.** Gêne respiratoire ; malaise psychique sourd, angoisse qui étreint. **2.** FIG Action d'opprimer ; fait d'être opprimé : *l'oppression d'un peuple.*

opprimant, e adj Qui opprime.

opprimé, e adj et n Qu'on opprime.

opprimer vt Imposer une autorité tyrannique et violente à.

opprobre nm LITT Honte, humiliation.

optatif nm Mode du verbe qui exprime le souhait.

opter vi Choisir entre plusieurs solutions.

opticien, enne n Fabricant ou marchand d'instruments d'optique, de lunettes.

optimal, e, aux adj Se dit de l'état le plus favorable.

optimalisation ou **optimisation** nf Action d'optimaliser ; fait d'être optimalisé.

optimaliser ou **optimiser** vt Donner à quelque chose le rendement optimal.

optimisme nm **1.** Attitude de ceux qui ont tendance à prendre les choses du bon côté. **2.** Confiance dans l'avenir.

optimiste adj et n Qui fait preuve d'optimisme.

optimum [ɔptimɔm] (pl *optimums* ou *optima*) nm État le plus favorable de quelque chose.

option nf **1.** Faculté, action d'opter ; chose choisie. **2.** Accessoire facultatif non prévu sur le modèle d'origine, à payer en sus : *autoradio en option.* **3.** Promesse d'achat ou de vente : *prendre une option sur un studio.* **4.** Droit de choisir entre plusieurs situations juridiques. ■ **option sur titres :** stock-option.

optionnel, elle adj Qui donne lieu à un choix, à une option : *crédits optionnels.*

1. optique adj Relatif à l'œil, à la vision : *nerf optique.*

2. optique nf **1.** Partie de la physique qui traite de la lumière et de la vision. **2.** Fabrication et commerce d'instruments utilisant des lentilles et des miroirs (lunettes, jumelles, etc.). **3.** Partie d'un appareil formé de lentilles et de miroirs : *l'optique d'une caméra.* **4.** FIG Point de vue, manière de voir.

opulence nf **1.** Abondance de biens. **2.** Caractère de ce qui est opulent.

opulent, e adj **1.** Très riche. **2.** Dont les formes corporelles sont développées : *poitrine opulente.*

opuntia [ɔpɔ̃sja] nm Plante grasse à rameaux épineux (appelée aussi : *figuier de Barbarie*).

opus [ɔpys] nm **1.** Ordre d'un morceau de musique dans la production d'un compositeur ; morceau correspondant : *adagio de l'opus 28* (abrév. : *op.*). **2.** Production artistique ou littéraire (disque, film, roman, etc.) : *le dernier opus d'un chanteur, d'un cinéaste.*

opuscule nm Petit ouvrage, petit livre.

1. or nm **1.** Métal précieux d'une couleur jaune et brillante ; symb : Au. **2.** Monnaie d'or. ■ **âge d'or :** époque de prospérité, de bonheur. ❑ **c'est de l'or en barre :** c'est une valeur sûre. ❑ **l'or** (+ adj) **:** toute ressource naturelle génératrice de richesse. ❑ **l'or bleu :** l'eau. ❑ **l'or noir :** le pétrole. ❑ **l'or vert :** l'ensemble des ressources végétales. ❑ **règle d'or :** principe qu'il convient de respecter absolument. ❑ **rouler sur l'or :** être très riche. ❑ **une affaire en or :** excellente.

2. or conj Marque une transition d'une idée à une autre ; introduit une circonstance particulière dans un récit.

oracle nm **1.** ANTIQ Réponse qu'on supposait faite par les dieux aux questions des hommes ; la divinité consultée. **2.** Décision émanant d'une autorité ; cette autorité.

orage nm **1.** Perturbation atmosphérique violente, accompagnée d'averses, de tonnerre, d'éclairs. **2.** FIG Lutte, agitation entre des personnes ou des groupes humains.

orageux, euse adj **1.** Qui caractérise l'orage : *temps orageux*. **2.** FIG Agité, violent : *vie, discussion orageuse*.

oraison nf Prière liturgique. ■ **oraison funèbre :** discours en l'honneur d'un personnage décédé.

oral, e, aux adj **1.** Qui se transmet par la parole ; qui est exprimé de vive voix : *tradition orale*. **2.** Qui concerne la bouche : *par voie orale*. ◆ nm **1.** Partie orale d'un examen ou d'un concours (par opposition à *écrit*). **2.** Le fait de parler : *s'exprimer facilement à l'oral*.

oralement adv En paroles, de vive voix.

orange nf Fruit de l'oranger. ◆ adj inv et nm D'une couleur jaune mêlée de rouge.

orangé, e adj Qui tire sur la couleur orange. ◆ nm Couleur orangée.

orangeade nf Jus d'orange additionné de sucre et d'eau.

oranger nm Arbre du genre citronnier qui produit les oranges. ■ **eau de fleur d'oranger :** essence de fleurs du bigaradier.

orangeraie nf Plantation d'orangers.

orangerie nf Serre où l'on met les orangers en hiver.

orang-outan [ɔrɑ̃utɑ̃] (pl *orangs-outans*) ou **orang-outang** [ɔrɑ̃utɑ̃] (pl *orangs-outangs*) nm Grand singe anthropoïde de Sumatra et de Bornéo.

orateur, trice n **1.** Personne qui prononce un discours devant une assemblée, un groupe. **2.** Personne éloquente.

oratoire adj De l'orateur : *art oratoire*. ◆ nm Petite chapelle.

oratorio nm Drame lyrique sur un sujet religieux.

1. orbe adj Se dit d'un mur sans ouverture.

2. orbe nm LITT Surface circulaire, cercle.

orbital, e, aux adj Relatif à une orbite. ■ **station orbitale :** station spatiale placée sur orbite.

orbite nf **1.** Courbe d'une planète, d'une comète autour du Soleil, d'un satellite autour de la planète. **2.** Cavité de l'œil. **3.** FIG Zone d'action, sphère d'influence : *être dans l'orbite d'une personnalité politique*.

orbiter vi Être en orbite autour d'un astre, d'une planète.

orchestral, e, aux adj De l'orchestre.

orchestration nf **1.** Répartition des différentes parties d'une composition musicale entre les instruments de l'orchestre. **2.** FIG Organisation concertée d'une action, d'un événement.

orchestre [ɔrkɛstr] nm **1.** Groupe de musiciens qui exécutent une œuvre. **2.** Au théâtre, espace entre la scène et le public, où se placent les instrumentistes. **3.** Ensemble des places au rez-de-chaussée d'une salle de spectacle, face à la scène.

orchestrer vt **1.** Combiner pour l'orchestre les diverses parties d'une composition musicale. **2.** FIG Diriger, organiser en vue d'obtenir un certain résultat.

orchidacée [ɔrkidase] nf Plante monocotylédone remarquable par ses belles fleurs (les orchidacées forment une famille).

orchidée [ɔrkide] nf Plante à fleurs ornementales de la famille des orchidacées.

ordalie nf HIST Épreuve judiciaire, au Moyen Âge, qui consistait à faire dépendre de Dieu la culpabilité ou l'innocence d'un accusé.

ordinaire adj **1.** Qui se fait, qui a lieu habituellement : *événement très ordinaire*. **2.** Commun, répandu, médiocre : *esprit ordinaire*. ◆ nm **1.** Ce qui se fait habituellement. **2.** Menu habituel : *cela améliore l'ordinaire*. ■ **d'ordinaire :** généralement, le plus souvent.

ordinairement adv D'habitude, le plus souvent.

ordinal, e, aux adj ■ **adjectif numéral ordinal :** qui marque le rang, l'ordre (EX : *cinquième, treizième*). ❑ **nombre ordinal :** nombre entier qui indique l'ordre.

ordinateur nm Machine automatique de traitement de l'information, obéissant à des programmes formés par des suites d'opérations arithmétiques et logiques.

ordination nf RELIG **1.** Acte par lequel est administré le sacrement de l'ordre à un laïc chrétien. **2.** Acte par lequel l'Église protestante confère à une personne la charge d'un ministère.

ordiphone nm Téléphone intelligent.

ordonnance nf **1.** Arrangement, ordre, disposition : *l'ordonnance d'un repas*. **2.** Loi, règlement : *ordonnance de police*. **3.** Prescription médicale : *rédiger une ordonnance*. ■ **officier d'ordonnance :** officier qui remplit les fonctions d'aide de camp.

ordonnancement nm Action d'ordonnancer.

ordonnancer vt (conj 1) Disposer dans un certain ordre, agencer.

ordonnancier nm Bloc de papier à en-tête utilisé par un praticien pour rédiger ses ordonnances.

ordonnateur, trice n et adj Personne qui ordonne, dispose : *l'ordonnateur de la cérémonie*.

ordonné, e adj Qui a de l'ordre.

ordonnée nf Coordonnée verticale caractérisant un point dans un plan (par opposition à *abscisse*).

ordonner vt **1.** Commander, donner l'ordre de. **2.** Mettre en ordre : *ordonner ses idées.* **3.** Prescrire comme ordonnance : *ordonner des antibiotiques.* **4.** RELIG Consacrer par ordination.

ordre nm **1.** Commandement : *recevoir un ordre ; jusqu'à nouvel ordre.* **2.** Manière dont les éléments d'un ensemble sont placés les uns par rapport aux autres : *ordre alphabétique.* **3.** Action, fait de ranger, d'être rangé : *mettre de l'ordre dans une pièce ;* qualité d'une personne qui sait ranger : *avoir de l'ordre.* **4.** Catégorie, rang, classe : *ordre d'idées ; de premier ordre.* **5.** Stabilité d'une société, absence de troubles : *le maintien de l'ordre.* **6.** HIST Chacune des trois classes (clergé, noblesse, tiers état) qui composaient la société sous l'Ancien Régime. **7.** Association professionnelle : *l'ordre des médecins.* **8.** Compagnie religieuse : *ordre monastique.* **9.** Sacrement qui confère le pouvoir d'exercer les fonctions ecclésiastiques. **10.** Institution par laquelle l'État reconnaît le mérite de quelqu'un : *l'ordre de la Légion d'honneur.* **11.** Endossement d'un effet de commerce : *billet à ordre ; à l'ordre de.* **12.** SC NAT Groupe de plantes, d'animaux entre la classe et la famille : *l'ordre des orthoptères.* **13.** Style architectural antique : *ordre dorique.* ■ **à l'ordre du jour :** d'actualité. ❑ **entrer dans les ordres :** se faire prêtre, religieux ou religieuse. ❑ **mot d'ordre :** consigne donnée en vue d'une action précise. ❑ **ordre du jour :** liste des questions qu'une assemblée doit examiner tour à tour.

ordure nf **1.** Propos, écrit obscène. **2.** FAM Personne abjecte. ◆ **ordures** pl Déchets, saletés. ■ **boîte à ordures :** poubelle.

ordurier, ère adj Qui contient, dit ou écrit des obscénités.

orée nf LITT Bord, lisière d'un bois.

oreillard nm Chauve-souris aux grandes oreilles.

oreille nf **1.** Organe de l'ouïe ; partie externe de cet organe, placée de chaque côté de la tête. **2.** Ouïe : *avoir l'oreille fine ; avoir de l'oreille.* **3.** Objet ayant quelque ressemblance avec l'oreille, partie saillante de certains objets : *oreilles d'une marmite.* ■ **échauffer les oreilles :** irriter. ❑ **faire la sourde oreille :** faire semblant de ne pas entendre. ❑ **tendre l'oreille :** écouter attentivement. ❑ **se faire tirer l'oreille :** céder avec peine.

oreiller nm Coussin pour soutenir la tête quand on est couché.

oreillette nf **1.** Chacune des deux cavités supérieures du cœur. **2.** Écouteur miniaturisé adapté à l'oreille, destiné à la communication téléphonique, à l'écoute musicale, etc.

oreillons nm pl Maladie contagieuse qui se manifeste par un gonflement et une inflammation des glandes parotides.

ores adv ■ **d'ores et déjà :** dès maintenant.

orfèvre n Personne qui fait ou vend des ouvrages d'or et d'argent. ■ **être orfèvre en la matière :** être expert dans un domaine.

orfèvrerie nf Métier, ouvrage de l'orfèvre.

orfraie nf Oiseau de proie diurne. ■ **pousser des cris d'orfraie :** des cris épouvantables.

organdi nm Mousseline légère.

organe nm **1.** Partie d'un corps vivant qui remplit une fonction utile à la vie : *l'œil est l'organe de la vue.* **2.** La voix humaine : *avoir un bel organe.* **3.** Publication qui est le porte-parole, le représentant officiel d'un parti, d'un organisme, etc. **4.** Chacun des éléments essentiels d'un appareil, d'une machine, etc. **5.** FIG Ce qui sert d'intermédiaire, d'instrument : *les organes politiques.*

organigramme nm Graphique de la structure d'une entreprise, d'une organisation.

organique adj **1.** Relatif aux organes ou aux êtres organisés : *la vie organique.* **2.** Qui provient de tissus vivants (par opposition à *chimique*) : *engrais organique.* ■ **chimie organique :** partie de la chimie qui étudie le carbone et ses composés.

organiquement adv De façon organique.

organisateur, trice n et adj Personne qui organise.

organisation nf **1.** Action d'organiser, d'arranger ; qualité d'une personne organisée : *manquer d'organisation.* **2.** Manière dont un ensemble ou un groupe sont structurés, agencés. **3.** Association qui se propose des buts déterminés : *organisation syndicale.*

organisé, e adj **1.** Qui sait aménager sa vie, ses affaires : *personne très organisée.* **2.** Qui est constitué, aménagé d'une certaine façon : *cuisine bien organisée.* **3.** BIOL Pourvu d'organes correspondant à diverses fonctions de la vie.

organiser vt **1.** Préparer dans un but et selon un plan précis : *organiser un voyage.* **2.** Donner une structure en vue de faire fonctionner : *organiser un service.* ◆ **s'organiser** vpr **1.** Arranger son travail, ses affaires de façon efficace. **2.** Prendre forme.

organiseur nm **1.** Agenda à feuillets mobiles. **2.** Agenda électronique.

organisme nm **1.** Ensemble des organes qui constituent un être vivant. **2.** Être vivant doté ou non d'organes : *organisme pluricellulaire.* **3.** Ensemble, groupe organisé : *organisme semi-public.*

organiste n Personne qui joue de l'orgue.

organologie nf Étude des instruments de musique, de leur histoire, de leur classification, etc.

organsin nm Fils de soie grège tordus réunis par un doublage, utilisés en chaîne dans le tissage de la soie.

orgasme nm Point culminant du plaisir sexuel.

orge nf Céréale dont les épis portent de longues barbes ; graine de cette céréale. ■ **sucre d'orge** : sucre cuit avec une décoction d'orge et coloré.

orgeat nm Sirop préparé avec une émulsion d'amandes.

orgelet nm Petite tumeur inflammatoire au bord de la paupière.

orgiaque adj Qui tient de l'orgie.

orgie nf **1.** Débauche. **2.** LITT Surabondance, profusion : *une orgie de couleurs*.

orgue nm Instrument de musique à vent et à tuyaux, à claviers et pédales. ■ **orgue de Barbarie** : orgue mécanique à manivelle. ❑ MUS **point d'orgue** : repos plus ou moins long sur une note quelconque.

GRAMMAIRE *Orgue* est féminin au pluriel dans la langue littéraire : *les grandes orgues*.

orgueil nm **1.** Estime excessive de soi. **2.** Sentiment de sa propre dignité, fierté légitime. **3.** Objet de fierté : *cet enfant est l'orgueil de ses parents*.

orgueilleusement adv Avec orgueil.

orgueilleux, euse adj et n Qui a de l'orgueil, qui le manifeste.

orient nm **1.** L'un des points cardinaux, où le Soleil se lève ; levant, est. **2.** (avec une majuscule) Ensemble des pays d'Asie par rapport à l'Europe. ■ **Grand Orient** : loge maçonnique centrale.

orientable adj Que l'on peut orienter.

oriental, e, aux adj Qui se situe à l'est : *côte orientale*. ◆ adj et n De l'Orient : *les Orientaux*.

orientalisme nm Étude des cultures, des langues orientales.

orientaliste n Spécialiste des cultures, des langues orientales.

orientation nf **1.** Action d'orienter ; fait de s'orienter : *avoir le sens de l'orientation*. **2.** Position par rapport aux points cardinaux : *orientation d'une chambre*. **3.** FIG Direction, tendance donnée à quelqu'un ou à quelque chose : *orientation des élèves, d'une recherche*.

orienté, e adj Qui a une tendance doctrinale ou politique nettement marquée.

orienter vt **1.** Disposer par rapport aux points cardinaux : *orienter une maison*. **2.** FIG Guider, diriger : *orienter vers une carrière*. ◆ **s'orienter** vpr **1.** Reconnaître sa position par rapport aux points cardinaux ; retrouver son chemin. **2.** FIG Se diriger : *s'orienter vers les sciences*.

orifice nm Ouverture, trou.

oriflamme nf Drapeau ou bannière d'apparat.

origami nm Art traditionnel japonais du papier plié.

origan nm Plante aromatique (appelée aussi : *marjolaine*).

originaire adj Qui vient de, qui tire son origine de : *originaire d'Afrique*.

originairement adv À l'origine.

original, e, aux adj **1.** Qui émane directement de l'auteur, de la source : *texte original*. **2.** Unique en son genre, qui ne ressemble à rien d'autre : *pensée originale*. **3.** Singulier ; bizarre : *décor original*. ◆ nm Texte, ouvrage, modèle primitif : *copie conforme à l'original*. ◆ n Personne excentrique, singulière.

originalement adv De façon originale.

originalité nf **1.** Caractère de ce qui est original. **2.** Bizarrerie, nouveauté, excentricité.

origine nf **1.** Commencement, début : *l'origine du monde*. **2.** Cause, source : *l'origine d'un bruit*. **3.** Provenance, extraction : *d'origine anglaise*. ■ **à l'origine** : au début. ❑ **d'origine** : (a) qui vient directement du lieu de production : *vin d'origine* (b) qui est là depuis le début : *pièces d'origine*.

originel, elle adj Qui remonte à l'origine. ■ **péché originel** : celui que tous les hommes, dans la croyance chrétienne, ont contracté en la personne d'Adam.

originellement adv Dès l'origine.

orignal (pl *orignaux*) nm Élan du Canada.

oripeaux nm pl LITT Vêtements usés.

ORL (sigle) n Oto-rhino-laryngologiste. ◆ nf Oto-rhino-laryngologie.

orléaniste n et adj HIST Personne qui soutenait les revendications au trône de France de la maison d'Orléans.

orme nm Arbre à feuilles dentelées et au bois solide et souple ; bois de cet arbre.

1. ormeau nm Jeune orme.

2. ormeau nm Mollusque comestible à coquille plate.

orne nm Frêne du sud de l'Europe.

ornemaniste n BX-ARTS Sculpteur ou peintre d'ornements.

ornement nm **1.** Ce qui orne, décore : *les ornements d'une église*. **2.** Détail destiné à la décoration, à l'embellissement d'une composition artistique. ■ **d'ornement** : purement décoratif : *plante d'ornement*.

ornemental, e, aux adj Qui concerne les ornements ; qui sert à l'ornement.

ornementation nf Action, art, manière d'orner, de décorer ; chose qui orne.

ornementer vt Enrichir d'ornements.

orner vt Parer, décorer.

ornière nf Trace creusée dans le sol par les roues des voitures. ■ **sortir de l'ornière** :

(a) se dégager de la routine (b) sortir d'une situation difficile.

ornithologie nf Partie de la zoologie qui traite des oiseaux.

ornithologique adj Relatif à l'ornithologie.

ornithologiste ou **ornithologue** n Spécialiste d'ornithologie.

ornithomancie nf Divination par le vol ou le chant des oiseaux.

ornithorynque nm Mammifère d'Australie dont le bec corné ressemble à celui du canard.

orogenèse nf GÉOL Formation des chaînes de montagnes.

orogénique adj Relatif à l'orogenèse.

orographie nf Étude du relief terrestre.

oronge nf Champignon comestible d'un rouge doré. ■ **fausse oronge :** champignon vénéneux dit *amanite tue-mouches*.

orpailleur nm Homme qui recherche les paillettes d'or dans le lit de cours d'eau.

orphelin, e n et adj Enfant qui a perdu son père et sa mère, ou l'un d'eux. ◆ adj ■ **maladie orpheline :** maladie héréditaire rare pour laquelle il n'existe pas de traitement.

orphelinat nm Établissement où l'on élève les enfants orphelins.

orphéon nm Chorale de voix d'hommes ou de voix mixtes d'enfants ; fanfare.

orphéoniste n Membre d'un orphéon.

orphie nf Poisson à bec fin et pointu (dit aussi : *aiguille de mer*).

orphique adj Relatif au mythe grec d'Orphée.

orphisme nm Courant religieux initiatique de la Grèce antique rattaché à Orphée, prônant l'ascèse pour libérer l'âme.

orpiment nm Sulfure d'arsenic.

orque nf Mammifère marin (dit aussi : *épaulard*).

ORSEC [orsɛk] adj (sigle de *organisation des secours*) ■ **plan ORSEC :** programme d'organisation des secours déclenché par le préfet en cas de catastrophe.

orteil nm Doigt de pied.

orthodontie [ɔrtɔdɔ̃si] nf Correction des anomalies de position des dents.

orthodontiste n Spécialiste d'orthodontie.

orthodoxe adj Conforme à un dogme religieux, à une doctrine (par opposition à *hérétique*). ◆ adj et n Qui concerne les Églises chrétiennes d'Orient.

orthodoxie nf Caractère de ce qui est orthodoxe.

orthogonal, e, aux adj À angle droit.

orthographe nf Manière d'écrire correctement les mots.

orthographier vt Écrire suivant les règles de l'orthographe. ◊ vpr : *« carotte » s'orthographie avec deux t.*

orthographique adj Relatif à l'orthographe.

orthopédie nf Traitement des affections du squelette, des articulations, de l'appareil locomoteur.

orthopédique adj Relatif à l'orthopédie.

orthopédiste n et adj Spécialiste d'orthopédie.

orthophonie nf Rééducation du langage écrit et oral.

orthophoniste n Spécialiste d'orthophonie.

orthoptère nm Insecte dont les ailes membraneuses ont des plis droits, comme le criquet, la sauterelle, le grillon (les orthoptères forment un ordre).

orthoptie [ɔrtɔpsi] ou **orthoptique** nf Branche de l'ophtalmologie qui traite les défauts de la vue par la gymnastique oculaire.

orthoptiste n Spécialiste d'orthoptie.

ortie nf Plante couverte de poils irritants.

ortolan nm Espèce de bruant de l'Europe à la chair délicate.

orvet nm Reptile proche des lézards, sans pattes.

orviétan nm VX Remède supposé guérir. ■ LITT **marchand d'orviétan :** charlatan.

os [ɔs], au pluriel [o] nm Partie dure et solide de la charpente du corps de l'homme et des animaux vertébrés. ■ FIG **en chair et en os :** en personne. ❑ FAM **tomber sur un os :** sur une difficulté imprévue.

OS [oɛs] n (sigle) Ouvrier spécialisé.

oscar nm Haute récompense cinématographique attribuée chaque année à Hollywood.

oscillant, e adj Qui oscille.

oscillation nf **1.** Mouvement d'un corps qui va et vient de part et d'autre de sa position d'équilibre : *les oscillations du pendule.* **2.** FIG Fluctuation, changement : *les oscillations de l'opinion publique.*

oscillatoire adj De la nature de l'oscillation.

osciller [ɔsile] vi **1.** Exécuter des oscillations. **2.** FIG Varier, hésiter.

oscillographe nm Appareil permettant d'enregistrer les variations d'un courant électrique.

osé, e adj Hardi, audacieux ; grivois.

oseille nf **1.** Plante potagère d'un goût acide. **2.** FAM Argent.

oser vt Avoir la hardiesse, le courage de : *ne pas oser se plaindre.*

osier nm Rameau jaune et flexible d'une sorte de saule ; saule donnant ces rameaux.

osmium [ɔsmjɔm] nm Métal très lourd, voisin du platine ; symb : Os.

osmose nf **1.** Phénomène de diffusion d'une solution à travers une membrane semi-perméable. **2.** FIG, SOUT Interpénétration, influence réciproque : *vivre en osmose.*

ossature nf **1.** L'ensemble des os. **2.** FIG Armature, charpente : *ossature d'un roman.*

osselet nm Petit os, en particulier de l'oreille. ◆ **osselets** pl ■ **jouer aux osselets :** lancer et rattraper sur le dos de la main de petits objets de matière quelconque en forme de petits os.

ossements nm pl Os décharnés.

osseux, euse adj **1.** De la nature de l'os : *tissu osseux.* **2.** Dont les os sont saillants. **3.** Qui a des os : *poisson osseux.*

ossification nf Transformation d'un tissu en tissu osseux.

ossifier (s') vpr Se transformer en tissu osseux.

ossuaire nm Lieu où sont conservés des ossements humains.

ostéalgie nf MÉD Douleur osseuse.

ostéite nf Inflammation du tissu osseux.

ostensible adj Qu'on ne cache pas, qu'on cherche à montrer.

ostensiblement adv De façon ostensible.

ostensoir nm Pièce d'orfèvrerie où l'on expose l'hostie consacrée.

ostentation nf Étalage excessif d'une qualité, d'un avantage : *agir avec ostentation.*

ostentatoire adj Qui manifeste de l'ostentation.

ostéodensitométrie nf Mesure de la densité osseuse par évaluation du contenu minéral des os. (Elle permet le dépistage de l'ostéoporose.)

ostéomyélite nf Inflammation des os et de la moelle osseuse.

ostéopathe n Personne qui soigne par des manipulations articulaires.

ostéopathie nf **1.** Maladie des os en général. **2.** Pratique de l'ostéopathe.

ostéoplastie nf CHIR Restauration d'un os à l'aide de fragments osseux.

ostéoporose nf Raréfaction pathologique du tissu osseux.

ostéotomie nf Action de couper un os.

ostraciser vt Tenir à l'écart, isoler : *ostraciser un pays.*

ostracisme nm LITT Exclusion d'un groupe quelconque : *être frappé d'ostracisme.*

ostréicole adj Relatif à l'ostréiculture.

ostréiculteur, trice n Personne qui pratique l'ostréiculture.

ostréiculture nf Élevage des huîtres.

ostrogoth, e ou **ostrogot, e** adj Relatif à un ancien peuple germanique. ◆ nm FAM Individu bourru ou bizarre.

otage n Personne prise ou livrée en garantie de l'exécution de certaines promesses ou certaines conventions.

> ORTHOGRAPHE On écrit : *il les a retenus en otage* (locution adverbiale, invariable), mais *il les a retenus comme otages* (nom, variable).

otarie nf Mammifère marin voisin du phoque ; peau, fourrure de ce mammifère.

ôté prép LITT En ôtant, si l'on ôte, excepté.

ôter vt Tirer, enlever quelqu'un, quelque chose de l'endroit où il est. ◆ vpr **1.** FAM ôte-toi de là ! **2.** Enlever, se débarrasser de : *ôter son manteau.* **3.** Retirer, déposséder de : *ôter ses illusions à quelqu'un.* **4.** Retrancher, soustraire.

otite nf Inflammation de l'oreille.

oto-rhino n (abrév.) Oto-rhino-laryngologiste.

oto-rhino-laryngologie nf Étude des maladies des oreilles, du nez et de la gorge.

oto-rhino-laryngologiste n Spécialiste d'oto-rhino-laryngologie (sigle : ORL).

ottoman, e adj et n Relatif à l'Empire turc des Ottomans (début du XIVe s. à 1922).

ou conj **1.** Indique l'alternative, un choix ou une indifférence entre deux possibilités : *vaincre ou mourir.* **2.** Indique l'équivalence, l'explication en d'autres termes : *Constantinople ou Istanbul.*

où adv et pron relat **1.** Marque le lieu : *où est-il ? ; la maison où il habite.* **2.** Marque le moment : *le jour où.* **3.** Marque un état, une situation, un degré : *au prix où c'est.* **4.** Interroge sur le but : *où cela nous mènera-t-il ?* ■ **d'où :** (a) de quel endroit : *d'où vient-il ?* (b) indique la conséquence : *je ne l'ai pas vu, d'où mon accident.* ❏ **là où :** au lieu dans lequel. ❏ **par où :** par quel endroit.

ouailles nf pl LITT Ensemble des paroissiens d'un prêtre ou d'un pasteur.

ouais interj FAM Oui.

ouate nf Coton étalé en nappe et préparé pour servir de doublure à un vêtement, ou de pansement : *ouate hydrophile.*

> EMPLOI On dit aussi bien *de l'ouate* que *de la ouate.*

ouaté, e adj Qui donne une impression de douceur : *atmosphère ouatée.*

ouater vt Garnir d'ouate.

ouatiné, e adj Doublé d'une nappe de fibre textile cousue entre deux tissus légers.

oubli nm **1.** Fait d'oublier : *l'oubli d'un détail.* **2.** Défaillance ponctuelle de la mémoire ou de l'attention ; étourderie. **3.** Manquement à des règles ou à des convenances : *l'oubli de ses devoirs.* ■ **oubli de soi** : fait de ne pas tenir compte de son intérêt ou de ses sentiments.

oublier vt **1.** Perdre le souvenir de : *oublier une date.* **2.** Laisser par inadvertance : *oublier ses gants.* **3.** Omettre par défaut d'attention : *oublier (d'ajouter de) la moutarde.* **4.** Ne plus se préoccuper de : *oublier ses amis, ses soucis.* **5.** Pardonner : *oublier une injure.* ■ **oublier l'heure** : ne pas faire attention à l'heure et se mettre en retard.

oubliette nf Cachot souterrain où l'on jetait les prisonniers condamnés à la détention perpétuelle.

oublieux, euse adj Qui oublie facilement.

oued [wɛd] nm **1.** Rivière, en Afrique du Nord. **2.** Cours d'eau intermittent dans les régions arides.

ouest [wɛst] nm **1.** Partie de l'horizon où le soleil se couche ; couchant, occident. **2.** Pays ou région situés de ce côté : *l'ouest de la France.*

ORTHOGRAPHE On écrit *dans l'Ouest* (région), mais *à* ou *vers l'ouest* (orientation).

ouest-allemand, e (pl *ouest-allemands, es*) adj et n Relatif à la République fédérale d'Allemagne avant la réunification de l'Allemagne.

ouf interj Marque le soulagement.

ougandais, e adj et n De l'Ouganda : *les Ougandais.*

oui adv **1.** Marque une réponse affirmative ; équivaut à une proposition affirmative (par opposition à *non*) : *je crois que oui.* **2.** Marque l'impatience : *tu te décides, oui ?* ◆ nm inv Approbation, accord. ■ **pour un oui ou pour un non** : très souvent, sans motif.

ouï-dire nm inv Ce qu'on sait par la rumeur publique : *ce ne sont que des ouï-dire.*

ouïe [wi] nf Sens par lequel on perçoit les sons. ◆ **ouïes** pl **1.** Branchies des poissons. **2.** Ouvertures en forme de S pratiquées à la table supérieure d'un violon.

ouille ou **ouïe** [uj] interj Cri poussé pour exprimer une douleur.

ouïr vt (seulement à l'infinitif et au participe passé : *ouï, e*) LITT Entendre : *j'ai ouï dire que.*

ouistiti nm Singe d'Amérique de petite taille.

oukase ou **ukase** [ukaz] nm SOUT Décision autoritaire et arbitraire.

ouléma ou **uléma** [ulema] nm Docteur de la loi, théologien musulman.

ouolof ou **wolof** [wɔlɔf] nm Une des langues nationales au Sénégal.

ouragan nm **1.** Tempête violente. **2.** FIG Déchaînement impétueux : *ouragan politique.*

ourdir vt **1.** Disposer sur l'ourdissoir les fils de la chaîne d'une étoffe. **2.** LITT Tramer, organiser : *ourdir une conspiration.*

ourdissage nm Action d'ourdir.

ourdissoir nm Pièce sur laquelle le tisserand ourdit la chaîne.

ourdou nm Une des deux langues nationales du Pakistan.

ourler vt Faire un ourlet.

ourlet nm Repli cousu au bord d'une étoffe.

ours [urs] nm **1.** Grand mammifère carnivore, lourd, à fourrure épaisse. **2.** FIG Homme bourru, peu communicatif. **3.** Jouet en peluche ressemblant à un ourson.

ourse nf Femelle de l'ours. ■ **Grande, Petite Ourse** : nom de deux constellations de l'hémisphère boréal.

oursin nm Animal marin couvert de piquants mobiles, et dont les glandes reproductrices sont comestibles.

ourson nm Petit de l'ours.

oust [ust] ou **ouste** interj FAM S'emploie pour mettre dehors ou accélérer une action.

out [awt] adv et adj inv Hors des limites du terrain ; hors de combat. ◆ adj inv FAM Dépassé par le progrès, par la situation : *matériel out.*

outarde nf Oiseau échassier à la chair savoureuse.

outil [uti] nm **1.** Instrument manuel de travail : *outil de coupe.* **2.** Tout instrument de travail : *ce livre est un bon outil.*

outillage nm Assortiment d'outils, de machines : *l'outillage d'une usine.*

outillé, e adj Muni des outils nécessaires à un travail : *bien, mal outillé.*

outiller vt Munir des outils, du matériel nécessaires.

outlaw [awtlo] nm Individu hors la loi.

outrage nm Injure, offense.

outrageant, e adj Qui outrage ; insultant.

outrager vt (conj 2) Offenser gravement.

outrageusement adv Excessivement : *outrageusement fardée.*

outrance nf Excès, exagération. ■ **à outrance** : à l'excès.

outrancier, ère adj Excessif.

1. outre nf Sac en peau de bouc pour conserver et transporter des liquides.

2. outre prép En plus de. ■ **outre mesure** : à l'excès. ◆ adv ■ **passer outre** : ne pas tenir compte de. ◆ **en outre** loc adv De plus. ◆ **outre que** loc conj En plus du fait que.

outré, e adj **1.** Exagéré : *paroles outrées.* **2.** Indigné : *j'en suis outré.*

outre-Atlantique adv De l'autre côté de l'Atlantique par rapport à l'Europe, c'est-à-dire aux États-Unis.

outrecuidance nf LITT Présomption, impertinence.

outrecuidant, e adj LITT Présomptueux, impertinent, arrogant.

outre-Manche adv Au-delà de la Manche, par rapport à la France.

outremer nm Pierre fine d'un beau bleu. ◆ adj inv et nm De la couleur de cette pierre.

outre-mer loc adv Au-delà des mers, par rapport à la France : *départements et territoires d'outre-mer.*

outrepasser vt Aller au-delà de : *outrepasser ses droits.*

outrer vt **1.** Exagérer : *outrer la vérité.* **2.** Irriter, indigner : *outrer quelqu'un.*

outre-Rhin loc adv Au-delà du Rhin.

outre-tombe loc adv Après la mort : *Mémoires d'outre-tombe.*

outsider [awtsajdœr] nm Concurrent dont les chances de gagner sont faibles.

ouvert, e adj **1.** Qui n'est pas fermé : *ouvert au public.* **2.** Franc, sincère, accueillant : *caractère ouvert.*

ouvertement adv Sans cacher ses intentions.

ouverture nf **1.** Action d'ouvrir : *ouverture d'un coffre ;* fait d'être ouvert : *ouverture des magasins ; ouverture d'esprit ;* état de ce qui est ouvert : *horaires d'ouverture.* **2.** Fente, trou, orifice : *faire une ouverture.* **3.** Début officiel d'une manifestation, d'une séance : *ouverture de la chasse.* **4.** MUS Préface instrumentale d'un opéra. ◆ **ouvertures** pl Propositions, premières négociations : *ouvertures de paix.*

ouvrable adj ■ **jour ouvrable :** jour de travail (par opposition à *jour férié*).

ouvrage nm **1.** Livre : *publier un ouvrage.* **2.** Travail : *avoir de l'ouvrage.* **3.** Objet produit par un travail quelconque : *ouvrage de couture.*

ouvragé, e adj Finement travaillé, décoré.

ouvrant, e adj Qui peut être ouvert : *toit ouvrant.*

ouvré, e adj TECHN Façonné, travaillé avec soin. ■ **jour ouvré :** où l'on travaille effectivement.

ouvre-boîtes nm inv Instrument pour ouvrir les boîtes de conserve.

ouvre-bouteilles nm inv Instrument pour décapsuler les bouteilles.

ouvrer vt TECHN Travailler, façonner.

ouvreur, euse n (surtout au féminin) Personne chargée de placer les spectateurs dans un cinéma, un théâtre.

ouvrier, ère n Salarié qui effectue un travail manuel ou mécanique pour gagner sa vie. ■ **ouvrier qualifié :** ouvrier ayant au minimum un certificat d'aptitude professionnelle. ❑ **ouvrier spécialisé (OS) :** dont le travail ne nécessite aucune formation spécifique. ◆ adj Relatif aux ouvriers : *classe ouvrière.*

ouvrière nf Individu stérile chez les abeilles, les fourmis, etc., assurant notamment la nutrition et la construction du nid.

ouvriérisme nm Tendance à donner la priorité aux revendications ouvrières ; tendance à exalter la classe ouvrière.

ouvriériste adj et n Qui relève de l'ouvriérisme.

ouvrir vt (conj 16) **1.** Défaire une fermeture : *ouvrir une fenêtre.* **2.** Permettre un accès : *ouvrir une route, les frontières.* **3.** Déplier : *ouvrir le journal, les bras.* **4.** Allumer, faire fonctionner : *ouvrir la radio.* **5.** Commencer : *ouvrir des négociations.* ◆ vi **1.** Être ouvert : *magasin qui ouvre le dimanche.* **2.** Donner accès : *ouvrir sur un jardin.* ◆ **s'ouvrir** vpr **1.** Présenter une ouverture : *la porte s'ouvre ; le pays s'ouvre au tourisme.* **2.** Se développer, s'épanouir : *les fleurs, les esprits s'ouvrent.* **3.** Se couper : *s'ouvrir la lèvre.* **4.** Commencer : *la fête s'ouvre sur un discours.* **5.** [à] Se confier à.

ouzbek, e ou **uzbek, e** [uzbɛk] adj et n De l'Ouzbékistan : *les Ouzbeks ;* d'une civilisation turque d'Asie centrale. ◆ nm Langue turque parlée par les Ouzbeks.

ouzo nm Liqueur grecque parfumée à l'anis.

ovaire nm **1.** Glande génitale femelle où se forment les ovules. **2.** BOT Partie renflée du pistil qui contient les ovules.

ovale adj Qui a la forme d'une courbe fermée et allongée comme l'ellipse. ◆ nm Figure ovale : *tracer un ovale.*

ovalie nf ■ FAM **l'ovalie :** l'ensemble des régions et des pays où l'on joue au rugby ; le monde du rugby.

ovarien, enne adj De l'ovaire.

ovation nf Acclamation.

ovationner vt Saluer par une ovation.

overdose [ɔvərdoz] nf (anglicisme) **1.** Dose mortelle de drogue ; surdose. **2.** Quantité excessive de quelque chose.

ovin, e adj Qui concerne les moutons et les brebis. ◆ nm Individu de l'espèce ovine.

ovipare adj et n Qui se reproduit par des œufs.

OVNI [ɔvni] nm (sigle de *objet volant non identifié*) Objet ou phénomène fugitif observé dans l'atmosphère et dont la nature n'est pas identifiée.

ovocyte nm Cellule femelle des animaux qui n'a pas encore subi les deux phases de la méiose.

ovoïde adj Dont la forme ressemble à celle d'un œuf.

ovovivipare n et adj Se dit d'un animal chez lequel l'œuf est conservé, jusqu'à éclosion, dans les voies génitales de la mère (vipère, par exemple).

ovulation nf Production et rejet périodique d'ovules par l'ovaire.

ovule nm **1.** Cellule femelle destinée à être fécondée. **2.** Petit solide ovoïde médicamenteux destiné à être placé dans le vagin.

ovuler vi Avoir une ovulation.

oxacide nm CHIM Acide contenant de l'oxygène.

oxalique adj ■ **acide oxalique** : tiré de l'oseille.

oxford [ɔksfɔrd] nm Tissu de coton rayé ou quadrillé.

oxhydrique adj À hydrogène et oxygène : *chalumeau oxhydrique.*

oxydable adj Qui peut être oxydé.

oxydant, e adj et nm Qui a la propriété d'oxyder.

oxydation nf Action d'oxyder ; fait de s'oxyder.

oxyde nm Composé résultant de la combinaison d'un corps simple avec l'oxygène.

oxyder vt Transformer en oxyde. ◆ **s'oxyder** vpr Se couvrir d'oxyde.

oxygénation nf Action d'oxygéner ; fait de s'oxygéner.

oxygène nm Corps simple gazeux, formant la partie respirable de l'air ; symb : O.

oxygéné, e adj ■ **eau oxygénée :** solution aqueuse employée comme antiseptique.

oxygéner vt (conj 10) Combiner avec l'oxygène. ◆ **s'oxygéner** vpr Respirer de l'air pur : *s'oxygéner à la campagne.*

oxyton nm Mot ayant l'accent tonique sur la finale.

oxyure nm Ver parasite de l'intestin de l'homme.

oyat nm Plante utilisée pour fixer les dunes.

Ozalid [ɔzalid] nm (nom déposé) IMPR Épreuve positive tirée sur papier.

ozone nm Corps simple gazeux dont la molécule est formée de trois atomes d'oxygène ; symb : O_3. ■ **trou d'ozone :** zone de l'atmosphère terrestre où l'on observe une diminution de la couche d'ozone.

ozoniser ou **ozoner** vt Faire agir l'ozone sur un corps pour le stériliser ou le transformer.

ozonosphère nf Couche de l'atmosphère terrestre, située entre 15 et 40 km d'altitude, qui contient de l'ozone.

P

p nm Seizième lettre de l'alphabet, et la douzième des consonnes.

pacage nm Action de faire paître le bétail ; lieu où on le mène.

pacager vt (conj 2) Faire paître des troupeaux.

pacemaker [pɛsmɛkœr] nm (anglicisme) Stimulateur cardiaque.

pacha nm **1.** Titre du chef de province dans l'Empire ottoman. **2.** FAM Homme qui aime ses aises et se laisser servir.

pachto ou **pachtou** nm Langue indo-européenne, officielle en Afghanistan.

pachyderme [paʃidɛrm] nm Mammifère à peau épaisse dont les pieds sont terminés par des sabots, tel que l'hippopotame, le rhinocéros, etc.

pacificateur, trice adj et n Qui pacifie.

pacification nf Action de pacifier.

pacifier vt **1.** Rétablir la paix, le calme dans un pays, parmi une population. **2.** SOUT Apaiser le trouble dans un esprit.

pacifique adj **1.** Qui désire vivre en paix. **2.** Qui est fait dans une intention de paix.

pacifiquement adv De façon pacifique.

pacifisme nm Doctrine des pacifistes.

pacifiste adj et n Qui est partisan de la paix.

pack nm (anglicisme) Emballage qui réunit plusieurs bouteilles ou pots pour en faciliter le stockage et le transport.

packager [pakadʒœr] ou **packageur** nm Sous-traitant qui effectue la réalisation partielle ou totale d'un livre pour un éditeur.

packaging [pakadʒiŋ] nm **1.** Technique de l'emballage et du conditionnement des produits commerciaux. **2.** Activité du packager.

pacotille nf Marchandise de peu de valeur.

pacs [paks] nm (sigle de *pacte civil de solidarité*) Contrat conclu entre deux personnes célibataires de même sexe ou de sexe différent pour donner un cadre légal à leur vie commune.

pacsé adj et n FAM Se dit de deux personnes ayant contracté un pacs.

pacser vi ou **pacser (se)** vpr FAM Conclure un pacs avec quelqu'un.

pacte nm Convention, accord solennels.

pactiser vi **1.** Faire un pacte. **2.** FIG Transiger : *pactiser avec sa conscience.*

pactole nm Source de richesses.

paddock nm **1.** Enceinte où les chevaux sont promenés en main, avant une course. **2.** FAM Lit.

paddy nm Riz non décortiqué.

paella [paela] ou [paelja] nf Plat espagnol à base de riz mélangé avec de la viande, des crustacés, du poisson, du chorizo, etc.

paf interj Indique le bruit d'un coup, d'une chute, etc. ◆ adj (inv en genre) **1.** FAM Ivre. **2.** BELGIQUE Décontenancé : *elle en est restée complètement paf.*

PAF [paf] nm (sigle de *paysage audiovisuel français*) Ensemble des chaînes de télévision et de radiodiffusion autorisées à émettre sur le territoire national.

pagaie nf Aviron court qu'on manie sans le fixer sur l'embarcation.

pagaille ou **pagaïe** nf FAM Précipitation, désordre. ■ **en pagaille** : en grande quantité.

paganisme nm Pour les chrétiens, religion des païens, culte polythéiste.

pagayer [pagɛje] vi (conj 4) Diriger une embarcation à la pagaie.

pagayeur, euse n Personne qui pagaie.

1. page nf **1.** Côté d'un feuillet de papier. **2.** Ce qui est tracé, imprimé sur la page : *copier une page.* **3.** FIG Passage d'une œuvre littéraire ou musicale. ■ FAM **à la page** : au courant de la dernière mode.

2. page nm Jeune noble autrefois au service d'un prince, d'un seigneur.

page-écran (pl *pages-écrans*) nf INFORM Quantité d'informations susceptibles d'être visualisées sur un seul écran.

pagel nm Poisson de mer de couleur gris rosé dont une espèce est commercialisée sous le nom de *daurade rose.*

pagination nf Numérotation des pages d'un livre, des feuillets d'un manuscrit, etc.

paginer vt Numéroter des pages ; folioter.

pagne nm Morceau d'étoffe drapé autour de la taille et qui couvre le corps des hanches aux cuisses.

pagode nf Édifice religieux bouddhique en Extrême-Orient.

pagre nm Poisson de mer voisin de la daurade.

pagure nm Bernard-l'ermite.

paie [pɛ] ou **paye** [pɛj] nf **1.** Action de payer : *jour de paie.* **2.** Salaire, somme touchée : *dépenser toute sa paie.* ■ **bulletin, feuille** ou **fiche de paie :** document détaillant les éléments de calcul du salaire, du traitement.

paiement [pɛmɑ̃] ou **payement** [pɛjmɑ̃] nm **1.** Action de payer : *suspendre ses paiements.* **2.** Somme payée. ■ **paiement électronique :** transaction financière qui s'opère via Internet. SYN : télépaiement.

païen, enne [pajɛ̃, ɛn] adj et n Adepte d'une religion polythéiste.

paierie nf Bureau d'un trésorier-payeur.

paillard, e adj et n Qui aime les plaisirs sensuels. ◆ adj Grivois, égrillard.

paillardise nf Comportement, mot ou récit paillard, grivois.

paillasse nf **1.** Sac de paille, de feuilles de maïs, etc., servant de matelas. **2.** Plan de travail d'un évier, à côté de la cuve ; plan de travail carrelé dans un laboratoire.

paillasson nm Natte en fibres dures posée au seuil d'un lieu quelconque et utilisée pour s'essuyer les pieds.

paille nf **1.** Tige de céréale dépouillée de son grain ; matière formée par ces tiges. **2.** Tige creuse servant à aspirer un liquide. ■ **homme de paille :** prête-nom dans une affaire malhonnête. ❑ **paille de fer :** tampon formé de copeaux métalliques, servant à nettoyer les parquets. ❑ **sur la paille :** ruiné. ❑ **tirer à la courte paille :** tirer au sort avec des brins de paille de longueurs différentes. ❑ **vin de paille :** vin blanc fait avec des raisins séchés sur la paille. ◆ adj inv D'une couleur jaune pâle.

pailler vt Couvrir ou garnir de paille : *pailler des semis.*

pailleté, e adj Couvert de paillettes : *tulle pailleté.*

paillette nf **1.** Parcelle d'or mêlée au sable de certaines rivières. **2.** Lamelle de matière brillante qu'on applique sur une étoffe. ■ **savon, lessive en paillettes :** en petites lamelles.

paillon nm Enveloppe de paille pour les bouteilles.

paillote nf Hutte à toit de paille, dans les pays chauds.

pain nm **1.** Aliment fait de farine pétrie, fermentée et cuite au four. **2.** CUIS Préparation moulée en forme de pain : *pain de poisson.* **3.** Masse de matière de forme allongée : *pain de savon.* **4.** FAM Coup : *coller un pain à quelqu'un.* ■ **arbre à pain :** jaquier, arbre des pays chauds. ❑ **avoir du pain sur la planche :** beaucoup de travail. ❑ **gagner son pain :** gagner sa vie, pourvoir à ses besoins. ❑ **long comme un jour sans pain :** très long. ❑ **pain de campagne :** pain de farine bise, à croûte farinée. ❑ **pain de mie :** pain à croûte fine et molle. ❑ **pain d'épice(s) :** gâteau de farine de seigle au sucre, au miel et aux aromates. ❑ **pain de sucre :** (a) amas de sucre de canne en forme de cône (b) piton granitique au sommet arrondi. ❑ **pain perdu :** entremets fait d'une tranche de pain ou de brioche rassise trempée dans du lait, sucrée et frite à la poêle. ❑ **retirer à quelqu'un le pain de la bouche :** lui ôter les moyens de gagner sa vie.

1. pair nm Membre de la Chambre des lords, en Angleterre.

2. pair, e adj Exactement divisible par deux : *nombre pair.* ◆ nm Égal d'une personne : *être jugé par ses pairs.* ■ **au pair :** logé et nourri en échange de certains services. ❑ **de pair :** sur le même rang. ❑ **hors pair :** sans rival, exceptionnel.

paire nf **1.** Couple de personnes, d'animaux, d'objets. **2.** Objet composé de deux parties : *paire de ciseaux.*

pairie nf Titre et dignité de pair.

paisible adj Tranquille, pacifique, calme : *mener une vie paisible.*

paisiblement adv De façon paisible.

paître vt (conj 80) Manger en broutant : *paître l'herbe.* ◆ vi Manger de l'herbe en broutant : *faire paître les troupeaux.* ■ FAM **envoyer paître :** congédier, éconduire.

paix nf **1.** Situation d'un pays, d'un peuple, qui n'est pas en guerre : *maintenir la paix.* **2.** Traité mettant fin à l'état de guerre : *signer la paix.* **3.** Calme, quiétude : *la paix des champs ; avoir la paix ; laisser en paix.* **4.** Tranquillité, sérénité : *en paix avec sa conscience.* ■ **faire la paix :** se réconcilier.

pakistanais, e adj et n Du Pakistan : *les Pakistanais.*

pal (pl *pals*) nm **1.** Pieu aiguisé. **2.** Bande verticale du blason.

PAL [pal] ou **Pal** adj inv (sigle de *phase alternating line*) ■ **système Pal :** standard de télévision en couleurs.

palabre nf (surtout au pluriel) Discussion longue et oiseuse.

palabrer vi Parler, discuter longuement.

palace nm Hôtel de grand luxe.

paladin nm Chevalier errant.

1. palais nm **1.** Résidence d'un chef d'État, d'une personne importante, etc. **2.** Édifice public destiné à un usage d'intérêt général : *palais des sports.* ■ **palais de justice :** affecté aux services de la justice.

2. palais nm **1.** ANAT Partie supérieure du dedans de la bouche. **2.** FIG Sens du goût : *palais délicat.*

palan nm Appareil de levage utilisant un système de poulies.

palanche nf Morceau de bois concave, pour porter deux seaux sur l'épaule.

palanquin nm En Orient, chaise ou litière portée à bras d'hommes ou installée sur le dos de certains animaux comme l'éléphant.

palatal, e, aux adj et nf Se dit d'une voyelle ou d'une consonne dont le point d'articulation est dans la région du palais.

1. palatin, e adj **1.** Du Palatinat. **2.** Qui dépend d'un palais.

2. palatin, e adj ANAT Du palais.

pale nf **1.** Partie d'un aviron, d'une roue à aubes, qui entre dans l'eau. **2.** Branche d'une hélice.

pâle adj **1.** Blême, blafard, sans couleurs. **2.** D'une tonalité atténuée : *bleu pâle.* **3.** FIG Terne, sans éclat : *un pâle imitateur.*

palefrenier nm Personne qui panse, soigne les chevaux.

palefroi nm Au Moyen Âge, cheval de parade.

paléochrétien, enne adj Des premiers chrétiens : *art paléochrétien.*

paléographe n et adj Spécialiste de paléographie.

paléographie nf Science du déchiffrement des écritures anciennes.

paléolithique nm et adj Première époque de la préhistoire, caractérisée par l'industrie de la pierre taillée, et divisée en trois phases (inférieure, moyenne et supérieure) selon les degrés de complexité de l'outillage.

paléontologie nf Science des fossiles.

paléontologue ou **paléontologiste** n Spécialiste de paléontologie.

paleron nm Partie charnue près de l'omoplate du bœuf.

palestinien, enne adj et n De Palestine : *les Palestiniens.*

palestre nf ANTIQ GR Lieu public pour les exercices physiques, en particulier la lutte.

palet nm Disque qu'on jette le plus près possible d'un but : *palet de marelle.*

paletot nm **1.** Veste trois-quarts qu'on porte par-dessus les autres vêtements. **2.** BELGIQUE Pardessus.

palette nf **1.** Plaque de bois sur laquelle les peintres étalent et mélangent leurs couleurs. **2.** Ensemble des couleurs propres à un peintre. **3.** FIG Gamme, éventail : *toute la palette de son génie.* **4.** Petit instrument large, aplati, servant à divers usages. **5.** Plateau conçu pour permettre la manutention des marchandises par chariots élévateurs ; charge de ce plateau. **6.** Viande de mouton, de porc, autour de l'omoplate. ■ **palette graphique ou électronique :** système de création d'images utilisant l'écran d'un ordinateur.

palétuvier nm Arbre des mangroves aux racines aériennes en arceaux.

pâleur nf État, aspect de ce qui est pâle : *la pâleur d'un visage.*

pâlichon, onne adj FAM Un peu pâle.

palier nm **1.** Plate-forme ménagée à chaque étage, dans un escalier. **2.** Portion horizontale d'une route, d'une voie ferrée. **3.** FIG Étape, tranche : *dégrèvement par paliers.* **4.** MÉCAN Organe supportant et guidant un arbre de transmission.

palière adj f ■ **marche palière :** de plain-pied avec le palier. ❑ **porte palière :** qui ouvre sur un palier.

palimpseste nm Manuscrit sur parchemin dont on a effacé le texte pour y écrire de nouveau.

palindrome nm Mot, phrase qu'on peut lire dans les deux sens (EX : *Ésope reste ici et se repose*).

palinodie nf SOUT Rétractation, brusque changement d'opinion : *les palinodies d'un homme politique.*

pâlir vi **1.** Devenir pâle : *pâlir de colère.* **2.** S'affaiblir, perdre de son éclat : *couleur qui pâlit.* ◆ vt LITT Rendre pâle : *la maladie a pâli ses traits.*

palis [pali] nm Chacun des pieux enfoncés en terre d'une clôture continue.

palissade nf Clôture de pieux ou de planches : *franchir une palissade.*

palissage nm Action de palisser.

palissandre nm Bois lourd et dur, d'un brun sombre violacé, à l'aspect veiné.

palisser vt Attacher les branches d'un arbre, d'un arbuste, contre un mur, un treillage.

palladium [paladjɔm] nm Métal blanc très ductile et très dur ; symb : Pd.

palliatif, ive adj et nm Qui agit sur les symptômes d'une maladie sans s'attaquer à sa cause : *remède palliatif.* ■ **soins palliatifs :** qui sont destinés à aider un malade à passer le moins mal possible les derniers moments de sa vie. ◆ nm Moyen provisoire, expédient pour détourner un danger ou écarter un obstacle.

pallier vt Remédier provisoirement ou incomplètement à : *pallier un défaut de matériel.*

GRAMMAIRE *Pallier* n'admet qu'un complément direct. On doit donc dire *il faut pallier ce défaut.*

palmaire adj Relatif à la paume de la main.

palmarès [palmarɛs] nm **1.** Liste des lauréats d'un concours, d'une compétition, etc. **2.** Liste des victoires remportées par quelqu'un, par un club sportif, etc. **3.** Classement de chansons à succès.

palme nf **1.** Feuille de palmier : *le vent agite les palmes.* **2.** Insigne, décoration en forme de palme : *palmes académiques.* **3.** Symbole de la victoire, de la réussite : *remporter la palme.* **4.** Nageoire en caoutchouc qui s'adapte au pied d'un nageur. ■ **huile de palme** : huile tirée de la pulpe du fruit d'une espèce de palmier. ❑ **vin de palme** : boisson fermentée obtenue à partir de la sève de certains palmiers.

palmé, e adj **1.** BOT Semblable à une main ouverte : *feuille palmée.* **2.** ZOOL Se dit des pattes d'une oie, d'un canard, etc., dont les doigts sont réunis par une membrane.

palmeraie nf Lieu planté de palmiers.

palmier nm **1.** Arbre dont le tronc est couronné par un bouquet de feuilles et dont certaines espèces portent des fruits (noix de coco, dattes). **2.** Gâteau sec plat, en pâte feuilletée.

palmipède nm Oiseau aux pieds palmés tel que l'oie ou le canard (les palmipèdes forment un ordre).

palmiste nm Palmier à bourgeon comestible.

palmure nf Membrane reliant les doigts des palmipèdes.

palombe nf Pigeon ramier.

pâlot, otte adj FAM Un peu pâle.

palourde nf Mollusque comestible ; clovisse.

palpable adj **1.** Qu'on peut palper. **2.** FIG Clair, évident : *vérité palpable.*

palper vt **1.** Toucher avec la main afin d'examiner : *le médecin palpe le malade.* **2.** FIG, FAM Toucher, recevoir de l'argent.

palpitant, e adj **1.** Qui palpite. **2.** FIG Passionnant : *roman palpitant.*

palpitation nf (souvent au pluriel) Mouvement violent et déréglé du cœur.

palpiter vi **1.** Battre, avoir des mouvements brusques, convulsifs, en parlant du cœur. **2.** LITT Être agité d'un léger frémissement : *flamme qui palpite.* **3.** Frémir convulsivement, en parlant de la chair d'un animal qui vient d'être tué.

paltoquet nm VX Homme grossier.

palu nm (abréviation) Paludisme.

paluche nf FAM Main.

paludéen, enne adj ■ **fièvre paludéenne** : paludisme.

paludier, ère n Personne qui travaille dans les marais salants.

paludisme nm Fièvre qui se contracte dans certains pays chauds et humides.

palus [paly] nm Terre d'alluvions, dans le Bordelais.

palustre adj Qui vit dans un marais : *plante palustre.*

palynologie nf Étude paléontologique des pollens.

pâmer (se) vpr VIEILLI Être sur le point de défaillir sous l'effet d'une émotion vive.

pâmoison nf VIEILLI, LITT Évanouissement : *tomber en pâmoison.*

pampa nf Vaste plaine herbeuse de l'Amérique du Sud.

pamphlet nm Écrit satirique et violent.

pamphlétaire n Auteur de pamphlets : *un violent pamphlétaire.* ◆ adj Qui a les caractères du pamphlet.

pamplemousse nm Fruit du pamplemoussier, à goût acide, de couleur jaune, plus gros que l'orange.

pampre nm Rameau de vigne chargé de feuilles et de fruits.

1. pan nm **1.** Partie tombante d'un vêtement, d'une tenture : *pan de chemise.* **2.** Partie d'un mur. **3.** FIG Partie de quelque chose : *un pan de vie.* **4.** Face d'un corps polyédrique : *écrou à six pans.* ■ **pan coupé** : surface oblique qui remplace l'angle à la rencontre de deux murs.

2. pan interj Onomatopée qui exprime un bruit soudain, un coup, un éclatement.

panacée nf Remède prétendu universel contre tous les maux.

EMPLOI Parler de *panacée universelle,* c'est faire un pléonasme.

panachage nm Action de panacher.

panache nm **1.** Plumes flottantes servant d'ornement ; ce qui ondoie comme ces plumes : *panache de fumée.* **2.** FIG Ce qui a de l'éclat, du brio : *aimer le panache.* **3.** CANADA Bois caducs des cervidés : *panache d'orignal.*

panaché, e adj **1.** De diverses couleurs. **2.** FAM Composé d'éléments différents : *glace panachée ; liste panachée.* ■ **demi panaché** ou **panaché** nm : mélange de bière et de limonade.

panacher vt **1.** Orner de couleurs variées. **2.** Composer d'éléments divers. **3.** Mettre sur un même bulletin de vote les noms de candidats appartenant à des listes différentes : *scrutin qui offre la possibilité de panacher.*

panade nf ■ FAM **être, tomber dans la panade** : dans la misère.

panafricanisme nm Doctrine qui tend à développer l'unité et la solidarité des peuples africains.

panais nm Plante à fleurs jaunes dont la variété potagère possède une racine comestible ; cette racine.

panama nm Chapeau large et très souple, tressé avec la feuille d'un arbuste d'Amérique centrale.

panaméen, enne adj et n De la République du Panamá : *les Panaméens.*

panaméricanisme nm Mouvement qui tend à améliorer les relations entre les divers États d'Amérique.

panarabisme nm Mouvement qui tend à développer et à renforcer les relations entre les différentes nations arabes.

panard, e adj Se dit d'un cheval qui a les pieds tournés en dehors. ◆ nm FAM Pied.

panaris [panari] nm Inflammation près de l'ongle d'un doigt.

panathénées nf pl ANTIQ GR Fêtes célébrées à Athènes en l'honneur d'Athéna.

pan-bagnat [pɑ̃baɲa] (pl *pans-bagnats*) nm Sandwich rond garni de tomates, de salade, d'œuf dur, de thon, d'anchois, et arrosé d'huile d'olive.

pancarte nf Panneau, plaque portant une inscription ou un avis destinés au public.

pancetta [pɑ̃tʃeta] nf Charcuterie faite de poitrine de porc salée, roulée et séchée.

panchen-lama [panʃɛnlama] (pl *panchen-lamas*) nm Second personnage de la hiérarchie du bouddhisme tibétain.

panchromatique [pɑ̃krɔmatik] adj PHOT Sensible à toutes les couleurs.

pancrace nm ANTIQ GR Combat combinant lutte et pugilat.

pancréas [pɑ̃kreas] nm Glande située en arrière de l'estomac, dans l'abdomen.

pancréatique adj Du pancréas.

panda nm Mammifère proche de l'ours, qui habite l'Himalaya.

pandémie nf Épidémie qui s'étend sur un ou plusieurs continents.

pandore nm FAM, VX Gendarme.

pané, e adj Couvert de chapelure : *poisson pané.*

panégyrique nm Éloge, apologie.

panégyriste n Personne qui prononce ou rédige un éloge.

panel nm Groupe de personnes régulièrement interrogées pour des enquêtes, des études de marché.

paner vt Couvrir de chapelure avant de faire frire.

panetière nf Sac ou meuble pour conserver le pain.

paneton nm Petit panier où les boulangers mettent la pâte nécessaire pour un pain.

pangermanisme nm Système qui cherche l'union des populations d'origine germanique.

pangolin nm Mammifère édenté d'Afrique et d'Asie, à corps écailleux, qui se nourrit de termites et de fourmis.

panhellénisme nm Système politique qui tend à réunir tous les peuples d'origine grecque.

panicaut nm Plante épineuse des terres incultes et des littoraux sablonneux ; chardon bleu.

panier nm **1.** Ustensile à anse ou poignées, souvent fait d'osier ou de jonc, pour transporter ou contenir des provisions, des marchandises, des objets ; ce qu'il contient : *panier de fruits.* **2.** Au basket-ball, but formé d'un filet sans fond monté sur une armature circulaire ; tir au but réussi. ■ **le dessus du panier** : le meilleur. ❑ FAM **panier de crabes** : groupement de personnes qui cherchent à se nuire les unes aux autres. ❑ **panier percé** : personne dépensière. ❑ ANC **robe à panier** : jupon bouffant garni de baleines.

panière nf Grande corbeille d'osier à deux anses.

panier-repas (pl *paniers-repas*) nm Repas froid que l'on emporte lors d'un voyage, d'un déplacement.

panification nf Ensemble des opérations nécessaires pour transformer la farine en pain.

panifier vt Transformer en pain.

panini (pl *paninis* ou inv) nm Sandwich italien fait avec un petit pain mi-cuit que l'on passe au grille-pain après l'avoir garni.

panique nf Terreur subite de caractère collectif. ◆ adj ■ **peur panique** : effroi violent, peur soudaine et irraisonnée.

paniquer vi ou **se paniquer** vpr Prendre peur, être affolé. ◆ vt Affoler.

panislamisme nm Mouvement visant à rapprocher tous les pays musulmans.

1. panne nf Arrêt accidentel d'une machine quelconque : *tomber en panne.* ■ FAM **être en panne de quelque chose** : en manquer. ❑ **panne sèche** : due à un manque de carburant.

2. panne nf Graisse englobant les rognons de porc.

panneau nm **1.** Plaque de bois ou de métal servant de support à des inscriptions : *panneau de signalisation.* **2.** Surface pleine et unie encadrée ou ornée de moulures. ■ **panneau solaire :** dispositif permettant de recueillir l'énergie solaire pour la transformer en énergie électrique. ❑ FIG **tomber dans le panneau :** se laisser prendre au piège.

panneton nm Partie d'une clef qui fait mouvoir le mécanisme d'une serrure.

panonceau nm Enseigne, plaque qui signale une raison sociale.

panoplie nf **1.** Déguisement pour enfant présenté sur un carton fort : *panoplie de cow-boy.* **2.** Collection d'armes disposées sur un panneau. **3.** Ensemble d'objets, d'éléments semblables ; ensemble des moyens d'action dont on dispose : *panoplie des sanctions.*

panorama nm **1.** Vaste paysage qu'on voit d'une hauteur. **2.** FIG Vue d'ensemble.

panoramique adj Qui offre l'aspect d'un panorama : *vue panoramique.* ◆ nm CIN Procédé qui consiste à faire pivoter la caméra pendant la prise de vues.

pansage nm Action de panser un animal.

panse nf **1.** Première poche de l'estomac des ruminants. **2.** Partie renflée d'un récipient. **3.** FAM Ventre.

pansement nm Action de panser une plaie ; ce qui est appliqué sur la plaie : *pansement adhésif.*

panser vt **1.** Appliquer une compresse, un coton, etc., sur une plaie. **2.** Brosser, étriller, etc., un animal domestique.

panslavisme nm Système politique visant à réunir tous les Slaves.

pansu, e adj **1.** Qui est renflé. **2.** Qui a un gros ventre.

pantagruélique adj Digne de Pantagruel : *appétit pantagruélique.*

pantalon nm Vêtement qui va de la ceinture aux pieds et qui enveloppe chaque jambe séparément.

pantalonnade nf Farce burlesque, bouffonnerie.

pantelant, e adj VX, LITT Haletant. ■ **chair pantelante :** qui palpite encore, en parlant d'un être qui vient d'être tué.

panthéisme nm **1.** Système religieux ou philosophique qui identifie Dieu et le monde. **2.** Divinisation de la nature.

panthéiste adj Relatif au panthéisme : *conception panthéiste.* ◆ n Partisan de cette doctrine.

panthéon nm **1.** Ensemble des dieux d'une religion. **2.** Édifice consacré aux grands hommes d'un pays.

panthère nf Mammifère carnivore d'Afrique et d'Asie, au pelage jaune tacheté de noir.

pantin nm **1.** Jouet composé d'une figure burlesque dont on agite les membres à l'aide de fils. **2.** FIG Personne sans volonté personnelle, influençable et versatile.

pantois, e adj FAM Stupéfait, interdit : *rester pantois.*

pantomime nf Action ou art de s'exprimer, sans parler, par des mimiques ; spectacle utilisant ce mode d'expression.

pantouflard, e adj et n FAM Casanier.

pantoufle nf Chaussure d'intérieur.

panure nf Chapelure.

PAO [peao] nf (sigle) Publication assistée par ordinateur.

paon [pɑ̃] nm Oiseau gallinacé dont le mâle porte une livrée bleutée et une traîne de plumes ocellées. ■ FIG **se parer des plumes du paon :** tirer vanité des mérites d'autrui. ❑ **se rengorger comme un paon :** faire le vaniteux.

paonne [pan] nf Femelle du paon.

papa nm Père, dans le langage affectif et enfantin. ■ FAM **à la papa :** sans hâte, tranquillement : *conduire à la papa.*

papal, e, aux adj Du pape.

paparazzi [paparadzi] (pl inv ou *paparazzis*) nm PÉJOR Photographe de presse cherchant à photographier des célébrités sans leur consentement.

papauté nf Fonction, administration d'un pape.

papavéracée nf Plante à pétales séparés et caducs, comme le pavot, le coquelicot, etc. (les papavéracées forment une famille).

papaye [papaj] nf Fruit comestible du papayer.

papayer [papaje] nm Arbre à fruits de l'Amérique tropicale.

pape nm Chef de l'Église catholique romaine.

papelard, e adj et n LITT Hypocrite.

paperasse nf Papier sans valeur, inutile ; écrits administratifs.

paperasserie nf Grande quantité de papiers administratifs.

paperassier, ère n et adj Personne qui multiplie à plaisir les formalités écrites.

papesse nf Femme pape, selon une légende : *Jeanne la papesse.*

papeterie nf **1.** Magasin où l'on vend du papier, des articles de bureau, etc. **2.** Fabrique de papier.

papetier, **ère** n et adj **1.** Personne qui tient une papeterie. **2.** Personne qui fabrique du papier.

papi nm → **papy**.

papier nm **1.** Feuille sèche et mince, faite de substances végétales réduites en pâte, pour écrire, imprimer, envelopper, essuyer, absorber : *papier à lettres ; papier peint ; papier cadeau ; papier hygiénique.* **2.** Feuille écrite ou imprimée ; article de journal. **3.** Feuille très mince de métal : *papier d'aluminium, d'argent.* ■ **papier de verre :** papier enduit d'une substance abrasive et servant à polir, en particulier le bois. ❑ **sur le papier :** en principe : *sur le papier, ça paraît facile, en réalité, ça l'est moins.* ◆ **papiers** pl Documents, pièces d'identité. ■ FIG **être dans les petits papiers de quelqu'un :** être bien vu de lui.

papier-calque (pl *papiers-calque*) nm Papier translucide permettant de recopier un dessin.

papier-émeri (pl *papiers-émeri*) nm Papier recouvert d'une couche de produit abrasif, pour polir, en particulier le métal.

papier-monnaie (pl *papiers-monnaies*) nm Papier créé pour tenir lieu d'argent.

papille nf Petite éminence sur la peau, en particulier sur la langue.

papillon nm **1.** Insecte aux ailes couvertes de fines écailles, souvent colorées : *le papillon provient de la métamorphose d'une chenille.* **2.** Petite feuille de papier contenant un avis, en particulier une contravention. **3.** Écrou à ailettes qu'on peut desserrer à la main. ◆ adj Qui évoque la forme d'un papillon : *nœud papillon.* ■ **brasse papillon :** style de brasse dans laquelle les bras sont ramenés en avant au-dessus de l'eau.

papillonner vi Aller d'une activité, d'une personne à une autre sans jamais se fixer.

papillote nf **1.** Papier ou feuille d'aluminium dont on enveloppe certains aliments pour la cuisson au four ou à la vapeur. **2.** Ornement de papier dont on entoure le manche d'un gigot, de côtelettes. **3.** Papier roulé pour envelopper un bonbon, etc.

papilloter vi **1.** Cligner, en parlant des yeux. **2.** Miroiter : *une surface qui papillote.*

papisme nm PÉJOR, VX Catholicisme romain, pour les protestants.

papiste n PÉJOR, VX Catholique romain, pour les protestants.

papotage nm (surtout au pluriel) FAM Bavardage futile.

papoter vi FAM Bavarder, parler de choses sans importance.

papou, **e** adj Relatif aux Papous.

papouille nf FAM Chatouille.

paprika nm Piment rouge en poudre.

papule nf MÉD Pustule sur la peau.

papy ou **papi** nm Grand-père, dans le langage affectif et enfantin.

papyrologie nf Étude des papyrus.

papyrologue n Spécialiste de papyrologie.

papyrus [papirys] nm **1.** Plante des bords du Nil. **2.** Feuille pour écrire faite à partir de sa tige, qui servait de papier aux Égyptiens ; le manuscrit lui-même : *déchiffrer un papyrus.*

pâque nf Fête annuelle des juifs, en mémoire de leur sortie d'Égypte : *célébrer la pâque.*

paquebot nm Grand navire qui transporte des passagers.

pâquerette nf Petite marguerite blanche. ■ FAM **au ras des pâquerettes :** à un niveau très élémentaire, bassement matériel.

pâques nf pl La fête de Pâques : *joyeuses pâques.* ■ **faire ses pâques :** communier à Pâques.

Pâques nm Fête annuelle mobile des chrétiens, qui commémore la résurrection du Christ.

paquet nm **1.** Réunion de choses enveloppées ou attachées ensemble ; ensemble de choses de même nature : *paquet de linge ; paquet de cartes.* **2.** Emballage, contenant pour faciliter le transport, protéger ou cacher le contenu ; cet emballage et son contenu : *envoyer un paquet par la poste ; paquet-cadeau.* ■ FAM **faire ses paquets :** s'en aller. ❑ FAM **mettre le paquet :** fournir un gros effort. ❑ **un paquet de :** beaucoup de.

paquetage nm Ensemble des effets et objets militaires d'un soldat.

par prép **1.** Indique l'espace traversé, la direction, la position : *passer par Caen ; par la gauche.* **2.** Indique les circonstances : *comme par le passé.* **3.** Indique le moyen, la manière : *par ordre croissant.* **4.** Indique la cause, l'origine : *agir par intérêt.* **5.** Indique l'agent : *réparé par un garagiste.* **6.** Indique la distribution : *un ticket par personne.* ■ **de par :** du fait de, par l'ordre de. ❑ **par conséquent :** en conséquence.

para n (abrév) Parachutiste.

parabellum [-belɔm] nm Pistolet automatique utilisé naguère par l'armée allemande.

paraben [parabɛn] ou **parabène** nm CHIM Substance utilisée comme conservateur dans des produits alimentaires, cosmétiques ou pharmaceutiques (les parabens sont allergisants et seraient cancérigènes).

parabole nf **1.** Allégorie développée dans un récit écrit ou oral : *les paraboles du Christ.* **2.** GÉOM Ligne courbe, dont chacun des points est équidistant d'un point fixe appelé *foyer* et d'une droite fixe appelée *directrice.* **3.** Antenne parabolique.

parabolique adj En forme de parabole : *ligne parabolique.* ■ **antenne parabolique :** en forme de parabole, servant à capter les programmes de télévision transmis par satellite.

paracentèse [parasɛ̃tɛz] nf MÉD Ponction dans une cavité pleine de liquide : *paracentèse du tympan.*

paracétamol nm Médicament analgésique et antipyrétique.

parachèvement nm Fait de parachever.

parachever vt (conj 9) Mener à son achèvement complet avec le plus grand soin.

parachutage nm Action de parachuter.

parachute nm Appareil destiné à ralentir la chute de quelqu'un ou de quelque chose tombant d'une grande hauteur. ■ **parachute doré :** prime considérable perçue par un dirigeant d'entreprise lors de son licenciement ou de son départ.

parachuter vt **1.** Lancer par parachute. **2.** FAM Désigner pour une fonction, envoyer dans un lieu à l'improviste.

parachutisme nm Sport du saut en parachute.

parachutiste n Personne qui pratique le parachutisme.

parade nf **1.** Geste, action par lesquels on pare une agression physique, une accusation, etc. : *trouver la parade.* **2.** Défilé des artistes d'un cirque, d'un spectacle de music-hall, etc. **3.** Revue de troupes, évolution militaire. ■ **de parade :** destiné à être vu, à servir d'ornement : *habit de parade.* ❑ **faire parade de :** étaler, montrer avec ostentation.

parader vi Se pavaner, se mettre en valeur.

paradigme nm **1.** GRAMM Ensemble des formes diverses d'un mot pris comme modèle (déclinaison ou conjugaison). **2.** LING Ensemble des unités qui peuvent être substituées les unes aux autres dans un contexte donné.

paradis nm **1.** RELIG Lieu de séjour des âmes des justes après la mort. **2.** FIG Lieu enchanteur. **3.** Galerie supérieure d'un théâtre ; poulailler. ■ **oiseau de paradis :** paradisier. ❑ **Paradis terrestre :** jardin de délices où Dieu plaça Adam et Ève.

paradisiaque adj Qui évoque le paradis.

paradisier nm Oiseau d'Océanie au beau plumage. SYN : oiseau de paradis.

paradoxal, e, aux adj **1.** Qui tient du paradoxe ; bizarre. **2.** Qui a le goût du paradoxe.

paradoxalement adv De façon paradoxale.

paradoxe nm Opinion, fait contraire à la logique ou à la raison.

parafe nm → **paraphe.**

parafer vt → **parapher.**

paraffine nf Substance solide blanche, utilisée dans la fabrication des bougies.

paraffiner vt Enduire de paraffine : *papier paraffiné.*

parafiscalité nf Ensemble des taxes et cotisations perçues au profit d'organismes autonomes.

parages nm pl MAR Zone maritime proche de la côte. ■ **dans les parages :** aux alentours, dans le voisinage immédiat.

paragraphe nm Subdivision d'un texte en prose marquée par un retour à la ligne au début et à la fin ; signe typographique (§) indiquant cette division.

paraguayen, enne [paragwɛjɛ̃, ɛn] adj et n Du Paraguay : *les Paraguayens.*

paraître vi (conj 64 ; auxil : *avoir*) **1.** Sembler, avoir l'apparence de : *paraître heureux, souffrant.* **2.** Apparaître, se présenter à la vue : *sourire qui paraît sur le visage.* **3.** Se montrer avec vanité : *désir de paraître.* **4.** Être publié : *livre qui paraît à la rentrée.* ◆ v impers ■ **il paraît que** ou **il paraîtrait que** ou **paraît-il :** le bruit court que. ❑ **sans qu'il y paraisse :** sans que cela se voie.

parallaxe nf **1.** PHOT Angle formé par les axes optiques de l'objectif et du viseur d'un appareil photo, et qui fausse la visée. **2.** ASTRON Angle formé par deux droites allant respectivement du centre d'un astre, l'une au centre de la Terre, l'autre à sa circonférence.

parallèle adj **1.** Se dit de deux lignes ou de deux surfaces également distantes l'une de l'autre sur toute leur longueur. **2.** FIG Qui se développe dans la même direction ou en même temps : *des actions parallèles.* **3.** Qui existe en dehors d'un cadre légal ou officiel : *police parallèle.* ◆ nf Ligne parallèle à une autre. ◆ nm **1.** GÉOGR Cercle imaginaire parallèle à l'équateur. **2.** FIG Comparaison : *parallèle entre deux écrivains.*

parallèlement adv De façon parallèle.

parallélépipède nm Volume à six faces parallèles deux à deux.

parallélisme nm **1.** État de deux lignes, de deux plans parallèles. **2.** FIG Ressemblance de faits, de choses que l'on compare.

parallélogramme nm Quadrilatère dont les côtés sont parallèles deux à deux.

paralogisme nm Raisonnement faux, fait de bonne foi (par opposition à *sophisme*).

paralympique adj ■ **jeux Paralympiques :** compétitions pour handicapés qui se déroulent quelques jours après les jeux Olympiques.

paralysant, e adj Qui paralyse.

paralysé, e adj et n Atteint, frappé de paralysie.

paralyser vt **1.** Frapper de paralysie. **2.** FIG Arrêter, neutraliser : *paralyser toute initiative.*

paralysie nf **1.** Privation ou diminution considérable de la fonction motrice. **2.** FIG Impossibilité d'agir ; arrêt complet : *paralysie de l'économie.*

paralytique adj et n Atteint de paralysie.

paramécie nf Protozoaire commun dans les eaux douces stagnantes.

paramédical, e, aux adj Qui est en rapport avec les activités relatives à la santé (orthophonie, kinésithérapie, par exemple) sans faire partie des professions médicales : *professions, disciplines paramédicales.*

paramètre nm **1.** STAT Grandeur mesurable permettant de présenter de façon simple les caractéristiques d'un ensemble statistique. **2.** FIG Élément important à prendre en compte pour évaluer une situation, comprendre le détail d'un phénomène. **3.** INFORM Variable dont la valeur et l'adresse ne sont précisées qu'à l'exécution du programme.

paramétrer vt (conj 10) INFORM Remplacer certaines informations d'un programme par des paramètres.

paramilitaire adj Qui imite la structure et la discipline de l'armée : *formation paramilitaire.*

parangon nm LITT Modèle, type : *un parangon de vertu.*

parano adj et n (abréviation) FAM Paranoïaque.

paranoïa nf Maladie mentale caractérisée par la méfiance vis-à-vis des autres, la surestimation de soi et la tendance au délire de persécution.

paranoïaque adj et n Atteint de paranoïa.

paranormal, e, aux adj Se dit de phénomènes étudiés par la parapsychologie, qui sont en marge de la normalité.

parapente nm Parachute conçu pour s'élancer d'une hauteur ; sport pratiqué avec ce type de parachute.

parapentiste n Personne qui pratique le parapente.

parapet nm Mur à hauteur d'appui, pour servir de garde-fou, d'abri : *le parapet d'un pont.*

parapharmacie nf Ensemble des produits d'hygiène et de soins courants dont la vente n'est pas réservée aux pharmacies.

paraphe ou **parafe** nm **1.** Trait soulignant une signature. **2.** Signature, réduite aux initiales, pour interdire toute substitution sur un document officiel.

parapher ou **parafer** vt Signer d'un paraphe.

paraphrase nf **1.** Développement explicatif d'un texte. **2.** PÉJOR Développement verbeux et diffus. **3.** LING Énoncé ayant le même sens qu'un autre moins long : *la phrase passive et la paraphrase active qui lui correspond.*

paraphraser vt Développer, amplifier par une paraphrase.

paraplégie nf Paralysie des membres inférieurs.

paraplégique adj et n Atteint de paraplégie.

parapluie nm Accessoire portatif formé d'un manche et d'une étoffe fixée sur une armature, pour se protéger de la pluie.

parapsychologie nf Étude des phénomènes psychiques non encore élucidés par les sciences : *la télépathie intéresse la parapsychologie.*

parascolaire adj Qui est en relation avec, qui complète l'enseignement donné à l'école.

parasitaire adj **1.** Dû ou relatif à un parasite. **2.** Qui se développe à la façon d'un parasite.

parasite nm et adj **1.** Animal, plante qui vit aux dépens d'un autre animal, d'une autre plante. **2.** Personne qui vit dans l'oisiveté, aux dépens des autres. ◆ adj Inutile et gênant : *construction, bruit parasites.* ◆ **parasites** nm pl Perturbations dans la réception radiophonique ou télévisuelle.

parasiter vt **1.** Vivre en parasite aux dépens de. **2.** Perturber par des bruits parasites.

parasitisme nm État, mode de vie du parasite.

parasol [parasɔl] nm Objet en forme de parapluie destiné à protéger du soleil.

parasympathique adj et nm Se dit de l'un des deux systèmes nerveux neurovégétatifs.

paratonnerre nm Appareil destiné à préserver de la foudre.

paravent nm Meuble composé de panneaux verticaux articulés, servant à isoler.

parbleu interj Exprime l'approbation ou souligne une évidence.

parc nm **1.** Enclos boisé, d'une certaine étendue, pour la promenade, la chasse, l'agrément. **2.** Grand jardin public. **3.** MIL Lieu clos où sont entreposés des munitions, du matériel militaire : *parc d'artillerie.* **4.** Ensemble des machines, des véhicules d'une entreprise, d'un pays : *parc automobile.* **5.** Petit enclos pour les enfants en bas âge. ■ **parc à huîtres :** bassin pour l'élevage des huîtres. ❑ **parc d'attractions** ou **parc de loisirs** : vaste terrain comportant diverses installations destinées à la détente, aux jeux. ❑ **parc de stationnement** ou **parc :** emplacement aménagé pour le stationnement des véhicules. ❑ **parc national** ou **parc naturel régional :** où la faune et la flore sont protégées.

parcage nm Action de parquer.

parcellaire adj Divisé par parcelles : *plan parcellaire.*

parcellarisation ou **parcellisation** nf Action de parcellariser, de parcelliser.

parcellariser ou **parcelliser** vt Diviser en petits éléments ; fractionner, morceler.

parcelle nf **1.** Petite partie de quelque chose : *parcelle de granit ; parcelle de vérité.* **2.** Terrain constituant une unité cadastrale.

parce que loc conj **1.** Introduit la cause, le motif ; étant donné que, puisque. **2.** Employé seul, marque le refus ou l'impossibilité de répondre : *pourquoi mens-tu ? parce que.*

parchemin nm Peau d'animal préparée pour l'écriture ou la reliure.

parcheminé, e adj Qui a l'aspect du parchemin : *peau parcheminée.*

parcimonie nf ■ **avec parcimonie :** avec une économie rigoureuse et mesquine ; au compte-gouttes.

parcimonieusement adv Avec parcimonie.

parcimonieux, euse adj Qui fait preuve de parcimonie.

parcmètre nm Appareil mesurant le temps de stationnement autorisé pour un véhicule.

parcourir vt (conj 29) **1.** Traverser, visiter dans toute son étendue ou dans tous les sens : *parcourir un pays.* **2.** Accomplir un trajet dans un temps déterminé : *parcourir une distance.* **3.** FIG Examiner, lire rapidement : *parcourir un roman.*

parcours nm **1.** Trajet suivi par quelqu'un, par un véhicule, etc. **2.** Ensemble des dix-huit trous au golf. ■ **incident de parcours :** difficulté imprévue qui retarde un projet sans l'empêcher. ❑ **parcours du combattant :** (a) exercice militaire consistant à parcourir un terrain sur lequel ont été amenagés des obstacles divers (b) FIG série de difficultés rencontrées dans la réalisation d'un projet. ❑ **parcours de soins coordonné :** obligation faite à un assuré social de plus de 16 ans de consulter d'abord son médecin traitant, qui l'orientera, si nécessaire, vers un spécialiste.

par-delà loc prép De l'autre côté de.

par-derrière loc adv et loc prép **1.** Par la partie postérieure : *attaquer par-derrière.* **2.** FIG Secrètement, sournoisement : *se moquer par-derrière.*

par-dessous loc adv et loc prép Dans l'espace situé plus bas : *passer par-dessous.*

pardessus nm Manteau d'homme.

par-dessus loc adv et loc prép Situé dans l'espace plus haut, sur la face externe : *lire par-dessus l'épaule de quelqu'un.* ■ **par-dessus tout :** surtout.

par-devant loc adv Par l'avant : *passer par-devant.* ◆ loc prép DR En présence de : *par-devant notaire.*

par-devers loc prép DR En présence de : *se pourvoir par-devers le juge.* ■ SOUT **par-devers soi :** (a) en sa possession (b) pour soi.

pardi interj Pour renforcer un énoncé, souligner une évidence.

pardon nm **1.** Fait de ne pas tenir rigueur d'une faute, d'une offense : *refuser son pardon.* **2.** Formule de politesse employée quand on dérange quelqu'un. **3.** Pèlerinage et fête populaire en Bretagne.

pardonnable adj Qui peut être pardonné.

pardonner vt Faire rémission de, excuser : *pardonner une faute.* ◆ vt ind [à] Cesser d'entretenir à l'égard de quelqu'un de la rancune ou de l'hostilité pour ses fautes : *pardonner à ses ennemis.* ◆ vi ■ **ne pas pardonner :** avoir des conséquences fatales : *cette maladie, ça ne pardonne pas.*

pare-balles adj inv et nm inv Se dit d'un vêtement ou d'un dispositif protégeant des projectiles.

pare-brise nm inv Plaque de verre spécial, à l'avant d'un véhicule.

pare-chocs nm inv Dispositif de protection à l'avant et à l'arrière d'un véhicule.

pare-feu nm inv Dispositif pour empêcher la progression des incendies.

parégorique adj ■ **élixir parégorique :** antispasmodique à base d'opium destiné à calmer les douleurs de ventre.

pareil, eille adj **1.** Qui présente une ressemblance ou une similitude : *des robes pareilles.* **2.** Tel, semblable : *une pareille fatigue.* ◆ n Personne égale, semblable : *vous et vos pareils.* ■ **n'avoir pas son pareil pour :** être seul capable de. ❑ **sans pareil :** exceptionnel. ◆ adv FAM De la même façon.

EMPLOI On dit *il est pareil à nous* et non pas *il est pareil que nous.*

pareille nf ■ **rendre la pareille à qqn :** lui faire subir le traitement qu'on a reçu de lui.

pareillement adv **1.** De la même manière. **2.** Aussi, également.

parement nm **1.** Revers des manches de certains vêtements. **2.** Revêtement en pierres de taille d'une construction.

parenchyme [parɑ̃ʃim] nm ANAT Tissu spongieux de divers organes vivants.

parent n et adj Personne qui a des liens familiaux plus ou moins étroits avec quelqu'un. ◆ nm Le père ou la mère. ◆ adj Qui a des traits communs avec qqn, qqch d'autre : *des langues parentes.* ◆ **parents** pl **1.** Le père et la mère. **2.** LITT Les ancêtres.

parental, e, aux adj Qui concerne le père ou la mère considérés comme un tout : *l'autorité parentale.*

parenté nf **1.** Lien de consanguinité ou d'alliance. **2.** Ensemble des parents. **3.** FIG Ressemblance, analogie : *parenté de deux opinions.*

parenthèse nf **1.** Remarque incidente insérée dans une phrase. **2.** Signe [( )] qui indique l'intercalation d'un élément dans une phrase. **3.** FIG Digression : *ouvrir une parenthèse.* ■ **entre parenthèses** ou **par parenthèse :** incidemment.

paréo nm Pagne d'étoffe tahitien.

parer vt **1.** Orner, embellir : *parer un autel.* **2.** CUIS Préparer pour la cuisson : *parer une volaille.* **3.** Détourner, éviter : *parer un coup.* ◆ vt ind [à] Remédier à, se prémunir contre : *parer à un défaut ; parer à toute éventualité.* ◆ **se parer** vpr [de] **1.** Se vêtir. **2.** LITT S'attribuer de façon plus ou moins méritée : *se parer d'un titre.*

pare-soleil nm inv Dispositif de protection contre le soleil.

paresse nf **1.** Répugnance à l'effort, au travail ; goût pour l'inaction. **2.** MÉD Lenteur anormale dans le fonctionnement d'un organe.

paresser vi Se laisser aller à la paresse.

paresseusement adv Avec paresse.

paresseux, euse adj et n Qui montre, manifeste de la paresse. ◆ nm Mammifère arboricole de l'Amérique du Sud, aux mouvements très lents.

parfaire vt (conj 76) Achever, compléter, mener à la perfection.

parfait, e adj **1.** Sans défaut, excellent : *bonheur parfait ; vin parfait.* **2.** Accompli, qui représente un modèle du genre : *un parfait imbécile.* ◆ nm **1.** Crème glacée : *parfait au café.* **2.** GRAMM Temps du verbe, notamment en latin et en grec, qui marque un état présent résultant d'une action passée.

parfaitement adv **1.** De façon parfaite ; totalement : *parfaitement réussi.* **2.** Oui, certainement.

parfois adv Quelquefois, de temps à autre.

parfum nm **1.** Odeur agréable : *le parfum des fleurs.* **2.** Substance, mélange de substances aromatiques utilisé pour donner à la peau, aux vêtements une odeur agréable : *flacon de parfum.* **3.** Arôme donné à certains aliments : *glaces à différents parfums.* ■ ARG **au parfum :** au courant d'un secret.

parfumer vt **1.** Remplir, imprégner de parfum. **2.** Aromatiser.

parfumerie nf **1.** Commerce, industrie du parfumeur. **2.** Magasin où l'on vend des parfums et des produits de beauté. **3.** Ensemble des produits de toilette.

parfumeur, euse n et adj Personne qui fabrique ou vend des parfums.

pari nm Action de parier ; chose, somme pariée. ■ **Pari Mutuel Urbain (PMU) :** organisme qui a le monopole d'organiser et d'enregistrer les paris sur les courses de chevaux.

paria nm **1.** En Inde, individu hors caste. SYN : intouchable. **2.** Homme méprisé, mis au ban d'un groupe.

parier vt Convenir d'un enjeu que gagnera celui qui aura raison dans une chose discutée. ■ **je l'aurais parié :** j'en étais sûr.

pariétaire nf Plante herbacée qui pousse sur les murailles.

pariétal, e, aux adj ■ **os pariétal :** chacun des deux os qui forment les côtés et la voûte du crâne. ❑ **peinture pariétale :** gravée ou peinte sur les parois et les voûtes des grottes préhistoriques.

parieur, euse n Personne qui parie.

paris-brest nm inv Gâteau en pâte à choux fourrée d'une crème pralinée.

parisianisme nm Usage, habitude, langage propres aux Parisiens.

parisien, enne adj et n De Paris.

parisyllabique adj GRAMM Se dit des mots latins ayant le même nombre de syllabes au nominatif et au génitif singulier.

paritaire adj Où toutes les parties sont également représentées : *commission paritaire.*

parité nf **1.** Égalité parfaite : *parité des salaires.* **2.** Équivalence des cours du change de deux monnaies.

parjure nm Faux serment : *commettre un parjure.* ◆ adj et n Coupable de parjure : *punir un parjure.*

parjurer (se) vpr Commettre un parjure, violer son serment.

parka nm ou nf Manteau court à capuche, en tissu imperméable.

parking [parkiŋ] nm Parc de stationnement automobile.

parlant, e adj **1.** Expressif, suggestif : *portrait parlant.* **2.** Convaincant, éloquent : *comparaison parlante.* **3.** Qui reproduit ou enregistre la parole : *horloge parlante ; cinéma parlant.*

parlé, e adj Exprimé par la parole ; qui relève de l'expression orale : *l'anglais parlé.*

Parlement nm Assemblée exerçant le pouvoir législatif (le Parlement français se compose du Sénat et de l'Assemblée nationale).

parlementaire adj Relatif au Parlement : *usages parlementaires.* ■ **régime parlementaire :** régime politique dans lequel les ministres sont responsables devant le Parlement. ◆ n **1.** Membre d'un Parlement. **2.** Personne chargée, en temps de guerre, d'ouvrir ou de poursuivre des négociations avec le camp adverse.

parlementarisme nm Régime parlementaire.

parlementer vi **1.** Discuter longuement en vue d'un accommodement. **2.** Entrer en pourparlers avec un adversaire.

1. parler vi **1.** Articuler des paroles : *parler à voix haute.* **2.** S'exprimer, par la parole ou de toute autre façon : *parler par gestes.* **3.** Prononcer un discours, une allocution : *parler en public.* **4.** Avouer : *l'accusé a parlé.* **5.** Être révélateur : *les faits parlent d'eux-mêmes.* ■ FAM **tu parles ! :** (a) marque l'approbation (b) marque le doute, l'incrédulité. ◆ vt ind **1.** Communiquer avec quelqu'un : *parler à, avec un ami.* **2.** Donner son avis sur : *parler de quelqu'un.* **3.** Annoncer son désir de : *parler de partir.* ◆ vt **1.** S'exprimer dans une langue : *parler anglais.* **2.** S'entretenir de : *parler affaires.*

2. parler nm **1.** Langage, manière de s'exprimer : *un parler truculent.* **2.** Langue particulière à une région : *le parler wallon.*

parleur, euse n ■ PÉJOR **beau parleur :** qui s'exprime de façon séduisante.

parloir nm Salle où l'on reçoit les visiteurs, dans certains établissements.

parlote ou **parlotte** nf FAM Conversation oiseuse, sans objet précis.

parme adj inv et nm D'un mauve soutenu.

parmesan nm Fromage italien à pâte dure, granuleuse.

parmi prép **1.** Au milieu de : *se frayer un chemin parmi la foule.* **2.** Au nombre de : *compter quelqu'un parmi ses amis.*

parnassien, enne adj et n LITT Qui appartient à un groupe de poètes qui, à la fin du XIXe s. et en réaction au lyrisme romantique, cultivèrent une poésie d'une facture très soignée.

parodie nf **1.** Imitation plaisante d'une œuvre artistique ou littéraire. **2.** Imitation grossière : *une parodie de procès.*

parodier vt **1.** Faire la parodie de. **2.** Imiter, contrefaire ; singer.

parodique adj Qui tient de la parodie.

parodontologie nf Partie de l'odontologie qui étudie les tissus de soutien de la dent et leur pathologie.

paroi nf **1.** Mur, cloison de séparation : *parois d'une cabine.* **2.** Surface latérale, face interne de quelque chose : *les parois d'un tuyau.* **3.** Surface de rocher presque verticale.

paroisse nf Territoire sur lequel s'exerce le ministère d'un curé, d'un pasteur ; église principale de ce territoire.

paroissial, e, aux adj De la paroisse.

paroissien, enne n Fidèle d'une paroisse. ■ FAM **drôle de paroissien :** drôle d'individu.

parole nf **1.** Faculté de parler : *être doué de parole.* **2.** Fait de parler ; droit de parler : *silence plus éloquent que des paroles ; demander la parole.* **3.** Mot prononcé, phrase : *des paroles mémorables.* **4.** Assurance donnée, engagement : *donner sa parole.* ■ **couper la parole à quelqu'un :** commencer à parler alors qu'il n'a pas fini de s'exprimer. ❑ **prendre la parole :** commencer à parler devant autrui. ❑ **sur parole :** sur une simple affirmation : *croire sur parole.* ◆ **paroles** pl Texte d'une chanson : *la musique et les paroles.*

parolier, ère n Auteur des paroles d'une chanson.

paronyme nm Mot proche d'un autre par sa forme, son orthographe (EX : *conjecture* et *conjoncture*).

paronymie nf Caractère des paronymes.

parotide nf et adj f Glande salivaire, située en avant de l'oreille.

parotidite nf Inflammation des parotides.

paroxysme nm Extrême intensité, le plus haut degré d'un sentiment, d'une douleur.

paroxysmique ou **paroxystique** adj Qui tient du paroxysme.

paroxyton nm PHON Mot accentué sur l'avant-dernière syllabe.

parpaillot, **e** n PAR PLAIS Protestant.

parpaing [parpɛ̃] nm Aggloméré moulé et comprimé utilisé en maçonnerie.

parquer vt **1.** Mettre dans un lieu clos ou un espace étroit : *parquer des réfugiés.* **2.** Mettre en stationnement, garer.

parquet nm **1.** Assemblage de lames de bois formant le plancher d'une pièce. **2.** DR Ensemble des magistrats du ministère public.

parqueter vt (conj 8) Garnir d'un parquet : *parqueter une chambre.*

parrain nm **1.** Celui qui présente un enfant au baptême et se porte garant de sa fidélité. **2.** Celui qui présente qqn dans un club, une société, etc., pour l'y faire entrer. **3.** Chef d'une mafia, d'une bande de malfaiteurs.

parrainage nm **1.** Qualité, fonction de parrain ou de marraine. **2.** En France, soutien écrit apporté par un élu au candidat de son choix, en vue de l'élection présidentielle.

parrainer vt Servir de parrain, de répondant, de garant.

parricide n et adj Personne qui tue son père, sa mère ou tout autre ascendant légitime. ◆ nm Crime de parricide.

parsemer vt (conj 9) **1.** Répandre çà et là : *parsemer un chemin de fleurs.* **2.** LITT Être répandu sur.

part nf Portion d'un tout divisé entre plusieurs personnes : *faire des parts égales.* ■ **à part :** (a) excepté : *à part cela, rien à signaler* (b) séparément : *j'ai rangé vos affaires à part* (c) différent des autres : *cas à part.* ❑ **à part moi :** en moi-même. ❑ **avoir part à :** profiter de, participer à. ❑ **de la part de quelqu'un :** en son nom : *saluez-le de ma part.* ❑ **de part en part :** en traversant. ❑ **de part et d'autre :** des deux côtés. ❑ **d'une part..., d'autre part... :** d'un côté, d'un point de vue..., de l'autre... ❑ **faire part de quelque chose à quelqu'un :** le lui communiquer, l'en informer. ❑ **nulle part :** en aucun lieu. ❑ **pour ma part :** quant à moi. ❑ **prendre en bonne, en mauvaise part :** interpréter bien ou mal. ❑ **prendre part à :** s'intéresser, collaborer à.

partage nm Action de diviser en parts : *faire le partage d'une succession.* ■ **sans partage :** exclusif, sans réserve.

partageable adj Qui peut se partager.

partager vt (conj 2) **1.** Diviser en parts : *partager un gâteau entre les invités.* **2.** Avoir en commun : *partager un sentiment, la responsabilité d'un accident avec l'autre conducteur.* ■ **être partagé :** animé de tendances contradictoires. ◆ **se partager** vpr **1.** Diviser entre soi : *se partager les tâches, le gros lot.* **2.** Être divisé en parts : *les tablettes de chocolat se partagent facilement.*

partance (en) loc adv Sur le point de partir.

1. partant conj VX, LITT Par conséquent.

2. partant, **e** adj ■ FAM **être partant (pour) :** être disposé, prêt à. ◆ nm Concurrent qui se présente à une course.

partenaire n Personne avec qui l'on est associé dans une action quelconque.

partenarial, **e**, **aux** adj Relatif au partenariat : *accord partenarial.*

partenariat nm Système associant des partenaires sociaux ou économiques.

parterre nm **1.** Partie d'un jardin ornée de gazon, de fleurs. **2.** Partie d'une salle de théâtre située derrière les fauteuils d'orchestre ; ensemble des spectateurs qui y sont placés.

parthénogenèse nf BIOL Reproduction à partir d'un ovule ou d'une oosphère non fécondés.

parti nm **1.** Groupe de personnes réunies par une communauté d'opinions ou d'intérêts : *parti politique.* **2.** Ensemble de personnes ayant des tendances, des affinités communes : *le parti des mécontents.* **3.** LITT Solution, résolution adoptée : *hésiter entre deux partis.* ■ **esprit de parti :** aveuglement dans le choix d'une opinion, sectarisme. ❑ **faire un mauvais parti à quelqu'un :** le malmener, le maltraiter. ❑ **parti pris :** opinion préconçue. ❑ **prendre son parti de :** se résigner à. ❑ **tirer parti de :** tirer profit, avantage de.

partial, **e**, **aux** [parsjal, o] adj Qui fait preuve d'un parti pris injuste.

partialement adv Avec partialité : *juger partialement.*

partialité nf Préférence injuste.

participant, **e** n et adj Personne qui participe.

participatif, **ive** adj **1.** Qui correspond à une participation financière. **2.** Qui fait appel à la participation de chacun ; contributif : *encyclopédie participative.*

participation nf Action, fait de participer : *participation à une loterie, aux frais*.

participe nm Forme adjective du verbe qui a le rôle tantôt d'un adjectif (variable), tantôt d'un verbe suivi d'un complément (invariable) : *participe passé, présent*.

participer vt ind **1.** [à] Prendre part à : *participer à une manifestation*. **2.** [à] Payer sa part de : *participer à un achat*. **3.** [à] Avoir part à : *participer aux bénéfices*. **4.** [de] Présenter certains caractères de.

participial, e, aux adj Du participe : *forme participiale*.

particulariser vt Différencier par des caractères particuliers.

particularisme nm Tendance d'un groupe à revendiquer et à chercher à préserver ses traits particuliers.

particularité nf Caractère particulier de quelqu'un ou de quelque chose.

particule nf **1.** Petite partie, parcelle. **2.** PHYS Chacun des constituants de l'atome. **3.** Petit mot invariable qui ne peut s'employer seul : *particule négative, affirmative*. **4.** Préposition (*de*) précédant certains noms propres (dans la noblesse en particulier) : *nom à particule*.

particulier, ère adj **1.** Propre à certaines personnes, à certaines choses (par opposition à *général*) : *plat particulier à une région*. **2.** Qui concerne spécialement un individu : *l'intérêt général et les intérêts particuliers ; leçon particulière*. **3.** Spécial, caractéristique : *avoir un talent particulier*. ◆ nm **1.** Caractéristique d'un élément, détail. **2.** Personne privée. ■ **en particulier :** (a) à part, séparément : *je l'ai vu en particulier* (b) spécialement, notamment.

particulièrement adv Spécialement, en particulier.

partie nf **1.** Portion, élément d'un tout : *les différentes parties d'un roman*. **2.** MUS Rôle de chaque musicien participant à une exécution d'ensemble : *partie d'alto*. **3.** DR Chacune des personnes qui plaident l'une contre l'autre : *partie adverse* ; chaque personne prenant part à une négociation. **4.** Totalité des coups qu'il faut jouer pour gagner : *partie de cartes*. **5.** Activité de loisir en commun : *partie de campagne, de pêche*. **6.** FAM Spécialité, profession : *être fort dans sa partie*. ■ **en partie :** pas totalement, partiellement. ❑ **faire partie de :** appartenir à. ❑ **prendre à partie :** attaquer, physiquement ou verbalement.

partiel, elle [parsjɛl] adj Qui ne constitue qu'une partie d'un tout ; incomplet : *résultats partiels*.

partiellement adv En partie.

partir vi (conj 26 ; auxil : *être*) **1.** S'en aller, quitter un lieu. **2.** Prendre le départ : *partir au signal*. **3.** Avoir pour point de départ : *les nerfs partent du cerveau*. **4.** Se mettre à fonctionner : *le moteur ne part pas*. **5.** S'enlever, se détacher : *la tache est partie au lavage ; un bouton est parti*. ■ **à partir de :** à dater de, en commençant à. ❑ FAM **être mal parti :** commencer dans des conditions qui compromettent la réussite.

EMPLOI Il est plus correct d'écrire *je pars pour Lyon* que *je pars à Lyon* (fréquent à l'oral).

partisan, e adj **1.** Favorable à : *elle est partisane de ce projet*. **2.** De parti pris, peu objectif : *des querelles partisanes*. ◆ n Personne attachée à une cause, à un parti, etc.

partitif, ive nm et adj GRAMM Article qui désigne une partie d'un tout (EX : *du* chocolat, *de la* confiture).

partition nf **1.** Division, séparation : *la partition de l'Allemagne*. **2.** Ensemble des parties formant une composition musicale ; feuille ou cahier où est imprimée une œuvre musicale.

partout adv En tout lieu, n'importe où.

parure nf **1.** LITT Ce qui pare, embellit. **2.** Ensemble de bijoux assortis ; ensemble de pièces de linge assorties.

parution nf Publication d'un ouvrage, d'une revue, etc. ; date, moment de cette publication.

parvenir vi [à] (conj 22 ; auxil : *être*) **1.** Arriver, venir à. **2.** FIG Atteindre, réussir à.

parvenu, e n PÉJOR Personne arrivée à une condition supérieure à sa condition première, sans avoir acquis les manières, la culture qui conviendraient à sa nouvelle position.

parvis nm Place devant l'entrée principale d'une église, d'un grand bâtiment public.

1. pas nm **1.** Mouvement des pieds pour marcher, se déplacer : *entendre un bruit de pas ; avancer pas à pas*. **2.** Longueur d'une enjambée : *à deux pas d'ici*. **3.** Manière de marcher : *accélérer, ralentir le pas*. **4.** Empreinte des pieds d'une personne qui marche. **5.** Mouvement de pieds d'un danseur. **6.** Allure la plus lente du cheval (par opposition à *trot, galop*). **7.** FIG Progrès, cheminement. ■ **de ce pas :** à l'instant. ❑ **faire les cent pas :** aller et venir pour tromper l'attente. ❑ **faire un faux pas :** trébucher. ❑ **mauvais pas :** situation critique. ❑ **pas d'une porte :** seuil de la porte. ❑ **pas de vis, d'écrou :** distance entre deux filets d'une vis, d'un écrou. ❑ **prendre, avoir le pas sur :** prendre, avoir la prééminence sur. ❑ **rouler au pas :** lentement.

2. pas adv **1.** S'emploie avec (ou familièrement sans) *ne* pour indiquer une négation dans le groupe verbal : *je ne veux pas.* **2.** Indique une négation dans une réponse, une exclamation, devant un adjectif ou un adverbe : *pas si vite ;* indique une absence devant un nom : *pas un bruit.*

1. pascal (pl *pascals*) nm Unité mécanique de contrainte et de pression ; symb : Pa.

2. pascal (pl *pascals*) nm INFORM Langage de programmation.

3. pascal, e, als ou **aux** adj Qui concerne la pâque juive ou la fête chrétienne de Pâques : *mouton pascal.*

pas-de-porte nm inv Somme que paie un commerçant afin d'obtenir la jouissance d'un local.

paso doble [pasodɔbl] nm inv Danse de rythme vif, d'origine espagnole.

passable adj Acceptable, d'une qualité moyenne : *notes passables.*

passablement adv De façon passable, assez bien.

passade nf **1.** Aventure amoureuse de courte durée. **2.** Caprice, goût passager.

passage nm **1.** Action de passer : *attendre le passage du train.* **2.** Lieu où l'on passe : *marcher sur le passage clouté ; laisser, obstruer le passage.* **3.** Galerie couverte pour les piétons : *passage Choiseul.* **4.** Traversée d'un voyageur sur un navire ; droit payé pour cette traversée. **5.** Court fragment d'une œuvre littéraire ou musicale. **6.** FIG Transition, étape intermédiaire : *passage de l'enfance à l'adolescence.* ■ **avoir un passage à vide :** un moment de fatigue, de perte d'efficacité. ❑ **de passage :** qui reste peu de temps en un lieu : *être de passage à Paris.* ❑ **passage à niveau :** endroit où une voie ferrée est coupée par une route au même niveau. ❑ **passage obligé :** condition nécessaire à la réalisation de quelque chose, à la réussite d'un projet. ❑ **passage protégé :** croisement où la priorité est accordée à la voie principale et non à la voie de droite.

passager, ère adj **1.** Qui ne fait que passer : *hôte passager.* **2.** De peu de durée : *beauté passagère.* ◆ n Personne qui emprunte un moyen de transport.

passagèrement adv En passant, pour peu de temps.

1. passant nm Bande étroite de tissu fixée à un vêtement pour y glisser une ceinture.

2. passant, e adj Où il passe beaucoup de monde : *rue passante.* ◆ n Personne qui passe dans un lieu, une rue : *arrêter les passants.*

passation nf DR Action de rédiger dans les formes juridiques. ■ **passation des pouvoirs :** acte, cérémonie officialisant la transmission des pouvoirs.

passe nf **1.** Action de passer le ballon à un partenaire, dans un jeu d'équipe : *faire une passe.* **2.** Chenal étroit ouvert à la navigation. ■ **en passe de :** en situation de, sur le point de. ❑ **être dans une bonne, une mauvaise passe :** dans une situation avantageuse, difficile. ❑ **maison, hôtel de passe :** de prostitution. ❑ **mot de passe :** de reconnaissance.

1. passé prép Après : *passé 10 heures.*

2. passé, e adj **1.** Relatif à un temps écoulé : *événements passés.* **2.** Qui a perdu son éclat : *couleurs passées.* ◆ nm **1.** Temps écoulé : *songer au passé.* **2.** La vie passée d'un individu : *je ne sais rien de son passé.* **3.** GRAMM Temps du verbe représentant l'action dans un temps écoulé : *passé simple, composé.*

passe-crassane nf inv Poire d'hiver.

passe-droit (pl *passe-droits*) nm Faveur accordée contre le droit.

passéisme nm Attachement excessif au passé.

passéiste adj et n Qui s'attache au retour au passé, à la conservation des traditions et des pratiques d'autrefois : *une architecture passéiste.*

passement nm Galon plat et étroit, pour garnir, orner.

passementerie nf **1.** Ensemble des garnitures tissées ou tressées utilisées surtout dans l'ameublement. **2.** Commerce, industrie du passementier.

passementier, ère n et adj Personne qui fabrique ou vend des passements.

passe-montagne (pl *passe-montagnes*) nm Bonnet, cagoule qui couvre le cou et les oreilles.

passe-partout nm inv Clef qui peut ouvrir plusieurs serrures. ◆ adj inv D'un emploi très large, très étendu : *réponse passe-partout.*

passe-passe nm inv ■ **tour de passe-passe :** (a) tour d'adresse des prestidigitateurs (b) FIG tromperie adroite.

passe-plat (pl *passe-plats*) nm Ouverture dans une cloison, permettant de passer les plats.

passepoilé, e adj Garni d'un liseré pris dans la couture ou la bordant.

passeport nm Document délivré à ses ressortissants par une autorité administrative nationale en vue de certifier leur identité au regard des autorités étrangères.

passer vi (auxil : *être*) **1.** Aller d'un lieu à un autre : *regarder passer les gens.* **2.** Traverser : *passer par Toulouse.* **3.** Aller dans un lieu pour un court moment : *passer chez l'épicier.* **4.** Être admis, accepté : *passer en terminale.* **5.** Devenir : *passer capitaine.* **6.** Mourir, disparaître : *beauté qui passe.* **7.** Être transmis : *passer à un successeur.* **8.** Se produire en public ; être représenté, projeté : *passer à la télévision.* **9.** S'écouler : *comme le temps passe !* **10.** Enclencher une vitesse : *passer en seconde.* ◆ vt (auxil : *avoir*) **1.** Traverser : *passer la rivière.* **2.** Donner : *passez-moi le sel !* **3.** Introduire : *passer de la contrebande.* **4.** Filtrer, tamiser : *passer le café.* **5.** Enclencher : *passer la quatrième.* **6.** Faire lire à un appareil : *passer un disque ;* retransmettre : *passer un film.* **7.** Inscrire : *passer un article en compte.* **8.** Dépasser, devancer : *passer le but, un concurrent.* **9.** Utiliser en bougeant, en étalant sur une surface : *passer l'aspirateur ; passer une couche de peinture.* **10.** Employer : *passer son temps.* **11.** Subir : *passer un examen.* **12.** Omettre : *passer un fait.* ■ **en passant :** incidemment. ❏ **en passer par :** se résigner à. ❏ **passer outre :** continuer. ❏ **passer par les armes :** fusiller. ❏ **passer pour :** être considéré comme. ❏ **passer sur :** ne pas tenir compte de. ❏ **passons ! :** changeons de sujet ! ❏ **y passer :** (a) subir une épreuve, un désagrément (b) FAM mourir. ◆ **se passer** vpr **1.** Avoir lieu, se dérouler : *la scène se passe à Rome ; tout se passe bien.* **2.** S'écouler : *un mois s'est passé.* **3.** [de] s'abstenir de : *se passer de vin ;* ne pas nécessiter de : *ça se passe de commentaire.* **4.** Mettre sur sa peau : *se passer un peu d'eau sur le visage.*

> GRAMMAIRE *Passer,* verbe intransitif, se conjugue avec *être : il est passé contremaître ; passer,* verbe transitif, se conjugue avec *avoir : il a passé son examen avec succès.*

passereau nm Petit oiseau (les passereaux forment un ordre comprenant les moineaux, les merles, les alouettes, etc.).

passerelle nf **1.** Pont étroit réservé aux piétons. **2.** Plan incliné, escalier permettant l'accès à un avion, à un bateau. **3.** FIG Passage, communication : *établir des passerelles entre des formations universitaires.*

passerose nf Rose trémière.

passe-temps nm inv Activité qui distrait, détend.

passeur, euse n **1.** Personne qui conduit un bac, un bateau pour passer un cours d'eau. **2.** Celui qui fait passer illégalement une frontière ou qui passe quelque chose en fraude.

passible adj ■ **passible de :** qui mérite (une peine).

passif, ive adj Qui subit quelque chose sans réagir ; qui assiste à quelque chose sans y participer : *rester passif devant un événement.* ■ GRAMM **forme passive :** forme que prend le verbe quand il exprime une action subie par le sujet (EX : *être aimé, être averti*). ◆ nm **1.** Ensemble des dettes, charges et obligations (par opposition à *actif*). **2.** GRAMM Forme passive (par opposition à *actif*).

passiflore nf Plante herbacée ou arbrisseau des régions tropicales dont les fleurs par leurs organes évoquent les instruments de la Passion. SYN : fleur de la Passion.

passing-shot [pasiŋʃɔt] (pl *passing-shots*) nm Au tennis, balle rapide et liftée évitant un adversaire monté à la volée.

passion nf **1.** Forte inclination, intérêt très vif ; objet de cet intérêt : *la passion du jeu ; écrire avec passion.* **2.** Inclination d'ordre affectif ou amoureux. ■ RELIG **la Passion du Christ :** ses souffrances et son supplice. ❏ **fleur de la Passion :** passiflore.

passionnant, e adj Qui passionne.

passionné, e adj et n Animé par la passion : *débat passionné ; passionné de cinéma.*

passionnel, elle adj Inspiré par la passion amoureuse : *crime passionnel.*

passionnellement adv De façon passionnelle.

passionnément adv Avec passion.

passionner vt **1.** Donner un caractère violent, animé à : *passionner un débat.* **2.** Intéresser vivement : *roman qui passionne.* ◆ **se passionner** vpr [pour] S'enthousiasmer pour : *se passionner pour l'étude.*

passivement adv De façon passive.

passivité nf État, nature d'une personne passive.

passoire nf Ustensile percé de trous pour passer, filtrer.

pastel nm **1.** Crayon fait d'une pâte colorée. **2.** Dessin exécuté au pastel. ◆ adj inv ■ **teintes, tons pastel :** doux et assez clairs.

pastelliste n Peintre qui travaille au pastel.

pastèque nf Plante des régions chaudes cultivée pour son gros fruit à pulpe rouge très juteux ; ce fruit. SYN : melon d'eau.

pasteur n Ministre du culte protestant. ◆ nm LITT Berger. ■ **le Bon Pasteur :** Jésus-Christ.

pasteurisation nf Action de pasteuriser.

pasteuriser vt Porter un liquide ou un produit alimentaire à haute température afin d'en détruire les microbes et de le conserver.

pastiche nm Œuvre littéraire ou artistique qui imite la manière d'un auteur.

pasticher vt Imiter le style de.

pasticheur, euse n Auteur de pastiches.

pastille nf **1.** Petit morceau de pâte à sucer, de forme généralement ronde, en confiserie ou en pharmacie. **2.** Petit motif décoratif de forme ronde.

pastis [pastis] nm **1.** Boisson alcoolisée, parfumée à l'anis. **2.** FAM Situation embrouillée, confuse.

pastoral, e, aux adj **1.** LITT Relatif aux bergers, à la campagne, etc. **2.** Propre aux pasteurs protestants.

pastorale nf Ouvrage littéraire ou musical dont les thèmes évoquent la vie champêtre.

pastoureau, elle n LITT Jeune berger, jeune bergère.

pat [pat] nm et adj inv Aux échecs, neutralisation du roi.

patachon nm ■ FAM **mener une vie de patachon** : mener une vie de plaisirs, d'amusements.

patapouf nm FAM Enfant, homme lourd et embarrassé de son corps.

pataquès [patakɛs] nm **1.** Faute de liaison ; faute de langage grossière. **2.** Discours confus ; situation confuse.

patate nf FAM Pomme de terre. ■ FAM **patate chaude** : problème embarrassant que personne ne veut assumer et dont chacun renvoie la responsabilité. ❑ **patate douce** : plante cultivée dans les pays chauds pour ses tubercules comestibles.

patati, patata interj Évoque ou résume de longs bavardages.

patatras [patatra] interj Évoque une chute bruyante.

pataud, e n et adj FAM Personne lourde, lente, maladroite.

Pataugas [patogas] nm (nom déposé) Chaussure montante, pour la marche, la randonnée.

pataugeoire nf Bassin peu profond d'une piscine réservé aux jeunes enfants.

patauger vi (conj 2) **1.** Jouer, s'amuser dans peu d'eau. **2.** Marcher dans la boue, dans un sol détrempé. **3.** FIG S'embarrasser dans des difficultés ; ne rien comprendre : *patauger dans des explications compliquées.* **4.** Ne pas avancer ; s'enliser : *l'enquête patauge.*

patch nm (anglicisme) Autocollant enduit de principes actifs qui se place sur la peau.

patchouli nm Parfum très prononcé extrait d'une plante aromatique d'Asie et d'Océanie ; cette plante.

patchwork [patʃwœrk] nm **1.** Ouvrage fait de morceaux de tissu disparates cousus les uns aux autres : *un couvre-lit en patchwork.* **2.** FIG Assemblage hétérogène : *un patchwork de nationalités.*

pâte nf **1.** Préparation culinaire à base de farine délayée avec de l'eau ou du lait et pétrie : *pâte sablée, feuilletée.* **2.** Produit alimentaire à base de semoule de blé : *manger des pâtes.* **3.** Préparation de composition variable, de consistance intermédiaire entre le liquide et le solide : *pâte d'amandes ; pâte à papier ; fromage à pâte molle.* **4.** FIG, FAM Constitution, tempérament d'une personne : *une bonne pâte.* ■ **comme un coq en pâte** : heureux, à l'aise. ❑ **mettre la main à la pâte** : aider matériellement à la réalisation de quelque chose.

pâté nm **1.** Hachis de viande ou de poisson cuit dans une pâte feuilletée ou en terrine : *pâté en croûte ; pâté de foie.* **2.** FIG Tache d'encre sur du papier. ■ **pâté de maisons** : groupe de maisons formant un bloc. ❑ **pâté de sable** : tas de sable humide moulé dans un seau.

pâtée nf Aliments réduits en bouillie pour nourrir ou engraisser les animaux. ■ FAM **prendre la pâtée** : se faire battre largement.

1. patelin nm FAM Petite ville, village.

2. patelin, e adj LITT Souple et insinuant, enjôleur : *air patelin.*

patelle nf Mollusque comestible (couramment appelé : *bernique*).

patène nf LITURGIE Petit plat rond destiné à recevoir l'hostie.

patenôtres nf pl FAM, PÉJOR Prières inintelligibles.

patent, e adj Évident, manifeste : *vérité patente.*

patente nf Taxe annuelle payée autrefois par les commerçants, les industriels, remplacée aujourd'hui par la taxe professionnelle.

patenté, e adj **1.** AUTREF Qui payait une patente. **2.** Attitré, confirmé : *défenseur patenté.*

Pater [patɛr] nm inv Prière chrétienne commençant par les mots latins *Pater noster.*

patère nf Support fixé à un mur pour accrocher des vêtements.

paternalisme nm Attitude de bienveillance autoritaire et condescendante d'un directeur, d'un supérieur, envers ses employés.

paternaliste adj Qui fait preuve ou qui témoigne de paternalisme.

paterne adj LITT Doucereux, hypocrite : *ton paterne.*

paternel, elle adj **1.** Du père : *autorité paternelle.* **2.** Du côté du père : *grand-mère paternelle.* **3.** Protecteur, indulgent : *ton paternel.*

paternellement adv Avec bonté, bienveillance.

paternité nf **1.** État, qualité de père. **2.** Qualité d'auteur, de créateur, d'inventeur.

pâteux, euse adj Qui a la consistance d'une pâte. ■ **bouche, langue pâteuse :** lourde, empâtée.

pathétique adj Qui émeut, bouleverse.

pathétiquement adv De façon pathétique.

pathétisme nm LITT Caractère de ce qui est pathétique.

pathogène adj Qui provoque les maladies : *microbe pathogène.*

pathologie nf Étude des causes et des symptômes des maladies.

pathologique adj **1.** Relatif à la pathologie. **2.** Révélateur d'une maladie ; anormal : *réaction pathologique.*

pathos [patos] nm PÉJOR Style emphatique, d'un pathétisme affecté.

patibulaire adj ■ **mine, air patibulaire :** qui suscite la crainte, la méfiance.

patiemment [pasjamɑ̃] adv Avec patience.

patience [pasjɑ̃s] nf **1.** Qualité de celui qui supporte une situation avec calme, modération : *perdre patience.* **2.** Persévérance, obstination dans l'action : *la patience d'une dentellière.* **3.** Jeu de cartes, pour une personne seule, consistant à combiner toutes les cartes dans un ordre déterminé. SYN : réussite. ■ **prendre son mal en patience :** attendre, supporter sans se plaindre.

patient, e adj Qui a ou manifeste de la patience. ◆ n Personne qui subit des soins médicaux, une opération chirurgicale, etc.

patienter vi Prendre patience, attendre calmement.

patin nm Pièce qui frotte sur une surface, sur un élément, pour freiner un mécanisme. ■ **patin à glace :** chaussure sous laquelle est fixée une lame de fer pour glisser sur la glace. ❑ **patin à roulettes :** semelle munie de roulettes pour glisser sur un sol uni. ❑ **patin en ligne :** patin à roulettes, dont les roulettes sont alignées à l'imitation de la lame du patin à glace.

patinage nm **1.** Action de patiner. **2.** Sport pratiqué avec des patins : *patinage artistique, de vitesse.* **3.** Action de donner une patine à ; fait de se patiner.

patine nf Coloration, aspect que prennent certains objets avec le temps.

patiner vi **1.** Glisser avec des patins. **2.** Glisser par manque d'adhérence, en parlant d'un véhicule. **3.** Donner de la patine à un objet, un meuble. ◆ **se patiner** vpr Se couvrir de patine.

patinette nf Trottinette.

patineur, euse n Personne qui patine.

patinoire nf **1.** Lieu aménagé pour patiner sur la glace. **2.** Endroit glissant.

patio [patjo] ou [pasjo] nm Cour intérieure d'une maison.

pâtir vi LITT Souffrir, subir un dommage à cause de quelque chose : *pâtir de l'incompétence de quelqu'un.*

pâtisserie nf **1.** Préparation de pâte sucrée, garnie de façons diverses et cuite au four. **2.** Profession, commerce, magasin du pâtissier.

pâtissier, ère n et adj Personne qui fait ou vend de la pâtisserie. ■ **crème pâtissière :** crème cuite, assez épaisse, pour garnir certains gâteaux.

pâtisson nm Courge de couleur crème, semi-sphérique avec un rebord en festons.

patois nm Parler propre à une région.

patoisant, e adj et n Qui parle patois.

patraque adj FAM Fatigué, souffrant.

pâtre nm LITT Berger.

patriarcal, e, aux adj De patriarche.

patriarcat nm Organisation familiale caractérisée par la prédominance du père.

patriarche nm Chef de famille, généralement âgé, qui vit entouré de sa descendance.

patricien, enne n et adj ANTIQ ROM Citoyen noble.

patrie nf **1.** Pays où l'on est né, dont on est citoyen. **2.** Ville, village, région dont on est originaire.

patrimoine nm **1.** Ensemble des biens hérités du père et de la mère. **2.** Héritage commun d'un groupe, d'une collectivité : *patrimoine artistique.*

patrimonial, e, aux adj Qui fait partie, qui relève du patrimoine.

patriote n et adj Personne qui aime sa patrie.

patriotique adj Qui exprime le patriotisme.

patriotisme nm Amour de la patrie.

1. patron nm Modèle d'après lequel on fabrique un objet, un vêtement.

2. patron, onne n **1.** Chef d'une entreprise industrielle ou commerciale. **2.** Supérieur hiérarchique, en général. **3.** Saint, sainte dont on porte le nom, à qui une église est dédiée, etc. : *sainte Cécile, patronne des musiciens.*

patronage nm **1.** Appui, soutien accordé par un personnage influent, une organisation, etc. **2.** Organisation destinée à accueillir les jeunes pendant les jours de congé.

patronal, e, aux adj **1.** Relatif au patronat : *syndicat patronal.* **2.** Qui concerne le saint patron : *fête patronale.*

patronat nm Ensemble des patrons, des chefs d'entreprise.

patronner vt Apporter le soutien de son autorité, de son influence.

patronnesse adj f ■ **dame patronnesse :** qui organise, dirige une œuvre de bienfaisance.

patronyme nm Nom de famille (par opposition à *prénom*).

patronymique adj ■ **nom patronymique :** nom de famille.

patrouille nf Petit détachement militaire ou policier de surveillance ; cette mission de surveillance.

patrouiller vi Effectuer une patrouille.

patrouilleur nm Militaire, navire chargé d'une surveillance.

patte nf **1.** Membre articulé du corps des animaux, assurant la marche, la préhension. **2.** FAM Jambe, pied de l'homme : *ne plus tenir sur ses pattes ;* main : *avoir les pattes sales.* **3.** Style personnel, original d'un artiste, d'un créateur ; griffe. **4.** Pièce longue et plate servant à fixer, à maintenir. **5.** Languette de cuir, d'étoffe servant à fermer, à maintenir un vêtement : *patte boutonnée.* ■ **coup de patte :** petite critique ironique, malveillante. ❑ **montrer patte blanche :** présenter toutes les garanties nécessaires pour entrer dans un lieu, dans une fonction. ◆ **pattes** pl Cheveux qui descendent sur les tempes et le long des oreilles. ■ **pattes de mouche :** écriture très fine, souvent illisible. ❑ **tirer dans les pattes de quelqu'un :** lui causer des ennuis, des difficultés, chercher à lui nuire.

patte-d'oie (pl *pattes-d'oie*) nf **1.** Point de réunion de plusieurs routes. **2.** Ride à l'angle extérieur de l'œil.

pattemouille nf Linge mouillé utilisé pour repasser à la vapeur.

pâturage nm Lieu où le bétail pâture : *un gras pâturage.*

pâture nf **1.** Action de pâturer. **2.** Pâturage. **3.** Ce sur quoi peut s'exercer une activité : *incident donné en pâture aux journalistes.* ■ **vaine pâture :** droit de laisser paître les animaux après l'enlèvement des récoltes.

pâturer vt et vi Paître.

paturon nm Bas de la jambe du cheval, entre le boulet et le sabot.

paulownia [polɔnja] nm Arbre originaire d'Extrême-Orient, à fleurs mauves odorantes.

paume nf **1.** Creux de la main. **2.** Jeu de balle qui se joue avec une raquette.

paumé, e adj et n FAM Qui n'arrive pas à s'adapter à une situation, à des événements ; qui vit en dehors de la réalité.

paumelle nf Ferrure double permettant le pivotement d'une porte, d'une fenêtre autour d'un gond.

paumer vt FAM Perdre, égarer.

paupérisation nf Appauvrissement progressif et continu d'une population ou d'une classe sociale.

paupériser vt Appauvrir, frapper de paupérisation.

paupérisme nm État de grande pauvreté d'un groupe humain.

paupière nf Voile membraneux, au-devant du globe oculaire.

paupiette nf Tranche de viande de veau roulée et farcie.

pause nf **1.** Suspension momentanée d'une action. **2.** MUS Silence équivalant à une mesure.

pause-café (pl *pauses-café*) nf FAM Pause pour prendre le café.

pauvre adj et n Qui a peu de ressources, peu de biens. ◆ adj **1.** Dépourvu de biens, de ressources : *pays pauvre.* **2.** Qui produit peu, qui est peu fécond : *sol pauvre.* **3.** Qui dénote la pauvreté : *de pauvres habits.* **4.** Médiocre, insuffisant : *vocabulaire pauvre.* **5.** Qui suscite la pitié : *un pauvre homme.* ■ **pauvre en :** qui contient peu, qui manque de : *région pauvre en eau.*

> GRAMMAIRE La place de l'adjectif *pauvre* est importante pour le sens : *malgré sa richesse, quel pauvre homme !* (« quel homme pitoyable ! ») ; *c'est un homme pauvre* (« sans ressources »).

pauvrement adv De façon pauvre.

pauvresse nf VX Femme pauvre ; mendiante.

pauvret, ette adj et n FAM Malheureux.

pauvreté nf État d'une personne ou d'une chose pauvre.

pavage nm **1.** Action de paver. **2.** Revêtement à l'aide de pavés.

pavane nf Danse et musique de caractère lent et majestueux.

pavaner (se) vpr **1.** Marcher, se tenir en prenant des poses ; parader. **2.** Faire l'important.

pavé nm **1.** Bloc de pierre dure dont on garnit les chaussées ; partie pavée d'une rue. **2.** FAM Livre très épais. **3.** Texte isolé par un encadré, dans un journal, une revue : *pavé publicitaire.* **4.** Bifteck très épais. ■ **être sur le pavé :** sans domicile, sans emploi. ❑ **pavé dans la mare :** vérité, révélation brutale qui jette la perturbation. ❑ INFORM **pavé numérique :** ensemble séparé de touches numériques et de touches d'opérations sur un clavier d'ordinateur. ❑ **tenir le haut du pavé :** bénéficier d'une situation avantageuse.

pavement nm Pavage.

paver vt Revêtir un sol de pavés : *paver une rue.*

paveur, euse n Ouvrier qui pave.

pavillon nm **1.** Maison particulière de petite ou de moyenne dimension. **2.** ANAT Oreille externe. **3.** Extrémité évasée d'un instrument à vent. **4.** MAR Drapeau indiquant la nationalité d'un bateau. ■ FIG **baisser pavillon :** céder, capituler.

pavillonnaire adj Bâti de pavillons d'habitation : *zone pavillonnaire.*

pavlovien, enne adj Relatif aux réflexes conditionnés étudiés par Pavlov.

pavois nm MAR Ensemble des pavillons d'un navire, disposés dans un ordre donné. ■ **élever sur le pavois :** mettre en honneur.

pavoiser vt Garnir de pavillons, de drapeaux : *pavoiser un monument.* ◆ vi FAM Manifester sa fierté par une grande joie.

pavot nm Plante voisine du coquelicot, dont on extrait l'opium.

payable adj Qui doit ou peut être payé.

payant, e adj **1.** Qui paie : *hôte payant.* **2.** Que l'on paie : *spectacle payant.* **3.** FAM Qui rapporte, rentable : *entreprise payante.*

paye [pɛj] nf → **paie.**

payement nm → **paiement.**

payer vt (conj 4) **1.** Donner l'argent dû : *payer des achats, ses ouvriers.* **2.** Acquitter une dette, un droit, un impôt : *payer une cotisation.* **3.** Récompenser : *ce succès me paie de tous mes efforts.* **4.** FAM Offrir à quelqu'un en se chargeant de la dépense : *payer une tournée.* **5.** Expier : *payer une faute, un crime.* ■ **payer d'audace, d'effronterie :** faire preuve d'audace, d'effronterie. ❑ **payer de sa personne :** s'engager personnellement. ❑ **payer de retour :** rendre la pareille. ◆ vi FAM Être profitable, rentable.

payeur, euse n et adj Personne qui paie. ■ **mauvais payeur :** qui rembourse mal ses dettes.

1. pays nm **1.** Territoire d'une nation : *un pays étranger ;* État : *défendre son pays.* **2.** Région, contrée : *un pays montagneux.* **3.** Patrie, lieu d'origine : *avoir le mal du pays.* **4.** Village, localité : *un petit pays.* ■ **de pays :** produit par une région, un terroir déterminés : *vin, jambon de pays.* ❑ FAM **en pays de connaissance :** au milieu de gens que l'on connaît.

2. pays, e n FAM Personne de la même région, du même village.

paysage nm **1.** Vue d'ensemble d'une région, d'un site. **2.** Tableau représentant un site champêtre. **3.** FIG Aspect d'ensemble, situation : *paysage politique.*

paysager, ère adj Composé de façon à donner l'illusion d'un paysage naturel : *jardin paysager.*

paysagiste n et adj **1.** Artiste qui représente des paysages. **2.** Architecte ou jardinier qui établit les plans de parcs, de jardins.

paysan, anne n **1.** Homme, femme de la campagne, qui vit du travail de la terre. **2.** PÉJOR Personne peu raffinée, rustre : *des manières de paysan.* ◆ adj De la campagne, des gens qui y travaillent : *vie paysanne.*

paysannat nm ÉCON Ensemble des agriculteurs d'une région, d'un État.

paysannerie nf Ensemble des paysans.

1. PC nm (sigle de *personal computer*) Ordinateur individuel.

2. PC nm (sigle) Poste de commandement.

PCV nm (sigle de *à percevoir*) Communication téléphonique payée par l'abonné qui la reçoit, avec son accord préalable : *appeler en PCV.*

PDF nm (nom déposé, sigle de *portable document format*) Format de fichier informatique qui préserve en toutes circonstances la mise en forme du document original.

P-DG nm (sigle) Président-directeur général.

PEA [peøa] nm (sigle) Plan d'épargne en actions.

péage nm Droit que l'on paie pour emprunter un pont, une autoroute ; lieu où est perçu ce droit : *autoroute à péage.*

péagiste n Employé qui perçoit le péage.

peau nf **1.** Membrane qui recouvre le corps de l'homme et de beaucoup d'animaux. **2.** Cuir de l'animal : *un sac en peau.* **3.** Enveloppe de fruits : *peau d'orange.* **4.** FAM La vie de quelqu'un : *défendre sa peau.* ■ **faire peau neuve :** changer complètement de conduite, d'opinion, etc.

❏ **peau de chamois :** peau de mouton, de chèvre, assouplie.

peaufinage nm Action de peaufiner.

peaufiner vt Mettre au point dans les moindres détails : *peaufiner un travail.*

peausserie nf Commerce, industrie du peaussier.

peaussier nm Personne qui prépare les peaux, ou qui en fait le commerce.

pécan nm ■ **noix de pécan :** noix ovale comestible à coque mince.

pécari nm Cochon sauvage d'Amérique du Sud ; cuir de cet animal.

peccadille nf Faute légère, sans gravité.

pechblende [pɛʃblɛ̃d] nf Minerai d'uranium.

1. pêche nf Fruit du pêcher. ■ FAM **avoir la pêche :** avoir de l'énergie, du dynamisme.

2. pêche nf **1.** Action de pêcher. **2.** Poisson pêché. **3.** Endroit où l'on pêche.

péché nm RELIG Transgression de la loi divine : *péché véniel, mortel ; péché originel.*

pécher vi (conj 10) **1.** RELIG Commettre un péché. **2.** Commettre une faute, faillir : *pécher par ignorance.* **3.** Présenter un défaut : *devoir qui pèche par sa longueur.*

1. pêcher nm Arbre dont le fruit est la pêche.

2. pêcher vt **1.** Prendre ou chercher à prendre du poisson : *pêcher le gardon.* **2.** FAM Trouver, dénicher : *où avez-vous pêché cette nouvelle ?*

pêcherie nf **1.** Lieu où l'on pêche. **2.** Lieu où le poisson pêché est traité.

pécheur, eresse n Personne qui a commis ou commet des péchés : *pécheur impénitent.*

pêcheur, euse n Qui pêche ou qui fait profession de pêcher.

pêchu, e adj FAM Qui a la pêche ; en forme, dynamique : *un retraité pêchu.*

1. pécore n FAM, PÉJOR Paysan, paysanne.

2. pécore nf FAM Femme stupide, prétentieuse.

pectine nf Substance gélifiante contenue dans les fruits.

pectoral, e, aux adj **1.** De la poitrine : *muscles pectoraux.* **2.** Contre la toux : *un sirop pectoral.* ◆ **pectoraux** nm pl Muscles de la poitrine.

pécule nm Somme d'argent, petit capital économisé peu à peu.

pécuniaire adj **1.** Relatif à l'argent : *embarras pécuniaire.* **2.** Qui consiste en argent : *aide pécuniaire.*

ORTHOGRAPHE *Pécuniaire* se termine en *-aire,* au masculin et au féminin. Il faut se garder de l'écrire comme le féminin *financière.*

pécuniairement adv Au point de vue pécuniaire.

pédagogie nf **1.** Science ou méthode d'éducation et d'instruction des enfants. **2.** Qualité du pédagogue : *manquer de pédagogie.*

pédagogique adj Relatif à la pédagogie : *méthode pédagogique.*

pédagogue n Enseignant, éducateur. ◆ adj Qui a le sens, le don de l'enseignement.

pédale nf **1.** Organe de transmission ou de commande d'une machine, d'un véhicule, etc., que l'on actionne avec le pied : *pédale du frein.* **2.** TRÈS FAM, INJUR Homosexuel. ■ FAM **perdre les pédales :** perdre le fil de son discours, perdre son sang-froid.

pédaler vi **1.** Actionner les pédales d'une bicyclette. **2.** Rouler à bicyclette.

pédalier nm **1.** Ensemble des pédales et du grand pignon d'un cycle. **2.** Clavier actionné par les pieds de l'organiste ; système de pédales du piano.

Pédalo nm (nom déposé) Embarcation légère mue par des pédales.

pédant, e adj et n Qui fait étalage de sa science, de son savoir. ◆ adj Prétentieux, suffisant : *discours pédant.*

pédanterie nf ou **pédantisme** nm Caractère d'une personne ou d'une chose pédante.

pédéraste nm Homme qui s'adonne à la pédérastie.

pédérastie nf **1.** Attirance sexuelle d'un homme pour les jeunes garçons. **2.** Homosexualité masculine.

pédérastique adj De la pédérastie.

pédestre adj Qui se fait à pied : *randonnée pédestre.*

pédiatre n Spécialiste de pédiatrie.

pédiatrie nf Spécialité médicale consacrée à l'enfance et à ses maladies.

pédicule nm BOT Support ou pied de certaines plantes, des champignons.

pédicure n Auxiliaire médical qui soigne les pieds et les ongles des pieds.

pedigree [pedigre] nm Généalogie d'un animal de race.

pédologie nf Étude des caractères physiques, chimiques et biologiques des sols.

pédologue n Spécialiste de pédologie.

pédoncule nm Queue d'une fleur ou d'un fruit.

pédophile n et adj Personne qui éprouve une attirance sexuelle pour les enfants.

pédophilie nf Attirance sexuelle d'un adulte pour les enfants.

pédopsychiatrie nf Psychiatrie de l'enfant et de l'adolescent.

peeling [piliŋ] nm Intervention dermatologique qui consiste à faire desquamer la peau du visage.

peer to peer ou **peer-to-peer** [pirtupir] nm inv Technologie permettant l'échange direct de données entre ordinateurs reliés à Internet, sans passer par un serveur central (recomm off. : *pair à pair*).

PEGC n (sigle) Professeur d'enseignement général de collège.

pègre nf Milieu des voleurs, des escrocs.

peigne nm **1.** Instrument denté qui sert à démêler ou à maintenir les cheveux. **2.** Instrument pour apprêter la laine, le chanvre, etc.

peigner vt **1.** Démêler, coiffer avec un peigne. ◊ vpr : *elle s'est peignée ; elle s'est peigné les cheveux.* **2.** TECHN Apprêter des fibres textiles, les démêler, les épurer, les trier : *laine peignée.*

peignoir nm **1.** Vêtement en tissu-éponge qu'on met lorsqu'on sort du bain. **2.** Robe de chambre qui se ferme par une ceinture.

peinard, e adj FAM **1.** Tranquille : *rester peinard.* **2.** Sans fatigue : *travail peinard.*

peinardement adv FAM De façon peinarde.

peindre vt (conj 55) **1.** Représenter qqch par des lignes, des couleurs : *peindre un paysage.* **2.** Couvrir de peinture : *peindre un mur.* **3.** FIG Décrire : *peindre une scène avec humour.*

peine nf **1.** Punition légale infligée à quelqu'un : *purger une peine de prison.* **2.** Douleur morale, tristesse, chagrin : *avoir de la peine.* **3.** Effort pour venir à bout d'un travail, d'une difficulté : *se donner de la peine ; valoir la peine.* ■ **à grand-peine :** avec beaucoup de mal. ❑ **à peine :** (a) presque pas (b) depuis peu. ❑ **ce n'est pas la peine :** c'est inutile. ❑ **sous peine de :** (a) sous la menace de telle peine (b) pour éviter tel risque.

peiner vt Causer du chagrin à ; attrister, désoler. ◆ vi Éprouver de la difficulté ou de la fatigue : *peiner à la tâche.*

peintre n **1.** Artiste qui fait des tableaux. **2.** Professionnel qui peint les murs, les plafonds : *peintre en bâtiment.*

peinture nf **1.** Matière colorante liquide propre à recouvrir une surface. **2.** Action de recouvrir une surface avec un produit colorant ; surface ainsi recouverte. **3.** Art et technique du peintre : *peinture à l'huile ; peinture au pistolet.* **4.** Œuvre réalisée par un peintre ; tableau : *galerie de peintures.* **5.** Ensemble des œuvres picturales d'un peintre, d'une époque, d'un pays. **6.** FIG Description, évocation : *une peinture des mœurs.*

peinturer vt Barbouiller de peinture.

peinturlurer vt FAM Peindre grossièrement, barbouiller.

péjoratif, ive adj Qui comporte une idée défavorable, qui déprécie.

péjorativement adv De façon péjorative.

pékan nm Martre du Canada.

pékinois, e adj et n De Pékin. ◆ nm Petit chien à tête arrondie et à poil long.

PEL [pɛl] nm (sigle) Plan d'épargne logement.

pelade nf Maladie qui provoque la chute des poils et des cheveux.

pelage nm Ensemble des poils d'un animal.

pélagique adj LITT Relatif à la mer : *faune pélagique.*

pelant, e adj BELGIQUE Qui ennuie, qui lasse ; fastidieux : *une conférence pelante.*

pelé, e adj **1.** Dont on a enlevé la peau : *fruits pelés.* **2.** Qui a perdu ses poils : *cou pelé d'un cheval.* **3.** FIG Sans végétation : *campagne pelée.*

pêle-mêle loc adv Sans ordre, en vrac.

peler vt (conj 5) Ôter la peau d'un fruit, d'un légume. ◆ vi Perdre sa peau par plaques : *avoir le nez qui pèle.*

pèlerin nm **1.** Personne qui accomplit un pèlerinage. **2.** Requin inoffensif pour l'homme. **3.** Faucon au vol très rapide, employé pour la fauconnerie.

pèlerinage nm **1.** Voyage dans un lieu saint pour un motif religieux. **2.** Voyage, visite entrepris en souvenir de qqn, qqch.

pèlerine nf Manteau sans manches.

pélican nm Oiseau palmipède des régions chaudes, à large bec doté d'une poche extensible.

pelisse nf Manteau garni de fourrure.

pellagre nf Maladie infectieuse à manifestations cutanées due à une carence en vitamine PP.

pelle nf Outil à plaque ajustée au bout d'un manche, servant notamment à creuser. ■ **pelle mécanique :** engin automoteur à bras articulé. ❑ FAM **ramasser une pelle :** (a) tomber (b) échouer.

pelletée nf Contenu d'une pelle.

pelleter vt (conj 8) Remuer ou déplacer à la pelle.

pelleterie nf Préparation, commerce des fourrures.

pelleteur nm Ouvrier qui travaille à la pelle ; terrassier.

pelleteuse nf Pelle mécanique pour évacuer des matériaux.

pelletier, ère n Personne qui prépare, travaille ou vend des fourrures.

pellicule nf **1.** Bande de film sensible utilisée en photographie, en cinématographie. **2.** Lamelle de peau qui se détache du cuir chevelu. **3.** Mince couche d'une matière solide : *pellicule de givre*.

pelotari nm Joueur de pelote basque.

pelote nf **1.** Boule formée de fil, de laine, etc., enroulés sur eux-mêmes. **2.** Balle du jeu de pelote basque. **3.** Coussinet pour piquer des aiguilles, des épingles. ■ **pelote basque :** sport traditionnel du Pays basque dans lequel le pelotari lance la balle contre un fronton.

peloter vt FAM Toucher, caresser en palpant.

peloton nm **1.** Petite unité militaire. **2.** SPORTS Groupe compact de concurrents, dans une course. **3.** Petite pelote : *peloton de laine*. ■ **peloton d'exécution :** groupe de soldats chargés de fusiller un condamné.

pelotonner vt Mettre en pelote, en peloton. ◆ **se pelotonner** vpr Se recroqueviller.

pelouse nf **1.** Terrain couvert d'une herbe épaisse et courte. **2.** Partie gazonnée d'un stade, d'un champ de courses.

peluche nf **1.** Étoffe à poils longs. **2.** Animal, jouet confectionné dans cette étoffe.

pelucher vi Prendre l'aspect de la peluche, en parlant d'un tissu qui s'use.

pelucheux, euse adj Qui peluche, qui a l'aspect de la peluche : *tissu pelucheux*.

pelure nf Peau des fruits, légumes, etc. : *pelure d'oignon*.

pelvien, enne adj ANAT Du bassin.

pénal, e, aux adj Relatif aux infractions et aux peines : *le Code pénal*.

pénalisant, e adj Qui désavantage, constitue un handicap.

pénalisation nf **1.** SPORTS Désavantage infligé à un concurrent qui a commis une faute. **2.** Fait d'être pénalisé, désavantagé.

pénaliser vt **1.** Infliger une pénalisation, une pénalité à. **2.** Constituer un handicap pour ; désavantager : *mesure qui pénalise les petites entreprises*.

pénaliste n DR Spécialiste de droit pénal.

pénalité nf Peine, sanction.

penalty [penalti] (pl *penaltys* ou *penalties*) nm Au football, sanction prise contre une équipe pour une faute commise par un de ses membres dans la surface de réparation.

pénates nm pl FAM Maison, foyer : *regagner ses pénates*.

penaud, e adj Embarrassé, confus, honteux : *rester tout penaud*.

pence [pɛns] nm pl → **penny**.

penchant nm Inclination, tendance : *les mauvais penchants*.

pencher vt Incliner : *pencher la tête*. ◆ vi Ne pas être d'aplomb : *ce mur penche*. ■ **pencher pour, vers :** préférer. ◆ **se pencher** vpr **1.** S'incliner : *se pencher au-dehors*. **2.** [sur] S'intéresser à : *se pencher sur la question*.

pendable adj ■ **tour pendable :** farce, plaisanterie de mauvais goût.

pendaison nf Action de pendre quelqu'un ou quelque chose : *condamné à la pendaison ; pendaison de crémaillère ;* action de se pendre.

1. pendant nm Objet ou personne symétrique d'un autre, notamment par sa place, sa fonction : *un masque accroché à un mur et son pendant sur le mur d'en face ; être le pendant du directeur dans son secteur*.

2. pendant prép Introduit la période au cours de laquelle se déroule une action : *pendant l'été, le voyage, la semaine*. ◆ **pendant que** loc conj Indique la concomitance avec l'action principale, notamment en opposition avec celle-ci ; tandis que : *se taire pendant que l'autre parle*.

3. pendant, e adj Qui pend.

pendeloque nf Ornement de verre ou de cristal suspendu à un lustre.

pendentif nm Bijou en sautoir.

penderie nf Meuble, pièce où l'on suspend les vêtements.

pendiller vi FAM Être suspendu en oscillant légèrement.

pendouiller vi FAM Pendre de façon désordonnée, disgracieuse.

pendre vt **1.** Fixer en haut, la partie inférieure restant libre ; suspendre : *pendre un lustre, des rideaux*. **2.** Faire mourir en suspendant par le cou : *pendre un assassin*. ■ **dire pis que pendre de quelqu'un :** en dire le plus grand mal. ◆ vi **1.** Être suspendu : *les fruits pendent aux arbres*. **2.** Tomber trop bas : *robe qui pend d'un côté*. ■ FAM **cela lui pend au nez :** cela le menace. ◆ **se pendre** vpr **1.** Se suicider en se suspendant par le cou. **2.** S'accrocher : *il se pend à la branche pour secouer l'arbre*.

pendu, e n Personne qui s'est ou que l'on a pendue.

pendulaire adj Du pendule : *mouvement pendulaire*.

1. pendule nm Corps suspendu à un point fixe et oscillant régulièrement.

2. pendule nf Petite horloge d'appartement.

pendulette nf Petite pendule.

pêne nm Pièce d'une serrure qui entre dans la gâche.

pénéplaine nf Dans la théorie du cycle d'érosion, état final du relief, caractérisé par des formes très douces et des vallées très évasées.

pénétrant, e adj **1.** Qui pénètre : *pluie pénétrante.* **2.** FIG Perspicace, fin : *esprit pénétrant.*

pénétration nf **1.** Action de pénétrer. **2.** FIG Faculté de comprendre, de deviner ; sagacité.

pénétré, e adj Convaincu de : *pénétré d'une opinion.* ■ **ton, air pénétré** : grave, affecté.

pénétrer vt (conj 10) **1.** Entrer dans : *balle qui pénètre les chairs.* **2.** FIG Découvrir, percer : *pénétrer un secret.* **3.** Toucher profondément : *aveu qui pénètre le cœur.* ◆ vi Entrer, s'introduire dans : *pénétrer dans la forêt ; l'écharde a pénétré profondément.* ◆ **se pénétrer** vpr [de] S'imprégner profondément de : *se pénétrer d'une vérité.*

pénible adj **1.** Qui fatigue : *travail pénible.* **2.** Qui afflige : *nouvelle pénible.* **3.** Désagréable, difficile à supporter : *enfant pénible.*

péniblement adv Avec peine ; difficilement.

péniche nf Bateau de transport fluvial à fond plat.

pénicilline nf Antibiotique puissant isolé à partir d'une espèce du pénicillium.

pénicillium [penisiljɔm] nm Champignon qui se développe sous la forme d'une moisissure verte dans certains fromages, sur les fruits.

péninsulaire adj Relatif à une péninsule.

péninsule nf Presqu'île, terre qui s'avance dans la mer.

pénis [penis] nm Organe mâle de la copulation. SYN : verge

pénitence nf RELIG Peine, châtiment, punition infligés en expiation d'une faute : *faire pénitence.*

pénitencier nm ANC Prison pour les longues peines.

pénitent, e n Personne qui confesse ses péchés à un prêtre.

pénitentiaire adj Relatif aux prisons ou aux détenus : *régime pénitentiaire.*

> ORTHOGRAPHE Il ne faut pas confondre l'orthographe de *pénitentiaire,* avec un *t,* et celle de *pénitencier,* avec un *c.*

penne nf Plume longue des oiseaux.

penné, e adj BOT Disposé comme les barbes d'une plume, en parlant des feuilles et des folioles.

penny [pɛni] (pl *pence* ou *pennies*) nm Monnaie anglaise valant le centième de la livre.

pénombre nf Lumière faible, demi-jour.

pensable adj (dans des phrases négatives) Que l'on peut concevoir, imaginer : *une erreur à peine pensable.*

pensant, e adj Qui pense. ■ **tête pensante** : cerveau d'une organisation.

pense-bête (pl *pense-bêtes*) nm Liste, indication quelconque rappelant une tâche à accomplir.

1. pensée nf **1.** Action, faculté de penser ; activité de l'esprit. **2.** Idée, réflexion sur un objet particulier : *s'absorber dans ses pensées.* **3.** Jugement porté sur quelqu'un ou sur quelque chose : *déguiser sa pensée.* **4.** Esprit : *chasser une idée de sa pensée.*

2. pensée nf Fleur ornementale rose, jaune ou violette, voisine de la violette.

penser vi **1.** Former des idées dans son esprit ; réfléchir, méditer : *il faut penser avant d'agir.* **2.** Avoir telle ou telle opinion : *je pense comme vous.* ◆ vt **1.** Avoir dans l'esprit, avoir pour opinion : *dire ce qu'on pense.* **2.** Croire : *penser qu'il va pleuvoir.* **3.** Avoir l'intention de : *il pense partir.* **4.** Concevoir pour la réalisation : *penser l'architecture d'un bâtiment.* ◆ vt ind [à] **1.** Avoir comme objet de réflexion : *penser à autre chose.* **2.** Se souvenir à temps de : *penser à prévenir quelqu'un.* **3.** Prendre en considération, envisager : *penser à l'avenir.*

penseur, euse n Qui s'applique à penser, à réfléchir.

pensif, ive adj Absorbé dans ses pensées.

pension nf **1.** Somme d'argent versée à quelqu'un par un organisme, un particulier, l'État, pour subvenir à ses besoins, l'indemniser, etc. : *toucher une pension.* **2.** Internat, dans un établissement public ou privé : *être en pension ; mettre un enfant en pension.* **3.** Somme que l'on verse pour être logé, nourri ; fait d'être logé, nourri en échange de ce paiement : *prendre pension ; pension complète.* ■ **pension de famille** : hôtel modeste aux conditions d'hébergement rappelant la vie familiale.

pensionnaire n **1.** Interne dans un établissement scolaire. **2.** Personne qui paie une pension dans un hôtel, chez un particulier, etc. **3.** Acteur qui reçoit un traitement fixe : *pensionnaire de la Comédie-Française.*

pensionnat nm Internat ; ensemble de ses élèves.

pensionné, e adj et n **1.** Qui reçoit une pension. **2.** BELGIQUE Retraité.

pensionner vt Verser une pension à.

pensivement adv De façon pensive.

pensum [pɛ̃sɔm] (pl *pensums*) nm **1.** Travail imposé, en punition, à un élève. **2.** Travail ennuyeux.

pentagone [pɛ̃tagɔn] nm Polygone à cinq angles et cinq côtés.

pentamètre [pɛ̃tamɛtr] nm Vers de cinq syllabes.

pentathlon [pɛ̃tatlɔ̃] nm **1.** ANTIQ GR Ensemble de cinq épreuves d'athlétisme (lutte, course, saut, disque et javelot). **2.** Discipline olympique associant l'équitation, l'escrime, le tir, la natation et le cross.

pente nf Inclinaison d'une surface par rapport à l'horizontale ; surface ainsi inclinée. ■ FIG **être sur la mauvaise pente :** se laisser aller à des tendances jugées mauvaises ou fâcheuses.

Pentecôte nf **1.** Fête juive en mémoire du jour où Dieu remit à Moïse les tables de la Loi. **2.** Fête chrétienne en mémoire de la descente du Saint-Esprit sur les Apôtres.

pentu, e adj Qui est en pente ; incliné.

pénultième nf et adj Avant-dernière syllabe d'un mot, d'un vers. ◆ adj et n Avant-dernier.

pénurie nf Manque de ce qui est nécessaire : *pénurie de main-d'œuvre.*

PEP [pɛp] nm (sigle) Plan d'épargne populaire.

pépé nm **1.** Grand-père, dans le langage enfantin. **2.** FAM Homme âgé.

pépère adj FAM Tranquille, paisible.

pépie nf ■ FAM **avoir la pépie :** avoir très soif.

pépiement nm Cri des jeunes oiseaux.

pépier vi Crier, en parlant des petits oiseaux.

pépin nm **1.** Graine de certains fruits : *pépins d'une pomme.* **2.** FAM Désagrément, ennui : *avoir un pépin.*

pépinière nf Lieu où l'on cultive de jeunes arbres destinés à être transplantés. ■ FIG **une pépinière de :** un lieu qui fournit des personnes propres à une profession, à une activité.

pépiniériste n Qui cultive des plants en pépinière.

pépite nf Masse de métal natif, notamment d'or.

péplum [peplɔm] nm **1.** ANTIQ Tunique. **2.** Film à grand spectacle s'inspirant de l'histoire ou de la mythologie antique.

pepsine nf Principe actif du suc gastrique.

PER [pɛr] nm (sigle) Plan d'épargne retraite.

percale nf Tissu de coton très fin.

percaline nf Toile de coton utilisée pour les doublures.

perçant, e adj **1.** Qui pénètre profondément : *froid perçant.* **2.** D'une grande acuité : *yeux perçants.* **3.** Aigu et puissant : *voix perçante.*

perce nf ■ **mettre un tonneau en perce :** pratiquer une ouverture dans un tonneau pour en tirer le vin.

percée nf **1.** Ouverture, trouée, dégagement. **2.** Franchissement de la défense adverse, dans les sports collectifs. **3.** FIG Avancée rapide : *percée technologique.*

percement nm Action de percer : *percement d'un tunnel.*

perce-neige nf inv Plante des prés et des bois, dont les fleurs blanches s'épanouissent à la fin de l'hiver, quand le sol est encore recouvert de neige.

perce-oreille (pl *perce-oreilles*) nm Insecte portant une pince sur l'abdomen.

percepteur nm Fonctionnaire du Trésor chargé de recouvrer les impôts directs.

perceptibilité nf Qualité, caractère de ce qui est perceptible.

perceptible adj Qui peut être perçu, saisi : *perceptible à l'œil nu.*

perceptif, ive adj Qui concerne la perception : *faculté perceptive.*

perception nf **1.** Action, faculté de percevoir par les sens, par l'esprit. **2.** Action de percevoir, de recouvrer les impôts ; bureau du percepteur.

percer vt (conj 1) **1.** Faire un trou dans : *percer un mur.* **2.** Pratiquer une ouverture, ouvrir un passage dans : *percer une rue.* **3.** Traverser, passer au travers de : *percer la foule.* **4.** FIG Découvrir : *percer un mystère.* ◆ vi **1.** Apparaître, poindre, être perceptible : *soleil qui perce.* **2.** Se manifester : *la haine perce dans ses écrits.* **3.** Se faire connaître, acquérir de la notoriété : *auteur qui commence à percer.*

perceur, euse n Personne qui perce.

perceuse nf Machine pour percer.

percevable adj Qui peut être perçu.

percevoir vt (conj 34) **1.** Saisir par les sens ou par l'esprit : *percevoir un son.* **2.** Toucher, encaisser : *percevoir un impôt ; somme perçue.*

1. perche nf Poisson d'eau douce à chair estimée.

2. perche nf **1.** Bâton long et mince. **2.** SPORTS Longue tige qui aide à franchir une haute barre horizontale, en athlétisme. **3.** CIN, TÉLÉV support mobile auquel est suspendu le micro. **4.** FAM Personne très grande et mince. ■ **tendre la perche à qqn** : lui venir en aide.

percher vi Se poser sur une branche. ◆ vt Placer à un endroit élevé. ◆ **se percher** vpr Se poser à un endroit élevé, en parlant d'un oiseau.

percheron, onne adj et n Se dit d'une race de chevaux de trait de la région du Perche.

perchiste n **1.** SPORTS Sauteur à la perche. **2.** CIN, TÉLÉV Technicien chargé du maniement de la perche.

perchoir nm Lieu où perchent les volailles, les oiseaux. ■ FAM **le perchoir** : le siège du président, à l'Assemblée nationale, en France.

perclus, e adj Privé de la faculté de se mouvoir : *perclus de froid, de rhumatismes.*

percolateur nm Appareil à vapeur servant à faire du café.

percussion nf Choc résultant de l'action brusque d'un corps sur un autre. ■ **arme à percussion** : dont la charge est enflammée par un choc sur une capsule détonante. ❑ MUS **instruments à percussion** : dont on joue en les frappant (le tambour, par exemple).

percussionniste n Musicien utilisant des instruments à percussion.

percutané, e adj MÉD Qui se fait à travers la peau : *absorption percutanée d'un médicament.*

percutant, e adj **1.** Qui produit un choc, une percussion. **2.** FIG Qui frappe l'esprit : *argument percutant.* ■ **obus percutant** : qui éclate à l'impact.

percuter vt Frapper, heurter avec force. ◆ vi FAM Comprendre : *il a du mal à percuter.*

percuteur nm Mécanisme d'une arme à feu qui frappe l'amorce.

perdant, e n et adj Personne qui perd à un jeu, à une loterie, etc. ◆ adj Qui perd ou fait perdre : *billet, numéro perdant.*

perdition nf ■ **en perdition** : (a) en danger de faire naufrage : *navire en perdition* (b) sur le point de faire faillite, d'être ruiné.

perdre vt (conj 52) **1.** Cesser d'avoir : *perdre sa place ; perdre la raison.* **2.** Égarer : *perdre son mouchoir.* **3.** Être séparé par la mort : *perdre ses parents.* **4.** Avoir le dessous dans : *perdre la partie, une bataille.* **5.** Ne pas profiter de : *perdre son temps.* **6.** Abandonner : *perdre une habitude.* ■ **ne rien perdre pour attendre** : ne pas échapper à une punition, une revanche. ❑ **perdre la tête** : la raison, son sang-froid. ❑ **perdre la vie** : mourir. ❑ **perdre de vue** : oublier, négliger. ◆ vi **1.** Avoir le dessous, être vaincu, battu : *elle déteste perdre.* **2.** Avoir moins de valeur : *actions qui ont beaucoup perdu.* **3.** Faire une perte : *perdre dans une vente.* ◆ **se perdre** vpr **1.** S'égarer : *se perdre dans un bois.* **2.** Disparaître : *se perdre dans la foule ; coutume qui se perd.* **3.** Rester inutilisé, se gâter : *marchandises qui se perdent.*

perdreau nm Perdrix de l'année. ■ PAR PLAIS **perdreau de l'année** : personne qui fait preuve d'une naïveté confondante ; débutant : *ce député n'est pas un perdreau de l'année.*

perdrix nf Oiseau au plumage roux ou gris, recherché comme gibier.

perdu, e adj **1.** Égaré : *objet perdu.* **2.** Devenu inutile ou inutilisable : *temps perdu.* **3.** Éloigné, isolé : *un village perdu.* **4.** Dont le cas est désespéré : *malade perdu.* ■ **à corps perdu** : avec impétuosité. ❑ **à fonds perdus** : sans espoir de récupérer le capital.

perdurer vi LITT Se prolonger, se perpétuer : *usage qui perdure.*

père nm **1.** Celui qui a un ou plusieurs enfants : *père de famille.* **2.** Créateur d'une œuvre, initiateur d'une doctrine, d'un courant d'idées : *Auguste Comte, le père du positivisme.* **3.** Religieux, prêtre : *un père dominicain.* ■ **de père en fils** : par transmission du père aux enfants. ❑ **les Pères de l'Église** : les écrivains de l'Antiquité chrétienne dont les écrits font règle, en matière de foi. ❑ **père spirituel** : personne dont on se réclame intellectuellement, moralement.

pérégrination nf LITT Voyage lointain, exploration. ◆ **pérégrinations** pl Allées et venues, déplacements en de nombreux endroits.

péremption nf DR État de ce qui est périmé.

péremptoire adj Décisif, qui n'admet pas la discussion : *argument péremptoire.*

péremptoirement adv De façon péremptoire.

pérennisation nf Action de pérenniser.

pérenniser vt Rendre durable, perpétuel : *la négligence a pérennisé cet abus.*

pérennité nf Caractère de ce qui dure toujours ou très longtemps.

péréquation nf Répartition au prorata des possibilités : *la péréquation de l'impôt.*

perestroïka [perestrɔjka] nf HIST En URSS, politique de restructuration économique lancée en 1985 et s'appuyant sur la glasnost.

perfectibilité nf Caractère de ce qui est perfectible.

perfectible adj Qui peut être perfectionné ou se perfectionner.

perfection nf **1.** Qualité, état de ce qui est parfait. **2.** Personne ou chose parfaite. ■ **à la perfection :** d'une manière parfaite.

perfectionné, e adj De grande qualité ; doté des éléments les plus modernes.

perfectionnement nm Action de perfectionner, de se perfectionner ; amélioration.

perfectionner vt Rapprocher de la perfection, améliorer : *perfectionner une invention.* ◆ **se perfectionner** vpr Progresser, améliorer ses performances.

perfectionnisme nm Recherche excessive de la perfection en toute chose.

perfectionniste adj et n Qui fait preuve de perfectionnisme.

perfide adj Déloyal, trompeur : *ami perfide ; paroles perfides.*

perfidement adv Avec perfidie.

perfidie nf Déloyauté, trahison.

perforateur, trice adj Qui perfore, sert à perforer. ◆ nf Machine à perforer.

perforation nf Action de perforer ; ouverture ainsi pratiquée.

perforer vt Pratiquer un ou plusieurs trous dans ; percer en traversant.

performance nf **1.** Résultat obtenu par un sportif, un acteur, etc. **2.** Réussite remarquable, exploit. **3.** BX-ARTS Œuvre éphémère, dans l'art contemporain. ◆ **performances** pl Possibilités optimales, en données chiffrées, d'un matériel, d'un véhicule, etc.

performant, e adj Compétitif.

performeur, euse n **1.** Sportif qui a obtenu un résultat exceptionnel, notamm. en athlétisme : *le meilleur performeur mondial.* **2.** BX-ARTS Artiste qui réalise une performance.

perfusion nf Introduction lente d'une substance médicamenteuse ou de sang dans un organisme.

pergola nf Petite construction légère, dans un jardin, destinée à servir de support à des plantes grimpantes.

périarticulaire adj MÉD Qui siège autour d'une articulation : *affection périarticulaire.*

péricarde nm ANAT Membrane qui enveloppe le cœur.

péricarpe nm BOT Enveloppe de la graine, des semences.

péricliter vi Décliner, aller à la ruine : *entreprise qui périclite.*

péridurale nf Anesthésie locale du bassin, pratiquée surtout en obstétrique.

périgée nm ASTRON Point de l'orbite d'une planète le plus rapproché de la Terre. CONTR : apogée.

ORTHOGRAPHE *Périgée,* nom masculin, se termine par un *e* muet, comme *apogée, athée.*

périglaciaire adj Relatif aux régions proches des glaciers : *érosion périglaciaire.*

périhélie nm ASTRON Point de l'orbite d'une planète le plus rapproché du Soleil. CONTR : aphélie.

péri-informatique nf Ensemble des équipements et des activités concernant les périphériques des systèmes informatiques.

péril [peril] nm Danger, risque : *être, mettre en péril.* ■ **au péril de :** au risque de perdre : *au péril de sa vie, de sa santé.* ❑ **à ses risques et périls :** en portant l'entière responsabilité.

périlleux, euse adj Où il y a du péril ; dangereux : *entreprise périlleuse.*

périmé, e adj **1.** Qui n'est plus valable : *passeport périmé.* **2.** Dépassé, désuet : *conception périmée.*

périmer (se) vpr Perdre sa valeur, sa validité, passé un certain délai.

périmètre nm **1.** Ligne qui délimite un espace ; pourtour. **2.** Zone proche, alentours : *l'explosion a tout détruit dans un vaste périmètre.*

périnatal, e, als ou **aux** adj MÉD Relatif à la période qui précède ou suit immédiatement la naissance.

périnée nm ANAT Région du corps entre l'anus et les parties génitales.

période nf **1.** Espace de temps plus ou moins long ; époque : *période révolutionnaire.* **2.** ASTRON Temps nécessaire à la révolution d'une planète. **3.** MÉD Phase d'une maladie : *période d'incubation.* ■ **période bleue, rouge, blanche :** dans les transports, plages de temps délimitées en fonction de l'affluence et correspondant à un certain tarif des billets.

périodicité nf Caractère de ce qui est périodique ; fréquence.

périodique adj **1.** Qui revient à intervalles réguliers : *fièvre périodique.* **2.** Se dit des protections que les femmes utilisent pendant leurs règles : *serviette périodique.* ◆ nm Journal, revue qui paraît à des époques déterminées.

périodiquement adv De façon périodique.

périoste nm Membrane qui entoure les os.

péripatéticienne nf LITT Prostituée qui racole dans la rue.

péripétie [peripesi] nf Événement imprévu, rebondissement dans une action.

périphérie nf Ensemble des quartiers situés sur le pourtour d'une ville.

périphérique adj Situé dans la périphérie : *un quartier périphérique.* ■ **boulevard périphérique** ou **périphérique** nm : voie rapide entourant une ville. ◆ adj et nm Se dit d'un système informatique qui n'appartient ni à l'unité de traitement ni à la mémoire centrale.

périphlébite nf MÉD Inflammation du tissu entourant une veine.

périphrase nf Expression, groupe de mots équivalant à un mot simple (EX : *la Ville Lumière,* pour *Paris*).

périple nm Long voyage.

périr vi LITT **1.** Mourir. **2.** Disparaître, tomber dans l'oubli : *souvenir qui ne périra pas.*

périscolaire adj Qui s'ajoute à l'enseignement scolaire et le complète.

périscope nm Tube équipé d'un système optique, qui permet à un sous-marin en plongée d'observer la surface de l'eau.

périssable adj Sujet à s'altérer, à se corrompre : *denrées périssables.*

périssoire nf Embarcation étroite manœuvrée à la pagaie.

péristyle nm Ensemble des colonnes formant une galerie devant la façade d'un monument.

Péritel ■ **prise Péritel** nf (nom déposé) Prise permettant de relier un téléviseur à un magnétoscope, un jeu vidéo ou un micro-ordinateur.

péritoine nm ANAT Membrane qui tapisse l'abdomen.

péritonite nf Inflammation du péritoine.

perle nf **1.** Corps brillant nacré et rond, qui se forme à l'intérieur de certains coquillages. **2.** Petite boule de verre, de métal, etc., percée d'un trou : *enfiler des perles pour faire un collier.* **3.** Goutte de liquide limpide : *les perles de la rosée.* **4.** Personne ou chose remarquable, parfaite : *la perle des maris.* **5.** FAM Faute, erreur grossière : *relever des perles dans des copies d'élèves.*

perlé, e adj Qui rappelle l'éclat ou la forme de la perle.

perler vi Se former en gouttelettes.

perlier, ère adj Qui produit des perles : *huître perlière.*

perlimpinpin nm ■ **poudre de perlimpinpin** : remède sans effet réel.

perlingual, e, aux [pɛrlɛ̃gwal, o] adj MÉD Sublingual.

permanence nf **1.** Caractère de ce qui est permanent : *la permanence d'une coutume.* **2.** Service permanent ; lieu où il se tient : *permanence électorale.* **3.** Salle où sont rassemblés et surveillés les élèves qui n'ont pas classe : *aller en permanence ; salle de permanence.* ■ **en permanence :** sans interruption, constamment.

permanent, e adj **1.** Qui dure sans discontinuer ni changer : *un souci permanent.* **2.** Qui ne cesse pas : *spectacle permanent.* ◆ n Membre d'un groupe quelconque, rémunéré pour se consacrer à son administration.

permanente nf Traitement que l'on fait subir aux cheveux pour les onduler de façon durable.

permanganate nm Sel d'un acide dérivé du manganèse.

perméabilité nf Caractère de ce qui est perméable.

perméable adj **1.** Qui se laisse traverser notamment par des liquides : *terrain perméable ; roches perméables.* **2.** Qui se laisse influencer : *perméable aux influences.*

permettre vt (conj 57) **1.** Donner la liberté, le pouvoir, le droit de faire, de dire, d'employer : *permettre à un adolescent de sortir le soir.* **2.** Donner le moyen, le loisir, l'occasion de : *emploi du temps qui permet d'aller au cinéma.* ◆ **se permettre** vpr Prendre la liberté de, oser : *se permettre une critique.* ■ **pouvoir se permettre quelque chose, de** (+ inf) : avoir les moyens financiers, physiques, etc., de s'accorder de faire quelque chose : *pouvoir se permettre les sucreries ; pouvoir se permettre de voyager.*

permis nm Autorisation officielle écrite : *permis de chasse, de conduire.*

permissif, ive adj Qui permet, tolère facilement : *société, éducation permissive.*

permission nf **1.** Autorisation : *avoir la permission de sortir.* **2.** Congé de courte durée accordé à un militaire : *soldat en permission.*

permissionnaire n Militaire qui a une permission.

permissivité nf Fait d'être permissif.

permutable adj Susceptible de permutation.

permutation nf Action, fait de permuter, en particulier un emploi, une fonction.

permuter vt et vi Échanger, intervertir.

pernicieusement adv De façon pernicieuse.

pernicieux, euse adj Très nuisible, dangereux : *fièvre pernicieuse.*

péroné nm Os long de la jambe parallèle au tibia.

péronnelle nf FAM Femme, fille sotte et bavarde.

péroraison nf **1.** Conclusion d'un discours. **2.** PÉJOR Discours ennuyeux, pédant.

pérorer vi PÉJOR Discourir longuement, avec emphase.

peroxyde nm Oxyde à grande proportion d'oxygène.

perpendiculaire adj Qui fait un angle droit avec une droite, un plan : *droite perpendiculaire à une autre.* ◆ nf Ligne perpendiculaire.

perpendiculairement adv De façon perpendiculaire.

perpétration nf Action de perpétrer.

perpétrer vt (conj 10) Commettre, exécuter un acte criminel.

perpette (à) ou **perpète (à)** loc adv FAM **1.** À perpétuité : *être condamné à perpette.* **2.** Très loin : *il est à perpette, ton resto.*

perpétuation nf LITT Action de perpétuer, de se perpétuer.

perpétuel, elle adj **1.** Qui ne cesse jamais ; continuel : *mouvement perpétuel.* **2.** Très fréquent, habituel : *combats perpétuels.* **3.** Qui dure toute la vie : *rente perpétuelle.*

perpétuellement adv Toujours.

perpétuer vt LITT Faire durer : *perpétuer un souvenir.* ◆ **se perpétuer** vpr LITT Continuer, durer.

perpétuité nf ■ **à perpétuité :** pour toujours : *être condamné à perpétuité ; réclusion à perpétuité.*

perplexe adj Embarrassé, indécis.

perplexité nf Embarras, irrésolution.

perquisition nf Recherche faite par la police dans un lieu déterminé, dans le but de trouver des documents utiles à la découverte de la vérité.

perquisitionner vi Faire une perquisition. ◆ vt Fouiller au cours d'une perquisition.

perron nm Escalier en saillie sur une façade.

perroquet nm **1.** Oiseau de la famille des psittacidés, qui peut répéter des sons articulés. **2.** FIG Personne qui répète, parle sans réfléchir, sans comprendre. **3.** MAR Mât, voile, vergue qui se grée au-dessus d'un mât de hune.

perruche nf **1.** Femelle du perroquet. **2.** Petit perroquet à longue queue pointue. **3.** MAR Gréement supérieur de l'artimon.

perruque nf Coiffure postiche de cheveux naturels ou artificiels.

perruquier nm Fabricant, vendeur de perruques, de postiches.

pers, e adj D'une couleur entre le vert et le bleu : *étoffe perse ; yeux pers.*

persan, e adj et n De Perse. ◆ nm Langue du groupe iranien. ◆ nm et adj m Chat à poils longs et soyeux.

1. perse adj et n De la Perse ancienne.

2. perse nf Toile de l'Inde.

persécuté, e n et adj Personne en butte à une persécution.

persécuter vt **1.** Poursuivre, tourmenter, opprimer par des traitements cruels, injustes, tyranniques. **2.** Importuner, harceler : *être persécuté par des créanciers.*

persécuteur, trice adj et n Qui persécute.

persécution nf Action de persécuter ; fait d'être persécuté.

persévérance nf Qualité de celui qui persévère.

persévérant, e adj Qui persévère.

persévérer vi (conj 10) Persister, demeurer ferme et constant dans une décision, une action entreprise.

persienne nf Châssis de bois à lames en abat-jour, qui s'ouvre comme un contrevent.

persiflage nm Raillerie ironique.

persifler vt LITT Se moquer par des paroles ironiques.

> ORTHOGRAPHE Attention, *persifler* s'écrit avec un seul *f*, alors que *siffler* s'écrit avec deux *f*.

persifleur, euse adj et n Qui persifle.

persil [pɛrsi] nm Plante potagère aromatique.

persillade nf Accommodement culinaire à base de persil haché.

persillé, e adj Accompagné de persil haché : *sauce persillée.* ■ **fromage persillé :** avec des moisissures dans la pâte. ❑ **viande persillée :** parsemée de petits filaments de graisse.

persistance nf **1.** Action de persister ; obstination, opiniâtreté : *nier avec persistance.* **2.** Fait de persister, de durer : *la persistance du beau temps.*

persistant, e adj **1.** Qui persiste, qui dure : *fièvre persistante.* **2.** BOT Qui subsiste pendant toutes les saisons (par opposition à *caduc*) : *feuilles persistantes.*

persister vi **1.** Continuer d'exister : *froid qui persiste.* **2.** S'obstiner, persévérer : *persister dans sa résolution, dans son erreur.*

persona grata loc inv **1.** Agréé dans ses fonctions diplomatiques. **2.** En faveur auprès d'une personne, dans un groupe.

personnage nm **1.** Personne importante, illustre : *les grands personnages de l'État.* **2.** Personne considérée du point de vue de son comportement : *un triste personnage.* **3.** Personne mise en action dans une œuvre littéraire, dans un film, etc. ; rôle joué par un acteur. **4.** Manière de se comporter comparée à un rôle : *elle prend des poses, cela fait partie de son personnage.*

personnalisation nf Action de personnaliser.

personnaliser vt Donner un caractère personnel original à quelque chose.

personnalité nf **1.** Ensemble des traits de caractère, des comportements, des aptitudes, etc., qui individualisent quelqu'un : *respecter la personnalité humaine.* **2.** Caractère, originalité propre à quelqu'un : *forte personnalité.* **3.** Personne connue ou influente : *de hautes personnalités.*

personne nf **1.** Être humain en général : *rencontrer de nombreuses personnes.* **2.** Individu considéré en lui-même : *être content de sa personne.* **3.** DR Entité représentant une ou plusieurs personnes, à qui la capacité d'être sujet de droit est reconnue : *personne civile, juridique, morale.* **4.** GRAMM Forme du verbe et du pronom qui permet de distinguer la ou les personnes qui parlent, à qui on parle, dont on parle. ■ **en personne :** soi-même, sans se faire représenter par quelqu'un d'autre : *préfet qui se déplace en personne.* ❑ **grande personne :** adulte, considéré dans ses rapports avec les enfants. ◆ pron indéf m sing **1.** (avec la négation *ne*) Aucun être, nul : *personne ne le sait.* **2.** (sans la négation) Quiconque, quelqu'un : *il le sait mieux que personne.*

personnel, elle adj **1.** Propre à quelqu'un, à une personne : *voiture personnelle.* **2.** Qui porte la marque de quelqu'un : *des goûts très personnels.* **3.** GRAMM Relatif aux personnes grammaticales : *pronom personnel ; mode personnel.* ◆ nm Ensemble des personnes employées par une entreprise, un service public ou un particulier.

personnellement adv En personne : *dire personnellement.*

personnification nf Action de personnifier ; incarnation, modèle.

personnifié, e adj Qui représente le type même d'un caractère, d'une qualité : *il est l'honnêteté personnifiée.*

personnifier vt Représenter une notion abstraite ou une chose sous les traits d'une personne.

perspectif, ive adj En perspective : *dessin perspectif.*

perspective nf **1.** Art de représenter sur une surface plane les objets tels qu'ils apparaissent à une certaine distance et dans une position donnée : *lois de la perspective.* **2.** Aspect que présentent les objets vus de loin ou considérés comme un tout : *une vaste, une belle perspective.* **3.** Manière de voir, point de vue, angle : *perspective historique.* **4.** FIG Espérance ou crainte d'une chose probable : *avoir la perspective d'une belle situation.* ■ **en perspective :** dans l'avenir, en vue.

perspicace adj Doué d'un esprit pénétrant et subtil.

perspicacité nf Clairvoyance, sagacité.

persuader vt Porter à croire, à faire ; convaincre. ◆ **se persuader** vpr Croire, s'imaginer : *ils se sont persuadé(s) qu'on les trompait.*

persuasif, ive adj Qui persuade : *éloquence persuasive.*

persuasion nf **1.** Action de persuader : *recourir à la persuasion plutôt qu'à la force.* **2.** Fait d'être persuadé, conviction.

perte nf **1.** Privation, action de perdre : *perte de sang ; perte de cheveux.* **2.** Ce qui est perdu : *subir une grosse perte d'argent.* **3.** Gaspillage, mauvais emploi de quelque chose : *perte de temps.* **4.** Mort de quelqu'un : *perte d'un proche.* **5.** Ruine matérielle ou morale : *courir, aller à sa perte.* ■ **à perte :** en perdant de l'argent. ❑ **à perte de vue :** très loin : *champ qui s'étend à perte de vue.* ❑ **en pure perte :** inutilement.

pertinemment [pɛrtinamɑ̃] adv D'une façon pertinente. ■ **savoir pertinemment :** savoir parfaitement.

pertinence nf Caractère de ce qui est pertinent.

pertinent, e adj Qui s'applique tout à fait à ce dont il est question : *réponse pertinente.*

perturbateur, trice adj et n Qui perturbe, cause du désordre.

perturbation nf **1.** Action de perturber ; ce qui en résulte. **2.** MÉTÉOR Modification de l'état de l'atmosphère caractérisée par des pluies, du vent.

perturber vt Empêcher le déroulement normal de ; troubler.

péruvien, enne adj et n Du Pérou : *les Péruviens.*

pervenche nf Plante herbacée à fleurs bleu clair ou mauves. ◆ adj inv De couleur bleu pâle.

pervers, e adj et n Qui se plaît à accomplir des actes cruels ou immoraux, spécialement dans le domaine sexuel. ◆ adj Fait par perversité : *crime pervers.*

perversion nf Action de pervertir ; fait d'être perverti.

perversité nf **1.** Tendance à vouloir faire le mal, souvent avec un certain plaisir. **2.** Action perverse.

pervertir vt **1.** Corrompre, porter au mal. **2.** Dénaturer, altérer : *pervertir le goût.*

pesage nm **1.** Action de peser. **2.** Endroit où l'on pèse les jockeys, avant et après chaque course.

pesamment adv D'une manière pesante, lourde.

pesant, **e** adj **1.** Lourd : *pesant fardeau.* **2.** FIG Sans grâce : *démarche pesante.* ◆ nm ■ **valoir son pesant d'or :** avoir une grande valeur.

pesanteur nf **1.** Force qui attire les corps vers le centre de la Terre. **2.** État de ce qui est lourd, pesant.

pèse-bébé (pl *pèse-bébés* ou inv) nm Balance pour peser les nourrissons.

pesée nf **1.** Action de peser ; ce qu'on a pesé en une fois. **2.** Effort fait sur un levier.

pèse-lettre (pl *pèse-lettres* ou inv) nm Petite balance pour peser les lettres.

pèse-personne (pl *pèse-personnes* ou inv) nm Petite balance automatique pour peser les personnes.

peser vt (conj 9) **1.** Déterminer le poids de : *peser un pain.* **2.** FIG Examiner attentivement, évaluer, mesurer : *peser le pour et le contre.* ◆ vi **1.** Avoir un certain poids : *le platine pèse plus que l'or.* **2.** Avoir telle importance ; représenter telle valeur : *groupe de presse qui pèse trois milliards.* **3.** FIG Être difficile à supporter : *leur absence lui pèse.* ◆ vt ind [sur] Exercer une pression sur ; FIG concerner, influer sur.

peseta [peseta] ou [pezeta] nf Unité monétaire espagnole jusqu'au 1er janvier 2002.

peso [peso] ou [pezo] nm Unité monétaire de plusieurs pays d'Amérique latine.

pessimisme nm Tendance à considérer les choses sous leur aspect le plus fâcheux.

pessimiste adj et n Qui fait preuve de pessimisme.

peste nf **1.** Maladie infectieuse et contagieuse. **2.** FIG Personne, chose pernicieuse : *petite peste !*

pester vi Manifester son irritation, sa mauvaise humeur : *pester contre le mauvais temps.*

pesticide nm et adj Produit destiné à lutter contre les parasites animaux et végétaux des cultures.

pestiféré, **e** adj et n Atteint de la peste.

pestilence nf Odeur infecte et putride.

pestilentiel, **elle** [pɛstilɑ̃sjɛl] adj Qui répand une odeur infecte.

pet [pɛ] nm FAM Gaz intestinal qui sort de l'anus avec bruit.

pétale nm Chacune des pièces de la corolle d'une fleur. ■ **pétales de maïs :** céréale présentée sous forme de copeaux, de lamelles.

pétanque nf Jeu de boules originaire du midi de la France.

pétant, **e** adj FAM Se dit de l'heure exacte : *à midi pétant.*

pétarade nf Suite de détonations.

pétarader vi Produire une, des pétarades.

pétard nm **1.** Pièce d'artifice qui éclate avec bruit. **2.** Charge d'explosif généralement utilisée dans la démolition. **3.** FAM Tapage, bruit, scandale. **4.** FAM Pistolet.

pétaudière nf FAM Lieu, groupe où règnent le désordre, la confusion.

petchi nm SUISSE Grand désordre, confusion inextricable : *semer le petchi. Quel petchi !*

pet-de-nonne (pl *pets-de-nonne*) nm Beignet soufflé.

péter vi (conj 10) FAM **1.** Faire un, des pets. **2.** Faire entendre un bruit sec et bref. **3.** Se casser. ◆ vt FAM Briser, casser. ■ **péter les plombs** ou **les boulons :** perdre la tête.

pète-sec n inv et adj inv FAM Personne autoritaire, qui commande sèchement.

péteux, **euse** n et adj FAM Poltron, lâche. ◆ adj Penaud, déconfit.

pétillant, **e** adj Qui pétille.

pétillement nm Action de pétiller : *le pétillement du bois vert.*

pétiller [petije] vi **1.** Éclater avec des petits bruits secs, répétés. **2.** Dégager des bulles de gaz : *le champagne pétille.* **3.** FAM Briller d'un vif éclat : *des yeux qui pétillent.*

pétiole [pesjɔl] nm BOT Queue de la feuille.

petiot, **e** adj et n FAM Tout petit.

petit, **e** adj **1.** De faibles dimensions : *petit jardin.* **2.** Très jeune : *quand j'étais petit.* **3.** FIG De peu d'importance, de peu de valeur : *petit fonctionnaire ; petit capital.* **4.** Mesquin, borné. ■ **en petit :** sur une petite échelle, en petites dimensions : *la même ville mais en petit ; le même, en plus petit.* ❑ **petit à petit :** peu à peu. ◆ n Petit enfant. ◆ **petits** nm pl **1.** Les enfants les plus jeunes, dans un groupe, une collectivité. **2.** Progéniture des animaux.

petit-beurre (pl *petits-beurre*) nm Petit biscuit sec fait de farine et de beurre.

petit-bourgeois, **petite-bourgeoise** (pl *petits-bourgeois*, *petites-bourgeoises*) adj et n Qui appartient à la petite bourgeoisie ; PÉJOR qui a des idées étroites, étriquées, conformistes.

petit(-)déjeuner (pl *petits-déjeuners* ou *petits déjeuners*) nm Premier repas pris le matin.

petite-fille (pl *petites-filles*) nf Fille du fils ou de la fille, par rapport au grand-père, à la grand-mère.

petitement adv De façon basse, mesquine : *se venger petitement.* ■ **être logé petitement :** à l'étroit.
petite-nièce (pl *petites-nièces*) nf Fille du neveu, de la nièce.
petitesse nf Caractère d'une personne ou d'une chose petite.
petit-fils (pl *petits-fils*) nm Fils du fils ou de la fille, par rapport au grand-père, à la grand-mère.
petit-four (pl *petits-fours*) nm Petite pâtisserie que l'on mange d'une bouchée.
petit-gris (pl *petits-gris*) nm **1.** Écureuil de Sibérie ; fourrure de cet animal. **2.** Escargot à coquille brunâtre.
pétition [petisjɔ̃] nf Écrit adressé à une autorité pour formuler une plainte ou une demande. ■ **pétition de principe :** raisonnement qui consiste à supposer vrai ce qui est en question.
pétitionnaire n Personne qui présente ou signe une pétition.
pétitionner vi Adresser une pétition.
petit-lait (pl *petits-laits*) nm Liquide qui se sépare du lait caillé.
petit-neveu (pl *petits-neveux*) nm Fils du neveu, de la nièce.
petit pois (pl *petits pois*) nm Pois écossé vert.
petits-enfants [pətizɑ̃fɑ̃] nm pl Les enfants du fils ou de la fille.
petit-suisse (pl *petits-suisses*) nm Fromage frais, de lait de vache, moulé en forme de petit cylindre.
pétoche nf FAM Peur.
pétoire nf FAM Mauvais fusil.
peton nm FAM Petit pied.
pétoncle nm Mollusque bivalve comestible.
pétrel nm Oiseau palmipède de mer.
pétrifiant, e adj Qui pétrifie.
pétrification nf Action de pétrifier ; son résultat.
pétrifier vt **1.** Changer en pierre. **2.** FIG Stupéfier, paralyser de peur, d'étonnement, etc.
pétrin nm **1.** Appareil destiné à pétrir la pâte à pain. **2.** FAM Embarras, situation pénible : *être dans le pétrin.*
pétrir vt **1.** Malaxer, travailler (une pâte). **2.** Presser une matière quelconque pour lui donner une forme : *pétrir de l'argile.* ■ FIG **être pétri d'orgueil, de contradictions, etc. :** en être rempli.
pétrissage nm Action de pétrir.
pétrochimie nf Chimie des produits dérivés du pétrole.
pétrochimique adj De la pétrochimie : *industrie pétrochimique.*
pétrodollar nm Dollar résultant de la commercialisation du pétrole brut.
pétrographie nf Partie de la géologie qui étudie la formation et la composition des roches.
pétrole nm Huile minérale naturelle combustible, de couleur très foncée, formée d'hydrocarbures. ◆ adj inv ■ **bleu pétrole :** bleu tirant légèrement sur le vert.
pétroleuse nf HIST Femme du peuple qui, pendant la Commune de 1871, aurait utilisé du pétrole pour hâter les incendies.
pétrolier, ère adj Relatif au pétrole : *industrie pétrolière.* ◆ nm Navire pour le transport du pétrole.
pétrolifère adj Qui contient du pétrole.
pétulance nf Vivacité, exubérance.
pétulant, e adj Vif, dynamique.
pétunia nm Plante ornementale aux fleurs blanches, violettes ou mauves.
peu adv Pas beaucoup : *travailler peu ; manger peu.* ■ **à peu près** ou **à peu de chose près :** presque, environ. ❑ **avant peu** ou **dans peu** ou **sous peu :** bientôt. ❑ **de peu :** tout juste : *l'emporter de peu.* ❑ **depuis peu :** récemment. ❑ **peu à peu :** lentement. ❑ **(un) tant soit peu :** à peine. ◆ nm ■ **un peu (de) :** une petite quantité, un petit nombre de : *un peu, un tout petit peu de soupe ; il nous reste un peu de fruits ; un peu plus.* ❑ **pour un peu :** il suffirait, il aurait suffi d'un rien pour que : *pour un peu, il réussissait tout.* ◆ pron indéf pl Un petit nombre de personnes : *peu le savent ; peu de gens viendront.* ◆ **pour peu que** loc conj Introduit une condition qui semble facile à remplir ; pourvu que, à condition que : *il travaille bien, pour peu qu'il s'en donne la peine.*
peuchère interj (dans le Midi) Exprime l'attendrissement, la pitié ; renchérit sur ce que l'on vient de dire.
peuplade nf Groupement humain de petite ou moyenne importance, ne constituant pas une société structurée.
peuple nm **1.** Ensemble des hommes formant une communauté nationale ou culturelle : *le peuple français ; les peuples hispanophones.* **2.** Ensemble des citoyens en tant qu'ils exercent des droits politiques : *élu par le peuple.* **3.** FAM Foule : *quel peuple !* ■ **le peuple :** la masse de ceux qui ne jouissent d'aucun privilège et ne vivent que de leur travail.
peuplé, e adj Où vit une population plus ou moins nombreuse.

peuplement nm **1.** Action de peupler. **2.** État de ce qui est peuplé : *le peuplement d'une colonie*.

peupler vt **1.** Établir, installer des hommes, une espèce animale ou végétale, dans un lieu. **2.** Occuper un lieu, y vivre en grand nombre.

peuplier nm Arbre des régions tempérées et humides, au tronc long et étroit, et dont le bois est utilisé en menuiserie et en papeterie ; bois de cet arbre.

peur nf Sentiment d'inquiétude, en présence ou à la pensée d'un danger. ■ **avoir peur** : craindre. ❑ **de peur de, de peur que** : dans la crainte de, dans la crainte que. ❑ **faire peur à quelqu'un** : lui faire éprouver de la crainte, de l'angoisse : *film qui fait peur*.

GRAMMAIRE *Avoir peur que* est suivi du subjonctif, avec ou sans *ne : tu as peur qu'il ne vienne* (langue soutenue) ou *qu'il vienne*.

peureusement adv De façon peureuse.

peureux, euse adj et n Qui a souvent peur, qui manque de courage.

peut-être adv **1.** Marque la possibilité, le doute : *il viendra peut-être ; peut-être neigera-t-il*. **2.** FAM En réponse à un sous-entendu, à une provocation, exprime l'indignation : *je n'écris pas bien, peut-être ?*

peyotl [pejɔtl] nm Plante cactacée du Mexique, dont un alcaloïde, la mescaline, provoque des hallucinations visuelles.

pèze nm FAM Argent.

pfennig [pfɛnig] (pl *pfennigs* ou *pfennige*) nm Unité monétaire allemande équivalant au centième du mark.

pff ou **pfft** ou **pfut** interj Exprime le dédain, l'indifférence : *pff ! Tant pis !*

pH nm (abréviation de *potential of hydrogen*) CHIM Indice caractérisant l'acidité ou la basicité d'un milieu ; mesure de celui-ci (une solution est acide si son pH est inférieur à 7, basique s'il est supérieur à 7).

phacochère nm Mammifère d'Afrique proche du sanglier, à défenses incurvées.

phagocyte nm Cellule de l'organisme capable d'absorber et de digérer d'autres cellules.

phagocyter vt **1.** MÉD Détruire par phagocytose. **2.** FIG Absorber et neutraliser à la façon des phagocytes : *parti politique qui phagocyte un groupuscule*.

phagocytose nf Phénomène par lequel certaines cellules absorbent puis digèrent d'autres cellules.

phalange nf **1.** ANAT Chacun des petits os qui composent les doigts et les orteils. **2.** ANTIQ GR Formation de combat. **3.** HIST Groupement politique et paramilitaire d'inspiration souvent fasciste.

phalangette nf ANAT Dernière phalange des doigts.

phalangiste n HIST Membre d'une phalange.

phalanstère nm Dans le système de Fourier, association de production, au sein de laquelle les travailleurs vivent en communauté.

phalène nf Papillon nocturne ou crépusculaire.

phallique adj Relatif au phallus.

phallocrate n et adj Personne qui considère l'homme comme supérieur à la femme.

phallocratie nf Attitude dominatrice de l'homme par rapport à la femme.

phalloïde adj Se dit d'une espèce d'amanite à chapeau jaunâtre ou verdâtre.

phallus [falys] nm Membre viril en érection.

phanérogame nm ou nf et adj Plante se reproduisant par des fleurs ou des graines.

pharaon nm Souverain de l'Égypte ancienne.

pharaonique adj Des pharaons ; de leur époque.

phare nm **1.** Tour portant un puissant foyer lumineux, établie le long des côtes pour guider les navires. **2.** Dispositif d'éclairage placé à l'avant d'un véhicule. ◆ **phares** pl Feux de route.

pharisien nm **1.** Membre d'une secte juive du IIe s. av. J.-C. **2.** LITT Homme orgueilleux et hypocrite.

pharmaceutique adj Qui relève de la pharmacie.

pharmacie nf **1.** Technique de préparation de remèdes, médicaments. **2.** Profession de pharmacien ; laboratoire, boutique du pharmacien. **3.** Petit meuble ou petite trousse portative pour ranger les médicaments.

pharmacien, enne n Qui exerce la pharmacie.

pharmacologie nf Science des médicaments et de leur emploi.

pharmacopée nf **1.** Ensemble de remèdes, de médicaments : *pharmacopée extrême-orientale*. **2.** (avec majuscule) Recueil officiel contenant la nomenclature des médicaments, leur composition, leurs effets.

pharyngé, e ou **pharyngien, enne** adj Du pharynx.

pharyngite nf Inflammation du pharynx.

pharynx nm ANAT Gosier, arrière-gorge.
phase nf Chacun des changements, des aspects successifs d'un phénomène, d'une action en évolution.
phasme nm Insecte ressemblant aux tiges sur lesquelles il vit.
phénicien, enne adj et n De Phénicie.
phénix nm **1.** Oiseau fabuleux de la mythologie antique qui se brûlait lui-même pour renaître de ses cendres. **2.** LITT Personne exceptionnelle.
phénobarbital (pl *phénobarbitals*) nm Médicament barbiturique, sédatif et hypnotique.
phénol nm Composé dérivé du benzène, utilisé comme désinfectant.
phénoménal, e, aux adj Prodigieux, extraordinaire.
phénomène nm **1.** Ce qui est perçu par les sens ou par la conscience : *chercher les causes d'un phénomène.* **2.** Fait, événement qui frappe l'imagination. **3.** Chose ou être extraordinaire : *un phénomène de foire.*
phénoménologie nf **1.** Étude descriptive des phénomènes. **2.** Philosophie s'appuyant sur la conscience pour comprendre l'essence des choses, des êtres.
phénotype nm BIOL Ensemble des caractères somatiques apparents d'un individu, qui expriment l'interaction du génotype et du milieu.
phi nm inv Lettre de l'alphabet grec, correspondant à *ph.*
philanthrope n Personne d'une générosité désintéressée.
philanthropie nf **1.** Caractère du philanthrope. **2.** Bienfaisance, générosité, altruisme.
philanthropique adj Qui relève de la philanthropie.
philatélie nf **1.** Étude, collection des timbres-poste. **2.** Commerce des timbres-poste.
philatéliste n Collectionneur de timbres-poste.
philharmonie nf Association musicale qui donne des concerts publics.
philharmonique adj Se dit de certaines associations musicales.
philippin, e adj et n Des Philippines : *les Philippins.*
philistin nm LITT Personne à l'esprit vulgaire et étroit.
philo nf FAM Philosophie.
philodendron [filɔdɛ̃drɔ̃] nm Plante aux feuilles digitées, aux racines aériennes.
philologie nf **1.** Étude d'une langue d'après ses documents écrits : *philologie grecque, latine.* **2.** Étude des textes et de leur transmission.
philologique adj De la philologie.
philologue n Spécialiste de philologie.
philosophale adj f ■ **pierre philosophale :** (a) pierre qui, d'après les alchimistes, changeait les métaux en or (b) FIG ce qui est impossible à trouver.
philosophe n Spécialiste de philosophie. ◆ adj et n Qui fait preuve de calme et de sagesse ; qui prend la vie du bon côté.
philosopher vi (souvent préjoratif) Raisonner, argumenter sur un sujet quelconque.
philosophie nf **1.** Science qui étudie les êtres, les principes et les causes d'un point de vue général, abstrait. **2.** Système d'un philosophe, d'une école, d'une époque, etc. **3.** Fermeté, calme devant des événements imprévus.
philosophique adj Qui relève de la philosophie.
philosophiquement adv De façon philosophique.
philtre nm LITT Breuvage magique propre à inspirer l'amour.
phimosis [fimozis] nm MÉD Étroitesse du prépuce qui empêche de découvrir le gland.
phlébite nf MÉD Inflammation de la membrane interne des veines.
phlébologue n Médecin spécialisé dans les maladies des veines.
phlegmon nm MÉD Inflammation du tissu cellulaire sous-cutané.
phobie nf Peur, aversion instinctive et souvent angoissante.
phobique adj Qui relève d'une phobie. ◆ adj et n Atteint de phobie.
phocéen, enne adj et n De Marseille : *la cité phocéenne.*
phonateur, trice ou **phonatoire** adj Relatif à la production des sons vocaux.
phonation nf Production des sons de la parole.
phonème nm LING Élément sonore d'une langue, se définissant par ses propriétés distinctives.
phonéticien, enne n Spécialiste de phonétique.
phonétique adj Qui concerne les sons du langage : *transcription phonétique.* ■ **écriture phonétique :** où les signes graphiques correspondent à des sons du langage. ◆ nf Étude des sons composant le langage humain.
phonétiquement adv **1.** Du point de vue de la phonétique. **2.** En écriture phonétique.

phonique adj Relatif au son ou à la voix.
phonographe nm ANC Appareil qui reproduit les sons.
phonologie nf Étude scientifique des systèmes de sons, ainsi que des principes ou règles qui les déterminent dans telle ou telle langue naturelle.
phonothèque nf Lieu où sont rassemblés les documents sonores constituant des archives de la parole.
phoque nm Mammifère des régions polaires.
phosphate nm Sel de l'acide phosphorique utilisé comme engrais.
phosphaté, e adj Qui contient du phosphate.
phosphore nm Corps chimique employé autrefois dans la fabrication des allumettes ; symb : P.
phosphorescence nf Propriété qu'ont certains corps d'émettre de la lumière dans l'obscurité.
phosphorescent, e adj Doué de phosphorescence.
phosphoreux, euse adj Qui contient du phosphore.
phosphorique adj m ■ **acide phosphorique** : acide du phosphore. ❑ **anhydride phosphorique** : combinaison de phosphore et d'oxygène, formée par combustion vive.
photo nf Photographie : *prendre une photo d'un paysage.* ■ **photo d'identité** : représentant le visage de quelqu'un et destinée à figurer sur un document officiel. ◆ adj inv Photographique : *appareil photo.*
photochimie nf Étude des effets chimiques dus à la lumière.
photocomposer vt Composer un texte par photocomposition.
photocomposeur ou **photocompositeur** nm Industriel spécialisé dans la photocomposition.
photocomposeuse nf Machine de photocomposition.
photocomposition nf IMPR Procédé de composition fournissant directement des textes sur films photographiques.
photocopie nf Reproduction d'un document par le développement instantané d'un négatif photographique ; le document ainsi obtenu.
photocopier vt Reproduire par photocopie.
photocopieur nm ou **photocopieuse** nf Appareil de photocopie.
photocopillage nm DR Action de photocopier un livre, partiellement ou en totalité, et qui constitue une infraction.
photoélectrique adj Qui produit de l'électricité sous l'action de la lumière.
photo-finish (pl *photos-finish*) nf Appareil enregistrant automatiquement l'ordre des concurrents à l'arrivée d'une course ; photographie ainsi obtenue.
photogénique adj Dont le visage, l'aspect se prête bien à la photographie, au cinéma.
photographe n **1.** Personne qui prend des photos, en amateur ou à titre professionnel. **2.** Artisan, commerçant qui développe, tire des clichés.
photographie nf **1.** Technique permettant de fixer sur une surface sensible à la lumière les images obtenues à l'aide d'une chambre noire. **2.** Image obtenue par cette technique.
photographier vt Obtenir par la photographie l'image de.
photographique adj Relatif à la photographie : *appareil photographique.*
photograveur nm Professionnel spécialiste de la photogravure.
photogravure nf IMPR Ensemble des procédés photographiques et chimiques qui permettent d'obtenir des clichés d'impression.
photolyse nf CHIM Décomposition chimique par la lumière.
Photomaton nm (nom déposé) Appareil qui prend et développe automatiquement des photos d'identité.
photomécanique adj Se dit de tout procédé d'impression dans lequel le cliché a été obtenu par photographie.
photomètre nm Instrument qui mesure l'intensité de la lumière.
photomontage nm Montage ou collage réalisé à partir de plusieurs photographies.
photophore nm Vase en verre destiné à abriter une bougie.
photoreportage nm Reportage constitué essentiellement de documents photographiques.
photosensible adj Sensible aux rayonnements lumineux.
photosphère nf Couche supérieure lumineuse du Soleil.
photosynthèse nf Processus par lequel une plante verte, sous l'action de la lumière, élabore des matières organiques en absorbant le gaz carbonique de l'eau et en rejetant l'oxygène. SYN : assimilation chlorophyllienne.
photothèque nf **1.** Collection d'archives photographiques. **2.** Lieu où une telle collection est rassemblée.

phototropisme nm Mouvement de croissance d'une plante, orienté sous l'influence de la lumière.

phototype nm Image photographique obtenue après exposition et traitement d'une couche sensible.

phrase nf **1.** Groupe de mots ou mot formant un message complet. **2.** MUS Suite de notes formant une unité mélodique expressive. ■ FIG **faire des phrases :** parler d'une manière prétentieuse. ❑ **petite phrase :** formule concise et apte à frapper l'esprit, utilisée par un homme politique dans un discours, et que les médias reprennent abondamment.

phrasé nm MUS Art d'interpréter une phrase musicale en respectant la ligne mélodique.

phraséologie nf **1.** Ensemble des constructions et expressions propres à une langue, un milieu, une spécialité, une époque : *phraséologie judiciaire.* **2.** PÉJOR Assemblage de formules pompeuses.

phraseur, euse n Qui tient des propos emphatiques, vides de sens.

phratrie nf **1.** ANTIQ GR Subdivision de la tribu. **2.** Dans une société archaïque, réunion de plusieurs clans.

phréatique adj ■ **nappe phréatique :** nappe d'eau située à l'intérieur du sol et alimentant des sources.

phrygien, enne adj ■ **bonnet phrygien :** bonnet rouge adopté en France, sous la Révolution, comme emblème de la liberté.

phtisie nf VX Tuberculose pulmonaire.

phtisique adj et n VX Tuberculeux.

phylactère nm Bulle, dans une bande dessinée.

phylloxéra nm **1.** Insecte hémiptère dont une espèce s'attaque à la vigne. **2.** Maladie de la vigne causée par ce parasite.

physicien, enne n Spécialiste de physique.

physico-chimique (pl *physico-chimiques*) adj Relatif à la physique et à la chimie.

physiologie nf Science qui a pour objet l'étude du fonctionnement des organismes vivants.

physiologique adj Relatif à la physiologie.

physiologiste n Spécialiste de physiologie.

physionomie nf **1.** Ensemble des traits du visage. **2.** FIG Caractère, aspect particulier de quelqu'un ou de quelque chose.

physionomiste adj et n Qui est capable de reconnaître immédiatement une personne déjà rencontrée.

physiothérapie nf Traitement médical par des agents physiques.

1. physique nf Science qui a pour objet l'étude des propriétés des corps et des lois qui tendent à modifier leur état ou leur mouvement sans modifier leur nature.

2. physique adj **1.** Qui appartient à la nature, à la matière : *propriétés physiques d'un corps.* **2.** Qui concerne le corps humain : *exercices physiques.* ◆ nm **1.** Aspect général de quelqu'un : *avoir un physique agréable.* **2.** Constitution du corps, état de santé : *le physique influe sur le moral.*

physiquement adv **1.** Selon les lois de la physique. **2.** Sur le plan physique.

phytophage adj et nm Qui se nourrit de matières végétales.

phytothérapie nf Traitement des maladies par les plantes.

pi nm inv **1.** Lettre de l'alphabet grec, correspondant au *p.* **2.** MATH Symbole représentant le rapport constant du périmètre d'un cercle à son diamètre, soit approximativement 3,1416.

piaf nm FAM Moineau, petit oiseau.

piaffant, e adj Qui piaffe.

piaffement nm Action de piaffer.

piaffer vi **1.** Frapper le sol des pieds de devant, en parlant du cheval. **2.** FIG S'agiter, trépigner : *piaffer d'impatience.*

piaillement nm Action de piailler.

piailler vi **1.** Pousser des cris aigus, en parlant d'un oiseau. **2.** Crier sans cesse, d'une voix aiguë.

pian nm Maladie infectieuse et contagieuse des régions tropicales, provoquant des lésions cutanées.

pianissimo adv MUS Très doucement.

pianiste n Personne qui joue du piano.

1. piano nm Instrument de musique, à clavier et à cordes.

2. piano adv MUS Doucement.

piano-bar (pl *pianos-bars*) nm Bar dans lequel un pianiste entretient une ambiance musicale.

pianoter vi **1.** Jouer du piano maladroitement. **2.** Tapoter sur quelque chose avec les doigts.

piastre nf Unité monétaire de divers pays.

piaule nf FAM Chambre.

piaulement nm Action de piauler ; cri aigu.

piauler vi Pousser des cris aigus, en parlant des petits oiseaux, des poulets, etc.

PIB [peibe] nm (sigle) Produit intérieur brut.

1. pic nm **1.** Instrument de fer courbé, pointu et à long manche, pour creuser la terre. **2.** Montagne élevée, isolée et pointue ; le sommet de cette montagne : *le pic du Midi.* **3.** FIG Maximum d'intensité atteint par un phénomène : *pic de pollution.* ◆ **à pic** loc adv **1.** Verticalement : *couler à pic.* **2.** FAM À propos : *cela tombe à pic.*

ORTHOGRAPHE On écrit : *la falaise tombe à pic* (adverbe, sans trait d'union), mais *c'est un à-pic impressionnant* (nom, avec trait d'union).

2. pic nm Oiseau grimpeur, qui frappe avec le bec sur l'écorce des arbres pour en faire sortir les larves.

picador nm Cavalier qui, dans une corrida, fatigue le taureau avec une pique.

picard, e adj et n De Picardie : *les Picards.* ◆ nm Dialecte parlé en Picardie.

picaresque adj Se dit d'une œuvre littéraire dont l'action se situe dans le milieu des voleurs et des truands.

piccolo nm Petite flûte traversière.

pichenette nf FAM Chiquenaude.

pichet nm Petit broc à vin, à eau, etc.

pickles [pikœls] nm pl Condiments végétaux au vinaigre.

pickpocket [pikpɔkɛt] nm Voleur à la tire.

pick-up [pikœp] nm inv VX Électrophone.

picoler vi et vt FAM Boire du vin, de l'alcool.

picorer vi Saisir de la nourriture avec le bec, en parlant des oiseaux. ◆ vt Prendre çà et là (des aliments) ; grignoter.

picotement nm Sensation de piqûre légère et répétée.

picoter vt **1.** Causer des picotements à : *la fumée picote les yeux.* **2.** Becqueter, picorer.

picotin nm VX Mesure d'avoine pour un cheval.

picrate nm **1.** CHIM Sel de l'acide picrique. **2.** FAM Vin de mauvaise qualité.

picrique adj m ■ CHIM **acide picrique :** obtenu par action de l'acide nitrique sur le phénol.

pictogramme nm Dessin, signe d'une écriture pictographique.

pictographique adj ■ **écriture pictographique :** où les concepts sont représentés par des scènes figurées ou par des symboles complexes.

pictural, e, aux adj Qui se rapporte à l'art de la peinture.

pic-vert (pl *pics-verts*) nm → **pivert.**

1. pie nf **1.** Oiseau passereau à plumage blanc et noir. **2.** FAM Personne bavarde. ◆ adj inv Se dit du poil ou du plumage blanc et noir : *cheval pie.*

2. pie adj ■ LITT **œuvre pie :** œuvre pieuse.

pièce nf **1.** Chaque partie, chaque élément séparé d'un tout : *les pièces d'une collection ; une pièce détachée.* **2.** Morceau de tissu réparant une déchirure, un accroc, etc. : *coudre une pièce au coude.* **3.** Morceau de métal plat servant de monnaie : *pièce de 10 francs.* **4.** Chacun des espaces habitables d'un logement : *appartement de quatre pièces.* **5.** Ouvrage dramatique : *pièce de théâtre ; pièce en cinq actes.* **6.** Document écrit servant à établir un droit, la réalité d'un fait, etc. : *pièces d'identité.* ■ **à la pièce** ou **aux pièces :** en proportion du travail fait. ❑ **de toutes pièces :** entièrement, sans utiliser d'éléments existant auparavant. ❑ **mettre en pièces :** (a) détruire (b) mettre en déroute. ❑ **pièce montée :** grande pâtisserie d'effet décoratif souvent formée de petits choux disposés en pyramide. ❑ **tout d'une pièce :** d'un bloc, sans détour. ❑ **une (deux, trois) pièce(s) :** se dit d'un vêtement composé d'un ou de plusieurs éléments : *maillot de bain une pièce ; costume trois pièces.*

piécette nf Petite pièce de monnaie.

pied nm **1.** Extrémité de la jambe, qui sert pour marcher : *la plante du pied.* **2.** Partie d'un objet servant de support : *pied d'une lampe.* **3.** Partie inférieure : *pied d'une montagne, d'un mur.* **4.** Arbre, plante : *un pied de vigne.* **5.** Syllabe d'un vers. ■ **à pied :** en marchant. ❑ **à pied d'œuvre :** prêt à agir. ❑ **au petit pied :** en raccourci. ❑ **avoir pied :** dans l'eau, pouvoir tenir debout, les pieds au sol et la tête dehors. ❑ FAM **ça te (lui, vous, etc.) fera les pieds :** cela te (lui, vous, etc.) servira de leçon. ❑ FAM **c'est le pied ! :** c'est très agréable. ❑ FAM **comme un pied :** très mal : *chanter comme un pied.* ❑ **de pied en cap :** des pieds à la tête. ❑ **de pied ferme :** sans reculer, avec résolution : *attendre de pied ferme.* ❑ **être sur pied :** être debout, remis d'une maladie. ❑ **faire des pieds et des mains :** se démener, employer tous les moyens. ❑ **lâcher pied :** reculer. ❑ **mettre à pied :** licencier. ❑ **mettre sur pied :** organiser. ❑ FAM **prendre son pied :** éprouver un vif plaisir, sexuel notamment. ❑ FAM **se lever du pied gauche :** de mauvaise humeur. ❑ **sur pied :** avant la récolte.

ORTHOGRAPHE On écrit, au singulier, *camper au pied des montagnes,* mais, au pluriel, *se jeter aux pieds de quelqu'un.*

pied-à-terre [pjetatɛr] nm inv Petit logement qu'on n'occupe qu'occasionnellement.

pied-bot (pl *pieds-bots*) nm Personne atteinte d'un pied bot.

pied-de-biche (pl *pieds-de-biche*) nm Petit levier à tête fendue.

pied-de-mouton (pl *pieds-de-mouton*) nm Champignon comestible.

pied-de-poule (pl *pieds-de-poule*) nm et adj inv Tissu formé de deux couleurs en damier.

piédestal (pl *piédestaux*) nm Support isolé sur lequel on place un objet. ■ FIG **mettre quelqu'un sur un piédestal** : lui vouer une grande admiration.

pied-noir (pl *pieds-noirs*) n et adj FAM Français d'origine européenne installé en Afrique du Nord, en particulier en Algérie, jusqu'à l'époque de l'indépendance.

piédroit nm **1.** Partie du jambage d'une porte ou d'une fenêtre. **2.** Mur vertical, pilier soutenant une voûte, une arcade.

piège nm **1.** Dispositif pour attirer ou prendre les animaux. **2.** FIG Embûche, traquenard : *tomber dans le piège ;* difficulté cachée : *dictée pleine de pièges.*

piéger vt (conj 2 et 10) **1.** Chasser au moyen de pièges : *piéger un renard.* **2.** Dissimuler un engin explosif en un endroit. **3.** FIG Faire tomber dans un piège ; prendre, attraper : *se faire piéger.*

pie-grièche (pl *pies-grièches*) nf Oiseau passereau.

pie-mère (pl *pies-mères*) nf ANAT La plus interne des trois membranes du cerveau.

piéride nf Papillon dont la chenille se nourrit des feuilles du chou.

pierraille nf Étendue parsemée de petites pierres.

pierre nf **1.** Corps minéral, dur et solide : *pierre à chaux.* **2.** Morceau de cette matière, façonné ou non : *pierre de taille ; lancer une pierre.* ■ **la pierre** : l'immobilier : *investir dans la pierre.* ❑ **pierre à fusil** : silex. ❑ **pierre à plâtre** : gypse. ❑ FIG **pierre de touche** : moyen d'éprouver quelque chose ou quelqu'un. ❑ **pierre fine** : toute pierre utilisée en bijouterie, autre que les pierres précieuses (topaze, améthyste, etc.). ❑ **pierre levée** : menhir. ❑ **pierre ponce** : pierre volcanique poreuse. ❑ **pierre précieuse** : pierre utilisée en joaillerie (diamant, rubis, émeraude et saphir).

pierreries nf pl Pierres fines, pierres précieuses taillées.

pierreux, euse adj **1.** De la nature de la pierre : *masse pierreuse.* **2.** Couvert de pierres : *chemin pierreux.*

pierrot nm **1.** Homme déguisé en Pierrot, personnage des pantomimes habillé de blanc. **2.** FAM Moineau.

pietà [pjeta] nf Peinture ou sculpture représentant la Vierge portant le Christ sur ses genoux après la descente de la croix.

piétaille nf FAM, PÉJOR Ensemble de subalternes, de gens sans importance.

piété nf Dévotion religieuse. ■ **piété filiale** : attachement à ses parents.

piétinement nm Action de piétiner.

piétiner vt Fouler avec les pieds : *piétiner le sol.* ◆ vi **1.** Remuer les pieds, trépigner : *piétiner de rage.* **2.** Avancer très peu ou ne pas avancer du tout : *le convoi piétinait.* **3.** FIG Ne faire aucun progrès : *l'enquête piétine.*

piéton, onne n Personne qui circule à pied. ◆ adj Piétonnier : *voie piétonne.*

piétonnier, ère adj Réservé aux piétons : *rues piétonnières.*

piètre adj SOUT Médiocre, sans valeur : *piètre habit ; un piètre juge.*

piètrement adv LITT Médiocrement.

1. pieu nm Pièce de bois pointue.

2. pieu nm FAM Lit.

pieusement adv Avec piété.

pieuter (se) vpr FAM Se mettre au lit.

pieuvre nf Poulpe.

pieux, euse adj **1.** Qui a de la piété ; qui marque la piété. **2.** Qui marque un sentiment tendre et respectueux : *pieux souvenir.*

pif nm FAM Nez. ■ **au pif** : au hasard, en suivant son intuition.

pifer ou **piffer** vt ■ FAM **ne pas pifer** ou **ne pas pouvoir pifer quelqu'un** : ne pas le supporter.

pifomètre nm FAM Intuition, flair. ■ FAM **au pifomètre** : (a) à vue de nez (b) au hasard.

pige nf Pour un journaliste, rémunération à l'article. ■ FAM **faire la pige à quelqu'un** : aller plus vite, faire mieux que lui.

pigeon nm **1.** Oiseau dont plusieurs espèces sont domestiques. **2.** FAM Naïf qui se laisse tromper, voler. ■ **pigeon voyageur** : dressé à porter des messages au loin.

pigeonnant, e adj Se dit d'un soutien-gorge qui relève les seins ; se dit des seins ainsi mis en valeur.

pigeonne nf Femelle du pigeon.

pigeonneau nm Jeune pigeon.

pigeonner vt FAM Tromper, duper.

pigeonnier nm **1.** Petit bâtiment destiné aux pigeons domestiques. **2.** FAM Habitation élevée.

piger vt **1.** FAM Comprendre : *ne rien piger.* **2.** CANADA Tirer, piocher : *piger un numéro.*

pigiste n Personne payée à la pige.

pigment nm **1.** Substance colorée produite par un organisme vivant. **2.** Couleur en poudre.

pigmentation nf **1.** Formation de pigments, en particulier dans la peau. **2.** Coloration par un pigment.

pigmenter vt Colorer avec un pigment.

pignon nm **1.** Partie supérieure et triangulaire d'un mur. **2.** Roue dentée s'engrenant sur une plus grande. **3.** Graine de pomme de pin ; pin méditerranéen fournissant ces graines. ■ FIG **avoir pignon sur rue :** une situation bien établie.

pilaf nm Riz au gras assaisonné, accompagné de viande, de coquillages, etc.

pilaire adj Relatif aux poils, aux cheveux. SYN : pileux.

pilastre nm Pilier encastré dans un mur.

1. pile nf **1.** Amas d'objets entassés les uns sur les autres : *pile de bois.* **2.** Massif de maçonnerie formant pilier : *pile de pont.* **3.** PHYS Appareil transformant en courant électrique l'énergie développée dans une réaction chimique : *pile de Volta.*

2. pile nf Côté d'une pièce de monnaie opposé à la face.

3. pile adv FAM Très exactement, de façon précise : *neuf heures pile.* ■ **s'arrêter pile :** brusquement. ❑ **tomber pile :** survenir au bon moment.

1. piler vt Broyer, réduire en fragments.

2. piler vi FAM Freiner brutalement.

pileux, euse adj Relatif aux poils, aux cheveux : *système pileux peu fourni.*

pilier nm **1.** Massif de maçonnerie ou colonne servant de support. **2.** FIG Personne, chose qui assure la stabilité de quelque chose : *c'est un des piliers du syndicat.* ■ FAM **pilier de bar, de bistrot :** personne qui y passe son temps ; habitué.

pillage nm Action de piller ; dégât qui en résulte.

pillard, e n Personne qui se livre au pillage.

piller vt **1.** Dépouiller, voler : *piller un magasin.* **2.** FIG S'approprier par plagiat : *piller un auteur.*

pilleur, euse n Personne qui pille : *pilleurs de trésors.*

pilon nm **1.** Instrument pour piler. **2.** Partie inférieure d'une cuisse de volaille cuite. ■ **mettre au pilon :** détruire les exemplaires invendus d'un livre, d'une revue.

pilonnage nm Action de pilonner.

pilonner vt **1.** Soumettre à un bombardement intensif. **2.** Mettre au pilon.

pilori nm ■ **mettre, clouer au pilori :** signaler à l'indignation, à la réprobation de tous.

pilosité nf Revêtement pileux de la peau.

pilotage nm Action de piloter.

pilote n **1.** Personne qui conduit un navire, un avion, une voiture, etc. : *pilote de ligne, d'essai.* **2.** LITT Guide. ◆ nm **1.** Petit poisson des mers chaudes qui suit les navires. **2.** Prototype d'un journal, d'un magazine, d'une émission télévisée. ◆ adj Qui sert d'exemple, de modèle : *classes(-)pilotes.*

piloter vt **1.** Conduire un navire, un avion, etc. **2.** FAM Guider quelqu'un dans un lieu. **3.** Avoir la charge, la direction de : *piloter une enquête, une entreprise.*

pilotis nm Ensemble de pieux pouvant soutenir une construction.

pilou nm Tissu de coton pelucheux.

pilule nf **1.** Médicament en forme de petite boule. **2.** Médicament anticonceptionnel. ■ FAM **dorer la pilule :** présenter une chose fâcheuse sous un aspect favorable.

ORTHOGRAPHE *Pilule* n'a aucun *l* doublé, à la différence de *cellule* ou de *(il) pullule.*

pimbêche nf FAM Femme prétentieuse.

piment nm **1.** Plante cultivée pour ses fruits, le piment rouge et le piment doux ou poivron ; fruit de cette plante. **2.** FIG Ce qui ajoute une note piquante à quelque chose.

pimenter vt **1.** Assaisonner de piment : *pimenter une sauce.* **2.** FIG Rendre piquant, excitant : *pimenter un récit d'anecdotes.*

pimpant, e adj Élégant, gracieux.

pin nm Conifère à feuillage persistant et à feuilles en aiguilles ; bois de cet arbre.

pinacle nm Partie la plus élevée d'un édifice. ■ FIG **porter quelqu'un au pinacle :** le mettre au-dessus de tous.

pinacothèque nf Musée de peinture.

pinaillage nm FAM Action de pinailler.

pinailler vi FAM S'appesantir sur des détails ; ergoter.

pinailleur, euse adj et n FAM Qui pinaille.

pinard nm FAM Vin.

pinasse nf Bateau de pêche à fond plat.

pince nf **1.** Outil à branches articulées pour saisir, tenir. **2.** Dispositif à deux branches pour pincer : *pince à linge ; pince à épiler.* **3.** Barre métallique aplatie à un bout qui sert de levier. **4.** Extrémité des grosses pattes de certains crustacés. **5.** FAM Main : *se serrer la pince.* **6.** Pli cousu sur l'envers d'un vêtement, pour l'ajuster.

pincé, e adj Qui manifeste du dédain, de la froideur.

pinceau nm Instrument fait de poils attachés à un manche pour peindre, coller. ■ FAM **s'emmêler les pinceaux :** (a) trébucher (b) s'embrouiller.

pincée nf Quantité qu'on peut prendre avec deux ou trois doigts : *pincée de sel.*

pincement nm **1.** Action de pincer. **2.** Suppression des bourgeons ou de l'extrémité des rameaux d'un arbre.

pince-monseigneur (pl *pinces-monseigneur*) nf Levier court dont se servent les cambrioleurs pour forcer les portes.

pince-nez nm inv ANC Lorgnon tenant sur le nez par un ressort.

pincer vt (conj 1) **1.** Serrer avec les doigts, avec une pince, etc. **2.** Serrer étroitement, coincer : *pincer son doigt dans une porte.* **3.** FIG, FAM Saisir, arrêter, surprendre : *pincer un voleur.* **4.** MUS Faire vibrer avec les doigts : *pincer les cordes d'une guitare.* ◆ vi ■ FAM **ça pince** : il fait froid.

pince-sans-rire n inv Personne qui raille en gardant son sérieux.

pincette nf Petite pince. ◆ **pincettes** pl Longue pince pour arranger le feu.

pinçon nm Marque qui reste sur la peau pincée.

pineau nm Vin de liqueur préparé dans les Charentes.

pinède nf Bois de pins.

pingouin nm Oiseau palmipède à ailes très courtes des régions arctiques.

ping-pong [piŋpɔ̃g] (pl *ping-pongs*) nm Sport voisin du tennis, où le court est remplacé par une table. SYN : tennis de table.

pingre n et adj FAM Avare.

pingrerie nf Avarice sordide.

pinnipède nm Mammifère carnivore aquatique tel que le phoque, le morse, l'otarie (les pinnipèdes forment un ordre).

pinot nm Cépage de Bourgogne.

pin-pon interj Imite le bruit de la sirène des pompiers.

pin's [pins] nm Petite broche portée comme un badge (recommandation officielle : *épinglette*).

pinson nm Oiseau passereau, bon chanteur. ■ **gai comme un pinson** : très gai.

pintade nf Oiseau de basse-cour élevé pour sa chair ; chair de cet oiseau.

pintadeau nm Jeune pintade.

pinte nf **1.** Unité de mesure anglo-saxonne de capacité. **2.** SUISSE Débit de boissons.

pin-up [pinœp] nf inv Jolie fille au charme sensuel.

pinyin [pinjin] nm Système de transcription phonétique des idéogrammes chinois.

piochage nm Action de piocher.

pioche nf Outil formé d'un manche de bois et d'un fer à une ou deux pointes pour creuser la terre.

piocher vt **1.** Creuser avec une pioche : *piocher le sol.* **2.** Prendre au hasard dans un tas : *piocher des cartes ; piocher dans la réserve.*

piolet nm Canne d'alpiniste ferrée à un bout et munie d'un petit fer de pioche à l'autre.

1. pion nm **1.** Chacune des huit petites pièces d'un jeu d'échecs. **2.** Pièce du jeu de dames.

2. pion, pionne n FAM Surveillant dans un établissement d'enseignement.

pioncer vi (conj 1) FAM Dormir.

pionnier, ère n **1.** Personne qui s'engage dans une voie nouvelle, qui effectue les premières recherches. **2.** Personne qui part défricher des contrées inhabitées : *pionniers américains du XIXᵉ s.*

pipe nf Appareil formé d'un fourneau et d'un tuyau, pour fumer : *pipe de bruyère.*

pipeau nm Petite flûte à six trous. ■ FAM **c'est du pipeau** : ce n'est pas sérieux, ce n'est qu'un leurre.

pipelet, ette n FAM **1.** Personne très bavarde. **2.** VIEILLI Concierge.

pipe-line (pl *pipe-lines*) ou **pipeline** [piplin] ou [pajplajn] nm Canalisation pour le transport du gaz, du pétrole.

piper vt FAM ■ **ne pas piper (mot)** : ne rien dire, garder le silence. ❑ **piper les dés, les cartes** : les préparer pour tricher.

piperade [piperad] nf Spécialité basque composée de tomates, de poivrons cuits et d'œufs battus en omelette.

pipette nf Tube à transvaser les liquides.

pipi nm FAM Urine. ■ **faire pipi** : uriner.

pipistrelle nf Petite chauve-souris, commune en France.

piquage nm Action de piquer, de coudre.

piquant, e adj **1.** Qui pique : *barbe piquante.* **2.** Qui produit une impression de piqûre, de brûlure : *froid piquant ; goût piquant.* **3.** LITT Mordant : *mots piquants.* **4.** Qui excite l'intérêt : *détail piquant.* ■ **sauce piquante** : à base de câpres, d'échalotes, de cornichons, de vin blanc et de vinaigre. ◆ nm **1.** Aiguillon, épine. **2.** FIG Ce qu'il y a de curieux, d'intéressant, de cocasse dans quelque chose : *le piquant de l'histoire ;* charme, attrait : *avoir du piquant.*

pique nf **1.** Arme formée d'une hampe terminée par une pointe de fer. **2.** FIG Parole blessante, moqueuse : *lancer des piques à quelqu'un.* ◆ nm Une des deux couleurs noires, aux cartes ; carte de cette figure.

1. piqué nm **1.** Étoffe formée de deux tissus piqués ensemble. **2.** Vol d'un avion en descente verticale.

2. piqué, e adj **1.** Cousu par un, des points de couture. **2.** Marqué de petits trous, de petites taches. **3.** FAM Timbré, un peu fou.

pique-assiette (pl *pique-assiettes* ou inv) n FAM Personne qui a l'habitude de se faire nourrir, de s'inviter chez les autres.

pique-feu (pl *pique-feux* ou inv) nm Tisonnier.

pique-fleurs nm inv Objet servant à maintenir en place les fleurs dans un vase.

pique-nique (pl *pique-niques*) nm Repas pris en plein air.

pique-niquer vi Faire un pique-nique.

piquer vt **1.** Percer d'un ou de plusieurs petits trous : *c'est cette épingle qui m'a piqué.* **2.** Enfoncer par la pointe : *piquer une épingle dans une cravate.* **3.** Faire une injection à : *piquer un malade ;* faire à un animal une piqûre entraînant la mort : *faire piquer un chien mourant.* **4.** Enfoncer son dard, son aiguillon dans la peau, en parlant d'un insecte, d'un scorpion : *une guêpe m'a piqué.* **5.** Coudre l'une sur l'autre les parties d'un tissu, d'un vêtement. **6.** Marquer de points, de taches : *l'humidité pique le linge ; ciel piqué d'étoiles.* **7.** Provoquer une sensation de piqûre, de brûlure : *la moutarde pique la langue.* **8.** Éveiller, intéresser : *piquer la curiosité de quelqu'un.* **9.** FAM Voler : *se faire piquer son portefeuille.* **10.** Attraper, prendre sur le fait : *se faire piquer à tricher.* ◆ vi **1.** Être très relevé, pimenté, en parlant d'un aliment. **2.** Commencer à aigrir, en parlant d'une boisson : *vin qui pique.* **3.** Brûler légèrement, en parlant de la peau, de la gorge, des yeux, etc. **4.** Effectuer brusquement une descente rapide, en parlant d'un avion. ◆ **se piquer** vpr **1.** Se faire une piqûre, une blessure avec quelque chose de pointu. **2.** FAM S'injecter de la drogue. ■ **se piquer de** : se flatter de.

piquet nm Petit pieu : *piquet de tente.* ■ VIEILLI **mettre au piquet** : au coin, en punition. ❑ **piquet de grève** : groupe de grévistes veillant, sur le lieu de travail, à l'exécution des consignes de grève. ❑ **piquet d'incendie** : détachement de soldats formés pour la lutte contre le feu.

piqueter vt (conj 8) Parsemer de points, de taches.

piquette nf FAM Vin de qualité médiocre.

piqûre nf **1.** Petite blessure faite par un instrument aigu ou par certains insectes : *piqûre de guêpe.* **2.** Injection médicamenteuse : *piqûre antitétanique.* **3.** Série de points serrés réunissant deux tissus : *piqûre à la machine.*

EMPLOI Pour un insecte, on parle de *piqûre* (avec *û*), pour un serpent, de *morsure.*

piranha [pirana] nm Poisson carnassier très vorace des eaux douces d'Amazonie.

piratage nm Action de pirater.

pirate nm **1.** Bandit qui parcourait les mers pour piller. **2.** (en apposition) Illicite, clandestin : *radio pirate ; des enregistrements pirates.* **3.** INFORM Recommandation officielle pour *cracker.* ■ **pirate de l'air** : personne qui, sous la menace, détourne un avion en vol.

pirater vt **1.** Reproduire une œuvre sans payer les droits de reproduction. **2.** Imiter frauduleusement. **3.** INFORM Accéder frauduleusement à un système informatique ; reproduire frauduleusement un logiciel, un jeu.

piraterie nf Acte commis par un pirate.

pire adj Plus mauvais, plus nuisible : *il est pire qu'avant ; dans le pire des cas ; sa pire ennemie.* ◆ nm ■ **le pire** : ce qui est le plus mauvais : *pour le meilleur et pour le pire.*

pirogue nf Embarcation légère et de forme allongée.

piroguier nm Conducteur de pirogue.

pirouette nf **1.** Tour entier qu'on fait sur la pointe ou le talon d'un seul pied. **2.** FIG Changement brusque d'opinion.

pirouetter vi Faire une pirouette, tourner.

1. pis nm Mamelle de la vache, de la brebis, de la chèvre, etc.

2. pis adv et adj inv SOUT Plus mal, plus mauvais ; pire : *pis que jamais.* ■ **de mal en pis** : de plus en plus mal.

pis-aller [pizale] nm inv Chose à laquelle on se résout faute de mieux.

piscicole adj Relatif à la pisciculture.

pisciculteur, trice n Spécialiste de pisciculture.

pisciculture nf Élevage des poissons.

piscine nf Grand bassin artificiel pour la natation : *piscine couverte, découverte.*

piscivore adj et n Qui se nourrit de poissons.

pisé nm Maçonnerie de terre argileuse.

pissat nm Urine de certains animaux.

pisse-froid nm inv FAM Homme d'humeur glaciale ou chagrine.

pissenlit nm Plante vivace à feuilles dentelées qui se mange en salade ; feuille de cette plante.

pisser vt et vi TRÈS FAM Uriner.

pisseux, euse adj **1.** Imprégné d'urine. **2.** FAM De couleur terne, jaunie.

pissotière nf FAM Urinoir public.

pistache nf Graine du pistachier, utilisée en confiserie et en cuisine. ◆ adj inv D'une couleur vert clair.

pistachier nm Arbre des régions chaudes qui produit les pistaches.

piste nf **1.** Trace laissée par un animal et, par extension, par une personne : *suivre à la piste.* **2.** Direction prise pour découvrir une personne ou une chose, élément qui guide une recherche : *suivre une piste.* **3.** Chemin dans un bois, une région ou un endroit quelconques : *piste cavalière, cyclable.* **4.** Emplacement, souvent circulaire, servant de scène : *piste de danse ; piste de cirque.* **5.** Terrain aménagé pour les épreuves d'athlétisme, les courses de chevaux, etc. **6.** Pente aménagée pour la pratique du ski. **7.** Bande de terrain aménagée pour le décollage et l'atterrissage des avions.

pister vt Suivre à la piste.

pisteur nm Personne qui entretient et surveille les pistes de ski.

pistil [pistil] nm Organe femelle des plantes à fleurs.

pistolet nm **1.** Arme à feu de petite dimension, qui se tient d'une main. **2.** Pulvérisateur de peinture, de vernis, etc.

pistolet-mitrailleur (pl *pistolets-mitrailleurs*) nm Pistolet tirant par rafales.

piston nm **1.** Cylindre mobile qui entre dans le corps d'une pompe ou dans le cylindre d'un moteur. **2.** MUS Cornet à pistons. **3.** FAM Recommandation, protection, appui : *trouver un emploi par piston.*

pistonner vt FAM Recommander, appuyer pour une place, un avantage, etc.

pistou nm Soupe provençale de légumes, liée avec de l'ail et du basilic pilés.

pitance nf FAM Nourriture, repas.

pitbull ou **pit-bull** [pitbul] (pl *pit-bulls*) nm Chien issu de divers croisements et utilisé à l'origine dans des combats de chiens.

pitch nm Bref résumé accrocheur destiné à promouvoir un film, un livre, etc.

pitchoun, **e** [pitʃun] n (dans le Midi) Terme d'affection pour désigner un petit enfant. ◆ adj Petit : *il est pitchoun pour son âge.*

pitchpin [pitʃpɛ̃] nm Pin résineux de l'Amérique du Nord ; bois de ce pin.

piteusement adv De façon piteuse.

piteux, **euse** adj **1.** Minable, misérable : *en piteux état.* **2.** Triste, confus : *mine piteuse.*

pithécanthrope nm Primate fossile.

pithiviers nm Gâteau de pâte feuilletée fourré à la frangipane.

pitié nf Sentiment qui porte à plaindre, à compatir : *faire pitié.*

piton nm **1.** Anneau ou crochet muni d'une queue à vis. **2.** Pointe d'une montagne élevée : *piton rocheux.*

pitoyable adj **1.** Qui provoque la pitié : *aspect, spectacle pitoyable.* **2.** De qualité très médiocre : *roman, acteur pitoyable.*

pitoyablement adv De façon pitoyable.

pitre nm Personne qui fait des facéties, des bouffonneries.

pitrerie nf Farce, facétie.

pittoresque adj **1.** Qui frappe l'attention par sa beauté, son originalité : *village pittoresque.* **2.** Original, vivant, coloré : *récit pittoresque.*

pituite nf MÉD Vomissement glaireux.

pityriasis [pitirjazis] nm MÉD Dermatose consistant en une desquamation de la peau.

pivert ou **pic-vert** (pl *pics-verts*) nm Oiseau à plumage jaune et vert, du genre des pics.

pivoine nf Plante à bulbe qui donne de grosses fleurs rouges, roses ou blanches.

pivot nm **1.** Pièce arrondie qui s'enfonce dans une autre et sur laquelle tourne un corps solide. **2.** Support d'une dent artificielle, enfoncé dans la racine. **3.** FIG Agent, élément principal de quelque chose : *être le pivot d'une entreprise.*

pivotant, **e** adj Qui pivote. ■ **racine pivotante :** qui s'enfonce perpendiculairement en terre.

pivotement nm Action de pivoter.

pivoter vi Tourner sur un pivot, un axe.

pixel nm TECHN Le plus petit point de teinte homogène dans une image enregistrée.

pizza [pidza] nf Spécialité italienne consistant en une tarte en pâte à pain garnie de tomates, d'anchois, d'olives, de fromage, etc.

pizzeria [pidzerja] nf Restaurant où l'on sert des pizzas.

pizzicato [pidzikato] (pl *pizzicatos* ou *pizzicati*) nm Passage de musique exécuté en pinçant les cordes d'un instrument.

p.j. (abréviation) Pièce(s) jointe(s).

PJ nf (sigle) Police judiciaire.

placage nm **1.** Revêtement en bois précieux de la surface de certains meubles. **2.** Action de plaquer un adversaire au rugby.

placard nm **1.** Armoire aménagée dans ou contre un mur. **2.** Affiche, avis. **3.** IMPR Épreuve en colonnes, pour les corrections. ■ **mettre quelqu'un au placard :** le cantonner dans un poste sans responsabilités.

placarder vt Afficher sur les murs.

place nf **1.** Espace occupé par quelqu'un ou par quelque chose : *meuble qui prend beaucoup de place.* **2.** Emplacement occupé par un voyageur : *réserver une place dans le train.* **3.** Rang obtenu dans un classement : *avoir une bonne place dans une épreuve.* **4.** Charge, fonction occupée : *perdre sa place.* **5.** Large espace découvert dans une agglomération : *faire le tour d'une place.* ■ **faire place à :** être remplacé par. ❑ **faire place nette :** débarrasser complètement. ❑ **remettre quelqu'un à sa place :** le rappeler aux égards qu'il doit. ❑ **sur place :** à l'endroit même dont il est question : *rester sur place.* ❑ **tenir sa place :** remplir convenablement son rang, son rôle, sa fonction.

placebo [plasebo] nm Substance inactive substituée à un médicament.

placement nm **1.** Action de placer de l'argent ou de procurer un emploi. **2.** DR Décision d'un juge confiant un mineur en danger à une famille d'accueil ou à un organisme spécialisé.

placenta [plasɛ̃ta] nm **1.** Organe reliant l'embryon à l'utérus maternel pendant la gestation. **2.** BOT Région de l'ovaire où sont fixés les ovules.

placentaire adj Relatif au placenta.

placer vt (conj 1) **1.** Mettre à une certaine place, à un endroit déterminé : *placer des invités.* **2.** Procurer un emploi à quelqu'un : *l'école place ses élèves à la fin de leurs études.* **3.** FIG Introduire dans une conversation : *placer une anecdote.* ■ **placer de l'argent :** l'investir pour le faire fructifier. ◆ **se placer** vpr **1.** Se mettre à une certaine place : *se placer par ordre de taille.* **2.** Occuper un certain rang : *se placer dans les premiers.* **3.** FAM Se mettre en bonne position pour réussir : *elle a su se placer.*

placeur, euse n Personne qui place les spectateurs dans une salle de spectacles.

placide adj Calme, paisible, serein.

placidement adv De façon placide.

placidité nf Caractère placide.

placier nm **1.** Représentant de commerce qui propose ses marchandises aux particuliers. **2.** Personne qui loue les places d'un marché public aux commerçants, aux forains.

plafond nm **1.** Surface plane qui forme la partie supérieure d'un lieu couvert. **2.** Limite supérieure d'une vitesse, d'un salaire, etc. : *prix plafond.* ■ **plafond de verre :** barrière sociale ou professionnelle implicite, empêchant l'ascension d'une personne, d'un groupe.

plafonnement nm État de ce qui a atteint son maximum : *plafonnement des prix.*

plafonner vi Atteindre sa hauteur, sa valeur, sa vitesse maximale.

plafonnier nm Appareil d'éclairage fixé au plafond.

plage nf **1.** Rivage de mer plat et découvert. **2.** Station balnéaire. **3.** Surface délimitée d'un objet, d'un lieu. **4.** Laps de temps, durée limitée. ■ **plage arrière d'une voiture :** tablette située sous la lunette arrière.

plagiaire n Personne qui plagie.

plagiat nm Action du plagiaire.

plagier vt Piller les ouvrages d'auteurs en donnant pour siennes les parties copiées.

plagiste n Personne chargée de la gestion de divers services sur une plage payante.

plaid [plɛd] nm Couverture de voyage à carreaux.

plaider vi **1.** Défendre sa cause ou celle d'une partie devant les juges. **2.** Témoigner, parler en faveur de : *son passé plaide pour lui.* ◆ vt Défendre en justice : *plaider une cause.*

plaider-coupable nm inv Procédure permettant à un prévenu d'obtenir un allégement de peine en échange d'une reconnaissance de culpabilité.

plaideur, euse n Personne qui plaide en justice.

plaidoirie nf **1.** Action de plaider ; discours prononcé à l'audience : *la plaidoirie suit le réquisitoire.* **2.** Exposé oral visant à défendre un accusé, à soutenir une cause.

plaidoyer nm **1.** Discours prononcé au tribunal pour défendre une cause ; plaidoirie. **2.** Défense en faveur de.

plaie nf **1.** Déchirure des chairs causée par une blessure, une brûlure, un abcès. **2.** Personne désagréable, événement fâcheux : *il pleut encore, quelle plaie !*

plaignant, e n et adj Personne qui porte plainte en justice.

plain-chant (pl *plains-chants*) nm Chant d'Église médiéval à une voix.

plaindre vt (conj 55) Avoir, témoigner de la compassion pour. ◆ **se plaindre** vpr **1.** Gémir, exprimer sa souffrance. **2.** Manifester son mécontentement : *se plaindre du bruit.*

plaine nf Étendue de pays plat.

plain-pied (de) loc adv Au même niveau : *deux pièces de plain-pied ;* sur un plan d'égalité : *se sentir de plain-pied avec son interlocuteur.*

plainte nf **1.** Gémissement, lamentation. **2.** Déclaration en justice pour se plaindre : *déposer une plainte ; porter plainte.*

plaintif, ive adj Qui exprime une plainte : *ton plaintif.*

plaintivement adv D'une voix plaintive.
plaire vi et vt ind [à] (conj 77) Être agréable, flatter l'esprit ou les sens. ◆ v impers Être conforme au souhait, au désir de : *je ferai comme il vous plaira.* ■ **s'il te plaît** ou **s'il vous plaît** : formule de politesse pour demander quelque chose. ◆ **se plaire** vpr **1.** Prendre plaisir à : *se plaire à faire le mal.* **2.** Se trouver bien quelque part : *plante qui se plaît à l'ombre.*
plaisamment adv De façon plaisante.
plaisance nf ■ **de plaisance** : que l'on utilise ou que l'on pratique pour l'agrément : *bateau, navigation de plaisance.*
plaisancier, ère n Qui pratique la navigation de plaisance.
plaisant, e adj **1.** Amusant : *conte plaisant.* **2.** Agréable : *site plaisant.* ◆ nm Le côté amusant d'une chose. ■ **mauvais plaisant** : personne qui aime jouer de mauvais tours.
plaisanter vi **1.** Dire ou faire une chose pour amuser : *Elle aime plaisanter.* **2.** Ne pas parler sérieusement : *je dis cela pour plaisanter.* ◆ vt Se moquer gentiment : *plaisanter un ami.*
plaisanterie nf Chose dite ou faite pour plaisanter.
plaisantin nm **1.** Personne qui aime plaisanter, faire rire. **2.** PÉJOR Personne peu sérieuse, qu'on ne peut prendre au sérieux.
plaisir nm **1.** Sensation, sentiment agréables ; joie, contentement : *lire un livre avec plaisir.* **2.** Ce qui plaît, divertit : *les plaisirs de la vie.* **3.** Satisfaction sexuelle, jouissance. ■ **à plaisir** : sans motif sérieux. ❑ **avec plaisir** : volontiers. ❑ **bon plaisir** : volonté arbitraire. ❑ **faire plaisir à quelqu'un** : lui être agréable.
1. plan nm **1.** Surface plane : *un plan horizontal.* **2.** Représentation d'un objet par sa projection : *le plan d'une ville, d'une maison.* **3.** Éloignement relatif des objets dans la perception visuelle, dans un tableau, sur une photo : *au premier plan.* **4.** Fragment d'un film tourné en une seule fois ; façon de cadrer une scène de film : *gros plan.* **5.** Projet : *dresser des plans.* ■ FAM **laisser en plan** : (a) laisser en suspens (b) abandonner. ❑ **plan d'eau** : étendue d'eau sur laquelle on peut, notamment, pratiquer les sports nautiques. ❑ **plan de travail** : surface horizontale formant table, dans une cuisine. ❑ **sur le même plan** : au même niveau. ❑ **sur le plan de** (+ nom) : du point de vue de : *sur le plan des équipements sportifs.*
2. plan, e adj Plat, uni : *surface plane.*
planant, e adj FAM Qui provoque le bien-être, la détente : *musique planante.*
planche nf **1.** Pièce de bois longue, large et peu épaisse. **2.** Page de dessins, d'illustrations, dans un livre. ■ **faire la planche** : se maintenir étendu sur le dos à la surface de l'eau sans bouger. ❑ **planche à dessin** : plateau de bois parfaitement plan, sur lequel les dessinateurs fixent leur papier. ❑ **planche à repasser** : planche recouverte de tissu molletonné, utilisée pour repasser le linge. ❑ **planche à roulettes** : planche montée sur quatre roues avec laquelle on se déplace en exécutant des figures. ❑ **planche à voile** : flotteur plat muni d'une voile fixée à un mât articulé pour glisser sur l'eau ; sport ainsi pratiqué. ❑ **planche de bord** : élément d'habillage placé dans l'habitacle d'une automobile et qui supporte les organes de contrôle du véhicule ainsi que les appareils d'aide à la conduite. ❑ FIG **planche de salut** : dernière ressource, dernier espoir. ❑ **les planches** : le théâtre, la scène.
1. plancher nm **1.** Assemblage de planches sur solives séparant les étages d'une maison. **2.** Face supérieure de cette séparation, constituant le sol d'un étage. **3.** FIG (souvent en apposition) Niveau minimal, seuil inférieur : *prix plancher.*
2. plancher vt ind [sur] FAM Travailler sur, réfléchir à quelque chose.
planchette nf Petite planche.
planchiste n Personne qui pratique la planche à voile.
plancton nm Ensemble des animaux microscopiques en suspension dans la mer.
plané, e adj ■ FAM **vol plané** : chute par-dessus quelque chose : *faire un vol plané.*
planer vi **1.** Se soutenir dans l'air sans mouvement apparent. **2.** Flotter dans l'air : *un épais nuage planait au-dessus de la maison incendiée.* **3.** FIG S'exercer, peser d'une manière plus ou moins menaçante : *danger qui plane.* **4.** FAM Être en dehors des réalités, en parlant d'une personne ; rêver. **5.** FAM Être dans un état euphorique, en particulier sous l'effet d'une drogue.
planétaire adj **1.** Des planètes : *système planétaire.* **2.** Qui concerne la Terre entière ; mondial : *un retentissement planétaire.*
planétarium [planetarjɔm] nm Installation représentant les mouvements des corps célestes sur une voûte.
planète nf **1.** Corps céleste qui gravite autour du Soleil. **2.** La Terre, le monde entier. **3.** Le petit monde, le domaine de : *la planète football.* ■ **la planète bleue** : la Terre. ❑ **la planète rouge** : Mars. ❑ **planète naine** : astre analogue à une planète, mais de masse insuffisante pour avoir éliminé

tout corps susceptible de se déplacer sur une orbite proche.

planeur nm Avion sans moteur qui vole en utilisant les courants atmosphériques.

planificateur, trice adj et n Qui s'occupe de planification.

planification nf **1.** Action de planifier. **2.** Science qui a pour objet l'établissement de programmes économiques.

planifier vt Organiser, diriger suivant un plan déterminé : *économie planifiée.*

planisphère nm Carte représentant les deux moitiés du globe céleste ou terrestre en plan.

plan-masse (pl *plans-masses*) nm ARCHIT Plan à petite échelle ne montrant que le périmètre d'une construction.

planning [planiŋ] nm Plan de travail détaillé ; fonction ou service de préparation du travail. ■ **planning familial :** moyens mis en œuvre pour la régulation des naissances.

planque nf FAM **1.** Cachette. **2.** Situation bien rémunérée et où le travail est facile.

planqué, e adj et n FAM Qui s'est trouvé une planque.

planquer vt FAM Mettre à l'abri en cachant.

plant nm Jeune plante nouvellement plantée ou propre à être plantée ou repiquée.

plantain nm Plante dont la semence sert à la nourriture des oiseaux.

plantaire adj De la plante du pied : *verrue, voûte plantaire.*

plantation nf **1.** Action de planter. **2.** Ensemble de végétaux plantés ; lieu où on les a plantés. **3.** Grande exploitation agricole dans les pays tropicaux.

1. plante nf **1.** Tout végétal fixé au sol par des racines. **2.** Végétal de petite taille (par opposition à *arbre*).

2. plante nf Face inférieure du pied de l'homme et des animaux.

planter vt **1.** Mettre une plante en terre pour qu'elle prenne racine. **2.** Enfoncer dans une surface quelconque : *planter une borne.* **3.** Garnir de végétaux : *avenue plantée d'arbres.* **4.** Dresser, installer : *planter une tente.* ■ FAM **planter là quelqu'un :** le quitter brusquement. ◆ **se planter** vpr **1.** Rester debout et immobile. **2.** FAM Se tromper : *se planter de rue ;* subir un échec : *se planter à un examen.*

planteur nm Propriétaire d'une plantation dans les pays tropicaux.

plantigrade adj et nm Qui marche sur la plante des pieds : *l'ours est un animal plantigrade.*

plantoir nm Outil pour planter.

planton nm Soldat assurant des liaisons entre différents services. ■ FAM **faire le planton :** attendre debout un long moment.

plantureux, euse adj **1.** Abondant, copieux : *repas plantureux.* **2.** Fertile : *terre plantureuse.* **3.** Bien en chair : *formes plantureuses.*

plaquage nm **1.** Action de recouvrir d'un placage. **2.** Au rugby, placage.

plaque nf **1.** Feuille d'une matière rigide : *plaque de cuivre, de cheminée.* **2.** Objet de cette forme, de cet aspect : *plaque d'égout, de chocolat.* **3.** Couche peu épaisse de quelque chose : *plaque de verglas.* **4.** Pièce de métal gravée portant certaines indications : *plaque d'immatriculation d'une automobile ;* insigne de certaines professions, de certains grades : *plaque de notaire, de médecin.* ■ FAM **être, répondre à côté de la plaque :** se tromper. ❏ **plaque chauffante :** foyer de cuisson d'une cuisinière électrique. ❏ **plaque dentaire :** substance visqueuse et collante à la surface des dents. ❏ **plaque tournante :** centre important qui détermine une situation.

plaqué, e adj Recouvert d'une feuille de métal précieux : *plaqué or.*

plaquer vt **1.** Appliquer fortement, étroitement contre quelque chose : *plaquer de l'or sur du cuivre ; plaquer quelqu'un au sol.* **2.** Appliquer de manière à rendre plat et lisse : *plaquer les cheveux.* **3.** Couvrir d'une feuille de métal précieux ; appliquer une feuille de bois précieux sur du bois commun. **4.** Au rugby, faire tomber un adversaire en le saisissant par les jambes, pour récupérer le ballon. **5.** FAM Abandonner : *plaquer son mari, son travail.* ■ **plaquer un accord :** en jouer simultanément toutes les notes.

plaquette nf **1.** Petite plaque de certaines substances, notamment alimentaires : *plaquette de beurre.* **2.** Petit livre peu épais : *plaquette de vers.* **3.** Conditionnement à alvéoles pour les gélules et les comprimés : *plaquette de pilules.* ■ **plaquette sanguine :** élément du sang, intervenant dans sa coagulation.

plasma nm Liquide clair où baignent les globules du sang et de la lymphe. ■ INFORM, TÉLÉV **écran à plasma :** dispositif d'affichage d'images ou de données fondé sur la luminescence d'un gaz enfermé sous faible pression. (Cette technologie permet la réalisation d'écrans plats de grandes dimensions.)

plastic ou **plastique** nm Explosif d'une consistance proche de celle du mastic de vitrier, qui ne détone qu'avec un dispositif d'amorçage.

plasticage ou **plastiquage** nm Action de plastiquer ; résultat de cette action.

plasticien, enne n **1.** Artiste qui se consacre aux arts plastiques. **2.** Spécialiste de la chirurgie plastique.

plasticité nf Qualité de ce qui est plastique, malléable : *plasticité de l'argile, d'un caractère.*

plastification nf Action de plastifier.

plastifier vt Recouvrir d'une pellicule de matière plastique transparente.

1. plastique adj **1.** Propre à être modelé : *l'argile est plastique.* **2.** Relatif aux formes du corps humain considérées sous leur aspect esthétique : *la beauté plastique.* ■ **arts plastiques** : la sculpture et la peinture. ❑ **chirurgie plastique** : destinée à restaurer les formes normales en cas d'accident, de malformation, etc. ◆ nf **1.** Art de modeler des figures. **2.** Conformation physique : *la belle plastique d'un athlète.*

2. plastique adj ■ **matière plastique** ou **plastique** nm : substance d'origine organique ou synthétique susceptible d'être modelée ou moulée à chaud et sous pression.

3. plastique nm → **plastic**.

plastiquer vt Faire sauter avec du plastic.

plastiqueur, euse n Auteur d'un attentat au plastic.

plastron nm **1.** Pièce rembourrée, dont les escrimeurs se couvrent la poitrine. **2.** Devant de chemise.

plastronner vi Parader, se rengorger.

plat, e adj **1.** Qui a peu de relief ; plan : *pays plat ; mer plate.* **2.** Dont le creux est peu accusé : *assiette plate ; pieds plats.* **3.** Qui a peu d'épaisseur, peu de hauteur : *os plat ; talons plats.* **4.** FIG Qui manque de saveur, de caractère : *style plat.* **5.** Humble, servile : *plates excuses.* ■ **angle plat** : angle de 180°. ❑ **à plat** : sur la surface large. ❑ **eau plate** : eau non gazeuse. ❑ **être à plat** : (a) dégonflé ou déchargé, en parlant d'un objet : *pneu, batterie à plat* (b) FAM très fatigué, en parlant d'une personne. ◆ nm **1.** Partie plate de qqch : *plat de la main.* **2.** Pièce de vaisselle plus grande que l'assiette ; son contenu : *un plat garni.* **3.** Chacun des éléments d'un repas, d'un menu. ■ FAM **faire du plat à qqn** : chercher à le séduire, à le flatter. ❑ FAM **mettre les pieds dans le plat** : intervenir de façon maladroite.

platane nm Arbre ornemental à larges feuilles et à écorce mince.

plat-bord (pl *plats-bords*) nm Latte de bois entourant le pont d'un navire.

plateau nm **1.** Support plat pour transporter les aliments, la vaisselle. **2.** Partie d'une balance recevant les poids ou les matières à peser. **3.** Scène d'un studio de cinéma, de télévision, d'un théâtre. **4.** Étendue de terrain peu accidentée, mais élevée par rapport aux régions environnantes. ■ **plateau technique** : ensemble des équipements dont dispose un établissement hospitalier.

plateau-repas (pl *plateaux-repas*) nm Plateau compartimenté pouvant recevoir les différents éléments d'un repas.

plate-bande (pl *plates-bandes*) nf Bordure d'un parterre destinée à recevoir des fleurs. ■ FAM **marcher sur les plates-bandes de quelqu'un** : empiéter sur ses attributions.

platée nf Contenu d'un plat.

plateforme (pl *plates-formes*) ou **plate-forme** nf **1.** Support plat, de dimensions très variables, destiné à recevoir différents matériels. **2.** Installation de forage du pétrole en mer. **3.** Partie d'un autobus où les voyageurs sont debout. **4.** INFORM Ensemble d'outils (logiciels, matériels, systèmes d'exploitation, etc.) destinés au stockage et au partage de contenus virtuels (audio, vidéo ou autres). **5.** FIG Ensemble d'idées sur lesquelles se base un programme politique : *plate-forme électorale.*

platement adv **1.** De façon plate, banale : *s'exprimer platement.* **2.** De façon basse, servile : *s'excuser platement.*

1. platine nf Plaque sur laquelle sont fixées les pièces d'un mécanisme : *platine de fusil, de montre ; platine d'électrophone.*

2. platine nm Métal précieux, blanc, le plus lourd et le plus inaltérable de tous les métaux ; symb : Pt.

platiné, e adj ■ **cheveux platinés** : cheveux d'un blond très pâle. ❑ **vis platinée** : chacune des pastilles de contact, au tungstène, des allumeurs d'un moteur à explosion.

platitude nf **1.** Absence d'originalité, d'imprévu ; banalité. **2.** Parole sans originalité.

platonicien, enne adj et n Qui relève de Platon et de sa philosophie ; adepte de cette philosophie.

platonique adj Purement idéal, dénué de toute sensualité : *amour platonique.*

platonisme nm Système philosophique de Platon et de ses disciples.

plâtrage nm Action de plâtrer.

plâtras nm Débris de matériaux de construction.

plâtre nm **1.** Gypse cuit et réduit en poudre, servant de matériau de construction. **2.** Ouvrage moulé en plâtre ; sculpture en plâtre. **3.** CHIR Appareil d'immobilisation des membres fracturés.

plâtrer vt **1.** Couvrir, enduire de plâtre. **2.** CHIR Immobiliser avec un plâtre.

plâtreux, euse adj Qui a l'aspect du plâtre, ou qui en contient.

plâtrier nm Personne qui prépare, vend ou travaille le plâtre.

plausible adj Qui peut passer pour vrai ; admissible : *excuse plausible.*

play-back [plɛbak] nm inv Interprétation mimée accompagnant la diffusion d'un enregistrement sonore effectué préalablement.

play-boy [plɛbɔj] (pl *play-boys*) nm Homme élégant, au physique avantageux, qui recherche les succès féminins et la vie facile.

playlist ou **play-list** [plɛlist] (pl *play-lists*) nf Liste de fichiers audio à exécuter, dans un ordre déterminé à l'avance.

plèbe nf **1.** ANTIQ ROM Classe populaire. **2.** LITT, PÉJOR Le peuple ; populace.

plébéien, enne adj De la plèbe.

plébiscitaire adj Du plébiscite.

plébiscite nm Consultation électorale par laquelle un homme ayant accédé au pouvoir demande à l'ensemble des citoyens de lui manifester leur confiance en votant par oui ou par non sur un texte donné.

plébisciter vt Élire, ratifier, approuver à une forte majorité.

pléiade nf Grand nombre de personnes, généralement célèbres : *une pléiade d'artistes.*

plein, e adj **1.** Tout à fait rempli : *verre plein.* **2.** Sans cavité ni vide : *mur plein.* **3.** Qui contient en grande quantité : *plein de fautes.* **4.** Entier, complet : *pleins pouvoirs ; pleine lune.* **5.** Rond, gras : *visage plein.* **6.** Se dit d'une femelle qui porte des petits. ■ **en plein** (+ nom) : au milieu de : *en plein jour ; en pleine rue.* ❑ **en plein air :** à l'air libre. ❑ **en plein milieu :** exactement au milieu. ◆ nm **1.** Espace complètement occupé par la matière : *des pleins et des vides.* **2.** Partie forte et large d'une lettre calligraphiée : *des pleins et des déliés.* **3.** Contenu total d'un réservoir : *faire le plein d'essence.* ■ **battre son plein :** être en pleine activité, en plein éclat : *fête qui bat son plein.* ❑ **faire le plein de quelque chose :** atteindre le maximum. ◆ prép et adv FAM Indique une grande quantité : *avoir des idées plein la tête ; il y avait plein de monde.* ■ FAM **en avoir plein le dos, plein les bottes :** être fatigué, excédé ou dégoûté. ❑ FAM **tout plein :** très, extrêmement : *il est gentil tout plein.*

pleinement adv Entièrement.

plein(-)emploi [plɛnɑ̃plwa] nm sing Emploi de toute la main-d'œuvre disponible dans un pays.

plein-temps (pl *pleins-temps*) nm Activité professionnelle absorbant la totalité du temps de travail : *travailler à plein-temps.*

plénier, ère adj Où tous les membres sont convoqués : *assemblée, réunion plénière.*

plénipotentiaire nm et adj Agent diplomatique muni des pleins pouvoirs.

plénitude nf **1.** LITT Totalité, intégralité : *garder la plénitude de ses facultés.* **2.** Plein épanouissement : *sentiment de plénitude.*

plénum [plenɔm] nm Réunion plénière d'une assemblée.

pléonasme nm Emploi simultané de deux termes ayant le même sens (EX : *monter en haut*).

pléonastique adj Qui tient du pléonasme : *locution pléonastique.*

plésiosaure nm Grand reptile marin fossile de l'ère secondaire.

pléthore nf Surabondance.

pléthorique adj Surabondant.

pleur nm LITT (surtout au pluriel) Larme : *répandre des pleurs.*

pleural, e, aux adj Qui se rapporte à la plèvre.

pleurant nm Sculpture funéraire figurant un personnage affligé.

pleurard, e adj FAM Plaintif : *voix pleurarde.*

pleurer vi **1.** Verser des larmes. **2.** Se lamenter, s'apitoyer sur : *pleurer sur son sort.* ◆ vt Déplorer la disparition, la perte de : *pleurer un ami.*

pleurésie nf Inflammation de la plèvre.

pleureur, euse adj Se dit de certains arbres à feuillage retombant : *saule pleureur.*

pleureuse nf Femme qu'on paie pour pleurer les morts, dans certains pays.

pleurnicher vi FAM **1.** Pleurer souvent et sans raison. **2.** Se lamenter d'un ton larmoyant.

pleurnicherie nf ou **pleurnichement** nm Habitude, fait de pleurnicher.

pleurnicheur, euse ou **pleurnichard, e** adj et n FAM Qui pleurniche.

pleurote nm Champignon comestible à lames qui pousse sur le tronc des arbres.

pleutre nm et adj LITT Homme sans courage ni dignité.

pleutrerie nf LITT Lâcheté.

pleuvasser ou **pleuviner** ou **pleuvoter** v impers FAM Pleuvoir légèrement.

pleuvoir v impers (conj 47) Tomber, en parlant de la pluie. ◆ vi Tomber en abondance : *les critiques, les injures pleuvent.*

plèvre nf ANAT Membrane séreuse qui tapisse le thorax et enveloppe les poumons.

Plexiglas [plɛksiglas] nm (nom déposé) Résine synthétique ayant la transparence du verre.

plexus [plɛksys] nm ANAT Réseau de filets nerveux ou vasculaires. ■ **plexus solaire :** centre du système sympathique, situé dans l'abdomen, entre l'estomac et la colonne vertébrale.

pleyon nm AGRIC Rameau servant à faire des liens.

pli nm **1.** Partie repliée d'une étoffe, d'un papier, etc. : *pli d'un rideau.* **2.** Marque qui résulte d'une pliure : *effacer un pli avec un fer à repasser.* **3.** Enveloppe de lettre ; lettre : *pli chargé ; mettre sous pli.* **4.** Ride : *les plis du front.* **5.** Au jeu de cartes, levée : *ramasser un pli.* **6.** GÉOL Ondulation des couches de terrain dont la partie en saillie est appelée *anticlinal*, et la partie en creux *synclinal.* **7.** FIG Habitude : *finir par prendre le pli ; mauvais pli.* ■ **faux pli :** pli fait à une étoffe là où il ne devrait pas y en avoir.

pliable adj Facile à plier, flexible.

pliage nm Action, manière de plier.

pliant, e adj Se dit d'un objet qui peut se replier sur soi : *lit pliant.* ◆ nm Siège pliant.

plie nf Poisson plat à chair estimée.

plier vt **1.** Mettre en double une ou plusieurs fois : *plier du linge.* **2.** Rapprocher, rassembler les éléments d'un objet articulé : *plier une tente, un éventail.* **3.** Courber, fléchir : *plier les genoux.* **4.** FIG Assujettir, faire céder : *plier quelqu'un à la discipline.* ◆ vi **1.** Se courber : *le roseau plie.* **2.** FIG Céder, reculer, se soumettre : *plier devant l'autorité.*

plieuse nf Machine à plier, en particulier le papier.

plinthe nf Bande, saillie au bas d'un mur, à la base d'une colonne.

pliocène nm GÉOL Partie la plus récente du tertiaire.

plissage nm Action de plisser.

plissé nm **1.** Série de plis. **2.** Type de plissage.

plissement nm **1.** Action de plisser. **2.** GÉOL Déformation des couches géologiques ; ensemble de plis.

plisser vt **1.** Marquer de plis un matériau : *plisser un papier, une étoffe.* **2.** Contracter en faisant apparaître de petites rides : *plisser le front, les yeux, le nez.* ◆ vi Présenter ou faire des plis.

pliure nf **1.** Marque d'une chose pliée. **2.** IMPR Action ou manière de plier les feuilles d'un livre.

ploiement nm LITT Action de ployer.

plomb nm **1.** Métal dense, d'un gris bleuâtre ; symb : Pb. **2.** Projectile de plomb pour armes à feu. **3.** Petit sceau de plomb que l'on fixe aux attaches d'un colis. **4.** Caractère, composition d'imprimerie. **5.** Fil de plomb servant de fusible électrique. ■ **à plomb :** perpendiculairement. ❏ **mine de plomb :** plombagine.

plombage nm **1.** Action de plomber. **2.** Amalgame qui sert à obturer une dent.

plombagine nf Graphite dont on fait des mines de crayon. SYN : mine de plomb.

plombé, e adj **1.** Garni de plomb. **2.** Scellé par des plombs : *wagon plombé.* **3.** Couleur de plomb : *ciel plombé.*

plomber vt **1.** Garnir de plomb. **2.** Attacher un sceau de plomb à : *plomber un colis, un wagon.* **3.** Obturer une dent avec un amalgame.

plomberie nf **1.** Métier, ouvrage du plombier. **2.** Ensemble d'installations et de canalisations d'eau et de gaz.

plombier nm Entrepreneur, ouvrier qui installe, entretient et répare les canalisations de distribution d'eau et de gaz.

plombières nf Glace aux fruits confits.

plonge nf ■ **faire la plonge :** laver la vaisselle dans un restaurant, un café.

plongeant, e adj Dirigé de haut en bas : *tir plongeant.*

plongée nf **1.** Action de plonger. **2.** Point de vue de haut en bas ; vue plongeante. ■ **plongée sous-marine :** activité consistant à descendre sous la surface de l'eau, muni d'appareils qui permettent de respirer.

plongeoir nm Plate-forme, tremplin d'où l'on plonge.

1. plongeon nm Action de plonger. ■ FAM **faire le plongeon :** subir un échec ou faire faillite.

2. plongeon nm Oiseau palmipède aquatique.

plonger vt (conj 2) **1.** Immerger dans un liquide. **2.** Enfoncer, introduire : *plonger un poignard dans le cœur.* **3.** Mettre quelqu'un dans un certain état, d'une manière complète ou brutale : *plonger quelqu'un dans l'embarras.* ◆ vi **1.** S'enfoncer entièrement dans l'eau : *sous-marin qui plonge.* **2.** Sauter dans l'eau, la tête et les bras en avant. **3.** Avoir une direction de haut en bas, descendre brusquement : *rapace qui plonge sur sa proie.* **4.** Pénétrer profondément : *racines qui plongent dans le sol.* ◆ **se plonger** vpr S'adonner entièrement, s'absorber : *se plonger dans la lecture.*

plongeur, euse n **1.** Personne qui plonge ou pratique la plongée sous-marine.

2. Laveur de vaisselle dans un restaurant, un café.

plot nm **1.** ÉLECTR Pièce métallique faisant contact. **2.** Dans une piscine, cube numéroté qui sert pour le départ des compétitions.

plouc n et adj inv FAM, PÉJOR Personne fruste : *une vraie plouc !*

plouf interj Onomatopée du bruit que fait un objet en tombant dans un liquide.

ploutocratie nf Gouvernement exercé par les riches.

ployer [plwaje] vt (conj 3) LITT Courber : *ployer une branche.* ◆ vi LITT **1.** Fléchir, plier : *charpente qui ploie.* **2.** FIG Céder devant quelque chose, en être accablé : *ployer sous le joug.*

pluches nf pl FAM Épluchures de légumes.

pluie nf **1.** Eau qui tombe du ciel par gouttes : *pluie d'orage.* **2.** Chute d'objets, de matières : *pluie de cendres.* **3.** Ce qui est répandu en abondance ; avalanche : *pluie de cadeaux.* ■ **faire la pluie et le beau temps :** être influent, puissant. ❑ **parler de la pluie et du beau temps :** dire des banalités. ❑ **pluies acides :** pluies chargées d'ions acides d'origine industrielle, très nuisibles aux forêts.

plumage nm Ensemble des plumes d'un oiseau.

plumard nm FAM Lit.

plume nf **1.** Tige garnie de duvet, qui couvre le corps des oiseaux. **2.** Plume d'oiseau dont on se servait pour écrire. **3.** Morceau de métal taillé en bec et qui, adapté à un porte-plume, à un stylo, sert à écrire. ■ **laisser** ou **perdre des plumes :** subir des pertes dans une circonstance donnée. ❑ **prendre la plume :** écrire. ❑ FAM **voler dans les plumes :** attaquer brusquement.

plumeau nm Ustensile de ménage fait de plumes assemblées, pour épousseter.

plumer vt **1.** Arracher les plumes de : *plumer une volaille.* **2.** FIG, FAM Voler, dépouiller de son argent : *se faire plumer.*

plumet nm Bouquet de plumes qui orne un chapeau.

plumier nm Boîte pour ranger porte-plume, crayons, etc.

plumitif nm FAM, PÉJOR Écrivain médiocre, gratte-papier.

plupart ■ **la plupart** nf La plus grande partie, le plus grand nombre.

GRAMMAIRE Lorsque *la plupart* est sujet (employé seul ou avec un complément, généralement au pluriel), le verbe se met au pluriel : *la plupart le savent, la plupart des personnes étaient satisfaites.*

plural, e, aux adj Qui contient plusieurs unités. ■ **vote plural :** suffrage qui attribue plusieurs voix à un même électeur.

pluralisme nm Conception politique, sociale, économique, syndicale, qui admet la pluralité, la diversité des opinions, des tendances, etc.

pluraliste adj et n Relatif au pluralisme ; qui en est partisan.

pluralité nf Fait d'être plusieurs.

pluriactivité nf Fait d'exercer plusieurs activités professionnelles dans une année, successivement ou simultanément.

pluridimensionnel, elle adj Qui a plusieurs dimensions.

pluridisciplinaire adj Qui concerne plusieurs disciplines : *un groupe de recherches pluridisciplinaire.*

pluriel, elle adj Qui marque la pluralité. ◆ nm GRAMM Forme particulière d'un mot indiquant un nombre supérieur à l'unité.

pluripartisme nm Système politique admettant l'existence de plusieurs partis.

1. plus [plys] ou [ply], devant une voyelle ou un *h* muet [plyz] adv En plus grande quantité, à un degré supérieur : *plus de mille ; plus loin ; beaucoup, un peu, bien plus.* ■ **au plus** ou **tout au plus :** au maximum. ❑ **bien plus** ou **de plus :** en outre. ❑ **d'autant plus :** à plus forte raison. ❑ **de plus en plus :** toujours davantage. ❑ **le plus, la plus :** marque le degré supérieur à tous les autres : *elle est la plus belle.* ❑ **plus d'un :** un certain nombre : *plus d'un village a été détruit.* ❑ **plus ou moins :** (a) indique une variation de degré selon les cas : *plus ou moins bien, selon les jours* (b) à peu près : *plus ou moins identique.* ❑ **tant et plus :** beaucoup, abondamment. ◆ prép **1.** Introduit ce qui s'ajoute : *trois plus quatre ; mille francs, plus la TVA.* **2.** Indique un nombre positif : *il fait plus deux degrés.*

2. plus [ply] adv de négation **1.** (avec la négation *ne*) Indique la cessation d'un état ou d'une action : *cela ne marche plus.* **2.** (avec ou sans *ne*) Indique la disparition, la privation : *n'avoir plus de place ; plus un arbre à l'horizon.* **3.** (avec *ne... que*) Indique la restriction : *il ne manque plus que lui.*

3. plus [plys] nm **1.** La plus grande quantité, le plus grand nombre : *qui peut le plus peut le moins.* **2.** MATH Signe de l'addition (+). ■ **un plus :** quelque chose de mieux, un progrès, une amélioration.

plusieurs adj et pron indéf pl Un nombre indéterminé de personnes ou de choses ; plus d'un, un certain nombre de : *plusieurs personnes sont venues ; plusieurs réponses possibles ; en voir plusieurs.*

plus-que-parfait nm Temps du verbe qui exprime une action passée antérieure à une autre action passée (EX : *j'avais fini quand il vint*).

plus-value (pl *plus-values*) nf Augmentation de valeur d'un bien, de prix, etc.

plutonium [plytɔnjɔm] nm Métal très toxique, obtenu dans les réacteurs nucléaires à uranium ; symb : Pu.

plutôt adv **1.** De préférence : *plutôt un stylo qu'un feutre.* **2.** Assez, passablement : *il est plutôt bavard.* ■ **ou plutôt :** plus précisément, pour mieux dire : *elle est partie, ou plutôt s'est enfuie.* ❑ **plutôt que de :** au lieu de : *écouter plutôt que de bavarder.*

pluvial, e, aux adj Qui provient de la pluie : *eaux pluviales.* ■ **régime pluvial :** régime des cours d'eau où domine l'alimentation par les pluies.

pluvier nm Oiseau échassier.

pluvieux, euse adj Caractérisé par l'abondance des pluies : *région pluvieuse.*

pluviomètre nm Instrument pour mesurer la pluviosité d'un lieu.

pluviométrie nf Mesure de la quantité des pluies.

pluviôse nm Cinquième mois du calendrier républicain (20, 21 ou 22 janvier-19, 20 ou 21 février).

pluviosité nf Quantité de pluie tombée en un lieu déterminé pendant un temps donné.

PLV nf (sigle de *publicité sur le lieu de vente*) Promotion publicitaire au moyen d'affichettes, de présentoirs, etc., installés chez le détaillant ; ce matériel.

PMA [peɛma] nf (sigle) Procréation médicalement assistée.

PME nf (sigle de *petite et moyenne entreprise*) Entreprise employant moins de 500 salariés.

1. PMI nf (sigle de *petite et moyenne industrie*) PME relevant du secteur de l'industrie.

2. PMI nf (sigle de *protection maternelle et infantile*) Organisme départemental chargé de la protection sanitaire et sociale des femmes enceintes ainsi que des jeunes enfants.

PMU nm (nom déposé ; sigle de *Pari Mutuel Urbain*) Pari sur les courses de chevaux ; lieu où sont enregistrés ces paris.

PNB nm (sigle) Produit national brut.

pneu (pl *pneus*) nm Bandage déformable et élastique fixé à la jante des roues de certains véhicules, qui enveloppe et protège la chambre à air : *pneu avant ; pneu arrière.*

pneumatique adj **1.** Qui fonctionne à l'air comprimé : *marteau pneumatique.* **2.** Qui prend sa forme quand on le gonfle d'air : *canot pneumatique.* ◆ nm VX Pneu.

pneumocoque nm Bactérie, agent de la pneumonie.

pneumogastrique adj et nm Se dit du nerf crânien partant du bulbe et innervant les bronches, le cœur, l'appareil digestif, les reins.

pneumologie nf Partie de la médecine qui traite des maladies du poumon.

pneumologue n Spécialiste de pneumologie.

pneumonie nf Inflammation aiguë du poumon.

pneumothorax nm Épanchement de gaz dans la cavité pleurale.

p.o. (abréviation) Par ordre.

PO (sigle) Petites ondes.

pochade nf **1.** Peinture exécutée en quelques coups de pinceau. **2.** LITT Œuvre sans prétention, rapidement écrite.

pochard, e n et adj FAM Ivrogne.

poche nf **1.** Partie d'un vêtement en forme de sac où l'on peut mettre des objets. **2.** Fluide contenu dans une cavité souterraine : *poche de gaz.* **3.** Cavité de l'organisme, normale ou pathologique. **4.** Boursouflure sous les yeux. ■ **de poche :** que l'on peut porter sur soi : *livre, lampe de poche.*

pocher vt **1.** Exécuter rapidement une peinture. **2.** Cuire quelque chose dans un liquide frémissant : *viande, poisson pochés.* ■ **pocher l'œil à quelqu'un :** lui faire une contusion près de l'œil par un coup violent.

pochette nf **1.** Enveloppe servant d'emballage léger. **2.** Mouchoir de fantaisie. **3.** Sac à main plat et sans poignée.

pochette-surprise (pl *pochettes-surprises*) nf Cornet de papier contenant des objets inattendus, pour les enfants.

pochoir nm Feuille de carton ou de métal découpée servant à dessiner la forme évidée.

pochothèque nf Librairie ou rayon de librairie où l'on vend des livres de poche.

podagre adj et n VX Atteint de la goutte.

podcasting [pɔdcastiŋ] nm Mode de diffusion sur Internet de fichiers audio ou vidéo, qui permet de les télécharger et de les transférer sur un baladeur numérique.

podestat nm Premier magistrat des villes d'Italie, au Moyen Âge.

podium [pɔdjɔm] nm **1.** ANTIQ ROM Mur qui séparait l'arène des gradins. **2.** Plate-forme où se placent les vainqueurs d'une épreuve sportive, les participants à un jeu, à un récital ; estrade.

podologie nf Étude de la physiologie et de la pathologie du pied.

podologue n Spécialiste de podologie.

podomètre nm Appareil mesurant le nombre de pas d'un piéton.

podotactile adj Se dit d'un revêtement de sol en saillie, près du bord d'un trottoir, d'un quai, etc., perceptible par les déficients visuels et destiné à attirer leur attention.

podzol nm Sol acide, peu fertile, des régions froides et humides.

1. poêle [pwal] nm Drap mortuaire couvrant le cercueil pendant les funérailles.

2. poêle [pwal] nm Appareil de chauffage.

3. poêle [pwal] nf Ustensile de cuisine peu profond, à long manche, pour frire.

poêlée nf Contenu d'une poêle.

poêler vt Cuire à la poêle.

poêlon nm Ustensile de cuisine en matériau épais, à bord haut et manche creux.

poème nm Ouvrage en vers ou en prose, de caractère poétique.

poésie nf **1.** Art d'évoquer, de suggérer les sensations, les émotions, par un emploi particulier de la langue, par l'union intense des sons, des rythmes, des harmonies, des images, etc. **2.** Genre poétique : *poésie lyrique, épique.* **3.** FIG Ce qui touche la sensibilité, l'imagination : *la poésie de la mer.* **4.** Œuvre, poème en vers : *réciter une poésie.*

poète nm et adj **1.** Personne qui écrit, s'exprime en vers. **2.** Personne sensible à ce qui est beau, émouvant. **3.** Rêveur, idéaliste.

poétesse nf Femme poète.

poétique adj **1.** Propre à la poésie : *style poétique.* **2.** Plein de poésie ; qui touche, émeut : *un sujet poétique.* ◆ nf Art de la poésie.

poétiquement adv Avec poésie.

poétiser vt Rendre poétique, idéaliser.

pognon nm FAM Argent.

pogrom [pɔgrɔm] nm **1.** HIST Massacre des juifs, en particulier à la fin du XIXe s. dans l'Empire russe. **2.** Agression meurtrière d'une communauté ethnique ou religieuse.

poids nm **1.** Caractère, effet d'un corps pesant : *un poids très lourd.* **2.** Résultante de l'action de la pesanteur sur un corps, qui varie avec sa masse ; mesure de cette résultante : *un poids de deux kilos.* **3.** Morceau de métal de masse déterminée, servant à peser d'autres corps : *une série de poids en laiton.* **4.** Corps pesant suspendu aux chaînes d'une horloge, pour lui donner le mouvement. **5.** En athlétisme, sphère métallique qu'on lance d'un bras le plus loin possible. **6.** FIG Force, importance, influence : *donner du poids à un argument.* **7.** Ce qui fatigue, oppresse, accable : *le poids des ans.* ■ FAM **faire le poids :** avoir les qualités requises. ❑ **poids lourd :** (a) camion (b) FIG personne, groupe, institution, occupant une place prépondérante dans un domaine : *les poids lourds de l'électronique.*

poignant, e adj **1.** Qui fait très mal : *émotion, douleur poignante.* **2.** Qui émeut fortement, déchirant : *adieux poignants.*

poignard nm Arme courte, pointue et tranchante.

poignarder vt Frapper avec un poignard.

poigne nf **1.** Force de la main, du poignet. **2.** FIG Énergie mise à se faire obéir : *homme à poigne.*

poignée nf **1.** Quantité de matière que la main fermée peut contenir : *poignée de sel.* **2.** Partie d'un objet par laquelle on le saisit : *poignée de valise.* **3.** FIG Petit nombre : *une poignée de spectateurs.* ■ **poignée de main :** geste de serrer la main de quelqu'un pour le saluer.

> ORTHOGRAPHE On écrit *des poignées de main* (*main* toujours au singulier) ; *par poignées* (au pluriel) ; *prendre des bonbons à poignées* ou *à poignée* (de préférence au singulier).

poignet nm **1.** Articulation qui joint la main et l'avant-bras. **2.** Extrémité de la manche d'un vêtement.

poil nm **1.** Production filiforme sur la peau de certains animaux et de l'homme : *chien à poil ras.* **2.** Pelage : *cheval de poil noir.* **3.** Partie velue des étoffes : *tissu qui perd ses poils.* **4.** BOT Filament. ■ FAM **à poil :** tout nu. ❑ FAM **au poil :** parfaitement : *machine qui fonctionne au poil.* ❑ FAM **poil à gratter :** personne ou chose qui dérange : *cette ministre est le poil à gratter du parti.*

poilant, e adj FAM Très amusant.

poil-de-carotte adj inv FAM Roux.

poiler (se) vpr FAM S'amuser beaucoup.

poilu, e adj Couvert de poils. ◆ nm Surnom donné au soldat français pendant la Première Guerre mondiale.

poinçon nm **1.** Tige d'acier pointue, pour percer ou graver. **2.** Morceau d'acier gravé pour frapper des monnaies et des médailles. **3.** Marque qu'on applique sur les ouvrages d'or et d'argent pour en garantir le titre.

poinçonnage ou **poinçonnement** nm Action de poinçonner.

poinçonner vt **1.** Marquer ou percer au poinçon. **2.** Perforer un titre de transport pour attester un contrôle.

poinçonneuse nf Machine pour poinçonner.

poindre vi (conj 82) Commencer à paraître, en parlant du jour, ou à pousser, en parlant des plantes.

poing nm Main fermée : *recevoir un coup de poing.* ■ **dormir à poings fermés :** profondément.

1. point nm **1.** Signe de l'écriture ou de ponctuation : *mettre un point sur un « i » ; point-virgule ; points d'interrogation, d'exclamation, de suspension.* **2.** Piqûre faite avec une aiguille et du fil : *coudre à petits points ; points de suture ;* manière de piquer, d'entrelacer les fils dans les divers travaux d'aiguille : *point d'Alençon.* **3.** Unité de compte dans un match, un jeu ; unité de notation d'un travail scolaire, d'une épreuve, etc. **4.** Endroit déterminé qui permet de situer quelque chose ou qui sert de point de repère : *point de départ, d'intersection.* **5.** État, situation : *en être au même point.* **6.** Niveau, seuil, degré où quelque chose change d'état : *point d'ébullition.* **7.** Question, sujet : *point litigieux.* **8.** Douleur vive et localisée : *avoir un point dans le dos, un point de côté.* ■ **à point :** (a) à propos : *chèque qui arrive à point* (b) au degré de cuisson convenable : *steak cuit à point.* ❑ **à point nommé :** à l'instant fixé. ❑ **au point :** prêt à fonctionner. ❑ **de point en point :** exactement. ❑ **en tout point :** entièrement. ❑ **faire le point :** (a) déterminer la position d'un bateau, d'un avion (b) régler un appareil optique pour que l'image soit nette (c) FIG chercher à savoir où l'on en est. ❑ **mal en point :** en mauvais état, en mauvaise santé. ❑ **marquer un point :** prendre un avantage. ❑ **mettre au point :** régler, préparer, arranger : *mettre au point une machine, un projet.* ❑ **mise au point :** (a) réglage d'éléments mécaniques, électroniques ou optiques (b) explication destinée à régler des questions en suspens. ❑ **point de départ :** commencement. ❑ **point d'honneur :** question d'honneur. ❑ **point du jour :** aube. ❑ **point mort :** (a) dans une voiture, position du levier de changement de vitesse quand il n'est enclenché dans aucune vitesse (b) dans un processus, moment où il est arrêté : *négociations au point mort.* ❑ **point noir :** (a) amas de sébum qui bouche un pore de la peau ; comédon (b) FIG difficulté. ❑ **point(-)presse :** brève réunion au cours de laquelle une personnalité fait une annonce à la presse. ◆ **sur le point de** loc prép Près de. ◆ **au point que** ou **à tel point que** loc conj Tellement que.

2. point adv VIEILLI Indique une négation, une absence ; pas : *il n'a point d'argent.*

pointage nm Action de pointer.

point de vue (pl *points de vue*) nm **1.** Endroit d'où l'on domine un paysage. **2.** Manière d'envisager, de voir, de juger une chose.

pointe nf **1.** Bout aigu, piquant : *pointe d'aiguille.* **2.** Extrémité fine, pointue : *la pointe d'un clocher.* **3.** Instrument servant à piquer, percer, tracer : *pointe d'un graveur ;* petit clou mince. **4.** Petite quantité de : *une pointe d'ail.* **5.** FIG Allusion ironique, pique : *lancer des pointes.* **6.** Moment où une activité, un phénomène atteint son maximum d'intensité, d'évolution : *heure de pointe.* ■ **de pointe :** qui est à l'avant-garde du progrès : *industrie de pointe.* ❑ **en pointe :** dont l'extrémité va en s'amincissant. ❑ **être à la pointe de :** être très avancé par rapport aux autres. ❑ **pointe d'asperge :** bourgeon terminal de l'asperge. ❑ **pointe des pieds :** les orteils. ❑ **pointe sèche :** outil de graveur. ◆ **pointes** pl Attitude d'une danseuse dressée en équilibre sur l'extrémité de ses chaussons ; pas ainsi exécutés.

pointeau nm **1.** Petit poinçon. **2.** Tige mobile obturant un orifice.

1. pointer [pwɛ̃tɛr] nm Chien d'arrêt.

2. pointer vt **1.** Marquer d'un point pour contrôler, compter, etc. : *pointer des noms sur une liste.* **2.** Vérifier, contrôler les heures d'entrée et de sortie du personnel : *pointer des ouvriers.* **3.** Diriger quelque chose vers ; braquer : *pointer son index vers quelqu'un ; pointer une arme.* **4.** Dresser en pointe : *pointer les oreilles.* **5.** Attirer l'attention sur ; dénoncer : *pointer la responsabilité du ministère.* ◆ vi **1.** Enregistrer son heure d'arrivée ou de départ sur une pointeuse. **2.** À la pétanque, lancer sa boule aussi près que possible du cochonnet. **3.** Se dresser : *clocher qui pointe.* **4.** Commencer à pousser, à paraître : *blé, jour qui pointe.* ◆ **se pointer** vpr FAM Arriver, se présenter à un endroit.

pointeur nm INFORM Curseur qui suit sur l'écran les mouvements de la souris.

pointeuse nf Machine servant à enregistrer l'heure d'arrivée et de départ d'un salarié.

pointillé nm Alignement de petits points formant une ligne.

pointilleux, euse adj Susceptible, exigeant.

pointillisme nm Technique des pointillistes.

pointilliste adj et n Se dit d'un peintre qui peint par petites touches séparées.

pointu, e adj **1.** Qui se termine en pointe : *poignard pointu.* **2.** FIG Qui présente un degré très élevé, très poussé de spécialisation : *formation pointue.*

pointure nf **1.** Dimension des chaussures, des gants, des chapeaux. **2.** FAM Personne d'une grande valeur dans tel domaine : *c'est une pointure comme elle qu'il nous faut.*

point-virgule (pl *points-virgules*) nm Signe de ponctuation (;) indiquant une pause intermédiaire entre la virgule et le point.

poire nf **1.** Fruit du poirier ; alcool fait avec ce fruit. **2.** Objet en forme de poire : *poire électrique.* **3.** FAM Personne naïve, dupe.

poiré nm Boisson faite de jus de poire fermenté.

poireau nm Plante potagère formée de longues feuilles vertes et d'un cylindre blanc enterré ; pied de cette plante. ■ FAM **faire le poireau :** poireauter.

poireauter vi FAM Attendre longtemps.

poirier nm Arbre fruitier dont le fruit est la poire ; bois rouge et dur de cet arbre.

pois nm **1.** Plante grimpante cultivée pour ses graines ; graine de cette plante. **2.** Motif en forme de petit disque : *robe, cravate à pois.* ■ **pois chiche** → **chiche.** ❑ **pois de senteur** : plante grimpante ornementale.

poison nm **1.** Substance qui détruit ou altère les fonctions vitales : *le curare est un poison violent.* **2.** FIG Tout ce qui est pernicieux, dangereux : *cette doctrine est un poison pour la démocratie.* **3.** FAM Personne méchante ou insupportable ; chose désagréable, ennuyeuse.

poissard, e adj VIEILLI Qui imite le langage du bas peuple : *style poissard.*

poissarde nf VIEILLI Femme grossière.

poisse nf FAM Malchance.

poisser vt **1.** Enduire de poix. **2.** Salir, coller, en parlant d'une matière gluante : *les bonbons poissent les mains.*

poisseux, euse adj Qui poisse ; collant.

poisson nm Vertébré aquatique, à corps fuselé couvert d'écailles, se déplaçant dans l'eau à l'aide de nageoires. ■ **être comme un poisson dans l'eau** : parfaitement à son aise. ◆ **Poissons** pl Constellation zodiacale ayant la forme de poissons ; signe astrologique des personnes nées entre le 19 février et le 20 mars. ◆ n et adj Personne née sous le signe des Poissons : *elle est Poissons.*

poisson-chat (pl *poissons-chats*) nm Poisson d'eau douce à longs barbillons. SYN : silure.

poissonnerie nf Lieu où l'on vend le poisson et les produits de la mer.

poissonneux, euse adj Qui abonde en poissons : *étang poissonneux.*

poissonnier, ère n Personne qui vend du poisson.

poissonnière nf Récipient pour faire cuire le poisson au court-bouillon.

poitevin, e adj et n Du Poitou : *les Poitevins.*

poitrail nm **1.** Devant du corps du cheval. **2.** Partie du harnais du cheval placée sur le poitrail. **3.** FAM Buste, torse.

poitrinaire adj et n VX Tuberculeux.

poitrine nf **1.** Partie du tronc, entre le cou et l'abdomen. **2.** Seins d'une femme. **3.** BOUCH Partie inférieure de la cage thoracique (les côtes avec leur chair).

poivrade nf Sauce au poivre.

poivre nm Condiment piquant, fruit du poivrier. ■ **poivre blanc :** moulu à partir de grains décortiqués. ❑ **poivre gris :** moulu à partir de grains non décortiqués. ❑ **poivre noir :** grains séchés du poivrier. ◆ loc adj inv ■ **poivre et sel :** grisonnant : *cheveux poivre et sel.*

poivrer vt Assaisonner de poivre.

poivrier nm **1.** Arbuste grimpant des régions tropicales qui produit le poivre. **2.** Ustensile de table contenant du poivre.

poivrière nf **1.** Plantation de poivriers. **2.** Ustensile de table contenant du poivre. **3.** Échauguette ronde au toit conique, à l'angle d'une fortification.

poivron nm Fruit du piment doux : *poivron rouge, vert, jaune.*

poivrot, e n FAM Ivrogne.

poix nf Substance résineuse, agglutinante, tirée de la résine et de goudrons végétaux.

poker [pɔkɛr] nm Jeu de cartes. ■ **coup de poker :** tentative hasardeuse. ❑ **poker d'as :** jeu de dés.

polaire adj **1.** Relatif à un pôle, aux pôles, aux régions proches des pôles. **2.** ÉLECTR Relatif aux pôles d'un aimant ou d'un électroaimant. ■ **cercle polaire :** cercle parallèle à l'équateur, qui marque la limite des zones polaires.

polar nm FAM Film, roman policier.

polarisation nf **1.** Propriété que présente un rayon lumineux réfléchi ou réfracté dans certaines conditions. **2.** FIG Action de polariser, d'être polarisé.

polariser vt **1.** Faire subir la polarisation à : *polariser une pile.* **2.** Attirer, concentrer l'attention sur soi : *ce scandale polarise l'opinion.* ■ FAM **être polarisé sur quelque chose :** être intéressé, préoccupé par ce seul sujet.

polarité nf Propriété qu'a un corps de présenter deux pôles opposés.

Polaroid [-rɔid] nm (nom déposé) Appareil photographique à développement instantané ; photographie prise avec cet appareil.

polder [pɔldɛr] nm Terre gagnée sur la mer, endiguée, drainée et mise en valeur.

pôle nm **1.** Chacune des deux extrémités de l'axe imaginaire autour duquel la sphère céleste semble tourner. **2.** Chacun des deux points de la surface terrestre situés sur l'axe de rotation de la Terre. **3.** ÉLECTR Point d'un générateur servant de départ (pôle positif) ou d'arrivée (pôle négatif) au courant. **4.** FIG Chose en opposition avec une autre. ■ FIG **pôle d'attraction** : ce qui attire, retient l'attention, l'intérêt. ❑ **pôle magnétique** : lieu du globe terrestre où l'inclinaison magnétique est de 90°. ❑ **pôles d'un aimant** : extrémités de l'aimant où la force d'attraction est à son maximum.

polémique nf Controverse, débat plus ou moins violent mené le plus souvent par écrit. ◆ adj Qui relève de la polémique.

polémiquer vi Faire de la polémique.

polémiste n Personne qui polémique.

polenta [pɔlɛnta] nf Bouillie de farine de maïs, ou de châtaignes.

pole position (pl *pole positions*) nf (anglicisme) Position en première ligne et à la corde, au départ d'une course automobile.

1. poli, **e** adj Uni, lisse : *marbre poli.* ◆ nm Lustre, éclat.

2. poli, **e** adj Qui observe les règles de la politesse ; affable, courtois.

1. police nf **1.** Ensemble des règlements qui maintiennent la sécurité publique. **2.** Administration, force publique qui veille à leur observation ; ensemble des agents de cette administration. ■ **police secours** : service affecté aux secours d'urgence. ❑ **police technique et scientifique** : service chargé de recueillir puis d'interpréter les indices matériels laissés sur la scène d'un crime. ❑ **tribunal de police** : tribunal qui ne connaît que des contraventions.

2. police nf Contrat d'assurance. ■ IMPR **police de caractères** : fonte.

policé, **e** adj LITT Parvenu à un certain degré de civilité, d'éducation.

polichinelle nm **1.** (avec une majuscule) Personnage comique des théâtres de marionnettes, à deux bosses. **2.** FAM Personne en qui l'on n'a pas confiance, pantin. ■ **secret de polichinelle** : connu de tous.

policier, **ère** adj **1.** Qui relève de la police : *enquête policière.* **2.** Qui s'appuie sur la police : *régime policier.* ■ **film, roman policier** : dont l'intrigue repose sur une enquête criminelle. ◆ n Membre de la police.

policlinique nf Établissement où l'on traite les malades sans les hospitaliser.

> ORTHOGRAPHE *Policlinique* (du grec *polis,* « ville ») ne doit pas être confondu avec *polyclinique* (du grec *poly-,* « plusieurs »).

poliment adv D'une manière polie.

polio nf (abréviation) FAM Poliomyélite. ◆ n Poliomyélitique.

poliomyélite nf Maladie virale de la moelle épinière, provoquant des paralysies.

poliomyélitique n et adj Personne atteinte de poliomyélite.

polir vt **1.** Rendre uni, lisse, luisant : *polir un métal.* **2.** LITT Parachever avec soin ; parfaire : *polir ses phrases.*

polissage nm Action de polir.

polisseur, **euse** n Personne spécialisée dans le polissage.

polisseuse nf Machine à polir.

polisson, onne n Enfant espiègle, désobéissant. ◆ adj Licencieux, grivois : *chanson polissonne.*

polissonnerie nf Action, propos licencieux.

politesse nf Ensemble des règles de courtoisie, de bienséance ; respect de ces règles.

politicard, **e** n et adj PÉJOR Politicien sans envergure et sans scrupules.

politicien, **enne** n Personne qui fait de la politique.

1. politique nf **1.** Science et art de gouverner un État : *les rapports de la politique et de la morale.* **2.** Ensemble des affaires d'un État ; manière de les conduire : *politique extérieure ; politique libérale.* **3.** Manière de diriger une affaire ; stratégie : *avoir une politique des prix.* **4.** FIG, LITT Manière prudente, habile d'agir ; diplomatie : *ménager quelqu'un par politique.*

2. politique adj **1.** Relatif à l'organisation et à l'exercice du pouvoir dans l'État. **2.** LITT Habile, intéressé : *une invitation toute politique.* ■ **homme, femme politique** : qui s'occupe des affaires de l'État. ◆ nm Ce qui est politique.

politiquement adv **1.** Sur le plan politique. **2.** FIG Finement, avec habileté.

politisation nf Action de politiser ; son résultat : *la politisation d'un débat.*

politiser vt **1.** Donner un caractère politique à : *politiser un débat.* **2.** Donner une conscience politique à, entraîner dans une action politique.

politologue n Spécialiste des problèmes politiques.

polka nf Danse à deux temps, d'origine polonaise ; air sur lequel on la danse.

pollen [pɔlɛn] nm Poussière fécondante des fleurs.

pollinisation nf Fécondation d'une fleur par le pollen.

polluant, e adj Qui pollue. ◆ nm Produit responsable d'une pollution.

polluer vt Dégrader, rendre malsain ou dangereux : *polluer une rivière*.

pollueur, euse n et adj Qui pollue, contribue à accroître la pollution.

pollution nf Action de polluer ; son résultat : *pollution atmosphérique*.

polo nm **1.** Sport de balle qui se pratique à cheval, avec un maillet. **2.** Chemise en tricot, à col rabattu, portée surtout dans les moments de loisir.

polochon nm FAM Traversin.

polonais, e adj et n De Pologne : *les Polonais*. ◆ nm Langue slave parlée en Pologne.

polonaise nf Danse nationale des Polonais.

poltron, onne adj et n Qui manque de courage ; peureux, couard.

poltronnerie nf Manque de courage, lâcheté.

polyamide nm Composé chimique utilisé dans la fabrication des fibres textiles.

polyandrie nf Fait, pour une femme, d'avoir simultanément plusieurs maris.

polyarthrite nf Rhumatisme atteignant simultanément plusieurs articulations.

polychrome [pɔlikrom] adj De plusieurs couleurs.

polychromie [pɔlikromi] nf Caractère de ce qui est polychrome.

polyclinique nf Clinique où l'on soigne des maladies diverses.

polycopie nf Procédé de reproduction en plusieurs exemplaires d'un texte écrit.

polycopié nm Texte, cours polycopié.

polycopier vt Reproduire par polycopie.

polyculture nf Système d'exploitation du sol, qui consiste à pratiquer des cultures d'espèces différentes.

polyèdre nm MATH Solide à plusieurs faces.

polyédrique adj Qui a plusieurs faces.

polyester [pɔliɛstɛr] nm Matière synthétique.

polygame adj et nm Se dit d'un homme simultanément marié à plusieurs femmes. ◆ adj **1.** Se dit des plantes qui portent sur le même pied des fleurs mâles et femelles. **2.** Se dit d'une société qui autorise le mariage de ses membres à plusieurs conjoints à la fois.

polygamie nf État d'une personne ou d'une plante polygame.

polyglotte adj et n Qui parle plusieurs langues.

polygonal, e, aux adj Qui a plusieurs angles.

polygone nm MATH Surface plane, limitée par des lignes droites.

polymère adj et nm Se dit d'un corps formé par polymérisation.

polymérisation nf CHIM Union de plusieurs molécules identiques pour former une nouvelle molécule plus grosse.

polymorphe adj Qui affecte diverses formes.

polymorphisme nm Caractère polymorphe.

polynésien, enne adj et n De Polynésie : *les Polynésiens*.

polynévrite nf MÉD Atteinte simultanée de plusieurs nerfs, par intoxication ou infection.

polynôme nm Somme algébrique de monômes.

polynucléaire adj BIOL Se dit d'une cellule formée de plusieurs noyaux. ◆ nm Globule blanc polynucléaire.

polype nm **1.** ZOOL Forme fixée des cœlentérés, composée d'un corps cylindrique à deux parois, creusé d'une cavité digestive. **2.** MÉD Tumeur bénigne, molle, dans les cavités d'une muqueuse.

polyphasé, e adj Qui comporte plusieurs phases : *courant polyphasé*.

polyphonie nf MUS Assemblage de voix ou d'instruments.

polyphonique adj Qui constitue une polyphonie.

polypier nm Squelette calcaire des colonies de polypes.

polyptyque nm Ensemble de panneaux peints ou sculptés liés entre eux.

> ORTHOGRAPHE Attention, *polyptyque* ne comporte que des *y*, à la différence de *triptyque*.

polysémie nf Propriété d'un mot qui présente plusieurs sens.

polysémique adj Qui présente plusieurs sens.

polystyrène nm Matière plastique.

polysyllabe adj et nm Qui a plusieurs syllabes.

polysyllabique adj Qui a plusieurs syllabes.

polytechnicien, enne n Élève, ancien élève de l'École polytechnique.

polytechnique adj Qui concerne plusieurs sciences. ■ **École polytechnique** ou **Polytechnique** nf : école supérieure formant des ingénieurs.

polythéisme nm Religion qui admet l'existence de plusieurs dieux.

polythéiste adj et n Relatif au polythéisme ; qui le professe.

polytoxicomanie nf Usage simultané ou alterné de deux ou plusieurs drogues.

polytransfusé, e adj et n MÉD Qui a subi plusieurs transfusions.

polytraumatisé, e adj et n Se dit d'un blessé présentant plusieurs lésions traumatiques.

polyuréthanne ou **polyuréthane** nm Matière plastique employée dans l'industrie des peintures et des vernis, ou servant à faire des mousses.

polyvalence nf Caractère polyvalent.

polyvalent, e adj Qui a plusieurs fonctions différentes : *vaccin polyvalent ; salle polyvalente.* ◆ n Agent du fisc chargé de vérifier les bilans et comptes d'exploitation des entreprises.

pomelo nm Pamplemousse.

pommade nf Corps gras médicamenteux, destiné à être appliqué sur la peau ou les muqueuses. ■ FAM **passer de la pommade à quelqu'un** : le flatter.

pommader vt Enduire de pommade.

pommard nm Vin de Bourgogne.

pomme nf **1.** Fruit du pommier. **2.** Ornement, objet de forme arrondie : *la pomme d'une canne.* ■ **pomme d'Adam** : saillie à la partie antérieure du cou de l'homme, formée par le cartilage thyroïde. ❑ **pomme d'arrosoir** : renflement percé de trous qui termine le tuyau d'un arrosoir. ❑ FIG **pomme de discorde** : sujet de division. ❑ **pomme de pin** : fruit du pin. ❑ FAM **pour ma (ta, etc.) pomme** : pour moi (toi, etc.). ❑ FAM **tomber dans les pommes** : s'évanouir.

pommé, e adj Arrondi comme une pomme : *chou pommé.*

pommeau nm **1.** Petite boule au bout de la poignée d'une épée, d'un sabre, d'un parapluie, etc. **2.** Partie antérieure de l'arçon d'une selle.

pomme de terre (pl *pommes de terre*) nf Plante à tubercules alimentaires riches en amidon ; tubercule de cette plante.

pommelé, e adj **1.** Marqué de gris et de blanc : *cheval pommelé.* **2.** Couvert de petits nuages : *ciel pommelé.*

pommeler (se) vpr (conj 6) Se couvrir de petits nuages.

pommer vi Se former en pomme, en parlant des choux, des laitues, etc.

pommeraie nf Verger de pommiers.

pommette nf Partie saillante de la joue, sous l'œil.

pommier nm Arbre fruitier de la famille des rosacées produisant la pomme.

pompage nm Action de pomper.

1. pompe nf LITT Cérémonial somptueux, déploiement de faste. ■ **en grande pompe** : avec beaucoup d'éclat. ◆ **pompes** pl ■ **les pompes funèbres** : service chargé de l'organisation des funérailles.

2. pompe nf **1.** Appareil pour aspirer, comprimer ou refouler les fluides : *pompe à vélo.* **2.** Distributeur de carburants : *pompe à essence.* **3.** FAM Chaussure. ■ FAM **à toute pompe** : très vite. ❑ FAM **coup de pompe** : fatigue soudaine. ◆ **pompes** pl Exercice de gymnastique qui consiste à soulever le corps, à plat ventre sur le sol, en poussant sur les bras.

pompéien, enne adj et n De Pompéi.

pomper vt **1.** Puiser avec une pompe : *pomper de l'eau.* **2.** Absorber : *l'éponge a pompé toute l'eau.* **3.** FAM Fatiguer, épuiser : *ce travail m'a pompé.* **4.** ARG SCOL Copier.

pompette adj FAM Un peu ivre.

pompeusement adv Avec emphase.

pompeux, euse adj Empreint d'une solennité excessive ou déplacée : *discours pompeux.*

1. pompier nm Homme qui fait partie d'un corps organisé pour combattre les incendies et intervenir en cas de sinistre.

2. pompier, ère adj D'un académisme emphatique : *style pompier.*

pompiste n Préposé au fonctionnement d'un appareil de distribution de carburants.

pompon nm Petite houppe qui sert d'ornement dans le costume et l'ameublement. ■ FAM **avoir, tenir le pompon** : l'emporter sur les autres.

pomponner vt Arranger la toilette avec beaucoup de soin. ◆ **se pomponner** vpr S'apprêter avec soin, coquetterie.

ponant nm **1.** LITT Occident. **2.** Vent d'ouest, dans le Midi.

ponçage nm Action de poncer.

ponce adj ■ **pierre ponce** ou **ponce** nf : roche volcanique, légère, très poreuse et très dure, utilisée pour polir.

poncer vt (conj 1) Polir, lisser avec la pierre ponce ou une substance abrasive.

ponceuse nf Machine à poncer.

poncho [pɔ̃ʃo] nm Manteau fait d'une couverture fendue au milieu pour passer la tête.

poncif nm Formule banale, sans originalité ; cliché, lieu commun.

ponction nf **1.** CHIR Introduction d'une aiguille dans une cavité, un organe, pour l'explorer, y faire un prélèvement ou en évacuer un liquide. **2.** Prélèvement, notamment d'argent.

ponctionner vt Faire une ponction.

ponctualité nf Qualité d'une personne ponctuelle.

ponctuation nf Art, manière de ponctuer. ■ **signes de ponctuation :** signes graphiques servant à noter les pauses entre phrases ou éléments de phrases, ainsi que les rapports syntaxiques.

ponctuel, elle adj **1.** Qui arrive à l'heure ; exact. **2.** Qui exécute à point nommé ce qu'il doit faire : *un collaborateur ponctuel.* **3.** Qui porte sur un détail, un point, un moment : *opération ponctuelle.* **4.** OPT Constitué par un point : *image ponctuelle.*

ponctuellement adv De façon ponctuelle.

ponctuer vt **1.** Marquer des signes de ponctuation : *ponctuer une phrase.* **2.** Marquer, accentuer d'un geste, d'une exclamation : *ponctuer son discours de coups frappés sur la table.*

pondaison nf Époque de la ponte des oiseaux.

pondérable adj Qui peut être pesé.

pondéral, e, aux adj Relatif au poids.

pondérateur, trice adj LITT Qui a un effet modérateur.

pondération nf **1.** Caractère pondéré ; mesure, modération : *s'exprimer avec pondération.* **2.** Juste équilibre de tendances contraires dans le domaine politique ou social : *pondération des pouvoirs.*

pondéré, e adj Bien équilibré, calme, modéré.

pondérer vt (conj 10) Équilibrer quelque chose par autre chose qui l'atténue.

pondeur, euse adj ■ **poule pondeuse** ou **pondeuse** nf : poule élevée pour la production d'œufs.

pondre vt (conj 51) **1.** Produire des œufs. **2.** FAM Écrire, produire : *pondre un article.*

poney nm Petit cheval à crinière épaisse.

pongiste n Joueur de ping-pong.

pont nm **1.** Construction faisant communiquer deux points séparés par un cours d'eau ou une dépression de terrain. **2.** MAR Plancher qui ferme la cavité de la coque d'un bateau. **3.** Essieu arrière d'une automobile. **4.** Jour chômé entre deux jours fériés : *faire le pont.* ■ FIG **couper les ponts :** rompre avec quelqu'un. ❑ **pont aérien :** liaison aérienne entre deux points séparés par un espace dans lequel les transports maritimes ou terrestres sont trop lents ou inutilisables. ❑ **pont suspendu :** dont le tablier est retenu par des chaînes ou des câbles. ❑ **pont tournant :** qui tourne sur un pivot. ◆ **ponts** pl ■ **Ponts et Chaussées :** corps d'ingénieurs chargés de tous les travaux qui se rapportent aux routes, aux ponts et aux canaux.

pontage nm Implantation chirurgicale d'un greffon ou d'un tube permettant le contournement de la zone obstruée ou rétrécie d'un canal anatomique.

1. ponte nm FAM Personnage important.

2. ponte nf **1.** Action de pondre. **2.** Saison où les oiseaux pondent. **3.** Quantité d'œufs pondus.

ponté, e adj Se dit d'une embarcation couverte par un pont : *canot ponté.*

pontet nm Pièce qui protège la détente d'une arme à feu portative.

pontife nm **1.** ANTIQ Dignitaire ecclésiastique. **2.** FAM Personne qui se donne des airs d'importance. ■ **souverain pontife :** le pape.

pontifiant, e adj FAM Qui pontifie.

pontifical, e, aux adj **1.** ANTIQ Du pontife. **2.** Du pape.

pontificat nm Dignité, fonction de pontife, de pape ; durée de cette fonction.

pontifier vi FAM Prendre des airs importants, parler avec emphase.

pont-l'évêque nm inv Fromage de vache à pâte molle.

pont-levis (pl *ponts-levis*) nm Pont qui protégeait l'entrée des châteaux forts en se levant et se rabaissant.

ponton nm Plate-forme flottante, ou fixée sur pilotis.

pontonnier nm Militaire employé à la construction des ponts.

pool [pul] nm **1.** Groupement ou syndicat de producteurs. **2.** Groupe de personnes travaillant en commun à des tâches identiques.

pop [pɔp] nm ou nf et adj inv Forme musicale d'origine anglo-américaine dérivée du rock.

pop art [pɔpart] nm Tendance artistique qui transpose l'environnement de la civilisation contemporaine au moyen d'assemblages d'objets quotidiens.

pop-corn nm inv Grains de maïs soufflés et éclatés.

pope nm Prêtre de l'Église orthodoxe.

popeline nf Étoffe dont la chaîne est de soie, et la trame de laine, de lin ou de coton.

popote nf FAM Cuisine : *faire la popote.* ◆ adj FAM Terre à terre, prosaïque, pantouflard.

popotin nm FAM Fesses.

populace nf PÉJOR Le bas peuple.

populacier, ère adj PÉJOR Propre à la populace ; vulgaire.

populaire adj **1.** Relatif au peuple : *origines, milieux, classes populaires.* **2.** Propre au peuple : *expression populaire.* **3.** Qui a la faveur du plus grand nombre : *chanteur très populaire.* **4.** Qui s'adresse au peuple, au public le plus nombreux : *roman populaire.*

populairement adv De façon populaire.

popularisation nf Action de populariser ; son résultat.

populariser vt Rendre populaire, faire connaître au grand public.

popularité nf Fait d'être connu, aimé du plus grand nombre.

population nf **1.** Ensemble des habitants d'un pays. **2.** Ensemble d'êtres d'une catégorie particulière : *la population scolaire.*

populationniste adj et n Favorable à un accroissement de la population.

populeux, euse adj Très peuplé : *quartier populeux.*

populisme nm **1.** Doctrine littéraire et artistique qui s'attache à l'expression de la vie et des sentiments des milieux populaires. **2.** Doctrine politique démagogique qui prône la défense des intérêts du peuple contre les classes dirigeantes au pouvoir.

populiste adj et n Qui relève du populisme ; qui s'en recommande.

populo nm FAM Peuple, foule.

pop-up [pɔpœp] (pl *pop-ups*) nm inv ou nm **1.** Fenêtre publicitaire qui s'ouvre automatiquement sur certains sites (on dit aussi *une pop-up*). **2.** Livre dont l'illustration est rendue mobile grâce à divers éléments (tirettes, volets, pliages, etc.). SYN : livre animé.

porc [pɔr] nm **1.** Mammifère omnivore au museau terminé par un groin. **2.** Viande, peau tannée du porc. **3.** FIG Homme sale, grossier, débauché.

porcelaine nf **1.** Produit céramique à pâte fine, translucide. **2.** Objet de porcelaine.

porcelet nm Jeune porc.

porc-épic [pɔrkepik] (pl *porcs-épics*) nm Mammifère rongeur au corps armé de piquants.

porche nm Espace couvert en avant de l'entrée d'un édifice.

porcher, ère n Personne qui garde les porcs.

porcherie nf **1.** Bâtiment où on élève les porcs. **2.** FAM Local très sale.

porcin, e adj **1.** Relatif au porc : *élevage porcin.* **2.** Qui évoque le porc : *yeux porcins.* ◆ nm Ongulé à quatre doigts par patte (les porcins forment un groupe).

pore nm **1.** Très petite ouverture à la surface de la peau, par où s'écoulent la sueur, le sébum. **2.** Interstice qui sépare les molécules d'une matière solide.

poreux, euse adj Qui présente des pores : *l'argile sèche est poreuse.*

porno adj FAM Pornographique. ◆ nm FAM Genre pornographique.

pornographie nf Représentation complaisante de scènes obscènes, dans une œuvre littéraire, artistique ou cinématographique.

pornographique adj Qui relève de la pornographie.

porosité nf État de ce qui est poreux.

porphyre nm Roche caractérisée par ses grands cristaux de feldspath.

porridge nm Bouillie de flocons d'avoine.

1. port nm **1.** Abri naturel ou artificiel pour les navires ; ville bâtie auprès, autour d'un tel abri : *port maritime, fluvial ; Toulon est un port militaire.* **2.** LITT Refuge. ■ **arriver à bon port :** sans accident.

2. port nm **1.** Action de porter : *permis de port d'armes.* **2.** Fait de porter sur soi : *port de la barbe, de l'uniforme.* **3.** LITT Manière de se tenir, maintien habituel : *avoir un port majestueux.* **4.** Prix de transport d'une lettre, d'un colis : *port dû.* ■ **port d'armes :** (a) action ou droit de porter des armes (b) attitude du soldat qui présente les armes. ❑ **port de tête :** manière dont on tient la tête. ❑ MAR **port en lourd :** maximum de charge d'un navire.

3. port nm Col, dans les Pyrénées.

portabilité nf Caractère d'un matériel ou d'un programme portable.

portable adj **1.** Qu'on peut porter : *téléphone portable.* **2.** INFORM Se dit d'un programme capable de fonctionner sur des ordinateurs de types différents. ◆ nm Appareil portable, en particulier micro-ordinateur et téléphone.

portage nm Transport à dos d'homme.

portail nm Entrée monumentale d'un édifice, d'une église, à une ou plusieurs portes.

1. portant nm **1.** Tringle à vêtements soutenue par des montants. **2.** THÉÂTRE Montant qui soutient les décors ou les appareils d'éclairage.

2. portant, e adj TECHN Qui soutient, supporte : *mur portant.* ■ **bien, mal portant :** en bonne, en mauvaise santé. ❑ **tirer à bout portant :** de très près.

portatif, ive adj Conçu pour être transporté avec soi : *téléviseur portatif.*

1. porte nf **1.** Ouverture pour entrer et sortir : *ouvrir, fermer la porte ; porte de secours ;* ce qui clôt cette ouverture ; battant : *porte de fer ; porte vitrée.* **2.** Lieu situé à la périphérie d'une ville, correspondant à une ouverture autrefois aménagée dans un mur d'enceinte : *porte de Versailles (à Paris).* **3.** Espace délimité par deux piquets et entre lesquels un skieur doit passer, dans un slalom. ■ **mettre à la porte :** renvoyer. ❑ **opération, journée porte(s) ouverte(s) :** possibilité offerte au public de visiter librement une entreprise, un service public, etc.

2. porte adj ■ ANAT **veine porte** : qui conduit le sang au foie.

porté, e adj ■ **porté à :** enclin à. ❑ **porté sur :** qui a un goût très vif pour.

porte-à-faux nm inv Partie d'ouvrage qui n'est pas à l'aplomb. ■ **en porte à faux :** dans une situation fausse, périlleuse.

porte-à-porte nm inv Démarchage à domicile : *faire du porte-à-porte.*

porte-avions nm inv Navire servant de base aux avions de combat.

porte-bagages nm inv Dispositif pour fixer des bagages sur un véhicule.

porte-bébé (pl inv ou *porte-bébés*) nm Petit siège à poignées ou sorte de harnais en toile pour transporter un bébé.

porte-billet (pl *porte-billets*) ou **porte-billets** (pl inv) nm Petit portefeuille pour billets de banque.

porte-bonheur nm inv Objet censé porter chance.

porte-bouteille (pl *porte-bouteilles*) ou **porte-bouteilles** (pl inv) nm Casier pour transporter les bouteilles debout.

porte-carte (pl *porte-cartes*) ou **porte-cartes** (pl inv) nm Portefeuille pour cartes de visite, pièces d'identité, etc.

porte-cigarette (pl *porte-cigarettes*) ou **porte-cigarettes** (pl inv) nm Étui à cigarettes.

porte-clefs ou **porte-clés** nm inv Anneau ou étui pour porter les clefs.

porte-couteau (pl inv ou *porte-couteaux*) nm Ustensile de table servant à poser l'extrémité du couteau.

porte-document (pl *porte-documents*) ou **porte-documents** (pl inv) nm Grande pochette plate.

porte-drapeau (pl inv ou *porte-drapeaux*) nm **1.** Celui qui porte le drapeau. **2.** Chef actif et reconnu d'une doctrine, d'un mouvement.

portée nf **1.** Totalité des petits qu'une femelle met bas en une fois. **2.** Distance à laquelle une arme peut lancer un projectile : *fusil qui a une portée de 800 m.* **3.** Endroit jusqu'où la main, la vue, la voix, l'ouïe, peuvent arriver : *à portée de main.* **4.** FIG Capacité intellectuelle : *c'est hors de ma portée.* **5.** Force, efficacité, importance de quelque chose ; retentissement : *mesurer la portée de ses actes.* **6.** Distance séparant les points d'appui consécutifs d'une construction : *portée d'un pont, d'une poutre.* **7.** Série de cinq lignes parallèles et horizontales pour écrire la musique.

portefaix nm ANC Homme dont le métier était de porter des fardeaux.

porte-fenêtre (pl *portes-fenêtres*) nf Porte vitrée, souvent à deux battants, qui ouvre sur une terrasse, un jardin, etc.

portefeuille nm **1.** Étui muni de compartiments où l'on met ses billets de banque, ses papiers, etc. **2.** Ensemble des effets de commerce, des valeurs mobilières appartenant à une personne ou à une entreprise. **3.** FIG Titre, fonction de ministre ; département ministériel : *convoiter le portefeuille des Affaires étrangères.*

porte-greffe (pl inv ou *porte-greffes*) nm Sujet sur lequel on fixe le greffon.

porte-hélicoptères nm inv Bâtiment de guerre équipé pour recevoir les hélicoptères.

porte-jarretelles nm inv Ceinture supportant les jarretelles qui retiennent les bas.

porte-malheur nm inv Personne, objet censés porter malheur.

portemanteau nm Support auquel on suspend les vêtements.

portement nm ■ **portement de croix :** représentation de Jésus portant sa croix.

portemine nm Tube de métal ou de plastique contenant une mine de crayon.

porte-monnaie nm inv Étui, pochette pour les pièces de monnaie.

porte-parapluie (pl inv ou *porte-parapluies*) nm Ustensile pour recevoir les parapluies.

porte-parole nm inv **1.** Personne qui parle au nom des autres. **2.** Journal qui se fait l'interprète de quelqu'un, d'un groupe.

porte-plume (pl inv ou *porte-plumes*) nm Petite tige à laquelle s'adaptent les plumes métalliques pour écrire ou dessiner.

porter vt **1.** Soutenir un poids, une charge : *porter une valise.* **2.** Transporter : *porter à domicile.* **3.** Avoir sur soi comme vêtement, comme ornement : *porter une montre, des lunettes.* **4.** Présenter à la vue : *ville qui porte les marques des bombardements ; lettre qui porte la date du 10 janvier.* **5.** Tenir une partie du corps de telle ou telle manière : *porter la tête haute.* **6.** Diriger : *porter son regard sur quelque chose.* **7.** Produire : *arbre qui porte beaucoup de fruits.* **8.** Avoir en gestation : *la chatte porte trois chatons.* **9.** Inciter, pousser à : *porter au mal.* **10.** Causer : *porter malheur.* **11.** Supporter : *porter le poids d'une faute.* ■ **porter la main sur** : frapper. ❑ **porter les armes, la robe, la soutane** : être soldat, magistrat, prêtre. ❑ **porter un nom, un titre** : se faire appeler ainsi. ◆ vi **1.** Atteindre son objectif. **2.** Avoir telle portée : *cette arme porte loin.* ◆ vt ind **1.** [sur] reposer sur : *poids qui porte sur une jambe.* **2.** [sur] Avoir pour objet : *sur quoi porte ce projet ?* ■ **porter à faux** : ne pas être d'aplomb. ❑ **porter à la tête** : étourdir. ❑ **porter sur les nerfs** : énerver. ◆ **se porter** vpr **1.** Aller, se diriger : *se porter au-devant de quelqu'un.* **2.** Avoir tel état de santé : *je me porte bien.* **3.** Se présenter, se constituer : *se porter candidat, volontaire.*

porte-revues nm inv Accessoire de mobilier conçu pour le rangement des revues, des journaux.

porterie nf Loge du portier, dans une communauté religieuse.

porte-savon (pl inv ou *porte-savons*) nm Support, récipient pour le savon.

porte-serviette (pl *porte-serviettes*) nm Support pour suspendre les serviettes de toilette.

porteur, euse adj Qui porte ou supporte quelque chose : *mur porteur.* ■ **mère porteuse** : femme qui porte dans son utérus un ovule d'une autre femme fécondé in vitro. ◆ n **1.** Personne dont le métier est de porter, en particulier les bagages. **2.** Celui qui est chargé de remettre une lettre, un télégramme. **3.** Personne qui présente un effet de commerce : *payable au porteur ;* détenteur d'une valeur mobilière. **4.** Personne qui porte sur soi, qui est en possession de quelque chose : *porteur d'une arme.* ■ **porteur de germes** : sujet apparemment sain qui porte en lui des germes infectieux.

porte-voix nm inv Instrument conique pour amplifier le son de la voix.

portfolio [pɔrtfoljo] nm Ensemble de photographies ou d'estampes réunies sous une couverture rigide.

portier nm Personne qui garde l'entrée d'un hôtel, d'un établissement public.

portière nf Porte d'une automobile, d'un wagon.

portillon nm Petite porte à battant.

portion nf **1.** Partie d'un tout : *portion d'héritage.* **2.** Quantité, part de nourriture servie à quelqu'un.

portique nm **1.** Galerie à voûte soutenue par des colonnes. **2.** Poutre horizontale à laquelle on accroche les agrès de gymnastique.

porto nm Vin récolté au Portugal.

portoricain, e adj et n De Porto Rico.

portrait nm **1.** Image d'une personne reproduite par la peinture, le dessin, la photographie, etc. **2.** FIG Description orale ou écrite d'une personne. ■ **être le portrait de quelqu'un** : lui ressembler fortement.

portraitiste n Artiste qui fait des portraits.

portrait-robot (pl *portraits-robots*) nm Portrait d'une personne recherchée par la police, effectué d'après la description de témoins.

portraiturer vt Faire le portrait de quelqu'un.

Port-Salut nm inv (nom déposé) Fromage au lait de vache.

portuaire adj Relatif à un port.

portugais, e adj et n Du Portugal : *les Portugais.* ◆ nm Langue romane parlée au Portugal et au Brésil.

portugaise nf Variété d'huître.

portulan nm Carte marine de la fin du Moyen Âge et de la Renaissance, indiquant la position des ports et le contour des côtes.

POS [pɔs] nm (sigle de *plan d'occupation des sols*) Document d'urbanisme fixant les conditions d'affectation et d'utilisation des sols dans une commune.

pose nf **1.** Action de poser : *la pose d'une moquette.* **2.** Attitude du corps : *une pose indolente.* **3.** Action de poser pour un artiste : *séance de pose.* **4.** Durée d'exposition d'une photographie : *temps de pose.*

posé, e adj Calme, mesuré : *homme posé.*

posément adv Calmement.

posemètre nm PHOT Appareil servant à mesurer le temps de pose nécessaire.

poser vt **1.** Placer, mettre : *poser un livre sur la table.* **2.** Installer : *poser des rideaux.* **3.** Établir : *poser les fondements de.* **4.** Adresser, formuler : *poser une question.* **5.** Écrire un nombre selon les règles de l'arithmétique : *poser une opération.* **6.** Mettre en valeur : *ce succès le pose.* ■ **poser (un) problème** : soulever une difficulté : *sa venue pose problème.* ◆ vi **1.** Prendre appui : *les solives posent sur le mur.* **2.** Garder une attitude : *poser pour un peintre.* **3.** Se comporter de façon affectée : *poser pour la galerie.* **4.** PHOT Observer un temps de pose. ◆ **se poser** vpr **1.** Se donner pour : *se poser en justicier.* **2.** Atterrir : *l'avion s'est posé.* **3.** Exister : *le problème se pose.*

poseur, euse n et adj **1.** Personne qui pose, installe quelque chose : *poseur de moquette.* **2.** FIG Personne affectée, prétentieuse : *quelle poseuse !*

positif, ive adj **1.** Certain, réel, qui relève de l'expérience concrète : *fait positif.* **2.** Qui fait preuve de réalisme, qui a le sens pratique : *esprit positif.* **3.** Qui a un effet favorable, qui marque un progrès : *des efforts positifs.* **4.** Qui montre la présence de l'élément ou de l'effet recherché : *test positif ; cuti positive.* ■ **électricité positive** : celle que l'on obtient en frottant un morceau de verre. ❑ PHOT **épreuve positive** : épreuve tirée d'un négatif, après développement et tirage. ❑ MATH **nombre positif** : supérieur ou égal à 0. ❑ **réponse positive** : affirmative. ◆ nm **1.** Ce qui est sûr, concret, positif : *cette information, voilà du positif !* **2.** PHOT Épreuve positive.

position nf **1.** Situation d'une chose dans l'espace : *la position d'un navire.* **2.** Attitude, posture du corps : *changer de position.* **3.** MIL Terrain occupé par des troupes. **4.** FIG Emploi, situation sociale : *avoir une position élevée.* **5.** Place relative dans un classement : *candidat en bonne position.* **6.** Circonstances dans lesquelles on se trouve : *être en position difficile.* **7.** Opinion, parti adoptés sur un problème donné : *avoir une position nette.* ■ **rester, camper sur ses positions** : ne pas changer d'avis.

positionnement nm Action de positionner.

positionner vt **1.** Indiquer les coordonnées géographiques d'un navire, l'emplacement exact d'une troupe, etc. **2.** Déterminer la situation d'un produit sur le marché.

positivement adv De façon positive.

positivisme nm Système de philosophie fondé par Auguste Comte, qui n'admet que les vérités constatées par l'observation et l'expérience.

positiviste adj et n Qui relève du positivisme ; qui le professe.

positron ou **positon** nm Électron de charge positive.

posologie nf **1.** Quantité et rythme d'administration d'un médicament prescrit. **2.** Étude du dosage et des modalités d'administration des médicaments.

possédant, e adj et n Qui possède des biens, de la fortune.

possédé, e n Personne en proie à une puissance démoniaque.

posséder vt (conj 10) **1.** Avoir à soi, comme bien : *posséder une maison.* **2.** Avoir à sa disposition : *posséder une armée puissante.* **3.** FIG Connaître parfaitement : *posséder l'anglais.* **4.** FAM Tromper, duper : *se faire posséder.*

possesseur nm Celui qui possède quelque chose.

possessif, ive adj et nm GRAMM Se dit des mots qui expriment la possession, l'appartenance : *adjectif, pronom possessif.* ◆ adj Qui éprouve un besoin de possession, de domination.

possession nf **1.** Fait de posséder ; chose possédée. **2.** Territoire possédé par un État ; colonie. **3.** État d'une personne possédée par une force démoniaque.

possessivité nf Caractère d'une personne possessive.

possibilité nf **1.** Caractère de ce qui est possible. **2.** Chose possible. ◆ **possibilités** pl Moyens dont on dispose.

possible adj Qui peut exister, se produire : *une erreur est possible.* ◆ adj inv Renforce un superlatif : *faire le moins de fautes possible.* ◆ nm Ce que l'on peut : *faire son possible.* ■ **au possible** : extrêmement : *avare au possible.*

GRAMMAIRE Lorsque *possible* est précédé de *le plus, le moins,* il reste invariable : *faites le moins de fautes possible.*

postal, e, aux adj De la poste.

postclassique adj Postérieur à l'époque classique.

postcommunisme nm Situation résultant de l'abandon de l'idéologie communiste dans certains pays.

postcure nf Période de repos après une cure, de soins ambulatoires après une hospitalisation.

postdater vt Apposer une date postérieure à la date réelle.

1. poste nf **1.** Administration chargée du transport du courrier, d'opérations financières, etc. ; bureau, local où s'effectuent ces opérations. **2.** AUTREF Relais de chevaux pour le service des voyageurs ; distance entre deux relais.

2. poste nm **1.** Local, lieu affecté à une destination particulière, où quelqu'un, un groupe remplit une fonction déterminée : *poste de douane.* **2.** Emploi, fonction : *occuper un poste élevé.* **3.** Emplacement aménagé pour recevoir certaines installations techniques : *poste d'essence, d'incendie.* **4.** Endroit où se trouvent des soldats : *poste de combat.* **5.** Appareil récepteur de radio, de télévision, de téléphone. ■ **poste (de police)** : locaux d'un commissariat.

posté, e adj Se dit d'un travail où les équipes se succèdent pour assurer une production continue.

poste-frontière (pl *postes-frontières*) nm Endroit de passage entre deux pays, où s'effectue le contrôle douanier.

1. poster vt Placer à un poste : *poster des chasseurs.*

2. poster vt **1.** Mettre à la poste : *poster son courrier.* **2.** INFORM Publier un article, un commentaire, une photo ou une vidéo sur un média Internet.

3. poster [pɔstɛr] nm Affiche illustrée ou photo de grand format.

postérieur, e adj **1.** Qui vient après : *fait postérieur à un autre.* **2.** Placé derrière : *partie postérieure de la tête.* ◆ nm FAM Derrière, fesses.

postérieurement adv Après.

postériorité nf État d'une chose postérieure à une autre.

postérité nf **1.** Descendance : *mourir sans laisser de postérité.* **2.** Ensemble des générations à venir : *la postérité jugera.*

postface nf Avertissement à la fin d'un livre.

posthume adj **1.** Né après la mort de son père. **2.** Publié après le décès de l'auteur. **3.** Qui n'existe qu'après la mort de la personne : *gloire posthume.*

postiche adj **1.** Fait et ajouté après coup : *ornement postiche.* **2.** Qui remplace artificiellement la nature : *cheveux postiches.* ◆ nm **1.** Faux cheveux. **2.** Fausse barbe, fausse moustache.

postier, ère n Employé de la poste.

postillon nm **1.** AUTREF Conducteur des chevaux d'une voiture de poste. **2.** FAM Goutte de salive projetée en parlant.

postillonner vi FAM Projeter des postillons en parlant.

postimpressionnisme nm Courant artistique (fin XIXe-début XXe s.), qui diverge de l'impressionnisme ou s'y oppose.

postimpressionniste adj et n Qui appartient au postimpressionnisme.

postnatal, e, aux adj Qui suit immédiatement la naissance.

postopératoire adj Qui suit une opération : *complications postopératoires.*

postposer vt GRAMM Placer après un autre mot.

post-scriptum [pɔstskriptɔm] nm inv Ajout fait à une lettre après la signature (abréviation : *P.-S.*).

postsynchronisation nf CIN Enregistrement des dialogues d'un film en synchronisme avec les images déjà tournées.

postsynchroniser vt Effectuer la postsynchronisation de.

postulant, e n Personne qui postule une place : *postuler un emploi.*

postulat nm Principe dont l'admission est nécessaire pour établir une démonstration : *le postulat d'Euclide.*

postuler vt et vi Demander, solliciter : *postuler une place ; postuler pour un poste, à un poste.*

posture nf **1.** Position du corps ; attitude, maintien. **2.** FIG Situation : *être en bonne posture.*

pot nm **1.** Récipient de terre, de métal, etc. : *pot de fleurs ; pot à lait.* **2.** FAM Verre d'une boisson quelconque ; cette boisson : *prendre, boire un pot ;* réunion où on boit, cocktail. ■ **à la fortune du pot** : sans cérémonie. ❑ FAM **avoir du pot** : de la chance. ❑ **le pot aux roses** : le secret d'une affaire. ❑ FAM **payer les pots cassés** : réparer les dommages causés. ❑ **petit pot** : conserve alimentaire destinée aux nourrissons. ❑ **pot catalytique** : pot d'échappement antipollution utilisant la catalyse. ❑ **pot de chambre** : petit récipient destiné aux besoins naturels. ❑ **pot d'échappement** : dans une automobile, appareil cylindrique par lequel s'échappent les gaz brûlés sortant du moteur. ❑ **poule au pot** : poule bouillie.

potable adj **1.** Qui peut être bu sans danger : *eau potable.* **2.** FAM Dont on peut se contenter, passable : *vin potable.*

potache nm FAM Lycéen, collégien.

potage nm Préparation plus ou moins épaisse dans laquelle on a mis des légumes, de la viande, etc.

potager, ère adj Se dit des plantes utilisées pour la cuisine. ◆ nm Jardin où l'on cultive des légumes.

potasse nf Hydroxyde de potassium.

potasser vt FAM Étudier avec application.

potassique adj Se dit des dérivés du potassium.

potassium [pɔtasjɔm] nm Corps simple métallique, extrait de la potasse ; symb : K.

pot-au-feu [pɔtofø] nm inv **1.** Plat composé de viande de bœf bouillie avec des légumes. **2.** Viande avec laquelle on prépare ce mets.

pot-de-vin (pl *pots-de-vin*) nm Somme payée en sus du prix convenu pour obtenir un marché, pour gagner l'influence de quelqu'un.

pote nm FAM Camarade, ami.

poteau nm **1.** Pièce de charpente fixée verticalement : *poteau télégraphique.* **2.** Pièce fixée verticalement dans le sol, servant de repère, de signalisation, de support : *poteau indicateur.*

potée nf Plat composé de légumes accompagnés de viande bouillie et de charcuterie.

potelé, e adj Qui a des formes rondes et pleines ; dodu.

potelet nm Petit poteau fixé sur un trottoir ou une chaussée, pour empêcher le stationnement ou canaliser la circulation des véhicules.

potence nf Instrument de supplice servant à la pendaison ; ce supplice.

potentat nm **1.** Souverain absolu d'un État puissant. **2.** FIG Homme qui dirige de façon tyrannique.

potentialité nf Caractère potentiel.

potentiel, elle adj Qui existe virtuellement, en puissance : *qualité potentielle.* ◆ nm **1.** PHYS Différence de niveau électrique entre deux conducteurs. **2.** Force, puissance, ressources dont on peut disposer : *le potentiel militaire d'un État.* **3.** LING Forme verbale indiquant l'action qui se réaliserait dans l'avenir si telle condition était remplie.

potentiellement adv Virtuellement.

potentiomètre nm ÉLECTR Rhéostat.

poterie nf **1.** Art du potier. **2.** Fabrication de vases, d'ustensiles divers en grès, en terre cuite. **3.** Objet, vaisselle en terre cuite.

poterne nf Porte de fortification donnant sur le fossé.

potiche nf **1.** Grand vase en porcelaine, souvent à couvercle. **2.** FIG Personne qui a un rôle de représentation, sans pouvoir réel.

potier, ère n Personne qui fabrique ou vend de la poterie.

potimarron nm Potiron dont la chair parfumée a un léger goût de châtaigne.

potin nm FAM **1.** (surtout au pluriel) Petit commérage ; cancan. **2.** Tapage, vacarme : *faire du potin.*

potion nf Remède à boire.

potiron nm Plante potagère voisine de la courge ; gros fruit à chair orangée de cette plante.

pot-pourri (pl *pots-pourris*) nm **1.** Mélange de plusieurs airs, de couplets ou refrains de chansons diverses. **2.** Mélange de choses diverses. **3.** Mélange de fleurs séchées odorantes, utilisé pour parfumer une pièce, le linge.

potron-jacquet ou **potron-minet** nm ■ VX **dès potron-jacquet** ou **dès potron-minet** : dès la pointe du jour.

pou (pl *poux*) nm Insecte qui vit en parasite sur le corps de l'homme et de certains animaux.

pouah interj Exprime le dégoût.

poubelle nf Boîte à ordures.

pouce nm **1.** Le plus gros et le plus court des doigts de la main. **2.** Gros orteil. **3.** Ancienne mesure de longueur (0,027 m). **4.** FIG Très petite parcelle : *ne pas céder un pouce de territoire.* ■ **manger sur le pouce :** à la hâte. ❑ **mettre les pouces :** céder après avoir longtemps résisté. ❑ **se tourner les pouces :** rester sans rien faire.

pouding nm → **pudding**.

poudingue nm Agglomérat de cailloux réunis par un ciment naturel.

poudrage nm Action de poudrer.

poudre nf **1.** Substance pulvérisée : *sucre en poudre.* **2.** Mélange de produits minéraux, utilisé comme fard : *se mettre de la poudre.* **3.** Substance explosive solide pouvant être utilisée au lancement d'un projectile par une arme à feu ou à la propulsion d'un engin. ■ FIG **jeter de la poudre aux yeux :** chercher à faire illusion. ❑ **mettre le feu aux poudres :** déclencher un conflit. ❑ **n'avoir pas inventé la poudre :** n'être pas intelligent, pas très fin. ❑ **poudre à canon :** mélange inflammable de salpêtre, de charbon et de soufre. ❑ **se répandre comme une traînée de poudre :** se propager très rapidement.

poudrer vt Couvrir de poudre.

poudrerie nf Fabrique d'explosifs.

poudreux, euse adj Qui a l'aspect ou la consistance de la poudre. ◆ nf Neige poudreuse.

poudrier nm Boîte à poudre pour maquillage.

poudrière nf **1.** VX Dépôt de munitions ou d'explosifs. **2.** Région, endroit dangereux, sources de conflits.

poudroiement nm Caractère de ce qui poudroie.

poudroyer [pudrwaje] vi (conj 3) LITT S'élever en poussière ; être couvert de poussière : *la route poudroie.*

1. pouf interj Exprime le bruit d'un choc, d'une chute.

2. pouf nm Siège bas, rembourré.

pouffer vi Éclater de rire.

pouilleux, euse n et adj **1.** Personne qui a des poux. **2.** Personne misérable ou très sale. ◆ adj Sordide : *quartier pouilleux.*

poulailler nm **1.** Bâtiment où l'on élève les poules, les poulets. **2.** FAM Galerie la plus élevée d'un théâtre.

poulain nm **1.** Jeune cheval de moins de trente mois. **2.** Débutant à carrière prometteuse, appuyé par une personnalité influente. **3.** Assemblage de madriers pour descendre des tonneaux.

poularde nf Jeune poule engraissée.

1. poule nf **1.** Femelle du coq. **2.** Femelle de divers oiseaux : *poule faisane.* ■ **avoir la chair de poule** : frissonner, trembler de froid ou de peur. ❑ **mère poule** : mère qui couve trop ses enfants. ❑ **poule d'eau** : oiseau aquatique. ❑ **poule des bois** : gelinotte. ❑ FAM **poule mouillée** : personne pusillanime.

2. poule nf Épreuve sportive dans laquelle chaque concurrent, chaque équipe rencontre chacun de ses adversaires.

poulet nm **1.** Petit de la poule. **2.** Poule ou coq non encore adulte, élevé pour sa viande ; viande de poulet. **3.** FAM Policier.

poulette nf **1.** Jeune poule. **2.** FAM Jeune femme, jeune fille.

pouliche nf Jument non adulte.

poulie nf Roue tournant sur un axe, et dont le tour, creusé d'une gorge, reçoit un lien flexible pour élever les fardeaux.

pouliner vi Mettre bas, en parlant d'une jument.

poulinière adj f et nf Se dit d'une jument destinée à la reproduction.

poulpe nm Grand mollusque céphalopode à longs tentacules. SYN : pieuvre.

pouls [pu] nm Battement des artères. ■ **prendre le pouls** : compter le nombre de pulsations. ❑ FIG **tâter le pouls** : sonder les intentions de quelqu'un ou la façon dont quelque chose se présente.

poumon nm Viscère contenu dans le thorax et qui est le principal organe de la respiration.

poupe nf Arrière d'un navire (par opposition à *proue*). ■ FIG **avoir le vent en poupe** : être dans une période favorable.

poupée nf **1.** Figurine humaine qui sert de jouet aux enfants. **2.** Mannequin des modistes et des tailleurs. **3.** FAM Pansement entourant un doigt. **4.** FAM Jeune femme. **5.** Chacune des deux pièces qui servent à maintenir le morceau de bois que travaille le tourneur. ■ **de poupée** : très petit : *maison de poupée.*

poupin, e adj Qui a les traits rebondis, le visage rond.

poupon nm **1.** Bébé. **2.** Poupée représentant un bébé.

pouponner vi S'occuper d'un bébé, le dorloter.

pouponnière nf Établissement public accueillant des nourrissons.

pour prép **1.** Indique l'équivalence, la capacité à se substituer à : *employer un mot pour un autre ; signez pour moi ; donnez-m'en pour 10 euros.* **2.** Indique le lieu où l'on va : *partir pour Paris.* **3.** Introduit la destination, le but, l'attribution, le bénéficiaire d'une action : *crème pour les mains ; pour s'instruire ; voter, travailler pour quelqu'un.* **4.** Capable de : *il n'y a personne pour me le dire.* **5.** Par rapport à : *il est grand pour son âge.* **6.** À cause de : *condamné pour vol.* **7.** Introduit le point de vue, l'objet ou la personne concernés ; quant à : *pour moi, je n'y crois pas ; pour ce qui est de.* **8.** Introduit la conséquence : *pour son malheur.* **9.** Introduit le moment où une chose doit se faire, le terme d'un délai, la durée : *c'est pour demain ; pour deux ans.* **10.** Introduit la circonstance : *pour cette fois.* **11.** Introduit la valeur donnée à une chose, la fonction, la qualité attribuée à une personne : *avoir pour titre ; laisser pour mort.* ◆ adv **1.** Indique la destination, le but : *c'est fait, étudié, prévu pour.* **2.** Indique l'adhésion : *être, voter pour.* ◆ nm ■ **le pour et le contre** : les avantages et les inconvénients. ◆ **pour que** loc conj **1.** Introduit le but ; afin que : *viens tôt pour que nous parlions.* **2.** Introduit la conséquence : *il est trop égoïste pour qu'on l'aide.*

pourboire nm Gratification donnée par un client à un garçon de café, un chauffeur de taxi, etc.

pourceau nm LITT Porc.

pourcentage nm Proportion d'une quantité, d'une grandeur par rapport à une autre, évaluée en général sur la centaine.

pourchasser vt Poursuivre, rechercher avec ardeur et obstination.

pourfendeur, euse n LITT, SOUVENT IRON Qui pourfend, attaque : *un pourfendeur des abus.*

pourfendre vt LITT Attaquer, critiquer.

pourlécher (se) vpr (conj 10) FAM Passer sa langue sur ses lèvres en signe de gourmandise.

pourparlers nm pl Discussions, entretiens : *engager des pourparlers.*

pourpier nm Plante alimentaire à feuilles charnues.

pourpoint nm ANC Vêtement ajusté d'homme (XIIe-XVIIe s.), qui couvrait le buste.

pourpre nf **1.** Matière colorante rouge foncé, que les Anciens tiraient d'un coquillage. **2.** Étoffe teinte en pourpre.

3. LITT Dignité souveraine dont la pourpre était la marque ; dignité de cardinal. ◆ nm Rouge foncé tirant sur le violet. ◆ adj Rouge violacé.

pourpré, e adj LITT De couleur pourpre.

pourquoi adv interr Pour quelle raison : *pourquoi partez-vous ? ; se fâcher sans savoir pourquoi.* ■ **pourquoi pas ? :** indique que l'on relève le défi. ◆ nm inv **1.** Cause, raison : *nous ne connaissons pas le pourquoi de sa décision.* **2.** Question : *répondre à tous les pourquoi.*

pourri, e adj **1.** Gâté, avarié : *fruit pourri.* **2.** Corrompu : *milieu pourri.* ■ **temps pourri :** mauvais temps. ◆ nm Partie pourrie de quelque chose.

pourrir vi **1.** Se gâter par la décomposition : *fruits qui pourrissent.* **2.** Se détériorer, se dégrader : *situation qui pourrit.* **3.** FIG Rester (trop) longtemps : *pourrir en prison.* ◆ vt Corrompre, gâter : *eau qui pourrit le bois ; pourrir un enfant.*

ORTHOGRAPHE *Pourrir* s'écrit avec deux *r*, comme *nourrir*, à la différence de *courir* et *mourir*.

pourrissant, e adj Qui pourrit.

pourrissement nm Fait de pourrir ; dégradation, détérioration.

pourriture nf **1.** État d'un corps en décomposition. **2.** FIG Corruption morale.

poursuite nf **1.** Action de poursuivre : *se lancer à la poursuite de quelqu'un.* **2.** DR Procédure pour se faire rendre justice : *engager des poursuites contre un débiteur.*

poursuivant, e n Personne qui poursuit.

poursuivre vt (conj 62) **1.** Courir après pour atteindre : *poursuivre l'ennemi.* **2.** FIG Chercher à obtenir, à réaliser : *poursuivre un idéal.* **3.** Continuer ce que l'on a commencé : *poursuivre une entreprise, un exposé.* **4.** DR Agir en justice contre quelqu'un : *poursuivre un débiteur.* **5.** Tourmenter, obséder : *le remords le poursuit.* **6.** (sans complément) Continuer à parler : *veuillez poursuivre.* ◆ **se poursuivre** vpr Continuer sans interruption : *guerre qui se poursuit.*

pourtant adv Marque une opposition, une restriction ; cependant, toutefois : *incroyable, et pourtant vrai.*

pourtour nm Ligne qui fait le tour d'un lieu, d'un objet.

pourvoi nm DR Attaque devant une juridiction supérieure de la décision d'un tribunal. ■ **pourvoi en cassation :** pourvoi porté par un plaideur devant la Cour de cassation ou le Conseil d'État. ❑ **pourvoi en grâce :** demande au chef de l'État pour obtenir une remise de peine.

pourvoir vt ind [à] (conj 43) Fournir à quelqu'un ce qui est nécessaire : *pourvoir aux besoins de ses enfants.* ◆ vt Munir, garnir, doter : *pourvoir sa maison de toutes les commodités ; femme pourvue de toutes les qualités.* ◆ **se pourvoir** vpr **1.** Se munir : *se pourvoir d'argent.* **2.** DR Former un pourvoi : *se pourvoir en cassation.*

pourvoyeur, euse n Personne, organisme qui fournit, approvisionne en quelque chose : *pourvoyeur de fonds.*

pourvu que loc conj **1.** À condition que : *il réussira pourvu qu'il travaille un peu.* **2.** En tête de phrase, introduit un souhait, une inquiétude : *pourvu qu'il fasse beau !*

pousse nf **1.** Développement des graines et bourgeons des végétaux : *la pousse des végétaux.* **2.** Développement, croissance : *la pousse des cheveux.* **3.** Jeune branche ou jeune plante : *pousse de bambou.* **4.** Maladie des chevaux, caractérisée par une sorte d'essoufflement. ■ **jeune pousse :** recommandation officielle pour *start-up.*

poussé, e adj Porté à un certain degré d'achèvement : *recherches très poussées.*

pousse-café nm inv FAM Petit verre d'alcool après le café.

poussée nf **1.** Action de pousser ; son résultat. **2.** MÉD Manifestation brusque d'un mal : *poussée de fièvre.*

pousse-pousse nm inv **1.** En Extrême-Orient, voiture légère tirée par un homme. **2.** SUISSE Poussette.

pousser vt **1.** Déplacer avec effort ou en exerçant une pression : *pousser une voiture.* **2.** Faire avancer : *pousser son cheval.* **3.** Écarter ou faire perdre l'équilibre en heurtant ; bousculer : *pousser son voisin.* **4.** Stimuler : *pousser un élève.* **5.** Faire fonctionner vivement : *pousser un moteur.* **6.** Faire agir, exhorter, inciter : *l'intérêt le pousse.* **7.** Émettre, faire entendre : *pousser des cris.* ◆ vi **1.** Croître, se développer : *fleurs qui poussent.* **2.** Poursuivre son chemin : *pousser jusqu'à Rome.* **3.** FAM Exagérer. ◆ vt ind [sur] Exercer une pression continue sur : *pousser sur une porte.* ◆ **se pousser** vpr Se déplacer pour laisser la place : *poussez-vous !*

poussette nf Voiture d'enfant que l'on pousse devant soi.

poussier nm Poussière de charbon.

poussière nf **1.** Terre ou toute autre matière réduite en poudre fine. **2.** Très petite particule de matière : *avoir une poussière dans l'œil.* ■ FAM **et des poussières :** et un peu plus : *partir trois mois et des poussières.* ❑ LITT **mordre la poussière :** être jeté à terre, dans un combat.

poussiéreux, euse adj Couvert de poussière : *meubles poussiéreux.*

poussif, ive adj **1.** Qui manque de souffle : *un vieillard poussif.* **2.** FAM Qui fonctionne avec peine : *voiture poussive.* **3.** FAM Sans inspiration, sans élan : *style poussif.* **4.** Se dit d'un cheval atteint de la pousse.

poussin nm Poulet nouvellement éclos.

poussivement adv De façon poussive.

poussoir nm Bouton qu'on pousse pour actionner un mécanisme.

poutre nf **1.** Pièce de charpente horizontale, en bois, en métal ou en béton armé, supportant une construction. **2.** Agrès de gymnastique.

poutrelle nf Petite poutre.

1. pouvoir vt (conj 38) **1.** Avoir la faculté, le moyen, le droit, la permission, la possibilité de. **2.** Indique l'éventualité, la probabilité : *il peut pleuvoir demain.* ◆ **se pouvoir** vpr impers Être possible : *il se peut qu'il vienne.*

2. pouvoir nm **1.** Autorité, puissance, gouvernement d'un pays : *parvenir au pouvoir.* **2.** Crédit, influence, possibilité d'action : *abuser de son pouvoir.* **3.** Mandat, procuration : *donner un pouvoir à quelqu'un.* **4.** Propriété d'une substance, d'un instrument ; grandeur la caractérisant : *pouvoir calorifique d'un combustible ; pouvoir grossissant d'une loupe.* **5.** Ensemble des personnes investies d'une autorité : *pouvoir législatif.* ■ **le quatrième pouvoir :** la presse. ❑ **pouvoir d'achat :** ensemble des biens et des services que le revenu courant de la période permet d'acquérir. ◆ **pouvoirs** pl Droit d'exercer certaines fonctions : *les pouvoirs d'un ambassadeur.* ■ **pouvoirs publics :** ensemble des autorités qui détiennent le pouvoir dans l'État.

pouzzolane nf Roche volcanique siliceuse, à structure alvéolaire, recherchée en construction.

p.p. (abréviation) Par procuration.

Pr (abréviation) Professeur.

praesidium ou **présidium** [prezidjɔm] nm HIST Présidence du Conseil suprême des Soviets, en URSS.

pragmatique adj Fondé sur l'action, la pratique.

pragmatisme nm **1.** PHILOS Doctrine qui prend pour critère de la vérité la valeur pratique. **2.** Attitude de quelqu'un orienté vers l'action pratique.

pragois, e ou **praguois, e** adj et n De Prague.

praire nf Mollusque bivalve comestible, dont la coquille porte de fortes côtes.

prairial (pl *prairials*) nm Neuvième mois du calendrier républicain (du 20 mai au 18 juin).

prairie nf Terrain qui produit de l'herbe ou du foin. ■ **prairie artificielle :** prairie où l'on a semé du trèfle, du sainfoin, de la luzerne, etc.

praline nf **1.** Amande grillée enrobée de sucre. **2.** BELGIQUE Bonbon au chocolat.

praliné nm Mélange de chocolat et de pralines écrasées.

praticable adj **1.** Qui peut être appliqué ; réalisable : *moyen praticable.* **2.** Où l'on peut circuler : *chemin praticable.* ◆ nm **1.** Partie des décors, des accessoires qui ne sont pas peints mais qui existent réellement, et que l'acteur peut utiliser matériellement. **2.** Plate-forme amovible pour placer la caméra et les projecteurs.

praticien, enne n **1.** Médecin, dentiste, etc., qui pratique son métier (par opposition notamment à *chercheur*). **2.** BX-ARTS Ouvrier qui dégrossit l'ouvrage de sculpture.

pratiquant, e adj et n **1.** Qui observe les pratiques de sa religion. **2.** Qui pratique habituellement un sport, une activité.

1. pratique adj **1.** Qui s'attache à la réalité, aux faits, à l'action : *avoir le sens pratique.* **2.** Commode, efficace : *instrument pratique.*

2. pratique nf **1.** Application, mise en action des règles et des principes d'un art ou d'une science (par opposition à *théorie*) : *passer à la pratique.* **2.** Fait d'exercer une activité concrète : *la pratique d'un sport.* **3.** Expérience, habitude approfondie : *avoir la pratique des affaires ; manquer de pratique.* **4.** Manière d'agir, de se comporter ; usage, coutume : *de curieuses pratiques.* **5.** Observation des devoirs d'une religion, d'une morale : *pratique religieuse.* ■ **mettre en pratique :** appliquer, exécuter. ◆ **pratiques** pl Actes de piété.

pratiquement adv **1.** En réalité ; dans la pratique. **2.** À peu près.

pratiquer vt **1.** Mettre en pratique, exercer : *pratiquer la médecine.* **2.** Exécuter, faire : *pratiquer un trou dans un mur.* ◆ vi Observer les prescriptions, les rites d'une religion.

pré nm Petite prairie.

préadolescent, e n Jeune qui va entrer dans l'adolescence.

préalable adj Qui doit être fait, dit, examiné d'abord. ■ **au préalable :** auparavant.

préalablement adv Au préalable.

préalpin, e adj Des Préalpes.

préambule nm Exorde, avant-propos.

préau nm **1.** Partie couverte de la cour d'une école. **2.** Cour du cloître d'un couvent. **3.** Cour d'une prison.

préavis nm Avertissement préalable.

prébende nf **1.** Revenu attaché à un titre ecclésiastique. **2.** LITT Revenu attaché à une situation lucrative.

précaire adj **1.** Instable, mal assuré : *santé précaire.* **2.** Incertain, provisoire : *emploi précaire.*

précairement adv De façon précaire.

précambrien nm Première ère de l'histoire de la Terre, dont on évalue la durée à 4 milliards d'années.

précancéreux, euse adj Qui précède certains cancers.

précarité nf **1.** Caractère précaire. **2.** Situation d'une personne qui n'est pas assurée de conserver son emploi, ses revenus, son logement.

précaution nf **1.** Disposition prise par prévoyance : *prenez vos précautions.* **2.** Circonspection, prudence : *agir avec précaution.*

précautionneusement adv LITT Avec précaution.

précautionneux, euse adj LITT Qui prend des précautions : *voyageur précautionneux.*

précédemment adv Auparavant.

précédent, e adj Qui est immédiatement avant : *le jour précédent.* ◆ nm Fait, acte antérieur invoqué comme référence ou comme justificatif : *s'appuyer sur un précédent.*

précéder vt (conj 10) **1.** Marcher devant : *l'avant-garde précède l'armée.* **2.** Être placé, situé avant dans l'espace ou dans le temps : *l'exemple qui précède.* **3.** Arriver, se trouver en un lieu avant quelqu'un.

précepte nm Règle de conduite, enseignement.

précepteur, trice n Personne chargée de l'éducation d'un enfant à domicile.

préceptorat nm Fonction de précepteur.

préchauffer vt Chauffer à l'avance.

prêche nm Sermon, notamment d'un ministre protestant.

prêcher vt **1.** Annoncer la parole de Dieu sous la forme de sermon. **2.** Recommander : *prêcher la patience.* ◆ vi Prononcer un, des sermons.

prêcheur, euse adj et n FAM Qui aime sermonner, faire la morale.

prêchi-prêcha nm inv FAM Discours moralisateur et ennuyeux.

précieuse nf LITTÉR Au XVIIe s., femme affectée dans ses manières et son langage.

précieusement adv **1.** Avec grand soin. **2.** Avec préciosité.

précieux, euse adj **1.** De grand prix : *meubles précieux.* **2.** Très utile : *conseils précieux.* ◆ adj et n Affecté dans son langage, ses manières.

préciosité nf Affectation dans les manières, le langage, le style.

précipice nm Lieu profond et escarpé, gouffre, ravin.

précipitamment adv Avec précipitation.

précipitation nf **1.** Extrême vitesse : *parler, s'enfuir avec précipitation.* **2.** Trop grand empressement excluant la réflexion : *dans la précipitation, il oublia l'essentiel.* **3.** CHIM Phénomène par lequel un corps se sépare du liquide où il était dissous. ◆ **précipitations** pl Chute de pluie, de neige, de grêle, etc.

1. précipité nm CHIM Dépôt formé dans un liquide par une précipitation.

2. précipité, e adj Fait à la hâte, plus tôt que prévu : *départ précipité.*

précipiter vt **1.** Jeter d'un lieu élevé : *précipiter une voiture dans un ravin.* **2.** Accélérer : *précipiter sa marche.* **3.** Pousser, faire tomber : *précipiter un pays dans le chaos.* ◆ vi CHIM Former un précipité. ◆ **se précipiter** vpr **1.** Se jeter du haut de quelque chose. **2.** S'élancer vivement. **3.** S'accélérer : *les événements se précipitent.* **4.** Agir dans la hâte : *mieux vaut ne pas se précipiter.*

précis, e adj **1.** Net, exact, juste : *idée précise.* **2.** Fixé, déterminé rigoureusement : *heure précise ; ordre précis.* **3.** Qui fait preuve d'exactitude ; ponctuel : *être précis à un rendez-vous.* **4.** Adroit : *geste, tireur précis.* **5.** Concis, rigoureux : *style précis.* ◆ nm Abrégé : *précis de chimie.*

précisément adv **1.** Avec précision. **2.** Exactement, justement.

préciser vt Déterminer, définir d'une manière précise : *préciser un fait.* ◆ **se préciser** vpr Devenir plus précis ou plus concret : *projet qui se précise.*

précision nf **1.** Qualité de ce qui est précis, exact. **2.** Détail précis, information complémentaire.

précité, e adj Cité précédemment.

préclassique adj Antérieur à une période classique.

précoce adj **1.** Mûr avant la saison : *fruit précoce.* **2.** Qui survient plus tôt que normalement ou d'ordinaire : *calvitie précoce.* **3.** Dont le développement physique ou intellectuel correspond à un âge supérieur : *enfant précoce.*

précocement adv De façon précoce.

précocité nf Caractère d'une personne ou d'une chose précoce.

précolombien, **enne** adj Antérieur à la venue de Christophe Colomb en Amérique.

préconçu, **e** adj Imaginé, pensé sans examen critique : *idée préconçue*.

préconiser vt Recommander vivement : *préconiser un remède*.

précontraint, **e** adj Soumis à la précontrainte : *béton précontraint*.

précontrainte nf Technique de mise en œuvre du béton consistant à le soumettre à des compressions permanentes pour augmenter sa résistance.

précuit, **e** adj Qui a subi une première cuisson avant d'être conditionné : *riz précuit*.

précurseur adj m Qui annonce ; avant-coureur : *signes précurseurs*. ◆ nm Personne qui, par son action, ouvre la voie à des idées, un mouvement, etc.

prédateur, **trice** adj et nm **1.** Qui vit de proies animales ou végétales. **2.** Homme préhistorique qui vivait de la chasse et de la cueillette. ◆ n Personne, groupe qui établit son pouvoir, sa puissance en profitant de la faiblesse de ses concurrents. ■ **prédateur sexuel** : agresseur sexuel récidiviste, qui choisit ses victimes selon des critères particuliers (âge et sexe, par exemple).

prédation nf Mode de nutrition des prédateurs.

prédécesseur nm Celui qui a précédé quelqu'un dans une fonction, un emploi.

prédécoupé, **e** adj Découpé à l'avance.

prédélinquant, **e** n Mineur en danger moral et susceptible de devenir délinquant.

prédestination nf **1.** Détermination immuable des événements futurs. **2.** Caractère fatal du destin individuel.

prédestiné, **e** adj et n Dont le destin, heureux ou malheureux, est fixé à l'avance.

prédestiner vt **1.** THÉOL Destiner de toute éternité au salut ou à la damnation. **2.** Destiner, vouer d'avance à une chose.

prédéterminer vt Déterminer à l'avance.

prédicat nm LING Attribut d'un mot, d'une proposition (EX : dans la phrase *l'homme est mortel, « mortel »* est le prédicat).

prédicateur, **trice** n Personne qui prêche.

prédication nf Action de prêcher ; sermon.

prédictibilité nf Caractère prévisible d'un phénomène.

prédictible adj Se dit d'un phénomène dont on peut prévoir l'évolution.

prédiction nf **1.** Action de prédire. **2.** Chose prédite.

prédilection nf Préférence marquée.

prédire vt (conj 72) Annoncer d'avance ce qui doit arriver : *prédire l'avenir*.

EMPLOI *Prédire à l'avance* est un pléonasme, mais on peut dire : *prédire bien à l'avance*.

prédisposer vt Mettre par avance dans certaines dispositions : *prédisposer à la maladie*.

prédisposition nf Aptitude, tendance, disposition naturelle.

prédominance nf Caractère prédominant ; prépondérance.

prédominant, **e** adj Qui prédomine.

prédominer vi **1.** Avoir le plus d'influence, prévaloir : *son avis prédomine*. **2.** Être en plus grande quantité : *le maïs prédomine dans cette région*.

préélectoral, **e**, **aux** adj Qui précède les élections.

préemballé, **e** adj Se dit d'un produit, notamment alimentaire, emballé avant d'être mis en vente.

prééminence nf Supériorité, suprématie.

prééminent, **e** adj LITT Supérieur.

préemption nf Droit préférentiel d'achat.

préencollé, **e** adj Se dit d'un matériau enduit dès sa fabrication d'un produit permettant de le coller.

préenregistré, **e** adj **1.** Enregistré avant sa diffusion : *émission préenregistrée*. **2.** Qui contient déjà un enregistrement : *cassette préenregistrée*.

préétabli, **e** adj Établi d'avance.

préétablir vt Établir à l'avance.

préexistant, **e** adj Qui préexiste.

préexistence nf Existence antérieure.

préexister vi Exister avant.

préfabrication nf Système de construction utilisant des éléments standardisés, fabriqués d'avance.

préfabriqué, **e** adj **1.** Fabriqué à l'avance et destiné à être assemblé sur place. **2.** Composé par un assemblage d'éléments préfabriqués : *maison préfabriquée*. ◆ nm Construction préfabriquée.

préface nf Texte préliminaire en tête d'un livre.

préfacer vt (conj 1) Écrire une préface : *préfacer un livre*.

préfacier, **ère** n Auteur d'une préface.

préfectoral, **e**, **aux** adj Du préfet : *arrêté préfectoral*.

préfecture nf **1.** HIST Fonction de préfet dans l'Empire romain. **2.** En France, circonscription administrative d'un préfet. **3.** Fonction de préfet ; sa durée. **4.** Édifice et ensemble des services de l'administration préfectorale. **5.** Ville où réside un préfet.

préférable adj Qui mérite d'être préféré : *solution préférable.*

préféré, e adj et n Que l'on préfère.

préférence nf **1.** Fait de préférer ; prédilection. **2.** Ce que l'on préfère : *indiquer ses préférences.* ■ **de préférence :** plutôt.

préférentiel, elle adj Qui établit une préférence : *tarif préférentiel.*

préférer vt (conj 10) Aimer mieux, estimer davantage.

préfet nm **1.** HIST À Rome, haut fonctionnaire qui exerçait une charge dans l'armée ou l'administration. **2.** En France, représentant de l'État dans le département. ■ **préfet de police :** magistrat chargé de la police, en particulier à Paris.

préfète nf **1.** Femme d'un préfet. **2.** Femme préfet (la langue administrative dit *Mme X, préfet*).

préfiguration nf Ce qui préfigure, annonce.

préfigurer vt Présenter les caractères d'une chose future, annoncer par avance.

préfixe nm GRAMM Élément qui se place à l'initiale d'un mot et en modifie le sens.

préfixé, e adj GRAMM Pourvu d'un préfixe.

préfixer vt DR Fixer d'avance un délai.

préglaciaire adj GÉOL Antérieur à la période glaciaire du quaternaire.

préhenseur adj m Qui sert à la préhension : *organes préhenseurs.*

préhensile adj Qui a la faculté de saisir : *patte préhensile.*

préhension nf Action de saisir : *la trompe est l'organe de préhension de l'éléphant.*

préhistoire nf Période chronologique de la vie de l'humanité depuis l'apparition de l'homme jusqu'à celle de l'écriture.

préhistorien, enne n Spécialiste de la préhistoire.

préhistorique adj Relatif à la préhistoire.

préjudice nm Atteinte aux droits, aux intérêts de quelqu'un ; tort, dommage : *causer un préjudice, porter préjudice à quelqu'un.*

préjudiciable adj Qui porte ou peut porter préjudice : *préjudiciable à la santé.*

préjugé nm Opinion préconçue, jugement porté par avance.

préjuger vt (conj 2) LITT Juger d'avance, avant d'avoir tous les éléments nécessaires : *il ne faut rien préjuger.* ◆ vt ind [de] Prévoir par conjecture : *préjuger de l'avenir.*

prélasser (se) vpr Se reposer, s'abandonner nonchalamment.

prélat nm Dignitaire ecclésiastique.

prélatin, e adj Antérieur à la civilisation latine.

prélavage nm Lavage préliminaire, dans le cycle d'une machine.

prêle ou **prèle** nf Plante cryptogame des lieux humides.

prélèvement nm Action de prélever ; quantité, somme prélevée. ■ **prélèvement automatique :** règlement d'une somme, d'une redevance retenues directement et selon une périodicité régulière sur le compte bancaire ou postal du débiteur.

prélever vt (conj 9) **1.** Prendre préalablement une certaine portion sur un total : *prélever une taxe sur une recette.* **2.** Extraire une partie d'un tout, en particulier pour l'analyser : *prélever du sang.*

préliminaire adj Qui précède : *discours préliminaire.* ◆ **préliminaires** nm pl Négociations qui préparent un accord, un traité, etc. : *préliminaires de paix.*

prélude nm **1.** Introduction à une œuvre musicale. **2.** FIG Ce qui annonce, précède, fait présager quelque chose.

préluder vt ind [à] Annoncer, marquer le début de quelque chose.

prématuré, e adj et n Né avant terme, mais viable : *un enfant prématuré.* ◆ adj **1.** Qui se fait avant le temps convenable : *démarche prématurée.* **2.** Qui vient, se manifeste avant le temps normal : *vieillesse prématurée.*

prématurément adv Trop tôt.

préméditation nf Action de préméditer : *vol avec préméditation.*

préméditer vt Préparer avec soin et calcul : *préméditer un crime.*

prémices nf pl LITT Premières manifestations, commencement.

premier, ère adj **1.** Qui précède les autres dans le temps ou l'espace : *le premier homme ; le premier jour.* **2.** Qui est classé avant les autres pour son importance, sa valeur : *être premier en classe.* **3.** Originel, primitif : *l'état premier d'un manuscrit.* ■ **en premier :** d'abord. ❑ **matières premières :** non encore travaillées, transformées. ❑ MATH **nombre premier :** divisible seulement par lui-même ou par l'unité. ◆ nm Premier étage. ◆ n ■ **jeune premier, jeune première :** acteurs qui jouent les rôles d'amoureux.

ORTHOGRAPHE On abrège *premier* en *1er* (avec *er*) et *première* en *1re* (avec *re* et non *ère*).

première nf **1.** Place de la catégorie la plus chère dans un moyen de transport. **2.** Classe qui précède la terminale. **3.** Première représentation d'une pièce, première projection d'un film. **4.** En montagne, première ascension ou premier parcours d'un itinéraire nouveau ; performance nouvelle : *ce genre d'expérience est une grande première dans notre pays.* **5.** Vitesse la plus démultipliée, sur une automobile : *passer la première.*

premièrement adv En premier lieu.

premier-né, première-née (pl *premiers-nés, premières-nées*) n Premier enfant qui naît dans une famille.

prémisse nf **1.** Chacune des premières propositions d'un syllogisme. **2.** Fait ou proposition d'où découle une conséquence.

prémolaire nf Dent située entre la canine et les molaires.

prémonition nf Intuition qu'un événement, généralement malheureux, va se produire.

prémonitoire adj Qui relève de la prémonition : *rêve prémonitoire.*

prémunir vt Protéger, mettre à l'abri d'un mal, d'un danger. ◆ **se prémunir** vpr [contre] Se garantir contre.

prenable adj Qui peut être pris : *citadelle difficilement prenable.*

prenant, e adj **1.** Qui prend, qui captive : *livre prenant ;* qui émeut. **2.** Qui occupe beaucoup : *travail, enfants prenants.* ■ **partie prenante :** personne, organisme directement concernés par quelque chose.

prénatal, e, als ou **aux** adj Qui précède la naissance.

prendre vt (conj 54) **1.** Saisir, attraper, tenir : *prendre un livre.* **2.** Emporter avec soi, se munir de : *prendre ses papiers.* **3.** S'emparer de : *prendre une ville.* **4.** Aller chercher : *je passerai vous prendre.* **5.** Engager : *prendre une secrétaire.* **6.** Accepter : *prenez ce qu'on vous offre.* **7.** Choisir : *prendre le premier sujet.* **8.** Acheter, se procurer : *prendre de l'essence.* **9.** Emprunter ou voler : *on lui a pris tous ses bijoux.* **10.** Recevoir : *prendre des coups.* **11.** Recueillir : *prendre des renseignements.* **12.** Faire usage de, emprunter : *prendre l'avion.* **13.** Manger, boire : *prendre un apéritif.* **14.** Demander : *prendre cher.* ■ FAM **prendre la tête à quelqu'un :** (a) l'irriter, l'agacer (b) être pour lui un véritable casse-tête. ◆ vi **1.** S'enraciner, croître : *cet arbre prend bien.* **2.** Suivre telle direction : *prendre à gauche.* **3.** FIG Réussir : *le vaccin a pris.* **4.** Épaissir, se figer : *la confiture prend.* **5.** S'enflammer : *le feu prend.* ◆ **se prendre** vpr **1.** S'accrocher : *sa jupe s'est prise à un clou.* **2.** LITT Se mettre à : *se prendre à espérer.* ■ **s'en prendre à quelqu'un, quelque chose :** (a) le considérer comme responsable (b) l'attaquer. ❑ **se prendre au jeu :** s'investir de plus en plus dans quelque chose. ❑ **se prendre d'amitié pour :** concevoir de l'amitié pour. ❑ **se prendre pour :** se croire. ❑ **s'y prendre bien, mal :** être plus ou moins adroit.

preneur, euse n **1.** Personne qui offre d'acheter : *trouver preneur.* **2.** Personne qui prend quelque chose, quelqu'un : *preneur d'otages.* ■ **preneur de son :** technicien chargé de la prise de son.

prénom nm Nom joint au patronyme.

prénommé, e adj et n Qui a pour prénom.

prénommer vt Donner un prénom à.

prénuptial, e, aux adj Qui précède le mariage.

préoccupant, e adj Qui préoccupe, inquiète.

préoccupation nf Inquiétude, souci.

préoccupé, e adj Inquiet.

préoccuper vt Occuper fortement l'esprit : *ce mystère m'a longtemps préoccupé ;* causer du souci, inquiéter, tourmenter : *son état de santé me préoccupe beaucoup.* ◆ **se préoccuper** vpr [de] S'inquiéter, s'occuper sérieusement de : *se préoccuper de l'avenir de ses enfants.*

préopératoire adj Qui précède une opération chirurgicale.

prépa nf (abréviation) FAM Classe préparatoire.

préparateur, trice n Personne qui prépare quelque chose. ■ **préparateur en pharmacie :** personne qui aide le pharmacien dans son officine.

préparatif nm (surtout au pluriel) Mesure, disposition prise pour préparer quelque chose.

préparation nf **1.** Action, manière de préparer, de se préparer. **2.** Chose préparée : *une préparation chimique.*

préparatoire adj Qui prépare : *phase préparatoire.* ■ **classe préparatoire :** classe qui, après le baccalauréat, prépare aux concours d'entrée aux grandes écoles.

préparer vt **1.** Disposer, apprêter : *préparer un repas.* **2.** Méditer, réfléchir à : *préparer sa réponse.* **3.** Étudier, travailler : *préparer un examen.* **4.** Entraîner : *préparer un élève au baccalauréat.* **5.** Ménager, réserver : *préparer une surprise.* **6.** Amener avec ménagement : *préparer quelqu'un à une mauvaise nouvelle.* ◆ **se préparer** vpr **1.** S'apprêter, faire sa toilette : *il met un temps fou à se préparer.* **2.** [à] S'apprêter, se disposer à : *se* *préparer à sortir.* **3.** Être imminent : *un grand changement se prépare.*

prépondérance nf Supériorité.

prépondérant, e adj Qui a plus d'importance, d'autorité ; capital, primordial.

préposé, e n **1.** Personne chargée d'une fonction spéciale : *les préposés de la douane.* **2.** Facteur, factrice des postes.

préposer vt Placer quelqu'un à la garde, à la surveillance, à la direction de quelque chose.

prépositif, ive ou **prépositionnel, elle** adj Relatif à une préposition ; introduit par une préposition.

préposition nf GRAMM Mot invariable qui en unit d'autres en exprimant le rapport qui les unit (tel que : *à, de, par, en, chez, sur,* etc.).

prépuce nm Repli de peau qui recouvre le gland de la verge.

préraphaélisme nm Doctrine esthétique de la fin du XIXe s. qui place l'apogée de la peinture chez les prédécesseurs de Raphaël.

préraphaélite adj et n Partisan du préraphaélisme.

préréglage nm TECHN Présélection d'un appareil ou d'un circuit sur plusieurs fréquences ou canaux distincts.

prérégler vt (conj 10) Effectuer un réglage préliminaire.

prérentrée nf Rentrée des enseignants, précédant celle des élèves.

prérequis nm Ensemble de conditions à remplir pour entreprendre une formation, exercer une fonction, etc. ; préalable.

préretraite nf Retraite anticipée.

préretraité, e n Personne en préretraite.

prérogative nf Avantage, privilège attachés à certaines fonctions, à certains titres.

près adv À une faible distance, non loin, dans l'espace et dans le temps. ■ **à beaucoup près :** il s'en faut de beaucoup. ❑ **à cela près :** excepté cela. ❑ **à peu de chose près** ou **à peu près :** presque. ❑ **de près :** (a) à une faible distance : *voir mal de près* (b) à peu de temps d'intervalle : *coups qui se suivent de près* (c) à ras : *rasé de près* (d) avec grand soin : *surveiller de près.* ◆ prép DR Auprès de : *près les tribunaux.* ◆ **près de** loc prép Dans le voisinage de : *habiter tout près d'une église ;* sur le point de : *près de finir ;* presque : *près de cent euros ; près de minuit.*

présage nm Signe d'après lequel on préjuge l'avenir ; conjecture tirée de ce signe : *cet échec est un présage ; tirer un présage d'un événement.*

présager vt (conj 2) Prévoir ce qui va arriver.

pré-salé (pl *prés-salés*) nm Mouton engraissé dans des prés voisins de la mer ; viande de ce mouton.

presbyte adj et n Atteint de presbytie.

presbytère nm Habitation du curé, du pasteur, dans une paroisse.

presbytérianisme nm **1.** Système établi par Calvin, dans lequel le gouvernement de l'Église est exercé par des assemblées de laïques et de pasteurs et non par des évêques. **2.** Ensemble des Églises réformées ayant adopté ce système.

presbytérien, enne adj et n Qui appartient au presbytérianisme.

presbytie [presbisi] nf Inaptitude à distinguer nettement les objets rapprochés.

prescience nf Connaissance de l'avenir.

préscolaire adj Relatif à la période qui précède la scolarité obligatoire.

prescripteur nm Personne qui a une influence sur le choix d'un produit.

prescriptible adj DR Sujet à la prescription.

prescription nf **1.** Ordre formel et détaillé : *prescriptions de la loi, de la morale.* **2.** Ordonnance d'un médecin. **3.** DR Délai au terme duquel une situation de fait prolongée devient source de droit ; délai au terme duquel l'action publique s'éteint en matière de poursuites ou de sanctions pénales.

prescrire vt (conj 71) **1.** Ordonner. **2.** Préconiser un traitement médical. **3.** DR Acquérir ou libérer par prescription. ◆ **se prescrire** vpr DR S'acquérir ou se perdre par prescription.

préséance nf Droit d'être placé avant les autres ou de les précéder dans l'ordre honorifique.

présélection nf Sélection préalable.

présélectionner vt Choisir par présélection.

présence nf **1.** Fait, pour une personne, une chose, de se trouver dans un lieu : *faire acte de présence.* **2.** Fait de s'imposer par son talent, sa personnalité : *avoir de la présence.* ■ **en présence (de quelqu'un, de quelque chose) :** ceux-ci étant présents. ❑ **présence d'esprit :** promptitude à dire ou à faire ce qu'il faut.

1. présent nm LITT Don, cadeau.

2. présent, e adj **1.** Qui est dans le lieu dont on parle : *être présent à une réunion.* **2.** Qui se situe, existe dans le temps où l'on parle ; actuel : *le moment présent.* **3.** Que l'on tient, que l'on montre : *le présent ouvrage.* ■ **la présente lettre** ou **la présente :** la lettre que l'on a sous les yeux. ◆ nm

1. Le temps actuel : *ne songer qu'au présent.* **2.** GRAMM Temps du verbe qui indique que l'action se passe au moment actuel. ■ **à présent** : actuellement, maintenant. ◆ **à présent que** loc conj Dès lors que.

présentable adj Que l'on peut montrer, présenter.

présentateur, trice n **1.** Personne qui présente au public un programme, une émission, un spectacle. **2.** Journaliste chargé du journal télévisé.

présentation nf Action, manière de présenter, de se présenter.

présentement adv Maintenant, à présent.

présenter vt **1.** Tendre, offrir : *présenter un bouquet.* **2.** Faire connaître, introduire une personne auprès d'une autre. **3.** Faire connaître au public par un petit texte d'introduction : *présenter un écrivain.* **4.** Faire connaître par une manifestation exceptionnelle : *grand couturier qui présente sa nouvelle collection.* **5.** Proposer en vue d'une sélection, d'une élection : *présenter un élève à un concours ; présenter un film au festival de Cannes.* **6.** Animer une émission de radio, de télévision : *présenter le journal.* **7.** Montrer, laisser voir : *présenter des symptômes graves.* **8.** Offrir, comporter : *présenter des avantages.* ◆ **se présenter** vpr **1.** Paraître devant quelqu'un et se faire connaître : *se présenter à ses nouveaux collègues.* **2.** Apparaître, survenir : *une difficulté se présente.* **3.** Se mettre sur les rangs, être candidat : *se présenter aux élections.* **4.** Paraître, se rendre quelque part : *se présenter à un rendez-vous.* ■ **se présenter bien, mal** : s'annoncer bien, mal : *affaire qui se présente bien.*

présentoir nm Dans un magasin, dispositif mettant en valeur un produit.

préservateur, trice adj Propre à préserver.

préservatif nm Dispositif en matière souple utilisé comme contraceptif et dans un but prophylactique.

préservation nf Action de préserver.

préserver vt Garantir, mettre à l'abri de, protéger : *préserver du froid.*

présidence nf **1.** Fonction de président ; temps pendant lequel on l'exerce. **2.** Bureaux, résidence d'un président.

président, e n **1.** Personne qui préside une assemblée. **2.** Chef de l'État, dans une république. ■ **président-directeur général (P-DG)** : président du conseil d'administration d'une société anonyme, assumant également les fonctions de directeur général.

présidentiable [prezidɑ̃sjabl] adj et n Susceptible de devenir président de la République.

présidentiel, elle adj Du président. ■ **régime présidentiel** : régime fondé sur la séparation des pouvoirs exécutif et législatif et dans lequel le président, chef de l'État et du gouvernement, jouit de prérogatives importantes. ◆ **présidentielle** nf Élection désignant le président de la République.

présider vt **1.** Être à la tête de, diriger : *présider une assemblée.* **2.** Occuper la place d'honneur dans une réunion, une manifestation, un repas. ◆ vt ind [à] Diriger : *présider aux préparatifs.*

présidium nm → **praesidium**.

présocratique [presɔkratik] adj et n Se dit des philosophes grecs qui ont précédé Socrate, à l'exclusion des sophistes.

présomptif, ive adj ■ **héritier présomptif** : celui qui est appelé à hériter.

présomption nf **1.** Jugement fondé sur de simples indices ; supposition. **2.** Opinion trop favorable de soi-même ; prétention.

présomptueux, euse adj et n Qui a une opinion trop favorable de soi.

presque adv À peu près, pas tout à fait : *avoir presque 30 ans.*

> ORTHOGRAPHE Le *e* final de *presque* ne s'élide que devant *île* : *la presqu'île.*

presqu'île nf Portion de terre entourée d'eau sauf à un endroit qui la relie au continent.

pressage nm Action de presser.

pressant, e adj **1.** Qui insiste vivement : *demande pressante.* **2.** Urgent : *besoin pressant.*

press-book [presbuk] (pl *press-books*) nm (anglicisme) Documentation réunie par un mannequin, un artiste ou tout autre professionnel sur sa carrière pour promouvoir ses activités ; album contenant cette documentation.

presse nf **1.** Machine destinée à opérer une compression : *presse hydraulique.* **2.** Machine à imprimer : *ouvrage sous presse.* **3.** Ensemble des journaux ; activité, monde du journalisme : *la liberté de la presse.* ■ **avoir bonne, mauvaise presse** : avoir bonne, mauvaise réputation. ❑ **dossier de presse** : dossier regroupant les articles parus dans la presse sur une personne, un sujet donné, etc.

pressé, e adj **1.** Urgent : *travail pressé.* **2.** Qui a hâte : *être pressé de finir.* ■ **orange, citron pressés** : jus extrait de ces fruits.

presse-citron (pl inv ou *presse-citrons*) nm Appareil pour extraire le jus des citrons et autres agrumes.

pressentiment nm Sentiment vague, instinctif de ce qui doit arriver.

pressentir vt **1.** Avoir un pressentiment. **2.** Sonder les dispositions de quelqu'un avant de l'affecter à certaines fonctions : *on l'a pressenti pour un poste de direction.*

presse-papiers nm inv **1.** Objet lourd pour maintenir des papiers. **2.** INFORM Zone de mémoire qui sert à stocker temporairement des informations afin de les réutiliser par la suite.

presse-purée nm inv Ustensile pour réduire des légumes en purée.

presser vt **1.** Comprimer, serrer avec plus ou moins de force : *presser une éponge ; presser quelqu'un dans ses bras.* **2.** Soumettre à l'action d'une presse ou d'un pressoir : *presser du raisin ; presser des disques.* **3.** Appuyer fortement sur quelque chose : *presser un bouton de sonnette.* **4.** Hâter, accélérer : *presser son départ.* **5.** Pousser instamment quelqu'un à : *presser quelqu'un d'agir.* **6.** LITT Poursuivre : *presser l'ennemi.* ◆ vi Être urgent : *rien ne presse.* ■ **le temps presse :** il faut agir vite. ◆ **se presser** vpr **1.** Se dépêcher. **2.** Venir en grand nombre.

pressing [presiŋ] nm **1.** Repassage à la vapeur. **2.** Établissement où s'exécute ce travail, où se fait le nettoyage du linge, des vêtements.

pression nf **1.** Action de presser. **2.** Force exercée par un corps sur une surface ; mesure de cette force. **3.** FIG Influence qui contraint : *céder à des pressions.* ■ **bière pression** ou **bière à la pression :** dans les cafés, bière servie directement à partir de récipients où elle est mise sous pression. ❑ **groupe de pression :** structure dont se dote une communauté pour influencer les pouvoirs publics à son avantage. ❑ **pression artérielle :** poussée produite par le sang sur la paroi des artères. ❑ **pression atmosphérique :** pression que l'air exerce au niveau du sol.

pressoir nm Machine pour presser certains fruits ; lieu où se trouve cette machine.

pressurage nm Action de pressurer.

pressurer vt **1.** Soumettre à l'action du pressoir. **2.** FIG Tirer de quelqu'un tout l'argent qu'il peut fournir : *pressurer les contribuables.*

pressurisation nf Action de pressuriser.

pressuriser vt Maintenir une pression atmosphérique normale à l'intérieur d'un avion volant à haute altitude.

prestance nf Maintien fier et élégant.

prestataire n **1.** Bénéficiaire d'une prestation. **2.** Personne qui fournit une prestation. ■ **prestataire de services :** personne, entreprise qui vend des services à une clientèle.

prestation nf **1.** Service fourni ; fourniture : *prestation de services.* **2.** Action de se produire en public, pour un acteur, un chanteur, un sportif, etc. : *prestation télévisée.* **3.** Somme versée au titre d'une législation sociale : *prestations familiales ; prestations vieillesse.* ■ **prestation de serment :** action de prêter serment.

preste adj Adroit, agile, leste.

prestement adv Rapidement, vivement.

prestesse nf LITT Agilité, vivacité.

prestidigitateur, trice n Personne qui fait des tours de prestidigitation.

prestidigitation nf Art de produire des illusions par des manipulations, des artifices, des trucages.

prestige nm Qualité de quelque chose, de quelqu'un qui séduit ou impose l'admiration par son éclat ou sa valeur : *prestige d'une grande actrice ; professeur qui jouit d'un grand prestige.*

prestigieux, euse adj Qui a de l'éclat, du prestige : *orateur prestigieux.*

prestissimo adv MUS Très vite.

presto adv MUS Vite.

présumé, e adj Estimé tel par supposition : *présumé innocent.*

présumer vt Conjecturer, supposer. ◆ vt ind [de] Avoir trop bonne opinion de : *présumer de son talent.*

présupposé nm Ce qui est supposé vrai préalablement à quelque chose.

présupposer vt Supposer, admettre préalablement.

présure nf Lait aigri extrait de l'estomac des jeunes ruminants et qui sert à faire cailler le lait.

1. prêt nm **1.** Action de prêter. **2.** Chose, somme prêtée. **3.** Solde des sous-officiers et des soldats accomplissant leur service militaire légal.

2. prêt, e adj **1.** Disposé à, en état de, décidé à : *prêt à partir.* **2.** Dont la préparation est terminée ; disponible : *le repas est prêt.*

prétantaine ou **prétentaine** nf ■ VX **courir la prétantaine :** chercher les aventures galantes.

prêt-à-porter (pl *prêts-à-porter*) nm Ensemble des vêtements coupés selon des mesures normalisées ; fabrication de ces vêtements.

prêté nm ■ **c'est un prêté pour un rendu :** c'est une juste revanche.

prétendant, e n Personne qui prétend avoir des droits à un trône. ◆ nm Celui qui veut épouser une femme.

prétendre vt (conj 50) **1.** Vouloir, avoir l'intention de : *que prétendez-vous faire ?* **2.** Avoir la prétention, se flatter de : *je ne prétends pas vous convaincre.* **3.** Affirmer, soutenir : *je prétends que oui.* ◆ vt ind [à] LITT Aspirer à : *prétendre aux honneurs.*

prétendu, e adj Supposé : *un prétendu médecin.*

prétendument adv Faussement.

prête-nom (pl *prête-noms*) nm Celui qui figure dans un contrat à la place du véritable contractant.

prétensionneur nm AUTOM Dispositif qui, en cas de choc, tend immédiatement une ceinture de sécurité, augmentant ainsi son efficacité.

prétentaine nf → **prétantaine**.

prétentieusement adv De manière prétentieuse, avec recherche.

prétentieux, euse adj et n Qui cherche à en imposer, à se mettre en valeur pour des qualités qu'il n'a pas ; présomptueux.

prétention nf **1.** Exigence, revendication. **2.** Complaisance vaniteuse envers soi-même. ■ **sans prétention :** modeste, modestement.

prêter vt **1.** Céder pour un temps : *prêter de l'argent à un ami.* **2.** Accorder, offrir spontanément : *prêter secours.* **3.** Attribuer : *prêter un sentiment à quelqu'un.* ■ **prêter attention :** être attentif. ❑ **prêter la main :** aider. ❑ **prêter le flanc à :** donner prise à : *prêter le flanc aux critiques.* ❑ **prêter l'oreille :** écouter. ❑ **prêter serment :** jurer. ◆ vt ind [à] Donner matière à : *son attitude prête à rire.* ◆ **se prêter** vpr [à] Consentir à : *se prêter à un jeu.*

prétérit [preterit] nm Forme verbale exprimant le passé, en particulier en anglais et en allemand.

préteur nm ANTIQ Magistrat romain.

prêteur, euse adj et n Qui prête : *enfant qui n'est pas très prêteur ; prêteur sur gages.*

prétexte nm Raison apparente pour cacher le vrai motif. ■ **sous prétexte de, que :** en prenant pour prétexte.

prétexter vt Alléguer comme prétexte : *prétexter un voyage pour éviter une visite ennuyeuse.*

prétoire nm **1.** ANTIQ ROM Tribunal du préteur. **2.** Salle d'audience d'un tribunal.

prétorien, enne adj ANTIQ ROM Du préteur. ◆ nm et adj Soldat de la garde impériale romaine.

prétraité, e adj Qui a subi un traitement préalable : *riz prétraité.*

prêtre nm **1.** Ministre d'un culte religieux : *les prêtres de Cybèle, à Rome.* **2.** Celui qui a reçu le sacrement de l'ordre dans l'Église catholique et les Églises orientales.

prêtresse nf ANTIQ Femme attachée au culte d'une divinité.

prêtrise nf Fonction et dignité de prêtre.

préture nf Dignité, charge de préteur.

preuve nf **1.** Ce qui démontre la vérité d'une chose : *fournir les preuves de son innocence.* **2.** Marque, témoignage : *preuve d'affection.* **3.** Vérification de l'exactitude d'un calcul : *preuve par neuf.* ■ **faire preuve de :** montrer. ❑ **faire ses preuves :** manifester sa valeur.

preux adj m et nm LITT Vaillant, brave.

prévaloir vi (conj 40) LITT Avoir, remporter l'avantage : *son opinion a prévalu.* ◆ **se prévaloir** vpr [de] S'enorgueillir, tirer avantage de : *se prévaloir de sa naissance.*

prévaricateur, trice adj et n Qui manque, par intérêt ou mauvaise foi, aux devoirs de sa charge.

prévarication nf LITT Action du prévaricateur.

prévenance nf Manière obligeante d'aller au-devant de ce qui peut plaire à quelqu'un.

prévenant, e adj Plein de sollicitude, d'attention à l'égard de quelqu'un.

prévenir vt (conj 22) **1.** Aller au-devant de quelque chose, prendre des dispositions pour l'empêcher de se produire : *prévenir un malheur.* **2.** Satisfaire par avance : *prévenir un désir.* **3.** Avertir, informer : *prévenir les pompiers qu'une maison est en feu.* ■ **être prévenu contre quelqu'un :** être mal disposé à son égard.

préventif, ive adj Qui a pour effet d'empêcher un mal prévisible : *médecine préventive.*

prévention nf **1.** Ensemble des dispositions prises pour prévenir un danger. **2.** Opinion défavorable préconçue. **3.** DR Incarcération précédant un jugement. ■ **prévention routière :** visant à réduire le nombre et la gravité des accidents de la route.

préventivement adv De façon préventive.

préventorium [prevɑ̃tɔrjɔm] nm Établissement où l'on soignait les malades atteints de primo-infection tuberculeuse.

prévenu, e n Personne qui doit répondre d'une infraction devant la justice pénale.

préverbe nm LING Préfixe qui se place devant un verbe.

prévisible adj Qui peut être prévu.

prévision nf **1.** Action de prévoir. **2.** Ce que l'on prévoit ; hypothèse. ◆ **en prévision de** loc prép En prévoyant quelque chose : *prendre un parapluie en prévision de la pluie.*

prévisionnel, elle adj Qui fait l'objet d'un calcul antérieur à un événement.

prévoir vt (conj 42) **1.** Concevoir, envisager par avance : *prévoir un événement.* **2.** Organiser à l'avance : *prévoir un repas froid.*

EMPLOI *Prévoir à l'avance* est un pléonasme, mais on peut dire : *nous avions prévu cet événement longtemps à l'avance.*

prévôt nm **1.** HIST Titre de différents magistrats sous l'Ancien Régime. **2.** Officier de gendarmerie exerçant un commandement dans une prévôté.

prévôté nf **1.** HIST Fonction, juridiction de prévôt. **2.** Détachement de gendarmerie affecté, en opérations, à une grande unité.

prévoyance nf Qualité de quelqu'un qui sait prévoir.

prévoyant, e adj Qui montre de la prévoyance.

prie-Dieu nm inv Meuble sur lequel on s'agenouille pour prier.

prier vt **1.** Conjurer ou honorer Dieu, une divinité par des paroles ; supplier : *prier Dieu ;* (sans complément) : *prier pour la paix dans le monde.* **2.** Demander avec instance ou avec humilité ; inviter, convier : *je vous prie de me laisser.* ■ **je vous en prie :** sert à répondre poliment à un remerciement, une excuse. ❑ **se faire prier :** faire des manières.

prière nf **1.** Action de prier ; supplication adressée à Dieu, à une divinité. **2.** Demande instante : *céder aux prières de quelqu'un.* ■ **prière de :** il est demandé de.

prieur, e n et adj Supérieur, supérieure de certaines communautés religieuses.

prieuré nm **1.** Communauté gouvernée par un prieur, une prieure. **2.** Église ou maison de cette communauté.

prima donna (pl inv ou *prime donne*) nf Première chanteuse dans un opéra.

primaire adj **1.** Qui appartient à l'enseignement du premier degré : *école primaire.* **2.** PÉJOR Simpliste, peu cultivé : *raisonnement primaire.* ■ **ère primaire :** période géologique d'environ 350 millions d'années caractérisée par le plissement hercynien. ❑ ÉCON **secteur primaire :** ensemble des activités économiques productrices de matières premières. ◆ nm **1.** Enseignement primaire. **2.** ÉCON Secteur primaire. **3.** GÉOL Ère primaire.

primat nm Titre purement honorifique attaché à un siège épiscopal en vertu d'une tradition : *l'archevêque de Lyon est primat des Gaules.*

primate nm Mammifère tel que le singe et l'homme (les primates forment un ordre).

primauté nf Prééminence, supériorité de rang.

1. prime nf **1.** Somme donnée pour prix d'une assurance. **2.** Somme versée à un salarié en plus de son salaire : *prime d'intéressement.* **3.** Somme, objet, avantage alloués à titre d'encouragement, de récompense, d'incitation.

2. prime adj **1.** LITT Premier : *de prime abord ; prime jeunesse.* **2.** MATH Se dit d'une lettre affectée d'un accent analogue à l'apostrophe : *b' s'énonce « b prime ».*

1. primer vt et vt ind [sur] L'emporter, surpasser, dominer : *la qualité prime (sur) la quantité.*

2. primer vt Accorder un prix, une récompense : *primer un animal dans un concours ; film primé au festival.*

primerose nf Rose trémière.

primesautier, ère adj Vif, alerte, spontané : *esprit primesautier.*

prime time [prajmtajm] (pl *prime times*) nm À la télévision, tranche horaire du début de soirée qui représente l'heure de plus grande écoute.

primeur nf Caractère de ce qui est nouveau. ■ **avoir la primeur de quelque chose :** être le premier à le connaître ou à en jouir. ❑ **vin de primeur** ou **vin primeur :** vin de l'année qui est mis en vente le troisième jeudi de novembre. ◆ **primeurs** pl Fruits, légumes obtenus avant l'époque normale de leur maturité.

primevère nf Plante à fleurs dont l'éclosion se produit au printemps.

primipare adj et nf Qui accouche ou qui met bas pour la première fois.

primitif, ive adj **1.** Qui appartient au premier état des choses ; initial, originel : *forme primitive.* **2.** Qui constitue l'élément premier, fondamental : *couleurs primitives.* **3.** Grossier, fruste, rudimentaire : *mœurs primitives.* **4.** Se dit des sociétés restées à l'écart de la civilisation moderne et industrielle. SYN : archaïque. ◆ nm Peintre qui a précédé la Renaissance.

primitivement adv À l'origine.

primitivisme nm Affinité d'un art occidental avec les arts primitifs.

primo adv Premièrement.

primo-accédant, e (pl *primo-accédants, es*) n et adj Personne qui accède pour la première fois à la propriété de sa résidence principale.

primo-infection (pl *primo-infections*) nf MÉD Première atteinte de l'organisme par un germe.

primordial, e, aux adj Capital, fondamental.

prince nm **1.** Celui qui possède une souveraineté ou qui appartient à une famille souveraine. **2.** Titre de noblesse le plus élevé. **3.** LITT Le premier par son talent : *prince des poètes.* ■ **être bon prince :** se montrer accommodant. ❑ **fait du prince :** acte arbitraire. ❑ **princes de l'Église :** les cardinaux et les évêques.

prince-de-galles nm inv et adj inv Tissu à fines raies croisées.

princeps [prɛ̃sɛps] adj inv ■ **édition princeps :** première édition d'un ouvrage.

princesse nf **1.** Fille ou femme de prince, de roi. **2.** Souveraine d'un pays.

princier, ère adj **1.** De prince : *famille princière.* **2.** Somptueux, digne d'un prince.

princièrement adv Somptueusement.

principal, e, aux adj Qui est le plus important ; essentiel. ■ GRAMM **proposition principale** ou **principale** nf : proposition qui a sous sa dépendance une ou plusieurs subordonnées. ◆ nm **1.** Ce qu'il y a de plus important. **2.** Premier clerc d'une étude. **3.** Capital d'une dette : *principal et intérêts.* ◆ n Directeur, directrice d'un collège.

principalement adv Surtout.

principauté nf Petit État indépendant dont le chef a le titre de prince : *la principauté de Monaco.*

principe nm **1.** Loi à caractère général : *principe d'Archimède.* **2.** Proposition admise comme base d'une science, d'un art ou d'un raisonnement. **3.** Règle générale théorique qui guide la conduite : *fidèle à ses principes.* **4.** Élément constitutif de quelque chose : *principes nutritifs.* **5.** LITT Origine, cause première : *remonter au principe de toute chose.* ■ **en principe :** (a) selon la règle générale (b) selon toute vraisemblance.

printanier, ère adj Du printemps.

printemps nm **1.** Saison qui suit l'hiver et précède l'été (21 mars-21 juin). **2.** LITT Jeunesse : *être au printemps de sa vie.* **3.** LITT Année : *avoir seize printemps.*

prion nm BIOL Particule protéinique infectieuse qui serait à l'origine de l'encéphalopathie spongiforme.

prioritaire adj et n Qui jouit d'une priorité sur les autres.

prioritairement adv En priorité.

priorité nf **1.** Droit de passer avant les autres : *laisser la priorité aux conducteurs qui viennent de droite ; ne pas avoir la priorité.* **2.** Préférence : *donner la priorité à la lutte contre le chômage.* **3.** Antériorité : *priorité de date.* ■ **en priorité :** avant toute autre chose.

pris, e adj **1.** Atteint, saisi soudain : *pris de fièvre.* **2.** FIG Occupé, accaparé par de nombreuses tâches.

prise nf **1.** Action de saisir, de tenir serré : *maintenir la prise.* **2.** Manière de saisir : *prise de judo.* **3.** Aspérité, creux qui sert de point d'appui : *n'avoir pas de prise.* **4.** Action de prendre, de s'emparer de ; chose, personne prise : *prise d'otages ; prise de guerre.* **5.** Action de recueillir quelque chose : *prise de sang.* **6.** Action d'absorber, en particulier un médicament ; quantité de médicament administrée en une seule fois. **7.** Pincée de tabac inspirée par le nez. **8.** Coagulation, solidification : *la prise du ciment.* **9.** MÉCAN Engrenage : *prise directe.* ■ FIG **donner prise à :** s'exposer à. ❑ **être aux prises avec :** lutter contre. ❑ **prise d'eau :** installation permettant de disposer d'eau en un point d'une conduite. ❑ **prise de conscience :** fait de devenir conscient de quelque chose. ❑ **prise (de courant) :** dispositif de branchement électrique relié à une ligne d'alimentation. ❑ **prise de possession :** entrée en possession. ❑ **prise de son :** ensemble des opérations permettant un enregistrement sonore. ❑ **prise de terre :** conducteur servant à établir une liaison avec la terre ; prise de courant comportant un tel conducteur. ❑ **prise de vues :** enregistrement des images d'un film.

1. priser vt LITT Estimer, apprécier.

2. priser vt Aspirer par le nez : *priser du tabac.*

prismatique adj En forme de prisme : *cristal prismatique.*

prisme nm **1.** Polyèdre dont les bases sont deux polygones égaux à côtés parallèles, les faces latérales étant des parallélogrammes. **2.** PHYS Prisme en cristal, qui décompose la lumière.

prison nf **1.** Lieu où l'on détient les personnes condamnées ou en instance de jugement. **2.** Emprisonnement : *mériter la prison.* **3.** FIG Lieu ou situation où l'on se sent séquestré, enfermé.

prisonnier, ère n et adj **1.** Personne détenue en prison. **2.** Personne privée de liberté : *prisonnier de guerre.* ◆ adj Dont la liberté est entravée par une habitude, un vice, etc.

privatif, ive adj **1.** Privé : *jardin privatif.* **2.** Qui prive : *peine privative de liberté.* **3.** LING Se dit des préfixes marquant la privation, l'absence, le manque.

privation nf Action de priver, de se priver ; fait d'être privé de quelque chose. ◆ **privations** pl Manque des choses nécessaires et notamment de nourriture.

privatisation nf Action de faire tomber dans le domaine de l'entreprise privée ce qui était du ressort de l'État.

privatiser vt Procéder à la privatisation de.

privautés nf pl Familiarité excessive, liberté déplacée qu'un homme se permet avec une femme.

privé, e adj **1.** Qui ne dépend pas de l'État, qui n'appartient pas à la collectivité : *école privée ; secteur privé.* **2.** Qui n'est pas ouvert à tout public : *projection privée.* **3.** Qui appartient en propre à un ou plusieurs individus : *propriété privée.* **4.** Strictement personnel, intime : *la vie privée.* ◆ nm Secteur privé. ■ **dans le privé :** dans l'intimité, hors de la vie professionnelle : *se tutoyer dans le privé et non au travail.* ❑ **en privé :** à l'écart des autres, sans témoins : *souhaiter parler à quelqu'un en privé.*

priver vt Ôter, refuser la possession, la jouissance de quelque chose à. ◆ **se priver** vpr **1.** S'abstenir de quelque chose : *se priver de vin.* **2.** S'imposer des privations : *se priver pour ses enfants.*

privilège nm Droit, avantage personnel, exclusif.

privilégié, e adj et n Qui jouit d'un privilège, de privilèges : *classes privilégiées.*

privilégier vt Accorder un privilège à ; avantager, favoriser.

prix [pri] nm **1.** Valeur d'une chose, exprimée en monnaie. **2.** Ce qu'il en coûte pour obtenir qqch : *le prix de la liberté.* **3.** Récompense : *recevoir un prix.* **4.** Personne qui a obtenu un prix : *le Prix Nobel.* ■ **à prix d'or :** très cher. ❑ **à tout prix :** coûte que coûte.

pro n et adj (abréviation) FAM Professionnel : *c'est une vraie pro.*

probabilité nf Caractère de ce qui est probable, vraisemblable.

probable adj Qui a beaucoup de chances de se produire ; vraisemblable.

GRAMMAIRE On dit : *il est probable qu'il viendra* (ind. ; c'est une affirmation), mais *il est peu probable qu'il vienne* (subj. ; il y a doute).

probablement adv Vraisemblablement.

probant, e adj Qui convainc ; concluant.

probation nf DR Suspension de la peine d'un condamné assortie d'une mise à l'épreuve et de mesures d'assistance et de contrôle.

probatoire adj Propre à prouver. ■ **examen probatoire :** qui teste les connaissances d'un candidat.

probe adj LITT Très honnête.

probiotique adj et nm BIOL Micro-organisme vivant (bactérie ou levure) qui, ingéré en quantité suffisante, a un effet bénéfique sur la santé en améliorant l'équilibre de la flore intestinale.

probité nf Honnêteté scrupuleuse, rigoureuse.

problématique adj Douteux, hasardeux, incertain : *succès problématique.* ◆ nf Ensemble des questions qu'une science ou une philosophie se pose dans un domaine particulier.

problème nm **1.** Question à résoudre par des procédés scientifiques : *problème d'algèbre.* **2.** Ce qui est difficile à expliquer, à résoudre.

procédé nm **1.** Manière d'agir, de se conduire avec les autres. **2.** Méthode à suivre pour une opération : *simplifier un procédé.*

procéder vi (conj 10) Agir de telle ou telle façon : *procéder avec ordre.* ◆ vt ind [à] Faire qqch, l'exécuter selon un certain ordre : *procéder au recensement de la population.* ◆ vt ind [de] LITT Provenir, tirer son origine de.

procédure nf **1.** Méthode utilisée pour obtenir un certain résultat. **2.** DR Ensemble des formalités, des règles judiciaires : *Code de procédure civile.*

procédurier, ère adj et n PÉJOR Qui aime la procédure, la chicane, les procès.

procès nm Instance en justice.

processeur nm INFORM Organe capable d'assurer le traitement complet d'une série d'informations.

procession nf **1.** Marche solennelle d'un caractère religieux, accompagnée de chants et de prières. **2.** FAM Longue suite de personnes, de véhicules ; défilé.

processionnaire adj et nf Se dit de certaines chenilles qui se déplacent en file indienne.

processus [prɔsesys] nm **1.** Enchaînement ordonné de faits, d'événements aboutissant à un résultat déterminé ; mécanisme, marche, développement : *processus inflationniste.* **2.** Suite continue d'opérations, procédé technique : *processus de fabrication.*

procès-verbal (pl *procès-verbaux*) nm **1.** Acte d'un officier de justice, d'un agent assermenté, constatant un fait, un délit. **2.** Compte rendu d'une délibération.

1. prochain nm Tout homme ou l'ensemble des hommes, par rapport à l'un d'entre eux.

2. prochain, e adj Proche dans le temps ou l'espace : *semaine prochaine ; le prochain village.*
prochainement adv Bientôt.
proche adj **1.** Qui est près, qui n'est pas éloigné dans l'espace ou dans le temps : *proche voisin ; l'heure est proche.* **2.** Peu différent, approchant : *un mensonge proche de la vérité.* **3.** Qui a d'étroites relations de parenté, ou d'amitié : *proche parent.* ◆ nm Proche parent, ami intime.
proclamation nf **1.** Action de proclamer. **2.** Texte proclamé.
proclamer vt **1.** Faire connaître publiquement, avec solennité : *proclamer un verdict.* **2.** Divulguer, révéler : *proclamer la vérité.*
proclitique adj et nm LING Se dit d'un mot privé d'accent tonique qui, dans la prononciation, fait corps avec le mot suivant.
proconsul nm ANTIQ ROM Consul sorti de charge et prorogé dans ses pouvoirs.
procrastination nf Tendance à ajourner, à remettre au lendemain.
procréateur, trice adj et n LITT Qui procrée.
procréation nf Action de procréer. ■ **procréation médicalement assistée (PMA) :** ensemble des méthodes qui permettent la procréation, lorsque celle-ci ne peut se réaliser dans des conditions naturelles.
procréer vt Engendrer, donner la vie.
procurateur nm **1.** ANTIQ ROM Fonctionnaire de l'ordre équestre. **2.** HIST Magistrat des anciennes Républiques d'Italie.
procuration nf Pouvoir qu'une personne donne à une autre pour agir en son nom.
procurer vt **1.** Faire obtenir : *procurer un emploi.* **2.** Apporter, occasionner : *procurer beaucoup de bonheur.* ◆ **se procurer** vpr Obtenir pour soi : *se procurer des marchandises.*
procureur, e n DR ■ **procureur général :** magistrat qui exerce les fonctions du ministère public près la Cour de cassation, etc. ❑ **procureur de la République :** qui exerce les fonctions du ministère public près les tribunaux.
prodigalité nf Caractère, comportement d'une personne prodigue. ◆ **prodigalités** pl Dépenses excessives.
prodige nm **1.** Événement extraordinaire, de caractère magique ou surnaturel : *tenir du prodige.* **2.** Chose surprenante : *les prodiges de la science.* **3.** Personne exceptionnellement douée : *enfant prodige.*
prodigieusement adv De façon prodigieuse.
prodigieux, euse adj Extraordinaire, remarquable.
prodigue adj et n **1.** Qui fait des dépenses excessives, inconsidérées. **2.** Qui donne sans compter : *prodigue de son temps.* ■ **enfant, fils prodigue :** qui revient au domicile paternel après avoir dissipé son bien.
prodiguer vt Donner généreusement : *prodiguer des éloges.*
prodrome nm **1.** MÉD Symptôme précurseur d'une maladie. **2.** LITT Signe avant-coureur : *les prodromes d'une révolution.*
producteur, trice n et adj **1.** Personne, pays, activité qui produit des biens, des services : *pays producteur de pétrole.* **2.** CIN Personne qui finance un film et rassemble les éléments nécessaires à sa réalisation. **3.** Personne qui conçoit une émission et, éventuellement, la réalise.
productif, ive adj Qui produit, rapporte : *terre productive.*
production nf **1.** Action de produire ; fait de se produire, de se former. **2.** Bien produit : *les productions du sol.* **3.** Création d'un film, d'une émission, leur réalisation matérielle ; le film, l'émission eux-mêmes.
productivité nf **1.** Caractère de ce qui est productif. **2.** Quantité produite en considération du travail fourni et des dépenses engagées.
produire vt (conj 70) **1.** Fournir certains biens ou services : *région qui produit du vin.* **2.** Porter : *les arbres produisent des fruits.* **3.** Rapporter, donner du profit : *placement qui produit un joli bénéfice.* **4.** Provoquer, causer : *produire de bons résultats.* **5.** Présenter, montrer : *produire des titres.* **6.** Donner naissance, créer : *produire des romans.* **7.** Être le producteur de ; réaliser : *produire un film, une émission.* ◆ **se produire** vpr **1.** Arriver, survenir : *un accident s'est produit près d'ici.* **2.** Se montrer, se faire connaître : *se produire sur scène.*
produit nm **1.** Richesse, bien économique issus de la production : *produit du sol, de l'industrie.* **2.** Objet, article manufacturé : *lancement d'un nouveau produit.* **3.** Bénéfice, résultat ; somme obtenue : *produit d'une vente.* **4.** MATH Résultat de la multiplication. ■ **produit financier :** recette dégagée par des activités financières (intérêts, agios, etc.). ❑ **produit intérieur brut (PIB) :** somme des valeurs ajoutées réalisées annuellement par les entreprises d'un pays. ❑ **produit national brut (PNB) :** somme totale du PIB et du solde des revenus des facteurs de production transférés par l'étranger ou à l'étranger, souvent retenue pour caractériser la puissance économique d'un pays. ❑ **produits blancs :** appareils électroménagers (réfrigérateur, lave-linge, etc.).

❑ **produits bruns :** matériel audiovisuel (téléviseur, chaîne hi-fi, etc.).

proéminence nf Saillie.

proéminent, e adj En relief par rapport à ce qui est autour ; saillant.

prof n (abréviation) FAM Professeur.

profanateur, trice adj et n Qui profane.

profanation nf Action de profaner.

profane n et adj **1.** Personne étrangère à une religion, non initiée à un culte. **2.** Personne qui ignore les usages, les règles de quelque chose : *être profane en la matière.* ◆ nm Ensemble des choses qui ne relèvent pas de la religion, qui ne sont pas sacrées.

profaner vt Violer le caractère sacré d'un lieu, d'un objet de culte : *profaner une tombe.*

proférer vt (conj 10) Prononcer : *proférer des injures.*

professer vt Déclarer ouvertement : *professer une opinion.*

professeur, e n **1.** Personne qui enseigne une matière, une discipline, un art. **2.** Enseignant du second degré ou du supérieur.

profession nf **1.** Activité, métier, emploi : *exercer une profession.* **2.** Ensemble des personnes qui exercent le même métier : *congrès qui rassemble toute la profession.* ■ **de profession :** (a) de métier : *traducteur de profession* (b) par habitude : *escroc de profession.* ❑ **faire profession de :** déclarer ouvertement une opinion personnelle.

professionnaliser vt **1.** Donner à une activité le caractère d'une profession : *professionnaliser un sport.* **2.** Rendre quelqu'un professionnel. ◆ **se professionnaliser** vpr Prendre un caractère professionnel ; devenir professionnel.

professionnalisme nm Qualité d'une personne qui fait une chose professionnellement, avec une grande compétence. CONTR : amateurisme.

professionnel, elle adj Relatif à une profession : *enseignement professionnel.* ◆ n et adj **1.** Personne qui exerce régulièrement un métier. **2.** Personne qui a une expérience particulière dans un métier, une activité. **3.** Sportif de profession. CONTR : amateur.

professionnellement adv En professionnel.

professoral, e, aux adj De professeur.

professorat nm Fonction de professeur.

profil nm **1.** Contour, aspect du visage vu de côté. **2.** Aspect extérieur de qqch vu de côté. **3.** Ligne que dessine la section perpendiculaire d'un objet ; coupe. **4.** Ensemble des traits qui caractérisent qqn par rapport à son aptitude à un emploi. **5.** Page Web, contenant des renseignements personnels (CV, goûts, photos, etc.), qu'un internaute crée pour devenir membre d'un réseau social. ■ **de profil :** vu de côté : *dessiner qqn de profil.*

profilage nm En criminologie, établissement, à partir des indices recueillis, du profil psychologique d'un individu recherché.

profiler vt **1.** Donner un profil déterminé à un objet. **2.** En criminologie, établir le profil psychologique d'un individu recherché : *profiler un tueur en série.* ◆ **se profiler** vpr **1.** Se présenter de profil, en silhouette : *nuages qui se profilent à l'horizon.* **2.** S'ébaucher, apparaître : *une solution se profilait enfin.*

profileur, euse n Criminologue spécialisé dans le profilage.

profit nm **1.** Gain, bénéfice. **2.** Avantage, bénéfice intellectuel ou moral. ■ **au profit de :** au bénéfice de. ❑ **mettre à profit :** employer utilement.

profitable adj Avantageux, utile.

profiter vt ind **1.** [de] Tirer profit de : *profiter des circonstances.* **2.** [à] Être utile à : *vos conseils lui ont profité.* ◆ vi FAM Croître, se développer : *cet enfant profite bien.*

profiterole nf Petit chou fourré de glace, nappé de chocolat chaud.

profiteur, euse adj et n Qui tire profit de toute occasion, souvent aux dépens des autres.

profond, e adj **1.** Dont la profondeur est grande : *puits profond.* **2.** Qui pénètre loin : *racines profondes.* **3.** Intense, extrême : *profonde douleur.* **4.** Caché, difficile à atteindre : *profond mystère.* ◆ adv À une grande profondeur : *creuser profond.*

profondément adv **1.** À une grande profondeur. **2.** Extrêmement : *profondément triste.*

profondeur nf **1.** Distance du fond à la surface, à l'orifice : *profondeur d'un gouffre.* **2.** FIG Pénétration d'esprit : *profondeur de vues.*

profusion nf Grande abondance.

progéniture nf Enfants, descendance.

progestatif, ive adj et nm MÉD Se dit d'une substance qui favorise la nidation de l'œuf et la gestation.

progestérone nf Hormone progestative.

progiciel nm INFORM Programme conçu pour plusieurs utilisateurs et destiné à une même application.

prognathe [prɔgnat] adj et n Qui a les mâchoires allongées en avant.

prognathisme nm Saillie en avant des mâchoires.

programmable adj Que l'on peut programmer.

programmateur, trice n Personne qui établit un programme de cinéma, de radio, etc. ◆ nm Dispositif qui commande automatiquement l'exécution des différentes opérations à effectuer : *programmateur d'un lave-linge.*

programmation nf Établissement d'un programme.

programme nm **1.** Ensemble des thèmes d'une discipline dont l'étude est prévue dans une classe ou sur lesquels doit porter un examen. **2.** Ensemble des activités prévues dans l'emploi du temps de quelqu'un : *avoir un programme chargé.* **3.** Liste des émissions de radio, de télévision indiquant les horaires, les sujets, etc. ; présentation des détails d'un spectacle, d'une fête. **4.** Projet, intention d'action : *un programme de réformes.* **5.** INFORM Ensemble d'instructions nécessaires à l'exécution d'une suite d'opérations demandées à un ordinateur, à un appareillage automatique.

programmer vt **1.** Prévoir, inscrire au programme d'un cinéma, d'une chaîne de radio, de télévision. **2.** Établir à l'avance, planifier : *programmer la visite d'un site.* **3.** Préparer une machine, un ordinateur pour l'exécution d'un programme : *programmer un four.*

programmeur, euse n Spécialiste chargé de la mise au point de programmes d'ordinateurs.

progrès nm **1.** Évolution, progression. **2.** Développement de la civilisation : *croire au progrès.*

progresser vi **1.** Faire des progrès, aller de l'avant : *élève qui a progressé.* **2.** Se développer, s'amplifier : *le feu progresse.*

progressif, ive adj Qui avance par degrés : *marche progressive.*

progression nf **1.** Mouvement, marche en avant : *progression d'une troupe.* **2.** Développement, accroissement, propagation : *progression d'une idée, d'une maladie.* **3.** MATH Suite de nombres tels que chacun d'eux est égal au précédent, augmenté ou diminué (*progression arithmétique*) d'un nombre constant appelé *raison*, ou multiplié ou divisé (*progression géométrique*) par un tel nombre.

progressisme nm Doctrine progressiste.

progressiste adj et n Qui a ou manifeste des idées politiques et sociales avancées.

progressivement adv Peu à peu.

progressivité nf Caractère de ce qui est progressif.

prohibé, e adj DR Défendu par la loi : *port d'armes prohibé.* ■ **temps prohibé** : pendant lequel certains actes sont interdits par la loi : *chasse en temps prohibé.*

prohiber vt SOUT Interdire légalement.

prohibitif, ive adj **1.** Qui interdit : *loi prohibitive.* **2.** Trop élevé, excessif : *prix prohibitifs.*

prohibition nf Interdiction légale. ■ **la prohibition** : période (entre 1919 et 1933) où il était interdit de consommer de l'alcool aux États-Unis.

proie nf **1.** Être vivant capturé par un animal. **2.** Ce dont on s'empare avec rapacité, par la violence. **3.** Victime : *être la proie d'un escroc.* ■ **en proie à** : victime de, sujet à. ❑ **être la proie de** : être détruit, ravagé par : *la maison était la proie des flammes.* ❑ **oiseau de proie** : oiseau carnassier.

projecteur nm Appareil pour projeter un faisceau lumineux, des images sur un écran.

projectile nm **1.** Corps lancé vers une cible avec force. **2.** Corps lancé par une arme de jet ou une arme à feu.

projection nf **1.** Action de projeter, de lancer. **2.** Action de projeter un film ; image projetée. **3.** GÉOM Représentation plane d'un corps suivant certaines règles.

projectionniste n Professionnel chargé de la projection des films.

projet nm **1.** Ce que l'on projette de faire : *projet hardi.* **2.** Première rédaction d'un texte : *projet de loi.* **3.** Étude d'une construction avec dessins et devis.

projeter vt (conj 8) **1.** Lancer, jeter : *projeter une pierre.* **2.** Émettre : *projeter une ombre.* **3.** Former le dessein de : *projeter de venir.* **4.** Faire apparaître sur un écran un film, des photos, grâce à un dispositif lumineux. **5.** GÉOM Effectuer une projection.

projeteur nm Technicien qui établit les projets dans une entreprise.

prolapsus [prɔlapsys] nm MÉD Chute d'un organe.

prolégomènes nm pl Introduction.

prolétaire n et adj Personne qui n'a pour vivre que le produit de son travail.

prolétariat nm Classe des prolétaires.

prolétarien, enne adj Relatif au prolétariat.

prolétarisation nf Action de prolétariser ; fait de se prolétariser.

prolétariser vt Faire passer à la condition de prolétaire.

prolifération nf **1.** Développement rapide. **2.** Multiplication d'une cellule par division.

prolifère adj BOT Qui se multiplie.

proliférer vi **1.** Se reproduire en grand nombre et rapidement. **2.** FIG Foisonner, se multiplier : *les magasins de vidéos prolifèrent dans la ville*.

prolifique adj **1.** Qui se multiplie vite, fécond : *le lapin est prolifique*. **2.** Qui produit beaucoup, en parlant d'un écrivain, d'un artiste.

prolixe adj Diffus, trop long, bavard : *discours prolixe*.

prolixité nf Caractère prolixe.

prologue nm **1.** Avant-propos d'un roman, d'un texte. **2.** FIG Préliminaire, prélude. **3.** SPORTS Brève épreuve disputée avant le départ réel d'une compétition cycliste ou automobile importante.

prolongateur nm Rallonge électrique.

prolongation nf Action de prolonger ; délai accordé. ◆ **prolongations** pl SPORTS Période de jeu ajoutée au temps réglementaire d'un match pour départager les équipes : *jouer les prolongations*.

prolongement nm Action d'augmenter la longueur de quelque chose ; ce qui prolonge quelque chose ; extension : *prolongement de la rue, des travaux*. ■ **dans le prolongement de quelque chose :** dans l'alignement, dans la direction de : *boulangerie dans le prolongement de la rue*. ◆ **prolongements** pl Suites, conséquences.

prolonger vt (conj 2) Accroître la longueur, la durée. ◆ **se prolonger** vpr **1.** S'étendre dans l'espace : *rue qui se prolonge au-delà d'une place*. **2.** Durer plus longtemps : *soirée qui se prolonge*.

promenade nf **1.** Action de se promener. **2.** Lieu où l'on se promène.

promener vt (conj 9) **1.** Conduire en divers lieux pour l'agrément, le plaisir, donner de l'exercice. **2.** FIG Porter, diriger sans but précis : *promener son regard*. ◆ **se promener** vpr Aller çà et là pour se distraire, prendre de l'exercice.

promeneur, euse n Personne qui se promène.

promenoir nm **1.** Partie d'une salle de spectacle où l'on peut circuler. **2.** Lieu couvert destiné à la promenade.

promesse nf Assurance donnée.

prometteur, euse adj Plein de promesses.

promettre vt (conj 57) **1.** S'engager à faire, à donner : *promettre de payer*. **2.** FIG Annoncer, prédire : *le temps promet de la pluie*. ◆ vi Donner des espérances : *enfant qui promet*. ■ FAM **ça promet !** : l'affaire s'engage mal. ◆ **se promettre** vpr [de] Prendre la ferme résolution de : *se promettre de travailler*.

promis, e adj **1.** Dont on a fait la promesse : *chose promise*. **2.** Voué à : *promis à un brillant avenir*. ■ **terre promise :** lieu où la vie est heureuse et facile.

promiscuité nf Proximité choquante, voisinage désagréable.

promontoire nm Cap élevé.

promoteur, trice n LITT Personne qui donne la première impulsion à quelque chose ; initiateur : *le promoteur d'une réforme*. ◆ nm Personne ou société qui finance et organise la construction d'immeubles.

promotion nf **1.** Nomination, élévation à un grade, à une dignité supérieurs ; ensemble des personnes bénéficiant en même temps d'une telle nomination. **2.** Ensemble des élèves entrés la même année dans une école. **3.** Accession à un niveau de vie supérieur. ■ **en promotion :** en réclame. ❑ **promotion des ventes :** technique propre à accroître le chiffre d'affaires d'une entreprise.

promotionnel, elle adj Qui favorise l'accroissement des ventes.

promouvoir vt (conj 36) **1.** Élever à une dignité supérieure. **2.** FIG Favoriser le développement, la diffusion de quelque chose : *promouvoir une politique de progrès*.

prompt, e [prɔ̃, prɔ̃t] adj **1.** LITT Qui ne tarde pas : *prompte guérison*. **2.** Qui va, agit vite : *esprit prompt*.

promptement adv SOUT Avec promptitude, rapidité.

prompteur nm Appareil sur lequel défilent les textes lus par le présentateur à la télévision.

promptitude nf LITT Caractère de quelqu'un qui agit vite, de ce qui est rapide.

promu, e n et adj Personne qui a reçu une promotion.

promulgation nf Action de promulguer.

promulguer vt Rendre applicable une loi régulièrement adoptée par le Parlement, en la signant et en la faisant publier : *le chef de l'État promulgue les lois*.

prôner vt Vanter, louer, recommander : *prôner la modération*.

pronom nm Mot qui peut remplacer un nom, un adjectif, une phrase, et qui a toutes les fonctions du nom (il y a six sortes de pronoms : *personnels, possessifs, démonstratifs, relatifs, interrogatifs, indéfinis*).

pronominal, e, aux adj Propre au pronom. ■ **verbe pronominal** ou **pronominal** nm : verbe qui se conjugue avec deux pronoms de la même personne (EX : *nous nous avançons*).

pronominalement adv En fonction de pronom ou de verbe pronominal : *adjectif, adverbe, verbe employés pronominalement*.

prononçable adj Qui peut être prononcé : *mot à peine prononçable*.

prononcé, **e** adj Marqué, accentué : *traits prononcés.* ◆ nm DR Lecture d'une décision d'un tribunal.

prononcer vt (conj 1) **1.** Articuler : *prononcer les mots.* **2.** Dire, débiter : *prononcer un discours.* **3.** Déclarer avec autorité : *prononcer un arrêt.* ◆ vi Rendre un arrêt, un jugement. ◆ **se prononcer** vpr **1.** Manifester sa pensée : *le médecin ne s'est pas prononcé.* **2.** Prendre parti : *les ouvriers se sont prononcés pour la grève.*

prononciation nf Action, manière de prononcer.

pronostic nm **1.** Prévision. **2.** MÉD Jugement porté sur l'évolution d'une maladie.

pronostiquer vt Prévoir, prédire.

pronostiqueur, **euse** n Personne qui fait des pronostics, notamment sportifs ou hippiques.

propagande nf Tout ce qu'on fait pour répandre une opinion, une doctrine.

propagandiste adj et n Qui fait de la propagande.

propagateur, **trice** n Qui propage.

propagation nf **1.** Fait de s'étendre de proche en proche : *la propagation du feu.* **2.** FIG Action de propager, de répandre une idée, une nouvelle, etc. : *la propagation des idées.* **3.** PHYS Transmission du son, de la lumière, des ondes électriques.

propager vt (conj 2) Répandre, diffuser dans le public : *propager une nouvelle.* ◆ **se propager** vpr Se répandre, s'étendre : *l'incendie se propage.*

propane nm Hydrocarbure gazeux, employé comme combustible.

propension nf Tendance naturelle ; penchant : *propension à la paresse.*

propergol nm Produit composé d'un ou de plusieurs ergols fournissant l'énergie de propulsion d'un moteur-fusée.

prophète nm **1.** Dans la Bible, homme qui parle au nom de Dieu. **2.** Personne qui annonce un événement futur. ■ **le Prophète** : Mahomet.

prophétie [prɔfesi] nf Prédiction.

prophétique adj Propre à un prophète, à la prophétie.

prophétiser vt **1.** Annoncer, par inspiration divine, ce qui va se passer. **2.** Prévoir, prédire.

prophylactique adj Relatif à la prophylaxie.

prophylaxie nf Ensemble des moyens propres à prévenir les maladies.

propice adj **1.** Qui convient bien, opportun : *le moment propice.* **2.** Favorable : *les dieux nous sont propices.*

propitiatoire [prɔpisjatwar] adj RELIG, LITT qui rend propice : *sacrifice propitiatoire.*

proportion nf **1.** Rapport des parties entre elles et avec l'ensemble. **2.** MATH Égalité de deux rapports. ■ **en proportion** : en rapport. ◆ **proportions** pl **1.** Dimensions. **2.** Importance, étendue : *l'incident a pris des proportions considérables.* ■ **toutes proportions gardées** : sans perdre de vue les différences entre les choses ou les personnes comparées.

ORTHOGRAPHE On écrit *hors de proportion, sans proportion* au singulier. En revanche, on peut écrire *toute proportion gardée* au singulier (langue plus soutenue) ou au pluriel, *toutes proportions gardées* (plus couramment).

proportionnalité nf Caractère proportionnel.

proportionné, **e** adj **1.** Qui a telles proportions : *un garçon élancé et bien proportionné.* **2.** Qui est en rapport : *le résultat est proportionné à l'effort.*

proportionnel, **elle** adj En proportion avec d'autres quantités, avec d'autres grandeurs. ■ **représentation proportionnelle** ou **proportionnelle** nf : système électoral accordant aux divers partis des représentants proportionnellement aux suffrages obtenus.

proportionnellement adv En proportion.

proportionner vt Mettre en proportion : *proportionner ses dépenses à ses ressources.*

propos nm **1.** Discours tenu dans la conversation : *propos de table.* **2.** Ce qu'on se propose de faire ; résolution, intention : *ferme propos.* ■ **à propos !** : marque une transition dans un dialogue, entre deux idées différentes. ❑ **à propos** : opportunément. ❑ **à propos de** : à l'occasion, au sujet de. ❑ **à tout propos** : à chaque instant, en toute occasion. ❑ **hors de propos** ou **mal à propos** : à contretemps.

proposer vt **1.** Présenter, offrir au choix, à l'appréciation : *proposer un avis, un candidat.* **2.** Offrir comme prix. ◆ **se proposer** vpr **1.** Offrir ses services. **2.** Avoir l'intention de : *se proposer de sortir.*

proposition nf **1.** Action de proposer ; chose proposée : *faire une proposition.* **2.** Condition qu'on propose pour arriver à un arrangement : *proposition de paix.* **3.** GRAMM Unité syntaxique élémentaire de la phrase, composée en général d'un verbe et d'un ou de plusieurs groupes nominaux. ■ **proposition de loi** : texte de loi soumis par un parlementaire au vote du Parlement.

propre adj **1.** Qui n'est pas sali, taché. **2.** Qui se lave souvent. **3.** Convenable, soigné : *travail propre*. **4.** Qui respecte l'environnement, qui ne pollue pas : *des produits propres*. **5.** FIG Honnête : *son passé n'est pas très propre*. **6.** Qui appartient exclusivement à : *caractère propre*. **7.** De la personne même dont il est question : *de sa propre main*. **8.** Qui est rigoureusement conforme à ce qui a été dit, fait : *ses propres paroles*. **9.** Juste, exact, approprié : *employer le mot propre*. ■ DR **bien propre :** bien qui fait partie du patrimoine personnel d'un des époux. ❑ GRAMM **nom propre :** désigne un être, un objet uniques. ❑ **propre à :** (a) spécifique à (b) qui convient pour. ❑ **remettre quelque chose en main(s) propre(s) :** à la personne même. ❑ **sens propre :** sens primitif (par opposition à *sens figuré*). ◆ nm Qualité particulière : *le propre de l'homme est de penser*. ■ **au propre :** au sens propre. ❑ **en propre :** en propriété particulière. ❑ **mettre au propre :** rédiger proprement ce qui n'était qu'un brouillon.

propre-à-rien (pl *propres-à-rien*) n FAM Personne sans aucune capacité.

proprement adv **1.** Avec propreté. **2.** Exactement, précisément. ■ **proprement dit :** pris au sens le plus exact : *la ville proprement dite, sans compter la banlieue*.

propret, ette adj Propre, pimpant.

propreté nf **1.** Qualité de ce qui est propre. **2.** Qualité de quelqu'un qui est propre.

propriétaire n **1.** Personne à qui une chose appartient. **2.** Bailleur d'immeuble (par opposition à *locataire*).

propriété nf **1.** Possession en propre, exclusive. **2.** Bien, terrain, domaine, maison : *une propriété plantée d'arbres*. **3.** Caractère, qualité propre : *les propriétés d'un corps*. **4.** Convenance exacte d'un mot à l'idée à exprimer.

proprio n (abréviation) FAM Propriétaire.

propulser vt **1.** Faire avancer à l'aide d'un propulseur. **2.** FAM Projeter en avant.

propulseur nm Mécanisme de propulsion.

propulsif, ive adj Qui produit la propulsion : *force propulsive*.

propulsion nf Mise en mouvement d'un corps, obtenue en produisant une poussée ; production de cette force.

propylée nm ANTIQ GR Porte monumentale d'un palais, d'un temple.

prorata nm inv ■ **au prorata de :** en proportion de : *avoir part aux bénéfices au prorata de la mise de fonds*.

prorogatif, ive adj Qui proroge.

prorogation nf Action de proroger ; prolongation.

proroger vt (conj 2) Prolonger ou reporter à une date ultérieure : *proroger une échéance*.

prosaïque adj Qui manque de noblesse, d'idéal ; terre à terre, vulgaire, banal : *goûts prosaïques*.

prosaïquement adv De façon prosaïque.

prosaïsme nm Caractère prosaïque.

prosateur nm Auteur qui écrit en prose.

proscenium [prɔsenjɔm] nm ANTIQ Devant de la scène d'un théâtre.

proscription nf Action de proscrire ; fait d'être proscrit.

proscrire vt **1.** LITT Condamner au bannissement, à l'exil. **2.** Rejeter, interdire.

proscrit, e adj et n LITT Se dit d'une personne frappée de proscription.

prose nf Forme ordinaire du discours, non assujettie à un rythme ou à une mesure régulière : *faire de la prose ; poème en prose*.

prosélyte nm **1.** Nouveau converti. **2.** Nouvel adepte.

prosélytisme nm Zèle ardent pour recruter des adeptes : *faire du prosélytisme*.

prosodie nf LITTÉR Ensemble des règles relatives à la quantité des voyelles qui régissent la composition des vers.

prosodique adj Relatif à la prosodie.

prospect [prɔspɛ] nm Distance minimale imposée entre deux bâtiments.

prospecter vt **1.** Examiner un terrain pour y rechercher des richesses minérales. **2.** Étudier les possibilités d'extension d'une clientèle.

prospecteur, trice adj et n Qui prospecte.

prospectif, ive adj Orienté vers l'avenir : *étude prospective*.

prospection nf Action de prospecter.

prospective nf Science ayant pour objet l'étude des causes qui accélèrent l'évolution du monde moderne, et la prévision des situations qui en découlent.

prospectus [prɔspɛktys] nm Imprimé diffusé à des fins publicitaires.

prospère adj Qui est dans une période de réussite, de succès.

prospérer vi (conj 10) Avoir du succès ; devenir florissant : *entreprise qui prospère*.

prospérité nf État prospère.

prostate nf Corps glandulaire propre au sexe masculin, qui entoure le col vésical et une partie de l'urètre. ■ **antigène spécifique de la prostate :** glycoprotéine du sérum sanguin, synthétisée exclusivement par la prostate et dont la concentration augmente en cas de prostatite, d'adénome ou de cancer de la prostate. SYN : PSA.

prostatique adj et nm Relatif à la prostate ; atteint d'une maladie de la prostate.

prostatite nf Inflammation de la prostate.

prosternation nf ou **prosternement** nm Action de se prosterner ; état d'une personne prosternée.

prosterner (se) vpr Se courber jusqu'à terre en signe d'adoration, de respect, d'humilité.

prostitué, e n Personne qui se prostitue.

prostituer vt **1.** Livrer qqn à la prostitution. **2.** LITT Avilir : *prostituer son talent.* ◆ **se prostituer** vpr Se livrer à la prostitution.

prostitution nf **1.** Acte par lequel une personne consent à des rapports sexuels contre de l'argent. **2.** LITT Avilissement.

prostration nf Abattement profond.

prostré, e adj Très abattu, accablé.

protagoniste n **1.** Personne qui joue le rôle principal dans une affaire. **2.** Personnage important d'une pièce, d'un film, d'un roman.

protecteur, trice adj et n **1.** Qui protège. **2.** Qui marque un désir de protection condescendante : *ton protecteur.*

protection nf **1.** Action de protéger. **2.** Ce qui protège ; personne qui protège. ■ **protection rapprochée :** moyens mis en œuvre pour protéger une personnalité de toute agression qui pourrait être commise contre elle par les gens qui l'approchent. ❏ **protection sociale :** ensemble des régimes qui assurent ou complètent une couverture sociale ainsi que diverses prestations à caractère familial ou social.

protectionnisme nm Système consistant à protéger l'économie d'un pays contre la concurrence étrangère. CONTR : libre-échange.

protectionniste adj et n Relatif au protectionnisme ; qui en est partisan.

protectorat nm Situation juridique qui place un État sous la dépendance d'un autre ; cet État lui-même.

protégé, e n Personne qui jouit de la faveur, du soutien de qqn.

protège-cahier (pl *protège-cahiers*) nm Couverture souple servant à protéger un cahier.

protège-dents nm inv Appareil de protection pour les dents des boxeurs.

protéger vt (conj 2 et 10) **1.** Mettre à l'abri d'un dommage, d'un danger : *protéger les cultures du soleil ; vaccin qui protège contre la grippe.* **2.** Appuyer, favoriser qqn : *protéger un candidat.* **3.** Encourager, favoriser qqch : *protéger les arts.* ◆ **se protéger** vpr Se mettre à l'abri d'un danger, d'un risque : *se protéger du soleil.*

protège-slip (pl *protège-slips*) nm Bande absorbante adhésive qui se fixe à l'intérieur d'un slip de femme.

protéine nf Substance du groupe des protides.

protéinique ou **protéique** adj Qui concerne les protéines.

protestant, e adj et n Qui appartient au protestantisme ; qui le pratique, le professe.

protestantisme nm Ensemble des Églises et des communautés chrétiennes issues de la Réforme ; la religion réformée.

protestataire adj et n Qui proteste.

protestation nf **1.** Action de protester : *cris de protestation.* **2.** (souvent au pluriel) Déclaration vigoureuse de bons sentiments : *protestations d'amitité, de dévouement.*

protester vi S'élever contre : *protester contre une injustice.* ◆ vt ind [de] LITT Donner l'assurance de : *protester de son innocence.*

protêt nm DR Acte par lequel le porteur d'un effet de commerce fait constater le refus de paiement.

prothèse nf Remplacement chirurgical d'un organe ; la pièce ou l'appareil de remplacement : *prothèse dentaire.*

prothésiste n Fabricant de prothèses.

prothrombine nf Substance contenue dans le sang et qui participe à sa coagulation.

protide nm VX Nom générique des substances organiques azotées.

protiste nm BIOL Être vivant unicellulaire à noyau distinct.

protocolaire adj **1.** Conforme au protocole : *visite protocolaire.* **2.** PÉJOR Qui manifeste un attachement au protocole.

protocole nm **1.** Ensemble des règles établies en matière d'étiquette, d'honneur et de préséances dans les cérémonies officielles. **2.** Procès-verbal relatant les résolutions d'une assemblée : *protocole d'accord.* **3.** MÉD Ensemble des règles à respecter au cours de certains traitements et lors des essais thérapeutiques. **4.** DR Formulaire pour la rédaction des actes publics.

protohistoire nf Période chronologique intermédiaire entre la préhistoire et l'histoire.

proton nm Particule élémentaire chargée d'électricité positive entrant avec le neutron dans la composition des noyaux.

protoplasme nm Substance qui constitue la cellule vivante.

prototype nm **1.** Modèle original. **2.** Premier exemplaire d'un appareil, destiné à l'expérimentation.

protozoaire nm Être vivant unicellulaire (les protozoaires forment un embranchement).

protubérance nf Saillie, excroissance.

protubérant, e adj Saillant.

prou adv ■ LITT **peu ou prou :** plus ou moins.

proue nf Partie avant d'un navire (par opposition à *poupe*).

prouesse nf **1.** Action d'éclat ; exploit : *prouesse sportive.* **2.** LITT Acte d'héroïsme.

prouvable adj Qu'on peut prouver.

prouver vt **1.** Établir indéniablement la vérité de quelque chose. **2.** Témoigner : *prouver sa gratitude.* **3.** Indiquer, révéler : *ce succès prouve le bien-fondé de l'orientation adoptée.*

provenance nf Origine : *marchandises de provenance étrangère.* ■ **en provenance de :** venant de : *train en provenance de Rome.*

provençal, e, aux adj et n De Provence : *les Provençaux.* ◆ nm Groupe de dialectes occitans parlés en Provence.

provenir vt ind [de] (conj 22) **1.** Venir de. **2.** Résulter, tirer son origine de.

proverbe nm Maxime brève devenue populaire.

proverbial, e, aux adj **1.** Qui tient du proverbe : *expression proverbiale.* **2.** Cité comme exemple, connu de tous : *honnêteté proverbiale.*

proverbialement adv De façon proverbiale.

providence nf **1.** THÉOL (avec une majuscule) Dieu. **2.** Action constante de la sagesse divine. **3.** FIG Personne qui veille, qui protège : *il est la providence des sans-logis.* **4.** Chance, bonheur inespérés : *votre présence est une providence.*

providentiel, elle adj **1.** Envoyé par la Providence. **2.** Qui arrive par un heureux hasard.

providentiellement adv De façon providentielle.

province nf Division territoriale dans certains pays : *le Québec est une province du Canada.* ■ **la province :** ensemble de toutes les régions de France, à l'exception de Paris.

provincial, e, aux adj Qui a les caractères de la province : *accent provincial.* ◆ n Habitant de la province.

provincialisme nm **1.** Mot, tournure propres à une province. **2.** Comportement propre aux provinciaux.

proviseur, e n Fonctionnaire chargé de l'administration d'un lycée.

provision nf **1.** Ensemble de choses nécessaires ou utiles ; réserve : *provision de blé.* **2.** Somme déposée en banque destinée à couvrir des paiements ultérieurs : *chèque sans provision.* **3.** Somme qu'un tribunal attribue provisoirement ou qu'un client dépose à titre d'acompte : *verser une provision.* ◆ **provisions** pl Produits alimentaires ou d'entretien nécessaires à la vie courante : *faire ses provisions ; panier à provisions.*

provisionnel, elle adj Qui constitue une provision : *acompte provisionnel.*

provisionner vt Créditer un compte bancaire ou postal.

provisoire adj **1.** Temporaire. **2.** DR Prononcé en attendant : *jugement provisoire.* ◆ nm Ce qui est transitoire, solution d'attente : *s'installer dans le provisoire.*

provisoirement adv En attendant.

provocant, e adj Qui provoque.

provocateur, trice adj et n Qui cherche à provoquer une réaction violente.

provocation nf Action de provoquer ; fait ou geste destiné à provoquer : *répondre à une provocation.*

provoquer vt **1.** Produire, occasionner : *provoquer une catastrophe.* **2.** Inciter quelqu'un, le défier de façon à obtenir une réaction violente. **3.** Exciter le désir sexuel.

proxénète n Personne qui se livre au proxénétisme.

proxénétisme nm Activité délictueuse consistant à favoriser la prostitution ou à en tirer profit.

proximité nf Voisinage. ■ **à proximité de :** près de. ❑ **de proximité :** (a) qui est situé dans le proche voisinage : *commerce de proximité* (b) qui est proche des préoccupations des gens : *un syndicalisme de proximité.*

prude adj et nf D'une pudeur affectée.

prudemment [prydamɑ̃] adv Avec prudence.

prudence nf Attitude qui consiste à agir de manière à éviter tout danger, tout risque inutile, toute erreur.

prudent, e adj et n Qui agit avec prudence, qui dénote de la prudence ; sage, avisé : *réponse prudente.*

pruderie nf Attitude prude.

prud'homal, e, aux adj Relatif aux conseils de prud'hommes.

> ORTHOGRAPHE L'adjectif s'écrit avec un seul *m*, alors que le nom s'écrit avec deux *m*. L'un et l'autre ont une apostrophe après le *d*.

prud'homme nm Membre d'un tribunal électif *(conseil de prud'hommes)*, composé paritairement de représentants des salariés et des employeurs, en vue de trancher les conflits professionnels.

prune nf Fruit du prunier à pulpe molle, juteuse et sucrée ; eau-de-vie faite avec ce fruit. ◆ adj inv D'une couleur violet foncé.

pruneau nm Prune séchée.

1. prunelle nf Fruit du prunellier ; eau-de-vie faite avec ce fruit.

2. prunelle nf Pupille de l'œil. ■ **tenir à quelque chose comme à la prunelle de ses yeux** : y être attaché par-dessus tout.

prunellier nm Prunier sauvage épineux.

prunier nm Arbre cultivé pour son fruit comestible, la prune.

prunus [prynys] nm Prunier à feuilles pourpres cultivé comme arbre d'ornement.

prurigineux, euse adj MÉD Qui provoque une démangeaison.

prurigo nm Maladie de peau caractérisée par des démangeaisons.

prurit [pryrit] nm MÉD Vive démangeaison.

prussien, enne adj et n De Prusse.

P.-S. (sigle) Post-scriptum.

PSA nm (sigle de *prostate specific antigene*) Antigène spécifique de la prostate.

psalliote nf Champignon comestible à lames et à anneau.

psalmodie nf **1.** RELIG Manière de chanter les psaumes. **2.** LITT Façon monocorde de réciter, de chanter.

psalmodier vt et vi **1.** Réciter des psaumes, sans inflexion de voix. **2.** Débiter d'une manière monotone, sur un ton uniforme.

psaume nm Chant sacré, cantique de la liturgie chrétienne et juive.

psautier nm Recueil de psaumes.

pseudonyme nm Nom d'emprunt choisi par un auteur, un artiste, etc.

pseudopode nm Saillie du cytoplasme de certaines cellules, permettant leur déplacement et la préhension des aliments.

psi nm inv Vingt-troisième lettre de l'alphabet grec, qui correspond au son [ps].

psitt ou **pst** interj Pour appeler, faire signe.

psoriasis [psɔrjazis] nm Affection cutanée chronique.

psy n (abréviation) FAM Psychologue, psychiatre, psychanalyste.

psychanalyse [psikanaliz] nf Investigation psychologique inventée par Freud, ayant pour but de ramener à la conscience des sentiments obscurs ou refoulés et d'élucider la signification inconsciente des conduites.

psychanalyser vt Soumettre à un traitement psychanalytique.

psychanalyste n Spécialiste de psychanalyse.

psychanalytique adj Qui relève de la psychanalyse.

psyché [psiʃe] nf Grand miroir mobile sur châssis, qu'on peut incliner à volonté.

psychédélique [psikedelik] adj Propre à l'état de rêve éveillé provoqué par certains hallucinogènes.

psychiatre [psikjatr] n Médecin spécialiste des maladies mentales.

psychiatrie nf Étude et traitement des maladies mentales.

psychiatrique adj Qui relève de la psychiatrie : *traitement psychiatrique*.

psychique [psiʃik] adj Qui concerne l'esprit, la vie mentale : *phénomène psychique*.

psychisme nm Ensemble des caractères psychiques d'une personne.

psychodrame [psikɔdram] nm Psychothérapie de groupe qui consiste en une improvisation théâtrale à partir de scènes réelles ou imaginaires ; situation qui y fait penser.

psycholinguistique [psikolɛ̃gɥistik] nf Étude scientifique des facteurs psychiques qui permettent la production et la compréhension du langage.

psychologie [psikɔlɔʒi] nf **1.** Étude scientifique des faits psychiques : *psychologie de l'enfant*. **2.** Ensemble des sentiments, des façons de penser ou d'agir ; caractère : *psychologie des héros de bande dessinée*. **3.** Intuition : *manquer de psychologie*.

psychologique adj Qui relève de la psychologie : *roman psychologique*.

psychologiquement adv D'un point de vue psychologique.

psychologue n et adj **1.** Spécialiste de psychologie. **2.** Personne qui comprend intuitivement les autres : *il n'est pas très psychologue*.

psychomoteur, trice adj **1.** Qui relève à la fois des fonctions psychologiques et des fonctions motrices : *développement psychomoteur*. **2.** Qui se rapporte aux troubles de la motricité sans support organique.

psychopathe n Malade mental.

psychose [psikoz] nf **1.** Maladie mentale caractérisée par la perte du contact avec la réalité. **2.** Obsession, panique collective : *la psychose des attentats*.

psychosomatique adj Qui concerne à la fois le corps et l'esprit.

psychothérapeute n Spécialiste de psychothérapie.

psychothérapie nf Traitement par des méthodes psychologiques, fondé sur la relation du patient et du thérapeute.

psychotique adj et n Propre à la psychose ; atteint de psychose.

psychotonique nm et adj Substance douée d'une action stimulante sur le psychisme.

psychotrope nm et adj Substance chimique agissant sur le psychisme.

ptérodactyle nm Reptile volant du secondaire.

ptôse nf MÉD Chute, descente d'un organe, due au relâchement des muscles qui le maintiennent.

puant, e adj **1.** Qui exhale une odeur fétide. **2.** FAM D'une grande fatuité ; prétentieux.

puanteur nf Odeur très désagréable.

1. pub [pyb] nf (abréviation) FAM Publicité.

2. pub [pœb] nm En Grande-Bretagne, établissement où l'on sert des boissons alcoolisées.

pubère adj et n Qui a atteint l'âge de la puberté.

puberté nf Période de la vie humaine, entre l'enfance et l'adolescence, caractérisée par le début de l'activité des glandes reproductrices.

pubien, enne adj Relatif au pubis.

pubis [pybis] nm Partie inférieure et médiane du bas-ventre, de forme triangulaire et qui se couvre de poils au moment de la puberté.

publiable adj Qui peut être publié.

public, ique adj **1.** Commun à un groupe, à un grand nombre de personnes : *opinion publique.* **2.** Accessible à tous : *école publique.* **3.** Notoire, connu de tous. **4.** Qui relève de l'État, de l'administration d'un pays : *fonction publique ; autorité publique.* ◆ nm **1.** Les gens en général, la population : *s'adresser au public.* **2.** Ensemble des personnes qui lisent un livre, assistent à un spectacle, etc. : *un public de connaisseurs.* ■ **en public :** en présence de nombreuses personnes. ❑ FAM **être bon public :** être prompt à s'enthousiasmer pour une histoire drôle, un spectacle, etc., même de qualité médiocre. ❑ **grand public :** qui s'adresse à tous et non aux spécialistes : *livre grand public.* ❑ **le public :** la fonction publique : *les postes dans le public.*

publication nf Action de publier ; ouvrage publié. ■ INFORM **publication assistée par ordinateur (PAO) :** ensemble des techniques utilisant la micro-informatique pour la saisie de textes, leur préparation typographique et leur mise en pages. SYN : édition électronique, microédition.

publiciste n Publicitaire.

publicitaire adj Relatif à la publicité. ◆ n Personne travaillant dans la publicité.

publicité nf **1.** Activité et secteur professionnel ayant pour but de faire connaître un produit et d'en accroître la vente ; message écrit ou visuel conçu à cet effet. **2.** Caractère de ce qui est public : *la publicité des débats.* ■ **publicité comparative :** dans laquelle on compare le produit à vendre à tel autre nommément désigné.

publier vt **1.** Faire paraître un ouvrage, le mettre en vente : *publier un roman.* **2.** Faire connaître légalement : *publier une loi.*

publi-information (pl *publi-informations*) nf Annonce publicitaire présentée dans un journal ou un magazine sous la forme d'un article, d'un reportage.

Publiphone nm (nom déposé) Cabine téléphonique à carte.

publipostage nm Envoi d'un message publicitaire sous pli fermé.

publiquement adv En public.

publireportage nm Publicité insérée dans un journal, une revue et présentée sous forme de reportage.

puce nf **1.** Insecte sauteur, pouvant atteindre 4 mm de long, parasite de l'homme et des mammifères. **2.** Dans un circuit électronique, petite surface supportant un microprocesseur. ■ INFORM **carte à puce :** carte qui contient un microprocesseur et une mémoire électronique : *acquitter le péage avec une carte à puce.* ❑ **marché aux puces :** où l'on vend des objets d'occasion. ❑ FAM **mettre la puce à l'oreille :** éveiller les doutes. ◆ adj inv D'un rouge brun foncé : *de la soie puce.*

puceau nm et adj m FAM Garçon vierge.

pucelage nm FAM Virginité.

pucelle nf et adj f FAM Fille vierge.

puceron nm Insecte qui vit en parasite sur les plantes.

pudding ou **pouding** [pudiŋ] nm Entremets à base de farine, de sucre et de beurre, garni de fruits.

pudeur nf Attitude de réserve, de délicatesse qui empêche de dire ou de faire ce qui peut blesser la décence, spécialement en ce qui concerne les questions sexuelles.

pudibond, e adj Qui manifeste une pudeur excessive, ridicule.

pudibonderie nf Caractère pudibond.

pudique adj Qui manifeste de la pudeur.

pudiquement adv Avec pudeur.

puer vi Sentir très mauvais. ◆ vt Exhaler l'odeur désagréable de : *puer le tabac.*

puéricultrice nf (on rencontre le masculin *puériculteur*) Spécialiste de puériculture.

puériculture nf Ensemble des connaissances et des techniques nécessaires aux soins des tout-petits.

puéril, e adj **1.** Qui appartient à l'enfance. **2.** PÉJOR Enfantin, immature.

puérilement adv De façon puérile.

puérilité nf **1.** Caractère puéril. **2.** Enfantillage.

puerpéral, **e**, **aux** adj MÉD Propre aux femmes en couches : *fièvre puerpérale*.

pugilat nm Combat, rixe à coups de poing.

pugiliste nm LITT Boxeur.

pugnace [pygnas] adj LITT Combatif.

pugnacité [pygnasite] nf Combativité ; intérêt pour la lutte, la compétition.

puîné, **e** adj VIEILLI Né après, par rapport à un autre ; cadet : *frère puîné*.

puis adv Ensuite, après : *devenir grave, puis très inquiet*. ■ **et puis** : après cela, d'ailleurs, au reste.

puisage nm Action de puiser.

puisard nm Égout vertical fermé qui absorbe les eaux usées et les eaux de pluie.

puisatier nm Terrassier spécialisé dans le forage des puits de faible diamètre.

puiser vt **1.** Prendre un liquide avec un récipient. **2.** FIG Prendre : *puiser dans la cagnotte*.

puisque conj Marque la cause, le motif connus ou évidents ; comme, attendu que : *partons, puisqu'il le faut*.

ORTHOGRAPHE La voyelle finale de *puisque* est élidée devant *il (ils), elle (elles), en, on, un (une),* comme pour *lorsque*.

puissamment adv Fortement : *puissamment aidé*.

puissance nf **1.** Autorité, pouvoir de commander, de dominer : *puissance militaire*. **2.** État souverain : *les grandes puissances*. **3.** Qualité de ce qui peut fournir de l'énergie : *puissance d'un moteur*. **4.** MATH Nombre de fois qu'un nombre est multiplié par lui-même : *le cube est la puissance trois*. ■ **en puissance** : virtuellement.

puissant, **e** adj **1.** Qui a de l'influence, du pouvoir. **2.** D'une grande force physique. ◆ nm Personne haut placée, influente.

puits nm Trou profond en terre pour tirer de l'eau, pour exploiter une mine : *puits de pétrole*. ■ FIG **puits de science** : personne très savante.

pullman [pulman] nm Autocar très confortable.

pull-over [pylɔvɛr] (pl *pull-overs*) ou **pull** nm Tricot, avec ou sans manches, qu'on enfile par la tête.

pullulement nm ou **pullulation** nf Fait de pulluler.

pulluler vi **1.** Se multiplier, se reproduire vite : *les rats pullulent*. **2.** Se répandre avec profusion, être en grand nombre : *le gibier pullule*.

pulmonaire adj Du poumon.

pulpe nf **1.** Partie charnue des fruits. **2.** Tissu mou de la cavité dentaire.

pulpeux, **euse** adj LITT Formé de pulpe ; qui a l'aspect, la consistance de la pulpe. ■ **lèvres pulpeuses** : lèvres charnues et sensuelles.

pulsation nf Battement du cœur, des artères.

pulsion nf **1.** Impulsion. **2.** PSYCHAN Poussée inconsciente des tendances organiques : *pulsion sexuelle*.

pulsionnel, **elle** adj Relatif à une pulsion.

pulvérisateur nm Instrument pour projeter un liquide en fines gouttelettes.

pulvérisation nf Action de pulvériser ; son résultat.

pulvériser vt **1.** Projeter un liquide en fines gouttelettes. **2.** Réduire en poudre, en menus morceaux. **3.** FIG Détruire, anéantir. ■ FIG **pulvériser un record** : le battre.

pulvérulent, **e** adj À l'état de poussière ; réduit en poudre : *le plâtre est une substance pulvérulente*.

puma nm Mammifère carnassier d'Amérique.

punaise nf **1.** Insecte plat, malodorant. **2.** Petit clou à tête large, à pointe courte et fine. ■ **punaise des lits** : insecte qui pique l'homme pour se nourrir de son sang.

punaiser vt Fixer à l'aide de punaises.

1. punch [pɔ̃ʃ] (pl *punchs*) nm Boisson à base de rhum, de sucre de canne et de citron vert.

2. punch [pœnʃ] nm inv Efficacité, dynamisme : *avoir du punch*.

puncheur [pœnʃœr] nm Boxeur dont le punch est la principale qualité.

punching-ball [pœnʃiŋbol] (pl *punching-balls*) nm Ballon maintenu verticalement par des supports élastiques, et servant à s'entraîner à la boxe.

puni, **e** adj et n Qui subit une punition.

punique adj De Carthage ; des Carthaginois : *les guerres puniques*.

punir vt **1.** Infliger une peine, frapper d'une sanction. **2.** Infliger un désagrément à quelqu'un pour ce qu'il a fait : *le voilà bien puni de sa curiosité*.

punissable adj Qui mérite une punition.

punitif, **ive** adj Qui a pour objet de punir : *expédition punitive*.

punition nf Action de punir ; peine infligée.

punk [pœnk] adj inv et n Se dit d'un mouvement musical et culturel caractérisé par une attitude de provocation et de dérision à l'égard de la société ; adepte de ce mouvement.

1. pupille n Orphelin mineur, placé sous la direction d'un tuteur. ■ **pupille de la Na-**

tion : orphelin de guerre bénéficiant d'une tutelle particulière de l'État. ❑ **pupille de l'État :** (a) enfant, orphelin ou abandonné, élevé par l'Assistance publique (b) incapable majeur dont la tutelle est déférée à l'État.

2. pupille nf Orifice central de l'iris de l'œil.

pupitre nm **1.** Petit meuble pour poser un livre, une partition, etc. **2.** INFORM Organe d'un ordinateur qui réunit toutes les commandes manuelles de fonctionnement.

pupitreur, euse n Technicien travaillant au pupitre d'un ordinateur.

pur, e adj **1.** Sans mélange : *vin pur ; joie pure.* **2.** Qui est ni altéré, ni vicié, ni pollué : *air pur ; ciel pur.* **3.** Sans défaut moral : *cœur pur.* **4.** (avant le nom) Qui est seulement, totalement tel : *un pur hasard.* **5.** Qui se développe en vertu de ses seules exigences internes : *sciences pures* (par opposition à *sciences appliquées*). **6.** Qui présente une harmonie dépouillée et sans défaut : *ligne pure.* ■ **en pure perte :** sans résultat. ❑ **pur et dur :** qui défend une doctrine avec intransigeance. ❑ **pur et simple :** sans condition.

purée nf Préparation culinaire à base de légumes cuits à l'eau et écrasés : *purée de pommes de terre, de carottes.* ■ FAM **purée de pois :** brouillard.

purement adv Uniquement. ■ **purement et simplement :** sans réserve ni condition.

pureté nf **1.** Qualité de ce qui est pur : *la pureté d'un liquide.* **2.** Qualité d'une personne moralement pure.

purgatif, ive adj et nm Se dit d'un remède qui purge ; laxatif.

purgatoire nm **1.** RELIG Lieu où les âmes des morts achèvent d'expier leurs fautes. **2.** FIG Période d'épreuve transitoire.

purge nf **1.** Action de purger. **2.** Remède purgatif. **3.** Élimination d'un pays, d'un groupe des personnes jugées indésirables ou dangereuses.

purger vt (conj 2) **1.** MÉD Traiter par un purgatif. **2.** Nettoyer en vidant, en vidangeant. **3.** Procéder à une purge. ■ **purger les hypothèques :** remplir les formalités nécessaires pour qu'un bien ne soit plus hypothéqué. ❑ **purger une peine de prison :** la subir.

purgeur nm Robinet pour purger.

purificateur, trice adj Qui purifie.

purification nf Action de purifier ; son résultat. ■ **purification ethnique :** élimination, par une population dominante, des autres groupes ethniques vivant sur le même territoire.

purificatoire adj Qui purifie : *cérémonie purificatoire.*

purifier vt Rendre pur.

purin nm Liquide du fumier.

purisme nm **1.** Souci exagéré de la pureté du langage. **2.** PAR EXT Tendance au perfectionnisme dans la pratique d'un art, d'un métier.

puriste adj et n Propre au purisme ; qui en est partisan.

puritain, e adj et n D'une moralité sévère, rigide. ◆ n Membre d'une communauté de presbytériens anglais rigoristes dont beaucoup émigrèrent en Amérique à cause des persécutions.

puritanisme nm **1.** Doctrine des puritains. **2.** Attitude puritaine.

purpura nm MÉD Éruption de taches rougeâtres sur la peau.

purpurin, e adj LITT D'une couleur pourpre.

pur-sang nm inv Cheval de race pure, issu de races anglaise, arabe ou anglo-arabe.

purulence nf État de ce qui est purulent.

purulent, e adj Qui contient ou produit du pus.

pus [py] nm Liquide jaunâtre qui se forme aux points d'infection de l'organisme.

pusillanime [pyzilanim] adj LITT Qui manque d'audace, de courage.

pusillanimité nf LITT Manque de courage.

pustule nf Petite tumeur inflammatoire suppurante.

pustuleux, euse adj Couvert de pustules : *visage pustuleux.*

putain ou **pute** nf TRÈS FAM Prostituée.

putatif, ive adj DR Qui est supposé avoir une existence légale. ■ **enfant putatif :** supposé le fils de, la fille de.

putois nm Petit mammifère carnassier, du groupe des belettes, à l'odeur désagréable.

putréfaction nf Décomposition du corps après la mort.

putréfier vt Corrompre ; pourrir.

putrescible adj Sujet à la putréfaction.

putride adj Produit par la putréfaction.

putsch [putʃ] nm Coup d'État ou soulèvement organisé par un groupe armé en vue de s'emparer du pouvoir.

putschiste adj et n Relatif à un putsch ; qui y participe.

putt [pœt] ou **putting** [pœtiŋ] nm Au golf, coup joué sur le green pour faire rouler doucement la balle vers le trou.

puzzle [pœzl] nm **1.** Jeu de patience fait de fragments découpés qu'il faut rassembler pour reconstituer une image. **2.** FIG Problème compliqué, situation confuse.

P.-V. nm (sigle de *procès-verbal*) FAM Contravention.

PVC nm (sigle de *polyvinylchloride*) Matière plastique utilisée notamment dans le bâtiment, l'industrie de l'emballage, la confection, etc.

pyjama nm Vêtement de nuit, composé d'un pantalon et d'une veste.

pylône nm Poteau en ciment ou support métallique destiné à porter des câbles électriques aériens, des antennes, etc.

pylore nm Orifice inférieur de l'estomac.

pyralène nm Composé organique liquide, dont la décomposition accidentelle provoque des dégagements toxiques de dioxine.

pyramidal, e, aux adj En forme de pyramide. ■ **vente pyramidale :** technique de vente fondée sur le recrutement, parrainé en cascade, de vendeurs dont la rémunération est liée aux commandes des nouveaux vendeurs qu'ils ont eux-mêmes recrutés. (Cette pratique est interdite en France).

pyramide nf **1.** Polyèdre qui a pour base un polygone et pour faces latérales des triangles réunis en un point appelé sommet. **2.** Grand monument ayant la forme d'une pyramide : *les pyramides d'Égypte.* **3.** Entassement d'objets ou objet ayant cette forme : *une pyramide de fruits.*

pyrénéen, enne adj et n Des Pyrénées : *les Pyrénéens.*

Pyrex nm (nom déposé) Verre très résistant pouvant supporter la chaleur.

pyrite nf Sulfure de certains métaux.

pyrogravure nf Décoration du bois, du cuir à l'aide d'une pointe métallique portée au rouge.

pyrolyse nf Décomposition chimique obtenue par chauffage.

pyromane n Personne poussée, par une pulsion irrépressible, à allumer des incendies.

pyrotechnie [pirɔtɛkni] nf Fabrication et emploi des pièces explosives servant dans les feux d'artifice.

pyrotechnique adj Relatif à la pyrotechnie.

pythagoricien, enne n Partisan de la doctrine de Pythagore. ◆ adj Relatif à cette doctrine.

pythie nf ANTIQ GR Prophétesse qui rendait des oracles au nom d'Apollon, à Delphes.

python nm Serpent d'Asie et d'Afrique, non venimeux, de grande taille, qui étouffe ses proies (le python, qui mesure de 7 à 10 m, est le plus grand serpent actuellement vivant).

Q

q nm Dix-septième lettre de l'alphabet et la treizième des consonnes.

QCM nm (sigle de *questionnaire à choix multiple*) Questionnaire d'examen proposant, pour chaque question posée, plusieurs réponses.

QG nm (sigle) Quartier général.

QI nm (sigle) Quotient intellectuel.

qi gong [tʃikɔ̃g] nm inv Gymnastique traditionnelle chinoise, fondée sur la connaissance et la maîtrise de l'énergie vitale.

QPC nf (sigle de *question prioritaire de constitutionnalité*) En France, procédure au terme de laquelle le **Conseil** constitutionnel, saisi par le justiciable sous certaines conditions, se prononce sur la constitutionnalité d'une loi qui pourrait porter atteinte à l'un des droits et libertés garantis par la Constitution.

quadra [ka-] ou [kwa-] n FAM Quadragénaire. ◆ adj FAM Relatif aux quadras : *mode quadra*.

quadragénaire [kwadraʒenɛr] ou [kadra-] n et adj Personne qui a entre quarante et quarante-neuf ans.

quadrangulaire [kwadrɑ̃gylɛr] ou [kadra-] adj Qui a quatre angles.

quadrant nm Quart de la circonférence du cercle.

quadrature [kwadratyr] ou [kadra-] nf GÉOM Construction d'un carré ayant même aire que celle de l'intérieur d'un cercle donné. ■ FIG **quadrature du cercle** : problème insoluble.

quadrichromie [kwa-] ou [ka-] nf Impression en quatre couleurs (jaune, rouge, bleu et noir).

quadriennal, e, aux [kwa-] ou [ka-] adj Qui dure quatre ans, revient tous les quatre ans.

quadrige [kadriʒ] ou [kwadriʒ] nm ANTIQ Char attelé de quatre chevaux de front.

quadrilatéral, e, aux [kwadrilateral, o] ou [kadrilateral, o] adj Qui a quatre côtés.

quadrilatère [kwadrilatɛr] ou [kadrilatɛr] nm GÉOM Polygone à quatre côtés.

quadrillage nm **1.** Ensemble des lignes entrecroisées qui divisent une surface en carrés contigus. **2.** Opération militaire ou policière visant à assurer le contrôle d'une zone.

quadrille nm **1.** Groupe de quatre cavaliers dans un carrousel. **2.** Danse exécutée par quatre couples de danseurs ; ce groupe de danseurs.

quadriller vt **1.** Diviser au moyen d'un quadrillage. **2.** Procéder à un quadrillage militaire ou policier.

quadrimoteur [kwadrimɔtœr] ou [kadrimɔtœr] nm et adj m Avion muni de quatre moteurs.

quadriparti, e [kwadriparti] ou **quadripartite** [kwadripartit] adj Composé de quatre éléments, de quatre parties, etc.

quadriphonie [kwadrifɔni] ou [kadri-] nf Procédé d'enregistrement et de reproduction des sons sur quatre canaux.

quadriréacteur [kwadrireaktœr] ou [kadrireaktœr] nm et adj m Avion muni de quatre moteurs à réaction.

quadrumane [kwadryman] ou [kadryman] adj et nm Qui a quatre mains : *les singes sont quadrumanes*.

quadrupède [kadrypɛd] adj et nm Qui a quatre pieds.

quadruple [kadrypl] ou [kwadrypl] adj et nm Qui vaut quatre fois autant.

quadrupler vt Multiplier par quatre. ◆ vi Être multiplié par quatre.

quadruplés, ées n pl Enfants nés au nombre de quatre d'un même accouchement.

quai nm **1.** Ouvrage en maçonnerie qui, le long d'un cours d'eau, empêche les inondations, et dans un port permet le chargement et le déchargement des bateaux. **2.** Trottoir ou plate-forme dans les gares, le long des voies.

quaker, eresse [kwɛkœr, krɛs] n Membre d'un mouvement religieux protestant répandu en Écosse et aux États-Unis.

qualifiable adj Qui peut être qualifié.

qualificatif, ive adj Qui qualifie : *épreuve qualificative*. ■ **adjectif qualificatif** : qui indique une qualité. ◆ nm Mot qui exprime une qualité, bonne ou mauvaise, dont on se sert pour caractériser quelqu'un.

qualification nf **1.** Attribution d'une qualité, d'un titre ; fait d'être qualifié : *qualification professionnelle*. **2.** Conditions requises pour pouvoir participer à une épreuve, à la phase ultérieure d'une compétition.

qualifié, e adj Qui a la qualité nécessaire pour : *être qualifié pour critiquer.* ■ DR **vol qualifié** : avec circonstances aggravantes.

qualifier vt **1.** Exprimer la qualité de ; attribuer une qualité à : *il qualifie sa conduite de sage.* **2.** Donner à un concurrent, une équipe le droit de participer à une autre épreuve. ◆ **se qualifier** vpr Obtenir sa qualification.

qualitatif, ive adj Relatif à la qualité, à la nature des choses (par opposition à *quantitatif*).

qualitativement adv Du point de vue de la qualité.

qualité nf **1.** Manière d'être, bonne ou mauvaise, de qqch : *la qualité d'une étoffe, d'une terre.* **2.** Supériorité, excellence en qqch. **3.** Talent, ce qui fait le mérite de qqn : *cet enfant a toutes les qualités.* **4.** Condition sociale, juridique, etc. : *agir en qualité de maire.* ■ **qualité de vie** : ce qui contribue à de meilleures conditions de vie ; ensemble de ces conditions. ❑ (nom déposé)**Haute Qualité Environnementale (HQE)** : démarche qui vise à maîtriser l'impact d'une construction neuve sur l'environnement et sur le confort et la santé de ses occupants.

qualiticien, enne n Dans une entreprise, personne chargée d'impulser et de coordonner les actions nécessaires pour que les objectifs de qualité de la production soient atteints.

quand adv À quelle époque : *quand partez-vous ?* ◆ conj **1.** Au moment où, chaque fois que : *quand vous serez vieux.* **2.** Marque l'opposition ; alors que : *elle sort quand elle doit rester au lit.* ■ **quand bien même** : même si. ❑ **quand même** : (a) marque l'opposition ; malgré tout : *il ne travaille pas, mais il réussit quand même* (b) marque l'impatience, la réprobation : *vous voilà quand même !*

quanta [kwɑ̃] ou [kɑ̃] nm pl → **quantum**.

quant (à) [kɑ̃ta] loc prép À l'égard de ; pour ce qui est de : *quant à moi.*

quant-à-soi nm inv FAM Réserve, attitude distante : *rester sur son quant-à-soi.*

quantième nm ■ (terme administratif) **quantième du mois** : numéro du jour dans le mois : *indiquer sur le procès-verbal le quantième du mois.*

quantifiable adj Qui peut être quantifié.

quantification nf Action de quantifier.

quantifier vt **1.** Déterminer la quantité de. **2.** PHYS Appliquer à un phénomène la théorie des quanta.

quantique [kɑ̃tik] ou [kwɑ̃tik] adj Relatif aux quanta : *mécanique quantique.*

quantitatif, ive adj Relatif à la quantité (par opposition à *qualitatif*).

quantitativement adv Du point de vue de la quantité.

quantité nf **1.** Propriété de ce qui peut être mesuré ou compté. **2.** Poids, volume, nombre ainsi déterminés. **3.** Un grand nombre : *quantité de gens disent.* ■ **en quantité** : en grand nombre.

quantum [kwɑ̃tɔm] (pl *quanta*) nm **1.** Quantité afférente à chacun dans une répartition. **2.** PHYS Quantité minimale d'une grandeur quantifiée, en particulier de l'énergie.

quarantaine nf **1.** Nombre de quarante ou d'environ quarante. **2.** Âge d'environ quarante ans. **3.** Isolement imposé à des personnes, des animaux ou des marchandises en provenance d'une région où règne une épidémie. ■ FIG **mettre en quarantaine** : exclure d'un groupe.

quarante adj num card **1.** Quatre fois dix. **2.** Quarantième : *page quarante.* ◆ nm inv Chiffre, numéro qui représente ce nombre.

quarante-huitard, e (pl *quarante-huitards, es*) adj et n HIST Propre à la révolution, aux révolutionnaires de 1848.

quarantième adj num ord et n **1.** Qui occupe un rang marqué par le numéro quarante. **2.** Qui se trouve quarante fois dans le tout.

quart nm **1.** La quatrième partie d'une unité. **2.** Quantité correspondant à 125 grammes ; volume correspondant à un quart de litre. **3.** Petit gobelet de fer-blanc, contenant environ un quart de litre. **4.** MAR Service de veille à bord, de quatre heures consécutives. ■ **au quart de tour** : immédiatement. ❑ **aux trois quarts** : presque complètement. ❑ FAM **passer un mauvais quart d'heure** : éprouver, dans un court espace de temps, quelque chose de fâcheux. ❑ **quart d'heure** : quatrième partie d'une heure, soit quinze minutes.

quarte nf MUS Intervalle de quatre degrés.

quarté nm Pari dans lequel il faut prévoir les quatre premiers arrivants d'une course hippique.

quarteron, onne n Métis dont un seul grand-parent est noir, les trois autres étant blancs. ◆ nm PÉJOR Petit nombre : *un quarteron de mécontents.*

quartette [kwartɛt] nm Groupe de quatre musiciens.

quartier nm **1.** Portion d'un objet divisé en quatre ou plus de quatre parties : *quartier de pomme.* **2.** Masse importante détachée d'un ensemble : *quartier de viande.* **3.** Chacune des phases de la Lune : *premier, dernier quartier.* **4.** Division administrative ;

partie d'une ville : *quartier commerçant.* **5.** Casernement ou cantonnement militaire. ■ **avoir quartier libre :** être libre de faire ce que l'on veut. ❑ **ne pas faire de quartier :** n'épargner personne. ❑ **quartier chaud :** partie d'une ville où s'exerce le commerce du sexe. ❑ **quartier général :** (a) poste de commandement d'une armée (b) FAM lieu habituel de réunion (abréviation : *QG*).

quartier-maître (pl *quartiers-maîtres*) nm MAR Grade immédiatement supérieur à celui de matelot.

quart(-)monde (pl *quarts[-]mondes*) nm Partie la plus défavorisée du tiers-monde, d'une population.

quarto [kwarto] adv Quatrièmement.

quartz [kwarts] nm Silice cristallisée. ■ **montre, horloge à quartz :** dont le résonateur est un cristal de quartz entretenu électroniquement.

quasar [kwazar] ou [kazar] nm Astre très lointain d'une grande luminosité.

1. quasi nm Partie de la cuisse du veau, du bœuf.

2. quasi ou **quasiment** adv LITT presque : *Quasi mort.*

ORTHOGRAPHE Lorsque *quasi* précède un nom, il se lie à ce dernier par un trait d'union : *quasi-cécité.*

quaternaire [kwatɛrnɛr] nm et adj Période géologique actuelle.

quatorze adj num card **1.** Treize plus un. **2.** Quatorzième : *Louis XIV*. ◆ nm inv Chiffre qui représente ce nombre.

quatorzième adj num ord et n **1.** Qui occupe un rang marqué par le numéro quatorze. **2.** Qui se trouve quatorze fois dans le tout.

quatorzièmement adv En quatorzième lieu.

quatrain nm Strophe ou petite poésie de quatre vers.

quatre adj num card **1.** Trois plus un. **2.** Quatrième : *tome quatre.* ◆ nm inv Chiffre, numéro qui représente le nombre quatre. ■ **à quatre pattes :** sur les mains, les genoux et les pointes de pied. ❑ **comme quatre :** beaucoup : *manger comme quatre.* ❑ **monter, descendre les escaliers quatre à quatre :** précipitamment. ❑ **ne pas y aller par quatre chemins :** aller droit au but. ❑ FIG **se mettre en quatre :** faire tout son possible.

quatre-quarts nm inv Gâteau dans lequel la farine, le beurre, le sucre, les œufs sont à poids égal.

quatre-quatre nf inv ou nm inv Voiture à quatre roues motrices.

quatre-saisons nf inv ■ **marchand(e) des quatre-saisons :** marchand(e) qui vend dans une voiture à bras, sur la voie publique, des fruits et des légumes.

quatre-vingt-dix adj num et nm inv Quatre-vingts plus dix.

quatre-vingtième adj num ord et n Qui occupe un rang marqué par le numéro quatre-vingts. ◆ adj et nm qui se trouve quatre-vingts fois dans le tout.

quatre-vingts ou **quatre-vingt** (quand il est suivi d'un autre nombre) adj num et nm inv Quatre fois vingt : *quatre-vingts ans ; quatre-vingt-deux.*

1. quatrième adj num ord et n Qui occupe un rang marqué par le numéro quatre. ◆ adj et nm qui se trouve quatre fois dans le tout.

2. quatrième nf **1.** Troisième année du premier cycle de l'enseignement secondaire. **2.** Quatrième vitesse d'un véhicule automobile.

quatrièmement adv En quatrième lieu.

quattrocento [kwatrɔtʃɛnto] nm Le XVe siècle italien, surtout littéraire et artistique.

quatuor [kwatɥɔr] nm **1.** Morceau de musique à quatre parties ; groupe de quatre musiciens ou de quatre chanteurs. **2.** Groupe de quatre personnes.

1. que pron rel Représente, comme complément d'objet direct de la subordonnée, la chose ou la personne dont on vient de parler ou dont on va parler : *la leçon que j'étudie.* ◆ pron interr Quelle chose : *que dit-il ? ; ne plus savoir que faire.*

2. que conj **1.** Sert à unir deux membres de phrase pour marquer que le second est subordonné au premier : *je veux que vous veniez.* **2.** Marque le souhait, l'imprécation : *qu'il parte à l'instant.* **3.** Reprend la conjonction *(si ce n'est, comme, quand, puisque, si)* dans une proposition subordonnée coordonnée : *puisqu'il l'aime et qu'il est heureux.* **4.** Sert de corrélatif à *tel, quel, même*, et aux comparatifs. **5.** Sert à former des locutions conjonctives : *avant que.* ■ **ne... que :** seulement. ◆ adv Combien : *que c'est bon !*

ORTHOGRAPHE Le *e* de *que* s'élide devant une voyelle ou un *h* muet : *je ne vois qu'elle ; plus qu'habituellement.*

québécisme nm Fait de langue propre au français parlé au Québec.

québécois, e adj et n Du Québec : *les Québécois.*

quechua [ketʃwa] nm Langue indienne du Pérou et de la Bolivie.

quel, **quelle** adj interr Interroge sur la nature ou l'identité d'une personne ou d'une chose, sur le degré, la mesure d'une chose : *quelle heure est-il ? ; savoir à quel chapitre on en est.* ◆ adj excl Dans les phrases exclamatives, exprime l'intensité de la qualité, l'admiration ou l'indignation : *quel malheur !* ◆ pron interr Interroge sur un élément à choisir dans un ensemble ; désigne cet élément de façon indéterminée : *quel est le plus grand des deux ? ; savoir quelle est la plus belle.* ◆ **quel que, quelle que** adj rel De quelque nature que ; si grand que.

GRAMMAIRE Il ne faut pas confondre *quel que* et *quelque*. Devant le verbe *être,* on écrit toujours en deux mots : *quels que soient les avis.*

quelconque adj indéf **1.** N'importe quel : *une raison quelconque.* **2.** FAM Tout à fait médiocre, sans valeur : *un livre tout à fait quelconque.*

1. quelque adj indéf sing SOUT Indique une quantité, une durée, une valeur, un degré indéterminés, généralement faibles : *il y a quelque temps.* ◆ **quelques** adj indéf pl Indique un petit nombre, une petite quantité : *il y a quelques mois ; quelques personnes.* ■ **et quelques** (après un nom de nombre) : et un peu plus, un peu plus de : *dix ans et quelques.*

2. quelque adv **1.** Environ, à peu près : *il y a quelque trois ans.* **2.** Si : *quelque habiles que vous soyez.*

GRAMMAIRE Devant un nombre, *quelque* a toujours fonction d'adverbe et est donc invariable.

quelque chose pron indéf **1.** Indique une chose d'une manière vague : *vous prendrez bien quelque chose.* **2.** Indique un événement, une situation, etc., dont on n'ose pas dire ou dont on ignore la nature : *il se passe quelque chose.*

quelquefois adv Parfois.

quelque part adv **1.** Indique un lieu quelconque, autre que celui où l'on est ; indique un endroit, un point abstrait difficile à définir : *il y a toujours un problème quelque part.* **2.** FAM Fesses : *je vais lui flanquer mon pied quelque part.* ■ **aller quelque part** : aller aux toilettes.

quelques-uns, **quelques-unes** pron indéf pl Indique un petit nombre indéterminé dans un groupe : *quelques-uns parmi eux riaient ;* indique un petit nombre indéterminé ; certains : *pour quelques-uns, ce livre a été une révélation.*

quelqu'un pron indéf m **1.** Une personne : *quelqu'un m'a dit.* **2.** La personne en question : *c'est quelqu'un de bien.* **3.** Une personne importante : *se croire quelqu'un.*

quémander vt Solliciter avec insistance, quitte à être importun.

quémandeur, **euse** adj et n Qui quémande.

qu'en-dira-t-on nm inv FAM Propos tenus sur quelqu'un ; opinion des gens : *ne pas se soucier du qu'en-dira-t-on.*

quenelle nf Rouleau de poisson ou de viande hachés, lié à l'œuf, la farine, etc.

quenotte nf FAM Dent d'enfant.

quenouille nf Bâton entouré de chanvre, de lin, etc., destinés à être filés.

querelle nf Contestation, dispute, démêlé : *chercher querelle.*

quereller vt LITT Réprimander, faire des reproches à quelqu'un. ◆ **se quereller** vpr SOUT Se disputer.

querelleur, **euse** adj et n Qui aime à se quereller.

quérir vt (seulement à l'infinitif) LITT Chercher : *aller, envoyer, faire, quérir le médecin.*

questeur nm **1.** ANTIQ ROM Magistrat chargé de fonctions financières. **2.** Membre élu du bureau d'une assemblée parlementaire chargé de l'administration intérieure et de la gestion financière.

question nf **1.** Demande, interrogation : *question indiscrète ; le candidat a répondu à toutes les questions.* **2.** Point à discuter, difficulté à résoudre : *question philosophique.* ■ **en question :** dont il s'agit, dont on parle. ❑ **faire question :** être discutable, douteux. ❑ **il est question de :** il s'agit de. ❑ **(il n'en est) pas question** ou **c'est hors de question :** marque le refus catégorique. ❑ **question prioritaire de constitutionnalité : QPC.** ❑ **remettre en question :** reconsidérer.

questionnaire nm Liste de questions auxquelles on doit répondre.

questionner vt Poser des questions, interroger.

questionneur, **euse** adj et n Qui questionne.

questure nf **1.** Bureau des questeurs d'une assemblée parlementaire. **2.** ANTIQ ROM Charge de questeur ; durée de ses fonctions.

quête nf **1.** LITT Action de quêter, de rechercher : *la quête de la vérité.* **2.** Action de demander ou de recueillir des aumônes ; somme recueillie. ■ **en quête de :** à la recherche de.

quêter vt Rechercher, demander : *quêter des compliments.* ◆ vi Recueillir des aumônes.

quêteur, **euse** n Personne qui quête.

quetsche [kwɛtʃ] nf Grosse prune ovale et violette ; eau-de-vie faite avec cette prune.

queue nf **1.** Partie terminale, flexible, de la colonne vertébrale chez certains animaux : *queue de chien.* **2.** Extrémité du corps opposée à la tête chez diverses espèces animales : *queue de scorpion, de serpent.* **3.** Pédoncule de fleur, de fruit. **4.** Partie d'un objet, servant à le saisir : *queue de poêle.* **5.** Partie d'un vêtement qui traîne : *queue d'une robe.* **6.** Bâton servant à jouer au billard. **7.** Ce qui est à la fin, ce qui constitue le bout de quelque chose : *la queue du cortège ; wagon de queue.* **8.** Suite de personnes qui attendent : *faire la queue.* ■ **à la queue leu leu :** l'un derrière l'autre. ❑ **en queue :** à l'arrière. ❑ **faire une queue de poisson :** se rabattre brusquement après avoir dépassé un véhicule. ❑ **finir en queue de poisson :** se terminer brusquement. ❑ FAM **sans queue ni tête :** incohérent.

queue-de-cheval (pl *queues-de-cheval*) nf Coiffure aux cheveux resserrés en arrière par un nœud ou une barrette et retombant sur la nuque.

queue-de-pie (pl *queues-de-pie*) nf FAM Habit de cérémonie aux basques en pointe.

queuter vi Au billard, pousser d'un seul coup deux billes qui sont très rapprochées.

queux nm ■ LITT **maître queux :** cuisinier.

qui pron rel **1.** Représente quelqu'un ou quelque chose comme sujet de la subordonnée : *la personne à qui je parle ; faire ce qui nous plaît.* **2.** Celui qui, quiconque : *aimez qui vous aime.* ■ **qui plus est :** en outre, par-dessus le marché. ❑ **qui... que :** quel que soit l'homme que. ❑ **qui..., qui... :** l'un..., l'autre... ◆ pron interr Quelle personne : *qui est là ?*

quia (à) [akɥija] loc adv ■ LITT **être, mettre à quia :** être réduit, réduire à ne pas pouvoir répondre.

quiche nf Tarte salée garnie de petits morceaux de lard que l'on recouvre d'un mélange de crème et d'œufs battus.

quiconque pron relat indéf Toute personne qui. ◆ pron indéf N'importe qui.

quid [kwid] adv interr ■ FAM **quid de :** qu'en est-il de ? : *quid de ton projet de vacances en Asie ?*

quidam [kidam] nm Personne dont on ignore ou dont on ne dit pas le nom.

quiétude nf SOUT Calme, tranquillité : *en toute quiétude.*

quignon nm FAM Morceau de pain.

1. quille nf **1.** Morceau de bois long et rond, posé sur le sol verticalement, et que l'on doit abattre avec une boule. **2.** ARG Fin du service militaire.

2. quille nf Partie inférieure de la coque d'un navire, sur laquelle repose toute la charpente.

quincaillerie nf Ensemble d'ustensiles, d'objets en métal servant au ménage, à l'outillage, etc. ; commerce de ces objets ; magasin où on les vend.

quincaillier, ère n Marchand ou fabricant de quincaillerie.

> ORTHOGRAPHE Dans *quincaillier,* il ne faut pas oublier le *i* après les deux *l.* La terminaison en *ier* indique le métier, comme dans *charcutier.*

quinconce [kɛ̃kɔ̃s] nm ■ **en quinconce :** disposé en groupe de cinq (quatre en carré et un au milieu).

quinine nf Substance contenue dans l'écorce de quinquina et employée contre la fièvre, le paludisme.

quinquagénaire [kɛ̃kaʒenɛr] ou [kɥɛ̃kwaʒenɛr] n et adj Personne qui a entre cinquante et cinquante-neuf ans.

quinquennal, e, aux adj Qui dure cinq ans ou qui revient tous les cinq ans.

quinquennat nm Durée d'un mandat de cinq ans.

quinquina nm **1.** Arbre originaire du Pérou, cultivé pour son écorce riche en quinine. **2.** Vin apéritif préparé avec l'écorce de cet arbre.

quintal (pl *quintaux*) nm Unité de mesure de masse, correspondant à 100 kilogrammes.

quinte nf **1.** MUS Intervalle de cinq notes consécutives. **2.** Série de cinq cartes de même couleur. ■ **quinte de toux :** accès de toux violent.

quintessence nf LITT Ce qu'il y a de meilleur, de plus fin, de plus précieux dans quelque chose.

quintette [kɛ̃tɛt] ou [kɥɛ̃tɛt] nm **1.** Morceau de musique à cinq parties. **2.** Ensemble de cinq instruments ou de cinq chanteurs.

quintuple adj Cinq fois plus grand. ◆ nm Nombre quintuple.

quintupler vt Multiplier par cinq.

quintuplés, ées n pl Enfants nés au nombre de cinq d'un même accouchement.

quinzaine nf **1.** Groupe de quinze ou d'environ quinze. **2.** Deux semaines.

quinze adj num card **1.** Quatorze plus un. **2.** Quinzième : *tome quinze.* ◆ nm inv Chiffre, numéro qui représente le nombre quinze.

quinzième adj num ord et n **1.** Qui occupe un rang marqué par le numéro quinze. **2.** Qui se trouve quinze fois dans le tout.

quinzièmement adv En quinzième lieu.

quiproquo [kiprɔko] nm Méprise qui fait prendre une personne, une chose pour une autre.

quittance nf Écrit par lequel un créancier déclare un débiteur quitte envers lui : *quittance de loyer.*

quitte adj Libéré d'une obligation morale, d'une dette pécuniaire. ■ **en être quitte pour :** n'avoir à subir que l'inconvénient de. ❑ **jouer à quitte ou double :** le tout pour le tout. ❑ **quitte à :** au risque de. ❑ **tenir quitte :** dispenser : *tenir quelqu'un quitte de la fin de sa punition.*

quitter vt **1.** Laisser quelqu'un provisoirement ou définitivement : *quitter ceux qu'on aime.* **2.** Abandonner un lieu, une activité : *quitter ses fonctions ; quitter Paris.* **3.** Ôter : *quitter ses habits.* ■ **ne pas quitter des yeux :** (a) avoir toujours le regard fixé sur (b) surveiller étroitement. ❑ **ne quitte(z) pas ! :** ne raccroche(z) pas (le téléphone) !

quitus [kitys] nm ■ **donner quitus à quelqu'un :** reconnaître que sa gestion est exacte et régulière.

qui-vive nm inv ■ **sur le qui-vive :** sur ses gardes.

quoi pron interr Quelle chose : *à quoi pensez-vous ?* ■ **à quoi bon ! :** exprime le découragement. ❑ **quoi de :** qu'y a-t-il de : *quoi de neuf ?* ◆ pron rel Renvoie comme complément d'objet indirect ou comme complément de l'adjectif à une proposition : *ce à quoi je réfléchis.* ■ FAM **c'est quoi ? :** qu'est-ce que c'est ? ❑ **de quoi :** ce qui est suffisant pour : *avoir de quoi vivre.* ❑ **quoi que :** quelle que soit la chose que : *quoi que vous fassiez.* ❑ **quoi qu'il en soit :** en tout état de cause. ❑ **sans quoi :** ou sinon. ◆ pron exclam **1.** Exprime la surprise, l'indignation, l'impatience : *décide-toi, quoi !* **2.** FAM Comment ? ■ FAM **ou quoi ? :** marque l'impatience : *tu te décides, ou quoi ?*

quoique conj **1.** Marque l'opposition, la concession ; encore que, bien que : *quoiqu'il se taise.* **2.** Marque ou introduit une restriction : *c'est formidable ! quoique. il faut se méfier.*

> ORTHOGRAPHE Le *e* muet final ne s'élide que devant *il (ils), elle (elles), on* et *un (une)* ; il ne s'élide pas devant *en : quoiqu'il se taise ; quoique en ce moment il se taise.*

quolibet [kɔlibɛ] nm Plaisanterie, raillerie.

quorum [kɔrɔm] ou [kwɔrɔm] nm Nombre de votants nécessaire dans une assemblée pour qu'un vote soit valable.

quota [kɔta] ou [kwɔta] nm Pourcentage déterminé au préalable.

quote-part (pl *quotes-parts*) nf Part que chacun doit payer ou recevoir, dans une répartition.

quotidien, enne adj Qui se fait ou revient tous les jours. ◆ nm **1.** La vie quotidienne. **2.** Journal qui paraît chaque jour.

quotidiennement adv Tous les jours.

quotidienneté nf Caractère quotidien.

quotient nm MATH Résultat de la division. ■ **quotient familial :** résultat de la division du revenu net imposable d'une famille en un nombre de parts. ❑ **quotient intellectuel (QI) :** rapport de l'âge mental de quelqu'un, évalué par des tests, à son âge réel multiplié par 100.

quotité nf DR Somme fixe à laquelle monte chaque quote-part.

R

r nm Dix-huitième lettre de l'alphabet et la quatorzième des consonnes.
R (symbole) Röntgen.
rab nm (abréviation) FAM Rabiot.
rabâchage nm FAM Redite, radotage.
rabâcher vt et vi FAM Redire sans cesse et de manière lassante la même chose.
rabâcheur, euse adj et n FAM Qui rabâche.
rabais nm Diminution faite sur le prix d'une marchandise, le montant d'une facture. ■ **travailler au rabais** : en étant mal payé.
rabaisser vt **1.** Mettre plus bas ; diminuer l'autorité, l'influence de. **2.** FIG Déprécier.
rabane nf Tissu de fibre de raphia.
rabat nm **1.** Partie d'un objet qui se rabat, se replie. **2.** Morceau d'étoffe blanche, noire ou bleue, que portent au cou les magistrats, les avocats, etc.
rabat-joie n inv et adj inv Personne qui trouble la joie des autres par son attitude chagrine.
rabattage nm Action de rabattre le gibier.
rabattement nm Action de rabattre.
rabatteur, euse n Personne qui rabat le gibier vers les chasseurs.
rabattre vt (conj 56) **1.** Aplatir, replier contre : *rabattre son col.* **2.** Ramener à un niveau plus bas : *rabattre une balle au tennis.* **3.** Retrancher du prix d'une chose : *rabattre cinq pour cent.* **4.** Rassembler, pousser le gibier vers les chasseurs. **5.** FIG Rabaisser : *rabattre l'orgueil.* ■ **en rabattre** : diminuer ses prétentions. ◆ **se rabattre** vpr Quitter brusquement une direction pour en prendre une autre. ■ FIG **se rabattre sur quelqu'un, quelque chose** : les choisir faute de mieux.
rabbin nm Chef spirituel d'une communauté israélite.
rabbinique adj ■ **école rabbinique** : école où se forment les rabbins.
rabelaisien, enne adj Qui rappelle la démesure, la verve de Rabelais.
rabibocher vt FAM Réconcilier.
rabiot nm FAM **1.** Nourriture qui reste après la distribution. **2.** Quantité supplémentaire de quelque chose.
rabioter vt FAM Prendre sur la part d'autrui ou en supplément.
rabique adj De la rage : *virus rabique.*
râble nm Partie du lièvre et du lapin, qui va du bas des épaules à la queue. ■ FAM **tomber sur le râble à quelqu'un** : l'attaquer.
râblé, e adj **1.** Qui a le râble épais : *un lièvre bien râblé.* **2.** Trapu, de forte carrure, en parlant de quelqu'un.
rabot nm Outil de menuisier pour aplanir le bois ou le moulurer.
rabotage nm Action de raboter.
raboter vt Aplanir avec un rabot.
raboteur nm Ouvrier qui rabote : *raboteur de parquets.*
raboteuse nf **1.** Machine servant à raboter le bois. **2.** Machine-outil servant à usiner des pièces métalliques.
raboteux, euse adj Couvert d'aspérités, inégal : *un chemin raboteux.*
rabougri, e adj Petit, chétif : *arbuste rabougri.*
rabougrir vt Retarder la croissance de. ◆ **se rabougrir** vpr Se recroqueviller sous l'effet de la sécheresse, de l'âge, etc.
rabouter vt Assembler bout à bout deux pièces de bois, de métal, etc.
rabrouer vt Traiter, repousser avec rudesse.
racaille nf PÉJOR Groupe de personnes jugées viles et méprisables.
raccommodable adj Qui peut être raccommodé.
raccommodage nm Action de raccommoder ; son résultat.
raccommodement nm Réconciliation après une brouille.
raccommoder vt **1.** Réparer en cousant, à l'aide d'une aiguille. **2.** FIG Réconcilier.
raccompagner vt Reconduire : *raccompagner à la porte.*
raccord nm **1.** Accord, ajustement de deux parties d'un ouvrage. **2.** TECHN Pièce destinée à ajuster deux tuyaux. **3.** CIN Manière dont deux plans, deux séquences s'ajustent ; plan tourné pour assurer l'enchaînement.
raccordement nm **1.** Action d'unir par un raccord. **2.** Voie reliant deux voies ferrées distinctes.

raccorder vt **1.** Joindre par un raccord : *raccorder deux canalisations.* **2.** Servir de raccord : *des ponts raccordent les deux rives.*

raccourci nm Chemin plus court. ■ **en raccourci :** en abrégé, en petit. ❑ INFORM **raccourci clavier :** combinaison particulière de touches qui active directement une commande.

raccourcir vt Rendre plus court. ■ **à bras raccourcis :** de toutes ses forces. ◆ vi Devenir plus court, diminuer.

raccourcissement nm Action de raccourcir ; son résultat.

raccroc nm ■ **par raccroc :** d'une manière heureuse et inattendue.

raccrocher vt **1.** Accrocher de nouveau, relier une chose à une autre. **2.** FAM Rattraper ce qu'on croyait presque perdu : *raccrocher une affaire.* ◆ vi Interrompre une conversation téléphonique. ◆ **se raccrocher** vpr [à] Se cramponner à quelqu'un ou à quelque chose pour se sauver d'un danger.

race nf **1.** Subdivision de l'espèce humaine en Jaunes, Noirs et Blancs, selon le critère apparent de la couleur de la peau. **2.** Subdivision d'une espèce animale : *race bovine.* **3.** LITT Ensemble des ascendants et des descendants d'une famille. **4.** Catégorie de gens ayant une profession, des caractères communs : *la race des poètes.* ■ **de race :** se dit d'un animal non métissé : *chien de race.*

racé, e adj **1.** Qui possède les qualités propres à sa race, en parlant d'un animal. **2.** Distingué, élégant.

rachat nm Action de racheter.

racheter vt (conj 7) **1.** Acheter ce qu'on a vendu : *racheter un objet.* **2.** Acheter de nouveau : *racheter du pain.* **3.** Obtenir le pardon : *racheter ses péchés.* **4.** FIG Compenser, faire oublier : *racheter ses défauts.* **5.** Redonner des points à un candidat pour qu'il soit reçu. **6.** Se libérer à prix d'argent de : *racheter une rente.*

rachidien, enne adj Relatif au rachis : *nerfs rachidiens.*

rachis [raʃis] nm Colonne vertébrale ou épine dorsale.

rachitique adj et n Atteint de rachitisme.

rachitisme nm Maladie de la croissance, caractérisée par une insuffisance de calcification des os et du cartilage.

racial, e, aux adj Relatif à la race : *haine raciale.*

racine nf **1.** Partie d'un végétal par laquelle il tient au sol et se nourrit. **2.** Partie par laquelle un organe est implanté dans un tissu : *racine des cheveux.* **3.** FIG Lien, attache à un groupe, à un lieu, etc. : *retrouver ses racines.* **4.** FIG Principe, origine : *la racine du mal.* **5.** GRAMM Partie d'un mot qu'on détermine en enlevant les désinences, les préfixes et les suffixes. ■ **prendre racine :** s'installer quelque part sans en bouger. ❑ MATH **racine carrée, cubique d'un nombre :** nombre qui, élevé au carré, au cube, reproduit le nombre proposé.

racisme nm Idéologie qui attribue une supériorité à une race, à un groupe ethnique ; comportement qui en résulte.

raciste adj et n Qui relève du racisme ; qui en est partisan, qui en fait preuve.

racket [rakɛt] nm Extorsion d'argent par intimidation et violence.

racketter vt Soumettre à un racket.

racketteur, euse n Malfaiteur qui exerce un racket.

raclage nm Action de racler.

raclée nf FAM Volée de coups.

raclement nm Action de racler ; son résultat : *raclement de gorge.*

racler vt Enlever les aspérités d'une surface en grattant. ■ FAM **racler les fonds de tiroirs :** rassembler ses dernières économies. ◆ **se racler** vpr ■ **se racler la gorge :** s'éclaircir la voix.

1. raclette nf Fondue faite avec un morceau de fromage dont on racle la partie ramollie à la flamme ; fromage qui sert à cette préparation.

2. raclette nf ou **racloir** nm Outil servant à racler.

raclure nf Partie enlevée en raclant ; déchet.

racolage nm Action de racoler.

racoler vt **1.** Attirer par des moyens plus ou moins honnêtes : *racoler des clients.* **2.** Accoster dans un but de prostitution.

racoleur, euse adj et n Qui racole.

racontar nm FAM Bavardage, cancan.

raconter vt **1.** Faire le récit de : *raconter ce qui s'est passé.* **2.** Dire des choses ridicules ou mensongères : *croire tout ce qu'on raconte.*

raconteur, euse n LITT Personne qui aime raconter.

racornir vt Rendre dur et sec comme de la corne. ◆ **se racornir** vpr Devenir dur, sec.

racornissement nm Fait de se racornir.

radar nm Dispositif permettant de déterminer la position et la distance d'un obstacle (avion, navire, etc.) par réflexion d'ondes radioélectriques. ■ **au radar :** guidé par l'habitude ou l'intuition : *le matin, il marche au radar.*

rade nf Grand bassin naturel ou artificiel ayant issue libre vers la mer : *la rade de Cherbourg.* ■ FAM **être en rade :** en panne. ❑ FAM **laisser en rade :** laisser tomber, abandonner.

radeau nm Petite embarcation plate d'appoint ou de sauvetage.

radial, e, aux adj **1.** Relatif au rayon. **2.** ANAT relatif au radius.

radiale nf Grande voie de circulation reliant le centre d'une ville à sa périphérie.

radian nm Unité de mesure de l'angle égale à 57° 17′ 44″ ; symb : rad.

radiant, e adj Qui émet des radiations, qui se propage par radiations.

radiateur nm Appareil servant au chauffage des appartements, au refroidissement des moteurs.

radiation nf **1.** Action de radier, de rayer d'une liste. **2.** Émission de rayons, de particules, d'énergie.

radical, e, aux adj **1.** Qui concerne la nature profonde de quelqu'un ou de quelque chose : *changement radical.* **2.** Énergique, d'une efficacité certaine : *prendre des mesures radicales.* ◆ adj et n Partisan du radicalisme, qui appartient au parti radical. ◆ nm **1.** GRAMM Chacune des formes prises par la racine d'un mot. **2.** CHIM Groupement d'atomes qui se comporte comme un corps simple dans les combinaisons. **3.** MATH Signe (√) indiquant une extraction de racine.

radicalement adv D'une manière radicale : *guérir radicalement d'une envie.*

radicalisation nf Action de radicaliser ; son résultat.

radicaliser vt Rendre plus intransigeant, plus dur. ◆ **se radicaliser** vpr Devenir plus intransigeant, plus dur.

radicalisme nm **1.** Courant politique qui prône la transformation des institutions d'un pays. **2.** Attitude d'esprit d'une intransigeance absolue.

radicelle nf Racine secondaire.

radicule nf Partie de la plantule qui fournit la racine.

1. radier nm TECHN Construction sur laquelle sont établies les piles d'un pont, etc.

2. radier vt Rayer sur un registre, une liste.

radiesthésie nf **1.** Sensibilité hypothétique des êtres vivants à certaines radiations connues ou inconnues. **2.** Méthode de détection utilisant cette sensibilité.

radiesthésiste n Personne qui pratique la radiesthésie.

radieux, euse adj **1.** Brillant, lumineux : *journée radieuse.* **2.** FIG Heureux, rayonnant de joie : *visage radieux.*

radin, e adj et n FAM Avare.

radiner vi ou **se radiner** vpr FAM Arriver, venir.

radinerie nf FAM Avarice.

1. radio nf (abréviation) Radiorécepteur, radiodiffusion, radiographie.

2. radio nm (abréviation) Radiotélégraphiste, radiotéléphoniste.

radioactif, ive adj Doué de radioactivité.

radioactivité nf Propriété de certains éléments chimiques (radium, uranium, etc.) de se transformer spontanément en d'autres éléments, avec émission de divers rayonnements.

radioamateur nm Personne qui pratique l'émission et la réception sur ondes courtes.

radioastronomie nf Branche de l'astronomie qui a pour objet l'étude du rayonnement radioélectrique des astres.

radiobalisage nm Signalisation d'une route aérienne ou maritime par un procédé radioélectrique.

radiocassette nf Appareil constitué d'un poste de radio associé à un lecteur-enregistreur de cassettes.

radiocommunication nf Télécommunication effectuée à l'aide d'ondes électromagnétiques.

radiodiffuser vt Transmettre au moyen de la radio.

radiodiffusion nf Transmission par ondes hertziennes.

radioélectricité nf Technique permettant la transmission à distance de messages et de sons à l'aide des ondes électromagnétiques.

radioélectrique adj Qui concerne la radioélectricité.

radioélément nm Élément chimique radioactif.

radiogoniométrie nf Détermination de la direction et de la position d'un poste radioélectrique émetteur.

radiogramme nm VX Message transmis par radiotélégraphie.

radiographie nf Utilisation médicale de la propriété qu'ont les rayons X d'impressionner une pellicule sensible ; image ainsi obtenue.

radiographier vt Effectuer une radiographie.

radioguidage nm **1.** Guidage d'un mobile par ondes radioélectriques. **2.** Information radiophonique sur le trafic routier.

radio-isotope (pl *radio-isotopes*) nm Isotope radioactif d'un élément naturel.

radiolaire nm Protozoaire des mers chaudes, formé d'un squelette siliceux autour duquel rayonnent de fins pseudopodes (les radiolaires forment une classe).

radiologie nf Application médicale des rayons X et des radiations lumineuses et calorifiques à des fins diagnostiques ou thérapeutiques.

radiologique adj Relatif à la radiologie.

radiologue ou **radiologiste** n Spécialiste de radiologie.

radiomessagerie nf Service de radiocommunication destiné à la transmission de messages vers des terminaux mobiles.

radionavigant nm Opérateur de radio faisant partie de l'équipage d'un navire ou d'un avion.

radiophonie nf Système de transmission des sons utilisant les propriétés des ondes électromagnétiques.

radiophonique adj Relatif à la radiophonie, à la radiodiffusion : *jeux radiophoniques*.

radiorécepteur nm Poste récepteur de radiocommunication.

radioreportage nm Reportage diffusé par le moyen de la radiodiffusion.

radioreporter [radjorəpɔrtɛr] n Journaliste spécialisé dans les radioreportages.

radioréveil ou **radio-réveil** (pl *radios-réveils*) nm Appareil de radio associé à un réveil électronique.

radioscopie nf Examen d'un objet ou d'un organe d'après leur ombre portée sur une surface fluorescente au moyen des rayons X.

radio-taxi (pl *radio-taxis*) nm Taxi en liaison téléphonique avec un centre d'appel.

radiotélégraphie nf Télégraphie sans fil.

radiotélégraphiste n Spécialiste de radiotélégraphie.

radiotéléphone nm Téléphone placé dans un véhicule et utilisant des ondes radioélectriques.

radiotéléphonie nf Téléphonie sans fil.

radiotéléphoniste n Spécialiste de radiotéléphonie.

radiotélescope nm Appareil récepteur utilisé en radioastronomie.

radiotélévisé, e adj Transmis à la fois par la radiodiffusion et la télévision.

radiotélévision nf Ensemble des installations, services et programmes de la radio et de la télévision.

radiothérapie nf Traitement médical par les rayons X.

radis nm Plante potagère cultivée pour sa racine comestible ; racine de cette plante. ■ FAM **n'avoir plus un radis :** ne pas avoir d'argent.

radium [radjɔm] nm Élément métallique radioactif ; symb : Ra.

radius [radjys] nm Le plus externe des deux os de l'avant-bras.

radotage nm Action de radoter ; propos de quelqu'un qui radote.

radoter vi Tenir des propos dénués de sens ; se répéter.

radoteur, euse n Personne qui radote.

radoub [radu] nm MAR Réparation de la coque d'un navire. ■ **bassin, cale de radoub :** bassin pour les réparations des navires.

radouber vt Réparer un navire.

radoucir vt Rendre plus doux, plus conciliant. ◆ **se radoucir** vpr Devenir plus doux : *le temps se radoucit*.

radoucissement nm Fait de se radoucir.

rafale nf **1.** Coup de vent violent. **2.** Succession rapide de coups de feu.

raffermir vt Rendre plus ferme, plus stable : *raffermir les gencives*. ◆ **se raffermir** vpr **1.** Devenir plus stable : *le temps se raffermit*. **2.** SOUT Retrouver son assurance.

raffermissement nm Fait de se raffermir.

raffinage nm Action de raffiner le sucre, le pétrole, etc.

raffiné, e adj **1.** Débarrassé de ses impuretés : *sucre raffiné*. **2.** Délicat, fin, subtil. ◆ adj et n D'une grande finesse et délicatesse de goût, d'esprit.

raffinement nm **1.** Caractère d'une personne ou d'une chose raffinée, délicate. **2.** Subtilité excessive.

raffiner vt **1.** Rendre plus fin, plus pur. **2.** LITT Rendre plus subtil, plus délicat. ◆ vi Chercher des subtilités : *inutile de raffiner !*

raffinerie nf Usine où l'on effectue le raffinage.

raffoler vt ind [de] FAM Aimer beaucoup, être passionné par : *raffoler de musique*.

raffut nm FAM Vacarme, bruit.

rafiot nm FAM Petit bateau, navire qui ne tient pas la mer.

rafistolage nm FAM Réparation grossière.

rafistoler vt FAM Raccommoder, réparer tant bien que mal.

rafle nf **1.** Action de rafler, de tout emporter. **2.** Arrestation massive faite à l'improviste par la police.

rafler vt FAM Emporter rapidement tout ce que l'on trouve.

rafraîchir vt **1.** Rendre frais ou plus frais. **2.** Réparer, remettre en état : *rafraîchir des peintures*. **3.** FIG, FAM raviver, activer : *rafraîchir la mémoire*. ■ **rafraîchir les cheveux :** les couper légèrement. ◆ vi Devenir frais : *on a mis le vin à rafraîchir*. ◆ **se rafraîchir** vpr

1. Devenir plus frais. **2.** Boire une boisson rafraîchissante, se désaltérer.

rafraîchissant, e adj **1.** Qui donne de la fraîcheur : *brise rafraîchissante.* **2.** Qui désaltère : *boisson rafraîchissante.*

rafraîchissement nm **1.** Action de rendre ou fait de devenir plus frais : *rafraîchissement des températures.* **2.** Action de réparer, de rajeunir : *le rafraîchissement d'un mobilier.* **3.** Boisson fraîche servie dans une fête, une réunion, etc.

raft ou **rafting** nm Radeau pneumatique utilisé pour le rafting.

rafting nm Sport consistant à descendre en raft des cours d'eau coupés de rapides.

ragaillardir vt FAM Redonner des forces, de la gaieté.

rage nf **1.** Maladie virale, transmissible des animaux à l'homme. **2.** FIG Mouvement violent de colère, d'irritation. ■ **faire rage :** se déchaîner, atteindre une grande violence. ❑ **rage de dents :** douleur violente provoquée par un mal de dents.

rageant, e adj FAM Qui fait rager, qui met en colère.

rager vi (conj 2) FAM Être vivement irrité.

rageur, euse adj Sujet à des accès de colère ; qui dénote cet état : *ton rageur.*

rageusement adv Avec rage.

raglan nm et adj inv Vêtement dont les manches droites sont rattachées par des coutures en biais.

ragondin nm Mammifère rongeur de l'Amérique du Sud.

ragot nm FAM Commérage malveillant.

ragoût nm Plat de viande, de légumes ou de poisson, coupés en morceaux et cuits dans une sauce : *ragoût de mouton.*

ragoûtant, e adj (surtout négativement) Appétissant : *mets peu ragoûtants.*

ragtime [ragtajm] nm Style musical très syncopé, qui fut une des sources du jazz.

rahat-loukoum nm → **loukoum**.

rai nm LITT Rayon : *rai de lumière.*

raï [raj] nm inv Style de musique populaire contemporaine née en Algérie.

raid [rɛd] nm **1.** Incursion rapide en territoire ennemi. **2.** Vol à longue distance destiné à tester la résistance du matériel et l'endurance des hommes.

raide adj **1.** Rigide, difficile à plier : *jambe raide.* **2.** Difficile à monter ou à descendre : *escalier raide.* **3.** Sans souplesse, sans grâce : *attitude raide.* **4.** FIG Peu accommodant ; inflexible : *caractère raide.* ◆ adv Tout d'un coup : *tomber raide mort.*

raider [rɛdɛr] nm (anglicisme) Boursier qui cherche systématiquement à prendre le contrôle de sociétés en rachetant leurs titres.

raideur nf **1.** État d'une chose raide : *raideur du bras.* **2.** Manque de souplesse : *danser avec raideur.*

raidillon nm Petit chemin ou partie de chemin en pente raide.

raidir vt Rendre raide, tendre avec force. ◆ **se raidir** vpr **1.** Devenir raide. **2.** FIG Résister en rassemblant son courage : *se raidir contre les difficultés.*

raidissement nm **1.** Action de raidir ; fait de se raidir. **2.** Tension entre deux groupes, deux partis.

1. raie nf **1.** Ligne tracée sur une surface avec une substance colorante ou un instrument. **2.** Ligne ou bande étroite quelconque. **3.** Séparation des cheveux.

2. raie nf Poisson de mer plat et cartilagineux.

raifort nm Plante cultivée pour sa racine, que l'on utilise comme condiment.

rail [raj] nm **1.** Barre d'acier servant à supporter et à guider les roues d'un train. **2.** Transport par voie ferrée : *le rail et la route.*

railler vt Tourner en dérision, se moquer, ridiculiser.

raillerie nf Action de railler ; plaisanterie moqueuse.

railleur, euse adj et n Porté à la raillerie ; moqueur : *ton railleur.*

rainer vt TECHN Creuser d'une rainure : *rainer une planche.*

rainette nf Petite grenouille verte arboricole : *la rainette ne va dans l'eau que pour pondre.*

> ORTHOGRAPHE *Rainette,* la petite grenouille, s'écrit avec *ai,* alors que la pomme, *reinette,* s'écrit avec *ei.*

rainurage nm Ensemble de rainures creusées sur certaines chaussées pour les rendre moins glissantes aux véhicules.

rainure nf Entaille longue et étroite.

raiponce nf Campanule dont la racine et les feuilles se mangent en salade.

raire vi → **réer**.

raïs [rais] nm Chef de l'État, dans les pays arabes (surtout en Égypte).

raisin nm **1.** Fruit de la vigne. **2.** Format de papier (50 x 64 cm). ■ **raisins secs :** grains de raisin après dessiccation.

raisiné nm Confiture faite avec du jus de raisin et d'autres fruits.

raison nf **1.** Faculté de connaître, de juger. **2.** Faculté intellectuelle opposée à l'intuition, aux sentiments : *se laisser guider par la raison.* **3.** Ce qui explique un acte, un fait ; motif, argument : *raison convaincante ; avoir ses raisons.* ■ **âge de raison :** où l'on est censé avoir conscience de ses actes. ❑ **à raison de :** (a) sur la base de (b) à proportion de. ❑ **avoir raison :** être dans le vrai. ❑ **comme de raison :** comme il est juste. ❑ **demander raison :** demander réparation. ❑ **faire entendre raison à quelqu'un :** l'amener à une attitude plus raisonnable. ❑ **perdre la raison :** devenir fou. ❑ **plus que de raison :** plus qu'il n'est raisonnable. ❑ **raison sociale :** nom adopté par une société commerciale. ❑ **se faire une raison :** se résigner.

ORTHOGRAPHE On écrit *avec raison, non sans raison,* au singulier. On dit *pour raison de santé* (mais *pour cause de maladie*).

raisonnable adj **1.** Doué de raison. **2.** Conforme à la raison, à la sagesse. **3.** Convenable, suffisant.

raisonnablement adv De manière raisonnable.

raisonnement nm **1.** Faculté, manière de raisonner : *raisonnement bien fondé.* **2.** Suite de propositions déduites les unes des autres ; argumentation.

raisonner vi **1.** Se servir de sa raison pour connaître, pour juger : *raisonner juste.* **2.** Discuter afin de convaincre. **3.** Alléguer des raisons, répliquer. ◆ vt Chercher à faire entendre raison à quelqu'un, à le convaincre : *raisonner un enfant.*

raisonneur, euse adj et n Qui raisonne sur tout, qui aime à discuter, à s'opposer.

raja ou **rajah** ou **radjah** nm Roi, dans les pays hindous.

rajeunir vt **1.** Ramener à l'état de jeunesse. **2.** Faire paraître plus jeune : *coiffure qui rajeunit.* **3.** Abaisser l'âge moyen d'un groupe en y incluant des éléments jeunes. ◆ vi Retrouver la vigueur de la jeunesse. ◆ **se rajeunir** vpr Se prétendre plus jeune qu'on ne l'est.

rajeunissement nm Fait de rajeunir.

rajout nm Action de rajouter ; chose rajoutée.

rajouter vt Ajouter de nouveau. ■ FAM **en rajouter :** exagérer, ajouter à la vérité.

rajustement ou **réajustement** nm Action de rajuster ; nouvel ajustement : *un rajustement de salaire.*

rajuster ou **réajuster** vt **1.** Ajuster de nouveau ; remettre en ordre : *rajuster sa cravate.* **2.** FIG Modifier, relever : *rajuster les prix.*

1. râle nm Oiseau échassier recherché comme gibier.

2. râle nm **1.** Bruit anormal perçu à l'auscultation des poumons. **2.** Respiration des agonisants.

ralenti nm **1.** Faible régime de rotation d'un moteur. **2.** CIN Artifice de prise de vues, donnant l'illusion de mouvements plus lents que dans la réalité. ■ **au ralenti :** en diminuant la vitesse, l'énergie, le rythme.

ralentir vt Rendre plus lent ou moins intense. ◆ vi Aller plus lentement.

ralentissement nm Diminution de mouvement, de vitesse, d'activité.

ralentisseur nm Dos-d'âne artificiel, destiné à contraindre les véhicules à ralentir.

râler vi **1.** Faire entendre un bruit rauque en respirant, en particulier au moment de l'agonie. **2.** FAM Grogner, protester.

râleur, euse adj et n FAM Qui râle, proteste à tout propos.

ralingue nf MAR Cordage cousu à une voile pour la renforcer.

ralliement nm Fait de se rallier. ■ **point de ralliement :** lieu où des personnes doivent se retrouver.

rallier vt **1.** Rassembler, réunir des personnes dispersées : *rallier ses troupes.* **2.** Rejoindre : *rallier son poste.* **3.** FIG Faire adhérer à une cause, à une opinion : *elle a rallié les opposants.* **4.** Mettre d'accord : *solution qui rallie tous les suffrages.* ◆ **se rallier** vpr [à] Se joindre, donner son adhésion à : *se rallier à un parti.*

rallonge nf **1.** Pièce mobile qu'on ajoute à un objet pour en augmenter la longueur : *table à rallonges.* **2.** CANADA Annexe, aile ajoutée à un bâtiment pour l'agrandir. **3.** Conducteur souple permettant le raccordement d'un appareil électrique à une prise de courant trop éloignée. **4.** FAM Augmentation, accroissement d'un salaire, d'un crédit, etc.

rallongement nm Action de rallonger ; son résultat.

rallonger vt (conj 2) Rendre plus long : *rallonger un manteau.* ◆ vi Devenir plus long : *au printemps, les jours rallongent.*

rallumer vt **1.** Allumer de nouveau. **2.** FIG Donner une nouvelle ardeur, raviver.

rallye nm **1.** Compétition où les concurrents motorisés doivent rallier un point déterminé après certaines épreuves. **2.** Course automobile comportant des épreuves chronométrées sur routes fermées : *rallye Monte-Carlo.*

RAM [ram] nf (sigle de *random access memory*) INFORM Mémoire vive.

ramadan nm Neuvième mois lunaire du calendrier islamique, période de jeûne et de privations du lever au coucher du soleil.

ramage nm **1.** Chant des oiseaux. **2.** (surtout au pluriel) Motif de broderie formant arabesque.

ramassage nm Action de ramasser. ■ **ramassage scolaire :** transport d'écoliers de leur domicile à leur école et vice versa.

ramasse nf FAM ■ **être à la ramasse :** être totalement dépassé ; être épuisé ou en piteux état : *après le match, j'étais à la ramasse.*

ramassé, e adj **1.** Dense et concis : *texte ramassé.* **2.** Trapu.

ramasse-miettes nm inv Ustensile pour ramasser les miettes laissées sur une table.

ramasser vt **1.** Rassembler ce qui est épars : *ramasser du bois mort.* **2.** Relever ce qui est à terre, recueillir. **3.** Condenser, résumer : *une expression ramassée.* **4.** FAM Recevoir, attraper : *ramasser une gifle.* ■ **ramasser ses forces :** les réunir pour un effort. ❑ FAM **se faire ramasser :** (a) se faire brutalement réprimander (b) subir un échec.

ramasseur, euse n Personne qui ramasse quelque chose par terre : *ramasseur de balles.*

ramassis nm Réunion de choses de peu de valeur, de personnes peu estimables.

rambarde nf Rampe légère formant un garde-fou.

ramdam [ramdam] nm FAM Vacarme, remue-ménage.

1. rame nf Perche servant de tuteur aux plantes grimpantes.

2. rame nf Pièce de bois aplatie à une extrémité utilisée pour faire avancer et diriger une barque.

3. rame nf **1.** Réunion de cinq cents feuilles de papier. **2.** Convoi de wagons : *rame de métro.*

rameau nm **1.** Petite branche d'arbre. **2.** Subdivision d'une artère, d'une veine, d'un nerf, d'une chose qui se partage. ■ **dimanche des Rameaux :** dernier dimanche du carême.

ramée nf VX, LITT Branches coupées avec leurs feuilles vertes.

ramener vt (conj 9) **1.** Amener de nouveau dans un endroit. **2.** Reconduire, raccompagner. **3.** Remettre en place, dans une certaine position : *ramener ses cheveux sur son front.* **4.** FIG Faire revenir à un certain état : *ramener à la raison ; ramener la paix.* **5.** Diminuer la valeur de : *ramener les prix à un niveau plus bas.* ■ FAM **la ramener :** (a) faire l'important (b) intervenir dans la conversation. ❑ FAM **ramener sa fraise :** (a) faire l'important (b) venir.

ramequin nm Récipient en porcelaine ou en verre résistants, utilisé pour la cuisson au four.

1. ramer vt Soutenir des plantes grimpantes avec des rames.

2. ramer vi **1.** Manœuvrer les rames pour faire avancer une embarcation. **2.** FIG, FAM avoir beaucoup de mal à faire quelque chose.

ramette nf **1.** Paquet de 125 feuilles de papier. **2.** IMPR Rame de papier de petit format.

rameur, euse n Personne qui rame.

rameuter vt Rassembler, regrouper.

rami nm Jeu de cartes, de 2 à 5 joueurs, dans lequel le but est d'étaler son jeu selon des combinaisons données.

ramier nm Pigeon sauvage.

ramification nf **1.** Division d'une branche de végétal, d'une artère, d'une veine, etc., en parties plus petites. **2.** FIG Subdivision de ce qui se partage dans des directions différentes, souvent secondaires : *des ramifications de la mafia.*

ramifier (se) vpr Se partager en plusieurs branches ; se diviser et se subdiviser.

ramilles nf pl Petits rameaux.

ramolli, e adj et n FAM Dont les facultés intellectuelles sont faibles, lentes.

ramollir vt Rendre mou. ◆ **se ramollir** vpr **1.** Devenir mou. **2.** FAM Perdre peu à peu ses facultés mentales.

ramollissement nm **1.** État de ce qui est ramolli. **2.** MÉD Altération de certains organes qui se ramollissent.

ramonage nm Action de ramoner.

ramoner vt Nettoyer l'intérieur d'une cheminée.

ramoneur nm Personne dont le métier est de ramoner les cheminées.

rampant, e adj **1.** Qui rampe. **2.** FIG Servile, bassement soumis : *caractère rampant.* **3.** ARCHIT Qui va en pente : *arc rampant.* ◆ nm FAM Membre du personnel au sol, dans l'aviation.

rampe nf **1.** Balustrade qui longe un escalier pour empêcher de tomber et pour servir d'appui. **2.** Plan incliné par lequel on monte et on descend. **3.** THÉÂTRE Rangée de lumières sur le devant de la scène. ■ **passer la rampe :** toucher le public. ❑ **rampe de lancement :** dispositif destiné au lancement de certains projectiles autopropulsés, missiles, etc.

ramper vi **1.** Progresser par des mouvements du corps qui prend appui par sa face ventrale ou inférieure, en parlant de certains animaux. **2.** Avancer en se traînant sur le ventre, en parlant de quelqu'un. **3.** FIG S'abaisser, se soumettre : *ramper devant un supérieur.*

ramure nf **1.** Ensemble des branches et des rameaux d'un arbre. **2.** Bois du cerf, du daim.

rancard ou **rencard** nm **1.** FAM Rendez-vous. **2.** ARG Renseignement.

rancarder ou **rencarder** vt **1.** FAM Donner rendez-vous. **2.** ARG Renseigner.

rancart nm ■ FAM **mettre, jeter au rancart :** mettre à l'écart, jeter.

rance adj Se dit d'un corps gras qui a contracté une odeur forte et une saveur âcre : *beurre rance.* ◆ nm Odeur rance.

ranch [rɑ̃ʃ] ou [rɑ̃tʃ] (pl *ranchs* ou *ranches*) nm Grande ferme d'élevage aux États-Unis.

rancir vi Devenir rance.

rancissement nm État de ce qui est rance.

rancœur nf Rancune, ressentiment, amertume.

rançon nf **1.** Somme d'argent exigée pour la libération d'un otage, d'un captif. **2.** FIG Contrepartie, inconvénient : *la rançon de la gloire.*

rançonner vt Exiger de force ce qui n'est pas dû.

rancune nf Ressentiment tenace. ■ FAM **sans rancune ! :** formule de réconciliation.

rancunier, ère adj et n Qui garde rancune.

randomiser vt STAT Introduire un élément aléatoire dans un calcul ou un raisonnement.

randonnée nf Promenade assez longue à pied, à cheval, à skis, etc.

randonneur, euse n Personne qui fait une randonnée.

rang nm **1.** Suite de personnes ou de choses disposées sur une même ligne : *rang de spectateurs ; rang de perles ; les mailles d'un rang de tricot.* **2.** Place, position dans un classement ordonné ou hiérarchisé. ■ **au rang de :** au nombre de, parmi. ❑ **être, se mettre sur les rangs :** parmi ceux qui sollicitent quelque chose. ❑ **rentrer dans le rang :** renoncer à ses prérogatives. ❑ **sortir du rang :** en parlant d'un officier, avoir gagné ses galons sans être passé par une école militaire.

rangé, e adj Qui mène une vie régulière. ■ **bataille rangée :** rixe généralisée.

rangée nf Suite de personnes, de choses disposées sur une ligne.

rangement nm **1.** Action de ranger. **2.** Endroit où l'on range.

1. ranger vt (conj 2) **1.** Mettre en rang. **2.** Mettre en ordre. ◆ **se ranger** vpr **1.** Se placer en ordre, en rang. **2.** S'écarter pour faire de la place. **3.** FAM S'assagir. ■ FIG **se ranger à un avis :** l'adopter.

2. ranger [rɑ̃dʒœr] nm Aux États-Unis, garde dans un parc national.

rangers [rɑ̃dʒœrs] nm pl (anglicisme) Gros brodequins en cuir pourvus d'une courte guêtre.

ranidé nm Batracien (les ranidés forment une famille qui comprend les grenouilles).

ranimer vt **1.** Faire revenir à soi, à la vie ; réanimer. **2.** Redonner de la force, de l'activité à : *ranimer le feu.*

rap nm Musique soutenant un chant scandé sur un rythme très martelé.

rapace nm Oiseau de proie. ◆ adj FIG, LITT Avide de gain, cupide : *usurier rapace.*

rapacité nf Avidité, cupidité.

rapatrié, e n et adj Personne ramenée dans sa patrie : *un convoi de rapatriés.*

rapatriement nm Action de rapatrier.

rapatrier vt Ramener dans son pays d'origine.

râpe nf **1.** Ustensile culinaire pour réduire en poudre, en petits morceaux. **2.** Lime à grosses entailles. **3.** SUISSE, FAM avare.

râpé, e adj **1.** Pulvérisé, réduit en miettes : *gruyère râpé.* **2.** Usé jusqu'à la corde : *vêtement râpé.* ■ FAM **c'est râpé :** c'est raté. ◆ nm Fromage râpé.

râper vt **1.** Réduire en poudre, en petits morceaux avec une râpe. **2.** User une surface avec une râpe : *râper du bois.*

rapetassage nm FAM Raccommodage grossier.

rapetasser vt FAM Raccommoder grossièrement.

rapetissement nm Action de rapetisser ; son résultat.

rapetisser vt Rendre ou faire paraître plus petit. ◆ vi Devenir plus petit : *tissu qui rapetisse.*

râpeux, euse adj **1.** Rude au toucher : *langue râpeuse.* **2.** Qui a une saveur âpre : *vin râpeux.*

raphia nm Palmier fournissant une fibre très solide que l'on emploie en horticulture pour les ligatures et en vannerie ; cette fibre.

rapiat, e adj FAM Avare.

rapide adj **1.** Qui parcourt beaucoup d'espace en peu de temps. **2.** Qui agit vite, qui comprend facilement : *esprit rapide.* **3.** Qui s'accomplit très vite : *guérison rapide.* **4.** Où l'on circule rapidement : *voie rapide.* **5.** Très incliné : *pente rapide.* ◆ nm **1.** Partie d'un fleuve où le courant est très rapide. **2.** Train ne s'arrêtant qu'à quelques gares importantes.

rapidement adv Avec rapidité, vite.
rapidité nf Caractère de ce qui est rapide ; célérité, vitesse.
rapiècement ou **rapiéçage** nm Action de rapiécer.
rapiécer vt (conj 1 et 10) Raccommoder au moyen d'une pièce.
rapière nf ANC Épée à longue lame.
rapine nf LITT Vol, larcin.
raplapla adj inv FAM **1.** Fatigué, déprimé. **2.** Très plat ou aplati.
rapparier vt Réunir deux choses de façon à refaire une paire ; réassortir.
rappel nm **1.** Action de rappeler. **2.** Procédé de descente d'une paroi verticale à l'aide d'une corde double. **3.** Action de rappeler à la mémoire : *rappel des consignes.* **4.** Paiement d'une portion d'appointements demeurée en suspens. **5.** Nouvelle injection d'un vaccin. ■ **battre le rappel :** rassembler, réunir les personnes, les ressources nécessaires. ❑ **rappel à l'ordre :** réprimande pour un acte interdit, une parole déplacée.
rappelé, e adj et n Convoqué de nouveau sous les drapeaux.
rappeler vt **1.** Appeler de nouveau : *il vous rappellera ce soir.* **2.** Faire revenir : *rappeler le médecin ; rappeler un ambassadeur.* **3.** Faire revenir à la mémoire : *rappeler un souvenir.* **4.** Présenter une ressemblance avec : *il me rappelle sa mère.* ■ **rappeler à l'ordre :** réprimander. ❑ **rappeler quelqu'un à la vie :** lui faire reprendre connaissance. ◆ **se rappeler** vpr Se souvenir : *se rappeler une chose ; je me le rappelle.*

GRAMMAIRE On dit *je me rappelle cet événement, je me le rappelle,* mais *je me souviens de cet événement, je m'en souviens.*

rappeur, euse n Chanteur de rap.
rappliquer vi FAM Venir ou revenir dans un lieu.
rapport nm **1.** Revenu, produit : *rapport d'une terre ; terre en plein rapport.* **2.** Compte rendu : *rapport fidèle.* **3.** Analogie : *rapports entre deux couleurs.* **4.** Relation sexuelle. **5.** MATH Quotient de deux grandeurs divisées l'une par l'autre. ■ **mettre en rapport :** en communication. ❑ **par rapport à :** en comparaison avec. ◆ **rapports** pl Relations : *entretenir de bons rapports.* ■ **sous tous (les) rapports :** à tous égards.
rapporter vt **1.** Apporter de nouveau : *rapporter un livre.* **2.** Apporter avec soi en revenant d'un lieu : *rapporter des souvenirs.* **3.** Ajouter pour compléter : *rapporter un morceau à une planche.* **4.** Procurer un gain, un bénéfice : *terre qui rapporte beaucoup de blé.* **5.** Raconter : *rapporter des faits.* **6.** Redire par malice, intérêt ou indiscrétion : *enfant qui rapporte tout.* **7.** Faire un rapport pour un projet, une proposition de loi, etc. **8.** DR Annuler : *rapporter un décret.* **9.** Rattacher à une cause, attribuer : *rapporter tout à soi.* **10.** Apporter un objet lancé, le gibier tué, en parlant d'un chien. ◆ **se rapporter** vpr [à] Avoir rapport à. ■ **s'en rapporter à quelqu'un :** s'en remettre à sa décision.
rapporteur, euse n Personne qui rapporte, répète. ◆ nm **1.** Personne qui fait un rapport : *rapporteur du budget.* **2.** Demi-cercle gradué, pour mesurer les angles.
rapprendre ou **réapprendre** vt Apprendre de nouveau.
rapprochement nm **1.** Action de rapprocher. **2.** Réconciliation : *rapprochement de deux nations.* **3.** Comparaison : *rapprochement de textes.*
rapprocher vt **1.** Mettre, faire venir plus près : *rapprocher deux planches disjointes.* **2.** Rendre plus proche dans l'espace ou dans le temps : *rapprocher la date de la réunion.* **3.** Réunir, réconcilier : *rapprocher deux personnes.* **4.** Comparer : *rapprocher deux témoignages.* ◆ **se rapprocher** vpr **1.** Venir plus près. **2.** Avoir des relations plus étroites. **3.** Avoir certaines ressemblances avec : *son style se rapproche de celui des plus grands.*
rapprovisionner ou **réapprovisionner** vt Approvisionner de nouveau.
rapsode nm → **rhapsode.**
rapsodie nf → **rhapsodie.**
rapt [rapt] nm Enlèvement illégal d'une personne.
raquer vt FAM Payer.
raquette nf **1.** Cadre ovale garni de cordes tendues et terminé par un manche, pour jouer au tennis, etc. **2.** Lame de bois pour jouer au ping-pong. **3.** Large semelle pour marcher sur la neige molle.
rare adj **1.** Qui se rencontre peu souvent : *une espèce, un mot rares.* **2.** Peu fréquent : *de rares visites.* **3.** Peu commun : *une rare énergie.* **4.** Clairsemé : *cheveux rares.* **5.** FIG De grand mérite : *un homme rare.*
raréfaction nf Fait de se raréfier.
raréfier vt Rendre rare. ◆ **se raréfier** vpr devenir plus rare, moins dense, moins fréquent.
rarement adv Peu souvent.
rareté nf Caractère de ce qui est rare ; LITT fait, chose rares.
rarissime adj Très rare.
ras, e adj **1.** Coupé jusqu'à la racine : *cheveux ras.* **2.** Très court : *poil ras.* **3.** Rempli : *mesure rase ;* se dit d'un niveau atteint : *à ras bord.* ■ **capituler en rase cam-**

pagne : de façon honteuse, sans se battre : *le ministre a capitulé en rase campagne.* ❑ **faire table rase** : négliger tout ce qui précède. ❑ **rase campagne** : pays plat et découvert. ◆ adv De très près : *couper ras.* ◆ nm ■ **à, au ras de** : au niveau de, au plus près de. ◆ **ras du cou** ou **ras-du-cou** adj inv et nm inv Se dit d'un vêtement dont l'encolure se situe à la naissance du cou.

RAS (sigle) Rien à signaler.

rasade nf Contenu d'un verre plein jusqu'au bord.

rasage nm Action de raser, de se raser.

rasant, e adj **1.** Qui rase : *tir rasant.* **2.** FAM ennuyeux : *livre rasant.*

rascasse nf Poisson de la Méditerranée couvert d'épines, à chair très estimée.

rase-mottes nm inv ■ **vol en rase-mottes** : effectué très près du sol.

raser vt **1.** Couper au rasoir la barbe, les cheveux. **2.** Abattre à ras de terre : *raser un édifice.* **3.** Passer tout près ; effleurer : *raser les murs.* **4.** FAM Importuner, ennuyer. ◆ **se raser** vpr **1.** Se couper la barbe, les poils. **2.** FAM S'ennuyer.

raseur, euse n FAM Personne ennuyeuse.

ras-le-bol nm inv FAM Fait d'être excédé, exaspération.

rasoir nm Instrument tranchant dont on se sert pour raser, se raser : *rasoir mécanique, électrique.* ◆ adj FAM Ennuyeux : *film rasoir.*

rassasiement nm LITT État de satiété.

rassasier vt **1.** Apaiser, contenter la faim. **2.** Satisfaire complètement les désirs, les passions.

rassemblement nm **1.** Action de rassembler. **2.** Attroupement : *interdire les rassemblements.* **3.** Union de groupements politiques.

rassembler vt **1.** Réunir, mettre ensemble des personnes ou des choses. **2.** FIG Concentrer : *rassembler ses idées.* ◆ **se rassembler** vpr Se réunir, se grouper.

rassembleur, euse adj et n Qui rassemble, réunit.

rasseoir vt (conj 44) Asseoir de nouveau. ◆ **se rasseoir** vpr S'asseoir de nouveau.

rasséréner vt (conj 10) Rendre la sérénité, le calme à : *cette bonne nouvelle l'a rasséréné.* ◆ **se rasséréner** vpr Retrouver son calme.

rassir vi (auxil : *avoir* ou *être*) Devenir rassis, en parlant d'un aliment.

rassis, e adj ■ **pain rassis** : qui n'est plus frais. ❑ FIG **esprit rassis** : calme, posé, réfléchi.

rassortiment nm → **réassortiment**.

rassortir vt → **réassortir**.

rassurant, e adj Qui rassure.

rassurer vt Rendre la confiance, la tranquillité ; dissiper les craintes.

rasta ou **rastafari** adj inv et n Se dit d'un mouvement mystique, politique et culturel propre aux Noirs de la Jamaïque et des Antilles anglophones ; qui en est partisan.

rat nm **1.** Petit mammifère rongeur très nuisible. **2.** FIG Jeune danseur ou danseuse de l'Opéra. ■ FAM **être fait comme un rat** : être pris, dupé. ❑ FAM **rat de bibliothèque** : personne qui passe son temps à consulter des livres. ❑ **rat d'égout** : surmulot. ❑ **rat d'hôtel** : voleur qui dévalise les hôtels. ❑ **rat musqué** : ondatra.

ratafia nm Liqueur d'eau-de-vie et de fruits.

ratage nm Échec.

ratatiné, e adj Flétri, ridé : *des pommes ratatinées.*

ratatiner (se) vpr Se tasser, se recroqueviller.

ratatouille nf Mélange d'aubergines, de courgettes, d'oignons, de poivrons et de tomates, cuits dans l'huile d'olive.

1. rate nf Glande située en arrière de l'estomac. ■ FAM **dilater la rate** : faire rire.

2. rate nf Rat femelle.

1. raté nm **1.** Fonctionnement défectueux de quelque chose. **2.** Légère détonation qui se produit à l'échappement d'un moteur à explosion lorsque l'allumage est défectueux.

2. raté, e n et adj FAM Personne qui n'a pas réussi dans sa vie, dans sa carrière : *un poète raté.*

râteau nm Instrument de jardinage à long manche muni de dents.

râteler vt (conj 6) Ramasser avec le râteau : *râteler le foin.*

râtelier nm **1.** Assemblage à claire-voie de barres de bois pour mettre le fourrage qu'on donne aux animaux. **2.** FAM Dentier. ■ FAM **manger à tous les râteliers** : servir avec profit deux causes opposées.

rater vi **1.** Ne pas partir, en parlant du coup d'une arme à feu. **2.** FIG Échouer. ◆ vt Manquer : *rater un lièvre ; rater un train, un rendez-vous.* ■ FIG **ne pas en rater une** : commettre toutes les gaffes possibles.

ratiboiser vt FAM **1.** Couper ras les cheveux de quelqu'un. **2.** Ruiner, détruire : *si vous ne me prêtez pas cet argent, je suis ratiboisé.*

ratière nf Petit piège à rats.

ratification nf Action de ratifier ; acte qui ratifie.

ratifier vt **1.** DR Confirmer ce qui a été fait ou promis : *le gouvernement a ratifié l'accord.* **2.** LITT Approuver, reconnaître comme vrai.

ratine nf Étoffe de laine au poil tiré et frisé.

ratio [rasjo] nm ÉCON Rapport, exprimé en pourcentage, entre deux grandeurs économiques ou financières.

ratiociner [rasjɔsine] vi LITT Raisonner d'une façon subtile et pédante.

ration nf **1.** Quantité de nourriture donnée à un homme, à un animal, pour une durée déterminée : *ration quotidienne.* **2.** FAM Ce qui est donné par le sort à quelqu'un ; lot.

rationalisation nf Action de rationaliser.

rationaliser vt **1.** Rendre rationnel : *rationaliser l'alimentation.* **2.** Organiser une production, une technique, etc., de façon à les rendre plus efficaces, plus rentables : *rationaliser une fabrication.*

rationalisme nm Philosophie fondée sur la raison : *le rationalisme cartésien.*

rationaliste adj et n Relatif au rationalisme ; qui en est partisan.

rationalité nf Caractère de ce qui est rationnel.

rationnel, elle adj **1.** Fondé sur la raison ; déduit par le raisonnement. **2.** Conforme à la raison, à la logique, au bon sens.

rationnellement adv De façon rationnelle.

rationnement nm Action de rationner.

rationner vt Limiter des personnes en nourriture ou réduire la consommation de quelque chose : *rationner la population ; rationner l'essence.*

ratissage nm Action de ratisser.

ratisser vt **1.** Nettoyer avec un râteau. **2.** Fouiller méthodiquement un lieu pour rechercher une ou plusieurs personnes : *ratisser un quartier.* ◆ vi ■ FAM **ratisser large :** chercher à rassembler le plus grand nombre de personnes ou de choses, sans véritable sélection.

raton nm Petit rat. ■ **raton laveur :** mammifère carnassier d'Amérique.

ratonnade nf FAM, PÉJOR Expédition punitive de type raciste.

rattachement nm Action de rattacher ; son résultat.

rattacher vt **1.** Attacher de nouveau. **2.** Faire dépendre une chose d'une autre ; établir un lien entre : *rattacher une commune à un département.* ◆ **se rattacher** vpr [à] Être lié à.

rattachiste n et adj BELGIQUE Partisan du rattachement à la France de tout ou partie des régions francophones de Belgique.

rattrapable adj Qui peut être rattrapé : *un retard rattrapable.*

rattrapage nm Action de rattraper, de se rattraper : *rattrapage d'une erreur ; oral de rattrapage.* ■ **télé, radio de rattrapage :** service proposé par une chaîne de télé ou de radio qui permet de voir ou d'écouter une émission dans les jours qui suivent sa diffusion.

rattraper vt **1.** Attraper de nouveau. **2.** Saisir pour empêcher de tomber. **3.** Rejoindre une personne, une chose qui a de l'avance : *partez ! je vous rattrape !* **4.** Atténuer, compenser. ◆ **se rattraper** vpr **1.** Se retenir de justesse : *se rattraper à une branche.* **2.** Combler une perte, un retard : *se rattraper au dernier trimestre.* **3.** Corriger une erreur.

raturage nm Action de raturer.

rature nf Trait tracé sur ce qu'on a écrit pour le rayer.

raturer vt Annuler par une rature : *raturer un mot.*

rauque adj Rude, guttural : *voix rauque.*

ravage nm (surtout au pluriel) **1.** Violent dommage, grand dégât : *ravages de la guerre.* **2.** FIG Effet désastreux : *ravages de l'alcoolisme.* ■ FAM **faire des ravages :** provoquer des passions amoureuses.

ravager vt (conj 2) Causer des destructions : *ravager un vignoble ;* LITT troubler : *amour qui ravage.*

ravageur, euse adj et n Qui ravage : *sanglier ravageur de cultures ; sourire ravageur.*

ravalement nm Remise à neuf de la façade d'une construction, d'un immeuble.

ravaler vt **1.** Avaler de nouveau : *ravaler sa salive.* **2.** Se retenir de manifester : *ravaler sa colère.* **3.** Faire le ravalement de. **4.** FIG Déprécier : *ravaler le mérite d'autrui.*

ravaleur nm Ouvrier qui effectue un ravalement.

ravaudage nm VX Raccommodage.

ravauder vt VX Raccommoder à l'aiguille.

1. rave nf Plante potagère, voisine du navet.

2. rave [rɛv] nf Rassemblement dansant d'amateurs de techno.

ravenelle nf **1.** Moutarde des champs. **2.** Radis sauvage.

ravi, e adj Très content ; enchanté.

ravier nm Petit plat dans lequel on sert des hors-d'œuvre.

ravigotant, e adj FAM Qui ravigote.

ravigote nf Vinaigrette relevée à l'échalote, aux fines herbes et aux câpres.

ravigoter vt FAM Redonner de la vigueur, de la force.

ravin nm **1.** Terrain creusé profondément par un torrent. **2.** Vallée sauvage et encaissée.

ravine nf Rigole creusée par les eaux de ruissellement.

ravinement nm Formation de ravines.

raviner vt Creuser une ravine dans le sol : *l'orage ravine les chemins.*

raviole nf Spécialité dauphinoise faite d'un petit carré de pâte alimentaire farci : *des ravioles au fromage, au saumon, à la pintade.*

ravioli (pl *raviolis* ou inv) nm Petit carré de pâte farci de viande hachée, de légumes, etc.

ravir vt **1.** Enchanter, procurer un vif plaisir : *ce chant me ravit.* **2.** LITT Enlever de force : *ravir le bien d'autrui.* **3.** LITT Arracher quelqu'un à l'affection de ses proches : *la maladie lui a ravi son fils.* ■ **à ravir :** admirablement : *sa robe lui va à ravir.*

raviser (se) vpr Changer d'avis, revenir sur une résolution.

ravissant, e adj Très joli, charmant.

ravissement nm Charme, enchantement.

ravisseur, euse n Personne qui a commis un rapt.

ravitaillement nm Action de ravitailler ; denrées nécessaires à la consommation.

ravitailler vt Fournir les produits nécessaires à la vie, à l'activité, au fonctionnement : *ravitailler des troupes, un avion.* ◆ **se ravitailler** vpr Se procurer ce dont on a besoin : *se ravitailler au supermarché.*

ravitailleur nm Navire ou avion chargé du ravitaillement pendant une opération.

ravivage nm Action de raviver.

raviver vt **1.** Rendre plus vif : *raviver la flamme.* **2.** Redonner de l'éclat, de la fraîcheur : *raviver un tissu.* **3.** LITT Faire revivre, ranimer : *raviver les haines.*

ravoir vt (seulement à l'infinitif) Avoir de nouveau.

rayé, e adj Qui porte des raies ou des rayures.

rayer vt (conj 4) **1.** Faire des rayures à : *rayer du verre.* **2.** Annuler en raturant : *rayer un mot.* **3.** FIG Éliminer, exclure : *rayer quelqu'un d'une liste.*

1. rayon nm **1.** Trait, ligne qui part d'un centre lumineux : *rayons du soleil.* **2.** Ligne allant du centre d'un cercle à la circonférence. **3.** Pièce de bois ou de métal qui relie le moyeu à la jante d'une roue : *rayons de bicyclette.* **4.** FIG Ce qui fait naître l'espoir, la joie : *rayon d'espoir.* ■ **rayon d'action :** zone d'influence, d'activité. ◆ **rayons** pl Rayonnements particuliers : *rayons alpha, bêta, gamma, X.*

2. rayon nm **1.** Tablette de bibliothèque, d'armoire. **2.** Ensemble des comptoirs d'un magasin affectés à un même type de marchandises. **3.** Gâteau de cire des abeilles, divisé en alvéoles.

rayonnage nm Ensemble de rayons d'une armoire, d'une bibliothèque, etc.

rayonnant adj Qui rayonne.

rayonne nf Textile artificiel.

rayonnement nm **1.** Ensemble des radiations émises par un corps. **2.** Influence, renommée de quelqu'un ou de quelque chose : *le rayonnement culturel d'une ville.*

rayonner vi **1.** Émettre des rayons. **2.** Être disposé en forme de rayons. **3.** Se déplacer à partir d'un lieu donné : *rayonner autour de Paris.* **4.** FIG Faire sentir son action au loin. **5.** S'éclairer sous l'effet du bonheur : *visage qui rayonne.*

rayure nf **1.** Ligne, bande tracée sur une surface : *étoffe à rayures.* **2.** Trace laissée sur un objet par un corps pointu ou coupant : *faire une rayure sur le parquet.*

raz de marée ou **raz-de-marée** nm inv **1.** Soulèvement soudain des eaux de mer dû à un tremblement de terre ou à une éruption volcanique. **2.** FIG Phénomène brutal et massif.

ORTHOGRAPHE On écrit parfois *raz-de-marée* comme *rez-de-chaussée,* mais il est préférable de garder à *raz de marée* son orthographe, sans traits d'union.

razzia [razja] ou [radzja] nf Action d'emporter quelque chose par surprise ou par violence : *faire une razzia dans le réfrigérateur.*

razzier vt Faire une razzia ; piller.

RDS nm (sigle de *remboursement de la dette sociale*) Prélèvements effectués en France sur différentes catégories de revenus et destinés à combler le déficit de la Sécurité sociale.

ré nm inv Seconde note de la gamme de *do.*

réabonnement nm Action de (se) réabonner ; nouvel abonnement.

réabonner vt Abonner de nouveau. ◆ **se réabonner** vpr S'abonner de nouveau.

réac adj et n (abréviation) FAM, PÉJOR Réactionnaire.

réaccoutumer vt LITT Accoutumer de nouveau.

réacteur nm Propulseur aérien fonctionnant par réaction directe sans entraîner d'hélice. ■ **réacteur nucléaire :** partie d'une centrale nucléaire dans laquelle l'énergie est libérée par fission du combustible.

réactif, **ive** adj Qui réagit : *force réactive*. ◆ nm Substance employée en chimie, en vue des réactions qu'elle produit.

réaction nf **1.** Force qu'exerce en retour un corps soumis à l'action d'un autre corps. **2.** CHIM Transformation se produisant entre des corps chimiques mis en contact et donnant naissance à de nouvelles substances. **3.** Attitude d'une personne, d'un groupe en réponse à une situation, à un événement, etc. **4.** Mouvement d'opinion qui s'oppose à celui qui l'a précédé. **5.** Tendance politique qui s'oppose au progrès social. ■ **avion à réaction** : propulsé par un moteur éjectant un flux de gaz à très grande réaction *(moteur à réaction)*.

réactionnaire adj et n Qui s'oppose à tout progrès politique ou social.

réactiver vt Donner une nouvelle vigueur à : *réactiver le feu ; réactiver des négociations*.

réactualisation nf Action de réactualiser ; fait d'être réactualisé.

réactualiser vt Remettre à jour.

réadaptation nf Action de réadapter ; fait de se réadapter.

réadapter vt Adapter à une nouvelle situation, à un nouvel état. ◆ **se réadapter** vpr S'adapter de nouveau.

réadmettre vt (conj 57) Admettre de nouveau.

ready-made [redimɛd] (pl inv ou *ready-mades*) nm BX-ARTS Objet manufacturé promu par un artiste au rang d'œuvre d'art : *les ready-made de Marcel Duchamp*.

réaffirmer vt Affirmer de nouveau : *réaffirmer une déclaration*.

réagir vi **1.** Se modifier en fonction d'un effet extérieur : *réagir à la lumière*. **2.** CHIM Entrer en réaction. **3.** Répondre à une action, à un événement : *bien réagir à une critique*. **4.** S'opposer à, lutter contre : *contre le racisme, il faut réagir*. **5.** Avoir des répercussions : *l'attitude du public réagit sur l'orateur*.

réajustement nm → **rajustement**.

réajuster vt → **rajuster**.

réaléser vt (conj 10) Augmenter le diamètre d'un cylindre pour faire disparaître l'usure inégale des parois.

réalisable adj Qui peut être réalisé : *projet réalisable*.

réalisateur, **trice** n **1.** Personne qui réalise ce qu'elle a conçu. **2.** Personne qui assure la réalisation d'un film ou le montage et la direction d'une émission de radio, de télévision.

réalisation nf **1.** Action de réaliser, de concrétiser ; son résultat. **2.** Ensemble des opérations nécessaires pour faire un film, une émission ; film, émission ainsi réalisés.

réaliser vt **1.** Procéder à la réalisation de quelque chose : *réaliser un barrage, un film*. **2.** Rendre réel et effectif : *réaliser ses promesses*. **3.** Comprendre, se rendre compte de. ◆ **se réaliser** vpr **1.** Devenir réel : *rêve qui se réalise*. **2.** Rendre effectives ses potentialités : *elle se réalise dans son travail*.

réalisme nm **1.** Disposition à voir les choses comme elles sont et à agir en conséquence. **2.** Tendance littéraire et artistique de la seconde moitié du XIXe s. à représenter la nature et la vie telles qu'elles sont.

réaliste adj et n **1.** Qui a l'esprit pratique, qui voit les choses comme elles sont. **2.** Partisan du réalisme.

réalité nf **1.** Caractère de ce qui est réel. **2.** Ce qui est réel, qui a une existence effective (par opposition à ce qui est imaginé, rêvé). ■ **en réalité** : réellement, en fait.

réaménagement nm Action de réaménager.

réaménager vt Aménager de nouveau, sur de nouvelles bases.

réanimation nf Ensemble des techniques propres à rétablir les fonctions vitales.

réanimer vt Soumettre à la réanimation.

réapparaître vi (conj 64) Apparaître de nouveau.

réapparition nf Action de réapparaître ; nouvelle apparition.

réapprendre vt → **rapprendre**.

réapprovisionner vt → **rapprovisionner**.

réarmement nm Action de réarmer.

réarmer vt Armer de nouveau.

réassortiment ou **rassortiment** nm Action de réassortir.

réassortir ou **rassortir** vt Assortir de nouveau.

réassurance nf Opération par laquelle un assureur se couvre d'une partie du risque en se faisant assurer lui-même par un autre assureur.

rébarbatif, **ive** adj Dur, rebutant ; ennuyeux : *mine, émission rébarbative*.

rebâtir vt Bâtir de nouveau.

rebattre vt (conj 56) Battre de nouveau : *rebattre les cartes*. ■ FIG **rebattre les oreilles** : répéter à satiété.

rebattu, **e** adj Souvent traité, sans originalité : *sujet rebattu*.

rebelle adj et n **1.** Qui refuse d'obéir à l'autorité : *le gouvernement va négocier avec les rebelles*. **2.** Qui résiste ; indocile :

enfant rebelle à la discipline. ◆ adj **1.** Difficile à guérir : *maladie rebelle.* **2.** Qui ne se laisse pas facilement manier : *cheveux rebelles.*

rebeller (se) vpr Refuser de se soumettre ; se révolter, résister.

rébellion nf **1.** Révolte violente. **2.** Ensemble des rebelles.

ORTHOGRAPHE Attention, on écrit *rébellion,* mais *rebelle.*

rebelote interj FAM Souligne la répétition d'une action, d'un fait.

rebiffer (se) vpr FAM Refuser d'obéir avec brusquerie.

rebiquer vi FAM Se dresser, se retrousser : *cheveux qui rebiquent.*

reblochon nm Fromage de vache fabriqué en Savoie.

reboisement nm Action de reboiser ; son résultat.

reboiser vt Planter de nouveau des arbres sur un terrain déboisé.

rebond nm Fait de rebondir.

rebondi, e adj Arrondi, en parlant d'une partie du corps : *joues rebondies.*

rebondir vi **1.** Faire un ou plusieurs bonds. **2.** FIG Avoir des conséquences imprévues, des développements nouveaux : *l'affaire rebondit.* **3.** FIG Prendre un nouvel essor après une crise grave, un échec cuisant.

rebondissement nm **1.** Fait de rebondir. **2.** Développement nouveau et imprévu.

rebord nm **1.** Bord en saillie : *le rebord d'une fenêtre.* **2.** Bord replié : *le rebord de l'oreille.*

reboucher vt Boucher de nouveau.

rebours (à) loc adv À contre-pied, à contresens. ■ **compte à rebours :** horaire des opérations de lancement qui précèdent la mise à feu d'un engin spatial.

rebouteux, euse n FAM Personne qui fait métier de guérir les fractures, foulures, etc., par des moyens empiriques.

reboutonner vt Boutonner de nouveau.

rebrousse-poil (à) loc adv Dans le sens opposé à la direction des poils. ■ FAM **prendre quelqu'un à rebrousse-poil :** le mettre en colère, le vexer.

rebrousser vt Relever en sens contraire du sens naturel. ■ FIG **rebrousser chemin :** revenir sur ses pas.

rebuffade nf Mauvais accueil ; refus brutal : *essuyer une rebuffade.*

rébus [rebys] nm **1.** Jeu d'esprit, qui consiste à exprimer des mots ou des phrases par des figures dont le nom offre une analogie phonétique avec ce qu'on veut faire entendre : *rébus de Voltaire : « Ga » (= g grand, a petit = j'ai grand appétit).* **2.** Chose difficile à comprendre.

rebut nm Ce qui est rejeté, laissé de côté. ■ **mettre au rebut :** se débarrasser d'une chose sans valeur ou inutilisable.

rebutant, e adj Qui rebute : *travail rebutant.*

rebuter vt **1.** Décourager, lasser : *la moindre chose le rebute.* **2.** Choquer, répugner : *ses manières me rebutent.*

récalcitrant, e adj et n Qui résiste avec opiniâtreté ; rebelle.

recalculer vt Calculer de nouveau.

recalé, e adj et n FAM Qui a été refusé à un examen.

recaler vt FAM Refuser à un examen.

récapitulatif, ive adj Qui récapitule : *tableau récapitulatif.*

récapitulation nf Action de récapituler.

récapituler vt **1.** Résumer, redire : *récapituler les consignes.* **2.** Rappeler : *récapituler les événements du mois.*

recaser vt FAM Caser de nouveau quelqu'un qui a perdu sa place, une chose qui a été déplacée.

recéder vt (conj 10) Rétrocéder, revendre.

recel nm Action de receler : *le recel est une infraction.*

receler vt (conj 5) **1.** Garder et cacher une chose volée par un autre : *receler des bijoux.* **2.** Cacher quelqu'un pour le soustraire à la justice : *receler un meurtrier.* **3.** SOUT Renfermer, contenir : *grotte qui recèle des trésors.*

receleur, euse n Personne qui recèle des objets volés ou une personne en fuite.

récemment adv Depuis peu : *mariés récemment ;* à une époque récente : *étoile récemment découverte.*

recensement nm **1.** Action de recenser ; son résultat. **2.** Dénombrement, effectué par les mairies, des jeunes gens atteignant l'âge du service militaire l'année suivante.

recenser vt **1.** Faire le dénombrement de la population d'un État, d'une ville, des suffrages d'un vote, etc. **2.** Dénombrer, inventorier : *recenser les volontaires.*

recenseur, euse n Personne chargée d'un recensement.

récent, e adj Nouvellement fait ou arrivé : *livre récent.*

recentrage nm Action de recentrer.

recentrer vt **1.** Déplacer vers le centre. **2.** Ramener à ce qui est fondamental, essentiel : *recentrer une entreprise sur son métier.* **3.** Regrouper autour d'un nouvel objectif : *recentrer un syndicat sur l'emploi.*

récépissé nm Écrit par lequel on reconnaît avoir reçu quelque chose.

réceptacle nm **1.** LITT Lieu où sont rassemblées des choses, des personnes : *cet hôtel est le réceptacle de la pègre.* **2.** BOT Extrémité du pédoncule d'une fleur. **3.** Bassin qui recueille les eaux pour les redistribuer.

récepteur, trice adj Propre à recevoir un courant, un signal : *poste récepteur.* ◆ nm Appareil recevant un signal de télécommunication et le transformant en sons, en images.

réceptif, ive adj Susceptible d'ouvrir son esprit aux impressions, aux suggestions.

réception nf **1.** Action de recevoir : *accuser réception.* **2.** Réunion mondaine : *donner une réception.* **3.** Manière d'accueillir : *réception glaciale.* **4.** Action d'admettre quelqu'un dans une assemblée : *discours de réception.* **5.** Service d'un hôtel, d'une entreprise, où l'on accueille les voyageurs, les visiteurs ; personnel affecté à ce service : *s'adresser à la réception.* **6.** Manière de retomber au sol après un saut ou de recevoir un ballon, une balle.

réceptionnaire n Personne chargée de la réception des marchandises.

réceptionner vt **1.** Vérifier une livraison lors de sa réception. **2.** Recevoir la balle ou le ballon dans un jeu.

> EMPLOI On *réceptionne* des choses, des marchandises ; on *reçoit* des personnes, des clients, des invités.

réceptionniste n Personne chargée d'accueillir les voyageurs, dans un hôtel.

réceptivité nf **1.** Caractère d'une personne réceptive. **2.** MÉD Aptitude d'un organisme à contracter les maladies, notamment infectieuses.

récessif, ive adj BIOL Se dit d'un caractère héréditaire qui ne se manifeste qu'en l'absence du caractère opposé, dit *dominant.*

récession nf Ralentissement de l'activité économique.

recette nf **1.** Ce qui est reçu en argent : *recettes et dépenses.* **2.** Fonction du receveur des contributions ; local où il exerce son emploi : *apporter son argent à la recette.* **3.** Description de la préparation d'un plat culinaire. **4.** Procédé pour réussir quelque chose. ■ **faire recette** : (a) rapporter beaucoup d'argent (b) FIG avoir du succès.

recevabilité nf Caractère de ce qui est recevable.

recevable adj Qui peut être reçu, admis : *cette excuse n'est pas recevable.*

receveur, euse n **1.** Personne chargée du recouvrement des recettes publiques : *receveur des contributions.* **2.** Employé qui perçoit l'argent des voyageurs dans les transports publics. **3.** Administrateur d'un bureau de poste. **4.** Malade transfusé ou greffé. ■ **receveur universel** : individu du groupe sanguin AB, susceptible de recevoir du sang de n'importe quel groupe.

recevoir vt (conj 34) **1.** Accepter ce qui est donné, ce qui est envoyé, ce qui est dû : *recevoir de l'argent.* **2.** Accueillir : *recevoir un ami.* **3.** Subir, éprouver : *recevoir un bon accueil, des coups.* **4.** Admettre : *recevoir un candidat.* **5.** Laisser entrer ; recueillir : *recevoir les eaux de pluie.* ◆ vi Avoir des visites ; donner des repas, des soirées : *aimer recevoir.* ◆ **se recevoir** vpr Reprendre contact avec le sol après un saut.

réchampir ou **rechampir** vt BX-ARTS Faire ressortir une moulure, un ornement du fond, particulièrement par un contraste de couleurs.

rechange (de) loc adj **1.** Qui peut remplacer un autre objet semblable : *roue de rechange.* **2.** Que l'on peut adopter en remplacement : *solution de rechange.*

rechapage nm Action de rechaper.

rechaper vt Reconstituer la bande de roulement d'un pneu usagé.

réchapper vi et vt ind [à, de] Échapper par chance à un danger, à un accident, etc.

recharge nf **1.** Remise en état de fonctionnement : *recharge d'une batterie d'accumulateurs.* **2.** Ce qui permet de recharger : *recharge de stylo.*

rechargeable adj Qui peut être rechargé.

recharger vt (conj 2) **1.** Charger de nouveau. **2.** Approvisionner de nouveau pour mettre en état de fonctionner.

réchaud nm Appareil de cuisson portatif.

réchauffage nm Action de réchauffer.

réchauffé nm Nourriture réchauffée : *goût de réchauffé.* ■ FAM **c'est du réchauffé** : se dit de ce qui est vieux, connu, mais que l'on présente comme neuf.

réchauffement nm Fait de se réchauffer : *le réchauffement de la planète.*

réchauffer vt **1.** Chauffer de nouveau ce qui s'est refroidi. **2.** FIG Ranimer, raviver : *réchauffer l'ardeur.* ◆ **se réchauffer** vpr **1.** Redonner de la chaleur à son corps. **2.** Devenir plus chaud.

rechausser vt Chausser de nouveau.

rêche adj **1.** Rude au toucher. **2.** Âpre au goût : *vin rêche.*

recherche nf **1.** Action de rechercher. **2.** Travail scientifique. **3.** Souci de se distinguer ; élégance, raffinement : *recherche dans le style ; s'habiller avec recherche.*

recherché, e adj **1.** Peu commun, rare. **2.** Qui dénote du raffinement ou un excès de recherche et un manque de naturel.

rechercher vt **1.** Chercher avec soin : *rechercher la cause d'un phénomène.* **2.** Tenter de retrouver par une enquête : *rechercher un criminel.* **3.** Chercher à établir des liens : *rechercher les gens influents ; rechercher l'amitié, la compagnie de quelqu'un.*

rechigner vi et vt ind [à] Montrer de la mauvaise volonté à faire quelque chose.

rechute nf Réapparition d'une maladie.

rechuter vi Faire une rechute.

récidive nf **1.** DR Action de commettre un délit, un crime pour lequel on a déjà été condamné (par opposition à *réitération*). **2.** Réapparition d'une maladie, d'un mal.

récidiver vi **1.** Faire une récidive. **2.** MÉD Recommencer, réapparaître.

récidiviste n et adj DR Personne en état de récidive.

récif nm Rocher ou groupe de rochers à fleur d'eau.

récipiendaire n SOUT Personne reçue officiellement dans une assemblée, une société savante, etc.

récipient nm Ustensile creux pour recevoir, contenir un liquide, un fluide.

réciprocité nf Caractère de ce qui est réciproque.

réciproque adj Qui marque une action équivalente à celle qui est reçue ; mutuel : *amitié réciproque.* ◆ nf ■ **la réciproque :** la pareille : *elle ne l'aime pas, la réciproque est vraie.*

réciproquement adv De façon réciproque.

récit nm Relation, narration d'un fait : *récit touchant.*

récital (pl *récitals*) nm Concert, spectacle donné par un seul artiste, un seul groupe, ou consacré à un seul genre.

récitant, e n Personne qui récite, dit un texte, spécialement un récitatif.

récitatif nm Fragment narratif déclamé, dans un opéra, une cantate, etc.

récitation nf **1.** Action, manière de réciter. **2.** Texte à apprendre par cœur et à réciter.

réciter vt Dire par cœur.

réclamation nf Action de réclamer, de protester : *faire une réclamation.*

réclame nf VIEILLI Publicité commerciale par voie d'affiche, de prospectus, etc. : *faire de la réclame.* ■ **en réclame :** vendu à prix réduit.

réclamer vt **1.** Demander avec insistance : *réclamer la parole, son dû.* **2.** FIG Demander, avoir besoin de : *réclamer des soins.* ◆ vi LITT Protester, s'élever contre : *réclamer contre une injustice.* ◆ **se réclamer** vpr [de] Invoquer la caution de : *se réclamer d'un ami commun.*

reclassement nm Action de reclasser ; son résultat : *le reclassement de la fonction publique.*

reclasser vt **1.** Classer de nouveau. **2.** Rétablir les traitements, les salaires, par référence à ceux d'autres catégories. **3.** Placer dans une activité nouvelle des personnes qui ont dû abandonner leur précédente activité.

reclus, e adj et n Enfermé, isolé du monde : *vivre comme un reclus.*

réclusion nf État de quelqu'un qui vit reclus. ■ DR **réclusion criminelle :** peine consistant dans une privation de la liberté avec assujettissement au travail.

récognitif adj m ■ DR **acte récognitif :** acte par lequel on reconnaît une obligation.

recoiffer vt Coiffer de nouveau ; réparer le désordre d'une coiffure. ◊ vpr : *se recoiffer après le match.*

recoin nm **1.** Coin caché, retiré. **2.** FIG Partie cachée, secrète : *les recoins de la mémoire.*

recollage ou **recollement** nm Action de recoller.

recoller vt Coller de nouveau ; raccommoder en collant.

récoltant, e adj et n Qui récolte : *propriétaire récoltant.*

récolte nf **1.** Action de recueillir les produits de la terre ; ces produits : *faire une bonne récolte.* **2.** FIG Ce qu'on recueille à la suite de recherches : *récolte de documents.*

récolter vt **1.** Faire une récolte : *récolter du blé.* **2.** FIG Recueillir : *récolter des informations.*

recommandable adj Qu'on peut recommander ; estimable : *un individu peu recommandable.*

recommandation nf **1.** Conseil, avis : *recommandation paternelle.* **2.** Action de recommander quelqu'un. **3.** Opération par laquelle la poste assure la remise en main propre d'une lettre, d'un paquet, moyennant une taxe spéciale.

recommandé, e adj et nm Qui a fait l'objet d'une recommandation postale. ■ **en recommandé :** sous recommandation postale.

recommander vt **1.** Exhorter, conseiller vivement : *recommander la prudence.* **2.** Signaler à l'attention, à la bienveillance de : *recommander un candidat.* **3.** Poster une lettre, un paquet sous recommandation. ◆ **se recommander** vpr **1.** [de] Invoquer l'appui de quelqu'un : *se recommander du directeur.* **2.** SUISSE Insister pour obtenir quelque chose.

recommencement nm Action de recommencer : *l'histoire est un éternel recommencement.*

recommencer vt et vi (conj 1) Commencer de nouveau ; refaire.

récompense nf Ce qui est donné à quelqu'un ou reçu par lui, pour un service rendu, une bonne action, etc.

récompenser vt Accorder une récompense à : *récompenser un bon élève.*

recomposé, e adj ■ **famille recomposée :** famille où les enfants de chaque conjoint sont issus d'une union antérieure.

recomposer vt Composer de nouveau : *recomposer un texte, sa coiffure, un numéro.*

recomposition nf Action de recomposer.

recompter vt Compter de nouveau.

réconciliation nf Action de (se) réconcilier ; son résultat.

réconcilier vt **1.** Remettre d'accord des personnes fâchées. **2.** Faire revenir sur une opinion défavorable : *ce film me réconcilie avec le cinéma.* ◆ **se réconcilier** vpr Se remettre d'accord avec quelqu'un.

reconductible adj Qui peut être reconduit, renouvelé : *mandat reconductible.*

reconduction nf Renouvellement d'une location, d'un bail, etc. ■ **tacite reconduction :** qui se fait sans formalité.

reconduire vt (conj 70) **1.** Accompagner quelqu'un dont on a reçu la visite. **2.** Continuer ce qui a été entrepris, établi : *reconduire une option politique, un crédit.* **3.** DR Renouveler : *reconduire un bail.*

reconduite nf ■ **reconduite à la frontière :** procédure utilisée pour expulser de France des étrangers en situation irrégulière.

réconfort nm Consolation, soutien.

réconfortant, e adj Qui réconforte.

réconforter vt **1.** Redonner de la force, de la vigueur : *ce potage m'a réconforté.* **2.** Aider à supporter une épreuve ; redonner du courage, de l'espoir.

reconnaissable adj Facile à reconnaître.

reconnaissance nf **1.** Sentiment qui incite à se considérer comme redevable envers la personne de qui on a reçu un bienfait ; gratitude : *témoigner sa reconnaissance à quelqu'un.* **2.** Action de reconnaître comme vrai, comme légitime, comme sien : *reconnaissance d'un droit.* **3.** Exploration, examen d'un lieu inconnu : *partir en reconnaissance.* **4.** DR Acte déclarant l'existence d'une chose : *reconnaissance de dette.* ■ **signe de reconnaissance :** objet, geste, parole permettant à d'autres d'identifier une ou plusieurs personnes.

reconnaissant, e adj Qui a de la reconnaissance.

reconnaître vt (conj 64) **1.** Se rappeler, identifier : *reconnaître un ami ; reconnaître à la voix.* **2.** Avouer, confesser : *reconnaître ses torts.* **3.** Avoir de la gratitude : *reconnaître un bienfait.* **4.** Admettre comme légitime : *reconnaître un État.* **5.** Explorer : *reconnaître le terrain.* ■ **reconnaître un enfant :** s'en déclarer le père ou la mère. ◆ **se reconnaître** vpr **1.** Se retrouver : *se reconnaître dans ses enfants.* **2.** Savoir où l'on est et pouvoir se retrouver. **3.** Se retrouver, comprendre : *je commence à m'y reconnaître.* **4.** S'avouer : *se reconnaître coupable.*

reconnu, e adj Que l'on reconnaît comme vrai, comme ayant une vraie valeur : *un écrivain reconnu.*

reconquérir vt (conj 21) **1.** Conquérir de nouveau. **2.** FIG Recouvrer : *reconquérir l'estime.*

reconquête nf Action de reconquérir.

reconsidérer vt Reprendre l'examen d'une question en vue d'une nouvelle décision.

reconstituant nm Médicament qui fortifie.

reconstituer vt **1.** Constituer, former de nouveau : *reconstituer un décor 1900.* **2.** Rétablir la chronologie des faits au moyen de renseignements.

reconstitution nf Action de reconstituer : *reconstitution d'un crime ; reconstitution historique.*

reconstruction nf Action de reconstruire.

reconstruire vt (conj 70) **1.** Construire de nouveau. **2.** Rétablir, reconstituer.

reconversion nf Action de reconvertir ; fait de se reconvertir.

reconvertir vt **1.** Adapter un secteur économique à de nouveaux besoins. **2.** Affecter à un nouvel emploi, donner une nouvelle formation à. ◆ **se reconvertir** vpr Changer d'activité, de profession.

recopier vt Copier un texte déjà écrit.

record nm Performance, niveau surpassant ce qui a été atteint antérieurement : *record sportif.* ◆ adj inv Jamais réalisé : *chiffres record.* ■ **en un temps record :** très vite.

recordman [rəkɔrdman] (pl *recordmans* ou *recordmen* [rəkɔrdmɛn]) nm Détenteur d'un ou de plusieurs records.

recordwoman [rəkɔrdwuman] (pl *recordwomans* ou *recordwomen* [rəkɔrdwumɛn]) nf Détentrice d'un ou de plusieurs records.

recorriger vt (conj 2) Corriger de nouveau.

recoucher vt Coucher de nouveau. ◆ **se recoucher** vpr Se remettre au lit.

recoudre vt (conj 59) Coudre ce qui est décousu.
recoupement nm Vérification d'un fait au moyen de sources différentes.
recouper vt **1.** Couper de nouveau. **2.** Coïncider avec, apporter une confirmation à : *témoignage qui en recoupe un autre.*
recourber vt **1.** Courber de nouveau. **2.** Courber par le bout : *recourber une branche.*
recourir vt et vi (conj 29) Courir de nouveau. ◆ vt ind [à] Faire appel, avoir recours à : *recourir à un charlatan ; recourir à la force.*
recours nm **1.** Action de recourir à quelqu'un ou à quelque chose ; personne ou chose à laquelle on recourt : *vous êtes mon dernier recours.* **2.** DR Action en garantie contre quelqu'un. **3.** DR Pourvoi : *recours en cassation, en grâce.*
recouvrable adj Qui peut être recouvré.
1. recouvrement nm **1.** Action de recouvrer ce qui était perdu : *recouvrement de l'ouïe.* **2.** Perception de sommes dues.
2. recouvrement nm Action de recouvrir.
recouvrer vt **1.** Retrouver, rentrer en possession de : *recouvrer la vue.* **2.** Percevoir une somme due : *recouvrer l'impôt.*
recouvrir vt (conj 16) **1.** Couvrir de nouveau ou complètement : *recouvrir un enfant ; la neige recouvre la plaine.* **2.** Refaire à neuf : *recouvrir un canapé.* **3.** Correspondre, se superposer : *le sens de ce mot recouvre en partie celui d'un autre.*
recracher vt et vi Cracher ce qu'on a mis dans la bouche.
récré nf (abréviation) FAM Récréation.
récréatif, ive adj Qui récrée, divertit.
récréation nf **1.** Détente, délassement. **2.** Temps accordé aux enfants dans les écoles pour jouer.
recréer vt Créer de nouveau.
récréer vt LITT Délasser, divertir.
récrier (se) vpr **1.** LITT S'exclamer : *se récrier d'admiration.* **2.** Protester, s'offusquer.
récrimination nf Critique amère, réclamation.
récriminer vi Trouver à redire ; critiquer amèrement.
récrire ou **réécrire** (conj 71) vt Écrire ou rédiger de nouveau.
recroqueviller (se) vpr **1.** Se rétracter, se replier sous l'action de la chaleur, du froid, etc. **2.** Se replier sur soi, se ramasser.
recru, e adj ■ LITT **recru de fatigue** : harassé.
recrudescence nf **1.** Brusque réapparition avec augmentation d'intensité : *recrudescence des combats.* **2.** Aggravation d'une maladie.
recrudescent, e adj LITT Qui reprend en s'intensifiant.
recrue nf **1.** Jeune homme qui vient d'être appelé au service militaire. **2.** Nouveau membre d'un groupe, d'une société.
recrutement nm Action de recruter.
recruter vt **1.** Appeler des recrues. **2.** Engager du personnel. **3.** Attirer dans une société, dans un parti : *recruter des associés.*
recruteur, euse n Personne qui recrute.
recta adv FAM Ponctuellement, très exactement : *payer recta.*
rectal, e, aux adj Du rectum.
rectangle nm Quadrilatère dont les angles sont droits. ◆ adj ■ **triangle rectangle** : qui a un angle droit.
rectangulaire adj **1.** Qui a la forme d'un rectangle. **2.** Qui forme un angle droit.
recteur nm Fonctionnaire de l'Éducation nationale placé à la tête d'une académie.
rectificatif, ive adj Qui rectifie. ◆ nm Document apportant une rectification : *le journal a fait paraître un rectificatif.*
rectification nf Action de rectifier ; texte, paroles qui rectifient.
rectifier vt **1.** Modifier pour rendre adéquat : *rectifier le tracé d'une route.* **2.** Rendre exact, correct : *rectifier un calcul, une erreur.*
rectiligne adj En ligne droite.
rectitude nf **1.** Caractère de ce qui est en ligne droite. **2.** FIG Conformité à la raison, au devoir, à la justice : *rectitude de jugement.*
recto nm Première page d'un feuillet. CONTR : verso. ■ **recto verso** : des deux côtés de la feuille.
rectoral, e, aux adj Du recteur.
rectorat nm Charge de recteur ; bureaux du recteur.
rectum [rɛktɔm] nm Dernière partie du côlon, qui aboutit à l'anus.
1. reçu nm Écrit par lequel on reconnaît avoir reçu quelque chose.
2. reçu, e adj Admis couramment, établi : *idée reçue.* ◆ n Admis à un examen.
recueil nm Ouvrage où sont réunis des écrits, des documents, etc.
recueillement nm État de qqn qui se recueille.
recueilli, e adj Qui est dans le recueillement.
recueillir vt (conj 24) **1.** Rassembler, réunir : *recueillir des dons.* **2.** Retirer un avantage : *recueillir le fruit de son travail.* **3.** Acquérir par héritage : *recueillir une succession.* **4.** Donner l'hospitalité à, accueillir chez soi. ◆ **se recueillir** vpr Réfléchir, méditer.
recuire vi et vt (conj 70) Cuire de nouveau. ◆ vt Procéder au recuit d'un métal, du verre.

recuit nm Action de recuire du métal, du verre pour en améliorer les qualités.

recul nm **1.** Mouvement en arrière, vers l'arrière : *recul des manifestants.* **2.** Espace nécessaire pour reculer. **3.** FIG Éloignement dans l'espace ou dans le temps pour juger d'un événement : *prendre, avoir du recul.*

reculade nf Action de reculer, de céder, de revenir à une position antérieure.

reculé, e adj Éloigné, isolé : *région reculée ;* ancien : *époque reculée.*

reculer vt **1.** Tirer, pousser en arrière : *reculer sa chaise.* **2.** Reporter plus loin ; ajourner, retarder : *reculer une échéance.* ◆ vi **1.** Se porter en arrière. **2.** FIG Renoncer, céder devant une difficulté.

reculons (à) loc adv En reculant.

ORTHOGRAPHE On écrit *à reculons* avec un *s* final, comme *à croupetons, à tâtons* (à la différence de *à califourchon*).

récup (abrév) nf FAM Récupération d'objets, génér. pour les réutiliser ou de les recycler.

récupérable adj Qui peut être récupéré.

récupérateur, trice adj Qui permet de récupérer : *sommeil récupérateur.* ◆ adj et n Qui récupère des matériaux usagés. ◆ nm Appareil qui permet de récupérer la chaleur ou l'énergie.

récupération nf Action de récupérer ; son résultat.

récupérer vt (conj 10) **1.** Rentrer en possession de : *récupérer de l'argent.* **2.** Recueillir des matériaux usagés : *récupérer de la ferraille.* **3.** Reprendre des idées, un mouvement en les détournant de leur but premier. **4.** Fournir un temps de travail en remplacement de celui qui a été perdu. ◆ vi Retrouver ses forces.

récurage nm Action de récurer.

récurer vt Nettoyer en frottant.

récurrence nf Caractère de ce qui est récurrent.

récurrent, e adj Qui réapparaît, se reproduit : *phénomène récurrent.* ◆ adj et n Se dit d'un personnage de fiction qui réapparaît d'œuvre en œuvre : *héros récurrent.*

récusable adj Qui peut être récusé.

récusation nf Action de récuser.

récuser vt Refuser de reconnaître la compétence, la valeur de : *récuser un juge, un témoignage.* ◆ **se récuser** vpr **1.** Se déclarer incompétent pour décider d'une question. **2.** Refuser une mission, un poste, etc.

recyclable adj Que l'on peut recycler.

recyclage nm **1.** Formation complémentaire donnée à des travailleurs pour leur permettre de s'adapter aux progrès industriels et scientifiques. **2.** Action de réutiliser tout ou partie d'un produit industriel : *recyclage du papier.*

recycler vt Effectuer un recyclage. ◆ **se recycler** vpr Acquérir une formation complémentaire.

rédacteur, trice n Personne qui rédige un texte, qui participe à la rédaction d'un journal, d'un livre.

rédaction nf **1.** Action de rédiger ; texte rédigé. **2.** Exercice scolaire destiné à apprendre à rédiger. **3.** Ensemble des rédacteurs d'un journal, d'une maison d'édition, etc. ; locaux où ils travaillent.

rédactionnel, elle adj Relatif à la rédaction.

reddition nf Action de se rendre, de capituler : *reddition d'une ville.*

redécoupage nm Action de modifier l'organisation d'un ensemble ; son résultat.

redécouvrir vt Découvrir de nouveau.

redéfinir vt Définir de nouveau.

redéfinition nf Action de redéfinir : *redéfinition d'un poste.*

redemander vt Demander de nouveau.

redémarrer vi Démarrer de nouveau.

rédempteur, trice adj et n RELIG Qui rachète. ◆ nm ■ **le Rédempteur :** Jésus-Christ.

rédemption nf RELIG Salut du genre humain par Jésus-Christ.

redéploiement nm Réorganisation d'une activité économique, d'un secteur de l'administration, d'un dispositif militaire.

redescendre vt et vi (conj 50) Descendre de nouveau ou après être monté, ou après avoir monté quelque chose.

redevable adj Qui n'a pas tout payé, qui reste débiteur envers quelqu'un : *je vous suis redevable de la vie.*

redevance nf Taxe, charge que l'on acquitte à termes fixes.

redevenir vi (conj 22 ; auxil : *être*) Revenir à un état antérieur : *ils sont redevenus amis.*

rédhibition nf DR Annulation d'une vente, lorsque la chose vendue est entachée d'un vice dit *rédhibitoire.*

rédhibitoire adj Qui constitue un obstacle radical : *un prix rédhibitoire.* ■ **vice rédhibitoire :** défaut irrémédiable qui peut motiver l'annulation d'une vente.

rediffuser vt Diffuser une nouvelle fois.

rediffusion nf Action de rediffuser ; émission rediffusée.

rédiger vt (conj 2) Écrire un texte selon une forme et un ordre voulus : *rédiger un article.*

redingote nf **1.** Manteau de femme ajusté à la taille. **2.** ANC Vêtement d'homme à longues basques.

redire vt (conj 72) Répéter ce qui a déjà été dit. ■ **avoir, trouver à redire à :** à critiquer.

rediscuter vt Discuter de nouveau.

redistribuer vt Distribuer de nouveau, ou selon des principes nouveaux, plus équitables : *redistribuer les richesses.*

redistributif, ive adj Qui vise à une meilleure répartition des revenus : *fiscalité redistributive.*

redistribution nf Action de redistribuer : *redistribution des revenus.*

redite nf Répétition inutile.

redondance nf Répétition inutile de phrases, de mots dans un texte.

redondant, e adj **1.** Superflu : *des épithètes redondantes.* **2.** Où il y a de la redondance : *style redondant.*

redonner vt **1.** Donner de nouveau la même chose. **2.** Rendre, procurer de nouveau : *redonner des forces.*

redorer vt Dorer de nouveau. ■ **redorer son blason :** (a) épouser une riche roturière, en parlant d'un noble ruiné (b) FIG recouvrer de son prestige.

redoublant, e n Élève qui redouble une classe.

redoublé, e adj Répété, réitéré. ■ **à coups redoublés :** précipités, répétés, avec violence : *frapper à la porte à coups redoublés.*

redoublement nm Action de redoubler.

redoubler vt **1.** Rendre double. **2.** Accroître en quantité, en intensité : *redoubler ses cris.* **3.** Faire une seconde année dans la même classe. ◆ vt ind [de] Montrer beaucoup plus de : *redoubler de prudence.* ◆ vi Augmenter, s'accroître : *froid qui redouble.*

redoutable adj Qui est à redouter.

redoute nf ANC Petit ouvrage de fortification isolé.

redouter vt Craindre vivement.

redoux nm Radoucissement de la température au cours de la saison froide.

redressement nm Action de redresser : *redressement de la situation.* ■ **redressement fiscal :** correction aboutissant à une majoration des impôts. ❑ **redressement judiciaire :** procédure judiciaire permettant de sauvegarder l'entreprise, l'activité et l'emploi, et de rembourser les dettes.

redresser vt **1.** Remettre droit, debout. **2.** Remettre dans la bonne voie, dans un état satisfaisant : *redresser une situation.* ◆ vi **1.** Remettre les roues d'un véhicule automobile dans le même alignement. **2.** Faire reprendre de la hauteur à un avion. ◆ **se redresser** vpr **1.** Se remettre droit, debout. **2.** FIG Prendre une attitude fière. **3.** Reprendre son essor, son développement : *l'économie se redresse.*

redresseur nm ■ **redresseur de torts :** personne qui prétend réparer les injustices, qui se pose en justicier.

réducteur, trice adj Qui réduit, diminue : *analyse trop réductrice de la situation.*

réductible adj Qui peut être réduit.

réduction nf **1.** Action de réduire. **2.** Diminution d'un prix ; rabais. **3.** Copie réduite : *réduction d'un dessin.* **4.** MATH Conversion d'une quantité en une autre équivalente : *réduction d'une fraction.* **5.** CHIR Action de remettre à leur place les os fracturés.

réduire vt (conj 70) **1.** Diminuer, rendre moindre : *réduire ses dépenses.* **2.** Reproduire en plus petit : *réduire une photo.* **3.** Ramener à un état, à une forme plus simple : *réduire en poudre.* **4.** Concentrer par ébullition : *réduire une sauce.* **5.** MATH Transformer, simplifier : *réduire une fraction.* **6.** CHIR Remettre en place un os fracturé : *réduire une fracture.* **7.** Contraindre, obliger : *réduire au silence.* **8.** Vaincre, anéantir : *réduire les poches de résistance.* ◆ vi Diminuer de volume à la cuisson. ◆ **se réduire** vpr [à] Se limiter à, se ramener à : *se réduire à peu de chose.*

1. réduit nm Pièce de petites dimensions.

2. réduit, e adj Qui a subi une réduction : *tarif réduit ; modèle réduit.*

rééchelonnement nm Allongement de la durée de remboursement d'une dette.

réécouter vt Écouter de nouveau.

réécrire vt → **récrire.**

réécriture nf Action de remanier, de réécrire un texte.

rééditer vt **1.** Faire une nouvelle édition : *rééditer un ouvrage.* **2.** FIG Recommencer : *rééditer un exploit.*

réédition nf **1.** Nouvelle édition. **2.** Répétition d'un fait, d'un phénomène.

rééducation nf Action de rééduquer.

rééduquer vt **1.** Soumettre une partie du corps à un nouvel apprentissage afin de lui rendre sa fonction, son état primitif. **2.** Réadapter socialement.

réel, elle adj **1.** Qui existe effectivement : *besoins réels.* **2.** Authentique, véritable : *son mérite est réel.* ◆ nm Ce qui existe effectivement : *perdre le contact avec le réel.* SYN : réalité.

réélection nf Action de réélire.

rééligible adj Qui peut être réélu.

réélire vt (conj 73) Élire de nouveau.

réellement adv Effectivement, véritablement.
réembaucher vt Embaucher de nouveau.
réemploi nm → **remploi**.
réemployer vt → **remployer**.
réemprunter vt → **remprunter**.
réengager vt → **rengager**.
rééquilibrage nm Action de rééquilibrer : *rééquilibrage des pneus*.
rééquilibrer vt Rétablir l'équilibre : *rééquilibrer le budget*.
réer ou **raire** (conj 79) vi VX Crier, bramer, en parlant du cerf.
réescompte nm Acte par lequel une banque fait escompter par une autre banque un effet de commerce acquis par voie d'escompte.
réessayer vt → **ressayer**.
réévaluation nf **1.** Action de réévaluer. **2.** Relèvement de la parité d'une monnaie.
réévaluer vt **1.** Évaluer de nouveau. **2.** Procéder à une réévaluation.
réexaminer vt Examiner de nouveau ou sur des bases nouvelles.
réexpédier vt Expédier de nouveau : *réexpédier des marchandises*. ■ **réexpédier une lettre, le courrier :** (a) les faire suivre (b) les renvoyer à l'expéditeur.
réexporter vt Exporter des marchandises importées.
refaire vt (conj 76) **1.** Faire à nouveau ce qu'on a déjà fait : *refaire un voyage*. **2.** Remettre en état : *refaire une toiture*. **3.** FAM Tromper, duper : *se laisser refaire de mille francs*. ◆ **se refaire** vpr FAM Rétablir sa situation financière.
réfection nf Action de remettre à neuf : *la réfection d'une route*.
réfectoire nm Lieu où l'on prend des repas en commun.
refend nm ■ **bois de refend :** scié en long. ❑ **mur de refend :** gros mur intérieur d'un bâtiment, destiné à soutenir et à séparer.
refendre vt (conj 50) **1.** Fendre de nouveau. **2.** Fendre ou scier en long.
référé nm DR Recours d'urgence au président du tribunal pour régler un litige.
référence nf **1.** Texte auquel on se réfère : *citer ses références*. **2.** Indication placée en tête d'une lettre, à rappeler dans la réponse. ■ **faire référence à :** (a) s'y rapporter en parlant de quelque chose (b) en faire mention, le prendre comme base de comparaison. ❑ **ouvrage de référence :** (a) ouvrage consulté pour trouver les informations fondamentales (b) ouvrage qui fait autorité. ◆ **références** pl Attestation servant de recommandation : *avoir de bonnes références*.
référencer vt (conj 1) Pourvoir d'une référence : *référencer un produit*.
référendaire adj ■ **conseiller référendaire :** magistrat à la Cour des comptes, chargé d'examiner les pièces de la comptabilité publique et d'instruire les affaires contentieuses.
référendum [referɛ̃dɔm] nm **1.** Consultation directe des citoyens sur une question d'intérêt général. **2.** Consultation des membres d'un groupe, d'une collectivité.
référer vt ind [à] (conj 10) Faire rapport, en appeler à : *il faut en référer aux supérieurs*. ◆ **se référer** vpr [à] S'en rapporter à quelqu'un, à quelque chose.
refermer vt Fermer de nouveau.
refiler vt FAM Donner, vendre, écouler quelque chose dont on veut se débarrasser.
réfléchi, e adj **1.** Fait ou dit avec réflexion. **2.** Qui agit avec réflexion. ■ GRAMM **verbes, pronoms réfléchis :** indiquant qu'une action concerne le sujet de la proposition.
réfléchir vt Renvoyer dans une autre direction la lumière, le son, etc. ◆ vi Penser, méditer : *réfléchir avant d'agir*. ◆ **se réfléchir** vpr Donner une image par réflexion : *l'église se réfléchissait dans l'eau de la rivière*.
réfléchissant, e adj Qui réfléchit la lumière, le son.
réflecteur nm Appareil qui réfléchit la lumière, la chaleur, les ondes.
reflet nm **1.** Rayon lumineux ou image d'un corps apparaissant sur une surface réfléchissante. **2.** Nuance de couleur changeant selon l'éclairage : *des cheveux noirs aux reflets bleus*. **3.** FIG Ce qui reproduit l'image de quelqu'un, d'un groupe.
refléter vt (conj 10) **1.** Renvoyer la lumière, la couleur sur un corps voisin. **2.** FIG Reproduire, exprimer. ◆ **se refléter** vpr Se réfléchir : *sa joie se reflète dans ses yeux*.
refleurir vi Fleurir de nouveau.
reflex adj inv PHOT Se dit d'un système de visée caractérisé par le renvoi de l'image sur un verre dépoli au moyen d'un miroir incliné à 45°. ◆ nm inv Appareil muni de ce système.
réflexe nm **1.** Réaction rapide en présence d'un événement soudain : *avoir de bons réflexes*. **2.** PHYSIOL Réaction nerveuse involontaire.
réflexion nf **1.** Changement de direction des ondes lumineuses ou sonores qui tombent sur une surface réfléchissante. **2.** FIG Action de réfléchir, de méditer ; pensée, parole qui en résulte. **3.** Observation critique. ■ **toute réflexion faite :** après avoir mûrement réfléchi.

refluer vi Revenir vers le point de départ ; reculer.

reflux [rəfly] nm **1.** Mouvement de la mer qui s'éloigne du rivage. **2.** FIG Mouvement en arrière.

refonder vt Reconstruire sur des bases nouvelles avec des objectifs nouveaux : *refonder un parti politique.*

refondre vt (conj 51) **1.** Fondre de nouveau : *refondre un métal.* **2.** FIG Refaire entièrement : *refondre un dictionnaire.*

refonte nf Action de refondre.

réformateur, trice n Personne qui propose une, des réformes. ◆ adj Qui vise à réformer.

réforme nf Changement en vue d'une amélioration : *réforme de l'enseignement.*

réformé, e adj et n Protestant calviniste. ■ **religion réformée** : protestantisme. ◆ nm Militaire qui a été réformé.

reformer vt Former de nouveau : *reformer les rangs.*

réformer vt **1.** Changer en mieux ; corriger : *réformer les institutions.* **2.** Déclarer inapte à servir dans l'armée.

réformisme nm Doctrine ou attitude politique visant à faire évoluer les institutions existantes vers plus de justice sociale par des réformes légales.

réformiste adj et n Partisan du réformisme ; relatif au réformisme.

refoulé, e adj et n PSYCHAN Se dit d'une personne qui empêche ses désirs, en particulier sexuels, de se manifester, de se réaliser.

refoulement nm **1.** Action de refouler. **2.** PSYCHAN Opposition inconsciente à la réalisation de désirs qui subsistent ensuite dans l'esprit de façon latente.

refouler vt **1.** Faire reculer, empêcher de passer. **2.** Empêcher de se manifester, de s'extérioriser : *refouler ses larmes, sa colère.* **3.** PSYCHAN Soumettre au refoulement ; censurer.

réfractaire adj **1.** Qui refuse de se soumettre. **2.** Qui résiste à certaines influences physiques ou chimiques : *brique réfractaire.* ■ **réfractaire à** : insensible à : *réfractaire à l'opéra.* ◆ nm Matériau résistant à de très hautes températures.

réfracter vt Produire une réfraction : *réfracter un rayon.*

réfracteur, trice adj Qui réfracte.

réfraction nf Déviation de la lumière passant d'un milieu dans un autre.

refrain nm **1.** Phrase répétée à la fin de chaque couplet d'une chanson. **2.** FIG Paroles sans cesse répétées par quelqu'un ; rengaine.

réfrangible adj Susceptible de réfraction.

refréner ou **réfréner** (conj 10) vt Mettre un frein ; retenir : *refréner sa colère.*

ORTHOGRAPHE Bien que le verbe soit dérivé de *frein,* on écrit *refréner* ou *réfréner.*

réfrigérant, e adj **1.** Qui abaisse la température : *mélange réfrigérant.* **2.** FIG Qui glace : *un accueil réfrigérant.*

réfrigérateur nm Appareil de conservation par le froid.

réfrigération nf Abaissement artificiel de la température.

réfrigéré, e adj **1.** Qui a subi la réfrigération ; qui sert à réfrigérer. **2.** FAM Qui a très froid.

réfrigérer vt (conj 10) **1.** Soumettre à la réfrigération. **2.** FIG Mettre mal à l'aise par la froideur manifestée.

réfringence nf Propriété de réfracter la lumière.

réfringent, e adj Qui réfracte la lumière : *milieu réfringent.*

refroidir vt **1.** Rendre froid ou plus froid. **2.** FIG diminuer l'ardeur, l'activité de : *ce refus l'a refroidi.* ◆ vi Devenir froid ou plus froid. ◆ **se refroidir** vpr **1.** Devenir plus froid. **2.** Prendre froid. **3.** FIG Diminuer d'ardeur, d'intérêt.

refroidissement nm **1.** Abaissement de la température. **2.** Indisposition causée par le froid. **3.** FIG Diminution de vivacité, d'ardeur, d'affection.

refuge nm **1.** Lieu pour se mettre à l'abri. **2.** Abri en haute montagne.

réfugié, e n et adj Personne qui a quitté son pays pour éviter des persécutions, une condamnation, etc. ■ **réfugié climatique** : personne contrainte de quitter son lieu de vie en raison des perturbations environnementales profondes qui l'affectent.

réfugier (se) vpr **1.** Se retirer en un lieu pour y être en sûreté. **2.** FIG, SOUT avoir recours à une activité pour échapper à des difficultés : *se réfugier dans le travail.*

refus nm Action de refuser.

refuser vt **1.** Ne pas accepter : *refuser un présent.* **2.** Ne pas accorder : *refuser une grâce.* **3.** Ne pas laisser entrer : *refuser du monde.* **4.** Ne pas recevoir à un examen : *refuser un candidat.* **5.** Ne pas reconnaître : *refuser une qualité à quelqu'un.* ◆ **se refuser** vpr **1.** Se priver de : *se refuser le nécessaire.* **2.** Ne pas consentir à : *se refuser à parler.*

réfutable adj Qui peut être réfuté.

réfutation nf Action de réfuter ; raison alléguée pour réfuter.

réfuter vt Démontrer la fausseté d'une affirmation.

refuznik [rəfyznik] n Citoyen soviétique auquel on refusait le droit d'émigrer.

regagner vt **1.** Retrouver ce qu'on avait perdu. **2.** Rejoindre, revenir vers : *regagner son pays.* ■ FIG **regagner du terrain :** reprendre le dessus, l'avantage.

regain nm **1.** Herbe qui repousse après la fauche. **2.** FIG Retour, renouveau : *regain d'intérêt.*

régal (pl *régals*) nm **1.** Mets qui plaît beaucoup. **2.** FIG Vif plaisir.

régalade nf ■ **boire à la régalade :** en versant la boisson dans sa bouche sans que le récipient touche les lèvres.

régaler vt Offrir un bon repas à quelqu'un ; offrir à boire ou à manger : *régaler ses amis d'une tourte ; aujourd'hui, c'est moi qui régale !* ◆ **se régaler** vpr **1.** Prendre un vif plaisir à boire ou à manger. **2.** FIG Éprouver un grand plaisir : *se régaler d'un bon film.*

régalien, enne adj ■ HIST **droit régalien :** attaché à la souveraineté royale.

regard nm **1.** Action ou manière de regarder : *regard distrait.* **2.** TECHN Ouverture pour faciliter la visite d'un conduit. ■ **au regard de :** en comparaison de, par rapport à. ❑ **droit de regard :** possibilité d'exercer un contrôle. ❑ **en regard :** vis-à-vis, en face.

regardant, e adj FAM Qui a peur de trop dépenser.

regarder vt **1.** Porter la vue sur : *regarder les gens qui passent.* **2.** Considérer, envisager : *regarder les faits.* **3.** Concerner : *ce problème ne regarde que moi.* ◆ vi Être orienté vers : *maison qui regarde vers le sud.* ◆ vt ind [à] Donner toute son attention à. ■ **regarder à la dépense :** ne dépenser qu'avec regret. ❑ **y regarder à deux fois :** bien réfléchir avant de se décider. ◆ **se regarder** vpr **1.** Examiner ses propres traits : *se regarder dans la glace.* **2.** S'observer, se dévisager. **3.** Être en face l'un de l'autre : *les immeubles se regardent.* ■ FAM **tu ne t'es pas regardé :** on peut te faire les mêmes reproches que ceux que tu adresses aux autres.

regarnir vt Garnir de nouveau.

régate nf Course de bateaux à voile.

regel nm Gelée nouvelle.

régence nf Fonction de régent ; durée de cette fonction. ◆ adj inv Qui rappelle les mœurs, le style de la régence de Philippe d'Orléans.

régénérateur, trice adj Qui régénère.

régénération nf BIOL Rétablissement de ce qui était détruit : *régénération des tissus cellulaires.*

régénérer vt (conj 10) **1.** Reconstituer ce qui était détruit. **2.** Rendre à une substance ses propriétés initiales.

régent, e n Chef du gouvernement pendant la minorité, l'absence ou la maladie du souverain.

régenter vt Diriger de façon autoritaire : *il veut régenter tout le monde.*

reggae [rege] nm Musique d'origine jamaïquaine, au rythme syncopé.

régicide n Assassin d'un roi. ◆ nm Assassinat d'un roi.

régie nf **1.** Administration chargée de la perception de certaines taxes. **2.** Entreprise industrielle ou commerciale de caractère public : *Régie autonome des transports parisiens (RATP).* **3.** Organisation matérielle d'un spectacle, d'une production audiovisuelle, etc. ; local d'un studio de radio ou de télévision où est supervisée la réalisation d'une émission.

regimber vi **1.** Résister en se cabrant, en ruant, en parlant d'un cheval, d'un âne. **2.** Résister, se montrer récalcitrant : *regimber contre l'autorité.*

régime nm **1.** Forme de gouvernement d'un État : *régime parlementaire.* **2.** Ensemble des dispositions légales qui régissent l'administration de certains établissements : *régime général de la Sécurité sociale.* **3.** Ensemble de prescriptions concernant l'alimentation : *suivre un régime.* **4.** SOUT Manière de vivre, règle de conduite qu'on se donne : *régime monacal.* **5.** Vitesse de rotation d'un moteur. **6.** Mode de fonctionnement normal d'une machine. **7.** Ensemble des variations saisonnières du débit d'un cours d'eau, des précipitations, des températures. **8.** Grappe de certains fruits : *régime de bananes.* ■ **Ancien Régime :** gouvernement qui existait en France avant 1789. ❑ **régime matrimonial :** statut réglant les intérêts pécuniaires des époux.

régiment nm **1.** Unité militaire composée de plusieurs formations ; service militaire. **2.** FIG, FAM grand nombre : *avoir un régiment de cousins.*

régimentaire adj Propre au régiment.

région nf **1.** Étendue de pays qui doit son unité à des causes physiques (climat, relief, etc.) ou humaines (économie, etc.). **2.** Étendue de pays autour d'une ville : *la région bordelaise.* **3.** (avec une majuscule) En France, collectivité territoriale. **4.** Zone, partie du corps : *la région du cœur.*

régional, e, aux adj Qui concerne une région. ■ **élections régionales :** élections des membres du conseil régional, organe exécutif d'une Région. ◆ **régionales** nf pl Élections régionales.

régionalisation nf Action de transférer aux régions des compétences qui appartenaient au pouvoir central.

régionaliser vt Procéder à la régionalisation de.

régionalisme nm **1.** Doctrine qui affirme l'existence d'entités régionales et revendique leur reconnaissance. **2.** LING Mot, tournure propres à une région.

régionaliste adj De la région ; partisan du régionalisme : *écrivain régionaliste*.

régir vt **1.** Déterminer le mouvement, l'organisation, l'action de : *les lois qui régissent l'économie*. **2.** Commander, gouverner : *elle régit tout à la maison*.

régisseur nm **1.** Personne qui gère, qui administre : *régisseur d'une propriété*. **2.** Personne chargée de la régie d'un spectacle, d'un film, etc.

registre nm **1.** Tout livre public ou particulier où l'on inscrit certains faits dont on veut conserver le souvenir. **2.** Étendue de l'échelle musicale ou vocale : *registre du grave, de l'aigu*. **3.** FIG Compétence, talent propres à quelqu'un. **4.** Ton, caractère particulier d'une œuvre, d'un discours.

réglable adj Qui peut être réglé.

réglage nm Action de régler.

règle nf **1.** Instrument droit et plat, pour tracer des lignes : *règle graduée*. **2.** Principe de conduite ; exemple, modèle : *les règles de la politesse*. **3.** Principe, convention propres à un enseignement, à une discipline : *règle grammaticale ; règle de trois*. **4.** Ensemble des statuts d'un ordre religieux. **5.** Ce qui se produit généralement dans une situation donnée : *fait qui n'échappe pas à la règle*. ■ **en bonne règle :** suivant l'usage. ❑ **en règle** ou **dans les règles :** suivant la conformité ou les prescriptions légales. ❑ **en règle générale :** dans la plupart des cas. ❑ **règle à calculer :** instrument utilisé pour les calculs rapides. ◆ **règles** pl Écoulement sanguin qui se produit chaque mois chez la femme ; menstrues.

réglé, e adj **1.** Rayé : *papier réglé*. **2.** Discipliné, modéré : *vie réglée*. **3.** Terminé, résolu : *affaire réglée*. ■ **bien, mal réglé :** bien, mal mis au point. ◆ adj f Qui a ses règles.

règlement nm **1.** Action de régler, de fixer de manière définitive : *le règlement d'un conflit*. **2.** Action d'acquitter, de payer une somme due : *règlement par chèque*. **3.** Ensemble des prescriptions, des règles relatives à un groupe : *règlement intérieur*. ■ **règlement de comptes :** action de faire justice soi-même.

réglementaire adj **1.** Qui concerne le règlement. **2.** Conforme au règlement.

réglementairement adv En vertu des règlements.

réglementation nf Action de fixer par des règlements ; ensemble de ces règlements.

réglementer vt Soumettre à un règlement.

régler vt (conj 10) **1.** Tirer à la règle des lignes sur du papier. **2.** Soumettre à certaines règles, à un ordre : *régler l'emploi de son temps*. **3.** Donner une solution, mettre en ordre : *régler un différend ; régler une affaire*. **4.** Payer : *régler une facture*. **5.** Mettre au point le fonctionnement d'une machine : *régler un moteur*. ■ FAM **régler son compte à quelqu'un :** (a) le punir sévèrement (b) le tuer par vengeance.

réglette nf Petite règle.

régleur, euse n Spécialiste chargé du réglage de certains appareils, d'une machine.

réglisse nf Plante dont la racine est utilisée en pharmacie, en confiserie.

réglo adj inv FAM Régulier, correct, loyal.

régnant, e adj Qui règne : *prince régnant*.

règne nm **1.** Gouvernement d'un souverain : *règne glorieux*. **2.** Domination, influence de quelqu'un ou de quelque chose : *le règne de la mode*. **3.** SC NAT Grande division de la nature : *règne végétal*.

régner vi (conj 10) **1.** Gouverner comme roi. **2.** Dominer : *la mode qui règne aujourd'hui*. **3.** S'établir, s'imposer : *le silence règne*. ◆ v impers Exister : *il règne un bon esprit au sein du groupe*.

regonfler vt Gonfler de nouveau : *regonfler un ballon*.

regorgement nm LITT Fait de regorger : *regorgement de richesses*.

regorger vt ind [de] (conj 2) Avoir en surabondance : *regorger de marchandises*.

régresser vi Subir une régression ; reculer : *l'épidémie régresse ; chiffre d'affaires qui régresse*.

régressif, ive adj Qui constitue une régression.

régression nf Retour en arrière ; recul, diminution.

regret nm Peine causée par la perte de quelqu'un, l'absence de quelque chose. ■ **à regret :** à contrecœur.

regrettable adj Qui cause du regret ; fâcheux : *une erreur regrettable*.

regretter vt Être affligé de ne pas avoir ou de ne plus avoir, d'avoir fait ou de ne pas avoir fait une chose : *regretter une erreur*.

regrimper vi et vt Grimper de nouveau.

regroupement nm Action de regrouper.

regrouper vt Grouper, rassembler ce qui était dispersé. ◊ vpr : *se regrouper en association.*

régularisation nf Action de régulariser : *régularisation d'une situation administrative.*

régulariser vt **1.** Rendre régulier : *régulariser un cours d'eau.* **2.** Rendre conforme aux règles : *faire régulariser un passeport.*

régularité nf Caractère de ce qui est régulier, de ce qui est conforme aux règles.

régulateur, trice adj Qui règle, régularise. ◆ nm Appareil, mécanisme qui établit la régularité du mouvement, du fonctionnement d'une machine.

régulation nf Action de régler, d'assurer un rythme régulier.

réguler vt Assurer la régulation de.

régulier, ère adj **1.** Conforme aux dispositions légales, aux règles sociales : *gouvernement régulier ; vie régulière.* **2.** Qui respecte les règles, les usages, les conventions : *être régulier en affaires.* **3.** D'un rythme, d'un niveau constant : *travail régulier.* **4.** Qui a lieu à intervalles, à dates fixes : *visites régulières.* **5.** Exact, ponctuel : *employé régulier.* **6.** Conforme aux règles de la poésie, de la grammaire : *verbe régulier.* **7.** Qui a des proportions symétriques, harmonieuses : *triangle régulier ; visage régulier.*

régulièrement adv De façon régulière.

régurgitation nf Action de régurgiter.

régurgiter vt Faire revenir involontairement dans la bouche ce qui vient d'être avalé.

réhabilitation nf Action de réhabiliter.

réhabiliter vt **1.** Rétablir dans son premier état, dans ses droits : *réhabiliter un condamné.* **2.** Aider à la réinsertion sociale d'un individu. **3.** FIG Rétablir dans l'estime d'autrui. **4.** Remettre en état un immeuble délabré ; réaménager un vieux quartier.

réhabituer vt Faire reprendre une habitude à : *réhabituer au travail.*

rehaussement nm Action de rehausser ; fait d'être rehaussé.

rehausser vt **1.** Placer plus haut. **2.** FIG Donner plus de valeur, de force. **3.** BX-ARTS Embellir, relever par des rehauts.

rehausseur nm et adj m AUTOM Siège amovible destiné à rehausser un enfant assis dans une automobile, afin qu'il soit efficacement protégé par une ceinture de sécurité.

rehaut nm BX-ARTS Retouche destinée à faire ressortir certains détails.

réhydrater vt Hydrater ce qui a été desséché.

réimplanter vt **1.** Implanter de nouveau : *réimplanter une industrie.* **2.** Remettre chirurgicalement en place un organe, une partie du corps.

réimporter vt Importer de nouveau.

réimposer vt Établir une nouvelle imposition, une nouvelle taxe.

réimpression nf Impression nouvelle d'un ouvrage.

réimprimer vt Imprimer de nouveau : *réimprimer un dictionnaire.*

rein nm Organe qui sécrète l'urine. ◆ **reins** pl Partie inférieure de l'épine dorsale ; lombes. ■ FIG **avoir les reins solides :** pouvoir résister à une épreuve. ❑ FIG **casser les reins à quelqu'un :** le ruiner, briser sa carrière.

réincarnation nf Nouvelle incarnation.

réincarner (se) vpr Revivre sous une autre forme, sous une nouvelle apparence.

reine nf **1.** Souveraine d'un royaume. **2.** Femme d'un roi. **3.** FIG La première, la plus belle : *la reine du bal.* **4.** Ce qui domine, s'impose : *la lâcheté est reine ici.* **5.** Aux échecs et aux cartes, pièce, carte la plus importante après le roi. **6.** Femelle féconde, chez les insectes sociaux (abeilles, fourmis, etc.).

reine-claude (pl *reines-claudes*) nf Prune à peau vert-jaune.

reine-marguerite (pl *reines-marguerites*) nf Plante voisine de la marguerite.

reinette nf Pomme dont il existe plusieurs variétés.

> ORTHOGRAPHE *Reinette* s'écrit avec *ei,* alors que *rainette,* la grenouille, s'écrit avec *ai.*

réinscriptible adj Se dit d'un support d'enregistrement dont le contenu peut être modifié par l'utilisateur : *disquette réinscriptible.*

réinscription nf Nouvelle inscription sur une liste.

réinscrire vt (conj 71) Inscrire de nouveau.

réinsérer vt (conj 10) Réintégrer dans un groupe social, professionnel.

réinsertion nf Action de réinsérer.

réinstaller vt Installer de nouveau.

réintégration nf Action de réintégrer.

réintégrer vt (conj 10) **1.** Revenir dans un lieu après l'avoir quitté : *réintégrer son domicile.* **2.** DR Rendre la possession intégrale de ses droits, de ses biens à : *réintégrer un salarié licencié.*

réintroduire vt (conj 70) Introduire de nouveau.

réinventer vt Inventer de nouveau, ou en donnant une nouvelle dimension à quelque chose qui existe déjà.

réinvestir vt et vi Investir de nouveau.

réitération nf **1.** LITT Action de réitérer. **2.** DR Action de commettre une infraction, après une première condamnation pour des faits de nature différente (par opposition à *récidive*).

réitérer vt (conj 10) SOUT Faire, dire de nouveau ; répéter : *réitérer une offre.*

rejaillir vi **1.** Jaillir avec force. **2.** FIG Retomber sur, atteindre en retour.

rejaillissement nm Mouvement de ce qui rejaillit.

rejet nm **1.** Action de rejeter. **2.** MÉD Après une greffe d'organe, réaction de défense des organes anticorps qui détruisent le greffon. **3.** AGRIC Nouvelle pousse ; rejeton. **4.** LITTÉR Enjambement.

rejeter vt (conj 8) **1.** Renvoyer : *rejeter une balle.* **2.** Jeter hors de : *débris rejetés par la mer.* **3.** FIG Faire retomber : *rejeter la faute sur autrui.* **4.** Repousser, refuser : *rejeter un avis.* ◆ vi AGRIC Produire des rejets.

rejeton nm **1.** Nouvelle pousse au pied d'une plante. **2.** FAM Enfant.

rejoindre vt (conj 82) **1.** Réunir des parties séparées. **2.** Aller retrouver. **3.** Aboutir à un endroit.

rejouer vt et vi Jouer de nouveau.

réjoui, e adj Qui manifeste la joie, la gaieté : *une mine réjouie.*

réjouir vt Donner de la joie. ◆ **se réjouir** vpr Éprouver de la joie.

réjouissance nf Amusement, divertissement. ◆ **réjouissances** pl Fêtes publiques.

réjouissant, e adj Qui réjouit : *une nouvelle réjouissante.*

relâche nf **1.** LITT Interruption dans un travail, un exercice : *prendre un peu de relâche.* **2.** Suspension momentanée des représentations d'une salle de spectacle : *faire relâche le lundi.* **3.** MAR Action de relâcher ; lieu où l'on relâche. ■ **sans relâche** : sans interruption. ◆ **relâches** pl SUISSE Vacances scolaires, spécialement vacances de février.

relâché, e adj Qui n'est pas assez rigoureux : *une morale relâchée.*

relâchement nm **1.** Distension : *relâchement musculaire.* **2.** Diminution d'activité, d'effort : *relâchement dans le travail.*

relâcher vt **1.** Détendre : *relâcher une corde.* **2.** Libérer : *relâcher un prisonnier.* **3.** Rendre moins rigoureux : *relâcher la discipline.* ◆ vi MAR Faire escale. ◆ **se relâcher** vpr **1.** Se détendre. **2.** Perdre de son zèle, de sa rigueur.

relais nm **1.** Ce qui sert d'intermédiaire, d'étape. **2.** Hôtel, auberge : *relais routier.* **3.** Dispositif émetteur servant à transmettre, à relayer. ■ **course de relais** ou **relais** : épreuve sportive dans laquelle les coureurs d'une même équipe se remplacent alternativement. ❑ **prendre le relais** : assurer la continuation de quelque chose.

relance nf Action de donner une nouvelle activité, une nouvelle vigueur à quelque chose : *relance de l'économie.*

relancer vt (conj 1) **1.** Lancer de nouveau. **2.** Donner un nouvel essor. ■ **relancer qqn** : l'importuner pour obtenir qqch de lui.

relaps, e adj et n RELIG, ANC Se dit d'un chrétien retombé dans l'hérésie.

relater vt Raconter d'une manière précise, en détail.

relatif, ive adj **1.** Qui se rapporte à : *études relatives à l'histoire.* **2.** Qui n'a rien d'absolu, qui dépend d'autre chose ; incomplet : *toute connaissance humaine est relative.* ◆ adj et nm GRAMM Se dit d'un mot qui établit une relation entre un nom ou un pronom qu'il représente *(antécédent)* et une proposition dite *(subordonnée) relative.*

relation nf **1.** Rapport, lien : *relation de cause à effet.* **2.** Personne avec laquelle on est en rapport : *avoir de nombreuses relations.* **3.** SOUT Action de relater ; récit : *relation de voyage.*

relationnel, elle adj PSYCHOL Relatif aux relations entre les individus.

relativement adv **1.** Par rapport à. **2.** D'une manière relative.

relativiser vt Considérer par rapport à un ensemble ; faire perdre son caractère absolu à.

relativisme nm Théorie philosophique fondée sur la relativité de la connaissance.

relativiste adj **1.** Qui concerne le relativisme ; qui en fait preuve. **2.** PHYS Qui concerne la théorie de la relativité.

relativité nf Caractère relatif. ■ PHYS **théories de la relativité** : ensemble de théories selon lesquelles tout ou partie des lois de la physique sont invariantes à l'intérieur d'une classe donnée de repères.

relaver vt Laver de nouveau.

relax ou **relaxe** adj FAM Décontracté.

relaxant, e adj Qui décontracte.

relaxation nf Action de se relaxer ; état de détente.

relaxe nf DR Décision d'un tribunal déclarant un prévenu non coupable.

relaxer vt **1.** Détendre, décontracter, reposer. **2.** DR Libérer un détenu. ◆ **se relaxer** vpr Détendre ses muscles, son esprit.

relayer vt (conj 4) **1.** Remplacer, prendre le relais de : *relayer un collègue, un coéquipier.* **2.** Retransmettre une émission, un programme par émetteur, par satellite.

◆ **se relayer** vpr Se remplacer, alterner pour assurer la continuité d'une tâche.

relayeur, euse n SPORTS Participant d'une course de relais.

relecture nf **1.** Nouvelle lecture. **2.** Lecture faite pour corriger : *relecture des épreuves d'un livre.*

reléguer vt (conj 10) Mettre à l'écart ; éloigner : *reléguer un meuble au grenier.*

relent nm **1.** Mauvaise odeur qui persiste : *un relent de moisi.* **2.** LITT Trace, reste : *un relent de jansénisme.*

relève nf Remplacement d'une troupe, d'une équipe, etc., par une autre ; cette équipe, cette troupe : *assurer la relève.*

1. relevé nm Action de relever, de noter par écrit ou par un dessin ; son résultat : *relevé d'un compteur.* ■ **relevé d'identité bancaire (RIB)** : document permettant d'identifier un compte bancaire.

2. relevé, e adj **1.** Épicé : *sauce relevée.* **2.** LITT Qui est hors du commun, se distingue par sa qualité : *s'exprimer dans une langue choisie, relevée.*

relèvement nm **1.** Action de relever : *relèvement d'un mur, des impôts.* **2.** Redressement : *le relèvement d'un pays.*

relever vt (conj 9) **1.** Remettre debout. **2.** Diriger vers le haut, remettre plus haut : *relever la tête ; relever les manches.* **3.** Rétablir : *relever une industrie.* **4.** Augmenter : *relever les prix.* **5.** Donner plus de goût à ; rehausser : *relever une sauce.* **6.** Consigner, noter par écrit une position, une date, etc. : *relever un croquis, une cote, un compteur.* **7.** Remarquer ou faire remarquer : *relever une faute ; ne pas relever une impertinence.* **8.** Ramasser, collecter : *relever des exemples.* **9.** Remplacer : *relever la garde.* **10.** SOUT délier d'un engagement : *relever d'un vœu.* **11.** Révoquer : *relever quelqu'un de ses fonctions.* ◆ vt ind [de] **1.** Dépendre : *cela relève de sa compétence.* **2.** Sortir de : *relever de maladie.* **3.** Être le fait de : *cela relève de l'inconscience.* ◆ **se relever** vpr **1.** Se remettre debout ; sortir de nouveau de son lit. **2.** Sortir d'une situation pénible ; se remettre.

releveur, euse n Employé qui relève les compteurs d'eau, de gaz, d'électricité.

relief nm **1.** Ce qui fait saillie : *carte en relief.* **2.** Ensemble des inégalités de la surface terrestre, d'un pays : *relief accidenté.* **3.** Sculpture dont le motif se détache en saillie sur un fond. **4.** Éclat né du contraste. ■ **mettre en relief** : (a) faire ressortir (b) mettre en évidence. ◆ **reliefs** pl LITT Restes d'un repas.

ORTHOGRAPHE D'une sculpture, on peut dire qu'elle est *en bas relief* ou *en haut relief* (sans trait d'union).

relier vt **1.** Lier, réunir, joindre : *relier des points.* **2.** Établir un lien entre ; unir : *relier le passé au présent.* **3.** Faire communiquer : *pont qui relie deux rives.* **4.** Coudre ensemble les feuillets d'un livre et y mettre une couverture rigide.

relieur, euse n Spécialiste de la reliure.

religieuse nf Gâteau fait de pâte à choux fourrée à la crème pâtissière.

religieusement adv **1.** D'une manière religieuse. **2.** Scrupuleusement.

religieux, euse adj **1.** Qui concerne la religion : *chant religieux.* **2.** Qui se fait selon les rites d'une religion : *mariage religieux ;* qui a la religion pour fondement : *école religieuse.* **3.** Pieux : *sentiments religieux.* **4.** Empreint de gravité, de respect : *silence religieux.* ◆ n Membre d'un ordre, d'une congrégation ou d'un institut religieux.

religion nf **1.** Ensemble de croyances, de dogmes et de pratiques établissant les rapports de l'homme avec le divin, le sacré. **2.** Foi, croyance : *homme sans religion.* **3.** Culte à l'égard de certaines valeurs : *la religion de la science, du progrès.*

religiosité nf Attitude religieuse sans engagement dans une religion précise.

reliquaire nm Boîte, coffret destinés à contenir des reliques.

reliquat [rəlika] nm **1.** Ce qui reste. **2.** DR Ce qui reste dû après un arrêté de comptes.

relique nf **1.** Ce qui reste du corps d'un martyr, d'un saint, conservé dans un but de vénération. **2.** FAM Vieil objet sans valeur, si ce n'est sentimentale.

relire vt (conj 73) Lire de nouveau. ◆ **se relire** vpr Lire ce qu'on a écrit pour se corriger.

reliure nf Art de relier un livre ; couverture d'un livre relié.

relogement nm Action de reloger ; fait d'être relogé.

reloger vt (conj 2) Donner un nouveau logement à.

relouer vt Louer de nouveau.

reluire vi (conj 69 sauf part. passé *relui*) Luire en reflétant la lumière ; briller.

reluisant, e adj Qui reluit. ■ **peu reluisant** : médiocre : *situation peu reluisante.*

reluquer vt TRÈS FAM Lorgner avec curiosité ou convoitise.

rem [rɛm] nm Unité d'évaluation de l'effet biologique d'un rayonnement radioactif.

remâcher vt **1.** Mâcher une seconde fois, en parlant des ruminants. **2.** FIG Repasser

dans son esprit des sentiments d'amertume, de colère : *remâcher un échec.*
remaillage ou **remmaillage** nm Action ou manière de remailler.
remailler ou **remmailler** vt Reconstituer les mailles d'un tricot, d'un filet.
remake [rimɛk] nm Nouvelle version d'un film, d'une œuvre, d'un thème.
rémanence nf PSYCHOL Propriété que possèdent une sensation, un effet de persister après la disparition de ce qui les a provoqués.
rémanent, e adj PSYCHOL Se dit d'une perception qui subsiste : *image rémanente.*
remaniement nm Action de remanier ; changement, modification : *remaniement ministériel.*
remanier vt Changer la composition de ; modifier.
remaquiller (se) vpr Se maquiller de nouveau.
remariage nm Nouveau mariage.
remarier (se) vpr Se marier de nouveau.
remarquable adj Digne d'être remarqué ; extraordinaire, éminent.
remarquablement adv De façon remarquable.
remarque nf **1.** Observation : *remarque judicieuse.* **2.** Note, observation écrite.
remarquer vt **1.** Observer, constater : *tu ne remarques rien ?* **2.** Distinguer parmi d'autres : *remarquer une vedette dans la foule.* ■ PÉJOR **se faire remarquer** : se singulariser. ◆ **se remarquer** vpr Être apparent, se voir : *ça ne se remarque pas trop ?*
remballage nm Action de remballer.
remballer vt Emballer de nouveau.
rembarquement nm Action de rembarquer ou de se rembarquer.
rembarquer vt Embarquer de nouveau. ◆ vi ou **se rembarquer** vpr S'embarquer de nouveau.
rembarrer vt FAM Reprendre vivement quelqu'un, le remettre à sa place.
remblai nm Masse de terre rapportée pour surélever un terrain ou combler un creux.
remblaiement nm Action de l'eau qui dépose tout ou partie des matériaux qu'elle transporte.
remblayage nm Action de remblayer.
remblayer vt (conj 4) Remettre des matériaux pour hausser ou combler.
rembobiner vt Remettre sur la bobine ; enrouler de nouveau.
remboîter vt Remettre en place ce qui est déboîté.
rembourrage nm Action de rembourrer ; matière servant à rembourrer.
rembourrer vt Garnir de bourre, de crin, de laine : *rembourrer un fauteuil.*
remboursable adj Qui peut, qui doit être remboursé.
remboursement nm Action de rembourser ; paiement d'une somme due. ■ **envoi contre remboursement** : envoi d'une marchandise délivrable contre paiement de sa valeur.
rembourser vt Rendre à quelqu'un l'argent qu'il a déboursé ou avancé : *rembourser un achat, un prêt ; rembourser un ami.*
rembrunir (se) vpr LITT Devenir sombre, triste.
remède nm **1.** VX Médicament. **2.** Moyen, mesure propres à combattre une souffrance morale, à pallier un inconvénient, à résoudre une difficulté.
remédiable adj À quoi l'on peut remédier.
remédier vt ind [à] Apporter un remède à : *remédier à un inconvénient.*
remembrement nm Réunion, regroupement de parcelles pour mettre fin au morcellement excessif de la propriété rurale.
remembrer vt Effectuer un remembrement.
remémorer vt LITT Remettre en mémoire, rappeler.
remerciement nm **1.** Action de remercier. **2.** Paroles par lesquelles on remercie.
remercier vt **1.** Exprimer sa gratitude à quelqu'un pour quelque chose : *je vous remercie de, pour vos conseils.* **2.** Congédier, renvoyer : *remercier un employé.* ■ **je vous remercie** : expression de refus poli.
réméré nm DR Clause de rachat : *vente à réméré.*
remettre vt (conj 57) **1.** Mettre de nouveau : *remettre un manteau ; remettre en usage.* **2.** Replacer : *remettre en place.* **3.** Donner, confier, mettre en dépôt : *remettre une lettre ; je remets mon sort entre vos mains ; remettre des fonds à un banquier.* **4.** Rétablir la santé de : *l'air de la campagne l'a remis.* **5.** Reconnaître : *je ne vous remets pas.* **6.** Faire grâce de : *remettre les péchés ; remettre une peine.* **7.** Différer : *remettre au lendemain.* ■ FAM **en remettre** : exagérer. ❑ FAM **remettre ça** : recommencer. ❑ **remettre quelque chose en état** : le réparer, le restaurer. ❑ FAM **remettre quelqu'un à sa place** : lui faire comprendre, par une parole désobligeante, qu'il exagère. ◆ **se remettre** vpr **1.** Se replacer : *se remettre à table.* **2.** Recommencer : *se remettre à jouer.* **3.** Revenir à

un meilleur état de santé, de calme : *se remettre d'une émotion.* ■ **s'en remettre à quelqu'un** : s'en rapporter à lui, lui faire confiance.

remeubler vt Regarnir de meubles ou garnir de nouveaux meubles.

rémige nf Grande plume de l'aile d'un oiseau.

réminiscence nf Souvenir imprécis.

remisage nm Action de remiser.

remise nf **1.** Local servant d'abri à des véhicules, du matériel. **2.** Action de remettre, de livrer, de déposer : *remise d'un paquet ; remise de chèque.* **3.** Rabais accordé par un commerçant ; réduction. **4.** DR Délai, renvoi à plus tard : *remise d'une audience.* ■ **remise de peine** : grâce accordée à un condamné de tout ou partie de sa peine.

remiser vt **1.** Placer dans une remise. **2.** Mettre à l'écart ce dont on ne se servira pas tout de suite : *remiser une malle au grenier.*

rémissible adj LITT Pardonnable : *péché rémissible.*

rémission nf **1.** Pardon : *rémission des péchés.* **2.** MÉD Atténuation momentanée d'un mal. ■ **sans rémission** : sans indulgence, implacablement.

rémittent, e adj MÉD Qui diminue d'intensité par intervalles : *fièvre rémittente.*

remmaillage nm → **remaillage.**

remmailler vt → **remailler.**

remmener vt (conj 9) Emmener après avoir amené.

remodelage nm **1.** Action de remodeler. **2.** Remaniement, rénovation effectués sur de nouvelles bases : *remodelage des circonscriptions électorales.*

remodeler vt (conj 5) Modifier la forme, l'aspect de quelque chose.

rémois, e adj et n De Reims.

remontage nm Action de remonter.

1. remontant nm Aliment, boisson, médicament qui redonne des forces.

2. remontant, e adj **1.** Qui remonte. **2.** BOT Qui refleurit à diverses époques : *fraisiers remontants.*

remontée nf Action de remonter. ■ **remontée mécanique** : toute installation utilisée par les skieurs pour remonter les pentes.

remonte-pente (pl *remonte-pentes*) nm Appareil à câble permettant aux skieurs de gagner un point élevé sans quitter leurs skis. SYN : téléski.

remonter vi **1.** Monter de nouveau : *remonter en voiture.* **2.** S'élever, faire un mouvement de bas en haut : *remonter du fond de la mine.* **3.** Augmenter de valeur après une baisse. **4.** Aller vers la source ; retourner plus au nord : *remonter vers Paris.* **5.** Se reporter au début, à la cause : *remonter aux origines.* ◆ vt **1.** Gravir de nouveau. **2.** Relever : *remonter un mur, son col.* **3.** Aller vers l'amont, à contre-courant. **4.** Retendre un ressort, un mécanisme : *remonter une montre.* **5.** Redonner de l'énergie. **6.** Remettre des éléments en place : *remonter un moteur.* ■ FAM **être remonté contre quelqu'un, quelque chose** : être furieux contre quelqu'un, être fortement opposé à quelque chose : *les étudiants sont remontés contre la réforme.* ❏ **remonter la pente** : réagir, se sortir d'un mauvais pas. ❏ **remonter le moral** : redonner du courage. ◆ **se remonter** vpr Reprendre des forces.

remontoir nm Dispositif servant à remonter un mécanisme.

remontrance nf SOUT Avertissement, reproche.

remontrer vt Montrer de nouveau. ■ **en remontrer à quelqu'un** : lui prouver qu'on est supérieur, lui faire la leçon.

rémora nm Poisson marin à la tête munie d'une ventouse qui lui permet de se faire transporter par d'autres animaux ou par des bateaux.

remords nm Douleur morale causée par la conscience d'avoir mal agi.

> ORTHOGRAPHE Même au singulier, *remords* s'écrit avec un *s* final.

remorquage nm Action de remorquer.

remorque nf **1.** Traction exercée par un véhicule sur un autre véhicule : *prendre en remorque.* **2.** Véhicule sans moteur remorqué par un autre. **3.** Câble servant au remorquage. ■ **être à la remorque** : rester en arrière. ❏ **être à la remorque de quelqu'un** : le suivre aveuglément.

remorquer vt Traîner à sa suite une voiture, un bateau, etc.

remorqueur, euse adj Qui remorque. ◆ nm Bâtiment de navigation conçu pour remorquer d'autres bâtiments.

remouiller vt Mouiller de nouveau.

rémoulade nf Mayonnaise additionnée de fines herbes et de moutarde : *céleri rémoulade.*

rémouleur nm Personne qui aiguise les couteaux et les instruments tranchants.

remous nm **1.** Tourbillon qui se forme à l'arrière d'un bateau en marche. **2.** Tourbillon provoqué par le refoulement de l'eau au contact d'un obstacle. **3.** FIG Mouvement, agitation : *les remous de la foule.*

rempaillage nm Action de rempailler ; ouvrage du rempailleur.
rempailler vt Garnir de paille le siège des chaises, des fauteuils, etc.
rempailleur, euse n Personne qui rempaille des sièges.
rempaqueter vt (conj 8) Empaqueter de nouveau.
rempart nm **1.** Levée de terre ou forte muraille entourant un château fort ou une ville fortifiée. **2.** LITT Ce qui sert de défense.
rempiler vi FAM Se rengager dans l'armée ; reprendre un engagement auprès d'une entreprise.
remplaçable adj Que l'on peut remplacer.
remplaçant, e n Personne qui en remplace une autre.
remplacement nm Action de remplacer ; substitution.
remplacer vt (conj 1) **1.** Mettre à la place de : *remplacer de vieux meubles.* **2.** Prendre la place de quelqu'un ou de quelque chose d'une manière temporaire ou définitive ; succéder à, relayer.
remplir vt **1.** Rendre plein un contenant en y mettant quelque chose : *remplir une bouteille.* **2.** Occuper entièrement : *ce fait divers remplit les journaux ; cela remplit mon temps.* **3.** Combler de : *cette nouvelle me remplit de joie.* **4.** Accomplir, effectuer, réaliser : *remplir un devoir, une fonction, une promesse.* **5.** Répondre à : *remplir l'attente.* **6.** Compléter : *remplir une fiche.* ◆ **se remplir** vpr Recevoir comme contenu : *se remplir d'eau ; la salle se remplit de spectateurs.*
remplissage nm **1.** Action de remplir. **2.** FIG développement inutile ou étranger au sujet : *ce paragraphe, c'est du remplissage.* **3.** Matériau de construction non portant.
remploi ou **réemploi** nm DR Achat d'un bien avec le produit de la vente d'un autre bien ; placement nouveau d'un capital.
remployer ou **réemployer** (conj 3) vt Employer de nouveau.
remplumer (se) vpr **1.** Se couvrir de nouvelles plumes, en parlant des oiseaux. **2.** FAM Reprendre des forces, du poids ; rétablir sa situation financière.
rempocher vt FAM Remettre dans sa poche.
rempoissonner vt Repeupler de poissons.
remporter vt **1.** Reprendre, emporter ce qu'on avait apporté. **2.** Gagner, obtenir : *remporter une victoire.*
rempotage nm Action de rempoter.
rempoter vt Changer de pot : *rempoter des fleurs.*
remprunter ou **réemprunter** vt Emprunter de nouveau.
remuant, e adj Qui remue beaucoup ; turbulent : *enfant remuant.*
remue-ménage nm inv **1.** Déplacement bruyant de meubles, d'objets divers. **2.** Agitation bruyante et confuse.
remue-méninges nm inv Brainstorming.
remuement nm LITT Action, mouvement de ce qui remue : *le remuement des lèvres.*
remuer vt **1.** Déplacer, bouger : *remuer la tête ; remuer un meuble.* **2.** Agiter : *remuer une sauce.* **3.** FIG Émouvoir. ■ **remuer ciel et terre** : mettre tout en œuvre pour réussir. ◆ vi **1.** Changer de place, bouger : *cet enfant ne cesse de remuer.* **2.** Être ébranlé : *dent qui remue.* ◆ **se remuer** vpr **1.** Se mouvoir. **2.** FIG Se donner de la peine pour réussir.
remugle nm VX, LITT Odeur de renfermé.
rémunérateur, trice adj Qui procure un gain, un profit : *travail rémunérateur.*
rémunération nf Prix d'un travail, d'un service rendu.
rémunérer vt (conj 10) Rétribuer, payer.
renâcler vi Faire du bruit en reniflant, en parlant d'un animal. ◆ vt ind [à] FAM Témoigner de son manque d'empressement à faire quelque chose : *renâcler à la besogne.*
renaissance nf Action de renaître ; renouvellement, retour : *la renaissance des lettres, des arts.* ◆ adj inv (avec une majuscule) Qui appartient à la Renaissance : *décor Renaissance.*
renaissant, e adj Qui renaît.
renaître vi (conj 65) **1.** Naître de nouveau ; repousser : *les fleurs renaissent au printemps.* **2.** Reparaître, recouvrer sa force, sa vigueur : *l'espoir renaît.* ◆ vt ind [à] LITT Être rendu à, animé de nouveau par : *renaître à l'espérance.*
rénal, e, aux adj Relatif aux reins.
renard nm **1.** Mammifère carnivore à queue touffue et à museau pointu ; fourrure de cet animal. **2.** FIG Homme rusé. ■ **renard des sables** : fennec.
renarde nf Renard femelle.
renardeau nm Jeune renard.
renardière nf Tanière du renard.
rencard nm → **rancard**.
rencarder vt → **rancarder**.
renchérir vi **1.** Devenir plus cher : *les loyers ont renchéri.* **2.** Faire une enchère supérieure. **3.** Aller plus loin que d'autres en actes ou en paroles : *renchérir sur une histoire inventée.*

renchérissement nm Augmentation de prix.

rencontre nf **1.** Fait de se trouver en présence, en contact ; entrevue : *rencontre fortuite ; rencontre entre chefs d'État.* **2.** Compétition sportive : *rencontre amicale.* ■ **aller à la rencontre de :** au-devant de. ❑ **de rencontre :** de hasard.

rencontrer vt **1.** Se trouver fortuitement en présence de quelqu'un, de quelque chose. **2.** Faire la connaissance de quelqu'un, entrer en relation avec lui. **3.** Affronter en compétition. **4.** GÉOM Avoir une intersection avec. ◆ **se rencontrer** vpr **1.** Se trouver en même temps au même endroit. **2.** Faire connaissance. **3.** Se trouver, exister : *cela ne se rencontre guère.*

rendement nm **1.** Production, rapport : *le rendement d'une terre.* **2.** Efficacité de quelqu'un dans le travail.

rendez-vous nm inv **1.** Accord pris entre deux ou plusieurs personnes de se trouver à la même heure en un même lieu ; lieu où l'on doit se trouver : *avoir rendez-vous avec quelqu'un ; donner rendez-vous à quelqu'un ; prendre rendez-vous chez le médecin.* **2.** Lieu où l'on a l'habitude de se réunir : *le rendez-vous des poètes.*

rendormir vt (conj 18) Endormir de nouveau. ◆ **se rendormir** vpr S'endormir de nouveau.

rendre vt (conj 50) **1.** Restituer : *rendre un livre.* **2.** Renvoyer, rapporter ce qu'on a reçu et qu'on ne veut pas garder : *rendre un cadeau.* **3.** Faire recouvrer : *rendre la vue.* **4.** Donner en échange, en retour : *rendre la monnaie.* **5.** FAM Rejeter, vomir : *rendre son repas.* **6.** Exprimer, traduire : *cela ne rend pas ma pensée.* **7.** Prononcer : *rendre un arrêt.* **8.** Faire entendre : *rendre un son harmonieux.* **9.** Faire devenir : *rendre un chemin praticable ; rendre heureux.* ◆ vi Rapporter, produire : *ce champ rend beaucoup.* ◆ **se rendre** vpr **1.** Se transporter ; aller : *se rendre chez quelqu'un, à Berlin.* **2.** Se soumettre, capituler ; admettre : *se rendre à l'ennemi ; se rendre à l'évidence.* **3.** Agir de façon à être, à devenir tel : *se rendre utile.* ■ **se rendre maître de quelque chose, de quelqu'un :** s'en emparer.

rendu, e adj Arrivé à destination : *nous voilà rendus.* ◆ nm **1.** FAM Action de rendre la pareille : *un prêté pour un rendu.* **2.** Qualité expressive de l'exécution dans une œuvre d'art : *le rendu de la lumière.*

rêne nf Courroie fixée au mors du cheval, et que le cavalier tient pour le guider. ■ FIG **tenir les rênes de :** diriger.

renégat, e n **1.** Personne qui a renié sa religion. **2.** Personne qui abjure ses opinions, trahit son parti, etc.

renégocier vt Négocier de nouveau.

reneiger v impers Neiger de nouveau.

1. renfermé nm Odeur désagréable d'une pièce longtemps fermée : *cette chambre sent le renfermé.*

2. renfermé, e adj FAM Peu communicatif.

renfermement nm Action de renfermer quelqu'un.

renfermer vt **1.** Enfermer de nouveau : *renfermer un prisonnier évadé.* **2.** Contenir : *ce livre renferme de grandes vérités.* ◆ **se renfermer** vpr Se replier sur soi ; être secret, dissimulé : *se renfermer dans le silence.* ■ **se renfermer en, sur soi-même :** se replier sur soi.

renfiler vt Enfiler de nouveau.

renflé, e adj Dont le diamètre est plus grand vers la partie médiane.

renflement nm **1.** État de ce qui est renflé. **2.** Partie renflée.

renfler vt Rendre convexe, bombé.

renflouage ou **renflouement** nm Action de renflouer.

renflouer vt Remettre à flot. ■ **renflouer une entreprise :** lui fournir les fonds nécessaires pour rétablir sa situation.

renfoncement nm Partie en creux, en retrait.

renfoncer vt (conj 1) Enfoncer de nouveau ou plus avant.

renforçateur nm Bain qui renforce une image photographique.

renforcement nm Action de renforcer.

renforcer vt (conj 1) Rendre plus fort, plus intense.

renfort nm **1.** Effectif ou matériel supplémentaire destiné à renforcer. **2.** Ce qui sert à renforcer, à consolider. ■ **à grand renfort de :** au moyen d'une grande quantité de.

renfrogner (se) vpr Manifester son mécontentement par une expression maussade.

rengagé nm Militaire qui, son temps achevé, reprend volontairement du service.

rengagement ou **réengagement** nm Fait de se rengager.

rengager ou **réengager** (conj 2) vt Engager de nouveau. ◆ **rengager** vi ou **se rengager** vpr Contracter un nouvel engagement dans l'armée.

rengaine nf FAM **1.** Refrain populaire. **2.** Suite de paroles répétées à tout propos.

rengainer vt **1.** Remettre dans la gaine, dans le fourreau : *rengainer une épée.* **2.** FAM Garder pour soi ou ne pas achever ce qu'on allait dire.

rengorger (se) vpr (conj 2) **1.** Avancer la gorge en ramenant la tête un peu en arrière. **2.** FIG Faire l'important, se gonfler d'orgueil.

reniement nm Action de renier.

renier vt **1.** Déclarer de façon mensongère qu'on ne connaît pas. **2.** Désavouer : *renier sa famille.* **3.** Abjurer : *renier sa religion*.

reniflement nm Action de renifler ; bruit fait en reniflant.

renifler vi Aspirer fortement par le nez en faisant du bruit. ◆ vt **1.** Sentir. **2.** FAM Flairer : *renifler une bonne affaire*.

renne nm Ruminant de la famille des cervidés, vivant dans les régions froides.

renom nm Bonne réputation : *comédien de renom*.

renommé, **e** adj Célèbre, réputé.

renommée nf Renom, réputation, célébrité.

renommer vt Nommer, élire de nouveau.

renonce nf Action de ne pas fournir la couleur demandée, à certains jeux de cartes.

renoncement nm **1.** Action de renoncer. **2.** Abnégation, sacrifice complet de soi-même.

renoncer vt ind [à] (conj 1) **1.** Abandonner la possession de : *renoncer à une succession.* **2.** Quitter, abandonner : *renoncer au monde.* **3.** Cesser d'envisager, de considérer comme possible : *je renonce à la convaincre.* ◆ vi À certains jeux de cartes, mettre une carte d'une couleur autre que la couleur demandée.

renonciation nf Acte par lequel on renonce à quelque chose.

renonculacée nf Plante à pétales séparés (les renonculacées forment une famille dont le type est la renoncule).

renoncule nf Petite plante à fleurs généralement jaunes dont le bouton-d'or est une espèce.

renouer vt **1.** Nouer une chose dénouée. **2.** Reprendre après une interruption : *renouer la conversation.* ◆ vi [avec] **1.** Se lier de nouveau : *renouer avec quelqu'un.* **2.** FIG Rétablir une situation favorable qui avait disparu : *entreprise qui renoue avec les bénéfices*.

renouveau nm **1.** Renouvellement : *mode qui connaît un renouveau.* **2.** LITT Retour du printemps.

renouvelable adj Qui peut être renouvelé. ■ **énergie renouvelable** : qui fait appel à des sources inépuisables.

renouveler vt (conj 6) **1.** Substituer une personne ou une chose à une autre qui ne convient plus : *renouveler sa garde-robe.* **2.** Refaire, recommencer : *renouveler un bail, une promesse.* **3.** Rendre nouveau en transformant : *renouveler une mode.* ◆ **se renouveler** vpr **1.** Changer, être remplacé : *les générations se renouvellent.* **2.** Recommencer : *que cela ne se renouvelle pas !* **3.** Prendre une forme nouvelle : *écrivain qui ne sait pas se renouveler.*

renouvellement nm Action de renouveler ; fait de se renouveler.

rénovateur, **trice** adj et n **1.** Qui rénove ; partisan de la rénovation. **2.** Qui est partisan d'une évolution au sein d'une organisation.

rénovation nf Remise à neuf ; transformation, modernisation.

rénover vt **1.** Remettre à neuf : *rénover un appartement ancien.* **2.** Donner une nouvelle forme, une nouvelle existence à : *rénover les institutions politiques*.

renseignement nm **1.** Indication, information, éclaircissement. **2.** (souvent au pluriel) Ensemble de connaissances de tous ordres sur un adversaire potentiel, utiles aux pouvoirs publics et au commandement militaire. ◆ **renseignements** pl Bureau, service chargé d'informer le public : *les renseignements téléphoniques*.

renseigner vt Donner un, des renseignements à : *renseigner un passant.* ◆ **se renseigner** vpr S'informer, obtenir des renseignements.

rentabilisable adj Que l'on peut rentabiliser.

rentabilisation nf Action de rentabiliser.

rentabiliser vt Rendre rentable.

rentabilité nf Caractère de ce qui est rentable.

rentable adj Qui procure un bénéfice, un revenu satisfaisant ; fructueux.

rente nf **1.** Revenu fourni par un capital : *vivre de ses rentes.* **2.** Somme d'argent versée périodiquement à quelqu'un : *toucher une rente.* **3.** Emprunt de l'État, représenté par un titre qui donne droit à un intérêt.

rentier, **ère** n Personne qui a des rentes, qui vit de revenus non professionnels.

rentoiler vt Renforcer la toile usée d'un tableau en la collant sur une toile neuve.

rentrant, **e** adj ■ **angle rentrant** : angle supérieur à 180°. CONTR : saillant.

rentré, **e** adj **1.** Cave, creux : *yeux rentrés.* **2.** Qui ne se manifeste pas extérieurement : *colère rentrée.* ◆ nm COUT Repli du tissu sur l'envers d'un vêtement.

rentrée nf **1.** Action de rentrer. **2.** Action de reprendre ses fonctions, ses activités après des vacances ; période de retour après les vacances : *rentrée des classes.* **3.** Recouvrement de fonds ; somme recouvrée : *attendre une rentrée importante*.

rentrer vi **1.** Entrer de nouveau. **2.** Revenir chez soi : *rentrer de voyage.* **3.** S'introduire, s'insérer : *l'eau rentre par les fissures ; la vis rentre dans le bois.* **4.** Percuter : *rentrer dans un arbre.* **5.** Être compris, contenu dans : *rentrer dans une énumération.* **6.** Reprendre ses fonctions après un arrêt : *les tribunaux sont rentrés.* **7.** Être perçu, payé : *fonds qui rentrent mal.* **8.** Recouvrer : *rentrer dans ses fonds, dans ses droits.* ■ LITT **rentrer en soi-même** : faire un retour sur soi, réfléchir. ◆ vt **1.** Mettre à l'intérieur, à l'abri : *rentrer les foins.* **2.** Faire pénétrer : *rentrer la clé dans la serrure, sa chemise dans son pantalon.* **3.** Cacher, refouler : *rentrer ses larmes.*

renversant, e adj FAM Qui étonne profondément.

renverse nf ■ **à la renverse** : sur le dos, en arrière.

renversé, e adj **1.** En position contraire à la normale. **2.** FIG Stupéfait, déconcerté.

renversement nm Action de renverser ; fait de se renverser.

renverser vt **1.** Mettre à l'envers, sens dessus dessous ; inverser : *renverser un sablier ; renverser la vapeur.* **2.** Faire tomber : *renverser un verre ; se faire renverser par une voiture.* **3.** Éliminer : *renverser des obstacles.* **4.** Provoquer la chute de : *renverser le gouvernement.* **5.** Étonner profondément : *cette nouvelle nous a renversés.* ◆ **se renverser** vpr **1.** Pencher le corps en arrière. **2.** Se retourner : *la voiture s'est renversée.*

renvoi nm **1.** Action de renvoyer. **2.** Indication par laquelle le lecteur est invité à se reporter à un autre endroit du texte, du livre. **3.** Ajournement : *renvoi d'un procès.* **4.** Émission par la bouche de gaz provenant de l'estomac.

renvoyer vt (conj 11) **1.** Envoyer de nouveau ou en retour, faire retourner : *renvoyer la balle, un compliment.* **2.** Ne pas accepter : *renvoyer un présent.* **3.** Congédier, destituer : *renvoyer un domestique.* **4.** Répercuter, réfléchir : *renvoyer le son, la lumière.* **5.** Ajourner : *renvoyer à demain.* **6.** Inviter quelqu'un à consulter quelqu'un, quelque chose : *renvoyer à des notes en bas de page.*

réopérer vt (conj 10) Opérer de nouveau.

réorganisateur, trice adj et n Qui réorganise.

réorganisation nf Action de réorganiser ; son résultat.

réorganiser vt Organiser de nouveau, sur de nouvelles bases.

réorientation nf Action de réorienter.

réorienter vt Orienter dans une nouvelle direction.

réouverture nf Action de rouvrir.

repaire nm Lieu de refuge des bêtes sauvages ; lieu de refuge pour des malfaiteurs.

repaître vt (conj 80) LITT Nourrir, rassasier. ◆ **se repaître** vpr [de] LITT Assouvir sa faim, ses désirs : *se repaître de vengeance.*

répandre vt (conj 50) **1.** Verser, laisser couler : *répandre du vin ; répandre des larmes.* **2.** Produire, dégager, émettre : *le soleil répand sa lumière ; répandre une odeur.* **3.** Propager : *répandre une nouvelle.* **4.** Donner, distribuer avec profusion : *répandre des bienfaits.* ◆ **se répandre** vpr **1.** S'écouler. **2.** Se propager. ■ **se répandre en...** : en dire beaucoup.

> ORTHOGRAPHE *Répandre* s'écrit avec un *a*, comme *épandre*, alors que *étendre* s'écrit avec un *e*.

répandu, e adj Communément admis : *opinion répandue.*

réparable adj Qui peut être réparé.

reparaître vi (conj 64) Paraître, se manifester de nouveau.

réparateur, trice adj et n **1.** Qui répare. **2.** Qui redonne des forces : *sommeil réparateur.*

réparation nf Action de réparer ; son résultat : *réparation d'un pont ; demander la réparation d'une offense.* ■ **surface de réparation** : au football, aire rectangulaire devant la ligne de but.

réparer vt **1.** Remettre en bon état de fonctionnement : *réparer une montre.* **2.** Corriger ; effacer, expier : *réparer une négligence, une offense.*

reparler vi et vt ind Parler de nouveau.

repartie [reparti] ou [rəparti] nf Réplique vive et spirituelle.

1. repartir vi (conj 26 ; auxil : *être*) Partir de nouveau ; retourner.

2. repartir [repartir] ou [rəpartir] vt (conj 26 ; auxil : *avoir*) LITT Répliquer promptement : *il ne lui a reparti que des impertinences.*

répartir vt Partager, distribuer selon certaines règles.

répartition nf Partage, distribution.

reparution nf Fait de reparaître.

repas nm Nourriture prise chaque jour à certaines heures.

repassage nm **1.** Action de repasser du linge. **2.** Action d'aiguiser un couteau.

repasser vi Passer de nouveau, revenir. ◆ vt **1.** Défriper avec un fer chaud : *repasser du linge.* **2.** Passer, franchir de nouveau : *repasser un col.* **3.** Aiguiser : *repasser un couteau.* **4.** Remettre en mémoire ; relire, redire : *repasser ses leçons.*

repasseuse nf Femme ou machine électrique qui repasse le linge.

repavage nm Action de repaver.

repaver vt Paver de nouveau.

repayer vt (conj 4) Payer de nouveau.

repêchage nm Action de repêcher.

repêcher vt Retirer de l'eau ce qui y est tombé. ■ FAM **repêcher un candidat :** lui donner une chance supplémentaire.

repeindre vt (conj 55) Peindre de nouveau.

repenser vt ind [à] Penser de nouveau : *repenser à ses vacances.* ◆ vt Examiner différemment ; concevoir autrement : *repenser une installation.*

repentant, e adj Qui se repent.

repenti, e adj et n Qui s'est repenti.

1. repentir nm **1.** Vif regret d'avoir fait ou de n'avoir pas fait quelque chose. **2.** BX-ARTS Trace d'un changement apporté à une œuvre durant son exécution.

2. repentir (se) vpr (conj 19) Regretter : *se repentir de ses fautes.*

repérable adj Qui peut être repéré.

repérage nm **1.** Action de repérer. **2.** Reconnaissance des lieux en vue du tournage d'un film en décors naturels.

repercer vt (conj 1) Percer de nouveau.

répercussion nf **1.** Action de répercuter ; fait de se répercuter. **2.** Conséquence : *les répercussions d'un scandale.*

répercuter vt **1.** Réfléchir, renvoyer : *répercuter un son.* **2.** Faire en sorte que quelque chose soit transmis : *répercuter les consignes.* **3.** Faire supporter par d'autres personnes la charge d'un impôt, d'une taxe, etc. ◆ **se répercuter** vpr Avoir des conséquences directes.

reperdre vt (conj 52) Perdre de nouveau.

repère nm **1.** Tout ce qui permet de retrouver quelque chose dans un ensemble. **2.** Marque faite pour indiquer ou retrouver un alignement, un niveau, une hauteur, etc. ■ **point de repère :** (a) marque, objet ou endroit déterminé qui permet de s'orienter (b) tout indice qui permet de situer un événement dans le temps.

ORTHOGRAPHE Il ne faut pas confondre *repère,* « marque », avec *repaire,* « lieu ».

repérer vt (conj 10) **1.** Localiser : *repérer un sous-marin.* **2.** Apercevoir, distinguer parmi d'autres : *repérer un ami dans la foule.* **3.** Marquer de repères : *repérer un alignement.* ◆ **se repérer** vpr **1.** S'orienter : *se repérer par rapport au Soleil.* **2.** Se remarquer, se distinguer : *le drapeau se repère facilement.*

répertoire nm **1.** Table, recueil où les matières sont rangées en ordre : *répertoire alphabétique.* **2.** INFORM Élément de la structure d'organisation des fichiers dans un disque ; ensemble des instructions de commande d'un ordinateur. **3.** Liste des œuvres qui forment le fonds d'un théâtre, d'une compagnie de ballet. **4.** Ensemble des œuvres habituellement interprétées par un comédien, un musicien, un chanteur. **5.** Ensemble, liste de connaissances, d'anecdotes, etc. : *un vaste répertoire d'injures.*

répertorier vt Inscrire dans un répertoire, faire une liste de.

répéter vt (conj 10) **1.** Redire ce qu'on a déjà dit ou ce qu'un autre a dit. **2.** Refaire, recommencer : *répéter une expérience.* **3.** Reproduire : *répéter un motif.* ◆ vt et vi Étudier une pièce, un morceau de musique, etc., en vue de son exécution, de sa représentation en public. ◆ **se répéter** vpr **1.** Redire les mêmes choses sans nécessité. **2.** Se reproduire.

répétiteur, trice n VIEILLI Personne qui donne des leçons particulières à des élèves.

répétitif, ive adj Qui se reproduit de façon monotone, qui se répète sans cesse.

répétition nf **1.** Retour de la même idée, du même mot ; redite : *évitez les répétitions inutiles.* **2.** Réitération d'une même action : *la répétition d'un geste.* **3.** Séance de travail, de mise au point d'une œuvre musicale, dramatique, etc., destinée à être présentée au public. **4.** VX Leçon particulière.

répétitivité nf Caractère de ce qui est répétitif.

repeuplement nm Action de repeupler : *le repeuplement d'un étang.*

repeupler vt **1.** Peupler une région dépeuplée. **2.** Regarnir d'espèces animales ou végétales : *repeupler un étang, une forêt.*

repiquage nm Action de repiquer.

repiquer vt **1.** Piquer de nouveau. **2.** Copier un enregistrement. **3.** AGRIC Transplanter des jeunes plants provenant de semis : *repiquer des salades.*

répit nm **1.** Arrêt momentané de quelque chose qui accable : *ses crises ne lui laissent aucun répit.* **2.** Temps de repos, de détente : *s'accorder un moment de répit.* ■ **sans répit :** sans cesse.

replacement nm Action de replacer.

replacer vt (conj 1) **1.** Remettre en place. **2.** Placer, situer : *replacer un événement dans son contexte.*

replanter vt Planter de nouveau.

replat nm Adoucissement très prononcé de la pente d'un versant.

replâtrage nm **1.** Réparation superficielle faite avec du plâtre. **2.** Arrangement sommaire et imparfait : *ce remaniement ministériel n'est qu'un replâtrage.*

replâtrer vt **1.** Recouvrir de plâtre : *replâtrer un mur.* **2.** FAM Réparer d'une manière précaire : *replâtrer un ménage.*

replet, ète adj Qui a de l'embonpoint.

repleuvoir v impers (conj 47) Pleuvoir de nouveau.

repli nm **1.** Double pli. **2.** Fait de revenir à une position, à une valeur qui marque une régression : *repli des valeurs boursières.* **3.** MIL Retraite volontaire d'une troupe. ◆ **replis** pl **1.** Sinuosités, ondulations : *replis d'un terrain.* **2.** Ce qu'il y a de plus caché, de plus intime : *les replis du cœur humain.*

repliable adj Qui peut être replié.

repliement nm Action de replier ; fait de se replier.

replier vt Plier de nouveau. ◆ **se replier** vpr **1.** Se plier, se courber une ou plusieurs fois. **2.** Reculer en bon ordre : *l'armée se replie.* ■ **se replier sur soi-même** : s'isoler du monde extérieur.

réplique nf **1.** Réponse vive ; objection. **2.** Partie d'un dialogue théâtral dite par un acteur. **3.** Copie d'une œuvre d'art. ■ **donner la réplique** : servir de partenaire à.

répliquer vt et vi Répondre avec vivacité, en s'opposant.

replonger vt et vi (conj 2) Plonger de nouveau.

repolir vt Polir de nouveau.

repolissage nm Action de repolir.

répondant, e n Caution, garant : *être le répondant de quelqu'un.* ◆ nm ■ FAM **avoir du répondant** : avoir des capitaux servant de garantie.

répondeur nm Dispositif relié à un téléphone, qui permet de communiquer un message aux correspondants. ■ **répondeur-enregistreur** : répondeur permettant aussi d'enregistrer les appels et les messages.

répondre vt et vi **1.** Dire ou écrire en réponse. **2.** Répliquer avec insolence : *répondre à sa mère.* ◆ vt ind **1.** [à] Fournir la ou les réponses demandées : *répondre à un questionnaire.* **2.** [à] Envoyer une lettre en réponse à une autre. **3.** [à] Apporter des raisons contre : *répondre à une objection.* **4.** [à] Être conforme à, correspondre : *le résultat répond à l'effort.* **5.** [à] Payer de retour : *répondre à une politesse.* **6.** (sans complément) Produire l'effet attendu : *les freins ne répondent plus.* **7.** [de] Être garant, responsable : *répondre de quelqu'un.*

répons [repɔ̃] nm Chant alterné dans l'office liturgique romain.

réponse nf **1.** Ce qu'on dit ou écrit à la suite d'une question. **2.** Explication, solution apportée à une question. **3.** Réaction : *réponse à un stimulus.* ■ **droit de réponse** : droit d'exiger l'insertion gratuite d'un texte ou de parler à l'antenne pour une personne désignée ou mise en cause publiquement.

repopulation nf Augmentation de la population après un dépeuplement.

report nm **1.** Action de reporter ; total, somme reportés. **2.** Action de remettre à un autre moment : *le report d'une question.*

reportage nm Enquête retransmise par la presse, la radio ou la télévision sur un sujet précis.

1. reporter [rəpɔrtɛr] n Journaliste chargé d'un reportage.

2. reporter vt **1.** Porter une chose au lieu où elle était auparavant. **2.** Réinscrire ailleurs : *reporter une somme à une autre page.* **3.** Appliquer quelque chose à une autre destination : *reporter ses voix sur un autre candidat.* **4.** Remettre à un autre moment : *reporter un rendez-vous.* ◆ **se reporter** vpr **1.** Se transporter en pensée : *se reporter en arrière, au temps de sa jeunesse.* **2.** Se référer à : *se reporter à un document.*

repos nm **1.** Absence de mouvement : *se tenir en repos.* **2.** Fait de cesser son activité : *prenez un peu de repos.* **3.** LITT Sommeil : *respectez le repos des autres.* **4.** LITT Tranquillité, quiétude : *avoir la conscience en repos.* ■ **de tout repos** : qui procure une complète tranquillité. ❑ **repos !** : commandement militaire indiquant l'abandon de la position du garde-à-vous.

reposant, e adj Qui repose.

repose nf Action de remettre en place : *facturer la repose d'un appareil.*

reposé, e adj Qui ne présente plus de traces de fatigue. ■ **à tête reposée** : à loisir, avec réflexion.

repose-pieds nm inv ou **repose-pied** (pl *repose-pieds*) nm Appui pour les pieds.

reposer vt **1.** Poser de nouveau ; remettre en place : *reposer une serrure.* **2.** Délasser, soulager : *reposer ses membres fatigués ; reposer l'esprit.* ◆ vt ind [sur] **1.** Être posé sur : *le plancher repose sur des poutres.* **2.** Être établi, fondé sur : *sur quoi repose votre soupçon ?* ◆ vi Être étendu, enterré : *ici repose X.* ■ **laisser reposer** : laisser au repos, sans mouvement : *laisser reposer une pâte, la terre.* ◆ **se reposer** vpr **1.** Se poser de nouveau. **2.** Cesser de travailler pour éliminer la fatigue. ■ **se reposer sur quelqu'un** : s'en remettre à lui.

repose-tête nm inv Appuie-tête.

repositionner vt Positionner de nouveau.

reposoir nm Dans un hôpital, salle où est exposé le corps d'un défunt avant les funérailles.

repoussage nm Modelage des métaux au marteau.

repoussant, e adj Qui inspire du dégoût, de la répulsion.

repousse nf Action de repousser, en parlant des cheveux, des plantes.

repousser vt **1.** Pousser en arrière, faire reculer : *repousser l'ennemi.* **2.** Ne pas céder, résister à : *repousser la tentation.* **3.** Ne pas accepter : *repousser une proposition.* **4.** TECHN Réaliser une forme par repoussage. ◆ vi Pousser de nouveau : *sa barbe repousse.*

repoussoir nm **1.** Chose ou personne qui en fait valoir une autre par contraste. **2.** Personne très laide.

répréhensible adj Blâmable.

reprendre vt (conj 54) **1.** Prendre de nouveau : *reprendre du pain, du personnel.* **2.** Rentrer en possession de ce qui avait été perdu ou donné : *reprendre un cadeau.* **3.** Retrouver un état, une faculté : *reprendre des forces, son souffle.* **4.** Aller chercher : *je passerai vous reprendre.* **5.** Continuer une chose interrompue : *reprendre un travail.* **6.** Redire, répéter : *reprendre les mêmes arguments.* **7.** Apporter des modifications à : *reprendre le projet d'un article ; reprendre un vêtement.* **8.** Réprimander : *reprendre un enfant.* ◆ vi **1.** Se rétablir, retrouver sa vigueur, son activité : *cet arbre reprend bien ; les affaires reprennent.* **2.** Se manifester à nouveau, recommencer : *le froid reprend.* ◆ **se reprendre** vpr **1.** Redevenir maître de soi, se ressaisir : *se reprendre après un moment de dépression.* **2.** Se rétracter, rectifier ses propos : *il se reprit à temps.*

repreneur nm Personne qui reprend une entreprise en difficulté.

représailles nf pl Mesures répressives infligées à un adversaire pour se venger du mal qu'il a causé.

représentant, e n Personne qui représente une autre personne ou un groupe et qui agit en son nom. ■ **représentant de commerce** : commis voyageur, courtier.

représentatif, ive adj **1.** Qui représente une collectivité et peut parler en son nom : *syndicat représentatif.* **2.** Considéré comme le modèle, le type d'une catégorie : *échantillon représentatif.* ■ **gouvernement représentatif** : où le peuple délègue à ses représentants l'exercice du pouvoir législatif.

représentation nf **1.** Action de représenter : *l'écriture est la représentation de la langue parlée.* **2.** Idée qu'une société, une personne se fait du monde ou d'un objet donné. **3.** Image graphique, picturale, etc., d'un phénomène, d'une idée : *le bonnet phrygien est la représentation de la République.* **4.** Action de représenter par le moyen de l'art ; œuvre artistique figurant quelque chose, quelqu'un. **5.** Action de donner un spectacle devant un public ; ce spectacle. **6.** Action de représenter une personne ou une collectivité ; ensemble des personnes qui en sont chargées. **7.** Action de traiter des affaires pour le compte d'une maison de commerce.

représentativité nf Caractère représentatif.

représenter vt **1.** Présenter de nouveau. **2.** Faire apparaître d'une manière concrète : *représenter l'évolution des salaires par un graphique.* **3.** Correspondre à : *ceci représente le progrès.* **4.** Figurer par un moyen artistique, par le langage ; décrire, évoquer : *représenter un naufrage.* **5.** Jouer en public une pièce de théâtre : *troupe qui représente « Phèdre ».* **6.** Tenir la place de quelqu'un, d'un groupe, agir en son nom : *les ambassadeurs représentent les chefs d'État ; représenter une société.* **7.** Être le symbole, l'incarnation, le type de : *ils représentent la classe moyenne.* **8.** LITT Faire observer : *représenter les inconvénients d'une action.* ◆ **se représenter** vpr **1.** Se présenter de nouveau : *se représenter à un examen.* **2.** Se figurer, imaginer.

répressif, ive adj Qui réprime.

répression nf Action de réprimer.

réprimande nf Blâme exprimé avec autorité.

réprimander vt Faire une réprimande, gronder.

réprimer vt **1.** Contenir, refouler : *réprimer un mouvement de colère.* **2.** Empêcher par la force le développement d'une action jugée dangereuse : *réprimer une révolte.*

repris nm ■ **repris de justice** : personne qui a déjà été condamnée et qu'on arrête de nouveau.

reprisage nm Action de repriser.

reprise nf **1.** Action de reprendre : *la reprise des hostilités.* **2.** Nouvel essor : *la reprise économique.* **3.** Fait de jouer de nouveau une pièce, un film. **4.** Continuation d'une chose interrompue : *la reprise du travail.* **5.** Raccommodage : *faire une reprise à un drap.* **6.** Rachat d'un objet, d'un matériel usagé. **7.** SPORTS Chacune des parties d'un assaut d'escrime, d'un combat de boxe. **8.** En équitation, ensemble de figures exécutées par un cavalier. **9.** MUS Répétition d'une partie d'un morceau, d'un air. **10.** Dans un moteur, passage rapide d'un bas régime à un régime supérieur. ◆ **reprises** pl DR Ce que chacun des époux a le droit de prélever, avant partage, sur la masse des biens de la communauté. ■ **à plusieurs reprises** : plusieurs fois.

repriser vt Faire une reprise, raccommoder : *repriser des chaussettes.*

réprobateur, trice adj Qui réprouve : *geste réprobateur.*

réprobation nf Action de réprouver, de rejeter ; blâme.

reproche nm Blâme que l'on adresse à quelqu'un pour lui exprimer son mécontentement ou pour lui faire honte.

reprocher vt **1.** Faire des reproches à quelqu'un au sujet de quelque chose : *reprocher sa paresse à un écolier.* **2.** Trouver un défaut à quelque chose, critiquer : *que reprochez-vous à cette voiture ?* ◆ **se reprocher** vpr Se blâmer, se considérer comme responsable de : *se reprocher sa faiblesse.*

reproducteur, trice adj Qui sert à la reproduction. ◆ nm Animal employé à la reproduction.

reproductible adj Qui peut être reproduit.

reproductif, ive adj Relatif à la reproduction.

reproduction nf **1.** Fonction par laquelle les êtres vivants perpétuent leur espèce. **2.** Action de reproduire un texte, une illustration, des sons : *autoriser la reproduction d'un article.* **3.** Copie ou imitation d'une œuvre artistique : *acheter une reproduction de Chardin.*

reproduire vt (conj 70) **1.** Restituer un phénomène aussi fidèlement que possible, imiter : *reproduire les sons avec un magnétophone ; artiste qui reproduit la nature.* **2.** Publier de nouveau : *reproduire un article de journal.* ◆ **se reproduire** vpr **1.** Se produire de nouveau. **2.** Donner naissance à des êtres de son espèce.

reprogrammer vt Programmer de nouveau.

reprographie nf Ensemble des techniques permettant de reproduire un document.

reprotoxique adj Se dit d'une substance nocive pour la reproduction.

réprouvé, e adj et n **1.** Rejeté par la société. **2.** THÉOL Damné : *les justes et les réprouvés.*

réprouver vt **1.** Rejeter en condamnant, désapprouver. **2.** THÉOL Condamner aux peines éternelles.

reps [rɛps] nm Étoffe d'ameublement à côtes.

reptation nf Action de ramper.

reptile nm Vertébré rampant, avec ou sans pattes, comme le serpent, le lézard, la tortue, etc. (les reptiles forment une classe).

reptilien, enne adj Relatif aux reptiles.

repu, e adj Rassasié.

républicain, e adj Qui appartient à une république ou à la république. ◆ adj et n Partisan de la république.

républicanisme nm Ensemble des sentiments, des opinions des républicains.

république nf Gouvernement dans lequel le peuple exerce la souveraineté directement ou par l'intermédiaire de délégués élus.

répudiation nf Action de répudier.

répudier vt **1.** Renvoyer sa femme suivant les formalités légales. **2.** FIG Rejeter, repousser : *répudier une croyance.*

répugnance nf Aversion pour quelqu'un ou quelque chose ; dégoût, répulsion.

répugnant, e adj Qui inspire de la répugnance.

répugner vt ind [à] **1.** Éprouver de l'aversion, du dégoût pour ; rechigner, renâcler : *répugner à mentir.* **2.** Inspirer de la répugnance : *cet homme me répugne.*

répulsif, ive adj Qui repousse. ◆ nm Produit, procédé destiné à éloigner les animaux indésirables.

répulsion nf **1.** Vive répugnance, aversion, dégoût. **2.** PHYS Force en vertu de laquelle certains corps se repoussent mutuellement.

réputation nf **1.** Opinion favorable ou défavorable : *avoir une bonne réputation.* **2.** Manière d'être considéré : *il a la réputation d'être honnête.* ■ **de réputation** : seulement d'après ce qu'on en dit : *je le connais de réputation.*

réputé, e adj **1.** Qui jouit d'un grand renom : *médecin réputé.* **2.** Considéré comme : *homme réputé égoïste.*

requérant, e adj et n DR Qui requiert.

requérir vt (conj 21) **1.** DR Demander en justice : *requérir l'application d'une peine ;* réclamer en vertu d'un droit légal : *le maire a requis les propriétaires de ravaler leurs façades.* **2.** En parlant d'une chose, demander, nécessiter : *cela requiert un effort.*

requête nf **1.** Demande écrite ou verbale, supplique : *présenter une requête.* **2.** DR Demande effectuée auprès d'une autorité ayant pouvoir de décision. ■ **maître des requêtes** : magistrat qui fait office de rapporteur au Conseil d'État.

requiem [rekɥijɛm] nm inv Prière de l'Église catholique pour les morts ; musique composée sur ce texte.

requin nm **1.** Grand poisson marin appelé aussi *squale,* dont certaines espèces sont carnivores. **2.** FIG Homme d'affaires impitoyable, sans scrupule.

requinquer vt FAM Redonner des forces, de l'entrain.

requis, e adj Exigé, nécessaire. ◆ nm Civil mobilisé pour un travail obligatoire.

réquisition nf Procédure qui autorise l'Administration à contraindre un particulier à lui céder un bien ou à effectuer une prestation. ◆ **réquisitions** pl DR Réquisitoire.

réquisitionner vt Se procurer qqch, utiliser les services de qqn par acte de réquisition.

réquisitoire nm **1.** DR Discours par lequel le procureur de la République (ou son substitut) demande au juge d'appliquer la loi envers un inculpé. **2.** Discours où l'on accumule les accusations, les reproches violents.

RER nm (sigle de *réseau express régional*) Métro régional desservant Paris et sa banlieue.

resaler [rəsale] vt Saler de nouveau.

resalir [rəsalir] vt Salir de nouveau ce qui a été nettoyé.

rescapé, e adj et n Sorti sain et sauf d'un accident, d'une catastrophe.

rescousse (à la) loc adv En renfort, pour porter assistance.

réseau nm **1.** Ensemble de lignes, de fils entrecroisés, entrelacés. **2.** Ensemble de voies ferrées, de routes, de lignes téléphoniques, de postes radiophoniques, d'ordinateurs et de terminaux interconnectés. **3.** Ensemble de personnes en liaison les unes avec les autres pour une action clandestine : *réseau de résistance.* ■ **réseau numérique à intégration de service (RNIS) :** réseau de télécommunication qui permet d'acheminer sous forme numérique des textes, des images et des sons. ❑ **réseau social** : site Web sur lequel des internautes échangent des informations personnelles (textes et images), créant ainsi une communauté d'amis virtuelle et interactive.

résection [resɛksjɔ̃] nf CHIR Action de couper, de retrancher une portion d'organe, en rétablissant la continuité de sa fonction.

réséda nm Plante herbacée dont on cultive une espèce pour ses fleurs odorantes et une autre, la *mignonnette*, pour la teinture jaune que l'on en extrait.

réséquer [reseke] vt (conj 10) CHIR Pratiquer une résection.

réservataire adj et n DR Se dit de l'héritier qui ne peut être légalement écarté d'une succession.

réservation nf Action de retenir une place dans un moyen de transport, un lieu d'hébergement, un restaurant ou pour assister à un spectacle ; ticket l'attestant.

réserve nf **1.** Action de mettre de côté : *garder en réserve.* **2.** Chose réservée : *faire des réserves de sucre.* **3.** Local où l'on entrepose des marchandises. **4.** Prudence, retenue dans les actes et les propos : *parler avec réserve.* **5.** Restriction : *l'amitié n'admet point de réserve.* **6.** MIL Troupe maintenue disponible pour être envoyée en renfort ; période faisant suite au service actif. ■ **en réserve** : à part, de côté : *mettre en réserve.* ❑ **réserve amérindienne** ou **indienne :** en Amérique du Nord, territoire réservé aux Indiens. ❑ **réserve naturelle :** territoire réglementé pour la sauvegarde des espèces animales et végétales qui y ont élu domicile. ❑ **sans réserve :** sans restriction. ❑ **sous toute réserve :** sans garantie, sans engagement formel. ◆ **réserves** pl DR Clauses restrictives. ■ **faire, émettre des réserves :** ne pas donner son approbation entière.

réservé, e adj **1.** Qui fait preuve de réserve, de retenue ; discret. **2.** Dont l'accès ou l'usage est destiné exclusivement à une personne, à un groupe : *chasse réservée.*

réserver vt **1.** Mettre à part, de côté, garder : *réserver quelques bouteilles pour des amis.* **2.** Affecter exclusivement à : *local réservé aux réunions.* **3.** Destiner : *nul ne sait ce que l'avenir nous réserve.* **4.** Faire la réservation de. ◆ **se réserver** vpr **1.** Garder quelque chose pour soi. **2.** Attendre : *se réserver pour la fin.*

réserviste n MIL Personne qui appartient à la réserve des forces armées.

réservoir nm **1.** Récipient destiné à recevoir un liquide : *réservoir d'essence.* **2.** Lieu aménagé pour y tenir certaines choses en réserve.

résidant, e adj et n Qui réside dans un lieu.

résidence nf **1.** Demeure habituelle en un lieu déterminé. **2.** Séjour effectif et obligatoire au lieu où l'on exerce une fonction. **3.** Groupe d'habitations d'un certain confort : *résidence privée et gardée.* ■ **résidence secondaire :** maison de vacances ou de week-end.

résident, e n Personne qui réside dans un autre endroit que son pays d'origine.

résidentiel, elle adj **1.** Se dit d'un quartier réservé aux habitations privées. **2.** Qui offre un haut niveau de confort, de luxe.

résider vi **1.** Demeurer, être établi en un lieu. **2.** Être, consister en : *là réside la difficulté.*

résidu nm **1.** Ce qui subsiste après une opération physique ou chimique. **2.** Rebut, déchet.

résiduel, elle adj Qui provient d'un reste. ■ **relief résiduel** : massif qui a été préservé de l'érosion.

résignation nf **1.** Fait de se résigner. **2.** DR Action de résigner.

résigné, e adj Qui supporte un mal sans révolte : *malade résigné*.

résigner vt DR Renoncer volontairement à une charge, à une fonction. ◆ **se résigner** vpr Se soumettre sans protestation.

résiliable adj Qui peut être résilié.

résiliation nf DR Annulation d'un contrat.

résilier vt Mettre fin à une convention, à un contrat : *résilier un bail*.

résille nf Filet dont on enveloppe les cheveux.

résine nf Substance visqueuse produite par certains végétaux.

résiné adj m ■ **vin résiné** ou **résiné** nm : vin légèrement additionné de résine.

résiner vt **1.** Extraire la résine de : *résiner un pin*. **2.** Enduire de résine.

résineux, euse adj Qui produit de la résine. ◆ nm Arbre forestier riche en matières résineuses dont les principaux représentants sont les conifères (les résineux s'opposent aux feuillus).

résinier, ère n Personne employée à la récolte de la résine de pin. ◆ adj Relatif à la résine, aux produits résineux.

résipiscence nf RELIG Regret d'une faute : *venir à résipiscence*.

résistance nf **1.** Action de résister, de s'opposer à quelqu'un, à une autorité : *se laisser arrêter sans résistance*. **2.** Capacité à résister à une épreuve physique ou morale ; endurance. **3.** Propriété d'un corps de résister aux effets d'un agent extérieur ; solidité. **4.** PHYS Force qui s'oppose au mouvement d'un corps dans un fluide. **5.** ÉLECTR Difficulté plus ou moins grande qu'un conducteur oppose au passage d'un courant (mesurée en *ohms*) ; conducteur dans lequel l'énergie du courant électrique est transformée en chaleur. ■ **plat de résistance** : mets principal d'un repas.

résistant, e adj Qui supporte bien les épreuves physiques ; robuste. ◆ adj et n Qui s'oppose à une occupation ennemie ; membre de la Résistance pendant la Seconde Guerre mondiale.

résister vt ind [à] **1.** Ne pas céder sous l'action d'un choc, d'une force : *le plancher ne résistera pas à ce poids*. **2.** S'opposer à la force, à la violence : *résister à un agresseur*. **3.** Lutter contre ce qui attire, ce qui est dangereux : *résister à un désir ;* supporter sans faiblir : *résister à la fatigue*.

résolu, e adj Ferme dans ses projets, déterminé.

résoluble adj DR Qui peut être annulé.

résolument adv De manière résolue.

résolutif, ive adj MÉD Qui fait disparaître une inflammation.

résolution nf **1.** Décision prise avec la volonté de s'y tenir. **2.** Moyen par lequel on tranche un cas douteux, un problème. **3.** Fait de se résoudre, de se réduire : *résolution d'un nuage en pluie*. **4.** DR Dissolution d'un contrat pour inexécution des engagements. **5.** MÉD Disparition progressive d'une tumeur.

résolutoire adj DR Qui provoque la résolution d'un acte.

résonance nf **1.** Propriété d'accroître la durée ou l'intensité du son : *la résonance d'une salle ; caisse de résonance*. **2.** Effet produit dans l'esprit, le cœur : *ce poème éveille des résonances profondes*.

> ORTHOGRAPHE *Résonance* s'écrit avec un seul *n*, alors qu'on écrit avec deux *n* le verbe *résonner* (qu'il ne faut pas confondre avec *raisonner*).

résonateur nm PHYS Appareil qui vibre par résonance.

résonnant, e ou **résonant, e** adj Qui résonne.

résonner vi **1.** Renvoyer le son en augmentant sa durée ou son intensité : *cette salle résonne trop*. **2.** Produire un son : *cette cloche résonne faiblement*.

résorber vt **1.** Faire disparaître peu à peu. **2.** MÉD Opérer la résorption d'une tumeur, d'un abcès, etc. ◆ **se résorber** vpr Disparaître progressivement.

résorption nf Disparition progressive, totale ou partielle.

résoudre vt (conj 61) **1.** Prendre une décision : *il a résolu d'agir*. **2.** Trouver la solution de : *résoudre un problème*. **3.** Décomposer un corps en ses éléments constituants : *le temps résout les corps en poussière*. **4.** DR Annuler. **5.** MÉD Résorber, faire disparaître. ◆ **se résoudre** vpr [à] **1.** Se décider à : *se résoudre à partir*. **2.** Consister en, se réduire à : *tout ceci se résout à presque rien*.

> GRAMMAIRE *Résoudre* donne *résolu* au participe passé : *un problème résolu*, alors que *absoudre* et *dissoudre* donnent *absous* et *dissous*.

respect nm Sentiment qui porte à traiter quelqu'un, quelque chose avec égard, à ne pas porter atteinte à quelque chose : *respect filial ; respect des lois*. ■ **respect**

humain : crainte du jugement d'autrui. ❑ **tenir quelqu'un en respect** : (a) le contenir, lui en imposer (b) le menacer avec une arme. ◆ **respects** pl Hommages, civilités : *présenter ses respects*.

respectabilité nf Caractère d'une personne respectable.

respectable adj **1.** Digne de respect. **2.** Qui mérite d'être pris en compte : *une somme respectable*.

respecter vt **1.** Traiter avec respect, déférence. **2.** Ne pas porter atteinte à quelque chose : *respecter le bien d'autrui ;* ne pas troubler : *respecter le repos des habitants*. ◆ **se respecter** vpr Se comporter avec la décence qui convient.

respectif, ive adj Qui concerne chaque personne, chaque chose, par rapport aux autres.

respectivement adv Chacun en ce qui le concerne.

respectueusement adv Avec respect.

respectueux, euse adj Qui témoigne, qui marque du respect : *ton respectueux*.

respirable adj Qu'on peut respirer : *un air respirable*.

respirateur nm MÉD Appareil destiné à assurer une ventilation pulmonaire artificielle.

respiration nf Fonction commune à tous les êtres vivants, qui consiste à absorber de l'oxygène et à rejeter du gaz carbonique et de l'eau. ■ **respiration artificielle** : manœuvres destinées à suppléer, à rétablir chez un asphyxié la respiration naturelle.

respiratoire adj Relatif à la respiration ; qui sert à respirer : *appareil respiratoire*.

respirer vi **1.** Absorber et rejeter l'air pour entretenir la vie : *les végétaux respirent*. **2.** Vivre : *il respire encore*. **3.** Prendre un moment de répit : *laissez-moi respirer*. ◆ vt **1.** Absorber en aspirant : *respirer de l'air frais*. **2.** Manifester, exprimer : *respirer la santé, la joie*.

resplendir vi Briller avec un grand éclat.

resplendissant, e adj Qui resplendit.

resplendissement nm LITT Vif éclat.

responsabilisation nf Action de responsabiliser ; fait d'être responsabilisé.

responsabiliser vt Rendre responsable.

responsabilité nf **1.** Obligation de réparer une faute, de remplir une charge, un engagement : *responsabilité civile*. **2.** Capacité de prendre une décision sans en déférer préalablement à une autorité supérieure.

responsable adj **1.** Qui doit répondre de ses actes ou de ceux des personnes dont il a la charge : *les parents sont responsables de leurs enfants mineurs*. **2.** Qui pèse les conséquences de ses actes ; réfléchi : *agir en homme responsable*. ◆ adj et n **1.** Qui est à l'origine d'un mal, d'une erreur : *être responsable d'un accident ; le vrai responsable, c'est l'alcool*. **2.** Qui a un pouvoir de décision : *responsable syndical ; voir une personne responsable*.

resquille nf FAM Action de resquiller.

resquiller vt et vi **1.** FAM S'attribuer un avantage auquel on n'a pas droit. **2.** Entrer sans payer à des spectacles, dans des moyens de transport, etc.

resquilleur, euse n FAM Personne qui resquille.

ressac nm Retour violent des vagues frappant un obstacle.

ressaisir vt Saisir de nouveau. ◆ **se ressaisir** vpr Redevenir maître de soi.

ressasser vt Répéter sans cesse.

ressaut nm **1.** Rupture d'alignement d'un mur ; saillie. **2.** Changement de niveau brusque.

ressayer ou **réessayer** (conj 4) vt Essayer de nouveau.

ressemblance nf Conformité, analogie de forme, de physionomie, etc.

ressemblant, e adj Qui ressemble à son modèle : *portrait ressemblant*.

ressembler vt ind [à] Avoir des traits communs avec quelqu'un, quelque chose. ◆ **se ressembler** vpr Offrir une ressemblance mutuelle.

ressemelage nm Action de ressemeler.

ressemeler vt (conj 6) Mettre une semelle neuve à.

ressemer vt (conj 9) Semer de nouveau.

ressentiment nm Souvenir d'un mal, d'une injure avec le désir de se venger.

ressentir vt (conj 19) Sentir, éprouver : *ressentir une douleur*. ◆ **se ressentir** vpr [de] Éprouver les suites de : *se ressentir d'une maladie*.

resserre nf Endroit où l'on met à l'abri, où l'on range certaines choses ; remise.

resserré, e adj Enfermé dans des limites étroites.

resserrement nm Action de resserrer ; fait d'être resserré.

resserrer vt **1.** Serrer davantage : *resserrer un cordon*. **2.** Rendre plus étroit : *resserrer des liens d'amitié*. ◆ **se resserrer** vpr Devenir plus étroit.

resservir vt (conj 20) Servir de nouveau ou en plus. ◊ vpr : *se resservir d'un plat*. ◆ vi Être réutilisé.

1. ressort nm **1.** Pièce élastique qui réagit après avoir été pliée ou comprimée. **2.** LITT

Ce qui meut, ce qui fait agir : *l'argent est le ressort de bien des conflits.* **3.** Force, énergie : *avoir du ressort.*

2. ressort nm **1.** Pouvoir, compétence : *ce n'est pas de son ressort.* **2.** DR Étendue, limite d'une juridiction : *ressort d'un tribunal.* ■ **en dernier ressort :** sans appel.

1. ressortir vi (conj 28 ; auxil : *être*) **1.** Sortir de nouveau. **2.** Apparaître par contraste : *faire ressortir des défauts.* ◆ v impers Résulter : *il ressort de ses déclarations que.*

2. ressortir vt ind [à] (auxil : *avoir* ; se conjugue comme *finir*) SOUT Être de la compétence, du domaine de : *question qui ressortit à l'économie.*

EMPLOI Il ne faut pas confondre *ressortir* (conjugué comme *sortir*) et *ressortir à* (conjugué comme *finir*), auquel correspond le substantif *ressortissant : un vieux film qui ressort ; cette affaire ressortit à une autre juridiction.*

ressortissant, e n Personne protégée par les représentants diplomatiques ou consulaires d'un pays donné, lorsqu'elle réside dans un autre pays.

ressouder vt Souder de nouveau.

ressource nf Ce qui peut fournir un moyen de se tirer d'embarras. ◆ **ressources** pl **1.** Moyens d'existence d'une personne ; éléments de la richesse ou de la puissance d'une nation : *ressources naturelles.* **2.** Moyens dont on dispose, possibilités d'action : *déployer toutes les ressources de son talent pour convaincre quelqu'un.* ■ **ressources humaines :** ensemble du personnel d'une entreprise.

ressourcer (se) vpr Revenir à ses sources, à ses racines.

ressouvenir (se) vpr (conj 22) Se souvenir de nouveau.

ressusciter vt **1.** Ramener de la mort à la vie. **2.** Produire un effet énergique : *ce médicament l'a ressuscité.* **3.** Faire réapparaître : *ressusciter une mode.* ◆ vi (auxil : *être*) Revenir de la mort à la vie.

ressuyer vt (conj 3) Essuyer de nouveau.

restant, e adj Qui reste. ■ **poste restante :** mention indiquant qu'une lettre doit rester au bureau de poste où son destinataire viendra la réclamer. ◆ nm Ce qui reste.

restaurant nm Établissement public où l'on sert des repas moyennant paiement.

restaurateur, trice n **1.** Personne qui tient un restaurant. **2.** Personne qui restaure une œuvre d'art.

restauration nf **1.** Métier de restaurateur ; ensemble des restaurants et de leur administration. **2.** Réparation, réfection : *restauration d'un tableau.* **3.** Nouvelle vigueur ; rétablissement : *restauration de la santé de quelqu'un.* **4.** Rétablissement sur le trône d'une dynastie déchue : *restauration des Bourbons.* ■ **restauration rapide :** fast-food.

restaurer vt **1.** Réparer, remettre en bon état : *restaurer des meubles anciens.* **2.** LITT Remettre en vigueur, en honneur : *restaurer un usage.* **3.** Remettre sur le trône. ◆ **se restaurer** vpr Prendre de la nourriture.

reste nm **1.** Ce qui demeure d'un tout dont on a retranché ou dont on considère à part une partie. **2.** Ce qui est encore à faire ou à dire. **3.** Petite quantité, trace : *un reste d'espoir.* **4.** Différence entre deux quantités. ■ **au reste** ou **du reste :** au surplus, d'ailleurs. ❑ **être en reste avec quelqu'un :** lui devoir quelque chose. ❑ **ne pas demander son reste :** se retirer rapidement, sans insister. ◆ **restes** pl **1.** Ce qui reste d'un plat, d'un repas. **2.** Cadavre, ossements. **3.** Vestiges.

rester vi (auxil : *être*) **1.** Subsister : *voilà ce qui reste de sa fortune.* **2.** Continuer à être dans un lieu. **3.** Se maintenir dans un état : *rester jeune.* ■ **en rester là :** ne pas aller plus avant, se borner à. ❑ **il reste que** ou **il n'en reste pas moins que :** on ne peut cependant pas nier que. ❑ FAM **y rester :** mourir.

restituable adj Qui peut ou doit être restitué.

restituer vt **1.** Rendre ce qui a été pris ou ce qui est possédé indûment : *restituer un objet volé.* **2.** Rétablir, remettre en son premier état : *restituer un texte.* **3.** Reproduire un son enregistré.

restitution nf Action de restituer ; chose restituée.

resto nm (abréviation) FAM Restaurant.

Restoroute nm (nom déposé) Restaurant au bord d'une grande route, d'une autoroute.

resto-U nm (abréviation) FAM Restaurant universitaire.

restreindre vt (conj 55) Réduire, limiter. ◆ **se restreindre** vpr Réduire ses dépenses.

restrictif, ive adj Qui restreint.

restriction nf **1.** Condition qui restreint ; réserve : *cette mesure a été adoptée sans restriction.* **2.** Action de réduire la quantité, l'importance de : *restriction des crédits.* ◆ **restrictions** pl Mesures de rationnement en période de pénurie.

restructuration nf Action de restructurer.

restructurer vt Réorganiser en donnant de nouvelles structures.

resucée nf FAM Chose déjà vue, faite, entendue ; reprise, répétition.

résultante nf Résultat de l'action conjuguée de plusieurs facteurs.

résultat nm Ce qui résulte d'une action, d'un fait, d'un principe, d'un calcul : *le résultat d'une soustraction, d'une démarche, d'un examen.* ◆ **résultats** pl **1.** Réalisations concrètes : *obtenir des résultats.* **2.** Bénéfices ou pertes ; bilan : *les résultats d'une entreprise.*

résulter vi et v impers (auxil : *être* ou *avoir*) S'ensuivre, être la conséquence logique de.

résumé nm Forme condensée d'un texte ; abrégé, sommaire. ■ **en résumé :** en résumant, en récapitulant ; en bref.

résumer vt Rendre en peu de mots : *résumer un texte.* ◆ **se résumer** vpr Reprendre brièvement ce qu'on a dit. ■ **se résumer à :** consister essentiellement en.

résurgence nf **1.** Réapparition à l'air libre, sous forme de grosse source, d'une nappe d'eau souterraine. **2.** Fait de réapparaître : *résurgence d'une doctrine.*

résurgent, e adj Se dit des eaux qui réapparaissent à l'air libre après un trajet souterrain.

resurgir [rəsyrʒir] vi Surgir de nouveau.

résurrection nf **1.** Retour de la mort à la vie. **2.** FIG Retour inattendu à la santé. **3.** Réapparition, nouvel essor.

retable nm Dans une église, construction verticale peinte ou sculptée, placée sur ou derrière l'autel.

rétablir vt **1.** Remettre en son premier état ou en meilleur état ; redresser : *rétablir la situation.* **2.** Remettre en vigueur : *rétablir l'ordre.* **3.** Redonner des forces à ; guérir : *sa cure l'a rétabli.* ◆ **se rétablir** vpr Recouvrer la santé.

rétablissement nm **1.** Action de rétablir : *rétablissement de l'ordre.* **2.** Retour à la santé : *souhaiter un prompt rétablissement à quelqu'un.* **3.** Mouvement consistant à se redresser en prenant appui sur les mains.

retailler vt Tailler de nouveau.

rétamage nm Action de rétamer.

rétamer vt Étamer de nouveau une surface métallique. ■ FAM **être rétamé :** être épuisé, fatigué. ❑ FAM **se faire rétamer :** (a) se faire battre au jeu (b) échouer à un examen.

rétameur nm Ouvrier qui rétame.

retape nf TRÈS FAM **1.** Racolage. **2.** Publicité tapageuse.

retaper vt FAM **1.** Réparer sommairement. **2.** Remettre quelqu'un d'aplomb, en forme. ■ **retaper un lit :** le faire superficiellement en tendant draps et couvertures.

retard nm **1.** Fait d'arriver, d'agir trop tard : *avoir du retard.* **2.** Différence entre l'heure indiquée par une horloge qui retarde et l'heure légale. **3.** État de quelqu'un, de quelque chose qui n'est pas aussi développé, avancé qu'il devrait : *retard de croissance.* ■ **en retard :** plus tard que prévu, plus lentement que la normale. ❑ **être, mettre en retard :** avoir perdu, faire perdre du temps.

retardataire adj et n Qui est en retard.

retardateur, trice adj Qui ralentit une action, un mouvement.

retardé, e adj et n FAM Qui est en retard dans son développement intellectuel.

retardement (à) loc adv ou loc adj Après un délai, avec retard : *rire à retardement.* ■ **bombe à retardement :** (a) bombe munie d'un dispositif qui en retarde l'explosion jusqu'à un moment déterminé (b) FIG ce qui risque de provoquer à terme un scandale, une catastrophe.

retarder vt **1.** Différer : *retarder un paiement.* **2.** Mettre en retard : *la pluie nous a retardés.* **3.** Ralentir : *retarder la guérison.* ◆ vi **1.** Marquer une heure moins avancée que l'heure réelle : *ta montre retarde.* **2.** FAM Ignorer une nouvelle que tout le monde connaît.

retendre vt (conj 50) Tendre de nouveau ce qui était détendu.

retenir vt (conj 22) **1.** Garder le bien d'autrui : *retenir des bagages à la douane.* **2.** Prélever, déduire : *retenir les cotisations sociales.* **3.** MATH Reporter une retenue : *poser 5 et retenir 2.* **4.** Réserver : *retenir sa place.* **5.** Considérer comme digne d'intérêt : *retenir une proposition.* **6.** Maintenir, contenir, empêcher d'aller, d'agir, de tomber : *retenir un cheval ; retenir ses larmes ; retenir quelqu'un à dîner.* **7.** Garder dans sa mémoire : *retenir une adresse.* ◆ **se retenir** vpr **1.** S'accrocher à quelque chose. **2.** Se contenir : *se retenir de rire, de dépenser.*

rétention nf **1.** Action de conserver ce qui doit circuler : *rétention de marchandises, d'informations.* **2.** MÉD Accumulation excessive dans l'organisme de produits devant normalement être éliminés.

retentir vi **1.** Produire, renvoyer un son éclatant. **2.** Avoir des répercussions.

retentissant, e adj Qui retentit : *son retentissant ; scandale retentissant.*

retentissement nm Répercussion : *cette nouvelle a eu un grand retentissement.*

retenue nf **1.** Somme qu'un employeur retient sur le salaire de ses employés : *retenue pour la Sécurité sociale.* **2.** MATH Dans une opération, chiffre reporté. **3.** Privation de récréation ou de sortie, dans les établissements scolaires. **4.** Modération, discrétion : *manquer de retenue.* **5.** Ralentissement de la circulation routière. ■ **retenue d'eau :** eau emmagasinée derrière un barrage, dans un réservoir, un bief.

réticence nf **1.** Omission volontaire de ce qu'on devrait ou pourrait dire : *parler sans réticence.* **2.** Hésitation à dire, à faire quelque chose.

réticent, e adj Qui manifeste de la réticence.

réticulaire adj En forme de réseau ; relatif à un réseau.

réticulé, e adj Qui figure un réseau.

rétif, ive adj **1.** Qui s'arrête ou recule au lieu d'avancer : *cheval rétif.* **2.** FIG Indocile, récalcitrant.

rétine nf Membrane située au fond de l'œil, sur laquelle se forment les images des objets.

rétinien, enne adj Relatif à la rétine.

retirage nm Nouveau tirage d'un livre, d'une photo, etc.

retiré, e adj **1.** Se dit d'un lieu isolé et peu fréquenté. **2.** Se dit d'une personne qui a cessé toute activité professionnelle.

retirer vt **1.** Tirer à soi, ramener en arrière : *retirer sa main.* **2.** Faire sortir quelqu'un, quelque chose de l'endroit où il était : *retirer un enfant d'une école ; retirer un clou d'une planche.* **3.** Reprendre, ôter : *retirer à quelqu'un sa place ; retirer de l'argent à la banque ; retirer ses gants.* **4.** Obtenir : *retirer un bénéfice.* **5.** Dégager, renoncer à : *retirer sa parole, sa candidature.* ◆ **se retirer** vpr **1.** S'en aller, s'éloigner : *se retirer discrètement ;* se réfugier : *se retirer dans sa chambre.* **2.** Quitter : *se retirer de la compétition ;* prendre sa retraite. **3.** Être dans son reflux, en parlant de la mer.

retombée nf Ce qui retombe : *des retombées radioactives.* ◆ **retombées** pl Conséquences, répercussions : *les retombées politiques d'un scandale.*

retomber vi (auxil : *être*) **1.** Tomber de nouveau ; tomber après avoir été élevé ou après s'être élevé : *la vapeur retombe en pluie.* **2.** Se trouver de nouveau dans une situation : *retomber malade.* **3.** Rejaillir : *cela retombera sur lui.*

retondre vt (conj 51) Tondre de nouveau.

retordage nm Action de retordre.

retordre vt (conj 52) Tordre de nouveau. ■ **donner du fil à retordre à quelqu'un :** lui créer des difficultés.

rétorquer vt Répondre vivement, répliquer.

retors, e adj **1.** Tordu plusieurs fois : *soie retorse.* **2.** FIG Rusé, malin.

rétorsion nf ■ **mesure de rétorsion :** acte qui consiste, pour quelqu'un, un État, à employer à l'égard d'un autre les mesures dont ce dernier s'est servi contre lui ; représailles.

retouche nf Action de retoucher.

retoucher vt Corriger, perfectionner, rectifier : *retoucher un ouvrage, une photo, un vêtement.*

retoucheur, euse n Personne qui retouche.

retour nm **1.** Action, fait de revenir : *le retour des hirondelles ; retour au calme ; retour en arrière.* **2.** Titre de transport permettant de faire en sens inverse le voyage effectué à l'aller. **3.** Répétition : *retour d'une phrase musicale.* **4.** Fait de rendre, de renvoyer ; chose rendue. **5.** Coude, angle d'une ligne, d'une surface. **6.** Mouvement imprévu en sens opposé ; changement brusque : *retour de manivelle ; les retours de la fortune.* ■ **en retour :** en échange. ❑ **être de retour :** être revenu. ❑ **être sur le retour :** (a) être sur le point de repartir (b) commencer à vieillir. ❑ **par retour du courrier :** aussitôt après l'avoir reçu. ❑ **retour en arrière :** flash-back. ❑ **sans retour :** pour toujours.

retourne nf Carte qu'on retourne pour déterminer l'atout.

retournement nm Changement brusque et complet : *retournement de la situation.*

retourner vt **1.** Tourner dans un autre sens ; mettre à l'envers. **2.** Renvoyer : *retourner une lettre.* **3.** Tourner, examiner en tous sens : *retourner un problème.* **4.** Faire changer d'avis. **5.** Troubler : *il est tout retourné.* ◆ vi (auxil : *être*) Aller de nouveau. ◆ vt ind [à] **1.** Se rendre de nouveau dans un lieu : *retourner à la mer ;* revenir à l'endroit d'où l'on est parti : *retourner à son domicile.* **2.** Revenir dans un état, une situation antérieurs : *retourner à l'état sauvage.* **3.** Être restitué : *retourner à son propriétaire.* ◆ v impers ■ **savoir de quoi il retourne :** de quoi il s'agit, ce qui se passe. ◆ **se retourner** vpr **1.** Se tourner dans un autre sens ; regarder derrière soi. **2.** Se renverser. ■ **s'en retourner :** repartir vers le lieu d'où l'on est venu. ❑ **se retourner contre quelqu'un :** lui devenir hostile.

retracer vt (conj 1) **1.** Tracer de nouveau. **2.** Raconter, exposer : *retracer un événement.*

rétractation nf Fait de se dédire.

rétracter vt **1.** Faire revenir en arrière, contracter : *l'escargot rétracte ses cornes.* **2.** SOUT Retirer, désavouer : *rétracter ce qu'on a dit.* ◆ **se rétracter** vpr **1.** Se contracter. **2.** Se dédire, revenir sur ce qu'on a dit.

rétractile adj Qui a la faculté de se rétracter : *les griffes du chat sont rétractiles.*

rétraction nf Contraction, raccourcissement.
retraduire vt (conj 70) Traduire de nouveau ou en partant d'une traduction.
retrait nm **1.** Action de retirer : *retrait bancaire.* **2.** Fait de se retirer : *retrait des troupes.* **3.** TECHN diminution de volume. ■ **en retrait** : (a) en arrière (b) qui montre des prétentions moindres.
retraite nf **1.** État d'une personne qui a cessé son activité professionnelle et reçoit une pension ; cette pension : *être à la retraite ; prendre sa retraite.* **2.** Éloignement momentané de la société pour se recueillir, pour se préparer à un acte religieux ; lieu où l'on se retire. **3.** Action de se retirer. **4.** Marche en arrière d'une armée.
retraité, e n et adj Personne qui est à la retraite.
retraitement nm Traitement des déchets chimiques dangereux ou du combustible nucléaire irradié.
retraiter vt Pratiquer le retraitement de.
retranchement nm Obstacle naturel ou artificiel qui sert à se protéger contre les attaques de l'ennemi. ■ **pousser quelqu'un dans ses derniers retranchements** : le pousser à bout, l'acculer.
retrancher vt Ôter quelque chose d'un tout. ◆ **se retrancher** vpr Se mettre à l'abri derrière des défenses. ■ **se retrancher derrière quelque chose** : l'invoquer comme moyen de défense, comme excuse.
retranscription nf Nouvelle transcription.
retranscrire vt (conj 71) Transcrire de nouveau ; transcrire ce qui a été dit.
retransmettre vt (conj 57) **1.** Transmettre de nouveau ou à d'autres. **2.** Diffuser une émission radiophonique ou télévisée : *retransmettre un concert.*
retransmission nf Action de retransmettre ; émission retransmise.
retravailler vt et vi Travailler de nouveau.
rétrécir vt Rendre plus étroit. ◆ vi Devenir plus étroit : *ce drap a rétréci.* ◆ **se rétrécir** vpr Devenir de plus en plus étroit.
rétrécissement nm **1.** Action de rétrécir ; fait de se rétrécir. **2.** MÉD Diminution du diamètre d'un orifice, d'un vaisseau, d'un canal.
retremper vt **1.** Tremper de nouveau. **2.** Donner une nouvelle trempe : *retremper une lame d'acier.* ◆ **se retremper** vpr [dans] Reprendre contact avec quelque chose.
rétribuer vt Payer pour un travail : *rétribuer un employé ; rétribuer un service.*
rétribution nf Somme d'argent donnée en échange d'un travail, d'un service.
1. rétro adj inv et nm inv FAM Se dit d'une mode, d'un style s'inspirant d'un passé récent (en particulier des années 1920 à 1960).
2. rétro nm (abréviation) FAM Rétroviseur.
rétroactif, ive adj Qui rejaillit sur des faits antérieurs : *effet rétroactif.*
rétroaction nf Effet rétroactif.
rétroactivement adv De façon rétroactive.
rétroactivité nf Caractère rétroactif : *rétroactivité d'une mesure.*
rétrocéder vt (conj 10) Céder ce qui nous a été cédé auparavant ou ce qu'on a acheté pour soi-même.
rétrocession nf Action de rétrocéder.
rétrofusée nf Fusée de freinage d'un engin spatial.
rétrogradation nf **1.** Action de rétrograder. **2.** MIL Mesure disciplinaire par laquelle un gradé est placé à un grade inférieur.
rétrograde adj **1.** Qui va en arrière : *marche rétrograde.* **2.** Opposé au progrès, réactionnaire : *esprit rétrograde.*
rétrograder vi **1.** Revenir en arrière. **2.** Régresser. **3.** AUTOM Passer la vitesse inférieure. ◆ vt MIL Soumettre à la rétrogradation.
rétroprojecteur nm Appareil permettant de projeter des documents sans obscurcir la salle.
rétropropulsion nf Freinage d'un véhicule spatial par fusée.
rétrospectif, ive adj **1.** Qui se rapporte au passé. **2.** Qui se manifeste après coup : *une peur rétrospective.*
rétrospective nf Exposition présentant de façon récapitulative les œuvres d'un artiste, d'une école, d'une époque.
rétrospectivement adv De façon rétrospective ; après coup.
retroussé, e adj ■ **nez retroussé** : dont le bout est un peu relevé.
retrousser vt Relever : *retrousser ses manches.*
retrouvailles nf pl Fait de retrouver des personnes dont on était séparé.
retrouver vt **1.** Trouver ce qui avait disparu, qui était égaré, oublié : *retrouver ses lunettes ;* être à nouveau dans un état, jouir de nouveau d'une faculté : *retrouver son calme.* **2.** Découvrir la personne recherchée : *retrouver les voleurs.* **3.** Rejoindre : *j'irai vous retrouver.* ◆ **se retrouver** vpr **1.** Se trouver de nouveau réunis après une séparation ; se réunir. **2.** Être soudainement ou finalement dans telle situation : *se retrouver seul.* **3.** S'orienter. ■ FAM

s'y retrouver : (a) équilibrer ses dépenses et ses recettes (b) faire un profit.

rétroversion nf MÉD Position d'un organe basculé en arrière.

rétrovirus nm Virus à ARN, comme le VIH.

rétroviseur nm Petit miroir qui permet au conducteur d'un véhicule de voir ce qui se passe derrière lui.

rets [rɛ] nm LITT Filet, piège.

réunification nf Action de réunifier ; son résultat : *la réunification de l'Allemagne.*

réunifier vt Rétablir l'unité d'un pays, d'un parti, etc.

réunion nf **1.** Action de réunir des choses. **2.** Fait de rassembler des personnes ; groupe de personnes rassemblées. **3.** Temps pendant lequel on se réunit.

réunionnais, e adj et n De la Réunion : *les Réunionnais.*

réunir vt **1.** Rassembler, grouper : *réunir des papiers ; réunir des amis.* **2.** Rapprocher, rejoindre ce qui était séparé. **3.** Faire communiquer : *couloir réunissant deux appartements.* ◆ **se réunir** vpr S'assembler.

EMPLOI *Réunir ensemble* est un pléonasme ; *il les a tous réunis* suffit à exprimer qu'ils sont ensemble.

réussi, e adj **1.** Exécuté avec succès : *un dessert réussi.* **2.** Parfait en son genre : *une fête réussie.*

réussir vi **1.** Avoir un résultat heureux : *il réussit en tout.* **2.** S'acclimater : *la vigne ne réussit pas ici.* ◆ vt ind [à] **1.** Parvenir : *j'ai réussi à le voir.* **2.** Être bénéfique : *l'air de la mer lui réussit.* ◆ vt Faire avec succès : *réussir un portrait.*

réussite nf **1.** Résultat favorable. **2.** Œuvre parfaite en son genre : *ce film est une réussite.* **3.** Jeu de cartes auquel ne participe qu'une personne. SYN : patience.

réutilisable adj Que l'on peut utiliser à nouveau.

réutilisation nf Action de réutiliser ; nouvelle utilisation.

réutiliser vt Utiliser de nouveau.

revacciner vt Vacciner de nouveau.

revaloir vt (conj 40) Rendre la pareille, en bien ou en mal : *je lui revaudrai cela !*

revalorisation nf Action de revaloriser.

revaloriser vt Rendre son ancienne valeur ou une valeur plus grande à : *revaloriser une monnaie, la fonction publique.*

revanchard, e adj et n FAM Dominé par le désir de revanche, en particulier militaire.

revanche nf **1.** Action de rendre la pareille pour un mal que l'on a subi : *j'aurai ma revanche.* **2.** Seconde partie que l'on joue après avoir perdu la première. ■ **en revanche** : au contraire.

rêvasser vi Se laisser aller à la rêverie.

rêvasserie nf Fait de rêvasser ; pensée vague.

rêve nm **1.** Suite d'images qui se présentent à l'esprit pendant le sommeil : *faire de beaux rêves.* **2.** Désir plus ou moins chimérique : *réaliser un rêve.* ■ **de rêve** : idéal.

rêvé, e adj Qui convient tout à fait, idéal.

revêche adj Peu accommodant, rébarbatif : *personne, humeur revêche.*

réveil nm **1.** Passage de l'état de sommeil à l'état de veille. **2.** FIG Retour à l'activité : *le printemps marque le réveil de la nature.* **3.** Petite pendule à sonnerie, pour réveiller à une heure déterminée. **4.** Sonnerie de clairon pour éveiller les soldats.

réveiller vt **1.** Tirer du sommeil. **2.** Susciter de nouveau, faire renaître : *réveiller l'appétit.* ◆ **se réveiller** vpr **1.** Cesser de dormir. **2.** Se ranimer : *la douleur se réveille.*

réveillon nm Repas qui se fait au cours de la nuit de Noël ou du 31 décembre ; fête qui l'accompagne.

réveillonner vi Prendre part à un réveillon.

révélateur, trice adj Qui indique, révèle. ◆ nm **1.** Ce qui révèle, manifeste. **2.** Composition chimique qui transforme l'image latente d'une photographie en image visible.

révélation nf **1.** Action de révéler : *révélation d'un secret ;* ce qui est révélé : *faire des révélations.* **2.** Personne qui manifeste tout à coup un grand talent. **3.** RELIG Manifestation d'un mystère ou dévoilement d'une vérité par Dieu ou par une personne inspirée de Dieu.

révélé, e adj Communiqué par révélation divine : *religion révélée.*

révéler vt (conj 10) **1.** Découvrir, faire connaître ce qui était inconnu. **2.** Être la marque de : *ce roman révèle un grand talent.* **3.** RELIG Faire connaître par révélation. ◆ **se révéler** vpr Se manifester : *son génie se révéla tout à coup.*

revenant, e n **1.** Âme d'un mort supposée revenir de l'autre monde. **2.** FAM Personne qui revient après une longue absence.

revendeur, euse n Personne qui achète pour revendre.

revendicateur, trice n et adj Personne qui exprime une revendication.

revendicatif, ive adj Qui exprime ou comporte une revendication.

revendication nf Action de revendiquer ; réclamation.

revendiquer vt **1.** Réclamer ce qui nous appartient et dont on est privé : *revendiquer un héritage.* **2.** Demander comme un dû : *revendiquer une augmentation de salaire.* **3.** Assumer : *revendiquer la responsabilité de ses actes.*

revendre vt (conj 50) **1.** Vendre ce qu'on a acheté. **2.** Vendre de nouveau : *revendre des voitures d'occasion.* ■ FAM **avoir de qqch à revendre :** en avoir en abondance.

revenez-y nm inv ■ FAM **avoir un goût de revenez-y :** avoir un goût agréable qui incite à en reprendre.

revenir vi (conj 22 ; auxil : *être*) **1.** Venir de nouveau. **2.** Se rendre au lieu d'où l'on était parti : *revenir à Paris.* **3.** Reparaître, se produire de nouveau. **4.** Se représenter à la mémoire : *son nom ne me revient pas.* **5.** Se livrer de nouveau à : *revenir à ses études.* **6.** Retrouver un état antérieur : *revenir à soi, à la vie.* **7.** Quitter un état, abandonner une manière de penser : *revenir d'une erreur.* **8.** Échoir, appartenir : *cela lui revient de droit.* **9.** Coûter : *cela revient cher.* **10.** Équivaloir, aboutir : *cela revient au même.* **11.** FAM Plaire, inspirer confiance : *sa tête ne me revient pas.* **12.** SPORTS Rattraper, se rapprocher de : *revenir au score ; revenir sur le leader.* ■ CUIS **faire revenir :** faire se colorer un aliment dans un corps gras chaud. ❑ FAM **ne pas en revenir :** être très étonné. ❑ **revenir de loin :** avoir échappé à un grand danger. ❑ **revenir sur sa décision :** en prendre une autre. ❑ **revenir sur ses pas :** rebrousser chemin.

revente nf Action de vendre ce qu'on a acheté.

revenu nm Somme annuelle perçue soit à titre de rente, soit à titre de rémunération d'une activité. ■ **impôt sur le revenu :** impôt calculé d'après le revenu des contribuables. ❑ **revenu minimum d'insertion (RMI) :** revenu garanti par la loi aux personnes les plus démunies, et destiné à faciliter leur insertion sociale. ❑ **revenu de solidarité active (RSA) :** allocation attribuée par la loi aux personnes sans emploi et aux travailleurs pauvres (le RSA a remplacé le RMI en 2009). ❑ **revenu national :** valeur nette des biens économiques produits par la nation.

rêver vi **1.** Faire des rêves. **2.** Laisser aller son imagination. **3.** Dire des choses déraisonnables : *vous rêvez !* ◆ vt ind [à] Songer à, méditer sur. ◆ vt et vt ind [de] **1.** Voir en rêve : *je rêve toutes les nuits la même chose ; j'ai rêvé de vous.* **2.** Imaginer, désirer : *il n'a pas la situation qu'il avait rêvée.*

réverbération nf **1.** Réflexion de la lumière ou de la chaleur. **2.** Écho.

réverbère nm Appareil destiné à l'éclairage des rues.

réverbérer vt (conj 10) Réfléchir, renvoyer la lumière, la chaleur, le son.

reverdir vt Rendre de nouveau vert : *le printemps reverdit les bois.* ◆ vi Redevenir vert.

révérence nf **1.** SOUT Respect, vénération. **2.** Mouvement du corps pour saluer. ■ FAM **tirer sa révérence :** s'en aller.

révérencieux, euse adj SOUT Qui marque la révérence, le respect.

révérend, e n et adj **1.** Titre d'honneur donné aux religieux et aux religieuses. **2.** Titre des pasteurs anglicans.

révérer vt (conj 10) SOUT Honorer, traiter avec un profond respect.

rêverie nf État de l'esprit qui s'abandonne à des idées, des images vagues.

revers nm **1.** Côté d'une chose opposé au côté principal : *revers d'une tapisserie.* **2.** Côté d'une médaille, d'une pièce (par opposition à *avers*). **3.** Partie repliée d'un vêtement : *revers d'un pantalon.* **4.** Retournement fâcheux de situation ; échec : *revers de fortune.* **5.** SPORTS Coup de raquette effectué à gauche par un droitier et vice-versa. ■ **à revers :** par-derrière. ❑ **revers de la main :** dos de la main. ❑ **revers de la médaille :** mauvais côté d'une chose, inconvénient.

reversement nm Transfert de fonds d'une caisse à une autre.

reverser vt **1.** Verser de nouveau. **2.** Transporter, reporter sur : *reverser un titre de propriété.*

réversibilité nf Qualité de ce qui est réversible.

réversible adj **1.** Qui peut revenir en arrière, en sens inverse : *l'histoire n'est pas réversible.* **2.** Se dit d'un phénomène dans lequel l'effet et la cause peuvent être intervertis. **3.** Se dit d'un vêtement qui peut être porté à l'envers comme à l'endroit.

réversion nf ■ **pension de réversion :** retraite versée au conjoint survivant d'une personne décédée qui avait acquis des droits à la retraite.

revêtement nm Tout ce qui sert à recouvrir pour protéger, garnir, consolider : *revêtement de sol, de chaussée, de façade.*

revêtir vt (conj 27) **1.** Mettre sur soi un vêtement : *revêtir l'uniforme.* **2.** Prendre tel ou tel aspect : *revêtir une allure officielle.* **3.** Recouvrir, enduire d'un revêtement : *revêtir de plâtre.*

rêveur, euse adj et n Qui se laisse aller à la rêverie.

rêveusement adv De manière rêveuse.

revient nm ■ **prix de revient :** coût de fabrication et de distribution d'un produit.

revigorer vt Redonner de la vigueur à.

revirement nm Changement brusque et complet : *revirement de l'opinion, de situation.*

révisable adj Qui peut être révisé.

réviser vt **1.** Revoir, examiner de nouveau, pour modifier s'il y a lieu : *réviser son jugement.* **2.** Remettre en bon état de marche, vérifier : *réviser un moteur.* **3.** Revoir, étudier de nouveau en vue d'un examen : *réviser ses leçons.*

réviseur, euse n Personne qui revoit, vérifie.

révision nf **1.** Action de réviser : *révision d'un procès, d'une voiture.* **2.** Action de revoir un sujet, un programme en vue d'un examen : *faire des révisions.*

révisionnisme nm **1.** Attitude de ceux qui remettent en cause les bases fondamentales d'une doctrine, d'une constitution. **2.** Négation ou minimisation du génocide des Juifs par les nazis pendant la Seconde Guerre mondiale.

révisionniste adj et n Qui relève du révisionnisme ; qui en est partisan.

revisser vt Visser de nouveau ce qui est dévissé.

revitalisant, e adj Qui revitalise : *shampooing revitalisant.*

revitaliser vt Donner une vitalité nouvelle à.

revivifier vt Vivifier de nouveau.

reviviscence nf **1.** Propriété de certains organismes qui peuvent, après avoir été desséchés, reprendre vie à l'humidité. **2.** LITT Réapparition d'un état de conscience déjà éprouvé.

revivre vi (conj 63) **1.** Revenir à la vie. **2.** Reprendre des forces. **3.** Renaître, se renouveler. ◆ vt Vivre de nouveau : *revivre une époque.*

révocabilité nf État de celui ou de ce qui est révocable.

révocable adj Qui peut être révoqué.

révocation nf Action de révoquer.

revoici prép Voici de nouveau.

revoilà prép Voilà de nouveau.

1. revoir vt (conj 41) **1.** Voir de nouveau : *revoir un ami.* **2.** Revenir dans, auprès de : *revoir sa patrie.* **3.** Examiner de nouveau, réviser : *revoir un manuscrit.* ◆ **se revoir** vpr Être de nouveau en présence l'un de l'autre.

2. revoir nm ■ **au revoir :** formule de politesse pour prendre congé.

révoltant, e adj Qui révolte, indigne.

révolte nf **1.** Rébellion, soulèvement. **2.** Refus d'obéissance, opposition à une autorité.

révolté, e adj et n Qui est en révolte.

révolter vt Indigner. ◆ **se révolter** vpr **1.** Se soulever contre une autorité. **2.** S'indigner : *se révolter contre l'injustice.*

révolu, e adj **1.** Achevé, complet : *avoir vingt ans révolus.* **2.** Qui n'existe plus : *une époque révolue.*

révolution nf **1.** Rotation périodique d'un mobile autour d'un corps central ou de son axe : *la révolution de la Terre autour du Soleil.* **2.** Changement brusque et violent dans la structure sociale ou politique d'un État, souvent d'origine populaire. **3.** Bouleversement profond. **4.** FAM Agitation soudaine et passagère.

révolutionnaire adj **1.** Relatif à la révolution : *idées révolutionnaires.* **2.** Radicalement nouveau : *découverte révolutionnaire.* ◆ adj et n Partisan d'une révolution.

révolutionner vt **1.** Modifier profondément : *révolutionner l'automobile.* **2.** FAM Troubler, bouleverser : *la nouvelle a révolutionné le village.*

revolver [revɔlvɛr] nm Arme à feu de poing, à répétition, approvisionnée par un barillet.

révoquer vt **1.** Retirer ses fonctions, son pouvoir à qqn : *révoquer un ministre.* **2.** DR Déclarer nul, annuler : *révoquer un testament.*

revoter vi et vt Voter de nouveau.

revoyure nf ■ FAM **à la revoyure :** au revoir.

revue nf **1.** Inspection, examen détaillé : *passer en revue.* **2.** Parade militaire : *revue du 14 juillet.* **3.** Publication périodique : *revue scientifique.* **4.** Spectacle de music-hall comportant une succession de tableaux fastueux. **5.** Spectacle comique ou satirique sur l'actualité. ■ **revue de presse :** compte rendu comparatif d'articles de journaux sur le même sujet ou du contenu des journaux parus le même jour.

révulsé, e adj Retourné, bouleversé : *avoir les yeux révulsés.*

révulser vt **1.** FAM Dégoûter, écœurer. **2.** MÉD Produire une révulsion.

révulsif, ive adj et nm MÉD Se dit d'un médicament qui produit une révulsion.

révulsion nf MÉD Irritation locale destinée à faire cesser un état congestif.

rewriter [rərajte] vt (anglicisme) Réécrire un texte afin de l'adapter à une nouvelle publication.

rewriting [rərajtiŋ] ou [rirajtiŋ] nm (anglicisme) Nouvelle rédaction d'un texte, souvent pour l'adapter à une certaine catégorie de lecteurs.

rez-de-chaussée nm inv Partie d'un bâtiment située au niveau du sol.

rez-de-jardin nm inv Partie d'un bâtiment de plain-pied avec un jardin.

RFID [ɛrɛfide] nf (sigle de *radio frequency identification*) Technique d'identification et de suivi à distance par ondes hertziennes d'objets munis d'une étiquette électronique.

Rh (symbole) Rhésus : *Rh*$^+$, *Rh*$^-$.

rhabillage nm Action de rhabiller ; fait de se rhabiller.

rhabiller vt **1.** Habiller de nouveau. **2.** Réparer : *rhabiller une montre.* ◆ **se rhabiller** vpr Remettre ses vêtements.

rhapsode nm ANTIQ GR Chanteur qui allait de ville en ville en récitant des poèmes.

rhapsodie nf Composition musicale de forme libre sur un thème populaire.

rhénan, e adj Relatif au Rhin, à la Rhénanie.

rhénium [renjɔm] nm Métal blanc analogue au manganèse ; symb : Re.

rhéologie nf PHYS Science des lois qui régissent les déformations des matériaux.

rhéostat nm ÉLECTR Résistance variable qui, placée dans un circuit, permet de modifier l'intensité du courant. SYN : potentiomètre.

Rhésus [rezys] adj inv (nom déposé) ■ **facteur Rhésus** ou **Rhésus** nm : antigène des globules rouges qui détermine deux systèmes de groupes sanguins incompatibles ; ce système, appelé, selon les cas, *Rhésus positif* ou *Rhésus négatif*.

rhéteur nm **1.** ANTIQ Personne qui enseignait l'éloquence. **2.** LITT Orateur emphatique.

rhétoricien, enne n Spécialiste de rhétorique.

rhétorique nf **1.** Ensemble de procédés constituant l'art de bien parler. **2.** PÉJOR Affectation d'éloquence. ■ **figure de rhétorique** : tournure de style qui rend plus vive l'expression de la pensée.

rhinencéphale nm Ensemble des formations nerveuses situées à la face interne et inférieure de chaque hémisphère cérébral.

rhingrave nm HIST Titre de princes allemands de Rhénanie.

rhinite nf MÉD Inflammation de la muqueuse nasale.

rhinocéros [rinɔserɔs] nm Grand mammifère des régions chaudes, portant une ou deux cornes médianes sur le museau.

rhino-pharyngite (pl *rhino-pharyngites*) nf MÉD Inflammation du rhino-pharynx ; rhume.

rhino-pharynx nm inv ANAT Partie du pharynx située en arrière des fosses nasales.

rhizome nm BOT Tige souterraine.

rhô [ro] nm inv Lettre de l'alphabet grec correspondant au *r*.

rhodanien, enne adj Du Rhône.

rhodium [rɔdjɔm] nm Métal blanc, dur et cassant, analogue au chrome et au cobalt ; symb : Rh.

rhododendron [rɔdɔdɛ̃drɔ̃] nm Arbrisseau de montagne, cultivé pour ses fleurs ornementales.

Rhodoïd nm (nom déposé) Matière thermoplastique à base d'acétate de cellulose.

rhomboèdre nm Parallélépipède dont les six faces sont des losanges égaux.

rhomboïde nm ANAT Muscle de la région dorsale, en forme de losange.

Rhovyl nm (nom déposé) Fibre synthétique à base de chlorure de vinyle.

rhubarbe nf Plante vivace à larges feuilles ; tige comestible de cette plante.

rhum [rɔm] nm Eau-de-vie obtenue à partir du jus de la canne à sucre ou des mélasses.

rhumatisant, e adj et n Atteint de rhumatismes.

rhumatismal, e, aux adj Relatif au rhumatisme : *douleur rhumatismale*.

rhumatisme nm Maladie caractérisée par des douleurs dans les muscles ou les articulations.

rhumatologie nf Partie de la médecine qui traite des affections rhumatismales.

rhumatologue n Spécialiste de rhumatologie.

rhume nm Inflammation de la muqueuse des voies respiratoires. ■ **rhume de cerveau** : coryza. ❑ **rhume des foins** : irritation de la muqueuse des yeux et du nez, d'origine allergique.

rhumerie [rɔmri] nf Distillerie de rhum.

ria [rija] nf Partie en aval d'une vallée encaissée, envahie par la mer.

riad [rjad] nm Au Maroc, demeure urbaine traditionnelle, disposant d'un patio ou d'un jardin intérieur.

riant, e adj **1.** Qui exprime la gaieté : *visage riant.* **2.** Agréable : *campagne riante*.

RIB [rib] nm (sigle) Relevé d'identité bancaire.

ribambelle nf FAM Grande quantité de choses ; longue suite de personnes : *une ribambelle d'enfants*.

riboflavine nf Vitamine B2.

ribonucléique adj ■ **acide ribonucléique (ARN)** : acide jouant un rôle essentiel dans le transport du message génétique et la synthèse des protéines.

ricanement nm Action de ricaner.
ricaner vi Rire à demi, sottement ou avec une intention moqueuse.
ricaneur, euse adj et n Qui ricane.
RICE [ris] nm (sigle de *relevé d'identité de caisse d'épargne*) Document permettant d'identifier un compte de caisse d'épargne.
richard, e n FAM, PÉJOR Personne très riche.
riche adj et n Qui possède des biens importants, de la fortune, des richesses : *riche propriétaire ; un nouveau riche.* ◆ adj **1.** Qui a des ressources abondantes et variées ; fertile, fécond : *sol riche ; langue riche ; aliment riche.* **2.** Abondamment pourvu : *minerai riche en argent ; expérience riche d'enseignements.* ■ **rimes riches :** rimes qui ont trois éléments communs.
richement adv D'une manière riche.
richesse nf **1.** Abondance de biens, fortune : *vivre dans la richesse.* **2.** Fertilité : *la richesse du sol.* **3.** Éclat, magnificence. ◆ **richesses** pl **1.** Ressources naturelles d'un pays. **2.** Produits de l'activité économique d'une collectivité.
richissime adj FAM Très riche.
ricin nm Plante oléagineuse aux grandes feuilles palmées et aux graines toxiques. ■ **huile de ricin :** huile extraite des graines de ricin, aux vertus laxatives.
ricocher vi Faire un ou des ricochets : *pierre qui ricoche.*
ricochet nm Rebond que fait une pierre jetée obliquement sur la surface de l'eau, ou un projectile rencontrant un obstacle. ■ **par ricochet :** indirectement, par contrecoup.
ric-rac loc adv FAM **1.** Avec exactitude : *payer ric-rac.* **2.** De façon juste suffisante : *réussir ric-rac.*
rictus [riktys] nm Contraction de la bouche qui donne au visage l'expression d'un rire forcé.
ride nf **1.** Pli de la peau qui s'accentue avec l'âge. **2.** Ondulation sur une surface. ■ **ne pas avoir (pris) une ride :** en parlant d'un roman, d'un film, être toujours d'actualité.
ridé, e adj Couvert de rides.
rideau nm **1.** Voile, draperie destinés à intercepter le jour, à masquer, à couvrir quelque chose. **2.** Ligne d'objets formant un obstacle à la vue : *rideau de peupliers.* **3.** Grande draperie placée devant la scène d'une salle de spectacle.
ridelle nf Châssis formant chacun des côtés d'un chariot, d'un camion découvert.
rider vt Marquer de rides. ◆ **se rider** vpr Se couvrir de rides.
ridicule adj **1.** Propre à exciter le rire, la moquerie : *un chapeau ridicule.* **2.** Insignifiant, minime : *une somme ridicule.* ◆ nm Ce qui est ridicule : *tomber dans le ridicule.* ■ **tourner en ridicule :** se moquer de.
ridiculement adv De façon ridicule.
ridiculiser vt Tourner en ridicule.
ridule nf Petite ride.
rien pron indéf **1.** (avec *ne* ou précédé de *sans*) Aucune chose : *il ne fait rien ; sans rien faire.* **2.** (sans *ne*) A une valeur négative dans des réponses ou des phrases sans verbe : *à quoi penses-tu ? – à rien ; rien à l'horizon.* **3.** (sans *ne*) Quelque chose : *est-il rien de plus stupide ?* ■ **cela ne fait rien :** cela importe peu. ❑ **cela n'est rien :** c'est peu de chose. ❑ **comme si de rien n'était :** comme si la chose n'était pas arrivée. ❑ **de rien :** réponse polie à un remerciement. ❑ **de rien** ou **de rien du tout :** sans importance. ❑ **pour rien :** (a) inutilement (b) gratuitement, pour très peu d'argent. ❑ **rien que :** seulement. ◆ nm Chose sans importance, bagatelle : *un rien lui fait peur.* ■ **en un rien de temps :** en très peu de temps. ❑ **un rien de :** un petit peu de.
riesling [rislin̩] nm Vin blanc d'Alsace et de Rhénanie.
rieur, euse adj et n Qui rit ou aime à rire.
rififi nm ARG Bagarre.
riflard nm **1.** Rabot à deux poignées, pour dégrossir le bois. **2.** Palette de plâtrier. **3.** Grosse lime à dégrossir les métaux.
rifle nm Carabine ou pistolet à long canon : *22 long rifle.*
rigaudon ou **rigodon** nm ANC Air et danse vifs à deux temps, d'origine provençale.
rigide adj **1.** Raide : *barre de fer rigide.* **2.** Inflexible : *morale rigide.*
rigidement adv Avec rigidité.
rigidité nf **1.** Raideur. **2.** Sévérité, rigueur.
rigolade nf FAM **1.** Plaisanterie, amusement. **2.** Chose peu sérieuse, sans importance. **3.** Chose faite sans effort, comme par jeu.
rigolard, e adj et n FAM Qui aime à rire.
rigole nf **1.** Canal étroit et en pente pour l'écoulement des eaux. **2.** Petite tranchée.
rigoler vi FAM **1.** S'amuser, rire. **2.** Ne pas parler sérieusement.
rigolo, ote adj FAM **1.** Plaisant, amusant. **2.** Curieux, étrange : *c'est rigolo comme tu as changé.* ◆ n FAM **1.** Personne qui fait rire. **2.** Personne qu'on ne peut pas prendre au sérieux.
rigorisme nm Attachement rigoureux aux règles morales ou religieuses.
rigoriste adj et n Qui fait preuve de rigorisme.

rigoureusement adv **1.** Avec rigueur. **2.** Absolument : *c'est rigoureusement vrai.*

rigoureux, euse adj **1.** Sévère : *moraliste rigoureux.* **2.** Dur, difficile à supporter : *froid rigoureux.* **3.** Précis, exact, strict : *examen rigoureux ; chercheur rigoureux.*

rigueur nf **1.** Sévérité, dureté. **2.** Violence, âpreté : *rigueur du froid.* **3.** Grande exactitude : *la rigueur d'une démonstration.* ■ **à la rigueur** : au pis aller. ❑ **de rigueur** : imposé par les usages, les règlements. ❑ **tenir rigueur à quelqu'un de quelque chose** : ne pas le lui pardonner.

rikiki adj inv → **riquiqui.**

rillettes nf pl Viande de porc ou d'oie hachée menu et cuite dans la graisse.

Rilsan nm (nom déposé) Fibre textile synthétique de la famille des polyamides.

rimailler vt et vi VIEILLI Faire de mauvais vers.

rimailleur, euse n FAM, VX Poète sans talent.

rime nf Retour du même son à la fin de deux ou plusieurs vers. ■ **n'avoir ni rime ni raison** : n'avoir pas de sens.

rimer vi Se terminer par une rime, en parlant des finales des mots. ■ **ne rimer à rien** : être dépourvu de sens. ◆ vt Mettre en vers.

Rimmel nm (nom déposé) Fard pour les cils.

rinçage nm Action de rincer.

rinceau nm BX-ARTS Ornement en forme de feuillages disposés en enroulement.

rince-bouteille (pl *rince-bouteilles*) ou **rince-bouteilles** (pl inv) nm Appareil pour rincer les bouteilles.

rince-doigts nm inv Bol d'eau tiède pour se rincer les doigts à table.

rincer vt (conj 1) **1.** Nettoyer à l'eau : *rincer un verre.* **2.** Passer dans une eau nouvelle ce qui a déjà été lavé, pour retirer toute trace des produits de lavage. ◆ **se rincer** vpr Se passer le corps, une partie du corps sous l'eau. ■ **se rincer la bouche** : se laver la bouche avec un liquide que l'on recrache. ❑ FAM **se rincer l'œil** : regarder avec plaisir une personne attrayante, un spectacle érotique.

rincette nf FAM Petite quantité d'eau-de-vie qu'on verse dans son verre ou dans sa tasse à café vide.

1. ring [riŋ] nm Estrade entourée de cordes pour les combats de boxe, de catch ou de lutte.

2. ring [riŋ] nm BELGIQUE Rocade.

ringard, e adj et n FAM Bon à rien. ◆ adj FAM Médiocre, dépassé, démodé.

ripaille nf FAM Excès de table : *faire ripaille.*

ripailler vi FAM Faire ripaille.

riper vt MAR Faire glisser. ◆ vi Déraper, glisser.

riposte nf **1.** Repartie prompte. **2.** Contre-attaque vigoureuse. **3.** En escrime, attaque qui suit une parade.

riposter vt Répondre vivement : *il m'a riposté que j'avais tort.* ◆ vt ind [à] **1.** Répondre vivement à : *riposter à une injure.* **2.** Contre-attaquer.

ripou (pl *ripoux* ou *ripous*) adj et n FAM Se dit d'une personne corrompue : *politicien ripou.*

riquiqui ou **rikiki** adj inv FAM Petit, étriqué.

1. rire vi (conj 67) **1.** Marquer un sentiment de gaieté soudaine par un mouvement des lèvres, de la bouche, accompagné de sons plus ou moins saccadés et bruyants : *rire aux éclats.* **2.** Prendre une expression de gaieté : *yeux qui rient.* **3.** S'amuser, prendre du bon temps : *bien rire à une soirée.* **4.** Agir, parler sans intention sérieuse : *j'ai dit cela pour rire ; tu veux rire ?* ◆ vt ind ou **se rire** vpr [de] SOUT Se moquer de ; ne pas tenir compte de : *se rire des critiques.*

2. rire nm Action de rire ; hilarité.

1. ris nm Thymus du veau et de l'agneau.

2. ris nm MAR Partie d'une voile destinée à être serrée pour en diminuer la surface au vent : *prendre un ris.*

3. ris nm pl LITT Rires, plaisirs : *les jeux et les ris.*

risée nf **1.** Moquerie collective : *s'exposer à la risée du public.* **2.** MAR Petite brise subite et passagère. ■ **être la risée de** : être un objet de moquerie pour.

risette nf FAM Sourire d'un enfant.

risible adj Qui provoque le rire ou la moquerie.

risotto nm Plat italien à base de riz au gras, d'oignons et de bouillon.

risque nm **1.** Danger, inconvénient possible : *courir un risque.* **2.** Préjudice, sinistre éventuel : *assurance tous risques.* ■ **à risque(s)** : (a) prédisposé ou exposé à un danger : *population à risques* (b) qui présente un danger : *une construction à risque.* ❑ **à ses risques et périls** : en assumant la responsabilité de. ❑ **au risque de** : en s'exposant à.

risqué, e adj Qui comporte un risque, dangereux, hasardeux.

risquer vt **1.** Hasarder, exposer à un risque : *risquer sa vie ; risquer gros.* **2.** S'exposer à : *risquer la mort.* **3.** Tenter : *risquer une démarche.* ■ **risquer le coup** : tenter une entreprise hasardeuse. ◆ vt ind [de] **1.** Être en danger de : *risquer de tomber.* **2.** Courir le risque de, pouvoir : *risquer d'être déçu.* ◆ **se risquer** vpr [à] **1.** Aller dans un lieu où l'on court un risque. **2.** Se hasarder (à).

EMPLOI *On risque de perdre,* mais *on a des chances de réussir. Risquer* ne s'emploie que dans le contexte d'une issue malheureuse.

risque-tout n inv FAM Personne audacieuse.

rissole nf Petit pâté frit de viande ou de poisson.

rissoler vt et vi Cuire en dorant.

ristourne nf Remise, avantage pécuniaire consenti par un commerçant.

ristourner vt Consentir une ristourne de tant : *ristourner cent francs*.

rite nm **1.** Ensemble des règles qui fixent le déroulement d'une cérémonie, d'un culte religieux : *le rite de l'Église romaine.* **2.** Cérémonial quelconque. **3.** Ce qui se fait, s'accomplit selon une coutume immuable.

ritournelle nf **1.** Courte phrase musicale qui précède ou suit un chant. **2.** FAM Ce que l'on répète souvent.

ritualiser vt Régler, codifier à la manière d'un rite.

1. rituel nm **1.** Mise en œuvre des rites d'une religion ; livre contenant ces rites. **2.** Ensemble de règles, d'habitudes immuables : *le rituel monotone de la vie quotidienne*.

2. rituel, elle adj Conforme aux rites, réglé par un rite.

rituellement adv De façon rituelle.

rivage nm Bande de terre qui borde une étendue d'eau marine.

rival, e, aux n et adj Personne qui dispute quelque chose à une autre, qui désire l'égaler ou la surpasser.

rivaliser vi Chercher à égaler ou à surpasser : *rivaliser d'efforts avec quelqu'un*.

rivalité nf Concurrence de personnes qui prétendent à la même chose ; antagonisme.

rive nf **1.** Bord d'une étendue d'eau, d'un cours d'eau. **2.** Quartier d'une ville qui borde un cours d'eau : *habiter rive gauche*.

river vt Rabattre et aplatir la pointe d'un clou sur l'autre côté de l'objet qu'il traverse. ■ **être rivé à quelque chose :** ne pas pouvoir s'en détacher, le quitter : *être rivé à son fauteuil*. ❑ **river ses yeux, son regard sur :** fixer étroitement et longtemps. ❑ FAM **river son clou à quelqu'un :** lui répondre vertement, le réduire au silence.

riverain, e adj et n Qui habite, qui est situé le long d'une rivière, d'une forêt, d'une voie de communication, près d'un aéroport.

rivet nm Tige cylindrique munie d'une tête et dont on écrase la pointe pour assembler des pièces plates.

riveter vt (conj 8) TECHN Assembler au moyen de rivets.

rivière nf Cours d'eau naturel qui se jette dans un autre cours d'eau. ■ **rivière de diamants :** collier sur lequel sont enchâssés des diamants.

rixe nf Querelle accompagnée d'injures et de coups ; bagarre.

riz nm Graminée cultivée dans les terrains humides des pays chauds, et dont le grain farineux est un aliment nutritif ; grain de cette plante. ■ **poudre de riz :** poudre fine parfumée pour le maquillage. ❑ **riz cantonais :** accompagnement fait de riz cuit à l'eau puis sauté avec des œufs, des légumes et du jambon. ❑ **riz au lait :** entremets fait de riz cuit dans du lait sucré.

rizerie nf Usine où l'on traite le riz.

riziculture nf Culture du riz.

rizière nf Champ de riz.

RMI nm (sigle) Revenu minimum d'insertion.

RMIste ou **RMiste** [ɛrɛmist] n Érémiste.

RN nf (sigle) Route nationale : *la RN4*.

RNIS nm (sigle) Réseau numérique à intégration de services.

robe nf **1.** Vêtement féminin composé d'un corsage et d'une jupe d'un seul tenant. **2.** Vêtement long et ample que portent les juges, les avocats dans l'exercice de leurs fonctions ; LITT la magistrature. **3.** Enveloppe : *robe d'une fève, d'un oignon*. **4.** Pelage du cheval, des bovins, considéré du point de vue de sa couleur : *robe isabelle*. **5.** Couleur d'un vin. ■ **pommes de terre en robe des champs, en robe de chambre :** cuites dans leur peau. ❑ **robe de chambre :** vêtement d'intérieur tombant jusqu'aux pieds.

robinet nm Appareil placé sur le tuyau d'une canalisation et qui permet d'établir ou de suspendre l'écoulement d'un liquide ou d'un gaz ; clé de cet appareil : *tourner le robinet*.

robinetterie nf **1.** Ensemble des robinets d'une installation. **2.** Industrie, commerce des robinets.

robinier nm Arbre épineux d'Amérique du Nord, aux grappes de fleurs blanches et parfumées ; bois jaunâtre et durable de cet arbre. SYN : faux acacia.

roboratif, ive adj SOUT Fortifiant.

robot nm **1.** Appareil automatique pouvant se substituer à l'homme pour exécuter diverses actions. **2.** Bloc-moteur électrique combinable avec divers accessoires, utilisé pour faire la cuisine. **3.** Personne agissant comme un automate.

robotique nf Science et technique de la conception et de la construction des robots.

robotisation nf Action de robotiser.

robotiser vt **1.** Introduire l'emploi de robots industriels dans. **2.** Réduire un travail à une tâche automatique.

robusta nm Variété de caféier ; café à forte teneur en caféine produit par ce caféier.

robuste adj Solidement constitué ; fort, résistant.

robustesse nf Force, vigueur.

roc nm Masse de pierre très dure, solidaire du sous-sol. ■ **solide comme un roc :** inébranlable.

rocade nf Voie de communication destinée à détourner la circulation, ou qui relie deux voies principales.

1. rocaille nf **1.** Terrain rempli de cailloux. **2.** Ouvrage ornemental imitant les rochers et les pierres naturelles.

2. rocaille nf et adj inv Tendance des arts décoratifs en vogue sous Louis XV, caractérisée par des formes contournées évoquant concrétions minérales, coquillages et sinuosités végétales.

rocailleux, euse adj **1.** Couvert, rempli de cailloux. **2.** FIG Dur, heurté. ■ **voix rocailleuse :** rauque.

rocambolesque adj Rempli de péripéties extraordinaires, invraisemblables.

roche nf Masse minérale présentant une homogénéité de composition et de structure. ■ **clair comme de l'eau de roche :** extrêmement clair ; évident. ❑ **il y a anguille sous roche :** il y a quelque chose de secret dont on soupçonne l'existence.

rocher nm **1.** Grande masse de pierre dure, souvent escarpée. **2.** ANAT Partie massive de l'os temporal. **3.** Gâteau ou bouchée au chocolat ayant la forme et l'aspect rugueux de certains rochers.

rocheux, euse adj Couvert, formé de roches, de rochers.

rock ou **rock and roll** [rɔkɛnrɔl] nm **1.** Style musical né aux États-Unis dans les années 1950, caractérisé par l'utilisation de la guitare électrique et de la batterie dans des chansons très rythmées. **2.** Danse sur cette musique.

rocker [rɔkœr] ou **rockeur, euse** n Chanteur de rock.

rocket nf → **roquette.**

rocking-chair [rɔkiŋtʃɛr] (pl *rocking-chairs*) nm Fauteuil à bascule.

rococo nm et adj inv Style artistique en vogue au XVIIIe s. (en Allemagne et en Espagne, particulièrement), inspiré du baroque italien et du décor rocaille français. ◆ adj inv Démodé, tarabiscoté.

rodage nm Action de roder.

rodéo nm **1.** Fête donnée à l'occasion du marquage des bêtes, dans certaines régions d'Amérique. **2.** Jeu américain qui consiste, pour un cavalier, à maîtriser un cheval sauvage ou un taureau. **3.** FAM Course bruyante de voitures, de motos.

roder vt **1.** Faire fonctionner un moteur neuf à vitesse réduite, de telle manière que les pièces puissent s'ajuster les unes aux autres. **2.** FAM Mettre progressivement au point : *roder une équipe, une méthode de travail.* ■ **être rodé :** avoir acquis de l'expérience, être au point.

rôder vi Errer çà et là, souvent avec de mauvaises intentions.

rôdeur, euse n Personne qui rôde ; vagabond.

rodomontade nf LITT Fanfaronnade.

rœsti ou **rösti** [røʃti] nm pl SUISSE Pommes de terre émincées dorées à la poêle.

rogations nf pl RELIG CATH Prières publiques et processions faites pour attirer sur les récoltes et les animaux la bénédiction de Dieu.

rogatoire adj DR Qui concerne une demande. ■ **commission rogatoire :** commission qu'un tribunal adresse à un autre pour le charger d'un acte de procédure ou d'instruction qu'il ne peut faire lui-même.

rogaton nm (souvent au pluriel) FAM Reste d'un repas, morceau d'un aliment.

rogne nf FAM Colère, mauvaise humeur.

rogner vt **1.** Retrancher sur les bords. **2.** Diminuer légèrement pour faire un petit profit : *rogner les revenus de quelqu'un.* ◆ vt ind [sur] Prendre sur : *rogner sur ses loisirs.*

rognon nm CUIS Rein de certains animaux.

rognure nf Ce qui tombe, se détache de ce qu'on rogne.

rogomme nm FAM, VX Liqueur forte. ■ **voix de rogomme :** enrouée par l'abus d'alcool.

rogue adj Arrogant, dédaigneux.

roi nm **1.** Détenteur du pouvoir exécutif dans un État monarchique. **2.** Le plus grand dans un domaine particulier, celui qui domine : *le lion est le roi des animaux ; le roi des imbéciles.* **3.** Principale pièce aux échecs. **4.** Première figure de chaque couleur d'un jeu de cartes. ■ **le jour des Rois :** l'Épiphanie.

roitelet nm **1.** PÉJOR Roi d'un très petit État. **2.** Petit passereau insectivore, dont le mâle porte une huppe sur la tête.

rôle nm **1.** Ce que doit dire et faire un acteur, un danseur ; le personnage ainsi représenté : *savoir son rôle ; tenir le premier rôle.* **2.** Fonction, influence que l'on exerce : *avoir un rôle important dans une affaire.* **3.** Fonction assumée par un organisme, une force, un élément quelconque : *le rôle du verbe dans la phrase.* **4.** Liste, catalogue : *inscrire sur un rôle.* **5.** DR Feuillet sur lequel est transcrit un acte juridique. ■ **à tour de rôle :** chacun à son tour. ❑ **avoir le beau rôle :** (a) se montrer à son avantage (b) avoir la tâche facile. ❑ **jouer un rôle :** tenir tel ou tel rang, tel ou tel emploi. ❑ **rôle nominatif :** document administratif portant le nom des contribuables d'une commune et le montant de leur impôt.

rôle-titre (pl *rôles-titres*) nm Rôle homonyme du titre de l'œuvre interprétée.

roller [rɔlœr] nm Sorte de patin à roulettes fixé sur une chaussure de sport et dont les roulettes sont alignées.

rolleur, euse n Personne qui pratique le roller, le patin à roulettes.

rollmops [rɔlmɔps] nm Hareng cru roulé autour d'un cornichon et mariné dans du vinaigre.

rom [rɔm] adj inv et n Relatif aux Roms, peuple tsigane.

ROM [rɔm] nf (sigle de *read only memory*) INFORM Mémoire morte.

romain, e adj et n **1.** Qui appartient à l'ancienne Rome : *art romain.* **2.** Qui appartient à la Rome actuelle : *les commerçants romains.* ■ **chiffres romains :** lettres numérales I, V, X, L, C, D, M, qui valent respectivement 1, 5, 10, 50, 100, 500, 1 000, et qui, diversement combinées, servaient aux Romains à former tous les nombres (par opposition à *chiffres arabes*). ❑ **l'Église romaine :** l'Église catholique. ◆ adj et nm Se dit d'un caractère d'imprimerie droit (par opposition à *italique*).

1. romaine adj f et nf Se dit d'une balance formée d'un fléau à bras inégaux (sur le bras le plus long, qui est gradué, coulisse un poids).

2. romaine nf Laitue à longues feuilles croquantes.

1. roman nm **1.** AUTREF Récit en langue romane : *le « Roman de la Rose ».* **2.** Œuvre d'imagination en prose dont l'intérêt réside dans la narration d'aventures, l'étude de mœurs ou de caractères, l'analyse de sentiments ou de passions. **3.** Récit invraisemblable, mensonger.

2. roman, e adj **1.** Se dit des langues dérivées du latin. **2.** Se dit de l'art qui s'est épanoui en Europe aux XIe et XIIe s. ◆ nm **1.** Langue dérivée du latin, qui a précédé historiquement le français. **2.** Art ou style roman.

romance nf Chanson sur un sujet tendre et touchant.

romancer vt (conj 1) Présenter sous forme de roman : *biographie romancée.*

romancero [rɔmɑ̃sero] nm Recueil de vieux poèmes espagnols à sujet historique.

romanche nm Langue romane parlée en Suisse, dans les Grisons.

romancier, ère n Auteur de romans.

romand, e adj et n Se dit de la partie de la Suisse où l'on parle le français, de ses habitants.

romanesque adj **1.** Propre au roman ; qui tient du roman. **2.** Exalté, rêveur : *esprit romanesque.*

roman-feuilleton (pl *romans-feuilletons*) nm Roman publié en feuilleton dans un journal et caractérisé par des rebondissements répétés de l'action.

roman-fleuve (pl *romans-fleuves*) nm Roman très long mettant en scène de nombreux personnages.

romani nm Langue des Rom ; tsigane.

romanichel, elle n PÉJOR **1.** Tsigane. **2.** Vagabond.

romaniste n Spécialiste des langues romanes.

roman-photo (pl *romans-photos*) nm Intrigue romanesque racontée sous forme de photos accompagnées de textes.

romantique adj **1.** Propre au romantisme : *littérature romantique.* **2.** Qui touche à la sensibilité, invite à l'émotion : *histoire romantique.* ◆ adj et n **1.** Qui se réclame du romantisme, au XIXe s. **2.** Chez qui la sensibilité et l'imagination l'emportent sur la rationalité.

romantisme nm **1.** École littéraire et artistique du début du XIXe s., qui fit prévaloir le sentiment et l'imagination sur la raison et l'analyse critique. **2.** Caractère, comportement d'une personne romantique.

romarin nm Arbuste aromatique de la Méditerranée, à fleurs bleues ; jeune pousse, fleur de cet arbuste.

rombière nf PÉJOR, FAM Femme un peu ridicule et prétentieuse : *une vieille rombière.*

rompre vt (conj 53) **1.** LITT Briser, casser. **2.** Faire céder sous l'effet d'une forte pression : *le fleuve a rompu ses digues.* **3.** Faire cesser, mettre fin à : *rompre le silence, le combat ; rompre un marché, une liaison.* ■ **à tout rompre :** très fort, à grand bruit.

❑ **rompre la glace :** mettre fin à la gêne du premier contact. ◆ vi **1.** LITT Se briser. **2.** Mettre fin à une relation amoureuse, se séparer : *ils ont rompu.* ◆ vt ind [avec] Renoncer à ; s'opposer à : *rompre avec la tradition.* ◆ **se rompre** vpr LITT Se briser.

rompu, e adj Très fatigué. ■ **à bâtons rompus :** (a) sur des sujets divers (b) de manière discontinue. ❑ **être rompu à :** être expérimenté, habile dans : *rompu aux affaires.*

romsteck [rɔmstɛk] ou **rumsteck** [rɔmstɛk] nm BOUCH Partie du bœuf correspondant à la croupe.

ronce nf **1.** Arbuste épineux aux baies noires (mûres). **2.** Partie de certains bois aux veines enchevêtrées : *ronce de noyer.*

ronceraie nf Lieu couvert de ronces.

ronchon, onne adj et n FAM Grincheux, grognon.

ronchonnement nm FAM Action de ronchonner.

ronchonner vi FAM Manifester sa mauvaise humeur, son mécontentement par des bougonnements.

ronchonneur, euse adj et n FAM Qui ronchonne.

roncier nm ou **roncière** nf Buisson de ronces.

1. rond nm **1.** Cercle, figure circulaire. **2.** Anneau : *rond de serviette.* **3.** FAM Sou, argent. ■ **en rond :** circulairement. ❑ FIG **tourner en rond :** ne pas progresser.

2. rond, e adj **1.** Qui a la forme d'un cercle, d'une sphère, d'un cylindre. **2.** Arrondi, courbe : *dos rond.* **3.** Charnu, bien rempli : *joues rondes.* **4.** FAM Court et corpulent : *fillette toute ronde.* **5.** Franc et décidé : *rond en affaires.* **6.** Se dit d'une quantité qui ne comporte pas de fraction : *chiffre, compte rond.* **7.** TRÈS FAM Ivre. ◆ adv ■ **avaler tout rond :** sans mâcher. ❑ FAM **il, ça ne tourne pas rond :** il, ça va mal. ❑ FAM **tourner rond :** (a) tourner régulièrement, en parlant d'un moteur (b) se dérouler convenablement.

rond-de-cuir (pl *ronds-de-cuir*) nm VIEILLI, PÉJOR Employé de bureau.

ronde nf **1.** Inspection pour s'assurer que tout est en ordre. **2.** Danse où les danseurs se tiennent par la main et tournent en rond ; air, chanson sur lesquels elle s'exécute. **3.** Écriture en caractères ronds. **4.** MUS Note qui vaut deux blanches. ■ **à la ronde :** (a) alentour : *à dix lieues à la ronde* (b) chacun à son tour : *boire à la ronde.*

rondeau nm **1.** Poème à forme fixe sur deux rimes et un refrain. **2.** MUS Rondo.

ronde-bosse (pl *rondes-bosses*) nf Ouvrage de sculpture en plein relief.

ORTHOGRAPHE On écrit une *ronde-bosse,* mais *en ronde bosse* (sans trait d'union), comme on écrit *un bas-relief* et *en bas relief.*

rondelet, ette adj FAM Qui présente un certain embonpoint. ■ **somme rondelette :** assez importante.

rondelle nf **1.** Petite tranche mince et ronde : *rondelle de saucisson.* **2.** Petit disque percé au milieu : *rondelle d'écrou.* **3.** CANADA Palet de hockey sur glace.

rondement adv **1.** Promptement : *affaire rondement menée.* **2.** Franchement : *s'expliquer rondement.*

rondeur nf **1.** État de ce qui est rond, sphérique : *la rondeur d'une pomme.* **2.** Chose, forme ronde, arrondie : *avoir des rondeurs.*

rondin nm **1.** Bois à brûler, rond et court. **2.** Bille de bois non équarrie.

rondo ou **rondeau** nm MUS Forme instrumentale ou vocale caractérisée par l'alternance d'un refrain et de couplets.

rondouillard, e adj FAM Qui a de l'embonpoint.

rond-point (pl *ronds-points*) nm Carrefour, place circulaire ou semi-circulaire.

Ronéo nf (nom déposé) Machine servant à reproduire un document exécuté au stencil.

ronéoter ou **ronéotyper** vt Reproduire à la Ronéo.

ronflant, e adj **1.** Qui produit un son sourd et continu. **2.** Emphatique et creux : *phrases ronflantes.*

ronflement nm **1.** Bruit qu'on fait en ronflant. **2.** Sonorité sourde et prolongée : *le ronflement d'un moteur.*

ronfler vi **1.** Faire, en respirant pendant le sommeil, un bruit sonore venant de la gorge. **2.** Produire un bruit sourd et prolongé : *moteur qui ronfle.*

ronfleur, euse n Personne qui ronfle. ◆ nm Appareil à lame vibrante produisant un ronflement de basse fréquence.

ronger vt (conj 2) **1.** Couper, manger progressivement avec les dents ou le bec. **2.** User lentement, corroder, attaquer : *la rouille ronge le fer.* **3.** Miner, tourmenter : *rongé par le remords.* ■ **ronger son frein :** supporter avec impatience l'attente, la contrainte, etc. ◆ **se ronger** vpr ■ **se ronger les ongles :** les mordiller.

rongeur, euse adj Qui ronge. ◆ nm Mammifère à longues incisives, sans canines tel que le rat, l'écureuil, le lièvre (les rongeurs forment un ordre).

ronron nm **1.** Ronflement du chat qui manifeste son contentement. **2.** Bruit sourd et continu. **3.** Monotonie, routine : *le ronron quotidien*.

ronronnement nm Fait de ronronner ; bruit de ce qui ronronne, du chat qui ronronne.

ronronner vi **1.** Faire entendre des ronrons. **2.** Émettre un bruit sourd et régulier : *le moteur ronronne*.

röntgen [rœntgɛn] ou **roentgen** [rœntgɛn] nm Unité d'exposition de rayonnement X ou γ.

roof nm → **rouf**.

roque nm Coup par lequel on roque.

roquefort nm Fromage à moisissures internes fabriqué avec du lait de brebis.

roquer vi Au jeu d'échecs, placer l'une de ses tours auprès de son roi et faire passer le roi de l'autre côté de la tour en un seul mouvement.

roquet nm **1.** Petit chien qui aboie sans cesse. **2.** FAM, PÉJOR individu hargneux.

roquette ou **rocket** nf Projectile autopropulsé et non guidé employé dans les tirs d'artillerie et antichars.

rorqual [rɔrkwal] nm Mammifère voisin de la baleine mais possédant une nageoire dorsale.

rosace nf ARCHIT **1.** Ornement en forme de rose ou d'étoile. **2.** Grand vitrail rond.

rosacé, **e** adj De couleur rose.

rosacée nf Plante à nombreuses étamines dont les types sont le rosier et la plupart des arbres fruitiers d'Europe (les rosacées forment une vaste famille).

rosaire nm **1.** Grand chapelet. **2.** Ensemble des prières récitées en égrenant un chapelet.

rosâtre adj Qui a une teinte rose sale.

rosbif [rɔsbif] ou [rɔzbif] nm Pièce de bœuf ou de cheval destinée à être rôtie.

1. rose nf **1.** Fleur du rosier. **2.** Diamant taillé plat en dessous. **3.** ARCHIT Vitrail circulaire d'église. SYN : rosace. ■ **rose des sables** : agglomération de cristaux de gypse. ❑ MAR **rose des vents** : étoile à trente-deux branches indiquant les aires de vent. ❑ **rose trémière** : plante (guimauve) à tige élevée et grandes fleurs colorées (appelée aussi : *primerose*, *passerose*).

2. rose adj **1.** D'une couleur rouge pâle semblable à celle de la rose commune. **2.** FAM Socialiste. **3.** Qui a trait aux relations sexuelles tarifées, à l'érotisme ou à la pornographie : *messageries roses*. ◆ nm La couleur rose : *aimer le rose*. ■ **voir la vie en rose** : voir le bon côté des choses.

rosé, **e** adj Teinté de rose. ◆ nm Vin de couleur rosée.

roseau nm Plante du bord des étangs, à tige droite, lisse et pourvue d'un épi de fleurs.

rosé-des-prés (pl *rosés-des-prés*) nm Champignon des prés comestible, à lames rosées.

rosée nf Condensation de la vapeur d'eau atmosphérique qui se dépose en fines gouttelettes.

roséole nf MÉD Éruption de taches rosées.

roseraie nf Terrain, jardin planté de rosiers.

rosette nf **1.** Nœud de ruban en forme de rose. **2.** Insigne de certains ordres. **3.** Saucisson cru de Lyon.

rosier nm Arbuste épineux de la famille des rosacées cultivé pour ses fleurs.

rosière nf ANC Jeune fille vertueuse à laquelle on décernait solennellement une récompense.

rosir vt Donner une teinte rose à. ◆ vi Devenir rose.

rosse nf **1.** VX Cheval sans force, sans vigueur. **2.** FAM Personne méchante. ◆ adj **1.** D'une ironie mordante. **2.** Sévère : *un professeur rosse*.

rosser vt FAM Battre violemment, rouer de coups.

rosserie nf FAM Méchanceté.

rossignol nm **1.** Oiseau passereau dont le mâle est un chanteur remarquable. **2.** Crochet pour ouvrir les serrures. **3.** FAM Objet sans valeur ou démodé.

rossinante nf LITT Cheval maigre.

rostre nm **1.** Éperon des navires anciens. **2.** ZOOL Partie saillante et pointue qui prolonge la mâchoire supérieure : *rostre d'espadon*. **3.** Ensemble des pièces buccales piqueuses de certains insectes. **4.** Pointe antérieure de la carapace de certains crustacés.

rot [ro] nm FAM Émission par la bouche, et avec un bruit rauque, de gaz stomacaux.

rôt nm VX Rôti.

rotang [rɔtɑ̃g] nm Palmier d'Inde et de Malaisie à tige grêle dont une espèce fournit le rotin.

rotateur, **trice** adj Qui fait tourner. ◆ adj et nm Se dit d'un muscle permettant la rotation des parties auxquelles il est attaché.

rotatif, **ive** adj Qui agit en tournant : *machine rotative*.

rotation nf **1.** Mouvement d'un corps autour d'un axe fixe, matériel ou non. **2.** Emploi méthodique et successif de matériel, de procédés, etc. ; alternance périodique d'activités, de fonctions, de services. **3.** Succession de diverses cultures sur un sol. SYN : assolement. **4.** Fréquence des voyages effectués par un moyen de transport affecté à une ligne régulière.

rotative nf Presse à forme imprimante cylindrique, qui est animée d'un mouvement rotatif continu.

rotatoire adj Qui tourne, circulaire : *mouvement rotatoire*.

rote nf Tribunal ordinaire du Saint-Siège, qui instruit principalement les causes matrimoniales.

roter vi FAM Éructer.

rôti nm Viande rôtie.

rôtie nf Tranche de pain grillée.

rotin nm Tige de rotang servant à faire des cannes, des sièges, etc.

rôtir vt Faire cuire à sec, à la broche, sur le gril ou au four. ◆ vi ou **se rôtir** vpr FAM Être exposé à une grande chaleur, au soleil.

rôtissage nm Action de rôtir.

rôtisserie nf **1.** Boutique du rôtisseur. **2.** Restaurant où l'on fait rôtir les viandes.

rôtisseur, euse n Commerçant qui vend des viandes rôties.

rôtissoire nf **1.** Ustensile pour rôtir la viande. **2.** Four électrique équipé d'une broche tournante.

rotonde nf Bâtiment de forme ronde.

rotondité nf **1.** État de ce qui est rond. **2.** FAM Rondeur, embonpoint.

rotor nm Partie tournante d'un moteur, d'une turbine.

rotule nf **1.** Os mobile du genou. **2.** MÉCAN Articulation de forme sphérique.

roture nf **1.** Condition d'une personne qui n'est pas noble. **2.** Ensemble des roturiers.

roturier, ère adj et n Qui n'est pas noble.

rouage nm **1.** Chacune des roues d'un mécanisme. **2.** FIG Chaque élément d'un organisme, considéré dans sa participation au fonctionnement de l'ensemble : *les rouages de l'Administration*.

rouan, anne adj et n Se dit d'un cheval, d'une vache dont la robe se compose de poils blancs, alezans et noirs.

roublard, e adj et n FAM Rusé, roué, retors.

roublardise nf FAM Ruse, astuce.

rouble nm Unité monétaire principale de la Russie, de l'Ukraine et de la Biélorussie.

roucoulade nf **1.** Bruit que font entendre les pigeons, les tourterelles. **2.** Échange de propos tendres.

roucoulant, e adj Qui roucoule.

roucoulement nm Cri des pigeons et des tourterelles ; roucoulade.

roucouler vi **1.** Faire entendre un roucoulement. **2.** Tenir des propos tendres et langoureux. ◆ vt Dire ou chanter langoureusement : *roucouler un air*.

roudoudou nm FAM Caramel coloré coulé dans une boîte en bois ou dans une coquille.

roue nf **1.** Organe circulaire tournant autour d'un axe passant par son centre : *roue de voiture, de secours ; roue hydraulique*. **2.** Supplice qui consistait à laisser mourir sur une roue un condamné dont on avait rompu les membres. ■ **grande roue** : attraction foraine constituée d'une roue dressée à laquelle sont accrochées des nacelles.

roué, e adj et n Habile, rusé, sans scrupule. ◆ nm HIST Débauché élégant, sous la Régence.

rouelle nf Tranche épaisse tirée du cuisseau de veau.

rouer vt ■ **rouer de coups** : battre violemment.

rouerie nf LITT Ruse, fourberie.

rouet nm Instrument à roue qui servait à filer la laine, le chanvre et le lin.

rouf ou **roof** nm Petite construction élevée sur le pont d'un navire.

rouflaquette nf FAM Patte de cheveux descendant sur la joue.

rouge adj **1.** De la couleur du sang, l'une des sept couleurs du spectre. **2.** Qui a le visage coloré par l'émotion, l'effort, le froid. **3.** Qui a été chauffé et porté à incandescence : *fer rouge*. ■ **vin rouge** : obtenu à partir de cépages rouges. ◆ adj et n Se dit des partisans de l'action révolutionnaire ; FAM Communiste. ◆ adv ■ **se fâcher tout rouge** : très violemment. ❑ **voir rouge** : avoir un vif accès de colère. ◆ nm **1.** Couleur rouge. **2.** Fard rouge : *rouge à lèvres*. **3.** Couleur que prend un métal porté à incandescence : *barre de fer portée au rouge*. **4.** Couleur caractéristique des signaux d'arrêt ou de danger : *passer au rouge*. **5.** Rougeur due à la honte, la confusion : *le rouge lui monte au visage*. **6.** FAM Vin rouge.

rougeâtre adj Tirant sur le rouge.

rougeaud, e adj et n FAM Qui a le visage rouge.

rouge-gorge (pl *rouges-gorges*) nm Oiseau passereau à gorge et à poitrine rouge vif.

rougeoiement [ruʒwamɑ̃] nm Lueur, reflet rouge.

> ORTHOGRAPHE Il ne faut pas oublier les deux *e* muets que comporte *rougeoiement*.

rougeole nf MÉD Maladie contagieuse caractérisée par une éruption de taches rouges sur la peau.

rougeoyant, e adj Qui rougeoie.

rougeoyer [ruʒwaje] vi (conj 3) Prendre une teinte rouge.
rouget nm Poisson marin appelé aussi *rouget barbet* ou *surmulet* en raison de ses barbillons au menton et de la couleur rouge qu'il prend après sa mort. ■ **rouget grondin** : grondin rouge ou rose.
rougeur nf **1.** Couleur rouge. **2.** Teinte rouge passagère du visage, qui révèle une émotion. ◆ **rougeurs** pl Taches rouges sur la peau.
rougir vt Rendre rouge : *fer rougi au feu.* ◆ vi **1.** Devenir rouge. **2.** Éprouver de la honte, de la confusion. **3.** Devenir rouge sous l'effet d'une émotion, d'un sentiment.
rougissant, e adj Qui rougit.
rougissement nm Fait de rougir.
rouille nf **1.** Oxyde de fer, d'un rouge foncé, qui altère les métaux ferreux exposés à l'humidité. **2.** BOT Maladie des céréales se manifestant par des taches brunes ou jaunes. **3.** CUIS Aïoli relevé de piments rouges. ◆ adj inv De la couleur de la rouille.
rouiller vt **1.** Produire de la rouille sur. **2.** FIG Émousser, faute d'exercice : *la paresse rouille l'esprit.* ◆ vi ou **se rouiller** vpr **1.** Se couvrir de rouille. **2.** FIG Perdre sa force, son efficacité par manque d'exercice.
rouir vt Pratiquer le rouissage.
rouissage nm Opération permettant d'éliminer les fibres textiles des tiges du lin, du chanvre, ou de certaines plantes alimentaires.
roulade nf **1.** Roulé-boulé. **2.** CUIS Tranche de viande roulée autour d'une farce cylindrique. **3.** MUS Vocalise brillante sur une seule syllabe.
roulant, e adj Qui roule : *table roulante ; escalier, tapis roulant.* ■ FIG **feu roulant** : suite ininterrompue : *un feu roulant de questions.* ❑ **personnel roulant** ou FAM **roulant** nm : employé à bord de véhicules de transport en commun.
roulé, e adj Enroulé, mis en rond : *col roulé.* ■ TRÈS FAM **bien roulé** : bien proportionné, surtout en parlant d'une femme. ◆ nm Gâteau roulé en forme de bûche.
rouleau nm **1.** Objet cylindrique : *rouleau de papier.* **2.** Cylindre destiné à rouler sur une surface pour étendre, écraser : *rouleau compresseur ; peinture au rouleau ; rouleau à pâtisserie.* **3.** Vague déferlante. **4.** Bigoudi. **5.** SPORTS Saut en hauteur exécuté en passant la barre sur le ventre. ■ FAM **être au bout du rouleau** : (a) avoir épuisé tous ses moyens (b) être à bout de forces (c) être près de mourir. ❑ **rouleau de printemps** : rouleau fait d'une crêpe de riz farcie de viande ou de crevettes, de légumes et de germes de soja, typique de la cuisine sino-vietnamienne.
rouleauté, e adj et nm → **roulotté.**
roulé-boulé (pl *roulés-boulés*) nm Action de se rouler en boule lors d'une chute pour amortir le choc. SYN : roulade.
roulement nm **1.** Mouvement de ce qui roule. **2.** Mécanisme qui facilite ce mouvement : *roulement à billes.* **3.** Bruit, son sourd et continu évoquant un objet, un véhicule qui roule : *roulement de tambour, de tonnerre.* **4.** Remplacement successif : *le roulement des équipes.* **5.** Circulation et utilisation de l'argent pour les paiements, les transactions : *fonds de roulement.*
rouler vt **1.** Déplacer quelque chose en le faisant tourner sur lui-même : *rouler un fût.* **2.** Mettre en rouleau : *rouler un papier.* **3.** Enrouler, envelopper : *rouler quelqu'un dans une couverture.* **4.** Faire tourner : *rouler les yeux.* **5.** Aplanir à l'aide d'un rouleau : *rouler le gazon.* **6.** FAM Duper : *rouler un client.* ■ **rouler les « r »** : les faire vibrer. ◆ vi **1.** En parlant d'un objet, avancer en tournant sur soi-même. **2.** Se déplacer sur des roues. **3.** MAR Avoir un mouvement de roulis. ■ FAM **ça roule** : tout va bien. ❑ FAM **rouler pour** : agir pour le compte de. ❑ **rouler sur l'or** : être très riche. ◆ **se rouler** vpr Se tourner ; s'enrouler.
roulette nf **1.** Petite roue. **2.** Jeu de casino qui consiste à parier sur le numéro que la bille, lancée sur un plateau tournant, détermine en s'arrêtant. **3.** FAM Fraise de dentiste. ■ FAM **aller, marcher comme sur des roulettes** : ne rencontrer aucun obstacle.
roulis nm Mouvement d'oscillation latérale d'un véhicule, et en particulier d'un bateau.
roulotte nf Grande voiture où logent certaines personnes qui voyagent (forains, nomades, etc.). ■ FAM **vol à la roulotte** : dans une voiture en stationnement.
roulotté, e ou **rouleauté, e** adj et nm COUT Se dit d'un ourlet fait en roulant le bord du tissu.
roulure nf TRÈS FAM, INJUR Femme dépravée.
roumain, e adj et n De Roumanie : *les Roumains.* ◆ nm Langue romane parlée en Roumanie.
round [rawnd] ou [rund] nm (anglicisme) Reprise, dans un combat de boxe.
1. roupie nf ■ FAM **de la roupie de sansonnet** : une chose insignifiante, sans valeur.
2. roupie nf Unité monétaire principale de l'Inde, du Népal, du Pakistan, de l'île Maurice et des Seychelles.
roupiller vi FAM Dormir.

roupillon nm FAM Petit somme.
rouquin, e adj et n FAM Roux.
rouscailler vi FAM Réclamer, protester.
rouspétance nf FAM Action de rouspéter ; protestation.
rouspéter vi FAM Protester.
rouspéteur, euse adj et n FAM Qui a l'habitude de protester ; grincheux.
roussâtre adj Tirant sur le roux.
roussette nf **1.** Petit requin inoffensif des eaux littorales. **2.** Grande chauve-souris rouge d'Asie, d'Afrique et d'Océanie.
rousseur nf Couleur rousse. ■ **tache de rousseur :** petite tache à la surface de la peau.
roussi nm Odeur d'une chose brûlée superficiellement. ■ FAM **sentir le roussi :** prendre une mauvaise tournure.
roussir vt **1.** Rendre roux. **2.** Brûler superficiellement. ◆ vi Devenir roux.
roussissement nm Action de roussir ; état de ce qui est roussi.
routage nm Triage par lieu de destination d'imprimés, de journaux, de prospectus, etc., effectué par l'entreprise éditrice ou la messagerie.
routard, e n FAM Personne qui voyage à pied ou en auto-stop à peu de frais.
route nf **1.** Voie carrossable aménagée hors agglomération ; moyen de communication utilisant ce genre de voie : *route nationale ; transport par route.* **2.** Direction qu'on suit, itinéraire : *changer de route.* **3.** Ligne de conduite, direction de vie. ■ **faire fausse route :** se tromper. ❏ **mettre en route :** (a) faire fonctionner (b) commencer à réaliser. ❏ **se mettre en route :** (a) commencer à partir (b) s'habituer à une activité.
router vt Effectuer le routage de.
1. routier, ère n Conducteur de camion sur longues distances. ■ FAM **vieux routier :** homme devenu habile par une longue pratique.
2. routier, ère adj Relatif aux routes : *carte routière.*
routière nf Automobile, motocyclette performante sur les longs trajets.
1. routine nf Ce qui est fait par habitude, toujours de la même manière.
2. routine nf INFORM Sous-programme.
routinier, ère adj et n Qui agit par routine, qui en a le caractère.
rouvre nm Chêne des forêts plutôt sèches, à glands pourvus d'un long pédoncule.
rouvrir vt (conj 16) Ouvrir de nouveau. ■ FIG **rouvrir une blessure :** ranimer un chagrin. ◆ vi ou **se rouvrir** vpr Être de nouveau ouvert.
roux, rousse adj D'une couleur entre le jaune et le rouge. ◆ adj et n Qui a les cheveux, les poils roux. ◆ nm **1.** Couleur rousse. **2.** Préparation de base pour les sauces, faite de farine roussie dans du beurre.
royal, e, aux adj **1.** Du roi : *palais royal ; ordonnance royale.* **2.** Digne d'un roi ; magnifique, grandiose. ■ **tigre, aigle royal :** de la plus grande espèce. ❏ **voie royale :** moyen le plus glorieux pour parvenir à quelque chose.
royalement adv Avec magnificence.
royalisme nm Attachement à la monarchie.
royaliste adj et n Partisan du roi, de la royauté.
royalties [rwajalti] nf pl Redevance due au titulaire d'un droit de propriété industrielle.
royaume nm État gouverné par un roi. ■ **royaume des cieux :** paradis.
royauté nf **1.** Dignité de roi. **2.** Régime monarchique.
RSA nm (sigle) Revenu de solidarité active.
RSS nm ou nf (sigle de *really simple syndication*) Format de description synthétique du contenu d'un site Web qui permet aux internautes d'être avertis de la mise en ligne d'un contenu sur l'un de leurs sites préférés.
RSVP (sigle) Répondez s'il vous plaît.
ru nm LITT Petit ruisseau.
RU [ry] nm (sigle) Restaurant universitaire.
ruade nf Action de ruer ; mouvement d'un quadrupède qui rue.
ruban nm **1.** Bande de tissu mince et étroite. **2.** Fragment plat et long comme un ruban : *ruban d'acier ; ruban adhésif.* **3.** Bout de ruban qui sert d'insigne ; décoration.
rubéfaction nf MÉD Rougeur cutanée.
rubéfier vt Irriter la peau, la rendre rouge.
rubéole nf MÉD Maladie virale éruptive et contagieuse.
rubiacée nf Plante gamopétale telle que le caféier, la garance, le quinquina (les rubiacées forment une famille).
rubicond, e adj Se dit d'un visage rouge.
rubidium nm Métal alcalin analogue au potassium ; symb : Rb.
rubigineux, euse adj Couvert de rouille.
rubis nm **1.** Pierre précieuse, variété de corindon d'un rouge vif. **2.** Pierre dure servant de support à un pivot de rouage d'horlogerie. ■ **payer rubis sur l'ongle :** payer immédiatement et complètement ce qu'on doit.

rubrique nf **1.** Indication de la matière d'un article, d'un développement : *sous la rubrique « Histoire ».* **2.** Dans un journal, article paraissant régulièrement et traitant d'un sujet précis : *la rubrique gastronomique.* **3.** Catégorie, dans un classement : *rubrique « dépenses ».*

ruche nf **1.** Habitation préparée pour les abeilles ; essaim qui l'habite. **2.** Endroit où règne une grande activité. **3.** Ornement plissé de tulle ou de dentelle.

rucher nm **1.** Endroit où sont placées les ruches. **2.** Ensemble de ruches.

rude adj **1.** Dur au toucher : *peau rude.* **2.** Qui manque de finesse, de délicatesse : *voix rude ; manières rudes.* **3.** Pénible, dur à supporter, à vaincre : *hiver rude ; rude adversaire.* **4.** Sévère et brutal : *se montrer rude avec qqn.* **5.** FAM Remarquable en son genre : *un rude appétit.*

rudement adv **1.** De façon rude, brutale : *être rudement éprouvé.* **2.** FAM Très : *il fait rudement froid.*

rudesse nf **1.** Caractère de ce qui est dur à supporter : *rudesse d'un climat.* **2.** Caractère de ce qui manque de délicatesse : *rudesse de langage.* **3.** Dureté : *traiter qqn avec rudesse.*

rudiment nm Organe animal ou végétal inachevé. ◆ **rudiments** pl Notions élémentaires : *rudiments de la grammaire.*

rudimentaire adj Élémentaire, peu développé : *connaissances, organe rudimentaires.*

rudoiement nm LITT Action de rudoyer.

rudologie nf Étude des déchets et de leur recyclage ou de leur valorisation.

rudoyer vt (conj 3) Traiter durement, brutaliser.

rue nf Voie publique aménagée dans une agglomération ; ensemble des habitants des maisons qui la bordent. ■ **être à la rue :** sans abri. ❑ **l'homme de la rue :** le citoyen moyen. ❑ **la rue :** les masses populaires susceptibles de s'insurger et de manifester : *céder à la pression de la rue.*

ruée nf Action de se ruer ; mouvement impétueux d'une foule.

ruelle nf **1.** Petite rue étroite. **2.** Espace entre le lit et le mur. **3.** Au XVIe et au XVIIe s., partie de la chambre à coucher où les dames recevaient leurs visiteurs.

ruer vi Jeter en l'air avec force les pieds de derrière, en parlant d'un quadrupède. ◆ **se ruer** vpr [sur, vers, dans] Se jeter avec violence : *se ruer sur quelqu'un ;* se précipiter en masse : *se ruer dans les magasins.*

ruffian nm Aventurier.

rugby [rygbi] nm Sport d'équipe qui se joue à la main et au pied avec un ballon ovale.

rugbyman (pl *rugbymans* ou *rugbymen*) nm Joueur de rugby.

rugir vi **1.** Pousser des rugissements : *le lion rugit.* **2.** FIG Pousser des cris de fureur.

rugissant, e adj Qui rugit.

rugissement nm **1.** Cri du lion et de certains animaux féroces. **2.** Cri, bruit violent : *les rugissements de la tempête.*

rugosité nf **1.** État d'une surface rugueuse. **2.** Aspérité sur une surface, sur la peau.

rugueux, euse adj Qui a des aspérités : *écorce rugueuse.*

ruine nf **1.** Écroulement, destruction d'un bâtiment ; bâtiment délabré : *Maison qui tombe en ruine.* **2.** Chute, destruction : *la ruine d'un empire.* **3.** Effondrement : *la ruine d'une théorie.* **4.** Perte de la fortune. **5.** FAM Personne usée physiquement ou intellectuellement. ◆ **ruines** pl Débris, décombres.

ruiner vt **1.** Causer la ruine, la perte de la fortune de quelqu'un : *le jeu l'a ruiné.* **2.** Infirmer, détruire : *ruiner un raisonnement.* ◆ **se ruiner** vpr **1.** Perdre sa fortune. **2.** Dépenser trop.

ruineux, euse adj Qui entraîne des dépenses excessives : *entreprise ruineuse.*

ruisseau nm **1.** Petit cours d'eau. **2.** ANC Caniveau. **3.** LITT Ce qui coule en abondance : *des ruisseaux de larmes.*

ruisselant, e adj Qui ruisselle.

ruisseler vi (conj 6) **1.** Couler sans arrêt : *l'eau ruisselle le long du mur.* **2.** Être couvert de gouttes : *ruisseler de sueur.*

ruissellement nm **1.** Fait de ruisseler. **2.** Écoulement des eaux après une averse ou la fonte des neiges.

ruisselet nm LITT Petit ruisseau.

rumba [rumba] nf Danse cubaine, aux pas chaloupés, exécutée en couple.

rumen [rymɛn] nm ZOOL Panse.

rumeur nf **1.** Bruit de voix confus. **2.** Nouvelle qui se répand dans la population : *rumeur publique.*

ruminant, e adj Qui rumine. ◆ nm Mammifère ongulé muni d'un estomac à trois ou quatre poches et pratiquant la rumination (les ruminants forment un très important sous-ordre).

rumination nf Action de ruminer.

ruminer vt et vi **1.** Remâcher les aliments ramenés de la panse dans la bouche : *la brebis, le chameau ruminent.* **2.** FIG Retourner une chose dans son esprit : *ruminer un projet.*

rumsteck nm → **romsteck**.

rune nf Caractère de l'ancien alphabet utilisé par les peuples germaniques du nord de l'Europe.

runique adj Relatif aux runes.

rupestre adj **1.** Qui croît dans les rochers : *plante rupestre.* **2.** Réalisé sur des rochers : *art rupestre ;* taillé dans la roche : *temples rupestres.*

rupin, e adj et n FAM Riche, luxueux.

rupteur nm ÉLECTR Dispositif servant à interrompre un courant.

rupture nf **1.** Action de rompre ; fait de se rompre : *rupture d'une digue ; rupture des relations diplomatiques, d'un contrat.* **2.** Séparation brutale entre des personnes qui étaient liées. ■ **rupture de stock** : niveau d'un stock de marchandises devenu insuffisant pour satisfaire la demande.

rural, e, aux adj Relatif aux champs, à la campagne. ◆ **ruraux** nm pl Habitants de la campagne.

rurbain adj Relatif à la rurbanisation. ◆ n Habitant d'une zone rurbaine.

rurbanisation nf Développement des villages proches des grandes villes dont ils deviennent les banlieues.

ruse nf **1.** Procédé habile destiné à tromper. **2.** Habileté à tromper.

rusé, e adj et n Qui agit avec ruse ; qui dénote la ruse.

ruser vi Agir avec ruse.

rush [rœʃ] (pl *rushs* ou *rushes*) nm **1.** Effort final impétueux, assaut. **2.** Afflux d'une foule : *le rush des vacanciers.*

rushes [rœʃ] nm pl Prises de vues cinématographiques telles qu'elles apparaissent avant le montage.

russe adj et n De la Russie : *les Russes.* ◆ nm Langue slave parlée en Russie.

russification nf Action de russifier ; fait d'être russifié.

russifier vt Faire adopter les institutions ou la langue russe à.

russule nf Champignon des bois ressemblant au lactaire.

rustaud, e adj et n FAM Grossier, rustre.

rusticité nf **1.** Caractère de ce qui est rustique ; simplicité, absence de raffinement. **2.** AGRIC Caractère d'une plante, d'un animal rustique.

Rustine nf (nom déposé) Rondelle de caoutchouc pour réparer une chambre à air de bicyclette.

rustique adj **1.** De la campagne : *travaux rustiques.* **2.** Simple : *outils, meubles rustiques.* **3.** AGRIC Se dit d'une plante, d'un animal, qui résiste à des conditions de vie défavorables.

rustre adj et n Grossier, qui manque d'éducation.

rut [ryt] nm Période d'activité sexuelle des mammifères mâles.

rutabaga nm Chou-navet à tige renflée au-dessus du sol, improprement appelée *racine* ; tige comestible de cette plante.

ruthénium nm Métal du groupe du platine ; symb : Ru.

rutilant, e adj **1.** LITT D'un rouge vif. **2.** Qui brille d'un vif éclat.

rutiler vi Briller d'un vif éclat.

rythme nm **1.** Cadence, mouvement régulier d'une phrase poétique, musicale. **2.** Fréquence d'un phénomène physiologique périodique : *rythme cardiaque ;* retour régulier d'un fait : *rythme des saisons.* **3.** Cadence, allure : *film au rythme trépidant ; rythme de production.*

rythmer vt Donner du rythme à.

rythmique adj Relatif au rythme ; qui a du rythme.

S

1. s nm Dix-neuvième lettre de l'alphabet et la quinzième des consonnes.

2. s (symbole) Seconde.

S (symbole) Sud.

sa adj poss → **son.**

SA [ɛsa] nf (sigle) Société anonyme.

sabayon nm Entremets liquide à base de jaunes d'œufs, de sucre et de vin aromatisé.

sabbat nm **1.** Repos sacré hebdomadaire que les juifs observent du vendredi soir au samedi soir. **2.** Assemblée nocturne de sorciers et sorcières sous la présidence du diable.

sabbatique adj Relatif au sabbat. ■ **année sabbatique :** année de congé.

sabir nm **1.** Langage mêlé d'arabe, de français, d'italien, d'espagnol, et qui était en usage dans les ports méditerranéens. **2.** Langage incompréhensible.

sablage nm Action de sabler.

1. sable nm Roche sédimentaire meuble formée de menus grains souvent quartzeux. ■ FAM **être sur le sable :** être sans argent, sans travail. ❑ **sables mouvants :** sables qui s'enfoncent sous le pied. ◆ adj inv D'une couleur beige clair.

2. sable nm En héraldique, couleur noire.

sablé, e adj Couvert de sable. ■ **pâte sablée :** pâte friable dans laquelle entre une forte proportion de beurre et de sucre. ◆ nm Gâteau sec fait avec de la pâte sablée.

sabler vt Couvrir de sable. ■ **sabler le champagne :** boire du champagne à l'occasion d'une réjouissance.

sableuse nf **1.** Appareil tracté pour le sablage des chaussées. **2.** Machine à décaper, à dépolir par projection de sable.

sableux, euse adj Mêlé de sable.

sablier nm Appareil mesurant le temps par l'écoulement du sable d'un petit compartiment dans un autre.

sablière nf **1.** Carrière de sable. **2.** Pièce de bois horizontale dans la charpente d'une toiture.

sablonner vt Couvrir une surface de sable.

sablonneux, euse adj Où il y a beaucoup de sable.

sabord nm Ouverture pratiquée dans la muraille d'un navire.

sabordage nm Action de saborder ; fait de saborder.

saborder vt **1.** Percer un navire au-dessous de la flottaison pour le faire couler. **2.** Ruiner, détruire volontairement une entreprise, un projet. ◆ **se saborder** vpr **1.** Couler volontairement son navire. **2.** Mettre fin à ses activités.

sabot nm **1.** Chaussure faite d'une pièce de bois creusée ; chaussure de même forme en caoutchouc. **2.** Corne du pied de plusieurs animaux. **3.** Partie d'un frein qui presse sur le bandage d'une roue. ■ **baignoire sabot :** conçue pour être utilisée en position assise. ❑ **sabot de Denver :** dispositif, utilisé par la police, bloquant une roue d'un véhicule en stationnement illicite.

sabotage nm Action de saboter.

saboter vt **1.** Exécuter vite et mal. **2.** Détériorer ou détruire volontairement : *saboter un avion ; saboter une entreprise.*

saboteur, euse n Personne qui sabote.

sabotier, ère n Artisan qui fait des sabots.

sabre nm **1.** Arme blanche ne tranchant que d'un côté. **2.** SPORTS Arme légère à coquille prolongée sur le dessus de la main ; discipline utilisant cette arme.

sabrer vt **1.** Frapper à coups de sabre. **2.** Faire de larges coupures dans : *sabrer un manuscrit.* **3.** FAM Bâcler un travail. **4.** FAM Refuser à un poste, à un examen, etc. ■ **sabrer le champagne :** ouvrir la bouteille de champagne en tranchant le goulot.

> EMPLOI *Sabrer le champagne* (ou *la bouteille de champagne*), c'est ouvrir la bouteille ; *sabler le champagne,* c'est le boire.

sabreur nm Escrimeur spécialiste du sabre.

1. sac nm **1.** Contenant ouvert par le haut : *un sac en toile ; sac de voyage ; sac à main, à dos.* **2.** Contenu d'un sac : *sac de blé.* **3.** Enveloppe en forme de sac : *sac de couchage.* **4.** ANAT Cavité formée par une membrane : *sac lacrymal.* ■ FAM **avoir plus d'un tour dans son sac :** être rusé, habile. ❑ **prendre quelqu'un la main dans le sac :**

sur le fait. ❑ FAM **vider son sac** : dire ce qu'on a sur le cœur.

2. sac nm Pillage : *le sac de Rome.* ■ **mettre à sac** : piller, dévaster.

saccade nf Secousse, mouvement brusque et irrégulier. ■ **par saccades** : par à-coups.

saccadé, e adj Brusque, irrégulier : *mouvements saccadés.*

saccader vt Rendre irrégulier, haché.

saccage nm Action de saccager.

saccager vt (conj 2) **1.** Mettre à sac, au pillage : *saccager une ville.* **2.** Dévaster, mettre en désordre.

saccageur, euse n Personne qui saccage.

saccharine [sakarin] nf Substance blanche utilisée comme succédané du sucre.

saccharose [sakaroz] nm Glucide tiré de la canne à sucre et de la betterave, constituant le sucre alimentaire.

sacerdoce nm **1.** Dignité et fonction des ministres d'un culte. **2.** Fonction qui présente un caractère respectable en raison du dévouement qu'elle exige.

sacerdotal, e, aux adj Relatif aux prêtres, au sacerdoce.

sachem [saʃɛm] nm Chef de tribu chez les Indiens d'Amérique.

sachet nm Petit sac.

sacoche nf Sac de toile ou de cuir munie d'une courroie : *sacoche de bicyclette.*

sac-poubelle (pl *sacs-poubelle*) nm Sac de plastique destiné aux ordures ménagères.

sacquer ou **saquer** vt FAM Chasser, renvoyer ; punir sévèrement. ■ **ne pas pouvoir sacquer quelqu'un** : le détester.

sacral, e, aux adj Relatif au sacré ; qui a un caractère sacré.

sacralisation nf Action de sacraliser.

sacraliser vt Attribuer un caractère sacré à une chose profane.

sacramentel, elle adj Qui concerne un sacrement.

sacre nm Cérémonie par laquelle on consacre un roi, un évêque.

1. sacré, e adj **1.** Qui a rapport au religieux, au divin (par opposition à *profane*) : *les vases sacrés.* **2.** Qui doit inspirer un respect absolu, inviolable : *un engagement sacré.* **3.** FAM Renforce un terme injurieux ou admiratif : *sacré menteur !* ■ **art sacré** : art religieux. ❑ **le feu sacré** : (a) sentiment exalté, passionné (b) inspiration. ❑ **le Sacré Collège** : le collège des cardinaux. ❑ **Livres sacrés** : l'Ancien et le Nouveau Testament, pour les chrétiens. ❑ **ordres sacrés** : la prêtrise, le diaconat et le sous-diaconat. ◆ nm Ce qui est sacré : *le sacré et le profane.*

2. sacré, e adj Qui appartient au sacrum : *vertèbres sacrées.*

sacrebleu interj VIEILLI, FAM Juron marquant l'impatience, la surprise.

sacrement nm RELIG Acte rituel sacré institué par Jésus-Christ pour donner ou affermir la grâce. ■ **le saint sacrement** : l'eucharistie. ❑ **les sept sacrements** : le baptême, la confirmation, l'eucharistie, la pénitence, le sacrement des malades (l'extrême-onction), l'ordre et le mariage.

sacrément adv FAM Extrêmement.

sacrer vt Conférer un caractère sacré au moyen de cérémonies religieuses.

sacrificateur nm ANTIQ Prêtre qui offrait les sacrifices.

sacrifice nm **1.** Offrande faite à une divinité. **2.** Renoncement volontaire ou forcé. ■ **le saint sacrifice** : la messe. ◆ **sacrifices** pl Privations : *s'imposer de lourds sacrifices.*

sacrificiel, elle adj Propre à un sacrifice religieux.

sacrifié, e adj et n Qui se sacrifie ou que l'on sacrifie. ■ **prix sacrifiés** : prix très bas de marchandises que l'on veut écouler.

sacrifier vt **1.** Offrir en sacrifice. **2.** Faire le sacrifice de : *sacrifier ses intérêts.* ◆ vt ind [à] **1.** Offrir un sacrifice à : *sacrifier aux dieux.* **2.** Se conformer à : *sacrifier à la mode.* ◆ **se sacrifier** vpr Faire le sacrifice de sa vie, de ses intérêts.

sacrilège nm **1.** Profanation de personnes, de lieux ou de choses sacrés. **2.** Action qui porte atteinte à quelqu'un, à quelque chose de respectable, de vénérable. ◆ adj et n Qui commet un sacrilège. ◆ adj Qui a le caractère d'un sacrilège.

sacripant nm Vaurien, fripon.

sacristain nm Préposé à l'entretien d'une église et des objets du culte.

sacristie nf Partie annexe d'une église, où l'on conserve les objets du culte.

sacristine nf Femme, religieuse ou laïque, qui a soin d'une sacristie.

sacro-iliaque (pl *sacro-iliaques*) adj Relatif au sacrum et à l'os iliaque.

sacro-saint, e (pl *sacro-saints, es*) adj IRON Qui est l'objet d'un respect quasi religieux.

sacrum [sakrɔm] nm Os du bas de la colonne vertébrale.

sadique adj Qui a le caractère du sadisme. ◆ adj et n Qui se plaît à faire souffrir.

sadisme nm Plaisir malsain à voir ou à faire souffrir autrui.

sadomasochisme nm PSYCHAN Perversion sexuelle qui associe des pulsions sadiques et masochistes.

sadomasochiste adj et n Relatif au sadomasochisme ; qui en fait preuve.

safari nm Expédition de chasse en Afrique noire.

safari-photo (pl *safaris-photos*) nm Excursion dans une réserve naturelle, destinée à filmer ou à photographier les animaux sauvages.

1. safran nm Crocus cultivé pour ses fleurs, dont le stigmate fournit une teinture jaune et une poudre qui sert d'assaisonnement ; teinture, poudre tirées de cette plante. ◆ adj et nm inv Jaune-orangé.

2. safran nm MAR Pièce plate constituant la partie essentielle du gouvernail.

saga nf **1.** Ancien récit ou légende scandinaves. **2.** Épopée familiale se déroulant sur plusieurs générations.

sagace adj Fin, perspicace.

sagacité nf Perspicacité, finesse d'esprit.

sagaie nf Arme de jet utilisée dans certaines ethnies.

sage adj et n Prudent, circonspect : *agir en homme sage ; c'est un sage.* ◆ adj **1.** Qui n'est pas turbulent ; calme, docile : *enfant sage.* **2.** Pudique, chaste. **3.** Conforme à la raison, à la morale : *une sage décision.* ◆ nm **1.** Homme dont la vie repose sur l'application d'une philosophie. **2.** Conseiller appelé par un gouvernement pour examiner une question.

sage-femme (pl *sages-femmes*) nf Praticienne spécialisée dans le diagnostic, la surveillance de la grossesse et l'accouchement.

sagement adv De façon sage.

sagesse nf **1.** Caractère de ce qui est sage. **2.** Conduite réfléchie et modérée, prudence, circonspection : *agir avec sagesse.* **3.** Docilité, en parlant des enfants. **4.** PHILOS Connaissance spéculative du monde, qui cherche à en expliquer l'ordre.

1. sagittaire nm ANTIQ ROM Archer. ◆ **Sagittaire** nm Constellation zodiacale ayant l'apparence d'un centaure armé d'un arc ; signe astrologique des personnes nées entre le 22 novembre et le 20 décembre. ◆ n et adj Personne née sous le signe du Sagittaire : *elle est Sagittaire.*

2. sagittaire nf Plante d'eau douce à feuilles en forme de fer de flèche.

sagittal, e, aux adj **1.** En forme de flèche. **2.** Suivant le plan de symétrie : *coupe sagittale.*

1. sagouin nm Petit singe d'Amérique du Sud.

2. sagouin, e n FAM Personne, enfant malpropre, grossier.

saharien, enne adj Du Sahara.

saharienne nf Veste de toile ceinturée.

sahraoui, e adj et n Du Sahara occidental.

saie nf Manteau court des Romains et des Gaulois, que l'on attachait sur les épaules au moyen d'une broche.

saïga [saiga] nm Antilope des steppes entre la mer Caspienne et l'Oural, au museau allongé en courte trompe.

saignant, e adj Qui dégoutte de sang : *blessure saignante.* ■ **viande saignante :** viande peu cuite.

saignée nf **1.** Ouverture d'une veine pour tirer du sang ; sang ainsi tiré : *abondante saignée.* **2.** Pli du bras avec l'avant-bras. **3.** Rigole d'écoulement dans un terrain humide. **4.** Entaille, rainure. **5.** FIG Sacrifice d'argent. **6.** LITT Nombre important de pertes humaines au cours d'une guerre.

saignement nm Écoulement de sang.

saigner vt **1.** Évacuer du sang à des fins thérapeutiques. **2.** Tuer par effusion de sang : *saigner un poulet.* **3.** Exiger de quelqu'un des sommes importantes ; rançonner. ◆ vi Perdre du sang : *saigner du nez.* ◆ **se saigner** vpr S'imposer de lourdes dépenses. ■ FAM **se saigner aux quatre veines :** se priver de tout au profit de quelqu'un.

saillant, e adj **1.** Qui avance, qui sort : *corniche saillante.* **2.** Remarquable, frappant : *trait saillant.* ■ **angle saillant :** inférieur à 180°. CONTR : rentrant. ◆ nm Partie en saillie.

1. saillie nf **1.** Partie qui dépasse, avancée : *toit en saillie.* **2.** LITT Trait d'esprit vif, brillant et imprévu.

2. saillie nf Accouplement des animaux domestiques.

1. saillir vi (conj 33 ; ne s'emploie qu'à l'infinitif et aux 3es pers.) S'avancer en dehors, dépasser.

2. saillir vt (se conjugue comme *finir*) Couvrir, s'accoupler à.

sain, e adj **1.** En bonne santé, qui fonctionne normalement : *un esprit sain dans un corps sain ; économie saine.* **2.** Non gâté, non altéré : *ce bois est encore sain.* **3.** Salubre, salutaire, bon pour la santé : *air sain.* **4.** Conforme à la raison, à la morale ; sensé, juste : *jugement sain.* ■ **sain et sauf :** sorti indemne d'un danger, d'un accident.

saindoux nm Graisse de porc fondue.

sainement adv De façon saine.

sainfoin nm Plante fourragère vivace à fleurs roses.

saint, e n et adj **1.** Personne canonisée ou béatifiée en raison d'une vie exemplaire et à qui on rend un culte public universel : *les saints martyrs.* **2.** Personne qui mène une vie exemplaire : *un saint homme.* ◆ adj **1.** Se dit de Dieu en tant qu'il est souverainement pur, parfait. **2.** Conforme à la loi divine : *vie sainte.* **3.** Qui appartient à la religion. **4.** Se dit des jours et de la semaine qui précèdent le dimanche de Pâques : *Vendredi saint ; Semaine sainte.* ■ **avoir une sainte horreur de :** détester au plus haut point.

ORTHOGRAPHE On écrit *saint* (avec minuscule) quand on parle de la personne elle-même. On écrit *Saint* (avec majuscule et trait d'union) quand il s'agit du nom d'une fête, d'un monument, d'une ville : *on fête saint Pierre ; on célèbre la Saint-Jean ; on visite l'église Saint-Paul.*

saint-bernard nm inv Grand chien blanc et fauve, dressé pour le sauvetage en montagne.

saintement adv D'une manière sainte ; avec sainteté.

sainte-nitouche (pl *saintes-nitouches*) nf FIG, PÉJOR Fille, femme qui affecte la sagesse, l'innocence, la pruderie.

Saint-Esprit nm Troisième personne de la Trinité.

sainteté nf Qualité de celui ou de ce qui est saint. ■ **Sa Sainteté :** titre donné au pape.

saint-frusquin nm inv FAM Ensemble d'affaires personnelles sans grande valeur. ■ FAM **et tout le saint-frusquin :** et tout le reste.

saint-glinglin (à la) loc adv FAM À une date indéterminée ; jamais.

saint-honoré nm inv Gâteau bordé de petits choux à la crème et garni de crème Chantilly.

saint-nectaire nm inv Fromage fabriqué en Auvergne avec du lait de vache.

saint-père (pl *saints-pères*) nm Nom par lequel on désigne le pape.

saint-pierre nm inv Poisson comestible des mers tempérées.

Saint-Siège nm Gouvernement de l'Église catholique.

saint-simonien, enne (pl *saint-simoniens, ennes*) adj et n Qui concerne le saint-simonisme ; qui en est partisan.

saint-simonisme nm Doctrine sociale du comte de Saint-Simon.

Saint-Sylvestre nf **1.** Veille du Premier Janvier. **2.** Réveillon du Nouvel An.

saint-synode nm Conseil suprême de l'Église russe (1721-1917).

Saint-Valentin nf Jour de la fête des amoureux, le 14 février.

1. saisi, e adj Frappé subitement par une sensation.

2. saisi, e n DR Personne dont on saisit un bien.

saisie nf **1.** DR Mesure par laquelle l'administration fiscale, la douane ou la justice retire à une personne l'usage ou la possibilité de disposer d'un bien dont elle est propriétaire : *pratiquer une saisie immobilière.* **2.** INFORM Transcription d'une information en vue de son traitement ou de sa mémorisation.

saisie-arrêt (pl *saisies-arrêts*) nf DR Saisie effectuée par un créancier.

saisine nf DR Fait de saisir une juridiction.

saisir vt **1.** Prendre et retenir fermement : *saisir qqn aux épaules.* **2.** Prendre quelque chose en main pour le déplacer, s'en servir : *saisir son manteau.* **3.** Mettre à profit qqch qui se présente : *saisir l'occasion.* **4.** S'emparer brusquement de qqn ; surprendre : *le froid l'a saisi.* **5.** Comprendre, discerner : *saisir une allusion.* **6.** DR Opérer la saisie de. **7.** DR Porter un litige devant une juridiction. **8.** INFORM Effectuer une saisie. **9.** Faire cuire un aliment à feu vif : *saisir une viande.* ◆ **se saisir** vpr [de] S'emparer de : *se saisir du pouvoir.*

saisissable adj **1.** Qui peut être saisi, compris. **2.** DR Qui peut faire l'objet d'une saisie.

saisissant, e adj **1.** Qui surprend : *un froid saisissant.* **2.** FIG Qui émeut vivement : *spectacle saisissant.*

saisissement nm Impression subite et violente, vive surprise : *être muet de saisissement.*

saison nf **1.** Chacune des quatre grandes divisions de l'année ; activité de la nature pendant cette période : *la saison des pluies.* **2.** Période correspondant au maximum d'activité d'un secteur donné : *saison théâtrale, touristique.* ■ **être de saison :** venir à propos. ❑ **haute saison, basse saison :** période correspondant au maximum, au minimum d'affluence dans une région touristique. ❑ **saison creuse :** période où l'activité est réduite.

saisonnier, ère adj Propre à une saison ; qui ne dure qu'une saison. ◆ nm Ouvrier qui loue ses services pour des travaux saisonniers.

sajou ou **sapajou** nm Singe de l'Amérique tropicale à longue queue.

saké nm Boisson japonaise alcoolisée à base de riz fermenté.

salace adj **1.** LITT Porté aux plaisirs sexuels, lubrique. **2.** Se dit de propos obscènes.

salade nf **1.** Plat composé de légumes crus ou cuits, de viande ou de poisson, d'œufs assaisonnés avec une vinaigrette. **2.** Plante potagère feuillue ; plat composé des feuilles de cette plante, crues et assaisonnées. ■ **en salade :** servi froid avec de la vinaigrette. ❑ **salade de fruits :** assortiment de fruits coupés. ❑ **salade mixte :** plat composé de salade verte et de tomates. ◆ **salades** pl FAM Mensonges, histoires.

saladerie nf Établissement de restauration rapide où l'on sert des salades variées.

saladier nm Récipient où l'on prépare et sert la salade ; son contenu.

salage nm Action de saler ; son résultat.

salaire nm **1.** Rémunération d'un travail, d'un service, versée régulièrement en vertu d'un contrat de travail. **2.** FIG Récompense : *toute peine mérite salaire.* ■ **salaire brut** ou **salaire réel :** salaire avant retenue des cotisations sociales (par opposition à *salaire net*). ❑ **salaire de base :** salaire mensuel fixé suivant un coefficient ou des points, qui correspond à une fonction et sert au calcul de prestations ou de cotisations.

salaison nf Action de saler certains aliments pour assurer leur conservation. ◆ **salaisons** pl Denrées conservées dans du sel et du nitrate ou dans du nitrate de calcium.

salamalecs nm pl FAM Révérences, politesses exagérées : *faire des salamalecs.*

salamandre nf Amphibien ressemblant à un lézard.

salami nm Gros saucisson sec.

salangane nf Oiseau passereau d'Asie dont on consomme, sous le nom de *nids d'hirondelles*, les nids faits d'algues agglomérées.

salant adj m Qui produit ou contient du sel : *marais salant.*

salarial, e, aux adj Relatif au salaire.

salariat nm **1.** Condition de salarié ; mode de rémunération par un salaire. **2.** Ensemble des salariés (par opposition au *patronat*).

salarié, e n et adj Personne qui reçoit un salaire.

salarier vt **1.** Donner un salaire à. **2.** Conférer à quelqu'un le statut de salarié.

salaud nm TRÈS FAM, INJUR Homme déloyal, malhonnête.

sale adj **1.** Malpropre, souillé : *du linge sale.* **2.** Qui n'est pas soigneux : *être sale dans son travail.* **3.** Qui salit : *travail sale.* **4.** Se dit d'une couleur qui manque d'éclat : *jaune sale.* **5.** Contraire au bon goût, à la délicatesse : *histoires sales.* **6.** FAM (avant le nom) Très désagréable, détestable : *sale temps ; sale coup.* ■ **argent sale :** provenant d'activités illégales.

1. salé nm **1.** Nourriture salée. **2.** Chair de porc salée. ■ **petit salé :** salé provenant de la poitrine, cuit dans un bouillon aromatisé.

2. salé, e adj **1.** Conservé dans du sel. **2.** Qui a le goût du sel. **3.** FAM Grivois : *conte salé.* **4.** FAM Exagéré, excessif : *des prix salés.*

salement adv **1.** De façon sale. **2.** FAM Très : *il est salement malade.*

saler vt **1.** Assaisonner avec du sel : *saler un ragoût.* **2.** Imprégner une denrée de sel pour la conserver : *saler du porc.* **3.** Répandre du sel sur : *saler une route.* **4.** FAM Demander un prix excessif : *saler la note.*

saleté nf **1.** État de ce qui est sale. **2.** Chose malpropre : *enlever une saleté.* **3.** FAM Parole obscène : *raconter des saletés.*

salicorne nf Plante des marais salants dont on extrayait la soude.

salicylique adj Se dit d'un acide doué de propriétés antiseptiques et anti-inflammatoires.

salière nf **1.** Petit récipient pour présenter le sel sur la table. **2.** FAM Creux en arrière des clavicules chez les personnes maigres.

salifier vt CHIM Convertir en sel.

saligaud, e n TRÈS FAM Personne qui agit de façon ignoble ou méprisable.

salin, e adj Qui contient du sel. ◆ nm Marais salant.

saline nf Établissement industriel dans lequel on produit du sel.

salinité nf Teneur en sel.

salique adj HIST Des Francs Saliens. ■ **loi salique :** excluant les femmes de l'héritage foncier.

salir vt **1.** Rendre sale. **2.** FIG Déshonorer, porter atteinte à : *salir la réputation de quelqu'un.* ◆ **se salir** vpr **1.** Devenir sale : *vêtement qui se salit rapidement.* **2.** Rendre sales ses vêtements, son corps.

salissant, e adj **1.** Qui se salit facilement : *couleur salissante.* **2.** Qui salit : *travail salissant.*

salissure nf Saleté, souillure.

salivaire adj De la salive : *glandes salivaires.*

salivation nf Sécrétion de la salive.

salive nf Liquide qui humecte la bouche et qui facilite la déglutition des aliments. ■ FAM **dépenser beaucoup de salive (pour rien) :** parler beaucoup, souvent en vain.
saliver vi **1.** Sécréter de la salive. **2.** Avoir très envie de quelque chose.
salle nf **1.** Pièce d'une habitation destinée à un usage particulier : *salle à manger ; salle de bains.* **2.** Lieu couvert destiné à un usage collectif : *salle de classe ; salle des fêtes ; salle d'attente.* **3.** Public qui remplit une salle : *toute la salle applaudit.*

> ORTHOGRAPHE On écrit, avec le complément au singulier, *salle d'audience, de bal, de classe, d'étude, d'opération, de rédaction, de spectacle ;* avec le complément au pluriel, *salle d'armes, de concerts, de conférences, de jeux.*

salmigondis [salmigɔ̃di] nm Écrit, discours composé de choses disparates.
salmis [salmi] nm Ragoût de pièces de gibier ou de volaille déjà rôties.
salmonelle nf Bactérie responsable des salmonelloses.
salmonellose nf Maladie infectieuse, due à la salmonelle, responsable d'intoxications alimentaires.
salmonidé nm Poisson osseux à deux nageoires dorsales, tels le saumon et la truite (les salmonidés forment une famille).
saloir nm Récipient pour mettre les viandes, les poissons à saler.
salon nm **1.** Pièce d'une habitation destinée à recevoir des visiteurs ; mobilier propre à cette pièce. **2.** Salle de certains établissements commerciaux : *salon de thé, de coiffure.* **3.** (avec une majuscule) Exposition annuelle d'œuvres d'artistes vivants : *Salon d'automne.* **4.** (avec une majuscule) Manifestation commerciale périodique : *Salon de l'agriculture.* **5.** LITT Société mondaine ; *fréquenter les salons.*
salonnard, e n FAM, PÉJOR Personne qui fréquente les salons, les gens du monde.
saloon [salun] nm Bar du Far West.
salopard nm TRÈS FAM Individu malfaisant, sans scrupule.
salope nf TRÈS FAM Femme sans scrupule, garce.
saloper vt TRÈS FAM **1.** Faire très mal un travail. **2.** Salir, couvrir de taches.
saloperie nf TRÈS FAM **1.** Saleté. **2.** Chose de très mauvaise qualité. **3.** Action ou parole basse et vile.
salopette nf Vêtement constitué d'un pantalon et d'un plastron à bretelles.
salpêtre nm Nitrate de potassium.
salpingite nf MÉD Inflammation d'une trompe utérine.
salsepareille nf Plante à racine naguère d'usage médicinal.
salsifis nm Plante potagère à longue racine charnue comestible ; racine de cette plante.

> ORTHOGRAPHE *Salsifis* s'écrit avec *is* à la fin, comme *radis,* mais à la différence de *céleri.*

saltimbanque nm Personne exécutant des tours d'adresse, des acrobaties sur les places publiques, dans les foires.
salubre adj Sain : *appartement salubre.*
salubrité nf Caractère de ce qui est salubre. ■ **salubrité publique :** ensemble des mesures d'hygiène prises par l'Administration.
saluer vt **1.** Donner une marque extérieure d'attention, de respect : *saluer un ami ; saluer le drapeau.* **2.** Acclamer, rendre hommage à : *saluer le courage de quelqu'un.* **3.** Accueillir : *saluer par des sifflets.*
salure nf **1.** Caractère de ce qui est salé. **2.** Teneur en sel.
salut nm **1.** Fait d'échapper à un danger, à un mal. **2.** Action ou manière de saluer ; marque d'attention, de respect. **3.** RELIG Accession à la vie éternelle : *travailler à son salut.* ■ **Armée du salut :** association protestante charitable. ◆ interj FAM Formule dont on se sert pour aborder quelqu'un ou le quitter.
salutaire adj **1.** Propre à conserver la santé physique ou morale. **2.** D'un effet bénéfique sur la conduite de quelqu'un.
salutation nf (surtout au pluriel) Action de saluer ; geste ou parole de salut. ■ **mes salutations dévouées, distinguées, respectueuses :** formules de politesse en fin de lettre.
salutiste n Membre de l'Armée du salut.
salvateur, trice adj SOUT Qui sauve : *des mesures salvatrices.*
salve nf Décharge simultanée d'armes à feu. ■ **salve d'applaudissements :** applaudissements qui éclatent tous en même temps.
samaritain, e adj et n De Samarie. ■ **le bon Samaritain :** (a) dans les Évangiles, personnage présenté par Jésus comme un modèle de charité discrète et désintéressée (b) personne charitable qui se dévoue volontiers.
samba [sɑ̃ba] nf Danse populaire brésilienne à deux temps, de rythme syncopé.
samedi nm Sixième jour de la semaine.

samizdat [samizdat] nm HIST En URSS, ouvrage interdit par la censure et diffusé clandestinement.
samouraï nm Guerrier japonais, à l'époque des shogouns.
samovar nm Bouilloire à robinet.
sampan nm Embarcation orientale à fond plat.
sampler [sɑ̃plœr] nm Appareil électronique utilisé pour découper des extraits de musiques de variété afin de les insérer dans d'autres morceaux.
SAMU ou **Samu** [samy] nm (sigle) Service d'aide médicale d'urgence.
sana nm (abréviation) FAM Sanatorium.
sanatorium [sanatɔrjɔm] nm Établissement de cure pour les tuberculeux.
sanctifiant, e adj Qui sanctifie : *grâce sanctifiante.*
sanctificateur, trice adj et n Qui sanctifie.
sanctification nf Action de sanctifier ; son résultat.
sanctifier vt **1.** Rendre saint. **2.** Révérer comme saint : *que votre nom soit sanctifié.* **3.** Célébrer suivant la loi religieuse : *sanctifier le dimanche.*
sanction nf **1.** Mesure répressive : *prendre des sanctions ; sanction économique.* **2.** Conséquence, bonne ou mauvaise, d'un acte. **3.** Approbation, confirmation : *la sanction de l'usage.*
sanctionner vt **1.** Infliger une sanction, une peine. **2.** Approuver.
sanctuaire nm **1.** Édifice consacré aux cérémonies d'une religion. **2.** FIG Lieu d'asile inviolable.
sandale nf Chaussure formée d'une simple semelle retenue au pied par des courroies ou des lacets.
sandalette nf Sandale légère.
Sandow [sɑ̃do] nm (nom déposé) Câble élastique en caoutchouc.
sandre nm ou nf Poisson voisin de la perche, à chair estimée.
sandwich [sɑ̃dwitʃ] (pl *sandwichs* ou *sandwiches*) nm Mets fait de tranches de pain entre lesquelles on place du fromage, du jambon, etc. ■ FIG **en sandwich :** étroitement serré entre deux personnes ou deux choses.
sang nm **1.** Liquide rouge qui circule dans les veines et les artères. **2.** Vie : *payer de son sang.* **3.** Race, famille, extraction. ■ **avoir le sang chaud :** être ardent, dynamique. ❑ **avoir quelque chose dans le sang :** être très doué ou passionné pour quelque chose. ❑ **liens du sang :** liens entre personnes de la même famille. ❑ **se faire du mauvais sang, un sang d'encre :** s'inquiéter.
sang-froid nm inv Maîtrise de soi, calme : *perdre son sang-froid.* ■ **de sang-froid :** consciemment, de façon délibérée.
sanglant, e adj **1.** Taché, souillé de sang. **2.** Où il y a beaucoup de sang répandu ; meurtrier : *combat sanglant.* **3.** FIG Très offensant : *affront sanglant.*
sangle nf Bande large et plate, qui sert à ceindre, à serrer, etc. ■ **sangle abdominale :** ensemble des muscles de la paroi abdominale.
sangler vt **1.** Serrer avec une sangle. **2.** Serrer fortement à la taille.
sanglier nm Porc sauvage ; chair de cet animal (la femelle du sanglier est la *laie*, et son petit, le *marcassin*).
sanglot nm Contraction spasmodique du diaphragme, sous l'effet de la douleur ou de la peine, accompagnée de larmes : *éclater en sanglots.*
sangloter vi Pleurer en poussant des sanglots.
sang-mêlé n inv VX Métis, métisse.
sangria [sɑ̃grija] nf Boisson d'origine espagnole faite de vin sucré où macèrent des morceaux de fruits.
sangsue [sɑ̃sy] nf **1.** Ver d'eau douce, dont le corps est terminé par une ventouse à chaque extrémité. **2.** FIG Personne avide d'argent.
sanguin, e adj Relatif au sang : *vaisseau sanguin.* ■ **orange sanguine :** sanguine. ◆ n Personne au tempérament impulsif.
sanguinaire adj **1.** Qui se plaît à répandre le sang humain : *tyran sanguinaire.* **2.** LITT Où le sang coule beaucoup : *bataille sanguinaire.* **3.** FIG Cruel : *lois sanguinaires.*
sanguine nf **1.** Dessin exécuté avec un crayon ocre rouge. **2.** Orange d'une variété à chair rouge.
sanguinolent, e adj **1.** Teinté ou mêlé de sang. **2.** De la couleur du sang.
sanhédrin [sanedrɛ̃] nm Tribunal des anciens juifs, à Jérusalem.
Sanisette nf (nom déposé) Édicule abritant des toilettes publiques automatisées.
sanitaire adj Relatif à la santé, à l'hygiène : *règlement sanitaire.* ◆ **sanitaires** nm pl Dans un local, ensemble formé par les lavabos, la baignoire, les W.-C.
sans prép **1.** Marque la privation, l'absence, l'exclusion : *sans argent ; sans effort.* **2.** Marque la condition négative : *sans vous, il aurait perdu.* ■ **non sans :** avec. ❑ **sans cela, sans quoi :** autrement, sinon. ❑ **sans plus :** et pas plus. ❑ **sans que** (+ subj) : indique une circonstance non réalisée.

GRAMMAIRE On dit *il part sans sa femme ni ses enfants* ou *il part sans sa femme et sans ses enfants.*

sans-abri n inv Personne qui n'a pas de logement ; sans-logis.
sans-cœur adj inv et n inv FAM Insensible.
sanscrit, e nm et adj → **sanskrit**.
sans-culotte (pl *sans-culottes*) nm Révolutionnaire du tiers état sous la Convention.
sans-emploi n inv Chômeur.
sans-faute nm inv Épreuve réalisée sans faute, sans erreur.
sans-fil adj inv et nm inv Se dit des télécommunications sans liaison matérielle, ainsi que des technologies ou des appareils qui les autorisent : *réseau, alarme sans-fil.*
sans-gêne nm inv Manière d'agir sans politesse. ◆ n inv Personne qui agit ainsi.
sanskrit, e ou **sanscrit, e** nm et adj Langue sacrée et littéraire de l'Inde ancienne.
sans-le-sou n inv FAM Personne qui n'a pas d'argent.
sans-logis n inv Sans-abri.
sansonnet nm Étourneau (oiseau).
sans-papiers nm Personne qui ne possède pas de papiers d'identité ni de documents justifiant de la régularité de sa situation en France.
sans-plomb nm inv Essence dans laquelle le plomb a été remplacé par d'autres additifs moins polluants.
sans-terre n inv Au Brésil, paysan qui n'est pas propriétaire des terres qu'il cultive.
santal (pl *santals*) nm Arbre d'Asie employé en ébénisterie et en parfumerie ; bois, essence extraits de cet arbre.
santé nf **1.** État de quelqu'un dont l'organisme fonctionne normalement : *ménager sa santé.* **2.** État de l'organisme, bon ou mauvais : *être de santé délicate* **3.** État sanitaire d'une collectivité. **4.** FIG État d'un système, d'une branche d'activités : *la santé des finances.* ■ **(à ta) santé !, à votre santé !** : formule de vœux à la personne en l'honneur de laquelle on lève son verre.
santiag [sɑ̃tjag] nf FAM Botte à bout effilé et talon oblique.
santon nm Figurine d'origine provençale qui décore les crèches à Noël.
saoudien, enne adj et n De l'Arabie saoudite : *les Saoudiens.*
saoul, e [su, sul] adj → **soûl**.
saouler [sule] vt → **soûler**.
sapajou nm → **sajou**.
sape nf Tranchée creusée sous un mur, un ouvrage, etc., pour le faire tomber. ■ FIG **travail de sape** : activité secrète pour détruire.
sapement nm Action de saper.
1. saper vt **1.** Creuser une sape sous une construction : *saper un mur.* **2.** FIG Détruire, ébranler : *saper le moral de quelqu'un.*
2. saper vt FAM Habiller. ◆ **se saper** vpr FAM S'habiller.
saperlipopette interj Juron familier.
sapes nf pl FAM Vêtements.
sapeur nm Soldat du génie.
sapeur-pompier (pl *sapeurs-pompiers*) nm Pompier.
saphir nm **1.** Pierre précieuse bleue et transparente. **2.** Petite pointe en corindon qui lit le disque dans la tête de lecture d'un électrophone.
sapide adj Qui a de la saveur (par opposition à *insipide*).
sapidité nf Caractère de ce qui est sapide.
sapin nm Grand arbre résineux à feuillage persistant ; bois de cet arbre. ■ **sapin de Noël** : sapin coupé et décoré à Noël.
sapine nf **1.** Planche, solive de sapin. **2.** Grue pour élever des matériaux de construction.
sapinière nf Lieu planté de sapins.
saponacé, e adj De la nature du savon.
saponaire nf Plante dont la tige et la racine contiennent un glucoside qui fait mousser l'eau.
saponification nf Transformation des corps gras en savon.
saponifier vt Transformer un corps gras en savon.
sapote ou **sapotille** nf Fruit comestible du *sapotillier*, arbre d'Amérique centrale.
sapristi interj FAM Exprime la surprise.
saprophyte nm et adj Végétal se nourrissant de substances organiques en décomposition.
saquer vt → **sacquer**.
sarabande nf **1.** Danse à trois temps des XVIIe et XVIIIe s. **2.** FAM Vacarme dû à des jeux bruyants.
sarbacane nf Long tuyau qui sert à lancer, en soufflant, de petits projectiles.
sarcasme nm Raillerie acerbe.
sarcastique adj Moqueur et méchant.
sarcelle nf Canard sauvage de petite taille.
sarclage nm Action de sarcler.
sarcler vt Arracher les mauvaises herbes à l'aide d'un sarcloir.
sarcloir nm Outil pour sarcler.

sarcomateux, euse adj Relatif au sarcome.
sarcome nm Tumeur maligne d'un tissu conjonctif, osseux ou musculaire.
sarcophage nm **1.** ANTIQ Cercueil de pierre. **2.** Enceinte étanche en béton.
sarcopte nm Acarien provoquant la gale.
sardane nf Danse populaire de Catalogne.
sarde adj et n De Sardaigne : *les Sardes*.
sardine nf Poisson voisin du hareng, commun dans la Méditerranée et l'Atlantique.
sardinerie nf Usine où l'on prépare les conserves de sardines.
sardinier, ère n **1.** Pêcheur de sardines. **2.** Personne qui travaille à la fabrication des conserves de sardines. ◆ nm Bateau pour pêcher la sardine.
sardonique adj Qui exprime une ironie méchante : *rire sardonique*.
sardoniquement adv De façon sardonique.
sargasse nf Algue brune flottante, dont l'accumulation au large des côtes de Floride donne son nom à la *mer des Sargasses*.
sari nm Vêtement des femmes de l'Inde, fait d'une pièce de tissu drapée.
sarigue nf Mammifère marsupial d'Amérique.
SARL [ɛsaɛrɛl] nf (sigle) Société à responsabilité limitée.
sarment nm **1.** Jeune rameau de vigne de l'année. **2.** Tige ou branche ligneuse grimpante.
saroual (pl *sarouals*) ou **sarouel** (pl *sarouels*) nm Pantalon traditionnel d'Afrique du Nord à jambes bouffantes.
sarrasin nm Céréale cultivée pour ses graines alimentaires ; farine de cette céréale. SYN : blé noir.
sarrau (pl *sarraus*) nm Blouse de travail à manches longues, boutonnée dans le dos.
sarriette nf Plante aromatique.
sas [sas] ou [sa] nm **1.** Local étanche permettant le passage dans des milieux de pression différente. **2.** Espace de sécurité entre deux portes interdisant leur ouverture simultanée. **3.** Partie d'un canal entre deux portes d'écluse. **4.** Tamis de crin, de soie.
sassafras [sasafra] nm Lauracée d'Amérique, dont les feuilles sont employées comme condiment.
satané, e adj FAM Incroyable, sacré : *un satané farceur*.
satanique adj Diabolique, très méchant : *ruse satanique*.
satellisation nf Action de satelliser.
satelliser vt **1.** Placer un mobile sur une orbite fermée autour de la Terre, d'un astre. **2.** FIG Mettre un pays sous la dépendance étroite d'un autre.
satellitaire adj Relatif aux satellites artificiels : *téléphone, télévision satellitaires*.
satellite nm **1.** ASTRON Planète secondaire qui tourne autour d'une planète principale. **2.** Bâtiment annexe d'une aérogare. ■ **satellite artificiel :** engin placé sur une orbite elliptique dont le centre de la Terre est l'un des foyers. ◆ adj et nm Qui dépend d'un autre sur un plan politique ou économique : *pays satellite*.
satiété [sasjete] nf ■ **à satiété :** (a) Jusqu'à être rassasié : *boire, manger à satiété* (b) jusqu'à la lassitude : *répéter à satiété*.
satin nm Étoffe de soie, de laine ou de coton, fine, moelleuse et brillante.
satiné, e adj Qui a l'apparence du satin. ■ **peau satinée :** douce comme du satin.
satiner vt Donner à une étoffe, à du papier, etc., un aspect satiné.
satinette nf Étoffe de coton, ou de coton et de soie, offrant l'aspect du satin.
satire nf **1.** LITT Pièce en vers où l'auteur attaque les vices et les ridicules de son temps. **2.** Discours, écrit piquants ou médisants : *une satire du monde politique*.
satirique adj **1.** LITTÉR Qui tient de la satire : *la poésie satirique*. **2.** Enclin à la satire : *esprit satirique ; dessinateur satirique*.
satiriste n Auteur de satires.
satisfaction nf **1.** Action de satisfaire, de contenter. **2.** État de contentement, de joie qui résulte de l'accomplissement de ce qu'on attendait.
satisfaire vt (conj 76) **1.** Contenter quelqu'un : *on ne peut pas satisfaire tout le monde*. **2.** Contenter un désir, assouvir un besoin. ◆ vt ind [à] Faire ce qui est exigé par quelque chose : *satisfaire à la mode*. ◆ **se satisfaire** vpr [de] Se contenter.
satisfaisant, e adj Qui satisfait : *un résultat satisfaisant*.
satisfait, e adj **1.** Content de ce qui a été fait ou dit. **2.** Assouvi, rempli : *désirs satisfaits*.
satisfecit [satisfesit] nm inv LITT Témoignage de satisfaction, d'approbation.
satrape nm LITT Personnage vivant dans le luxe et exerçant une autorité despotique.
saturant, e adj Qui sature.
saturateur nm Récipient plein d'eau, qui s'adapte aux radiateurs et sert à humidifier l'air d'une pièce.

saturation nf Action de saturer ; état de ce qui est saturé.

saturé, **e** adj **1.** Rempli, imprégné à l'excès, encombré : *sol saturé de sel ; autoroute saturée.* **2.** Se dit d'une solution qui ne peut dissoudre une quantité supplémentaire de la substance dissoute. ■ **couleur saturée** : pure.

saturer vt **1.** Remplir à l'excès ; rassasier : *saturer de publicité.* **2.** Amener une solution à contenir le plus possible de corps dissous : *saturer un liquide.* ◆ vi FAM Ne plus supporter quelque chose : *j'ai trop lu cet auteur, je sature.*

saturnales nf pl ANTIQ ROM Fêtes en l'honneur de Saturne.

saturnien, **enne** adj De Saturne.

saturnin, **e** adj Relatif au plomb.

saturnisme nm Intoxication par le plomb.

satyre nm **1.** MYTH Demi-dieu rustique à jambes de bouc. **2.** Exhibitionniste.

sauce nf Assaisonnement liquide d'un mets : *sauce à la tomate.* ■ **en sauce** : accompagné de ou cuit dans une sauce. ❑ FIG, FAM **mettre à toutes les sauces** : utiliser de toutes sortes de façons.

saucée nf FAM Averse.

saucer vt **1.** VIEILLI Tremper dans la sauce : *saucer du pain.* **2.** Essuyer la sauce avec du pain : *saucer son assiette.* ■ FAM **se faire saucer** : se faire mouiller par une pluie abondante.

saucier nm **1.** Cuisinier qui prépare les sauces. **2.** Appareil électroménager pour faire les sauces.

saucière nf Récipient pour servir les sauces.

saucisse nf Boyau rempli de chair hachée de porc, de bœuf, etc.

saucisson nm Grosse saucisse, crue ou cuite.

saucissonner vi FAM Manger du saucisson, de la charcuterie sur le pouce. ◆ vt FAM **1.** Diviser en tranches, en petites parties : *saucissonner un film.* **2.** Ficeler, attacher comme un saucisson.

1. sauf prép **1.** À la réserve de, à moins de : *sauf erreur.* **2.** Excepté : *tout, sauf cela.* ■ LITT **sauf à** : en excluant telle éventualité. ❑ **sauf que** : à part le fait que. ❑ PAR PLAIS **sauf votre respect** ou **sauf le respect que je vous dois** : sans vouloir vous choquer, vous offenser.

2. sauf, **sauve** adj **1.** Tiré de danger : *avoir la vie sauve.* **2.** Qui n'est pas atteint : *l'honneur est sauf.*

sauf-conduit (pl *sauf-conduits*) nm Permis d'aller en un lieu, d'y séjourner et de s'en retourner librement.

sauge nf Plante aromatique et officinale à fleurs rouges ou violettes ; feuille de cette plante, utilisée en cuisine.

saugrenu, **e** adj Absurde, bizarre : *question saugrenue.*

saulaie ou **saussaie** nf Lieu planté de saules.

saule nm Arbre vivant près de l'eau. ■ **saule pleureur** : dont les branches et le feuillage retombent.

saumâtre adj **1.** D'une saveur amère et salée comme celle de l'eau de mer. **2.** FIG Amer, difficile à accepter : *trouver la plaisanterie saumâtre.*

saumon nm Poisson voisin de la truite, à chair estimée, pouvant atteindre 1,50 m de long. ◆ adj inv D'une teinte rose-orangé : *un chemisier rose saumon.*

saumoné, **e** adj À chair rosée comme celle du saumon : *truite saumonée.*

saumoneau nm Petit saumon.

saumurage nm Action de saumurer.

saumure nf Préparation liquide salée, où l'on conserve des viandes ou des légumes : *anchois conservés dans la saumure.*

saumurer vt Soumettre à l'action de la saumure : *saumurer des harengs.*

sauna nm **1.** Bain de chaleur sèche et de vapeur, d'origine finlandaise. **2.** Établissement où l'on prend ces bains.

saunage nm ou **saunaison** nf Fabrication et vente de sel.

sauner vi **1.** Extraire le sel. **2.** Produire du sel, en parlant des bassins des marais salants.

saunier nm Ouvrier qui recueille le sel ou qui le vend. ■ AUTREF **faux saunier** : sous l'Ancien Régime, contrebandier du sel.

saupiquet nm Sauce piquante à l'échalote.

saupoudrage nm Action de saupoudrer.

saupoudrer vt **1.** Poudrer de sel, de farine, de sucre, etc. **2.** FIG Parsemer : *saupoudrer de citations.*

saupoudreuse nf Ustensile pour saupoudrer.

saur adj m ■ **hareng saur** : salé et séché à la fumée.

saurien nm Reptile d'un groupe comprenant les lézards, les orvets, les caméléons. SYN : lacertilien.

saussaie nf → **saulaie**.

saut nm **1.** Action de sauter : *saut en longueur ;* action de sauter vers le bas : *saut en parachute.* **2.** Chute d'eau dans le courant d'une rivière : *le saut du Doubs.* **3.** FIG Passage brusque, changement subit : *un saut dans l'inconnu.* ■ **au saut du lit** : au sortir du lit. ❑ **faire le saut** : se décider à faire quelque chose qui faisait difficulté. ❑ **faire un saut quelque part** : y passer un court moment. ❑ **le saut à la perche** ou **la perche** : sport consistant à passer au-dessus d'une barre en se propulsant à l'aide d'une perche. ❑ **saut périlleux** : saut consistant en une rotation complète du corps dans l'espace.

saut-de-lit (pl *sauts-de-lit*) nm Peignoir léger féminin.

saute nf Changement brusque : *une saute de vent, d'humeur.*

sauté nm Aliment cuit à feu vif avec un corps gras dans une sauteuse ou une poêle : *sauté de porc, de veau.*

saute-mouton nm inv Jeu dans lequel les joueurs sautent alternativement les uns par-dessus les autres.

sauter vi **1.** S'élever de terre avec effort ; s'élancer d'un lieu dans un autre ; s'élancer d'un lieu élevé vers le bas. **2.** S'élancer pour saisir : *sauter à la gorge.* **3.** Être projeté ou déplacé soudainement : *chaîne de vélo qui a sauté.* **4.** FIG Passer brusquement d'une chose à une autre : *sauter d'un sujet à l'autre.* **5.** Voler en éclats : *l'arsenal a sauté.* **6.** Être omis, effacé, annulé : *un mot a sauté dans la phrase.* **7.** Fondre, en parlant de fusibles. ■ FAM **et que ça saute !** : vite. ❑ **faire sauter un aliment** : le faire revenir à feu vif dans un corps gras, en l'empêchant d'attacher. ❑ **sauter aux yeux** : être évident. ❑ FAM **se faire sauter la cervelle** : se tuer d'un coup de pistolet à la tête. ◆ vt **1.** Franchir d'un saut : *sauter un mur.* **2.** FIG Omettre : *sauter une page.*

sauterelle nf Insecte sauteur jaune ou vert.

sauterie nf FAM Petite réunion dansante.

sauternes nm Vin blanc de Bordeaux liquoreux.

sauteur, **euse** n et adj **1.** Athlète spécialisé dans les épreuves de saut. **2.** Insecte qui a les pattes postérieures propres au saut.

sauteuse nf Casserole plate pour faire sauter les aliments.

sautillant, **e** adj Qui sautille : *une allure sautillante.*

sautillement nm Petit saut.

sautiller vi Avancer par petits sauts.

sautoir nm **1.** Collier féminin très long. **2.** Figure formée par deux objets croisés en X : *deux épées en sautoir sur un cercueil.* ■ **en sautoir** : autour du cou, en collier tombant sur la poitrine.

sauvage adj **1.** Qui vit en liberté dans la nature : *animaux sauvages.* **2.** Qui pousse sans être cultivé : *plante sauvage.* **3.** Désert, inculte : *lieu sauvage.* **4.** Qui s'organise spontanément, en dehors des règlements : *grève sauvage.* ◆ adj et n **1.** Qui vit loin de la civilisation. **2.** Qui fuit la société. **3.** Cruel, inhumain.

sauvagement adv Avec sauvagerie.

sauvageon, **onne** n Enfant farouche, sauvage. ◆ nm Jeune arbre qui a poussé sans être cultivé.

sauvagerie nf **1.** Caractère de celui qui fuit la société. **2.** Férocité, cruauté.

sauvagine nf Gibier d'eau au goût et à l'odeur particuliers.

sauvegarde nf **1.** Garantie, protection accordée par une autorité : *se mettre sous la sauvegarde de la justice.* **2.** Garantie, défense : *les lois sont la sauvegarde de la liberté.* **3.** INFORM Copie de sécurité.

sauvegarder vt **1.** Protéger, défendre : *sauvegarder son indépendance.* **2.** INFORM Effectuer une sauvegarde.

sauve-qui-peut nm inv Fuite, panique où chacun se sauve comme il peut.

sauver vt **1.** Tirer du danger, du malheur, de la mort : *sauver un malade.* **2.** Préserver de la perte, de la destruction : *sauver un navire en perdition.* **3.** Pallier, masquer ce qui est défectueux : *c'est la distribution qui sauve ce film.* **4.** RELIG Procurer le salut éternel. **5.** INFORM Sauvegarder. ◆ **se sauver** vpr **1.** Fuir, s'échapper : *se sauver à toutes jambes.* **2.** FAM S'en aller très vite : *je me sauve, il est tard.*

sauvetage nm Action de tirer quelqu'un ou quelque chose d'un danger, d'une situation critique. ■ **de sauvetage** : destiné à porter secours : *canot, gilet de sauvetage.*

sauveteur nm Personne qui prend part à un sauvetage.

sauvette (à la) loc adv À la hâte et en essayant de rester discret. ■ **vente à la sauvette** : vente sur la voie publique sans autorisation.

sauveur nm Personne qui sauve. ■ RELIG **le Sauveur** : Jésus-Christ.

SAV [ɛsave] nm (sigle) Service après-vente.

savamment adv De façon savante.

savane nf Dans les régions tropicales, prairie de hautes herbes, souvent parsemée d'arbres.

savant, **e** adj et n Qui a des connaissances étendues dans divers domaines ou dans une discipline particulière : *un savant helléniste.* ◆ adj **1.** Où il y a de la science, de l'érudition : *livre savant.* **2.** Qui dénote de l'habileté : *le savant désordre d'une coiffure.* **3.** Se dit d'un animal dressé à certains tours : *une chèvre savante.* ◆ nm Personne qui a une compétence exceptionnelle dans une discipline scientifique.

EMPLOI *Un savant* (nom masculin) se dit aussi bien pour une femme que pour un homme : *elle est un savant renommé.*

savarin nm Gâteau en forme de couronne, imbibé de rhum.

savate nf Vieille pantoufle, vieille chaussure. ■ FAM **traîner la savate :** (a) être dans l'indigence (b) ne rien faire.

savetier nm VX Cordonnier.

saveur nf **1.** Sensation produite sur la langue par certains corps. **2.** FIG Charme, piquant : *une poésie pleine de saveur.*

1. savoir vt (conj 39) **1.** Connaître, être instruit dans quelque chose : *savoir l'anglais.* **2.** Être exercé à : *savoir commander.* **3.** Avoir dans la mémoire : *savoir sa leçon.* **4.** Être informé de : *savoir un secret ; je n'en sais rien.* ■ **à savoir** ou **savoir :** annonce une précision, une énumération. ❑ **que je sache :** à ma connaissance. ❑ **qui sait ? :** ce n'est peut-être pas impossible. ❑ FAM **reste à savoir si :** exprime un doute, une incertitude.

EMPLOI Noter que *vous n'êtes pas sans savoir* signifie « vous savez très bien », « vous n'ignorez pas ».

2. savoir nm Ensemble de connaissances : *un savoir encyclopédique.*

savoir-faire nm inv **1.** Habileté. **2.** Compétence professionnelle.

savoir-vivre nm inv Connaissance et pratique des règles de la politesse.

savon nm **1.** Mélange d'une matière grasse et d'un alcali qui sert à nettoyer, à dégraisser, à blanchir ; morceau moulé de ce produit. **2.** FAM Réprimande : *passer un savon à quelqu'un.*

savonnage nm Lavage au savon.

savonner vt Laver avec du savon ; frotter de savon.

savonnerie nf Fabrique de savon.

savonnette nf Petit savon parfumé.

savonneux, euse adj Qui contient du savon.

savonnier, ère adj Relatif au savon, à sa fabrication ou à son commerce. ◆ nm **1.** Fabricant de savon. **2.** Arbre des régions chaudes d'Asie et d'Amérique, dont l'écorce est dite *bois de Panama.*

savourer vt **1.** Goûter lentement, avec attention et plaisir : *savourer son café.* **2.** FIG Jouir de quelque chose avec délices : *savourer sa victoire.*

savoureux, euse adj **1.** Qui a une saveur agréable. **2.** FIG Que l'on goûte avec grand plaisir : *histoire savoureuse.*

savoyard, e adj et n De Savoie : *les Savoyards.*

saxe nm Porcelaine de Saxe.

saxhorn nm Instrument à vent en cuivre, avec embouchure et pistons : *le tuba est de la famille des saxhorns.*

saxifrage nf Plante qui croît au milieu des pierres.

saxo nm (abréviation) Saxophone. ◆ n Saxophoniste.

saxon, onne adj et n De Saxe ou du peuple germanique des Saxons.

saxophone nm Instrument à vent en cuivre, muni d'un bec de clarinette et de clés.

saxophoniste n Joueur de saxophone.

saynète nf Courte comédie à deux ou trois personnages.

sbire nm PÉJOR Homme de main.

scabreux, euse adj **1.** LITT Dangereux : *entreprise scabreuse.* **2.** Indécent, trop libre : *sujet scabreux.*

scaferlati [skafɛrlati] nm Tabac à pipe ou à rouler, coupé en fines lanières.

1. scalaire adj ■ MATH **produit scalaire de deux vecteurs :** produit de leurs longueurs et du cosinus de leur angle.

2. scalaire nm Poisson d'Amérique du Sud à corps aplati, souvent élevé en aquarium.

scalène adj ■ MATH **triangle scalène :** dont les trois côtés sont inégaux.

scalp nm Chevelure détachée du crâne avec la peau, trophée de guerre des anciens Indiens d'Amérique.

scalpel nm Instrument de chirurgie pour inciser et disséquer.

scalper vt Détacher la peau du crâne avec un instrument tranchant.

scampi [skɑ̃pi] nm pl Langoustines ou grosses crevettes frites.

scandale nm **1.** Indignation soulevée par un acte estimé contraire à la morale et aux usages : *craindre le scandale.* **2.** Affaire malhonnête ou immorale : *scandale financier.* **3.** Fait qui heurte la conscience, suscite l'émotion : *faire scandale ; le scandale de la faim dans le monde.* **4.** Querelle bruyante, tapage : *faire du scandale.*

scandaleusement adv D'une manière scandaleuse.

scandaleux, euse adj Qui cause du scandale ; honteux, révoltant.

scandaliser vt Soulever l'indignation, choquer. ◆ **se scandaliser** vpr [de] Ressentir de l'indignation.

scander vt **1.** LITT Prononcer un vers grec ou latin en marquant la quantité ou la mesure des syllabes. **2.** Prononcer en séparant les syllabes : *scander un slogan, des groupes de mots*.

scandinave adj et n De Scandinavie : *les Scandinaves*.

1. scanner [skanɛr] nm **1.** Appareil détectant par balayage les radiations émises par des surfaces étendues. **2.** MÉD Appareil qui reconstitue des images des diverses parties de l'organisme en coupes fines ; examen effectué avec cet appareil. **3.** INFORM Appareil servant à numériser un document.

2. scanner [skane] vt Numériser à l'aide d'un scanner : *scanner des images*.

scansion nf LITT Action ou façon de scander des mots.

scaphandre nm Appareil hermétiquement fermé que revêtent les plongeurs pour travailler sous l'eau.

scaphandrier nm Plongeur muni d'un scaphandre.

scapulaire adj ANAT Relatif à l'épaule : *muscle scapulaire*. ◆ nm Vêtement à capuchon et deux pans d'étoffe de certains ordres religieux catholiques.

scarabée nm Insecte coléoptère à antennes en lamelles.

scarificateur nm **1.** Instrument de chirurgie pour scarifier. **2.** Instrument agricole pour ameublir la terre sans la retourner.

scarification nf Incision superficielle de la peau.

scarifier vt Faire des incisions sur.

scarlatine nf Maladie fébrile contagieuse, caractérisée par des plaques écarlates sur la peau, qui atteint surtout les enfants.

scarole nf Chicorée à larges feuilles, mangée en salade.

scatologie nf Propos ou écrits relatifs aux excréments.

scatologique adj Relatif à la scatologie : *plaisanterie scatologique*.

sceau [so] nm **1.** Cachet qui rend un acte authentique ; son empreinte : *le sceau de l'État*. **2.** FIG, LITT Caractère distinctif : *cet ouvrage porte le sceau du génie*. ■ **sous le sceau du secret :** à la condition que le secret soit bien gardé.

ORTHOGRAPHE *Sceau* a deux homonymes avec lesquels il ne faut pas le confondre, *seau* et *sot*. On écrira ainsi : *ce sot a laissé tomber le sceau dans le seau*.

scélérat, e adj et n LITT Coupable ou capable de crimes. ◆ adj Perfide : *conduite scélérate*.

scélératesse nf LITT Perfidie, méchanceté.

scellement nm Action de fixer une pièce dans un trou, à l'aide d'un liant qui s'y durcit.

sceller vt **1.** Appliquer un sceau, des scellés sur. **2.** Effectuer un scellement : *sceller un anneau à une porte*. **3.** FIG Affermir : *sceller une amitié*.

scellés nm pl Bande fixée aux deux bouts par un cachet de cire revêtu du sceau officiel : *apposer les scellés sur une porte ; le bris de scellés est un délit*.

scénario nm **1.** Rédaction détaillée des diverses scènes dont un film sera composé. **2.** FIG Déroulement programmé d'une action.

scénariser vt Adapter sous forme de scénario ; doter d'un scénario : *scénariser un fait-divers ; scénariser un documentaire*.

scénariste n Auteur d'un scénario.

scène nf **1.** Partie du théâtre où jouent les acteurs. **2.** Lieu où est supposée se dérouler l'action : *la scène est à Rome*. **3.** Lieu où se passe une action : *la scène d'un crime*. **4.** Art dramatique. **5.** Subdivision d'un acte : *troisième scène du second acte*. **6.** FIG Spectacle : *une scène affligeante*. **7.** FAM Emportement, querelle violente : *scène de ménage ; faire une scène à quelqu'un*. ■ **mettre en scène :** assurer la réalisation d'un film, d'une pièce de théâtre.

scénique adj De la scène, du théâtre : *indication scénique*.

scénographe n Spécialiste de scénographie.

scénographie nf Art de l'organisation de la scène et de l'espace théâtral.

scepticisme nm **1.** Disposition au doute. **2.** PHILOS Doctrine qui soutient que la vérité absolue n'existe pas et qu'il convient donc de suspendre son jugement.

sceptique adj et n **1.** Qui manifeste du scepticisme ; incrédule. **2.** Qui relève de la doctrine philosophique du scepticisme ; qui en est partisan.

sceptre [sɛptr] nm Bâton de commandement, insigne de la royauté.

schako nm → **shako**.

schéma [ʃema] nm **1.** Figure représentant les éléments essentiels d'un objet, d'un mécanisme, d'une organisation. **2.** Plan d'un ouvrage littéraire, d'un projet.

schématique adj **1.** Sous forme de schéma : *tracé schématique*. **2.** Réduit à l'essentiel ; simplifié à l'excès.

schématiquement adv De façon schématique.

schématisation nf Généralisation, présentation simplifiée.

schématiser vt Représenter d'une manière schématique.

schématisme nm SOUT Caractère schématique souvent excessif de quelque chose.

scherzo [skɛrtso] ou [skɛrdzo] nm Morceau de musique de mesure ternaire, d'un style vif et léger.

schilling [ʃiliŋ] nm Unité monétaire autrichienne jusqu'au 1er janvier 2002.

schismatique adj Qui provoque un schisme. ◆ adj et n Qui adhère à un schisme.

schisme nm **1.** Séparation au sein d'une Église. **2.** Division dans un groupe, un parti.

schiste nm Roche feuilletée sédimentaire ou métamorphique. ■ **gaz, pétrole** ou **huile de schiste** : hydrocarbures formés dans les schistes, dont la méthode d'extraction est controversée en raison de ses risques sanitaires et environnementaux.

schisteux, euse adj De la nature du schiste.

schizo [skizo] adj et n (abréviation) FAM Schizophrène.

schizophrène [skizɔfrɛn] n Malade atteint de schizophrénie.

schizophrénie [skizɔfreni] nf Maladie mentale caractérisée par la rupture du contact avec le monde extérieur.

schizophrénique [skizɔfrenik] adj Relatif à la schizophrénie.

schlinguer vi FAM Puer.

schlittage nm Transport du bois par une schlitte.

schlitte nf AUTREF Traîneau servant à descendre le bois des montagnes.

schnaps [ʃnaps] nm FAM Eau-de-vie.

schnock ou **schnoque** ou **chnoque** nm FAM ■ **du schnock** : appellatif méprisant pour une personne dont on ignore le nom. ❑ **vieux schnock** : vieil imbécile.

schuss [ʃus] nm À skis, descente directe dans le sens de la plus grande pente. ■ FAM **tout schuss** : très vite, à tombeau ouvert.

sciable adj Qui peut être scié.

sciage nm Action de scier ; bois des troncs sciés.

Scialytique [sjalitik] nm (nom déposé) Dispositif d'éclairage qui ne projette pas d'ombre, utilisé en chirurgie.

sciatique adj Relatif à la hanche. ■ **nerf sciatique** : qui innerve les muscles de la cuisse et de la hanche. ◆ nf Affection très douloureuse du nerf sciatique.

scie nf **1.** Lame d'acier taillée à dents aiguës, servant à scier. **2.** FAM Rengaine, répétition fastidieuse.

sciemment [sjamɑ̃] adv En connaissance de cause : *parler sciemment*.

science nf **1.** Ensemble cohérent de connaissances concernant des catégories de phénomènes obéissant à des lois, et vérifiées par les méthodes expérimentales. **2.** Utilisation habile de ses connaissances : *la science des couleurs*. ◆ **sciences** pl Disciplines où le calcul et l'observation ont la plus grande part (par opposition aux *lettres*). ■ **sciences de la vie et de la Terre (SVT)** : disciplines qui étudient les êtres vivants (biologie, médecine, biotechnologies, etc.) et la géologie. ❑ **sciences humaines** : disciplines ayant pour objet l'homme et ses comportements individuels et collectifs. ❑ **sciences naturelles** : étude scientifique des objets rencontrés dans la nature.

science-fiction (pl *sciences-fictions*) nf Genre romanesque et cinématographique faisant appel aux thèmes du voyage dans le temps et dans l'espace extra-terrestre.

scientifique adj **1.** Qui concerne les sciences. **2.** Qui a la rigueur de la science : *méthode scientifique*. ■ **nom scientifique d'une plante, d'un animal** : nom donné par les spécialistes (par opposition à *nom vulgaire*). ◆ n Spécialiste des sciences, d'une science.

scientifiquement adv D'une manière scientifique.

scientisme nm Attitude de certains scientifiques qui considèrent qu'il n'y a de vérité que dans la science.

scientiste adj et n Relatif au scientisme ; qui en est partisan.

scier vt Couper à la scie : *scier du bois*.

scierie [siri] nf Usine où l'on débite le bois.

scieur nm Ouvrier dont le métier est de scier.

scinder vt Diviser, fractionner : *le parti est scindé en deux groupes*.

scintigraphie nf MÉD Technique de repérage des rayons gamma émis par une substance radioactive précédemment administrée.

scintillant, e adj Qui scintille.

scintillation nf ou **scintillement** nm Éclat de ce qui scintille : *scintillation d'une étoile*.

scintiller vi Briller en jetant par intervalles des éclats de lumière.

scion nm **1.** Pousse de l'année. **2.** Branche destinée à être greffée.

scission nf Division dans un groupe, une assemblée.

scissionniste adj et n Qui tend à provoquer une division ; dissident.

scissipare adj Qui se multiplie par scissiparité.
scissiparité nf Mode de multiplication des êtres unicellulaires dans lequel l'organisme se divise en deux parties : *la paramécie se reproduit par scissiparité.*
scissure nf ANAT Fente.
sciure nf Déchet d'une matière sciée qui tombe en poussière : *sciure de bois.*
sciuridé nm Mammifère rongeur (les sciuridés forment une famille comprenant les écureuils).
sclérose nf **1.** MÉD Durcissement pathologique d'un tissu. **2.** FIG Impossibilité de s'adapter à une situation nouvelle. ■ **sclérose en plaques :** affection de la substance blanche du système nerveux entraînant divers troubles nerveux.
sclérosé, e adj **1.** Se dit d'un organe, d'un tissu envahi par la sclérose. **2.** FIG Incapable d'évoluer : *administration sclérosée.*
scléroser vt Provoquer la sclérose. ◆ **se scléroser** vpr Perdre toute souplesse, se figer : *se scléroser dans ses habitudes.*
sclérotique nf Membrane externe du globe oculaire, formant en avant le blanc de l'œil.
scolaire adj **1.** Relatif à l'école, à l'enseignement : *année scolaire.* **2.** Laborieux et sans originalité. ■ **âge scolaire :** période de la vie durant laquelle la loi fait une obligation d'aller à l'école. ◆ nm Enfant d'âge scolaire.
scolarisable adj Susceptible d'être scolarisé.
scolarisation nf Action de scolariser ; fréquentation des écoles : *taux de scolarisation.*
scolariser vt **1.** Pourvoir d'établissements scolaires : *scolariser un pays.* **2.** Inscrire, admettre à l'école : *scolariser les enfants.*
scolarité nf **1.** Durée des études. **2.** Études scolaires : *faire sa scolarité.*
scolastique adj Relatif aux écoles au Moyen Âge ; de la scolastique : *philosophie scolastique.* ◆ nf Enseignement philosophique et théologique propre au Moyen Âge, fondé sur la tradition aristotélicienne.
scoliose nf Déviation latérale de la colonne vertébrale.
scolopendre nf **1.** Fougère à feuilles en fer de lance. **2.** Mille-pattes venimeux dont la morsure est douloureuse.
sconse [skɔ̃s] ou **skunks** [skɔ̃s] nm Moufette ; fourrure provenant d'un carnassier du genre moufette.
scoop [skup] nm Nouvelle donnée en exclusivité par un journaliste ou une agence de presse ; FAM nouvelle sensationnelle.
scooter [skutœr] ou [skutɛr] nm Véhicule à moteur à deux roues, à cadre ouvert. ■ **scooter des mers :** moto carénée, à skis en guise de roues.
scorbut [skɔrbyt] nm Maladie due à une carence en vitamine C, caractérisée par des hémorragies, la chute des dents, l'altération des articulations.
scorbutique adj et n Relatif au scorbut ; atteint du scorbut.
score [skɔr] nm Nombre de points acquis par chaque équipe ou par chaque adversaire dans un match.
scoriacé, e adj De la nature des scories.
scorie nf Résidu provenant de la fusion des minerais métalliques, de l'affinage des métaux.
scorpion nm Arachnide des pays chauds, portant en avant une paire de pinces, et dont l'abdomen se termine par un aiguillon venimeux. ◆ **Scorpion** nm Constellation zodiacale figurant un scorpion ; signe astrologique des personnes nées entre le 23 octobre et le 21 novembre. ◆ n et adj personne née sous le signe du Scorpion : *elle est Scorpion.*
scorsonère nf Salsifis noir.
scotch [skɔtʃ] nm Whisky écossais.
Scotch nm (nom déposé) Ruban adhésif transparent.
scotcher vt Coller avec du Scotch.
scottish-terrier (pl *scottish-terriers*) nm Chien terrier à poil dur originaire d'Écosse.
scout, e [skut] n Jeune garçon, jeune fille faisant partie d'une association de scoutisme. ◆ adj Relatif au scoutisme : *l'esprit scout.*
scoutisme nm Organisation créée par Baden-Powell, ayant pour but le développement des qualités physiques et morales des jeunes gens.
Scrabble nm (nom déposé) Jeu de société consistant à former des mots au moyen de jetons portant des lettres.
scribe nm **1.** Dans l'Antiquité égyptienne, personnage faisant fonction de secrétaire ou, parfois, d'écrivain public. **2.** Dans l'Évangile, docteur juif interprète officiel des Saintes Écritures.
scribouillard nm FAM, PÉJOR Employé aux écritures.
script [skript] nm **1.** CIN Scénario de film découpé en scènes et accompagné de dialogues. **2.** Type d'écriture manuscrite simplifiée.

scripte n Collaborateur du réalisateur d'un film, qui note tous les détails relatifs à la prise de vues.

scriptural, **e**, **aux** adj ■ **monnaie scripturale :** moyen de paiement autre que les billets de banque et les pièces de monnaie (chèques bancaires, effets de commerce).

scrofulaire nf Plante vivant de préférence au bord de l'eau (appelée également : *herbe aux écrouelles*).

scrofule nf Affection due à des troubles nutritifs qui prédisposent à la tuberculose. SYN ANC : humeurs froides, écrouelles.

scrotum [skrɔtɔm] nm Enveloppe cutanée des testicules. SYN : bourses.

scrupule nm Inquiétude de conscience, hésitation due à une grande délicatesse morale.

scrupuleusement adv D'une manière scrupuleuse.

scrupuleux, **euse** adj **1.** Sujet aux scrupules. **2.** Minutieux, exact.

scrutateur, **trice** adj Qui scrute. ◆ n Personne qui participe au dépouillement ou à la vérification d'un scrutin.

scruter vt Examiner attentivement : *scruter le ciel ; scruter les intentions d'une personne.*

scrutin nm Ensemble des opérations qui constituent un vote ou une élection.

sculpter [skylte] vt Tailler dans la pierre, le bois, etc., dans un but artistique.

sculpteur, **trice** n Artiste qui sculpte.

sculptural, **e**, **aux** adj **1.** Relatif à la sculpture. **2.** FIG Digne d'être sculpté : *beauté sculpturale.*

sculpture [skyltyr] nf **1.** Art du sculpteur. **2.** Ouvrage sculpté ; ensemble d'œuvres sculptées.

SDF n (sigle de *sans domicile fixe*) Personne sans lieu d'habitation déterminé ; personne sans toit et sans travail.

se pron pers Désigne le sujet de la 3e personne et s'emploie comme complément d'objet direct ou indirect, ou comme complément d'attribution : *il se peigne ; ils se sont combattus ; elles se sont donné un délai.*

séance nf **1.** Réunion d'une assemblée pour délibérer ; temps que dure cette réunion : *ouvrir la séance.* **2.** Temps passé à une chose : *faire un portrait en trois séances.* **3.** Chacune des projections du programme d'un cinéma : *aller à la séance de 18 h 30.* ■ **séance tenante :** immédiatement.

1. séant nm ■ LITT **être, se mettre sur son séant :** être assis, s'asseoir.

2. séant, **e** adj LITT Décent, convenable.

seau nm Récipient cylindrique à anse, généralement utilisé pour puiser ou transporter des liquides ; son contenu : *seau à champagne, à charbon ; un seau d'eau.*

sébacé, **e** adj Relatif au sébum : *glande sébacée.*

sébile nf LITT Coupe plate avec laquelle les mendiants demandaient l'aumône.

séborrhée nf MÉD Sécrétion anormale de sébum.

sébum [sebɔm] nm Sécrétion grasse produite par les glandes sébacées.

sec, **sèche** adj **1.** Sans humidité ; aride : *climat sec.* **2.** Qui a perdu son humidité naturelle : *feuilles sèches ; légume sec.* **3.** Qui n'est pas humecté : *avoir la bouche sèche.* **4.** Sans addition d'eau : *un whisky sec.* **5.** Maigre, décharné : *homme grand et sec.* **6.** Qui ne se prolonge pas : *bruit sec.* **7.** FIG Sans ornement, sans agrément : *style sec.* **8.** Brusque : *réponse sèche.* **9.** Peu sensible : *cœur sec.* ■ **coup sec :** donné vivement. ❑ **vin sec :** peu sucré. ◆ nm Ce qui n'est pas humide : *mettre au sec.* ■ **à sec :** (a) sans eau : *mettre un étang à sec* (b) FIG sans argent. ◆ adv D'une manière brusque, rude : *démarrer sec.* ■ **boire sec :** beaucoup d'alcool. ❑ FAM **rester sec :** rester court, incapable de répondre.

sécable adj Qui peut être coupé : *un comprimé sécable.*

secam [sekam] adj (sigle de *[procédé] séquentiel à mémoire*) ■ **système secam :** standard de télévision en couleurs.

sécant, **e** adj MATH Qui coupe une ligne, une surface, un volume. ◆ nf Droite sécante.

sécateur nm Outil pour couper, tailler des rameaux, des arbustes.

sécession nf Action de se séparer d'un groupe, d'une collectivité : *faire sécession.*

sécessionniste adj et n Qui se sépare, fait sécession.

séchage nm Action de sécher.

sèche-cheveux nm inv Appareil électrique pour sécher les cheveux. SYN : séchoir.

sèche-linge nm inv Machine à sécher le linge.

sèche-mains nm inv Dispositif à air pulsé pour sécher les mains.

sèchement adv **1.** Brusquement : *démarrer sèchement.* **2.** De façon brève et brutale : *répondre sèchement.*

sécher vt (conj 10) **1.** Rendre sec : *le vent a séché le linge.* **2.** FAM Ne pas assister à un cours : *sécher le lycée.* ■ FIG **sécher les larmes de quelqu'un :** le consoler. ◆ vi **1.** Devenir sec : *ces fleurs ont séché.* **2.** FAM Ne pas savoir répondre à une question.

sécheresse nf **1.** État de ce qui est sec. **2.** Absence de pluie. **3.** FIG Manque de sentiment, froideur.

séchoir nm **1.** Appareil ou support pour faire sécher le linge. **2.** Sèche-cheveux.

second, e [səgɔ̃, ɔ̃d] adj **1.** Qui est immédiatement après le premier : *seconde année.* **2.** Autre, nouveau : *une seconde jeunesse.* **3.** Qui vient après dans l'ordre de la valeur, du rang : *voyager en seconde classe.* ■ **complément d'objet second :** complément d'attribution. ◆ nm **1.** Personne ou chose qui est au second rang. **2.** Le deuxième étage d'un immeuble. **3.** Personne qui en aide une autre dans un emploi, une fonction. **4.** Officier venant aussitôt après le commandant d'un navire. ■ **en second :** sous les ordres d'un autre : *capitaine en second.*

EMPLOI *Second* s'emploie lorsqu'il n'y a que deux éléments, *deuxième* lorsqu'il y en a plus de deux : *la Seconde Guerre mondiale ; le deuxième étage.*

secondaire adj Qui ne vient qu'en un second temps : *effets secondaires ;* de moindre importance : *rôle secondaire.* ■ **enseignement secondaire :** entre l'enseignement primaire et l'enseignement supérieur. ❑ **ère secondaire :** période géologique de 165 millions d'années, caractérisée notamment par l'apparition des mammifères et des oiseaux. ❑ **secteur secondaire :** ensemble des activités économiques correspondant à la transformation des matières premières en biens de consommation ou en biens de production. ◆ nm **1.** Enseignement secondaire. **2.** Ère secondaire. **3.** ÉCON Secteur secondaire.

secondairement adv D'une manière secondaire.

seconde nf **1.** Soixantième partie d'une minute ; symb : s. **2.** Temps très court : *attendez une seconde !* **3.** GÉOM Unité de mesure d'angle valant 1/60 de minute. **4.** Classe qui constitue la cinquième année de l'enseignement secondaire. **5.** Deuxième vitesse d'un moteur. **6.** Seconde classe dans les transports en commun. **7.** MUS Intervalle de deux degrés conjoints de la gamme.

secondement adv En second lieu.

seconder vt Aider, assister.

secouer vt **1.** Agiter fortement et à plusieurs reprises : *secouer un arbre ; secouer la tête en signe de dénégation.* **2.** Faire tomber en agitant : *secouer la poussière.* **3.** FIG Ne pas ménager, inciter à l'effort : *secouer un paresseux.* **4.** Donner un choc physique ou moral : *cette maladie l'a secoué.* ◆ **se secouer** vpr FAM Ne pas se laisser aller au découragement, à l'inertie.

secourable adj SOUT Qui porte secours, obligeant : *tendre une main secourable.*

secourir vt (conj 29) Porter secours à, aider.

secourisme nm Méthode de premiers soins pour les personnes en danger.

secouriste n Personne capable de pratiquer les gestes et les méthodes du secourisme en cas d'accident, de catastrophe.

secours nm **1.** Aide, assistance à quelqu'un qui est en danger : *appeler au secours ;* ensemble des moyens utilisés, des soins prodigués pour porter assistance : *premiers secours.* **2.** Renfort en hommes, en matériel : *les secours arrivent ;* aide financière, matérielle. **3.** Ce qui est utile ; aide : *avec le secours d'un dictionnaire.* ■ **de secours :** destiné à servir en cas de nécessité : *roue de secours.*

secousse nf **1.** Ébranlement : *donner une secousse.* **2.** Chacune des oscillations du sol dans un tremblement de terre : *secousse sismique.* **3.** FIG Mouvement violent : *les secousses d'une révolution.* **4.** Choc psychologique.

secret, ète adj **1.** Caché, non divulgué : *tiroir secret ; négociations secrètes ; code secret.* **2.** Peu manifeste, peu apparent : *charme secret.* **3.** SOUT Peu expansif : *homme secret.* ◆ nm **1.** Ce qui doit être caché : *confier un secret.* **2.** Discrétion qui entoure quelque chose : *promettre le secret.* **3.** Mécanisme, ressort caché : *coffre-fort à secret.* **4.** Moyen particulier pour réussir : *le secret du bonheur.* ■ **dans le secret de son cœur :** dans son for intérieur. ❑ **en secret :** sans témoin. ❑ **mettre quelqu'un au secret :** l'emprisonner en le privant de toute communication avec l'extérieur. ❑ **mettre quelqu'un dans le secret :** lui confier un secret. ❑ **secret d'État :** chose dont la divulgation nuirait aux intérêts du pays. ❑ **secret professionnel :** interdiction légale de divulguer un secret dont on a eu connaissance dans l'exercice de ses fonctions.

secret-défense adj inv et nm inv Se dit d'informations intéressant la défense nationale ou la sûreté de l'État et auxquelles ne peuvent avoir accès qu'un nombre restreint de personnes.

1. secrétaire n **1.** Personne chargée de tenir la correspondance, de répondre au téléphone, etc. **2.** Nom de divers fonctionnaires : *secrétaire d'ambassade.*

2. secrétaire nm Meuble à tiroirs comportant une tablette pour écrire.

secrétariat nm **1.** Fonctions, métier de secrétaire. **2.** Bureau des secrétaires. **3.** Ensemble des tâches concernant la gestion, l'organisation : *assurer le secrétariat d'une association.*

secrètement adv En secret.

sécréter vt (conj 10) Opérer la sécrétion de : *le foie sécrète la bile.*

ORTHOGRAPHE *Sécréter* et ses dérivés ont deux accents aigus (*é*) dans leur radical.

sécréteur, euse ou **sécréteur, trice** adj Qui sécrète : *organe sécréteur.*

sécrétion nf Fonction par laquelle une cellule ou un tissu émet une substance qui intervient ensuite dans la physiologie de l'organisme ; cette substance.

sectaire adj et n Qui témoigne d'une grande étroitesse d'esprit : *esprit sectaire.* ◆ adj Relatif aux sectes religieuses.

sectarisme nm Caractère d'une personne sectaire.

sectateur nm **1.** LITT, VX Partisan déclaré d'une opinion, d'un système : *les sectateurs de Platon.* **2.** Membre d'une secte.

secte nf **1.** Groupe de personnes qui professent la même doctrine, souvent de caractère religieux : *la secte d'Épicure.* **2.** Groupe de personnes rassemblées autour d'un leader charismatique, fortement endoctrinées et professant un ésotérisme parfois inquiétant.

secteur nm **1.** Division de l'activité économique et sociale dans un État, une institution, etc. : *secteur primaire, secondaire, tertiaire ; secteur public, semi-public, privé.* **2.** Division d'une ville, d'une zone particulière, d'un réseau de distribution électrique : *une panne de secteur.* **3.** FAM Environs : *habiter dans le secteur.* **4.** Aspect particulier d'un ensemble ; domaine : *secteur de pointe.* ■ MATH **secteur circulaire :** partie d'un cercle comprise entre deux rayons et l'arc qu'ils renferment.

section nf **1.** Action de couper ; endroit de la coupure : *section nette.* **2.** Catégorie dans un classement. **3.** TECHN Dessin de la coupe d'un édifice. **4.** Partie d'une voie de communication : *section d'autoroute.* **5.** Subdivision d'un parcours d'autobus. **6.** Division d'un groupement : *section syndicale ; sections littéraires d'un lycée ; section électorale.* **7.** Unité élémentaire de l'infanterie. ■ MATH **section plane d'un volume :** intersection de ce volume avec un plan.

sectionnement nm Action de sectionner ; fait d'être sectionné.

sectionner vt **1.** Diviser par sections. **2.** Couper, trancher.

sectoriel, elle adj Relatif à un secteur, à une catégorie professionnelle : *une revendication sectorielle.*

sectorisation nf Répartition en plusieurs secteurs géographiques.

sectoriser vt Procéder à la sectorisation.

Sécu nf sing (abréviation) FAM Sécurité sociale.

séculaire adj **1.** Âgé d'un siècle au moins : *arbres séculaires.* **2.** Qui revient tous les siècles.

sécularisation nf Action de séculariser.

séculariser vt Rendre à la vie laïque ce qui appartenait à l'état ecclésiastique.

séculier, ère adj **1.** Se dit d'un prêtre qui ne vit pas en communauté : *clergé séculier* (par opposition à *régulier*). **2.** HIST Se disait de la justice laïque, temporelle. ■ **le bras séculier :** la puissance temporelle.

secundo [səgɔ̃do] adv En second lieu.

sécurisant, e adj Qui procure un sentiment de sécurité.

sécuriser vt Donner un sentiment de sécurité ; enlever la crainte, l'anxiété.

sécuritaire adj **1.** Relatif à la sécurité publique. **2.** Qui privilégie la sécurité des citoyens aux dépens des libertés démocratiques : *politique sécuritaire.*

sécurité nf Situation objective dans laquelle il n'y a aucun risque, aucun danger : *sécurité maximale d'un appareil ;* situation d'une personne qui se sent à l'abri du danger : *impression de sécurité.* ■ **de sécurité :** destiné à prévenir un danger : *ceinture de sécurité.* ❑ **en sécurité :** à l'abri du danger. ❑ **sécurité routière :** ensemble des règles et des services visant à la protection des usagers de la route. ❑ **Sécurité sociale :** ensemble des législations qui ont pour objet de garantir les individus et les familles contre certains risques dits sociaux.

sédatif, ive adj Se dit d'une substance qui agit contre la douleur, l'anxiété, l'insomnie, qui calme l'organisme.

sédentaire adj et n **1.** Dont l'habitat est fixe (par opposition à *nomade*). **2.** Qui sort peu de chez soi ; casanier. ◆ adj Qui ne comporte ou n'exige pas de déplacements : *emploi sédentaire.*

sédentarisation nf Passage de l'état nomade à l'état sédentaire.

sédentariser vt Rendre sédentaire.

sédentarité nf État d'une personne, d'une société sédentaire.

sédiment nm Dépôt naturel laissé par les mers, les eaux courantes, le vent, etc.

sédimentaire adj De la nature du sédiment : *roche sédimentaire.*

sédimentation nf Formation d'un sédiment.

séditieux, euse adj et n SOUT **1.** Qui prend part à une sédition : *des officiers séditieux.* **2.** Qui appelle à la sédition : *propos séditieux.*

sédition nf SOUT Soulèvement, révolte concertée : *fomenter une sédition.*

séducteur, trice adj et n Qui charme, fait des conquêtes.

séduction nf **1.** Action de séduire, de plaire, d'envoûter. **2.** Pouvoir de séduire.

séduire vt (conj 70) Plaire, charmer, attirer.

séduisant, e adj Qui séduit.

séfarade n et adj Juif des pays méditerranéens (par opposition à *ashkénaze*).

segment nm **1.** Portion détachée d'un ensemble. **2.** GÉOM Portion de cercle comprise entre un arc et sa corde. ■ GÉOM **segment de droite :** portion de droite limitée par deux points.

segmentaire adj Formé de segments.

segmentation nf **1.** Division en segments ; fragmentation. **2.** BIOL Ensemble des premières divisions de l'œuf après la fécondation.

segmenter vt Partager en segments ; diviser, fractionner.

ségrégatif, ive adj Qui relève de la ségrégation.

ségrégation nf Action de séparer les personnes d'origines, de mœurs, de religions différentes à l'intérieur d'un pays : *ségrégation raciale.*

ségrégationnisme nm Politique de ségrégation raciale.

ségrégationniste adj et n Partisan de la ségrégation raciale.

séguedille nf Chanson et danse populaires espagnoles à trois temps.

seiche nf Mollusque marin voisin du calmar, dont la tête porte dix tentacules à ventouses et qui projette un liquide noir lorsqu'il est attaqué.

séide [seid] nm LITT Homme d'un dévouement aveugle et fanatique.

seigle nm Céréale rustique cultivée sur les terres pauvres et froides ; farine faite à partir du grain de cette plante.

seigneur nm **1.** Au Moyen Âge, possesseur d'un fief, d'une terre importante. **2.** Sous l'Ancien Régime, personne de la noblesse. ■ **en grand seigneur :** (a) avec luxe, magnificence (b) avec noblesse. ❑ **être grand seigneur :** dépenser sans compter. ❑ **le Seigneur :** Dieu.

seigneurial, e, aux adj Du seigneur.

seigneurie nf **1.** Autorité du seigneur. **2.** Territoire soumis au seigneur.

sein nm **1.** Mamelle : *donner le sein à un enfant.* **2.** LITT Poitrine : *serrer un enfant contre son sein.* **3.** LITT Partie interne : *le sein de la terre.* **4.** LITT Refuge que constituent l'écoute, la tendresse d'une personne : *s'épancher dans le sein d'un ami.* ■ **au sein de :** au milieu de.

seine ou **senne** nf Filet de pêche utilisé sur les fonds sableux.

seing [sɛ̃] nm DR Signature attestant l'authenticité d'un acte. ■ **acte sous seing privé :** qui n'a pas été signé devant un notaire.

séisme nm Tremblement de terre.

séismique adj → **sismique**.

séismographe nm → **sismographe**.

seize adj num card **1.** Dix plus six. **2.** Seizième : *Louis XVI.* ◆ nm inv Chiffre, numéro qui représente ce nombre.

seizième adj num ord et n **1.** Qui occupe un rang marqué par le nombre seize. **2.** Qui se trouve seize fois dans le tout.

seizièmement adv En seizième lieu.

séjour nm **1.** Action de séjourner ; durée pendant laquelle on séjourne. **2.** LITT Lieu où l'on séjourne. ■ **salle de séjour** ou **séjour :** pièce où l'on se tient habituellement.

séjourner vi Demeurer quelque temps dans un lieu.

sel nm **1.** Chlorure de sodium, employé comme assaisonnement et que l'on trouve à l'état de roche (*sel gemme*) ou dans la mer (*sel marin*). **2.** CHIM Composé résultant de la substitution d'un métal à l'hydrogène d'un acide : *sel de potassium.* **3.** FIG Ce qu'il y a de piquant, de savoureux : *le sel d'une conversation.* ■ FAM **mettre son grain de sel :** se mêler de ce qui ne vous regarde pas. ◆ **sels** pl ANC Ce que l'on faisait respirer pour ranimer. ■ **sels de bain :** mélange parfumé de sels minéraux pour l'eau du bain.

sélacien nm Poisson marin à squelette cartilagineux (les sélaciens forment une famille comprenant notamment les requins et les raies).

sélect, e adj FAM De premier ordre ; choisi, distingué : *un restaurant sélect.*

sélecteur nm **1.** Dispositif de sélection : *sélecteur de programmes.* **2.** Pédale actionnant le changement de vitesse sur une motocyclette.

sélectif, ive adj Fondé sur un choix ou qui opère une sélection : *une épreuve sélective.* ■ **collecte sélective :** ramassage des déchets ménagers triés selon leur nature et déposés par les consommateurs dans des poubelles ou des conteneurs différents, à des fins de recyclage.

sélection nf **1.** Action de choisir des objets, des personnes ; objets, personnes ainsi choisis : *faire une sélection parmi les candidats ; une sélection de grands crus.* **2.** Choix d'animaux ou de végétaux en vue de la reproduction. ■ BIOL **sélection naturelle :** survivance des animaux ou des végétaux les mieux adaptés.

sélectionné, e adj Choisi pour représenter un club ou un pays.

sélectionner vt Faire une sélection.

sélectionneur, euse n Personne qui procède à une sélection.

sélectivement adv D'une manière sélective.

sélénium nm Métalloïde de la famille du soufre ; symb : Se.

sélénologie nf Étude de la Lune.

self nm (abréviation) FAM Self-service.

self-control (pl *self-controls*) nm (anglicisme) Maîtrise de soi.

self-induction (pl *self-inductions*) nf PHYS Induction d'un courant électrique sur lui-même.

self-made-man [sɛlfmɛdman] (pl *self-made-mans* ou *self-made-men*) nm homme qui est l'artisan de sa propre réussite.

self-service (pl *self-services*) nm Restaurant où l'on se sert soi-même.

selle nf **1.** Siège que l'on place sur un cheval que l'on monte ; siège de bicyclette, etc. **2.** Petite table mobile sur laquelle travaille le sculpteur. **3.** CUIS Partie du mouton, du chevreuil, etc., située entre les premières côtes et le gigot. ■ **aller à la selle :** expulser les matières fécales. ◆ **selles** pl Matières fécales.

seller vt Mettre une selle : *seller un cheval.*

sellerie nf **1.** Commerce, industrie du sellier. **2.** Ensemble des selles, des harnais ; lieu où on les range.

sellette nf Petit siège pour divers usages. ■ **être sur la sellette :** être mis en cause. ❑ **mettre quelqu'un sur la sellette :** le presser de questions.

sellier nm Artisan qui fabrique, répare et vend des selles, des harnachements.

selon prép **1.** Conformément à : *agir selon les désirs de quelqu'un.* **2.** Indique une relation proportionnelle ; en fonction de, à proportion de : *dépenser selon ses moyens ; selon les cas.* **3.** Du point de vue de : *selon vous ;* si l'on juge d'après tel critère ; d'après : *selon toute apparence.* **4.** Indique une adaptation au terme de l'alternative ; suivant : *choisir tel chemin selon l'état des routes.* ■ FAM **c'est selon :** cela dépend. ◆ **selon que** loc conj Indique une alternative : *selon qu'il pleuvra ou pas.*

semailles nf pl Action de semer ; époque où l'on sème.

semaine nf **1.** Période de sept jours : *il viendra dans trois semaines.* **2.** Ensemble des jours ouvrables dans la semaine : *semaine de trente-neuf heures.* **3.** Salaire, argent de poche reçu par semaine. ■ **à la petite semaine :** au jour le jour. ❑ **en semaine :** pendant les cinq premiers jours de la semaine, et non pendant le week-end.

semainier nm **1.** Agenda de bureau qui regroupe les jours par semaine. **2.** Meuble haut à sept tiroirs.

sémantique nf Étude scientifique du sens des mots et de leurs combinaisons. ◆ adj Qui relève de la sémantique.

sémaphore nm Appareil servant à transmettre des signaux optiques.

semblable adj **1.** Pareil, qui ressemble à ; similaire. **2.** PÉJOR De cette nature ; tel. ◆ n Pareil : *il n'a pas son semblable.* ◆ nm Homme, animal, par rapport aux autres hommes, aux autres animaux de même espèce : *rechercher la compagnie de ses semblables.*

semblant nm ■ **faire semblant :** feindre. ❑ **un semblant de :** une apparence de.

sembler vi Avoir l'apparence, avoir l'air : *cela semble facile.* ◆ v impers Il paraît, on dirait : *il semble qu'il va pleuvoir.* ■ **ce me semble :** à mon avis. ❑ LITT **que vous en semble ? :** qu'en pensez-vous ?

> GRAMMAIRE *Sembler que* peut se construire avec l'ind. ou avec le subj. On écrira : *il semble que tout va bien* (on constate) ; *il semble qu'il y ait du nouveau* (on croit sans en être certain) ; *il ne semble pas qu'elle mente* (la principale est négative).

semelle nf **1.** Dessous d'une chaussure. **2.** Pièce de garniture placée à l'intérieur d'une chaussure. **3.** FAM Viande coriace. ■ **ne pas bouger, ne pas avancer d'une semelle :** demeurer sur place. ❑ **ne pas quitter qqn d'une semelle :** le suivre partout.

semence nf **1.** Graine que l'on sème. **2.** Sperme. **3.** Petit clou à tête plate.

semer vt (conj 9) **1.** Mettre une graine en terre : *semer des haricots.* **2.** LITT Propager : *semer la discorde.* **3.** FAM Laisser tomber, perdre : *semer sa monnaie.* **4.** FAM Fausser compagnie : *semer un importun.* **5.** FAM Distancer : *semer un concurrent.*

semestre nm **1.** Période de six mois. **2.** Rente, traitement payé tous les six mois : *toucher son semestre.*

semestriel, elle adj **1.** Qui a lieu, qui paraît chaque semestre. **2.** Qui dure six mois. ◆ nm Magazine semestriel.

semeur, euse n Personne qui sème.

semi-automatique (pl *semi-automatiques*) adj Dont le fonctionnement fait se succéder des phases automatiques et des interventions manuelles.

semi-circulaire (pl *semi-circulaires*) adj Qui est en demi-cercle.

semi-conducteur, trice (pl *semi-conducteurs, trices*) adj et nm Se dit d'un corps non métallique qui conduit imparfaitement l'électricité.

semi-conserve (pl *semi-conserves*) nf Conserve alimentaire rapidement périssable, qui doit être gardée au frais.

semi-consonne (pl *semi-consonnes*) nf Semi-voyelle.

semi-fini (pl *semi-finis*) adj m ■ **produit semi-fini :** produit industriel intermédiaire entre la matière première et le produit fini.

semi-liberté (pl *semi-libertés*) nf DR Régime pénitentiaire permettant à un détenu de sortir pour exercer une activité professionnelle, suivre un traitement médical, etc.

sémillant, e adj LITT Très vif, très gai.

semi-marathon (pl *semi-marathons*) nm Course à pied de fond sur route de 21,1 km.

séminaire nm **1.** Établissement où l'on instruit les jeunes gens se destinant à l'état ecclésiastique. **2.** Groupe de travail ; série de conférences dans un domaine quelconque.

séminal, e, aux adj **1.** De la semence. **2.** SOUT Fondamental : *notion séminale.*

séminariste nm Élève d'un séminaire.

séminifère adj ANAT Qui conduit le sperme.

sémiologie nf Science des systèmes de signes de communication entre individus ou collectivités.

semi-public, ique (pl *semi-publics, iques*) adj Se dit d'un organisme relevant du droit public et du droit privé ; se dit d'un secteur de l'économie régi par le droit privé mais contrôlé par l'État.

semi-remorque (pl *semi-remorques*) nm ou nf Poids lourd formé d'un véhicule qui tracte et d'une remorque dépourvue de roues avant.

semis nm **1.** Action de semer dans un terrain préparé ; terrain ensemencé. **2.** Plant de végétaux semés en graine : *semis d'œillets.* ■ SOUT **un semis de :** petits motifs décoratifs parsemant une surface.

sémite adj et n Des peuples qui parlent ou ont parlé une langue sémitique.

sémitique adj ■ **langues sémitiques :** parlées dans l'Asie occidentale et l'Afrique du Nord (hébreu, arabe, etc.).

semi-voyelle (pl *semi-voyelles*) nf Son du langage intermédiaire entre les voyelles et les consonnes (EX : [j], [w], [ɥ] dans *yeux, oui, huit*). SYN : semi-consonne.

semnopithèque nm Grand singe des forêts d'Asie.

semoir nm Machine pour semer.

semonce nf Avertissement, réprimande. ■ **coup de semonce :** avertissement brutal.

semoule nf Produit alimentaire granuleux, extrait des blés durs.

sempiternel, elle adj Qui ne cesse pas, qui se répète indéfiniment : *il raconte ses sempiternelles histoires.*

sempiternellement adv Toujours, sans cesse.

sénat nm **1.** (avec une majuscule) Assemblée qui, avec l'Assemblée nationale, constitue le Parlement français. **2.** Lieu où se réunissent les sénateurs. **3.** Seconde chambre dans les régimes à caractère parlementaire. **4.** Dans l'Antiquité, nom donné à diverses assemblées politiques.

sénateur, trice n Membre du Sénat.

sénatorial, e, aux adj De sénateur.

sénatus-consulte [senatyskɔ̃sylt] (pl *sénatus-consultes*) nm Dans l'Antiquité romaine, avis du sénat ; décret, décision émanant du Sénat sous le premier et le second Empire.

séné nm Plante à feuilles purgatives.

sénéchal (pl *sénéchaux*) nm ANC Officier de la justice royale.

sénéchaussée nf Juridiction d'un sénéchal ; son tribunal.

séneçon nm Plante de la famille des composées.

sénégalais, e adj et n Du Sénégal : *les Sénégalais.*

sénescence nf Vieillissement de l'organisme.

senestre [sənɛstr] adj VX Gauche (par opposition à *dextre*).

sénevé nm Moutarde sauvage.

sénile adj **1.** Relatif à la vieillesse. **2.** Qui donne des marques de sénilité.

sénilité nf Affaiblissement physique et surtout intellectuel causé par la vieillesse.

senior adj et n **1.** Se dit d'un sportif âgé de vingt ans et plus. **2.** Qui concerne les plus de cinquante ans : *un magazine senior.*

senne nf → **seine**.

sens [sɑ̃s] nm **1.** Fonction par laquelle l'homme et les animaux reçoivent l'impression des objets extérieurs : *il y a cinq sens : la vue, l'ouïe, l'odorat, le goût et le toucher.* **2.** Faculté de comprendre, de juger : *avoir le sens des réalités.* **3.** Avis, opinion : *j'abonde dans votre sens.* **4.** Raison d'être : *donner un sens à sa vie.* **5.** Signification : *sens propre et sens figuré.* **6.** Direction : *dans le sens de la longueur ; sens interdit.* ■ **bon sens** ou **sens commun :** capacité d'agir raisonnablement. ❑ **en dépit du bon sens :** n'importe comment. ❑ **sens dessus dessous :** (a) en désordre (b) dans un grand trouble. ❑ **sens unique :** voie sur laquelle la circulation ne s'effectue que dans une seule direction. ❑ **sixième sens :** intuition. ❑ **tomber sous le sens :** être évident. ◆ pl Sensualité : *plaisirs des sens.*

sensation nf Impression reçue par les sens : *sensation visuelle ; aimer les sensations fortes ; sensation de bien-être.* ■ **à sensation :** qui cause de l'émotion, attire l'attention : *nouvelle, presse à sensation.* ❑ **faire sensation :** produire une grande impression.

sensationnel, **elle** adj **1.** Qui fait sensation : *révélation sensationnelle.* **2.** FAM Remarquable, exceptionnel : *un scénario sensationnel.*

sensé, **e** adj Qui a du bon sens.

sensément adv LITT D'une façon sensée.

sensibilisateur, **trice** adj Qui sensibilise.

sensibilisation nf Action de sensibiliser.

sensibiliser vt **1.** Rendre sensible, réceptif à quelque chose : *sensibiliser l'opinion publique.* **2.** Rendre sensible à une action physique, chimique, etc. ; en particulier, en photographie, rendre impressionnable. **3.** MÉD Provoquer des réactions de défense ou des réactions allergiques contre un antigène.

sensibilité nf **1.** Aptitude à s'émouvoir, à éprouver de la pitié, de la tendresse, un sentiment esthétique. **2.** Aptitude d'un organisme à réagir à des excitations externes ou internes. **3.** Opinion, courant politique. **4.** Aptitude d'un instrument de mesure à percevoir de très petites variations : *balance d'une grande sensibilité.*

sensible adj **1.** Doué de sensibilité. **2.** Facilement affecté : *avoir la gorge sensible ; sensible aux ultrasons ;* facilement ému, touché : *un cœur sensible ; être sensible à un compliment.* **3.** Immédiatement perceptible : *le monde sensible.* **4.** Très délicat, qui risque de provoquer des réactions : *point sensible ; dossier sensible.* **5.** Qu'on remarque aisément : *progrès sensible.* **6.** Qui indique les plus légères variations : *baromètre sensible.* ■ MUS **note sensible :** d'un demi-ton au-dessous de la tonique. ❑ **quartier sensible :** espace urbain où règnent la précarité sociale, la délinquance et l'insécurité qui en résulte.

sensiblement adv **1.** D'une manière très perceptible. **2.** Presque : *sensiblement égal.*

sensiblerie nf PÉJOR Sensibilité outrée.

sensitif, **ive** adj Relatif à la sensibilité : *nerf sensitif.* ◆ adj et n Se dit d'une personne d'une sensibilité excessive.

sensoriel, **elle** adj Des sens : *les phénomènes sensoriels.*

sensualisme nm PHILOS Système philosophique d'après lequel les idées proviennent des sensations.

sensualité nf Attachement aux plaisirs sensuels.

sensuel, **elle** adj Qui flatte les sens : *plaisirs sensuels.* ◆ adj et n Qui est porté vers les plaisirs des sens, les plaisirs érotiques.

sente nf Petit sentier.

sentence nf **1.** Jugement, décision : *sentence de mort.* **2.** Maxime, pensée générale, précepte de morale.

sentencieusement adv D'une manière sentencieuse.

sentencieux, **euse** adj D'une gravité affectée ; solennel, pompeux.

senteur nf LITT Odeur agréable, parfum.

senti, **e** adj ■ **bien senti :** exprimé avec force et sincérité.

sentier nm Chemin étroit.

sentiment nm **1.** Connaissance plus ou moins claire de quelque chose ; sensation : *avoir le sentiment de sa force.* **2.** État affectif durable lié à certaines émotions ou représentations : *sentiment de fierté.* **3.** Manifestation d'un état, d'une tendance : *sentiment de tendresse ; mes sentiments dévoués, respectueux.* **4.** Disposition à être ému, touché. **5.** SOUT opinion, point de vue : *donner son sentiment.*

sentimental, **e**, **aux** adj Propre aux sentiments tendres, à l'amour : *vie sentimentale.* ◆ adj et n Qui a une sensibilité un peu romanesque et mièvre.

sentimentalement adv D'une manière sentimentale.

sentimentalisme nm Tendance à se complaire dans la manifestation des sentiments.

sentimentalité nf Caractère d'une personne ou d'une chose sentimentale.

sentinelle nf **1.** Soldat qui fait le guet. **2.** FIG Personne qui guette.

sentir vt (conj 19) **1.** Recevoir une impression physique : *sentir la chaleur.* **2.** Percevoir par l'odorat : *sentir une odeur bizarre.* **3.** Avoir une saveur particulière : *vin qui sent le terroir.* **4.** Répandre une odeur de : *cela sent la violette.* **5.** Avoir conscience de, connaître par intuition ; prévoir : *je sens que ce livre vous plaira.* **6.** Révéler, dénoter : *cela sent l'effort.* ■ **ne pouvoir sentir quelqu'un :** le détester. ◆ vi **1.** Exhaler une odeur : *ça sent bon.* **2.** Répandre une mauvaise odeur : *ce poisson sent.* ◆ **se sentir** vpr **1.** Éprouver une disposition intérieure : *je ne me sens pas bien ; se sentir du courage.* **2.** Être perceptible : *il est tendre, et cela se sent.* ■ **se faire sentir :** se manifester.

seoir vi (conj 46) Être convenable ; convenir : *ce chapeau vous sied.* ◆ v impers ■ **il sied de :** il convient de.

sep nm Pièce où s'emboîte le soc de la charrue.

sépale nm BOT Foliole de calice.

séparable adj Qu'on peut séparer.

séparateur, trice adj Qui sépare. ■ **pouvoir séparateur :** qualité de l'œil qui permet de distinguer deux points rapprochés.

séparation nf Action de séparer ; fait d'être séparé. ■ **séparation de biens :** régime matrimonial dans lequel chaque époux garde la gestion de ses biens. ❑ **séparation de corps :** droit pour les époux de ne plus vivre en commun.

séparatisme nm Tendance des habitants d'un territoire à séparer celui-ci de l'État dont il fait partie : *séparatisme basque.*

séparatiste adj et n Qui relève du séparatisme ; qui en est partisan.

séparé, e adj Distinct : *envoi par pli séparé.*

séparément adv À part : *agir séparément.*

séparer vt **1.** Éloigner des personnes, des choses l'une de l'autre : *séparer des enfants de leurs familles.* **2.** Trier, ranger à part : *séparer les bons des mauvais.* **3.** Partager, diviser : *séparer une pièce en deux par un mur.* **4.** Être placé entre : *la Manche sépare la France de l'Angleterre.* ◆ **se séparer** vpr **1.** Cesser de vivre ensemble, de vivre avec : *se séparer de son mari.* **2.** Cesser d'être en relations avec, d'être réunis : *se séparer d'un employé ; se séparer pour quelques heures.* **3.** Ne plus conserver avec soi : *se séparer de sa poupée.* **4.** Se diviser en plusieurs éléments : *fleuve qui se sépare en plusieurs bras.*

sépia nf **1.** Matière colorante d'un rouge brun. **2.** Dessin, lavis exécuté à la sépia. ◆ adj inv De la couleur de la sépia.

sept [sɛt] adj num card et nm inv **1.** Nombre valant six plus un. **2.** Septième : *chapitre sept ; le 7 mai.*

septante adj num SUISSE, BELGIQUE Soixante-dix.

septembre nm Neuvième mois de l'année.

septembriseur nm HIST Personne qui prit part aux massacres dans les prisons de Paris, en septembre 1792.

septennal, e, aux adj Qui arrive tous les sept ans ; qui dure sept ans.

septennat nm Durée d'un mandat de sept ans.

septentrion nm LITT Nord.

septentrional, e, aux adj Du nord.

septicémie nf Infection générale produite par la présence de bactéries dans le sang.

septicémique adj Relatif à la septicémie.

septicité nf MÉD Caractère de ce qui est septique.

septième [sɛtjɛm] adj num ord et n Qui occupe un rang marqué par le nombre sept. ■ **le septième art :** le cinéma. ◆ adj et nm Qui se trouve sept fois dans le tout.

septièmement adv En septième lieu.

septique adj Causé par une infection microbienne. ■ **fosse septique :** fosse d'aisances où les matières fécales subissent une fermentation rapide.

septuagénaire n et adj Personne qui a entre soixante-dix et soixante-dix-neuf ans.

septuor nm MUS Composition pour sept voix ou instruments.

septuple adj Qui vaut sept fois autant. ◆ nm Quantité sept fois plus grande.

septupler vt Rendre sept fois plus grand. ◆ vi Devenir septuple.

sépulcral, e, aux adj LITT Du sépulcre ; qui évoque les sépulcres : *silence sépulcral.* ■ **voix sépulcrale :** caverneuse.

sépulcre nm LITT Tombeau. ■ **le Saint-Sépulcre :** le tombeau de Jésus-Christ, à Jérusalem.

sépulture nf Lieu où l'on enterre : *violation de sépulture.*

séquelle nf (surtout au pluriel) Trouble, conséquence fâcheuse qui subsiste après une maladie ou qui est le contrecoup d'un événement.

séquençage nm Ordre dans lequel se succèdent les quatre bases de l'ADN. ■ **séquençage du génome humain :** localisation des gènes humains sur leurs chromosomes et détermination de la fonction exercée par chacun d'eux.

séquence nf **1.** Suite ordonnée d'opérations, d'éléments, de mots, etc. **2.** CIN Suite d'images ou de scènes formant un ensemble.

séquentiel, elle adj Relatif à une séquence.

séquestration nf Action de séquestrer ; fait d'être séquestré.

séquestre nm DR Dépôt provisoire, entre les mains d'un tiers, d'un objet litigieux ; dépositaire de ce bien : *mettre les meubles d'un débiteur sous séquestre.*

séquestrer vt **1.** Enfermer illégalement une personne. **2.** DR Mettre sous séquestre.

séquoia [sekɔja] nm Conifère de Californie qui atteint 140 m de haut et vit plus de 2 000 ans.

sérac nm Amoncellement de blocs de glace sur un glacier.

sérail nm **1.** ANC Palais d'un prince turc ; harem de ce palais. **2.** SOUT Milieu restreint et fermé sur lui-même : *élevé dans le sérail.*

séraphin nm RELIG Ange de la première hiérarchie angélique, qui se tient devant le trône de Yahvé.

séraphique adj **1.** Propre aux séraphins. **2.** LITT Angélique, éthéré : *amour séraphique.*

serbe adj et n De Serbie : *les Serbes.*

serbo-croate (pl *serbo-croates*) adj Qui relève à la fois de la Serbie et de la Croatie. ◆ nm Langue slave parlée par la majorité des populations de l'anc. Yougoslavie.

serein, e adj **1.** Tranquille, paisible : *une vie sereine.* **2.** LITT Clair, pur et calme. **3.** Qui marque la tranquillité d'esprit : *visage serein.*

sereinement adv Avec sérénité.

sérénade nf **1.** Concert donné sous les fenêtres de quelqu'un. **2.** FAM Tapage, bruit.

sérénissime adj Titre honorifique donné à quelques hauts personnages : *son Altesse sérénissime.* ■ **la sérénissime République :** l'ancienne république de Venise.

sérénité nf Calme, tranquillité.

séreux, euse adj MÉD Qui sécrète une sérosité : *otite séreuse.*

serf, serve [sɛr, sɛrv] n HIST Personne attachée à une terre et dépendant d'un seigneur.

serfouette nf Outil de jardinage, composé d'une lame et d'une houe ou d'une fourche à deux dents.

serfouir vt Sarcler, biner avec une serfouette.

serge nf Étoffe légère de laine.

sergé nm Tissu croisé et uni.

sergent n Sous-officier titulaire du grade le moins élevé dans l'infanterie, le génie et l'armée de l'air. ◆ nm ■ ANC **sergent de ville :** gardien de la paix.

sergent-chef, sergente-chef (pl *sergents-chefs, sergentes-chefs*) n Sous-officier des armées de terre et de l'air dont le grade est compris entre ceux de sergent et d'adjudant.

séricicole adj Relatif à l'élevage des vers à soie.

sériciculteur, trice n Éleveur de vers à soie.

sériciculture nf Élevage des vers à soie.

séricigène adj ZOOL Se dit des insectes, des organes qui produisent de la soie.

série nf **1.** Suite, succession : *une série de questions.* **2.** Ensemble d'objets analogues : *une série de casseroles.* **3.** Catégorie, classification : *numéro de série.* ■ **de série :** fabriqué à la chaîne (par opposition à *prototype*). ❑ **en série :** qui se succèdent. ❑ **hors série :** remarquable, exceptionnel. ❑ **série noire :** suite d'accidents, de malheurs. ❑ **série télévisée :** ensemble de téléfilms ayant chacun leur unité et où l'on retrouve les mêmes personnages principaux.

GRAMMAIRE Lorsque *série* a un complément au pluriel, le verbe s'accorde avec *série* ou avec le complément selon le sens. On écrira : *une nouvelle série de modèles a été lancée sur le marché ; une série d'accidents ont eu lieu ; toute une série d'accidents a eu lieu.*

sériel, elle adj Relatif à une série. ■ **musique sérielle :** qui applique les principes du dodécaphonisme à d'autres critères que celui de la hauteur des sons.

sérier vt Classer par séries : *sérier les questions.*

sérieusement adv Avec sérieux.

sérieux, euse adj **1.** Qui agit avec réflexion, application ; qui inspire confiance : *élève, commerçant, travail sérieux.* **2.** Grave, qui ne plaisante pas : *air sérieux ; film sérieux.* **3.** Sur quoi on peut se fonder : *promesse sérieuse.* **4.** Important : *une maladie sérieuse.* ◆ nm **1.** Air grave : *garder son sérieux.* **2.** Qualité d'une personne posée, réfléchie : *travailler avec sérieux.* **3.** Caractère de ce qui est important, grave : *le sérieux de la situation.* ■ **prendre au sérieux :** considérer comme réel, important.

sérigraphie nf Procédé d'impression à travers un écran de tissu.

serin, e n **1.** Petit oiseau à plumage jaune. **2.** VIEILLI, FAM étourdi, naïf.

seriner vt FAM Répéter souvent quelque chose à quelqu'un.

serinette nf Boîte à musique utilisée pour apprendre à chanter aux oiseaux.

seringa ou **seringat** nm Arbuste cultivé pour ses fleurs blanches odorantes.

seringue nf Instrument servant à injecter ou prélever un liquide dans les tissus, formé d'un piston et d'un corps de pompe muni d'un embout où l'on adapte une aiguille.

serment nm Affirmation, promesse solennelle : *prêter serment.* ■ FAM **serment d'ivrogne :** sur lequel il ne faut pas compter.

sermon nm **1.** Discours religieux prononcé dans une église. **2.** Remontrance longue et ennuyeuse.

sermonner vt Faire des remontrances.

sermonneur, euse n Personne qui aime à sermonner, à gronder.

séroconversion nf MÉD Apparition d'une séropositivité chez un sujet.

sérodiagnostic nm Diagnostic des maladies infectieuses.

sérologie nf Étude des sérums, de leurs propriétés, de leurs applications.

sérologique adj Relatif à la sérologie.

séronégatif, ive adj et n Qui présente un sérodiagnostic négatif.

séropositif, ive adj et n Qui présente un sérodiagnostic positif, en particulier pour le virus du sida.

séropositivité nf Caractère séropositif.

sérosité nf Liquide sécrété par les membranes séreuses ou constituant certains épanchements.

sérothérapie nf Traitement thérapeutique par les sérums.

serpe nf Outil pour couper le bois, tailler les arbres, etc.

serpent nm Reptile sans membres, parfois venimeux, qui se déplace en rampant. ■ FAM **serpent de mer :** histoire qui redevient périodiquement un sujet de conversation.

serpentaire nm Grand oiseau rapace d'Afrique qui se nourrit surtout de serpents.

serpenteau nm Jeune serpent.

serpenter vi Suivre un trajet sinueux : *ruisseau qui serpente.*

serpentin nm Bande de papier coloré enroulée sur elle-même et qui se déroule quand on la lance.

serpentine nf Pierre fine, de couleur vert sombre.

serpette nf Petite serpe.

serpillière nf Grosse toile servant à laver les sols.

serpolet nm Plante aromatique du genre du thym.

serrage nm Action de serrer : *vis de serrage.*

serran nm Poisson des côtes rocheuses, voisin du mérou.

serre nf **1.** Griffe d'oiseau de proie. **2.** Local vitré destiné à abriter des plantes. ■ **effet de serre :** réchauffement de l'atmosphère terrestre, accéléré par l'émission de certains gaz.

serré, e adj **1.** Très ajusté : *pantalon serré.* **2.** Dont les parties constituantes sont très rapprochées : *tissu serré ; en rangs serrés.* **3.** FIG Rigoureux : *un raisonnement serré.* **4.** Qui offre peu de possibilités : *budget serré ;* qui se tient de très près : *score très serré.* ■ **café serré :** fort. ◆ adv ■ **jouer serré :** agir avec prudence.

serre-file (pl *serre-files*) nm Officier ou sous-officier placé derrière un peloton dans une troupe en marche.

serre-fils nm inv ÉLECTR Instrument pour réunir deux fils électriques.

serre-joint (pl *serre-joints*) nm TECHN Instrument pour serrer des assemblages.

serre-livres nm inv Objet servant à maintenir des livres serrés verticalement.

serrement nm ■ **serrement de cœur :** oppression causée par une vive émotion. ❑ **serrement de main :** (a) action de serrer la main de quelqu'un (b) poignée de main.

serrer vt **1.** Maintenir fixe : *serrer une pièce dans un étau.* **2.** Presser, étreindre : *serrer la main.* **3.** Rapprocher : *serrer les bagages dans le coffre.* ◊ vpr : *se serrer contre quelqu'un.* **4.** Tirer sur les extrémités d'un lien : *serrer un nœud.* **5.** Agir sur un dispositif de fixation, une commande mécanique : *serrer une vis.* **6.** Pousser contre un obstacle ; passer au plus près : *serrer le mur.* **7.** Comprimer le corps : *ces gants me serrent.* **8.** VX, ANTILLES, CANADA Ranger, remiser ; enfermer, ranger en lieu sûr : *serrer ses économies dans un coffre.* ■ **serrer le cœur, la gorge :** oppresser. ❑ **serrer les dents :** résister à la douleur. ❑ **serrer les voiles :** les attacher. ❑ **serrer le vent :** gouverner le plus près possible de la direction d'où vient le vent.

serre-tête nm inv Bandeau qui maintient la chevelure en place.

serriste n AGRIC Exploitant de serres.

serrure nf Appareil qui ferme au moyen d'une clef, d'un ressort.

serrurerie nf Métier, ouvrage du serrurier.

serrurier, ère n Personne qui fait, vend, pose ou répare des serrures.

sertir vt **1.** Enchâsser dans une monture : *sertir un diamant.* **2.** TECHN Fixer des pièces de métal mince en en rabattant les bords.

sertissage nm Action de sertir.

sertisseur, euse n et adj Personne qui sertit.

sertissure nf Manière dont une pierre est sertie.

sérum [serɔm] nm **1.** Partie liquide du sang, qui se sépare après coagulation.

2. Préparation à base de sérum extrait du sang d'un animal et utilisée comme vaccin : *sérum antitétanique.* ■ **sérum physiologique :** solution de chlorure de sodium de même concentration moléculaire que le plasma sanguin.

servage nm État de serf.

serval (pl *servals*) nm Grand chat sauvage d'Afrique.

servant nm Militaire affecté au fonctionnement d'une arme. ◆ adj m ■ **chevalier servant :** homme dévoué à une femme, qui lui fait la cour.

servante nf VX Fille ou femme employée comme domestique.

1. serveur, euse n Personne qui sert la clientèle dans un café, un restaurant, etc.

2. serveur nm INFORM Système informatique présentant des informations consultables ou utilisables à distance au moyen d'un ordinateur.

serviabilité nf Caractère d'une personne serviable.

serviable adj Qui aime à rendre service.

service nm **1.** Action de servir ; ensemble des obligations envers quelqu'un ou une collectivité : *se mettre au service de l'État ; faire son service militaire.* **2.** Organisme chargé d'une fonction administrative ; ensemble des bureaux, des personnes assurant cette fonction : *service du contentieux, du personnel.* **3.** Fonctionnement d'une machine, d'un appareil : *mettre une ligne de métro en service.* **4.** Activité professionnelle : *avoir trente ans de service.* **5.** Expédition, distribution d'une publication : *service des dépêches ; service de presse.* **6.** Action, manière de servir, de se servir : *service gratuit, rapide.* **7.** Ensemble des repas servis en même temps : *premier service.* **8.** Pourcentage d'une note d'hôtel, de restaurant, affecté au personnel : *service compris.* **9.** Assortiment de vaisselle, de linge de table : *service à thé.* **10.** Action, manière de mettre la balle en jeu. **11.** Ce qu'on fait pour être utile à quelqu'un : *rendre service.* **12.** Messe célébrée pour un défunt : *service funèbre.* ■ **hors service :** hors d'usage. ❑ **service public :** activité d'intérêt général, assurée par un organisme ; organisme public ou privé assurant cette activité. ◆ **services** pl Travail rémunéré effectué pour un employeur : *offrir ses services.*

serviette nf **1.** Linge pour la table ou la toilette. **2.** Sac à compartiments pour transporter des livres, des documents. ■ **serviette hygiénique :** bande absorbante utilisée comme protection externe pendant les règles.

serviette-éponge (pl *serviettes-éponges*) nf Serviette de toilette en tissu-éponge.

servile adj **1.** ANC Relatif à l'état de serf. **2.** Obséquieux, soumis : *esprit servile.* **3.** Qui imite un modèle de trop près : *copie servile.*

servilement adv De façon servile.

servilité nf Esprit servile ; basse soumission.

servir vt (conj 20) **1.** Être au service de quelqu'un, d'une collectivité : *servir son pays.* **2.** Vendre, fournir des marchandises : *servir les clients.* **3.** Placer sur la table, dans un repas : *servir le potage ;* présenter à quelqu'un pour consommer : *servir les invités.* **4.** Favoriser, être utile à : *les circonstances l'ont bien servi.* ■ **servir la messe :** assister le prêtre qui la célèbre. ❑ **servir l'État :** (a) exercer un emploi public (b) être militaire. ◆ vt ind **1.** Être utile à quelqu'un : *ce stylo me sert beaucoup.* **2.** Être bon, propre à : *à quoi sert cet instrument ?* **3.** Être utilisé comme, en tant que : *servir de guide.* ◆ vi **1.** Être militaire. **2.** SPORTS Mettre la balle en jeu. ◆ **se servir** vpr **1.** Prendre d'un mets. **2.** S'approvisionner chez un fournisseur. **3.** Utiliser, faire usage de : *se servir de ses relations.*

serviteur nm Personne qui est au service de quelqu'un ; domestique.

servitude nf **1.** État de dépendance ; esclavage. **2.** Contrainte, assujettissement : *servitudes d'un métier.*

servofrein nm Frein à serrage automatique.

servomoteur nm Engin régulateur d'un moteur.

ses adj poss pl Représente un possesseur de la 3e personne du singulier pour indiquer un rapport d'appartenance, un rapport d'ordre affectif ou social de plusieurs personnes ou choses avec lui ; à lui, à elle : *ses livres ; ses parents ; ses collègues.*

1. sésame nm Plante oléagineuse cultivée pour ses graines ; graine de cette plante.

2. sésame nm Moyen infaillible pour se faire ouvrir toutes les portes.

session nf **1.** Période pendant laquelle siège un corps délibérant : *session parlementaire.* **2.** Période pendant laquelle a lieu un examen : *session de juin.*

> ORTHOGRAPHE La *session,* pendant laquelle on *siège,* ne doit pas être confondue avec la *cession,* l'action de *céder.*

sesterce nm ANTIQ Monnaie romaine.

set [sɛt] nm **1.** Manche d'un match de tennis, de tennis de table ou de volley-ball. **2.** Napperon individuel, pour un repas (on dit aussi : *set de table*).

setter [setɛr] nm Race de chiens d'arrêt à poil long.

seuil nm **1.** Pierre ou traverse de bois au bas de l'ouverture d'une porte. **2.** Entrée d'une maison. **3.** FIG Début : *au seuil de la vie.* **4.** Limite au-delà de laquelle les conditions sont modifiées : *franchir un seuil.*

seul, **e** adj **1.** Qui est sans compagnie, isolé : *un homme seul ; voyager seul.* **2.** Unique : *une seule fois ; être seul coupable.* **3.** À l'exclusion des autres : *lui seul réussira.* ■ **parler tout seul :** à soi-même. ❑ **seul à seul :** en tête à tête. ❑ **tout seul :** sans aide, sans secours.

GRAMMAIRE *Seul à seul* est toujours au singulier. L'expression ne peut s'écrire au féminin que si elle concerne deux noms féminins. Ainsi, on écrit : *ils se sont parlé seul à seul, elles se sont parlé seule à seule ; l'institutrice a parlé à son élève seule à seule ; le médecin a parlé à sa patiente seul à seul.*

seulement adv **1.** Sans rien ou personne de plus : *être deux seulement.* **2.** Pas plus tôt que : *seulement hier.* **3.** Exclusivement : *manger seulement pour se nourrir.* **4.** Cependant, toutefois : *seulement, elle refusera.* ■ **pas seulement :** pas même. ❑ **si seulement :** si au moins.

sève nf Liquide nourricier qui circule dans les végétaux.

sévère adj **1.** Sans indulgence ; dur : *magistrat sévère.* **2.** Strict et rigoureux : *règle sévère.* **3.** Qui a peu d'ornements : *décor sévère.* **4.** Grave par son importance ; considérable : *des pertes sévères.*

sévèrement adv Avec sévérité.

sévérité nf Caractère d'une personne ou d'une chose sévère.

sévices nm pl Mauvais traitements : *exercer des sévices sur un enfant.*

sévir vi **1.** Punir avec sévérité : *sévir contre un coupable.* **2.** Exercer des ravages : *la peste a sévi dans le pays.*

sevrage nm **1.** Action de sevrer. **2.** Privation progressive d'alcool ou de drogue lors d'une cure de désintoxication.

sevrer vt (conj 9) **1.** Cesser d'allaiter un enfant, un animal. **2.** Priver, désaccoutumer quelqu'un de quelque chose, en particulier d'alcool ou de drogue. **3.** FIG Priver : *sevrer d'affection.*

sèvres nm Porcelaine de Sèvres.

sexagénaire n et adj Personne qui a entre soixante et soixante-neuf ans.

sexagésimal, **e**, **aux** adj Relatif au nombre soixante.

sex-appeal [sɛksapil] nm sing Charme sensuel, attrait physique (surtout d'une femme).

sexe nm **1.** Ensemble des caractères qui permettent de distinguer le genre mâle et le genre femelle. **2.** Organes génitaux de l'homme et de la femme. **3.** Ensemble des personnes du même sexe. **4.** FAM Sexualité. ■ FAM **le beau sexe :** les femmes. ❑ FAM **le sexe fort :** les hommes.

sexisme nm Attitude discriminatoire à l'égard du sexe féminin.

sexiste adj et n Relatif au sexisme ; qui en est partisan.

sexologie nf Étude scientifique de la sexualité.

sexologue n Spécialiste de sexologie.

sex-shop (pl *sex-shops*) nm Magasin spécialisé dans la vente de revues, de films, d'objets, etc., érotiques et pornographiques.

sextant nm Instrument qui permet de mesurer des hauteurs d'astres et de déterminer la latitude.

sexto adv Sixièmement.

sextuor nm Morceau de musique pour six voix ou instruments.

sextuple adj Qui vaut six fois autant. ◆ nm Nombre sextuple.

sextupler vt Multiplier par six.

sexualité nf **1.** BIOL Ensemble des caractères spéciaux déterminés par le sexe. **2.** Ensemble des phénomènes relatifs à l'instinct sexuel et à sa satisfaction.

sexué, **e** adj Pourvu d'organes sexuels différenciés : *animaux sexués.*

sexuel, **elle** adj **1.** Qui caractérise le sexe. **2.** Relatif au sexe, à la sexualité : *relations sexuelles.*

sexuellement adv Du point de vue de la sexualité. ■ **infection** ou **maladie sexuellement transmissible (IST** ou **MST) :** pouvant être transmise au cours d'un rapport sexuel.

sexy [sɛksi] adj inv FAM Qui inspire ou évoque le désir sexuel.

seyant, **e** adj Qui sied, qui va bien : *coiffure très seyante.*

sforzando [sfɔrzɑ̃do] adv MUS En renforçant progressivement l'intensité du son.

shah nm → **chah**.

shaker [ʃɛkœr] nm Double gobelet fermé pour préparer les cocktails.

shakespearien, **enne** [ʃɛkspirjɛ̃, ɛn] adj Propre à Shakespeare ; qui rappelle son style.

shako ou **schako** nm Coiffure des gardes républicains et des saint-cyriens.

shampooing ou **shampoing** [ʃɑ̃pwɛ̃] nm **1.** Produit de toilette pour laver les cheveux ; lavage des cheveux avec ce produit. **2.** Produit pour laver certains textiles (tapis).

shampouiner vt Laver avec un shampooing.

shampouineur, euse n Employé qui fait les shampooings dans un salon de coiffure.

shampouineuse nf Appareil pour nettoyer tapis et moquettes.

shérif nm Aux États-Unis, officier d'administration élu, ayant un pouvoir judiciaire limité.

sherpa [ʃɛrpa] nm **1.** Porteur ou guide des expéditions d'alpinistes, dans l'Himalaya. **2.** FAM Conseiller d'un chef d'État, chargé de préparer les sommets internationaux.

shetland [ʃɛtlɑ̃d] nm **1.** Laine des moutons d'Écosse ; lainage fait avec cette laine. **2.** Race de petits poneys originaire d'Écosse.

shiitaké [ʃiitake] nm Champignon japonais, cultivé pour ses qualités médicinales et gastronomiques.

shilling [ʃiliŋ] nm **1.** Ancienne unité monétaire divisionnaire anglaise qui valait 1/20 de livre. **2.** Unité monétaire du Kenya, de l'Ouganda, de la Somalie et de la Tanzanie.

shinto [ʃinto] ou **shintoïsme** [ʃintɔism] nm Religion japonaise antérieure au bouddhisme.

shintoïste adj et n Relatif au shinto ; qui en est adepte.

shipchandler [ʃipʃɑ̃dlœr] nm Marchand d'articles de marine.

shirting [ʃœrtiŋ] nm Tissu de coton, utilisé pour la lingerie et la chemiserie.

shogun [ʃɔgun] ou **shogoun** nm Chef militaire et civil du Japon, de 1192 à 1867.

shogunal, e, aux ou **shogounal, e, aux** adj Relatif aux shoguns.

shoot [ʃut] nm Au football, coup de pied vers les buts adverses. SYN : tir.

1. shooter [ʃute] vi Au football, tirer.

2. shooter (se) [ʃute] vpr FAM S'injecter de la drogue.

shopping [ʃɔpiŋ] nm Action d'aller dans les magasins, de faire des achats.

short [ʃɔrt] nm Culotte courte couvrant le haut des cuisses.

short-track [ʃɔrttrak] (pl *short-tracks*) nm Course en patins à glace qui se pratique sur une piste courte de 111 mètres.

show [ʃo] nm **1.** Spectacle de variétés centré sur une vedette. **2.** Prestation d'un homme politique : *show télévisé*.

show-business [ʃobiznɛs] nm inv Industrie, ensemble des métiers du spectacle.

shunt [ʃœ̃t] nm Dérivation d'une partie du courant qui traverse un circuit électrique.

1. si conj **1.** Indique l'hypothèse, la condition : *si j'avais de l'argent, je vous en prêterais.* **2.** Marque le vœu, la proposition, le regret : *si nous y allions ?* **3.** Introduit le résultat dont l'explication est donnée dans la principale : *si je me répète, c'est parce que tu n'obéis pas.* ■ **si ce n'est :** (a) introduit une rectification à un niveau supérieur : *une heure, si ce n'est deux* (b) introduit une restriction ; sauf, excepté : *tout, si ce n'est un détail.* ❑ **si ce n'est que :** excepté que. ◆ nm inv Hypothèse, supposition : *avec des si, on mettrait Paris en bouteille.*

2. si adv **1.** Marque l'intensité : *ne parle pas si fort ; ce n'est pas si facile que ça.* **2.** Contredit une négation : *ça n'a pas d'importance si, ça en a ; vous ne l'avez pas vue ? si.* **3.** Introduit une interrogation indirecte : *je me demande s'il viendra.* ■ **si bien que :** indique une conséquence ; de sorte que.

3. si nm inv MUS Septième note de la gamme de *do*.

sialagogue adj et nm MÉD Se dit d'une substance qui augmente la production de salive.

siamois, e adj et n Du Siam. ■ **chat siamois** ou **siamois** nm : chat à la robe crème et aux yeux bleus. ❑ **frères siamois, sœurs siamoises :** jumeaux soudés l'un à l'autre.

sibérien, enne adj et n De Sibérie. ■ **un froid sibérien :** une température très basse.

sibilant, e adj MÉD Sifflant.

sibylle [sibil] nf ANTIQ Prophétesse.

sibyllin, e adj SOUT Obscur, énigmatique : *propos sibyllins*.

sic [sik] adv Se met entre parenthèses après un mot, une expression, pour indiquer que l'on cite textuellement.

sicav [sikav] nf inv (sigle de *société d'investissement à capital variable*) Société dont le rôle est de gérer un portefeuille de valeurs dont chaque porteur de titre détient une fraction ; cette fraction.

siccatif, ive adj et nm Propre à accélérer le séchage des peintures, des vernis, des encres.

sicilien, enne adj et n De Sicile : *les Siciliens*.

sicilienne nf Danse ou musique au rythme balancé.

sida [sida] nm (sigle de *syndrome immunodéficitaire acquis*) Maladie infectieuse transmissible par voie sexuelle ou sanguine, qui se traduit par une disparition des réactions de défense de l'organisme.

side-car [sidkar] (pl *side-cars*) nm Véhicule à une seule roue, accouplé latéralement à une motocyclette.

sidéen, enne adj et n Atteint du sida.

sidéral, e, aux adj Relatif aux astres.

sidérant, e adj Qui frappe de stupeur.

sidéré, e adj Stupéfait, abasourdi.

sidérer vt Frapper de stupeur, stupéfier.

sidérose nf MÉD Infiltration des tissus par des particules de fer.

sidérurgie nf Ensemble des techniques permettant de produire et de travailler le fer, les fontes et les aciers.

sidérurgique adj Relatif à la sidérurgie.

sidérurgiste n Personne qui travaille dans la sidérurgie.

siècle nm **1.** Durée de cent ans. **2.** Période de cent ans, comptée à partir d'une date fixe : *le seizième siècle.* **3.** Époque, temps où l'on vit : *être de son siècle.* **4.** Époque caractérisée par un grand homme, une grande découverte, etc. : *le siècle de Périclès, de l'atome.* **5.** FAM Longue durée : *il y a un siècle que je ne l'ai pas vu.*

siège nm **1.** Meuble ou tout objet fait pour s'asseoir ; partie horizontale de ce meuble, de cet objet, sur laquelle on s'assied. **2.** Place, mandat d'un membre d'une assemblée : *perdre son siège.* **3.** Lieu de résidence principal d'une autorité : *siège d'un tribunal ; siège social.* **4.** Endroit où naît et se développe quelque chose : *siège d'une douleur.* **5.** Postérieur, fesses : *bain de siège.* **6.** Opération militaire menée contre une ville, une place forte. ■ **état de siège :** suspension du pouvoir civil remplacé par un régime militaire.

siéger vi (conj 2 et 10) **1.** Faire partie d'une assemblée, d'un tribunal. **2.** Tenir ses séances. **3.** Se trouver, être dans tel ou tel endroit.

sien, enne adj poss SOUT Qui est à lui, à elle : *faire sienne une idée.* ◆ pron poss ■ **le sien, la sienne :** ce qui est à lui, à elle : *ce sont mes affaires, pas les siennes.* ◆ nm ■ **y mettre du sien :** se donner de la peine. ◆ **siens** nm pl ■ **les siens :** ses parents, amis, partisans. ◆ **siennes** nf pl ■ **faire des siennes :** des folies, des bêtises.

sierra nf Chaîne de montagnes, dans les pays de langue espagnole : *la sierra Nevada.*

sieste nf Repos que l'on prend après le déjeuner.

sieur nm DR Monsieur : *le sieur X.*

sifflant, e adj Qui produit un sifflement : *prononciation sifflante.*

sifflement nm **1.** Bruit fait en sifflant. **2.** Bruit aigu produit par un rapide déplacement d'air : *sifflement du vent, d'une balle.*

siffler vi **1.** Produire un son aigu soit avec la bouche, soit avec un instrument. **2.** Produire un son aigu qui évoque un sifflement : *le train siffle.* **3.** Crier, en parlant du serpent ou de certains oiseaux. ◆ vt **1.** Moduler en sifflant : *siffler un air.* **2.** Appeler en sifflant : *siffler un chien ; siffler les filles.* **3.** Manifester de la désapprobation par des sifflements. **4.** Signaler par un coup de sifflet : *siffler une faute.*

> ORTHOGRAPHE *Siffler* s'écrit avec deux *f*, alors que *persifler* s'écrit avec un seul *f*.

sifflet nm Instrument avec lequel on siffle. ◆ **sifflets** pl Sifflements de désapprobation : *accueilli par des sifflets.*

sifflotement nm Action de siffloter ; son ainsi produit.

siffloter vi et vt Siffler doucement, négligemment.

sigillé, e adj Marqué d'un sceau.

sigillographie nf Étude des sceaux.

sigle nm Lettre initiale ou groupe de lettres initiales constituant l'abréviation de mots fréquemment employés (EX : *ONU, SNCF*).

siglé, e adj Qui est orné d'un sigle : *tee-shirt siglé.*

sigma nm inv Lettre de l'alphabet grec, correspondant à *s*.

signal nm **1.** Signe convenu pour avertir : *signal sonore.* **2.** Appareil, panneau qui produit ou porte ce signe : *signal d'alarme ; signaux routiers.* **3.** Ce qui annonce, provoque quelque chose. ■ **donner le signal de :** provoquer, annoncer.

signalé, e adj LITT Remarquable : *rendre un signalé service.*

signalement nm **1.** Description détaillée d'une personne. **2.** DR Information relative à un mineur, victime ou auteur d'une infraction, donnée aux autorités administratives ou judiciaires.

signaler vt **1.** Annoncer par un signal : *signaler un danger.* **2.** Attirer l'attention sur : *signaler un fait.* ◆ **se signaler** vpr Se distinguer, se faire remarquer.

signalétique adj Qui donne le signalement, la description de : *fiche signalétique.*

signalisation nf Installation, utilisation de signaux.

signaliser vt Munir d'une signalisation.

signataire n et adj Personne qui a signé un acte, une pièce quelconque.

signature nf **1.** Nom, marque personnelle que l'on met en bas d'un écrit, d'une œuvre pour attester qu'on en est bien l'auteur ou qu'on en approuve le contenu. **2.** Action de signer.

signe nm **1.** Indice, marque : *signe de pluie ; signe particulier.* **2.** Mot, geste, mimique permettant de faire connaître, de communiquer : *faire signe de venir ; faire un signe de croix.* **3.** Marque matérielle distinctive. **4.** Représentation matérielle conventionnelle : *signes de ponctuation.* ■ **c'est bon, mauvais signe :** cela annonce quelque chose de bon, de mauvais. ❑ **ne pas donner signe de vie :** (a) sembler mort (b) ne pas donner de ses nouvelles. ❑ **signes du zodiaque → zodiaque.** ❑ **sous le signe de :** sous l'influence de.

signer vt Apposer sa signature sur. ◆ **se signer** vpr Faire le signe de la croix.

signet nm Petit ruban attaché à un livre qu'on insère entre deux pages pour les retrouver.

signifiant, e adj Qui signifie, est porteur de sens.

significatif, ive adj Qui marque clairement une pensée, une intention.

signification nf **1.** Ce que signifie une chose : *la signification d'un mot.* **2.** Notification d'un acte, d'un jugement par voie judiciaire.

signifier vt **1.** Vouloir dire, avoir le sens de. **2.** Déclarer, faire connaître : *signifier sa volonté.* **3.** Notifier par voie judiciaire.

sikh n et adj Adepte d'une religion de l'Inde.

silence nm **1.** Fait de se taire, de ne pas parler. **2.** Absence de bruit, d'agitation : *le silence de la nuit.* **3.** Absence de mention d'un sujet dans un écrit. **4.** MUS Interruption plus ou moins longue d'une phrase musicale ; le signe qui la marque. ■ **en silence :** (a) sans faire de bruit (b) sans parler. ❑ **passer sous silence :** ne pas parler de.

silencieusement adv En silence.

silencieux, euse adj **1.** Qui garde le silence. **2.** Où l'on n'entend aucun bruit : *un bois silencieux.* **3.** Qui se fait sans bruit : *manifestation silencieuse ;* qui produit un minimum de bruit : *moteur silencieux.* ◆ nm Dispositif pour amortir le bruit d'un moteur, d'une arme à feu.

silène nm Plante herbacée des champs à calice en forme d'outre.

silex nm Roche siliceuse très dure, formant des rognons dans certaines roches calcaires (le silex fut utilisé par les hommes préhistoriques comme arme et comme outil).

silhouette nf Allure, contour du corps : *avoir une silhouette élégante ;* forme, dessin aux contours schématiques.

silhouetter vt Tracer la silhouette.

silicate nm Minéral comportant un atome de silicium et quatre atomes d'oxygène.

silice nf Oxyde de silicium.

siliceux, euse adj De la nature du silex, de la silice.

silicium nm Métalloïde de la famille du carbone, abondant dans la nature sous forme de silice et de silicates.

silicone nm Polymère formé d'enchaînements alternés d'oxygène et de silicium, auxquels se substituent des groupes organiques.

silicose nf Maladie due à l'inhalation de poussière de silice.

sillage nm Perturbation à la surface de l'eau provoquée par un navire en mouvement. ■ **marcher dans le sillage de :** suivre l'exemple de.

sillet [sijɛ] nm MUS Fine baguette surélevant les cordes d'un instrument.

sillon nm **1.** Trace faite dans la terre par le soc de la charrue. **2.** Rainure que présente la surface d'un disque phonographique.

sillonner vt Parcourir un lieu en tous sens.

silo nm Réservoir de grande capacité pour stocker les récoltes.

silure nm **1.** Poisson à peau sans écailles et à six barbillons. **2.** Poisson-chat.

silurien, enne nm et adj GÉOL Période de l'ère primaire s'étendant de 435 à 410 millions d'années.

simagrées nf pl Manières affectées, minauderies.

simien, enne adj Relatif au singe.

simiesque adj Qui rappelle le singe : *visage simiesque.*

similaire adj Qui peut être assimilé à un autre : *objets similaires.*

similarité nf Caractère similaire.

simili nm Imitation d'une autre matière : *bijou en simili.*

similicuir nm Toile plastifiée imitant le cuir.

similigravure nf Photogravure à partir d'originaux en demi-teintes.

similitude nf **1.** Ressemblance, analogie. **2.** MATH Propriété de deux figures semblables.

simonie nf RELIG Trafic d'objets sacrés, vente de biens spirituels.

simoun nm Vent chaud et violent du désert.

simple adj **1.** Formé d'un seul élément : *feuille de copie simple.* **2.** CHIM Formé d'atomes d'un seul élément : *l'or, l'oxygène sont des corps simples.* **3.** Facile à employer, à comprendre : *méthode, solution simple.* **4.** Sans recherche ni affectation : *robe toute simple ; des gens simples.* **5.** Qui se suffit à lui seul : *un simple geste.* **6.** Facile à tromper, naïf, crédule. **7.** Qui est seulement ce que son nom indique : *simple soldat.* ■ FAM **simple comme bonjour :** très simple. ❑ GRAMM **temps simples :** temps du verbe qui se conjuguent sans auxiliaire. ◆ nm **1.** Ce qui est simple. **2.** Partie de tennis ou de tennis de table entre deux joueurs. ■ **simple d'esprit :** débile mental. ◆ **simples** nm pl BOT Plantes médicinales.

simplement adv **1.** Sans prétention, sans recherche : *parler simplement.* **2.** Seulement : *simplement pour voir.* ■ **purement et simplement :** (a) sans réserve (b) sans ménagement : *renvoyer purement et simplement.*

simplet, ette adj Un peu simple, niais.

simplicité nf Caractère de celui ou de ce qui est simple.

simplificateur, trice adj et n Qui simplifie.

simplification nf Action de simplifier.

simplifier vt Rendre plus simple, moins compliqué.

simplisme nm Tendance à simplifier de façon excessive.

simpliste adj D'une simplicité excessive ; qui simplifie de façon exagérée.

simulacre nm Ce qui n'a que l'apparence de ce qu'il prétend être : *simulacre de procès.*

simulateur, trice n Personne qui simule une maladie. ◆ nm Appareil destiné à simuler un phénomène.

simulation nf **1.** Action de simuler. **2.** Reproduction artificielle ou représentation figurée d'un phénomène.

simuler vt **1.** Faire paraître comme réelle une chose qui ne l'est pas ; feindre : *simuler une maladie.* **2.** Reproduire le comportement d'un appareil dont on désire étudier le fonctionnement ou enseigner l'utilisation. **3.** Reproduire le comportement d'un corps dont on veut suivre l'évolution.

simultané, e adj Qui se produit, a lieu en même temps : *mouvements simultanés.*

simultanéité nf Caractère de ce qui est simultané.

simultanément adv En même temps.

sinanthrope nm Fossile présentant des caractères simiens et hominiens.

sinapisme nm ANC Cataplasme à base de farine de moutarde.

sincère adj **1.** Qui s'exprime sans déguiser sa pensée : *homme sincère.* **2.** Qui est senti, éprouvé réellement : *regrets sincères.*

sincèrement adv De façon sincère.

sincérité nf Caractère d'une personne ou d'une chose sincère ; franchise, loyauté.

sinécure nf Emploi où l'on est bien payé pour faire peu de travail. ■ **ce n'est pas une sinécure :** ce n'est pas de tout repos.

sine die [sinedje] loc adv DR Sans fixer de jour.

sine qua non [sinekwanɔn] loc adv Indispensable, nécessaire : *condition sine qua non.*

singe nm **1.** Mammifère de l'ordre des primates, à face nue, à mains et pieds préhensiles et terminés par des ongles. **2.** FIG Personne qui contrefait, imite les actions des autres. ■ **payer en monnaie de singe :** en belles paroles.

singer vt (conj 2) Imiter, contrefaire.

singerie nf **1.** Ménagerie de singes. **2.** Imitation gauche et ridicule. ◆ **singeries** pl Contorsions, pitreries.

single [singəl] nm **1.** Disque ne comportant qu'un seul morceau par face. **2.** Chambre d'hôtel individuelle. **3.** Compartiment de voiture-lit à une seule place.

singulariser vt Distinguer par quelque chose d'inhabituel. ◆ **se singulariser** vpr Se faire remarquer par quelque singularité.

singularité nf Caractère singulier ; bizarrerie, étrangeté.

singulier, ère adj Bizarre, extraordinaire : *un homme singulier.* ■ **combat singulier :** d'homme à homme. ◆ nm et adj m GRAMM Forme d'un mot exprimant un nombre égal à l'unité (par opposition à *pluriel*) : *nom singulier ; au singulier ;* forme d'un mot exprimant l'impossibilité de comptabiliser ce qu'il désigne (EX : *du beurre*).

singulièrement adv **1.** En particulier, notamment. **2.** Beaucoup : *être singulièrement affecté.*

siniser vt Marquer des caractères de la civilisation chinoise.

sinistre adj **1.** Qui présage le malheur : *bruit sinistre.* **2.** Sombre, effrayant, terrifiant : *regards sinistres.* **3.** Triste et ennuyeux : *réunion sinistre.* ◆ nm **1.** Événement catastrophique qui entraîne de grandes pertes matérielles et humaines. **2.** DR Fait dommageable de nature à mettre en jeu la garantie d'un assureur.

sinistré, e n et adj Victime d'un sinistre. ◆ adj Qui subit une crise grave : *secteur industriel sinistré.*

sinistrose nf FAM Pessimisme systématique.

sinologie nf Étude de l'histoire, de la langue et de la civilisation chinoises.

sinologue n Spécialiste de sinologie.

sinon conj **1.** Autrement, sans quoi, faute de quoi : *obéissez, sinon gare !* **2.** Si ce n'est : *ne rien désirer, sinon la paix ; une des rares, sinon la seule ; sinon une guérison, du moins une rémission.* ■ **sinon que** : si ce n'est que : *je ne sais rien, sinon qu'il est venu.*

sinueux, euse adj **1.** Qui fait des courbes, des détours : *chemin sinueux.* **2.** FIG Tortueux : *pensée sinueuse.*

sinuosité nf Ligne sinueuse.

sinus [sinys] nm **1.** ANAT Cavité de certains os de la tête. **2.** GÉOM Perpendiculaire menée d'une des extrémités de l'arc au diamètre qui passe par l'autre extrémité.

sinusite nf Inflammation des sinus osseux de la face.

sinusoïdal, e, aux adj Dont la forme rappelle celle d'une sinusoïde.

sinusoïde nf Courbe plane représentant les variations du sinus ou du cosinus quand l'arc varie.

sionisme nm Mouvement dont l'objet fut l'établissement en Palestine d'un État juif.

sioniste adj et n Qui relève du sionisme ; qui en est partisan.

siphoïde adj En forme de siphon.

siphon nm **1.** Tube recourbé à deux branches inégales pour transvaser les liquides. **2.** Conduit à double courbure servant à évacuer les eaux usées. **3.** Bouteille fermée par une soupape à levier, pour obtenir l'écoulement d'un liquide sous pression.

siphonné, e adj FAM Fou.

siphonner vt Transvaser un liquide ou vider un récipient à l'aide d'un siphon.

sire nm Titre donné aux empereurs et aux rois. ■ FAM **triste sire** : individu peu recommandable.

sirène nf **1.** MYTH Être fabuleux à torse de femme et à queue de poisson. **2.** Appareil avertisseur destiné à émettre des signaux sonores. ◆ pl Propositions, arguments qui semblent ouvrir des perspectives alléchantes mais recèlent en fait un danger.

sirénien nm Mammifère herbivore marin ou fluvial, à nageoires (les siréniens forment un ordre).

sirocco ou **siroco** nm Vent brûlant qui souffle du Sahara vers le littoral.

sirop nm Liquide très sucré, aromatique ou médicamenteux. ■ **sirop d'érable** : solution concentrée de sève d'érable et d'eau.

siroter vt et vi FAM Boire en dégustant, à petites gorgées.

sirupeux, euse adj De la nature, de la consistance du sirop.

sis, e adj DR Situé : *maison sise à Paris.*

sisal (pl *sisals*) nm Agave du Mexique ; fibre tirée des feuilles de cette plante.

sismique ou **séismique** adj Relatif aux tremblements de terre.

sismographe ou **séismographe** nm Appareil qui enregistre les ondes sismiques.

sismologie nf Étude des séismes.

sismologue n Spécialiste de sismologie.

sistre nm ANTIQ Instrument de musique à percussion, chez les Égyptiens.

sitar nm Instrument de musique indien, à cordes pincées.

sitariste n Joueur de sitar.

sitcom nm ou nf Série télévisée présentant des scènes de la vie quotidienne d'une famille, sur le mode de la comédie.

site nm **1.** Paysage considéré du point de vue de son aspect pittoresque : *protection du site.* **2.** Lieu géographique considéré du point de vue de son activité : *site industriel.* **3.** INFORM Serveur d'informations dans un réseau télématique. ■ **site web** ou **site** nm : ensemble de pages web accessibles par Internet sur un serveur identifié par une adresse.

sit-in [sitin] nm inv Manifestation consistant à s'asseoir en groupe sur la voie publique.

sitôt adv Aussitôt. ■ **de sitôt** : prochainement. ◆ **sitôt que** loc conj Dès que.

situation nf **1.** Position géographique, emplacement de quelque chose. **2.** État, fonction de quelqu'un par rapport aux autres. **3.** Emploi rémunéré. **4.** État d'une nation, d'une collectivité, etc., dans un domaine particulier : *situation économique.* **5.** Moment d'une œuvre littéraire caractérisé par un climat particulier : *situation comique.*

situé, e adj Se dit d'une ville, d'une construction par rapport à ses environs, à son exposition au soleil : *maison bien située.*

situer vt Déterminer la place, la situation de, dans l'espace, le temps ou au sein d'un ensemble. ◆ **se situer** vpr **1.** Avoir sa place dans l'espace ou dans le temps : *se situer au deuxième rang ; l'action se situe en 2010.* **2.** Déterminer sa place : *se situer politiquement.*

six adj num card **1.** Cinq plus un. **2.** Sixième : *chapitre six.* ◆ nm inv Chiffre, numéro qui représente le nombre six : *le 6 a gagné.*

sixain nm → **sizain.**

six-huit nm inv MUS Mesure à deux temps qui a la noire pointée pour unité de temps.

1. sixième adj num ord et n Qui occupe un rang marqué par le nombre six. ◆ adj et nm Qui se trouve six fois dans le tout.

2. sixième nf Première classe de l'enseignement secondaire.

sixièmement adv En sixième lieu.

six-quatre-deux (à la) loc adv FAM Négligemment, très vite.

sixte nf MUS Intervalle compris entre six notes.

sizain ou **sixain** nm **1.** Strophe, poème de six vers. **2.** Paquet de six jeux de cartes.

Skaï [skaj] nm (nom déposé) Matériau synthétique imitant le cuir.

skateboard [skɛtbɔrd] ou **skate** [skɛt] nm Planche à roulettes ; sport pratiqué avec cette planche.

skateur, e [skɛtœr, øz] ou **skater** [skɛtœr] n Personne qui pratique le skateboard.

skeleton [skəlɛtɔn] nm Engin de glisse que l'on utilise allongé sur le ventre ; sport pratiqué avec cette planche.

sketch [skɛtʃ] (pl *sketchs* ou *sketches*) nm Courte scène, au théâtre, au cinéma.

ski nm Long patin pour glisser sur la neige ou sur l'eau ; sport pratiqué sur ces patins.

skiable adj Où l'on peut skier.

skier vi Pratiquer le ski.

skicross nm Discipline sportive où plusieurs skieurs s'élancent en même temps sur un parcours bosselé et très incliné comportant des virages et des tremplins.

skieur, euse n Personne qui skie.

skiff ou **skif** nm Canot long, étroit et léger, à un seul rameur.

skinhead [skinɛd] ou **skin** [skin] nm Jeune marginal au crâne rasé adoptant un comportement de groupe violent, notamment à l'égard des étrangers.

skippeur, euse n **1.** Barreur, sur un bateau à voile. **2.** Commandant de bord d'un yacht.

skunks nm → sconse.

slalom [slalɔm] nm **1.** Descente à skis consistant en une succession de virages. **2.** Parcours sinueux.

slalomer vi Effectuer un parcours en slalom.

slalomeur, euse n Spécialiste de slalom.

slam nm Poésie urbaine, orale, déclamée dans un lieu public, sur un rythme scandé.

slameur, euse n Personne qui interprète, compose du slam.

slave adj et n De la branche des Slaves. ◆ nm Langue des Slaves.

slip nm Culotte moulante à taille basse échancrée aux cuisses et servant de sous-vêtement. ■ **slip de bain** : culotte de la forme d'un slip pour la baignade.

slogan nm Formule brève et frappante, utilisée en particulier en publicité.

sloop [slup] nm Navire à voiles à un mât, n'ayant qu'un seul foc à l'avant.

slovaque adj et n De Slovaquie : *les Slovaques.*

slovène adj et n De Slovénie : *les Slovènes.*

slow [slo] nm Danse lente.

smala ou **smalah** nf **1.** Ensemble des équipages et de la maison d'un chef arabe. **2.** FAM Famille nombreuse et encombrante.

smash [smaʃ] (pl *smashs* ou *smashes*) nm SPORTS Coup par lequel on rabat violemment la balle ou le ballon.

smasher [smaʃe] vi et vt SPORTS Faire un smash.

SMIC [smik] nm (sigle de *salaire minimum interprofessionnel de croissance*) Salaire minimal au-dessous duquel aucun salarié ne peut, en principe, être rémunéré.

smicard, e n FAM Personne payée au SMIC.

smiley [smajlɛ] nm Dans un message électronique, association de caractères typographiques évoquant un visage expressif (recommandation officielle : *frimousse*).

smocks [smɔk] nm pl COUT Fronces rebrodées sur l'endroit.

smoking [smɔkiŋ] nm Costume de soirée à revers de soie.

SMS nm (sigle de *short message service*) TÉLÉCOMM Minimessage.

snack-bar [snakbar] ou **snack** nm Restaurant servant rapidement des plats simples à toute heure.

sniff ou **snif** interj Évoque un bruit de reniflement.

sniffer vt FAM Absorber une drogue en la prisant.

snob adj et n Qui fait preuve de snobisme.

snober vt Traiter qqn ou qqch avec mépris.

snobisme nm Admiration pour tout ce qui est en vogue dans les milieux qui passent pour distingués.

snow-boot [snobut] (pl *snow-boots*) nm Chaussure de caoutchouc mince.

soap opera [sɔpɔpera] (pl *soap operas*) nm Feuilleton télévisé à l'intrigue très simple et qui s'étend sur de multiples épisodes.

sobre adj **1.** Qui mange et boit avec modération. **2.** Sans excès, sans luxe : *dessin sobre.* **3.** Modéré : *sobre dans ses déclarations.*

sobrement adv Avec sobriété.

sobriété nf Caractère d'une personne ou d'une chose sobre.

sobriquet nm Surnom.

soc nm Fer de charrue.

soccer [sɔkœr] nm CANADA Football.

sociabilité nf Caractère d'une personne sociable.

sociable adj **1.** Capable de vivre en société. **2.** Avec qui il est facile de vivre.

social, e, aux adj **1.** Qui concerne la société : *ordre social.* **2.** Qui vit en société : *animal social.* **3.** Qui concerne l'amélioration des conditions de vie : *avantages sociaux ; service social.* **4.** Relatif à une société industrielle ou commerciale : *raison sociale.* ■ **sciences sociales :** disciplines qui étudient les groupes humains, leur comportement, leur évolution.

social-démocrate, sociale-démocrate (pl *sociaux-démocrates, sociales-démocrates*) adj et n Partisan de la social-démocratie.

social-démocratie (pl *social-démocraties*) nf Ensemble des organisations et des hommes politiques qui se rattachent au socialisme parlementaire et réformiste.

socialement adv Sur le plan social.

socialisation nf Action de socialiser.

socialiser vt Rendre sociable.

socialisme nm Doctrine économique, sociale et politique caractérisée par la condamnation de la propriété privée des moyens de production et d'échange.

socialiste adj et n Qui relève du socialisme ; qui en est partisan.

sociétaire n et adj Membre d'une société d'acteurs, d'une mutuelle, etc.

sociétal, e, aux adj Qui concerne la société et la vie sociale des hommes.

sociétariat nm Qualité de sociétaire.

société nf **1.** Ensemble d'hommes ou d'animaux vivant sous des lois communes : *sociétés primitives.* **2.** Association de personnes qui mettent en commun soit des biens, soit leur activité, en vue de réaliser des bénéfices ou pour profiter d'une économie : *société de bienfaisance.* **3.** Milieu humain dans lequel chaque personne est intégrée : *aimer la vie en société.* **4.** Réunion de personnes ; les personnes ainsi réunies. **5.** Fréquentation : *rechercher la société des femmes.* ■ **jeu de société :** qui se joue à plusieurs et à l'aide d'un support matériel. ❑ **la société civile :** l'ensemble des citoyens, par opposition à l'ensemble des hommes politiques. ❑ **société anonyme (SA) :** société dont le capital est divisé en actions négociables. ❑ **société à responsabilité limitée (SARL) :** société dont le capital est divisé en parts sociales non librement cessibles.

socioculturel, elle adj Relatif aux structures sociales et à la culture qui contribue à les caractériser.

socio-économique (pl *socio-économiques*) adj Relatif aux problèmes sociaux dans leur relation avec les problèmes économiques.

socio-éducatif (pl *socio-éducatifs*) adj Relatif aux problèmes sociaux dans leur relation avec l'éducation, l'enseignement.

sociologie nf Étude des phénomènes sociaux.

sociologique adj Relatif à la sociologie.

sociologue n Spécialiste de sociologie.

socioprofessionnel, elle adj Relatif à un groupe social déterminé par la profession de ses membres.

socle nm Base sur laquelle repose une colonne, un buste, etc.

socque nm Chaussure à semelle de bois.

socquette nf Chaussette basse s'arrêtant à la cheville.

socratique adj Relatif à Socrate et à sa philosophie.

soda nm Boisson gazeuse sucrée.

sodé, e adj Qui contient de la soude.

sodique adj Qui contient du sodium : *sel sodique.*

sodium nm Corps simple métallique, très répandu dans la nature à l'état de chlorure tel que le sel marin et le sel gemme, et à l'état de nitrate ; symb : Na.

sodomie nf Pratique du coït anal.

sodomiser vt Pratiquer la sodomie sur.

sœur nf **1.** Fille née du même père et de la même mère qu'une autre personne. **2.** Femme qui a prononcé des vœux religieux ; titre qu'on lui donne. **3.** Ce qui est apparenté à autre chose : *l'envie est la sœur de la calomnie.*

sœurette nf FAM Petite sœur.

sofa nm Canapé rembourré, sans bois apparent.

soft adj inv **1.** FAM Qui ne heurte personne, édulcoré : *habillage soft d'une réforme.* **2.** CIN Qui est plus érotique que pornographique. ◆ nm inv **1.** Cinéma érotique. **2.** INFORM Software.

software nm (anglicisme) INFORM Logiciel.

soi pron pers Après une préposition, désigne, en qualité de pronom réfléchi, la 3e personne du singulier et représente sa propre personne de façon indéterminée, la chose en elle-même ou une personne déterminée en cas d'ambiguïté : *chacun travaille pour soi ; avoir quelque chose à soi ; il lui reproche de parler trop de soi.* ■ **cela va de soi :** c'est évident, naturel. ❑ **chez soi :** à son domicile. ❑ **en soi :** de par sa nature même.

soi-disant adj inv Qui se prétend tel : *un soi-disant docteur.* ◆ adv À ce qu'on prétend : *ils sont partis, soi-disant pour aller le chercher.*

soie nf **1.** Fil fin et brillant produit par une chenille dite *ver à soie* ; étoffe fabriquée avec cette matière : *robe de soie.* **2.** Fil sécrété par l'araignée. **3.** Poil dur du porc, du sanglier.

soierie nf **1.** Étoffe de soie. **2.** Industrie, commerce de la soie.

soif nf **1.** Désir, besoin de boire. **2.** FIG Vif désir : *la soif du pouvoir.*

soiffard, e n FAM Personne qui aime boire, qui boit trop d'alcool.

soignant, e adj et n Qui donne des soins.

soigné, e adj **1.** Qui prend soin de sa personne, élégant. **2.** Exécuté avec soin : *travail soigné.* **3.** FAM Fort, important : *un rhume soigné.*

soigner vt **1.** Donner les soins nécessaires à la guérison de : *soigner un rhume.* **2.** S'occuper, avoir soin de : *soigner ses invités ; soigner les plantes.* **3.** S'appliquer à : *soigner son style.*

soigneur, euse n Personne qui soigne un sportif lors d'une compétition, d'un match.

soigneusement adv Avec soin.

soigneux, euse adj **1.** Qui apporte du soin à : *soigneux de sa personne.* **2.** Fait avec soin : *un travail soigneux.* **3.** Qui veille à ne pas abîmer les objets.

soin nm **1.** Attention, application à quelque chose : *travail effectué avec soin.* **2.** Charge, devoir de veiller à quelque chose : *je te confie le soin de mes plantes.* ■ **avoir, prendre soin de :** être attentif à, veiller sur. ◆ **soins** pl Moyens par lesquels on traite un malade : *les premiers soins ; soins intensifs.* ■ **aux bons soins de :** formule épistolaire pour demander au destinataire d'une lettre de la faire parvenir à quelqu'un d'autre. ❑ **être aux petits soins pour quelqu'un :** avoir pour lui des attentions délicates.

soir nm **1.** Dernière partie du jour ; soirée. **2.** FIG Déclin : *le soir de la vie.* ◆ adv En soirée : *lundi soir.*

soirée nf **1.** Temps depuis le déclin du jour jusqu'au moment où l'on se couche. **2.** Réunion, spectacle qui a lieu le soir.

soit conj **1.** Marque une alternative ; ou : *soit l'un, soit l'autre.* **2.** Introduit une explication, une précision ; c'est-à-dire : *un mètre, soit cent centimètres.* **3.** En supposant, étant donné : *soit un triangle rectangle.* ◆ adv D'accord ; admettons : *soit, j'accepte.* ■ **un tant soit peu :** très peu.

GRAMMAIRE *Soit que* entraîne le subjonctif : *soit que vous restiez, soit que vous partiez* (à comparer avec *ou vous restez, ou vous partez*).

soixantaine nf **1.** Soixante ou environ. **2.** Âge d'environ soixante ans : *avoir la soixantaine.*

soixante adj num card **1.** Six fois dix. **2.** Soixantième. ◆ nm inv Chiffre, numéro qui représente le nombre 60.

soixante-dix adj num card et nm inv Soixante plus dix.

soixante-dixième adj num ord et n Qui occupe le rang marqué par le nombre soixante-dix.

soixante-huitard, e adj et n FAM Relatif aux événements de mai 1968 ; qui y a participé, reste marqué par leur esprit.

soixantième adj num ord et n Qui occupe un rang marqué par le nombre soixante. ◆ adj et nm Qui se trouve soixante fois dans le tout.

soja nm **1.** Légumineuse originaire d'Asie, cultivée pour ses graines : *huile de soja.* **2.** Haricot à petit grain originaire d'Extrême-Orient : *germe, pousse de soja.*

1. sol nm **1.** Surface de la terre ; terrain. **2.** Terre, du point de vue de sa nature, de ses qualités productives. **3.** Surface d'un plancher : *sol carrelé.*

2. sol nm inv Cinquième note de la gamme de *do.*

solaire adj Relatif au Soleil. ■ **crème, huile solaires :** destinées à protéger du soleil. ❑ **énergie solaire :** fournie par le soleil.

solanacée nf Plante dicotylédone (les solanacées forment une famille comprenant notamment la pomme de terre, la tomate, le tabac).

solarium [sɔlarjɔm] nm Emplacement aménagé pour les bains de soleil.

soldat, e n **1.** Personne qui appartient à la profession militaire. **2.** Militaire non gradé : *simple soldat.*

soldatesque nf Troupe de soldats indisciplinés et brutaux.

1. solde nf Paie des militaires : *toucher sa solde.* ■ PÉJOR **être à la solde de :** être acheté pour défendre les intérêts de.

2. solde nm **1.** Différence entre le débit et le crédit d'un compte : *solde créditeur, débiteur.* **2.** Reliquat d'une somme à payer. **3.** (souvent au pluriel) Marchandise vendue au rabais ; vente de ces marchandises : *robe en solde.*

solder vt **1.** Acquitter une dette, régler un compte. **2.** Vendre au rabais : *solder des marchandises.* ◆ **se solder** vpr [par] Avoir pour résultat : *se solder par un échec.*

solderie nf Magasin vendant des marchandises soldées.
soldeur, euse n Personne qui vend en solde des marchandises achetées à bas prix.
1. sole nf Partie d'une terre soumise à l'assolement.
2. sole nf **1.** Plaque cornée sous le sabot d'un animal. **2.** Charpente horizontale soutenant le bâti d'une machine. **3.** Partie horizontale de certains fours.
3. sole nf Poisson de mer plat à la chair délicate.
solécisme nm Faute de syntaxe.
soleil nm **1.** (avec une majuscule) Astre lumineux autour duquel gravitent la Terre et les autres planètes du système solaire. **2.** Lumière, chaleur du Soleil : *il fait un beau soleil ; rester au soleil.* **3.** Tournesol. **4.** Pièce d'artifice tournante. **5.** En gymnastique, tour arrière complet autour d'une barre fixe. ■ **coup de soleil :** brûlure de la peau causée par les rayons du soleil. ❑ **sous le soleil :** sur la terre, dans le monde.

ORTHOGRAPHE *Soleil* prend une majuscule lorsqu'on parle de l'astre même. Il s'écrit avec une minuscule dans les expressions comme *les rayons du soleil, un chaud soleil, un coup de soleil, rien de neuf sous le soleil.*

solennel, elle [sɔlanɛl] adj **1.** Célébré avec éclat, apparat : *messe solennelle.* **2.** Grave, majestueux : *air solennel.* **3.** Accompagné de formalités qui lui donnent un caractère de gravité.
solennellement adv Avec solennité.
solennité [sɔlanite] nf **1.** Caractère d'une chose ou d'une personne solennelle. **2.** Fête, cérémonie d'apparat.
Solex nm (de *Vélosolex*, nom déposé) Cyclomoteur de conception simple.
solfatare nf Terrain d'où se dégagent des vapeurs sulfureuses.
solfège nm **1.** Discipline portant sur la reconnaissance des sons que représentent les signes de la notation musicale. **2.** Recueil d'exercices musicaux.
solfier vt Chanter en nommant les notes.
solidaire adj **1.** Lié à une ou plusieurs personnes par une responsabilité, des intérêts communs : *être solidaire des grévistes.* **2.** Se dit de choses qui dépendent l'une de l'autre.
solidairement adv D'une manière solidaire : *solidairement responsables.*
solidariser (se) vpr [avec] Se déclarer solidaire de.
solidarité nf **1.** Dépendance mutuelle : *la solidarité humaine.* **2.** Sentiment qui pousse les hommes à s'entraider : *défiler par solidarité.*
solide adj **1.** Qui a de la consistance (par opposition à *fluide*) : *corps solide.* **2.** Robuste : *un solide gaillard.* **3.** Ferme, résistant : *bâtiment solide.* **4.** FIG Important : *de solides raisons.* ◆ nm Corps solide. ■ FAM **c'est du solide :** c'est une chose sérieuse.
solidement adv Avec solidité.
solidification nf Passage à l'état solide.
solidifier vt Rendre solide. ◆ **se solidifier** vpr Devenir solide.
solidité nf Caractère de ce qui est solide.
soliflore nm Vase destiné à ne contenir qu'une seule fleur.
soliloque nm Monologue.
soliloquer vi Se parler à soi-même.
soliste n Artiste qui exécute un solo.
solitaire adj et n Qui aime être seul, qui vit, agit seul : *navigateur solitaire.* ◆ adj **1.** Placé dans un lieu écarté, désert. **2.** Qui se fait, se passe dans la solitude. ◆ nm **1.** Vieux sanglier sans compagnie. **2.** Diamant monté seul.
solitairement adv D'une manière solitaire : *vivre solitairement.*
solitude nf **1.** État d'une personne seule. **2.** Caractère d'un lieu isolé, désert.
solive nf Pièce de charpente destinée à soutenir un plancher.
soliveau nm Petite solive.
sollicitation nf Action de solliciter ; demande instante.
solliciter vt **1.** Demander avec déférence : *solliciter une audience.* **2.** Tenter d'obtenir de quelqu'un une faveur, un avantage : *le ministre est souvent sollicité.* **3.** Attirer, provoquer : *solliciter l'attention, l'intérêt.* **4.** Faire fonctionner un appareil, un mécanisme.
solliciteur, euse n Personne qui sollicite une place, une faveur.
sollicitude nf Attention affectueuse, intérêt : *montrer de la sollicitude.*
1. solo (pl *solos* ou *soli*) nm Morceau de musique joué ou chanté par un seul artiste ◆ adj Qui joue seul : *violon solo.*
2. solo n Célibataire.
solognot, e adj et n De la Sologne.
solstice nm Époque de l'année où le Soleil est le plus éloigné de l'équateur et qui correspond à une durée maximale ou minimale du jour. ■ **solstice d'été :** 21 ou 22 juin. ❑ **solstice d'hiver :** 21 ou 22 décembre.
solubiliser vt Rendre soluble.
solubilité nf Qualité de ce qui est soluble.
soluble adj **1.** Qui peut se dissoudre : *le sucre est soluble.* **2.** FIG Qui peut être résolu.

soluté nm Dissolution aqueuse utilisée comme médicament.

solution nf **1.** Dénouement d'une difficulté ; réponse à un problème : *la solution d'une affaire.* **2.** État d'un corps dissous ; liquide contenant ce corps : *solution sucrée.* ■ **solution de continuité :** interruption.

solutionner vt FAM Trouver une solution à, résoudre.

solutréen, enne nm et adj Période préhistorique du paléolithique supérieur, située environ 18 000 ans av. J.-C.

solvabilité nf Fait d'être solvable.

solvable adj Qui peut payer ce qu'il doit.

solvant nm Substance capable de dissoudre quelque chose.

somatique adj Qui concerne le corps (par opposition à *psychique*) : *affection somatique.*

somatiser vt PSYCHOL Traduire par une réaction somatique un conflit psychique.

sombre adj **1.** Peu éclairé : *maison sombre.* **2.** Foncé : *couleur sombre.* **3.** Taciturne, morne : *caractère sombre.* **4.** FIG Inquiétant : *un avenir sombre.*

sombrer vi **1.** Couler, être englouti. **2.** FIG S'anéantir, se perdre : *sombrer dans l'alcoolisme.*

sombrero [sɔ̃brero] nm Chapeau à larges bords, dans les pays hispaniques.

sommaire adj **1.** Court, abrégé : *exposé sommaire.* **2.** Réduit au plus simple : *repas, logement, justice sommaires.* ◆ nm **1.** Liste des chapitres d'un ouvrage. **2.** Résumé, abrégé d'un ouvrage.

sommairement adv D'une manière sommaire : *juger sommairement.*

sommation nf **1.** Appel fait par une autorité militaire ou policière, enjoignant à une ou plusieurs personnes de s'arrêter ou de se disperser : *sommations réglementaires.* **2.** MATH Addition.

1. somme nf **1.** Résultat d'une addition. **2.** Quantité d'argent : *grosse somme.* **3.** FIG Ensemble, réunion de choses : *une somme de connaissances.* ■ **somme toute** ou **en somme :** finalement, en résumé.

2. somme nf ■ **bête de somme :** employée à porter des fardeaux.

3. somme nm Court moment de sommeil : *faire un somme.*

sommeil nm **1.** État d'une personne, d'un animal qui dort. **2.** Envie de dormir : *avoir sommeil.* **3.** FIG État d'inactivité ou d'inertie : *mettre en sommeil.* ■ **maladie du sommeil :** maladie contagieuse transmise par la mouche tsé-tsé. ❑ LITT **le sommeil éternel :** la mort.

sommeiller vi **1.** Dormir d'un sommeil léger. **2.** FIG Exister à l'état latent : *réveiller les démons qui sommeillent.*

sommelier, ère n Professionnel(elle) chargé(e) du service des vins et liqueurs dans un restaurant.

sommer vt Signifier à quelqu'un, dans les formes établies, qu'il a quelque chose à faire ; mettre en demeure de : *sommer quelqu'un de partir.*

sommet nm **1.** Partie la plus élevée, cime, faîte. **2.** Degré suprême d'une hiérarchie : *être au sommet de sa carrière.* ■ **conférence au sommet** ou **sommet :** conférence internationale qui réunit des chefs d'État ou de gouvernement. ❑ GÉOM **sommet d'un angle :** point de rencontre de ses deux côtés.

sommier nm **1.** Partie du lit constituée d'un cadre muni de ressorts ou de lattes et supportant le matelas. **2.** Pierre qui reçoit la retombée d'une voûte ; pièce de charpente qui sert de linteau.

sommité nf Personne éminente dans un domaine particulier : *une sommité médicale.*

somnambule n et adj Personne qui marche, agit dans l'état de sommeil.

somnambulisme nm État d'une personne somnambule.

somnifère nm et adj Médicament qui provoque le sommeil.

somnolence nf **1.** État intermédiaire entre le sommeil et la veille. **2.** FIG Manque d'activité ; mollesse.

somnolent, e adj Relatif à la somnolence : *état somnolent.*

somnoler vi Dormir à demi.

somptuaire adj ■ **dépenses somptuaires :** excessives, faites pour le superflu, le luxe.

somptueusement adv D'une manière somptueuse.

somptueux, euse adj **1.** Dont le luxe suppose une grande dépense ; fastueux : *festin somptueux.* **2.** SOUT Superbe, splendide : *un paysage somptueux.*

somptuosité nf Caractère somptueux ; magnificence.

1. son nm **1.** Sensation auditive, bruit : *son aigu ; son grave ; le son des cloches.* **2.** Volume, intensité sonore d'un appareil : *baisser le son.* **3.** Ensemble des techniques de l'enregistrement, de la reproduction et de la diffusion des sons : *ingénieur du son.* ■ **au son de :** en suivant la musique, les rythmes de. ❑ **son de cloche :** opinion d'une ou de plusieurs personnes. ❑ **son et lumière :** spectacle comprenant l'illumination d'un monument et l'évocation sonore et musicale de son histoire.

2. son nm Enveloppe des graines de céréales, séparée par l'action de la mouture. ■ **tache de son** : tache de rousseur.

3. son, **sa**, **ses** adj poss Représente un possesseur de la 3e personne du singulier pour indiquer un rapport d'appartenance, un rapport d'ordre affectif ou social : *son livre ; une radio et ses piles ; sa sœur ; son supérieur.*

sonar nm Appareil de détection sous-marine utilisant la réflexion des ultrasons.

sonate nf Pièce de musique instrumentale, composée de plusieurs morceaux de caractère différent : *sonate pour flûte et clavecin.*

sonatine nf Petite sonate.

sondage nm Action de sonder. ■ **sondage (d'opinion)** : procédé d'étude d'une opinion publique, qui consiste à rapporter à la totalité d'une population les résultats obtenus par l'interview d'un petit nombre de personnes représentatives de cette population.

sonde nf **1.** Instrument pour connaître la profondeur de l'eau et la nature du fond. **2.** Tout instrument qui permet de sonder, d'explorer. **3.** CHIR Instrument destiné à explorer une plaie, une cavité ou à en évacuer le contenu. ■ **sonde spatiale** : engin d'exploration spatiale non habité.

sondé, **e** n Personne qui répond à un sondage d'opinion.

sonder vt **1.** Déterminer la profondeur de l'eau, la nature d'un terrain, etc., à l'aide d'une sonde. **2.** MÉD Introduire une sonde dans une cavité pour en évacuer le contenu ou pour en étudier le calibre, les lésions. **3.** FIG Chercher à connaître : *sonder les dispositions de quelqu'un ; sonder le terrain.*

sondeur, **euse** n Personne qui sonde, effectue des sondages. ◆ nm Appareil de sondage.

songe nm LITT Rêve.

songe-creux nm inv LITT Personne qui nourrit son esprit de chimères.

songer vt ind [à] (conj 2) **1.** Penser à : *songer à venir.* **2.** Avoir l'intention de : *songer à se marier.*

songerie nf SOUT Pensée vague et rêveuse.

songeur, **euse** adj Absorbé dans une rêverie, pensif : *un air songeur.*

sonnaille nf Clochette attachée au cou des bêtes en montagne ; son produit par ces clochettes.

sonnant, **e** adj Qui sonne : *monnaie sonnante et trébuchante.* ■ **à huit heures sonnantes** : précises.

sonné, **e** adj **1.** Annoncé par une cloche, une sonnerie : *il est midi sonné.* **2.** FAM Révolu, accompli : *cinquante ans sonnés.* **3.** FAM Qui a perdu conscience ; étourdi. **4.** FAM qui a perdu la raison.

sonner vi **1.** Produire un son ; faire retentir une sonnette ou une sonnerie : *le réveil a sonné ; sonner à la porte.* **2.** Être annoncé par une sonnerie : *récréation qui sonne.* **3.** Tirer des sons de : *sonner du clairon.* **4.** Arriver : *l'heure de la revanche a sonné.* ■ **sonner bien (mal)** : être agréable (désagréable) à entendre, en parlant d'un mot. ❑ **sonner juste (faux)** : donner une impression de vérité (de fausseté), en parlant d'une opinion, d'un discours. ◆ vt **1.** Faire résonner : *sonner la cloche.* **2.** Appeler au moyen d'une sonnette, d'une sonnerie : *sonner l'infirmière.* **3.** Annoncer par une sonnerie : *sonner la retraite.* **4.** ANTILLES, BELGIQUE Appeler au téléphone.

sonnerie nf **1.** Son de cloches, d'une pendule, d'un réveil, d'un téléphone, d'une sonnette. **2.** Mécanisme servant à faire sonner une pendule, un appareil d'alarme ou de contrôle. **3.** Air que sonnent les trompettes, les clairons, les cors de chasse : *sonnerie aux morts.*

sonnet nm Pièce de poésie de quatorze vers composée de deux quatrains et deux tercets.

sonnette nf Clochette ou timbre pour appeler ou avertir. ■ **serpent à sonnette** : crotale.

sonneur nm **1.** Personne chargée de sonner les cloches. **2.** Personne qui joue du cor, du clairon, etc.

sono nf (abréviation) FAM Sonorisation.

sonomètre nm Instrument destiné à comparer les sons et intervalles musicaux.

sonore adj **1.** Qui produit des sons : *signal sonore.* **2.** Qui a un son éclatant : *voix sonore.* **3.** Qui renvoie bien ou trop bien les sons : *local sonore.* **4.** Relatif aux sons : *ondes sonores.*

sonorisation nf **1.** Action de sonoriser ; fait d'être sonorisé : *la sonorisation d'une salle.* **2.** Ensemble des équipements permettant l'amplification des sons.

sonoriser vt **1.** Ajouter des éléments sonores aux images d'un film. **2.** Munir d'une installation destinée à l'amplification des sons : *sonoriser un piano.*

sonorité nf Qualité spécifique d'un son : *une sonorité douce ; la sonorité d'un violon.*

sophisme nm Raisonnement qui n'est logique qu'en apparence.

sophiste n **1.** Chez les Grecs, philosophe rhéteur. **2.** Personne qui use de sophismes.

sophistication nf Manque de naturel.

sophistique adj De la nature du sophisme : *argument sophistique.*

sophistiqué, e adj **1.** Raffiné jusqu'à l'affectation, étudié : *tenue sophistiquée.* **2.** D'une subtilité extrême : *raisonnement sophistiqué.* **3.** Très perfectionné : *mécanisme sophistiqué.*

sophistiquer vt Perfectionner à l'extrême un appareil, une étude, etc.

sophrologie nf Méthode de psychothérapie ou de relaxation proche de l'hypnose.

soporifique adj et nm VIEILLI Qui provoque le sommeil. ◆ adj FIG Ennuyeux ; endormant : *un livre soporifique.*

soprano (pl *sopranos* ou *soprani*) nm Voix aiguë de femme ou de jeune garçon. ◆ nm Personne qui a cette voix.

sorbe nf Fruit comestible du sorbier.

sorbet nm Glace à base de sucre et d'eau.

sorbetière nf Appareil pour préparer les sorbets.

sorbier nm Arbre dont certaines espèces produisent des fruits comestibles.

sorcellerie nf **1.** Série d'opérations magiques du sorcier. **2.** FAM Ce qui produit l'effet attendu sans qu'on comprenne comment : *c'est de la sorcellerie !*

sorcier, ère n Personne qui se livre à des pratiques magiques, le plus souvent maléfiques. ◆ adj m ■ **ce n'est pas sorcier :** ce n'est pas difficile à comprendre, à expliquer.

sordide adj **1.** Sale, repoussant : *logement sordide.* **2.** D'une mesquinerie répugnante : *avarice sordide.* **3.** D'une grande bassesse morale : *crime sordide.*

sordidement adv De façon sordide.

sorgho nm Plante alimentaire d'Afrique et d'Asie.

sornette nf (surtout au pluriel) Discours frivole ; baliverne.

sort nm **1.** LITT Destin, hasard : *être le jouet du sort ; conjurer le mauvais sort.* **2.** Condition, situation matérielle : *se plaindre de son sort.* **3.** Décision, choix remis au hasard : *tirer au sort.* **4.** Effet malfaisant : *jeter un sort.* ■ **le sort en est jeté :** le parti en est pris.

sortable adj FAM (surtout en tournure négative) Que l'on peut montrer en public : *il n'est vraiment pas sortable !*

sortant, e adj Qui sort : *numéro sortant.* ◆ adj et nm **1.** Qui sort d'un lieu. **2.** Dont le mandat arrive à expiration : *députés sortants.*

sorte nf Espèce, genre : *toutes sortes de bêtes.* ■ **de sorte que** ou **en sorte que :** si bien que. ❑ **de telle sorte que :** de telle façon que. ❑ **en quelque sorte :** pour ainsi dire. ❑ **faire en sorte de, que :** tâcher de, que. ❑ **une sorte de :** une chose ou une personne qui ressemble à.

> GRAMMAIRE *De (telle) sorte que* est suivi de l'indicatif lorsqu'il exprime une conséquence : *il a rangé les dossiers de (telle) sorte (en sorte) que nous les avons trouvés aisément ;* il est suivi du subjonctif lorsqu'il exprime une intention : *il a rangé les documents de (telle) sorte que nous les trouvions aisément.*

sortie nf **1.** Action de sortir : *sortie des bureaux ; les sorties le fatiguent.* **2.** Issue, endroit pour sortir : *sortie de secours.* **3.** FIG Moyen d'échapper à une situation embarrassante : *se ménager une sortie.* **4.** Mise en vente d'un objet commercial : *sortie d'un livre.* **5.** FIG, FAM invective, emportement : *une sortie intempestive.* **6.** INFORM Transfert d'une information de l'unité centrale vers l'extérieur ; ensemble des informations ainsi transférées : *sortie papier.*

sortie-de-bain (pl *sorties-de-bain*) nf Peignoir en tissu-éponge que l'on porte après le bain.

sortilège nm **1.** Maléfice. **2.** SOUT Charme irrésistible qui paraît magique.

1. sortir vi (conj 28 ; auxil : *être*) **1.** Aller hors de, quitter un lieu : *sortir de sa maison.* **2.** Aller hors de chez soi pour : *sortir dîner.* **3.** Commencer à paraître, à pousser : *le blé sort de terre.* **4.** Faire saillie : *pierre qui sort du mur ;* se répandre au dehors : *fumée qui sort.* **5.** Quitter un état ; cesser d'être dans une période donnée, un milieu, un endroit particulier : *sortir de l'hiver ; sortir de prison ; sortir de l'ENA.* **6.** S'écarter : *sortir du sujet.* **7.** Être commercialisé, présenté au public : *livre qui sort demain.* **8.** Être tiré au sort : *sujet qui sort à un examen.* ■ **en sortir, s'en sortir :** (a) se tirer d'affaire (b) guérir. ◆ vt (auxil : *avoir*) **1.** Conduire dehors ; mettre quelque chose dehors. **2.** Mettre en vente un article nouveau. **3.** FAM Dire : *sortir des âneries.*

2. sortir nm ■ **au sortir de :** au moment où l'on sort de.

SOS nm (sigle de *save our souls*) **1.** Signal de détresse transmis par radio. **2.** Appel à l'aide : *lancer un SOS à ses amis.*

sosie [sɔzi] nm Personne qui ressemble parfaitement à une autre.

sot, sotte adj **1.** Dénué de jugement. **2.** Embarrassé, confus : *réponse sotte.* ◆ n Personne sans jugement ni esprit.

sotie nf → **sottie.**

sot-l'y-laisse nm inv Morceau délicat au-dessus du croupion d'une volaille.

sottement adv D'une manière sotte.

sottie ou **sotie** nf Ouvrage dramatique, satire sociale et politique, aux XIVᵉ et XVᵉ s.

sottise nf **1.** Manque de jugement, d'intelligence. **2.** Parole, action sotte : *dire des sottises.*

sottisier nm Recueil d'erreurs comiques, de phrases ridicules.

sou nm VX Monnaie valant la vingtième partie du franc ou 5 centimes. ■ **n'avoir pas le sou** ou **être sans le sou :** être sans argent. ◆ **sous** pl Argent : *compter ses sous.* ■ FAM **être près de ses sous :** peu dépensier.

souahéli, e [swaeli] ou **swahili, e** [swaili] nm et adj Langue bantoue parlée dans l'est de l'Afrique.

soubassement nm Partie inférieure d'une construction.

soubresaut nm Tressaillement brusque, convulsif.

soubrette nf Servante de comédie.

souche nf **1.** Partie du tronc de l'arbre qui reste dans la terre après que l'arbre a été coupé ; cette partie arrachée avec les racines. **2.** FIG Celui de qui descend une famille. **3.** Source, origine : *mot de souche indo-européenne.* **4.** Partie d'une feuille qui reste fixée à un registre et sert à vérifier l'authenticité de la partie détachée : *carnet à souches.* ■ FAM **dormir comme une souche :** profondément.

1. souci nm Préoccupation relative à une personne ou à une chose à laquelle on porte intérêt ; personne ou chose à l'origine de cette préoccupation : *se faire du souci pour son avenir.* ■ **avoir le souci de :** être préoccupé de, se soucier de.

2. souci nm Plante à fleurs jaunes ou orangées.

soucier (se) vpr [de] S'inquiéter de quelque chose, y attacher de l'importance : *se soucier du qu'en-dira-t-on.*

soucieux, euse adj **1.** Qui se fait du souci ; inquiet, pensif : *père soucieux ; air soucieux.* **2.** Attentif à : *soucieux de son avenir.*

soucoupe nf Petite assiette sous une tasse. ■ **soucoupe volante :** objet mystérieux, lenticulaire, supposé être un vaisseau spatial et qui serait le signe de l'existence des extraterrestres.

soudage nm Action de souder.

soudain, e adj Qui se produit, se fait tout à coup : *bruit soudain.* ◆ adv Dans le même instant, tout d'un coup.

soudainement adv D'une façon soudaine, subitement.

soudaineté nf Caractère soudain.

soudanais, e adj et n Du Soudan : *les Soudanais.*

soudard nm LITT Soldat grossier et brutal.

soude nf CHIM Carbonate de sodium.

souder vt **1.** Joindre par soudure. **2.** FIG Unir étroitement.

soudeur, euse n Personne qui soude.

soudier, ère adj De la soude : *industrie soudière.*

soudière nf Usine où l'on fabrique de la soude.

soudoyer [sudwaje] vt (conj 3) S'assurer le concours de quelqu'un en le payant : *soudoyer des assassins.*

soudure nf **1.** Assemblage permanent exécuté par voie thermique ; technique d'exécution de cet assemblage : *apprendre la soudure.* **2.** Endroit où deux pièces ont été soudées : *soudure nette.* ■ FIG **faire la soudure :** assurer la transition.

soufflage nm Action de souffler.

soufflant, e adj **1.** Qui envoie de l'air chaud. **2.** FAM Qui stupéfie.

souffle nm **1.** Agitation de l'air dans l'atmosphère : *souffle de vent.* **2.** Air produit en soufflant par la bouche ; bruit ainsi produit : *écouter le souffle d'un malade.* **3.** Capacité à emmagasiner de l'air dans ses poumons : *avoir du souffle.* **4.** FIG, LITT inspiration : *le souffle du génie.* **5.** Déplacement d'air brutal, provoqué par une explosion. ■ **être à bout de souffle :** (a) avoir une respiration courte et fréquente (b) s'affaiblir, être proche de sa fin.

soufflé nm Entremets qui gonfle en cuisant : *soufflé au fromage.*

souffler vi **1.** Agiter, déplacer l'air : *le mistral souffle.* **2.** Envoyer de l'air par la bouche : *souffler sur ses doigts.* **3.** Respirer avec effort : *souffler comme un bœuf.* **4.** Reprendre haleine : *laisser souffler quelqu'un.* ■ **souffler dans le ballon :** être soumis à un Alcootest. ◆ vt **1.** Éteindre : *souffler une bougie.* **2.** Projeter au moyen du souffle : *souffler la fumée de sa cigarette.* **3.** Détruire par un souffle violent : *l'explosion a soufflé l'immeuble.* **4.** Dire discrètement : *souffler son rôle à un acteur.* **5.** Enlever : *souffler un pion au jeu de dames ; se faire souffler sa place.* **6.** FAM Étonner vivement. ■ **ne pas souffler mot :** ne rien dire. ❑ **souffler le verre :** faire des objets en envoyant de l'air avec un tube dans du verre en fusion.

> ORTHOGRAPHE *Souffler* s'écrit avec deux *f*, à la différence de *boursoufler.*

soufflerie nf **1.** Machine destinée à produire le vent nécessaire à la marche d'une installation métallurgique, à l'aération d'une mine, etc. **2.** Ensemble des soufflets d'un orgue, d'une forge, etc.

soufflet nm **1.** Instrument pour souffler. **2.** Couloir de communication entre deux wagons de chemin de fer. **3.** LITT Coup du plat ou du revers de la main appliqué sur la joue.

souffleter vt (conj 8) LITT Donner un soufflet à.

souffleur, euse n Personne qui souffle leur rôle aux acteurs. ◆ nm Ouvrier qui souffle le verre.

soufflure nf Cavité pleine de gaz qui se forme dans l'intérieur d'une pièce de métal ou de verre.

souffrance nf Malaise, douleur, peine. ■ **en souffrance :** (a) en suspens (b) non distribué ou non réclamé.

souffrant, e adj Légèrement malade ; indisposé.

souffre-douleur nm inv Personne sur qui convergent les tracasseries, les mauvais traitements.

souffreteux, euse adj De faible santé ; chétif.

souffrir vt (conj 16) **1.** Ressentir, endurer, subir : *souffrir la soif.* **2.** LITT Supporter, tolérer : *souffrez que je vous parle.* **3.** SOUT Admettre : *cela ne souffre aucun retard.* ■ **ne pas pouvoir souffrir :** avoir de l'antipathie, de l'aversion pour. ◆ vi et vt ind **1.** Sentir de la douleur. **2.** Être tourmenté : *je souffre de le voir ainsi.* ◆ **se souffrir** vpr (surtout en tournure négative) Se supporter mutuellement.

soufisme ou **sufisme** [sufism] nm Courant mystique de l'islam.

soufrage nm Action d'imprégner de soufre : *le soufrage de la vigne.*

soufre nm Corps simple solide, d'une couleur jaune citron ; symb : S. ■ **sentir le soufre :** avoir des relents d'hérésie.

soufrer vt **1.** Enduire de soufre. **2.** AGRIC Traiter les plantes avec du soufre ; exposer le moût, le tonneau aux vapeurs sulfureuses.

soufreur, euse n Personne chargée de soufrer.

soufreuse nf Appareil employé pour soufrer les végétaux.

soufrière nf Mine de soufre.

souhait nm Désir que quelque chose s'accomplisse. ■ SOUT **à souhait :** selon ses désirs : *réussir à souhait.* ❑ **à vos souhaits :** formule de politesse adressée à une personne qui éternue.

souhaitable adj Que l'on peut souhaiter.

souhaiter vt **1.** Désirer : *je souhaite qu'il vienne.* **2.** Exprimer sous forme de vœu : *souhaiter le bonjour, la bonne année.*

souille nf Lieu bourbeux où se vautre le sanglier.

souiller vt **1.** LITT Salir : *souiller de boue.* **2.** FIG Déshonorer, flétrir : *souiller sa réputation.*

souillon n FAM Personne malpropre.

souillure nf LITT Tache : *la souillure du péché.*

souk nm **1.** Marché couvert, dans les pays arabes. **2.** FAM Désordre.

soûl, e [su, sul] ou **saoul, e** [su, sul] adj ivre. ■ LITT **Être soûl de quelque chose :** en être rassasié jusqu'au dégoût. ◆ nm ■ FAM **tout son soûl :** autant qu'on veut : *dormir tout son soûl.*

soulagement nm Diminution, allégement d'un mal ; impression qui en résulte.

soulager vt (conj 2) **1.** Diminuer, supprimer une souffrance physique ou morale. **2.** Débarrasser d'un fardeau, d'une charge. **3.** Aider, décharger : *soulager les entreprises en baissant les taxes.* **4.** TECHN Diminuer l'effort de : *soulager une poutre.* ◆ **se soulager** vpr **1.** Se décharger d'un souci. **2.** FAM satisfaire un besoin naturel.

soûlant, e adj FAM Qui fatigue, étourdit.

soûlaud, e ou **soûlot, e** n FAM Ivrogne, ivrognesse.

soûler ou **saouler** vt **1.** FAM Enivrer. **2.** FIG Griser : *les succès l'ont soûlé.* **3.** Fatiguer quelqu'un par un excès quelconque : *soûler de paroles.* ◆ **se soûler** ou **se saouler** vpr FAM S'enivrer.

soûlerie nf Ivresse, beuverie.

soulèvement nm **1.** Mouvement de ce qui se soulève. **2.** FIG Mouvement de révolte, d'insurrection.

soulever vt (conj 9) **1.** Élever à une petite hauteur : *soulever un fardeau.* **2.** Relever : *soulever un rideau.* **3.** Provoquer la colère, l'indignation, etc. : *soulever des protestations ;* pousser à la révolte : *soulever le peuple.* **4.** Faire naître, susciter : *soulever une question.* ■ **soulever le cœur :** causer du dégoût. ◆ **se soulever** vpr **1.** Se lever légèrement. **2.** Se révolter.

soulier nm Chaussure. ■ FAM **être dans ses petits souliers :** embarrassé.

soulignement ou **soulignage** nm Action de souligner.

souligner vt **1.** Tirer un trait, une ligne sous. **2.** FIG Accentuer, attirer l'attention sur : *souligner l'importance d'un fait.*

soumettre vt (conj 57) **1.** Ramener à l'obéissance : *soumettre des rebelles.* **2.** Astreindre à une loi, un règlement : *revenu soumis à l'impôt.* **3.** Proposer au jugement, à la critique : *soumettre un projet.* **4.** Faire subir : *soumettre à une analyse ; soumettre à des tests.* ◆ **se soumettre** vpr Consentir à ne plus résister, accepter de reconnaître une autorité.

soumis, e adj **1.** Disposé à l'obéissance. **2.** Qui annonce la soumission : *air soumis.*
soumission nf **1.** Action de mettre, fait de se mettre sous l'autorité de. **2.** Disposition à obéir : *esprit de soumission.*
soupape nf Obturateur qui règle le mouvement d'un fluide. ■ **soupape de sécurité, de sûreté :** (a) qui, dans une chaudière, s'ouvre d'elle-même sous une forte pression pour empêcher l'explosion (b) FIG ce qui sert d'exutoire.
soupçon nm **1.** Doute sans preuve objective à l'égard d'une personne : *de graves soupçons pèsent sur lui.* **2.** Idée vague, simple conjecture. ■ **un soupçon de :** une petite quantité de.
soupçonnable adj Qui peut être soupçonné.
soupçonner vt **1.** Porter ses soupçons sur ; suspecter. **2.** Conjecturer, présumer : *je ne soupçonnais pas la difficulté de ce travail.*
soupçonneux, euse adj Défiant.
soupe nf **1.** Potage, bouillon épaissi. **2.** FAM Repas : *aller à la soupe.* **3.** FAM Neige fondante. ■ FAM **servir la soupe :** agir dans l'intérêt de quelqu'un, par complaisance ou par maladresse. ❑ **soupe au lait :** qui se met facilement en colère. ❑ **soupe populaire :** institution charitable distribuant des repas aux indigents. ❑ **trempé comme une soupe :** très mouillé.
soupente nf Réduit pratiqué dans la partie haute d'une pièce ou sous un escalier.
1. souper nm **1.** Repas qu'on fait à une heure tardive de la nuit. **2.** BELGIQUE, SUISSE, CANADA repas du soir ; dîner.
2. souper vi Prendre le souper. ■ FAM **en avoir soupé :** en avoir assez.
soupeser vt (conj 9) **1.** Lever quelque chose avec la main pour en évaluer le poids. **2.** FIG Évaluer : *soupeser le pour et le contre.*
soupière nf Récipient creux dans lequel on sert la soupe.
soupir nm **1.** Respiration forte et prolongée, occasionnée par la fatigue, l'émotion, le plaisir, etc. : *pousser des soupirs.* **2.** MUS Silence qui vaut une noire. ■ LITT **rendre le dernier soupir :** mourir.
soupirail (pl *soupiraux*) nm Ouverture pour éclairer, aérer une cave, un sous-sol.
soupirant nm Celui qui fait la cour à une femme.
soupirer vi Pousser des soupirs : *soupirer de plaisir, d'ennui.* ◆ vt ind [après] LITT Désirer ardemment : *soupirer après le bonheur.*
souple adj **1.** Qui se plie aisément, flexible : *cuir souple.* **2.** Agile à se mouvoir, à se plier : *corps souple.* **3.** FIG Accommodant, capable de s'adapter : *caractère souple.* **4.** Dont l'application n'est pas rigide : *réglementation souple.*
souplement adv Avec souplesse.
souplesse nf Caractère d'une personne ou d'une chose souple.
souquer vt MAR Raidir fortement un amarrage, un nœud. ◆ vi Tirer sur les avirons.
sourate nf → **surate.**
source nf **1.** Lieu où l'eau sort de terre. **2.** Endroit d'où provient une énergie, des particules : *source de chaleur, de lumière.* **3.** FIG Principe, cause, origine : *remonter à la source du mal.* **4.** Document original ; origine d'une information : *ne pas révéler ses sources.*
sourcer vt Établir ou mentionner l'origine de ; authentifier : *sourcer une information.*
sourcier nm Personne qui découvre les sources avec une baguette, un pendule.
sourcil [sursi] nm Saillie arquée, revêtue de poils, au-dessus de l'œil. ■ **froncer les sourcils :** témoigner du mécontentement.
sourcilier, ère [sursilje, ɛr] adj Qui concerne les sourcils : *arcade sourcilière.*
sourciller vi Remuer les sourcils en signe de mécontentement, de surprise : *écouter sans sourciller.*
sourcilleux, euse adj Exigeant, minutieux : *un magistrat sourcilleux.*
sourd, e adj et n Qui ne perçoit pas ou qui perçoit difficilement les sons. ■ **dialogue de sourds :** dans lequel chacun reste sur ses positions. ❑ **frapper comme un sourd :** de toutes ses forces. ◆ adj **1.** Peu éclatant : *voix sourde, couleur sourde.* **2.** Insensible, inexorable : *sourd aux prières.* **3.** Qui ne se manifeste pas nettement : *douleur sourde.* **4.** Clandestin, secret : *lutte sourde.* ■ FAM **faire la sourde oreille :** faire semblant de ne pas entendre.
sourdement adv LITT De manière sourde : *grogner sourdement ; intriguer sourdement.*
sourdine nf Dispositif permettant d'assourdir le son de certains instruments de musique. ■ **en sourdine :** sans bruit : *radio en sourdine.* ❑ **mettre une sourdine à :** mettre un frein à, modérer.
sourd-muet, sourde-muette (pl *sourds-muets, sourdes-muettes*) n Personne privée de l'ouïe et de la parole.
sourdre vi (conj 51) LITT Sortir de terre, en parlant de l'eau ; jaillir, en parlant de la lumière, d'un son, d'un sentiment, etc.
souriant, e adj Qui sourit souvent, qui est aimable et accueillant.
souriceau nm Petit d'une souris.

souricière nf **1.** Piège pour prendre les souris. **2.** FIG Piège tendu par la police à des malfaiteurs.

1. sourire vi (conj 67) Exprimer le contentement, l'amusement par un léger mouvement de la bouche et des yeux : *sourire malicieusement.* ◆ vt ind [à] Être agréable, favorable à : *cette perspective ne me sourit guère ; la chance lui sourit.*

2. sourire nm Action de sourire : *un sourire approbateur.*

souris nf **1.** Petit rongeur au pelage gris ou blanc. **2.** INFORM Dispositif permettant de désigner, à l'aide d'un curseur, une zone sur un écran. **3.** Petit muscle qui tient au manche du gigot. ■ **gris souris :** gris clair.

sournois, e adj et n Dissimulé, hypocrite. ◆ adj SOUT Insidieux : *un mal sournois.*

sournoisement adv De façon sournoise, hypocritement.

sournoiserie nf Caractère sournois ; dissimulation.

sous prép **1.** Localise une position inférieure : *sous la table.* **2.** À l'intérieur de : *mettre sous enveloppe.* **3.** Indique la cause, le moyen, le point de vue : *sous le coup de la surprise ; vu sous cet angle.* **4.** Indique la dépendance : *sous ses ordres ; sous cortisone ; sous condition ; sous Word.* **5.** Indique la situation par rapport à une époque : *sous Louis XIV.* **6.** Indique le délai : *sous huitaine ; sous peu.* **7.** Indique la façon dont se présente une chose ou une personne, l'étiquette donnée à quelque chose : *sous une forme agréable ; sous un mauvais jour ; sous tel numéro ; publié sous tel titre.*

sous-alimentation (pl *sous-alimentations*) nf Alimentation insuffisante en quantité ou en qualité.

sous-alimenté, e adj Qui souffre de sous-alimentation.

sous-alimenter vt Alimenter insuffisamment.

sous-bois nm inv Végétation sous les arbres d'une forêt.

sous-chef (pl *sous-chefs*) nm Personne qui vient immédiatement après le chef.

sous-comité (pl *sous-comités*) nm Subdivision d'un comité chargée d'étudier une question particulière.

sous-commisssion (pl *sous-commisions*) nf Groupe de membres d'une commission chargés de préparer un dossier.

sous-continent (pl *sous-continents*) nm Sous-ensemble d'un continent : *le sous-continent indien.*

sous-couche (pl *sous-couches*) nf **1.** Première couche de peinture. **2.** Couche de neige inférieure.

souscripteur nm **1.** Personne qui souscrit un effet de commerce. **2.** Personne qui prend part à une souscription : *les souscripteurs à un emprunt.*

souscription nf **1.** Engagement de s'associer à une entreprise, d'acheter un ouvrage en cours de publication, etc. **2.** DR Signature au-dessous d'un acte pour l'approuver. **3.** Somme versée par le souscripteur.

souscrire vt (conj 71) **1.** S'engager à payer pour quelque chose : *souscrire un abonnement à une revue.* **2.** DR Signer au bas d'un acte pour l'approuver. ◆ vt ind [à] **1.** Donner son adhésion à : *souscrire à ce qui vient d'être dit.* **2.** Prendre l'engagement de payer, de participer pour une part à une entreprise.

sous-cutané, e (pl *sous-cutanés, es*) adj Sous la peau.

sous-développé, e (pl *sous-développés, es*) adj ■ **pays sous-développé :** dont le développement industriel, agricole, etc., est faible (on dit aussi : *pays en développement*).

sous-développement (pl *sous-développements*) nm État d'un pays sous-développé.

sous-directeur, trice (pl *sous-directeurs, trices*) n Personne qui dirige en second.

sous-emploi (pl *sous-emplois*) nm Emploi d'une partie seulement de la main-d'œuvre disponible.

sous-employer vt (conj 3) Employer au-dessous de ses capacités, de ses possibilités.

sous-ensemble (pl *sous-ensembles*) nm Partie d'un ensemble.

sous-entendre vt (conj 50) Ne pas exprimer franchement sa pensée ; suggérer.

sous-entendu, e (pl *sous-entendus, es*) adj Se dit d'un mot ou de quelque chose qui n'est pas exprimé mais peut être rétabli facilement. ◆ nm Ce qu'on fait comprendre sans le dire et dont l'intention est souvent perfide ou parfois grivoise ; allusion.

sous-équipé, e (pl *sous-équipés, es*) adj Dont l'équipement est insuffisant : *une usine sous-équipée en matériel.*

sous-équipement (pl *sous-équipements*) nm Fait d'être sous-équipé.

sous-estimer vt Apprécier au-dessous de sa valeur réelle : *sous-estimer un adversaire, le danger.*

sous-évaluer vt Évaluer quelque chose au-dessous de sa valeur : *sous-évaluer un stock.*

sous-exploitation (pl *sous-exploitations*) nf ÉCON Exploitation insuffisante.

sous-exploiter vt ÉCON Exploiter insuffisamment : *sous-exploiter un gisement.*

sous-exposer vt PHOT Exposer insuffisamment une émulsion photographique à la lumière.

sous-exposition (pl *sous-expositions*) nf Fait d'être sous-exposé.

sous-fifre (pl *sous-fifres*) nm FAM, PÉJOR Personne qui occupe un emploi secondaire ; sous-ordre.

sous-jacent, e (pl *sous-jacents, es*) adj **1.** Placé dessous : *muscles sous-jacents.* **2.** FIG Qui existe sans se manifester clairement : *idée sous-jacente.*

sous-lieutenant (pl *sous-lieutenants*) nm Premier grade de la hiérarchie des officiers des armées de terre et de l'air.

sous-locataire (pl *sous-locataires*) n Occupant d'un local en sous-location.

sous-location (pl *sous-locations*) nf Action de sous-louer ; lieu sous-loué.

sous-louer vt Louer ce dont on est locataire ; louer ce dont un autre est locataire.

sous-main nm inv Accessoire de bureau qui sert d'appui à la feuille de papier sur laquelle on écrit, destiné à protéger la table. ■ **en sous-main :** en cachette.

sous-marin, e (pl *sous-marins, es*) adj **1.** Qui est sous la mer : *plante sous-marine.* **2.** Qui s'effectue sous la mer : *chasse sous-marine.* ◆ nm Navire qui navigue sous l'eau.

sous-marinier, ère (pl *sous-mariniers, ères*) n Membre de l'équipage d'un sous-marin.

sous-marque (pl *sous-marques*) nf Marque utilisée par un fabricant qui exploite par ailleurs une marque plus connue.

sous-multiple (pl *sous-multiples*) nm et adj Nombre contenu un nombre entier de fois dans un autre : *3 est le sous-multiple de 9.*

sous-officier (pl *sous-officiers*) nm Militaire d'un corps intermédiaire entre celui des officiers et la troupe.

sous-ordre (pl *sous-ordres*) nm **1.** SC NAT Subdivision d'un ordre. **2.** Employé subalterne ; subordonné. ■ **en sous-ordre :** au second rang.

sous-payer vt (conj 4) Payer au-dessous du taux normal.

sous-peuplé, e (pl *sous-peuplés, es*) adj Peuplé insuffisamment.

sous-peuplement (pl *sous-peuplements*) nm Peuplement insuffisant, eu égard aux ressources exploitées ou potentielles d'un pays.

sous-préfecture (pl *sous-préfectures*) nf **1.** Subdivision de préfecture, administrée par un sous-préfet. **2.** Ville où réside le sous-préfet. **3.** Fonction, demeure, bureau du sous-préfet.

sous-préfet (pl *sous-préfets*) nm Fonctionnaire représentant l'État dans un arrondissement.

sous-préfète (pl *sous-préfètes*) nf **1.** Femme de sous-préfet. **2.** Femme sous-préfet.

sous-pression (pl *sous-pressions*) nf Pression dirigée du bas vers le haut.

sous-produit (pl *sous-produits*) nm **1.** Produit dérivé d'un autre. **2.** Mauvaise imitation, produit de qualité médiocre.

sous-programme (pl *sous-programmes*) nm INFORM Séquence particulière d'instructions, conçue pour être utilisée dans différents programmes.

sous-pull (pl *sous-pulls*) nm Pull-over fin, à col roulé, destiné à être porté sous un autre pull-over.

soussigné, e adj et n Qui a mis son nom au bas d'un acte : *je soussigné X déclare... ; le soussigné déclare...*

sous-sol (pl *sous-sols*) nm **1.** Ce qui se trouve sous la terre végétale, à plus ou moins grande profondeur. **2.** Construction au-dessous du rez-de-chaussée.

sous-tasse (pl *sous-tasses*) nf Soucoupe.

sous-tendre vt (conj 50) Être à la base, à l'origine de quelque chose.

sous-titrage (pl *sous-titrages*) nm CIN Action de sous-titrer.

sous-titre (pl *sous-titres*) nm **1.** Titre placé après le titre principal d'un livre. **2.** CIN Traduction projetée des dialogues d'un film en version originale.

sous-titrer vt Mettre un, des sous-titres.

soustraction nf Opération par laquelle on retranche un nombre d'un autre.

soustraire vt (conj 79) **1.** Retrancher une quantité d'une autre, faire une soustraction. **2.** Enlever, prendre avec adresse ou par fraude : *soustraire un dossier.* **3.** LITT Faire échapper à, préserver de : *soustraire à un danger.*

sous-traitance (pl *sous-traitances*) nf Exécution, par un entrepreneur, d'un travail pour le compte d'un entrepreneur principal.

sous-traitant (pl *sous-traitants*) nm Entrepreneur qui fait de la sous-traitance.

sous-traiter vt Confier à un sous-traitant.

sous-ventrière (pl *sous-ventrières*) nf Courroie attachée aux deux brancards d'une charrette et qui passe sous le ventre du cheval.

sous-verre nm inv Encadrement consistant en une plaque de verre et un carton, entre lesquels on place une gravure, une photographie, etc.

sous-vêtement (pl *sous-vêtements*) nm Pièce de lingerie que l'on porte sous les vêtements.

soutane nf Vêtement long en forme de robe, porté par certains ecclésiastiques.

soute nf Partie d'un bateau ou d'un avion destinée à recevoir les marchandises, les bagages, etc.

soutenable adj **1.** Qui peut être soutenu : *opinion soutenable.* **2.** (en tournure négative) Qui peut être supporté, enduré : *le voir pleurer, ce n'était pas soutenable.*

soutenance nf Action de soutenir une thèse, un mémoire.

soutènement nm ■ **mur de soutènement :** destiné à contenir la poussée des terres ou des eaux.

souteneur nm Individu vivant aux dépens d'une prostituée ; proxénète.

soutenir vt (conj 22) **1.** Supporter, servir d'appui, de soutien : *soutenir une poutre ; soutenir une personne pour marcher.* **2.** FIG Aider, empêcher de faiblir : *soutenir le moral, une conversation.* **3.** Appuyer, défendre : *soutenir une position, un droit ; soutenir le gouvernement.* **4.** Affirmer : *je soutiens qu'il a raison.* **5.** Résister à : *soutenir une attaque, une épreuve.* ■ **soutenir une thèse, un mémoire :** l'exposer devant un jury. ◆ **se soutenir** vpr **1.** Se maintenir en équilibre : *se soutenir dans l'eau grâce à une bouée.* **2.** Se prêter une mutuelle assistance ; s'entraider. **3.** Être valable, se tenir : *son point de vue se soutient.* **4.** FIG Se maintenir : *l'intérêt du film se soutient jusqu'à la fin.*

soutenu, e adj **1.** Qui ne se relâche pas : *attention soutenue.* **2.** D'un ton assez intense : *couleur soutenue.* **3.** Caractérisé par une certaine recherche dans le vocabulaire et la syntaxe (par opposition à *familier*) : *langue, style soutenus.*

souterrain, e adj **1.** Sous terre : *abri souterrain.* **2.** FIG Secret, clandestin : *menées souterraines.* ◆ nm Passage creusé sous la terre.

soutien nm **1.** Ce qui sert à soutenir quelque chose ; support. **2.** FIG Ce qui aide, défend, protège : *soutien scolaire ; accorder son soutien à une cause.* **3.** Personne, groupe qui soutient : *c'est le plus sûr soutien de ses parents.*

soutien-gorge (pl *soutiens-gorge*) nm Pièce de lingerie féminine servant à soutenir la poitrine.

soutier nm Matelot chargé d'alimenter les chaufferies d'un bateau.

soutirage nm Action de soutirer.

soutirer vt **1.** Transvaser un liquide d'un récipient dans un autre. **2.** Obtenir par adresse, par ruse : *soutirer de l'argent.*

souvenance nf ■ LITT **avoir souvenance de :** se souvenir de.

souvenir nm **1.** Rappel, volontaire ou non, par la mémoire, d'un événement, d'une idée, d'une sensation passés. **2.** Ce qui rappelle la mémoire de quelqu'un ou de quelque chose. **3.** Objet vendu aux touristes sur des lieux particulièrement visités.

souvenir (se) vpr (conj 22) Avoir mémoire de.

souvent adv **1.** Fréquemment : *aller souvent au cinéma.* **2.** Dans de nombreux cas ; d'ordinaire : *c'est souvent ce qui arrive.*

souverain, e adj **1.** LITT Suprême : *bonheur souverain.* **2.** Qui s'exerce sans contrôle : *pouvoir souverain.* **3.** SOUT Extrême : *souverain mépris.* ■ **remède souverain :** infaillible. ◆ n Personne qui exerce le pouvoir suprême dans un État ; monarque, roi.

souverainement adv **1.** SOUT Au plus haut point : *souverainement ennuyeux.* **2.** Avec un pouvoir souverain : *décider souverainement.*

souveraineté nf **1.** Autorité suprême. **2.** Caractère du pouvoir d'un État qui n'est soumis au contrôle d'aucun autre État : *souveraineté nationale.*

souverainisme nm Doctrine des défenseurs d'une Europe constituée de nations souveraines.

souverainiste n et adj **1.** Partisan du souverainisme. **2.** CANADA Partisan de l'accession d'une province au statut d'État souverain.

soviet [sɔvjɛt] nm HIST Assemblée des délégués élus, en URSS. ■ **soviet suprême :** organe principal du pouvoir d'État en URSS jusqu'en 1991, et, encore aujourd'hui, dans certaines républiques.

soviétique adj et n De l'URSS : *les Soviétiques.*

soviétologue n Spécialiste de l'URSS.

sovkhoze [sɔvkoz] nm HIST Grande exploitation agricole d'État, en URSS.

soyeux, euse adj De la nature, de l'aspect de la soie : *une chevelure soyeuse.* ◆ nm Industriel de la soierie : *les soyeux lyonnais.*

spacieusement adv De façon spacieuse.

spacieux, euse adj Vaste, de grande étendue : *logement spacieux.*

spadassin nm **1.** VX Amateur de duels. **2.** LITT Tueur à gages.

spaghetti (pl inv ou *spaghettis*) nm Pâte alimentaire présentée sous forme de longs bâtonnets pleins.

spahi nm Cavalier de l'armée française appartenant à un corps créé en Algérie en 1834, dissous en 1962.

spam nm Courrier électronique non sollicité, envoyé en grand nombre dans un but publicitaire ou commercial.
sparadrap nm Tissu adhésif servant à maintenir en place de petits pansements.
spart [spart] ou **sparte** nm Alfa (graminée).
spartakisme nm Mouvement socialiste, puis communiste, d'Allemagne (1914-1919).
spartakiste adj et n Qui appartient au spartakisme.
1. spartiate adj et n ANTIQ De Sparte ; qui en évoque l'austérité : *une éducation spartiate.* ■ FIG **à la spartiate :** sévèrement.
2. spartiate nf Sandale à lanières.
spasme nm Contraction involontaire et convulsive des muscles.
spasmodique adj Relatif au spasme : *toux spasmodique.*
spasmophile adj et n Atteint de spasmophilie.
spasmophilie nf Affection bénigne caractérisée par un excès d'excitabilité neuromusculaire.
spath [spat] nm MINÉR, VX minerai à structure lamellaire et cristalline.
spatial, e, aux [spasjal, sjo] adj Relatif à l'espace, et spécialement à l'espace intersidéral : *recherches spatiales.*

ORTHOGRAPHE *Spatial* s'écrit avec un *t*, alors que *spacieux* s'écrit avec un *c*.

spationaute n Astronaute.
spatio-temporel, elle (pl *spatio-temporels, elles*) adj Relatif à la fois à l'espace et au temps.
spatule nf **1.** Instrument en forme de petite pelle aplatie. **2.** Partie antérieure et recourbée du ski. **3.** Oiseau échassier à bec élargi.
speaker, speakerine [spikœr, spikrin] n VIEILLI Présentateur à la radio, à la télévision.
spécial, e, aux adj **1.** Particulier à une espèce de personnes ou de choses, approprié à un but : *formation spéciale.* **2.** Qui constitue une exception : *faveur spéciale.* **3.** Bizarre, pas commun : *un voisin très spécial.*
spéciale nf **1.** Épreuve sur parcours imposé, dans un rallye automobile. **2.** Huître grasse.
spécialement adv Particulièrement.
spécialisation nf Action de spécialiser ; fait de se spécialiser.
spécialisé, e adj Limité à une spécialité : *revue spécialisée ;* affecté à un travail déterminé : *ouvrier spécialisé.*
spécialiser vt Rendre apte à une technique particulière, à un travail déterminé. ◆ **se spécialiser** vpr Adopter une spécialité : *se spécialiser en cardiologie.*
spécialiste n et adj **1.** Personne qui a des compétences dans un domaine précis. **2.** Médecin qui se consacre à une branche particulière de la médecine (par opposition à *généraliste*).
spécialité nf **1.** Activité à laquelle on se consacre particulièrement. **2.** Produit caractéristique d'une marque, d'une région, etc. **3.** FAM Manie propre à quelqu'un.
spécieusement adv LITT D'une manière spécieuse.
spécieux, euse adj SOUT Qui n'a que l'apparence de la vérité ; sans valeur : *argument spécieux.*
spécification nf Action de spécifier ; précision.
spécificité nf Caractère de ce qui est spécifique : *spécificité d'un microbe.*
spécifier vt Déterminer, exprimer de façon précise ; préciser.
spécifique adj Propre à une espèce, à une chose : *caractère spécifique.*
spécifiquement adv D'une manière spécifique.
spécimen [spesimɛn] nm Échantillon, modèle ; exemplaire offert gratuitement.
spectacle nm **1.** Ce qui attire le regard, l'attention : *le spectacle d'un coucher de soleil.* **2.** Représentation théâtrale, cinématographique, etc. : *aller au spectacle.* **3.** Ensemble des activités du théâtre, du music-hall, du cinéma : *le monde du spectacle.* **4.** PÉJOR (en apposition, avec ou sans trait d'union) Qui est organisé ou présenté comme un spectacle : *l'information-spectacle.* ■ **à grand spectacle :** se dit d'un film, d'une pièce, d'une revue qui mettent en œuvre d'importants moyens et dont la mise en scène est somptueuse. ❑ **se donner, s'offrir en spectacle :** attirer l'attention sur soi. ❑ **spectacle vivant :** spectacle qui se déroule en direct devant un public (pièces de théâtre, opéras, ballets, spectacles de cirque ou de cabaret).
spectaculaire adj Remarquable, qui fait sensation ; frappant : *il s'est remis de façon spectaculaire.*
spectateur, trice n **1.** Témoin oculaire d'un événement. **2.** Personne qui assiste à un spectacle, une manifestation sportive, etc.

spectral, e, aux adj **1.** LITT Relatif à un spectre, un fantôme : *figure spectrale.* **2.** PHYS Relatif à un spectre lumineux.

spectre nm **1.** Fantôme. **2.** FIG Représentation effrayante de quelque chose : *le spectre de la guerre.* **3.** PHYS Ensemble des rayons colorés résultant de la décomposition de la lumière par un prisme.

spéculateur, trice n Personne qui fait des spéculations commerciales ou financières.

spéculatif, ive adj **1.** Relatif à une spéculation commerciale ou financière. **2.** PHILOS Qui s'attache à la théorie sans se soucier de la pratique : *un esprit spéculatif.*

spéculation nf **1.** Opération de banque, de commerce, etc., en vue d'obtenir un gain d'argent. **2.** PHILOS Recherche abstraite, théorique (par opposition à *pratique*).

spéculer vi **1.** Faire des combinaisons, des opérations financières ou commerciales. **2.** Compter sur quelque chose pour en tirer parti : *spéculer sur la crédulité humaine.* **3.** PHILOS Se livrer à la spéculation.

spéculoos [spekylos] ou **spéculaus** [spekylos] nm BELGIQUE Biscuit sec très sucré confectionné dans les Flandres belges pour la Saint-Nicolas (en France, on écrit aussi *spéculos*).

spéculum [spekylɔm] (pl *spéculums*) nm MÉD Instrument pour élargir certaines cavités du corps et en faciliter l'examen.

speech [spitʃ] (pl *speechs* ou *speeches*) nm FAM Petit discours de circonstance.

speeder [spide] vi FAM Aller vite, se dépêcher : *on speede tout le temps ici.*

spéléologie nf Science et sport qui ont pour objet l'exploration et l'étude des cavités naturelles du sol.

spéléologique adj Relatif à la spéléologie.

spéléologue n Spécialiste en spéléologie.

spencer [spɛnsɛr] ou [spɛnsœr] nm Veste courte ouverte et à revers, s'arrêtant à la taille.

spermatozoïde nm Gamète mâle de l'homme et des animaux, qui peut féconder l'ovule féminin.

sperme nm Liquide émis par les glandes reproductrices mâles et contenant les spermatozoïdes.

spermicide nm et adj Contraceptif féminin détruisant les spermatozoïdes.

sphénoïde nm ANAT Un des os de la tête, à la base du crâne.

sphère nf **1.** Corps limité par une surface dont tous les points sont à égale distance d'un point intérieur appelé *centre.* **2.** FIG Milieu, domaine dans lequel s'exerce l'action ou l'influence de quelqu'un ou de quelque chose : *sphère d'influence.*

sphéricité nf État de ce qui est sphérique.

sphérique adj En forme de sphère : *figure sphérique.*

sphéroïde nm GÉOM Solide dont la forme est proche de celle de la sphère : *la surface de la terre est un sphéroïde.*

sphincter [sfɛ̃ktɛr] nm Muscle annulaire fermant ou resserrant un orifice naturel.

sphinx [sfɛ̃ks] nm **1.** ANTIQ Monstre mythique à corps de lion et à tête humaine. **2.** FIG Personne énigmatique. **3.** Papillon nocturne.

spi nm → **spinnaker**.

spinal, e, aux adj Qui concerne la moelle épinière.

spinnaker [spinɛkœr] ou **spi** nm MAR Foc de grande surface, léger et creux, utilisé dans la marche au vent arrière.

spiral, e, aux adj Qui a la forme d'une spirale : *ressort spiral.* ◆ nm Petit ressort de montre.

spirale nf **1.** MATH Courbe plane décrivant des révolutions autour d'un point fixe en s'en éloignant. **2.** Suite de circonvolutions : *spirales d'un tire-bouchon.* **3.** Fil métallique hélicoïdal qui sert à assembler les feuilles d'un carnet, d'un cahier. **4.** Montée rapide et irrésistible d'un phénomène : *la spirale de la violence.* ■ **en spirale :** qui fait un mouvement d'enroulement autour d'un axe : *escalier en spirale.*

spire nf Chacun des tours d'une spirale, d'une hélice.

spirille nm Bactérie en forme de filament en spirale.

spirite n Adepte du spiritisme. ◆ adj Relatif au spiritisme.

spiritisme nm Doctrine, pratique qui prétend entrer en communication avec les esprits par l'intermédiaire d'un médium.

spiritualisme nm Philosophie qui affirme que l'esprit est une réalité supérieure à la matière et antérieure à elle.

spiritualité nf **1.** Caractère de ce qui est dégagé de toute matérialité. **2.** Ce qui concerne la vie spirituelle.

spirituel, elle adj **1.** Qui appartient à l'esprit, à l'âme : *vie spirituelle.* **2.** Relatif à la religion, à l'Église : *pouvoir spirituel.* **3.** Qui a de la vivacité d'esprit, de la finesse, de l'intelligence : *réponse spirituelle.* ◆ nm Pouvoir religieux : *le spirituel et le temporel.*

spirituellement adv **1.** Avec esprit : *répondre spirituellement.* **2.** En esprit : *s'unir spirituellement.*

spiritueux nm Liqueur forte en alcool.

spirographe nm Ver marin construisant un tube, d'où sort son panache branchial.

spiroïdal, e, aux adj En forme de spirale.

spiromètre nm Instrument servant à mesurer la capacité respiratoire des poumons.

spirorbe nm Petit ver marin qui construit un petit tube calcaire blanc, en forme de spirale.

spleen [splin] nm LITT Mélancolie, vague à l'âme.

splendeur nf **1.** Grand éclat, magnificence. **2.** Chose magnifique.

splendide adj **1.** D'un éclat lumineux : *temps splendide.* **2.** Magnifique, somptueux : *paysage splendide.*

splendidement adv SOUT Avec splendeur ; magnifiquement.

splénique adj ANAT Relatif à la rate.

spoliateur, trice adj et n SOUT Qui spolie.

spoliation nf SOUT Action de spolier.

spolier vt SOUT Déposséder, dépouiller.

spondée nm ANC En métrique, pied composé de deux syllabes longues.

spongiaire nm Animal aquatique (les spongiaires, ou *éponges*, forment un embranchement du règne animal).

spongieux, euse adj Qui s'imbibe de liquide comme l'éponge : *sol spongieux.*

spongiforme adj MÉD Se dit d'un tissu malade dont la structure évoque celle d'une éponge.

sponsor nm Commanditaire qui finance tout ou partie d'un spectacle, d'une exposition, etc., à des fins publicitaires.

sponsoring [spɔ̃sɔriŋ] ou **sponsorat** nm Activité d'un sponsor (recommandation officielle : *parrainage*).

sponsoriser vt Financer dans un but publicitaire (recommandation officielle : *commanditer, parrainer*).

spontané, e adj **1.** Qui se produit de soi-même : *déclaration spontanée.* **2.** Qui agit, se produit sans calcul, sans arrière-pensée : *un enfant spontané.*

spontanéité nf Caractère spontané.

spontanément adv De façon spontanée.

sporadique adj **1.** Qui existe çà et là, de temps en temps, isolément : *résistance sporadique.* **2.** MÉD Se dit d'une maladie qui n'atteint que quelques individus isolément (par opposition à *épidémique*).

sporadiquement adv De façon sporadique.

sporange nm BOT Sac qui renferme les spores de certains végétaux : *les sporanges des fougères.*

spore nf BOT Organe reproducteur des végétaux.

sport nm Activité physique pratiquée sous forme de jeux, d'exercices individuels ou collectifs, en observant certaines règles : *faire du sport ; sports de combat.* ■ FAM **il va y avoir du sport :** on risque d'en venir aux mains. ❑ **sports d'hiver :** vacances d'hiver en montagne. ◆ adj inv **1.** Décontracté : *costume sport.* **2.** Conforme à l'esprit généreux et loyal du sport : *se montrer sport.*

sportif, ive adj **1.** Qui concerne les sports. **2.** Loyal, régulier. ◆ adj et n Qui pratique un, des sports.

sportivement adv De façon sportive, loyale.

sportivité nf Caractère sportif ; loyauté, fair-play.

sporulation nf BOT, BIOL Reproduction par spores ; émission de spores par une bactérie, une moisissure.

spot [spɔt] nm **1.** Petit projecteur orientable assurant un éclairage localisé. **2.** Film publicitaire de courte durée.

sprat [sprat] nm Petit poisson de la famille des harengs.

spray [sprɛ] nm Aérosol obtenu avec une bombe de liquide sous pression.

springbok [spriŋbɔk] nm Antilope commune en Afrique du Sud.

sprint [sprint] nm **1.** Accélération d'un coureur à l'approche du but. **2.** Épreuve de vitesse sur une courte distance. ■ FAM **piquer un sprint :** courir à toute allure sur une petite distance.

1. sprinter [sprintœr] nm Coureur de vitesse.

2. sprinter [sprinte] vi Augmenter sa vitesse en arrivant près du but.

spumeux, euse adj MÉD Qui a l'apparence de l'écume.

squale [skwal] nm Requin.

squame [skwam] nf MÉD Lamelle qui se détache de la peau.

squameux, euse adj MÉD Couvert de squames.

square [skwar] nm Jardin public, généralement clos.

squash [skwaʃ] nm Sport pratiqué en salle par deux joueurs qui se renvoient une balle en la faisant rebondir sur les quatre murs.

squat [skwat] nm Logement occupé par un, des squatters.

squatter [skwate] ou **squattériser** vt Occuper illégalement un logement vide.

squatteur, euse [skwatœr, øz] n Personne sans abri qui occupe illégalement un logement vacant ou destiné à la destruction.

squelette nm **1.** Charpente osseuse du corps. **2.** FIG Charpente d'une construction. **3.** Plan, ossature d'une œuvre, d'un discours.

squelettique adj **1.** Du squelette. **2.** D'une maigreur extrême. **3.** FIG Très réduit, non développé.

sras [sras] nm (sigle de *syndrome respiratoire aigu sévère*) MÉD. Infection pulmonaire grave, contagieuse, due à un coronavirus.

stabat mater [stabatmatɛr] nm inv Chant religieux catholique qui retrace les douleurs de la mère du Christ au pied de la croix.

stabilisateur, trice adj et nm Qui stabilise.

stabilisation nf Action de stabiliser ; son résultat.

stabiliser vt Rendre stable : *stabiliser son poids.* ◆ **se stabiliser** vpr Devenir stable.

stabilité nf Caractère de ce qui est stable ; état stable.

stable adj **1.** Qui est dans un état, dans une situation ferme, solide ; qui ne risque pas de tomber : *échafaudage stable.* **2.** Qui se maintient durablement : *gouvernement, monnaie stable.* **3.** Dont le caractère est constant, équilibré : *personne, humeur stable.*

staccato adv et nm MUS Terme indiquant qu'un passage doit être joué en détachant nettement chacune des notes.

stade nm **1.** Terrain aménagé pour la pratique des sports. **2.** FIG Degré, partie distincte d'un développement : *stades d'une maladie.*

1. staff nm (anglicisme) **1.** FAM Groupe des dirigeants et des cadres supérieurs d'une entreprise. **2.** Équipe.

2. staff nm Mélange de plâtre et de fibres végétales utilisé pour la décoration intérieure.

stage nm **1.** Période d'études pratiques obligatoire, notamment avant d'exercer une profession libérale. **2.** Période pendant laquelle quelqu'un exerce une activité temporaire dans une entreprise, en vue de sa formation. **3.** Cette activité temporaire ou toute autre activité de courte durée exercée à des fins de loisirs : *stage de voile.*

stagiaire adj et n Qui fait un stage : *avocat stagiaire.*

stagnant, e [stagnɑ̃, ɑ̃t] adj **1.** Qui ne coule pas : *eaux stagnantes.* **2.** FIG Qui ne progresse pas : *affaires stagnantes.*

stagnation [stagnasjɔ̃] nf État de ce qui est stagnant : *stagnation économique.*

stagner [stagne] vi **1.** Ne pas couler, en parlant d'un fluide. **2.** FIG Ne faire aucun progrès.

stakhanovisme nm HIST Dans les pays d'économie socialiste, méthode fondée sur l'émulation des travailleurs pour augmenter le rendement.

stakhanoviste adj et n Qui concerne ou pratique le stakhanovisme.

stalactite nf Concrétion calcaire qui descend de la voûte d'une grotte.

stalag nm Camp de sous-officiers et de soldats prisonniers en Allemagne, pendant la Seconde Guerre mondiale.

stalagmite nf Colonne partant du sol d'une grotte, formée de concrétions calcaires.

stalinien, enne adj et n Relatif au stalinisme ; qui en est partisan.

stalinisme nm Doctrine, pratiques de Staline et de ses partisans.

stalle nf **1.** Chacun des sièges disposés autour du chœur d'une église. **2.** Dans une écurie, compartiment réservé à un cheval.

staminé, e adj ■ BOT **fleur staminée :** qui possède des étamines, mais pas de pistil.

stance nf VX Groupe de vers offrant un sens complet et suivi d'un repos. ◆ **stances** pl Poème lyrique composé d'un nombre de strophes variable et de même structure.

stand [stɑ̃d] nm **1.** Espace réservé à chacun des participants d'une exposition. **2.** Poste de ravitaillement d'un véhicule sur piste (auto, moto) : *stand de ravitaillement.* **3.** Endroit clos aménagé pour le tir à la cible.

standard nm **1.** Norme, modèle, étalon. **2.** Appareil permettant la desserte de nombreux postes téléphoniques. **3.** MUS Thème classique de jazz sur lequel on peut improviser. ◆ adj Conforme à une norme, à une moyenne, à un type : *prix standards ; français standard.*

standardisation nf Action de standardiser.

standardiser vt Ramener à une norme, à un standard ; uniformiser, simplifier.

standardiste n Personne affectée au service d'un standard téléphonique.

stand-by [stɑ̃dbaj] adj inv et n inv Se dit d'un passager sans réservation qui ne peut embarquer que s'il reste des places.

standing [stɑ̃diŋ] nm **1.** Position sociale : *avoir un haut standing.* **2.** Niveau de confort, de luxe d'un immeuble, d'un appartement : *appartement de grand standing.*

stannifère adj Qui contient de l'étain.

staphylin nm Insecte coléoptère carnassier.

staphylocoque nm Bactérie à l'origine de nombreuses affections (furoncle, septicémie, etc.).

star nf Vedette de cinéma, de music-hall ou dans un domaine quelconque : *une star du football.*

starlette nf Jeune actrice, de cinéma cherchant à devenir une star.

starter [startɛr] nm **1.** Dispositif de mise en marche d'un moteur. **2.** Personne qui, dans les courses, donne le signal du départ.

starting-block [startiŋblɔk] (pl *starting-blocks*) nm Cale de départ pour les coureurs à pied.

start-up [startœp] nf inv Jeune entreprise innovatrice dans le secteur de l'information et de la communication (recommandation officielle : *jeune pousse*).

stase nf MÉD Arrêt ou ralentissement de la circulation d'un liquide organique.

station nf **1.** Façon de se tenir : *station verticale.* **2.** Pause, séjour de peu de durée : *faire une station au café.* **3.** Lieu où s'arrêtent les véhicules de transport en commun pour prendre ou laisser des voyageurs : *station de métro.* **4.** Établissement de recherches scientifiques : *station météorologique.* **5.** Installation remplissant une ou plusieurs missions déterminées : *station d'épuration des eaux.* **6.** Ensemble des installations d'un émetteur de radio ou de télévision. **7.** Lieu de séjour pour faire une cure, se reposer ou pratiquer certains sports : *station thermale, balnéaire ; station de sports d'hiver.* ■ INFORM **station de travail :** ensemble formé d'un ordinateur et de divers périphériques, qui est connecté par réseau à un puissant ordinateur central. ❑ **station orbitale** ou **station spatiale :** véhicule spatial, non récupérable, satellisé autour de la Terre, disposant d'équipements de recherche et pouvant abriter des astronautes.

stationnaire adj Qui ne change pas, qui reste au même point : *état stationnaire.*

stationnement nm **1.** Action de stationner : *stationnement interdit.* **2.** CANADA Parc de stationnement.

stationner vi S'arrêter momentanément en un lieu.

station-service (pl *stations-service*) nf Poste d'essence offrant aux automobilistes toutes les ressources nécessaires à la bonne marche de leur véhicule.

1. statique adj **1.** Qui reste au même point, sans mouvement (par opposition à *dynamique*). **2.** PHYS Relatif à l'équilibre des forces.

2. statique nf Partie de la mécanique qui étudie l'équilibre des forces.

statisticien, enne n Spécialiste de statistique.

statistique nf **1.** Science qui a pour objet le groupement méthodique des faits qui se prêtent à une évaluation numérique. **2.** (souvent au pluriel) Ensemble de données d'observation relatives à un groupe d'individus ou d'unités : *statistiques démographiques.* ◆ adj Relatif à cette science.

statistiquement adv Sur le plan statistique.

stator nm Partie fixe d'une dynamo (par opposition au *rotor*).

statuaire n LITT Sculpteur qui fait des statues. ◆ nf **1.** Art de faire des statues. **2.** Ensemble des statues d'une époque, d'un pays, etc. : *la statuaire grecque classique.* ◆ adj Relatif aux statues.

statue nf Ouvrage de sculpture représentant une figure isolée.

statuer vi Régler avec autorité, décider.

statuette nf Petite statue.

statufier vt **1.** Élever une statue à. **2.** FIG Faire un éloge excessif et prématuré de quelqu'un.

statu quo [statykwo] nm inv État actuel des choses.

stature nf **1.** Taille d'une personne. **2.** FIG Envergure, importance de quelqu'un : *avoir la stature d'un homme d'État.*

statut nm **1.** Texte ou ensemble de textes fixant les garanties fondamentales d'une collectivité. **2.** Position de fait par rapport à la société : *le statut de la femme.* ◆ **statuts** pl Suite d'articles définissant légalement les règles de fonctionnement d'une société, d'une association.

statutaire adj Conforme aux statuts.

steak [stɛk] nm Bifteck.

steamer [stimœr] nm VX Navire à vapeur.

stéarate nm Sel dérivé de l'acide stéarique.

stéarine nf Corps gras, principal constituant des graisses animales.

stéarique adj Se dit d'un acide contenu dans les graisses animales et servant surtout à fabriquer des bougies.

steeple-chase [stipəltʃɛz] (pl *steeple-chases*) ou **steeple** [stipəl] (pl *steeples*) nm Course à pied ou à cheval, comportant le franchissement d'obstacles variés.

stégomyie nf Moustique des pays chauds, qui propage la fièvre jaune.

stèle nf Pierre, colonne placée verticalement et destinée à recevoir une inscription : *stèle funéraire.*

stellaire adj **1.** Relatif aux étoiles. **2.** Rayonné en étoile.

stem ou **stemm** nm En ski, virage qui utilise le transfert du poids du corps d'un ski sur l'autre.

stencil [stɛ̃sil] ou [stɛnsil] nm Support d'écriture permettant la reproduction d'un grand nombre de copies à l'aide d'un duplicateur.

sténo n (abréviation) Sténographe. ◆ nf Sténographie.

sténodactylo n Personne qualifiée en sténodactylographie.

sténodactylographie nf Emploi combiné de la sténographie et de la dactylographie.

sténographe n Personne qui prend en dictée un texte à l'aide de signes sténographiques.

sténographie nf Écriture abrégée et rapide, au moyen de signes conventionnels.

sténographier vt Prendre en dictée au moyen de la sténographie.

sténographique adj Relatif à la sténographie.

sténose nf MÉD Rétrécissement d'un conduit ou d'un orifice naturel.

sténotype nf Machine pour transcrire à la vitesse de la parole des textes sous une forme simplifiée.

sténotypie nf Technique d'écriture à l'aide d'une sténotype.

sténotypiste n Personne qui sténographie à l'aide d'une sténotype.

stentor [stɑ̃tɔr] nm ■ **voix de stentor** : forte et retentissante.

steppe nf Grande plaine semi-aride, couverte d'une végétation assez pauvre.

steppique adj Formé de steppes.

stercoraire nm Oiseau palmipède des mers arctiques.

stère nm Quantité de bois correspondant à un mètre cube.

stéréo nf (abréviation) Stéréophonie : *émission diffusée en stéréo.* ◆ adj inv Stéréophonique : *chaîne stéréo.*

stéréométrie nf Partie de la géométrie qui étudie la mesure des volumes.

stéréophonie nf Technique de la reproduction des sons enregistrés ou transmis par radio, caractérisée par la reconstitution spatiale des sources sonores.

stéréophonique adj Relatif à la stéréophonie.

stéréoscope nm Instrument d'optique dans lequel deux images, superposées par vision binoculaire, apparaissent en relief.

stéréoscopie nf OPT Procédé donnant l'impression du relief à l'aide de deux images ; vision de ce relief.

stéréoscopique adj Qui concerne le stéréoscope.

stéréotomie nf Science traditionnelle de la taille et de la coupe des matériaux employés dans la construction (pierre, bois).

stéréotype nm Formule banale, opinion dépourvue d'originalité ; cliché.

stéréotypé, e adj Qui apparaît sous une forme figée, sans signification véritable : *gestes, formules stéréotypés.*

stérile adj **1.** Qui ne porte pas de fruits, qui ne produit pas : *sol stérile.* **2.** Inapte à la reproduction : *femelle stérile.* **3.** FIG Qui produit peu : *auteur stérile.* **4.** Qui est sans résultat, vain, inutile : *discussion stérile.* **5.** MÉD Exempt de germe microbien : *chambre stérile.*

stérilement adv De façon stérile.

stérilet nm Dispositif contraceptif qui se place dans la cavité utérine.

stérilisant, e adj Qui stérilise.

stérilisateur nm Appareil pour stériliser.

stérilisation nf Action de stériliser.

stériliser vt **1.** Rendre stérile. **2.** Débarrasser des microbes, des ferments : *stériliser une plaie.*

stérilité nf **1.** Impossibilité pour un être vivant de se reproduire. **2.** Absence de micro-organismes sur ou dans quelque chose : *la stérilité d'une seringue.* **3.** SOUT Caractère stérile de quelqu'un ou de quelque chose : *la stérilité de tous ces efforts.*

sterlet nm Esturgeon.

sterling [stɛrliŋ] nm inv Livre sterling.

sterne nf Oiseau palmipède à tête noire et à dos gris (communément appelé : *hirondelle de mer*).

sternum [stɛrnɔm] nm Os plat, situé au milieu et en avant de la poitrine.

stéroïde adj ■ **hormone stéroïde** ou **stéroïde** nm : hormone produite par synthèse des aliments ou sécrétée par les glandes endocrines.

stéthoscope nm MÉD Instrument pour ausculter.

steward [stjuward] ou [stiwart] nm Serveur à bord des paquebots, des avions.

stibine nf Sulfure naturel d'antimoine.

stick [stik] nm **1.** Canne flexible. **2.** Conditionnement d'un produit solidifié sous forme de bâtonnet : *de la colle en stick.* **3.** MIL Équipe de parachutistes largués par le même avion.

stigmate nm **1.** Marque que laisse une plaie, une maladie. **2.** LITT Marque, trace qui révèle une dégradation : *les stigmates de l'alcoolisme.* ◆ **stigmates** pl Plaies identiques à celles du Christ, chez certains mystiques.

stigmatiser vt SOUT Flétrir, blâmer publiquement : *stigmatiser l'incompétence.*

stilligoutte nm MÉD Compte-gouttes.

stimulant, e adj **1.** Propre à accroître l'activité physique, intellectuelle : *climat stimulant.* **2.** FIG Ce qui augmente l'ardeur, le zèle : *succès stimulant.* ◆ nm Produit stimulant : *le café est un stimulant.*

stimulateur nm ■ **stimulateur cardiaque :** appareil électrique destiné à provoquer la contraction cardiaque.

stimulation nf Action de stimuler.

stimuler vt **1.** MÉD Exciter l'activité d'un organe. **2.** FIG Exciter, aiguillonner.

stimulus [stimylys] (pl inv ou *stimuli*) nm PHYSIOL Excitation brève d'un organe.

stipendier vt LITT, PÉJOR Payer quelqu'un pour accomplir une tâche méprisable ; acheter, soudoyer.

stipulation nf Clause, convention dans un contrat.

stipule nf BOT Petit appendice situé au point d'origine des feuilles.

stipuler vt **1.** DR Énoncer dans un contrat une clause, une convention : *stipuler une garantie.* **2.** Faire savoir expressément ; spécifier.

stock nm **1.** Quantité de marchandises disponibles sur un marché, dans un magasin, etc. : *avoir une marchandise en stock.* **2.** Ensemble de choses gardées en réserve.

stockage nm Action de stocker.

stock-car [stɔkkar] (pl *stock-cars*) nm Voiture automobile engagée dans une course où les obstructions et les carambolages sont de règle ; la course elle-même.

stocker vt Mettre en stock, en dépôt : *stocker des marchandises ; stocker une énergie.*

stockfisch nm **1.** Morue séchée à l'air libre. **2.** Le poisson séché en général.

stock-option (pl *stock-options*) nf Action boursière à prix réduit qu'une société propose à ses cadres (recommandation officielle : *option sur titres*).

stoïcien, enne adj Relatif au stoïcisme. ◆ n Adepte du stoïcisme.

stoïcisme nm **1.** Doctrine philosophique qui fait de la vertu le seul bonheur et prône l'indifférence à l'égard de la passion, du plaisir et de la douleur. **2.** Impassibilité, fermeté : *supporter ses malheurs avec stoïcisme.*

stoïque adj Qui supporte la douleur, le malheur avec courage.

stoïquement adv De façon stoïque.

stolon nm BOT Tige rampante qui, de place en place, produit des racines adventives, point de départ de nouveaux pieds, comme chez le fraisier.

stomacal, e, aux adj De l'estomac.

stomachique adj et nm Propre à rétablir les fonctions de l'estomac.

stomate nm BOT Pore de l'épiderme des végétaux servant aux échanges gazeux.

stomatite nf Inflammation de la muqueuse buccale.

stomatologie nf Branche de la médecine consacrée à l'étude et aux soins des affections de la bouche.

stomatologiste ou **stomatologue** n Spécialiste de stomatologie.

stop nm **1.** Panneau de signalisation intimant l'ordre de s'arrêter. **2.** Signal lumineux placé à l'arrière d'un véhicule et qui s'allume quand on freine. **3.** FAM Auto-stop : *faire du stop.* ◆ interj Ordre de s'arrêter.

stoppage nm Réfection de la trame et de la chaîne d'un tissu pour réparer une déchirure.

1. stopper vt Faire un stoppage à : *donner sa veste à stopper.*

2. stopper vt et vi **1.** Arrêter la marche d'un véhicule, d'une machine, etc. **2.** FIG Empêcher d'avancer, de progresser : *stopper une offensive.*

stoppeur, euse n **1.** FAM Auto-stoppeur. **2.** Personne qui fait le stoppage. **3.** Au football, joueur placé au centre de la défense.

store nm Rideau qui se lève et se baisse.

stoupa nm → **stupa**.

strabisme nm Anomalie de la vision qui consiste dans l'impossibilité de fixer un même point avec les deux yeux.

stradivarius nm Violon, violoncelle ou alto fabriqué par Antonio Stradivari.

strangulation nf Action d'étrangler.

strapontin nm Siège repliable, dans une salle de spectacle, dans le métro, etc.

stras [stras] ou **strass** nm Verre coloré imitant le diamant, les pierres précieuses.

stratagème nm Ruse, feinte.

strate nf **1.** Couche géologique d'un terrain stratifié. **2.** FIG Couche : *les strates de la société.*

stratège nm **1.** Personne qui dirige avec compétence un certain nombre d'opérations : *un fin stratège politique.* **2.** ANTIQ Chef d'armée.

stratégie nf **1.** Art de coordonner l'action des forces militaires d'un pays. **2.** Art de coordonner des actions et de manœuvrer pour atteindre un but : *stratégie politique*.

stratégique adj Intéressant, du point de vue d'une stratégie ; crucial.

stratification nf Disposition de roches par couches superposées.

stratifié, e adj Disposé par couches superposées : *roches stratifiées*.

stratigraphie nf Partie de la géologie qui étudie les couches de l'écorce terrestre en vue d'établir l'ordre de superposition et l'âge relatif.

strato-cumulus [stratokymylys] nm inv Nuage sombre situé à une altitude moyenne de 2 000 m.

stratosphère nf Région de l'atmosphère située entre douze et quarante kilomètres d'altitude.

stratus [stratys] nm inv Nuage bas qui se présente en couche uniforme grise.

streaming [strimiŋ] nm (mot anglo-amér.) INFORM Diffusion en continu.

streptocoque nm Microbe responsable d'affections graves (septicémie, méningite, scarlatine, etc.).

streptomycine nf Antibiotique actif contre certaines bactéries, dont le bacille de la tuberculose.

stress [strɛs] nm inv **1.** Tension nerveuse causée par les contraintes du travail, des transports, etc. **2.** Perturbation biologique et physique d'un organisme due à une agression quelconque ; cette agression.

stressant, e adj Qui stresse.

stresser vt Provoquer un stress.

strict, e adj **1.** Rigoureux, qui ne laisse aucune latitude : *obligation stricte*. **2.** Sévère, qui ne tolère aucune négligence : *strict en affaires*. **3.** Sobre, sans ornement : *tenue stricte*. ■ **le strict nécessaire** : le minimum.

strictement adv De façon stricte.

striction nf MÉD Constriction, ligature.

stricto sensu [striktosɛ̃sy] loc adv Au sens étroit, strict.

strident, e adj Qui rend un son aigu, perçant.

stridulation nf Crissement aigu que produisent certains insectes, en particulier la cigale.

strie nf Chacun des petits sillons, chacune des fines lignes parallèles que présente une surface.

strié, e adj Dont la surface présente des stries.

strier vt Marquer de stries, de raies.

string [striŋ] nm Maillot de bain qui laisse les fesses nues.

strip-tease [striptiz] (pl *strip-teases*) nm Spectacle de cabaret au cours duquel une ou plusieurs femmes se déshabillent de façon lente et suggestive.

strip-teaseur, euse (pl *strip-teaseurs, euses*) n Personne exécutant un numéro de strip-tease.

striure nf Strie.

stroboscope nm Instrument permettant, grâce à des éclairs réguliers, d'analyser au ralenti un mouvement périodique rapide.

strontium [strɔ̃sjɔm] nm Métal jaune, utilisé en pyrotechnie ; symb : Sr.

strophe nf Division régulière d'un poème, d'une œuvre lyrique.

structural, e, aux adj Relatif à la structure ou au structuralisme.

structuralisme nm Méthode des sciences humaines qui définit et étudie son objet par les rapports que ses éléments entretiennent entre eux.

structuraliste adj et n Qui appartient au structuralisme ; qui en est partisan.

structurant, e adj Qui détermine ou opère une structuration.

structuration nf Action de structurer.

structure nf **1.** Manière dont les parties d'un ensemble sont arrangées entre elles ; disposition : *structure d'un discours*. **2.** Organisation des parties d'un système, qui lui donne sa cohérence : *structure d'une entreprise*. **3.** Ensemble organisé considéré dans ses éléments fondamentaux : *les structures administratives*.

structuré, e adj Se dit de ce qui a telle ou telle structure.

structurel, elle adj Qui relève d'une structure ; qui est déterminé par elle.

structurer vt Donner une structure à.

strychnine [striknin] nf Poison violent extrait de la noix vomique.

stuc nm Enduit imitant le marbre.

stud-book [stœdbuk] (pl *stud-books*) nm Registre où sont inscrites la généalogie et les performances des chevaux de race.

studette nf Petit studio.

studieusement adv Avec application.

studieux, euse adj **1.** Qui aime l'étude, appliqué : *écolier studieux*. **2.** Consacré à l'étude : *vacances studieuses*.

studio nm **1.** Petit appartement comportant une seule pièce principale. **2.** Atelier de photographe. **3.** Local où l'on tourne les scènes cinématographiques, les émissions télévisées, etc. **4.** Salle de répétition de danse.

stupa [stupa] ou **stoupa** nm Monument commémoratif d'origine indienne et caractéristique du bouddhisme.

stupéfaction nf Étonnement profond.

stupéfait, e adj Interdit, immobilisé par la surprise.

1. stupéfiant nm Drogue provoquant l'accoutumance, et dont l'usage répété conduit à la toxicomanie.

2. stupéfiant, e adj Qui stupéfie.

stupéfier vt Causer une grande surprise, un grand étonnement.

stupeur nf Étonnement profond.

stupide adj **1.** Dépourvu d'intelligence, de finesse. **2.** Dénué de sens, absurde.

stupidement adv D'une manière stupide.

stupidité nf **1.** Caractère stupide. **2.** Parole, action stupide : *dire des stupidités*.

stupre nm LITT Luxure.

stups nm pl (abréviation de *stupéfiants*) FAM ■ **la brigade des stups** ou **les stups :** corps de police chargé de la répression du trafic de drogue.

style nm **1.** Manière particulière d'écrire, d'exprimer sa pensée : *travailler son style*. **2.** Forme de langage propre à une activité, à un milieu : *style administratif*. **3.** Manière d'exécuter propre à un artiste, à une époque : *style roman*. **4.** Façon personnelle de se comporter, d'exécuter un mouvement : *style de vie ; style d'une nageuse*. **5.** Qualité de quelque chose ou de quelqu'un qui présente des caractéristiques esthétiques originales : *manquer de style*. ■ **de style :** qui appartient à un style bien caractérisé : *meuble de style*.

stylé, e adj Qui exécute son service dans les règles : *maître d'hôtel stylé*.

stylet nm Poignard à lame effilée.

stylisation nf Action de styliser.

styliser vt Simplifier dans un but décoratif.

styliste n **1.** Personne dont le métier est de concevoir des formes nouvelles dans le domaine de l'habillement, de l'ameublement, etc. **2.** Écrivain qui accorde toute son attention au style.

stylistique adj Relatif au style. ◆ nf Étude du style d'une langue, de l'œuvre d'un écrivain, etc.

stylo nm Instrument pour écrire muni d'un réservoir d'encre : *stylo (à) bille, (à) plume*.

stylo-feutre (pl *stylos-feutres*) nm Stylo dont la mine en feutre est imprégnée d'encre.

Stylomine nm (nom déposé) Portemine.

styrax nm Arbuste exotique qui fournit le benjoin.

styrène ou **styrolène** nm Hydrocarbure benzénique servant de matière première pour de nombreuses matières plastiques.

su nm ■ **au vu et au su de tous, de tout le monde :** sans se cacher ; ouvertement.

suaire nm LITT Linceul.

suave adj SOUT Doux, agréable : *parfum, musique suaves*.

suavement adv De façon suave.

suavité nf Caractère suave.

subaigu, ë adj MÉD Se dit d'un état pathologique moins accusé que l'état aigu.

subalpin, e adj Situé en bordure des Alpes : *région subalpine*.

subalterne adj et n Subordonné. ◆ adj D'un rang, d'une importance secondaire : *emploi subalterne*.

subconscient nm État psychique à la limite de la conscience, mais qui influe sur le comportement du sujet.

subdésertique adj Proche du désert : *région subdésertique*.

subdiviser vt Diviser un tout déjà divisé.

subdivision nf Division d'une chose déjà divisée.

subéreux, euse adj BOT Qui a la nature du liège.

subir vt **1.** Supporter, être soumis à : *subir des tortures*. **2.** Supporter à contrecœur, se résigner à : *subir sa destinée*. **3.** Être soumis à, être l'objet de : *subir une hausse*.

> GRAMMAIRE Le participe passé de *subir* est *subi, subie ;* il ne doit pas être confondu avec l'orthographe de l'adjectif *subit*.

subit, e adj Soudain, brusque.

subitement adv De façon subite.

subito adv FAM Subitement.

subjectif, ive adj **1.** Qui varie avec la personnalité de chacun ; individuel : *les goûts sont subjectifs*. **2.** PHILOS Relatif au sujet défini comme un être pensant (par opposition à *objectif*).

subjectivement adv De façon subjective.

subjectivité nf Caractère ou domaine de ce qui est subjectif.

subjonctif nm Mode du verbe employé soit dans des propositions subordonnées, soit pour exprimer le doute, l'incertitude, la volonté, etc.

subjuguer vt Séduire, exercer un puissant ascendant sur.

sublimation nf **1.** CHIM Passage d'un corps de l'état solide à l'état gazeux. **2.** PSYCHAN Action de déplacer l'énergie d'une pulsion sexuelle ou agressive vers des buts socialement valorisés.

sublime adj **1.** Le plus élevé, le plus haut, en parlant des choses morales, intellectuelles ou esthétiques : *sublime abnégation.* **2.** Grand, élevé : *une personne sublime dans son dévouement.* ◆ nm Ce qui est sublime.

sublimé nm CHIM Produit d'une sublimation.

sublimer vt **1.** CHIM Faire passer un corps solide à l'état gazeux. **2.** LITT Transposer en quelque chose de pur, d'idéal.

subliminal, e, aux adj Se dit d'une perception à la limite de la conscience.

sublimité nf LITT Caractère de ce qui est sublime.

sublingual, e, aux adj Placé sous la langue : *glandes sublinguales.*

sublunaire adj Qui est entre la Terre et la Lune.

submerger vt (conj 2) **1.** Inonder, recouvrir entièrement d'eau. **2.** Déborder, envahir complètement : *être submergé de travail.*

1. submersible adj Qui peut être submergé ; inondable.

2. submersible nm **1.** Sous-marin. **2.** Véhicule autonome et habité, destiné à l'observation des fonds marins.

submersion nf Action de submerger ; état de ce qui est submergé.

subodorer vt FAM Pressentir, se douter de ; flairer, soupçonner.

subordination nf **1.** Dépendance d'une personne ou d'une chose par rapport à une autre. **2.** GRAMM Mode de rattachement d'une proposition à une autre.

subordonnant nm GRAMM Mot ou locution qui institue un rapport de subordination.

subordonné, e adj et n Qui est sous la dépendance de.

subordonnée nf et adj f GRAMM Proposition qui, dans une phrase, dépend d'une autre proposition qu'elle complète ou détermine.

subordonner vt **1.** Établir un ordre de dépendance entre des personnes ou des choses. **2.** Faire dépendre de : *subordonner une commande à l'obtention de crédits.*

subornation nf Action de suborner.

suborner vt **1.** Inciter un témoin à faire un faux témoignage. **2.** LITT Séduire : *suborner une femme.*

subreptice adj LITT Furtif ; déloyal.

subrepticement adv De façon subreptice ; à la dérobée : *dérober subrepticement.*

subrogation nf DR Substitution d'une personne ou d'une chose à une autre.

subrogatoire adj DR Qui subroge.

subrogé, e n DR Personne substituée à une autre pour succéder à ses droits ou pour agir à sa place.

subroger vt (conj 2) DR Substituer par subrogation.

subséquent, e adj VX, LITT Qui suit.

subside nm Somme d'argent versée à titre de secours.

subsidiaire adj Donné accessoirement pour venir à l'appui de quelque chose de principal : *raison subsidiaire.* ■ **question subsidiaire** : question supplémentaire destinée à départager des concurrents ex aequo.

subsistance nf Nourriture et entretien : *assurer la subsistance de sa famille.*

subsister vi **1.** Exister encore, continuer d'être : *rien ne subsiste plus de cette maison.* **2.** Pourvoir à ses besoins, à son entretien : *travailler pour subsister.*

subsonique adj Dont la vitesse est inférieure à celle du son. CONTR : supersonique.

substance nf **1.** Matière dont une chose est formée : *substance dure, molle.* **2.** Ce qu'il y a d'essentiel : *la substance d'un entretien.* ■ **en substance** : en ne retenant que l'essentiel.

substantiel, elle adj **1.** Nourrissant : *aliment substantiel.* **2.** Appréciable, considérable : *augmentation substantielle.* **3.** Essentiel, capital.

substantif nm GRAMM Nom.

substantivement adv Comme substantif : *adjectif employé substantivement.*

substituer vt Mettre à la place de ; remplacer par. ◆ **se substituer** vpr [à] Prendre la place d'un autre ou d'autre chose.

substitut nm **1.** Ce qui peut remplacer quelque chose en jouant le même rôle ; succédané. **2.** DR Magistrat chargé de suppléer le procureur général ou le procureur de la République.

substitutif, ive adj Se dit d'une chose qui a été substituée à une autre : *médication substitutive.*

substitution nf Action de substituer : *substitution de noms.*

substrat [sypstra] nm Ce qui sert de base, d'infrastructure à quelque chose.

subterfuge nm Moyen détourné, ruse : *user de subterfuges.*

subtil, e adj **1.** Qui est capable de percevoir des nuances délicates ; ingénieux, perspicace : *esprit subtil.* **2.** Qui exige beaucoup de finesse, de sagacité : *question subtile.*

subtilement adv De façon subtile.

subtilisation nf Action de subtiliser.

subtiliser vt Dérober adroitement.

subtilité nf **1.** Caractère de ce qui est subtil. **2.** Finesse, raffinement excessif de la pensée, de l'expression, etc.

subtropical, e, aux adj Situé près des tropiques. ■ **climat subtropical :** climat chaud à longue saison sèche.

suburbain, e adj À la périphérie immédiate d'une ville.

subvenir vt ind [à] (conj 22 ; auxil : *avoir*) Venir en aide à ; pourvoir à : *subvenir aux besoins de quelqu'un*.

subvention nf Secours financier, subside fourni par l'État, etc., pour favoriser une activité d'intérêt général.

subventionner vt Donner une subvention à : *subventionner un théâtre*.

subversif, ive adj Propre à bouleverser, à renverser l'ordre établi : *doctrine subversive*.

subversion nf Action visant à saper les lois, les principes, l'ordre établi.

suc nm **1.** Liquide organique imprégnant un tissu animal ou végétal. **2.** BIOL Sécrétion d'un organe de l'appareil digestif : *suc gastrique*. **3.** LITT Le meilleur, la substance de quelque chose.

succédané nm Produit qu'on peut substituer à un autre : *les succédanés du sucre*.

succéder vt ind [à] (conj 10) **1.** Venir après. **2.** Remplacer dans un emploi, une fonction, etc. ◆ **se succéder** vpr Venir l'un après l'autre : *les visiteurs se sont succédé toute l'après-midi*.

GRAMMAIRE Le participe passé de *se succéder* est toujours invariable. On écrit : *elles se sont succédé à la tête de l'organisation*.

succès nm **1.** Issue heureuse, réussite : *le succès d'une entreprise*. **2.** Approbation du public : *le succès d'un film*.

successeur nm Personne qui succède à une autre : *nommer son successeur*.

successif, ive adj Qui succède à d'autres : *les générations successives*.

succession nf **1.** Suite non interrompue de personnes ou de choses : *succession de rois, d'idées*. **2.** Transmission de biens qui s'opère, par des voies légales, entre une personne décédée et une ou plusieurs personnes survivantes ; ensemble des biens transmis.

successivement adv L'un après l'autre ; tour à tour.

successoral, e, aux adj DR Relatif aux successions : *loi successorale*.

succinct, e [syksɛ̃, ɛ̃t] adj **1.** Dit en peu de mots ; bref, concis, laconique : *discours succinct*. **2.** FIG Peu abondant : *repas succinct*.

ORTHOGRAPHE *Succinct* s'écrit toujours avec trois *c*. Il ne faut pas oublier le dernier *c*, qui ne se prononce ni au masculin ni au féminin.

succinctement adv De façon succincte ; brièvement.

succion [sysjɔ̃] ou [syksjɔ̃] nf Action de sucer.

succomber vi **1.** Mourir : *le malade a succombé*. **2.** Être vaincu : *succomber sous le nombre*. **3.** LITT Être accablé, anéanti par quelque chose : *succomber sous un fardeau*. ◆ vt ind [à] Ne pas résister à : *succomber à la fatigue*.

succube nm Démon femelle.

succulence nf LITT Qualité de ce qui est succulent : *la succulence d'un mets*.

succulent, e adj Savoureux, qui flatte le goût : *viande succulente*.

succursale nf Établissement commercial ou financier qui dépend d'un autre : *succursale d'une banque*.

succursalisme nm Forme de commerce concentré disposant d'un réseau composé d'un grand nombre de petits magasins.

sucement nm Action de sucer ; succion.

sucer vt (conj 1) **1.** Faire fondre dans sa bouche : *sucer un bonbon*. **2.** Porter, garder un objet à la bouche et y exercer un mouvement d'aspiration : *sucer son crayon, son pouce*. **3.** Aspirer avec la bouche : *sucer la moelle d'un os*. **4.** En parlant de certains animaux, aspirer avec un organe spécial : *les sangsues sucent le sang*.

sucette nf **1.** Bonbon en sucre cuit aromatisé, fixé à l'extrémité d'un bâtonnet. **2.** Morceau de caoutchouc à sucer, en forme de tétine.

suceur, euse adj ZOOL Se dit des organes propres à exercer une succion ; se dit des animaux possédant de tels organes.

suçoir nm **1.** ZOOL Organe de certains insectes qui sert à sucer. **2.** BOT Organe fixant une plante parasite à son hôte et y prélevant la sève.

suçon nm FAM Marque faite à la peau en la suçant.

suçoter vt Sucer du bout des lèvres.

sucrage nm Action de sucrer.

sucrant, e adj Qui sucre.

sucre nm **1.** Aliment de saveur douce extraite de divers végétaux : *sucre de canne, de betterave*. **2.** Morceau de sucre. ■ FAM **casser du sucre sur le dos de quelqu'un :** dire du mal de lui. ❑ **en pain de sucre :** de forme conique. ❑ FAM **pur sucre :** qui ne s'écarte pas de la doctrine, de la ligne ; authentique, orthodoxe. ❑ **sucre glace :**

sucre en poudre extrêmement fin obtenu par un broyage très poussé.

sucré, e adj **1.** Qui contient du sucre et en a la saveur : *poire sucrée.* **2.** Additionné de sucre : *café bien sucré.* ◆ nm Saveur sucrée. ◆ adj et n Se dit d'une personne qui affecte des manières doucereuses : *ton sucré ; faire sa sucrée.*

sucrer vt **1.** Ajouter du sucre à. **2.** FAM Supprimer. ◆ **se sucrer** vpr FAM S'octroyer la plus grande part.

sucrerie nf **1.** Usine où l'on fabrique le sucre. **2.** (souvent au pluriel) Confiserie à base de sucre : *aimer les sucreries.*

Sucrette nf (nom déposé) Petit comprimé de sucre de synthèse.

sucrier, ère adj Relatif au sucre : *industrie sucrière.* ◆ nm **1.** Récipient où l'on garde le sucre. **2.** Fabricant de sucre ; ouvrier qui travaille à sa fabrication.

sud nm **1.** Un des quatre points cardinaux, opposé au nord. **2.** Contrées situées au sud : *le Nord et le Sud.* ◆ adj inv Situé au sud : *le pôle Sud.*

> ORTHOGRAPHE On écrit : *dans le Sud* (région), mais *au sud, vers le sud* (orientation).

sud-africain, e (pl *sud-africains, es*) adj et n De la république d'Afrique du Sud : *les Sud-Africains.*

sud-américain, e (pl *sud-américains, es*) adj et n De l'Amérique du Sud : *les Sud-Américains.*

sudation nf Production de sueur ; transpiration.

sud-est nm **1.** Point de l'horizon situé entre le sud et l'est. **2.** Contrées situées dans cette direction : *le sud-est de la France.* ◆ adj inv Qui est au sud-est.

sudiste n et adj Partisan des États du Sud, dans la guerre de Sécession des États-Unis (1861-1865).

sudorifique adj MÉD Qui provoque la sudation : *tisane sudorifique.*

sudoripare adj Qui sécrète la sueur : *glandes sudoripares.*

sud-ouest nm **1.** Point de l'horizon situé entre le sud et l'ouest. **2.** Contrées situées au sud-ouest. ◆ adj inv Qui est au sud-ouest.

suède nm Peau d'agneau, au côté chair à l'extérieur, utilisée en ganterie.

suédois, e adj et n De Suède : *les Suédois.* ◆ nm Langue scandinave parlée en Suède.

suée nf FAM Transpiration abondante, en particulier après un effort.

suer vi **1.** Sécréter la sueur par les pores de la peau. **2.** Suinter : *un mur qui sue par temps humide.* **3.** FAM Se donner beaucoup de peine, de fatigue. ■ FAM **faire suer quelqu'un** : l'exaspérer. ❑ FAM **se faire suer** : s'ennuyer. ◆ vt LITT Exhaler : *suer l'ennui.* ■ FAM **suer sang et eau** : se donner une peine extrême.

sueur nf Sécrétion incolore exhalée par les pores de la peau ; transpiration : *être en sueur.* ■ **à la sueur de son front** : en se donnant beaucoup de mal. ❑ **avoir des sueurs froides** : avoir très peur.

suffire vt ind [à] (conj 72) **1.** Pouvoir satisfaire à : *suffire à ses obligations.* **2.** Être en assez grande quantité pour : *cette somme lui suffira pour payer ses dettes.* ■ **cela suffit** : c'est assez. ❑ **il suffit de, que** : il n'est besoin que de : *il suffit de prévenir, qu'il soit prévenu.* ◆ **se suffire** vpr [à] N'avoir pas besoin du secours des autres : *il se suffit à lui-même.*

suffisamment adv De façon suffisante : *avoir suffisamment de courage.*

suffisance nf Très grande satisfaction de soi ; prétention, vanité. ■ LITT **en suffisance** : suffisamment.

suffisant, e adj En quantité assez grande. ◆ adj et n PÉJOR Prétentieux, vaniteux.

suffixation nf LING Dérivation par des suffixes.

suffixe nm LING Élément qui s'ajoute à la racine d'un mot pour former un mot nouveau.

suffocant, e adj **1.** Qui provoque une suffocation ; étouffant : *chaleur suffocante.* **2.** FIG Étonnant, stupéfiant, renversant.

suffocation nf Oppression, gêne dans la respiration ; étouffement.

suffoquer vt **1.** Étouffer, faire perdre la respiration. **2.** FIG Causer une émotion violente : *la joie le suffoquait.* ◆ vi Perdre le souffle : *suffoquer de colère.*

suffrage nm **1.** Vote, voix dans une élection : *refuser son suffrage.* **2.** LITT Approbation : *obtenir les suffrages du public.* ■ **suffrage direct** : système dans lequel l'électeur vote lui-même pour le candidat à élire. ❑ **suffrage indirect** : système dans lequel le candidat à élire est élu par des délégués choisis par les électeurs. ❑ **suffrage universel** : système dans lequel le corps électoral est constitué par tous les citoyens qui ont la capacité électorale.

suffragette nf HIST Militante qui réclamait le droit de vote pour les femmes, en Grande-Bretagne, à partir de 1865.

suggérer [sygʒere] vt (conj 10) **1.** Inspirer, conseiller : *suggérer une solution.* **2.** SOUT Faire naître une idée, une image ; évoquer : *que vous suggère ce tableau ?*

suggestif, ive adj **1.** Qui suggère des idées, des images ; évocateur : *une musique* *suggestive.* **2.** Qui inspire des idées érotiques : *un regard suggestif.*

suggestion nf **1.** Action de suggérer. **2.** Chose, pensée suggérée sans être imposée : *ce n'est qu'une simple suggestion.*

suggestionner vt Faire penser ou faire agir quelqu'un dans le sens que l'on a choisi et sans qu'il en soit conscient.

suicidaire adj et n Qui tend vers le suicide : *comportement suicidaire ;* prédisposé au suicide.

suicidant, e adj et n Qui a fait une tentative de suicide et qui est susceptible de récidiver.

suicide nm **1.** Action de se donner la mort. **2.** FIG Action d'exposer gravement sa vie, son autorité, de se nuire soi-même, etc.

suicidé, e n Personne qui s'est donné la mort.

suicider (se) vpr Se donner volontairement la mort.

suie nf Matière noire et épaisse produite par la combustion et déposée par la fumée.

suif nm Graisse des ruminants.

sui generis [sɥiʒeneris] loc adj Propre à la personne ou à la chose dont il est question : *odeur sui generis.*

suint nm Graisse qui imprègne la toison des moutons.

suintement nm Fait de suinter.

suinter vi **1.** S'écouler insensiblement : *eau qui suinte des rochers.* **2.** Laisser s'écouler un liquide : *mur qui suinte.* **3.** FIG, LITT transparaître, se manifester : *l'ennui suintait de ce bureau.*

suisse adj et n (le féminin du nom est parfois *Suissesse*) De Suisse : *les Suisses.* ■ **boire, manger en suisse :** tout seul, sans inviter personne. ◆ nm ANC Employé d'église en uniforme.

suite nf **1.** Série : *une suite de mots ; une suite d'événements.* **2.** Ordre, liaison logique : *paroles sans suite.* **3.** Ce qui vient après : *attendons la suite.* **4.** Conséquence : *cela aura de graves suites.* **5.** Continuation d'une œuvre littéraire, artistique : *la suite d'un feuilleton.* **6.** Ensemble de ceux qui accompagnent un haut personnage : *le souverain et sa suite.* **7.** Appartement dans un hôtel de luxe. ■ **à la suite :** en suivant : *on a vu deux films à la suite.* ❑ **à la suite de :** (a) après : *à la suite du voyage* (b) derrière : *marcher à la suite les uns des autres.* ❑ **avoir de la suite dans les idées :** être persévérant. ❑ **de suite :** (a) sans interruption (b) tout de suite. ❑ **donner suite à :** continuer. ❑ **et ainsi de suite :** et de même en continuant. ❑ **par la suite :** plus tard. ❑ **par suite (de) :** par une conséquence naturelle ou logique (de). ❑ **tout de suite :** immédiatement, sans délai.

EMPLOI *Suite à* est une expression à réserver au langage commercial *(suite à votre commande)* ou au style administratif.

1. suivant prép **1.** Dans la direction de : *suivant un axe.* **2.** À proportion de ; en fonction de : *suivant le mérite.* **3.** Selon l'opinion de : *suivant Bossuet.* ◆ **suivant que** loc conj Selon que.

2. suivant, e adj Qui est après : *au chapitre suivant.* ◆ adj et n Qui vient immédiatement après un autre : *à la personne suivante ; au suivant !*

suiveur, euse n **1.** Personne qui escorte une course cycliste. **2.** FIG Personne qui suit sans esprit critique. ◆ adj ■ **voiture suiveuse :** qui accompagne une course cycliste sur route.

suivi, e adj **1.** Qui a lieu de façon continue : *relations suivies.* **2.** Fréquenté : *cours suivi.* **3.** Où il y a de la logique : *raisonnement suivi.* ◆ nm Contrôle permanent sur une période prolongée : *le suivi d'une affaire.*

suivisme nm Tendance à suivre les idées ou les actions des autres sans jamais les remettre en question.

suivre vt (conj 62) **1.** Aller, venir après. **2.** Accompagner : *suivre quelqu'un en voyage.* **3.** Marcher derrière pour surveiller : *suivre un malfaiteur.* **4.** Longer : *suivre le cours du fleuve.* **5.** Marcher sur : *suivre un chemin.* **6.** Se conformer à ; imiter : *suivre une méthode ; suivre la mode.* **7.** FIG Être attentif, s'intéresser à : *suivre l'actualité, un match, un élève.* **8.** Comprendre : *suivre un raisonnement.* **9.** Penser, agir comme quelqu'un : *tous vous suivront.* ■ **à suivre :** formule indiquant que le récit n'est pas terminé. ◆ **se suivre** vpr **1.** Se succéder : *les jours se suivent.* **2.** S'enchaîner : *raisonnements qui se suivent.*

1. sujet nm **1.** Matière dont on parle, sur laquelle on écrit, on compose : *sujet d'examen ; hors sujet.* **2.** Cause, raison, motif : *sujet de mécontentement.* **3.** GRAMM Fonction grammaticale exercée par un groupe nominal, un pronom, etc., qui confère au verbe ses catégories de genre et de nombre. **4.** Être humain que l'on soumet à des observations. ■ **au sujet de :** à propos de. ❑ **avoir sujet de :** avoir un motif légitime de. ❑ **bon, mauvais sujet :** personne dont on approuve, désapprouve la conduite. ❑ **sans sujet :** sans raison.

2. sujet, ette adj **1.** Exposé, soumis à : *sujet à la migraine ; sujet à l'impôt.* **2.** Enclin à : *sujet à la colère.* ■ **sujet à caution :** à qui ou à quoi on ne peut se fier. ◆ n Personne soumise à l'autorité d'un souverain.

sujétion nf **1.** Dépendance : *vivre dans la sujétion.* **2.** Assujettissement, contrainte : *certaines habitudes deviennent des sujétions.*

sulfamide nm Composé organique azoté et soufré, base de plusieurs groupes de médicaments anti-infectieux, antidiabétiques et diurétiques.

sulfatage nm Action de sulfater.

sulfate nm Sel de l'acide sulfurique.

sulfater vt AGRIC Asperger des végétaux de sulfate de cuivre pour les traiter contre les maladies parasitaires.

sulfateuse nf Machine servant à sulfater.

sulfhydrique adj m ■ **acide sulfhydrique :** composé de soufre et d'hydrogène.

sulfite nm CHIM Sel de l'acide sulfureux.

sulfurage nm Action de sulfurer.

sulfure nm Combinaison du soufre et d'un élément.

sulfuré, e adj CHIM À l'état de sulfure. ■ **hydrogène sulfuré :** acide sulfhydrique.

sulfurer vt AGRIC Introduire dans le sol du sulfure de carbone pour détruire les insectes.

sulfureux, euse adj **1.** De la nature du soufre. **2.** FIG Qui sent le soufre, l'hérésie : *discours sulfureux.*

sulfurique adj m ■ **acide sulfurique :** acide oxygéné dérivé du soufre.

sulfurisé, e adj ■ **papier sulfurisé :** traité par l'acide sulfurique pour le rendre imperméable.

sulky [sylki] (pl *sulkys*) nm Voiture très légère, sans caisse, à deux roues, utilisée pour les courses de trot attelé.

sultan nm HIST Titre de l'empereur des Turcs et de certains princes musulmans.

sultanat nm Dignité, règne d'un sultan ; État placé sous l'autorité d'un sultan.

sultane nf Femme du sultan.

sumac nm Arbre des régions chaudes, fournissant des vernis, des laques, des tanins.

sumérien, enne adj Relatif à Sumer. ◆ nm Langue des Sumériens (le sumérien est la plus ancienne langue écrite au monde).

summum [sɔmmɔm] nm Le plus haut degré : *le summum de la gloire.*

sumo nm Lutte traditionnelle pratiquée au Japon.

sunlight [sœnlajt] nm Projecteur de forte puissance pour les prises de vues cinématographiques.

sunna nf Ensemble des préceptes de l'orthodoxie musulmane.

sunnite n et adj Musulman qui appartient à l'une des deux grandes branches de l'islam.

1. super nm (abréviation) FAM Supercarburant.

2. super adj inv FAM Formidable. ◆ adv FAM Très : *il est super bien ce film.*

1. superbe adj Très beau ; somptueux : *palais superbe ; temps superbe.*

2. superbe nf LITT Orgueil.

superbement adv De façon superbe.

supercalculateur nm Ordinateur de grande puissance adapté aux calculs scientifiques.

supercarburant nm Essence de qualité supérieure.

supercherie nf Fraude, tromperie ; mystification.

supérette nf Magasin d'alimentation en libre-service d'une surface de 120 à 400 m^2.

superfétatoire adj LITT Inutile, superflu.

superficie nf Étendue, surface : *mesurer la superficie d'un champ.*

superficiel, elle adj **1.** Qui est limité à la surface : *brûlure superficielle.* **2.** Léger, futile : *esprit superficiel ;* sommaire : *connaissances superficielles.*

superficiellement adv De façon superficielle.

superflu, e adj Qui est de trop ; inutile : *dépenses, regrets superflus.* ◆ nm Ce qui n'est pas nécessaire.

superforme nf FAM Excellente condition physique et morale.

supergrand nm FAM Superpuissance.

super-huit nm inv et adj inv Format de film amateur, supérieur au modèle courant de 8 millimètres.

supérieur, e adj **1.** Situé au-dessus : *étage supérieur.* **2.** D'un degré plus élevé : *température supérieure à la normale.* **3.** FIG Qui surpasse les autres : *talent supérieur.* **4.** Qui témoigne d'un sentiment de supériorité : *air supérieur.* ◆ n **1.** Personne qui commande à d'autres en vertu d'une hiérarchie. **2.** Personne à la tête d'une communauté religieuse.

supérieurement adv D'une manière supérieure : *supérieurement intelligent.*

supériorité nf **1.** Caractère de ce qui est supérieur en qualité, en valeur : *supériorité d'une marque de lessive.* **2.** Situation dominante, suprématie : *supériorité militaire.* **3.** Arrogance : *air de supériorité.*

superlatif, ive adj Qui exprime une qualité au plus haut degré. ◆ nm GRAMM Degré de comparaison de l'adjectif ou de l'adverbe, qui exprime une qualité portée soit à un très haut degré : *superlatif absolu* (EX : *très grand*), soit au plus haut degré : *superlatif relatif de supériorité* (EX : *le plus grand*), ou encore au plus faible degré : *superlatif relatif d'infériorité* (EX : *le moins grand*).

super-léger (pl *super-légers*) ou **superléger** nm SPORTS Catégorie de poids inférieure aux légers ; sportif appartenant à cette catégorie.

supermarché nm Magasin de grande surface offrant des produits très variés vendus en libre-service.

supernova nf Étoile massive qui, lors de son explosion, devient momentanément très lumineuse.

superphosphate nm Phosphate acide de chaux.

superposable adj Qui peut être superposé : *figures superposables.*

superposer vt Poser, placer l'un sur l'autre : *superposer des briques ; des lits superposés.* ◆ **se superposer** vpr [à] S'ajouter à : *dans son souvenir, les images récentes se superposent aux anciennes.*

superposition nf Action de superposer ; fait de se superposer : *la superposition des images.*

superproduction nf Film à grand spectacle produit et lancé à grands frais.

superpuissance nf Grande puissance mondiale (États-Unis, URSS jusqu'en 1991).

supersonique adj Dont la vitesse est supérieure à celle du son. CONTR : subsonique.

superstar nf Vedette très célèbre.

superstitieusement adv D'une manière superstitieuse.

superstitieux, euse adj et n Qui croit à des influences occultes et en redoute les effets. ◆ adj Entaché de superstition : *craintes superstitieuses.*

superstition nf Croyance au pouvoir surnaturel de forces occultes, à divers présages tirés d'événements fortuits.

superstructure nf **1.** Partie d'une construction située au-dessus du sol. **2.** Partie d'un navire au-dessus du pont. **3.** FIG Dans l'analyse marxiste, ensemble des institutions, de la culture d'une société (par opposition à *infrastructure*).

superviser vt Contrôler et réviser un travail fait, sans entrer dans le détail.

superviseur nm Personne qui supervise.

supervision nf Action de superviser.

supin nm GRAMM Forme nominale du verbe latin.

supination nf PHYSIOL Mouvement de rotation de l'avant-bras, et position de la main, la paume en dessus, qui en résulte.

supion nm CUIS Petite seiche.

supplanter vt Évincer, prendre la place de : *supplanter un rival ; l'automobile n'a pas supplanté le train.*

suppléance nf Fonction de suppléant ; durée de cette fonction.

suppléant, e adj et n Qui supplée, remplace quelqu'un dans ses fonctions sans être titulaire.

suppléer vt Remplacer dans ses fonctions : *suppléer un professeur.* ◆ vt ind [à] Remédier à : *suppléer à une insuffisance.*

supplément nm **1.** Ce qu'on ajoute pour compléter, améliorer : *apporter un supplément d'information.* **2.** Somme payée en plus pour obtenir quelque chose qui n'était pas compris dans le prix initial : *payer un supplément de 10 francs.* **3.** Publication qui complète un journal, un ouvrage : *supplément littéraire.* ■ **en supplément :** en plus.

supplémentaire adj **1.** Qui constitue un supplément : *délai supplémentaire ;* fait en supplément : *heures supplémentaires.* **2.** Qui vient en plus et en trop : *fatigue supplémentaire.*

supplétif, ive adj et nm Se dit de militaires engagés temporairement en complément de troupes régulières.

suppliant, e adj et n Qui supplie.

supplication nf LITT Prière faite avec insistance et soumission.

supplice nm **1.** HIST Punition corporelle autrefois ordonnée par la justice. **2.** Ensemble de sévices corporels, torture. **3.** Violente douleur physique. **4.** Souffrance morale : *passer un examen est pour lui un supplice.* ■ **être au supplice :** souffrir terriblement. ❏ **supplice de Tantale :** tourment de celui qui ne peut atteindre une chose qui reste cependant à sa portée.

supplicié, e n Personne qui subit ou qui a subi un supplice.

supplicier vt LITT **1.** Faire subir la torture ou la peine de mort à. **2.** FIG Mettre moralement au supplice : *les remords le suppliciaient.*

supplier vt Demander instamment : *je vous supplie de me croire.*

supplique nf LITT Requête écrite pour demander une faveur.

support nm Appui, soutien. ■ **support publicitaire :** média quelconque considéré dans son utilisation pour la publicité.

supportable adj Qu'on peut supporter : *chaleur supportable.*

1. supporter vt **1.** Porter, soutenir : *pilier qui supporte une voûte.* **2.** Endurer avec courage, patience : *supporter une épreuve.* **3.** Tolérer la présence, l'attitude de quelqu'un : *il est difficile à supporter en ce moment.* **4.** Avoir, prendre en charge : *supporter des frais de justice.* **5.** Résister à : *supporter le froid.*

2. supporter [sypɔrtɛr] ou **supporteur, trice** n Partisan d'un concurrent ou d'une équipe qu'il encourage exclusivement : *supporter d'un candidat aux élections.*

supposé, e adj **1.** Admis, posé comme hypothèse : *vitesse supposée constante ;* présumé tel : *le nombre supposé de victimes.* **2.** Donné comme vrai, bien que faux : *sous un nom supposé.*

supposer vt **1.** Poser par hypothèse une chose comme établie : *supposons qu'il ait raison.* **2.** Faire présumer comme nécessaire : *les droits supposent les devoirs.* **3.** Juger probable, croire : *vous lui supposez des défauts qu'il n'a pas.*

supposition nf Proposition admise par hypothèse.

suppositoire nm Médicament solide, de forme conique, qu'on introduit dans le rectum.

suppôt nm LITT Complice des mauvais desseins de quelqu'un. ■ **suppôt de Satan :** être malfaisant, démon.

suppression nf Action de supprimer.

supprimer vt **1.** Faire disparaître, enlever : *supprimer la douleur.* **2.** Mettre un terme à : *supprimer des emplois.* **3.** Se débarrasser de quelqu'un en le tuant : *supprimer un témoin gênant.* ◆ **se supprimer** vpr Se donner la mort.

suppurant, e adj Qui suppure.

suppuration nf Production de pus.

suppurer vi Laisser écouler du pus.

supputation nf SOUT Évaluation, supposition.

supputer vt SOUT Essayer, d'après certaines données, de prévoir l'évolution d'une situation, la probabilité d'un événement : *supputer les chances d'aboutir.*

supra adv S'emploie dans un texte pour renvoyer plus haut ; ci-dessus. CONTR : **infra.**

supranational, e, aux adj Qui appartient à un organisme, à un pouvoir placé au-dessus des gouvernements de chaque nation.

suprématie nf Situation qui permet de dominer dans un domaine ; prédominance : *avoir la suprématie militaire.*

1. suprême adj **1.** Au-dessus de tout : *dignité suprême.* **2.** Qui vient en dernier : *suprême effort.* ■ **au suprême degré :** au plus haut point. ❑ **cour suprême :** tribunal qui tranche en dernier ressort. ❑ LITT **l'instant suprême :** l'instant de la mort.

2. suprême nm Filets de poisson ou de volaille servis avec un velouté à la crème.

suprêmement adv De façon suprême, extrêmement.

1. sur prép **1.** Marque la position par rapport à ce qui est plus bas : *le ciel est sur nos têtes.* **2.** À la surface de : *flotter sur l'eau.* **3.** Indique le point de destination, l'espace couvert, la chose atteinte : *ouragan sur la ville ; vue sur la rue.* **4.** Indique la direction : *sur la gauche ; rentrer sur Paris.* **5.** Indique l'approximation, la proximité temporelle : *sur le soir ; être sur le départ ; gaffe sur gaffe.* **6.** Introduit une mesure de distance, de surface, de durée : *virages sur 3 km.* **7.** Introduit le paramètre d'évaluation : *noter sur 20.* **8.** Introduit le point considéré, ce à quoi s'applique quelque chose : *taxes sur l'essence ; travailler sur tel sujet ; avoir autorité sur.* **9.** Introduit la cause, le critère : *juger sur les apparences ; agir sur l'ordre de.* **10.** Indique le moyen : *choisir sur catalogue.* **11.** Indique la manière, l'état : *être sur ses gardes, sur le qui-vive.* ■ **sur ce :** cela dit ou fait.

2. sur, e adj Acide et aigre : *pomme sure.*

sûr, e adj **1.** Assuré : *chose sûre.* **2.** Qui doit arriver, infaillible : *bénéfice sûr.* **3.** En qui l'on peut se fier : *ami sûr.* **4.** Sans danger : *route sûre.* **5.** Qui ne se trompe pas : *goût sûr.* ■ **à coup sûr** ou FAM **pour sûr :** infailliblement. ❑ **bien sûr :** c'est évident. ❑ **être sûr de quelqu'un :** avoir confiance en lui.

surabondamment adv Plus que suffisamment : *démontrer surabondamment.*

surabondance nf Grande abondance.

surabondant, e adj Abondant jusqu'à l'excès : *récolte surabondante.*

surabonder vi Être très ou trop abondant : *les détails surabondent.*

suractivé, e adj Qui a une action accrue.

suractivité nf Activité intense.

suraigu, ë adj Très aigu : *son suraigu.*

surajouter vt Ajouter par surcroît.

suralimentation nf Alimentation supérieure à la ration d'entretien.

suralimenté, e adj Qui se nourrit trop ; qui est trop nourri.

suralimenter vt Soumettre à une suralimentation.

suranné, e adj Qui n'est plus en usage ; démodé : *robe surannée.*

surarmement nm Fait, pour un État, d'acquérir un armement excédant les besoins de sa défense.

surate ou **sourate** nf Chapitre du Coran.

surbaissé, e adj Qui est notablement abaissé : *carrosserie d'automobile surbaissée.*

surbaisser vt Réduire au minimum la hauteur de quelque chose : *surbaisser un plafond*.

surcharge nf **1.** Charge, poids supplémentaire ou excessif. **2.** Surcroît de peine, de travail. **3.** Inscription faite par-dessus une autre qui reste visible. ■ MÉD **surcharge pondérale :** excès de poids.

surcharger vt (conj 2) **1.** Imposer une charge nouvelle ou excessive : *barque surchargée ; surcharger de travail.* **2.** Faire une surcharge sur un texte : *manuscrit surchargé.*

surchauffe nf **1.** État d'un appareil, d'un moteur qui chauffe excessivement. **2.** ÉCON État d'une économie en expansion menacée d'inflation.

surchauffer vt Chauffer avec excès.

surchoix nm Première qualité d'une marchandise.

surclasser vt Présenter des qualités supérieures à quelqu'un ou à quelque chose : *surclasser tous les concurrents*.

surcomposé, e adj GRAMM Se dit d'un temps passé conjugué avec deux auxiliaires (EX : *j'ai eu fini*).

surconsommation nf Consommation supérieure aux besoins.

surcontrer vt Aux cartes, confirmer une annonce contrée par un adversaire.

surcoupe nf Action de surcouper.

surcouper vt Aux cartes, couper avec un atout supérieur à celui qu'on vient de jeter.

surcoût nm Coût supplémentaire.

surcroît nm Augmentation, accroissement : *surcroît de travail.* ■ **de surcroît** ou **par surcroît :** en plus.

surdimensionné, e adj Qui a des dimensions supérieures à celles qui sont nécessaires : *des adolescents en vêtements surdimensionnés*.

surdi-mutité (pl *surdi-mutités*) ou **surdimutité** nf État du sourd-muet.

surdité nf Perte ou diminution du sens de l'ouïe.

surdos nm Bande de cuir sur le dos du cheval, pour soutenir les traits.

surdosage nm Dosage excessif.

surdose nf Overdose.

surdoué, e adj et n Se dit d'un enfant dont l'intelligence est supérieure à celle des enfants du même âge.

sureau nm Arbuste à fleurs blanches et à fruits acides rouges ou noirs : *confiture de sureau*.

sureffectif nm Effectif en surnombre.

surélévation nf Action de surélever ; augmentation de la hauteur de quelque chose.

surélever vt (conj 9) Donner un surcroît de hauteur.

sûrement adv Certainement, à coup sûr.

surenchère nf **1.** Enchère faite au-dessus d'une autre. **2.** FIG Action de rivaliser de promesses : *surenchère électorale*.

surenchérir vi **1.** Faire une surenchère. **2.** Promettre, faire plus qu'un rival : *surenchérir de cynisme*.

surendetté, e adj Qui a contracté des dettes excessives.

surendettement nm Dettes en excès : *surendettement des ménages*.

surentraîné, e adj Qui a subi un surentraînement.

surentraînement nm SPORTS Entraînement excessif qui fait perdre la forme.

suréquipé, e adj Dont l'équipement est supérieur aux besoins réels.

surestimation nf Estimation exagérée.

surestimer vt Estimer au-delà de son prix, de sa valeur ; surévaluer.

suret, ette adj Un peu sur, acide.

sûreté nf **1.** Qualité de ce qui est sûr : *sûreté d'un renseignement ; sûreté du goût.* **2.** État de quelqu'un, de quelque chose à l'abri du danger ; sécurité : *être en sûreté.* ■ **de sûreté :** muni d'un dispositif tel qu'il assure une protection : *épingle de sûreté.* ❑ HIST **Sûreté (nationale) :** direction générale du ministère de l'Intérieur, chargée de la police.

surévaluation nf Surestimation.

surévaluer vt Surestimer.

surexcitation nf Très vive excitation.

surexciter vt Exciter à l'excès.

surexploiter vt Exploiter de façon excessive.

surexposer vt PHOT Soumettre à une trop longue exposition à la lumière.

surexposition nf PHOT Exposition trop prolongée d'une surface sensible à la lumière.

surf [sœrf] nm Sport consistant à se maintenir en équilibre sur une planche portée par une vague déferlante.

surface nf **1.** Partie extérieure d'un corps : *la surface de la Terre.* **2.** Aire : *la surface d'un polygone.* **3.** FIG Aspect extérieur, apparence : *une gaieté toute de surface.* ■ **faire surface :** (a) émerger (b) remonter à l'air libre pour respirer. ❑ **grande surface :** magasin de plus de 400 m^2 exploité en libre-service.

surfacturation nf Action de surfacturer.

surfacturer vt Gonfler frauduleusement la facturation de biens ou de prestations : *surfacturer des équipements téléphoniques*.

surfait, e adj Estimé au-dessus de sa valeur, de son mérite : *réputation surfaite*.

surfaix nm Large bande qui retient la couverture, les quartiers de la selle d'un cheval.

surfer [sœrfe] vi Pratiquer le surf. ◆ vt ind [sur] FIG Adapter, avec opportunisme, sa stratégie aux circonstances : *surfer sur une victoire électorale, sur le sentiment d'insécurité.*
surfeur, euse [sœrfœr, øz] n Personne qui pratique le surf.
surfil nm Surjet très lâche, exécuté sur les bords d'une couture pour éviter qu'elle ne s'effiloche.
surfiler vt Faire un point de surfil.
surfin, e adj Très fin : *des chocolats surfins.*
surgélation nf Congélation rapide à très basse température d'un produit alimentaire.
surgelé, e adj et nm Se dit d'un produit alimentaire conservé à très basse température (– 18 °C).
surgeler vt (conj 5) Congeler rapidement à très basse température.
surgénérateur nm Réacteur nucléaire qui produit plus de combustible qu'il n'en consomme en brûlant l'uranium.
surgeon nm Rejeton qui pousse au pied d'un arbre.
surgir vi **1.** Apparaître brusquement : *une voiture surgit sur la droite.* **2.** Se révéler brusquement : *des difficultés surgissent sans cesse.*
surhausser vt Augmenter la hauteur de ; surélever : *surhausser un mur.*
surhomme nm Homme doté de grandes qualités physiques ou intellectuelles.
surhumain, e adj Au-dessus des forces humaines : *effort surhumain.*
surimi nm Chair de poisson broyée et aromatisée au crabe : *des bâtonnets de surimi.*
surimposer vt Frapper d'un surcroît d'impôt.
surimposition nf Surcroît d'imposition.
surimpression nf PHOT Impression de deux ou de plusieurs images sur la même surface sensible.
1. surin nm Jeune pommier non encore greffé.
2. surin nm ARG Couteau.
suriner vt ARG Donner un coup de couteau.
surinfection nf Infection survenant chez un sujet déjà atteint d'une maladie.
surinformation nf Action de surinformer ; fait d'être surinformé.
surinformer vt Donner trop d'informations, surcharger le public d'informations.
surintendance nf Charge, fonction de surintendant.
surintendant nm HIST Officier chargé de la surveillance des intendants d'une administration. ■ **surintendant des finances :** administrateur général des finances (XVIe-XVIIe s.).
surir vi Devenir sur, aigre.
surjet nm Couture faite à deux morceaux d'étoffe appliqués bord à bord.
surjeter vt (conj 8) Coudre en surjet.
sur-le-champ loc adv Aussitôt, immédiatement, sans délai.

ORTHOGRAPHE Attention, dans cette locution, il ne faut pas omettre les traits d'union.

surlendemain nm Jour qui suit le lendemain.
surligner vt Marquer un texte à l'aide d'un surligneur.
surligneur nm Feutre à pointe large et à encre lumineuse.
surmédicalisation nf Action de surmédicaliser.
surmédicaliser vt Faire un usage excessif des techniques médicales.
surmenage nm Ensemble de troubles résultant d'une fatigue excessive.
surmener vt (conj 9) Imposer à quelqu'un un effort physique ou intellectuel excessif.
surmontable adj Que l'on peut surmonter.
surmonter vt **1.** Être placé au-dessus de. **2.** FIG Avoir le dessus, vaincre : *surmonter sa timidité.*
surmortalité nf Excès d'un taux de mortalité par rapport à un autre pris comme terme de comparaison.
surmulet nm Poisson marin côtier (appelé aussi : *rouget barbet*).
surmulot nm Gros rat (appelé aussi : *rat d'égout*).
surnager vi (conj 2) **1.** Flotter à la surface d'un fluide. **2.** FIG, SOUT subsister, durer au milieu de ce qui tombe dans l'oubli : *une image surnageait de son passé.*
surnatalité nf Natalité trop importante par rapport à la production et aux biens de consommation.
surnaturel, elle adj **1.** Qui dépasse les forces ou les lois de la nature : *pouvoir surnaturel.* **2.** Qui est du domaine de la foi religieuse : *vérités surnaturelles.* **3.** LITT Qui est trop merveilleux pour être naturel : *beauté surnaturelle.* ◆ nm Ce qui est surnaturel.
surnom nm Nom ajouté ou substitué au nom ou au prénom de quelqu'un et souvent tiré d'un trait caractéristique de sa personnalité ou de sa vie.
surnombre nm Excédent : *être en surnombre.*
surnommer vt Donner un surnom à.
surnuméraire adj et n Qui dépasse le nombre fixé, qui est en surnombre : *employé surnuméraire.*

suroît nm **1.** MAR Vent du sud-ouest. **2.** Chapeau de marin en toile imperméable.
surpassement nm SOUT Action de de surpasser, de se surpasser.
surpasser vt Être au-dessus de, supérieur à : *cet élève surpasse ses camarades.* ◆ **se surpasser** vpr Faire encore mieux qu'à l'ordinaire.
surpayer vt (conj 4) Payer trop cher : *des cadres surpayés.*
surpeuplé, e adj Peuplé à l'excès.
surpeuplement nm Peuplement excessif par rapport au développement, à l'équipement d'un pays.
surpiqûre nf Piqûre apparente sur un tissu.
surplace nm ■ **faire du surplace :** (a) Ne pas avancer, rester immobile, en particulier en vélo ou en voiture (b) FIG, FAM ne pas évoluer.
surplis nm RELIG Courte tunique blanche portée par le prêtre sur la soutane.
surplomb nm Partie qui est en saillie par rapport à la base. ■ **en surplomb :** en avant de l'aplomb.
surplomber vt et vi **1.** Être en surplomb. **2.** Dépasser l'aplomb de : *les rochers surplombent le ravin.*
surplus nm **1.** Ce qui est en plus ; excédent. **2.** Magasin qui vend des vêtements, des articles d'importation américaine. ■ **au surplus :** (a) au reste (b) en outre.
surpopulation nf Population excessive dans un pays, une ville, etc., par rapport aux moyens de subsistance et à l'espace disponible.
surprenant, e adj Qui surprend.
surprendre vt (conj 54) **1.** Prendre sur le fait : *surprendre un voleur.* **2.** Prendre à l'improviste : *la pluie m'a surpris.* **3.** FIG Étonner, déconcerter : *cette nouvelle l'a surpris.* **4.** SOUT Découvrir : *surprendre un secret.*
surpression nf Pression plus forte que la normale.
surprise nf **1.** Étonnement : *montrer de la surprise.* **2.** Événement inattendu : *se dérouler sans surprise.* **3.** Cadeau ou plaisir inattendu que l'on fait à quelqu'un : *faire une surprise agréable.* ■ **par surprise :** à l'improviste, en prenant au dépourvu.
surprise-partie (pl *surprises-parties*) nf VIEILLI Réunion privée où l'on danse.
surproduction nf Production excessive par rapport aux besoins : *surproduction industrielle.*
surprotéger vt Protéger quelqu'un à l'excès sur le plan psychologique.
surréalisme nm Mouvement littéraire et artistique né après la Première Guerre mondiale, caractérisé en particulier par l'utilisation de l'écriture automatique et des images oniriques.
surréaliste adj et n Qui appartient au surréalisme ; qui s'en réclame. ◆ adj Qui, par son étrangeté, évoque les œuvres surréalistes : *une bureaucratie surréaliste.*
surrénal, e, aux adj Situé au-dessus des reins : *glandes surrénales.*
surréservation nf Fait d'accepter plusieurs réservations pour une même place.
sursaturer vt Rassasier jusqu'au dégoût : *être sursaturé de films de violence.*
sursaut nm **1.** Mouvement brusque. **2.** Action de se ressaisir : *sursaut d'énergie.* ■ **en sursaut :** brusquement : *être réveillé en sursaut.*
sursauter vi Avoir un sursaut.
surseoir vt ind [à] (conj 45) DR Suspendre, remettre, différer : *surseoir à l'exécution d'un arrêt.*
sursis nm **1.** Remise de quelque chose à une date ultérieure ; ajournement : *bénéficier d'un sursis pour payer ses dettes.* **2.** DR Suspension de l'exécution d'une peine. ■ **en sursis :** se dit d'une personne bénéficiant d'un répit avant un événement inéluctable.
sursitaire n Personne qui bénéficie d'un sursis, en particulier pour faire son service militaire.
surtaxe nf Taxe supplémentaire.
surtaxer vt Frapper d'une surtaxe : *surtaxer une marchandise.*
surtension nf ÉLECTR Tension électrique supérieure à la normale ; survoltage.
surtitre nm Titre complémentaire placé au-dessus du titre principal d'un article de journal.
surtitrer vt Afficher la traduction simultanée des paroles, à l'opéra, au théâtre.
surtout adv Par-dessus tout, principalement. ■ FAM **surtout que :** d'autant plus que.
surveillance nf Action de surveiller. ■ **sous la surveillance de :** surveillé par : *jouer sous la surveillance d'un maître nageur.*
surveillant, e n Personne chargée de surveiller.
surveiller vt **1.** Veiller particulièrement sur : *surveiller des élèves.* **2.** Prendre soin de : *surveiller sa santé, sa ligne.* **3.** Observer attentivement pour contrôler : *surveiller un suspect.*
survenir vi (conj 22 ; auxil : *être*) Arriver inopinément.
survêtement nm Vêtement chaud que l'on met par-dessus une tenue de sport.
survie nf **1.** Fait de survivre, de se maintenir en vie : *chances de survie.* **2.** Prolongement de l'existence au-delà d'un certain terme.

survivance nf Ce qui subsiste après une disparition, une perte : *survivance d'une époque révolue.*

survivant, e n et adj Personne qui survit à quelqu'un, à un événement : *les survivants d'un accident.*

survivre vi (conj 63) **1.** Demeurer en vie après un autre : *elle a survécu à son fils ;* réchapper à une catastrophe : *il a survécu à l'accident.* **2.** FIG Continuer à exister : *mode qui survit.*

survol nm Action de survoler.

survoler vt **1.** Voler au-dessus de : *survoler Paris.* **2.** FIG Examiner rapidement : *survoler une question.*

survoltage nm **1.** Surtension. **2.** Fait d'être survolté, très excité.

survolter vt **1.** Augmenter la tension électrique au-delà de la valeur assignée. **2.** Mettre au paroxysme de l'excitation : *public survolté.*

sus [sys] ou [sy] adv ■ LITT **courir sus à quelqu'un** : le poursuivre avec des intentions hostiles. ❑ **en sus (de)** : en outre, en plus (de).

susceptibilité nf Disposition à se vexer, à s'offenser aisément.

susceptible adj **1.** Qui se froisse, s'offense facilement. **2.** Capable de se modifier, d'accomplir un acte, de produire un effet : *élève susceptible de faire des progrès.*

susciter vt Faire naître, provoquer l'apparition de : *susciter une querelle, l'intérêt.*

susdit, e adj et n (terme administratif) Nommé ci-dessus.

sushi [suʃi] nm Spécialité japonaise faite d'une boulette de riz couronnée d'une petite tranche de poisson cru.

susmentionné, e adj (terme administratif) Mentionné précédemment.

susnommé, e adj et n (terme administratif) Nommé plus haut.

suspect, e [syspɛ, ɛkt] adj **1.** Qui prête au soupçon ; à qui, à quoi l'on ne peut se fier : *témoignage suspect.* **2.** D'une qualité douteuse : *vin suspect.* ■ **suspect de** : soupçonné de. ◆ nm Personne soupçonnée de quelque chose.

suspecter vt Tenir pour suspect : *suspecter un employé.*

suspendre vt (conj 50) **1.** Fixer en haut et laisser pendre : *suspendre un lustre.* **2.** Différer, interrompre momentanément : *suspendre un projet.* **3.** Interdire pour un temps : *suspendre un journal.* **4.** Priver pour un temps de ses fonctions : *suspendre un fonctionnaire.* **5.** Faire dépendre directement de : *mon avenir est suspendu à cette décision.*

suspendu, e adj **1.** Maintenu par le haut : *lampe suspendue au plafond.* **2.** En suspens : *la séance est suspendue.* **3.** Qui semble accroché sur une pente : *chalet suspendu au-dessus de la vallée.* ■ **être suspendu aux lèvres de quelqu'un** : boire ses paroles. ❑ **pont suspendu** : dont le tablier est soutenu par des câbles ou par des chaînes. ❑ **voiture bien, mal suspendue** : dont la suspension est bonne, mauvaise.

suspens (en) [syspɑ̃] loc adv Non résolu, non terminé : *laisser un problème en suspens.*

suspense [syspɛns] nm **1.** Passage d'une œuvre littéraire, d'un film, etc., qui tient en haleine. **2.** Toute situation dont on attend l'issue avec inquiétude.

suspensif, ive adj DR Qui suspend l'exécution d'un jugement, d'un contrat.

suspension nf **1.** Action de suspendre ; état d'une chose suspendue. **2.** Ensemble des organes d'un véhicule qui amortissent les chocs. **3.** Système d'éclairage suspendu au plafond. **4.** CHIM État d'un corps très divisé, mêlé à la masse d'un fluide sans être dissous par lui. **5.** Fait d'interrompre ou d'interdire temporairement : *suspension de séance ; suspension de paiement.*

suspente nf **1.** Chacune des cordes rattachant la nacelle au filet d'un ballon. **2.** Chacune des tresses assurant la liaison entre le parachute et le harnais.

suspicieux, euse adj SOUT Qui manifeste de la suspicion : *regard suspicieux.*

suspicion nf SOUT Opinion défavorable, défiance, soupçon : *jeter la suspicion.*

sustentation nf AÉRON État d'équilibre d'un aéronef.

sustenter (se) vpr FAM Se nourrir, prendre des aliments.

susurrement nm Murmure, bruissement.

susurrer vt et vi Murmurer doucement.

suture nf Couture chirurgicale des lèvres d'une plaie.

suturer vt Faire une suture.

suzerain, e n HIST Seigneur qui possédait un fief dont dépendaient d'autres fiefs. ◆ adj Qui appartenait au suzerain ; qui le concernait.

suzeraineté nf **1.** HIST Qualité de suzerain. **2.** Droit d'un État sur un autre.

svastika nm Symbole religieux hindou en forme de croix à branches coudées (croix gammée).

svelte adj De forme mince, élancée.

sveltesse nf Caractère svelte.

SVP (abréviation) S'il vous plaît.

SVT nf pl (sigle) Sciences de la vie et de la Terre.

swahili, e adj et nm → **souahéli**.

sweat-shirt [switʃœrt] (pl *sweat-shirts*) nm Pull-over ou polo en jersey de coton ou en tissu-éponge molletonné.

sweepstake [swipstɛk] nm Loterie consistant à tirer au sort les chevaux engagés dans une course dont le résultat fixe les gagnants.
swing [swiŋ] nm **1.** En boxe, coup porté latéralement. **2.** Balancement rythmique, vivant et souple, de la musique de jazz.
swinguer [swiŋge] vi Chanter ou jouer avec swing ; avoir le swing.
sybarite n et adj LITT Personne qui mène une vie facile et voluptueuse.
sycomore nm Érable d'une variété appelée aussi *faux platane*.
syllabaire nm **1.** Livre pour l'apprentissage de la lecture. **2.** LING Système d'écriture dans lequel chaque signe représente une syllabe.
syllabe nf Groupe formé de consonnes et de voyelles qui se prononcent d'une seule émission de voix : *« Paris » a deux syllabes*.
syllabique adj Relatif aux syllabes.
syllogisme nm Figure logique de raisonnement à trois propositions (EX : *tous les hommes sont mortels, Socrate est un homme, Socrate est mortel*).
sylphe nm MYTH Génie de l'air pour les Celtes et les Germains.
sylphide nf **1.** Sylphe femelle. **2.** LITT Femme gracieuse et légère.
sylvaner nm Cépage blanc de l'est de la France, d'Allemagne, de Suisse et d'Autriche ; vin produit par ce cépage.
sylvestre adj Relatif aux forêts.
sylvicole adj Relatif à la sylviculture.
sylviculteur, trice n Personne qui fait de la sylviculture.
sylviculture nf Entretien et exploitation des forêts.
symbiose nf BIOL Association de deux ou plusieurs organismes. ■ **en symbiose** : en étroite communauté d'idées et d'intérêts.
symbole nm **1.** Ce qui représente une réalité abstraite : *la colombe est le symbole de la paix*. **2.** Tout signe conventionnel abréviatif : *symbole chimique*.

> ORTHOGRAPHE Les symboles conventionnels ne sont pas suivis du point abréviatif (*h, min, km*), à la différence des abréviations courantes (*env., av.*).

symbolique adj **1.** Qui a le caractère d'un symbole. **2.** Qui n'a pas de valeur, d'efficacité en soi, mais qui est significatif d'une intention : *geste symbolique*. ◆ nm Ce qui est symbolique. ◆ nf Ensemble des symboles relatifs à un domaine, à une époque.
symboliquement adv D'une manière symbolique.
symboliser vt Exprimer au moyen d'un symbole ; être le symbole de : *l'olivier symbolise la paix*.
symbolisme nm **1.** Système de symboles destiné à interpréter des faits ou à exprimer des croyances. **2.** Mouvement littéraire et artistique de la fin du XIXe s. qui, attaché à l'essence spirituelle des êtres et des choses, cherche à donner des « équivalents plastiques » de la nature et de la pensée.
symboliste adj et n Qui appartient au symbolisme ; qui s'en réclame.
symétrie nf Correspondance de mesure, de position, etc., entre les parties d'un ensemble ; harmonie en résultant : *symétrie des fenêtres sur une façade ; un visage qui manque de symétrie*.
symétrique adj **1.** Qui a de la symétrie : *positions symétriques*. **2.** Se dit de deux choses semblables et opposées ; se dit de l'une de ces choses par rapport à l'autre : *les deux parties du visage ne sont pas symétriques*. ◆ n Tout élément symétrique d'un autre.
symétriquement adv De façon symétrique.
sympa adj (abréviation) FAM Sympathique.
sympathie nf **1.** Inclination, penchant instinctif qui attire deux personnes l'une vers l'autre. **2.** SOUT Participation à la joie ou à la douleur d'autrui : *témoignages de sympathie*. **3.** Disposition favorable envers quelque chose : *avoir de la sympathie pour un projet*.
1. sympathique adj **1.** Qui inspire, qui marque la sympathie. **2.** Agréable, plaisant.
2. sympathique nm et adj Partie du système nerveux régulateur de la vie végétative dont le rôle est de préparer l'organisme à l'activité.
sympathisant, e n et adj Personne qui manifeste de la sympathie envers une doctrine, un parti, etc.
sympathiser vi [avec] Avoir de la sympathie pour quelqu'un, s'entendre avec.
symphonie nf **1.** Grande composition musicale pour orchestre. **2.** LITT Ensemble harmonieux : *symphonie de couleurs*.
symphonique adj De la symphonie. ■ **œuvre, orchestre symphoniques** : dans lesquels il y a des instruments très variés et de nombreux exécutants.
symphoniste n Personne qui compose ou exécute des symphonies.
symphyse nf ANAT Articulation peu mobile, formée de tissu conjonctif élastique et de cartilage fibreux.

symposium [sɛ̃pozjɔm] nm Réunion de spécialistes sur un sujet déterminé.

symptomatique adj **1.** MÉD Qui est le symptôme d'une maladie. **2.** Qui révèle un certain état de choses, un état d'esprit particulier.

symptôme nm **1.** MÉD Phénomène qui révèle un trouble fonctionnel ou une lésion. **2.** FIG Indice, présage : *symptômes de crise.*

ORTHOGRAPHE *Symptôme* s'écrit avec un *ô,* à l'inverse de son dérivé, *symptomatique.*

synagogue nf Édifice consacré au culte israélite.

synapse nf ANAT Région de contact entre deux neurones.

synchrone [sɛ̃kron] adj Se dit des mouvements qui se font dans le même temps : *oscillations synchrones.*

synchronie nf **1.** LING État de la langue à un moment déterminé (par opposition à *diachronie*). **2.** Simultanéité d'événements, de faits.

synchronique adj Qui se passe dans le même temps.

synchroniquement adv De façon synchronique.

synchronisation nf **1.** Action de synchroniser. **2.** CIN Mise en concordance des images et des sons dans un film.

synchroniser vt **1.** Rendre synchrone ; faire se produire des choses en même temps, les coordonner. **2.** Faire la synchronisation d'un film.

synchronisme nm **1.** État de ce qui est synchrone. **2.** Coïncidence de date : *le synchronisme de découvertes scientifiques.*

synclinal (pl *synclinaux*) nm GÉOL Pli dont la convexité est tournée vers le bas (par opposition à *anticlinal*).

syncope nf **1.** MÉD Perte momentanée de la sensibilité et du mouvement. **2.** MUS Note émise sur un temps faible et continuée sur un temps fort.

syncopé, e adj MUS Se dit d'un rythme qui comporte des syncopes.

syncrétisme nm Système philosophique ou religieux qui tend à fondre plusieurs doctrines différentes.

syndic nm Personne élue ou désignée par le syndicat des copropriétaires d'un immeuble pour prendre soin de leurs intérêts : *syndic d'un immeuble.*

syndical, e, aux adj Relatif à un syndicat, au syndicalisme.

syndicalisme nm Activité exercée dans un syndicat.

syndicaliste n Personne qui milite dans un syndicat. ◆ adj Relatif au syndicalisme.

syndicat nm Groupement pour la défense d'intérêts économiques et professionnels communs à ses adhérents : *syndicat ouvrier, patronal.* ■ **syndicat d'initiative :** organisme dont l'objet est de favoriser le tourisme dans une localité ou dans une région.

syndicataire n Personne qui fait partie d'un syndicat de propriétaires ou d'un syndicat financier.

syndiqué, e adj et n Qui fait partie d'un syndicat.

syndiquer vt Organiser des personnes en syndicat. ◆ **se syndiquer** vpr Adhérer à un syndicat.

syndrome nm **1.** Ensemble de symptômes caractérisant une maladie. **2.** FIG Ensemble de comportements observés dans un groupe humain ayant été soumis à une même expérience plus ou moins traumatisante : *le syndrome de la pollution urbaine.*

ORTHOGRAPHE *Syndrome* s'écrit avec un *o* sans accent, à la différence de *symptôme.*

synecdoque nf Procédé de style par lequel on prend la partie pour le tout ou le tout pour la partie, le genre pour l'espèce, etc. (EX : *à tant par tête* « par personne » ; *coiffé d'un feutre* « d'un chapeau de feutre »).

synergie nf **1.** PHYSIOL Association d'organes concourant à une action. **2.** FIG, SOUT mise en commun de moyens pour aboutir à un effet unique.

syngnathe [sɛ̃gnat] nm Poisson marin à corps filiforme et museau très allongé.

synodal, e, aux adj Du synode.

synode nm **1.** Assemblée ecclésiastique de l'Église catholique. **2.** Réunion de pasteurs et de délégués paroissiaux, chez les protestants réformés.

synonyme adj et nm Se dit des mots qui ont à peu près le même sens (EX : *briser* et *casser*). CONTR : antonyme.

synonymie nf Qualité des mots synonymes.

synonymique adj Qui concerne la synonymie.

synopsis [sinɔpsis] nm Bref exposé d'un sujet de film, constituant l'ébauche d'un scénario.

synoptique adj Qui permet de voir d'un coup d'œil tout un ensemble : *tableaux synoptiques.*

synovial, e, aux adj De la synovie.

synovie nf ANAT Liquide organique qui lubrifie les articulations : *épanchement de synovie.*

synovite nf MÉD Inflammation d'une membrane synoviale.

syntagme nm LING Groupe d'éléments formant une unité.

syntaxe nf Partie de la grammaire qui traite de la fonction et de la disposition des mots et des propositions dans la phrase.

syntaxique adj De la syntaxe, qui se rapporte aux relations entre les mots.

synthé nm (abréviation) FAM Synthétiseur.

synthèse nf **1.** Opération intellectuelle par laquelle on réunit en un tout cohérent, structuré et homogène, divers éléments concernant un domaine particulier : *la synthèse est le contraire de l'analyse.* **2.** Exposé d'ensemble : *synthèse historique.* **3.** CHIM Formation artificielle d'un corps composé : *la synthèse de l'ammoniac.*

synthétique adj Qui résulte d'une synthèse ; qui présente une synthèse : *raisonnement synthétique.* ◆ adj et nm CHIM Fabriqué par synthèse pour remplacer un produit naturel : *caoutchouc, tissu synthétique.*

synthétiser vt **1.** Réunir par synthèse : *synthétiser des idées.* **2.** Obtenir par synthèse chimique.

synthétiseur nm Instrument électronique capable de reproduire un son à partir de ses constituants.

syphilis [sifilis] nf Maladie vénérienne chronique, infectieuse et contagieuse.

syphilitique adj et n Atteint de syphilis.

syriaque nm et adj Langue sémitique parlée autrefois en Syrie.

syrien, enne adj et n De Syrie : *les Syriens.*

systématique adj **1.** Combiné d'après un système ; fait avec méthode : *vérification systématique.* **2.** Qui agit de façon rigide, sans tenir compte des circonstances ; qui manifeste ce comportement ; dogmatique : *opposition systématique.*

systématiquement adv De façon systématique.

systématisation nf Action de systématiser ; fait d'être systématisé.

systématiser vt Organiser, ordonner en système : *systématiser des recherches.*

système nm **1.** Ensemble ordonné de principes formant un corps de doctrine : *le système de Descartes.* **2.** Combinaison de parties qui se coordonnent pour former un ensemble : *système solaire ; système mécanique.* **3.** Mode de gouvernement : *système républicain.* **4.** Classification : *système de poids et mesures.* **5.** Mode d'organisation, structure : *système alphabétique.* **6.** Ensemble de méthodes, de procédés destinés à assurer une fonction, à produire un résultat : *système d'éducation ; système de défense.* **7.** Moyen ingénieux : *système pour faire fortune.* ■ **système D :** habileté à se tirer d'affaire. ❏ INFORM **système d'exploitation :** logiciel gérant un ordinateur, indépendant des programmes d'application mais indispensable à leur mise en œuvre. ❏ INFORM **système expert :** programme élaboré pour résoudre des problèmes spécifiques en exploitant les connaissances accumulées dans un domaine spécialisé et en canalisant la recherche des solutions. ❏ INFORM **système informatique :** ensemble de moyens matériels et logiciels mis en œuvre pour des applications données : *le système informatique d'une entreprise.*

systémique adj Relatif à un système pris dans son ensemble.

systole nf Contraction du cœur et des artères.

T

1. t nm Vingtième lettre de l'alphabet et la seizième des consonnes.

2. t (symbole) Tonne.

ta adj poss fém → **ton**.

tabac nm **1.** Plante originaire d'Amérique, dont les feuilles se fument, se prisent ou se mâchent ; feuilles de cette plante séchées et préparées : *tabac blond, brun.* **2.** Débit de tabac. ■ FAM **faire un tabac :** avoir un grand succès. ❑ FAM **passer à tabac :** rouer de coups.

tabagie nf **1.** Endroit plein de fumée et d'odeur de tabac. **2.** CANADA Bureau de tabac.

tabagisme nm Intoxication due à l'abus du tabac.

tabasser vt FAM Rouer de coups, passer à tabac.

tabatière nf Petite boîte pour le tabac à priser. ■ **fenêtre à tabatière** ou **tabatière :** petite fenêtre à charnière sur un toit.

tabellion nm VX Notaire.

tabernacle nm **1.** Chez les Hébreux, sanctuaire itinérant contenant l'arche d'alliance où étaient déposées les Tables de la Loi avant la construction du Temple. **2.** RELIG CATH Petite armoire, sur l'autel, dans laquelle on renferme le ciboire.

tabès [tabɛs] nm Forme de syphilis qui détruit la coordination des mouvements.

tablature nf Notation musicale à l'aide de chiffres et de lettres indiquant l'emplacement des doigts sur l'instrument.

table nf **1.** Meuble composé d'un plateau posé sur un ou plusieurs pieds ; meuble de ce genre sur lequel on sert les repas. **2.** Mets servis sur la table : *table abondante.* **3.** Plateau, plaque d'une matière quelconque : *table de marbre.* **4.** Tableau présentant méthodiquement divers renseignements : *table de multiplication.* ■ **table de chevet, de nuit :** petit meuble à compartiments placé à côté du lit. ❑ **table des matières :** liste des chapitres, des questions traitées dans un ouvrage. ❑ **table d'hôte :** dans un restaurant, une auberge, etc., table où l'on sert à heure et prix fixes des repas pris en commun. ❑ **table d'opération :** table articulée sur laquelle on place le patient pour les interventions chirurgicales. ❑ **table ronde :** réunion pour discuter de questions d'intérêt commun.

tableau nm **1.** Œuvre picturale sur bois, toile, etc. : *collectionner les tableaux.* **2.** Spectacle qui frappe la vue : *charmant tableau.* **3.** Description : *un tableau intéressant de la situation.* **4.** Panneau mural sur lequel on écrit à la craie : *aller au tableau.* **5.** Panneau, plan destiné à recevoir des annonces, des renseignements : *tableau d'affichage.* **6.** Liste des membres d'un ordre professionnel : *tableau des avocats.* **7.** Série d'informations, de données présentées en colonnes : *tableau des conjugaisons.* **8.** Division d'une pièce de théâtre marquée par un changement de décor : *pièce en sept tableaux.* ■ **jouer sur tous les tableaux :** se ménager des avantages auprès des deux parties adverses, quel que soit le vainqueur. ❑ **tableau de bord :** ensemble des appareils de contrôle placés devant le conducteur d'un véhicule.

tableautin nm Petit tableau, en peinture.

tablée nf Ensemble de personnes réunies à la même table.

tabler vt ind [sur] Compter sur.

tablette nf **1.** Planche horizontale pour recevoir divers objets. **2.** Plaque de marbre, de pierre, de bois, etc., sur le chambranle d'une cheminée, l'appui d'une balustrade, etc. **3.** Préparation alimentaire de forme aplatie : *tablette de chocolat.* ■ **mettre sur ses tablettes :** prendre bonne note de. ❑ **rayer de ses tablettes :** ne plus compter sur.

tabletterie nf Ensemble de petits objets en ivoire, en nacre, en ébène, etc.

tableur nm INFORM Programme de création et de manipulation interactives de tableaux.

tablier nm **1.** Pièce d'étoffe ou de cuir qu'on attache devant soi pour se protéger. **2.** Rideau de tôle devant une cheminée pour en régler le tirage. **3.** Plate-forme horizontale d'un pont. ■ FIG, FAM **rendre son tablier :** se démettre de ses fonctions.

tabloïd ou **tabloïde** nm et adj Publication dont le format est la moitié du format habituel des journaux.

1. tabou nm **1.** Interdit de caractère religieux. **2.** Sujet dont on évite de parler.

2. tabou, e adj Qui est l'objet d'un tabou, d'un interdit.

taboulé nm Préparation culinaire libanaise faite d'un hachis de persil et de menthe, d'oignons, de tomates et de blé concassé.

tabouret nm Petit siège à quatre pieds, sans bras ni dossier.

tabulaire adj En forme de table ; plat : *relief tabulaire*.

tabulateur nm Dispositif d'une machine à écrire permettant d'avoir automatiquement les mêmes zones d'arrêt à chaque ligne.

tabulation nf INFORM Positionnement d'un curseur dans des colonnes définies au préalable.

tabulatrice nf Machine servant à exploiter les cartes perforées.

tac nm ■ **répondre du tac au tac** : rendre vivement la pareille.

tache nf **1.** Marque salissante : *tache de graisse*. **2.** Marque naturelle sur la peau de l'homme ou le poil des animaux. **3.** Marque de couleur, de lumière, d'ombre. **4.** FIG Souillure morale : *une tache sur la réputation de quelqu'un*. ■ FIG **faire tache d'huile** : se propager : *mécontentement qui fait tache d'huile*.

tâche nf **1.** SOUT Travail qui doit être fait dans un temps fixé : *achever sa tâche*. **2.** Ce que l'on a à faire ; mission, rôle. ■ **à la tâche** : en étant payé selon le travail exécuté.

tachéomètre [takeɔmɛtr] nm Théodolite destiné aux levés de plans et aux mesures d'altitude.

tacher vt **1.** Faire une tache. **2.** LITT Souiller, ternir : *tacher sa réputation*.

tâcher vt ind [de] Faire des efforts pour venir à bout de : *tâchez de terminer ce devoir*. ■ **tâcher que** : faire en sorte que.

tâcheron nm PÉJOR Personne qui exécute une tâche ingrate et sans éclat.

tacheter vt (conj 8) Marquer de petites taches.

tachisme nm BX-ARTS Tendance de la peinture abstraite des années 1950, caractérisée par la projection de taches et de coulures.

tachycardie [takikardi] nf Accélération du rythme cardiaque.

tacite adj Sous-entendu, implicite : *accord tacite*.

tacitement adv De manière tacite.

taciturne adj Qui parle peu ; silencieux.

tacle nm Au football, fait de bloquer avec le pied l'action de l'adversaire pour le déposséder du ballon ; le geste lui-même.

tacler vi et vt **1.** Faire un tacle. **2.** FIG, FAM Attaquer qqn verbalement, de manière parfois déloyale : *tacler un adversaire politique*.

taco nm Spécialité mexicaine faite d'une crêpe de farine de maïs garnie de viande, de fromage et de sauce piquante.

tacot nm FAM Vieux véhicule ; guimbarde.

tact nm Perception délicate des nuances, des convenances : *agir avec tact*.

tacticien, enne n SOUT Personne habile dans la tactique ; stratège. ◆ nm Spécialiste de la tactique militaire.

tactile adj Relatif au toucher. ■ **écran tactile** : réagissant au simple contact du doigt.

tactique nf **1.** Art de diriger une bataille. **2.** Moyens qu'on emploie pour réussir ; méthode, stratégie. ◆ adj Relatif à la tactique.

tadorne nm Canard à bec rouge et à plumage multicolore.

tænia nm → **ténia**.

taffetas nm Étoffe de soie.

tafia nm Eau-de-vie de canne à sucre.

tag nm Graffiti constituant un signe de reconnaissance.

tagine nm → **tajine**.

tagliatelle nf Pâte alimentaire en forme de mince lanière.

taguer vt et vi Tracer des tags : *taguer un mur*.

tagueur, euse n Personne qui trace des tags.

taïaut ou **tayaut** interj Dans la chasse à courre, cri du veneur pour signaler un animal.

taï-chi-chuan [tajʃiʃwan] ou **taï-chi** nm Gymnastique chinoise.

taie nf **1.** Enveloppe de tissu pour un oreiller ou un traversin. **2.** Tache blanchâtre sur la cornée.

taïga nf Forêt de conifères du nord de l'Europe, de l'Asie et de l'Amérique.

taïkonaute n Occupant d'un vaisseau spatial chinois.

taillable adj HIST Sujet à l'impôt de la taille. ■ FIG, SOUT **être taillable et corvéable à merci** : être celui qui doit toujours être de corvée, payer partout, etc.

taillade nf **1.** Coupure dans les chairs. **2.** Incision : *taillade dans le bois*.

taillader vt Faire une taillade, une incision.

taillanderie nf Métier, ouvrage de taillandier.

taillandier nm Fabricant d'outils propres à tailler, à couper, d'outils de terrassement.

taillant nm Tranchant d'une lame.

taille nf **1.** Hauteur du corps humain. **2.** Grandeur et grosseur d'un animal. **3.** Dimension standard d'un vêtement, de chaussures. **4.** Partie du corps humain située à la jonction du thorax et de l'abdomen. **5.** Partie du vêtement qui marque la taille. **6.** Action de tailler, de couper : *taille de la vigne.* **7.** Incision au burin de la planche qui servira à tirer une estampe. **8.** Tranchant d'une épée, d'une arme blanche. **9.** HIST Impôt direct levé sur les roturiers, en France, sous l'Ancien Régime. ■ **de taille :** d'importance : *erreur de taille.* ❑ **être de taille à :** capable de. ❑ **pierre de taille :** taillée pour être employée en construction.

taillé, e adj Qui a telle taille, telle carrure : *taillé en hercule.* ■ **taillé pour :** fait pour, apte à.

taille-crayon (pl *taille-crayons* ou inv) nm Petit outil pour tailler les crayons.

taille-douce (pl *tailles-douces*) nf Procédé de gravure qui fait usage du burin sans eau-forte ; estampe obtenue avec une planche ainsi gravée : *graver en taille-douce.*

taille-haie (pl *taille-haies*) nm Appareil électrique de jardinage pour tailler les arbres et les arbustes.

tailler vt **1.** Couper, retrancher quelque chose pour lui donner une certaine forme : *tailler une pierre, une haie.* **2.** Couper dans une étoffe les pièces nécessaires à un vêtement : *tailler un pantalon.* ◆ **se tailler** vpr **1.** S'attribuer quelque chose : *se tailler un empire ; se tailler un succès.* **2.** FAM Partir.

taillerie nf **1.** Art de tailler les cristaux et les pierres fines. **2.** Atelier où se fait ce travail.

tailleur nm **1.** Artisan qui fait des vêtements sur mesure. **2.** Ouvrier spécialisé dans la taille de certains matériaux : *tailleur de pierre(s).* **3.** Costume féminin composé d'une veste et d'une jupe assorties. ■ **s'asseoir en tailleur :** les jambes repliées et les genoux écartés.

tailleur-pantalon (pl *tailleurs-pantalons*) nm Costume féminin composé d'une veste et d'un pantalon assortis.

taillis nm Bois que l'on coupe à intervalles rapprochés.

tailloir nm Plateau pour découper la viande.

tain nm Amalgame d'étain qu'on applique derrière une glace pour la rendre réfléchissante.

taire vt (conj 78) SOUT Ne pas dire, passer sous silence : *taire le nom d'une personne.* ◆ **se taire** vpr **1.** Garder le silence ; cesser de s'exprimer. **2.** Cesser de se faire entendre : *le canon s'est tu.* **3.** Ne pas divulguer un secret. ■ **faire taire :** imposer silence, faire cesser.

tajine ou **tagine** nm Plat de mouton, de volaille, de légumes cuits à l'étouffée, d'origine marocaine.

talc nm Poudre blanche pour les soins de la peau.

talé, e adj Meurtri, en parlant des fruits : *poires talées.*

talent nm **1.** Aptitude, capacité naturelle ou acquise. **2.** Personne qui excelle en son genre.

talentueux, euse adj Qui a du talent.

taleth ou **talith** nm Châle rituel dont se couvrent les juifs pour la prière.

talion nm En droit ancien, punition identique à l'offense. ■ **loi du talion :** qui exige qu'une offense soit réparée par une peine du même ordre.

talisman nm Objet marqué de signes cabalistiques, qui est censé porter bonheur ou communiquer un pouvoir magique.

talkie-walkie [tɔkiwɔki] (pl *talkies-walkies*) nm Petit appareil de radio portatif, émetteur et récepteur, de faible portée.

talmudique adj Du Talmud.

talmudiste n Spécialiste juif de l'étude du Talmud.

taloche nf **1.** Planchette pour étendre le plâtre, le ciment. **2.** FAM Coup donné sur la tête ou la figure avec le plat de la main.

talon nm **1.** Partie postérieure du pied de l'homme. **2.** Partie postérieure d'une chaussure, d'un bas, etc. : *chaussures à talons plats.* **3.** Dernier morceau, reste de quelque chose d'entamé : *talon de jambon.* **4.** Ce qui reste des cartes, après distribution aux joueurs. **5.** Partie non détachable d'un carnet à souches. ■ **être, marcher sur les talons de quelqu'un :** (a) le suivre de très près (b) l'imiter. ❑ **montrer, tourner les talons :** s'enfuir. ❑ **talon aiguille :** haut et très fin. ❑ **talon d'Achille :** point vulnérable, côté faible de quelqu'un.

talonnade nf SPORTS Coup de pied donné dans le ballon avec le talon, au football.

talonnage nm Au rugby, action de diriger le ballon vers son camp, dans une mêlée.

talonner vt **1.** Presser du talon ou de l'éperon : *talonner sa monture.* **2.** Poursuivre de près : *talonner l'ennemi.* **3.** FIG Presser vivement, tourmenter : *l'inquiétude le talonnait.* **4.** Au rugby, pratiquer le talonnage.

talonnette nf Plaque de liège placée sous le talon, à l'intérieur de la chaussure.

talonneur nm Au rugby, joueur qui talonne le ballon.

talquer vt Enduire de talc.

talus nm **1.** Pente d'un terrassement, du revêtement d'un mur, d'un fossé. **2.** Terrain en pente.

talweg [talvɛg] ou **thalweg** [talvɛg] nm GÉOGR Ligne joignant les points les plus bas du fond d'une vallée.

tamanoir nm Mammifère édenté d'Amérique du Sud (appelé aussi : *grand fourmilier*).

tamarin nm Singe d'Amérique du Sud, voisin du ouistiti.

tamarinier nm Arbre cultivé dans les régions tropicales pour la pulpe comestible de son fruit.

tamaris [tamaris] nm Arbrisseau à très petites feuilles et à grappes de fleurs blanches ou roses.

tambouille nf ■ FAM **faire la tambouille :** faire la cuisine.

tambour nm **1.** Instrument de musique formé d'une caisse cylindrique que l'on frappe avec des baguettes ; personne qui en joue. **2.** Cylindre rotatif d'un treuil, d'une machine : *le tambour de la machine à laver.* ■ **mener tambour battant :** avec vivacité, avec résolution. ❑ FAM **partir sans tambour ni trompette :** sans bruit, en secret. ❑ **tambour de frein :** pièce circulaire sur laquelle s'exerce le frottement du segment de frein.

tambourin nm **1.** Petit cercle de bois muni ou non de sonnailles et sur lequel est tendue une peau. **2.** Tambour long et étroit, qu'on bat avec une seule baguette.

tambourinage nm Action de tambouriner.

tambourinaire nm Joueur de tambourin, en Provence.

tambouriner vi Frapper à coups répétés : *tambouriner à la porte.* ◆ vt **1.** Annoncer au son du tambour. **2.** FIG Répandre partout : *tambouriner une nouvelle*.

tambourineur, euse n Joueur de tambour ou de tambourin.

tambour-major (pl *tambours-majors*) nm Sous-officier, chef des tambours et clairons d'un régiment.

tamil nm → **tamoul.**

tamis nm **1.** Instrument qui sert à passer des matières pulvérulentes ou des liquides épais. **2.** Surface de cordage d'une raquette de tennis.

tamisage nm Action de tamiser.

tamiser vt **1.** Passer au tamis : *tamiser de la farine.* **2.** Laisser passer en adoucissant : *tamiser la lumière*.

1. tamoul ou **tamil** nm Langue parlée principalement dans le sud de l'Inde et au Sri Lanka.

2. tamoul, e adj Des Tamouls.

tampico nm Fibre d'une variété d'agave employée en matelasserie et en brosserie.

tampon nm **1.** Plaque de métal ou de caoutchouc gravée, et qui, imprégnée d'encre, permet d'imprimer le timbre d'une administration, d'une société, etc. ; timbre ainsi imprimé. **2.** Morceau de coton, de gaze, etc., pour étancher le sang, nettoyer une plaie. **3.** Gros bouchon de matière quelconque servant à obturer. **4.** Cheville de bois, de métal, etc., enfoncée dans un mur afin d'y placer une vis ou un clou. **5.** CH DE F Plateau métallique placé à l'extrémité des cadres d'une voiture pour amortir les chocs. ■ **État tampon :** qui, par sa situation géographique, se trouve entre deux États puissants et hostiles. ❑ **servir de tampon :** chercher à limiter les heurts entre deux personnes.

tamponnement nm Collision de deux véhicules, de deux convois circulant dans le même sens.

tamponner vt **1.** Étancher avec un tampon : *tamponner ses yeux avec un mouchoir.* **2.** Apposer un cachet : *tamponner un visa.* **3.** Heurter, rencontrer avec violence : *train qui en tamponne un autre.* **4.** Percer un mur pour y introduire un tampon.

tamponneuse adj f ■ **auto tamponneuse :** petit véhicule de fête foraine conçu pour se heurter à d'autres, sur une piste fermée.

tam-tam (pl *tam-tams*) nm **1.** Tambour de bois africain. **2.** Gong chinois. **3.** FAM Publicité tapageuse ; vacarme.

tan nm Écorce du chêne, du châtaignier, etc., réduite en poudre, utilisée en tannerie.

tanagra nm Figurine en terre cuite, simple et gracieuse.

tancer vt (conj 1) LITT Réprimander.

tanche nf Poisson comestible des étangs, au corps trapu, à peau épaisse et visqueuse.

tandem nm **1.** Bicyclette à deux places. **2.** FIG Association de deux personnes, de deux groupes qui travaillent ensemble.

tandis que loc conj **1.** Pendant que : *partir tandis qu'il dort.* **2.** Marque le contraste, l'opposition ; alors que : *elle aime l'opéra, tandis que lui préfère le jazz.*

tandoori [tɑ̃duri] nm Spécialité indienne faite de morceaux de viande marinés, épicés et cuits dans un four en terre.

tangage nm Mouvement d'oscillation d'un bateau d'avant en arrière.

tangent, e adj **1.** Qui touche une surface, une ligne en un point : *droite tangente à un cercle.* **2.** FAM Qui est à la limite du niveau nécessaire.

tangente nf ■ GÉOM **tangente à un cercle :** ligne droite qui n'a qu'un point commun avec ce cercle. ❑ FAM **prendre la tangente :** s'esquiver, se tirer d'affaire habilement.

tangible adj **1.** Perceptible par le toucher. **2.** Manifeste : *preuve tangible.*

tango nm Danse populaire originaire d'Argentine. ◆ adj inv D'une couleur rouge-orangé.

tanguer vi Être soumis au tangage, en parlant d'un bateau.

tanière nf Abri d'un animal sauvage.

tanin ou **tannin** nm Substance de certains végétaux tels que le chêne, le châtaignier, utilisée en tannerie, et qui rend les peaux imputrescibles.

tank [tɑ̃k] nm **1.** Char de combat. **2.** Réservoir, citerne : *les tanks d'un pétrolier.*

tanker [tɑ̃kœr] nm Navire destiné au transport de produits pétroliers.

tannage nm Action de tanner les cuirs.

tannant, e adj **1.** Propre au tannage : *écorces tannantes.* **2.** FAM Importun, fatigant.

tanné, e adj **1.** Préparé par tannage. **2.** D'une couleur brun-roux ; hâlé. **3.** QUÉBEC Qui est fatigué, las de quelque chose.

tannée nf FAM Correction, volée de coups ; VIEILLI défaite.

tanner vt **1.** Préparer les cuirs avec du tanin. **2.** FAM Importuner, harceler.

tannerie nf Lieu où l'on tanne les cuirs.

tanneur, euse n et adj Personne qui tanne ou vend les cuirs.

tannin nm → **tanin.**

tannique adj Qui contient du tanin.

tant adv **1.** En si grande quantité, en si grand nombre : *avoir tant d'amis que.* **2.** À tel point : *le jour tant attendu.* **3.** Marque l'égalité, l'équivalence d'intensité ; autant : *plaire tant aux uns qu'aux autres.* **4.** Indique une quantité indéterminée, à titre d'exemple : *gagner tant par mois.* ■ **en tant que :** en qualité de. ❑ **si tant est que :** à supposer que. ❑ **tant bien que mal :** (a) avec difficulté (b) de façon médiocre. ❑ **tant et plus :** énormément. ❑ **tant mieux :** c'est une bonne nouvelle. ❑ **tant pis :** c'est dommage : *tant pis pour lui !* ❑ **tant qu'à :** s'il faut : *tant qu'à partir, partons maintenant.* ❑ **tant qu'à faire :** puisqu'on en est là. ❑ **tant que :** (a) autant que : *lis-en tant que tu veux !* (b) aussi longtemps que : *tant que je pourrai* (c) pendant que : *sortir tant qu'il fait beau.* ❑ **tant s'en faut :** loin de là. ❑ **tant soit peu** ou **un tant soit peu :** si peu que ce soit.

tantale nm **1.** CHIM Métal lourd et peu fusible, de couleur noirâtre. **2.** Oiseau d'Afrique, d'Amérique et d'Asie, voisin de la cigogne.

tante nf Sœur du père, de la mère, ou femme de l'oncle.

tantine nf Tante, dans le langage enfantin.

tantinet (un) loc adv FAM Un peu : *un tantinet pénible.*

tantôt adv FAM Cet après-midi. ■ **tantôt..., tantôt... :** une fois..., une autre fois... : *des yeux tantôt bleus, tantôt verts ; tantôt elle pleure, tantôt elle rit.*

TAO [teao] nf (sigle) Traduction assistée par ordinateur.

taoïsme nm Religion populaire de la Chine.

taoïste adj et n Relatif au taoïsme ; adepte du taoïsme.

taon [tɑ̃] nm Grosse mouche dont la femelle pique l'homme et le bétail.

tapage nm **1.** Bruit tumultueux et confus : *tapage nocturne.* **2.** Grand bruit fait à propos de quelqu'un ou de quelque chose.

tapageur, euse adj **1.** Qui fait du tapage. **2.** FIG Qui aime l'éclat, cherche à attirer l'attention : *publicité, toilette tapageuse.*

tapant, e adj FAM Juste à l'heure indiquée : *il est arrivé à deux heures tapant(es).*

tapas [tapas] nf pl Assortiment de petites entrées espagnoles servies à l'apéritif.

tape nf Coup donné avec la main.

tapé, e adj Blet, taché par endroits : *pommes tapées.* ■ FAM **bien tapé :** exprimé vigoureusement et avec justesse.

tape-à-l'œil adj inv FAM Frappant, voyant : *bijou tape-à-l'œil.* ◆ nm inv FAM Apparence brillante mais trompeuse.

tapecul [tapky] nm **1.** FAM Voiture mal suspendue. **2.** Balançoire constituée d'une longue pièce de bois basculant de part et d'autre de son axe.

tapée nf FAM Grande quantité.

tapement nm Action de taper.

tapenade nf Condiment provençal fait d'olives noires, de câpres et d'anchois écrasés avec de l'huile d'olive et des aromates.

taper vt **1.** Donner une, des tapes à. **2.** Écrire à la machine à écrire ou avec un ordinateur : *taper son texte ; taper son code secret.* **3.** FAM Emprunter de l'argent. ◆ vi Frapper : *taper du pied ; taper dans le ballon.* ■ **le soleil tape :** il fait très chaud. ❑ FAM **taper dans l'œil :** plaire.

tapette nf **1.** Petite tape. **2.** Piège à souris.

tapeur, euse n FAM Personne qui emprunte souvent de l'argent.

tapinois (en) loc adv SOUT En cachette.

tapioca nm Fécule de manioc servant à faire des potages, des bouillies.

tapir nm Mammifère d'Amérique et d'Asie au museau allongé en trompe.

tapir (se) vpr Se cacher en se blottissant.

tapis nm **1.** Ouvrage textile, en général à face veloutée, dont on recouvre le sol.

2. Pièce de tissu ou d'un autre matériau, posée sur le sol et amovible : *tapis de bain.* **3.** Pièce de tissu ou d'un autre matériau dont on recouvre un meuble, une table : *tapis de jeu.* **4.** Ce qui recouvre entièrement une surface : *tapis de verdure.* ■ FAM **dérouler le tapis rouge :** traiter quelqu'un avec les honneurs dus à un grand personnage. ❑ **envoyer au tapis :** dans un combat de boxe, envoyer son adversaire au sol. ❑ **mettre quelque chose sur le tapis :** le proposer pour l'examiner. ❑ **revenir sur le tapis :** être de nouveau le sujet de la discussion. ❑ **tapis de sol :** toile qui isole l'intérieur d'une tente de l'humidité du sol. ❑ INFORM **tapis de souris :** support antidérapant dont la surface plane facilite les déplacements de la souris d'un ordinateur. ❑ **tapis roulant :** dispositif à mouvement continu qui transporte des personnes, des marchandises.

tapis-brosse (pl *tapis-brosses*) nm Paillasson.

tapisser vt **1.** Revêtir des murs de tissu ou de papier peint. **2.** Couvrir une surface : *tapisser une chambre de photos.*

tapisserie nf **1.** Tissu ou papier dont on tapisse les murs. **2.** Ouvrage textile exécuté à l'aiguille sur un canevas en suivant un dessin. **3.** Ouvrage textile décoratif tissé manuellement sur un métier avec de la laine, de la soie, etc. **4.** Métier du tapissier. ■ **faire tapisserie :** dans un bal, ne pas être invitée à danser, en parlant d'une femme.

tapissier, ère n Personne qui fabrique, vend ou pose les tapis et les tentures servant à décorer les appartements.

tapotement nm Action de tapoter.

tapoter vt Donner de petites tapes.

tapuscrit nm IMPR Texte dactylographié.

taquet nm **1.** Petit morceau de bois taillé, qui sert à tenir en place un objet, un meuble, une armoire. **2.** Petite pièce mobile servant de butée, de verrou. **3.** MAR Pièce de bois ou de fer servant à amarrer des cordages.

taquin, e adj et n Qui aime à taquiner.

taquiner vt S'amuser, sans méchanceté, à contrarier, à agacer.

taquinerie nf Tendance à taquiner ; action, parole d'une personne taquine.

tarabiscoté, e adj **1.** Embrouillé, compliqué, alambiqué : *style tarabiscoté.* **2.** Chargé d'ornements excessifs, compliqués.

tarabuster vt FAM **1.** Importuner, gronder. **2.** Troubler, préoccuper vivement : *cette idée m'a tarabustée toute la journée.*

tarama nm Plat grec à base d'œufs de cabillaud pilés avec de l'huile d'olive et du citron.

tarare nm AGRIC Instrument pour vanner les grains.

taratata interj FAM Marque l'incrédulité, le doute : *taratata ! tu ne m'auras pas !*

taraud nm Outil pour tarauder.

tarauder vt **1.** Creuser en hélice la pièce qui doit recevoir la vis, faire le filetage de. **2.** FIG, LITT Tourmenter, obséder : *un souci qui taraude.*

tarbouch ou **tarbouche** nm Bonnet oriental rouge, orné d'un gland de soie.

tard adv **1.** Après un temps long ou relativement long. **2.** Vers la fin de la journée ; dans la nuit : *se coucher tard.* ■ **au plus tard :** en prévoyant le délai le plus long. ◆ nm ■ **sur le tard :** (a) à la fin de la journée (b) vers la fin de la vie.

tarder vi Être lent à faire quelque chose : *perdre une affaire parce qu'on a trop tardé.* ■ **sans tarder :** immédiatement. ◆ vt ind [à] Être lent à : *réponse qui tarde à venir.* ■ **ne pas tarder à :** être sur le point de. ◆ v impers ■ **il me tarde de :** c'est avec impatience que j'attends de.

tardif, ive adj **1.** Qui vient tard : *regrets tardifs.* **2.** Qui a lieu tard dans la journée : *heure tardive.*

tardivement adv D'une manière tardive.

tare nf **1.** Poids placé sur le plateau d'une balance pour équilibrer ce qu'on pèse. **2.** Poids de l'emballage vide d'une marchandise qu'on déduit du poids brut pour avoir le poids net. **3.** Défaut physique ou psychique généralement héréditaire chez l'homme ou l'animal. **4.** LITT Vice inhérent à : *tares d'un système.*

taré, e adj et n **1.** Atteint d'une tare. **2.** FAM Imbécile.

tarentelle nf Danse et air vifs d'Italie du Sud.

tarentule nf Grosse araignée de l'Europe méridionale.

tarer vt COMM Peser l'emballage d'une marchandise avant de le remplir, pour pouvoir en déduire le poids.

targette nf Petit verrou plat.

targuer (se) vpr [de] SOUT Se vanter de.

targui, e adj et n → **touareg.**

tarière nf **1.** Grande vrille pour faire des trous dans le bois. **2.** Organe qui sert aux insectes à percer les substances dures.

tarif nm **1.** Tableau de prix. **2.** Montant du prix d'un service, d'un travail. ■ **plein tarif :** tarif sans réduction.

tarifaire adj Relatif au tarif.

tarifer vt Établir le tarif de.

tarification nf Action de tarifer ; fait d'être tarifé.

tarin nm **1.** Petit oiseau passereau jaune verdâtre rayé de noir. **2.** FAM Nez.

tarir vt Mettre à sec, épuiser : *la sécheresse tarit les cours d'eau.* ◆ vi **1.** Être à sec : *la source a tari.* **2.** Cesser de couler. ◆ vt ind ■ **ne pas tarir d'éloges sur quelqu'un** : ne pas cesser d'en prononcer. ❏ **ne pas tarir sur** : parler sans cesse de : *il ne tarit pas sur ce sujet.*

tarissable adj Qui peut se tarir.

tarissement nm Fait de tarir ; dessèchement : *le tarissement d'un puits.*

tarlatane nf Mousseline de coton légère et apprêtée, servant à faire des patrons.

tarot nm ou **tarots** nm pl **1.** Ensemble de soixante-dix-huit cartes, plus longues et comportant plus de figures que les cartes ordinaires, servant au jeu et à la divination. **2.** Jeu qu'on joue avec ces cartes.

tarpon nm Grand poisson des régions chaudes de l'Atlantique (Floride), objet d'une pêche sportive.

tarse nm **1.** Région postérieure du squelette du pied. **2.** Dernière partie de la patte des insectes.

tarsien, enne adj Du tarse.

tarsier nm Mammifère nocturne de Malaisie.

tartan nm Étoffe de laine, à larges carreaux de diverses couleurs, d'origine écossaise ; vêtement de cette étoffe.

Tartan nm (nom déposé) Agglomérat d'amiante, de matières plastiques et de caoutchouc utilisé pour revêtir les pistes d'athlétisme.

tartane nf Bateau à voile en usage en Méditerranée.

tartare adj ■ **sauce tartare** : mayonnaise fortement épicée. ❏ **steak tartare** ou **tartare** nm : viande hachée crue assaisonnée et servie avec un jaune d'œuf et des câpres.

tarte nf **1.** Pâtisserie plate garnie de crème, de confiture, de fruits, de légumes : *tarte aux pommes, aux poireaux.* **2.** FAM Gifle. ■ FAM **c'est pas de la tarte** : c'est difficile. ❏ FAM **tarte à la crème** : idée très banale.

tartelette nf Petite tarte.

tartine nf **1.** Tranche de pain recouverte de beurre, de confiture, etc. **2.** FAM Long développement oral ou écrit.

tartiner vt Étaler du beurre, de la confiture, etc., sur du pain, une biscotte.

tartre nm **1.** Dépôt calcaire à l'intérieur des chaudières, des canalisations d'eau, etc. **2.** Sédiment jaunâtre autour des dents. **3.** Dépôt que laisse le vin dans un tonneau.

tartrique adj ■ CHIM **acide tartrique** : acide extrait du tartre.

tartufe ou **tartuffe** nm Fourbe, hypocrite.

tartuferie ou **tartufferie** nf Hypocrisie.

tas nm Monceau d'objets mis ensemble et les uns sur les autres : *un tas d'ordures.* ■ **dans le tas** : parmi : *elle en a pris un dans le tas.* ❏ FAM **sur le tas** : sur le lieu même du travail : *apprendre sur le tas.* ❏ FAM **un tas de** : beaucoup de.

tasse nf Petit récipient à anse, servant à boire ; son contenu : *tasse à café, à thé.* ■ FAM **boire la tasse** : (a) avaler involontairement de l'eau en se baignant (b) subir de grosses pertes d'argent. ❏ FAM **ce n'est pas ma tasse de thé** : je n'aime pas cela.

tassé, e adj ■ FAM **bien tassé** : (a) Servi avec peu d'eau : *pastis bien tassé* (b) servi avec abondance (c) se dit d'un âge largement dépassé : *la trentaine bien tassée.*

tasseau nm Petite pièce de bois qui soutient, fixe, cale une autre pièce.

tassement nm **1.** Action de tasser, de se tasser : *tassement de vertèbres ; tassement du sol.* **2.** Baisse lente : *tassement des cours de la Bourse.*

tasser vt **1.** Réduire de volume par pression : *tasser du foin.* **2.** Resserrer dans un petit espace : *tasser les bagages dans le coffre.* ◆ **se tasser** vpr **1.** S'affaisser sur soi-même : *le mur se tasse.* **2.** Se voûter : *se tasser avec l'âge.* **3.** Se serrer : *tassez-vous, il y a encore de la place.* **4.** Perdre son caractère de gravité, se calmer : *avec le temps, les choses vont se tasser.*

tassili nm Plateau de grès, au Sahara.

taste-vin nm inv → **tâte-vin**.

tata nf Tante, surtout dans le langage enfantin.

tatami nm Tapis épais de paille de riz servant à la pratique des arts martiaux.

tatane nf FAM Soulier.

tâter vt **1.** Explorer, éprouver à l'aide du toucher : *tâter un fruit ; tâter l'eau.* **2.** FIG Essayer de connaître, de sonder les intentions de quelqu'un : *tâter l'opinion.* ■ **tâter le terrain** : s'assurer de l'état des choses, des esprits. ◆ vi ■ **tâter de, à** : goûter à, faire l'expérience de. ◆ **se tâter** vpr FAM Hésiter.

tâte-vin ou **taste-vin** nm inv Petite tasse plate dans laquelle on examine le vin qu'on va goûter.

tatillon, onne adj et n FAM Trop minutieux, scrupuleux.

> ORTHOGRAPHE *Tatillon* est le seul dérivé de *tâter* à s'écrire sans accent circonflexe.

tâtonnement nm **1.** Action de tâtonner. **2.** FIG Mode de recherche empirique par essais renouvelés ; ces essais.

tâtonner vi **1.** Avancer, chercher en tâtant : *tâtonner dans le noir.* **2.** FIG Procéder par tâtonnements : *tâtonner dans ses recherches.*

tâtons (à) loc adv **1.** En tâtonnant : *avancer à tâtons dans l'obscurité.* **2.** FIG Sans véritable méthode, à l'aveuglette.

ORTHOGRAPHE *À tâtons* s'écrit avec un *s* final comme *à reculons,* mais à la différence de *à califourchon.*

tatou nm Mammifère d'Amérique tropicale, au corps couvert de plaques cornées et pouvant s'enrouler en boule.

tatouage nm Action de tatouer ; son résultat.

tatouer vt Imprimer sur la peau des dessins indélébiles.

tatoueur, euse n Personne qui tatoue.

tau nm inv **1.** Dix-neuvième lettre de l'alphabet grec correspondant au *t.* **2.** Figure héraldique en forme de T.

taudis nm Logement misérable ou mal tenu.

taule nf → **tôle.**

taupe nf **1.** Petit mammifère insectivore presque aveugle, vivant sous terre ; fourrure de cet animal. **2.** Engin servant à creuser des tunnels. **3.** FAM Espion infiltré dans un organisme, une institution. **4.** ARG SCOL Classe de mathématiques spéciales. ■ **myope comme une taupe :** très myope.

taupinière nf Amas de terre qu'une taupe élève en creusant une galerie.

taureau nm Mâle de la vache, apte à la reproduction. ■ **prendre le taureau par les cornes :** affronter résolument une difficulté. ◆ **Taureau** nm Constellation zodiacale figurant un taureau ; signe astrologique des personnes nées entre le 21 avril et le 20 mai. ◆ n et adj Personne née sous le signe du Taureau : *elle est Taureau.*

taurillon nm Jeune taureau.

taurin, e adj Relatif aux taureaux ou aux courses de taureaux.

tauromachie nf Art de combattre les taureaux dans une arène.

tauromachique adj Relatif à la tauromachie.

tautologie nf Répétition d'une même idée sous une autre forme.

tautologique adj Relatif à la tautologie.

taux nm **1.** Prix réglé par une convention ou par l'usage : *taux de change.* **2.** Grandeur exprimée en pourcentage : *taux de natalité ; taux de cholestérol.* ■ **taux d'intérêt :** pourcentage du capital d'une somme prêtée, qui en détermine le revenu annuel.

tauzin nm Chêne à feuilles cotonneuses, de l'ouest et du sud-ouest de la France.

taveler vt (conj 6) Marquer quelque chose de taches, de crevasses : *fruit tavelé.*

tavelure nf **1.** Bigarrure d'une peau tavelée. **2.** Maladie des arbres fruitiers dont les fruits se crevassent.

taverne nf **1.** AUTREF Cabaret. **2.** Café, restaurant au décor rustique.

taxation nf Action de taxer.

taxe nf Prélèvement fiscal, impôt : *taxe sur le chiffre d'affaires.* ■ **prix hors taxes :** sans les taxes. ❑ **taxe foncière :** impôt annuel qui frappe les propriétés bâties ou non. ❑ **taxe professionnelle :** impôt local dû par les commerçants, les industriels et les personnes exerçant certaines professions libérales. ❑ **taxe sur la valeur ajoutée (TVA) :** impôt général de consommation, payé par chaque intermédiaire.

taxer vt **1.** Frapper d'un impôt : *taxer les objets de luxe.* **2.** Accuser : *taxer qqn d'incompétence.* **3.** FAM Extorquer qqch à qqn : *il m'a taxé cent euros ;* voler qqn : *on m'a taxé mon portable.*

taxi nm **1.** Voiture munie d'un taximètre et conduite par un chauffeur professionnel, qu'on utilise pour de courts trajets. **2.** FAM Chauffeur de taxi.

taxidermie nf Art d'empailler les animaux vertébrés.

taxidermiste n Personne dont le métier est la taxidermie ; empailleur, naturaliste.

taximètre nm Compteur qui établit le montant d'une course en voiture en fonction du temps et de la distance parcourue.

taxinomie ou **taxonomie** nf Science des lois de la classification ; cette classification : *taxinomie zoologique.*

Taxiphone nm (nom déposé) Cabine téléphonique automatique.

taxiway [taksiwɛ] nm Voie d'accès à la piste pour les avions.

tayaut interj → **taïaut.**

taylorisation nf Application du taylorisme.

taylorisme nm Système d'organisation rationnelle du travail dans les usines.

tchador nm Voile couvrant la tête et le corps des femmes musulmanes, surtout en Iran.

tchat nm → **2. chat.**

tchatche nf FAM Grande volubilité.

tchatter vi → **2. chatter.**

tchèque adj et n **1.** De Bohême, de Moravie. **2.** De la République tchèque : *les Tchèques.* ◆ nm Langue slave parlée dans l'ouest de la République tchèque.

tchernozem [tʃɛrnɔzɛm] ou **tchernoziom** [tʃɛrnɔzjɔm] nm En Ukraine et en Russie, terre noire très fertile.

tchin-tchin [tʃintʃin] ou **tchin** interj FAM Ponctue un toast : *tchin-tchin ! à votre santé !*

TD nm (sigle de *travaux dirigés*) Ensemble des exercices écrits ou des exposés faits par les étudiants en application d'un cours magistral.

te pron pers Désigne la 2e personne du singulier représentant celui, celle à qui l'on parle, en fonction de complément d'objet ou de complément d'attribution : *je te regarde ; ce film te plaira ; il te le donne.*

té nm Règle ou équerre en forme de T.

technicien, enne n Personne qui connaît et pratique une technique particulière.

technicité nf Caractère de ce qui est technique.

technico-commercial, e, aux n et adj Vendeur qui possède des connaissances techniques sur ce qu'il vend.

Technicolor nm (nom déposé) Procédé de films en couleurs.

technique [tɛknik] adj **1.** Qui appartient en propre à un art, à une science, à un métier : *termes techniques.* **2.** Relatif au fonctionnement d'une machine : *panne technique.* ◆ nf **1.** Ensemble des procédés d'un art, d'une science, d'un métier : *la technique du bois.* **2.** Méthode, moyen : *trouver la bonne technique.*

techniquement adv Sur le plan technique.

techno nf et adj Style de musique utilisant les nouvelles technologies pour créer des morceaux au tempo rapide et au rythme répétitif.

technocrate n (souvent péjoratif) Partisan de la technocratie.

technocratie nf (souvent péjoratif) Système politique dans lequel la prise de décisions appartient aux techniciens et aux fonctionnaires au détriment des responsables politiques.

technocratique adj Relatif à la technocratie.

technologie nf Étude des outils, des procédés et des méthodes employés dans les diverses branches de l'industrie.

technologique adj Relatif à la technologie.

technopole nf Grand centre urbain disposant d'un fort potentiel d'enseignement et de recherche.

technopôle nm Site aménagé pour accueillir les entreprises de haute technologie ou pour en favoriser l'implantation.

technoscience nf Ensemble de recherches et d'applications qui mettent en jeu certaines sciences et certaines techniques.

teck ou **tek** nm Arbre de l'Asie tropicale, fournissant un bois dur, imputrescible.

teckel nm Chien terrier allongé, bas sur pattes, à poil ras, dur, ou à poil long.

tectonique nf Partie de la géologie qui étudie les déformations des terrains, sous l'effet des forces internes : *tectonique des plaques.*

tectrice nf et adj f Plume recouvrant les rémiges, dans l'aile des oiseaux.

Te Deum [tedeɔm] nm inv Cantique latin d'action de grâces de l'Église catholique.

tee [ti] nm Au golf, cheville fixée en terre servant à surélever la balle.

teen-ager [tinɛdʒœr] (pl *teen-agers*) n FAM Adolescent.

tee-shirt [tiʃœrt] (pl *tee-shirts*) ou **t-shirt** [tiʃœrt] (pl *t-shirts*) nm Maillot en coton à manches courtes et en forme de T.

Téflon nm (nom déposé) Matière plastique fluorée, résistant à la chaleur et à la corrosion.

tégénaire nf Araignée des maisons.

tégument nm **1.** BIOL Ensemble des tissus qui couvrent le corps des animaux. **2.** BOT Enveloppe de la graine.

tégumentaire adj Du tégument.

teigne nf **1.** Petit papillon dont les larves rongent les étoffes et certaines plantes. **2.** Maladie du cuir chevelu. **3.** FAM Personne méchante.

teigneux, euse adj et n **1.** Atteint de la teigne. **2.** FAM Hargneux.

teille ou **tille** nf Écorce du chanvre.

teindre vt (conj 55) Imbiber d'une substance colorante : *cheveux teints ;* colorer : *teindre en vert.* ◆ **se teindre** vpr Donner à ses cheveux une couleur artificielle.

teint, e adj Qui a reçu une teinture. ◆ nm **1.** Coloris du visage : *teint bronzé.* **2.** Couleur donnée à une étoffe par la teinture et qui ne disparaît pas au lavage. ■ **bon teint, grand teint :** teinte résistant au lavage et à la lumière. ❑ **bon teint :** se dit d'une personne tout à fait orthodoxe dans ses opinions : *un socialiste bon teint.*

teinte nf **1.** Couleur nuancée. **2.** FIG Apparence légère, petite dose : *une teinte d'humour.*

teinter vt **1.** Couvrir d'une teinte. **2.** Donner une légère couleur à. **3.** FIG Ajouter une nuance à : *indifférence teintée d'ironie.*

teinture nf **1.** Action de teindre. **2.** Liquide propre à teindre. **3.** Couleur que prend la chose teinte. **4.** Alcool chargé des principes actifs d'une substance, utilisé en pharmacie : *teinture d'iode.* **5.** Connaissance superficielle : *avoir une teinture de psychologie.*

teinturerie nf Commerce du teinturier.

teinturier, ère n Personne qui se charge de la teinture ou du nettoyage des vêtements.

tek nm → **teck**.

tel, telle adj **1.** Pareil, semblable : *de tels hommes.* **2.** Comme cela : *tel est mon avis.* ■ **tel que** : (a) indique une comparaison : *voir les hommes tels qu'ils sont* (b) exprime l'intensité : *son pouvoir est tel que tout lui obéit* (c) introduit une énumération : *des fleurs telles que la rose, la tulipe.* ❏ **tel quel** : comme il est, sans changement : *prenez-le tel quel.* ❏ **tel..., tel...** : comme..., ainsi : *tel père, tel fils.*

tél. (abréviation) Téléphone.

télé nf (abréviation) FAM Télévision.

téléachat nm Achat par téléphone, par Minitel ou par Internet d'articles présentés lors d'émissions de télévision.

télécabine nf Téléphérique monocâble aménagé pour le transport de personnes par de petites cabines.

Télécarte nf (nom déposé) Carte à mémoire utilisable dans les cabines téléphoniques à carte.

téléchargement nm Action de télécharger.

télécharger vt (conj 2) INFORM Utiliser un réseau de télécommunications pour transférer, à distance, des données ou des programmes dans la mémoire vive d'un ordinateur.

télécommande nf Système permettant de commander à distance une manœuvre quelconque.

télécommander vt **1.** Commander à distance : *télécommander l'ouverture d'une porte de garage.* **2.** FIG Influencer, diriger de loin : *une action télécommandée de Paris.*

télécommunication nf Ensemble des moyens de communication à distance.

téléconseiller, ère n Personne qui fournit une assistance téléphonique à la clientèle d'une entreprise.

télécopie nf Transmission à distance de documents graphiques, de dessins, etc., en fac-similé. SYN : fax.

télécopieur nm Appareil transmettant à distance un document graphique. SYN : fax.

télé-crochet (pl *télé-crochets*) ou **télécrochet** nm Émission télévisée conçue comme un concours de chant.

télédétection nf Technique d'étude de la surface terrestre par analyse et traitement d'images aériennes.

télédiffuser vt Diffuser par télévision.

télédiffusion nf Action de télédiffuser.

télédistribution nf Diffusion de programmes de télévision à des abonnés dont l'appareil est relié par câble à la tête de réseau.

télé-enseignement (pl *télé-enseignements*) nm Enseignement utilisant la radio et la télévision.

téléfilm nm Film réalisé pour la télévision.

télégénique adj Dont le physique produit un effet agréable à la télévision.

télégramme nm Message télégraphique.

télégraphe nm Système de télécommunication qui permet de communiquer par écrit, rapidement, à grande distance.

télégraphier vt Faire parvenir au moyen du télégraphe.

télégraphique adj Relatif au télégraphe ; expédié par télégraphe. ■ **style télégraphique** : réduit à l'essentiel.

télégraphiste n et adj Employé au service du télégraphe.

téléguidage nm Action de téléguider.

téléguider vt **1.** Diriger à distance l'évolution d'un mobile (char, avion, jouet, etc.). **2.** FIG Influencer de façon secrète ou lointaine : *téléguider une action.*

téléimprimeur nm Appareil télégraphique permettant l'envoi direct d'un texte ou sa réception, au moyen d'un clavier alphanumérique.

télématique nf Technique qui associe les télécommunications et l'informatique. ◆ adj Relatif à la télématique.

télémédecine nf Informations et conseils médicaux prodigués par l'intermédiaire d'un réseau télématique.

télémètre nm Instrument pour mesurer la distance qui sépare un observateur d'un point éloigné.

téléobjectif nm Objectif pour la photographie des objets éloignés ou pour le portrait.

téléopérateur, trice n Personne assurant des actions commerciales ou de marketing par téléphone pour le compte d'une entreprise.

télépaiement nm Paiement électronique.

télépathe n Qui pratique la télépathie.

télépathie nf Phénomène de transmission de pensée entre deux personnes éloignées dans l'espace.

télépathique adj Relatif à la télépathie.

téléphérique nm Moyen de transport par cabine suspendue à des câbles aériens.

téléphone nm Installation de téléphonie ; appareil qui permet la transmission de la parole. ■ FAM **téléphone arabe** : information qui se propage de bouche à oreille. ❏ **télé-**

phone intelligent : téléphone mobile, souvent muni d'un écran tactile, intégrant les fonctions d'un petit ordinateur, notamm. Internet, les messageries, le GPS, etc. SYN : ordiphone.

téléphoner vi Se servir du téléphone. ◆ vt Transmettre par téléphone.

téléphonie nf Système de télécommunication établi en vue de la transmission de la parole. ■ **téléphonie sans fil** : transmission par ondes électromagnétiques.

téléphonique adj Qui appartient, se rapporte au téléphone : *cabine téléphonique* ; qui se fait par téléphone : *appel téléphonique*.

téléphoniste n Personne chargée du service d'un téléphone ; standardiste.

téléport nm Ensemble de moyens de télécommunication mis à la disposition des entreprises qui s'installent sur un site donné.

télé-réalité (pl *télé-réalités*) nf Émission télévisée où est filmée la vie quotidienne de gens sélectionnés pour y participer.

téléroman nm CANADA Feuilleton télévisé.

télescopage nm Action de télescoper ; fait de se télescoper : *télescopage de trains*.

télescope nm Instrument pour observer les astres, dont l'objectif est un miroir concave.

télescoper vt Heurter violemment, entrer en collision avec. ◆ **se télescoper** vpr **1.** Entrer en collision : *voitures qui se télescopent*. **2.** FIG S'interpénétrer : *événements qui se télescopent*.

télescopique adj **1.** Fait à l'aide du télescope ; qu'on ne voit qu'à l'aide du télescope. **2.** Dont les éléments s'emboîtent les uns dans les autres : *antenne télescopique*.

téléscripteur nm Téléimprimeur.

télésiège nm Téléphérique le long duquel sont répartis des sièges accrochés par des suspentes.

téléski nm Remonte-pente.

téléspectateur, trice n Personne qui regarde la télévision.

télésurveillance nf Surveillance à distance par un procédé de télécommunication.

télétravail nm Organisation décentralisée des tâches grâce à la télématique, qui permet de travailler à distance.

Télétype nm (nom déposé) Téléimprimeur de la marque de ce nom.

télévente nf Vente, sur commande passée par téléphone, par Minitel ou par Internet, d'articles présentés à la télévision.

téléviser vt Transmettre par télévision.

téléviseur nm Appareil récepteur de télévision.

télévision nf **1.** Transmission à distance par ondes radioélectriques de l'image d'un objet. **2.** Ensemble des services assurant la transmission d'émissions télévisées. **3.** Téléviseur. ■ **télévision par câble** : télédistribution.

télévisuel, elle adj Relatif à la télévision.

télex nm Service télégraphique, permettant d'échanger des messages écrits au moyen de téléimprimeurs ; message ainsi transmis.

télexer vt Transmettre par télex.

tell nm Au Proche-Orient, colline artificielle formée par les ruines d'une ville ancienne.

tellement adv **1.** Marque l'intensité, la grande quantité : *elle est tellement gentille ! ; personne ne l'invite plus, tellement il est ennuyeux*. **2.** (suivi de *que*) Marque la conséquence : *il a tellement mangé qu'il est tombé malade*. ■ **pas tellement** : modérément.

tellure nm Corps chimique blanc bleuâtre de la famille du soufre, lamellaire et fragile.

tellurique ou **tellurien, enne** adj Qui vient de la Terre, du sol : *secousse tellurique*.

téméraire adj et n D'une hardiesse inconsidérée. ■ **jugement téméraire** : porté sans preuves suffisantes.

témérairement adv Avec témérité.

témérité nf Hardiesse imprudente et présomptueuse.

témoignage nm **1.** Action de témoigner : *témoignage décisif*. **2.** Marque, preuve : *témoignage d'affection*. ■ **faux témoignage** : témoignage mensonger.

témoigner vt **1.** Montrer, faire paraître par ses paroles, ses actions : *témoigner sa joie*. **2.** Être signe de : *geste qui témoigne la surprise*. ◆ vi Révéler ce qu'on sait ; faire une déposition : *témoigner en justice*. ◆ vt ind [de] Servir de preuve à : *témoigner de sa sincérité*.

témoin nm **1.** Personne qui a vu ou entendu quelque chose et peut le certifier : *être le témoin d'un accident*. **2.** Personne qui dépose en justice : *témoin à charge, à décharge*. **3.** Personne qui atteste l'exactitude d'un acte, d'une déclaration : *les témoins d'un mariage*. **4.** Personne chargée de régler les conditions d'un duel. **5.** Œuvre ou artiste qui atteste de son époque : *les gravures rupestres, témoins de l'art préhistorique*. **6.** SPORTS Bâton que les coureurs se passent dans une course de relais. ■ **prendre quelqu'un à témoin** : lui demander l'appui de son témoignage.

◆ adj Qui sert de modèle, de repère : *appartement témoin ; lampe témoin.*

GRAMMAIRE On écrit : *il les a prises à témoin* (expression invariable), mais *il les a prises comme (pour) témoins* (attribut, s'accorde en nombre).

tempe nf Partie latérale du crâne.

tempera [tãpera] nf BX-ARTS Détrempe dont le liant est généralement un jaune d'œuf : *peindre à la tempera ou a tempera.*

tempérament nm Ensemble des dispositions physiques d'un individu qui détermineraient son caractère : *tempérament robuste, violent.* ■ **avoir du tempérament :** avoir une forte personnalité. ❑ **vente à tempérament :** payable par versements échelonnés.

tempérance nf Modération, sobriété dans l'usage des aliments et des boissons.

tempérant, e adj VIEILLI Qui fait preuve de tempérance ; sobre.

température nf **1.** Degré de chaleur ou de froid dans un lieu ou dans l'atmosphère. **2.** Degré de chaleur d'un lieu, d'une substance, d'un corps : *la température d'un four.* **3.** Fièvre : *avoir de la température.*

tempéré, e adj De température moyenne : *climat tempéré.*

tempérer vt (conj 10) Modérer, atténuer l'excès de quelque chose : *tempérer son enthousiasme.*

tempête nf **1.** Perturbation atmosphérique violente ; ouragan. **2.** FIG Explosion violente : *tempête d'injures, d'applaudissements.*

tempêter vi Manifester bruyamment sa colère, son mécontentement ; fulminer.

tempétueux, euse adj LITT Qui cause ou qui est le signe d'une tempête : *vent tempétueux.*

temple nm **1.** Édifice antique consacré au culte d'une divinité. **2.** Édifice du culte protestant.

templier nm Chevalier de l'ordre du Temple.

tempo [tɛ̃po] ou [tɛmpo] nm **1.** MUS Vitesse d'exécution d'une œuvre. **2.** LITT Rythme de déroulement d'une action quelconque.

temporaire adj Qui ne dure qu'un temps ; provisoire : *emploi temporaire.*

temporairement adv De façon temporaire.

temporal, e, aux adj De la tempe. ◆ nm Os du crâne situé dans la région de la tempe.

temporalité nf Caractère de ce qui existe dans le temps.

temporel, elle adj **1.** Qui a lieu dans le temps (par opposition à *éternel*) : *déroulement temporel.* **2.** Qui concerne les choses matérielles (par opposition à *spirituel*) : *biens temporels.* **3.** GRAMM Qui indique le temps : *subordonnée temporelle.* ■ **pouvoir temporel :** pouvoir des papes en tant que souverains de leur territoire.

temporisateur, trice adj Qui temporise.

temporisation nf Fait de temporiser ; retard.

temporiser vi Retarder, différer dans l'attente d'un moment plus propice.

temps nm **1.** Durée dans laquelle se succèdent les événements, les jours, les nuits, etc. : *le temps passe vite.* **2.** Durée mesurable : *combien de temps reste-t-il ?* **3.** Moment, période considérés par rapport à quelque chose de particulier : *en temps de paix, de guerre.* **4.** Durée dont une personne dispose : *être avare de son temps.* **5.** Chacune des phases d'une action : *programme en trois temps.* **6.** Époque : *du temps de César.* **7.** Moment propice, occasion : *chaque chose en son temps.* **8.** Période propre à telle ou telle chose : *le temps des vacances.* **9.** État de l'atmosphère : *quel temps fait-il ?* **10.** MUS Division de la mesure : *mesure à deux temps.* **11.** GRAMM Forme verbale exprimant la localisation dans le temps. ■ **à temps :** juste assez tôt, au moment voulu. ❑ **avec le temps :** peu à peu. ❑ **dans le temps :** autrefois. ❑ **de temps en temps** ou **de temps à autre :** quelquefois. ❑ **de tout temps :** toujours. ❑ **en même temps :** simultanément. ❑ **en temps réel :** se dit du mode de fonctionnement d'un ordinateur qui permet le traitement des données au fur et à mesure de leur introduction dans le système. ❑ **il est temps de** (+ inf) : il devient urgent de. ❑ **il est temps que** (+ subj) : il devient urgent que. ❑ **temps partiel :** temps de travail inférieur à la durée légale hebdomadaire. ❑ **tout le temps :** toujours, continuellement.

tenable adj (surtout en tournure négative) **1.** Où l'on peut tenir, résister : *la situation n'est plus tenable.* **2.** À qui on peut imposer une discipline : *les enfants ne sont pas tenables.*

tenace adj **1.** Très attaché à ses idées, à ses projets ; opiniâtre. **2.** FIG Difficile à détruire, à extirper : *préjugé tenace.* **3.** Qui adhère fortement : *colle tenace.*

ténacité nf Caractère tenace.

tenaille nf ou **tenailles** nf pl Pince pour tenir ou arracher quelque chose.

tenailler vt Faire souffrir : *faim qui tenaille ;* LITT causer une vive douleur morale : *être tenaillé par le remords.*

tenancier, ère n (souvent péjoratif) Personne qui dirige un hôtel, un bar, etc.

1. tenant nm Celui qui soutient une opinion, une institution ; partisan : *tenants* *du syndicalisme traditionnel.* ■ **connaître les tenants et les aboutissants d'une affaire :** en connaître toutes les circonstances, tous les détails. ❑ **d'un seul tenant :** d'un seul morceau : *propriété d'un seul tenant.* ❑ **tenant du titre :** sportif, joueur ou équipe qui détient un titre.

2. tenant, e adj ■ **séance tenante :** sur-le-champ, immédiatement.

tendance nf **1.** Force qui pousse quelqu'un à, vers : *avoir tendance à exagérer.* **2.** Évolution, orientation de quelque chose : *tendances de l'art moderne.* **3.** Fraction organisée d'un mouvement syndical ou politique : *la tendance dure du parti.* ■ **procès de tendance :** fait contre quelqu'un en raison des idées qu'on lui prête.

tendanciel, elle adj Qui indique une tendance : *baisse tendancielle.*

tendancieusement adv De façon tendancieuse.

tendancieux, euse adj Qui manifeste une tendance, un parti pris qui n'est pas objectif : *propos tendancieux.*

tendeur nm Courroie élastique servant à maintenir quelque chose en place.

tendineux, euse adj ANAT Qui se rapporte au tendon. ■ BOUCH **viande tendineuse :** qui contient des fibres coriaces.

tendinite nf MÉD Inflammation d'un tendon.

tendon nm Faisceau fibreux à l'extrémité d'un muscle qui le relie aux os. ■ **tendon d'Achille :** tendon du talon.

1. tendre adj **1.** Qui n'est pas dur : *viande tendre.* **2.** Qui manifeste de l'affection, de l'attachement : *paroles tendres.* **3.** Clair, délicat : *couleur tendre.* ■ **âge tendre :** petite enfance. ◆ adj et n Affectueux, facile à émouvoir : *mère tendre ; un grand tendre.* ■ **ne pas être tendre pour quelqu'un :** être sévère.

2. tendre vt (conj 50) **1.** Tirer et tenir quelque chose en état d'allongement : *tendre un arc, une corde.* **2.** Avancer, porter en avant : *tendre la main.* **3.** Disposer en étendant : *tendre une tapisserie.* ■ **tendre un piège :** (a) le disposer pour prendre du gibier (b) FIG chercher à tromper. ◆ vt ind [à, vers] Se diriger vers, avoir pour but : *tendre à la perfection.* ◆ **se tendre** vpr Se détériorer, en parlant de relations entre personnes.

tendrement adv Avec tendresse.

tendresse nf Sentiment tendre d'amitié, d'amour.

tendreté nf Qualité d'une viande tendre.

tendron nm **1.** BOUCH Partie cartilagineuse de la viande de bœuf ou de veau. **2.** FAM Très jeune fille.

tendu, e adj **1.** Très appliqué : *esprit tendu.* **2.** Difficile : *rapports tendus.*

ténèbres nf pl LITT **1.** Obscurité profonde : *la ville était plongée dans les ténèbres.* **2.** FIG Domaine de ce qui est obscur, difficile à comprendre : *les ténèbres de l'ignorance.* ■ **le prince des ténèbres :** Satan.

ténébreux, euse adj **1.** LITT Plongé dans les ténèbres, sombre, noir : *gouffre ténébreux.* **2.** FIG Difficile à comprendre : *affaire ténébreuse.* ◆ adj et n LITT Mélancolique. ■ **beau ténébreux :** bel homme à l'expression sombre et romantique.

teneur nf **1.** Contenu essentiel d'un propos, d'un texte, d'un acte juridique : *quelle est la teneur de cet article ?* **2.** Ce qu'un mélange contient d'un corps déterminé : *teneur en eau.*

ténia ou **tænia** nm Ver parasite de l'intestin des mammifères.

tenir vt (conj 22) **1.** Avoir avec soi, garder à la main, près de soi : *tenir un enfant dans ses bras ; tenir son chapeau à la main.* **2.** Faire rester près de soi, retenir : *tenir des coupables.* **3.** Garder, maintenir dans un certain état : *tenir une porte ouverte.* **4.** Avoir la charge d'une fonction, d'une profession : *tenir un rôle ; tenir un hôtel.* **5.** Diriger, maîtriser : *tenir une classe.* **6.** Observer fidèlement, respecter : *tenir sa parole, une promesse.* **7.** Considérer comme : *tenir pour vrai.* **8.** Avoir reçu ou obtenu de quelqu'un : *de qui tenez-vous cette information ?* ■ **tenir compte de :** prendre en considération. ❑ **tenir conseil :** délibérer. ❑ **tenir des propos :** parler. ❑ **tenir en haleine :** ne pas dire tout de suite, faire durer une attente. ❑ **tenir sa langue :** se taire. ❑ **tenir son rang :** l'occuper avec dignité. ❑ **tenir tête :** affronter, résister. ◆ vi **1.** Être fixé, attaché à : *branche qui tient à l'arbre.* **2.** Être contenu dans un certain espace : *on tient à huit à cette table.* **3.** Demeurer, subsister, durer : *couple qui n'a pas tenu.* ■ **tenir bon :** résister. ❑ **tiens !, tenez ! :** (a) sert à marquer la surprise : *tiens, vous êtes déjà là !* (b) sert à attirer l'attention de celui à qui l'on parle : *tenez, prenez.* ◆ vt ind **1.** [à] Être attaché à quelqu'un ou à quelque chose : *tenir à ses enfants.* **2.** [à] Désirer, vouloir : *il tient à venir.* **3.** [à] Avoir pour cause : *cela tient à plusieurs raisons.* **4.** [de] Ressembler à : *enfant qui tient de son père.* ◆ **se tenir** vpr **1.** Demeurer dans un certain état, dans une certaine attitude : *se tenir prêt.* **2.** Être unis l'un à l'autre : *se tenir par la main.* **3.** S'appuyer sur : *se tenir à une branche.* **4.** Avoir lieu : *marché qui se tient le jeudi.* ■ **s'en tenir à quelque chose :** ne rien faire de plus : *s'en tenir à l'essentiel.*

tennis [tenis] nm **1.** Sport qui consiste, pour deux ou quatre joueurs, munis de raquettes, à envoyer une balle par-dessus un filet dans les limites du court ; le terrain où l'on joue : *tennis couvert.* **2.** Chaussure de toile à semelle de caoutchouc. ■ **tennis de table** : ping-pong.

tennisman [tenisman] (pl *tennismans ou tennismen*) nm Joueur de tennis.

tennistique adj Relatif au tennis.

tenon nm Extrémité d'une pièce de bois ou de métal qui entre dans la cavité (ou *mortaise*) d'une autre pièce avec laquelle elle doit être assemblée.

ténor nm **1.** Voix d'homme la plus élevée ; chanteur qui la possède. **2.** FAM Personne qui tient un rôle de premier plan : *les ténors de la politique.*

tenseur nm et adj m Muscle propre à produire une tension.

tensiomètre nm Appareil à mesurer la tension mécanique.

tension nf **1.** Action de tendre ; état de ce qui est tendu : *tension d'un muscle.* **2.** État d'une personne tendue, contractée, nerveuse. **3.** Situation tendue entre deux personnes, deux groupes. **4.** Différence de potentiel électrique entre deux points d'un circuit. ■ FAM **avoir, faire de la tension** : de l'hypertension. ❑ **tension artérielle** ou **tension** : pression du sang sur les parois des artères. ❑ **tension d'esprit** : effort intense et soutenu de l'esprit.

tentaculaire adj SOUT Qui s'étend dans toutes les directions à la manière des tentacules : *ville tentaculaire.*

tentacule nm Appendice mobile dont les mollusques, les actinies, etc., sont pourvus, et qui leur sert d'organe du toucher ou de la préhension, parfois à la respiration.

> GRAMMAIRE *Tentacule* est du genre masculin : *les grands tentacules de la pieuvre.*

tentant, e adj Propre à exciter le désir, l'envie.

tentateur, trice adj et n Qui tente, sollicite.

tentation nf **1.** Attrait vers une chose défendue par une loi morale ou religieuse. **2.** Tout ce qui tente, attire, porte à faire quelque chose : *résister à la tentation de fumer.*

tentative nf **1.** Action par laquelle on essaie de réussir quelque chose ; essai : *faire une dernière tentative.* **2.** DR Commencement d'exécution d'un crime ou d'un délit : *tentative de meurtre.*

tente nf Abri portatif démontable, le plus souvent en toile serrée, que l'on dresse en plein air. ■ **tente à oxygène** : parois plastiques transparentes derrière lesquelles on place le malade pour le soumettre à l'action de l'oxygène pur.

tenter vt **1.** Entreprendre, chercher à faire réussir : *tenter une démarche.* **2.** Se proposer de faire quelque chose de difficile : *tenter un sauvetage.* **3.** Séduire, attirer : *ce fruit me tente ; laissez-vous tenter !* **4.** Inciter quelqu'un à faire le mal en éveillant son envie, son désir. ◆ vt ind [de] Essayer, s'efforcer de : *tenter de battre un record.*

tenture nf Tapisserie, papier peint, etc., qui tapissent les murs d'une habitation.

tenu, e adj Maintenu dans un certain état de propreté : *maison bien, mal tenue.*

ténu, e adj Mince, de très faible épaisseur ; à peine perceptible.

tenue nf **1.** Action ou manière de tenir, de diriger : *tenue d'une maison.* **2.** Fait de se réunir, de siéger : *tenue d'un congrès.* **3.** Attitude du corps, maintien : *bonne, mauvaise tenue.* **4.** Manière de se vêtir : *en tenue de soirée ;* habillement propre à une profession, à une activité, à une circonstance : *tenue de sport.* **5.** Manière de se conduire : *manquer de tenue.* ■ **en petite tenue** : peu vêtu.

ténuité nf LITT État d'une chose ténue ; petitesse.

tequila [tekila] nf Alcool d'agave, fabriqué au Mexique.

ter [tɛr] adv **1.** Désigne le troisième élément d'une suite portant le même numéro : *habiter au 2 ter.* **2.** Indique qu'on doit dire, jouer, chanter un passage trois fois.

tératogène adj MÉD Qui produit des malformations congénitales.

tératologie nf Science des malformations congénitales.

tercet nm LITTÉR Groupe de trois vers unis par le sens et les rimes.

térébenthine nf Résine semi-liquide, tirée du térébinthe, du mélèze, du sapin, du pin maritime. ■ **essence de térébenthine** : utilisée pour dissoudre des corps gras, fabriquer des vernis, de la peinture à l'huile.

térébinthe nm Pistachier méditerranéen dont l'écorce fournit une térébenthine.

Tergal nm (nom déposé) Fil ou fibre synthétique de polyester.

tergiversation nf Action de tergiverser ; hésitation, détour.

tergiverser vi LITT User de détours, de faux-fuyants pour retarder une décision.

1. terme nm **1.** Lieu où se termine un déplacement : *au terme de ce voyage.* **2.** Limite fixée dans le temps : *délai qui parvient à son terme.* **3.** Date, époque où l'on paie la location d'un lieu d'habitation ; prix de cette location : *payer son terme.* ■ **à court terme, à long terme :** sur une période brève, longue. ❑ **à terme :** dans un délai plus ou moins long, mais à coup sûr. ❑ **enfant né à terme :** à la date prévue.

2. terme nm **1.** Mot, expression : *terme précis ; terme technique.* **2.** MATH Quantité qui compose un rapport, une proportion. **3.** GRAMM Élément d'une proposition. ◆ **termes** pl Manière de dire quelque chose : *s'exprimer en termes clairs.* ■ **aux termes de :** selon ce qui est stipulé. ❑ **en bons, en mauvais termes :** en entretenant de bonnes, de mauvaises relations. ❑ **en d'autres termes :** autrement dit.

terminaison nf Élément final d'un mot.

terminal, e, aux adj **1.** Qui marque la fin de quelque chose : *phase terminale.* **2.** BOT Qui occupe l'extrémité : *bourgeon terminal.* ◆ nm **1.** Gare, aérogare urbaine servant de point de départ et d'arrivée des passagers. **2.** INFORM Appareil permettant l'accès à distance à un système informatique.

terminale nf Classe terminant l'enseignement secondaire, où l'on prépare le baccalauréat.

terminer vt **1.** Achever, finir quelque chose qui a été commencé : *terminer son travail.* **2.** Constituer la fin de quelque chose : *glace qui termine un repas.* **3.** Passer la fin de : *terminer la soirée chez des amis.* ◆ **se terminer** vpr Arriver à sa fin ; finir de telle ou telle façon.

terminologie nf Ensemble des termes propres à une technique, à une science, etc.

terminus [tɛrminys] nm Dernière station d'une ligne de transports en commun.

termite nm Insecte vivant en société, surtout dans les régions chaudes, et qui ronge le bois.

termitière nf Nid de termites.

ternaire adj Composé de trois éléments : *nombre ternaire ; rythme ternaire.*

terne adj **1.** Qui manque d'éclat : *couleurs ternes.* **2.** FIG Dépourvu d'intérêt, monotone : *style terne.*

ternir vt **1.** Rendre terne, ôter ou diminuer l'éclat, la couleur : *le soleil a terni les rideaux.* **2.** FIG Rendre moins pur, salir : *ternir sa réputation.*

ternissure nf État de ce qui est terni ; endroit terni.

terrain nm **1.** Modelé, relief de la surface terrestre : *terrain plat.* **2.** Sol considéré du point de vue de sa nature : *terrain calcaire.* **3.** Surface du sol du point de vue de son utilisation : *terrain à bâtir ; terrain militaire ; terrain de sport.* **4.** Lieu où se déroulent un événement, des opérations : *le terrain des opérations.* **5.** FIG Situation réelle, état des choses et des esprits : *tâter le terrain ; terrain d'entente.* ■ **céder du terrain :** (a) reculer (b) FIG faire des concessions. ❑ **gagner du terrain :** avancer, prendre l'avantage. ❑ **homme de terrain :** personne en contact direct avec les gens, les circonstances.

terrasse nf **1.** Levée de terre horizontale maintenue par un mur : *cultures en terrasses.* **2.** Plate-forme aménagée à un étage ou sur le toit d'une maison. **3.** Prolongement d'un café, d'un restaurant, etc., sur une partie du trottoir. **4.** Espace plat aménagé au pied d'un immeuble, d'une construction.

terrassement nm Action de creuser et de transporter des terres ; masse de terre ainsi transportée.

terrasser vt **1.** SOUT Jeter à terre : *terrasser un adversaire.* **2.** FIG Vaincre. **3.** FIG Abattre physiquement ou moralement : *terrassé par la fièvre.*

terrassier nm Ouvrier qui travaille aux terrassements.

terre nf **1.** (avec une majuscule) Planète habitée par l'homme : *parcourir la Terre.* **2.** Partie solide de la surface terrestre (par opposition à *mer*). **3.** Ensemble des hommes, de l'humanité : *être connu de la terre entière.* **4.** Séjour des vivants (par opposition à *l'au-delà*) : *être sur terre.* **5.** Couche superficielle du globe, qui produit les végétaux : *les fruits de la terre.* **6.** Terrain cultivé ; domaine rural : *acheter une terre.* **7.** LITT Pays, région, contrée : *terres arctiques ; terre natale.* **8.** Matière pulvérulente que l'on trouve dans le sol et qui sert à fabriquer des objets : *pot en terre.* ■ **avoir les pieds sur terre :** agir toujours en tenant compte de la réalité. ❑ **la terre ferme :** le sol. ❑ **mettre, porter en terre :** enterrer. ❑ **par terre :** sur le sol : *tomber par terre.* ❑ **remuer ciel et terre :** se donner beaucoup de mal. ❑ **sciences de la Terre :** qui étudient l'origine, la nature et l'évolution du globe terrestre. ❑ **terre à terre :** prosaïque : *esprit terre à terre.*

terreau nm **1.** Terre végétale mêlée de produits de décomposition. **2.** FIG Situation qui favorise le développement de quelque chose : *le chômage, terreau de la délinquance.*

terre-neuvas [tɛrnœva] nm inv ou **terre-neuvier** (pl *terre-neuviers*) nm Bateau équipé pour la pêche sur les bancs de Terre-Neuve ; pêcheur sur ce bateau.

terre-neuve nm inv Gros chien de sauvetage originaire de Terre-Neuve.

terre-plein (pl *terre-pleins*) nm Amas de terres rapportées formant une surface unie. ■ **terre-plein central :** bande de terrain séparant deux chaussées de sens opposé.

terrer (se) vpr **1.** Se cacher sous terre, en parlant d'un animal. **2.** Se cacher en s'isolant.

terrestre adj **1.** Qui appartient à notre planète : *globe terrestre.* **2.** Relatif à la partie solide du globe ; qui y vit : *animaux terrestres.* **3.** FIG Qui concerne la vie matérielle : *plaisirs terrestres.*

terreur nf **1.** Épouvante, frayeur. **2.** Personne ou chose que l'on redoute.

terreux, euse adj **1.** De la nature de la terre : *matière terreuse.* **2.** Sali de terre : *mains terreuses.* **3.** Pâle, grisâtre : *visage terreux.*

terrible adj **1.** Qui inspire la terreur : *un terrible accident.* **2.** D'une grande violence, d'une grande intensité : *coup terrible.* **3.** FAM Porté au plus haut point ; extraordinaire : *un terrible bavard.* **4.** FAM Remarquable, formidable : *un type terrible.* ■ FAM **pas terrible :** médiocre.

terriblement adv Très, beaucoup, extrêmement : *terriblement ennuyeux.*

terrien, enne adj et n Qui habite la Terre. ◆ adj Relatif à la vie rurale. ■ **propriétaire terrien :** qui possède des terres.

terrier nm **1.** Trou dans la terre, où s'abritent certains animaux. **2.** Chien propre à chasser les animaux qui habitent des terriers.

terrifiant, e adj Qui terrifie.

terrifier vt Frapper de terreur.

terril [tɛril] ou **terri** nm Entassement des déblais extraits d'une mine.

terrine nf Récipient ovale ou rectangulaire de terre ou de porcelaine pour la cuisson et la conservation des pâtés ; préparation froide de viande, de poisson, de légumes, moulés dans ce récipient.

territoire nm **1.** Étendue de terre appartenant à un État ou sur laquelle s'exerce une autorité. **2.** ZOOL Zone occupée par un animal et défendue contre l'accès de congénères. ■ **territoire d'outre-mer (TOM) :** collectivité territoriale de la République française, créée en 1946 et supprimée en 2003.

territorial, e, aux adj Qui concerne le territoire. ■ DR **eaux territoriales :** zone maritime fixée par chaque État riverain (12 milles pour la France) et sur laquelle il exerce sa souveraineté (on dit aussi : *mer territoriale*).

territorialité nf Caractère de ce qui fait partie du territoire d'un État.

terroir nm **1.** Terre considérée par rapport aux produits agricoles : *terroir fertile.* **2.** Province, campagne considérée du point de vue de ses traditions (par opposition à la *ville*) : *mots, produits du terroir.*

terroriser vt **1.** Frapper de terreur : *film qui terrorise les enfants.* **2.** Maintenir dans la peur : *professeur qui terrorise ses élèves.*

terrorisme nm Emploi de la violence à des fins politiques.

terroriste adj et n Qui relève du terrorisme ; qui le met en pratique.

tertiaire adj ■ GÉOL **ère tertiaire :** période géologique d'une durée de 65 millions d'années, marquée par le plissement alpin et la diversification des mammifères. ❑ **secteur tertiaire :** partie de la population active employée dans les services tels que la banque, le commerce, l'administration.

tertio [tɛrsjo] adv Troisièmement.

tertre nm Petite éminence de terrain.

tes adj poss pl → **ton.**

tessiture nf Registre, ensemble des sons qu'une voix ou un instrument de musique produisent sans difficulté.

tesson nm Débris d'un objet en verre ou en poterie : *tessons de bouteille.*

test [tɛst] nm **1.** Épreuve permettant soit de mesurer les aptitudes d'un sujet, soit d'explorer sa personnalité. **2.** Épreuve d'examen sous forme de questionnaire. **3.** MÉD Épreuve biologique ou chimique pratiquée à des fins diagnostiques : *test de grossesse.* **4.** Épreuve en général qui permet de juger qqch ou qqn. ■ **test de discrimination :** recomm. off. pour *testing.*

testament nm **1.** DR Acte par lequel on déclare ses dernières volontés. **2.** Dernière œuvre, message ultime d'un écrivain, d'un artiste, d'une personnalité quelconque : *testament littéraire.*

testamentaire adj Qui concerne le testament : *dispositions testamentaires.* ■ DR **exécuteur testamentaire :** chargé de l'exécution d'un testament.

testateur, trice n DR Personne qui a fait un testament.

1. tester vi DR Faire son testament.

2. tester vt Soumettre à un test.

testeur nm Appareil servant à tester les composants électroniques, les microprocesseurs.

testicule nm Glande génitale mâle.

testimonial, e, aux adj ■ DR **preuve testimoniale :** qui repose sur un témoignage.

testing [tɛstiŋ] nm Pratique légale consistant à faire constater, afin qu'elle soit sanctionnée, toute forme de discrimination liée au sexe, à l'origine ou au handicap d'une personne (recomm. off. : *test de discrimination*).

têt [tɛ] nm CHIM Récipient en terre réfractaire, utilisé dans les laboratoires.

tétanie nf État pathologique caractérisé par des crises de contractions musculaires spasmodiques.

tétanique adj et n Relatif au tétanos ou à la tétanie ; qui en est atteint.

tétaniser vt **1.** MÉD Provoquer des contractions musculaires. **2.** FIG Paralyser d'étonnement.

tétanos [tetanos] nm Maladie infectieuse grave, caractérisée par la rigidité des muscles.

têtard nm Larve des amphibiens comme la grenouille.

tête nf **1.** Extrémité supérieure du corps de l'homme ; partie antérieure du corps de l'animal. **2.** Boîte crânienne : *avoir mal à la tête.* **3.** Visage : *une tête connue.* **4.** Hauteur, longueur de la tête : *cheval qui gagne d'une tête.* **5.** Esprit, ensemble des facultés mentales : *perdre la tête.* **6.** Unité, par personne ou par animal : *payer tant par tête.* **7.** Personne ou ensemble de personnes qui dirigent, commandent. **8.** Action de frapper une balle aérienne avec le front, au football. **9.** Partie supérieure de quelque chose : *tête d'un arbre.* **10.** Partie terminale la plus grosse de quelque chose : *tête d'épingle.* **11.** Partie qui se présente la première ; commencement : *tête de train, de chapitre.* ■ **à la tête de :** se dit de quelqu'un qui possède ou dirige quelque chose : *à la tête d'une immense fortune ; à la tête d'une entreprise.* ❑ **avoir la tête de l'emploi :** avoir l'allure qui correspond à ce que l'on fait. ❑ **coup de tête :** action soudaine et spontanée. ❑ **de tête :** mentalement : *calculer de tête.* ❑ **en avoir par-dessus la tête :** être excédé. ❑ **en tête de :** (a) au début de : *mot en tête de phrase* (b) à la première place de : *coureur en tête de course.* ❑ **faire la tête :** bouder. ❑ **monter à la tête** ou **tourner la tête** : troubler l'esprit. ❑ **sans queue ni tête** : incohérent : *récit sans queue ni tête.* ❑ **se mettre en tête de :** décider, projeter de. ❑ **tenir tête à quelqu'un :** lui résister. ❑ **tête baissée** : sans réfléchir. ❑ **tête de pont :** (a) MIL zone occupée par l'avant-garde d'une armée en territoire ennemi pour y préparer l'arrivée du gros des troupes (b) FIG implantation d'une entreprise à l'étranger pour y frayer la voie à un développement ultérieur. ❑ **voix de tête :** voix de fausset.

tête-à-queue nm inv Pivotement brusque d'un véhicule sur lui-même.

tête-à-tête nm inv Entretien particulier de deux personnes. ◆ loc adv ■ **en tête(-) à(-)tête :** seul à seul.

tête-bêche loc adv Dans la position de deux personnes ou deux choses placées à côté l'une de l'autre mais en sens inverse.

tête-de-nègre nm inv et adj inv Couleur marron foncé.

tétée nf **1.** Action de téter. **2.** Quantité de lait qu'un nouveau-né tète en une fois.

téter vt (conj 10) Sucer le lait au sein, au biberon ou à la mamelle.

têtière nf Partie de la bride d'un cheval qui passe derrière les oreilles.

tétine nf **1.** Mamelle d'un mammifère. **2.** Embouchure en caoutchouc percée de trous que l'on adapte au biberon ; sucette en caoutchouc pour nourrissons.

téton nm FAM Sein.

tétrachlorure [tetraklɔryr] nm ■ **tétrachlorure de carbone :** liquide incolore employé comme solvant ininflammable.

tétraèdre nm Solide à quatre faces triangulaires.

tétralogie nf Ensemble de quatre œuvres littéraires ou musicales.

tétraplégie nf Paralysie des quatre membres.

tétraplégique adj et n Atteint de tétraplégie.

tétrapode nm et adj Vertébré ayant deux paires de membres.

tétras [tetra] nm Oiseau gallinacé de grande taille (appelé aussi : *coq de bruyère*).

tétrasyllabe adj et nm Se dit d'un vers qui a quatre syllabes.

tétrasyllabique adj Relatif à un tétrasyllabe.

têtu, e adj et n Qui a un attachement excessif à ses décisions, à ses opinions ; obstiné.

teufeur, euse n FAM Personne qui fait la fête ; fêtard.

teuf-teuf (pl *teufs-teufs*) nm ou nf FAM Vieille voiture.

teuton, onne adj et n De l'ancienne Germanie.

teutonique adj Des Teutons.

texan, e adj et n Du Texas : *les Texans.*

texte nm **1.** Ensemble des termes d'un écrit, d'une œuvre. **2.** Œuvre ou document authentique qui constitue la source d'une culture, d'une discipline. **3.** Œuvre ou fragment d'œuvre : *textes du* XX*e s.* **4.** Partie de la page écrite, dactylographiée ou imprimée. ■ **dans le texte :** dans la langue d'origine.

textile adj **1.** Susceptible d'être tissé : *fibre, matière textile.* **2.** Qui se rapporte à la fabrication des tissus : *industrie textile.* ◆ nm **1.** Matière textile. **2.** Industrie textile.

textuel, elle adj **1.** Relatif au texte écrit : *analyse textuelle.* **2.** Conforme au texte : *traduction textuelle.* **3.** Qui reproduit exactement ce qui a été dit : *réponse textuelle.*

textuellement adv Sans changer un mot de ce qui a été écrit ou dit.

texture nf **1.** Mode d'entrecroisement des fils de tissage. **2.** Consistance d'une substance. **3.** FIG Disposition des parties d'un corps, d'une œuvre.

TGV nm (sigle) Train à grande vitesse.

thaï, thaïe [taj] adj Relatif aux Thaïs. ◆ nm Principale langue parlée en Thaïlande.

thaïlandais, e adj et n De Thaïlande : *les Thaïlandais*.

thalamus [talamys] nm ANAT Partie de l'encéphale située à la base du cerveau.

thalasso nf (abréviation) FAM Thalassothérapie.

thalassothérapie nf Traitement médical par l'eau de mer.

thalle nm BOT Appareil végétatif des cryptogames.

thallophyte nf Végétal dont l'appareil végétatif est réduit à un thalle, tel que les algues, les champignons, les lichens.

thalweg nm → **talweg**.

thanatologie nf Étude des signes, des conditions et des causes de la mort.

thaumaturge n Personne qui fait ou prétend faire des miracles.

thaumaturgie nf Pouvoir, action du thaumaturge.

thé nm **1.** Feuilles torréfiées du théier ; infusion que l'on en fait. **2.** Collation que l'on prend l'après-midi, en buvant du thé.

théâtral, e, aux adj **1.** Relatif au théâtre. **2.** Qui vise à l'effet ; emphatique : *attitude théâtrale*.

théâtralement adv D'une façon théâtrale.

théâtraliser vt Rendre théâtral.

théâtre nm **1.** Lieu destiné à la représentation d'un spectacle : *bâtir un nouveau théâtre*. **2.** Représentation théâtrale : *aimer le théâtre*. **3.** Art dramatique ; profession du comédien ou du metteur en scène : *se destiner au théâtre*. **4.** Ensemble des pièces d'un pays, d'un auteur, d'une époque : *le théâtre de Racine*. **5.** FIG Lieu où se déroulent un ou plusieurs événements : *le théâtre de la guerre*. ■ **coup de théâtre :** événement inattendu.

théier nm Arbuste originaire de la Chine méridionale et cultivé dans toute l'Asie du Sud-Est pour ses feuilles, qui donnent le thé.

théière nf Récipient pour faire infuser du thé.

théine nf Principal alcaloïde de la feuille de thé.

théisme nm Doctrine qui admet l'existence d'un Dieu.

théiste n Partisan du théisme.

1. thématique adj Par thème, par sujet : *cartographie thématique*.

2. thématique nf Ensemble des thèmes développés par un écrivain, une œuvre, etc.

thème nm **1.** Sujet, matière d'un discours, d'une œuvre, etc. **2.** Exercice de traduction de la langue maternelle dans la langue étrangère (par opposition à *version*). ■ **thème astral :** en astrologie, représentation symbolique de l'état du ciel à la naissance de quelqu'un.

théocratie nf Société où l'autorité est exercée par les ministres de la religion.

théocratique adj Relatif à la théocratie : *gouvernement théocratique*.

théodolite nm Instrument de topographie servant à mesurer des angles.

théogonie nf **1.** Généalogie des dieux. **2.** Ensemble des divinités d'une mythologie donnée.

théologal, e, aux adj Relatif à la théologie. ■ **vertus théologales :** la foi, l'espérance et la charité.

théologie nf **1.** Science de la religion, des choses divines. **2.** Doctrine religieuse.

théologien, enne n Spécialiste de théologie.

théologique adj Qui concerne la théologie : *discussion théologique*.

théorème nm Proposition qui peut être démontrée logiquement.

théoricien, enne n **1.** Personne qui étudie la théorie d'un art, d'une science, etc. **2.** Personne qui formule ou professe une théorie.

théorie nf **1.** Connaissance purement spéculative, abstraite (par opposition à la *pratique*). **2.** Ensemble de lois, de règles propres à un domaine : *théorie quantique*. **3.** Ensemble d'opinions touchant un domaine particulier : *bâtir une théorie*. ■ **en théorie :** en spéculant de façon abstraite.

théorique adj **1.** Qui concerne une théorie. **2.** Du domaine de la spéculation

théoriquement adv **1.** En raisonnant sans tenir compte de la réalité : *théoriquement, cet agrégé doit pouvoir enseigner*. **2.** Selon toute prévision ; normalement : *théoriquement, il devrait rentrer bientôt*.

théoriser vt Émettre sur un sujet des jugements énoncés sous une forme théorique.

thérapeute n **1.** Médecin. **2.** Psychothérapeute.

thérapeutique adj Relatif au traitement des maladies. ◆ nf Art de traiter telle ou telle maladie.

thérapie nf Traitement d'une maladie, en particulier d'une maladie mentale.

thermal, e, aux adj Se dit des eaux de source utilisées pour traiter une maladie ; se dit de la station, de l'établissement où elles sont exploitées.

thermalisme nm Exploitation et utilisation des eaux thermales.

thermes nm pl **1.** ANTIQ Bains publics. **2.** Établissement thermal.

thermidor nm Onzième mois du calendrier républicain, allant du 19 ou 20 juillet au 17 ou 18 août.

thermidorien, enne adj Relatif aux événements du 9 thermidor an II. ◆ adj et n Se dit des responsables de la chute de Robespierre, le 9 thermidor.

thermie nf Unité de quantité de chaleur.

thermique adj Relatif à la chaleur : *variations thermiques.* ■ **centrale thermique :** usine de production d'énergie électrique, à partir de l'énergie thermique.

thermodynamique nf et adj Partie de la physique qui traite des relations entre la mécanique et la chaleur.

thermoélectricité nf Électricité fournie par la chaleur.

thermoélectrique adj De la nature de la thermoélectricité.

thermomètre nm **1.** Instrument pour mesurer la température. **2.** FIG Ce qui permet d'évaluer l'importance d'une chose.

thermonucléaire adj Se dit des réactions nucléaires entre noyaux d'atomes légers, portés à très haute température.

thermorégulation nf **1.** Fonction assurant la constance de la température du corps. **2.** Réglage automatique de la température d'un lieu.

thermorésistant, e adj Qui résiste à la chaleur.

Thermos [tɛrmos] nf (nom déposé) Bouteille isolante permettant de conserver un liquide à sa température.

thermosphère nf Couche atmosphérique s'étendant au-dessus de la mésosphère, et où la température croît régulièrement avec l'altitude.

thermostat nm Appareil servant à maintenir la température constante.

thésard, e n FAM Personne qui prépare une thèse.

thésaurisation nf Action de thésauriser.

thésauriser vi Amasser de l'argent, le mettre de côté.

thésauriseur, euse n et adj Personne qui thésaurise.

thésaurus ou **thesaurus** [tezorys] nm Répertoire alphabétique de termes normalisés utilisés pour le classement documentaire.

thèse nf **1.** Opinion, proposition que l'on avance et que l'on soutient. **2.** Ensemble de travaux présentés dans une université en vue du doctorat. ■ **pièce, roman à thèse :** destinés à démontrer la vérité d'une théorie.

thêta nm inv Huitième lettre de l'alphabet grec (θ), qui correspond à *th.*

thomisme nm Ensemble des doctrines de saint Thomas d'Aquin.

thomiste adj et n Relatif au thomisme ; qui en est partisan.

thon nm Très grand poisson marin, comestible, migrant en bancs en Méditerranée et dans l'Atlantique. ■ **thon blanc :** germon.

thonier nm Bateau pour la pêche au thon.

thoracique adj Du thorax.

thorax nm Cavité des vertébrés contenant les organes de la respiration.

thorium [tɔrjɔm] nm Métal blanc rare servant dans la fabrication des manchons à incandescence ; symb : Th.

thriller [srilœr] ou [trilœr] nm Film ou roman policier à suspense.

thrombose nf MÉD Formation de caillots dans un vaisseau sanguin.

thune ou **tune** nf FAM argent. ■ **n'avoir pas une thune :** être sans le sou.

thuriféraire nm LITT Flatteur.

thuya [tyja] nm Conifère au feuillage ornemental.

thym [tɛ̃] nm Plante vivace à très petites feuilles odoriférantes, utilisée comme aromate.

thymique adj Du thymus.

thymol nm Phénol de l'essence de thym.

thymus [timys] nm Glande de la partie inférieure du cou.

thyroïde nf et adj Glande endocrine située en avant du larynx.

thyroïdien, enne adj Relatif à la thyroïde.

tiare nf Mitre papale à trois couronnes.

tibétain, e adj et n Du Tibet : *les Tibétains.* ◆ nm Langue parlée au Tibet.

tibia nm **1.** Os long situé en avant du péroné. **2.** Partie antérieure de la jambe.

tic nm **1.** Contraction convulsive de certains muscles. **2.** FIG Habitude fâcheuse ou ridicule par sa fréquence.

TIC [tik] nf pl (sigle de *technologies de l'information et de la communication*) Ensemble des techniques et des équipements informatiques permettant de communiquer à distance par voie électronique.

ticket nm Billet donnant droit à l'admission dans un transport en commun, une salle de spectacle, attestant un paiement, etc. : *ticket de métro ; ticket de caisse.*

tic-tac nm inv Bruit occasionné par un mouvement régulier : *le tic-tac d'une pendule.*

tie-break [tajbrɛk] (pl *tie-breaks*) nm Jeu décisif servant à départager deux joueurs à égalité, au tennis.

tiédasse adj D'une tiédeur désagréable.

tiède adj **1.** Entre le chaud et le froid : *un bain tiède.* **2.** FIG Qui manque d'ardeur, de ferveur : *des relations tièdes.* ◆ adv ■ **boire tiède** : prendre des boissons tièdes.

tièdement adv Avec tiédeur.

tiédeur nf **1.** État de ce qui est tiède. **2.** FIG Manque d'ardeur, de ferveur : *la tiédeur des sentiments.*

tiédir vi Devenir tiède. ◆ vt Rendre tiède.

tiédissement nm Fait de tiédir.

tien, enne pron poss ■ **le tien, la tienne, les tiens, les tiennes** : désigne ce qui appartient ou se rapporte à un possesseur de la 2e personne du singulier : *j'ai mes problèmes et tu as les tiens.* ❑ FAM **à la tienne !** : à ta santé ! ◆ adj poss SOUT Qui est à toi : *cette qualité qui est tienne.* ◆ **tiens** nm pl ■ **les tiens** : tes parents, tes proches, tes partisans.

tierce nf **1.** MUS Intervalle de trois degrés. **2.** JEUX Série de trois cartes de même couleur.

tiercé nm Pari dans lequel il faut prévoir les trois premiers chevaux dans une course.

tiercelet nm Mâle d'oiseaux de proie, un tiers plus petit que la femelle.

tiers, tierce adj Qui vient en troisième lieu : *tierce personne.* ■ **tiers état** : partie de la nation française qui, sous l'Ancien Régime, n'appartenait ni à la noblesse ni au clergé. ◆ nm **1.** Chaque partie d'un tout divisé en trois parties égales : *le tiers d'une pomme.* **2.** Personne étrangère à un groupe : *ne pas se disputer devant des tiers.* ■ **tiers provisionnel** : acompte versé en février et en mai par le contribuable, et qui est en principe égal au tiers de l'imposition de l'année précédente.

tiers-monde (pl *tiers-mondes*) nm Ensemble des pays économiquement peu développés ou en développement.

tiers-mondisme (pl *tiers-mondismes*) nm Tendance, opinion, doctrine des tiers-mondistes.

tiers-mondiste (pl *tiers-mondistes*) adj et n Relatif au tiers-monde ; qui est solidaire du tiers-monde.

tif nm FAM Cheveu.

tige nf **1.** Axe du végétal qui porte des feuilles. **2.** Partie de la botte qui enveloppe la jambe. **3.** Partie mince et allongée de quelque chose : *la tige d'une plume.*

tiglon ou **tigron** nm Hybride des espèces tigre et lion.

tignasse nf FAM Chevelure abondante et mal peignée.

tigre, tigresse n Grand quadrupède carnassier du genre chat, au pelage rayé, vivant en Asie du Sud-Est. ■ **jaloux comme un tigre** : extrêmement jaloux.

tigré, e adj Moucheté, rayé comme la peau du tigre : *cheval, chat tigré.*

tigron nm → **tiglon.**

tilbury [tilbyri] nm Cabriolet hippomobile léger, à deux places.

tilde [tild] nm **1.** Accent en forme de *s* couché, qui se trouve sur la lettre *n* de l'alphabet espagnol, notant un son équivalant à *n* mouillé [ɲ] en français (EX : *les cañons du Colorado*). **2.** Signe phonétique en forme de *s* couché indiquant la nasalisation.

tillandsia [tij-] nm Plante tropicale cultivée en serre pour ses fleurs ornementales.

tille nf → **teille.**

tilleul nm Arbre fournissant un bois blanc, et dont les fleurs odorantes donnent une infusion calmante ; infusion de fleurs de cet arbre.

tilt nm ■ FAM **faire tilt** : avoir une idée, la compréhension soudaine de quelque chose.

timbale nf **1.** Gobelet cylindrique en métal. **2.** Moule de cuisine haut et rond ; préparation culinaire cuite dans ce moule. **3.** MUS Tambour à bassin hémisphérique en cuivre. ■ FAM **décrocher la timbale** : remporter un prix, réussir.

timbalier nm Musicien qui joue des timbales.

timbrage nm Action de timbrer.

1. timbre nm **1.** Cloche ou clochette métallique que frappe un marteau ; son que rend une cloche de ce genre. **2.** Qualité du son de la voix ou d'un instrument.

2. timbre nm **1.** Cachet officiel sur le papier destiné aux actes publics, judiciaires, etc. **2.** Marque d'une administration, d'une maison de commerce ; instrument servant à apposer ces marques : *un timbre en caoutchouc.* **3.** Timbre-poste. ■ **timbre fiscal** : marque imprimée ou vignette apposée sur certains actes et qui représente le paiement de la taxe perçue au profit du Trésor.

1. timbré, e adj **1.** MUS Se dit de la voix qui résonne bien. **2.** FAM Un peu fou.

2. timbré, e adj ■ **papier timbré** : marqué d'un timbre officiel et obligatoire pour la rédaction de certains actes.

timbre-poste (pl *timbres-poste*) nm Vignette qu'on colle sur les lettres pour les affranchir.

timbre-quittance (pl *timbres-quittances*) nm Timbre qu'on colle sur les quittances.

timbrer vt Affranchir avec un timbre.

timide adj et n Qui manque d'assurance, de hardiesse : *enfant, réponse timides.*

timidement adv Avec timidité.

timidité nf Caractère timide.

timing [tajmiŋ] nm Chronologie d'un processus.

timon nm Pièce du train de devant d'une voiture, aux deux côtés de laquelle on attelle les chevaux.

timonerie nf Partie du navire où sont les appareils de navigation ; service des timoniers.

timonier nm Matelot ou gradé chargé de la barre, de la veille et des signaux.

timoré, e adj et n Qui n'ose rien entreprendre ; craintif, pusillanime.

tin nm MAR Pièce de bois pour soutenir la quille d'un bâtiment.

tinctorial, e, aux adj **1.** Qui sert à teindre. **2.** Relatif à la teinture.

tinette nf Fosse d'aisances mobile.

tintamarre nm Grand bruit discordant ; vacarme.

tintement nm Son ou succession de sons d'un objet qui tinte. ■ **tintement d'oreilles :** bourdonnement d'oreilles.

tinter vt Faire sonner lentement une cloche par coups espacés. ◆ vi **1.** Résonner lentement. **2.** Produire des sons aigus.

tintin interj FAM ■ **faire tintin :** être privé de quelque chose. ❑ **tintin ! :** n'y comptez pas !

tintinnabuler vi Produire le son d'un grelot.

tintouin nm FAM **1.** Embarras, souci. **2.** Vacarme.

TIP [tip] nm (sigle de *titre interbancaire de paiement*) Ordre de prélèvement sur un compte bancaire ou postal, signé par le débiteur, pour effectuer un paiement précis.

tipi nm Haute tente conique des Indiens d'Amérique du Nord.

tique nf Acarien parasite du chien, des ruminants, parfois de l'homme.

tiquer vi FAM Avoir l'attention arrêtée par quelque chose qui surprend, déplaît.

tiqueté, e adj Marqué de points colorés : *oiseau tiqueté.*

tir nm **1.** Action ou manière de lancer, au moyen d'un instrument, d'une arme, un projectile vers un but. **2.** Ensemble des projectiles envoyés dans une même direction. **3.** Endroit où l'on s'exerce à tirer. **4.** SPORTS Action de lancer un ballon, une flèche, une boule vers un but. ■ **tirs au but :** au football, série de tirs effectuée pour essayer de départager deux équipes à égalité à la fin de la partie.

tirade nf **1.** Morceau écrit ou parlé développant une même idée. **2.** Au théâtre, long monologue ininterrompu.

tirage nm **1.** Ensemble des exemplaires d'un ouvrage, d'un journal, imprimés en une fois. **2.** Exemplaire positif d'un cliché photographique. **3.** Reproduction définitive d'une gravure. **4.** Action de prélever au hasard un élément dans un ensemble : *tirage d'une loterie ; tirage au sort.* **5.** Action d'émettre une traite, un chèque. **6.** Différence de pression à l'entrée et à la sortie d'une cheminée. ■ FAM **il y a du tirage :** des difficultés : *il y a du tirage entre eux.*

tiraillement nm **1.** Contraction douloureuse, spasmodique. **2.** FIG Déchirement moral.

tirailler vt **1.** Tirer à diverses reprises. **2.** Entraîner dans des sens différents : *être tiraillé entre le devoir et l'intérêt.* ◆ vi Tirer avec une arme à feu, souvent et sans ordre.

tiraillerie nf (surtout au pluriel) Conflit continuel ou répété.

tirailleur nm Soldat détaché qui tire à volonté. ■ **marcher en tirailleurs :** progresser en ordre dispersé.

tiramisu [tiramisu] nm Entremets italien fait de couches alternées de fromage et de génoise imbibée de café et saupoudrée de cacao.

tirant nm **1.** Lanière fixée à la tige d'une botte et servant à l'enfiler. **2.** Cordon servant à fermer une bourse, un sac. ■ MAR **tirant d'eau :** distance verticale dont un bateau s'enfonce dans l'eau.

1. tire nf ■ **vol à la tire :** qui consiste à tirer des poches les objets qu'on dérobe.

2. tire nf ARG Automobile.

tiré, e adj Fatigué, amaigri : *traits tirés.* ■ **tiré à quatre épingles :** mis avec recherche. ❑ **tiré par les cheveux :** qui manque de logique. ◆ nm Taillis bas permettant la chasse au fusil. ■ **tiré à part :** reproduction séparée d'un article de revue.

tire-au-flanc nm inv FAM Personne qui s'arrange pour se soustraire au travail, aux corvées.

tire-botte (pl *tire-bottes*) nm **1.** Crochet qu'on passe dans le tirant de la botte et qui permet de la tirer avec plus de force pour la chausser. **2.** Planche dotée d'une entaille pour coincer le talon de la botte à ôter.

tire-bouchon (pl *tire-bouchons*) nm Vis métallique servant à tirer les bouchons des bouteilles. ■ **en tire-bouchon :** en spirale.

tire-bouchonner vt Enrouler, tordre en spirale.

tire-clou (pl *tire-clous*) nm Outil pour arracher les clous.

tire-d'aile (à) loc adv À coups d'ailes rapides : *s'envoler à tire-d'aile.*

tire-fesses nm inv FAM Remonte-pente.

tire-fond nm inv **1.** CH DE F Grosse vis pour fixer le rail sur ses traverses. **2.** Anneau fixé au plafond pour suspendre un lustre.

tire-lait nm inv Appareil pour aspirer le lait du sein de la mère.

tire-larigot (à) loc adv FAM En grande quantité : *dépenser à tire-larigot.*

tire-ligne (pl *tire-lignes*) nm Instrument pour tracer des lignes.

tirelire nf Récipient muni d'une fente par laquelle on introduit l'argent qu'on veut économiser.

tirer vt **1.** Amener vers soi, entraîner derrière soi : *tirer une valise ; tirer quelqu'un par la manche.* **2.** Faire sortir : *tirer son mouchoir de sa poche ; tirer la langue.* **3.** Obtenir un avantage : *tirer un bénéfice.* **4.** Déduire logiquement : *tirer une conclusion.* **5.** Prendre au hasard dans un ensemble : *tirer un numéro au sort.* **6.** Imprimer : *tirer une estampe.* **7.** Réaliser une épreuve photographique : *tirer un négatif.* **8.** Tracer : *tirer un trait.* **9.** Lancer un projectile : *tirer une flèche.* ■ **tirer au clair :** éclaircir : *tirer une affaire au clair.* ❑ **tirer parti de :** utiliser. ❑ **tirer son origine de :** être issu de. ❑ **tirer un chèque :** donner ordre de la somme indiquée. ◆ vi **1.** Exercer une traction : *tirer sur une corde.* **2.** Faire usage d'une arme. **3.** Avoir du tirage, en parlant d'un conduit : *cheminée qui tire mal.* **4.** SPORTS Effectuer un tir au football, au basket-ball, etc. ; aux boules, lancer directement sa boule sur une autre pour la déplacer. **5.** Avoir une ressemblance avec : *rouge qui tire sur le brun.* **6.** Être imprimé à tant d'exemplaires : *journal qui tire beaucoup.* ■ **tirer à conséquence :** avoir des conséquences, des suites. ❑ **tirer à sa fin :** en approcher. ❑ **tirer en longueur :** se prolonger. ◆ **se tirer** vpr FAM S'en aller, s'enfuir. ■ **se tirer de** ou **s'en tirer :** sortir heureusement d'une maladie, d'une difficulté.

tiret nm Petit trait horizontal dans un texte.

tirette nf **1.** Tablette mobile prolongeant latéralement un meuble. **2.** Dispositif de commande d'un appareil, d'un mécanisme. **3.** BELGIQUE Fermeture à glissière.

tireur, euse n **1.** Personne qui tire avec une arme à feu. **2.** Personne qui tire un chèque. **3.** SPORTS Aux boules, celui qui tire ; en escrime, celui qui dispute un combat ; au football, joueur qui expédie le ballon vers le but adverse. ■ **tireur, tireuse de cartes :** personne qui prétend annoncer l'avenir d'après les cartes à jouer.

tiroir nm Petite caisse emboîtée dans un meuble et qui coulisse à volonté. ■ **pièce, roman à tiroirs :** formés d'épisodes sans lien entre eux.

tiroir-caisse (pl *tiroirs-caisses*) nm Tiroir contenant la caisse d'un commerçant.

tisane nf Infusion ou décoction de plantes dans de l'eau.

tisanière nf Récipient pour faire infuser une tisane.

tison nm Reste d'un morceau de bois brûlé.

tisonner vt Remuer les tisons d'un feu pour l'attiser.

tisonnier nm Tige de fer pour tisonner, attiser le feu.

tissage nm **1.** Action de tisser. **2.** Usine où l'on tisse.

tisser vt **1.** Entrelacer des fils pour faire une étoffe : *tisser le lin.* **2.** Construire, confectionner en réseau : *araignée qui tisse sa toile.*

tisserand, e n Artisan qui tisse à la main ou sur machine.

tisserin nm Oiseau passereau qui construit un nid suspendu, doté d'un accès vertical.

tisseur, euse n Personne qui fait du tissage.

tissu nm **1.** Matériau obtenu par l'assemblage de fils entrelacés : *un tissu imperméable.* **2.** Manière dont sont assemblés les fils d'une étoffe : *un tissu serré.* **3.** ANAT Ensemble de cellules concourant à la même fonction : *tissu osseux.* **4.** FIG Ensemble enchevêtré de choses : *tissu de contradictions.* **5.** Ensemble d'éléments constituant un tout homogène : *le tissu social.* ■ **tissu urbain :** (a) disposition de l'habitat et des activités dans une ville (b) répartition des villes sur un territoire donné.

tissu-éponge (pl *tissus-éponges*) nm Étoffe spongieuse dont la surface est formée de bouclettes.

tissulaire adj ANAT Relatif à un tissu.

tissure nf Entrecroisement de fils tissés.

titan nm LITT Personne d'une puissance colossale : *travail de titan.*

titane nm Métal blanc qui se rapproche du silicium et de l'étain ; symb : Ti.

titanesque adj Qui surpasse la mesure de l'homme ; gigantesque : *œuvre titanesque.*

titi nm FAM Gamin effronté et gouailleur.

titillation nf Chatouillement léger.

titiller vt **1.** Chatouiller légèrement. **2.** FIG Exciter agréablement ; préoccuper, énerver.

titisme nm HIST Forme de socialisme pratiquée par Tito en Yougoslavie.

titiste adj et n Relatif au titisme ; partisan de Tito.

titrage nm **1.** Action de titrer un film, un article, etc. **2.** Mesure des matières contenues dans un composé chimique : *titrage d'un alcool.*

titre nm **1.** Inscription en tête d'un livre, d'un chapitre, pour en indiquer le contenu. **2.** Dans un journal, texte en gros caractères annonçant le contenu d'un article. **3.** Subdivision d'une loi. **4.** Qualification honorifique : *le titre de champion.* **5.** Qualification exprimant une relation sociale, une fonction : *le titre de père.* **6.** Acte authentique établissant un droit : *titre de rente.* **7.** Richesse d'un alliage, d'un minerai, d'un sel, en un métal ou en un corps déterminé. ■ **à juste titre :** avec raison. ❑ **à titre de :** en qualité de, comme : *être reçu à titre d'expert ; à titre d'exemple.* ❑ **en titre :** comme titulaire : *professeur en titre.* ❑ **titre de transport :** pièce donnant droit d'utiliser un moyen régulier de transport. ❑ **titre d'une solution :** rapport de la masse du corps dissous à la masse de la solution.

titré, e adj **1.** Qui possède un titre nobiliaire ou honorifique : *personnage titré.* **2.** CHIM Se dit d'une solution dont le titre est connu.

titrer vt **1.** Donner un titre à. **2.** CHIM Déterminer le titre d'une solution. ◆ vi CHIM Avoir tant de degrés, en parlant d'une solution, d'un alcool.

titubant, e adj Qui avance en vacillant.

tituber vi Marcher d'un pas hésitant ; vaciller, chanceler.

titulaire adj et n **1.** Qui occupe un poste en vertu d'un titre : *professeur titulaire.* **2.** Qui possède juridiquement : *le titulaire du bail.*

titularisation nf Action de titulariser ; fait d'être titularisé.

titulariser vt Rendre titulaire d'un emploi.

TMS nm (sigle) MÉD Trouble musculo-squelettique.

1. TNT nm (abrév. de *trinitrotoluène*) Explosif puissant.

2. TNT nf (sigle) Télévision numérique terrestre.

toast [tost] nm **1.** Invitation à boire à la santé de quelqu'un, au succès d'une entreprise : *porter un toast.* **2.** Tranche de pain grillée : *un toast beurré.*

toasteur [tostœr] ou **toaster** [tostœr] nm Appareil pour faire griller le pain.

toboggan nm **1.** Piste glissante, utilisée comme jeu. **2.** Dispositif pour acheminer les marchandises d'un étage à un autre.

Toboggan nm (nom déposé) Viaduc routier.

toc nm FAM Imitation d'un métal précieux, d'un objet de valeur : *bijou en toc.*

TOC nm inv (sigle) Trouble obsessionnel compulsif.

1. tocard, e adj FAM Laid, sans goût, sans valeur.

2. tocard ou **toquard** nm FAM **1.** Cheval de course médiocre. **2.** Sportif de peu de valeur. **3.** Personne incapable.

toccata nf Composition musicale pour instruments à clavier.

tocsin nm Bruit d'une cloche qui tinte à coups pressés et redoublés, pour donner l'alarme.

tofu [tɔfu] nm Pâte de suc de soja pochée ou grillée.

toge nf **1.** Manteau ample et long des anciens Romains. **2.** Robe de magistrat, d'avocat, de professeur.

togolais, e adj et n Du Togo : *les Togolais.*

tohu-bohu nm inv Confusion, désordre.

toi pron pers Désigne la 2e personne du singulier représentant celui, celle à qui l'on parle en fonction de sujet pour renforcer *tu*, comme complément après une préposition ou un impératif, ou comme attribut : *toi, tu rêves ; sans toi ; lève-toi ! ; c'est toi qui l'as fait.*

EMPLOI Il est plus correct d'écrire *toi et moi, toi et ton père,* en plaçant toujours *toi* en tête, que l'inverse.

toilage nm Fond sur lequel se détache le dessin d'une dentelle.

toile nf **1.** Tissu de lin, de chanvre ou de coton : *draps de toile.* **2.** Tissu de fils résistants d'une matière quelconque : *toile métallique.* **3.** Tissu tendu sur lequel on peint ; tableau exécuté sur ce tissu. ■ **la Toile :** le réseau Internet. ❑ **toile d'araignée :** ensemble de fils constitués par la soie que sécrètent les araignées. ❑ **toile de fond :** (a) rideau sur lequel sont représentés les derniers plans d'un décor de théâtre (b) FIG contexte sur lequel se détachent des événements.

toilerie nf Fabrique, commerce de toile.

toilettage nm Action de toiletter.

toilette nf **1.** Ensemble des soins de propreté du corps : *faire sa toilette.* **2.** Ensemble des vêtements et des accessoires utilisés par une femme : *changer de toilette.* **3.** Action de nettoyer quelque chose. ◆ **toilettes** pl Cabinets d'aisances, lavabos.

toiletter vt Entretenir le pelage d'un animal domestique.

toise nf Instrument pour mesurer la taille humaine.

toiser vt **1.** Mesurer à la toise. **2.** Regarder avec dédain, avec bravade.

toison nf **1.** Poil, laine d'un animal : *toison d'un mouton.* **2.** FAM Chevelure très abondante.

toit nm **1.** Couverture d'un bâtiment : *toit de tuiles.* **2.** FIG Lieu où l'on habite : *le toit paternel.* **3.** Paroi supérieure d'un véhicule. ■ **toit ouvrant :** partie mobile de la paroi supérieure d'une voiture, réalisant une ouverture partielle.

toiture nf Ensemble des pièces qui constituent le toit d'un bâtiment.

tôlard, e ou **taulard, e** n FAM Détenu.

1. tôle nf Fer ou acier laminé, en feuilles : *tôle ondulée.*

2. tôle ou **taule** nf FAM Prison.

tolérable adj Qu'on peut tolérer, supporter.

tolérance nf **1.** Respect de la liberté d'autrui, de ses opinions. **2.** Écart admis par rapport à une norme. **3.** Capacité de l'organisme à supporter une substance donnée. ■ VX **maison de tolérance :** de prostitution.

tolérant, e adj Qui fait preuve de tolérance ; indulgent.

tolérer vt (conj 10) **1.** Supporter avec indulgence : *tolérer les caprices d'une star.* **2.** Permettre tacitement : *tolérer les abus.* **3.** MÉD Supporter sans réaction pathologique.

tôlerie nf **1.** Fabrication de la tôle ; atelier où on la travaille. **2.** Partie d'un véhicule constituée par de la tôle.

1. tôlier nm Ouvrier qui travaille la tôle.

2. tôlier, ère ou **taulier, ère** n FAM **1.** Patron, patronne d'un hôtel médiocre. **2.** Patron, patronne d'une entreprise.

tollé nm Clameur générale d'indignation, de protestation.

toluène nm Hydrocarbure liquide, analogue au benzène, utilisé notamment comme solvant.

TOM nm (sigle) Territoire d'outre-mer.

tomahawk [tɔmaok] nm Hache de guerre des Indiens d'Amérique du Nord.

tomaison nf IMPR Indication du numéro du tome sur les volumes d'un ouvrage.

tomate nf Plante herbacée potagère dont on consomme le fruit, rouge et charnu ; fruit de cette plante.

tombac nm Laiton d'une variété couramment utilisée en bijouterie.

tombal, e, als ou **aux** adj Relatif à la tombe : *pierre tombale.*

tombant, e adj Qui pend. ■ **à la nuit tombante :** au crépuscule.

tombe nf Fosse, recouverte ou non d'une dalle, où l'on enterre un mort. ■ FIG **avoir un pied dans la tombe :** être près de mourir. ❑ **être muet comme une tombe :** rester totalement silencieux. ❑ **se retourner dans sa tombe :** se dit d'un mort qu'on imagine bouleversé par ce qui vient d'être dit ou fait.

tombeau nm Monument élevé sur une tombe. ■ **à tombeau ouvert :** à toute allure, à une vitesse propre à provoquer un accident mortel.

tombée nf ■ **à la tombée de la nuit** ou **à la tombée du jour :** au moment où la nuit arrive ; au crépuscule.

tomber vi (auxil : *être*) **1.** Perdre l'équilibre, être entraîné au sol par son poids : *tomber à la renverse ; tomber de cheval ; livre qui tombe.* **2.** Descendre vers le sol : *la pluie tombe.* **3.** Être, rester pendant : *cheveux qui tombent sur les yeux.* **4.** Se détacher de l'organe qui porte, en parlant de cheveux, de feuilles, etc. : *dents qui tombent.* **5.** Perdre de son intensité, cesser : *enthousiasme qui tombe.* **6.** Perdre le pouvoir, être renversé : *faire tomber le gouvernement.* **7.** Périr, être tué : *tomber au champ d'honneur.* **8.** Devenir : *tomber malade ; tomber amoureux.* **9.** Arriver, survenir : *fête qui tombe un jeudi.* **10.** Être précipité vers, dans : *tomber dans un piège, dans le ridicule.* ■ FIG, FAM **laisser tomber quelqu'un, quelque chose :** ne plus s'en occuper, ne plus s'y intéresser. ❑ FIG, FAM **tomber à l'eau :** échouer : *le projet est tombé à l'eau.* ❑ **tomber bien, mal :** arriver au bon, au mauvais moment. ❑ **tomber d'accord :** s'accorder sur. ❑ **tomber dans l'erreur :** se tromper. ❑ **tomber du ciel :** (a) arriver à l'improviste et au bon moment (b) être stupéfait. ❑ **tomber en ruine :** s'écrouler. ❑ FIG, FAM **tomber sur :** (a) rencontrer (b) se précipiter sur. ◆ vt (auxil : *avoir*) ■ FAM **tomber la veste :** la retirer. ❑ FAM **tomber une femme :** la séduire.

tombereau nm Camion ou charrette à caisse basculante ; son contenu.

tombeur, euse n **1.** Sportif, sportive ayant éliminé tel adversaire. **2.** FIG, FAM séducteur, séductrice.

tombola nf Loterie où chaque gagnant reçoit un lot en nature.

tome nm Division d'un livre correspondant généralement à la division en volumes : *un ouvrage en trois tomes.*

tomme nf Fromage de Savoie.

tommette nf Petit carreau de terre cuite pour le dallage des sols.

1. ton nm **1.** Degré de hauteur de la voix ou du son d'un instrument : *ton grave.* **2.** Inflexion de la voix : *ton humble.* **3.** Caractère du style : *ton noble, soutenu.* **4.** Façon de s'exprimer, de se présenter. **5.** MUS Gamme dans laquelle un air est composé. **6.** BX-ARTS Degré d'éclat des teintes. ■ **de bon ton :** en accord avec les bonnes manières, avec le bon goût. ❑ **donner le ton :** régler la mode, les usages. ❑ **être, ne pas être dans le ton :** s'accorder, ne pas s'accorder avec le milieu, le groupe où l'on est.

2. ton, ta, tes adj poss Désigne un possesseur de la 2e personne du singulier pour indiquer un rapport d'appartenance, une relation d'ordre affectif ou social : *ton histoire ; tes livres ; ta mère ; ton chef.*

tonal, e, als adj MUS Relatif au ton, à la tonalité.

tonalité nf **1.** Qualité d'un morceau musical écrit dans un ton déterminé. **2.** Qualité d'un récepteur radioélectrique qui restitue avec autant de fidélité les tons graves que les tons aigus. **3.** Son que produit un téléphone qu'on décroche. **4.** PEINT Ensemble des teintes, des nuances d'un tableau.

tondaison nf Époque de la tonte.

tondeur, euse n Personne qui tond les animaux, les étoffes.

tondeuse nf Instrument servant à tondre les cheveux, le poil, les étoffes, à faucher le gazon.

tondre vt (conj 51) **1.** Couper à ras les cheveux, le poil, le gazon, etc. **2.** FIG, FAM dépouiller de son argent, exploiter.

tondu, e adj Dont on a coupé les cheveux, le poil, l'herbe.

tong [tɔ̃g] nf Sandale de plage en plastique, formée d'une semelle et d'une bride en V qui s'insère entre les deux premiers orteils.

tonicardiaque adj et nm Se dit d'un médicament qui stimule le cœur.

tonicité nf Propriété tonique, fortifiante.

tonifiant, e adj Qui tonifie.

tonifier vt Donner de la vigueur à, avoir un effet tonique.

1. tonique adj **1.** Qui fortifie ou stimule l'activité de l'organisme. **2.** FIG Qui stimule l'énergie, le moral : *lecture tonique.* **3.** Qui reçoit l'accent : *syllabe tonique.* ■ **accent tonique :** accent d'intensité. ❏ **lotion tonique :** qui raffermit la peau. ◆ nm **1.** Médicament tonique. **2.** Lotion tonique.

2. tonique nf Première note de la gamme du ton dans lequel est composé un morceau de musique.

tonitruant, e adj Bruyant comme le tonnerre : *voix tonitruante.*

tonkinois, e adj et n Du Tonkin.

tonnage nm Capacité de transport d'un navire, d'un camion.

tonnant, e adj Qui tonne : *voix tonnante.*

tonne nf **1.** Unité de mesure de masse équivalant à 1 000 kg. **2.** Grand tonneau ; son contenu. ■ FAM **des tonnes de :** beaucoup de : *des tonnes de paperasses.*

> ORTHOGRAPHE *Tonne* s'abrège par son symbole *t* (sans point) mais uniquement après un nombre écrit en chiffres : *cent tonnes, 100 t.*

tonneau nm **1.** Récipient de bois formé de douves assemblées, serrées par des cercles, et fermé par deux fonds plats ; son contenu. **2.** ANC Unité de capacité de transport d'un navire, valant 2,83 m^3. **3.** Culbute accidentelle, tour complet d'une voiture autour de son axe longitudinal. **4.** Figure de voltige aérienne. ■ FAM **du même tonneau :** de la même valeur, du même acabit.

tonnelet nm Petit tonneau.

tonnelier nm Celui qui fait ou répare des tonneaux.

tonnelle nf Treillage sur lequel on fait grimper de la vigne, des plantes, et qui sert d'abri.

tonnellerie nf Métier du tonnelier ; atelier de tonnelier.

tonner v impers Faire du bruit, en parlant du tonnerre. ◆ vi **1.** Produire un bruit semblable à celui du tonnerre : *le canon tonne.* **2.** FIG Parler avec véhémence contre : *tonner contre les abus.*

tonnerre nm **1.** Bruit accompagnant une décharge électrique, dont l'éclair est la manifestation lumineuse. **2.** Bruit assourdissant de quelque chose : *un tonnerre d'applaudissements.* ■ FAM **c'est du tonnerre :** c'est merveilleux, formidable. ❏ **coup de tonnerre :** (a) bruit de la foudre (b) FIG événement imprévu et brutal.

tonsure nf Surface circulaire rasée au sommet de la tête des ecclésiastiques.

tonsuré adj m et nm Qui porte la tonsure.

tonte nf **1.** Action de tondre la laine des moutons, le gazon. **2.** Laine que l'on tond. **3.** Tondaison.

tontine nf Association dans laquelle chaque associé verse une somme pour constituer un capital qui sera réparti à une époque déterminée entre les survivants.

tonton nm Oncle, dans le langage enfantin.

tonus [tɔnys] nm Énergie, dynamisme.

1. top [tɔp] nm Signal sonore bref.

2. top [tɔp] nm FAM Ce qui existe de mieux.

topaze nf Pierre fine jaune, transparente.

top-case [tɔpkɛz] (pl *top-cases*) nm Mallette fixée sur le porte-bagages d'un deux-roues motorisé.

toper vi Se taper mutuellement dans la main en signe d'accord : *tope là !*

topinambour nm Plante cultivée pour ses tubercules comestibles.

topique adj et nm Se dit d'un médicament qui agit à l'endroit où il est introduit ou appliqué.

top model [tɔpmɔdɛl] (pl *top models*) ou **top modèle** (pl *top modèles*) nm Mannequin de haute couture de renommée internationale.

top niveau (pl *top niveaux*) nm FAM Niveau le plus élevé.

topo nm FAM Exposé sur un sujet donné.

topographe n Spécialiste de topographie.

topographie nf **1.** Description et représentation graphique d'un terrain avec son relief. **2.** Disposition, relief d'un lieu.

topographique adj Relatif à la topographie.

toponymie nf Étude des noms de lieux.

top secret adj inv Strictement secret.

toquade ou **tocade** nf FAM Caprice, goût vif et passager pour quelqu'un ou pour quelque chose.

toquante ou **tocante** nf FAM Montre.

toque nf Coiffure cylindrique, sans bords : *toque de cuisinier.*

toqué, **e** adj et n FAM Un peu fou.

toquer (se) vpr [de] FAM S'éprendre de, avoir un engouement pour.

torche nf Flambeau grossier enduit de résine ou de cire. ■ **torche électrique :** lampe de poche cylindrique, de forte puissance.

torcher vt FAM **1.** Essuyer pour nettoyer. **2.** Exécuter à la hâte et mal.

torchère nf Candélabre porté par une tige ou une applique.

torchis nm Mortier de terre et de paille.

torchon nm **1.** Rectangle de toile pour essuyer. **2.** FAM Texte, devoir mal présenté. **3.** FAM Journal méprisable. ■ FIG **coup de torchon** : épuration radicale, coup de balai.

tordant, **e** adj FAM Drôle, amusant.

tord-boyaux nm inv FAM Eau-de-vie très forte et de qualité médiocre.

tordre vt (conj 52) **1.** Tourner en sens contraire un corps par ses deux extrémités : *tordre du linge.* **2.** Tourner violemment : *tordre le bras.* ■ **tordre le cou** : étrangler. ◆ **se tordre** vpr **1.** Se plier dans des contorsions sous l'effet d'une sensation, d'une émotion : *se tordre de douleur.* **2.** Se faire une entorse à : *se tordre la cheville.* ■ FAM **se tordre de rire :** rire convulsivement.

tordu, **e** adj **1.** De travers. **2.** FAM Extravagant, bizarre, compliqué : *avoir l'esprit tordu.*

tore nm **1.** ARCHIT Grosse moulure ronde à la base d'une colonne. **2.** GÉOM Surface engendrée par un cercle tournant autour d'une droite ne passant pas par son centre ; solide en forme d'anneau limité par cette surface.

toréador nm VX Torero.

toréer vi Exercer le métier de torero.

torero [tɔrero] nm Celui qui combat les taureaux dans l'arène.

> ORTHOGRAPHE Le nom a gardé sa forme espagnole, avec un *e* sans accent (*torero*), alors que le verbe a adopté la forme française, avec un *é* (*toréer*).

torgnole nf FAM Coup violent ; gifle.

toril [tɔril] nm Lieu où l'on tient les taureaux enfermés avant le combat.

tornade nf Coup de vent tourbillonnant très violent.

toron nm Assemblage de plusieurs gros fils tordus ensemble.

torpédo nf VX Automobile découverte à profil allongé.

torpeur nf **1.** Engourdissement profond : *tirer un homme de sa torpeur.* **2.** Ralentissement général des activités.

torpide adj LITT Qui provoque la torpeur ; qui en a les caractères.

torpillage nm Action de torpiller ; son résultat.

torpille nf **1.** Poisson plat possédant un organe électrique qui lui permet d'engourdir ses victimes. **2.** Engin de guerre pouvant provoquer une explosion sous-marine. **3.** Bombe d'avion à ailettes.

torpiller vt **1.** Attaquer, atteindre au moyen de torpilles. **2.** FIG Faire échouer quelque chose.

torpilleur nm **1.** Bateau destiné à porter, à lancer des torpilles. **2.** Marin chargé de la manipulation des torpilles.

torque nm Collier celtique, métallique et rigide.

torréfacteur nm **1.** Appareil de torréfaction. **2.** Commerçant qui torréfie du café et le vend.

torréfaction nf Action de torréfier : *torréfaction du café.*

torréfier vt Griller des grains de : *torréfier du café.*

torrent nm Violent cours d'eau de montagne. ■ **il pleut à torrents :** la pluie tombe très fort. ❑ FIG **un torrent de :** un grand écoulement de : *un torrent de larmes.*

torrentiel, **elle** adj **1.** Du torrent. **2.** Qui tombe à torrents : *pluie torrentielle.*

torrentueux, **euse** adj LITT Qui a l'impétuosité d'un torrent.

torride adj **1.** Excessivement chaud : *climat torride.* **2.** FAM D'un érotisme intense.

tors, **e** adj **1.** Contourné, difforme : *des jambes torses.* **2.** Tordu en spirale : *une colonne torse.*

torsade nf **1.** Frange tordue en spirale, employée en passementerie. **2.** Motif décoratif imitant un câble, un cordon tordu.

torsader vt Disposer en torsade.

torse nm **1.** Partie du corps comprenant les épaules et la poitrine jusqu'à la taille : *être torse nu.* **2.** Sculpture représentant un tronc humain sans tête ni membres.

torsion nf Action ou manière de tordre ; déformation produite en tordant.

tort nm **1.** Ce qui est contraire au droit, à la justice, à la raison. **2.** Préjudice, dommage. ■ **à tort** : injustement. ❑ **à tort et à travers** : sans discernement. ❑ **à tort ou à raison** : avec ou sans raison. ❑ **avoir tort** : ne pas avoir raison, se tromper. ❑ **donner tort à quelqu'un** : déclarer qu'il se trompe ou qu'il a commis une faute. ❑ **être en tort, dans son tort** : dans la situation de quelqu'un qui a commis une infraction ou une faute. ❑ **faire du tort à quelqu'un** : lui nuire.

torticolis nm Douleur du cou qui empêche tout mouvement de la tête.

tortilla [tɔrtilja] nf Spécialité mexicaine consistant en une crêpe de farine de maïs salée.

tortillage nm Action de tortiller.

tortillard nm Chemin de fer secondaire qui fait de nombreux détours.

tortillement nm Action de tortiller, de se tortiller ; aspect d'une chose tortillée.

tortiller vt Tordre en tous sens. ◆ vi ■ FAM **il n'y a pas à tortiller** : il est inutile de chercher des détours, des subterfuges. ❑ **tortiller des hanches** : balancer les hanches en marchant. ◆ **se tortiller** vpr Se tourner sur soi-même de différentes façons.

tortillon nm **1.** Bourrelet pour porter un fardeau sur la tête. **2.** Chose tortillée.

tortionnaire n Personne qui torture quelqu'un pour lui arracher des aveux ou par sadisme.

tortue nf Reptile au corps entouré d'une carapace osseuse. ■ FIG **à pas de tortue** : lentement.

tortueusement adv D'une manière tortueuse.

tortueux, **euse** adj **1.** Qui fait de nombreux détours. **2.** FIG Qui manque de franchise : *manœuvres tortueuses.*

torturant, **e** adj Qui torture.

torture nf **1.** Supplice physique que l'on fait subir à quelqu'un. **2.** Souffrance physique ou morale extrême. ■ **se mettre l'esprit à la torture** : faire de grands efforts pour trouver ou se rappeler quelque chose.

torturer vt **1.** Faire subir la torture à. **2.** Faire souffrir physiquement. **3.** FIG Tourmenter vivement. ◆ **se torturer** vpr ■ **se torturer l'esprit** : réfléchir longuement et intensément.

torve adj Se dit d'un regard oblique et menaçant.

tory (pl *torys* ou *tories*) nm et adj Membre du parti conservateur anglais.

toscan, **e** adj et n De Toscane : *les Toscans.* ◆ nm Dialecte italien de Toscane.

tôt adv Avant un moment qui sert de point de repère : *se lever tôt.* ■ **au plus tôt** : en prévoyant le délai le plus court. ❑ **tôt ou tard** : un jour ou l'autre.

total, **e**, **aux** adj Complet, entier. ◆ nm **1.** Assemblage de plusieurs parties formant un tout. **2.** Somme obtenue par addition. ■ **au total** : tout considéré.

totale nf FAM Ablation de l'utérus et des ovaires. ■ FAM **(c'est) la totale !** : tous les désagréments se produisent en même temps : *la grève des trains et la pluie, (c'est) la totale !*

totalement adv Entièrement, tout à fait.

totalisateur ou **totaliseur** nm Appareil qui donne le total d'une série d'opérations.

totalisation nf Action de faire un total ; son résultat.

totaliser vt **1.** Faire le total de. **2.** Arriver à un total de.

totalitaire adj ■ **régime, État totalitaire** : où tous les pouvoirs sont aux mains d'un parti unique et où l'opposition est interdite.

totalitarisme nm **1.** Système politique des régimes totalitaires. **2.** Autoritarisme.

totalité nf Tout, total. ■ **en totalité** : complètement.

GRAMMAIRE Avec *totalité,* le verbe s'accorde généralement au singulier : *la totalité des copies a été corrigée.*

totem [tɔtɛm] nm **1.** Animal ou végétal considéré comme l'ancêtre et le protecteur d'un clan à l'intérieur d'une tribu. **2.** Représentation de cet animal, de ce végétal.

totémique adj Relatif au totem.

totémisme nm Croyance aux totems.

touareg, **ègue** ou **targui**, **e** adj et n Qui appartient à un peuple nomade du Sahara.

toubib nm FAM Médecin.

toucan nm Oiseau frugivore grimpeur à bec énorme et vivement coloré.

1. touchant prép LITT Relativement à ; concernant.

2. touchant, **e** adj Qui touche, qui émeut.

touche nf **1.** Pièce d'une machine, d'un instrument, sur laquelle on appuie pour commander un mécanisme. **2.** FIG Manière de peindre, d'écrire : *une touche* *délicate.* **3.** Élément personnel, note particulière : *touche de fantaisie.* **4.** FAM Allure de quelqu'un : *avoir une drôle de touche.* **5.** Action du poisson qui mord à l'hameçon : *avoir une touche.* **6.** Limite latérale d'un terrain de football, de rugby. ■ FIG, FAM **botter, dégager en touche :** éluder une question gênante afin de gagner du temps ou de se soustraire à ses responsabilités. ❑ FAM **être sur la touche :** être tenu à l'écart d'une activité, d'une entreprise.

touche-à-tout n inv FAM Personne qui touche à tout, qui se mêle de tout ou qui se disperse en toutes sortes d'activités.

1. toucher vt **1.** Entrer en contact avec : *toucher des fruits.* **2.** Recevoir, percevoir : *toucher de l'argent.* **3.** Atteindre : *toucher un but, un adversaire.* **4.** Concerner : *cela ne me touche en rien.* **5.** Émouvoir : *ses larmes m'ont touché.* ◆ vt ind [à] **1.** Porter la main sur : *défense de toucher au tableau.* **2.** Modifier : *toucher à une loi.* **3.** Être proche de, contigu : *maison qui touche à l'église.* **4.** Être sur le point d'atteindre : *toucher au port.* **5.** Aborder un sujet : *toucher à un point crucial.* **6.** Prendre une partie de ; entamer : *toucher à ses économies ; ne pas toucher à son repas.* ■ **toucher à sa fin :** être sur le point de se terminer. ◆ **se toucher** vpr Être en contact : *deux maisons qui se touchent.*

2. toucher nm **1.** Sens grâce auquel on connaît la forme et l'état extérieur des corps par contact. **2.** Manière de toucher.

touffe nf Bouquet, assemblage de fils, de brins, de poils : *touffe d'herbe, de cheveux.*

touffeur nf LITT Chaleur étouffante.

touffu, e adj **1.** Épais, serré : *bois touffu.* **2.** FIG Abondant en détails : *roman trop touffu.*

touiller vt FAM Remuer, agiter, mélanger.

toujours adv **1.** Sans cesse, sans fin : *nourrisson qui pleure toujours.* **2.** En tout temps : *l'hypocrisie a toujours existé.* **3.** Encore à présent : *je l'aime toujours malgré ses défauts.* **4.** De toute façon : *c'est toujours mieux que rien.* ■ **pour toujours :** pour tout le temps à venir ; définitivement. ❑ **toujours est-il que... :** néanmoins, cependant.

toundra [tundra] nf Dans les régions de climat froid, formation végétale discontinue.

toupet nm **1.** Petite touffe de poils, de crins ou de cheveux. **2.** Audace, effronterie.

toupie nf **1.** Jouet d'enfant, formé d'une masse ronde munie d'une pointe, sur laquelle elle pivote. **2.** Machine pour le travail du bois.

toupiller vt TECHN Travailler le bois à l'aide d'une toupie.

touque nf Récipient métallique pour le transport de certains produits.

1. tour nf **1.** Bâtiment nettement plus haut que large, de forme ronde ou carrée. **2.** Construction en hauteur : *la tour Eiffel.* **3.** Pièce du jeu d'échecs en forme de tour crénelée. ■ **tour de contrôle :** bâtiment qui domine un aérodrome et d'où se fait le contrôle des envols et des atterrissages. ❑ **tour d'ivoire :** isolement.

2. tour nm **1.** Mouvement d'un corps qui tourne sur lui-même : *tour de manivelle.* **2.** Mouvement plus ou moins circulaire autour de quelqu'un ou de quelque chose : *faire le tour de la ville.* **3.** Contour, limite, circonférence : *tour de poitrine.* **4.** Rang dans une succession : *parler à son tour.* **5.** Exercice exigeant de l'adresse, de l'habileté : *tour de passe-passe.* **6.** Manière de présenter une idée : *tour original.* **7.** MÉCAN Machine-outil servant à façonner une pièce montée sur un arbre animé d'un mouvement de rotation. **8.** Dispositif actionné au pied, comportant un plateau rotatif horizontal sur lequel le potier dispose la motte d'argile à tourner (on dit aussi : *tour de potier*). ■ **à tour de bras :** de toute la force du bras. ❑ **à tour de rôle :** en respectant un ordre de succession : *prendre la parole à tour de rôle.* ❑ **en un tour de main :** en un instant. ❑ **faire un tour :** une promenade. ❑ **tour à tour :** l'un après l'autre ; alternativement. ❑ **tour de chant :** programme de chansons présentées par un chanteur sur scène. ❑ **tour de reins :** lumbago.

tourangeau, elle adj et n De la Touraine ou de Tours : *les Tourangeaux.*

tourbe nf Combustible de qualité médiocre issu de la décomposition des végétaux.

tourbeux, euse adj Qui contient de la tourbe.

tourbière nf **1.** Marécage où se forme la tourbe. **2.** Gisement de tourbe.

tourbillon nm **1.** Vent impétueux qui souffle en tournoyant. **2.** Masse d'eau qui tournoie rapidement. **3.** Masse quelconque qui tournoie : *tourbillon de poussière.* **4.** FIG Mouvement rapide de personnes ou de choses.

tourbillonnant, e adj Qui tourbillonne.

tourbillonnement nm Mouvement en tourbillon.

tourbillonner vi **1.** Former des tourbillons. **2.** Tournoyer rapidement.

tourelle nf **1.** Petite tour attenante à un bâtiment. **2.** Abri orientable destiné à protéger un tireur sur un engin blindé, dans un avion.

tourillon nm **1.** Partie cylindrique autour de laquelle une pièce reçoit un mouvement de rotation. **2.** Cheville cylindrique servant à assembler des pièces de bois, des panneaux.

tourisme nm **1.** Action de voyager pour son agrément. **2.** Ensemble des activités, des techniques mises en œuvre pour les voyages et les séjours d'agrément. ■ **de tourisme :** à usage privé et non collectif : *avion de tourisme.*

touriste n Personne qui voyage pour son agrément. ■ **classe touriste :** classe à tarif réduit, en avion.

touristique adj **1.** Relatif au tourisme : *guide touristique.* **2.** Qui attire les touristes : *ville touristique.*

tourmaline nf Pierre fine de couleur variée.

tourment nm SOUT Violente douleur physique ou morale.

tourmente nf **1.** SOUT Tempête violente. **2.** FIG Troubles violents : *tourmente politique.*

tourmenté, e adj **1.** En proie aux tourments, à l'angoisse : *visage tourmenté.* **2.** Qui a des irrégularités brusques et nombreuses : *un sol tourmenté.*

tourmenter vt SOUT **1.** Causer une souffrance physique ou morale à : *son procès le tourmente.* **2.** Importuner par une insistance excessive. ◆ **se tourmenter** vpr Se faire beaucoup de souci.

tournage nm **1.** Action d'usiner au tour. **2.** CIN Action de filmer : *tournage d'un film.*

tournailler vi FAM Aller et venir sans but.

tournant, e adj **1.** Qui tourne, qui pivote : *fauteuil, pont tournant.* **2.** Qui contourne, prend à revers : *manœuvre tournante.* ■ **grève tournante :** qui paralyse successivement les différents secteurs d'une activité économique, les divers services d'une entreprise. ◆ nm **1.** Coude d'un chemin, d'une rivière, d'une voie. **2.** FIG Moment où les événements prennent une tournure différente : *un tournant de cette histoire.* ■ FAM **avoir, attendre quelqu'un au tournant :** se venger dès que l'occasion se présente.

tourné, e adj **1.** Fait d'une certaine façon : *phrase bien tournée.* **2.** Aigri, altéré : *vin, lait tourné.* ■ **avoir l'esprit mal tourné :** interpréter les choses de mauvaise manière, en particulier d'une façon licencieuse.

tourneboulеr vt FAM Troubler, perturber l'esprit de quelqu'un.

tournebroche nm Mécanisme faisant tourner une broche à rôtir.

tourne-disque (pl *tourne-disques*) nm Appareil qui sert à écouter des disques. SYN : électrophone.

tournedos nm Tranche de filet de bœuf ronde et épaisse.

tournée nf **1.** Voyage à itinéraire déterminé et à caractère professionnel : *tournée théâtrale ; tournée du facteur, tournée électorale.* **2.** FAM Ensemble des boissons offertes par un consommateur à d'autres, dans un café. **3.** VIEILLI, FAM volée de coups.

tournemain nm ■ **en un tournemain :** en un instant.

tourner vt **1.** Imprimer un mouvement de rotation à : *tourner une roue, une broche.* **2.** Changer de position, de direction : *tourner la tête.* **3.** Faire changer de position, mettre dans un autre sens : *tourner une lampe.* **4.** Remuer en rond un aliment, un liquide, pour les mélanger : *tourner la salade, une sauce.* **5.** Orienter, diriger : *tourner les yeux vers quelqu'un.* **6.** Éluder, se soustraire à : *tourner une difficulté.* **7.** Interpréter : *tourner un projet en bien, en mal.* **8.** Présenter, exprimer d'une certaine façon : *tourner un compliment ; bien tourner ses phrases.* **9.** TECHN Façonner au tour. **10.** CIN Réaliser le tournage d'un film. ■ **tourner bride :** revenir sur ses pas, en parlant d'un cavalier. ❑ **tourner casaque :** changer de parti, d'avis. ❑ **tourner en ridicule :** ridiculiser. ❑ **tourner la page :** (a) ne plus se préoccuper du passé (b) changer de sujet, d'activité. ❑ **tourner la tête à quelqu'un :** lui faire perdre la raison. ❑ **tourner le dos à :** (a) s'éloigner de (b) FIG traiter avec mépris. ❑ **tourner les talons :** s'en aller ◆ vi **1.** Se mouvoir, se déplacer circulairement : *manège qui tourne.* **2.** S'altérer, devenir aigre : *lait qui tourne.* **3.** Être en fonctionnement, en parlant d'une machine : *moteur qui tourne régulièrement.* **4.** Changer de direction : *tourner à gauche, à droite.* **5.** Suivre une ligne courbe : *route qui tourne.* **6.** Participer au tournage d'un film. **7.** Avoir pour centre d'intérêt : *problème qui tourne autour de deux questions.* **8.** Évoluer de telle ou telle façon : *tourner au ridicule.* **9.** Finir, s'achever : *affaire qui tourne mal.* **10.** Se succéder pour assurer un service, en parlant de plusieurs personnes. ■ **avoir la tête qui tourne :** le vertige. ❑ **tourner court :** finir brusquement. ❑ FAM **tourner de l'œil :** s'évanouir. ◆ **se tourner** vpr [vers] **1.** Changer de position pour se trouver face à : *acteur qui se tourne vers le public.* **2.** S'orienter vers, en parlant des yeux, du regard. **3.** S'engager dans : *se tourner vers les études scientifiques.* **4.** Avoir recours à : *se tourner vers une autre solution ; se tourner vers quelqu'un.*

tournesol [turnəsɔl] nm Plante dont la fleur jaune se tourne vers le soleil et dont les graines fournissent une huile comestible.

tourneur, euse n Ouvrier, ouvrière qui travaille sur un tour.

tournevis [turnəvis] nm Outil pour visser ou dévisser des vis.

tournicoter vi FAM Tourner dans tous les sens.

tourniquet nm **1.** Appareil pivotant à l'entrée d'une voie ou d'un bâtiment qui ne laisse passer qu'une personne à la fois. **2.** Dispositif d'arrosage pivotant en son centre. **3.** Présentoir rotatif.

tournis nm ■ **avoir, donner le tournis** : le vertige.

tournoi nm **1.** Compétition sportive : *tournoi de tennis.* **2.** Compétition amicale, sans attribution d'un titre : *tournoi de bridge.* **3.** HIST Au Moyen Âge, fête où les chevaliers combattaient à cheval.

tournoiement nm Action de tournoyer ; mouvement de ce qui tournoie.

tournoyer vi (conj 3) Tourner sur soi, décrire des cercles ; tourbillonner.

tournure nf **1.** Aspect, allure que présente quelqu'un, quelque chose, une situation : *prendre une bonne, une mauvaise tournure.* **2.** Agencement des mots dans une phrase : *tournure incorrecte.* ■ **tournure d'esprit** : manière de voir les choses, de les présenter.

tour-opérateur (pl *tour-opérateurs*) nm Personne qui commercialise des voyages à forfait. SYN : voyagiste.

tourte nf Préparation constituée d'une tarte en pâte feuilletée ou brisée, garnie de viande, de poisson, de fruits ou de légumes, et recouverte d'une couche de la même pâte.

1. tourteau nm Résidu de graines, de fruits oléagineux, utilisé comme aliment pour les bestiaux.

2. tourteau nm Gros crabe à large carapace (on dit aussi : *crabe dormeur, dormeur*).

tourtereau nm Jeune tourterelle. ◆ **tourtereaux** pl Jeunes amoureux.

tourterelle nf Oiseau voisin du pigeon, mais plus petit.

tourtière nf Ustensile pour faire cuire des tourtes ou des tartes.

Toussaint nf Fête de tous les saints, le 1er novembre.

tousser vi **1.** Avoir un accès de toux ; se râcler la gorge. **2.** FAM Évoquer le bruit d'une toux : *moteur qui tousse.*

toussotement nm Action de toussoter ; bruit ainsi produit.

toussoter vi Tousser souvent, mais faiblement.

tout [tu] devant une consonne, [tut] devant une voyelle ou un *h* muet, **toute, tous** [tu] devant une consonne, [tuz] devant une voyelle ou un *h* muet, **toutes** adj **1.** Chaque, n'importe quel : *tout homme est sujet à l'erreur ; toute peine mérite salaire ; tous les jours.* **2.** Indique la totalité d'une durée, d'un ensemble, l'intégralité d'une chose : *toute la nuit ; tous les deux.* **3.** Exprime l'intensité ; complet, sans réserve : *en toute simplicité ; à toute vitesse.* **4.** Indique une restriction sur la valeur, sur l'intensité ; seul, unique : *toute la difficulté ; pour toute réponse.* ◆ (au pluriel, se prononce [tus]) pron indéf **1.** Toute chose, chaque chose : *il sait tout faire.* **2.** Tout le monde : *ils sont tous venus.* ■ **après tout** : en fin de compte. ❏ **à tout prendre** : en somme. ❏ **en tout et pour tout** : uniquement. ◆ nm **1.** La totalité, l'ensemble : *livres qui forment un tout.* **2.** L'essentiel, le principal : *le tout est de partir.* ■ **changer du tout au tout** : complètement. ❏ **jouer le tout pour le tout** : risquer totalement. ❏ **pas du tout** ou **du tout** : nullement. ❏ **plus du tout** : absolument plus. ❏ **rien du tout** : absolument rien. ◆ adv Marque l'intensité, le degré absolu ; entièrement, très : *il est tout content ; tout là-bas ; c'est tout le contraire.* ■ **tout à fait** : entièrement. ❏ **tout de même** : (a) néanmoins : *il est malade ; il y va tout de même* (b) marque l'impatience, la réprobation : *tout de même, te voilà !*

GRAMMAIRE On distinguera bien *tout* adjectif indéfini et *tout* adverbe : *toute autre demande sera rejetée* (*tout* équivaut à « n'importe quelle », il s'accorde) mais *c'est une tout autre demande* (*tout* équivaut à « totalement », il est invariable).

tout-à-l'égout nm inv Système de vidange envoyant directement à l'égout les eaux usées.

tout-en-un nm **1.** Livre qui réunit en un volume des informations de toutes sortes. **2.** Appareil multifonction.

toutefois adv Néanmoins

toute-puissance (pl *toutes-puissances*) nf Puissance absolue.

toutou nm FAM Chien, dans le langage enfantin.

tout-petit (pl *tout-petits*) nm Très jeune enfant.

tout-puissant, toute-puissante (pl *tout-puissants, toutes-puissantes*) adj Qui a un pouvoir sans bornes. ◆ nm ■ **le Tout-Puissant** : Dieu.

tout-terrain ou **tout terrain** nm inv et adj inv Véhicule conçu pour rouler sur n'importe quel terrain.

tout-venant nm inv **1.** Chose ou personne qui n'a pas fait l'objet d'un choix. **2.** Matériau extrait d'une mine ou d'une carrière, non trié.

toux nf Expiration brusque et sonore de l'air contenu dans les poumons.

toxicité nf Caractère toxique.

toxicologie nf Étude des substances toxiques.

toxicologue n Spécialiste de toxicologie.

toxicomane n et adj Personne qui s'adonne à la toxicomanie.

toxicomaniaque adj Relatif à la toxicomanie.

toxicomanie nf Habitude d'absorber des substances susceptibles d'engendrer un état de dépendance psychique ou physique.

toxine nf **1.** Substance toxique élaborée par un organisme vivant. **2.** Déchet de l'organisme.

toxique adj et nm Se dit d'une substance nocive pour les organes vivants.

toxoplasmose nf Maladie provoquée par un protozoaire, dangereuse pour le fœtus chez une femme enceinte.

TP nm pl (sigle) Travaux pratiques.

trac nm FAM Peur que l'on éprouve au moment de paraître en public, d'entreprendre une action.

traçabilité nf **1.** Possibilité de remonter la filière de fabrication d'un produit et de suivre les voies de sa distribution. **2.** Possibilité de suivre un objet aux différentes étapes de son acheminement.

traçage nm Action de tracer.

traçant, e adj Se dit d'un projectile conçu pour laisser derrière lui un sillage lumineux.

tracas nm Souci, inquiétude momentanés.

tracasser vt Causer du souci, inquiéter. ◆ **se tracasser** vpr S'inquiéter vivement.

tracasserie nf Ennui causé à quelqu'un pour des choses peu importantes.

tracassier, ère adj Qui suscite des tracas, des difficultés pour des riens.

trace nf **1.** Empreinte du passage de quelqu'un, d'un animal, d'un véhicule. **2.** Cicatrice, marque qui reste d'une chose. **3.** FIG Impression dans l'esprit, la mémoire. ■ **à la trace :** en suivant les traces. ❑ FIG **suivre les traces de quelqu'un :** suivre son exemple.

tracé nm **1.** Dans un dessin, un plan, représentation des contours. **2.** Ligne suivie, parcours : *tracé d'un chemin de fer.*

tracement nm Action de tracer.

tracer vt (conj 1) **1.** Représenter par des lignes et des points. **2.** Indiquer par l'écriture. **3.** Dépeindre, décrire : *tracer un tableau sinistre.* **4.** Marquer, déterminer la voie à suivre. **5.** Suivre, par des technologies diverses, les déplacements d'une personne ou d'un objet : *tracer un téléphone portable.*

trachéal, e, aux [trakeal, o] adj De la trachée.

trachée [traʃe] ou **trachée-artère** [traʃeartɛr] (pl *trachées-artères*) nf Canal qui fait communiquer le larynx avec les bronches.

trachéite [trakeit] nf Inflammation de la trachée.

trachéotomie [trakeɔtɔmi] nf Opération chirurgicale qui consiste à ouvrir la trachée au niveau du cou pour permettre la respiration en cas d'asphyxie.

trachome [trakom] nm MÉD Conjonctivite contagieuse.

traclet nm SUISSE FAM Petit train, spécialement petit train de montagne.

tract [trakt] nm Feuille ou brochure imprimée distribuée à des fins de propagande.

tractation nf (surtout au pluriel) Négociation secrète difficile.

tracter vt Tirer au moyen d'un véhicule ou d'un dispositif mécanique.

tracteur nm Véhicule motorisé servant à remorquer des véhicules sans moteur ou à tirer des instruments agricoles.

traction nf **1.** Action de tirer, de mouvoir quand la force est placée en avant de la résistance. **2.** Action d'une force agissant sur un corps suivant son axe et tendant à l'allonger. ■ **traction avant** ou **traction :** automobile dont les roues avant sont motrices.

trade-union [trɛdjunjɔn] ou [trɛdynjɔn] (pl *trade-unions*) nf Syndicat ouvrier en pays anglo-saxon.

tradition nf **1.** Transmission de doctrines religieuses ou morales, de légendes, de coutumes, par la parole ou par l'exemple ; ce qui est transmis. **2.** Manière d'agir ou de penser transmise de génération en génération. ■ **de tradition :** habituel.

traditionalisme nm Attachement aux idées, aux coutumes transmises par la tradition.

traditionaliste adj et n Relatif au traditionalisme ; qui en est partisan.

traditionnel, elle adj **1.** Fondé sur la tradition. **2.** Passé dans les habitudes.

traditionnellement adv De façon traditionnelle.

traducteur, trice n Auteur d'une traduction.

traduction nf **1.** Action de transposer dans une autre langue ; ouvrage traduit. **2.** Manière d'exprimer d'une autre façon ;

manifestation. **3.** Fait de traduire qqn en justice.

traduire vt (conj 70) **1.** Faire passer un texte, un discours, d'une langue dans une autre : *traduire du latin en français.* **2.** Exprimer, manifester, révéler : *visage qui traduit un sentiment d'anxiété.* ■ **traduire en justice :** citer, appeler devant un tribunal. ◆ **se traduire** vpr Être exprimé, se manifester : *sa douleur se traduisait par des cris.*

traduisible adj Qui peut être traduit : *mot difficilement traduisible.*

1. trafic nm **1.** Commerce clandestin, illégal : *faire le trafic des stupéfiants.* **2.** FAM Ensemble d'activités plus ou moins mystérieuses et compliquées. ■ DR **trafic d'influence :** infraction commise par une personne de pouvoir qui se fait rémunérer pour jouer de son influence auprès de l'autorité publique.

2. trafic nm **1.** Mouvement, fréquence de la circulation des trains, des voitures, des avions : *trafic aérien, routier.* **2.** Circulation des marchandises.

traficoter vi FAM Se livrer à de petits trafics. ◆ vt FAM Manigancer.

trafiquant, e n Personne qui se livre à un commerce malhonnête.

trafiquer vi Se livrer à des opérations commerciales clandestines et illégales. ◆ vt FAM **1.** Falsifier, frelater quelque chose : *trafiquer du vin.* **2.** Manigancer : *que trafiques-tu ?*

tragédie nf **1.** Pièce de théâtre représentant une ou des actions de caractère passionnel et à l'issue généralement dramatique : *les tragédies shakespeariennes.* **2.** Événement funeste, catastrophe.

tragédien, enne n Acteur, actrice qui interprète surtout des tragédies.

tragi-comédie (pl *tragi-comédies*) nf **1.** Tragédie mêlée d'incidents comiques. **2.** FIG Mélange de choses sérieuses et comiques.

tragi-comique (pl *tragi-comiques*) adj Qui tient du tragique et du comique.

tragique adj **1.** Qui appartient à la tragédie. **2.** Terrible, funeste, sanglant : *fin tragique.* ◆ nm **1.** Le genre tragique. **2.** Auteur de tragédies. **3.** Caractère de ce qui est terrible : *le tragique d'une situation.*

tragiquement adv De façon tragique.

trahir vt **1.** Livrer, abandonner quelqu'un ou quelque chose à qui ou à quoi l'on doit fidélité : *trahir son pays.* **2.** FIG Manquer à : *trahir son serment.* **3.** Révéler : *trahir un secret.* **4.** Ne pas répondre à : *trahir la confiance.* **5.** Ne pas exprimer exactement : *trahir la pensée de quelqu'un.* ◆ **se trahir** vpr Laisser involontairement deviner ses pensées, ses sentiments : *se trahir par un geste.*

trahison nf Action de trahir.

train nm **1.** Convoi de wagons ou de voitures traînés par une locomotive : *voyager en train ; train express.* **2.** File de véhicules, d'objets traînés ou avançant ensemble : *train de péniches.* **3.** Ensemble d'organes mécaniques, d'objets qui fonctionnent ensemble : *train d'atterrissage.* **4.** Enchaînement de choses diverses ; série : *train de mesures fiscales.* **5.** Partie antérieure ou postérieure d'un quadrupède. **6.** Allure, vitesse d'une personne, d'un animal, d'un véhicule : *aller bon train.* ■ **être en train :** en forme. ❑ **être en train de :** occupé à : *être en train de lire.* ❑ **mettre qqch en train :** commencer à le faire. ❑ **train de vie :** manière de vivre d'une personne par rapport aux revenus, aux ressources dont elle dispose.

traînage nm Action de traîner.

traînailler vi → **traînasser**.

traînant, e adj **1.** Qui traîne. **2.** FIG Monotone, lent : *voix traînante.*

traînard, e n FAM **1.** Personne qui reste en arrière, dans une marche. **2.** Personne qui agit avec lenteur.

traînasser ou **traînailler** vi FAM **1.** Agir avec beaucoup de lenteur. **2.** Se promener sans but précis.

traîne nf Partie d'un vêtement qui traîne à terre. ■ **à la traîne :** (a) à l'abandon, en désordre : *dossiers à la traîne* (b) en retard : *élève à la traîne.*

traîneau nm Véhicule muni de patins, que l'on fait glisser sur la glace et la neige.

traînée nf Longue trace laissée dans l'espace ou sur une surface par une chose en mouvement : *une traînée de sang.* ■ **se répandre comme une traînée de poudre :** très rapidement.

traîner vt **1.** Tirer derrière soi : *traîner un filet.* **2.** Déplacer péniblement : *traîner les pieds.* **3.** Emporter, amener partout avec soi : *traîner son vieux sac.* **4.** Emmener de force : *traîner quelqu'un au cinéma.* **5.** Supporter une chose pénible qui dure : *traîner une grippe.* ■ **traîner dans la boue :** diffamer. ❑ **traîner en longueur :** (a) différer la conclusion de (b) tarder à finir. ◆ vi **1.** Pendre jusqu'à terre : *manteau qui traîne.* **2.** Perdre du temps, s'attarder : *traîner en chemin.* **3.** Durer trop longtemps : *procès qui traîne.* **4.** Ne pas être en ordre : *tout traîne dans cette maison.* **5.** Errer par désœuvrement : *traîner dans les rues.* **6.** Se trouver partout : *légende qui traîne dans tous les livres.* ◆ **se traîner** vpr **1.** Ramper. **2.** Marcher avec difficulté ou lenteur. **3.** Se prolonger inutilement.

traîne-savates ninv FAM Personne oisive, qui n'agit qu'en traînant.

training [trɛniŋ] nm **1.** Tennis à semelle de caoutchouc. **2.** VIEILLI Survêtement.

train-train nm inv FAM Répétition monotone des actes de la vie quotidienne.

traire vt (conj 79) Tirer le lait des mamelles : *traire une vache.*

trait nm **1.** Ligne tracée sur une surface quelconque : *trait de plume.* **2.** Manière d'exprimer, de décrire : *peindre une scène en traits précis.* **3.** LITT Propos blessant, raillerie : *trait satirique.* **4.** Élément caractéristique de quelqu'un, de quelque chose : *traits communs de deux personnes.* **5.** Action révélatrice : *trait de génie.* ■ **à grands traits :** sans se préoccuper des détails : *dépeindre une scène à grands traits.* ❑ **animal, bête de trait :** propre à tirer une charge. ❑ **avoir trait à :** se rapporter à. ❑ **d'un trait** ou **d'un seul trait :** en une fois : *boire son verre d'un trait.* ❑ **tirer un trait sur :** renoncer à. ❑ **trait d'union :** (a) petit tiret placé entre les éléments d'un mot composé ou entre le verbe et un pronom personnel postposé (b) FIG intermédiaire. ❑ **trait pour trait :** avec une parfaite ressemblance. ◆ **traits** pl lignes caractéristiques du visage : *avoir les traits fins.* ■ **sous les traits de :** sous l'aspect de.

traitant, e adj Qui traite, soigne : *shampooing traitant.* ■ **médecin traitant :** médecin, généraliste ou spécialiste, libéral ou hospitalier, choisi par un assuré social pour être son médecin habituel, celui qui le suivra tout au long de son parcours de soins coordonné.

traite nf **1.** Action de traire. **2.** Lettre de change : *payer, accepter une traite.* **3.** Trafic, commerce de personnes : *traite des Noirs.* ■ **d'une seule traite :** sans s'arrêter.

traité nm **1.** Ouvrage relatif à une matière particulière : *traité de chimie.* **2.** Convention écrite entre deux ou plusieurs États.

traitement nm **1.** Manière d'agir, de se comporter envers quelqu'un. **2.** Ensemble des moyens employés pour prévenir ou guérir une maladie : *suivre un traitement.* **3.** Ensemble des opérations que l'on fait subir à des matières brutes. **4.** Action, manière de traiter une question. **5.** Rémunération d'un fonctionnaire. ■ INFORM **traitement de texte(s) :** ensemble des techniques informatiques qui permettent la saisie, la mémorisation, la correction, l'actualisation, la mise en pages et l'impression de textes.

traiter vt **1.** Agir bien ou mal envers quelqu'un : *traiter durement un prisonnier.* **2.** Recevoir, accueillir à sa table : *il nous a traités splendidement.* **3.** Appliquer à quelqu'un un qualificatif dépréciatif : *traiter quelqu'un d'imbécile.* **4.** Exposer : *traiter une question.* **5.** Conclure, négocier : *traiter un marché.* **6.** Soigner : *traiter un malade.* **7.** Faire subir un traitement : *traiter un minerai.* ◆ vt ind **1.** [de] Écrire, discourir sur : *traiter de la paix.* **2.** [avec] Négocier, conduire un accord.

traiteur nm Commerçant qui prépare des plats cuisinés sur commande ou les porte à domicile.

traître, esse adj et n Qui trahit : *homme traître à sa patrie.* ■ **prendre quelqu'un en traître :** d'une façon perfide. ◆ adj Qui trompe ; dangereux, sournois : *ce vin est traître.* ■ **ne pas dire un traître mot :** ne rien dire du tout.

> GRAMMAIRE On écrit : *ils se sont conduits en traîtres* (« comme des traîtres » ; attribut qui s'accorde) mais *ils nous ont pris en traître* (« traîtreusement » ; adverbe invariable).

traîtreusement adv En traître.

traîtrise nf **1.** Caractère traître de quelqu'un. **2.** Acte déloyal, perfide.

trajectoire nf Ligne que décrit un projectile lancé par une arme.

trajet nm **1.** Distance à parcourir. **2.** Fait de parcourir cette distance ; temps mis à la parcourir.

tralala nm FAM Affectation, manières recherchées. SYN : chichi.

tram [tram] nm (abréviation) Tramway.

tramage nm Action de tramer ; état de ce qui est tramé.

trame nf **1.** Ensemble des fils passés dans le sens de la largeur entre les fils de la chaîne pour constituer le tissu. **2.** Support transparent intercalé entre l'original et la couche sensible, en photogravure. **3.** Ensemble des lignes horizontales qui constituent l'image de télévision. **4.** FIG Fond sur lequel se détachent des événements.

tramer vt **1.** Entrelacer les fils de la trame avec ceux de la chaîne. **2.** Produire une image avec une trame. **3.** FIG Comploter : *tramer une conspiration.* ◆ **se tramer** vpr Être ourdie, en parlant d'une conspiration.

tramontane nf Vent du nord-ouest, dans le Languedoc et le Roussillon.

trampoline nm Grande toile tendue sur des ressorts et sur laquelle on saute ; sport ainsi pratiqué.

tramway [tramwɛ] (pl *tramways*) nm Chemin de fer urbain à traction électrique.

tranchant, e adj **1.** Qui coupe : *couteau tranchant.* **2.** Qui décide de façon péremptoire, impérieuse : *ton tranchant.* ◆ nm Côté affilé d'un instrument coupant. ■ **à double tran-**

chant : qui peut avoir deux effets opposés : *argument à double tranchant*.

tranche nf **1.** Morceau coupé fin : *tranche de jambon*. **2.** Surface unie que présente l'épaisseur des feuillets d'un livre broché ou relié : *doré sur tranches*. **3.** BOUCH Partie moyenne de la cuisse du bœuf. **4.** Ensemble de chiffres consécutifs dans un nombre. **5.** Chacun des tirages successifs d'une émission financière, des lots d'une loterie. **6.** Ensemble des revenus soumis à un même taux pour le calcul de l'impôt progressif. **7.** Un des éléments constituant une série quelconque : *la première tranche des travaux*. **8.** Subdivision d'un programme de radio ou de télévision.

tranché, e adj FIG Bien marqué, distinct : *couleurs bien tranchées*.

tranchée nf **1.** Excavation longitudinale à ciel ouvert, pour poser les fondations d'un mur, planter des arbres, etc. **2.** MIL Fossé permettant la circulation et le tir à couvert.

trancher vt **1.** Séparer en coupant : *trancher la tête*. **2.** FIG Décider, résoudre : *trancher une difficulté*. ◆ vi **1.** Décider de façon catégorique : *trancher sur tout*. **2.** FIG Ressortir, former un contraste : *couleurs qui tranchent vivement*.

tranchoir nm **1.** Couteau pour trancher. **2.** Planche à découper.

tranquille adj **1.** Sans agitation : *mer tranquille*. **2.** Sans inquiétude : *avoir l'esprit tranquille*. ■ **laisser tranquille :** (a) cesser d'importuner : *laisser un malade tranquille* (b) cesser de manipuler : *laisse ce vase tranquille !*

tranquillement adv Avec tranquillité ; paisiblement.

tranquillisant, e adj Qui tranquillise : *nouvelle tranquillisante*. ◆ nm Médicament propre à combattre l'angoisse, l'anxiété.

tranquilliser vt Rendre tranquille, rassurer.

tranquillité nf **1.** État de ce qui est sans mouvement, sans agitation. **2.** État de quelqu'un sans inquiétude. ■ **en toute tranquillité :** sans la moindre inquiétude.

transaction nf **1.** Accord conclu sur la base de concessions réciproques. **2.** Opération commerciale ou boursière.

transactionnel, elle adj Qui a le caractère d'une transaction : *règlement transactionnel*.

transalpin, e adj Qui est au-delà des Alpes.

1. transat [trɑ̃zat] nm Chaise longue pliante recouverte de toile.

2. transat [trɑ̃zat] nf Course transatlantique.

transatlantique adj Qui est au-delà de l'océan Atlantique. ■ **course transatlantique** ou **transatlantique** nf : course en solitaire à bord de voiliers effectuant la traversée de l'océan Atlantique. ◆ nm Paquebot qui traverse l'Atlantique.

transbahuter vt FAM Transporter d'un lieu à un autre.

transbordement nm Action de transborder.

transborder vt Transporter la cargaison d'un bateau ou les voyageurs d'un véhicule dans un autre bateau ou un autre véhicule.

transbordeur nm et adj m Appareil, pont servant à transborder. ■ **navire transbordeur** ou **transbordeur :** ferry-boat.

transcendance nf Caractère de ce qui est transcendant.

transcendant, e adj **1.** Qui excelle en son genre, supérieur. **2.** PHILOS Hors de portée de l'action ou de la connaissance.

transcender vt Dépasser un certain niveau de connaissance.

transcoder vt Traduire dans un autre code.

transcontinental, e, aux adj Qui traverse un continent.

transcription nf **1.** Action de transcrire un écrit, une œuvre musicale ; état de ce qui est transcrit. **2.** Copie officielle de certains actes ou de certains jugements relatifs à l'état des personnes.

transcrire vt (conj 71) **1.** Reproduire exactement ou avec des caractères d'écriture différents. **2.** Adapter une œuvre musicale pour un autre instrument que celui d'origine.

transcutané, e ou **transdermique** adj Se dit d'un médicament qui agit en traversant la peau.

transe nf **1.** (souvent au pluriel) Très vive angoisse : *être dans des transes épouvantables à l'idée de partir*. **2.** État du médium en communication avec les esprits. ■ FAM **être, entrer en transe :** être très excité.

transept [trɑ̃sɛpt] nm Galerie transversale qui, dans une église catholique, sépare le chœur de la nef et forme les bras de la croix.

transférer vt (conj 10) **1.** Faire passer d'un lieu dans un autre. **2.** Transmettre légalement des biens.

transfert nm **1.** Action de transférer. **2.** SPORTS Changement de club d'un joueur professionnel. ■ **transfert d'appel :** manœuvre qui permet de renvoyer les appels téléphoniques arrivant à un poste sur un autre.

transfiguration nf Changement complet de l'expression du visage, de l'apparence.

transfigurer vt **1.** Changer l'aspect, la nature de. **2.** Donner au visage un éclat inaccoutumé.

transfo nm (abréviation) FAM Transformateur.

transformable adj Qui peut être transformé : *siège transformable*.

transformateur, trice adj Qui transforme. ◆ nm ÉLECTR Appareil qui transforme un courant alternatif en un autre courant alternatif, de même fréquence mais de tension différente.

transformation nf Action de transformer.

transformer vt **1.** Donner à une personne ou à une chose une autre forme que celle qu'elle avait précédemment. **2.** Améliorer le caractère, la santé de quelqu'un. ◆ **se transformer** vpr **1.** Se métamorphoser. **2.** Changer de forme, d'aspect, de caractère.

transformisme nm Théorie biologique suivant laquelle les espèces animales et végétales se transforment et donnent naissance à de nouvelles espèces.

transformiste adj et n Qui appartient au transformisme ; qui en est partisan.

transfrontalier, ère adj Qui concerne les relations entre des pays limitrophes.

transfuge nm Militaire qui déserte et passe à l'ennemi. ◆ n Personne qui change de parti.

transfuser vt Opérer une transfusion sur.

transfusion nf Injection, dans la veine d'un malade, de son propre sang ou de sang prélevé sur un donneur.

transgénérationnel, elle adj Qui concerne toutes les générations, tous les âges : *succès transgénérationnel*.

transgénique adj BIOL Se dit d'un être vivant dont on a modifié les caractères génétiques par introduction d'un fragment d'ADN : *maïs transgénique*.

transgénose nf Modification du génome d'un animal, d'une plante.

transgresser vt Enfreindre, violer : *transgresser la loi*.

transgression nf Action de transgresser.

transhumance [trɑ̃zymɑ̃s] nf Migration estivale des troupeaux vers les pâturages de montagne.

transhumant, e adj Qui effectue une transhumance.

transhumer vi Effectuer la transhumance.

transi, e [trɑ̃zi] adj Engourdi par le froid.

transiger [trɑ̃ziʒe] vi (conj 2) Faire des concessions réciproques. ◆ vt ind [sur, avec] Abandonner une partie de sa rigueur au sujet de : *ne pas transiger sur la politesse.* ■ **transiger avec sa conscience** : manquer à ce qu'exigerait strictement la conscience.

transir vt LITT Pénétrer et engourdir de froid.

transistor nm **1.** Récepteur de radio portatif équipé de transistors. **2.** Dispositif à semi-conducteur, remplaçant un tube électronique.

transit [trɑ̃zit] nm Action de passer par un lieu sans y séjourner : *voyageurs en transit.* ■ **transit intestinal** : déplacement du contenu du tube digestif depuis le pylore jusqu'au rectum.

transitaire nm Commissionnaire en marchandises qui s'occupe de leur importation et de leur exportation.

transiter vt Passer en transit. ◆ vi Être en transit : *transiter par la Suisse*.

transitif, ive adj GRAMM Se dit d'un verbe qui admet un complément d'objet direct (*transitif direct*) ou indirect (*transitif indirect*).

transition nf **1.** Degré, stade intermédiaire : *passer sans transition du rire aux larmes.* **2.** Manière de passer d'un raisonnement à un autre. **3.** Passage d'un état à un autre. ■ **de transition** : qui constitue un état intermédiaire. ❑ **sans transition** : brusquement.

transitivement adv GRAMM D'une manière transitive.

transitoire adj Qui ne dure pas.

translatif, ive adj DR Qui opère le transfert d'une chose, d'un droit.

translation nf MATH Déplacement d'un corps dont toutes les parties gardent une direction constante.

translucide adj Qui laisse passer la lumière, sans permettre toutefois de distinguer nettement l'objet vu à travers.

transmettre vt (conj 57) **1.** Faire parvenir, communiquer ce qu'on a reçu : *transmettre un message.* **2.** Permettre le passage, agir comme intermédiaire : *l'arbre moteur transmet le mouvement aux roues.* **3.** DR Faire passer par mutation. **4.** Faire passer dans un autre organisme : *transmettre une maladie, un virus, un microbe.* ◆ **se transmettre** vpr Se propager.

transmigration nf Passage d'un corps dans un autre, en parlant de l'âme ; métempsycose.

transmigrer vi Passer d'un corps dans un autre, en parlant de l'âme.

transmissible adj Qui peut être transmis : *maladie transmissible*.

transmission nf **1.** Action de transmettre : *transmission d'un droit.* **2.** MÉCAN Communication du mouvement d'un organe à un autre. ■ **transmission de pensée** : télépathie. ❑ **transmission des**

pouvoirs : opération par laquelle un chef d'État, un ministre, etc., transfère ses pouvoirs à son successeur. ◆ **transmissions** pl Arme ou service chargés de la mise en œuvre des moyens de liaison à l'intérieur des forces armées.

transmuable ou **transmutable** adj Qui peut être transmué.

transmuer ou **transmuter** vt Effectuer une transmutation.

transmutation nf **1.** En alchimie, changement des métaux vulgaires en métaux nobles, en particulier en or. **2.** LITT Transformation totale.

transocéanique adj **1.** Qui est situé au-delà de l'océan. **2.** Qui traverse l'océan.

transparaître vi (conj 64) **1.** SOUT Se montrer, apparaître à travers quelque chose. **2.** FIG Se manifester : *intention qui transparaît.*

transparence nf Propriété de ce qui est transparent.

transparent, **e** adj **1.** Se dit d'un corps à travers lequel les objets sont nettement distingués : *le verre est transparent.* **2.** FIG Se dit de choses qui se laissent aisément comprendre ou deviner : *allusion transparente.* **3.** FIG Qui ne cherche pas à dissimuler ses revenus, son fonctionnement : *une gestion transparente.* ◆ nm Document sur support transparent, destiné à la projection.

transpercer vt (conj 1) **1.** Percer de part en part. **2.** Passer au travers : *être transpercé par la pluie.*

transpiration nf Élimination de la sueur par les pores de la peau.

transpirer vi **1.** Exhaler de la sueur ; suer. **2.** FIG, LITT commencer à être divulgué, connu : *secret qui transpire.*

transplant nm MÉD Organe à transplanter ou qui a été transplanté.

transplantation nf **1.** Action de transplanter. **2.** BIOL Greffe d'un organe.

transplanté, **e** adj et n Qui a subi une transplantation d'organe.

transplanter vt **1.** Planter en un autre endroit. **2.** Installer ailleurs : *transplanter des populations d'un pays dans un autre.* **3.** BIOL Transférer sur un individu un organe entier prélevé sur un autre individu. SYN : greffer.

transport nm **1.** Action de porter d'un lieu dans un autre : *transport des bagages en avion.* **2.** LITT (souvent au pluriel) Forte émotion : *des transports de joie.* ◆ **transports** pl Ensemble des moyens d'acheminement des marchandises ou des personnes : *transports en commun.*

transportable adj Qui peut être transporté : *malade transportable.*

transporter vt **1.** Porter d'un lieu dans un autre. **2.** Faire passer d'un milieu, d'un contexte, dans un autre : *transporter sur la scène un événement historique.* **3.** FIG, LITT mettre hors de soi : *être transporté de colère.* ◆ **se transporter** vpr **1.** Se rendre en un lieu. **2.** LITT Se porter par la pensée, par l'imagination.

transporteur, **euse** adj Qui transporte : *benne transporteuse.* ◆ nm Personne qui effectue des transports par profession : *transporteur routier.*

transposable adj Qui peut être transposé.

transposer vt **1.** Mettre une chose à une place autre que celle qu'elle occupe ou qu'elle doit occuper. **2.** Placer dans un autre décor, une autre époque, etc., un thème littéraire ou artistique. **3.** MUS Écrire ou exécuter un morceau dans un ton différent de celui dans lequel il a été composé.

transposition nf Action de transposer ; son résultat.

transsaharien, **enne** adj Qui traverse le Sahara.

transsexuel, **elle** adj et n **1.** Qui est convaincu d'appartenir à l'autre sexe et étaie cette conviction par son attitude, son habillement, etc. **2.** Qui a changé de sexe.

transsibérien, **enne** adj Se dit d'une voie, d'un train qui traverse la Sibérie.

transsubstantiation nf THÉOL CATH Changement de la substance du pain et du vin en celle du corps et du sang de Jésus-Christ, dans l'eucharistie.

transvasement nm Action de transvaser.

transvaser vt Verser un liquide d'un récipient dans un autre.

transversal, **e**, **aux** adj **1.** Qui est disposé en travers, qui coupe quelque chose en travers : *vallée transversale.* **2.** Perpendiculaire à l'axe : *coupe transversale.* **3.** FIG Qui met en rapport plusieurs disciplines, plusieurs secteurs.

transversale nf **1.** Ligne, barre horizontale. **2.** Itinéraire routier ou voie ferrée qui relie directement deux villes, deux régions, sans passer par le centre du réseau.

transversalement adv En travers.

transverse adj ANAT Placé dans une direction transversale par rapport à l'axe du corps.

trapèze nm **1.** GÉOM Quadrilatère dont deux côtés, appelés *bases*, sont parallèles mais de longueur inégale. **2.** Appareil de gymnastique formé de deux cordes verticales réunies en bas par une barre.

trapéziste n Équilibriste, acrobate qui fait du trapèze.

trapézoïdal, e, aux adj En forme de trapèze.

trappe nf **1.** Panneau qui ferme une ouverture horizontale au niveau du plancher. **2.** Piège de chasse disposé au-dessus d'une fosse.

trappeur nm Chasseur de bêtes à fourrure, en Amérique du Nord.

trappiste, trappistine n Religieux, religieuse cisterciens d'un couvent de la Trappe.

trapu, e adj **1.** Court et large, qui donne une impression de force : *un homme trapu.* **2.** LITT Bas et massif, en parlant d'un objet : *une maison trapue.* **3.** FAM Très fort dans une matière : *être trapu en grec.* **4.** FAM Ardu, difficile : *problème trapu.*

traque nf Action de traquer.

traquenard nm **1.** Piège pour prendre les animaux nuisibles. **2.** Piège tendu à quelqu'un.

traquer vt **1.** Rabattre le gibier vers la ligne de tir : *traquer un cerf.* **2.** Poursuivre quelqu'un, le serrer de près, le harceler : *traquer des voleurs, une vedette.*

traumatique adj Relatif à un traumatisme.

traumatisant, e adj Qui provoque un choc moral : *une expérience traumatisante.*

traumatiser vt Provoquer un trouble, un choc psychique.

traumatisme nm **1.** Trouble occasionné par une blessure. **2.** Choc psychique.

traumatologie nf Partie de la chirurgie qui traite des blessures, des plaies.

1. travail (pl *travaux*) nm **1.** Activité d'un homme ou d'un groupe d'hommes accomplie en vue d'un résultat utile : *travail manuel, intellectuel.* **2.** Ouvrage réalisé ou à réaliser ; tâche : *achever un travail.* **3.** Manière dont un ouvrage est exécuté : *le fin travail d'une dentelle.* **4.** Technique permettant de travailler une matière : *apprendre le travail du bois.* **5.** Activité professionnelle ; lieu où elle s'exerce : *chercher du travail ; partir pour le travail.* **6.** Population active : *le monde du travail.* **7.** Action progressive et continue de quelque chose ; effet de cette action : *travail de l'érosion.* **8.** Étude, publication sur un sujet donné : *travail sur la démographie.* **9.** Ensemble des phénomènes qui préparent et produisent l'accouchement. ◆ **travaux** pl **1.** Ensemble des opérations propres à un domaine déterminé : *travaux agricoles.* **2.** Ensemble des opérations destinées à la construction, l'aménagement ou la remise en état d'édifices, de voies, etc. : *faire des travaux dans un appartement.* **3.** Discussions, débats au sein d'un groupe : *travaux d'une commission.* ■ **travaux pratiques (TP) :** ensemble des expérimentations, des exercices faits par les étudiants en application d'un cours. ❑ **travaux publics :** construction, réparation, entretien de bâtiments, de routes, etc., effectués pour le compte de l'Administration.

2. travail (pl *travails*) nm Appareil pour immobiliser les grands animaux domestiques pendant qu'on les ferre ou qu'on les soigne.

travaillé, e adj Où l'on remarque l'effort, le soin : *style travaillé.*

travailler vi **1.** Fournir un travail ; exercer une activité professionnelle : *travailler dans l'imprimerie.* **2.** Agir de manière à produire un effet, un résultat : *le temps travaille pour nous.* **3.** Fonctionner activement : *muscles qui travaillent.* **4.** Produire un revenu : *argent qui travaille.* **5.** Subir un effet qui entraîne certaines modifications : *bois vert qui travaille.* ◆ vt **1.** Soumettre à une action, façonner : *travailler le bois.* **2.** Étudier, s'exercer à : *travailler le piano.* **3.** Causer du souci, tourmenter : *ce problème le travaille.* **4.** Faire souffrir : *ses dents travaillent le bébé.*

travailleur, euse adj et n Qui aime le travail, qui travaille de telle ou telle manière : *travailleur acharné.* ◆ n Personne salariée, spécialement dans l'industrie.

travaillisme nm Doctrine des travaillistes.

travailliste adj et n Du Parti travailliste. ■ **Parti travailliste :** parti socialiste britannique.

travée nf **1.** Rangée de bancs ou de tables. **2.** ARCHIT Partie comprise entre deux points d'appui principaux : *une travée de pont.*

traveller's cheque [travlœrsʃɛk] (pl *traveller's cheques*) nm Chèque de voyage payable en espèces dans le pays où l'on se rend.

travelling [travliŋ] nm CIN Déplacement de la caméra sur des rails ; dispositif permettant ce mouvement.

travelo nm FAM, PÉJOR Homosexuel travesti en femme ; travesti.

travers nm Petit défaut un peu ridicule. ■ **travers de porc :** extrémité des côtes de porc. ◆ loc prép et loc adv ■ **aller de travers :** mal se passer : *affaires qui vont de travers.* ❑ **à travers :** en traversant quelque chose de part en part. ❑ **à travers champs :** en traversant les champs. ❑ **au travers de :** (a) en passant d'un bout à l'autre de (peut souvent remplacer *à travers*) : *passer au travers de graves dangers* (b) par l'intermédiaire de : *faire comprendre quelque chose au travers d'une allégorie.* ❑ **avaler de travers :**

en laissant pénétrer des aliments ou de la boisson dans la trachée. ❑ **de travers :** (a) de manière oblique, irrégulièrement : *planter un clou de travers* (b) de manière fausse, inexacte : *interpréter des paroles de travers.* ❑ **en travers (de) :** transversalement : *scier une planche en travers ; être couché en travers de la porte.* ❑ **regarder quelqu'un de travers :** le regarder avec antipathie.

traversable adj Que l'on peut traverser.

traverse nf Sur une voie de chemin de fer, pièce d'appui posée sur le ballast, perpendiculairement aux rails qu'elle supporte. ■ **chemin de traverse :** plus court que la voie normale.

traversée nf **1.** Action de traverser de bout en bout un espace : *la traversée de la ville.* **2.** Action de traverser la mer, une étendue d'eau : *il a été malade pendant la traversée.*

traverser vt **1.** Passer à travers, d'un côté à l'autre : *traverser une forêt.* **2.** Pénétrer de part en part : *la pluie a traversé mes vêtements.* **3.** Être en travers de quelque chose : *des allées traversent le jardin.* **4.** Passer par : *traverser des temps difficiles.* **5.** Se présenter à l'esprit d'une façon inopinée et fugitive : *idée qui traverse l'esprit.*

traversière adj f ■ **flûte traversière :** qu'on tient sur le côté.

traversin nm Oreiller long, qui occupe toute la largeur du lit. SYN : polochon.

travertin nm Roche calcaire présentant des cavités garnies de cristaux, employée en construction.

travesti nm **1.** Personne revêtue d'un déguisement. **2.** Homosexuel qui adopte des vêtements, des attitudes de femme.

travestir vt **1.** Déguiser avec les vêtements d'un autre sexe, d'une autre condition. **2.** Transformer, rendre méconnaissable : *travestir sa pensée.* ■ VIEILLI **bal travesti :** où les danseurs sont déguisés. ◆ **se travestir** vpr Revêtir un déguisement.

travestissement nm Déguisement.

traviole (de) loc adv FAM De travers.

trayeuse nf Machine à traire.

trayon nm Extrémité du pis d'une vache, d'une chèvre, etc.

trébuchant, e adj Qui trébuche, hésite : *démarche trébuchante.*

trébucher vi **1.** Faire un faux pas, perdre l'équilibre. **2.** FIG Être arrêté par une difficulté : *trébucher sur un mot.*

tréfilage nm Action de tréfiler.

tréfiler vt Réduire le diamètre d'un fil métallique en le faisant passer par le trou d'une filière.

trèfle nm **1.** Plante herbacée, dont la feuille est divisée en trois folioles, et dont plusieurs espèces constituent des fourrages. **2.** Une des quatre couleurs du jeu de cartes.

tréfonds nm LITT Ce qui est au plus profond de quelqu'un ou de quelque chose : *les tréfonds de son être.*

treillage nm Assemblage de lattes posées parallèlement ou croisées.

treille nf Ceps de vigne élevés contre un mur ou contre un treillage. ■ **le jus de la treille :** le vin.

treillis nm **1.** Ouvrage de métal ou de bois qui imite les mailles d'un filet : *clôture en treillis.* **2.** Vêtement de travail ou d'exercice très résistant ; tenue de combat des militaires.

treize adj num card **1.** Douze plus un. **2.** Treizième : *chapitre treize.* ■ **treize à la douzaine :** en grande quantité, tant qu'on veut. ◆ nm inv Chiffre, numéro qui représente ce nombre.

treizième adj num ord et n Qui occupe un rang marqué par le numéro treize : *interroger la treizième candidate.* ◆ adj et nm Qui se trouve treize fois dans le tout : *se réserver la treizième partie.*

treizièmement adv En treizième lieu.

trekking [trɛkiŋ] nm Randonnée pédestre en haute montagne.

tréma nm Double point qu'on met en français sur les voyelles *e, i, u,* pour indiquer qu'on doit prononcer séparément la voyelle qui les précède (EX : *naïf* [naif], *Noël* [nɔɛl]).

tremblant, e adj Qui tremble.

tremble nm Peuplier dont les feuilles sont extrêmement mobiles.

tremblé, e adj **1.** Qui est ou semble exécuté par une main qui tremble : *écriture tremblée.* **2.** Dont l'intensité varie rapidement et faiblement : *sons tremblés.*

tremblement nm **1.** Agitation continue du corps d'un être vivant : *tremblements de froid.* **2.** Oscillations, mouvements rapides d'un objet : *le tremblement des feuilles sous la brise.* ■ **tremblement de terre :** secousse qui ébranle le sol sur une plus ou moins grande étendue. SYN : séisme.

trembler vi **1.** Être agité de petits mouvements saccadés : *trembler de fièvre.* **2.** Présenter de brusques variations de ton, d'intensité : *voix qui tremble.* **3.** FIG Avoir peur : *je tremble qu'on ne m'accuse.* **4.** Être ébranlé : *terre qui tremble.*

tremblotant, e adj Qui tremblote : *lumière tremblotante.*

tremblote nf ■ FAM **avoir la tremblote :** trembler de froid ou de peur.

tremblotement nm Fait de trembloter.

trembloter vi Trembler légèrement : *trembloter de froid.*

trémie nf Grand entonnoir en forme de pyramide renversée où l'on déverse des substances qui doivent subir un traitement : *trémie à blé.*

trémolo nm **1.** MUS Répétition rapide de notes qui donne l'impression d'un tremblement. **2.** Tremblement de la voix dénotant une émotion souvent feinte : *avoir des trémolos dans la voix.*

trémoussement nm Action de se trémousser.

trémousser (se) vpr Bouger son corps, en particulier les hanches et les épaules, en tous sens ; gigoter.

trempage nm Immersion dans un liquide.

trempe nf **1.** Opération industrielle par laquelle on trempe un métal, préalablement chauffé à haute température, dans un bain froid afin de le durcir. **2.** FIG Caractère, force d'âme ; envergure : *ils sont de la même trempe.* **3.** FAM Volée de coups, correction : *recevoir une trempe.*

trempé, e adj **1.** Se dit d'un métal qui a subi l'opération de la trempe. **2.** Mouillé, imbibé par l'eau, par la pluie. **3.** FIG Qui a de la trempe, de l'énergie : *caractère bien trempé.* ■ FAM **trempé comme une soupe :** très mouillé.

tremper vt **1.** Mouiller en plongeant dans un liquide. **2.** Soumettre un produit métallurgique à la trempe : *tremper l'acier.* ■ FIG **tremper ses mains dans le sang :** commettre un meurtre. ◆ vi **1.** Rester plongé dans un liquide : *le linge trempe.* **2.** FIG Être complice : *tremper dans un crime.*

trempette nf ■ FAM **faire trempette :** prendre un bain de courte durée ou dans une eau peu profonde.

tremplin nm **1.** Planche inclinée et élastique sur laquelle un sauteur ou un plongeur prend son élan. **2.** FIG Ce dont on se sert pour arriver à un résultat : *tremplin politique.*

trench-coat [trɛnʃkot] (pl *trench-coats*) ou **trench** [trɛnʃ] (pl *trenchs*) nm Manteau imperméable croisé à revers et rabats.

trentaine nf **1.** Nombre de trente ou d'environ trente. **2.** Âge d'à peu près trente ans : *avoir la trentaine.*

trente adj num card **1.** Trois fois dix. **2.** Trentième : *les années trente.* ◆ nm inv Chiffre, numéro qui représente ce nombre.

trente-six adj num card et nm inv FAM Indique une grande quantité, un grand nombre : *elle fait trente-six choses à la fois.* ■ FAM **tous les trente-six du mois :** très rarement, presque jamais.

trentième adj num ord et n Qui occupe un rang marqué par le numéro trente : *interroger le trentième candidat.* ◆ adj et nm Qui se trouve trente fois dans le tout : *se réserver la trentième part.*

trépan nm **1.** Outil de forage utilisé pour percer les roches dures. **2.** Instrument de chirurgie avec lequel on perce les os, spécialement ceux du crâne.

trépanation nf CHIR Ouverture de la boîte crânienne avec un trépan ; fait d'être trépané.

trépaner vt Faire une trépanation.

trépas nm LITT Décès, mort. ■ FAM **passer de vie à trépas :** mourir.

trépassé, e n LITT Personne décédée.

trépasser vi LITT Mourir.

trépidant, e adj Agité de secousses brusques, de trépidations : *danse trépidante.* ■ **vie trépidante :** pleine d'agitation, d'occupations.

trépidation nf Tremblement saccadé et continu : *trépidations du métro.*

trépider vi Être agité de petites secousses rapides.

trépied nm Meuble ou support à trois pieds.

trépignement nm Action de trépigner.

trépigner vi Frapper vivement des pieds contre terre : *enfant qui trépigne.*

tréponème nm Bactérie en forme de spirale, dont une espèce est responsable de la syphilis.

très adv Indique un degré élevé : *il est très riche ; elle se lève très tôt.*

trésor nm **1.** Amas d'or, d'argent, de choses précieuses mises en réserve : *découvrir un trésor.* **2.** SOUT Chose jugée très précieuse. **3.** FAM Personne gentille, agréable ; terme d'affection. ■ **le Trésor public** ou **le Trésor :** service du ministère des Finances qui a pour rôle d'assurer à l'État les disponibilités financières dont il a besoin. ❑ **un, des trésors de :** une abondance précieuse de : *déployer des trésors d'ingéniosité.*

trésorerie nf **1.** Administration du Trésor public. **2.** Ensemble des capitaux liquides d'une entreprise : *demander une avance de trésorerie.*

trésorier, ère n Personne chargée de détenir, de comptabiliser les finances d'une collectivité. ■ **trésorier-payeur général :** fonctionnaire supérieur chargé d'assurer, dans un département, le service public du Trésor.

tressage nm Action de tresser ; manière dont un objet est tressé.

tressaillement nm Brusque secousse du corps.

tressaillir vi (conj 23) Sursauter, sous le coup d'une émotion, d'une surprise : *tressaillir de joie.*

CONJUGAISON La forme usuelle du futur est *tu tressailliras* (avec *i* dans la désinence).

tressautement nm LITT Action de tressauter ; sursaut.

tressauter vi LITT Sursauter vivement.

tresse nf **1.** Cheveux entrelacés ; natte. **2.** Entrelacement de brins, de fils, servant de lien ou d'élément décoratif.

tresser vt Arranger en tresse : *cheveux tressés.*

tréteau nm Pièce de bois longue et étroite, portée par quatre pieds, et servant à soutenir une table, une estrade, etc. ■ VIEILLI **monter sur les tréteaux** : devenir comédien.

treuil nm Cylindre horizontal mobile sur lequel s'enroule une corde servant à élever des fardeaux.

treuillage nm Action de treuiller.

treuiller vt Soulever au moyen d'un treuil.

trêve nf **1.** Suspension temporaire d'hostilités : *conclure une trêve.* **2.** FIG Relâche, répit : *travailler sans trêve.* ■ **trêve de** : assez de : *trêve de plaisanteries.*

tri nm Action de trier des lettres, des documents, etc. ■ **bureau de tri** : où s'effectue le tri postal.

triade nf **1.** Groupe de trois choses ou de trois personnes. **2.** Mafia chinoise qui opère en Chine et dans la diaspora chinoise.

triage nm Action de trier, de répartir en choisissant.

trial (pl *trials*) nm Sport motocycliste sur tous terrains.

triangle nm **1.** Polygone à trois côtés. **2.** Instrument de musique à percussion composé d'une tige d'acier en forme de triangle.

triangulaire adj **1.** En forme de triangle. **2.** Dont la base est un triangle : *pyramide triangulaire.* **3.** Qui intéresse trois personnes, trois groupes ; qui met en jeu trois éléments : *élection triangulaire.*

triangulation nf Opération trigonométrique au moyen de laquelle on lève le plan d'un terrain en le divisant en triangles.

trias [trijas] nm Première période de l'ère secondaire, d'une durée approximative de 35 millions d'années.

triathlète n Athlète spécialiste du triathlon.

triathlon nm Compétition regroupant trois épreuves sportives (natation, course à pied, course cycliste sur route).

tribal, e, aux adj Qui appartient à la tribu.

tribalisme nm Organisation sociale fondée sur la tribu.

tribord nm Côté droit d'un navire, quand on regarde vers l'avant (par opposition à *bâbord*).

tribu nf **1.** Groupement de familles sous l'autorité d'un même chef. **2.** FAM Famille nombreuse.

tribulations nf pl Mésaventures, épreuves.

tribun nm **1.** Orateur populaire qui sait haranguer avec éloquence. **2.** ANTIQ ROM Magistrat exerçant des fonctions politiques ou militaires.

tribunal (pl *tribunaux*) nm **1.** Juridiction composée d'un ou de plusieurs magistrats qui rendent des jugements. **2.** Ensemble des magistrats qui composent cette juridiction. **3.** Lieu où siègent les magistrats. **4.** LITT Ce que l'on considère comme un juge : *le tribunal de l'histoire.*

tribune nf **1.** Emplacement, généralement élevé, réservé à quelqu'un qui parle en public. **2.** Galerie réservée au public dans une église, une grande salle d'assemblée, etc. **3.** Espace muni de gradins : *les tribunes d'un champ de courses, d'un stade.*

tribut nm Contribution imposée à un peuple, un État ; impôt forcé. ■ LITT **payer un lourd tribut à** : subir de graves pertes, de grands désagréments.

tributaire adj **1.** Dépendant : *être tributaire de l'étranger pour le charbon.* **2.** Se dit d'un cours d'eau qui se jette dans un autre ou dans la mer.

tricentenaire nm Troisième centenaire.

tricéphale adj Qui a trois têtes : *monstre tricéphale.*

triceps [trisɛps] nm et adj Muscle ayant trois faisceaux à une de ses extrémités.

triche nf FAM Action de tricher.

tricher vi **1.** Ne pas respecter les règles d'un jeu : *tricher aux cartes.* **2.** Ne pas respecter certaines règles, certaines conventions : *tricher aux examens.* ◆ vt ind [sur] **1.** Tromper, mentir sur la valeur, la quantité de quelque chose : *tricher sur le poids.* **2.** Dissimuler un défaut : *tricher un peu sur les raccords.*

tricherie nf Fait de tricher.

tricheur, euse adj et n Qui triche.

trichine [trikin] nf Ver parasite, vivant à l'état adulte dans l'intestin de l'homme et du porc, et à l'état larvaire dans leurs muscles.

trichinose [trikinoz] nf Maladie provoquée par les trichines.

trichloréthylène [trikloretilɛn] nm Liquide inflammable employé comme solvant, notamment dans le nettoyage à sec.

trichomonas [trikɔmɔnas] nm Protozoaire flagellé, parasite vaginal et intestinal.

trichrome [trikrom] adj Se dit d'une image obtenue par trichromie.

trichromie [trikrɔmi] nf Procédé d'impression ou de photographie en couleurs, par superposition des trois couleurs fondamentales (bleu, jaune, rouge), dont les mélanges produisent un grand nombre de teintes.

tricolore adj De trois couleurs. ■ **le drapeau tricolore** : le drapeau français. ◆ adj et n Qui porte les couleurs de la France : *équipe tricolore.*

tricorne nm Chapeau à bords repliés en trois pointes.

tricot nm **1.** Action de tricoter. **2.** Tissu à mailles tricotées ; vêtement fait de ce tissu. **3.** Vêtement, généralement en laine, couvrant le haut du corps ; chandail.

tricotage nm Action de tricoter.

tricoter vt Exécuter un tissu en mailles entrelacées, avec des aiguilles spéciales ou une machine : *tricoter un chandail.*

tricoteur, euse n Personne qui tricote. ◆ nf Machine à tricoter.

trictrac nm Jeu qui se joue avec des dames et des dés, sur un tableau divisé en deux compartiments, ancêtre du jacquet.

tricycle nm Vélo d'enfant à trois roues, dont deux à l'arrière.

tridactyle adj ZOOL À trois doigts.

trident nm Fourche à trois pointes ou dents pour harponner les poissons.

tridimensionnel, elle adj Qui comporte trois dimensions.

trièdre adj À trois faces.

triennal, e, aux adj **1.** Qui dure trois ans. **2.** Qui revient tous les trois ans.

trier vt **1.** Choisir parmi des personnes, des choses, en éliminant celles qui ne conviennent pas ; sélectionner. **2.** Répartir des objets suivant certains critères : *trier des lettres.* ■ **trier sur le volet** : choisir après un examen attentif.

trière ou **trirème** nf ANTIQ GR Vaisseau de guerre, à trois rangs de rameurs superposés.

trieur, euse n Personne qui trie.

trieuse nf Machine de bureau permettant de classer à grande vitesse des cartes perforées.

trifolié, e adj À feuilles groupées par trois.

trifouiller vi FAM Fouiller en tous sens, mettre en désordre.

triglycéride nm Lipide présent dans le sang.

trigone adj À trois angles.

trigonométrie nf MATH Étude des propriétés des fonctions circulaires des angles et des arcs.

trigonométrique adj Relatif à la trigonométrie.

trijumeau nm Nerf crânien qui se divise en trois branches.

trilatéral, e, aux adj À trois côtés.

trilingue adj et n Qui parle trois langues. ◆ adj Écrit en trois langues.

trille nm MUS Ornement qui consiste dans le battement très rapide et plus ou moins prolongé d'une note avec la note qui lui est immédiatement supérieure.

trilobé, e adj À trois lobes ou en forme de trèfle.

trilogie nf Ensemble de trois œuvres sur un même thème : *« l'Orestie » d'Eschyle est une trilogie.*

trim. (abréviation) Trimestre.

trimaran nm Voilier comportant trois coques parallèles.

trimbaler ou **trimballer** vt FAM Traîner, porter partout avec soi. ◆ **se trimbaler** ou **se trimballer** vpr FAM Se déplacer, aller et venir.

trimer vi FAM Travailler dur, peiner.

trimestre nm **1.** Période de trois mois. **2.** Somme payée ou reçue à la fin de cette période.

trimestriel, elle adj Qui se produit, revient tous les trois mois.

trimestriellement adv Tous les trois mois ; par trimestre.

trimoteur nm et adj m Avion à trois moteurs.

tringle nf Tige métallique ronde ou plate, destinée à soutenir une draperie, un rideau, etc.

Trinité nf Dans la religion chrétienne, union de trois personnes distinctes (Père, Fils et Saint-Esprit) ne formant qu'un seul Dieu ; fête chrétienne en l'honneur de ce mystère (on dit aussi : *la Sainte-Trinité*). ■ FAM **à Pâques ou à la Trinité** : jamais.

trinôme nm MATH Polynôme composé de trois termes.

trinquer vi **1.** Choquer son verre contre celui d'une autre personne, avant de boire à sa santé. **2.** FAM Subir un désagrément, un préjudice.

trinquet nm MAR Mât de misaine des bâtiments à voiles latines.

trio nm **1.** Groupe de trois personnes. **2.** Groupe de trois musiciens. **3.** Morceau de musique pour trois voix.

triode nf Tube électronique à trois électrodes.

triolet nm MUS Groupe de trois notes d'égale valeur, surmonté du chiffre 3, à exécuter dans le même temps que deux notes de même figure.

triomphal, **e**, **aux** adj **1.** Qui se fait avec éclat : *accueil triomphal.* **2.** Qui excite l'admiration, l'enthousiasme : *succès triomphal.*

triomphalement adv De façon triomphale.

triomphalisme nm Attitude de quelqu'un qui est sûr de son succès, qui est persuadé d'avoir raison.

triomphaliste adj et n Qui fait preuve de triomphalisme.

triomphant, **e** adj **1.** Qui triomphe : *sortir triomphant de l'épreuve.* **2.** Qui marque la joie, la fierté : *air triomphant.*

triomphateur, **trice** adj et n Qui a obtenu la victoire, un succès complet.

triomphe nm **1.** Victoire éclatante, succès qui déchaîne l'admiration du public : *remporter un triomphe sur son adversaire.* **2.** Joie qui résulte d'une victoire, d'un succès : *air de triomphe ; cri de triomphe.* ■ **porter quelqu'un en triomphe** : le porter à bras d'hommes, pour lui faire honneur.

triompher vi **1.** Remporter un triomphe. **2.** Manifester sa joie, sa fierté d'avoir obtenu un succès. **3.** S'imposer définitivement : *faire triompher la justice.* ◆ vt ind [de] **1.** Remporter un avantage, un succès définitif sur : *triompher d'un adversaire.* **2.** FIG, SOUT Surmonter, maîtriser : *triompher de ses passions.*

triparti, **e** ou **tripartite** adj **1.** Constitué de trois éléments : *feuille tripartite.* **2.** Qui intervient entre trois parties : *accord tripartite.* ■ **gouvernement tripartite** : où sont représentés trois partis politiques associés.

tripatouillage nm FAM Action de tripatouiller.

tripatouiller vt FAM **1.** Manier, manipuler n'importe comment, sans soin. **2.** Modifier, fausser de façon malhonnête, frauduleuse.

tripe nf Boyau d'un animal de boucherie. ◆ **tripes** pl **1.** Mets constitué par l'estomac et les entrailles des ruminants, diversement accommodé. **2.** FAM Ce qu'il y a de plus intime, de plus profond dans quelqu'un : *chanter avec ses tripes.*

triperie nf **1.** Lieu où l'on vend des tripes, des abats. **2.** Commerce du tripier ; abats, tripes qu'il vend.

tripette nf ■ FAM **ça ne vaut pas tripette** : cela ne vaut rien.

triphasé, **e** adj ÉLECTR Se dit d'un système de courant à trois phases.

tripier, **ère** n Personne qui vend des tripes, des abats.

triple adj **1.** Constitué de trois éléments : *triple croche.* **2.** Trois fois plus grand qu'un autre : *triple portion.* **3.** FAM Sert à marquer un degré élevé : *au triple galop ; triple idiot.* ◆ nm Quantité trois fois plus grande qu'une autre : *neuf est le triple de trois.* ■ **en triple** : en trois exemplaires.

triplé nm Triple succès, notamment dans le domaine sportif.

1. triplement adv Trois fois autant.

2. triplement nm Action de tripler.

tripler vt Multiplier par trois. ■ **tripler une classe** : la suivre pour la troisième fois. ◆ vi Devenir triple.

triplés, **ées** n pl Groupe de trois enfants nés d'un même accouchement.

triplex nm Appartement sur trois niveaux.

triporteur nm Cycle à trois roues, dont deux à l'avant, muni d'une caisse pour porter des marchandises.

tripot nm PÉJOR Maison de jeu.

tripotage nm FAM **1.** Action de tripoter, de toucher sans cesse. **2.** Opération plus ou moins honnête : *des tripotages politiques.*

tripotée nf FAM **1.** Correction, volée de coups. **2.** Grande quantité.

tripoter vt FAM Toucher sans cesse : *tripoter ses cheveux.* ◆ vi FAM Faire des opérations malhonnêtes.

triptyque nm **1.** Tableau sur trois panneaux, dont les deux extérieurs se rabattent sur celui du milieu. **2.** PAR EXT Œuvre littéraire, artistique, musicale, composée de trois parties, de trois scènes.

> ORTHOGRAPHE *Triptyque* s'écrit avec un *i* (au préfixe) et un *y* (au radical) comme *diptyque,* mais à la différence de *polyptyque.*

trique nf FAM Gros bâton.

trirème nf → **trière**.

trisaïeul, **e** n Le père, la mère du bisaïeul ou de la bisaïeule.

trisannuel, **elle** adj Qui a lieu tous les trois ans ; qui dure trois ans.

trisection nf MATH Division en trois parties égales.

trisomie nf Anomalie congénitale caractérisée par la présence d'un chromosome en surnombre dans une paire. ■ **trisomie 21** : due à la présence de trois chromosomes n° 21, et caractérisée par un faciès typique et des déficiences.

trisomique adj et n Atteint de trisomie.

triste adj **1.** Qui éprouve du chagrin : *il est triste de partir.* **2.** Mélancolique, morose. **3.** Qui évoque le chagrin, la douleur : *air triste.* **4.** Qui afflige ; pénible : *triste nouvelle.* **5.** Obscur, sombre, sans éclat : *couleurs tristes.* **6.** (avant le nom) Méprisable : *un triste individu.* ■ **avoir triste mine** : avoir mauvaise mine. ❏ **faire triste mine, triste figure :** avoir l'air chagrin. ❏ **faire triste mine à quelqu'un :** lui faire mauvais accueil.

tristement adv **1.** Avec tristesse. **2.** Pour des raisons regrettables : *Tristement célèbre.*

tristesse nf **1.** État accidentel ou naturel d'une personne qui éprouve du chagrin, de la mélancolie. **2.** Caractère d'une chose triste : *la tristesse d'un tableau.*

tristounet, ette adj FAM Un peu triste.

trisyllabe adj et nm Se dit d'un vers qui a trois syllabes.

trisyllabique adj Relatif à un trisyllabe.

trithérapie nf Emploi simultané de trois techniques thérapeutiques, notamment dans le cas du sida.

triton nm **1.** Petit amphibien très commun dans les étangs. **2.** Grand mollusque gastropode marin, dont la coquille, ou *conque*, peut atteindre 30 cm de long. **3.** MYTH GR Divinité marine à tête d'homme et queue de poisson. **4.** MUS Intervalle de trois tons.

trituration nf Action de triturer.

triturer vt **1.** Broyer, réduire en éléments très menus : *les dents triturent les aliments.* **2.** Manier en tordant dans tous les sens : *triturer son mouchoir.* ■ FAM **se triturer la cervelle :** faire des efforts intellectuels intenses.

triumvir [trijɔmvir] nm ANTIQ ROM Membre d'un collège de trois magistrats.

triumvirat nm **1.** ANTIQ ROM Fonction de triumvir. **2.** Association de trois personnes qui exercent un pouvoir, une influence.

trivial, e, aux adj **1.** Vulgaire, grossier : *expression triviale.* **2.** LITT D'une évidence banale et sans intérêt : *réalité triviale.*

trivialement adv De façon triviale.

trivialité nf **1.** Caractère de ce qui est trivial. **2.** Pensée ou expression triviale : *dire des trivialités.*

troc nm **1.** Échange direct d'un objet contre un autre. **2.** Système économique n'employant pas la monnaie.

trochée [trɔʃe] nm Pied de la métrique grecque et latine qui se compose d'une longue et d'une brève.

troène nm Arbuste à fleurs blanches, odorantes, souvent cultivé en haies.

troglodyte nm **1.** Habitant d'une grotte, d'une caverne creusée dans la roche. **2.** Passereau insectivore qui niche dans les trous des arbres et des murs, dans les buissons.

troglodytique adj Relatif aux troglodytes.

trogne nf FAM Visage rougeaud, épanoui, d'une personne qui a bien mangé ou bien bu.

trognon nm Cœur d'un fruit ou d'un légume dépouillé de sa partie comestible : *trognon de chou.* ◆ adj (inv en genre) FAM Mignon, attendrissant.

troïka nf En Russie, véhicule traîné par trois chevaux attelés de front.

trois adj num card **1.** Deux plus un : *trois hommes.* **2.** Troisième : *chapitre trois.* ■ **règle de trois :** règle arithmétique permettant de calculer une valeur proportionnelle. ❏ FAM **trois francs six sous :** très peu d'argent : *ça nous a coûté trois francs six sous.* ◆ nm inv Chiffre, numéro qui représente ce nombre.

trois-étoiles adj et nm inv ■ **hôtel, restaurant trois-étoiles :** hôtel, restaurant luxueux, de grande réputation.

trois-huit nm inv ■ **faire les trois-huit :** travailler, par rotation, dans l'une des trois équipes qui se relaient toutes les huit heures au cours d'une journée.

1. troisième adj num ord et n Qui occupe un rang marqué par le numéro trois. ◆ adj et nm Qui est contenu trois fois dans le tout : *la troisième partie de 21 est 7.*

2. troisième nf **1.** Classe qui termine le premier cycle de l'enseignement secondaire. **2.** Troisième vitesse d'un véhicule.

troisièmement adv En troisième lieu.

trois-mâts nm inv Navire à trois mâts.

trois-quarts nm inv **1.** Manteau court arrivant à mi-cuisse. **2.** Au rugby, joueur de la ligne d'attaque.

troll nm Lutin du folklore scandinave.

trolleybus ou **trolley** nm Véhicule électrique de transport en commun, monté sur pneus, utilisé dans certaines villes.

trombe nf Masse nuageuse ou liquide, mue en tourbillon par un vent violent. ■ **en trombe :** de façon brusque et soudaine. ❏ **trombe d'eau :** averse particulièrement brutale.

trombine nf FAM Visage.

trombinoscope nm FAM Ensemble de photos individuelles de chaque membre d'une assemblée, d'un groupe, etc.

trombone nm Petite agrafe servant à réunir des papiers. ■ **trombone à coulisse :** instrument à vent à embouchure, de la catégorie des cuivres, dont on allonge le corps grâce à une coulisse pour modifier la hauteur des sons. ❏ **trombone à pistons :** trombone dans lequel des pistons remplacent le jeu de la coulisse.

tromboniste ou **trombone** n Personne qui joue du trombone.

trompe nf **1.** Partie buccale ou nasale allongée de l'éléphant et de certains insectes. **2.** Instrument à vent, ordinairement en cuivre et recourbé. ■ **trompe d'Eustache :** canal de communication, pour l'air extérieur, entre la bouche et le tympan de l'oreille.

trompe-l'œil nm inv **1.** Peinture qui, à distance, donne l'illusion de la réalité. **2.** FIG Apparence trompeuse ; façade.

ORTHOGRAPHE À la différence de *en bas relief,* on écrit *en trompe-l'œil,* avec un trait d'union, la locution ne pouvant se dissocier.

tromper vt **1.** Induire en erreur : *tromper un acheteur.* **2.** Être infidèle en amour : *tromper son mari, sa femme.* **3.** Échapper à : *tromper une surveillance.* **4.** Distraire, faire oublier : *tromper la faim.* **5.** Décevoir, ne pas répondre à un espoir : *tromper les attentes.* ◆ **se tromper** vpr Commettre une erreur. ■ **se tromper de :** prendre une personne ou une chose pour une autre : *se tromper de rue.*

tromperie nf Action faite pour tromper.

trompeter [trɔ̃pete] vi (conj 8) Crier, en parlant de l'aigle, du cygne.

trompette nf Instrument à vent, de la famille des cuivres. ■ FAM **nez en trompette :** nez relevé, retroussé.

trompette-de-la-mort (pl *trompettes-de-la-mort*) ou **trompette-des-morts** (pl *trompettes-des-morts*) nf Nom usuel de la *craterelle*, champignon comestible noir.

trompettiste ou **trompette** n Personne qui joue de la trompette.

trompeur, euse adj et n Qui trompe : *apparences trompeuses.*

trompeusement adv De façon trompeuse.

tronc nm **1.** Partie d'un arbre depuis la naissance des racines jusqu'à celle des branches. **2.** Corps humain ou animal considéré sans la tête ni les membres. **3.** Boîte pour les aumônes, dans une église. **4.** Souche d'une famille. ■ GÉOM **tronc de pyramide, de cône :** partie d'une pyramide, d'un cône, entre la base et un plan parallèle à la base.

tronche nf FAM Tête.

tronçon nm **1.** Partie d'un objet qui a été coupée : *tronçon d'épée.* **2.** Portion d'une ligne, d'une voie : *tronçon d'autoroute.*

tronconique adj En forme de tronc de cône.

tronçonnage ou **tronçonnement** nm Action de tronçonner ; son résultat.

tronçonner vt Couper par tronçons : *tronçonner un arbre.*

tronçonneuse nf Scie à lame circulaire pour tronçonner le bois.

trône nm **1.** Siège de cérémonie des rois, des empereurs. **2.** LITT Puissance souveraine. ■ **monter sur le trône :** devenir roi.

trôner vi **1.** Être à une place d'honneur. **2.** Être mis en valeur, attirer les regards : *photo qui trône sur le buffet.*

tronqué, e adj ■ **citation tronquée :** séparée de son contexte et prise dans un sens différent. ❑ **colonne tronquée :** fût de colonne dont on a retiré le chapiteau.

tronquer vt Retrancher une partie importante de : *tronquer un récit.*

trop adv Plus qu'il ne faudrait : *trop de travail ; trop soucieux.* ■ **de trop :** en excès, en surplus : *donner 1 euro de trop.* ❑ FAM **en trop :** en excès. ❑ **par trop :** réellement trop. ❑ **se sentir de trop :** en surnombre, gênant, pas à sa place. ❑ **trop peu :** pas assez.

trophée nm **1.** Objet, marque qui témoigne d'un succès, d'une victoire, en particulier dans le domaine sportif. **2.** Partie d'un animal tué à la chasse.

ORTHOGRAPHE *Trophée,* nom masculin, s'écrit avec un *e* muet final, comme *lycée, musée.*

tropical, e, aux adj Des tropiques : *région tropicale.* ■ **chaleur tropicale :** très élevée, analogue à celle des tropiques.

tropique nm Chacun des deux parallèles de la sphère terrestre, de latitude + 23° 26′ et – 23° 26′, limitant les régions du globe dans lesquelles le Soleil passe deux fois par an au zénith. ■ **tropique du Cancer :** de l'hémisphère Nord. ❑ **tropique du Capricorne :** de l'hémisphère Sud. ◆ **tropiques** pl Régions situées entre les tropiques, caractérisées par un climat chaud et humide.

tropisme nm **1.** BIOL Réaction d'un organisme vivant qui s'oriente vers une source d'excitation extérieure : *le tropisme du tournesol vers le soleil.* **2.** FIG Force obscure qui pousse à agir d'une certaine façon.

troposphère nf Couche de l'atmosphère la plus voisine de la Terre, dont l'épaisseur augmente du pôle à l'équateur.

trop-perçu (pl *trop-perçus*) nm Somme perçue en trop : *restituer le trop-perçu.*

trop-plein (pl *trop-pleins*) nm **1.** Ce qui excède la capacité d'un récipient : *le trop-plein d'un réservoir.* **2.** Dispositif d'évacuation de l'excédent : *l'eau s'écoule par le trop-plein.* **3.** FIG Excès, surabondance.

troque nm Mollusque gastropode à coquille conique.

troquer vt Échanger.

troquet nm FAM Café, bistrot.

trot nm Allure du cheval et de certains quadrupèdes, intermédiaire entre le pas et le galop. ■ FAM **au trot** : vivement, rapidement.

trotskisme nm Doctrine des partisans de Trotski.

trotskiste adj et n Relatif aux idées de Trotski ; qui en est partisan.

trotte nf FAM Distance assez longue à parcourir.

trotter vi **1.** FAM Marcher rapidement, à petits pas. **2.** Aller au trot : *cheval qui trotte bien.* ■ FAM **idée, air, etc., qui trotte dans la tête** : qu'on a sans cesse à l'esprit.

trotteur, euse n et adj Cheval dressé pour le trot.

trotteuse nf Aiguille des secondes dans une pendule, une montre.

trottiner vi FAM Marcher vite et à petits pas.

trottinette nf Jouet d'enfant ou moyen de transport urbain individuel consistant en une planchette montée sur deux roues et munie d'une tige de direction articulée. SYN : patinette.

trottoir nm Partie latérale d'une rue, surélevée par rapport à la chaussée, réservée aux piétons. ■ FAM **faire le trottoir** : se livrer à la prostitution sur la voie publique.

trou nm **1.** Ouverture, cavité naturelle ou artificielle dans un corps, dans un objet. **2.** Vide, lacune, ce qui manque : *un trou dans son emploi du temps.* **3.** Déficit financier, perte d'argent. **4.** FAM, PÉJOR Petite localité à l'écart des villes. ■ FAM **avoir un, des trous de mémoire** : des absences, des oublis. ❑ **faire son trou** : se faire une situation sociale quelque part. ❑ **trou d'air** : courant d'air descendant qui fait perdre de l'altitude à un avion.

troubadour nm Poète lyrique des XIIe et XIIIe s., qui composait ses œuvres dans une des langues d'oc.

troublant, e adj **1.** Qui trouble, rend perplexe : *détail troublant.* **2.** Qui suscite le désir.

1. trouble nm **1.** État d'une personne troublée, émue ; désarroi. **2.** Mauvais fonctionnement d'un organe, d'une fonction physiologique : *trouble nerveux.* **3.** Agitation confuse, tumultueuse : *semer le trouble.* ■ **trouble du comportement alimentaire (TCA)** : affection d'origine psychique conduisant à s'alimenter de façon anormale (anorexie mentale ou boulimie, notamm.). ❑ **trouble obsessionnel compulsif (TOC)** : trouble névrotique caractérisé par des idées et des fantasmes récurrents, des impulsions et des actes répétitifs. ◆ **troubles** pl Soulèvement populaire : *troubles politiques.*

2. trouble adj **1.** Qui n'est pas clair, limpide : *eau trouble.* **2.** Qui n'est pas net : *vue trouble.* **3.** Qui comporte des éléments équivoques, suspects : *affaire trouble.* ◆ adv ■ **voir trouble** : voir d'une manière indistincte.

trouble-fête n inv Personne importune, dont la présence empêche de se réjouir.

troubler vt **1.** Altérer la limpidité, la transparence de qqch : *vase qui trouble l'eau.* **2.** Altérer la qualité, l'acuité de : *troubler la vue, l'audition.* **3.** Inquiéter, tourmenter, mettre du désordre dans. **4.** Interrompre, modifier le cours de : *troubler un entretien.* **5.** Faire perdre sa lucidité, son sang-froid ; intimider : *troubler un candidat.* ◆ **se troubler** vpr **1.** Devenir trouble. **2.** Perdre contenance.

trouée nf **1.** Ouverture naturelle ou artificielle : *faire une trouée dans un bois.* **2.** MIL Percée.

trouer vt Percer un trou dans.

troufion nm FAM Simple soldat.

trouillard, e adj et n FAM Qui a peur ; poltron.

trouille nf FAM Peur : *avoir la trouille.*

trouillomètre nm ■ FAM **avoir le trouillomètre à zéro** : avoir très peur.

troupe nf **1.** Rassemblement de personnes, d'animaux non domestiques. **2.** Groupe de comédiens, d'artistes qui se produisent ensemble. **3.** Groupement de militaires. ■ **en troupe** : se dit de personnes ou d'animaux en groupe, qui se déplacent ensemble. ❑ **homme de troupe** : simple soldat.

troupeau nm **1.** Réunion d'animaux domestiques qu'on élève ensemble : *troupeau de moutons.* **2.** PÉJOR Grand nombre de personnes rassemblées sans ordre.

troupier nm FAM Militaire. ◆ adj m ■ **comique troupier** : genre comique lourd et grossier, semé de sous-entendus grivois, qui se rattache à la vie de caserne.

trousse nf Pochette à compartiments, dans laquelle on réunit les instruments, les outils dont on se sert : *trousse de toilette ; trousse d'écolier.* ◆ **trousses** pl ■ FAM **aux trousses de** : à la poursuite de : *avoir la police à ses trousses.*

trousseau nm **1.** Linge, lingerie, vêtements qu'on donne à une jeune fille qui se marie. **2.** Ensemble des affaires qu'emporte un enfant en pension ou en colonie. ■ **trousseau de clefs** : clefs attachées ensemble par un anneau.

trousser vt VX Retrousser, relever : *trousser sa robe pour entrer dans l'eau.* ■ LITT **trousser un article, un compliment** : les composer rapidement, avec aisance. ❑ **trousser une**

volaille : la préparer pour la mettre à la broche.

trouvaille nf Découverte heureuse : *faire une trouvaille.*

trouvé, e adj ■ **bien trouvé** : bien imaginé, bien dit. ❑ **tout trouvé** : évident, qui se présente de soi-même.

trouver vt **1.** Rencontrer par hasard ou après recherche : *trouver un portefeuille ; trouver ses lunettes.* **2.** Découvrir, inventer : *trouver la solution d'un problème.* **3.** FIG Éprouver, sentir : *trouver du plaisir, des difficultés.* **4.** Estimer, juger : *trouver un plat trop salé.* ■ **trouver à** : découvrir, inventer des raisons de : *trouver à redire.* ◆ **se trouver** vpr **1.** Être, se situer dans tel ou tel lieu ; exister : *l'Etna se trouve en Sicile.* **2.** Se présenter, être dans tel ou tel état : *se trouver très embarrassé par une question.* ◆ v impers ■ **il se trouve que** : le hasard fait que.

trouvère nm Poète lyrique des XIIe et XIIIe s., qui composait ses œuvres dans la langue du nord de la France, dite « langue d'oïl ».

truand nm FAM Bandit, malfaiteur.

truander vt FAM Voler, tromper.

trublion nm Individu qui sème le trouble, le désordre.

truc nm FAM **1.** Moyen habile d'agir, procédé, combinaison qui réussit : *connaître les trucs du métier.* **2.** S'emploie pour désigner un objet dont on ignore le nom ou qu'on ne veut pas nommer, etc. : *comment ça s'appelle, ce truc-là ?*

trucage ou **truquage** nm **1.** Moyen par lequel on falsifie quelque chose. **2.** CIN Procédé employé au cinéma pour créer l'impression de la réalité.

truchement nm ■ **par le truchement de quelqu'un** : par son intermédiaire.

trucider vt FAM Tuer.

truculence nf Caractère de ce qui est truculent.

truculent, e adj **1.** Haut en couleur, pittoresque : *personnage truculent.* **2.** Qui exprime les choses avec crudité et réalisme : *langage truculent.*

truelle nf Outil de maçon pour étaler du mortier, de l'enduit.

truffe nf **1.** Champignon souterrain comestible très estimé. **2.** Nez d'un chien. ■ **truffe en chocolat** : friandise à base de beurre et de chocolat.

truffer vt Garnir de truffes : *truffer une volaille.* ■ FAM **truffer un texte, un discours de** : les remplir, les bourrer de.

truffier, ère adj **1.** Relatif aux truffes : *région truffière.* **2.** Dressé à la recherche des truffes : *chien truffier.*

truffière nf Terrain où poussent des truffes.

truie nf Femelle du porc.

truisme nm Vérité banale, évidente.

truite nf Poisson voisin du saumon, carnassier, à chair fine et estimée.

trumeau nm **1.** Panneau de glace, de lambris ou de peinture occupant le dessus d'une cheminée ou l'espace entre deux fenêtres. **2.** Pilier central divisant en deux le portail d'une église.

truquage nm → **trucage**.

truquer vt Falsifier, modifier par fraude : *truquer des dés, des élections.*

truqueur, euse n Au cinéma, spécialiste des trucages.

trust [trœst] nm ÉCON Entreprise ou ensemble d'entreprises qui exerce un monopole dans un secteur donné ou sur un produit particulier.

truster [trœste] vt **1.** ÉCON Accaparer au moyen d'un trust : *truster un marché.* **2.** FAM Monopoliser : *truster les postes politiques.*

tsar ou **tzar** [tsar] nm Titre des anciens empereurs de Russie et de Bulgarie.

tsarévitch nm Fils du tsar.

tsarine nf Femme du tsar.

tsarisme nm Régime politique de la Russie, au temps des tsars.

tsariste adj Relatif au tsar : *régime tsariste.*

tsé-tsé nf inv Mouche d'Afrique qui propage la maladie du sommeil.

t-shirt nm → **tee-shirt**.

tsigane [tsigan] ou **tzigane** [dzigan] n et adj Membre d'un peuple originaire du nord de l'Inde, qui mène généralement une vie nomade.

tsunami nm Raz de marée d'origine tellurique, résultant d'un séisme, d'une éruption volcanique ou d'un glissement de terrain.

TSVP (abréviation) Tournez s'il vous plaît.

TTC (sigle) Toutes taxes comprises.

tu pron pers Désigne la 2e personne du singulier en fonction de sujet. ■ FAM **être à tu et à toi avec quelqu'un** : être intime avec lui.

TU [tey] nm (sigle de *temps universel*) Temps civil du méridien de Greenwich.

tuant, e adj FAM Pénible, fatigant.

tuba nm **1.** Instrument de musique à vent en cuivre. **2.** Tube pour respirer sous l'eau.

tubage nm MÉD Introduction d'un tube dans l'estomac, dans la trachée, etc., pour opérer une exploration, faire des analyses ou faciliter la respiration.

tube nm **1.** Tuyau cylindrique. **2.** Cylindre creux en verre, rempli de gaz sous basse pression, pour l'éclairage. **3.** Récipient allongé de forme cylindrique ou fait de matière malléable : *tube d'aspirine ; tube de dentifrice.* **4.** Canal ou conduit naturel : *tube* *digestif.* **5.** FAM Chanson très en vogue. ■ FAM **à pleins tubes :** à pleine puissance.

tubercule nm **1.** BOT Excroissance se développant sur une tige souterraine (pomme de terre, igname, patate douce, etc.). **2.** MÉD Lésion élémentaire de la tuberculose.

tuberculeux, euse adj Relatif à la tuberculose. ◆ adj et n Atteint de la tuberculose.

tuberculose nf Maladie infectieuse et contagieuse des hommes et des animaux, qui se localise le plus souvent dans les poumons.

tubéreuse nf Plante cultivée pour ses belles fleurs blanches.

tubulaire adj **1.** En forme de tube. **2.** Formé de tubes : *échaffaudage tubulaire.*

tubulure nf **1.** Ouverture aménagée pour recevoir un tube. **2.** Ensemble des tubes d'une installation ; chacun de ces tubes.

tué, e n Personne qui a trouvé la mort dans un accident, un attentat, etc.

tue-mouches adj inv ■ **amanite tue-mouches :** autre nom de la fausse oronge. ❑ **papier tue-mouches :** enduit d'un produit vénéneux et de colle, et dont on se sert pour attraper les mouches.

tuer vt **1.** Causer la mort de : *tuer un lapin.* **2.** Être la cause de la mort de quelqu'un : *fumer tue.* **3.** Épuiser, accabler physiquement ou moralement : *son métier le tue.* **4.** Détruire : *la gelée tue les plantes.* **5.** FIG Faire cesser, faire disparaître : *l'égoïsme tue l'amour.* ■ FIG **tuer le temps :** faire des choses en attendant que le temps passe, pour ne pas s'ennuyer. ◆ **se tuer** vpr **1.** Se donner la mort. **2.** Compromettre sa santé : *se tuer au travail.* ■ FAM **se tuer à :** répéter sans cesse, ne pas cesser de.

tuerie nf Massacre, carnage.

tue-tête (à) loc adv ■ **crier à tue-tête :** de toute la force de sa voix.

tueur, euse n Personne qui tue : *tueur à gages.* ◆ nm Celui qui tue les animaux dans un abattoir.

tuf [tyf] nm Roche poreuse : *tuf volcanique.*

tuile nf **1.** Carreau de terre cuite pour couvrir les toits. **2.** FAM Événement imprévu et fâcheux. **3.** Petit four sec, mince et recourbé comme certaines tuiles : *tuile aux amandes.*

tuilerie nf Fabrique de tuiles.

tuilier, ère adj Relatif à la fabrication des tuiles. ◆ n Personne qui fabrique ou qui vend des tuiles.

tulipe nf Plante bulbeuse à belle fleur solitaire.

tulipier nm Arbre originaire d'Amérique, cultivé dans les jardins.

tulle nm Tissu léger, de coton ou de soie, formé d'un réseau de mailles fines.

tuméfaction nf Fait d'être tuméfié, de se tuméfier.

tuméfié, e adj Enflé, gonflé, en parlant d'une partie du corps.

tumescence nf Gonflement d'un organe.

tumescent, e adj En état de tumescence.

tumeur nf Augmentation pathologique du volume d'un tissu ou d'un organe, due à une prolifération cellulaire formant un nouveau tissu.

tumoral, e, aux adj Relatif à une tumeur.

tumulte nm **1.** Grand désordre accompagné de bruit, de confusion. **2.** Grande agitation : *le tumulte des affaires.*

tumultueusement adv De façon tumultueuse.

tumultueux, euse adj Plein de tumulte : *séance tumultueuse.*

tumulus [tymylys] nm inv Éminence formée par l'accumulation de terre ou de pierres au-dessus d'une sépulture, à l'âge du bronze.

tune nf → **thune.**

tuner [tynɛr] ou [tjunœr] nm Récepteur radio pour les émissions en modulation de fréquence.

tungstène [tœ̃kstɛn] nm Métal assez lourd, de couleur noirâtre, utilisé pour les filaments des lampes ; symb : W.

tunique nf **1.** Vêtement droit, plus ou moins long, porté sur une jupe ou un pantalon. **2.** Longue vareuse d'uniforme. **3.** ANTIQ Vêtement de dessous, court ou mi-long, resserré à la taille.

tunisien, enne adj et n De Tunisie : *les Tunisiens.* ◆ nm Dialecte arabe parlé en Tunisie.

tunnel nm **1.** Galerie souterraine pratiquée pour donner passage à une voie de communication : *le tunnel du Mont-Blanc.* **2.** FIG Longue période marquée d'épreuves et de difficultés : *sortir du tunnel.*

tupi nm Langue indienne parlée au Brésil et au Paraguay.

tupi-guarani [typigwarani] nm Famille de langues indiennes d'Amérique du Sud.

turban nm Coiffure orientale formée d'une longue pièce d'étoffe enroulée autour de la tête.

turbin nm FAM Travail rémunéré.

turbine nf Roue motrice munie d'aubes, d'ailettes, etc., sur lesquelles agit l'eau, la vapeur ou le gaz.

turbiner vi FAM Travailler dur.

turbo adj inv Se dit d'un moteur suralimenté par un turbocompresseur et d'un véhicule équipé d'un tel moteur. ◆ nf Voiture munie d'un moteur turbo.

turboalternateur nm Groupe générateur d'électricité, composé d'une turbine et d'un alternateur montés sur le même axe.

turbocompresseur nm Compresseur entraîné par une turbine.

turbomoteur nm Moteur actionné par une turbine à gaz.

turbopropulseur nm AÉRON Propulseur dont la turbine à gaz entraîne des hélices.

turboréacteur nm Turbine à gaz utilisée dans l'aéronautique et fonctionnant par réaction directe dans l'atmosphère.

turbot nm Grand poisson marin plat à chair très estimée.

turbotrain nm CH DE F Rame automotrice dont l'énergie est fournie par une ou plusieurs turbines à gaz.

turbulence nf **1.** Caractère d'une personne turbulente ; LITT agitation bruyante. **2.** (surtout au pluriel) Difficultés qui perturbent un secteur d'activité : *turbulences financières.* **3.** Mouvement de l'air qui s'écoule en formant des tourbillons.

turbulent, e adj Qui s'agite bruyamment ; remuant : *enfant turbulent.*

turc, turque adj et n De Turquie : *les Turcs.* ■ **à la turque :** se dit de W.-C. sans siège. ❏ **fort comme un Turc :** très vigoureux. ❏ **tête de Turc :** personne qui est la cible habituelle de critiques, de railleries. ◆ nm Langue parlée en Turquie et dans certains pays d'Asie centrale.

ORTHOGRAPHE La forme féminine de *turc* est *turque* (sans *c*) alors que *grec* donne *grecque.*

turf [tœrf] ou [tyrf] nm Le sport hippique et les activités qui s'y rattachent.

turfiste n Amateur de courses de chevaux ; parieur.

turgescence nf Gonflement d'un organe ; tumescence.

turgescent, e adj En état de turgescence.

turkmène adj et n Du Turkménistan : *les Turkmènes.*

turlupiner vt FAM Tracasser, tourmenter : *idée qui turlupine.*

turlututu interj S'emploie ironiquement pour refuser ou se moquer.

turne nf FAM Chambre.

turpitude nf LITT **1.** Conduite ignominieuse. **2.** Action honteuse.

turquoise nf Pierre fine opaque de couleur bleu ciel à bleu-vert. ◆ adj inv et nm D'une couleur bleu-vert.

tussilage nm Plante composée à grandes feuilles polygonales.

tutélaire adj **1.** LITT Qui protège ; favorable : *puissance tutélaire.* **2.** DR Relatif à la tutelle : *gestion tutélaire.*

tutelle nf **1.** Surveillance, dépendance gênante : *se débarrasser de la tutelle de quelqu'un.* **2.** Mandat donné à quelqu'un pour veiller sur la personne et les biens d'un mineur, d'un incapable majeur. **3.** LITT Protection, sauvegarde : *la tutelle des lois.*

tuteur, trice n Personne à qui est confiée la tutelle d'enfants mineurs ou d'incapables majeurs. ◆ nm Perche, armature qui soutient une jeune plante.

tutoiement nm Action de tutoyer.

tutoyer vt (conj 3) User de la deuxième personne du singulier en parlant à quelqu'un.

tutti quanti [tutikwɑ̃ti] loc adv ■ (à la fin d'une énumération) **et tutti quanti :** et tous les gens, toutes les choses du même genre.

tutu nm Jupe faite de plusieurs épaisseurs de gaze ou de tulle qui forme le costume de scène des danseuses classiques.

tuyau [tɥijo] nm **1.** Canal, conduit généralement cylindrique, servant au passage de l'eau, du gaz, etc. : *tuyau d'arrosage.* **2.** FAM Renseignement confidentiel : *tuyau pour le tiercé.* ■ **dire dans le tuyau de l'oreille :** à voix basse et en secret.

tuyauter vt FAM Donner des conseils utiles, des renseignements confidentiels.

tuyauterie nf Ensemble de tuyaux, de canalisations.

tuyère [tɥijɛr] ou [tyjɛr] nf Conduit terminal d'une turbine à gaz.

TV nf (abréviation) Télévision.

TVA nf (sigle) Taxe sur la valeur ajoutée.

TVHD nf (sigle) Télévision à haute définition.

tweed [twid] nm Étoffe de laine d'origine écossaise.

twist [twist] nm Danse fortement déhanchée, apparue dans les années 1960.

twitt ou **tweet** [twit] nm (mot anglais « gazouillis ») Court message posté sur un site Web pour délivrer des informations en temps réel.

twitter ou **tweeter** [twite] vi et vt Poster un twitt.

tympan nm **1.** Membrane du conduit auditif, qui transmet les vibrations sonores. **2.** ARCHIT Espace entre les trois corniches d'un fronton ou entre plusieurs arcs.

type nm **1.** Modèle abstrait présentant les traits caractéristiques communs à plusieurs individus ou à plusieurs choses de même nature : *avoir le type méditerranéen ; aimer un certain type de voiture.* **2.** (en apposition) Caractéristique, exemplaire :

une phrase type. **3.** FAM Individu quelconque de sexe masculin : *un drôle de type.* ■ **du troisième type :** qui ne ressemble à rien de connu, qui constitue une innovation : *le télétravail annonce les entreprises du troisième type.*

typé, e adj Qui présente à un haut degré les caractères du type dans lequel on le range : *personnage fortement typé.*

typer vt Représenter de façon caractéristique.

typhoïde adj ■ **fièvre typhoïde** ou **typhoïde** nf : maladie infectieuse, contagieuse, à localisation intestinale.

typhon nm Violent ouragan des mers de Chine et du Japon.

typhus [tifys] nm Maladie contagieuse épidémique.

typique adj Caractéristique, qui distingue une personne ou une chose.

typiquement adv De façon typique.

typographe n Ouvrier d'imprimerie qui compose des textes à l'aide de caractères mobiles.

typographie nf **1.** Procédé d'impression à partir de caractères en relief : *typographie en couleurs.* **2.** Manière dont un texte est imprimé : *une belle typographie.*

typographique adj Relatif à la typographie.

typologie nf Étude des traits caractéristiques dans un ensemble de données en vue d'y déterminer des types, des systèmes.

typologique adj Relatif à une typologie.

tyran nm **1.** Souverain despotique, injuste et cruel. **2.** FIG Personne qui abuse de son pouvoir, de son autorité.

EMPLOI *Tyran,* nom masculin, s'emploie aussi pour une femme : *cette femme est un vrai tyran.*

tyrannie nf **1.** Gouvernement autoritaire qui ne respecte pas les libertés individuelles. **2.** LITT Fait d'abuser de son autorité ; contrainte, pouvoir irrésistible : *tyrannie des passions.*

tyrannique adj Qui a le caractère d'une tyrannie, qui agit en tyran : *lois tyranniques ; père tyrannique.*

tyranniser vt Exercer une autorité tyrannique : *tyranniser un enfant.*

tyrolien, enne adj et n Du Tyrol.

tyrolienne nf Air qui s'exécute à l'aide de certaines notes de poitrine et de tête qui se succèdent rapidement.

tzar nm → **tsar**.

tzatziki nm Salade de concombre au yaourt et à l'ail (cuisine grecque).

tzigane n et adj → **tsigane.**

U

u nm Vingt et unième lettre de l'alphabet et la cinquième des voyelles.

U (symbole) Uranium.

ubac nm Côté exposé à l'ombre, dans les montagnes (par opposition à *adret*).

ubiquité [ybikɥite] nf LITT Faculté d'être présent en plusieurs lieux à la fois.

ubuesque adj Digne du *père Ubu*, personnage poltron et cruel créé par Alfred Jarry.

uchronie nf Reconstruction fictive de l'histoire, relatant les faits tels qu'ils auraient pu se passer.

UE nf (sigle) Unité d'enseignement.

UFR nf (sigle de *unité de formation et de recherche*) Structure de base de l'enseignement universitaire en France.

UHT nf (sigle de *ultra-haute température*) ■ **lait** UHT : lait stérilisé à très haute température qui peut être conservé plusieurs mois.

ukase [ykaz] ou **oukase** [ukaz] nm **1.** Décision autoritaire et impérative. **2.** HIST Édit des anciens tsars de Russie.

ukrainien, enne adj et n D'Ukraine : *les Ukrainiens.* ◆ nm Langue slave parlée en Ukraine.

ulcération nf Formation d'ulcère ; l'ulcère lui-même.

ulcère nm Plaie persistante d'un revêtement cutané ou muqueux : *ulcère de l'estomac.*

ulcérer vt (conj 10) **1.** MÉD Produire un ulcère. **2.** SOUT Causer un ressentiment profond.

ulcéreux, euse adj De la nature de l'ulcère. ◆ adj et n Atteint d'un ulcère.

uléma [ylema] ou **ouléma** [ulema] nm Docteur de la loi musulmane.

ULM nm (sigle de *ultra-léger motorisé*) Petit avion sans coque, monoplace ou biplace.

ultérieur, e adj Qui vient après, succède à.

ultérieurement adv Plus tard.

ultimatum [yltimatɔm] nm **1.** Dernière proposition qu'une puissance fait à une autre avant de déclarer la guerre. **2.** Proposition précise qui n'admet aucune contestation.

ultime adj Dernier, final. ■ **déchets ultimes** : déchets qui ne peuvent plus subir de traitement et qui doivent donc être stockés.

ultra nm **1.** HIST Ultraroyaliste, partisan de l'Ancien Régime. **2.** Personne qui professe des opinions extrêmes.

ultramarin, e adj et n De la France d'outre-mer : *les Ultramarins.* ◆ adj inv et nm D'un bleu intense ; outremer.

ultramoderne adj Très moderne.

ultrasensible adj Extrêmement sensible.

ultrason nm Vibration d'une fréquence très élevée, inaudible pour l'oreille humaine.

ultraviolet, ette adj et nm Se dit des radiations invisibles placées dans le spectre au-delà du violet.

ululation nf ou **ululement** nm ou **hululement** nm Cri des rapaces nocturnes.

ululer ou **hululer** vi Crier, en parlant des rapaces nocturnes.

UMTS nm (sigle de *universal mobile telecommunications system*) Norme européenne de transmission à haut débit destinée à la troisième génération de téléphones mobiles.

1. un, une adj num card **1.** Le premier des nombres, pris comme base de la numération, désignant une quantité égale à l'unité : *un euro.* **2.** Premier : *page un.* **3.** Seul, unique : *en un jour.* ■ **ne faire ni une ni deux** : ne pas hésiter. ❑ **ne faire qu'un avec** : être tout à fait semblable ou parfaitement uni. ❑ **pas un** : aucun, nul. ❑ **un à un** ou **un par un** : l'un succédant à l'autre. ◆ adj Qui n'admet pas de division : *la vérité est une.* ■ **c'est tout un** ou **ce n'est qu'un** : c'est la même chose. ◆ nm inv Chiffre, numéro qui exprime l'unité.

> GRAMMAIRE On ne fait pas l'élision devant l'adj num *un* : *une pièce de un euro.*

2. un, une, des art indéf Désigne une personne ou une chose de manière indéterminée : *donne-moi un livre.* ◆ pron indéf ■ **l'un** : un des deux nommés (par opposition à *l'autre*). ❑ **l'un et l'autre** : tous les deux ❑ **l'un l'autre** : réciproquement. ❑ **ni l'un ni l'autre** : aucun des deux.

unanime adj **1.** Qui marque un accord complet : *avis unanime.* **2.** (au pluriel) Qui sont du même avis : *être unanimes.*

unanimement adv De façon unanime.

unanimité nf Accord complet des opinions, des suffrages : *voter à l'unanimité.*

underground [œndœrgrawnd] adj inv Se dit de spectacles d'avant-garde, réalisés en dehors des circuits commerciaux habituels.

une nf ■ **la une** : la première page d'un journal : *être à la une.*

uni, e adj **1.** Sans inégalités, sans aspérités : *sol uni.* **2.** D'une seule couleur : *robe unie.* **3.** Qui vit dans la bonne entente : *famille unie ; couple uni.* ◆ nm Tissu d'une seule couleur : *porter de l'uni.*

unicellulaire adj BIOL Formé d'une seule cellule.

unicité nf SOUT Caractère de ce qui est unique.

unième adj num ord Ne s'emploie qu'à la suite des dizaines, des centaines, etc. : *le vingt et unième siècle.*

unièmement adv (seulement dans les nombres composés) En vingt, trente, etc., et unième position : *vingt et unièmement.*

unifamilial, e, aux adj ■ BELGIQUE, CANADA **maison unifamiliale,** ou **unifamiliale,** nf : maison individuelle.

unificateur, trice adj et n Qui unifie.

unification nf Action d'unifier.

unifier vt **1.** Amener ou ramener à l'unité. **2.** Rendre uniforme, standardiser.

uniforme adj **1.** Qui a la même forme, le même aspect : *rues uniformes.* **2.** Semblable dans ses parties ou dans son déroulement : *vie uniforme ; mouvement uniforme.* ◆ nm **1.** Vêtement qui est le même pour toute une catégorie d'individus. **2.** Habit militaire.

uniformément adv De façon uniforme.

uniformisation nf Action d'uniformiser.

uniformiser vt Rendre de même forme, de même nature ; standardiser.

uniformité nf Caractère uniforme.

unijambiste adj et n Qui a été amputé d'une jambe.

unilatéral, e, aux adj **1.** Situé d'un seul côté : *stationnement unilatéral.* **2.** Qui n'engage qu'une des parties en présence.

unilatéralement adv De façon unilatérale.

unilatéralisme nm Politique d'un État, d'une organisation qui ne prend en considération que ses seuls intérêts.

unilingue adj **1.** Qui parle une seule langue ; monolingue. **2.** Qui est écrit, rédigé en une seule langue : *dictionnaire unilingue.*

uniment adv ■ LITT **tout uniment :** tout simplement ; franchement.

uninominal, e, aux adj Qui ne contient qu'un nom ; où l'on n'indique qu'un seul nom : *scrutin uninominal.*

union nf **1.** Association de plusieurs choses, de plusieurs personnes ou de plusieurs groupes de manière qu'ils ne forment qu'un tout. **2.** Conformité d'efforts ou de pensées : *l'union fait la force.* **3.** Association. **4.** Mariage. ■ **union libre :** concubinage.

unique adj **1.** Seul en son genre : *fille unique.* **2.** Qui est le même pour plusieurs choses : *commandement unique.* **3.** Exceptionnel, incomparable : *un talent unique.*

uniquement adv Exclusivement.

unir vt **1.** Joindre, de manière à ne former qu'un tout : *unir deux communes.* **2.** Établir une communication entre. **3.** Lier par l'intérêt, l'amitié : *unis par l'affection.* **4.** Marier. ◆ **s'unir** vpr **1.** S'associer. **2.** Se lier par les liens de l'amour, du mariage.

unisexe adj Qui convient aussi bien aux hommes qu'aux femmes : *vêtements unisexes.*

unisson nm MUS Accord de plusieurs voix ou de plusieurs instruments qui font entendre des sons de même hauteur ou à l'octave. ■ FIG **à l'unisson :** en accord parfait, en totale conformité.

unitaire adj **1.** De l'unité : *prix unitaire.* **2.** Qui recherche ou manifeste l'unité sur le plan politique ou syndical : *manifestation unitaire.*

unité nf **1.** Caractère de ce qui est un, unique, de ce qui forme un tout : *unité d'un pays.* **2.** Grandeur prise comme terme de comparaison avec des grandeurs de même espèce : *ramener à l'unité.* **3.** Quantité correspondant au nombre un : *vendre des assiettes à l'unité.* **4.** Harmonie d'ensemble d'une œuvre : *roman sans unité.* **5.** Accord, entente entre des personnes : *unité de vues.* **6.** Formation militaire permanente : *unité blindée.* **7.** Structure organisée au sein d'un ensemble plus vaste : *unité de production.* **8.** INFORM Partie d'un ordinateur effectuant une tâche donnée. ■ **unité centrale :** destinée à exécuter le programme d'un ordinateur. ❑ **unité d'enseignement (UE) :** dans une université française, enseignement annuel ou semestriel correspondant à une discipline et sanctionné par un contrôle des connaissances (elle a remplacé l'unité de valeur, ou UV).

univalent adj Monovalent.

univers nm **1.** (avec une majuscule) Ensemble des divers systèmes de planètes et d'étoiles. **2.** Le monde habité ; l'ensemble des hommes. **3.** Milieu dans lequel on vit ; champ d'activité, domaine de quelqu'un.

universalisation nf Action d'universaliser.

universaliser vt Rendre universel : *universaliser un principe ;* répandre partout.

universalité nf SOUT Caractère de ce qui est universel.

universel, elle adj **1.** Qui concerne l'Univers, le cosmos : *gravitation universelle.* **2.** Général, qui s'étend à tout ou à tous : *loi universelle.* **3.** Qui a des connaissances, des aptitudes en tout : *esprit universel.*

universellement adv De façon universelle.

universitaire adj De l'université : *études universitaires.* ◆ n Professeur d'université.

université nf Ensemble d'établissements scolaires qui dispensent l'enseignement supérieur ; les bâtiments eux-mêmes.

univoque adj SOUT Qui a un seul sens : *mot univoque.*

untel, unetelle n Sert à désigner une personne que l'on ne sait pas ou ne veut pas nommer.

uppercut [ypɛrkyt] nm En boxe, coup de poing porté de bas en haut, sous le menton.

upsilon [ypsilɔn] nm inv Vingtième lettre de l'alphabet grec, correspondant au *u.*

uranium nm Métal très lourd et radioactif ; symb : U.

urbain, e adj et n De la ville (par opposition à *rural*) : *population urbaine.*

urbanisation nf **1.** Action d'urbaniser. **2.** Concentration croissante de la population dans les villes.

urbaniser vt Donner le caractère urbain, citadin à : *urbaniser une région.*

urbanisme nm Science se rapportant à la construction et à l'aménagement harmonieux des agglomérations, villes et villages.

urbaniste n Spécialiste de l'urbanisme. ◆ adj Relatif à l'aménagement des zones d'habitation.

urbanité nf LITT Politesse raffinée, courtoisie.

urbi et orbi [urbiɛtɔrbi] loc adv En s'adressant au monde entier : *bénédiction papale urbi et orbi.*

urée nf Substance azotée présente dans le sang et l'urine.

urémie nf Augmentation anormale du taux d'urée dans le sang.

uretère nm Chacun des deux canaux qui portent l'urine des reins dans la vessie.

urètre nm Canal qui conduit l'urine hors de la vessie.

urgence nf **1.** Caractère de ce qui est urgent. **2.** Nécessité d'agir vite : *il y a urgence.* **3.** MÉD Cas urgent nécessitant une intervention médicale ou chirurgicale rapide. ■ **d'urgence** : sur-le-champ : *appelé d'urgence.* ❑ **service des urgences** ou **urgences** nfpl : service d'un hôpital où sont dirigés les blessés et les malades à soigner sans délai.

urgent, e adj Qui ne peut être différé.

urgentiste n et adj Médecin membre du personnel des urgences hospitalières ; médecin qui se déplace sur le lieu d'une urgence médicale.

urger v impers (conj 2) FAM Être urgent ; presser : *vite, ça urge !*

uricémie nf Taux de l'acide urique dans le sang.

urinaire adj Relatif à l'urine : *voies urinaires.*

urinal (pl *urinaux*) nm Récipient qui permet de faire uriner un homme alité.

urine nf Liquide sécrété par les reins et émis par la vessie.

uriner vi Évacuer l'urine. ◆ vt Évacuer dans l'urine : *uriner du sang.*

urinoir nm Lieu ou édicule aménagé pour permettre aux hommes d'uriner.

urique adj ■ **acide urique** : acide qui se trouve dans le sang et qui est éliminé par l'urine.

urne nf Boîte qui sert à recueillir les bulletins de vote. ■ **urne funéraire** : vase pour conserver les cendres des morts.

urographie nf Radiographie des voies urinaires.

urologie nf Partie de la médecine qui a trait à l'étude des maladies des voies urinaires.

urologue n Spécialiste en urologie.

urticaire nf Éruption cutanée entraînant de vives démangeaisons.

urticant, e adj Dont le contact provoque une réaction inflammatoire de la peau : *filaments urticants d'une méduse.*

urubu nm Vautour d'Amérique tropicale au plumage noir.

uruguayen, enne [yrygwɛjɛ̃, ɛn] adj et n D'Uruguay : *les Uruguayens.*

us [ys] nm pl ■ SOUT **us et coutumes** : usages, traditions d'un pays, d'une région.

usage nm **1.** Action de se servir de quelque chose : *perdre l'usage de la parole.* **2.** Fonction, emploi : *trouver quel est l'usage d'un appareil.* **3.** Coutume commune à un groupe : *aller contre l'usage établi.* ■ **à l'usage de** : à l'intention de : *informations à l'usage des abonnés.* ❑ **à usage** : destiné à être utilisé de telle ou telle façon : *à usage externe.* ❑ **en usage** : actuellement employé : *méthode encore en usage.* ❑ **faire usage de** : utiliser, employer. ❑ **hors d'usage** : dont on ne peut plus se servir.

usagé, e adj Qui a déjà servi ; défraîchi, usé.

usager nm Personne qui utilise un service public : *les usagers du rail, de la route.*

usant, e adj Qui fatigue à l'extrême : *travail usant.*

usé, e adj **1.** Qui a subi une certaine détérioration due à l'usure : *vêtement usé.* **2.** FIG Affaibli : *homme usé.* **3.** Banal, pour avoir été trop répété ou employé : *sujet usé.*

user vt ind [de] SOUT Se servir de, avoir recours à : *user de son influence, de ses charmes.* ◆ vt **1.** Détériorer par l'usage : *user un vêtement.* **2.** Consommer, utiliser une certaine quantité de : *voiture qui use peu d'essence.* **3.** FIG Détruire progressivement : *user sa santé.* ◆ **s'user** vpr Se détériorer à l'usage : *vêtements qui s'usent vite.*

usinage nm Action d'usiner.

usine nf **1.** Établissement industriel où on transforme des matières premières, où on produit de l'énergie, etc. **2.** FAM Lieu qui est le siège d'une intense activité. ■ FAM **usine à gaz :** (a) construction hétéroclite et biscornue (b) projet, programme constitué d'apports divers qui le rendent incohérent et impraticable.

usiner vt Soumettre une pièce brute à l'action d'une machine-outil.

usité, e adj LING Qui est en usage dans la langue : *mot très usité.*

ustensile nm Objet de petites dimensions et de conception simple, servant à divers travaux domestiques : *ustensiles de cuisine.*

usuel, elle adj Dont on se sert ordinairement : *objets, mots usuels.*

usuellement adv De façon usuelle.

usufruit nm DR Jouissance d'un bien dont la nue-propriété appartient à un autre.

usufruitier, ère n Personne qui a l'usufruit.

usuraire adj DR Entaché d'usure : *prêt usuraire.*

1. usure nf **1.** Détérioration produite par l'usage, par le temps. **2.** FIG, SOUT affaiblissement. ■ FAM **avoir quelqu'un à l'usure :** arriver à ses fins en le fatiguant.

2. usure nf DR Intérêt perçu au-dessus du taux légal.

usurier, ère n Personne qui prête de l'argent en prenant un bénéfice illégitime.

usurpateur, trice n Personne qui usurpe.

usurpation nf **1.** DR Action d'usurper : *usurpation d'état civil.* **2.** Objet usurpé.

usurpatoire adj DR Qui a le caractère d'une usurpation ; illégitime, abusif.

usurper vt **1.** S'emparer par violence ou par ruse, s'approprier sans droit. **2.** FIG Obtenir de façon injustifiée : *usurper sa réputation.*

ut [yt] nm inv MUS Première note de la gamme de *do* ; signe qui la représente.

utérin, e adj et n Né, née de la même mère, mais non du même père. ◆ adj Relatif à l'utérus.

utérus [yterys] nm Organe de la gestation chez la femme et chez les femelles des mammifères.

utile adj Qui sert, rend service : *travaux utiles.* ■ **en temps utile :** en temps opportun.

utilement adv De façon utile.

utilisable adj Que l'on peut utiliser.

utilisateur, trice n Personne qui fait usage de quelque chose.

utilisation nf Action d'utiliser.

utiliser vt **1.** Recourir à quelque chose pour un usage précis : *utiliser la salle de bains.* **2.** Tirer parti de quelqu'un ou de quelque chose : *savoir utiliser les compétences de quelqu'un.*

utilitaire adj Qui vise essentiellement à l'utilité : *démarche utilitaire.* ■ **véhicule utilitaire :** véhicule destiné au transport des marchandises ou au transport collectif des personnes.

utilité nf Fait d'être utile ou utilisable ; caractère de ce qui est utile. ◆ **utilités** pl Au théâtre, au cinéma, emploi subalterne ; acteur qui le remplit : *ne jouer que les utilités.*

utopie nf **1.** PHILOS Construction imaginaire et rigoureuse d'une société idéale : *l'utopie de Fourier.* **2.** Projet chimérique dont la réalisation est impossible.

utopique adj Qui relève de l'utopie.

utopiste adj et n **1.** Qui est l'auteur d'une utopie. **2.** Qui forme des projets utopiques.

1. UV [yve] nf (sigle) ANC Unité de valeur (elle a été remplacée par l'unité d'enseignement, ou UE).

2. UV [yve] nm pl (sigle de *ultraviolets*) Rayons ultraviolets.

uval, e, aux adj Relatif au raisin : *cuve uvale.*

V

v nm Vingt-deuxième lettre de l'alphabet et la dix-septième des consonnes.

V (symbole) Volt.

va interj S'emploie pour confirmer, encourager, menacer, etc. : *courage, va ! ; allez, va, c'est d'accord.* ■ FAM **va pour** : c'est d'accord pour.

vacance nf État d'une place, d'une charge vacante. ◆ **vacances** pl **1.** Période de fermeture des établissements scolaires. **2.** Période de congé des travailleurs. ■ **les grandes vacances** : congé scolaire d'été.

vacancier, ère n Personne qui est en vacances dans un lieu de villégiature.

vacant, e adj Libre, non occupé par un titulaire. ■ DR **succession vacante** : non réclamée par les héritiers.

vacarme nm Bruit tumultueux et assourdissant ; tapage.

vacataire n et adj Personne employée pour un temps déterminé à une fonction précise.

vacation nf **1.** Temps consacré à l'examen d'une affaire ou à l'accomplissement d'une fonction déterminée par la personne qui en a été chargée. **2.** Rémunération de ce temps.

vaccin [vaksɛ̃] nm Substance d'origine microbienne qui, inoculée à une personne ou à un animal, lui confère l'immunité contre une maladie : *vaccin antipoliomyélitique*.

vaccinal, e, aux adj Relatif au vaccin.

vaccination nf Action de vacciner.

vaccine nf Maladie de la vache, qui, transmise à l'homme, le préserve de la variole.

vacciner vt **1.** Immuniser contre une maladie à l'aide d'un vaccin. **2.** FAM Guérir quelqu'un d'une habitude, d'une tentation : *être vacciné contre la peur*.

vache nf Femelle de l'espèce bovine ; peau de cet animal. ■ FAM **maladie de la vache folle** : encéphalopathie spongiforme bovine. ❏ FAM **manger de la vache enragée** : endurer des privations. ❏ FAM **vache à lait** : personne ou chose dont on tire un profit continuel. ◆ adj FAM **1.** Dur, sévère : *institutrice très vache*. **2.** Fâcheux, imprévu : *c'est vache ce qui lui arrive*.

vachement adv FAM Très, beaucoup : *un film vachement bien*.

vacher, ère n Personne qui s'occupe des vaches.

vacherie nf FAM Parole ou acte méchant.

vacherin nm **1.** Pâte meringuée garnie de glace et de crème Chantilly. **2.** Fromage au lait de vache à pâte molle et onctueuse fabriqué en Suisse et dans le Jura français.

vachette nf **1.** Jeune vache. **2.** Cuir de jeune vache.

vacillant, e adj Qui vacille.

vacillation nf ou **vacillement** nm Mouvement de ce qui vacille.

vaciller vi **1.** Chanceler, être instable : *vaciller sur ses jambes*. **2.** Trembloter : *lumière qui vacille*. **3.** FIG, LITT Hésiter, manquer d'assurance : *mémoire, raison qui vacille*.

vacuité nf **1.** État de ce qui est vide. **2.** LITT Absence de valeur, de signification.

vacuole nf BIOL Cavité du cytoplasme des cellules, renfermant diverses substances en solution dans l'eau.

vade-mecum [vademekɔm] nm inv LITT Livre, manuel, etc., que l'on porte ordinairement avec soi pour pouvoir le consulter.

vadrouille nf FAM Promenade sans but défini : *être, partir en vadrouille*.

vadrouiller vi FAM Se promener sans but précis.

va-et-vient nm inv **1.** Mouvement de ce qui va et vient alternativement : *le va-et-vient d'un balancier*. **2.** Circulation de personnes ou de choses entre deux points opposés. **3.** Dispositif de communication entre deux points et dans les deux sens. **4.** Dispositif permettant d'éteindre ou d'allumer une lampe électrique de plusieurs endroits.

vagabond, e adj **1.** Qui est instable, change sans cesse : *vie vagabonde*. **2.** FIG Qui erre, qui ne se fixe sur rien de précis : *idées vagabondes*. ◆ n Personne sans domicile fixe ni profession.

vagabondage nm **1.** Fait de vagabonder. **2.** LITT Divagation de l'esprit, rêverie.

vagabonder vi **1.** Aller sans but, errer ici et là. **2.** LITT Passer sans cesse d'un sujet à un autre : *pensée qui vagabonde*.

vagin nm Organe génital interne de la femme, qui va de l'utérus à la vulve.

vaginal, e, aux adj Relatif au vagin.

vaginite nf Inflammation de la muqueuse du vagin.

vagir vi **1.** Pousser des vagissements, en parlant du nouveau-né. **2.** Crier, en parlant de certains animaux (lièvre, crocodile).

vagissant, e adj Qui vagit.

vagissement nm Cri du nouveau-né et de certains animaux.

1. vague adj **1.** Qui est sans précision, mal déterminé : *vague silhouette.* **2.** Qui laisse place au doute, obscur : *une vague promesse.* **3.** Ample, en parlant d'un vêtement. ■ **terrain vague :** terrain à proximité d'une agglomération, et qui n'est ni cultivé ni construit. ◆ nm Ce qui est imprécis, mal défini. ■ **rester dans le vague :** ne pas donner d'informations précises. ❑ **vague à l'âme :** mélancolie, tristesse sans raison.

2. vague nf **1.** Mouvement ondulatoire de l'eau, généralement dû à l'action du vent. **2.** Masse importante : *vague de touristes.* **3.** FIG Phénomène subit qui apparaît en masse et se propage : *vague de protestations ; vague de froid.*

vaguelette nf Petite vague.

vaguement adv De façon vague.

vaguemestre nm Sous-officier chargé du service postal.

vaguer vi LITT Errer çà et là au hasard : *laisser vaguer son imagination.*

vahiné nf Femme de Tahiti.

vaillamment adv Avec vaillance.

vaillance nf Caractère d'une personne brave, courageuse.

vaillant, e adj **1.** LITT Qui a de la bravoure, du courage : *vaillant soldat.* **2.** En bonne santé, vigoureux : *se sentir vaillant.*

vain, e adj **1.** Sans résultat : *vains efforts.* **2.** Illusoire : *vain espoir.* ■ **en vain :** inutilement.

vaincre vt (conj 84) **1.** Avoir l'avantage, l'emporter sur : *vaincre l'ennemi, un rival.* **2.** Venir à bout de, surmonter, triompher de : *vaincre sa peur.*

ORTHOGRAPHE Dans *je vaincs, il vainc,* le *c* n'est pas prononcé, mais il ne doit pas être omis à l'écrit.

vaincu, e adj et n Qui a subi une défaite.

vainement adv Inutilement, en vain.

vainqueur adj m et nm **1.** Qui remporte une victoire, qui a l'avantage sur. **2.** Qui exprime la victoire : *air vainqueur.*

1. vairon adj m ■ **yeux vairons :** de couleur différente.

2. vairon nm Petit poisson de ruisseau dont la chair est peu estimée.

1. vaisseau nm LITT Navire d'une certaine importance : *vaisseau de guerre.* ■ LITT **brûler ses vaisseaux :** se couper la retraite. ❑ **vaisseau spatial :** engin interplanétaire.

2. vaisseau nm Canal de circulation du sang ou de la lymphe chez les animaux, de la sève chez les végétaux.

vaisselier nm Meuble pour ranger la vaisselle.

vaisselle nf **1.** Ensemble des récipients qui servent à préparer les aliments et à les présenter sur la table. **2.** Action de laver les plats et les ustensiles qui ont servi au repas : *faire la vaisselle.*

val (pl *vals* ou *vaux*) nm Vallée large. ■ **par monts et par vaux :** de tous côtés.

valable adj **1.** Qui a, qui garde sa valeur : *ticket valable trois mois ; monnaie encore valable.* **2.** Fondé, acceptable, admissible : *excuse valable.* **3.** Qui a une certaine valeur : *œuvre valable.* **4.** Qui a les qualités requises pour accomplir quelque chose : *interlocuteur valable.*

valablement adv De façon valable.

valdinguer vi FAM Tomber brutalement. ■ FAM **envoyer valdinguer quelqu'un :** (a) le faire tomber brutalement (b) FIG l'éconduire sans ménagement.

valence nf CHIM Nombre d'atomes d'hydrogène susceptibles de se combiner avec un atome d'un corps (*mono-, bi-, trivalent,* etc.).

valériane nf Plante médicinale à fleurs roses, blanches ou jaunâtres, appelée aussi *herbe-aux-chats* ; racine de cette plante.

valet nm **1.** Domestique masculin : *valet de chambre.* **2.** FIG, PÉJOR Homme d'une complaisance servile. **3.** Figure du jeu de cartes représentant un écuyer. ■ **valet de nuit :** grand cintre monté sur pieds, pour suspendre les costumes.

valetaille nf PÉJOR Ensemble des domestiques.

valétudinaire adj et n LITT Maladif, de santé chancelante.

valeur nf **1.** Ce que vaut une personne ou une chose : *terrain qui double sa valeur ; écrivain de valeur.* **2.** Équivalent d'une quantité : *boire la valeur d'une cuillerée à soupe.* **3.** Mesure conventionnelle d'un signe dans une série : *valeur d'une carte à jouer.* **4.** Validité : *s'il n'est pas signé, un chèque n'a aucune valeur.* **5.** Importance accordée à quelque chose : *valeur d'un argument.* **6.** Ce qui est posé comme vrai, beau, bien. **7.** Titre de vente, action, effet de commerce, etc. : *valeurs mobilières.* **8.** Mesure d'une grandeur, d'un nombre : *valeur arithmétique.* **9.** MUS Durée d'une note. **10.** Qualité particulière d'une couleur, d'un mot, etc. ■ **mettre en valeur :** faire paraître à son avantage. ❑ ÉCON **valeur ajoutée :** différence entre la valeur des produits à traiter et leur valeur après transformation.

valeureusement adv Avec courage.

valeureux, euse adj LITT Vaillant, brave, courageux.

validation nf Action de valider.

valide adj **1.** En bonne santé : *se sentir valide.* **2.** Qui satisfait aux conditions légales requises ; valable : *billet valide.*

valider vt Rendre ou déclarer valide, valable : *valider un titre de transport ; valider une élection.*

validité nf **1.** Caractère de ce qui est valide, valable. **2.** Durée pendant laquelle un document peut être utilisé valablement : *validité d'un passeport.*

valise nf Bagage à main de forme rectangulaire. ■ **faire sa valise, ses valises :** (a) y mettre ce qu'on veut emporter (b) se préparer à partir.

vallée nf Dépression allongée, plus ou moins évasée, creusée par un cours d'eau ou un glacier.

vallon nm Petite vallée.

vallonné, e adj Qui présente des vallons : *région vallonnée.*

vallonnement nm Relief d'un terrain vallonné.

valoche nf FAM Valise.

valoir vi (conj 40) **1.** Avoir un certain prix : *article qui vaut dix francs.* **2.** Avoir une certaine utilité, une certaine qualité, un certain intérêt, un certain mérite : *livre qui ne vaut rien.* **3.** Être valable : *ma remarque vaut pour tout le monde.* ■ **à valoir :** se dit d'une somme d'argent dont on tiendra compte ultérieurement. ❑ **faire valoir :** mettre en avant, mettre en valeur. ❑ **vaille que vaille :** tant bien que mal. ◆ vt **1.** Équivaloir à quelque chose, égaler : *carte qui vaut trois points.* **2.** Procurer, rapporter : *recherche qui vaut bien des soucis.* **3.** Justifier, légitimer : *restaurant qui vaut le détour.* ■ **valoir la peine :** être assez intéressant pour justifier la peine qu'on se donne. ◆ v impers ■ **il vaut mieux :** il est préférable de. ◆ **se valoir** vpr Avoir la même valeur.

GRAMMAIRE Au sens propre (verbe intransitif), on écrit *la somme qu'ont valu ces tableaux ;* au sens figuré (verbe transitif), on écrit *les efforts qu'a valus cette démarche.*

valorisant, e adj Qui valorise.

valorisation nf Action de valoriser.

valoriser vt **1.** Donner une plus grande valeur à : *valoriser un terrain.* **2.** Augmenter la valeur, le mérite : *savoir valoriser ses diplômes.*

valse nf Danse tournante à trois temps ; musique qui accompagne cette danse.

valse-hésitation (pl *valses-hésitations*) nf Comportement d'une personne qui hésite à prendre une décision.

valser vi Danser la valse. ■ FAM **faire valser** ou **envoyer valser :** envoyer loin de soi, se débarrasser de.

valseur, euse n Personne qui valse.

valve nf **1.** Moitié de certaines coquilles, de certaines enveloppes de fruits. **2.** Système de régulation d'un courant de liquide ou de gaz dans une conduite ; clapet de fermeture : *la valve d'une chambre à air.*

valvule nf ANAT Repli élastique sur la paroi du cœur ou d'un vaisseau.

vamp nf FAM Femme fatale, en particulier au cinéma.

vampire nm **1.** Mort qui, suivant certaines superstitions, sort du tombeau pour sucer le sang des vivants. **2.** FIG, LITT Personne qui s'enrichit aux dépens d'autrui. **3.** Grande chauve-souris d'Amérique.

vampiriser vt FAM Mettre sous sa totale dépendance.

vampirisme nm **1.** Croyance aux vampires. **2.** Avidité de ceux qui s'enrichissent du travail d'autrui.

1. van [vɑ̃] nm Plateau d'osier, pour agiter et nettoyer le grain.

2. van [vɑ̃] nm Voiture fermée pour le transport des chevaux de course.

vanadium [vanadjɔm] nm Métal blanc, léger ; symb : V.

vandale nm Personne qui mutile, détruit les monuments, les œuvres d'art ou les objets de valeur.

vandalisme nm Caractère, acte d'un vandale.

vanille nf Fruit du vanillier ; gousse ou extrait de ce fruit utilisés pour parfumer les pâtisseries et les confiseries : *crème à la vanille.*

vanillé, e adj Parfumé à la vanille : *sucre vanillé.*

vanillier [vanije] nm Plante grimpante des régions tropicales, dont le fruit (vanille) est très parfumé.

vanilline [vanilin] nf Principe odorant de la vanille utilisé en pâtisserie et en parfumerie.

vanité nf **1.** Défaut d'une personne très satisfaite d'elle-même et qui étale cette satisfaction. **2.** LITT Caractère de ce qui est vain, vide de sens. ■ **tirer vanité de :** s'enorgueillir de.

vaniteusement adv Avec vanité.

vaniteux, euse adj et n Qui a de la vanité.

vanity-case [vanitikez] (pl *vanity-cases*) nm Mallette rigide conçue pour le rangement et le transport des objets de toilette.

vannage nm Action de vanner.

1. vanne nf Dispositif servant à régler l'écoulement de l'eau d'une écluse, d'un barrage, etc.

2. vanne nf FAM Remarque désobligeante : *envoyer des vannes à quelqu'un.*

vanné, e adj FAM Très fatigué.

vanneau nm Oiseau échassier des marais, dont la chair est estimée.

vanner vt **1.** Trier, nettoyer le grain au moyen d'un van. **2.** FAM Fatiguer excessivement.

vannerie nf **1.** Fabrication des objets en osier, en rotin, etc. **2.** Objet fabriqué ou tressé dans ces matières.

vanneur, euse n et adj Personne qui vanne le grain.

vannier nm Personne qui fabrique des objets en rotin, en osier, etc.

vantail (pl *vantaux*) nm Châssis ouvrant d'une porte ; battant.

vantard, e adj et n Qui aime à se vanter, à se faire valoir.

vantardise nf **1.** Caractère d'une personne vantarde. **2.** Acte, parole par lesquels on se vante.

vanter vt Louer beaucoup, exalter : *vanter les mérites d'une personne.* ◆ **se vanter** vpr S'attribuer des qualités, des mérites qu'on n'a pas. ■ **se vanter de :** (a) tirer vanité de (b) se déclarer capable de.

va-nu-pieds n inv PÉJOR Misérable, gueux.

vapes nf pl FAM ■ **être dans les vapes :** (a) être hébété, abruti (b) avoir perdu conscience. ❑ **tomber dans les vapes :** s'évanouir.

1. vapeur nf **1.** Gaz provenant du changement d'état physique d'un liquide ou d'un solide : *vapeur d'eau.* **2.** Énergie obtenue par l'eau amenée à l'état gazeux : *machine à vapeur.* **3.** Masse gazeuse qui se dégage de l'eau portée à ébullition : *légumes cuits à la vapeur.* **4.** Gaz qui se dégage d'une substance liquide ou solide et s'exhale dans l'atmosphère : *vapeurs d'essence.* ■ FAM **à toute vapeur :** à toute vitesse. ❑ FAM **avoir des vapeurs :** des bouffées de chaleur, un malaise.

2. vapeur nm Bateau mû par la vapeur.

vaporeux, euse adj **1.** Léger, flou, qui a l'apparence de la vapeur : *tissu vaporeux.* **2.** Dont l'éclat est voilé : *lumière vaporeuse.*

vaporisateur nm Appareil pour vaporiser en fines gouttelettes.

vaporisation nf Action de vaporiser.

vaporiser vt **1.** Faire passer de l'état liquide à l'état gazeux. **2.** Disperser et projeter un liquide en fines gouttelettes.

vaquer vi (terme administratif) Cesser pour un temps ses fonctions. ◆ vt ind [à] S'occuper, s'appliquer à : *vaquer à ses occupations.*

varan nm Grand lézard des régions chaudes.

varangue nf MAR Pièce à deux branches, formant la partie inférieure d'un couple.

varappe nf Escalade de parois rocheuses.

varappeur, euse n Personne qui fait de la varappe.

varech [varɛk] nm Algues brunes qu'on recueille sur les côtes ; goémon.

vareuse nf **1.** Veste assez ample. **2.** Veste d'uniforme, dans la Marine nationale.

variabilité nf Caractère de ce qui est variable.

variable adj **1.** Qui peut varier : *temps variable.* **2.** Divers, différent : *résultats variables.* **3.** GRAMM Se dit d'un mot dont la terminaison varie selon le genre, le nombre, la fonction. ◆ nf MATH Élément qui peut prendre des valeurs différentes à l'intérieur d'un ensemble, d'un système, d'une relation.

variante nf **1.** Chose qui diffère légèrement d'une autre de la même espèce. **2.** Version d'un texte qui diffère de celle qui est communément éditée.

variateur nm Dispositif servant à faire varier une intensité lumineuse et utilisé notamment dans les lampes à halogène.

variation nf **1.** Changement de degré ou d'aspect de quelque chose : *variations du climat.* **2.** Suite de morceaux musicaux composés sur le même thème.

varice nf Dilatation permanente d'une veine, en particulier aux jambes.

varicelle nf Maladie éruptive contagieuse, sans gravité.

varié, e adj **1.** Qui présente de la diversité : *répertoire varié.* **2.** (au pluriel) Se dit de choses très différentes entre elles : *hors-d'œuvre variés.*

varier vt Rendre divers ; diversifier : *varier son travail.* ◆ vi **1.** Présenter des différences, des aspects divers : *prix qui varient.* **2.** Changer d'opinion, d'attitude : *avis qui varient.*

variété nf **1.** Diversité, différence : *variété d'avis.* **2.** Subdivision d'une espèce animale ou végétale. ◆ **variétés** pl **1.** Spectacle composé de différents numéros sans lien entre eux (chansons, danses, etc.). **2.** Musique légère : *disque de variétés.*

variole nf Maladie infectieuse grave et contagieuse. SYN : petite vérole.

variolique adj Relatif à la variole.

variqueux, euse adj Relatif, dû aux varices : *ulcère variqueux.*

varlope nf Grand rabot à poignée pour aplanir le bois.

vasculaire adj Relatif aux vaisseaux, en particulier aux vaisseaux sanguins : *troubles vasculaires.*

vascularisé, e adj Se dit d'un organe, d'un tissu irrigué par des vaisseaux sanguins.

1. vase nf Boue qui se dépose au fond des eaux.

2. vase nm Récipient de matière, de forme, d'usage variables. ■ **en vase clos :** sans contact avec l'extérieur. ❑ **vases commu-**

nicants : vases réunis par un tube et dans lesquels l'eau s'élève au même niveau, quelle que soit la forme de chacun d'eux.

vasectomie nf CHIR Résection des canaux d'excrétion du sperme.

vaseline nf Graisse minérale tirée du pétrole, utilisée en pharmacie et en parfumerie.

vaseux, euse adj **1.** Où il y a de la vase : *fond vaseux.* **2.** FAM Obscur, difficile à comprendre : *raisonnement vaseux.* **3.** FAM Fatigué, mal en point : *se sentir vaseux.*

vasistas [vazistas] nm Ouverture, munie d'un petit vantail mobile, d'une porte ou d'une fenêtre.

vasoconstricteur, trice adj MÉD Qui diminue le calibre des vaisseaux sanguins.

vasoconstriction nf MÉD Diminution du calibre des vaisseaux sanguins.

vasodilatateur, trice adj MÉD Qui augmente le calibre des vaisseaux sanguins.

vasodilatation nf MÉD Augmentation du calibre des vaisseaux sanguins.

vasomoteur, trice adj MÉD Se dit des nerfs qui déterminent la contraction ou le relâchement des vaisseaux.

vasouiller vi FAM S'empêtrer dans ses propos : *répondre en vasouillant.*

vasque nf **1.** Bassin d'une fontaine. **2.** Coupe large et peu profonde, pour décorer une table.

vassal, e, aux adj et n Qui est en état de dépendance par rapport à un autre : *État vassal.* ◆ n HIST Personne liée à un suzerain par l'obligation de foi et hommage.

vassalisation nf Action de vassaliser.

vassaliser vt Réduire à la condition de vassal.

vassalité nf **1.** HIST Système féodal reposant sur les liens entre suzerains et vassaux. **2.** LITT État de sujétion, de dépendance.

vaste adj **1.** Qui a une grande étendue : *vaste plaine.* **2.** Spacieux, de grandes dimensions : *vaste placard.* **3.** FIG De grande ampleur, de grande envergure : *vastes projets.*

va-t-en-guerre adj inv et n inv FAM, PÉJOR Belliciste.

vaticination nf LITT, PÉJOR Prophétie pompeuse et oiseuse.

vaticiner vi LITT, PÉJOR Prophétiser ; tenir des discours pompeux et confus, comme dans un délire prophétique.

va-tout nm inv Aux cartes, ou aux dés, coup où l'on joue tout l'argent qu'on a devant soi. ■ **jouer son va-tout :** tout hasarder, jouer le tout pour le tout.

vaudeville nm Comédie légère fondée sur l'intrigue et le quiproquo.

vaudevillesque adj Qui relève du vaudeville : *intrigue vaudevillesque.*

vaudevilliste n Auteur de vaudevilles.

vaudou nm Aux Antilles et en particulier à Haïti, culte animiste qui emprunte certains éléments au rituel catholique.

vau-l'eau (à) loc adv Au gré du courant, de l'eau. ■ FIG **aller à vau-l'eau :** péricliter peu à peu.

Vaurien nm (nom déposé) Voilier monotype dériveur.

vaurien, enne n et adj **1.** VIEILLI Mauvais sujet. **2.** Enfant qui fait des sottises ; chenapan.

vautour nm **1.** Grand oiseau rapace des montagnes dont la tête et le cou sont dénudés. **2.** FIG, FAM Personne dure et rapace. ■ **vautour barbu :** gypaète.

vautrer (se) vpr S'étendre, se rouler dans ou sur quelque chose : *se vautrer dans un fauteuil.*

va-vite (à la) loc adv FAM Rapidement, avec une grande hâte.

veau nm **1.** Petit de la vache ; chair, peau de cet animal. **2.** FAM, PÉJOR Personne lente et molle. **3.** FAM Véhicule sans reprise.

vecteur nm **1.** MATH Segment de droite orienté sur lequel on distingue une origine et une extrémité. **2.** MIL Véhicule capable de transporter une charge nucléaire. **3.** Animal, plante, etc., qui sert de support à la transmission de maladies épidémiques.

vectoriel, elle adj Relatif aux vecteurs.

vécu, e adj Qui s'est passé ou semble s'être passé réellement : *histoire vécue.* ◆ nm L'expérience telle qu'on l'a vécue.

vedettariat nm Fait d'être une vedette, de le devenir.

vedette nf **1.** Petite embarcation à moteur. **2.** Artiste en vue. **3.** Personne de premier plan. ■ **avoir, garder, perdre la vedette :** le premier rôle, un rang important. ❏ **en vedette :** au premier plan.

1. végétal nm Être vivant, généralement chlorophyllien et fixé au sol, qui se nourrit principalement ou exclusivement des sels minéraux et du gaz carbonique dissous dans l'eau, l'air et le sol.

2. végétal, e, aux adj **1.** Qui appartient aux végétaux : *règne végétal.* **2.** Fabriqué à partir de végétaux : *graisse végétale.*

végétalien, enne ou **végétaliste** adj et n Qui se nourrit exclusivement de végétaux.

végétarien, enne adj et n Relatif au végétarisme ; qui le pratique.

végétarisme nm Pratique diététique qui exclut de l'alimentation la chair des animaux.

végétatif, ive adj **1.** Relatif à la vie des plantes, des végétaux. **2.** MÉD Qui concerne le fonctionnement des viscères. **3.** Qui est réduit à la satisfaction des besoins essentiels sans intervention des facultés intellectuelles : *vie végétative.* ■ **appareil végétatif :** racines, tige et feuilles des plantes supérieures, thalle des végétaux inférieurs, qui assurent la nutrition.

végétation nf Ensemble des végétaux d'un lieu ou d'une région : *végétation tropicale.* ◆ **végétations** pl MÉD Excroissances qui apparaissent sur les muqueuses, et spécialement qui obstruent les fosses nasales.

végéter vi (conj 10) **1.** Croître, pousser avec difficulté : *arbre qui végète.* **2.** Stagner, ne pas évoluer : *entreprise qui végète.*

véhémence nf SOUT Mouvement violent et passionné : *parler avec véhémence.*

véhément, e adj SOUT Ardent, impétueux : *discours véhément.*

véhémentement adv LITT Avec véhémence.

véhiculaire adj ■ **langue véhiculaire :** langue de communication entre des populations qui ne parlent pas la même langue (par opposition à *langue vernaculaire*).

véhicule nm **1.** Moyen de transport par terre ou par air. **2.** FIG, SOUT Ce qui sert à propager, à transmettre : *journal qui devient le véhicule d'idées nouvelles.*

véhiculer vt **1.** Transporter dans un véhicule. **2.** FIG Transmettre, propager.

veille nf **1.** Fait de ne pas dormir aux heures réservées au sommeil. **2.** État de celui qui est éveillé. **3.** État d'un matériel électrique ou électronique dont tout ou partie des fonctions est suspendu afin de réduire sa consommation (on dit aussi *mode veille*). **4.** Jour qui précède : *la veille du départ.* **5.** Action de monter la garde de nuit : *tour de veille.* ■ FIG **à la veille de :** (a) juste avant de (b) sur le point de. ❑ **veille technologique :** dans une entreprise, un organisme, etc., activité de dépouillement des publications pour se tenir informé des innovations dans un secteur donné.

veillée nf **1.** Temps qui s'écoule entre le repas du soir et le coucher ; réunion de personnes qui passent ce temps ensemble. **2.** Action de veiller un malade ou un mort : *se relayer pour la veillée ; veillée funèbre.*

veiller vi **1.** Rester éveillé. **2.** Exercer une surveillance. ◆ vt ind [à, sur] Surveiller ; prendre garde à : *veiller sur ses enfants ; veiller à ne pas laisser le feu s'éteindre.* ◆ vt Passer la nuit auprès de : *veiller un mort, un malade.*

GRAMMAIRE Quand *veiller à* est suivi d'un verbe conjugué, il se construit avec *ce que* et le subj. : *tu veilleras à ce que la porte soit bien fermée.*

veilleur nm ■ **veilleur de nuit :** personne chargée de la surveillance d'un bâtiment pendant la nuit.

veilleuse nf **1.** Petite lampe de faible intensité qu'on laisse allumée pendant la nuit. **2.** Petite flamme d'un appareil à gaz qui brûle en permanence et permet un allumage instantané. ■ FIG **en veilleuse :** au ralenti. ◆ **veilleuses** pl Feux de position d'une automobile.

veinard, e adj et n FAM Qui a de la veine, de la chance.

veine nf **1.** Vaisseau sanguin qui ramène le sang au cœur. **2.** Ligne, forme sinueuse visible sur un bloc de bois ou de pierre. **3.** Nervure saillante d'une feuille. **4.** Filon d'un minerai. **5.** Inspiration d'un écrivain, d'un artiste. **6.** FAM Chance. ■ **être en veine :** être inspiré. ❑ **être en veine de :** être disposé à.

veiné, e adj **1.** Dont les veines sont apparentes : *marbre gris veiné de blanc.* **2.** Qui porte des dessins imitant les veines du bois, des pierres.

veiner vt Peindre en imitant les veines du marbre ou du bois.

veineux, euse adj **1.** Relatif aux veines : *problème veineux.* **2.** Où il y a beaucoup de veines : *bois veineux.* ■ **sang veineux :** qui circule dans les veines (par opposition à *sang artériel*).

veinule nf Petite veine.

veinure nf Aspect veiné du bois, du marbre, etc.

vêlage ou **vêlement** nm Action de vêler.

Velcro nm (nom déposé) Système de fermeture constitué par deux bandelettes dont les fibres textiles s'accrochent les unes aux autres.

vêler vi Mettre bas, en parlant de la vache.

vélin nm Peau de veau préparée pour servir de parchemin. ■ **papier vélin** ou **vélin :** papier imitant ce parchemin.

véliplanchiste n Personne qui fait de la planche à voile.

velléitaire adj et n Qui n'a que des intentions sans jamais passer à l'acte.

velléité nf (surtout au pluriel) Volonté hésitante ; intention fugitive : *avoir des velléités d'écrire.*

vélo nm **1.** Bicyclette. **2.** Pratique de la bicyclette.

véloce adj LITT Qui se déplace rapidement.

vélocipède nm Appareil qui est à l'origine de la bicyclette.

vélocité nf LITT Grande rapidité dans le mouvement ; agilité, célérité.

vélocross nm Vélo tout-terrain sans suspension ni garde-boue.

vélodrome nm Piste pour les courses cyclistes.

vélomoteur nm Motocyclette légère dont la cylindrée n'excède pas 125 cm^3.

velours nm **1.** Étoffe rase d'un côté, et couverte de l'autre de poils serrés. **2.** FIG, LITT Objet qui a la douceur, le moelleux du velours : *le velours d'un fruit.* ■ **faire patte de velours :** (a) présenter sa patte en rentrant ses griffes, pour un chat (b) FIG se faire tout doux pour cacher ses mauvaises intentions. ❑ FAM **jouer sur du velours :** agir sans prendre aucun risque.

velouté, e adj **1.** Qui a l'aspect du velours : *papier velouté.* **2.** Doux comme du velours : *voix veloutée.* ◆ nm **1.** Qualité de ce qui est velouté : *velouté d'un tissu.* **2.** Potage très onctueux : *velouté de tomate.*

velu, e adj Couvert de poils.

vélum [velɔm] nm Grand voile simulant un plafond ou servant de toiture.

Velux [velyks] nm (nom déposé) Fenêtre de toit.

venaison nf Chair comestible de gros gibier (cerf, sanglier, etc.).

vénal, e, aux adj **1.** Qui s'acquiert à prix d'argent : *charge vénale.* **2.** Qui est prêt à se vendre par intérêt ; corruptible : *homme vénal.* ■ **valeur vénale :** valeur marchande.

vénalité nf Caractère, état vénal d'une personne ou d'une chose.

venant nm ■ **à tout venant :** (a) au premier venu (b) à tout propos.

vendable adj Qui peut être vendu.

vendange nf **1.** Récolte du raisin ; raisin récolté. **2.** (surtout au pluriel) Temps de la récolte du raisin.

vendanger vt (conj 2) Récolter le raisin.

vendangeur, euse n Personne qui fait la vendange.

vendéen, enne adj et n De Vendée : *les Vendéens.*

vendémiaire nm Premier mois du calendrier républicain (22 septembre-21 octobre).

vendetta nf En Corse, état d'hostilité entre deux familles, né d'une offense ou d'un meurtre.

vendeur, euse n **1.** Personne dont la profession est de vendre. **2.** DR Personne qui fait un acte de vente (en ce sens, le féminin est *venderesse*). ◆ adj Qui fait vendre : *un argument vendeur.*

vendre vt (conj 50) **1.** Céder moyennant un prix convenu : *vendre ses livres ; maison à vendre.* **2.** Faire le commerce de : *vendre des habits.* **3.** Faire accepter une idée, un projet : *vendre une réforme à l'opinion.* **4.** FIG Céder contre de l'argent quelque chose sans valeur vénale : *vendre son silence.* **5.** FIG Trahir pour de l'argent. ■ **vendre la peau de l'ours :** (a) disposer d'une chose avant de la posséder (b) se flatter trop tôt d'un succès.

vendredi nm Cinquième jour de la semaine. ■ **Vendredi saint :** jour anniversaire de la mort du Christ.

vendu, e adj et n Qui s'est laissé acheter, corrompre à prix d'argent.

venelle nf Petite rue étroite.

vénéneux, euse adj Qui renferme du poison : *champignon vénéneux.*

> EMPLOI *Vénéneux* se dit surtout des plantes ; *venimeux* se dit des animaux à venin (araignées, serpents, etc.).

vénérable adj Digne de vénération, respectable.

vénération nf **1.** Respect profond, admiration qu'on porte à quelqu'un ou à quelque chose ; adoration. **2.** Respect pour les choses saintes.

vénérer vt (conj 10) **1.** Rendre le culte dû à Dieu, à un saint. **2.** Avoir de la vénération, un respect quasi religieux pour.

vénerie nf Art de chasser avec des chiens courants.

vénérien, enne adj Relatif aux rapports sexuels. ■ **maladie vénérienne :** qui se contracte au cours de rapports sexuels.

veneur nm Celui qui, à la chasse, dirige les chiens courants.

vénézuélien, enne adj et n Du Venezuela : *les Vénézuéliens.*

vengeance nf Action de se venger : *tirer vengeance ;* acte par lequel on se venge.

venger vt (conj 2) **1.** Tirer satisfaction, réparation d'une offense : *venger une injure.* **2.** Procurer réparation d'une offense à quelqu'un en punissant son auteur : *venger son père.* ◆ **se venger** vpr [de] **1.** Se faire justice en punissant : *se venger d'un ennemi.* **2.** Se dédommager d'un affront, d'un préjudice : *se venger d'une humiliation.*

vengeur, eresse adj et n Qui venge : *critique vengeresse.*

véniel, elle adj LITT Sans gravité : *faute vénielle.* ■ RELIG CATH **péché véniel :** péché léger.

venimeux, euse adj **1.** Qui a du venin : *serpent venimeux.* **2.** FIG, LITT Méchant, malveillant : *regard venimeux.*

venin nm **1.** Substance toxique sécrétée par un animal : *le venin de la vipère.* **2.** FIG, LITT Méchanceté en actes ou en paroles : *le venin de la calomnie.*

venir vi (conj 22 ; auxil : *être*) **1.** Se rendre à, dans, auprès de : *venir voir quelqu'un ; faire venir le médecin.* **2.** Arriver, survenir : *la mort vient sans qu'on s'en doute.* **3.** Être originaire de, dériver de : *mot qui vient du latin ; thé qui vient de Chine.* **4.** Se présenter à l'esprit : *nos idées nous viennent involontairement.* ■ **à venir :** futur : *dans les jours à venir.* ❑ **en venir à :** (a) en arriver à : *en venir à détester quelqu'un* (b) être réduit à : *en venir à mendier.* ❑ **en venir aux mains :** se battre. ❑ **laisser venir** ou **voir venir :** attendre sans se presser. ❑ **venir à bout de :** terminer. ❑ **venir de** (+ inf) : avoir accompli une action quelques instants avant : *il vient de sortir.* ❑ FAM **y venir :** s'y résoudre : *ces solutions que tu méprises, tu verras, tu y viendras.*

vénitien, enne adj et n De Venise. ■ **blond vénitien :** tirant sur le roux. ❑ **store vénitien :** à lamelles mobiles.

vent nm **1.** Mouvement de l'air dû à des différences de pression : *vent du nord.* **2.** Air agité par un moyen quelconque : *faire du vent avec un éventail.* **3.** Tendance, mouvement : *vent de révolte.* **4.** Gaz intestinal. ■ **avoir vent de :** être informé de. ❑ **bon vent ! :** (a) bonne chance ! (b) bon débarras ! ❑ **dans le vent :** à la mode. ❑ **en coup de vent :** très rapidement. ❑ **instrument à vent :** dont le son est produit par le souffle. ◆ **vents** pl ■ **vents** ou **instruments à vent :** instruments de musique dont le son est formé par le souffle.

vente nf **1.** Cession moyennant un prix convenu : *vente à crédit, au détail.* **2.** Écoulement des marchandises, débit : *pousser à la vente.* **3.** Commerce, métier de celui qui vend : *directeur des ventes.* ■ **en vente :** (a) destiné à être vendu (b) disponible dans le commerce : *livre en vente dans les meilleures librairies.* ❑ **point de vente :** magasin, lieu où est vendu tel ou tel article. ❑ **vente par correspondance (VPC) :** dans laquelle le client reçoit contre paiement des articles qu'il a choisis sur catalogue.

venté, e adj Battu par le vent.

venter v impers Faire du vent : *il vente fort.*

venteux, euse adj Où il y a du vent : *pays venteux.*

ventilateur nm **1.** Appareil destiné à brasser ou à renouveler l'air dans un lieu. **2.** Mécanisme servant à refroidir le moteur d'une automobile.

ventilation nf Action de ventiler.

1. ventiler vt Aérer, renouveler l'air : *ventiler un tunnel.*

2. ventiler vt **1.** Répartir certaines dépenses ou certains frais entre différents comptes. **2.** Répartir des objets ou des personnes selon différentes affectations.

ventôse nm Sixième mois du calendrier républicain (19 février-20 mars).

ventouse nf **1.** Ampoule de verre dans laquelle on fait le vide et qu'on applique sur la peau pour y appeler le sang. **2.** Petite calotte de caoutchouc qui peut s'appliquer par la pression de l'air sur une surface plane : *fixation à ventouse.* **3.** Organe de fixation de la sangsue, de la pieuvre, de certaines plantes.

ventral, e, aux adj Du ventre, de l'abdomen.

ventre nm **1.** Partie antérieure et intérieure du tronc renfermant les intestins. **2.** Siège de la gestation dans le corps de la femme. **3.** PAR EXT Partie renflée d'un objet : *ventre d'une théière.* **4.** FIG, FAM Ce que quelqu'un a de plus profond, de plus secret : *voir ce que quelqu'un a dans le ventre.* ■ **à plat ventre :** étendu sur le ventre. ❑ **avoir, prendre du ventre :** avoir, se mettre à avoir un ventre proéminent. ❑ **ventre à terre :** très vite. ❑ FAM **ventre mou :** maillon faible d'un système idéologique, politique, religieux : *le ventre mou de la démocratie.*

ventrée nf FAM Nourriture dont on s'emplit l'estomac.

ventriculaire adj Relatif aux ventricules.

ventricule nm Nom de diverses cavités du corps (cœur, encéphale).

ventrière nf Sangle qu'on passe sous le ventre du cheval pour le soulever.

ventriloque n et adj Personne qui parle sans remuer les lèvres et de telle façon que la voix semble sortir de son ventre.

ventripotent, e adj FAM Ventru, bedonnant.

ventru, e adj **1.** Qui a un gros ventre. **2.** Renflé, bombé : *vase ventru.*

venu, e adj ■ **bien, mal venu :** bien, mal à propos : *paroles mal venues.* ❑ **être mal venu de :** peu qualifié pour. ◆ n ■ **le dernier venu, la dernière venue :** la personne arrivée la dernière. ❑ **le premier venu, la première venue :** n'importe qui. ❑ **nouveau venu, nouvelle venue :** personne récemment arrivée.

venue nf Action de venir ; arrivée.

vénus [venys] nf Mollusque bivalve, dont une espèce s'appelle la praire.

vépéciste n Personne, entreprise qui fait de la vente par correspondance.

vêpres nf pl Partie de l'office catholique célébrée au coucher du soleil.

ver nm **1.** Nom donné à des animaux mous, contractiles, dépourvus de pattes (lombrics, ténias, etc.). **2.** INFORM Type de virus apte à se reproduire via un réseau sans se greffer sur un programme. ■ **ver à soie :** chenille du bombyx du mûrier. ❑ **ver blanc :** larve du hanneton. ❑ **ver de terre :** lombric. ❑ **ver luisant :** lampyre, insecte coléoptère lumineux. ❑ **ver solitaire :** ténia.

véracité nf SOUT Caractère de ce qui est conforme à la vérité, véridique.

véranda nf Galerie ou pièce vitrée attenante à une maison.

verbal, e, aux adj **1.** Qui se fait de vive voix et non par écrit : *promesse verbale.* **2.** Qui a rapport à la parole : *délire verbal.* **3.** GRAMM Propre au verbe : *forme verbale.*

verbalement adv De vive voix.

verbalisation nf Action de verbaliser.

verbaliser vi Dresser un procès-verbal. ◆ vt Formuler en mots ce qui était intériorisé : *verbaliser une plainte.*

verbalisme nm Tendance à noyer sous un flot de paroles l'absence d'idées.

verbe nm **1.** GRAMM Mot qui, dans une proposition, exprime, sous une forme variable, l'action ou l'état du sujet. **2.** LITT Parole, expression de la pensée par les mots : *la magie du verbe.* ■ **avoir le verbe haut :** parler d'une voix forte, avec le sentiment de son importance.

verbeux, euse adj Qui déverse un flot de paroles creuses ; bavard, prolixe.

verbiage nm Abondance de paroles inutiles.

verbosité nf Caractère d'une personne ou d'une chose verbeuse.

verdâtre adj Qui tire sur le vert.

verdelet, ette adj ■ LITT, VX **vin verdelet :** un peu acide.

verdeur nf **1.** Défaut de maturité des fruits, du vin. **2.** Jeunesse, vigueur de quelqu'un qui n'est plus jeune. **3.** Crudité, âpreté des propos.

verdict [vɛrdikt] nm **1.** DR Réponse faite par le jury aux questions posées par la cour : *verdict d'acquittement.* **2.** PAR EXT Jugement quelconque.

verdir vt Rendre vert. ◆ vi Devenir vert.

verdissage nm LITT Action de donner une teinte verte.

verdissement nm LITT Fait de devenir vert.

verdoiement nm LITT Fait de verdoyer.

verdoyant, e adj LITT Qui verdoie.

verdoyer vi (conj 3) LITT Devenir vert, se couvrir de verdure.

verdure nf **1.** LITT Couleur verte des arbres, des plantes. **2.** SOUT Herbe, feuillage verts : *un tapis de verdure.* **3.** FAM Plante potagère dont on mange les feuilles.

véreux, euse adj **1.** Qui contient des vers : *fruits véreux.* **2.** Malhonnête, suspect, louche : *banquier véreux.*

verge nf **1.** Baguette de bois ou de métal. **2.** Organe érectile de la copulation, chez l'homme et les mammifères supérieurs mâles. SYN : pénis.

vergé, e adj ■ **étoffe vergée :** qui a des fils plus gros ou plus teintés que le reste. ❑ **papier vergé :** dont le filigrane garde des raies dues aux procédés de fabrication à la main.

vergence nf OPT Inverse de la distance focale d'un système optique centré.

vergeoise nf Sucre roux.

verger nm Lieu planté d'arbres fruitiers.

vergeté, e adj Parsemé de raies, en parlant de la peau.

vergeture nf (surtout au pluriel) Raie provenant de la distension de la peau.

verglacé, e adj Couvert de verglas.

verglacer v impers (conj 1) Faire du verglas.

> ORTHOGRAPHE *Verglacer* s'écrit avec *c*, alors que ce verbe est dérivé de *verglas*.

verglas nm Couche de glace mince qui couvre parfois le sol.

vergogne nf ■ **sans vergogne :** sans honte, sans scrupule : *mentir sans vergogne.*

vergue nf Longue pièce de bois placée horizontalement sur un mât et servant à soutenir la voile.

véridique adj **1.** LITT Qui dit la vérité. **2.** Conforme à la vérité : *récit véridique.*

véridiquement adv LITT De façon véridique.

vérifiable adj Qui peut être vérifié.

vérificateur, trice adj et n Qui vérifie, contrôle l'exactitude de quelque chose. ◆ nm ■ **vérificateur orthographique :** correcteur orthographique.

vérificatif, ive adj LITT Qui sert de vérification : *contrôle vérificatif.*

vérification nf Action de vérifier.

vérifier vt **1.** Examiner si une chose est telle qu'elle doit être ou qu'on l'a déclarée : *vérifier une addition.* **2.** Justifier, confirmer : *fait qui vérifie une hypothèse.*

vérin nm Machine servant à soulever de lourds fardeaux.

véritable adj **1.** Conforme à la vérité : *paraître sous son véritable jour.* **2.** Qui est réellement ce qu'on dit qu'il est : *cuir véritable.* **3.** Qui mérite pleinement le nom qu'on lui donne : *un véritable artiste.*

véritablement adv Vraiment, réellement.

vérité nf **1.** Caractère de ce qui est vrai. **2.** Conformité de ce qu'on dit avec ce qui est : *dire la vérité.* **3.** Idée, principe considérés comme vrais : *vérité mathématique.* **4.** Sincérité, bonne foi : *accent de vérité.* ■ **à la vérité :** il est vrai. ❑ **dire à quelqu'un ses quatre vérités :** lui reprocher ses fautes, ses défauts. ❑ **dire des vérités premières :** des banalités. ❑ **en vérité :** (a) sert à renforcer une affirmation : *en vérité, je le déteste* (b) sert à introduire une rectification, une restriction : *il a l'air intelligent, mais, en vérité, il est limité.*

verjus nm Jus acide de raisin vert.

verlan nm Argot dans lequel on inverse les syllabes des mots.

vermeil, eille adj Rouge foncé. ◆ nm Argent recouvert d'or.

vermicelle nm Pâte à potage en fils fins.

vermicide adj et nm Qui détruit les vers.

vermiculaire adj BIOL Qui ressemble à un ver.

vermifuge nm et adj Médicament qui détruit les vers intestinaux.

vermillon adj inv et nm D'un rouge vif tirant sur l'orangé, semblable à la couleur du cinabre.

vermine nf **1.** Ensemble des insectes parasites de l'homme et des animaux (puces, poux, etc.). **2.** FIG, PÉJOR Ensemble d'individus jugés inutiles ou malfaisants.

vermisseau nm **1.** Petit ver de terre. **2.** LITT Être servile.

vermoulu, e adj **1.** Se dit du bois mangé par les larves d'insectes : *meuble vermoulu.* **2.** FAM Qui souffre de courbatures.

vermoulure nf Trace ou trou dans le bois laissés par les insectes qui le rongent.

vermouth [vɛrmut] nm Apéritif à base de vin blanc, aromatisé avec des plantes amères et toniques.

vernaculaire adj ■ **langue vernaculaire :** langue parlée seulement à l'intérieur d'une communauté, parfois restreinte (par opposition à *langue véhiculaire*).

verni, e adj Enduit de vernis : *chaussures vernies.* ◆ adj et n FAM Qui a de la chance.

vernir vt Enduire de vernis.

vernis nm **1.** Enduit dont on couvre un objet pour le préserver de l'air, de l'humidité, etc., ou dans un but esthétique : *vernis à bateaux ; vernis à ongles.* **2.** FIG Éclat superficiel, apparence brillante : *vernis d'élégance.*

vernissage nm **1.** Action de vernir ; résultat de cette action. **2.** Réception qui précède l'ouverture d'une exposition.

vernissé, e adj Recouvert de vernis : *poterie vernissée.*

vernisser vt Vernir une poterie, une faïence.

vérole nf Syphilis. ■ **petite vérole :** variole.

1. véronique nf Plante herbacée à fleurs bleues commune dans les bois et les prés.

2. véronique nf En tauromachie, passe au cours de laquelle le torero fait passer le taureau le long de son corps.

verrat nm Mâle reproducteur de l'espèce porcine.

verre nm **1.** Corps solide, transparent et fragile, produit de la fusion d'un sable mêlé de potasse ou de soude. **2.** Morceau, plaque de verre ; objet en verre : *verre de montre.* **3.** Récipient en verre pour boire ; son contenu : *verre de vin.* **4.** Lentille taillée spécialement pour corriger la vue : *porter des verres teintés.* ■ **verres de contact :** appliqués directement sur le globe oculaire.

verrerie nf **1.** Art de fabriquer le verre ; usine où on le fabrique. **2.** Magasin où on vend des objets en verre. **3.** Objet en verre.

verrier nm Celui qui fabrique le verre, des objets en verre ou des vitraux.

verrière nf **1.** Toit vitré d'une pièce ou d'un bâtiment. **2.** Grande ouverture garnie de vitraux : *verrière d'une église.*

verrine nf Petit récipient en verre dans lequel est servi un amuse-bouche ou un dessert ; son contenu.

verroterie nf Petits objets de verre coloré.

verrou nm **1.** Appareil de fermeture d'une porte ou d'une fenêtre, composé d'un pêne que l'on fait coulisser pour l'engager dans une gâche : *verrou de sûreté.* **2.** Dispositif de fermeture d'une culasse d'arme à feu. ■ **sous les verrous :** en prison.

verrouillage nm Action de verrouiller.

verrouiller vt **1.** Fermer au verrou : *verrouiller sa porte.* **2.** Bloquer, interdire le passage : *verrouiller un quartier.* **3.** Contrôler ou bloquer l'action de quelqu'un, d'un groupe, l'évolution de quelque chose : *verrouiller son capital.*

verrue nf Petite excroissance de la peau.

1. vers nm Unité formée par un ou plusieurs mots, obéissant à des règles de rythme, de longueur, de rime, à l'intérieur d'un ensemble : *écrire des vers.* ■ **vers blancs :** non rimés.

2. vers prép **1.** Dans la direction de : *regarder vers le ciel.* **2.** Introduit le terme d'une tendance, d'une évolution : *un pas vers la paix.* **3.** Aux environs de : *vers midi ; vers Dijon.*

versant nm Chacune des pentes d'une montagne.

versatile adj SOUT Qui change facilement d'opinion, de parti.

versatilité nf Caractère versatile.

verse (à) adv Abondamment, en parlant de la pluie : *il pleut à verse.*

versé, e adj SOUT Exercé à, instruit dans une matière, une science : *versé dans les sciences.*

Verseau nm Constellation zodiacale figurant un homme agenouillé, versant l'eau d'une amphore ; signe astrologique des personnes nées entre le 20 janvier et le 18 février. ◆ n et adj Personne née sous le signe du Verseau : *elle est Verseau.*

versement nm **1.** Action de remettre de l'argent, des valeurs. **2.** La somme remise.

verser vt **1.** Répandre un liquide, le faire couler : *verser de l'eau sur ses mains.* **2.** Servir une boisson : *verser du café dans une tasse.* **3.** Faire tomber quelque chose de haut en bas, hors du récipient qui le contient : *verser du lait dans une casserole.* **4.** VIEILLI Renverser, faire basculer quelqu'un, un véhicule : *voiture qui verse son chargement.* **5.** Remettre de l'argent : *verser un salaire.* **6.** Affecter quelqu'un à un emploi, à un poste : *verser à l'administration centrale un fonctionnaire* *détaché.* **7.** Déposer, joindre un document : *verser une pièce au dossier.* ■ **verser des larmes :** pleurer. ❑ LITT **verser son sang :** mourir. ◆ vi Tomber sur le côté, se renverser : *remorque qui verse.* ◆ vt ind [dans] Évoluer vers tel ou tel état : *verser dans la vulgarité.*

verset nm Chacun des paragraphes numérotés de la Bible, du Coran.

verseur adj m ■ **bouchon, bec verseur :** qui permet de faire couler correctement un liquide.

verseuse nf Cafetière à poignée droite.

versificateur nm PÉJOR Personne qui écrit des vers sans inspiration.

versification nf Art de composer des vers.

versifier vi Écrire en vers. ◆ vt Mettre en vers : *versifier une fable.*

version nf **1.** Traduction d'une langue étrangère (par opposition à *thème*). **2.** Chacun des états successifs d'un texte. **3.** Manière de raconter un fait : *il y a sur cet accident plusieurs versions.* ■ **film en version française (VF) :** film étranger doublé en français. ❑ **film en version originale (VO) :** film présenté dans sa langue d'origine.

verso nm Revers d'un feuillet (par opposition à *recto*).

vert, e adj **1.** D'une couleur produite par la combinaison du jaune et du bleu. **2.** Qui a encore de la sève, qui n'est pas encore sec : *bois vert ; fourrage vert.* **3.** Se dit d'un fruit insuffisamment mûr : *raisin vert.* **4.** FIG Resté vigoureux, malgré les années : *vieillard encore vert.* **5.** Qui concerne l'agriculture, le monde rural : *l'Europe verte.* **6.** Qui a trait au mouvement écologiste, en fait partie : *candidat vert.* **7.** FAM Énergique, dur, en parlant de propos : *une verte réprimande.* ■ **en voir, en raconter des vertes et des pas mûres :** voir, raconter des choses peu ordinaires, étonnantes. ❑ **numéro vert :** numéro de téléphone permettant d'appeler gratuitement un organisme, une entreprise. ◆ nm **1.** Couleur verte. **2.** Militant écologiste. ■ FAM **se mettre au vert :** aller se reposer à la campagne.

vert-de-gris nm inv Hydrocarbonate de cuivre, dont le métal se recouvre au contact de l'air. ◆ adj inv Verdâtre.

vert-de-grisé, e (pl *vert-de-grisés, es*) adj Couvert de vert-de-gris.

vertébral, e, aux adj Relatif aux vertèbres : *la colonne vertébrale.*

vertèbre nf Chacun des os formant l'épine dorsale.

vertébré, e adj Se dit des animaux qui ont des vertèbres. ◆ **vertébrés** nm pl Embranchement du règne animal (poissons, reptiles, batraciens, oiseaux et mammifères).

vertement adv D'une manière rude, vive : *répondre vertement.*

vertical, e, aux adj **1.** Perpendiculaire au plan de l'horizon. **2.** FIG Qui est organisé hiérarchiquement. ◆ nf Direction donnée par le fil à plomb.

verticalement adv Perpendiculairement à l'horizon, selon une ligne verticale.

verticalité nf État de ce qui est vertical.

vertige nm Sensation d'un manque d'équilibre ; étourdissement momentané. ■ FIG **donner le vertige :** faire perdre la tête, impressionner vivement.

vertigineusement adv De façon vertigineuse.

vertigineux, euse adj SOUT Qui donne le vertige : *hauteur vertigineuse ; hausse des prix vertigineuse.*

vertu nf **1.** Disposition constante de l'âme qui porte à faire le bien : *la loyauté est une vertu.* **2.** Qualité particulière ; efficacité : *vertu des plantes.* **3.** VX Chasteté, fidélité conjugale. ■ **en vertu de :** en conséquence de : *en vertu d'un jugement.*

vertueusement adv De façon vertueuse.

vertueux, euse adj **1.** Qui manifeste de la vertu : *un vertueux mensonge.* **2.** Se dit d'une personne chaste, pudique ou fidèle.

verve nf Qualité de quelqu'un qui parle avec enthousiasme et brio : *orateur plein de verve.*

verveine nf Plante à fleurs bleues, dont une variété est utilisée en tisane.

vésiculaire adj Relatif à une vésicule ; qui a la forme d'une vésicule.

vésicule nf **1.** ANAT Organe creux en forme de petite poche : *vésicule biliaire.* **2.** Soulèvement de l'épiderme, plein de sérosité.

vespasienne nf Urinoir public à l'usage des hommes.

vespéral, e, aux adj LITT Relatif au soir.

vesse-de-loup (pl *vesses-de-loup*) nf Champignon de forme sphérique.

vessie nf Poche abdominale qui reçoit et contient l'urine. ■ **vessie natatoire :** organe d'équilibre chez les poissons.

vestale nf **1.** ANTIQ ROM Prêtresse de Vesta. **2.** LITT Fille très chaste.

veste nf **1.** Vêtement à manches, ouvert devant, qui couvre le buste jusqu'aux hanches. **2.** FIG, FAM Insuccès, échec : *prendre une veste à un examen.* ■ FAM **retourner sa veste :** changer d'opinion, de parti.

vestiaire nm **1.** Lieu où l'on peut déposer les vêtements et autres objets, dans certains lieux publics. **2.** (surtout au pluriel) Local dépendant d'un stade, d'un gymnase, d'une piscine, etc., où l'on peut se mettre en tenue. **3.** Vêtements et objets déposés au vestiaire.

vestibule nm Pièce d'entrée d'un édifice, d'une maison, etc.

vestige nm Marque, reste de ce qui a été détruit, de ce qui a disparu : *les vestiges d'une civilisation.*

vestimentaire adj Relatif aux vêtements : *dépenses vestimentaires.*

veston nm Veste faisant partie du costume masculin.

vêtement nm **1.** Tout ce qui sert à couvrir le corps ; habit. **2.** Pièce de l'habillement.

vétéran nm LITT Homme qui a une longue expérience dans une profession, une pratique quelconque.

vétérinaire adj Relatif à la médecine des animaux. ◆ n Spécialiste de la médecine des animaux.

vététiste n Personne qui se déplace en VTT ; sportif qui pratique le VTT.

vétille nf Bagatelle, chose insignifiante : *s'amuser à des vétilles.*

vétilleux, euse adj LITT Qui s'attache à des vétilles, à des choses sans importance ; pointilleux, tatillon.

vêtir vt (conj 27) **1.** Habiller : *vêtir un enfant.* **2.** LITT Fournir de vêtements : *vêtir les pauvres.* ◆ **se vêtir** vpr S'habiller.

vétiver [vetivɛr] nm Plante de l'Inde dont on emploie la racine en parfumerie.

veto [veto] nm inv **1.** Institution par laquelle une autorité peut s'opposer à l'entrée en vigueur d'une loi, d'une décision, d'une résolution : *avoir le droit de veto.* **2.** Opposition, refus : *mettre son veto à une décision.*

vétuste adj Détérioré, dégradé par le temps.

vétusté nf État vétuste de quelque chose.

veuf, veuve adj et n Qui a perdu sa femme, son mari.

veule [vøl] adj LITT Faible, sans énergie.

veulerie nf Manque d'énergie, de courage.

veuvage nm État d'un veuf, d'une veuve.

veuve nf Oiseau passereau d'Afrique à long plumage noir.

vexant, e adj Qui vexe, contrarie.

vexation nf Action, parole, situation qui inflige une blessure d'amour-propre.

vexatoire adj Qui a le caractère d'une vexation : *mesures vexatoires à l'égard des étrangers.*

vexer vt Causer de la contrariété à quelqu'un, le blesser dans son amour-propre. ◆ **se vexer** vpr Se fâcher, se froisser.

VF nf (sigle) Version française.

VHS nm (nom déposé ; sigle de *video home system*) Norme de matériel vidéo grand public.

via prép En passant par : *aller de Paris à Hongkong via Bangkok.*

viabiliser vt Exécuter des travaux de viabilité de façon à rendre un terrain constructible.

1. viabilité nf Aptitude d'un être vivant à vivre : *la viabilité d'un nourrisson prématuré.*

2. viabilité nf **1.** Bon état d'une route, permettant d'y circuler. **2.** Ensemble des travaux d'aménagement à exécuter sur un terrain avant construction.

viable adj **1.** Qui peut vivre : *enfant né viable.* **2.** Organisé pour durer, pour aboutir : *projet viable.*

VOCABULAIRE On fera une distinction entre *viable,* « qui peut vivre », et *vivable,* « où on peut vivre ».

viaduc nm Pont à plusieurs arches pour le passage d'une route, d'une voie ferrée au-dessus d'une vallée.

viager, ère adj DR Se dit d'un droit qui s'éteint à la mort de son titulaire : *rente viagère.* ◆ nm Rente à vie. ■ **en viager :** en échange d'une rente viagère : *vendre sa maison en viager.*

viande nf Chair des mammifères et des oiseaux considérée comme nourriture ; partie de cette chair préparée pour la cuisson. ■ **viande blanche :** viande de veau, de porc, de lapin, de volaille. ❑ **viande rouge :** viande de bœuf, de mouton, de cheval.

viatique nm LITT Ce qui apporte une aide, un soutien dans l'existence : *avoir ses diplômes comme seul viatique.*

vibrant, e adj **1.** Qui vibre : *lame vibrante.* **2.** Qui fait vibrer ; touchant, émouvant : *discours vibrant.*

vibraphone nm Instrument de musique formé de lames d'acier que l'on frappe avec de petits marteaux.

vibratile adj Doué d'un mouvement de vibration.

vibration nf **1.** Mouvement d'oscillation rapide : *vibrations du métro.* **2.** PHYS Mouvement périodique d'un système quelconque autour de sa position d'équilibre : *vibrations sonores, lumineuses.* **3.** Tremblement de la voix traduisant une émotion.

vibrato nm MUS Légère ondulation du son produite sur les instruments à cordes ou à vent, ou avec la voix.

vibratoire adj Composé de vibrations : *mouvement vibratoire.*

vibrer vi **1.** Être agité de vibrations : *fenêtres qui vibrent.* **2.** Être touché, ému : *vibrer à certaines musiques.* **3.** Traduire une certaine intensité d'émotion : *voix qui vibre de colère.*

vibreur nm Appareil animé d'un mouvement vibratoire.

vibrion nm Bacille de forme incurvée.

vibromasseur nm Appareil électrique qui produit des massages vibratoires.

vicaire nm Prêtre adjoint à un curé, dans la religion catholique.

vicariat nm Fonction de vicaire.

vice nm **1.** Disposition habituelle au mal : *le vice et la vertu.* **2.** Mauvais penchant, défaut dont on ne peut se défaire : *cacher ses vices.* **3.** Défaut, imperfection grave : *vice de construction.*

vice-amiral (pl *vice-amiraux*) nm Officier de marine, inférieur à l'amiral.

vice-consul (pl *vice-consuls*) nm Personne qui tient lieu de consul.

vicelard, e adj FAM Vicieux.

vice-présidence (pl *vice-présidences*) nf Fonction, dignité de vice-président.

vice-président, e (pl *vice-présidents, es*) n Personne qui exerce la fonction de président pendant son absence.

vice-roi (pl *vice-rois*) nm Gouverneur d'un royaume ou d'une grande province dépendant d'un État monarchique.

vice versa [viseversa] ou [visversa] loc adv Réciproquement, inversement.

vichy nm Étoffe de coton à carreaux blancs et de couleur.

vichyste adj et n Relatif au gouvernement de Vichy ; qui en était partisan.

vicié, e adj **1.** Pollué, impur : *air vicié.* **2.** FIG Qui présente une erreur, qui est entaché d'imperfection : *raisonnement vicié.*

vicier vt **1.** LITT Gâter, corrompre la pureté de : *vicier l'air.* **2.** DR Rendre nul, défectueux.

vicieusement adv De façon vicieuse.

vicieux, euse adj **1.** Qui est inspiré par le vice : *regard vicieux.* **2.** Propre à tromper l'adversaire : *balle vicieuse.* **3.** Qui a un défaut, une imperfection : *contrat vicieux.* **4.** Se dit d'un animal indocile, rétif. ◆ adj et n **1.** Qui a des goûts dépravés, pervers. **2.** FAM Qui a des goûts, des habitudes bizarres.

vicinal, e, aux adj ■ **chemin vicinal :** qui relie des villages, des hameaux, etc.

vicissitude nf (surtout au pluriel) Événements heureux ou malheureux qui affectent l'existence humaine : *les vicissitudes de la fortune.*

vicomte nm Noble dont le titre est inférieur à celui de comte.

vicomtesse nf Femme d'un vicomte ; femme possédant le titre de vicomte.

victime nf **1.** Personne tuée ou blessée : *les victimes de la route.* **2.** FAM Souffre-douleur en butte à l'hostilité des autres.

victimisation nf Action de victimiser.

victimiser vt Considérer, désigner comme une victime.

victoire nf **1.** Issue favorable d'une bataille, d'une guerre. **2.** Succès remporté sur autrui : *la victoire d'un joueur de tennis.* ■ **chanter, crier victoire :** se glorifier d'un succès.

victorien, enne adj Relatif à la reine Victoria, à son règne.

victorieusement adv De façon victorieuse.

victorieux, euse adj **1.** Qui a remporté une victoire. **2.** Qui exprime ou évoque un succès : *air victorieux.*

victuailles nf pl Provisions alimentaires.

vidage nm Action de vider.

vidange nf Opération qui consiste à vider un réservoir, une fosse, etc., pour les rendre de nouveau utilisables. ◆ **vidanges** pl Matières tirées des fosses d'aisances.

vidanger vt (conj 2) Effectuer la vidange de.

vidangeur nm Personne qui vide les fosses d'aisances.

vide adj **1.** Qui ne contient rien : *boîte vide.* **2.** Où il n'y a rien ou personne : *local vide.* **3.** Où l'on ressent l'absence de qqn : *maison vide.* **4.** Qui manque d'intérêt, d'occupations : *journée vide ; esprit vide.* ■ **vide de :** dépourvu, privé de : *mot vide de sens.* ◆ nm **1.** Espace assez vaste qui ne contient rien ; espace où il manque qqch : *sauter dans le vide.* **2.** FIG Sentiment pénible d'absence, de privation : *sa mort laisse un grand vide.* **3.** Vanité, néant : *sentir le vide de toutes choses.* ■ **à vide :** sans rien contenir : *bus roulant à vide.* ❏ **faire le vide autour de soi, de qqn :** faire partir les amis, les relations. ❏ **parler dans le vide :** sans provoquer aucune réaction.

vidéaste n Réalisateur de films en vidéo.

vide-greniers nm inv Vente de vieux objets organisée par des particuliers, généralement sous le patronage d'une municipalité.

vidéo adj inv Se dit d'un procédé qui permet d'enregistrer sur bande magnétique des images filmées par une caméra, ainsi que le son, et de les projeter immédiatement ou en différé sur un écran de télévision : *signaux vidéo.* ◆ nf **1.** Ensemble des techniques vidéo. **2.** Film, émission tournés en vidéo.

vidéocassette nf Cassette constituée par une bande vidéo, qui, placée dans un appareil de lecture, permet de voir ou de revoir un programme de télévision, un film.

vidéo-clip (pl *vidéo-clips*) nm Court-métrage vidéo illustrant une chanson.

vidéoclub nm Boutique où l'on peut acheter ou louer des vidéocassettes.

vidéoconférence nf → **visioconférence.**

vidéodisque nm Disque restituant des images et des sons préalablement enregistrés sur un écran de télévision.

vide-ordures nm inv Dans un immeuble, conduit permettant d'évacuer les ordures ménagères.

vidéosphère nf Sphère de la communication qui privilégie l'immédiateté de l'image (elle inclut les vidéos amateurs sur Internet).

vidéosurveillance nf Dispositif de surveillance à distance grâce à un système de télévision en circuit fermé.

vidéothèque nf Collection de vidéocassettes ; lieu où on les entrepose et où on peut les consulter.

vidéotransmission nf Service de diffusion de programmes de télévision spécifiques.

vide-poche (pl *vide-poches*) ou **vide-poches** (pl inv) nm **1.** Petite coupe, corbeille, etc., où l'on dépose les menus objets qu'on a dans ses poches. **2.** Dans une automobile, compartiment pour recevoir divers objets.

vide-pomme (pl *vide-pommes* ou inv) nm Petit couteau servant à ôter le cœur des pommes.

vider vt **1.** Rendre vide, retirer le contenu de, enlever quelque chose d'un endroit : *vider une baignoire ; vider ses poches.* **2.** Boire le contenu d'un récipient : *vider une bouteille.* **3.** Faire s'écouler complètement le contenu de quelque chose : *vider la baignoire.* **4.** Retirer les entrailles d'un poisson, d'une volaille. **5.** Faire évacuer un lieu. **6.** FAM Expulser quelqu'un par la force ; chasser, licencier : *il s'est fait vider du lycée.* **7.** Épuiser quelqu'un, physiquement ou intellectuellement : *cette réunion m'a vidé.* ■ **vider une querelle, un différend :** les régler une fois pour toutes. ◆ **se vider** vpr **1.** Devenir vide : *salle qui se vide.* **2.** Se déverser : *eaux usées qui se vident dans les égouts.*

videur nm Personne chargée, dans un lieu public (boîte de nuit, bal, etc.), de mettre les perturbateurs à la porte.

vie nf **1.** Ensemble des phénomènes biologiques communs aux êtres organisés, qui évoluent de la naissance à la mort : *vie végétale, animale.* **2.** Existence humaine (par opposition à la *mort*) : *rester entre la vie et la mort ; être, rester en vie.* **3.** Existence humaine considérée dans sa durée : *travailler toute sa vie.* **4.** Existence, d'un point de vue particulier ou considérée de la façon dont elle est vécue : *vie sentimentale ; avoir une vie heureuse.* **5.** Moyens de subsistance : *niveau de vie ; vie chère.* **6.** Biographie, histoire de quelqu'un. **7.** Entrain, mouvement : *enfant plein de vie.* **8.** Existence des choses dans le temps : *durée de vie des étoiles.* ■ **à vie :** pour toute la durée de la vie. ❑ **gagner sa vie :** pourvoir à ses besoins matériels. ❑ **jamais de la vie :** en aucun cas.

vieil adj m → **vieux.**

vieillard nm Homme très âgé. ◆ **vieillards** pl Ensemble des gens âgés.

vieille nf Autre nom du *labre.*

vieillerie nf **1.** (surtout au pluriel) Objet ancien, usé ou démodé. **2.** FIG Idée, conception, œuvre passée de mode, qui date.

vieillesse nf **1.** Le dernier âge de la vie. **2.** Les vieilles gens : *respecter la vieillesse.*

vieilli, e adj **1.** Devenu vieux. **2.** Ancien, passé de mode, suranné : *préjugé vieilli.* **3.** LING Qui tend à sortir de l'usage : *mot vieilli.*

vieillir vi **1.** Devenir vieux. **2.** FIG Se démoder, n'être plus à l'ordre du jour. **3.** Acquérir des qualités particulières par la conservation, en parlant d'un fromage, d'un vin. ◆ vt **1.** Rendre vieux. **2.** Faire paraître vieux, plus vieux.

vieillissant, e adj Qui vieillit.

vieillissement nm **1.** Fait de vieillir, de prendre de l'âge. **2.** État de ce qui vieillit : *le vieillissement d'une population.*

vieillot, otte adj Démodé, suranné.

vièle nf Nom générique des instruments de musique dont les cordes sont frottées par un archet ou par une roue.

vielle nf ■ **vielle à roue :** vièle à clavier dont les cordes sont frottées par une roue.

vielleur, euse ou **vielleux, euse** n Joueur de vielle.

viennois, e adj et n De Vienne.

viennoiserie nf Produits de boulangerie tels que les croissants, les brioches, les pains aux raisins, etc.

1. vierge adj **1.** Qui n'a jamais eu de rapports sexuels : *rester vierge.* **2.** Qui est intact, qui n'a jamais servi : *cahier vierge.* **3.** Non pénétré, non exploité : *forêt vierge.* ■ **cassette vierge :** dont la bande magnétique ne contient rien d'enregistré.

2. vierge nf Jeune fille ou femme vierge. ■ **la Vierge :** la mère de Jésus. ◆ **Vierge** nf Constellation zodiacale figurant une jeune femme ailée tenant une faucille et des épis de blé ; signe astrologique des personnes nées entre le 23 août et le 22 septembre. ◆ n et adj Personne née sous le signe de la Vierge.

vietnamien, enne adj et n Du Viêt Nam : *les Vietnamiens.* ◆ nm Langue parlée au Viêt Nam, s'écrivant en alphabet latin.

vieux ou **vieil** (devant une voyelle ou un *h* muet), **vieille** adj **1.** Avancé en âge : *vieil homme.* **2.** Ancien : *vieux château.* **3.** Usé : *vieux vêtement.* **4.** Qui n'est plus en usage : *vieille formule.* **5.** Qui est depuis longtemps dans tel état, telle situation : *de vieux amis ; de vieux habitués.* ■ **vieux jeu :** démodé, suranné. ◆ nm Ce qui est ancien. ■ FAM **prendre un coup de vieux :** vieillir brusquement. ◆ n Personne âgée : *les jeunes et les vieux.*

vif, vive adj **1.** Qui a de la vigueur ; prompt, agile : *enfant vif.* **2.** Vivant : *être brûlé vif.* **3.** Qui s'emporte facilement. **4.** Qui comprend facilement : *esprit vif.* **5.** Prononcé, intense, éclatant : *vive surprise ; couleur vive.* **6.** Rapide : *vive attaque.* **7.** Mordant, violent : *froid vif ; propos vifs.* ■ **de vive voix :** oralement. ◆ nm DR Personne vivante. ■ **à vif :** avec la chair à nu : *plaie à vif.* ❑ **couper, trancher dans le vif :** (a) sacrifier résolument certaines choses pour sauver le reste (b) prendre d'énergiques résolutions. ❑ **entrer dans le vif du sujet :** dans ce qu'il y a d'essentiel, de plus important. ❑ **piquer au vif :** offenser. ❑ **prendre, saisir sur le vif :** imiter d'après nature, avec beaucoup de vie.

vif-argent (pl *vifs-argents*) nm Ancien nom du mercure.

vigie nf Matelot de veille sur un navire ; surveillance ainsi exercée.

vigilance nf Surveillance soutenue, vive attention.

vigilant, e adj Qui veille, surveille attentivement, avec soin.

1. vigile nf Jour qui précède une fête religieuse.

2. vigile nm Personne chargée de la surveillance de locaux industriels, administratifs, etc.

vigne nf **1.** Arbrisseau qui produit le raisin. **2.** Terre plantée en ceps de vigne. ■ **être dans les vignes du Seigneur :** être ivre. ❑ **vigne vierge :** plante grimpante qui orne les façades, les tonnelles, etc.

vigneron, onne n Personne qui cultive la vigne.

vignette nf **1.** Ornement de la couverture d'un livre, d'un papier à lettres, etc. **2.** Petite étiquette, portant l'estampille de l'État et servant à certifier le paiement de certains droits : *vignette automobile.* **3.** Timbre attaché à une boîte de médicaments et permettant le remboursement par la Sécurité sociale.

vignoble nm **1.** Terrain planté de vignes ; ces vignes. **2.** Ensemble des vignes d'une région, d'un pays.

vigogne nf Lama des Andes ; tissu fin fait avec son poil.

vigoureusement adv Avec vigueur.

vigoureux, euse adj **1.** Qui a de la vigueur : *bras vigoureux ; personne vigoureuse.* **2.** Fait avec vigueur : *attaque vigoureuse.* **3.** Fortement exprimé : *style vigoureux.*

vigueur nf **1.** Force physique, vitalité, énergie. **2.** Énergie physique ou morale : *agir, s'exprimer avec vigueur.* ■ **en vigueur :** en usage, en parlant des lois, des règlements : *entrer en vigueur.*

VIH nm (sigle de *virus d'immunodéficience humaine*) Dénomination française du virus responsable du sida.

vil, e adj LITT De peu de valeur, méprisable. ■ **à vil prix :** très bon marché.

vilain, e adj **1.** Se dit d'un enfant désobéissant, insupportable. **2.** Peu plaisant, désagréable à voir ou à subir : *avoir de vilaines dents ; un vilain pays.* **3.** Malhonnête, répréhensible : *faire une vilaine farce.* **4.** Qui peut laisser présager un danger : *vilaine toux.* ◆ adv ■ FAM **il fait vilain :** mauvais temps.

vilainement adv LITT De façon vilaine, contraire aux règles de la beauté, de la morale.

vilebrequin [vilbrəkɛ̃] nm **1.** Outil pour percer des trous. **2.** MÉCAN Arbre qui transforme le mouvement rectiligne de l'ensemble piston-bielle d'un moteur en mouvement circulaire.

> ORTHOGRAPHE *Vilebrequin* s'écrit toujours avec deux *e,* sans accent, même si le premier n'est pas prononcé.

vilement adv LITT De manière vile.

vilenie [vileni] ou [vilni] nf LITT Action vile, méprisable.

vilipender vt LITT Dire du mal de quelqu'un ; traiter avec mépris ; dénigrer.

villa nf **1.** Maison d'habitation ou de villégiature généralement vaste et avec un jardin. **2.** Voie privée bordée de maisons individuelles.

village nm **1.** Agglomération dont les habitants vivent principalement du travail de la terre ; ensemble de ses habitants. **2.** Ensemble organisé de structures d'accueil, surtout pour les séjours de vacances.

villageois, e n Habitant d'un village. ◆ adj De la campagne : *danse villageoise.*

ville nf **1.** Agglomération d'une certaine importance où la majorité des habitants est occupée par le commerce, l'industrie ou l'administration. **2.** Population d'une ville. **3.** Vie que l'on mène à la ville : *préférer la ville à la campagne.* ■ **en ville :** (a) dans la ville (b) hors de chez soi.

villégiature nf Séjour en dehors de chez soi, à la campagne, à la mer, etc. ; lieu de ce séjour.

vin nm **1.** Boisson alcoolisée obtenue par la fermentation du raisin : *vin blanc ; vin rouge.* **2.** Liqueur alcoolisée obtenue par fermentation d'un produit végétal : *vin de palme.* **3.** Préparation à base de vin : *vin d'orange.* ■ **avoir le vin gai, triste :** être gai, triste, quand on a bu. ❑ **entre deux vins :** légèrement ivre. ❑ **mettre de l'eau dans son vin :** se calmer, se modérer, dans ses actes ou dans ses propos.

❑ **vin d'honneur :** petite cérémonie au cours de laquelle on boit du vin en l'honneur de quelqu'un ou de quelque chose.

vinaigre nm Produit utilisé comme condiment, résultant d'une fermentation du vin ou d'un autre liquide alcoolisé : *vinaigre de cidre.* ■ FAM **faire vinaigre :** se dépêcher. ❑ **tourner au vinaigre :** prendre une tournure fâcheuse.

vinaigrer vt Assaisonner avec du vinaigre.

vinaigrette nf Sauce à base de vinaigre, d'huile, de sel, etc., dont on accompagne les crudités.

vinaigrier nm **1.** Personne qui fabrique du vinaigre. **2.** Récipient pour la fabrication domestique du vinaigre. **3.** Burette à vinaigre.

vinasse nf FAM Vin de qualité médiocre.

vindicatif, ive adj et n Qui se plaît à se venger ; rancunier. ◆ adj Animé par l'esprit de vengeance : *ton vindicatif.*

vindicte nf ■ LITT **désigner quelqu'un à la vindicte publique :** le dénoncer comme coupable devant un groupe, devant la société.

vineux, euse adj **1.** Se dit d'un vin riche en alcool. **2.** Qui a le goût, l'odeur, la couleur du vin : *teint vineux.*

vingt adj num card et nm **1.** Deux fois dix. **2.** Vingtième. ◆ nm inv Chiffre, numéro qui représente ce nombre.

> GRAMMAIRE *Vingt* prend un *s* quand il est précédé d'un adjectif de nombre qui le multiplie : *quatre-vingts hommes.* Il reste invariable quand il est suivi d'un autre adjectif de nombre et quand il est employé pour vingtième : *quatre-vingt-deux francs ; page quatre-vingt.*

vingtaine nf Vingt ou environ.

vingtième adj num ord et n Qui occupe un rang marqué par le numéro vingt : *être le vingtième.* ◆ adj et nm Qui est contenu vingt fois dans le tout.

vingtièmement adv En vingtième lieu.

vinicole adj Relatif à la production du vin.

vinification nf Ensemble des procédés mis en œuvre pour transformer le raisin en vin.

vinifier vt Opérer la vinification de.

vinyle nm Matière plastique.

vinylique adj Se dit d'une classe de résines synthétiques obtenues à partir de l'acétylène.

viol nm **1.** Rapport sexuel imposé par la contrainte, et qui constitue pénalement un crime. **2.** Action de transgresser une loi, de pénétrer dans un lieu interdit. **3.** Action de porter atteinte à ce qui est considéré comme une valeur : *viol des consciences.*

violacé, e adj D'une couleur tirant sur le violet.

violation nf Action de violer un domicile, une loi, etc.

viole nf Instrument à cordes frottées et à archet. ■ **viole d'amour :** viole à deux rangées de cordes superposées. ❑ **viole de gambe :** qui se joue serrée entre les jambes.

violemment [vjɔlamɑ̃] adv Avec violence.

violence nf **1.** Caractère violent de quelqu'un ou de quelque chose : *la violence d'un accident, d'une tempête.* **2.** (surtout au pluriel) Acte violent : *commettre des violences.* ■ **faire violence à :** (a) contraindre par la force (b) FIG interpréter de manière forcée : *faire violence à la grammaire.*

violent, e adj et n Qui agit par la force, qui se livre à des brutalités. ◆ adj **1.** Empreint d'une force impétueuse, brutale : *tenir des propos violents.* **2.** D'une grande intensité : *un violent orage.* **3.** Qui exige de la force, de l'énergie : *sports violents.* ■ **mort violente :** causée par un accident, un meurtre, un suicide (par opposition à *mort naturelle*).

violenter vt **1.** Commettre un viol ou une tentative de viol sur quelqu'un. **2.** LITT Contraindre, forcer.

violer vt **1.** Contraindre par la force à avoir un rapport sexuel. **2.** Pénétrer dans un lieu malgré une interdiction : *violer un domicile.* **3.** Enfreindre, transgresser : *violer une loi.*

violet, ette adj D'une couleur intermédiaire entre le bleu et le rouge. ◆ nm Couleur violette.

violette nf Plante à fleurs violettes très odorantes (famille des violacées).

violeur, euse n Personne qui commet, a commis un viol sur quelqu'un.

violine adj D'une couleur violet pourpre.

violiste n Joueur de viole.

violon nm **1.** Instrument de musique à quatre cordes et à archet. **2.** Musicien qui en joue. **3.** FAM Prison d'un poste de police. ■ FAM **accorder ses violons :** se mettre d'accord. ❑ **violon d'Ingres :** activité que l'on pratique de façon non professionnelle, à titre de loisir.

violoncelle nm **1.** Instrument à cordes plus grand que le violon. **2.** VX Violoncelliste.

violoncelliste n Musicien qui joue du violoncelle.

violoneux nm **1.** Violoniste de village qui joue pour les noces. **2.** FAM Personne qui joue médiocrement du violon.

violoniste n Personne qui joue du violon.

viorne nf Arbrisseau grimpant de la famille des chèvrefeuilles.

VIP [veipe] ou [viajpi] nm (sigle de *very important person*) FAM Personnalité de marque.

vipère nf **1.** Serpent venimeux à la tête triangulaire. **2.** FIG Personne très méchante. ■ **langue de vipère :** personne médisante.

vipereau ou **vipéreau** nm Petite vipère.

vipérin, e adj Relatif à la vipère.

vipérine nf Couleuvre qui ressemble à la vipère.

virage nm **1.** Mouvement d'un véhicule qui tourne, change de direction : *manquer un virage.* **2.** Partie courbe d'une route, d'une piste : *virage dangereux.* **3.** FIG Changement brusque d'orientation, notamment politique.

virago nf PÉJOR Femme autoritaire et criarde ; harpie, dragon.

viral, e, aux adj Provoqué par un virus : *affection virale.*

virée nf FAM Promenade : *faire une virée.*

virelai nm LITTÉR Poème médiéval sur deux rimes.

virement nm Opération consistant à transférer des fonds d'un compte à un autre : *virement bancaire, postal.*

virer vi **1.** Changer ou faire changer de direction. **2.** Tourner sur soi-même. **3.** Changer de nuance, en parlant d'une étoffe teinte. **4.** FIG Changer d'opinion, de caractère. ■ **virer de bord :** (a) changer de direction (b) changer d'opinion, de parti. ◆ vt **1.** Faire passer une somme d'argent d'un compte à un autre. **2.** FAM Ôter sans ménagement de sa place : *virer un meuble ; virer quelqu'un de sa chaise.* **3.** FAM Congédier : *se faire virer.* ◆ vt ind [à] Changer de couleur, d'aspect, d'état : *vin qui vire à l'aigre.*

virevolte nf Tour rapide que fait une personne sur elle-même.

virevolter vi Tourner rapidement sur soi.

virginal, e, aux adj **1.** LITT Relatif à une personne vierge. **2.** FIG Pur, immaculé.

virginité nf **1.** État d'une personne vierge. **2.** FIG Pureté, candeur.

virgule nf Signe de ponctuation servant à séparer les divers membres d'une phrase ou la partie entière et la partie décimale d'un nombre.

viril, e adj **1.** Qui concerne l'homme, le sexe masculin. **2.** FIG Résolu, ferme, énergique : *discours viril.*

virilement adv Avec virilité.

viriliser vt Donner un caractère viril, masculin à.

virilité nf **1.** Ensemble des caractères propres à l'homme adulte. **2.** Vigueur sexuelle. **3.** LITT Caractère viril d'un comportement, d'une attitude.

virole nf Petit anneau de métal qu'on met au bout des manches de couteau, d'outil, etc., pour les empêcher de se fendre, de s'user.

virologie nf Partie de la biologie qui étudie les virus.

virtualité nf Caractère de ce qui est virtuel.

virtuel, elle adj Qui n'est pas réalisé, qui reste sans effet actuel ; potentiel. ■ **réalité virtuelle :** simulation d'un environnement réel par des images de synthèse tridimensionnelles.

virtuellement adv De façon virtuelle.

virtuose n Personne très habile, de beaucoup de talent dans un domaine quelconque, en particulier en musique.

virtuosité nf Talent de virtuose.

virulence nf Caractère virulent.

virulent, e adj **1.** Se dit d'une personne ou d'un comportement manifestant une âpreté violente : *satire virulente.* **2.** Dont le pouvoir de multiplication est maximal : *microbe virulent.* **3.** Nocif et violent : *poison virulent.*

virus [virys] nm **1.** Micro-organisme responsable des maladies contagieuses : *le virus de la grippe.* **2.** FIG Source de contagion morale : *le virus de l'anarchie.* **3.** INFORM Instruction ou suite d'instructions parasites, introduites dans un programme et susceptibles d'entraîner diverses perturbations dans le fonctionnement de l'ordinateur.

vis [vis] nf Tige cylindrique de bois, de métal, etc., cannelée en spirale, à tête plate, destinée à s'enfoncer en tournant. ■ **escalier à vis :** en spirale. ❏ **pas de vis :** spire d'une vis. ❏ **serrer la vis à quelqu'un :** se montrer plus sévère à son égard.

visa nm **1.** Sceau, paraphe, signature qui rend un acte valide. **2.** Cachet apposé sur un passeport et permettant l'entrée dans un pays.

visage nm **1.** Face de l'homme, partie antérieure de la tête. **2.** Personne, personnage : *aimer voir de nouveaux visages.* **3.** SOUT Aspect de quelque chose : *le nouveau visage de la France.* ■ **à visage découvert :** ouvertement, franchement. ❏ **changer de visage :** changer d'expression, se troubler.

visagiste n Personne spécialisée dans l'art de mettre en valeur la beauté et la personnalité du visage de quelqu'un.

vis-à-vis [vizavi] loc adv En face. ◆ nm **1.** Personne ou chose en face d'une autre : *avoir son frère pour vis-à-vis.* **2.** Petit canapé en S offrant deux places d'orientation inverse. ◆ **vis-à-vis de** loc prép En face de : *s'asseoir vis-à-vis de quelqu'un ;* à l'égard de : *être indulgent vis-à-vis de ses enfants.*

viscéral, e, aux adj **1.** Des viscères. **2.** FIG Profond, instinctif : *réaction viscérale.*

viscéralement adv De manière viscérale.

viscère nm Chacun des organes de l'intérieur du corps tels que le foie, les poumons, le cœur, etc. ; organe quelconque.

viscose nf Cellulose transformée qui constitue la rayonne, la Fibranne, etc.

viscosité nf Caractère visqueux.

visée nf **1.** Action de diriger le regard, une arme, un instrument vers quelqu'un ou quelque chose. **2.** FIG (surtout au pluriel) Dessein, objectif : *avoir des visées ambitieuses.*

1. viser vt **1.** Diriger une arme, un objet vers : *viser une cible.* **2.** Chercher à atteindre : *viser la gloire.* **3.** Intéresser, concerner : *mesure qui vise tous les automobilistes.* ◆ vt ind [à] Diriger son effort vers : *viser au succès.*

2. viser vt Mettre un visa sur un document, contrôler administrativement.

viseur nm **1.** Dispositif optique servant à viser : *viseur d'une carabine.* **2.** Dispositif monté sur un appareil photographique et cinématographique permettant de cadrer l'image à enregistrer.

visibilité nf **1.** Qualité de ce qui est visible. **2.** Possibilité de voir à une certaine distance.

visible adj **1.** Qui peut être vu : *visible à l'œil nu.* **2.** Prêt à recevoir des visites : *le directeur n'est pas visible.* **3.** Évident, manifeste : *plaisir visible.*

visiblement adv De façon évidente.

visière nf Rebord d'une casquette, d'un képi, qui abrite les yeux.

visioconférence nf Conférence entre des personnes se trouvant dans des lieux éloignés et qui peuvent s'entendre et se voir grâce à un système de télécommunication.

vision nf **1.** Perception visuelle ; vue : *trouble de la vision.* **2.** Action de voir. **3.** Manière de voir, de concevoir quelque chose : *une vision du monde très personnelle.* **4.** Perception imaginaire d'objets irréels ; hallucination : *avoir des visions.*

visionnaire adj et n **1.** Qui a des visions, qui prétend voir des phénomènes surnaturels. **2.** LITT Capable d'anticipation, qui a l'intuition de l'avenir.

visionner vt **1.** Voir à la visionneuse. **2.** Examiner professionnellement un film afin d'en faire le montage ou avant sa diffusion.

visionneuse nf **1.** Appareil permettant d'agrandir et d'examiner des clichés photographiques de petit format. **2.** Appareil servant à regarder les films pour en faire le montage.

visiophone nm Appareil qui associe le téléphone et la télévision, permettant aux correspondants de se voir pendant leur conversation.

Visitation nf RELIG Visite de la Sainte Vierge à sainte Élisabeth ; fête en mémoire de cette visite.

visite nf **1.** Fait d'aller voir, de rencontrer quelqu'un à son domicile : *rendre visite.* **2.** FAM Personne qui fait une visite : *avoir une visite.* **3.** Action de visiter un lieu, un édifice : *visite de la ville.* **4.** Examen détaillé, approfondi de quelque chose : *visite des bagages à la douane.* **5.** Fait, pour un médecin, d'aller chez un malade ; examen d'un patient par un médecin. ■ **visite médicale :** examen médical assuré dans le cadre d'une institution (école, prison, etc.).

visiter vt **1.** Parcourir un lieu inconnu pour le découvrir. **2.** Examiner, inspecter en détail : *visiter des appartements à vendre.* **3.** Aller voir par civilité, devoir, etc. : *visiter un malade.*

visiteur, euse n Personne qui fait une visite, qui visite un lieu, un pays, etc.

vison nm Mammifère carnivore élevé pour sa fourrure très recherchée ; fourrure de cet animal.

visqueux, euse adj **1.** D'une consistance pâteuse, gluante : *pâte visqueuse.* **2.** Couvert d'un enduit gluant : *peau visqueuse du crapaud.*

vissage nm Action de visser.

visser vt **1.** Fixer avec des vis. **2.** Tourner une vis pour l'enfoncer. **3.** FIG, FAM Exercer une contrainte, surveiller étroitement.

visualisation nf Action de visualiser.

visualiser vt **1.** Rendre visible, mettre en évidence de façon matérielle, concrète. **2.** Se représenter mentalement quelque chose.

visuel, elle adj Relatif à la vue : *acuité visuelle.* ■ **mémoire visuelle :** mémoire qui garde le souvenir de ce qui est vu.

visuellement adv Par la vue : *expliquer visuellement.*

vital, e, aux adj **1.** Qui appartient à la vie ; essentiel à la vie : *fonctions vitales.* **2.** Indispensable à quelqu'un, à son existence : *lire est vital pour elle.* **3.** Nécessaire pour maintenir l'existence, le niveau de développement : *l'agriculture est vitale pour le pays.* ■ **minimum vital :** revenu minimal nécessaire à la subsistance et à l'entretien d'une personne, d'une famille.

vitalité nf Intensité de la vie, du dynamisme de quelqu'un ou de quelque chose.

vitamine nf Substance organique indispensable en infime quantité à la croissance et au bon fonctionnement de l'organisme.

vitaminé, e adj Qui contient une ou plusieurs vitamines.

vite adv **1.** Rapidement, avec vitesse : *courir vite.* **2.** En peu de temps, sous peu : *être vite arrivé.*

vitesse nf **1.** Célérité, rapidité dans la marche ou dans l'action. **2.** Rapport du chemin parcouru au temps employé à le parcourir : *la vitesse du son est de 340 m par seconde, celle de la lumière de 300 000 km par seconde.* **3.** Chacune des combinaisons d'engrenages d'une boîte de vitesses. ■ **à deux vitesses :** se dit d'un système dans lequel coexistent deux types de fonctionnement dont la rapidité et l'efficacité sont inégales : *courrier à deux vitesses.* ❑ **à toute vitesse :** très vite. ❑ **en perte de vitesse :** dont l'intérêt ou l'effet décroît. ❑ FAM **en quatrième vitesse :** en hâte, à toute allure.

viticole adj Relatif à la culture de la vigne : *industrie viticole.*

viticulteur, trice n Personne qui cultive la vigne.

viticulture nf Culture de la vigne.

vitrage nm Porte, châssis vitrés.

vitrail (pl *vitraux*) nm Composition décorative translucide faite d'un châssis de métal garni de verres peints maintenus par un réseau de plomb.

vitre nf **1.** Panneau de verre qui s'adapte à une fenêtre. **2.** Glace d'une voiture.

vitré, e adj Constitué d'une vitre : *porte vitrée.*

vitrer vt Garnir de vitres ou de vitrages.

vitrerie nf Fabrication, commerce et pose des vitres.

vitreux, euse adj Se dit de l'œil, du regard dont l'éclat est terni.

vitrier nm Personne qui fabrique, vend ou pose les vitres.

vitrification nf Action de vitrifier : *la vitrification d'un parquet.*

vitrifier vt **1.** Changer en verre par fusion : *vitrifier du sable.* **2.** Recouvrir une surface d'une matière plastique et transparente, destinée à la protéger.

vitrine nf **1.** Vitrage d'une boutique, devanture : *convoiter un modèle en vitrine.* **2.** Armoire, table fermée par un châssis vitré. **3.** FIG Organisation, réalisation, lieu que l'on présente comme le symbole d'une réussite, comme un modèle : *ce pays est la vitrine du continent.*

vitriol nm **1.** VX Acide sulfurique concentré. **2.** LITT Parole, écrit très caustiques.

vitrioler vt Lancer du vitriol sur quelqu'un pour le défigurer.

vitrocéramique nf Matière céramique obtenue par les techniques de fabrication du verre.

vitupération nf LITT Blâme, récrimination contre quelqu'un.

vitupérer vt et vt ind [contre] (conj 10) LITT S'emporter contre, s'indigner : *vitupérer le gouvernement ; vitupérer contre la hausse des prix.*

vivable adj **1.** FAM Où l'on peut vivre. **2.** (s'emploie surtout négativement) Avec qui l'on peut vivre : *voisin qui n'est pas vivable.*

vivace adj **1.** Qui a de la vitalité. **2.** Qui dure, subsiste, persiste : *préjugé vivace.* ■ **plante vivace :** qui vit plusieurs années.

vivacité nf **1.** Caractère vivace, plein de vie de quelqu'un ou de quelque chose : *vivacité d'un enfant, d'un sentiment.* **2.** Promptitude à réagir, à comprendre : *vivacité d'esprit.* **3.** Caractère de ce qui est intense : *vivacité d'une couleur.*

vivandier, ère n HIST Personne qui vendait aux soldats des vivres, des boissons.

vivant, e adj **1.** Qui est en vie, qui est doué de vie : *être vivant.* **2.** Qui a du mouvement, de l'animation : *quartier très vivant.* **3.** Qui paraît exister réellement ; présent à la mémoire : *souvenir toujours vivant.* ■ **langue vivante :** actuellement parlée (par opposition à *langue morte*). ◆ nm (surtout au pluriel) Personne en vie : *les vivants et les morts.* ■ **du vivant de quelqu'un :** pendant sa vie.

vivarium [vivarjɔm] nm Établissement aménagé en vue de la conservation dans leur milieu naturel de petits animaux vivants.

vivat [viva] nm (surtout au pluriel) Acclamation, cris poussés en l'honneur de quelqu'un.

1. vive nf Poisson marin, redouté pour ses épines venimeuses.

2. vive interj Pour acclamer quelqu'un ou marquer son enthousiasme pour quelque chose : *vive les vacances !*

> GRAMMAIRE Avant un nom pluriel, on peut écrire *vive les vacances !* ou *vivent les vacances !*

vivement adv **1.** Avec vivacité, ardeur : *marcher vivement.* **2.** Profondément : *vivement touché.* ◆ interj Marque un vif désir de voir un événement se produire : *vivement les vacances !*

viveur, euse n Personne qui mène une vie dissipée et ne songe qu'au plaisir.

vivier nm Bassin pour garder des poissons ou des crustacés vivants.

vivifiant, e adj Qui vivifie, tonique : *air vivifiant.*

vivifier vt Donner de la vigueur, de la force à ; tonifier.

vivipare n et adj Animal dont les petits viennent au monde déjà vivants (par opposition à *ovipare*).

viviparité nf Mode de reproduction des animaux vivipares.

vivisection nf Opération pratiquée à titre d'expérience sur un animal vivant.

vivoter vi FAM, PÉJOR Vivre dans des conditions matérielles difficiles, végéter ; marcher au ralenti : *entreprise qui vivote.*

1. vivre vi (conj 63) **1.** Être en vie : *vivre longtemps.* **2.** Habiter : *vivre à la campagne.*

3. Durer : *sa gloire vivra toujours.* **4.** Avoir tel mode de vie, telle conduite, tel train de vie : *vivre seul ; vivre dangereusement ; vivre largement.* **5.** Se nourrir : *vivre de légumes.* ■ **savoir vivre** : connaître les bienséances. ◆ vt Éprouver, faire intensément : *vivre une belle aventure.* ■ **vivre sa vie** : jouir de l'existence à sa guise.

2. vivre nm ■ **le vivre et le couvert** : la nourriture et le logement. ◆ **vivres** pl LITT Tout ce dont l'homme se nourrit. ■ **couper les vivres à quelqu'un** : lui supprimer toute aide financière.

vivrier, ère adj ■ **cultures vivrières** : qui produisent des substances alimentaires destinées principalement à la population locale.

vizir nm HIST Ministre d'un souverain musulman. ■ **grand vizir** : premier ministre dans l'Empire ottoman.

vlan interj Exprime un bruit, un coup soudain.

VO [veo] nf (sigle) Version originale.

vocable nm Mot, terme en tant qu'il a une signification particulière : *vocable technique.*

vocabulaire nm **1.** Ensemble des mots d'une langue, d'une science, etc. : *vocabulaire technique.* **2.** Dictionnaire abrégé ; lexique.

vocal, e, aux adj **1.** Relatif à la voix : *cordes vocales.* **2.** Destiné à être chanté : *musique vocale.* ■ **messagerie vocale** : service de télécommunication permettant l'enregistrement et le stockage de messages sonores qui peuvent ensuite être écoutés et éventuellement expédiés vers leur(s) destinataire(s). ❑ **serveur vocal** : serveur connecté à un ordinateur qu'un usager d'un poste téléphonique peut interroger de manière interactive pour obtenir des informations sous forme de messages sonores.

vocalique adj Relatif aux voyelles.

vocalisation nf Action de vocaliser.

vocalise nf Formule mélodique chantée sur des voyelles, surtout le *a*, dans l'enseignement du chant.

vocaliser vi Chanter des vocalises.

vocalisme nm Système des voyelles d'une langue.

vocatif nm GRAMM Dans les langues à déclinaison, cas de l'interpellation.

vocation nf **1.** Aptitude, penchant particulier pour une profession, un genre de vie, etc. : *avoir la vocation du théâtre.* **2.** Rôle auquel un groupe, un pays, etc., paraît être appelé : *région à vocation industrielle.* **3.** THÉOL Appel au sacerdoce ou à la vie religieuse.

vocifération nf (surtout au pluriel) Parole dite en criant et avec colère : *les vociférations de la foule.*

vociférer vi (conj 10) S'emporter, crier avec colère. ◆ vt Proférer en criant : *vociférer des injures.*

vodka nf Eau-de-vie de grain des pays slaves.

vœu [vø] nm **1.** Promesse faite à une divinité : *faire vœu de pauvreté.* **2.** Promesse faite à soi-même : *faire vœu de ne plus boire.* **3.** Souhait de voir se réaliser quelque chose : *je fais le vœu qu'il réussisse.* **4.** Résolution, intention (par opposition à *décision*) : *assemblée qui émet un vœu.* ■ **vœu pieux** : dont on pense qu'il n'a aucune chance de se réaliser. ◆ **vœux** pl **1.** Souhaits adressés pour la réussite de quelqu'un ou de quelque chose : *vœux de bonne année.* **2.** Engagement religieux : *prononcer ses vœux.*

vogue nf Réputation, popularité : *être en vogue.*

voguer vi LITT Naviguer, se déplacer sur l'eau.

voici prép et adv **1.** Désigne une personne, un objet proches : *voici ma sœur.* **2.** Annonce ce qu'on va dire : *voici mes intentions.*

voie nf **1.** Route, chemin pour aller d'un lieu à un autre : *voie privée, publique.* **2.** Subdivision longitudinale de la chaussée correspondant à une file de voitures : *route à trois voies.* **3.** Double ligne de rails pour la circulation des trains : *il y a des travaux sur la voie.* **4.** Moyen de transport : *voie maritime, aérienne.* **5.** Mode d'administration d'un médicament : *voie orale.* **6.** FIG Moyen employé : *agir par la voie légale.* **7.** ANAT Canal : *voies urinaires, digestives, respiratoires.* ■ **en bonne, en mauvaise voie** : sur le point de réussir, d'échouer. ❑ **en voie de** : sur le point de. ❑ **mettre sur la voie** : aider à trouver. ❑ **voie d'eau** : trou dans la coque d'un navire. ❑ DR **voie de fait** : acte de violence commis à l'égard de quelqu'un.

voilà prép et adv **1.** Désigne une personne, un objet éloignés : *voilà ma maison.* **2.** Reprend ce que l'on vient de dire : *voilà ce que j'avais à dire.* **3.** Il y a : *voilà trois jours.* **4.** (dans la langue courante) Voici : *voilà mon frère.*

voilage nm Grand rideau d'étoffe légère et transparente.

1. voile nm **1.** Étoffe destinée à couvrir ou à protéger. **2.** Coiffure de tissu fin servant à couvrir la tête, le visage : *voile de mariée ; voile de religieuse.* **3.** Tissu léger et fin : *voile de soie.* **4.** LITT Ce qui cache, dissimule : *voile de brume.* **5.** Déformation accidentelle de la roue d'un véhicule, d'un objet. **6.** PHOT Obscurcissement accidentel d'un cliché par excès de lumière. ■ SOUT **prendre le voile** : se faire religieuse. ❑ **sans voile** : sans détour. ❑ SOUT **sous le voile de** : sous le couvert de. ❑ MÉD **voile au poumon** : diminution homogène de la transparence d'une partie du poumon. ❑ ANAT **voile du**

palais : séparation entre les fosses nasales et la bouche.

2. voile nf **1.** Toile forte qui, attachée au(x) mât(s) d'un bateau, reçoit l'effort du vent. **2.** Bateau à voile : *on distingue une voile à l'horizon.* **3.** Pratique sportive du bateau à voile : *faire de la voile.* ■ **faire voile** : naviguer : *faire voile vers la Grèce.* ❑ **mettre à la voile** : appareiller. ❑ FAM **mettre les voiles** : s'en aller.

voilé, e adj **1.** Qui porte un voile : *femme voilée.* **2.** Courbé, faussé : *roue voilée.* **3.** Assourdi, éteint : *voix voilée ; regard voilé.*

voiler vt **1.** Couvrir d'un voile. **2.** LITT Cacher, dissimuler. **3.** Déformer accidentellement la roue d'un véhicule. **4.** PHOT Provoquer un voile sur une surface sensible. ◆ **se voiler** vpr **1.** Se couvrir d'un voile. **2.** Se couvrir de légers nuages : *le soleil, le ciel se voile.*

voilette nf Petit voile transparent posé en garniture d'un chapeau de femme et qui se rabat sur le visage.

voilier nm Bateau de plaisance, navire à voiles.

voilure nf **1.** Ensemble des voiles d'un bateau. **2.** Ensemble de la surface portante d'un avion, d'un parachute. **3.** Courbure d'une surface gauchie, déjetée.

voir vt (conj 41) **1.** Percevoir par la vue. **2.** Être le témoin de : *nous ne verrons pas ces événements.* **3.** Assister à un spectacle, un film, etc. : *aller voir un film.* **4.** Rendre visite à : *aller voir un ami.* **5.** Fréquenter : *voir beaucoup de monde.* **6.** Consulter : *voir un médecin, un avocat.* **7.** Regarder avec attention : *voyez ce tableau.* **8.** Examiner : *voyons si c'est exact.* **9.** Constater, remarquer : *je vois que vous avez changé d'avis.* **10.** Juger, comprendre, percevoir : *tout homme a sa manière de voir la vie.* **11.** Imaginer : *je vous vois bien enseigner.* ■ **avoir à voir avec** : avoir un rapport avec. ❑ **voir le jour** : naître. ❑ **voyons !** : marque un encouragement à l'action ou un léger reproche. ◆ **se voir** vpr **1.** Être apparent, visible : *panneau qui peut se voir la nuit.* **2.** Arriver, se produire : *cela se voit tous les jours.* **3.** S'imaginer : *enfant qui se voit président de la République.* **4.** Se fréquenter : *se voir souvent.*

voire adv LITT Et même, et aussi : *quelques jours, voire quelques semaines.*

voirie nf **1.** Ensemble des voies de communication. **2.** Administration qui s'occupe des voies publiques. **3.** Lieu où l'on jette les immondices.

> ORTHOGRAPHE *Voirie* s'écrit sans *e* muet intérieur, bien qu'il soit dérivé du substantif *voie,* et à la différence de *soierie* (dérivé de *soie*).

voisin, e adj **1.** Situé à faible distance : *village voisin.* **2.** Qui a de l'analogie, de la ressemblance : *couleurs voisines.* ◆ adj et n Qui demeure près de : *voisin de palier ;* qui est dans le voisinage de.

voisinage nm **1.** Proximité d'habitation. **2.** Ensemble des voisins. **3.** Rapports entre voisins : *relations de bon voisinage.*

voisiner vi Être voisin, être placé à côté.

voiture nf **1.** Véhicule de transport : *voiture à cheval.* **2.** Véhicule automobile. **3.** Partie d'un train ou d'un métro : *voiture fumeur ; voiture de premier classe.*

voiture-balai (pl *voitures-balais*) nf Voiture qui, dans une course cycliste, recueille les coureurs qui abandonnent.

voiture-bar (pl *voitures-bars*) nf Voiture de chemin de fer aménagée en bar.

voiturier nm Employé chargé de garer les voitures des clients d'un restaurant, d'un hôtel.

voix nf **1.** Ensemble des sons émis par l'être humain ; manière d'émettre des sons ; organe de la parole, du chant : *voix douce ; voix de ténor.* **2.** Partie vocale ou instrumentale d'une œuvre musicale. **3.** Personne qui parle ou chante professionnellement : *une grande voix du jazz.* **4.** Conseil, avertissement : *écouter la voix d'un ami ; la voix de la sagesse.* **5.** Possibilité d'exprimer son opinion. **6.** Suffrage, vote : *perdre des voix.* **7.** GRAMM Forme verbale indiquant la façon dont le sujet du verbe participe à l'action : *voix active, passive, pronominale.* ■ **avoir voix au chapitre** : pouvoir donner son avis. ❑ **de vive voix** : en s'adressant directement à la personne concernée. ❑ **rester sans voix** : sans paroles, muet d'étonnement.

1. vol nm **1.** Mode de déplacement dans l'air des oiseaux, des insectes, de certains animaux. **2.** Distance que parcourt un oiseau sans se reposer. **3.** Groupe d'oiseaux qui volent ensemble ; volée. **4.** Progression d'un avion dans l'air, d'un engin spatial dans le cosmos. **5.** Mouvement rapide d'un objet d'un lieu dans un autre. ■ **à vol d'oiseau** : en ligne droite. ❑ **au vol** : (a) en l'air : *rattraper un ballon au vol* (b) FIG en allant vite : *saisir une occasion au vol.* ❑ **de haut vol** : de grande envergure. ❑ **vol à voile** : mode de déplacement d'un planeur utilisant les courants aériens.

2. vol nm **1.** Action de voler, de dérober. **2.** Chose volée. ■ DR **vol qualifié** : avec circonstances aggravantes.

vol. (abréviation) Volume.

volage adj Dont les sentiments changent vite ; peu fidèle en amour.

volaille nf **1.** Ensemble des oiseaux de basse-cour. **2.** Oiseau de basse-cour ; sa chair.

volailler ou **volailleur** nm Marchand de volaille.

1. volant nm **1.** Jeu qui consiste à lancer avec une raquette un morceau de liège ou de caoutchouc garni de plumes. **2.** Garniture de dentelle ou d'étoffe à un vêtement, à un rideau, etc. **3.** Dispositif en forme de cercle servant à orienter les roues directrices d'une automobile. **4.** Roue pesante qui régularise le mouvement d'une machine.

2. volant, e adj **1.** Qui vole. **2.** Qui n'est pas fixe : *feuille volante ; pont volant.* ■ **personnel volant :** dans l'aviation, membre du personnel navigant.

volatil, e adj Qui se transforme aisément en vapeur.

volatile nm Oiseau, en particulier oiseau de basse-cour.

volatilisation nf Action de volatiliser ; fait de se volatiliser.

volatiliser vt **1.** Rendre volatil ; transformer en vapeur. **2.** Faire disparaître ; dérober, escamoter. ◆ **se volatiliser** vpr **1.** Devenir volatil. **2.** Disparaître sans qu'on s'en aperçoive.

volatilité nf Caractère volatil.

vol-au-vent nm inv Croûte de pâte feuilletée garnie d'un mets chaud.

volcan nm Relief édifié par les laves et les projections issues d'une fissure de l'intérieur du globe. ■ FIG **être sur un volcan :** dans une situation périlleuse, face à un danger imminent.

volcanique adj **1.** Issu d'un volcan. **2.** FIG Ardent, impétueux.

volcanisme nm Ensemble des phénomènes volcaniques.

volcanologie ou **vulcanologie** nf Étude des volcans et des phénomènes volcaniques.

ORTHOGRAPHE Les deux formes sont correctes, mais *volcanologie* est la forme désormais usuelle.

volcanologue ou **vulcanologue** n Spécialiste de volcanologie.

volée nf **1.** LITT Action de voler ; envol, essor. **2.** Bande d'oiseaux qui volent ensemble : *une volée de moineaux.* **3.** Série de coups : *recevoir une volée.* **4.** Tir simultané de plusieurs projectiles : *volée de flèches.* **5.** Son d'une cloche : *à toute volée.* **6.** Partie d'escalier entre deux paliers : *volée de marches.* ■ **à la volée :** en l'air : *saisir une balle à la volée.* ❑ **de haute volée :** de grande envergure.

1. voler vi **1.** Se maintenir en l'air au moyen des ailes. **2.** Se déplacer dans l'air à l'aide d'un avion ou d'un engin spatial. **3.** FIG Aller très vite. **4.** Être projeté en l'air : *vitre qui vole en éclats.*

2. voler vt **1.** Prendre furtivement ou par force le bien d'autrui ; dérober. **2.** Dépouiller quelqu'un par le vol.

volet nm **1.** Panneau plein qui ferme une fenêtre. **2.** Partie plane d'un objet pouvant se rabattre sur celle à laquelle elle tient : *volet d'un permis de conduire.* **3.** FIG Partie d'un ensemble : *projet en trois volets.*

voleter vi (conj 8) Voler çà et là en se posant souvent.

voleur, euse n et adj Auteur d'un vol.

volière nf Grande cage à oiseaux.

volley-ball [vɔlɛbol] (pl *volley-balls*) ou **volley** nm Sport d'équipe où le ballon doit passer par-dessus un filet sans toucher le sol.

volleyer vt et vi (conj 4) Au tennis, jouer à la volée.

volleyeur, euse [vɔlɛjœr, øz] n Joueur, joueuse de volley-ball.

volontaire adj **1.** Fait par un acte de la volonté. **2.** Déterminé : *enfant volontaire.* ◆ n Personne qui se propose pour remplir une mission sans y être obligée.

volontairement adv **1.** De sa propre volonté. **2.** Avec intention, exprès.

volontariat nm Service accompli par un, une volontaire.

volontarisme nm Tendance à considérer que la volonté est déterminante dans le cours des événements.

volontariste adj Qui relève du volontarisme : *politique volontariste.*

volonté nf **1.** Faculté de se déterminer librement à certains actes et de les accomplir : *faire un effort de volonté.* **2.** Énergie, fermeté morale : *faire acte de volonté.* **3.** Ce que veut quelqu'un ; intention, résolution : *aller contre la volonté de quelqu'un.* ■ **à volonté :** à discrétion : *pâtisseries à volonté.* ❑ **bonne, mauvaise volonté :** disposition à vouloir faire ou à refuser de faire quelque chose. ◆ **volontés** pl Fantaisies, caprices. ■ **dernières volontés :** derniers souhaits avant de mourir.

volontiers adv De bon gré, avec plaisir.

volt nm Unité de mesure de force électromotrice et de différence de potentiel ; symb : V.

voltage nm Tension électrique.

voltaïque adj Se dit de l'électricité développée par les piles.

voltaire nm Fauteuil rembourré à dossier haut et un peu incliné.

voltamètre nm ÉLECTR Tout appareil où se produit une électrolyse.

volte nf Mouvement en rond que l'on fait faire à un cheval.

volte-face nf inv **1.** Action de se retourner complètement : *faire volte-face.* **2.** FIG Changement subit d'opinion.

voltige nf **1.** Ensemble d'exercices d'acrobatie au trapèze volant. **2.** Acrobatie de cirque qui consiste à sauter sur un cheval en marche ou arrêté. **3.** Ensemble des figures d'acrobatie aérienne. **4.** FIG Entreprise risquée ou malhonnête (on dit aussi : *haute voltige*).

voltiger vi (conj 2) **1.** Voler çà et là. **2.** Flotter au gré du vent.

voltigeur, euse n Acrobate qui exécute des voltiges. ◆ nm Fantassin chargé de mener des missions de combat traditionnelles.

voltmètre nm Appareil mesurant une différence de potentiel en volts.

volubile adj Qui parle avec abondance et rapidité.

volubilis [vɔlybilis] nm Liseron.

volubilité nf Facilité et rapidité de parole.

volume nm **1.** Figure géométrique à trois dimensions. **2.** Étendue, espace occupés par un corps ou un objet ; mesure de cette étendue ou de cet espace. **3.** Quantité globale de quelque chose : *volume des importations.* **4.** Masse d'eau que débite un fleuve. **5.** Force, intensité d'un son. **6.** Livre broché ou relié : *roman en trois volumes.*

volumétrique adj Relatif à l'évaluation des volumes.

volumineux, euse adj **1.** De grand volume : *paquet volumineux.* **2.** Très important, abondant : *courrier volumineux.*

volumique adj ■ PHYS **masse volumique** : quotient de la masse d'un corps par son volume.

volupté nf **1.** Plaisir des sens, particulièrement jouissance sexuelle. **2.** Plaisir, satisfaction intense d'ordre moral ou intellectuel.

voluptueusement adv Avec volupté.

voluptueux, euse adj et n Qui cherche la volupté. ◆ adj Qui inspire ou exprime la volupté : *pose voluptueuse.*

volute nf **1.** Ce qui a la forme d'une spirale : *volutes de fumée.* **2.** Ornement en spirale.

volvaire nf Champignon comestible, à lames et à volve.

volve nf Membrane épaisse entourant certains champignons.

vomi nm Matière vomie.

vomique adj ■ **noix vomique** : graine toxique d'un arbre d'Asie.

vomir vt **1.** Rejeter ce qui était dans l'estomac. **2.** FIG, LITT projeter au-dehors avec force : *les canons vomissent la mitraille.* **3.** FIG, LITT proférer violemment : *vomir des injures.*

vomissement nm Action de vomir.

vomissure nf Matières vomies.

vomitif, ive adj et nm Se dit d'un médicament qui fait vomir.

vorace adj Qui a besoin de grandes quantités de nourriture : *enfant, appétit vorace.*

voracement adv Avec voracité.

voracité nf **1.** Avidité à manger. **2.** Avidité extrême à satisfaire un besoin, à gagner de l'argent.

vortex nm Tourbillon creux qui se forme dans un fluide en écoulement.

vos adj poss → **votre.**

votant, e n Personne qui a le droit de voter ou qui vote effectivement.

vote nm Vœu, suffrage exprimé, dans une élection, une délibération.

voter vi Donner sa voix dans une élection. ◆ vt Décider ou demander par un vote : *voter une loi.*

votif, ive adj Fait ou offert en vertu d'un vœu. ■ **fête votive** : fête religieuse en l'honneur d'un saint.

votre, vos adj poss **1.** Désigne le possesseur de la 2e personne du pluriel pour exprimer un rapport d'appartenance : *votre ami ; vos parents.* **2.** Désigne le possesseur de la 2e personne du singulier auquel on s'adresse au pluriel de politesse : *donnez-moi votre main.*

vôtre pron poss Ce qui est à vous : *ce livre est le vôtre.* ■ **à la vôtre !** : à votre santé. ◆ adj poss Tout dévoué à vous : *je suis tout vôtre.* ◆ nm ■ **le vôtre** : votre bien. ◆ **vôtres** nm pl ■ **les vôtres** : vos proches, vos partisans.

vouer vt **1.** SOUT Porter un sentiment durable à quelqu'un : *vouer une amitié éternelle.* **2.** SOUT Consacrer, destiner à quelqu'un ou à quelque chose : *vouer sa vie à un parti.* **3.** RELIG Consacrer à Dieu ou à un saint par un vœu. ◆ **se vouer** vpr [à] Se consacrer à.

1. vouloir vt (conj 37) **1.** Avoir l'intention, la volonté de : *il veut savoir la vérité.* **2.** Commander, exiger : *vouloir des explications.* **3.** Attendre qqch de qqn : *vouloir le silence de ses associés.* **4.** Se prêter à, être en état de : *bois qui ne veut pas brûler.* **5.** Demander, réclamer qqch : *enfant qui veut un jouet.* ■ **en vouloir** : être ambitieux. ❑ **en vouloir à qqn** : lui garder de la rancune. ❑ **sans le vouloir** : involontairement, par mégarde. ❑ **vouloir bien** : accepter, consentir. ❑ **vouloir dire** : (a) avoir l'intention de dire (b) avoir un certain sens. ◆ vt ind [de] Accepter, agréer : *je ne veux pas de vos excuses.* ■ **en vouloir à qqn** : lui garder de la rancune, lui reprocher qqch.

2. vouloir nm ■ LITT **bon, mauvais vouloir** : bonnes, mauvaises dispositions.

voulu, e adj **1.** Fait de façon délibérée, volontaire : *produire l'effet voulu.* **2.** Imposé, exigé par les circonstances : *au moment voulu.*

vous pron pers **1.** Désigne un groupe de personnes à qui l'on s'adresse : *vous êtes tous très gentils ; on vous les a distribués.* **2.** Désigne la personne à qui l'on s'adresse au pluriel de politesse : *Marie, reprendrez-vous du thé ?* ■ **dire vous à quelqu'un :** le vouvoyer.

GRAMMAIRE Lorsque *vous* est un pluriel de politesse, l'adjectif (ou le participe passé) est au singulier et prend le genre de la personne à qui on parle : *Madame, vous êtes partie trop tôt.*

voussure nf ARCHIT Courbure d'une voûte.

voûte nf **1.** Ouvrage de maçonnerie cintré, formé d'un assemblage de pierres. **2.** Ce qui a la forme d'une voûte : *voûte du palais ; voûte plantaire.*

voûté, e adj **1.** En forme de voûte. **2.** Courbé : *dos voûté.*

voûter vt Couvrir d'une voûte. ◆ **se voûter** vpr **1.** Se courber anormalement. **2.** Se courber sous l'effet de l'âge ou de la maladie.

vouvoiement nm Action de vouvoyer.

vouvoyer [vuvwaje] vt (conj 3) Employer le pronom vous pour s'adresser à qqn.

vox populi [vɔkspɔpyli] nf LITT Opinion du plus grand nombre.

voyage nm **1.** Fait de se déplacer hors de sa région, de sa ville ou de son pays : *partir en voyage ; voyage d'affaires.* **2.** Trajet, allée et venue d'un lieu dans un autre : *faire de nombreux voyages pour déménager une pièce.* ■ **les gens du voyage :** les artistes de cirque. ❑ **voyage de noces :** que l'on fait traditionnellement après le mariage. ❑ **voyage organisé :** voyage en groupe organisé par une agence.

ORTHOGRAPHE On écrit *agent, agence de voyages* (au pluriel).

voyager vi (conj 2) **1.** Aller dans un lieu plus ou moins éloigné ; faire un voyage : *voyager à l'étranger.* **2.** Faire un trajet : *voyager en train.*

voyageur, euse n Personne qui voyage, qui a l'habitude de voyager. ■ **voyageur de commerce :** qui voyage pour le compte d'une maison de commerce. ◆ adj Qui voyage : *pigeon voyageur.*

voyagiste n Personne ou entreprise qui organise et commercialise des voyages à forfait ; tour-opérateur.

voyance nf Don de ceux qui disent voir le passé et l'avenir.

voyant, e adj Qui attire l'œil : *couleurs voyantes.* ◆ adj et n Qui jouit du sens de la vue (par opposition à *aveugle, non-voyant*). ◆ n Personne qui a ou qui dit avoir le don de voyance : *consulter une voyante.* ◆ nm Disque, ampoule, signal lumineux ou sonore d'avertissement, sur un appareil de contrôle, un tableau, etc. : *voyant d'essence.*

voyelle nf **1.** Son du langage dont l'articulation est caractérisée par le libre écoulement de l'air expiré à travers le conduit vocal. **2.** Lettre représentant une voyelle (l'alphabet français a six voyelles : *a, e, i, o, u, y*).

voyeur nm Personne qui se plaît à assister, à la dérobée, à des scènes érotiques.

voyeurisme nm Attitude du voyeur.

voyou [vwaju] nm **1.** Individu malhonnête et sans scrupule. **2.** Petit délinquant. ◆ adj (inv en genre) Canaille, fripon : *air voyou.* ■ **État(-)voyou :** qui enfreint les règles internationales (en matière de prolifération nucléaire, de terrorisme notamm.), et qui est considéré comme une menace pour la paix.

VPC nf (sigle) Vente par correspondance.

vrac (en) loc adv **1.** Sans emballage : *thé en vrac.* **2.** En désordre : *poser ses affaires en vrac.*

vrai, e adj **1.** Conforme à la vérité : *histoire vraie.* **2.** Sincère : *un ami vrai.* **3.** Qui a les qualités essentielles à sa nature : *un vrai diamant.* **4.** Convenable, juste : *voilà sa vraie place.* ◆ nm La vérité : *distinguer le vrai du faux.* ■ **à vrai dire :** pour parler avec vérité. ❑ FAM **pour de vrai :** pour de bon.

vrai-faux, vraie-fausse (pl *vrais-faux, vraies-fausses*) adj Se dit d'un faux document délivré par les autorités publiques : *un vrai-faux passeport.*

vraiment adv **1.** De façon effective : *cela est vraiment arrivé.* **2.** Sert pour renforcer une affirmation : *vraiment, tu exagères.*

vraisemblable adj **1.** Qui semble vrai, probable ; plausible. **2.** Qui pourrait être vrai : *le scénario n'est pas vraisemblable.*

vraisemblablement adv Avec vraisemblance.

vraisemblance nf Caractère de ce qui a l'apparence de la vérité.

vraquier nm Navire transportant des marchandises en vrac.

vrille nf **1.** Outil terminé par une sorte de vis pour percer des trous dans le bois. **2.** Hélice, spirale : *escalier en vrille.* **3.** Organe de fixation de certaines plantes grimpantes : *les vrilles de la vigne.* **4.** Figure de voltige aérienne. ■ FAM **partir en vrille :** échapper à tout contrôle ; déraper : *adolescent qui part en vrille.*

vriller vt Percer avec une vrille. ◆ vi S'élever ou descendre en décrivant une hélice.

vrombir vi Produire un son vibré, dû à un mouvement périodique rapide : *moteur qui vrombit.*

vrombissement nm Bruit de ce qui vrombit : *le vrombissement d'un avion.*

VRP nm (sigle de *voyageur représentant placier*) Représentant de commerce.

VTC nm (sigle de *vélo tout chemin*) Vélo proche du VTT, adapté à la randonnée sur chemins ou sur route ; sport pratiqué avec ce vélo.

VTT nm (sigle de *vélo tout terrain*) Vélo à roues épaisses, sans suspension ni garde-boue, utilisé sur des parcours accidentés ; sport pratiqué avec ce vélo.

vu, e adj ■ **bien, mal vu** : bien, mal considéré, accueilli. ◆ prép Eu égard à : *vu la difficulté.* ■ **vu que** : attendu que, puisque. ◆ nm ■ **au vu et au su de tous, de tout le monde** : sans se cacher ; ouvertement.

vue nf **1.** Sens par lequel on perçoit la forme, la couleur des choses matérielles ; faculté de voir : *perdre, recouvrer la vue.* **2.** Action de regarder, de voir : *détourner la vue.* **3.** Étendue de ce que l'on peut voir là où on est : *maison qui a une belle vue.* **4.** Représentation d'un lieu, d'un paysage : *vues prises d'avion.* **5.** Idée, conception, manière de voir : *vue ingénieuse ; échange de vues.* ■ **à perte de vue** : très loin. ❑ **à première vue** : au premier regard, sans observer longuement. ❑ **à vue d'œil** : (a) sans examiner avec attention (b) très rapidement. ❑ **connaître de vue** : seulement pour avoir vu. ❑ **en vue de** : dans le but de.

vulcanisation nf Opération consistant à rendre le caoutchouc insensible à la chaleur et au froid en le traitant par le soufre.

vulcaniser vt Pratiquer la vulcanisation.

vulcanologie nf → **volcanologie.**

vulcanologue n → **volcanologue.**

vulgaire adj **1.** Commun, ordinaire, quelconque. **2.** Qui manque de délicatesse ; grossier. **3.** (avant le nom) Qui n'est rigoureusement que ce qu'il est : *robe en vulgaire coton.* ■ **nom vulgaire d'une plante, d'un animal** : nom courant (par opposition à *nom scientifique*).

vulgairement adv **1.** Communément. **2.** Avec vulgarité, grossièrement.

vulgarisateur, trice adj et n Qui vulgarise une connaissance scientifique.

vulgarisation nf Action de vulgariser.

vulgariser vt Rendre accessible au grand public, propager : *vulgariser une science.*

vulgarité nf Caractère d'une personne ou d'une chose vulgaire. ◆ **vulgarités** pl Paroles grossières, vulgaires.

vulgum pecus [vulgɔmpekys] nm inv FAM La multitude des gens ignorants.

vulnérabilité nf Caractère vulnérable.

vulnérable adj **1.** Susceptible d'être blessé physiquement ; fragile : *position vulnérable.* **2.** Qui donne prise aux attaques morales. **3.** FIG Faible, qui donne prise à la critique : *point vulnérable d'un argument.*

vulnéraire nf Plante herbacée à fleurs jaunes.

vulve nf Ensemble des parties génitales externes, chez la femme et chez les femelles des animaux supérieurs.

W

w nm Vingt-troisième lettre de l'alphabet et la dix-huitième des consonnes.

wagon [vagɔ̃] nm Voiture de chemin de fer pour le transport des marchandises et des animaux (pour les voyageurs, on dit *voiture*).

wagon-citerne (pl *wagons-citernes*) nm Wagon destiné au transport des liquides.

wagon-lit (pl *wagons-lits*) nm Voiture de chemin de fer aménagée pour permettre aux voyageurs de dormir dans une couchette.

wagonnet nm Petit wagon basculant, utilisé sur les chantiers, dans les mines.

wagon-restaurant (pl *wagons-restaurants*) nm Voiture de chemin de fer aménagée pour servir des repas aux voyageurs.

Walkman [wokman] nm (nom déposé) Baladeur.

walkyrie [valkiri] ou **valkyrie** nf Déesse des mythologies nordiques.

wallaby [walabi] (pl *wallabys* ou *wallabies*) nm Marsupial herbivore australien.

wallon, onne [walɔ̃, ɔn] adj Qui se rapporte aux Wallons. ◆ nm Dialecte de langue d'oïl, parlé surtout en Wallonie. ◆ n Habitant de la Belgique parlant le français : *les Wallons*.

wap [wap] nm (sigle de *wireless application protocol*) TÉLÉCOMM Protocole adapté à la connexion des téléphones mobiles à Internet.

wapiti [wapiti] nm Grand cerf de l'Amérique du Nord et de l'Asie.

warrant [warɑ̃] ou [varɑ̃] nm DR Récépissé de marchandises entreposées dans des docks, négociable comme une traite.

water-closet [watɛrklɔzɛt] (pl *water-closets*) nm ou **waters** nm pl Petite pièce destinée aux besoins naturels ; toilettes.

water-polo [watɛrpɔlo] (pl *water-polos*) nm Jeu de ballon dans l'eau entre deux équipes de sept joueurs.

watt [wat] nm Unité de mesure de puissance du flux énergétique et thermique ; symb : W.

W.-C. nm pl (sigle de *water-closet*) Toilettes.

web [wɛb] nm Système hypermédia permettant de naviguer sur Internet.

webcam [wɛbkam] nf Caméra numérique destinée à enregistrer et à diffuser des images animées sur un site Internet.

weblog [wɛblɔg] nm Blog.

webradio nf Chaîne de radiodiffusion sonore dont les programmes sont diffusés sur Internet.

webtélé nf Chaîne de télévision dont les programmes sont diffusés sur Internet.

week-end [wikɛnd] (pl *week-ends*) nm Congé de fin de semaine incluant le samedi et le dimanche : *partir en week-end*.

western [wɛstɛrn] nm Film d'aventures qui raconte les aventures des pionniers, des cow-boys dans l'Ouest américain.

wharf [warf] nm MAR Appontement perpendiculaire à la rive permettant aux navires d'accoster des deux côtés.

whisky [wiski] (pl *whiskys* ou *whiskies*) nm Eau-de-vie de grain fabriquée surtout dans les pays anglo-saxons.

whist [wist] nm Jeu de cartes ancêtre du bridge.

white-spirit [wajtspirit] (pl inv ou *white-spirits*) nm Solvant minéral servant à diluer la peinture.

Wi-Fi nm inv (abréviation de *Wireless Fidelity*) Réseau local hertzien à haut débit destiné aux liaisons d'équipements informatiques.

wiki nm Site Web collaboratif dont le contenu peut être modifié par les internautes autorisés.

williams [wiljams] nf Variété de poire d'été, très juteuse.

Wimax ou **Wi-Max** [wimaks] nm (sigle de *worldwide interoperability for microwave access*) INFORM, TÉLÉCOMM Norme de diffusion à très haut débit par voie hertzienne.

winch [winʃ] (pl *winchs* ou *winches*) nm MAR Sur un yacht, treuil à main.

Winchester [winʃɛstɛr] nf Fusil américain à répétition.

wishbone [wiʃbon] nm MAR Vergue en forme d'arceau entourant une voile.

wok [wɔk] nm Sorte de grosse poêle profonde très utilisée dans la cuisine asiatique.

wolfram [vɔlfram] nm Oxyde naturel de fer, de manganèse ou de tungstène.

world music [wœrldmjuzik] (pl *world musics*) nf Courant musical de la fin des années 1980, issu du jazz, de la musique pop et de diverses autres musiques.

XYZ

x nm **1.** Vingt-quatrième lettre de l'alphabet et la dix-neuvième des consonnes. **2.** Objet en forme d'X. **3.** Tabouret à pieds croisés. **4.** MATH Symbole représentant l'inconnue ou l'une des inconnues d'une équation. **5.** Sert à désigner une personne ou une chose qu'on ne veut ou ne peut désigner plus clairement : *monsieur X ; en un temps «x»*. ■ **X** : chiffre romain valant 10. ❑ **film classé X** : à caractère pornographique. ❑ **rayons X** : radiation électromagnétique de faible longueur d'onde traversant plus ou moins facilement les corps matériels. ❑ **accouchement sous X** : préservation de l'anonymat d'une femme qui abandonne son enfant à la naissance.

xénon nm Gaz rare de l'atmosphère ; symb : Xe.

xénophobe adj et n Qui manifeste de l'hostilité envers les étrangers.

xénophobie nf Hostilité systématique à l'égard des étrangers, de tout ce qui est étranger.

xérès [kserɛs] ou **jerez** [xerɛs] nm Vin blanc sec originaire de Jerez, en Espagne.

xi nm → **ksi**.

xylographie nf Gravure sur bois.

xylophage adj Qui se nourrit de bois : *insectes xylophages*.

xylophone nm Instrument de musique composé de lamelles de bois sur lesquelles on frappe avec deux baguettes.

Y

1. y nm Vingt-cinquième lettre de l'alphabet et la sixième des voyelles.

2. y adv Dans cet endroit-là : *allez-y*. ■ **il y a** : (a) présente comme existant : *il y a un café au coin* (b) introduit la durée écoulée depuis un événement donné, depuis la fin d'un état, ou la durée d'une action depuis son origine : *il y a trois ans* (c) introduit la distance : *il y a deux kilomètres jusqu'au village*. ◆ pron pers À cela, à cette personne-là : *ne vous y fiez pas ; nous y sommes*.

yacht [jot] nm Bateau de plaisance, à voiles ou à moteur.

yacht-club [jotklœb] (pl *yacht-clubs*) nm Club de yachting.

yachting [jotiŋ] nm Navigation de plaisance.

yachtman [jotman] (pl *yachtmans* ou *yachtmen*) ou **yachtsman** [jotman] (pl *yachtsmans* ou *yachtsmen*) nm Celui qui pratique le yachting.

yack ou **yak** nm Ruminant du Tibet, à long pelage, servant comme bête de somme.

yankee [jɑ̃ki] adj et n Des États-Unis.

yaourt [jaurt] ou **yogourt** [jogurt] ou **yoghourt** [jogurt] nm Lait caillé à l'aide de ferments lactiques.

yaourtière nf Appareil pour préparer les yaourts.

yard [jard] nm Unité de mesure de longueur anglo-saxonne, valant 0,914 m.

yatagan nm Sabre très tranchant incurvé en deux sens opposés, qui était en usage chez les Turcs et les Arabes.

yearling [jœrliŋ] nm Cheval pur sang d'un an.

yéménite adj et n Du Yémen : *les Yéménites*.

yen [jɛn] nm inv Unité monétaire principale du Japon.

yéti nm Humanoïde légendaire de l'Himalaya (appelé aussi : *abominable homme des neiges*).

yeuse nf Nom usuel du chêne vert dans le midi de la France : *l'yeuse*.

yeux nm pl → **œil**.

yé-yé nm inv et adj inv FAM Style de musique en vogue dans les années 1960.

yiddish [jidiʃ] nm inv Langue germanique des communautés juives ashkénazes d'Europe centrale et orientale.

ylang-ylang (pl *ylangs-ylangs*) nm → **ilang-ilang**.

yod nm LING Semi-voyelle [j], transcrite *i* ou *y* dans les diphtongues (EX : *mien* [mjɛ̃]).

yoga nm Discipline spirituelle et corporelle, originaire de l'Inde, visant à libérer l'esprit des contraintes du corps.

yogi n Ascète qui pratique le yoga.

yogourt ou **yoghourt** nm → **yaourt**.

yole nf Embarcation étroite, légère et rapide, propulsée à l'aviron.

yougoslave adj et n De Yougoslavie.

youpi ou **youppie** interj Marque la joie et l'enthousiasme.

yourte ou **iourte** nf Tente mongole en feutre.

1. youyou nm Petit canot manœuvrant à la voile ou à l'aviron.

2. youyou nm Cri poussé par les femmes arabes dans certaines cérémonies.

Yo-Yo nm inv (nom déposé) Jouet formé d'une roulette à gorge qui monte et descend le long d'un fil.

ypérite nf Gaz de combat.

yuan [jyan] nm Unité monétaire principale de la Chine.

yucca [juka] nm Liliacée à belles fleurs blanches, ressemblant à l'aloès.

Z

z nm Vingt-sixième lettre de l'alphabet et la vingtième des consonnes.

ZAC [zak] nf (sigle de *zone d'aménagement concerté*) Zone aménagée et équipée par une collectivité publique pour être ensuite cédée à des utilisateurs privés ou publics.

ZAD [zad] nf (sigle de *zone d'aménagement différé*) Zone dont l'aménagement est prévu pour une époque ultérieure.

zaïrois, e adj et n Du Zaïre : *les Zaïrois*.

zakouski nm pl Hors-d'œuvre russes.

zambien, enne adj et n De Zambie : *les Zambiens*.

zapper vi Pratiquer le zapping.

zappeur, euse n Personne qui zappe.

zapping [zapiŋ] nm Pratique du téléspectateur qui change souvent de chaîne à l'aide de sa télécommande.

zazou n et adj Jeune dandy excentrique, dans les années 40, passionné de jazz.

zèbre nm **1.** Mammifère africain voisin du cheval, à robe rayée. **2.** FAM Individu : *un drôle de zèbre*.

zébré, e adj Marqué de zébrures, de raies.

zébrer vt (conj 10) Marquer de raies, de rayures.

zébrure nf Rayure du pelage d'un animal ; raie sur la peau ou sur une surface quelconque.

zébu nm Bœuf à longues cornes qui a une bosse graisseuse sur les épaules.

zélateur, trice n LITT Qui agit avec un zèle ardent.

zèle nm Vive ardeur pour le service de quelqu'un ou de quelque chose. ■ FAM **faire du zèle** : montrer un empressement intempestif ou exagéré.

zélé, e adj Plein de zèle.

zen [zɛn] nm École bouddhiste originaire de Chine et répandue au Japon depuis la fin du XIIᵉ s. ◆ adj inv **1.** Relatif au zen. **2.** FIG, FAM Qui reste calme et décontracté en toutes circonstances.

zénith nm **1.** Point du ciel situé au-dessus de la tête de l'observateur. **2.** FIG, SOUT Point culminant, degré le plus élevé : *au zénith de sa gloire*.

zénithal, e, aux adj Relatif au zénith.

zéphyr nm LITT Vent doux et agréable.

zeppelin [zɛplɛ̃] nm Ballon dirigeable allemand, à carcasse métallique, construit de 1900 à 1930.

zéro nm **1.** Signe numérique qui note la valeur nulle d'une grandeur, mais qui, placé à la droite d'un chiffre, augmente dix fois sa valeur. **2.** Absence de valeur, de quantité : *fortune réduite à zéro*. **3.** Dans la notation scolaire, note la plus basse : *avoir (un) zéro en mathématiques*. **4.** FIG, FAM Personne dont les capacités sont nulles. **5.** Degré de température correspondant à la glace fondante. ■ **repartir à zéro** : reprendre une opération depuis le début. ❑ **zéro absolu** : température de – 273 °C. ◆ adj **1.** Aucun : *zéro faute*. **2.** Nul en valeur : *degré zéro*.

zeste nm **1.** Écorce extérieure de l'orange, du citron. **2.** FIG Petite quantité.

zêta ou **dzêta** nm inv Sixième lettre de l'alphabet grec, équivalant à *dz*.

zézaiement nm Défaut de prononciation d'une personne qui zézaie ; zozotement.

zézayer vi (conj 4) Parler en donnant le son du *z* aux lettres *j* et *g*, et prononcer *s* le *ch* ; zozoter.

ZI nf (sigle de *zone industrielle*) Zone spécialement localisée et équipée en vue d'accueillir des établissements industriels.

zibeline nf Martre de Sibérie et du Japon, à poil très fin ; sa fourrure.

zidovudine nf Médicament utilisé dans le traitement du sida (appelé aussi : *AZT*).

zieuter vt FAM Regarder.

ZIF [zif] nf (sigle de *zone d'intervention foncière*) Zone destinée à permettre la création de réserves foncières au profit des pouvoirs publics.

zig ou **zigue** nm FAM Individu, type : *un drôle de zigue*.

zigoto nm ■ FAM **faire le zigoto** : chercher à épater son entourage.

zigouiller vt FAM Tuer.

zigzag nm Ligne brisée à angles alternativement rentrants et sortants : *voiture qui fait des zigzags*. ■ **en zigzag** : en formant des angles alternativement rentrants et saillants : *marcher en zigzag*.

zigzaguer vi Faire des zigzags.
zinc [zɛ̃g] nm **1.** Corps simple, métallique, d'un blanc bleuâtre. **2.** FAM Comptoir d'un bar, d'un café. **3.** FAM, VIEILLI Avion, surtout militaire.
zingueur nm Ouvrier couvreur chargé de la pose des revêtements de zinc.
zinnia nm Plante à fleurs ornementales originaire du Mexique.
zinzin adj FAM Bizarre, un peu fou.
zircon nm Gemme naturelle, transparente ou colorée.
zizanie nf ■ **mettre, semer la zizanie :** provoquer la désunion, le désaccord entre des personnes.
zizi nm FAM Pénis, dans le langage enfantin.
zloty [zlɔti] nm Unité monétaire principale de la Pologne.
Zodiac nm (nom déposé) Canot en caoutchouc pouvant être équipé d'un moteur hors-bord.
zodiacal, e, aux adj Du zodiaque.
zodiaque nm Zone circulaire dont l'écliptique occupe le milieu et qui contient les douze constellations que le Soleil parcourt dans son mouvement apparent. ■ **signe du zodiaque :** chacune des douze parties en lesquelles le zodiaque est divisé (ce sont le Bélier, le Taureau, les Gémeaux, le Cancer, le Lion, la Vierge, la Balance, le Scorpion, le Sagittaire, le Capricorne, le Verseau et les Poissons).
zombie nm **1.** Dans le vaudou, mort sorti du tombeau et qu'un sorcier met à son service. **2.** FAM Personne qui erre l'air tout à fait absent, comme si elle venait d'ailleurs.
zona nm Maladie infectieuse virale caractérisée par des éruptions vésiculeuses et douloureuses.
zonage nm **1.** Division d'une ville en zones réservées à certaines activités ; répartition rationnelle de celles-ci. **2.** INFORM Répartition d'un ensemble d'informations en zones de structure homogène, en suivant tels ou tels critères.
zonard, e n et adj FAM Jeune marginal des quartiers défavorisés.
zone nf **1.** Espace limité d'un pays, d'une région, d'une ville : *zone frontière.* **2.** Espace limité d'une surface, d'une étendue plus vaste : *zone industrielle.* **3.** FAM Espace, à la limite d'une ville, caractérisé par la misère de son habitat. **4.** FIG Tout ce qui est comparable à un espace quelconque : *zone d'influence.* **5.** GÉOGR Chacune des divisions de la Terre déterminées par les pôles, les cercles polaires et les tropiques, et à laquelle correspond approximativement un grand type de climat (*zones tropicale, tempérée, polaire*). **6.** Espace qui s'allonge sensiblement dans le sens des parallèles. **7.** MATH Portion de la surface d'une sphère limitée par deux plans parallèles qui la coupent. **8.** INFORM Champ. ■ **zone euro :** ensemble des 16 pays de l'Union européenne (Allemagne, Autriche, Belgique, Chypre, Espagne, Finlande, France, Grèce, Irlande, Italie, Luxembourg, Malte, Pays-Bas, Portugal, Slovaquie et Slovénie) où l'euro a cours.
1. zoner vt INFORM Effectuer le zonage de.
2. zoner vi FAM Mener une vie marginale en vivant d'expédients.
zoo [zo] nm Jardin zoologique.
zoologie [zoolɔʒie] nf Branche des sciences naturelles qui étudie les animaux.
zoologique [zoolɔʒik] adj Relatif à la zoologie. ■ **jardin zoologique :** parc où se trouvent rassemblés des animaux sauvages en captivité ou en semi-liberté.
zoologiste ou **zoologue** n Spécialiste de zoologie.
zoom [zum] nm Objectif de prise de vues dont on peut faire varier de façon continue la distance focale.
zoomer [zume] vi Filmer en utilisant un zoom. ◆ vt ind [sur] Faire un gros plan sur.
zoonose nf Maladie atteignant les animaux, et qui peut être transmise à l'homme (rage, par ex.).
zootechnie [zɔɔtɛkni] nf Science qui étudie les méthodes d'élevage et de reproduction des animaux domestiques.
zouave nm **1.** FAM Individu au comportement original ou bizarre ; clown. **2.** HIST Soldat d'un corps d'infanterie française, créé en Algérie en 1830.
zozo nm FAM Garçon niais et naïf.
zozotement nm FAM Action de zozoter.
zozoter vi FAM Zézayer.
ZUP [zyp] nf (sigle de *zone à urbaniser en priorité*) Zone désignée pour être aménagée afin de pallier la pénurie de terrains viabilisés et équipés.
zut interj FAM Exclamation de mépris, de dépit, de lassitude.
zygomatique adj Relatif à la pommette : *les trois muscles zygomatiques entrent en jeu dans le sourire.*
zygote nm Cellule résultant immédiatement de la fécondation. SYN : œuf fécondé.

conjugaisons

Verbes auxiliaires

1. avoir

indicatif

présent		passé composé		
j'	ai	j'	ai	eu
tu	as	tu	as	eu
il	a	il	a	eu
nous	avons	nous	avons	eu
vous	avez	vous	avez	eu
ils	ont	ils	ont	eu
imparfait		**plus-que-parfait**		
j'	avais	j'	avais	eu
tu	avais	tu	avais	eu
il	avait	il	avait	eu
nous	avions	nous	avions	eu
vous	aviez	vous	aviez	eu
ils	avaient	ils	avaient	eu
passé simple		**passé antérieur**		
j'	eus	j'	eus	eu
tu	eus	tu	eus	eu
il	eut	il	eut	eu
nous	eûmes	nous	eûmes	eu
vous	eûtes	vous	eûtes	eu
ils	eurent	ils	eurent	eu
futur		**futur antérieur**		
j'	aurai	j'	aurai	eu
tu	auras	tu	auras	eu
il	aura	il	aura	eu
nous	aurons	nous	aurons	eu
vous	aurez	vous	aurez	eu
ils	auront	ils	auront	eu

subjonctif

présent			
que	j'	aie	
que	tu	aies	
qu'	il	ait	
que	nous	ayons	
que	vous	ayez	
qu'	ils	aient	
imparfait			
que	j'	eusse	
que	tu	eusses	
qu'	il	eût	
que	nous	eussions	
que	vous	eussiez	
qu'	ils	eussent	
passé			
que	j'	aie	eu
que	tu	aies	eu
qu'	il	ait	eu
que	nous	ayons	eu
que	vous	ayez	eu
qu'	ils	aient	eu
plus-que-parfait			
que	j'	eusse	eu
que	tu	eusses	eu
qu'	il	eût	eu
que	nous	eussions	eu
que	vous	eussiez	eu
qu'	ils	eussent	eu

conditionnel

présent		
j'	aurais	
tu	aurais	
il	aurait	
nous	aurions	
vous	auriez	
ils	auraient	
passé		
j'	aurais	eu
tu	aurais	eu
il	aurait	eu
nous	aurions	eu
vous	auriez	eu
ils	auraient	eu

participes

présent
ayant

passé
eu — eue
eus — eues

impératif

aie
ayons — ayez

2. être

indicatif

présent		passé composé		
je	suis	j'	ai	été
tu	es	tu	as	été
il	est	il	a	été
nous	sommes	nous	avons	été
vous	êtes	vous	avez	été
ils	sont	ils	ont	été
imparfait		**plus-que-parfait**		
j'	étais	j'	avais	été
tu	étais	tu	avais	été
il	était	il	avait	été
nous	étions	nous	avions	été
vous	étiez	vous	aviez	été
ils	étaient	ils	avaient	été
passé simple		**passé antérieur**		
je	fus	j'	eus	été
tu	fus	tu	eus	été
il	fut	il	eut	été
nous	fûmes	nous	eûmes	été
vous	fûtes	vous	eûtes	été
ils	furent	ils	eurent	été
futur		**futur antérieur**		
je	serai	j'	aurai	été
tu	seras	tu	auras	été
il	sera	il	aura	été
nous	serons	nous	aurons	été
vous	serez	vous	aurez	été
ils	seront	ils	auront	été

subjonctif

présent			
que	je	sois	
que	tu	sois	
qu'	il	soit	
que	nous	soyons	
que	vous	soyez	
qu'	ils	soient	
imparfait			
que	je	fusse	
que	tu	fusses	
qu'	il	fût	
que	nous	fussions	
que	vous	fussiez	
qu'	ils	fussent	
passé			
que	j'	aie	été
que	tu	aies	été
qu'	il	ait	été
que	nous	ayons	été
que	vous	ayez	été
qu'	ils	aient	été
plus-que-parfait			
que	j'	eusse	été
que	tu	eusses	été
qu'	il	eût	été
que	nous	eussions	été
que	vous	eussiez	été
qu'	ils	eussent	été

conditionnel

présent		
je	serais	
tu	serais	
il	serait	
nous	serions	
vous	seriez	
ils	seraient	
passé		
j'	aurais	été
tu	aurais	été
il	aurait	été
nous	aurions	été
vous	auriez	été
ils	auraient	été

participes

présent
étant

passé
été

passé composé
ayant été

impératif

sois
soyons — soyez

3. chanter — 1er groupe

indicatif

présent		passé composé		
je	chante	j'	ai	chanté
tu	chantes	tu	as	chanté
il	chante	il	a	chanté
nous	chantons	nous	avons	chanté
vous	chantez	vous	avez	chanté
ils	chantent	ils	ont	chanté

imparfait		plus-que-parfait		
je	chantais	j'	avais	chanté
tu	chantais	tu	avais	chanté
il	chantait	il	avait	chanté
nous	chantions	nous	avions	chanté
vous	chantiez	vous	aviez	chanté
ils	chantaient	ils	avaient	chanté

passé simple		passé antérieur		
je	chantai	j'	eus	chanté
tu	chantas	tu	eus	chanté
il	chanta	il	eut	chanté
nous	chantâmes	nous	eûmes	chanté
vous	chantâtes	vous	eûtes	chanté
ils	chantèrent	ils	eurent	chanté

futur		futur antérieur		
je	chanterai	j'	aurai	chanté
tu	chanteras	tu	auras	chanté
il	chantera	il	aura	chanté
nous	chanterons	nous	aurons	chanté
vous	chanterez	vous	aurez	chanté
ils	chanteront	ils	auront	chanté

subjonctif

présent		
que	je	chante
que	tu	chantes
qu'	il	chante
que	nous	chantions
que	vous	chantiez
qu'	ils	chantent

imparfait		
que	je	chantasse
que	tu	chantasses
qu'	il	chantât
que	nous	chantassions
que	vous	chantassiez
qu'	ils	chantassent

passé			
que	j'	aie	chanté
que	tu	aies	chanté
qu'	il	ait	chanté
que	nous	ayons	chanté
que	vous	ayez	chanté
qu'	ils	aient	chanté

plus-que-parfait			
que	j'	eusse	chanté
que	tu	eusses	chanté
qu'	il	eût	chanté
que	nous	eussions	chanté
que	vous	eussiez	chanté
qu'	ils	eussent	chanté

conditionnel

présent	
je	chanterais
tu	chanterais
il	chanterait
nous	chanterions
vous	chanteriez
ils	chanteraient

passé		
j'	aurais	chanté
tu	aurais	chanté
il	aurait	chanté
nous	aurions	chanté
vous	auriez	chanté
ils	auraient	chanté

participes

présent
chantant

passé
chanté chantée
chantés chantées

impératif

chante
chantons chantez

4. finir — 2e groupe

indicatif

présent		passé composé		
je	finis	j'	ai	fini
tu	finis	tu	as	fini
il	finit	il	a	fini
nous	finissons	nous	avons	fini
vous	finissez	vous	avez	fini
ils	finissent	ils	ont	fini

imparfait		plus-que-parfait		
je	finissais	j'	avais	fini
tu	finissais	tu	avais	fini
il	finissait	il	avait	fini
nous	finissions	nous	avions	fini
vous	finissiez	vous	aviez	fini
ils	finissaient	ils	avaient	fini

passé simple		passé antérieur		
je	finis	j'	eus	fini
tu	finis	tu	eus	fini
il	finit	il	eut	fini
nous	finîmes	nous	eûmes	fini
vous	finîtes	vous	eûtes	fini
ils	finirent	ils	eurent	fini

futur		futur antérieur		
je	finirai	j'	aurai	fini
tu	finiras	tu	auras	fini
il	finira	il	aura	fini
nous	finirons	nous	aurons	fini
vous	finirez	vous	aurez	fini
ils	finiront	ils	auront	fini

subjonctif

présent		
que	je	finisse
que	tu	finisses
qu'	il	finisse
que	nous	finissions
que	vous	finissiez
qu'	ils	finissent

imparfait		
que	je	finisse
que	tu	finisses
qu'	il	finît
que	nous	finissions
que	vous	finissiez
qu'	ils	finissent

passé			
que	j'	aie	fini
que	tu	aies	fini
qu'	il	ait	fini
que	nous	ayons	fini
que	vous	ayez	fini
qu'	ils	aient	fini

plus-que-parfait			
que	j'	eusse	fini
que	tu	eusses	fini
qu'	il	eût	fini
que	nous	eussions	fini
que	vous	eussiez	fini
qu'	ils	eussent	fini

conditionnel

présent	
je	finirais
tu	finirais
il	finirait
nous	finirions
vous	finiriez
ils	finiraient

passé		
j'	aurais	fini
tu	aurais	fini
il	aurait	fini
nous	aurions	fini
vous	auriez	fini
ils	auraient	fini

participes

présent
finissant

passé
fini finie
finis finies

impératif

finis
finissons finissez

Verbes du 1er groupe [en -er]

	1 **placer**	2 **manger**	3 **nettoyer***
Ind. présent	je place tu places il place nous plaçons vous placez ils placent	je mange tu manges il mange nous mangeons vous mangez ils mangent	je nettoie tu nettoies il nettoie nous nettoyons vous nettoyez ils nettoient
Ind. imparf.	je plaçais il plaçait nous placions ils plaçaient	je mangeais il mangeait nous mangions ils mangeaient	je nettoyais il nettoyait nous nettoyions ils nettoyaient
Ind. passé simple	je plaçai il plaça nous plaçâmes ils placèrent	je mangeai il mangea nous mangeâmes ils mangèrent	je nettoyai il nettoya nous nettoyâmes ils nettoyèrent
Ind. futur	je placerai il placera	je mangerai il mangera	je nettoierai il nettoiera
Cond. présent	je placerais il placerait nous placerions	je mangerais il mangerait nous mangerions	je nettoierais il nettoierait nous nettoierions
Subj. présent	que je place que nous placions	que je mange que nous mangions	que je nettoie que nous nettoyions
Subj. imparf.	que je plaçasse qu' il plaçât que nous plaçassions	que je mangeasse qu' il mangeât que nous mangeassions	que je nettoyasse qu' il nettoyât que nous nettoyassions
Impératif	place, plaçons placez	mange, mangeons mangez	nettoie, nettoyons nettoyez
Participes	plaçant, placé	mangeant, mangé	nettoyant, nettoyé

* De même les verbes en *-uyer.*

	4 **payer**	5 **peler**	6 **appeler**
Ind. présent	je paie/paye tu paies/payes il paie/paye nous payons vous payez ils paient/payent	je pèle tu pèles il pèle nous pelons vous pelez ils pèlent	j' appelle tu appelles il appelle nous appelons vous appelez ils appellent
Ind. imparf.	je payais il payait nous payions ils payaient	je pelais il pelait nous pelions ils pelaient	j' appelais il appelait nous appelions ils appelaient
Ind. passé simple	je payai il paya nous payâmes ils payèrent	je pelai il pela nous pelâmes ils pelèrent	j' appelai il appela nous appelâmes ils appelèrent
Ind. futur	je paierai/payerai il paiera/payera	je pèlerai il pèlera	j' appellerai il appellera
Cond. présent	je paierais/payerais il paierait/payerait nous paierions/payerions	je pèlerais il pèlerait nous pèlerions	j' appellerais il appellerait nous appellerions
Subj. présent	que je paie/paye que nous payions	que je pèle que nous pelions	que j' appelle que nous appelions
Subj. imparf.	que je payasse qu' il payât que nous payassions	que je pelasse qu' il pelât que nous pelassions	que j' appelasse qu' il appelât que nous appelassions
Impératif	paie/paye, payons payez	pèle, pelons pelez	appelle, appelons appelez
Participes	payant, payé	pelant, pelé	appelant, appelé

	7 acheter	8 jeter	9 semer
Ind. présent	j' achète tu achètes il achète nous achetons vous achetez ils achètent	je jette tu jettes il jette nous jetons vous jetez ils jettent	je sème tu sèmes il sème nous semons vous semez ils sèment
Ind. imparf.	j' achetais il achetait nous achetions ils achetaient	je jetais il jetait nous jetions ils jetaient	je semais il semait nous semions ils semaient
Ind. passé simple	j' achetai il acheta nous achetâmes ils achetèrent	je jetai il jeta nous jetâmes ils jetèrent	je semai il sema nous semâmes ils semèrent
Ind. futur	j' achèterai il achètera	je jetterai il jettera	je sèmerai il sèmera
Cond. présent	j' achèterais il achèterait nous achèterions	je jetterais il jetterait nous jetterions	je sèmerais il sèmerait nous sèmerions
Subj. présent	que j' achète que nous achetions	que je jette que nous jetions	que je sème que nous semions
Subj. imparf.	que j' achetasse qu' il achetât que nous achetassions	que je jetasse qu' il jetât que nous jetassions	que je semasse qu' il semât que nous semassions
Impératif	achète, achetons achetez	jette, jetons jetez	sème, semons semez
Participes	achetant, acheté	jetant, jeté	semant, semé

	10 révéler	11 envoyer	12 aller *
Ind. présent	je révèle tu révèles il révèle nous révélons vous révélez ils révèlent	j' envoie tu envoies il envoie nous envoyons vous envoyez ils envoient	je vais tu vas il va nous allons vous allez ils vont
Ind. imparf.	je révélais il révélait nous révélions ils révélaient	j' envoyais il envoyait nous envoyions ils envoyaient	j' allais il allait nous allions ils allaient
Ind. passé simple	je révélai il révéla nous révélâmes ils révélèrent	j' envoyai il envoya nous envoyâmes ils envoyèrent	j' allai il alla nous allâmes ils allèrent
Ind. futur	je révélerai il révélera	j' enverrai il enverra	j' irai il ira
Cond. présent	je révélerais il révélerait nous révélerions	j' enverrais il enverrait nous enverrions	j' irais il irait nous irions
Subj. présent	que je révèle que nous révélions	que j' envoie que nous envoyions	que j' aille que nous allions
Subj. imparf.	que je révélasse qu' il révélât que nous révélassions	que j' envoyasse qu' il envoyât que nous envoyassions	que j' allasse qu' il allât que nous allassions
Impératif	révèle, révélons révélez	envoie, envoyons envoyez	va, allons allez
Participes	révélant, révélé	envoyant, envoyé	allant, allé

* Attention ! *Aller* est un verbe en *-er* mais il appartient au 3e groupe. Aux temps composés, on dit *je suis allé* ou *j'ai été*.

Verbes du 2e groupe [en -ir]

	13 haïr	14 fleurir	15 bénir*
Ind. présent	je hais tu hais il hait nous haïssons vous haïssez ils haïssent	Le verbe *fleurir* est régulier sur *finir*.	je bénis tu bénis il bénit nous bénissons vous bénissez ils bénissent
Ind. imparf.	je haïssais il haïssait nous haïssions ils haïssaient	La forme (flor-) n'existe au sens figuré que pour *florissant, il florissait*	je bénissais il bénissait nous bénissions ils bénissaient
Ind. passé simple	je haïs il haït nous haïmes ils haïrent		je bénis il bénit nous bénîmes ils bénirent
Ind. futur	je haïrai il haïra		je bénirai il bénira
Cond. présent	je haïrais il haïrait nous haïrions		je bénirais il bénirait nous bénirions
Subj. présent	que je haïsse qu' il haïsse que nous haïssions		que je bénisse qu' il bénisse que nous bénissions
Subj. imparf.	que je haïsse qu' il haït		que je bénisse qu' il bénît
Impératif	haïs, haïssons, haïssez		bénis, bénissons bénissez
Participes	haïssant, haï		bénissant, béni

* Le participe passé est *bénit, bénite* dans « pain bénit » et « eau bénite ».

Verbes du 3e groupe

	16 ouvrir	17 fuir	18 dormir
Ind. présent	j' ouvre tu ouvres il ouvre nous ouvrons vous ouvrez ils ouvrent	je fuis tu fuis il fuit nous fuyons vous fuyez ils fuient	je dors tu dors il dort nous dormons vous dormez ils dorment
Ind. imparf.	j' ouvrais il ouvrait nous ouvrions ils ouvraient	je fuyais il fuyait nous fuyions ils fuyaient	je dormais il dormait nous dormions ils dormaient
Ind. passé simple	j' ouvris il ouvrit nous ouvrîmes ils ouvrirent	je fuis il fuit nous fuîmes ils fuirent	je dormis il dormit nous dormîmes ils dormirent
Ind. futur	j' ouvrirai il ouvrira	je fuirai il fuira	je dormirai il dormira
Cond. présent	j' ouvrirais il ouvrirait nous ouvririons	je fuirais il fuirait nous fuirions	je dormirais il dormirait nous dormirions
Subj. présent	que j' ouvre que nous ouvrions	que je fuie que nous fuyions	que je dorme que nous dormions
Subj. imparf.	que j' ouvrisse qu' il ouvrît que nous ouvrissions	que je fuisse qu' il fuît que nous fuissions	que je dormisse qu' il dormît que nous dormissions
Impératif	ouvre, ouvrons, ouvrez	fuis, fuyons, fuyez	dors, dormons, dormez
Participes	ouvrant, ouvert	fuyant, fui	dormant, dormi

	19 mentir	20 servir	21 acquérir
Ind. présent	je mens tu mens il ment nous mentons vous mentez ils mentent	je sers tu sers il sert nous servons vous servez ils servent	j' acquiers tu acquiers il acquiert nous acquérons vous acquérez ils acquièrent
Ind. imparf.	je mentais il mentait nous mentions ils mentaient	je servais il servait nous servions ils servaient	j' acquérais il acquérait nous acquérions ils acquéraient
Ind. passé simple	je mentis il mentit nous mentîmes ils mentirent	je servis il servit nous servîmes ils servirent	j' acquis il acquit nous acquîmes ils acquirent
Ind. futur	je mentirai il mentira	je servirai il servira	j' acquerrai il acquerra
Cond. présent	je mentirais il mentirait nous mentirions	je servirais il servirait nous servirions	j' acquerrais il acquerrait nous acquerrions
Subj. présent	que je mente que nous mentions	que je serve que nous servions	que j' acquière que nous acquérions
Subj. imparf.	que je mentisse qu' il mentît que nous mentissions	que je servisse qu' il servît que nous servissions	que j' acquisse qu' il acquît que nous acquissions
Impératif	mens, mentons mentez	sers, servons servez	acquiers, acquérons acquérez
Participes	mentant, menti	servant, servi	acquérant, acquis

	22 tenir	23 assaillir *	24 cueillir
Ind. présent	je tiens tu tiens il tient nous tenons vous tenez ils tiennent	j' assaille tu assailles il assaille nous assaillons vous assaillez ils assaillent	je cueille tu cueilles il cueille nous cueillons vous cueillez ils cueillent
Ind. imparf.	je tenais il tenait nous tenions ils tenaient	j' assaillais il assaillait nous assaillions ils assaillaient	je cueillais il cueillait nous cueillions ils cueillaient
Ind. passé simple	je tins il tint nous tînmes ils tinrent	j' assaillis il assaillit nous assaillîmes ils assaillirent	je cueillis il cueillit nous cueillîmes ils cueillirent
Ind. futur	je tiendrai il tiendra	j' assaillirai il assaillira	je cueillerai il cueillera
Cond. présent	je tiendrais il tiendrait nous tiendrions	j' assaillirais il assaillirait nous assaillirions	je cueillerais il cueillerait nous cueillerions
Subj. présent	que je tienne que nous tenions	que j' assaille que nous assaillions	que je cueille que nous cueillions
Subj. imparf.	que je tinsse qu' il tînt que nous tinssions	que j' assaillisse qu' il assaillît que nous assaillissions	que je cueillisse qu' il cueillît que nous cueillissions
Impératif	tiens, tenons, tenez	assaille, assaillons, assaillez	cueille, cueillons, cueillez
Participes	tenant, tenu	assaillant, assailli	cueillant, cueilli

* On trouve aussi *assaillerai* pour le futur et *assaillerais* pour le conditionnel.

Verbes du 3e groupe

	25 mourir	26 partir *	27 vêtir
Ind. présent	je meurs tu meurs il meurt nous mourons vous mourez ils meurent	je pars tu pars il part nous partons vous partez ils partent	je vêts tu vêts il vêt nous vêtons vous vêtez ils vêtent
Ind. imparf.	je mourais il mourait nous mourions ils mouraient	je partais il partait nous partions ils partaient	je vêtais il vêtait nous vêtions ils vêtaient
Ind. passé simple	je mourus il mourut nous mourûmes ils moururent	je partis il partit nous partîmes ils partirent	je vêtis il vêtit nous vêtîmes ils vêtirent
Ind. futur	je mourrai il mourra	je partirai il partira	je vêtirai il vêtira
Cond. présent	je mourrais il mourrait nous mourrions	je partirais il partirait nous partirions	je vêtirais il vêtirait nous vêtirions
Subj. présent	que je meure que nous mourions	que je parte que nous partions	que je vête que nous vêtions
Subj. imparf.	que je mourusse qu' il mourût que nous mourussions	que je partisse qu' il partît que nous partissions	que je vêtisse qu' il vêtît que nous vêtissions
Impératif	meurs, mourons mourez	pars, partons partez	vêts, vêtons, vêtez
Participes	mourant, mort	partant, parti	vêtant, vêtu

* Et ses composés sauf *répartir* (sur *finir*).

	28 sortir *	29 courir	30 faillir
Ind. présent	je sors tu sors il sort nous sortons vous sortez ils sortent	je cours tu cours il court nous courons vous courez ils courent	*inusité* – – – – –
Ind. imparf.	je sortais il sortait nous sortions ils sortaient	je courais il courait nous courions ils couraient	– – – –
Ind. passé simple	je sortis il sortit nous sortîmes ils sortirent	je courus il courut nous courûmes ils coururent	je faillis il faillit nous faillîmes ils faillirent
Ind. futur	je sortirai il sortira	je courrai il courra	je faillirai il faillira
Cond. présent	je sortirais il sortirait nous sortirions	je courrais il courrait nous courrions	je faillirais il faillirait nous faillirions
Subj. présent	que je sorte que nous sortions	que je coure que nous courions	*inusité* –
Subj. imparf.	que je sortisse qu' il sortît que nous sortissions	que je courusse qu' il courût que nous courussions	*inusité* – –
Impératif	sors, sortons sortez	cours, courons courez	*inusité*
Participes	sortant, sorti	courant, couru	*inusité*, failli

* Et ses composés, sauf *assortir* (sur *finir*).

	31 bouillir	**32 gésir**	**33 saillir ***
Ind. présent	je bous tu bous il bout nous bouillons vous bouillez ils bouillent	je gis tu gis il gît nous gisons vous gisez ils gisent	*inusité* – il saille *inusité* – ils saillent
Ind. imparf.	je bouillais il bouillait nous bouillions ils bouillaient	je gisais il gisait nous gisions ils gisaient	*inusité* il saillait *inusité* ils saillaient
Ind. passé simple	je bouillis il bouillit nous bouillîmes ils bouillirent	*inusité* – – –	*inusité* il saillit *inusité* ils saillirent
Ind. futur	je bouillirai il bouillira	*inusité* –	*inusité* il saillera
Cond. présent	je bouillirais il bouillirait nous bouillirions	*inusité* – –	*inusité* il saillerait *inusité*
Subj. présent	que je bouille que nous bouillons	*inusité* –	*inusité* –
Subj. imparf.	que je bouillisse qu' il bouillît que nous bouillissions	*inusité* – –	*inusité* qu' il saillît *inusité*
Impératif	bous, bouillons bouillez	*inusité* –	– –
Participes	bouillant, bouilli	gisant, *inusité*	saillant, sailli

* Au sens de « être en saillie ».

	34 recevoir	**35 devoir**	**36 mouvoir ***
Ind. présent	je reçois tu reçois il reçoit nous recevons vous recevez ils reçoivent	je dois tu dois il doit nous devons vous devez ils doivent	je meus tu meus il meut nous mouvons vous mouvez ils meuvent
Ind. imparf.	je recevais il recevait nous recevions ils recevaient	je devais il devait nous devions ils devaient	je mouvais il mouvait nous mouvions ils mouvaient
Ind. passé simple	je reçus il reçut nous reçûmes ils reçurent	je dus il dut nous dûmes ils durent	je mus il mut nous mûmes ils murent
Ind. futur	je recevrai il recevra	je devrai il devra	je mouvrai il mouvra
Cond. présent	je recevrais il recevrait nous recevrions	je devrais il devrait nous devrions	je mouvrais il mouvrait nous mouvrions
Subj. présent	que je reçoive que nous recevions	que je doive que nous devions	que je meuve que nous mouvions
Subj. imparf.	que je reçusse qu' il reçût que nous reçussions	que je dusse qu' il dût que nous dussions	que je musse qu' il mût que nous mussions
Impératif	reçois, recevons, recevez	*inusité* –	meus, mouvons, mouvez
Participes	recevant ; reçu	devant ; dû, due, dus, dues	mouvant ; mû, mue, mus, mues

* Et ses composés, mais *ému* et *promu* n'ont pas d'accent circonflexe.

Verbes du 3e groupe

	37 vouloir	38 pouvoir	39 savoir
Ind. présent	je veux tu veux il veut nous voulons vous voulez ils veulent	je peux/puis tu peux il peut nous pouvons vous pouvez ils peuvent	je sais tu sais il sait nous savons vous savez ils savent
Ind. imparf.	je voulais il voulait nous voulions ils voulaient	je pouvais il pouvait nous pouvions ils pouvaient	je savais il savait nous savions ils savaient
Ind. passé simple	je voulus il voulut nous voulûmes ils voulurent	je pus il put nous pûmes ils purent	je sus il sut nous sûmes ils surent
Ind. futur	je voudrai il voudra	je pourrai il pourra	je saurai il saura
Cond. présent	je voudrais il voudrait nous voudrions	je pourrais il pourrait nous pourrions	je saurais il saurait nous saurions
Subj. présent	que je veuille que nous voulions	que je puisse que nous puissions	que je sache que nous sachions
Subj. imparf.	que je voulusse qu' il voulût que nous voulussions	que je pusse qu' il pût que nous pussions	que je susse qu' il sût que nous sussions
Impératif	veuille/veux, veuillons/voulons, veuillez/voulez	*inusité* – –	sache, sachons sachez
Participes	voulant, voulu	pouvant, pu	sachant, su

	40 valoir *	41 voir	42 prévoir
Ind. présent	je vaux tu vaux il vaut nous valons vous valez ils valent	je vois tu vois il voit nous voyons vous voyez ils voient	je prévois tu prévois il prévoit nous prévoyons vous prévoyez ils prévoient
Ind. imparf.	je valais il valait nous valions ils valaient	je voyais il voyait nous voyions ils voyaient	je prévoyais il prévoyait nous prévoyions ils prévoyaient
Ind. passé simple	je valus il valut nous valûmes ils valurent	je vis il vit nous vîmes ils virent	je prévis il prévit nous prévîmes ils prévirent
Ind. futur	je vaudrai il vaudra	je verrai il verra	je prévoirai il prévoira
Cond. présent	je vaudrais il vaudrait nous vaudrions	je verrais il verrait nous verrions	je prévoirais il prévoirait nous prévoirions
Subj. présent	que je vaille que nous valions	que je voie que nous voyions	que je prévoie que nous prévoyions
Subj. imparf.	que je valusse qu' il valût que nous valussions	que je visse qu' il vît que nous vissions	que je prévisse qu' il prévît que nous prévissions
Impératif	*inusité* –	vois, voyons voyez	prévois, prévoyons prévoyez
Participes	valant, valu	voyant, vu	prévoyant, prévu

* *Prévaloir* fait au subj. présent *prévale.*

	43 pourvoir	44 asseoir	45 surseoir
Ind. présent	je pourvois tu pourvois il pourvoit nous pourvoyons vous pourvoyez ils pourvoient	j' assieds/assois tu assieds/assois il assied/assoit nous asseyons/assoyons vous asseyez/assoyez ils asseyent/assoient	je sursois tu sursois il sursoit nous sursoyons vous sursoyez ils sursoient
Ind. imparf.	je pourvoyais il pourvoyait nous pourvoyions ils pourvoyaient	j' asseyais/assoyais il asseyait/assoyait nous asseyions/assoyions ils asseyaient/assoyaient	je sursoyais il sursoyait nous sursoyions ils sursoyaient
Ind. passé simple	je pourvus il pourvut nous pourvûmes ils pourvurent	j' assis/assis il assit/assit nous assîmes/assîmes ils assirent/assirent	je sursis il sursit nous sursîmes ils sursirent
Ind. futur	je pourvoirai il pourvoira	j' assierai/assoirai il assiera/assoira	je surseoirai il surseoira
Cond. présent	je pourvoirais il pourvoirait nous pourvoirions	j' assiérais/assoirais il assiérait/assoirait nous assiérions/assoirions	je surseoirais il surseoirait nous surseoirions
Subj. présent	que je pourvoie que nous pourvoyions	que j' asseye/assoie que nous asseyions/assoyions	que je sursoie que nous sursoyions
Subj. imparf.	que je pourvusse qu' il pourvût que nous pourvussions	que j' assisse/assisse qu' il assît/assît que nous assissions/assissions	que je sursisse qu' il sursît que nous sursissions
Impératif	pourvois pourvoyons pourvoyez	assieds/assois asseyons/assoyons asseyez/assoyez	sursois sursoyons sursoyez
Participes	pourvoyant, pourvu	asseyant/assoyant, assis/assis	sursoyant, sursis

	46 seoir	47 pleuvoir	48 falloir
Ind. présent	je *inusité* tu – il sied nous *inusité* vous – ils siéent	*inusité* – il pleut *inusité* – ils pleuvent	*inusité* – il faut *inusité* – –
Ind. imparf.	je *inusité* il seyait nous *inusité* ils seyaient	*inusité* il pleuvait *inusité* ils pleuvaient	*inusité* il fallait *inusité* –
Ind. passé simple	je *inusité* il – nous – ils –	*inusité* il plut *inusité* ils plurent	*inusité* il fallut *inusité* –
Ind. futur	je *inusité* il siéra	*inusité* il pleuvra	*inusité* il faudra
Cond. présent	je *inusité* il siérait nous *inusité*	*inusité* il pleuvrait *inusité*	*inusité* il faudrait *inusité*
Subj. présent	que je *inusité* qu' il siée	*inusité* qu' il pleuve	*inusité* qu' il faille
Subj. imparf.	*inusité* – –	*inusité* qu' il plût *inusité*	*inusité* qu' il fallût *inusité*
Impératif	*inusité*	*inusité*	*inusité*
Participes	seyant sis	pleuvant plu	*inusité* fallu

Verbes du 3ᵉ groupe

	49 **déchoir** *	50 **tendre**	51 **fondre**
Ind. présent	je déchois tu déchois il déchoit nous déchoyons vous déchoyez ils déchoient	je tends tu tends il tend nous tendons vous tendez ils tendent	je fonds tu fonds il fond nous fondons vous fondez ils fondent
Ind. imparf.	*inusité* – – –	je tendais il tendait nous tendions ils tendaient	je fondais il fondait nous fondions ils fondaient
Ind. passé simple	je déchus il déchut nous déchûmes ils déchurent	je tendis il tendit nous tendîmes ils tendirent	je fondis il fondit nous fondîmes ils fondirent
Ind. futur	je déchoirai il déchoira	je tendrai il tendra	je fondrai il fondra
Cond. présent	je déchoirais il déchoirait nous déchoirions	je tendrais il tendrait nous tendrions	je fondrais il fondrait nous fondrions
Subj. présent	que je déchoie que nous déchoyions	que je tende que nous tendions	que je fonde que nous fondions
Subj. imparf.	que je déchusse qu'il déchût que nous déchussions	que je tendisse qu'il tendît que nous tendissions	que je fondisse qu'il fondît que nous fondissions
Impératif	*inusité* –	tends, tendons tendez	fonds, fondons fondez
Participes	*inusité*, déchu	tendant, tendu	fondant, fondu

* *Échoir* : futur *il écherra* ; participe *échéant*. *Choir* : futur *il choira* ou *il cherra*.

	52 **mordre** *	53 **rompre**	54 **prendre**
Ind. présent	je mords tu mords il mord nous mordons vous mordez ils mordent	je romps tu romps il rompt nous rompons vous rompez ils rompent	je prends tu prends il prend nous prenons vous prenez ils prennent
Ind. imparf.	je mordais il mordait nous mordions ils mordaient	je rompais il rompait nous rompions ils rompaient	je prenais il prenait nous prenions ils prenaient
Ind. passé simple	je mordis il mordit nous mordîmes ils mordirent	je rompis il rompit nous rompîmes ils rompirent	je pris il prit nous prîmes ils prirent
Ind. futur	je mordrai il mordra	je romprai il rompra	je prendrai il prendra
Cond. présent	je mordrais il mordrait nous mordrions	je romprais il romprait nous romprions	je prendrais il prendrait nous prendrions
Subj. présent	que je morde que nous mordions	que je rompe que nous rompions	que je prenne que nous prenions
Subj. imparf.	que je mordisse qu'il mordît que nous mordissions	que je rompisse qu'il rompît que nous rompissions	que je prisse qu'il prît que nous prissions
Impératif	mords, mordons mordez	romps, rompons rompez	prends, prenons prenez
Participes	mordant, mordu	rompant, rompu	prenant, pris

* De même *perdre*.

	55 craindre *	**56 battre**	**57 mettre**
Ind. présent	je crains tu crains il craint nous craignons vous craignez ils craignent	je bats tu bats il bat nous battons vous battez ils battent	je mets tu mets il met nous mettons vous mettez ils mettent
Ind. imparf.	je craignais il craignait nous craignions ils craignaient	je battais il battait nous battions ils battaient	je mettais il mettait nous mettions ils mettaient
Ind. passé simple	je craignis il craignit nous craignîmes ils craignirent	je battis il battit nous battîmes ils battirent	je mis il mit nous mîmes ils mirent
Ind. futur	je craindrai il craindra	je battrai il battra	je mettrai il mettra
Cond. présent	je craindrais il craindrait nous craindrions	je battrais il battrait nous battrions	je mettrais il mettrait nous mettrions
Subj. présent	que je craigne que nous craignions	que je batte que nous battons	que je mette que nous mettions
Subj. imparf.	que je craignisse qu' il craignît que nous craignissions	que je battisse qu' il battît que nous battissions	que je misse qu' il mît que nous missions
Impératif	crains, craignons craignez	bats, battons battez	mets, mettons mettez
Participes	craignant, craint	battant, battu	mettant, mis

* De même les verbes en *-eindre*.

	58 moudre	**59 coudre**	**60 absoudre**
Ind. présent	je mouds tu mouds il moud nous moulons vous moulez ils moulent	je couds tu couds il coud nous cousons vous cousez ils cousent	j' absous tu absous il absout nous absolvons vous absolvez ils absolvent
Ind. imparf.	je moulais il moulait nous moulions ils moulaient	je cousais il cousait nous cousions ils cousaient	j' absolvais il absolvait nous absolvions ils absolvaient
Ind. passé simple	je moulus il moulut nous moulûmes ils moulurent	je cousis il cousit nous cousîmes ils cousirent	*inusité* – – –
Ind. futur	je moudrai il moudra	je coudrai il coudra	j' absoudrai il absoudra
Cond. présent	je moudrais il moudrait nous moudrions	je coudrais il coudrait nous coudrions	j' absoudrais il absoudrait nous absoudrions
Subj. présent	que je moule que nous moulions	que je couse que nous cousions	que j' absolve que nous absolvions
Subj. imparf.	que je moulusse qu' il moulût que nous moulussions	que je cousisse qu' il cousît que nous cousissions	*inusité* – –
Impératif	mouds, moulons moulez	couds, cousons cousez	abous, absolvons absolvez
Participes	moulant, moulu	cousant, cousu	absolvant ; absous, oute

Verbes du 3e groupe

	61 résoudre	**62 suivre**	**63 vivre**
Ind. présent	je résous tu résous il résout nous résolvons vous résolvez ils résolvent	je suis tu suis il suit nous suivons vous suivez ils suivent	je vis tu vis il vit nous vivons vous vivez ils vivent
Ind. imparf.	je résolvais il résolvait nous résolvions ils résolvaient	je suivais il suivait nous suivions ils suivaient	je vivais il vivait nous vivions ils vivaient
Ind. passé simple	je résolus il résolut nous résolûmes ils résolurent	je suivis il suivit nous suivîmes ils suivirent	je vécus il vécut nous vécûmes ils vécurent
Ind. futur	je résoudrai il résoudra	je suivrai il suivra	je vivrai il vivra
Cond. présent	je résoudrais il résoudrait nous résoudrions	je suivrais il suivrait nous suivrions	je vivrais il vivrait nous vivrions
Subj. présent	que je résolve que nous résolvions	que je suive que nous suivions	que je vive que nous vivions
Subj. imparf.	que je résolusse qu' il résolût que nous résolussions	que je suivisse qu' il suivît que nous suivissions	que je vécusse qu' il vécût que nous vécussions
Impératif	résous, résolvons résolvez	suis, suivons suivez	vis, vivons vivez
Participes	résolvant, résolu	suivant, suivi	vivant, vécu

	64 paraître	**65 naître**	**66 croître**
Ind. présent	je parais tu parais il paraît nous paraissons vous paraissez ils paraissent	je nais tu nais il naît nous naissons vous naissez ils naissent	je croîs tu croîs il croît nous croissons vous croissez ils croissent
Ind. imparf.	je paraissais il paraissait nous paraissions ils paraissaient	je naissais il naissait nous naissions ils naissaient	je croissais il croissait nous croissions ils croissaient
Ind. passé simple	je parus il parut nous parûmes ils parurent	je naquis il naquit nous naquîmes ils naquirent	je crûs il crût nous crûmes ils crûrent
Ind. futur	je paraîtrai il paraîtra	je naîtrai il naîtra	je croîtrai il croîtra
Cond. présent	je paraîtrais il paraîtrait nous paraîtrions	je naîtrais il naîtrait nous naîtrions	je croîtrais il croîtrait nous croîtrions
Subj. présent	que je paraisse que nous paraissions	que je naisse que nous naissions	que je croisse que nous croissions
Subj. imparf.	que je parusse qu' il parût que nous parussions	que je naquisse qu' il naquît que nous naquissions	que je crûsse qu' il crût que nous crûssions
Impératif	parais, paraissons paraissez	nais, naissons naissez	crois, croissons croissez
Participes	paraissant, paru	naissant, né	croissant, crû

	67 rire	**68 conclure ***	**69 nuire**
Ind. présent	je ris tu ris il rit nous rions vous riez ils rient	je conclus tu conclus il conclut nous concluons vous concluez ils concluent	je nuis tu nuis il nuit nous nuisons vous nuisez ils nuisent
Ind. imparf.	je riais il riait nous riions ils riaient	je concluais il concluait nous concluions ils concluaient	je nuisais il nuisait nous nuisions ils nuisaient
Ind. passé simple	je ris il rit nous rîmes ils rirent	je conclus il conclut nous conclûmes ils conclurent	je nuisis il nuisit nous nuisîmes ils nuisirent
Ind. futur	je rirai il rira	je conclurai il conclura	je nuirai il nuira
Cond. présent	je rirais il rirait nous ririons	je conclurais il conclurait nous conclurions	je nuirais il nuirait nous nuirions
Subj. présent	que je rie que nous riions	que je conclue que nous concluions	que je nuise que nous nuisions
Subj. imparf.	que je risse qu' il rît que nous rissions	que je conclusse qu' il conclût que nous conclussions	que je nuisisse qu' il nuisît que nous nuisissions
Impératif	ris, rions riez	conclus, concluons concluez	nuis, nuisons nuisez
Participes	riant, ri	concluant, conclu	nuisant, nui

* *Inclure* fait *inclus, incluse* au participe passé.

	70 conduire	**71 écrire**	**72 suffire ***
Ind. présent	je conduis tu conduis il conduit nous conduisons vous conduisez ils conduisent	j' écris tu écris il écrit nous écrivons vous écrivez ils écrivent	je suffis tu suffis il suffit nous suffisons vous suffisez ils suffisent
Ind. imparf.	je conduisais il conduisait nous conduisions ils conduisaient	j' écrivais il écrivait nous écrivions ils écrivaient	je suffisais il suffisait nous suffisions ils suffisaient
Ind. passé simple	je conduisis il conduisit nous conduisîmes ils conduisirent	j' écrivis il écrivit nous écrivîmes ils écrivirent	je suffis il suffit nous suffîmes ils suffirent
Ind. futur	je conduirai il conduira	j' écrirai il écrira	je suffirai il suffira
Cond. présent	je conduirais il conduirait nous conduirions	j' écrirais il écrirait nous écririons	je suffirais il suffirait nous suffirions
Subj. présent	que je conduise que nous conduisions	que j' écrive que nous écrivions	que je suffise que nous suffisions
Subj. imparf.	que je conduisisse qu' il conduisît que nous conduisissions	que j' écrivisse qu' il écrivît que nous écrivissions	que je suffisse qu' il suffît que nous suffissions
Impératif	conduis, conduisons conduisez	écris, écrivons écrivez	suffis, suffisons suffisez
Participes	conduisant, conduit	écrivant, écrit	suffisant, suffi

* Mais *dire, redire* (qui font *dites, redites* à la 2e pers. du pluriel de l'ind. présent et de l'impératif), *contredire, prédire, médire, confire* ont pour part. passés *dit, redit, contredit, prédit, médit, confit*.

Verbes du 3e groupe

	73 lire	74 croire	75 boire
Ind. présent	je lis tu lis il lit nous lisons vous lisez ils lisent	je crois tu crois il croit nous croyons vous croyez ils croient	je bois tu bois il boit nous buvons vous buvez ils boivent
Ind. imparf.	je lisais il lisait nous lisions ils lisaient	je croyais il croyait nous croyions ils croyaient	je buvais il buvait nous buvions ils buvaient
Ind. passé simple	je lus il lut nous lûmes ils lurent	je crus il crut nous crûmes ils crurent	je bus il but nous bûmes ils burent
Ind. futur	je lirai il lira	je croirai il croira	je boirai il boira
Cond. présent	je lirais il lirait nous lirions	je croirais il croirait nous croirions	je boirais il boirait nous boirions
Subj. présent	que je lise que nous lisions	que je croie que nous croyions	que je boive que nous buvions
Subj. imparf.	que je lusse qu' il lût que nous lussions	que je crusse qu' il crût que nous crussions	que je busse qu' il bût que nous bussions
Impératif	lis, lisons lisez	crois, croyons croyez	bois, buvons buvez
Participes	lisant, lu	croyant, cru	buvant, bu

	76 faire	77 plaire	78 taire
Ind. présent	je fais tu fais il fait nous faisons vous faites ils font	je plais tu plais il plaît nous plaisons vous plaisez ils plaisent	je tais tu tais il tait nous taisons vous taisez ils taisent
Ind. imparf.	je faisais il faisait nous faisions ils faisaient	je plaisais il plaisait nous plaisions ils plaisaient	je taisais il taisait nous taisions ils taisaient
Ind. passé simple	je fis il fit nous fîmes ils firent	je plus il plut nous plûmes ils plurent	je tus il tut nous tûmes ils turent
Ind. futur	je ferai il fera	je plairai il plaira	je tairai il taira
Cond. présent	je ferais il ferait nous ferions	je plairais il plairait nous plairions	je tairais il tairait nous tairions
Subj. présent	que je fasse que nous fassions	que je plaise que nous plaisions	que je taise que nous taisions
Subj. imparf.	que je fisse qu' il fît que nous fissions	que je plusse qu' il plût que nous plussions	que je tusse qu' il tût que nous tussions
Impératif	fais, faisons faites	plais, plaisons plaisez	tais, taisons taisez
Participes	faisant, fait	plaisant, plu	taisant, tu

	79 extraire	80 repaître *	81 clore **
Ind. présent	j' extrais tu extrais il extrait nous extrayons vous extrayez ils extraient	je repais tu repais il repaît nous repaissons vous repaissez ils repaissent	je clos tu clos il clôt nous closons vous closez ils closent
Ind. imparf.	j' extrayais il extrayait nous extrayions ils extrayaient	je repaissais il repaissait nous repaissions ils repaissaient	*inusité* – – –
Ind. passé simple	*inusité*	je repus il reput nous repûmes ils repurent	*inusité* – – –
Ind. futur	j' extrairai il extraira	je repaîtrai il repaîtra	je clorai il clora
Cond. présent	j' extrairais il extrairait nous extrairions	je repaîtrais il repaîtrait nous repaîtrions	je clorais il clorait nous clorions
Subj. présent	que j' extraie que nous extrayions	que je repaisse que nous repaissions	que je close que nous closions
Subj. imparf.	*inusité*	que je repusse qu' il repût que nous repussions	*inusité* – –
Impératif	extrais, extrayons extrayez	repais, repaissons repaissez	clos, *inusité* –
Participes	extrayant, extrait	repaissant, repu	*inusité*, clos

* *Paître* est inusité au passé simple et au part. passé.
** L'Académie préconise il *déclot*, *éclot*, *enclor*, sans accent circonflexe.

	82 oindre *	83 frire	84 vaincre
Ind. présent	j' oins tu oins il oint nous oignons vous oignez ils oignent	je fris tu fris il frit *inusité* – –	je vaincs tu vaincs il vainc nous vainquons vous vainquez ils vainquent
Ind. imparf.	j' oignais il oignait nous oignions ils oignaient	*inusité* – – –	je vainquais il vainquait nous vainquions ils vainquaient
Ind. passé simple	j' oignis il oignit nous oignîmes ils oignirent	*inusité* – – –	je vainquis il vainquit nous vainquîmes ils vainquirent
Ind. futur	j' oindrai il oindra	je frirai il frira	je vaincrai il vaincra
Cond. présent	j' oindrais il oindrait nous oindrions	je frirais il frirait nous fririons	je vaincrais il vaincrait nous vaincrions
Subj. présent	que j' oigne que nous oignions	*inusité*	que je vainque que nous vainquions
Subj. imparf.	que j' oignisse qu' il oignît que nous oignissions	*inusité* – –	que je vainquisse qu' il vainquît que nous vainquissions
Impératif	oins, oignons oignez	fris, *inusité* –	vaincs, vainquons vainquez
Participes	oignant, oint	*inusité*, frit	vainquant, vaincu

* De même *poindre* (impers.).

annexes grammaticales

Le pluriel des mots simples

Règle	Exemples	
Le pluriel des mots se forme en ajoutant un s à la forme du singulier.	Un ennui, Un lit,	des ennuis. des lits.
MAIS Le pluriel et le singulier sont semblables dans les noms terminés par -s, -x, -z.	Un bois, Une noix, Un nez,	des bois. des noix. des nez.
Les mots en -al ont le pluriel en -aux. **Font exception** : bal, carnaval, cérémonial, chacal, choral, festival, nopal, pal, récital, régal, santal, et les adjectifs banal, bancal, fatal, final, glacial, natal, naval, tonal qui suivent la règle générale.	Un journal, Un chacal,	des journaux. des chacals.
Le pluriel des mots terminés en -eau, -au, -eu, -œu se forme en ajoutant un x au singulier.	Un veau, Un étau, Un pieu,	des veaux. des étaux. des pieux.
Font exception : landau, sarrau, bleu, émeu, pneu, qui prennent un s au pluriel.	Un pneu,	des pneus.
Le pluriel des mots terminés par -ou est en général en -ous.	Un cou,	des cous.
Font exception : bijou, caillou, chou, genou, hibou, joujou, pou, qui prennent un x au pluriel.	Un chou,	des choux.
Les noms terminés au singulier par -ail ont un pluriel régulier en -ails.	Un rail,	des rails.
Font exception : bail, corail, émail, fermail, soupirail, travail, vantail, vitrail, qui ont le pluriel en -aux.	Un bail,	des baux.
Les noms aïeul, ciel et œil ont des pluriels irréguliers ; mais on dit bisaïeuls, trisaïeuls dans le sens de « grands-parents », ciels dans ciels de lit, et œils dans œils-de-bœuf, etc.	L' aïeul, Le ciel, L' œil,	les aïeux. les cieux. les yeux.
Les noms employés comme adjectifs de couleur restent invariables. **Font exception :** écarlate, fauve, incarnat, mauve, pourpre, rose.	Des chemises Des rubans Des fleurs	marron. orange. mauves.

Accord du participe

Accord du participe présent et de l'adjectif verbal

Quand le participe présent exprime une action ou un état, il reste invariable : *des enfants* obéissant *à leurs parents.* Quand le participe présent exprime une qualité et joue le rôle d'un adjectif, il s'accorde en genre et en nombre avec le nom auquel il se rapporte : *des enfants très* obéissants.

Accord du participe passé

1. Le participe passé employé sans auxiliaire s'accorde en genre et en nombre avec le nom ou le pronom auquel il se rapporte : *des fleurs* parfumées.

2. Le participe passé des verbes passifs et de certains verbes intransitifs conjugués avec l'auxiliaire être s'accorde en genre et en nombre avec le sujet du verbe : *l'Amérique a été* découverte *par Christophe Colomb ; nos amis sont* venus *hier.*

3. Le participe passé conjugué avec l'auxiliaire avoir s'accorde en genre et en nombre avec le complément d'objet direct du verbe, quand ce complément le précède : *je me rappelle* l'histoire *que j'ai* lue.

Le participe passé reste invariable si le complément direct suit le verbe ou s'il n'a pas de complément d'objet direct.

Remarque. Dans la phrase : *les mois qu'il a* vécu, le participe passé est invariable : en effet, *que* représente un complément circonstanciel : *les mois* pendant lesquels *il a vécu.*

Cas particuliers

1. Le participe passé suivi d'un infinitif est variable s'il a pour complément d'objet direct le pronom qui précède et qui est alors le sujet de l'action marquée par l'infinitif : *les fruits* que *j'ai* vus *mûrir.*

2. Le participe passé est invariable s'il a pour complément d'objet direct l'infinitif ; le pronom est alors complément d'objet direct de l'infinitif et non du verbe principal : *les fruits que j'ai* vu *cueillir.*

Remarque. Les participes qui ont pour complément d'objet direct un infinitif sous-entendu ou une proposition sous-entendue sont toujours invariables : *je lui ai chanté tous les morceaux qu'elle a* voulu (sous-entendu *que je lui chante*).

Le participe passé *fait* suivi d'un infinitif est toujours invariable : *la maison que j'ai* fait bâtir.

▶ **Le participe passé des verbes pronominaux.**

Les verbes pronominaux se conjuguent dans leurs temps composés avec l'auxiliaire *être* ; mais, dans l'analyse, cet auxiliaire *être* peut être remplacé par l'auxiliaire *avoir* (*je me* **suis** *consolé* est équivalent de *j'***ai** *consolé moi*). Le participe passé d'un verbe pronominal réfléchi ou réciproque s'accorde avec son complément d'objet direct si ce complément le précède : *les lettres* **que** *Paul et Pierre se sont* **écrites** *sont aimables.*

Le participe passé reste invariable si le complément d'objet direct le suit ou s'il n'en a pas : *Paul et Pierre se sont* **écrit** *des* **lettres** *aimables* ; *Paul et Pierre se sont* **écrit**.

Le participe passé d'un verbe toujours pronominal (*s'enfuir, s'emparer*, etc.) s'accorde avec le sujet du verbe : *ils se sont* **emparés** *de la ville.*

Remarque. Les participes passés des verbes transitifs indirects employés pronominalement restent toujours invariables : *ils* **se sont ri** *de mes efforts* ; *elles* **se sont plu** *à me tourmenter.*

▶ Le participe passé des verbes impersonnels.

Le participe passé des verbes impersonnels est toujours invariable : *les inondations qu'il y a* **eu**.

▶ Le participe passé et les pronoms « le », « en ».

Le participe passé conjugué avec *avoir* et précédé de *le* (ou *l'*) complément d'objet direct représentant toute une proposition reste invariable : *la chose est plus sérieuse que nous ne l'avions* **pensé** *d'abord* (c'est-à-dire *que nous n'avions pensé* **cela**, *qu'elle était sérieuse*).

Le participe passé précédé de *en* reste invariable : *tout le monde m'a offert ses services, mais personne ne m'***en** *a* **rendu**.

Cependant, le participe varie si le pronom *en* est précédé d'un adverbe de quantité comme *plus, combien, autant*, etc. : *autant d'ennemis il a attaqués*, **autant** *il* **en** *a* **vaincus**. Mais le participe passé reste invariable si l'adverbe suit le pronom *en* au lieu de le précéder : *quant aux belles villes, j'***en** *ai* **tant visité**…

proverbes

A beau mentir qui vient de loin
celui qui vient d'un pays lointain peut, sans craindre d'être démenti, raconter des choses fausses.

À bon chat, bon rat
se dit quand celui qui attaque trouve un antagoniste capable de lui résister.

Abondance de biens ne nuit pas
on accepte encore, par mesure de prévoyance, une chose dont on a déjà une quantité suffisante.

À bon vin point d'enseigne
ce qui est bon se recommande de soi-même.

À chaque jour suffit sa peine
supportons les maux d'aujourd'hui sans penser par avance à ceux que peut nous réserver l'avenir.

À cœur vaillant rien d'impossible
avec du courage, on vient à bout de tout.

L'air ne fait pas la chanson
l'apparence n'est pas la réalité.

À la Chandeleur, l'hiver se passe ou prend vigueur
si le froid n'est pas fini à la Chandeleur, il devient plus rigoureux qu'auparavant.

À la Sainte-Luce, les jours croissent du saut d'une puce
les jours commencent à croître un peu à la Sainte-Luce (13 décembre).

À l'impossible nul n'est tenu
on ne peut exiger de quiconque ce qu'il lui est impossible de faire.

À l'œuvre on connaît l'ouvrier (ou **l'artisan**)
c'est par la valeur de l'ouvrage qu'on juge celui qui l'a fait.

À méchant ouvrier, point de bon outil
le mauvais ouvrier fait toujours du mauvais travail, et met ses maladresses sur le compte de ses outils.

À père avare, enfant prodigue ; à femme avare, galant escroc
un défaut, un vice fait naître autour de soi, par réaction, le défaut, le vice contraire.

L'appétit vient en mangeant
plus on a, plus on veut avoir.

Après la pluie, le beau temps
la joie succède souvent à la tristesse, le bonheur au malheur.

À quelque chose malheur est bon
les événements fâcheux peuvent procurer quelque avantage, ne fût-ce qu'en donnant de l'expérience.

L'argent est un bon serviteur et un mauvais maître
l'argent contribue au bonheur de celui qui sait l'employer et fait le malheur de celui qui se laisse dominer par l'avarice ou la cupidité.

L'argent n'a pas d'odeur
certains ne se soucient guère de la manière dont ils gagnent de l'argent, pourvu qu'ils en gagnent.

À tout seigneur, tout honneur
il faut rendre honneur à chacun suivant son rang.

Au royaume des aveugles, les borgnes sont rois
avec un mérite, un savoir médiocre, on brille au milieu des sots et des ignorants.

Autant en emporte le vent
se dit en parlant de promesses auxquelles on n'ajoute pas foi, ou qui ne se sont pas réalisées.

Autres temps, autres mœurs
les mœurs changent d'une époque à l'autre.

Aux grands maux les grands remèdes
il faut prendre des décisions énergiques contre les maux graves et dangereux.

Avec un (ou **des**) « **si** », **on mettrait Paris en bouteille**
avec des hypothèses, tout devient possible.

À vieille mule, frein doré
on pare une vieille bête pour la mieux vendre ; se dit aussi de vieilles femmes qui abusent des artifices de la toilette.

Beaucoup de bruit pour rien
titre d'une comédie de Shakespeare, passé en proverbe pour exprimer que telle affaire a pris des proportions qui se réduisent à peu de chose.

Les beaux esprits se rencontrent
se dit plaisamment lorsqu'une même idée, une même pensée, une même vérité est énoncée simultanément par deux personnes.

Bien faire et laisser dire (ou **laisser braire**)
il faut faire son devoir sans se préoccuper des critiques.

Bien mal acquis ne profite jamais
on ne peut jouir en paix du bien obtenu par des voies illégitimes.

Bon chien chasse de race
on hérite généralement des qualités de sa famille.

Bonne renommée vaut mieux que ceinture dorée
mieux vaut jouir de l'estime publique que d'être riche.

Bon sang ne peut (ou **ne saurait**) **mentir**
qui est d'une noble race n'en saurait être indigne.

Les bons comptes font les bons amis
pour rester amis, il faut s'acquitter exactement de ce que l'on se doit l'un à l'autre.

La caque sent toujours le hareng
on se ressent toujours de son origine, de son passé.

Ce que femme veut, Dieu le veut
les femmes en viennent toujours à leurs fins.

C'est en forgeant qu'on devient forgeron
à force de s'exercer à une chose, on y devient habile.

C'est le ton qui fait la musique (ou **qui fait la chanson**)
c'est la manière dont on dit les choses qui marque l'intention véritable.

C'est l'hôpital qui se moque de la Charité
se dit de celui qui raille la misère d'autrui, bien qu'il soit lui-même aussi misérable.

Chacun pour soi et Dieu pour tous
laissons à Dieu le soin de s'occuper des autres.

Charbonnier est maître chez soi
le maître de maison est libre d'agir comme il l'entend dans sa propre demeure.

Charité bien ordonnée commence par soi-même
avant de songer aux autres, il faut songer à soi.

Chat échaudé craint l'eau froide
on redoute même l'apparence de ce qui vous a déjà nui.

Le chat parti, les souris dansent
quand maîtres ou chefs sont absents, écoliers ou subordonnés mettent à profit leur liberté.

Les chiens aboient, la caravane passe (prov. arabe)
qui est sûr de sa voie ne s'en laisse pas détourner par la désapprobation la plus bruyante.

Chose promise, chose due
on est obligé de faire ce qu'on a promis.

Cœur qui soupire n'a pas ce qu'il désire
les soupirs que l'on pousse prouvent qu'on n'est pas satisfait.

Comme on connaît les saints, on les honore
on traite chacun selon son caractère.

Comme on fait son lit, on se couche
il faut s'attendre en bien ou en mal à ce qu'on s'est préparé à soi-même par sa conduite.

Comparaison n'est pas raison
une comparaison ne prouve rien.

Les conseilleurs ne sont pas les payeurs
défions-nous parfois des conseilleurs ; ni leur personne ni leur bourse ne courent le risque qu'ils conseillent.

Contentement passe richesse
le bonheur est préférable à la fortune.

Les cordonniers sont les plus mal chaussés
on néglige souvent les avantages qu'on a, de par sa condition, à sa portée.

Dans le doute, abstiens-toi
maxime qui s'applique au doute pratique comme au doute purement spéculatif.

De deux maux il faut choisir le moindre
adage que l'on prête à Socrate, qui aurait ainsi expliqué pourquoi il avait pris une femme de très petite taille.

Défiance (ou **méfiance**) **est mère de sûreté**
il ne faut pas être trop confiant, si l'on ne veut pas être trompé.

De la discussion jaillit la lumière
des opinions discutées contradictoirement se dégage la vérité.

Déshabiller saint Pierre pour habiller saint Paul
faire une dette pour en acquitter une autre ; se tirer d'une difficulté en s'en créant une nouvelle.

Deux avis valent mieux qu'un
on fait bien, avant d'agir, de consulter plusieurs personnes.

Dis-moi qui tu hantes, je te dirai qui tu es
on juge une personne d'après la société qu'elle fréquente.

Donner un œuf pour avoir un bœuf
faire un petit présent dans l'espoir d'en recevoir un plus considérable.

L'eau va à la rivière
l'argent va aux riches.

En avril, n'ôte pas un fil ; en mai, fais ce qu'il te plaît
on ne doit pas mettre des vêtements légers en avril ; on le peut en mai.

L'enfer est pavé de bonnes intentions
les bonnes intentions ne suffisent pas si elles ne sont pas réalisées ou n'aboutissent qu'à des résultats fâcheux.

Entre l'arbre et l'écorce il ne faut pas mettre le doigt
il ne faut point intervenir dans une dispute entre proches

Erreur n'est pas compte
tant que subsiste une erreur, un compte n'est pas définitif.

L'exception confirme la règle
cela même qui est reconnu comme exception constate une règle, puisque, sans la règle, point d'exception.

La faim chasse le loup hors du bois
la nécessité contraint les hommes à faire des choses qui ne sont pas de leur goût.

Fais ce que dois, advienne que pourra
fais ton devoir, sans t'inquiéter de ce qui en pourra résulter.

Faute de grives, on mange des merles
à défaut de mieux, il faut se contenter de ce que l'on a.

La fête passée, adieu le saint
une fois une satisfaction obtenue, on oublie qui l'a procurée.

La fin justifie les moyens
principe d'après lequel le but excuserait les actions coupables commises pour l'atteindre.

La fortune vient en dormant
le plus sûr moyen de s'enrichir est d'attendre passivement un heureux coup du sort.

Des goûts et des couleurs il ne faut pas discuter
chacun est libre d'avoir ses préférences.

Les grandes douleurs sont muettes
l'extrême souffrance morale ne fait entendre aucune plainte.

Les grands diseurs ne sont pas les grands faiseurs
ceux qui se vantent le plus ou promettent le plus sont ordinairement ceux qui font le moins.

L'habit ne fait pas le moine
ce n'est pas sur l'extérieur qu'il faut juger les gens.

L'habitude est une seconde nature
l'habitude nous fait agir aussi spontanément qu'un instinct naturel.

Heureux au jeu, malheureux en amour
celui qui gagne souvent au jeu est rarement heureux en ménage.

Il faut battre le fer pendant qu'il est chaud
il faut pousser activement une affaire qui est en bonne voie.

Il faut que jeunesse se passe
on doit excuser les fautes que la légèreté et l'inexpérience font commettre à la jeunesse.

Il faut qu'une porte soit ouverte ou fermée
il faut prendre un parti dans un sens ou dans un autre.

Il faut rendre à César ce qui appartient à César, et à Dieu ce qui est à Dieu
il faut rendre à chacun ce qui lui est dû.

Il faut tourner sa langue sept fois dans sa bouche avant de parler
avant de parler, de se prononcer, il faut mûrement réfléchir.

Il ne faut jamais jeter le manche après la cognée
il ne faut jamais se rebuter.

Il ne faut jurer de rien
il ne faut jamais répondre de ce qu'on fera, ni de ce qui peut arriver.

Il ne faut pas dire : Fontaine, je ne boirai pas de ton eau
nul ne peut assurer qu'il ne recourra jamais à une personne ou à une chose.

Il n'est pire aveugle que celui qui ne veut pas voir ou **il n'est pire sourd que celui qui ne veut pas entendre**
le parti pris ferme l'esprit à tout éclaircissement.

Il n'est pire eau que l'eau qui dort
ce sont souvent des personnes d'apparence inoffensive dont il faut le plus se méfier.

Il n'est point de sot métier
toutes les professions sont bonnes.

Il n'y a pas de fumée sans feu
derrière les apparences, les on-dit, il y a toujours quelque réalité.

Il n'y a que la vérité qui blesse
les reproches vraiment pénibles sont ceux que l'on a mérités.

Il n'y a que le premier pas qui coûte
le plus difficile en toute chose est de commencer.

Il vaut mieux aller au boulanger (ou **au moulin**) **qu'au médecin**
la maladie coûte plus cher encore que la dépense pour la nourriture.

Il vaut mieux avoir affaire à Dieu qu'à ses saints
il vaut mieux s'adresser directement au maître qu'aux subalternes.

Il vaut mieux tenir que courir
la possession vaut mieux que l'espérance.

Il y a loin de la coupe aux lèvres
il peut arriver bien des événements entre un désir et sa réalisation.

L'intention vaut le fait
l'intention compte comme si elle avait été mise à exécution.

Le jeu ne vaut pas la chandelle
la chose ne vaut pas la peine qu'on se donne pour l'obtenir.

Les jours se suivent et ne se ressemblent pas
les circonstances varient avec le temps.

Loin des yeux, loin du cœur
l'absence détruit ou affaiblit les affections.

Les loups ne se mangent pas entre eux
les méchants ne cherchent pas à se nuire.

Mains froides, cœur chaud
la froideur des mains indique un tempérament amoureux.

Mauvaise herbe croît toujours
se dit pour expliquer la croissance rapide d'un enfant de mauvais caractère.

Mettre la charrue devant (ou **avant**) **les bœufs**
commencer par où l'on devrait finir.

Le mieux est l'ennemi du bien
on court le risque de gâter ce qui est bien en voulant obtenir mieux.

Mieux vaut tard que jamais
il vaut mieux, en certains cas, agir tard que ne pas agir du tout.

Morte la bête, mort le venin
un ennemi, un méchant ne peut plus nuire quand il est mort.

Les murs ont des oreilles
dans un entretien confidentiel, il faut se défier de ce qui vous entoure.

Nécessité fait loi
dans un besoin ou un péril extrême, on peut se soustraire à toutes les obligations conventionnelles.

Ne fais pas à autrui ce que tu ne voudrais pas qu'on te fît
règle de conduite qui est le fondement d'une morale élémentaire.

N'éveillez pas le chat qui dort
il ne faut pas réveiller une fâcheuse affaire, une menace assoupie.

Noël au balcon, Pâques au tison
si le temps est beau à Noël, il fera froid à Pâques.

La nuit porte conseil
la nuit est propre à nous inspirer de sages réflexions.

La nuit, tous les chats sont gris
on ne peut pas bien, de nuit, distinguer les choses.

Nul n'est prophète en son pays
personne n'est apprécié à sa vraie valeur là où il vit habituellement.

L'occasion fait le larron
l'occasion fait faire des choses répréhensibles auxquelles on n'aurait pas songé.

Œil pour œil, dent pour dent
loi du talion.

L'oisiveté est mère (ou **la mère**) **de tous les vices**
n'avoir rien à faire, c'est s'exposer à toutes les tentations.

On ne fait pas d'omelette sans casser des œufs
on n'arrive pas à un résultat sans peine ni sacrifices.

On ne prête qu'aux riches
on ne rend des services qu'à ceux qui sont en état de les récompenser ; on attribue volontiers certains actes à ceux qui sont habitués à les faire.

On reconnaît l'arbre à ses fruits
c'est à ses actes qu'on connaît la valeur d'un homme.

Paris ne s'est pas fait en un jour
rien ne peut se faire sans le temps voulu.

Pauvreté n'est pas vice
il n'y a pas de honte à être pauvre.

Péché avoué est à demi pardonné
celui qui avoue son péché obtient plus aisément l'indulgence.

Petit à petit, l'oiseau fait son nid
à force de persévérance, on vient à bout d'une entreprise.

Petite pluie abat grand vent
souvent, peu de chose suffit pour calmer une grande colère.

Les petits ruisseaux font les grandes rivières
les petits profits accumulés finissent par faire de gros bénéfices.

Pierre qui roule n'amasse pas mousse
on ne s'enrichit pas en changeant souvent d'état, de pays.

Plaie d'argent n'est pas mortelle
les pertes d'argent peuvent toujours se réparer.

La pluie du matin réjouit le pèlerin
la pluie du matin est souvent la promesse d'une belle journée.

La plus belle fille du monde ne peut donner que ce qu'elle a
nul ne peut donner ce qu'il n'a pas.

Plus on est de fous, plus on rit
la gaieté devient plus vive avec le nombre des joyeux compagnons.

Point de nouvelles, bonnes nouvelles
sans nouvelles de quelqu'un, on peut conjecturer qu'il ne lui est rien arrivé de fâcheux.

Prudence est mère de sûreté
c'est en étant prudent qu'on évite tout danger.

Quand on veut noyer son chien, on dit qu'il à la rage (ou **la gale**)
quand on en veut à quelqu'un, on l'accuse faussement.

Qui a bu boira
on ne se corrige jamais d'un défaut devenu une habitude.

Qui aime bien châtie bien
un amour véritable est celui qui ne craint pas d'user d'une sage sévérité.

Quiconque se sert de l'épée périra par l'épée
celui qui use de violence sera victime de la violence.

Qui donne aux pauvres prête à Dieu
celui qui fait la charité en sera récompensé dans la vie future.

Qui dort dîne
le sommeil tient lieu de dîner.

Qui ne dit mot consent
ne pas élever d'objection, c'est donner son adhésion.

Qui ne risque rien n'a rien
un succès ne peut s'obtenir sans quelque risque.

Qui paye ses dettes s'enrichit
en payant ses dettes, on crée ou on augmente son crédit.

Qui peut le plus peut le moins
celui qui est capable de faire une chose difficile, coûteuse, etc., peut à plus forte raison faire une chose plus facile, moins coûteuse, etc.

Qui sème le vent récolte la tempête
celui qui produit des causes de désordre ne peut s'étonner de ce qui en découle.

Qui se ressemble s'assemble
ceux qui ont les mêmes penchants se recherchent mutuellement.

Qui se sent morveux se mouche
que celui qui se sent en faute s'applique ce que l'on vient de dire.

Qui s'y frotte s'y pique
celui qui s'y risque s'en repent.

Qui trop embrasse mal étreint
celui qui entreprend trop de choses à la fois n'en réussit aucune.

Qui va à la chasse perd sa place
celui qui quitte sa place doit s'attendre à la trouver occupée à son retour.

Qui veut aller loin ménage sa monture
il faut ménager ses forces, ses ressources, etc., si l'on veut tenir, durer longtemps.

Qui veut la fin veut les moyens
celui qui veut une chose ne doit pas reculer devant les moyens qu'elle réclame.

Qui vole un œuf vole un bœuf
celui qui commet un vol minime se montre par là capable d'en commettre un plus considérable.

Rira bien qui rira le dernier
celui qui se moque d'autrui risque d'être raillé à son tour si les circonstances changent.

Rome ne s'est pas faite en un jour
se dit à ceux que l'on veut engager à prendre patience.

Santé passe richesse
la santé est plus précieuse que la richesse.

Si jeunesse savait, si vieillesse pouvait
les jeunes manquent d'expérience, les vieillards de force.

Le soleil luit pour tout le monde
chacun a droit aux choses que la nature a départies à tous.

Tant va la cruche à l'eau qu'à la fin elle se casse (ou **qu'enfin elle se brise**)
tout finit par s'user ; à force de braver un danger, on finit par y succomber ; à force de faire la même faute, on finit par en pâtir.

Tel est pris qui croyait prendre
on subit souvent le mal qu'on a voulu faire à autrui.

Tel père, tel fils
le plus souvent, le fils tient de son père.

Le temps, c'est de l'argent
traduction de l'adage anglais Time is money ; le temps bien employé est un profit.

Tous les goûts sont dans la nature
se dit à propos d'une personne qui a des goûts singuliers.

Tout chemin mène à Rome
il y a bien des moyens d'arriver au même but.

Toute peine mérite salaire
chacun doit être récompensé de sa peine, quelque petite qu'elle ait été.

Tout est bien qui finit bien,
se dit d'une entreprise qui réussit après qu'on a craint le contraire.

Toute vérité n'est pas bonne à dire
il n'est pas toujours bon de dire ce que l'on sait, quelque vrai que cela puisse être.

Tout nouveau tout beau
la nouveauté a toujours un charme particulier.

Tout vient à point à qui sait attendre
avec du temps et de la patience, on réussit, on obtient ce que l'on désire.

Trop de précaution nuit
l'excès de précaution tourne souvent à notre propre désavantage.

Un clou chasse l'autre
se dit en parlant de personnes ou de choses qui succèdent à d'autres et les font oublier.

Un de perdu, dix de retrouvés
la personne, la chose perdue est très facile à remplacer.

Une fois n'est pas coutume
un acte isolé n'entraîne à rien ; on peut fermer les yeux sur un acte isolé.

Une hirondelle ne fait pas le printemps
on ne peut rien conclure d'un seul cas, d'un seul fait.

Un homme averti en vaut deux
quand on a été prévenu de ce que l'on doit craindre, on se tient doublement sur ses gardes.

Un mauvais arrangement vaut mieux qu'un bon (ou **que le meilleur**) **procès**
s'entendre, à quelque condition que ce soit, vaut mieux que plaider.

Un tiens vaut mieux que deux tu l'auras
posséder peu, mais sûrement, vaut mieux qu'espérer beaucoup, sans certitude.

Ventre affamé n'a point d'oreilles
l'homme pressé par la faim est sourd à toute parole.

Le vin est tiré, il faut le boire
l'affaire étant engagée, il faut en accepter les suites, même fâcheuses.

Vouloir, c'est pouvoir
on réussit lorsqu'on a la ferme volonté de réussir.

Liste des abréviations utilisées dans la partie « noms propres »

affl.	affluent
all.	allemand
alt.	altitude
anc.	ancien, anciennement
apr.	après
ar.	arabe
arr.	arrondissement
auj.	aujourd'hui
autref.	autrefois
av.	avant
cant.	canton
cap.	capitale
ch.-l.	chef-lieu
comm.	commune
dép.	département
E.	Est
esp.	espagnol
fl.	fleuve
fr.	français
germ.	germanique
h.	habitant
hab.	noms d'habitants
ital.	italien
m.	mort, morte
myth. gr.	mythologie grecque
N.	Nord
O.	Ouest
prov.	province
riv.	rivière
s.	siècle
S.	Sud
superf.	superficie
v.	ville, vers, voir
v. pr.	ville principale

A

Aalto (*Alvar*), architecte finlandais (1898-1976).

Aaron, frère de Moïse et premier grand prêtre d'Israël.

Abbado (*Claudio*), chef d'orchestre italien (né en 1933).

Abbassides, dynastie de califes arabes qui régna à Bagdad de 750 à 1258.

ABC (*American Broadcasting Company*), réseau de télévision américain créé en 1943.

Abd Allah II ou **Abdallah II** (né en 1962), roi de Jordanie depuis 1999.

Abd el-Kader, émir arabe (1808-1883). Il dirigea de 1832 à 1847 la résistance à la conquête de l'Algérie par la France.

Abd el-Krim, chef marocain (1882-1963). Il dirigea la révolte du Rif contre les Espagnols et les Français.

Abel, fils d'Adam et d'Ève, tué par son frère aîné Caïn (*Bible*).

Abel (*Niels*), mathématicien norvégien (1802-1829). Il créa la théorie des intégrales elliptiques.

Abélard (*Pierre*), théologien français, célèbre par sa passion malheureuse pour Héloïse (1079-1142).

Abidjan, v. principale de la Côte d'Ivoire, anc. cap. ; 2,8 millions d'h.

Aboukir, bourg d'Égypte. Victoire de Bonaparte sur les Turcs (1799).

Abraham, patriarche biblique (XIXe s. av. J.-C.). Ancêtre des peuples juif et arabe.

Abruzzes (les), région d'Italie centrale.

Abu Bakr (v. 573-634), beau-père et successeur de Mahomet.

Abu Dhabi, nom du plus important des Émirats arabes unis (942 463 h.) et la ville principale de cet émirat.

Abuja, cap. du Nigeria ; 452 000 h.

Abyssinie, anc. nom de l'Éthiopie.

Académie française, société fondée par Richelieu (1635) ; 40 membres.

Acadie, anc. colonie française du Canada, auj. en Nouvelle-Écosse.

Acapulco, station balnéaire du Mexique sur le Pacifique ; 620 656 h.

Accra, cap. du Ghana ; 949 000 h.

Achéens, peuple grec, fondateur d'une brillante civilisation au IIe millénaire av. J.-C.

Achéménides, dynastie perse fondée par Cyrus (550-330 av. J.-C.).

Achéron, fleuve des Enfers (*Myth. gr.*).

Achgabat, anc. **Achkhabad**, cap. du Turkménistan ; 416 000 h.

Achille, héros de *l'Iliade*. Il tua Hector au siège de Troie.

Aconcagua, point culminant des Andes (Argentine) ; 6 959 m.

Açores (les), archipel portugais (Atlantique).

ACP (*pays*), ensemble des pays d'Afrique, des Caraïbes et du Pacifique liés à l'Union européenne par des accords préférentiels.

Acropole, anc. forteresse d'Athènes. Monuments du Ve s. av. J.-C. (Parthénon).

Actes des Apôtres, cinquième livre du Nouveau Testament.

Actium, victoire navale d'Octavien, futur Auguste, sur Antoine, en 31 av. J.-C.

Actors Studio, école d'art dramatique de New York fondée en 1947.

Adam, le premier homme (*Bible*).

Adam de la Halle, trouvère français (v. 1240-v. 1287) : *Jeu de Robin et Marion*.

Adamov (*Arthur*), auteur dramatique français d'origine russe (1908-1970).

Adams (*Ansel*), photographe américain (1902-1984).

Addis-Abeba, capitale de l'Éthiopie, 2 753 000 h.

Adélaïde, port d'Australie ; 978 100 h.

Adélie (*terre*), terre antarctique française.

Aden, port du Yémen ; 400 783 h. dans l'aggl.

Adenauer (*Konrad*), homme politique allemand (1876-1967), chancelier de la RFA de 1949 à 1963.

Ader (*Clément*), précurseur français de l'aviation (1841-1925).

Adieu aux armes (*l'*), roman de E. Hemingway.

Adige, fl. d'Italie (Adriatique) ; 410 km.

Adjani (*Isabelle*), actrice française (née en 1955) : *l'Été meurtrier*.

Adonis, dieu de la Végétation (*Myth. gr.*).

Adorno (*Theodor*), philosophe et musicologue allemand (1903-1969).

Adour, fl. du sud-ouest de la France ; 335 km.

Adriatique (*mer*), golfe de la Méditerranée entre l'Italie et la péninsule balkanique.

Adygués, nom sous lequel se reconnaissent trois peuples caucasiens (env. 1 million).

AELE (*Association européenne de libre-échange*), organisation économique créée en 1960. Elle regroupe aujourd'hui l'Islande, le Liechtenstein, la Norvège et la Suisse.

Aetius, général romain, vainqueur d'Attila.

Afghanistan, État d'Asie, entre l'Iran et le Pakistan ; 650 000 km² ; 22 474 000 h. (*Afghans*). Cap. *Kaboul*.

AFP (*Agence France-Presse*), agence de presse française, créée en 1944.

Afrique, une des cinq parties du monde ; 30 310 000 km² ; 1 010 000 000 d'h. (*Africains*).

Afrique du Sud (*république d'*), État d'Afrique australe, membre du Commonwealth ; 1 221 000 km² ; 50 110 000 h. (*Sud-Africains*). Cap. *Pretoria* et *Le Cap* ; v. pr. *Johannesburg*.

Agadir, port du sud du Maroc ; 155 244 h.

Agamemnon, père d'Iphigénie, qu'il sacrifia aux dieux (*Iliade*).

Agen, ch.-l. de Lot-et-Garonne ; 32 180 h. (*Agenais*).

Agésilas, roi de Sparte (399-360 av. J.-C.).

Agneau mystique (*retable de l'*), polyptyque de Hubert et Jan Van Eyck.

Agra, v. de l'Inde ; 1 259 979 h. Tadj Mahall.

Agrigente, v. de Sicile. Temples grecs.

Agrippine, princesse romaine (v. 15-59 apr. J.-C.), mère de Néron, épouse de l'empereur Claude.

Ahern (*Bertie*), homme politique irlandais (né en 1951), Premier ministre de 1997 à 2008.

Ahmadabad, v. de l'Inde du Nord-Ouest ; 3 515 361 h.

Ahriman, principe du Mal, dans le mazdéisme.

Ahura-Mazdâ, principe du Bien, dans le mazdéisme.

Aïcha (v. 614-678), fille d'Abu Bakr et troisième femme de Mahomet.

Aïda, opéra de Verdi.

AIEA (*Agence internationale de l'énergie atomique*), organisation créée en 1957. Elle a pour but de promouvoir les applications pacifiques de l'énergie atomique.

Aigues-Mortes, v. du Gard, jadis port de mer important ; enceinte médiévale.

Ain, affl. du Rhône. <> Dép. français (01), ch.-l. *Bourg-en-Bresse*, ch.-l. d'arr. *Belley, Gex, Nantua* ; 515 270 h.

Ainsi parlait Zarathoustra, poème philosophique de F. Nietzsche.

Aïr, massif du sud du Sahara (Niger).

Airbus, société européenne de construction aéronautique.

Aisne, affl. de l'Oise. <> Dép. français (02) ; ch.-l. *Laon*, ch.-l. d'arr. *Château-Thierry, Saint-Quentin, Soissons, Vervins* ; 535 842 h.

Aix-en-Provence, v. des Bouches-du-Rhône ; 137 067 h. (*Aixois*).

Aix-la-Chapelle ou **Aachen,** v. d'Allemagne ; 243 825 h. Chapelle du palais de Charlemagne.

Ajaccio, ch.-l. de la collectivité territoriale de Corse et de la Corse-du-Sud ; 54 697 h. (*Ajacciens*).

Ajax, héros grec (*l'Iliade*).

Akbar (1542-1605), empereur moghol de l'Inde (1556-1605).

Akhenaton → Aménophis IV.

Akihito (né en 1933), empereur du Japon depuis 1989.

Alabama, État du sud des États-Unis. Cap. *Montgomery*.

Alain (*Émile* CHARTIER, dit), philosophe français (1868-1951) : *Propos*.

Alain-Fournier (*Henri Alban* FOURNIER, dit), écrivain français (1886-1914) : *le Grand Meaulnes*.

Alains, barbares qui envahirent la Gaule en 406, puis passèrent en Espagne.

Alamans, tribus germaniques vaincues par Clovis en 506.

Alamein (**El-**), victoire de Montgomery sur Rommel en 1942 (Égypte).

À la recherche du temps perdu, œuvre romanesque de M. Proust.

Alaric II, roi wisigoth (484-507), vaincu par Clovis à Vouillé (507).

Alaska, région du nord-ouest de l'Amérique, formant un État des États-Unis. Cap. *Juneau*.

Albanie, État d'Europe ; 29 000 km² ; 3 145 000 h. (*Albanais*). Cap. *Tirana*.

Albe (duc D'), général de Charles Quint et de Philippe II (1508-1582).

Albee (*Edward*), auteur dramatique américain (né en 1928) : *Qui a peur de Virginia Woolf ?*

Albe la Longue, anc. v. du Latium.

Albéniz (*Isaac*), compositeur espagnol (1860-1909) : *Iberia*.

Albert le Grand (*saint*), théologien allemand (v. 1200-1280).

Albert Ier (1848-1922), prince de Monaco.

Albert Ier (1875-1934), roi des Belges à partir de 1909, dit le *Roi-Chevalier*.

Albert II (né en 1934), roi des Belges depuis 1993.

Albert II (né en 1958), prince de Monaco depuis 2005.

Alberta, prov. du Canada occidental. Cap. *Edmonton*.

Albi, ch.-l. du Tarn ; 49 106 h. (*Albigeois*).

albigeois (*croisade des*) [1209-1244], guerre contre des hérétiques du midi de la France.

Albinoni (*Tomaso*), compositeur italien (1671-1750). Le célèbre *Adagio d'Albinoni* est un pastiche composé au XXe s. (R. Giazotto).

Albion (*plateau d'*), plateau du sud-est de la France, base de missiles nucléaires (1971-1996).

Albuquerque (*Afonso* DE), conquistador portugais (1453-1515), vice-roi des Indes.

Alcibiade, général athénien (v. 450-404 av. J.-C.)

Alcools, recueil poétique de G. Apollinaire.

Alcuin, savant anglais, conseiller de Charlemagne (v. 735-804).

Aldrich (*Robert*), cinéaste américain (1918-1983) : *le Grand Couteau*.

Alechinsky (*Pierre*), peintre et graveur belge (né en 1927), membre du mouvement Cobra.

Alembert (*Jean* LE ROND D'), mathématicien et philosophe français, un des fondateurs de l'*Encyclopédie* (1717-1783).

Alena (*Accord de libre-échange nord-américain*), accord économique signé en 1992 entre les États-Unis, le Canada et le Mexique.

Alençon, ch.-l. de l'Orne ; 30 379 h. (*Alençonnais*).

Aléoutiennes (*îles*), archipel du nord-ouest de l'Amérique du Nord.

Alep, v. du nord de la Syrie ; 1 542 000 h.

Alès, v. du Gard ; 41 054 h. (*Alésiens*).

Alésia, place forte gauloise (Côte-d'Or) où César vainquit Vercingétorix (52 av. J.-C.).

Alexandre le Grand (356-323 av. J.-C.), roi de Macédoine, fondateur d'un empire.

Alexandre Ier (1777-1825), empereur de Russie (1801-1825), adversaire de Napoléon Ier. <> ALEXANDRE II (1818-1881), empereur de Russie (1855-1881) ; il abolit le servage. <> ALEXANDRE III (1845-1894), empereur de Russie de 1881 à 1894.

Alexandre Ier (1888-1934), roi de Yougoslavie de 1921 à 1934, assassiné à Marseille.

Alexandre VI (BORGIA) [1431-1503], pape de 1492 à sa mort, il vécut en prince de la Renaissance.

Alexandre Nevski (v. 1220-1263), prince de Novgorod, vainqueur des Suédois et des chevaliers Teutoniques.

Alexandrie, port d'Égypte, sur la Méditerranée ; 3 321 844 h.

Alfieri (*Vittorio*), écrivain italien (1749-1803), auteur de tragédies.

Alfred le Grand (v. 849-899), roi anglo-saxon. Il conquit l'Angleterre.

Alger, cap. de l'Algérie ; 2 800 000 h. dans l'aggl. (*Algérois*).

Algérie, État de l'Afrique du Nord ; 2 380 000 km² ; 34 895 000 h. (*Algériens*). Cap. *Alger*.

Algonquins ou **Algonkins,** Indiens de l'Amérique du Nord.

Alhambra, palais des rois maures à Grenade.

Ali, époux de Fatima, gendre de Mahomet, quatrième calife (656-661).

Ali (*Cassius* CLAY, puis **Muhammad**), boxeur américain (né en 1942), plusieurs fois champion du monde des poids lourds.

Alicante, port d'Espagne ; 283 243 h.

Alice au pays des merveilles, conte pour enfants de Lewis Carroll.

Aliénor d'Aquitaine (1122-1204), reine de France puis d'Angleterre par ses mariages avec Louis VII, puis Henri II Plantagenêt.

Allah, dieu unique de l'islam.

Allahabad, v. de l'Inde du Nord ; 990 298 h. Pèlerinage.

Allemagne (République fédérale d'), État de l'Europe centrale ; 357 000 km² ; 82 007 000 h. (*Allemands*). Cap. *Berlin*. <> De 1949 à 1990, l'Allemagne a été divisée entre la RFA (République fédérale d'Allemagne) et la RDA (République démocratique allemande).

Allen (*Woody*), cinéaste et acteur américain (né en 1935) : *Manhattan*.

Allende (*Salvador*), homme politique chilien (1908-1973), président de la République de 1970 à 1973.

Alliance (*Sainte-*), pacte signé entre la Russie, l'Autriche et la Prusse, en 1815.

Allier, affl. de la Loire. <> Dép. français (03), ch.-l. *Moulins*, ch.-l. d'arr. *Montluçon, Vichy* ; 344 721 h.

Allobroges, peuple de la Gaule.

Alma, fl. de Crimée. Victoire franco-anglaise sur les Russes (1854).

Almaty, anc. **Alma-Ata**, v. du Kazakhstan ; 1 115 000 h. Cap. de ce pays jusqu'en 1997.

Almodóvar (*Pedro*), cinéaste espagnol (né en 1949) : *Talons aiguilles*.

Almohades, dynastie berbère qui régna sur le Maghreb et l'Andalousie (1147-1269).

Almoravides, dynastie berbère qui régna sur le Maghreb et l'Andalousie (1061-1147).

Alpes, chaîne de montagnes d'Europe ; point culminant : mont Blanc, 4 810 m.

Alpes (Hautes-) [05], dép. français ; ch.-l. *Gap*, ch.-l. d'arr. *Briançon* ; 121 419 h.

Alpes-de-Haute-Provence (04), dép. français ; ch.-l. *Digne-les-Bains*, ch.-l. d'arr. *Barcelonnette, Castellane, Forcalquier* ; 139 561 h.

Alpes-Maritimes (06), dép. français ; ch.-l. *Nice*, ch.-l. d'arr. *Grasse* ; 1 011 326 h.

Alphonse, nom de plusieurs rois d'Aragon et de Castille, notamment ALPHONSE VIII de Castille (1155-1214), vainqueur des Maures, et ALPHONSE X de Castille (1221-1284).

Alphonse XIII (1886-1941), roi d'Espagne de 1896 à 1931.

Alsace, Région et anc. prov. de l'est de la France ; ch.-l. *Strasbourg*.

Alsace-Lorraine, territoires français annexés par l'Allemagne entre 1871 et 1919.

Altaï, massif d'Asie centrale ; 4 506 m.

Altamira, grotte préhistorique d'Espagne ornée de peintures (v. 13 000 av. J.-C.).

Altdorfer (*Albrecht*), peintre et graveur allemand (v. 1480-1538).

Althusser (*Louis*), philosophe français (1918-1990) : *Lénine et la philosophie*.

Alzheimer (*Aloïs*), psychiatre et neurologue allemand (1864-1915), le premier à avoir décrit les symptômes de la maladie neurologique dégénérative qui porte son nom.

Amado (*Jorge*), écrivain brésilien (1912-2001) : *Bahia de tous les saints*.

Amant de lady Chatterley (*l'*), roman de D. H. Lawrence.

Amarna (*Tell* **al-**), site archéologique d'Égypte, anc. cap. d'Aménophis IV.

Amazone, fl. de l'Amérique du Sud (7 000 km), premier fl. du monde par son débit, l'Amazone se jette dans l'Atlantique.

Amazones (les), peuple fabuleux de femmes guerrières (*Myth. gr.*).

Amboise, v. de France (Indre-et-Loire). Château gothique et Renaissance.

Ambroise (*saint*) [340-397], Père de l'Église latine, évêque de Milan.

Aménophis IV ou **Akhenaton,** roi d'Égypte (1372-1354 av. J.-C.). Avec son épouse Néfertiti, il tenta d'imposer le culte du dieu unique Aton (le Soleil).

America (*Coupe de l'*), régate internationale, dont l'origine remonte à 1851.

Américain à Paris (*Un*), comédie musicale de V. Minnelli (1951), sur une musique de G. Gershwin.

Amérique, une des cinq parties du monde, découverte par Colomb au XVe s. ; 42 millions de km^2 ; 930 millions d'h. (*Américains*).

Amiel (*Henri Frédéric*), écrivain suisse de langue française (1821-1881) : *Journal intime*.

Amiens, cap. de la Picardie, ch.-l. du dép. de la Somme ; 139 210 h. (*Amiénois*). Cathédrale gothique.

Amman, cap. de la Jordanie ; 1 237 000 h.

Amnesty International, organisation humanitaire fondée en 1961.

Amon, dieu égyptien du Soleil.

Amou-Daria, fl. d'Asie ; 2 540 km.

Amour, fl. d'Asie, séparant la Sibérie de la Chine du Nord-Est ; 4 440 km.

Amours, recueil poétique de P. de Ronsard.

Ampère (*André*), physicien français (1775-1836). Théorie de l'électromagnétisme.

Amsterdam, cap. des Pays-Bas ; 736 562 h. (1 105 000 avec les banlieues).

Amundsen (*Roald*), explorateur norvégien (1872-1928). Il atteignit le premier le pôle Sud (1911).

Amyot (*Jacques*), humaniste français, traducteur de Plutarque (1513-1593).

Anacréon, poète grec (VIe s. av. J.-C.).

Anatolie, nom actuel de l'Asie Mineure (Turquie d'Asie).

Ancien Régime, organisation de la France depuis la disparition du régime féodal (XVe s.) jusqu'à la révolution de 1789.

Anciens et des Modernes (*querelle des*), polémique littéraire de la fin du XVIIe s. qui opposa les partisans de l'Antiquité et ceux du siècle de Louis XIV.

Ancien Testament → Bible.

Ancône, port d'Italie, sur l'Adriatique.

Andalousie, région du sud de l'Espagne.

Andersen (*Hans Christian*), écrivain danois (1805-1875), auteur de *Contes*.

Anderson (*Carl David*), physicien américain (1905-1991), il a découvert le positron.

Anderson (*Philip Warren*), physicien américain (né en 1923).

Andes, chaîne de montagnes de l'Amérique du Sud ; 6 959 m à l'Aconcagua.

Andhra Pradesh, État du sud-est de l'Inde.

Andorre, principauté des Pyrénées ; 465 km^2 ; 65 800 h. (*Andorrans*). Cap. *Andorre-la-Vieille*.

André (*saint*), apôtre et martyr (Ier s.).

Andromaque, femme d'Hector, modèle d'amour conjugal (*Iliade*). <> Tragédies d'Euripide et de Racine.

Aneto (*pic d'*), point culminant des Pyrénées, en Espagne ; 3 404 m.

Ange bleu (*l'*), film de J. von Sternberg (1930).

Angelico (*Fra*), peintre florentin (v. 1400-1455). Béatifié en 1982.

Angélus (*l'*), tableau de J.-F. Millet.

Angers, ch.-l. du Maine-et-Loire ; 156 327 h. (*Angevins*). Château médiéval.

Angkor, site du Cambodge. Anc. cap. des rois khmers. Monuments (VIIe-XIIIe s.).

Angles, peuple germanique qui envahit l'Angleterre au Ve s.

Angleterre, partie sud de la Grande-Bretagne ; cap. *Londres*.

Anglo-Normandes (*îles*), groupe d'îles britanniques de la Manche : *Jersey, Guernesey, Aurigny, Sercq* ; 147 000 h.

Anglo-Saxons, peuples germaniques qui envahirent l'Angleterre aux Ve-VIe s.

Angola, État du sud-ouest de l'Afrique ; 1 246 700 km² ; 13 527 000 h. (*Angolais*). Cap. *Luanda*.

Angoulême, ch.-l. de la Charente ; 46 324 h. (*Angoumoisins*).

Angström (*Anders Jonas*), physicien suédois (1814-1874). Il a déterminé les limites du spectre visible.

Anjou, anc. prov. de France ; cap. Angers.

Ankara, cap. de la Turquie ; 2 984 099 h.

Annaba, anc. **Bône**, port d'Algérie orientale ; 247 701 h.

Anna Karenine, roman psychologique de L. Tolstoï.

Annam, région centrale du Viêt Nam.

Annan (*Kofi*), haut fonctionnaire international ghanéen (né en 1938), secrétaire général de l'ONU de 1997 à 2006.

Annapurna, sommet de l'Himalaya ; 8 078 m.

Anne (*sainte*), mère de la Vierge.

Anne Boleyn (v. 1507-1536), deuxième femme d'Henri VIII, roi d'Angleterre ; accusée d'adultère, elle fut décapitée.

Anne d'Autriche (1601-1666), reine de France, femme de Louis XIII, mère de Louis XIV, régente de 1643 à 1661.

Anne de Bretagne (1477-1514), reine de France, femme de Charles VIII puis de Louis XII. Elle apporta la Bretagne en dot.

Anne de France ou **de Beaujeu** (1461-1522), fille de Louis XI, régente pendant la minorité de Charles VIII (1483-1491).

Anne Stuart (1665-1714), reine d'Angleterre et d'Irlande, auteur de l'union avec l'Écosse (*Grande-Bretagne*, 1707).

Annecy, ch.-l. de la Haute-Savoie ; 52 100 h. (*Anneciens*).

Anouilh (*Jean*), auteur dramatique français (1910-1987) : *Antigone*.

Anquetil (*Jacques*), coureur cycliste français (1934-1987), vainqueur notamment de cinq Tours de France.

Anschluss, rattachement de l'Autriche à l'Allemagne, qui fut imposé par Hitler en 1938 et cessa en 1945.

Ansermet (*Ernest*), chef d'orchestre suisse (1883-1969).

Antananarivo, anc. **Tananarive**, cap. de Madagascar ; 1 052 835 h.

Antarctique, continent compris presque entièrement à l'intérieur du cercle polaire austral ; 13 millions de km². Parfois le terme désigne globalement le continent et la masse océanique qui l'entoure.

Antarctique (*océan*), partie des océans Atlantique, Pacifique et Indien, près du pôle Sud.

Antibes, v. des Alpes-Maritimes ; 73 383 h.

Antigone, fille d'Œdipe, condamnée à mort pour avoir enterré son frère Polynice. ◇ Tragédie de Sophocle et drame d'Anouilh.

Antigua-et-Barbuda, État des Antilles ; 442 km² ; 65 000 h. (*Antiguais-et-Barbudiens*). Cap. *Saint John's*.

Antilles, archipel américain de l'Atlantique, limitant la *mer des Antilles* (ou des Caraïbes) ; il comprend les *Grandes Antilles* (Cuba, Haïti, Jamaïque, Porto Rico) et les *Petites Antilles*, dont font partie la Guadeloupe, la Martinique, Saint-Barthélemy et Saint-Martin (*Antilles françaises*).

Antioche, auj. **Antakya**, v. de Turquie, importante métropole de l'Antiquité.

Antiochos, nom de treize rois séleucides.

Antoine (*Marc*) [83-30 av. J.-C.], général romain. Lieutenant de César, il fut séduit par Cléopâtre et il se brouilla avec Octave ; battu à Actium (31), il se donna la mort.

Antoine de Padoue (*saint*), franciscain portugais (v. 1195-1231).

Antoine le Grand (*saint*), fondateur de la vie cénobitique en Égypte (251-356).

Antonello da Messina, peintre italien (v. 1430-v. 1479).

Antonin le Pieux (86-161), empereur romain (138-161).

Antonins (les), nom donné aux empereurs romains Nerva, Trajan, Hadrien, Antonin, Marc Aurèle, Verus, Commode (96-192).

Antonioni (*Michelangelo*), cinéaste italien (1912-2007) : *Blow up*.

Anubis, dieu funéraire de l'Égypte ancienne, à tête de chacal.

Anvers, port de Belgique, sur l'Escaut ; 455 148 h. (800 000 avec les banlieues) [*Anversois*].

Aoste, v. d'Italie, cap. du *Val d'Aoste*.

Apaches, Indiens des États-Unis.

APEC (*Asia Pacific Economic Cooperation*), organisation économique créée en 1989 et regroupant aujourd'hui 21 pays.

Apelle, peintre grec (IVe s. av. J.-C.), portraitiste d'Alexandre le Grand.

Apennin (l') ou **Apennins** (les), massif d'Italie centrale.

Aphrodite, déesse grecque de l'Amour, assimilée par les Romains à *Vénus*.

Apis, dieu égyptien adoré sous la forme d'un taureau.

Apocalypse, dernier livre du Nouveau Testament, attribué à saint Jean.

Apocalypse Now, film de F. F. Coppola (1979).

Apollinaire (*Guillaume*), poète français (1880-1918) : *Alcools*.

Apollo, programme spatial américain qui permit les premiers pas de l'homme sur la Lune en 1969.

Apollon, dieu grec de la Beauté et des Arts. Son autre nom est *Phébus*.

Appalaches (les), massif montagneux de l'est des États-Unis.

Appert (*Nicolas*), industriel français (1749-1841), inventeur de la boîte de conserve.

Appienne (*voie*), voie romaine qui allait de Rome vers le sud de l'Italie.

Apple, société américaine d'informatique et d'électronique (iMac, iPod, iPhone, iPad), fondée en 1976 par Steve Jobs (1955-2011) et Steve Wozniak (né en 1950).

Apulée, écrivain latin (125-v. 180) : *les Métamorphoses* ou *l'Âne d'or*.

Aquino (*Corazón,* dite **Cory**), femme politique philippine (1933-2009), présidente de la République de 1986 à 1992. ◇ Son fils BENIGNO, dit **Noynoy** (né en 1960), est président de la République depuis 2010.

Aquitaine, Région du sud-ouest de la France ; ch.-l. *Bordeaux*.

Arabie, péninsule d'Asie entre la mer Rouge et le golfe Persique.

Arabie saoudite, État occupant presque toute la péninsule d'Arabie ; 2 150 000 km² ; 21 028 000 h. (*Saoudiens*). Cap. *Riyad*.

Arafat (*Yasser*), homme politique palestinien (1929-2004), président de l'OLP (1969-2004) et de l'Autorité nationale palestinienne (1994-2004).

Arago (*François*), physicien et astronome français (1786-1853). Il découvrit la polarisation de la lumière et l'aimantation du fer par le courant électrique.

Aragon, anc. royaume du nord-est de l'Espagne ; cap. *Saragosse*.

Aragon (*Louis*), poète et romancier français (1897-1982) : *les Beaux Quartiers*.

Aral (*mer d'*), lac salé d'Asie.

Araméens, peuples sémitiques du Proche-Orient ancien.

Ararat, mont de la Turquie orientale, où, suivant la Bible, s'arrêta l'arche de Noé ; 5 165 m.

Arcadie, région de la Grèce ancienne.

Archimède, savant de l'Antiquité (v. 287-212 av. J.-C.), auteur de travaux de géométrie et fondateur de l'hydrostatique.

Archipel du Goulag (*l'*), essai de A. I. Soljenitsyne.

Arcimboldo ou **Arcimboldi** (*Giuseppe*), peintre italien (1526 ou 1527-1593) : *l'Amiral*.

Arcole, bourg d'Italie près de Vérone. Victoire de Bonaparte sur les Autrichiens en 1796.

Arctique, région formée par l'océan Arctique et les îles des régions polaires boréales.

Ardèche, affl. du Rhône. ◇ Dép. français (07) ; ch.-l. *Privas,* ch.-l. d'arr. *Largentière, Tournon-sur-Rhône* ; 286 023 h. (*Ardéchois*).

Ardenne (l') ou **Ardennes** (les), plateaux boisés de France et de Belgique.

Ardennes, dép. français (08) ; ch.-l. *Charleville-Mézières,* ch.-l. d'arr. *Rethel, Sedan, Vouziers* ; 290 130 h. (*Ardennais*).

Arecibo, v. de la côte nord de Porto Rico. Radiotélescope.

Arendt (*Hannah*), philosophe américaine d'origine allemande (1906-1975) : *les Origines du totalitarisme*.

Argentine, État fédéral de l'Amérique du Sud ; 2 780 000 km² ; 36 027 041 h. (*Argentins*). Cap. *Buenos Aires*.

Argerich (*Martha*), pianiste argentine (née en 1941).

Argonautes, héros grecs qui, sur le navire *Argo,* allèrent chercher la Toison d'or.

Argonne, région boisée entre la Champagne et la Lorraine. Combats en 1914-1918.

Ariane, fille de Minos. Elle aida Thésée à sortir du Labyrinthe (*Myth. gr.*).

Ariane, lanceur spatial européen.

Ariège, affl. de la Garonne. ◇ Dép. français (09), ch.-l. *Foix,* ch.-l. d'arr. *Pamiers, Saint-Girons* ; 137 205 h. (*Ariégeois*).

Arioste (*l'*), poète italien (1474-1533), auteur du *Roland furieux*.

Aristide, général et homme d'État athénien (v. 540-v. 468 av. J.-C.).

Aristide (*Jean-Bertrand*), homme politique haïtien (né en 1953), président de la République à plusieurs reprises (1990-1991 ; 1994-1996 ; 2001-2004).

Aristophane, poète comique athénien (v. 445-v. 386 av. J.-C.).

Aristote, philosophe grec (384-322), fondateur de la logique et de la métaphysique.

Arizona, État de l'ouest des États-Unis. Cap. *Phoenix.*

Arkansas, État du sud des États-Unis. Cap. *Little Rock.*

Arkhangelsk, port de Russie, sur la mer Blanche ; 355 500 h.

Arlequin, personnage de la comédie italienne.

Arles, v. des Bouches-du-Rhône ; 51 614 h. Vestiges romains.

Armada (l'*Invincible*), flotte envoyée par Philippe II contre l'Angleterre d'Élisabeth Ire, détruite par la tempête (1588).

Armagnac, région du Gers ; v. pr. *Auch.* Vignobles.

Armagnacs (*faction des*), parti opposé aux Bourguignons alliés des Anglais, pendant la guerre de Cent Ans.

Arménie, région historique d'Asie. <> État du Caucase ; 29 800 km² ; 3 788 000 h. (*Arméniens*). Cap. *Erevan.*

Arminius (v. 18 av. J.-C.-19 apr. J.-C.), chef germain, vainqueur des légions de Varus, battu par Germanicus.

armoricain (*Massif*), massif ancien de l'ouest de la France.

Armorique, partie de la Gaule formant auj. la Bretagne.

Armstrong (*Lance*), coureur cycliste américain (né en 1971), vainqueur de sept Tours de France consécutifs (1999 à 2005).

Armstrong (*Louis*), trompettiste noir américain (1901-1971), initiateur du jazz classique.

Armstrong (*Neil*), astronaute américain (né en 1930), premier homme ayant marché sur la Lune (1969).

Arnauld, famille française liée à l'histoire du jansénisme et de Port-Royal.

Arno, fl. d'Italie, qui arrose Florence et Pise ; 241 km.

Aron (*Raymond*), philosophe et sociologue français (1905-1983).

Arp (*Hans*), peintre et sculpteur français (1886-1966).

Arrabal (*Fernando*), écrivain et cinéaste espagnol (né en 1932) : *le Cimetière des voitures.*

Arras, ch.-l. du Pas-de-Calais ; 43 566 h. (*Arrageois*).

Arrau (*Claudio*), pianiste américain d'origine chilienne (1903-1991).

Arrhenius (*Svante*), physicien suédois (1859-1927), auteur de la théorie des ions.

Arrien, historien et philosophe grec (v. 95-v. 175) : *Entretiens.*

Ars (curé D') → **Jean-Marie Vianney.**

Arsacides, dynastie parthe qui régna en Iran de 250 av. J.-C. à 244 apr. J.-C.

Artagnan (comte D'), gentilhomme gascon (1611-1673), rendu célèbre par le roman de A. Dumas, *les Trois Mousquetaires.*

Artaud (*Antonin*), écrivain français (1896-1948).

Artaxerxès Ier, roi perse achéménide (465-424 av. J.-C.).

Arte (*Association relative à la télévision européenne*), chaîne de télévision culturelle européenne opérationnelle depuis 1992.

Artémis, déesse grecque de la Végétation et de la Chasse, la *Diane* des Romains.

Arthaud (*Florence*), navigatrice française (née en 1957).

Arthur, chef légendaire gallois (Ve-VIe s.).

Artois, anc. prov. de France ; v. pr. *Arras.*

Art poétique (*l'*), poème didactique de Boileau (1674).

Arvernes, peuple gaulois de l'anc. Auvergne. Vercingétorix en fut roi.

Aryens, tribus d'origine indo-européenne, qui se répandirent en Iran et en Inde du Nord à partir du XVIIIe s. av. J.-C.

Asad (*Hafiz* **al-**) ou **Assad** (*Hafez* **el-**), général et homme politique syrien (1930-2000), président de la République de 1971 à sa mort. <> Son fils BACHAR (né en 1965) lui a succédé en 2000.

Asam (les frères *Cosmas Damian* et *Egid Quirin*), artistes baroques allemands (1686-1739 et 1692-1750).

ASEAN (*Association of Southeast Asian Nations*), organisation fondée en 1967 qui regroupe auj. 10 pays de l'Asie du Sud-Est.

Ases, dieux guerriers (*Myth. scandinave*).

Ashoka, souverain de l'Inde du IIIe s. av. J.-C., propagateur du bouddhisme.

Asie, une des cinq parties du monde ; 44 millions de km² ; 4,1 milliards d'h. (*Asiatiques*).

Asie Mineure, péninsule d'Asie, formant la Turquie.

Asimov (*Isaac*), écrivain américain d'origine russe (1920-1992) : *Fondation.*

Asmara, cap. de l'Érythrée ; 556 000 h.

Assam, État du nord-est de l'Inde.

Assas (*Louis,* chevalier D'), officier français (1733-1760), mort héroïquement.

Assemblée nationale, une des deux assemblées constituant le Parlement français.

Assemblée nationale constituante, nom pris par les États généraux le 9 juillet 1789. Elle fut remplacée le 1er octobre 1791 par l'*Assemblée législative.*

Assise, v. d'Italie centrale. Patrie de saint François.

Associated Press, agence de presse américaine fondée en 1848.

Assouan, v. de l'Égypte méridionale ; 220 000 h. Barrage sur le Nil.

Assour, principal dieu assyrien.

Assourbanipal, roi d'Assyrie (669-v. 627 av. J.-C.).

Assyrie, Empire mésopotamien, qui domina l'Orient ancien du XXe au VIIe s. av. J.-C.

Astaire (*Frederick E.* AUSTERLITZ, dit **Fred**), danseur, chanteur et acteur américain (1899-1987). Il joua dans de nombreuses comédies musicales.

Astana, anc. **Akmola**, cap. du Kazakhstan ; 312 965 h.

Asti, v. d'Italie (Piémont). Vins.

Astrakhan, port de Russie ; 506 400 h.

Asturias (*Miguel Ángel*), écrivain guatémaltèque (1899-1974) : *Légendes du Guatemala.*

Asturies, région du nord de l'Espagne.

Asunción, cap. du Paraguay ; 729 000 h.

Atalante (*l'*), film de J. Vigo (1934).

Atatürk (*Mustafa Kemal*), homme politique turc (1881-1938), fondateur de la Turquie moderne.

Atget (*Eugène*), photographe français (1856-1927).

Athalie, reine de Juda (841-835 av. J.-C.). ◇ Tragédie de Racine.

Athéna, fille de Zeus, déesse grecque de la Pensée et des Arts.

Athènes, cap. de la Grèce ; 736 406 h. (*Athéniens*). Acropole.

Athos (*mont*), péninsule du nord de la Grèce. Monastères.

Atlanta, v. des États-Unis, cap. de la Géorgie ; 416 474 h. (4 112 198 avec les banlieues).

Atlantide, continent fabuleux qui aurait été englouti dans l'Atlantique.

Atlantique, océan entre l'Europe, l'Afrique et l'Amérique.

Atlantique (*mur de l'*), ligne de fortifications construite par les Allemands de 1942 à 1944 sur les côtes françaises.

Atlantique Nord (*traité de l'*) → **OTAN.**

Atlas, Titan révolté, condamné par Zeus à porter le ciel sur ses épaules (*Myth. gr.*).

Atlas, montagnes de l'Afrique du Nord.

Aton, dieu égyptien du Soleil, érigé en dieu unique par Aménophis IV.

Atrides, famille maudite de la mythologie grecque.

ATT (*American Telephone and Telegraph*), société américaine de télécommunications fondée en 1885.

Attila, roi des Huns (Ve s.). Il ravagea la Gaule et pilla l'Italie.

Attique, région de la Grèce dont la capitale est Athènes.

Aube, affl. de la Seine. ◇ Dép. français (10), ch.-l. *Troyes,* ch.-l. d'arr. *Bar-sur-Aube, Nogent-sur-Seine* ; 292 131 h. (*Aubois*).

Aubigné (*Agrippa* D'), poète français (1552-1630) : *les Tragiques.*

Aubusson, v. de la Creuse. Tapisserie.

Auch, ch.-l. du Gers ; 23 501 h (*Auscitains*).

Auckland, principale ville de Nouvelle-Zélande ; 377 982 h.

Aude, fl. de France. ◇ Dép. français (11), ch.-l. *Carcassonne,* ch.-l. d'arr. *Limoux, Narbonne* ; 309 770 h. (*Audois*).

Audiberti (*Jacques*), écrivain français (1899-1965) : *Le mal court.*

Auger (*Pierre Victor*), physicien français (1899-1993).

Augias, roi d'Élide. Hercule nettoya ses écuries en détournant un fleuve.

Augsbourg, v. d'Allemagne (Bavière) ; 257 800 h. ◇ La *ligue d'Augsbourg* (1686) fut constituée entre l'Autriche, l'Espagne et la Suède contre Louis XIV. ◇ La *confession d'Augsbourg* est la profession de foi des luthériens, rédigée par Melanchthon en 1530.

Auguste (63 av. J.-C.-14 apr. J.-C.), empereur romain, appelé d'abord *Octave,* puis *Octavien ;* petit-neveu de César, et son héritier.

Augustin (*saint*), docteur de l'Église latine (354-430), évêque d'Hippone en Afrique du Nord, auteur des *Confessions.*

Aumale (duc D'), fils de Louis-Philippe, général français (1822-1897). Il participa à la conquête de l'Algérie.

Aung San Suu Kyi, femme politique birmane (née en 1945), chef de l'opposition démocratique.

Aunis, anc. prov. française ; cap. *La Rochelle.*

Aurangzeb, empereur moghol de l'Inde (1618-1707).

Aurélien (v. 214-275), empereur romain de 270 à 275.

Aurès, massif d'Algérie orientale.

Aurige de Delphes, statue grecque en bronze du Ve s. av. J.-C.

Aurillac, ch.-l. du Cantal ; 32 718 h. (*Aurillacois*).

Auriol (*Vincent*), homme politique français (1884-1966), le premier président de la IVe République (1947-1954).

Auschwitz, v. de Pologne, le plus grand camp d'extermination allemand (1,5 million de victimes entre 1940 et 1945).

Austen (*Jane*), romancière britannique (1775-1817) : *Raison et sentiments*.

Austerlitz, v. de Moravie. Victoire de Napoléon (2 déc. 1805).

Australie, grande île d'Océanie. État fédéral (6 États), membre du Commonwealth. 7 700 000 km^2 ; 19 338 000 h. (*Australiens*). Cap. *Canberra*, v. pr. *Sydney, Melbourne*.

Austrasie, royaume oriental de la Gaule mérovingienne (561-751).

Autant en emporte le vent, film de V. Fleming (1939).

Autant-Lara (*Claude*), cinéaste français (1901-2000) : *la Traversée de Paris*.

Autriche, État de l'Europe centrale ; 84 000 km^2 ; 8 075 000 d'h. (*Autrichiens*). Cap. *Vienne*.

Autriche-Hongrie, État dominé par les Habsbourg (1867-1918).

Autun, v. de Saône-et-Loire. Cathédrale romane.

Auvergne, Région et anc. prov. du centre de la France ; ch.-l. *Clermont-Ferrand*.

Auxerre, ch.-l. de l'Yonne ; 40 292 h. (*Auxerrois*).

Avare (*l'*), comédie de Molière.

Avars, peuple venu d'Asie centrale, qui occupa la plaine hongroise au VIIe s.

Avedon (*Richard*), photographe américain (1923-2004).

Avempace, philosophe rationaliste arabe (mort en 1138).

Aventin (l'), colline de Rome.

Averroès, médecin et philosophe arabe (1126-1198), commentateur d'Aristote.

Avery (*Tex*), dessinateur et cinéaste d'animation américain (1908-1980), créateur (en collab.) du lapin Bugs Bunny.

Aveyron, rivière du sud de la France. ◇ Dép. français (12), ch.-l. *Rodez*, ch.-l. d'arr. *Millau, Villefranche-de-Rouergue* ; 263 808 h. (*Aveyronnais*).

Avicébron, philosophe juif espagnol (1021-1058), auteur d'un système panthéiste.

Avicenne, médecin et philosophe iranien (980-1037).

Avignon, ch.-l. du Vaucluse et anc. cap. du Comtat Venaissin, résidence des papes au XIVe s. (palais) ; 88 312 h. (*Avignonnais*).

Ávila, v. d'Espagne (Castille).

Avogadro (*Amedeo* DI QUAREGNA, comte), chimiste et physicien italien (1776-1856), auteur de la théorie moléculaire des gaz.

Avventura (*l'*), film de M. Antonioni (1960).

Aymaras, Indiens d'Amérique du Sud.

Aymé (*Marcel*), écrivain français (1902-1967) : *Contes du chat perché*.

Azay-le-Rideau, v. d'Indre-et-Loire. Château Renaissance.

Azerbaïdjan, État du Caucase ; 87 000 km^2 ; 8 millions d'h. (*Azerbaïdjanais* ou *Azéris*). Cap. *Bakou*.

Azincourt (*bataille d'*), désastreuse défaite française, dans le Pas-de-Calais, pendant la guerre de Cent Ans (1415).

Aznar López (*José María*), homme politique espagnol (né en 1953), président du gouvernement de 1996 à 2004.

Aznavour (*Charles*), chanteur et acteur français et arménien (né en 1924) : *la Bohême*.

Azov (*mer d'*), golfe de la mer Noire.

Aztèques, anc. peuple du Mexique qui a dominé le pays (1325-1521).

B

Bâ (*Amadou Hampâté*), écrivain malien de langue française (1901-1991).

Baalbek ou **Balbek,** v. du Liban. Ruines antiques.

Baath ou **Bath,** parti socialiste arabe, au pouvoir en Syrie depuis 1963.

Babbage (*Charles*), mathématicien britannique (1792-1871), inventeur d'une machine à calculer qui peut être considérée comme l'ancêtre de l'ordinateur.

Babel (*tour de*), d'après la Bible, tour élevée par les hommes après le Déluge.

Babeuf (*François*, dit GRACCHUS), révolutionnaire français (1760-1797).

Babylone, cap. d'un empire chaldéen. Imposants vestiges (XXe-VIe s. av. J.-C.).

Bacall (*Betty Joan* PERSKE, dite **Lauren**), actrice américaine (née en 1924) : *le Port de l'angoisse*.

Bacchus, dieu romain du Vin, le *Dionysos* grec.

Bach (*Jean-Sébastien*), compositeur allemand (1685-1750), auteur de cantates, d'oratorios, de musique de chambre : *Concertos brandebourgeois.*

Bachelard (*Gaston*), philosophe français (1884-1962).

Bachkirs, peuple turc de Russie (dans la rép. du Bachkortostan), d'Ukraine et d'Asie centrale (env. 1 350 000).

Bacon (*Francis*), chancelier d'Angleterre et philosophe (1561-1626), précurseur de la méthode expérimentale.

Bacon (*Francis*), peintre britannique (1909-1992), figuratif et expressionniste.

Bacon (*Roger*), philosophe et savant anglais (v. 1220-1292).

Bactriane, pays de l'Asie ancienne, dans l'actuel Turkestan.

Bade-Wurtemberg, Land d'Allemagne ; 10 692 556 h. Cap. *Stuttgart.*

Baden-Powell (*Robert*), général anglais (1857-1941), fondateur du scoutisme.

Bagdad, cap. de l'Iraq ; 3 845 000 h.

Bahamas, État insulaire de l'Atlantique, au sud-est de la Floride ; 13 900 km² ; 308 000 h. (*Bahamiens*). Cap. *Nassau*. Tourisme.

Bahia, État du Brésil. Cap. *Salvador.*

Bahreïn, État du golfe Persique ; 660 km² ; 652 000 h. (*Bahreïniens*). Cap. *Manama*. Pétrole.

Baïkal, grand lac de Sibérie ; 31 500 km².

Baïkonour, base spatiale située dans le Kazakhstan.

Bajazet → Bayezid.

Baker (*Chesney Henry,* dit **Chet**), musicien et chanteur de jazz américain (1929-1988).

Bakou ou **Baki,** cap. de l'Azerbaïdjan, sur la Caspienne ; 1 816 000 h. dans l'aggl. Pétrole.

Bakounine (*Mikhaïl*), révolutionnaire russe (1814-1876), théoricien de l'anarchisme.

Balanchine (*Gueorgui Melitonovitch* BALANCHIVADZE, dit **George**), chorégraphe russe naturalisé américain (1904-1983).

Balboa (*Vasco* NÚÑEZ DE), conquistador espagnol (1475-1517). Il découvrit le Pacifique.

Bâle, v. (et canton) de Suisse ; 166 009 h. (*Bâlois*).

Baléares, îles espagnoles de la Méditerranée, dont les principales sont *Majorque, Minorque* et *Ibiza*. Tourisme.

Balfour (*Arthur James,* comte), homme politique britannique (1848-1930). Il préconisa en 1917 la création d'un « foyer national juif » en Palestine.

Bali, île d'Indonésie ; 3,1 millions d'h. (*Balinais*). Tourisme.

Balkans, péninsule montagneuse du sud-est de l'Europe (Albanie, Serbie, Kosovo, Monténégro, Croatie, Bosnie-Herzégovine, Macédoine, Bulgarie, Turquie d'Europe et Grèce).

Ballets russes, compagnie de ballets, créée par Diaghilev en 1909.

Baloutchistan, région partagée entre l'Iran et le Pakistan.

Baltard (*Victor*), architecte français (1805-1874). Anciennes halles de Paris.

Baltes (*pays*), l'Estonie, la Lettonie, la Lituanie.

Balthus (*Balthasar* KLOSSOWSKI DE ROLA, dit), peintre français (1908-2001).

Baltimore, port des États-Unis (Maryland) ; 651 154 h. (2 552 994 avec les banlieues).

Baltique, mer du nord de l'Europe.

Balzac (*Honoré* DE), romancier français (1799-1850), auteur de *la Comédie humaine*.

Balzac (*Jean-Louis* GUEZ DE), écrivain français (1597-1654).

Bamako, cap. du Mali ; 658 300 h.

Bambaras, peuple du Mali et du Sénégal.

Bandung, v. d'Indonésie ; 2 368 200 h. Conférence afro-asiatique (1955).

Bangalore, v. de l'Inde ; 4 292 223 h.

Bangkok, cap. de la Thaïlande ; 6 320 174 h.

Bangladesh, anc. **Pakistan oriental,** État de l'Asie méridionale ; 142 800 km² ; 162 221 000 h. (*Bangladais* ou *Bangladeshis*). Cap. *Dacca*.

Bangui, cap. de la République centrafricaine ; 698 000 h.

Ban Ki-moon, diplomate et homme politique sud-coréen (né en 1944), secrétaire général de l'ONU depuis 2007.

Banque centrale européenne (BCE), institution européenne mise en place en 1998, chargée de la politique monétaire.

Banque de France, organisme bancaire français créé en 1800.

Banque des règlements internationaux (BRI), organisation créée en 1930 pour faciliter les opérations financières internationales.

Banque mondiale, organisation intergouvernementale créée en 1945 dont le but est d'apporter une aide technique et financière aux pays en développement.

Banquet (*le*), œuvre de Platon.

Bantous, groupe de peuples de l'Afrique australe parlant des langues apparentées.

Baoulé ou **Baule,** peuple de Côte d'Ivoire.

Bara (*Joseph*), enfant-soldat mort héroïquement pour la République (1779-1793).

Barabbas ou **Barrabas,** agitateur dont les Juifs réclamèrent la libération à la place de Jésus.

Barabudur, immense temple bouddhique de Java (v. 850).

Barak (*Ehoud*), général et homme politique israélien (né en 1942), Premier ministre de 1999 à 2001.

Barbade (la), île et État des Petites Antilles ; 431 km² ; 268 000 h. (*Barbadiens*). Cap. *Bridgetown*.

Barbara (*Monique* SERF, dite), chanteuse française (1930-1997) : *l'Aigle noir*.

Barbares, nom donné aux peuples qui envahirent l'Empire romain du IIIᵉ au VIᵉ s.

Barberousse, surnom de Frédéric Iᵉʳ, empereur germanique. ◇ Corsaire turc (m. en 1546), qui fut le maître d'Alger.

Barbès (*Armand*), homme politique français (1809-1870), partisan de la République.

Barbey d'Aurevilly (*Jules*), écrivain français (1808-1889) : *les Diaboliques*.

Barbier de Séville (*le*), comédie de Beaumarchais. ◇ Opéra de Rossini.

Barbusse (*Henri*), écrivain français (1873-1935) : *le Feu*.

Barcelone, port d'Espagne, cap. de la Catalogne ; 1 505 325 h. (5 millions avec les banlieues).

Bardot (*Brigitte*), actrice française (née en 1934) : *Et Dieu créa la femme*.

Barenboïm (*Daniel*), pianiste et chef d'orchestre israélien (né en 1942).

Bari, port du sud de l'Italie (Adriatique) ; 316 532 h.

Bar-le-Duc, ch.-l. de la Meuse ; 18 079 h. (*Barisiens*).

Barras (*Paul*, vicomte DE), révolutionnaire français (1755-1829). Il contribua à la chute de Robespierre et fut membre du Directoire.

Barrault (*Jean-Louis*), acteur et metteur en scène de théâtre français (1910-1994).

Barrès (*Maurice*), écrivain français (1862-1923) : *la Colline inspirée*.

Barry (*Jeanne* BÉCU, comtesse DU), favorite de Louis XV (1743-1793), morte guillotinée.

Bart (*Jean*), corsaire français (1650-1702).

Barth (*Karl*), théologien calviniste suisse (1886-1968).

Barthélemy (*saint*), un des apôtres.

Barthes (*Roland*), écrivain et critique français (1915-1980) : *le Degré zéro de l'écriture*.

Bartholdi (*Auguste*), statuaire français (1834-1904), auteur de la *Liberté éclairant le monde* (New York).

Bartók (*Béla*), compositeur hongrois (1881-1945).

Baselitz (*Hans-Georg* KERN, dit **Georg**), artiste allemand (né en 1938), faisant partie des « nouveaux expressionnistes ».

Bas-Empire, dernière période de l'Empire romain de 284 à 476.

Basie (*William,* dit **Count**), musicien américain de jazz (1904-1984).

basque (*Pays*), région d'Espagne et de France, habitée surtout par les *Basques*.

Basquiat (*Jean-Michel*), peintre américain (1960-1988).

Basse-Terre, ch.-l. de la Guadeloupe ; 12 667 h.

Bassora, port de l'Iraq ; 600 000 h.

Bastia, ch.-l. de la Haute-Corse ; 39 016 h. (*Bastiais*).

Bastille (la), prison d'État à Paris, prise par les émeutiers le 14 juillet 1789.

Bataille (*Georges*), écrivain français (1897-1962) : *l'Expérience intérieure*.

Bataves, peuple germanique qui habitait dans le sud de la Hollande actuelle.

Batavia → Jakarta.

Bateau-Lavoir (le), nom d'un ancien immeuble de la butte Montmartre à Paris, qui abrita des peintres et des poètes initiateurs du cubisme.

Baudelaire (*Charles*), poète français (1821-1867) : *les Fleurs du mal*.

Baudouin Iᵉʳ (1171-1205), un des chefs de la 4ᵉ croisade, empereur latin d'Orient en 1204.

Baudouin Iᵉʳ (1930-1993), roi des Belges de 1951 à sa mort.

Baudricourt (*Robert* DE), capitaine de Vaucouleurs (XVᵉ s.), ami de Jeanne d'Arc.

Bauhaus, école d'architecture et d'arts appliqués allemande. Fondée en 1919 par W. Gropius, elle eut une grande influence sur l'art.

Bausch (*Philippine,* dite **Pina**), danseuse et chorégraphe allemande (1940-2009), figure marquante de la danse expressionniste contemporaine : *Café Müller*.

Baux-de-Provence (*Les*), comm. des Bouches-du-Rhône ; cité médiévale.

Bavière, Land d'Allemagne ; 12 423 386 h. (*Bavarois*). Cap. *Munich*.

Bayard (*Pierre* DE), homme de guerre français, surnommé le *Chevalier sans peur et sans reproche* (1476-1524).

Bayeux, v. du Calvados. « Tapisserie de la reine Mathilde » (fin XIᵉ s.) racontant la conquête de l'Angleterre.

Bayezid Iᵉʳ, en fr. **Bajazet** (v. 1360-1403), sultan ottoman (1389-1402).

Bayle (*Pierre*), écrivain français (1647-1706) : *Dictionnaire historique et critique*.

Bayonne, port des Pyrénées-Atlantiques ; 41 778 h. (*Bayonnais*).

Bayreuth, v. d'Allemagne (Bavière). Théâtre de Wagner.

Bazaine (*Achille*), maréchal de France (1811-1888). Il capitula à Metz en 1870.

Bazin (*Jean-Pierre* HERVÉ-BAZIN, dit **Hervé**), écrivain français (1911-1996) : *Vipère au poing.*

BBC (*British Broadcasting Corporation*), organisme britannique de radio et de télévision créé en 1922.

Beamon (*Robert,* dit **Bob**), athlète américain (né en 1946), recordman du saut en longueur de 1968 à 1991.

Beardsley (*Aubrey*), dessinateur britannique proche de l'Art nouveau (1872-1898).

Béarn, anc. prov. du sud-ouest de la France ; cap. *Pau.*

Beat generation, mouvement littéraire et culturel américain des années 1950-1960.

Beatles (*The*), groupe britannique de musique pop des années 1960 : *Let it be.*

Beauce, région agricole au S.-O. de Paris ; cap. *Chartres.*

Beaufort (sir *Francis*), officier de marine britannique (1774-1857), inventeur en 1805 de l'échelle de Beaufort qui sert à mesurer la force du vent.

Beaujolais, région de France (Rhône). Vins.

Beaumarchais (*Pierre Augustin* CARON DE), écrivain français (1732-1799) : *le Barbier de Séville, le Mariage de Figaro.*

Beaune, v. de la Côte-d'Or ; vins.

Beauvais, ch.-l. de l'Oise ; 57 355 h. (*Beauvaisiens*). Cathédrale gothique.

Beauvoir (*Simone* DE), femme de lettres française (1908-1986) : *le Deuxième Sexe.*

Bécassine, personnage de bande dessinée créé en 1905.

Bechet (*Sidney*), musicien américain de jazz (1897-1959), l'un des représentants du style « Nouvelle-Orléans ».

Beckenbauer (*Franz*), footballeur allemand (né en 1945).

Becker (*Jacques*), cinéaste français (1906-1960) : *Casque d'or.*

Beckett (*Samuel*), écrivain irlandais (1906-1989) : *En attendant Godot.*

Becquerel (*Henri*), physicien français (1852-1908). Il découvrit la radioactivité.

Bédouins, Arabes nomades d'Afrique et d'Arabie.

Beecher-Stowe (*Harriet*), romancière américaine (1811-1896) : *la Case de l'oncle Tom.*

Beethoven (*Ludwig* VAN), compositeur allemand (1770-1827), auteur de 9 symphonies, de concertos, de quatuors, etc.

Begin (*Menahem*), homme politique israélien (1913-1992), Premier ministre de 1977 à 1983.

Béhanzin (1844-1906), dernier roi du Dahomey (1889-1893).

Béjart (*Maurice* BERGER, dit **Maurice**), danseur et chorégraphe français et suisse (1927-2007).

Belau → Palaos.

Belém, port du Brésil, sur l'Amazone ; 1 279 861 h.

Belfast, cap. de l'Irlande du Nord ; 277 391 h.

Belfort, ch.-l. du territoire du même nom (dép. français de 137 408 h.) [90] ; 52 521 h. (*Belfortains*).

Belgique, État d'Europe, au nord de la France ; 30 500 km² ; 10 839 000 h. (*Belges*). Cap. *Bruxelles.*

Belgrade, cap. de la Serbie, sur le Danube ; 1 280 000 h.

Bélisaire, général byzantin (v. 500-565).

Belize, anc. **Honduras britannique**, État de l'Amérique centrale ; 23 000 km² ; 231 000 h. (*Beliziens*). Cap. *Belmopan.*

Bell (*Alexander Graham*), ingénieur américain (1847-1922). Il fit breveter le téléphone, inventé par Meucci.

Bellay (*Joachim* DU), poète français de la Pléiade (1522-1560) : *les Regrets.*

Belle-Île, île du Morbihan.

Belle Meunière (*la*), lieder de Schubert.

Bellini (*Giovanni*), peintre vénitien (v. 1429-1516).

Bellini (*Vincenzo*), compositeur italien (1801-1835) : *Norma.*

Bellmer (*Hans*), artiste surréaliste allemand (1902-1975).

Bellow (*Saul*), écrivain américain (1915-2005) : *Herzog.*

Belmondo (*Jean-Paul*), acteur français (né en 1933) : *Pierrot le fou.*

Belo Horizonte, v. du Brésil ; 2 232 747 h. (5 millions avec les banlieues).

Belzébuth, dieu cananéen, devenu le démon dans la Bible.

Ben (*Benjamin* VAUTIER, dit), artiste français d'origine suisse (né en 1935).

Ben Ali (*Zine el-Abidine*), homme politique tunisien (né en 1936), président de la République de 1987 à 2011.

Bénarès ou **Varanasi** v. sainte de l'Inde, sur le Gange ; 1 100 748 h.

Ben Bella (*Ahmed*), homme politique algérien (né en 1916). Premier président de la République algérienne, renversé en 1965.

Benda (*Julien*), essayiste français (1867-1956) : *la Trahison des clercs.*

Benelux, union économique rassemblant la Belgique, les Pays-Bas et le Luxembourg.

Beneš (*Edvard*), homme politique tchécoslovaque (1884-1948).

Bengale, région partagée entre l'Inde (*Bengale-Occidental*, cap. *Calcutta*) et le Bangladesh, sur le *golfe du Bengale*.

Benghazi, v. de Libye ; 912 000 h.

Ben Gourion (*David*), homme politique israélien (1886-1973), un des fondateurs de l'État d'Israël.

Bénin, ancien royaume de la côte du golfe de Guinée (XIIe-XIXe s.).

Bénin, anc. **Dahomey**, État de l'Afrique occidentale ; 113 000 km² ; 6 446 000 h. (*Béninois*). Cap. *Porto-Novo* ; v. pr. *Cotonou*.

Benjamin, dernier des douze fils de Jacob, son préféré (*Bible*).

Benjamin (*Walter*), écrivain et philosophe allemand (1892-1940) : *l'Œuvre d'art à l'époque de sa reproductibilité technique*.

Ben Jelloun (*Tahar*), écrivain marocain d'expression française (né en 1944) : *la Nuit sacrée*.

Benoît (*saint*), initiateur du monachisme, fondateur de l'ordre bénédictin (v. 480-v. 547). ◇ Nom de seize papes dont BENOÎT XVI (né en 1927), pape depuis 2005.

Bentham (*Jeremy*), jurisconsulte et philosophe britannique (1748-1832).

Béotie, région de la Grèce ancienne ; cap. *Thèbes*. Hab. *Béotiens*.

Béranger (*Pierre* DE), chansonnier français (1780-1857).

Berbères, peuple de l'Afrique du Nord.

Bercy, quartier de l'est de Paris.

BERD (*Banque européenne pour la reconstruction et le développement de l'Europe de l'Est*), organisation bancaire créée en 1991.

Bérénice, princesse juive. ◇ Tragédie de Racine.

Berezina (la), riv. de Biélorussie. Retraite de l'armée française (1812).

Berg (*Alban*), compositeur autrichien (1885-1935) : *Wozzeck, Lulu*.

Bergame, ville d'Italie (Lombardie) ; 113 143 h. (*Bergamasques*).

Berganza (*Teresa*), mezzo-soprano espagnole (née en 1935).

Bergen, port de Norvège ; 237 430 h.

Berger (*Michel* HAMBURGER, dit **Michel**), chanteur et compositeur français (1947-1992) : *Starmania*.

Bergman (*Ingmar*), cinéaste suédois (1918-2007) : *le Septième Sceau*.

Bergman (*Ingrid*), actrice suédoise (1915-1982) : *Casablanca*.

Bergson (*Henri*), philosophe français (1859-1941) : *la Pensée et le mouvant*.

Béring (*détroit de*), passage entre l'Asie et l'Amérique.

Berio (*Luciano*), compositeur italien (1925-2003) : *Circles*.

Berlin, cap. (et Land) de l'Allemagne ; 3 388 477 h. (*Berlinois*).

Berlioz (*Hector*), compositeur français (1803-1869) : *la Symphonie fantastique*.

Berlusconi (*Silvio*), homme d'affaires et homme politique italien (né en 1936). Président du Conseil à plusieurs reprises (1994-1995, 2001-2006 et 2008-2011).

Bermudes, îles britanniques de l'Atlantique au nord-est des Antilles. Tourisme.

Bernadette Soubirous (*sainte*), bergère de Lourdes (1844-1879). Ses visions ont donné naissance à un pèlerinage.

Bernadotte (*Jean*), maréchal de France (1763-1844). Roi de Suède sous le nom de Charles XIV en 1818.

Bernanos (*Georges*), écrivain français (1888-1948), d'inspiration catholique.

Bernard (*saint*), fondateur de l'abbaye cistercienne de Clairvaux (1090-1153).

Bernard (*Claude*), physiologiste français (1813-1878).

Bernard (*Émile*), peintre et écrivain français (1868-1941). Il influença les peintres de l'école de Pont-Aven.

Bernardin de Saint-Pierre (*Henri*), écrivain français (1737-1814) : *Paul et Virginie*.

Berne, cap. (et cant.) de la Suisse ; env. 300 000 h. (*Bernois*).

Bernhard (*Thomas*), écrivain autrichien (1931-1989) : *Place des héros*.

Bernhardt (*Sarah*), tragédienne française (1844-1923).

Bernin (*Gian Lorenzo* BERNINI, dit **le Cavalier**), sculpteur et architecte italien (1598-1680).

Bernoulli, famille de mathématiciens et physiciens suisses des XVIIe et XVIIIe s.

Bernstein (*Leonard*), compositeur et chef d'orchestre américain (1918-1990). Il composa notamment la musique de la comédie musicale *West Side Story*.

Béroul, trouvère anglo-normand du XIIe s.

Berre (*étang de*), étang des Bouches-du-Rhône, site d'un complexe de pétrochimie.

Berry, anc. prov. de France ; cap. *Bourges*. Hab. *Berrichons*.

Berry (*Charles*, duc DE), fils de Charles X, héritier du trône, assassiné (1778-1820).

Berry (*Chuck*), chanteur américain de rock (né en 1926).

Berthe, dite **au grand pied** (m. en 783), épouse de Pépin le Bref, mère de Charlemagne.

Berthelot (*Marcelin* ou *Marcellin*), chimiste français (1827-1907).

Berthier (*Louis Alexandre*), maréchal de France (1753-1815).

Berthollet (*Claude,* comte), chimiste français (1748-1822).

Bertolucci (*Bernardo*), cinéaste italien (né en 1941) : *le Dernier Tango à Paris*.

Bérulle (*Pierre* DE), cardinal français (1575-1629).

Berzelius (*Jöns Jacob*), chimiste suédois (1779-1848), créateur de la chimie moderne.

Besançon, ch.-l. de la Franche-Comté, ch.-l. du Doubs ; 122 308 h. (*Bisontins*).

Bessarabie, région partagée entre l'Ukraine et la Moldavie.

Bessemer (sir *Henry*), industriel britannique (1813-1898), inventeur d'un procédé de fabrication de l'acier.

Bethe (*Hans Albrecht*), physicien américain d'origine allemande (1906-2005).

Bethléem, v. de Palestine, où serait né Jésus.

Bethsabée, mère de Salomon (*Bible*).

Bettelheim (*Bruno*), psychanalyste américain d'origine autrichienne (1903-1990) : *la Forteresse vide*.

Beuve-Méry (*Hubert*), journaliste français (1902-1989), fondateur du journal *le Monde*.

Beuys (*Joseph*), artiste allemand d'avant-garde (1921-1986).

Beyrouth, cap. du Liban ; 1 792 000 h. (aggl.)

Bèze (*Théodore* DE), écrivain et théologien protestant (1519-1605).

Béziers, v. de l'Hérault ; 71 428 h. (*Biterrois*).

Bhagavad-Gita → Mahabharata.

Bhoutan, État d'Asie, dans l'Himalaya ; 47 000 km² ; 2 141 000 h. (*Bhoutanais*). Cap. *Thimbu*.

Bhutto (*Zulfikar Ali*), homme politique pakistanais (1928-1979). Président de la République (1971-1973), puis Premier ministre jusqu'en 1977, exécuté. <> Sa fille BENAZIR (1953-2007), Premier ministre de 1988 à 1990, puis de 1993 à 1996, a été tuée dans un attentat.

Bianciotti (*Hector*), écrivain argentin naturalisé français (né en 1930) : *Ce que la nuit raconte au jour*.

Biarritz, station balnéaire des Pyrénées-Atlantiques ; 30 739 h. (*Biarrots*).

Bible, recueil des livres saints juifs et chrétiens, constitué par l'Ancien Testament et le Nouveau Testament.

Bibliothèque nationale de France (BnF), bibliothèque publique parisienne.

Bichat (*Xavier*), anatomiste et physiologiste français (1771-1802).

Bichkek, anc. **Frounze**, cap. du Kirghizistan ; 806 000 h.

Bidassoa (la), riv. du Pays basque qui sépare la France et l'Espagne.

Biélorussie ou **Belarus,** État de l'Europe orientale ; 208 000 km² ; 10 147 000 h. (*Biélorusses*). Cap. *Minsk*.

Bigorre (la), région de France ; cap. *Tarbes*. Hab. *Bigourdans*.

Bihar, État du nord-est de l'Inde.

Bikini, atoll des îles Marshall où eurent lieu des expériences nucléaires américaines.

Bilal (*Enki*), dessinateur et scénariste de bandes dessinées français d'origine yougoslave (né en 1951) : *la Trilogie Nikopol*.

Bilbao, port d'Espagne (Pays basque), près de l'Atlantique ; 353 943 h. (plus de 800 000 avec les banlieues).

Binet (*Alfred*), psychologue français (1857-1911), créateur de tests de niveau.

Biot (*Jean-Baptiste*), astronome et physicien français (1774-1862).

BIRD (*Banque internationale pour la reconstruction et le développement*), organisation créée en 1946. Elle fait partie de la Banque mondiale.

Bir Hakeim, localité de Libye. Défense des Français en 1942 contre les Allemands et les Italiens.

Birmanie ou **Myanmar,** État de l'Asie méridionale ; 678 000 km² ; 48 364 000 h. (*Birmans*). Cap. *Nay Pyi Taw* ; v. pr. *Rangoun*.

Birmingham, v. du centre de l'Angleterre ; 934 900 h. (2 500 400 avec les banlieues).

Biscaye, prov. basque d'Espagne.

Bismarck (*Otto* VON), homme d'État prussien (1815-1898). Il réalisa l'unité allemande.

Bizerte, port de Tunisie ; 98 865 h.

Bizet (*Georges*), compositeur français (1838-1875) : *Carmen*.

Black Panthers, mouvement noir américain (1966) revendiquant le « pouvoir noir ».

Blair (*Anthony,* dit **Tony**), homme politique britannique (né en 1953). Premier ministre travailliste de 1997 à 2007.

Blake (*William*), poète et peintre romantique britannique (1757-1827).

Blanc (*mont*), point culminant des Alpes : 4 810 m. Tunnel routier.

Blanc (*Louis*), historien et homme politique français, d'idées socialistes (1811-1882).

Blanche (*mer*), mer de l'océan Arctique, au nord-ouest de la Russie.

Blanche de Castille (1188-1252), reine de France, mère de Saint Louis.

Blanche-Neige, personnage d'un conte des frères Grimm qui a inspiré un dessin animé à W. Disney : *Blanche-Neige et les sept nains*.

Blanchot (*Maurice*), écrivain français (1907-2003) : *le Livre à venir*.

Blanqui (*Louis Auguste*), révolutionnaire français d'inspiration socialiste (1805-1881).

Blaue Reiter (Der), en fr. **le Cavalier bleu,** mouvement artistique (1911-1914) formé à Munich par Kandinsky et d'autres peintres.

Blériot (*Louis*), aviateur français (1872-1936), le premier à traverser la Manche (1909).

Bleuler (*Eugen*), psychiatre suisse (1857-1939).

Blier (*Bernard*), acteur français (1916-1989) : *Le jour se lève*.

Blin (*Roger*), metteur en scène de théâtre et acteur français (1907-1984).

Blocus continental, ensemble des mesures prises entre 1806 et 1808 par Napoléon Ier contre le commerce anglais.

Blois, ch.-l. de Loir-et-Cher ; 51 832 h. (*Blésois*). Château.

Bloy (*Léon*), écrivain français d'inspiration chrétienne (1846-1917).

Blücher (*Gebhard Leberecht*), maréchal prussien (1742-1819).

Blum (*Léon*), homme politique français (1872-1950), chef du Front populaire.

Boas (*Franz*), anthropologue américain d'origine allemande (1858-1942).

Bobet (*Louis*, dit **Louison**), coureur cycliste français (1925-1983), champion du monde en 1954.

Bobigny, ch.-l. de la Seine-Saint-Denis ; 44 318 h. (*Balbyniens*).

Boccace, écrivain italien (1313-1375) : *le Décaméron*.

Bochimans, peuple de Namibie.

Bodh-Gaya, site bouddhique de l'Inde.

Boeing Company, société américaine de construction aéronautique.

Boers, colons hollandais de l'Afrique australe, qui luttèrent contre l'Angleterre de 1899 à 1902 (*guerre des Boers*).

Bogart (*Humphrey*), acteur américain (1899-1957) : *le Faucon maltais*.

Bogotá, cap. de la Colombie ; 4 921 264 h.

Bohême, partie occidentale de la République tchèque ; cap. *Prague*.

Böhm (*Karl*), chef d'orchestre autrichien (1894-1981).

Bohr (*Niels*), physicien danois (1885-1962), l'un des fondateurs de la physique quantique. ◇ Son fils AAGE (1922-2009), physicien.

Boileau (*Nicolas*), poète français (1636-1711) : *Satires, l'Art poétique*.

Bolívar (*Simón*), général sud-américain (1783-1830), qui affranchit l'Amérique latine de la domination espagnole.

Bolivie, État de l'Amérique du Sud ; 1 100 000 km² ; 8 516 000 h. (*Boliviens*). Cap. *La Paz* et *Sucre*.

Böll (*Heinrich*), écrivain allemand (1917-1985) : *l'Honneur perdu de Katharina Blum*.

Bologne, v. d'Italie du Nord, cap. de l'Émilie ; 371 217 h.

Bolt (*Usain*), athlète jamaïquain (né en 1986), détenteur de trois titres olympiques et de cinq titres de champion du monde (sur 100 m, 200 m et 4 x 100 m).

Boltanski (*Christian*), artiste français (né en 1944).

Boltzmann (*Ludwig*), physicien autrichien (1844-1906), principal créateur de la théorie cinétique des gaz.

Bombard (*Alain*), médecin et biologiste français (1924-2005), il a expérimenté les conditions de survie en mer.

Bombay ou **Mumbai,** port de l'ouest de l'Inde ; 11 914 398 h.

Bonaparte, famille corse, d'origine italienne, dont firent partie : JOSEPH (1768-1844), roi de Naples (1806), roi d'Espagne de 1808 à 1813 ; ◇ NAPOLÉON IER (v. ce nom) ; ◇ LUCIEN (1775-1840), président du conseil des Cinq-Cents ; ◇ LOUIS (1778-1846), roi de Hollande (1806-1810) et père de Napoléon III ; ◇ PAULINE (1780-1825), épouse du prince Borghèse ; ◇ JÉRÔME (1784-1860), roi de Westphalie (1807-1813).

Bonaventure (*saint*), théologien italien (1221-1274), franciscain.

Bond (*Edward*), auteur dramatique britannique (né en 1934) : *Bingo*.

Bône → Annaba.

Bongo (*Omar*), homme politique gabonais (1935-2009), président de la République de 1967 à sa mort. ◇ Son fils ALI (né en 1959) lui a succédé en 2009.

Boniface, nom de plusieurs papes. ◇ BONIFACE VIII (v. 1235-1303), pape de 1294 à 1303, se heurta à Philippe le Bel.

Bonn, v. d'Allemagne, sur le Rhin ; 306 000 h.

Bonnard (*Pierre*), peintre français (1867-1947), grand coloriste.

Bonne-Espérance (*cap de*), cap du sud de l'Afrique.

Book of Common Prayer (*The*), recueil officiel des prières et de la liturgie de l'Église anglicane.

Boole (*George*), mathématicien britannique (1815-1864), créateur de la logique mathématique moderne.

Boorman (*John*), cinéaste britannique (né en 1933) : *Excalibur*.

Bordeaux, ch.-l. de l'Aquitaine et de la Gironde, port sur la Garonne ; 218 948 h. (*Bordelais*). Vins.

Bordelais, région viticole de l'Aquitaine.

Borg (*Björn*), joueur de tennis suédois (né en 1956).

Borges (*Jorge Luis*), écrivain argentin (1899-1986).

Borghèse *(villa)*, grand parc public de Rome ; musées.

Borgia, famille italienne d'où sont issus ALEXANDRE VI, pape, son fils CÉSAR et sa fille, LUCRÈCE, célèbres par leurs crimes (XVe s.).

Borinage, anc. bassin houiller de Belgique.

Boris Godounov (v. 1552-1605), tsar de Russie après 1598. ◇ Opéra de Moussorgski.

Born (*Max*), physicien britannique d'origine allemande (1882-1970). Il est à l'origine de l'interprétation probabiliste de la mécanique quantique.

Bornéo, île d'Asie partagée entre la Malaisie, Brunei et l'Indonésie ; 750 000 km².

Borodine (*Aleksandr*), compositeur russe (1834-1887) : *le Prince Igor*.

Borromini (*Francesco*), architecte italien (1599-1667), maître du baroque romain.

Bosch (*Jérôme*), peintre hollandais (m. en 1516) : *le Jardin des délices*.

Bose (*Satyendranath*), physicien indien (1894-1974). Il a élaboré une théorie statistique applicable aux photons.

Bosnie-Herzégovine, État d'Europe ; 51 100 km² ; 4 067 000 h. (*Bosniens* : Croates, Musulmans [Bosniaques], Serbes). Cap. *Sarajevo*.

Bosphore, détroit entre l'Europe et l'Asie, reliant la mer Noire et la mer de Marmara.

Bossuet (*Jacques Bénigne*), prélat et écrivain français (1627-1704) : *Oraisons funèbres*.

Boston, port des États-Unis ; 589 141 h. (2 870 669 avec les banlieues) [*Bostoniens*].

Botero (*Fernando*), peintre et sculpteur colombien (né en 1932).

Botha (*Pieter Willem*), homme politique sud-africain (1916-2006), président de la République de 1984 à 1989.

Botnie (*golfe de*), extrémité nord de la Baltique.

Botswana, anc. **Bechuanaland**, État de l'Afrique australe ; 570 000 km² ; 1 554 000 h. (*Botswanais*). Cap. *Gaborone*.

Botta (*Mario*), architecte suisse (né en 1943) : musée d'Art moderne de San Francisco.

Botticelli (*Sandro*), peintre italien (1444-1510) : *le Printemps*.

Boucher (*François*), peintre français (1703-1770).

Bouches-du-Rhône, dép. français (13) ; ch.-l. *Marseille*, ch.-l. d'arr. *Aix-en-Provence, Arles, Istres* ; 1 835 719 h.

Boucourechliev (*André*), compositeur français d'origine bulgare (1925-1997).

Bouddha (l'« Illuminé »), fondateur du bouddhisme (v. 525 av. J.-C.).

Boudon (*Raymond*), sociologue français (né en 1934).

Bougainville (*Louis Antoine* DE), navigateur français (1729-1811).

Boukhara, v. d'Ouzbékistan ; 228 000 h. Monuments islamiques.

Boukharine (*Nikolaï*), économiste et homme politique soviétique (1888-1938), exécuté sous Staline.

Boulanger (*Georges*), général et homme politique français (1837-1891), qui menaça la République d'un coup d'État (1889).

Boulez (*Pierre*), compositeur français (né en 1925).

Boulgakov (*Mikhaïl Afanassievitch*), écrivain russe (1891-1940) : *le Maître et Marguerite*.

Boulle (*André Charles*), ébéniste français (1642-1732).

Boulogne-Billancourt, v. des Hauts-de-Seine ; 107 042 h. (*Boulonnais*).

Boulogne-sur-Mer, port du Pas-de-Calais ; 45 508 h. (*Boulonnais*). Pêche.

Boumediene (*Houari*), militaire et homme politique algérien (1932-1978). Président de la République (1965-1978).

Bourbaki (*Nicolas*), pseudonyme d'un groupe de mathématiciens créé dans les années 1930.

Bourbon (*maison de*), famille à laquelle appartinrent les rois de France, de Henri IV à Charles X, et qui s'est éteinte en 1883 avec le comte de Chambord. La branche cadette (*Bourbon-Orléans*) a donné à la France le roi Louis-Philippe. Philippe V, petit-fils de Louis XIV, a été la souche des *Bourbons d'Espagne*.

Bourbon (*Palais-*), édifice occupé par l'Assemblée nationale, à Paris.

Bourbonnais, anc. prov. du centre de la France.

Bourdelle (*Antoine*), sculpteur français (1861-1929).

Bourdieu (*Pierre*), sociologue français (1930-2002) : *la Distinction*.

Bourg-en-Bresse, ch.-l. de l'Ain ; 43 008 h. (*Burgiens*).

Bourgeois (*Louise*), sculptrice américaine d'origine française (1911-2010).

Bourgeois gentilhomme (*le*), comédie de Molière.

Bourges, ch.-l. du Cher ; 76 075 h. (*Berruyers*).

Bourget (*lac du*), lac de Savoie.

Bourgogne, Région et anc. prov. de France, rattachée à la mort de Charles le Téméraire (1477) ; ch.-l. *Dijon*. Vins réputés.

Bourguiba (*Habib*), homme politique tunisien (1903-2000). Président de la République de 1957 à 1987.

Bourguignons, faction du duc de Bourgogne, opposée aux Armagnacs pendant la guerre de Cent Ans.

Bouriates, peuple mongol de Russie (surtout en Bouriatie) et de Mongolie (env. 490 000).

Bourvil (*André* RAIMBOURG, dit), acteur et chanteur français (1917-1970) : *la Grande Vadrouille*.

Bouteflika (*Abdelaziz*), homme politique algérien (né en 1937), président de la République depuis 1999.

Boutros-Ghali (*Boutros*), homme politique égyptien (né en 1922). Secrétaire général de l'ONU de 1992 à 1996.

Bouvines (*bataille de*), victoire remportée, près de Lille, par Philippe Auguste sur l'empereur Otton IV (1214).

Bowie (*David Robert* JONES, dit **David**), chanteur britannique de rock (né en 1947) : *Ziggy Stardust*.

Boxers, société secrète chinoise qui lança en 1900 une émeute xénophobe.

BP (*British Petroleum*), groupe pétrolier international dont l'origine remonte à 1909.

Brabançonne (*la*), hymne national belge.

Brabant, anc. prov. du centre de la Belgique ; auj. Brabant flamand, Brabant wallon et Région de Bruxelles-Capitale. <> Prov. du sud des Pays-Bas (*Brabant Septentrional*).

Bradbury (*Ray Douglas*), écrivain américain de science-fiction (né en 1920) : *Fahrenheit 451*.

Bragance (*maison de*), famille qui régna sur le Portugal (1640-1910) et sur le Brésil (1822-1889).

Brahe (*Tycho*), astronome danois (1546-1601).

Brahma, dieu du panthéon hindou.

Brahmapoutre (le), fl. d'Asie qui se jette, avec le Gange, dans le golfe du Bengale ; 2 900 km.

Brahms (*Johannes*), compositeur allemand (1833-1897).

Braille (*Louis*), inventeur français de l'alphabet pour les aveugles (1809-1852).

Bramante (*Donato*), architecte italien (1444-1514), maître de la Renaissance à Milan, puis à Rome.

Brancusi (*Constantin*), sculpteur roumain (1876-1957), pionnier de l'art moderne.

Brandebourg, région et Land d'Allemagne ; 2 601 207 h. Cap. *Potsdam*.

Brando (*Marlon*), acteur américain (1924-2004) : *Un tramway nommé Désir*.

Branly (*Édouard*), physicien français (1844-1940), inventeur d'un dispositif pour la réception des ondes radio.

Brantôme (*Pierre* DE BOURDEILLE, seigneur DE), écrivain français (1535-1614).

Braque (*Georges*), peintre français (1882-1963), l'un des créateurs du cubisme.

Brasília, cap. du Brésil ; 2 043 169 h.

Brassaï (*Gyula* HALÁSZ, dit), photographe français d'origine hongroise (1899-1984).

Brassempouy, comm. des Landes. Gisements du paléolithique (grotte du Pape).

Brassens (*Georges*), chanteur, parolier et compositeur français (1921-1981) : *Chanson pour l'Auvergnat*.

Brasseur (*Pierre* ESPINASSE, dit **Pierre**), acteur français (1905-1972) : *les Enfants du paradis*.

Bratislava, anc. **Presbourg**, cap. de la Slovaquie, sur le Danube. 428 672 h.

Braudel (*Fernand*), historien français (1902-1985), il ouvrit l'histoire à l'étude des grands espaces et des phénomènes de longue durée.

Braun (*Wernher* VON), ingénieur allemand naturalisé américain (1912-1977), spécialiste des lanceurs spatiaux.

Brauner (*Victor*), peintre français d'origine roumaine (1903-1966), apparenté au surréalisme.

Brave Soldat Chvéïk (*le*), roman de J. Hašek.

Brazza (*Pierre* SAVORGNAN DE), explorateur français (1852-1905). Colonisateur du Congo.

Brazzaville, cap. du Congo ; 1 323 000 h.

Brecht (*Bertolt*), auteur dramatique allemand (1898-1956) : *l'Opéra de quat'sous, Mère Courage*.

Breda, v. des Pays-Bas ; 162 308 h.

Breguet (*Louis*), ingénieur français, pionnier de l'aéronautique (1880-1955).

Brejnev (*Leonid Ilitch*), homme politique soviétique (1906-1982) au pouvoir de 1964 à sa mort.

Brel (*Jacques*), chanteur, parolier et compositeur belge (1929-1978) : *Ne me quitte pas*.

Brême, port (541 000 h.) et Land (880 000 h.) d'Allemagne, près de la mer du Nord.

Brendel (*Alfred*), pianiste autrichien (né en 1931).

Brescia, v. d'Italie, en Lombardie ; 187 567 h.

Brésil, État d'Amérique du Sud ; 8 512 000 km² ; 193 734 000 h. (*Brésiliens*). Cap. *Brasília* ; v. pr. *São Paulo* et *Rio de Janeiro*.

Breslau → Wroclaw.

Bresse, région de l'est de la France, entre la Saône et le Jura.

Bresson (*Robert*), cinéaste français (1901-1999) : *Mouchette*.

Brest, port du Finistère ; 156 217 h. (*Brestois*).

Brest, anc. **Brest-Litovsk**, v. de Biélorussie ; 291 000 h. Traité de paix germano-russe en 1918.

Bretagne, Région et anc. prov. de l'ouest de la France ; ch.-l. *Rennes*. Hab. : *Bretons*.

Brétigny, hameau de Beauce où Jean le Bon conclut un traité humiliant avec les Anglais (1360).

Breton (*André*), écrivain français (1896-1966), fondateur du surréalisme.

Bretton Woods (*accords de*), accords conclus en 1944 entre 44 pays et instaurant un système monétaire international.

Breughel → Bruegel.

Briand (*Aristide*), homme politique français (1862-1932).

Brie, région du Bassin parisien ; v. pr. *Melun* et *Meaux*.

Brigades internationales, groupes militaires de volontaires étrangers qui combattirent avec les républicains durant la guerre civile espagnole (1936-1939).

Brighton, port anglais sur la Manche ; 247 820 h.

Brillat-Savarin (*Anthelme*), gastronome et écrivain français (1755-1826).

Brisbane, port d'Australie ; 1 627 535 h.

Brissot de Warville (*Jacques*), homme politique français (1754-1793). Un des chefs des Girondins, il fut guillotiné.

Bristol, port d'Angleterre ; 380 615 h.

Britannicus, fils de Claude et de Messaline. ◇ Tragédie de Racine.

Britanniques (*îles*), ensemble formé par la Grande-Bretagne et l'Irlande.

British Museum, musée de Londres (1753).

Britten (*Benjamin*), compositeur britannique (1913-1976) : *The Turn of the Screw*.

Brno, v. de la République tchèque ; 379 185 h.

Broca (*Paul*), chirurgien français (1824-1880). Il étudia la localisation cérébrale du langage.

Broglie (*Louis,* duc DE), physicien français (1892-1987), créateur de la mécanique ondulatoire.

Brontë (*Charlotte*), femme de lettres britannique (1816-1855) : *Jane Eyre*. ◇ Sa sœur EMILY (1818-1848) a écrit *les Hauts de Hurlevent*.

Brook (*Peter*), metteur en scène de théâtre et cinéaste britannique (né en 1925) : *le Mahabharata*.

Brooks (*Louise*), actrice américaine (1906-1985) : *Loulou*.

Brouckère (*Charles* DE), homme politique belge (1796-1860).

Brousse, en turc **Bursa**, v. de Turquie ; 1 066 559 h. Cap. de l'Empire ottoman (de 1326 à 1402). Monuments islamiques.

Brown (*Gordon*), homme politique britannique (né en 1951). Premier ministre travailliste de 2007 à 2010.

Brown (*James*), chanteur américain de rhythm and blues (1933?-2006).

Browning (*Robert*), poète britannique (1812-1889), romantique.

Brücke (Die), groupe artistique à l'origine de l'expressionnisme allemand.

Bruegel ou **Breughel,** famille de peintres flamands, dont PIETER LE VIEUX (v. 1525-1569) : *les Chasseurs dans la neige*.

Bruges, v. de Belgique ; 117 025 h. Monuments médiévaux.

Bruit et la Fureur (*le*), roman de W. Faulkner.

Brumaire an VIII (*coup d'État du* **18-**), coup d'État par lequel Bonaparte renversa le Directoire (9 novembre 1799).

Brune (*Guillaume*), maréchal de France (1763-1815).

Brunehaut (v. 534-613), reine d'Austrasie, femme de Sigebert. Elle lutta contre Frédégonde.

Brunei, État du nord de Bornéo ; 5 765 km² ; 335 000 h. Cap. *Bandar Seri Begawan*.

Brunelleschi (*Filippo*), architecte florentin (1377-1446), initiateur de la Renaissance.

Bruno (*saint*), fondateur de l'ordre des Chartreux (v. 1030-1101).

Bruno (*Giordano*), philosophe italien (1548-1600). Il fut brûlé pour hérésie.

Brunswick (*Charles Guillaume,* duc DE), général prussien, vaincu à Valmy (1735-1806).

Brutus, consul romain légendaire qui aurait institué la république (509 av. J.-C.).

Brutus, homme politique romain, l'un des assassins de César (v. 85-42 av. J.-C.).

Bruxelles, cap. de la Belgique ; 141 312 h. (1 million avec les banlieues) [*Bruxellois*].

Buber (*Martin*), philosophe israélien d'origine autrichienne (1878-1965).

Bubka (*Sergueï*), athlète ukrainien (né en 1963), six fois champion du monde de saut à la perche.

Bucarest, cap. de la Roumanie ; 1 926 334 h.

Buchenwald, camp de concentration allemand.

Büchner (*Georg*), auteur dramatique allemand (1813-1837) : *Woyzeck*.

Buckingham Palace, palais de Londres, résidence des souverains de Grande-Bretagne.

Budapest, cap. de la Hongrie, sur le Danube ; 1 756 796 h.

Budé (*Guillaume*), humaniste et helléniste français (1467-1540).

Buenos Aires, cap. de l'Argentine ; 2 776 138 h. (13 047 000 avec les banlieues).

Buffalo Bill (*William* CODY, dit), pionnier américain (1846-1917).

Buffon (*Georges Louis* LECLERC, comte DE), naturaliste français (1707-1788).

Bugeaud (*Thomas Robert*), maréchal de France (1784-1849), gouverneur de l'Algérie.

Bujumbura, cap. du Burundi ; 378 000 h.

Bulgarie, État du sud-est de l'Europe ; 111 000 km² ; 7,8 millions d'h. (*Bulgares*). Cap. *Sofia*.

Bundestag, assemblée législative de la République fédérale d'Allemagne.

Bundeswehr, armée de l'Allemagne fédérale créée en 1956.

Bunsen (*Robert Wilhelm*), chimiste et physicien allemand (1811-1899).

Buñuel (*Luis*), cinéaste espagnol (1900-1983) : *l'Âge d'or*.

Buren (*Daniel*), artiste français (né en 1938).

Burgondes, peuple germanique établi au Vᵉ s. dans la Bourgogne actuelle.

Burgos, v. d'Espagne ; 166 251 h. Édifices gothiques.

Burkina, anc. **Haute-Volta**, État d'Afrique occidentale ; 275 000 km² ; 11 856 000 h. (*Burkinabés*). Cap. *Ouagadougou*.

Burne-Jones (sir *Edward*), peintre préraphaélite britannique (1833-1898).

Burroughs (*William*), écrivain américain de la Beat generation (1914-1997) : *le Festin nu*.

Burundi, anc. **Urundi**, État de l'Afrique centrale ; 28 000 km² ; 6 502 000 h. (*Burundais*). Cap. *Bujumbura*.

Bush (*George*), homme politique américain (né en 1924). Républicain, président des États-Unis de 1988 à 1993. ◇ Son fils GEORGE WALKER (né en 1946), républicain, a été président des États-Unis de 2001 à 2009.

Butor (*Michel*), écrivain français (né en 1926), membre du « nouveau roman » : *la Modification*.

Byron (*George Gordon*, lord), poète britannique (1788-1824), romantique.

Byzance, anc. nom de Constantinople.

byzantin (*Empire*), empire chrétien qui succéda en Orient à l'Empire romain (330-1453). Cap. *Constantinople*.

C

Caballé (*Montserrat*), soprano espagnole (née en 1933).

Cabot, famille de navigateurs italiens, dont les membres les plus connus sont JEAN (v. 1450-v. 1500) et SÉBASTIEN (v. 1480-1557).

Cachemire, région partagée entre l'Inde et le Pakistan.

Cadix, port d'Espagne (Andalousie) ; 137 971 h.

Cadoudal (*Georges*), chef chouan (1771-1804), guillotiné.

Caen, ch.-l. du Calvados ; 117 157 h. (*Caennais*).

Cage (*John*), compositeur américain (1912-1992).

Cagliari, cap. de la Sardaigne ; 164 249 h.

Cahors, ch.-l. du Lot ; 21 432 h. (*Cadurciens*).

Caillaux (*Joseph*), homme politique français (1863-1944).

Caillié (*René*), explorateur français (1799-1838), il visita Tombouctou.

Caillois (*Roger*), écrivain et anthropologue français (1913-1978) : *l'Homme et le Sacré*.

Caïn, fils d'Adam et d'Ève, assassin de son cadet Abel (*Bible*).

Caire (**Le**), cap. de l'Égypte, sur le Nil ; 6 800 992 h. (10 millions avec les banlieues).

Calabre, région de l'Italie du Sud.

Calais, port du nord de la France ; 78 170 h. (*Calaisiens*).

Calais (*pas de*), détroit entre la France et l'Angleterre, franchi par un tunnel.

Calcutta ou **Kolkata,** v. de l'est de l'Inde ; 4 580 544 h. (13 millions avec les banlieues).

Calder (*Alexander*), sculpteur américain (1898-1976).

Calderón (*Pedro*), auteur dramatique espagnol (1600-1681).

Calgary, v. du Canada (Alberta) ; 878 866 h.

Cali, v. de Colombie ; 1 666 468 h.

Californie, État le plus peuplé des États-Unis ; 33 871 648 h. (*Californiens*). Cap. *Sacramento.* V. pr. *Los Angeles, San Francisco.*

Caligula (12-41), empereur romain en 37, cruel et excentrique.

Callao, port du Pérou ; 637 755 h.

Callas (*Maria* KALOGHEROPOÚLOS, dite **la**), soprano américaine et grecque (1923-1977).

Callot (*Jacques*), graveur et peintre français (1592-1635) : *Misères et malheurs de la guerre.*

Calmette (*Albert*), médecin français (1863-1933), l'un des inventeurs du BCG.

Calvados, dép. français (14) ; ch.-l. *Caen,* ch.-l. d'arr. *Bayeux, Lisieux, Vire* ; 648 385 h.

Calvin (*Jean*), réformateur français (1509-1564) : *Institution de la religion chrétienne.*

Calvino (*Italo*), écrivain italien (1923-1985) : *le Baron perché.*

Camargue, région formée par le delta du Rhône. Parc naturel.

Cambacérès (*Jean-Jacques* DE), jurisconsulte français (1753-1824).

Cambodge, État de la péninsule indochinoise ; 181 000 km² ; 13 441 000 h. (*Cambodgiens*). Cap. *Phnom Penh.*

Cambrai, v. du Nord, sur l'Escaut ; 34 993 h. (*Cambrésiens*). Toiles, dentelles.

Cambridge, v. universitaire d'Angleterre ; 108 879 h.

Cambronne (*Pierre*), général français (1770-1842).

Cameron (*David*), homme politique britannique (né en 1966). Premier ministre conservateur depuis 2010.

Cameron (*James*), cinéaste canadien (né en 1954) : *Titanic, Avatar.*

Cameroun, État de l'Afrique équatoriale ; 475 000 km² ; 19 522 000 h. (*Camerounais*). Cap. *Yaoundé* ; v. pr. *Douala.*

Camillus (Marcus Furius), général romain (fin du Ve s.-365 ? av. J.-C.). Il libéra Rome des Gaulois (390).

Camões ou **Camoens** (*Luís* DE), poète portugais (1524-1580) : *les Lusiades.*

Campanella (*Tommaso*), philosophe et dominicain italien (1568-1639) : *la Cité du soleil.*

Campanie, région d'Italie ; cap. *Naples.*

Camp David (*accords de*), accords-cadres conclus en 1978 à Washington entre les États-Unis, l'Égypte et Israël. Ils prévoyaient la signature d'un traité de paix israélo-égyptien (signé en 1979).

Campine, région du nord de la Belgique.

Campion (*Jane*), cinéaste néo-zélandaise (née en 1954) : *la Leçon de piano.*

Campoformio, village de Vénétie. Traité entre la France et l'Autriche (1797).

Camus (*Albert*), écrivain français (1913-1960) : *l'Étranger.*

Cana, ville de Galilée. Jésus y aurait transformé l'eau en vin.

Canaan (*terre de*), nom biblique de la Terre promise par Dieu aux Hébreux.

Canada, État du nord de l'Amérique, membre du Commonwealth ; 9 975 000 km² ; 33 573 000 h. (*Canadiens*). Cap. *Ottawa* ; v. pr. *Toronto, Montréal.*

Canal + (*Canal Plus*), chaîne française de télévision à péage née en 1984.

Canaletto (*Giovanni Antonio* CANAL, dit **il**), peintre et graveur italien (1697-1768).

Cananéens, peuples sémitiques installés au Proche-Orient au IIIe millénaire av. J.-C.

Canaries (*îles*), archipel espagnol, à l'ouest de l'Afrique ; 1 694 477 h.

Canaveral (*cap*), principale base de lancement d'engins spatiaux des États-Unis.

Canberra, cap. de l'Australie ; 298 847 h.

Candide ou l'Optimisme, conte philosophique de Voltaire.

Candie → Crète ; Héraklion.

Cannes, v. des Alpes-Maritimes ; 68 214 h. (*Cannois*). Festival de cinéma.

Cannes (*bataille de*), victoire d'Hannibal sur les Romains (216 av. J.-C.).

Canossa, château d'Italie où l'empereur Henri IV s'humilia devant le pape Grégoire VII (1077).

Canova (*Antonio*), sculpteur italien (1757-1822), maître du néoclassicisme.

Cantabriques (*monts*), prolongement occidental des Pyrénées en Espagne.

Cantal, massif d'Auvergne. ◇ Dép. français (15), ch.-l. *Aurillac,* ch.-l. d'arr. *Mauriac, Saint-Flour* ; 150 778 h. (*Cantaliens* ou *Cantalous*).

Cantatrice chauve (*la*), pièce de théâtre de E. Ionesco.

Canterbury, v. d'Angleterre. Cathédrale gothique (XIIe-XVe s.).

Cantique des cantiques (*le*), livre biblique, recueil de chants d'amour.

Canton, port de Chine méridionale ; 3 893 000 h.

Cantor (*Georg*), mathématicien allemand (1845-1918), créateur de la théorie des ensembles.

Cap (**Le**), cap. et port de l'Afrique du Sud ; 2 993 000 h. dans l'aggl.

Capa (*Robert*), photographe américain d'origine hongroise (1913-1954).

Čapek (*Karel*), écrivain tchèque (1890-1938).

Capet, surnom de Hugues, roi de France.

Capétiens, dynastie qui régna sur la France de 987 (Hugues Capet) à 1328.

Capital (*le*), ouvrage de K. Marx (1867).

Capitole, colline de Rome.

Capote (*Truman*), écrivain américain (1924-1984) : *Petit Déjeuner chez Tiffany*.

Capoue, v. de Campanie, prise par Hannibal en 215 av. J.-C.

Cappadoce, région d'Anatolie, centre de l'Empire hittite (IIIe-IIe millénaire av. J.-C.).

Capra (*Frank*), cinéaste américain (1897-1991) : *Arsenic et vieilles dentelles*.

Capri, île du golfe de Naples.

Cap-Vert (*îles du*), archipel à l'ouest du Sénégal, autref. portugais ; 4 000 km² ; 437 000 h. (*Capverdiens*). Cap. *Praia*. État indépendant depuis 1975.

Caracalla (188-217), empereur romain après 211.

Caracas, cap. du Venezuela ; 3,2 millions d'h. dans l'aggl.

Caractères (*les*), ouvrage de La Bruyère.

Caraïbes, anc. peuple des Petites Antilles.

Caraïbes (*mer des*), autre nom de la mer des Antilles.

Caravage (*il Caravaggio,* en fr. **le**), peintre italien (1573-1610).

Carcassonne, ch.-l. de l'Aude ; 42 216 h. (*Carcassonnais*). Remparts médiévaux.

Carco (*Francis*), écrivain français (1886-1958) : *Jésus la Caille*.

Cardan (*Jérôme*), médecin, mathématicien et philosophe italien (1501-1576).

Cardiff, port de Grande-Bretagne (*pays de Galles*) ; 305 340 h.

Cardinale (*Claudia*), actrice italienne (née en 1938) : *le Guépard*.

Cardoso (*Fernando Henrique*), sociologue et homme politique brésilien (né en 1931), président de la République de 1995 à 2003.

Carélie, région du nord de l'Europe, partagée entre la Russie et la Finlande.

Carélie, république de la Russie.

Carême (*Marie-Antoine*), cuisinier français (1784-1833), auteur d'ouvrages d'art culinaire.

Carinthie, prov. d'Autriche.

Carlos (don), infant d'Espagne (1788-1855), responsable des « guerres carlistes » contre Isabelle II.

Carlson (*Carolyn*), danseuse et chorégraphe américaine (née en 1943). Elle a joué un rôle essentiel dans le développement de la danse moderne.

Carmagnole (*la*), chant révolutionnaire postérieur à la chute du roi.

Carmel (le), montagne d'Israël. ◇ Ordres religieux des Carmes et des Carmélites.

Carmen, nouvelle de Mérimée, transposée à l'opéra-comique par Bizet.

Carnac, comm. du Morbihan. Alignements mégalithiques (v. 3000 av. J.-C.).

Carné (*Marcel*), cinéaste français (1906-1996) : *les Enfants du paradis*.

Carnot (*Lazare*), conventionnel et mathématicien français (1753-1823), organisateur des victoires de la République. ◇ Son fils SADI, physicien (1796-1832), créa la thermodynamique. ◇ Son petit-fils SADI (1837-1894), président de la République en 1887, fut assassiné.

Caroline du Nord (cap. *Raleigh*) et **Caroline du Sud** (cap. *Columbia*) États du sud des États-Unis.

Carolines (*îles*), archipel d'Océanie, anc. mandat japonais (1919-1945).

Carolingiens, famille franque qui succéda aux Mérovingiens (751) et ressuscita l'Empire d'Occident (Charlemagne, 800). Elle régna en France jusqu'en 987.

Carpaccio (*Vittore*), peintre vénitien (v. 1460-v. 1525).

Carpates, chaîne de montagnes de l'Europe centrale.

Carpeaux (*Jean-Baptiste*), sculpteur français (1827-1875) : *la Danse*.

Carpentier (*Alejo*), écrivain cubain (1904-1980) : *le Siècle des lumières*.

Carpentier (*Georges*), boxeur français (1894-1975).

Carrache, nom de trois peintres italiens de Bologne, fin du XVIe s. : *Louis, Augustin* et *Annibal* (1560-1609) qui a peint les *Amours des dieux* au palais Farnèse à Rome.

Carrare, v. d'Italie, en Toscane. Marbres.

Carroll (*Charles* DODGSON, dit **Lewis**), mathématicien et écrivain britannique (1832-1898) : *Alice au pays des merveilles*.

Carter (*James,* dit **Jimmy**), homme politique américain (né en 1924). Démocrate, président des États-Unis de 1977 à 1981.

Carthage, v. d'Afrique, fondée selon la tradition v. 814 av. J.-C. par les Phéniciens, et longtemps rivale de Rome, qui la détruisit en 146 av. J.-C.

Cartier (*Jacques*), explorateur français (1491-1557). Il prit possession du Canada.

Cartier-Bresson (*Henri*), photographe français (1908-2004).

Cartouche (*Louis*), voleur célèbre (1693-1721).

Casablanca, port du Maroc, sur l'Atlantique ; 2 500 000 h. Mosquée Hassan II.

Casals (*Pablo*), violoncelliste, compositeur et chef d'orchestre espagnol (1876-1973).

Casanova (*Giovanni Giacomo*), aventurier et écrivain italien (1725-1798), célèbre par ses aventures galantes.

Caspienne (*mer*), grand lac, entre l'Europe et l'Asie.

Cassandre, fille de Priam, qui avait reçu le don de prévoir l'avenir, mais n'était jamais crue (*Myth. gr.*).

Cassavetes (*John*), cinéaste et acteur américain (1929-1989) : *Une femme sous influence*.

Cassin (*mont*), montagne de l'Italie du Sud, berceau de l'ordre bénédictin.

Cassin (*René*), juriste français (1887-1976). Il fit adopter la Déclaration universelle des droits de l'homme par l'ONU en 1948.

Cassini, famille d'astronomes et de géodésiens français (XVIIe-XIXe s.).

Cassirer (*Ernst*), philosophe allemand (1874-1945) : *la Philosophie des formes symboliques*.

Castel Gandolfo, comm. d'Italie ; résidence d'été des papes.

Castille, région du centre de l'Espagne ; v. pr. *Madrid*. Hab. *Castillans*.

Castor et Pollux, dits **les Dioscures,** jumeaux, fils de Zeus et de Léda (*Myth. gr.*). Identifiés à la constellation des Gémeaux.

Castres, v. du Tarn ; 45 413 h.

Castro (*Fidel*), homme politique cubain (né en 1926), au pouvoir de 1959 à 2008. <> Son frère RAÚL (né en 1931) lui a succédé.

Catalauniques (*bataille des champs*), victoire des Romains sur Attila (451).

Catalogne, région d'Espagne ; cap. *Barcelone*. Hab. *Catalans*.

Catane, port d'Italie, en Sicile ; 313 110 h.

Cateau-Cambrésis (*traités du*), traités de paix mettant fin aux guerres d'Italie (1559).

Catherine de Sienne (*sainte*), religieuse italienne (1347-1380).

Catherine Labouré (*sainte*), religieuse française (1806-1876).

Catherine d'Aragon (1485-1536), femme d'Henri VIII, répudiée par lui.

Catherine Ire (v. 1684-1727), impératrice de Russie de 1725 à 1727, veuve et successeur de Pierre le Grand.

Catherine II la Grande (1729-1796), impératrice de Russie de 1762 à 1796.

Catherine de Médicis (1519-1589), reine de France, femme d'Henri II, régente pendant la minorité de Charles IX (1560).

Catilina, patricien et conspirateur romain (v. 108-62 av. J.-C.), dénoncé par Cicéron.

Caton l'Ancien, homme d'État romain, censeur des mœurs (234-149 av. J.-C.).

Caton d'Utique, adversaire de Pompée puis de César (95-46 av. J.-C.), stoïcien.

Catulle, poète latin (v. 87-v. 54 av. J.-C.).

Caucase, chaîne de montagnes qui s'étend entre la mer Noire et la Caspienne ; 5 642 m à l'Elbrous.

Cauchon (*Pierre*), prélat français, évêque de Beauvais, il présida au procès de Jeanne d'Arc (1371-1442).

Cauchy (baron *Augustin*), mathématicien français (1789-1857). Rénovateur de l'analyse mathématique.

Causses (les), plateaux calcaires du sud du Massif central.

Caux (*pays de*), région de Normandie. Hab. *Cauchois*.

Cavaillès (*Jean*), mathématicien et philosophe français (1903-1944).

Cavendish (*Henry*), physicien et chimiste britannique (1731-1810).

Cavour (*Camille*, comte DE), homme politique italien (1810-1861), artisan de l'unité de l'Italie.

Cayenne, ch.-l. de la Guyane ; 50 675 h.

CBS (*Columbia Broadcasting Systems*), réseau américain de télévision créé en 1927.

CEA (*Commissariat à l'énergie atomique et aux énergies alternatives*), établissement public français de recherche énergétique (en partic. nucléaire) créé en 1945.

Ceaușescu (*Nicolae*), homme politique roumain (1918-1989), au pouvoir de 1965 à 1989.

CECA (*Communauté européenne du charbon et de l'acier*), organisation créée en 1951 pour instaurer un marché commun du charbon et de l'acier, qui disparut en 2002.

CEI (*Communauté d'États indépendants*), organisation, créée en 1991, regroupant la majorité des Républiques de l'ancienne URSS.

Célèbes ou **Sulawesi,** île de l'Indonésie ; 14 946 488 h.

Céline (*Louis-Ferdinand*), écrivain français (1894-1961) : *Voyage au bout de la nuit*.

Cellini (*Benvenuto*), orfèvre et sculpteur florentin (1500-1571) : *Persée*.

Celsius (*Anders*), physicien suédois (1701-1744), créateur de l'échelle thermométrique centésimale.

Celtes, groupe de peuples parlant une langue indo-européenne, originaires du S.-O. de l'Allemagne, individualisés vers le IIe millénaire.

Cendrars (*Blaise*), écrivain français (1887-1961) : *Moravagine*.

Cendrillon, personnage de contes de fées qui inspira C. Perrault et les frères Grimm.

Cène (*la*), tableau de Léonard de Vinci.

Cenis (*mont*), massif des Alpes ; 3 610 m.

Cent Ans (*guerre de*), série de conflits qui ont opposé la France et l'Angleterre, entre 1337 et 1453.

Cent ans de solitude, roman de G. García Márquez.

Centaures, monstres fabuleux, mi-hommes, mi-chevaux (*Myth. gr.*).

Cent-Jours (les), période du 20 mars au 22 juin 1815, entre le retour de Napoléon et sa seconde abdication, après Waterloo.

centrafricaine (*République*), État de l'Afrique équatoriale ; 620 000 km² ; 3,7 millions d'h. (*Centrafricains*). Cap. *Bangui*.

Central Park, grand parc de New York (Manhattan).

Centre, Région de France. Ch.-l. *Orléans*.

Centre national d'art et de culture Georges-Pompidou, établissement public parisien créé en 1977 ; bibliothèque, musée. Il a une antenne à Metz.

Cerbère, chien monstrueux à trois têtes, gardien des Enfers (*Myth. gr.*).

Cerdagne, région des Pyrénées.

Cerdan (*Marcel*), boxeur français (1916-1949).

Cérès, déesse romaine des Moissons, la *Déméter* grecque.

Cergy-Pontoise, agglomération du Val-d'Oise.

Cerisaie (*la*), pièce de théâtre de A. Tchekhov.

Cern, organisme européen pour la recherche nucléaire créé en 1952.

Certains l'aiment chaud, film de B. Wilder (1959).

Cervantès (*Miguel* DE), écrivain espagnol (1547-1616) : *Don Quichotte de la Manche*.

Cerveteri, nécropole étrusque (Latium).

Cervin (*mont*), sommet des Alpes suisses ; 4 478 m.

Césaire (*Aimé*), écrivain et homme politique français (1913-2008), martiniquais, défenseur de la négritude.

César (*César* BALDACCINI, dit), sculpteur français (1921-1998), apparenté au « nouveau réalisme ».

César (*Jules*) [100 ou 101-44 av. J.-C.], homme d'État romain. Conquérant des Gaules, en lutte contre Pompée et le Sénat, il fut assassiné.

Cévennes, montagnes du sud-est du Massif central. Parc national.

Ceylan → Sri Lanka.

Cézanne (*Paul*), peintre français (1839-1906), impressionniste et précurseur du cubisme : *les Joueurs de cartes*.

CFDT (*Confédération française démocratique du travail*), organisation syndicale française issue, en 1964, de la majorité de la CFTC.

CFE-CGC (*Confédération française de l'encadrement-Confédération générale des cadres*), organisation syndicale française des cadres créée en 1944.

CFTC (*Confédération française des travailleurs chrétiens*), organisation syndicale française créée en 1919.

CGT (*Confédération générale du travail*), organisation syndicale française créée en 1895.

Chabrier (*Emmanuel*), compositeur français (1841-1894) : *l'Étoile*.

Chabrol (*Claude*), cinéaste français (1930-2010) : *le Beau Serge, Que la bête meure*.

Chaco, steppe de l'Amérique du Sud.

Chadli (*Chadli* BEN DJEDID, dit), militaire et homme politique algérien (né en 1929). Président de la République de 1979 à 1992.

Chadwick (sir *James*), physicien britannique (1891-1974).

Chagall (*Marc*), peintre français d'origine russe (1887-1985). Musée « Message biblique » à Nice.

Chaldée, autre nom de la Babylonie, partie inférieure de la Mésopotamie.

Chaliapine (*Fiodor*), chanteur d'opéra (baryton-basse) russe (1873-1938).

Châlons-en-Champagne, ch.-l. de la Région Champagne-Ardenne et du dép. de la Marne ; 50 338 h. (*Châlonnais*).

Chalon-sur-Saône, v. de Saône-et-Loire ; 52 260 h. (*Chalonnais*).

Chamberlain (*Joseph*), homme politique britannique (1836-1914).

Chambéry, ch.-l. de la Savoie ; 57 592 h. (*Chambériens*).

Chambord, château de la vallée de la Loire construit pour François Ier.

Chamfort (*Sébastien Roch* NICOLAS, dit), écrivain français (1740-1794).

Chamonix-Mont-Blanc, v. de Haute-Savoie, au pied du mont Blanc. Tourisme.

Champagne, anc. prov. de France ; cap. *Troyes*. Vins.

Champagne-Ardenne, Région du nord-est de la France ; ch.-l. *Châlons-en-Champagne*.

Champaigne (*Philippe* DE), peintre français d'origine flamande (1602-1674).

Champlain (*Samuel* DE), colonisateur français du Canada (v. 1567-1635).

Champollion (*Jean-François*), égyptologue français (1790-1832). Il a déchiffré les hiéroglyphes.

Champs Élysées, séjour des âmes vertueuses dans l'au-delà (*Myth. gr.*).

Champs-Élysées, avenue de Paris, aboutissant à l'Arc de triomphe de l'Étoile.

Chandernagor, v. de l'Inde, anc. comptoir français.

Chandigarh, v. du nord de l'Inde (Pendjab), construite par Le Corbusier ; 808 796 h.

Chandler (*Raymond Thornton*), écrivain américain (1888-1959), auteur de romans noirs : *Adieu ma jolie.*

Chanel (*Gabrielle* CHASNEL, dite **Coco**), couturière française (1883-1971), elle a donné à la mode un tour nouveau.

Chang-hai → Shanghai.

Changsha, v. de Chine ; 1 328 950 h. Nécropole du Ve-IIIe s. av. J.-C.

Chans, peuple de la Birmanie.

Chanson de Roland (*la*), la plus ancienne chanson de geste française (fin XIe s.)

Chantilly, v. de l'Oise. Château.

Chantons sous la pluie, comédie musicale de S. Donen et G. Kelly (1952).

Chants de Maldoror (*les*), œuvre poétique de Lautréamont.

Chaplin (*Charles*), acteur et cinéaste britannique, créateur du personnage de *Charlot* (1889-1977).

Chappe (*Claude*), ingénieur français (1763-1805), créateur du télégraphe aérien.

Chaptal (*Jean*), chimiste français (1756-1832), inventeur de la *chaptalisation* des vins.

Char (*René*), poète français (1907-1988).

Charcot (*Jean Martin*), neurologue français (1825-1893). ◇ Son fils JEAN (1867-1936) explora les régions polaires.

Chardin (*Jean-Baptiste*), peintre français (1699-1779).

Charente, fl. de France. ◇ Dép. français (16), ch.-l. *Angoulême,* ch.-l. d'arr. *Cognac, Confolens* ; 339 628 h. (*Charentais*).

Charente-Maritime, dép. français (17) ; ch.-l. *La Rochelle,* ch.-l. d'arr. *Jonzac, Rochefort, Saintes, Saint-Jean-d'Angély* ; 557 024 h.

Charette (*François* DE), chef vendéen (1763-1796).

Charlemagne ou **Charles Ier le Grand** (742 ou 747-814), roi des Francs (768-814), couronné empereur d'Occident à la Noël 800.

Charleroi, v. de Belgique, sur la Sambre ; 200 608 h. Défaite française (1914).

Charles II le Chauve (823-877), roi de France après 843 et empereur d'Occident après 875. ◇ CHARLES III LE SIMPLE (879-929), roi après 898. ◇ CHARLES IV LE BEL (v. 1295-1328), roi après 1322. ◇ CHARLES V LE SAGE (1338-1380), roi après 1364. ◇ CHARLES VI LE BIEN-AIMÉ (1368-1422), roi après 1380. ◇ CHARLES VII (1403-1461), roi après 1422. ◇ CHARLES VIII (1470-1498), roi après 1483. ◇ CHARLES IX (1550-1574), roi après 1560. ◇ CHARLES X (1757-1836), roi en 1824, renversé par la révolution de 1830.

Charles le Téméraire (1433-1477), dernier duc de Bourgogne, adversaire de Louis XI.

Charles III le Gros (839-888), empereur d'Occident (881-887), roi de France (884-887). Il fut déposé.

Charles V, dit **Charles Quint** (1500-1558), roi d'Espagne (Charles Ier) [1516-1556], empereur germanique (1519-1556). Il lutta contre François Ier.

Charles Ier (1600-1649), roi d'Angleterre (en 1626). Vaincu par Cromwell, il fut décapité.

Charles XII (1682-1718), roi de Suède en 1697. Il lutta victorieusement contre le Danemark, mais échoua devant la Russie.

Charles XIV → Bernadotte.

Charles (*Ray Charles* ROBINSON, dit **Ray**), chanteur et pianiste américain de jazz (1930-2004).

Charles Martel (v. 688-741), maire du palais d'Austrasie et de Neustrie, vainqueur des Arabes à Poitiers en 732.

Charleville-Mézières, ch.-l. des Ardennes ; 58 092 h. (*Carolomacériens*).

Charlot, personnage de vagabond créé par Ch. Chaplin.

Charolais ou **Charollais,** région au nord-est du Massif central. Bovins.

Charon, nocher des Enfers (*Myth. gr.*).

Charpak (*Georges*), physicien français (1924-2010). Il a conçu de nombreux détecteurs de particules.

Charpentier (*Marc Antoine*), compositeur français (1643-1704) : *Médée.*

Chartres, ch.-l. du dép. d'Eure-et-Loir ; 42 059 h. (*Chartrains*). Cathédrale gothique.

Chartreuse de Parme (*la*), roman de Stendhal.

Charybde, tourbillon du détroit de Messine, voisin de l'écueil de *Scylla.*

Chasles (*Michel*), mathématicien français (1793-1880), auteur de travaux de géométrie.

Chateaubriand (*François René* DE), écrivain français (1768-1848) : *Génie du christianisme, Mémoires d'outre-tombe.*

Châteauroux, ch.-l. de l'Indre ; 52 345 h. (*Castelroussins*).

Chatt al-Arab, fl. d'Iraq, formé par la réunion du Tigre et de l'Euphrate.

Chaucer (*Geoffrey*), poète anglais (v. 1340-1400) : *Contes de Cantorbéry*.

Chaumont, ch.-l. de la Haute-Marne ; 28 365 h. (*Chaumontais*).

Chauvet-Pont-d'Arc, grotte préhistorique de l'Ardèche (comm. de Vallon-Pont-d'Arc) ornée de peintures (– 30 000 à – 25 000).

Chávez (*Hugo*), homme politique vénézuélien (né en 1954), président de la République depuis 1999.

Chedid (*Andrée*), écrivaine française et égyptienne, d'origine libanaise (1920-2011).

Chemin des Dames, crête de l'Aisne, théâtre de violents combats en 1917 et 1918.

Chengdu, v. de Chine, cap. du Sichuan ; 3 483 834 h.

Chénier (*André* DE), poète français (1762-1794) : *la Jeune Captive*.

Chenonceaux, comm. d'Indre-et-Loire. Château Renaissance *(Chenonceau)*.

Chéops → Kheops.

Chéphren → Khephren.

Cher, affl. de la Loire. ◇ Dép. français (18) ; ch.-l. *Bourges,* ch.-l. d'arr. *Saint-Amand-Montrond, Vierzon* ; 314 428 h.

Cherbourg-Octeville, port de la Manche ; 44 108 h. (*Cherbourgeois-Octevillais*).

Chéreau (*Patrice*), metteur en scène de théâtre, d'opéra et cinéaste français (né en 1944) : *la Reine Margot*.

Chesterton (*Gilbert Keith*), écrivain britannique (1874-1936).

Chevalier (*Maurice*), chanteur et acteur de cinéma français (1888-1972).

Chevalier à la rose (*le*), opéra de R. Strauss.

Chevauchée fantastique (*la*), film de J. Ford (1939).

Cheverny, château de la première moitié du XVIIe s., près de Blois.

Chevreul (*Eugène*), chimiste français (1786-1889), spécialiste des corps gras.

Chevreuse (*Marie,* duchesse DE) [1600-1679], elle complota contre Mazarin pendant la Fronde.

Cheyennes, Indiens des plaines (États-Unis).

Chiapas, État du Mexique ; 3 920 892 h. Cap. *Tuxtla Gutiérrez*.

Chicago, v. des États-Unis, sur le lac Michigan ; 2 896 016 h. (8 272 768 dans l'aggl.).

Chichén Itzá, anc. cité maya du Mexique.

Childéric Ier (v. 436-481), roi franc, père de Clovis. ◇ **CHILDÉRIC III** (m. en 754), dernier roi mérovingien (743-751), déposé.

chien andalou (*Un*), film de L. Buñuel (1928).

Chili, État de l'Amérique du Sud en bordure du Pacifique ; 757 000 km² ; 15 402 000 h. (*Chiliens*). Cap. *Santiago*.

Chilpéric Ier (539-584), roi de Neustrie en 561, époux de Frédégonde, assassiné.

Chine, État d'Asie ; 9 600 000 km² ; 1 353 311 000 h. (*Chinois*). Cap. *Pékin*. Pays le plus peuplé du monde.

Chio, île grecque de la mer Égée.

Chippendale (*Thomas*), ébéniste britannique (1718-1779), auteur d'un recueil de modèles.

Chirac (*Jacques*), homme politique français (né en 1932). Gaulliste, il a été président de la République de 1995 à 2007.

Chiraz, v. de l'Iran ; 1 053 025 h.

Chirico (*Giorgio* DE) **→ De Chirico.**

Chişinău, anc. **Kichinev**, cap. de la Moldavie ; 662 000 h.

Chittagong, port du Bangladesh ; 1 430 785 h.

Chlef, anc. **Orléansville**, v. d'Algérie ; 146 157 h.

Chleuhs, tribus berbères du Maroc.

Choderlos de Laclos → Laclos.

Choiseul (*Étienne-François,* duc DE), ministre de Louis XV (1719-1785).

Cholet, v. de Maine-et-Loire ; 56 540 h.

Chomsky (*Noam*), linguiste américain (né en 1928), fondateur de la grammaire générative.

Chongqing, v. de Chine (Sichuan) sur le Yangzi Jiang ; 3 122 704 h.

Chopin (*Frédéric*), pianiste et compositeur polonais (1810-1849) : valses, polonaises.

Chostakovitch (*Dmitri*), compositeur russe (1906-1975).

Chou En-lai → Zhou Enlai.

Chrétien de Troyes, poète français (v. 1135-v. 1183), auteur de romans de chevalerie.

Christian, nom de dix rois du Danemark.

Christie (dame *Agatha*), écrivaine britannique (1890-1976), auteure de romans policiers : *Dix Petits Nègres*.

Christie (*William*), claveciniste et chef d'orchestre américain et français (né en 1944).

Christie's, maison de ventes aux enchères fondée à Londres en 1766.

Christine (1626-1689), reine de Suède (1632-1654), protectrice des lettres.

Christo et Jeanne-Claude, artistes américains, *Christo* JAVACHEFF (né en 1935), d'origine bulgare, et *Jeanne-Claude* DENAT DE GUILLEBON (1935-2009), d'origine française, célèbres pour leurs « empaquetages » de monuments.

Chroniques (*livres des*), livre de la Bible.

Chung Myung-whun, pianiste et chef d'orchestre sud-coréen (né en 1953).

Churchill (*Winston*), homme politique britannique (1874-1965), conservateur, deux fois Premier ministre, il fut l'animateur de l'effort de guerre britannique.

Churriguera, famille de sculpteurs et d'architectes espagnols, actifs au XVIIIe s. à Madrid et à Salamanque.

Chypre, État insulaire de la Méditerranée orientale ; 9 251 km² ; 790 000 h. (*Chypriotes* ou *Cypriotes*). Cap. *Nicosie*.

CIA (*Central Intelligence Agency*), service d'espionnage et de contre-espionnage des États-Unis.

Cicéron, orateur, homme politique et écrivain latin (103-43 av. J.-C.).

Cid (le), chevalier espagnol du XIe s. <> Tragédie de Corneille.

Cimabue, peintre italien de la fin du XIIIe s.

Cincinnati, v. des États-Unis (Ohio) ; 331 285 h. (1 646 395 avec les banlieues).

Cincinnatus, homme d'État romain du Ve s. av. J.-C., réputé pour sa vertu.

Cinecittà, studios de cinéma italiens (Rome).

Cinémathèque française, association de sauvegarde et de promotion du cinéma créée à Paris en 1936.

Cinna, conspirateur romain, adversaire d'Auguste. <> Tragédie de Corneille.

Cinq-Mars (marquis DE), favori de Louis XIII (1620-1642), il conspira contre Richelieu et fut exécuté.

Circé, magicienne de *l'Odyssée*.

Cisalpine (*Gaule*), l'Italie du Nord, pour les Romains.

Cisjordanie, région à l'ouest du Jourdain.

Cité (la), île de la Seine, berceau de Paris.

Cîteaux, abbaye bénédictine de la Côte-d'Or, fondée autour de 1100, berceau de la réforme cistercienne.

Cité de Dieu (*la*), ouvrage de saint Augustin.

Cité des sciences et de l'industrie, établissement public parisien ; espaces d'exposition, salle de cinéma hémisphérique (la *Géode*), médiathèque, planétarium.

Cité interdite, palais impérial de Pékin, édifié en 1406.

Citroën (*André*), constructeur d'automobiles français (1878-1935).

Cixi → Tseu-hi.

Claire (*sainte*), fondatrice de l'ordre féminin de saint François (1193-1253).

Clairvaux, anc. abbaye cistercienne (Aube) ; auj. prison.

Claude Ier (10 av. J.-C.-54 apr. J.-C.), empereur romain après 41, empoisonné par Agrippine, sa seconde femme.

Claudel (*Paul*), écrivain français (1868-1955) : *le Soulier de satin*. <> Sa sœur CAMILLE (1864-1943), sculptrice.

Clausewitz (*Carl* VON), général et théoricien prussien (1780-1831) : *De la guerre*.

Clemenceau (*Georges*), homme politique français (1841-1929), animateur de l'effort de guerre français.

Clément, nom de quatorze papes. <> CLÉMENT V (m. en 1314), pape en 1305, s'établit à Avignon. <> CLÉMENT VII (1478-1534), pape en 1523, se heurta à Charles Quint et à Henri VIII.

Clément (*René*), cinéaste français (1913-1996) : *Jeux interdits*.

Cléopâtre VII (69-30 av. J.-C.), dernière reine d'Égypte (après 51). Elle séduisit César, puis Antoine, et se tua après Actium.

Clermont-Ferrand, ch.-l. de la Région Auvergne et du Puy-de-Dôme ; 141 004 h. (*Clermontois*).

Cleveland, v. des États-Unis (Ohio) ; 478 403 h. (2 250 871 avec les banlieues).

Cleveland (*Stephen*), homme politique américain (1837-1908). Démocrate, président des États-Unis (1885-1889 et 1893-1897).

Clinton (*William*, dit **Bill**), homme politique américain (né en 1946). Démocrate, président des États-Unis de 1993 à 2001.

Clisthène, homme d'État athénien de la fin du Ve s. av. J.-C.

Clooney (*George*), acteur et cinéaste américain (né en 1961) : *Good Night, and Good Luck*.

Clotaire Ier (v. 497-561), fils de Clovis Ier, roi franc (v. 511-561).

Clotilde (*sainte*), femme de Clovis Ier (v. 475-545).

Clouet, famille de peintres français de la Renaissance.

Clouzot (*Henri-Georges*), cinéaste français (1907-1977) : *Quai des Orfèvres*.

Clovis Ier (465-511), roi des Francs après 481, baptisé à Reims par saint Remi.

Cluny, v. de Saône-et-Loire. Vestiges d'une prestigieuse abbaye bénédictine.

Clytemnestre, épouse d'Agamemnon, qu'elle tua à son retour de Troie (*Myth. gr.*).

CNES (*Centre national d'études spatiales*), agence spatiale française créée en 1961.

CNN (*Cable News Network*), chaîne américaine de télévision, créée en 1980.

Cnossos, principale cité de la Crète antique dès le XXIe s. av. J.-C.

CNRS (*Centre National de la Recherche Scientifique*), organisme public français.

CNUCED (*Conférence des Nations unies pour le commerce et le développement*), organe de l'ONU créé en 1964.

Coblence, v. d'Allemagne (*Koblenz*) ; 107 700 h. Lieu de ralliement des émigrés français en 1792.

Cobra (de *COpenhague, BRuxelles, Amsterdam*), mouvement artistique européen (1948-1951).

Cochereau (*Pierre*), organiste français (1924-1984).

Cochinchine, région du Viêt Nam méridional.

Cocteau (*Jean*), écrivain et cinéaste français (1889-1963) : *les Enfants terribles*.

Cœur (*Jacques*), négociant de Bourges, argentier de Charles VII (v. 1395-1456).

Cognac, v. de la Charente. Eaux-de-vie.

Cohen-Tannoudji (*Claude*), physicien français (né en 1933), spécialiste de physique atomique.

Coimbra, v. du Portugal ; 96 142 h. Vieille université.

Colbert (*Jean-Baptiste*), ministre de Louis XIV (1619-1683). Il favorisa l'industrie et le commerce.

Coleridge (*Samuel*), poète britannique (1772-1834), précurseur du romantisme.

Colette (*Sidonie Gabrielle*), romancière française (1873-1954) : *Claudine*.

Coligny (*Gaspard* DE), chef protestant, tué à la Saint-Barthélemy (1519-1572).

Colisée, amphithéâtre antique de Rome (fin du Ier s.), le plus vaste du monde romain.

Collège de France, établissement d'enseignement créé à Paris en 1530 par François Ier.

Colmar, ch.-l. du Haut-Rhin ; 67 163 h. (*Colmariens*).

Cologne, v. d'Allemagne, sur le Rhin ; 967 900 h. Cathédrale.

Colomb (*Christophe*), marin génois au service de l'Espagne (v. 1451-1506). Il découvrit l'Amérique en 1492.

Colombie, État de l'Amérique du Sud ; 1 140 000 km^2 ; 42 803 000 h. (*Colombiens*). Cap. *Bogotá*.

Colombie-Britannique, prov. du Canada ; cap. *Victoria* ; v. pr. *Vancouver*.

Colombo, cap. commerciale du Sri Lanka ; 648 000 h.

Colorado, fleuve des États-Unis ; 2 250 km. ◇ État du centre des États-Unis. Cap. *Denver*.

Columbia, district fédéral des États-Unis, où se trouve la capitale, *Washington*.

Columbia (*université*), université de New York.

Comanches, Indiens des États-Unis.

Comaneci (*Nadia*), gymnaste roumaine et américaine (née en 1961), championne olympique en 1976 et en 1980.

Combes (*Émile*), homme politique français (1835-1921). Il mena une politique anticléricale.

Côme, v. d'Italie, en Lombardie, sur le *lac de Côme* ; 78 680 h.

Comecon, organisme de coopération économique ayant regroupé de 1949 à 1991, autour de l'URSS, des pays d'économie dirigée.

Comédie-Française, théâtre fondé à Paris en 1680.

Comédie humaine (*la*), ensemble des romans de Balzac.

Comité de salut public, organisme de surveillance et d'action créé par la Convention (1793-1795).

Commission européenne, institution de l'Union européenne chargée de l'exécution des politiques communautaires.

Commode (161-192), empereur romain après 180. Fou et cruel, il fut assassiné.

Commonwealth, ensemble formé par la Grande-Bretagne et divers États qui acceptent, en toute indépendance, un lien avec la Couronne britannique.

Communauté économique européenne (CEE), association conclue en 1957 par six pays européens. Devenue en 1993 la Communauté européenne (CE), elle sert de cadre institutionnel à l'Union européenne jusqu'à ce que cette dernière la supplante (2009).

Commune (la), gouvernement insurrectionnel, constitué à Paris (mars-mai 1871).

communes (*Chambre des*) ou **Communes,** chambre basse du Parlement britannique.

communiste français (*Parti*) ou **PCF,** parti politique français né en 1920.

Commynes (*Philippe* DE), historien français (1447-1511).

Comnène, famille byzantine dont sont issus plusieurs empereurs d'Orient.

Comores, État insulaire de l'océan Indien, près de Madagascar ; 1 900 km^2 ; 727 000 h. (*Comoriens*). Cap. *Moroni*. Anc. possession française.

Compiègne, v. de l'Oise ; 44 380 h. (*Compiégnois*).

Comtat Venaissin, domaine papal, avec Avignon (1274-1791).

Comte (*Auguste*), philosophe français (1798-1857), à l'origine du positivisme.

Conakry, cap. de la Guinée ; 1 092 936 h.

Concertos brandebourgeois ou **Concerts brandebourgeois,** série des six *Concerts pour plusieurs instruments* de J. S. Bach.

Conciergerie, anc. prison dans le Palais de Justice de Paris.

Concini (*Concino*), favori de Marie de Médicis et ministre de Louis XIII (v. 1575-1617).

Condé (*Louis II,* prince DE), dit **le Grand Condé**, général français (1621-1686), vainqueur de l'Espagne à Rocroi.

Condillac (*Étienne* BONNOT DE), philosophe français (1714-1780) : *Traité des sensations.*

Condorcet (*Antoine* DE), philosophe et homme politique français (1743-1794).

Confédération européenne des syndicats (CES), organisation syndicale européenne créée en 1973.

Confédération germanique, union politique des États allemands (1815-1866).

Confessions, ouvrage de saint Augustin.

Confessions (*les*), ouvrage de J.-J. Rousseau.

Confucius, philosophe et moraliste chinois (v. 551-479 av. J.-C.).

Congo, fl. d'Afrique, tributaire de l'Atlantique ; 4 700 km.

Congo, État de l'Afrique équatoriale ; 342 000 km² ; 3 683 000 h. (*Congolais*). Cap. *Brazzaville*.

Congo (*République démocratique du*) [de 1971 à 1997 **Zaïre**], anc. **Congo belge**, État de l'Afrique centrale ; 2 345 000 km² ; 66 020 000 h. (*Congolais*). Cap. *Kinshasa*.

Connecticut, État du nord-est des États-Unis. Cap. *Hartford.*

Connery (sir *Thomas,* dit **Sean**), acteur britannique (né en 1930) : *James Bond 007 contre Docteur No.*

Conrad, nom de cinq rois et empereurs germaniques.

Conrad (*Joseph*), romancier britannique (1857-1924) : *Lord Jim.*

Conseil constitutionnel, organe juridictionnel français créé en 1958 pour veiller au respect de la Constitution.

Conseil de l'Europe, organisation européenne créée en 1949. Elle réunit 47 États.

Conseil d'État, instance consultative et juridictionnelle suprême de l'administration française créée en 1799.

Conseil économique, social et environnemental, assemblée consultative française, créée en 1958.

Conseil européen, institution de l'Union européenne créée en 1974, chargée des orientations politiques générales.

Constable (*John*), peintre paysagiste britannique (1776-1837).

Constance (*lac de*), lac formé par le Rhin supérieur.

Constance, nom de plusieurs empereurs romains du Bas-Empire.

Constant (*Benjamin*), homme politique et écrivain français (1767-1830) : *Adolphe.*

Constanța, port de Roumanie ; 310 471 h.

Constantin Ier le Grand (entre 270 et 288-337), empereur romain après 306. Il favorisa le christianisme et fonda Constantinople.

Constantine ou **Qacentina,** v. d'Algérie ; 481 947 h.

Constantinople → Istanbul.

Consulat, gouvernement de la France (1799-1804) qui précéda l'Empire.

Contemplations (*les*), œuvre poétique de V. Hugo.

Contes, recueil de contes d'Andersen : *le Vilain Petit Canard, la Petite Sirène.*

Contes, recueil de contes de C. Perrault : *la Belle au bois dormant, Cendrillon.*

Contes de la lune vague après la pluie (*les*), film de K. Mizoguchi (1953).

contrat social (*Du*), traité de J.-J. Rousseau.

Contre-Réforme ou **Réforme catholique,** mouvement de réforme au XVIe s. au sein de l'Église catholique.

Contrexéville, station thermale des Vosges.

Convention nationale, assemblée qui gouverna la France de 1792 à 1795, et créa la Ire République.

Cook (*James*), marin britannique (1728-1779). Il explora l'Océanie.

Cooper (*Fenimore*), romancier américain (1789-1851) : *le Dernier des Mohicans.*

Cooper (*Gary*), acteur américain (1901-1961) : *Le train sifflera trois fois.*

Copeau (*Jacques*), acteur, metteur en scène de théâtre et écrivain français (1879-1949).

Copenhague, cap. et port du Danemark ; 501 664 h. (1 066 000 avec les banlieues).

Copernic (*Nicolas*), astronome polonais (1473-1543). Il fit l'hypothèse du mouvement des planètes autour du Soleil.

Copi (*Raúl* DAMONTE, dit), auteur dramatique et humoriste argentin (1939-1987) : *la Femme assise.*

Coppens (*Yves*), paléontologue français (né en 1934).

Coppola (*Francis Ford*), cinéaste américain (né en 1939) : *Apocalypse Now.*

Corail (*bataille de la mer de*), bataille aéronavale de la Seconde Guerre mondiale (4-8 mai 1942), marquée par la victoire américaine sur les Japonais.

Coran, livre sacré des musulmans, écrit en arabe, parole révélée d'Allah.

Corbières, bordure nord des Pyrénées orientales ; vignobles.

Corday (*Charlotte* DE), révolutionnaire française (1768-1793), elle poignarda Marat.

Cordeliers, club révolutionnaire fondé en 1790. Il disparut en 1794.

Córdoba, v. d'Argentine ; 1 284 582 h.

Cordoue, v. d'Espagne (Andalousie) ; 314 034 h. (*Cordouans*). Grande Mosquée.

Corée, péninsule d'Asie séparée en deux États : la *Corée du Nord* (120 500 km^2 ; 22 428 000 h. *Nord-Coréens* ; cap. *Pyongyang*) et la *Corée du Sud* (99 000 km^2 ; 47 201 900 h. *Sud-Coréens* ; cap. *Séoul*). Hab. : *Coréens*.

Corelli (*Arcangelo*), violoniste et compositeur italien (1653-1713).

Corfou, une des îles Ioniennes.

Corinthe, v. de Grèce, sur un isthme.

Coriolan, général romain semi-légendaire du Ve s. av. J.-C.

Coriolis (*Gaspard*), physicien français (1792-1843). Il a mis en évidence la *force de Coriolis*.

Corneille (*Pierre*), poète dramatique français (1606-1684), auteur de tragédies : *le Cid, Horace, Cinna, Polyeucte, Nicomède*.

Cornouailles ou **Cornwall,** région du sud-ouest de l'Angleterre.

Corot (*Camille*), peintre français (1796-1875), paysagiste et portraitiste.

Corrège (*il Corregio,* en fr. **le**), peintre italien (v. 1489-1534).

Corrèze, dép. français (19) ; ch.-l. *Tulle*, ch.-l. d'arr. *Brive-la-Gaillarde, Ussel* ; 232 576 h. (*Corréziens*).

Corse, île de la Méditerranée, formant une collectivité territoriale (ch.-l. *Ajaccio*), divisée en deux dép. : la *Corse-du-Sud* (2A ; ch.-l. *Ajaccio*, ch.-l. d'arr. *Sartène* ; 110 593 h.) et la *Haute-Corse* (2B ; ch.-l. *Bastia*, ch.-l. d'arr. *Calvi, Corte* ; 141 603 h.).

Cortés (*Hernán*), conquistador espagnol (1485-1547), conquérant du Mexique.

Corto Maltese, série de bandes dessinées de H. Pratt.

Cortot (*Alfred*), pianiste français (1877-1962).

Corvin → Mathias Ier.

Cosaques, population de paysans-soldats du sud de la Russie.

Cosquer, grotte sous-marine, près de Marseille. Peintures du paléolithique (28 000 av. J.-C.).

Costa Brava, littoral de la Catalogne.

Costa-Gavras (*Konstandínos* GAVRAS, dit), cinéaste français d'origine grecque (né en 1933) : *l'Aveu*.

Costa Rica, État de l'Amérique centrale ; 51 000 km^2 ; 4 112 000 h. (*Costaricains* ou *Costariciens*). Cap. *San José*.

Côte d'Azur, littoral français de la Méditerranée de Cassis à Menton.

Côte d'Ivoire, État de l'Afrique occidentale ; 322 000 km^2 ; 21 075 000 h. (*Ivoiriens*). Cap. *Yamoussoukro* ; v. pr. *Abidjan*.

Côte-d'Or, dép. français (21) ; ch.-l. *Dijon*, ch.-l. d'arr. *Beaune, Montbard* ; 506 755 h.

Cotentin (le), presqu'île normande.

Côtes-d'Armor, dép. français (22) ; ch.-l. *Saint-Brieuc*, ch.-l. d'arr. *Dinan, Guingamp, Lannion* ; 542 373 h.

Cotonou, port du Bénin ; 828 000 h.

Coty (*René*), homme politique français (1882-1962). Président de la République (1954-1959).

Coubertin (*Pierre* DE), rénovateur des jeux Olympiques (1863-1937).

Coulomb (*Charles* DE), physicien français (1736-1806). Il établit les lois du magnétisme et de l'électrostatique.

Couperin (*François*), compositeur français (1668-1733).

Coupole du Rocher (la), mosquée de Jérusalem érigée en 691, à l'architecture byzantine.

Courbet (*Gustave*), peintre français (1819-1877), maître du réalisme.

Cour de cassation, juridiction suprême de l'ordre judiciaire français.

Cour de justice de l'Union européenne, juridiction communautaire.

Cour européenne des droits de l'homme, organe judiciaire du Conseil de l'Europe créé en 1959.

Courier (*Paul-Louis*), écrivain français (1772-1825), auteur de pamphlets.

Cour internationale de justice, organe juridictionnel des Nations unies créé en 1945.

Couronnement de la Vierge (*le*), grand retable de E. Quarton.

Cour pénale internationale (CPI), juridiction internationale.

Cour suprême des États-Unis, juridiction fédérale américaine la plus élevée.

Courteline (*Georges*), écrivain français (1858-1929), auteur de comédies : *Messieurs les ronds-de-cuir*.

Cousteau (*Jacques-Yves*), océanographe et cinéaste français (1910-1997).

Coustou, nom de trois sculpteurs français (fin XVIIe-XVIIIe s.).

Coyzevox (*Antoine*), sculpteur français (1640-1720). Il participa à la décoration de Versailles.

Cracovie, v. de Pologne méridionale ; 758 500 h. Centre monumental.

Cragg (*Anthony,* dit **Tony**), sculpteur britannique (né en 1949).

Cranach (*Lucas*), peintre et graveur allemand (1472-1553).

Crassus, homme politique romain (115-53 av. J.-C.).

Crau (la), plaine des Bouches-du-Rhône.

Création (*la*), oratorio de Haydn.

Crébillon (*Prosper*), poète tragique français (1674-1762).

Crépuscule des dieux (*le*), drame musical de Wagner.

Crésus, roi de Lydie (v. 560-546 av. J.-C.), immensément riche, vaincu par Cyrus.

Crète, anc. **Candie**, île grecque de la Méditerranée ; 601 159 h. (*Crétois*).

Créteil, ch.-l. du Val-de-Marne ; 82 630 h. (*Cristoliens*).

Creuse, riv. de France. <> Dép. français (23) ; ch.-l. *Guéret,* ch.-l. d'arr. *Aubusson* ; 124 470 h. (*Creusois*).

Crick (*Francis Harry Compton*), biologiste britannique (1916-2004), l'un des découvreurs de la structure en double hélice de l'ADN.

Crimée, presqu'île d'Ukraine.

Crime et châtiment, roman de Dostoïevski.

Cris et Chuchotements, film de I. Bergman (1972).

Critique de la raison pure, Œuvre de Kant.

Croatie, État d'Europe ; 56 500 km² ; 4 655 000 h. (*Croates*). Cap. *Zagreb.*

croisades, expéditions militaires entreprises pour arracher les Lieux saints aux musulmans. Il y eut huit croisades (XIe-XIIIe s.).

Croissant-Rouge, organisation humanitaire des pays musulmans.

Croix-Rouge, organisation internationale à vocation humanitaire, fondée en 1863 par H. Dunant.

Cro-Magnon (*homme de*), race d'homme préhistorique (env. - 40 000 ans).

Cromwell (*Olivier*), homme d'État anglais (1599-1658), lord-protecteur d'Angleterre, d'Écosse et d'Irlande, il fit exécuter Charles Ier.

Crookes (*William*), chimiste et physicien anglais (1832-1919). Il découvrit la nature des rayons cathodiques.

CSA (*Conseil supérieur de l'audiovisuel*), autorité administrative chargée de la communication audiovisuelle en France.

Cuba, État insulaire des Antilles ; 111 000 km² ; 11 237 000 h. (*Cubains*). Cap. *La Havane.*

Cukor (*George*), cinéaste américain (1899-1983) : *My Fair Lady.*

Cunningham (*Merce*), danseur et chorégraphe américain (1919-2009).

Cupidon, dieu romain de l'Amour, l'*Éros* grec.

Curaçao, île des Antilles néerlandaises.

Curiaces (les) → **Horaces.**

Curie (*Pierre*) [1859-1906], et sa femme *Marie* (1867-1934) physiciens français, étudièrent la radioactivité.

Curien (*Hubert*), physicien français (1924-2005). Ses travaux concernent la minéralogie et la cristallographie.

Curnonsky (*Maurice Edmond* SAILLAND, dit), journaliste et écrivain français (1872-1956).

Cuvier (*Georges*), naturaliste français (1769-1832), fondateur de l'anatomie comparée et de la paléontologie.

Cuzco, v. du Pérou à 3 500 m d'alt. ; 257 751 h. Anc. cap. des Incas.

Cybèle, déesse phrygienne de la Fertilité.

Cyclades, îles grecques de la mer Égée.

Cyclopes, géants forgerons et bâtisseurs n'ayant qu'un œil au milieu du front *(Myth. gr.).*

Cyrano de Bergerac (*Savinien* DE), écrivain français (1619-1655). <> Pièce de E. Rostand.

Cyrénaïque, partie nord-est de la Libye.

Cyrille (*saint*), nom de plusieurs saints. <> CYRILLE et MÉTHODE (*saints*) évangélisèrent les Slaves au IXe s.

Cyrus (m. v. 530 av. J.-C.), fondateur de l'Empire perse, maître de l'Asie occidentale.

Cythère, île grecque de la mer Égée.

Częstochowa, v. de Pologne ; 251 400 h. Pèlerinage.

D

Dacca, cap. du Bangladesh ; 6 105 160 h.

Dachau, camp de concentration allemand (1938-1945).

Dacie, anc. pays de l'Europe correspondant à la Roumanie actuelle.

Dagobert Ier, roi des Francs (629-638).

Daguerre (*Jacques*), inventeur français (1787-1851), pionnier de la photographie.

Dahomey → Bénin.

Daimler, groupe allemand de construction automobile (marques Mercedes-Benz, Smart).

Dakar, cap. du Sénégal ; 2 167 000 h.

Dakota du Nord (cap. *Bismarck*) et **Dakota du Sud** (cap. *Pierre*), États du centre des États-Unis.

Daladier (*Édouard*), homme politique français (1884-1970).

Dalí (*Salvador*), peintre surréaliste espagnol (1904-1989).

Dalida (*Yolanda* GIGLIOTTI, dite), chanteuse française d'origine italienne (1933-1987) : *Bambino*.

Dalila, femme qui livra Samson aux Philistins (*Bible*).

Dallas, v. des États-Unis (Texas) ; 1 188 580 h. (3 519 176 avec les banlieues).

Dalmatie, région de Croatie bordant l'Adriatique.

Dalton (*John*), physicien et chimiste britannique (1766-1844), créateur de la théorie atomique.

Damas, cap. de la Syrie ; 1 497 000 h. Grande Mosquée fondée en 705.

Damiens (*Robert*), domestique français (1715-1757), écartelé pour avoir tenté d'assassiner Louis XV.

Damoclès, courtisan de Denys l'Ancien (IVe s. av. J.-C.). Celui-ci fit suspendre un jour sur sa tête une épée pendue à un fil.

Danaïdes, sœurs qui tuèrent leurs époux et furent condamnées à remplir un tonneau sans fond (*Myth. gr.*).

Da Nang, port du Viêt Nam central ; 382 674 h.

Danemark, État de l'Europe septentrionale ; 43 000 km² ; 5 333 000 h. (*Danois*). Cap. *Copenhague*.

Daniel, héros de la Bible, qui fut jeté dans la fosse aux lions et en sortit indemne.

D'Annunzio (*Gabriele*), écrivain italien (1863-1938).

Dante Alighieri, poète italien (1265-1321) : *la Divine Comédie*.

Danton (*Georges Jacques*), conventionnel français (1759-1794).

Dantzig → Gdańsk.

Danube, fl. d'Europe, né en Allemagne, tributaire de la mer Noire ; 2 850 km.

Da Ponte (*Emanuele* CONEGLIANO, dit **Lorenzo**), librettiste italien (1749-1838), auteur de livrets pour Mozart.

Dard (*Frédéric*), écrivain français (1921-2000), auteur de romans policiers animés par le célèbre commissaire San-Antonio.

Dardanelles (les), détroit entre la mer Égée et la mer de Marmara.

Dar es-Salaam, capitale de la Tanzanie ; 2 441 000 h.

Darios ou **Darius,** nom de trois rois de Perse (du VIe au Ve s. av. J.-C.). ◇ DARIOS IER (m. en 486), fondateur de Persépolis, fut vaincu par les Grecs à Marathon.

Darwin (*Charles Robert*), naturaliste britannique (1809-1882). Fondateur de la doctrine évolutionniste.

Daudet (*Alphonse*), romancier français (1840-1897) : *Tartarin de Tarascon, Lettres de mon moulin*.

Daumier (*Honoré*), peintre, lithographe satirique et sculpteur français (1808-1879).

Dauphiné, anc. prov. de France ; cap. *Grenoble*.

Dausset (*Jean*), médecin français (1916-2009), il a découvert le système HLA (groupes tissulaires et leucocytaires).

David, roi hébreu (m. v. 970 av. J.-C.). Tout jeune, il vainquit avec sa fronde le géant Goliath. Fondateur de Jérusalem.

David, statue colossale sculptée par Michel-Ange.

David (*Louis*), peintre français (1748-1825), maître du néoclassicisme.

Davis (*coupe*), épreuve internationale annuelle de tennis.

Davis (sir *Colin*), chef d'orchestre britannique (né en 1927).

Dayaks, peuple de Bornéo.

Dayan (*Moshe*), général et homme politique israélien (1915-1981).

Dean (*James*), acteur américain (1931-1955) : *la Fureur de vivre*.

Debussy (*Claude*), compositeur français (1862-1918) : *Pelléas et Mélisande*.

Decazes (*Élie*, duc), homme politique français (1780-1860), ministre de Louis XVIII, au pouvoir de 1815 à 1819.

Deccan ou **Dekkan,** partie méridionale de l'Inde.

De Chirico (*Giorgio*), peintre italien (1888-1978), précurseur du surréalisme.

Dédale, architecte du Labyrinthe de Crète, dont il s'échappa en se fabriquant des ailes de plumes et de cire (*Myth. gr.*).

Défense (la), quartier d'affaires de la banlieue ouest de Paris. La *Grande Arche* (1989) termine la perspective Louvre-Tuileries-Champs-Élysées.

Defoe (*Daniel*), écrivain anglais (v. 1660-1731) : *Robinson Crusoé*.

Degas (*Edgar*), peintre français (1834-1917), proche de l'impressionnisme.

Déjeuner sur l'herbe (*le*), grande toile de Manet.

De Klerk (*Frederik Willem*), homme politique sud-africain (né en 1936). Président de la République de 1989 à 1994, il a contribué à l'abolition de l'apartheid.

Delacroix (*Eugène*), peintre romantique français (1798-1863) : *Massacres de Scio*.

Delalande (*Michel Richard*), compositeur français (1657-1726).

Delaunay (*Robert*) [1885-1941] et sa femme *Sonia* (1885-1979), peintres français.

Delaware, État de l'est des États-Unis. Cap. *Dover*.

Delerm (*Philippe*), écrivain français (né en 1950) : *la Première Gorgée de bière et autres plaisirs minuscules*.

Deleuze (*Gilles*), philosophe français (1925-1995) : *l'Anti-Œdipe*.

Delft, v. des Pays-Bas ; 96 588 h. Faïences.

Delhi, v. de l'Inde qui englobe la capitale fédérale, *New Delhi* ; 9 817 439 h.

Delibes (*Léo*), compositeur français (1836-1891) : *Lakmé*.

Della Francesca (*Piero*), peintre italien (v. 1416-1492) : *la Légende de la Croix*.

Della Robbia (*Luca*), sculpteur et céramiste italien (1400-1482).

Delon (*Alain*), acteur français (né en 1935) : *le Samouraï*.

Délos, îlot des Cyclades, centre politique, économique et religieux (Apollon) dans l'Antiquité. Ensemble archéologique.

Delphes, centre religieux de la Grèce antique, célèbre pour l'oracle d'Apollon. Ensemble archéologique.

Delvaux (*Paul*), peintre belge (1897-1994) : *Pygmalion*.

Déméter, déesse grecque de la Fertilité. (C'est la *Cérès* romaine.)

De Mille (*Cecil Blount*), cinéaste américain (1881-1959), spécialiste des reconstitutions historiques : *les Dix Commandements*.

Démocrite, philosophe matérialiste grec (Vᵉ s. av. J.-C.).

Demoiselles d'Avignon (*les*), grande toile de Picasso qui a annoncé le cubisme.

Démosthène, homme politique et orateur athénien (IVᵉ s. av. J.-C.).

Dempsey (*William* HARRISON DEMPSEY, dit **Jack**), boxeur américain (1895-1983).

Demy (*Jacques*), cinéaste français (1931-1990) : *les Parapluies de Cherbourg*.

Denain, v. du Nord. Victoire de Villars sur le prince Eugène (1712).

Deneuve (*Catherine* DORLÉAC, dite **Catherine**), actrice française (née en 1943) : *le Dernier Métro*.

Denfert-Rochereau (*Pierre Philippe*), officier français (1823-1878). Il défendit Belfort en 1870-1871.

Deng Xiaoping, homme politique chinois (1904-1997), responsable des nouvelles orientations de la Chine à partir de 1977.

De Niro (*Robert*), acteur américain (né en 1943) : *Taxi Driver*.

Denis (*saint*), premier évêque de Paris (IIIᵉ s.). Il serait mort décapité.

Denis (*Maurice*), peintre français (1870-1943), théoricien du mouvement nabi.

Denver, v. des États-Unis (Colorado) ; 554 636 h. (2 109 282 avec les banlieues).

Denys l'Ancien (v. 430-367 av. J.-C.), tyran de Syracuse après 405.

Depardieu (*Gérard*), acteur français (né en 1948) : *les Valseuses*.

Depardon (*Raymond*), photographe et cinéaste français (né en 1942).

De Quincey (*Thomas*), écrivain britannique (1785-1859) : *Confessions d'un mangeur d'opium anglais*.

Derain (*André*), peintre français (1880-1954).

Derrida (*Jacques*), philosophe français (1930-2004) : *l'Écriture et la différence*.

Desaix (*Louis*), général français (1768-1800), tué à Marengo.

Descartes (*René*), philosophe français (1596-1650). Il créa la méthode scientifique : *Discours de la méthode*, 1637.

Deschanel (*Paul*), homme politique français (1855-1922), président de la République en 1920.

De Sica (*Vittorio*), acteur et cinéaste italien (1901-1974), chef de file du néoréalisme : *le Voleur de bicyclette*.

Desmoulins (*Camille*), conventionnel français (1760-1794).

Dessay (*Natalie*), soprano française (née en 1965).

Detroit, v. des États-Unis (Michigan) ; 951 270 h. (4 441 551 avec les banlieues). Automobiles.

Deutéronome, cinquième livre du Pentateuque.

Deux-Roses (*guerre des*), guerre civile anglaise, entre les maisons d'York et de Lancastre (1455-1485).

Deux-Siciles, anc. royaume d'Italie (Naples et Sicile).

De Valera (*Eamon*), homme politique irlandais (1882-1975), acteur de l'indépendance irlandaise et président de la République de 1959 à 1973.

Dévolution (*guerre de*), guerre entreprise par Louis XIV, qui réclamait les Pays-Bas au nom de Marie-Thérèse (1667-68).

Devos (*Raymond*), artiste comique et acteur français (1922-2006).

Diaghilev (*Serge* DE), chorégraphe russe (1872-1929), créateur des Ballets russes.

Diane, déesse romaine de la Chasse, l'*Artémis* des Grecs.

Diane de Poitiers, favorite du roi Henri II (1499-1566).

Dias (*Bartolomeu*), navigateur portugais (v. 1450-1500). Il contourna l'Afrique.

Diaspora, ensemble des communautés juives établies hors de Palestine, surtout après l'Exil (VIe s.) ou qui demeurent hors d'Israël depuis la création de cet État.

DiCaprio (*Leonardo*), acteur américain (né en 1974) : *Titanic, Shutter Island.*

Dickens (*Charles*), romancier britannique (1812-1870) : *les Aventures de M. Pickwick, David Copperfield.*

Dictateur (*le*), film de C. Chaplin (1940).

Diderot (*Denis*), écrivain français, directeur de l'*Encyclopédie* (1713-1784).

Didon, princesse tyrienne aimée d'Énée. Abandonnée par lui, elle se suicida.

Diên Biên Phu, village du Viêt Nam. Défaite française (1954).

Dieppe, port de la Seine-Maritime ; 35 694 h. (*Dieppois*).

Diesel (*Rudolf*), ingénieur allemand (1858-1913), inventeur d'un moteur.

Dietrich (*Marie Magdalene,* dite **Marlene**), actrice américaine d'origine allemande (1901-1992), incarnation de la femme fatale : *l'Ange bleu.*

Digne-les-Bains, ch.-l. des Alpes-de-Haute-Provence ; 17 680 h. (*Dignois*).

Dijon, ch.-l. de la Bourgogne et de la Côte-d'Or ; 153 813 h. (*Dijonnais*). Palais des ducs de Bourgogne.

Dioclétien (245-313), empereur romain de 284 à 305. Il abdiqua.

Diogène le Cynique, philosophe grec (Ve s. av. J.-C.).

Dion (*Céline*), chanteuse canadienne (née en 1968) : *Pour que tu m'aimes encore.*

Dionysos, dieu grec de la Végétation, de la Vigne et du Vin, le *Bacchus* des Romains.

Dior (*Christian*), couturier français (1905-1957), créateur du style « new look », en 1947.

Dirac (*Paul*), physicien britannique (1902-1984), l'un des créateurs de la mécanique quantique.

Directoire, régime qui gouverna la France de 1795 à 1799.

Discours de la méthode, ouvrage de R. Descartes.

Disney (*Walt*), cinéaste américain (1901-1966), réalisateur de dessins animés : *Mickey.*

Disneyland, parc de loisirs créé par la société Walt Disney.

Disraeli (*Benjamin*), homme politique britannique (1804-1881), conservateur.

Di Stefano (*Alfredo*), footballeur espagnol d'origine argentine (né en 1926).

Divine Comédie (*la*), poème de Dante.

Dix Commandements (*les*), film de C. B. de Mille (1923, 1956).

Djakarta → Jakarta.

Djedda, port d'Arabie saoudite sur la mer Rouge ; 560 000 h.

Djerba, île du sud de la Tunisie.

Djibouti (*république de*), anc. **Côte française des Somalis**, État de l'Afrique du Nord-Est ; 23 000 km² ; 651 000 h. (*Djiboutiens*). Cap. *Djibouti* (542 000 h.).

Dniepr, fl. de Russie, de Biélorussie et d'Ukraine ; 2 200 km.

Dniestr, fl. d'Ukraine et de Moldavie (mer Noire) ; 1 411 km.

Dnipropetrovsk, v. d'Ukraine, sur le Dniepr ; 1 065 008 h.

Döblin (*Alfred*), écrivain allemand naturalisé français (1878-1957) : *Berlin Alexanderplatz.*

Dobroudja, région de Roumanie entre la mer Noire et le Danube.

Docteur Jekyll et M. Hyde, roman fantastique de R. L. Stevenson.

Docteur Jivago (*le*), roman de B. Pasternak qui a inspiré un film à D. Lean (1965).

Dodécanèse, nom de douze îles grecques de la mer Égée (dont Rhodes).

Dodoma, capitale désignée de la Tanzanie.

Dogons, peuple du Mali.

Doisneau (*Robert*), photographe français (1912-1994).

Dolet (*Étienne*), imprimeur et humaniste français (1509-1546), brûlé pour hérésie.

Dollfuss (*Engelbert*), homme politique autrichien (1892-1934), assassiné par les nazis.

Dolomites, massif calcaire des Alpes italiennes orientales.

Dolto (*Françoise*), psychiatre et psychanalyste française (1908-1988) : *Psychanalyse et Pédiatrie*.

Dombasle (*Christophe Joseph* MATHIEU DE), agronome français (1777-1843).

Domingo (*Placido*), ténor espagnol (né en 1941).

dominicaine (*République*), État de l'est de l'île d'Haïti ; 48 400 km² ; 8 507 000 h. (*Dominicains*). Cap. *Saint-Domingue*.

Dominique, État des Antilles ; 751 km² ; 71 000 h. (*Dominiquais*). Cap. *Roseau*.

Dominique (*saint*), fondateur de l'ordre dominicain (1170-1221).

Domitien (51-96), empereur romain de 81 à 96.

Domrémy-la-Pucelle, village des Vosges, patrie de Jeanne d'Arc.

Don (le), fl. de Russie ; 1 870 km.

Donatello, sculpteur italien (1386-1466), maître de la Renaissance florentine.

Donizetti (*Gaetano*), compositeur italien (1797-1848), auteur d'opéras.

Don Juan, personnage légendaire espagnol, type du libertin débauché. Héros d'une comédie de Molière, d'un opéra de Mozart, etc.

Don Quichotte de la Manche, roman de Cervantès.

Doors (*The*), groupe américain de rock (1965-1973).

Doppler (*Christian*), physicien autrichien (1803-1853).

Dordogne, riv. du S.-O. de la France <> Dép. français (24), ch.-l. *Périgueux*, ch.-l. d'arr. *Bergerac, Nontron, Sarlat-la-Canéda* ; 388 293 h.

Doré (*Gustave*), dessinateur et peintre français (1832-1883).

Doriens, peuple indo-européen, qui envahit la Grèce v. 1000 av. J.-C.

Doriot (*Jacques*), homme politique français (1898-1945). Il collabora avec l'Allemagne.

Dortmund, v. d'Allemagne ; 590 213 h.

Dos Passos (*John*), romancier américain (1896-1970) : *Manhattan Transfer*.

Dostoïevski (*Fedor*), romancier russe (1821-1881) : *Crime et châtiment, l'Idiot, les Frères Karamazov*.

Douai, v. du Nord ; 44 742 h. (*Douaisiens*).

Douala, port du Cameroun ; 1 900 000 h.

Douaumont, anc. village de la Meuse. Violents combats en 1916.

Doubs, affl. de la Saône. <> Dép. français (25), ch.-l. *Besançon*, ch.-l. d'arr. *Montbéliard, Pontarlier* ; 499 062 h.

Douchanbe, capitale du Tadjikistan ; 554 000 h.

Douillet (*David*), judoka français (né en 1969), il a été, en 1995, le premier non-Japonais à remporter le titre de champion du monde à la fois en lourds et en toutes catégories.

Doumer (*Paul*), homme politique français (1857-1932). Président de la République en 1931, il fut assassiné.

Doumergue (*Gaston*), homme politique français (1863-1937), radical-socialiste. Président de la République de 1924 à 1931.

Douro (le), en esp. **Duero**, fl. d'Espagne et du Portugal ; 850 km. Il passe à Porto.

Douvres, port d'Angleterre sur le pas de Calais.

Doyle (sir *Arthur* CONAN), romancier britannique (1859-1930), créateur de Sherlock Holmes.

Dracula, personnage romanesque qui a notamment inspiré un film à F. F. Coppola (1992).

Drake (*Francis*), marin et corsaire anglais (v. 1540-1596).

Dresde, v. de l'Allemagne, cap. de la Saxe ; 478 600 h.

Dreyer (*Carl Theodor*), cinéaste danois (1889-1968) : *la Passion de Jeanne d'Arc*.

Dreyfus (*Affaire*), scandale qui divisa la France de 1894 à 1906, à la suite de la condamnation injuste du capitaine Alfred Dreyfus (1859-1935), de confession israélite.

droits de l'homme (*Déclaration universelle des*), texte adopté par l'ONU en 1948.

droits de l'homme et du citoyen (*Déclaration des*), déclaration votée par l'Assemblée constituante le 26 août 1789.

Drôme, affl. du Rhône. <> Dép. français (26), ch.-l. *Valence*, ch.-l. d'arr. *Die, Nyons* ; 437 778 h.

Druzes, peuple du Proche-Orient, adeptes d'une secte issue du chiisme.

Dubček (*Alexander*), homme politique tchécoslovaque (1921-1992). Il prit la tête du « printemps de Prague » (1968).

Du Bellay → Bellay.

Dubillard (*Roland*), homme de théâtre français (1923-2011).

Dublin, cap. de la république d'Irlande ; 495 781 h. (1 015 000 avec les banlieues).

Dubrovnik, anc. **Raguse**, port de Croatie.

Dubuffet (*Jean*), peintre et sculpteur français (1901-1985), théoricien de l'art brut.

Duby (*Georges*), historien français (1919-1996) : *le Temps des cathédrales 980-1420*.

Duccio, peintre italien (v. 1260-1318/19), maître de l'école de Sienne.

Duchamp (*Marcel*), peintre français (1887-1968), proche du dadaïsme avec ses objets « ready-made ».

Dufy (*Raoul*), peintre français (1877-1953).

Duguay-Trouin (*René*), corsaire français (1673-1736).

Duhamel (*Georges*), romancier français (1884-1966).

Duisburg, v. d'Allemagne, sur la Ruhr ; 512 000 h. Centre industriel.

Dukas (*Paul*), compositeur français (1865-1935) : *Ariane et Barbe-Bleue*.

Dulcinée, personnage du *Don Quichotte* de Cervantès.

Dulles (*John Foster*), homme politique américain (1888-1959), l'artisan de la politique étrangère pendant la guerre froide.

Dullin (*Charles*), acteur et metteur en scène de théâtre français (1885-1949).

Dumas (*Alexandre*), romancier français (1802-1870) : *les Trois Mousquetaires, le Comte de Monte-Cristo*. ◇ Son fils, ALEXANDRE, dit DUMAS FILS, auteur dramatique (1824-1895) : *la Dame aux camélias*.

Dumas (*Jean-Baptiste*), chimiste français (1800-1884).

Dumézil (*Georges*), historien français (1898-1986) : *l'Idéologie tripartie des Indo-Européens*.

Dumont (*René*), agronome français (1904-2001).

Dumont d'Urville (*Jules*), marin français (1790-1842).

Dumouriez (*Charles François*), général français (1739-1823), passé aux Autrichiens.

Dunant (*Henry* ou *Henri*), philanthrope suisse (1828-1910), fondateur de la Croix-Rouge.

Duncan (*Isadora*), danseuse et chorégraphe américaine (1878-1927), elle a ouvert la voie à la modern dance américaine.

Dundee, v. de Grande-Bretagne (Écosse) ; 145 663 h.

Dunkerque, port français, sur la mer du Nord ; 72 333 h. (*Dunkerquois*).

Dunlop (*John*), ingénieur écossais (1840-1921), créateur du pneumatique.

Duns Scot (*John*), théologien écossais (v. 1266-1308).

Dupleix (*Joseph François*), gouverneur français de l'Inde (1696-1763).

Dupuytren (*Guillaume*), chirurgien français (1777-1835).

Duquesne (*Abraham*), marin français (1610-1688).

Durance (la), affl. du Rhône ; 305 km.

Duras (*Marguerite*), écrivaine et cinéaste française (1914-1996) : *l'Amant*.

Durban, port de l'Afrique du Sud (Kwazulu-Natal) ; 982 000 h.

Durendal ou **Durandal,** l'épée de Roland.

Dürer (*Albrecht*), peintre et graveur allemand (1471-1528), maître de la Renaissance.

Durkheim (*Émile*), sociologue français (1858-1917).

Durrell (*Lawrence*), écrivain britannique (1912-1990) : *le Quatuor d'Alexandrie*.

Dürrenmatt (*Friedrich*), écrivain suisse de langue allemande (1921-1990).

Düsseldorf, v. d'Allemagne, sur le Rhin ; 570 800 h.

Duvalier (*François*), dit **Papa Doc**, homme politique haïtien (1907-1971). Au pouvoir de 1957 à sa mort, il instaura un régime dictatorial. ◇ Son fils JEAN-CLAUDE, dit **Baby Doc** ou **Bébé Doc** (né en 1951), lui succéda de 1971 à 1986.

Duvivier (*Julien*), cinéaste français (1896-1967) : *Pépé le Moko*.

Dvořák (*Antonín*), compositeur tchèque (1841-1904) : *Symphonie du Nouveau Monde*.

Dylan (*Robert* ZIMMERMAN, dit **Bob**), compositeur et chanteur américain de folk et de rock (né en 1941).

E

Eastman (*George*), industriel américain (1854-1932), inventeur du film photographique.

Eastwood (*Clint*), acteur et cinéaste américain (né en 1930) : *Sur la route de Madison*.

Ebert (*Friedrich*), homme politique allemand (1871-1925), socialiste, président de la République allemande en 1921.

Èbre (l'), fl. d'Espagne ; 928 km.

Ecclésiaste (*livre de l'*), livre de la Bible.

Eckart (*Johann*, dit **Maître**), dominicain allemand (v. 1260-1327), mystique.

Eco (*Umberto*), écrivain italien (né en 1932) : *le Nom de la rose*.

École des femmes (*l'*), comédie de Molière.

Écosse, partie nord de la Grande-Bretagne ; 78 800 km² ; 5 062 011 h. (*Écossais*) ; cap. *Édimbourg*.

Eden (*Anthony,* comte D'AVON), homme politique britannique (1897-1977), Premier ministre conservateur de 1955 à 1957.

Édesse, ancienne ville de Mésopotamie.

Edfou, v. d'Égypte, sur le Nil ; grand temple d'Horus.

Édimbourg, cap. de l'Écosse ; 448 624 h.

Edison (*Thomas*), ingénieur américain (1847-1931) inventeur du phonographe et de la lampe à incandescence.

Edmonton, v. du Canada, cap. de l'Alberta ; 666 104 h.

Édouard, nom de plusieurs rois d'Angleterre. ◇ ÉDOUARD III (1312-1377), roi après 1327, entreprit la guerre de Cent Ans. ◇ ÉDOUARD VII (1841-1910), roi après 1901. ◇ ÉDOUARD VIII (1894-1972), roi en 1936, abdiqua la même année (*duc de Windsor*).

Édouard le Confesseur (*saint*) [v. 1003-1066], roi d'Angleterre après 1042.

Édouard le Prince Noir (1330-1376), prince de Galles et duc d'Aquitaine. Il fit prisonnier Jean le Bon.

Éducation sentimentale (*l'*), roman de G. Flaubert.

Éduens, peuple de la Gaule celtique.

Edwards (*William Blake* MCEDWARDS, dit **Blake**), cinéaste américain (1922-2010) : *la Panthère rose*.

Edwards (*Robert Geoffrey*), biologiste britannique (né en 1925), pionnier de la fécondation in vitro.

Égée (*mer*), partie de la Méditerranée entre la Grèce et la Turquie.

Égine, île de Grèce. Ruines.

Égypte, État du nord-est de l'Afrique ; 1 million de km² ; 82 999 000 h. (*Égyptiens*). Cap. *Le Caire*.

Eiffel (*Gustave*), ingénieur français (1832-1923), constructeur de la *tour Eiffel* à Paris (1889).

Einstein (*Albert*), physicien allemand naturalisé américain (1879-1955), auteur de la théorie de la relativité.

Einthoven (*Willem*), physiologiste néerlandais (1860-1927), inventeur de l'électrocardiographie.

Éire, nom gaélique de l'Irlande.

Eisenhower (*Dwight*), général et homme politique américain (1890-1969). Il fut chef des armées alliées en Europe (1944-45) et président des États-Unis (1953-1961).

Eisenstein (*Sergueï*), cinéaste soviétique (1898-1948) : *le Cuirassé « Potemkine »*.

Élam, ancien État du S.-O. de l'Iran actuel (la Susiane des Grecs). Apogée aux XIIIe-XIIe s. av. J.-C.

Elbe, fl. de l'Europe centrale ; 1 100 km.

Elbe, île à l'est de la Corse, où Napoléon fut relégué en 1814.

Elbrous ou **Elbrouz,** sommet du Caucase ; 5 642 m.

Eldorado, pays fabuleux d'Amérique, dont rêvaient les conquistadores.

Électre, fille d'Agamemnon et de Clytemnestre qui fit tuer sa mère pour venger son père. Cette histoire a inspiré Eschyle, Sophocle, Euripide et Giraudoux.

Éleusis, v. d'Attique. On y célébrait des mystères liés au culte de Déméter.

Élie, prophète juif (IXe s. av. J.-C.).

Eliot (*George*), romancière britannique (1819-1880) : *le Moulin sur la Floss*.

Eliot (*Thomas Stearns*), poète britannique d'origine américaine (1888-1965).

Élisabeth (*sainte*), mère de saint Jean-Baptiste, femme du prêtre Zacharie.

Élisabeth de Hongrie (*sainte*), princesse hongroise (1207-1231).

Élisabeth (1709-1762), impératrice de Russie après 1742, fille de Pierre le Grand et de Catherine Ire.

Élisabeth Ire (1533-1603), reine d'Angleterre après 1558, fille d'Henri VIII.

Élisabeth II (née en 1926), reine du Royaume-Uni de Grande-Bretagne et d'Irlande du Nord et chef du Commonwealth depuis 1952.

Ellington (*Duke*), compositeur et chef d'orchestre américain de jazz (1899-1974).

Ellora, site archéologique de l'Inde. Temples rupestres (VIe-IXe s.).

Éloge de la folie (*l'*), ouvrage d'Érasme.

Éloi (*saint*), ministre de Dagobert (v. 588-660).

El País, quotidien espagnol créé en 1976.

Elseneur, v. danoise où se passe *Hamlet*.

Eltsine ou **Ieltsine** (*Boris Nikolaïevitch*), homme politique russe (1931-2007), président de la Russie de 1991 à 1999.

Eluard (*Paul*), poète français (1895-1952).

Élysée (*palais de l'*), à Paris, résidence du président de la République française.

Elzévir, famille d'imprimeurs hollandais des XVIe et XVIIe s.

Emerson (*Ralph*), philosophe américain (1803-1882), idéaliste et panthéiste.

Émile ou De l'éducation, roman pédagogique de J.-J. Rousseau.

Émilie, région d'Italie du Nord ; cap. *Bologne.*

Eminescu (*Mihai*), écrivain et poète roumain (1850-1889).

Émirats arabes unis, fédération d'États, sur le golfe Persique ; 80 000 km² ; 2 654 000 h. (*Émiriens*). Cap. *Abu Dhabi.* Pétrole.

Emmaüs, bourg de Judée. Jésus y apparut à deux disciples après sa résurrection.

Empédocle, philosophe grec d'Agrigente (Vᵉ s. av. J.-C.).

Empire (premier), régime établi par Napoléon Iᵉʳ (1804-1814, et mars-juin 1815).

Empire (second), régime établi par Napoléon III (1852-1870).

Ems, station thermale d'Allemagne où fut rédigée en 1870 la dépêche qui fit éclater la guerre franco-allemande.

En attendant Godot, pièce de théâtre de S. Beckett.

Encyclopédie, publication collective sur les sciences, les arts et les techniques, dirigée par d'Alembert et Diderot (1751-1772).

Énée, prince légendaire troyen, héros de *l'Énéide* de Virgile.

Énéide (*l'*), poème épique de Virgile.

Enfants du paradis (*les*), film de M. Carné (1945).

Enfers, séjour des morts, dans la mythologie.

Engels (*Friedrich*), philosophe allemand, ami de Marx (1820-1895).

Enghien (duc D'), dernier des CONDÉ, fusillé par ordre de Bonaparte (1772-1804).

Enseigne de Gersaint (*l'*), grande toile de Watteau.

Ensor (*James*), peintre et graveur belge (1860-1949), au talent visionnaire.

Entente cordiale, nom donné au rapprochement politique entre la France et la Grande-Bretagne sous Louis-Philippe et en 1904.

enterrement à Ornans (*Un*), grande toile de Courbet.

Enterrement du comte d'Orgaz (*l'*), grande toile du Greco.

Éole, dieu des Vents, en Grèce et à Rome.

Éoliennes ou **Lipari** (*îles*), archipel italien de la mer Tyrrhénienne.

Épaminondas, général et homme d'État thébain (v. 418-362 av. J.-C.).

Épée (*Charles-Michel,* abbé DE L'), éducateur français des sourds-muets (1712-1789).

Épernay, v. de la Marne ; 27 738 h. (*Sparnaciens*). Vins de Champagne.

Éphèse, v. anc. d'Ionie. Temple d'Artémis.

Épictète, philosophe latin stoïcien (Iᵉʳ s.).

Épicure, philosophe grec (341-270 av. J.-C.).

Épidaure, v. de la Grèce antique, célèbre pour le culte d'Asclépios. Théâtre.

Épinal, ch.-l. des Vosges ; 38 207 h. (*Spinaliens*).

Épire, région aux confins de la Grèce et de l'Albanie. Apogée au IIIᵉ s. av. J.-C.

Épîtres du Nouveau Testament ou **Épîtres des Apôtres,** lettres des Apôtres (Nouveau Testament).

Epsom, v. d'Angleterre. Courses de chevaux.

Équateur, État de l'Amérique du Sud, sur le Pacifique ; 270 670 km² ; 12 880 000 h. (*Équatoriens*). Cap. *Quito* ; v. pr. *Guayaquil.*

Érasme, humaniste hollandais (v. 1469-1536) : *Éloge de la folie.*

Ératosthène, mathématicien, astronome et philosophe grec d'Alexandrie (IIIᵉ s. av. J.-C.).

Erckmann (*Émile*) et **Chatrian** (*Alexandre*), romanciers français (1822-1899 et 1826-1890) : *l'Ami Fritz.*

Erebus, volcan de l'Antarctique ; 3 794 m.

Érechthéion, temple sur l'Acropole d'Athènes (421-406 av. J.-C.)

Erevan, cap. de l'Arménie ; 1 103 488 h.

Erfurt, v. de l'Allemagne, cap. de la Thuringe ; 200 100 h.

Érié, lac de l'Amérique du Nord.

Erik le Rouge, explorateur norvégien (v. 940- v. 1010), découvreur du Groenland.

Erik, nom de plusieurs rois de Suède et du Danemark.

Érinyes (les), déesses grecques de la Vengeance, les *Furies* romaines.

Ermitage (l'), palais de Saint-Pétersbourg. Riche musée.

Ernst (*Max*), peintre français d'origine allemande (1891-1976), surréaliste.

Éros, dieu grec de l'Amour.

Érythrée, État d'Afrique orientale ; 120 000 km² ; 3,8 millions d'h. (*Érythréens*). Cap. *Asmara.*

ESA (*European Space Agency*), agence spatiale européenne, créée en 1975.

Esaü, frère aîné de Jacob. Il lui vendit son droit d'aînesse pour un plat de lentilles.

Escaut, fl. de France, de Belgique et des Pays-Bas ; 430 km.

Eschine, orateur grec, rival de Démosthène (v. 390-314 av. J.-C.).

Eschyle, créateur de la tragédie grecque (v. 525-456 av. J.-C.) : *les Perses, l'Orestie.*

Esculape, dieu romain de la Médecine.

Escurial (l'), palais et monastère d'Espagne, au N.-O. de Madrid, construit par Philippe II.

ESO (*European Southern Observatory*), organisation européenne de recherches astronomiques dans l'hémisphère Sud, créée en 1962.

Ésope, fabuliste grec (VIIe-VIe s. av. J.-C.).

Espagne, État du sud-ouest de l'Europe ; 505 000 km² ; 40 millions d'h. (*Espagnols*). Cap. *Madrid*.

Espagne (*guerre d'*), guerre civile qui opposa les républicains aux nationalistes dirigés par Franco, de 1936 à 1939.

Espoir (*l'*), roman de A. Malraux.

esprit des lois (*De l'*), Œuvre de Montesquieu.

Esquilin (*mont*), colline de Rome.

Esquimaux, peuple des terres arctiques de l'Amérique et du Groenland.

Essais (*les*), œuvre de Montaigne.

Essen, v. d'Allemagne, sur la Ruhr ; 591 900 h. Industrie métallurgique.

Essex, comté d'Angleterre.

Essonne, riv. de France. ◇ Dép. français (91) ; ch.-l. *Évry*, ch.-l. d'arr. *Étampes, Palaiseau* ; 1 134 238 h.

Este (*maison d'*), famille princière d'Italie, qui gouverna en particulier Ferrare.

Esterel, massif montagneux de Provence.

Esther, Juive qui épousa le roi perse Assuérus, et obtint la grâce des Juifs persécutés. ◇ Tragédie de Racine.

Estienne (*Robert* et *Henri*), imprimeurs et humanistes français (1503-1559 et v. 1531-1598).

Estonie, État de l'Europe septentrionale ; 45 000 km² ; 1 377 000 h. (*Estoniens*). Cap. *Tallinn*.

Estrées (*Gabrielle* D'), favorite d'Henri IV (1571-1599).

Estrémadure, nom d'une région d'Espagne et d'une région du Portugal.

ETA (*Euskadi ta Askatasuna*), mouvement basque créé en 1959, qui réclame l'indépendance du Pays basque.

Étaix (*Pierre*), cinéaste et acteur français (né en 1928).

État français, régime établi par le maréchal Pétain le 10 juillet 1940. Il prit fin à la Libération, en août 1944.

États de l'Église ou **États pontificaux,** partie de l'Italie qui fut soumise aux papes (756-1870).

États-Unis, en angl. **United States of America (USA),** État fédéral de l'Amérique du Nord ; 9 364 000 km² ; 308 745 000 h. (*Américains*). Cap. *Washington*.

Éthiopie, État d'Afrique orientale ; 1 100 000 km² ; 82 825 000 h. (*Éthiopiens*). Cap. *Addis-Abeba*.

Éthique (*l'*), ouvrage de Spinoza.

Éthique à Nicomaque, traité d'Aristote.

Étienne (*saint*), diacre et premier martyr chrétien (m. v. 37), mort lapidé.

Étienne Ier (*saint*) [v. 970-1038], roi de Hongrie en 1000. Il propagea le christianisme.

Etna, volcan de Sicile ; 3 345 m.

Étolie, région de l'ancienne Grèce.

Eton, v. universitaire d'Angleterre.

Étranger (*l'*), roman de A. Camus.

Étrurie, ancienne région italienne, correspondant à la Toscane.

Étrusques, peuple d'Étrurie, soumis par Rome du Ve au IIIe s. av. J.-C.

Euclide, mathématicien grec (IIIe s. av. J.-C.), créateur de la géométrie.

Eugène de Savoie, dit **le Prince Eugène**, général des armées impériales (1663-1736). Il se battit contre Louis XIV.

Eugénie de Montijo (1826-1920), femme de Napoléon III (1853).

Euler (*Leonhard*), mathématicien suisse (1707-1783). En analyse, il introduisit le concept de fonction.

Euphrate, fl. de Mésopotamie ; 2 780 km.

Eurasie, ensemble de l'Europe et de l'Asie.

Euratom, autre nom de la Communauté européenne de l'énergie atomique.

Eure, affl. de la Seine. ◇ Dép. français (27), ch.-l. *Évreux*, ch.-l. d'arr. *Les Andelys, Bernay* ; 541 054 h.

Eure-et-Loir, dép. français (28), ch.-l. *Chartres*, ch.-l. d'arr. *Châteaudun, Dreux, Nogent-le-Rotrou* ; 407 665 h.

Euripide, poète tragique grec (480-406 av. J.-C.) : *Iphigénie en Tauride*.

Euronews, chaîne européenne de télévision d'informations en continu, diffusée depuis 1993.

Europe, une des cinq parties du monde ; 10 millions de km² ; 732 millions d'h. (*Européens*).

Europe, jeune fille aimée de Zeus, mère de Minos (*Myth. gr.*).

Europoort, avant-port de Rotterdam.

Eurovision, organisme qui coordonne les échanges de programmes télévisés entre les pays de l'Europe occidentale et du bassin méditerranéen.

Eurydice, femme d'Orphée (*Myth. gr.*).

Évangiles, récits de la vie du Christ par Matthieu, Marc, Luc et Jean.

Evans (*Walker*), photographe américain (1903-1975).

Ève, la première femme (*Bible*).

Everest (*mont*), point culminant du globe, dans l'Himalaya ; 8 848 m.

Évian-les-Bains, station thermale de Haute-Savoie, sur le lac Léman. <> Les *accords d'Évian* mirent fin à la guerre d'Algérie (1962).

Évreux, ch.-l. de l'Eure ; 54 076 h. (*Ébroïciens*).

Évry, ch.-l. de l'Essonne ; 50 013 h. (*Évryens*).

Exode (*l'*), livre de la Bible qui raconte la sortie des Hébreux d'Égypte.

Extrême-Orient, la Chine, les deux Corées, le Japon, le Viêt Nam, le Laos et le Cambodge.

Exxon Mobil Corporation ou **ExxonMobil,** groupe pétrolier américain.

Eylau (*bataille d'*), bataille indécise entre Napoléon Ier et les Russes.

Eyzies-de-Tayac-Sireuil (Les), comm. de Dordogne ; musée de la Préhistoire.

Ézéchiel, prophète biblique.

F

Fables, recueil de La Fontaine en 12 livres.

Fabre (*Jean Henri*), entomologiste français (1823-1915).

Fabre d'Églantine (*Philippe*), poète et homme politique français (1750-1794). Il nomma les mois du calendrier républicain.

Fachoda (*affaire de*), incident qui obligea la France à reconnaître l'autorité anglaise sur le Soudan et le bassin du Nil (1898).

Fagnes (*Hautes*), plateau de l'Ardenne belge.

Fahrenheit (*Daniel Gabriel*), physicien allemand (1686-1736), inventeur d'une graduation thermométrique.

Fahrenheit 451, roman de R. D. Bradbury qui a inspiré un film à F. Truffaut (1966).

Faidherbe (*Louis*), général français (1818-1889), gouverneur du Sénégal.

Falachas, peuple juif d'Éthiopie, auj. installé en Israël.

Falkland, anc. **Malouines,** îles britanniques au sud-est de l'Argentine.

Falla (*Manuel* DE), compositeur espagnol (1876-1946) : *l'Amour sorcier*.

Fallières (*Armand*), homme politique français (1841-1931). Président de la République de 1906 à 1913.

Falloux (*Frédéric*, comte DE), homme politique français (1811-1886), auteur d'une loi sur la liberté de l'enseignement.

Falstaff, personnage de Shakespeare.

Fangio (*Juan Manuel*), coureur automobile argentin (1911-1995), cinq fois champion du monde des conducteurs.

FAO (*Food and Agriculture Organization*), organisation de l'ONU pour l'alimentation et l'agriculture, créée en 1945.

Farabi (al), philosophe musulman (v. 870-950).

Faraday (*Michael*), physicien britannique (1791-1867). Il découvrit l'induction électromagnétique.

Fargue (*Léon-Paul*), poète français (1876-1947) : *le Piéton de Paris*.

Farnèse (*Alexandre*), général de Philippe II d'Espagne (1545-1592).

Farnèse (*palais*), palais du XVIe s., à Rome.

Far West, au XIXe s., territoires de l'ouest des États-Unis.

Fatah, mouvement palestinien lié à l'OLP.

Fátima, v. du Portugal. La Vierge y serait apparue en 1917. Pèlerinage.

Fatima, fille de Mahomet, épouse d'Ali.

Fatimides, dynastie musulmane qui domina le Maghreb et l'Égypte (Xe-XIIe s.).

Faucon maltais (*le*), film de J. Huston (1941).

Faulkner (*William*), romancier américain (1897-1962) : *Sanctuaire*.

Faure (*Félix*), homme politique français (1841-1899). Président de la République de 1895 à 1899.

Fauré (*Gabriel*), compositeur français (1845-1924) : *Requiem*.

Faust, magicien qui vendit son âme au Diable ; héros d'un drame de Goethe et d'opéras de Berlioz et de Gounod.

Fayoum, région d'Égypte, au sud-ouest du Caire.

Faysal Ier (1906-1975), roi d'Arabie saoudite après 1964. Mort assassiné.

FBI (*Federal Bureau of Investigation*), police fédérale des États-Unis.

Febvre (*Lucien*), historien français (1878-1956).

Federer (*Roger*), joueur de tennis suisse (né en 1981). Il détient le record des victoires en tournois du Grand Chelem (16).

Félix le Chat, personnage de dessin animé américain créé en 1919.

Fellini (*Federico*), cinéaste italien (1920-1993) : *la Dolce Vita.*

Femina (*prix*), prix littéraire fondé en 1904.

Fénelon (*François* DE SALIGNAC DE LA MOTHE), prélat et écrivain français (1651-1715) : *les Aventures de Télémaque.*

Ferdinand, nom de plusieurs rois de Castille, d'Aragon et d'Espagne. ◇ FERDINAND II (Aragon), ou V (Castille) *le Catholique* (1452-1516), roi d'Aragon, époux d'Isabelle de Castille. ◇ FERDINAND VII (1784-1833), détrôné par Napoléon en 1808, fut rétabli en 1814.

Ferdowsi ou **Firdusi,** poète persan (v. 932-1020) : *le Livre des rois.*

Fermat (*Pierre* DE), mathématicien français (1601-1665).

Fermi (*Enrico*), physicien italien (1901-1954), auteur de la première pile à uranium.

Fernandel (*Fernand* CONTANDIN, dit), acteur français (1903-1971) : *le Petit Monde de Don Camillo.*

Féroé (*îles*), archipel danois, au nord de l'Écosse.

Ferrare, v. d'Italie (Émilie) ; 130 992 h.

Ferré (*Léo*), chanteur français (1916-1993) : *Avec le temps.*

Ferry (*Jules*), homme politique français (1832-1893). Il réforma l'enseignement primaire et soutint l'expansion coloniale.

Fès, v. du Maroc ; 448 823 h.

Feuillants, club révolutionnaire partisan d'une monarchie constitutionnelle (1791-92).

Feydeau (*Georges*), écrivain français (1862-1921), auteur de vaudevilles.

Feyder (*Jacques* FRÉDÉRIX, dit **Jacques**), cinéaste français d'origine belge (1885-1948) : *le Grand Jeu.*

Feynman (*Richard P.*), physicien américain (1918-1988).

Fezzan, région du sud de la Libye.

FFI (*Forces Françaises de l'Intérieur*), formations militaires de la Résistance (1944).

Fiat, société italienne de construction automobile fondée en 1899.

Fichte (*Johann Gottlieb*), philosophe allemand (1762-1814).

Fictions, recueil de nouvelles de J. L. Borges.

Fidji (*îles*), archipel et État de Mélanésie ; 18 300 km² ; 823 000 h. (*Fidjiens*). Cap. *Suva.*

Fielding (*Henry*), romancier anglais (1707-1754) : *Tom Jones.*

Fields (*médaille*), la plus haute distinction internationale en mathématiques, décernée tous les 4 ans.

Figaro, personnage du *Barbier de Séville* et du *Mariage de Figaro* de Beaumarchais.

Figaro (*le*), quotidien français d'informations créé en 1854.

Finistère, dép. français (29), ch.-l. *Quimper,* ch.-l. d'arr. *Brest, Châteaulin, Morlaix* ; 852 418 h. (*Finistériens*).

Finisterre (*cap*), extrémité nord-ouest de l'Espagne.

Finlande, État de l'Europe du Nord ; 338 000 km² ; 5 181 115 h. (*Finlandais*). Cap. *Helsinki.*

Firdusi → Ferdowsi.

Fischer (*Emil*), chimiste allemand (1852-1919). Il a réalisé la synthèse de nombreux sucres.

Fischer-Dieskau (*Dietrich*), baryton allemand (né en 1925).

Fischer von Erlach (*Johann Bernhard*), architecte autrichien (1656-1723) : église St-Charles-Borromée, à Vienne.

Fitzgerald (*Ella*), chanteuse de jazz américaine (1917-1996).

Fitzgerald (*Francis Scott*), écrivain américain (1896-1940) : *Gatsby le Magnifique.*

Fiume, anc. nom de Rijeka.

Flaherty (*Robert*), cinéaste américain (1884-1951), créateur du film documentaire : *Nanouk l'Esquimau.*

Flammarion (*Camille*), astronome français (1842-1925).

Flanagan (*Barry*), sculpteur britannique (1941-2009).

Flandre (la) ou **Flandres** (les), anc. prov. et région de France et de Belgique ; v. pr. *Lille, Gand* (ch.-l. de la Flandre-Orientale) et *Bruges* (ch.-l. de la Flandre-Occidentale). Hab. : *Flamands.*

Flaubert (*Gustave*), écrivain français (1821-1880) : *Madame Bovary.*

Flaviens, dynastie romaine : Vespasien, Titus et Domitien (69-96).

Flavius Josèphe, historien juif (v. 37-100) : *la Guerre des Juifs.*

Flémalle (*Maître de*), nom donné à un peintre des Pays-Bas du Sud (1er tiers du XVe s.), auteur de panneaux religieux.

Fleming (*Alexander*), médecin britannique (1881-1955). Il découvrit la pénicilline.

Fleming (*Victor*), cinéaste américain (1883-1949) : *Autant en emporte le vent.*

Fleurs du mal (*les*), recueil poétique de Baudelaire.

Fleurus, v. de Belgique. Victoires françaises en 1690 et 1794.

Fleury (*André Hercule,* cardinal DE), ministre de Louis XV (1653-1743).

FLN (*Front de libération nationale*), mouvement nationaliste fondé en 1954, puis parti politique algérien.

Flore, déesse des Fleurs et des Jardins.

Florence, v. d'Italie (Toscane) ; 356 118 h. (*Florentins*). Brillant foyer de la Renaissance, sous les Médicis.

Florian (*Jean-Pierre* CLARIS DE), écrivain français (1755-1794), auteur de fables.

Floride, État du sud-est des États-Unis. Cap. *Tallahassee.* V. pr. *Miami*.

Flûte enchantée (*la*), opéra de Mozart.

Fluxus, mouvement artistique américain et européen né dans les années 1960.

FMI (*Fonds Monétaire International*), organisme international créé en 1945 pour favoriser la stabilité monétaire.

FO (*Force ouvrière*), appellation courante de la Confédération générale du travail-Force ouvrière, issue d'une scission de la CGT en 1948.

Foch (*Ferdinand*), maréchal de France (1851-1929), commandant en chef des troupes alliées en 1918.

Foix (*comté de*), région et anc. prov. de France. <> Ch.-l. du dép. de l'Ariège ; 9708 h. (*Fuxéens*).

Fokine (*Michel*), danseur et chorégraphe russe (1880-1942).

Fonds mondial pour la nature → WWF.

Fontaine (*Just*), footballeur français (né en 1933).

Fontaine (*Pierre*), architecte français (1762-1853). Un des créateurs, avec Charles Percier (1764-1838), du style Empire.

Fontainebleau, v. de Seine-et-Marne ; 17 811 h. (*Bellifontains*). Château, forêt.

Fontenelle (*Bernard* LE BOVIER DE), écrivain français (1657-1757).

Fontenoy (*bataille de*), victoire du maréchal de Saxe sur les Anglo-Hollandais, en Belgique, le 11 mai 1745.

Ford (*Harrison*), acteur américain (né en 1942) : *Indiana Jones*.

Ford (*Henry*), industriel américain (1863-1947), pionnier de l'automobile.

Ford (*John*), auteur dramatique anglais (1586-v. 1639) : *Dommage qu'elle soit une putain*.

Ford (*John*), cinéaste américain (1895-1973) : *la Chevauchée fantastique*.

Ford Motor Company, société américaine de construction automobile fondée en 1903 par Henry Ford.

Forêt-Noire, massif boisé d'Allemagne, en face des Vosges.

Forez, région du Massif central.

Forman (*Miloš*), cinéaste américain d'origine tchèque (né en 1932) : *Amadeus*.

Formose → Taïwan.

Forrester (*Maureen*), contralto canadienne (1930-2010).

Forsythe (*William*), chorégraphe américain (né en 1949).

Fortaleza, port du Brésil ; 2 138 234 h.

Fort-de-France, ch.-l. de la Martinique ; 94 778 h.

Fosse (*Robert Louis,* dit **Bob**), danseur, chorégraphe et cinéaste américain (1927-1987) : *Cabaret*.

Foster (lord *Norman*), architecte britannique (né en 1935).

Foucauld (*Charles* DE), explorateur et missionnaire français (1858-1916).

Foucault (*Léon*), physicien français (1819-1868), inventeur du gyroscope.

Foucault (*Michel*), philosophe français (1926-1984).

Fouché (*Joseph,* duc D'OTRANTE), conventionnel français (1759-1820), ministre de la Police sous Napoléon Ier.

Foulbés → Peuls.

Fouquet (*Jean*), peintre et miniaturiste français (v. 1415-1420 - v. 1480).

Fouquet ou **Foucquet** (*Nicolas*), ministre de Louis XIV (1615-1680) qui le fit emprisonner.

Fouquier-Tinville (*Antoine Quentin*), accusateur public sous la Terreur (1746-1795), mort exécuté.

Fourches Caudines, défilé d'Italie centrale où une armée romaine, vaincue, dut défiler sous le joug (321 av. J.-C.).

Fourier (*Charles*), philosophe socialiste français (1772-1837).

Fourier (*Joseph,* baron), mathématicien français (1768-1830), découvreur des séries trigonométriques.

Fournier (*Pierre*), violoncelliste français (1906-1986).

Fouta-Djalon, massif de Guinée.

Fra Angelico → Angelico.

Fragonard (*Jean Honoré*), peintre français (1732-1806), exubérant et savoureux.

France, État de l'Europe occidentale ; 549 000 km² ; 65 350 000 h. (63 460 000 h. en métropole) [*Français*]. Cap. *Paris* ; v. pr. *Marseille, Lyon, Toulouse, Nice, Bordeaux, Nantes, Strasbourg, Lille*.

France (*Anatole*), écrivain français (1844-1924).

France Télévisions, société de télévision du service public français qui regroupe les chaînes France 2, France 3, France 4, France 5 et France Ô (de Réseau outre-mer 1ère, anc. RFO).

Francfort, v. d'Allemagne, sur le Main. 641 100 h. Aéroport. Centre financier. Foire du livre. <> Traité franco-allemand en 1871.

Francfort (*école de*), école philosophique allemande.

Franche-Comté, Région et anc. prov. de l'est de la France ; ch.-l. *Besançon.*

Franck (*César*), compositeur français d'origine belge (1822-1890).

Franco (*Francisco*), général et homme politique espagnol (1892-1975). Chef de l'État (Caudillo) de 1939 à sa mort.

François d'Assise (*saint*), fondateur de l'ordre des Franciscains (v. 1182-1226).

François de Paule (*saint*), fondateur de l'ordre des Minimes (v. 1416-1507).

François de Sales (*saint*), évêque de Genève (1567-1622), auteur de l'*Introduction à la vie dévote.*

François Xavier (*saint*), jésuite, apôtre des Indes et du Japon (1506-1552).

François Ier (1494-1547), roi de France après 1515, adversaire de Charles Quint. <> FRANÇOIS II (1544-1560), fils d'Henri II, roi en 1559-1560.

François II (1768-1835), empereur germanique (1792-1806), empereur d'Autriche (François Ier) [1804-1835].

François (*Claude*), chanteur français (1939-1978) : *Comme d'habitude.*

François (*Samson*), pianiste français (1924-1970).

François-Ferdinand de Habsbourg, archiduc héritier d'Autriche (1863-1914). Son assassinat, à Sarajevo, prélude à la Première Guerre mondiale.

François-Joseph Ier (1830-1916), empereur d'Autriche (1848-1916), roi de Hongrie (1867-1916).

Franconie, région d'Allemagne (Bavière).

Francs, peuple germanique qui conquit la Gaule romaine aux Ve-VIe s.

Franju (*Georges*), cinéaste français (1912-1987) : *la Tête contre les murs.*

Frank (*Anne*), jeune Allemande juive (1929-1945), auteur d'un célèbre *Journal.*

Frank (*Robert*), photographe et cinéaste américain d'origine suisse (né en 1924).

Frankenstein, personnage du roman fantastique de Mary Shelley *Frankenstein ou le Prométhée moderne* qui a inspiré de nombreux films.

Franklin (*Aretha*), chanteuse américaine de rhythm and blues (née en 1942).

Franklin (*Benjamin*), savant et homme politique américain (1706-1790), un des fondateurs de l'Indépendance et inventeur du paratonnerre.

Fraser (*Dawn*), nageuse australienne (née en 1937).

Frazer (sir *James George*), anthropologue écossais (1854-1941).

Frédégonde (545-597), femme de Chilpéric Ier, roi de Neustrie. Elle lutta contre Brunehaut.

Frédéric, nom de neuf rois de Danemark.

Frédéric Ier Barberousse (1122-1190), empereur germanique (1155-1190). Il lutta contre le pape et les Lombards, mourut en croisade.

Frédéric II de Hohenstaufen (1194-1250), roi de Sicile après 1197, empereur germanique (1220). Il obtint des musulmans la cession de Jérusalem, mais se heurta toute sa vie à la papauté.

Frédéric II le Grand (1712-1786), roi de Prusse après 1740, despote éclairé.

Frédéric-Guillaume Ier, dit **le Roi-Sergent** (1688-1740), roi de Prusse après 1713, mena une politique centralisatrice.

Freetown, cap. de la Sierra Leone ; 921 000 h.

Fréhel (*cap*), cap de la Bretagne.

Fréhel (*Marguerite* BOULCH, dite), chanteuse et actrice française (1891-1951).

Freinet (*Célestin*), pédagogue français (1896-1966).

Fréjus, v. du Var ; 47 897 h. (*Fréjusiens*).

Frères Karamazov (*les*), roman de Dostoïevski.

Frescobaldi (*Girolamo*), compositeur et organiste italien (1583-1643).

Fresnel (*Augustin*), physicien français (1788-1827). Il développa la théorie ondulatoire de la lumière.

Fresnes, v. du Val-de-Marne. Prison.

Freud (*Sigmund*), médecin autrichien (1856-1939). Fondateur de la psychanalyse.

Freund (*Gisèle*), photographe française d'origine allemande (1912-2000).

Fribourg, v. et cant. de Suisse ; 31 691 h.

Fribourg-en-Brisgau, ville d'Allemagne ; 208 300 h.

Friedland (*bataille de*), victoire de Napoléon sur les Russes (1807).

Friedrich (*Caspar David*), peintre romantique allemand (1774-1840).

Frioul, région partagée entre l'Italie et la Slovénie.

Frisch (*Karl* VON), zoologiste et éthologiste autrichien (1886-1982).

Frise, région partagée entre les Pays-Bas et l'Allemagne.

Froissart (*Jean*), chroniqueur français (1333-apr. 1404).

Fromentin (*Eugène*), peintre et romancier français (1820-1876) : *Dominique*.

Fronde (la), soulèvement contre Mazarin sous la minorité de Louis XIV (1648-1652).

Front populaire (mai 1936-avril 1938), coalition de partis français de gauche que les élections de mai 1936 portèrent au pouvoir. Il mena une politique sociale.

Frounze → Bichkek.

Fuégiens, peuple de la Terre de Feu.

Fugger, banquiers d'Augsbourg (XVe-XVIe s.).

Fujian, prov. du sud-est de la Chine.

Fuji-Yama, volcan et point culminant du Japon ; 3 776 m.

Fukuoka, port du Japon ; 1 341 470 h.

Fukushima (*centrale de*), centrale nucléaire du nord-est du Japon, sur le Pacifique. Le séisme et le tsunami du 11 mars 2011 y provoquèrent un accident nucléaire majeur.

Fulton (*Robert*), ingénieur américain (1765-1815), pionnier de la navigation à vapeur.

Funès (*Louis* DE), acteur français (1914-1983) : *la Grande Vadrouille*.

Furet (*François*), historien français (1927-1997) : *Penser la Révolution française*.

Furetière (*Antoine*), écrivain français (1619-1688) : *Dictionnaire universel*.

Fureur de vivre (*la*), film américain de N. Ray (1955).

Furies → Érinyes.

Furtado (*Celso*), économiste brésilien (1920-2004), spécialiste du développement.

Furtwängler (*Wilhelm*), chef d'orchestre allemand (1886-1954).

Füssli (*Johann Heinrich*), peintre suisse (1741-1825) : *le Cauchemar*.

Fustel de Coulanges (*Numa Denis*), historien français (1830-1889).

Futuna → Wallis-et-Futuna.

Futuroscope, parc d'attractions ouvert en 1987 près de Poitiers.

G

G7 (*Groupe des 7*), groupe des sept pays les plus industrialisés du monde, souvent élargi en G8 (Groupe des 8) avec la participation fréquente de la Russie aux sommets annuels du groupe, consacrés surtout à l'économie.

G20 (*Groupe des 20*), forum économique rassemblant les pays du G8, dix pays émergents, l'Australie et l'Union européenne.

Gabès, port de Tunisie ; 98 935 h.

Gabin (*Jean Alexis* MONCORGÉ, dit **Jean**), acteur français (1904-1976) : *le Quai des brumes*.

Gable (*Clark*), acteur américain (1901-1960) : *Autant en emporte le vent*.

Gabon, État d'Afrique équatoriale ; 268 000 km² ; 1 262 000 h. (*Gabonais*). Cap. *Libreville*.

Gaborone, cap. du Botswana ; 186 007 h.

Gabriel, archange de l'Annonciation (*Nouveau Testament*).

Gabriel, famille d'architectes français, dont les plus connus sont JACQUES (1667-1742) et son fils JACQUES ANGE (1698-1782), auteur d'édifices classiques à Paris, Versailles, etc.

Gabrieli, famille de compositeurs et d'organistes italiens (XVIe-XVIIe s.), précurseurs du style concertant.

Gadamer (*Hans Georg*), philosophe allemand (1900-2002), promoteur de l'herméneutique moderne.

Gafsa, v. de Tunisie méridionale ; 71 107 h. Phosphates.

Gagarine (*Iouri*), cosmonaute soviétique (1934-1968), premier homme à effectuer un vol spatial.

Gaia → Gê.

Gainsborough (*Thomas*), peintre, portraitiste et paysagiste anglais (1727-1788).

Gainsbourg (*Lucien* GINSBURG, dit **Serge**), chanteur, acteur et cinéaste français (1928-1991) : *la Javanaise*.

Galápagos (*îles*), archipel du Pacifique, dépendance de l'Équateur.

Galbraith (*John Kenneth*), économiste américain (1908-2006), collaborateur de F. Roosevelt : *le Nouvel État industriel*.

Galice, région du nord-ouest de l'Espagne.

Galicie, région de Pologne et d'Ukraine.

Galien (*Claude*), médecin grec du IIe s.

Galilée, région de la Palestine.

Galilée, physicien et astronome italien (1564-1642), l'un des fondateurs de la mécanique moderne.

Gallé (*Émile*), verrier, céramiste et ébéniste français (1846-1904), maître de l'Art nouveau.

Galles (*pays de*), région de l'ouest de la Grande-Bretagne. ◇ Le *prince de Galles* est le fils aîné du souverain britannique.

Gallien (v. 218-268), empereur romain en 253.

Gallieni (*Joseph*), maréchal de France et administrateur colonial (1849-1916).

Gallup (*George*), statisticien américain (1901-1984), pionnier des sondages d'opinion.

Galois (*Évariste*), mathématicien français (1811-1832). Il joua un rôle important dans l'étude des équations algébriques.

Galsworthy (*John*), écrivain britannique (1867-1933) : *la Saga des Forsyte*.

Galvani (*Luigi*), physicien et médecin italien (1737-1798).

Gama (*Vasco* DE), navigateur portugais (v. 1469-1524). Le premier, il doubla le cap de Bonne-Espérance (1497).

Gambetta (*Léon*), homme politique français (1838-1882).

Gambie, fl. d'Afrique. ◇ État de l'Afrique occidentale ; 11 300 km² ; 1 337 000 h. (*Gambiens*). Cap. *Banjul*.

Gamow (*George*), physicien américain d'origine russe (1904-1968).

Gance (*Abel*), cinéaste français (1889-1981) : *Napoléon*.

Gand, port de Belgique, sur l'Escaut ; 229 344 h. (*Gantois*).

Gandhi (*Indira*), femme politique indienne (1917-1984), fille de Nehru. Premier ministre de 1967 à 1977 et de 1980 à 1984, assassinée. ◇ Son fils RAJIV (1944-1991) lui a succédé à la tête du gouvernement de 1984 à 1989, et a aussi été assassiné.

Gandhi (*le Mahatma*), apôtre national et religieux de l'Inde (1869-1948), assassiné.

Gange (le), fl. sacré de l'Inde ; 3 090 km.

Gao Xingjian, écrivain et peintre français d'origine chinoise (né en 1940) : *la Montagne de l'âme*.

Gap, ch.-l. des Hautes-Alpes ; 38 612 h. (*Gapençais*).

Garbo (*Greta Lovisa* GUSTAFSSON, dite **Greta**), actrice suédoise naturalisée américaine (1905-1990), archétype de la star : *Ninotchka*.

García Lorca (*Federico*), poète et dramaturge espagnol (1898-1936).

García Márquez (*Gabriel*), écrivain colombien (né en 1928) : *Cent Ans de solitude*.

Gard, affl. du Rhône. ◇ Dép. français (30) ; ch.-l. *Nîmes*, ch.-l. d'arr. *Alès, Le Vigan* ; 623 125 h. (*Gardois*).

Gard (*pont du*), aqueduc romain du Iᵉʳ s. apr. J.-C.

Gardel (*Charles* GARDÉS, dit **Carlos**), chanteur de tango argentin, d'origine française (1890-1935).

Gardner (*Ava*), actrice américaine (1922-1990) : *la Comtesse aux pieds nus*.

Gargantua (*Vie inestimable du grand*), roman de Rabelais.

Garibaldi (*Joseph*), patriote italien (1807-1882). Il lutta pour l'unification de l'Italie.

Garland (*Frances* GUMM, dite **Judy**), actrice américaine (1922-1969) : *le Magicien d'Oz*.

Garnier (*Charles*), architecte français (1825-1898) : Opéra de Paris.

Garonne, fl. de France qui naît dans les Pyrénées et rejoint l'Atlantique ; 650 km.

Garonne (Haute-), dép. français (31) ; ch.-l. *Toulouse*, ch.-l. d'arr. *Muret, Saint-Gaudens* ; 1 046 338 h.

Gary (*Romain* KACEW, dit **Romain**), écrivain français (1914-1980) : *les Racines du ciel*. Il écrivit également sous le nom d'ÉMILE AJAR : *la Vie devant soi*.

Gascogne, anc. prov. du sud-ouest de la France ; cap. *Auch*.

Gassendi (*Pierre*), philosophe matérialiste français (1592-1655).

Gassman (*Vittorio*), acteur italien (1922-2000) : *Parfum de femme*.

Gaston III de Foix, dit **Phébus** (1331-1391), comte de Foix et vicomte de Béarn, il s'entoura d'une cour fastueuse.

Gâtinais, région de France ; v. pr. *Montargis*.

Gatsby le Magnifique, roman de F. S. Fitzgerald.

Gatti (*Dante,* dit **Armand**), homme de théâtre français (né en 1924).

Gaudí (*Antoni* ou *Antonio*), architecte espagnol (1852-1926) : basilique de la *Sagrada Familia* à Barcelone.

Gauguin (*Paul*), peintre français (1848-1903). Exécutées en Bretagne, puis en Polynésie, ses œuvres annoncent l'art du XXᵉ s.

Gaule, nom donné dans l'Antiquité à la région correspondant à la France, la Belgique et l'Italie du Nord.

Gaulle (*Charles* DE), homme politique français (1890-1970). Organisateur de la résistance française contre l'Allemagne (1940), président de la République de 1959 à 1969.

Gaumont (*Léon*), inventeur et industriel français (1863-1946), pionnier du cinéma.

Gauss (*Carl Friedrich*), astronome, mathématicien et physicien allemand (1777-1855), auteur de travaux en mécanique céleste, sur l'électromagnétisme et l'optique.

Gautier (*Théophile*), poète et romancier français (1811-1872).

Gavarnie (*cirque de*), site touristique des Hautes-Pyrénées.

Gavrinis, île de Bretagne. Dolmen du IVe millénaire.

Gavroche, personnage des *Misérables* de V. Hugo, type du gamin de Paris.

Gay-Lussac (*Louis Joseph*), chimiste et physicien français (1778-1850).

Gaza, v. et territoire de Palestine (dit **bande de Gaza**) ; 1 001 569 h.

Gbagbo (*Laurent*), homme politique ivoirien (né en 1945), président de la République de 2000 à 2011 (en concurrence, en 2010-2011, avec Alassane Ouattara).

Gdańsk, en all. **Danzig**, en fr. **Dantzig**, port de Pologne ; 461 300 h.

Gê ou **Gaia,** divinité de la Terre, mère des Titans (*Myth. gr.*).

Gehry (*Frank*), architecte et designer américain (né en 1929) : musée Guggenheim à Bilbao.

Gell-Mann (*Murray*), physicien américain (né en 1929), auteur de travaux en physique nucléaire.

Gemara, texte (IVe-VIe s.) qui, avec la Mishna, constitue le Talmud.

General Motors, société américaine de construction automobile fondée en 1908.

Gênes, port d'Italie ; 610 307 h. (*Génois*).

Genèse, premier livre de la Bible.

Genet (*Jean*), écrivain français (1910-1986) : *les Bonnes*.

Genève, v. et cant. de Suisse, sur le lac Léman ; 174 999 h. (*Genevois*).

Genève (*accords de*), accords (juill. 1954) qui mirent fin à la guerre d'Indochine.

Geneviève (*sainte*), patronne de Paris, qu'elle défendit contre Attila (v. 422 - v. 502).

Gengis Khan, conquérant tartare (v. 1167-1227). Il fonda l'Empire mongol.

Genji monogatari, roman de Murasaki Shikibu (début XIe s.).

Gennes (*Pierre-Gilles* DE), physicien français (1932-2007) : physique de la matière condensée.

Genséric, roi vandale d'Afrique (Ve s.).

Geoffroy Saint-Hilaire (*Étienne*), naturaliste français (1772-1844).

George, nom de plusieurs rois d'Angleterre. ◇ GEORGE V (1865-1936), roi après 1910. ◇ GEORGE VI (1895-1952), roi après 1936.

Georges (*saint*), martyr (IVe s.). Il aurait terrassé un dragon.

Georges Ier (1845-1913), roi de Grèce après 1863, mort assassiné. ◇ GEORGES II (1890-1947), roi de Grèce de 1922 à 1924 et de 1935 à 1947.

Georgetown, cap. de la Guyana ; 188 000 h.

Géorgie, État du Caucase, sur la mer Noire ; 70 000 km^2 ; 5 239 000 h. (*Géorgiens*). Cap. *Tbilissi*.

Géorgie, État du sud des États-Unis. Cap. *Atlanta*.

Géorgiques (*les*), poème de Virgile.

Gergovie, oppidum gaulois (Puy-de-Dôme), que Vercingétorix défendit avec succès.

Géricault (*Théodore*), peintre français (1791-1824) : *le Radeau de la « Méduse »*.

Germain (*Sophie*), mathématicienne française (1776-1831), auteur de travaux sur la théorie de l'élasticité.

Germains, peuple indo-européen venu de Scandinavie, qui envahit l'Europe centrale au Ier millénaire av. J.-C.

Germanicus (15 av. J.-C.-19 apr. J.-C.), général romain, vainqueur des Germains.

Germanie, région entre Rhin et Vistule, peuplée par les Germains, dans l'Antiquité.

germano-soviétique (*pacte*), traité de non-agression signé entre l'Allemagne et l'URSS le 23 août 1939.

Germinal, roman de É. Zola.

Geronimo, chef apache (1829-1908).

Gers, affl. de la Garonne. ◇ Dép. français (32) ; ch.-l. *Auch*, ch.-l. d'arr. *Condom, Mirande* ; 172 335 h. (*Gersois*).

Gershwin (*George*), compositeur américain (1898-1937) : *Porgy and Bess*.

Gerson (*Jean* DE), théologien français (1363-1429), mystique.

Gestapo, police de sûreté du IIIe Reich. Elle fut de 1936 à 1945 l'instrument du régime nazi.

Gethsémani, jardin au pied du mont des Oliviers, où Jésus pria la nuit de son arrestation.

Gettysburg, v. des États-Unis. Victoire des nordistes pendant la guerre de Sécession (1863).

Ghana, État de l'Afrique occidentale ; 240 000 km^2 ; 19 734 000 h. (*Ghanéens*). Cap. *Accra*.

Ghiberti (*Lorenzo*), sculpteur florentin (1378-1455), maître de la Renaissance : portes de bronze du baptistère de Florence.

Ghirlandaio (*Domenico* BIGORDI, dit **Domenico**), peintre italien (1449-1494).

Giacometti (*Alberto*), sculpteur et peintre suisse (1901-1966).

Giambologna (*Jean* BOULOGNE, dit), sculpteur flamand (1529-1608) installé à Florence.

Giap → Vo Nguyên Giap.

Gibbs (*Willard*), physicien américain (1839-1903). Il fonda la chimie physique.

Gibraltar, port britannique du sud de l'Espagne, sur le détroit du même nom.

Gide (*André*), écrivain français (1869-1951) : *les Faux-Monnayeurs*.

Gilbert (*Kenneth*), claveciniste et organiste canadien (né en 1931).

Gilgamesh, roi légendaire d'Ourouk, héros d'une épopée mésopotamienne (v. XVIIIe s. av. J.-C.).

Gillespie (*John* BIRKS, dit **Dizzy**), musicien américain de jazz (1917-1993), l'un des créateurs du style be-bop.

Giono (*Jean*), romancier français (1895-1970). Chantre de la Provence.

Giorgione (*Giorgio* DA CASTELFRANCO, dit), peintre vénitien (v. 1477-1510) : *la Tempête,* ou *l'Orage*.

Giotto di Bondone, peintre florentin (1266-1337), un des initiateurs de l'art d'Occident : fresques de la *Vie de la Vierge et du Christ* à Padoue.

Girardin (*Émile* DE), journaliste français (1806-1881), il lança la presse à bon marché.

Girardon (*François*), sculpteur français (1628-1715), représentant du classicisme fastueux de Versailles.

Girardot (*Annie*), actrice française (1931-2011) : *Rocco et ses frères, Mourir d'aimer*.

Giraud (*Jean*), auteur français de bandes dessinées (né en 1938). Il dessine sous les pseudonymes de GIR et MOEBIUS.

Giraudoux (*Jean*), romancier et auteur dramatique français (1882-1944).

Gironde, estuaire de la Garonne. ◇ Dép. français (33) ; ch.-l. *Bordeaux,* ch.-l. d'arr. *Blaye, Langon, Lesparre-Médoc, Libourne* ; 1 287 334 h. (*Girondins*).

Girondins, groupe politique modéré de la Révolution française, né en 1791 autour du député Brissot, éliminé en 1793.

Giscard d'Estaing (*Valéry*), homme politique français (né en 1926), président de la République de 1974 à 1981.

Gitans, tsiganes vivant principalement dans le sud de l'Europe.

Giulini (*Carlo Maria*), chef d'orchestre italien (1914-2005).

Gizeh ou **Guizèh,** v. d'Égypte près du Caire. Grandes pyramides. Sphinx et vaste nécropole.

Gladstone (*William*), homme politique britannique (1809-1898). Libéral, il fut trois fois Premier ministre entre 1868 et 1894.

Glanum, ville gallo-romaine, près de Saint-Rémy-de-Provence.

Glaris, cant. de Suisse.

Glasgow, port d'Écosse ; 577 869 h.

Glass (*Philip*), compositeur américain (né en 1937), il illustre le courant de la musique répétitive.

Glorieuses (*les Trois*), les trois jours de la révolution de 1830.

Gluck (*Christoph Willibald*), compositeur allemand (1714-1787) : *Orphée*.

Goa, État de la côte ouest de l'Inde, anc. possession portugaise.

Gobelins (*les*), manufacture royale, puis nationale de tapisseries, sise à Paris.

Gobi, désert de l'Asie centrale.

Gobineau (*Joseph,* comte DE), écrivain français (1816-1882).

Godard (*Jean-Luc*), cinéaste français et suisse (né en 1930), pionnier de la nouvelle vague : *À bout de souffle*.

Godefroi de Bouillon (v. 1061-1100), chef de la 1re croisade, fondateur du royaume de Jérusalem (1099).

Gödel (*Kurt*), logicien et mathématicien américain d'origine autrichienne (1906-1978).

Godounov → Boris Godounov.

Godoy (*Manuel*), ministre de Charles IV d'Espagne (1767-1851).

God save the King (the Queen), hymne national britannique.

Goebbels (*Joseph*), homme politique allemand (1897-1945), ministre de la Propagande nazie. Il se suicida.

Goethe (*Johann Wolfgang* VON), écrivain allemand (1749-1832) : *Faust, Werther*.

Gogol (*Nikolaï*), écrivain russe (1809-1852) : *les Âmes mortes*.

Golconde, v. de l'Inde dont la richesse fut proverbiale ; ruinée par Aurangzeb (1687).

Goldman (*Jean-Jacques*), chanteur et compositeur français (né en 1951) : *Quand la musique est bonne*.

Goldoni (*Carlo*), écrivain italien (1707-1793), auteur de comédies.

Goldsmith (*Oliver*), écrivain britannique (1728-1774) : *le Vicaire de Wakefield*.

Golem (*le*), roman fantastique de G. Meyrink.

Golfe (*guerre du*), conflit opposant en 1991 l'Iraq (qui a envahi le Koweït en 1990) à une coalition de pays conduite par les États-Unis.

Golgi (*Camillo*), médecin et histologiste italien (1843-1926).

Golgotha ou **Calvaire,** colline où Jésus-Christ fut supplicié.

Goliath, guerrier géant tué par David.

Gombrowicz (*Witold*), écrivain polonais (1904-1969) : *Ferdydurke*.

Gomorrhe → Sodome.

Gomułka (*Władysław*), homme politique polonais (1905-1982), au pouvoir de 1956 à 1970.

Goncourt (*Edmond* DE), écrivain français (1822-1896), auteur avec son frère *Jules* (1830-1870) de romans naturalistes ; créateur de l'Académie des Goncourt, qui décerne un prix littéraire.

Gondwana, continent de l'ère primaire qui réunissait l'Inde, l'Amérique du Sud, l'Afrique, l'Australie et l'Antarctique.

Góngora (*Luis* DE), poète espagnol (1561-1627), au style précieux.

Gorbatchev (*Mikhaïl Sergueïevitch*), homme politique russe (né en 1931), à la tête de l'URSS de 1985 à 1991.

Gorgones, monstres ailés au corps de femme et à la chevelure de serpent : Méduse, Euryale et Sthéna (*Myth. gr.*).

Göring (*Hermann*), maréchal et homme politique allemand (1893-1946), créateur de la Luftwaffe.

Gorki (*Maxime*), écrivain russe (1868-1936) : *la Mère*.

Gorki → Nijni Novgorod.

Goscinny (*René*), dessinateur et scénariste français de bandes dessinées (1926-1977) : *Astérix*.

Göteborg, port de Suède ; 479 242 h.

Goths, anc. peuple germain, établi sur la Vistule au Ier s. av. J.-C.

Gotlib (*Marcel* GOTLIEB, dit), dessinateur et scénariste français de bandes dessinées (né en 1934).

Göttingen, v. d'Allemagne ; 123 800 h.

Goujon (*Jean*), sculpteur et architecte français (v. 1510-v. 1565).

Gould (*Glenn*), pianiste canadien (1932-1982).

Gounod (*Charles*), compositeur français (1818-1893), auteur d'opéras : *Faust*.

Goya (*Francisco* DE), peintre espagnol (1746-1828) : *les Désastres de la guerre*.

Graal, coupe qui aurait servi à Jésus le soir de la Cène.

Gracchus (*Tiberius* et *Caïus*), nom de deux frères romains (les Gracques), tués pour avoir lutté contre l'aristocratie (IIe s. av. J.-C.).

Grâces (les), divinités gréco-romaines de la Beauté : Aglaé, Thalie, Euphrosyne.

Gracq (*Louis* POIRIER, dit **Julien**), écrivain français (1910-2007) : *le Rivage des Syrtes*.

Graf (*Steffi*), joueuse de tennis allemande (née en 1969).

Graham (*Martha*), danseuse et chorégraphe américaine (1894-1991), l'une des principales figures de la modern dance.

Gramme (*Zénobe*), électricien belge (1826-1901). Il inventa la dynamo.

Gramsci (*Antonio*), philosophe et homme politique communiste italien (1891-1937).

Grand Canyon, gorges du Colorado, aux États-Unis.

Grande-Bretagne, île formant avec l'Irlande du Nord le Royaume-Uni. Elle regroupe l'Angleterre, le pays de Galles et l'Écosse ; 243 500 km² ; 59 542 000 h. (*Britanniques*). Cap. *Londres*.

Grande-Grèce, ou **Grèce d'Occident :** l'Italie du Sud et la Sicile, dans l'Antiquité.

Grande Illusion (*la*), film de J. Renoir (1937).

Grandes Baigneuses (*les*), tableau de Cézanne.

Grand Meaulnes (*le*), roman d'Alain-Fournier.

Grands Lacs, nom des cinq grands lacs américains : Supérieur, Michigan, Huron, Érié, Ontario.

Grand Sommeil (*le*), film de H. Hawks (1946).

Grant (*Archibald Alexander* LEACH, dit **Cary**), acteur américain d'origine britannique (1904-1986) : *la Mort aux trousses*.

Grant (*Ulysses*), général américain (1822-1885). Vainqueur des sudistes, président des États-Unis de 1868 à 1876.

Grappelli (*Stéphane*), violoniste de jazz français (1908-1997).

Grass (*Günter*), écrivain allemand (né en 1927) : *le Tambour*.

Graz, v. d'Autriche ; 226 244 h.

Grèce, État du sud-est de l'Europe ; 132 000 km² ; 10 939 605 h. (*Grecs*). Cap. *Athènes*.

Greco (*Domenikos* THEOTOKOPULOS, dit **le**), peintre espagnol d'origine grecque (1541-1614), chantre de la spiritualité religieuse de sa ville d'adoption, Tolède.

Gréco (*Juliette*), chanteuse et actrice française (née en 1927).

Green (*Julien*), écrivain américain d'expression française, (1900-1998) : *Adrienne Mesurat*.

Greene (*Graham*), écrivain britannique (1904-1991) : *la Puissance et la Gloire*.

Greenpeace, mouvement écologiste et pacifiste créé en 1971.

Greenwich, faubourg de Londres. Méridien d'origine des longitudes.

Grégoire, nom de divers saints : GRÉGOIRE DE NAZIANZE, théologien (IVe s.). ◇ GRÉGOIRE DE NYSSE, théologien (IVe s.). ◇ GRÉGOIRE DE TOURS, prélat et historien français (v. 538-v. 594).

Grégoire, nom de seize papes dont GRÉGOIRE Ier, *le Grand* (*saint*) [v. 540-604], pape de 590 à 604, auquel on doit la liturgie de la messe et le rite *grégorien* ; ◇ GRÉGOIRE VII (*saint*), [v. 1020-1085], pape de 1073 à 1085, adversaire de l'empereur Henri IV dans la querelle des Investitures ; ◇ GRÉGOIRE XIII (1502-1585), pape de 1572 à 1585, qui réforma le calendrier.

Grégoire (*Henri*, dit **l'abbé**), prêtre français (1750-1831), chef de l'Église constitutionnelle.

Grémillon (*Jean*), cinéaste français (1901 - 1959) : *Remorques*.

Grenade, v. d'Espagne ; 243 341 h. Palais mauresque de l'Alhambra.

Grenade, île et État des Antilles ; 344 km² ; 94 000 h. (*Grenadiens*). Cap. *Saint George's*.

Grenoble, ch.-l. de l'Isère ; 156 203 h. (*Grenoblois*).

Grenelle (*accords de*), accords sur le travail négociés en mai 1968 entre le gouvernement, le patronat et les syndicats. <> Par ext., nom donné à de grandes négociations sur des sujets majeurs (Grenelle de l'environnement, 2007).

Greuze (*Jean-Baptiste*), peintre français (1725-1805).

Grève (*place de*), anc. nom de l'actuelle place de l'Hôtel-de-Ville, à Paris.

Grevisse (*Maurice*), grammairien belge (1895-1980) : *le Bon Usage*.

Grévy (*Jules*), homme politique français (1807-1891). Président de la République de 1879 à 1887.

Griaule (*Marcel*), ethnologue français (1898-1956).

Grieg (*Edvard*), compositeur norvégien (1843-1907) : *Peer Gynt*.

Griffith (*David*), cinéaste américain (1875-1948) : *Naissance d'une nation*.

Grimaldi (*maison de*), famille d'origine génoise régnant sur Monaco depuis le XVe s.

Grimault (*Paul*), cinéaste français d'animation (1905-1994) : *le Roi et l'Oiseau*.

Grimm (*Wilhelm*), écrivain allemand (1786-1859) auteur de *Contes*, avec son frère *Jacob* (1785-1863), fondateur de la philologie allemande.

Grimod de La Reynière, gastronome français (1758-1838), initiateur de la presse gastronomique.

Gris (*Juan*), peintre cubiste espagnol (1887-1927).

Grisons, canton de Suisse.

Grock (*Adrien* WETTACH, dit), artiste de cirque suisse (1880-1959).

Groenland, vaste île danoise (avec une large autonomie) au nord-est de l'Amérique, recouverte de glaciers ; 2 186 000 km².

Groix, île du Morbihan.

Gromyko (*Andreï*), homme politique soviétique (1909-1989).

Gropius (*Walter*), architecte allemand (1883-1969), établi aux États-Unis en 1937.

Grouchy (*Emmanuel* DE), maréchal de France (1766-1847).

Grünewald (*Matthias*), peintre allemand (m. en 1528) : retable d'Issenheim.

Gruss, famille française d'artistes de cirque.

Guadalajara, v. du Mexique ; 1 646 183 h.

Guadalcanal, île du Pacifique. Combats entre les Japonais et les Américains (1942-43).

Guadalquivir, fl. de l'Espagne méridionale (Atlantique) ; 630 km.

Guadeloupe, dép. français (971) des Antilles ; ch.-l. *Basse-Terre* ; ch.-l. d'arr. *Pointe-à-Pitre* ; 400 584 h. (*Guadeloupéens*).

Guantánamo, v. de l'est de Cuba ; 207 596 h. Sur la baie, base navale américaine (lieu de détention, depuis 2001, de personnes soupçonnées de terrorisme par les États-Unis).

Guardi (*Francesco*), peintre italien (1712-1793).

Guatemala, État de l'Amérique centrale ; 109 000 km² ; 11 687 000 h. (*Guatémaltèques*). Cap. *Guatemala*.

Guayaquil, v. principale et port de l'Équateur ; 1 985 379 h.

Guebwiller (*ballon de*), point culminant des Vosges ; 1 424 m.

Guéret, ch.-l. de la Creuse ; 15 286 h. (*Guérétois*).

Guernesey, une des îles Anglo-Normandes.

Guernica, v. du Pays basque espagnol. Son bombardement par l'aviation allemande en 1937 a inspiré à Picasso une grande toile.

guerre de 1870-1871, guerre entre la France et la Prusse. La France, défaite, y perdit l'Alsace-Lorraine. L'Empire allemand fut proclamé à Versailles.

Guerre des étoiles (*la*), film de science-fiction de G. Lucas (1977).

Guerre et Paix, roman de L. Tolstoï.

guerre froide, tension qui opposa les États-Unis et l'URSS de 1948 à 1963.

Guerre (*Grande*) ou **Première Guerre mondiale,** guerre qui, de 1914 à 1918, opposa les pays de l'Europe centrale (Allemagne, Autriche-Hongrie, Bulgarie, Turquie) aux pays de la Triple-Entente (France, Grande-Bretagne, Russie) et à leurs alliés (Belgique, Italie, États-Unis, Portugal, Serbie, Roumanie). Elle se termina par la victoire des seconds.

Guerre mondiale (*Seconde*), guerre qui, de 1939 à 1945, opposa l'Allemagne, l'Italie, le Japon et leurs alliés (l'« Axe ») à la France, la Grande-Bretagne, l'URSS, les États-Unis, la Chine et leurs alliés. Ces derniers furent victorieux.

Guerre et Paix, roman de Tolstoï.

Guesclin (*Bertrand* DU), connétable de France (v. 1320-1380). Il mena la guerre contre les Anglais.

Guesde (*Jules*), homme politique français (1845-1922), marxiste.

Guevara (*Ernesto*, dit **Che**), homme politique cubain (1928-1967). Il développa la guérilla en Amérique latine.

Guggenheim (*Solomon R.*), industriel et collectionneur d'art américain (1861-1949). <> Musées Guggenheim à New York, Bilbao, Venise (Peggy Guggenheim) et Berlin.

Guignol, personnage principal des marionnettes lyonnaises.

Guillaume Ier le Conquérant (v. 1028-1087), duc de Normandie, roi d'Angleterre à partir de 1066. <> GUILLAUME III (1650-1702), à la tête des Provinces-Unies après 1672, roi d'Angleterre en 1689.

Guillaume Ier (1797-1888), roi de Prusse en 1861, empereur allemand après 1871. <> GUILLAUME II (1859-1941), empereur en 1888. Il abdiqua en 1918.

Guillaume de Lorris, poète français (v. 1200/1210-apr. 1240), auteur de la première partie du *Roman de la Rose.*

Guillaume (*Paul*), psychologue français (1878-1962).

Guillaume de Machaut ou **de Machault,** poète et musicien français (v. 1300-1377) : *Messe de Notre-Dame.*

Guillaume d'Occam, philosophe anglais (1285-1349).

Guillaume Tell, héros légendaire de l'indépendance helvétique (XIVe s.).

Guimard (*Hector*), architecte français (1867-1942), maître de l'Art nouveau.

Guinée, État de l'Afrique occidentale ; 250 000 km² ; 8 274 000 h. (*Guinéens*). Cap. *Conakry.*

Guinée-Bissau, anc. **Guinée portugaise,** État de l'Afrique au sud du Sénégal ; 36 125 km² ; 1,2 million d'h. (*Bissau-Guinéens*). Cap. *Bissau.*

Guinée équatoriale, anc. **Guinée espagnole,** État de l'Afrique équatoriale ; 28 100 km² ; 470 000 h. (*Équato-Guinéens*). Cap. *Malabo.*

Guinness (sir *Alec*), acteur britannique (1914-2000) : *le Pont de la rivière Kwaï.*

Guise (*maison de*), famille française dont les membres les plus importants sont FRANÇOIS, *duc* DE GUISE, chef catholique, au début des guerres de Religion (1519-1563) ; <> HENRI, *duc* DE GUISE, rival d'Henri III, assassiné à Blois (1550-1588).

Guitry (*Sacha*), acteur, auteur dramatique et cinéaste français (1885-1957) : *le Roman d'un tricheur.*

Guizèh → Gizeh.

Guizot (*François*), homme politique et historien français (1787-1874), ministre de Louis-Philippe de 1840 à 1848.

Gujerat, État du nord-ouest de l'Inde.

Gulf Stream, courant chaud de l'Atlantique septentrional.

Gulliver (*les Voyages de*), roman de Swift.

Guomindang, parti nationaliste chinois fondé en 1912 par Sun Yat-sen.

Gustave II Adolphe (1594-1632), roi de Suède en 1611. <> GUSTAVE V (1858-1950), roi de Suède en 1907.

Gutenberg (*Johannes*), inventeur allemand de l'imprimerie (v. 1399-1468).

Guyana, anc. **Guyane britannique,** État de l'Amérique du Sud ; 215 000 km² ; 763 000 h. (*Guyaniens*). Cap. *Georgetown.*

Guyane, dép. français d'outre-mer (973) ; ch.-l. *Cayenne,* ch.-l. d'arr. *Saint-Laurent-du-Maroni* ; 157 213 h. (*Guyanais*).

Guyenne, anc. prov. de France et autre nom de l'Aquitaine ; cap. *Bordeaux.*

Guynemer (*Georges*), aviateur français (1894-1917).

Gwalior, v. de l'Inde du Nord ; 826 919 h. Temples, palais fortifié.

H

Haakon, nom de sept rois de Norvège.

Haarlem, v. des Pays-Bas ; 147 097 h.

Haber (*Fritz*), physicien et chimiste allemand (1868-1934).

Habermas (*Jürgen*), philosophe allemand (né en 1929), membre de l'école de Francfort.

Habré (*Hissène*), homme politique tchadien (né en 1936), président de la République de 1982 à 1990.

Habsbourg, dynastie qui régna sur le Saint Empire romain germanique, sur l'Autriche (1278-1918), sur l'Espagne (1516-1700) et sur la Bohême et la Hongrie (1526-1918).

Hachette (*Jeanne*), héroïne française (née en 1456). Elle défendit Beauvais en 1472 contre Charles le Téméraire.

Hachette (*Louis*), éditeur français (1800-1864), créateur d'une société d'édition faisant auj. partie du groupe Lagardère.

Hadès, dieu grec des Enfers, le *Pluton* romain.

Hadrien (76-138), empereur romain après 117.

Haeckel (*Ernst*), zoologiste allemand (1834-1919), inventeur du terme « écologie ».

Hafez ou **Hafiz,** poète persan (v. 1325-1390).

Hague (la), cap du nord-ouest du Cotentin. Usine de retraitement de combustibles nucléaires irradiés.

Hahn (*Otto*), chimiste et physicien allemand (1879-1968). Il découvrit la fission de l'uranium.

Hahnemann (*Samuel*), médecin allemand (1755-1843), fondateur de l'homéopathie.

Haïfa, port d'Israël ; 270 800 h.

Haigneré (*Claudie* ANDRÉ-DESHAYS, puis) [née en 1957] et son mari *Jean-Pierre* (né en 1948), spationautes français.

Hailé Sélassié Ier (1892-1975), empereur d'Éthiopie (1930-1974).

Hainaut, prov. de Belgique ; ch.-l. *Mons*.

Haiphong, port du Viêt Nam ; 449 747 h.

Haïti, une des Antilles, partagée entre la *rép. d'Haïti* (27 750 km² ; 8 270 000 h. [*Haïtiens*] ; cap. *Port-au-Prince*) et la Rép. dominicaine.

Haitink (*Bernard*), chef d'orchestre néerlandais (né en 1929).

Halladj (*Abu* **al-**), théologien, mystique et martyr musulman (858-922), un des initiateurs du soufisme.

Halley (*Edmond*), astronome britannique (1656-1742). Il étudia les comètes.

Hallstatt ou **Hallstadt,** village d'Autriche, site du premier âge du fer (900-450 av. J.-C.).

Hallyday (*Jean-Philippe* SMET, dit **Johnny**) chanteur français de rock (né en 1943) : *l'Idole des jeunes*.

Hals (*Frans*), peintre néerlandais (v. 1580-1666), portraitiste.

Hambourg, port et Land d'Allemagne, sur l'Elbe ; 1 734 083 h.

Hamilcar, chef carthaginois (v. 290-229 av. J.-C.), père d'Hannibal.

Hamilton, v. du Canada ; 553 679 h.

Hamlet, drame de Shakespeare.

Hammourabi (1793-1750 av. J.-C.), fondateur du premier Empire babylonien et auteur du premier Code de lois écrit.

Hamsun (*Knut*), écrivain norvégien (1859-1952) : *la Faim*.

Han, dynastie impériale chinoise (206 av. J.-C.-220 apr. J.-C.).

Händel ou **Haendel** (*Georg Friedrich*), compositeur allemand (1685-1759) : *le Messie*.

Handke (*Peter*), écrivain autrichien (né en 1942) : *le Malheur indifférent*.

Hangzhou ou **Hang-Tcheou,** v. de Chine ; 1 340 000 h. Anc. cap. (XIIe-XIIIe s.).

Hannibal, homme d'État carthaginois (247-183 av. J.-C.). Il déclencha la deuxième guerre punique.

Hanoi, cap. du Viêt Nam ; 3 977 000 h.

Hanovre, région et v. d'Allemagne ; 516 400 h.

Hanovre (*dynastie de*), dynastie qui a régné sur le Hanovre à partir de 1692 et sur la Grande-Bretagne de 1714 à 1837. Actuelle maison de Windsor.

Hanse, ligue commerciale des villes allemandes (XIIe-XVIe s.).

Hantaï (*Simon*), peintre français d'origine hongroise (1922-2008).

Haoussas, peuple du Nigeria et du Niger.

Harare, anc. **Salisbury**, cap. du Zimbabwe ; 1 469 000 h.

Harbin, v. de Chine du Nord-Est ; 3 597 404 h.

Hardy (*Thomas*), écrivain britannique (1840-1928) : *Tess d'Urberville*.

Harnoncourt (*Nikolaus*), chef d'orchestre et violoncelliste autrichien (né en 1929).

Harold II (v. 1022-1066), roi des Anglo-Saxons (1066), vaincu et tué à Hastings par Guillaume le Conquérant.

Harpagon, personnage de *l'Avare* de Molière.

Harpies, divinités grecques, mi-femmes, mi-oiseaux, pourvoyeuses des Enfers.

Hartung (*Hans*), peintre abstrait français d'origine allemande (1904-1989).

Harun al-Rachid (766-809), calife de Bagdad, héros des *Mille et Une Nuits*.

Harvard, université américaine (Massachusetts).

Harvey (*William*), médecin anglais (1578-1657). Il découvrit la circulation du sang.

Hasdrubal, nom de plusieurs généraux carthaginois.

Hašek (*Jaroslav*), écrivain tchèque (1883-1923) : *le Brave Soldat Chvéïk*.

Haskil (*Clara*), pianiste roumaine (1895-1960).

Hassan ou **Hasan II** (1929-1999), roi du Maroc de 1961 à sa mort.

Hastings, port d'Angleterre. Victoire de Guillaume le Conquérant en 1066.

Haussmann (*baron*) [1809-1891], préfet de la Seine, responsable des grands travaux de Paris.

hautes études (*École pratique des*), établissement public d'enseignement supérieur français créé en 1868.

hautes études en sciences sociales (*École des*), établissement public d'enseignement supérieur français, issu de l'École pratique des hautes études, en 1975.

Haute-Volta → Burkina.

Hauts de Hurlevent (*les*), roman de E. Brontë.

Hauts-de-Seine, dép. français (92) ; ch.-l. *Nanterre*, ch.-l. d'arr. *Antony, Boulogne-Billancourt* ; 1 428 881 h.

Haüy (*Valentin*), pédagogue français (1745-1822), fondateur de l'Institut national des jeunes aveugles.

Havane (La), cap. de Cuba ; 2 189 000 h.

Havas (*Charles Louis*), publicitaire français (1783-1858), créateur de l'Agence Havas (1835).

Havel (*Václav*), auteur dramatique et homme politique tchèque (1936-2011), président de la Tchécoslovaquie de 1989 à 1992 et de la République tchèque de 1993 à 2003.

Havre (Le), port de la Seine-Maritime ; 197 219 h. (*Havrais*).

Hawaii (*îles*), archipel de l'Océanie formant un État des États-Unis. Cap. *Honolulu*.

Hawkes (*Howard*), cinéaste américain (1896-1977) : *le Grand Sommeil*.

Hawkins (*Coleman*), saxophoniste américain de jazz (1904-1969).

Hawthorne (*Nathaniel*), écrivain américain (1804-1864) : *la Lettre écarlate*.

Haydn (*Joseph*), compositeur autrichien (1732-1809) : *la Création*.

Haye (La), v. des Pays-Bas. Résidence des pouvoirs publics ; 463 826 h.

Hayworth (*Margarita Carmen* CANSINO, dite **Rita**), actrice américaine (1918-1987) : *la Dame de Shanghai*.

HCR (*Haut-Commissariat des Nations unies pour les réfugiés*), organisation internationale à caractère humanitaire créée en 1951.

Hearst (*William Randolph*), homme d'affaires américain (1863-1951), propriétaire de journaux.

Hébert (*Jacques*), révolutionnaire français (1757-1794). Il mena la lutte contre les modérés et fut éliminé par Robespierre.

Hébreux, le peuple juif, dont l'histoire ancienne est racontée dans la Bible.

Hébrides (*îles*), archipel d'Écosse.

Hector, chef troyen, tué par Achille (*Iliade*).

Hedjaz, région de l'Arabie saoudite ; v. pr. *La Mecque*.

Hegel (*Friedrich*), philosophe allemand (1770-1831), auteur d'une philosophie fondée sur la dialectique : *Phénoménologie de l'Esprit*.

Heidegger (*Martin*), philosophe allemand (1889-1976) : *Être et temps*.

Heidelberg, v. d'Allemagne ; 141 500 h. Université.

Heifetz (*Jascha*), violoniste américain d'origine lituanienne (1899-1987).

Heine (*Heinrich*), poète allemand (1797-1856).

Heisenberg (*Werner*), physicien allemand (1901-1976), l'un des fondateurs de la mécanique quantique.

Hélène, femme de Ménélas. Son enlèvement par Pâris provoqua la guerre de Troie (*Iliade*).

Helgoland, île allemande de la mer du Nord.

Héliopolis, v. de l'Égypte ancienne. Temple du dieu Rê.

Helmholtz (*Hermann* VON), physicien allemand (1821-1894), a énoncé le principe de conservation de l'énergie.

Helsinki, cap. de la Finlande ; 555 474 h.

Hemingway (*Ernest*), écrivain américain (1899-1961) : *le Vieil Homme et la mer*.

Hendricks (*Barbara*), soprano américaine naturalisée suédoise (née en 1948).

Hendrix (*James* MARSHALL, dit **Jimi**), guitariste américain de rock (1942-1970).

Henri, nom de huit rois d'Angleterre dont HENRI Ier Beauclerc (1069-1135), roi après 1100 et duc de Normandie ; ◇ HENRI II PLANTAGENÊT (1133-1189), roi en 1154, duc de Normandie et duc d'Aquitaine ; ◇ HENRI III (1207-1272), roi après 1216 ; ◇ HENRI V (1387-1422), roi après 1413, vainqueur des Français à Azincourt ; ◇ HENRI VI (1421-1471), roi de 1422 à 1461 ; ◇ HENRI VII (1457-1509), roi après 1485 ; ◇ HENRI VIII (1491-1547), roi à partir de 1509 marié six fois, fondateur de l'anglicanisme.

Henri, nom de sept rois et empereurs germaniques dont HENRI Ier L'OISELEUR (v. 875-936) roi de Germanie de 919 à 936 ; ◇ HENRI II (*saint*), [973-1024], empereur d'Occident de 1002 à 1024 ; ◇ HENRI III (1017-1056), empereur germanique de 1039 à 1056 ; ◇ HENRI IV (v. 1050-1106), empereur de 1056 à 1106, qui lutta contre Grégoire VII ; ◇ HENRI V (1081-1125), empereur de 1106 à 1125 ; ◇ HENRI VI LE CRUEL (1165-1197), empereur de 1191 à 1197.

Henri Ier (v. 1008-1060), roi de France après 1031. ◇ HENRI II (1519-1559), roi de France après 1547. ◇ HENRI III (1551-1589), roi de France après 1574, mourut assassiné. ◇ HENRI IV (1553-1610), roi de France après 1589, fut assassiné par Ravaillac.

Henri le Navigateur, prince portugais (1394-1460). Il favorisa les voyages de découverte le long des côtes de l'Afrique.

Henriette d'Angleterre (1644-1670), fille du roi d'Angleterre Charles Ier, épouse de Philippe d'Orléans, frère de Louis XIV.

Henriette Marie de France (1609-1669), reine d'Angleterre, fille du roi de France Henri IV et épouse du roi Charles Ier.

Henry (*Pierre*), compositeur français (né en 1927), représentant de la musique concrète, puis électroacoustique.

Hepburn (*Audrey*), actrice américaine (1929-1993) : *My Fair Lady*.

Hepburn (*Katharine*), actrice américaine (1907-2003) : *l'Impossible Monsieur Bébé.*

Héra, déesse grecque du Mariage, la *Junon* des Romains.

Héraclès, héros de la mythologie grecque identifié à l'*Hercule* latin. Il exécuta douze exploits : *les douze travaux d'Hercule.*

Héraclite, philosophe présocratique grec (v. 550-v. 480 av. J.-C.).

Héraklion, anc. **Candie,** v. de Crète ; 137 766 h.

Hérault, fl. de France, tributaire de la Méditerranée. <> Dép. français (34) ; ch.-l. *Montpellier,* ch.-l. d'arr. *Béziers, Lodève* ; 896 441 h. (*Héraultais*).

Herculanum, v. de l'Italie anc., près de Naples, ensevelie par le Vésuve en 79.

Hercule → Héraclès.

Heredia (*José Maria* DE), poète français (1842-1905) : *les Trophées.*

Hergé (*Georges* REMI, dit), dessinateur et scénariste belge de bandes dessinées (1907-1983), auteur des aventures de *Tintin et Milou.*

Hermès, dieu grec du Commerce, messager de l'Olympe, identifié au *Mercure* latin.

Hernani, drame de Victor Hugo.

Hérode (73-4 av. J.-C.), roi de Judée en 40 av. J.-C. Les Évangiles lui attribuent le massacre des Innocents. <> HÉRODE ANTIPAS (v. 20 av. J.-C.-apr. 39 apr. J.-C.), fit décapiter Jean-Baptiste et jugea Jésus-Christ.

Hérodiade, princesse juive (7 av. J.-C.-39 apr. J.-C.), femme d'Hérode Antipas.

Hérodote, historien grec (Ve s. av. J.-C.).

Herriot (*Édouard*), homme politique français (1872-1957).

Herschel (*sir William*), astronome anglais (1738-1822). Il découvrit la planète Uranus.

Hertz (*Heinrich*), physicien allemand (1857-1894). Il réussit, le premier, à émettre des ondes radio (1887).

Hertzsprung (*Ejnar*), astrophysicien danois (1873-1967).

Herzl (*Theodor*), écrivain hongrois (1860-1904), promoteur du sionisme.

Hésiode, poète grec (VIIIe s. av. J.-C.) : *les Travaux et les jours.*

Hespérides, nymphes gardiennes d'un verger où poussaient des pommes d'or (*Myth. gr.*).

Hesse, Land d'Allemagne ; 6 089 428 h. Cap. *Wiesbaden.* V. pr. *Francfort.*

Hesse (*Hermann*), écrivain suisse d'origine allemande (1877-1962) : *le Loup des steppes.*

Highlands, région du nord de l'Écosse.

Hilbert (*David*), mathématicien allemand (1862-1943), l'un des créateurs de la méthode axiomatique.

Hildebrandt (*Lukas* VON), architecte baroque autrichien (1668-1745).

Hillary (*Edmund*), alpiniste néo-zélandais (1919-2008), vainqueur de l'Everest avec le sherpa Tenzing Norgay.

Himalaya, chaîne de montagnes de l'Asie, où se trouvent les plus hauts sommets du monde (Everest : 8 848 m).

Himes (*Chester*), écrivain américain (1909-1984), auteur de romans policiers : *la Reine des pommes.*

Himmler (*Heinrich*), homme politique allemand (1900-1945), chef de la Gestapo, organisateur des camps de concentration.

Hinault (*Bernard*), coureur cycliste français (né en 1954), cinq fois vainqueur du Tour de France.

Hindenburg (*Paul* VON), maréchal allemand (1847-1934), général en chef pendant la Première Guerre mondiale, président du Reich après 1925.

Hindu Kuch, chaîne de montagnes de l'Asie centrale.

Hipparque, astronome grec du IIe s. av. J.-C.

Hippocrate, médecin grec (v. 460-v. 377 av. J.-C.).

Hirohito (1901-1989), empereur du Japon de 1926 à sa mort.

Hiroshima, port du Japon ; 1 126 239 h. Première bombe atomique le 6 août 1945.

Hiroshima mon amour, film de A. Resnais (1959).

Histoire de France, œuvre de J. Michelet.

Histoires extraordinaires, recueil de nouvelles de E. A. Poe.

Hitchcock (*Alfred*), cinéaste britannique naturalisé américain (1899-1980), maître du suspense : *Psychose.*

Hitler (*Adolf*), dictateur allemand, chef du parti nazi (1889-1945). Au pouvoir en 1933, il déclencha la Seconde Guerre mondiale par sa politique expansionniste.

Hittites, peuple anc. d'Anatolie. Apogée aux XIVe-XIIIe s. av. J.-C.

Hobbes (*Thomas*), philosophe matérialiste anglais (1588-1679) : *le Léviathan.*

Hoche (*Lazare*), général français de la Révolution (1758-1797). Il pacifia la Vendée.

Hô Chi Minh, homme politique vietnamien (1890-1969), communiste, artisan de l'indépendance.

Hô Chi Minh-Ville, anc. **Saigon,** v. principale du Viêt Nam ; 4 900 000 h.

Hockney (*David*), peintre britannique (né en 1937), l'un des créateurs du pop'art.

Hoffman (*Dustin*), acteur américain (né en 1937) : *Little Big Man.*

Hoffmann (*Ernst Theodor Amadeus*), écrivain allemand (1776-1822) : *Contes des frères Sérapion*.

Hoffmann (*Jules*), biologiste français d'origine luxembourgeoise (né en 1941), spécialiste de l'immunité innée.

Hogarth (*William*), graveur et peintre de mœurs britannique (1697-1754).

Hoggar, massif volcanique du Sahara.

Hohenzollern, dynastie qui régna en Prusse de 1701 à 1918, ainsi que sur l'Empire allemand et la Roumanie.

Hokkaido, île septentrionale du Japon.

Hokusai, dessinateur et graveur japonais (1760-1849), maître de l'estampe.

Holbein le Jeune (*Hans*), peintre allemand (1497/98-1543), portraitiste de la cour d'Angleterre : *Érasme*.

Hölderlin (*Friedrich*), poète allemand (1770-1843) : *Hyperion*.

Holiday (*Billie*), chanteuse américaine de jazz (1915-1959).

Hollande, région la plus peuplée des Pays-Bas.

Hollywood, quartier de Los Angeles. Studios de cinéma.

Holocauste (*l'*) → **Shoah.**

Homère, poète épique grec du IXe s. av. J.-C., auteur supposé de *l'Iliade* et de *l'Odyssée*.

Home Rule, régime autonome réclamé par l'Irlande après 1870, appliqué en 1914.

Homme sans qualités (*l'*), roman de R. Musil.

Honduras, État de l'Amérique centrale ; 112 000 km² ; 6 575 000 h. (*Honduriens*). Cap. *Tegucigalpa*.

Honduras britannique → Belize.

Honecker (*Erich*), homme politique allemand (1912-1994), président du Conseil d'État de la RDA de 1976 à 1989.

Honegger (*Arthur*), compositeur suisse (1892-1955) : *Jeanne d'Arc au bûcher*.

Hongkong, anc. territoire britannique et port du sud-est de la Chine ; 6 927 000 h.

Hongrie, État de l'Europe centrale ; 93 000 km² ; 9 917 000 h. (*Hongrois*). Cap. *Budapest*.

Honolulu, cap. des îles Hawaii ; 371 657 h.

Honshu, anc. **Hondo**, la plus grande île du Japon.

Hopis, Indiens d'Amérique du Nord.

Hopkins (sir *Anthony*), acteur britannique et américain (né en 1937) : *Elephant Man*.

Hopkins (sir *Frederick Gowland*), biochimiste britannique (1861-1947). Il comprit le premier l'importance des vitamines.

Hopper (*Edward*), peintre et graveur américain (1882-1967), d'un réalisme épuré.

Horace, poète latin (65-8 av. J.-C.).

Horaces, nom de trois frères romains légendaires qui vainquirent les Curiaces, champions de la ville d'Albe.

Horde d'Or, État mongol (XIIIe s.-1502).

Horkheimer (*Max*), philosophe et sociologue allemand (1895-1973), membre de l'école de Francfort.

Horn (*cap*), extrémité de la Terre de Feu.

Horowitz (*Vladimir*), pianiste russe naturalisé américain (1904-1989).

Horta (*Victor*), architecte belge (1861-1947), maître de l'Art nouveau.

Hortense de Beauharnais, reine de Hollande (1783-1837), épouse de Louis Bonaparte, mère de Napoléon III.

Horus, dieu solaire de l'ancienne Égypte.

Hottentots, peuple de Namibie.

Houdon (*Jean Antoine*), sculpteur français (1741-1828).

Houphouët-Boigny (*Félix*), homme politique ivoirien (1905-1993). Président de Côte d'Ivoire de 1960 jusqu'à sa mort.

Houston, port des États-Unis (Texas) ; 1 953 631 h. (4 177 646 avec les banlieues).

Hoxha ou **Hodja** (*Enver*), homme politique albanais (1908-1985). Fondateur et dirigeant du parti communiste albanais, il fut président du Conseil de 1945 à 1954.

Huang He ou **Houang-ho** ou **fleuve Jaune,** fl. de la Chine du Nord ; 4 845 km.

Hubble (*Edwin Powell*), astrophysicien américain (1889-1953), pionnier de l'étude des galaxies.

Hubert (*saint*), évêque de Liège, patron des chasseurs (m. en 727).

Hudson, fl. des États-Unis, qui se jette dans l'Atlantique à New York ; 500 km.

Hudson (*baie d'*), golfe du Canada.

Huê, v. du Viêt Nam central ; 219 149 h.

Hugo (*Victor*), écrivain français (1802-1885), chef de l'école romantique, auteur de poésies (*la Légende des siècles*), de romans (*Notre-Dame de Paris, les Misérables*) et de drames (*Ruy Blas, Hernani*).

Hugues Ier Capet (v. 941-996), roi de France après 987. Il fonda la dynastie des Capétiens.

Huis clos, drame de J.-P. Sartre.

Huit et demi, film de F. Fellini (1963).

Hu Jintao, homme politique chinois (né en 1942), président de la République depuis 2003.

Humboldt (*Wilhelm* VON), linguiste allemand (1767-1835). ◇ Son frère ALEXANDRE fut un naturaliste et un explorateur (1769-1859).

Hume (*David*), philosophe britannique (1711-1776).

Humphrey (*Doris*), danseuse et chorégraphe américaine (1895-1958), pionnière de la modern dance.

Hundertwasser (*Friedrich* STOWASSER, dit **Friedensreich**) peintre autrichien (1928-2000).

Huns, peuple nomade d'Asie qui envahit l'Europe, conduit par Attila (Ve s.).

Huppert (*Isabelle*), actrice française (née en 1953) : *Violette Nozière*.

Huron, lac entre le Canada et les États-Unis.

Hurons, peuple indien de l'Amérique du Nord.

Hus (*Jan*), réformateur tchèque (1371-1415), brûlé comme hérétique.

Husayn ou **Hussein,** troisième imam des chiites, fils d'Ali (626-680), tué par les Omeyyades.

Husayn ou **Hussein** (1935-1999), roi de Jordanie de 1952 à sa mort.

Husayn ou **Hussein** (1765-1838), dernier dey d'Alger.

Husayn ou **Hussein** (*Saddam*), homme politique irakien (1937-2006), au pouvoir de 1979 à 2003.

Husserl (*Edmund*), philosophe allemand (1859-1938).

Huston (*John*), cinéaste américain (1906-1987) : *le Faucon maltais*.

Huston (*Nancy*), écrivaine française d'origine canadienne (née en 1953) : *les Variations Goldberg*.

Hutton (*James*), géologue britannique (1726-1797), l'un des fondateurs de la géologie moderne.

Huxley (*Aldous*), écrivain britannique (1894-1963) : *le Meilleur des mondes*.

Huygens (*Christiaan*), physicien et astronome hollandais (1629-1695). Il établit la théorie du pendule et une théorie ondulatoire de la lumière.

Huyghe (*René*), historien de l'art et esthéticien français (1906-1997).

Huysmans (*Joris-Karl*), écrivain français (1848-1907) : *À rebours*.

Hyderabad, v. de l'Inde ; 1 167 000 h.

Hyères (*îles d'*), archipel près de Toulon : Porquerolles, Port-Cros, île du Levant.

Hyksos, peuples sémites qui envahirent l'Égypte de 1730 à 1580 av. J.-C.

Hymette (*mont*), montagne au sud d'Athènes, renommée pour son miel et son marbre.

I

Iakoutes, peuple de Sibérie (Iakoutie).

Iaroslavl, v. de Russie ; 613 200 h.

Ibadan, v. du Nigeria ; 1 228 663 h.

Ibères, peuple installé dans la péninsule Ibérique à la fin du néolithique.

Ibérique (*péninsule*), ensemble constitué par l'Espagne et le Portugal.

IBM (*International Business Machines*), société américaine d'informatique fondée en 1911.

Ibn al-Arabi, philosophe et mystique arabe (1165-1240).

Ibn Battuta, voyageur et géographe arabe (1304-v. 1370).

Ibn Khaldun, philosophe et historien arabe (1332-1406).

Ibn Saud (v. 1887-1953), roi d'Arabie saoudite après 1932.

Ibos, peuple du Nigeria.

Ibsen (*Henrik*), auteur dramatique norvégien (1828-1906) : *Maison de poupée*.

Icare, fils de Dédale. Il s'envola du Labyrinthe avec des ailes fixées avec de la cire, qui fondit au soleil (*Myth. gr.*).

Idaho, État du nord-ouest des États-Unis. Cap. *Boise*.

Iekaterinbourg, anc. *Sverdlovsk*, v. de Russie, dans l'Oural ; 1 293 000 h.

Ieltsine → Eltsine.

Iéna (*bataille d'*), victoire de Napoléon sur les Prussiens, en Allemagne (1806).

Ienisseï, fl. de Sibérie ; 3 354 km.

IFOP (*Institut français d'opinion publique*), institut français de sondages, créé en 1938.

Ignace de Loyola (*saint*), fondateur de l'ordre des Jésuites (1491-1556).

Île au trésor (*l'*), roman d'aventures de R. L. Stevenson.

Île-de-France, Région et anc. prov. de France ; ch.-l. *Paris*.

Iliade (*l'*), poème attribué à Homère : récit de la guerre de Troie (ou *Ilion*).

Ille-et-Vilaine, dép. français (35) ; ch.-l. *Rennes*, ch.-l. d'arr. *Fougères, Redon, Saint-Malo* ; 867 533 h.

Illinois, État du centre des États-Unis. Cap. *Springfield*. V. pr. *Chicago*.

Illuminations, recueil poétique de A. Rimbaud.

Illyrie, ancien nom de la région balkanique.

Impression, soleil levant, tableau de C. Monet, à l'origine du terme « impressionnisme ».

Incas, ancien peuple du Pérou. Empire, dont l'apogée se situe au XVe s. et qui fut détruit par les Espagnols en 1532.

Inchon, port de Corée du Sud ; 2 203 102 h.

Inde (*république de l'*), État fédéral de l'Asie méridionale ; 3 268 000 km² ; 1 198 003 000 h. (*Indiens*). Cap. *New Delhi.*

Indépendance américaine (*guerre de l'*), guerre qui opposa les colons américains à l'Angleterre, et s'acheva par la création des États-Unis (1775-1782).

Indes occidentales, nom donné à l'Amérique par Colomb.

Indiana, État du centre des États-Unis. Cap. *Indianapolis.*

Indien (*océan*), océan entre l'Afrique, l'Asie et l'Australie.

Indiens, nom donné aux habitants de l'Inde et aux premiers habitants de l'Amérique.

Indochine, péninsule d'Asie comprenant la Birmanie, la Thaïlande, la Malaisie, le Viêt Nam, le Cambodge et le Laos.

Indonésie, État groupant les anc. possessions hollandaises de l'Asie du Sud-Est, dont Java ; 1 885 126 km² ; 237 556 000 h. (*Indonésiens*). Cap. *Jakarta.*

Indore, v. de l'Inde centrale ; 1 597 441 h.

Indra, divinité hindouiste.

Indre, affl. de la Loire. ◇ Dép. français (36) ; ch.-l. *Châteauroux,* ch.-l. d'arr. *Le Blanc, La Châtre, Issoudun* ; 231 139 h.

Indre-et-Loire, dép. français (37) ; ch.-l. *Tours,* ch.-l. d'arr. *Chinon, Loches* ; 554 003 h.

Indus, grand fleuve de l'Asie du Sud (Pakistan) ; 3 040 km. Sur ses rives, civilisation florissante entre le IIIe et le IIe millénaire.

Indy (*Vincent d'*), compositeur français (1851-1931).

Ingouches, peuple caucasien de Russie (Tchétchénie, Ingouchie et Ossétie du Nord-Alanie principalement) [env. 240 000].

Ingres (*Jean-Auguste*), peintre français (1780-1867), néoclassique.

Innocent, nom de treize papes. ◇ INNOCENT III (1160-1216), pape de 1198 à sa mort, se heurta à Philippe Auguste et Jean sans Terre, prêcha la 4e croisade et la croisade des albigeois et réunit le concile de Latran. ◇ INNOCENT X (1574-1655), pape de 1644 à sa mort, condamna le jansénisme.

Innsbruck, v. d'Autriche (Tyrol) ; 113 392 h.

Inönü (*Ismet*), général et homme politique turc (1884-1973), au pouvoir de 1923 à 1950.

Inquisition, tribunal ecclésiastique qui jugeait les hérétiques (XIIIe-XVIIIe s).

INRA (*Institut national de la recherche agronomique*), établissement public français créé en 1946.

INSEE (*Institut national de la statistique et des études économiques*), organisme public français créé en 1946.

INSERM (*Institut national de la santé et de la recherche médicale*), organisme français créé en 1964.

Institut (*palais de l'*), édifice parisien du XVIIe s. où ont lieu les séances des Académies de l'Institut de France.

Institut de France, ensemble des cinq Académies : française, des inscriptions et belles-lettres, des sciences, des beaux-arts, des sciences morales et politiques.

Insulinde, partie insulaire de l'Asie méridionale (Indonésie et Philippines).

Intelsat, société internationale de télécommunications par satellites créée en 1964.

Internationale (*l'*), association internationale rassemblant les travailleurs. Il y a eu quatre Internationales. ◇ Chant révolutionnaire de E. Pottier et P. Degeyter (1871).

International Herald Tribune, quotidien de langue anglaise. Fondé en 1887, il est publié à Paris.

Interpol, organisation internationale de police criminelle, créée en 1923.

Interprétation des rêves (*l'*), ouvrage de S. Freud.

Intifada, soulèvement populaire palestinien, déclenché en 1987 dans les territoires occupés par Israël.

Introduction à l'étude de la médecine expérimentale, ouvrage de C. Bernard.

Inuits, nom que se donnent les Esquimaux.

Invalides (*hôtel des*), monument de Paris construit à la fin du XVIIe s. par J. H.-Mansart.

Io, mortelle changée par Zeus en génisse.

Ionesco (*Eugène*), auteur dramatique français d'origine roumaine (1912-1994). Il a dénoncé l'absurdité de l'existence : *les Chaises.*

Ionie, partie centrale de la côte d'Asie Mineure antique ; v. pr. *Éphèse, Milet.*

Ionienne (*mer*), partie de la Méditerranée entre l'Italie du Sud et la Grèce où se trouvent les *îles Ioniennes* (Corfou, Zante, Céphalonie, Leucade, Ithaque, Cythère).

Iowa, État du centre des États-Unis. Cap. *Des Moines.*

Iphigénie, fille d'Agamemnon, qui la sacrifia aux dieux pour permettre le départ de la flotte (*Myth. gr.*).

Ipsos, société française d'études et de conseil fondée en 1975, spécialisée dans les sondages d'opinion.

IRA (*Irish Republican Army*), force paramilitaire irlandaise qui fut le fer de lance de la lutte contre le pouvoir britannique pour obtenir la réunification de l'île.

Iran, anc. *Perse,* État de l'Asie occidentale ; 1 650 000 km² ; 71 369 000 h. (*Iraniens*). Cap. *Téhéran*.

Iraq ou **Irak,** État de l'Asie occidentale, 434 000 km² ; 23 584 000 h. (*Irakiens* ou *Iraquiens*). Cap. *Bagdad*.

IRD (*Institut de recherche pour le développement*), établissement public français de recherche scientifique et technologique.

Irène (752-803), impératrice d'Orient (797-802).

Irkoutsk, v. de Russie (Sibérie) ; 593 400 h.

Irlande, une des îles Britanniques. Elle forme, au sud, un État indépendant (Éire) : 70 000 km² ; 3 841 000 h. (*Irlandais*) ; cap. *Dublin*. Le nord de l'île fait partie du Royaume-Uni ; cap. *Belfast*.

Iroquois, anc. peuple indien de l'Amérique du Nord.

Irving (*Washington*), écrivain américain (1783-1859).

Isaac, fils d'Abraham qui manqua de le sacrifier à Dieu, et père de Jacob (*Bible*).

Isabeau de Bavière, reine de France (1371-1435), régente pendant la folie de Charles VI, son époux.

Isabelle Ire la Catholique (1451-1504), reine de Castille après 1474. Elle épousa Ferdinand d'Aragon.

Isaïe, prophète hébreu (740-687 av. J.-C.).

Isère, affl. du Rhône. <> Dép. français (38) ; ch.-l. *Grenoble,* ch.-l. d'arr. *La Tour-du-Pin, Vienne* ; 1 094 006 h.

Ishtar ou **Ashtart** ou **Astarté,** déesse principale de la Mésopotamie.

Isis, déesse égyptienne, sœur et femme d'Osiris.

Islamabad, cap. du Pakistan ; 529 000 h.

Islande, État insulaire de l'Atlantique nord ; 103 000 km² ; 281 000 h. (*Islandais*). Cap. *Reykjavik*.

Ismaël, fils d'Abraham et de sa servante Agar. Il serait l'ancêtre des Arabes.

Ispahan, v. d'Iran, 1 266 072 h. Mosquée.

Israël, État de l'Asie occidentale ; 21 000 km² ; 6 172 000 h. (*Israéliens*). Cap. *Jérusalem* (selon le Parlement israélien [*Knesset*]). <> Le ROYAUME D'ISRAËL (931-721 av. J.-C.) se forma au nord de la Palestine à la mort de Salomon.

israélo-arabes (*guerres*), conflits ouverts ayant opposé les pays arabes à l'État d'Israël : 1948-49 ; 1956 (*Suez*) ; 1967 (*guerre des Six Jours*) ; 1973 (*guerre du Kippour*).

Issenheim (*retable d'*), polyptyque de Grünewald.

Istanbul, anc. **Constantinople**, v. principale et port de Turquie sur le Bosphore ; 8 260 438 h. Église Sainte-Sophie, mosquée Süleymaniye.

Istrie, presqu'île de l'Adriatique.

Italie, État de l'Europe méridionale ; 301 000 km² ; 57 844 017 h. (*Italiens*). Cap. *Rome* ; v. pr. *Milan, Naples, Venise, Florence.*

Italie (*guerres d'*), expéditions menées par les rois de France en Italie, de 1494 à 1559.

Ithaque, île Ionienne, patrie d'Ulysse.

Ivan IV le Terrible (1530-1584), premier tsar de Russie (1547).

Ives (*Charles*), compositeur américain (1874-1954).

Izmir, anc. *Smyrne,* port de Turquie sur la mer Égée ; 2 081 556 h.

J

Jackson (*Andrew*), homme politique américain (1767-1845). Démocrate, président des États-Unis de 1829 à 1837.

Jackson (*Mahalia*), chanteuse américaine de gospel (1911-1972).

Jackson (*Michael*), chanteur de pop américain (1958-2009) : *Thriller, Bad.*

Jacob, le dernier patriarche hébreu. Ses douze fils fondèrent les douze tribus (*Bible*).

Jacob, nom de deux menuisiers et ébénistes français : *Georges* (1739-1814) et son fils *Fançois Honoré* (1770-1841).

Jacob (*François*), médecin et généticien français (né en 1920).

Jacob (*Max*), écrivain français (1876-1944), précurseur du surréalisme.

Jacobins, club révolutionnaire fondé en 1789, animé par Robespierre après 1792.

Jacquard (*Joseph-Marie*), inventeur d'un métier à tisser (1752-1834).

Jacques, nom de deux apôtres. <> JACQUES LE MAJEUR évangélisa l'Espagne. <> JACQUES LE MINEUR mourut lapidé.

Jacques, nom de plusieurs rois d'Écosse et d'Angleterre dont JACQUES Ier (1566-1625), fils de Marie Stuart, roi d'Écosse après 1567, roi d'Angleterre après 1603 ; <> JACQUES II (1633-1701), roi d'Angleterre (1685-1688), détrôné.

Jaffa → Tel-Aviv-Jaffa.

Jagellons, dynastie qui régna sur la Pologne de 1384 à 1572, ainsi qu'en Lituanie, en Hongrie et en Bohême.

Jaipur, v. de l'Inde du Nord-Ouest ; cap. du Rajasthan ; 2 324 319 h.

Jakarta ou **Djakarta,** anc. **Batavia,** cap. de l'Indonésie ; 12 296 000 h. avec les banlieues.

Jakobson (*Roman*), linguiste américain d'origine russe (1896-1982) : *Essais de linguistique générale*.

Jamaïque (la), État insulaire des Antilles ; 11 425 km² ; 2 598 000 h. (*Jamaïquains* ou *Jamaïcains*). Cap. *Kingston*.

James (*Henry*), romancier britannique d'origine américaine (1843-1916). <> Son frère WILLIAM (1842-1910), philosophe américain, fondateur du pragmatisme.

Janequin (*Clément*), compositeur français (v. 1485-1558), maître de la chanson polyphonique parisienne.

Janicule, colline de Rome.

Jansénius (*Corneille* JANSEN, dit), théologien hollandais (1585-1638) dont les thèses sont à l'origine du jansénisme.

Janus, très ancien dieu de Rome, gardien des portes, à deux visages (*Myth.*).

Japon, État d'Extrême-Orient, formé d'îles ; 373 000 km² ; 127 335 000 h. (*Japonais*). Cap. *Tokyo*.

Jardin des délices (*le*), grand retable de J. Bosch.

Jarry (*Alfred*), écrivain français (1873-1907) : *Ubu roi*.

Jason, conquérant de la Toison d'or avec les Argonautes (*Myth. gr.*).

Jaune (*fleuve*) **→ Huang He.**

Jaune (*mer*), mer entre la Chine et la Corée.

Jaurès (*Jean*), homme politique socialiste français (1859-1914). Pacifiste, il fut assassiné.

Java, île de l'Indonésie ; 121 millions d'h.

Jean-Baptiste (*saint*), cousin de Jésus. Il se retira au désert, baptisa Jésus dans le Jourdain, fut décapité (m. v. 28).

Jean Bosco (*saint*), prêtre italien (1815-1888), fondateur de l'ordre salésien.

Jean Chrysostome (*saint*), ou **« Bouche d'or »**, docteur de l'Église, évêque de Constantinople (v. 344-407).

Jean de la Croix (*saint*), mystique espagnol (1542-1591).

Jean l'Évangéliste (*saint*), apôtre (m. v. 100). Auteur présumé du quatrième Évangile et de l'Apocalypse.

Jean, nom de vingt-trois papes dont JEAN XXIII (1881-1963), pape de 1958 à sa mort, en 1963. Il convoqua le deuxième concile du Vatican (1962). Béatifié en 2000.

Jean Ier, roi de France qui ne vécut que quelques jours (1316). <> JEAN II LE BON (1319-1364), roi de France après 1350. Prisonnier des Anglais, il mourut en captivité.

Jean Ier le Grand (1357-1433), roi de Portugal après 1385.

Jean II (1397-1479), roi de Navarre après 1425, et roi d'Aragon après 1458.

Jean III Sobieski (1624-1696), roi de Pologne après 1674. Il lutta contre les Turcs.

Jean sans Peur (1371-1419), duc de Bourgogne après 1404. Il fut assassiné.

Jean sans Terre (1167-1216), roi d'Angleterre en 1199, déchu de ses fiefs français par Philippe Auguste.

Jean de Meung ou **Jean de Meun,** écrivain français (v. 1240-v. 1305), auteur de la seconde partie du *Roman de la Rose*.

Jean-Marie Vianney (*saint*), prêtre français (1786-1859), curé d'Ars.

Jeanne III d'Albret (1528-1572), reine de Navarre, mère d'Henri IV, calviniste.

Jeanne d'Arc (*sainte*), héroïne française, née à Domrémy (1412-1431). Elle obligea les Anglais à lever le siège d'Orléans (1429), et fit sacrer Charles VII à Reims. Elle fut brûlée à Rouen par les Anglais.

Jeanne la Folle (1479-1555), reine de Castille après 1504, mère de Charles Quint.

Jean Paul → Richter (Johann Paul Friedrich).

Jean-Paul II (1920-2005), pape de 1978 à sa mort, en 2005. Béatifié en 2011.

Jefferson (*Thomas*), homme politique américain (1743-1826). Président des États-Unis de 1801 à 1809.

Jéhovah, autre nom de Yahvé.

Jemmapes ou **Jemappes,** victoire de Dumouriez sur les Autrichiens en 1792 (Belgique).

Jenner (*Edward*), médecin anglais (1749-1823). Il découvrit la vaccine.

Jérémie, prophète biblique.

Jerez de la Frontera → Xeres.

Jéricho, v. de Palestine.

Jérôme (*saint*), Père de l'Église latine (v. 347-419 ou 420), auteur de la Vulgate.

Jersey, une des îles Anglo-Normandes.

Jérusalem, v. de Palestine, proclamée cap. d'Israël par le Parlement israélien en 1980 ; 680 500 h. Ville sainte pour les juifs, les chrétiens et les musulmans. Le Mur des lamentations, la Coupole du Rocher.

Jérusalem délivrée (*la*), poème épique du Tasse.

Jésus ou **Jésus-Christ,** fondateur du christianisme. Le Messie et le Fils de Dieu selon les chrétiens, né à Bethléem, mort crucifié v. 30 de notre ère.

Jeu d'Adam, drame en vers d'inspiration biblique (XIIe s.).

Jeu de l'amour et du hasard (*le*), comédie de Marivaux.

Jeu de Robin et Marion, pastorale dramatique d'Adam de la Halle.

Jeunes-Turcs, groupe d'officiers qui dominèrent la vie politique de l'Empire ottoman au début du XXe s.

Jiang Jieshi → Tchang Kaï-chek.

Jiang Qing, femme politique chinoise (1914-1991). Épouse de Mao Zedong, elle participa à la Révolution culturelle.

Jinan, v. de Chine du Nord ; 2 403 946 h.

Jinnah (*Muhammad Ali*), homme politique pakistanais (1876-1948), créateur du Pakistan.

Jivaros, Indiens d'Amazonie.

Joachim (*saint*), père de la Vierge Marie.

Job, personnage de la Bible. Il accepta tous les maux que Dieu voulut lui faire subir.

Joconde (*la*), portrait de la Florentine Monna Lisa, par Léonard de Vinci, v. 1503-1506.

Joffre (*Joseph*), maréchal de France (1852-1931), colonisateur, héros de la guerre de 1914-1918 (victoire de la Marne).

Johannesburg, v. de l'Afrique du Sud ; 1 916 000 h.

John (sir *Elton*), compositeur et chanteur britannique de pop (né en 1947) : *Candle in the Wind*.

Johns (*Jasper*), peintre américain (1930).

Johnson (*Earvin*, dit **Magic**), joueur de basket-ball américain (né en 1959).

Johnson (*Lyndon*), homme politique américain (1908-1973). Démocrate, président des États-Unis de 1963 à 1969.

Johnson (*Michael*), athlète américain (né en 1967), neuf fois champion du monde.

Joinville (*Jean*, sire DE), chroniqueur français (v. 1224-1317), historien de Saint Louis.

Joliot-Curie (*Irène*) [1897-1956], fille de Pierre et de Marie Curie, et son mari, *Jean Frédéric Joliot-Curie* (1900-1958), physiciens français, découvrirent la radioactivité artificielle.

Jonas, personnage biblique qui aurait passé trois jours dans le ventre d'une baleine.

Jones (*Inigo*), architecte anglais (1573-1652), intendant des bâtiments royaux.

Jonson (*Ben*), auteur dramatique anglais (1572 ?-1637), ami et rival de Shakespeare : *Volpone ou le Renard*.

Jooss (*Kurt*), danseur et chorégraphe allemand naturalisé britannique (1901-1979).

Joplin (*Janis*), chanteuse américaine de rock et de blues (1943-1970) : *Try*.

Joplin (*Scott*), compositeur et pianiste américain de ragtime (1868-1917).

Jordaens (*Jacob*), peintre flamand (1593-1678).

Jordan (*Michael*), joueur de basket-ball américain (né en 1963).

Jordanie, État de l'Asie occidentale ; 92 000 km² ; 5 051 000 h. (*Jordaniens*). Cap. *Amman*.

Joseph, patriarche biblique, fils de Jacob, vendu par ses frères.

Joseph (*saint*), époux de la Vierge Marie.

Joseph II (1741-1790), empereur germanique après 1765, fils de Marie-Thérèse. Despote éclairé.

Joséphine de Beauharnais (1763-1814), première femme de Napoléon Ier. Répudiée en 1809.

Josquin des Prés, compositeur français (v. 1440-v. 1521).

Josué, successeur de Moïse (*Bible*).

Joueurs de cartes, tableau de P. Cézanne.

Jouffroy d'Abbans (*Claude François*, marquis DE), ingénieur français (1751-1832). Il est le premier à avoir fait fonctionner un bateau à vapeur (1783).

Jouhaux (*Léon*), syndicaliste français (1879-1954).

Joukov (*Gueorgui*), maréchal soviétique (1896-1974). Vainqueur à Moscou (1941) et à Leningrad (1943).

Joule (*James Prescott*), physicien britannique (1818-1889), l'un des fondateurs de la thermodynamique.

Jourdain (le), fl. de Palestine ; 360 km.

Jourdan (*Jean-Baptiste*, comte), maréchal de France (1762-1833), vainqueur à Fleurus.

Journal officiel de la République française (JO), publication officielle des lois, des décrets et des arrêtés.

Jouvet (*Louis*), acteur et directeur de théâtre français (1887-1951).

Joyce (*James*), écrivain irlandais (1882-1941) : *Ulysse*.

József (*Attila*), poète hongrois (1905-1937). Lyrique, d'inspiration populaire.

Juan Carlos Ier (né en 1938), roi d'Espagne depuis 1975.

Juda, fils de Jacob (*Bible*).

Juda (*royaume de*), royaume qui se forma au sud de la Palestine à la mort de Salomon (931-587 av. J.-C.).

Judas, Iscariote, apôtre qui trahit Jésus.

Judée, anc. nom du sud de la Palestine.

Judith, héroïne juive qui tua Holopherne, général assyrien.

Juges (*livre des*), livre biblique qui relate l'histoire des Juges, chefs des Hébreux.

Juglar (*Clément*), économiste français (1819-1905), il a découvert le cycle économique qui porte son nom.

Jugurtha (v. 160-104 av. J.-C.), roi de Numidie en 118, vaincu par Rome.

Juifs, peuple de religion et de tradition judaïques vivant en Israël et de manière dispersée dans le monde (env. 12 millions).

Juillet (14), fête nationale française commémorant la prise de la Bastille (1789).

Juillet (*monarchie de*), régime de la France sous le roi Louis-Philippe (1830-1848).

Juin (*Alphonse*), maréchal de France (1888-1967).

juin 1940 (*appel du 18*), discours du général de Gaulle à la radio de Londres (BBC), appelant les Français à poursuivre le combat contre les Allemands.

Jules II (1443-1513), pape après 1503.

Juliana (1909-2004), reine des Pays-Bas de 1948 à 1980. Elle abdiqua.

Julien l'Apostat (331-363), empereur romain après 361. Il revint au paganisme.

Julio-Claudiens, première dynastie impériale romaine, de César à Néron.

Jung (*Carl*), psychanalyste suisse (1875-1961), à l'origine du concept d'inconscient collectif.

Jünger (*Ernst*), écrivain allemand (1895-1998) : *Orages d'acier*.

Junon, épouse de Jupiter, l'*Héra* grecque (*Myth. rom.*).

Junot (*Andoche*), général français (1771-1813).

Jupiter, père des dieux (*Myth. rom.*), le *Zeus* grec. ◇ Planète du Système solaire.

Jura, montagne de France et de Suisse. ◇ Dép. français (39), ch.-l. *Lons-le-Saunier*, ch.-l. d'arr. *Dole*, *Saint-Claude* ; 250 857 h. (*Jurassiens*). ◇ Canton de Suisse.

Jussieu (*Antoine Laurent* DE), botaniste français (1748-1836).

Justinien Ier (482-565), empereur byzantin après 527. Grand législateur.

Juvarra ou **Juvara** (*Filippo*), architecte et décorateur baroque italien (1678-1736).

Juvénal, poète latin (v. 60-v. 130).

Jylland ou **Jütland,** presqu'île danoise.

K

K2, deuxième sommet du monde, dans l'Himalaya ; 8 611 m.

Kaaba, édifice sacré au centre de la Grande Mosquée de La Mecque.

Kabardes, peuple caucasien de Russie, vivant surtout en Kabardino-Balkarie (env. 400 000).

Kaboul, cap. de l'Afghanistan ; 2 956 000 h.

Kabylie, région montagneuse d'Algérie.

Kádár (*János*), homme politique hongrois (1912-1989), au pouvoir de 1956 à 1988.

Kadhafi (*Muammar* **al-**), homme politique libyen (1942–2011), au pouvoir à partir de 1969.

Kafka (*Franz*), écrivain tchèque de langue allemande (1883-1924) : *la Métamorphose*.

Kahlo (*Frida*), peintre mexicaine d'inspiration surréaliste (1907-1954).

Kahnweiler (*Daniel Henry*), marchand de tableaux et écrivain d'art d'origine allemande (1884-1979).

Kairouan, v. de Tunisie centrale ; 102 734 h. Grande Mosquée.

Kalahari, désert d'Afrique australe.

Kalmouks, peuple mongol vivant principalement en Russie (rép. de Kalmoukie).

Kama-sutra, traité indien de l'art d'aimer (v. l'an 500).

Kampala, cap. de l'Ouganda ; 774 241 h.

Kamtchatka, presqu'île de Sibérie.

Kanaks, peuple mélanésien de la Nouvelle-Calédonie.

Kandinsky (*Vassily* ou *Wassily*), peintre français d'origine russe (1866-1944), pionnier de l'art abstrait.

Kanpur, v. de l'Inde centrale ; 2 532 138 h.

Kansas, État des États-Unis. Cap. *Topeka.*

Kansas City, v. des États-Unis ; 441 545 h.

Kant (*Emmanuel*), philosophe allemand (1724-1804) : *Critique de la raison pure.*

Kantor (*Tadeusz*), artiste et homme de théâtre polonais (1915-1990).

Kapoor (*Anish*), plasticien britannique d'origine indienne (né en 1954).

Karachi, port du Pakistan ; 9 269 000 h.

Karadjordjević, dynastie serbe qui régna de 1842 à 1858 et de 1903 à 1945, rivale des Obrenović.

Karajan (*Herbert* VON), chef d'orchestre autrichien (1908-1989), chef de l'Orchestre philharmonique de Berlin (1954-1989).

Karakorum, chaîne de montagnes du Cachemire.

Karen, peuple vivant principalement en Birmanie et en Thaïlande (env. 3 millions).

Karlsruhe, v. d'Allemagne ; 279 600 h.

Karnak, site d'Égypte sur les ruines de l'anc. Thèbes. Temple d'Amon.

Karnataka, État du sud de l'Inde.

Karpov (*Anatoli Ievguenievitch*), joueur d'échecs russe (né en 1951).

Kasparov (*Garri* WEINSTEIN, dit *Garry*), joueur d'échecs russe (né en 1963).

Kastler (*Alfred*), physicien français (1902-1984), spécialiste de l'optique physique.

Katanga, anc. **Shaba**, région du sud de la Rép. dém. du Congo (anc. Zaïre). Mines.

Kateb (*Yacine*), écrivain algérien d'expression française et arabe (1929-1989) : *Nedjma.*

Katmandou, cap. du Népal ; 741 000 h.

Katowice, v. de Pologne ; 327 200 h.

Katyn, village de Russie où furent retrouvés les cadavres de 4 500 officiers polonais abattus en 1940-41 par les Soviétiques.

Kaunas, v. de Lituanie ; 381 300 h.

Kawabata (*Yasunari*), écrivain japonais (1899-1972) : *Pays de neige.*

Kawasaki, port du Japon ; 1 249 905 h.

Kazakhstan, État de l'Asie centrale ; 2 717 000 km² ; 16 095 000 h. (*Kazakhs*). Cap. *Astana.*

Kazan, ville de Russie, sur la Volga ; 1 105 300 h.

Kazan (*Elia* KAZANJOGLOUS, dit **Elia**), cinéaste américain (1909-2003) : *America, America.*

Keaton (*Buster*), acteur et cinéaste américain (1896-1966) : *le Cameraman.*

Keats (*John*), poète romantique anglais (1795-1821).

Kellermann (*François*), maréchal de France (1735-1820). Vainqueur à Valmy.

Kelly (*Eugene Curran,* dit **Gene**), chorégraphe, acteur et cinéaste américain (1912-1996) : *Chantons sous la pluie.*

Kelvin → Thomson.

Kemal → Atatürk.

Kennedy (*John*), homme politique américain (1917-1963). Démocrate, président des États-Unis à partir de 1961, il fut assassiné à Dallas.

Kennedy (*centre spatial J.F.*), base de lancement d'engins spatiaux américaine, située au cap Canaveral.

Kent, comté du sud-est de l'Angleterre.

Kentucky, État des États-Unis. Cap. *Frankfort.*

Kenya, État de l'Afrique équatoriale ; 583 000 km² ; 31 293 000 h. (*Kenyans*). Cap. *Nairobi.*

Kenyatta (*Jomo*), homme politique kenyan (v. 1893-1978), à la tête du pays de l'indépendance (1963) à sa mort.

Kepler (*Johannes*), astronome allemand (1571-1630). Il établit les lois du mouvement des planètes.

Kerala, État du sud-ouest de l'Inde.

Kerenski (*Aleksandr*), homme politique russe (1881-1970), renversé par les bolcheviks (1917).

Kerguelen (*îles*), archipel français du sud de l'océan Indien.

Kerouac (*Jack*), écrivain américain de la Beat generation (1922-1969) : *Sur la route.*

Kertész (*André*), photographe américain d'origine hongroise (1894-1985).

Kertész (*Imre*), écrivain hongrois (né en 1929) : *Être sans destin.*

Kessel (*Joseph*), écrivain français (1898-1979) : *le Lion.*

Keynes (*John Maynard*), économiste britannique (1883-1946).

KGB, services secrets de l'URSS de 1954 à 1991.

Khakasses, peuple de Russie qui vit en Khakassie (env. 80 000).

Kharkiv, v. d'Ukraine ; 1 470 902 h.

Khartoum, cap. du Soudan ; 600 000 h.

Khayyam (*Omar* ou *Umar*), poète et mathématicien persan (v. 1047-v. 1122).

Kheops ou **Chéops,** roi d'Égypte (v. 2600 av. J.-C). Il fit construire la plus grande pyramide de Gizeh.

Khephren ou **Chéphren,** roi d'Égypte (v. 2500 av. J.-C.). Il fit construire la deuxième pyramide de Gizeh.

Khmers, peuple du Cambodge.

Khomeyni (*Ruhollah*), chef religieux et homme politique iranien (1912-1989), porté au pouvoir par la révolution islamique de 1979.

Khrouchtchev (*Nikita*), homme politique soviétique (1894-1971), au pouvoir de 1958 à 1964.

Kichinev → Chişinău.

Kiel, port d'Allemagne ; 233 795 h.

Kierkegaard (*Sören*), philosophe et théologien danois (1813-1855).

Kieślowski (*Krzysztof*), cinéaste polonais (1941-1996) : *le Décalogue*.

Kiev, cap. de l'Ukraine ; 2 611 327 h. Cathédrale Sainte-Sophie.

Kikuyus, peuple bantou du Kenya.

Kilimandjaro, auj. **pic Uhuru**, point culminant de l'Afrique ; 5 895 m.

Killy (*Jean-Claude*), skieur français (né en 1943), triple champion olympique en 1968.

Kim Dae-jung, homme politique sud-coréen (1924 ou 1925-2009), président de la République de 1998 à 2003.

Kim Il-sung, maréchal et homme politique nord-coréen (1912-1994), chef de l'État de 1972 à sa mort.

Kim Jong-il, homme politique nord-coréen (1941 ou 1942–2011). Fils et successeur désigné de Kim Il-sung, au pouvoir de 1998 à sa mort.

Kimura (*Motoo*), généticien japonais (1924-1994), auteur d'une théorie évolutionniste.

King (*Martin Luther*), pasteur noir américain (1929-1968) qui lutta pour l'intégration des Noirs. Mort assassiné.

King (*Riley Ben* KING, dit **B.B.**), chanteur et guitariste américain de blues (né en 1925).

Kingston, cap. de la Jamaïque ; 575 000 h.

Kinshasa, anc. **Léopoldville**, cap. de la Rép. dém. du Congo (anc. Zaïre) ; 8 754 000 h.

Kipling (*Rudyard*), romancier britannique (1865-1936) : *le Livre de la jungle*.

Kirchhoff (*Gustav*), physicien allemand (1824-1887). Il inventa le spectroscope.

Kirghizistan, État de l'Asie centrale ; 199 000 km² ; 4 986 000 h. (*Kirghiz*). Cap. *Bichkek*.

Kiribati, État de l'Océanie ; 900 km² ; 84 000 h. (*Kiribatiens*). Cap. *Tarawa*.

Kisangani, v. de la Rép. dém. du Congo (anc. Zaïre) ; 577 000 h.

Kissinger (*Henry*), homme politique américain (né en 1923). Secrétaire d'État de 1973 à 1977, il négocia la paix avec le Viêt Nam.

Kita-Kyushu, port du Japon, dans le nord de Kyushu ; 1 011 471 h.

Kitchener (lord *Herbert*), maréchal britannique (1850-1916).

Kléber (*Jean-Baptiste*), général français (1753-1800), assassiné en Égypte.

Klee (*Paul*), peintre allemand (1879-1940).

Klein (*Melanie*), psychanalyste britannique d'origine autrichienne (1882-1960).

Klein (*Yves*), peintre français (1928-1962) : « monochromes » bleus.

Kleist (*Heinrich* VON), poète et auteur dramatique allemand (1777-1811).

Klemperer (*Otto*), chef d'orchestre d'origine allemande naturalisé israélien (1885-1973).

Klimt (*Gustav*), peintre autrichien (1862-1918), figure importante de l'Art nouveau.

Klopstock (*Friedrich*), poète allemand (1724-1803).

Knox (*John*), réformateur écossais (1505-1572), fondateur du presbytérianisme.

Knut le Grand (995-1035), roi d'Angleterre (1016), de Danemark (1018), de Norvège (1028).

Kobe, port du Japon ; 1 493 398 h.

Koch (*Robert*), médecin allemand (1843-1910), découvreur du bacille de la tuberculose.

Kœnig (*Marie Pierre*), maréchal de France (1898-1970), vainqueur à Bir Hakeim en 1942.

Kohl (*Helmut*), homme politique allemand (né en 1930), chancelier de la République fédérale de 1982 à 1998.

Kokoschka (*Oskar*), peintre et écrivain autrichien (1886-1980).

Koltès (*Bernard-Marie*), auteur dramatique français (1948-1989) : *Dans la solitude des champs de coton*.

Komintern (*le*), nom russe de la IIIᵉ Internationale (1919-1943).

Komis, peuple de Russie vivant principalement dans la rép. des Komis (env. 340 000).

Kondratiev (*Nikolaï Dmitrievitch*), économiste russe (1892-1931?). Il a mis en valeur l'existence des cycles économiques de longue durée qui portent son nom.

Kopa (*Raymond*), footballeur français (né en 1931).

Korda (*Sándor*, devenu sir *Alexander*), cinéaste britannique d'origine hongroise (1893-1956) : *la Vie privée de Henry VIII*.

Kościuszko (*Tadeusz*), patriote polonais (1746-1817).

Kosovo, État d'Europe, dans les Balkans ; 10 908 km² ; 2 126 000 h. (*Kosovars*). Cap. *Priština*.

Kossuth (*Lajos*), patriote hongrois (1802-1894), chef de la révolution de 1848.

Kouïbychev → Samara.

Kouo-min-tang → Guomindang.

Kouriles (*îles*), archipel d'Asie (Russie).

Kourou, comm. de la Guyane. Base de lancement de fusées européennes et russes.

Koutouzov (*Mikhaïl*), général russe (1745-1813), adversaire de Napoléon.

Koweït, État d'Arabie ; 17 800 km² ; 1 971 000 h. (*Koweïtiens*). Cap. *Koweït*.

Krakatoa ou **Krakatau,** île d'Indonésie. Explosion de son volcan en 1883.

Krebs (*Hans Adolf*), biochimiste britannique (1900-1981).

Kreisky (*Bruno*), homme politique autrichien (1911-1990), chancelier de 1970 à 1983.

Kremer (*Gidon*), violoniste russe (né en 1947).

Kremlin, anc. forteresse de Moscou.

Krishna ou **Krichna,** dieu hindou.

Kruger (*Paul*), homme politique sud-africain (1825-1904). Président du Transvaal, il dirigea la guerre des Boers.

Krupp (*Alfred*), industriel allemand (1812-1887).

Kuala Lumpur, cap. de la Malaisie ; 1 352 000 h.

Kubilay Khan (1214-1294), empereur mongol après 1260.

Kubrick (*Stanley*), cinéaste américain (1928-1999) : *Orange mécanique*.

Ku Klux Klan, société secrète nord-américaine fondée en 1867, dirigée contre l'intégration des Noirs.

Kundera (*Milan*), écrivain tchèque naturalisé français (né en 1929) : *l'Insoutenable Légèreté de l'être*.

Kupka (*František*, dit **Frank**), peintre et dessinateur tchèque (1871-1957), initiateur d'un art abstrait symbolique et géométrique.

Kurdistan, région d'Asie habitée par les *Kurdes*, partagée entre la Turquie, l'Iran, l'Iraq et la Syrie.

Kurosawa (*Akira*), cinéaste japonais (1910-1998) : *les Sept Samouraïs*.

Kuznets (*Simon*), économiste américain (1901-1985). Ses travaux statistiques ont permis d'approfondir la théorie des cycles longs.

Kyoto, v. du Japon ; 1 467 785 h. Ville-musée.

Kyoto (*protocole de*), protocole de la conférence internationale de décembre 1997 qui prévoit la réduction des émissions de gaz à effet de serre.

Kyushu, île méridionale du Japon.

L

Laban (*Rudolf* VON), chorégraphe autrichien d'origine hongroise (1879-1958), l'un des initiateurs de la danse expressionniste.

Labé (*Louise*), poétesse française (1524-1566).

Labiche (*Eugène*), écrivain français (1815-1888), auteur de comédies de mœurs.

Laborit (*Henri*), biologiste et pharmacologue français (1914-1995), connu pour ses travaux sur le stress.

La Bourdonnais (*Bertrand François* MAHÉ DE), administrateur français (1699-1753). Il contribua à l'implantation de la France en Inde.

Labrador, presqu'île du Canada.

La Bruyère (*Jean* DE), moraliste français (1645-1696) : *les Caractères*.

Labyrinthe, palais édifié en Crète par Dédale pour le Minotaure.

Lacan (*Jacques*), psychanalyste français (1901-1981).

Lac des cygnes (*le*), ballet de Tchaïkovski.

Lacédémone → Sparte.

Lacépède ou **Lacepède** (*Étienne* DE), naturaliste français (1756-1825).

Laclos (*Pierre* CHODERLOS DE), romancier français (1741-1803) : *les Liaisons dangereuses*.

Laconie, anc. région du Péloponnèse dont Sparte était le centre.

Lacordaire (*Henri*), prédicateur dominicain français (1802-1861).

Lacoste (*René*), joueur de tennis français (1904-1996).

Laennec (*René*), médecin français (1781-1826). Il inventa le stéthoscope et vulgarisa la méthode d'auscultation.

La Fayette ou **Lafayette** (MADAME DE), romancière française (1634-1693) : *la Princesse de Clèves*.

La Fayette (*Marie Joseph,* marquis DE), général français (1757-1834). Il prit part à la guerre de l'Indépendance américaine et aux révolutions de 1789 et de 1830.

La Fontaine (*Jean* DE), poète français (1621-1695) : *Fables.*

Laforgue (*Jules*), poète symboliste français (1860-1887).

Lagerlöf (*Selma*), romancière suédoise (1858-1940) : *la Saga de Gösta Berling.*

Lagides, dynastie qui a régné sur l'Égypte antique de 305 à 30 av. J.-C.

Lagos, port et ville principale du Nigeria ; 10 578 000 h. avec les banlieues.

Lagrange (*Louis,* comte DE), mathématicien français (1736-1813).

Lahore, ville du Pakistan (Pendjab) ; 5 063 000 h.

Lakanal (*Joseph*), homme politique français (1762-1845). Conventionnel, il s'occupa surtout de l'instruction publique.

Lally (*Thomas* DE, baron DE TOLLENDAL), gouverneur de l'Inde française (1702-1766).

Lalo (*Édouard*), compositeur français d'inspiration romantique (1823-1892).

Lamarck (*Jean-Baptiste* DE), naturaliste français (1744-1829).

Lamartine (*Alphonse* DE), poète et homme politique français (1790-1869) : *les Méditations poétiques, Jocelyn.*

La Mennais ou **Lamennais** (*Félicité* DE), philosophe français (1782-1854).

Lamoricière (*Louis* DE), général français (1806-1865). Il reçut l'abdication d'Abd el-Kader.

Lancashire, anc. comté d'Angleterre.

Lancaster (*Burton Stephen,* dit **Burt**), acteur américain (1913-1994) : *le Guépard.*

Lancastre, famille royale anglaise rivale de la maison d'York.

Lancelot du Lac, un des chevaliers de la Table ronde.

Landau (*Lev Davidovitch*), physicien soviétique (1908-1968), auteur d'une théorie de la superfluidité.

Landes, région forestière du sud-ouest de la France. Forêts. <> Dép. français (40) ; ch.-l. *Mont-de-Marsan,* ch.-l. d'arr. *Dax* ; 327 334 h. (*Landais*).

Landru (*Henri Désiré*), criminel français accusé du meurtre de dix femmes (1869-1922), exécuté.

Lang (*Fritz*), cinéaste américain d'origine autrichienne (1890-1976) : *Metropolis.*

Langevin (*Paul*), physicien français (1872-1946), auteur de travaux sur le magnétisme, la relativité et les ultrasons.

Langlois (*Henri*), cofondateur de la Cinémathèque française (1914-1977).

Languedoc, région et anc. prov. de France ; v. pr. *Toulouse.* Hab. : *Languedociens.*

Languedoc-Roussillon, Région de France ; ch.-l. *Montpellier.*

Lanzhou, v. de Chine, sur le Huang He ; 1 617 761 h.

Lanzmann (*Claude*), cinéaste, journaliste et écrivain français (né en 1925) : film documentaire *Shoah.*

Laon, ch.-l. de l'Aisne ; 27 878 h. (*Laonnois*).

Laos, État d'Indochine ; 236 000 km² ; 5 403 000 h. (*Laotiens*). Cap. *Vientiane.*

Laozi ou **Lao-tseu,** philosophe chinois (Vᵉ s. av. J.-C.), initiateur du taoïsme.

Lapérouse (*Jean François* DE), navigateur français (1741-1788), mort en mer.

Laplace (*Pierre Simon* DE), mathématicien, astronome et physicien français (1749-1827).

Laponie, région du nord de la Scandinavie. Hab. : *Lapons.*

La Quintinie (*Jean* DE), agronome français (1626-1688).

La Rochefoucauld (*François* DE), moraliste français (1613-1680) : *Maximes.*

La Rochejaquelin (*Henri,* comte DE), chef vendéen (1772-1794), tué au combat.

Larousse (*Pierre*), lexicographe et éditeur français (1817-1875) : *Grand Dictionnaire universel du XIXᵉ siècle.*

Lartigue (*Jacques-Henri*), photographe français (1894-1986).

Larzac (*causse du*), plateau calcaire du sud du Massif central.

La Salle (*Robert* CAVELIER DE), explorateur français du Mississippi (1643-1687).

Las Casas (*Bartolomé* DE), religieux espagnol (1474-1566). Il défendit les Indiens.

Lascaux, grotte à peintures préhistoriques de la Dordogne (v. 15000 av. J.-C.).

Laskine (*Lily*), harpiste française (1893-1988).

Lassus (*Roland* DE), musicien de l'école franco-allemande (v. 1532-1594).

Latins, habitants du Latium.

Latium, région de l'Italie centrale ancienne.

La Tour (*Georges* DE), peintre français (1593-1652).

La Tour (*Maurice* QUENTIN DE), pastelliste français (1704-1788), auteur de portraits.

La Tour d'Auvergne (*Théophile* CORRET DE), officier français (1743-1800), héros des guerres de la Révolution.

Latran, palais de Rome, longtemps résidence des papes.

Latran (*accords du*), accords passés entre le Saint-Siège et Mussolini (fév. 1929). Ils reconnaissent la souveraineté du pape sur le Vatican.

La Trémoille (*Georges* DE), chambellan de Charles VII (1382-1446).

Lattre de Tassigny (*Jean* DE), maréchal de France (1889-1952).

Laughton (*Charles*), acteur britannique naturalisé américain (1899-1962), réalisateur de *la Nuit du chasseur*.

Laurel et Hardy, acteurs de cinéma américains qui formèrent un tandem comique des annnées 1920 aux années 1950.

Laurent (*saint*), martyr du IIIe s., mort sur un gril.

Lausanne, v. de Suisse, sur le lac Léman ; 114 889 h.

Lautréamont, écrivain français (1846-1870) : *les Chants de Maldoror*.

Laval, ch.-l. de la Mayenne : 54 379 h. (*Lavallois*).

Laval (*Pierre*), homme politique français (1883-1945). Premier ministre du maréchal Pétain en 1942. Fusillé.

La Vallière (*Louise,* duchesse DE), favorite de Louis XIV (1644-1710).

Laver (*Rodney,* dit **Rod**), joueur de tennis australien (né en 1938).

Lavigerie (*Charles*), cardinal français (1825-1892). Fondateur des Pères blancs.

Lavisse (*Ernest*), historien français (1842-1922) : *Histoire de France*.

Lavoisier (*Antoine Laurent* DE), chimiste français (1743-1794), l'un des créateurs de la chimie moderne.

Law (*John*), financier écossais (1671-1729). Il provoqua une banqueroute effroyable.

Lawrence (*David Herbert*), écrivain britannique (1885-1930) : *l'Amant de lady Chatterley*.

Lawrence (*Ernest Orlando*), physicien américain (1901-1958), inventeur d'un accélérateur de particules, le « cyclotron ».

Lawrence (*Thomas Edward*), dit **Lawrence d'Arabie**, officier et écrivain britannique (1888-1935).

Lazare (*saint*), frère de Marthe et de Marie, ressuscité par Jésus.

Lazareff (*Pierre*), journaliste français (1907-1972), directeur de *France-Soir* de 1945 à sa mort.

Lean (sir *David*), cinéaste britannique (1908-1991), auteur de productions prestigieuses : *le Docteur Jivago*.

Léautaud (*Paul*), écrivain français (1872-1956) : *Journal littéraire*.

Lebrun (*Albert*), homme politique français (1871-1950). Président de la République de 1932 à 1940.

Le Brun ou **Lebrun** (*Charles*), peintre français (1619-1690), grand ordonnateur des décors de Versailles.

Leclerc (*Philippe* DE HAUTECLOCQUE, dit), maréchal de France (1902-1947). Il entra le premier dans Paris libéré.

Le Clézio (*Jean-Marie Gustave,* dit **J.M.G.**), écrivain français (né en 1940) : *Désert*.

Leconte de Lisle (*Charles*), poète français (1818-1894) : *Poèmes antiques*.

Le Corbusier (*Charles Édouard* JEANNERET, dit), architecte et urbaniste français d'origine suisse (1887-1965).

Léda, mère de Castor et Pollux, qu'elle conçut de Zeus métamorphosé en cygne (*Myth. gr.*).

Ledoux (*Claude Nicolas*), architecte français (1736-1806).

Ledru-Rollin (*Alexandre Auguste*), homme politique français (1807-1874), républicain.

Lee (*Robert Edward*), général américain (1807-1870). Chef des armées sudistes.

Leeds, v. d'Angleterre ; 715 404 h.

Lefebvre (*François Joseph*), maréchal de France (1755-1820).

Lefèvre d'Étaples (*Jacques*), humaniste et théologien français (v. 1450-1536). Il traduisit la Bible en français.

Légende des siècles (*la*), recueil de poèmes épiques de V. Hugo.

Léger (*Fernand*), peintre français (1881-1955).

Légion d'honneur, ordre national français institué en 1802 par Bonaparte.

Le Goff (*Jacques*), historien français (né en 1924), spécialiste de l'histoire du Moyen Âge : *la Civilisation de l'Occident médiéval*.

Leibniz (*Gottfried Wilhelm*), philosophe et mathématicien allemand (1646-1716).

Leipzig, v. d'Allemagne ; 493 100 h.

Leiris (*Michel*), écrivain et ethnologue français (1901-1990) : *l'Âge d'homme*.

Lemaître (*Frédérick*), acteur français (1800-1876).

Lemaître (Mgr *Georges*), astrophysicien et mathématicien belge (1894-1966), auteur d'un modèle relativiste de l'Univers en expansion.

Léman, lac de Suisse et de France.

Lemmon (*Jack*), acteur américain (1925-2001) : *Certains l'aiment chaud*.

Lena (la), fl. de Sibérie (océan Arctique) ; 4 270 km.

Le Nain (*Antoine, Louis* et *Mathieu*), peintres français du XVIIe s.

Lénine (*Vladimir Ilitch* OULIANOV, dit), homme politique russe (1870-1924). Fondateur de l'État soviétique.

Leningrad → Saint-Pétersbourg.

Le Nôtre (*André*), dessinateur français de jardins (1613-1700) : *Versailles.*

Lens, v. du Pas-de-Calais ; 36 823 h. Victoire de Condé en 1648.

León, prov. du nord-ouest de l'Espagne.

Léon, nom de treize papes dont LÉON Ier LE GRAND (*saint*), pape de 440 à 461, qui contraignit Attila à la retraite ; ◇ LÉON II (*saint*) [750-816], pape de 795 à 816, qui couronna Charlemagne empereur ; ◇ LÉON IX (*saint*) [1002-1054], pape de 1048 à 1054, à l'époque de la rupture définitive avec l'Église grecque ; ◇ LÉON X (1475-1521), pape de 1513-1521, à l'époque de Luther ; ◇ LÉON XIII (1810-1903), pape de 1878 à 1903.

Léon, nom de six empereurs byzantins.

Léonard de Vinci, peintre, sculpteur, architecte et savant italien (1452-1519), type du génie universel de la Renaissance.

Leone (*Sergio*), cinéaste italien (1929-1989), maître du « western-spaghetti » : *Il était une fois dans l'Ouest.*

Léonidas, roi de Sparte (Ve s. av. J.-C.), héros des Thermopyles.

Leontief (*Wassily*), économiste américain d'origine russe (1906-1999).

Leopardi (*Giacomo*), poète romantique italien (1798-1837).

Léopold Ier (1640-1705), empereur germanique en 1658. ◇ LÉOPOLD II (1747-1792), empereur germanique en 1790.

Léopold Ier (1790-1865), roi des Belges de 1831 à 1865. ◇ LÉOPOLD II (1835-1909), roi des Belges de 1865 à 1909, créateur du Congo belge. ◇ LÉOPOLD III (1901-1983), roi des Belges de 1934 à 1951.

Lépante, port de Grèce. Victoire navale de don Juan d'Autriche sur les Turcs (1571).

Lépine (*Pierre*), médecin français (1901-1989). Il découvrit le vaccin contre la poliomyélite.

Lérins, groupe d'îles de la Méditerranée.

Lermontov (*Mikhaïl*), poète russe (1814-1841).

Leroi-Gourhan (*André*), préhistorien français (1911-1985).

Leroux (*Gaston*), écrivain français (1868-1927) : *le Mystère de la chambre jaune.*

Le Roy Ladurie (*Emmanuel*), historien français (né en 1929) : *Histoire du climat depuis l'an mil..*

Lesage (*Alain René*), romancier français (1668-1747) : *Gil Blas, le Diable boiteux.*

Lesbos → Mytilène.

Lescot (*Pierre*), architecte français (v. 1515-1578), maître de la Renaissance.

Lesotho, anc. **Basutoland**, État de l'Afrique australe ; 30 355 km² ; 2 057 000 h. (*Lesothans*). Cap. *Maseru.*

Lesseps (*Ferdinand* DE), diplomate français (1805-1894). Il fit percer le canal de Suez et commença celui de Panamá.

Lessing (*Doris*), écrivaine britannique (née en 1919) : *le Carnet d'or.*

Lessing (*Gotthold Ephraim*), écrivain allemand (1729-1781) : *Nathan le Sage.*

Le Tellier (*Michel*), homme d'État français (1603-1685). Secrétaire d'État à la guerre sous Louis XIV. Père de Louvois.

Léthé, fl. des Enfers (*Myth. gr.*).

Lettonie, État de l'Europe septentrionale, sur la Baltique ; 64 000 km² ; 2 406 000 h. (*Lettons*). Cap. *Riga.*

Lettres, correspondance de la marquise de Sévigné, en majorité destinée à sa fille.

Lettres persanes, roman philosophique de Montesquieu.

Levant, côte orientale de la Méditerranée.

Le Vau (*Louis*), architecte français (1612-1670), actif à Paris (Institut), Vaux-le-Vicomte, Versailles (château).

Le Verrier (*Urbain*), astronome français (1811-1877).

Levi (*Primo*), écrivain italien (1919-1987) : *Si c'est un homme.*

Lévi, fils de Jacob (*Bible*).

Léviathan, monstre de la Bible, symbole du paganisme.

Léviathan (*le*), ouvrage de Hobbes (1651).

Lévi-Strauss (*Claude*), anthropologue français (1908-2009). Il a appliqué le concept de structure aux phénomènes humains.

Lévitique (*le*), livre de la Bible.

Lévy-Bruhl (*Lucien*), philosophe français (1857-1939) : *la Mentalité primitive.*

Lewis (*Joseph* LEVITCH, dit **Jerry**), acteur comique et cinéaste américain (né en 1926) : *Dr. Jerry et Mr. Love.*

Lewis (*Sinclair*), écrivain américain (1885-1951) : *Babbitt.*

Leyde, v. des Pays-Bas ; 117 689 h.

Lhassa, cap. du Tibet (Chine) ; 139 822 h. Potala, anc. résidence du dalaï-lama.

L'Herbier (*Marcel*), cinéaste français (1888-1979) : *l'Argent.*

L'Hospital (*Michel* DE), homme d'État français (v. 1505-1573). Il s'efforça de calmer les haines religieuses.

Liaisons dangereuses (*les*), roman épistolaire de Choderlos de Laclos.

Liban, État de l'Asie occidentale ; 10 400 km² ; 3 556 000 h. (*Libanais*). Cap. *Beyrouth*.

Libération, quotidien français créé en 1973.

Libération (*campagnes de la*), actions des forces alliées (1943-1945) pour libérer les territoires occupés par les Allemands.

Liberia, État d'Afrique occidentale ; 110 000 km² ; 3 108 000 h. (*Libériens*). Cap. *Monrovia*.

Liberté éclairant le monde (*la*), statue gigantesque dans la rade de New York, réalisée par Bartholdi.

Liberté guidant le peuple (*la*), grande toile de Delacroix.

Libreville, cap. du Gabon ; 611 000 h.

Libye, État du nord de l'Afrique ; 1 760 000 km² ; 6 420 000 h. (*Libyens*). Cap. *Tripoli*.

LICRA (*Ligue internationale contre le racisme et l'antisémitisme*), association fondée en 1927.

Liechtenstein, principauté d'Europe centrale ; 160 km² ; 33 000 h. (*Liechtensteinois*). Cap. *Vaduz*.

Liège, v. (184 550 h.) et prov. (env.1 million d'h.) [*Liégeois*] de Belgique.

Lifar (*Serge*), danseur et chorégraphe français d'origine russe (1905-1986).

Ligeti (*György*), compositeur hongrois naturalisé autrichien (1923-2006).

Ligue (*sainte*) ou **Ligue,** mouvement religieux et politique catholique (1576-1594) fondé par le duc de Guise.

Ligue arabe, organisation créée en 1945 et qui regroupe auj. 21 États arabes et l'OLP.

Ligures, anc. peuple du sud-est de la Gaule et du nord de l'Italie.

Ligurie, région d'Italie, en bordure du golfe de Gênes.

Lilienthal (*Otto*), ingénieur allemand (1848-1896), précurseur du vol à voile.

Lille, ch.-l. de la Région Nord-Pas-de-Calais et du dép. du Nord ; 219 597 h. (*Lillois*).

Lilongwe, cap. du Malawi ; 440 000 h.

Lima, cap. du Pérou ; 5 759 676 h.

Limagne, plaine d'Auvergne.

Limbourg, provinces de Belgique et des Pays-Bas.

Limbourg (les frères *Pol, Herman* et *Jean* DE), enlumineurs néerlandais du début du XVe s. : *Très Riches Heures*.

Limoges, ch.-l. de la Région Limousin et de la Haute-Vienne ; 137 502 h. (*Limougeauds*).

Limousin, Région et anc. prov. de France ; ch.-l. *Limoges*.

Limpopo, fl. d'Afrique australe (océan Indien) ; 1 600 km.

Lincoln (*Abraham*), homme politique américain (1809-1865). Président républicain des États-Unis en 1860. Il abolit l'esclavage (1863) et fut assassiné.

Lindbergh (*Charles*), aviateur américain (1902-1974). Il réussit le premier la traversée de l'Atlantique nord sans escale en 1927.

Linné (*Carl* VON), naturaliste suédois (1707-1778).

Lion (*golfe du*), golfe de la Méditerranée, au sud de la France.

Lipari (*îles*) → **Éoliennes.**

Lipatti (*Constantin*, dit **Dinu**), compositeur et pianiste roumain (1917-1950).

Lipchitz (*Jacob*, dit **Jacques**), sculpteur d'origine lituanienne (1891-1973).

Lippi (*Fra Filippo*), peintre italien (1406-1469). ◇ Son fils *Filippino* (1457-1504) fut aussi peintre.

Lisbonne, cap. du Portugal à l'embouchure du Tage ; 559 248 h.

Lisieux, v. du Calvados. Pèlerinage.

Lissitzky (*Lazar*, dit **El**), peintre, designer et théoricien russe (1890-1941).

Liszt (*Franz*), compositeur et pianiste hongrois (1811-1886).

Littré (*Émile*), lexicographe français (1801-1881).

Lituanie, État de l'Europe septentrionale ; 65 000 km² ; 3 700 000 h. (*Lituaniens*). Cap. *Vilnius*.

Liverpool, port d'Angleterre ; 439 476 h.

Livingstone (*David*), explorateur écossais de l'Afrique centrale (1813-1873).

Livourne, port d'Italie (Toscane) ; 156 274 h.

Livre de la jungle (*le*), récit de R. Kipling.

Livre des merveilles du monde (*le*), récit de voyage de Marco Polo.

Livre des morts, ensemble de recueils d'incantations de l'Égypte antique.

Ljubljana, cap. de la Slovénie ; 265 881 h.

Lloyd (*Harold*), acteur américain (1893-1971).

Lloyd George (*David*), homme politique britannique (1863-1945).

Loach (*Kenneth*, dit **Ken**), cinéaste britannique (né en 1936), auteur de films à sujets sociaux : *Riff Raff*.

Lobatchevski (*Nikolaï Ivanovitch*), mathématicien russe (1792-1856). Il élabora une géométrie non euclidienne.

Locke (*John*), philosophe anglais (1632-1704).

Lodi, v. d'Italie. Victoire de Bonaparte en 1796.

Lódz, v. de Pologne ; 789 300 h.

Loeb (*Sébastien*), coureur automobile français (né en 1974) : 8 titres consécutifs de champion du monde des rallyes.

Loewy (*Raymond*), designer industriel américain d'origine française (1893-1986).

Lofoten (*îles*), archipel de Norvège.

Loir (le), affl. de la Sarthe.

Loire (la), fl. français ; 1 020 km. ◇ Dép. français (42) ; ch.-l. *Saint-Étienne*, ch.-l. d'arr. *Montbrison*, *Roanne* ; 728 524 h.

Loire (Haute-), dép. français (43) ; ch.-l. *Le Puy-en-Velay*, ch.-l. d'arr. *Brioude*, *Yssingeaux* ; 209 113 h.

Loire (*Pays de la*), Région de France ; ch.-l. *Nantes*.

Loire-Atlantique, dép. français (44) ; ch.-l. *Nantes*, ch.-l. d'arr. *Ancenis*, *Châteaubriant*, *Saint-Nazaire* ; 1 134 266 h.

Loiret, dép. français (45) ; ch.-l. *Orléans*, ch.-l. d'arr. *Montargis*, *Pithiviers* ; 618 126 h.

Loir-et-Cher, dép. français (41) ; ch.-l. *Blois*, ch.-l. d'arr. *Romorantin-Lanthenay*, *Vendôme* ; 314 968 h.

Lombardie, région de l'Italie du Nord ; cap. *Milan*.

Lombards, peuple germanique qui envahit l'Italie au VIe s. Ils furent battus par Charlemagne (774).

Lomé, cap. du Togo ; 799 000 h.

Loménie de Brienne (*Étienne* DE), prélat et homme d'État français (1727-1794). Ministre des Finances sous Louis XVI.

London (*Jack*), romancier américain (1876-1916) : *Croc-Blanc*.

Londres, cap. de la Grande-Bretagne, sur la Tamise ; 2 765 975 h. (7 172 036 avec les banlieues) [*Londoniens*].

Londres (*Albert*), journaliste et grand reporter français (1884-1932).

Longfellow (*Henry Wadsworth*), poète romantique américain (1807-1882).

Longo (*Jeannie*), cycliste française (née en 1958) : 59 titres de championne de France et 13 titres de championne du monde.

Longue Marche (*la*), retraite stratégique des communistes chinois (1934-1935) devant les nationalistes.

Lons-le-Saunier, ch.-l. du Jura ; 19 966 h. (*Lédoniens*).

Lope de Vega (*Félix*), écrivain espagnol (1562-1635).

lords (*Chambre des*), chambre haute du Parlement britannique.

Lorentz (*Hendrik Antoon*), physicien néerlandais (1853-1928), principal créateur de la théorie électronique de la matière.

Lorenz (*Konrad*), zoologiste autrichien (1903-1989).

Lorenzetti (les frères *Pietro* et *Ambrogio*), peintres italiens de la 1re moitié du XIVe s., actifs à Sienne et Assise.

Lorette, v. d'Italie. Pèlerinage.

Lorient, port du Morbihan ; 61 844 h. (*Lorientais*).

Lorrain (*Claude* GELLÉE, dit **le**), peintre français (1600-1682), installé à Rome, maître du paysage classique.

Lorraine, Région et anc. prov. de l'est de la France ; ch.-l. *Metz*.

Los Angeles, v. des États-Unis (Californie) ; 3 694 820 h. (9 519 338 dans l'agglomération).

Lot, affl. de la Garonne. ◇ Dép. français (46) ; ch.-l. *Cahors*, ch.-l. d'arr. *Figeac*, *Gourdon* ; 160 197 h. (*Lotois*).

Lot-et-Garonne, dép. français (47) ; ch.-l. *Agen*, ch.-l. d'arr. *Marmande*, *Nérac*, *Villeneuve-sur-Lot* ; 305 380 h.

Loth ou **Lot,** personnage biblique. Homme juste, il échappa à la destruction de Sodome. Sa femme fut changée en un bloc de sel.

Lothaire (941-986), roi de France en 954.

Lothaire Ier (795-855), empereur d'Occident en 840.

Loti (*Pierre*), romancier français (1850-1923) : *Pêcheur d'Islande*.

Lotto (*Lorenzo*), peintre italien (1480-1556).

Loubet (*Émile*), homme politique français (1839-1929). Président de la République de 1899 à 1906.

Louis Ier le Pieux ou **le Débonnaire** (778-840), fils de Charlemagne, empereur d'Occident et roi des Francs (814-840). ◇ LOUIS II LE BÈGUE (846-879), roi des Francs de 877 à 879. ◇ LOUIS III (v. 863-882), roi des Francs de 879 à 882. ◇ LOUIS IV D'OUTREMER (v. 921-954), roi de France de 936 à 954. ◇ LOUIS V (v. 967-987), dernier Carolingien, roi de France de 986 à 987. ◇ LOUIS VI LE GROS (v. 1081-1137), roi de France de 1108 à 1137, il s'opposa à Henri Ier d'Angleterre. ◇ LOUIS VII LE JEUNE (v. 1120-1180), roi de France de 1137 à 1180. Son divorce d'avec Aliénor d'Aquitaine fut l'origine de la guerre de Cent Ans. ◇ LOUIS VIII LE LION (1187-1226), roi de France de 1223 à 1226. ◇ LOUIS IX ou SAINT LOUIS (1215-1270), roi de France de 1226 à 1270. Il organisa les deux dernières croisades. ◇ LOUIS X LE HUTIN (1289-1316), roi de France de 1314 à 1316. ◇ LOUIS XI (1423-1483), roi de France de 1461 à 1483. Il agrandit son royaume et se montra bon administrateur. ◇ LOUIS XII (1462-1515), roi de France de 1498 à 1515. ◇ LOUIS XIII LE JUSTE (1601-1643), roi de France de 1610 à 1643. Il lutta avec Richelieu contre la noblesse et les protestants. ◇ LOUIS XIV LE GRAND (1638-1715), roi de France de 1643 à

1715. Il mena une active politique extérieure pour imposer la prédominance française. Son règne se signala par une admirable floraison des lettres et des arts. ◇ **Louis XV le Bien-Aimé** (1710-1774), roi de France de 1715 à 1774. Son règne se caractérisa par les abus et le désordre financier à l'intérieur. ◇ **Louis XVI** (1754-1793), roi de France de 1774 à 1792. Jugé par la Convention, il fut décapité en 1793. ◇ **Louis XVII** (1785-1795), fils de Louis XVI. Il est mort à la prison du Temple, à Paris. ◇ **Louis XVIII** (1755-1824), frère de Louis XVI, roi de France de 1814 à 1824.

Louis, nom de cinq rois de Germanie (IXe-Xe s.), de cinq empereurs d'Occident et de deux rois de Bavière.

Louise de Marillac (*sainte*), fondatrice des Filles de la Charité (1591-1660).

Louise de Savoie (1476-1531), épouse de Charles d'Orléans et mère de François Ier.

Louisiane, État du sud des États-Unis. Cap. *Baton Rouge.* V. pr. *La Nouvelle-Orléans.*

Louis-Philippe Ier (1773-1850), roi des Français de la révolution de 1830 à celle de 1848.

Louksor, v. d'Égypte, sur les ruines de Thèbes. Temple d'Amon.

Loulou, film de G. W. Pabst (1929).

Lourdes, v. des Hautes-Pyrénées. Pèlerinage.

Louvain, v. de Belgique. Université.

Louverture → Toussaint Louverture.

Louvois (*Michel* Le Tellier, marquis de), homme d'État français, ministre de la Guerre de Louis XIV (1639-1691).

Louvre, à Paris, anc. palais royal, devenu musée national. Il a une antenne à Lens.

Lowry (*Malcolm*), écrivain britannique (1909-1957) : *Au-dessous du volcan.*

Lozère (*mont*), montagne des Cévennes. ◇ Dép. français (48), ch.-l. *Mende,* ch.-l. d'arr. *Florac* ; 73 509 h. (*Lozériens*).

Luanda, cap. de l'Angola ; 1 460 000 h.

Lübeck, port d'Allemagne ; 213 500 h.

Lubitsch (*Ernst*), cinéaste américain d'origine allemande (1892-1947) : *la Folle Ingénue.*

Lublin, v. de Pologne ; 357 100 h.

Lubumbashi, v. de la Rép. dém. du Congo (anc. Zaïre) ; 564 830 h. Cuivre.

Luc (*saint*), un des quatre évangélistes.

Lucain, poète latin (39-65) : *la Pharsale.*

Lucas (*George*), cinéaste et producteur américain (né en 1944) : *Star Wars.*

Lucerne, v. et cant. de Suisse ; 57 023 h.

Lucien de Samosate, écrivain grec (v. 125-v. 192) : *Dialogues des morts.*

Lucifer, Satan, le prince des démons.

Lucknow, v. de l'Inde du Nord ; 2 400 000 h.

Luçon, principale île des Philippines.

Lucques, v. d'Italie centrale ; 81 862 h.

Lucrèce, femme romaine. Elle se tua après avoir été outragée par un fils de Tarquin (VIe s. av. J.-C.).

Lucrèce, poète latin (v. 98-55 av. J.-C.) : *De natura rerum.*

Lucullus, général romain célèbre par son raffinement gastronomique (Ier s. av. J.-C.).

Lucy, nom donné à un squelette d'australopithèque de 3,3 millions d'années trouvé en 1974 dans la Rift Valley (Éthiopie).

Ludendorff (*Erich*), général allemand (1895-1937). Il a été l'adjoint de Hindenburg en 1917-1918.

Luftwaffe, l'aviation militaire allemande.

Lugné-Poe (*Aurélien Marie* Lugné, dit), acteur et metteur en scène français (1869-1940).

Lula da Silva (*Luiz Inácio*), homme politique brésilien (né en 1945). Il a été président de la République de 2003 à 2010.

Lulle (bienheureux *Raymond*), théologien et poète catalan (v. 1235-1315), il a élevé le catalan au rang de langue littéraire.

Lully ou **Lulli** (*Jean-Baptiste*), violoniste et compositeur français d'origine florentine (1632-1687), créateur de l'opéra français.

Lumière (*Auguste* et *Louis*), industriels français (1862-1954 et 1864-1948), inventeurs du cinématographe (1895).

Lumières (*les*), mouvement intellectuel et philosophique qui se développa en Europe au XVIIIe s.

Lumumba (*Patrice*), homme politique congolais (1925-1961). Assassiné.

Lupin (*Arsène*), héros des romans policiers de M. Leblanc.

Lurçat (*Jean*), artiste français (1892-1966), connu pour ses cartons de tapisserie.

Lusaka, cap. de la Zambie ; 1 394 000 h.

Lusitanie, province de l'Espagne romaine, l'actuel Portugal.

Lutèce, ville de Gaule correspondant au cœur de Paris.

Luther (*Martin*), théologien allemand (1483-1546). Promoteur de la Réforme.

Luxembourg, province du sud de la Belgique ; ch.-l. *Arlon.*

Luxembourg (*grand-duché de*), État de l'Europe occidentale ; 2 586 km² ; 442 000 h. (*Luxembourgeois*). Cap. *Luxembourg* (79 000 h.).

Luxembourg, à Paris, palais du XVIIe s., devenu palais du Sénat ; jardin public.

Luxembourg (duc de), maréchal de France (1628-1695), vainqueur à Fleurus, Steinkerque et Neerwinden.

Lviv, v. d'Ukraine ; 732 818 h.

Lyautey (*Hubert*), maréchal de France (1854-1934), créateur du protectorat du Maroc.

Lycie, anc. région de l'Asie Mineure.

Lycurgue, législateur légendaire de Sparte.

Lydie, anc. royaume de l'Asie Mineure. Crésus fut l'un de ses rois les plus célèbres.

Lynch (*David*), cinéaste américain (né en 1946) : *Elephant Man*.

Lyon, ch.-l. de la Région Rhône-Alpes et du dép. du Rhône, au confluent du Rhône et de la Saône ; 453 187 h. (*Lyonnais*).

Lyonnais, anc. prov. de France ; cap. *Lyon*.

Lys dans la vallée (*le*), roman de Balzac.

Lysippe, sculpteur grec (v. 390 av. J.-C.). Son *Apoxyomène* est à l'origine de la conception hellénistique du corps viril.

M

M6 (*Métropole 6*), chaîne de télévision française créée en 1987.

Maastricht, v. des Pays-Bas ; 122 070 h. Traité (fév. 1992, entré en vigueur en nov. 1993) qui institua l'Union européenne.

Maazel (*Lorin*), chef d'orchestre américain (né en 1930).

Macao, territoire de la côte sud de la Chine ; 459 000 h. Ancienne possession portugaise.

MacArthur (*Douglas*), général américain (1880-1964), vainqueur du Japon.

Macbeth, roi d'Écosse (XIe s.), célèbre par ses crimes. <> Drame de Shakespeare.

Maccabées, famille de patriotes juifs (167 av. J.-C.).

McCarey (*Leo*), cinéaste et producteur américain (1898-1969) : *l'Extravagant M. Ruggles*.

McCarthy (*Joseph*), homme politique américain (1908-1957). Il mena une virulente campagne anticommuniste.

Macédoine, État d'Europe ; 25 700 km² ; 2 044 000 h. (*Macédoniens*). Cap. *Skopje*. <> Région historique, auj. partagée entre la Rép. de Macédoine, la Grèce et la Bulgarie.

Mach (*Ernst*), physicien autrichien (1838-1916).

Machiavel (*Nicolas*), homme politique et philosophe florentin (1469-1527).

Machu-Picchu, anc. cité inca du Pérou.

Mackenzie (le), fl. du Canada ; 4 600 km.

Mackenzie (*William Lyon*), homme politique canadien (1795-1861).

McKinley (*mont*), point culminant de l'Amérique du Nord (Alaska) ; 6 194 m.

McLuhan (*Herbert Marshall*), sociologue canadien (1911-1980) : *la Galaxie Gutenberg*.

Mac-Mahon (*Patrice* DE), maréchal de France (1808-1893). Président de la République de 1873 à 1879.

Mâcon, ch.-l. de Saône-et-Loire ; 36 068 h. (*Mâconnais*).

Mac Orlan (*Pierre* DUMARCHEY, dit **Pierre**), écrivain français (1882-1970) : *le Quai des brumes*.

Madagascar, île et État de l'océan Indien, à l'est de l'Afrique ; 587 000 km² ; 16 437 000 h. (*Malgaches*). Cap. *Antananarivo*.

Madame Bovary, roman de G. Flaubert.

Madeleine (*sainte*) → **Marie-Madeleine.**

Madeleine à la veilleuse (*la*), tableau de G. de La Tour.

Madère, île portugaise de l'Atlantique ; ch.-l. *Funchal*. Vins.

Madhya Pradesh, État du centre de l'Inde.

Madras, v. de l'Inde du Sud ; 4 216 268 h.

Madrid, cap. de l'Espagne ; 2 938 723 h. (*Madrilènes*).

Madurai, v. de l'Inde, 922 913 h. Pèlerinage et grand temple brahmanique.

Maeterlinck (*Maurice*), écrivain belge (1862-1949), d'inspiration symboliste.

Magellan (*Fernand* DE), navigateur portugais (1480-1521). Il entreprit le premier tour du monde.

Magenta, v. du Milanais. Victoire française sur les Autrichiens en 1859.

Maghreb, l'Afrique du Nord (Tunisie, Algérie, Maroc).

Maginot (*ligne*), système fortifié construit sur la frontière de l'est de la France et contourné par les Allemands en 1940.

Magnani (*Anna*), actrice italienne (1908-1973) : *Rome, ville ouverte*.

Magritte (*René*), peintre surréaliste belge (1898-1967).

Magyars, peuple de Hongrie.

Mahabharata, épopée sanskrite en vers contenant la *Bhagavad-Gita,* principal ouvrage religieux indien.

Maharashtra, État de l'ouest de l'Inde.

Mahfuz (*Nadjib*), romancier égyptien (1911-2006) : *le Palais du désir*.

Mahler (*Gustav*), compositeur autrichien (1860-1911).

Mahomet, en arabe **Muhammad**, fondateur (prophète) de la religion musulmane (v. 570-632).

Maïakovski (*Vladimir*), poète et auteur dramatique russe (1893-1930).

Maillol (*Aristide*), sculpteur français (1861-1944), d'inspiration classique.

Maimonide (*Moïse*), philosophe, théologien et médecin juif (1138-1204) : *Guide des égarés*.

Main (le), affl. allemand du Rhin.

Maine (la), affl. de la Loire, formé par la Sarthe, le Loir et la Mayenne.

Maine (le), anc. prov. française ; cap. *Le Mans*.

Maine, État du nord-est des États-Unis. Cap. *Augusta*.

Maine-et-Loire, dép. français (49) ; ch.-l. *Angers*, ch.-l d'arr. *Cholet, Saumur, Segré* ; 732 942 h.

Maintenon (*Françoise* D'AUBIGNÉ, marquise DE) [1635-1719], unie par un mariage secret à Louis XIV.

Maison-Blanche (*la*), résidence du président des États-Unis à Washington.

Maistre (*Joseph,* comte DE), écrivain savoyard (1753-1821), théoricien de la contre-révolution, ultramontain.

Maja nue (*la*), tableau de Goya.

Majorelle (*Louis*), décorateur et ébéniste français (1859-1926), maître de l'Art nouveau.

Majorque, la plus grande des Baléares.

Makarios III, prélat et homme politique cypriote (1913-1977), président de la République de Chypre (1959-1977).

Malade imaginaire (*le*), comédie de Molière.

Maladeta (la), massif des Pyrénées, 3 404 m au *pic d'Aneto*.

Málaga, port d'Espagne ; 534 207 h.

Malaisie, État fédéral de l'Asie méridionale ; 330 000 km² ; 22 633 000 h. (*Malaisiens*). Cap. *Kuala Lumpur* et *Putrajaya*.

Malaparte (*Curzio*), écrivain italien (1898-1957) : *Kaputt*.

Malawi, anc. **Nyassaland**, État de l'Afrique orientale ; 118 000 km² ; 11 572 000 h. (*Malawites*). Cap. *Lilongwe*.

Maldives, État insulaire de l'océan Indien ; 300 km² ; 300 000 h. (*Maldiviens*). Cap. *Malé*.

Malebranche (*Nicolas* DE), philosophe français (1638-1715).

Malesherbes (*Chrétien Guillaume* DE LAMOIGNON DE), magistrat français (1721-1794). Il défendit Louis XVI devant la Convention.

Malevitch (*Kazimir*), peintre abstrait russe (1878-1935).

Malherbe (*François* DE), poète lyrique français (1555-1628). Il réforma la langue.

Mali, anc. **Soudan français**, État de l'Afrique occidentale ; 1 240 000 km² ; 11 677 000 h. (*Maliens*). Cap. *Bamako*.

Malines, v. de Belgique ; 76 981 h.

Malinowski (*Bronisław*), anthropologue britannique d'origine polonaise (1884-1942).

Mallarmé (*Stéphane*), poète symboliste français (1842-1898).

Malle (*Louis*), cinéaste français (1932-1995) : *les Amants*.

Mallet-Stevens (*Robert*), architecte français (1886-1945).

Malmö, port de la Suède méridionale ; 267 834 h.

Malot (*Hector*), écrivain français (1830-1907) : *Sans famille*.

Malraux (*André*), écrivain et homme politique français (1901-1976) : *la Condition humaine*.

Malte, île et État de la Méditerranée ; 316 km² ; 392 000 h. (*Maltais*). Cap. *La Valette*.

Malte (*ordre souverain de*), ordre religieux et militaire créé à la fin du XIe s. ; auj., organisme à vocation humanitaire.

Malthus (*Thomas Robert*), économiste britannique (1766-1834).

Mamelouks, dynastie qui régna sur l'Égypte et la Syrie (1290-1517).

Managua, cap. du Nicaragua ; 1 098 000 h.

Manaudou (*Laure*), nageuse française (née en 1986), championne olympique et trois fois championne du monde.

Manche, bras de mer entre la France et l'Angleterre. Tunnel ferroviaire. ◇ Dép. français (50) ; ch.-l. *Saint-Lô*, ch.-l. d'arr. *Avranches, Cherbourg, Coutances* ; 481 471 h.

Manche, région aride de l'Espagne (Castille).

Manchester, v. d'Angleterre ; 392 819 h. (2 482 352 avec les banlieues).

Mandchourie, anc. nom de la Chine du Nord-Est. Hab. : *Mandchous*.

Mandela (*Nelson*), homme politique sud-africain (né en 1918), président de la République de 1994 à 1999.

Mandelbrot (*Benoît*), mathématicien français et américain d'origine polonaise (1924-2010).

Mandés ou **Mandingues,** groupe de peuples d'Afrique occidentale.

Mandrin (*Louis*), aventurier français (1724-1755).

Manet (*Édouard*), peintre français (1832-1883), précurseur de l'impressionnisme.

Manhattan, île constituant la partie centrale de New York.

Manhattan, film de W. Allen (1979).

Manifeste du parti communiste, texte de Karl Marx et Friedrich Engels exposant les thèses du marxisme.

Manille, capitale et port des Philippines ; 1 581 052 h. (10 352 000 dans l'aggl.).

Manitoba, prov. du Canada.

Mankiewicz (*Joseph Leo*), cinéaste américain (1909-1993) : *la Comtesse aux pieds nus*.

Mann (*Thomas*), écrivain allemand (1875-1955) : *la Montagne magique*.

Mannerheim (*Gustav Carl*, baron), maréchal et homme politique finlandais (1869-1951).

Manon Lescaut, roman de l'abbé Prévost.

Man Ray, peintre et photographe américain (1890-1976), apparenté au surréalisme.

Mans (Le), ch.-l. de la Sarthe ; 150 605 h. (*Manceaux*). Cathédrale gothique.

Mansart (*François*), architecte français (1598-1666) : château de Maisons. <> Son petit-neveu *Jules Hardouin,* dit **Hardouin-Mansart** (1646-1708), a construit le dôme des Invalides et agrandi le château de Versailles.

Mantegna (*Andrea*), peintre italien (1431-1506), initiateur de la Renaissance.

Mantoue, v. d'Italie (Lombardie) ; 47 790 h.

Manuce, famille d'imprimeurs italiens des XVe et XVIe s.

Manzoni (*Alessandro*), écrivain italien (1785-1873) : *les Fiancés*.

Maoris, peuple de la Nouvelle-Zélande.

Mao Zedong ou **Mao Tsé-toung,** homme politique chinois (1893-1976), il dirigea la Chine de 1949 à 1976 et lança la Révolution culturelle à partir de 1966.

Maputo, cap. du Mozambique ; 966 837 h.

Maracaibo, v. du Venezuela ; 1 249 670 h.

Maradona (*Diego Armando*), footballeur argentin (né en 1960).

Marañón, cours supérieur de l'Amazone.

Marat (*Jean-Paul*), révolutionnaire français (1743-1793). Il fut tué par Ch. Corday.

Marathes, peuple de l'Inde.

Marathon, village d'Attique. Victoire de Miltiade sur les Perses (Ve s. av. J.-C.).

Marc (*saint*), un des quatre évangélistes.

Marc Aurèle (121-180), empereur romain de 161 à 180.

Marceau (*François Séverin*), général français (1769-1796). Il s'illustra à Fleurus.

Marceau (*Marcel* MANGEL, puis **Marcel**), mime français (1923-2007).

Marcel (*Étienne*), prévôt des marchands de Paris (v. 1316-1358).

Marchand (*Jean-Baptiste*), général et explorateur français (1863-1934). Il dut évacuer Fachoda (1898).

Marche (la), anc. prov. de France. Cap. *Guéret*.

Marches (les), région d'Italie centrale.

Marciano (*Rocco Francis* MARCHEGIANO, dit **Rocky**), boxeur américain (1923-1969).

Marconi (*Guglielmo*), physicien italien (1874-1937). Il réalisa les premières liaisons par ondes hertziennes.

Marcuse (*Herbert*), philosophe américain d'origine allemande (1898-1979), membre de l'école de Francfort.

Mardouk, dieu babylonien.

Mare au diable (*la*), roman de G. Sand.

Marengo (*bataille de*), victoire de Bonaparte sur les Autrichiens (1800).

Marey (*Étienne Jules*), physiologiste et inventeur français (1830-1904). Son procédé photographique d'analyse du mouvement est à l'origine du cinéma.

Marguerite d'Angoulême (1492-1549), reine de Navarre, sœur de François 1er, auteur de nouvelles et de poésies.

Marguerite d'Autriche (1480-1530), fille de Maximilien Ier et de Marie de Bourgogne, régente des Pays-Bas.

Marguerite de Valois, première femme d'Henri IV (1553-1615).

Marguerite Valdemarsdotter (1353-1412), reine de Danemark, de Norvège et de Suède.

Mari, anc. cité de Mésopotamie, sur le moyen Euphrate, prospère entre le IVe millénaire et le XVIIIe s. av. J.-C.

Mariage de Figaro (*le*), comédie de Beaumarchais.

Mariannes (*fosse des*), fosse très profonde (11 034 m) du Pacifique.

Mariannes (*îles*), archipel du Pacifique.

Marie (*sainte*), **la Vierge**, mère de Jésus.

Marie-Antoinette (1755-1793), reine de France, femme de Louis XVI. Morte sur l'échafaud.

Marie-Christine de Habsbourg-Lorraine (1858-1929), régente d'Espagne de 1885 à 1902.

Marie d'Angleterre (1496-1533), fille d'Henri VII Tudor, femme de Louis XII.

Marie de Bourgogne (1457-1482), fille de Charles le Téméraire, femme de Maximilien d'Autriche.

Marie de Médicis (1573-1642), seconde femme d'Henri IV, régente pendant la minorité de Louis XIII (1610-1614).

Marie Leszczyńska (1703-1768), reine de France, femme de Louis XV.

Mariée mise à nu par ses célibataires, même (*la*), grande peinture sur verre de M. Duchamp.

Marie-Louise (1791-1847), fille de François II d'Autriche, seconde femme de Napoléon Ier.

Marie-Madeleine (*sainte*), pécheresse convertie par Jésus-Christ.

Marie Stuart (1542-1587), reine d'Écosse, puis de France, femme de François II, décapitée par ordre d'Élisabeth d'Angleterre.

Marie-Thérèse (1717-1780), impératrice d'Autriche (1740), reine de Hongrie (1741) et de Bohême (1743).

Marie Tudor (1516-1558), reine d'Angleterre de 1553 à 1558. Elle persécuta les protestants.

Mariette (*Auguste*), égyptologue français (1821-1881).

Marignan, v. du Milanais. Victoire de François Ier sur les Suisses (1515).

Marinetti (*Filippo Tommaso*), écrivain italien (1876-1944), initiateur du futurisme.

Marino ou **Marini** (*Giambattista*), dit **le Cavalier Marin**, poète italien (1569-1625), un des maîtres de la préciosité.

Mariotte (*Edme*), physicien français (v. 1620-1684). Il énonça la loi de compressibilité des gaz.

Maris, peuple finno-ougrien de Russie vivant dans les rép. des Maris, du Bachkortostan et du Tatarstan (env. 670 000).

Marius (*Caius*), général romain (157-86 av. J.-C.), adversaire de Sulla.

Marivaux (*Pierre* DE), auteur dramatique français (1688-1763), auteur de comédies : *le Jeu de l'amour et du hasard*.

Marlborough (duc DE), général anglais (1650-1722).

Marley (*Robert* NESTA, dit **Bob**), chanteur jamaïquain de reggae (1945-1981), adepte du mouvement rasta.

Marlowe (*Christopher*), dramaturge anglais (1564-1593) : *la Tragique Histoire du Dr Faust*.

Marmara, mer entre la mer Noire et la mer Égée.

Marne, affl. de la Seine. ◇ Victoires des Français en 1914 et en 1918. ◇ Dép. français (51) ; ch.-l. *Châlons-en-Champagne*, ch.-l. d'arr. *Épernay, Reims, Sainte-Menehould, Vitry-le-François* ; 565 229 h. (*Marnais*).

Marne (Haute-), dép. français (52) ; ch.-l. *Chaumont*, ch.-l. d'arr. *Langres, Saint-Dizier* ; 194 873 h.

Marne-la-Vallée, v. nouvelle à l'est de Paris (Seine-et-Marne). Parc d'attractions.

Maroc, État d'Afrique du Nord ; 710 000 km² ; 31 993 000 h. (*Marocains*). Cap. *Rabat* ; v. pr. *Casablanca, Fès, Marrakech*.

Marot (*Clément*), poète français (1496-1554).

Marquises (*îles*), archipel français de Polynésie.

Marrakech, v. du Maroc ; 549 000 h.

Mars, dieu romain de la Guerre, l'*Arès* des Grecs. ◇ Planète du Système solaire.

Marseillaise (*la*), hymne national français, créé par Rouget de Lisle (1792).

Marseille, port et ch.-l. de la Région Provence-Alpes-Côte d'Azur et des Bouches-du-Rhône ; 807 071 h. (*Marseillais*).

Marshall (*îles*), État insulaire de la Micronésie ; 181 km² ; 52 000 h. (*Marshallais*). Cap. *Majuro*.

Marshall (*George*), général et homme politique américain (1880-1959).

Martel (*Édouard*), spéléologue français (1859-1938), créateur de la spéléologie.

Marthe (*sainte*), sœur de Lazare.

Martí (*José*), écrivain et patriote cubain (1853-1895).

Martial, poète latin (v. 40 - v. 104).

Martin (*saint*), évêque de Tours (v. 316-397). Il aurait partagé son manteau avec un pauvre.

Martin, nom de plusieurs papes dont MARTIN V (1368-1431), pape de 1417 à 1431. Son élection mit fin au grand schisme.

Martin du Gard (*Roger*), écrivain français (1881-1958) : *les Thibault*.

Martinique, dép. français (972) des Antilles ; ch.-l. *Fort-de-France*, ch.-l. d'arr. *Le Marin, La Trinité, Saint-Pierre* ; 381 427 h. (*Martiniquais*).

Marx (*Karl*), philosophe allemand et théoricien du socialisme (1818-1883) : *le Capital*. Fondateur de la Ire Internationale.

Marx Brothers, groupe d'acteurs comiques américains : *Une nuit à l'Opéra*.

Maryland, État de l'est des États-Unis. Cap. *Annapolis*. V. pr. *Baltimore*.

Masaccio, peintre florentin (1401-1428), un des protagonistes de la Renaissance.

Masaryk (*Tomáš Garrigue*), homme politique tchécoslovaque (1850-1937). Président de la République de 1918 à 1935.

Mascate, cap. de l'Oman ; 638 000 h.

Mas-d'Azil (*Le*), station préhistorique de l'Ariège.

Masinissa (v. 238-148), roi de Numidie, allié des Romains.

Massachusetts, État du nord-est des États-Unis. Cap. *Boston.*

Massachusetts Institute of Technology (MIT), établissement américain d'enseignement supérieur et de recherche créé en 1861.

Massada, forteresse de Palestine, lieu de résistance juive face aux Romains (66-73 apr. J.-C.).

Masaïs ou **Massaïs,** peuple du Kenya et de Tanzanie.

Masséna (*André*), maréchal de France (1758-1817).

Massenet (*Jules*), compositeur français (1842-1912) : *Manon.*

Massif central, région montagneuse du centre de la France.

Mastroianni (*Marcello*), acteur italien (1924-1996) : *La Dolce Vita.*

Mata Hari (*Margaretha Geertruida* ZELLE, dite), danseuse et aventurière néerlandaise (1876-1917). Convaincue d'espionnage en faveur de l'Allemagne, elle fut fusillée.

Mathias Ier Corvin (1440 ou 1443-1490), roi de Hongrie de 1458 à 1490.

Mathilde ou **Mahaut de Flandre** (m. en 1083), femme de Guillaume Ier le Conquérant.

Mathusalem, patriarche biblique. Il aurait vécu 969 ans (*Bible*).

Matignon (*accords*), accords conclus en 1936 entre le patronat et les syndicats : droit syndical, semaine de 40 heures, congés payés.

Matisse (*Henri*), peintre, graveur et sculpteur français (1869-1954).

Mato Grosso, plateau de l'ouest du Brésil.

Matta (*Roberto*), peintre surréaliste chilien (1911-2002).

Matthieu (*saint*), apôtre et évangéliste.

Maubeuge, v. du Nord ; 34 051 h. (*Maubeugeois*).

Mauna Kea, volcan éteint, point culminant de l'île d'Hawaii ; 4 205 m. Observatoire astronomique.

Maupassant (*Guy* DE), écrivain français (1850-1893), auteur de contes, de nouvelles et de romans : *Bel Ami.*

Maupeou (*René Nicolas* DE), chancelier de France (1714-1792).

Maures (les), massif montagneux du Var.

Mauriac (*François*), écrivain français (1885-1970) : *le Nœud de vipères.*

Maurice (*saint*), légionnaire romain, martyr (fin du IIIe s.).

Maurice (*île*), État insulaire de l'océan Indien ; 2 040 km² ; 1 171 000 h. (*Mauriciens*). Cap. *Port-Louis.*

Mauritanie, dans l'Antiquité, l'ouest de l'Afrique du Nord. ◇ État de l'Afrique occidentale ; 1 080 000 km² ; 2 747 000 h. (*Mauritaniens*). Cap. *Nouakchott.*

Maurois (*André*), écrivain français (1885-1967) : *Climats.*

Maurras (*Charles*), écrivain et homme politique français (1868-1952), monarchiste.

Mauss (*Marcel*), sociologue et anthropologue français (1872-1950).

Maximilien Ier (1459-1519), empereur germanique (1493-1519).

Maximilien (*Ferdinand Joseph*) [1832-1867], archiduc d'Autriche. Empereur du Mexique en 1864, il fut fusillé.

Maxwell (*James Clerk*), physicien britannique (1831-1879). Il a établi les lois générales de l'électromagnétisme (1873).

Mayas, Indiens de l'Amérique centrale, créateurs d'une brillante civilisation (IIIe-Xe s.).

Mayence, ville d'Allemagne, sur le Rhin ; 185 300 h.

Mayenne (la), riv. formant la Maine avec la Sarthe. ◇ Dép. français (53) ; ch.-l. *Laval,* ch.-l. d'arr. *Château-Gontier, Mayenne* ; 285 338 h. (*Mayennais*).

Mayenne (*Charles* DE LORRAINE, duc DE), frère d'Henri de Guise (1554-1611).

Mayflower, nom du vaisseau des premiers colons anglais de l'Amérique du Nord.

Mayotte, dép. français (976) de l'océan Indien, dans l'archipel des Comores ; 160 265 h. (*Mahorais*). Ch.-l. *Mamoudzou.*

Mazarin (*Jules*), homme d'État français (1602-1661). Il termina la guerre de Trente Ans, triompha de la Fronde et imposa à l'Espagne le traité des Pyrénées (1659).

Mazeppa ou **Mazepa,** chef des cosaques de l'Ukraine (1639 ou 1644-1709).

Mazzini (*Giuseppe*), patriote italien (1805-1872).

Mead (*Margaret*), anthropologue américaine (1901-1978).

Méandre (le), fl. de l'Asie Mineure antique au cours très sinueux. N. actuel : *Menderes.*

Mécène, chevalier romain, protecteur des arts et des lettres (v. 69-8 av. J.-C.).

Mechhed, v. d'Iran oriental ; 1 887 405 h. Pèlerinage chiite.

Mecklembourg-Poméranie-Occidentale, Land d'Allemagne ; 1 732 226 h. Cap. *Schwerin.*

Mecque (**La**), ville d'Arabie saoudite ; 1 400 000 h. Patrie de Mahomet. Pèlerinage.

Médée, magicienne qui égorgea ses enfants (*Myth. gr.*).

Medellín, v. de Colombie ; 1 630 009 h.

Médicis, famille florentine, dont les principaux membres furent : LAURENT LE MAGNIFIQUE (1449-1492), protecteur des lettres et des arts ; ◇ ALEXANDRE (mort en 1537), premier duc de Florence, assassiné par Lorenzaccio ; ◇ COSME Ier LE GRAND (1519-1574), premier grand-duc de Toscane.

Médicis (*villa*), demeure du milieu du XVIe s., à Rome, occupée par l'Académie de France.

Médie, région de l'Asie ancienne.

Médine, v. d'Arabie saoudite ; 885 000 h.

médiques (*guerres*), guerres entre la Grèce et la Perse au Ve s. av. J.-C.

Méditerranée, mer intérieure entre l'Europe, l'Afrique et l'Asie.

Médoc, région viticole du Bordelais.

Méduse, une des trois Gorgones.

Medvedev (*Dmitri Anatolievitch*), homme politique russe (né en 1965), président de la Russie depuis 2008.

Méhémet Ali (1769-1849), vice-roi d'Égypte (1805-1848).

Mehmed, nom de six sultans de Turquie. ◇ MEHMED II (1429-1481), prit Constantinople en 1453.

Meiji tenno, nom posthume de *Mutsuhito* (1852-1912), empereur du Japon de 1867 à 1912, créateur du Japon moderne.

Meilleur des mondes (*le*), roman de science-fiction de A. Huxley.

Meitner (*Lise*), physicienne autrichienne (1878-1968), auteur de la théorie de la fission de l'uranium.

Meknès, v. du Maroc ; 320 000 h.

Mékong (le), fl. de la Chine et de la péninsule indochinoise ; 4 200 km.

Melanchthon (*Philipp*), réformateur allemand (1497-1560), ami de Luther.

Mélanésie, partie de l'Océanie comprenant la Nouvelle-Guinée, la Nouvelle-Calédonie, les îles Fidji, etc. (Hab. *Mélanésiens*.)

Melbourne, port d'Australie ; 3 366 542 h.

Méliès (*Georges*), cinéaste français (1861-1938), pionnier du cinéma.

Melun, ch.-l. de Seine-et-Marne, sur la Seine ; 36 998 h. (*Melunais*).

Melville (*Herman*), écrivain américain (1819-1891) : *Moby Dick*.

Memling (*Hans*), peintre flamand (v. 1433-1494), actif à Bruges.

Mémoires d'outre-tombe, recueil poétique de Chateaubriand.

Memphis, v. de l'anc. Égypte. ◇ Ville des États-Unis, sur le Mississippi ; 650 100 h.

Mencius ou **Mengzi,** philosophe chinois (v. 371-289 av. J.-C.), disciple de Confucius.

Mende, ch.-l. de la Lozère ; 13 103 h. (*Mendois*).

Mendel (*Gregor*), botaniste autrichien (1822-1884), fondateur de la génétique.

Mendeleïev (*Dmitri Ivanovitch*), chimiste russe (1834-1907), auteur de la classification périodique des éléments.

Mendelssohn (*Félix*), compositeur allemand (1809-1847).

Mendelssohn (*Moses*), philosophe allemand (1729-1786).

Mendès France (*Pierre*), homme politique français (1907-1982).

Ménélas, héros de la guerre de Troie, frère d'Agamemnon, époux d'Hélène.

Ménélik II (1844-1913), négus d'Éthiopie de 1889 à 1907. Vainqueur des Italiens à Adoua.

Ménines (*les*), grande toile de Velázquez.

Menton, v. des Alpes-Maritimes, sur la Méditerranée ; 29 266 h. (*Mentonnais*).

Mentor, ami d'Ulysse et précepteur de son fils Télémaque (*Myth. gr.*).

Menuhin (lord *Yehudi*), violoniste et chef d'orchestre américain et britannique d'origine russe (1916-1999).

Meos → Miaos.

Méphistophélès, autre nom du diable.

Mercalli (*Giuseppe*), sismologue italien (1850-1914), inventeur de l'échelle sismologique qui porte son nom.

Mercator (*Gerard*), géographe flamand (1512-1594), inventeur d'un système de projection cartographique.

Merckx (*Eddy*), coureur cycliste belge (né en 1945), cinq fois vainqueur du Tour de France.

Mercosur, marché commun de l'Amérique du Sud.

Mercure, dieu romain du Commerce, des Voyageurs et des Voleurs, l'*Hermès* des Grecs. ◇ Planète du Système solaire.

Mérimée (*Prosper*), écrivain français (1803-1870) : *Carmen, Colomba*.

Merkel (*Angela*), femme politique allemande (née en 1954), chancelière depuis 2005.

Merleau-Ponty (*Maurice*), philosophe français (1908-1961) : *Phénoménologie de la perception*.

Merlin, dit **l'Enchanteur**, personnage légendaire du *cycle de la Table ronde*.

Mermoz (*Jean*), aviateur français (1901-1936).

Mérovingiens, première dynastie de rois francs, qui régna jusqu'en 751.

Mertens (*Pierre*), écrivain belge d'expression française (né en 1939) : *Terre d'asile*.

Mésopotamie, région de l'Asie ancienne, entre le Tigre et l'Euphrate, auj. en Iraq.

Messaline, première femme de l'empereur Claude, mère de Britannicus (v. 25-48).

Messi (*Lionel,* dit **Leo**), footballeur argentin et espagnol (né en 1987).

Messiaen (*Olivier*), compositeur français (1908-1992).

Messie (*le*), oratorio de Händel.

Messine, v. de Sicile ; 252 026 h.

Messner (*Reinhold*), alpiniste italien (né en 1944). Il fut le premier à gravir les quatorze sommets de plus de 8 000 m, entre 1970 et 1986.

Métamorphoses (*les*), poème mythologique d'Ovide.

Metchnikov (*Élie*), zoologiste et microbiologiste russe (1845-1916).

Méthode → Cyrille.

Metro-Goldwyn-Mayer, société américaine de production cinématographique fondée en 1924.

Metropolis, film de F. Lang (1927).

Metropolitan Museum of Art, à New York, musée consacré aux beaux-arts.

Metsys, famille de peintres flamands des XVe-XVIe s., actifs à Anvers.

Metternich (*Klemens,* prince DE), homme d'État autrichien (1773-1859).

Metz, ch.-l. de la Région Lorraine et du dép. de la Moselle ; 127 498 h. (*Messins*).

Meucci (*Antonio*), ingénieur américain (1808-1889), véritable inventeur du téléphone.

Meurthe, riv. de France, affl. de la Moselle.

Meurthe-et-Moselle, dép. français (54) ; ch.-l. *Nancy,* ch.-l. d'arr. *Briey, Lunéville, Toul* ; 713 779 h.

Meuse, fl. de France, de Belgique et des Pays-Bas (mer du Nord). <> Dép. français (55) ; ch.-l. *Bar-le-Duc,* ch.-l. d'arr. *Commercy, Verdun* ; 192 198 h. (*Meusiens*).

Mexico, cap. du Mexique ; 20 137 152 h. avec les banlieues.

Mexique, État fédéral de l'Amérique du Nord ; 1 970 000 km² ; 112 322 000 h. (*Mexicains*). Cap. *Mexico.*

Meyerbeer (*Giacomo*), compositeur allemand (1791-1864), auteur d'opéras.

Meyrink (*Gustav*), écrivain autrichien (1868-1932) : *le Golem.*

Mezzogiorno, ensemble des régions de l'Italie du Sud, de la Sicile et de la Sardaigne, relativement sous-développées.

Miami, v. du sud des États-Unis (Floride) ; 362 470 h. (2 253 362 avec les banlieues).

Miaos ou **Méos,** peuple de Chine, de Thaïlande, du Laos et du Viêt Nam.

Michaux (*Henri*), poète et peintre français d'origine belge (1899-1984).

Michel (*saint*), le plus grand des anges.

Michel, nom de neuf empereurs byzantins.

Michel-Ange (*Michelangelo* BUONARROTI, en fr.), sculpteur, peintre, architecte et poète italien (1475-1564). Son œuvre, grandiose, incarne la Renaissance.

Michelet (*Jules*), historien français (1798-1874) : *Histoire de France.*

Michelson (*Albert*), physicien américain (1852-1931), auteur avec E. W. Morley (1858-1923) d'expériences sur la vitesse de la lumière.

Michigan, grand lac et État des États-Unis. Cap. *Lansing.* V. pr. *Detroit.*

Mickey Mouse, personnage de dessin animé créé par Walt Disney en 1928.

Mickiewicz (*Adam*), poète polonais (1798-1855).

Micronésie, partie de l'Océanie. <> État insulaire du Pacifique ; 707 km² ; 126 000 h. (*Micronésiens*). Cap. *Palikir.*

Microsoft, société américaine d'informatique, fondée en 1975 par Bill Gates (né en 1955) et Paul Allen (né en 1953).

Midas, roi de Phrygie du VIIIe s. av. J.-C., qui changeait en or tout ce qu'il touchait.

Middle West, plaine du centre des États-Unis, entre les Appalaches et les Rocheuses.

Midlands, région du centre de l'Angleterre.

Midi-Pyrénées, Région de France. Ch.-l. *Toulouse.*

Midway (*bataille de*), bataille navale (juin 1942) qui opposa les États-Unis au Japon dans le Pacifique.

Mies van der Rohe (*Ludwig*), architecte américain d'origine allemande (1886-1969).

Mignard (*Pierre*), peintre français (1612-1695).

Milan, v. d'Italie (Lombardie) ; 1 256 211 h. (*Milanais*).

Milet, v. de l'Asie Mineure antique.

Milhaud (*Darius*), compositeur français (1892-1974).

Mill (*John* STUART), philosophe et économiste britannique (1806-1873).

Mille et Une Nuits (*les*), recueil de contes arabes.

Miller (*Arthur*), auteur dramatique américain (1915-2005) : *Mort d'un commis voyageur.*

Miller (*Henry*), écrivain américain (1891-1980) : *Tropique du Cancer.*

Millerand (*Alexandre*), homme politique français (1859-1943). Président de la République de 1920 à 1924.

Millet (*Jean-François*), peintre français (1814-1875) : *l'Angélus, les Glaneuses.*

Milne-Edwards (*Henri*), naturaliste et physiologiste français (1800-1885).

Milo, île grecque de la mer Égée où fut découverte la *Vénus de Milo.*

Milo (*Vénus de*), statue grecque en marbre (fin du IIe s. av. J.-C.).

Milon de Crotone, athlète grec (VIe s. av. J.-C.), célèbre pour ses victoires aux jeux Olympiques.

Miltiade, général athénien (Ve s. av. J.-C.). Vainqueur des Perses à Marathon.

Milton (*John*), poète anglais (1608-1674) : *le Paradis perdu.*

Mindanao, île des Philippines.

Minerve, déesse protectrice de Rome et des artisans, l'*Athéna* grecque.

Ming, dynastie impériale chinoise (1368-1644).

Mingus (*Charles,* dit **Charlie**), compositeur et contrebassiste américain de jazz (1922-1979).

Minneapolis, v. des États-Unis, sur le Mississippi ; 382 618 h. Elle forme avec *Saint Paul,* sur l'autre rive du fleuve, une agglomération de 2 968 806 h.

Minnelli (*Vincente*), cinéaste américain (1910-1986), spécialiste de la comédie musicale filmée : *Un Américain à Paris.*

Minnesota, État du centre des États-Unis. Cap. *Saint Paul.*

Minorque, une des îles Baléares.

Minos, roi légendaire de Crète, devenu juge des Enfers (*Myth. gr.*).

Minotaure, monstre mi-homme, mi-taureau, qui habitait le Labyrinthe, tué par Thésée (*Myth. gr.*).

Minsk, cap. de la Biélorussie ; 1 677 137 h.

Miquelon, île de l'archipel français de Saint-Pierre-et-Miquelon.

Mirabeau (*Honoré Gabriel,* comte DE), homme politique français (1749-1791).

Mirbeau (*Octave*), écrivain français (1848-1917) : *Journal d'une femme de chambre.*

Miró (*Joan*), peintre et sculpteur surréaliste espagnol (1893-1983).

Misanthrope (*le*), comédie de Molière.

Misérables (*les*), roman de V. Hugo.

Mishima (*Yukio*), écrivain japonais (1925-1970) : *le Pavillon d'or.*

Mishna ou **Michna,** ensemble des commentaires de la Torah qui constituent la base du Talmud.

Mississippi (le), fl. de l'Amérique du Nord ; 3 780 km. ◇ État des États-Unis. Cap. *Jackson.*

Missouri (le), affl. du Mississippi. ◇ État des États-Unis. Cap. *Jefferson City.*

Mistinguett (*Jeanne* BOURGEOIS, dite), artiste française de music-hall (1875-1956).

Mistral (*Frédéric*), poète provençal (1830-1914) : *Mireille.*

Mithra, dieu iranien dont le culte se répandit dans l'Empire romain au Ier s. av. J.-C.

Mithridate, nom de sept rois du Pont dont : Mithridate VI Eupator (v. 132-63 av. J.-C.), adversaire des Romains. ◇ Tragédie de Racine.

Mitidja, plaine de l'Algérie centrale.

Mitterrand (*François*), homme politique français (1916-1996). Socialiste, il a été président de la République de 1981 à 1995.

Mixtèques, Indiens du Mexique.

Miyazaki (*Hayao*), cinéaste japonais (né en 1941), réalisateur de dessins animés : *le Voyage de Chihiro.*

Mizoguchi (*Kenji*), cinéaste japonais (1898-1956) : *Contes de la lune vague après la pluie.*

M le Maudit, film de F. Lang (1931).

Mnouchkine (*Ariane*), metteur en scène de théâtre français (née en 1939), elle a renouvelé le rapport entre comédien et texte.

Möbius (*August Ferdinand*), mathématicien allemand (1790-1868), pionnier de la topologie.

Mobutu (*Sese Seko*), homme politique zaïrois (1930-1997). Président de 1965 à 1997.

Moby Dick, roman de H. Melville.

Moctezuma ou **Montezuma** (1466-1520), dernier empereur aztèque (1502-1520).

Modène, v. d'Italie (Émilie) ; 175 502 h.

Modiano (*Patrick*), écrivain français (né en 1945) : *Rue des boutiques obscures.*

Modigliani (*Amedeo*), peintre italien (1884-1920) : portraits de *Jeanne Hébuterne.*

Mogadiscio → Muqdisho.

Moghols (*Grands*), dynastie qui régna sur l'Inde de 1526 à 1857.

Mohammed VI → Muhammad VI.

Mohicans, Indiens d'Amérique.

Moholy-Nagy (*László*), plasticien hongrois (1895-1946), maître du Bauhaus.

Moire, divinité grecque du Destin.

Moïse, libérateur et législateur des Hébreux. Il fit sortir ceux-ci d'Égypte et Dieu lui dicta les tables de la Loi (XIIIe s. av. J.-C.).

Moïse, statue de Michel-Ange.

Moldavie, région de Roumanie. ◇ État de l'Europe orientale ; 34 000 km² ; 4 285 000 h. (*Moldaves*). Cap. *Chişinău.*

Molière (*Jean-Baptiste* POQUELIN, dit), acteur et auteur dramatique français (1622-1673) : *Dom Juan, le Misanthrope, l'Avare, Tartuffe, le Bourgeois* *gentilhomme, les Fourberies de Scapin, les Femmes savantes, le Malade imaginaire.*

Mollet (*Guy*), homme politique socialiste français (1905-1975).

Moloch, divinité cananéenne et phénicienne à qui étaient offerts des sacrifices humains.

Molotov, homme politique soviétique (1890-1986).

Moltke (*Helmuth,* comte VON), maréchal prussien (1800-1891), général en chef pendant la guerre franco-allemande de 1870.

Moluques (*îles*), archipel d'Indonésie.

Monaco, principauté enclavée dans les Alpes-Maritimes ; 2 km² ; 34 000 h. (*Monégasques*). Cap. *Monaco.*

Monde (*le*), quotidien français du soir fondé en 1944.

Mondrian (*Piet*), peintre néerlandais (1872-1944), promoteur de l'abstraction géométrique.

Monet (*Claude*), peintre français (1840-1926), maître de l'impressionnisme.

Monge (*Gaspard*), mathématicien français (1746-1818), créateur de la géométrie descriptive.

Mongolie, État d'Asie ; 1 565 000 km² ; 2 559 000 h. (*Mongols*). Cap. *Oulan-Bator.*

Mongolie-Intérieure, prov. de Chine.

Monk (*Thelonious Sphere*), compositeur et pianiste américain de jazz (1917-1982).

Monnet (*Jean*), économiste français (1888-1979), pionnier de l'union européenne.

Monod (*Jacques*), biochimiste et généticien français (1910-1976).

Monory (*Jacques*), peintre français (né en 1934) de la « nouvelle figuration ».

Monroe (*James*), homme politique américain (1758-1831). Président des États-Unis de 1817 à 1825.

Monroe (*Norma Jean* BAKER, dite **Marilyn**), actrice américaine (1926-1962), star hollywoodienne : *Les hommes préfèrent les blondes.*

Monrovia, cap. du Liberia ; 572 000 h.

Mons, v. de Belgique (Hainaut) ; 91 185 h.

Montagnards, groupe de conventionnels français qui connut son apogée en 1793, et qui s'opposait aux Girondins.

Montagnier (*Luc*), médecin français (né en 1932), découvreur avec son équipe de l'Institut Pasteur du VIH, virus responsable du sida.

Montaigne (*Michel* DE), écrivain français (1533-1592) : *Essais.*

Montalembert (*Charles* DE), écrivain et homme politique français (1810-1870), défenseur du catholicisme libéral.

Montana, État du nord des États-Unis. Cap. *Helena.*

Montand (*Ivo* LIVI, dit **Yves**), chanteur et acteur français d'origine italienne (1921-1991) : *le Salaire de la peur.*

Montauban, ch.-l. du dép. de Tarn-et-Garonne ; 54 421 h. (*Montalbanais*).

Montcalm (*Louis,* marquis DE), général français (1712-1759). Il défendit le Canada contre les Anglais.

Mont-de-Marsan, ch.-l. des Landes ; 32 234 h. (*Montois*).

Montebello, village de Lombardie. Victoires françaises sur les Autrichiens (1800 et 1859).

Monte-Carlo, quartier de Monaco.

Monténégro, État d'Europe, dans les Balkans ; 13 812 km² ; 658 000 h. (*Monténégrins*). Cap. *Podgorica.*

Monterrey, v. du Mexique ; 1 110 909 h.

Montespan (*Françoise,* marquise DE), favorite de Louis XIV (1640-1707).

Montesquieu (*Charles* DE SECONDAT, baron DE), écrivain français (1689-1755) : *Lettres persanes, De l'esprit des lois.*

Monteux (*Pierre*), violoniste et chef d'orchestre français naturalisé américain (1875-1964).

Monteverdi (*Claudio*), compositeur italien (1567-1643), un des créateurs de l'opéra.

Montevideo, cap. de l'Uruguay ; 1 341 000 h.

Montezuma → Moctezuma.

Montfort (*Simon* DE), seigneur français (v. 1150-1218), chef de la croisade contre les albigeois. ◇ Son fils *Simon* (v. 1208-1265) fut le chef de la révolte des barons contre Henri III d'Angleterre (1258).

Montgolfier (les frères *Joseph* et *Étienne* DE), industriels français (1740-1810 et 1745-1799), inventeurs du ballon à air chaud ou *montgolfière* (1783).

Montgomery of Alamein (vicomte), maréchal britannique (1887-1976). Vainqueur de Rommel.

Montherlant (*Henry* DE), écrivain français (1895-1972) : *la Reine morte.*

Montluçon, v. de l'Allier ; 44 074 h. (*Montluçonnais*).

Montmartre, quartier de Paris. Basilique du Sacré-Cœur (fin du XIXe s.).

Montmorency, illustre famille française (XIIe-XVIIe s.), à laquelle appartiennent : ANNE (1493-1567), conseiller de François Ier et Henri II. ◇ HENRI II (1595-1632), révolté avec Gaston d'Orléans contre Richelieu, il fut décapité.

Montparnasse, quartier de Paris.

Montpellier, ch.-l. de l'Hérault ; 229 055 h. (*Montpelliérains*).

Montpensier (duchesse DE, dite **la Grande Mademoiselle**), héroïne de la Fronde (1627-1693).

Montréal, v. du Canada (Québec), sur le Saint-Laurent ; 1 030 678 h. (env. 3,4 millions avec les banlieues) [*Montréalais*].

Mont-Saint-Michel (*Le*), îlot de la Manche. Abbaye construite aux XIe-XVIe s.

Moore (*Henry*), sculpteur britannique (1898-1986).

Moore (*Thomas*), poète irlandais (1779-1852) : *Mélodies irlandaises*.

Morat, v. de Suisse. Victoire des Suisses sur Charles le Téméraire (1476).

Moravia (*Alberto*), écrivain italien (1907-1990) : *l'Ennui*.

Moravie, région de la République tchèque.

Morbihan, dép. français (56) ; ch.-l. *Vannes*, ch.-l. d'arr. *Lorient, Pontivy* ; 643 873 h. (*Morbihannais*).

Mordves, peuple finno-ougrien de Russie (Mordovie, Bachkortostan, Tatarstan), d'Ukraine et d'Asie centrale (env. 1,3 million).

More → Thomas More (saint).

Moreau (*Gustave*), peintre symboliste français (1826-1898).

Moreau (*Jeanne*), actrice française (née en 1928) : *le Journal d'une femme de chambre*.

Moreau (*Jean Victor*), général français (1763-1813), rival de Bonaparte.

Moreno (*Jacob*), psychologue américain (1892-1974).

Morgan, famille de financiers américains des XIXe et XXe s.

Morgan (*Simone* ROUSSEL, dite **Michèle**), actrice française (née en 1920) : *le Quai des brumes*.

Morgan (*Thomas Hunt*), biologiste américain (1866-1945), créateur de la théorie chromosomique de l'hérédité.

Morgenstern (*Oskar*), économiste américain d'origine autrichienne (1902-1977), spécialiste de l'étude mathématique des comportements économiques.

Morisot (*Berthe*), peintre impressionniste française (1841-1895) : *le Berceau*.

Morny (duc DE), frère naturel de Napoléon III (1811-1865), un des organisateurs du coup d'État de 1851.

Morphée, dieu grec des Songes.

Morrison (*Toni*), romancière américaine (née en 1931) : *Beloved*.

Morse (*Samuel*), inventeur américain (1791-1872) d'un système de télégraphie électrique.

Mort aux trousses (*la*), film de A. Hitchcock (1959).

Mort à Venise, film de L. Visconti (1971) inspiré d'un roman de T. Mann.

Morte (*mer*), lac très salé de Palestine.

Morte (*manuscrits de la mer*), manuscrits bibliques (IIe s. av. J.-C.-Ier s. apr. J.-C.) découverts entre 1947 et 1956 dans des grottes, près du site de Qumran.

Morton (*Ferdinand Joseph* LEMOTT, dit **Jelly Roll**), musicien américain de jazz (1885 ou 1890-1941).

Morvan, massif du centre de la France.

Moscou, cap. de la Russie, sur la Moskova ; 10 469 000 h. dans l'aggl. (*Moscovites*).

Moselle, affl. du Rhin. ◇ Dép. français (57) ; ch.-l. *Metz*, ch.-l. d'arr. *Boulay-Moselle, Château-Salins, Forbach, Sarrebourg, Sarreguemines, Thionville* ; 1 023 447 h. (*Mosellans*).

Moskova, riv. qui passe à Moscou. Victoire française en 1812.

Mossad, service de renseignements israélien, fondé en1951.

Mossis, peuple du Burkina.

Mossoul, v. de l'Iraq ; 664 221 h.

Motherwell (*Robert*), peintre américain (1915-1991), l'un des principaux expressionnistes abstraits.

Moubarak (*Hosni*), homme politique égyptien (né en 1928), président de la République de 1981 à 2011.

Moulin (*Jean*), patriote français (1899-1943). Premier président du Conseil national de la Résistance (1943), arrêté par la Gestapo.

Moulins, ch.-l. de l'Allier ; 22 667 h. (*Moulinois*).

Mounier (*Emmanuel*), philosophe français (1905-1950).

Moussorgski (*Modest*), compositeur russe (1839-1881) : *Boris Godounov*.

Moyen-Orient, ensemble formé par l'Égypte et par les États d'Asie occidentale.

Mozambique, État de l'Afrique orientale ; 785 000 km² ; 18 644 000 h. (*Mozambicains*). Cap. *Maputo*.

Mozart (*Wolfgang Amadeus*), compositeur allemand (1756-1791), auteur des *Noces de Figaro*, de *Don Giovanni*, de *la Flûte enchantée*, d'un *Requiem*, de symphonies, etc.

Mozi, philosophe chinois du Ve s. av. J.-C.

Mucha (*Alfons*), peintre et dessinateur tchèque (1860-1939), figure importante de l'Art nouveau.

Muhammad VI ou **Mohammed VI** (né en 1963), roi du Maroc depuis 1999.

Mulhouse, v. du Haut-Rhin ; 112 002 h. (*Mulhousiens*).

Muller (*Herman Joseph*), biologiste américain (1890-1967).

Müller (*Karl Alexander*), physicien suisse (né en 1927).

Mulliken (*Robert Sanderson*), chimiste américain (1896-1986).

Munch (*Charles*), violoniste et chef d'orchestre français (1891-1968).

Munch (*Edvard*), peintre et graveur norvégien (1863-1944), précurseur de l'expressionnisme : *le Cri*.

Munich, v. d'Allemagne, cap. de la Bavière ; 1 228 000 h. (*Munichois*). Bières.

Münster, v. d'Allemagne ; 267 200 h.

Müntzer ou **Münzer** (*Thomas*), réformateur allemand (1489-1525), un des fondateurs de l'anabaptisme.

Muqdisho, anc. **Mogadiscio**, cap. de la Somalie ; 1 175 000 h.

Muraille (la Grande), muraille de 6 250 km, entre la Chine et la Mongolie.

Murasaki (*Shikibu*), femme de lettres japonaise (v. 978-v. 1014) : *Genji monogatari*.

Murat (*Joachim*), maréchal de France (1767-1815). Beau-frère de Napoléon Ier, il fut roi de Naples (1808-1815).

Murcie, v. d'Espagne du Sud ; 367 189 h.

Mur des lamentations, vestiges du Temple bâti par Hérode à Jérusalem, lieu de prières pour les juifs.

Murillo (*Bartolomé*), peintre espagnol (1618-1682).

Murnau (*Friedrich Wilhelm*), cinéaste expressionniste allemand (1888-1931) : *Nosferatu le vampire*.

Muses (les), les neuf filles de Zeus, déesses des Sciences, des Arts et des Lettres : Clio, Euterpe, Thalie, Melpomène, Terpsichore, Érato, Polymnie, Uranie, Calliope.

Muséum national d'histoire naturelle, établissement public français à caractère scientifique, culturel et professionnel, fondé à Paris en 1793.

Museum of Modern Art ou **MoMA,** musée d'art moderne et contemporain, à New York.

Musil (*Robert*), écrivain autrichien (1880-1942) : *l'Homme sans qualités*.

Musset (*Alfred* DE), écrivain romantique français (1810-1857) : *Lorenzaccio, les Caprices de Marianne*.

Mussolini (*Benito*), dictateur italien (1883-1945). Fondateur du fascisme. Au pouvoir (*duce*) après 1925, il s'allia à Hitler pendant la Seconde Guerre mondiale.

Muti (*Riccardo*), chef d'orchestre italien (né en 1941).

Mutsuhito → Meiji tenno.

Myanmar → Birmanie.

Mycènes, anc. cap. de l'Argolide, foyer de la civilisation mycénienne.

My Fair Lady, film de G. Cukor (1964).

Myrmidons, anc. peuple de Thessalie.

Mytilène ou **Lesbos,** île grecque de la mer Égée.

N

Nabokov (*Vladimir*), écrivain américain d'origine russe (1899-1977) : *Lolita*.

Nabuchodonosor, roi de Babylone (605-562 av. J.-C.). Il détruisit le royaume de Juda.

Nadal (*Rafael*), joueur de tennis espagnol (né en 1986).

Nadar (*Félix* TOURNACHON, dit), photographe français (1820-1910).

Nadja, récit de A. Breton.

Nagano, v. du Japon ; 358 516 h.

Nagasaki, port du Japon ; 419 901 h. Deuxième bombe atomique le 9 août 1945.

Nagoya, port du Japon ; 2 171 557 h.

Nagpur, v. de l'Inde ; 2 051 320 h.

Nairobi, cap. du Kenya ; 2 575 000 h.

Naissance d'une nation, film de D. W. Griffith (1915).

Namibie, État du sud-ouest de l'Afrique ; 825 000 km² ; 1 788 000 h. (*Namibiens*). Cap. *Windhoek*.

Namur, v. (105 248 h.) et prov. (445 824 h.) [*Namurois*] de Belgique.

Nancy, anc. cap. de la Lorraine et ch.-l. de Meurthe-et-Moselle ; 105 830 h. (*Nancéiens*).

Nankin, v. de Chine, port sur le Yangzi Jiang ; 2 610 594 h.

Nansen (*Fridtjof*), explorateur norvégien de l'Arctique (1861-1930).

Nanterre, ch.-l. des Hauts-de-Seine ; 86 219 h. (*Nanterrois*).

Nantes, ch.-l. des Pays de la Loire et du dép. de la Loire-Atlantique ; 277 728 h. (*Nantais*).

Nantes (*édit de*), édit de tolérance, promulgué par Henri IV (1598), et révoqué par Louis XIV (1685).

Napier ou **Neper** (*John*), mathématicien écossais (1550-1617), inventeur des logarithmes (1614).

Naples, v. d'Italie du Sud, sur le *golfe de Naples* ; 1 004 500 h. (*Napolitains*).

Napoléon Ier (BONAPARTE) [1769-1821], empereur des Français de 1804 à 1815. Il s'illustra, à Toulon, en Italie et en Égypte avant d'accomplir le coup d'État du 18-Brumaire (1799). Empereur en 1804, il rétablit la paix intérieure. Après les campagnes de Russie, d'Allemagne et de France, il dut abdiquer (1814). De retour en France (les Cent-Jours), il fut vaincu à Waterloo et dut s'exiler à Sainte-Hélène (1815).

Napoléon, film d'A. Gance (1927).

Napoléon II (1811-1832), fils de Napoléon Ier et de Marie-Louise, roi de Rome. Il vécut en Autriche sous le nom de *duc de Reichstadt*.

Napoléon III (*Charles Louis Napoléon* BONAPARTE) [1808-1873], neveu de Napoléon Ier. Président de la République de 1848 à 1852, puis empereur des Français de 1852 à 1870. Il déclara la guerre à la Prusse en 1870.

Nara, v. du Japon ; 364 411 h. Anc. cap. du pays (710-784). Temples bouddhiques.

Narbonne, v. de l'Aude ; 48 020 h. (*Narbonnais*).

Narcisse, jeune homme amoureux de sa propre image, reflétée dans l'eau (*Myth. gr.*).

NASA (*National Aeronautics and Space Administration*), organisme américain chargé de la recherche aéronautique et spatiale.

Nasser (*Gamal Abdel*), homme politique égyptien (1918-1970), président de la République de 1958 à sa mort, champion de l'unité arabe.

Nat (*Yves*), compositeur et pianiste français (1890-1956).

Natal, anc. prov. de l'Afrique du Sud (auj. *Kwazulu-Natal*).

National Gallery, riche musée de peintures des écoles européennes, à Londres.

National Gallery of Art, musée de peintures des écoles européennes et d'art contemporain, à Washington.

Nauman (*Bruce*), artiste américain (né en 1941).

Nauru, atoll et État d'Océanie ; 21 km² ; 13 000 h. (*Nauruans*). Cap. *Yaren*.

Navajos, Indiens des États-Unis.

Navarin, port de Grèce. Défaite navale des Turcs en 1827.

Navarre, anc. royaume, à cheval sur les Pyrénées. La *Navarre française* fut rattachée à la France par Henri IV.

Navas de Tolosa (*Las*), victoire des rois d'Aragon, de Castille, de León et de Navarre sur les musulmans (1212).

Navratilova (*Martina*), joueuse de tennis tchèque et américaine (née en 1956), elle a notamment remporté neuf fois le tournoi de Wimbledon.

Naxos, la plus grande des Cyclades.

Nazareth, v. de Galilée, où vécut Jésus enfant avec Joseph et Marie.

Nazca, site archéologique précolombien (200 av. J.-C.- 600 apr. J.-C.) de la côte sud du Pérou. Nécropoles et énigmatiques dessins tracés sur le sol.

NBC (*National Broadcasting Company*), réseau de télévision américain créé en 1926.

N'Djamena, anc. **Fort-Lamy**, cap. du Tchad ; 797 000 h.

Neandertal (*homme de*), squelette humain préhistorique découvert en 1856.

Nebraska, État du centre des États-Unis. Cap. *Lincoln*.

Necker (*Jacques*), banquier et ministre français (1732-1804). Il fut directeur général des finances à la veille de la Révolution.

Néel (*Louis*), physicien français (1904-2000).

Néfertiti, reine d'Égypte (XIVe s. av. J.-C.).

Nehru (*Jawaharlal*), homme politique indien (1889-1964), Premier ministre de 1947 à 1964.

Nelson (*Horace*), amiral anglais (1758-1805). Victorieux à Trafalgar sur les Français.

Némésis, déesse grecque de la Vengeance.

Nemrod, roi mésopotamien, grand chasseur (*Bible*).

Nenni (*Pietro*), homme politique italien (1891-1980), socialiste.

Népal, État d'Asie au nord de l'Inde ; 140 000 km² ; 23 593 000 h. (*Népalais*). Cap. *Katmandou*.

Neper → Napier.

Neptune, dieu romain de la Mer, le *Poséidon* des Grecs. ◇ Planète du Système solaire.

Nernst (*Walther*), physicien et chimiste allemand (1864-1941), il a découvert de nouveaux types de magnétisme.

Néron (37-68), empereur romain (54-68), célèbre par ses cruautés.

Neruda (*Pablo*), poète chilien (1904-1973).

Nerval (*Gérard* DE), poète français (1808-1855) : *les Chimères.*

Nessus, centaure tué par Héraclès (*Myth.*).

Nestlé, groupe industriel suisse créé en 1867, spécialisé dans la production alimentaire.

Nestor, le plus sage des princes qui assiégèrent Troie (*Iliade*).

Nestorius, hérétique du Ve s.

Netanyahou (*Benyamin*), homme politique israélien (né en 1949), Premier ministre de 1996 à 1999 et depuis 2009.

Neuchâtel, v. de Suisse, ch.-l. du *canton de Neuchâtel,* sur le *lac de Neuchâtel.*

Neumann (*Johann* VON), mathématicien américain d'origine hongroise (1903-1957), auteur d'une théorie des jeux.

Neumann (*Johann Balthasar*), architecte baroque allemand (1687-1753).

Neustrie, royaume mérovingien de l'ouest de la France.

Neva (la), fl. de Russie, qui passe à Saint-Pétersbourg.

Nevada (*sierra*), massif du sud de l'Espagne. ◇ Montagnes de Californie.

Nevada, État de l'ouest des États-Unis. Cap. *Carson City.*

Nevers, ch.-l. de la Nièvre ; 43 082 h. (*Nivernais*).

New Deal, réformes économiques et sociales mises en œuvre aux États-Unis par Roosevelt à partir de 1933.

New Delhi, cap. fédérale de l'Inde, englobée dans la ville de Delhi.

New Hampshire, État du nord-est des États-Unis. Cap. *Concord.*

New Jersey, État du nord-est des États-Unis. Cap. *Trenton.*

Newman (*John Henry*), cardinal et théologien anglais (1801-1890).

Newton (*Isaac*), physicien, mathématicien et astronome anglais (1642-1727). Il découvrit la loi de l'attraction universelle et inventa le télescope.

New York, port des États-Unis, sur l'Atlantique ; 9 314 235 h. (18 976 456 avec les banlieues) [*New-Yorkais*]. ◇ État du nord-est des États-Unis.

New York-Miami, film de F. Capra (1934).

New York Times, quotidien américain, fondé en 1851.

Ney (*Michel*), maréchal de France (1769-1815). Il fut fusillé sous la Restauration.

Niagara, section du Saint-Laurent entre les États-Unis et le Canada. Chutes de 50 m de hauteur.

Niamey, cap. du Niger ; 360 000 h.

Nibelungen (*Chanson des*), épopée allemande du début du XIIIe s.

Nicaragua, État de l'Amérique centrale ; 148 000 km² ; 5 208 000 h. (*Nicaraguayens*). Cap. *Managua.*

Nice, ch.-l. des Alpes-Maritimes ; 345 892 h. (*Niçois*).

Nicée, anc. v. de l'Asie Mineure où se réunirent deux conciles (325 et 787).

Nicholson (*Jack*), acteur américain (né en 1937) : *Vol au-dessus d'un nid de coucou.*

Nicolas, nom de cinq papes.

Nicolas Ier (1796-1855), empereur de Russie (1825-1855), vaincu lors de la guerre de Crimée. ◇ NICOLAS II (1868-1918), empereur de Russie (1894-1917), exécuté par les révolutionnaires.

Nicosie, cap. de Chypre ; 47 832 h.

Nicot (*Jean*), diplomate français (v. 1530-1600). Il introduisit le tabac en France.

Niémen, fl. de Biélorussie et de Lituanie ; 937 km.

Niemeyer (*Oscar*), architecte brésilien (né en 1907).

Niépce (*Nicéphore*), physicien français (1765-1833), inventeur de la photographie.

Nietzsche (*Friedrich*), philosophe allemand (1844-1900). Il prône la volonté de puissance : *Ainsi parlait Zarathoustra.*

Nièvre, affl. de la Loire. ◇ Dép. français (58) ; ch.-l. *Nevers,* ch.-l. d'arr. *Château-Chinon, Clamecy, Cosne-Cours-sur-Loire* ; 225 198 h. (*Nivernais*).

Niger, fl. d'Afrique ; 4 200 km. ◇ État de l'Afrique occidentale ; 1 267 000 km² ; 11 227 000 h. (*Nigériens*). Cap. *Niamey.*

Nigeria, État de l'Afrique occidentale ; 924 000 km² ; 154 729 000 h. (*Nigérians*). Cap. *Abuja* ; v. pr. *Lagos, Ibadan.*

Nijinski (*Vaslav*), danseur russe d'origine polonaise (1890-1950).

Nijni Novgorod, anc. **Gorki**, v. de Russie, sur la Volga ; 1 311 200 h.

Nikolais (*Alwin*), chorégraphe et compositeur américain (1912-1993), figure importante de la modern dance.

Nil, fl. d'Afrique (Méditerranée) ; 6 700 km.

Nimègue, v. des Pays-Bas ; 156 198 h. Traités (1678 et 1679) entre la France, la Hollande, l'Espagne, le Saint Empire.

Nîmes, ch.-l. du Gard ; 137 740 h. (*Nîmois*). Monuments romains.

Ninive, anc. cap. de l'Assyrie.

Niño (*El*), phénomène climatique dû à un réchauffement anormal de l'océan, dans l'est du Pacifique.

Ninotchka, film de E. Lubitsch (1939).

Niort, ch.-l. des Deux-Sèvres ; 59 346 h. (*Niortais*).

Nivernais, anc. prov. française ; cap. *Nevers*.

Nixon (*Richard*), homme politique américain (1913-1994). Républicain, président des États-Unis de 1969 à 1974, il dut démissionner.

Nkrumah (*Kwame*), homme politique ghanéen (1909-1972).

Noailles (*Anna,* comtesse DE), femme de lettres française (1876-1933).

Nobel (*Alfred*), industriel suédois (1833-1896). Il inventa la dynamite et fonda les prix qui portent son nom.

Noces de Cana (*les*), grande toile de Véronèse.

Nocturnes, compositions pour piano de Chopin.

Nodier (*Charles*), écrivain romantique français (1780-1844).

Noé, patriarche hébreu, sauvé par Dieu du Déluge, et le premier vigneron.

Noire (*mer*), anc. **Pont-Euxin**, mer intérieure entre l'Europe et l'Asie.

Noiret (*Philippe*), acteur français (1930-2006) : *l'Horloger de Saint-Paul*.

Noirmoutier, île française (Vendée).

Nono (*Luigi*), compositeur italien (1924-1990).

Nord (*mer du*), mer du nord-ouest de l'Europe, formée par l'Atlantique.

Nord, dép. français (59) ; ch.-l. *Lille,* ch.-l. d'arr. *Avesnes-sur-Helpe, Cambrai, Douai, Dunkerque, Valenciennes* ; 2 555 020 h.

Nord (*cap*), le point le plus septentrional de l'Europe (Norvège).

Nord-Pas-de-Calais, Région de France ; ch.-l. *Lille*.

Norman (*Jessye*), soprano américaine (née en 1945).

Normandie, anc. prov. de France ; cap. *Rouen*. Régions de *Haute-Normandie* (ch.-l. *Rouen*) et de *Basse-Normandie* (ch.-l. *Caen*).

Normands, navigateurs scandinaves, qui firent au Moyen Âge de nombreuses invasions en Europe. Ils s'installèrent en Angleterre (IXe s.), puis en Normandie (Xe s.).

Norodom Sihanouk, homme politique cambodgien, né en 1922. Roi (1941-1955 et 1993-2004) et chef de l'État (1960-1970).

Norvège, État de l'Europe du Nord (Scandinavie) ; 325 000 km² ; 4 503 000 h. (*Norvégiens*) Cap. *Oslo*.

Nosferatu le vampire, film de F. W. Murnau (1922).

Nostradamus (*Michel*), astrologue français (1503-1566) dont les prophéties sont restées célèbres.

Notre-Dame de Paris, église gothique, dans l'île de la Cité. Elle a donné son nom à un roman historique de V. Hugo.

Nouakchott, capitale de la Mauritanie ; 600 000 h. dans l'aggl.

Nougaro (*Claude*), chanteur français (1929-2004) : *Toulouse*.

Nouméa, ch.-l. de la Nouvelle-Calédonie ; 76 293 h.

Noureïev (*Rudolf*), danseur d'origine russe, naturalisé autrichien (1938-1993).

Nourritures terrestres (*les*), roman d'A. Gide.

Nouveau-Brunswick, prov. de l'est du Canada. Cap. *Fredericton*.

Nouveau-Mexique, État du sud des États-Unis. Cap. *Santa Fe*.

nouveau roman, tendance littéraire française, apparue dans les années 1950, en réaction contre le roman traditionnel.

Nouveau Testament → Bible.

Nouvel (*Jean*), architecte français (né en 1945) : Institut du monde arabe, à Paris.

Nouvelle-Angleterre, région du nord-est des États-Unis correspondant aux anciennes colonies anglaises.

Nouvelle-Calédonie, île française de la Mélanésie ; 196 836 h. (*Néo-Calédoniens*). Cap. *Nouméa*.

Nouvelle-Écosse, prov. de l'est du Canada ; cap. *Halifax*.

Nouvelle-Galles du Sud, État d'Australie. Cap. *Sydney*.

Nouvelle-Guinée, grande île de l'Océanie (800 000 km²), partagée entre l'Indonésie et l'État de Papouasie-Nouvelle-Guinée.

Nouvelle-Orléans (*La*), principale ville de Louisiane (États-Unis) ; 484 674 h. (1 238 816 avec les banlieues).

Nouvelles-Hébrides → Vanuatu.

nouvelle vague, courant cinématographique français des années 1950.

Nouvelle-Zélande, État de l'Océanie, membre du Commonwealth ; 270 000 km² ; 3 808 000 h. (*Néo-Zélandais*). Cap. *Wellington* ; v. pr. *Auckland*.

Nouvelle-Zemble, archipel russe de l'océan Arctique.

Novalis (*Friedrich*), poète romantique allemand (1772-1801).

Novgorod → Veliki Novgorod.

Novossibirsk, v. de Russie, en Sibérie ; 1 425 600 h.

Nubie, région du sud de l'Égypte.

Nuit du chasseur (*la*), film de C. Laughton (1955).

Numance, anc. ville d'Espagne, détruite par les Romains (133 av. J.-C.).

Numa Pompilius, deuxième roi légendaire de Rome.

Numidie, contrée de l'anc. Afrique du Nord.

Nunavut, territoire du nord du Canada créé en 1999 ; 24 665 h., dont 17 500 Inuits. Cap. *Iqaluit*.

Nuremberg, v. d'Allemagne (Bavière) ; 491 300 h. Siège du procès des grands criminels de guerre nazis (1945-1946).

O

OAS (*Organisation armée secrète*), organisation clandestine française opposée à l'indépendance de l'Algérie (1961-1962).

Ob, fl. de Sibérie ; 4 345 km.

Obama (*Barack Hussein*), homme politique américain (né en 1961). Démocrate, président des États-Unis depuis 2009. Il est le premier Afro-Américain à accéder à cette fonction.

Oberkampf (*Christophe Philippe*), industriel français (1738-1815).

Obrenović, dynastie serbe qui a régné de 1815 à 1842 et de 1858 à 1903, rivale des Karadjordjević.

O'Casey (*Sean*), auteur dramatique irlandais (1880-1964).

Occam → Guillaume d'Occam.

Occident (*Empire d'*), partie de l'Empire romain, de 395 à 476, issue du partage de l'Empire à la mort de Théodose ; cap. *Rome*.

Occitanie, régions de langue d'oc.

OCDE (*Organisation de coopération et de développement économiques*), organisation internationale créée en 1961 et qui regroupe aujourd'hui 34 États.

Océanie, une des cinq parties du monde (Australie et îles du Pacifique) ; env. 9 millions de km² ; 35 millions d'h. (*Océaniens*).

Ockeghem ou **Okeghem** (*Johannes*), compositeur flamand (v. 1410-1497).

Octave → Auguste.

Octavie, femme de Néron, qui l'accula au suicide (62).

Octavien → Auguste.

Oder ou **Odra,** fl. formant la frontière entre la Pologne et l'Allemagne ; 848 km.

Odessa, port d'Ukraine ; 1 029 049 h.

Odin → Wotan.

Odoacre, roi barbare (v. 434-493) qui mit fin à l'Empire romain d'Occident (476).

Odyssée (*l'*), poème attribué à Homère, qui retrace les voyages d'Ulysse.

Oe (*Kenzaburo*), écrivain japonais (né en 1935) : *le Jeu du siècle*.

OEA (*Organisation des États américains*), organisation intergouvernementale fondée en 1948.

Œdipe, fils de Laïos, roi de Thèbes, et de Jocaste. Il tua son père, épousa sa mère et se creva les yeux par punition (*Myth. gr.*).

Œrsted (*Hans Christian*), physicien danois (1777-1851). Il découvrit l'électromagnétisme.

Offenbach (*Jacques*), compositeur français d'origine allemande (1819-1880), auteur d'opérettes : *la Vie parisienne*.

Offices, riche musée de peinture à Florence.

Ogaden, plateau steppique d'Éthiopie, à la frontière de la Somalie.

Ohio, riv. des États-Unis. ◇ État du nord des États-Unis. Cap. *Columbus*.

Ohm (*Georg Simon*), physicien allemand (1789-1854). Il découvrit les lois fondamentales des courants électriques (1827).

Oise, affl. de la Seine. ◇ Dép. français (60) ; ch.-l. *Beauvais*, ch.-l. d'arr. *Clermont*, *Compiègne*, *Senlis* ; 766 441 h.

Oïstrakh (*David Fiodorovitch*), violoniste soviétique (1908-1974).

Okinawa, principale île des Ryukyu (Japon).

Oklahoma, État du sud des États-Unis. Cap. *Oklahoma City*.

Oléron, île de la Charente-Maritime.

Olier (*Jean-Jacques*), ecclésiastique français (1608-1657), fondateur de l'ordre des Sulpiciens.

Olivares (duc D'), homme d'État espagnol (1587-1645). Il s'opposa à Richelieu.

Oliver (*Joe*, dit **King**), musicien américain de jazz (1885-1938), il popularisa le style « Nouvelle-Orléans ».

Olivier (sir *Laurence*), acteur, metteur en scène de théâtre et cinéaste britannique (1907-1989) : *Richard III*.

Oliviers (*mont des*), colline à l'est de Jérusalem, où Jésus pria la veille de sa mort.

Olmèques, peuple ancien du Mexique.

OLP (*Organisation de libération de la Palestine*), organisation de la résistance palestinienne.

Olympe, montagne de Grèce (2 917 m), séjour des dieux (*Myth. gr.*).

Olympia, grande toile de Manet.

Olympie, v. de Grèce où se célébraient les jeux Olympiques.

olympique (*Commission internationale*) ou **CIO**, organisme chargé de l'organisation des jeux Olympiques, fondé en 1894.

Oman (*sultanat d'*), État de l'Arabie sur la *mer d'Oman* ; 212 000 km² ; 2 622 000 h. (*Omanais*). Cap. *Mascate*. Pétrole.

Ombrie, région de l'Italie centrale.

OMC (*Organisation mondiale du commerce*), organisation créée en 1995 pour veiller à l'application des accords commerciaux internationaux.

Omeyyades, dynastie de califes arabes qui régna à Damas de 661 à 750 et à Cordoue de 756 à 1031.

OMS (*Organisation mondiale de la santé*), organisation internationale créée en 1946.

Omsk, ville de Russie (Sibérie occidentale) ; 1 133 900 h.

O'Neill (*Eugene*), auteur dramatique américain (1888-1953) : *l'Empereur Jones*.

On ne badine pas avec l'amour, pièce de théâtre de A. de Musset.

Ontario, lac de l'Amérique du Nord. <> Prov. du Canada. Cap. *Toronto*.

ONU (*Organisation des Nations unies*), organisation internationale constituée en 1945, en vue du maintien de la paix.

Oparine (*Aleksandr Ivanovitch*), chimiste et biologiste soviétique (1894-1980).

OPEP (*Organisation des pays exportateurs de pétrole*), organisation créée en 1960 et regroupant aujourd'hui 12 États.

Opéra (*théâtre de l'*), théâtre lyrique national construit à Paris au XIXe s. Une autre salle, l'*Opéra de la Bastille*, a été ouverte en 1989.

Opéra de quat'sous (*l'*), pièce de B. Brecht.

Ophuls (*Max* OPPENHEIMER, dit **Max**), cinéaste et metteur en scène de théâtre français d'origine allemande (1902-1957) : *la Ronde*.

Oppenheimer (*Robert*), physicien américain (1904-1967), spécialiste de la physique nucléaire.

Opus Dei, institution catholique fondée en Espagne en 1928.

Oradour-sur-Glane, village de la Haute-Vienne, dont les habitants furent massacrés par les Allemands en 1944.

Oran, port d'Algérie ; 634 112 h. (*Oranais*).

Orange, fl. d'Afrique centrale. <> Anc. prov. de la république d'Afrique du Sud.

Orange, v. de Vaucluse ; 28 889 h. (*Orangeois*). Théâtre romain.

Oregon, État de l'ouest des États-Unis. Cap. *Salem*. V. pr. *Portland*.

Orénoque, fl. de l'Amérique du Sud ; 2 160 km.

Oreste, frère d'Électre. Il tua sa mère pour venger son père Agamemnon (*Myth. gr.*).

Organisation de l'aviation civile internationale (OACI), organisation créée en 1944 pour développer et réglementer les transports aériens internationaux. Institution de l'ONU depuis 1947.

Organisation internationale du travail (OIT), organisation créée en 1919 pour promouvoir la justice sociale et l'amélioration des conditions de travail dans le monde. Institution de l'ONU depuis 1946.

Oribase, médecin grec (325-403).

Orient (*Églises chrétiennes d'*), ensemble des grandes communautés chrétiennes orientales.

Orient (*Empire d'*), autre nom de l'Empire byzantin, issu du partage de l'Empire romain à la mort de Théodose (395).

origine des espèces par voie de sélection naturelle (*De l'*), ouvrage de C. Darwin.

Orissa, État de l'est de l'Inde.

Orléanais, anc. prov. de France ; cap. *Orléans*.

Orléans, ch.-l. de la Région Centre et du Loiret ; 116 559 h. (*Orléanais*).

Orléans, nom de quatre familles princières de France : 1° La première est représentée par PHILIPPE Ier, cinquième fils de Philippe VI de Valois ; 2° La deuxième eut pour chef LOUIS Ier (1372-1407), frère de Charles VI, assassiné par les partisans de Jean sans Peur, et pour représentants : CHARLES Ier (1394-1465), poète, chef des Armagnacs, sous Charles VI ; LOUIS II, roi de France sous le nom de LOUIS XII ; 3° La troisième commence et finit avec GASTON (1608-1660), frère de Louis XIII ; 4° La quatrième a pour représentants PHILIPPE II (1640-1701), frère de Louis XIV ; PHILIPPE III, *le Régent* (1674-1723), qui gouverna pendant la minorité de Louis XV ; LOUIS-PHILIPPE JOSEPH (1747-1793), connu sous le nom de *Philippe Égalité* ; LOUIS-PHILIPPE, son fils, qui devint roi des Français sous le nom de *Louis-Philippe*.

Orly, aéroport au sud de Paris.

Orne, fl. de France. <> Dép. français (61) ; ch.-l. *Alençon*, ch.-l. d'arr. *Argentan, Mortagne-au-Perche* ; 292 337 h. (*Ornais*).

Orphée, fils d'Apollon, musicien. Il descendit aux Enfers pour tenter d'en ramener son amante Eurydice (*Myth. gr.*).

Orsay (*musée d'*), musée national installé dans l'anc. gare d'Orsay, à Paris.

Orwell (*George*), romancier britannique (1903-1950), auteur de *1984*.

Osaka, port du Japon ; 2 598 774 h.

Osborne (*John*), auteur dramatique britannique (1929-1994) : *la Paix du dimanche*.

OSCE (*Organisation pour la sécurité et la coopération en Europe*), organisation créée en 1995 qui regroupe aujourd'hui 56 États.

Oshima (*Nagisa*), cinéaste japonais (né en 1932) : *l'Empire des sens*.

Osiris, dieu de l'anc. Égypte.

Oslo, cap. de la Norvège ; 521 886 h.

Oslo (*accord d'*) → **Washington (accord de).**

Ossètes, peuple de Russie (Ossétie du Nord-Alanie) et de Géorgie (Ossétie du Sud).

Ossian, barde écossais légendaire (IIIe s.).

Ostende, port de Belgique ; 68 273 h.

Ostie, port de la Rome antique.

Ostrava, v. de la Rép. tchèque ; 319 293 h.

Ostrogoths, peuple germanique qui fonda un royaume en Italie (Ve s.-VIe s.).

OTAN (*Organisation du traité de l'Atlantique Nord*), traité d'alliance signé en 1949 entre les États-Unis et de nombreux pays d'Europe occidentale puis étendu à des pays d'Europe de l'Est et de l'ex-URSS (aujourd'hui 28 États).

OTASE (*Organisation du traité de l'Asie du Sud-Est*), alliance défensive conclue en 1954 et dissoute en 1977.

Othello, tragédie de Shakespeare.

Ottawa, cap. du Canada ; 774 072 h. (1 094 000 avec les banlieues).

Ottawa (*convention d'*), convention internationale (déc. 1997) contre la production et l'utilisation de mines antipersonnel.

ottoman (*Empire*), ensemble des territoires sur lesquels le sultan exerçait son autorité (XIIIe s.-1922).

Otton, nom de quatre empereurs d'Occident, dont OTTON Ier LE GRAND (912-973), roi de Germanie en 936 et premier empereur germanique en 962.

Ouagadougou, cap. du Burkina ; 821 000 h.

Ouattara (*Alassane*), homme politique ivoirien (né en 1942), président de la République depuis 2011 (élu dès 2010 mais victoire contestée par Laurent Gbagbo).

Oudinot (*Nicolas*), maréchal de France (1767-1847).

Oudmourtes, peuple finno-ougrien de Russie, vivant principalement en Oudmourtie.

Oudry (*Jean-Baptiste*), peintre et décorateur français (1686-1755).

Ouessant, île de Bretagne.

Ouganda, État de l'Afrique orientale ; 237 000 km² ; 24 023 000 h. (*Ougandais*). Cap. *Kampala*.

Ougarit ou **Ugarit,** cité commerciale antique (IIe millénaire) de la côte syrienne.

Oulan-Bator, capitale de la Mongolie ; 812 000 h.

Oulipo (*OUvroir de LIttérature POtentielle*), groupe d'écrivains créé par le mathématicien François Le Lionnais et R. Queneau en 1960.

Oum Kalsoum (*Fatima* IBRAHIM, dite), chanteuse égyptienne (1898 ?-1975).

Ouolofs, peuple du Sénégal et de la Gambie.

Our, cité de Mésopotamie, florissante au IIIe millénaire av. J.-C.

Oural, fl. de Russie et du Kazakhstan <> Massif de Russie, limite entre l'Europe et l'Asie.

Ouranos, dieu grec personnifiant le Ciel, époux de Gê.

Ourartou, royaume de l'Orient ancien (IXe-VIIe s. av. J.-C.).

Ourouk, cité antique de Mésopotamie (fin du IVe millénaire).

Ouzbékistan, État de l'Asie centrale ; 447 000 km² ; 25 257 000 h. (*Ouzbeks*). Cap. *Tachkent*.

Ovide, poète latin (43 av. J.-C.-v. 17 apr. J.-C.) : *les Métamorphoses*.

Owen (*Robert*), théoricien socialiste britannique (1771-1858).

Oxford, v. universitaire d'Angleterre ; 134 248 h.

Ozawa (*Seiji*), chef d'orchestre japonais (né en 1935).

Ozu (*Yasujiro*), cinéaste japonais (1903-1963) : *Voyage à Tokyo*.

P

Pabst (*Georg Wilhelm*), cinéaste autrichien (1885-1967) : *Loulou*.

PAC (*politique agricole commune*), politique agricole de l'Union européenne.

Pachtouns, peuple de l'Afghanistan.

Pacifique, grand océan entre l'Amérique, l'Asie et l'Australie.

Paderewski (*Ignacy*), homme politique et musicien polonais (1860-1941).

Padoue, v. d'Italie (Vénétie) ; 204 870 h.

Paestum, v. anc. de l'Italie du Sud. Temples.

Paganini (*Niccolo*), violoniste italien (1782-1840).

Pagnol (*Marcel*), écrivain et cinéaste français (1895-1974) : *Topaze, la Gloire de mon père*.

Pahlavi, dynastie fondée par *Reza Chah,* qui régna sur l'Iran de 1925 à 1979.

Paik (*Nam June*), artiste coréen (1932-2006), pionnier de l'utilisation de l'électronique et de la vidéo.

Painlevé (*Paul*), mathématicien et homme politique français (1863-1933).

Pakistan, État de l'Asie méridionale ; 803 900 km² ; 144 971 008 h. (*Pakistanais*). Cap. *Islamabad,* v. pr. *Karachi*.

Palais idéal (*le*), édifice situé à Hauterives (Drôme), réalisé par le facteur Joseph Ferdinand Cheval entre 1879 et 1912.

Palais-Royal, ensemble de bâtiments (XVIIe s.) et de jardins, à Paris.

Palatin (*mont*), colline de Rome.

Palatinat, région d'Allemagne, sur la rive gauche du Rhin.

Palaos, Palau ou **Belau,** État d'Océanie ; 487 km² ; 20 000 h. (*Palaois, Palaosiens, Palauans* ou *Paluans*). Cap. *Melekeok*.

Palenque, cité maya du Mexique.

Paléologue, famille byzantine qui régna sur l'Empire byzantin de 1261 à 1453.

Palerme, v. d'Italie, en Sicile ; 686 722 h.

Palestine, région de l'Asie occidentale, la *Terre promise* des Hébreux, divisée en 1947 en un État juif (Israël) et une zone arabe.

Palestrina, compositeur italien (1525-1594), auteur de messes et de motets.

Palissy (*Bernard*), potier et savant français (v. 1510-v. 1589) célèbre pour ses terres cuites émaillées.

Palladio (*Andrea*), architecte italien (1508-1580). Ses chefs-d'œuvre se trouvent à Vicence et à Venise.

Palma, cap. des îles Baléares ; 333 801 h.

Palmerston (*Henry* TEMPLE, vicomte), homme politique anglais (1784-1865).

Palmyre, anc. v. de Syrie. Ruines romaines.

Palomar (*mont*), observatoire astronomique situé en Californie.

Pamir, massif de l'Asie centrale.

Pampa (la), plaine d'Argentine.

Pampelune, ville d'Espagne (Navarre) ; 186 245 h.

Pan, dieu grec des bergers et des troupeaux.

Panamá, isthme de l'Amérique centrale, traversé par un canal. ◇ État de l'Amérique centrale ; 77 000 km² ; 2 899 000 h. (*Panaméens*). Cap. *Panamá* (413 505 h.).

Pandore, la première femme, qui ouvrit un vase contenant tous les maux de l'humanité (*Myth. gr.*).

Pangée, continent unique de la fin du paléozoïque.

Pankhurst (*Emmeline* GOULDEN, Mrs), suffragette britannique (1858-1928), qui milita pour le vote des femmes.

Pantagruel (*les Horribles et Épouvantables Faits et Prouesses du très renommé*), roman de Rabelais.

Panthéon, temple de Rome, fondé en 27 av. J.-C. et reconstruit sous Hadrien. ◇ Monument de Paris construit par Soufflot, dédié aux grands hommes.

Panurge, un des personnages de *Pantagruel,* de Rabelais.

Paoli (*Pascal*), patriote corse (1725-1807).

Papandhréou (*Andhréas*), homme politique grec (1919-1996), Premier ministre de 1981 à 1989, puis de 1993 à 1996. ◇ Son fils GHEÓRGHIOS (né en 1952), Premier ministre de 2009 à 2011.

Papeete, v. de Tahiti, ch.-l. de la Polynésie française ; 26 181 h.

Papin (*Denis*), physicien français (1647-1714). Il étudia la force de la vapeur.

Papouasie-Nouvelle-Guinée, État d'Océanie ; 463 000 km² ; 4 902 000 h (*Papouans-Néo-Guinéens*). Cap. *Port Moresby*.

Papous, groupe de peuples d'Océanie.

Pâques (*île de*), île du Pacifique, à l'ouest du Chili. Statues géantes monolithes.

Paracelse, médecin suisse (v. 1493-1541).

Paradis perdu (*le*), poème biblique de J. Milton.

Paraguay, État de l'Amérique du Sud ; 407 000 km² ; 5 636 000 h. (*Paraguayens*). Cap. *Asunción*. <> Rivière de l'Amérique du Sud, affluent du Paraná ; 2 500 km.

Paraná, fl. de l'Amérique du Sud qui, avec l'Uruguay, forme le Río de la Plata ; 3 300 km.

Paravents (*les*), pièce de théâtre de J. Genet.

Paré (*Ambroise*), chirurgien français (v. 1509-1590), père de la chirurgie moderne.

Pareto (*Vilfredo*), sociologue et économiste italien (1848-1923).

Paris, cap. de la France, sur la Seine, ch.-l. du dép. du même nom (75) et de la Région Île-de-France ; 2 147 857 h. (*Parisiens*) [9 794 000 avec les banlieues].

Pâris, prince troyen, fils de Priam et ravisseur d'Hélène (*Myth. gr.*).

parisien (*Bassin*), région sédimentaire de France.

Parker (*Charles Christopher,* dit **Charlie**), saxophoniste et compositeur américain de jazz, surnommé Bird (1920-1955).

Parkinson (*James*), médecin britannique (1755-1824), le premier à avoir décrit les symptômes de la maladie neurologique dégénérative qui porte son nom.

Parlement européen, institution communautaire composée de députés élus dans chacun des États de l'Union européenne.

Parme, v. d'Italie ; 163 457 h. (*Parmesans*).

Parménide, philosophe présocratique grec (v. 515-v. 440 av. J.-C.).

Parmentier (*Antoine Augustin*), agronome français (1737-1813). Il propagea la culture de la pomme de terre.

Parnasse, mont de la Grèce, consacré aux Muses et à Apollon (*Myth. gr.*).

Paros, une des Cyclades. Marbre.

Parques, divinités latines qui président à la destinée, de la naissance à la mort.

Parrain (*le*), film de F. F. Coppola (1972).

Parsifal, opéra de Wagner.

Partage de midi, drame de P. Claudel.

Parthénon, temple d'Athéna, sur l'Acropole d'Athènes (Vᵉ s. av. J.-C.).

Parthes, anc. peuple apparenté aux Scythes (v. 250 av. J.-C.-224 apr. J.-C.).

Pascal (*Blaise*), savant, philosophe et écrivain français (1623-1662) : *Pensées*.

Pas-de-Calais, dép. français (62) ; ch.-l. *Arras*, ch.-l. d'arr. *Béthune, Boulogne-sur-Mer, Calais, Lens, Montreuil, Saint-Omer* ; 1 441 568 h.

Pasiphaé, épouse de Minos (*Myth. gr.*).

Pasolini (*Pier Paolo*), écrivain et cinéaste italien (1922-1975) : *Théorème*.

Passion de Jeanne d'Arc (*la*), film de C. T. Dreyer (1928).

Passion selon saint Matthieu (*la*), oratorio de J. S. Bach.

Pasternak (*Boris*), écrivain soviétique (1890-1960) : *le Docteur Jivago*.

Pasteur (*Institut*), fondation scientifique créée en 1887-1888 pour poursuivre l'œuvre de Pasteur en médecine et en biologie (recherche, enseignement, actions de santé publique).

Pasteur (*Louis*), chimiste et biologiste français (1822-1895). Il a étudié les fermentations et les microbes et découvert le vaccin contre la rage.

Patagonie, sud de l'Amérique du Sud.

Patay, village du Loiret. Victoire de Jeanne d'Arc sur les Anglais (1429).

Pathelin (*la Farce de Maître*), farce du XVᵉ s.

Patinir ou **Patenier** (*Joachim*), peintre des anciens Pays-Bas du Sud (v. 1480-1524) : *Paysage avec la fuite en Égypte*.

Patna, v. de l'Inde (Bihar) ; 1 376 950 h.

Patras, port de Grèce (Péloponnèse) ; 164 534 h.

Patrick ou **Patrice** (*saint*), apôtre de l'Irlande (v. 385-v. 461).

Patrocle, héros troyen, ami d'Achille, tué par Hector (*Myth. gr.*).

Patton (*George*), général américain (1885-1945), spécialiste des chars. Il participa à la Libération (1944-1945).

Pau, ch.-l. des Pyrénées-Atlantiques, anc. cap. du Béarn ; 80 610 h. (*Palois*).

Paul (*saint*), dit l'*Apôtre des Gentils* (m. en 62 ou 67), évangélisateur de la Grèce et de l'Asie Mineure, auteur d'épîtres.

Paul, nom de plusieurs papes, dont Paul VI (1897-1978), pape après 1963.

Paul Iᵉʳ, empereur de Russie (1796-1801), assassiné.

Paul Émile, consul romain, tué à la bataille de Cannes (216 av. J.-C.) <> Son fils, Paul Émile, le Macédonique (v. 228-160 av. J.-C.), vainquit Persée, roi de Macédoine.

Paulhan (*Jean*), écrivain et critique français (1884-1968).

Pauli (*Wolfgang*), physicien américain et suisse d'origine autrichienne (1900-1958), l'un des créateurs de la théorie quantique des champs.

Pavarotti (*Luciano*), ténor italien (1935-2007).

Pavese (*Cesare*), écrivain italien (1908-1950) : *le Bel Été*.

Pavie, v. de Lombardie. François Ier y fut battu par Charles Quint (1525).

Pavlov (*Ivan*), physiologiste russe (1849-1936). Il découvrit les réflexes conditionnés.

Paxton (sir *Joseph*), jardinier et architecte britannique (1801-1865), pionnier de l'architecture du fer et de la préfabrication.

Pays-Bas, État d'Europe, au nord de la Belgique ; 34 000 km² ; 15,9 millions d'h. (*Néerlandais*). Cap. *Amsterdam* et *La Haye*.

Paz (*La*), cap. de la Bolivie ; 793 293 h.

Paz (*Octavio*), écrivain mexicain (1914-1998) : *l'Arc et la Lyre*.

Peano (*Giuseppe*), logicien et mathématicien italien (1858-1932).

Pearl Harbor, port des îles Hawaii. Attaque japonaise en 1941.

Peary (*Robert*), explorateur américain (1856-1920). Il conquit le pôle Nord.

Pech-Merle, site préhistorique du Lot. Grotte ornée du paléolithique.

Peck (*Eldred Gregory*, dit **Gregory**), acteur américain (1916-2003) : *la Maison du Dr Edwardes*.

Peel (sir *Robert*), homme politique britannique, conservateur et libre-échangiste (1788-1850).

Pégase, cheval ailé, symbole de l'inspiration poétique (*Myth. gr.*).

Péguy (*Charles*), écrivain français (1873-1914).

Pei Ieoh Ming, architecte et urbaniste américain d'origine chinoise (né en 1917) : pyramide de verre du Louvre.

Pékin, cap. de la Chine ; 10 848 000 h.

Pelé (*Edson Arantes* DO NASCIMENTO, dit), footballeur brésilien (né en 1940), il a remporté trois fois la Coupe du monde.

Pelée (*montagne*), volcan de la Martinique ; éruption en 1902.

Pèlerinage à l'île de Cythère ou **l'Embarquement pour Cythère,** grande toile de Watteau.

Pèlerin de Maricourt (*Pierre*), philosophe français du XIIIe s.

Pèlerins d'Emmaüs (*les*), tableau de Rembrandt.

Pelléas et Mélisande, drame de M. Maeterlinck qui inspira un opéra à C. Debussy.

Pellico (*Silvio*), écrivain italien (1789-1854) : *Mes prisons*.

Péloponnèse, presqu'île du sud de la Grèce.

Pendjab, région de l'Inde et du Pakistan.

Pénélope, femme d'Ulysse, modèle de fidélité conjugale (*Myth. gr.*).

Penn (*Arthur*), cinéaste américain (1922-2010) : *Bonnie and Clyde*.

Pennsylvanie, État de l'est des États-Unis. Cap. *Harrisburg* ; v. pr. *Philadelphie*.

Pensées, ouvrage de Pascal.

Pentagone (*le*), édifice qui abrite à Washington le secrétariat à la Défense et l'état-major des forces armées des États-Unis.

Pentateuque, les cinq premiers livres de la Bible.

Penzias (*Arno*), astronome américain d'origine allemande (né en 1933).

Pépin le Bref (v. 715-768), fils de Charles Martel. Roi des Francs en 751. Il inaugura la dynastie carolingienne.

Perceval ou le Conte du Graal, roman inachevé de Chrétien de Troyes.

Perche, rég. de l'ouest du Bassin parisien.

Percier (*Charles*) → **Fontaine.**

Perec (*Georges*), écrivain français (1936-1982), membre de l'Oulipo : *les Choses*.

Pérec (*Marie-José*), athlète française (née en 1968).

Peres (*Shimon*), homme politique israélien (né en 1923), Premier ministre de 1984 à 1986, puis de 1995 à 1996, et président d'Israël depuis 2007.

Pérez de Cuéllar (*Javier*), diplomate et homme politique péruvien (né en 1920), secrétaire général de l'ONU de 1982 à 1991.

Pergame, v. de l'Asie Mineure, capitale du royaume hellénistique de Pergame (v. 282-133 av. J.-C.).

Pergolèse (*Jean-Baptiste*), compositeur italien (1710-1736).

Périclès, homme d'État athénien (v. 495-429 av. J.-C.). Il démocratisa la vie politique.

Perier (*Casimir*), banquier et homme politique français (1777-1832).

Pérignon (dom *Pierre*), bénédictin français (1638 ou 1639-1715). Il améliora les techniques de fabrication du champagne.

Périgord, région du sud-ouest de la France ; v. pr. *Périgueux*.

Périgueux, ch.-l. de la Dordogne ; 32 294 h. (*Périgourdins*).

Perm, v. de Russie ; 1 000 100 h.

Permeke (*Constant*), peintre belge (1886-1952), maître de l'expressionnisme.

Perón (*Juan Domingo*), homme politique argentin (1895-1974). Président de la République de 1946 à 1955 et de 1973 à 1974.

Péronne, v. de la Somme. Entrevue entre Charles le Téméraire et Louis XI (1468).

Pérou, État de l'Amérique du Sud ; 1 285 000 km² ; 26 millions d'h. (*Péruviens*). Cap. *Lima*.

Perpignan, ch.-l. des Pyrénées-Orientales ; 107 241 h. (*Perpignanais*).

Perrault (*Charles*), écrivain français (1628-1703), auteur de contes. ◇ Son frère CLAUDE (1613-1688) serait l'auteur de la « colonnade » du Louvre à Paris.

Perret (*Pierre*), chanteur et compositeur français (né en 1934) : *Ouvrez la cage aux oiseaux*.

Perrin (*Jean*), physicien français (1870-1942). Il détermina le *nombre d'Avogadro*.

Perse, anc. n. de l'Iran. Les Perses constituèrent la base de deux empires, les Achéménides et les Sassanides.

Persée, héros qui coupa la tête de Méduse (*Myth. gr.*).

Persépolis, une des cap. des Achéménides. Ruines d'un vaste complexe palatial.

Pershing (*John Joseph*), général américain (1860-1948).

Persique (*golfe*), golfe entre l'Iran et l'Arabie (dit aussi *golfe Arabo-Persique* ou, simplement, *Golfe*). Pétrole.

Perth, v. de l'ouest de l'Australie ; 43 450 h.

Pérugin (*Pietro* VANNUCI, dit **le**), peintre italien (v. 1448-1523), maître de Raphaël.

Pessoa (*Fernando*), poète portugais (1888-1935) : *Poésies d'Álvaro de Campos*.

Peste noire ou **Grande Peste,** épidémie qui ravagea l'Europe entre 1346 et 1351-1352 et tua environ 25 millions de personnes, soit le tiers de la population.

Pétain (*Philippe*), maréchal de France (1856-1951). Vainqueur à Verdun en 1916. Chef de l'État français à Vichy pendant l'Occupation (1940-44). Condamné à mort en 1945.

Petipa (*Marius*), danseur et chorégraphe français (1818-1910) : *la Bayadère*.

Petit Prince (*le*), conte de Saint-Exupéry.

Petöfi (*Sándor*), poète hongrois (1823-1849), héros de la lutte révolutionnaire de 1848-49.

Pétra, anc. capitale d'un royaume d'Arabie (auj. en Jordanie). Architecture rupestre.

Pétrarque, poète italien (1304-1374).

Petrograd → Saint-Pétersbourg.

Pétrone, écrivain latin (m. en 66 apr. J.-C.) : *le Satiricon*.

Peugeot, société française de construction automobile créée au début du XIXe s.

Peuls ou **Foulbés,** peuples d'Afrique de l'Ouest.

Pevsner (*Antoine*), peintre et sculpteur français d'origine russe (1886-1962).

Phaéton, fils du Soleil, dont il essaya de conduire le char (*Myth gr.*).

Phaistos, site archéologique de Crète.

Pharos, île de l'anc. Égypte, près d'Alexandrie, où fut érigé le premier phare.

Pharsale, anc. v. de Thessalie. Victoire de César sur Pompée (48 av. J.-C.).

Phébus, autre nom d'Apollon.

Phèdre, épouse de Thésée. (*Myth. gr.*). ◇ Tragédie de Racine.

Phèdre, fabuliste latin (v. 10 av. J.-C.-v. 54 apr. J.-C.).

Phelps (*Michael*), nageur américain (né en 1985). Il a remporté six titres olympiques en 2004 et huit en 2008 (record de tous les JO).

Phénicie, anc. région du littoral syro-palestinien.

Phénix, oiseau mythique, renaissant de ses cendres, symbole d'immortalité.

Phidias, sculpteur grec (v. 490-431 av. J.-C.), maître du classicisme attique.

Philadelphie, port du nord-est des États-Unis ; 1 517 550 h. (5,1 millions dans l'aggl.).

Philémon et **Baucis,** couple légendaire, modèle de l'amour conjugal (*Myth. gr.*).

Philipe (*Gérard* PHILIP, dit **Gérard**), acteur français (1922-1959) : *Fanfan la Tulipe*.

Philippe, nom de deux saints du Ier s., l'un apôtre, l'autre diacre.

Philippe Neri (*saint*), prêtre italien (1515-1595), fondateur des oratoriens.

Philippe II (v. 382-336 av. J.-C.), roi de Macédoine en 356, père d'Alexandre le Grand.

Philippe, nom de six rois de France dont PHILIPPE Ier (1053-1108), roi en 1060 ; ◇ **PHILIPPE II AUGUSTE** (1165-1223), roi en 1180, agrandit considérablement le domaine royal, et entreprit la troisième croisade ; ◇ **PHILIPPE III LE HARDI** (1245-1285), roi en 1270 ; ◇ **PHILIPPE IV LE BEL** (1268-1314), roi en 1285, lutta contre les Flamands, entra en conflit avec le pape Boniface VIII ; ◇ **PHILIPPE V LE LONG** (1293-1322), roi en 1316 ; ◇ **PHILIPPE VI DE VALOIS** (1293-1350), roi en 1328, commença la guerre de Cent Ans.

Philippe, nom de trois ducs de Bourgogne dont PHILIPPE III LE BON (1396-1467).

Philippe, nom de plusieurs rois d'Espagne dont PHILIPPE II (1527-1598), roi en 1556, champion du catholicisme en Europe ; ◇ PHILIPPE V (1683-1746), petit-fils de Louis XIV, roi d'Espagne en 1700.

Philippe Égalité → Orléans (*Louis-Philippe Joseph,* duc D').

Philippines, archipel et État de l'Asie du Sud-Est ; 300 000 km² ; 77 131 000 h. (*Philippins*). Cap. *Manille.*

Philips, société néerlandaise d'éclairage et d'électronique, fondée en 1891.

Philistins, anc. peuple palestinien.

Philon d'Alexandrie, philosophe juif (v. 20 av. J.-C.-v. 50 apr. J.-C.).

Phnom Penh, cap. du Cambodge ; 1 157 000 h.

Phocée, anc. v. d'Ionie, cité mère de Marseille.

Phoenix, v. des États-Unis (Arizona) ; 1 321 045 h. (3 251 876 avec les banlieues).

Phrygie, anc. pays de l'Asie Mineure.

Piaf (*Édith Giovanna* Gassion, dite **Édith**), chanteuse française (1915-1963) : *l'Hymne à l'amour.*

Piaget (*Jean*), psychologue suisse (1896-1980), spécialiste de l'enfant.

Pialat (*Maurice*), cinéaste français (1925-2003) : *À nos amours.*

Piano (*Renzo*), architecte italien (né en 1937) : Centre national d'art et de culture Georges-Pompidou (avec le Britannique Richard Rogers, né en 1933).

Picabia (*Francis*), peintre français (1879-1953), l'un des animateurs du mouvement dada.

Piccoli (*Michel*), acteur français (né en 1925) : *le Mépris.*

Pic de La Mirandole (*Jean*), humaniste italien (1463-1494), d'une immense érudition.

Picardie, Région et anc. prov. de France ; ch.-l. *Amiens.* Hab. *Picards.*

Picasso (*Pablo*), peintre espagnol (1881-1973), promoteur du cubisme : *les Demoiselles d'Avignon, Guernica.*

Piccard (*Auguste*), physicien suisse (1884-1962), explorateur de la stratosphère et des profondeurs sous-marines.

Pichegru (*Charles*), général français (1761-1804).

Pictes, peuple de l'Écosse ancienne.

Pie, nom de douze papes dont Pie VII (1742-1823), pape après 1800, qui s'opposa à Napoléon ; ◇ Pie IX (1792-1878), pape après 1846, qui promulgua le dogme de l'infaillibilité pontificale ; ◇ Pie XII (1876-1958), pape après 1939.

Piémont, région du nord de l'Italie ; cap. *Turin.* Hab. *Piémontais.*

Pierre (*saint*), apôtre et premier pape, martyrisé à Rome (m. entre 64 et 67).

Pierre, nom de cinq rois de Portugal dont Pierre Ier, *le Justicier* (1320-1367), roi en 1357, époux d'Inès de Castro.

Pierre Ier (1798-1834), empereur du Brésil de 1821 à 1831 et roi de Portugal sous le nom de Pierre IV.

Pierre Ier le Cruel (1334-1369), roi de Castille de 1350 à 1369.

Pierre Ier le Grand (1672-1725), empereur de Russie de 1682 à 1725. Il modernisa son État et fonda Saint-Pétersbourg. ◇ Pierre III (1728-1762), empereur de Russie en 1762, assassiné à l'instigation de sa femme, Catherine II.

Pierre Ier Karadjordjević (1844-1921), roi de Serbie à partir de 1903 et de Yougoslavie de 1919 à 1921. ◇ Pierre II (1923-1970), roi de Yougoslavie de 1934 à 1945.

Pierre l'Ermite (v. 1050-1115), prédicateur français de la première croisade.

Pierre le Vénérable, abbé et réformateur de Cluny (v. 1092-1156).

Pietermaritzburg, v. du Kwazulu-Natal (Afrique du Sud) ; 229 000 h.

Pigalle (*Jean-Baptiste*), sculpteur français (1714-1785).

Pilate (*Ponce*), procurateur de Judée, qui prononça la sentence de mort de Jésus.

Pilâtre de Rozier (*François*), aéronaute français (1756-1785), auteur du premier vol humain en montgolfière (1783).

Pilon (*Germain*), sculpteur français (v. 1528-1590).

Piłsudski (*Józef*), homme politique polonais (1867-1935), au pouvoir de 1918 à 1935.

Pinatubo, volcan des Philippines.

Pincevent, site préhistorique de la vallée de la Seine (- 15000).

Pindare, poète grec (518-438 av. J.-C.).

Pinde (le), massif de la Grèce ; 2 636 m.

Pinel (*Philippe*), médecin français (1745-1826), fondateur de la psychiatrie.

Pink Floyd, groupe britannique de pop, fondé en 1966 : *The Wall.*

Pinocchio, personnage d'un roman pour la jeunesse écrit par l'écrivain italien Carlo Collodi (1826-1890).

Pinochet Ugarte (*Augusto*), général et homme politique chilien (1915-2006), président de la République de 1974 à 1990.

Pinter (*Harold*), acteur et auteur dramatique britannique (1930-2008) : *le Retour.*

Piquet (*Nelson*), coureur automobile brésilien (né en 1952), trois fois champion du monde des conducteurs.

Pirandello (*Luigi*), romancier et dramaturge italien (1867-1936) : *Chacun sa vérité.*

Piranèse (*Giovanni Battista*), graveur italien (1720-1778) : *Prisons.*

Pirée (*Le*), port d'Athènes ; 176 733 h.

Pisanello, peintre et médailleur italien (av. 1395-v. 1455).

Pisano, nom de plusieurs sculpteurs italiens du Moyen Âge, actifs à Pise, Sienne ou Florence : Nicola et son fils Giovanni (XIIIe s.), Andrea et son fils Nino (XIVe s.).

Pise, v. de Toscane (Italie) ; 89 6940 h. Monuments romans et gothiques (Tour penchée).

Pisistrate, tyran d'Athènes (v. 600-527 av. J.-C.), continuateur de l'œuvre de Solon.

Pissarro (*Camille*), peintre impressionniste français (1830-1903).

Pitoëff (*Georges*), acteur et metteur en scène de théâtre français d'origine russe (1884-1939).

Pitt (*William*), homme politique anglais (1708-1778). <> Son fils, WILLIAM, lutta contre la Révolution et Napoléon (1759-1806).

Pittsburgh, v. des États-Unis ; 334 563 h. (2 358 695 avec les banlieues). Acier.

Pizarro (*Francisco*), conquistador espagnol (v. 1475-1541). Il conquit le Pérou.

Planchon (*Roger*), metteur en scène et auteur dramatique français (1931-2009).

Planck (*Max*), physicien allemand (1858-1947), créateur de la théorie quantique (1900).

Plantagenêt, famille des comtes d'Anjou, qui régna sur l'Angleterre de Henri II à Richard III (1154-1485).

Plata (*Río de la*), estuaire commun de l'Uruguay et du Paraná.

Platées, anc. v. de Grèce. Défaite des Perses face aux Grecs unis (479 av. J.-C.).

Platini (*Michel*), footballeur français (né en 1955).

Platon, philosophe grec (428-v. 348 av. J.-C.), disciple de Socrate et auteur d'un système idéaliste : *le Banquet, la République*.

Plaute, poète comique latin (254-184 av. J.-C.) : *Amphytrion*.

Pléiade (la), groupe de poètes dirigé par Ronsard (XVIe s.).

Pline l'Ancien, naturaliste et écrivain latin (23-79) : *Histoire naturelle*. Il est mort lors de l'éruption du Vésuve.

Pline le Jeune, écrivain latin (62-v. 114), neveu du précédent.

Plotin, philosophe alexandrin (v. 205-v. 270).

Plutarque, écrivain et moraliste grec (v. 50-v. 125) : *Vies parallèles*.

Pluton, autre nom d'Hadès. <> Planète naine du Système solaire.

Plymouth, port militaire anglais ; 240 718 h.

Plzeň, v. de la République tchèque (Bohême) ; 166 274 h. Brasseries.

PNUD (*Programme des Nations unies pour le développement*), organisme de l'ONU créé en 1966.

Pô (le), fl. de l'Italie du Nord ; 652 km.

Podgorica, anc. **Titograd,** cap. du Monténégro ; 135 000 h.

Poe (*Edgar Allan*), écrivain américain (1809-1849) : *Histoires extraordinaires*.

Poincaré (*Henri*), mathématicien français (1854-1912), fondateur de la topologie algébrique. <> Son cousin, RAYMOND (1860-1934), fut président de la République de 1913 à 1920.

Pointe-à-Pitre, port et v. pr. de la Guadeloupe ; 21 080 h. (*Pointois*).

Pointe-Noire, port du Congo ; 185 000 h.

Poiret (*Paul*), couturier et décorateur français (1879-1944).

Poirot (*Hercule*), personnage de certains romans policiers de A. Christie.

Poisson (*Siméon Denis*), mathématicien français (1781-1840).

Poitiers, ch.-l. de la Région Poitou-Charentes et de la Vienne, sur le Clain ; 87 012 h. (*Poitevins*). Victoire de Charles Martel sur les Arabes (732).

Poitou, anc. prov. de France ; cap. *Poitiers*.

Poitou-Charentes, Région de France. Ch.-l. *Poitiers*.

Polaire (*étoile*) ou **la Polaire,** étoile proche du pôle céleste Nord.

Polanski (*Roman*), cinéaste polonais naturalisé français (né en 1933) : *le Pianiste*.

Poliakoff (*Serge*), peintre français d'origine russe (1900-1969).

Polichinelle, personnage comique des théâtres de marionnettes.

Polignac (*Jules-Armand,* prince DE), homme politique français (1780-1847).

Pollack (*Sydney*), cinéaste américain (1934-2008) : *Out of Africa*.

Pollini (*Maurizio*), pianiste italien (né en 1942).

Pollock (*Jackson*), peintre abstrait américain (1912-1956).

Pollux → Castor.

Polo (*Marco*), voyageur vénitien (1254-1324). Il séjourna en Chine.

Pologne, État de l'Europe orientale ; 313000 km^2; 38 577 000 h. (*Polonais*). Cap. *Varsovie*.

Poltava, v. d'Ukraine ; 317 998 h. Défaite de Charles XII en 1709 devant Pierre le Grand.

Polybe, historien grec du IIe s. av. J.-C.

Polyclète, sculpteur grec du Ve s. av. J.-C.

Polyeucte (*saint*), officier romain, martyrisé v. 250. <> Tragédie de Corneille.

Polynésie, ensemble d'archipels de l'Océanie à l'est de l'Australie. Hab. *Polynésiens*.

Polynésie française, collectivité d'outre-mer du Pacifique ; 245 516 h. Ch.-l. *Papeete.*

Pombal (*Sebastião,* marquis DE), homme politique portugais (1699-1782).

Poméranie, région d'Allemagne et de Pologne, sur la Baltique.

Pompadour (*Antoinette* POISSON, marquise DE), favorite de Louis XV (1721-1764).

Pompée, général romain (106-48 av. J.-C.), triumvir avec César et Crassus. Il fut vaincu par César à Pharsale (48).

Pompéi, v. anc. de Campanie. Détruite par le Vésuve en 79.

Pompidou (*Georges*), homme politique français (1911-1974). Président de la République de 1969 à sa mort.

Pondichéry, v. de l'Inde ; 220 749 h. Ancien comptoir français.

Ponge (*Francis*), poète français (1899-1988) : *le Parti pris des choses.*

Poniatowski (*Józef* ou *Joseph*), général polonais et maréchal de France (1763-1813).

Ponson du Terrail (*Pierre Alexis*), romancier français (1829-1871) : *Rocambole.*

Pont, anc. royaume de l'Asie Mineure, en bordure du Pont-Euxin.

Pont-Aven (*école de*), mouvement pictural français (v. 1886-1891) créé autour de P. Gauguin.

Pont-Euxin, anc. nom de la mer Noire.

Pontins (*marais*), région d'Italie (Latium), auj. asséchée.

Pontoise, ch.-l. du Val-d'Oise ; 28 661 h.

Poona → Pune.

Pope (*Alexander*), écrivain britannique (1688-1744), théoricien du classicisme.

Popeye, personnage de bande dessinée créé en 1929 aux États-Unis.

Popocatepetl, volcan du Mexique ; 5 452 m.

Popov (*Aleksandr Stepanovitch*), ingénieur russe (1859-1906), inventeur de l'antenne radioélectrique.

Popper (sir *Karl Raimund*), philosophe et épistémologiste britannique d'origine autrichienne (1902-1994) : *la Logique de la découverte scientifique.*

Portal (*Michel*), clarinettiste et compositeur français (né en 1935).

Port-Arthur, auj. **Lüshun**, v. de Chine (Mandchourie), cédée aux Russes en 1896.

Port-au-Prince, cap. de la république d'Haïti ; 1 961 000 h. dans l'aggl. Séismes meurtriers en 1751, 1770 et 2010.

Porter (*Cole*), compositeur américain de jazz et de musique de film (1891 ?-1964).

Portes de fer, défilé du Danube dans les Carpates.

Port-Louis, cap. de l'île Maurice ; 176 000 h.

Port Moresby, cap. de la Papouasie-Nouvelle-Guinée ; 193 000 h.

Porto, port du Portugal ; 263 131 h. Vins.

Porto Alegre, v. du Brésil ; 1 360 590 h.

Port of Spain, cap. de Trinité-et-Tobago ; 49 031 h.

Porto-Novo, cap. du Bénin ; 238 000 h.

Porto Rico, une des Antilles, État libre associé aux États-Unis ; 8 897 km² ; 3 808 610 h. (*Portoricains*). Cap. *San Juan.*

Portrait de Dorian Gray (*le*), roman de O. Wilde.

Port-Royal, abbaye, près de Chevreuse, démolie en 1710, foyer du jansénisme.

Port-Saïd, port d'Égypte, sur la Méditerranée, à l'entrée du canal de Suez ; 460 000 h.

Portsmouth, port du sud de l'Angleterre ; 186 704 h.

Portugal, État de l'Europe du Sud, à l'ouest de l'Espagne ; 92 000 km² ; 10 355 824 h. (*Portugais*). Cap. *Lisbonne.*

Portzamparc (*Christian* URVOY DE), architecte français (né en 1944) : Cité de la musique, à Paris.

Poséidon, dieu grec de la Mer, le *Neptune* des Romains.

Potala → Lhassa.

Potemkine, cuirassé de la flotte russe dont l'équipage se mutina en 1905.

Potocki (*Jan*), écrivain polonais (1761-1815) : *le Manuscrit trouvé à Saragosse.*

Potsdam, v. d'Allemagne, cap. du Brandebourg ; 130 400 h. Châteaux des rois de Prusse.

Pouchkine (*Aleksandr*), écrivain russe (1799-1837), fondateur de la littérature russe moderne : *Boris Godounov.*

Pougatchev (*Iemelian*), chef d'une révolte populaire russe contre Catherine II (v. 1742-1775).

Pouilles (les), région de l'Italie du Sud.

Poulenc (*Francis*), compositeur français (1899-1963).

Pound (*Ezra Loomis*), poète américain (1885-1972) : *Cantos.*

Poussin (*Nicolas*), peintre français (1594-1665). Installé à Rome, il fut un grand maître du classicisme.

Poutine (*Vladimir Vladimirovitch*), homme politique russe (né en 1952), président (1999-2008), puis Premier ministre (depuis 2008) de la Russie.

Powell (*Earl,* dit **Bud**), pianiste et compositeur américain de jazz (1924-1966), chef de file du piano bop (années 1940).

Poznań, v. de Pologne ; 578 900 h.

Pradier (*Jean-Jacques,* dit **James**), sculpteur genevois de l'école française (1790-1852).

Prado, riche musée de peinture, à Madrid.

Prague, cap. de la République tchèque (Bohême) ; 1 178 576 h.

Pratt (*Hugo*), dessinateur et scénariste italien de bandes dessinées (1927-1995) : *Corto Maltese.*

Praxitèle, sculpteur grec (IVe s. av. J.-C.).

Préalpes, montagnes calcaires qui bordent les Alpes à l'ouest et au nord.

Preljocaj (*Angelin*), danseur et chorégraphe français d'origine albanaise (né en 1957).

Preminger (*Otto*), cinéaste américain d'origine autrichienne (1906-1986) : *Laura.*

Presley (*Elvis*), chanteur de rock et acteur américain (1935-1977).

Pretoria, cap. de l'Afrique du Sud ; 525 583 h.

Prévert (*Jacques*), poète français (1900-1977) : *Paroles.* Scénariste de M. Carné.

Prévost (*abbé*), écrivain français (1697-1763) : *Manon Lescaut.*

Priam, dernier roi de Troie (*Iliade*).

Priape, dieu grec et romain de la Fécondité.

Priestley (*Joseph*), chimiste anglais (1733-1804). Il isola l'oxygène.

Prigogine (*Ilya*), chimiste et philosophe belge d'origine russe (1917-2003), auteur de travaux en thermodynamique.

Primatice (*Francesco* PRIMATICCIO, en fr. **le**), peintre et architecte italien (1504-1570).

Prince (*le*), Œuvre de Machiavel.

Prince-Édouard (*Île-du-*), province de l'est du Canada. Ch.-l. *Charlottetown.*

Prince Noir (le) → **Édouard.**

Printemps (*le*), grand panneau peint par Botticelli.

Privas, ch.-l. de l'Ardèche ; 9 628 h. (*Privadois*).

Prjevalski (*Nikolaï Mikhaïlovitch*), officier et voyageur russe (1839-1888), découvreur de la dernière espèce de cheval sauvage (*cheval de Prjevalski*).

Procès (*le*), récit de F. Kafka.

Proche-Orient, ensemble des pays bordant la Méditerranée orientale.

Prokofiev (*Sergueï*), compositeur et pianiste russe (1891-1953).

Prométhée, Titan puni par Zeus pour avoir donné le feu aux hommes (*Myth. gr.*).

Properce, poète latin du Ier s. av. J.-C.

Prost (*Alain*), coureur automobile français (né en 1955), quatre fois champion du monde des conducteurs.

Proudhon (*Joseph*), théoricien socialiste français (1809-1865).

Proust (*Joseph Louis*), chimiste français (1754-1826). Il énonça la loi des proportions définies.

Proust (*Marcel*), romancier français (1871-1922) : *À la recherche du temps perdu.*

Provence, anc. prov. de France ; cap. *Aix-en-Provence.*

Provence-Alpes-Côte d'Azur, Région de France. Ch.-l. *Marseille.*

Provinces-Unies, partie septentrionale des Pays-Bas espagnols, noyau de l'actuel royaume des Pays-Bas.

Prusse, anc. État de l'Allemagne du Nord.

Psaumes (*livre des*), livre biblique rassemblant 150 psaumes de la religion d'Israël.

Psyché, jeune fille aimée d'Éros, qui devint immortelle (*Myth. gr.*).

Psychose, film de A. Hitchcock (1960).

Ptolémée, nom de seize rois d'Égypte (Ve s. av. J.-C.-Ier s. apr. J.-C.).

Ptolémée (*Claude*), astronome, géographe et mathématicien grec (v. 100-v. 170).

Puccini (*Giacomo*), compositeur italien (1858-1924) : *la Bohême.*

Puebla, v. du Mexique ; 1 271 673 h.

Pueblos, Indiens du sud-ouest des États-Unis.

Puget (*Pierre*), sculpteur français (1620-1694) : *Milon de Crotone.*

Pulitzer (*prix*), prix américains qui récompensent chaque année des journalistes, des écrivains et des compositeurs.

Pune ou **Poona,** v. de l'Inde ; 2 540 069 h.

puniques (*guerres*), guerres qui opposèrent Rome et Carthage (264-146 av. J.-C.).

Purcell (*Henry*), compositeur anglais (1659-1695) : *Didon et Énée.*

Pusan, port de Corée du Sud ; 3 600 000 h.

Puskas (*Ferenc*), footballeur espagnol d'origine hongroise (1927-2006).

Puy-de-Dôme, dép. français (63) ; ch.-l. *Clermont-Ferrand,* ch.-l. d'arr. *Ambert, Issoire, Riom, Thiers* ; 604 266 h.

Puy-en-Velay (*Le*), ch.-l. de la Haute-Loire ; 22 010 h. (*Ponots*).

Pygmalion, roi légendaire de Chypre. Il sculpta une statue de femme qui devint vivante (*Myth. gr.*).

Pygmées, populations de petite taille vivant dans la forêt équatoriale africaine.

Pyongyang, cap. de la Corée du Nord ; 3 228 000 h.

Pyrénées, montagnes entre la France et l'Espagne.

Pyrénées (*traité des*), traité conclu entre la France et l'Espagne en 1659.

Pyrénées (Hautes-), dép. français (65) ; ch.-l. *Tarbes,* ch.-l. d'arr. *Argelès-Gazost, Bagnères-de-Bigorre* ; 222 368 h.

Pyrénées-Atlantiques, dép. français (64) ; ch.-l. *Pau,* ch.-l. d'arr. *Bayonne, Oloron-Sainte-Marie* ; 600 018 h.

Pyrénées-Orientales, dép. français (66) ; ch.-l. *Perpignan,* ch.-l. d'arr. *Céret, Prades* ; 392 803 h.

Pyrrhon, philosophe grec (v. 365-275 av. J.-C.).

Pyrrhos II ou **Pyrrhus** (v. 318-272 av. J.-C.), roi d'Épire, vaincu par les Romains.

Pythagore, philosophe et mathématicien grec (v. 570-v. 480 av. J.-C.).

Python, serpent monstrueux, tué par Apollon (*Myth. gr.*).

Q

Qacentina → Constantine.

Qaida (*al-*), organisation terroriste islamiste créée en 1988 en Afghanistanpar Oussama Ben Laden (1957-2011). D'autres groupes y sont affiliés comme, depuis 2007, al-Qaida au Maghreb islamique (AQMI), organisation créée en Algérie en 1998.

Qatar, État de l'Arabie, sur le golfe Persique ; 11 400 km² ; 575 000 h. (*Qatariens* ou *Qataris*). Cap. *Doha* (*al-Dawha*). Pétrole.

Qin Shi Huangdi (259-210 av. J.-C.), empereur chinois et unificateur du pays.

Qom ou **Qum,** v. d'Iran ; 777 677 h. Pèlerinage chiite.

Quai des brumes (*le*), film de M. Carné (1938).

Quarton ou **Charonton** (*Enguerrand*), peintre français (en Provence de 1444 à 1466) : *Couronnement de la Vierge* de Villeneuve-lès-Avignon.

Quatre Cents Coups (*les*), film de F. Truffaut (1959).

Quatre Saisons (*les*), concerto de Vivaldi.

Québec, province de l'est du Canada habitée par les Canadiens français ; 1 540 680 km² ; 7 138 795 h. (*Québécois*) . Cap. *Québec,* v. pr. *Montréal.*

Quechuas, Indiens d'Amérique du Sud.

Queensland, État du nord-est de l'Australie. Cap. *Brisbane.*

Queneau (*Raymond*), écrivain français (1903-1976) : *Zazie dans le métro.*

Quercy (le), région de France (Tarn-et-Garonne et Lot).

Quetzalcóatl, dieu précolombien (Mexique) de la Végétation.

Quezon City, anc. cap. des Philippines ; 2 173 831 h.

Quichés, peuple maya du Guatemala.

Quignard (*Pascal*), écrivain français (né en 1948) : *Tous les matins du monde.*

Quimper, ch.-l. du Finistère ; 67 127 h. (*Quimpérois*).

Quinault (*Philippe*), poète français (1635-1688), auteur des livrets d'opéra de Lully.

Quinet (*Edgar*), historien et homme politique français (1803-1875).

Quintilien, orateur latin du Iᵉʳ s.

Quirinal (*mont*), une des collines de Rome.

Quito, cap. de l'Équateur ; 1 399 378 h.

Qumran, site archéologique de Cisjordanie où ont été découverts les *manuscrits de la mer Morte.*

R

Râ → Rê.

Rabat, cap. du Maroc, en bordure de l'Atlantique ; 1 802 000 h. dans l'aggl.

Rabelais (*François*), écrivain français (1494-1553) : *Gargantua* et *Pantagruel.*

Rabin (*Yitzhak*), général et homme politique israélien (1922-1995). Premier ministre de 1974 à 1977, puis à partir de 1992, il relança les négociations israélo-arabes qui aboutirent à l'accord de Washington. Il fut assassiné.

Rachel, épouse de Jacob (*Bible*).

Rachi ou **Rashi** (SALOMON BEN ISAAC, dit), rabbin et commentateur de la Bible et du Talmud (1040-1105).

Rachmaninov (*Sergueï*), pianiste et compositeur russe (1873-1943).

Racine (*Jean*), poète dramatique français (1639-1699), maître du classicisme : *Andromaque, Britannicus, Bérénice, Bajazet, Mithridate, Phèdre, Esther, Athalie.*

Radcliffe-Brown (*Alfred Reginald*), anthropologue britannique (1881-1955).

Radiguet (*Raymond*), écrivain français (1903-1923) : *le Diable au corps.*

Radio France, société nationale de programmes de radiodiffusion, créée en 1974.

Raguse → Dubrovnik.

Raimondi (*Ruggero*), chanteur (basse) italien (né en 1941).

Raimu (*Jules* MURAIRE, dit), acteur français (1883-1946) : *Marius.*

Rainier III (1923-2005), prince de Monaco (1949-2005).

Rais ou **Retz** (*Gilles* DE), maréchal de France (v. 1400-1440), ancien compagnon de Jeanne d'Arc. Meurtrier d'enfants, il fut exécuté.

Raisins de la colère (*les*), roman de J. Steinbeck.

Rajasthan, État du nord-ouest de l'Inde.

Rajoy Brey (*Mariano*), homme politique espagnol (né en 1955), président du gouvernement depuis 2011.

Ramayana, épopée indienne (premiers siècles av. J.-C. ?).

Rambouillet, v. des Yvelines ; 25 424 h. (*Rambolitains*). Château. Forêt.

Rameau (*Jean-Philippe*), compositeur français (1683-1764) : *les Indes galantes.*

Ramón y Cajal (*Santiago*), médecin et biologiste espagnol (1852-1934). Il découvrit la structure neuronale du système nerveux.

Rampal (*Jean-Pierre*), flûtiste français (1922-2000).

Ramsès, nom de onze pharaons, dont Ramsès II (1301-1235 av. J.-C.), qui lutta contre les Hittites.

Ramuz (*Charles-Ferdinand*), écrivain suisse (1878-1947).

Ranavalona III (1862-1917), dernière reine de Madagascar.

Rangoun ou **Rangoon,** v. principale et port de la Birmanie, anc. cap. ; 3 874 000 h.

Raphaël, archange.

Raphaël (*Raffaello* SANZIO, en fr.), peintre italien (1483-1520), maître du classicisme : fresques des *Chambres* du Vatican.

Raspail (*François*), chimiste et homme politique français (1794-1878).

Raspoutine (*Grigori Iefimovitch*), aventurier russe (1864 ou 1865-1916). Assassiné.

Rastatt ou **Rastadt,** v. d'Allemagne. Congrès en 1713-1714 (guerre de la Succession d'Espagne) et en 1797-1799.

Ratisbonne, v. d'Allemagne (Bavière) ; 127 200 h.

Rauschenberg (*Robert*), peintre américain (1925-2008), représentant du pop art.

Ravaillac (*François*) [1578-1610], assassin d'Henri IV en 1610.

Ravel (*Maurice*), compositeur français (1875-1937) : *Boléro.*

Ravenne, v. d'Italie (Émilie) ; 134 631 h. Monuments byzantins, mosaïques.

Rawalpindi, v. du nord du Pakistan ; 1 410 000 h.

Ray (*Nicholas*), cinéaste américain (1911-1979) : *la Fureur de vivre.*

Ray (*Satyajit*), cinéaste indien (1921-1992) : *le Salon de musique.*

Raz (*pointe du*), cap du Finistère.

RDA → Allemagne.

Ré, île en face de La Rochelle.

Rê ou **Râ,** dieu solaire de l'ancienne Égypte.

Reagan (*Ronald*), homme politique américain (1911-2004). Républicain, président des États-Unis de 1981 à 1988.

Réaumur (*René Antoine* DE), physicien et naturaliste français (1683-1757). Il fonda la métallographie (1722).

Rébecca, femme d'Isaac (*Bible*).

Récamier (Mme), femme célèbre par sa beauté et son esprit (1777-1849).

Recife, port du nord-est du Brésil ; 1 422 905 h. (3 400 000 avec les banlieues).

Reclus (*Élisée*), géographe français (1830-1905) : *Géographie universelle.*

Reconquista, reconquête de la péninsule Ibérique par les chrétiens sur les musulmans (milieu du VIIIe s.-1492).

Redding (*Otis*), chanteur américain de soul music (1941-1967).

Redford (*Robert*), acteur et cinéaste américain (né en 1937) : *les Hommes du président.*

Redon (*Odilon*), peintre et dessinateur symboliste français (1840-1916).

Reed (sir *Carol*), cinéaste britannique (1906-1976) : *le Troisième Homme.*

Reeves (*Hubert*), astrophysicien canadien (né en 1932), vulgarisateur de l'astronomie.

Réforme (la), mouvement religieux qui donna naissance au protestantisme (XVIe s.).

Réforme catholique → Contre-Réforme.

Régence (la), en France, gouvernement de Philippe d'Orléans pendant la minorité de Louis XV (1715-1723).

Reggiani (*Serge*), acteur et chanteur français (1922-2004).

Règle du jeu (*la*), film de J. Renoir (1939).

Regnard (*Jean-François*), poète comique français (1655-1709) : *le Légataire universel*.

Régnier (*Mathurin*), poète satirique français (1573-1613).

Regrets (*les*), recueil poétique de J. du Bellay.

Reich, empire allemand. ◇ On distingue le Ier Reich, ou Saint Empire romain germanique (962-1806), le IIe Reich (1871-1918), réalisé par Bismarck, et le IIIe Reich (1933-1945), régime national-socialiste dirigé par Hitler.

Reich (*Steve*), compositeur américain (né en 1936), l'un des initiateurs de la musique répétitive.

Reich (*Wilhelm*), médecin et psychanalyste autrichien (1897-1957).

Reims, v. de la Marne ; 191 325 h. (*Rémois*). Cathédrale gothique. Vins de Champagne.

Reinhardt (*Jean-Baptiste,* dit **Django**), musicien français de jazz (1910-1953).

Religion (*guerres de*), luttes entre catholiques et protestants français (1562-1598).

Rembrandt, peintre et graveur hollandais (1606-1669), maître du clair-obscur : *la Ronde de nuit, le Reniement de saint Pierre.*

Remi (*saint*), évêque de Reims (v. 437-v. 533). Il baptisa Clovis.

Remus, frère jumeau de Romulus.

Renaissance, période de floraison littéraire, artistique et scientifique (XVe s. en Italie, XVIe dans le reste de l'Europe).

Renan (*Ernest*), écrivain français (1823-1892) : *Histoire des origines du christianisme*.

Renard (*Jules*), écrivain français (1864-1910) : *Poil de carotte*.

Renaud (*Jacqueline* ENTE, dite **Line**), chanteuse et actrice française (née en 1928).

Renaud (*Madeleine*), actrice française de théâtre et de cinéma (1900-1994) : *le Plaisir*.

Renaudot (*Théophraste*), médecin français (1586-1653), fondateur de *la Gazette de France* (1631). Son nom a été donné à un prix littéraire.

Renault, société française de construction automobile dont l'origine remonte à la fin du XIXe s.

René d'Anjou, dit **le bon roi René** (1409-1480). Duc d'Anjou et comte de Provence.

Reni (*Guido,* dit en fr. **le Guide**), peintre italien (1575-1642) : *le Massacre des Innocents*.

Rennes, ch.-l. de la Région Bretagne et du dép. d'Ille-et-Vilaine ; 212 494 h. (*Rennais*).

Renoir (*Auguste*), peintre impressionniste français (1841-1919). Son fils JEAN (1894-1979) fut un cinéaste : *la Grande Illusion, la Règle du jeu*.

République (*la*), dialogue de Platon.

République française, régime politique de la France pendant cinq périodes : Ire RÉPUBLIQUE, de 1792 à 1804 ; IIe RÉPUBLIQUE, de 1848 à 1851 ; IIIe RÉPUBLIQUE, de 1870 à 1940 ; IVe RÉPUBLIQUE, de 1944 à 1958 ; Ve RÉPUBLIQUE, depuis 1958.

Requiem, composition musicale religieuse de Mozart.

Requiem allemand, composition musicale de J. Brahms.

Résistance, action clandestine menée par des organisations civiles et militaires au cours de la Seconde Guerre mondiale pour s'opposer à l'occupation allemande.

Resnais (*Alain*), cinéaste français (né en 1922) : *Hiroshima mon amour*.

Restauration, régime politique de la France de 1814 (Louis XVIII) à 1830 (abdication de Charles X).

Restif ou **Rétif de la Bretonne** (*Nicolas*), écrivain français (1734-1806).

Rethondes, comm. de l'Oise où furent signés les armistices de 1918 et 1940.

Retz (*Paul* DE GONDI, cardinal DE), homme politique et écrivain français (1613-1679), auteur de *Mémoires*.

Retz → Rais.

Réunion (**La**), île de l'océan Indien, dép. et Région français d'outre-mer (974) ; 706 300 h. (*Réunionnais*) ; ch.-l. *Saint-Denis*.

Reuters, agence de presse britannique, créée en 1851.

Révolution française (1789-1799), période de l'histoire de France qui mit fin à la royauté (1792) et à l'Ancien Régime.

révolution française de 1830 (27, 28, 29 juillet 1830), mouvement révolutionnaire qui mit fin à la Restauration et instaura la monarchie de Juillet.

révolution française de 1848 (22, 23, 24 févr. 1848), mouvement révolutionnaire qui aboutit à l'abdication de Louis-Philippe et à l'instauration de la IIe République.

révolution russe de 1917, ensemble des mouvements révolutionnaires qui amenèrent l'abdication de Nicolas II et la prise du pouvoir par les bolcheviks.

révolutions d'Angleterre, mouvements antimonarchistes du XVIIe s. La *première révolution d'Angleterre* (1642-1649) aboutit à la victoire de Cromwell et à l'exécution du roi Charles Ier. La *seconde révolution d'Angleterre* (1688-1689) aboutit au départ de Jacques II au profit d'une monarchie constitutionnelle.

révolutions de 1848, ensemble des mouvements libéraux et nationaux qui agitèrent l'Europe en 1848 et en 1849.

Reykjavik, cap. de l'Islande ; 120 000 h.

Reynolds (*Joshua*), peintre portraitiste britannique (1723-1792).

RFA → Allemagne.

Rhadamanthe, juge des Enfers (*Myth.*).

Rhénanie, région de l'Allemagne, le long du Rhin.

Rhénanie-du-Nord-Westphalie, Land d'Allemagne ; 18 079 686 h. Cap. *Düsseldorf.*

Rhénanie-Palatinat, Land d'Allemagne ; 4 058 682 h. Cap. *Mayence.*

Rhin, fl. d'Europe, né dans les Alpes. Il se jette dans la mer du Nord ; 1 320 km.

Rhin (Bas-), dép. français (67) ; ch.-l. *Strasbourg,* ch.-l. d'arr. *Haguenau, Molsheim, Saverne, Sélestat, Wissembourg* ; 1 026 120 h.

Rhin (Haut-), dép. français (68) ; ch.-l. *Colmar,* ch.-l. d'arr. *Altkirch, Guebwiller, Mulhouse, Ribeauvillé, Thann* ; 708 025 h.

Rhode Island, État du nord-est des États-Unis. Cap. *Providence.*

Rhodes, île grecque de la mer Égée.

Rhodes (*Cecil*), homme politique britannique (1853-1902), colonisateur de l'Afrique.

Rhodes (*Colosse de*), statue détruite par un séisme en 227 av. J.-C., l'une des Sept Merveilles du monde.

Rhodésie du Nord → Zambie.

Rhodésie du Sud → Zimbabwe.

Rhône, fl. de Suisse et de France, né dans les Alpes (Méditerranée) ; 812 km. ◇ Dép. français (69) ; ch.-l. *Lyon,* ch.-l. d'arr. *Villefranche-sur-Saône* ; 1 578 869 h.

Rhône-Alpes, Région de France. Ch.-l. *Lyon.*

Ribera (*José de*), peintre espagnol installé à Naples (1591-1652).

Ribot (*Théodule*), psychologue français (1839-1916).

Ricardo (*David*), économiste britannique (1772-1823).

Rich (*Claude*), acteur français (né en 1929).

Richard Ier Cœur de Lion (1157-1199), roi d'Angleterre de 1189 à 1199. Il prit part à la 3e croisade et lutta contre Philippe Auguste. ◇ RICHARD II (1367-1400), roi d'Angleterre de 1377 à 1399. ◇ RICHARD III (1452-1485), roi d'Angleterre de 1483 à 1485, il fut vaincu et tué par Henri VII Tudor.

Richard III, film de L. Olivier (1955).

Richardson (*Cecil Antonio,* dit **Tony**), cinéaste britannique (1928-1991) : *la Solitude du coureur de fond.*

Richardson (*Samuel*), romancier anglais (1689-1761) : *Clarisse Harlowe.*

Richelieu (*Armand Jean* DU PLESSIS, cardinal DE), prélat et homme d'État français (1585-1642). Premier ministre de Louis XIII, il lutta contre les protestants et la maison d'Autriche, et s'efforça de soumettre la noblesse. Il a fondé l'Académie française.

Richter (*Charles Francis*), géophysicien américain (1900-1985), créateur de l'échelle sismologique qui porte son nom.

Richter (*Johann Paul Friedrich*), dit **Jean Paul**, écrivain romantique allemand (1763-1825).

Richter (*Sviatoslav*), pianiste russe (1915-1997).

Ricœur (*Paul*), philosophe français (1913-2005), représentant majeur de l'herméneutique.

Riemann (*Bernhard*), mathématicien allemand (1826-1866). Il développa une géométrie non euclidienne.

Rif, montagne du Maroc.

Rift Valley, grande fracture de l'écorce terrestre, de l'Asie occidentale à l'Afrique méridionale.

Riga, cap. de la Lettonie, port sur la Baltique ; 733 000 h.

Rijeka, anc. *Fiume,* port croate sur l'Adriatique ; 144 043 h.

Rilke (*Rainer Maria*), poète et romancier autrichien (1875-1926).

Rimbaud (*Arthur*), poète français (1854-1891) : *le Bateau ivre, Illuminations, Une saison en enfer.*

Rimski-Korsakov (*Nikolaï*), compositeur russe (1844-1908) : *Shéhérazade.*

Riner (*Teddy*), judoka français (né en 1989), le premier dans son sport à gagner cinq titres mondiaux (en lourds et en toutes catégories).

Rio Bravo, film de H. Hawks (1959).

Rio de Janeiro, anc. cap. du Brésil, port ; 5 857 904 h. (11 200 000 avec les banlieues) [*Cariocas*].

Rio Grande ou **Rio Bravo,** fl. d'Amérique du Nord, frontière entre les États-Unis et le Mexique ; 3 060 km.

Riopelle (*Jean-Paul*), peintre canadien (1923-2002).

Risorgimento, mouvement d'unification de l'Italie (milieu du XVIIIe s.-1860).

Rivarol (*Antoine* DE), écrivain et journaliste français (1753-1801).

Rivera (*Diego*), peintre mexicain (1886-1957).

Riviera (la), littoral de la Méditerranée entre Nice et La Spezia.

Rivoli, village d'Italie. Victoire de Bonaparte sur les Autrichiens en 1797.

Riyad, cap. de l'Arabie saoudite ; 5 126 000 h.

Robbe-Grillet (*Alain*), écrivain français (1922-2008), membre du « nouveau roman » : *les Gommes.*

Robert II le Pieux (v. 970-1031), roi de France (996-1031), fils d'Hugues Capet.

Roberval (*Gilles* DE), physicien et mathématicien français (1602-1675), inventeur d'une balance.

Robespierre (*Maximilien* DE), homme politique français (1758-1794). Jacobin, il dirigea le Comité de salut public à partir de 1793. Renversé le 9-Thermidor, il fut guillotiné.

Robin des Bois, héros légendaire saxon, type du bandit au grand cœur.

Robinson (*Walker* SMITH, dit **Ray Sugar**), boxeur américain (1920-1989), plusieurs fois champion du monde.

Robinson Crusoé, roman de Daniel Defoe.

Rochambeau (*Jean-Baptiste* DE), maréchal français (1725-1807). Il commanda les troupes françaises pendant la guerre d'Amérique.

Rochelle (La), port et ch.-l. de la Charente-Maritime ; 80 055 h. (*Rochelais*).

Roche-sur-Yon (La), ch.-l. de la Vendée ; 52 947 h. (*Yonnais*).

Rocheuses (*montagnes*), chaîne de montagnes de l'Amérique du Nord.

Rockefeller (*John*), industriel américain (1839-1937).

Rocroi, v. des Ardennes. Victoire de Condé sur les Espagnols en 1643.

Rodez, ch.-l. de l'Aveyron ; 26 367 h. (*Ruthénois*).

Rodin (*Auguste*), sculpteur français (1840-1917), maître d'un lyrisme puissant : *le Baiser, les Bourgeois de Calais, Balzac, le Penseur*.

Rodolphe Ier de Habsbourg (1218-1291), roi des Romains (1273-1291), il fonda la puissance des Habsbourg.

Rodríguez Zapatero (*José Luis*), homme politique espagnol (né en 1960), président du gouvernement de 2004 à 2011.

Rohan (*Édouard,* prince DE), cardinal français (1734-1803), compromis dans l'affaire du Collier de la reine (1785-86).

Rohmer (*Jean-Marie* SCHÉRER, dit **Éric**), cinéaste français (1920-2010), pionnier de la nouvelle vague : *Ma nuit chez Maud*.

Roi et l'Oiseau (*le*), dessin animé de P. Grimault (1980).

Rois (*livre des*), livres bibliques (VIIe-fin du VIe s. av. J.-C.).

Rois (*vallée des*), vallon d'Égypte en face de Louksor, abritant les sépultures des pharaons du Nouvel Empire.

Roissy-en-France, aéroport au nord de Paris (Charles-de-Gaulle).

Roland, héros du cycle légendaire de Charlemagne, tué à Roncevaux.

Roland furieux, poème épique de l'Arioste.

Rolland (*Romain*), écrivain français (1866-1944) : *Jean-Christophe*.

Rolling Stones (*The*), groupe britannique de rock, fondé en 1962.

Rollon, chef normand (m. v. 930/932), premier duc de Normandie.

Romains (*Jules*), écrivain français (1885-1972) : *les Hommes de bonne volonté*.

Romanches, population des Grisons (Suisse) parlant le *romanche*.

Roman de la rose, poème allégorique et didactique du XIIIe s.

Roman de Renart, série de récits en vers (XIIe et XIIIe s.).

Romanov, dynastie russe fondée en 1613, qui régna jusqu'en 1917.

Rome, cap. de l'Italie, sur le Tibre ; 2 655 970 h. (*Romains*). Fondée vers le VIIIe s. av. J.-C., Rome fut la capitale de l'Empire romain, puis la résidence des papes. Nombreux monuments antiques (Forum, Colisée, Panthéon), médiévaux, de la Renaissance (basilique St-Pierre) et baroques.

Rome (*traité de*), traité (mars 1957) qui a créé la Communauté économique européenne (CEE), auj. Union européenne (UE).

Roméo et Juliette, drame de Shakespeare. <> Opéra de Gounod.

Rommel (*Erwin*), maréchal allemand (1891-1944). Il se suicida sur l'ordre de Hitler.

Romulus, fondateur et premier roi de Rome, qu'il aurait fondée en 753 av. J.-C.

Roncevaux, col des Pyrénées où l'arrière-garde de l'armée de Charlemagne, commandée par Roland, fut écrasée par les Vascons alliés aux Sarrasins (778).

Ronchamp, comm. de Haute-Saône. Chapelle par Le Corbusier (1950-1955).

Ronde de nuit (*la*), surnom d'une grande toile de Rembrandt.

Ronsard (*Pierre* DE), poète français, chef de la Pléiade (1524-1585) : *Odes, Amours*.

Röntgen (*Wilhelm*), physicien allemand (1845-1923). Il découvrit les rayons X.

Roosevelt (*Franklin Delano*), homme politique américain (1882-1945). Démocrate, président des États-Unis de 1933 à sa mort.

Roosevelt (*Theodore*), homme politique américain (1858-1919). Républicain, président des États-Unis de 1901 à 1909.

Rosario, v. de l'Argentine ; 1 121 441 h.

Rose (*mont*), massif des Alpes centrales ; 4 634 m.

Rosette (*pierre de*), stèle gravée qui permit à Champollion de déchiffrer les hiéroglyphes.

Rosi (*Francesco*), cinéaste italien (né en 1922) : *Main basse sur la ville*.

Rossellini (*Roberto*), cinéaste italien (1906-1977) : *Rome, ville ouverte*.

Rossetti (*Dante Gabriel*), peintre et poète britannique (1828-1882), initiateur du mouvement préraphaélite.

Rossini (*Gioacchino*), compositeur italien (1792-1868) : *le Barbier de Séville*.

Rosso (*Giovanni Battista* DE ROSSI, dit **le**), peintre italien (1494-1540), décorateur du château de Fontainebleau.

Rostand (*Edmond*), auteur dramatique français (1868-1918) : *Cyrano de Bergerac*.

Rostand (*Jean*), biologiste et écrivain français (1894-1977), fils d'Edmond Rostand.

Rostov-sur-le-Don, ville de Russie ; 1 070 200 h.

Rostropovitch (*Mstislav Leopoldovitch*), violoncelliste et chef d'orchestre russe (1927-2007).

Roth (*Philip*), romancier américain (né en 1933) : *Portnoy et son complexe*.

Rothko (*Mark*), peintre américain d'origine russe (1903-1970).

Rothschild (*Meyer Amschel*), banquier allemand de confession israélite (1743-1812), fondateur d'une dynastie financière de rayonnement international.

Rotterdam, grand port des Pays-Bas ; 599 651 h. (1 040 000 avec les banlieues).

Rouault (*Georges*), peintre expressionniste français (1871-1958).

Roubaix, v. du dép. du Nord au nord-est de Lille ; 98 039 h. (*Roubaisiens*).

Rouen, ch.-l. de la Haute-Normandie et du dép. de la Seine-Maritime ; 108 758 h. (*Rouennais*).

Rouergue, pays de l'Aveyron.

Rouge (*mer*), long golfe de l'océan Indien entre l'Afrique et l'Arabie.

Rouge et le Noir (*le*), roman de Stendhal.

Rouget de Lisle (*Claude*), officier français (1760-1836), auteur de *la Marseillaise*.

Rougon-Macquart (*les*), cycle romanesque d'Émile Zola.

Roumanie, État de l'Europe orientale ; 237 500 km² ; 22 388 000 h. (*Roumains*). Cap. *Bucarest*.

Rousseau (*Jean-Jacques*), écrivain genevois de langue française (1712-1778) : *Du contrat social, Émile, la Nouvelle Héloïse, Confessions*.

Rousseau (*Henri*, dit **le Douanier**), peintre naïf français (1844-1910).

Rousseff (*Dilma*), femme politique brésilienne (née en 1947), présidente de la République depuis 2011.

Roussel (*Albert*), compositeur français (1869-1937).

Roussel (*Raymond*), écrivain français (1877-1933) : *Impressions d'Afrique*.

Roussillon, région et anc. prov. du sud de la France ; cap. *Perpignan*.

Roux (*Émile*), médecin français (1853-1933).

Royaume-Uni de Grande-Bretagne et d'Irlande du Nord → Grande-Bretagne.

Rubbia (*Carlo*), physicien italien (né en 1934).

Rubens (*Petrus Paulus*), peintre flamand (1577-1640), maître de l'art baroque.

Rubicon (le), rivière d'Italie que César franchit malgré la défense du sénat.

Rubinstein (*Artur*), pianiste polonais (1887-1982).

Rude (*François*), sculpteur français (1784-1855) : *la Marseillaise*.

Ruée vers l'or (*la*), film de C. Chaplin (1925).

Ruhlmann (*Émile*), ébéniste et décorateur français (1879-1933), maître de l'Art déco.

Ruhr, riv. d'Allemagne (affl. du Rhin). Anc. bassin houiller, industries.

Ruisdael ou **Ruysdael** (*Jacob* VAN), peintre paysagiste néerlandais (1628/29-1682).

Rushmore (*mont*), site des États-Unis (Dakota du Sud) où sont sculptés dans le granit les visages des présidents Washington, Jefferson, Lincoln et T. Roosevelt.

Ruska (*Ernst*), physicien allemand (1906-1988), constructeur du premier microscope électronique.

Ruskin (*John*), critique d'art et sociologue britannique (1819-1900).

Russell (*Bertrand*), philosophe et logicien britannique (1872-1970).

Russell (*Henry Norris*), astrophysicien américain (1877-1957). Il établit une classification des étoiles, le *diagramme de Hertzsprung-Russell*.

Russie, autref. l'empire des tsars, auj. État d'Europe et d'Asie ; 17 075 000 km² ; 144 664 000 h. (*Russes*). Cap. *Moscou*.

Russie Blanche → Biélorussie.

Rutebeuf, poète français du XIIIe s.

Rutherford of Nelson (*Ernest*, lord), physicien britannique (1871-1937), pionnier de l'étude du noyau des atomes.

Ruy Blas, drame de Victor Hugo.

Ruyter (*Michel* DE), amiral néerlandais, rival de Duquesne (1607-1676).

Rwanda, État de l'Afrique centrale ; 26338 km²; 7 949 000 h. (*Rwandais*). Cap. *Kigali*.

Ryswick, village de Hollande. Traité de 1697 qui mit fin à la guerre de la ligue d'Augsbourg.

Ryukyu, archipel japonais.

S

Saarinen (*Eero*), architecte et designer américain d'origine finlandaise (1910-1961).

Saba (*reine de*), reine légendaire d'Arabie, qui rendit visite au roi Salomon.

Sabah, anc. **Bornéo-Septentrional**, territoire de la Malaisie.

Sabatier (*Paul*), chimiste français (1854-1941), il a réalisé la synthèse de nombreux hydrocarbures.

Sabato (*Ernesto*), écrivain argentin (1911-2011) : *le Tunnel*.

Sabins, anc. peuple d'Italie centrale.

Sacre du printemps (*le*), composition musicale d'I. Stravinsky.

Sadate (*Anouar* **el-**), homme politique égyptien (1918-1981). Il signa un traité de paix avec Israël (1979). Il fut assassiné.

Sade (*Donatien*, marquis DE), écrivain français (1740-1814).

Sadi ou **Saadi,** poète persan (v. 1213-1292).

Sadowa, bourg de Bohême. Victoire des Prussiens sur les Autrichiens (1866).

Sagan (*Françoise* QUOIREZ, dite **Françoise**), écrivaine française (1935-2004) : *Bonjour tristesse*.

Sagesse (*livre de la*), livre de l'Ancien Testament.

Sahara, désert de l'Afrique ; 8 millions de km².

Sahara occidental, anc. **Sahara espagnol**, auj. administré par le Maroc.

Sahel (le), région sèche qui borde le Sahara au sud.

Saigon → Hô Chi Minh-Ville.

Sailer (*Toni*), skieur autrichien (1935-2009), triple champion olympique en 1956.

Saint-Amant (*Marc Antoine* GIRARD, sieur DE), poète français (1594-1661).

Saint-Barthélemy (la), massacre des protestants sous Charles IX (1572).

Saint-Bernard (Grand-), col des Alpes Pennines, entre la Suisse et l'Italie ; 2 469 m. Bonaparte le franchit en 1800. <> Le PETIT-SAINT-BERNARD, entre la France et l'Italie, est à 2 188 m d'alt.

Saint-Brieuc, ch.-l. des Côtes-d'Armor ; 48 895 h. (*Briochins*).

Saint-Cyr-Coëtquidan, ensemble des écoles militaires installées, depuis 1945, au camp de Coëtquidan (Morbihan).

Saint-Denis, v. de la Seine-Saint-Denis ; 86 871 h. (*Dionysiens*). Cathédrale gothique (tombeaux royaux).

Saint-Denis, ch.-l. de la Réunion ; 132 573 h. (*Dionysiens*).

Saint Denis (*Ruth* DENNIS, dite **Ruth**), danseuse américaine (v. 1877-1968).

Saint-Domingue, cap. de la République dominicaine ; 1 865 000 h.

Sainte-Beuve (*Charles Augustin*), écrivain et critique français (1804-1869).

Sainte-Hélène, île anglaise de l'Atlantique. Napoléon y fut interné (1815-1821).

Sainte-Lucie, État des Antilles ; 616 km² ; 149 000 h. (*Saint-Luciens*). Cap. *Castries*.

Saint Empire romain germanique, empire fondé en 962 par Otton Ier le Grand, et dissous en 1806.

Saintes-Maries-de-la-Mer, v. de Camargue. Pèlerinages.

Sainte-Sophie, église de Constantinople (532-537), devenue mosquée, puis musée.

Saint-Étienne, ch.-l. de la Loire ; 183 522 h. (*Stéphanois*).

Saint-Évremond (*Charles* DE), écrivain français (v. 1614-1703).

Saint-Exupéry ou **Saint Exupéry** (*Antoine* DE), écrivain français (1900-1944) : *Vol de nuit, le Petit Prince*.

Saint-Gall, v. (et cant.) de Suisse. Cathédrale, anc. abbatiale reconstruite au XVIIIe s.

Saint-Germain-en-Laye, v. des Yvelines ; 40 162 h. Musée d'Archéologie nationale.

Saint-Gothard, massif des Alpes suisses. Tunnel.

Saint-Jacques-de-Compostelle, v. d'Espagne, cap. de la Galice. Pèlerinage.

Saint-John Perse (*Alexis* LEGER, dit), poète français (1887-1975).

Saint-Just (*Louis* DE), homme politique français (1767-1794). Membre de la Convention, puis du Comité de salut public (1793), il fut l'ami de Robespierre. Exécuté.

Saint-Kitts-et-Nevis, État des Antilles ; 261 km² ; 38 000 h. (*Kittitiens et Néviciens*). Cap. *Basseterre*.

Saint-Laurent, fl. du Canada qui passe à Montréal et Québec ; 1 140 km.

Saint Laurent (*Yves*), couturier français (1936-2008).

Saint-Lô, ch.-l. de la Manche ; 21 585 h. (*Saint-Lois*).

Saint Louis, v. des États-Unis, au confluent du Mississippi et du Missouri ; 348 189 h. (2 603 067 avec les banlieues).

Saint-Louis, port du Sénégal ; 132 499 h.

Saint-Malo, port d'Ille-et-Vilaine ; 52 737 h. (*Malouins*). Remparts.

Saint-Marc (*place*), la grand-place de Venise : basilique, campanile, palais des Doges.

Saint-Marin, petite république enclavée en Italie, à l'est de Florence ; 61 km² ; 27 000 h. (*Saint-Marinais*). Cap. *Saint-Marin*.

Saint-Nazaire, port de la Loire-Atlantique ; 68 616 h. (*Nazairiens*). Chantiers navals.

Saintonge, anc. province de l'ouest de la France ; cap. *Saintes*.

Saint Paul → Minneapolis.

Saint-Pétersbourg, anc. **Petrograd** (de 1914 à 1924), et *Leningrad* (de 1924 à 1991), anc. cap. de la Russie fondée par Pierre le Grand ; 4 669 000 h.

Saint-Pierre, basilique de Rome (Vatican), la plus vaste de la chrétienté (XVe-XVIe s.).

Saint-Pierre-et-Miquelon, archipel français, voisin de Terre-Neuve ; 6 316 h.

Saint-Quentin, v. de l'Aisne ; 61 092 h. (*Saint-Quentinois*).

Saint-Quentin-en-Yvelines, agglomération (anc. v. nouvelle) au S.-O. de Paris.

Saint-Saëns (*Camille*), compositeur français (1835-1921) : *Samson et Dalila*.

Saint-Sébastien, port d'Espagne (Pays basque), sur le golfe de Gascogne ; 181 064 h.

Saint-Sépulcre, sanctuaire chrétien de Jérusalem, sur le lieu où Jésus aurait été enseveli.

Saint-Simon (*Louis,* duc DE), écrivain français (1675-1755) : *Mémoires*.

Saint-Simon (*Claude Henri,* comte DE), théoricien socialiste français (1760-1825).

Saint-Tropez, station balnéaire du Var.

Saint-Vincent-et-les-Grenadines, État des Antilles ; 388 km² ; 114 000 h. (*Saint-Vincentais-et-Grenadins*). Cap. *Kingstown*.

Sakhaline, île russe à l'est de l'Asie.

Sakharov (*Andreï*), physicien soviétique (1921-1989), défenseur des droits de l'homme.

Sakkarah → Saqqarah.

Saladin, sultan d'Égypte et de Syrie (1138-1193). Il lutta contre les croisés.

Salam (*Abdus*), physicien pakistanais (1926-1996).

Salamanque, v. d'Espagne ; 158 523 h. Monuments des XIe-XVIIIe s.

Salamine, île de la Grèce. Victoire de Thémistocle sur la flotte perse (480 av. J.-C.).

Salazar (*Antonio*), homme politique portugais (1889-1970), au pouvoir de 1932 à 1968.

Salieri (*Antonio*), compositeur italien (1750-1825), auteur d'opéras (*Falstaff*) et de musique religieuse.

Salinger (*Jerome David*), écrivain américain (1919-2010) : *l'Attrape-cœurs*.

Salisbury → Harare.

Salluste, historien latin (86-v. 35 av. J.-C.).

Salomé, princesse juive, responsable de l'exécution de saint Jean-Baptiste.

Salomon (*îles*), État de la Mélanésie ; 30000km² ; 463 000 h. (*Salomonais*). Cap. *Honiara*.

Salomon, fils de David, troisième roi des Hébreux (970-931 av. J.-C.) [*Bible*].

Salonique → Thessalonique.

SALT (*Strategic Arms Limitation Talks*), négociations américano-soviétiques (1969-1979) sur la limitation des armements stratégiques.

Salut (*armée du*), association religieuse d'origine méthodiste.

Salvador, État de l'Amérique centrale ; 21 000 km² ; 6 400 000 h. (*Salvadoriens*). Cap. *San Salvador*.

Salvador, anc. **Bahia**, port du Brésil ; 2 443 107 h.

Salzbourg, v. d'Autriche ; 142 662 h. Patrie de Mozart. Festival de musique.

Samara, anc. **Kouïbychev**, v. de Russie, sur la Volga ; 1 158 100 h.

Samarie, région de l'anc. Palestine. Hab. *Samaritains*.

Samarkand, v. d'Ouzbékistan ; 370 000 h. Anc. cap. de Tamerlan.

Sambre, affl. de la Meuse.

Samnites, anc. peuple de l'Italie centrale.

Samoa, archipel et État de Polynésie ; 2 842 km² ; 159 000 h. (*Samoans*). Cap. *Apia*.

Samos, île grecque de la mer Égée.

Samothrace, île grecque de la mer Égée où fut découverte une statue de Victoire.

Samoyèdes, peuple de Sibérie.

Sampras (*Pete*), joueur de tennis américain (né en 1971).

Samson, chef des Hébreux, célèbre par sa force, que Dalila lui ravit en lui coupant les cheveux (*Bible*).

Samuelson (*Paul Anthony*), économiste américain (1915-2009). Il a développé la théorie économique statique et dynamique.

Sanaa, cap. du Yémen ; 1 469 000 h.

San Andreas (*faille de*), fracture de l'écorce terrestre allant du golfe de Californie au nord de San Francisco.

San Antonio, v. des États-Unis (Texas) ; 1 144 646 h.

Sancho Pança, écuyer de Don Quichotte.

Sancy (*puy de*), point culminant du Massif central ; 1 885 m.

Sand (*Aurore* DUPIN, dite **George**), romancière française (1804-1876) : *la Mare au diable*.

Sander (*August*), photographe allemand (1876-1964).

San Diego, port des États-Unis (Californie) ; 1 223 400 h. (2 813 833 avec les banlieues).

San Francisco, port des États-Unis (Californie) sur le Pacifique ; 776 733 h. (1 603 678 avec les banlieues).

Sangallo, famille d'architectes florentins, maîtres de la Renaissance (fin du XVe-XVIe s.).

San José, cap. du Costa Rica ; 297 000 h.

San Juan, cap. de Porto Rico ; 421 958 h.

San Martín (*José* DE), général et homme politique argentin (1778-1850). Libérateur du Chili et du Pérou.

San Salvador, cap. du Salvador ; 1 424 000 h avec ses banlieues.

Santiago, cap. du Chili ; 4 311 133 h.

Santorin, une des Cyclades ; volcan actif.

Santos-Dumont (*Alberto*), aviateur brésilien (1873-1932). Il effectua le premier vol propulsé (1906).

Saône, affl. du Rhône ; 480 km.

Saône (Haute-), dép. français (70) ; ch.-l. *Vesoul*, ch.-l. d'arr. *Lure* ; 229 732 h.

Saône-et-Loire, dép. français (71) ; ch.-l. *Mâcon*, ch.-l. d'arr. *Autun, Chalon-sur-Saône, Charolles, Louhans* ; 544 893 h.

São Paulo, v. du Brésil ; cap. de *l'État de São Paulo* ; 10 434 252 h. (17 857 000 avec les banlieues) [*Paulistes*].

São Tomé-et-Príncipe, État insulaire du golfe de Guinée ; 964 km^2 ; 140 000 h. (*Santoméens*). Cap. *São Tomé*.

Sapho ou **Sappho,** poétesse grecque du VIe s. av. J.-C.

Sapporo, v. du Japon, ch.-l. de Hokkaido ; 1 822 368 h.

Saqqarah ou **Sakkarah,** village d'Égypte près de l'anc. Memphis. Pyramide à degrés (XXVIIIe s. av. J.-C.).

Sara ou **Sarah,** femme d'Abraham (*Bible*).

Saragosse, ville d'Espagne (Aragon) ; 610 976 h.

Sarajevo, cap. de la Bosnie-Herzégovine ; 522 000 h. Le meurtre, dans cette ville, de l'archiduc d'Autriche préluda à la Première Guerre mondiale (1914).

Saratoga, v. des États-Unis (New York). Sa capitulation, en 1777, assura l'indépendance des États-Unis.

Saratov, v. de Russie, sur la Volga ; 873 500 h.

Sarawak, partie de la Malaisie.

Sardaigne, île italienne, au sud de la Corse ; 1 631 880 h. (*Sardes*). Cap. *Cagliari*.

Sardanapale, roi légendaire d'Assyrie.

Sargasses (*mer des*), région de l'Atlantique nord, couverte d'algues.

Sargon II, roi d'Assyrie (722-705 av. J.-C.), il détruisit le royaume d'Israël (721).

Sarkozy (*Nicolas*), homme politique français (né en 1955), président de la République depuis 2007.

Sarraute (*Nathalie*), écrivaine française (1900-1999), membre du « nouveau roman » : *Tropismes*.

Sarre, affl. de la Moselle. Bassin houiller. ◇ Land d'Allemagne ; 1 061 376 h. (*Sarrois*). Cap. *Sarrebruck* (183 836 h.).

Sarthe, riv. de France, affl. de la Maine. ◇ Dép. français (72) ; ch.-l. *Le Mans*, ch.-l. d'arr. *La Flèche, Mamers* ; 529 851 h.

Sartre (*Jean-Paul*), philosophe et écrivain français (1905-1980) : *l'Être et le Néant, la Nausée, Huis clos*.

Saskatchewan, prov. du centre du Canada. Cap. *Regina*.

Sassanides, dynastie perse qui régna de 224 à la conquête arabe (651).

Sassari, v. d'Italie, en Sardaigne.

Satan, le prince des démons (*Bible*).

Satie (*Erik*), compositeur français (1866-1925) : *Gymnopédies*.

Satires, poèmes satiriques de Boileau.

Saturne, dieu latin, fils d'Uranus, père de Jupiter, Neptune, Pluton et Junon (*Myth.*). ◇ Planète du Système solaire entourée d'un vaste système d'anneaux.

Saül, premier roi d'Israël (*Bible*).

Saumur, v. de Maine-et-Loire. Château des XIVe-XVIe s. École militaire. Vins.

Saura (*Carlos*), cinéaste espagnol (né en 1932) : *Ana et les loups*.

Saussure (*Ferdinand* DE), linguiste suisse (1857-1913). Précurseur du structuralisme.

Saussure (*Horace Bénédict* DE), physicien et naturaliste suisse (1740-1799). Il réalisa la deuxième ascension du mont Blanc (1787).

Sautet (*Claude*), cinéaste français (1924-2000) : *les Choses de la vie*.

Sauveur (*Joseph*), mathématicien et physicien français (1653-1716).

Sauvy (*Alfred*), démographe et économiste français (1898-1990).

Savary (*Jérôme*), metteur en scène de théâtre français (né en 1942).

Savoie, anc. prov. italienne, rattachée à la France (1860). ◇ Dép. français (73) ; ch.-l. *Chambéry*, ch.-l. d'arr. *Albertville, Saint-Jean-de-Maurienne* ; 373 258 h.

Savoie (Haute-), dép. français (74) ; ch.-l. *Annecy,* ch.-l. d'arr. *Bonneville, Saint-Julien-en-Genevois, Thonon-les-Bains* ; 631 679 h.

Savonarole (*Jérôme*), dominicain florentin (1452-1498), excommunié et brûlé vif.

Savorgnan de Brazza (*Pierre*), explorateur français d'origine italienne (1852-1905).

Saxe, région et Land d'Allemagne ; 4 321 437 h. Cap. *Dresde.*

Saxe (Basse-), Land d'Allemagne ; 7 993 415 h. Cap. *Hanovre.*

Saxe (*Maurice,* maréchal DE), général français (1696-1750). Vainqueur à Fontenoy.

Saxe-Anhalt, Land d'Allemagne ; 2 522 941 h. Cap. *Magdebourg.*

Saxons, peuple germanique soumis par Charlemagne.

Say (*Jean-Baptiste*), économiste français (1767-1832). Théoricien du libre-échange.

Scandinavie, ensemble formé par la Suède, la Norvège, le Danemark et la Finlande.

Scarlatti (*Alessandro*), compositeur italien (1660-1725).

Scarron (*Paul*), écrivain français (1610-1660) : *le Roman comique.*

Scève (*Maurice*), poète français de l'école lyonnaise (1501-v.1560).

Schaffhouse, v. et cant. de Suisse.

Schelling (*Friedrich*), philosophe idéaliste allemand (1775-1854).

Schengen (*accords de*), accords signés en 1985 et 1990, ouvrant sur l'instauration d'un espace communautaire européen de libre circulation des personnes (*espace Schengen*).

Schiele (*Egon*), peintre et dessinateur expressionniste autrichien (1890-1918).

Schiller (*Friedrich* VON), poète tragique allemand (1759-1805).

schisme d'Occident (*grand*), scission dans l'Église catholique (1378-1417).

schisme d'Orient, rupture entre les Églises orientales et l'Église romaine (1054).

Schleswig-Holstein, Land du nord de l'Allemagne ; 2 823 171 h. Cap. *Kiel.*

Schliemann (*Heinrich*), archéologue allemand (1822-1890).

Schnabel (*Artur*), pianiste autrichien naturalisé américain (1882-1951).

Schneider (*Rosemarie* ALBACH-RETTY, dite **Romy**), actrice autrichienne (1938-1982) : *les Choses de la vie.*

Schnitzler (*Arthur*), écrivain autrichien (1862-1931) : *la Ronde.*

Schœlcher (*Victor*), homme politique français (1804-1893). Il prépara le décret d'abolition de l'esclavage (1848).

Schoenberg ou **Schönberg** (*Arnold*), compositeur autrichien naturalisé américain (1874-1951) : *Pierrot lunaire.*

Schongauer (*Martin*), graveur et peintre alsacien (v. 1450-1491).

Schopenhauer (*Arthur*), philosophe allemand (1788-1860).

Schröder (*Gerhard*), homme politique allemand (né en 1944), chancelier de 1998 à 2005.

Schrödinger (*Erwin*), physicien autrichien (1887-1961).

Schubert (*Franz*), compositeur autrichien (1797-1828), auteur de lieder, de symphonies.

Schumacher (*Michael*), coureur automobile allemand (né en 1969), seul pilote sacré sept fois champion du monde des conducteurs.

Schuman (*Robert*), homme politique français (1886-1963), initiateur de la réconciliation franco-allemande.

Schumann (*Robert*), compositeur allemand (1810-1856), un des maîtres de la mélodie et de la musique de piano.

Schumpeter (*Joseph*), économiste autrichien (1883-1950).

Schwartz (*Laurent*), mathématicien français (1915-2002), créateur de la théorie des distributions.

Schwarzkopf (*Elisabeth*), soprano allemande naturalisée britannique (1915-2006).

Schweitzer (*Albert*), pasteur et médecin français (1875-1965).

Schwitters (*Kurt*), peintre dada, sculpteur et écrivain allemand (1887-1948).

Schwyz, canton de Suisse.

Sciascia (*Leonardo*), écrivain italien (1921-1989) : *les Oncles de Sicile.*

Scipion l'Africain, général romain (235-183 av. J.-C.). Vainqueur d'Hannibal à Zama (202). ◇ Son petit-fils, SCIPION ÉMILIEN (184 ou 185-129 av. J.-C.), détruisit Carthage.

Scola (*Ettore*), cinéaste italien (né en 1931) : *Nous nous sommes tant aimés.*

Scorsese (*Martin*), cinéaste américain (né en 1942) : *Taxi Driver.*

Scot Érigène (*Jean*), théologien et philosophe irlandais (v. 810-v.877).

Scotland Yard, siège de la police londonienne.

Scott (*sir Ridley*), cinéaste britannique (né en 1937) : *Alien, le huitième passager, Gladiator.*

Scott (*Robert Falcon*), explorateur britannique de l'Antarctique (1868-1912).

Scott (*Walter*), romancier britannique (1771-1832) : *Ivanhoé.*

Scudéry (*Madeleine* DE), romancière française (1607-1701) : *Clélie.*

Scythes, anc. peuple de langue iranienne (XIIe-IIe s. av. J.-C.).

SDN ou **Société des Nations,** organisme créé en 1920 par les signataires du traité de Versailles, remplacé en 1946 par l'ONU.

Seattle, port du nord-ouest des États-Unis ; 563 374 h. (2 414 616 avec les banlieues).

Sébastopol, port d'Ukraine (Crimée) ; 342 451 h. Siège en 1855 par les Français et les Britanniques.

Sécession (*guerre de*), guerre civile qui opposa, aux États-Unis, le Nord et le Sud, à propos de l'esclavage (1861-1865).

Sedan, v. des Ardennes, sur la Meuse ; 21 117 h. Napoléon III y capitula en 1870.

Sefer ha-Zohar ou **Zohar,** ouvrage fondamental de la kabbale (XIIIe s.).

Séfévides ou **Safavides,** dynastie qui régna sur l'Iran de 1501 à 1736.

Segalen (*Victor*), écrivain français (1878-1919), auteur de poèmes (*Stèles*) et de romans.

Ségou, v. du Mali ; 90 898 h. Cap. d'un ancien royaume bambara.

Ségur (*Sophie* ROSTOPCHINE, comtesse DE), romancière française (1799-1874) : *les Malheurs de Sophie.*

Sei (*Shonagon*), femme de lettres japonaise (v. 965-v. 1020) : *Notes de chevet.*

Sein, île de la côte du Finistère.

Seine, fl. de France qui passe à Paris et se jette dans la Manche ; 776 km.

Seine-et-Marne, dép. français (77) ; ch.-l. *Melun,* ch.-l. d'arr. *Fontainebleau, Meaux, Provins, Torcy* ; 1 193 767 h.

Seine-Maritime, dép. français (76) ; ch.-l. *Rouen,* ch.-l. d'arr. *Dieppe, Le Havre* ; 1 239 138 h.

Seine-Saint-Denis, dép. français (93) ; ch.-l. *Bobigny,* ch.-l. d'arr. *Le Raincy, Saint-Denis* ; 1 382 861 h.

Seldjoukides, dynastie turque qui domina l'Orient musulman du XIe au XIIIe s.

Séleucides, dynastie hellénistique qui régna en Asie de 312 à 64 av. J.-C.

Selim Ier le Terrible (1467-1520), sultan ottoman (1512-1520).

Sellars (*Peter*), metteur en scène américain de théâtre et d'opéra (né en 1957).

Sem, fils aîné de Noé, ancêtre des Sémites.

Sémiramis, reine légendaire d'Assyrie.

Sénat, l'une des deux assemblées constituant le Parlement français.

Sénégal, fl. d'Afrique ; 1 700 km. ◇ État de l'Afrique occidentale ; 197 000 km^2 ; 9 662 000 h. (*Sénégalais*). Cap. *Dakar.*

Sénèque, philosophe latin (v. 4 av. J.-C.-65 apr. J.-C.), précepteur de Néron.

Senghor (*Léopold Sédar*), homme politique et écrivain sénégalais (1906-2001), président du Sénégal de 1960 à 1980.

Senna (*Ayrton*), coureur automobile brésilien (1960-1994), trois fois champion du monde des conducteurs.

Sénoufo ou **Senufo,** peuple de Côte d'Ivoire, du Mali et du Burkina.

Sens, v. de l'Yonne ; 27 952 h. (*Sénonais*).

Séoul, cap. de la Corée du Sud ; 9 714 000 h.

Sept Ans (*guerre de*), guerre qui opposa Louis XV et Marie-Thérèse d'Autriche à Frédéric II de Prusse et à l'Angleterre (1756-1763).

Septante (*version des*), version grecque de la Bible hébraïque (250-130 av. J.-C.).

Septime Sévère (146-211), empereur romain de 193 à 211.

Sérapis, dieu guérisseur de l'Égypte hellénistique.

Serbie, État d'Europe, dans les Balkans ; 77 474 km^2 ; 7 411 000 h. (*Serbes*). Cap. *Belgrade.*

Serbie-et-Monténégro, nom porté de 2003 à sa disparition, en 2006, par la République fédérale de Yougoslavie.

Serengeti (*parc national du*), grand parc national de Tanzanie.

Serres (*Olivier* DE), agronome français (1539-1619).

Sérusier (*Paul*), peintre nabi français (1864-1927).

Servet (*Michel*), médecin et théologien espagnol (1511-1553). Il fut brûlé vif à Genève.

Sète, port de l'Hérault ; 40 220 h. (*Sétois*).

Seth, frère cadet de Caïn et Abel (*Bible*).

Sétif, v. d'Algérie ; 239 195 h.

Seurat (*Georges*), peintre français (1859-1891), maître du divisionnisme : *le Cirque.*

Sévigné (*Marie* DE RABUTIN-CHANTAL, marquise DE), écrivain français (1626-1696).

Séville, ville d'Espagne (Andalousie) ; 702 520 h. (*Sévillans*). Cathédrale.

Sèvres, v. des Hauts-de-Seine ; 22 754 h. Manufacture de porcelaine.

Sèvres (Deux-), dép. français (79) ; ch.-l. *Niort,* ch.-l. d'arr. *Bressuire, Parthenay* ; 344 392 h.

Seychelles (les), État insulaire de l'océan Indien au nord de Madagascar ; 410 km^2 ; 81 000 h. (*Seychellois*). Cap. *Victoria.*

Sfax, port de Tunisie ; 230 855 h.

Sforza, illustre famille de Milan, dont fut membre Ludovic *le More* (1452-1508).

Shaba → Katanga.

Shakespeare (*William*), poète dramatique anglais (1564-1616), auteur de drames (*Roméo et Juliette, Hamlet, Othello, Macbeth, le Roi Lear*), de comédies (*la Mégère apprivoisée*) et de féeries (*le Songe d'une nuit d'été*).

Shakyamuni, autre nom de Bouddha.

Shanghai ou **Chang-hai,** port de Chine, au débouché du Yangzi Jiang ; 12 887 000 h.

SHAPE (*Supreme Headquarters Allied Powers Europe*), quartier général des forces alliées de l'OTAN en Europe, installé à Mons.

Sharon (*Ariel*), homme politique israélien (né en 1928), Premier ministre de 2001 à 2006.

Shaw (*George Bernard*), écrivain irlandais (1856-1950) : *Pygmalion*.

Sheffield, v. d'Angleterre ; 513 234 h.

Shelley (*Percy Bysshe*), poète romantique britannique (1792-1822).

Shenyang, v. de Chine ; 4 228 000 h.

Sheridan (*Richard*), auteur dramatique britannique (1751-1816).

Shetland, archipel du nord de l'Écosse.

Shikoku, une des îles du Japon.

Shiva, dieu hindou.

Shoah (*la*), génocide des Juifs par les nazis.

Sibelius (*Jean*), compositeur finlandais (1865-1957). Auteur de symphonies.

Sibérie, région de l'Asie septentrionale.

Si c'est un homme, récit autobiographique de P. Levi.

Sichuan, prov. de Chine ; 83 290 000 h.

Sicile, île italienne de la Méditerranée ; 4 968 991 h. (*Siciliens*) ; cap. *Palerme*.

Sidon, anc. port de Phénicie.

Siegfried, héros des *Nibelungen*.

Siemens, famille d'ingénieurs et d'industriels allemands du XIXe s.

Siemens, société allemande de constructions électriques fondée en 1847.

Sienkiewicz (*Henryk*), romancier polonais (1846-1916) : *Quo vadis ?*

Sienne, v. d'Italie (Toscane) ; 52 625 h. Monuments médiévaux.

Sierra Leone, État de l'Afrique occidentale ; 72 000 km² ; 4 587 000 h. (*Sierra-Léonais*). Cap. *Freetown*.

Sieyès (*Emmanuel Joseph,* abbé), homme politique français (1748-1836).

Sigebert, nom de trois rois d'Austrasie.

Sigismond, nom de trois rois de Pologne.

Signac (*Paul*), peintre néo-impressionniste français (1863-1935).

Sikkim, État du nord de l'Inde.

Silésie, région industrielle de la Pologne, autref. allemande.

Silicon Valley, région industrielle des États-Unis (Californie).

Sima Qian, écrivain chinois (v. 145- v. 86 av. J.-C.) : *Shiji* (Mémoires historiques).

Simenon (*Georges*), écrivain belge (1903-1989), auteur de romans policiers.

Simon (*Claude*), écrivain français (1913-2005), membre du « nouveau roman » : *la Route des Flandres*.

Simon (*Michel*), acteur français d'origine suisse (1895-1975) : *l'Atalante*.

Simon (*saint*), apôtre de Jésus.

Simplon, col des Alpes suisses, entre le Valais et le Piémont.

Sinaï, massif d'Égypte, à l'E. de Suez. Dieu y aurait donné sa loi à Moïse.

Sinatra (*Frank*), chanteur de charme et acteur américain (1915-1998).

Si-ngan → Xi'an.

Singapour, État insulaire de la péninsule malaise ; 618 km² ; 4 108 000 h. (*Singapouriens*). Cap. *Singapour*.

Singer (*Isaac Bashevis*), écrivain américain d'expression yiddish (1904-1991).

Sin-kiang → Xinjiang.

Sinn Féin, mouvement nationaliste et républicain irlandais créé en 1902. Il milite pour la création d'une république d'Irlande unie.

Sion, colline de Jérusalem.

Sioux, Indiens de l'Amérique du Nord.

Sisley (*Alfred*), peintre anglais établi en France (1839-1899), impressionniste.

Sisyphe, roi légendaire de Corinthe, condamné à remonter sans arrêt un rocher sur une montagne.

Six Personnages en quête d'auteur, pièce de théâtre de L. Pirandello.

Sixte, nom de cinq papes dont SIXTE IV (*saint*) [1414-1484], pape en 1471, fit bâtir la chapelle Sixtine ; <> SIXTE V ou SIXTE QUINT (1520-1590), pape après 1585, fut un pape de la Contre-Réforme.

Sixtine (*chapelle*), grande chapelle du Vatican construite sur l'ordre de Sixte IV. Fresques, notamment de Michel-Ange.

Sjöström (*Victor*), cinéaste et acteur suédois (1879-1960).

Skopje, cap. de la Macédoine ; 447 000 h.

Slaves, branche de la famille indo-européenne (Russes, Ukrainiens, Biélorusses, Polonais,

Tchèques, Slovaques, Sorabes, Bulgares, Serbes, Croates, Slovènes, Macédoniens).

Slovaquie, État d'Europe ; 49 000 km² ; 5 403 000 h. (*Slovaques*). Cap. *Bratislava*.

Slovénie, État d'Europe ; 20 226 km² ; 1 985 000 h. (*Slovènes*). Cap. *Ljubljana*.

Sluter (*Claus*), sculpteur néerlandais de la fin du XIVe s., fixé en Bourgogne.

Smetana (*Bedřich*), compositeur romantique tchèque (1824-1884) : *la Moldau*.

Smith (*Adam*), économiste britannique (1723-1790), partisan du libre-échange.

Smith (*Joseph*), fondateur du mouvement religieux des mormons (1805-1844).

Smith (*William Eugene*), photographe américain (1918-1978).

Smyrne → Izmir.

Snijders ou **Snyders** (*Frans*), peintre flamand (1579-1657).

Snorri Sturluson, écrivain islandais (v. 1179-1241) : *Edda prosaïque*.

Socrate, philosophe grec (v. 470-399 av. J.-C.), maître de Platon, il fut condamné à boire la ciguë.

Sodome, anc. v. cananéenne, détruite avec Gomorrhe par le feu du ciel (*Bible*).

Sofia, cap. de la Bulgarie ; 1 076 000 h.

Sofres, société française de sondages et d'études de marché créée en 1963.

Sogdiane, anc. contrée d'Asie centrale.

soie (*route de la*), voie de commerce qui reliait la Chine à l'Europe (IIe s. av. J.-C.-XIIIe s.).

Soissons, v. de l'Aisne ; 30 672 h.

Soleure, canton de Suisse.

Solferino, village d'Italie. Victoire des Français sur les Autrichiens (1859).

Solidarność, syndicat polonais créé en 1980, opposé au régime communiste et présidé par Lech Wałęsa de 1981 à 1990.

Soliman le Magnifique (1494-1566), sultan ottoman en 1520, allié de François Ier contre Charles Quint.

Soljenitsyne (*Aleksandr*), écrivain russe (1918-2008) : *l'Archipel du Goulag*.

Sologne, région au sud de la Loire.

Solon, homme d'État athénien (v. 640-v. 558 av. J.-C.), fondateur de la démocratie.

Solow (*Robert Merton*), économiste américain (né en 1924), il a étudié les relations entre croissance et progrès technique.

Solti (sir *Georg*), chef d'orchestre hongrois naturalisé britannique (1912-1997).

Somalie, État de l'Afrique orientale ; 638 000 km² ; 9 157 000 h. (*Somaliens*). Cap. *Muqdisho (Mogadiscio)*.

Somme, fl. côtier du nord de la France. ◇ Dép. français (80) ; ch.-l. *Amiens*, ch.-l. d'arr. *Abbeville, Montdidier, Péronne* ; 555 551 h.

Sommerfeld (*Arnold*), physicien allemand (1868-1951), il proposa un modèle d'atome avec des orbites elliptiques.

Sonde, archipel de l'Indonésie.

Song, dynastie chinoise (960-1279).

Songhaïs ou **Sonrhaïs,** peuple du Mali et du Niger (env. 700 000).

Sony Corporation, société japonaise fondée en 1946, spécialisée dans l'électronique, la vidéo, l'électroacoustique et la bureautique.

Sophocle, poète tragique grec (v. 495-406 av. J.-C.) : *Antigone, Œdipe roi, Électre*.

Sorbonne (la), site d'universités à Paris.

Sorel (*Georges*), théoricien politique français (1847-1922). Ses thèses ont influencé le fascisme italien.

Sotheby and Co. ou **Sotheby's,** entreprise mondiale de vente aux enchères fondée à Londres en 1733.

Souabe, région d'Allemagne.

Soubise (*Charles* DE ROHAN, prince DE), maréchal de France (1715-1787).

Soudan, État d'Afrique orientale, au sud de l'Égypte ; 1 844 797 km² ; 30 894 000 h. (*Soudanais*). Cap. *Khartoum*.

Soudan du Sud, État de l'Afrique orientale, détaché du Soudan en 2011 ; 644 329 km² ; 8 260 490 h. (*Soudanais du Sud* ou *Sud-Soudanais*). Cap. *Djouba* (ou *Juba*).

Soufflot (*Germain*), architecte français (1713-1780), constructeur du Panthéon.

Soulages (*Pierre*), peintre abstrait français (né en 1919).

Soulier de satin (*le*), drame de P. Claudel.

Soult (*Jean de Dieu Nicolas*), maréchal de France (1769-1851), ministre de la Guerre sous Louis-Philippe.

Soupault (*Philippe*), écrivain surréaliste français (1897-1990).

Southampton, port d'Angleterre, sur la Manche ; 217 478 h.

Soutine (*Chaïm*), peintre expressionniste français d'origine lituanienne (1893-1943).

Souvorov (*Aleksandr*), général russe (1729-1800), adversaire des Français en Italie.

Soyinka (*Wole*), écrivain nigérian d'expression anglaise (né en 1934) : *Aké, les années d'enfance*.

Spaak (*Paul Henri*), homme politique belge (1899-1972).

Spallanzani (*Lazzaro*), biologiste italien (1729-1799).

Spartacus, chef d'esclaves révoltés contre Rome (m. en 71 av. J.-C.).

Sparte ou **Lacédémone,** v. de la Grèce ancienne, rivale d'Athènes.

Spencer (*Herbert*), philosophe évolutionniste britannique (1820-1903).

Spiegelman (*Art*), dessinateur et scénariste américain de bandes dessinées (né en 1948) : *Maus*.

Spielberg (*Steven*), cinéaste américain (né en 1946) : *E.T., l'extraterrestre*.

Spinoza (*Baruch*), philosophe rationaliste hollandais (1632-1677) : *Éthique*.

Spirou, personnage de bande dessinée créé en 1938.

Spitz (*Mark*), nageur américain (né en 1950), il conquit sept titres olympiques en 1972.

Spitzberg, archipel norvégien de l'Arctique.

Spoerri (*Daniel*), artiste néoréaliste suisse d'origine roumaine (né en 1930).

Spot (*Satellite Pour l'Observation de la Terre*), nom des satellites français lancés depuis 1986.

Spoutnik, nom des premiers satellites artificiels soviétiques.

Sri Jayawardenepura Kotte, cap. administrative et législative du Sri Lanka.

Sri Lanka, anc. **Ceylan**, État insulaire de l'Asie ; 66 000 km² ; 19 104 000 h. (*Sri-Lankais*). Cap. *Colombo* et *Sri Jayawardenepura Kotte*.

Srinagar, v. du nord de l'Inde ; 894 940 h.

SS, police militarisée du parti nazi créée en 1925.

Stabat Mater, œuvre musicale religieuse de Pergolèse.

Staël (*Germaine* NECKER, baronne DE), écrivain français (1766-1817).

Staël (*Nicolas* DE), peintre français d'origine russe (1914-1955).

Staline (*Joseph*), homme politique soviétique (1878 [officiellement 1879]-1953). Il succéda à Lénine en 1924.

Stalingrad, auj. *Volgograd*, v. de Russie. Défaite des Allemands (1943).

Stamitz (*Johann Wenzel*), compositeur et violoniste tchèque (1717-1757).

Stanislas Ier Leszczynski (1677-1766), roi de Pologne en 1704. Souverain des duchés de Bar et de Lorraine en 1738. Beau-père de Louis XV.

Stanislavski (*Konstantine Sergueïevitch* ALEKSEÏEV, dit), acteur et metteur en scène de théâtre russe (1863-1938).

Stanley (sir *Henry* MORTON), explorateur britannique de l'Afrique (1841-1904).

Stanley (*Wendell Meredith*), biochimiste américain (1904-1971).

Starck (*Philippe*), designer français (né en 1949).

START (*STrategic Arms Reduction Talks*), négociations menées à partir de 1982 entre les États-Unis et l'URSS (puis la Russie) sur la réduction des armes stratégiques.

Stein (*Gertrude*), écrivaine américaine (1874-1946).

Stein (*Peter*), metteur en scène de théâtre et d'opéra allemand (né en 1937).

Steinbeck (*John*), écrivain américain (1902-1968) : *les Raisins de la colère*.

Steinberg (*Saul*), dessinateur américain d'origine roumaine (1914-1999).

Stella (*Frank*), peintre et sculpteur américain (né en 1936).

Stendhal (*Henri* BEYLE, dit), romancier français (1783-1842) : *le Rouge et le Noir*.

Stephenson (*George*), ingénieur britannique (1781-1848), créateur de la locomotive.

Stern (*Isaac*), violoniste américain d'origine ukrainienne (1920-2001).

Sternberg (*Josef* VON), cinéaste américain d'origine autrichienne (1894-1969) : *l'Ange bleu*.

Sterne (*Laurence*), écrivain britannique (1713-1768) : *la Vie et les opinions de Tristram Shandy*.

Stevenson (*Robert Louis*), romancier britannique (1850-1894) : *l'Île au trésor*.

Stewart (*Jackie*), coureur automobile britannique (né en 1939), trois fois champion du monde des conducteurs.

Stewart (*James*), acteur américain (1908-1997) : *Sueurs froides*.

Stieglitz (*Alfred*), photographe américain (1864-1946).

Stockhausen (*Karlheinz*), compositeur allemand (1928-2007).

Stockholm, cap. de la Suède et port sur la Baltique ; 762 824 h. (1 697 000 h. avec les banlieues).

Stokowski (*Leopold*), chef d'orchestre britannique naturalisé américain (1882-1977).

Stonehenge, localité de Grande-Bretagne ; monument mégalithique.

Stradivarius (*Antonio*), luthier italien de Crémone (1643-1737).

Strand (*Paul*), photographe et cinéaste américain (1890-1976).

Strasbourg, ch.-l. de la Région Alsace et du Bas-Rhin ; 267 051 h. (*Strasbourgeois*). Cathédrale gothique.

Strauss (*Johann*), compositeur autrichien (1825-1899), auteur de valses.

Strauss (*Richard*), compositeur allemand (1864-1949), auteur de poèmes symphoniques (*Don Juan*) et d'opéras.

Stravinsky (*Igor*), compositeur russe naturalisé américain (1882-1971) : *l'Oiseau de feu*.

Stresemann (*Gustav*), homme politique allemand (1879-1929).

Strindberg (*August*), écrivain suédois (1849-1912) : *Mademoiselle Julie*.

Stromboli, volcan des îles Éoliennes.

Strozzi, famille florentine, adversaire des Médicis (XVe-XVIe s.).

Stuart, famille qui a régné sur l'Écosse de 1371 à 1724, et sur l'Angleterre de 1603 à 1688.

Sturm und Drang, mouvement littéraire créé en Allemagne vers 1770, en réaction contre le rationalisme et le classicisme.

Stuttgart, v. d'Allemagne, cap. du Bade-Wurtemberg ; 587 200 h.

Styrie, prov. d'Autriche ; cap. *Graz*.

Styx (le), un des fleuves des Enfers (*Myth.*).

Succession d'Autriche (*guerre de la*), guerre qui opposa, de 1740 à 1748, la Prusse, la France, la Bavière, la Saxe et l'Espagne à l'Autriche, doublée d'un conflit colonial opposant la France, alliée de la Russie, à l'Angleterre, alliée de l'Autriche.

Succession d'Espagne (*guerre de la*), guerre causée par l'avènement de Philippe V, petit-fils de Louis XIV, au trône d'Espagne (1701-1713). Elle opposa la France et l'Espagne à une coalition européenne (Autriche, Angleterre, Provinces-Unies).

Sucre (*Antonio José* DE), patriote vénézuélien (1795-1830), lieutenant de Bolívar.

Sucre, cap. de la Bolivie ; 212 000 h.

Sudètes (*monts*), bordure nord-est de la Bohême (République tchèque) habitée par des Allemands avant la Seconde Guerre mondiale.

Sue (*Eugène*), romancier français (1804-1857) : *les Mystères de Paris*.

Suède, État de l'Europe du Nord (Scandinavie) ; 450 000 km² ; 8 910 559 h. (*Suédois*). Cap. *Stockholm*.

Suétone, historien latin (fin du Ier s.-IIe s.).

Suez (*isthme de*), isthme entre la Méditerranée et la mer Rouge, traversé par un canal de Port-Saïd à Suez.

Suffren (*Pierre André* DE, dit **le bailli de**), marin français (1729-1788). Il combattit aux Indes contre les Anglais.

Suger, moine français (v. 1081-1151), abbé de Saint-Denis, ministre de Louis VI et Louis VII.

Suisse, État de l'Europe centrale ; 41 300 km² ; 7 568 000 h. (*Suisses*). Cap. *Berne*.

Sukarno ou **Soekarno,** homme politique indonésien (1901-1970). Il proclama l'indépendance de l'Indonésie (1945).

Sulawesi → Célèbes.

Sulla ou **Sylla** (*Lucius Cornelius*), général et homme d'État romain (138-78 av. J.-C.). Rival de Marius, vainqueur de Mithridate (86), il proscrivit ses ennemis et abdiqua en 79.

Sullivan (*Louis*), architecte et théoricien américain (1856-1924).

Sully (*Maximilien*, duc DE), ministre d'Henri IV (1560-1641). Il développa l'économie française.

Sully Prudhomme (*Armand*), poète français (1839-1907).

Sumatra, île de l'Indonésie.

Sumériens, peuple établi au IVe millénaire en basse Mésopotamie. Ils fondèrent les premières cités-États (Ourouk, Our).

Sun Yat-sen, homme politique chinois (1866-1925). Un des chefs de la révolution de 1911, président de la République en 1921.

Supérieur (*lac*), grand lac de l'Amérique du Nord.

Superman, personnage de bande dessinée créé en 1938 aux États-Unis.

Supervielle (*Jules*), écrivain français (1884-1960) : *Oublieuse Mémoire*.

Supports/Surfaces, nom adopté par un groupe d'artistes français actifs entre 1969 et 1971.

Surabaya, port d'Indonésie (Java) ; 2 421 000 h.

Surcouf (*Robert*), corsaire français (1773-1827).

Suriname, État de l'Amérique du Sud ; 163 265 km² ; 419 000 h. (*Surinamiens*). Cap. *Paramaribo*. C'est l'anc. *Guyane hollandaise*.

Suse, capitale de l'Élam. Darios Ier en fit la capitale de l'Empire perse (VIe s. av. J.-C.).

Susiane → Élam.

Sussex, région d'Angleterre au sud de Londres.

Sverdlovsk → Iekaterinbourg.

Svevo (*Ettore* SCHMITZ, dit **Italo**), écrivain italien (1861-1928) : *la Conscience de Zeno*.

Swaziland, État d'Afrique australe ; 17 363 km² ; 938 000 h. (*Swazis*). Cap. *Mbabane*.

Swift (*Jonathan*), écrivain irlandais (1667-1745) : *les Voyages de Gulliver*.

Sydney, port d'Australie ; 3 276 207 h.

Sylla → Sulla.

Symphonie des Mille, œuvre musicale de G. Mahler.

Symphonie fantastique, œuvre musicale de Berlioz.

Symphonie n° 9, composition musicale de Beethoven.

Syracuse, port de Sicile ; 123 657 h. Vestiges grecs et romains.

Syr-Daria, fl. de l'Asie centrale (mer d'Aral) ; 3 019 km.

Syrie, État de l'Asie occidentale ; 185 000 km² ; 16 610 000 h. (*Syriens*). Cap. *Damas*.

T

Tabarly (*Éric*), officier de marine et navigateur français (1931-1998), deux fois vainqueur de la course transatlantique en solitaire.

Table ronde (*romans de la*), cycle de romans courtois en l'honneur du roi Arthur.

Tabriz, v. de l'Iran ; 1 191 043 h.

Tachkent, capitale de l'Ouzbékistan ; 2 155 000 h. dans l'aggl.

Tacite, historien latin (v. 55-v. 120) : *Annales* et *Histoires*.

Tadjikistan, État de l'Asie centrale ; 143 000 km^2 ; 6 135 000 h. (*Tadjiks*). Cap. *Douchanbe*.

Tadj Mahall, mausolée en marbre blanc, du XVIIe s., édifié à Agra.

Tage, fl. d'Espagne et du Portugal ; 1 120 km.

Taglioni (*les*), famille de danseurs italiens des XVIIIe et XIXe s.

Tagore (*Rabindranath*), poète indien (1861-1941).

Tahiti, île de Polynésie française (archipel de la Société) ; 169 674 h. (*Tahitiens*).

Taipei, cap. de Taïwan ; 2 500 000 h. (6 130 000 avec les banlieues).

Taine (*Hippolyte*), historien et philosophe français (1828-1893).

Taïwan, anc. **Formose**, île d'Asie orientale ; 36 000 km^2 ; 22 500 000 h. (*Taïwanais*). Cap. *Taipei*. Province de la Chine, elle est administrée de fait par son propre gouvernement.

Talleyrand-Périgord (*Charles Maurice* DE), homme politique français (1754-1838). Il dirigea la diplomatie du Consulat et de l'Empire jusqu'en 1809 et joua un rôle essentiel au congrès de Vienne (1815).

Tallinn, cap. de l'Estonie ; 391 000 h.

Talmud, compilation de commentaires sur la loi judaïque.

Tamanrasset, oasis du Sahara algérien.

Tamerlan ou **Timur Lang,** conquérant turc (1336-1405).

Tamil Nadu, État du sud-est de l'Inde.

Tamise (la), fl. d'Angleterre, qui traverse Londres ; 338 km.

Tamouls, peuple de l'Inde méridionale et du Sri Lanka.

Tananarive → Antananarivo.

Tang, dynastie qui a régné sur la Chine de 618 à 907.

Tanganyika, grand lac d'Afrique.

Tanger, port du Maroc ; 307 000 h.

Tannhäuser, opéra de Wagner.

Tantale, roi condamné par Zeus au supplice de la faim et de la soif (*Myth. gr.*).

Tanzanie, État de l'Afrique orientale ; 940 000 km^2 ; 35 965 000 h. (*Tanzaniens*). Cap. *Dar es-Salaam* et *Dodoma*.

Tarass Boulba, récit de Gogol.

Tarbes, ch.-l. des Hautes-Pyrénées ; 49 343 h. (*Tarbais*).

Tardieu (*Jean*), poète et auteur dramatique français (1903-1995).

Tarente, port d'Italie (Pouilles) ; 202 033 h.

Tarn, affl. de la Garonne. ◇ Dép. français (81) ; ch.-l. *Albi*, ch.-l. d'arr. *Castres* ; 343 402 h.

Tarn-et-Garonne, dép. français (82) ; ch.-l. *Montauban*, ch.-l. d'arr. *Castelsarrasin* ; 206 034 h.

Tarpéienne (*roche*), à Rome, rocher d'où l'on jetait les criminels.

Tarquin l'Ancien, cinquième roi de Rome (619-579 av. J.-C.).

Tarquin le Superbe, septième et dernier roi de Rome (534-509 av. J.-C.).

Tarquinia, v. d'Italie. Anc. cité étrusque.

Tartare, le fond des Enfers (*Myth. gr.*).

Tartarin de Tarascon, roman d'A. Daudet.

Tartuffe (*le*), comédie de Molière.

Tarzan, personnage d'une série de romans américains créé en 1912 qui inspira le cinéma et la bande dessinée.

Tasmanie, île au sud de l'Australie.

Tasse (*Torquato* TASSO, dit **le**), poète italien (1544-1595) : *la Jérusalem délivrée*.

Tatars, peuple d'Asie, d'origine turco-mongole, qui vit principalement en Russie (rép. du Tatarstan et du Bachkortostan) [plus de 6 millions].

Tate (*The*), ensemble de musées de peinture, à Londres.

Tati (*Jacques* TATISCHEFF, dit *Jacques*), cinéaste français (1907-1982) : *les Vacances de M. Hulot*.

Tatum (*Arthur*, dit **Art**), pianiste américain de jazz (1910-1956).

Tauride, anc. nom de la Crimée.

Taurus, montagnes de Turquie.

Tavernier (*Bertrand*), cinéaste français (né en 1941) : *le Juge et l'Assassin*.

Taviani (les frères), cinéastes italiens, *Paolo* (né en 1931) et *Vittorio* (né en 1929) : *Padre padrone*.

Taylor (Dame *Elizabeth,* dite **Liz**), actrice américaine d'origine britannique (1932-2011) : *Qui a peur de Virginia Woolf ?*

Taylor (*Frederick Winslow*), ingénieur et économiste américain (1856-1915), à l'origine du taylorisme.

Tazieff (*Haroun*), géologue français d'origine russe (1914-1998), spécialiste des volcans.

Tbilissi, anc. **Tiflis**, cap. de la Géorgie ; 1 081 500 h.

Tchad, lac de l'Afrique centrale. <> État de l'Afrique centrale ; 1 284 000 km² ; 8 135 000 h. (*Tchadiens*). Cap. *N'Djamena*.

Tchaïkovski (*Petr*), compositeur russe (1840-1893). Symphonies, ballets, opéras.

Tchang Kaï-chek ou **Jiang Jieshi,** maréchal et homme politique chinois (1887-1975). Il combattit les communistes puis présida le gouvernement de Taïwan.

Tchécoslovaquie, ancien État fédéral de l'Europe centrale partagé, en 1993, en deux États : la République tchèque et la Slovaquie.

Tchekhov (*Anton*), écrivain russe (1860-1904), auteur de nouvelles et de pièces de théâtre (*la Mouette*).

tchèque (*République*), État d'Europe centrale ; 79 000 km² ; 10 260 000 h. (*Tchèques*). Cap. *Prague*.

Tchernobyl, v. d'Ukraine. Accident dans la centrale nucléaire en avril 1986 qui provoqua une pollution radioactive importante.

Tchétchènes, peuple caucasien de Russie (env. 900 000).

Tchétchénie, république de Russie ; 573 900 h. Cap. *Groznyï*. Lutte contre le pouvoir central russe pour l'indépendance (guerre 1994-1996 et 1999-2009).

Tchouvaches, peuple vivant en Russie (surtout en Tchouvachie), en Ukraine et au Kazakhstan (env. 1,9 million).

Tegucigalpa, cap. du Honduras ; 1 007 000 h.

Téhéran, cap. de l'Iran ; 7 038 000 h.

Teilhard de Chardin (*Pierre*), paléontologiste et théologien français (1881-1955).

Te Kanawa (dame *Kiri*), soprano néo-zélandaise (née en 1944).

Tel-Aviv-Jaffa, v. d'Israël ; 360 500 h. (2 900 000 h. avec les banlieues).

Telemann (*Georg Philipp*), compositeur allemand (1681-1767).

Télémaque, fils d'Ulysse (*Myth. gr.*).

Tell → Guillaume Tell.

Temple de Jérusalem, temple édifié à Jérusalem par Salomon (v. 969-v. 962 av. J.-C.).

Templiers, ordre militaire et religieux du Moyen Âge (1119-1312).

Tenerife, la plus grande des îles Canaries.

Tennessee, État des États-Unis. Cap. *Nashville-Davidson*.

Tennyson (*Alfred*), poète britannique (1809-1892) : *Enoch Arden*.

Tenochtitlán, anc. cap. des Aztèques, à l'emplacement de Mexico.

Tentation de saint Antoine (*la*), triptyque de J. Bosch.

Teotihuacán, site du Mexique précolombien, grandes pyramides.

Terechkova (*Valentina Vladimirovna*), cosmonaute russe (née en 1937), première femme astronaute.

Térence, auteur comique latin (v. 190-159 av. J.-C.).

Terre de Feu, groupe d'îles au sud de l'Amérique du Sud (Chili et Argentine).

Terre-Neuve-et-Labrador, île et prov. du Canada, à l'embouchure du Saint-Laurent.

Terreur (la), période révolutionnaire en France, de la chute des Girondins au 9-Thermidor (1793-1794).

Tertullien, écrivain chrétien latin (v. 155-v. 222).

Tessin, canton de Suisse.

Téthys, déesse de la Mer (*Myth. gr.*).

Tétralogie (la), cycle d'opéras de Wagner.

Teutatès, dieu national gaulois.

teutonique (*ordre*), ordre hospitalier puis militaire du Moyen Âge (1198-1525).

Teutons, anc. peuple germain.

Texas, État du sud des États-Unis ; 690 000 km² ; 20 851 820 h. (*Texans*). Cap. *Austin*, v. pr. *Dallas, Houston*.

TF 1 (*Télévision française 1*), chaîne de télévision française.

Thackeray (*William*), écrivain satirique britannique (1811-1863).

Thaïlande, anc. **Siam**, État d'Asie du Sud-Est ; 514 000 km² ; 63 584 000 h. (*Thaïlandais*). Cap. *Bangkok*.

Thaïs, peuples de l'Asie du Sud-Est.

Thalès, mathématicien et philosophe présocratique grec (v. 625-v. 547 av. J.-C.).

Thatcher (*Margaret*), femme politique britannique (née en 1925). Premier ministre conservateur de 1979 à 1990.

Théâtre national populaire (TNP), théâtre fondé par l'État en 1920.

Thébaïde, région d'Égypte refuge des premiers ermites chrétiens.

Thèbes, v. de l'Égypte ancienne, dont il reste les sanctuaires de Louksor et de Karnak. En face : colosses de Memnon, temple de Deir el-Bahari,

Vallée des Rois, des Reines. ◇ Anc. cap. de la Béotie (Grèce).

Thémistocle, général athénien (v. 528-v. 462 av. J.-C.), vainqueur à Salamine.

Théocrite, poète bucolique grec (v. 310-v. 250 av. J.-C.).

Théodora (début du IVe s.-548), impératrice byzantine (527-548), femme de Justinien Ier.

Théodoric le Grand (v. 454-526), roi des Ostrogoths (493-526), il domina l'Italie.

Théodose Ier (v. 347-395), empereur d'Occident de 379 à 395, et de tout l'Empire romain de 394 à 395.

Thérèse d'Avila (*sainte*), religieuse espagnole (1515-1582). Auteur d'écrits mystiques, elle réforma l'ordre des Carmélites.

Thérèse de l'Enfant-Jésus (*sainte*), carmélite de Lisieux (1873-1897).

Thermidor (9-), journée du 27 juillet 1794, où Robespierre fut renversé.

Thermopyles (les), défilé de Thessalie où Léonidas et 300 Spartiates essayèrent d'arrêter les Perses (480 av. J.-C.).

Thésée, roi légendaire d'Athènes, vainqueur du Minotaure (*Myth. gr.*).

Thessalie, région de Grèce.

Thessalonique, anc. **Salonique**, port du nord de la Grèce ; 355 953 h.

Thierry, nom de plusieurs rois mérovingiens.

Thiers (*Adolphe*), homme politique et historien français (1807-1877), président de la République de 1871 à 1873.

Thom (*René*), mathématicien français (1923-2002), auteur de la théorie des catastrophes.

Thomas (*saint*), un des Apôtres, modèle de l'incrédulité.

Thomas d'Aquin (*saint*), théologien italien (1225-1274) : *Somme théologique*.

Thomas Becket (*saint*), prélat anglais (1118-1170). Archevêque de Canterbury, assassiné par ordre du roi.

Thomas More ou **Morus** (*saint*), chancelier d'Angleterre et philosophe (1478-1535), auteur de l'*Utopie*.

Thomson (sir *Joseph John*), physicien britannique (1856-1940).

Thomson (sir *William*), lord **Kelvin**, physicien britannique (1824-1907).

Thor, dieu guerrier scandinave.

Thoreau (*Henry David*), écrivain américain (1817-1862) : *Walden ou la Vie dans les bois*.

Thot, dieu égyptien du Savoir et de l'Écriture, représenté avec une tête d'ibis.

Thrace, région du nord de la Grèce.

Thucydide, historien grec (v. 465-v. 395 av. J.-C.) : *Histoire de la guerre du Péloponnèse*.

Thulé, île légendaire du nord de l'Europe.

Thulé (*culture de*), culture préhistorique des Inuits.

Thurgovie, canton de Suisse.

Thuringe, région et Land d'Allemagne ; 2 373 157 h. Cap. *Erfurt*.

Tian'anmen, grande place publique de Pékin. Manifestations d'étudiants violemment réprimées par l'armée en 1989.

Tianjin ou **T'ien-tsin,** port de Chine du Nord ; 5 855 044 h.

Tibère (v. 42 av. J.-C.-37 apr. J.-C.), empereur romain en 14 apr. J.-C.

Tibériade (*lac de*), lac de Palestine.

Tibesti, massif du Sahara (Tchad) ; 3 415 m.

Tibet, région de Chine, au nord de l'Himalaya ; 1 221 000 km² ; 2 620 000 h. (*Tibétains*). Cap. *Lhassa*.

Tibre (le), fl. d'Italie, qui passe à Rome.

Tiepolo (*Giambattista*), peintre et graveur vénitien (1696-1770).

Tiflis → Tbilissi.

Tigre (le), fl. d'Asie occidentale, qui forme, avec l'Euphrate, le Chatt al-Arab.

Tikal, anc. cité maya du Guatemala.

Tilden (*William Tatem*), joueur de tennis américain (1893-1953), il a remporté sept fois la Coupe Davis.

Tilsit, v. de Lituanie. Traité entre Napoléon Ier et Alexandre Ier (1807).

Times (*The*), quotidien britannique fondé en 1785.

Timgad, site d'Algérie ; vestiges romains.

Timor-Oriental ou **Timor-Leste,** État insulaire d'Asie du Sud-Est ; 14 874 km² ; 779 000 h. (*Est-Timorais*). Cap. *Dili*.

Timur Lang → Tamerlan.

Tinbergen (*Nikolaas*), éthologiste britannique d'origine néerlandaise (1907-1988), l'un des fondateurs de l'éthologie moderne.

Tinguely (*Jean*), sculpteur suisse (1925-1991), l'un des « nouveaux réalistes ».

Tintin, personnage de bande dessinée créé en 1929 par Hergé.

Tintoret (*Iacopo* ROBUSTI, dit **le**), peintre vénitien (1518-1594).

Tirana, cap. de l'Albanie ; 367 000 h.

Tirpitz (*Alfred* VON), amiral allemand (1849-1930).

Tirso de Molina, auteur dramatique espagnol (v. 1583-1648).

Titanic, paquebot transatlantique britannique qui fit naufrage (1912).

Titans, fils du Ciel et de la Terre, vaincus par Zeus (*Myth. gr.*).

Tite-Live, historien latin (59 av. J.-C.-17 apr. J.-C.) : *Histoire de Rome*.

Titicaca, grand lac des Andes.

Titien (*Tiziano* VECELLIO, dit en fr.), peintre vénitien (1488/89-1576).

Tito (*Josip* BROZ, dit), maréchal et homme politique yougoslave (1892-1980). Président de la République de 1953 à sa mort.

Titograd → Podgorica.

Titus (39-81), empereur romain (79-81).

Tivoli, v. d'Italie, près de Rome. Jardins.

Tocqueville (*Charles Alexis* CLÉREL DE), écrivain et homme politique français (1805-1859) : *De la démocratie en Amérique*.

Togo, État de l'Afrique occidentale ; 56 600 km^2 ; 4 657 000 h. (*Togolais*). Cap. *Lomé*.

Toison d'or, toison d'un bélier fabuleux, enlevée par Jason et les Argonautes (*Myth.*).

Tokyo, cap. du Japon ; 8 134 688 h.

Tolbiac, v. de Gaule, près de Cologne. Victoire de Clovis sur les Alamans (496).

Tolède, v. d'Espagne, sur le Tage ; 69 450 h.

Tolkien (*John Ronald Reuel*), écrivain britannique (1892-1973) : *le Seigneur des anneaux*.

Tolstoï (*Léon*, comte), romancier russe (1828-1910) : *Guerre et Paix*.

Toltèques, anc. peuple indien du Mexique.

Tombouctou, v. du Mali.

Tonga, État insulaire d'Océanie ; 700 km^2 ; 99 000 h. (*Tonguiens*). Cap. *Nukualofa*.

Tonkin, région du nord du Viêt Nam.

Topkapı, palais construit du XVe au XIXe s. à Istanbul, auj. musée d'art islamique.

Torah (la), les cinq premiers livres de la Bible, ou Pentateuque. Désigne aussi la Loi juive.

Toronto, v. du Canada, cap. de l'Ontario ; 2 481 494 h. (4 651 000 avec les banlieues).

Torquemada (*Tomás* DE), dominicain espagnol (1420-1498). Grand inquisiteur.

Torricelli (*Evangelista*), physicien italien (1608-1647), inventeur du baromètre.

Tortelier (*Paul*), violoncelliste et chef d'orchestre français (1914-1990).

Toscane, région de l'Italie centrale ; v. pr. *Florence*. Hab. *Toscans*.

Toscanini (*Arturo*), chef d'orchestre italien (1867-1957).

Total, groupe pétrolier et gazier international dont l'origine remonte à 1924.

Touareg, peuple nomade du Sahara.

Toucouleurs, peuple du Sénégal.

Toul, v. de Meurthe-et-Moselle, l'un des Trois-Évêchés.

Toulon, ch.-l. du Var, port militaire ; 166 442 h. (*Toulonnais*).

Toulouse, ch.-l. de la Région Midi-Pyrénées et de la Haute-Garonne ; 398 423 h. (*Toulousains*).

Toulouse-Lautrec (*Henri* DE), peintre français (1864-1901).

Touraine, région et anc. prov. de France, traversée par la Loire ; v. pr. *Tours*.

Tourcoing, v. du dép. du Nord ; 94 204 h. (*Tourquennois*).

Tour de France, course cycliste annuelle par étapes créée en 1903.

Touré (*Sékou*), homme politique guinéen (1922-1984). Président de 1958 à sa mort, il exerça un pouvoir dictatorial.

Tourgueniev (*Ivan*), romancier et auteur dramatique russe (1818-1883).

Tournai, v. de Belgique ; 67 341 h.

Tournesols, tableau de Van Gogh.

Tourneur (*Cyril*), auteur dramatique anglais (v. 1575-1626), représentant du théâtre élisabéthain : *la Tragédie du vengeur*.

Tournier (*Michel*), écrivain français (né en 1924) : *le Roi des Aulnes*.

Tours, ch.-l. d'Indre-et-Loire ; 137 046 h. (*Tourangeaux*).

Tourville (*Anne* DE COTENTIN, comte DE), marin français (1642-1701).

Toussaint Louverture, homme politique haïtien (1743-1803).

Toutankhamon, pharaon égyptien du XIVe s. av. J.-C.

Touvas ou **Tivas,** peuple de Russie, vivant principalement dans la rép. de Touva.

Toyota, v. du Japon ; 341 079 h. Industrie automobile.

Trafalgar (*bataille de*), victoire navale de Nelson sur la flotte française (1805).

Trafalgar Square, place de Londres.

Traité du désespoir, Œuvre de Kierkegaard.

Trajan (53-117), empereur romain en 98, vainqueur des Daces et des Parthes.

Trajane (*colonne*), colonne érigée en 113 à Rome, pour commémorer les victoires de l'empereur Trajan sur les Daces.

Transoxiane, région d'Asie centrale dont la ville principale fut Samarkand.

Transsibérien, voie ferrée de Russie, reliant Moscou à Vladivostok.

Transvaal, anc. prov. de la république d'Afrique du Sud.

Transylvanie, région de Roumanie.

Trappe (la), abbaye cistercienne fondée en 1140 dans l'Orne.

Trasimène, lac d'Italie (Ombrie). <> Victoire d'Hannibal sur les Romains.

Travaux et les Jours (*les*), poème didactique d'Hésiode.

Trébizonde, port de Turquie, sur la mer Noire ; 182 552 h.

Treblinka, camp d'extermination allemand (1942-1945), au nord-est de Varsovie.

Trenet (*Charles*), chanteur français (1913-2001) : *Douce France*.

Trente, v. d'Italie (Vénétie). Le concile de Trente y siégea de 1545 à 1563.

Trente Ans (*guerre de*), guerre entre luthériens et catholiques qui ravagea l'Europe entre 1618 et 1648.

Trèves, v. d'Allemagne ; 100 000 h. Vestiges romains.

Trianon (*le Grand* et *le Petit*), châteaux bâtis dans le parc de Versailles.

Tribunal pénal international pour l'ex-Yougoslavie, juridiction internationale créée en 1993 par l'ONU et dont le siège est à La Haye.

Trier (*Lars* VON), cinéaste danois (né en 1956) : *Dancer in the Dark*.

Trieste, port d'Italie, sur l'Adriatique ; 211 184 h.

Trinité-et-Tobago, État des Antilles ; 5 128 km² ; 1 300 000 h. (*Trinidadiens*). Cap. *Port of Spain*.

Trintignant (*Jean-Louis*), acteur français (né en 1930) : *Vivement dimanche !*

Tripoli, cap. de la Libye ; 2 006 000 h. <> Port du Liban ; 1 108 000 h.

Tripolitaine, région de Libye.

Tristan et Iseut, légende du Moyen Âge. <> Opéra de Wagner.

Trnka (*Jiří*), cinéaste tchécoslovaque d'animation (1912-1969).

Troie, anc. **Ilion**, cité antique d'Asie Mineure assiégée par les Grecs pendant dix ans (*Iliade*).

Trois-Évêchés (les), les villes de Verdun, Metz et Toul, qui constituaient un gouvernement particulier sous l'Ancien Régime.

Trois Mousquetaires (*les*), roman d'A. Dumas.

Trotski (*Lev Davidovitch* BRONSTEIN, dit **Léon**), révolutionnaire russe (1879-1940). Il fut l'adversaire de Staline.

Troyes, anc. cap. de la Champagne, ch.-l. de l'Aube ; 62 612 h. (*Troyens*).

Truffaut (*François*), cinéaste français (1932-1984), le plus populaire de la nouvelle vague : *les Quatre Cents Coups*.

Tseu-hi ou **Cixi,** impératrice de Chine (1834-1908).

Truman (*Harry*), homme politique américain (1884-1972). Démocrate, président des États-Unis de 1945 à 1953.

Tsaritsyne → Volgograd.

Tsiganes, peuple nomade d'Europe.

Tudor, dynastie galloise qui régna sur l'Angleterre de 1485 à 1603.

Tuileries, anc. résidence des souverains français, à Paris, détruite en 1871.

Tulle, ch.-l. de la Corrèze ; 16 906 h. (*Tullistes*).

Tunis, cap. de la Tunisie ; 1 996 000 h. dans l'aggl. (*Tunisois*).

Tunisie, État de l'Afrique du Nord ; 164 000 km² ; 10 272 000 h. (*Tunisiens*). Cap. *Tunis*.

Tupis, groupe de peuples de l'Amazonie.

Turenne (*Henri* DE LA TOUR D'AUVERGNE, vicomte DE), maréchal de France (1611-1675).

Turgot (*Anne Robert Jacques*), économiste français (1727-1781). Contrôleur général des Finances (1774-1776).

Turin, v. d'Italie (Piémont), sur le Pô ; 865 263 h. (*Turinois*).

Turing (*Alan Mathison*), mathématicien britannique (1912-1954). Il conçut une machine à calculer « universelle » (*machine de Turing*).

Turkestan, région de l'Asie centrale.

Turkménistan, État de l'Asie centrale ; 488 000 km² ; 4 835 000 h. (*Turkmènes*). Cap. *Achgabat*.

Turner (*Tina*), chanteuse américaine de musique soul (née en 1938 ou 1939).

Turner (*William*), peintre paysagiste britannique (1775-1851).

Turquie, État de l'Asie occidentale ; 780 000 km² ; 67 632 000 h. (*Turcs*). Cap. *Ankara*, v. pr. *Istanbul*.

Tutu (*Desmond*), évêque noir sud-africain (né en 1931). Il lutta contre l'apartheid.

Tuvalu, État insulaire d'Océanie ; 24 km² ; 10 000 h. (*Tuvaluans*). Cap. *Funafuti*.

Twain (*Mark*), écrivain américain (1835-1910) : *les Aventures de Tom Sawyer*.

Tyr, anc. port de Phénicie.

Tyrol, région alpestre, partagée entre l'Autriche et l'Italie.

Tyrrhénienne (*mer*), partie de la Méditerranée comprise entre l'Italie, la Corse, la Sardaigne et la Sicile.

Tzara (*Tristan*), écrivain français d'origine roumaine (1896-1963), l'un des fondateurs du mouvement dada : *l'Homme approximatif*.

Tziganes → Tsiganes.

U

Ubu roi, comédie burlesque de A. Jarry.

Uccello (*Paolo*), peintre florentin (1397-1475), maître de la Renaissance.

Ueda (*Akinari*), écrivain japonais (1734-1809) : *Contes de pluie et de lune*.

UICN-Union mondiale pour la nature, organisation internationale fondée en 1948 sous l'égide de l'ONU.

Ukraine, État de l'Europe orientale ; 604 000 km² ; 49 112 000 h. (*Ukrainiens*). Cap. *Kiev*.

Ulbricht (*Walter*), homme politique allemand (1893-1973), président du Conseil d'État de la RDA de 1960 à sa mort.

Ullmann (*Liv*), actrice norvégienne (née en 1938) : *Scènes de la vie conjugale*.

Ulm, v. d'Allemagne ; 118 300 h.

Ulster, prov. d'Irlande, en partie rattachée à la Grande-Bretagne ; cap. *Belfast*.

Ulysse, héros grec de la guerre de Troie, roi d'Ithaque, époux de Pénélope et père de Télémaque (*l'Iliade* et *l'Odyssée*).

Unamuno (*Miguel* DE), écrivain espagnol (1864-1936) : essais, romans et poésie.

Unesco, organisation de l'ONU pour l'éducation, la science et la culture.

Unicef (*United Nations International Children's Emergency Fund*), organisme humanitaire de l'ONU pour l'enfance institué en 1946.

Union européenne, union économique et politique, instituée en 1992-1993 dans le prolongement du processus de construction européenne engagé peu après la Seconde Guerre mondiale. Elle regroupe auj. 27 États (Allemagne, Autriche, Belgique, Bulgarie, Chypre, Danemark, Espagne, Estonie, Finlande, France, Grande-Bretagne, Grèce, Hongrie, Irlande, Italie, Lettonie, Lituanie, Luxembourg, Malte, Pays-Bas, Pologne, Portugal, République tchèque, Roumanie, Slovaquie, Slovénie, Suède).

Union sud-africaine, anc. nom de la république d'Afrique du Sud.

Unterwald, canton de Suisse.

Upanishad, textes sacrés hindous (entre 700 et 300 av. J.-C.).

Uppsala, v. de Suède ; 181 231 h. Université.

Ur → Our.

Uranus, planète du Système solaire.

Urbain, nom de huit papes.

Urfé (*Honoré* D'), écrivain français (1567-1625) : *l'Astrée*.

Uri, canton de Suisse.

URSS ou **Union des républiques socialistes soviétiques,** ancien État fédéral (1922-1991) : 15 républiques (à partir de 1945). Il couvrait 22 400 000 km² et comptait 292 millions d'h. (*Soviétiques*). Cap. *Moscou*.

Uruguay, État de l'Amérique du Sud ; 177 500 km² ; 3 361 000 h. (*Uruguayens*). Cap. *Montevideo*.

USA (*United States of America*), nom anglais des États-Unis d'Amérique.

Utah, État de l'ouest des États-Unis. Cap. *Salt Lake City*.

Utamaro (*Kitagawa*), graveur japonais (1753-1806).

Utique, anc. v. d'Afrique (Tunisie).

Utrecht, v. des Pays-Bas ; 265 151 h. Traités mettant fin à la guerre de la Succession d'Espagne (1713).

Utrillo (*Maurice*), peintre français (1883-1955) : vues de Montmartre.

Uttar Pradesh, État du nord de l'Inde.

V

Vacances de M. Hulot (*les*), film de J. Tati (1953).

Vaison-la-Romaine, comm. du Vaucluse. Ruines romaines.

Valachie, région de Roumanie.

Valais, canton de Suisse ; ch.-l. *Sion*.

Val-de-Marne, dép. français (94) ; ch.-l. *Créteil*, ch.-l. d'arr. *L'Haÿ-les-Roses, Nogent-sur-Marne* ; 1 227 250 h.

Val-d'Isère, station de sports d'hiver de Savoie.

Val-d'Oise, dép. français (95) ; ch.-l. *Pontoise*, ch.-l. d'arr. *Argenteuil, Sarcelles* ; 1 105 464 h.

Valence, port espagnol de la Méditerranée ; 746 612 h.

Valence, ch.-l. de la Drôme ; 66 568 h. (*Valentinois*).

Valenciennes, v. du dép. du Nord ; 42 343 h. (*Valenciennois*).

Valérien, empereur romain de 253 à 260, fait prisonnier et exécuté par les Perses.

Valéry (*Paul*), écrivain et poète français (1871-1945) : *le Cimetière marin.*

Valladolid, v. d'Espagne ; 318 293 h.

Vallès (*Jules*), écrivain et journaliste français (1832-1885), membre de la Commune.

Valloton (*Félix*), peintre et graveur français d'origine suisse (1865-1925), lié aux nabis.

Valmy (*bataille de*), victoire de Dumouriez et Kellermann sur les Prussiens (1792).

Valois, branche des Capétiens qui régna sur la France de 1328 à 1389.

Valparaíso, port du Chili ; 282 840 h.

Van Allen (*James Alfred*), physicien américain (1914-2006).

Vancouver, port du Canada, sur le Pacifique ; 545 671 h. (2 033 000 avec les banlieues).

Vandales, peuple germanique, qui envahit la Gaule, l'Espagne, l'Afrique du Nord (V^e-VIe s.).

Van de Graaff (*Robert Jemison*), physicien américain (1901-1967). Il a réalisé les premières grandes machines électrostatiques, destinées à l'accélération des particules.

Van der Weyden (*Rogier*), peintre flamand (v. 1400-1464) : retable du *Jugement dernier.*

Van Dyck (*Antoine*), peintre flamand (1599-1641), actif à Anvers, Gênes, Londres.

Van Eyck (*Jan*), peintre flamand (v. 1390-1441) : retable de *l'Agneau mystique.*

Van Gogh (*Vincent*), peintre néerlandais (1853-1890), dont les toiles peintes en Provence et en Île-de-France, à partir de 1886, ont révolutionné l'art occidental.

Vannes, ch.-l. du Morbihan ; 54 773 h.

Vanuatu, anc. **Nouvelles-Hébrides,** État d'Océanie ; 14 760 km^2 ; 202 000 h. (*Vanuatuans*). Cap. *Port-Vila.*

Var, fl. côtier de la Méditerranée. <> Dép. français (83) ; ch.-l. *Toulon,* ch.-l. d'arr. *Brignoles, Draguignan* ; 898 441 h. (*Varois*).

Varda (*Agnès*), cinéaste française (née en 1928) : *Sans toit ni loi.*

Varennes-en-Argonne, bourg de la Meuse, où Louis XVI fut arrêté (1791).

Varèse (*Edgard*), compositeur français naturalisé américain (1883-1965), auteur de musique électroacoustique.

Vargas Llosa (*Mario*), écrivain péruvien (né en 1936) : *la Ville et les Chiens.*

Varsovie, cap. de la Pologne, sur la Vistule ; 1 671 700 h.

Vasaloppet, course annuelle de ski nordique disputée en Suède.

Vatican, palais des papes à Rome. <> CITÉ DU VATICAN, territoire dont la souveraineté a été reconnue au pape par le traité du Latran (1929). Basilique St-Pierre. Chapelle Sixtine. Musées. Deux conciles y siégèrent, l'un en 1869-1870, le second en 1962-1965.

Vauban (*Sébastien* LE PRESTRE DE), ingénieur militaire français et maréchal de France (1633-1707), il en fortifia les frontières.

Vaucanson (*Jacques* DE), ingénieur français (1709-1782), créateur d'automates.

Vaucluse, dép. français (84) ; ch.-l. *Avignon,* ch.-l. d'arr. *Apt, Carpentras* ; 499 685 h.

Vaud, canton de Suisse ; ch.-l. *Lausanne.*

Vaugelas (*Claude* FAVRE DE), grammairien français (1585-1650).

Vauvenargues (*Luc,* marquis DE), moraliste français (1715-1747).

Vaux-le-Vicomte, château près de Melun, construit par Le Vau pour Fouquet.

Veda, livres sacrés des hindous.

Vega → Lope de Vega.

Velay, rég. du Massif central ; v. pr. *Le Puy-en-Velay.*

Velázquez (*Diego*), peintre espagnol (1599-1660) : *les Ménines.*

Veliki Novgorod, anc. **Novgorod,** v. de Russie ; 209 500 h. Églises médiévales.

Venceslas (*saint*), duc de Bohême et saint patron de la Bohême (v. 907-985).

Vendée, dép. français (85) ; ch.-l. *La Roche-sur-Yon,* ch.-l. d'arr. *Fontenay-le-Comte, Les Sables-d'Olonne* ; 539 664 h.

Vénètes, peuple indo-européen, qui s'installa au Ier millénaire av. J.-C. en Italie du Nord et en Bretagne.

Vénétie, région de l'Italie du Nord ; cap. *Venise.*

Venezuela, État de l'Amérique du Sud ; 912 050 km^2 ; 24 632 000 h. (*Vénézuéliens*). Cap. *Caracas.*

Venise, v. d'Italie, port de l'Adriatique bâti sur des lagunes ; 271 073 h. (*Vénitiens*). Basilique St-Marc, palais des Doges.

Venizélos (*Eleftherios*), homme politique grec (1864-1936).

Ventoux (*mont*), sommet des Préalpes du Sud ; 1 909 m.

Ventura (*Angiolino,* dit **Lino**), acteur italien, installé en France dès 1927 (1919-1987) : *Classe tous risques.*

Vénus, déesse romaine de l'Amour, l'*Aphrodite* des Grecs. <> Planète du Système solaire.

Vêpres siciliennes, massacre des Français en Sicile (1282).

Veracruz, port du Mexique ; 411 582 h.

Vercingétorix, chef gaulois (72-46 av. J.-C.). Il souleva la Gaule contre César.

Vercors (le), massif calcaire des Préalpes.

Vercors (*Jean* BRULLER, dit), écrivain français (1902-1991) : *le Silence de la mer.*

Verdi (*Giuseppe*), compositeur italien (1813-1901), auteur d'opéras : *la Traviata, le Trouvère.*

Verdun, v. de la Meuse. <> Traité de partage de l'Empire carolingien (843). <> Violents combats en 1916.

Vergennes (*Charles* GRAVIER, comte DE), diplomate français (1717-1787).

Verhaeren (*Émile*), poète symboliste belge (1855-1916).

Verlaine (*Paul*), poète français (1844-1896) : *Poèmes saturniens, Jadis et naguère.*

Vermeer de Delft (*Johannes*), peintre hollandais (1632-1675), grand maître de l'intimisme bourgeois.

Vermont, État du nord-est des États-Unis. Cap. *Montpelier.*

Vernant (*Jean-Pierre*), philosophe et historien français (1914-2007), spécialiste de la Grèce antique.

Verne (*Jules*), écrivain français (1828-1905), auteur de romans d'aventures.

Vérone, v. d'Italie (Vénétie) ; 253 208 h.

Véronèse (*Paolo* CALIARI, dit), peintre vénitien (1528-1588).

Verrocchio (*Andrea* DEL), sculpteur, peintre et orfèvre florentin (1435-1488).

Versailles, ch.-l. des Yvelines ; 88 476 h. (*Versaillais*). Domaine royal (château, jardins, dépendances) d'une ampleur et d'un luxe voulus par Louis XIV. <> Traité qui mit fin en 1919 à la Première Guerre mondiale.

Vésale (*André*), anatomiste flamand (v. 1515-1564).

Vesoul, ch.-l. de la Haute-Saône ; 18 882 h. (*Vésuliens*).

Vespasien (9-79), empereur romain de 69 à 79.

Vespucci (*Amerigo*), navigateur florentin (1454-1512). Son prénom fut utilisé pour désigner l'Amérique.

Vesta, déesse romaine du Foyer.

Vésuve (le), volcan d'Italie, près de Naples. Il ensevelit Pompéi en 79.

Vézelay, v. de l'Yonne. Saint Bernard y prêcha la croisade. Anc. abbatiale romane.

Viala (*Joseph Agricol*), jeune héros de la Révolution (1780-1793).

Vian (*Boris*), écrivain français (1920-1959) : *l'Écume des jours.*

Viau (*Théophile* DE), poète français (1590-1626).

Vichy, ch.-l. d'arr. de l'Allier ; 26 915 h. (*Vichyssois*). Station thermale. Siège du gouvernement du maréchal Pétain (1940-1944).

Victor-Emmanuel II (1820-1878), roi d'Italie en 1861, créateur, avec Cavour, de l'unité italienne. <> VICTOR-EMMANUEL III (1869-1947), dernier roi d'Italie de 1900 à 1946.

Victoire de Samothrace, sculpture grecque en marbre du début du IIe s. av. J.-C.

Victor (*Paul-Émile*), explorateur français des régions polaires (1907-1995).

Victoria (1819-1901), reine de Grande-Bretagne et d'Irlande (1837-1901) et impératrice des Indes (1876-1901).

Victoria, lac de l'Afrique équatoriale, d'où sort le Nil. <> État du sud-est de l'Australie <> Cap. de la Colombie-Britannique (Canada).

Victoria and Albert Museum, musée des arts décoratifs et des beaux-arts de Londres, fondé en 1852.

Vidor (*King*), cinéaste américain (1894-1982) : *Duel au soleil.*

vie est un songe (*La*), pièce de théâtre de P. Calderón.

Vie, mode d'emploi (*la*), récit de G. Perec.

Vienne, cap. de l'Autriche, sur le Danube ; 1 550 123 h. (*Viennois*). <> Le *congrès de Vienne,* en 1814-15, réorganisa l'Europe après la chute de Napoléon.

Vienne, affl. de la Loire. <> Dép. français (86), ch.-l. *Poitiers,* ch.-l. d'arr. *Châtellerault, Montmorillon* ; 399 024 h.

Vienne, ch.-l. d'arr. de l'Isère ; 30 749 h. (*Viennois*).

Vienne (*cercle de*), groupe d'intellectuels d'entre les deux guerres.

Vienne (Haute-), dép. français (87) ; ch.-l. *Limoges,* ch.-l. d'arr. *Bellac, Rochechouart* ; 353 893 h.

Vientiane, cap. du Laos ; 716 000 h.

Vierge (*la Sainte*) → **Marie (sainte).**

Vierge aux rochers (*la*), tableau de Léonard de Vinci.

Viêt Nam ou **Vietnam,** État de l'Indochine orientale ; 335 000 km² ; 79 175 000 h. (*Vietnamiens*). Cap. *Hanoi.*

Viêt Nam (*guerre du*), conflit qui opposa, de 1954 à 1975, le Viêt Nam du Nord au Viêt Nam du Sud soutenu par les États-Unis.

Vigée-Lebrun (*Élisabeth* VIGÉE, Mme), peintre portraitiste française (1755-1842).

Vigny (*Alfred* DE), écrivain romantique français (1797-1863).

Vigo (*Jean*), cinéaste français (1905-1934) : *Zéro de conduite*.

Vikings, navigateurs scandinaves qui entreprirent des expéditions de la Russie à l'Atlantique (VIIIe-XIe s.).

Vilaine (la), fl. côtier qui passe à Rennes.

Vilar (*Jean*), acteur et metteur en scène de théâtre français (1912-1971), directeur du Théâtre national populaire (1951-1963).

Villa (*Pancho*), révolutionnaire mexicain (1878-1923).

Villars (*Claude*, duc DE), maréchal de France (1653-1734). Vainqueur des Autrichiens à Denain (1712).

Villehardouin (*Geoffroi* DE), chroniqueur français (v. 1150-v. 1213).

Villèle (*Jean-Baptiste*, comte DE), homme politique français (1773-1854).

Villiers de L'Isle-Adam (*Auguste*, comte DE), écrivain français (1838-1889).

Villon (*François* DE MONTCORBIER, ou DES LOGES, dit **François**), poète français (1431-apr. 1463) : *Petit* et *Grand Testament* ; *Épitaphe Villon* (dite *Ballade des pendus*).

Vilnius, cap. de la Lituanie ; 554 800 h.

Vincennes, v. du Val-de-Marne ; 43 937 h. (*Vincennois*). Anc. château fort.

Vincent de Paul (*saint*), prêtre français (1581-1660), aumônier des galères. Il fonda les Filles de la Charité et les Lazaristes.

Vinci → Léonard de Vinci.

Vingt Mille Lieues sous les mers, roman de J. Verne.

Viollet-le-Duc (*Eugène Emmanuel*), architecte français (1814-1879), restaurateur d'édifices médiévaux.

Virgile, poète latin (v. 70-19 av. J.-C.) : *les Bucoliques, l'Énéide, les Géorgiques*.

Virginie (cap. *Richmond*) et **Virginie-Occidentale** (cap. *Charleston*), États de l'est des États-Unis.

Visconti, famille italienne qui régna à Milan de 1277 à 1447.

Visconti (*Luchino*), cinéaste italien (1906-1976) : *le Guépard*.

Vishnu, divinité hindouiste.

Vistule (la), fl. de Pologne qui arrose Varsovie (Baltique) ; 1 068 km.

Vitez (*Antoine*), metteur en scène de théâtre français (1930-1990).

Vitruve, architecte romain (Ier s. av. J.-C.).

Vivaldi (*Antonio*), compositeur italien (1678-1741) : *les Quatre Saisons*.

Vladivostok, port de Russie en Extrême-Orient ; 591 800 h.

Vlaminck (*Maurice* DE), peintre français (1876-1958), un des maîtres du fauvisme.

VLT (*Very Large Telescope*), ensemble de 4 télescopes européens de grand diamètre, sur le Cerro Paranal (Chili).

Voiture (*Vincent*), écrivain français (1597-1648).

Vojvodine, prov. de la Serbie.

Volga, fl. de Russie (Caspienne) ; 3 690 km.

Volgograd, anc. **Tsaritsyne**, puis de 1925 à 1961, **Stalingrad**, v. de Russie sur la Volga ; 1 012 800 h.

Volkswagen, société allemande de construction automobile, fondée en 1937.

Vollard (*Ambroise*), marchand de tableaux français (1868-1939). Il fit connaître Cézanne, Picasso, Gauguin.

Volta (*Alessandro*), physicien italien (1745-1827). Il inventa la pile électrique.

Voltaire (*François Marie* AROUET, dit), écrivain français (1694-1778), auteur de tragédies (*Zaïre*), d'ouvrages historiques (*le Siècle de Louis XIV*), de contes philosophiques (*Candide*).

Vo Nguyên Giap, général vietnamien (né en 1912). Il mena la guerre contre les Français, puis contre les Américains.

Voronej, v. de Russie ; 848 700 h.

Vosges, montagnes à l'est de la France. ◇ Dép. français (88) ; ch.-l. *Épinal*, ch.-l. d'arr. *Neufchâteau, Saint-Dié-des-Vosges* ; 380 952 h.

Voyage dans la Lune (*le*), film de G. Méliès (1902).

Vue de Delft, toile de Vermeer.

Vuillard (*Édouard*), peintre français (1868-1940), membre du groupe des nabis.

Vulcain, dieu romain du Feu et du Travail des métaux, l'*Héphaïstos* grec.

Vulgate, traduction latine de la Bible, œuvre de saint Jérôme.

W

Wagner (*Richard*), compositeur allemand (1813-1883), auteur d'opéras : *le Vaisseau fantôme, Tannhäuser, la Tétralogie.*

Wagram, village d'Autriche. Victoire de Napoléon (1809).

Wajda (*Andrzej*), cinéaste polonais (né en 1926) : *l'Homme de marbre.*

Wałęsa (*Lech*), homme politique polonais (né en 1943), fondateur du syndicat Solidarność, président de la République de 1990 à 1995.

Walhalla, paradis des guerriers (*Myth. germ.*).

Walkyrie, divinité funèbre (*Myth. germ.*). ◇ Drame musical de Wagner.

Wallenstein ou **Waldstein,** général d'origine tchèque (1583-1634), au service de l'Empire pendant la guerre de Trente Ans.

Wallis-et-Futuna, archipel (îles *Wallis, Futuna* et Alofi) au nord-est des Fidji, formant une collectivité française d'outre-mer ; 13 484 h. Ch.-l. *Mata-Hutu.*

Wallon (*Henri*), psychologue français (1879-1962).

Wallonie, Région du sud de la Belgique, francophone ; ch.-l. *Namur.* Hab. *Wallons.*

Wall Street, rue de New York où est située la Bourse.

Walpole (*Robert*), homme politique britannique (1676-1745), chef du parti whig.

Walpurgis (*sainte*), religieuse anglaise (v. 710-779), moniale en Allemagne.

Walter (*Bruno*), chef d'orchestre allemand naturalisé américain (1876-1962).

Warhol (*Andy*), peintre américain (1928-1987), l'un des représentants du pop art.

Washington, capitale fédérale des États-Unis ; 606 900 h. ◇ État des États-Unis, sur la côte du Pacifique. Cap. *Olympia.*

Washington (*accord de*), accord israélo-palestinien signé à Washington en sept. 1993.

Washington (*George*), général et homme politique américain (1732-1799), héros de l'indépendance des États-Unis dont il devint le premier président (1789).

Washington Post (*The*), quotidien américain créé en 1877.

Wassy, bourg de la Haute-Marne. Massacre des protestants en 1562.

Watergate (*scandale du*), affaire américaine d'espionnage politique (1972-1974) qui contraignit le président Nixon à démissionner.

Waterloo, village de Belgique. Défaite de Napoléon Ier face aux Anglais et aux Prussiens (1815).

Watson (*James*), biologiste américain (né en 1928). Il découvrit la structure de l'ADN.

Watson (*John Broadus*), psychologue américain (1878-1958), fondateur du béhaviorisme.

Watson-Watt (sir *Robert Alexander*), physicien britannique (1892-1973).

Watt (*James*), ingénieur écossais (1736-1819). Il perfectionna la machine à vapeur.

Watteau (*Antoine*), peintre français (1684-1721), créateur du genre des « fêtes galantes » : *Pèlerinage à Cythère.*

Wattignies-la-Victoire, village du Nord. Victoire de Jourdan sur les Autrichiens (1793).

Wayne (*Marion* MORRISON, dit **John**), acteur américain (1907-1979) : *la Chevauchée fantastique.*

Weber (*Carl Maria* VON), compositeur et chef d'orchestre allemand (1786-1826), auteur d'opéras.

Weber (*Max*), sociologue et économiste allemand (1864-1920).

Webern (*Anton* VON), compositeur autrichien (1883-1945), pionnier du dodécaphonisme.

Wedekind (*Frank*), auteur dramatique allemand (1864-1918), précurseur de l'expressionnisme : *Lulu.*

Wegener (*Alfred*), géophysicien allemand (1880-1930), théoricien de la dérive des continents.

Weill (*Kurt*), compositeur allemand naturalisé américain (1900-1950) : *l'Opéra de quat' sous.*

Weimar, v. d'Allemagne ; 63 500 h. ◇ La république de Weimar (1919-1933) fut renversée par Hitler.

Weinberg (*Steven*), physicien américain (né en 1933).

Weismann (*August*), biologiste allemand (1834-1914).

Weiss (*Pierre*), physicien français (1865-1940), théoricien du ferromagnétisme.

Weissmuller (*Johnny*), nageur américain (1904-1984). Cinq fois champion olympique, il interpréta Tarzan à l'écran.

Welles (*Orson*), cinéaste et acteur américain (1915-1985) : *Citizen Kane.*

Wellington, cap. de la Nouvelle-Zélande ; 167 190 h.

Wellington (*Arthur* WELLESLEY, duc DE), général anglais (1769-1852). Vainqueur de Napoléon à Waterloo en 1815.

Wells (*Herbert George*), écrivain britannique de science-fiction (1866-1946) : *l'Homme invisible.*

Wenders (*Wim*), cinéaste allemand (né en 1945) : *les Ailes du désir.*

Werner (*Abraham Gottlob*), naturaliste allemand (1749-1817), l'un des créateurs de la minéralogie.

Werner (*Alfred*), chimiste suisse (1866-1919).

Werther (*les Souffrances du jeune*), roman épistolaire de Goethe.

Wesley, nom de deux frères, *John* (1703-1791) et *Charles* (1707-1788), fondateurs du méthodisme.

Wessex, royaume saxon (Ve-Xe s.).

Westminster, église abbatiale de Londres (XIIIe-XVe s.). Sépulture royale.

Westminster (*palais de*), siège du Parlement britannique, à Londres.

Westphalie, anc. région de l'ouest de l'Allemagne ; cap. *Münster.* <> Les *traités de Westphalie* mirent fin à la guerre de Trente Ans (1648).

West Side Story, comédie musicale de Jerome Robbins (1957).

Weygand (*Maxime*), général français (1867-1965).

Whistler (*James*), peintre américain (1834-1903).

Whitman (*Walt*), poète américain (1819-1892) : *Feuilles d'herbe.*

Wieland (*Christoph Martin*), écrivain allemand (1733-1813).

Wiener (*Norbert*), savant américain (1894-1964), fondateur de la cybernétique.

Wiesel (*Elie*), écrivain américain d'expression française (né en 1928) : *le Mendiant de Jérusalem.*

Wilde (*Oscar*), écrivain irlandais (1854-1900) : *le Portrait de Dorian Gray.*

Wilder (*Samuel,* dit **Billy**), cinéaste américain d'origine autrichienne (1906-2002) : *Certains l'aiment chaud.*

Wilhelmine (1880-1962), reine des Pays-Bas de 1890 à 1948.

Williams (*Tennessee*), auteur dramatique américain (1911-1983) : *Un tramway nommé Désir.*

Wilson (*Edward Osborne*), biologiste américain (né en 1929), père des études sur la biodiversité.

Wilson (*Georges*), acteur et metteur en scène de théâtre français (1921-2010).

Wilson (*Harold*), homme politique britannique (1916-1995). Premier ministre travailliste (1964-1970 ; 1974-1976).

Wilson (*John Tuzo*), physicien canadien (1908-1993), spécialiste de la théorie de la tectonique des plaques.

Wilson (*Robert,* dit **Bob**), metteur en scène de théâtre et d'opéra américain (né en 1941) : *le Regard du sourd.*

Wilson (*Robert Woodrow*), physicien américain (né en 1936).

Wilson (*Thomas Woodrow*), homme politique américain (1856-1924). Démocrate, président des États-Unis de 1913 à 1921.

Wimbledon, quartier de la banlieue de Londres. Championnat international de tennis créé en 1877.

Windsor, v. d'Angleterre, sur la Tamise ; 30 000 h. Château royal.

Winnicott (*Donald Woods*), pédiatre et psychanalyste britannique (1896-1971).

Winnipeg, v. du Canada, cap. du Manitoba ; 619 544 h.

Wisconsin, État du nord des États-Unis. Cap. *Madison.*

Wisigoths, Goths qui se fixèrent en Aquitaine et en Espagne au Ve s.

Witkiewicz (*Stanisław*), écrivain et peintre polonais (1885-1939) : *l'Inassouvissement.*

Witt (*Jean* DE), homme d'État hollandais (1625-1672).

Wittenberg, v. d'Allemagne. Luther y afficha ses 95 thèses en 1517, déclenchant la Réforme.

Wittgenstein (*Ludwig*), logicien autrichien (1889-1951).

Witz (*Konrad*), peintre allemand (v. 1400-v. 1445) : *Pêche miraculeuse.*

Wöhler (*Friedrich*), chimiste allemand (1800-1882), il réalisa la première synthèse de chimie organique, celle de l'urée.

Wölfflin (*Heinrich*), historien d'art suisse (1864-1945), il a renouvelé l'étude stylistique de l'œuvre.

Wonder (*Stevie*), musicien et chanteur de pop américain (né en 1950) : *Happy Birthday.*

Woods (*Eldrick,* dit **Tiger**), joueur de golf américain (né en 1975), champion précoce, il est le premier à réaliser le grand chelem.

Woodstock (*Festival de*), festival de rock qui rassembla plus de 400 000 personnes près de Woodstock (État-Unis) en 1969.

Woodward (*Robert Burns*), chimiste américain (1917-1979), il a réalisé la synthèse de diverses substances naturelles, la chlorophylle, notamment.

Woolf (*Virginia*), romancière britannique (1882-1941) : *Mrs. Dalloway.*

Wordsworth (*William*), poète romantique britannique (1770-1850).

Worth (*Charles Frédéric*), couturier français (1825-1895), il fut le premier à délivrer la femme de la crinoline.

Wotan ou **Odin,** dieu germanique de la Guerre et du Savoir.

Wren (*Christopher*), architecte britannique (1632-1723). Il a reconstruit la cathédrale St Paul de Londres.

Wright (*Frank Lloyd*), architecte américain (1867-1959) : musée Guggenheim à New York, de structure hélicoïdale.

Wright (*Richard*), écrivain américain (1908-1960) : *Black Boy*.

Wright, nom de deux frères, *Wilbur* (1867-1912) et *Orville* (1871-1948), pionniers américains de l'aviation.

Wrocław, en all. **Breslau**, v. de Pologne (Silésie) ; 640 400 h.

Wuhan, v. de Chine centrale ; 5 169 000 h.

Wurtemberg, anc. État d'Allemagne. → BADE-WURTEMBERG.

Wurtz (*Adolphe*), chimiste français (1817-1884), il fut le promoteur de la théorie atomique en France.

WWF (*World Wide Fund for Nature*), organisation internationale de protection de la nature, fondée en 1961.

Wycliffe (*John*), théologien anglais, précurseur de la Réforme (v. 1330-1384).

Wyler (*William*), cinéaste américain d'origine suisse (1902-1981) : *Ben Hur*.

Wyoming, État des États-Unis. Cap. *Cheyenne*.

X

Xenakis (*Yannis*), compositeur français d'origine grecque (1921 ou 1922-2001).

Xénophon, général et historien athénien (v. 430-v. 355) : *l'Anabase*.

Xeres, en esp. **Jerez de la Frontera**, v. d'Espagne (Andalousie). Vins.

Xerxès Ier, roi de Perse (486-465 av. J.-C.), vaincu par les Grecs à Salamine.

Xi'an ou **Si-ngan,** v. de Chine ; 2 872 539 h. Anc. capitale ; nécropole de Qin Shi Huangdi.

Xinjiang ou **Sin-kiang,** région du nord-ouest de la Chine.

Y

Yahvé, nom du Dieu d'Israël (*Bible*).

Yale, université américaine (Connecticut), fondée en 1701.

Yalta, v. d'Ukraine, en Crimée. Accords entre Staline, Roosevelt et Churchill (1945).

Yamoussoukro, cap. de la Côte d'Ivoire depuis 1983 ; 155 803 h.

Yangzi Jiang ou **Yang-tseu-kiang,** fl. de Chine ; 5 980 km.

Yaoundé, cap. du Cameroun ; 1 801 000 h.

Yeats (*William Butler*), écrivain irlandais (1865-1939) : *Deirdre*.

Yellowstone, riv. des États-Unis. Elle traverse le *parc national de Yellowstone*.

Yémen, État d'Arabie ; 485 000 km² ; 19 114 000 h. (*Yéménites*). Cap. *Sanaa*.

Yepes (*Narciso*), guitariste et compositeur espagnol (1927-1997) : *Jeux interdits*.

Yokohama, port principal du Japon, sur la baie de Tokyo ; 3 426 651 h.

Yonne, affl. de la Seine. ◇ Dép. français (89) ; ch.-l. *Auxerre*, ch.-l. d'arr. *Avallon*, *Sens* ; 333 221 h. (*Icaunais*).

York, comté d'Angleterre. ◇ Branche des Plantagenêts qui s'opposa aux Lancastres.

Yoroubas, peuple du Nigeria, du Togo et du Bénin.

Yosemite National Park, parc national des États-Unis (Californie).

Yougoslavie, nom porté par l'État fédéral de l'Europe méridionale formé, de 1945-1946 à 1991, de six républiques (Bosnie-Herzégovine, Croatie, Macédoine, Monténégro, Serbie et Slovénie), puis, de 1992 à 2003, par les seules républiques de Serbie et du Monténégro (fédération dénommée Serbie-et-Monténégro de 2003 à son éclatement, en 2006).

Young (*Edward*), poète romantique anglais (1683-1765) : *les Nuits*.

Young (*Thomas*), médecin, physicien et philologue britannique (1773-1829), il fut l'un des premiers à déchiffrer les hiéroglyphes.

Yourcenar (*Marguerite*), écrivaine française (1903-1987) : *Mémoires d'Hadrien*.

Ypres, v. de Belgique ; 35 021 h.

Ys, cité bretonne légendaire qu'aurait engloutie la mer au IVe s.

Yser, fl. côtier de Belgique.

Yuan, dynastie mongole qui régna en Chine de 1279 à 1368.

Yucatán, péninsule du Mexique.

Yukawa (*Hideki*) physicien japonais (1907-1981).

Yukon, fl. du Canada et de l'Alaska ; 3 185 km.

Yunnan, prov. du sud de la Chine.

Yvelines, dép. français (78) ; ch.-l. *Versailles*, ch.-l. d'arr. *Mantes-la-Jolie, Rambouillet, Saint-Germain-en-Laye* ; 1 354 304 h.

Z

Zagreb, cap. de la Croatie ; 779 145 h.

Zaïre, nom porté par la République démocratique du Congo de 1971 à 1997.

Zama, victoire de Scipion l'Africain sur Hannibal (202 av. J.-C.).

Zambèze, fl. de l'Afrique australe ; 2 660 km.

Zambie, anc. **Rhodésie du Nord**, État de l'Afrique australe ; 746 000 km² ; 10 649 000 h. (*Zambiens*). Cap. *Lusaka*.

Zamenhof (*Lejzer*), linguiste polonais (1859-1917), créateur de l'espéranto.

Zanzibar, île de l'océan Indien (Tanzanie).

Zapata (*Emiliano*), révolutionnaire mexicain (v. 1879-1919), il fut assassiné.

Zapatero → Rodríguez Zapatero.

Zapotèques, anc. peuple du Mexique.

Zarathushtra, Zarathoustra ou **Zoroastre,** réformateur du mazdéisme et fondateur du zoroastrisme (628-551 av. J.-C.).

Zátopek (*Emil*), athlète tchèque (1922-2000).

Zazie dans le métro, roman de R. Queneau qui a inspiré un film à L. Malle (1960).

Zeeman (*Pieter*), physicien néerlandais (1865-1943), il découvrit l'action des champs magnétiques sur l'émission de la lumière (*effet Zeeman*).

Zénon d'Élée, philosophe présocratique grec (v. 490-v. 430 av. J.-C.).

Zep (*Philippe* CHAPPUIS, dit), dessinateur et scénariste suisse de bandes dessinées (né en 1967) : *Titeuf*.

Zeppelin (*Ferdinand* VON), industriel allemand (1838-1917). Il construisit de grands dirigeables.

Zermelo (*Ernst*), mathématicien et logicien allemand (1871-1953), il développa la théorie des ensembles.

Zeus, dieu principal de la mythologie grecque, le *Jupiter* des Romains.

Zhang Yimou, cinéaste chinois (né en 1950) : *Épouses et concubines*.

Zhou Enlai ou **Chou En-lai,** homme politique chinois (1898-1976).

Zidane (*Zinedine*), footballeur français (né en 1972).

Zimbabwe, anc. **Rhodésie du Sud**, État de l'Afrique australe ; 390 000 km² ; 12 852 000 h. (*Zimbabwéens*). Cap. *Harare*.

Žižka (*Jan*), héros national de la Bohême (v. 1370-1424), chef militaire des hussites.

Zohar → Sefer ha-Zohar.

Zola (*Émile*), romancier naturaliste français (1840-1902) : *les Rougon-Macquart*.

Zoroastre → Zarathushtra.

Zoug, v. et canton de Suisse.

Zoulous, peuple bantou de l'Afrique australe.

Zsigmondy (*Richard*), chimiste autrichien (1865-1929).

Zuiderzee, anc. golfe des Pays-Bas. Lac intérieur (IJsselmeer). Polders.

Zurbarán (*Francisco* DE), peintre espagnol (1598-1664), grand fournisseur des couvents.

Zurich, v. et canton de Suisse ; 337 900 h. (plus de 900 000 avec les banlieues) [*Zurichois*].

Zweig (*Stefan*), écrivain autrichien (1881-1942) : *la Confusion des sentiments*.

Zwicky (*Fritz*), astrophysicien suisse (1898-1974), il a notamment dressé un catalogue photographique des galaxies.

Zwingli (*Ulrich*), chef de la Réforme en Suisse (1484-1531).

Imprimé en Allemagne par GGP Media GmbH.
Dépôt légal : avril 2012 - 308676
Projet : 11017630 - avril 2012